WANDER **GARCIA** E ANA PAULA **DOMPIERI**
COORDENADORES

20 25

SÉTIMA EDIÇÃO

CONCURSOS PROCURADORIAS E ADVOCACIA ESTATAL

2.000
QUESTÕES COMENTADAS

1.600 QUESTÕES IMPRESSAS
400 QUESTÕES ON-LINE

DISCIPLINAS IMPRESSAS

Direito **Constitucional** • Direito **Administrativo**
Direito **Tributário** • Direito **Processual Civil**
Direito **Civil** • Direito **Empresarial**
Direito do **Trabalho**
Direito **Processual do Trabalho**
Direito **Ambiental** • Direito **Urbanístico**
Direito do **Consumidor**
Direito **Previdenciário** • Direito **Penal**
Direito **Processual Penal**
Direito **Internacional**
Direitos **Humanos**
Direito **Educacional**
Recursos **Hídricos** • Direito **Agrário**
Filosofia • LGPD
Direito **Eleitoral**
Direito **Financeiro**
Direito **Econômico**

como passar

- GABARITO AO FINAL DE CADA QUESTÃO, FACILITANDO O MANUSEIO DO LIVRO

- QUESTÕES COMENTADAS E ALTAMENTE CLASSIFICADAS POR AUTORES ESPECIALISTAS EM APROVAÇÃO

Dados Internacionais de Catalogação na Publicação (CIP) de acordo com ISBD

C735

Como passar em Concursos de Procuradorias e Advocacia Estatal: 2.000 questões comentadas / Wander Garcia... [et al.] ; coordenado por Wander Garcia, Ana Paula Garcia. - 7. ed. - Indaiatuba, SP : Editora Foco, 2025.

576 p. ; 17cm x 24cm.

Inclui bibliografia e índice.

ISBN: 978-65-6120-206-0

1. Metodologia de estudo. 2. Procuradorias. 3. Advocacia Estatal. I. Garcia, Wander. II. Nishiyama, Adolfo Mamoru. III. Barbieri, André. IV. Nascimento, André. V. Wady, Ariane. VI. Trigueiros, Arthur. VII. Vieira, Bruna. VIII. Dantas, Cecília. IX. Dompieri, Eduardo. X. Melo, Fabiano. XI. Penteado, Fernanda Camargo. XII. Signorelli, Filipe Venturini. XIII. Egido, Flavia. XIV. Rodrigues, Gabriela. XV. Nicolau, Gustavo. XVI. Subi, Henrique. XVII. Cramacon, Hermes. XVIII. Faleiros Júnior, José Luiz de Moura. XIX. Santos, Luciana Batista. XX. Dellore, Luiz. XXI. Braga, Luiz Felipe Nobre. XXII. Bergamasco, Patricia. XXIII. Morishita, Paula. XXIV. Turra, Pedro. XXV. Flumian, Renan. XXVI. Quartim, Ricardo. XXVII. Densa, Roberta. XXVIII. Barreirinhas, Robinson. XXIX. Bordalo, Rodrigo. XXX. Melo, Teresa. XXXI. Garcia, Ana Paula. XXXII. Título.

2025-4053 CDD 001.4 CDU 001.8

Elaborado por Vagner Rodolfo da Silva – CRB-8/9410

Índices para Catálogo Sistemático:

1. Metodologia de estudo 001.4   2. Metodologia de estudo 001.8

WANDER **GARCIA** E ANA PAULA **DOMPIERI**
COORDENADORES

20 25

SÉTIMA EDIÇÃO

COMO PASSAR

CONCURSOS PROCURADORIAS E **ADVOCACIA ESTATAL**

2.000
QUESTÕES COMENTADAS

1.600 QUESTÕES IMPRESSAS
400 QUESTÕES ON-LINE

DISCIPLINAS IMPRESSAS

Direito **Constitucional** • Direito **Administrativo**
Direito **Tributário** • Direito **Processual Civil**
Direito **Civil** • Direito **Empresarial**
Direito do **Trabalho**
Direito **Processual do Trabalho**
Direito **Ambiental** • Direito **Urbanístico**
Direito do **Consumidor**
Direito **Previdenciário** • Direito **Penal**
Direito **Processual Penal**
Direito **Internacional**
Direitos **Humanos**
Direito **Educacional**
Recursos **Hídricos** • Direito **Agrário**
Filosofia • LGPD
Direito **Eleitoral**
Direito **Financeiro**
Direito **Econômico**

• GABARITO AO
FINAL DE CADA QUESTÃO,
FACILITANDO O MANUSEIO
DO LIVRO

• QUESTÕES COMENTADAS
E ALTAMENTE CLASSIFICADAS
POR AUTORES ESPECIALISTAS
EM APROVAÇÃO

2025 © Editora Foco

Coordenadores: Wander Garcia e Ana Paula Dompieri

Autores: Wander Garcia, Adolfo Mamoru Nishiyama, André Barbieri, André Nascimento, Ariane Wady, Arthur Trigueiros, Bruna Vieira, Cecília Dantas, Eduardo Dompieri, Fabiano Melo, Fernanda Camargo Penteado, Filipe Venturini Signorelli, Flavia Egido, Gabriela Rodrigues, Gustavo Nicolau, Henrique Subi, Hermes Cramacon, José Luiz de Moura Faleiros Júnior, Luciana Batista Santos, Luiz Dellore, Luiz Felipe Nobre Braga, Patricia Bergamasco, Paula Morishita, Pedro Turra, Renan Flumian, Ricardo Quartim, Roberta Densa, Robinson Barreirinhas, Rodrigo Bordalo e Teresa Melo

Diretor Acadêmico: Leonardo Pereira

Editor: Roberta Densa

Coordenadora Editorial: Paula Morishita

Revisora Sênior: Georgia Renata Dias

Capa Criação: Leonardo Hermano

Diagramação: Ladislau Lima

Impressão miolo e capa: Gráfica FORMA CERTA

DIREITOS AUTORAIS: É proibida a reprodução parcial ou total desta publicação, por qualquer forma ou meio, sem a prévia autorização da Editora FOCO, com exceção do teor das questões de concursos públicos que, por serem atos oficiais, não são protegidas como Direitos Autorais, na forma do Artigo 8º, IV, da Lei 9.610/1998. Referida vedação se estende às características gráficas da obra e sua editoração. A punição para a violação dos Direitos Autorais é crime previsto no Artigo 184 do Código Penal e as sanções civis às violações dos Direitos Autorais estão previstas nos Artigos 101 a 110 da Lei 9.610/1998. Os comentários das questões são de responsabilidade dos autores.

NOTAS DA EDITORA:

Atualizações e erratas: A presente obra é vendida como está, atualizada até a data do seu fechamento, informação que consta na página II do livro. Havendo a publicação de legislação de suma relevância, a editora, de forma discricionária, se empenhará em disponibilizar atualização futura.

Bônus ou Capítulo On-line: Excepcionalmente, algumas obras da editora trazem conteúdo no on-line, que é parte integrante do livro, cujo acesso será disponibilizado durante a vigência da edição da obra.

Erratas: A Editora se compromete a disponibilizar no site www.editorafoco.com.br, na seção Atualizações, eventuais erratas por razões de erros técnicos ou de conteúdo. Solicitamos, outrossim, que o leitor faça a gentileza de colaborar com a perfeição da obra, comunicando eventual erro encontrado por meio de mensagem para contato@editorafoco.com.br. O acesso será disponibilizado durante a vigência da edição da obra.

Impresso no Brasil (11.2024) – Data de Fechamento (10.2024)

2025

Todos os direitos reservados à
Editora Foco Jurídico Ltda.
Rua Antonio Brunetti, 593 – Jd. Morada do Sol
CEP 13348-533 – Indaiatuba – SP

E-mail: contato@editorafoco.com.br
www.editorafoco.com.br

Acesse JÁ os conteúdos ON-LINE

  ATUALIZAÇÃO em PDF e VÍDEO para complementar seus estudos*

Acesse o link:
www.editorafoco.com.br/atualizacao

CAPÍTULOS ON-LINE

Acesse o link:
www.editorafoco.com.br/atualizacao

* As atualizações em PDF e Vídeo serão disponibilizadas sempre que houver necessidade, em caso de nova lei ou decisão jurisprudencial relevante.
* Acesso disponível durante a vigência desta edição.

AUTORES

SOBRE OS COORDENADORES

Wander Garcia – @wander_garcia

Doutor (PhD) e Mestre em Direito pela PUC/SP. Mestre em Direito (LLM) pela USC – University of Southern California. Visiting Research Fellow na UCLA (pós-doutorado). É Professor Universitário, de Cursos Preparatórios para OAB e Concursos, de Inglês Jurídico e de Legislação Americana. Foi Diretor do Complexo Jurídico Damásio. É um dos fundadores da Editora Foco. É autor best sel-ler com mais de 50 livros publicados na área jurídica e de concursos. Já vendeu mais de 1,5 mi-lhão de livros, dentre os quais se destacam "Como Passar na OAB", "Exame de Ordem Mapamenta-lizado" e "Concursos: O Guia Definitivo". É advogado há mais de 20 anos e foi procurador do município de São Paulo por mais de 15 anos.

Ana Paula Dompieri

Procuradora do Estado de São Paulo, Pós-gradu-ada em Direito, Professora do IEDI, Escrevente do Tribunal de Justiça por mais de 10 anos e Assistente Jurídico do Tribunal de Justiça. Autora de diversos livros para OAB e concursos.

SOBRE OS AUTORES

Adolfo Mamoru Nishiyama

Advogado. Possui graduaçãoem Ciências Jurídicas pela Universidade Presbiteriana Mackenzie (1991) e mestrado em Direito do Estado pela Pontifícia Universidade Católica de São Paulo (1997). Douto-rado em Direito do Estado pela Pontifícia Universi-dade Católica de São Paulo (2016). Atualmente é professor titular da Universidade Paulista

André Barbieri

Mestre em Direito. Professor de Direito Público com mais de dez anos de experiência. Professor em diversos cursos pelo País. Advogado.

André Nascimento

Advogado e Especialista em Regulação na Agên-cia Nacional do Petróleo, Gás Natural e Biocom-bustíveis.Coautor de diversas obras voltadas à preparação para Exames Oficiais e Concursos Públicos. Coautor de livros e artigos acadêmicos. Instrutor de cursos, tendo recebido menção elo-giosa pela destacada participação e dedicação na ANP. Graduado em Direito pela Universidade Presbiteriana Mackenzie/SP. Graduando em Geografia pela Universidade de São Paulo. Fre-quentou diversos cursos de extensão nas áreas de Direito, Regulação, Petróleo e Gás Natural e Administração Pública.

Ariane Wady

Especialista em Direito Processual Civil (PUC-SP). Graduada em Direito pela PUC-SP (2000). Profes-sora de pós-graduação e curso preparatório para concursos – PROORDEM – UNITÁ Educacional e Professora/Tutora de Direito Administrativo e Constitucional – Rede LFG e IOB. Advogada

Arthur Trigueiros

Pós-graduado em Direito. Procurador do Estado de São Paulo. Professor da Rede LFG e do IEDI. Autor de diversas obras de preparação para Con-cursos Públicos e Exame de Ordem.

Bruna Vieira

Pós-graduada em Direito. Professora do IEDI, PROORDEM, LEGALE, ROBORTELLA e ÊXITO. Professora de Pós-graduação em Instituições de Ensino Superior. Palestrante. Autora de diversas obras de preparação para Concursos Públicos e Exame de Ordem, por diversas editoras. Advogada.

Cecília Dantas

Advogada em São Paulo. Pós-graduada em Direito Administrativo pelo IDP. Mestranda em Direito Civil pela Universidade Panthéon-Assas em Paris.

Eduardo Dompieri

Pós-graduado em Direito. Professor do IEDI. Autor de diversas obras de preparação para Concursos Públicos e Exame de Ordem.

Fabiano Melo

Professor de cursos de graduação e pós-graduação em Direito e Administração da PUC-MG. Professor da Rede LFG.

Fernanda Camargo Penteado

Professora de Direito Ambiental da Faculdade de Direito do Instituto Machadense de Ensino Superior Machado-MG (FUMESC). Mestre em Desenvolvimento Sustentável e Qualidade de Vida (Unifae)

Filipe Venturini Signorelli

Mestrado em Direito Administrativo pela Pontifícia Universidade Católica de São Paulo. Pós-graduado em Governança, Gestão Pública e Direito Administrativo. Pós-graduado em Direito Público. Pós-graduado em Ciências criminais e docência superior. Linha de pesquisa na área de Autorregulação e Controle na administração pública. Conselheiro no IPMA Brasil – International Project Management Associate. Gestor Jurídico e Acadêmico. Professor. Advogado e Consultor Jurídico no Bordalo Densa & Venturini Advogados.

Flávia Egido

Procuradora do Município de São Paulo. Mestre em Direito Administrativo pela PUC/SP. Doutora em Direito Administrativo pela USP. Professora de Direito Administrativo.

Gabriela Rodrigues

Pós-Graduada em Direito Civil e Processual Civil pela Escola Paulista de Direito. Professora Universitária e do IEDI Cursos On-line e preparatórios para concursos públicos exame de ordem. Autora de diversas obras jurídicas para concursos públicos e exame de ordem. Advogada.

Gustavo Nicolau (@gustavo_nicolau)

Doutor e Mestre pela Faculdade de Direito da USP. Professor de Direito Civil da Rede LFG/Praetorium. Advogado.

Henrique Subi (@henriquesubi)

Agente da Fiscalização Financeira do Tribunal de Contas do Estado de São Paulo. Mestrando em Direito Político e Econômico pela Universidade Presbiteriana Mackenzie. Especialista em Direito Empresarial pela Fundação Getúlio Vargas e em Direito Tributário pela UNISUL. Professor de cursos preparatórios para concursos desde 2006. Coautor de mais de 20 obras voltadas para concursos, todas pela Editora Foco.

Hermes Cramacon (@hermescramacon)

Possui graduação em Direito pela Universidade Cidade de São Paulo (2000). Mestrando em Direito da Saúde pela Universidade Santa Cecília. Docente da Universidade Municipal de São Caetano do Sul e professor da Faculdade Tijucussu. Professor de Direito do Trabalho e Direito Processual do Trabalho do IEDI Cursos Online e Escolha Certa Cursos nos cursos preparatórios para Exame de Ordem. Tem experiência na área de Direito, com ênfase em Direito do Trabalho, Direito Processual do Trabalho, Direito Processual Civil e Prática Jurídica.

José Luiz de Moura Faleiros Júnior

Advogado. Doutorando em Direito Civil pela Faculdade de Direito da Universidade de São Paulo – Usp/Largo de São Francisco. Doutorando em Direito, na área de estudo Direito, Tecnologia e Inovação, pela Universidade Federal de Minas Gerais – UFMG. Mestre e Bacharel em Direito pela Universidade Federal de Uberlândia – UFU. Especialista em Direito Processual Civil, Direito Civil e Empresarial, Direito Digital e Compliance. Professor dos Cursos de Graduação em Direito da Faculdade Milton Campos (Belo Horizonte, Brasil) e da Skema Law School (Belo Horizonte, Brasil). Supervisor Acadêmico do curso de Pós-Graduação em Direito Privado, Tecnologia e Inovação da Escola Brasileira de Direito – Ebradi. Professor convidado de cursos de pós-graduação "lato sensu" e LLMs em Direito Digital na Escola Brasileira de Direito – Ebradi, na Universidade do Vale do Rio dos Sinos – Unisinos, na Fundação Escola Superior do Ministério Público do Rio Grande do Sul – FMP/RS, na Pontifícia Universidade Católica do Paraná – PUC/PR e no Instituto de Tecnologia e Sociedade do Rio de Janeiro – ITS-Rio. Associado do Instituto Brasileiro de Estudos de Responsabilidade Civil – Iberc e do Instituto Avançado de Proteção de Dados – IAPD. Membro e Pesquisador do Centro de Pesquisa em Direito, Tecnologia e Inovação – Centro DTIBR. Pesquisador do "Grupo de Estudos em Direito e Tecnologia – DTec" (UFMG, Brasil), do Grupo de Pesquisa "Direito Civil na Sociedade em Rede" (Usp, Brasil) e da "Comunidade Internacional de Estudos em Direito Digital" (UFU, Brasil). Editor da Brazilian Journal of Law, Technology and Innovation (ISSN 2965-1549). Membro da Comissão Executiva da Revista IBERC (ISSN 2595-976X.

E-mail: contato@josefaleirosjr.com

Luciana Batista Santos

Graduada em Direito pela Universidade Federal de Minas Gerais. Mestre em Direito Tributário pela Universidade Federal de Minas Gerais. Professora de Direito Tributário. Autora de livros e artigos na área do Direito Tributário. Advogada.

Luiz Dellore (@dellore)

Doutor e Mestre em Direito Processual pela USP. Mestre em Direito Constitucional pela PUC/SP. Visiting Scholar na Syracuse Univesity e Cornell University. Professor do Mackenzie, da FADISP, da Escola Paulista do Direito (EPD), do CPJur e do Saraiva Aprova. Ex-assessor de Ministro do STJ. Membro do IBDP (Instituto Brasileiro de Direito Processual) e do Ceapro (Centro de Estudos Avançados de Processo). Advogado concursado da Caixa Econômica Federal.

(Twitter: @dellore)

Luiz Felipe Nobre Braga

Membro do Ministério Público Federal (Procurador da República). Doutor pela Pontifícia Universidade Católica do Rio de Janeiro. Mestre pela Universidade Federal de Pernambuco. Procurador Regional Eleitoral de Minas Gerais (2010/2012) Professor de Direito Civil e Direito do Consumidor da Escola Superior Dom Helder Câmara (2003/2018). Professor de Teoria Geral do Direito, Direito Civil e Direito do Consumidor da Pontifícia Universidade Católica de Minas Gerais (2002/2006). Professor da Escola Superior do Ministério Público da União. Publicou capítulos de livros em 29 obras coletivas.

Patricia Bergamasco

É advogada e revisora das obras Manual de Direito Penal volumes 1, 2 e 3, Execução Penal e Código Penal Interpretado de Julio Fabbrini Mirabete e Renato Nascimento Fabbrini.

Paula Morishita

Editorial jurídico, autora e organizadora de diversas obras na Editora Foco. Bacharel em Direito pela Pontifícia Universidade Católica de Campinas. Especialista em Direito Previdenciário. Advogada.

Pedro Turra

Mestre pela PUC-Campinas, Advogado e Professor em cursos de Graduação e Pós-Graduação na Unitá, PUC-Campinas, Mackenzie, Esalq/USP, Proordem Campinas, FACAMP e ESA (Escola Superior da Advocacia - OAB). Cursou extensão em Compliance e Governança Corporativa no Insper. Pós-Graduado (MBA) em Gestão Empresarial e Graduado em Direito (com ênfase em Direito Empresarial) pela FACAMP. Idealizador do grupo de pesquisa sobre Direito Corporativo, iniciativa online que visa transmitir conhecimento presente em artigos acadêmicos para profissionais de todo o país.

Renan Flumian

Mestre em Filosofia do Direito pela Universidad de Alicante. Cursou a Session Annuelle D'enseignement do Institut International des Droits de L'Homme, a Escola de Governo da USP e a Escola de Formação da Sociedade Brasileira de Direito Público. Professor e Coordenador Acadêmico do IEDI. Autor e coordenador de diversas obras de preparação para Concursos Públicos e o Exame de Ordem. Advogado.

Ricardo Quartim

Graduado em direito pela Universidade de São Paulo (USP). Procurador Federal em São Paulo/SP e autor de artigos jurídicos.

Roberta Densa

Doutora em Direitos Difusos e Coletivos. Professora universitária e em cursos preparatórios para concursos públicos e OAB. Autora da obra "Direito do Consumidor", 9ª edição publicada pela Editora Atlas.

Robinson Barreirinhas

Secretário Municipal dos Negócios Jurídicos da Prefeitura de São Paulo. Professor do IEDI. Procurador do Município de São Paulo. Autor e coautor de mais de 20 obras de preparação para concursos e OAB. Ex-Assessor de Ministro do STJ.

Rodrigo Bordalo

Doutor e Mestre em Direito do Estado pela Pontifícia Universidade Católica de São Paulo (PUC-SP). Professor de Direito Público da Universidade Presbiteriana Mackenzie (pós-graduação). Professor de Direito Administrativo e Ambiental do Centro Preparatório Jurídico (CPJUR) e da Escola Brasileira de Direito (EBRADI), entre outros. Procurador do Município de São Paulo, atualmente lotado na Coordenadoria Geral do Consultivo da Procuradoria Geral do Município. Advogado. Palestrante.

Teresa Melo

Procuradora Federal. Mestranda em Direito Público pela UERJ. Assessora de Ministro do Supremo Tribunal Federal. Ex-assessora de Ministro do STJ.

SUMÁRIO

AUTORES — VII

COMO USAR O LIVRO? — XIX

1. DIREITO CONSTITUCIONAL — 1

1. PODER CONSTITUINTE 1

2. TEORIA DA CONSTITUIÇÃO E PRINCÍPIOS FUNDAMENTAIS..2

3. HERMENÊUTICA CONSTITUCIONAL E EFICÁCIA DAS NORMAS CONSTITUCIONAIS 3

4. CONTROLE DE CONSTITUCIONALIDADE 7

5. DIREITOS E DEVERES INDIVIDUAIS E COLETIVOS 17

6. DIREITOS SOCIAIS..23

7. NACIONALIDADE..24

8. DIREITOS POLÍTICOS..24

9. ORGANIZAÇÃO DO ESTADO..27

10. ORGANIZAÇÃO DO PODER EXECUTIVO 37

11. ORGANIZAÇÃO DO PODER LEGISLATIVO. PROCESSO LEGISLATIVO....................................37

12. DA ORGANIZAÇÃO DO PODER JUDICIÁRIO 41

13. DAS FUNÇÕES ESSENCIAIS À JUSTIÇA 44

14. DEFESA DO ESTADO..45

15. TRIBUTAÇÃO E ORÇAMENTO...46

16. ORDEM ECONÔMICA E FINANCEIRA...48

17. ORDEM SOCIAL 49

18. TEMAS COMBINADOS...53

2. DIREITO ADMINISTRATIVO — 67

1. REGIME JURÍDICO ADMINISTRATIVO E PRINCÍPIOS DO DIREITO ADMINISTRATIVO............67

2. PODERES DA ADMINISTRAÇÃO PÚBLICA 69

3. ATOS ADMINISTRATIVOS 70

---

www. Acesse o conteúdo on-line. Siga as orientações disponíveis na página III

COMO PASSAR EM CONCURSOS DE PROCURADORIAS E ADVOCACIA ESTATAL

4. ORGANIZAÇÃO ADMINISTRATIVA 78

5. SERVIDORES PÚBLICOS 90

6. IMPROBIDADE ADMINISTRATIVA 101

7. BENS PÚBLICOS 111

8. INTERVENÇÃO DO ESTADO NA PROPRIEDADE 114

9. RESPONSABILIDADE DO ESTADO 120

10. LICITAÇÃO 124

11. CONTRATOS ADMINISTRATIVOS 132

12. SERVIÇOS PÚBLICOS 134

13. CONTROLE DA ADMINISTRAÇÃO PÚBLICA 136

14. LEI DE ACESSO À INFORMAÇÃO 143

15. LEI ANTICORRUPÇÃO 143

16. TEMAS DIVERSOS 144

3. DIREITO TRIBUTÁRIO — 147

1. COMPETÊNCIA TRIBUTÁRIA 147

2. PRINCÍPIOS 149

3. IMUNIDADES 154

4. DEFINIÇÃO DE TRIBUTO E ESPÉCIES TRIBUTÁRIAS 158

5. LEGISLAÇÃO TRIBUTÁRIA – FONTES 159

6. VIGÊNCIA, APLICAÇÃO, INTERPRETAÇÃO E INTEGRAÇÃO 160

7. FATO GERADOR E OBRIGAÇÃO TRIBUTÁRIA 162

8. LANÇAMENTO E CRÉDITO TRIBUTÁRIO 163

9. SUJEIÇÃO PASSIVA, CAPACIDADE E DOMICÍLIO 165

10. SUSPENSÃO, EXTINÇÃO E EXCLUSÃO DO CRÉDITO 170

11. IMPOSTOS E CONTRIBUIÇÕES EM ESPÉCIE 176

12. GARANTIAS E PRIVILÉGIOS DO CRÉDITO 190

13. ADMINISTRAÇÃO TRIBUTÁRIA, FISCALIZAÇÃO 191

14. DÍVIDA ATIVA, INSCRIÇÃO, CERTIDÕES 193

15. REPARTIÇÃO DE RECEITAS 194

16. AÇÕES TRIBUTÁRIAS 195

17. MICROEMPRESAS – ME E EMPRESAS DE PEQUENO PORTE – EPP 196

18. CRIMES TRIBUTÁRIOS 197

19. REGIMES ESPECIAIS 197

20. TEMAS COMBINADOS E OUTRAS MATÉRIAS 197

4. DIREITO PROCESSUAL CIVIL   www. 207

I – PARTE GERAL	207
1. PRINCÍPIOS DO PROCESSO CIVIL	207
2. JURISDIÇÃO E COMPETÊNCIA	208
3. PARTES, PROCURADORES, SUCUMBÊNCIA, MINISTÉRIO PÚBLICO E JUIZ	211
4. PRAZOS PROCESSUAIS E ATOS PROCESSUAIS	213
5. LITISCONSÓRCIO E INTERVENÇÃO DE TERCEIROS	217
6. PRESSUPOSTOS PROCESSUAIS, ELEMENTOS DA AÇÃO E CONDIÇÕES DA AÇÃO	219
7. FORMAÇÃO, SUSPENSÃO E EXTINÇÃO DO PROCESSO.	220
8. TUTELA PROVISÓRIA	220
II – PROCESSO DE CONHECIMENTO	222
9. PETIÇÃO INICIAL	222
10. CONTESTAÇÃO E REVELIA	224
11. PROVAS	225
12. JULGAMENTO CONFORME O ESTADO DO PROCESSO E PROVIDÊNCIAS PRELIMINARES	227
13. SENTENÇA, COISA JULGADA E AÇÃO RESCISÓRIA	229
III – CUMPRIMENTO DE SENTENÇA E EXECUÇÃO	233
14. CUMPRIMENTO DE SENTENÇA	233
15. PROCESSO DE EXECUÇÃO	235
16. EXECUÇÃO E CUMPRIMENTO DE SENTENÇA CONTRA A FAZENDA PÚBLICA	236
17. EXECUÇÃO FISCAL	238
IV – RECURSOS	238
18. TEORIA GERAL DOS RECURSOS	238
19. RECURSOS EM ESPÉCIE E OUTROS MEIOS DE IMPUGNAÇÃO	240
20. PROCEDIMENTOS ESPECIAIS PREVISTOS NO CPC	245
21. PROCEDIMENTOS ESPECIAIS PREVISTOS EM LEGISLAÇÃO EXTRAVAGANTE	247
22. PROCESSO COLETIVO	250
23. TEMAS COMBINADOS	252

5. DIREITO CIVIL   www. 261

1. LINDB	261
2. GERAL	262
3. OBRIGAÇÕES	271
4. CONTRATOS	275

COMO PASSAR EM CONCURSOS DE PROCURADORIAS E ADVOCACIA ESTATAL

5. RESPONSABILIDADE CIVIL 285

6. COISAS 288

7. FAMÍLIA 299

8. SUCESSÕES 301

9. OUTROS TEMAS E TEMAS COMBINADOS 305

10. LEIS ESPARSAS 310

6. DIREITO EMPRESARIAL — 313

1. TEORIA GERAL 313

2. DIREITO SOCIETÁRIO 316

3. DIREITO CAMBIÁRIO 320

4. DIREITO CONCURSAL – FALÊNCIA E RECUPERAÇÃO 322

5. SISTEMA FINANCEIRO NACIONAL 325

6. CONTRATOS EMPRESARIAIS 325

7. PROPRIEDADE INDUSTRIAL 327

8. INSTITUIÇÕES FINANCEIRAS 327

9. SISTEMA FINANCEIRO DA HABITAÇÃO 328

10. QUESTÕES COMBINADAS E OUTROS TEMAS 328

7. DIREITO DO TRABALHO — 331

1. INTRODUÇÃO, FONTES E PRINCÍPIOS 331

2. CONTRATO INDIVIDUAL DE TRABALHO E ESPÉCIES DE EMPREGADOS E TRABALHADORES 332

3. CONTRATO DE TRABALHO COM PRAZO DETERMINADO 335

4. TRABALHO DA MULHER E DO MENOR 336

5. ALTERAÇÃO, INTERRUPÇÃO E SUSPENSÃO DO CONTRATO DE TRABALHO 336

6. REMUNERAÇÃO E SALÁRIO 339

7. JORNADA DE TRABALHO 340

8. EXTINÇÃO DO CONTRATO DE TRABALHO 342

9. ESTABILIDADE 346

10. SEGURANÇA E MEDICINA DO TRABALHO 346

11. DIREITO COLETIVO DO TRABALHO 347

12. TEMAS COMBINADOS E FGTS 351

8. DIREITO PROCESSUAL DO TRABALHO — 359

1. PRINCÍPIOS, ORGANIZAÇÃO DA JUSTIÇA DO TRABALHO, COMPETÊNCIA E NULIDADES PROCESSUAIS 359

2. PRESCRIÇÃO......363

3. RESPOSTAS E INSTRUÇÃO PROCESSUAL......364

4. PROCEDIMENTOS E SENTENÇA......366

5. RECURSOS......367

6. EXECUÇÃO TRABALHISTA......372

7. AÇÕES ESPECIAIS......374

8. TEMAS COMBINADOS......375

9. DIREITO AMBIENTAL — 381

1. CONCEITOS BÁSICOS......381

2. PATRIMÔNIO CULTURAL BRASILEIRO......381

3. DIREITO AMBIENTAL CONSTITUCIONAL......382

4. PRINCÍPIOS DO DIREITO AMBIENTAL......385

5. COMPETÊNCIA EM MATÉRIA AMBIENTAL......388

6. LEI DE POLÍTICA NACIONAL DO MEIO AMBIENTE......390

7. INSTRUMENTOS DA POLÍTICA NACIONAL DO MEIO AMBIENTE......392

8. PROTEÇÃO DA FAUNA E FLORA. CÓDIGO FLORESTAL......400

9. BIOMA MATA ATLÂNTICA......404

10. RESPONSABILIDADE CIVIL AMBIENTAL......405

11. RESPONSABILIDADE ADMINISTRATIVA AMBIENTAL......409

12. RESPONSABILIDADE PENAL AMBIENTAL......411

13. TEMAS COMBINADOS E OUTROS TEMAS......413

10. DIREITO URBANÍSTICO — 427

1. ESTATUTO DA CIDADE......427

2. QUESTÕES COMBINADAS......430

3. OUTROS TEMAS......434

11. DIREITO DO CONSUMIDOR — 437

1. CONCEITO DE CONSUMIDOR E RELAÇÃO DE CONSUMO......437

2. PRINCÍPIOS E DIREITOS BÁSICOS......439

3. RESPONSABILIDADE POR VÍCIO DO PRODUTO OU DO SERVIÇO E DECADÊNCIA......441

4. DESCONSIDERAÇÃO DA PERSONALIDADE JURÍDICA. RESPONSABILIDADE EM CASO DE GRUPO DE EMPRESAS......442

5. PRÁTICAS COMERCIAIS......442

6. PROTEÇÃO CONTRATUAL......443

COMO PASSAR EM CONCURSOS DE PROCURADORIAS E ADVOCACIA ESTATAL

7. RESPONSABILIDADE ADMINISTRATIVA 444

8. SNDC..444

9. DEFESA DO CONSUMIDOR EM JUÍZO 445

10. OUTROS TEMAS 446

12. DIREITO PREVIDENCIÁRIO — 447

1. PRINCÍPIOS E NORMAS GERAIS...447

2. CUSTEIO E CONTRIBUIÇÕES SOCIAIS..449

3. SEGURADOS E DEPENDENTES 451

4. BENEFÍCIOS..451

5. SERVIDORES PÚBLICOS 457

6. PREVIDÊNCIA PRIVADA COMPLEMENTAR 469

7. ACIDENTES, DOENÇAS DO TRABALHO 469

8. AÇÕES PREVIDENCIÁRIAS 470

9. ASSISTÊNCIA SOCIAL E SAÚDE 470

10. OUTROS TEMAS E MATÉRIAS COMBINADAS...471

13. DIREITO PENAL — 475

1. APLICAÇÃO DA LEI PENAL 475

2. FATO TÍPICO E TIPO PENAL...475

3. TENTATIVA, CONSUMAÇÃO, DESISTÊNCIA, ARREPENDIMENTO E CRIME IMPOSSÍVEL 477

4. ANTIJURIDICIDADE E CAUSAS EXCLUDENTES 477

5. CONCURSO DE PESSOAS 477

6. CULPABILIDADE E CAUSAS EXCLUDENTES..477

7. PENAS E SEUS EFEITOS 478

8. APLICAÇÃO DA PENA..479

9. EXTINÇÃO DA PUNIBILIDADE EM GERAL...480

10. PRESCRIÇÃO..481

11. CRIMES CONTRA A PESSOA 481

12. CRIMES CONTRA O PATRIMÔNIO 481

13. CRIMES CONTRA A FÉ PÚBLICA 482

14. CRIMES CONTRA A ADMINISTRAÇÃO PÚBLICA 485

15. CRIMES CONTRA A ORDEM TRIBUTÁRIA, ECONÔMICA E CONTRA AS RELAÇÕES DE CONSUMO ...491

16. CRIMES RELATIVOS À LICITAÇÃO 491

17. CRIME DE TORTURA...492

18. CRIMES DE ABUSO DE AUTORIDADE 492

19. OUTROS CRIMES DO CÓDIGO PENAL E DA LEGISLAÇÃO EXTRAVAGANTE...492

20. TEMAS COMBINADOS DE DIREITO PENAL...497

14. DIREITO PROCESSUAL PENAL — 501

1. FONTES, PRINCÍPIOS GERAIS, EFICÁCIA DA LEI PROCESSUAL NO TEMPO E NO ESPAÇO 501

2. INQUÉRITO POLICIAL E OUTRAS FORMAS DE INVESTIGAÇÃO CRIMINAL 501

3. AÇÃO PENAL...504

4. JURISDIÇÃO E COMPETÊNCIA. CONEXÃO E CONTINÊNCIA...505

5. QUESTÕES E PROCESSOS INCIDENTES...506

6. PROVAS...507

7. PRISÃO, MEDIDAS CAUTELARES E LIBERDADE PROVISÓRIA 508

8. PROCESSO E PROCEDIMENTOS...510

9. JUIZADOS ESPECIAIS 511

10. NULIDADES 511

11. RECURSOS 511

12. LEGISLAÇÃO EXTRAVAGANTE 511

13. TEMAS COMBINADOS E OUTROS TEMAS...512

15. DIREITO INTERNACIONAL PÚBLICO E PRIVADO — 517

1. DIREITO INTERNACIONAL PÚBLICO 517

2. DIREITO INTERNACIONAL PRIVADO 520

16. DIREITOS HUMANOS — 523

1. TEORIA GERAL..523

2. SISTEMA GLOBAL DE PROTEÇÃO DOS DIREITOS HUMANOS 523

3. SISTEMA INTERAMERICANO DE PROTEÇÃO DOS DIREITOS HUMANOS 524

4. DIREITO DOS REFUGIADOS...528

17. DIREITO EDUCACIONAL — 529

1. NORMAS CONSTITUCIONAIS...529

2. LEI DE DIRETRIZES E BASES DA EDUCAÇÃO 530

18. RECURSOS HÍDRICOS — 531

19. DIREITO AGRÁRIO — 533

1. CONCEITOS E PRINCÍPIOS DO DIREITO AGRÁRIO 533

2. USUCAPIÃO ESPECIAL RURAL 533

3. AQUISIÇÃO E USO DA PROPRIEDADE E DA POSSE RURAL 534

4. DESAPROPRIAÇÃO PARA A REFORMA AGRÁRIA..536

5. CONTRATOS AGRÁRIOS 539

6. TERRAS DEVOLUTAS...539

7. TERRAS INDÍGENAS E QUILOMBOLAS 539

8. OUTROS TEMAS E TEMAS COMBINADOS...542

20. FILOSOFIA — 545

21. LEI GERAL DE PROTEÇÃO DE DADOS PESSOAIS — 547

SUMÁRIO ON-LINE

DIREITO ELEITORAL

DIREITO FINANCEIRO

DIREITO ECONOMICO

COMO USAR O LIVRO?

Para que você consiga um ótimo aproveitamento deste livro, atente para as seguintes orientações:

1º Tenha em mãos um **vademecum** ou **um computador** no qual você possa acessar os textos de lei citados.

Neste ponto, recomendamos o **Vade Mecum de Legislação FOCO** – confira em www.editorafoco.com.br.

2º Se você estiver estudando a teoria (fazendo um curso preparatório ou lendo resumos, livros ou apostilas), faça as questões correspondentes deste livro na medida em que for avançando no estudo da parte teórica.

3º Se você já avançou bem no estudo da teoria, leia cada capítulo deste livro até o final, e só passe para o novo capítulo quando acabar o anterior; vai mais uma dica: alterne capítulos de acordo com suas preferências; leia um capítulo de uma disciplina que você gosta e, depois, de uma que você não gosta ou não sabe muito, e assim sucessivamente.

4º Iniciada a resolução das questões, tome o cuidado de ler cada uma delas **sem olhar para o gabarito e para os comentários**; se a curiosidade for muito grande e você não conseguir controlar os olhos, tampe os comentários e os gabaritos com uma régua ou um papel; na primeira tentativa, é fundamental que resolva a questão sozinho; só assim você vai identificar suas deficiências e "pegar o jeito" de resolver as questões; marque com um lápis a resposta que entender correta, e só depois olhe o gabarito e os comentários.

5º **Leia com muita atenção o enunciado das questões**. Ele deve ser lido, no mínimo, duas vezes. Da segunda leitura em diante, começam a aparecer os detalhes, os pontos que não percebemos na primeira leitura.

6º **Grife as palavras-chave, as afirmações e a pergunta formulada.** Ao grifar as palavras importantes e as afirmações você fixará mais os pontos-chave e não se perderá no enunciado como um todo. Tenha atenção especial com as palavras "correto", "incorreto", "certo", "errado", "prescindível" e "imprescindível".

7º Leia os comentários e **leia também cada dispositivo legal** neles mencionados; não tenha preguiça; abra o *vademecum* e leia os textos de leis citados, tanto os que explicam as alternativas corretas, como os que explicam o porquê de ser incorreta dada alternativa; você tem que conhecer bem a letra da lei, já que mais de 90% das respostas estão nela; mesmo que você já tenha entendido determinada questão, reforce sua memória e leia o texto legal indicado nos comentários.

8º Leia também os **textos legais que estão em volta** do dispositivo; por exemplo, se aparecer, em Direito Penal, uma questão cujo comentário remete ao dispositivo que trata de falsidade ideológica, aproveite para ler também os dispositivos que tratam dos outros crimes de falsidade; outro exemplo: se aparecer uma questão, em Direito Constitucional, que trate da composição do Conselho Nacional de Justiça, leia também as outras regras que regulamentam esse conselho.

9º Depois de resolver sozinho a questão e de ler cada comentário, você deve fazer uma **anotação ao lado da questão**, deixando claro o motivo de eventual erro que você tenha cometido; conheça os motivos mais comuns de erros na resolução das questões:

DL – "desconhecimento da lei"; quando a questão puder ser resolvida apenas com o conhecimento do texto de lei;

DD – "desconhecimento da doutrina"; quando a questão só puder ser resolvida com o conhecimento da doutrina;

DJ – "desconhecimento da jurisprudência"; quando a questão só puder ser resolvida com o conhecimento da jurisprudência;

FA – "falta de atenção"; quando você tiver errado a questão por não ter lido com cuidado o enunciado e as alternativas;

NUT – "não uso das técnicas"; quando você tiver se esquecido de usar as técnicas de resolução de questões objetivas, tais como as da **repetição de elementos** ("quanto mais elementos repetidos existirem, maior a chance de a alternativa ser correta"), das **afirmações generalizantes** ("afirmações generalizantes tendem a ser incorretas" – reconhece-se afirmações generalizantes pelas palavras *sempre, nunca, qualquer, absolutamente, apenas, só, somente exclusivamente* etc.), dos **conceitos compridos** ("os conceitos de maior extensão tendem a ser corretos"), entre outras.

obs: se você tiver interesse em fazer um Curso de "Técnicas de Resolução de Questões Objetivas", recomendamos o curso criado a esse respeito pelo IEDI Cursos On-line: www.iedi.com.br.

10º Confie no **bom-senso**. Normalmente, a resposta correta é a que tem mais a ver com o bom-senso e com a ética. Não ache que todas as perguntas contêm uma pegadinha. Se aparecer um instituto que você não conhece, repare bem no seu nome e tente imaginar o seu significado.

11º Faça um levantamento do **percentual de acertos de cada disciplina** e dos **principais motivos que levaram aos erros cometidos**; de posse da primeira informação, verifique quais disciplinas merecem um reforço no estudo; e de posse da segunda informação, fique atento aos erros que você mais comete, para que eles não se repitam.

12º Uma semana antes da prova, faça uma **leitura dinâmica** de todas as anotações que você fez e leia de novo os dispositivos legais (e seu entorno) das questões em que você marcar "DL", ou seja, desconhecimento da lei.

13º Para que você consiga ler o livro inteiro, faça um bom **planejamento**. Por exemplo, se você tiver 30 dias para ler a obra, divida o número de páginas do livro pelo número de dias que você tem, e cumpra, diariamente, o número de páginas necessárias para chegar até o fim. Se tiver sono ou preguiça, levante um pouco, beba água, masque chiclete ou leia em voz alta por algum tempo.

14º Desejo a você, também, muita **energia, disposição, foco, organização, disciplina, perseverança, amor** e **ética**!

Wander Garcia

Coordenador

1. DIREITO CONSTITUCIONAL

Adolfo Mamoru Nishiyama, André Nascimento, André Barbieri, Bruna Vieira e Teresa Melo

1. PODER CONSTITUINTE

(Procurador/PA – CESPE – 2022) A respeito do poder constituinte, é correto afirmar que

(A) a atualização de uma Constituição pode ser feita tanto pelo poder constituinte originário quanto pelo poder constituinte derivado, por meio da chamada mutação constitucional e da reforma constitucional.

(B) o poder constituinte originário é extraordinário, uma vez que pode surgir a qualquer momento, devido à sua excepcionalidade.

(C) o poder constituinte originário, cujo titular é o povo, não tem limites e, por isso, pode atualizar amplamente a Constituição.

(D) o poder constituinte derivado decorrente é aquele que objetiva atualizar a Constituição por intermédio de emenda constitucional.

(E) o poder constituinte derivado, quando da criação de Constituição estadual, assemelha-se ao poder constituinte originário, sendo, nesse caso específico, um poder ilimitado.

A: Incorreta. A atualização de uma Constituição não é feita pelo poder constituinte originário, uma vez que ele cria uma nova Constituição. A atualização é realizada pelo poder constituinte derivado reformador ou por meio de mutação constitucional. **B:** Correta. O poder constituinte originário é um poder de fato, inicial, incondicionado e autônomo e cria uma nova Constituição. **C:** Incorreta. Conforme pondera a doutrina: "Não há dúvida, também, de que o constituinte está limitado pelas forças materiais que o levaram à manifestação inauguradora do Estado. Fatores ideológicos, econômicos, o pensamento dominante da comunidade, enfim, é que acabam por determinar a atuação do constituinte" (TEMER, Michel. *Elementos de direito constitucional*. 10. ed. São Paulo: Malheiros, 1993, p. 34). **D:** Incorreta. O poder constituinte derivado decorrente é aquele que possibilita a criação de uma Constituição pelo Estado-membro, observando-se as regras impostas pelo poder constituinte originário. **E:** Incorreta. O poder constituinte derivado não se assemelha ao poder constituinte originário, pois aquele é condicionado, subordinado e decorrente deste último. **AMN**
Gabarito "B".

(Procurador do Município – Prefeitura Fortaleza/CE – CESPE – 2017) A respeito do poder constituinte, julgue os itens a seguir.

(1) Não foram recepcionadas pela atual ordem jurídica leis ordinárias que regulavam temas para os quais a CF passou a exigir regramento por lei complementar.

(2) De acordo com o STF, cabe ação direta de inconstitucionalidade para sustentar incompatibilidade de diploma infraconstitucional anterior em relação a Constituição superveniente.

(3) Os direitos adquiridos sob a égide de Constituição anterior, ainda que sejam incompatíveis com a Constituição atual, devem ser respeitados, dada a previsão do respeito ao direito adquirido no próprio texto da CF.

(4) O poder constituinte derivado reformador manifesta-se por meio de emendas à CF, ao passo que o poder constituinte derivado decorrente manifesta-se quando da elaboração das Constituições estaduais.

(5) Com a promulgação da CF, foram recepcionadas, de forma implícita, as normas infraconstitucionais anteriores de conteúdo compatível com o novo texto constitucional.

1. Incorreta. As normas anteriores à CF de 1988 que estivessem *materialmente* de acordo com a nova ordem constitucional foram recepcionadas, ainda que sua forma tenha sido alterada pela CF/88; **2.** Incorreta. Para a verificação da compatibilidade de normas pré-constitucionais (ou anteriores à Constituição) com a CF/88 cabe ADPF, não ADIn; **3.** Incorreta. As normas da constituição anterior, ainda que sobre direito adquirido, não são oponíveis ao Poder Constituinte Originário. Assim, não há falar em direito adquirido sob a égide da Constituição anterior, contra a Constituição atual; **4.** Correta. O poder constituinte derivado reformador manifesta-se por meio de emendas constitucionais ou de emendas de revisão. O Poder constituinte derivado decorrente manifesta-se tanto para a elaboração de constituições estaduais, quanto para a revisão dessas mesmas normas; **5.** Correta. Todas as normas infraconstitucionais que não confrontassem materialmente com a nova CF foram recepcionadas. **TM**
Gabarito "1E, 2E, 3E, 4C, 5C".

(Procurador do Município – Valinhos/SP – 2019 – VUNESP) A respeito da supremacia constitucional, é correto afirmar que

(A) todas as normas constitucionais são equivalentes em termos de hierarquia e dotadas de supremacia formal em relação às demais normas infraconstitucionais.

(B) para assegurar essa supremacia, basta um sistema jurídico escalonado, não sendo necessário um controle de constitucionalidade sobre as leis e os atos normativos.

(C) no Estado que adota uma Constituição do tipo flexível, existe supremacia formal da Constituição, por- que há distinção entre os processos legislativos de elaboração das normas.

(D) a constituição não se coloca no vértice do sistema jurídico do país e os poderes estatais são legítimos independentemente de quem os estruture.

(E) só há supremacia formal na Constituição costumeira quando for a regra da rigidez constitucional que esteja em vigor.

Correta é a letra A, pois a todas as normas que formam o bloco de constitucionalidade estão no mesmo plano hierárquico, no mesmo status. Tanto que, para as normas constitucionais originárias não se admite eventual inconstitucionalidade. Errada a letra B, pois o controle de constitucionalidade pressupõe a existência de hierarquia entre as normas constitucionais e o restante. A letra C está errada, pois não existe tal supremacia. A letra D também equivocada, pois a Constituição é o topo do sistema jurídico, bem como todas as "criaturas" deverão respeitar o "criador". Por fim, letra E incorreta, pois não há tal supremacia, mas é possível, diga-se de passagem, a supremacia material. **AB**
Gabarito "A".

(Procurador Municipal – Prefeitura/BH – CESPE – 2017) Assinale a opção correta, com relação ao direito constitucional.

(A) Expresso na CF, o direito à educação, que possui aplicabilidade imediata, é de eficácia contida.

(B) De acordo com a doutrina dominante, a possibilidade de o município de Belo Horizonte editar a sua própria lei orgânica provém do poder constituinte derivado decorrente.

(C) Conforme entendimento do STF, é vedada a aplicação de multa ao poder público nas situações em que este se negar a cumprir obrigação imposta por decisão judicial, sob o risco de violação do princípio da separação dos poderes.

(D) O poder constituinte difuso manifesta-se quando uma decisão do STF altera o sentido de um dispositivo constitucional, sem, no entanto, alterar seu texto.

A: incorreta. O STF tem jurisprudência no sentido de que se trata de norma constitucional de eficácia plena; **B**: incorreta. O Poder Constituinte Derivado Decorrente é atribuído aos Estados e ao DF, para organizar suas Constituições Estaduais e a Lei Orgânica do DF (não existe, para a maioria dos doutrinadores, para os Municípios e Territórios). Além disso, condiciona-se ao Poder Constituinte Originário, relacionando-se diretamente com ele; **C**: incorreta. O respeito às decisões do Poder Judiciário é garantia que garante a continuidade de seu funcionamento, conforme previsto pelo próprio princípio da separação dos Poderes; **D**: correta. Trata-se do fenômeno da mutação constitucional, sendo um poder de fato, não ilimitado, já que deve observar os limites impostos pela própria Constituição. **TM**
Gabarito "D".

2. TEORIA DA CONSTITUIÇÃO E PRINCÍPIOS FUNDAMENTAIS

(Procurador Município – Teresina/PI – FCC – 2022) Segundo a Constituição Federal, no plano das relações internacionais, a República Federativa do Brasil

(A) tratará as relações com Estados considerados desenvolvidos de maneira privilegiada.

(B) não concederá asilo político a cidadãos originários de Estados com os quais não mantém relação diplomática.

(C) buscará a integração econômica, política, social e cultural dos povos da América Latina, visando à formação de uma comunidade latino-americana de nações.

(D) defenderá a ação bélica para solução dos conflitos quando determinada por organismo internacional do qual reconhece a jurisdição.

(E) defenderá a intervenção em outros países para garantir a prevalência dos valores da civilização ocidental judaico-cristã.

É o que determina o parágrafo único do art. 4º da CF. **AMN**
Gabarito "C".

(Procurador Município – Santos/SP – VUNESP – 2021) A doutrina, ao tratar das espécies de inconstitucionalidades, assinala que

(A) o vício formal objetivo acontece na fase de iniciativa, quando as leis de iniciativa exclusiva têm a reserva violada, ou não observada.

(B) a inconstitucionalidade formal é também conhecida como nomoestática, e uma lei pode padecer de vício formal ou somente de vício material.

(C) o vício formal subjetivo é verificado nas demais fases do processo legislativo, posteriores à fase de iniciativa, como, por exemplo, no caso de uma lei complementar sendo votada por um *quorum* de maioria relativa.

(D) a inconstitucionalidade material expressa uma incompatibilidade de conteúdo, substantiva entre a lei ou ato normativo e a Constituição.

(E) a inconstitucionalidade material, também conhecida como nomodinâmica, ocorre no processo legislativo de elaboração das leis por autoridade incompetente.

A: Incorreta. O vício formal subjetivo ocorre na fase de iniciativa e o vício formal objetivo é verificado nas demais fases do processo legislativo, posteriores à fase da iniciativa. **B**: Incorreta. Segundo a doutrina, o parâmetro formal diz respeito às regras constitucionais do processo legislativo e a inobservância dessas regras procedimentais gera a inconstitucionalidade formal ou nomodinâmica. Já o parâmetro material, refere-se ao conteúdo das normas constitucionais. Dessa forma, o conteúdo de uma norma infraconstitucional não pode ser antagônico ao de sua matriz constitucional, sob pena de incorrer em uma inconstitucionalidade material ou nomoestática (ARAUJO, Luiz Alberto David; NUNES JÚNIOR, Vidal Serrano. *Curso de direito constitucional*. 21. ed. São Paulo: Verbatim, 2017, p. 60-61). **C**: Incorreta. Ver o comentário da alternativa "A", retro. **D**: Correta. A inconstitucionalidade material se refere ao conteúdo da lei ou ato normativo que não pode contrariar o conteúdo da Constituição. A inconstitucionalidade material é chamada também de nomoestática. **E**: Incorreta. Ver comentário da alternativa "B", retro. **AMN**
Gabarito "D".

(Procurador do Estado/SP – 2018 – VUNESP) Assinale a alternativa correta que justifica a classificação da atual Constituição Federal brasileira como rígida.

(A) A matéria constante de proposta de emenda rejeitada ou havida por prejudicada não pode ser objeto de nova proposta na mesma legislatura.

(B) A Constituição Federal poderá ser emendada mediante proposta exclusiva do Presidente da República; de um terço, no mínimo, dos membros do Congresso Nacional, ou das Assembleias Legislativas das unidades de Federação, manifestando-se, cada uma delas, pela maioria absoluta de seus membros.

(C) A proposta de emenda à Constituição deverá ser discutida e votada em cada Casa do Congresso Nacional, em dois turnos, considerando-se aprovada se obtiver, em ambos, três quintos dos votos dos respectivos membros. Será então promulgada pelas Mesas da Câmara dos Deputados e do Senado Federal, com o respectivo número, não estando sujeita à sanção ou ao veto do Presidente da República.

(D) Os tratados e convenções internacionais que forem aprovados, via decreto legislativo especial, com o respectivo número, em cada Casa do Congresso Nacional, em dois turnos, por três quintos dos votos dos respectivos membros, serão equivalentes às emendas constitucionais, após a devida sanção ou veto do Presidente da República.

(E) A garantia de que somente as normas materialmente constitucionais possam ser submetidas ao processo de reforma via emenda constitucional.

1. DIREITO CONSTITUCIONAL

A: incorreta, pois a matéria constante de proposta de emenda rejeitada ou havida por prejudicada não pode ser objeto de nova proposta na mesma **sessão legislativa** (art. 60, § 5º, da CF). A sessão legislativa ordinária é o período de atividade normal do Congresso a cada ano (de 2 de fevereiro a 17 de julho e de 1º de agosto a 22 de dezembro). Já a *legislatura* é o período de cada quatro sessões legislativas, a contar do ano seguinte ao das eleições parlamentares; **B:** incorreta, pois a Constituição poderá ser emendada mediante proposta: do Presidente da República; de um terço, no mínimo, dos membros da **Câmara dos Deputados ou do Senado Federal**; de mais da metade das Assembleias Legislativas das unidades da Federação, manifestando-se, cada uma delas, pela **maioria relativa** de seus membros (art. 60 da CF); **C:** correta, pois Constituição rígida é aquela que somente pode ser modificada mediante processo legislativo especial e qualificado, mais dificultoso do que o da lei, tal como aquele previsto para as emendas constitucionais (art. 60, §§ 2º e 3º, da CF); **D:** incorreta, porque **(i)** apenas os tratados e convenções internacionais sobre **direitos humanos** serão equivalentes às emendas constitucionais, caso aprovados pela maioria qualificada do § 3º do art. 5º da CF; e **(ii)** compete exclusivamente ao Congresso Nacional resolver definitivamente sobre tratados, acordos ou atos internacionais (art. 49, I, da CF), o que o faz por meio de decreto legislativo promulgado pelo presidente do Senado Federal (sem sanção ou veto do presidente da República); **E:** incorreta, pois a Constituição somente pode ser alterada por emenda constitucional (art. 60 da CF), independentemente de serem normas materialmente constitucionais ou formalmente constitucionais. [AN]

Gabarito "C".

(Procurador Municipal – Prefeitura/BH – CESPE – 2017) Acerca das Constituições, assinale a opção correta.

(A) De acordo com a doutrina, derrotabilidade das regras refere-se ao ato de se retirar determinada norma do ordenamento jurídico, declarando-a inconstitucional, em razão das peculiaridades do caso concreto.

(B) O neoconstitucionalismo, que buscou, no pós-guerra, a segurança jurídica por meio de cartas constitucionais mais rígidas a fim de evitar os abusos dos três poderes constituídos, entrou em crise com a intensificação do ativismo judicial.

(C) A concepção de Constituição aberta está relacionada à participação da sociedade quando da proposição de alterações politicamente relevantes no texto da Constituição do país.

(D) Devido às características do poder constituinte originário, as normas de uma nova Constituição prevalecem sobre o direito adquirido.

A: incorreta. A derrotabilidade das normas jurídicas (*defeasibility*, de Herbert Hart) refere-se à possibilidade de uma norma que preencha todas as condições para sua aplicação ao caso concreto seja, entretanto, afastada, por conta de uma exceção relevante não prevista de forma exaustiva. Dá-se como exemplo a decisão do STF sobre possibilidade de antecipação terapêutica do parto (aborto) em casos de gravidezes de fetos anencefálicos, exceção não prevista no Código Penal, mas relevante o suficiente para afastar a aplicação da sanção penal; **B:** incorreta. De acordo com Pedro Lenza, busca-se, dentro da realidade do neoconstitucionalismo, "não mais atrelar o constitucionalismo à ideia de limitação do poder político, mas, acima de tudo, buscar a eficácia da Constituição, deixando o texto de ter um caráter meramente retórico e passando a ser mais efetivo, especialmente diante da expectativa de concretização dos direitos fundamentais"; **C:** incorreta. A sociedade aberta dos intérpretes da Constituição opera não apenas quando da proposição de alterações politicamente relevantes, mas se dá a partir de uma participação mais ativa da população na interpretação da Constituição, independentemente da sua forma ou conteúdo; **D:** correta. Não há direito adquirido em face

da nova Constituição, já que o Poder Constituinte Originário é inicial, autônomo, ilimitado e incondicionado. [TM]

Gabarito "D".

3. HERMENÊUTICA CONSTITUCIONAL E EFICÁCIA DAS NORMAS CONSTITUCIONAIS

(Procurador – PGE/SP – 2024 – VUNESP) Segundo Tércio Sampaio Ferraz Jr: "A interpretação legitima meios, alterando a realidade social, de modo que os fins positivamente vinculados possam ser alcançados. [...] A interpretação legitima os fins, de modo que a realidade seja alterada, a fim de que os meios, se não existentes, possam ser adequadamente criados pelo legislador"; nesse contexto, é correto afirmar sobre o tema da eficácia e aplicabilidade das normas constitucionais:

(A) a eficácia significa correlacionar condições técnicas, axiológicas e fáticas da atuação da norma jurídica, de modo que não há norma constitucional sem eficácia, como nos casos das normas constitucionais de princípio institutivo impositivas, as quais indicam sempre o sentido dos fins sociais e do bem comum que almejam, com normatividade suficiente à sua incidência imediata.

(B) a eficácia exaurida de uma norma objeto de ação de controle abstrato de constitucionalidade conduz o Supremo Tribunal Federal a decretar a extinção do processo por perda superveniente do objeto, efeito a ser replicado automaticamente em todos os processos individuais nos quais se discutem eventuais lesões advindas da mesma norma.

(C) a vigência é o modo específico de existência da norma jurídica; a constituição pode ser promulgada em determinada data, com cláusula de vigência que estabelece outro momento em que ela começará a vigorar e, com isso, tornar-se apta a produzir os efeitos próprios do seu conteúdo, conforme modelos adotados nas Constituições brasileiras de 1934, 1946 e 1967.

(D) a aplicabilidade é a qualidade do que é executável; significa que a norma tem capacidade para produzir efeitos, como nos casos das normas constitucionais de eficácia limitada, as quais receberam do constituinte normatividade suficiente para reger os interesses relativos a determinada matéria, mas deixando margem à atuação restritiva por parte da competência discricionária do Poder Público, razão pela qual possuem aplicabilidade não integral e indireta.

(E) a efetividade da norma constitucional expressa o seu cumprimento pela materialização dos preceitos legais no mundo dos fatos; simboliza a aproximação entre o dever-ser e o ser da realidade social, conforme visão doutrinária impulsionada pelas teorias do neoconstitucionalismo e da teoria dos direitos fundamentais.

A: Incorreta. As normas constitucionais de princípio institutivo são as que não possuem aplicação imediata e dependem de legislação futura. A doutrina aponta que: "São de eficácia limitada porque é o legislador ordinário que lhes vai conferir executoriedade plena, mediante leis complementares ou ordinárias integrativas." (SILVA, José Afonso da. Aplicabilidade das normas constitucionais. 3. ed. São Paulo: Malheiros, 1998, p. 122). **B:** Incorreta. O seguinte julgado do TJDFT é esclarecedor:

"(...) 2. Declaração de constitucionalidade ou de inconstitucionalidade apresenta dois desdobramentos no ordenamento jurídico, a saber: (i) manutenção ou exclusão da norma do sistema do direito – eficácia normativa; (ii) atribuição ao julgado de qualificada força impositiva e obrigatória em relação a supervenientes atos administrativos ou judiciais – eficácia executiva. Daí que o Pretório Excelso, no julgamento do RE 730.462, em sede de repercussão geral, sob o Tema 733, definiu que a eficácia executiva da declaração de inconstitucionalidade tem como termo inicial a data da publicação do acórdão (art. 28 da Lei n. 9.868/1999), atingindo apenas os atos administrativos e judiciais supervenientes. Em decorrência, o STF firmou o entendimento de que 'a decisão do Supremo Tribunal Federal declarando a constitucionalidade ou a inconstitucionalidade de preceito normativo não produz a automática reforma ou rescisão das sentenças anteriores que tenham adotado entendimento diferente; para que tal ocorra, será indispensável a interposição do recurso próprio ou, se for o caso, a propositura da ação rescisória própria, nos termos do art. 485, V, do CPC, observado o respectivo prazo decadencial (CPC, art. 495)'." (Acórdão 1385884, 07295006920218070000, Relator: FÁBIO EDUARDO MARQUES, Oitava Turma Cível, data de julgamento: 11/11/2021, publicado no DJE: 2/12/2021). **C**: Incorreta. As constituições brasileiras, como regra, entraram em vigor com a promulgação. Entre as constituições mencionadas, somente a de 1967 foi promulgada em 24 de janeiro e a sua vigência se deu em 15 de março do mesmo ano. **D**: Incorreta. O conceito transcrito nessa alternativa se refere à norma constitucional de eficácia contida. As normas de eficácia limitada são aquelas que necessitam de providência normativa posterior para terem eficácia. **E**: Correta. A parte inicial transcrita na alternativa está conforme o entendimento de FERRAZ JR., Tercio Sampaio. *Teoria da norma jurídica: um modelo pragmático. In: A Norma Jurídica (coletânea)*, 1980, p. 29. Pode-se dizer que essa visão doutrinária impulsionou as teorias do neoconstitucionalismo e da teoria dos direitos fundamentais. AMN

Gabarito "E".

(Procurador Federal – AGU – 2023 – CEBRASPE) No campo da hermenêutica constitucional, a via de interpretação que orienta os intérpretes a buscar a maior concretude possível das normas constitucionais, sem lhes alterar o conteúdo, corresponde ao princípio da

(A) concordância prática ou da harmonização.

(B) razoabilidade.

(C) proporcionalidade.

(D) máxima efetividade.

(E) interpretação conforme a Constituição.

A alternativa correta é a D. A doutrina ensina que: "O princípio da máxima efetividade, também chamado de *princípio da eficiência*, significa que o intérprete e o aplicador do direito têm o dever de atribuir o sentido que assegure maior eficácia/eficiência às normas constitucionais, sempre que possível. A interpretação constitucional traz a ideia de concretização da norma jurídica, maximizando-a, justamente por se tratar de norma constitucional." (NISHIYAMA, Adolfo Mamoru; PINHEIRO, Flavia de Campos; LAZARI, Rafael de. *Manual de hermenêutica constitucional*. Belo Horizonte: D'Plácido, 2018, p. 172). AMN

Gabarito "D".

(Procurador Fazenda Nacional – AGU – 2023 – CEBRASPE) Considerando a interpretação do texto constitucional pelo STF e a doutrina acerca desse tema, assinale a opção correta.

(A) A interpretação ubi eadem ratio, ubi eadem jus (expressão latina que, em português, significa onde há a mesma razão, há o mesmo direito) é técnica de hermenêutica rechaçada pelo STF.

(B) Os magistrados devem buscar extrair a máxima eficácia das declarações internacionais, observando,

internamente, o princípio hermenêutico básico da primazia da norma que se revelar mais favorável à pessoa humana.

(C) Os princípios da interpretação constitucional e os jurídico-constitucionais se confundem na hermenêutica ligada ao caráter compromissório do constitucionalismo contemporâneo.

(D) O STF, nas várias oportunidades em que debateu sobre a questão da hermenêutica constitucional aplicada ao tema das imunidades tributárias, afastou a interpretação teleológica do instituto.

(E) A manutenção de decisões das instâncias ordinárias divergentes da interpretação adotada pelo STF não constitui afronta ao princípio da máxima efetividade da norma constitucional.

A: Incorreta. A interpretação *ubi eadem ratio, ubi eadem jus* já foi utilizada pelo STF, conforme o seguinte julgado: "O art. 400 do CPP, com a redação dada pela Lei 11.719/2008, fixou o interrogatório do réu como ato derradeiro da instrução penal, prestigiando a máxima efetividade das garantias constitucionais do contraditório e da ampla defesa (CRFB, art. 5º, LV), dimensões elementares do devido processo legal (CRFB, art. 5º, LIV) e cânones essenciais do Estado Democrático de Direito (CRFB, art. 1º, *caput*), por isso que a nova regra do CPP comum também deve ser observada no processo penal militar, em detrimento da norma específica prevista no art. 302 do DL 1.002/1969, conforme precedente firmado pelo Pleno do STF nos autos da AP 528 AgR, rel. min. Ricardo Lewandowski, julgamento em 24-3-2011, *DJE* 109 de 7-6-2011, impondo a observância do novo preceito modificador em relação aos processos regidos pela Lei especial 8.038/1990, providência que se impõe seja estendida à Justiça Penal Militar, posto que *ubi eadem ratio ibi idem jus*." (RHC 119.188, rel. min. Luiz Fux, j. 1º-10-2013, 1ª T, *DJE* de 23-10-2013). **B**: Correta. O STF tem esse entendimento. Nesse sentido: "O Poder Judiciário, nesse processo hermenêutico que prestigia o critério da 'norma mais favorável' (que tanto pode ser aquela prevista no tratado internacional como a que se acha positivada no próprio direito interno do Estado), deverá extrair a máxima eficácia das declarações internacionais e das proclamações constitucionais de direitos, como forma de viabilizar o acesso dos indivíduos e dos grupos sociais, notadamente os mais vulneráveis, a sistemas institucionalizados de proteção aos direitos fundamentais da pessoa humana, sob pena de a liberdade, a tolerância e o respeito à alteridade humana tornarem-se palavras vãs." (HC/SC 93280, rel. Min. Celso de Mello, j. 23/09/2008, 2ª T.). **C**: Incorreta. Constituição compromissória é chamada também de Constituição dirigente, programática ou diretiva, pois traça os objetivos a serem perseguidos pelo Estado. Nem todas as constituições contemporâneas são dirigentes. A doutrina aponta que: "Sob o rótulo 'princípios da interpretação constitucional' cuida-se de elencar um catálogo do que se poderia designar de técnicas e diretrizes para assegurar uma metódica racional e controlável ao processo de interpretação (e aplicação) da constituição e de suas normas (princípios e regras), portanto, auxiliar na construção de respostas constitucionalmente adequadas para os problemas jurídico-constitucionais. Na dicção de Gomes Canotilho, a elaboração de um catálogo de princípios da interpretação constitucional está relacionada com a necessidade de encontrar princípios tópicos auxiliares relevantes para a solução do problema prático enfrentado, mas que sejam ao mesmo tempo metodicamente operativos e constitucionalmente praticáveis." (SARLET, Ingo Wolfgang; MARINONI, Luiz Guilherme; MITIDIERO, Daniel. *Curso de direito constitucional*. 4. ed. São Paulo: Saraiva, 2015, p. 211). Portanto, os princípios da interpretação constitucional não se aplicam apenas às constituições compromissórias. **D**: Incorreta. Pelo contrário, o STF tem se utilizado da interpretação teleológica nas imunidades tributárias: "Os precedentes do Supremo, no tocante às imunidades das alíneas 'a', 'b' e 'c' do aludido inciso VI, têm deixado clara a atenção do Tribunal com as funções políticas e sociais dessas normas, revelando-se prática de interpretação teleológica para a solução das controvérsias surgidas e buscando-se sempre a melhor realização dos valores protegidos. Como afirmado pelo ministro Sepúlveda Pertence, no Recurso Extraordinário nº 237.718, da relatoria de Sua Excelência, julgado em 29 de março de 2001, a linha jurisprudencial do Tribunal, nos últimos tempos, vem sendo 'decisivamente inclinada à interpretação teleológica das normas de imunidade tributária, de modo a maximizar-lhes o potencial de efetividade, como garantia ou estímulo à concretização dos valores constitucionais que inspiram limitações ao poder de tributar.'" (RE/RJ 595676, rel. Min. Marco Aurélio, j. 08/03/2017, Pleno). **E**: Incorreta. É uma afronta ao princípio da máxima efetividade da norma constitucional, pois "(...) implica o dever do intérprete e aplicador de atribuir o sentido que assegure maior eficácia às normas constitucionais. Assim, verifica-se que a interpretação pode servir de instrumento para assegurar a otimização da eficácia e da efetividade, e, portanto também da força normativa da constituição." (SARLET, Ingo Wolfgang; MARINONI, Luiz Guilherme; MITIDIERO, Daniel. *Curso de direito constitucional*. 4. ed. São Paulo: Saraiva, 2015, p. 219). AMN

Gabarito "B".

(Procurador Município – Teresina/PI – FCC – 2022) Em "Marbury vs. Madison" (1803), a Suprema Corte estadunidense proferiu uma decisão que é considerada um marco histórico para o direito constitucional. Tal decisão consagrou

(A) a teoria de Hans Kelsen acerca do controle concentrado de constitucionalidade a ser exercido por um tribunal exclusivamente constitucional, topograficamente localizado fora do quadro estrutural do poder judiciário.

(B) o princípio da legalidade e a relevância do *writ of mandamus* para o controle judicial dos atos ilegais de agentes públicos.

(C) o princípio da supremacia da constituição e a teoria do desvio de poder.

(D) o princípio da supremacia da constituição e o controle judicial de constitucionalidade das leis.

(E) o princípio do controle judicial concentrado de constitucionalidade das leis e a teoria do desvio de poder.

A doutrina ensina que: "O direito norte-americano – em 1803, no célebre caso Marbury v. Madison, relatado pelo *Chief Justice* da Corte Suprema John Marshall – afirmou a supremacia jurisdicional sobre todos os atos dos poderes constituídos, inclusive sobre o Congresso dos Estados Unidos da América, permitindo-se ao Poder Judiciário, mediante casos concretos postos em julgamento, interpretar a Carta Magna, adequando-os e compatibilizando os demais atos normativos com suas superiores normas" (MORAES, Alexandre. *Direito constitucional*. 22. ed. São Paulo: Atlas, 2007, p. 694). AMN

Gabarito "D".

(Procurador Município – Teresina/PI – FCC – 2022) Ao restringir o uso de produtos derivados do tabaco (cigarros, cachimbos, charutos etc.), por exemplo, em recinto coletivo fechado, de acesso público, destinado a permanente utilização simultânea de várias pessoas, o legislador federal estabeleceu uma

(A) norma geral e especial e nela, em vista do exemplo do enunciado, uma ponderação desproporcional na medida em que contempla a proteção integral à saúde em detrimento da liberdade dos fumantes, razão pela qual não deve ser aplicada pelos destinatários da norma, independentemente de pronunciamento judicial.

(B) norma geral e nela a ponderação entre um princípio e uma regra de menor envergadura axiológica,

respectivamente, a cláusula geral da liberdade e o direito à saúde, passível de controle jurisdicional à luz dos princípios da supremacia e da unidade da constituição.

(C) norma geral e nela uma ponderação entre dois direitos fundamentais, quais sejam, a liberdade de fumar e a proteção à saúde, passível de controle jurisdicional à luz do princípio da proporcionalidade.

(D) norma geral e nela uma ponderação entre dois direitos fundamentais, quais sejam, o direito à livre-iniciativa e a liberdade de não fumar, passível de controle jurisdicional à luz do princípio da estrita legalidade.

(E) norma geral e especial e nela uma ponderação entre dois direitos fundamentais, quais sejam, a liberdade de fumar e a proteção à saúde, insuscetível de controle jurisdicional, pois derivada da discricionariedade outorgada pela Constituição ao legislador ordinário.

O princípio da proporcionalidade vem sendo utilizado na jurisprudência do Supremo Tribunal Federal, muitas vezes, como "regra de ponderação" entre os direitos fundamentais em conflito. Neste sentido: MENDES, Gilmar Ferreira; BRANCO, Paulo Gustavo Gonet. *Curso de direito constitucional*. 8. ed. São Paulo: Saraiva, 2013, p. 230. AMN

Gabarito "C".

(Procurador/PA – CESPE – 2022) No que se refere à aplicabilidade das normas constitucionais, assinale a opção correta.

(A) Normas constitucionais de eficácia contida ou limitada são aquelas que dependem de posterior atuação legislativa para gerarem efeitos; desse modo, são normas que não têm aplicação imediata.

(B) Normas constitucionais de eficácia limitada são aquelas que dependem de integração infraconstitucional para que se opere a plenitude de seus efeitos; assim, elas têm aplicabilidade mediata.

(C) Normas constitucionais de eficácia contida são aquelas que dependem de outros meios normativos (por exemplo, leis) para que possam ser aplicadas imediatamente.

(D) Normas constitucionais de eficácia redutível ou restringível são aquelas que não têm força suficiente para reger os interesses de que tratam, necessitando, portanto, de outros meios normativos para serem aplicadas imediatamente.

(E) Normas constitucionais de eficácia plena são aquelas que receberam do constituinte normatividade suficiente para incidência direta, ou seja, têm aplicabilidade imediata, mas dependem de regulamentação posterior para produzirem efeitos.

Segundo José Afonso da Silva (*Aplicabilidade das normas constitucionais*. 3. ed. São Paulo: Malheiros, 1998, p. 82-83), as normas constitucionais de eficácia plena são "todas as normas que, desde a entrada em vigor da constituição, produzem todos os seus efeitos essenciais (ou têm a possibilidade de produzi-los), todos os objetivos visados pelo legislador constituinte, porque este criou, desde logo, uma normatividade para isso suficiente, incidindo direta e imediatamente sobre a matéria que lhes constitui objeto". As normas constitucionais de eficácia contida (redutível ou restringível) também se constituem "de normas que incidem imediatamente e produzem (ou podem produzir) todos os efeitos queridos, mas preveem meios ou conceitos que permitem manter sua eficácia contida em certos limites, dadas certas circunstâncias". As normas constitucionais de eficácia limitada "são todas as que não produzem, com a simples entrada em vigor, todos os seus efeitos essenciais, porque o legislador constituinte, por qualquer motivo, não estabeleceu, sobre a matéria, uma normatividade para isso bastante, deixando essa tarefa ao legislador ordinário ou a outro órgão do Estado". **AMN**

Gabarito "B".

(Procurador do Estado/SP – 2018 – VUNESP) O jurista alemão Konrad Hesse, ao analisar a interpretação constitucional como concretização, afirmou que "bens jurídicos protegidos jurídico-constitucionalmente devem, na resolução do problema, ser coordenados um ao outro de tal modo que cada um deles ganhe realidade.", ou seja, pode-se dizer que em determinados momentos o intérprete terá de buscar uma função útil a cada um dos bens constitucionalmente protegidos, sem que a aplicação de um imprima a supressão do outro. A definição exposta refere-se ao Princípio

(A) da Comparação Constitucional.

(B) Hermenêutico-Concretizador.

(C) da Forma Justeza ou da conformidade funcional.

(D) da Concordância Prática ou da Harmonização.

(E) da Proporcionalidade.

A: incorreta, pois o **método da comparação constitucional** é aquele em que o intérprete recorre ao Direito Comparado para buscar a melhor direção interpretativa das normas constitucionais do seu país; **B:** incorreta, pois o **método hermenêutico-concretizador** é aquele em que o intérprete, partindo da norma constitucional para a resolução de um problema, utiliza a sua pré-compreensão do significado da norma e leva em conta as circunstâncias históricas para obter o sentido da norma no caso concreto; **C:** incorreta, pois o **princípio da justeza ou da conformidade funcional** afirma que o intérprete não pode deturpar o esquema organizatório-funcional estabelecido na Constituição, de forma a violar o sistema de repartição de funções e competências; **D:** correta, pois o **princípio da concordância prática ou da harmonização** estabelece que o intérprete deve sopesar normas constitucionais conflitantes de modo a harmonizá-las, evitando o sacrifício total (supressão) de uma em relação a outra; em outras palavras, no conflito de normas constitucionais, o alcance delas deve ser reduzido até que se encontre o ponto de equilíbrio de acordo com o caso concreto; **E:** incorreta, pois o **princípio da proporcionalidade ou da razoabilidade** consubstancia a ideia de justiça, equidade, bom senso, moderação e proibição de excesso que deve pautar a interpretação e aplicação das normas, aferindo se os meios utilizados são adequados e necessários à consecução dos fins visados. **AN**

Gabarito "D".

(Procurador do Estado/AC – 2017 – FMP) Considerando-se que a tradição constitucional norte-americana se encontra cifrada, ainda que não de forma total e absoluta, na ideia de Constituição como regra do jogo da competência social e política, assim como na afirmação e garantia da autonomia dos indivíduos como sujeitos privados e como agentes políticos, cuja garantia essencial é a jurisdição, enquanto que a tradição europeia é preponderantemente marcada por um forte conteúdo normativo que supera o limiar da definição das regras do jogo organizando o poder, afirmando-se como um projeto político delineado de forma a participar diretamente do jogo, condicionando decisões estatais destinadas a efetivar um programa transformador do Estado e da sociedade, seria correto afirmar que

(A) o Neoconstitucionalismo resulta exclusivamente do influxo da tradição constitucional europeia.

(B) o Neoconstitucionalismo resulta exclusivamente do influxo da tradição constitucional norte americana.

(C) o Neoconstitucionalismo resulta da aproximação entre os dois modelos, tanto ao adotar a ideia – tipicamente europeia – de constituição como um texto jurídico supremo destinado a instrumentalizar um programa transformador, quanto ao deferir à jurisdição – o que é característico do modelo norte americano – a tarefa de implementar tal programa quando o legislador não o faz, de que é exemplo a inconstitucionalidade por omissão tal como existente no sistema constitucional brasileiro.

(D) o Neoconstitucionalismo caracteriza-se essencialmente como um rompimento tanto com a tradição constitucional europeia quanto com a norte-americana.

(E) na ambiência do Neoconstitucionalismo, rompe-se definitivamente a separação entre direito e moral, uma vez que se considera que o julgador pode e deve tanto interpretar normas jurídicas a partir de suas convicções morais, quanto aplicar diretamente preceitos morais na solução dos casos concretos quando inexistente norma jurídica específica.

Correta é a letra C, pois retrata fielmente, ainda que de forma resumida, o neoconstitucionalismo. A letra A está errada, pois existe influência norte-americana. A letra B não é correta, pois também há influência europeia. Letra D errada, porque não ocorreu tal rompimento. Por último, letra E errada, uma vez que a separação definitiva entre Direito e moral não é verdadeira como, por exemplo, confirma-se no artigo 37, *caput*, da CF. **AB**

Gabarito "C".

"O intérprete não pode chegar a um resultado que subverta ou perturbe o esquema organizatório-funcional estabelecido pelo constituinte. Assim, a aplicação das normas constitucionais propostas pelo intérprete não pode implicar alteração na estrutura de repartição de poderes e exercício das competências constitucionais estabelecidas pelo constituinte originário".

(Procurador do Município – S.J. Rio Preto/SP – 2019 – VUNESP) Esse aspecto de interpretação das normas constitucionais diz respeito ao princípio

(A) da harmonização.

(B) da justeza.

(C) da força normativa da Constituição.

(D) do efeito integrador.

(E) do normativo-estruturante.

Correta é a letra B, pois o princípio da justeza limita o intérprete e não permite que este altere a repartição de funções constitucionalmente estabelecidas, por exemplo. Em relação ao enunciado, o princípio da justeza é p única que se encaixa perfeitamente, pois o princípio da harmonização fala da combinação de bens jurídicos na busca por se evitar o sacrifício total de um deles, diante de um conflito, por isso letra A errada. A força normativa da Constituição determina ao intérprete a prevalência da eficácia da Constituição, logo, letra C errada por não encaixar no que diz o enunciado. A letra D também está errada, pois o efeito integrador busca solucionar os conflitos com integração política e social. Por fim, a letra E está errada porque a normatividade-estruturante determina que o texto da norma deve ser uma espécie de ponto de partida. **AB**

Gabarito "B".

4. CONTROLE DE CONSTITUCIONALIDADE

(Procurador – AL/PR – 2024 – FGV) Declarada a inconstitucionalidade por omissão de medida para tornar efetiva norma constitucional, será dada ciência ao Poder competente para a adoção das providências necessárias e, em se tratando de órgão administrativo, para fazê-lo em trinta dias.

Diante do exposto e da jurisprudência do Supremo Tribunal Federal, assinale a afirmativa correta.

(A) Na Ação Direta de Inconstitucionalidade por Omissão, a exemplo do que se verifica no mandado de injunção, o Supremo Tribunal Federal vem entendendo que poderá suprir a omissão inconstitucional do legislador democrático até que o poder competente supra a omissão declarada.

(B) Na Ação Direta de Inconstitucionalidade por Omissão, o Supremo Tribunal Federal vem entendendo que poderá suprir a omissão inconstitucional do legislador democrático, após fixado um prazo razoável para que o poder competente supra a omissão, em atenção ao princípio da separação de poderes.

(C) Na Ação Direta de Inconstitucionalidade por Omissão, o Supremo Tribunal Federal, em atenção ao princípio da separação de poderes, entende que deverá limitar-se a declarar a omissão e dar ciência ao Poder Legislativo para a adoção das providências necessárias à concretização da norma constitucional.

(D) Na Ação Direta de Inconstitucionalidade por Omissão é admitida a desistência a qualquer tempo e, em razão do princípio da subsidiariedade, a ação somente será cabível se ficar provada a inexistência de qualquer meio eficaz para afastar a omissão no âmbito judicial.

(E) Diante do princípio da fungibilidade, o Supremo Tribunal Federal admite que o Mandado de Injunção seja convolado em Ação Direta de Inconstitucionalidade por Omissão. Entretanto, em relação a ação direta de inconstitucionalidade por omissão e a ação direta por inconstitucionalidade não é admitida aplicação do princípio da fungibilidade.

O gabarito oficial consta como correta a alternativa A. No entanto, s.m.j., não nos parece que esse tem sido o entendimento do STF nos julgados sobre ADO. Por exemplo, na ADO/DF 67, j. 06/06/2022, o STF entendeu que há mora legislativa na edição da lei complementar a que se refere o art. 155, § 1º, inciso III, da CF, e estabeleceu o prazo de 12 (doze) meses para o Congresso Nacional adotar as medidas legislativas necessárias para suprir a omissão. Na ADO/DF 27, j. 03/07/2023, o STF entendeu que há necessidade de regulamentação do Fundo de Garantia das Execuções Trabalhistas previstas no art. 3º da EC 45/2004, e assinalou o prazo de 24 (vinte e quatro) meses para que o Congresso Nacional edite a lei. Na ADO/DF 74, j. 05/05/2024, decidiu sobre a omissão do art. 7º, inciso XXIII, da CF, sobre o adicional de penosidade aos trabalhadores urbanos e rurais e estipulou prazo de 18 (dezoito) meses para a sua regulamentação. Na ADO/DF 20, j. 14/12/2023, o STF firmou a seguinte tese: "1. Existe omissão inconstitucional relativamente à edição da lei regulamentadora da licença-paternidade, prevista no art. 7º, XIX, da Constituição. 2. Fica estabelecido o prazo de 18 meses para o Congresso Nacional sanar a omissão apontada, contados da publicação da ata de julgamento. 3. Não sobrevindo a lei regulamentadora no prazo acima estabelecido, caberá a este Tribunal fixar o período da licença paternidade". Assim, entendemos que a alternativa B seja a correta. **AMN**

Gabarito "A".

(Procurador – AL/PR – 2024 – FGV) Sobre o controle de constitucionalidade e a cisão funcional de competência, à luz do ordenamento jurídico vigente e da jurisprudência predominante do Supremo Tribunal Federal, assinale a afirmativa correta.

(A) Somente no controle concentrado de constitucionalidade ocorre a cisão funcional de competência.

(B) Somente pelo voto de dois terços dos membros do Tribunal de Justiça ou dos membros do respectivo órgão especial poderão os tribunais declarar a inconstitucionalidade de lei ou ato normativo do Poder Público.

(C) Viola a Constituição a decisão de órgão fracionário de tribunal que, não declara expressamente a inconstitucionalidade de lei ou ato normativo do Poder Público, mas afasta sua incidência, no todo ou em parte.

(D) É necessária a cisão funcional de competência quando o órgão fracionário de Tribunal de Justiça entender inconstitucional lei em controle difuso de constitucionalidade, com fundamento em jurisprudência do Plenário ou em Súmula do Supremo Tribunal Federal.

(E) Realizada a cisão funcional para julgamento de arguição de inconstitucionalidade, o pleno ou órgão especial já decidirá também sobre o bem jurídico em discussão.

A: Incorreta. A cisão funcional de competência ocorre no controle difuso de constitucionalidade, uma vez que o pronunciamento do pleno ou do órgão especial será restrito à análise da inconstitucionalidade da lei em tese, enquanto que o julgamento do caso concreto será realizado pelo órgão fracionário, o qual está vinculado àquele pronunciamento. Portanto, há uma divisão horizontal de competência funcional entre o pleno ou órgão especial, que tem competência para resolver a questão da inconstitucionalidade, e o órgão fracionário, a quem cabe julgar o caso concreto. **B:** Incorreta. O art. 97 da CF dispõe que: "Art. 97. Somente pelo voto da maioria absoluta de seus membros ou dos membros do respectivo órgão especial poderão os tribunais declarar a inconstitucionalidade de lei ou ato normativo do Poder Público". **C:** Correta. É o que dispõe a Súmula Vinculante 10 do STF: "Viola a cláusula de reserva de plenário (CF, artigo 97) a decisão de órgão fracionário de tribunal que, embora não declare expressamente a inconstitucionalidade de lei ou ato normativo do Poder Público, afasta sua incidência, no todo ou em parte". **D:** Incorreta. Nessa hipótese não haverá a cisão funcional de competência, pois já há jurisprudência do Plenário ou em Súmula do STF sobre o tema. **E:** Incorreta. A decisão sobre o bem jurídico em discussão caberá ao órgão fracionário (por exemplo, Câmara ou Turma). **AMN**

Gabarito "C".

(Procurador – PGE/SP – 2024 – VUNESP) A respeito do controle judicial de constitucionalidade, sob a ótica da jurisprudência do Supremo Tribunal Federal, assinale a alternativa correta.

(A) A técnica denominada superação total (*overruling*) pressupõe respeitar de forma impositiva a força vinculante do precedente fixado pela Corte Constitucional, de modo a garantir a manutenção da segurança jurídica alicerçada no sistema da dupla coerência (previsibilidade e proteção da confiança legítima).

(B) A declaração de inconstitucionalidade parcial sem redução do texto é uma técnica decisória que sempre parte da interpretação conforme a Constituição, para reconhecer a improcedência da ação constitucional, com a fixação de ressalvas expressas sobre a interpretação do conteúdo de determinado dispositivo normativo.

(C) A lei revogada não se restaura por ter a lei revogadora perdido a vigência por força dos efeitos repristinatórios da declaração de inconstitucionalidade em abstrato, lógica aplicável a toda a cadeia normativa pertinente.

(D) A possibilidade de modulação de efeitos temporais da declaração de inconstitucionalidade não implica o afastamento da supremacia da Constituição, mas uma ponderação entre a norma violada e as normas constitucionais que protegem os efeitos produzidos pela lei inconstitucional.

(E) A declaração de inconstitucionalidade por arrastamento ou reverberação normativa tem lugar quando peculiaridades fáticas ou sociais impõem o deslocamento da norma inconstitucional para ser validada em outro momento, com a finalidade de evitar a situação de anomia ou dano ainda maior à ordem constitucional.

A: Incorreta. O *overruling* significa a revogação de um precedente por outro. **B:** Incorreta. A doutrina aponta que o Supremo Tribunal Federal: "(...) utiliza-se da declaração de inconstitucionalidade parcial sem redução de texto como instrumento decisório para atingir-se uma interpretação conforme a Constituição, de maneira a salvar a constitucionalidade da lei ou do ato normativo, sem contudo alterar seu texto." (MORAES, Alexandre de. Direito constitucional. 22. ed. São Paulo: Atlas, 2007, p. 14-15), o que leva à parcial procedência da ação constitucional. **C:** Incorreta. Pelo contrário, a declaração de inconstitucionalidade tem efeito repristinatório, uma vez que fulmina a norma desde o seu início. Portanto, com a revogação da norma precedente, aplica-se novamente a legislação anteriormente revogada. **D:** Correta. Esse é o entendimento do STF constante na ementa da ADI 2231/DF, j. 22/05/2023: "(...) 5. Modulação de efeitos. A constitucionalidade da técnica da modulação de efeitos foi recentemente firmada por esta Corte no julgamento da ADI 2.154 (Red.ª p/o acórdão a Min.ª Cármen Lúcia). A possibilidade de modulação de efeitos temporais da declaração de inconstitucionalidade não implica o afastamento da supremacia da Constituição, mas uma ponderação entre a norma violada e as normas constitucionais que protegem os efeitos produzidos pela lei inconstitucional (...)". **E:** Incorreta. A declaração de inconstitucionalidade por arrastamento ocorre quando uma norma declarada inconstitucional pelo STF se estende aos outros dispositivos que apresentam com ela uma conexão ou interdependência. AMN
Gabarito "D".

(Procurador Federal – AGU – 2023 – CEBRASPE) A redação original do art. 243, *caput*, da CF determinava a imediata expropriação das glebas de qualquer região do país onde fossem localizadas culturas ilegais de plantas psicotrópicas, impondo sua destinação ao assentamento de colonos e ao cultivo de produtos alimentícios e de medicamentos, sem qualquer indenização ao proprietário e sem prejuízo de outras sanções previstas em lei. A Emenda Constitucional (EC) n.º 81/2014 alterou a redação original do art. 243 da CF, incluindo a expropriação, para fins de reforma agrária e de programas de habitação popular, das propriedades rurais e urbanas utilizadas para a exploração de trabalho escravo, impondo o confisco a fundo especial de todo bem de valor econômico apreendido em decorrência da referida prática. Entretanto, desde a edição da EC n.º 81/2014, ainda não foi editada lei federal que regulamente a nova redação do art. 243 da CF. Por essa razão, o Ministério Público Federal ingressou, perante o STF, com

(A) arguição de descumprimento de preceito fundamental.

(B) ação direta de inconstitucionalidade.

(C) mandado de segurança.

(D) ação direta de inconstitucionalidade por omissão.

(E) ação civil originária.

A alternativa correta é a D. Em 2022 o procurador geral da República da época ajuizou perante o STF a Ação Direta de Inconstitucionalidade 77, com fundamento na demora do Congresso Nacional em regulamentar o art. 243 da CF, com redação dada pela EC 81/2014. AMN
Gabarito "D".

(Procurador Federal – AGU – 2023 – CEBRASPE) No que se refere ao papel do advogado-geral da União no controle concentrado de constitucionalidade, assinale a opção correta.

(A) Em ação direta de inconstitucionalidade (ADI), o advogado- geral da União pode deixar de defender a compatibilidade da norma atacada com a Constituição.

(B) O advogado-geral da União, ao ajuizar ação de controle concentrado de constitucionalidade, deve demonstrar pertinência temática do objeto da demanda em face da atuação da Advocacia-Geral da União (AGU).

(C) Na omissão do advogado-geral da União em se manifestar em ação direta de inconstitucionalidade (ADI), cabe ao procurador-geral da República realizar a defesa da norma.

(D) O advogado-geral da União deve ser obrigatoriamente intimado a manifestar-se antes de o Supremo Tribunal Federal (STF) apreciar requerimento de medida cautelar em ação direta de inconstitucionalidade (ADI).

(E) O advogado-geral da União é o último a manifestar-se por escrito nas ações direta de inconstitucionalidade (ADI), antes do julgamento pelo Supremo Tribunal Federal (STF).

A: Correta. O STF entende que a Advocacia-Geral da União pode deixar de defender a constitucionalidade de norma questionada em sede de ADI (ADI/QO 3916). **B:** Incorreta. O advogado-geral da União não é legitimado para ajuizar nenhuma ação do controle concentrado de constitucionalidade. **C:** Incorreta. A defesa do ato na ADI é exclusiva do advogado-geral da União (CF, art. 103, § 3º). **D:** Incorreta. O § 1º do art. 10 da Lei 9.868/1999 dispõe que: "O relator, julgando indispensável, ouvirá o Advogado-Geral da União e o Procurador-Geral da República, no prazo de três dias". **E:** Incorreta. O art. 8º da Lei 9.868/1999 prevê que: "Decorrido o prazo das informações, serão ouvidos, sucessivamente, o Advogado-Geral da União e o Procurador-Geral da República, que deverão manifestar-se, cada qual, no prazo de quinze dias.". AMN
Gabarito "A".

(Procurador Federal – AGU – 2023 – CEBRASPE) Em relação aos efeitos transcendentes das decisões do STF em controle de constitucionalidade, julgue os itens que se seguem.

I. Os ditos de passagem (obiter dicta) costumam gerar efeitos transcendentes.

II. A transcendência dos efeitos das decisões do STF corresponde à teoria da abstrativização do controle difuso e é a única consequência dessa teoria.

III. O STF não admite a teoria da transcendência dos motivos determinantes de suas decisões para efeito de conhecimento de reclamação constitucional.

ASSINALE A OPÇÃO CORRETA.

(A) Apenas o item I está certo.

(B) Apenas o item II está certo.

(C) Apenas o item III está certo.

(D) Apenas os itens I e II estão certos.

(E) Apenas os itens I e III estão certos.

I: Incorreta. A expressão *obter dicta* (ditos de passagem) é usada no exame de precedentes judiciais em oposição à *ratio decidendi* (razões de decidir). A *obter dicta* é um argumento de retórica onde o julgador manifesta uma opinião, mas não é o fundamento da decisão. Ela não se aplica para outros precedentes judiciais. Já a *ratio decidendi* se aplica para outros julgamentos, pois foi ela que levou a tomar a decisão do julgado. Segundo a teoria da transcendência dos motivos determinantes, os fundamentos de determinado acórdão devem ser usados para julgamentos futuros. O STF não aplica essa teoria. Ele aplica o sistema de enunciados fixando tese jurídica. II: Incorreta. Ver o comentário anterior. III: Correta. A teoria da transcendência dos motivos determinantes prega a possibilidade de que a *ratio decidendi* (razões de decidir) em uma decisão proferida pelo STF, no controle difuso de constitucionalidade, produzam efeitos *erga omnes*, vinculantes. Essa teoria não foi adotada pela Suprema Corte brasileira. Além disso, o STF não admite a teoria da abstrativização do controle difuso, sendo que o art. 52, X, da CF não sofreu mutação constitucional, conforme julgado o STF na Rcl/AC 4335. **AMN**

Gabarito "C".

(Procurador Fazenda Nacional – AGU – 2023 – CEBRASPE) Entidade de classe de âmbito estadual pretende ajuizar ADI perante o STF, visando ao reconhecimento da invalidade de determinada lei estadual do local de sua sede, devido à previsão de obrigatoriedade de a entidade de classe prestar assistência à saúde como contraprestação ao pagamento da contribuição sindical.

A respeito dessa situação hipotética, assinale a opção correta.

(A) Uma vez ajuizada a ADI, o STF não poderá exigir que a entidade se faça representar por advogado, dada a capacidade postulatória das entidades de classe prevista no texto constitucional.

(B) Uma vez ajuizada a ADI, o STF poderá declarar a inconstitucionalidade da lei impugnada, sem, todavia, fazê-lo em relação a eventual decreto regulamentador não mencionado na exordial da ADI.

(C) A legitimação especial da referida entidade para a propositura da ADI perante o STF a desobriga de atender o requisito da pertinência temática entre o conteúdo do ato impugnado e as funções ou atividades do legitimado.

(D) A referida entidade não tem legitimidade para propor ADI perante o STF.

(E) Uma vez ajuizada a ADI, o STF poderá declarar a inconstitucionalidade da lei impugnada e, de ofício, a ilegalidade de seu decreto regulamentador.

A alternativa D está correta. Somente a entidade de classe de âmbito nacional é legitimada para o ajuizamento da ADI (CF, art. 103, IX). **AMN**

Gabarito "D".

(Procurador Fazenda Nacional – AGU – 2023 – CEBRASPE) Acerca do controle concentrado de constitucionalidade, assinale a opção correta. Nesse sentido, considere que as siglas ADC e ADI, sempre que empregadas, correspondem, respectivamente, a ação declaratória de constitucionalidade e ação direta de inconstitucionalidade.

(A) Decisão de mérito proferida no âmbito de uma ADC é apta a produzir efeitos jurídicos, independente-

mente de a ação ter sido julgada procedente ou improcedente.

(B) ADC e ADI de lei ou ato normativo federal pressupõem a demonstração de controvérsia judicial relevante.

(C) Compete ao STF processar e julgar, originariamente, ADI e ADC de lei ou ato normativo federal ou estadual.

(D) À exceção da ADC, nenhuma outra ação de controle concentrado de constitucionalidade admite a desistência.

(E) Dado o papel constitucional do advogado-geral da União no exercício da curadoria das leis, é imprescindível a sua participação no processo de ADC.

A: Correta. Se a ADC for julgada procedente a norma será considerada constitucional e se for julgada improcedente ela será considerada inconstitucional, produzindo, portanto, efeitos jurídicos (art. 24 da Lei nº 9.868/1999). **B**: Incorreta. A controvérsia judicial relevante de lei ou ato normativo federal é pressuposto apenas para a ADC (art. 14, III, da Lei nº 9.868/1999). **C**: Incorreta. A ADC é instrumento adequado para questionar a constitucionalidade apenas de lei ou ato normativo federal (CF, art. 102, I, *a*, e art. 13, *caput*, da Lei nº 9.868/1999). **D**: Incorreta. Nenhuma das ações no controle concentrado de constitucionalidade admite a desistência (arts. 5º, *caput*, 12-D e 16 da Lei nº 9.868/1999). **E**: Incorreta. A participação do advogado-geral da União é imprescindível apenas na ADI, que defenderá o ato ou texto impugnado (CF, art. 103, § 3º). **AMN**

Gabarito "A".

(Procurador Município – Teresina/PI – FCC – 2022) Lei do Município de Teresina poderá ser objeto de controle

(A) concentrado de constitucionalidade perante o Supremo Tribunal Federal em face da Constituição Federal por meio de arguição de descumprimento de preceito fundamental.

(B) concentrado de constitucionalidade perante o Tribunal de Justiça em face da Constituição Estadual por meio de arguição de descumprimento de preceito fundamental.

(C) concentrado de constitucionalidade perante o Tribunal de Justiça em face da Constituição Estadual por meio de ação declaratória de constitucionalidade.

(D) difuso de constitucionalidade perante o Tribunal de Justiça em face da Constituição Estadual por meio de ação direta de inconstitucionalidade.

(E) concentrado de constitucionalidade perante o Supremo Tribunal Federal em face da Constituição Federal por meio de ação direta de inconstitucionalidade.

A arguição de descumprimento de preceito fundamental, como controle concentrado de constitucionalidade, é cabível, entre outras hipóteses, "quando for relevante o fundamento da controvérsia constitucional sobre lei ou ato normativo federal, estadual ou municipal, incluídos os anteriores à Constituição" (art. 1º, parágrafo único, I, da Lei nº 9.882/1999). **AMN**

Gabarito "A".

(Procurador Município – Santos/SP – VUNESP – 2021) A Constituição Federal prevê dois instrumentos distintos para garantir efetividade às normas constitucionais de eficácia limitada, quando houver injustificada omissão do legislador ou do Poder Público na tarefa de complementar aquela espécie normativa. São eles:

(A) ação direta de inconstitucionalidade por omissão e mandado de injunção.

(B) ação declaratória de constitucionalidade e mandado de segurança.

(C) arguição de descumprimento de preceito fundamental e mandado de injunção.

(D) incidente de arguição de inconstitucionalidade e mandado de segurança.

(E) ação direta de inconstitucionalidade e mandado de segurança.

A alternativa **A** está correta. A ação direta de inconstitucionalidade por omissão está prevista no art. 103, § 2º, da CF, (controle concentrado de constitucionalidade) e o mandado de injunção no art. 5º, inciso LXXI, da CF, (controle difuso de constitucionalidade). AMN

Gabarito "A".

(Procurador/PA – CESPE – 2022) No que diz respeito ao sistema de controle de constitucionalidade brasileiro, assinale a opção correta, com base na Constituição Federal de 1988 e no entendimento do Supremo Tribunal Federal.

(A) Os tribunais de justiça podem exercer controle abstrato de constitucionalidade de leis municipais, utilizando como parâmetro normas da CF, desde que as normas utilizadas sejam as de reprodução obrigatória pelos estados.

(B) Os tribunais poderão declarar a inconstitucionalidade de lei ou ato normativo do poder público somente pelo voto de 2/3 de seus membros ou dos membros do respectivo órgão especial.

(C) Podem propor ação direta de inconstitucionalidade o presidente da República, o presidente do Senado Federal, o presidente da Câmara dos Deputados, os presidentes das assembleias legislativas dos estados e o da Câmara Legislativa do Distrito Federal, os governadores dos estados e o do Distrito Federal, o procurador-geral da República, o Conselho Federal da Ordem dos Advogados do Brasil, partido político com representação no Congresso Nacional e confederação sindical ou entidade de classe de âmbito nacional.

(D) A decisão que julgar procedente ou improcedente o pedido em arguição de descumprimento de preceito fundamental é irrecorrível, mas está sujeita a ação rescisória eventualmente proposta por alguém que tenha sido atingido pelo seu resultado.

(E) Ao declarar a inconstitucionalidade de lei ou ato normativo em processo de arguição de descumprimento de preceito fundamental, tendo em vista razões de segurança jurídica ou de excepcional interesse social, o Supremo Tribunal Federal, por maioria absoluta de seus membros, poderá restringir os efeitos daquela declaração ou decidir que ela só tenha eficácia a partir de seu trânsito em julgado ou de outro momento que venha a ser fixado.

A: Correta. A doutrina aponta que "se a lei ou ato normativo municipal, além de contrariar dispositivos da Constituição Federal, contrariar, da mesma forma, previsões expressas do texto da Constituição Estadual, mesmo que de *repetição obrigatória e redação idêntica*, teremos a aplicação do citado art. 125, § 2º, da CF, ou seja, competência do Tribunal de Justiça do respectivo Estado-membro" (MORAES, Alexandre. *Direito constitucional*. 22. ed. São Paulo: Atlas, 2007, p. 725). **B:** Incorreta. A inconstitucionalidade deve ser declarada pelo voto da **maioria absoluta** e não de 2/3 de seus membros (CF, art. 97). **C:** Incorreta. As legitimidades ativas são das **mesas** e não dos presidentes do Senado Federal, da Câmara dos Deputados, das assembleias legislativas dos estados e o da Câmara Legislativa do Distrito Federal (CF, art. 103). **D:** Incorreta. A ADPF não pode ser objeto de ação rescisória (art. 12 da Lei nº 9.882/1999). **E:** Incorreta. A modulação dos efeitos da decisão é realizada por **maioria de dois terços** dos membros do STF e não por maioria absoluta (art. 11 da Lei nº 9.882/1999). AMN

Gabarito "A".

(Procurador/PA – CESPE – 2022) Julgue os itens a seguir, acerca do controle de constitucionalidade.

I. Uma vez proposta a ação direta de inconstitucionalidade, é cabível o pedido de desistência.

II. Cabe aos estados a instituição de representação de inconstitucionalidade de leis ou atos normativos estaduais, federais ou municipais em face da Constituição Federal de 1988, vedada a atribuição da legitimação para agir a um único órgão.

III. As decisões definitivas de mérito proferidas pelo Supremo Tribunal Federal nas ações diretas de inconstitucionalidade e nas ações declaratórias de constitucionalidade produzirão eficácia contra todos e efeito vinculante, relativamente aos demais órgãos do Poder Judiciário e à administração pública direta e indireta, nas esferas federal, estadual e municipal.

IV. Compete ao Supremo Tribunal Federal, precipuamente, a guarda da Constituição Federal, cabendo-lhe processar e julgar, originariamente, ação direta de inconstitucionalidade de lei ou ato normativo federal ou estadual e ação declaratória de constitucionalidade de lei ou ato normativo federal ou estadual.

A quantidade de itens certos é igual a

(A) 0.

(B) 1.

(C) 2.

(D) 3.

(E) 4.

I: Errado. Uma vez proposta a ação direta de inconstitucionalidade, não se admite desistência (art. 5º da Lei nº 9.868/1999). **II:** Errado. Cabe aos estados a instituição de representação de inconstitucionalidade de leis ou atos normativos estaduais ou municipais em face da Constituição Estadual (CF, art. 125, § 2º). **III:** Certo. É o que dispõe o parágrafo único do art. 28 da Lei nº 9.868/1999. **IV:** Errado. É cabível a ação declaratória de constitucionalidade apenas em face das leis ou atos normativos federais (CF, art. 102, I, *a*). AMN

Gabarito "B".

(Procurador do Estado/AC – 2017 – FMP) Considere as assertivas abaixo, acerca do controle de constitucionalidade.

I. Uma decisão do TJ local proferida em ADI estadual, tendo por parâmetro norma da Constituição Estadual de imitação de norma da CF, não poderá ser submetida a exame pelo STF mediante a interposição de Recurso Extraordinário.

II. O controle prévio jurisdicional difuso, realizado em concreto mediante impetração de mandado de segurança, somente pode ser suscitado por parte de quem tenha direito subjetivo lesado ou ameaçado de lesão (interesse legítimo) quando se tratar da tramitação de Proposta de Emenda Constitucional, nunca de projeto de lei.

III. Quando julgado o mérito de ADI, havendo decisão de procedência sem manifestação expressa em sentido contrário, produzir-se-ão efeitos repristinatórios da

1. DIREITO CONSTITUCIONAL

norma revogada pela norma então julgada inconstitucional.

Sobre as assertivas acima, é correto afirmar que

(A) todas as afirmativas são incorretas.

(B) a alternativa 1 é incorreta; as alternativas II e III são corretas.

(C) somente a alternativa II é correta.

(D) somente a alternativa III é correta.

(E) as alternativas I e II são corretas; a alternativa III é incorreta.

Correta é a letra D, uma vez que somente o item III é correto. O item I está errado, pois cabe sim o recurso extraordinário em tal situação. O item II é incorreto porque a legitimidade é do parlamentar (MS 24.667. Rel. Min. Carlos Velloso. STF). **AB**

Gabarito "D".

(Procurador do Estado/AC – 2017 – FMP) Considere as assertivas abaixo relativamente às ações constitucionais.

I. A Procuradoria do Estado pode propor ações civis públicas que tenham por objeto tanto direitos subjetivos coletivos em sentido estrito, assim entendidos aqueles decorrentes de uma relação jurídica básica, quanto tendo por objeto direitos difusos, assim entendidos aqueles de natureza transindividual indivisíveis.

II. Procurador do Estado pode propor habeas data e mandado de injunção tendo por objeto direitos subjetivos individuais homogêneos e direitos difusos.

III. No caso de decisão do Tribunal de Justiça do Acre em mandado contra ato do chefe do Ministério Público daquele Estado, concedendo a segurança pleiteada, caberá à Procuradoria do Estado interpor recurso e arrazoá-lo.

Assinale a alternativa correta.

(A) as assertivas I, II e III são incorretas.

(B) apenas as assertivas I e II são corretas.

(C) apenas as assertivas I e III são corretas.

(D) apenas as assertivas II e III são corretas.

(E) as assertivas I, II e III são corretas.

Correta é a letra C, pois o item I está correto (artigo 5º, III, da Lei 7347/85). O item II está errado, porque a pessoa jurídica de direito público não pode impetrar MI (artigo 12, da Lei 13.300/16). O item III está correto, conforme artigos 6º e 7º, da Lei 12.016/09, uma vez que o sujeito passivo seria a pessoa jurídica de direito público (Estado do Acre). **AB**

Gabarito "C".

(Procurador do Estado/AC – 2017 – FMP) Considere as assertivas abaixo:

I. Quando couber ADI estadual perante TJ-AC (CE, art. 95, 1, f) tendo como parâmetro norma constitucional de reprodução obrigatória, ainda que implícita na Constituição Estadual, terá aplicação o princípio da subsidiariedade, com o que, nos termos da jurisprudência do STF, será incabível a ADPF.

II. No caso de Prefeito Municipal ser autor da ADI estadual tendo por objeto norma de outro Município que não o seu, deverá comprovar a existência de pertinência temática, sob pena de inadmissão da ação que tenha proposto.

III. Quando a norma objeto do controle de constitucionalidade dispuser sobre determinado assunto sem

direcionar seus efeitos a todos os sujeitos e/ou a todas as situações (iguais) que deveriam estar incluídas no seu âmbito de aplicação, tem-se inconstitucionalidade por omissão parcial.

Sobre as assertivas acima, é correto afirmar que

(A) todas são corretas.

(B) todas são incorretas.

(C) somente as alternativas I e III são corretas.

(D) somente as alternativas II e III são corretas.

(E) somente as alternativas I e II são corretas.

Correta é a letra D, pois o item I está errado, uma vez que sendo cabível ADI não falaremos da ADPF e, por consequência, inaplicável o princípio da subsidiariedade. O item II está correto, pois o prefeito, mesmo não estando no rol dos legitimados da Constituição Federal, poderá estar no rol da Constituição Estadual e, assim, caso seria de demonstrar a pertinência temática numa eventual ação de controle. O item III está correto, pois a omissão pode ser total ou parcial. Sendo parcial, pode ser a omissão parcial propriamente dita ou a omissão parcial relativa, conforme afirmado no citado enunciado. **AB**

Gabarito "D".

(Procurador do Estado/AC – 2017 – FMP) No Brasil, com relação ao controle abstrato de constitucionalidade de lei ou ato normativo no âmbito estadual, é correto afirmar que

(A) passou a existir, de forma obrigatória, com CF de 1891.

(B) passou a existir, de forma facultativa, com a CF de 1946.

(C) passou a existir, de forma obrigatória, com a CF de 1967.

(D) passou a existir, de forma facultativa, com a CF de 1934.

(E) passou a existir, de forma obrigatória, com a CF de 1988.

Correta é a letra B, pois surgiu facultativamente com a Constituição de 1946 (EC 16/65). **AB**

Gabarito "B".

(Procurador do Estado/AC – 2017 – FMP) No controle abstrato de constitucionalidade, ainda que seja considerado processo objetivo, dado que nele não há sujeitos envolvidos como partes, tem-se que

(A) no âmbito do Estado do Acre, necessariamente, deverá ser citado o Procurador-Geral de Justiça para defender a norma impugnada.

(B) no âmbito federal, deverá ser citado o Procurador-Geral da República para defender a norma impugnada.

(C) no âmbito do Estado do Acre, necessariamente, deverá ser citado o Defensor Público-Geral para defender a norma impugnada.

(D) no âmbito do Estado do Acre, necessariamente, deverá ser citado o Procurador Geral do Estado para defender a norma impugnada.

(E) no âmbito do Estado do Acre, necessariamente, deverá ser citado o Procurador Geral do Estado que, se entender que seja o caso, poderá defender a norma impugnada.

Correta é a letra D, conforme artigo 103, §3º, da CF, aplicação por simetria, além do próprio artigo 104, §4º, da Constituição do Estado do Acre: "Quando o Tribunal de Justiça do Estado apreciar a inconstitucionalidade, em tese, de norma legal ou ato normativo, citará previamente, o procurador geral do Estado, que defenderá o ato ou texto impugnado.". **AB**

Gabarito "D".

(Procurador do Estado/SP – 2018 – VUNESP) Na Ação Declaratória de Constitucionalidade com pedido cautelar nº 19, ajuizada pelo Presidente da República, o Plenário do Supremo Tribunal Federal (STF), por votação unânime, declarou a constitucionalidade dos artigos 1º, 33 e 41 da Lei Federal nº 11.340/2006, conhecida como 'Lei Maria da Penha', que cria mecanismos para coibir a violência doméstica e familiar contra a mulher, em consonância ao artigo 226, § 8º da Constituição Federal. A decisão analisou em conjunto a Ação Declaratória de Constitucionalidade (ADC) nº 19 e a Ação Direta de Inconstitucionalidade (ADI) nº 4.424. Considerando este cenário, é correto afirmar sobre o controle de constitucionalidade:

(A) as decisões definitivas de mérito, proferidas pelo STF nas ADCs, produzirão eficácia erga omnes e efeito vinculante, relativamente aos demais órgãos do Poder Judiciário e à Administração Pública direta e indireta, nas esferas federal, estadual, porém, não admitem, em nenhuma hipótese, reclamação constitucional, intervenção de terceiros ou *amicus curiae* e realização de qualquer tipo de prova.

(B) quanto ao procedimento da ADC, prevalece o entendimento no Supremo Tribunal Federal de que se aplica o princípio da causa petendi aberta, ou seja, a Corte poderá basear-se em outros fundamentos que não aqueles trazidos pela petição inicial para fundamentar a sua decisão, motivo pelo qual é garantido ao autor optar pela desistência da ação a qualquer momento.

(C) o Supremo Tribunal Federal, por decisão da maioria absoluta de seus membros, poderá deferir pedido de medida cautelar na ação declaratória de constitucionalidade, consistente na determinação de que os juízes e os Tribunais suspendam o julgamento dos processos que envolvam a aplicação da lei ou do ato normativo objeto da ação até seu julgamento definitivo, devendo, nesse caso, publicar em seção especial do Diário Oficial da União, no prazo de dez dias, a parte dispositiva da decisão e proceder ao julgamento da ação no prazo de cento e oitenta dias, sob pena de perda de sua eficácia.

(D) a legitimidade ativa para propor a ADC inclui, além do Presidente da República, o Congresso Nacional, os Deputados Estaduais ou Distritais, o Governador de Estado ou do Distrito Federal; o Procurador-Geral da República; o Conselho Federal da Ordem dos Advogados do Brasil; partido político com representação no Congresso Nacional e sindicatos.

(E) para a admissibilidade da ação declaratória de constitucionalidade é dispensável a comprovação de controvérsia ou dúvida relevante quanto à legitimidade da norma, uma vez que, proclamada a constitucionalidade, julgar-se-á improcedente a ação direta ou procedente eventual ação declaratória; e, proclamada a inconstitucionalidade, julgar-se-á procedente a ação direta ou improcedente eventual ação declaratória.

A: incorreta, pois a declaração de constitucionalidade tem eficácia contra todos e efeito vinculante em relação aos órgãos do Poder Judiciário e à Administração Pública federal, estadual e municipal (art. 28, parágrafo único, da Lei 9.868/1999), não se admitindo intervenção de terceiros (art. 18 da Lei 9.868/1999), mas se admitindo *amicus curiae* (aplicação, por analogia, do art. 7º, § 2º, da Lei 9.868/1999), produção de provas (art. 20, § 1º, da Lei 9.868/1999) e reclamação constitucional para a garantia da autoridade da decisão (art. 102, I, *l*, da CF); **B:** incorreta, visto que, proposta a ação declaratória, **não** se admitirá desistência (art. 16 da Lei 9.868/1999); **C:** correta, nos termos do art. 21 da Lei 9.868/1999; **D:** incorreta, já que a legitimidade ativa para propor a ADC inclui o Presidente da República; a Mesa do Senado Federal; a Mesa da Câmara dos Deputados; a Mesa de Assembleia Legislativa ou da Câmara Legislativa do Distrito Federal; o Governador de Estado ou do Distrito Federal; o Procurador-Geral da República; o Conselho Federal da Ordem dos Advogados do Brasil; partido político com representação no Congresso Nacional; e confederação sindical ou entidade de classe de âmbito nacional (art. 103 da CF); **E:** incorreta, tendo em vista que a petição inicial deverá indicar a existência de controvérsia judicial relevante sobre a aplicação da disposição objeto da ação declaratória (art. 14, III, da CF). **AN**

Gabarito "C".

(Procurador do Estado/TO – 2018 – FCC) O princípio da separação de poderes, erigido como cláusula pétrea da Constituição da República, traduzindo o sistema de freios e contrapesos do regime democrático, impõe restrições à atividade do Poder Legislativo, entre as quais,

I. inconstitucionalidade de leis de iniciativa parlamentar instituindo programas de governo, que estabeleçam competências ou atribuições específicas para órgãos da Administração.

II. vedação à apresentação de projetos de lei que gerem despesa, salvo na forma de emenda à Lei Orçamentária Anual.

III. restrição ao poder de emendar projetos de iniciativa privativa do Chefe do Executivo quando a emenda não guarde pertinência temática com a proposição original, apresentando matéria diversa.

Está correto o que se afirma APENAS em

(A) I e II.

(B) I.

(C) I e III.

(D) III.

(E) II e III.

Correta é a letra C, pois o que se afirma no item I está correto (ADI 2.329, STF). O item II está errado (ADI 3.394, STF). O item III está correto (ADI 3.655, STF). **AB**

Gabarito "C".

(Procurador do Município – Prefeitura Fortaleza/CE – CESPE – 2017) No que concerne ao controle de constitucionalidade, julgue o item a seguir.

(1) Se a demanda versar exclusivamente sobre direitos disponíveis, é vedado ao juiz declarar de ofício a inconstitucionalidade de lei, sob pena de violação do princípio da inércia processual.

1. Incorreta. Qualquer juiz ou tribunal pode conhecer questões de inconstitucionalidade de ofício, ainda que se trate apenas de direitos disponíveis. **TM**

Gabarito 1E

(Procurador Municipal – Prefeitura/BH – CESPE – 2017) O STF declarou a inconstitucionalidade da interpretação da norma que proíbe a realização de aborto na hipótese de gravidez de feto anencefálico, diante da omissão de dispositivos penais quanto àquela situação. Essa decisão visou a garantir a compatibilidade da lei com os princípios e direitos fundamentais previstos na CF.

De acordo com a doutrina pertinente, nesse caso, o julgamento do STF constituiu sentença ou decisão:

(A) interpretativa de aceitação.

(B) aditiva.

(C) substitutiva.

(D) interpretativa de rechaço.

A: incorreta. No âmbito da intepretação constitucional, mais propriamente dentro da intepretação conforme a Constituição, existem as chamadas sentenças meramente interpretativas e as sentenças normativas ou manipuladoras. As sentenças de intepretação conforme *interpretativas*, por sua vez, podem ser divididas em interpretativas de aceitação e de rechaço (ou repúdio). As interpretativas de aceitação anulam as decisões que estejam contrárias à Constituição, por conterem interpretações da Constituição que não são válidas. Assim, a norma permanece no ordenamento, mas a intepretação que lhe foi conferida é declarada inconstitucional; **B:** correta. Já as decisões *manipuladoras ou normativas*, podem ser aditivas ou substitutivas. Nas aditivas, a Corte declara a existência de uma omissão inconstitucional na norma, como no caso do direito de greve do servidor público. Diante da omissão do legislador em regulamentá-lo, o STF garantiu seu exercício a partir da aplicação por analogia da lei de greve da iniciativa privada; **C:** incorreta. Nas decisões manipulativas substitutivas, ao contrário, a Corte declara a inconstitucionalidade da norma atacada substituindo-a por outra, criada pelo próprio tribunal; **D:** incorreta. Nas sentenças interpretativas de repúdio ou rechaço, o enunciado da norma permanece válido, mas a Corte adota a interpretação da norma que está de acordo com a Constituição, repudiando todas as demais. **TM**
Gabarito "B".

(Procurador do Município – Valinhos/SP – 2019 – VUNESP) A Constituição Federal poderá ser emendada

(A) mediante proposta de menos da metade das Assembleias Legislativas das unidades da Federação.

(B) mediante proposta do Vice-Presidente da República.

(C) na vigência de estado de defesa ou de estado de sítio, mas não na vigência de intervenção federal.

(D) e a matéria constante de proposta de emenda rejeitada ou havida por prejudicada pode ser objeto de nova proposta na mesma sessão legislativa.

(E) mediante proposta de um terço, no mínimo, dos membros da Câmara dos Deputados ou do Senado Federal.

Correta é a letra E, tendo em vista o artigo 60, da CF: "Art. 60. A Constituição poderá ser emendada mediante proposta: I – de um terço, no mínimo, dos membros da Câmara dos Deputados ou do Senado Federal; II – do Presidente da República; III – de mais da metade das Assembleias Legislativas das unidades da Federação, manifestando-se, cada uma delas, pela maioria relativa de seus membros. § 1º A Constituição não poderá ser emendada na vigência de intervenção federal, de estado de defesa ou de estado de sítio. § 2º A proposta será discutida e votada em cada Casa do Congresso Nacional, em dois turnos, considerando-se aprovada se obtiver, em ambos, três quintos dos votos dos respectivos membros. § 3º A emenda à Constituição será promulgada pelas Mesas da Câmara dos Deputados e do Senado Federal, com o respectivo número de ordem. § 4º Não será objeto

---

de deliberação a proposta de emenda tendente a abolir: I – a forma federativa de Estado; II – o voto direto, secreto, universal e periódico; III – a separação dos Poderes; IV – os direitos e garantias individuais. § 5º A matéria constante de proposta de emenda rejeitada ou havida por prejudicada não pode ser objeto de nova proposta na mesma sessão legislativa.". Logo, a única correta é a letra E (artigo 60, I, da CF). Letra A incorreta, porque a proposta deve ser de mais da metade das Assembleias Legislativas. Letra B errada, pois a proposta seria do Presidente da República. Letra C errada, porque não cabe emenda em qualquer um dos estados excepcionais. Letra D incorreta, pois não pode ser objeto de nova proposta na mesma sessão legislativa. **AB**
Gabarito "E".

(Procurador Municipal – Prefeitura/BH – CESPE – 2017) À luz do entendimento do STF, assinale a opção correta, a respeito do controle de constitucionalidade.

(A) Admite-se reclamação para o STF contra decisão relativa à ação direta que, proposta em tribunal estadual, reconheça a inconstitucionalidade do parâmetro de controle estadual em face da CF.

(B) Lei municipal poderá ser objeto de pedido de representação de inconstitucionalidade, mas não de arguição de descumprimento de preceito fundamental.

(C) Ato normativo editado por governo de estado da Federação que proíba algum tipo de serviço de transporte poderá ser questionado mediante ação declaratória de constitucionalidade no STF.

(D) Súmula vinculante poderá ser cancelada ou revista se demonstradas modificação substantiva do contexto político, econômico ou social, alteração evidente da jurisprudência do STF ou alteração legislativa sobre o tema.

A: incorreta. Nesse caso cabe recurso extraordinário, já que o tribunal estadual declarou a inconstitucionalidade de lei estadual em face da Constituição Federal; **B:** incorreta. Cabe ADPF em face de leis municipais, por expressa previsão no art. 1º da Lei 9.882/1999; **C:** incorreta. Só cabe ação declaratória de constitucionalidade em face de lei ou ato normativo federal (art. 102, I, *a*, CF); **D:** correta. Entendimento do STF consagrado ao julgar a PSV 13. **TM**
Gabarito "D".

(Procurador Municipal – Prefeitura/BH – CESPE – 2017) De acordo com o previsto na CF e considerando a jurisprudência do STF, assinale a opção correta, a respeito do controle de constitucionalidade.

(A) Em relação à ADI interventiva, a intervenção estadual em município será possível quando o Poder Judiciário verificar que ato normativo municipal viola princípio constitucional sensível previsto na Constituição estadual.

(B) Turma do STF poderá deliberar sobre revisão de súmula vinculante pelo quórum qualificado de dois terços de seus membros.

(C) O CNJ, como órgão do Poder Judiciário, tem competência para apreciar a constitucionalidade de atos administrativos.

(D) O ingresso como *amicus curiae* em ADI independe da demonstração da pertinência temática entre os objetivos estatutários da entidade requerente e o conteúdo material da norma questionada.

A: correta. Art. 35, IV, da CF; **B:** incorreta. A competência é do Pleno do STF, por quórum de 2/3 (art. 2º, § 3º, Lei 11.417/2006); **C:** incorreta. O

CNJ é órgão do Poder Judiciário, mas não possui competências judicantes; **D**: incorreta. Para ser aceito como *amicus curiae*, a pessoa ou entidade deve demonstrar a relevância da matéria e a representatividade do postulante. A pertinência temática está ligada à demonstração do segundo requisito. **TM**

(Procurador do Município – Boa Vista/RR – 2019 – CESPE/CEBRASPE) A respeito de controle de constitucionalidade, julgue o próximo item.

(1) Os tribunais de justiça possuem competência para julgar ação direta de inconstitucionalidade movida em desfavor de lei orgânica municipal, desde que o parâmetro para a fundamentação dessa ação seja a Constituição Federal.

Errado, pois a lei orgânica municipal seria caso de ADPF, bem como o STF fixou que tal competência somente em face da Constituição Estadual (ADI 347, STF): "É pacífica a jurisprudência do Supremo Tribunal Federal, antes e depois de 1988, no sentido de que não cabe a tribunais de justiça estaduais exercer o controle de constitucionalidade de leis e demais atos normativos municipais em face da Constituição federal.". **AB**

(Procurador do Estado/TO – 2018 – FCC) Proposta ação direta de inconstitucionalidade perante o Supremo Tribunal Federal,

(A) o autor poderá desistir da ação apenas enquanto não juntado aos autos do processo o parecer emitido pelo Procurador Geral da República.

(B) o Advogado-Geral da União não será citado para a defesa do ato normativo impugnado quando esse tiver sido editado em âmbito estadual.

(C) a decisão sobre a constitucionalidade ou a inconstitucionalidade do ato normativo impugnado poderá ser tomada na hipótese de estarem presentes na sessão apenas oito Ministros, podendo ser declarado inconstitucional, com efeitos vinculantes, pelo voto de cinco dos presentes.

(D) o Tribunal poderá conceder medida cautelar com eficácia contra todos, mas não para alcançar atos jurídicos praticados anteriormente à decisão judicial.

(E) a concessão de medida cautelar pelo Tribunal torna aplicável a legislação anterior acaso existente, salvo expressa manifestação em sentido contrário.

Correta é a letra E, conforme artigo 11, §2°, da Lei 9.868/ 99. A letra A está errada, conforme artigo 5°, da citada Lei. A letra B está errada (artigo 103, §3°, da CF e ADI 3.413, STF). A letra C está incorreta, pois requer 6 ministros. A letra D está errada (artigo 11, §1°, da CF). **AB**

(Procurador do Estado/TO – 2018 – FCC) Determinado Estado da Federação editou lei instituindo gratificação financeira mensal, a ser acrescida ao subsídio pago ao Governador e ao Vice-Governador, sendo devida em razão do exercício de segundo mandato eletivo no mesmo cargo. Essa norma inspirou a previsão em Lei Orgânica Municipal de igual vantagem econômica para beneficiar Prefeito e Vice-Prefeito. Considerando a Constituição Federal e a jurisprudência do Supremo Tribunal Federal –STF:

(A) apenas a lei municipal contraria a Constituição Federal, mas não poderá ser objeto de ação direta de

inconstitucionalidade perante o STF, ainda que possa ser objeto de arguição de descumprimento de preceito fundamental.

(B) ambas as leis são compatíveis com a Constituição Federal, mas a gratificação somente poderá ser paga aos titulares dos mandatos eletivos se observado o limite remuneratório máximo imposto pela Constituição Federal aos agentes políticos beneficiados.

(C) ambas as leis contrariam a Constituição Federal, mas, na hipótese de violarem também a Constituição do respectivo Estado, caberá apenas ao Tribunal de Justiça, e não ao STF, o exercício do controle abstrato e principal de sua constitucionalidade, sendo permitida a interposição de recurso extraordinário contra o acórdão proferido pelo Tribunal estadual.

(D) ambas as leis contrariam a Constituição Federal, podendo a lei estadual ser objeto de ação direta de inconstitucionalidade perante o Tribunal de Justiça caso a Constituição do respectivo Estado reproduza a norma da Constituição Federal que dispõe sobre a matéria.

(E) apenas a lei estadual contraria a Constituição Federal, podendo ser objeto de ação direta de inconstitucionalidade perante o Tribunal de Justiça caso a Constituição do respectivo Estado reproduza a norma da Constituição Federal que dispõe sobre a matéria, sendo permitida a interposição de recurso extraordinário contra o acórdão proferido pelo Tribunal estadual.

Correta é a letra D, pois assim determinou o STF: "1. Tribunais de Justiça podem exercer controle abstrato de constitucionalidade de leis municipais utilizando como parâmetro normas da Constituição Federal, desde que se trate de normas de reprodução obrigatória pelos Estados. Precedentes. 2. O regime de subsídio é incompatível com outras parcelas remuneratórias de natureza mensal, o que não é o caso do décimo terceiro salário e do terço constitucional de férias, pagos a todos os trabalhadores e servidores com periodicidade anual." (RE 650.898. Rel. Min. Roberto Barroso. STF). A partir dessa decisão, as demais alternativas estão equivocadas, tendo em vista o caso concreto apresentado pela questão. **AB**

(Procurador do Estado/TO – 2018 – FCC) Considerando a ausência de lei federal na matéria, determinado Estado editou lei, de iniciativa parlamentar, para o fim de exigir que os ônibus que realizam o serviço público de transporte coletivo municipal e intermunicipal de passageiros contem com equipamentos redutores de estresse aos motoristas e cobradores. Trata-se de norma que, à luz da Constituição Federal e da jurisprudência do Supremo Tribunal Federal, revela-se

(A) inconstitucional, uma vez que apenas poderia dispor sobre equipamentos dos ônibus que realizam o serviço de transporte coletivo intermunicipal de passageiros, já que o transporte coletivo municipal se insere no âmbito da competência municipal.

(B) constitucional, uma vez que, embora disponha sobre transporte, matéria de competência privativa da União, a ausência de lei federal permite aos Estados legislar sobre questões específicas de seu interesse.

(C) constitucional, uma vez que dispõe sobre matéria de competência legislativa concorrente entre União e Estados, que poderão exercer a competência legislativa plena na ausência de norma federal.

(D) inconstitucional, uma vez que dispõe sobre matéria de iniciativa legislativa privativa dos Chefes do Poder Executivo estadual e municipal.

(E) inconstitucional, uma vez que dispõe sobre matéria de competência privativa da União, que poderia ser objeto de lei estadual apenas na hipótese de lei federal autorizar os Estados a legislarem sobre questões específicas na matéria.

Correta é a letra E, nos moldes da jurisprudência do STF: "Competências legislativas exclusivas da União. Ofensa aparente ao art. 22, incs. I e XI, da CF. Liminar concedida. Precedentes. Aparenta inconstitucionalidade, para efeito de liminar, a lei distrital ou estadual que dispõe sobre obrigatoriedade de equipar ônibus usados no serviço público de transporte coletivo com dispositivos redutores de estresse a motoristas e cobradores e de garantir-lhes descanso e exercícios físicos." (ADI 3671. STF). Além disso, conforme artigo 22, XI, da CF. As letras B e C estão erradas, pois a inconstitucionalidade é evidente. A letra A e D estão incorretas, pois é caso de competência privativa da União. 🔲

Gabarito "E".

(Procurador do Estado/TO – 2018 – FCC) Determinado Município editou lei para fixar o horário de funcionamento de estabelecimentos comerciais de venda de bebidas alcoólicas de modo incompatível com o horário de funcionamento estabelecido por lei do respectivo Estado. De acordo com a Constituição Federal e considerando a jurisprudência do Supremo Tribunal Federal – STF, a referida lei municipal

(A) ateve-se aos limites constitucionais de sua competência legislativa, muito embora a lei estadual deva ser regularmente aplicada aos estabelecimentos comerciais situados em Municípios que não têm disciplina legislativa sobre a matéria.

(B) invadiu competência dos Estados, podendo ser objeto de arguição de descumprimento de preceito fundamental perante o STF por violação do princípio federativo.

(C) invadiu competência dos Estados, podendo ter sua constitucionalidade discutida apenas em sede de controle difuso e incidental de constitucionalidade, já que a aferição da compatibilidade da lei municipal com a ordem jurídica constitucional demanda o exame do ato normativo estadual infraconstitucional.

(D) ateve-se aos limites constitucionais de sua competência legislativa, sendo inconstitucional a lei estadual, que poderá ser objeto de ação direta de inconstitucionalidade perante o STF, mas não poderá ser objeto de reclamação constitucional, ainda que a lei estadual tenha contrariado súmula vinculante editada na matéria.

(E) ateve-se aos limites constitucionais de sua competência legislativa, sendo inconstitucional a lei estadual, que poderá ser objeto de ação direta de inconstitucionalidade perante o STF, bem como de reclamação constitucional, visto que a lei estadual contrariou súmula vinculante editada na matéria.

Correta é a letra D, com base na Súmula Vinculante 38, do STF: "É competente o Município para fixar o horário de funcionamento de estabelecimento comercial.". No mesmo sentido o RE 852.233. Rel. Min. Roberto Barroso. STF). Além disso, não cabe reclamação constitucional, pois não é caso de ato administrativo ou decisão judicial, nos termos do artigo 103-A, §3º, da CF: "Art. 103-A. O Supremo Tribunal Federal poderá, de ofício ou por provocação, mediante decisão de dois terços

dos seus membros, após reiteradas decisões sobre matéria constitucional, aprovar súmula que, a partir de sua publicação na imprensa oficial, terá efeito vinculante em relação aos demais órgãos do Poder Judiciário e à administração pública direta e indireta, nas esferas federal, estadual e municipal, bem como proceder à sua revisão ou cancelamento, na forma estabelecida em lei. (...) § 3º Do ato administrativo ou decisão judicial que contrariar a súmula aplicável ou que indevidamente a aplicar, caberá reclamação ao Supremo Tribunal Federal que, julgando-a procedente, anulará o ato administrativo ou cassará a decisão judicial reclamada, e determinará que outra seja proferida com ou sem a aplicação da súmula, conforme o caso.". Em raciocínio inverso, nota-se que as demais alternativas estão equivocadas. 🔲

Gabarito "D".

(Procurador do Estado/TO – 2018 – FCC) Projeto de Lei estadual de iniciativa do Chefe do Poder Executivo cria órgão incumbido da realização de exames médicos em crianças e adolescentes, bem como cargos públicos com atribuições voltadas para essas atividades, tendo sido apresentada emenda parlamentar que acrescentou às competências do referido órgão a realização gratuita de teste de maternidade e de paternidade aos beneficiários da Assistência Judiciária Gratuita. Paralelamente foi apresentado projeto de lei de iniciativa parlamentar para obrigar o Poder Público a realizar, gratuitamente, teste de maternidade e de paternidade aos beneficiários da Assistência Judiciária, sem indicar o órgão estadual competente para desempenhar essa função. À luz das disposições da Constituição Federal sobre processo legislativo,

(A) o primeiro projeto de lei é constitucional, inclusive no que toca à apresentação da emenda parlamentar, sendo, no entanto, inconstitucional o segundo, por tratar de matéria de iniciativa exclusiva do Chefe do Poder Executivo.

(B) a emenda parlamentar é constitucional, assim como o segundo projeto de lei.

(C) o primeiro projeto de lei é constitucional, inclusive no que toca à apresentação da emenda parlamentar, sendo, no entanto, inconstitucional o segundo por criar despesa para o Poder Executivo.

(D) ambos os projetos de lei são constitucionais, inclusive no que toca à apresentação da emenda parlamentar.

(E) a emenda parlamentar é inconstitucional, uma vez que implicou aumento de despesas em projeto de lei de iniciativa exclusiva do Chefe do Poder Executivo, sendo constitucional o segundo projeto de lei.

Correta é a letra E, conforme artigos 61, §1º, bem como artigo 63, I, ambos da Constituição Federal. Perante o STF, RE 745.811 e ADI 2.079. 🔲

Gabarito "E".

(Procurador do Estado/TO – 2018 – FCC) Certo Estado, ao editar lei dispondo sobre a estrutura dos órgãos do Poder Executivo, determinou, entre outras medidas:

Art. 1º O Chefe do Poder Executivo poderá, mediante decreto, promover as reformas necessárias à adequação dos órgãos, entes e unidades integrantes das suas estruturas básica e operacional, compreendendo:

I. criação e extinção, fixando-lhes as respectivas competências, denominações e atribuições;

II. vinculação, denominação e estrutura operacional;

III. a criação e as atribuições de cargos públicos.

À luz da Constituição Federal, trata-se de lei que se mostra

(A) inconstitucional no que toca à autorização para que Decreto crie e extinga órgãos públicos, e que fixe as respectivas competências e atribuições, bem como para que crie cargos públicos e que defina suas atribuições.

(B) constitucional, uma vez que cabe ao Poder Executivo dispor sobre as matérias que a Lei delegou à disciplina por Decreto, sendo esse o instrumento normativo adequado para instituir regulamentos para a fiel execução das leis.

(C) inconstitucional apenas no que toca à autorização para que Decreto crie cargos públicos, uma vez que as demais matérias se inserem no âmbito da competência constitucional do Governador para discipliná-las mediante Decreto.

(D) inconstitucional no que toca à autorização para que Decreto crie e extinga órgãos, bem como para que crie cargos públicos, embora possa a Lei delegar ao Governador a fixação das atribuições de cargos públicos por Decreto.

(E) inconstitucional apenas no que toca à autorização para que Decreto crie cargos públicos, bem como para que defina suas atribuições, podendo delegar ao Governador a disciplina das demais matérias por Decreto.

Correta é a letra A, nos moldes da jurisprudência do STF: " À luz do princípio da simetria, são de iniciativa do Chefe do Poder Executivo estadual as leis que versem sobre a organização administrativa do Estado, podendo a questão referente à organização e funcionamento da Administração Estadual, quando não importar aumento de despesa, ser regulamentada por meio de Decreto do Chefe do Poder Executivo (art. 61, § 1º, II, e art. 84, VI, a da Constituição federal). Inconstitucionalidade formal, por vício de iniciativa da lei ora atacada.". (ADI 2.857). AB

Gabarito "A".

(Procurador do Estado/TO – 2018 – FCC) Suponha que em 31 de dezembro de 2017 foi editada lei de iniciativa do Tribunal de Contas da União aumentando a remuneração dos respectivos servidores, embora tenha sido constatado que o projeto de lei não estava amparado em prévia dotação orçamentária suficiente para arcar com a vantagem remuneratória no exercício de 2018. A falta de previsão de dotação orçamentária para fazer frente às despesas criadas pela lei fundamentou o ajuizamento de ação direta de inconstitucionalidade perante o Supremo Tribunal Federal contra o referido ato normativo federal. Nessa situação, considerando o disposto na Constituição Federal e a jurisprudência do Supremo Tribunal Federal, a lei federal mostra-se

(A) compatível formal e materialmente com a Constituição Federal, não sendo exigível a prévia dotação orçamentária para que a lei seja aplicada no exercício de 2018.

(B) incompatível com a Constituição Federal, por ter sido aprovada sem prévia dotação orçamentária suficiente, o que, embora não autorize sua declaração de inconstitucionalidade em sede de ação direta, impede que seja aplicada em 2018.

(C) incompatível com a Constituição Federal, devendo ser declarada formalmente inconstitucional, uma vez que o projeto de lei tratou de matéria de iniciativa privativa de uma das Casas do Congresso Nacional.

(D) incompatível com a Constituição Federal, devendo ser declarada formalmente inconstitucional, uma vez que o projeto de lei tratou de matéria de iniciativa privativa do Presidente da República.

(E) incompatível com a Constituição Federal, por ter sido aprovada sem prévia dotação orçamentária suficiente, devendo ser declarada inconstitucional por esse motivo.

Correta é a letra B, correlacionada especificamente com a jurisprudência do STF (ADI 3.599): "A ausência de dotação orçamentária prévia em legislação específica não autoriza a declaração de inconstitucionalidade da lei, impedindo tão-somente a sua aplicação naquele exercício financeiro.". AB

Gabarito "B".

(Procurador do Estado/TO – 2018 – FCC) A Constituição de determinado Estado determina que as Secretarias de Estado serão assessoradas juridicamente por advogados de livre nomeação e exoneração, cabendo-lhes o desempenho de atividade de consultoria jurídica, ao passo que a representação judicial da unidade federada será exercida por Procuradores do Estado admitidos por concurso público e organizados em carreira. Trata-se de norma estadual que se mostra

(A) incompatível com a Constituição Federal, uma vez que a consultoria jurídica referida deve ser exercida por Procuradores do Estado admitidos por concurso público e organizados em carreira, embora a Constituição Estadual pudesse ter atribuído exclusivamente a ocupantes de cargos em comissão, de livre nomeação e exoneração, a representação judicial da unidade federada.

(B) compatível com a Constituição Federal, uma vez que cabe ao Estado, no exercício de sua autonomia organizacional e administrativa, estabelecer as normas aplicáveis à sua advocacia pública.

(C) incompatível com a Constituição Federal, uma vez que a matéria se insere no âmbito da iniciativa legislativa do Governador, não podendo, portanto, ser disciplinada na Constituição do Estado.

(D) incompatível com a Constituição Federal, uma vez que a consultoria jurídica referida somente poderia ser exercida por advogados ocupantes de cargos públicos em comissão caso não fosse prevista na própria Constituição do Estado a instituição da carreira de Procurador do Estado.

(E) incompatível com a Constituição Federal, uma vez que a consultoria jurídica e a representação judicial referidas devem ser exercidas por Procuradores do Estado admitidos por concurso público e organizados em carreira.

Correta é a letra E, conforme jurisprudência do STF: "É inconstitucional o diploma normativo editado pelo Estado-membro, ainda que se trate de emenda à Constituição estadual, que outorgue a exercente de cargo em comissão ou de função de confiança, estranho aos quadros da Advocacia de Estado, o exercício, no âmbito do Poder Executivo local, de atribuições inerentes à representação judicial e ao desempenho da atividade de consultoria e de assessoramento jurídicos, pois tais encargos traduzem prerrogativa institucional outorgada, em caráter de exclusividade, aos Procuradores do Estado pela própria Constituição da República. Precedentes do Supremo Tribunal Federal. Magistério da doutrina. – A extrema relevância das funções constitucionalmente

1. DIREITO CONSTITUCIONAL

reservadas ao Procurador do Estado (e do Distrito Federal, também), notadamente no plano das atividades de consultoria jurídica e de exame e fiscalização da legalidade interna dos atos da Administração Estadual, impõe que tais atribuições sejam exercidas por agente público investido, em caráter efetivo, na forma estabelecida pelo art. 132 da Lei Fundamental da República, em ordem a que possa agir com independência e sem temor de ser exonerado "ad libitum" pelo Chefe do Poder Executivo local pelo fato de haver exercido, legitimamente (...).". (ADI 4.843). `AB`

Gabarito "E".

5. DIREITOS E DEVERES INDIVIDUAIS E COLETIVOS

(Procurador – PGE/SP – 2024 – VUNESP) O Supremo Tribunal Federal reconheceu a existência de um direito fundamental autônomo à proteção de dados pessoais e à autodeterminação informacional, que restou positivado pela Emenda Constitucional nº 115, de 10 de fevereiro de 2022, por meio do artigo 5º, inciso LXXIX. Nesse contexto, assinale a alternativa correta quanto ao tratamento de dados pessoais pelo Estado brasileiro.

(A) O compartilhamento de informações pessoais em atividades de inteligência deve observar a adoção de medidas proporcionais e estritamente necessárias ao atendimento do interesse público, bem como a instauração de procedimento administrativo formal, acompanhado de prévia e exaustiva motivação, para permitir o controle de legalidade pelo Poder Judiciário.

(B) O tratamento de dados pessoais pelo Estado é essencial para a execução de políticas e prestação de serviços, razão pela qual prevalece o interesse público de acesso à informação como bem jurídico a ser tutelado no exercício de prerrogativas estatais típicas, em desfavor da privacidade e da proteção de dados pessoais.

(C) Por força de evolução do tema, o Supremo Tribunal Federal fixou a tese de que houve mutação constitucional para reconhecer a subtração de eventuais aplicações ou interpretações que conflitem com o direito fundamental à proteção de dados pessoais, do campo semântico das normas.

(D) O fortalecimento da tutela da privacidade considera a natureza ostensiva ou reservada dos dados pessoais para fins de análise do direito à autodeterminação informática; assim, quando há o envolvimento de informações simples ou triviais, pelo baixo grau de sensibilidade, prevalece a interpretação que zela pelo princípio da eficiência e do interesse público envolvido.

(E) Os processos de habeas data terão prioridade sobre todos os atos judiciais, enquanto instrumento de tutela material do direito à autodeterminação informativa de retificação de dados ou para assegurar o conhecimento de informações relativas à pessoa do impetrante, constantes de registros ou bancos de dados de entidades governamentais ou de caráter público, assegurando o controle de legalidade pelo Poder Judiciário.

A alternativa correta é a A, conforme decidido pelo STF na ADI 6649/DF e que tem a seguinte ementa: "DIREITO CONSTITUCIONAL. DIREITOS FUNDAMENTAIS À PRIVACIDADE E AO LIVRE DESENVOLVIMENTO DA PERSONALIDADE. TRATAMENTO DE DADOS PESSOAIS PELO

ESTADO BRASILEIRO. COMPARTILHAMENTO DE DADOS PESSOAIS ENTRE ÓRGÃOS E ENTIDADES DA ADMINISTRAÇÃO PÚBLICA FEDERAL. ADI E ADPF CONHECIDAS E, NO MÉRITO, JULGADAS PARCIALMENTE PROCEDENTES. INTERPRETAÇÃO CONFORME À CONSTITUIÇÃO. DECLARAÇÃO DE INCONSTITUCIONALIDADE COM EFEITOS FUTUROS. 1. A Ação Direta de Inconstitucionalidade é cabível para impugnação do Decreto 10.046/2019, uma vez que o ato normativo não se esgota na simples regulamentação da Lei de Acesso à Informação e da Lei Geral de Proteção de Dados Pessoais, mas inova na ordem jurídica com a criação do Cadastro Base do Cidadão e do Comitê Central de Governança de Dados. A Arguição de Descumprimento de Preceito Fundamental é cabível para impugnar o ato do poder público tendente à lesão de preceitos fundamentais, qual seja, o compartilhamento de dados da Carteira Nacional de Habilitação entre o SERPRO e a ABIN, ante a inexistência de outras ações aptas a resolver a controvérsia constitucional de forma geral, definitiva e imediata. 2. No julgamento da Ação Direta de Inconstitucionalidade 6.387, Rel. Min. Rosa Weber, <u>o Supremo Tribunal Federal reconheceu a existência de um direito fundamental autônomo à proteção de dados pessoais e à autodeterminação informacional. A Emenda Constitucional 115, de 10 de fevereiro de 2022, positivou esse direito fundamental no art. 5º, inciso LXXIX, da Constituição Federal.</u> 3. O tratamento de dados pessoais pelo Estado é essencial para a prestação de serviços públicos. Todavia, diferentemente do que assevera o ente público, a discussão sobre a privacidade nas relações com a Administração Estatal não deve partir de uma visão dicotômica que coloque o interesse público como bem jurídico a ser tutelado de forma totalmente distinta e em confronto com o valor constitucional da privacidade e proteção de dados pessoais. 4. Interpretação conforme à Constituição para subtrair do campo semântico da norma eventuais aplicações ou interpretações que conflitem com o direito fundamental à proteção de dados pessoais. O compartilhamento de dados pessoais entre órgãos e entidades da Administração Pública, pressupõe: a) eleição de propósitos legítimos, específicos e explícitos para o tratamento de dados (art. 6º, inciso I, da Lei 13.709/2018); b) compatibilidade do tratamento com as finalidades informadas (art. 6º, inciso II); c) limitação do compartilhamento ao mínimo necessário para o atendimento da finalidade informada (art. 6º, inciso III); bem como o cumprimento integral dos requisitos, garantias e procedimentos estabelecidos na Lei Geral de Proteção de Dados, no que for compatível com o setor público. 5. O compartilhamento de dados pessoais entre órgãos públicos pressupõe rigorosa observância do art. 23, inciso I, da Lei 13.709/2018, que determina seja dada a devida publicidade às hipóteses em que cada entidade governamental compartilha ou tem acesso a banco de dados pessoais, 'fornecendo informações claras e atualizadas sobre a previsão legal, a finalidade, os procedimentos e as práticas utilizadas para a execução dessas atividades, em veículos de fácil acesso, preferencialmente em seus sítios eletrônicos'. 6. <u>O compartilhamento de informações pessoais em atividades de inteligência deve observar a adoção de medidas proporcionais e estritamente necessárias ao atendimento do interesse público; a instauração de procedimento administrativo formal, acompanhado de prévia e exaustiva motivação, para permitir o controle de legalidade pelo Poder Judiciário;</u> a utilização de sistemas eletrônicos de segurança e de registro de acesso, inclusive para efeito de responsabilização em caso de abuso; e a observância dos princípios gerais de proteção e dos direitos do titular previstos na LGPD, no que for compatível com o exercício dessa função estatal. 7. O acesso ao Cadastro Base do Cidadão deve observar mecanismos rigorosos de controle, condicionando o compartilhamento e tratamento dos dados pessoais à comprovação de propósitos legítimos, específicos e explícitos por parte dos órgãos e entidades do Poder Público. A inclusão de novos dados na base integradora e a escolha de bases temáticas que comporão o Cadastro Base do Cidadão devem ser precedidas de justificativas formais, prévias e minudentes, cabendo ainda a observância de medidas de segurança compatíveis com os princípios de proteção da Lei Geral de Proteção de Dados Pessoais, inclusive a criação de sistema eletrônico de registro de acesso, para fins de responsabilização em caso de abuso. 8. O tratamento de dados pessoais promovido por órgãos públicos que viole parâmetros legais e constitucionais, inclusive o dever de publicidade fora das hipóteses constitucionais de sigilo, importará a responsabilidade civil do Estado pelos danos suportados pelos particulares, associada ao exercício do direito de regresso contra os servidores e agentes políticos responsáveis pelo ato ilícito, em caso de dolo ou culpa. 9. Declaração de inconstitucionalidade, com efeitos *pro futuro*, do art. 22 do Decreto 10.046/2019. O Comitê Central de Governança de Dados deve ter composição independente, plural e aberta à participação efetiva de representantes de outras instituições democráticas, não apenas dos representantes da Administração Pública federal. Ademais, seus integrantes devem gozar de garantias mínimas contra influências indevidas." (os grifos não estão no original). **AMN**

Gabarito "A".

(Procurador – PGE/SP – 2024 – VUNESP) Assinale a alternativa correta no que se refere à posição da jurisprudência brasileira sobre o tema "direito ao esquecimento".

(A) O direito ao esquecimento é parte da proteção dos dados pessoais em face da memória coletiva, enfatizado pelos efeitos da chamada era das informações; assim, no conflito entre liberdades comunicativas, há o direito de não ser lembrado contra a própria vontade nos casos de natureza criminal, com predileção constitucional para soluções protetivas da dignidade da pessoa humana.

(B) O acesso à informação é assegurado a todos, em consonância com a livre expressão da atividade de comunicação, independentemente de censura, o que implica ao intérprete considerar, em seu esforço hermenêutico, o denominado direito à verdade histórica no âmbito do princípio da solidariedade entre gerações, não sendo possível, do ponto de vista jurídico, que uma geração negue à próxima o direito de saber a sua história.

(C) A concepção da Constituição Federal brasileira é compatível com a teoria do direito ao esquecimento, a qual possibilita impedir a divulgação de qualquer fato ou dado desabonador ou desagradável em meios de comunicação digital, por força da passagem do tempo e do respeito aos direitos de proteção à personalidade.

(D) A Suprema Corte brasileira acatou a acepção de que é necessário proteger o direito de personalidade nos casos de acesso ilimitado da mídia à pessoa do criminoso e à sua privacidade, de modo que a tutela aos direitos da personalidade prepondera sobre a liberdade de comunicação, adotando-se a tese fixada pelo Tribunal Constitucional Federal da Alemanha, nos históricos casos denominados "Casos Lebach I e II".

(E) É legítima a conduta dos veículos da imprensa em divulgar fatos ocorridos no passado, direito que não perece pelo transcurso do tempo, razão pela qual, na ponderação entre conflitos de direitos fundamentais, afasta-se integralmente a tese da responsabilidade, por não se tratar de dano injusto, mas de exercício regular de direito que afasta a ideia da censura.

A alternativa correta é a B. O tema foi objeto de análise pelo STF no RE 1.010.606/RJ, cuja ementa é a seguinte: "Recurso extraordinário com repercussão geral. Caso Aída Curi. Direito ao esquecimento. Incompatibilidade com a ordem constitucional. Recurso extraordinário não provido. 1. Recurso extraordinário interposto em face de acórdão por meio do qual a Décima Quinta Câmara Cível do Tribunal de Justiça do Estado do Rio de Janeiro negou provimento a apelação em ação indenizatória que objetivava a compensação pecuniária e a reparação material em razão do uso não autorizado da imagem da falecida irmã dos autores, Aída Curi, no programa Linha Direta: Justiça. 2. Os precedentes mais longínquos apontados no debate sobre o chamado direito ao esquecimento passaram ao largo do direito autônomo ao esmaecimento de fatos, dados ou notícias pela passagem do tempo, tendo os julgadores se valido essencialmente de institutos jurídicos hoje bastante consolidados. A utilização de expressões que remetem a alguma modalidade de direito à reclusão ou recolhimento, como *droit a l'oubli ou right to be let alone*, foi aplicada de forma discreta e muito pontual, com significativa menção, ademais, nas razões de decidir, a direitos da personalidade/privacidade. Já na contemporaneidade, campo mais fértil ao trato do tema pelo advento da sociedade digital, o nominado direito ao esquecimento adquiriu roupagem diversa, sobretudo após o julgamento do chamado Caso González pelo Tribunal de Justiça Europeia, associando-se o problema do esquecimento ao tratamento e à conservação de informações pessoais na internet. 3. Em que pese a existência de vertentes diversas que atribuem significados distintos à expressão direito ao esquecimento, é possível identificar elementos essenciais nas diversas invocações, a partir dos quais se torna possível nominar o direito ao esquecimento como a pretensão apta a impedir a divulgação, seja em plataformas tradicionais ou virtuais, de fatos ou dados verídicos e licitamente obtidos, mas que, em razão da passagem do tempo, teriam se tornado descontextualizados ou destituídos de interesse público relevante. 4. O ordenamento jurídico brasileiro possui expressas e pontuais previsões em que se admite, sob condições específicas, o decurso do tempo como razão para supressão de dados ou informações, em circunstâncias que não configuram, todavia, a pretensão ao direito ao esquecimento. Elas se relacionam com o efeito temporal, mas não consagram um direito a que os sujeitos não sejam confrontados quanto às informações do passado, de modo que eventuais notícias sobre esses sujeitos – publicadas ao tempo em que os dados e as informações estiveram acessíveis – não são alcançadas pelo efeito de ocultamento. Elas permanecem passíveis de circulação se os dados nelas contidos tiverem sido, a seu tempo, licitamente obtidos e tratados. Isso porque a passagem do tempo, por si só, não tem o condão de transmutar uma publicação ou um dado nela contido de lícito para ilícito. 5. A previsão ou aplicação do direito ao esquecimento afronta a liberdade de expressão. Um comando jurídico que eleja a passagem do tempo como restrição à divulgação de informação verdadeira, licitamente obtida e com adequado tratamento dos dados nela inseridos, precisa estar previsto em lei, de modo pontual, clarividente e sem anulação da liberdade de expressão. Ele não pode, ademais, ser fruto apenas de ponderação judicial. 6. O caso concreto se refere ao programa televisivo Linha Direta: Justiça, que, revisitando alguns crimes que abalaram o Brasil, apresentou, dentre alguns casos verídicos que envolviam vítimas de violência contra a mulher, objetos de farta documentação social e jornalística, o caso de Aída Curi, cujos irmãos são autores da ação que deu origem ao presente recurso. Não cabe a aplicação do direito ao esquecimento a esse caso, tendo em vista que a exibição do referido programa não incorreu em afronta ao nome, à imagem, à vida privada da vítima ou de seus familiares. Recurso extraordinário não provido. 8. Fixa-se a seguinte tese: 'É incompatível com a Constituição a ideia de um direito ao esquecimento, assim entendido como o poder de obstar, em razão da passagem do tempo, a divulgação de fatos ou dados verídicos e licitamente obtidos e publicados em meios de comunicação social analógicos ou digitais. Eventuais excessos ou abusos no exercício da liberdade de expressão e de informação devem ser analisados caso a caso, a partir dos parâmetros constitucionais – especialmente os relativos à proteção da honra, da imagem, da privacidade e da personalidade em geral – e das expressas e específicas previsões legais nos âmbitos penal e cível'. **AMN**

Gabarito "B".

1. DIREITO CONSTITUCIONAL

(Procurador Federal – AGU – 2023 – CEBRASPE) Quanto ao que preconiza a jurisprudência do STF a respeito dos direitos difusos e coletivos, assinale a opção correta.

(A) O Ministério Público tem legitimidade ativa para atuar na defesa de direitos difusos e coletivos, não se reconhecendo o seguro obrigatório de danos pessoais causados por veículos automotores de via terrestre (DPVAT) como de inequívoco interesse social a legitimar a sua atuação.

(B) A Defensoria Pública não tem legitimidade para propor ação civil pública na defesa de direitos difusos e coletivos de que sejam titulares pessoas necessitadas.

(C) Os direitos difusos e coletivos são transindividuais, indivisíveis e sem titular determinado, devendo ser tutelados em juízo invariavelmente em regime de substituição processual, por iniciativa exclusiva do Ministério Público.

(D) O Ministério Público tem legitimidade para promover ação civil pública cujo fundamento seja a ilegalidade de reajuste de mensalidades escolares.

(E) Os direitos difusos, coletivos e individuais homogêneos se confundem no que tange à titularidade, a qual é determinada e definida por uma circunstância de fato específica.

A: Incorreta. O STF ao julgar o RE 631111, com repercussão geral (Tema 471), reconheceu a legitimidade do MP para propor ação civil pública em defesa de interesses de beneficiários do DPVAT e firmou a seguinte tese: "Com fundamento no art. 127 da Constituição Federal, o Ministério Público está legitimado a promover a tutela coletiva de direitos individuais homogêneos, mesmo de natureza disponível, quando a lesão a tais direitos, visualizada em seu conjunto, em forma coletiva e impessoal, transcender a esfera de interesses puramente particulares, passando a comprometer relevantes interesses sociais". **B:** Incorreta. O STF ao julgar o RE 733433, com repercussão geral (Tema 607), reconheceu a legitimidade da Defensoria Pública para propor ação civil pública em defesa de interesses difusos e firmou a seguinte tese: "A Defensoria Pública tem legitimidade para a proposição de ação civil pública que vise a promover a tutela judicial de direitos difusos ou coletivos de que sejam titulares, em tese, pessoas necessitadas". **C:** Incorreta. O STF ao julgar o RE 631111, com repercussão geral (Tema 471), mencionado no item A, retro, destacou em sua ementa que: "(...) 1. Os direitos difusos e coletivos são transindividuais, indivisíveis e sem titular determinado, sendo, por isso mesmo, tutelados em juízo invariavelmente em regime de substituição processual, por iniciativa dos órgãos e entidades indicados pelo sistema normativo, entre os quais o Ministério Público, que tem, nessa legitimação ativa, uma de suas relevantes funções institucionais (CF art. 129, III) (...)". **D:** Correta. É o teor da Súmula 643 do STF. **E:** Incorreta. Novamente, a resposta está na ementa do referido acórdão do RE 631111, destacando-se: "(...) 1. Os direitos difusos e coletivos são transindividuais, indivisíveis e sem titular determinado, sendo, por isso mesmo, tutelados em juízo invariavelmente em regime de substituição processual, por iniciativa dos órgãos e entidades indicados pelo sistema normativo, entre os quais o Ministério Público, que tem, nessa legitimação ativa, uma de suas relevantes funções institucionais (CF art. 129, III). 2. Já os direitos individuais homogêneos pertencem à categoria dos direitos subjetivos, são divisíveis, têm titular determinado ou determinável e em geral são de natureza disponível. Sua tutela jurisdicional pode se dar (a) por iniciativa do próprio titular, em regime processual comum, ou (b) pelo procedimento especial da ação civil coletiva, em regime de substituição processual, por iniciativa de qualquer dos órgãos ou entidades para tanto legitimados pelo sistema normativo. (...)". **AMN**

Gabarito "D".

(Procurador Fazenda Nacional – AGU – 2023 – CEBRASPE) Com base no princípio da igualdade previsto na CF e na sua interpretação conforme a doutrina, julgue os itens que se seguem.

I. A desigualdade de tratamento é essencial para que se alcancem os resultados mais próximos daquilo que pode ser a igualdade entre todos.

II. A tributação, sendo política pública, deve obedecer ao princípio da igualdade e aos objetivos da República Federativa do Brasil.

III. A distinção entre pessoas cisgênero e transgênero não pode ser levada em consideração na formulação de políticas públicas.

IV. A política de cotas raciais insere-se na discriminação positiva e poderá ser realizada conforme assento constitucional.

Estão certos apenas os itens

(A) I e II.

(B) II e III.

(C) III e IV.

(D) I, II e IV.

I: Correta. A doutrina aponta que: "(...) deve-se ter presente que a função da lei consiste exatamente em discriminar situações, pois só dessa forma procedendo é que pode vir a regulamentá-las. Assim, quando estabelece a maioridade civil aos dezoito anos, discrimina os menores, sem, no entanto, incorrer em qualquer inconstitucionalidade (...)". (ARAUJO, Luiz Alberto David; NUNES JÚNIOR, Vidal Serrano. *Curso de direito constitucional*. 21. ed. São Paulo: Verbatim, 2017, p. 179-180). **II:** Correta. Nesse sentido: "(...) a verificação de conformidade à igualdade tributária deve ser empreendida com base nos mesmos critérios normativizadores do princípio da igualdade consubstanciado no art. 5º, *caput*, da Constituição Federal." (ARAUJO, Luiz Alberto David; NUNES JÚNIOR, Vidal Serrano. *Curso de direito constitucional*. 21. ed. São Paulo: Verbatim, 2017, p. 540). **III:** Incorreta. A distinção entre pessoas cisgênero e transgênero é levada em consideração na formulação de políticas públicas, conforme entendimento do STF na ADPF 600, j. 24/08/2020, Pleno. **IV:** Correta. A política de cotas raciais insere-se na discriminação positiva, conforme já decidiu o STF na ADPF 186, j. 26/04/2012, Pleno. **AMN**

Gabarito "D".

(Procurador Fazenda Nacional – AGU – 2023 – CEBRASPE) Caio, sócio-gerente e responsável legal da empresa XYZ, foi admitido em 2020 como litisconsorte passivo em execução fiscal movida pela PGFN contra a referida empresa, com vistas ao pagamento de dívida ativa da União regularmente inscrita. Intimado para a realização do pagamento ou indicação de bens à penhora, Caio ofertou uma embarcação de sua propriedade como garantia e permaneceu como depositário do bem, consoante auto de penhora lavrado pelo oficial de justiça e não contestado pela PGFN. Findos os embargos à execução, a PGFN foi declarada vencedora e solicitou a execução judicial do bem dado em garantia, que, entretanto, não foi localizado. Com isso, o procurador da PGFN responsável pelo caso solicitou a prisão de Caio, sob o argumento de que este se enquadrava como depositário infiel, cuja prisão é admitida nos termos da CF.

Considerando a situação hipotética anterior e a jurisprudência do STF, julgue os itens a seguir.

I. A previsão constitucional da prisão civil do depositário infiel não foi revogada, mas deixou de ter aplicabilidade com a internalização, no ordenamento jurídico pátrio, dos tratados internacionais que a condenam.

II. O poder constituinte derivado não pode alterar a disposição constitucional referente à prisão civil do depositário infiel para dela suprimir a permissão concedida pelo constituinte originário, por se tratar de cláusula pétrea.

III. A Súmula Vinculante n.º 25 do STF tornou inaplicável a parte final do inciso do art. 5.º da CF que faz referência à prisão civil do depositário infiel, sendo atualmente inadmissível qualquer prisão civil por dívida.

IV. Como o Decreto n.º 678/1992 (Pacto de São José da Costa Rica) não seguiu o trâmite estabelecido no § 3.º do art. 5.º da CF, não é possível atribuir-lhe o status de emenda constitucional.

Estão certos apenas os itens

(A) I e III.

(B) I e IV.

(C) II e IV.

(D) I, II e III.

(E) II, III e IV.

I: Correta. Sobre o tema o STF entende que: "(...) diante do inequívoco caráter especial dos tratados internacionais que cuidam da proteção dos direitos humanos, não é difícil entender que a sua internalização no ordenamento jurídico, por meio do procedimento de ratificação previsto na CF/1988, tem o condão de paralisar a eficácia jurídica de toda e qualquer disciplina normativa infraconstitucional com ela conflitante. Nesse sentido, é possível concluir que, diante da supremacia da CF/1988 sobre os atos normativos internacionais, a previsão constitucional da prisão civil do depositário infiel (art. 5º, LXVII) não foi revogada (...), mas deixou de ter aplicabilidade diante do efeito paralisante desses tratados em relação à legislação infraconstitucional que disciplina a matéria (...). Tendo em vista o caráter supralegal desses diplomas normativos internacionais, a legislação infraconstitucional posterior que com eles seja conflitante também tem sua eficácia paralisada. (...) Enfim, desde a adesão do Brasil, no ano de 1992, ao PIDCP (art. 11) e à CADH – Pacto de São José da Costa Rica (art. 7º, 7), não há base legal para aplicação da parte final do art. 5º, LXVII, da CF/1988, ou seja, para a prisão civil do depositário infiel." (RE 466.343, rel. min. Cezar Peluso, voto do min. Gilmar Mendes, j. 3-12-2008, *DJE* 104 de 5-6-2009, Tema 60). II: Incorreta. A proibição da prisão civil por dívida é uma cláusula pétrea, que é a regra. As exceções estão previstas na Constituição e elas podem ser retiradas por meio de emendas constitucionais. III: Incorreta. A Súmula Vinculante 25 prevê que: "É ilícita a prisão civil de depositário infiel, qualquer que seja a modalidade de depósito.". A única prisão civil por dívida admitida atualmente é a do responsável pelo inadimplemento voluntário de obrigação alimentícia (CF, art. 5º, LXVII). IV: Correta. O Pacto de São José da Costa Rica não tem *status* de emenda constitucional, pois segundo o STF esse tratado internacional tem caráter supralegal: "Esse caráter supralegal do tratado devidamente ratificado e internalizado na ordem jurídica brasileira – porém não submetido ao processo legislativo estipulado pelo art. 5º, § 3º, da CF/1988 — foi reafirmado pela edição da Súmula Vinculante 25, segundo a qual 'é ilícita a prisão civil de depositário infiel, qualquer que seja a modalidade do depósito'. Tal verbete sumular consolidou o entendimento deste Tribunal de que o art. 7º, item 7, da CADH teria ingressado no sistema jurídico nacional com *status* supralegal, inferior à CF/1988, mas superior à legislação interna, a qual não mais produziria qualquer efeito naquilo que conflitasse com a sua disposição de vedar a prisão civil do depositário infiel. Tratados e convenções internacionais com conteúdo de direitos humanos, uma vez ratificados e internalizados, ao mesmo passo em que criam diretamente direitos para os indivíduos, operam a supressão de efeitos de outros atos estatais infraconstitucionais que

se contrapõem à sua plena efetivação." (ADI 5.240, voto do rel. min. Luiz Fux, j. 20-8-2015, *DJE* 18 de 1º-2-2016). AMN

Gabarito "B".

(Procurador Município – Teresina/PI – FCC – 2022) A política de cotas raciais adotada por universidade pública, segundo o entendimento do STF, é

(A) constitucional na medida em que transforma o judiciário em árbitro, segundo um critério absolutamente artificial, o fenótipo, para conceder direitos, o que atende o princípio da reserva de jurisdição.

(B) constitucional, também chamada de discriminação reversa, apenas se a sua manutenção estiver condicionada à persistência, no tempo, do quadro de exclusão social que lhe deu origem.

(C) inconstitucional em vista de que são objetivos fundamentais da República Federativa do Brasil promover o bem de todos, sem preconceito de origem, raça, sexo, cor, idade e quaisquer outras formas de discriminação.

(D) inconstitucional porque constitui uma forma de racismo reverso, o que é vedado pelo princípio da isonomia e da igualdade, ambos previstos no artigo 5º da Constituição Federal.

(E) uma ação afirmativa constitucionalmente válida, desde que prevista em lei complementar nacional.

É o que decidiu o plenário do STF ao julgar a ADC 41/DF, Rel. Min. Roberto Barroso, j. 08/06/2017, DJe 17/08/2017. AMN

Gabarito "B".

(Procurador/PA – CESPE – 2022) Acerca dos direitos fundamentais individuais expressos na Constituição Federal de 1988 (CF), assinale a opção correta.

(A) Uma das dimensões dos direitos fundamentais individuais é a sua concepção como direitos de defesa, ou seja, esses direitos asseguram uma esfera de liberdade individual contra qualquer interferência estatal vinda do Poder Executivo, do Poder Legislativo ou do Poder Judiciário.

(B) A concepção dos direitos fundamentais como direitos de defesa limita o poder estatal, assegurando ao indivíduo uma esfera de liberdade e, concomitantemente, um direito subjetivo para evitar interferência indevida ou eliminar agressão no âmbito de proteção do direito fundamental.

(C) No que diz respeito ao dever de proteção, não se pode impor ao Estado uma obrigação de proibir determinadas condutas de agressão a direitos fundamentais, pois isso representaria uma inadmissível ingerência estatal na esfera de liberdade das pessoas.

(D) Uma vez assegurada sua dimensão de direitos de defesa, os direitos fundamentais individuais podem ser considerados efetivamente protegidos, não se exigindo mais nenhuma obrigação estatal para criar as condições necessárias ao exercício concreto daqueles direitos constitucionais garantidos.

(E) Os direitos fundamentais asseguram a liberdade individual contra intervenção ilegítima do poder público; por conseguinte, a falta de lei não pode ser considerada afrontosa aos direitos fundamentais.

A doutrina ensina que: "Os direitos de defesa caracterizam-se por impor ao Estado um dever de abstenção, um dever de não interferên-

1. DIREITO CONSTITUCIONAL

cia, de não intromissão no espaço de autodeterminação do indivíduo. Esses direitos objetivam a limitação da ação do Estado. Destinam-se a evitar ingerência do Estado sobre os bens protegidos (liberdade, propriedade...) e fundamentam pretensão de reparo pelas agressões eventualmente consumadas" (MENDES, Gilmar Ferreira; BRANCO, Paulo Gustavo Gonet. *Curso de direito constitucional*. 8. ed. São Paulo: Saraiva, 2013, p. 158). **AMN**

Gabarito "B".

(Procurador/PA – CESPE – 2022) No que diz respeito aos denominados remédios constitucionais, assinale a opção correta.

(A) Uma vez impetrado *habeas corpus* para cessar violência ou coação à liberdade de locomoção de alguém, não pode o impetrante desistir da ação, pois isso representaria violação de direitos fundamentais consagrados constitucionalmente.

(B) O mandado de segurança pode ser proposto por qualquer cidadão e tem por finalidade a anulação ou declaração de nulidade de atos lesivos ao patrimônio público, seja tal patrimônio da União, de estado, do Distrito Federal, de município, de empresa pública, de sociedade de economia mista ou de entidade autárquica.

(C) O *habeas corpus* preventivo é aquele utilizado para afastar ameaça à liberdade de locomoção, ao passo que o *habeas corpus* repressivo é impetrado quando a pessoa pensa que está sofrendo violência ou coação em sua liberdade de locomoção. Por isso, o *habeas corpus* preventivo é chamado, também, de *habeas corpus* real, enquanto o *habeas corpus* repressivo é designado como *habeas corpus* putativo.

(D) O mandado de segurança coletivo e o mandado de injunção coletivo são institutos análogos, pois ambos objetivam a proteção de direito líquido e certo não amparado por *habeas corpus* ou *habeas data*, mas se diferenciam na ordem constitucional, uma vez que o mandado de injunção coletivo é utilizado, entre outras finalidades, para afastar ou corrigir abuso de poder ou ilegalidade contra direito líquido e certo que sejam praticados por autoridade ou agentes no exercício de função pública.

(E) O *habeas data*, além de assegurar o acesso a informações relativas à pessoa do impetrante que constem de registros ou bancos de dados de entidades governamentais ou que sejam de caráter público, serve, ainda, para retificar dados, quando não se preferir fazê-lo por processo sigiloso, de cunho administrativo ou judicial.

Essas finalidades do *habeas data* estão previstas no art. 5°, LXXII, da CF, sendo que a Lei nº 9.507/1997, que regula e disciplina rito processual desse remédio constitucional as ampliou prescrevendo que é cabível também para a anotação nos assentamentos do interessado, de contestação ou explicação sobre dado verdadeiro, mas justificável e que esteja sob pendência judicial ou amigável (art. 7°, III). **AMN**

Gabarito "E".

(Procurador/PA – CESPE – 2022) Art. 5.° [...]

LXIII – o preso será informado de seus direitos, entre os quais o de permanecer calado, sendo-lhe assegurada a assistência da família e de advogado;

Brasil. Constituição Federal de 1988.

Consagrado no dispositivo constitucional reproduzido anteriormente, o direito do preso ao silêncio

(A) inclui o direito a não responder perguntas, mas esse silêncio em relação às perguntas formuladas pelo juiz competente poderá ser valorado em prejuízo da defesa, conforme o caso concreto em julgamento.

(B) inclui o direito a não responder perguntas formuladas pela autoridade policial, salvo aquelas relacionadas a crimes contra criança e adolescente.

(C) não inclui a vedação de exames de ingerência corporal, tais como o exame de alcoolemia, o fornecimento de padrões gráficos, o soro da verdade e a ingestão de substância química para descoberta da verdade.

(D) inclui a exigência legal de o acusado ser informado pela autoridade do direito de permanecer calado, sendo, entretanto, advertido de que o seu silêncio importará em confissão da matéria de fato.

(E) inclui o direito a não participar na formação da culpa, não produzindo o acusado provas contra si; nesse sentido, o silêncio atua no controle da qualidade e idoneidade do material probatório.

Sobre esse dispositivo constitucional, a doutrina ensina que: "O direito do preso – a rigor o direito do acusado – de permanecer em silêncio é expressão do princípio da não autoincriminação, que outorga ao preso e ao acusado em geral o direito de não produzir provas contra si mesmo (art. 5°, LXIII)" (MENDES, Gilmar Ferreira; BRANCO, Paulo Gustavo Gonet. *Curso de direito constitucional*. 8. ed. São Paulo: Saraiva, 2013, p. 573). **AMN**

Gabarito "E".

(Procurador Município – Santos/SP – VUNESP – 2021) A Constituição Federal, no art. 5°, inciso XXXV, determina que a lei não excluirá da apreciação do Poder Judiciário lesão ou ameaça a direito. Nesses termos, é correto afirmar que

(A) configura o princípio da inafastabilidade da jurisdição, também conhecido como princípio do devido processo legal e da proibição do juízo ou tribunal de exceção.

(B) a tutela jurisdicional pode ser invocada imediatamente nos casos e questões relativas à disciplina e às competições desportivas, não ficando condicionadas ao anterior esgotamento das instâncias da Justiça Desportiva.

(C) há órgãos administrativos com função de julgamento, como se dá, por exemplo, com os Tribunais de Contas da União e dos Estados, e as decisões desses órgãos não poderão ser revistas pelo Poder Judiciário.

(D) o Brasil adota o sistema da chamada jurisdição dúplice, entregando a atividade jurisdicional ao Poder Judiciário e também aos órgãos de contencioso administrativo, criados de acordo com a lei.

(E) não se traduz em garantia do mero ingresso em juízo, ou somente do julgamento das pretensões trazidas a juízo, mas na garantia da própria tutela jurisdicional, a quem tiver razão.

A: Incorreta. Os princípios do devido processo legal (CF, art. 5°, LIV) e a proibição do juízo ou tribunal de exceção (CF, art. 5°, XXXVII) são princípios autônomos previstos na Constituição Federal. **B:** Incorreta. O § 1° do art. 217 da CF, dispõe de forma contrária: "O Poder Judiciário só admitirá ações relativas à disciplina e às competições desportivas após esgotarem-se as instâncias da justiça desportiva, regulada em lei". **C:** Incorreta. Segundo Celso Antônio Bandeira de Mello, as decisões de órgãos administrativos com função de julgamento poderão ser revisadas pelo Poder Judiciário (BANDEIRA DE MELLO, Celso Antônio. *Curso de* *direito administrativo.* 27. ed. São Paulo: Malheiros, 2010, p. 946-957). **D:** Incorreta. O Brasil não adota o sistema da chamada jurisdição dúplice (BANDEIRA DE MELLO, Celso Antônio. *Curso de direito administrativo.* 27. ed. São Paulo: Malheiros, 2010, p. 952). **E:** Correta. Esse conceito é trazido literalmente por Cândido Rangel Dinamarco (*In Instituições de Direito Processual Civil.* São Paulo: Malheiros, 2004, p. 198). AMN

Gabarito "E".

(Procurador Município – Santos/SP – VUNESP – 2021) Considerando a doutrina e jurisprudência a respeito do Mandado de Segurança, é correto afirmar que

(A) é admitido contra lei ou decreto de efeitos concretos, assim entendidos aqueles que trazem em si mesmos o resultado específico pretendido, tais como as leis que criam municípios ou desmembram distritos.

(B) não está previsto para a defesa de direitos individuais subjetivos, mas deverá ser impetrado na defesa de interesse de uma categoria, classe ou grupo, independentemente da autorização dos associados.

(C) o Estado membro dispõe de legitimação para propor mandado de segurança coletivo contra a União em defesa de supostos interesses da população residente na unidade federada.

(D) não pode ser interposto por parlamentar com a finalidade específica de coibir atos praticados no processo de aprovação de emendas constitucionais que não se compatibilizam com o processo legislativo constitucional.

(E) não pode ser proposto por diferentes órgãos públicos despersonalizados, tais como as Presidências das Mesas dos Legislativos, ainda que tenham prerrogativas ou direitos próprios a defender.

A: Correta. Conforme pondera a doutrina: "pela **Súmula 266 do STF,** 'não cabe mandado de segurança contra lei em tese'; mas esta proibição não atinge norma que veicule autênticos atos administrativos, os quais estejam produzindo efeitos concretos individualizados" (BULOS, Uadi Lammêgo. *Curso de direito constitucional.* São Paulo: Saraiva, 2007, p. 579. Grifos no original). **B:** Incorreta. O mandado de segurança está previsto para a defesa de direitos individuais (CF, art. 5º, LXIX) e para a defesa de direito coletivo (CF, art. 5º LXX). **C:** Incorreta. A legitimidade ativa do mandado de segurança coletivo é do partido político com representação no Congresso Nacional, organização sindical, entidade de classe ou associação legalmente constituída e em funcionamento há pelo menos um ano em defesa dos interesses de seus membros ou associados (CF, art. 5º LXX). **D:** Incorreta. Segundo a doutrina: "O Supremo Tribunal Federal admite a legitimidade do parlamentar para impetrar mandado de segurança com a finalidade de coibir atos praticados no processo de aprovação de lei ou emenda constitucional incompatíveis com disposições constitucionais que disciplinam o processo legislativo. Se trata de hipótese excepcional de apreciação de constitucionalidade de modo preventivo pelo guardião da Constituição Federal" (LAZARI, Rafael de. *Direito constitucional.* 6. ed. Belo Horizonte: D'Plácido, 2022, p. 632). **E:** Incorreta. A doutrina aponta que: "Além das pessoas física ou jurídicas, nacionais ou estrangeiras, os **órgãos públicos despersonalizados** são dotados de capacidade processual e podem impetrar o mandado de segurança individual, como as chefias dos Executivos federal, estadual, distrital ou municipal, as Presidências das Mesas dos Legislativos, Presidência dos Tribunais, a Presidência do Tribunal de Contas, o Ministério Público e os demais órgãos da Administração Pública que tenham direitos a defender fundamentados no *writ* constitucional" (LAZARI, Rafael; NISHIYAMA, Adolfo Mamoru. *Processo constitucional.* 4. ed. Belo Horizonte: D'Plácido, 2022, p. 213. Grifos no original). AMN

Gabarito "A".

(Procurador do Município – Prefeitura Fortaleza/CE – CESPE – 2017) Acerca dos remédios constitucionais, julgue os próximos itens.

(1) Pessoa jurídica pode impetrar *habeas corpus*.

(2) Embora não tenham personalidade jurídica própria, os órgãos públicos titulares de prerrogativas e atribuições emanadas de suas funções públicas — como, por exemplo, as câmaras de vereadores, os tribunais de contas e o MP — têm personalidade judiciária e, por conseguinte, capacidade ativa de ser parte em mandado de segurança para defender suas atribuições constitucionais e legais.

1. correta. Pessoas jurídicas podem impetrar HC, mas em favor de pessoa física, ou seja, embora possam impetrar o remédio, não podem ser beneficiárias (haja vista a ausência de direito de locomoção); **2.** correta. Os entes despersonalizados não podem ajuizar ações pelo procedimento comum, mas podem impetrar mandado de segurança. Veja-se o teor da Súmula 525 do STJ: "A Câmara de Vereadores não possui personalidade jurídica, apenas personalidade judiciária, somente podendo demandar em juízo para defender os seus direitos institucionais" TM

Gabarito "1C, 2C".

(Procurador do Município – S.J. Rio Preto/SP – 2019 – VUNESP) O Chefe do Departamento de Recursos Humanos da Prefeitura Municipal de São José do Rio Preto, sem qualquer motivo legal, recusou-se a fornecer para João, funcionário público municipal, a sua certidão de tempo de serviço que é necessária para pedir a sua aposentadoria. Nesse caso, e a fim de garantir seus direitos, João poderá

(A) recorrer ao Ministério Público.

(B) propor ação civil pública.

(C) propor ação popular.

(D) impetrar o mandado de injunção.

(E) impetrar o mandado de segurança individual.

Correta é a letra E, pois trata-se de direito líquido e certo da pessoa do impetrante. A obtenção de certidões para a defesa de direitos é um direito líquido e certo, tanto que não seria caso de *habeas data,* ainda que não tenha tal alternativa. Letras A, B e D desconexas com o enunciado, logo, erradas. Letra C equivocada, pois não é caso de ofensa à moralidade administrativa. AB

Gabarito "E".

(Procurador do Estado/AC – 2017 – FMP) A CF/88 contempla verdadeiro sistema de direitos fundamentais que se caracteriza, dentre outras circunstâncias, pela previsão expressa de normas de sistematização que disciplinam a aplicação dos direitos fundamentais em espécie; quanto às normas de sistematização, é correto afirmar que

(A) independentemente de qualquer intervenção legislativa, nos termos do art. 5º, § 1º, as normas jus fundamentais são aptas a produzir todos os seus efeitos a partir da mera previsão expressa no texto constitucional.

(B) os brasileiros e os estrangeiros residentes no Brasil, tal como previsto no caput do art. 5º, são, em igualdade de condições, sujeitos dos direitos fundamentais.

(C) os turistas, assim como as pessoas jurídicas, não contemplados no caput do art. 5º não são sujeitos de quaisquer direitos fundamentais.

(D) pessoas jurídicas não são sujeitos de direitos fundamentais.

(E) direito humano internalizado no ordenamento pátrio como direito fundamental, não obstante permissivo expresso no art. 5°, LXVII, impede a prisão civil do depositário infiel por dívida.

Correta é a letra E, com base na jurisprudência do STF: "PRISÃO CIVIL. Depósito. Depositário infiel. Alienação fiduciária. Decretação da medida coercitiva. Inadmissibilidade absoluta. Insubsistência da previsão constitucional e das normas subalternas. Interpretação do art. 5°, inc. LXVII e §§ 1°, 2° e 3°, da CF, à luz do art. 7°, § 7, da Convenção Americana de Direitos Humanos (Pacto de San José da Costa Rica). Recurso improvido. Julgamento conjunto do RE n° 349.703 e dos HCs n° 87.585 e n° 92.566. É ilícita a prisão civil de depositário infiel, qualquer que seja a modalidade do depósito.". (RE 466.343. Rel. Min. Cezar Peluso). **AB**

Gabarito "E".

(Procurador Municipal – Prefeitura/BH – CESPE – 2017) Acerca dos direitos e garantias fundamentais, assinale a opção correta.

(A) Após a condenação criminal transitada em julgado, os direitos políticos do infrator ficarão suspensos enquanto durarem os efeitos da referida condenação.

(B) Nas situações em que se fizer necessário, o cidadão poderá impetrar *habeas data* para obter vistas dos autos de processo administrativo de seu interesse.

(C) O *habeas corpus* é o instrumento adequado para impedir o prosseguimento de processo administrativo.

(D) Os direitos fundamentais são personalíssimos, razão por que somente o seu titular tem o direito de renunciá-los.

A: correta. Art. 15, III, CF; **B:** incorreta. De acordo com o art. 5°, LXXII, CF, o habeas data somente pode ser proposto: a) para assegurar o conhecimento de informações relativas à pessoa do impetrante, constantes de registros ou bancos de dados de entidades governamentais ou de caráter público; ou b) para a retificação de dados, quando não se prefira fazê-lo por processo sigiloso, judicial ou administrativo; **C:** incorreta. A hipótese é de impetração de mandado de segurança, haja vista não estar em jogo o direito de locomoção; **D:** incorreta. A doutrina clássica defende a irrenunciabilidade dos direitos fundamentais. **TM**

Gabarito "A".

(Procurador Municipal – Prefeitura/BH – CESPE – 2017) À luz do entendimento do STF, assinale a opção correta, a respeito dos direitos e garantias fundamentais.

(A) A licença-maternidade não é garantida à mulher adotante.

(B) Lei para alteração de processo eleitoral pode ser aplicada no mesmo ano das eleições, desde que seja editada cento e oitenta dias antes do pleito.

(C) O direito de reunião e o direito à livre expressão do pensamento legitimam a realização de passeatas em favor da descriminalização de determinada droga.

(D) As prerrogativas constitucionais de investigação das CPIs possibilitam a quebra de sigilo imposto a processo sujeito ao segredo de justiça.

A: incorreta. O STF estendeu a licença-maternidade também à adotante, por igual prazo. Ver RE 778889, Rel. Min. Roberto Barroso; **B:** incorreta. De acordo com o art. 16 da CF, a lei que alterar o processo eleitoral entrará em vigor na data de sua publicação, não se aplicando à eleição que ocorra até um ano da data de sua vigência; **C:** correta. Ao julgar a ADPF 197, o STF conferiu interpretação conforme a Constituição ao art. 287 do Código Penal, para não considerar as manifestações em

defesa da legalização das drogas como apologia de "fato criminoso"; **D:** incorreta. CPI não pode quebrar sigilo judicial, conforme decido pelo STF no MS 27.483: "Comissão Parlamentar de Inquérito não tem poder jurídico de, mediante requisição, a operadoras de telefonia, de cópias de decisão nem de mandado judicial de interceptação telefônica, quebrar sigilo imposto a processo sujeito a segredo de justiça. Este é oponível a Comissão Parlamentar de Inquérito, representando expressiva limitação aos seus poderes constitucionais". **TM**

Gabarito "C".

6. DIREITOS SOCIAIS

(Procurador Federal – AGU – 2023 – CEBRASPE) No tocante aos direitos sociais e ao princípio da proibição de retrocesso, julgue os itens subsequentes.

I. A invocação da chamada reserva do possível não necessariamente serve a justificar omissões estatais.

II. Segundo o STF, o princípio da proibição de retrocesso não se aplica ao campo da proteção a adolescentes.

III. A falta de previsão expressa do princípio da vedação de retrocesso não impede que ele seja reconhecido como vetor de eficácia da Constituição na interpretação do direito ambiental.

IV. O princípio da proibição de retrocesso só tem aplicabilidade em casos nos quais determinado direito esteja sob risco de ser eliminado.

Estão certos apenas os itens

(A) I e II.

(B) I e III.

(C) II e IV.

(D) I, III e IV.

(E) II, III e IV.

I: Correta. Nesse sentido: STF, ARE/AgR 1269451, 2ª Turma; RE 580252, Tribunal Pleno, com reconhecimento de repercussão geral (Tema 365). **II:** Incorreta. O princípio da vedação do retrocesso também se aplica ao campo da proteção a adolescentes (STF, ADI 2.096). **III:** Correta. O STF tem se utilizado da vedação de retrocesso como vetor de eficácia da Constituição na interpretação do direito ambiental em vários julgados, p. ex., ADPF 651, ADI 5676, ADI 4529 etc. **IV:** Incorreta. O princípio da vedação ao retrocesso aplica-se para a proteção dos direitos sociais já conquistados para que o legislador não venha a retirar esses direitos. **AMN**

Gabarito "B".

(Procurador do Município – Valinhos/SP – 2019 – VUNESP) Ao tratar dos Direitos Sociais, a Constituição Federal determina que

(A) nas empresas de mais de duzentos empregados, é assegurada a eleição de três representantes destes para, entre outras finalidades, promover o entendimento direto com os empregadores.

(B) a lei poderá exigir autorização do Estado para a fundação de sindicato, bem como o registro no órgão competente, vedada ao poder público a interferência, e permitida a intervenção na organização sindical.

(C) não é obrigatória a participação dos sindicatos nas negociações coletivas de trabalho.

(D) é vedada a criação de mais de uma organização sindical, em qualquer grau, representativa de categoria profissional ou econômica, na mesma base territorial, que será definida pelos trabalhadores ou em- pregadores interessados, não podendo ser inferior à área de um Município.

(E) não é vedada a dispensa do empregado sindicalizado a partir do registro da candidatura a cargo de direção ou representação sindical.

Correta é a letra D, nos termos do artigo 62, §9°, da CF: "§ 9° Caberá à comissão mista de Deputados e Senadores examinar as medidas provisórias e sobre elas emitir parecer, antes de serem apreciadas, em sessão separada, pelo plenário de cada uma das Casas do Congresso Nacional. A letra A está errada (11, da CF). A letra B está incorreta (artigo 8°, inciso I, da CF). A letra C está incorreta (artigo 8°, inciso VI, da CF). A letra E está equivocada (artigo 8°, inciso VIII, da CF). **AB**
Gabarito "D".

7. NACIONALIDADE

(Procurador – AL/PR – 2024 – FGV) José, brasileiro nato, casou-se com Ana, nascida no País X, e em virtude do trabalho de sua esposa, mudou-se para o referido país, onde reside há mais de 20 anos. Após todos esses anos vivendo em outro país, resolveu requerer a nacionalidade do País X.

Diante do exposto, caso José se naturalize no País X, é correto afirmar que

(A) uma vez que a obtenção voluntária de nova nacionalidade, seja ela originária, reconhecida pela lei estrangeira, ou secundária, adquirida por meio de naturalização, qualquer que seja a razão, enseja a perda da nacionalidade originária brasileira.

(B) não perderá a nacionalidade brasileira, salvo se José fizer expresso pedido de perda da nacionalidade (renúncia).

(C) ficará com a nacionalidade brasileira suspensa até que volte a residir no Brasil.

(D) perderá nacionalidade brasileira, salvo se essa nova nacionalidade advier de imposição de naturalização, pela norma estrangeira como condição para permanência em seu território ou para o exercício de direitos civis.

(E) não perderá a nacionalidade brasileira, se voltar a residir no Brasil e optar, dentro do prazo de um ano, pela nacionalidade brasileira.

A: Incorreta. A perda da nacionalidade brasileira originária não será automática nessa hipótese. **B:** Correta. Está de acordo com a nova redação dada pela EC 131/2023 ao art. 12, § 4°, II, da CF, onde será declarada a perda da nacionalidade do brasileiro que <u>fizer pedido expresso de perda da nacionalidade brasileira</u> perante autoridade brasileira competente, ressalvadas situações que acarretem apatridia. **C:** Incorreta. Ele não ficará com a nacionalidade brasileira suspensa. **D:** Incorreta. Ele não perderá a nacionalidade brasileira, conforme explicado no item B, acima. **E:** Incorreta. Ele não perderá a nacionalidade brasileira, mas ele não precisa voltar a residir no Brasil e optar pela nacionalidade brasileira, conforme explicado no item B, acima. **AMN**
Gabarito "B".

8. DIREITOS POLÍTICOS

(Procurador – AL/PR – 2024 – FGV) Mévio, Prefeito do município Gama, que irá se candidatar à reeleição, decidiu ofertar, para as eleições de 2024, nas zonas urbanas e nos dias das eleições, transporte público coletivo urbano municipal de forma gratuita e em frequência compatível com aquela praticada em dias úteis, ao argumento de que a locomoção às seções eleitorais tem custo substancialmente maior do que o valor da multa pela abstenção.

Diante do exposto e da jurisprudência do Supremo Tribunal Federal, é correto afirmar que Mévio agiu

(A) corretamente, mas somente se o Legislativo editar a lei que regulamente a matéria, a partir das eleições de 2024, o transporte coletivo urbano nos dias de votação deverá ser ofertado da forma determinada pelo Prefeito.

(B) incorretamente, pois a competência para regular o transporte público em dia de eleição é do Estado e não do município.

(C) incorretamente, pois a política pública implementada pelo chefe do poder executivo municipal viola o princípio da livre-iniciativa e o equilíbrio do contrato de concessão do transporte público.

(D) incorretamente, pois a medida adotada pelo Prefeito tem a finalidade de resgatar mais votos poderá servir como instrumento de interferência no resultado eleitoral, usando a máquina pública para conseguir se reeleger.

(E) corretamente, pois o poder público tem o dever de adotar medidas que assegurem o exercício do direito ao voto e a medida adotada promove a igualdade de participação, acesso ao voto por parte significativa dos eleitores e o combate a ilegalidades.

A alternativa E é a correta. Ao julgar a ADPF 1013, o STF decidiu que: "Direito Constitucional. Arguição de descumprimento de preceito fundamental. Oferta de transporte público regular e gratuito no dia das eleições. 1. Arguição de descumprimento de preceito fundamental contra a omissão do poder público em ofertar, nos dias das eleições, transporte público gratuito e em frequência compatível com aquela praticada em dias úteis. A pretensão se fundamenta no direito dos cidadãos ao transporte e, especialmente, no seu direito ao voto, ao argumento de que a locomoção às seções eleitorais tem custo substancialmente maior do que o valor da multa pela abstenção. 2. Considerada a extrema desigualdade social existente no Brasil, a ausência de política pública de concessão de transporte gratuito no dia das eleições tem o potencial de criar, na prática, um novo tipo de voto censitário, que retira dos mais pobres a possibilidade de participar do processo eleitoral. O Estado tem o dever de adotar medidas que concretizem os direitos previstos na ordem constitucional, de modo que a falha em assegurar o exercício do direito ao voto é violadora da Constituição. 3. Numa democracia, as eleições devem contar com a participação do maior número de eleitores e transcorrer de forma íntegra, proba e republicana. A medida pretendida promove dois valores relevantes: a igualdade de participação, proporcionando acesso ao voto por parte significativa dos eleitores; e o combate a ilegalidades, evitando que o transporte sirva como instrumento de interferência no resultado eleitoral. 4. De um lado, a arena preferencial para instituição da providência requerida nesta ação é o Parlamento, onde as decisões políticas fundamentais devem ser tomadas em uma democracia. De outro, a ausência de normatização da matéria compromete a plena efetividade dos direitos políticos, o que legitima a atuação do Supremo Tribunal Federal. Nesse cenário, justifica-se a solução que reconheça a preferência do Congresso Nacional e, ao mesmo tempo, garanta o cumprimento da Constituição. Inclusive, já existem diversos projetos de lei em tramitação que equacionam adequadamente o problema. 5. Pedido julgado parcialmente procedente, para reconhecer a existência de omissão inconstitucional decorrente da ausência de política de gratuidade do transporte público em dias de eleições, com apelo ao Congresso Nacional para que edite lei regulamentadora da matéria. Caso não editada a lei, a partir das eleições municipais de 2024, nos dias das eleições, o transporte coletivo urbano municipal e intermunicipal, inclusive o metropolitano, deve ser ofertado de forma gratuita e com frequência compatível àquela dos dias úteis. 6. Tese: É inconstitucional

1. DIREITO CONSTITUCIONAL

a omissão do Poder Público em ofertar, nas zonas urbanas em dias das eleições, transporte público coletivo de forma gratuita e em frequência compatível com aquela praticada em dias úteis". **AMN**

Gabarito "E".

(Procurador – PGE/SP – 2024 – VUNESP) É livre a criação, fusão, incorporação e extinção de partidos políticos, aos quais é assegurada a autonomia para definir a sua estrutura interna e estabelecer regras sobre sua organização e funcionamento, sendo correto afirmar sobre as diretrizes constitucionais estabelecidas:

(A) cada partido deve fixar parâmetros transparentes sobre o tempo de propaganda gratuita no rádio e na televisão, considerando o número de mulheres candidatas, a partir de critérios específicos a serem definidos pelas suas normas estatutárias, tendo em conta a autonomia e o interesse partidário.

(B) os partidos políticos devem aplicar no mínimo 30% (trinta por cento) dos recursos do fundo partidário na criação e na manutenção de programas de promoção e difusão da participação política das mulheres, de acordo com os interesses intrapartidários.

(C) os Deputados Estaduais que se desligarem do partido pelo qual tenham sido eleitos poderão perder o mandato, de modo que a migração de partido será computada para fins de distribuição de recursos do fundo partidário ou de outros fundos públicos e de acesso gratuito ao rádio e à televisão, sendo sempre irrelevante a anuência dos partidos envolvidos.

(D) somente terão acesso gratuito ao rádio e à televisão os partidos políticos que conseguirem eleger, no mínimo, 15 (quinze) Deputados Federais, distribuídos em pelo menos 1/3 (um terço) das unidades da Federação, com um mínimo de 2% (dois por cento) dos votos válidos em cada uma delas.

(E) ao eleito por partido que não preencher os requisitos previstos pela Constituição Federal para ter acesso gratuito ao rádio e à televisão é assegurado o mandato e facultada a filiação, sem perda do mandato, a outro partido que os tenha preenchido, não sendo essa filiação considerada para fins de distribuição dos recursos para o fundo partidário e para o acesso gratuito ao tempo de rádio e de televisão.

A: Incorreta. O § 8º do art. 17 da CF prescreve que: "O montante do Fundo Especial de Financiamento de Campanha e da parcela do fundo partidário destinada a campanhas eleitorais, bem como o tempo de propaganda gratuita no rádio e na televisão a ser distribuído pelos partidos às respectivas candidatas, deverão ser de no mínimo 30% (trinta por cento), proporcional ao número de candidatas, e a distribuição deverá ser realizada conforme critérios definidos pelos respectivos órgãos de direção e pelas normas estatutárias, considerados a autonomia e o interesse partidário". **B:** Incorreta. O § 7º do art. 17 da CF dispõe que: "Os partidos políticos devem aplicar no mínimo 5% (cinco por cento) dos recursos do fundo partidário na criação e na manutenção de programas de promoção e difusão da participação política das mulheres, de acordo com os interesses intrapartidários.". **C:** Incorreta. O § 6º do art. 17 da CF estabelece que: "Os Deputados Federais, os Deputados Estaduais, os Deputados Distritais e os Vereadores que se desligarem do partido pelo qual tenham sido eleitos perderão o mandato, salvo nos casos de anuência do partido ou de outras hipóteses de justa causa estabelecidas em lei, não computada, em qualquer caso, a migração de partido para fins de distribuição de recursos do fundo partidário ou de outros fundos públicos e de acesso gratuito ao rádio e à televisão.". **D:**

Incorreta. Os incisos I e II do § 3º do art. 17 da CF dispõe que: "Somente terão direito a recursos do fundo partidário e acesso gratuito ao rádio e à televisão, na forma da lei, os partidos políticos que alternativamente: (...) I – obtiverem, nas eleições para a Câmara dos Deputados, no mínimo, 3% (três por cento) dos votos válidos, distribuídos em pelo menos um terço das unidades da Federação, com um mínimo de 2% (dois por cento) dos votos válidos em cada uma delas; ou II – tiverem elegido pelo menos quinze Deputados Federais distribuídos em pelo menos um terço das unidades da Federação". **E:** Correta. É o que está disposto no § 5º do art. 17 da CF. **AMN**

Gabarito "E".

(Procurador Município – Teresina/PI – FCC – 2022) Quanto aos direitos políticos no Brasil, a legislação vigente estabelece:

(A) A idade mínima exigida para Prefeito e Vice-Prefeito é, respectivamente, de 21 anos e 18 anos.

(B) Para concorrerem a outros cargos, os prefeitos, exceto os das capitais de Estados, devem renunciar aos respectivos mandatos até seis meses antes do pleito.

(C) São condições de elegibilidade, na forma da lei, a nacionalidade brasileira e a filiação partidária, entre outras.

(D) A soberania popular será exercida mediante sufrágio universal e pelo voto direto e secreto, com peso distinto conforme a região do país, nos termos da lei complementar.

(E) O alistamento eleitoral e o voto são obrigatórios para os maiores de 18 anos e facultativos aos maiores de 60 anos.

A: Incorreta. A idade mínima exigida para Prefeito e Vice-Prefeito é vinte e um anos (CF, art. 14, § 3º, VI, *c*). **B:** Incorreta. Para concorrerem a outros cargos, os prefeitos devem renunciar aos respectivos mandatos até seis meses antes do pleito, sendo capital de Estados ou não (CF, art. 14, § 6º). **C:** Correta. É o que dispõe o art. 14, § 3º, da CF. **D:** Incorreta. O art. 14, *caput*, da CF, prescreve que a soberania popular é exercida pelo sufrágio universal e pelo voto direito e secreto, com valor igual para todos. **E:** Incorreta. O alistamento eleitoral e o voto são obrigatórios para os maiores de dezoito anos e facultativos para os analfabetos, os maiores de setenta anos e os maiores de dezesseis e menores de dezoito anos (CF, art. 14, § 1º). **AMN**

Gabarito "C".

(Procurador Município – Santos/SP – VUNESP – 2021) A respeito dos Partidos Políticos, a Constituição Federal assegura que

(A) é livre sua criação, fusão, incorporação e extinção, resguardados a soberania nacional, o pluripartidarismo, os direitos fundamentais da pessoa humana e observado o caráter regional.

(B) antes de adquirirem personalidade jurídica, na forma da lei civil, registrarão seus estatutos no Tribunal Superior Eleitoral.

(C) estão proibidos de receber recursos financeiros de entidade ou governo estrangeiro e de se subordinar a estes, devem prestar contas à Justiça Eleitoral e ter funcionamento parlamentar de acordo com a lei.

(D) podem adotar os critérios de escolha e o regime de suas coligações nas eleições majoritárias e nas proporcionais, com obrigatoriedade de vinculação entre as candidaturas em âmbito nacional, estadual, distrital ou municipal.

(E) terão direito a recursos do fundo partidário e acesso gratuito ao rádio e à televisão, na forma da lei, os que tiverem elegido pelo menos treze Deputados Federais distribuídos em pelo menos dois terços das unidades da Federação.

A: Incorreta. Deve ser observado o **caráter nacional** (CF, art. 17, I). **B:** Incorreta. O registro deve ser feito **após** adquirirem personalidade jurídica (CF, art. 17, § 2º). **C:** Correta. Conforme disposto no art. 17, II a IV, da CF. **D:** Incorreta. Segundo o art. 17, § 1º, da CF, os Partidos Políticos podem adotar os critérios de escolha e o regime de suas coligações nas eleições majoritárias, **vedada a sua celebração nas eleições proporcionais, sem obrigatoriedade** de vinculação entre as candidaturas em âmbito nacional, estadual, distrital ou municipal. **E:** Incorreta. terão direito a recursos do fundo partidário e acesso gratuito ao rádio e à televisão, na forma da lei, os que tiverem elegido pelo menos **quinze** Deputados Federais distribuídos em pelo menos **um terço** das unidades da Federação (CF, art. 17, § 3º, II). **AMN**

Gabarito "C".

(Procurador do Estado/SP – 2018 – VUNESP) Acerca dos partidos políticos, assinale a alternativa correta.

(A) A filiação partidária é condição de elegibilidade, cabendo aos partidos políticos, após adquirirem personalidade jurídica de direito público interno no cartório de registro civil do respectivo ente federativo ao qual é vinculado, promover o registro de seus estatutos no Tribunal Regional Eleitoral, ato conhecido como "notícia de criação de partido político".

(B) É assegurada aos partidos políticos autonomia para definir o regime de suas coligações nas eleições proporcionais, uma vez que há o vínculo de obrigatoriedade entre as candidaturas em âmbito nacional, estadual, distrital ou municipal.

(C) O direito a recursos do fundo partidário e acesso gratuito ao rádio e à televisão, na forma da lei, é garantido aos partidos políticos que tiverem elegido pelo menos quinze Deputados Federais distribuídos em pelo menos um terço das unidades da Federação.

(D) Ao eleito por partido que não preencher os requisitos constitucionais que asseguram o direito ao fundo partidário é vetado filiar-se a outro partido que os tenha atingido, uma vez que a lei procura assegurar a igualdade na distribuição dos recursos e de acesso gratuito ao tempo de rádio e de televisão.

(E) Os partidos políticos não podem estabelecer normas de disciplina e fidelidade partidária, assim como são proibidos de receber recursos financeiros de entidade ou governo estrangeiros ou de subordinação a estes.

A: incorreta, pois os partidos políticos, após adquirirem personalidade jurídica, na forma da lei civil, registrarão seus estatutos no **Tribunal Superior Eleitoral** (art. 17, § 2º, da CF), sendo que os partidos políticos são **pessoas jurídicas de direito privado**, de acordo com o art. 44, V, do Código Civil; **B:** incorreta, visto que é assegurada aos partidos políticos autonomia para definir o regime de suas coligações nas eleições majoritárias, vedada a sua celebração nas eleições proporcionais, sem obrigatoriedade de vinculação entre as candidaturas em âmbito nacional, estadual, distrital ou municipal (art. 17, § 1º, da CF); **C:** correta, conforme art. 17, § 3º, II, da CF; **D:** incorreta, já que ao eleito por partido que não preencher os requisitos constitucionais que asseguram o direito ao fundo partidário é assegurado o mandato e facultada a filiação, sem perda do mandato, a outro partido que os tenha atingido, não sendo essa filiação considerada para fins de distribuição dos recursos do fundo partidário e de acesso gratuito ao tempo de rádio e de televisão (art. 17, § 5º, da CF); **E:** incorreta, pois os partidos políticos devem estabelecer normas de disciplina e fidelidade partidária (art. 17, § 1º, *in fine*, da CF), sendo proibidos de

receber recursos financeiros de entidade ou governo estrangeiros ou de subordinação a estes (art. 17, II, da CF). **AN**

Gabarito "C".

(Procurador do Estado/SP – 2018 – VUNESP) No julgamento da ADI no 5.081/DF, o Supremo Tribunal Federal fixou a seguinte tese: [...] por unanimidade de votos, em conhecer da ação e julgar procedente o pedido formulado para declarar a inconstitucionalidade, quanto à Resolução nº 22.610/2007, do Tribunal Superior Eleitoral, do termo "ou o vice", constante do art. 10; da expressão "e, após 16 (dezesseis) de outubro corrente, quanto a eleitos pelo sistema majoritário", constante do art. 13, e para "conferir interpretação conforme a Constituição ao termo "suplente", constante do art. 10, com a finalidade de excluir do seu alcance os cargos do sistema majoritário. Fixada a tese com o seguinte teor: "A perda do mandato em razão da mudança de partido não se aplica aos candidatos eleitos pelo sistema majoritário, sob pena de violação da soberania popular e das escolhas feitas pelo eleitor", nos termos do voto do Relator.

Considerando as regras constitucionais do sistema eleitoral brasileiro e os fundamentos utilizados para construir a jurisprudência aqui reproduzida, assinale a alternativa correta.

(A) Dentre as causas expressas de perda do mandato de Deputados Federais ou Estaduais estão as hipóteses de ser investido no cargo de Ministro de Estado, Governador de Território, Secretário de Estado, do Distrito Federal, de Território, de Prefeitura de Capital ou chefe de missão diplomática temporária.

(B) A interpretação conforme é uma regra hermenêutica que visa consagrar a força normativa da constituição ao retirar do ordenamento jurídico normas infraconstitucionais que sejam incompatíveis com a ordem jurídica, de modo a dar prevalência a soluções que favoreçam a integração social e a unidade política.

(C) O sistema eleitoral brasileiro adota o sistema majoritário para eleição do Prefeito e do Vice-Prefeito. No caso dos Municípios com mais de 200 mil eleitores, se nenhum candidato alcançar maioria absoluta na primeira votação, far-se-á nova eleição em até vinte dias após a proclamação do resultado, concorrendo os dois candidatos mais votados e considerando-se eleito aquele que obtiver a maioria dos votos válidos.

(D) O sistema proporcional adotado para a eleição dos senadores caracteriza-se pela ênfase nos votos obtidos pelos partidos, motivo pelo qual a Corte fixou entendimento de que a fidelidade partidária é essencial nesse caso.

(E) A soberania popular é exercida por meio da participação direta na organização político-administrativa quando se permite que os Estados possam se incorporar entre si, subdividir-se ou desmembrar-se para se anexarem a outros, ou formarem novos Estados ou Territórios Federais, mediante aprovação da população diretamente interessada, por plebiscito ou referendo.

A: incorreta, pois não é causa de perda do mandato de Deputado ou Senador a hipótese de ser investido no cargo de Ministro de Estado, Governador de Território, Secretário de Estado, do Distrito Federal, de Território, de Prefeitura de Capital ou chefe de missão diplomática temporária (art. 56, I, da CF); **B:** incorreta, visto que a interpretação con-

1. DIREITO CONSTITUCIONAL

forme a Constituição é um método de interpretação hermenêutico – ou uma técnica de controle de constitucionalidade – pelo qual o intérprete ou aplicador do direito, ao se deparar com normas polissêmicas ou plurissignificativas (isto é, que possuam mais de uma interpretação), deverá adotar aquela interpretação que mais se compatibilize com o texto constitucional, excluindo determinadas hipóteses de interpretação da norma inconstitucionais; **C:** correta, conforme art. 29, II, combinado com art. 77, § 3º, da CF; **D:** incorreta, visto que o STF entende que "*o sistema majoritário, adotado para a eleição de presidente, governador, prefeito e senador, tem lógica e dinâmica diversas da do sistema proporcional. As características do sistema majoritário, com sua ênfase na figura do candidato, fazem com que a perda do mandato, no caso de mudança de partido, frustre a vontade do eleitor e vulnere a soberania popular*" (ADI 5081, Rel. Min. Roberto Barroso, Tribunal Pleno, j. em 27-05-2015); **E:** incorreta, na medida em que os estados podem incorporar-se entre si, subdividir-se ou desmembrar-se para se anexarem a outros, ou formarem novos estados ou territórios federais, mediante aprovação da população diretamente interessada, por meio de **plebiscito**, e do Congresso Nacional, por lei complementar (art. 18, § 3º, da CF). AN

Gabarito "C".

9. ORGANIZAÇÃO DO ESTADO

9.1. Da União, Estados, Municípios e Territórios

(Procurador – AL/PR – 2024 – FGV) A Assembleia Legislativa do Estado do Alfa promulgou a Emenda Constitucional nº X, que acrescentou novo artigo à Carta estadual. Tal dispositivo garantiu aos empregados públicos concursados a possibilidade de ingressarem no quadro de pessoal da Administração Pública estadual em caso de extinção, incorporação ou transferência da empresa pública ou sociedade de economia mista, quer para a iniciativa privada, quer para a União.

Diante do exposto e da jurisprudência do Supremo Tribunal Federal, é correto afirmar que a referida norma é

(A) constitucional, pois os empregados públicos realizaram concurso prévio para ingresso no serviço público, entretanto, a remuneração do novo cargo não poderá ultrapassar o teto constitucional.

(B) inconstitucional, pois viola os princípios do concurso público, da isonomia de acesso a cargos públicos, da moralidade administrativa e da impessoalidade.

(C) constitucional, pois permite transposição, absorção ou aproveitamento de empregado público no quadro estatutário da Administração Pública estadual em observância aos princípios da eficiência e da razoabilidade.

(D) inconstitucional, pois os empregados públicos não estão vinculados ao teto constitucional e o seu correspondente aproveitamento no quadro estatutário da Administração Pública estadual poderá ensejar a violação ao princípio da irredutibilidade de vencimentos.

(E) constitucional, pois está em consonância com os princípios da isonomia, da moralidade administrativa e da impessoalidade.

A alternativa correta é a B. O STF, ao julgar o Recurso Extraordinário 1232885, com repercussão geral reconhecida (Tema 1128), firmou a seguinte tese: "É inconstitucional dispositivo de Constituição estadual que permite transposição, absorção ou aproveitamento de empregado público no quadro estatutário da Administração Pública estadual sem prévia aprovação em concurso público, nos termos do art. 37, II, da Constituição Federal". AMN

Gabarito "B".

(Procurador – AL/PR – 2024 – FGV) O Estado Beta, visando adotar política pública de proteção aos adolescentes em cumprimento de medida socioeducativa, editou norma estadual que concede porte de arma de fogo a agentes de segurança socioeducativos.

Diante do exposto e da jurisprudência do Supremo Tribunal Federal, é correto afirmar que a referida lei é

(A) constitucional, em razão da competência conferida ao Estado para legislar sobre segurança pública.

(B) constitucional, pois promove a diretriz de que as medidas socioeducativas possuem caráter punitivo, educativo e preventivo, em observância às disposições de proteção aos direitos da criança e do adolescente.

(C) inconstitucional, por violação à competência privativa da União para legislar sobre direito penal e material bélico e para autorizar e fiscalizar a produção e o comércio de material bélico.

(D) constitucional, por observância à competência do Estado para legislar sobre matéria de proteção à infância e à juventude, bem como para aplicar as medidas socioeducativas aos adolescentes.

(E) inconstitucional, por ausência de competência do Estado para editar normas de proteção à infância e à juventude.

A alternativa C é a correta. É o que foi decidido na ADI 7.424/ES. Nesse sentido: "É inconstitucional — por violar competência privativa da União para legislar sobre direito penal e material bélico (CF/1988, art. 22, I e XXI) — norma estadual que concede porte de arma de fogo a agentes socioeducativos." (*Informativo* STF 1122/2024). AMN

Gabarito "C".

(Procurador – AL/PR – 2024 – FGV) O ex-Prefeito do Município Gama, localizado no Estado Beta, ajuizou ação declaratória de nulidade de ato administrativo, objetivando a anulação de acórdão proferido pelo Tribunal de Contas do Estado Beta, em procedimento de tomada de contas especial, o qual condenou o ex-agente político ao pagamento de valores a título de débito e de multa, por irregularidades na execução de convênio firmado entre os entes estadual e municipal.

Diante do exposto e da jurisprudência do Supremo Tribunal Federal, assinale a opção em que está correto o julgamento da ação.

(A) Procedente, pois a função dos tribunais de contas limita-se a emitir um parecer, sugerindo o resultado do julgamento que deverá ser proferido pelo Poder Legislativo competente, diante da impossibilidade de julgar quaisquer contas do Chefe do Poder Executivo, seja por gestão ou execução de convênio.

(B) Improcedente, diante da possibilidade da Corte de Contas aplicar ao Prefeito as sanções administrativas previstas em lei, quando o legislativo se silenciar sobre o parecer do Tribunal de Contas (julgamento ficto)

(C) Procedente, diante da impossibilidade da Corte de Contas aplicar ao Prefeito as sanções administrativas previstas em lei, quando o legislativo se silenciar sobre o parecer do Tribunal de Contas (julgamento ficto).

(D) Procedente, em razão da violação ao devido processo legal, pois o juiz natural das contas do prefeito sempre será a Câmara Municipal, ofendendo, portanto, a democracia, a soberania popular, a independência e a autonomia do órgão legislativo local.

(E) Improcedente, pois o Tribunal de Contas tem a competência para realizar a imputação administrativa de débito e multa a ex-prefeito, em procedimento de tomada de contas especial, decorrente de irregularidades na execução de convênio firmado entre entes federativos.

A alternativa correta é a E. O STF, ao julgar o ARE 1436197, com repercussão geral reconhecida (Tema 1287), firmou a seguinte tese: "No âmbito da tomada de contas especial, é possível a condenação administrativa de Chefes dos Poderes Executivos municipais, estaduais e distrital pelos Tribunais de Contas, quando identificada a responsabilidade pessoal em face de irregularidades no cumprimento de convênios interfederativos de repasse de verbas, sem necessidade de posterior julgamento ou aprovação do ato pelo respectivo Poder Legislativo". AMN
Gabarito "E".

(Procurador – AL/PR – 2024 – FGV) O Estado beta editou a norma X que institui taxa para o exercício do poder de polícia relacionado à exploração e ao aproveitamento de recursos minerários em seu território.

Diante do exposto e da jurisprudência do Supremo Tribunal Federal, é correto afirmar que a referida lei é

(A) inconstitucional, por violação à competência privativa da União para instituição de taxa de poder de polícia relacionada a exploração de recursos minerários.

(B) inconstitucional, pois, em razão da preponderância do interesse local, a competência para instituir a referida taxa de polícia é dos Municípios.

(C) constitucional, uma vez que o Estado possui competência para instituição de taxa em razão do exercício regular do poder de polícia, não havendo necessidade de haver proporcionalidade entre o valor cobrado e o custo da atividade estatal realizada.

(D) constitucional, uma vez que o Estado possui competência para instituição de taxa pelo exercício regular do poder de polícia, desde que haja proporcionalidade entre o valor cobrado e o custo da atividade estatal.

(E) inconstitucional, pois apesar da matéria ser de competência concorrente entre União, Estados e Distrito Federal, caberá à União editar regras gerais sobre a exploração e o aproveitamento de recursos minerários.

A alternativa correta é a D. O STF, ao julgar as ADIs 4785, 4786 e 4787, considerou válidas leis estaduais de Minas Gerais, do Pará e do Amapá que instituíram taxas de controle, monitoramento e fiscalização das atividades de pesquisa, exploração e aproveitamento de recursos minerários (TFRM). As referidas ADIs foram julgadas improcedentes com o entendimento de que os Estados-membros têm competência para instituir taxas de forma a efetivar a atividade de fiscalização (poder de polícia) e que a base de cálculo fixada obedece o princípio constitucional da proporcionalidade. AMN
Gabarito "D".

(Procurador – AL/PR – 2024 – FGV) A Constituição do Estado Alfa estabeleceu hipótese de intervenção estadual nos Municípios pelo não pagamento da dívida fundada, nos casos os quais o inadimplemento não esteja vinculado à gestão anterior.

Diante do exposto e da jurisprudência do Supremo Tribunal Federal, é correto afirmar que essa hipótese de intervenção é

(A) constitucional, pois o Estado tem autonomia para definir, em sua Constituição, as hipóteses de intervenção nos municípios.

(B) inconstitucional, pois o dispositivo da Constituição estadual acrescentou hipótese de intervenção estadual nos Municípios não prevista na Constituição da República.

(C) constitucional, pois a referida norma prevista na Constituição estadual é a repetição da norma prevista na Constituição Federal.

(D) inconstitucional, pois o referido dispositivo restringiu a hipótese de intervenção estadual nos Municípios prevista na Constituição da República e tais preceitos são de observância obrigatória por parte dos Estados--membros.

(E) constitucional, pois o referido dispositivo da Constituição estadual apenas restringiu a hipótese de intervenção estadual nos Municípios prevista na Constituição da República.

A alternativa correta é a D. O STF já decidiu que: "A intervenção estadual nos Municípios pelo não pagamento da dívida fundada é garantida pelo inc. I do art. 35 da Constituição da República. Ao constituinte estadual não se autoriza restrição dessa hipótese apenas a casos nos quais o inadimplemento não esteja vinculado à gestão anterior." (STF, ADI 558, rel. min. Cármen Lúcia, j. 19-4-2021, Plenário, *DJE* de 22-9-2021.). AMN
Gabarito "D".

(Procurador – AL/PR – 2024 – FGV) Lei Orgânica distrital atribuiu à Câmara Legislativa o julgamento do Governador por crime de responsabilidade.

Sobre o tema é correto afirmar que a referida lei é

(A) inconstitucional, pois a concentração do juízo de admissibilidade da acusação e do julgamento dos crimes de responsabilidade do Governador na Câmara Legislativa do Distrito Federal ofende a lógica do juízo institucional bifásico, prevista na Constituição.

(B) constitucional, pois o Julgamento pelo crime de responsabilidade do governador deve ser definido pela Constituição do respectivo Estado ou Lei Orgânica Distrital.

(C) inconstitucional, pois a competência para julgar crimes de responsabilidade será do Tribunal de Justiça do respectivo Estado e está prevista na Lei Nacional nº 1.079/50.

(D) constitucional, pois em razão do princípio da simetria é reprodução da norma prevista na Constituição da República em relação ao Presidente.

(E) constitucional, pois a Constituição Federal de 1988 assim determina em relação aos crimes de responsabilidade praticados por Governadores e Prefeitos.

A alternativa A é a correta. O STF ao julgar a ADI 3.466/DF, decidiu que: "DIREITO CONSTITUCIONAL. AÇÃO DIRETA DE INCONSTITUCIONALIDADE. LEI ORGÂNICA DO DISTRITO FEDERAL. PROCESSO E JULGAMENTO DO GOVERNADOR POR CRIMES DE RESPONSABILIDADE. 1. Ação direta de inconstitucionalidade contra expressões da Lei Orgânica do Distrito Federal que concentram na Câmara Legislativa do Distrito Federal o juízo de admissibilidade do processo de *impeachment* e o julgamento do Governador por crime de responsabilidade. 2. De

1. DIREITO CONSTITUCIONAL

acordo com a Súmula Vinculante nº 46, '[a] definição dos crimes de responsabilidade e o estabelecimento das respectivas normas de processo e julgamento são da competência legislativa privativa da União'. 3. O Plenário do STF já decidiu que o art. 78, § 3º, da Lei nº 1.079/1950, que define que o julgamento de Governadores por crimes de responsabilidade seja 'proferido por um tribunal especial de julgamento, composto de cinco membros do Legislativo e cinco desembargadores, para julgar os crimes de responsabilidade dos Governadores', foi recepcionado pela Constituição de 1988. Precedente. 4. A concentração do juízo de admissibilidade da acusação e do julgamento dos crimes de responsabilidade do Governador na Assembleia Legislativa do Estado ou na Câmara Legislativa do Distrito Federal ofende a lógica do juízo institucional bifásico, prevista no art. 86 da Constituição. 5. Procedência do pedido. Tese de julgamento: 'É inconstitucional disposição de Constituição estadual ou Lei Orgânica distrital que, em desacordo com o previsto no art. 78, § 3º, da Lei nº 1.079/1950, atribuam à Assembleia ou Câmara Legislativa o julgamento do Governador por crime de responsabilidade'.". **AMN** Gabarito "A".

(Procurador – AL/PR – 2024 – FGV) O Estado Alfa deixou de editar lei que define as condições e percentuais mínimos para o preenchimento dos cargos em comissão para servidores de carreira.

Diante do exposto e da jurisprudência do Supremo Tribunal Federal, é correto afirmar que a ausência de disciplina da referida matéria

(A) é omissão inconstitucional do Estado Alfa, pois a matéria já foi disciplinada pela União em relação aos seus servidores e, em razão do princípio da simetria, é norma de reprodução obrigatória que deveria ter sido inserida na Constituição do Estado Alfa.

(B) não é omissão inconstitucional do Estado Alfa, pois a norma que exige a regulamentação do percentual não está na Constituição, pois está prevista em lei complementar específica.

(C) é omissão inconstitucional do Estado Alfa, pois a matéria relativa a regime jurídico-administrativo de servidor público é de competência de cada ente da federação.

(D) não é omissão inconstitucional do Estado Alfa, pois em razão do princípio federativo compete à União editar lei nacional que disponha sobre os casos, condições e percentuais mínimos de cargos em comissão.

(E) não é omissão inconstitucional, pois a constituição não impõe obrigatoriedade de fixação do percentual, deixando a critério de cada ente da federação disciplinar ou não a matéria.

A alternativa correta é a C. No julgamento da ADO 44/DF, o ministro relator destacou em seu voto que: "A competência legislativa referida no inciso V do art. 37 da Constituição pertence à unidade federativa em que se insere o cargo, inclusive no que concerne à definição de parâmetros para a reserva de cargos em comissão a servidores de carreira. Cabe a cada unidade federativa definir os parâmetros para a ocupação de acordo com suas peculiaridades." (os grifos não estão no original). **AMN** Gabarito "C".

(Procurador – PGE/SP – 2024 – VUNESP) Segundo a Constituição do Estado de São Paulo, é correto afirmar sobre os parâmetros do processo legislativo das leis orçamentárias:

(A) as emendas individuais ao projeto de lei orçamentária destinadas às ações e aos serviços públicos de saúde devem corresponder no mínimo a 0,45% (quarenta

e cinco centésimos por cento) da receita corrente líquida prevista no projeto encaminhado pelo Poder Executivo e podem ser utilizadas somente em projetos que envolvam despesas de custeio, capital e pagamento de pessoal.

(B) a lei que instituir o plano plurianual estabelecerá as metas e prioridades da administração pública estadual, incluindo as despesas de capital para o exercício financeiro subsequente, orientará a elaboração da lei orçamentária anual, disporá sobre as alterações na legislação tributária e estabelecerá a política de aplicação das agências financeiras oficiais de fomento.

(C) é vedada a realização de operações de crédito que excedam o montante das despesas de capital, ressalvadas as autorizadas mediante créditos suplementares ou especiais com fim preciso, aprovados pelo Poder Legislativo, por maioria absoluta.

(D) os projetos de lei relativos ao plano plurianual, às diretrizes orçamentárias, ao orçamento anual e aos créditos adicionais, bem como suas emendas, serão apreciados pela Assembleia Legislativa, podendo o Governador enviar mensagens ao Legislativo para propor modificações até o início da deliberação pelo Plenário.

(E) os recursos que ficarem sem despesas correspondentes em decorrência de veto, emenda ou rejeição do projeto de lei orçamentária anual não poderão ser utilizados mediante créditos especiais ou suplementares.

A: Incorreta. O § 6º do 175 da Constituição do Estado de São Paulo dispõe que: "As emendas individuais ao projeto de lei orçamentária serão de 0,45% (quarenta e cinco centésimos por cento) da receita corrente líquida prevista no projeto encaminhado pelo Poder Executivo, sendo que, no mínimo, a metade do percentual será destinada a ações e serviços públicos de saúde". B: Incorreta. Essa redação se refere a lei de diretrizes orçamentárias (art. 174, § 2º, da Constituição estadual). Já o plano plurianual está previsto no § 1º do mesmo artigo, com a seguinte redação: "A lei que instituir o plano plurianual estabelecerá as diretrizes, objetivos e metas da administração pública estadual para as despesas de capital e outras delas decorrentes e para as relativas aos programas de duração continuada". C: Correta. A redação está de acordo com o art. 176, III, da Constituição do Estado de São Paulo. D: Incorreta. O art. 175, § 3º, da Constituição estadual, dispõe o seguinte: "Os projetos de lei relativos ao plano plurianual, às diretrizes orçamentárias, ao orçamento anual e aos créditos adicionais, bem como suas emendas, serão apreciados pela Assembleia Legislativa. (...) § 3º O Governador poderá enviar mensagem ao Legislativo para propor modificações nos projetos a que se refere este artigo, enquanto não iniciada, na Comissão competente, a votação da parte cuja alteração é proposta". E: Incorreta. O § 5º do art. 175 da Constituição estadual prevê que: "Os recursos que, em decorrência de veto, emenda ou rejeição do projeto de lei orçamentária anual, ficarem sem despesas correspondentes, poderão ser utilizados, conforme o caso, mediante créditos especiais ou suplementares, com prévia e específica autorização legislativa". **AMN** Gabarito "C".

(Procurador – PGE/SP – 2024 – VUNESP) Ao Estado de São Paulo cumpre proporcionar o bem-estar social, garantindo o pleno acesso aos bens e serviços essenciais ao desenvolvimento individual e coletivo, sendo correto afirmar que a Constituição paulista assegura

(A) a competência do Estado em garantir o ensino fundamental público e gratuito aos jovens e adultos que, na idade própria, a ele não tiveram acesso, com organização adequada às características dos alunos, assim como, ao Município, a competência para definir as normas, autorização de funcionamento, supervisão e fiscalização da educação da criança de zero a seis anos.

(B) o atendimento médico à mulher, em todas as fases da vida, pelo corpo clínico especializado da rede pública de saúde, excluída a prática do aborto nos casos excludentes de antijuridicidade, previstos na legislação penal.

(C) a construção de políticas públicas pelo Sistema Estadual de Ensino deve atender a todos os níveis e modalidades, incluindo a educação para as pessoas com deficiência, ou seja, inclui a definição de normas gerais de funcionamento das escolas públicas estaduais, com exceção das escolas particulares, que gozarão de plena autonomia para organizar sistemas de ensino.

(D) diante da natureza emergencial e compensatória, a prevalência dos programas de assistência social sobre a formulação e aplicação de políticas sociais básicas nas áreas de saúde, educação, abastecimento, transporte e alimentação.

(E) ao paciente, internado em hospitais da rede pública ou privada, a faculdade de ser assistido, religiosa e espiritualmente, por ministro de culto religioso, assim como o ensino religioso, de matrícula facultativa, constituirá disciplina dos horários normais das escolas públicas de ensino fundamental.

A: Incorreta. O art. 248 da Constituição do Estado de São Paulo dispõe que: "Artigo 248. O órgão próprio de educação do Estado será responsável pela definição de normas, autorização de funcionamento, supervisão e fiscalização das creches e pré-escolas públicas e privadas no Estado. Parágrafo único. Aos Municípios, cujos sistemas de ensino estejam organizados, será delegada competência para autorizar o funcionamento e supervisionar as instituições de educação das crianças de zero a seis anos de idade". **B**: Incorreta. O art. 224 da Constituição estadual dispõe: "Cabe à rede pública de saúde, pelo seu corpo clínico especializado, prestar o atendimento médico para a prática do aborto nos casos excludentes de antijuridicidade, previstos na legislação penal". **C**: Incorreta. O art. 239, *caput*, da Constituição estadual determina que: "O Poder Público organizará o Sistema Estadual de Ensino, abrangendo todos os níveis e modalidades, incluindo a especial, estabelecendo normas gerais de funcionamento para as escolas públicas estaduais e municipais, bem como para as particulares". **D**: Incorreta. O art. 233 da Constituição estadual prescreve: "As ações governamentais e os programas de assistência social, pela sua natureza emergencial e compensatória, não deverão prevalecer sobre a formulação e aplicação de políticas sociais básicas nas áreas de saúde, educação, abastecimento, transporte e alimentação". **E**: Correta. Está de acordo com os arts. 231 e 244 da Constituição estadual. AMN

Gabarito "E"

(Procurador Federal – AGU – 2023 – CEBRASPE) Com relação ao princípio da simetria, assinale a opção correta.

(A) Não se aplica o princípio da simetria às relações entre governador e assembleia legislativa, devido à autonomia dos estados da Federação.

(B) Os municípios não estão obrigados a observar o princípio da simetria na elaboração de sua lei orgânica.

(C) As comissões parlamentares de inquérito (CPI) municipais, por força do princípio da simetria, têm os mesmos poderes e submetem-se aos mesmos requisitos das CPI do Congresso Nacional.

(D) Invocar o princípio da simetria para prever, em Constituição estadual, competência do governador para editar medidas provisórias fere o regime constitucional de 1988.

(E) Em razão do princípio da simetria, os tribunais de contas dos estados devem observar os parâmetros de composição e fiscalização do Tribunal de Contas da União.

A: Incorreta. O princípio da simetria se aplica às relações entre governador e assembleia legislativa, por força do art. 25 da CF. **B**: Incorreta. Em linhas gerais, os estados-membros, o Distrito Federal e os municípios devem adotar os mesmos princípios básicos da esfera federal. **C**: Incorreta. Uma CPI municipal não possui poderes próprios de investigação de autoridade judicial, pois esse ente federativo não possui Poder Judiciário. **D**: Incorreta. O STF reconhece a possibilidade de adoção de medida provisória por estado-membro, conforme a ADI/SC 2391. **E**: Correta. Este tem sido o entendimento do STF: "1. Os Tribunais de Contas das unidades federadas devem obedecer na sua composição o arquétipo constitucional encartado nos dispositivos da Lei Maior. É que o modelo delineado pelo artigo 73, § 2º, da CRFB, concernente à proporção na escolha dos indicados às vagas para o Tribunal de Contas, é de observância obrigatória pelos estados-membros, nos termos da Súmula 653/STF, (...). 2. A proporção estabelecida pelo Constituinte, quanto à formação e forma de indicação das Cortes de Contas, deflui do princípio da separação dos poderes e da instituição de mecanismos constitucionais de *checks and balances*. 3. *In casu*, o artigo 95, § 7º, da Constituição do Estado de Alagoas subverte a metodologia constitucionalmente imposta para a composição das Cortes de Contas, ao autorizar a livre nomeação de Conselheiro, pelo Governador, na hipótese de inexistência de membros do Ministério Público junto ao Tribunal de Contas e/ou Auditores." (ADI 4.659, rel. min. Luiz Fux, P, j. 30-8-2019, *DJE* 200 de 16-9-2019). AMN

Gabarito "E"

(Procurador Fazenda Nacional – AGU – 2023 – CEBRASPE) No que se refere à repartição constitucional de competências e à regulação das hipóteses de intervenção, pilares do federalismo, assinale a opção correta.

(A) Compete privativamente à União legislar sobre direito civil, comercial, penal, processual, eleitoral, agrário, marítimo, aeronáutico, espacial e do trabalho, bem como sobre política de crédito, câmbio, seguros e transferência de valores.

(B) A União poderá intervir em município situado em estado, para reorganizar suas finanças públicas, na hipótese de suspensão do pagamento da dívida consolidada por mais de três anos consecutivos.

(C) Compete privativamente à União legislar sobre direito tributário, financeiro, penitenciário, econômico e urbanístico, bem como sobre orçamento e juntas comerciais.

(D) É competência comum da União, dos estados, do Distrito Federal e dos municípios emitir moeda e administrar as reservas cambiais do Brasil e fiscalizar as operações de natureza financeira, especialmente as de crédito, câmbio e capitalização, bem como as de seguros e de previdência privada.

(E) No que concerne à competência concorrente da União e dos estados, inexistindo lei federal sobre normas gerais, os estados exercerão a competência legislativa plena, mas eventual superveniência de lei federal sobre normas gerais implicará a revogação da lei estadual, no que lhe for contrário.

A: Correta. Está previsto no art. 22, I e VII, da CF. **B:** Incorreta. A União só poderá intervir nos Municípios localizados em Território Federal (CF, art. 35, *caput*). **C:** Incorreta. Essa competência é concorrente entre a União, os Estados e o Distrito Federal (CF, art. 24, I a III). **D:** Incorreta. É competência da União (CF, art. 21, VII e VIII). **E:** Incorreta. A parte final está incorreta, pois eventual superveniência de lei federal sobre normas gerais implicará a **suspensão da eficácia** da lei estadual, no que lhe for contrário (CF, art. 24, § 4º). AMN

Gabarito "A".

(Procurador Município – Teresina/PI – FCC – 2022) O Prefeito de Teresina pretende editar decreto disciplinando o horário de funcionamento de estabelecimentos de comércio varejista de alimentos e bebidas, sem que a lei tenha regulado o tema. Considerando as normas da Constituição Federal, trata-se de matéria que se insere no âmbito da competência

(A) do Estado, devendo, no caso, ser regida por lei estadual, e não por decreto, à luz do princípio da legalidade.

(B) do Estado, podendo, no caso, ser objeto de decreto do Chefe do Poder Executivo estadual, já que lhe compete dispor sobre organização e funcionamento do comércio.

(C) concorrente da União, Estado e Município, podendo, no caso, ser objeto de decreto do Chefe do Poder Executivo municipal apenas na ausência de normas federais e estaduais.

(D) do Município, podendo, no caso, ser objeto de decreto do Chefe do Poder Executivo municipal, já que lhe compete dispor sobre organização e funcionamento do comércio.

(E) do Município, devendo, no caso, ser regida por lei, e não por decreto, à luz do princípio da legalidade.

Compete aos Municípios legislar sobre assuntos de interesse local (CF, art. 30, I), que é o caso do enunciado apresentado. No entanto, pressupõe-se a edição de lei para tanto, em razão do princípio da legalidade. Posteriormente, é até possível a edição de decreto para regulamentar a lei, mas não é possível decreto autônomo sobre a matéria. AMN

Gabarito "E".

(Procurador Município – Teresina/PI – FCC – 2022) Compete ao Município

(A) legislar sobre regime de portos e navegação lacustre.

(B) instituir, mediante lei complementar, regiões metropolitanas, aglomerações urbanas e microrregiões.

(C) explorar diretamente, ou mediante concessão, os serviços locais de gás canalizado.

(D) fixar o horário de funcionamento de estabelecimento comercial.

(E) legislar sobre imposto sobre serviços de qualquer natureza e transmissão *causa mortis*.

A: Incorreta. Competência da União (CF, art. 21, XII, *f*). **B:** Incorreta. Competência dos Estados-membros (CF, art. 25, § 3º). **C:** Incorreta. Competência dos Estados-membros (CF, art. 25, § 2º). **D:** Correta. Trata-se de interesse local (CF, art. 30, I). **E:** Incorreta. Competência dos Estados-membros e do Distrito Federal (CF, art. 155, I). AMN

Gabarito "D".

(Procurador/PA – CESPE – 2022) A respeito da organização do Estado brasileiro, assinale a opção correta.

(A) O princípio da divisão dos poderes não é absoluto, havendo, por conseguinte, exceções, tal como a possibilidade de delegação, pelo Senado Federal, de atribuições legislativas ao presidente da República.

(B) Os estados-membros poderão intervir em seus municípios para reorganizar suas finanças.

(C) Lei complementar estadual pode criar região metropolitana, constituída por aglomeração de municípios limítrofes, para integrar a organização, o planejamento e a execução de funções públicas de interesse comum.

(D) Ao Distrito Federal são atribuídas todas as competências legislativas reservadas aos estados e municípios.

(E) O texto constitucional permite a divisão do Distrito Federal em municípios.

A: Incorreta. A possibilidade de delegação de atribuições legislativas ao Presidente da República é realizada pelo Congresso Nacional (CF, art. 68). **B:** Incorreta. Não há essa hipótese prevista no art. 35 da CF. **C:** Correta. Está previsto expressamente no art. 25, § 3º, da CF. **D:** Incorreta. Ao Distrito Federal **não** são atribuídas **todas** as competências legislativas reservadas aos estados e municípios. Por exemplo, compete privativamente à União legislar sobre organização judiciária, do Ministério Público do Distrito Federal e dos Territórios e da Defensoria Pública dos Territórios, bem como organização administrativa destes (CF, art. 22, XVII). **E:** Incorreta. A CF prevê expressamente que o Distrito Federal não poderá ser dividido em municípios (art. 32). AMN

Gabarito "C".

(Procurador/PA – CESPE – 2022) Cada um dos próximos itens apresenta uma situação hipotética seguida de assertiva, a ser julgada conforme as disposições da Constituição Federal de 1988 referentes à intervenção federal.

I. No ano de 2021, o estado C sofreu queda brusca na sua arrecadação, razão pela qual, pela primeira vez em sua história, suspendeu o pagamento de dívida fundada cujo credor era a União. Nessa situação hipotética, a União poderá intervir no estado C, para garantir o pagamento da dívida fundada.

II. O estado V é recalcitrante no descumprimento de ordens judiciais provenientes de sentenças com trânsito em julgado. Nessa situação hipotética, a União poderá intervir no estado V, para garantir o cumprimento das ordens e decisões do Poder Judiciário, independentemente de requisição do Supremo Tribunal Federal, do Superior Tribunal de Justiça ou do Tribunal Superior Eleitoral.

III. Visando à conclusão do maior número de obras públicas em seu primeiro mandato e, consequentemente, a sua futura reeleição, o governador do estado S deixou de entregar, dentro dos prazos estabelecidos em lei, aos municípios localizados em seu território as receitas tributárias fixadas constitucionalmente. Nessa situação hipotética, a União poderá intervir no estado S, para garantir os devidos repasses.

IV. O estado Z, sob a justificativa de que é imperativo constitucional uma administração pública eficiente e, assim, célere na construção de obras de interesse público, tem, reiteradamente, realizado contratações diretas, afastando a aplicação da legislação federal que rege as licitações e os contratos na administração pública. Nessa situação hipotética, a União poderá intervir no estado Z, para prover a execução da legislação federal.

V. O município W, que não está localizado em nenhum dos territórios federais, tem deixado de aplicar o mínimo exigido da receita municipal na manutenção e no desenvolvimento das ações e dos serviços públicos de saúde. Nessa situação hipotética, a União, por iniciativa concorrente, poderá intervir no município W.

A quantidade de itens certos é igual a

(A) 1.

(B) 2.

(C) 3.

(D) 4.

(E) 5.

I: Errado. O art. 34, V, *a*, da CF, prevê que cabe a intervenção federal no Estado para reorganizar as finanças da unidade da Federação que suspender o pagamento da dívida fundada por mais de dois anos consecutivos, salvo motivo de força maior. **II:** Errado. Há a necessidade de requisição do Supremo Tribunal Federal, do Superior Tribunal de Justiça ou do Tribunal Superior Eleitoral (CF, art. 36, II). **III:** Certo. É o que estabelece o art. 34, V, *b*, da CF. **IV:** Certo. Está disposto no art. 34, VI, da CF. **V:** Errado. A União só poderá intervir nos Municípios localizados em Território Federal (CF, art. 35). **AMN**

Gabarito "B".

(Procurador/DF – CESPE – 2022) Com base na Lei Orgânica do Distrito Federal, julgue o próximo item.

(1) Combater as causas da pobreza, promovendo-se a integração social dos segmentos desfavorecidos, é competência do DF em comum com a União.

1: Certo. Art. 23, X, da CF, e art. 16, VIII, da Lei Orgânica do Distrito Federal. **AMN**

Gabarito "1C".

(Procurador Município – Santos/SP – VUNESP – 2021) Compete à União explorar, diretamente ou mediante autorização, concessão ou permissão,

(A) os serviços de transporte rodoviário municipal, interestadual e internacional de passageiros.

(B) os serviços de telecomunicações, nos termos da lei que disporá sobre a organização dos serviços, entre outros aspectos.

(C) a produção, comercialização e utilização de radioisótopos de meia-vida igual ou inferior a duas horas.

(D) a comercialização de radioisótopos para a pesquisa e usos medicinais, agrícolas e industriais, excetuada a utilização.

(E) os serviços locais de gás canalizado, na forma da lei, vedada a edição de medida provisória para a sua regulamentação.

A: Incorreta. São só os serviços de transporte rodoviário interestadual e internacional de passageiros (CF, art. 21, inciso XII, alínea *e*). **B:** Correta. Conforme art. 21, inciso XI, da CF. **C:** Incorreta. Essa era a antiga redação do art. 21, inciso XXIII, alínea *c*, da CF, dada pela EC n° 49/2006. A EC n° 118/2022 deu nova redação ao dispositivo: "sob regime de permissão, são autorizadas a produção, a comercialização e a utilização de radioisótopos para pesquisa e uso médicos". **D:** Incorreta. A redação original do art. 21, inciso XXIII, alínea *b*, da CF, previa: "sob regime de concessão ou permissão, é autorizada a utilização de radioisótopos para a pesquisa e usos medicinais, agrícolas, industriais e atividades

análogas". Ocorreu uma alteração redacional com a EC 49/2006 e, finalmente, a EC 118/2022 deu a atual redação: "sob regime de permissão, são autorizadas a comercialização e a utilização de radioisótopos para pesquisa e uso agrícolas e industriais". **E:** Incorreta. Essa competência é do Estado-membro e não da União (CF, art. 25, § 2°). **AMN**

Gabarito "B".

(Procurador do Estado/TO – 2018 – FCC) Lei complementar estadual, fruto de projeto de iniciativa do Governador, instituiu região metropolitana constituída por Municípios limítrofes, a fim de integrar a organização, o planejamento e a execução de funções públicas de interesse comum, entre as quais a de construção de moradias e a de saneamento básico. Referida lei ainda determinou que essas funções públicas seriam exercidas pelos Municípios em consonância com as normas editadas pela autoridade estadual nomeada pelo Governador. À luz da Constituição Federal e da jurisprudência do Supremo Tribunal Federal, a referida lei estadual

(A) não poderia ter instituído região metropolitana que tenha como objeto a integração, o planejamento e a execução das funções de construção de moradias, uma vez que essa atividade se insere no âmbito da competência privativa dos Municípios.

(B) pode ser alterada por lei ordinária, uma vez que a Constituição Federal não exige lei complementar nessa matéria.

(C) foi regularmente editada, sendo formal e materialmente compatível com a Constituição Federal.

(D) não poderia ter atribuído exclusivamente à autoridade estadual a competência para editar as normas que regerão a execução das funções de interesse comum, tendo em vista que a instituição de região metropolitana não pode afastar o princípio constitucional da autonomia municipal.

(E) não poderia ter instituído região metropolitana que tenha como objeto a integração, o planejamento e a execução das funções de saneamento básico, uma vez que essa atividade se insere no âmbito da competência privativa dos Municípios.

Correta é a letra D, assim determina a Constituição Federal: "Art. 25. Os Estados organizam-se e regem-se pelas Constituições e leis que adotarem, observados os princípios desta Constituição. (...) § 3° Os Estados poderão, mediante lei complementar, instituir regiões metropolitanas, aglomerações urbanas e microrregiões, constituídas por agrupamentos de municípios limítrofes, para integrar a organização, o planejamento e a execução de funções públicas de interesse comum.". Além disso, a jurisprudência do STF confirma o item D como correto (ADI 1842. STF). **AB**

Gabarito "D".

(Procurador do Estado/SP – 2018 – VUNESP) Ao julgar a ADI n° 2.699/PE, que tinha por objeto a análise da competência para legislar sobre direito processual, o Supremo Tribunal Federal destacou ser importante compreender que a Constituição Federal proclama, na complexa estrutura política que dá configuração ao modelo federal de Estado, a coexistência de comunidades jurídicas responsáveis pela pluralização de ordens normativas próprias, que se distribuem segundo critérios de discriminação material de competências fixadas pelo texto constitucional. Nesse contexto, a respeito do tema competência constitucional para legislar sobre a matéria de direito processual, assinale a alternativa correta.

(A) A União poderá delegar aos Estados a competência para legislar integralmente sobre o tema, considerando as reiteradas críticas à excessiva centralização normativa no âmbito federativo.

(B) Os Estados-membros e o Distrito Federal não dispõem de competência para legislar sobre direito processual. Com fundamento no sistema de poderes enumerados e de repartição constitucional de competências legislativas, somente a União possui atribuição para legitimamente estabelecer, em caráter privativo, a regulação normativa, inclusive a disciplina dos recursos em geral, conforme posição consolidada do Supremo Tribunal Federal.

(C) Estabelecida a lide com fundamento em conflito de competência legislativa entre a União e os Estados--Membros ou o Distrito Federal, a ação judicial deverá ser julgada de forma originária pelo Superior Tribunal de Justiça, uma vez configurada a instabilidade no equilíbrio federativo.

(D) A competência é comum da União, dos Estados, do Distrito Federal e dos Municípios, podendo lei complementar autorizar cada ente federal a legislar sobre questões específicas das matérias relacionadas na Constituição Federal.

(E) A competência para legislar sobre direito processual é concorrente, de modo que cabe à União fixar normas gerais e aos Estados-Membros e ao Distrito Federal normas suplementares, em concordância com a jurisprudência pacífica sobre o tema.

A: incorreta, visto que a União, por meio de lei complementar, poderá autorizar os Estados a legislar sobre **questões específicas** das matérias relacionadas à sua competência privativa, tal como direito processual (art. 22, I e parágrafo único, da CF); **B:** correta, pois, conforme jurisprudência do STF, "*os Estados-membros e o Distrito Federal não dispõem de competência para legislar sobre direito processual, eis que, nesse tema, que compreende a disciplina dos recursos em geral, somente a União Federal – considerado o sistema de poderes enumerados e de repartição constitucional de competências legislativas – possui atribuição para legitimamente estabelecer, em caráter de absoluta privatividade (CF, art. 22, n. I), a regulação normativa a propósito de referida matéria*" (ADI 2699, Rel. Min. Celso de Mello, Tribunal Pleno, j. em 20-05-2015); **C:** incorreta, pois o Supremo Tribunal Federal tem competência originária para processar e julgar as causas e os conflitos entre a União e os estados, a União e o Distrito Federal, ou entre uns e outros, inclusive as respectivas entidades da administração indireta (art. 102, I, *f*, da CF), desde que tais litígios tenham potencialidade para desestabilizar o pacto federativo. A jurisprudência do STF distingue **conflito entre entes federados e conflito federativo**, sustentando que, no primeiro caso, observa-se apenas a litigância judicial promovida pelos membros da Federação, ao passo que, no segundo, além da participação desses na lide, a conflituosidade da causa importa em potencial desestabilização do próprio pacto federativo, sendo que o legislador constitucional restringiu a atuação da STF à última hipótese (ACO 1.295 AgR-segundo, Rel. Min. Dias Toffoli, j. 14-10-2010); **D e E:** incorretas, pois a competência para legislar sobre direito processual é **privativa** da União (art. 22, I, da CF) – vale destacar que competência comum diz respeito à competência material. **AN**

Gabarito "B".

(Procurador do Município – Boa Vista/RR – 2019 – CESPE/CEBRASPE) Considerando as disposições constitucionais aplicáveis ao regime federativo brasileiro, julgue o item seguinte.

(1) A Constituição Federal de 1988 assegura aos municípios a participação no resultado da exploração de petróleo ou gás natural, de recursos hídricos para fins de geração de energia elétrica e de outros recursos minerais no respectivo território, ou a compensação financeira por essa exploração.

Certo, conforme artigo 20, §1°, da CF: "Art. 20. São bens da União: (...) § 1° É assegurada, nos termos da lei, à União, aos Estados, ao Distrito Federal e aos Municípios a participação no resultado da exploração de petróleo ou gás natural, de recursos hídricos para fins de geração de energia elétrica e de outros recursos minerais no respectivo território, plataforma continental, mar territorial ou zona econômica exclusiva, ou compensação financeira por essa exploração. ". **AB**

Gabarito 1C.

(Procurador do Município – Boa Vista/RR – 2019 – CESPE/CEBRASPE) Considerando as disposições constitucionais aplicáveis ao regime federativo brasileiro, julgue o item seguinte.

(1) Compete aos municípios explorar diretamente, ou mediante concessão, os serviços de gás canalizado.

Errado, pois a competência é do Estado (artigo 25, §2°, da CF). **AB**

Gabarito 1E.

(Procurador do Município – Valinhos/SP – 2019 – VUNESP) Nos termos da Constituição Federal, compete à União explorar, diretamente ou mediante autorização, concessão ou permissão,

(A) os serviços de transporte rodoviário estadual e interestadual de passageiros.

(B) os serviços de radiodifusão sonora, e de sons e imagens.

(C) o serviço postal e o correio aéreo nacional.

(D) a ordenação do território e de desenvolvimento econômico e social.

(E) a produção e o comércio de material bélico.

Correta é a letra B, com base na literalidade do artigo 21, inciso XI, da CF: "Art. 21. Compete à União: (...) XII – explorar, diretamente ou mediante autorização, concessão ou permissão: a) os serviços de radiodifusão sonora, e de sons e imagens.". A letra A está errada, pois "os serviços de transporte rodoviário interestadual e internacional de passageiros." (Artigo 21, XII, e, da CF). A letra C é incorreta, conforme artigo 21, X, da CF. A letra D, também errada, com base no artigo 21, IX, da CF e, por fim, a letra E está no artigo 21, VI, da CF. Perceba que o enunciado exige "compete à União explorar, diretamente ou mediante autorização, concessão ou permissão", por isso a única possível é a letra B. **AB**

Gabarito "B".

(Procurador Municipal – Prefeitura/BH – CESPE – 2017) Acerca da organização político-administrativa, assinale a opção correta.

(A) A fim de fazer cumprir ordem legal, a União poderá decretar intervenção federal nos municípios que se recusarem a cumprir lei federal que tenha sido recentemente sancionada, em razão de discordarem de seu conteúdo.

(B) Conforme o entendimento do STF, para realizar o desmembramento de determinado município, é necessário consultar, por meio de plebiscito, a população pertencente à área a ser desmembrada, mas não a população da área remanescente.

(C) De acordo com o entendimento do STF, as terras indígenas recebem tratamento peculiar no direito nacional devido ao fato de, juridicamente, serem equiparadas a unidades federativas.

(D) O parecer técnico elaborado pelo tribunal de contas tem natureza meramente opinativa, competindo à câmara municipal o julgamento anual das contas do prefeito.

A: incorreta. A União só pode decretar intervenção nos estados (ou no DF). A intervenção em municípios é realizada pelos estados, nas hipóteses constitucionais (arts. 34 e 35, CF); **B:** incorreta. Ver ADI 2650, Rel. Min. Dias Toffoli: "Após a alteração promovida pela EC 15/1996, a Constituição explicitou o alcance do âmbito de consulta para o caso de reformulação territorial de Municípios e, portanto, o significado da expressão 'populações diretamente interessadas', contida na redação originária do § 4º do art. 18 da Constituição, no sentido de ser necessária a consulta a toda a população afetada pela modificação territorial, o que, no caso de desmembramento, deve envolver tanto a população do território a ser desmembrado, quanto a do território remanescente. Esse sempre foi o real sentido da exigência constitucional – a nova redação conferida pela emenda, do mesmo modo que o art. 7º da Lei 9.709/1998, apenas tornou explícito um conteúdo já presente na norma originária. A utilização de termos distintos para as hipóteses de desmembramento de Estados-membros e de Municípios não pode resultar na conclusão de que cada um teria um significado diverso, sob pena de se admitir maior facilidade para o desmembramento de um Estado do que para o desmembramento de um Município"; **C:** incorreta. Ver Pet 3388, Rel. Min. Carlos Britto: "Todas as 'terras indígenas' são um bem público federal (inciso XI do art. 20 da CF), o que não significa dizer que o ato em si da demarcação extinga ou amesquinhe qualquer unidade federada. Primeiro, porque as unidades federadas pós-Constituição de 1988 já nascem com seu território jungido ao regime constitucional de preexistência dos direitos originários dos índios sobre as terras por eles 'tradicionalmente ocupadas'. Segundo, porque a titularidade de bens não se confunde com o senhorio de um território político. Nenhuma terra indígena se eleva ao patamar de território político, assim como nenhuma etnia ou comunidade indígena se constitui em unidade federada. Cuida-se, cada etnia indígena, de realidade sociocultural, e não de natureza político-territorial"; **D:** correta. Tese de repercussão geral estabelecida no RE 729744: ""Parecer técnico elaborado pelo Tribunal de Contas tem natureza meramente opinativa, competindo exclusivamente à Câmara de Vereadores o julgamento das contas anuais do chefe do Poder Executivo local, sendo incabível o julgamento ficto das contas por decurso de prazo". **TM**

Gabarito "D".

9.2. Da Administração Pública

(Procurador Município – Teresina/PI – FCC – 2022) Na condição de Procurador do Município, lhe foi demandado emitir parecer jurídico sobre a seguinte situação: a Administração, com base em lei municipal, exige depósito em espécie para o munícipe recorrer de decisão administrativa da qual foi sucumbente. Nesse caso,

(A) a lei local não pode ser aplicada pela Administração porque existe súmula vinculante sobre a matéria com efeito vinculante para a Administração pública municipal, a qual declara inconstitucional a exigência de depósito ou arrolamento prévios de dinheiro ou bens para admissibilidade de recurso administrativo.

(B) a lei local pode ser aplicada a critério do administrador competente para a apreciação do recurso, o qual pode decidir discricionariamente, no caso concreto, se é cabível ou não a exigência de depósito em espécie, em face da hipossuficiência econômica do munícipe, devidamente comprovada nos autos do processo administrativo.

(C) é juridicamente válida e aplicável a lei local, uma vez que a Administração se submete ao princípio da legalidade não lhe competindo exercer o controle de constitucionalidade sobre as leis, de modo que o depósito em espécie deve ser considerado condição para o conhecimento do recurso.

(D) a lei local deve ser aplicada pela Administração, cabendo ao prefeito representar a sua inconstitucionalidade ou ao munícipe recorrer ao Judiciário, em homenagem ao princípio da inafastabilidade da jurisdição.

(E) a lei local não pode ser aplicada pela Administração, uma vez que, acima da legalidade, deve prevalecer a força vinculante das disposições constitucionais, especialmente o direito constitucional de petição e o da ampla defesa.

É o que dispõe a Súmula Vinculante 21 do STF: "É inconstitucional a exigência de depósito ou arrolamento prévios de dinheiro ou bens para admissibilidade de recurso administrativo". **AMN**

Gabarito "A".

(Procurador/PA – CESPE – 2022) Com base no entendimento do Supremo Tribunal Federal acerca das diretrizes firmadas na Constituição Federal de 1988 a respeito da administração pública, julgue os itens a seguir.

I. Tanto as funções de confiança quanto os cargos em comissão destinam-se apenas às atribuições de direção, chefia e assessoramento, não sendo autorizada a criação de cargos em comissão e funções de confiança para atribuições meramente executivas ou operacionais, sob pena de burla à obrigatoriedade de concurso público.

II. O inc. X do art. 37 da Constituição Federal de 1988 estabelece o dever específico de que a remuneração dos servidores públicos seja objeto de aumentos anuais, mas o Poder Executivo pode deixar de encaminhar o projeto de lei de revisão anual dos vencimentos dos servidores públicos se houver, para tanto, razões de interesse público, a serem devidamente motivadas.

III. Nos casos de lícita acumulação remunerada de cargos, empregos e funções públicas, cada vínculo funcional deverá ser considerado isoladamente para a aplicação do teto remuneratório, afastada a observância do teto remuneratório quanto ao somatório dos ganhos do agente público.

IV. No caso dos ocupantes de cargo de professor, a idade mínima para fins de aposentadoria especial será reduzida em cinco anos para aqueles que comprovem tempo de efetivo exercício não apenas na docência, mas também nas atividades de direção de unidade escolar e de coordenação e assessoramento pedagógico, desde que desempenhadas exclusivamente em estabelecimentos de educação infantil e ensino fundamental, conforme fixado em lei complementar do respectivo ente federativo.

V. É inconstitucional lei que, de forma vaga, admite a contratação temporária para as atividades de educação pública, saúde pública, sistema penitenciário e assistência à infância e à adolescência, sem que haja demonstração da necessidade temporária subjacente.

A quantidade de itens certos é igual a

(A) 1.

(B) 2.

(C) 3.

(D) 4.

(E) 5.

I: Certo. Foi objeto do Tema 1010 de Repercussão Geral do STF. **II:** Errado. O Informativo 953 do STF trouxe o julgado do RE 565089, Relator p/Acórdão: Min. Roberto Barroso, Tribunal Pleno, julgado em 25/09/2019, DJe 28/04/2020, onde se decidiu que: "O art. 37, X, da CF/1988 não estabelece um dever específico de que a remuneração dos servidores seja objeto de aumentos anuais, menos ainda em percentual que corresponda, obrigatoriamente, à inflação apurada no período. Isso não significa, porém, que a norma constitucional não tenha eficácia. Ela impõe ao Chefe do Poder Executivo o dever de se pronunciar, anualmente e de forma fundamentada, sobre a conveniência e possibilidade de reajuste ao funcionalismo". **III:** Certo. Conforme Informativo 862 do STF: RE 612975/MT e RE 602043/MT, Rel. Min. Marco Aurélio, julgados em 26 e 27/04/2017 (Repercussão Geral). **IV:** Errado. Não só em estabelecimentos de educação infantil e ensino fundamental, mas também no médio. Nesse sentido: "Para a concessão da aposentadoria especial de que trata o art. 40, § 5º, da Constituição, conta-se o tempo de efetivo exercício, pelo professor, da docência e das atividades de direção de unidade escolar e de coordenação e assessoramento pedagógico, desde que em estabelecimentos de educação infantil ou de ensino fundamental e médio" (RE 1.039.644/SC, Rel. Min. Alexandre de Moraes, j. 12/10/2017, DJe 13/11/2017, Tema 965). **V:** Certo. É o que se decidiu na ADI 3.649/RJ, Rel. Min. Luiz Fux, j. 28/05/2014. AMN
Gabarito "C".

(Procurador Município – Santos/SP – VUNESP – 2021) Ao tratar dos servidores públicos, a Constituição Federal determina que

(A) poderão ser estabelecidos por lei ordinária do respectivo ente federativo idade e tempo de contribuição diferenciados para aposentadoria de servidores com deficiência, independentemente de avaliação biopsicossocial a ser realizada por equipe médica instituída para esse fim.

(B) ressalvadas as aposentadorias decorrentes dos cargos acumuláveis, é vedada a percepção de mais de uma aposentadoria à conta de regime próprio de previdência social, aplicando-se outras vedações, regras e condições para a acumulação de benefícios previdenciários estabelecidas no Regime Geral de Previdência Social.

(C) serão aposentados, no âmbito da União, aos 62 (sessenta e dois) anos de idade, se mulher, e aos 65 (sessenta e cinco) anos de idade, se homem, e, no âmbito dos Estados, do Distrito Federal e dos Municípios, na idade mínima estabelecida mediante emenda às respectivas Constituições Estaduais, observados os requisitos estabelecidos em lei complementar do respectivo Estado.

(D) a aposentadoria por incapacidade permanente para o trabalho, no cargo em que estiver investido, ainda que suscetível de readaptação, pode ensejar a realização de avaliações semestrais para verificação da continuidade das condições que ensejaram a concessão da aposentadoria, na forma de lei complementar federal para todos os entes federativos.

(E) aplica-se ao agente público ocupante, exclusivamente, de cargo em comissão declarado em lei de livre nomeação e exoneração, de outro cargo temporário, ou de emprego público, o Regime Geral de Previdência Social, exceto àqueles com mandato eletivo.

A: Incorreta. O art. 40, § 4º-A, prescreve: "Poderão ser estabelecidos por lei complementar do respectivo ente federativo idade e tempo de contribuição diferenciados para aposentadoria de servidores com deficiência, previamente submetidos a avaliação biopsicossocial realizada por equipe multiprofissional e interdisciplinar". **B:** Correta. Conforme o art. 40, § 6º, da CF. **C:** Incorreta. O art. 40, § 1º, III, da CF, estabelece que serão aposentados: "no âmbito da União, aos 62 (sessenta e dois) anos de idade, se mulher, e aos 65 (sessenta e cinco) anos de idade, se homem, e no âmbito dos Estados, do Distrito Federal e dos Municípios, na idade mínima estabelecida mediante emenda às respectivas Constituições e Leis Orgânicas, observados o tempo de contribuição e os demais requisitos estabelecidos em lei complementar do respectivo ente federativo". **D:** Incorreta. O art. 40, § 1º, I, da CF, estabelece a aposentadoria: "por incapacidade permanente para o trabalho, no cargo em que estiver investido, quando insuscetível de readaptação, hipótese em que será obrigatória a realização de avaliações periódicas para verificação da continuidade das condições que ensejaram a concessão da aposentadoria, na forma de lei do respectivo ente federativo". **E:** Incorreta. Dispõe o art. 40, § 13, da CF, que: "Aplica-se ao agente público ocupante, exclusivamente, de cargo em comissão declarado em lei de livre nomeação e exoneração, de outro cargo temporário, inclusive mandato eletivo, ou de emprego público, o Regime Geral de Previdência Social". AMN
Gabarito "B".

(Procurador Município – Santos/SP – VUNESP – 2021) A Constituição Federal, ao tratar da Administração Pública, estabelece que

(A) os vencimentos dos cargos do Poder Legislativo não poderão ser superiores aos pagos pelo Poder Executivo, exceção feita ao Poder Judiciário, nos termos da lei.

(B) é vedada a acumulação remunerada de cargos públicos, exceto a de dois cargos ou empregos privativos de profissionais de saúde, independentemente da regulamentação das profissões.

(C) a administração fazendária e seus servidores fiscais terão, dentro de suas áreas de competência e jurisdição, precedência sobre os demais setores administrativos, na forma da lei.

(D) o Poder Executivo municipal poderá, mediante decreto, estabelecer os casos de contratação por tempo determinado para atender a necessidade local temporária de excepcional interesse público.

(E) a lei reservará percentual dos cargos e empregos públicos para as pessoas portadoras de deficiência, respeitados os critérios de admissão discriminados na Constituição Federal.

A: Incorreta. O art. 37, XII, da CF, dispõe que: "os vencimentos dos cargos do Poder Legislativo e do Poder Judiciário não poderão ser superiores aos pagos pelo Poder Executivo". **B:** Incorreta. O art. 37, XVI, *a a c*, da CF, prescreve que: "é vedada a acumulação remunerada de cargos públicos, exceto, quando houver compatibilidade de horários, observado em qualquer caso o disposto no inciso XI: a) a de dois cargos de professor; b) a de um cargo de professor com outro técnico ou científico; c) a de dois cargos ou empregos privativos de profissionais de saúde, com profissões regulamentadas". **C:** Correta. Conforme disposto no art. 37, XVIII, da CF. **D:** Incorreta. O art. 37, IX, da CF, prescreve: "a lei estabelecerá os casos de contratação por tempo determinado para atender a necessidade temporária de excepcional interesse público". **E:** Incorreta. O art. 37, VIII, determina que: "a lei reservará percentual dos cargos e empregos públicos para as pessoas portadoras de deficiência e definirá os critérios de sua admissão". AMN
Gabarito "C".

(Procurador do Município – Prefeitura Fortaleza/CE – CESPE – 2017) De acordo com a jurisprudência dos tribunais superiores, julgue os itens subsecutivos, relativos a servidores públicos.

(1) Os reajustes de vencimentos de servidores municipais podem ser vinculados a índices federais de correção monetária.

(2) Caso um procurador municipal assuma mandato de deputado estadual, ele deve, obrigatoriamente, se afastar de seu cargo efetivo, devendo seu tempo de serviço ser contado para todos os efeitos legais durante o afastamento, exceto para promoção por merecimento.

(3) Havendo previsão no edital que regulamenta o concurso, é legítima a exigência de exame psicotécnico para a habilitação de candidato a cargo público.

(4) É inconstitucional a supressão do auxílio-alimentação em decorrência da aposentadoria do servidor.

1. incorreta. Ver Súmula Vinculante 42/STF: "É inconstitucional a vinculação do reajuste de vencimentos de servidores estaduais ou municipais a índices federais de correção monetária"; **2.** correta. Art. 38, IV, CF; **3.** incorreta. Ver Súmula Vinculante 44/STF: Só por lei se pode sujeitar a exame psicotécnico a habilitação de candidato a cargo público; **4.** incorreta. Súmula Vinculante 55/STF: O direito ao auxílio-alimentação não se estende aos servidores inativos. **TM**
Gabarito "1E, 2C, 3E, 4E."

(Procurador Municipal – Prefeitura/BH – CESPE – 2017) No que diz respeito à responsabilidade civil do Estado, assinale a opção incorreta.

(A) Como o direito brasileiro adota a teoria do risco integral, a responsabilidade extracontratual do Estado converte-o em segurador universal no caso de danos causados a particulares.

(B) Cabe indenização em decorrência da morte de preso dentro da própria cela, em razão da responsabilidade objetiva do Estado.

(C) O regime publicístico de responsabilidade objetiva, instituído pela CF, não é aplicável subsidiariamente aos danos decorrentes de atos notariais e de registro causados por particulares delegatários do serviço público.

(D) As pessoas jurídicas de direito público e as de direito privado, nas hipóteses de responsabilidade aquiliana, responderão pelo dano causado, desde que exista prova prévia de ter havido culpa ou dolo de seus agentes em atos que atinjam terceiros.

A: incorreta. O direito brasileiro não adota a teoria do risco integral, que não admite excludentes de responsabilidade do Estado. No Brasil vige a Teoria do Risco Administrativo, segundo a qual o Estado responde por atos causados a terceiros, salvo por caso fortuito ou força maior, ou por culpa exclusiva da vítima; **B:** correta. O STF, ao julgar com repercussão geral o RE 580252, fixou a seguinte tese: "Considerando que é dever do Estado, imposto pelo sistema normativo, manter em seus presídios os padrões mínimos de humanidade previstos no ordenamento jurídico, é de sua responsabilidade, nos termos do artigo 37, § 6º, da Constituição, a obrigação de ressarcir os danos, inclusive morais, comprovadamente causados aos detentos em decorrência da falta ou insuficiência das condições legais de encarceramento"; **C:** correta. A Lei 13.286/2016 alterou o art. 22 da Lei 8.935/1994, alterando a responsabilidade antes objetiva para subjetiva. Hoje, notários e oficiais de registro somente respondem quando houver dolo ou culpa, tendo a prescrição sido reduzida para 3 anos; **D:** correta. A responsabilidade

civil aquiliana é a extracontratual. Nesse caso, a responsabilidade civil do Estado é subjetiva. De acordo com magistério de Hely Lopes Meirelles, "o que a Constituição distingue é o dano causado pelos agentes da Administração (servidores) dos danos ocasionados por atos de terceiros ou por fenômenos da natureza. Observe-se que o art. 37, § 6º, só atribui responsabilidade objetiva à Administração pelos danos que seus agentes, nessa qualidade, causem a terceiros. Portanto o legislador constituinte só cobriu o risco administrativo da atuação ou inação dos servidores públicos; não responsabilizou objetivamente a Administração por atos predatórios de terceiros, nem por fenômenos naturais que causem danos aos particulares". **TM**
Gabarito "A."

(Procurador Municipal – Prefeitura/BH – CESPE – 2017) A respeito da administração pública, assinale a opção correta.

(A) Um assessor da PGM/BH que, após ocupar exclusivamente cargo em comissão por toda a sua carreira, alcançar os requisitos necessários para se aposentar voluntariamente terá direito a aposentadoria estatutária.

(B) A paridade plena entre servidores ativos e inativos constitui garantia constitucional, de forma que quaisquer vantagens pecuniárias concedidas àqueles se estendem a estes.

(C) De acordo com o STF, apesar da ausência de regulamentação, o direito de greve do servidor público constitui norma autoaplicável, de forma que é proibido qualquer desconto na remuneração do servidor pelos dias não trabalhados.

(D) No Brasil, de acordo com o STF, a regra é a observância do princípio da publicidade, razão pela qual, em *impeachment* de presidente da República, o sigilo do escrutínio é incompatível com a natureza e a gravidade do processo.

A: incorreta. A aposentadoria seguirá as regras do Regime Geral de Previdência; **B:** incorreta. O art. 40, § 8º, foi alterado pela EC 41/2003, que acabou com a paridade entre ativos e inativos; **C:** incorreta. O direito de greve depende de lei regulamentadora, mas o STF entendeu que, na sua ausência, deve-se aplicar a lei de greve da iniciativa privada. Entretanto, não há vedação para o desconto de dias não trabalhados, tendo a hipótese sido considerada legítima pelo STF. Segundo o Supremo, em repercussão geral, o desconto dos dias não trabalhados é possível, desde que não tenha havido acordo para a compensação das horas ou que a greve não tenha sido causada por conduta abusiva do Poder Público (ver RE 693456); **D:** correta. Ao julgar a ADPF 378, Rel. para acórdão Min. Roberto Barroso, o STF entendeu que: "Em uma democracia, a regra é a publicidade das votações. O escrutínio secreto somente pode ter lugar em hipóteses excepcionais e especificamente previstas. Além disso, o sigilo do escrutínio é incompatível com a natureza e a gravidade do processo por crime de responsabilidade. Em processo de tamanha magnitude, que pode levar o Presidente a ser afastado e perder o mandato, é preciso garantir o maior grau de transparência e publicidade possível. Nesse caso, não se pode invocar como justificativa para o voto secreto a necessidade de garantir a liberdade e independência dos congressistas, afastando a possibilidade de ingerências indevidas. Se a votação secreta pode ser capaz de afastar determinadas pressões, ao mesmo tempo, ela enfraquece o controle popular sobre os representantes, em violação aos princípios democrático, representativo e republicano. Por fim, a votação aberta (simbólica) foi adotada para a composição da Comissão Especial no processo de impeachment de Collor, de modo que a manutenção do mesmo rito seguido em 1992 contribui para a segurança jurídica e a previsibilidade do procedimento". **TM**
Gabarito "D."

10. ORGANIZAÇÃO DO PODER EXECUTIVO

(Procurador Município – Santos/SP – VUNESP – 2021) Compete ao Conselho da República

(A) opinar sobre as hipóteses de declaração de guerra e de celebração da paz, nos termos da Constituição.

(B) pronunciar-se sobre as questões relevantes para a estabilidade das instituições democráticas.

(C) estudar, propor e acompanhar o desenvolvimento de iniciativas necessárias a garantir a independência nacional.

(D) propor os critérios e condições de utilização de áreas indispensáveis à segurança do território nacional.

(E) opinar sobre o uso, a preservação e a exploração dos recursos naturais de qualquer tipo, especialmente na faixa de fronteira.

Conforme dispõe o art. 90 da CF, compete ao Conselho da República pronunciar-se sobre: (a) intervenção federal, estado de defesa e estado de sítio; (b) as questões relevantes para a estabilidade das instituições democráticas. AMN

Gabarito „B".

(Procurador do Estado/TO – 2018 – FCC) Constituição de certo Estado, ao disciplinar a responsabilidade do Chefe do Poder Executivo,

I. estabeleceu a possibilidade de o Governador perder o cargo por prática de crime de responsabilidade previsto exclusivamente na Constituição do Estado.

II. atribuiu ao Tribunal de Justiça a competência para o processo e julgamento do Governador por prática de crime comum.

III. condicionou a instauração de processo judicial por prática de crime comum cometido pelo Governador à licença prévia da Assembleia Legislativa.

IV. permitiu ao Governador permanecer no exercício de suas funções após o recebimento de denúncia ou queixa-crime pelo Tribunal competente, por entender o constituinte estadual que cabe ao Poder Judiciário decidir sobre a aplicação de medidas cautelares penais, inclusive sobre eventual afastamento do cargo.

São compatíveis com a Constituição Federal e com a jurisprudência do Supremo Tribunal Federal a(s) norma(s) referida(s) APENAS em

(A) IV.

(B) II e III.

(C) I.

(D) I e IV.

(E) III.

Correta é a letra A, uma vez que o item IV. O item I está errado, conforme a Súmula Vinculante 46, do STF: "A definição dos crimes de responsabilidade e o estabelecimento das respectivas normas de processo e julgamento são da competência legislativa privativa da União.". No item II está errado, pois a competência é do STJ (artigo 105, I, alínea a, da CF). O item III está errado, pois não requer licença prévia da Assembleia Legislativa (ADI 4764. STF): "A Constituição Estadual não pode condicionar a instauração de processo judicial por crime comum contra Governador à licença prévia da Assembleia Legislativa. A república, que inclui a ideia de responsabilidade dos governantes, é prevista como um princípio constitucional sensível (CRFB/1988, art. 34, VII, a), e, portanto, de observância obrigatória, sendo norma de reprodução proibida pelos Estados-membros a exceção prevista no art. 51, I, da Constituição da República.". O item IV é o único correto (ADI 5540. STF), uma vez que o afastamento ou não do Governador, de suas respectivas funções, cabe ao STJ decidir. AB

Gabarito „A".

(Procurador do Município – S.J. Rio Preto/SP – 2019 – VUNESP) Em relação ao tema Intervenção Estadual nos Municípios, assinale a alternativa correta.

(A) A intervenção estadual nos municípios é um ato administrativo, atemporal e personalíssimo.

(B) A intervenção estadual, em qualquer hipótese, não se submete ao controle político, por parte da Assembleia Legislativa.

(C) Conforme Súmula do STF, não cabe recurso extraordinário contra acórdão de Tribunal de Justiça que defere pedido de intervenção estadual em município.

(D) Como o ato é de natureza administrativa, somente poderá ser decretada a intervenção pelo Chefe do Poder Executivo.

(E) O Município que já sofreu intervenção estadual não poderá sofrer, novamente, a mesma medida, por motivos idênticos aos que ocasionaram o primeiro ato interventivo.

Correta é a letra C, conforme Súmula 637, do STF: "Não cabe recurso extraordinário contra acórdão de Tribunal de Justiça que defere pedido de intervenção estadual em Município.". A letra A está errada, pois o ato é temporal (artigo 36, §1º, da CF). Letra B errada, pois ocorre sim apreciação pelo Poder Legislativo, nos moldes do citado §1º, do artigo 36, da CF. Letra D incorreta, conforme artigo 36, I, da CF, bem como é um ato político. A letra E está incorreta, porque não há tal vedação no texto constitucional. AB

Gabarito „C".

(Procurador do Município – S.J. Rio Preto/SP – 2019 – VUNESP) De acordo com a Constituição Federal, compete privativamente ao Presidente da República, sem qualquer possibilidade de delegação,

(A) conceder indulto e comutar penas.

(B) fixar os subsídios dos Ministros de Estado.

(C) decretar e executar a intervenção federal.

(D) prover cargos públicos federais.

(E) autorizar referendo e convocar plebiscito.

Correta é a letra C, pois é a redação do artigo 84, X, da CF: "Art. 84. Compete privativamente ao Presidente da República: (...) X – decretar e executar a intervenção federal; (...) Parágrafo único. O Presidente da República poderá delegar as atribuições mencionadas nos incisos VI, XII e XXV, primeira parte, aos Ministros de Estado, ao Procurador-Geral da República ou ao Advogado-Geral da União, que observarão os limites traçados nas respectivas delegações.". Logo, a competência do inciso X é indelegável. A letra A está errada, pois é delegável (artigo 84, XII, da CF). A letra B está errada, pois a competência é do Congresso Nacional (artigo 49, VIII, da CF). A letra D também está errada, pois é caso de competência delegável (artigo 84, XXV, da CF). A letra E está equivocada, pois é competência do Congresso nacional (artigo 49, XV, da CF). AB

Gabarito „C".

11. ORGANIZAÇÃO DO PODER LEGISLATIVO. PROCESSO LEGISLATIVO

(Procurador Federal – AGU – 2023 – CEBRASPE) No que concerne às medidas provisórias (MP), assinale a opção correta.

(A) Em determinadas situações, uma MP pode ter eficácia por mais de sessenta dias.

(B) Caso uma medida provisória seja rejeitada, a matéria dela constante poderá ser objeto de outra MP na mesma sessão legislativa.

(C) Na tramitação de MP no Congresso Nacional, não se admitem emendas aditivas e modificativas, admitindo-se apenas as supressivas.

(D) Decorridos os sessenta dias de vigência de uma MP, deve ela ser imediatamente submetida ao Poder Legislativo.

(E) Não cabe ao Poder Legislativo apreciar os requisitos de relevância e urgência de MP.

A: Correta. Dispõe o § 7º do art. 62 da CF que: "Prorrogar-se-á uma única vez por igual período a vigência de medida provisória que, no prazo de sessenta dias, contado de sua publicação, não tiver a sua votação encerrada nas duas Casas do Congresso Nacional". B: Incorreta. O § 10 do art. 62 da CF prescreve que: "É vedada a reedição, na mesma sessão legislativa, de medida provisória que tenha sido rejeitada ou que tenha perdido sua eficácia por decurso de prazo". C: Incorreta. Na tramitação de MP no Congresso Nacional, se admitem emendas aditivas, modificativas ou supressivas (STF, ADI/DF 5127). D: Incorreta. Ver o comentário A, retro. E: Incorreta. O chefe do poder executivo federal emite juízo de valor originário e, posteriormente, o Congresso Nacional externa o juízo de valor sobre a urgência e relevância de MP. AMN

Gabarito "A".

(Procurador Federal – AGU – 2023 – CEBRASPE) No que tange às cláusulas pétreas, assinale a opção correta.

(A) Direitos e garantias previstos em diferentes dispositivos podem ser considerados cláusulas pétreas, além daqueles relacionados no art. 5.º do texto constitucional.

(B) A forma republicana de governo inclui-se entre as cláusulas pétreas na Constituição Federal de 1988 (CF).

(C) A proteção das cláusulas pétreas impede a aprovação de qualquer emenda constitucional que as tenha como objeto.

(D) Potenciais violações a cláusula pétrea somente podem ser objeto de controle de constitucionalidade posterior.

(E) Regras constitucionais sobre processo legislativo não podem ser alteradas por emenda constitucional, dada a proteção do próprio instituto das cláusulas pétreas.

A: Correta. É o que está previsto no § 2º do art. 5º da CF: "Os direitos e garantias expressos nesta Constituição não excluem outros decorrentes do regime e dos princípios por ela adotados, ou dos tratados internacionais em que a República Federativa do Brasil seja parte". B: Incorreta. As cláusulas pétreas estão previstas no art. 60, § 4º, I a IV, da CF: "§ 4º Não será objeto de deliberação a proposta de emenda tendente a abolir: I – a forma federativa de Estado; II – o voto direto, secreto, universal e periódico; III – a separação dos Poderes; IV – os direitos e garantias individuais". C: Incorreta. Impede apenas a aprovação de emenda constitucional **tendente a abolir** as cláusulas pétreas. D: Incorreta. É possível o controle de constitucionalidade por ocasião da tramitação da proposta de emenda no Congresso Nacional onde o parlamentar poderá impetrar mandado de segurança perante o STF para impedir a sua votação. E: Incorreta. Regras constitucionais sobre processo legislativo podem ser alteradas por emendas constitucionais. No entanto, há uma vedação implícita em que não será possível por meio de emenda constitucional excluir o § 4º do art. 60 da CF e que não se trata de regra constitucional sobre processo legislativo. AMN

Gabarito "A".

(Procurador Fazenda Nacional – AGU – 2023 – CEBRASPE) Considerando as regras constitucionais aplicáveis ao processo legislativo federal brasileiro, assinale a opção correta.

(A) O veto presidencial será apreciado em sessão unicameral, dentro de quinze dias, contados do seu recebimento, só podendo ser rejeitado pelo voto da maioria dos deputados e senadores.

(B) A discussão e a votação dos projetos de lei de iniciativa do presidente da República, do STF e dos tribunais superiores terão início no Senado Federal, em respeito à proteção da Federação brasileira.

(C) Projeto de lei aprovado por uma das Casas legislativas será revisto pela outra, em um só turno de discussão e votação, e enviado à sanção ou promulgação, se a Casa revisora o aprovar, ou arquivado, se o rejeitar. Caso o projeto seja emendado, ele voltará à Casa iniciadora.

(D) A Casa legislativa na qual tenha sido concluída a votação enviará o projeto de lei ao presidente da República, que, aquiescendo, o sancionará. Ulterior aquiescência do presidente República, mediante sanção do projeto de lei, quando dele seja a prerrogativa usurpada, sana o vício de inconstitucionalidade.

(E) Se o presidente da República considerar o projeto, no todo ou em parte, inconstitucional ou contrário ao interesse público, ele deverá vetá-lo total ou parcialmente, no prazo de dez dias, contados da data do recebimento, e comunicar, dentro de setenta e duas horas, ao presidente do Senado Federal os motivos do veto.

A: Incorreta. O § 4º do art. 66 da CF, dispõe que: "O veto será apreciado em sessão conjunta, dentro de trinta dias a contar de seu recebimento, só podendo ser rejeitado pelo voto da maioria absoluta dos Deputados e Senadores". B: Incorreta. Terão início na Câmara dos Deputados e não no Senado Federal (CF, art. 64, *caput*). C: Correta. Art. 65 da CF. D: Incorreta. O STF entende que: "A sanção do projeto de lei não convalida o vício de inconstitucionalidade resultante da usurpação do poder de iniciativa. A ulterior aquiescência do chefe do Poder Executivo, mediante sanção do projeto de lei, ainda quando dele seja a prerrogativa usurpada, não tem o condão de sanar o vício radical da inconstitucionalidade. Insubsistência da Súmula 5/STF." (ADI 2.867, rel. min. Celso de Mello, j. 3-12-2003, P, *DJ* de 9-2-2007.)". E: Incorreta. O § 1º do art. 66 da CF prevê que: "Se o Presidente da República considerar o projeto, no todo ou em parte, inconstitucional ou contrário ao interesse público, vetá-lo-á total ou parcialmente, no prazo de quinze dias úteis, contados da data do recebimento, e comunicará, dentro de quarenta e oito horas, ao Presidente do Senado Federal os motivos do veto". AMN

Gabarito "C".

(Procurador Fazenda Nacional – AGU – 2023 – CEBRASPE) Com relação às medidas provisórias, assinale a opção correta segundo a CF e a jurisprudência do STF.

(A) Os requisitos constitucionais legitimadores da edição de medidas provisórias, vertidos nos conceitos jurídicos indeterminados da relevância e da urgência, submetem-se, apenas em caráter excepcional, ao crivo do Poder Judiciário, em obediência à separação dos Poderes.

(B) A lei de conversão pode convalidar os vícios materiais porventura existentes na medida provisória, os quais não poderão ser objeto de análise pelo STF no âmbito do controle concentrado de constitucionalidade.

1. DIREITO CONSTITUCIONAL 39

(C) Medida provisória que implique instituição ou majoração de tributos só produzirá efeitos no exercício financeiro seguinte ao de sua edição se convertida em lei até o último dia do exercício financeiro em que houver sido editada.

(D) Não se admite, no atual ordenamento jurídico brasileiro, a existência de uma medida provisória em vigor há mais de vinte anos.

(E) O regime de urgência que impõe o sobrestamento das deliberações legislativas das Casas do Congresso Nacional não tem incidência em matérias passíveis de regramento por medida provisória.

A: Correta. Esse é o entendimento do STF, conforme o seguinte julgado: "Conforme entendimento consolidado da Corte, os requisitos constitucionais legitimadores da edição de medidas provisórias, vertidos nos conceitos jurídicos indeterminados de 'relevância' e 'urgência' (art. 62 da CF), apenas em caráter excepcional se submetem ao crivo do Poder Judiciário, por força da regra da separação de poderes (art. 2º da CF)." (ADC 11 MC, voto do rel. min. Cezar Peluso, j. 28-3-2007, *DJ* de 29-6-2007)". **B:** Incorreta. O STF entende que: "Não prejudica a ação direta de inconstitucionalidade material de medida provisória a sua intercorrente conversão em lei sem alterações, dado que a sua aprovação e promulgação integrais apenas lhe tornam definitiva a vigência, com eficácia *ex tunc* e sem solução de continuidade, preservada a identidade originária do seu conteúdo normativo, objeto da arguição de invalidade" (ADI 691 MC, rel. min. Sepúlveda Pertence, j. 22-4-1992, *DJ* de 19-6-1992). **C:** Incorreta. O § 2º do art. 62 da CF dispõe que: "Medida provisória que implique instituição ou majoração de impostos, exceto os previstos nos arts. 153, I, II, IV, V, e 154, II, só produzirá efeitos no exercício financeiro seguinte se houver sido convertida em lei até o último dia daquele em que foi editada". **D:** Incorreta. As medidas provisórias editadas antes da EC 32/2001, que não foram convertidas em lei pelo Congresso Nacional, continuam em vigor até hoje. **E:** Incorreta. O § 6º do art. 62 da CF dispõe que: "Se a medida provisória não for apreciada em até quarenta e cinco dias contados de sua publicação, entrará em regime de urgência, subsequentemente, em cada uma das Casas do Congresso Nacional, ficando sobrestadas, até que se ultime a votação, todas as demais deliberações legislativas da Casa em que estiver tramitando". **AMN**

Gabarito "A".

(Procurador Município – Teresina/PI – FCC – 2022) Quanto às emendas à Constituição Federal, é correto afirmar:

(A) A proposta será discutida e votada em cada Casa do Congresso Nacional, em dois turnos, considerando-se aprovada se obtiver, em ambos, dois terços dos votos dos respectivos membros.

(B) A Constituição não poderá ser emendada na vigência de estado de defesa.

(C) A Constituição Federal poderá ser emendada mediante proposta de um terço, no mínimo, das Assembleias Legislativas das unidades da federação, manifestando-se, cada uma delas, pela maioria relativa de seus membros.

(D) Trata-se do exercício do poder constituinte originário, que encontra limites em disposições específicas da própria Constituição Federal.

(E) Não será objeto de deliberação a proposta de emenda constitucional tendente a abolir o voto proporcional.

A: Incorreta. A proposta de emenda constitucional é aprovada se obtiver **três quintos** dos votos e não dois terços (CF, art. 60, § 2º). **B:** Correta. Conforme disposto no art. 60, § 1º, da CF. **C:** Incorreta. A Constituição Federal poderá ser emendada mediante proposta de

mais da metade das Assembleias Legislativas e não um terço (CF, art. 60, III). **D:** Incorreta. Trata-se do exercício do **poder constituinte derivado reformador** e não originário. **E:** Incorreta. Não será objeto de deliberação a proposta de emenda constitucional tendente a abolir: I – a forma federativa de Estado; II – o voto direto, secreto, universal e periódico; III – a separação dos Poderes; IV – os direitos e garantias individuais (CF, art. 60, § 4º, I a IV). **AMN**

Gabarito "B".

(Procurador Município – Teresina/PI – FCC – 2022) São de iniciativa privativa do Presidente da República, EXCETO as leis que versarem sobre

(A) modificação do efetivo das forças armadas.

(B) normas gerais para organização da Defensoria e do Ministério Público dos Estados.

(C) matéria tributária da competência da União.

(D) servidores públicos da União e dos Territórios, seu regime jurídico, provimento de cargos, estabilidade e aposentadoria.

(E) organização administrativa e judiciária dos Territórios.

O art. 61, § 1º, da CF, prevê que são de iniciativa privativa do Presidente da República as leis que: I – fixem ou modifiquem os efetivos das Forças Armadas, II – disponham sobre: a) criação de cargos, funções ou empregos públicos na administração direta e autárquica ou aumento de sua remuneração, b) organização administrativa e judiciária, matéria tributária e orçamentária, serviços públicos e pessoal da administração dos Territórios, c) servidores públicos da União e Territórios, seu regime jurídico, provimento de cargos, estabilidade e aposentadoria, d) organização do Ministério Público e da Defensoria Pública da União, bem como normas gerais para a organização do Ministério Público e da Defensoria Pública dos Estados, do Distrito Federal e dos Territórios, e) criação e extinção de Ministérios e órgãos da administração pública, observado o disposto no art. 84, VI, da CF, f) militares das Forças Armadas, seu regime jurídico, provimento de cargos, promoções, estabilidade, remuneração, reforma e transferência para a reserva. Segundo o STF, a iniciativa reservada ao chefe do Poder Executivo não se presume nem comporta interpretação ampliativa (ADI 2.672, Rel. p/acórdão Min. Ayres Britto, Tribunal Pleno, DJ 10/11/2006; ADI 2.072, Rel. Min. Cármen Lúcia, Tribunal Pleno, DJe 02/03/2015; e ADI 3.394, Rel. Min. Eros Grau, DJe 15/08/2008). Assim, o STF entende que inexiste reserva de iniciativa em matéria tributária ao chefe do poder executivo (ARE 743.480, Rel. Min. Gilmar Mendes, j. 10/10/2013, DJe 20/11/2013, com Repercussão Geral, Tema 682). **AMN**

Gabarito "C".

(Procurador Município – Teresina/PI – FCC – 2022) No que se refere ao Poder Legislativo nacional, compete

(A) concorrentemente à Câmara dos Deputados e ao Senado Federal aprovar, após arguição pública, a escolha de diretores do Banco Central.

(B) exclusivamente ao Congresso Nacional apreciar os atos de concessão e renovação de concessão de emissoras de rádio e televisão.

(C) privativamente à Câmara dos Deputados estabelecer limites globais e condições para o montante da dívida mobiliária dos Municípios.

(D) privativamente ao Senado Federal eleger os membros do Conselho da República.

(E) exclusivamente ao Congresso Nacional suspender a execução, no todo ou em parte, de lei declarada inconstitucional por decisão definitiva do Supremo Tribunal Federal.

A: Incorreta. Compete privativamente ao Senado Federal aprovar, após arguição pública, a escolha de diretores do Banco Central e de seu Presidente (CF, art. 52, III, *d*). **B:** Correta. É o que está prescrito no art. 49, XII, da CF. **C:** Incorreta. É competência privativa do Senado Federal (CF, art. 52, IX). **D:** Incorreta. É competência privativa da Câmara dos Deputados (CF, art. 51, V). **E:** Incorreta. É competência privativa do Senado Federal (CF, art. 52, X). **AMN**

Gabarito "B".

(Procurador Município – Teresina/PI – FCC – 2022) As medidas provisórias

(A) deverão ser examinadas por comissão mista de Deputados e Senadores e sobre elas emitir parecer antes de serem apreciadas em sessão conjunta do Congresso Nacional.

(B) poderão ter a vigência prorrogada uma única vez, por igual período, no prazo de trinta dias, contado de sua publicação, se não tiver a sua votação encerrada no Congresso Nacional.

(C) não podem ser editadas para tratar de matéria atinente ao estatuto dos servidores públicos federais.

(D) podem ser editadas para tratar de matéria reservada à lei complementar.

(E) podem ser editadas por governador de Estado desde que haja previsão na constituição local, respeitado o modelo adotado pela Constituição Federal.

A doutrina aponta que "O Supremo Tribunal Federal considera as regras básicas de processo legislativo previstas na Constituição Federal como modelos obrigatórios às Constituições Estaduais. Tal entendimento, que igualmente se aplica às Leis Orgânicas dos Municípios, acaba por permitir que no âmbito estadual e municipal haja previsão de medidas provisórias a serem editadas, respectivamente, pelo Governador do Estado ou Prefeito Municipal e analisadas pelo Poder Legislativo local, desde que, no primeiro caso, exista previsão expressa na Constituição Estadual e no segundo, previsão nessa e na respectiva Lei Orgânica do Município. Além disso, será obrigatória a observância do modelo básico da Constituição Federal" (MORAES, Alexandre. *Direito constitucional*. 22. ed. São Paulo: Atlas, 2007, p. 669- 670). **AMN**

Gabarito "E".

(Procurador Município – Santos/SP – VUNESP – 2021) Cabe ao Congresso Nacional, com a sanção do Presidente da República, entre outras matérias,

(A) dispor sobre a incorporação, subdivisão ou desmembramento de áreas de Territórios ou Estados, ouvidas as respectivas Assembleias Legislativas.

(B) autorizar operações externas de natureza financeira, de interesse da União, dos Estados, do Distrito Federal, dos Territórios e dos Municípios.

(C) aprovar previamente, por voto secreto, após arguição em sessão secreta, a escolha dos chefes de missão diplomática de caráter permanente.

(D) apreciar os atos de concessão e renovação de concessão de emissoras de rádio e televisão.

(E) estabelecer limites globais e condições para o montante da dívida mobiliária dos Estados, do Distrito Federal e dos Municípios.

A: Correta. Conforme dispõe o art. 48, inciso VI, da CF. **B:** Incorreta. Essa competência é privativa do Senado Federal (CF, art. 52, V). **C:** Incorreta. Essa competência é privativa do Senado Federal (CF, art. 52, IV). **D:** Incorreta. Essa competência é exclusiva do Congresso Nacional

(CF, art. 49, XII). **E:** Incorreta. Essa competência é privativa do Senado Federal (CF, art. 52, IX). **AMN**

Gabarito "A".

(Procurador Município – Santos/SP – VUNESP – 2021) A Constituição Federal, ao tratar dos poderes, composição, características e atribuições dos Tribunais de Contas, estabelece que

(A) os Ministros do Tribunal de Contas da União serão nomeados dentre brasileiros que, entre outros, satisfaçam o requisito de contar com mais de vinte e cinco e menos de sessenta anos de idade.

(B) os Ministros do Tribunal de Contas da União terão as mesmas garantias, prerrogativas, impedimentos, vencimentos e vantagens dos Ministros de Estado.

(C) as Constituições estaduais poderão dispor sobre os Tribunais de Contas respectivos, que serão integrados por nove conselheiros.

(D) são partes legítimas para, na forma da lei, denunciar irregularidades ou ilegalidades, perante o Tribunal de Contas da União, os partidos políticos, as associações, os sindicatos e demais órgãos coletivos, afastada a legitimação individual.

(E) o Tribunal de Contas da União encaminhará ao Congresso Nacional, trimestral e anualmente, relatório de suas atividades.

A: Incorreta. Os Ministros do Tribunal de Contas da União serão nomeados dentre brasileiros que, entre outros, satisfaçam o requisito de contar com mais de trinta e cinco e menos de setenta anos de idade, conforme nova redação dada pela EC 122/2022, ao art. 73, § 1º, I, da CF. **B:** Incorreta. Os Ministros do Tribunal de Contas da União terão as mesmas garantias, prerrogativas, impedimentos, vencimentos e vantagens dos Ministros do Superior Tribunal de Justiça (CF, art. 73, § 3º). **C:** Incorreta. Os Tribunais de Contas das unidades federadas devem obedecer na sua composição o arquétipo constitucional, conforme o modelo delineado pelo art. 73, § 2º, da CF. Assim, a Súmula 653 do STF, dispõe: "No Tribunal de Contas Estadual, composto por sete conselheiros, quatro devem ser escolhidos pela Assembleia Legislativa e três pelo chefe do Poder Executivo estadual, cabendo a este indicar um dentre auditores e outro dentre membros do Ministério Público, e um terceiro a sua livre escolha". **D:** Incorreta. Conforme dispõe o art. 74, § 2º, da CF: "Qualquer cidadão, partido político, associação ou sindicato é parte legítima para, na forma da lei, denunciar irregularidades ou ilegalidades perante o Tribunal de Contas da União". **E:** Correta. Conforme prescrito no art. 71, § 4º, da CF. **AMN**

Gabarito "E".

(Procurador do Estado/SP – 2018 – VUNESP) Ao escrever sobre a relação entre liberdade política, democracia e poder, no Livro XI da obra clássica "O Espírito das Leis", Montesquieu já afirmava: 'Para que não se possa abusar do poder, é preciso que, pela disposição das coisas, o poder limite o poder.". A ideia foi incorporada pela Constituição brasileira de 1988, sendo correto afirmar sobre a independência e harmonia dos Poderes:

(A) a Comissão Parlamentar de Inquérito, enquanto projeção orgânica do Poder Legislativo da União, nada mais é senão a *longa manus* do próprio Congresso Nacional ou das Casas que o compõem. Assim, as suas decisões que respeitarem aos princípios da colegialidade e da motivação não estarão sujeitas ao controle jurisdicional ou revisão por parte do Poder Judiciário.

1. DIREITO CONSTITUCIONAL

(B) compete privativamente à Câmara dos Deputados processar e julgar o Presidente e o Vice-Presidente da República nos crimes de responsabilidade, bem como os Ministros de Estado e os Comandantes da Marinha, do Exército e da Aeronáutica nos crimes da mesma natureza conexos com aqueles.

(C) a decretação da intervenção federal dependerá sempre de prévia solicitação do Poder Legislativo ou do Poder Executivo coacto ou impedido, ou de requisição do Supremo Tribunal Federal, se a coação for exercida contra o Poder Judiciário.

(D) a discussão e votação dos projetos de lei de iniciativa do Presidente da República, do Supremo Tribunal Federal e dos Tribunais Superiores terão início no Senado Federal e cada parte interessada poderá solicitar urgência para apreciação de projetos de sua iniciativa.

(E) cabe ao Congresso Nacional, mediante controle externo, fiscalizar a aplicação de quaisquer recursos repassados pela União mediante convênio, acordo, ajuste a outros instrumentos congêneres, a Estado, ao Distrito Federal ou a Município.

A: incorreta, pois a Comissão Parlamentar de Inquérito, enquanto projeção orgânica do Poder Legislativo da União, nada mais é senão a *longa manus* do próprio Congresso Nacional ou das Casas que o compõem, sujeitando-se, em consequência, em tema de mandado de segurança ou de *habeas corpus*, ao controle jurisdicional originário do Supremo Tribunal Federal. O controle jurisdicional de abusos praticados por comissão parlamentar de inquérito não ofende o princípio da separação de poderes. (MS 23452, Rel. Min. Celso de Mello, Tribunal Pleno, j. em 16-09-1999); **B:** incorreta, visto que compete privativamente ao **Senado Federal** processar e julgar o Presidente e o Vice-Presidente da República nos crimes de responsabilidade e os Ministros de Estado nos crimes da mesma natureza conexos com aqueles (art. 52, I, da CF); **C:** incorreta, porque a decretação da intervenção federal somente dependerá de solicitação do Poder Legislativo ou do Poder Executivo coacto ou impedido, ou de requisição do Supremo Tribunal Federal, para garantir o livre exercício de qualquer dos Poderes nas unidades da Federação (art. 36, I, c/c art. 34, IV, da CF); **D:** incorreta, tendo em vista que a discussão e votação dos projetos de lei de iniciativa do Presidente da República, do Supremo Tribunal Federal e dos Tribunais Superiores terão início na **Câmara dos Deputados** e apenas o Presidente da República poderá solicitar urgência para apreciação de projetos de sua iniciativa (art. 64, *caput* e § 1º, da CF); **E:** correta, pois o controle externo é exercido pelo Congresso Nacional com o auxílio do Tribunal de Contas da União, cabendo-lhe fiscalizar a aplicação de quaisquer recursos repassados pela União mediante convênio, acordo, ajuste ou outros instrumentos congêneres, a Estado, ao Distrito Federal ou a Município (art. 71, *caput* e inciso VI, da CF). **AN**

Gabarito "E".

(Procurador do Município – Valinhos/SP – 2019 – VUNESP) Ao tratar das medidas provisórias, a Constituição Federal estabelece que

(A) a deliberação do Congresso Nacional sobre o mérito das medidas provisórias não dependerá de juízo prévio sobre o atendimento de seus pressupostos constitucionais.

(B) é permitida a reedição, na mesma sessão legislativa, de medida provisória que tenha sido rejeitada ou que tenha perdido sua eficácia por decurso de prazo.

(C) caberá à comissão mista de Deputados e Senadores examinar as medidas provisórias e sobre elas emitir parecer, antes de serem apreciadas, em sessão

separada, pelo plenário de cada uma das Casas do Congresso Nacional.

(D) será prorrogado o período de vigência de medida provisória, que no prazo de noventa dias, contado da data da publicação, não tiver sua votação encerrada nas duas Casas do Congresso Nacional.

(E) as medidas provisórias terão sua votação iniciada no Senado Federal.

Correta é a letra C, nos termos do artigo 62, §9º, da CF: "§ 9º Caberá à comissão mista de Deputados e Senadores examinar as medidas provisórias e sobre elas emitir parecer, antes de serem apreciadas, em sessão separada, pelo plenário de cada uma das Casas do Congresso Nacional. A letra A está errada (artigo 62, §5º, da CF), uma vez que dependerá de juízo prévio. A letra B está incorreta (artigo 62, §10º, da CF), pois não é permitida. A letra D está equivocada (artigo 62, §7º, da CF), na medida em que o prazo será de 60 dias e, a letra E, errada porque a votação começa na Câmara dos Deputados (artigo 62, §8º, da CF). **AB**

Gabarito "C".

(Procurador do Município – S.J. Rio Preto/SP – 2019 – VUNESP) As matérias de competência exclusiva do Congresso Nacional, sendo dispensada a intervenção do Poder Executivo, muito menos a do Poder Judiciário, são materializadas por

(A) decreto legislativo.

(B) portarias.

(C) leis complementares.

(D) resoluções.

(E) normas específicas.

Correta é a letra A, conforme artigos 48, 49, 50 e 51, todos da Constituição Federal. **AB**

Gabarito "A".

(Procurador do Município – S.J. Rio Preto/SP – 2019 – VUNESP) A emenda parlamentar aos projetos legislativos que propicia a fusão de emendas parlamentares, ou, também, permite fundir essas emendas a projetos de lei, é denominada de

(A) aditiva.

(B) redacional.

(C) supressiva.

(D) aglutinativa.

(E) modificativa.

Correta é a letra D, pois emenda aglutinativa que ocorre da fusão com outras emendas, ou destas com o texto. Emenda aditiva seria no caso de um acréscimo, emenda redacional sana um vício de linguagem. Emenda supressiva retira qualquer parte de outra proposição. Emenda modificativa altera a proposição sem que ocorra modificação substancial. Portanto, apenas a letra D está correta. Sugiro a leitura do Artigo 118, do Regimento Interno da Câmara dos Deputados. **AB**

Gabarito "D".

12. DA ORGANIZAÇÃO DO PODER JUDICIÁRIO

(Procurador – AL/PR – 2024 – FGV) De acordo com a Constituição, o Supremo Tribunal Federal poderá aprovar súmula que, a partir de sua publicação na imprensa oficial, terá efeito vinculante.

Diante do exposto, é correto afirmar que a súmula

(A) poderá ser aprovada, somente por provocação, mediante decisão de dois quintos dos seus membros, após reiteradas decisões sobre matéria constitucional.

(B) terá efeito vinculante em relação aos demais órgãos do Poder Judiciário, à administração pública direta e indireta, nas esferas federal, estadual e municipal e ao Poder Legislativo federal, estadual e municipal.

(C) terá por objetivo a validade, a interpretação e a eficácia de normas determinadas, acerca das quais haja controvérsia atual entre órgãos judiciários ou entre esses e a administração pública que acarrete grave insegurança jurídica e relevante multiplicação de processos sobre questão idêntica.

(D) poderá ser revisada ou cancelada, na forma estabelecida em lei, sendo que a sua aprovação, revisão ou cancelamento poderá ser provocada pelos mesmos legitimados para propor ação direta de inconstitucionalidade, assim como Defensor Público Geral da União, confederação sindical e deputados estaduais.

(E) que for contrariada ou indevidamente aplicada em decisão judicial, caberá Mandado de Segurança ao Supremo Tribunal Federal que poderá cassar a decisão judicial questionada e determinar que outra seja proferida com ou sem a aplicação da súmula, conforme o caso.

A: Incorreta. Poderá ser aprovada, de ofício ou por provocação, mediante decisão de dois terços dos seus membros (CF, art. 103-A, *caput*). **B**: Incorreta. Terá efeito vinculante em relação aos demais órgãos do Poder Judiciário, à administração pública direta e indireta, nas esferas federal, estadual e municipal (CF, art. 103-A, *caput*). **C**: Correta. Está de acordo com a redação do art. 103-A, § 1º, da CF. **D**: Incorreta. Dispõe o art. 103-A, § 2º, da CF, que: "Sem prejuízo do que vier a ser estabelecido em lei, a aprovação, revisão ou cancelamento de súmula poderá ser provocada por aqueles que podem propor a ação direta de inconstitucionalidade". **E**: Incorreta. O art. 103-A, § 3º, da CF, prevê que: "Do ato administrativo ou decisão judicial que contrariar a súmula aplicável ou que indevidamente a aplicar, caberá reclamação ao Supremo Tribunal Federal que, julgando-a procedente, anulará o ato administrativo ou cassará a decisão judicial reclamada, e determinará que outra seja proferida com ou sem a aplicação da súmula, conforme o caso". AMN

Gabarito "C"

(Procurador Federal – AGU – 2023 – CEBRASPE) Assinale a opção correta em relação à justiça do trabalho.

(A) Não há competência da justiça do trabalho para julgar Estados estrangeiros.

(B) Todas as relações de trabalho devem ser julgadas pela justiça do trabalho.

(C) Contribuições previdenciárias decorrentes de decisões da justiça do trabalho devem ser cobradas perante a justiça federal.

(D) Ações que se baseiem no descumprimento de normas trabalhistas pertinentes à higiene de trabalhadores podem ser julgadas na justiça do trabalho.

(E) A justiça do trabalho não pode julgar *habeas corpus*.

A: Incorreta. É firme a jurisprudência do STF no sentido de que os estados estrangeiros não dispõem de imunidade de jurisdição, perante o Poder Judiciário brasileiro, nas causas de natureza trabalhista, uma vez que essa prerrogativa de direito internacional público tem caráter meramente relativo (STF, RE-AgR 222368, Segunda Turma). **B**: Incorreta. A competência da Justiça do Trabalho está limitada às hipóteses do art. 114 da CF. **C**: Incorreta. A competência para cobrar as contribuições previdenciárias decorrentes de decisões da justiça do trabalho é dela própria (Tema 505 de repercussão geral do STF). **D**: Correta. A Súmula

736 do STF dispõe que: "Compete à Justiça do Trabalho julgar as ações que tenham como causa de pedir o descumprimento de normas trabalhistas relativas à segurança, higiene e saúde dos trabalhadores". **E**: Incorreta. A Justiça do Trabalho tem competência para processar e julgar *habeas corpus* quando o ato questionado envolver matéria sujeita à sua jurisdição (CF, art. 114, IV). AMN

Gabarito "D"

(Procurador Fazenda Nacional – AGU – 2023 – CEBRASPE) A respeito da reclamação constitucional, julgue os itens a seguir.

I. O cabimento de reclamação constitucional destinada a impor observância de acórdão proferido em recurso extraordinário com repercussão geral reconhecida ou em recurso repetitivo requer o esgotamento prévio das instâncias ordinárias.

II. Cabe reclamação constitucional contra ato de autoridade administrativa que usurpa a competência do STF.

III. Não cabe reclamação constitucional em virtude de desobediência por ato omissivo.

IV. Cabe reclamação constitucional contra dispositivo de lei em sentido contrário ao de súmula vinculante.

Assinale a opção correta.

(A) Apenas os itens I e II estão certos.

(B) Apenas os itens I e IV estão certos.

(C) Apenas os itens II e III estão certos.

(D) Apenas os itens III e IV estão certos.

(E) Todos os itens estão certos.

I: Correta. Art. 988, § 5º, II, do CPC. **II**: Correta. Art. 102, I, *l*, da CF. **III**: Incorreta. É cabível reclamação constitucional em virtude de desobediência por ato omissivo. **IV**: Incorreta. A súmula vinculante não vincula o legislador (CF, art. 103-A). AMN

Gabarito "A"

(Procurador Fazenda Nacional – AGU – 2023 – CEBRASPE) São legitimados para propor, apenas incidentalmente ao curso de processo em que sejam parte, a edição, a revisão ou o cancelamento de súmula vinculante

(A) os tribunais de justiça dos estados e o Tribunal de Justiça do Distrito Federal e Territórios.

(B) os tribunais superiores.

(C) os tribunais regionais federais.

(D) os municípios.

(E) os mesmos legitimados para a propositura de ação direta de inconstitucionalidade (ADI).

A alternativa correta é a D. Está previsto no § 1º do art. 3º da Lei nº 11.417, de 19 de dezembro de 2006. AMN

Gabarito "D"

(Procurador Fazenda Nacional – AGU – 2023 – CEBRASPE) A respeito da reclamação constitucional, julgue os itens subsequentes com base na CF e na jurisprudência dos tribunais superiores.

I. É cabível o manejo de reclamação contra ato administrativo que afronte a autoridade de decisão do STF formalizada em ação direta de inconstitucionalidade (ADI).

II. Se a decisão reclamada transitar em julgado após o manejo da reclamação, esta última perderá seu objeto.

III. Não cabe reclamação por alegação de afronta à autoridade de súmula vinculante editada posteriormente ao ato reclamado.

1. DIREITO CONSTITUCIONAL

Assinale a opção correta.

(A) Nenhum item está certo.

(B) Apenas o item II está certo.

(C) Apenas o item III está certo.

(D) Apenas os itens I e II estão certos.

(E) Apenas os itens I e III estão certos.

I: No gabarito oficial consta como correta. No entanto, s.m.j., o STF entende que nessa hipótese não cabe a reclamação, conforme o seguinte julgado: "Direito Administrativo. Agravo interno em reclamação. Reclamação contra ato administrativo. Alegação de afronta à autoridade de decisão do Supremo Tribunal Federal em ADI. Cabimento restrito à contrariedade de Súmula Vinculante. 1. Agravo interno em reclamação ajuizada contra atos praticados pelo Tribunal de Justiça do Estado de Minas Gerais no âmbito de sindicância administrativa sob a alegação de afronta à decisão proferida na ADI 4.638-MC. 2. Em se tratando de ato administrativo, o art. 103-A, *caput* e § 3º, da Constituição prevê o cabimento de reclamação quando houver contrariedade à súmula vinculante ou sua aplicação indevida. No caso, não se alega má aplicação ou afronta à súmula vinculante, mas, sim, contrariedade à decisão proferida em ADI, o que torna inviável o cabimento da reclamação. Precedentes. 3. Agravo interno a que se nega provimento." (STF, Rcl 26650 AgR, rel. Min. Roberto Barroso, j. 13/06/2022, DJe 23/06/2022, 1ª T. No mesmo sentido: Rcl 55189 AgR, rel. Min. André Mendonça, j. 13/06/2023, 2ª T.). II: Incorreta. O STF já decidiu que: "Como já mencionado por ocasião do deferimento do pedido liminar, extrai-se dos autos que foram interpostos o AResp 506.742 e o ARE 834.534 contra o acórdão ora reclamado, os quais tiveram o seguimento negado. No STF, o ARE 834.534 foi distribuído à Min. Rosa Weber, que lhe negou seguimento monocraticamente em decisão publicada no DJe de 24.11.2014. Os autos então baixaram a origem, onde foi certificado o superveniente trânsito em julgado em 19.12.2014, e atualmente encontram-se em fase de execução na 2ª Vara Federal do Distrito Federal – Processo (...). Conforme jurisprudência firme desta Corte, sedimentada na Súmula 734, não é cabível a reclamação ajuizada em data posterior ao trânsito em julgado da decisão reclamada. Ocorre que, no presente caso, a reclamação foi proposta em 6.11.2012, e o processo transitou em julgado apenas em 19.12.2014, portanto após o ajuizamento desta demanda, o que afasta a incidência da citada Súmula." (Rcl 14.872, rel. min. Gilmar Mendes, 2ª T, j. 31-5-2016, *DJE* 135 de 29-6-2014). III: Correta. O STF entende que: "(...) I – Esta Corte firmou o entendimento de que não cabe reclamação por alegação de afronta à autoridade de suas decisões, ou de súmulas vinculantes, proferidas/editadas posteriormente ao ato reclamado (...)" (STF, Rcl 39511 EdAgR, rel. Min. Ricardo Lewandowski, j. 15/12/2020, 2ª T.). AMN

Gabarito "E".

(Procurador Fazenda Nacional – AGU – 2023 – CEBRASPE) De acordo com a CF, o CPC e a jurisprudência do STF, assinale a opção correta a respeito da repercussão geral.

(A) Caso acórdão formalizado no âmbito de tribunal local contrarie súmula do STF, a repercussão geral da matéria será presumida e, portanto, prescindirá da demonstração em tópico específico no recurso extraordinário.

(B) A aplicação do entendimento fixado pelo STF em determinado tema de repercussão geral, em relação aos recursos extraordinários sobrestados nos tribunais de origem, não está condicionada ao trânsito em julgado do processo paradigma julgado pelo STF.

(C) O reconhecimento da repercussão geral de determinada matéria exige que a questão seja simultaneamente relevante do ponto de vista econômico, político, social e jurídico.

(D) A rejeição da repercussão geral de determinado tema somente pode ser realizada pelo STF, estando condicionada à manifestação da maioria simples dos ministros integrantes dessa corte suprema.

(E) Uma vez reconhecida a repercussão geral de determinado tema, todos os processos que versem sobre a mesma matéria serão automaticamente suspensos.

A: Incorreta. O STF tem jurisprudência consolidada no sentido de que a demonstração da existência de repercussão gral também é indispensável nas hipóteses de repercussão geral presumida ou já reconhecida pela Corte em outro recurso (STF, RE 1473910AgR, Pleno, rel. Min. Luís Roberto Barroso, j. 21-2-2024, DJe 29-2-2024; ARE 919156ED, Pleno, rel. Min. Ricardo Lewandowski, j. 2-9-2016, DJe 20-9-2016; ARE 1408832AgR, Pleno, rel. Min. Rosa Weber, j. 3-5-2023, DJe 10-5-2023). **B**: Correta. A jurisprudência do STF está firmada nesse sentido (STF, Primeira Turma, Rcl 30003AgR, rel. Min. Roberto Barroso, j. 4-6-2018, DJe 13-6-2018; RE 1065205AgR, Segunda Turma, rel. Min. Ricardo Lewandowski, j. 22-9-2017, DJe 4-10-2017). **C**: Incorreta. O reconhecimento da repercussão geral de determinada matéria exige que a questão seja alternativamente relevante do ponto de vista econômico, político, social ou jurídico, que ultrapassem os interesses subjetivos do processo. **D**: Incorreta. O art. 102, § 3º, da CF, prescreve que: "No recurso extraordinário o recorrente deverá demonstrar a repercussão geral das questões constitucionais discutidas no caso, nos termos da lei, a fim de que o Tribunal examine a admissão do recurso, <u>somente podendo recusá-lo pela manifestação de dois terços de seus membros</u>." (os grifos não estão no original). **E**: Incorreta. Reconhecida a repercussão geral, <u>o relator do STF determinará a suspensão</u> do processamento de todos os processos pendentes (CPC, art. 1.035, § 5º). AMN

Gabarito "B".

(Procurador Município – Teresina/PI – FCC – 2022) Quanto à súmula vinculante, é correto afirmar:

(A) A proposta de edição, revisão ou cancelamento de enunciado de súmula vinculante importa na suspensão dos processos em que se discuta a mesma questão.

(B) Tem eficácia imediata, m as o Supremo Tribunal Federal, por decisão da maioria absoluta de seus membros, poderá restringir os efeitos vinculantes ou decidir que só tenha eficácia a partir de outro momento, tendo em vista razões de segurança jurídica ou de excepcional interesse público.

(C) A sua aprovação, revisão ou cancelamento poderá ser provocada por aqueles que podem propor a ação direta de inconstitucionalidade, além de outros previstos em lei.

(D) Com vistas a prestigiar o princípio da segurança jurídica, encontra-se prevista no texto constitucional por obra do constituinte originário. A sua edição pode ser proposta pelo município incidentalmente ao curso de processo em que seja parte, o que não autoriza a suspensão do processo.

(E) Pode ser editada pelo Superior Tribunal de Justiça, mediante decisão de dois terços de seus ministros, após reiteradas decisões sobre a matéria, *ad referendum* do Supremo Tribunal Federal, para cessar divergência quanto à aplicação da lei federal, conforme emenda constitucional aprovada na atual legislatura.

É o que está previsto no art. 103-A, § 2º, da CF. AMN

Gabarito "C".

(Procurador Município – Santos/SP – VUNESP – 2021) Ao disciplinar o Poder Judiciário, a Constituição Federal determina

(A) que as decisões administrativas dos tribunais serão motivadas e em sessão pública, sendo as disciplinares tomadas pelo voto da maioria relativa de seus membros.

(B) a não promoção do juiz que, injustificadamente, retiver autos em seu poder além do prazo legal, mas, poderá devolvê-los ao cartório sem despacho ou decisão.

(C) que na apuração de antiguidade, o tribunal somente poderá recusar o juiz mais antigo pelo voto fundamentado de um terço de seus membros, conforme procedimento próprio, assegurada ampla defesa.

(D) a previsão de cursos oficiais de preparação, aperfeiçoamento e promoção de magistrados, constituindo etapa obrigatória do processo de vitaliciamento a participação em curso oficial ou reconhecido por escola nacional de formação e aperfeiçoamento de magistrados.

(E) que o ato de remoção ou de disponibilidade do magistrado, por interesse público, será decidido, obrigatoriamente, por voto da maioria relativa do Conselho Nacional de Justiça, assegurada ampla defesa.

A: Incorreta. O art. 93, X, da CF, prevê que: "as decisões administrativas dos tribunais serão motivadas e em sessão pública, sendo as disciplinas tomadas pelo voto da maioria absoluta de seus membros". **B:** Incorreta. O art. 93, II, *e*, da CF, estabelece que: "não será promovido o juiz que, injustificadamente, retiver autos em seu poder além do prazo legal, não podendo devolvê-los ao cartório sem o devido despacho ou decisão". **C:** Incorreta. O art. 93, II, *d*, da CF, prescreve que: "na apuração de antiguidade, o tribunal somente poderá recusar o juiz mais antigo pelo voto fundamentado de dois terços de seus membros, conforme procedimento próprio e assegurada ampla defesa, repetindo-se a votação até fixar-se a indicação". **D:** Correta. A redação está conforme o art. 93, IV, da CF. **E:** Incorreta. O art. 93, VIII, da CF, determina que: "o ato de remoção ou de disponibilidade do magistrado, por interesse público, fundar-se-á em decisão por voto da maioria absoluta do respectivo tribunal ou do Conselho Nacional de Justiça, assegurada ampla defesa". **AMN**

Gabarito "D".

(Procurador do Estado/TO – 2018 – FCC) Suponha que certo Estado editou, em dezembro de 2017, lei aumentando a alíquota da taxa judiciária devida pela prestação do serviço jurisdicional, o que ensejou a edição de ato pela Corregedoria do Tribunal de Justiça determinando aos servidores da Justiça a aplicação da nova alíquota a partir de janeiro de 2018. O Conselho Nacional de Justiça – CNJ, todavia, ao julgar representação proposta contra o referido ato do Tribunal local, afastou sua validade por entendê-lo inconstitucional e determinou ao Tribunal de Justiça que, ao aplicar a lei, observe o prazo de 90 dias contados de sua publicação para exigência da nova alíquota. Considerando as disposições da Constituição Federal e a jurisprudência do Supremo Tribunal Federal, o CNJ decidiu

(A) incorretamente, uma vez que a taxa judiciária é preço público, a ela não se aplicando o princípio constitucional da anterioridade, não cabendo ao CNJ, ademais, afastar a aplicação do ato do Tribunal de Justiça incompatível com a Constituição Federal, uma

vez que essa atribuição foi reservada exclusivamente ao Poder Judiciário.

(B) incorretamente, uma vez que, embora a taxa judiciária tenha natureza tributária, a ela se aplicando o princípio constitucional da anterioridade, não cabe ao CNJ afastar a aplicação do ato do Tribunal de Justiça incompatível com a Constituição Federal, uma vez que essa atribuição foi reservada exclusivamente ao Poder Judiciário.

(C) corretamente, uma vez que a taxa judiciária tem natureza tributária, a ela se aplicando o princípio constitucional da anterioridade, cabendo ao CNJ declarar a inconstitucionalidade do ato do Tribunal de Justiça pelo voto da maioria simples de seus membros presente a maioria absoluta.

(D) corretamente, uma vez que a taxa judiciária tem natureza tributária, a ela se aplicando o princípio constitucional da anterioridade, cabendo ao CNJ afastar a aplicação do ato do Tribunal de Justiça e determinar que o Tribunal se adeque às normas da Constituição Federal.

(E) incorretamente, uma vez que a taxa judiciária é preço público, a ela não se aplicando o princípio constitucional da anterioridade, embora caiba ao CNJ afastar a aplicação do ato do Tribunal de Justiça incompatível com a Constituição Federal.

Correta é a letra D, conforme jurisprudência do STF: "Atuação do órgão de controle administrativo, financeiro e disciplinar da magistratura nacional nos limites da respectiva competência, afastando a validade dos atos administrativos e a aplicação de lei estadual na qual embasados e reputada pelo Conselho Nacional de Justiça contrária ao princípio constitucional de ingresso no serviço público por concurso público, pela ausência dos requisitos caracterizadores do cargo comissionado. 3. Insere-se entre as competências constitucionalmente atribuídas ao Conselho Nacional de Justiça a possibilidade de afastar, por inconstitucionalidade, a aplicação de lei aproveitada como base de ato administrativo objeto de controle, determinando aos órgãos submetidos a seu espaço de influência a observância desse entendimento, por ato expresso e formal tomado pela maioria absoluta dos membros do Conselho.". (Pet 4.656. Rel. Min. Cármen Lúcia). **AB**

Gabarito "D".

13. DAS FUNÇÕES ESSENCIAIS À JUSTIÇA

(Procurador/PA – CESPE – 2022) Em relação ao Ministério Público, assinale a opção correta, à luz da CF.

(A) O Ministério Público, na condição de quarto Poder da República, é instituição permanente e essencial à função jurisdicional do Estado, incumbindo-lhe a defesa da ordem jurídica, do regime democrático e dos interesses sociais e individuais indisponíveis.

(B) O Ministério Público, além de defender o regime democrático, atua, nos termos da sua lei orgânica, nas atividades de consultoria e assessoramento jurídico do Poder Executivo.

(C) O Ministério Público da União tem como chefe o procurador-geral da República, nomeado pelo presidente da República entre os indicados em lista tríplice elaborada pelos membros da instituição, após a aprovação de seu nome pela maioria absoluta dos membros do Senado Federal, para mandato de dois anos, permitida a recondução.

(D) O Ministério Público tem a função institucional de defender judicialmente os direitos e interesses das populações indígenas.

(E) O Ministério Público exerce o controle interno e externo da atividade policial, na forma estabelecida em lei complementar da União e dos estados.

A: Incorreta. O Ministério Público não se constitui em um quarto Poder. **B:** Incorreta. O Ministério Público não atua nas atividades de consultoria e assessoramento jurídico do Poder Executivo, pois essa tarefa cabe à Advocacia Geral da União e às procuradorias estaduais. **C:** Incorreta. A redação do art. 128, § 1º, da CF não prevê lista tríplice elaborada pelos membros da instituição: "O Ministério Público da União tem por chefe o Procurador-Geral da República, nomeado pelo Presidente da República dentre integrantes da carreira, maiores de trinta e cinco anos, após a aprovação de seu nome pela maioria absoluta dos membros do Senado Federal, para mandato de dois anos, permitida a recondução". **D:** Correta. É o que dispõe o art. 129, V, da CF. **E:** Incorreta. O art. 129, VII, da CF, prescreve que são funções institucionais do Ministério Público, entre outros: "exercer o controle externo da atividade policial, na forma da lei complementar mencionada no artigo anterior". **AMN**
Gabarito "D".

(Procurador do Município – Prefeitura Fortaleza/CE – CESPE – 2017) A respeito das funções essenciais à justiça, julgue os itens seguintes à luz da CF.

(1) Aos defensores públicos é garantida a inamovibilidade e vedada a advocacia fora das atribuições institucionais.

(2) Em decorrência do princípio da unidade, membro do MP não pode recorrer de **decisão** proferida na segunda instância se o acórdão coincidir com o que foi preconizado pelo promotor que atuou no primeiro grau de jurisdição.

(3) De acordo com o entendimento do STF, são garantidas ao advogado público independência funcional e inamovibilidade.

(4) O ente federado tanto pode optar pela constituição de defensoria pública quanto firmar convênio exclusivo com a OAB para prestar assistência jurídica integral aos hipossuficientes.

1. Correta. Art. 134, § 1º, CF; **2.** incorreta. O princípio da unidade tem natureza administrativa. Significa que os membros do MP estão sob a direção de um único chefe, devendo ser visto como uma única instituição. Não impede que o procurador regional da República discorde do procurador da República que atue em primeira instância; **3.** incorreta. A advocacia pública não tem independência funcional e nem garantia de inamovibilidade; **4.** incorreta. O ente federado deve organizar sua defensoria pública, sob pena de omissão inconstitucional. **TM**
Gabarito "1C, 2E, 3E, 4E".

14. DEFESA DO ESTADO

(Procurador Municipal – Prefeitura/BH – CESPE – 2017) Com relação ao estado de defesa, assinale a opção correta.

(A) A prisão por crime contra o Estado, determinada pelo executor da medida, será por este comunicada imediatamente ao juiz competente, ficando a autoridade policial dispensada de apresentar o exame de corpo de delito do detido.

(B) O estado de defesa poderá ser instituído por decreto que especifique as áreas a serem abrangidas e as medidas coercitivas a vigorarem, a exemplo de restrições

de direitos e ocupação e uso temporário de bens e serviços públicos.

(C) O tempo de duração do estado de defesa não poderá ser prorrogado.

(D) O sigilo de correspondência e de comunicação telefônica permanecem invioláveis na vigência do estado de defesa.

A: incorreta. Não reflete o disposto no art. 136, § 3º, I, da CF, que prevê a possibilidade de o preso requerer exame de corpo de delito; **B:** correta. Art. 136, § 1º, CF; **C:** incorreta. Não reflete o disposto no art. 136, § 2º, que prevê o prazo de 30 dias, podendo ser prorrogado uma única vez; **D:** Incorreta. Podem ser restringidos de acordo com o art. 136, § 1º, I, *b* e *c*, CF. **TM**
Gabarito "B".

(Procurador do Estado/TO – 2018 – FCC) Considere que certo Município não cumpriu ordem judicial do Tribunal de Justiça do Estado, expedida em demanda ajuizada por sindicato de servidores públicos municipais titulares de cargos públicos efetivos, em que se determinou o imediato pagamento de vencimentos atrasados devidos aos servidores filiados ao autor. Frustradas as medidas judiciais ordinárias para que a ordem judicial fosse cumprida pelo Município, foi proposta representação interventiva perante o Tribunal de Justiça, que deu provimento ao pedido e cientificou o Governador do Estado para que tomasse as providências cabíveis. Considerando a Constituição Federal e a jurisprudência do Supremo Tribunal Federal – STF,

(A) o Tribunal não deveria ter conhecido da representação, uma vez que a intervenção estadual fundada no descumprimento de ordem judicial depende de requisição do STF, e não de provimento à representação proposta perante o Tribunal de Justiça.

(B) a representação interventiva não poderia ter sido proposta perante o Tribunal de Justiça, que não é a corte competente para julgá-la, uma vez que a medida fundou-se no descumprimento de ordem proferida pelo próprio Tribunal.

(C) o Tribunal deveria ter negado provimento à representação interventiva, uma vez que a ordem judicial determinando o pagamento de salários atrasados foi proferida por juízo incompetente, sendo competente para julgar a matéria uma das Varas da Justiça do Trabalho.

(D) o Município, caso entenda que o acórdão proferido pelo Tribunal de Justiça na representação interventiva tenha contrariado a Constituição Federal, poderá impugná-lo por meio de recurso extraordinário.

(E) o Tribunal de Justiça é o órgão competente para julgar a representação interventiva, tendo o Governador atribuição para decretar a intervenção no Município, ocasião em que poderá determinar o afastamento das autoridades municipais e nomear interventor se essas providências forem necessárias ao estabelecimento da normalidade.

Correta é a letra E, conforme artigo 35, IV, da CF: "Art. 35. O Estado não intervirá em seus Municípios, nem a União nos Municípios localizados em Território Federal, exceto quando: (...) IV – o Tribunal de Justiça der provimento a representação para assegurar a observância de princípios indicados na Constituição Estadual, ou para prover a execução de lei, de ordem ou de decisão judicial.". Além disso, é preciso lembrar que a

Súmula 637, do STF: "Não cabe recurso extraordinário contra acórdão de Tribunal de Justiça que defere pedido de intervenção estadual em Município.". **AB**

Gabarito "E".

15. TRIBUTAÇÃO E ORÇAMENTO

(Procurador Fazenda Nacional – AGU – 2023 – CEBRASPE) Acerca da tributação e do orçamento, considerando o texto constitucional, assinale a opção correta.

(A) Cabe a lei ordinária dispor sobre o exercício financeiro, a vigência, os prazos, a elaboração e a organização do plano plurianual, da lei de diretrizes orçamentárias e da lei orçamentária anual.

(B) A lei orçamentária anual compreenderá o orçamento fiscal referente aos Poderes da União e a seus fundos bem como aos órgãos e às entidades da administração direta e indireta, salvo fundações instituídas e mantidas pelo poder público.

(C) A lei de diretrizes orçamentárias compreenderá as metas e prioridades da administração pública federal, estabelecerá as diretrizes de política fiscal e respectivas metas, em consonância com trajetória sustentável da dívida pública, orientará a elaboração da lei orçamentária anual, disporá sobre as alterações na legislação tributária e estabelecerá a política de aplicação das agências financeiras oficiais de fomento.

(D) Integrará o plano plurianual, para os exercícios a que se refira e, pelo menos, para um exercício subsequente, anexo com a previsão de agregados fiscais e a proporção dos recursos para investimentos que serão alocados na lei orçamentária anual para a continuidade daqueles em andamento.

(E) As emendas ao projeto de lei do orçamento anual ou aos projetos que o modifiquem somente podem ser aprovadas caso indiquem os recursos necessários, admitidos apenas os provenientes de anulação de despesa, incluídas as que incidam sobre dotações para pessoal e seus encargos e sobre transferências tributárias constitucionais para os estados.

A: Incorreta. Cabe à lei complementar e não à lei ordinária (CF, art. 165, § 9º, I). **B**: Incorreta. O art. 165, § 5º, I, da CF, determina que: "A lei orçamentária anual compreenderá: I – o orçamento fiscal referente aos Poderes da União, seus fundos, órgãos e entidades da administração direta e indireta, inclusive fundações instituídas e mantidas pelo Poder Público (...)". **C**: Correta. É o que dispõe o art. 165, § 2º, da CF. **D**: Incorreta. O art. 165, § 12, da CF, prevê que: "Integrará a lei de diretrizes orçamentárias, para o exercício a que se refere e, pelo menos, para os 2 (dois) exercícios subsequentes, anexo com previsão de agregados fiscais e a proporção dos recursos para investimentos que serão alocados na lei orçamentária anual para a continuidade daqueles em andamento". **E**: Incorreta. As emendas ao projeto de lei do orçamento anual ou aos projetos que o modifiquem somente podem ser aprovadas caso indiquem os recursos necessários, admitidos apenas os provenientes de anulação de despesa, **excluídas** as que incidam sobre dotações para pessoal e seus encargos, **serviço da dívida** e sobre transferências tributárias constitucionais para estados, **municípios e Distrito Federal** (CF, art. 166, § 3º, II, a a c). **AMN**

Gabarito "C".

(Procurador Fazenda Nacional – AGU – 2023 – CEBRASPE) A respeito da previsão normativa segundo a qual a proposição legislativa que crie ou altere despesa obrigatória ou renúncia de receita deverá ser acompanhada da estimativa de seu impacto orçamentário e financeiro, assinale a opção correta.

(A) Trata-se de comando constitucional instituído pelo constituinte originário no capítulo Das Finanças Públicas, da CF.

(B) O STF entendeu que tal previsão normativa estabeleceu requisito adicional para a validade material de leis que criem despesa ou concedam benefícios fiscais.

(C) Trata-se de norma infraconstitucional cuja constitucionalidade não foi, até o momento, questionada perante o STF.

(D) O STF afirmou a constitucionalidade da norma, declarando-a aplicável a todos os entes federativos.

(E) O STF declarou a inconstitucionalidade de tal previsão normativa, sob o argumento de que ela está em desacordo com os princípios constitucionais orçamentários da unidade e da universalidade.

A alternativa correta é a D. O enunciado está se referindo ao art. 113 da ADCT, incluído pela EC 95/2016, que disciplinou "o Novo Regime Fiscal no âmbito dos Orçamentos Fiscal e da Seguridade Social da União". No entanto, o STF entende que essa regra é constitucional e se aplica a todos os entes federativos. É o que se depreende da decisão proferida na ADI 6303: "DIREITO CONSTITUCIONAL E TRIBUTÁRIO. AÇÃO DIRETA DE INCONSTITUCIONALIDADE. IPVA. ISENÇÃO. AUSÊNCIA DE ESTUDO DE IMPACTO ORÇAMENTÁRIO E FINANCEIRO. 1. Ação direta contra a Lei Complementar nº 278, de 29 de maio de 2019, do Estado de Roraima, que acrescentou o inciso VIII e o § 10 ao art. 98 da Lei estadual nº 59/1993. As normas impugnadas versam sobre a concessão de isenção do imposto sobre a propriedade de veículos automotores (IPVA) às motocicletas, motonetas e ciclomotores com potência de até 160 cilindradas. 2. Inconstitucionalidade formal. Ausência de elaboração de estudo de impacto orçamentário e financeiro. O art. 113 do ADCT foi introduzido pela Emenda Constitucional nº 95/2016, que se destina a disciplinar 'o Novo Regime Fiscal no âmbito dos Orçamentos Fiscal e da Seguridade Social da União'. A regra em questão, porém, não se restringe à União, conforme a sua interpretação literal, teleológica e sistemática. 3. Primeiro, a redação do dispositivo não determina que a regra seja limitada à União, sendo possível a sua extensão aos demais entes. Segundo, a norma, ao buscar a gestão fiscal responsável, concretiza princípios constitucionais como a impessoalidade, a moralidade, a publicidade e a eficiência (art. 37 da CF/1988). Terceiro, a inclusão do art. 113 do ADCT acompanha o tratamento que já vinha sendo conferido ao tema pelo art. 14 da Lei de Responsabilidade Fiscal, aplicável a todos os entes da Federação. 4. A exigência de estudo de impacto orçamentário e financeiro não atenta contra a forma federativa, notadamente a autonomia financeira dos entes. Esse requisito visa a permitir que o legislador, como poder vocacionado para a instituição de benefícios fiscais, compreenda a extensão financeira de sua opção política. 5. Com base no art. 113 do ADCT, toda 'proposição legislativa [federal, estadual, distrital ou municipal] que crie ou altere despesa obrigatória ou renúncia de receita deverá ser acompanhada da estimativa do seu impacto orçamentário e financeiro', em linha com a previsão do art. 14 da Lei de Responsabilidade Fiscal. 6. A Lei Complementar do Estado de Roraima nº 278/2019 incorreu em vício de inconstitucionalidade formal, por violação ao art. 113 do ADCT. 7. Pedido julgado procedente, para declarar a inconstitucionalidade formal da Lei Complementar nº 278, de 29 de maio de 2019, do Estado de Roraima, por violação ao art. 113 do ADCT. 8. Fixação da seguinte tese de julgamento: 'É inconstitucional lei estadual que concede benefício fiscal sem a prévia estimativa de impacto orçamentário e financeiro exigida pelo art. 113 do ADCT'". **AMN**

Gabarito "D".

1. DIREITO CONSTITUCIONAL

(Procurador Município – Teresina/PI – FCC – 2022) No que se refere ao sistema tributário nacional, a Constituição Federal de 1988 estabelece:

(A) As limitações ao poder de tributar estabelecidas pela Constituição Federal são garantias asseguradas aos contribuintes e encerram um rol taxativo.

(B) A União poderá instituir, mediante lei complementar, impostos não previstos pela Constituição como de sua competência tributária, desde que sejam não cumulativos e não tenham fato gerador ou base de cálculo próprios dos discriminados na Constituição.

(C) Templos de qualquer culto, bem como livros, jornais, periódicos e papel destinado a sua impressão gozam de isenção de impostos, mas não de taxas ou de contribuições.

(D) É vedado à União utilizar tributo com efeito de confisco, salvo em caso de iminência ou guerra declarada.

(E) Compete à União estabelecer impostos sobre grandes fortunas, nos termos da lei.

A: Incorreta. O rol não é taxativo, conforme dispõe o art. 150, *caput*, da CF. **B:** Correta. Está previsto no art. 154, I, da CF. **C:** Incorreta. A imunidade tributária se refere apenas aos impostos (CF, art. 150, VI). **D:** Incorreta. O art. 150, IV, da CF, não prevê a mencionada exceção. **E:** Incorreta. Deve ser nos termos de **lei complementar** (CF, art. 153, VII). AMN

Gabarito "B".

(Procurador/DF – CESPE – 2022) À luz da Constituição Federal de 1988 (CF) e da jurisprudência do STF, julgue os próximos itens, a respeito do Sistema Tributário Nacional.

(1) A observância à legalidade tributária, considerada a possibilidade de flexibilização desse princípio, é verificada de acordo com cada espécie tributária e à luz de cada caso concreto.

(2) A reserva legal de iniciativa privativa do chefe do Poder Executivo será ofendida caso lei oriunda de projeto elaborado por assembleia legislativa estadual trate sobre matéria tributária.

(3) A previsão constitucional de repartição das receitas tributárias não altera a distribuição de competências, consideradas a privatividade e a autonomia do ente federativo em instituir e cobrar seus próprios impostos.

(4) A Desvinculação de Receitas da União (DRU), conforme prevista no ADCT da CF, não alcança o montante a ser transferido pela União aos estados e aos municípios em decorrência das normas constitucionais de repartição de receitas.

(5) Não é válida a isenção de tributo estadual instituída em decorrência de tratado internacional celebrado pela República Federativa do Brasil com país estrangeiro, considerado o princípio da vedação às isenções heterônomas.

1: Certo. A mitigação do princípio da legalidade tributária foi decidida pelo STF na ADI 5277, Rel. Min. Dias Toffoli, Tribunal Pleno, j. 10/12/2020, DJe 25/03/2021. **2:** Errado. Segundo entendimento do STF inexiste reserva de iniciativa em matéria tributária ao chefe do poder executivo. Nesse sentido: "Tributário. Processo legislativo. Iniciativa de lei. 2. Reserva de iniciativa em matéria tributária. Inexistência. 3. Lei municipal que revoga tributo. Iniciativa parlamentar. Constitucionalidade. 4. Iniciativa geral. Inexiste, no atual texto constitucional, previsão de iniciativa exclusiva do Chefe do Executivo em matéria tributária. 5.

Repercussão geral reconhecida. 6. Recurso provido. Reafirmação de jurisprudência" (ARE 743.480, Rel. Min. Gilmar Mendes, j. 10/10/2013, DJe 20/11/2013, com Repercussão Geral, Tema 682). **3:** Certo. A transferência das receitas tributárias não altera a distribuição de competências. **4:** Certo. É o que foi decidido pelo STF na ADI 5628, Rel. Min. Alexandre de Moraes, j. 24/08/2020, DJe 26/11/2020. **5:** Errado. Pelo contrário, é possível a isenção de tributo estadual instituída em decorrência de tratado internacional celebrado pela República Federativa do Brasil com país estrangeiro. AMN

Gabarito: 1C, 2E, 3C, 4C, 5E

(Procurador do Município – Prefeitura Fortaleza/CE – CESPE – 2017) Acerca de tributação e finanças públicas, julgue os itens subsequentes, conforme as disposições da CF e a jurisprudência do STF.

(1) As disponibilidades financeiras do município devem ser depositadas em instituições financeiras oficiais, cabendo unicamente à União, mediante lei nacional, definir eventuais exceções a essa regra geral.

(2) Os municípios e o DF têm competência para instituir contribuição para o custeio do serviço de iluminação pública, tributo de caráter *sui generis*, diferente de imposto e de taxa.

(3) A imunidade tributária recíproca que veda à União, aos estados, ao DF e aos municípios instituir impostos sobre o patrimônio, renda ou serviços uns dos outros é cláusula pétrea.

1: correta. Art. 164, § 3º, CF; **2:** correta. Art. 149-A da CF; **3:** correta. A imunidade recíproca está prevista no art. 150, VI, *a* da CF e é considerada cláusula pétrea pelo STF. TM

Gabarito: 1C, 2C, 3C.

(Procurador Municipal – Prefeitura/BH – CESPE – 2017) De acordo com a CF e a jurisprudência dos tribunais superiores, assinale a opção correta, acerca do Sistema Tributário Nacional.

(A) A jurisprudência do STF considera a mora do contribuinte, pontual e isoladamente considerada, fator suficiente para determinar a ponderação da multa moratória.

(B) Aos estados e aos municípios cabe legislar o modo como isenções, incentivos e benefícios fiscais serão concedidos e revogados.

(C) A fazenda pública pode exigir prestação de fiança, garantia real ou fidejussória para a impressão de notas fiscais de contribuintes em débito com o fisco.

(D) A exigência de depósito prévio como requisito de admissibilidade de ação judicial na qual se pretenda discutir a exigibilidade de crédito tributário é inconstitucional.

A: incorreta. Segundo o STF, "a mera alusão à mora, pontual e isoladamente considerada, é insuficiente para estabelecer a relação de calibração e ponderação necessárias entre a gravidade da conduta e o peso da punição. É ônus da parte interessada apontar peculiaridades e idiossincrasias do quadro que permitiram sustentar a proporcionalidade da pena almejada" (RE 523471); **B:** incorreta. Pelo art. 155, § 2º, XII, *g*, CF, a competência é dos Estados e do DF e deve ser exercida por lei complementar; **C:** incorreta. A exigência foi considerada inconstitucional pelo STF, em repercussão geral (RE 565048); **D:** correta. Texto da Súmula Vinculante 28/STF. TM

Gabarito: "D".

(Procurador Municipal – Prefeitura/BH – CESPE – 2017) Tendo como referência as determinações constitucionais acerca do PPA, da LDO e da LOA, assinale a opção correta.

(A) A implementação do PPA após a aprovação da LOA ocorre por meio da execução dos programas contemplados com dotações.

(B) A regionalização a que se refere o PPA na CF é aplicável apenas no âmbito federal.

(C) O STF admite ADI contra disposições da LDO em razão de seu caráter e efeitos abstratos.

(D) A LDO é o instrumento de planejamento que deve estabelecer as diretrizes relativas aos programas de duração continuada.

A: correta. A implementação do plano plurianual ocorre, ano a ano, pelas Leis Orçamentárias Anuais. Após a elaboração do plano plurianual (diretrizes, objetivos e metas), do estabelecimento das metas e prioridades pela lei de diretrizes orçamentárias e da aprovação da Lei Orçamentária Anual é que ocorre a implementação do PPA, por meio da execução dos programas contemplados com dotações na LOA; **B:** incorreta. O art. 165, § 1º, CF, deve ser observado pelos demais entes por simetria federativa; **C:** incorreta. Não cabe ADI, por constituir lei de efeitos concretos; **D:** incorreta. Programas de duração continuada são previstos no PPA. **TM**
Gabarito "A".

16. ORDEM ECONÔMICA E FINANCEIRA

(Procurador Município – Santos/SP – VUNESP – 2021) A respeito da Ordem Econômica e Financeira, é correto afirmar que

(A) o Estado favorecerá a organização da atividade garimpeira em cooperativas, levando em conta a proteção do meio ambiente e a promoção econômico-social dos garimpeiros.

(B) dependerá de autorização ou concessão o aproveitamento do potencial de energia renovável de capacidade reduzida.

(C) é facultada a participação ao proprietário do solo nos resultados da lavra, na forma e no valor dispostos na Constituição da entidade federativa.

(D) as jazidas em lavra, e os demais recursos minerais constituem propriedade distinta daquela do solo, e para efeito de exploração, pertencem à União e à unidade federativa de sua localização.

(E) é assegurado a todos o livre exercício de qualquer atividade econômica, sujeita à autorização de órgãos públicos, conforme previsão em lei.

A: Correta. A alternativa está de acordo com o art. 174, § 3º, da CF. **B:** Incorreta. A redação do art. 176, § 4º, da CF, prevê o contrário, prescrevendo que **não** dependerá de autorização ou concessão. **C:** Incorreta. O art. 176, § 2º, da CF, dispõe: "É assegurada participação ao proprietário do solo nos resultados da lavra, na forma e no valor que dispuser a lei". **D:** Incorreta. O art. 176, *caput*, da CF, prescreve: "As jazidas, em lavra ou não, e demais minerais e os potenciais de energia hidráulica constituem propriedade distinta da do solo, para efeito de exploração ou aproveitamento e pertencem à União, garantida ao concessionário a propriedade do produto da lavra". **E:** Incorreta. O parágrafo único do art. 170 da CF, dispõe o contrário: "É assegurado a todos o livre exercício de qualquer atividade econômica, independentemente de autorização de órgãos públicos, salvo nos casos previstos em lei". **AMN**
Gabarito "A".

(Procurador Municipal – Prefeitura/BH – CESPE – 2017) Considerando as disposições constitucionais acerca da ordem econômica e financeira, assinale a opção correta.

(A) Os beneficiários da distribuição de imóveis rurais pela reforma agrária receberão títulos de domínio ou de concessão de uso inegociáveis pelo prazo de dez anos.

(B) Compete ao município, concorrentemente, as funções de fiscalização, incentivo e planejamento, sendo esta última determinante para o setor público e indicativo para o setor privado.

(C) Lei municipal poderá impedir a instalação de estabelecimentos comerciais do mesmo ramo em determinada área.

(D) O Estado favorecerá a organização da atividade garimpeira em OSCIPs que privilegiem a proteção do meio ambiente e a promoção econômico-social dos garimpeiros.

A: correta. Art. 189, CF; **B:** incorreta. As funções de incentivo, fiscalização e planejamento cabem ao Estado como um todo, não apenas aos municípios (art. 174, CF); **C:** incorreta. Súmula Vinculante 49/STF: "Ofende o princípio da livre concorrência lei municipal que impede a instalação de estabelecimentos comerciais do mesmo ramo em determinada área"; **D:** incorreta. Favorecerá sua organização em cooperativas (art. 174, § 3º, CF). **TM**
Gabarito "A".

(Procurador do Município – Valinhos/SP – 2019 – VUNESP) A Constituição Federal dispõe sobre a Ordem Financeira e Econômica que

(A) incumbe ao Poder Público, diretamente, a prestação de todos os serviços públicos.

(B) cada ente federativo disporá sobre o transporte e a utilização de materiais radioativos nos seus territórios.

(C) não dependerá de autorização ou concessão o aproveitamento do potencial de energia renovável de capacidade reduzida.

(D) a autorização para pesquisa de recursos naturais será sempre por prazo indeterminado, e as autorizações e concessões poderão ser cedidas ou transferidas, total ou parcialmente, independentemente de qualquer autorização.

(E) a pesquisa, a lavra, o enriquecimento, o reprocessamento, a industrialização e o comércio de minérios e minerais nucleares e seus derivados não constituem monopólio da União.

Correta é a letra C, nos termos do artigo 176, §4º, da CF: "Não dependerá de autorização ou concessão o aproveitamento do potencial de energia renovável de capacidade reduzida.". A letra A está errada (artigo 175, da CF), pois é perfeitamente cabível a concessão e a permissão de serviços públicos. A letra B equivocada (artigo 177, §3º, da CF). A letra D é errada, nos termos do artigo 176, §3º, da CF, uma vez que o prazo é determinado. A letra E é incorreta, pois são monopólios da União (artigo 177, V, da CF). **AB**
Gabarito "C".

(Procurador do Município – S.J. Rio Preto/SP – 2019 – VUNESP) Em relação aos princípios constitucionais do orçamento, aquele que estabelece que a receita não possa ter vinculações que reduzem o grau de liberdade do gestor e engessa o planejamento de médio, curto e longo prazos, e que se aplicam somente às receitas de impostos, denomina-se princípio

(A) do orçamento bruto.

(B) da não afetação das receitas.

(C) do equilíbrio.

(D) da objetividade.

(E) da exatidão.

Correta é a letra B, conforme artigo 167, IV, da CF: "Art. 167. São vedados: IV – a vinculação de receita de impostos a órgão, fundo ou despesa, ressalvadas a repartição do produto da arrecadação dos impostos a que se referem os arts. 158 e 159, a destinação de recursos para as ações e serviços públicos de saúde, para manutenção e desenvolvimento do ensino e para realização de atividades da administração tributária, como determinado, respectivamente, pelos arts. 198, § 2º, 212 e 37, XXII, e a prestação de garantias às operações de crédito por antecipação de receita, previstas no art. 165, § 8º, bem como o disposto no § 4º deste artigo;". Todas as demais alternativas estão erradas porque não guardam relação direta com o enunciado. AB

Gabarito "B".

(Procurador do Município – Boa Vista/RR – 2019 – CESPE/CEBRASPE) Relativamente às normas constitucionais aplicáveis aos orçamentos, julgue o seguinte item.

(1) Desde que autorizados por lei específica, os estados podem realizar transferência voluntária de recursos financeiros para realizar o pagamento de despesas com pessoal ativo dos municípios.

1: Errado, conforme artigo 167, X, da CF: "Art. 167. São vedados: (...) X – a transferência voluntária de recursos e a concessão de empréstimos, inclusive por antecipação de receita, pelos Governos Federal e Estaduais e suas instituições financeiras, para pagamento de despesas com pessoal ativo, inativo e pensionista, dos Estados, do Distrito Federal e dos Municípios.". AB

Gabarito 1E

17. ORDEM SOCIAL

(Procurador – PGE/SP – 2024 – VUNESP) Assinale a alternativa correta quanto ao desenho constitucional estabelecido para a promoção e o incentivo de ações com vistas ao desenvolvimento científico, capacitação tecnológica e inovação.

(A) As atividades de pesquisa, de extensão e de estímulo e fomento à inovação realizadas por escolas públicas, escolas comunitárias, confessionais ou filantrópicas poderão receber apoio financeiro do Poder Público, opção não extensível às universidades e instituições de educação profissional e tecnológica.

(B) O Sistema Nacional de Ciência, Tecnologia e Inovação (SNCTI) deve ser organizado pela União com vistas a promover a cultura de inovação e visão empreendedora, no âmbito da sua competência privativa, devendo prever a participação colaborativa de entes públicos e privados em Conselhos, inclusive para a composição de distribuição orçamentária e financeira.

(C) A transposição, o remanejamento ou a transferência de recursos de uma categoria de programação para outra poderão ser admitidos, no âmbito das atividades de ciência, tecnologia e inovação, com o objetivo de viabilizar os resultados de projetos restritos a essas funções, mediante prévia autorização legislativa.

(D) O Fundo Nacional de Desenvolvimento Regional pode ser destinado para a promoção de ações com vistas ao desenvolvimento científico e tecnológico e à inovação, mediante a entrega de recursos da União aos Estados e ao Distrito Federal, fixados por parâmetros constitucionais denominados coeficientes individuais de participação, regulamentados e calculados pelo Tribunal de Contas da União.

(E) As pesquisas na área de ciência, tecnologia e inovação devem ser essencialmente direcionadas para a solução dos problemas nacionais e para o desenvolvimento do sistema produtivo regional, razão pela qual não cabe ao Poder Público incentivar, promover e financiar a atuação das instituições públicas nessa área, no exterior.

A: Incorreta. O § 2º do art. 213 da CF dispõe que: "As atividades de pesquisa, de extensão e de estímulo e fomento à inovação realizadas por universidades e/ou por instituições de educação profissional e tecnológica poderão receber apoio financeiro do Poder Público". **B**: Incorreta. O art. 219-B da CF prescreve que: "O Sistema Nacional de Ciência, Tecnologia e Inovação (SNCTI) será organizado em regime de colaboração entre entes, tanto públicos quanto privados, com vistas a promover o desenvolvimento científico e tecnológico e a inovação". **C**: Incorreta. O § 5º do art. 167 da CF determina que: "A transposição, o remanejamento ou a transferência de recursos de uma categoria de programação para outra poderão ser admitidos, no âmbito das atividades de ciência, tecnologia e inovação, com o objetivo de viabilizar os resultados de projetos restritos a essas funções, mediante ato do Poder Executivo, sem necessidade da prévia autorização legislativa prevista no inciso VI deste artigo". **D**: Correta. Está previsto no art. 159-A da CF. **E**: Incorreta. O § 7º do art. 218 da CF estabelece que: "O Estado promoverá e incentivará a atuação no exterior das instituições públicas de ciência, tecnologia e inovação, com vistas à execução das atividades previstas no *caput*". AMN

Gabarito "D".

(Procurador – PGE/SP – 2024 – VUNESP) Assinale a alternativa correta sobre a aferição dos parâmetros constitucionais do direito ao saneamento básico.

(A) O tratamento constitucional diferenciado dado às matérias que envolvem saneamento básico e saúde reflete a opção pela promoção de estruturas organizacionais autônomas na condução das diretivas setoriais; assim, o Sistema Único de Saúde (SUS) foi concebido em forma de rede regionalizada e hierarquizada, sem ingerência na formulação da política e da execução das ações de saneamento básico.

(B) A participação dos Municípios e dos Estados deve ser ajustada com o fim de promover programas de saneamento básico específicos, em conformidade com as diretrizes normativas gerais fixadas pela União e com as leis complementares criadas pelos Estados para instituir regiões metropolitanas.

(C) A realidade brasileira histórica de desatendimento às essencialidades sanitárias decorrentes dos problemas de cooperação interfederativa e da falta de sustentabilidade econômico-financeira dos modelos adotados estabeleceu a diretriz jurisprudencial de que compete à União legislar e promover programas de saneamento básico, a serem executados de forma exclusiva pela Agência Nacional de Águas e Saneamento Básico (ANA).

(D) A regra geral fixada é a da competência concorrente entre os entes da federação para legislar sobre o saneamento básico, saúde, combate à poluição, proteção ao meio ambiente, águas e energia, temas interligados, que visam proteger os direitos fundamentais envolvidos.

(E) O arranjo institucional baseado no perfil de dados dos entes federados, e não em sua localização territorial, faz com que o serviço de saneamento possa se beneficiar de mecanismos automatizados de tomada de decisão em grande escala, razão pela qual compete à União legislar e promover programas específicos de saneamento básico, com foco nas regiões metropolitanas.

A: Incorreta. A ingerência na formulação da política e da execução das ações de saneamento básico é de competência do SUS. Nesse sentido, o art. 200, IV, da CF, dispõe que: "Art. 200. Ao sistema único de saúde compete, além de outras atribuições, nos termos da lei: (...) IV - participar da formulação da política e da execução das ações de saneamento básico (...)". **B**: Correta. O art. 23, IX, da CF, prevê que o saneamento básico é competência comum da União, dos Estados, do Distrito Federal e dos Municípios e o parágrafo único do mesmo dispositivo constitucional determina que leis complementares fixarão normas para a cooperação entre a União e os Estados, o Distrito Federal e os Municípios, tendo em vista o equilíbrio do desenvolvimento e do bem-estar em âmbito nacional. O inciso II do art. 8º da Lei nº 11.445/2007 (com nova redação dada pelo art. 7º da Lei nº 14.026/2020), dispõe que: "Art. 8º Exercem a titularidade dos serviços públicos de saneamento básico: (...) II – o Estado, em conjunto com os Municípios que compartilham efetivamente instalações operacionais integrantes de regiões metropolitanas, aglomerações urbanas e microrregiões, instituídas por lei complementar estadual, no caso de interesse comum". **C**: Incorreta. Não é competência exclusiva da União legislar e promover programas de saneamento básico, pois a competência é comum, conforme já falado no item B, retro. **D**: Incorreta. A competência é comum, e não concorrente, entre a União, os Estados, o Distrito Federal e os Municípios para legislar sobre saneamento básico, saúde, combate à poluição e proteção ao meio ambiente (CF, art. 23, II, VI e IX). Já sobre águas e energia, a competência é privativa da União (CF, art. 22, IV). **E**: Incorreta. A competência para criar regiões metropolitanas para os programas de saneamento básico é do Estado-membro, por meio de Lei Complementar (art. 8º, II, da Lei nº 11.445/2007). **AMN**

Gabarito "B".

(Procurador Federal – AGU – 2023 – CEBRASPE) No que se refere ao imóvel cuja área esteja inserida em terras tradicionalmente ocupadas por indígenas e ao título de propriedade desse imóvel em nome de particular devidamente registrado no respectivo cartório de registro de imóveis, assinale a opção correta segundo os preceitos da Constituição Federal de 1988 (CF) e a jurisprudência do Supremo Tribunal Federal (STF).

(A) A existência do registro imobiliário em nome de particular, a despeito do que prescreve o Código Civil, consolida a propriedade do imóvel ao particular, sendo esta insuscetível de oposição pela União.

(B) A CF exclui do comércio jurídico as terras indígenas *res extra commercium*, proclamando a nulidade e declarando a extinção de atos que tenham por objeto a ocupação, o domínio e a posse de tais áreas.

(C) A eficácia dos títulos de propriedade tem apenas o condão de comprovar a boa-fé do particular, outorgando-lhe o direito à indenização pela terra nua e pelas benfeitorias nela implementadas.

(D) Consideram-se válidas as pactuações negociais que incidam sobre as referidas terras, gerando, entre outros efeitos jurídicos, o direito à indenização ou o direito de acesso a ações judiciais contra a União para ressarcimento da terra nua.

(E) As terras tradicionalmente ocupadas pelos indígenas incluem-se no domínio constitucional da União e podem ser objeto de alienação quando devidamente demonstrado o interesse público pela disponibilidade da área.

A: Incorreta. O art. 231, § 6º, da CF, dispõe que: "Art. 231. São reconhecidos aos índios sua organização social, costumes, línguas, crenças e tradições, e os direitos originários sobre as terras que tradicionalmente ocupam, competindo à União demarcá-las, proteger e fazer respeitar todos os seus bens. (...) § 6º São nulos e extintos, não produzindo efeitos jurídicos, os atos que tenham por objeto a ocupação, o domínio e a posse das terras a que se refere este artigo, ou a exploração das riquezas naturais do solo, dos rios e dos lagos nelas existentes, ressalvado relevante interesse público da União, segundo o que dispuser lei complementar, não gerando a nulidade e a extinção direito a indenização ou a ações contra a União, salvo, na forma da lei, quanto às benfeitorias derivadas da ocupação de boa fé.". **B**: Correta. É o que prevê o § 6º do art. 231 da CF transcrito anteriormente. **C**: Incorreta. O STF entende que: "A eventual existência de registro imobiliário em nome de particular, a despeito do que dispunha o art. 859 do CC/1916 ou do que prescreve o art. 1.245 e parágrafos do vigente Código Civil, não torna oponível à União Federal esse título de domínio privado, pois a Constituição da República pré-excluiu do comércio jurídico as terras indígenas *res extra commercium*, proclamando a nulidade e declarando a extinção de atos que tenham por objeto a ocupação, o domínio e a posse de tais áreas, considerando ineficazes, ainda, as pactuações negociais que sobre elas incidam, sem possibilidade de quaisquer consequências de ordem jurídica, inclusive aquelas que provocam, por efeito de expressa recusa constitucional, a própria denegação do direito à indenização ou do acesso a ações judiciais contra a União Federal, ressalvadas, unicamente, as benfeitorias derivadas da ocupação de boa-fé (CF, art. 231, § 6º)." (RMS 29.193 AgR-ED, rel. min Celso de Mello, j. 16-12-2014, 2ª T, *DJE* de 19-2-2015). **D**: Incorreta. Ver comentários A e C, retro. **E**: Incorreta. Ver comentários A e C, retro. **AMN**

Gabarito "B".

(Procurador Federal – AGU – 2023 – CEBRASPE) O Decreto n.º 4.887/2003, que regulamenta o procedimento para identificação, reconhecimento, delimitação, demarcação e titulação das terras ocupadas por remanescentes das comunidades dos quilombos de que trata o art. 68 do Ato das Disposições Constitucionais Transitórias (ADCT), foi objeto de impugnação por meio da Ação Direta de Inconstitucionalidade (ADI) n.º 3.239. Nessa ADI, o STF

I. declarou que esse decreto é inconstitucional por ofensa aos princípios da legalidade e da reserva de lei, com base no entendimento de que o procedimento previsto no art. 68 do ADCT necessariamente deve ser regulamentado por lei em sentido formal e, uma vez inexistente lei a respeito, a Presidência da República invadira esfera reservada ao Poder Legislativo.

II. julgou improcedente o pedido de declaração de inconstitucionalidade formal desse decreto, entendendo que ele representa o efetivo exercício do poder regulamentar da administração pública inserido nos limites estabelecidos pela CF.

III. reconheceu como constitucionalmente legítima a adoção da autoatribuição como critério de determinação da identidade quilombola, a qual, para os efeitos do referido decreto, é atestada por certidão emitida pela Fundação Cultural Palmares.

1. DIREITO CONSTITUCIONAL

IV. reconheceu que, similarmente ao que ocorre nos casos das terras tradicionalmente ocupadas pelos indígenas, a CF reputa nulos e extintos os títulos de terceiros eventualmente incidentes sobre as terras ocupadas por remanescentes das comunidades dos quilombos, de modo que a regularização do registro dispensa o procedimento expropriatório.

Estão certos apenas os itens

(A) I e II.

(B) II e III.

(C) III e IV.

(D) I, II e IV.

(E) I, III e IV.

I: Incorreta. O STF julgou improcedente a referida ADI 3.239. II: Correta. O STF julgou improcedente o pedido de declaração de inconstitucionalidade material de vários artigos do Decreto 4.887/2003 por entender que ele representa o efetivo exercício do poder regulamentar da administração pública inserido nos limites estabelecidos pela CF. III: Correta. Da ementa do mencionado julgado destaca-se: "(...) 8. Constitucionalmente legítima, a adoção da autoatribuição como critério de determinação da identidade quilombola, além de consistir em método autorizado pela antropologia contemporânea, cumpre adequadamente a tarefa de trazer à luz os destinatários do art. 68 do ADCT, em absoluto se prestando a inventar novos destinatários ou ampliar indevidamente o universo daqueles a quem a norma é dirigida. O conceito vertido no art. 68 do ADCT não se aparta do fenômeno objetivo nele referido, a alcançar todas as comunidades historicamente vinculadas ao uso linguístico do vocábulo quilombo. Adequação do emprego do termo "quilombo" realizado pela Administração Pública às balizas linguísticas e hermenêuticas impostas pelo texto-norma do art. 68 do ADCT. Improcedência do pedido de declaração de inconstitucionalidade do art. 2º, § 1º, do Decreto 4.887/2003 (...)". IV: Incorreta. Da ementa do julgado destaca-se ainda: "(...) 11. Diverso do que ocorre no tocante às terras tradicionalmente ocupadas pelos índios – art. 231, § 6º – a Constituição não reputa nulos ou extintos os títulos de terceiros eventualmente incidentes sobre as terras ocupadas por remanescentes das comunidades dos quilombos, de modo que a regularização do registro exige o necessário o procedimento expropriatório (...)". AMN

Gabarito "B".

(Procurador Federal – AGU – 2023 – CEBRASPE) A respeito do direito à saúde, assinale a opção correta.

(A) O Sistema Único de Saúde (SUS) possui gestão descentralizada, porém com direção única no Ministério da Saúde, ente central desse sistema.

(B) O poder público não pode destinar recursos públicos, na área da saúde, a instituições privadas.

(C) Empresas de capital estrangeiro podem prestar serviços de assistência à saúde no Brasil, independentemente de permissão legal.

(D) A atividade de promoção da saúde é competência concorrente dos entes da Federação.

(E) A fiscalização de alimentos, bebidas e produtos psicoativos insere-se nas competências do Sistema Único de Saúde (SUS).

A: Incorreta. O SUS possui gestão descentralizada, com direção única em cada esfera de governo (CF, art. 198, I). B: Incorreta. O poder público pode destinar recursos públicos, na área da saúde, a instituições privadas (P.ex.: art. 198, §§ 14 e 15). C: Incorreta. O § 3º do art. 199 da CF prevê que: "É vedada a participação direta ou indireta de empresas ou capitais estrangeiros na assistência à saúde no País, salvo nos casos previstos em lei". D: Incorreta. No caso, a competência é comum, e

não concorrente, da União, dos Estados, do Distrito Federal e dos Municípios (CF, art. 23, II). E: Correta. Essa competência está prevista no art. 200, VI e VII, da CF. AMN

Gabarito "E".

(Procurador Fazenda Nacional – AGU – 2023 – CEBRASPE) De acordo com a CF e com o entendimento do STF a respeito da educação e do ensino, julgue os itens a seguir.

I. A educação, direito de todos e dever do Estado e da família, será promovida e incentivada com a colaboração da sociedade, com vistas ao pleno desenvolvimento da pessoa, ao seu preparo para o exercício da cidadania e a sua qualificação para o trabalho.

II. O ensino fundamental regular será ministrado em língua portuguesa, assegurada às comunidades indígenas também a utilização de suas línguas maternas e de processos próprios de aprendizagem.

III. A União aplicará, anualmente, pelo menos 15% de sua receita tributária total na manutenção e no desenvolvimento do ensino; no caso dos estados, do Distrito Federal e dos municípios, esse percentual mínimo será de 20%.

IV. Para efeito do cálculo do valor mínimo a ser aplicado na manutenção e no desenvolvimento do ensino, a parcela da arrecadação de impostos transferida pela União aos estados, ao Distrito Federal e aos municípios, ou pelos estados aos respectivos municípios, não é considerada receita do ente federativo que a transfere.

V. A gradação do percentual mínimo de recursos destinados à manutenção e ao desenvolvimento do ensino não pode acarretar restrições às competências constitucionais do Poder Executivo para a elaboração das propostas de leis orçamentárias.

Estão certos apenas os itens

(A) I e III.

(B) IV e V.

(C) II, III e IV.

(D) I, II, III e V.

(E) I, II, IV e V.

I: Correta. Art. 205, *caput*, da CF. II: Correta. Art. 210, § 2º, da CF. III: Incorreta. A União aplicará, anualmente, pelo menos **18%** de sua receita **resultante de impostos** na manutenção e no desenvolvimento do ensino; no caso dos estados, do Distrito Federal e dos municípios, esse percentual mínimo será de **25%** (CF, art. 212, *caput*). IV: Correta. Art. 212, § 2º, da CF. V: Correta. O STF entende que: "A gradação de percentual mínimo de recursos destinados à manutenção e ao desenvolvimento do ensino não pode acarretar restrições às competências constitucionais do Poder Executivo para a elaboração das propostas de leis orçamentárias. Inteligência do art. 165 da Constituição Federal." (ADI 6.275, rel. min. Alexandre de Moraes, j. 8-6-2020, *DJE* de 19-8-2020.). AMN

Gabarito "E".

(Procurador Fazenda Nacional – AGU – 2023 – CEBRASPE) Com relação à intervenção do Estado na ordem social, assinale a opção correta.

(A) O Estado intervém na ordem social quando necessário aos imperativos de segurança nacional ou a relevante interesse coletivo.

(B) O Estado intervém na ordem social quando atua em sistema de monopólio constitucional.

(C) O Estado intervém na ordem social quando concede permissão de bens de uso comum do povo a particular.

(D) O Estado intervém na ordem social quando presta serviços públicos ou fomenta o terceiro setor.

(E) O Estado intervém na ordem social na condição de agente normativo e regulador da atividade econômica.

A alternativa correta é a D. Segundo a doutrina: "A intervenção estatal na ordem social pode se dar por meio da prestação de serviços públicos ou pela atividade de fomento ao Terceiro Setor, realizados para a concretização dos direitos sociais. A prestação de serviços públicos de educação, saúde, trabalho, moradia, alimentação, transporte, lazer, seguridade social, previdência social, proteção à maternidade e à infância e assistência social é obrigatória para o Estado, que não pode, portanto, se eximir de sua concretização, ainda que por meio de fomento ao Terceiro Setor. Bem se vê, desta forma, que, se a prestação de serviços públicos é obrigatória para o Estado, a atividade de fomento é facultativa, uma vez que não há, na Constituição de 1988, obrigação de incentivo ao particular, mas de prestação direta desta atividade. Para que o Estado possa realizar a atividade de fomento, deverá verificar a vantajosidade de se incentivar o particular, em detrimento da ampliação das atividades diretas por ele fornecidas." (ZOCKUN, Carolina Zancaner. Intervenção do Estado na ordem social. *In: Enciclopédia Jurídica da PUCSP*. Disponível em: https://enciclopediajuridica.pucsp.br/verbete/110/edicao-1/intervencao-do-estado-na-ordem-social#:~:text=A%20interven%C3%A7%C3%A3o%20 estatal%20na%20ordem%20social%20pode%20se%20dar%20 por,a%20concretiza%C3%A7%C3%A3o%20dos%20direitos%20 sociais. Acesso em: 25-05-2024). AMN

Gabarito "D".

(Procurador Fazenda Nacional – AGU – 2023 – CEBRASPE) Em determinada localidade tradicionalmente ocupada por população indígena, foi encontrada jazida de minérios. O governador do estado onde se situa tal localidade concedeu a lavra da jazida para a companhia X.

A partir dessa situação hipotética, assinale a opção correta.

(A) A concessão da lavra da jazida somente poderia ter sido realizada com autorização do Congresso Nacional e depois de ouvidas as comunidades afetadas, as quais terão participação no resultado da lavra.

(B) A concessão da lavra da jazida somente poderá ser considerada válida se tiver havido a observância do devido processo licitatório, na modalidade concorrência, na forma da lei.

(C) A CF confere usufruto exclusivo das riquezas minerais à população indígena que habite, em caráter permanente, o território onde elas estejam localizadas.

(D) A companhia X tem a obrigação de destinar 18% do produto arrecadado com a lavra da jazida para a melhoria das condições de vida da população indígena que tradicionalmente ocupa aquela área.

(E) A CF assegura exclusivamente à União a lavra de minérios em terras ocupadas tradicionalmente pelos índios.

A alternativa A é a correta, conforme dispõe o § 3º do art. 231 da CF: "O aproveitamento dos recursos hídricos, incluídos os potenciais energéticos, a pesquisa e a lavra das riquezas minerais em terras indígenas só podem ser efetivados com autorização do Congresso Nacional, ouvidas as comunidades afetadas, ficando-lhes assegurada participação nos resultados da lavra, na forma da lei". AMN

Gabarito "A".

(Procurador Município – Teresina/PI – FCC – 2022) Sobre a disciplina da comunicação social, a Constituição Federal de 1988 estabelece:

(A) A licença para a publicação de veículo impresso de comunicação é da competência do Município.

(B) A produção e a programação das emissoras de rádio e televisão promoverão valores latino-americanos comuns, além de estimularem a produção independente como projeção do princípio da livre iniciativa.

(C) É vedada toda e qualquer censura de natureza política, ideológica e artística, exceto a primeira, em períodos eleitorais, na forma de resolução do Tribunal Superior Eleitoral.

(D) Os meios de comunicação social não podem, direta ou indiretamente, ser objeto de monopólio ou oligopólio.

(E) Compete à lei estadual regular espetáculos públicos e as diversões, além da propaganda comercial de tabaco e bebidas alcoólicas.

A: Incorreta. A publicação de veículo impresso de comunicação independe de licença de autoridade (CF, art. 220, § 6º). **B:** Incorreta. Dispõe o art. 221 da CF: "A produção e a programação das emissoras de rádio e televisão atenderão aos seguintes princípios: I – preferência a finalidades educativas, artísticas, culturais e informativas; II – promoção da cultura nacional e regional à produção independente que objetive sua divulgação; III – regionalização da produção cultural, artística e jornalística, conforme percentuais estabelecidos em lei; IV – respeito aos valores éticos e sociais da pessoa e da família". **C:** Incorreta. O § 2º do art. 220 da CF não estabelece a exceção apontada na alternativa. **D:** Correta. Está de acordo com o art. 220, § 5º, da CF. **E:** Incorreta. A competência é da União e não dos Estados-membros (CF, art. 220, § 4º). AMN

Gabarito "D".

(Procurador Município – Santos/SP – VUNESP – 2021) Ao disciplinar o tratamento à família, à criança, ao adolescente e ao idoso, a Constituição Federal considera que

(A) a lei estabelecerá o plano nacional de juventude, de duração quinquenal, visando à articulação e execução de políticas públicas.

(B) é dever exclusivo do Estado amparar as pessoas idosas, assegurando sua participação na comunidade, defendendo sua dignidade e bem-estar.

(C) o direito a proteção especial abrangerá programas de atendimento especializado à criança e ao adolescente dependente de entorpecentes, excluídas a prevenção e repressão.

(D) o Estado assegurará a assistência à família na pessoa de cada um dos que a integram, e, quando possível, facultará programas de prevenção à violência doméstica.

(E) a lei disporá sobre normas de construção dos logradouros e dos edifícios de uso público e de fabricação de veículos de transporte coletivo, a fim de garantir acesso adequado às pessoas portadoras de deficiência.

A: Incorreta. A duração é **decenal** e não quinquenal, conforme dispõe o art. 227, § 8º, II, da CF. **B:** Incorreta. O dever **não é exclusivo** do Estado, mas compartilhado com a família e a sociedade, nos termos do art. 230, *caput*, da CF. **C:** Incorreta. Estabelece o art. 227, § 3º, VII, da CF: "O direito a proteção especial abrangerá os seguintes aspectos: (...) VII – programas de prevenção e atendimento especializado à criança, ao adolescente e ao jovem dependente de entorpecentes e drogas afins". **D:**

Incorreta. O art. 226, § 8º, dispõe: "O Estado assegurará a assistência à família na pessoa de cada um dos que a integram, criando mecanismos para coibir a violência no âmbito de suas relações". **E**: Correta. Está de acordo com o art. 227, § 2º, da CF. AMN

Gabarito "E".

(Procurador do Município – S.J. Rio Preto/SP – 2019 – VUNESP) De acordo com o que disciplina a Constituição Federal, a questão da Ordem Social tem como base e objetivo, respectivamente,

(A) a defesa do consumidor e a preservação do meio ambiente.

(B) a defesa da propriedade privada e a preservação de um meio ambiente sadio.

(C) a propriedade privada e a defesa do consumidor.

(D) o primado do trabalho e o bem-estar e a justiça sociais.

(E) o primado do trabalho e a defesa do consumidor.

Correta é a letra D, conforme artigo 193, da CF: "Art. 193. A ordem social tem como base o primado do trabalho, e como objetivo o bem-estar e a justiça sociais.". As demais alternativas estão erradas diante do que foi solicitado pelo enunciado da questão. AB

Gabarito "D".

(Procurador do Estado/SP – 2018 – VUNESP) Assinale a alternativa correta a respeito do direito à comunicação social.

(A) Na análise do caso de publicação de biografias não autorizadas, o Supremo Tribunal Federal fixou o entendimento da necessidade de autorização prévia do interessado ou de seu representante legal, uma vez que o caso envolve tensão entre direitos fundamentais da liberdade de expressão, do direito à informação e dos direitos da personalidade (privacidade, imagem e honra).

(B) Os meios de comunicação social eletrônica, independentemente da tecnologia utilizada para a prestação do serviço, deverão observar os princípios constitucionais que regem a produção e a programação das emissoras de rádio e televisão, como dar preferência a finalidades educativas, artísticas, culturais e informativas.

(C) Nenhuma lei poderá conter dispositivo que possa constituir embaraço à plena liberdade de informação jornalística em qualquer veículo de comunicação social, sendo resguardado o sigilo da fonte, em todas as circunstâncias.

(D) Compete ao Congresso Nacional outorgar e renovar concessão, permissão e autorização para o serviço de radiodifusão sonora e de sons e imagens, observado o princípio da complementaridade dos sistemas privado, público e estatal.

(E) É competência comum da União, dos Estados, do Distrito Federal e dos Municípios legislar sobre os meios legais que garantam à pessoa e à família a possibilidade de se defenderem de programas ou programações de rádio e televisão que vinculem propaganda de produtos, práticas e serviços que possam ser nocivos à saúde e ao meio ambiente.

A: incorreta, pois o STF declarou ser **inexigível** autorização de pessoa biografada relativamente a obras biográficas literárias ou audiovisuais, sendo também **desnecessária** autorização de pessoas retratadas como coadjuvantes (ou de seus familiares, em caso de pessoas falecidas ou ausentes) (ADI 4815, Rel. Min. Cármen Lúcia, Tribunal Pleno, j. em

10-06-2015); **B**: correta, de acordo com o art. 222, § 3º, combinado com o art. 221, I, ambos da CF; **C**: incorreta, visto que nenhuma lei conterá dispositivo que possa constituir embaraço à plena liberdade de informação jornalística em qualquer veículo de comunicação social, sendo resguardado o sigilo da fonte, quando necessário ao exercício profissional (art. 220, § 1º, c/c art. 5º, XIV, da CF); **D**: incorreta, haja vista que compete ao **Poder Executivo** outorgar e renovar concessão, permissão e autorização para o serviço de radiodifusão sonora e de sons e imagens, observado o princípio da complementaridade dos sistemas privado, público e estatal (art. 223 da CF); **E**: incorreta, pois compete **privativamente** à União legislar sobre propaganda comercial (art. 22, XXIX, da CF), cabendo à lei federal estabelecer os meios legais que garantam à pessoa e à família a possibilidade de se defenderem de programas ou programações de rádio e televisão que vinculem propaganda de produtos, práticas e serviços que possam ser nocivos à saúde e ao meio ambiente (art. 220, § 3º, II, da CF). AN

Gabarito "B".

(Procurador do Município – Prefeitura Fortaleza/CE – CESPE – 2017) Acerca de assuntos relacionados à disciplina da saúde e da educação na CF, julgue os itens que se seguem.

(1) A rede privada de saúde pode integrar o Sistema Único de Saúde, de forma complementar, por meio de contrato administrativo ou convênio.

(2) É permitida a intervenção do estado nos seus municípios nas situações em que não for aplicado o mínimo exigido da receita municipal nas ações e nos serviços públicos de saúde.

(3) Os municípios devem atuar prioritariamente no ensino fundamental e na educação infantil, ao passo que os estados devem atuar prioritariamente no ensino fundamental e no médio.

(4) Desenvolver políticas públicas para a redução da ocorrência de doenças e a proteção da saúde da população é competência concorrente da União, dos estados, do DF e dos municípios.

1: correta. Art. 199, § 1º, CF; **2**: correta. Art. 35, III, CF; **3**: correta. Art. 211, §§ 2º e 3º, CF; **4**: incorreta. A competência é do Município, ainda que com auxílio da União e dos Estados (art. 30, VII, CF). TM

Gabarito "1C, 2C, 3C, 4E".

(Procurador do Município – Boa Vista/RR – 2019 – CESPE/CEBRASPE) A respeito de intervenção estadual nos municípios, julgue o item que se segue.

(1) Uma das hipóteses em que a intervenção dos estados em seus municípios é autorizada é a não aplicação do mínimo exigido da receita municipal nas ações de manutenção e desenvolvimento do ensino.

Certo, nos termos do artigo 35, III, da CF: "Art. 35. O Estado não intervirá em seus Municípios, nem a União nos Municípios localizados em Território Federal, exceto quando: (...) III – não tiver sido aplicado o mínimo exigido da receita municipal na manutenção e desenvolvimento do ensino e nas ações e serviços públicos de saúde.". AB

Gabarito "1C".

18. TEMAS COMBINADOS

(Procurador – AL/PR – 2024 – FGV) Apesar da igualdade ser um direito fundamental, mulheres e homens possuem tratamentos distintos em relação aos seus direitos, como por exemplo, a diferença entre o período garantido de licença-maternidade e de licença-paternidade. Nesse contexto, deve-se ponderar a evolução dos papéis atualmente desempenhados por homens e mulheres na família e na sociedade. Dessa forma, impõe-se um esforço coletivo dos agentes políticos e públicos com o objetivo de promover a eficácia das normas constitucionais.

Diante do exposto e de acordo com o ordenamento jurídico vigente e com a jurisprudência do Supremo Tribunal Federal, assinale a afirmativa correta.

(A) A ausência de regulamentação da norma constitucional referente à licença-paternidade provocou uma omissão inconstitucional, uma vez que efetivação do referido direito reflete a necessidade de proteção da família e da infância.

(B) Há inconstitucionalidade da norma que prevê o prazo de 5 dias para a licença-paternidade, uma vez que o princípio da igualdade garante aos homens período igual ao da licença-maternidade.

(C) A norma que define o prazo da licença paternidade está prevista no Ato das Disposições Constitucionais Transitórias e garante, em homenagem ao princípio da isonomia, que pessoas diferentes tenham tratamentos distintos, não havendo necessidade de edição de nova regulamentação sobre o tema.

(D) Em razão da ausência de regulamentação legal acerca do prazo razoável de licença-paternidade deverá ser aplicado imediatamente o prazo da licença-maternidade a todos os cuidadores da criança nos seus primeiros meses de vida.

(E) A norma que trata da licença-paternidade é direito social previsto em norma infraconstitucional, portanto a ausência de regulamentação do referido direito provocou uma omissão ilegal e não inconstitucional.

A alternativa A está correta. A questão foi resolvida pelo STF ao julgar a ADO 20/DF, com a seguinte ementa: "DIREITO CONSTITUCIONAL. AÇÃO DIRETA DE INCONSTITUCIONALIDADE POR OMISSÃO. LICENÇA-PATERNIDADE. ARTIGO 7º, XIX, DA CONSTITUIÇÃO DA REPÚBLICA. DECLARAÇÃO DE MORA LEGISLATIVA. OMISSÃO INCONSTITUCIONAL. CONSEQUÊNCIA. PRAZO DE 18 (DEZOITO) MESES PARA DELIBERAÇÃO LEGISLATIVA.". AMN

Gabarito "A".

(Procurador – AL/PR – 2024 – FGV) Determinado Conselho profissional editou norma que exige a quitação das anuidades para a obtenção, a suspensão e a reativação de inscrição, inscrição secundária, bem como a renovação e a segunda via da carteira profissional. Nesse contexto, João, profissional vinculado ao referido Conselho ajuizou ação requerendo o afastamento da adoção de sanções políticas aplicadas a ele como meios indiretos de coerção para a cobrança da contribuição.

Diante do exposto e da jurisprudência do Supremo Tribunal Federal, é correto afirmar que João deve ter o seu pleito

(A) indeferido, uma vez que a natureza autárquica do Conselho Federal e dos Conselhos Regionais Profissionais faz com que haja obrigatoriedade de prestarem contas ao Tribunal de Contas da União e autoriza a aplicação de sanções políticas.

(B) indeferido, uma vez que a norma referida está em consonância com os princípios da livre-iniciativa e da proporcionalidade, já que as referidas autarquias têm condão de garantir o regular exercício da profissão.

(C) deferido, pois as contribuições de interesse das categorias profissionais não têm a natureza do tributo e por esse motivo não podem ser aplicadas sanções que forcem o pagamento da dívida.

(D) indeferido, uma vez que no caso de conflito de normas constitucionais sempre haverá a prevalência daquele que atingir o maior número de pessoas.

(E) deferido, pois condicionar o exercício de atividade profissional à quitação de débitos tributários constitui manifesta ofensa ao direito fundamental ao livre exercício de profissão e aos princípios da livre iniciativa e da proporcionalidade.

A alternativa correta é a E, conforme decidiu o STF ao julgar a ADI 7423/DF: "AÇÃO DIRETA DE INCONSTITUCIONALIDADE. INC. II DO ART. 16, § 2º DO ART. 32, INCS. II E IV DO ART. 46 E § 6º DO ART. 48 DO ANEXO DA RESOLUÇÃO N. 560/2017, DO CONSELHO FEDERAL DE ENFERMAGEM. INTERDITO DO EXERCÍCIO PROFISSIONAL. INADIMPLÊNCIA DE PAGAMENTO DE ANUIDADE. NATUREZA JURÍDICA DE TRIBUTO. CONTRIBUIÇÃO DE INTERESSE DE CATEGORIA PROFISSIONAL. SANÇÃO POLÍTICA EM MATÉRIA TRIBUTÁRIA. PRECEDENTES. AÇÃO DIRETA JULGADA PROCEDENTE. 1. Instruído o processo nos termos do art. 10 da Lei n. 9.868/1999, é de cumprir-se o princípio constitucional de razoável duração do processo e julgamento de mérito da ação direta por este Supremo Tribunal, ausente necessidade de novas informações. Precedentes. 2. É cabível a ação direta de inconstitucionalidade para o exame de atos normativos infralegais quando o conteúdo impugnado apresentar incompatibilidade direta com a Constituição da República e sejam dotados de generalidade e abstração. Precedentes. 3. As anuidades cobradas pelos conselhos profissionais caracterizam-se como tributos da espécie contribuições de interesse das categorias profissionais, nos termos do art. 149 da Constituição da República. Precedentes. 4. A suspensão de exercício profissional pelo não pagamento de anuidade do Conselho profissional configura sanção política como meio indireto de coerção para a cobrança de tributos. Precedentes. 5. São inconstitucionais as normas impugnadas pelas quais exigem a quitação de anuidades devidas ao Conselho Profissional de Enfermagem para que profissionais obtenham inscrição, suspensão de inscrição, reativação de inscrição, inscrição secundária, segunda via e renovação de carteira profissional de identidade, por instituírem sanção política como meio coercitivo indireto para pagamento de tributo. 6. Ação direta na qual proposta a conversão da apreciação da medida cautelar em julgamento de mérito. Pedido julgado procedente para declarar a inconstitucionalidade do inc. II do art. 16, § 2º do art. 32, incs. II e IV do art. 46 e § 6º do art. 48 do Anexo da Resolução n. 560, de 23.10.2017, do Conselho Federal de Enfermagem". AMN

Gabarito "E".

(Procurador – AL/PR – 2024 – FGV) O Chefe do Poder Executivo editou medida provisória que para abertura de crédito extraordinário, visando atender a despesas imprevisíveis decorrentes de catástrofe ambiental caracterizadora de calamidade pública.

Diante do exposto e de acordo com o entendimento predominante no Supremo Tribunal Federal, é correto afirmar que o referido ato normativo é

(A) inconstitucional, pois é vedado ao Poder Executivo editar medida provisória que disponha planos plurianuais, diretrizes orçamentárias, orçamento e créditos adicionais e suplementares.

(B) constitucional, pois é permitido ao Poder Executivo editar medida provisória que disponha planos plurianuais, diretrizes orçamentárias, orçamento e créditos adicionais e suplementares.

(C) inconstitucional, pois é vedado ao Poder Executivo editar medida provisória que disponha sobre matéria reservada a lei complementar.

(D) constitucional, pois no caso de relevância e urgência, o Presidente da República poderá adotar medidas provisórias, com força de lei, devendo submetê-las de imediato ao Congresso Nacional.

(E) constitucional, pois além dos requisitos de relevância e urgência, a Constituição autoriza que a abertura do crédito extraordinário seja feita por Medida Provisória apenas para atender a despesas imprevisíveis e urgentes, como no caso de calamidade pública.

A alternativa correta é a E. O art. 167, § 3º, da CF, prevê que: "A abertura de crédito extraordinário somente será admitida para atender a despesas imprevisíveis e urgentes, como as decorrentes de guerra, comoção interna ou calamidade pública, observado o disposto no art. 62". O art. 62, § 1º, I, *d*, da CF, veda a edição de medidas provisórias sobre matéria: "planos plurianuais, diretrizes orçamentárias, orçamento e créditos adicionais e suplementares, ressalvado o previsto no art. 167, § 3º". O STF ao interpretar essas duas normas constitucionais decidiu que: "MEDIDA CAUTELAR EM AÇÃO DIRETA DE INCONSTITUCIONALIDADE. MEDIDA PROVISÓRIA Nº 405, DE 18.12.2007. ABERTURA DE CRÉDITO EXTRAORDINÁRIO. LIMITES CONSTITUCIONAIS À ATIVIDADE LEGISLATIVA EXCEPCIONAL DO PODER EXECUTIVO NA EDIÇÃO DE MEDIDAS PROVISÓRIAS. I. MEDIDA PROVISÓRIA E SUA CONVERSÃO EM LEI. Conversão da medida provisória na Lei nº 11.658/2008, sem alteração substancial. Aditamento ao pedido inicial. Inexistência de obstáculo processual ao prosseguimento do julgamento. A lei de conversão não convalida os vícios existentes na medida provisória. Precedentes. II. CONTROLE ABSTRATO DE CONSTITUCIONALIDADE DE NORMAS ORÇAMENTÁRIAS. REVISÃO DE JURISPRUDÊNCIA. O Supremo Tribunal Federal deve exercer sua função precípua de fiscalização da constitucionalidade das leis e dos atos normativos quando houver um tema ou uma controvérsia constitucional suscitada em abstrato, independente do caráter geral ou específico, concreto ou abstrato de seu objeto. Possibilidade de submissão das normas orçamentárias ao controle abstrato de constitucionalidade. III. LIMITES CONSTITUCIONAIS À ATIVIDADE LEGISLATIVA EXCEPCIONAL DO PODER EXECUTIVO NA EDIÇÃO DE MEDIDAS PROVISÓRIAS PARA ABERTURA DE CRÉDITO EXTRAORDINÁRIO. Interpretação do art. 167, § 3º c/c o art. 62, § 1º, inciso I, alínea 'd', da Constituição. Além dos requisitos de relevância e urgência (art. 62), a Constituição exige que a abertura do crédito extraordinário seja feita apenas para atender a despesas imprevisíveis e urgentes. Ao contrário do que ocorre em relação aos requisitos de relevância e urgência (art. 62), que se submetem a uma ampla margem de discricionariedade por parte do Presidente da República, os requisitos de imprevisibilidade e urgência (art. 167, § 3º) recebem densificação normativa da Constituição. Os conteúdos semânticos das expressões 'guerra', 'comoção interna' e 'calamidade pública' constituem vetores para a interpretação/aplicação do art. 167, § 3º c/c o art. 62, § 1º, inciso I, alínea 'd', da Constituição. 'Guerra', 'comoção interna' e 'calamidade pública' são conceitos que representam realidades ou situações fáticas de extrema gravidade e de consequências imprevisíveis para a ordem pública e a paz social, e que dessa forma requerem, com a devida urgência, a adoção de medidas singulares e extraordinárias. A leitura atenta e a análise interpretativa do texto e da exposição de motivos da MP nº 405/2007 demonstram que os créditos abertos são destinados a prover despesas correntes, que não estão qualificadas pela imprevisibilidade ou pela urgência. A edição da MP nº 405/2007 configurou um patente desvirtuamento dos parâmetros constitucionais que permitem a edição de medidas provisórias para a abertura de créditos extraordinários. IV. MEDIDA CAUTELAR DEFERIDA. Suspensão da vigência da Lei nº 11.658/2008, desde a sua publicação, ocorrida em 22 de abril de 2008." (STF, ADI 4048 MC, rel. Min. Gilmar Mendes, j. 14-5-2008). **AMN**

Gabarito "E".

(Procurador – PGE/SP – 2024 – VUNESP) O Supremo Tribunal Federal reconheceu que há um "estado de coisas inconstitucional do sistema carcerário brasileiro" responsável pela violação massiva de direitos fundamentais dos presos, ao julgar parcialmente procedente os pedidos contidos na Arguição de Descumprimento de Preceito Fundamental – ADPF 347/DF. É correto afirmar sobre o tema:

(A) a Arguição de Descumprimento de Preceito Fundamental (ADPF) foi considerada o meio processual adequado a ser adotado no presente caso diante do seu caráter subsidiário e dinâmico, o qual permite celeridade na emissão de medida cautelar pelo quórum simples dos membros do Supremo Tribunal Federal, com eficácia pelo prazo de 180 dias.

(B) diante do grave impacto sobre a segurança pública, em especial, na formação e expansão de organizações criminosas que operam de dentro do cárcere e afetam a população de modo geral, restou determinado que todas as novas medidas deverão ser submetidas previamente a Audiências Públicas, convocadas pelo Supremo Tribunal Federal, respeitada a competência privativa da União para legislar sobre direito penitenciário.

(C) a intervenção judicial nos processos estruturais é legítima quando se detecta violação dos direitos fundamentais por uma falha crônica no funcionamento das instituições estatais, razão pela qual há necessidade de reconhecer o estado de desconformidade constitucional e acompanhar o detalhamento das medidas, a homologação e o monitoramento da execução da reformulação das políticas públicas.

(D) o Plano Nacional de Política Criminal e Penitenciária deve ser reelaborado pela União, no âmbito da sua competência privativa, e homologado pelo Conselho Nacional de Justiça (CNJ), com ênfase em programas de Justiça Restaurativa a serem realizados pelos Estados e Distrito Federal.

(E) deverão ser realizados estudos e criadas varas judiciárias novas em quantidade proporcional à população carcerária de cada unidade da federação, pelo Poder Executivo, visando superar as falhas crônicas no funcionamento das instituições estatais e o denominado "ponto cego legislativo" gerado pela ausência do devido debate parlamentar.

A: Incorreta. A medida liminar na ADPF pode ser deferida pelo STF por decisão da maioria absoluta de seus membros e não pelo quórum simples (art. 5º, *caput*, da Lei nº 9.882/1999. **B**: Incorreta. Não ficou determinado que as Audiências Públicas seriam convocadas pelo STF. Da ementa destaca-se: "(...) 9. Em sentido diverso àquele constante do voto do Relator, afirma-se: (i) a necessária participação do Departamento de Monitoramento e Fiscalização do Conselho Nacional de Justiça (DMF/CNJ) na elaboração do plano nacional; (ii) a procedência dos pedidos de submissão dos planos ao debate público e à homologação pelo STF; e (iii) o monitoramento da sua execução pelo DMF/CNJ, com supervisão do STF. (...)". Além disso, a competência para legislar sobre direito penitenciário é concorrente e não privativa (CF, art. 24, I). **C**: Correta. A tese firmada no julgado foi a seguinte: ""1. Há um estado de coisas inconstitucional no sistema carcerário brasileiro, responsável pela violação massiva de direitos fundamentais dos presos. Tal estado de coisas demanda a atuação cooperativa das diversas autoridades, instituições e comunidade para a construção de uma solução satisfatória. 2. Diante disso, União, Estados e Distrito Federal, em conjunto com o Departamento de Monitoramento e Fiscalização do

Conselho Nacional de Justiça (DMF/CNJ), deverão elaborar planos a serem submetidos à homologação do Supremo Tribunal Federal, nos prazos e observadas as diretrizes e finalidades expostas no presente voto, devendo tais planos ser especialmente voltados para o controle da superlotação carcerária, da má qualidade das vagas existentes e da entrada e saída dos presos. 3. O CNJ realizará estudo e regulará a criação de número de varas de execução proporcional ao número de varas criminais e ao quantitativo de presos". **D**: Incorreta. A Política Criminal e Penitenciária deve ser elaborada pela União, juntamente com os Estados e o Distrito Federal, com homologação do STF e não do CNJ. **E**: Incorreta. O estudo sobre a criação de varas de execuções penais será feito pelo CNJ. **AMN**

(Procurador Federal – AGU – 2023 – CEBRASPE) A Lei n.º 13.463/2017 contém dispositivo com a seguinte redação: "Ficam cancelados os precatórios e as RPV federais expedidos e cujos valores não tenham sido levantados pelo credor e estejam depositados há mais de dois anos em instituição financeira oficial". Ao examinar a constitucionalidade desse dispositivo normativo em sede de controle concentrado de constitucionalidade, o Supremo Tribunal Federal (STF) decidiu que tal previsão é

(A) constitucional e se aplica tantos aos precatórios quanto às requisições de pequeno valor (RPV) federais.

(B) aplicável apenas nos casos em que o cancelamento for precedido de intimação do credor pelo juízo da execução, tendo sido dada interpretação ao dispositivo conforme a Constituição Federal de 1988.

(C) inconstitucional por violação ao devido processo legal, à garantia da coisa julgada e ao direito de propriedade, entre outros preceitos constitucionais.

(D) parcialmente inconstitucional, sendo legítima sua aplicação apenas em relação às requisições de pequeno valor (RPV) federais.

(E) parcialmente inconstitucional, sendo legítima sua aplicação apenas em relação aos precatórios.

A alternativa correta é a C. Da ementa do acórdão da ADI 5755/DF que resolveu a questão destaca-se o seguinte trecho: "(...) 7. Ao determinar o cancelamento puro e simples, imediatamente após o biênio em exame, a Lei nº 13.463/2017 afronta, outrossim, os incisos XXXV e XXXVI do art. 5º da Constituição da República, por violar a segurança jurídica, a inafastabilidade da jurisdição, além da garantia da coisa julgada e de cumprimento das decisões judiciais. Precedentes. 8. A lei impugnada imprime um tratamento mais gravoso ao credor, com a criação de mais uma assimetria entre a Fazenda Pública e o cidadão quando ocupantes dos polos de credor e devedor. Manifesta ofensa à isonomia, seja quanto à distinta paridade de armas entre a Fazenda Pública e os credores, seja no que concerne a uma diferenciação realizada entre os próprios credores: aqueles que consigam fazer o levantamento no prazo de dois anos e os que assim não o façam, independentemente da averiguação prévia das razões. Distinção automática e derivada do decurso do tempo entre credores sem a averiguação das razões do não levantamento dos valores atinentes aos precatórios e requisições de pequeno valor, que podem não advir necessariamente de mero desinteresse ou inércia injustificada. Ofensa à sistemática constitucional de precatórios como implementação da igualdade (art. 5º, *caput*, CF). Precedentes. 9. O manejo dos valores de recursos públicos depositados e à disposição do credor viola o direito de propriedade (art. 5º, XXII, CF). Ingerência sobre o montante depositado e administrado pelo Poder Judiciário, que passa a ser tratado indevidamente como receita pública e alvo de destinação. (...)". **AMN**

(Procurador Federal – AGU – 2023 – CEBRASPE) Em fiscalização executada pelo Instituto Brasileiro do Meio Ambiente e dos Recursos Naturais Renováveis (IBAMA), foi constatado dano em área sobreposta à floresta amazônica em determinado município do estado do Mato Grosso. No momento da ação fiscalizatória, foi lavrado auto de infração contra a empresa Sigma M.E., pelo desmatamento de 1.350 hectares de floresta amazônica sem autorização do órgão ambiental competente. Diante da constatação efetiva da autoria e materialidade do dano ambiental, o IBAMA pretende ajuizar ação civil pública, com o objetivo de que a empresa ré seja proibida de explorar a área desmatada indicada na petição inicial, bem como de que haja a indisponibilidade dos bens da infratora, com a suspensão de benefícios ou incentivos fiscais e creditícios e a averbação da existência da ação civil pública à margem da matrícula imobiliária da empresa ré.

Considerando essa situação hipotética, julgue os próximos itens, quanto à legitimidade do IBAMA para ajuizar a ação civil pública em questão.

I. Por se tratar de ação para tutelar direito difuso, o IBAMA não possui legitimidade ativa extraordinária para promover a ação civil pública em matéria ambiental, pois a legitimidade extraordinária para tanto é excepcional e condicionada a expressa previsão legal nesse sentido.

II. O IBAMA possui legitimidade ativa para propor o ajuizamento da ação civil pública, pois, além de a defesa do meio ambiente ser concernente a todas as pessoas de direito público da Federação, o IBAMA é entidade autárquica constituída com a finalidade de executar a Política Nacional do Meio Ambiente, por conseguinte possui legitimidade para propor ações civis públicas de cunho ambiental.

III. Por se tratar de ação para tutelar direito difuso e defender e preservar, para as presentes e futuras gerações, o meio ambiente ecologicamente equilibrado, essencial à sadia qualidade de vida, apenas o Ministério Público tem legitimidade para ingressar com a referida ação.

IV. Por fiscalizar as atividades nocivas ao meio ambiente, o IBAMA tem interesse jurídico suficiente para exercer o poder de polícia ambiental, no entanto tal competência não lhe confere legitimidade para o ajuizamento da ação civil pública, devendo-se buscar a responsabilidade ambiental por meio das vias ordinárias.

Assinale a opção correta.

(A) Nenhum item está certo.

(B) Apenas o item I está certo.

(C) Apenas o item II está certo.

(D) Apenas o item III está certo.

(E) Apenas o item IV está certo.

A alternativa correta é a C, pois apenas o item II está certo. Ao julgar o RE 1061773 AgR/SC, relator Min. Ricardo Lewandowski, DJe: 13-6-2018, a Segunda Turma do STF reconheceu a legitimidade do IBAMA para o ajuizamento de Ação Civil Pública ambiental. **AMN**

1. DIREITO CONSTITUCIONAL

(Procurador Federal – AGU – 2023 – CEBRASPE) Acerca do princípio da laicidade, assinale a opção correta.

(A) Considerando a prevalência de determinada denominação religiosa em seu território, um estado da Federação pode erigir livro religioso como fonte de orientação de comunidades e grupos sociais.

(B) É constitucionalmente aceitável que lei imponha a estados e municípios a aquisição e oferta de publicações religiosas em bibliotecas escolares.

(C) Como decorrência da laicidade, deve o Estado abster-se de proteger a liberdade de culto.

(D) Convicção religiosa pode servir como fundamento para que indivíduo se recuse a cumprir obrigação imposta a todos, sem que isso necessariamente implique privação de direitos.

(E) Razões sanitárias não podem fundamentar restrição à liberdade de culto.

A: Incorreta. O STF entende que é inconstitucional: "(...) A laicidade estatal, longe de impedir a relação do Estado com as religiões, impõe a observância, pelo Estado, do postulado da imparcialidade (ou neutralidade) frente à pluralidade de crenças e orientações religiosas e não religiosas da população brasileira (...)" (ADI/MS 5256). **B:** Incorreta. Ao julgar a ADI/MS 5256, o STF declarou inconstitucional uma lei que tornava obrigatória a manutenção de exemplares da Bíblia nas escolas da rede estadual de ensino e nas bibliotecas públicas, às custas dos cofres públicos. **C:** Incorreta. Pelo contrário, o Estado deve proteger os locais de culto religioso, conforme disposto no art. 5º VI, da CF. **D:** Correta. O art. 5º, VIII, da CF prevê a chamada escusa ou objeção de consciência. **E:** Incorreta. O STF já restringiu a liberdade de culto, por razões sanitárias, ao julgar a ADPF/SP 811 para o combate à pandemia da Covid-19. AMN

Gabarito "D".

(Procurador Fazenda Nacional – AGU – 2023 – CEBRASPE) A respeito de emendas constitucionais, do preâmbulo da CF e do Ato das Disposições Constitucionais Transitórias (ADCT), assinale a opção correta conforme a jurisprudência do STF e a doutrina constitucional.

(A) Uma emenda constitucional pode ingressar na ordem constitucional brasileira mesmo que não altere, expressa e textualmente, o preâmbulo, o corpo permanente ou o ADCT da CF.

(B) O preâmbulo da CF e o ADCT possuem a mesma força jurídica, podem criar direitos e obrigações e constituem parâmetro para o controle de constitucionalidade, motivo pelo qual devem ser reproduzidos nas constituições estaduais.

(C) A *invocatio Dei* no preâmbulo da CF não é norma de reprodução obrigatória nas constituições estaduais e nas leis orgânicas do DF e dos municípios, na medida em que enfraquece a laicidade do Estado brasileiro.

(D) Todas as Constituições Federais, de 1824 a 1988, tiveram preâmbulo e apresentaram ADCT como ato destacado do restante do corpo do texto constitucional.

(E) Um preâmbulo destina-se, sobretudo, a auxiliar na transição de uma ordem jurídica para outra, motivo pelo qual não se encontram no preâmbulo da CF disposições com efeitos instantâneos e definitivos, com efeitos diferidos ou com efeitos permanentes.

A: Correta. A EC 106/2020 editada para enfrentamento da Pandemia de Covid-19, não alterou o texto constitucional, o Preâmbulo ou a ADCT. Sobre o tema ver: CORDEIRO, Wesley de Castro Dourado. Reflexões sobre o aspecto formal da Emenda Constitucional nº 106/2020 "Orçamento de Guerra". Disponível em: https://semanaacademica.org.br/system/files/artigos/artigo_-_emenda_constitucional_autonoma_-_wesley_cordeiro_2_0_0.pdf. Acesso em: 09/07/2024. **B:** Incorreta. O preâmbulo da Constituição não possui força normativa, conforme entendimento doutrinário e do STF. **C:** Incorreta. O STF entende que o: "Preâmbulo da Constituição: não constitui norma central. Invocação da proteção de Deus: não se trata de norma de reprodução obrigatória na Constituição estadual, não tendo força normativa." (ADI 2.076, rel. min. Carlos Velloso, j. 15-8-2002, *DJ* de 8-8-2003.). No entanto, a parte final da alternativa, ou seja, "(...) na medida em que enfraquece a laicidade do Estado brasileiro", está incorreta, uma vez que não é de reprodução obrigatória porque não tem força normativa. **D:** Incorreta. A Constituição de 1967 não teve preâmbulo. A Constituição de 1824 não teve ADCT. **E:** Incorreta. O preâmbulo da Constituição enuncia valores e fundamentos que norteiam a promulgação do texto maior. AMN

Gabarito "A".

(Procurador Fazenda Nacional – AGU – 2023 – CEBRASPE) Tendo em vista que o STF foi instado a se pronunciar sobre a constitucionalidade de uma série de medidas adotadas no contexto do combate à pandemia de covid-19, assinale a opção correta acerca do entendimento jurisprudencial do STF sobre tais medidas.

(A) Estados e municípios não puderam restringir temporariamente atividades religiosas coletivas presenciais, com o objetivo de evitar a proliferação da covid-19, na medida em que se entendeu incompatível com a CF a imposição de restrições à realização de cultos, missas e demais atividades presenciais de caráter coletivo como medida de contenção ao agravo da pandemia.

(B) O STF estendeu a todos os entes federativos a possibilidade de flexibilização das limitações de conformidade fiscal, instituída no texto constitucional pelo constituinte originário, relacionadas à expansão de ações governamentais de combate à pandemia que acarretassem despesas de caráter permanente.

(C) A interrupção abrupta da coleta e da divulgação de informações epidemiológicas indispensáveis para a análise da série histórica de evolução da pandemia foi considerada como consoante com preceitos fundamentais da CF, em especial os direitos à intimidade e à privacidade.

(D) O Poder Executivo federal exerce papel central no planejamento e na coordenação das ações governamentais em prol da saúde pública, motivo pelo qual foi reconhecida sua legitimidade para, unilateralmente, afastar as decisões dos governos dos estados, do Distrito Federal e dos municípios que, no exercício de suas competências constitucionais, adotaram medidas sanitárias restritivas, em seus respectivos territórios, para o combate à pandemia.

(E) O STF determinou a elaboração de nova versão do Plano Geral de Enfrentamento e Monitoramento da covid-19 para os Povos Indígenas do Brasil e decidiu que os quilombolas que residissem fora de suas comunidades tradicionais, em razão de estudos, atividades acadêmicas ou tratamento de saúde, fossem incluídos no Programa Nacional de Imunizações (PNI).

A: Incorreta. Ao julgar a ADPF 811, o STF manteve a restrição temporária da realização de atividades religiosas coletivas presenciais, no Estado de São Paulo, como medida de enfrentamento da pandemia de Convid-19.

O entendimento da Corte foi no sentido de que a proibição não feria o núcleo essencial da liberdade religiosa e que a prioridade daquele momento era a proteção à vida. **B**: Incorreta. O STF ao julgar a ADI 6357 MC entendeu que: "(...) 6. O art. 3º da EC 106/2020 prevê uma espécie de autorização genérica destinada a todos os entes federativos (União, Estados, Distrito Federal e Municípios) para a flexibilização das limitações legais relativas às ações governamentais que, não implicando despesas permanentes, acarretem aumento de despesa (...)". **C**: Incorreta. Ao julgar a ADPF 690, o STF decidiu que: "É necessária a manutenção da divulgação integral dos dados epidemiológicos relativos à pandemia da Covid-19. A interrupção abrupta da coleta e divulgação de importantes dados epidemiológicos, imprescindíveis para a análise da série histórica de evolução da pandemia (Covid-19), caracteriza ofensa a preceitos fundamentais da Constituição Federal, nomeadamente o acesso à informação, os princípios da publicidade e da transparência da Administração Pública e o direito à saúde". **D**: Incorreta. Ao julgar a ADI 6341, o STF entendeu que o enfrentamento da Covid-19 não afastava a competência concorrente nem a tomada de providências normativas e administrativas pelos Estados-membros, pelo Distrito Federal e pelos municípios. **E**: Correta. O ministro Luís Roberto Barroso, do STF, determinou, nos autos da ADPF 709, à União que elaborasse um novo Plano Geral de Enfrentamento e Monitoramento da Covid-19 para os Povos Indígenas, sob a coordenação do Ministério da Justiça e Segurança Pública, com a participação do Ministério da Saúde, da Fundação Nacional do Índio (Funai) e da Secretaria Especial de Saúde Indígena (Sesai) e o ministro Edson Fachin, do STF, determinou, nos autos da ADPF 742, que os quilombolas que residissem fora das comunidades em razão de estudos, atividades acadêmicas ou tratamento de saúde própria ou de familiares fossem incluídos no Plano Nacional de Imunização (PNI) e no plano nacional de enfrentamento da pandemia da Covid-19 voltado a essa população. AMN
Gabarito "E".

(Procurador Fazenda Nacional – AGU – 2023 – CEBRASPE) Acerca dos direitos e das garantias fundamentais, em especial no que se refere à liberdade de expressão, julgue os itens seguintes consoante o entendimento do STF a respeito do tema.

I. A imunidade parlamentar, prevista no texto constitucional, assegura aos deputados e aos senadores o pleno exercício de sua liberdade de expressão em todas as circunstâncias em que vierem a expressar opiniões, palavras e votos.
II. São inconstitucionais as condutas e as manifestações que tenham nítida finalidade de controlar ou mesmo de abolir a força do pensamento crítico.
III. A liberdade de expressão é ilimitada em um Estado democrático de direito.
IV. A garantia constitucional da imunidade parlamentar material depende da conexão existente entre o desempenho da função legislativa e as opiniões, as palavras e os votos emitidos pelos parlamentares.
Assinale a opção correta.

(A) Apenas o item I está certo.
(B) Apenas o item II está certo.
(C) Apenas os itens I e III estão certos.
(D) Apenas os itens II e IV estão certos.
(E) Apenas os itens III e IV estão certos.

I: Incorreta. O STF entende que: "O instituto da imunidade parlamentar atua, no contexto normativo delineado por nossa Constituição, como condição e garantia de independência do Poder Legislativo, seu real destinatário, em face dos outros poderes do Estado. Estende-se ao congressista, embora não constitua uma prerrogativa de ordem subjetiva deste. Trata-se de prerrogativa de caráter institucional, inerente ao Poder Legislativo, que só é conferida ao parlamentar *ratione muneris*,

em função do cargo e do mandato que exerce. É por essa razão que não se reconhece ao congressista, em tema de imunidade parlamentar, a faculdade de a ela renunciar. Trata-se de garantia institucional deferida ao Congresso Nacional. O congressista, isoladamente considerado, não tem, sobre ela, qualquer poder de disposição. (...) A imunidade parlamentar material só protege o congressista nos atos, palavras, opiniões e votos proferidos no exercício do ofício congressual. São passíveis dessa tutela jurídico-constitucional apenas os comportamentos parlamentares cuja prática seja imputável ao exercício do mandato legislativo. A garantia da imunidade material estende-se ao desempenho das funções de representante do Poder Legislativo, qualquer que seja o âmbito, parlamentar ou extraparlamentar, dessa atuação, desde que exercida *ratione muneris*." (Inq 510, Rel. Min. Celso de Mello, julgamento em 1º-2-1991, Plenário, *DJ* de 19-4-1991.). **II**: Correta. O pensamento crítico está protegido pela liberdade de manifestação do pensamento (CF, art. 5º, IV). **III**: Incorreta. O STF entende que há limites na liberdade de expressão, conforme decidido no RE 662055, rel. Min. Luís Roberto Barroso, com repercussão geral reconhecida (Tema 837). **IV**: Correta. Ver o acórdão do STF citado no item I, retro. AMN
Gabarito "D".

(Procurador Fazenda Nacional – AGU – 2023 – CEBRASPE) A empresa ABC, regularmente inscrita em dívida ativa da União e ré em ação de execução fiscal ajuizada pela PGFN para cobrança do crédito público, propôs, administrativamente, a realização de transação tributária resolutiva de litígio, solicitando a utilização de crédito de precatório federal expedido em seu favor para a quitação da dívida cobrada.

Em relação a essa situação hipotética, assinale a opção correta segundo a CF e a Resolução n.º 303/2019 do Conselho Nacional de Justiça (CNJ).

(A) O pedido mencionado deve ser indeferido, porquanto é inadmissível a utilização de crédito de precatório para quitação de débito inscrito em dívida ativa da União.
(B) A utilização dos créditos de precatórios emitidos em face da fazenda pública federal, embora viável, é condicionada a prévia regulamentação legal, pois a regra que a prevê não é autoaplicável.
(C) O pedido do contribuinte não poderá ser atendido, porque fere a ordem cronológica estabelecida no texto constitucional.
(D) A utilização de créditos em precatório acarreta a baixa do valor utilizado, com a redução do valor original do precatório, sendo, todavia, inadmissível o uso integral do crédito.
(E) A utilização de créditos em precatórios não constitui pagamento para fins de ordem cronológica e independe do regime de pagamento a que está submetido o precatório.

A alternativa E está correta, conforme previsto no art. 46 da Resolução n.º 303/2019 do Conselho Nacional de Justiça. AMN
Gabarito "E".

(Procurador/PA – CESPE – 2022) Acerca dos Poderes do Estado, julgue os próximos itens, à luz das disposições da Constituição Federal de 1988 e da Constituição do Estado do Pará, bem como com base na jurisprudência do Supremo Tribunal Federal.

I. Segundo o Supremo Tribunal Federal, os projetos de lei de iniciativa privativa do chefe do Poder Executivo podem ser objeto de emendas parlamentares, desde que estas não acarretem aumento de despesa e mantenham pertinência temática com o objeto do projeto de lei, sendo inconstitucional, por exemplo, emenda parlamentar que reduza o tempo originalmente previsto em lei para promoções de servidores públicos.

II. O governador do estado do Pará poderá delegar o provimento e a extinção de cargos públicos estaduais aos secretários de estado ou a outras autoridades.

III. Se o governador do estado do Pará considerar que projeto de lei aprovado pela Assembleia Legislativa é inconstitucional, no todo ou em parte, ou contrário ao interesse público, ele deverá vetá-lo total ou parcialmente, devendo o veto parcial abranger os trechos de artigo, de parágrafo, de inciso ou de alínea vetados.

IV. Segundo o Supremo Tribunal Federal, a iniciativa reservada ao chefe do Poder Executivo não se presume nem comporta interpretação ampliativa, e as hipóteses de limitação da iniciativa parlamentar estão previstas em *numerus clausus* no texto constitucional.

V. As matérias de competência exclusiva da Assembleia Legislativa do Estado do Pará dispensam a sanção do governador.

A quantidade de itens certos é igual a

(A) 1.

(B) 2.

(C) 3.

(D) 4.

(E) 5.

I: Certo. É o que o STF decidiu na ADI 6072/RS. **II:** Errado. O governador do estado do Pará poderá delegar **apenas o provimento de cargos públicos** aos secretários de estado ou a outras autoridades, conforme dispõe o parágrafo único do art. 135 da Constituição do Estado do Pará. **III:** Errado. O veto parcial abrangerá texto integral de artigo, de parágrafo, de inciso ou de alínea, nos termos do § 2º do art. 108 da Constituição do Estado do Pará. **IV:** Certo. O STF firmou esse entendimento em várias oportunidades: ADI 2.672, Rel. p/acórdão Min. Ayres Britto, Tribunal Pleno, DJ 10/11/2006; ADI 2.072, Rel. Min. Cármen Lúcia, Tribunal Pleno, DJe 02/03/2015; e ADI 3.394, Rel. Min. Eros Grau, DJe 15/08/2008. **V:** Certo. Conforme os arts. 91 e 92 da Constituição do Estado do Pará. AMN

Gabarito "C".

(Procurador/DF – CESPE – 2022) Com referência ao direito constitucional estadual e distrital, à rigidez e à mutação da Constituição e às emendas à Constituição, julgue os itens a seguir.

(1) Sem prejuízo da autonomia estadual e distrital, o princípio da simetria impõe que os estados e o DF observem as regras federais sobre reserva de iniciativa legislativa.

(2) O mecanismo de revisão constitucional e os estados constitucionais de emergência, como a intervenção federal, são as principais garantias da rigidez constitucional em sua dimensão de supralegalidade.

(3) A modificação da Constituição por meio de emendas impossibilita o fenômeno da mutação constitucional.

(4) Uma proposta de emenda à Constituição que haja sido rejeitada no Congresso Nacional somente poderá ser reapresentada na legislatura subsequente.

1: Certo. As Constituições Estaduais e a Lei Orgânica do Distrito Federal devem obedecer o princípio da simetria observando as regras estabe-

lecidas na Constituição Federal sobre reserva de iniciativa legislativa. **2:** Errado. A rigidez constitucional se caracteriza pela possibilidade de revisão constitucional por um processo especial, qualificado e mais difícil do que a elaboração das demais normas. A supralegalidade está relacionada com os tratados internacionais que foram incorporados ao direito brasileiro sem a observância das regras do art. 5º, § 3º, da CF. O STF considera esses tratados como supralegais, ou seja, estão abaixo da constituição e acima das leis. É o que ocorre com o Pacto de São José das Costa Rica (STF, HC 95.967, Rel. Min. Ellen Gracie, 2ª T, j. 11/11/2008, DJe 28/11/2008). **3:** Errado. A mutação constitucional é o processo informal de revisão da constituição por meio da interpretação (BULOS, Uadi Lammêgo. *Curso de direito constitucional*. São Paulo: Saraiva, 2007, p. 318) e convive com a revisão por meio de emendas constitucionais, que é o processo formal de revisão. O STF já aplicou a mutação constitucional em seus julgados (HC 168.052, Rel. Min. Gilmar Mendes, 2ª T., j. 20/10/2020, DJe 02/12/2020). **4:** Errado. Dispõe o § 5º do art. 60 da CF que: "A matéria constante de proposta de emenda rejeitada ou havida por prejudicada não pode ser objeto de nova proposta na mesma sessão legislativa". AMN

Gabarito 1C, 2E, 3E, 4E

(Procurador/DF – CESPE – 2022) Julgue os itens que se seguem, a respeito da federação, dos tratados internacionais de direitos humanos e da intervenção.

(1) Conquanto a forma federativa seja cláusula pétrea na Constituição Federal de 1988, ajustes na repartição constitucional de competências podem ser adotados, sem que isso configure ofensa ao princípio federativo.

(2) Qualquer norma de tratado internacional de direitos humanos aprovada pelo Congresso Nacional na forma prevista no art. 5.º da Constituição Federal de 1988 passa a ter *status* de norma constitucional.

(3) Descumprimento de decisão judicial não transitada em julgado pode, em princípio, ensejar intervenção federal.

1: Certo. A forma federativa de Estado é uma cláusula pétrea (CF, art. 60, § 4º, I). Ela é caracterizada pela autonomia dos entes federados (União, Estados, Distrito Federal e Municípios) e é consubstanciada, entre outras, pela repartição de competência, mas esta pode ser ajustada sem que ocorra a violação da cláusula pétrea. **2:** Certo. Os tratados internacionais de direitos humanos que forem aprovados pelo Congresso Nacional na forma do art. 5º, § 3º, da CF, são equivalentes às emendas constitucionais. **3:** Certo. O art. 34, VI, da CF, prescreve que é cabível intervenção federal para prover ordem ou decisão judicial. AMN

Gabarito 1C, 2C, 3C

(Procurador/DF – CESPE – 2022) Em relação às funções essenciais à justiça e à Câmara Legislativa do Distrito Federal (CLDF), julgue os itens seguintes.

(1) Em virtude do princípio da independência funcional dos membros do Ministério Público, nem mesmo o Poder Judiciário pode determinar que certa pessoa seja processada em ação cível ou criminal a ser ajuizada pelo órgão.

(2) A despeito da autonomia do DF, a CLDF não pode fixar, por meio de resolução, a remuneração de seus servidores públicos.

1: Certo. O § 1º do art. 127 da CF prevê a independência funcional dos membros do Ministério Público. Nesse sentido, a doutrina ensina que: "O princípio da independência funcional assegura aos membros do Ministério Público a autonomia de convicção, pois, no exercício das respectivas atribuições, não se submetem a nenhum poder hierárquico, ficando a hierarquia interna adstrita a questões de caráter administrativo" (ARAUJO, Luiz Alberto David; NUNES JÚNIOR, Vidal Serrano. Curso de direito constitucional. 21. ed. São Paulo: Verbatim, 2017, p. 503-504). **2:** Certo. A fixação da remuneração dos servidores deve ser realizada por meio de lei e não por resolução (CF, art. 37, X). AMN

Gabarito 1C, 2C

(Procurador/DF – CESPE – 2022) A respeito dos Poderes Executivo e Judiciário, das funções essenciais à justiça, do processo legislativo e do controle de constitucionalidade, julgue os itens subsequentes. Nesse sentido, considere que a sigla CLDF, sempre que empregada, se refere à Câmara Legislativa do Distrito Federal.

(1) Ferirá prerrogativa do governador do DF lei aprovada pela CLDF que estabeleça a obrigatoriedade de o procurador-geral do DF ser escolhido entre os membros da carreira.

(2) O descumprimento de decisão judicial pelo governador do DF o sujeitará a julgamento pelo STJ.

(3) O Ministério Público do DF carece de legitimidade para impugnar decisão judicial em trâmite no STF, ainda que se trate de processo oriundo de sua atribuição.

(4) Consoante a jurisprudência do STF, ainda que uma lei com vício de iniciativa seja sancionada pelo presidente da República, a sanção não convalidará o vício.

(5) Nas ações diretas de inconstitucionalidade por omissão sobre a revisão geral anual, é imperiosa a indicação do presidente da República no polo passivo.

1: Certo. O STF entende que "padece de inconstitucionalidade formal a Emenda à Constituição estadual, de iniciativa parlamentar, que limita a nomeação do Procurador-Geral do Estado aos integrantes estáveis da carreira" (ADI 5211, Rel. Min. Alexandre de Moraes, Tribunal Pleno, j. 18/10/2019, DJe 02/12/2019). **2:** Errado. É possível tipificar-se no crime de responsabilidade. O art. 78 da Lei n° 1.079/1950 prevê que o Governador será julgado nos crimes de responsabilidade, pela forma que determinar a Constituição do Estado. Assim, o Governador será julgado por um Tribunal Especial. **3:** Errado. Foi objeto do Tema 946 do STF em Repercussão Geral: "Legitimidade dos Ministérios Públicos dos Estados e do Distrito Federal para propor e atuar em recursos e meios de impugnação de decisões judiciais em trâmite no Supremo Tribunal Federal e no Superior Tribunal de Justiça, oriundos de processos de sua atribuição, sem prejuízo da atuação do Ministério Público Federal". **4:** Certo. A doutrina aponta que: "Acreditamos não ser possível suprir o vício de iniciativa com a sanção, pois tal vício macula de nulidade toda a formação da lei, não podendo ser convalidado pela futura sanção presidencial. A Súmula 5 do Supremo Tribunal Federal, que previa posicionamento diverso, foi abandonada em 1974, no julgamento da Representação n° 890-GB, permanecendo, atualmente, a posição do Supremo Tribunal Federal pela impossibilidade de convalidação" (MORAES, Alexandre. *Direito constitucional*. 22. ed. São Paulo: Atlas, 2007, p. 638). **5:** Certo. É o que já decidiu o STF: "1. Nas ações diretas de inconstitucionalidade por omissão, a ausência de indicação do Presidente da República no polo passivo da demanda não permite depreender a exata dimensão da ofensa ao dever de legislar, a desautorizar o conhecimento da ação. 2. É do Presidente da República a iniciativa legislativa para a lei que disponha sobre a revisão geral anual. Precedentes. 3. A causa de pedir aberta nas ações objetivas não dispensa as partes do ônus da fundamentação suficiente. Precedentes. 4. Agravo regimental a que se nega provimento" (ADO 43 AgR, Rel. Min. Edson Fachin, Tribunal Pleno, j. 29/05/2020, DJe 01/07/2020). AMN

Gabarito 1C, 2E, 3E, 4C, 5C

(Procurador/DF – CESPE – 2022) Julgue os itens que se seguem, acerca da defesa do Estado e das instituições democráticas, da ordem social e do direito à saúde.

(1) Às praças prestadoras de serviço militar inicial deverá ser estabelecida remuneração igual ou superior ao salário mínimo, sob pena de violação à Constituição Federal de 1988.

(2) Suponha que autoridade policial tenha prendido pastor evangélico que tentava, em espaço público, convencer outros, por meio do ensinamento, a mudar de religião. Nessa situação, a autoridade policial agiu corretamente, pois o direito ao discurso proselitista restringe-se a espaços privados.

(3) Embora o Estado tenha a obrigação de ressarcir hospital privado dos gastos com atendimento de paciente encaminhado, em cumprimento de ordem judicial, da rede pública de saúde, em razão de falta de vaga, tal ressarcimento terá como limite o adotado para o SUS por serviços prestados a beneficiários de planos de saúde.

1: Errado. A Súmula Vinculante n° 6 do STF estabelece que: "Não viola a Constituição o estabelecimento de remuneração inferior ao salário mínimo para as praças prestadoras de serviço militar inicial". **2:** Errado. A CF garante a inviolabilidade da liberdade de crença, sendo assegurando o livre exercício dos cultos religiosos e garantida, na forma da lei, a proteção aos locais de culto e suas liturgias (art. 5°, VI). Essa proteção ocorre tanto em local privado, como em espaço público. **3:** Certo. Foi objeto da decisão proferida pelo STF no RE 666.094, Min. Roberto Barroso, Tribunal Pleno, j. 30/09/2021, DJe 04/02/2022, com Repercussão Geral, Tema 1033. AMN

Gabarito 1E, 2E, 3C

(Procurador do Estado/SP – 2018 –VUNESP) Segundo a Constituição do Estado de São Paulo, os Poderes Legislativo, Executivo e Judiciário manterão, de forma integrada, sistema de controle interno, sobre o qual é correto afirmar:

(A) ao tomarem conhecimento de qualquer irregularidade, ilegalidade, ou ofensa aos princípios de legalidade, impessoalidade, moralidade, publicidade e eficiência, previstos no artigo 37 da Constituição Federal, dela darão ciência ao Tribunal de Contas do Estado, sob pena de responsabilidade solidária.

(B) são legitimados para propor ação de inconstitucionalidade de lei ou ato normativo estaduais ou municipais, contestados em face da Constituição do Estado de São Paulo ou por omissão de medida necessária para tornar efetiva norma ou princípio desta Constituição, no âmbito de seu interesse.

(C) não há de se falar em forma integrada de sistema de controle interno, conceito inconstitucional, por ferir o princípio da separação dos Poderes e a competência do Tribunal de Contas do Estado.

(D) podem convocar a qualquer momento o Procurador-Geral de Justiça, o Procurador-Geral do Estado e o Defensor Público-Geral para prestar informações a respeito de assuntos previamente fixados, relacionados com a respectiva área.

(E) deverão avaliar as metas previstas no plano plurianual, nas diretrizes orçamentárias e no orçamento anual por meio de inspeções e auditorias de natureza contábil, financeira, orçamentária, operacional e patrimonial, nas unidades administrativas.

A: correta, nos termos do art. 35, § 1º, da Constituição do Estado de São Paulo; **B:** incorreta, pois são legitimados para propor ação direta de inconstitucionalidade de lei ou ato normativo estadual ou municipal, contestado em face da Constituição do Estado de São Paulo, ou por omissão de medida necessária para tornar efetiva norma ou princípio desta Constituição: (i) o Governador do Estado e a Mesa da Assembleia Legislativa; (ii) o Prefeito e a Mesa da Câmara Municipal; (iii) o Procurador-Geral de Justiça; (iv) o Conselho da Seção Estadual da Ordem dos Advogados do Brasil; (v) as entidades sindicais ou de classe, de atuação estadual ou municipal, demonstrando seu interesse jurídico no caso; (vi) os partidos políticos com representação na Assembleia Legislativa, ou, em se tratando de lei ou ato normativo municipais, na respectiva Câmara (art. 90 da Constituição do Estado de SP); **C:** incorreta, pois o art. 74 da Constituição Federal determina que os Poderes Legislativo, Executivo e Judiciário manterão, de forma integrada, sistema de controle interno, o que é reproduzido pelo art. 35 da Constituição do Estado de São Paulo; **D:** incorreta, porque cabe às Comissões da Assembleia Legislativa convocar o Procurador-Geral de Justiça, o Procurador-Geral do Estado e o Defensor Público Geral para prestar informações a respeito de assuntos previamente fixados, relacionados com a respectiva área (art. 13, § 1º, 4, da Constituição do Estado de SP); **E:** incorreta, pois cabe ao **controle externo** – a cargo da Assembleia Legislativa e exercido com auxílio do Tribunal de Contas do Estado – avaliar a execução das metas previstas no plano plurianual, nas diretrizes orçamentárias e no orçamento anual (art. 33, IV, da Constituição do Estado de SP). Ressalte-se que cabe ao **sistema de controle interno** – a cargo dos Poderes Legislativo, Executivo e Judiciário – avaliar o cumprimento das metas previstas no plano plurianual, a execução dos programas de governo e dos orçamentos do Estado (art. 35, I, da Constituição do Estado de SP). AN

Gabarito "A".

(Procurador do Município – Valinhos/SP – 2019 – VUNESP) Sobre a seguridade social, é correto afirmar que

(A) seus objetivos são a garantia de padrão de qualidade e o piso salarial profissional nacional para os profissionais da área.

(B) compreende um conjunto integrado de ações de iniciativa dos poderes públicos e da sociedade, destinadas a assegurar os direitos relativos à saúde, à previdência e à assistência social.

(C) será financiado por toda a sociedade, de forma direta, nos termos da lei, mediante recursos provenientes dos orçamentos dos Estados, do Distrito Federal e dos Municípios.

(D) tem como base o primado do trabalho, e como objetivo o bem-estar e a justiça sociais.

(E) tem por objetivo o caráter democrático e centralizado da Administração, mediante gestão tripartite, com participação dos trabalhadores, dos empregadores e do Governo nos órgãos colegiados.

Correta é a letra B, nos termos do artigo 194, da CF: "A seguridade social compreende um conjunto integrado de ações de iniciativa dos Poderes Públicos e da sociedade, destinadas a assegurar os direitos relativos à saúde, à previdência e à assistência social". A letra A está errada, pois tais objetivos não existem (artigo 194, parágrafo único, da CF). A letra C está errada (artigo 195, da CF), pois seria de forma direta e indireta. A letra D também é errada (artigo 193, da CF) fala da ordem social. A letra E equivocada (artigo 194, inciso VII, da CF), na medida em que o caráter é descentralizado e a gestão é quadripartite.

Gabarito "B".

(Procurador do Estado/SP – 2018 – VUNESP) Ao Estado de São Paulo cumpre assegurar o bem-estar social, garantindo o pleno acesso aos bens e serviços essenciais ao desenvolvimento individual e coletivo, motivo pelo qual é correto afirmar:

(A) constituem patrimônio cultural estadual os bens de natureza material e imaterial, portadores de referências à identidade, à ação e à memória dos diferentes grupos formadores da sociedade, nos quais não se incluem as criações científicas, artísticas e tecnológicas e os espaços destinados às manifestações artístico-culturais.

(B) o patrimônio físico, cultural e científico dos museus, institutos e centros de pesquisa da Administração direta, indireta e fundacional são inalienáveis e intransferíveis, em qualquer hipótese.

(C) políticas públicas de promoção social, com as ações governamentais e os programas de assistência social, pela sua natureza emergencial e compensatória, em todos os casos, prevalecem sobre a formulação e aplicação de políticas sociais básicas nas áreas de saúde, educação, abastecimento, transporte e alimentação.

(D) a participação do setor privado no Sistema Único de Saúde efetivar-se-á mediante contrato, caso em que não se aplicam as diretrizes e as normas administrativas incidentes sobre a rede pública, com prevalência das regras do direito privado.

(E) o Poder Público organizará o Sistema Estadual de Ensino, abrangendo todos os níveis e modalidades, incluindo a especial, estabelecendo normas gerais de funcionamento para as escolas públicas estaduais e municipais, bem como para as particulares.

A: incorreta, pois constitui patrimônio cultural estadual os bens de natureza material e imaterial, tomados individualmente ou em conjunto, portadores de referências à identidade, à ação e à memória dos diferentes grupos formadores da sociedade nos quais se incluem: as formas de expressão; as criações científicas, artísticas e tecnológicas; as obras, objetos, documentos, edificações e demais espaços destinados às manifestações artístico-culturais; os conjuntos urbanos e sítios de valor histórico, paisagístico, artístico, arqueológico, paleontológico, ecológico e científico. (art. 260 da Constituição do Estado de SP); **B:** incorreta, porque o patrimônio físico, cultural e científico dos museus, institutos e centros de pesquisa da administração direta, indireta e fundacional são inalienáveis e intransferíveis, sem audiência da comunidade científica e aprovação prévia do Poder Legislativo (art. 272 da Constituição do Estado de SP); **C:** incorreta, já que as ações governamentais e os programas de assistência social, pela sua natureza emergencial e compensatória, **não deverão prevalecer** sobre a formulação e aplicação de políticas sociais básicas nas áreas de saúde, educação, abastecimento, transporte e alimentação (art. 233 da Constituição do Estado de SP); **D:** incorreta, pois a participação do setor privado no sistema único de saúde efetivar-se-á **mediante convênio ou contrato de direito público**, aplicando-se as diretrizes do sistema único de saúde e as normas administrativas incidentes sobre o objeto de convênio ou do contrato (art. 220, §§ 4º e 5º, da Constituição do Estado de SP); **E:** correta, de acordo com o art. 239 da Constituição do Estado de São Paulo. AN

Gabarito "E".

(Procurador do Município – Prefeitura Fortaleza/CE – CESPE – 2017) Acerca dos direitos fundamentais, do regime jurídico aplicável aos prefeitos e do modelo federal brasileiro, julgue os itens que se seguem.

(1) De acordo com o STJ, é exigida prévia autorização do Poder Judiciário para a instauração de inquérito ou procedimento investigatório criminal contra prefeito, já que prefeitos detêm foro por prerrogativa de função e devem ser julgados pelo respectivo tribunal de justiça, TRF ou ter, conforme a natureza da infração imputada.

(2) Não se admite o manejo de reclamação constitucional contra ato administrativo contrário a enunciado de súmula vinculante durante a pendência de recurso interposto na esfera administrativa. Todavia, esgotada a via administrativa e judicializada a matéria, a reclamação constitucional não obstará a interposição dos recursos eventualmente cabíveis e a apresentação de outros meios admissíveis de impugnação.

1: incorreta. O entendimento do STJ dispensa a autorização prévia, no que diverge do entendimento do STF; **2:** correta. Art. 7º, caput e § 1º, da Lei 11.417/2006. TM

(Procurador do Município – Prefeitura Fortaleza/CE – CESPE – 2017) A respeito das normas constitucionais, do mandado de injunção e dos municípios, julgue os itens subsequentes.

(1) Os municípios não gozam de autonomia para criar novos tribunais, conselhos ou órgãos de contas municipais.

(2) Pessoa jurídica pode impetrar mandado de injunção.

(3) O princípio da legalidade diferencia-se do da reserva legal: o primeiro pressupõe a submissão e o respeito à lei e aos atos normativos em geral; o segundo consiste na necessidade de a regulamentação de determinadas matérias ser feita necessariamente por lei formal.

1: correta. Art. 31, § 4º, CF; **2:** correta. Art. 3º da Lei 13.300: "São legitimados para o mandado de injunção, como impetrantes, as pessoas naturais ou jurídicas que se afirmam titulares dos direitos, das liberdades ou das prerrogativas referidos no art. 2º e, como impetrado, o Poder, o órgão ou a autoridade com atribuição para editar a norma regulamentadora"; **3:** correta. De acordo com José Afonso da Silva, "o primeiro (princípio da legalidade) significa a submissão e o respeito à lei, ou a atuação dentro da esfera estabelecida pelo legislador. O segundo (princípio da reserva legal) consiste em estatuir que a regulamentação de determinadas matérias há de fazer-se necessariamente por lei". TM

(Procurador do Município – Valinhos/SP – 2019 – VUNESP) É entendimento sumulado pelo Superior Tribunal de Justiça:

(A) O excesso de prazo para a conclusão do processo administrativo disciplinar não causa nulidade, em nenhuma circunstância.

(B) A inversão do ônus da prova não se aplica às ações de degradação ambiental.

(C) O locatário possui legitimidade ativa para discutir a relação jurídico-tributária de IPTU e de taxas referentes ao imóvel alugado.

(D) A ocupação indevida de bem público configura detenção, de natureza precária, sendo suscetível de retenção e/ou indenização por acessões e benfeitorias.

(E) Desde que devidamente motivada e com amparo em investigação ou sindicância, é permitida a instauração de processo administrativo disciplinar com base em denúncia anônima, em face do poder-dever de autotutela imposto à Administração.

Correta é a letra E, nos termos da Súmula 611, do STJ: "Desde que devidamente motivada e com amparo em investigação ou sindicância, é permitida a instauração de processo administrativo disciplinar com base em denúncia anônima, em face do poder-dever de autotutela imposto à Administração.". A letra A está errada (Súmula 592, do STJ). A letra B está errada, conforme Súmula 618, do STJ. A letra C está incorreta (Súmula 614, do STJ). A letra D é errada, nos termos da Súmula 619, do STJ.

(Procurador do Município – Valinhos/SP – 2019 – VUNESP) É texto de Súmula do Supremo Tribunal Federal:

(A) A competência do Tribunal de Justiça para julgar prefeitos restringe-se aos crimes de competência da Justiça comum estadual; nos demais casos, a competência originária caberá ao respectivo tribunal de segundo grau.

(B) A extinção do mandato do prefeito impede a instauração de processo pela prática dos crimes previstos no art. 1o do Dl. 201/67.

(C) São da competência legislativa dos Estados a definição dos crimes de responsabilidade e o estabelecimento das respectivas normas de processo e julgamento.

(D) Somente o Advogado-Geral da União tem legitimidade para propor ação direta interventiva por inconstitucionalidade de Lei Municipal.

(E) Cabe recurso extraordinário contra acórdão de Tribunal de Justiça que defere pedido de intervenção estadual em Município.

Correta é a letra A, nos termos da Súmula 702, do STF: "A competência do Tribunal de Justiça para julgar prefeitos restringe-se aos crimes de competência da Justiça comum estadual; nos demais casos, a competência originária caberá ao respectivo tribunal de segundo grau.". As demais letras estão equivocadas porque não possuem encaixe perfeito com as respectivas Súmulas 703 (letra B), 722 (letra C), 614 (letra D) e 637 (Letra E), todas do STF.

(Procurador do Município – S.J. Rio Preto/SP – 2019 – VUNESP) A pauta jurídica mais importante dos Estados constitucionais, que elegem a democracia como corolário funda- mental da vida em sociedade, levou o Supremo Tribunal Federal a editar Súmula Vinculante nº 13 que proibiu as práticas nepotistas para a Administração Pública, em decorrência da obrigatoriedade de se observar os princípios constitucionais da

(A) legalidade e da publicidade administrativa.

(B) impessoalidade e da eficácia administrativa.

(C) publicidade e da moralidade administrativa.

(D) eficiência, da supremacia do interesse público e da publicidade.

(E) moralidade, da eficiência e da impessoalidade no âmbito da Administração.

Correta é a letra E, conforme a redação da citada Súmula Vinculante: "A nomeação de cônjuge, companheiro ou parente em linha reta, colateral ou por afinidade, até o terceiro grau, inclusive, da autoridade nomeante ou de servidor da mesma pessoa jurídica investido em cargo de direção, chefia ou assessoramento, para o exercício de cargo em comissão ou de confiança ou, ainda, de função gratificada na administração pública direta e indireta em qualquer dos Poderes da União, dos Estados, do Distrito Federal e dos Municípios, compreendido o ajuste mediante designações recíprocas, viola a Constituição Federal.". Logo, tal súmula

1. DIREITO CONSTITUCIONAL

tutela a impessoalidade e a moralidade e, por via reflexa, promove a eficiência dentro da Administração Pública. Sendo assim, a única alternativa correta é a letra E.

Gabarito "E".

(Procurador do Município – S.J. Rio Preto/SP – 2019 – VUNESP) É correto afirmar que a política de desenvolvimento urbano envolve

(A) a elaboração de um plano diretor, aprovado pela Câmara Municipal, como instrumento básico da política de desenvolvimento e de expansão urbana.

(B) a elaboração de um plano diretor, aprovado pela Câmara Municipal, que é obrigatório para cidades com, no mínimo, quarenta mil habitantes.

(C) a faculdade do Poder Público Municipal de impor exigências ao proprietário de solo urbano não edificado e depende de aprovação por meio de lei estadual.

(D) a desapropriação de imóveis urbanos, que é feita com prévia e justa indenização em títulos da dívida pública.

(E) a cobrança do IPTU progressiva e gradual, subindo ao longo do tempo, e podendo gerar confisco.

Correta é a letra A, sendo mandamento do artigo 182, §1º, da CF: "Art. 182. A política de desenvolvimento urbano, executada pelo Poder Público municipal, conforme diretrizes gerais fixadas em lei, tem por objetivo ordenar o pleno desenvolvimento das funções sociais da cidade e garantir o bem- estar de seus habitantes. § 1º O plano diretor, aprovado pela Câmara Municipal, obrigatório para cidades com mais de vinte mil habitantes, é o instrumento básico da política de desenvolvimento e de expansão urbana.". Letra B errada, pois a obrigatoriedade é para cidades com mais de vinte mil habitantes. Letra C errada (artigo 182, §4º, da CF). Letra D incorreta, (artigo 182, §3º), haja vista a indenização ser em dinheiro. A letra E está errada, pois não cabe confisco (artigo 182, §4º, II, da CF).

Gabarito "A".

(Procurador do Estado/TO – 2018 – FCC) Considere que determinada universidade pública realize atividades, para fins de ensino em cursos de graduação de medicina veterinária, utilizando animais vivos. De acordo com as disposições da Constituição da República e da legislação federal que disciplina a matéria, tal prática

(A) é admitida apenas em instituições públicas federais, sendo expressamente vedada em outras esferas de governo e em instituições privadas, que podem, contudo, celebrar convênios com instituição federal para transferência de conhecimento e apoio pedagógico.

(B) é expressamente vedada, sendo admissível apenas para pesquisa, em projetos devidamente certificados ou credenciados junto ao Ministério de Ciência e Tecnologia.

(C) é admitida, observados os requisitos e limites legais e regulamentares, incluindo a obrigatoriedade de credenciamento da instituição de ensino junto ao CONCEA.

(D) somente poderá ser admitida se existir previsão específica em legislação estadual disciplinando a matéria no âmbito da competência supletiva fixada pela Constituição da República.

(E) é possível apenas se a referida universidade for credenciada como instituição de pesquisa junto ao órgão federal competente, utilizando os mesmos animais destinados à pesquisa nas atividades pedagógicas.

Correta é a letra C, pois está diretamente ligada com o artigo 12, da Lei 11.794/08: "Art. 12. A criação ou a utilização de animais para pesquisa ficam restritas, exclusivamente, às instituições credenciadas no CONCEA.".

Gabarito "C".

(Procurador do Estado/TO – 2018 – FCC) Determinado Estado da Federação extinguiu órgão público que prestava serviços de saúde diretamente a uma parcela da população, decidindo, por razões de economicidade, atribuir a execução dessa atividade à entidade privada. Trata-se de medida que se revela, à luz da Constituição Federal e da jurisprudência do Supremo Tribunal Federal,

(A) constitucional, não se aplicando à entidade privada a exigência de concurso público para a contratação de seus empregados, nem a lei que disciplina o procedimento licitatório para as contratações firmadas pela Administração Pública.

(B) inconstitucional, uma vez que os serviços públicos de saúde não podem ser prestados diretamente ao cidadão por entidade privada.

(C) constitucional, desde que o acordo seja firmado com entidade filantrópica ou sem fins lucrativos, que poderá participar do Sistema Único de Saúde de forma complementar, podendo o Ministério Público fiscalizar a aplicação dos recursos públicos recebidos pelo parceiro privado.

(D) constitucional, devendo, no entanto, a entidade privada contratar seus empregados mediante concurso público realizado pelo ente federado e submeter suas contratações ao procedimento licitatório estabelecido em lei para a Administração pública, sempre que as respectivas despesas forem pagas com recursos financeiros públicos.

(E) constitucional, devendo, no entanto, as contratações da entidade privada ser submetidas ao procedimento licitatório estabelecido em lei para a Administração Pública, sempre que as respectivas despesas forem pagas com recursos financeiros públicos, não cabendo, todavia, ao Tribunal de Contas fiscalizar a aplicação dos recursos públicos recebidos pela entidade privada.

Correta é a letra A, conforme entendimento do STF (ADI 1923).

Gabarito "A".

(Procurador do Estado/AC – 2017 – FMP) No âmbito do Estado do Acre, os membros da carreira de Procurador do Estado,

(A) não gozam de independência funcional.

(B) gozam de independência funcional relativa, que pode ser excepcionada por decisão fundamentada do Procurador Geral do Estado.

(C) gozam de inamovibilidade relativa, que pode ser flexibilizada em razão do interesse público, por decisão do Procurador Geral do Estado.

(D) gozam de inamovibilidade relativa, que pode ser flexibilizada em razão do interesse público, por decisão do Conselho Superior da PGE.

(E) gozam de inamovibilidade relativa, que pode ser flexibilizada em razão do interesse público, por decisão da Corregedoria Geral da PGE.

Correta é a letra C, conforme artigo 122, I, a, da Constituição do Estado do Acre: "Lei orgânica da Procuradoria Geral do Estado estabelecerá os direitos e deveres observando-se: I – as seguintes garantias: a) inamovibilidade, salvo por motivo de interesse público, mediante decisão do Procurador Geral do Estado.".

Gabarito "C".

(Procurador do Estado/AC – 2017 – FMP) Dentre outras atribuições, é correto afirmar que à Procuradoria do Estado compete

(A) promover a execução judicial, das multas aplicadas pelo Tribunal de Contas do Estado do Acre aos responsáveis em casos de ilegalidade de despesas ou irregularidades de contas.

(B) promover a ação judicial de responsabilização dos agentes públicos responsáveis pelo incumprimento das metas previstas no plano plurianual, da execução dos programas de governo e dos orçamentos do Estado.

(C) promover a ação de arguição de descumprimento de preceito fundamental da Constituição do Estado do Acre, junto ao Tribunal de Justiça estadual.

(D) propor a ação penal privada nos casos de crimes contra a honra do Procurador Geral do Estado.

(E) propor a ação penal privada nos casos contra a honra do Governador do Estado, dos Secretários estaduais de governo e dos Deputados estaduais.

Correta é a letra A, conforme jurisprudência do STF: "Recurso extraordinário com agravo. Repercussão geral da questão constitucional reconhecida. Reafirmação de jurisprudência. 2. Direito Constitucional e Direito Processual Civil. Execução das decisões de condenação patrimonial proferidas pelos Tribunais de Contas. Legitimidade para propositura da ação executiva pelo ente público beneficiário. 3. Ilegitimidade ativa do Ministério Público, atuante ou não junto às Cortes de Contas, seja federal, seja estadual. Recurso não provido." (ARE 823.347. Rel. Min. Gilmar Mendes).

Gabarito "A".

(Procurador do Estado/AC – 2017 – FMP) Nos termos da Constituição do Estado do Acre e em vista da disciplina da CF/88, o Estado, excepcionalmente, poderá intervir em seus Municípios

(A) quando não forem prestadas as contas devidas, desde que seja denunciado ao Tribunal de Contas do Estado e este considerar, pela maioria absoluta de seus membros, devidamente comprovada a denúncia e decretar a intervenção do Estado.

(B) quando forem praticados atos de corrupção devidamente comprovados perante o Tribunal de Contas do Estado e este a decretar pela maioria simples de seus membros.

(C) quando o Tribunal de Justiça local der provimento à representação do Procurador Geral do Estado, para assegurar a observância dos princípios indicados na Constituição do Estado, bem como para prover a execução de lei, ordem ou decisão judicial.

(D) quando o Tribunal de Justiça local der provimento à representação do Procurador Geral da Justiça, para assegurar a observância dos princípios indicados na Constituição do Estado, bem como para prover a execução de lei, ordem ou decisão judicial.

(E) quando o Tribunal de Justiça local der provimento à representação do Defensor Público Geral do Estado, para assegurar a observância dos princípios indicados na Constituição do Estado, bem como para prover a execução de lei, ordem ou decisão judicial.

Correta é a letra D, conforme artigo 25, VI, da Constituição do Estado do Acre.

Gabarito "D".

(Procurador Município – Santos/SP – VUNESP – 2021) No que diz respeito à atuação do Ministério Público, na proteção judicial dos interesses difusos, coletivos e individuais indisponíveis ou homogêneos, a partir do regime jurídico constante no Estatuto do Idoso, assinale a assertiva correta.

(A) Deverá instaurar sob sua presidência, contencioso administrativo para apuração de violação contra direito do idoso.

(B) Poderá requisitar informações de qualquer pessoa, quando necessário, a serem prestadas em 5(cinco) dias.

(C) Se esgotadas todas as diligências para apuração de infração a prerrogativa conferida à pessoa idosa, se convencer da inexistência de fundamento, poderá, ainda assim, ajuizar ação civil pública e, dependendo do teor da contestação, requerer a extinção do feito, sem julgamento de mérito.

(D) O servidor público poderá provocar a sua iniciativa, quando se deparar com ofensa a quaisquer garantias conferidas ao idoso, prestando-lhe informações sobre os fatos que constituam objeto de ação civil e indicando-lhe os elementos de convicção.

(E) Admitir-se-á litisconsórcio facultativo entre os Ministérios Públicos da União e dos Estados na defesa dos interesses e direitos de que cuida o Estatuto do Idoso.

A: incorreta, pois não reflete o disposto no art. 92, *caput*, da Lei 10.741/2003 (Estatuto da Pessoa Idosa); B: incorreta, uma vez que o prazo não poderá ser inferior a 10 (dez) dias, conforme dispõe o art. 92, *caput*, da Lei 10.741/2003; C: incorreta. Na hipótese de o Ministério Público, após esgotadas todas as diligências, convencer-se da inexistência de fundamento à propositura da ação civil ou de outras peças de informação, promoverá o seu arquivamento, o que o fará de forma fundamentada, conforme impõe o art. art. 92, § 1º, da Lei 10.741/2003; D: incorreta. Segundo estabelece o art. 89 do Estatuto da Pessoa Idosa, o servidor público, sempre que se deparar com ofensa a quaisquer garantias conferidas ao idoso, *deverá* provocar a iniciativa do MP, prestando-lhe informações sobre os fatos que constituam objeto de ação civil e indicando-lhe os elementos de convicção. Como se pode ver, cuida-se de obrigação imposta ao servidor. Já o particular tem a prerrogativa (poderá) de provocar a atuação do *parquet*; E: correta, pois reflete o disposto no art. 81, § 1º, do Estatuto da Pessoa Idosa.

Gabarito "E".

(Procurador Município – Santos/SP – VUNESP – 2021) O Estatuto da Pessoa com Deficiência assegura-lhe o direito ao exercício de sua capacidade legal, salientando-se que

(A) se faculta à pessoa portadora de deficiência fazer uso da curatela.

(B) se deve submeter à adoção de processo de tomada de decisão apoiada.

(C) quando lhe for definida curatela, esta durará o maior tempo possível.

(D) os curadores são obrigados a prestar, semestralmente, contas de sua administração ao juiz, apresentando o balanço do respectivo ano.

(E) a curatela afetará tão somente os atos relacionados aos direitos de natureza patrimonial e negocial.

A solução desta questão deve ser extraída dos arts. 84 e 85 da Lei 13.146/2015 (Estatuto da Pessoa com Deficiência): *Art. 84. A pessoa com deficiência tem assegurado o direito ao exercício de sua capacidade legal em igualdade de condições com as demais pessoas. § 1º Quando necessário, a pessoa com deficiência será submetida à curatela, conforme a lei. § 2º É facultado à pessoa com deficiência a adoção de processo de tomada de decisão apoiada. § 3º A definição de curatela de pessoa com deficiência constitui medida protetiva extraordinária,* proporcional às necessidades e às circunstâncias de cada caso, e durará o menor tempo possível. *§ 4º Os curadores são obrigados a prestar, anualmente, contas de sua administração ao juiz, apresentando o balanço do respectivo ano. Art. 85. A curatela afetará tão somente os atos relacionados aos direitos de natureza patrimonial e negocial. § 1º A definição da curatela não alcança o direito ao próprio corpo, à sexualidade, ao matrimônio, à privacidade, à educação, à saúde, ao trabalho e ao voto. § 2º A curatela constitui medida extraordinária, devendo constar da sentença as razões e motivações de sua definição, preservados os interesses do curatelado. § 3º No caso de pessoa em situação de institucionalização, ao nomear curador, o juiz deve dar preferência a pessoa que tenha vínculo de natureza familiar, afetiva ou comunitária com o curatelado.*

Gabarito "E".

2. DIREITO ADMINISTRATIVO

Wander Garcia, Rodrigo Bordalo, Flávia Egido e Ariane Wady[1]

1. REGIME JURÍDICO ADMINISTRATIVO E PRINCÍPIOS DO DIREITO ADMINISTRATIVO

(Procurador do Município/Manaus – 2018 – CESPE) Quanto às transformações contemporâneas do direito administrativo, julgue os itens subsequentes.

(1) Um dos aspectos da constitucionalização do direito administrativo se refere à releitura dos seus institutos a partir dos princípios constitucionais.

(2) O princípio da juridicidade, por constituir uma nova compreensão da ideia de legalidade, acarretou o aumento do espaço de discricionariedade do administrador público.

(3) A processualização do direito administrativo, a participação do cidadão na gestão pública e o princípio da transparência são elementos que contribuem para a democratização da administração pública.

1: correta – os princípios administrativos acabaram previstos de forma expressa na CF/1988 e de forma implícita, como decorrência de outros ditames constitucionais. Eles acabaram por remoldar princípios antigos e reestruturá-los para essa nova realidade. Tanto é assim que o princípio da supremacia do interesse público sobre o privado permanece vigente, mas não pode violar direitos individuais previstos na carta constitucional; **2:** incorreta – o princípio da juridicidade da administração, entendido como a subordinação ao direito como um todo, implica a submissão a princípios gerais de direito, à Constituição, a normas internacionais, a disposições de caráter regulamentar, a atos constitutivos de direitos etc. Daí porque implica em diminuição e não em aumento da discricionariedade administrativa; **3:** correta – essas são todas facetas do devido processo legal no processo administrativo e na própria Administração Pública, como resultado dos direitos constitucionalmente garantidos. FB

Gabarito 1C, 2E, 3C

(Procurador do Município – Prefeitura Fortaleza/CE – CESPE – 2017) Acerca do direito administrativo, julgue o item que se segue.

(1) Considerando os princípios constitucionais explícitos da administração pública, o STF estendeu a vedação da prática do nepotismo às sociedades de economia mista, embora elas sejam pessoas jurídicas de direito privado.

1. correta. Sendo as Sociedades de Economia Mista integrantes da Administração Indireta, são atingidas pela Súmula Vinculante 13, STF, que inclui todas as pessoas jurídicas da Administração Pública Direta e Indireta. AW

Gabarito 1C

---

1. Wander Garcia: WG
   Rodrigo Bordalo: RB
   Flávia Egido: FB
   Ariane Wady: AW

1.1. Regime jurídico administrativo

(Procurador Municipal – Prefeitura/BH – CESPE – 2017) Considerando as modernas ferramentas de controle do Estado e de promoção da gestão pública eficiente, assinale a opção correta acerca do direito administrativo e da administração pública.

(A) Em função do dever de agir da administração, o agente público omisso poderá ser responsabilizado nos âmbitos civil, penal e administrativo.

(B) O princípio da razoável duração do processo, incluído na emenda constitucional de reforma do Poder Judiciário, não se aplica aos processos administrativos.

(C) Devido ao fato de regular toda a atividade estatal, o direito administrativo aplica-se aos atos típicos dos Poderes Legislativo e Judiciário.

(D) Em sentido objetivo, a administração pública se identifica com as pessoas jurídicas, os órgãos e os agentes públicos e, em sentido subjetivo, com a natureza da função administrativa desempenhada.

A: correta. O art. 125, da Lei 8.112/1990 dispõe que as responsabilidades civil, penal e administrativas são independentes entre si; **B:** incorreta. O art. 2°, *caput*, da Lei 9.784/99 é expresso quanto à aplicação do princípio da razoabilidade no âmbito administrativo; **C:** incorreta. O direito administrativo só se aplica aos atos atípicos dos demais Poderes, já que os atos típicos, no caso, são os de julgar (Poder Judiciário) e legislar (Poder Legislativo); **D:** incorreta. O conceito está invertido, pois em sentido objetivo a Administração Pública se identifica com a atividade administrativa, enquanto que em sentido subjetivo, com as pessoas, agentes e órgãos públicos. WG

Gabarito "A".

1.2. Princípios basilares do direito administrativo (supremacia e indisponibilidade)

(Procurador do Estado/TO - 2018 - FCC) Acerca das modernas correntes doutrinárias que buscam repensar o Direito Administrativo no Brasil, Carlos Ari Sundfeld observa:

Embora o livro de referência de Bandeira de Mello continue saindo em edições atualizadas, por volta da metade da década de 1990 começou a perder aos poucos a capacidade de representar as visões do meio – e de influir [...] Ao lado disso, teóricos mais jovens lançaram, com ampla aceitação, uma forte contestação a um dos princípios científicos que, há muitos anos, o autor defendia como fundamental ao direito administrativo [...].

(Adaptado de: Direito administrativo para céticos, 2a ed., p. 53)

O princípio mencionado pelo autor e que esteve sob forte debate acadêmico nos últimos anos é o princípio da

(A) presunção de legitimidade dos atos administrativos.

(B) processualidade do direito administrativo.

(C) supremacia do interesse público.

(D) moralidade administrativa.

(E) eficiência.

O princípio da supremacia do interesse público constitui, de acordo com o entendimento de Celso Antônio Bandeira de Mello, um dos fundamentos do regime jurídico-administrativo. No entanto, este postulado vem sendo questionado por autores mais modernos do direito administrativo (como Carlos Ari Sundfeld, Floriano de Azevedo Marques Neto e Gustavo Binenbojm), sob o argumento, entre outras razões, de que os direitos fundamentais do indivíduo não estão em posição de inferioridade em relação ao interesse público. **RB**

Gabarito "C".

1.3. Princípios administrativos expressos na Constituição

(Procurador – AL/PR – 2024 – FGV) Recentemente, o Supremo Tribunal Federal reconheceu a inconstitucionalidade de uma lei estadual que conferiu um bônus de 10% na nota dos candidatos a concurso público que residiam na localidade, entre outros fundamentos, pelo fato de que tal norma viola princípio expresso no Art. 37, *caput*, da CRFB/88, sendo correto afirmar que se trata do

(A) princípio da impessoalidade.

(B) princípio da legalidade.

(C) princípio da publicidade.

(D) princípio da segurança jurídica.

(E) princípio da indisponibilidade do interesse público.

No bojo da ADI, 7458, o Supremo Tribunal Federal declarou inconstitucional a concessão de bônus para candidatos a concurso público que residem na localidade, por violação aos princípios da impessoalidade e da igualdade. A lei estadual havia instituído um bônus de 10% na nota dos candidatos paraibanos residentes na Paraíba. Dessa forma, a alternativa correta é a letra A. **WG**

Gabarito "A".

(ADVOGADO UNIÃO – AGU – CESPE – 2015)

(1) Conforme a doutrina, diferentemente do que ocorre no âmbito do direito privado, os costumes não constituem fonte do direito administrativo, visto que a administração pública deve obediência estrita ao princípio da legalidade.

(2) Situação hipotética: Um secretário municipal removeu determinado assessor em razão de desentendimentos pessoais motivados por ideologia partidária. Assertiva: Nessa situação, o secretário agiu com abuso de poder, na modalidade excesso de poder, já que atos de remoção de servidor não podem ter caráter punitivo.

---

1. incorreta. Conforme ensina Hely Lopes Meirelles, "No direito administrativo brasileiro o costume exerce ainda influência, em razão da deficiência da legislação. A prática administrativa vem suprindo o texto escrito, e, sedimentada na consciência dos administradores e administrados, a praxe burocrática passa a suprir a lei, ou atua como elemento informativo da doutrina."(Direito Administrativo Brasileiro, 38 ed, p.37); **2:** incorreta. O secretário agiu com abuso de poder na modalidade "desvio de poder ou de finalidade", eis que o excesso se configura quando o agente atua alem de sua competência. No caso, houve afronta ao princípio da impessoalidade, havendo atitude contrária ao interesse público, portanto. **AW**

Gabarito 1E, 2E

1.4. Princípios Administrativos Expressos em Outras Leis ou Implícitos

(Procurador – PGE/SP – 2024 – VUNESP) Segundo a Lei estadual nº 10.294/1999 (proteção e defesa do usuário do serviço público do Estado), a qualidade do serviço público é pautada por determinados princípios, dentre os quais a

(A) autonomia, conceituada como a capacidade de eleger os meios mais adequados para atingir as metas referentes à prestação do serviço.

(B) efetividade da gestão pública, conceituada como a capacidade de atendimento das reais necessidades da população.

(C) produtividade, conceituada como a capacidade de gerar bens e serviços de forma célere e com economia de recursos.

(D) eficácia dos gastos públicos, conceituada como a capacidade de promover os resultados pretendidos com o dispêndio mínimo de recursos.

(E) eficiência administrativa, conceituada como a capacidade de promover os resultados pretendidos com o alcance máximo da meta traçada.

A: Incorreto. A autonomia está mais relacionada à capacidade de auto--organização e gestão independente das entidades administrativas, não diretamente ao atendimento das metas do serviço público. O conceito mencionado previsto no art. 7º, V, da Lei Estadual 10.294/99, está relacionado aos princípios da razoabilidade e da proporcionalidade, impondo uma adequação entre meios e fins. **B:** Correto. A Lei estadual nº 10.294/1999 estabelece que a qualidade do serviço público deve ser pautada pela *efetividade da gestão pública*, que é definida como a capacidade de atendimento das reais necessidades da população (Art. 7º-A, p. ún., 1). **C:** Incorreto. A economia de recursos está ligada ao princípio da eficiência administrativa, conforme se pode observar no art. 7º-A, p. ún., 2 da Lei estadual nº 10.294/1999, e não ao princípio da produtividade. **D:** Incorreto. Essa é a definição do princípio da *eficiência administrativa*, e não da *eficácia dos gastos públicos*. conforme se pode observar no art. 7º-A, p. ún., 2, da Lei estadual nº 10.294/1999. **E:** Incorreto. Essa é a definição do princípio da *eficácia dos gastos públicos*, e não da *eficiência administrativa*. conforme se pode observar no art. 7º-A, p. ún., 3, da Lei estadual nº 10.294/1999. **WG**

Gabarito "B".

(Procurador Municipal – Prefeitura/BH – CESPE – 2017) A respeito dos princípios aplicáveis à administração pública, assinale a opção correta.

(A) Dado o princípio da autotutela, poderá a administração anular a qualquer tempo seus próprios atos, ainda que eles tenham produzido efeitos benéficos a terceiros.

(B) Apesar de expressamente previsto na CF, o princípio da eficiência não é aplicado, por faltar-lhe regulamentação legislativa.

(C) Ao princípio da publicidade corresponde, na esfera do direito subjetivo dos administrados, o direito de petição aos órgãos da administração pública.

(D) O princípio da autoexecutoriedade impõe ao administrador o ônus de adequar o ato sancionatório à infração cometida.

A: incorreta. A Administração poderá anular seus próprios atos, porém em geral há um prazo decadencial para fazer isso (art. 54 da Lei 9.784/99); **B:** incorreta. O princípio da eficiência consta de uma norma de eficácia plena (art. 37, "caput", CF), por isso independe de regulamentação; **C**: correta. O direito de petição (art. 5º, XXXIII e XXXIV, CF) só pode ser exercido se o ato for público, caso contrário, não será possível impugná-lo; **D**: incorreta. O princípio da autoexecutoriedade é o que determina que o administrador pode praticar seus atos independentemente de autorização judicial, não se relacionando à adequação à infração cometida, portanto. WG

Gabarito "C".

2. PODERES DA ADMINISTRAÇÃO PÚBLICA

Para resolver as questões deste item, vale citar as definições de cada poder administrativo apresentadas por Hely Lopes Meirelles, definições estas muito utilizadas em concursos públicos. Confira:

a) poder vinculado – "é aquele que o Direito Positivo – a lei – confere à Administração Pública para a prática de ato de sua competência, determinando os elementos e requisitos necessários à sua formalização";

b) poder discricionário – "é o que o Direito concede à Administração, de modo explícito, para a prática de atos administrativos com liberdade na escolha de sua conveniência, oportunidade e conteúdo";

c) poder hierárquico – "é o de que dispõe o Executivo para distribuir e escalonar as funções de seus órgãos, ordenar e rever a atuação de seus agentes, estabelecendo a relação de subordinação entre os servidores do seu quadro de pessoal";

d) poder disciplinar – "é a faculdade de punir internamente as infrações funcionais dos servidores e demais pessoas sujeitas à disciplina dos órgãos e serviços da Administração";

e) poder regulamentar – "é a faculdade de que dispõem os Chefes de Executivo (Presidente da República, Governadores e Prefeitos) de explicar a lei para sua correta execução, ou de expedir decretos autônomos sobre matéria de sua competência ainda não disciplinada por lei";

f) poder de polícia – "é a faculdade de que dispõe a Administração Pública para condicionar e restringir o uso e gozo de bens, atividades e direitos individuais, em benefício da coletividade ou do próprio Estado".

(**Direito Administrativo Brasileiro**, 26ª ed., São Paulo: Malheiros, p. 109 a 123)

2.1. Poder regulamentar

(**Procurador Municipal – Prefeitura/BH – CESPE – 2017**) Em relação aos poderes e deveres da administração pública, assinale a opção correta.

(**A**) É juridicamente possível que o Poder Executivo, no uso do poder regulamentar, crie obrigações subsidiárias que viabilizem o cumprimento de uma obrigação legal.

(**B**) De acordo com o STF, ao Estado é facultada a revogação de ato ilegalmente praticado, sendo prescindível o processo administrativo, mesmo que de tal ato já tenham decorrido efeitos concretos.

(**C**) De acordo com o STF, é possível que os guardas municipais acumulem a função de poder de polícia de trânsito, ainda que fora da circunscrição do município.

(**D**) Do poder disciplinar decorre a atribuição de revisar atos administrativos de agentes públicos pertencentes às escalas inferiores da administração.

A: incorreta. O poder regulamentar é subsidiário, infralegal. Ele só pode atuar se houver lei, por isso é que, não sendo possível saber pelo enunciado se há lei anterior sobre a obrigação que se pretende regulamentar, não podemos afirmar que está correta a assertiva; **B**: incorreta. Não há prescindibilidade quanto à anulação de um ato ilegal. É dever do Poder Público anular os atos ilegais, havendo, portanto, dois erros, um quanto ao fato de que se trata de anulação e, outro, pelo fato dessa ser obrigatória; **C**: correta. O STF entende ser constitucional a atribuição às guardas municipais do exercício do poder de polícia, conforme RE 658570/MG, sendo que o art. 144, § 8º, CF dispõe que "Os Municípios poderão constituir guardas municipais destinadas à proteção de seus bens, serviços e instalações, conforme dispuser a lei; **D**: incorreta. O poder disciplinar é instrumento do Poder Público para aplicar penalidades. AW

Gabarito "C".

(**Procurador do Município – Prefeitura Fortaleza/CE – CESPE – 2017**) Acerca do direito administrativo, julgue o item que se segue.

(**1**) O exercício do poder regulamentar é privativo do chefe do Poder Executivo da União, dos estados, do DF e dos municípios.

1: correta. O poder regulamentar só pode ser exercido pelo Chefe do Poder Executivo, que é o único que pode regulamentar as leis e outros atos normativos infraconstitucionais. O art. 84, VI, CF é um exemplo desse poder e de sua privatividade. AW

Gabarito 1C

2.2. Poder de polícia

(**Procurador do Município – Prefeitura Fortaleza/CE – CESPE – 2017**) Acerca do direito administrativo, julgue o item que se segue.

(**1**) O exercício do poder de polícia reflete o sentido objetivo da administração pública, o qual se refere à própria atividade administrativa exercida pelo Estado.

1: O poder de polícia é um instrumento de atuação do Estado para disciplinar, condicionar e frenar os atos dos administrados, sendo uma atividade típica do Poder Executivo, por isso se insere na classificação objetiva do direito administrativo, qual seja, da atividade administrativa propriamente dita. AW

Gabarito 1C

2.3. Poderes administrativos combinados

(**Procurador Município – Teresina/PI – FCC – 2022**) O Código Penal estabelece, em seu art. 320, o delito intitulado "condescendência criminosa", configurando crime próprio de funcionário público. Tal tipificação diz respeito à omissão no exercício do poder

(**A**) normativo.

(**B**) de polícia administrativa.

(**C**) regulamentar.

(**D**) disciplinar.

(**E**) discricionário.

A condescendência criminosa representa o crime consistente em deixar de responsabilizar subordinado que comete infração no exercício do cargo. Trata-se, logo, de omissão no exercício do poder disciplinar, que representa aquele pelo qual a Administração detém a prerrogativa de aplicar sanções aos agentes públicos praticantes de infrações. Assim, correta a alternativa D. **RB**

Gabarito "D".

(Advogado União – AGU – CESPE – 2015) Foi editada portaria ministerial que regulamentou, com fundamento direto no princípio constitucional da eficiência, a concessão de gratificação de desempenho aos servidores de determinado ministério.

Com referência a essa situação hipotética e ao poder regulamentar, julgue os próximos itens.

(1) A portaria em questão poderá vir a ser sustada pelo Congresso Nacional, se essa casa entender que o ministro exorbitou de seu poder regulamentar.

(2) As portarias são qualificadas como atos de regulamentação de segundo grau.

(3) Na hipótese considerada, a portaria não ofendeu o princípio da legalidade administrativa, tendo em vista o fenômeno da deslegalização com fundamento na CF.

1: correta. Trata-se do disposto no art. 49, V, CF, ou seja, o Congresso poderia sustar atos normativos que exorbitem do poder regulamentar; **2:** correta. As portarias são atos normativos infralegais e por estarem submetidas à lei, também se denominam de "segundo grau"; **3:** incorreta. Houve violação da hierarquia legal, eis que a portaria é ato administrativo infralegal e não poderia ser editada com fundamento direto no texto constitucional. **AW**

Gabarito 1C, 2C, 3E

3. ATOS ADMINISTRATIVOS

3.1. Conceito, perfeição, validade e eficácia

(Procurador – AL/PR – 2024 – FGV) No exercício de suas atribuições no âmbito da Assembleia Legislativa do Estado do Paraná, Gabriela verificou que determinado ato administrativo concluiu o seu ciclo de formação, sendo certo que, apesar de possuir vício insanável, tal ato estava produzindo efeitos no ordenamento jurídico.

Considerando os planos da perfeição, validade e eficácia, é correto afirmar que o aludido ato administrativo é

(A) imperfeito, inválido e ineficaz.

(B) perfeito, inválido e eficaz.

(C) imperfeito, válido e eficaz.

(D) perfeito, válido e eficaz.

(E) imperfeito, válido e ineficaz.

A: Incorreta, pois um ato administrativo que possui vício insanável é considerado inválido, e não imperfeito. O termo "imperfeito" refere-se a um ato que ainda não completou seu ciclo de formação, o que não se aplica ao ato descrito, que já concluiu esse ciclo. Ademais, o ato está produzindo efeitos, portanto ele é eficaz. Portanto, não é correto classificá-lo como "imperfeito" e "ineficaz". **B:** Correta, pois um ato administrativo que possui vício insanável é considerado inválido. No entanto, como o ato já completou seu ciclo de formação e está produzindo efeitos, ele é considerado eficaz até que seja formalmente anulado. A classificação correta é "perfeito" (pois concluiu seu ciclo de formação), "inválido" (por possuir vício insanável), e "eficaz" (pois está produzindo efeitos no ordenamento jurídico). **C:** Incorreta, pois um ato administrativo que possui vício insanável não é válido. A validade é um dos requisitos para a eficácia do ato administrativo. Portanto, não pode ser considerado "válido" se possui vício insanável. **D:** Incorreta, pois

um ato administrativo com vício insanável não pode ser considerado válido, independentemente de ser perfeito e eficaz. **E:** Incorreta, pois um ato administrativo que possui vício insanável não pode ser considerado "válido". Além disso, o termo "imperfeito" não se aplica a um ato que já completou seu ciclo de formação, e a eficácia é uma característica dos atos administrativos que estão produzindo efeitos, mesmo que sejam inválidos. **WG**

Gabarito "B".

(Procurador – IPSMI/SP – VUNESP – 2016) Com base na teoria do ato administrativo, assinale a alternativa correta.

(A) Atos perfeitos são atos que estão em conformidade com o direito e que já exauriram os seus efeitos, tornando-se irretratáveis.

(B) Atos complexos são formados pela manifestação de dois órgãos, sendo o conteúdo do ato definido por um, cabendo ao segundo a verificação de sua legitimidade.

(C) A cassação consiste na extinção do ato administrativo em razão do descumprimento das razões impostas pela Administração ou ilegalidade superveniente imputável ao beneficiário do ato.

(D) A caducidade é a extinção do ato administrativo em virtude da sua incompatibilidade com o seu fundamento de validade no momento da edição.

(E) A revogação é a extinção do ato administrativo quando a situação nele contemplada não mais é tolerada pela nova legislação.

A: Incorreta. Os atos perfeitos são os já "acabados", formados, que percorreram todo o processo para a sua formação, mas não significa que produziram efeitos, eis que podem ser ineficazes. **B:** Incorreta. Os atos complexos são os que dependem da manifestação de vontade de um só órgão, sendo o outro apenas legitimador ou verificador da sua legitimidade. **C:** Correta. A cassação do ato é sua retirada por descumprimento, do seu destinatário, das condições para a sua manutenção, sendo que essas condições são impostas por lei, por isso podem advir da ilegalidade superveniente imputável ao beneficiário. **D:** Incorreta. A caducidade é a retirada do ato administrativo em razão da superveniência de norma jurídica incompatível com a manutenção do ato. **E:** Incorreta. Esse seria o conceito de caducidade. A revogação é a retirada do ato administrativo por motivos de conveniência e oportunidade. **AW**

Gabarito "C".

3.2. Requisitos do ato administrativo (Elementos, Pressupostos)

Para resolver as questões sobre os requisitos do ato administrativo, vale a pena trazer alguns elementos doutrinários. Confira:

Requisitos do ato administrativo (são requisitos para que o ato seja válido)

– Competência: *é a atribuição legal de cargos, órgãos e entidades.* São vícios de competência os seguintes: a1) usurpação de função: alguém se faz passar por agente público sem o ser, ocasião em que o ato será inexistente; a2) excesso de poder: alguém que é agente público acaba por exceder os limites de sua competência (ex.: fiscal do sossego que multa um bar que visita por falta de higiene); o excesso de poder torna nulo ato, salvo em caso de incompetência relativa, em que o ato é considerado anulável; a3) função de fato: exercida por agente que está irregularmente investido em cargo público, apesar de a situação ter aparência de legalidade; nesse caso, s praticados serão considerados válidos, se houver boa-fé.

- **Objeto:** *é o conteúdo do ato, aquilo que o ato dispõe, decide, enuncia, opina ou modifica na ordem jurídica.* O objeto deve ser lícito, possível e determinável, sob pena de nulidade. Ex.: o objeto de um alvará para construir é a licença.

- **Forma:** *são as formalidades necessárias para a seriedade do ato.* A seriedade do ato impõe a) respeito à forma propriamente dita; b) motivação.

- **Motivo:** *fundamento de fato e de direito que autoriza a expedição do ato.* Ex.: o motivo da interdição de estabelecimento consiste no fato de este não ter licença (motivo de fato) e de a lei proibir o funcionamento sem licença (motivo de direito). Pela Teoria dos Motivos Determinantes, o motivo invocado para a prática do ato condiciona sua validade. Provando-se que o motivo é inexistente, falso ou mal qualificado, o ato será considerado nulo.

- **Finalidade:** *é o bem jurídico objetivado pelo ato.* Ex.: proteger a paz pública, a salubridade, a ordem pública. Cada ato administrativo tem uma finalidade. **Desvio de poder (ou de finalidade):** *ocorre quando um agente exerce uma competência que possuía, mas para alcançar finalidade diversa daquela para a qual foi criada.* Não confunda o excesso de poder (vício de sujeito) com o desvio de poder (vício de finalidade), espécies do gênero abuso de autoridade.

(Procurador do Estado/TO - 2018 - FCC) Custódio Bocaiúva é Chefe de Gabinete de uma Secretaria de determinado Estado. Certo dia, em vista da ausência do Secretário Estadual, que saíra para uma reunião com o Governador, Custódio assinou o ato de nomeação de um candidato aprovado em primeiro lugar para cargo efetivo, em concurso promovido pela Secretaria Estadual. No dia seguinte, tal ato saiu publicado no Diário Oficial do Estado. Sabendo-se que a legislação estadual havia atribuído ao Secretário a competência de promover tal nomeação, permitindo que este a delegasse a outras autoridades hierarquicamente subordinadas, é correto concluir que o ato praticado é

(A) válido, pois havia direito subjetivo do candidato a ser nomeado para o cargo efetivo.

(B) inexistente, haja vista que não reúne os mínimos elementos que permitam seu reconhecimento como ato jurídico.

(C) válido, em vista da teoria do funcionário de fato, amplamente reconhecida na doutrina administrativa.

(D) inválido, pois, segundo a Constituição Federal, a nomeação de servidores é atribuição exclusiva e indelegável do Chefe do Poder Executivo, regra sujeita à observância em âmbito estadual, por conta do princípio da simetria.

(E) inválido, porém sujeito à convalidação pelo Secretário de Estado, desde que não estejam presentes vícios relativos ao objeto, motivo ou finalidade do ato.

A hipótese descrita apresenta um vício de competência, pois uma autoridade (Chefe de Gabinete) que não tinha a atribuição (tampouco recebeu delegação para tanto) procedeu à nomeação de servidor, cuja competência pertence a outra autoridade (Secretário de Estado). Trata-se, assim, de ato inválido. No entanto, a ilegalidade é passível de convalidação, pois a desconformidade envolve questão de competência. Com efeito, de acordo com a doutrina, o vício da competência, desde que não seja exclusiva, admite saneamento. Nesse sentido, caso

estejam ausentes vícios nos demais requisitos, o ato inválido pode ser convalidado. Correta a alternativa E. **RB**

Gabarito "E".

3.3. Atributos do ato administrativo

Para resolver as questões sobre os atributos do ato administrativo, vale a pena trazer alguns elementos doutrinários. Confira:

Atributos do ato administrativo (são as qualidades, as prerrogativas dos atos)

– **Presunção de legitimidade** *é a qualidade do ato pela qual este se presume verdadeiro e legal até prova em contrário;* ex.: uma multa aplicada pelo Fisco presume-se verdadeira quanto aos fatos narrados para a sua aplicação e se presume legal quanto ao direito aplicado, a pessoa tida como infratora e o valor aplicado.

– **Imperatividade** *é a qualidade do ato pela qual este pode se impor a terceiros, independentemente de sua concordância;* ex.: uma notificação da fiscalização municipal para que alguém limpe um terreno ainda não objeto de construção, que esteja cheio de mato.

– **Exigibilidade** *é a qualidade do ato pela qual, imposta a obrigação, esta pode ser exigida mediante coação indireta;* ex.: no exemplo anterior, não sendo atendida a notificação, cabe a aplicação de uma multa pela fiscalização, sendo a multa uma forma de coação indireta.

– **Autoexecutoriedade** *é a qualidade pela qual, imposta e exigida a obrigação, esta pode ser implementada mediante coação direta, ou seja, mediante o uso da coação material, da força;* ex.: no exemplo anterior, já tendo sido aplicada a multa, mais uma vez sem êxito, pode a fiscalização municipal ingressar à força no terreno particular, fazer a limpeza e mandar a conta, o que se traduz numa coação direta. A autoexecutoriedade não é a regra. Ela existe quando a lei expressamente autorizar ou quando não houver tempo hábil para requerer a apreciação jurisdicional.

Obs. 1: a expressão autoexecutoriedade também é usada no sentido da qualidade do ato que enseja sua imediata e direta execução pela própria Administração, independentemente de ordem judicial.

Obs. 2: repare que esses atributos não existem normalmente no direito privado; um particular não pode, unilateralmente, valer-se desses atributos; há exceções, em que o particular tem algum desses poderes; mas essas exceções, por serem exceções, confirmam a regra de que os atos administrativos se diferenciam dos atos privados pela ausência nestes, como regra, dos atributos acima mencionados.

(Procurador Municipal – Prefeitura/BH – CESPE – 2017) No que tange a conceitos, requisitos, atributos e classificação dos atos administrativos, assinale a opção correta.

(A) Licença e autorização são atos administrativos que representam o consentimento da administração ao permitir determinada atividade; o alvará é o instrumento que formaliza esses atos.

(B) O ato que decreta o estado de sítio, previsto na CF, é ato de natureza administrativa de competência do presidente da República.

(C) Ainda que submetido ao regime de direito público, nenhum ato praticado por concessionária de serviços públicos pode ser considerado ato administrativo.

(D) O atributo da autoexecutoriedade não impede que o ato administrativo seja apreciado judicialmente e julgado ilegal, com determinação da anulação de seus efeitos; porém, nesses casos, a administração somente responderá caso fique comprovada a culpa.

A: correta. A licença e autorização são veiculados por meio de um alvará, que é um ato formal de aprovação para a realização de uma atividade (uma ordem do Poder Público para permitir ao particular o exercício de uma atividade); **B:** incorreta. Esse decreto previsto no art. 137, CF tem natureza político-administrativa, eis que é um ato hierarquicamente superior aos demais atos administrativos, por isso está incorreto equiparar aos atos administrativos como um todo; **C:** incorreta.os atos praticados pelas concessionárias são de direito privado, nunca de direito público, porque são particulares contratados pelo Poder Público, não integrando esse Poder, portanto; **D:** incorreta. No caso de anulação de um ato administrativo pelo Poder Judiciário os efeitos dessa (anulação) incidem, independentemente do ato ser praticado com culpa ou dolo, eis que devem ser respeitados os direitos dos terceiros de boa-fé, conforme disposto na súmula 473, STF. **AW**

Gabarito "A".

3.4. Vinculação e discricionariedade

(Procurador do Estado/AC - 2017 - FMP) Sobre a doutrina da discricionariedade administrativa e do controle jurisdicional, considere as seguintes assertivas:

I. A discrição administrativa pode decorrer da hipótese da norma, no caso da ausência de indicação explícita do pressuposto de fato, ou no caso de o pressuposto de fato ter sido descrito através de termos ou expressões que ilustram conceitos vagos, fluidos ou imprecisos.

II. A noção de discricionariedade não se prende somente ao campo das opções administrativas disponíveis efetuadas com base em critérios de conveniência e oportunidade, no chamado campo do mérito do ato administrativo.

LLI.À hipótese de discricionariedade administrativa sempre corresponderá uma situação concreta em que se identifica que a decisão do administrador é tida como intangível, pois corresponderá a uma opção de mérito cuja escolha se sintoniza com o espectro de possibilidades antevisto pela norma jurídica aplicável.

IV. A abstrata liberdade de atuação conferida no âmbito textual da norma jurídica aplicável define de antemão o espaço da discricionariedade administrativa a ser concretizado pelo agente público.

São CORRETAS

(A) apenas a I, II e III.

(B) apenas a II, III e IV.

(C) apenas a I e II.

(D) apenas a I, III e IV.

(E) apenas a I e IV.

Comentário: A discricionaridade pode estar associada ao motivo do ato administrativo, seja na hipótese deste pressuposto não ser expressamente elencado, seja no caso de sê-lo com base em conceitos jurídicos indeterminados. Nesse sentido, correta a assertiva I. Como leciona Maria Sylvia Zanella Di Pietro (Direito administrativo, 27.ed., p. 222), "é amplo o âmbito de atuação discricionária da Administração", havendo situações em que a lei é omissa em relação às opções da atuação administrativa, cabendo à autoridade decidir de acordo com os princípios do ordenamento. Em outras hipóteses, a lei expressamente confere a competência discricionária à Administração. Nesse sentido, pode-se afirmar que as assertivas III e IV são incorretas, pois restringem a caracterização da discricionariedade, o que não se verifica na assertiva II, que está correta.

Gabarito "C".

3.5. Extinção dos atos administrativos

Segue resumo acerca das formas de extinção dos atos administrativos

– Cumprimento de seus efeitos: como exemplo, temos a autorização da Prefeitura para que seja feita uma festa na praça de uma cidade. Este ato administrativo se extingue no momento em que a festa termina, uma vez que seus efeitos foram cumpridos.

– Desaparecimento do sujeito ou do objeto sobre o qual recai o ato: morte de um servidor público, por exemplo.

– Contraposição: *extinção de um ato administrativo pela prática de outro antagônico em relação ao primeiro.* Ex.: com o ato de exoneração do servidor público, o ato de nomeação fica automaticamente extinto.

– Renúncia: extinção do ato por vontade do beneficiário deste.

– Cassação: *extinção de um ato que beneficia um particular por este não ter cumprido os deveres para dele continuar gozando.* Não se confunde com a revogação – que é a extinção do ato por não ser mais conveniente ao interesse público. Também difere da anulação – que é a extinção do ato por ser nulo. Como exemplo desse tipo de extinção tem-se a permissão para banca de jornal se instalar numa praça, cassada porque seu dono não paga o preço público devido; ou a autorização de porte de arma de fogo, cassada porque o beneficiário é detido ou abordado em estado de embriaguez ou sob efeito de entorpecentes (art. 10, § 2º, do Estatuto do Desarmamento – Lei 10.826/2003).

– Caducidade. *Extinção de um ato porque a lei não mais o permite.* Trata-se de extinção por invalidade ou ilegalidade *superveniente.* Exs.: autorização para condutor de perua praticar sua atividade que se torna caduca por conta de lei posterior não mais permitir tal transporte na cidade; autorizações de porte de arma que caducaram 90 dias após a publicação do Estatuto do Desarmamento, conforme reza seu art. 29.

– Revogação. *Extinção de um ato administrativo legal ou de seus efeitos por outro ato administrativo, efetuada somente pela Administração, dada a existência de fato novo que o torne inconveniente ou inoportuno, respeitando-se os efeitos precedentes* (efeito "ex nunc"). Ex.: permissão para a mesma banca de jornal se instalar numa praça, revogada por estar atrapalhando o trânsito de pedestres, dado o aumento populacional, não havendo mais conveniência na sua manutenção.

O **sujeito ativo da revogação** é a *Administração Pública,* por meio da autoridade administrativa competente para o ato, podendo ser seu superior hierárquico. O Poder Judiciário nunca poderá revogar um ato administrativo, já que se limita a apreciar aspectos de legalidade (o que gera a anulação), e não de conveniência, salvo se se tratar de um ato administrativo da Administração Pública dele, como na hipótese em que um provimento do próprio Tribunal é revogado.

Quanto ao tema **objeto da revogação**, tem-se que este recai sobre o ato administrativo ou relação jurídica deste decorrente, salientando-se que o ato administrativo deve ser válido, pois, caso seja inválido, estaremos diante de hipótese que enseja anulação. Importante ressaltar que não é possível revogar um ato administrativo já extinto, dada a falta de utilidade em tal proceder, diferente do que se dá com a anulação de um ato extinto, que, por envolver a retroação de seus efeitos (a invalidação tem efeitos "ex tunc"), é útil e, portanto, possível.

O **fundamento da revogação** *é a mesma regra de competência que habilitou o administrador à prática do ato que está sendo revogado*, devendo-se lembrar que só há que se falar em revogação nas hipóteses de ato discricionário.

Já o **motivo da revogação** é a *inconveniência ou inoportunidade* da manutenção do ato ou da relação jurídica gerada por este. Isto é, o administrador público faz apreciação ulterior e conclui pela necessidade da revogação do ato para atender ao interesse público.

Quanto aos efeitos da revogação, esta suprime o ato ou seus efeitos, mas respeita os efeitos que já transcorreram. Trata-se, portanto, de eficácia "ex nunc".

Há **limites ao poder de revogar**. São atos irrevogáveis os seguintes atos: os que a lei assim declarar; os atos já exauridos, ou seja, que cumpriram seus efeitos; os atos vinculados, já que não se fala em conveniência ou oportunidade neste tipo de ato, em que o agente só tem uma opção; os meros ou puros atos administrativos (exs.: certidão, voto dentro de uma comissão de servidores); os atos de controle; os atos complexos (praticados por mais de um órgão em conjunto); e atos que geram direitos adquiridos. Os atos gerais ou regulamentares são, por sua natureza, revogáveis a qualquer tempo e em quaisquer circunstâncias, respeitando-se os efeitos produzidos.

– Anulação (invalidação): *extinção do ato administrativo ou de seus efeitos por outro ato administrativo ou por decisão judicial, por motivo de ilegalidade, com efeito retroativo ("ex tunc").* Ex.: anulação da permissão para instalação de banca de jornal em bem público por ter sido conferida sem licitação.

O **sujeito ativo da invalidação** pode ser tanto o *administrador público* como o *juiz*. A Administração Pública poderá invalidar de ofício ou a requerimento do interessado. O Poder Judiciário, por sua vez, só poderá invalidar por provocação ou no bojo de uma lide. A possibilidade de o Poder Judiciário anular atos administrativos decorre do fato de estarmos num Estado de Direito (art. 1º, CF), em que a lei deve ser obedecida por todos, e também por conta do princípio da inafastabilidade da jurisdição ("a lei não poderá excluir da apreciação do Poder Judiciário lesão ou ameaça de lesão a direito" – artigo 5º, XXXV) e da previsão constitucional do mandado de segurança, do "habeas data" e da ação popular.

O **objeto da invalidação** é o ato administrativo inválido ou os efeitos de tal ato (relação jurídica).

Seu **fundamento** é o dever de obediência ao princípio da legalidade. Não se pode conviver com a ilegalidade. Portanto, o ato nulo deve ser invalidado.

O **motivo da invalidação** é a *ilegalidade* do ato e da eventual relação jurídica por ele gerada. Hely Lopes Meirelles diz que o *motivo da anulação é a ilegalidade ou ilegitimidade* do ato, diferente do *motivo da revogação*, que é a inconveniência ou inoportunidade.

Quanto ao **prazo** para se efetivar a invalidação, o art. 54 da Lei 9.784/1999 dispõe"*O direito da Administração de anular os atos administrativos de que decorram efeitos favoráveis para os destinatários decai em 5 (cinco) anos, contados da data em que foram praticados, salvo comprovada má-fé*". Perceba-se que tal disposição só vale para atos administrativos em geral de que decorram efeitos favoráveis ao agente (ex.: permissão, licença) e que tal decadência só aproveita ao particular se este estiver de boa-fé. A regra do art. 54 contém ainda os seguintes parágrafos: § 1º:"*No caso de efeitos patrimoniais contínuos, o prazo de decadência contar-se-á da percepção do primeiro pagamento*"; § 2º:"*Considera-se exercício do direito de anular qualquer medida de autoridade administrativa que importe impugnação à validade do ato*".

No que concerne aos **efeitos da invalidação**, como o ato nulo já nasce com a sanção de nulidade, a declaração se dá retroativamente, ou seja, com efeito "ex tunc". Invalidam-se as consequências passadas, presentes e futuras do ato. Do ato ilegal não nascem direitos. A anulação importa no desfazimento do vínculo e no retorno das partes ao estado anterior. Tal regra é atenuada em face dos terceiros de boa-fé. Assim, a anulação de uma nomeação de um agente público surte efeitos em relação a este (que é parte da relação jurídica anulada), mas não em relação aos terceiros que sofreram consequências dos atos por este praticados, desde que tais atos respeitem a lei quanto aos demais aspectos.

(Procurador – AL/PR – 2024 – FGV) No exercício de suas atribuições administrativas como Procurador da Assembleia Legislativa do Paraná, Victor verificou a necessidade de invalidar determinado ato administrativo que detém vício insanável, de modo que, para promover a adequada justificação da respectiva decisão, passou a perquirir as normas atinentes à motivação constantes do Decreto-Lei nº 4.657/42 (LINDB), introduzidas pela Lei nº 13.655/2018 e do respectivo Decreto regulamentador (Decreto nº 9.830/2019), vindo a concluir corretamente que

(A) nas hipóteses de vício insanável, a gravidade do vício, excepciona a necessidade de motivação.

(B) verificado o vício insanável, não há necessidade de indicar de modo expresso as consequências jurídicas e administrativas da invalidação.

(C) a constatação do vício insanável impõe a invalidação, não sendo possível restringir os efeitos da declaração no âmbito da motivação.

(D) como o vício insanável corresponde à violação ao ordenamento jurídico, a motivação da decisão de invalidação deve apontar apenas os fundamentos jurídicos, independentemente de ser cabível a contextualização dos fatos.

(E) é cabível a modulação dos efeitos na motivação da decisão de invalidação, que buscará a mitigação dos ônus ou das perdas dos administrados ou da Administração Pública que sejam anormais ou excessivos em função das peculiaridades do caso.

A: Incorreta, pois a gravidade do vício não isenta a necessidade de motivação. A motivação é sempre exigida na anulação de atos (art. 50, VIII, da Lei 9.784/99), para garantir a transparência e a justificativa adequada para a decisão administrativa. Não há nas leis citadas na questão e neste comentário uma exceção autorizando que, em casos de vícios insanáveis, a gravidade do vício retire o dever de motivação. **B:** Incorreta, pois é necessário indicar expressamente as consequências jurídicas e administrativas da invalidação (art. 21, *caput*, do Decreto-Lei nº 4.657/42 – LINDB). **C:** Incorreta, pois, nos termos do art. 4º, § 4º, do Decreto n. 9.830/2019, ao declarar a invalidade de atos administrativos, o decisor poderá, consideradas as consequências jurídicas e administrativas da decisão para a administração pública e para o administrado, "I – restringir os efeitos da declaração; ou II – decidir que sua eficácia se iniciará em momento posteriormente definido". **D:** Incorreta, pois a decisão de invalidação deverá indicar de modo expresso suas "consequências jurídicas e administrativas" (art. 21, *caput*, do Decreto-Lei nº 4.657/42 – LINDB)., assim como poderá "restringir os efeitos da declaração" ou "decidir que sua eficácia se iniciará em momento posteriormente definido" (art. 4º, § 4º, do Decreto n. 9.830/2019), sem prejuízo de outras regras previstas no mencionado decreto, como a modulação de efeitos da decisão. **E:** Correta, nos termos do art. 4º, § 5º, do Decreto n. 9.830/2019. WG
Gabarito "E".

(Procurador Federal – AGU – 2023 – CEBRASPE) No que se refere à declaração de nulidade de atos da administração pública, assinale a opção correta à luz do entendimento jurisprudencial do Supremo Tribunal Federal (STF).

(A) A administração poderá anular seus próprios atos diante de indícios de ilegalidade, desde que isso não implique violação ao princípio da segurança jurídica.

(B) À administração pública é permitido declarar a nulidade dos seus próprios atos.

(C) A administração não poderá anular seus próprios atos, ainda que o interessado, no caso concreto, invoque os princípios da confiança e da boa-fé.

(D) Ao Estado é facultada a revogação de atos que sejam ilegalmente praticados, sem necessidade de regular processo administrativo, mesmo que de tais atos tenham decorrido efeitos concretos.

(E) A administração pode revogar seus próprios atos por motivo de conveniência ou oportunidade, inclusive nos casos em que haja apreciação judicial transitada em julgado.

A: Incorreta, pois a ilegalidade do ato precisa ser devidamente comprovada para que se promova a sua anulação. **B:** Correta, pois a administração pública tem o poder de declarar a nulidade de seus próprios atos quando forem ilegais. O STF confirma que a administração pode anular atos administrativos, conforme estabelece o artigo 53 da Lei n.º 9.784/1999 e jurisprudência relacionada. **C:** Incorreta, pois a administração pública pode anular seus próprios atos, mesmo considerando os princípios da confiança e da boa-fé, se estes forem ilegais. **D:** Incorreta, pois atos ilegais devem ser anulados, e não revogados. Vale lembrar aqui tanto o art. 53 da Lei n.º 9.784/1999, como a Súmula 473 do STF: "A administração pode anular seus próprios atos, quando eivados de vícios que os tornam ilegais, porque deles não se originam direitos; ou revogá-los, por motivo de conveniência ou oportunidade, respeitados os direitos adquiridos, e ressalvada, em todos os casos, a apreciação judicial". **E:** Incorreta, pois, nos termos da Súmula 473 do STF, a revogação deve respeitar "os direitos adquiridos", o que num sentido mais amplo inclui os direitos decorrentes do trânsito em julgado de uma ação. WG
Gabarito "B".

(Procurador Fazenda Nacional – AGU – 2023 – CEBRASPE) Determinada banca de jornal foi instalada regularmente em uma esquina de pouco movimento. Passados dez anos, um hospital público foi construído na região, e um grande número de pessoas e veículos começou a circular no local, de forma que a atividade da banca de jornal passou a dificultar a passagem de pedestres e o trânsito local de veículos.

Nessa situação hipotética, é correto que a administração pública

(A) invalide a permissão de uso de bem público concedida ao proprietário da banca de jornal, por razões de conveniência e oportunidade da administração.

(B) mantenha a banca de jornal no local onde ela se encontra, haja vista o direito adquirido do proprietário decorrente do lapso temporal transcorrido.

(C) revogue a permissão de uso de bem público concedida ao proprietário da banca de jornal, por razões de conveniência e oportunidade da administração.

(D) invalide a permissão de uso de bem público concedida ao proprietário da banca de jornal, em virtude da ilegalidade superveniente do ato.

(E) convalide a permissão de uso de bem público concedida ao proprietário da banca de jornal, dada a nova situação consolidada com a construção do hospital público.

A: Incorreta. A invalidação de uma permissão de uso de bem público por razões de conveniência e oportunidade não está prevista como uma possibilidade, já que o que motiva a invalidação de um ato é a ilegalidade dele, e não razões de conveniência e oportunidade. **B:** Incorreta. O direito adquirido não se aplica a permissões de uso de bem público quando as condições mudam, o que permite a administração pública revisar e ajustar a permissão conforme necessário, inclusive podendo revogar a permissão por motivo de conveniência e oportunidade. **C:** Correta, nos termos da Súmula 473 do STF. **D:** Incorreta. A ilegalidade de um ato por motivo posterior importa na sua caducidade, e na sua anulação. No caso em tela, sequer há caso de ilegalidade posterior, cabendo apenas a revogação, que é permitida por motivo de conveniência e oportunidade. **E:** Incorreta. A convalidação refere-se à correção de vícios formais em atos administrativos, não à revisão ou ajuste de permissões baseadas em mudanças nas condições do local. A administração deve considerar a revogação em função das novas circunstâncias. WG
Gabarito "C".

(Procurador/DF – CESPE – 2022) Um circo obteve legalmente autorização de determinado município para uso de bem público, de modo a montar suas instalações e apresentar seus espetáculos em certa praça pública, pelo prazo de quatro meses. Quinze dias após o ato autorizativo, houve a superveniência de legislação municipal que alterou o plano diretor, tornando essa área exclusivamente residencial, não mais permitindo a sua utilização para fins recreativos, como a instalação de circos e parques de diversões.

A partir dessa situação hipotética, julgue o item subsequente, referente à extinção de atos administrativos.

(1) O aludido ato administrativo de autorização de uso de bem público terá de ser desfeito por cassação.

1: errado. A extinção do ato de autorização de uso de bem público deve ser feita pela caducidade (extinção do ato em razão de sua invalidade superveniente). A cassação representa a extinção do ato em razão de descumprimento de obrigação pelo particular beneficiário. RB
Gabarito 1E

(Procurador do Estado/AC - 2017 - FMP) Existem diversas alternativas possíveis quanto às hipóteses abstratas de extinção dos atos administrativos, EXCETO

(A) o decurso do tempo.

(B) a renúncia do interessado.

(C) a revogação pelo Poder Judiciário.

(D) a invalidação pela própria Administração.

(E) o desaparecimento do pressuposto fático.

A extinção dos atos administrativos representa um gênero que comporta diversas categorias, como aquelas indicadas nas alternativas A (decurso do tempo), B (renúncia do interessado), D (invalidação pela própria Administração) e E (desaparecimento do pressuposto fático). A única hipótese inadmitida é aquela da alternativa C, pois o Poder Judiciário não pode revogar atos administrativos dos demais poderes, sob pena de violação ao princípio da separação entre os poderes. De fato, considerando que a revogação significa uma forma de controle do mérito do ato administrativo, e que o Judiciário não pode exercer tal controle sobre a Administração, incabível a revogação pelo Judiciário. Gabarito "C."

(Procurador Municipal – Prefeitura/BH – CESPE – 2017) No que concerne a revogação, anulação e convalidação de ato administrativo, assinale a opção correta.

(A) Assim como ocorre nos negócios jurídicos de direito privado, cabe unicamente à esfera judicial a anulação de ato administrativo.

(B) Independentemente de comprovada má-fé, após o prazo de cinco anos da prática de ato ilegal, operar-se-á a decadência, o que impedirá a sua anulação.

(C) O prazo de decadência do direito de anular ato administrativo de que decorram efeitos patrimoniais será contado a partir da ciência da ilegalidade pela administração.

(D) Um ato administrativo que apresente defeitos sanáveis poderá ser convalidado quando não lesionar o interesse público, não sendo necessário que a administração pública o anule.

A: incorreta. Tanto o Administração quanto o Poder Judiciário poderão anular os atos administrativos, não sendo exclusividade do Poder Judiciário, tendo o princípio da autoexecutoriedade dos atos administrativos; **B:** incorreta. Se comprovada a má-fé, a decadência não correrá, conforme disposto no art. 54, da Lei 9.784/1999; **C:** incorreta. O prazo inicial para a contagem da decadência é o dia da prática do ato, conforme disposto no art. 54, da Lei 9.784/1999; **D:** correta. Trata-se do disposto no art. 55, da Lei 9.784/1999, que possibilita o saneamento dos atos quando não acarretarem lesão a terceiros, nem ao interesse público. **WG** Gabarito "D."

(Procurador Municipal/SP – VUNESP – 2016) Assinale a alternativa que corretamente discorre sobre aspectos concernentes ao ato administrativo.

(A) A Administração pode revogar seus próprios atos, quando eivados de vícios que os tornem ilegais, porque deles não se originam direitos, ou anulá-los, por motivo de conveniência ou de oportunidade, respeitados os direitos adquiridos e ressalvada, em todos os casos, a apreciação judicial.

(B) O vício de finalidade, ou desvio de poder, consiste na omissão ou na observância incompleta ou irregular de formalidades indispensáveis à existência ou à seriedade do ato, que tem apenas a aparência de manifestação regular da Administração, mas não chega a se aperfeiçoar como ato administrativo.

(C) Afirma-se que um ato é discricionário nos casos em que a Administração tem o poder de adotar uma ou outra solução, segundo critérios de oportunidade, de conveniência, de justiça e de equidade, próprios da autoridade, porque não definidos pelo legislador, que deixa certa margem de liberdade de decisão diante do caso concreto.

(D) A atuação da Administração Pública, no exercício da função administrativa, é discricionária quando a lei estabelece a única solução possível diante de determinada situação de fato; ela fixa todos os requisitos, cuja existência a Administração deve limitar-se a constatar, sem qualquer margem de apreciação subjetiva.

(E) O desvio de poder ocorre quando o agente público excede os limites de sua competência; por exemplo, quando a autoridade, competente para aplicar a pena de suspensão, impõe penalidade mais grave, que não é de sua atribuição; ou quando a autoridade policial se excede no uso da força para praticar ato de sua competência.

A: Incorreta. A revogação tem como fundamento critérios de conveniência e oportunidade, e não vício de legalidade. **B:** Incorreta. Temos a descrição de vício de forma, e não de finalidade do ato administrativo (busca do interesse coletivo, da finalidade pública). **C:** Correta. A assertiva descreve bem a possibilidade de adoção de decisões diversas, de análise e julgamento do ato por parte do administrador, sendo esse o conceito de discricionariedade (liberdade de decidir conforme critérios de razoabilidade, proporcionalidade, justiça, equidade, legalidade). **D:** Incorreta. No caso de a lei estabelecer a única solução possível a ser tomada pelo administrador temos hipótese de ato vinculado, onde só é possível a escolha da solução determinada em lei. **E:** Incorreta. A alternativa descreve o abuso de poder, que é gênero e abrange o excesso de poder (atuação além dos limites de competência) e o desvio de poder ou de finalidade (atuação contrária ao interesse público, como no caso de ação desarrazoada, arbitrária), sendo esse o erro, portanto. **AW** Gabarito "C."

(Procurador Municipal – Sertãozinho/SP – VUNESP – 2016) Assinale a alternativa que corretamente discorre sobre o ato administrativo.

(A) Em certos atos, denominados vinculados, a lei permite ao agente proceder a uma avaliação de conduta, ponderando os aspectos relativos à conveniência e à oportunidade da prática do ato.

(B) A Administração pode revogar seus próprios atos, quando eivados de vícios que os tornem ilegais, porque deles não se originam direitos, ressalvada, em todos os casos, a apreciação judicial.

(C) É defeso ao Poder Judiciário apreciar o mérito do ato administrativo, cabendo-lhe unicamente examiná-lo sob o aspecto de sua legalidade, isto é, se foi praticado conforme ou contrariamente à lei.

(D) A revogação também pode ser feita pelo Poder Judiciário, mediante provocação dos interessados, que poderão utilizar, para esse fim, as ações ordinárias e especiais previstas na legislação processual.

(E) Anulação é o ato administrativo discricionário pelo qual a Administração extingue um ato válido, por razões de oportunidade e conveniência, respeitando os efeitos já produzidos pelo ato, precisamente pelo fato de ser este válido perante o direito.

A: Incorreta. Nos atos vinculados não há qualquer avaliação de conduta. O administrador só faz o que a lei determina, sem ter liberdade para ponderar nada. **B:** Incorreta. A revogação tem como fundamento a análise de conveniência e oportunidade, e não a legalidade, como afirmada na assertiva. **C:** Correta. O Poder Judiciário poderá apreciar o mérito dos atos administrativos discricionários, mas somente quanto à sua legalidade, ou seja, não pode adentrar no juízo discricionário, na escolha em si da causa e motivo do ato. **D:** Incorreta. O Poder Judiciário não pode revogar um ato administrativo de outros poderes, sendo exclusividade da administração pública que expediu o ato discricionário a retirada, mediante revogação, desse ato administrativo. **E:** Incorreta. A anulação é forma de retirada do ato administrativo por ele ser inválido, sem nenhuma análise de sua legalidade, portanto. WG

Gabarito "C".

3.6. Classificação dos atos administrativos e atos em espécie

Antes de verificarmos as questões deste item, vale trazer um resumo das principais espécies de atos administrativos.

Espécies de atos administrativos segundo Hely Lopes Meirelles:

– Atos normativos *são aqueles que contêm comando geral da Administração Pública, com o objetivo de executar a lei.* Ex.: regulamentos (da alçada do chefe do Executivo), instruções normativas (da alçada dos Ministros de Estado), regimentos, resoluções etc.

– Atos ordinatórios *são aqueles que disciplinam o funcionamento da Administração e a conduta funcional de seus agentes.* Ex.: instruções (são escritas e gerais, destinadas a determinado serviço público), circulares (escritas e de caráter uniforme, direcionadas a determinados servidores), avisos, portarias (expedidas por chefes de órgãos – trazem determinações gerais ou especiais aos subordinados, designam alguns servidores, instauram sindicâncias e processos administrativos etc.), ordens de serviço (determinações especiais ao responsável pelo ato), ofícios (destinados às comunicações escritas entre autoridades) e despacho (contém decisões administrativas).

– Atos negociais *são declarações de vontade coincidentes com a pretensão do particular.* Ex.: licença, autorização e protocolo administrativo.

– Atos enunciativos *são aqueles que apenas atestam, enunciam situações existentes.* Não há prescrição de conduta por parte da Administração. Ex.: certidões, atestados, apostilas e pareceres.

– Atos punitivos *são as sanções aplicadas pela Administração aos servidores públicos e aos particulares.* Ex.: advertência, suspensão e demissão; multa de trânsito.

Confira mais classificações dos atos administrativos:

– Quanto à liberdade de atuação do agente

Ato vinculado *é aquele em que a lei tipifica objetiva e claramente a situação em que o agente deve agir e o único comportamento que poderá tomar.* Tanto a situação em que o agente deve agir, como o comportamento que vai tomar são únicos e estão clara e objetivamente definidos na lei, de forma a inexistir qualquer margem de liberdade

ou apreciação subjetiva por parte do agente público. Exs.: licença para construir e concessão de aposentadoria.

Ato discricionário *é aquele em que a lei confere margem de liberdade para avaliação da situação em que o agente deve agir ou para escolha do melhor comportamento a ser tomado.*

Seja na situação em que o agente deve agir, seja no comportamento que vai tomar, o agente público terá uma margem de liberdade na escolha do que mais atende ao interesse público. Neste ponto fala-se em mérito administrativo, ou seja, na valoração dos motivos e escolha do comportamento a ser tomado pelo agente.

Vale dizer, o agente público fará apreciação subjetiva, agindo segundo o que entender mais conveniente e oportuno ao interesse público. Reconhece-se a discricionariedade, por exemplo, quando a regra que traz a competência do agente traz conceitos fluídos, como *bem comum, moralidade, ordem pública* etc. Ou ainda quando a lei não traz um motivo que enseja a prática do ato, como, por exemplo, a que permite nomeação para cargo em comissão, de livre provimento e exoneração. Também se está diante de ato discricionário quando há mais de uma opção para o agente quanto ao momento de atuar, a forma do ato (ex.: verbal, gestual ou escrita), sua finalidade ou conteúdo (ex.: advertência, multa ou apreensão).

A discricionariedade sofre alguns temperamentos. Em primeiro lugar é bom lembrar que todo ato discricionário é parcialmente regrado ou vinculado. A competência, por exemplo, é sempre vinculada (Hely Lopes Meirelles entende que *competência, forma e finalidade* são sempre vinculadas, conforme vimos). Ademais, só há discricionariedade nas situações marginais, nas zonas cinzentas. Assim, se algo for patente, como quando, por exemplo, uma dada conduta fira veementemente a moralidade pública (ex.: pessoas fazendo sexo no meio de uma rua), o agente, em que pese estar diante de um conceito fluído, deverá agir reconhecendo a existência de uma situação de imoralidade. Deve-se deixar claro, portanto, que a situação concreta diminui o espectro da discricionariedade (a margem de liberdade) conferida ao agente.

Assim, o Judiciário até pode apreciar um ato discricionário, mas apenas quanto aos aspectos de legalidade, razoabilidade e moralidade, não sendo possível a revisão dos critérios adotados pelo administrador (mérito administrativo), se tirados de dentro da margem de liberdade a ele conferida pelo sistema normativo.

– Quanto às prerrogativas da administração

Atos de império são os *praticados no gozo de prerrogativas de autoridade.* Ex.: interdição de um estabelecimento.

Atos de gestão são os *praticados sem uso de prerrogativas públicas, em igualdade com o particular, na administração de bens e serviços.* Ex.: contrato de compra e venda ou de locação de um bem imóvel.

Atos de expediente são os *destinados a dar andamentos aos processos e papéis que tramitam pelas repartições, preparando-os para decisão de mérito a ser proferida pela autoridade.* Ex.: remessa dos autos à autoridade para julgá-lo.

A distinção entre ato de gestão e de império está em desuso, pois era feita para excluir a responsabilidade do Estado pela prática de atos de império, de soberania. Melhor é distingui-los em atos regidos pelo direito público e pelo direito privado.

– Quanto aos destinatários

Atos individuais *são os dirigidos a destinatários certos, criando-lhes situação jurídica particular.* Ex.: decreto de desapropriação, nomeação, exoneração, licença, autorização, tombamento.

Atos gerais *são os dirigidos a todas as pessoas que se encontram na mesma situação, tendo finalidade normativa.*

São diferenças entre um e outro as seguintes:

– só ato individual pode ser impugnado individualmente; atos normativos, só por ADIN ou após providência concreta.

– ato normativo prevalece sobre o ato individual

– ato normativo é revogável em qualquer situação; ato individual deve respeitar direito adquirido.

– ato normativo não pode ser impugnado administrativamente, mas só após providência concreta; ato individual pode ser impugnado desde que praticado.

– Quanto à formação da vontade

Atos simples: *decorrem de um órgão, seja ele singular ou colegiado.* Ex.: nomeação feita pelo Prefeito; deliberação de um conselho ou de uma comissão.

Atos complexos: *decorrem de dois ou mais órgãos, em que as vontades se fundem para formar um único ato.* Ex.: decreto do Presidente, com referendo de Ministros.

Atos compostos: *decorrem de dois ou mais órgãos, em que vontade de um é instrumental à vontade de outro, que edita o ato principal.* Aqui existem dois atos pelo menos: um principal e um acessório. Exs.: nomeação do Procurador Geral da República, que depende de prévia aprovação pelo Senado; e atos que dependem de aprovação ou homologação. Não se deve confundir *atos compostos* com *atos de um procedimento,* vez que este é composto de vários atos acessórios, com vistas à produção de um ato principal, a decisão.

– Quanto aos efeitos

Ato constitutivo *é aquele em que a Administração cria, modifica ou extingue direito ou situação jurídica do administrado.* Ex.: permissão, penalidade, revogação e autorização.

Ato declaratório *é aquele em que a Administração reconhece um direito que já existia.* Ex.: admissão, licença, homologação, isenção e anulação.

Ato enunciativo *é aquele em que a Administração apenas atesta dada situação de fato ou de direito.* Não produz efeitos jurídicos diretos. São juízos de conhecimento ou de opinião. Ex.: certidões, atestados, informações e pareceres.

– Quanto à situação de terceiros

Atos internos *são aqueles que produzem efeitos apenas no interior da Administração.* Ex.: pareceres, informações.

Atos externos *são aqueles que produzem efeitos sobre terceiros.* Nesse caso, dependerão de publicidade para terem eficácia. Ex.: admissão, licença.

– Quanto à estrutura.

Atos concretos *são aqueles que dispõem para uma única situação, para um caso concreto.* Ex.: exoneração de um agente público.

Atos abstratos *são aqueles que dispõem para reiteradas e infinitas situações, de forma abstrata.* Ex.: regulamento.

Confira **outros atos administrativos, em espécie:**

– Quanto ao conteúdo: a) **autorização:** *ato unilateral, discricionário e precário pelo qual se faculta ao particular, em proveito deste, o uso privativo de bem público ou o desempenho de uma atividade, os quais, sem esse consentimento, seriam legalmente proibidos.* Exs.: autorização de uso de praça para festa beneficente; autorização para porte de arma; b) **licença:** *ato administrativo unilateral e vinculado pelo qual a Administração faculta àquele que preencha requisitos legais o exercício de uma atividade.* Ex.: licença para construir; c) **admissão:** *ato unilateral e vinculado pelo qual se reconhece ao particular que preencha requisitos legais o direito de receber serviço público.* Ex.: aluno de escola; paciente em hospital; programa de assistência social; d) **permissão:** *ato administrativo unilateral, discricionário e precário, pelo qual a Administração faculta ao particular a execução de serviço público ou a utilização privativa de bem público, mediante licitação.* Exs.: permissão para perueiro; permissão para uma banca de jornal. Vale lembrar que, por ser precária, pode ser revogada a qualquer momento, sem direito à indenização; e) **concessão:** *ato bilateral e não precário, pelo qual a Administração faculta ao particular a execução de serviço público ou a utilização privativa de bem público, mediante licitação.* Ex.: concessão para empresa de ônibus efetuar transporte remunerado de passageiros. Quanto aos bens públicos, há também a *concessão de direito real de uso,* oponível até ao poder concedente, e a *cessão de uso,* em que se transfere o uso para entes ou órgãos públicos; f) **aprovação:** *ato de controle discricionário.* Vê-se a conveniência do ato controlado. Ex.: aprovação pelo Senado de indicação para Ministro do STF; g) **homologação:** *ato de controle vinculado.* Ex.: homologação de licitação ou de concurso público; h) **parecer:** *ato pelo qual órgãos consultivos da Administração emitem opinião técnica sobre assunto de sua competência.* Podem ser das seguintes espécies: *facultativo* (parecer solicitado se a autoridade quiser); *obrigatório* (autoridade é obrigada a solicitar o parecer, mas não a acatá-lo) e *vinculante* (a autoridade é obrigada a solicitar o parecer e a acatar o seu conteúdo; ex.: parecer médico). Quando um parecer tem o poder de *decidir* um caso, ou seja, quando o parecer é, na verdade, uma decisão, a autoridade que emite esse parecer responde por eventual ilegalidade do ato (ex.: parecer jurídico sobre edital de licitação e minutas de contratos, convênios e ajustes – art. 38 da Lei 8.666/1993).

– Quanto à forma: a) **decreto:** é a forma de que se revestem os atos individuais ou gerais, emanados do Chefe do Poder Executivo. Exs.: nomeação e exoneração (atos individuais); regulamentos (atos gerais que têm por objeto proporcionar a fiel execução da lei – art. 84, IV, da CF); b) **resolução e portaria**: são as formas de que se revestem os atos, gerais ou individuais, emanados de autoridades que não sejam o Chefe do Executivo; c) **alvará**: forma pela qual a Administração confere licença ou autorização para a prática de ato ou exercício de atividade sujeita ao poderes de polícia do Estado. Exs.: alvará de construção (instrumento da licença); alvará de porte de arma (instrumento da autorização).

3.7. Temas combinados de ato administrativo

(Procurador do Município - S.J. Rio Preto/SP - 2019 - VUNESP) O controle jurisdicional dos atos administrativos:

(A) pode recair sobre atos administrativos vinculados e discricionários, relativamente ao mérito e a quaisquer de seus elementos.

(B) pode incidir sobre atos administrativos vinculados, mas não sobre atos administrativos discricionários.

(C) tendo em vista o princípio da deferência, limita-se à verificação da autoridade competente, da adoção da forma prescrita em lei e do trâmite regular do respectivo procedimento administrativo, não podendo recair sobre o mérito administrativo ou a finalidade do ato.

(D) pode recair sobre atos administrativos vinculados e discricionários, desde que, em qualquer caso, esgotadas as instâncias de controle administrativo.

(E) pode recair sobre atos administrativos vinculados e discricionários, não cabendo ao Poder Judiciário, entretanto, o controle do juízo de oportunidade e conveniência exercido com razoabilidade e motivação pela Administração Pública dentro dos parâmetros legais.

O controle dos atos administrativos pelo Poder Judiciário apresenta limites. Vale apontar que esse controle pode recair tanto nos atos vinculados quanto nos discricionários. Com efeito, os atos vinculados apresentam todos os seus requisitos (competência, forma, finalidade, motivo e objeto) precisamente definidos na lei. Já os atos discricionários detêm requisitos que são vinculados (competência, forma e finalidade) e outros que são discricionários (motivo o objeto). Nesse sentido, o controle judicial sobre os atos discricionários somente pode recair sobre os seus aspectos vinculados, adstritos à legalidade (controle de legalidade). Incabível o controle jurisdicional sobre o mérito (juízo de conveniência e oportunidade) do ato administrativo, sob pena de violação ao princípio da separação entre os poderes. Nesse sentido, as alternativas **A, B** e **C** estão incorretas. A alternativa **D** está incorreta, pois o controle jurisdicional dos atos administrativos não depende do esgotamento das instâncias administrativas. Conclui-se, portanto, que a alterativa correta é a **E**. RB

Gabarito "E."

(Procurador do Estado – PGE/MT – FCC – 2016) A propósito dos atos administrativos,

(A) o lançamento de ofício de um tributo é ato administrativo negociai, vinculado, de natureza autoexecutória e dotado de presunção de legitimidade.

(B) o registro de marcas não é reputado como ato administrativo, visto que não decorre de exercício de competência legal atribuído a autoridades administrativas, mas sim de atuação autorregulatória do setor industrial.

(C) o decreto regulamentar constitui um ato-regra, simples, imperativo e externo.

(D) o decreto de nomeação de uma centena de servidores públicos é qualificado como ato-condição, de caráter geral, ablativo e de efeito ampliativo.

(E) a emissão de uma licença em favor de um particular é ato de outorga, negocial, bilateral e complexo.

A: incorreta. O lançamento de ofício de um tributo é ato administrativo vinculado; **B:** incorreta. O registro de marcas e patentes é um ato administrativo, porque é feito no INPI (Instituto Nacional da Propriedade Industrial), que é uma autarquia; **C:** correta. O Decreto Regulamentar é um ato administrativo que veicula um regulamento, por isso ele veicula "regras" infralegais, sendo imperativo (de observância obrigatória) e externo, porque editado pelo Chefe do Poder Executivo; **D:** incorreta. Esse decreto de nomeação de servidores é um ato individual ou coletivo, não é geral, porque se aplica somente ao servidores que se sujeitarem à nomeação. Também, não é um ato "ablativo", porque esses atos negam condições, o que é contrário à concessão ou designação de servidores; **E:** incorreta. A licença não é um ato administrativo negocial nem bilateral, e sim, um ato vinculado, unilateral e simples, em regra. WG

Gabarito "C."

(Procurador do Município – Prefeitura Fortaleza/CE – CESPE – 2017) Em cada um do item a seguir é apresentada uma situação hipotética seguida de uma assertiva a ser julgada, a respeito da organização administrativa e dos atos administrativos.

(1) A prefeitura de determinado município brasileiro, suscitada por particulares a se manifestar acerca da construção de um condomínio privado em área de proteção ambiental, absteve-se de emitir parecer. Nessa situação, a obra poderá ser iniciada, pois o silêncio da administração é considerado ato administrativo e produz efeitos jurídicos, independentemente de lei ou decisão judicial.

(2) O prefeito de um município brasileiro delegou determinada competência a um secretário municipal. No exercício da função delegada, o secretário emitiu um ato ilegal. Nessa situação, a responsabilidade pela ilegalidade do ato deverá recair apenas sobre a autoridade delegada.

1: incorreta. Salvo disposição legal, o silêncio da Administração não é considerado um ato jurídico, porque não se constitui em manifestação de vontade, por isso não produz efeitos jurídicos; **2:** correta. O art. 14, § 3º, da Lei 9.784/1999 dispõe que o ato delegado é de responsabilidade da autoridade delegada, estando correta a assertiva, portanto. WG

Gabarito 1E, 2C

4. ORGANIZAÇÃO ADMINISTRATIVA

4.1. Temas gerais (Administração Pública, órgãos e entidades, descentralização e desconcentração, controle e hierarquia, teoria do órgão)

Segue um resumo sobre a parte introdutória do tema Organização da Administração Pública:

O objetivo deste tópico é efetuar uma série de distinções, de grande valia para o estudo sistematizado do tema. A primeira delas tratará da relação entre pessoa jurídica e órgãos estatais.

Pessoas jurídicas estatais *são entidades integrantes da estrutura do Estado e dotadas de personalidade jurídica*, ou seja, de aptidão genérica para contrair direitos e obrigações.

Órgãos públicos *são centros de competência integrantes das pessoas estatais instituídos para o desempenho das funções públicas por meio de agentes públicos.* São, portanto, parte do corpo (pessoa jurídica). Cada órgão é investido de determinada competência, dividida entre seus cargos. Apesar de não terem personalidade jurídica, têm prerrogativas funcionais, o que admite até que interponham mandado de segurança, quando violadas. Tal capacidade processual, todavia, só têm os órgãos independentes e os autônomos. Todo ato de um órgão é imputado diretamente à pessoa jurídica da qual é integrante, assim como todo ato de agente público é imputado diretamente ao órgão à qual pertence (trata-se da chamada "teoria do órgão", que se contrapõe à teoria da representação ou do mandato). Deve-se ressaltar, todavia, que a representação legal da entidade é atribuição de determinados agentes, como o Chefe do Poder Executivo e os Procuradores. Confiram-se algumas classificações dos órgãos públicos, segundo o magistério de Hely Lopes Meirelles:

Quanto à **posição**, podem ser órgãos *independentes* (originários da Constituição e representativos dos Poderes do Estado: Legislativo, Executivo de Judiciário – aqui estão todas as corporações legislativas, chefias de executivo e tribunais, e juízos singulares); *autônomos* (estão na cúpula da Administração, logo abaixo dos órgãos independentes, tendo autonomia administrativa, financeira e técnica, segundo as diretrizes dos órgãos a eles superiores – cá estão os Ministérios, as Secretarias Estaduais e Municipais, a AGU etc.), *superiores* (detêm poder de direção quanto aos assuntos de sua competência, mas sem autonomia administrativa e financeira – ex.: gabinetes, procuradorias judiciais, departamentos, divisões etc.) e *subalternos* (são os que se acham na base da hierarquia entre órgãos, tendo reduzido poder decisório, com atribuições de mera execução – ex.: portarias, seções de expediente).

Quanto à **estrutura**, podem ser *simples* ou *unitários* (constituídos por um só centro de competência) e *compostos* (reúnem outros órgãos menores com atividades-fim idênticas ou atividades auxiliares – ex.: Ministério da Saúde).

Quanto à **atuação funcional**, podem ser *singulares* ou *unipessoais* (atuam por um único agente – ex.: Presidência da República) e *colegiados* ou *pluripessoais* (atuam por manifestação conjunta da vontade de seus membros – ex.: corporações legislativas, tribunais e comissões).

Outra distinção relevante para o estudo da estrutura da Administração Pública é a que se faz entre desconcentração e descentralização. Confira-se.

Desconcentração *é a distribuição interna de atividades administrativas, de competências.* Ocorre de órgão para órgão da entidade Ex.: competência no âmbito da Prefeitura, que poderia estar totalmente concentrada no órgão Prefeito Municipal, mas que é distribuída internamente aos Secretários de Saúde, Educação etc.

Descentralização *é a distribuição externa de atividades administrativas, que passam a ser exercidas por pessoa ou pessoas distintas do Estado.* Dá-se de pessoa jurídica para pessoa jurídica como técnica de especialização. Ex.: criação de autarquia para titularizar e executar um dado serviço público, antes de titularidade do ente político que a criou.

Na descentralização **por serviço** a lei atribui ou autoriza que outra pessoa detenha a *titularidade* e a execução do serviço. Depende de lei. Fala-se também em *outorga* do serviço.

Na descentralização **por colaboração** o contrato ou ato unilateral atribui a outra pessoa a *execução* do serviço. Aqui o particular pode colaborar, recebendo a execução do serviço, e não a titularidade. Fala-se também em *delegação* do serviço e o caráter é transitório.

É importante também saber a seguinte distinção.

Administração direta *compreende os órgãos integrados no âmbito direto das pessoas políticas (União, Estados, Distrito Federal e Municípios).*

Administração indireta *compreende as pessoas jurídicas criadas pelo Estado para titularizar e exercer atividades públicas (autarquias e fundações públicas) e para agir na atividade econômica quando necessário (empresas públicas e sociedades de economia mista).*

Outra classificação relevante para o estudo do tema em questão é a que segue.

As **pessoas jurídicas de direito público** *são os entes políticos e as pessoas jurídicas criadas por estes para exercerem típica atividade administrativa, o que impõe tenham, de um lado, prerrogativas de direito público, e, de outro, restrições de direito público, próprias de quem gere coisa pública.*[2] Além dos entes políticos (União, Estados, Distrito Federal e Municípios), são pessoas jurídicas de direito público as *autarquias, fundações públicas, agências reguladoras* e *associações públicas* (consórcios públicos de direito público).

As **pessoas jurídicas de direito privado estatais** *são aquelas criadas pelos entes políticos para exercer atividade econômica, devendo ter os mesmos direitos e restrições das demais pessoas jurídica privadas, em que pese terem algumas restrições adicionais, pelo fato de terem sido criadas pelo Estado.* São pessoas jurídicas de direito privado estatais as *empresas públicas*, as *sociedades de economia mista*, as *fundações privadas criadas pelo Estado* e os *consórcios públicos de direito privado.*

Também é necessário conhecer a seguinte distinção.

Hierarquia *consiste no poder que um órgão superior tem sobre outro inferior, que lhe confere, dentre outras prerrogativas, uma ampla possibilidade de fiscalização dos atos do órgão subordinado.*

Controle (tutela ou supervisão ministerial) *consiste no poder de fiscalização que a pessoa jurídica política tem sobre a pessoa jurídica que criou, que lhe confere tão somente a possibilidade de submeter a segunda ao cumprimento de seus objetivos globais, nos termos do que dispuser a lei.* Ex.: a União não pode anular um ato administrativo de concessão de aposentadoria por parte do INSS (autarquia por ela criada), por não haver hierarquia; mas pode impedir que o INSS passe a comercializar títulos de capitalização, por exemplo, por haver nítido

---

2. Vide art. 41 do atual Código Civil. O parágrafo único deste artigo faz referência às *pessoas de direito público com estrutura de direito privado*, que serão regidas, no que couber, pelas normas do CC. A referência é quanto às fundações públicas, aplicando-se as normas do CC apenas quando não contrariarem os preceitos de direito público.

desvio dos objetivos globais para os quais fora criada a autarquia. Aqui não se fala em subordinação, mas em vinculação administrativa.

Por fim, há entidades que, apesar de *não fazerem* parte da Administração Pública Direta e Indireta, colaboram com a Administração Pública e são estudadas no Direito Administrativo. Tais entidades são denominadas *entes de cooperação* ou *entidades paraestatais*. São entidades que não têm fins lucrativos e que colaboram com o Estado em atividades não exclusivas deste. São exemplos de paraestatais as seguintes: a) *entidades do Sistema S* (SESI, SENAI, SENAC etc. – ligadas a categorias profissionais, cobram contribuições parafiscais para o custeio de suas atividades); b) *organizações sociais* (celebram *contrato de gestão* com a Administração); c) *organizações da sociedade civil de interesse público* – OSCIPs (celebram *termo de parceria* com a Administração).

(Procurador Federal – AGU – 2023 – CEBRASPE) Considerando as disposições contidas no Decreto-Lei n.º 200/1967, que estabelece a organização da administração federal, assinale a opção correta.

(A) A administração direta constitui-se dos serviços integrados na estrutura administrativa da Presidência da República, dos ministérios e das agências reguladoras e agências executivas.

(B) A autarquia caracteriza-se como ente de serviço autônomo, criado por lei, com personalidade jurídica, patrimônio e receita próprios, para executar atividades típicas da administração pública que, requeiram, para seu melhor funcionamento, gestão administrativa e financeira centralizada.

(C) A fundação pública constitui-se como entidade dotada de personalidade jurídica de direito privado, sem fins lucrativos, criada em virtude de autorização legislativa, para o desenvolvimento de atividades que não exijam execução por órgãos ou entidades de direito público, sem autonomia administrativa e sem patrimônio próprio e funcionamento custeado exclusivamente com recursos da União.

(D) As entidades compreendidas na administração indireta são dotadas de personalidade jurídica própria e se vinculam ao ministério em cuja área de competência estiver enquadrada sua principal atividade; entre as referidas entidades incluem-se as autarquias, as empresas públicas e as fundações públicas.

(E) O Poder Executivo é exercido pelo presidente da República e pelos ministros de Estado, de forma independente, os quais exercem sua competência constitucional, legal e regulamentar paralelamente aos órgãos que compõem a administração federal.

A: Incorreta, pois a administração direta é composta pelos serviços integrados na estrutura da Presidência da República, dos ministérios e das secretarias, e não inclui as agências reguladoras e agências executivas, que são parte da administração indireta. Isso está previsto no Decreto-Lei n.º 200/1967, Art. 4º, I. **B:** Incorreta, pois a autarquia possui gestão administrativa e financeira descentralizada, e não centralizada, conforme o disposto no art. 5º, I, do Decreto-Lei n.º 200/1967. **C:** Incorreta, pois a fundação pública possui sim autonomia administrativa, patrimônio próprio, assim como seu funcionamento pode ser custeado por recursos de outras fontes além daqueles advindos da União, nos termos do art. 5º, inc. IV, do Decreto-Lei n.º 200/1967. **D:** Correta, nos termos do art. 4º, p. ún., do Decreto-Lei n.º 200/1967. **E:** Incorreta, pois o Poder Executivo é exercido pelo presidente da República e pelos ministros de Estado em coordenação, não de forma independente e paralela, já que o Presidente é auxiliado pelos Ministros de Estado (art. 1º do Decreto-Lei n.º 200/1967). WG

Gabarito "D".

(Procurador Federal – AGU – 2023 – CEBRASPE) Julgue os seguintes itens, concernentes às autarquias, fundações, empresas públicas e sociedades de economia mista.

I. Somente por lei específica poderá ser criada autarquia e autorizada a instituição de empresa pública, de sociedade de economia mista e de fundação, cabendo a decreto legislativo, neste último caso, a definição das áreas de sua atuação.

II. A criação de subsidiárias de autarquias, empresas públicas, sociedade de economia mista e fundação, bem como a participação de qualquer delas em empresa privada, independe de autorização legislativa.

III. É vedada a acumulação remunerada de cargos públicos, exceto, quando houver compatibilidade de horários, a de dois cargos de professor; a de um cargo de professor com outro técnico ou científico; a de dois cargos ou empregos privativos de profissionais de saúde, com profissões regulamentadas.

IV. A proibição da acumulação de cargos públicos estende-se a empregos e funções e abrange autarquias, fundações, empresas públicas, sociedades de economia mista, suas subsidiárias, e sociedades controladas, direta ou indiretamente, pelo poder público.

V. As pessoas jurídicas de direito público e as de direito privado prestadoras de serviços públicos responderão pelos danos que seus agentes, nessa qualidade, causarem a terceiros, assegurando-se o direito de regresso contra o responsável apenas nos casos de dolo.

Estão certos apenas os itens

(A) I e II.

(B) III e IV.

(C) IV e V.

(D) I, II e III.

(E) III, IV e V.

I: Incorreta, pois as áreas de atuação das fundações devem ser definidas por lei complementar, e não por decreto legislativo (art. 37, XIX, da CF). **II:** Incorreta, pois é necessária autorização legislativa para a criação de subsidiárias (art. 37, XX, da CF). **III:** Correta, nos exatos termos do art. 37, XVI, da CF.
IV: Correta, nos exatos termos do art. 37, XVII, da CF. **V:** Incorreta, pois o direito de regresso contra o responsável pode ocorrer em casos de dolo ou <u>culpa</u>, nos termos do art. 37, § 6º, da CF. (WG)

Gabarito "B".

(Procurador Município – Teresina/PI – FCC – 2022) Considere o seguinte enunciado, referente à decisão do STF em regime de repercussão geral:

A teor do disposto no artigo 37, § 6º, da Constituição Federal, a ação por danos causados por agente público deve ser ajuizada contra o Estado ou a pessoa jurídica privada prestadora de serviço público, sendo parte ilegítima passiva o autor do ato.

(RE 1.027.633, voto do rel. min. Marco Aurélio, j. 14-8-2019, P, DJE de 6-12-2019, Tema 940)

2. DIREITO ADMINISTRATIVO

Tal decisão é calcada em explicação teórica sobre a relação entre o Estado e seus agentes, qual seja, a teoria

(A) do órgão.

(B) da interposta pessoa.

(C) do mandato.

(D) da representação.

(E) do funcionário de fato.

Ao causar dano a terceiro no exercício das funções, o agente público está agindo em nome do Estado, por intermédio da figura do órgão público. Esse o contexto da denominada "teoria do órgão", pelo qual a relação entre o Estado e seus agentes é de imputação, afastada, portanto, a ideia de representação. Assim, a entidade estatal manifesta a sua vontade por meio dos órgãos públicos, de modo que quando os agentes manifestam a sua vontade, é o Estado que está atuando. Nesse sentido é que o STF consolidou a posição no sentido de que a vítima somente pode ajuizar a ação de responsabilidade em face do Estado, e não em face do agente causador da lesão. Correta a alternativa A. **RB**

Gabarito "A"

(Procurador/PA – CESPE – 2022) Considerando a hipótese de que uma unidade hospitalar pública do estado do Pará esteja em construção e que sua gestão ainda será definida, julgue os itens a seguir, acerca das possíveis formas de gestão dessa unidade hospitalar.

I. A administração estadual poderá manter a unidade hospitalar sob gestão direta da Secretaria de Estado de Saúde Pública.

II. A administração estadual poderá fazer da unidade hospitalar uma entidade da administração indireta, como autarquia criada por lei específica, sendo-lhe aplicado integralmente o regime juspublicista.

III. A administração estadual poderá fazer da unidade hospitalar uma entidade da administração indireta, como fundação estatal de direito público, à qual, a despeito da estrutura fundacional, aplica-se amplamente o regime juspublicista.

IV. A administração estadual poderá fazer da unidade hospitalar uma entidade da administração indireta, como fundação estatal de direito privado, criada por lei específica e submetida a regime jurídico de direito privado com algumas derrogações próprias do regime juspublicista.

V. A gestão da unidade hospitalar poderá ser ajustada com organização social, por meio de contrato de gestão, precedido de chamamento público, do qual não poderão participar entidades cujas contas tenham sido julgadas irregulares ou rejeitadas por tribunal ou conselho de contas de qualquer ente federativo, em decisão irrecorrível, nos últimos oito anos.

A quantidade de itens certos é igual a

(A) 1.

(B) 2.

(C) 3.

(D) 4.

(E) 5.

Item **I**: correto (trata-se da gestão centralizada). Item **II**: correta (a medida representa a utilização da técnica da descentralização). Item **III**: correto (a medida igualmente constitui uma descentralização, sendo que a fundação estatal pode assumir a personalidade de direito público ou privado). Item **IV**: incorreto (a instituição de fundação estatal de direito privado depende de autorização legislativa específica; assim, a lei autoriza, e não cria, a fundação). Item **V**: correto (art. 9º, IV, do Decreto 9.190/2017). Assim, a quantidade de itens certos é 4 (alternativa D). **RB**

Gabarito "D"

(Procurador do Município - S.J. Rio Preto/SP - 2019 - VUNESP) É forma lícita de prestação de serviço público, dentre outras:

(A) a prestação descentralizada, por meio de autarquias, empresas públicas ou sociedades de economia mista.

(B) a prestação indireta, por meio de concessão administrativa, de concessão patrocinada e de concessão de uso privativo de bem público.

(C) a gestão associada de serviços públicos, por meio de consórcios privados e convênios.

(D) a prestação indireta, por meio de autorização, concessão de serviço público e de concessão de direito real de uso.

(E) a prestação direta e centralizada, por meio dos órgãos e sociedades integrantes da Administração Pública.

Nos termos do art. 175 da CF, incumbe ao Poder Público, diretamente ou sob regime de concessão ou permissão, sempre através de licitação, a prestação de serviços públicos. Observe-se que a prestação direta dos serviços pelo Poder Público (Administração direta) representa a prestação centralizada. Ocorre que é possível a prestação descentralizada, seja por meio de entidades da Administração indireta (autarquias, empresas públicas ou sociedades de economia mista), seja por meio de entes privados, através de concessão ou permissão. Nesse sentido, correta a alternativa A. **RB**

Gabarito "A"

(Procurador do Estado/SP - 2018 - VUNESP) Modelo de gestão orientado para práticas gerenciais com foco em resultados e atendimento aos usuários, qualidade de serviços e eficiência de processos com autonomia gerencial, orçamentária e financeira, sem abandonar parâmetros do modelo burocrático pode, em tese, e de acordo com o ordenamento jurídico em vigor, ser adotado por autarquia

(A) observada a autonomia, desde que qualificada como agência executiva, por meio de deliberação da autoridade máxima da autarquia, ratificada pelo Titular da Pasta tutelar, a quem competirá executar controle de finalidade e monitorar o atingimento das metas especificadas no âmbito do programa de ação do ente descentralizado.

(B) mediante celebração de contrato entre o Poder Público, por meio da Pasta tutelar, e o ente descentralizado, que abranja plano de trabalho voltado ao alcance dos objetivos e metas estipulados de comum acordo entre as partes.

(C) de forma autônoma, por meio de seu regimento interno, que deverá estabelecer objetivos estratégicos, metas e indicadores específicos observados os critérios de especialização técnica que justificaram a autorização legal para criação do ente descentralizado.

(D) mediante lei específica que autorize a contratualização de resultados entre o setor regulado e a autarquia que pretenda adotar o modelo gerencial, observada a finalidade de interesse público que justificou a desconcentração técnica no específico setor de atuação do órgão.

(E) mediante celebração de acordo de cooperação técnica, precedido de protocolo de intenções, a serem firmados entre a autarquia em regime especial e a pessoa de direito público interno que autorizou a sua criação, com derrogação em parte do regime jurídico administrativo, nos limites de lei específica.

O artigo 37 § 8º da CF/1988 estabelece a possibilidade de celebração do chamado contrato de gestão (ou contrato de desempenho, conforme a Lei federal 13.934/19), nos seguintes termos: "§ 8º a autonomia gerencial, orçamentária e financeira dos órgãos e entidades da administração direta e indireta poderá ser ampliada mediante contrato, a ser firmado entre seus administradores e o poder público, que tenha por objeto a fixação de metas de desempenho para o órgão ou entidade, cabendo à lei dispor sobre: I - o prazo de duração do contrato; II - os controles e critérios de avaliação de desempenho, direitos, obrigações e responsabilidade dos dirigentes; III - a remuneração do pessoal." FMB
Gabarito "B".

(Procurador Municipal – Prefeitura/BH – CESPE – 2017) No que se refere a organização administrativa, administração pública indireta e serviços sociais autônomos, assinale a opção correta.

(A) Por execução indireta de atividade administrativa entende-se a adjudicação de obra ou serviço público a particular por meio de processo licitatório.

(B) É possível a participação estatal em sociedades privadas, com capital minoritário e sob o regime de direito privado.

(C) Desde que preenchidos certos requisitos legais, as sociedades que comercializam planos de saúde poderão ser enquadradas como OSCIPs.

(D) Desconcentração administrativa implica transferência de serviços para outra entidade personalizada.

A: incorreta. O erro dessa assertiva está no fato de que a execução indireta abrange também a execução da obra ou serviço pelas pessoas jurídicas integrantes da Administração Indireta, e não somente aos particulares; B: correta. Tratam-se das Sociedades de Economia Mista, que podem explorar atividade econômica, em regime tipicamente privado, conforme disposto no art. 173, CF; C: incorreta. O art. 2º, VI, da Lei 9.790/1999 dispõe ser vedado às OSCIP desenvolver atividades de comercialização de planos de saúde; D: incorreta. A desconcentração é a divisão interna da atividade administrativa em órgãos ou departamentos, tendo em vista o cumprimento do princípio da eficiência. AW
Gabarito "B".

(Procurador – IPSMI/SP – VUNESP – 2016) A respeito da estruturação da Administração Pública brasileira, assinale a alternativa correta.

(A) As agências executivas possuem natureza de pessoa jurídica de direito privado, diferenciando-se, assim, das autarquias e fundações.

(B) As agências reguladoras são autarquias com regime jurídico especial, dotadas de autonomia reforçada em relação ao ente estatal.

(C) As empresas públicas estão necessariamente revestidas da forma jurídica de sociedade anônima.

(D) Os empregados das empresas estatais estão necessariamente submetidos ao teto remuneratório.

(E) As fundações públicas de direito privado, assim como as autarquias, são criadas por lei.

A: Incorreta. Como não houve especificação sobre as fundações públicas, se pessoas jurídicas de direito público ou privado, está incorreta a questão. B: Correta. As Agências Reguladoras realmente são autarquias de regime especial, dotadas de independência e autonomia em relação à Administração Direta, como todas as demais autarquias,

mas por terem esse "regime especial", ainda possuem uma atuação fortemente autônoma em relação à pessoa jurídica da Administração Indireta que a criou (por meio de lei). C: Incorreta. As empresas públicas são pessoas jurídicas de direito privado e podem adotar quaisquer das formas empresariais previstas em lei. D: Incorreto. O art. 37, § 9º, CF determina que somente se submetem ao teto geral as empresas estatais que recebem recursos do Estado para pagamento de despesas com pessoal ou custeio em geral. E: Incorreto. As fundações públicas de direito privado são autorizadas à criação por lei (art. 37, XIX, CF). WG
Gabarito "B".

(Procurador do Estado – PGE/MT – FCC – 2016) A Lei Estadual nº 7.692, de 1º de julho de 2002, ao tratar da competência e delegação, dispõe:

I. Competência é a fração do poder político autônomo do Estado, conferida pela Constituição ou pela lei como própria e irrenunciável dos órgãos administrativos, salvo os casos de delegação e avocação legalmente admitidos.

II. Um órgão administrativo colegiado poderá, se não houver impedimento legal, delegar suas funções, quando for conveniente, em razão de circunstâncias de índole técnica social, econômica, jurídica ou territorial.

III. A decisão de recursos administrativos não pode ser objeto de delegação.

IV. Após trinta dias de sua publicação o ato de delegação torna-se irrevogável.

Está correto o que se afirma APENAS em

(A) I, II e IV.

(B) II e III.

(C) I, III e IV.

(D) II e IV.

(E) I e III.

I: Correta, conforme disposto no art. 10, da Lei 7.692/2002; II: incorreta O art. 11, do referido diploma legal dispõe, que "Um órgão administrativo, através de seu titular poderá, e não houver impedimento legal, delegar parte da sua competência a outros órgãos, quando for conveniente, em razão de circunstâncias de índole técnica social, econômica, jurídica ou territorial. Parágrafo único. O órgão colegiado não pode delegar suas funções, mas apenas a execução material de suas deliberações"; III: correta. As decisões de recursos não podem ser delegáveis (art. 12, VI, da Lei 7.692/2002); IV: incorreta. O art. 13, da Lei 7.692/02 dispõe que: "O ato de delegação e sua revogação deverão ser publicados no Diário Oficial do Estado de Mato Grosso. § 1º O ato de delegação especificará as matérias e poderes transferidos, os limites da atuação do delegado, a duração e os objetivos da delegação, podendo conter ressalva de exercício de atribuição delegada. § 2º O ato de delegação é revogável a qualquer tempo pela autoridade delegante". AW
Gabarito "E".

4.2. Autarquias

(Procurador do Município - S.J. Rio Preto/SP - 2019 - VUNESP) Dentre as definições a seguir, assinale aquela que melhor conceitua a autarquia.

(A) É entidade integrante da Administração Pública, criada ou não por lei, com personalidade jurídica de Direito Público ou Privado, patrimônio e receitas próprios, para executar atividades típicas da Administração Pública, podendo ou não ser dotada de gestão administrativa e financeira descentralizada.

(B) É entidade integrante da Administração Pública direta, criada por lei, com personalidade jurídica de Direito Público, sem patrimônio próprio, para executar atividades típicas da Administração Pública, que requeira, para seu melhor funcionamento, gestão administrativa descentralizada.

(C) É entidade integrante da Administração Pública indireta, com personalidade jurídica de Direito Privado, patrimônio e receitas próprios, para executar, descentralizadamente, atividades estabelecidas por lei.

(D) É entidade integrante da Administração Pública indireta, criada por lei, com personalidade jurídica de Direito Público, patrimônio e receitas próprios, para executar atividades típicas da Administração Pública, que requeira, para seu melhor funcionamento, gestão administrativa e financeira descentralizada.

(E) É entidade integrante da Administração Pública indireta, criada por lei, com personalidade jurídica de Direito Público, patrimônio e receitas próprios, para executar atividades típicas da Administração Pública, caracterizada pela ausência de controle, de tutela ou de subordinação hierárquica e pela autonomia funcional, decisória, administrativa e financeira.

Autarquia representa entidade integrante da Administração Pública indireta descentralizada (alternativas **A** e **B** incorretas). Além disso, são criadas por lei, cf. art. 37, XIX, CF (alternativa A incorreta). Assumem personalidade jurídica de direito público, cf. art. 41, IV, Código Civil (alternativa **C** incorreta). Ademais, são dotadas de autonomia (funcional, decisória, administrativa e financeira), com patrimônio e receitas próprias. Relevante considerar que as autarquias submetem a um controle de tutela (baseado na vinculação), restando afastada a possibilidade de subordinação hierárquica (alternativa **E** incorreta). Diante de todas essas características, conclui-se que a alternativa **D** está correta. RB
Gabarito "D".

4.3. Agências reguladoras

(Procurador Federal – AGU – 2023 – CEBRASPE) No que se refere à gestão, à organização, ao processo decisório e ao controle social das agências reguladoras, assinale a opção correta.

(A) A autonomia administrativa da agência reguladora é caracterizada, entre outras competências, pela possibilidade de solicitar diretamente ao ministério em cuja área de competência estiver enquadrada sua principal atividade a autorização para a realização de concursos públicos.

(B) As reuniões deliberativas do conselho diretor ou da diretoria colegiada da agência reguladora têm natureza reservada, por isso a sua gravação em meio eletrônico só poderá ser disponibilizada aos próprios membros do conselho na sede da agência e no respectivo sítio na Internet em até 15 dias úteis após o encerramento da reunião.

(C) A agência reguladora poderá estabelecer, por meio de portaria, outros meios de participação de interessados em suas decisões, diretamente ou por meio de organizações e associações legalmente reconhecidas.

(D) O controle externo das agências reguladoras será exercido exclusivamente pelo Tribunal de Contas da União (TCU).

(E) A natureza especial conferida à agência reguladora é caracterizada, entre outras disposições, pela ausên-cia de tutela ou de subordinação hierárquica, pela autonomia funcional, decisória, administrativa e financeira e pela investidura a termo de seus dirigentes e estabilidade durante os mandatos.

A: Incorreta, pois essa solicitação deve ser feita diretamente para o Ministério da Economia (Art. 3º, § 2º, I, "a", da Lei nº 13.848/2019), e não o ministério em cuja área de competência estiver enquadrada a agência. **B:** Incorreta, pois as reuniões deliberativas do conselho diretor ou da diretoria colegiada da agência reguladora não têm natureza reservada. De acordo com o Art. 8º, caput, da Lei nº 13.848/2019, as reuniões devem ser públicas, gravadas em meio eletrônico, e essas gravações devem ser disponibilizadas no sítio da agência em até 15 dias úteis após o encerramento da reunião. **C:** Incorreta, pois a agência deve estabelecer esses outros meios de participação no seu regimento interno, e não em portaria (art. 11 da Lei nº 13.848/2019). **D:** Incorreta, pois o controle externo das agências reguladoras não é exercido exclusivamente pelo Tribunal de Contas da União (TCU). O controle é realizado também pelo Congresso Nacional, conforme o Art. 14 da Lei nº 13.848/2019, que define o controle externo das agências reguladoras como sendo realizado pelo TCU e pelo Congresso Nacional. **E:** Correta, nos exatos termos do expresso no art. 3º, *caput*, da Lei nº 13.848/2019. WG
Gabarito "E".

(Procurador Fazenda Nacional – AGU – 2023 – CEBRASPE) Conforme o disposto na Lei n.º 13.848/2019 (Lei Geral das Agências Reguladoras), a análise de impacto regulatório é um procedimento

(A) administrativo prévio à edição de atos normativos de interesse geral dos agentes econômicos, consumidores ou usuários de serviços e contém informações e dados sobre os possíveis efeitos do ato normativo.

(B) facultativo que pode ser utilizado pelas agências reguladoras ou pela sociedade em geral previamente à edição de atos normativos de interesse geral dos agentes econômicos, consumidores ou usuários de serviços.

(C) administrativo que viabiliza a democracia participativa, na medida em que a agência reguladora, *ad referendum* da sociedade, implanta medidas de sustentabilidade ambiental para os agentes econômicos, consumidores ou usuários de serviços.

(D) destinado a avaliar o impacto de atos normativos editados pelas agências reguladoras após o período de um ano da sua publicação.

(E) técnico em que órgãos e entidades específicos são convidados a apresentar pareceres e laudos, sem a utilização de mecanismos de participação social.

A: Correta, nos termos do art. 6º da Lei n. 13.848/2019, pelo qual "A adoção e as propostas de alteração de atos normativos de interesse geral dos agentes econômicos, consumidores ou usuários dos serviços prestados serão, nos termos de regulamento, precedidas da realização de Análise de Impacto Regulatório (AIR), que conterá informações e dados sobre os possíveis efeitos do ato normativo". **B:** Incorreta, pois a análise de impacto regulatório é procedimento obrigatório, e não facultativo, nos termos do artigo 6º da Lei 13.848/2019. **C:** Incorreta, pois esse procedimento não implanta ou impõe medidas de qualquer natureza, mas apenas reúne informações e dados sobre os possíveis efeitos do ato normativo (artigo 6º da Lei 13.848/2019). **D:** Incorreta, pois, como um procedimento destinado a avaliar o impacto regulatório, é, obviamente, um procedimento prévio ao expedição do respectivo ato regulatório, e não um procedimento posterior (artigo 6º da Lei 13.848/2019). **E:** Incorreta, pois nesse procedimento há sim a possibilidade de utilização de mecanismos de participação social, como a realização de consulta ou audiência pública (Artigo 6º, § 4º, da Lei 13.848/2019). **WG**

Gabarito "A".

(Procurador do Estado/SE – 2017 – CESPE) Acerca do poder regulamentar e do regime jurídico das agências reguladoras e executivas, assinale a opção correta.

(A) O STJ entende que a aplicação de multas previstas em resoluções editadas por agência reguladora do setor de aviação civil ofende o princípio da legalidade.

(B) A autonomia de gestão das agências executivas torna dispensável a celebração de contrato de gestão com o ministério supervisor para o seu funcionamento.

(C) O período de quarentena, que é condição legal para ex-dirigentes iniciarem o exercício de atividade na iniciativa privada, tem como objetivo evitar transtornos e prejuízos à fiscalização das agências reguladoras.

(D) Observada a especificidade de sua atuação, as agências reguladoras têm competência para instituir modalidades próprias para a licitação e contratação de obras e serviços.

(E) A existência de subordinação hierárquica das agências reguladoras ao governo é exemplificada pela possibilidade de o interessado interpor recurso na pasta ministerial competente.

A: incorreta – Segundo o STJ, havendo previsão na legislação ordinária delegando à agência reguladora competência para a edição de normas e regulamentos no seu âmbito de atuação, não há que se falar em ofensa ao princípio da legalidade. Vejamos julgado a respeito do tema: Processual civil. Administrativo. Multa administrativa aplicada pela Anac. Princípio da legalidade. Legitimidade passiva do Estado de Santa Catarina. Convênio administrativo entre município de Chapecó e aeródromo.1. A análise que enseja a responsabilidade do Estado de Santa Catarina sobre a administração do aeródromo localizado em Chapecó/SC enseja observância das cláusulas contratuais, algo que ultrapassa a competência desta Corte Superior, conforme enunciado da Súmula 5/STJ. 2. *Não há violação do princípio da legalidade na aplicação de multa previstas em resoluções criadas por agências reguladoras, haja vista que elas foram criadas no intuito de regular, em sentido amplo, os serviços públicos, havendo previsão na legislação ordinária delegando à agência reguladora competência para a edição de normas e regulamentos no seu âmbito de atuação.* Precedentes. 3. O pleito de se ter a redução do valor da multa aplicada ao recorrente, por afronta à Resolução da ANAC e à garantia constitucional do art. 5º, XL, da CF/88 e arts. 4º. e 6º da LICC, bem como art. 106, III, alínea "c", c/c art. 112 do CTN, não merece trânsito, haja vista que a respectiva matéria não foi devidamente prequestionada no acórdão em debate. Agravo regimental improvido. (AgRg no AREsp 825.776/SC, Rel. Ministro Humberto Martins, Segunda Turma, julgado em 05.04.2016, DJe 13.04.2016); **B:** incorreta – Art. 37, § 8º, CF/1988; **C:** correta – "O ex-dirigente fica impedido para o exercício de atividades ou de prestar qualquer serviço no setor regulado pela respectiva agência, por um período de quatro meses, contados da exoneração ou do término do seu mandato. [...]" – Art. 8º da Lei 9.986/2000; **D:** incorreta – é certo que no que tange ao procedimento licitatório algumas leis criadoras das agências regulatórias tentaram esquivá-las da obediência às normas licitatórias na Lei 8.666/1993. A Lei 9.472/1997, denominada Lei Geral das Telecomunicações e que criou a Anatel, chegou até mesmo a estabelecer que tal agência não se submetia à Lei 8.666/1993 e que poderia inclusive adotar modalidades específicas como o pregão e a consulta. Todavia, essa disposição foi objeto da ADI 1.668, que em medida cautelar determinou a suspensão do artigo 119, proibindo a definição de procedimento administrativo pela própria Anatel tendo em vista a violação ao Art. 22, inc. XXVII, da CF/1988. No que tange ao pregão e à consulta, previstos no Art. 54 da

Lei 9.472/2000, não houve a suspensão cautelar desses dispositivos e, atualmente, temos que o pregão encontra-se hoje regulado pela Lei 10.520/2002 e, no tocante à consulta, ela tem sido utilizada, embora na verdade dependesse da edição de uma lei que a instituísse de fato como modalidade licitatória; **E:** incorreta – as agências reguladoras possuem natureza jurídica de autarquias especiais, ou seja, são entes que compõem a chamada Administração Indireta. Não existe subordinação hierárquica entre o ente da Administração Pública Direta que deu ensejo à criação da agência reguladora e essa. Há somente um poder de tutela, a chamada supervisão ministerial. **FB**

Gabarito "C".

(Procurador do Estado – PGE/MT – FCC – 2016) O Estado X pretende criar estrutura administrativa destinada a zelar pelo patrimônio ambiental estadual e atuar no exercício de fiscalização de atividades potencialmente causadoras de dano ao meio ambiente. Sabe-se que tal estrutura terá personalidade jurídica própria e será dirigida por um colegiado, com mandato fixo, sendo que suas decisões de caráter técnico não estarão sujeitas à revisão de mérito pelas autoridades da Administração Direta. Sabe-se também que os bens a ela pertencentes serão considerados bens públicos. Considerando-se as características acima mencionadas, pretende-se criar uma:

(A) agência reguladora, pessoa de direito público, cuja criação se dará diretamente por lei.

(B) agência executiva, órgão diretamente vinculado ao Poder Executivo, cuja criação se dará diretamente por lei.

(C) associação pública, pessoa de direito privado, cuja criação será autorizada por lei e se efetivará com a inscrição de seus atos constitutivos no registro competente.

(D) agência executiva, entidade autárquica de regime especial, estabelecido mediante assinatura de contrato de gestão.

(E) fundação pública, pessoa de direito privado, cuja criação será autorizada por lei e se efetivará com a inscrição de seus atos constitutivos no registro competente.

A: correta. Temos a caracterização de uma autarquia, com patrimônio próprio, integrante da Administração Indireta (com independência administrativa e técnica), com mandato fixo de seus dirigentes (essa já é uma característica que diferencia a Agencia Reguladora das demais pessoas jurídicas); **B:** incorreta. Não temos Agencia Executiva, porque essa é preexistente e o enunciado diz que será "criada" uma pessoa jurídica"; **C:** incorreta. Temos informação de que a pessoa jurídica será criada, e não "autorizada por lei", por isso está incorreta essa assertiva; **D:** incorreta. Como afirmado na alternativa B, as Agências Executivas são autarquias e fundações públicas preexistentes, além do mais, não se sujeitam ao regime especial, exclusividade das Agências Reguladoras; **E:** incorreta. Há criação da pessoa jurídica, conforme enunciado, sendo pessoa jurídica de direito público, portanto. **AW**

Gabarito "A".

(Procurador do Município – Prefeitura Fortaleza/CE – CESPE – 2017) No item a seguir é apresentada uma situação hipotética seguida de uma assertiva a ser julgada, a respeito da organização administrativa e dos atos administrativos.

(1) Ao instituir programa para a reforma de presídios federais, o governo federal determinou que fosse criada uma entidade para fiscalizar e controlar a prestação dos serviços de reforma. Nessa situação, tal entidade, devido à sua finalidade e desde que criada mediante lei específica, constituirá uma agência executiva.

1: incorreta. Teríamos a criação de uma Agência Reguladora, que é uma autarquia, criada por lei, para a fiscalização e regulamentação dos serviços públicos. As Agências Executivas são autarquias ou fundações preexistentes, mas que se encontram desatualizadas e recebem essa qualificação para o desenvolvimento de um plano estratégico constante de um contrato de gestão. AW

Gabarito 1E

4.4. Consórcios públicos

(Procurador Federal – AGU – 2023 – CEBRASPE) Assinale a opção correta com base na Lei n.º 11.107/2005, que estabelece as normas gerais de contratação de consórcios públicos.

(A) Os consórcios públicos na área de saúde deverão obedecer aos princípios, diretrizes e normas que regulam o Sistema Único de Saúde (SUS).

(B) O consórcio público será constituído por contrato cuja celebração dependerá da prévia subscrição de protocolo de intenções, dispensando-se a publicação deste na imprensa oficial.

(C) O consórcio público com personalidade jurídica de direito público não integra a administração indireta dos entes da Federação consorciados.

(D) Para a celebração do contrato de consórcio público, o protocolo de intenções deve ser ratificado por decreto legislativo.

(E) A referida lei não autoriza a celebração de convênios entre a União e os consórcios públicos com o objetivo de viabilizar a descentralização e a prestação de políticas públicas.

A: Correta, pois o artigo 1º, § 3º da Lei n.º 11.107/2005 estabelece que os consórcios públicos na área de saúde devem seguir os princípios, diretrizes e normas do Sistema Único de Saúde (SUS). Esta disposição garante que os consórcios respeitem os princípios e diretrizes do SUS ao atuar em atividades relacionadas à saúde. **B:** Incorreta, pois o artigo 4º, § 5º da Lei n.º 11.107/2005 exige que o protocolo de intenções seja publicado na imprensa oficial. A celebração do contrato de consórcio público depende da prévia publicação do protocolo de intenções para garantir transparência. **C:** Incorreta, pois o consórcio público com personalidade jurídica de direito público integra a administração indireta dos entes consorciados, conforme o artigo 6º, § 1º da Lei n.º 11.107/2005, que define a sua natureza jurídica e integração à administração pública. **D:** Incorreta, pois o protocolo de intenções deve ser publicado em imprensa oficial (art. 4º, § 5º. da Lei n.º 11.107/2005). Já o contrato de consórcio público, para ser constituído, de fato requer ratificação, por meio de lei, do protocolo de intenções. Repare que o instrumento mencionado é a lei e não o decreto legislativo, o que implica, por ser lei, sanção pelos chefes dos poderes executivos envolvidos. **E:** Incorreta, pois o art. 14, *caput*, da Lei n.º 11.107/2005 autoriza a celebração de convênios entre a União e consórcios públicos para viabilizar a descentralização e a prestação de políticas públicas em escalas adequadas. WG

Gabarito "A"

(Procurador Município – Santos/SP – VUNESP – 2021) De acordo com Decreto Federal nº 6.017/07 o "contrato preliminar que, ratificado pelos entes da Federação interessados, converte-se em contrato de consórcio público" define o seguinte instrumento:

(A) Contrato de rateio.

(B) Protocolo de intenções.

(C) Contrato de programa.

(D) Contrato de gestão.

(E) Gestão associada de serviços públicos.

O Decreto n. 6.017 regulamenta a Lei 11.107/2005, que dispõe sobre os consórcios públicos. De acordo com o seu art. 2º, III, o protocolo de intenções representa o contrato preliminar que, ratificado pelos entes da Federação interessados, converte-se em contrato de consórcio público. Nesse sentido, correta a alternativa B. Vale indicar a seguir a definição das demais noções contidas na questão: contrato de rateio (contrato por meio do qual os entes consorciados comprometem-se a fornecer recursos financeiros para a realização das despesas do consórcio público); contrato de programa (instrumento pelo qual devem ser constituídas e reguladas as obrigações que um ente da Federação, inclusive sua administração indireta, tenha para com outro ente da Federação, ou para com consórcio público, no âmbito da prestação de serviços públicos por meio de cooperação federativa); contrato de gestão (instrumento firmado entre a administração pública e autarquia ou fundação qualificada como Agência Executiva, na forma do art. 51 da Lei 9.649, de 27 de maio de 1998, por meio do qual se estabelecem objetivos, metas e respectivos indicadores de desempenho da entidade, bem como os recursos necessários e os critérios e instrumentos para a avaliação do seu cumprimento); gestão associada de serviços públicos (exercício das atividades de planejamento, regulação ou fiscalização de serviços públicos por meio de consórcio público ou de convênio de cooperação entre entes federados, acompanhadas ou não da prestação de serviços públicos ou da transferência total ou parcial de encargos, serviços, pessoal e bens essenciais à continuidade dos serviços transferidos). RB

Gabarito "B".

(Procurador do Estado/SP - 2018 - VUNESP) Consórcio público, formado por alguns dos Municípios integrantes de Região Metropolitana e por outros Municípios limítrofes, elaborou plano de outorga onerosa do serviço público de transporte coletivo de passageiros sobre pneus, abrangendo o território do Consórcio. Pretende, agora, abrir licitação para conceder o serviço. Essa pretensão é juridicamente

(A) questionável, porque, de acordo com a jurisprudência do Supremo Tribunal Federal, o planejamento, a gestão e a execução das funções de interesse comum em Regiões Metropolitanas são de competência do Estado e dos Municípios que a integram, conjuntamente.

(B) questionável, porque o consórcio descrito sequer poderia ter sido constituído sem a participação do Estado em cujo território se encontram os Municípios agrupados.

(C) viável, vez que consórcios públicos podem outorgar concessão, permissão ou autorização de serviços públicos, ainda que a delegação desse serviço específico não esteja expressamente prevista no contrato de consórcio público.

(D) viável, porque o consórcio regularmente constituído possui personalidade jurídica própria e é titular, com exclusividade, dos serviços públicos que abrangem a área territorial comum.

(E) viável, porque o desenvolvimento urbano integrado constitui instrumento de governança interfederativa e determina que o planejamento, a gestão e a execução das funções públicas de interesse comum sejam conjuntos.

Quando se trata de Região Metropolitana tem-se uma conurbação, o que torna os interesses interpenetrados, em que não se percebe mais onde termina um Município e começa outra, de modo que o chamado interesse predominantemente local perde espaço para o interesse regional. Segundo o STF na ADI 1.842, faz-se necessário ter uma integração entre os Municípios, Município-Polo e Estado-membro, com o fim de viabilizar a organização, execução e planejamento das funções públicas de interesse comum. O STF esclareceu que deve ser criado um órgão colegiado em cada região metropolitana, de acordo com as peculiaridades de cada regionalidade, com a participação dos interessados (Estado e Municípios), sendo que não pode haver concentração de poder decisório nas mãos de apenas um (poder de homologação), vedado o predomínio absoluto de um ente sobre os demais. Restou clara, portanto, a posição do STF para que não ocorra o prevalecimento ou sobreposição do interesse de um determinado ente federativo sobre a decisão ou interesse dos demais entes da Federação. Ora, não é, portanto, o caso de constituição de um consórcio do qual nem ao menos fazem parte todos os integrantes da região metropolitana, pois nesse caso o interesse de alguns entes estaria se sobrepondo ao de outros. **FMB**

Gabarito "A".

4.5. Empresas estatais

(Procurador Federal – AGU – 2023 – CEBRASPE) Assinale a opção correta no que se refere às características e constituição das empresas públicas e sociedades de economia mista, previstas na Lei n.º 13.303/2016.

(A) A criação de subsidiárias de empresa pública e de sociedade de economia mista depende de autorização legislativa, mas é livre a participação de qualquer delas em empresa privada, cujo objeto social deve estar relacionado ao da investidora.

(B) Aplicam-se às empresas públicas as regras previstas na Lei de Sociedade por Ações, ao passo que às sociedades de economia mista de capital fechado e às suas subsidiárias são aplicadas as normas da Comissão de Valores Mobiliários.

(C) Sociedade de economia mista é a entidade dotada de personalidade jurídica de direito privado, com criação autorizada por lei, sob a forma de sociedade anônima, cujas ações com direito a voto pertençam em sua maioria à União, aos estados, ao Distrito Federal, aos municípios ou a entidade da administração indireta.

(D) Empresa pública é a entidade dotada de personalidade jurídica de direito público ou privado, com criação autorizada por lei e com patrimônio próprio e cujo capital social seja integralmente detido pela União, pelos estados, pelo Distrito Federal ou pelos municípios.

(E) A maioria do capital votante da empresa pública deve permanecer em propriedade da União, do estado, do Distrito Federal ou do município, não se admitindo no capital a participação de outras pessoas jurídicas de direito público interno.

A: Incorreta, pois a participação de qualquer delas em empresa privada também depende de autorização legislativa (art. 2º, § 2º, da Lei nº 13.303/2016). **B:** Incorreta, pois, de acordo com o artigo 7º da Lei nº 13.303/2016 aplicam-se a todas as empresas públicas, as sociedades de economia mista de capital fechado e as suas subsidiárias as disposições da Lei de Sociedade por Ações (Lei nº 6.404/1976), assim como se aplicam a todas as empresas mencionadas as normas da Comissão de Valores Mobiliários sobre escrituração e elaboração de demonstrações financeiras, inclusive a obrigatoriedade de auditoria independente por auditor registrado nesse órgão. **C:** Correta, pois está de acordo com o disposto no art. 4º, *caput*, da Lei nº 13.303/2016. **D:** Incorreta, pois a

empresa pública possui personalidade jurídica de direito privado, não de direito público (Art. 3º, *caput*, da Lei nº 13.303/2016). **E:** Incorreta, pois será admitida, no capital da empresa pública, a participação de outras pessoas jurídicas de direito público interno (Art. 3º, p. ún., da Lei nº 13.303/2016). **WG**

Gabarito "C".

(Procurador Município – Teresina/PI – FCC – 2022) Ao lado de diversas regras de caráter comum, o regime jurídico da empresa pública diferencia-se do aplicável às sociedades de economia mista em vários aspectos. Dentre os traços diferenciadores estatuídos pela Lei Federal 13.303, de 30 de junho de 2016, Lei das Estatais, inclui-se a

(A) presença de Conselho de Administração na estrutura de governança, aplicável apenas às sociedades de economia mista.

(B) imunidade tributária, aplicável apenas às empresas públicas.

(C) submissão ao regime licitatório, aplicável apenas às empresas públicas.

(D) vedação à emissão de partes beneficiárias, aplicável apenas às empresas públicas.

(E) possibilidade de criação de subsidiárias, aplicável apenas às sociedades de economia mista.

A: incorreta (o Conselho de Administração deve integrar tanto a empresa pública quanto a sociedade de economia mista, cf. art. 8º, I). **B:** incorreta (a imunidade tributária se aplica a empresas públicas e sociedades de economia mista, desde que alguns requisitos estejam presentes, como a prestação de serviço público essencial e em regime de exclusividade, cf. STF). **C:** incorreta (o regime licitatório se aplica tanto às empresas públicas quanto às sociedades de economia mista, cf. art. 28). **D:** correta (art. 11, II). **E:** incorreta (tanto empresas públicas quanto sociedades de economia mista podem criar subsidiárias, cf. art. 1º, "caput"). **RB**

Gabarito "D".

(Procurador do Município - S.J. Rio Preto/SP - 2019 - VUNESP) Considere um diretor de uma sociedade prestadora de serviço público, contratado há quatro anos para tal função, sendo correto afirmar:

(A) em se tratando de empresa pública ou sociedade de economia mista, tal diretor poderá ser tanto um servidor público, sujeito ao regime estatutário do respectivo ente federativo, como um agente público titular de vínculo preponderantemente trabalhista.

(B) todos os seus atos poderão ser objeto de mandado de segurança para proteção de direito líquido e certo, desde que demonstrada ilegalidade ou abuso de poder.

(C) caso a sociedade prestadora seja empresa pública, os assessores subordinados a tal diretor deverão ser, como regra, contratados por concurso público e terão estabilidade no emprego em conformidade com o regime do servidor público estatutário.

(D) caso a sociedade prestadora seja uma sociedade privada (não estatal), nenhum dos atos do seu diretor poderá ser objeto de mandado de segurança, haja vista tratar-se de remédio reservado a autoridades públicas.

(E) sendo a sociedade integrante da Administração Pública indireta, o diretor poderá ser nomeado por concurso público ou em regime de comissão, mas terá seu vínculo profissional regido preponderantemente pelo direito trabalhista e/ou societário.

2. DIREITO ADMINISTRATIVO

Comentário: alternativas A e C incorretas (empresas públicas e sociedades de economia mista submetem-se ao regime próprio das empresas privadas, cf. art. 173, §1º, II, CF, motivo pelo qual o diretor, ou seus assessores, não estão sujeitos ao regime estatutário, e sim ao trabalhista). Alternativa B incorreta (não cabe mandado de segurança contra os atos de gestão comercial praticados pelos administradores de empresas públicas, de sociedade de economia mista e de concessionárias de serviço público, cf. art. 1º, §2º, da Lei 12.016/2009). Alternativa D incorreta (o mandado de segurança não representa remédio reservado exclusivamente a autoridades públicas, podendo ser impetrado contra ato oriundo de ente privado relacionado, por exemplo, à prestação de serviço público). Alternativa E correta (a nomeação de diretor para empresa estatal obedece aos requisitos do art. 17 da Lei 13.303/2016, o qual faz referência a concurso público em seu §5º, I, de modo que o diretor não tem necessidade de demonstrar experiência profissional caso tenha ingressado mediante concurso). **RB**

Gabarito "E".

(Procurador do Estado/TO - 2018 - FCC) O Governo do Estado pretende instituir uma entidade dedicada a prestar serviços relacionados ao turismo no Estado e encaminha à Assembleia Legislativa o respectivo projeto de lei autorizativa. Sabe-se que tal entidade terá capital social dividido em quotas. O Governo estadual criará uma

(A) sociedade de economia mista.

(B) autarquia.

(C) fundação de direito privado.

(D) associação pública.

(E) empresa pública.

O Governo do Estado pretende instituir uma entidade, o que permite inferir que se trata de um ente que integra a Administração indireta (autarquia, associação pública, fundação, empresa pública ou sociedade de economia mista). Considerando que o projeto de lei encaminhado à Assembleia Legislativa prevê a autorização para a instituição, estão excluídas as autarquias e as associações públicas, cujas leis as criam (art. 37, XIX, CF). Além disso, trata-se de uma entidade que detém capital social, o que permite afirmar que se trata de uma empresa estatal (empresa pública ou sociedade de economia mista). Como a questão faz referência ao capital constituído por quotas (e não por ações), pode-se concluir que se trata de uma empresa pública (que pode assumir qualquer modalidade societária) e não uma sociedade de economia mista (que somente pode assumir a condição de sociedade anônima, cujo capital social é formado por ações). Assim, correta a alternativa E. **RB**

Gabarito "E".

4.6. Entes de cooperação. Terceiro Setor

(Procurador – AL/PR – 2024 – FGV) Diante da necessidade de analisar algumas situações submetidas a sua apreciação enquanto Procurador da Assembleia Legislativa do Estado do Paraná, Ronaldo decidiu aprofundar os seus estudos em relação à organização administrativa e às peculiaridades atinentes ao terceiro setor, à luz da jurisprudência do Supremo Tribunal Federal, vindo a concluir corretamente que

(A) considerando a possibilidade de receberem verbas públicas, inclusive a destinação de verbas tributárias, a criação de quaisquer entidades do terceiro setor deve ser realizada mediante a respectiva autorização legislativa.

(B) nas hipóteses em que o erário tenha concorrido para custeio das respectivas atividades, é possível a responsabilização de seus representantes por ato de improbidade administrativa, ainda que tais entidades não integrem a Administração Indireta.

(C) o repasse de verbas públicas para tais entidades depende da realização de licitação, nos termos da Lei nº 14.133/2021 (Lei de Licitações), mormente para fins de formalização de termo de fomento e de termo de parceria.

(D) dentre as entidades do terceiro setor, os serviços sociais autônomos são, para todos os efeitos, equiparados às autarquias, sendo considerados, por conseguinte, entidades integrantes da Administração Indireta.

(E) no dispêndio de verbas provenientes do erário pelas entidades do terceiro setor, não há necessidade de se respeitar os princípios da moralidade e da impessoalidade, considerando que tais valores foram incorporados ao seu patrimônio.

A: Incorreta, pois a criação de entidades do terceiro setor não exige autorização legislativa apenas por receberem verbas públicas. O que se requer é a observância das normas pertinentes ao terceiro setor e à transparência na gestão dos recursos, mas a autorização legislativa não é uma exigência geral para todas as entidades do terceiro setor. **B:** Correta, pois mesmo que as entidades do terceiro setor não integrem a Administração Indireta, elas podem ser responsabilizadas por ato de improbidade administrativa se receberem verbas públicas. A jurisprudência do STF confirma que a responsabilidade por improbidade pode se estender a essas entidades quando há envolvimento de recursos públicos, conforme estabelecido na Lei nº 8.429/1992 (art. 2º, parágrafo único), conforme decidido por exemplo, na ADI 1923 (item 64). **C:** Incorreta, pois o repasse de verbas públicas para entidades do terceiro setor, como a formalização de termos de fomento e de parceria, não está sujeito à realização de licitação. Esses repasses são regulados por normas específicas para o terceiro setor, que incluem a formalização de termos de parceria e fomento, mas não requerem processo licitatório. Vide a respeito a ADI 1923 (itens 17, 32-34, e 44-56). **D:** Incorreta, pois os serviços sociais autônomos, embora desempenhem funções de interesse público, não são equiparados às autarquias e não integram a Administração Indireta. Eles têm uma natureza jurídica distinta e não são considerados parte da Administração Indireta. Uma organização social, por exemplo, "não é entidade da administração indireta, pois não se enquadra nem no conceito de empresa pública, de sociedade de economia mista, nem de fundações públicas, nem no de autarquias" (ADI 1923). **E:** Incorreta, pois, mesmo no dispêndio de verbas provenientes do erário, as entidades do terceiro setor devem respeitar os princípios da moralidade e da impessoalidade. Esses princípios são fundamentais para garantir a correta aplicação dos recursos públicos e a transparência na gestão, independentemente de as verbas terem sido incorporadas ao patrimônio da entidade. Nesse sentido, na ADI 1923 decidiu-se que "embora não façam formalmente licitação, tais entidades devem editar um regulamento próprio para contratações, fixando regras objetivas e impessoais para o dispêndio de recursos públicos". **WG**

Gabarito "B".

(Procurador – PGE/SP – 2024 – VUNESP) O Estado "X" pretende realizar acordo de cooperação com organização da sociedade civil (OSC), sob as regras da Lei nº 13.019/2014. Assinale a alternativa que apresenta cláusula confeccionada para fins de inclusão na minuta do instrumento de parceria que se revela adequada ao negócio jurídico a ser celebrado.

(A) "A entidade parceira declara preencher o requisito de prazo mínimo de existência, com cadastro ativo na Secretaria de Receita Federal do Brasil, nos termos da Lei nº 13.019/2014".

(B) "Fica dispensada a apresentação de plano de trabalho pela entidade parceira, que poderá ser substituído por carta de intenções subscrita pelo dirigente da entidade, a ser disponibilizada no prazo de cinco dias a contar da assinatura do ajuste".

(C) "A parceria produzirá efeitos jurídicos a partir da data de assinatura, sem prejuízo da oportuna publicação do ajuste no diário oficial do Estado".

(D) "Em vista da vedação legal à celebração de parcerias com organizações de cunho religioso, a entidade parceira declara não ostentar tal natureza".

(E) "As atividades previstas no plano de trabalho serão inteiramente financiadas pela OSC parceira, a quem caberá, portanto, a responsabilidade pela captação dos recursos necessários para sua execução".

A: Incorreto. O art. 33, V, "a", da Lei nº 13.019/2014 exige que a entidade parceira tenha um prazo mínimo de dois anos de funcionamento, com o respectivo cadastro ativo na Receita Federal. Esses requisitos não são comprováveis mediante mera declaração da entidade parceira, mas sim por meio de documentação emitida pela Secretaria da Receita Federal e cópia do estatuto social da entidade devidamente registrado (art. 26, I e II, do Decreto 8.726/16). **B:** Incorreto. De acordo com o Art. 35, IV, da Lei nº 13.019/2014, a apresentação (e a aprovação) do plano de trabalho é obrigatória para formalizar a parceria. A dispensa dessa apresentação, mesmo substituída por uma carta de intenções, não está prevista na legislação e comprometeria a formalidade e a clareza exigidas para a execução das atividades. **C:** Incorreto. O art. 38 da Lei nº 13.019/2014 estabelece que o ajuste deve ser publicado nos meios oficiais de publicidade da administração pública para ter efeitos jurídicos. A assinatura do acordo sozinha não é suficiente para validar a parceria juridicamente, sendo necessário o cumprimento da formalidade de publicação. **D:** Incorreto. O art. 33, § 2º, da Lei nº 13.019/2014 regula a possibilidade de organizações de cunho religioso celebrarem esse tipo de parceria, inclusive estabelecendo certas vantagens quanto à apresentação de documentação necessária à celebração da parceria. **E:** Correto. Segundo o Art. 2º, VIII-A, o *acordo de cooperação* é o "instrumento por meio do qual são formalizadas as parcerias estabelecidas pela administração pública com organizações da sociedade civil para a consecução de finalidades de interesse público e recíproco <u>que não envolvam a transferência de recursos financeiros</u>". A cláusula está adequada, pois reflete corretamente as responsabilidades da OSC em relação ao financiamento das atividades. **WG**

Gabarito "E".

(Procurador Município – Teresina/PI – FCC – 2022) A Lei Federal 13.019, de 31 de julho de 2014, que instituiu o procedimento de Manifestação de Interesse Social, de caráter prévio à celebração de parcerias, estabelece:

(A) A Administração poderá, quando se afigurar conveniente, condicionar a realização de chamamento público ou a celebração de parceria à prévia realização do Procedimento de Manifestação de Interesse Social.

(B) A realização do Procedimento de Manifestação de Interesse Social não implicará necessariamente na execução do chamamento público, que acontecerá de acordo com os interesses da Administração.

(C) Trata-se de procedimento destinado a selecionar, de maneira competitiva e impessoal, organização da sociedade civil para firmar parceria por meio de termo de colaboração ou de fomento.

(D) Por meio de tal procedimento, as organizações da sociedade civil, movimentos sociais, empresas privadas e cidadãos poderão apresentar propostas ao poder público para que este avalie a possibilidade de realização de um chamamento público objetivando a celebração de parceria.

(E) A organização da sociedade civil que apresentar proposta, por meio do Procedimento de Manifestação de Interesse Social, fica impedida de participar de eventual chamamento público subsequente.

A: incorreta (é vedado condicionar a realização de chamamento público ou a celebração de parceria à prévia realização de Procedimento de Manifestação de Interesse Social-PMI, cf. art. 21, § 3º). **B:** correta (cf. art. 21, "caput"). **C:** incorreta (a definição dessa alternativa refere-se ao chamamento público, cf. art. 2º, XII). **D:** incorreta (as empresas privadas não estão previstas no art. 18, "caput", da Lei 13.019/2014, que define o PMI como o instrumento por meio do qual as organizações da sociedade civil, movimentos sociais e cidadãos poderão apresentar propostas ao poder público para que este avalie a possibilidade de realização de um chamamento público objetivando a celebração de parceria). **E:** incorreta (a proposição ou a participação no PMI não impede a organização da sociedade civil de participar no eventual chamamento público subsequente, cf. art. 21, § 2º). **RB**

Gabarito "B".

(Procurador do Município - Valinhos/SP - 2019 - VUNESP) Nos termos da Lei Federal 9.790/1999, é correto afirmar que

(A) as sociedades comerciais são passíveis de qualificação como Organizações da Sociedade Civil de Interesse Público, desde que se dediquem de qualquer forma à promoção da assistência social.

(B) o Termo de Parceria firmado de comum acordo entre o Poder Público e as Organizações da Sociedade Civil de Interesse Público discriminará direitos, responsabilidades e obrigações das partes signatárias.

(C) as entidades qualificadas como Organizações da Sociedade Civil de Interesse Público poderão participar em campanhas de interesse político-partidário ou eleitorais.

(D) as instituições religiosas são passíveis de qualificação como Organizações da Sociedade Civil de Interesse Público, desde que se dediquem de qualquer forma à promoção da assistência social.

(E) a qualificação de Organização da Sociedade Civil de Interesse Público, somente será perdida, mediante decisão proferida em processo judicial, de iniciativa popular, no qual serão assegurados, ampla defesa e o devido contraditório.

A Lei 9.790/99 disciplina uma das figuras que integram o Terceiro Setor: as Organizações da Sociedade Civil de Interesse Público (sigla: OSCIP). As alternativas A e D estão incorretas (as sociedades comerciais e as instituições religiosas não podem ser qualificadas como OSCIP's, cf. art. 2º, I e III). Correta a alternativa B (art. 10). A alternativa C está incorreta (é vedada às OSCIP's a participação em campanhas de interesse político-partidário ou eleitorais, sob quaisquer meios ou formas, cf. art. 16). Incorreta a alternativa E (cf. art. 7º, há outra forma de perda da qualificação, como a decisão proferida em processo administrativo). **RB**

Gabarito "B".

(Procurador do Estado/TO - 2018 - FCC) Após promover a construção de linha de Veículo Leve sobre Trilhos –VLT para integração da malha metropolitana de transporte, o Governo do Estado pretende que a operação da linha seja gerida de forma descentralizada. Considerando-se a

2. DIREITO ADMINISTRATIVO

natureza do serviço e o fato de que haverá cobrança de tarifa dos usuários, NÃO é solução adequada a

(A) outorga do serviço a entidade especializada da Administração Indireta.

(B) celebração de contrato de gestão com organização social.

(C) constituição de parceria público-privada.

(D) outorga do serviço a consórcio público, constituído para esse fim específico.

(E) delegação mediante concessão de serviço público.

Os serviços públicos podem ser prestados de modo centralizado pela própria Administração. No entanto, o ordenamento admite a descentralização, que representa a sua transferência para terceiro. Ela pode se dar para entidades especializadas da Administração Indireta (o que inclui a figura dos consórcios públicos) ou para terceiros privados, mediante concessão de serviço público (o que inclui parceria público-privada). Nesse sentido, todas essas figuras podem ser utilizadas para a descentralização do serviço de operação da linha de Veículo Leve sobre Trilhos –VLT. A única que não admite a descentralização é a organização social, que representa entidade paraestatal integrante do Terceiro Setor, condição que lhe impede de prestar serviço público e de cobrar as respectivas tarifas de usuários. Assim, a celebração de contrato de gestão com organização social não é solução adequada (alternativa B correta). RB

Gabarito "B".

(Procurador do Estado/AC - 2017 - FMP) O contrato de gestão é o instrumento firmado entre o poder público e a entidade qualificada como organização social para fins de formação de parceria entre as partes com o ânimo de fomento e de execução de atividades relativas a determinadas áreas previstas em lei, dentre as quais NÃO se inclui

(A) o ensino e a pesquisa científica.

(B) a cultura.

(C) a saúde.

(D) o desenvolvimento tecnológico.

(E) nenhuma das alternativas anteriores responde ao comando da questão.

A figura da organização social, entidade integrante do Terceiro Setor, está disciplinada na Lei 9.637/98. Nos termos de seu art. 1º, o Poder Executivo poderá qualificar como organizações sociais pessoas jurídicas de direito privado, sem fins lucrativos, cujas atividades sejam dirigidas ao ensino, à pesquisa científica (alternativa A), ao desenvolvimento tecnológico (alternativa D), à proteção e preservação do meio ambiente, à cultura (alternativa B) e à saúde (alternativa C). Nesse sentido, correta a alternativa E. RB

Gabarito "E".

(Procurador do Estado/SP - 2018 - VUNESP) Ajuste a ser celebrado entre o Poder Público e associação privada sem fins lucrativos, com sede no exterior e escritório de representação em Brasília, tendo por objeto a conjugação de esforços entre os partícipes com vistas à realização de encontro para, por meio de palestras e workshops, difundir conhecimento e promover a troca de experiências em políticas públicas voltadas às áreas sociais, sem previsão de transferência de recursos públicos, porém com previsão de cessão de espaço em imóvel público para realização do evento denomina-se

(A) termo de parceria, submetido ao regime jurídico previsto na Lei Federal no 9.790/99 e Lei Estadual no 11.598/2003 (Lei das Organizações da Sociedade Civil de Interesse Público – OSCIPs), desde que o escritório no Brasil da entidade seja qualificada como Organização da Sociedade Civil de Interesse Público.

(B) acordo de cooperação, submetido ao regime jurídico previsto na Lei Federal no 13.019/2014 (Lei das Parcerias Voluntárias com Organizações da Sociedade Civil – OSCs).

(C) convênio, submetido ao regime jurídico previsto na Lei Federal no 8.666/93 (Lei de Licitações e Contratos).

(D) contrato, submetido ao regime jurídico previsto na Lei Federal no 8.666/93 (Lei de Licitações e Contratos).

(E) termo de fomento, submetido ao regime jurídico previsto na Lei Federal no 13.019/2014 (Lei das Parcerias Voluntárias com Organizações da Sociedade Civil – OSCs).

A Lei 13.019, de 31 de julho de 2014, estabelece o regime jurídico das parcerias entre a Administração Pública e as organizações da sociedade civil, em regime de mútua cooperação, para a consecução de finalidades de interesse público e recíproco, mediante a execução de atividades ou de projetos previamente estabelecidos em planos de trabalho inseridos em termos de colaboração, em termos de fomento ou em **acordos de cooperação.** Segundo o art. 2º, VIII-A da Lei 13.019/2014, acordo de cooperação é instrumento por meio do qual são formalizadas as parcerias estabelecidas pela Administração Pública com organizações da sociedade civil para a consecução de finalidades de interesse público e recíproco que não envolvam a transferência de recursos financeiros. FMB

Gabarito "B".

4.7. Temas combinados

(Procurador do Estado/TO - 2018 - FCC) A Lei Orgânica da Procuradoria Geral do Estado do Tocantins – Lei Complementar 20/1999 – dispõe sobre as competências do Conselho dos Procuradores. Considerando o rol ali estabelecido, NÃO é competência legal do Conselho dos Procuradores

(A) manifestar-se, em caráter preliminar, sobre a confirmação dos Procuradores do Estado em estágio probatório.

(B) aferir, por avaliação e para efeito de promoção, o desempenho dos Procuradores, fixando critérios objetivos para este fim.

(C) apreciar e julgar, em grau de recurso, pedidos de reconsideração em face de decisões tomadas pelo Procurador-Geral, pertinentes a direitos, vantagens e prerrogativas da carreira de Procurador do Estado.

(D) opinar, se solicitado pelo Presidente, sobre alterações na estrutura da Procuradoria-Geral e respectivas competências.

(E) opinar sobre a criação, a transformação, a ampliação, a fusão e a extinção de unidades administrativas.

O art. 3º da Lei Orgânica da Procuradoria Geral do Estado do Tocantins (Lei Complementar 20/1999) dispõe sobre a competência do Conselho dos Procuradores. A única atribuição que não consta na lei é aquela contemplada na alternativa A. As demais alternativas (B, C, D e E) estão contempladas na lei (incisos II, V, III e IV, respectivamente). RB

Gabarito "A".

(Procurador do Estado – PGE/MT – FCC – 2016) A estrutura organizacional básica dos órgãos e entidades da Administração Pública Direta e Indireta disposta na Lei Complementar estadual nº 566 de 20 de maio de 2015 é constituída, dentre outros, pelo nível de:

(A) direção superior composto pelo(a) Governador(a), vice-Governador(a) e os titulares das Secretarias de Gestão e de Fazenda.

(B) decisão colegiada que é representado pelos Conselhos Superiores dos órgãos e entidades ou assemelhados e suas unidades de apoio, necessárias ao cumprimento de suas competências legais e funções regimentais.

(C) administração sistêmica que é representado pelas unidades responsáveis por competências de apoio técnico e especializado aos titulares em assuntos de interesse geral do órgão e entidade subordinados ao Núcleo Estratégico estadual.

(D) administração desconcentrada compreendendo as entidades autárquicas, fundacionais, sociedades de economia mista e empresas públicas, com organização fixada em lei e regulamentos próprios, vinculadas aos órgãos centrais.

(E) administração descentralizada que é representado por órgãos e unidades responsáveis pela execução de atividades-fim cujas características exijam organização e funcionamento peculiares, dotadas de relativa autonomia administrativa e financeira, com adequada flexibilidade de ação gerencial.

A: incorreta. O art. 2º, da LC estadual 566/2015 dispõe que o Poder Executivo é exercido pelo Governador e seus Secretários; **B:** correta. O Art. 5º, LC estadual 566/2015 assim dispõe: "A estrutura organizacional básica dos órgãos e entidades da Administração Pública Direta e Indireta é constituída dos seguintes níveis: I - Nível de Decisão Colegiada - representado pelos Conselhos Superiores dos órgãos e entidades ou assemelhados e suas unidades de apoio, necessárias ao cumprimento de suas competências legais e funções regimentais"; **C:** incorreta. O art. 5º, V, da LC estadual 566/3015 dispõe que: V - Nível de Administração Sistêmica - compreendendo os órgãos e unidades setoriais prestadores de serviços nas áreas de planejamento, administração e finanças, coordenados, respectivamente, pelas Secretarias de Estado de Planejamento, de Gestão e de Fazenda"; **D:** incorreta. A Administração desconcentrada é a dividida em órgãos, e não em pessoas jurídicas da Administração Indireta, sendo essa a descentralização; **E:** incorreta. A descentralização é a criação de novas pessoas jurídicas para a prestação de serviços públicos, por isso não se tratam de órgãos, e, sim, de pessoas jurídicas da Administração Indireta. **AW**

Gabarito "B".

5. SERVIDORES PÚBLICOS

5.1. Conceito e classificação

(Procurador Municipal – Sertãozinho/SP – VUNESP – 2016) Assinale a alternativa que corretamente discorre sobre tema previsto na Lei Complementar Municipal 050/1996, que dispõe sobre o regime jurídico dos servidores públicos civis do Município de Sertãozinho.

(A) Os períodos de licença-prêmio já adquiridos e não gozados pelo servidor efetivo ou comissionado que se aposentar, exonerar-se do cargo, a pedido ou de ofício, não serão convertidos em pecúnia; todavia, se o servidor vier a falecer, serão convertidos em pecúnia, em favor dos beneficiários da pensão.

(B) O servidor poderá participar de congressos, simpósios ou promoções similares, somente no Estado de São Paulo, desde que versem sobre temas ou assuntos referentes aos interesses de sua atuação profissional.

(C) Investido no mandato de Prefeito, o servidor efetivo será afastado do cargo, emprego ou função, sendo-lhe facultado optar pela sua remuneração, não sendo, todavia, o tempo de exercício computado para efeito de benefício previdenciário.

(D) Readaptação é o retorno à atividade de servidor aposentado por invalidez, quando, por junta médica oficial, forem declarados insubsistentes os motivos da aposentadoria.

(E) O concurso público terá validade de até 2 (dois) anos, podendo ser prorrogada uma única vez, por igual período, não sendo aberto novo concurso enquanto houver candidato aprovado em concurso anterior com prazo de validade não expirado.

A: Incorreta. O art. 142, da Lei Complementar 50/2006 determina que a licença prêmio poderá ser convertida em dinheiro, não estando a aposentadoria, nem o falecimento previstos como causa de exclusão dessa conversão, como afirmado na assertiva. **B:** Incorreta. Essa Lei não dispõe a respeito da permissão de participação em Congressos ou Simpósios, havendo apenas referência a esses nos casos de acidente de trabalho, que se configuraria durante a presença do servidor nesses eventos (art. 134, § 2º, III, LC 50/2006). **C:** Incorreta. Essa hipótese consta do art. 38, II e IV, CF, sendo expresso no inciso IV, art. 38, CF a previsão de contagem de prazo de tempo de serviço para todos os fins, exceto para a promoção por merecimento. **D:** Incorreta. Esse é o conceito de reintegração. A readaptação determina: "Art. 24. Readaptação é a investidura do servidor em cargo de atribuições e responsabilidades compatíveis com a limitação que tenha sofrido em sua capacidade física ou mental verificada em inspeção médica; **E:** Correta. Mesmo sem saber nada sobre a referida Lei Complementar Municipal seria possível responder à questão conhecendo o art. 37, III e IV, CF, sendo repetido de forma simétrica (princípio da simetria) nos arts. 25, e seguintes, da LC 50/2006. **WG**

Gabarito "E".

5.2. Vínculos (cargo, emprego e função)

(Procurador – AL/PR – 2024 – FGV) O Município Delta, após o devido processo legislativo, fez editar uma Lei que criou 300 (trezentos) cargos em comissão, sem pormenorizar, contudo, as respectivas atribuições, em decorrência do objetivo de que os respectivos agentes desempenhassem atividades burocráticas, de apoio técnico e administrativo.

Tal norma especificou, ainda, o percentual dos cargos a serem preenchidos por servidores ocupantes de cargos efetivos e determinou que o regime próprio de previdência dos servidores será aplicável mesmo para aqueles que ocupem exclusivamente cargo em comissão, sendo certo que o número de cargos por ela criado corresponde a mais da metade dos efetivos existentes no âmbito do aludido ente federativo.

Diante dessa situação hipotética, à luz da jurisprudência do Supremo Tribunal Federal acerca do tema, é correto afirmar que

(A) é constitucional a criação de tais cargos em comissão sem pormenorizar as respectivas atribuições.

(B) é inconstitucional a determinação de que um percentual dos cargos em comissão será ocupado por servidores de cargos efetivos.

(C) é constitucional a utilização de tais cargos em comissão para desempenhar atividades burocráticas, de apoio técnico e administrativo.

(D) é inconstitucional a criação de cargos em comissão na proporção em que realizado, diante da violação ao princípio da proporcionalidade.

(E) é constitucional a submissão dos agentes ocupante de cargo exclusivamente em comissão ao regime próprio de previdência dos servidores.

No RE 1041210, foi fixada a seguinte tese: "a) A criação de cargos em comissão somente se justifica para o exercício de funções de direção, chefia e assessoramento, não se prestando ao desempenho de atividades burocráticas, técnicas ou operacionais; b) tal criação deve pressupor a necessária relação de confiança entre a autoridade nomeante e o servidor nomeado; c) o número de cargos comissionados criados deve guardar proporcionalidade com a necessidade que eles visam suprir e com o número de servidores ocupantes de cargos efetivos no ente federativo que os criar; e d) as atribuições dos cargos em comissão devem estar descritas, de forma clara e objetiva, na própria lei que os instituir". Dessa forma: **A:** Incorreta, pois, conforme item "d" da tese, "as atribuições dos cargos em comissão devem estar descritas, de forma clara e objetiva, na própria lei que os instituir". **B:** Incorreta, pois, o art. 37, V, da CF estabelece que os cargos em comissão deve sim ser preenchidos por servidores de carreira, ainda que observado os casos, condições e percentuais mínimos previstos em lei. **C:** Incorreta, pois, conforme o item "a" da tese, os cargos em comissão não se prestam ao desempenho de atividades burocráticas, técnicas ou operacionais, mas somente para o exercício de funções de direção, chefia e assessoramento. **D:** Correta, pois, conforme o item "c" da tese, é justamente ao contrário, para ser constitucional, o número de cargos comissionados criados deve sim guardar proporcionalidade com a necessidade que eles visam suprir, bem como com o número de servidores ocupantes de cargos efetivos no ente federativo que os criar. **E:** Incorreta, pois os ocupantes de cargo exclusivamente em comissão são submetidos ao Regime Geral de Previdência Social (art. 40, § 13, CF). **WG**
Gabarito "D".

(Procurador Fazenda Nacional – AGU – 2023 – CEBRASPE) Bernardo, jogador de futebol profissional aposentado, foi nomeado para exercer determinado cargo em comissão na administração pública. Por seu carisma e sua cordialidade, além da competência e assiduidade no desempenho do trabalho, logo se tornou bastante querido entre os colegas, sendo alçado a capitão do time de futebol dos agentes da repartição, o que deixou o seu chefe, capitão do time até então, extremamente incomodado com a situação. Diante disso, o chefe, que havia designado Bernardo para o cargo, resolveu exonerá-lo.

Nessa situação hipotética, Bernardo

(A) não tem direito à reintegração nem à indenização.

(B) tem direito à reintegração ao cargo, dada a ilegalidade de sua exoneração.

(C) tem direito à reversão ao cargo, dada a ilegalidade de sua exoneração.

(D) tem direito à recondução ao cargo e à indenização pela dispensa arbitrária.

(E) não tem direito à reintegração, mas poderá ser indenizado pela ausência de motivação do ato de exoneração.

De acordo com o art. 37 da CF, as cargos em comissão são de livre nomeação e exoneração. Nesse sentido, é possível exonerar alguém de um cargo em comissão mesmo que não haja qualquer motivação, pouco importando o móvel (a intenção) do agente que promove a exoneração. Todavia, caso a motivação seja feita, expressando um fato que venha a ser revelar falso, nesse caso sim é possível aplicar a teoria dos motivos determinantes, anulando o ato de exoneração. Porém, no caso em tela não consta da questão que houve uma motivação de fato expressada no ato, o que não permite discutir a questão da veracidade dos fatos apresentados como motivação do ato. Dessa forma, não há que se anular o ato, não havendo nem direito à reintegração, nem a uma indenização, restando correta a alternativa "a". **WG**
Gabarito "A".

(Procurador do Município - Valinhos/SP - 2019 - VUNESP) Com relação à função pública e aos cargos públicos, assinale a alternativa correta.

(A) A função pública tem cargos específicos, remunerados ou não, fixados em lei ou diploma a ela equivalente, entretanto, nem toda função pressupõe a existência do cargo.

(B) O cargo público é a atividade em si mesma, ou seja, cargo é sinônimo de atribuição e corresponde às inúmeras tarefas que constituem o objeto dos serviços prestados pela Administração, ocupado por servidor público, tendo funções específicas e remuneradas fixadas em lei ou diploma a ela equivalente.

(C) A função pública é a atividade em si mesma, entretanto, função não é sinônimo de atribuição e corresponde a tarefas certas e determinadas, que não constituem o objeto dos serviços prestados pelos servidores públicos.

(D) Toda função tem um cargo, porque não se pode admitir um lugar na Administração que não tenha a predeterminação das tarefas do servidor, ressaltando-se que a função poderá ser ocupada por servidor público, com funções específicas, remuneradas ou não, fixadas em lei ou diploma a ela equivalente.

(E) Cargo público é o lugar dentro da organização funcional da Administração Direta e de suas autarquias e fundações públicas que, ocupado por servidor público, tem funções específicas e remuneradas fixadas em lei ou diploma a ela equivalente.

A questão explora os conceitos de "função pública" e "cargos públicos". De acordo com José dos Santos Carvalho Filho (Manual de direito administrativo, 31.ed., p. 652), função pública "é a atividade em si mesma, ou seja, função é sinônimo de atribuição e corresponde às inúmeras tarefas que constituem o objeto dos serviços prestados pelos servidores públicos" (portanto, incorretas as alternativas A, C e D). Já cargo público corresponde ao "lugar dentro da organização funcional da Administração Direta e de sus autarquias e fundações que, ocupado por servidor público, tem funções específicas e remuneradas fixadas em lei ou diploma a ela equivalente." (logo, incorreta a alternativa B e correta a alternativa E). **RB**
Gabarito "E".

(Procurador Municipal – Sertãozinho/SP – VUNESP – 2016) Nos termos da Lei Municipal 3.460/2000, organizar e definir a estrutura administrativa, financeira e técnica do Fundo de Previdência dos Servidores Públicos Estatutários do Município de Sertãozinho – SERTPREV é atribuição do

(A) gestor do SERTPREV, designado pelo Prefeito Municipal.

(B) Conselho Municipal de Previdência.

(C) Prefeito Municipal.

(D) Colegiado dos Servidores Públicos Estatutários Municipais, composto por dois representantes dos servidores ativos e um representante dos inativos e pensionistas.

(E) Secretário Municipal de Administração.

A: Incorreta. Nessa questão temos apenas o uso da "lei seca", devendo o candidato ter memorizado as competências relacionadas na Lei 3.460/2000, do Município de Sertãozinho, que assim dispõe: "Art. 20 Compete ao Conselho Municipal de Previdência: III – organizar e definir a estrutura administrativa, financeira e técnica do SERTPREV. **B**: Correta, conforme disposto no art. 20, da Lei 3.460/2000. **C**: Incorreta. Os motivos são os mesmos constantes das duas primeiras explicações. **D**: Incorreta. Não consta dessa norma a nenhuma previsão de Colégio de Servidores Públicos. **E**: Incorreta. Também não há previsão específica de competência para as Secretarias, que devem gerir a administração em geral do Município, mas a ela não cabe nenhum poder de administração dos Fundos de Previdência. **AW**

Gabarito "B".

5.3. Provimento e Concurso Público

(Procurador Federal – AGU – 2023 – CEBRASPE) Considerando o que estabelece o regime jurídico dos servidores públicos civis da União, das autarquias e das fundações públicas federais acerca dos cargos públicos, assinale a opção correta.

(A) As funções de confiança são exercidas preferencialmente por servidores ocupantes de cargo efetivo e os cargos em comissão, a serem preenchidos por servidores de carreira, destinam-se apenas às atribuições de assessoramento.

(B) Nomeação, promoção, permuta, readaptação, reversão, aproveitamento, reintegração e a recondução são formas de provimento dos cargos públicos.

(C) A posse, ato personalíssimo, não admite representação por procuração e, no caso de impedimento, há possibilidade de pedido de prorrogação do prazo por 15 dias, contados da publicação do ato de provimento.

(D) A vacância do cargo público decorrerá de exoneração, demissão, promoção, readaptação, aposentadoria, posse em outro cargo inacumulável e falecimento.

(E) Às pessoas portadoras de deficiência é assegurado o direito de se inscrever em concurso público para provimento de cargo cujas atribuições sejam compatíveis com a deficiência de que sejam portadoras; para tais pessoas serão reservadas até 15% das vagas oferecidas no concurso.

A: Incorreta. As funções de confiança devem ser "exercidas *exclusivamente* por servidores ocupantes de cargo efetivo" (art. 37, V, da CF – g.n.), e não *preferencialmente* por esse servidores. Os cargos em comissão destinam-se não só às atribuições de *assessoramento*, mas também as de *chefia* e *direção*. (art. 37, V, da CF). **B**: Incorreta. O art. 8º da Lei nº 8.112/1990 não traz a "permuta" comum uma das formas de provimento. Os demais atos enumerados na alternativa são formas de provimento previstas no dispositivo. **C**: Incorreta. A posse poderá dar-se mediante procuração específica (Art. 13, § 3º, da Lei nº 8.112/1990). No caso dos impedimentos previstos no art. 13, § 2º, da referida lei, o prazo para tomar posse será contado do término do impedimento. **D**: Correta. O art. 33 da Lei nº 8.112/1990 traz exatamente as mencionadas hipóteses de vacância. **E**: Incorreta. Nos termos do Decreto 9.508/18, "Fica assegurado à pessoa com deficiência o direito de se inscrever, no âmbito da administração pública federal direta e indireta e <u>em igualdade de oportunidade com os demais candidatos</u>" (art. 1º, *caput*). Ademais, esse decreto reserva às pessoas com deficiência <u>no mínimo 5% das vagas do certame</u> (art. 1º, § 1º). **WG**

Gabarito "D".

(Procurador – PGE/SP – 2024 – VUNESP) Suponha que a Assessoria Técnico-Legislativa é instada a examinar anteprojeto de lei que almeja promover reestruturação administrativa, unificando as carreiras de Analista Administrativo I, cuja remuneração inicial equivale a R$ 5.000,00 (cinco mil reais) e Analista Administrativo II, cuja remuneração inicial equivale a R$ 5.000,00 (cinco mil reais), as quais passarão a compor a carreira de Especialista em Administração Pública, cuja remuneração inicial será de R$ 5.300,00 (cinco mil e trezentos reais). O requisito para ingresso nas duas carreiras sempre foi graduação em Administração Pública, a qual também será exigida para ingresso na nova carreira, e, em ambos os casos, as atribuições são equivalentes àquelas que o anteprojeto prevê para a carreira de Especialista em Administração Pública.

Diante disso, na qualidade de Procurador do Estado-Assessor competente para opinar acerca desse ponto do anteprojeto, será correto afirmar que a proposta é juridicamente

(A) viável, pois, nessa hipótese, a ascensão funcional não implica lesão ao princípio do concurso público.

(B) viável, pois, nessa hipótese, a transformação de cargos não implica lesão ao princípio do concurso público.

(C) inviável, pois, como a remuneração atribuída às carreiras não é equivalente, a pretendida ascensão funcional implica lesão ao princípio do concurso público.

(D) inviável, pois, à luz da jurisprudência do Supremo Tribunal Federal, transposição, transformação e ascensão são modalidades de provimento vedadas pela Constituição de 1988.

(E) inviável, pois, à luz da jurisprudência do Supremo Tribunal Federal, o provimento derivado em regra implica lesão ao princípio do concurso público.

A: Incorreto. O caso aqui é de transformação de cargos públicos, e não de ascensão funcional. Este último diz respeito a uma promoção dentro da mesma carreira. **B**: Correto. Segundo o STF (ADIs 4616, 4151 e 6966), para que a transformação de cargos públicos seja constitucional são necessários os seguintes requisitos: i) concurso público; ii) similitude de atribuições dos cargos envolvidos; iii) a equivalência salarial; e a iv) identidade dos requisitos de escolaridade. Todos os requisitos estão cumpridos, portanto a transformação de cargos é viável no caso em análise. **C**: Incorreto, pois os valores são muito próximos, o que preenche o requisito da equivalência. **D**: Incorreto.O Supremo Tribunal Federal tem decidido que a ascensão profissional é possível se dentro da mesma carreira (é uma promoção), a transformação é possível se preenchidos os quatro requisitos mencionados no comentário à alternativa "b", sendo que apenas a transposição é bem mais complicada e em geral proibida, pois é uma movimentação de uma carreira já existente para uma outra carreira já existente, o que em geral viola o princípio do concurso público, da similitude dos cargos e da equivalência salarial. **E**: Incorreto, nos termos do mencionado entendimento do STF mencionado na alternativa "b". **WG**

Gabarito "B".

(Procurador do Município - Valinhos/SP - 2019 - VUNESP) É correto afirmar que provimento é o

(A) ato administrativo que materializa a nomeação originária.

(B) fato administrativo pelo qual se efetua o preenchimento de uma função pública.

(C) fato administrativo pelo qual o servidor se vincula à função pública.

2. DIREITO ADMINISTRATIVO

(D) fato administrativo que traduz o preenchimento de um cargo público.

(E) ato administrativo que materializa a nomeação derivada.

Provimento é definido como o "fato administrativo que traduz o preenchimento de um cargo público" (José dos Santos Carvalho Filho, "Manual de direito administrativo", 31.ed., p. 659). Assim, correta a alternativa D. [RB]

Gabarito "D".

(Procurador do Estado/TO - 2018 - FCC) Considere que Casimiro Rubião, atualmente com 70 anos, era servidor público estável, titular de cargo efetivo do Quadro da Secretaria de Educação do Estado do Tocantins, tendo se aposentado por invalidez em 1º de fevereiro de 2012. Em 30 de abril de 2017, a Corregedoria Geral do Estado – CGE recebeu informações de que a aposentadoria teria sido concedida de forma fraudulenta, em episódio envolvendo Casimiro e o perito que atestou sua falsa invalidez. Na apuração promovida pela CGE, a Junta Médica Oficial constatou que Casimiro goza atualmente de plena capacidade física e mental para o exercício das funções que desempenhava até sua aposentação. Sabendo-se que lei posterior veio a extinguir o cargo ocupado por Casimiro, é correto afirmar que

(A) não cabe reversão da aposentadoria, pois a aposentadoria por invalidez é ato irreversível.

(B) não cabe reversão da aposentadoria, haja vista que já ultrapassada a idade da aposentadoria compulsória.

(C) não cabe reversão da aposentadoria, visto que já decorridos 5 anos da data em que ocorreu a aposentação.

(D) deve haver reversão em cargo de atribuições afins, respeitada a habilitação exigida, nível de escolaridade e equivalência de vencimentos.

(E) deve haver reversão no mesmo cargo que ocupava, visto que a extinção será considerada sem efeito.

A situação apresentada envolve a concessão ilegal de aposentadoria por invalidez, porquanto concedida de modo fraudulento. Nesse sentido, a sua invalidação gera como consequência o retorno do servidor para a Administração. Trata-se da figura da reversão. Observe-se que a reversão é possível pois o servidor envolvido conta atualmente com 70 anos de idade, motivo pelo qual inaplicável a aposentadoria compulsória (idade de 75 anos). Além disso, o fato de já ter decorrido o prazo de 5 anos da data da aposentação não impede a anulação, porquanto houve má-fé no contexto do ato viciado. Por fim, considerando que o cargo anteriormente ocupado por Casimiro foi extinto, a reversão deve ocorrer em cargo de atribuições afins, respeitada a habilitação exigida, nível de escolaridade e equivalência de vencimentos. Diante disso, correta a alternativa D. [RB]

Gabarito "D".

(Procurador do Estado/TO - 2018 - FCC) Estevão Artacho, candidato em concurso público para a carreira policial, foi considerado inapto por exame médico oficial, realizado em 24 de março de 2017, pela constatação de que sofria de sopro no coração, isto é, uma alteração nas válvulas coronárias. Por essa razão, não pôde tomar posse na data marcada para a investidura dos candidatos, 11 de abril de 2017. Inconformado, Estevão ajuizou ação ordinária, questionando o ato administrativo que o considerou inapto e pleiteou, a título de indenização, o valor corres-

pondente aos vencimentos do cargo, computados desde a data fixada para a posse. Citada a Fazenda Estadual e contestada a pretensão, determinou-se realização de prova pericial, que constatou, por meio de exames mais detalhados, que se tratava de variedade benigna da anomalia, não impeditiva do exercício da função pública. O juiz prolatou sentença de procedência, no tocante ao pedido de empossamento no cargo público. No tocante à pretensão relativa à indenização, a sentença seguiu a jurisprudência dominante do STF, que dispõe que

(A) não é devida indenização, salvo em situação de flagrante arbitrariedade do ato que impediu a posse.

(B) a indenização é devida, computada desde a data em que deveria ter ocorrido a posse.

(C) tal pretensão deve ser deduzida em ação própria.

(D) a indenização é devida, computada desde a data do ajuizamento da ação.

(E) a indenização é devida, computada desde a data da citação da Fazenda Pública.

A questão explora conhecimento da jurisprudência do STF, que fixou a seguinte tese em sede de repercussão geral (tese 671): "na hipótese de posse em cargo público determinada por decisão judicial, o servidor não faz jus a indenização, sob fundamento de que deveria ter sido investido em momento anterior, salvo situação de arbitrariedade flagrante." (RE 724.347/DF, Pleno, Rel. Min. Roberto Barroso, – Repercussão Geral, DJe 13/05/15). Nesse sentido, correta a alternativa A. [RB]

Gabarito "A".

(Procurador do Estado/AC - 2017 - FMP) De acordo com o atual panorama interpretativo verificado na jurisprudência dos Tribunais Superiores, pode-se afirmar sobre o direito subjetivo à nomeação do candidato aprovado em concurso público fora do número de vagas disciplinado pelo certame de que participou:

(A) O cadastro reserva revela-se por si como medida inidônea para o aproveitamento dos candidatos aprovados durante a validade do concurso.

(B) Os aprovados dentro do cadastro reserva não têm expectativa de direito à nomeação, muito menos direito subjetivo a serem chamados para o preenchimento da vaga.

(C) Incumbe à Administração, no âmbito de seu espaço de discricionariedade exercido de forma livre, avaliar a conveniência e a oportunidade de novas convocações durante a validade do certame.

(D) O direito subjetivo à nomeação do candidato surge, dentre outras hipóteses, quando, ao surgirem novas vagas ou ao ser aberto novo concurso durante a validade do certame anterior, ocorre a preterição de candidatos de forma justificada e motivada por parte da Administração.

(E) Demonstrada a existência de vagas e a necessidade de serviço, não pode a Administração deixar transcorrer o prazo de validade a seu bel prazer para nomear outras pessoas que não aquelas já aprovadas em concurso válido.

De acordo com a jurisprudência do STF (RE 837.311, rel. Min. Luiz Fux, DJe 18/04/16, Tema 784), a discricionariedade da Administração quanto à convocação de aprovados em concurso público fica reduzida ao patamar zero, fazendo exsurgir o direito subjetivo à nomeação nas seguintes hipóteses: i) Quando a aprovação ocorrer dentro do número de vagas dentro do edital (RE 598.099); ii) Quando houver preterição na nomeação por não observância da ordem de classificação (Súmula 15 do STF); iii) Quando surgirem novas vagas, ou for aberto novo concurso durante a validade do certame anterior, e ocorrer a preterição de candidatos aprovados fora das vagas de forma arbitrária e imotivada por parte da administração nos termos acima. Verifica-se que a terceira hipótese diz respeito ao candidato aprovado fora do número de vagas. Dessa forma, correta a alternativa E. **RB**

Gabarito "E".

5.4. Efetividade, estabilidade e vitaliciedade

(Procurador Municipal – Prefeitura/BH – CESPE – 2017) No que tange aos servidores públicos do Quadro Geral de Pessoal do Município de Belo Horizonte vinculados à administração direta, assinale a opção correta.

(A) Servidor habilitado em concurso público municipal e empossado em cargo de provimento efetivo adquirirá estabilidade no serviço público ao completar dois anos de efetivo exercício.

(B) Sem qualquer prejuízo, poderá o servidor ausentar-se do serviço por oito dias consecutivos em razão do falecimento de irmão.

(C) Posse é a aceitação formal, pelo servidor, dos deveres, das responsabilidades e dos direitos inerentes ao cargo público ou função pública, concretizada com a assinatura do respectivo termo pela autoridade competente e pelo empossado e ocorre no prazo de vinte dias contados do ato de nomeação, prorrogável por igual período, motivadamente e a critério da autoridade competente.

(D) Exercício é o efetivo desempenho, pelo servidor, das atribuições do cargo ou de função pública, sendo de quinze dias o prazo para o servidor empossado em cargo público no município de Belo Horizonte entrar em exercício, contados do ato da posse.

A: Incorreta. O prazo para se adquirir a estabilidade é de 3 anos, conforme disposto no art. 41, CF. Lei Municipal não pode contrariar o disposto em norma constitucional. Somente os titulares de cargos vitalícios é que podem adquirir esse direito em 2 anos (art. 95, CF); **B:** correta. É o que dispõe o art. 97, III, *b*, da Lei 8.112/1990: o prazo da licença "nojo" por falecimento de irmão é de 8 dias, sendo o mesmo nos demais estatutos funcionais de todas as esferas da federação, eis que a Lei 8.112/1990 é uma lei geral e se aplica a todos os demais Entes Políticos; **C:** correta. Trata-se do disposto nos arts. 19 e 20, da Lei 7.169/1996; **D:** incorreta. O prazo é de 10 dias, conforme disposto no art. 24, § 1º, da Lei 7169/96. **AW**

Gabarito B e C estão corretas.

5.5. Acumulação remunerada e afastamento

(Procurador – PGE/SP – 2024 – VUNESP) Desde os idos de 1999, Abdias Nascimento é titular de cargo efetivo de Professor em universidade estadual, pelo qual percebe remuneração equivalente a R$ 25.000,00 (vinte e cinco mil reais). Em 2022, aprovado em concurso público, passou a exercer emprego público de Pesquisador Científico em uma autarquia paulista, fazendo jus a remuneração equivalente a R$ 22.000,00 (vinte e dois mil reais). Além desses dois vínculos, Abdias é sócio de uma empresa de consultoria, pelo que percebe "pro labore" mensal equivalente a R$ 12.000,00 (doze mil reais).

Nessas circunstâncias, é correto afirmar que a situação de acúmulo em questão é

(A) irregular, pois o acúmulo entre os vínculos de Professor e de Pesquisador Científico é vedado pela Constituição da República; mas, caso o acúmulo fosse autorizado, o teto remuneratório incidiria, isoladamente, sobre a remuneração devida por cada vínculo funcional havido entre o Estado e Abdias.

(B) irregular, pois o acúmulo entre os vínculos de Professor e de Pesquisador Científico é vedado pela Constituição da República; mas, caso o acúmulo fosse autorizado, o teto remuneratório incidiria sobre a soma das remunerações devidas pelo Estado a Abdias.

(C) regular, pois nem o emprego público nem a sociedade em empresa privada são considerados pela Constituição da República para fins de acúmulo de cargos; no caso, o teto remuneratório incidirá sobre a soma das remunerações devidas pelo Estado a Abdias.

(D) regular, pois o acúmulo entre os vínculos de Professor e de Pesquisador Científico é autorizado pela Constituição da República; no caso, o teto remuneratório incidirá isoladamente, sobre a remuneração devida por cada vínculo funcional havido entre o Estado e Abdias.

(E) irregular, pois o tríplice acúmulo verificado implicaria incompatibilidade de horários e, por conseguinte, incidência da vedação constitucional; mas, caso o acúmulo fosse autorizado, o teto remuneratório incidiria sobre a soma das remunerações devidas pelo Estado a Abdias.

A: Incorreta. O acúmulo entre cargos de Professor e Pesquisador Científico é permitido, conforme o artigo 37, inciso XVI, "b", da CF, que permite a acumulação de cargos de professor com outro técnico ou científico, desde que os horários sejam compatíveis. Quanto ao teto remuneratório, o STF tem o entendimento de que, nas situações jurídicas em que a Constituição Federal autoriza a acumulação de cargos, o teto é considerado em relação à remuneração de cada um deles, e não ao somatório do que recebido (RE 612975). **B:** Incorreta. Vide comentário à alternativa "a". **C:** Incorreta. Embora a Constituição permita a acumulação de cargos públicos em certas condições, não considera o vínculo com empresa privada para esse propósito. Além disso, o teto remuneratório se aplica apenas às remunerações dos cargos públicos, não ao total de rendimentos provenientes de todas as fontes, conforme decisão do STF no RE 612975. **D:** Correta. A Constituição Federal permite o acúmulo entre cargos de Professor e Pesquisador Científico, conforme o artigo 37, inciso XVI, "b", desde que os horários sejam compatíveis. Quanto ao teto remuneratório, o STF tem o entendimento de que, nas situações jurídicas em que a Constituição Federal autoriza a acumulação de cargos, o teto é considerado em relação à remuneração de cada um deles, e não ao somatório do que recebido (RE 612975). **E:** Incorreta. O tríplice acúmulo mencionado não é permitido pela Constituição se implicar incompatibilidade de horários, mas o acúmulo entre cargos de professor e técnico ou científico é autorizado. Mesmo que o acúmulo fosse autorizado, o teto remuneratório se aplicaria individualmente a cada cargo público, não à soma das remunerações totais. **WG**

Gabarito "D".

(Procurador do Estado/AC - 2017 - FMP) Assinale a alternativa CORRETA no que se refere à acumulação de cargos públicos.

(A) O teto remuneratório é aplicável ao conjunto das remunerações ou ao somatório dos ganhos percebidos de forma cumulativa.

(B) A proibição constitucional de acumular estende-se apenas a empregos e abrange autarquias, empresas

2. DIREITO ADMINISTRATIVO

públicas, sociedades de economia mista e fundações mantidas pelo poder público.

(C) Há vedação legal no ordenamento jurídico vigente quanto à acumulação de cargos públicos em entidades ou órgãos situados em unidades distintas da Federação.

(D) A existência de norma jurídica que estipula limitação de jornada semanal dos cargos a serem acumulados constitui óbice ao reconhecimento do direito à acumulação prevista na Constituição.

(E) Nos casos de acumulação autorizados pelo texto constitucional, deve-se levar em conta, para a aplicação do teto remuneratório, separadamente cada um dos vínculos formalizados.

Alternativa **A** incorreta e alternativa **E** correta (cf. já decidiu o STF no âmbito dos RE 612.975 e RE 602.043, Pleno, Rel. Min. Marco Aurélio, DJe 08/09/2017, "nas situações jurídicas em que a CF autoriza a acumulação de cargos, o teto remuneratório é considerado em relação à remuneração de cada um deles, e não ao somatório do que recebido"). Alternativa **B** incorreta (a proibição constitucional de acumular aplica-se a cargos, empregos e funções, estendendo-se às autarquias, fundações, empresas públicas, sociedades de economia mista, suas subsidiárias, e sociedades controladas, direta ou indiretamente, pelo poder público, cf. art. 37, XVI e XVII, CF). Alternativa **C** incorreta (inexiste vedação legal quanto à acumulação de cargos público em unidades distintas da Federação, a exemplo da possibilidade de acúmulo de um cargo de professor estadual e outro de professor municipal). Alternativa **D** incorreta (cf. entendimento do STF no RE 1.176.440 AgR, Re. Min. Alexandre de Moraes, DJe 13/05/19, havendo compatibilidade de horários, verificada no caso concreto, a existência de norma infraconstitucional limitadora de jornada semanal de trabalho não constitui óbice ao reconhecimento da cumulação de cargos).

Gabarito "E."

(Procurador do Estado – PGE/MT – FCC – 2016) Godofredo, Alfredo e Manfredo são servidores públicos do Estado do Mato Grosso. Godofredo foi cedido para ter exercício em órgão da Administração Pública municipal. Alfredo está afastado para estudo no Exterior e Manfredo foi eleito para exercício de mandato eletivo. Considerando o que estabelece a Lei Complementar estadual nº 04, de 15 de outubro de 1990,

(A) Godofredo, se estiver em exercício de cargo em comissão de confiança o ônus da remuneração será do órgão cessionário.

(B) Manfredo, se for prefeito ou vereador, ainda que haja compatibilidade de horários, deverá ser afastado do cargo.

(C) Alfredo, neste caso, poderá ficar ausente pelo período máximo de três anos.

(D) Manfredo, se for deputado estadual, e houver compatibilidade de horários, poderá acumular o cargo.

(E) Godofredo, se for servidor do Poder Executivo poderá ter exercício em outro órgão da Administração Pública Estadual por prazo indeterminado.

A: correta, tendo em vista o art. 119, da Lei Complementar 04/1990; **B:** incorreta. O art. 120, LC 04/1990 determina a possibilidade de afastamento do cargo e opção pela melhor remuneração; **C:** incorreta. A ausência poderá ser de, no máximo, 4 anos (art. 121, § 4º, da LC 04/1990); **D:** incorreta. Deverá se afastar do cargo, mesmo havendo compatibilidade de horários no caso de mandato federal, estadual ou distrital (art. 120, LC 04/1990); **E:** incorreta. O exercício em outro órgão

depende do tipo de cargo a ser exercido, sendo que para cada caso há uma regra, conforme constam das assertivas "A" e "B". AW

Gabarito "A."

5.6. Remuneração e subsídio

(Procurador do Estado/SE – 2017 – CESPE) À luz do entendimento dos tribunais superiores, assinale a opção correta no que tange à disciplina normativa sobre os direitos e deveres dos servidores e empregados públicos, inclusive quanto ao regime previdenciário.

(A) A contratação temporária de pessoal por tempo determinado é possível, desde que sejam demonstrados o interesse público profissional e a imprescindibilidade da contratação, ainda que a excepcionalidade dos casos não esteja prevista em lei.

(B) Norma estadual que preveja a redução de vencimentos de servidores públicos afastados de suas funções enquanto estes responderem a processo criminal não violará a cláusula constitucional de irredutibilidade de vencimentos.

(C) Ocorre, em cinco anos, a prescrição do fundo do direito quanto à pretensão do servidor público de pleitear a cobrança de remuneração não paga pelo poder público.

(D) O candidato aprovado em concurso público cuja classificação entre as vagas oferecidas no edital se der em razão da desistência de candidatos mais bem classificados no certame não terá direito subjetivo à nomeação.

(E) A percepção do adicional de periculosidade por servidor público não constitui elemento suficiente para o reconhecimento do direito a aposentadoria especial.

A: correta – Em diversos julgados, o Supremo Tribunal Federal, estabeleceu os seguintes requisitos para a regularidade da contratação temporária pela Administração pública em todos os níveis da Federação: *1. Previsão legal da hipótese de contratação temporária, 2. Prazo predeterminado da contratação, 3. A necessidade deve ser temporária, 4. O interesse público deve ser excepcional.* Nesse sentido, o seguinte acórdão: Constitucional. Servidor público: contratação temporária. C.F., art. 37, IX. Lei 4.957, de 1994, art. 4º, do Estado do Espírito Santo. Resolução 1.652, de 1993, arts. 2º e 3º, do Estado do Espírito Santo. Servidor Público: Vencimentos: Fixação. Resolução 8/95 do Tribunal de Justiça do Estado do Espírito Santo. I. – A regra é a admissão de servidor público mediante concurso público. C.F., art. 37, II. As duas exceções à regra são para os cargos em comissão referidos no inc. II do art. 37, e a contratação de pessoal por tempo determinado para atender a necessidade temporária de excepcional interesse público. C.F., art. 37, IX. Nesta hipótese, **deverão** *ser atendidas as seguintes condições: a) previsão em lei dos casos; b) tempo determinado; c) necessidade temporária de interesse público; d) interesse público excepcional.* II. – Lei 4.957, de 1994, art. 4º, do Estado do Espírito Santo e arts. 2º e 3º da Resolução 1.652, de 1993, da Assembleia Legislativa do mesmo Estado: inconstitucionalidade. III. – Os vencimentos dos servidores públicos devem ser fixados mediante lei. C.F., art. 37, X. Vencimentos dos servidores dos Tribunais: iniciativa reservada aos Tribunais: CF, art. 96, II, *b.* IV. – Ação direta de inconstitucionalidade não conhecida relativamente ao artigo 1º da Resolução 1.652/1993 da Assembleia Legislativa e julgada procedente, em parte.(STF – ADI: 1500 ES , Relator: Carlos Velloso, Data de Julgamento: 19/06/2002, Tribunal Pleno, Data de Publicação: DJ 16.08.2002); **B:** incorreta – o STF entende que a redução de vencimentos de servidores públicos processados criminalmente viola os princípios da presunção de inocência e da irredutibilidade de vencimentos. Vejamos julgado a respeito do tema: "Ementa: Art. 2º da Lei

Estadual 2.364/61 do Estado de Minas Gerais, que deu nova redação à lei estadual 869/52, autorizando a redução de vencimentos de servidores públicos processados criminalmente. dispositivo não recepcionado pela constituição de 1988. afronta aos princípios da presunção de inocência e da irredutibilidade de vencimentos. recurso improvido. I – *A redução de vencimentos de servidores públicos processados criminalmente colide com o disposto nos arts. 5º, LVII, e 37, XV, da Constituição, que abrigam, respectivamente, os princípios da presunção de inocência e da irredutibilidade de vencimentos.* II – Norma estadual não recepcionada pela atual Carta Magna, sendo irrelevante a previsão que nela se contém de devolução dos valores descontados em caso de absolvição. III – Impossibilidade de pronunciamento desta Corte sobre a retenção da Gratificação de Estímulo à Produção Individual – GEPI, cuja natureza não foi discutida pelo tribunal *a quo*, visto implicar vedado exame de normas infraconstitucionais em sede de RE.IV – Recurso extraordinário conhecido em parte e, na parte conhecida, improvido".(RE 482006/MG, Rel. Min. Ricardo Lewandowski, j. 07.11.2007); **C**: incorreta – o que prescreve não é o direito material em si, mas o direito de ação do servidor em face da Fazenda Pública – Art. 1º do Decreto 20.910/1932; **D**: incorreta – O Superior Tribunal de Justiça tem entendimento consagrado no sentido de que, em concurso público, a desistência de candidatos nomeados para a vaga existente gera ao candidato em classificação posterior o direito à nomeação, ainda que classificado fora do número de vagas. Segue ementa a respeito do tema: Administrativo. Agravo regimental no recurso especial. Mandado de segurança. Concurso público. Desistência de candidato convocado para preenchimento de vaga prevista no edital. Direito subjetivo do candidato classificado imediatamente após. Existência. Demonstração da necessidade e do interesse da administração. 1. A desistência de candidatos aprovados dentro do número de vagas previsto no edital do certame resulta em direito do próximo classificado à convocação para a posse ou para a próxima fase do concurso, conforme o caso. 2. É que a necessidade e o interesse da administração no preenchimento dos cargos ofertados está estabelecida no edital de abertura do concurso e a convocação do candidato que, logo após desiste, comprova a necessidade de convocação do próximo candidato na ordem de classificação. A respeito: RE 643674 AgR, Relator Min. Ricardo Lewandowski, Segunda Turma, DJe-168; ARE 675202 AgR, Relator Min. Ricardo Lewandowski, Segunda Turma, DJe-164. 3. Agravo regimental não provido. (STJ, AgRg no RMS 48.266/TO, Rel. Ministro Benedito Gonçalves, Primeira Turma, julgado em 18/08/2015); **E**: incorreta, aplicam-se ao servidor público, no que couber, as regras do regime geral da previdência social sobre aposentadoria especial de que trata o artigo 40, § 4º, inciso III, da Constituição Federal, até a edição de lei complementar específica – Súmula Vinculante 33 do STF. **FB**

Gabarito "A".

(Procurador do Município – Prefeitura Fortaleza/CE – CESPE – 2017) Em cada um dos itens a seguir é apresentada uma situação hipotética seguida de uma assertiva a ser julgada, a respeito da organização administrativa e dos atos administrativos.

(1) Em razão de incorporações legais, determinado empregado público recebe uma remuneração que se aproxima do teto salarial constitucional. Nessa situação, conforme o entendimento do STF, a remuneração do servidor poderá ser superior ao teto constitucional se ele receber uma gratificação por cargo de chefia.

1: incorreta. A remuneração do servidor abrange o salário e as vantagens, sendo que as gratificações, no caso, são as vantagens. Por isso, sabendo-se que o art. 37, XI, da CF dispõe que a remuneração, incluindo as vantagens dos servidores, não podem exceder ao teto geral, a assertiva se apresenta como incorreta. **AW**

Gabarito 1E

5.7. Licenças

(Procurador do Estado – PGE/MT – FCC – 2016) Considere as seguintes licenças previstas na Lei Complementar estadual nº 555, de 29 de dezembro de 2014:

I. A licença para desempenho de cargo em entidade associativa, representativa de categoria profissional dos militares estaduais, será concedida com ônus para o Estado pelo período do mandato da entidade, mediante solicitação, desde que não ultrapasse o limite de três militares por entidade.

II. Será concedida licença para desempenho de função em fundação, cuja finalidade seja de interesse das Instituições Militares, conforme deliberação do órgão de decisão colegiada da instituição militar estadual.

III. A licença para qualificação consiste no afastamento do militar estadual, com prejuízo de seu subsídio e assegurada a sua efetividade para todos os efeitos da carreira, para frequência em cursos, no país ou exterior, não disponibilizado pela instituição, desde que haja interesse da Administração pública.

IV. Será concedida licença remunerada de cento e oitenta dias para a militar estadual que adotar criança de até doze anos.

Está correto o que se afirma APENAS em:

(A) I e II.

(B) I, II e III.

(C) III e IV.

(D) II e IV.

(E) I, III e IV.

I: correta. Trata-se do disposto no art. 106, da LC estadual 555/2014; **II**: correta. Trata-se do disposto no art. 95, IX, da LC estadual 555/2014; **III**: incorreta. Essa licença para qualificação ocorre sem prejuízo de seu subsídio (art. 108, do referido diploma legal estadual); **IV**: incorreta. O art. 105, LC 555/2014 diferencia as idades do adotando para a concessão da licença em caso de adoção. Será de 180 dias, em casos de bebês de até um ano. **AW**

Gabarito "A".

5.8. Direitos, deveres e proibições do servidor público

(Procurador Município – Santos/SP – VUNESP – 2021) Quanto ao direito de greve dos servidores públicos, assinale a alternativa correta.

(A) Foi regulamentado por lei complementar específica que se aplica aos servidores civis e militares.

(B) Trata-se de direito previsto na Constituição que, enquanto não for regulamentado, não poderá ser invocado pelo servidor.

(C) Considerando a preponderância do interesse público sobre o interesse privado, trata-se de direito vedado aos servidores públicos.

(D) Enquanto não for regulamentado o direito de greve, decidiu o STF que aos servidores se aplica a norma vigente para os trabalhadores em geral.

(E) Foi objeto de regulamentação pelo Poder Público, não se aplicando referidas normas aos servidores militares.

Dispõe o art. 37, VII, da CF: "o direito de greve será exercido nos termos e nos limites definidos em lei específica". Diante da inexistência dessa lei, o STF determinou, em relação à disciplina do direito de greve pelos agentes públicos, a aplicação, no que couber, da lei de greve vigente do setor privado (Lei 7.783/89). Assim, correta a alternativa D. **RB**

Gabarito "D".

(Procurador Município – Santos/SP – VUNESP – 2021) Quanto ao direito de sindicalização dos servidores públicos, à luz da Constituição Federal, assinale a alternativa correta.

(A) Os servidores públicos civis gozam de direito de sindicalização; quanto aos militares, há expressa proibição.

(B) Os servidores, sejam eles civis ou militares, indistintamente, gozam do direito de sindicalização.

(C) Há expressa vedação do direito de sindicalização para aqueles que ostentam a condição de servidor público.

(D) O direito de sindicalização dos servidores públicos não está previsto na Constituição Federal.

(E) Os servidores públicos militares gozam de direito de sindicalização; quanto aos civis, não há previsão constitucional.

É assegurado aos servidores públicos o direito à livre associação sindical (art. 37, VI, da CF). Por outro lado, a Constituição Federal veda a sindicalização dos servidores militares (art. 142, § 3º, IV). Assim, correta a alternativa A. **RB**

Gabarito "A".

5.9. Infrações e processos disciplinares. comunicabilidade de instâncias

(Procurador – AL/PR – 2024 – FGV) Ao ser designada para compor Comissão processante no âmbito do processo administrativo disciplinar, Pamela, Procuradora da Assembleia Legislativa do Estado do Paraná, entendeu que era necessário rememorar as súmulas do Superior Tribunal de Justiça acerca do tema. Assinale a opção que indica entendimento sumulado aferido por Pamela na mencionada situação hipotética.

(A) O excesso para a conclusão do processo administrativo é causa de nulidade, independentemente da caracterização de prejuízo à defesa.

(B) É vedada a utilização de "prova emprestada" no processo administrativo disciplinar, nas hipóteses em que a autorização para a realização da prova se submeta à reserva de jurisdição criminal.

(C) Compete à autoridade administrativa aplicar a servidor público a pena de demissão em razão da prática de improbidade administrativa, independentemente de prévia condenação, por autoridade judiciária, à perda da função pública.

(D) O controle jurisdicional do processo administrativo disciplinar é amplo, sendo possível a incursão no mérito administrativo em qualquer hipótese, diante da amplitude do princípio da ampla defesa e do contraditório.

(E) Os prazos prescricionais previstos para o processo administrativo disciplinar iniciam-se da ocorrência do fato, interrompem-se com o primeiro ato de instauração válido, após o que tem início a prescrição intercorrente.

A: Incorreta, pois o excesso de prazo para a conclusão do processo administrativo disciplinar não é, automaticamente, causa de nulidade.

A jurisprudência do Superior Tribunal de Justiça (STJ) determina que a nulidade por excesso de prazo ocorre somente se ficar demonstrado prejuízo à defesa do acusado. Isso está em conformidade com a Súmula 592 do STJ, que afirma que "O excesso de prazo para a conclusão do processo administrativo disciplinar só causa nulidade se houver demonstração de prejuízo à defesa". **B:** Incorreta, pois, segundo a Súmula 591 do STJ, "É permitida a 'prova emprestada' no processo administrativo disciplinar, desde que devidamente autorizada pelo juízo competente e respeitados o contraditório e a ampla defesa". **C:** Correta, pois a competência para aplicar a pena de demissão por improbidade administrativa é da autoridade administrativa, independentemente de prévia condenação judicial. O processo administrativo disciplinar pode levar à demissão com base em fatos apurados, conforme a Súmula 651 do STJ, que estabelece que "Compete à autoridade administrativa aplicar a servidor público a pena de demissão em razão da prática de improbidade administrativa, independentemente de prévia condenação, por autoridade judiciária, à perda da função pública". **D:** Incorreta, pois o controle jurisdicional do processo administrativo disciplinar não é amplo a ponto de permitir a incursão no mérito administrativo. O Judiciário pode revisar o processo apenas para garantir a observância dos princípios constitucionais de devido processo legal, ampla defesa e contraditório, mas não reexamina, em regra, o mérito das decisões administrativas. Isso está de acordo com a Súmula 665 do STJ, que afirma que "O controle jurisdicional do processo administrativo disciplinar restringe-se ao exame da regularidade do procedimento e da legalidade do ato, à luz dos princípios do contraditório, da ampla defesa e do devido processo legal, não sendo possível incursão no mérito administrativo, ressalvadas as hipóteses de flagrante ilegalidade, teratologia ou manifesta desproporcionalidade da sanção aplicada". **E:** Incorreta, pois os prazos prescricionais para o processo administrativo disciplinar não se iniciam com a ocorrência do fato, mas na data em que a autoridade "toma conhecimento do fato". A Súmula 635 do STJ estabelece que "Os prazos prescricionais previstos no art. 142 da Lei n. 8.112/1990 iniciam-se na data em que a autoridade competente para a abertura do procedimento administrativo toma conhecimento do fato, interrompem-se com o primeiro ato de instauração válido - sindicância de caráter punitivo ou processo disciplinar - e voltam a fluir por inteiro, após decorridos 140 dias desde a interrupção". **WG**

Gabarito "C".

(Procurador Federal – AGU – 2023 – CEBRASPE) Um ente da administração pública indireta recebeu as seguintes denúncias contra três servidores: o servidor A teria faltado ao serviço, sem causa justificada, por 62 dias, interpoladamente, ao longo de 12 meses; o servidor B não comparecia ao serviço havia 40 dias consecutivos, mas em sua rede social via-se que ele fazia apresentações musicais pelo interior do país, como integrante de uma dupla sertaneja; e o servidor C, após discussão com outro servidor por causa do uso de equipamentos de informática, jogou a tela do computador no chão, e, com o extintor de incêndio, danificou os móveis existentes na sala do órgão público, além de ter agredido fisicamente um de seus colegas de sala, deixando-o inconsciente e posteriormente incapacitado para o trabalho.

No que se refere aos casos hipotéticos relatados, a Lei n.º 8.112/1990 prevê apuração disciplinar por meio de

(A) processo administrativo disciplinar de rito sumário por inassiduidade habitual, para o servidor A; processo administrativo disciplinar de rito sumário por abandono de cargo, para o servidor B; processo administrativo disciplinar para o servidor C, dada a gravidade dos fatos.

(B) sindicância investigativa, para apurar a autoria ou a materialidade dos fatos, para cada um dos servidores.

(C) processo administrativo disciplinar de rito sumário por meio do qual se comprove a intencionalidade das faltas e do abandono de cargo para os servidores A e B e processo administrativo disciplinar comum para o servidor C.

(D) sindicâncias punitivas para cada um dos três servidores, dadas a autoria e a materialidade identificadas, com a possibilidade de aplicação das penas cabíveis correspondentes.

(E) processo administrativo disciplinar ou sindicância investigativa instaurados para cada um dos servidores.

Nos termos da Lei n.º 8.112/1990, o servidor A, que faltou ao serviço por 62 dias sem causa justificada, cometeu inassiduidade habitual (art. 139), estando sujeito ao processo disciplinar pelo rito sumário (art. 140, *caput*, combinado com o art. 133, *caput*). O servidor B, que não compareceu ao serviço por 40 dias consecutivos e estava realizando atividades pessoais, pode ser processado por abandono de cargo (art. 138), estando também sujeito ao processo disciplinar pelo rito sumário (art. 140, *caput*, combinado com o art. 133, *caput*). Tanto o servidor A como o B estão sujeitos à pena de demissão (art. 132, II e III). Já o servidor C, que cometeu atos graves como vandalismo e agressão física, também está sujeito à pena de demissão (art. 132, VII e X), mas nesse caso deve ser submetido a um processo administrativo disciplinar comum (arts. 143 e ss.), não havendo exceção legal estabelecendo que se aplicará o procedimento sumário para esse caso. Portanto, a alternativa "A" é a correta. **WG**
Gabarito "A".

(Procurador Federal – AGU – 2023 – CEBRASPE) Acerca do prazo prescricional da pretensão punitiva para o processo administrativo disciplinar (PAD), considerando a Lei n.º 8.112/90 e o entendimento jurisprudencial do Superior Tribunal de Justiça (STJ), assinale a opção correta.

(A) Inicia-se a partir da data do conhecimento do fato por qualquer servidor público no órgão onde tenham ocorrido as supostas irregularidades.

(B) Inicia-se a partir da data do conhecimento do fato pela autoridade competente para a abertura do PAD.

(C) Suspende-se com o primeiro ato de instauração válido — sindicância investigativa ou processo disciplinar — e volta a fluir por inteiro decorridos 140 dias desde a suspensão.

(D) Interrompe-se com o primeiro ato de instauração válido — sindicância ou processo disciplinar — e volta a fluir por inteiro decorridos 180 dias desde a interrupção.

(E) Inicia-se a partir da data do registro da denúncia no setor de protocolo geral do órgão ao qual pertence o servidor.

A: Incorreta, pois o prazo prescricional para a pretensão punitiva em processo administrativo disciplinar (PAD) não inicia a partir da data do conhecimento do fato por qualquer servidor público no órgão onde ocorreram as supostas irregularidades. O prazo inicia-se a partir da data do conhecimento do fato pela autoridade competente para a abertura do PAD. **B:** Correta, pois o prazo prescricional da pretensão punitiva em processo administrativo disciplinar inicia-se a partir da data do conhecimento do fato pela autoridade competente para a abertura do PAD, conforme a Súmula 635 do STJ: "Os prazos prescricionais previstos no art. 142 da Lei n. 8.112/1990 iniciam-se na data em que a autoridade competente para a abertura do procedimento administrativo toma conhecimento do fato, interrompem-se com o primeiro ato de instauração válido – sindicância de caráter punitivo ou processo disciplinar – e voltam a fluir por inteiro, após decorridos 140 dias desde a interrupção". **C:** Incorreta, pois o prazo prescricional não se *suspende* com o primeiro

ato de instauração válido, como sindicância investigativa ou processo disciplinar, e volta a fluir por inteiro decorridos 140 dias desde a suspensão. O prazo prescricional é *interrompido* nesse caso, mas não suspenso, conforme a Súmula 635 do STJ. Ademais, o primeiro caso de interrupção é por *sindicância punitiva*, e não *sindicância investigativa*, nos termos da mencionada súmula. **D:** Incorreta, pois a interrupção não é por qualquer *sindicância*, mas por *sindicância punitiva*, nos termos da Súmula 635 do STJ. Ademais, o prazo prescricional volta a fluir por inteiro decorridos *140 dias* da interrupção, e não *180 dias*, também nos termos da mencionada súmula. **E:** Incorreta, pois o prazo prescricional não inicia a partir da data do registro da denúncia no setor de protocolo geral do órgão ao qual pertence o servidor. O prazo inicia-se a partir da data do conhecimento do fato pela autoridade competente para a abertura do PAD, conforme a Súmula 635 do STJ. **WG**
Gabarito "B".

(Procurador Fazenda Nacional – AGU – 2023 – CEBRASPE) No curso de inquérito administrativo em processo administrativo disciplinar (PAD), o servidor investigado informou, em petição, que o fato supostamente ilícito sob investigação havia sido objeto de ação penal cuja sentença, ainda não transitada em julgado, absolvera o investigado, com o fundamento de que ele não era o autor do fato. Nessa situação hipotética, de acordo com a Lei n.º 8.112/1990 e a jurisprudência do STJ, a comissão constituída para conduzir o PAD deverá

(A) suspender o processamento do PAD enquanto aguarda a conclusão definitiva da ação penal.

(B) absolver o investigado, em virtude do fundamento da sentença penal proferida.

(C) propor a absolvição do investigado, em virtude do fundamento da sentença penal proferida.

(D) prosseguir com o processamento do PAD.

(E) determinar a realização de diligência para verificar a veracidade da alegação feita pelo investigado.

Nos termos do art. 125 da Lei n. 8.112/90 há uma independência entre as instâncias civil, penal e administrativa. As instância administrativa somente seguirá a sorte da criminal, caso haja uma absolvição criminal que especificamente negue a existência do fato ou sua autoria (art. 126). No caso em questão a absolvição criminal parece ter sido justamente por negativa de autoria. Porém, por não haver ainda trânsito em julgado, não há que se falar em absolvição do acusado (alternativas "b" e "c"), nem de suspensão do PAD (alternativa "a"), nem mesmo de realização de diligência para verificar esse fato (absolvição criminal), visto que, não havendo trânsito em julgado na ação criminal, a questão ainda está *sub judice* lá, prevalecendo ainda o princípio da independência das instâncias criminal e administrativa, daí porque o processamento do PAD deve prosseguir (alternativa "d"). **WG**
Gabarito "D".

(Procurador/DF – CESPE – 2022) Acerca do processo administrativo disciplinar, julgue os itens seguintes, considerando o entendimento dos tribunais superiores sobre a matéria.

(1) A falta de defesa técnica por advogado em processo administrativo disciplinar não viola a Constituição Federal de 1988.

(2) A Lei n.º 9.784/1999, especialmente no que diz respeito ao prazo decadencial para a revisão de atos administrativos no âmbito da administração pública federal, pode ser aplicada de forma subsidiária aos estados e municípios, se inexistente norma local e específica que regule a matéria.

1: certo (cf. Súmula Vinculante n. 5). **2:** certo (cf. Súmula 633 do STJ). **RB**
Gabarito 1C, 2C

2. DIREITO ADMINISTRATIVO

(**Procurador Município – Teresina/PI – FCC – 2022**) Em processo administrativo disciplinar, a Comissão Processante responsável, em seu relatório final, propôs que fosse aplicada pena de suspensão ao acusado. O processo seguiu para decisão da autoridade superior, que exarou o seguinte despacho:

Adotando a fundamentação do relatório da Comissão Processante, aplico ao acusado a pena de demissão a bem do serviço público, nos termos do Estatuto funcional.

Nesse caso, a decisão demissória é

(A) anulável, podendo ser convalidada, por não ter causado prejuízo ao interesse público ou a terceiros.

(B) nula, pois o ato administrativo punitivo deveria ter sido aplicado pela Comissão Processante, pois a quem apurou cabe aplicar a pena.

(C) nula, pois o parecer da Comissão Processante é ato administrativo de natureza vinculante.

(D) válida, pois se trata de ato administrativo discricionário, em que a motivação é dispensável.

(E) nula, pois o ato administrativo se vincula aos motivos alegados, não cabendo o uso de motivação *aliunde* no caso.

A decisão demissória é nula, pois adotou como fundamentação o relatório da Comissão Processante, que propôs não a demissão, mas a aplicação da pena de suspensão ao acusado. Assim, em razão da aplicação da teoria dos motivos determinantes, verifica-se um vício na decisão da autoridade superior. No caso em comento, não caberia o uso da motivação aliunde (também conhecida como motivação *per relationem*, baseada na remissão a outras manifestações), pois a autoridade superior discordou do relatório final da comissão. Desse modo, correta a alternativa E. Demais: **A:** incorreta (o vício não pode ser convalidado, de modo que o ato é nulo). **B:** incorreta (o ato punitivo deve ser aplicado pela autoridade superior, e não pela Comissão Processante, que detém a competência para apurar a infração disciplinar). **C:** incorreta (o parecer da comissão não é ato de natureza vinculante, pois a autoridade superior pode decidir de modo diverso). **D:** incorreta (o ato é nulo; além disso, a motivação não é dispensável). RB

Gabarito: "E."

(**Procurador do Município - Boa Vista/RR - 2019 - CESPE/CEBRASPE**) A respeito das garantias constitucionais relativas a processo administrativo disciplinar, julgue os itens a seguir.

(1) Conforme jurisprudência do STJ, a instauração de processo administrativo disciplinar com base unicamente em denúncia anônima é viável, desde que tenha sido realizado previamente procedimento investigatório.

(2) De acordo com o entendimento do STF, a falta de nomeação de advogado pelo acusado no âmbito de processo administrativo disciplinar não viola o devido processo legal.

1: certo (conforme a Súmula 611 do STJ: "Desde que devidamente motivada e com amparo em investigação ou sindicância, é permitida a instauração de processo administrativo disciplinar com base em denúncia anônima, em face do poder-dever de autotutela imposto à Administração."). **2:** certo (conforme a Súmula Vinculante 5 do STF: "A falta de defesa técnica por advogado no processo administrativo disciplinar não ofende a Constituição.") RB

Gabarito: 1C, 2C

(**Procurador Municipal/SP – VUNESP – 2016**) O servidor público se sujeita à responsabilidade civil, penal e administrativa decorrente do exercício do cargo, emprego ou função.

A respeito da responsabilidade do servidor público, é correto afirmar que

(A) não há, com relação ao ilícito administrativo, a mesma tipicidade que caracteriza o ilícito penal, sendo que a maior parte das infrações não é definida com precisão, limitando-se a lei, em regra, a usar termos mais amplos, como falta de cumprimento dos deveres ou procedimento irregular.

(B) quando o servidor causa dano à terceiro, o Estado responde subjetivamente perante o terceiro, ou seja, é necessária a comprovação de dolo ou culpa, podendo, posteriormente, a Administração, em direito de regresso, efetuar descontos nos vencimentos do servidor.

(C) mesmo que o servidor seja condenado na esfera criminal, o juízo cível e a autoridade administrativa podem decidir de forma contrária, não obstante a sentença absolutória no juízo criminal tenha categoricamente reconhecido a inexistência material do fato.

(D) o servidor público civil demitido por ato administrativo, se absolvido pela Justiça em ação penal, por falta de provas, em relação ao ato que deu causa à demissão, será reintegrado ao serviço público, com todos os direitos adquiridos.

(E) em caso de crime de que resulte prejuízo para a Fazenda Pública ou enriquecimento ilícito do servidor, ele ficará sujeito a sequestro e perdimento de bens, sem necessidade de intervenção do Poder Judiciário, na forma da Lei Federal 8.429/2012.

A: Correta. A responsabilidade administrativa dos servidores públicos se encontra disposto nos arts. 127, e seguintes, da Lei 8.112/1990, havendo apenas previsão de condutas punidas com demissão (art. 132, da Lei 8.112/1990) e, mesmo assim, de forma genérica, bem diferente do que ocorre no Código Penal em relação aos crimes. **B:** Incorreta.O Estado responde objetivamente por danos que o Estado, por meio de seus agentes, causar a terceiros (art. 37, § 6º, CF). **C:** Incorreta. A absolvição penal que nega a autoria ou que reconhece a inexistência material do fato se comunica, afastando a responsabilidade administrativa (art. 127, da Lei 8.112/1990). **D:** Incorreta. A absolvição penal por ausência de provas não isenta o servidor de pena administrativa (art. 127, da Lei 8.112/1990). **E:** Incorreta. A ação de improbidade é ação civil, judicial, sendo esse o erro da alternativa. WG

Gabarito: "A".

(**Procurador do Estado – PGE/MT – FCC – 2016**) A Lei Complementar nº 04/90 (Estatuto dos Servidores Públicos do Estado do Mato Grosso) dispõe, acerca da responsabilidade dos servidores e do processo disciplinar, que:

(A) é falta disciplinar criticar atos do Poder Público, ainda que a crítica seja formulada em trabalho doutrinário assinado pelo servidor.

(B) não é aplicável a pena de destituição a servidor titular de cargo efetivo que ocupa transitoriamente cargo comissionado.

(C) viola os deveres funcionais ser sócio ou acionista de empresa privada, atividade que é considerada incompatível com o exercício funcional.

(D) o servidor que se recusar a ser submetido à inspeção médica determinada pela autoridade competente não pode ser punido pela recusa, mas terá os seus vencimentos retidos até cumprir a determinação.

(E) para defender o indiciado revel, a autoridade instauradora do processo disciplinar designará como defensor-dativo um servidor portador de diploma de nível superior.

A: incorreta. O art. 144, V, da LC 04/1990 dispõe que "é proibido ao servidor referir-se de modo depreciativo ou desrespeitoso, às autoridades públicas ou aos atos do Poder Público, mediante manifestação escrita ou oral."; B: correta. Não temos essa penalidade prevista na LC 04/1990, por isso ela não pode ser aplicada; C: incorreta O art. 144, X, da LC 04/1990 admite ao servidor ser sócio ou acionista; D: incorreta. O servidor pode ser punido com suspensão de até 15 dias (art. 157, § 1º, da LC 04/1990); E: incorreta. Para defender o indiciado revel, a autoridade instauradora do processo disciplinar designará como defensor-dativo um servidor público de cargo de nível igual ou superior ao do indiciado, conforme disposto no art. 191, §2º, da LC 04/1990. **AW**
Gabarito "B".

5.10. Temas combinados de servidor público

(Procurador Municipal – Sertãozinho/SP – VUNESP – 2016) Dentre os crimes de responsabilidade dos Prefeitos Municipais previstos no Decreto-lei 201/1967, sujeitos ao julgamento do Poder Judiciário, independentemente do pronunciamento da Câmara dos Vereadores, está prevista a conduta de

(A) impedir o exame de livros, folhas de pagamento e demais documentos que devam constar dos arquivos da Prefeitura, bem como a verificação de obras e serviços municipais.

(B) desatender, sem motivo justo, as convocações ou os pedidos de informações da Câmara, quando feitos a tempo e em forma regular.

(C) descumprir o orçamento aprovado para o exercício financeiro, praticando, contra expressa disposição de lei, ato de sua competência ou omitindo-se na sua prática.

(D) negar execução a lei federal, estadual ou municipal, ou deixar de cumprir ordem judicial, sem dar o motivo da recusa ou da impossibilidade, por escrito, à autoridade competente.

(E) retardar a publicação ou deixar de publicar as leis e atos sujeitos a essa formalidade, deixando de apresentar à Câmara, no devido tempo, e em forma regular, a proposta orçamentária.

A: Incorreta. Trata-se de uma infração político-administrativa prevista no art. 4º, II, do Decreto-lei 201/1967, sendo de competência da Câmara dos Vereadores o seu julgamento. B: Incorreta. Também temos hipótese de infração político-administrativa de competência da Câmara dos Vereadores (art. 4º, III, do Decreto-lei 201/1967). C: Incorreta. O mesmo se diz dessa assertiva, que consta do art. 4º, VI, do Decreto-lei 201/1967. D: Correta. Nesse caso, temos expressa a competência do Poder Judiciário, que assim dispõe: "Art. 1º São crimes de responsabilidade dos Prefeitos Municipal, sujeitos ao julgamento do Poder Judiciário, independentemente do pronunciamento da Câmara dos Vereadores: XIV – Negar execução a lei federal, estadual ou municipal, ou deixar de cumprir ordem judicial, sem dar o motivo da recusa ou da impossibilidade, por escrito, à autoridade competente; E: Incorreta. Trata-se de infração administrativa de competência do Poder Judiciário (art. 4º, IV, do Decreto-lei 201/1967. **AW**
Gabarito "D".

(Procurador do Estado/AC - 2017 - FMP) Acerca da advocacia pública, tendo em vista a respectiva conformação constitucional e ordinária a partir das normas vigentes, assinale a alternativa INCORRETA.

(A) A advocacia pública, tanto quanto a advocacia privada, espelham o atributo de serem consideradas um serviço público, indispensável à administração da justiça, levando-se cm consideração a sua missão primária de postularem pretensões, fundamentadas juridicamente, perante o juízo.

(B) A advocacia pública se vincula a duplo regime estatutário com caráter institucional: a Ordem dos Advogados do Brasil e a instituição a que pertence o advogado público.

(C) O advogado público, ao defender o interesse público que ao Estado cabe proteger, vincula-se à tutela em juízo coincidente com o interesse da autoridade pública por ele representado.

(D) Ao advogado público, no exercício de suas atribuições delineadas pela Constituição, compete defender o Estado, titular do interesse público primário.

(E) Afigura-se explícito, do ponto de vista constitucional, o papel suplementar de controle interno da Administração Pública desempenhado pela advocacia pública.

A advocacia pública está prevista na CF, nos arts. 131 e 132, integrando o capítulo referente às funções essenciais da Justiça. Considerando que a advocacia privada igualmente está inserida em tal capítulo (art. 133), conclui-se que ambas são consideradas um serviço público (alternativa A veicula afirmação correta). A função da advocacia pública envolve a representação judicial e a consultoria jurídica (dentro da qual se insere a prerrogativa de controle interno) da correspondente unidade federativa (alternativa E veicula afirmação correta). Importante destacar que a advocacia pública tutela o interesse púbico primário, que corresponde ao interesse da sociedade, e não o interesse da autoridade pública por ele representado (alternativa C veicula afirmação incorreta; já a alternativa D, correta). Por fim, o advogado público submete-se a um duplo regime estatutário: o da Ordem dos Advogados do Brasil e o da entidade federativa em que está inserido (alternativa B veicula afirmação correta). Considerando que a questão solicita a indicação da alternativa que veicula afirmação incorreta, deve ser assinalada a alternativa C. **RB**
Gabarito "C".

(Procurador do Estado/TO - 2018 - FCC) O Estatuto dos Servidores Públicos Civis do Estado do Tocantins –Lei 1.818/2007 – estabelece o procedimento de ajustamento de conduta dos servidores, em matéria disciplinar. Acerca de tal procedimento, é correto afirmar:

(A) Ao firmar o compromisso de ajustamento de conduta, o servidor deve estar acompanhado por advogado ou defensor ad hoc.

(B) É possível firmar compromisso de ajustamento em condutas dolosas, desde que não tenha havido prejuízo ao erário e o comportamento não constitua infração grave.

(C) Em caso de absolvição criminal pela conduta investigada em âmbito administrativo, considera-se automaticamente rescindido o compromisso de ajustamento firmado pelo servidor.

(D) O ajustamento de conduta somente pode ser formalizado antes da abertura do processo disciplinar, por ocasião da sindicância ou averiguação preliminar.

(E) O compromisso de ajuste de conduta deve ser objeto de publicação, contendo a identificação do servidor compromissário, de maneira a possibilitar a fiscalização do cumprimento do ajuste pelos usuários do serviço público por ele prestado.

O procedimento de ajustamento de conduta em matéria disciplinar está previsto no Estatuto dos Servidores Públicos Civis do Estado do Tocantins (Lei 1.818/2007), em seus arts. 147 a 151. Alternativa A correta (cf. art. 150). Alternativa B incorreta (um dos requisitos para a elaboração do ajustamento de conduta é a inexistência de dolo ou má-fé na conduta do servidor, cf. art. 147, parágrafo único, I). Alternativa C incorreta (a absolvição criminal somente afasta a responsabilidade administrativa se negar a existência do fato ou afastar do acusado a respectiva autoria, cf. art. 146). Alternativa D incorreta (a ajustamento de conduta pode ser formalizado antes ou durante o procedimento disciplinar, cf. art. 149). Alternativa E incorreta (ao ser publicado, o termo de compromisso de ajuste de conduta preserva a identidade do compromissário e deve ser arquivado no dossiê do servidor sem qualquer averbação que configure penalidade disciplinar, cf. art. 151).

Gabarito "A".

6. IMPROBIDADE ADMINISTRATIVA

Resumo do Novo Regime

I. O regime jurídico da improbidade administrativa

O regime jurídico da improbidade está previsto na CF (art. 37, § 4º) e na Lei 8.429/1992 (Lei de Improbidade Administrativa). Importante destacar que a Lei 8.429/1992 foi objeto de relevantes alterações pela Lei 14.230/2021!

Consideram-se atos de improbidade administrativa as condutas dolosas tipificadas nos arts. 9º, 10 e 11 da Lei 8.429/1992, ressalvando-se que leis especiais podem prever outros tipos, como, por exemplo, o Estatuto da Cidade (Lei 10.257/2001).

II. Modalidades de improbidade administrativa. Aspectos gerais

A Lei 8.429/1992 estabelece três modalidades de ato de improbidade administrativa. A primeira modalidade é a de **enriquecimento ilícito (art. 9º)**. Essa modalidade consiste em o agente auferir vantagem patrimonial indevida em razão do exercício da atividade pública. São exemplos de improbidade nessa modalidade os seguintes: receber comissão, propina; utilizar bem ou funcionário públicos em proveito próprio; adquirir bens desproporcionais à renda, dentre outros.

A segunda modalidade é a de atos que causam **prejuízo ao erário (art. 10)**. Essa modalidade consiste em o agente ensejar perda patrimonial, desvio, malbaratamento ou dilapidação dos bens das entidades. São exemplos de improbidade nessa modalidade os seguintes: permitir ou facilitar que bem público seja desviado para particular, ou que seja alienado por preço inferior ao de mercado; realizar operações financeiras sem observância das normas legais; conceder benefício fiscal sem observância da lei; frustrar licitação; ordenar ou permitir realização de despesas não autorizadas; dentre outros.

A terceira modalidade é que importa em **violação a princípios da Administração Pública (art. 11)**. Essa modalidade consiste em o agente violar deveres de honestidade, imparcialidade, legalidade e lealdade às instituições. De acordo com as alterações promovidas peal Lei 14.230/2021, e diferentemente das demais modalidades (que são exemplificativas), as hipóteses do art. 11 são taxativas, São exemplos de improbidade nessa modalidade os seguintes: revelar fato que deva permanecer em segredo, negar publicidade aos atos oficiais, deixar de prestar contas, nepotismo.

A jurisprudência do STF e do STJ afastou todas as teses de responsabilidade objetiva em qualquer das modalidades citadas.

Atenção! Antes das alterações promovidas no ano de 2021, prevalecia o entendimento, inclusive do STJ, de que a modalidade do art. 10 (prejuízo ao erário) pode se configurar tanto mediante conduta dolosa como mediante conduta culposa. Em relação às demais modalidades, somente mediante a caracterização do dolo. Ocorre que a Lei 14.230/2021 modificou o regime, dispondo que o elemento subjetivo da improbidade administrativa é **sempre o dolo**. Assim, não mais existe improbidade culposa.

Considera-se dolo a vontade livre e consciente de alcançar o resultado ilícito tipificado nos arts. 9º, 10 e 11 da Lei 8.429/1992, não bastando a voluntariedade do agente. Além disso, para que seja configurada a improbidade administrativa, há necessidade de comprovar a finalidade de obter proveito ou benefício indevido para si ou para outra pessoa ou entidade. Trata-se de dolo específico, portanto, e não de dolo genérico.

Esquematicamente, temos:

III. Sanções ou penas pela prática de improbidade administrativa

Aplicam-se ao sistema da improbidade os princípios constitucionais do direito administrativo sancionador.

A Lei 8.429/1992 estabelece as seguintes sanções para aquele que pratica o ato de improbidade (art. 12). Atente-se que a Lei 14.230/2021 modificou diversos aspectos relacionados às penalidades:

a) suspensão dos direitos políticos: até 14 anos (no caso de enriquecimento ilícito – art. 9º) ou até 12 anos (no caso de prejuízo ao erário – art. 10); **Atenção!** de acordo com o atual regime, não mais se aplica a suspensão de direitos políticos no caso de improbidade por violação aos princípios (art. 11);

b) perda da função pública: no caso de enriquecimento ilícito (art. 9º) e prejuízo ao erário (art. 10); **Atenção!** não mais se aplica a perda da função pública no caso de improbidade por violação aos princípios (art. 11); além disso, a sanção atinge apenas o vínculo de mesma qualidade e natureza que o agente público ou político detinha com o poder público na época do cometimento da infração (excepcionalmente, pode o magistrado, na hipótese de enriquecimento ilícito, estendê-la aos demais vínculos, consideradas as circunstâncias do caso e a gravidade da infração);

c) indisponibilidade dos bens (§ 4º do art. 37 da CF): finalidade de garantir a integral recomposição do erário ou do acréscimo patrimonial resultante de enriquecimento ilícito;

d) ressarcimento ao erário: a reparação do dano decorrente da improbidade deve deduzir o ressarcimento ocorrido nas instâncias criminal, civil e administrativa que tiver por objeto os mesmos fatos; para fins de apuração do valor do ressarcimento, devem ser descontados os serviços efetivamente prestados;

e) perda de bens e valores acrescidos ilicitamente;

f) multa civil: correspondente ao valor do acréscimo patrimonial (art. 9º); ao valor do dano (art. 10); a até 24 vezes o valor da remuneração percebida pelo agente (art. 11); a multa pode ser aumentada até o dobro, se o juiz considerar que, em virtude da situação econômica do réu, o valor acima é ineficaz para reprovação e prevenção do ato de improbidade;

g) proibição de contratar com a Administração Pública ou dela receber benefícios ou incentivos fiscais ou creditícios, direta ou indiretamente, ainda que por intermédio de pessoa jurídica da qual seja sócio majoritário: prazo não superior a 14, 12 e 4 anos, para os arts. 9º, 10 e 11, respectivamente.

Cuidado! De acordo com as alterações promovidas pela Lei 14.230/2021, as sanções acima somente podem ser executadas após o **trânsito em julgado** da sentença condenatória.

As quatro primeiras sanções foram criadas expressamente pela CF, enquanto as demais foram criadas pela Lei 8.429/1992.

A aplicação das sanções independe de dano ao erário (salvo quanto à pena de ressarcimento e às condutas previstas no art. 10 da Lei 8.429/1992) e da aprovação ou rejeição de contas pelo órgão de controle interno ou Tribunal de Contas (art. 21, I e II).

Porém, **em casos em que não se demonstrar lesão ao erário**, como na contratação de servidores sem concurso ou de empresas sem licitação, mas que acabarem trabalhando ou prestando serviço, não cabe a aplicação da sanção de ressarcimento ao erário, não havendo dano, para que não haja enriquecimento sem causa da Administração, sem prejuízo da aplicação de outras sanções previstas no art. 12 da Lei 8.429/1992 (STJ, REsp 1.238.466-SP).

Quanto à **aprovação de contas pelo Tribunal de Contas**, a jurisprudência do STJ vem aplicando o dispositivo citado (REsp 593.522-SP), asseverando que a sua aprovação não inibe a atuação do Poder Judiciário para exame de sua legalidade e constitucionalidade, pois as cortes de contas não exercem jurisdição e não têm atribuição para anular atos lesivos ao patrimônio público, visto que exercem função auxiliar ao Legislativo (art. 5º, XXXV, c/c o art. 71, X, §§ 1º e 2º da CF/1988). Além disso, as provas produzidas perante os órgãos de controle e as correspondentes decisões devem ser consideradas na formação da convicção do juiz.

No tocante à **cumulação das sanções previstas no art. 12 da Lei 8.429/1992**, o STJ entendeu que estas não podem ser cumuladas de modo indistinto, em obediência ao princípio da proporcionalidade (REsp 626.204/RS, DJ 06.09.2007).

Na prática, somente em casos gravíssimos, como de enriquecimento ilícito do agente (art. 9º), justifica-se a cumulação de todas as sanções previstas no art. 12.

A aplicação das sanções por improbidade administrativa independe da aplicação de sanções nas esferas administrativa e penal, dada a independência das instâncias, claramente determinada no art. 12, *caput*, da Lei 8.429/1992. Assim, o fato de um agente público estar sofrendo um processo disciplinar que pode levá-lo à demissão não interfere na continuidade da ação de improbidade, que pode também levá-lo à perda do cargo.

IV. Sujeitos do ato de improbidade administrativa

São **sujeitos passivos**, ou seja, podem ser vítimas do ato de improbidade as seguintes pessoas (art. 1º, §§5º a 7º, da Lei 8.429/1992):

a) Administração direta e indireta, no âmbito da União, dos Estados, dos Municípios e do Distrito Federal;

Obs.: abrange Poderes Executivo, Legislativo e Judiciário;

b) Entidade privada para cuja criação ou custeio o erário haja concorrido ou concorra no seu patrimônio ou receita atual;

Obs.: o ressarcimento ao erário limita-se à repercussão do ilícito sobre a contribuição dos cofres públicos;

c) Entidade privada que receba subvenção, benefício ou incentivo, fiscal ou creditício, de entes públicos ou governamentais.

São **sujeitos ativos**, ou seja, praticam atos de improbidade as seguintes pessoas (arts. 2º e 3º da Lei 8.429/1992):

a) *agentes públicos*, ou seja, o agente político, o servidor público e todo aquele que exerce, ainda que transitoriamente ou sem remuneração, por eleição, nomeação, designação, contratação ou qualquer outra forma de investidura ou vínculo, mandato, cargo, emprego ou função nas entidades mencionadas acima como sujeitos passivos; aqui temos os chamados agentes próprios de improbidade;

b) O particular, pessoa física ou jurídica, que celebra com a administração pública convênio, contrato de repasse, contrato de gestão, termo de parceria, termo de cooperação ou ajuste administrativo equivalente;

c) Aquele que, mesmo não sendo agente público, induza ou concorra dolosamente para a prática do ato de improbidade.

Atenção! Vale informar que o STJ tem entendimento de que "não é possível o ajuizamento de ação de improbidade administrativa exclusivamente em face de particular, sem a concomitante presença de agente público no polo passivo da demanda" (REsp 1.171.017-PA, j. 25.02.2014). Ou seja, para a configuração da improbidade, sempre é necessária a participação de agente público.

No tocante aos *sujeitos ativos* do ato de improbidade, observou-se acirrada polêmica em relação aos **agentes políticos**. Em um primeiro momento, o STF fixou entendimento de que os **agentes políticos** que respondam por crime de responsabilidade (exs.: Presidente, Ministros de Estado, desembargadores, entre outros) não estão sujeitos à incidência da Lei 8.429/1992 (RE 579.799, DJ 19.12.2008), dada a similitude das sanções nas duas esferas. A exceção aplicava-se aos Prefeitos, em relação a quem se admitia a responsabilização por improbidade (Rcl 6034, DJ 29/03/2008). No entanto, sobreveio alteração de entendimento, de modo que o STF passou a decidir que os agentes políticos, de modo geral – com exceção do Presidente da República –, encontram-se sujeitos a um duplo regime sancionatório, submetendo-se tanto à responsabilização civil pelos atos de improbidade administrativa quanto à responsabilização político-administrativa por crimes de responsabilidade (Pet 3240 AgR, Rel. Min. Roberto Barroso, DJe 22/08/2018). Relevante apontar que, com a Lei 14.230/2021, o agente político passou a constar expressamente no art. 2°, *caput*, da Lei 8.429/1992 como sujeito ativo.

Conforme as modificações introduzidas pela Lei 14.230/2021, os sócios, os cotistas, os diretores e os colaboradores de pessoa jurídica de direito privado não respondem pelo ato de improbidade que venha a ser imputado à pessoa jurídica, salvo se, comprovadamente, houver participação e benefícios diretos. Ademais, as sanções de improbidade não se aplicam à pessoa jurídica, caso o ato de improbidade administrativa seja também sancionado como ato lesivo à administração pública de que trata a Lei 12.846/2013 (lei anticorrupção). Há, portanto, a necessidade de observância do princípio constitucional do *non bis in idem*.

Quanto ao sucessor daquele que causar lesão ao patrimônio público ou se enriquecer ilicitamente, o art. 8° da Lei 8.429/1992, respeitando o princípio constitucional da intranscendência das sanções e restrições de direito (art. 5°, XLV, da CF), dispõe que aquele está sujeito apenas à obrigação de reparar o dano, até o limite do valor da herança ou do patrimônio transferido. **Atenção!** Com as alterações promovidas pela Lei 14.230/2021, restou ultrapassada a jurisprudência que vinha dominando, no sentido de que o sucessor teria de suportar não somente o ressarcimento ao erário, mas também a multa civil imposta ao falecido que tenha praticado improbidade.

Obs.: A responsabilidade sucessória do art. 8° da Lei 8.429/1992 aplica-se também na hipótese de alteração contratual, de transformação, de incorporação, de fusão ou de cisão societária.

V. Processo

Antes da alteração promovida em 2021, eram legitimados ativos para a ação de improbidade o Ministério Público e a pessoa jurídica interessada (= pessoa jurídica lesada).

Com a Lei 14.230/2021, apenas o MP foi previsto como autor da ação (art. 17, "caput", cf. redação dada pelo novo diploma legal). No entanto, foram propostas perante o STF as ADINs 7.042 e 7.043, no âmbito das quais o Pleno da Corte restabeleceu a legitimidade da pessoa jurídica interessada para o ajuizamento da ação de improbidade.

Conclusão! Atualmente, por força da Lei 14.230/2021 e de decisão do STF, são legitimados ativos o Ministério Público e a pessoa jurídica interessada.

Quanto à medida cautelar de **indisponibilidade de bens**, o escopo é garantir a integral recomposição do erário ou do acréscimo patrimonial resultante de enriquecimento ilícito. As alterações promovidas pela Lei 14.230/2021 tornaram minucioso o respectivo regime. A sua decretação pelo Judiciário exige a demonstração do *fumus boni iuris* (probabilidade da ocorrência dos atos reputados como ímprobos) e do *periculum in mora*, de modo que a urgência não pode ser presumida. **Atenção!** O STJ entendia que a indisponibilidade requeria apenas o *fumus boni iuris*, estando o *periculum in mora* implícito na lei. No entanto, a recente alteração legislativa passou a exigir expressamente o perigo de dano irreparável ou de risco ao resultado útil do processo.

Essa tutela de urgência somente pode recair sobre bens que assegurem exclusivamente o integral ressarcimento do dano ao erário, sem incidir sobre os valores aplicados a título de multa civil ou sobre acréscimo patrimonial decorrente de atividade lícita. Nesse particular, a modificação trazida pela Lei 14.230/2021 tornou superada a jurisprudência do STJ, no sentido de que a medida incide sobre as bases patrimoniais da futura sentença condenatória, incluído o valor de eventual multa civil.

A indisponibilidade dos bens pode ser decretada sem a oitiva prévia do réu, sempre que o contraditório prévio puder comprovadamente frustrar a efetividade da medida. Ademais, é permitida a substituição da indisponibilidade por caução idônea, por fiança bancária ou por seguro-garantia judicial, a requerimento do réu. Se houver mais de um réu na ação, a somatória dos valores declarados indisponíveis não poderá superar o montante indicado na petição inicial como dano ao erário ou como enriquecimento ilícito.

Além disso, é vedada a decretação de indisponibilidade da quantia de até 40 salários mínimos depositados em caderneta de poupança, em outras aplicações financeiras ou em conta-corrente, bem como de bem de família do réu (salvo se comprovado que o imóvel seja fruto de vantagem patrimonial indevida relacionada a enriquecimento ilícito).

A Lei 14.230/2021 introduziu uma ordem de prioridade para a incidência da medida. Assim, a decretação de indisponibilidade de bens deve priorizar veículos de via terrestre, bens imóveis, bens móveis em geral, semoventes, navios e aeronaves, ações e quotas de sociedades simples e empresárias, pedras e metais preciosos. Apenas na inexistência desses é que pode ser imposto o bloqueio de contas bancárias, de forma a garantir a subsistência do acusado e a manutenção da atividade empresária ao longo do processo.

O **procedimento** previsto pela lei é o comum (art. 17, "caput"). **Atenção!** Antes da alteração promovida pela Lei 14.230/2021, havia uma fase de defesa preliminar (o requerido era notificado para oferecer resposta em 15 dias). Atualmente, se a petição inicial estiver em devida forma, o juiz deve ordenar a citação dos requeridos para apresentação de contestação (prazo comum de 30 dias).

É importante ressaltar que a lei vedava expressamente qualquer tipo de transação, acordo ou conciliação na ação por improbidade. No entanto, a partir de 2019 houve modificação e agora a lei autoriza a celebração de "acordo de não persecução civil" (art. 17-B da Lei 8.429/92). Esse acordo deve contemplar, ao menos, o integral ressarcimento do dano e a reversão à pessoa jurídica lesada da vantagem indevida obtida pelos envolvidos. Para a apuração do valor do dano, deve ser realizada oitiva do Tribunal de Contas. Havendo a possibilidade de solução consensual, podem as partes requerer ao juiz a interrupção do prazo para a contestação, por prazo não superior a 90 dias. Sob o prisma formal, a sua celebração depende, entre outros, de homologação judicial, independentemente de acordo ocorrer antes ou depois do ajuizamento da ação de improbidade administrativa. Além disso, o seu firmamento deve considerar a personalidade do agente, a natureza, as circunstâncias, a gravidade e a repercussão social do ato de improbidade, bem como as vantagens, para o interesse público, da rápida solução do caso. Relevante apontar, seguindo uma tendência geral de valorização do *compliance*, que o acordo poder contemplar a adoção de mecanismos internos de integridade. Aponte-se também que, em caso de descumprimento, o ímprobo fica impedido de celebrar novo acordo pelo prazo de 5 anos, contado do conhecimento pelo Ministério Público do efetivo descumprimento.

Quanto à **competência**, com o regramento trazido pela Lei 14.230/2021, a Lei 8.429/1992 passou expressamente a prever que a ação de improbidade administrativa deve ser proposta perante o foro do local onde ocorrer o dano ou da pessoa jurídica prejudicada (art. 17, §4º-A).

Ainda no que tange à competência, o STF fixou o entendimento de que "o foro especial por prerrogativa de função previsto na Constituição Federal em relação às infrações penais comuns não é extensível às ações de improbidade administrativa, de natureza civil", motivo pelo qual a competência é de primeira instância (Pet 3240 AgR, Rel. Min. Roberto Barroso, DJe 22/08/2018).

Uma novidade disposta pela nova lei de 2021 é a possibilidade de conversão da ação de improbidade em ação civil pública, caso se identifique a existência de ilegalidades administrativas a serem sanadas e sem que estejam presentes os requisitos para a imposição das sanções da Lei 8.429/1992.

A **sentença** aplicará as sanções e determinará o pagamento ou a reversão dos bens, conforme o caso, em favor da pessoa jurídica (art. 18). Não incide na ação de improbidade o reexame obrigatório da sentença de improcedência ou de extinção sem resolução de mérito (art. 17, §19, IV).

No que se refere à comunicabilidade de instâncias, as sentenças civis e penais produzem efeitos em relação à ação de improbidade quando concluírem pela inexistência da conduta ou pela negativa da autoria. Ademais, a absolvição criminal em ação que discuta os mesmos fatos, confirmada por decisão colegiada, impede o trâmite da ação de improbidade, havendo comunicação com todos os fundamentos de absolvição previstos no art. 386 do Código de Processo Penal.

VI. Prescrição (art. 23)

No que diz respeito ao **prazo prescricional** para o exercício da pretensão de aplicar as sanções de improbidade administrativa, o STF, ao interpretar o art. 37, § 5º, da CF, consagrou a seguinte tese: são **imprescritíveis** as ações de **ressarcimento ao erário** fundada na prática de ato doloso tipificado na Lei de Improbidade Administrativa (RE 852475/SP, DJe 08.08.2018). Repare que a imprescritibilidade tem os seguintes requisitos: a) é só em relação ao ressarcimento ao erário (não atingindo a aplicação das demais sanções da Lei de Improbidade, que tem o prazo prescricional mantido, nos termos das regras expostas abaixo); b) depende do reconhecimento de que o ato praticado foi doloso; c) depende do reconhecimento de que o ato praticado é qualificado pela lei como ato de improbidade administrativa.

Quanto à aplicação das **demais sanções**, e de acordo com as alterações promovidas pela Lei 14.230/2021, o prazo prescricional é de **8 anos**, contados a partir da ocorrência do fato ou, no caso de infrações permanentes, do dia em que cessou a permanência. **Atenção!** Verifica-se que o novo regramento modificou de modo significativo o regime original da prescrição em improbidade, baseado na diferenciação da condição do agente público envolvido (se titular de mandato, se servidor efetivo etc).

A nova lei passou a dispor sobre a suspensão e a interrupção do prazo prescricional, nos seguintes moldes:

a) a instauração de inquérito civil ou de processo administrativo para apuração dos ilícitos suspende o curso do prazo prescricional por, no máximo, 180 dias corridos, recomeçando a correr após a sua conclusão ou, caso não concluído o processo, esgotado o prazo de suspensão;

b) interrompe-se o prazo prescricional: i) pelo ajuizamento da ação de improbidade administrativa; ii) pela publicação da sentença condenatória; iii) pela publicação de decisão ou acórdão de Tribunal de Justiça (ou Tribunal Regional Federal), do STJ ou do STF que confirma sentença condenatória ou que reforma sentença de improcedência;

c) interrompida a prescrição, o prazo recomeça a correr do dia da interrupção, pela metade do prazo de 8 anos;

d) o inquérito civil para apuração do ato de improbidade deve ser concluído no prazo de 365 dias corridos, prorrogável uma única vez por igual período.

VII. Lei 14.230/2021 e direito intertemporal. Posição do STF

2. DIREITO ADMINISTRATIVO

Com a edição da Lei 14.230/2021, e diante das múltiplas alterações do regime da improbidade administrativa, surgiram dúvidas sobre a aplicação do novo regramento no tempo, especialmente nos casos anteriores à vigência do diploma legal de 2021. Nesse cenário, questionou-se acerca da ocorrência da retroatividade benéfica em sede de improbidade administrativa, nos mesmos moldes do regime penal, que detém consagração constitucional (art. 5º, inciso XL).

Ocorre que Supremo Tribunal Federal, no âmbito do ARE 843.989/PR, fixou as seguintes teses de repercussão geral (Pleno, Rel. Min. Alexandre de Morais, julgamento finalizado em 18/08/2022 – tema 1.199):

1) É necessária a comprovação de responsabilidade subjetiva para a tipificação dos atos de improbidade administrativa, exigindo-se – nos artigos 9º, 10 e 11 da LIA – a presença do elemento subjetivo – dolo;

2) A norma benéfica da Lei 14.230/2021 – revogação da modalidade culposa do ato de improbidade administrativa –, é irretroativa, em virtude do artigo 5º, inciso XXXVI, da Constituição Federal, não tendo incidência em relação à eficácia da coisa julgada; nem tampouco durante o processo de execução das penas e seus incidentes;

3) A nova Lei 14.230/2021 aplica-se aos atos de improbidade administrativa culposos praticados na vigência do texto anterior da lei, porém sem condenação transitada em julgado, em virtude da revogação expressa do texto anterior; devendo o juízo competente analisar eventual dolo por parte do agente.

4) O novo regime prescricional previsto na Lei 14.230/2021 é irretroativo, aplicando-se os novos marcos temporais a partir da publicação da lei.

Verifica-se, portanto, que o STF estabeleceu a irretroatividade benéfica nos casos já transitados em julgado. Por outro lado, nas hipóteses das ações em andamento, ainda não acobertados pela coisa julgada, incidente a retroação benéfica.

Ademais, no que concerne ao regime prescricional, a tese fixada pela Corte foi a da irretroatividade.

6.1. Conceito, modalidades, tipificação e sujeitos ativo e passivo

(Procurador Federal – AGU – 2023 – CEBRASPE) Assinale a opção correta no que diz respeito ao posicionamento do Supremo Tribunal Federal (STF) em relação ao novo texto da Lei de Improbidade Administrativa (Lei n.º 8.429/1992), com as alterações inseridas pela Lei n.º 14.230/2021.

(A) A opção do legislador em alterar a lei de improbidade administrativa com a supressão da modalidade culposa do ato de improbidade administrativa foi plenamente válida, uma vez que é a própria CF que delega à legislação ordinária a forma e tipificação dos atos de improbidade administrativa. Como consequência da revogação do ato de improbidade administrativa culposo, o novo regime prescricional previsto na Lei n.º 14.230/2021 é retroativo.

(B) A norma mais benéfica prevista pela Lei n.º 14.230/2021 — revogação da modalidade culposa

do ato de improbidade administrativa — é retroativa e, consequentemente, tem incidência em relação à eficácia da coisa julgada e durante o processo de execução das penas e seus incidentes.

(C) A nova Lei n.º 14.230/2021 aplica-se aos atos de improbidade administrativa culposos praticados na vigência do texto anterior da lei, com ou sem condenação transitada em julgado, em virtude da revogação expressa do texto anterior, devendo o juízo competente analisar eventual culpa do agente.

(D) Os ilícitos de improbidade administrativa possuem natureza civil, não se aplicando a regra da retroatividade da norma mais benéfica para ensejar a responsabilização por atos ilícitos civis de improbidade administrativa por ausência de expressa previsão legal.

(E) Na aplicação do novo regime prescricional — novos prazos e prescrição intercorrente —, há necessidade de observância dos princípios da segurança jurídica, do acesso à justiça e da proteção da confiança, com a retroatividade prevista na Lei n.º 14.230/2021, garantindo-se a plena eficácia dos atos praticados validamente antes da alteração legislativa.

No ARE 843989, o Supremo Tribunal Federal fixou as seguintes teses: 1) É necessária a comprovação de responsabilidade subjetiva para a tipificação dos atos de improbidade administrativa, exigindo-se nos artigos 9º, 10 e 11 da LIA a presença do elemento subjetivo dolo; 2) A norma benéfica da Lei 14.230/2021 – revogação da modalidade culposa do ato de improbidade administrativa, é irretroativa, em virtude do artigo 5º, inciso XXXVI, da Constituição Federal, não tendo incidência em relação à eficácia da coisa julgada; nem tampouco durante o processo de execução das penas e seus incidentes; 3) A nova Lei 14.230/2021 aplica-se aos atos de improbidade administrativa culposos praticados na vigência do texto anterior, porém sem condenação transitada em julgado, em virtude da revogação expressa do tipo culposo, devendo o juízo competente analisar eventual dolo por parte do agente. 4) O novo regime prescricional previsto na Lei 14.230/2021 é irretroativo, aplicando-se os novos marcos temporais a partir da publicação da lei. Dessa forma:
A: Incorreto, pois "o novo regime prescricional previsto na Lei 14.230/2021 é irretroativo, aplicando-se os novos marcos temporais a partir da publicação da lei" (tese 4). **B:** Incorreto, pois a revogação da modalidade culposa do ato de improbidade administrativa é irretroativa, não tendo incidência em relação à eficácia da coisa julgada, nem tampouco durante o processo de execução de eventuais penas já aplicadas e seus incidentes (tese 2 acima). **C:** Incorreto, pois, como se pode verificar na decisão acima, a nova lei aplica-se aos atos de improbidade culposos praticados antes da sua entrada em vigor e que ainda não tenham sido objeto de condenação transitada em julgado (tese 2). **D:** Correto, pois a revogação da modalidade culposa do ato de improbidade administrativa é irretroativa, não tendo incidência em relação à eficácia da coisa julgada, nem tampouco durante o processo de execução de eventuais penas já aplicadas e seus incidentes (tese 2 acima). **E:** Incorreto, pois o novo regime prescricional previsto na Lei 14.230/2021 é irretroativo, aplicando-se os novos marcos temporais a partir da publicação da lei (tese 4). (WG)
Gabarito "D"

(Procurador – PGE/SP – 2024 – VUNESP) A propósito da responsabilidade por ato de improbidade, a Lei nº 8.429/1992, em sua redação vigente, veda a responsabilização

(A) dos sócios, cotistas, diretores e colaboradores de pessoa jurídica de direito privado a que tenha sido imputado ato de improbidade, salvo se, comprovadamente, houver participação e benefícios diretos, caso em que responderão nos limites da sua participação.

(B) dos integrantes do Poder Judiciário e Tribunais de Contas, ainda que em exercício de funções administrativas.

(C) dos administradores de empresas públicas e de sociedade de economia mista pela prática de atos de gestão comercial.

(D) do sucessor ou herdeiro do condenado por ato ímprobo, em observância do princípio da intranscendência penal.

(E) dos agentes políticos sujeitos a processo por crime de responsabilidade, nos casos previstos na Constituição Federal.

A: Correto. A Lei nº 8.429/1992, que trata dos atos de improbidade administrativa, estabelece, em seu Art. 3º, § 1º, que os sócios, cotistas, diretores e colaboradores de pessoas jurídicas de direito privado podem ser responsabilizados por atos de improbidade apenas se houver participação e benefícios diretos. Neste caso, a responsabilidade é limitada aos efeitos de sua participação no ato ímprobo. **B:** Incorreto. A Lei nº 8.429/1992 não veda a responsabilização de integrantes do Poder Judiciário e Tribunais de Contas. Pelo contrário, a lei aplica-se a todo e qualquer agente público, inclusive os agentes políticos (art. 2º, *caput*), com exceção do Presidente da República, conforme entendimento do STF. **C:** Incorreto. A Lei nº 8.429/1992 aplica-se também a pessoas que exercem emprego ou função (art. 2º, *caput*), em entidades da administração indireta (art. 1º, § 5º). **D:** Incorreto. O art. 8º da estabelece que "O sucessor ou o herdeiro daquele que causar dano ao erário ou que se enriquecer ilicitamente estão sujeitos apenas à obrigação de repará-lo até o limite do valor da herança ou do patrimônio transferido". **E:** Incorreto. A Lei nº 8.429/1992 aplica-se a todo e qualquer agente público, inclusive os agentes políticos (art. 2º, *caput*), com exceção do Presidente da República, conforme entendimento do STF. WG
Gabarito "A".

(Procurador Federal – AGU – 2023 – CEBRASPE) De acordo com a jurisprudência do STF, a revogação da modalidade culposa do ato de improbidade administrativa, feita pela Lei n.º 14.230/2021,

(A) retroage de forma a afetar decisões que tenham transitado em julgado, impedindo o prosseguimento da execução de sanção de condenados por atos culposos de improbidade administrativa.

(B) somente se aplica às condutas tipificadas que tenham sido praticadas após a entrada em vigor da Lei n.º 14.320/2021.

(C) é inconstitucional, por violar preceito fundamental relacionado à moralidade administrativa.

(D) alcança apenas processos judiciais iniciados após a entrada em vigor da Lei n.º 14.320/2021.

(E) atinge processos pendentes, sem trânsito em julgado, devendo o juízo competente verificar eventual conduta dolosa do agente.

No ARE 843989, o Supremo Tribunal Federal fixou várias teses, dentre elas as seguintes: "(...) 2) A norma benéfica da Lei 14.230/2021 revogação da modalidade culposa do ato de improbidade administrativa, é irretroativa, em virtude do artigo 5º, inciso XXXVI, da Constituição Federal, não tendo incidência em relação à eficácia da coisa julgada; nem tampouco durante o processo de execução das penas e seus incidentes; 3) A nova Lei 14.230/2021 aplica-se aos atos de improbidade administrativa culposos praticados na vigência do texto anterior, porém sem condenação transitada em julgado, em virtude da revogação expressa

do tipo culposo, devendo o juízo competente analisar eventual dolo por parte do agente." Nesse sentido:
A: Incorreto, pois, como se pode verificar na decisão acima, a norma não retroage quando já há trânsito em julgado da decisão (tese 2). **B** e **D:** Incorretos, pois, como se pode verificar na decisão acima, a nova lei aplica-se aos atos de improbidade culposos praticados antes da sua entrada em vigor e que ainda não tenham sido objeto de condenação transitada em julgado (tese 2). **C:** Incorreto, pois, no ARE 843989, o Supremo Tribunal Federal considerou constitucional a lei nesse ponto em que ela revogou o tipo culposo. **E:** Correto, pois, como se pode verificar na decisão acima, a nova lei aplica-se aos atos de improbidade culposos praticados antes da sua entrada em vigor e que ainda não tenham sido objeto de condenação transitada em julgado (tese 2). (WG)
Gabarito "E".

(Procurador/PA – CESPE – 2022) Com referência ao regime jurídico da improbidade administrativa disposto na Lei n.º 8.429/1992, com alterações introduzidas pela Lei n.º 14.230/2021, assinale a opção correta.

(A) O elemento subjetivo do tipo da improbidade é o dolo, assim considerada a vontade livre e consciente de alcançar o resultado ilícito tipificado nas condutas ímprobas elencadas na lei, bastando a voluntariedade do agente.

(B) A lei passou a admitir expressamente a configuração de improbidade administrativa em hipótese de conduta isolada e exclusiva de um sujeito privado, ainda que sem a participação de algum agente público.

(C) A conduta de deixar de prestar contas com o intuito de ocultar irregularidades não constitui improbidade administrativa se não restarem efetivamente comprovadas irregularidades nas contas.

(D) O prazo prescricional da ação para aplicação de sanções por improbidade administrativa é de cinco anos, contado da ocorrência do fato ou, em se tratando de infrações permanentes, do dia em que tiver cessado a permanência.

(E) Os atos de improbidade administrativa que atentam contra os princípios da administração pública não mais importam em perda da função pública e suspensão dos direitos políticos.

A: incorreta (considera-se dolo a vontade livre e consciente de alcançar o resultado ilícito tipificado na lei, não bastando a voluntariedade do agente, cf. art. 1º, § 2º). **B:** incorreta (nos mesmos termos do regime anterior, inexiste improbidade em hipótese de conduta isolada e exclusiva de um sujeito privado, ou seja, sem a participação de algum agente público). **C:** incorreta (nos termos do art. 11, VI, constitui improbidade: "deixar de prestar contas quando esteja obrigado a fazê-lo, desde que disponha das condições para isso, com vistas a ocultar irregularidades"; não afasta a improbidade, portanto, se não restarem efetivamente comprovadas irregularidades nas contas). **D:** incorreta (o prazo prescricional é de 8 anos, contados a partir da ocorrência do fato ou, no caso de infrações permanentes, do dia em que cessou a permanência, cf. art. 23, "caput"). **E:** correta (cf. art. 12, III). RB
Gabarito "E".

(Procurador Município – Santos/SP – VUNESP – 2021) Eleutério é servidor público municipal e engenheiro responsável pela medição das obras públicas para pavimentação das ruas da cidade de Santos. Apesar de as obras estarem atrasadas, Eleutério recebeu quantia em dinheiro, paga por um dos diretores da empresa contratada, para atestar, como recebida, parte da obra que não tinha sido executada. Considerando os atos de improbidade descritos na Lei Federal nº 8.429/92, assinale a alternativa correta.

2. DIREITO ADMINISTRATIVO

(A) A Lei de Improbidade alcança Eleutério, mas não se aplica ao diretor da empresa contratada, que não ostenta a condição de servidor ou agente público.

(B) Se o servidor improbo, Eleutério, vier a óbito, seu sucessor estará sujeito às cominações da Lei de Improbidade até o limite do valor da herança.

(C) Como o ato praticado por Eleutério causou lesão ao patrimônio público, caberá à autoridade administrativa responsável pelo inquérito representar à Procuradoria do município, para a indisponibilidade dos bens do indiciado.

(D) Se Eleutério vier a óbito, seu sucessor não se sujeitará às cominações da Lei de Improbidade, considerando a ausência dos elementos dolo ou culpa.

(E) Considerando que Eleutério responde por ato de improbidade, não estará ele sujeito às cominações penais, civis e administrativas pela prática do mesmo ato.

Os comentários são realizados de acordo com o novo regime da improbidade decorrente da Lei 14.230/2021. **A:** incorreta (a Lei de improbidade aplica-se ao diretor da empresa contratada, pois o regime da improbidade atinge terceiros que concorrem dolosamente para a prática do ilícito, cf. art. 3º da Lei 8.429/1992). **B:** correta (art. 8º). **C:** incorreta (o art. 7º, "caput", da Lei 8.429/1992 previa o seguinte: "Quando o ato de improbidade causar lesão ao patrimônio público ou ensejar enriquecimento ilícito, caberá a autoridade administrativa responsável pelo inquérito representar ao Ministério Público, para a indisponibilidade dos bens do indiciado". Alerte-se que tal dispositivo foi alterado pela Lei 14.230/2021, de modo que a sua redação atual é a seguinte: "Se houver indícios de ato de improbidade, a autoridade que conhecer dos fatos representará ao Ministério Público competente, para as providências necessárias."). **D:** incorreta (o sucessor ou o herdeiro daquele que causar dano ao erário ou que se enriquecer ilicitamente estão sujeitos apenas à obrigação de repará-lo até o limite do valor da herança ou do patrimônio transferido, cf. art. 8º). **E:** incorreta (a responsabilidade por improbidade é autônoma e independe das cominações penais, civis e administrativas pela prática do mesmo ato). RB

Gabarito "B".

(Procurador do Município/Manaus – 2018 – CESPE) Considerando o entendimento do STJ acerca da improbidade administrativa, julgue os itens subsequentes.

(1) O ato de improbidade administrativa violador do princípio da moralidade não requer a demonstração específica de dano ao erário ou de enriquecimento ilícito, exigindo-se apenas a demonstração do dolo genérico.

(2) Não é permitida a utilização de prova emprestada do processo penal nas ações de improbidade administrativa.

1: correta – trata-se de ato de improbidade do tipo que atenta contra os princípios da Administração Pública, a qual é admissível apenas na modalidade dolosa – Precedentes: AgRg nos EDcl no AREsp 33898/RS, Rel. Ministro Benedito Gonçalves, Primeira Turma, julgado em 02.05.2013 O novo regime da improbidade administrativo exige o dolo específico; ademais, o art. 11 da Lei 8.429/1992 (improbidade por violação a princípios da Administração) veicula um rol taxativo. ; **2:** incorreta – Nas ações de improbidade administrativa é admissível a utilização da prova emprestada, colhida na persecução penal, desde que assegurado o contraditório e a ampla defesa. FB

2E. (administrativa

-Gabarito 1C (gabarito desatualizado, à luz do novo regime da improbi-

(Procurador – IPSMI/SP – VUNESP – 2016) Com base na Lei 8.429/1992, assinale a alternativa correta.

(A) O sucessor daquele que causar lesão ao patrimônio público ou se enriquecer ilicitamente está sujeito às cominações da lei de improbidade administrativa até o limite do valor da herança.

(B) Qualquer eleitor poderá representar à autoridade administrativa competente para que seja instaurada investigação destinada a apurar a prática de ato de improbidade.

(C) A legitimidade ativa para ajuizamento de ação de improbidade administrativa é exclusiva do Ministério Público.

(D) Constitui ato de improbidade administrativa que causa lesão ao erário frustrar a licitude de concurso público.

(E) Será punido com a pena de suspensão, sem prejuízo de outras sanções cabíveis, o agente público que se recusar a prestar declaração dos bens, dentro do prazo determinado, ou que a prestar falsa.

A: Correta. O sucessor responde até o limite da herança pelos danos que o ato ímprobo causar ao Estado, conforme disposto no art. 8º, da Lei 8.429/1992. **B:** Incorreta. Qualquer pessoa poderá representar à autoridade administrativa competente contra ato de improbidade (art. 14, da Lei de Improbidade Administrativa). **C:** Incorreta. Tanto o Ministério Público quanto a pessoa jurídica interessada podem propor Ação de Improbidade Administrativa (art. 17, da Lei 8.429/1992). **D:** Incorreta. Trata-se de ato de improbidade que viola os princípios administrativos (art. 11, V, da Lei 8.429/1992). **E:** Incorreta. Não há especificação de que se refere essa "suspensão", eis que a Lei de Improbidade prevê a pena de demissão (art. 13, §3º da Lei 8.429/1992). AW

Gabarito "A".

(Procurador Municipal/SP – VUNESP – 2016) Assinale a alternativa que corretamente discorre sobre previsões relativas à improbidade administrativa, previstas na Lei Federal 8.429/1992.

(A) Revelar fato ou circunstância de que tem ciência em razão das atribuições e que deva permanecer em segredo constitui ato de improbidade que importa enriquecimento ilícito ou causa dano ao erário.

(B) Não estão sujeitos às penalidades da Lei Federal 8.429/1992, os atos de improbidade praticados contra o patrimônio de entidade que receba subvenção, benefício ou incentivo, fiscal ou creditício, de órgão público.

(C) As disposições da Lei Federal 8.429/1992 são aplicáveis, no que couber, àquele que, mesmo não sendo agente público, induza ou concorra para a prática do ato de improbidade ou dele se beneficie sob qualquer forma direta ou indireta.

(D) Exercer atividade de consultoria ou assessoramento para pessoa jurídica que tenha interesse suscetível de ser atingido ou amparado por ação ou omissão decorrente das atribuições do agente público, durante a atividade, é ato de improbidade administrativa que causa dano ao erário.

(E) Independentemente das sanções penais, civis e administrativas previstas na legislação específica, o responsável pelo ato de improbidade fica sujeito às cominações da Lei Federal 8.429/1992, que deverão ser aplicadas sempre de forma cumulativa, mas graduadas de acordo com a gravidade do fato.

A: Incorreta. Trata-se de ato de improbidade contrário aos princípios administrativos (art. 11, VII, da Lei 8.429/1992), sendo outro tipo de improbidade. **B:** Incorreta. As entidades que recebem subvenção, benefício ou incentivo fiscal ou creditício de órgão público são sujeitos passivos de ato de improbidade, conforme dispõe o artigo 1º, parágrafo único, da Lei 8.429/1992. **C:** Correta. Perfeita alternativa. Trata-se do disposto no art. 3º, da Lei de Improbidade Administrativa, que pune o "coautor" do ato ímprobo, mesmo que não seja um servidor público. **D:** Incorreta. Essa conduta não encontra um tipo de improbidade específico, mas como viola o princípio da impessoalidade, poderia ser enquadrada no art. 11, da Lei 8.429/1992, eis que o rol nele constante não é taxativo, e sim, exaustivo (admite a inclusão de outras condutas. **E:** Incorreta. O art. 12, "caput", da Lei 8.429/1992 é expresso quanto à possibilidade de as penalidades serem impostas isolada ou cumulativamente. AW

Gabarito "C".

6.2. Sanções e providências cautelares

(Procurador do Município - S.J. Rio Preto/SP - 2019 - VUNESP) Sobre as sanções previstas na Lei 8.429/92 para os atos de improbidade administrativa, é correto afirmar:

(A) aplicam-se tão somente aos agentes públicos no exercício de mandato ou servidores públicos e ocupantes de emprego público na Administração Pública.

(B) aplicam-se aos agentes públicos no exercício de mandato ou servidores públicos e ocupantes de emprego público na Administração Pública, bem como, no tocante ao setor privado, exclusivamente aos agentes que pratiquem atos de improbidade contra o patrimônio de entidade para cuja criação ou custeio o erário haja concorrido ou concorra com mais de cinquenta por cento do patrimônio ou da receita anual.

(C) aplicam-se aos agentes públicos no exercício de mandato ou servidores públicos e ocupantes de emprego público na Administração Pública, bem como, no tocante ao setor privado, aos agentes que pratiquem atos de improbidade contra o patrimônio de entidade que receba subvenção, benefício ou incentivo, fiscal ou creditício, de órgão público bem como de entidade para cuja criação ou custeio o erário haja concorrido ou concorra com parcela do patrimônio ou da receita anual.

(D) aplicam-se exclusivamente em face de atos dolosos cometidos pelos agentes alcançados pela lei.

(E) podem ser objeto de medida judicial cuja proposição é de competência e iniciativa exclusiva do Ministério Público.

Alternativa **A** incorreta (a improbidade aplica-se a todas as categorias de agentes públicos, bem como a terceiros que tenham induzido, concorrido ou se beneficiado com o ato ímprobo, cf. arts. 2º e 3º da Lei 8.429/92). Alternativa **B** incorreta (incompatível com o art. 1º, parágrafo único, da Lei 8.429/92). Alternativa **C** correta (cf. art. 1º, parágrafo único, da Lei 8.429/92). Alternativa **D** correta (com o novo regime, somente existe improbidade na modalidade dolosa). Alternativa E incorreta (a competência para a respectiva medida judicial pertence ao Ministério Público e à pessoa jurídica interessada, cf. art. 17, "caput", da Lei 8.429/92). RB

(administrativa)
Gabarito "C", (gabarito desatualizado à luz do novo regime da impro-

(Procurador do Município – Prefeitura Fortaleza/CE – CESPE – 2017) A respeito de bens públicos e responsabilidade civil do Estado, julgue o próximo item.

(1) Se, após um inquérito civil público, o MP ajuizar ação de improbidade contra agente público por ofensa ao princípio constitucional da publicidade, o agente público responderá objetivamente pelos atos praticados, conforme o entendimento do STJ.

1: incorreta. Os agentes públicos só respondem pelos atos de improbidade que violarem os princípios administrativos (art. 11 da Lei 8.429/1992), de forma subjetiva, ou seja, se provado o dolo do agente (REsp 1654542 SE 2017/0033113-6). AW

Gabarito 1E

6.3. Temas combinados e outras questões de improbidade administrativa

(Procurador – AL/PR – 2024 – FGV) Considerando a orientação firmada pelo Supremo Tribunal Federal acerca da utilização da colaboração premiada, nos termos da Lei nº 12.850/2013, no âmbito civil, em ação civil pública por ato de improbidade administrativa movida pelo Ministério Público, na seara do microssistema legal de proteção ao patrimônio público e de combate à corrupção, é correto afirmar que deve ser observada a seguinte diretriz:

(A) é vedada a utilização da colaboração premiada em ação de improbidade administrativa movida pelo Ministério Público, restringindo-se os seus efeitos à esfera penal em que foi formalizada.

(B) as declarações do agente constantes da referida colaboração premiada são suficientes para iniciar a ação de improbidade pelos mesmos fatos, ainda que desacompanhadas de outros elementos de prova.

(C) é válida a determinação de ressarcimento ao erário, ainda que parcial, no bojo da aludida colaboração premiada, a impedir o ajuizamento da ação de improbidade acerca dos mesmos fatos.

(D) o Ministério Público não poderá negociar em torno do modo e das condições para o ressarcimento ao erário no bojo da colaboração premiada, em razão de se tratar de matéria a ser definida exclusivamente em sede de ação de improbidade.

(E) para que a colaboração premiada seja utilizada no âmbito da improbidade administrativa é necessário que o acordo seja celebrado com a interveniência da pessoa jurídica interessada, bem como devidamente homologado pela autoridade judicial.

De acordo com a decisão tomada pelo STF no ARE 1175650, foi fixada a tese de repercussão geral no sentido de que "É constitucional a utilização da colaboração premiada, nos termos da Lei 12.850/2013, no âmbito civil, em ação civil pública por ato de improbidade administrativa movida pelo Ministério Público, observando-se as seguintes diretrizes: (1) Realizado o acordo de colaboração premiada, serão remetidos ao juiz, para análise, o respectivo termo, as declarações do colaborador e cópia da investigação, devendo o juiz ouvir sigilosamente o colaborador, acompanhado de seu defensor, oportunidade em que analisará os seguintes aspectos na homologação: regularidade, legalidade e voluntariedade da manifestação de vontade, especialmente nos casos em que o colaborador está ou esteve sob efeito de medidas cautelares, nos termos dos §§ 6º e 7º do artigo 4º da referida Lei 12.850/2013. (2) As declarações do agente colaborador, desacompanhadas de outros elementos de prova, são insuficientes para o início da ação civil por ato de improbidade; (3) A obrigação de ressarcimento do dano causado ao erário pelo agente colaborador deve ser integral, não podendo ser objeto de transação ou acordo,

2. DIREITO ADMINISTRATIVO

sendo válida a negociação em torno do modo e das condições para a indenização; (4) O acordo de colaboração deve ser celebrado pelo Ministério Público, com a intervenência da pessoa jurídica interessada e devidamente homologado pela autoridade judicial; (5) Os acordos já firmados somente pelo Ministério Público ficam preservados até a data deste julgamento, desde que haja previsão de total ressarcimento do dano, tenham sido devidamente homologados em Juízo e regularmente cumpridos pelo beneficiado". Dessa forma:
A: Incorreta, pois a colaboração premiada pode, sim, ter efeitos na esfera civil, incluindo ações de improbidade administrativa, desde que observadas as diretrizes legais mencionadas na tese acima transcrita. **B:** Incorreta, pois as declarações do agente na colaboração premiada não são suficientes, por si só, para iniciar uma ação de improbidade administrativa. É necessário que essas declarações sejam acompanhadas de outros elementos de prova que comprovem a prática do ato de improbidade, na forma no item 2 da tese acima transcrita. **C e D:** Incorretas. A alternativa "C" está incorreta, pois a obrigação de ressarcimento do dano causado ao erário pelo agente colaborador deve ser integral, não podendo ser parcial, como mencionado, já que não podem ser objeto de transação ou acordo. O que se permite é apenas a negociação em torno do modo e das condições para a indenização (item 3 da tese acima transcrita), daí porque a alternativa "D" também está incorreta. **E:** Correta, nos exatos termos do item 4 da tese acima transcrita. WG

Gabarito "E".

(Procurador – AL/PR – 2024 – FGV) Felisberto, na qualidade de Secretário de esportes do Estado Ômega, dolosamente, em fevereiro de 2018, praticou a conduta de permitir a realização de despesas não autorizadas em lei ou regulamento, caracterizadora de ato de improbidade que causou efetiva e comprovada lesão ao erário, na forma do Art. 9º, IX, da Lei nº 8.429/92, com a redação conferida pela Lei nº 14.230/2021. A ação veiculando a respectiva pretensão punitiva foi ajuizada pelo ente federativo lesado em janeiro de 2024, enquanto ele ainda ocupava o aludido cargo ininterruptamente, sendo certo que houve pedido de indisponibilidade de bens no respectivo processo. Diante dessa situação hipotética, à luz da jurisprudência do Supremo Tribunal Federal é correto afirmar que

(A) o ente federativo lesado não possui legitimidade para o ajuizamento mencionada ação de improbidade, diante das alterações promovidas pelo novel diploma legal.

(B) o Secretário, enquanto agente político, deve responder por crime de responsabilidade, de modo que não está sujeito às penalidades da lei de improbidade, sob pena de *bis in idem*.

(C) a decretação da indisponibilidade de bens pleiteada sob a vigência da nova lei deve demonstrar a existência de perigo de dano irreparável ou de risco ao resultado útil do processo.

(D) por serem mais benéficos para o Secretário, os marcos temporais da prescrição estabelecidos pela alteração legislativa devem retroagir para beneficiá-lo.

(E) a determinação de aplicação dos princípios de direito administrativo sancionador prevista no novel diploma legal com relação à improbidade conferiu natureza penal aos ilícitos previstos na norma em questão.

No ARE 843989, o Supremo Tribunal Federal fixou as seguintes teses: 1) É necessária a comprovação de responsabilidade subjetiva para a tipificação dos atos de improbidade administrativa, exigindo-se nos artigos 9º, 10 e 11 da LIA a presença do elemento subjetivo dolo; 2) A

norma benéfica da Lei 14.230/2021 revogação da modalidade culposa do ato de improbidade administrativa, é irretroativa, em virtude do artigo 5º, inciso XXXVI, da Constituição Federal, não tendo incidência em relação à eficácia da coisa julgada; nem tampouco durante o processo de execução das penas e seus incidentes; 3) A nova Lei 14.230/2021 aplica-se aos atos de improbidade administrativa culposos praticados na vigência do texto anterior, porém sem condenação transitada em julgado, em virtude da revogação expressa do tipo culposo, devendo o juízo competente analisar eventual dolo por parte do agente. 4) O novo regime prescricional previsto na Lei 14.230/2021 é irretroativo, aplicando-se os novos marcos temporais a partir da publicação da lei. Nas ADIs 7042 e 7043, o Supremo Tribunal Federal decidiu o seguinte: (a) declarar a inconstitucionalidade parcial, sem redução de texto, do *caput* e dos §§ 6º-A e 10-C do art. 17, assim como do *caput* e dos §§ 5º e 7º do art. 17-B, da Lei 8.429/1992, na redação dada pela Lei 14.230/2021, de modo a restabelecer a existência de legitimidade ativa concorrente e disjuntiva entre o Ministério Público e as pessoas jurídicas interessadas para a propositura da ação por ato de improbidade administrativa e para a celebração de acordos de não persecução civil; (b) declarar a inconstitucionalidade parcial, com redução de texto, do § 20 do art. 17 da Lei 8.429/1992, incluído pela Lei 14.230/2021, no sentido de que não existe "obrigatoriedade de defesa judicial"; havendo, porém, a possibilidade dos órgãos da Advocacia Pública autorizarem a realização dessa representação judicial, por parte da assessoria jurídica que emitiu o parecer atestando a legalidade prévia.
Na ADI 4295, já considerando o texto da Lei de Improbidade com a alteração dada pela Lei 14.230/21, que manteve (e deixou explícita) a submissão dos agentes políticos à sistemática de improbidade administrativa, o STF reiterou o entendimento de que os agentes políticos, com exceção do Presidente da República, encontram-se sujeitos a duplo regime sancionatório, de modo que se submetem tanto à responsabilização civil pelos atos de improbidade administrativa quanto à responsabilização político-administrativa por crimes de responsabilidade (Pet 3240, AgR/DF).
Dessa forma:
A: Incorreta, pois o ente federativo lesado possui legitimidade para ajuizar ações de improbidade administrativa, mesmo após as alterações promovidas pela Lei nº 14.230/2021, uma vez que o STF declarou a inconstitucionalidade do art. 17 da Lei nº 8.429/1992 (alterada) nesse ponto, restabelecendo a legitimidade ativa concorrente e disjuntiva entre o Ministério Público e as pessoas jurídicas interessadas (como é o caso do ente federativo lesado), para o ajuizamento da ação de improbidade. **B:** Incorreta, pois o Secretário, apesar de ser agente político, está sujeito às penalidades da Lei de Improbidade Administrativa, conforme o art. 2º, *caput*, da Lei nº 8.429/1992. A responsabilidade por improbidade não se confunde com a de crime de responsabilidade, evitando o *bis in idem*. Como se viu acima, na ADI 4295, o STF reiterou o entendimento de que os agentes políticos, com exceção do Presidente da República, encontram-se sujeitos a duplo regime sancionatório, de modo que se submetem tanto à responsabilização civil pelos atos de improbidade administrativa quanto à responsabilização político-administrativa por crimes de responsabilidade (Pet 3240, AgR/DF). **C:** Correta, pois a decretação da indisponibilidade de bens, conforme a nova redação da Lei nº 8.429/1992, exige a demonstração de perigo de dano irreparável ou risco ao resultado útil do processo, conforme o art. 16, § 3º, da citada lei, com a redação dada pela Lei nº 14.230/2021. **D:** Incorreta, pois, nos termos do item 4 da tese mencionada, o novo regime prescricional previsto na Lei 14.230/2021 é irretroativo, aplicando-se os novos marcos temporais a partir da publicação da lei. **E:** Incorreta, pois a Lei nº 14.230/2021 não conferiu natureza penal aos ilícitos de improbidade administrativa. Os ilícitos previstos na Lei nº 8.429/1992 permanecem na esfera civil, daí porque inclusive houve proibição de retroação de efeitos em face de decisões transitadas em julgado, respeitando-se, em prejuízo, os princípios do direito administrativo sancionador, e não do direito penal. WG

Gabarito "C".

Em janeiro de 2018, o Ministério Público de um estado da União começou a apurar possíveis irregularidades referentes a contratos com empresas de transporte urbano no âmbito de determinada prefeitura municipal daquele estado. Para realizar as diligências, o órgão ministerial requisitou informações à referida prefeitura, por meio de ofícios, que foram encaminhados ao então secretário municipal de urbanismo, sr. José Silva. Ao todo, foram expedidos pelo parquet, no período de dez meses, entre janeiro de 2018 e outubro de 2018, oito ofícios, que não obtiveram resposta do mencionado secretário. Posteriormente, o sr. José Silva fez consultas à Procuradoria-Geral do município citado acerca dos possíveis desdobramentos da sua omissão à luz dos dispositivos da Lei 8.429/1992.

(Procurador do Município - Boa Vista/RR - 2019 - CESPE/CEBRASPE) Considerando essa situação hipotética e os aspectos legais a ela relacionados, julgue os próximos itens.

(1) Para que a conduta do sr. José Silva seja caracterizada como ato de improbidade administrativa que atenta contra os princípios da administração pública, é indispensável que seja demonstrado o dano ao erário ou o enriquecimento ilícito desse agente público.

(2) Em regra, de acordo com a Lei 8.429/1992, qualquer pessoa poderá representar à autoridade administrativa competente sobre a instauração de investigação destinada a apurar a prática de ato de improbidade imputada ao sr. José Silva.

(3) A conduta omissiva do sr. José Silva poderá caracterizar ato de improbidade administrativa que atenta contra os princípios da administração pública mesmo que não seja comprovado o elemento subjetivo do dolo para violar tais princípios.

(4) Eventual ação de improbidade administrativa para apurar as supostas irregularidades praticadas pelo sr. José Silva concernentes a contratos com empresas de transporte urbano poderá ser proposta tanto pelo Ministério Público do estado envolvido quanto pela pessoa jurídica interessada.

(5) De acordo com o entendimento do STJ, para que seja determinado o possível processamento da ação civil pública por ato de improbidade administrativa supostamente praticado pelo sr. José Silva, em observância ao princípio do in dubio pro societate, é suficiente, na defesa do interesse público, a demonstração de indícios razoáveis da prática de atos de improbidade e da autoria.

1: errado (a caracterização da improbidade administrativa que atente contra os princípios da administração pública é categoria autônoma, de modo que independe da verificação de dano ao erário ou de enriquecimento ilícito). 2: certo (cf. art. 14 da Lei 8.429/92). 3: errado (a improbidade administrativa que atente contra os princípios da administração pública somente pode ser configurada mediante comprovação do elemento doloso, cf. jurisprudência do STJ). 4: certo (cf. art. 17, "caput", da Lei 8.429/92). 5: certo (cf. jurisprudência firmada no STJ, a presença de indícios de cometimento de atos ímprobos autoriza o recebimento fundamentado da petição inicial nos termos do art. 17, §§ 7º, 8º e 9º, da Lei 8.429/92, devendo prevalecer, no juízo preliminar, o princípio do in dubio pro societate). **Atenção!** Com o novo regime da improbidade, não mais existe a fase de defesa prévia. RB
Gabarito 1E, 2C, 3E, 4C, 5C

(Procurador do Estado/TO - 2018 - FCC) Sobre a responsabilidade do agente público e de particulares a ele associados por atos de improbidade, é correto afirmar, à luz da legislação pertinente e da jurisprudência dominante dos Tribunais:

(A) Em vista do silêncio da Lei Federal 8.429/1992, considera-se imprescritível a pretensão de impor sanções aos particulares que atuarem em conluio com os agentes públicos em atos de improbidade.

(B) É cabível o trancamento de ação de improbidade por meio de habeas corpus.

(C) Por força de norma vigente do Código de Processo Penal, aplicam-se à ação de improbidade as regras relativas à prerrogativa de foro em razão do exercício de função pública.

(D) É nula a abertura de inquérito civil para apuração de ato de improbidade, em razão de indícios obtidos a partir de denúncia anônima.

(E) A decretação da indisponibilidade de bens do demandado, quando presentes fortes indícios de responsabilidade pela prática de ato ímprobo, independe de comprovação do periculum in mora.

A questão explora a jurisprudência dos Tribunais Superiores sobre improbidade administrativa. Alternativa A incorreta (a prescrição em improbidade administrativa em relação a particulares é idêntica ao do agente público envolvido). Alternativa B incorreta (considerando que a improbidade não representa uma responsabilização penal, incabível o manuseio de habeas corpus). Alternativa C incorreta (inaplicável a prerrogativa de foro nas ações de improbidade). Alternativa D incorreta (denúncia anônima não elide a abertura de inquérito civil para apuração de ato de improbidade administrativa). Alternativa E incorreta (de acordo com o novo regime da improbidade, a decretação da indisponibilidade de bens depende dos requisito do "fumus boni iuris" e do "periculum in mora"; é o que prevê o art. 16, §3º: pelo qual a indisponibilidade somente será deferida mediante a demonstração no caso concreto de perigo de dano irreparável ou de risco ao resultado útil do processo, desde que o juiz se convença da probabilidade da ocorrência dos atos descritos na petição inicial). RB
Gabarito "E" (gabarito desatualizado, à luz do novo regime da improbidade administrativa)

(Procurador do Município - Boa Vista/RR - 2019 - CESPE/CEBRASPE) A respeito de improbidade administrativa, processo administrativo e organização administrativa, julgue os itens seguintes.

(1) Para a caracterização de ato de improbidade que cause dano ao erário, basta, com relação ao elemento subjetivo, que seja constatada a culpa do agente com dever legal de evitar tal prejuízo.

(2) Caso o administrado não atenda a intimação em processo administrativo, incidirá o ônus de reconhecimento da verdade dos fatos alegados.

(3) A criação de empresa pública é um exemplo de descentralização de poder realizado por meio de atos de direito privado, ainda que a instituição da empresa pública dependa de autorização legislativa.

1: errado (a improbidade consistente em dano ao erário somente admite a modalidade dolosa, de acordo com o novo regime). 2: errado (o desatendimento da intimação pelo administrado não importa o reconhecimento da verdade dos fatos, cf. art. 27 da Lei 9.784/99). 3: certo (a instituição de uma empresa pública está condicionada à lei autorizativa, embora dependa de atos privados para a sua efetivação). RB
Gabarito 1C (gabarito desatualizado à luz do novo regime da improbidade administrativa), 2E, 3C

2. DIREITO ADMINISTRATIVO

(Procurador Municipal – Prefeitura/BH – CESPE – 2017) De acordo com o disposto na Lei de Improbidade Administrativa — Lei nº 8.429/1992 —, assinale a opção correta.

(A) A efetivação da perda da função pública, penalidade prevista na lei em apreço, independe do trânsito em julgado da sentença condenatória.

(B) A configuração dos atos de improbidade administrativa que importem em enriquecimento ilícito, causem prejuízo ao erário ou atentem contra os princípios da administração pública depende da existência do dolo do agente.

(C) O sucessor do agente que causou lesão ao patrimônio público ou que enriqueceu ilicitamente responderá às cominações da lei em questão até o limite do valor da sua herança.

(D) O responsável por ato de improbidade está sujeito, na hipótese de cometimento de ato que implique enriquecimento ilícito, à perda dos bens ou dos valores acrescidos ilicitamente ao seu patrimônio, ao ressarcimento integral do dano e à perda dos direitos políticos.

A: incorreta. A perda da função pública e suspensão dos direitos políticos dependem do trânsito em julgado da sentença condenatória, conforme disposto no art. 20, da Lei 8.429/1992; **B:** correta. O dolo é requisito para a configuração de qualquer modalidade de ato de improbidade; **C:** correta. Trata-se do disposto no art. 8º, da Lei 8.429/1992; **D:** incorreta. Conforme disposto no art. 12, I, da Lei 8.429/1992, o ressarcimento integral do dano só incidirá (a pena), quando houver esse dano comprovado. **AW**

Gabarito "C" (gabarito desatualizado, à luz do novo regime da improbidade administrativa)

7. BENS PÚBLICOS

7.1. Conceito e classificação

(Procurador do Estado/TO - 2018 - FCC) Uma gleba de terras devolutas estaduais foi arrecadada por ação discriminatória e o Governo do Estado, por meio de lei, declarou-a como indispensável à proteção de um relevante ecossistema local, incluindo-a na área de parque estadual já constituído para esse fim. Tal gleba deve ser considerada bem

(A) privado sob domínio estatal.

(B) público dominical.

(C) público de uso comum do povo.

(D) público de uso especial.

(E) privado sob regime especial de proteção.

Os bens públicos são classificados em três categorias: bem de uso comum do povo, bem de uso especial e bem dominical (art. 99 do Código Civil). As terras devolutas são consideradas bens públicos dominicais, porquanto desprovidas de finalidade pública. No entanto, com a sua arrecadação pelo Estado, que lhe conferiu uma destinação pública específica (proteção de um relevante ecossistema local), o bem foi objeto de afetação, motivo pelo qual é considerado um bem público de uso especial. Correta a alternativa D. **RB**

Gabarito "D"

(Procurador Municipal – Prefeitura/BH – CESPE – 2017) Com relação aos bens públicos, assinale a opção correta.

(A) Bens dominicais são os do domínio privado do Estado, não afetados a finalidade pública e passíveis de

alienação ou de conversão em bens de uso comum ou especial, mediante observância de procedimento previsto em lei.

(B) Consideram-se bens de domínio público os bens localizados no município de Belo Horizonte afetados para destinação específica precedida de concessão mediante contrato de direito público, remunerada ou gratuita, ou a título e direito resolúvel.

(C) O uso especial de bem público, por se tratar de ato precário, unilateral e discricionário, será remunerado e dependerá sempre de licitação, qualquer que seja sua finalidade econômica.

(D) As áreas indígenas são bens pertencentes à comunidade indígena, à qual cabem o uso, o gozo e a fruição das terras que tradicionalmente ocupa para manter e preservar suas tradições, tornando-se insubsistentes pretensões possessórias ou dominiais de particulares relacionados à sua ocupação.

A: incorreta. O erro dessa assertiva está no fato de que os bens dominiais constituem patrimônio disponível do Poder Público, por isso, para que sejam alienados, não precisam ser convertidos em outras categorias de bens; **B:** incorreta. O domínio público é expressão própria para designar todos os bens públicos, sejam os bens integrantes do patrimônio próprio do Estado (domínio patrimonial), sejam os integrantes do patrimônio de interesse público, coletivo (domínio eminente), por isso está errado delimitar esses bens como sendo somente os localizados em um Município e afetados; **C:** incorreta. A autorização de uso é ato discricionário, unilateral e precário, sem licitação, sendo ato informal, portanto; **D:** correta. Trata-se do teor do art. 231, § 1º, CF, sendo reprodução deste dispositivo. **AW**

Gabarito "D"

(Procurador – IPSMI/SP – VUNESP – 2016) A respeito dos bens públicos, assinale a alternativa correta.

(A) Os bens dominicais, por não estarem afetados a finalidade pública, estão sujeitos à prescrição aquisitiva.

(B) Os bens públicos podem ser onerados com garantia real, eis que tais garantias possuem o condão de reduzir os riscos das relações travadas entre Administração e agentes privados.

(C) Os bens de todas as empresas estatais são considerados bens públicos, uma vez que tais pessoas jurídicas compõem a Administração indireta.

(D) O domínio eminente é a prerrogativa decorrente da soberania que autoriza o Estado a intervir em todos os bens localizados em seu território.

(E) A alienação de bens públicos imóveis pressupõe a sua desafetação, existência de justificada motivação, autorização legislativa, avaliação prévia e realização de licitação na modalidade tomada de preços.

A: Incorreta. Nenhum bem público está sujeito à prescrição aquisitiva ou à aquisição por meio de usucapião, conforme disposto no art. 183, § 3º, CF. **B:** Incorreta. Como os bens públicos sofrem restrições quanto à alienabilidade, não podem ser onerados, assim como a execução contra a Fazenda Pública é feita por meio de um procedimento próprio, específico (art. 100, CF), por meio de precatórios, por isso a impossibilidade de oneração desses bens. **C:** Incorreta. Somente os bens públicos das pessoas jurídicas de direito público e as de direito privado que tenham uma destinação pública é que são considerados públicos. **D:** Correta. Esse é o conceito de domínio eminente, ou seja, o domínio que o Estado possui sobre todos os bens que estão sobre o seu território, cujas destinações também são de sua competência.

E: Incorreta. O erro está na modalidade licitatória, que sempre é a concorrência (art. 17, I, da Lei 8.666/1993). AW

Gabarito "D."

(Procurador Municipal – Sertãozinho/SP – VUNESP – 2016) Em relação às classificações existentes dos bens públicos, cemitérios públicos, aeroportos e mercados podem ser classificados como

(A) bens de domínio público de uso comum.

(B) bens de domínio público de uso especial.

(C) bens de domínio privado do Estado.

(D) bens dominicais da Administração.

(E) bens de uso comum do povo e de uso especial.

A: Incorreta. Todos esses bens possuem destinação específica, não sendo de "uso comum do povo", como são as praças, ruas, por exemplo. **B:** Correta. Temos bens com destinações específicas, de uso especial, portanto. **C:** Incorreta. No caso, todos são bens públicos e o domínio é público também, ou seja, a propriedade. **D:** Incorreta. Os bens dominais são os que não possuem destinação específica, por isso são alienáveis. No caso, temos bens de uso especial do povo, com finalidades específicas, por isso excluída essa alternativa. **E:** Incorreta. Como afirmado acima, temos apenas bens de uso especial. AW

Gabarito "B".

7.2. Regime jurídico (características)

(Procurador do Município – Prefeitura Fortaleza/CE – CESPE – 2017) A respeito de bens públicos e responsabilidade civil do Estado, julgue o próximo item.

(1) Situação hipotética: Determinado município brasileiro construiu um hospital público em parte de um terreno onde se localiza um condomínio particular. Assertiva: Nessa situação, segundo a doutrina dominante, obedecidos os requisitos legais, o município poderá adquirir o bem por usucapião.

1: correta. O Poder Público poderá usucapir como o particular, só não podendo os imóveis públicos serem adquiridos por usucapião (art. 183, § 3°, CF). AW

Gabarito "1C".

(Procurador do Município – Prefeitura Fortaleza/CE – CESPE – 2017) A respeito de bens públicos e responsabilidade civil do Estado, julgue o próximo item.

(1) Situação hipotética: A associação de moradores de determinado bairro de uma capital brasileira decidiu realizar os bailes de carnaval em uma praça pública da cidade. Assertiva: Nessa situação, a referida associação poderá fazer uso da praça pública, independentemente de autorização, mediante prévio aviso à autoridade competente.

1: incorreta. O uso de bens públicos depende de prévia autorização do Poder Público. A autorização é ato discricionário, unilateral e precário, por isso, o particular deverá solicitá-la à Prefeitura, que poderá ou não autorizá-la, conforme sua discrição (sua decisão "interna" enquanto pessoa jurídica administradora desses bens públicos). AW

Gabarito 1E

(Procurador do Estado – PGE/MT – FCC – 2016) Acerca do regime jurídico dos bens públicos, é correto afirmar:

(A) Os bens de uso especial, dada a sua condição de inalienabilidade, não podem ser objeto de concessão de uso.

(B) Chama-se desafetação o processo pelo qual um bem de uso comum do povo é convertido em bem de uso especial.

(C) A investidura é hipótese legal de alienação de bens imóveis em que é dispensada a realização do procedimento licitatório.

(D) Os bens pertencentes ao Fundo Garantidor de Parcerias Público-Privadas (Lei Federal n° 11.079/2004), embora possam ser oferecidos em garantia dos créditos do parceiro privado, mantém a qualidade de bens públicos.

(E) Os bens pertencentes às empresas pública são públicos, diferentemente dos bens pertencentes às sociedades de economia mista.

A: incorreta. Os bens de uso especial, desde que desafetados, podem ser vendidos e podem ser objeto de concessão de uso; **B:** incorreta. A desafetação ocorre quando um bem de uso comum do povo ou de uso especial é transformado em bem dominial. No caso da assertiva, temos afetação; **C:** correta, conforme disposto no art. 76, I, "d", da Lei 14.133/2021; **D:** incorreta. O FGP (Fundo Garantidor das Parcerias) é formado por dinheiro ou valores advindos do Poder Público e do privado; **E:** incorreta. Os bens pertencentes às sociedades de economia mista são 50% públicos. WG

Gabarito "C".

7.3. Uso dos bens públicos

(Procurador – PGE/SP – 2024 – VUNESP) O Serviço de Patrimônio do Estado "X" constata que, em determinado perímetro territorial, há glebas de terras que considera devolutas, havendo incerteza dominial, decorrente da possível sobreposição de terras privadas na mesma área, cuja titulação é de legitimidade duvidosa, em virtude do histórico de "grilagem" da região. Diante dessa situação e caso tenha se revelado inviável a solução administrativa da questão, a Procuradoria Geral do Estado deverá ajuizar ação

(A) reivindicatória.

(B) discriminatória.

(C) demarcatória.

(D) possessória.

(E) divisória.

A: Incorreto. A ação reivindicatória é usada para reivindicar a posse ou a propriedade de um bem móvel ou imóvel que esteja em poder de outra pessoa. No caso das terras devolutas do Estado "X", a questão não é de reivindicar a posse de um imóvel específico, mas de resolver a incerteza dominial e sobreposição com terras privadas. **B:** Correto. A ação discriminatória é adequada para a situação descrita, ou seja, para a discriminação e definição de limites de terrenos públicos e privados quando há sobreposição de propriedades e incerteza dominial. A ação discriminatória visa esclarecer e estabelecer a titularidade e os limites das terras, especialmente em áreas com histórico de grilagem. **C:** Incorreto. A ação demarcatória tem como objetivo estabelecer a divisa entre propriedades contíguas quando há uma disputa sobre a demarcação. No entanto, para terras devolutas com incerteza dominial, a ação discriminatória é mais adequada para resolver a sobreposição e a questão da titulação. **D:** Incorreto. A ação possessória é utilizada para proteger a posse de um bem, o que não é o caso aqui, já que a questão se refere à legitimação e definição de propriedades e não à proteção da posse de um bem específico. **E:** Incorreto. A ação divisória é utilizada para dividir um bem comum entre condôminos. No contexto das terras devolutas do Estado "X", não se trata de dividir um bem comum, mas

2. DIREITO ADMINISTRATIVO

de resolver a incerteza sobre a titularidade e sobreposição com terras privadas. WG

Gabarito "B".

(Procurador Município – Santos/SP – VUNESP – 2021) Entre os instrumentos adequados para a utilização do bem público por pessoa diversa do titular estão: a autorização de uso, a permissão de uso, a concessão de uso e a concessão de direito real de uso.

Assinale a alternativa correta acerca dos referidos instrumentos.

(A) A autorização de uso e a permissão de uso não conferem direitos aos outorgados contra terceiros.

(B) A permissão de uso não pode ser revogada a qualquer tempo, a contrário senso estaria caracterizada violação à esfera de direitos dos particulares.

(C) Concessão de uso é o contrato administrativo pelo qual o Poder Público atribui a utilização não exclusiva de um bem de seu domínio a particular, para que o explore.

(D) Concessão de direito real de uso é ato unilateral pelo qual a Administração transfere o uso necessariamente remunerado de terreno público a particular, como direito real resolúvel.

(E) Autorização de uso é o ato unilateral, discricionário e precário pelo qual a Administração consente na prática de determinada atividade individual incidente sobre um bem público.

A: incorreta (tais instrumentos conferem direitos aos outorgados contra terceiros). B: incorreta (a permissão de uso pode ser revogada a qualquer tempo, sem que isso caracterize violação à esfera de direito do particular). C: incorreta (a concessão de uso atribui a utilização exclusiva de um bem do domínio público a particular). D: incorreta (concessão de direito real de uso é um contrato administrativo). RB

Gabarito "E".

(Procurador do Município - S.J. Rio Preto/SP - 2019 - VUNESP) Assinale a alternativa correta a respeito da concessão de direito real de uso sobre imóvel.

(A) Não se tratando de alienação, não depende de autorização legislativa, independentemente do ente público que a outorgue, exigindo tão somente licitação, ressalvadas as hipóteses de dispensa previstas em lei.

(B) É espécie de contrato administrativo que confere direito real resolúvel ao concessionário, passível de registro no registro público competente e de instituição de hipoteca, desde que não vedada pelo respectivo contrato, e a ser utilizada em conformidade com a destinação específica prevista no seu instrumento contratual ou ato que o tenha aprovado.

(C) Pode ser outorgada com prazo certo ou indeterminado, dependendo sempre de autorização legislativa e procedimento licitatório, na modalidade concorrência, ressalvadas as hipóteses de dispensa previstas em lei.

(D) É também apta à delegação de serviços públicos e obras públicas, nos termos da Lei no 8.987/1995, desde que a sua prestação esteja ligada à exploração do imóvel concedido, em conformidade com a destinação específica prevista no seu instrumento contratual.

(E) É espécie de contrato administrativo que confere direito real resolúvel ao concessionário; atendida em qualquer hipótese a sua destinação específica, pode ser transferida por sucessão, mas a sua transferência por ato inter vivos pressupõe novo procedimento licitatório.

A concessão de direito real de uso representa categoria de direito real prevista no art. 1.225, XII, do Código Civil. A doutrina define-a como o "contrato administrativo pelo qual o Poder Público confere ao particular o direito real resolúvel de uso de terreno público ou sobre o espaço aéreo que o recobre, para os fins que, prévia e determinadamente, o justificaram." (José dos Santos Carvalho Filho, Manual de direito administrativo, p. 1257). Observe-se que o Código Civil admite a incidência de hipoteca sobre o direito decorrente da concessão de direito real de uso (art. 1.473, IX). Além disso, é transmissível por ato inter vivos ou causa mortis, embora a finalidade da concessão mereça ser preservada. "O instrumento de formalização pode ser escritura pública ou termo administrativo, devendo o direito real ser inscrito no competente Registro de Imóveis. Para a celebração desse ajuste, são necessárias lei autorizativa e licitação prévia, salvo se a hipótese estiver dentro das de dispensa de licitação" (José dos Santos Carvalho Filho, Manual de direito administrativo, p. 1259). Nesse sentido, correta a alternativa B. RB

Gabarito "B".

(Procurador do Estado/TO - 2018 - FCC) O Governo do Estado pretende que a iniciativa privada administre, mediante contrato, os terminais de ônibus intermunicipais existentes no Estado, sendo que, em contrapartida dos gastos de manutenção, os empresários possam explorar, por prazo determinado, a área dos terminais com a construção de lojas, escritórios, hotéis etc. Pelas características anunciadas, o negócio deve ser enquadrado como

(A) autorização de uso de bem público.

(B) concessão de uso de bem público.

(C) permissão de uso de bem público.

(D) direito de superfície.

(E) outorga onerosa de potencial construtivo.

Deve ser considerado que os terminais de ônibus representam bens públicos e que o Governo do Estado pretende que a iniciativa privada os administre, mediante contrato. As figuras da autorização e da permissão de uso de bem público não podem ser utilizadas nesse negócio, pois assumem a natureza de ato administrativo. Já a outorga onerosa de potencial construtivo constitui instrumento urbanístico previsto no Estatuto da Cidade relacionado ao direito de construir. O direito de superfície, por sua vez, também está previsto no Estatuto da Cidade, como no próprio Código Civil, representando o direito real de construção ou plantação em solo alheio. Assim, o negócio pretendido deve ser enquadrado como concessão de uso do bem público, que detém natureza contratual, destinada ao uso privativo de bem público por particular, a quem caberá explorá-lo. RB

Gabarito "B".

7.4. Bens públicos em espécie

(Procurador – AL/PR – 2024 – FGV) Ao perquirir os bens públicos que são de propriedade dos Estados da Federação, Maristela verificou que, entre eles, é correto indicar

(A) os potenciais de energia hidráulica.

(B) os terrenos de marinha e seus acrescidos.

(C) as terras devolutas não compreendidas entre as da União.

(D) as cavidades naturais subterrâneas e os sítios arqueológicos e pré-históricos.

(E) as praias marítimas; as ilhas oceânicas e as costeiras, excluídas, destas, as que contenham a sede de Municípios.

A: Incorreta, pois os potenciais de energia hidráulica são considerados bens da União e não dos Estados da Federação, conforme o art. 20, VIII da CRFB/88. **B:** Incorreta, pois os terrenos de marinha e seus acrescidos pertencem à União e não aos Estados, conforme o art. 20, VII, da CRFB/88. **C:** Correta, pois as terras devolutas não compreendidas entre as da União são bens dos Estados, conforme o art. 26, IV, da CRFB/88. **D:** Incorreta, pois as cavidades naturais subterrâneas e os sítios arqueológicos e pré-históricos são bens da União, de acordo com o art. 20, X, da CRFB/88. **E:** Incorreta, pois esses bens são de propriedade da União, conforme o art. 20, IV, da CRFB/88. WG

Gabarito "C".

(Procurador Município – Teresina/PI – FCC – 2022) Considere os seguintes dispositivos da Constituição Federal:

Art. 231. São reconhecidos aos índios sua organização social, costumes, línguas, crenças e tradições, e os direitos originários sobre as terras que tradicionalmente ocupam, competindo à União demarcá-las, proteger e fazer respeitar todos os seus bens.

§ 1º São terras tradicionalmente ocupadas pelos índios as por eles habitadas em caráter permanente, as utilizadas para suas atividades produtivas, as imprescindíveis à preservação dos recursos ambientais necessários a seu bem-estar e as necessárias a sua reprodução física e cultural, segundo seus usos, costumes e tradições.

§ 2ª As terras tradicionalmente ocupadas pelos índios destinam-se a sua posse permanente, cabendo-lhes o usufruto exclusivo das riquezas do solo, dos rios e dos lagos nelas existentes. [...].

Sabe-se, à luz das normas constitucionais e legais vigentes, que as terras tradicionalmente ocupadas pelos indígenas são

(A) bens públicos de uso especial, com afetação constitucional.

(B) bens públicos de uso comum, com cláusula de usufruto.

(C) *res nullius*, sob regime de tutela estatal.

(D) bens públicos dominicais, sob regime de concessão especial.

(E) bens privados das comunidades indígenas.

As terras tradicionalmente ocupadas pelos indígenas detêm afetação dada pela Constituição, pois se destinam a sua posse permanente (art. 231, § 2º, CF). Não se tratam de bens privados das comunidades indígenas, mas de bens públicos. Assim, nos termos das categorias previstas no art. 99, II, do Código Civil, são classificadas como bens públicos de uso especial. Correta a alternativa A. RB

Gabarito "A".

8. INTERVENÇÃO DO ESTADO NA PROPRIEDADE

8.1. Desapropriação

(Procurador – AL/PR – 2024 – FGV) Em decorrência de suas peculiaridades, algumas modalidades de intervenção do Estado na propriedade são dotadas de autoexecutoriedade, em especial aquela em que a premência na adoção de determinada conduta é imposta por perigo iminente, em razão do que eventual indenização será ulterior, se houver dano, hipótese em que, inclusive, poderá ocorrer a supressão da propriedade, no caso de perecimento do bem.

Nesse contexto, assinale a opção que indica a modalidade de intervenção do Estado na propriedade que apresenta tais características.

(A) A desapropriação por necessidade pública.

(B) A requisição administrativa.

(C) O tombamento.

(D) A limitação administrativa.

(E) A servidão administrativa.

A: Incorreta, pois a desapropriação por necessidade pública não é caracterizada pela autoexecutoriedade, já que deverá ocorrer mediante um processo judicial caso não haja um acordo com o particular, o que é incompatível com a ideia de autoexecutoriedade. **B:** Correta, pois a requisição administrativa é a modalidade de intervenção do Estado na propriedade que possui autoexecutoriedade e permite a atuação imediata do Estado em situações de perigo iminente. A indenização é posterior, se houver dano, e pode ocorrer a supressão da propriedade se o bem perecer (art. 5º, XXV, da CF). **C:** Incorreta, pois o tombamento é uma modalidade de intervenção que visa proteger o patrimônio cultural e histórico, e não é caracterizado por autoexecutoriedade ou necessidade de ação imediata. O tombamento envolve um processo administrativo e não permite a supressão da propriedade. **D:** Incorreta, pois a limitação administrativa refere-se a restrições gerais impostas ao uso da propriedade para atender ao interesse público. Dessa forma, por incidir de modo geral sobre os administrados, não requer indenização, nem há possibilidade de supressão da propriedade. **E:** Incorreta, pois a servidão administrativa estabelece restrições ao uso da propriedade para fins de interesse público, o que a aproxima da requisição administrativa. Porém, a requisição ocorre quando há uma situação de iminente perigo público e de transitoriedade (por exemplo, requisitar um galpão privado, para abrigar pessoas em caso de enchentes), ao passo que a servidão ocorre por um interesse público mais duradouro, não relacionado a algo apenas urgente, perigoso e transitório (por exemplo, uma servidão para instalar torres de energia elétrica numa propriedade privada). Outra diferença é que a indenização na servidão é prévia, ao passo que na requisição é posterior. WG

Gabarito "B".

(Procurador – PGE/SP – 2024 – VUNESP) Com o intuito de promover programa de moradia destinado à população de baixa renda, o Estado "X" pretende implantar um conjunto habitacional em terreno pertencente a determinado Município. Para execução de sua obra, celebrou contratação integrada com a empreiteira "W", sendo que o contrato prevê que a contratada deverá promover a desapropriação do terreno em questão. No citado terreno, há um núcleo urbano informal, ocupado predominantemente por população de baixa renda. Diante de tal situação e nos termos da legislação aplicável,

(A) não é possível delegar à empreiteira contratada os poderes expropriatórios, visto que apenas as delegatárias de serviço público podem exercer tal incumbência.

(B) a autorização legislativa para a desapropriação não será necessária, visto que promover programas de construção de moradias e a melhoria das condições habitacionais é matéria de competência comum dos entes envolvidos na situação.

2. DIREITO ADMINISTRATIVO

(C) corre o prazo de dois anos, a partir da decretação da referida desapropriação, para efetivação da aludida desapropriação e início das providências de aproveitamento do bem expropriado.

(D) a existência de núcleo urbano informal não exige providências por parte do ente expropriante, visto que a questão da posse não é objeto da ação de desapropriação.

(E) tendo em vista a natureza de desapropriação por interesse social para cumprimento da função social da propriedade urbana, deverá ser aprovada lei municipal específica autorizando a desapropriação.

A: Incorreto. A desapropriação é um poder típico do Estado e não pode ser delegada a empreiteiras. A competência para realizar desapropriações está restrita aos órgãos e entidades do poder público e é exercida diretamente pela Administração Pública ou por entidades que possuam poderes expropriatórios especificamente concedidos, mas, em relação aos entes privados, só é admitida essa autorização, que deverá ser mediante lei ou por contrato, para concessionários de serviços públicos, entidades que exerçam função delegada do poder público, e empreiteiras contratadas pelo poder público desde que sob regime de empreitada por preço global, empreitada integral e contratação integrada (art. 3º, incisos I, III e IV, do Dec.-lei 3.365/41). No caso em tela não há informação de que a construtora em questão está autorizada expressamente por lei ou por contrato, nem informação sobre o regime de contratação da empreiteira. **B:** Incorreto. A autorização legislativa é necessária para a desapropriação, nos termos do art. 2º, § 2º, do Dec.-lei 3.365/41. **C:** Correto. Após a decretação da desapropriação, o prazo para a efetivação da desapropriação e o início das providências de aproveitamento do bem expropriado é de dois anos nos casos de desapropriação por interesse social (art. 3º, da Lei 4.132/62). Vale lembrar que a desapropriação para a construção de casas populares é considerada de interesse social (art. 2º, V, da Lei 4.132/62). **D:** Incorreto. A existência de núcleo urbano informal não isenta o ente expropriante de tomar providências. A questão da posse é relevante na desapropriação, e é necessário garantir que os direitos dos ocupantes, especialmente quando se trata de população de baixa renda, sejam respeitados. Isso pode envolver medidas para realocação ou compensação. **E:** Incorreto. A autorização legislativa requerida é do ente federativo que deseja a desapropriação, no caso, o Estado, ou seja, é necessária uma lei estadual autorizando a desapropriação. **WG**
Gabarito "C".

(Procurador Município – Teresina/PI – FCC – 2022) No contexto da desapropriação, diz-se que o decreto expropriatório "fixa o estado" da coisa a ser desapropriada. Tal expressão indica que, nos termos da legislação aplicável,

(A) é constituído seguro legal em favor do expropriado, garantido o valor atual da coisa, mesmo que esta pereça ou seja danificada.

(B) somente serão indenizadas, a partir de então, as benfeitorias necessárias e, caso autorizadas pelo expropriante, as benfeitorias úteis.

(C) é vedado ao expropriado realizar qualquer modificação no bem.

(D) não será indenizada qualquer benfeitoria realizada após a edição do decreto.

(E) somente serão indenizadas, a partir de então, as benfeitorias úteis e, caso autorizadas pelo expropriante, as benfeitorias voluptuárias.

A primeira fase da desapropriação é a declaratória, em que a é expedido o decreto expropriatório. Um dos efeitos desse decreto é a fixação do estado da coisa a ser desapropriada. Significa que o estado do bem a ser

expropriado no momento dessa etapa deve ser levado em consideração para efeitos de indenização. Ademais, de acordo com o art. 26, § 1º, do Decreto-lei 3.365/1941 serão indenizadas as benfeitorias necessárias feitas após essa fase; já as úteis serão indenizadas se houver autorização do expropriante. Assim, correta a alternativa B. **RB**
Gabarito "B".

(Procurador Município – Santos/SP – VUNESP – 2021) Assinale a alternativa correta acerca da desapropriação, à luz do Decreto-Lei nº 3.365/41.

(A) Se houver concordância, reduzida a termo, do expropriado, a decisão concessiva da imissão provisória na posse implicará a aquisição da propriedade pelo expropriante com o consequente registro da propriedade na matrícula do imóvel.

(B) Em razão de prerrogativa do Poder Público, quanto ao valor, a concordância escrita do expropriado implica em renúncia ao seu direito de questionar o preço ofertado em juízo.

(C) O pagamento do preço relativo ao bem expropriado será prévio e em dinheiro; quanto às dívidas fiscais inscritas e ajuizadas, estas não serão deduzidas dos valores depositados.

(D) Os bens expropriados, uma vez incorporados à Fazenda Pública, podem ser objeto de reivindicação, desde que esta seja fundada em nulidade do processo de desapropriação.

(E) O depósito do preço fixado por sentença, à disposição do juiz da causa, é considerado pagamento prévio da indenização. Referido depósito somente poderá ser levantado se o desapropriado concordar com o preço oferecido pela Administração ou fixado pela sentença.

A: correta (art. 34-A do DL 3.365/1941). **B:** incorreta (a concordância escrita do expropriado não implica renúncia ao seu direito de questionar o preço ofertado em juízo, cf. art. 34-A, § 1º). **C:** incorreta (as dívidas fiscais serão deduzidas dos valores depositados, quando inscritas e ajuizadas, cf. art. 32, § 1º). **D:** incorreta (os bens expropriados, uma vez incorporados à Fazenda Pública, não podem ser objeto de reivindicação, ainda que fundada em nulidade do processo de desapropriação, cf. art. 35). **E:** incorreta (o desapropriado, ainda que discorde do preço oferecido, do arbitrado ou do fixado pela sentença, poderá levantar até 80% depósito feito, cf. art. 33, § 2º). **RB**
Gabarito "A".

(Procurador do Município - Valinhos/SP - 2019 - VUNESP) Com relação à desapropriação, assinale a alternativa que contenha corretamente uma Súmula do Supremo Tribunal Federal.

(A) A declaração de utilidade pública para desapropriação do imóvel impede o licenciamento da obra e o valor desta será incluído na indenização.

(B) No processo de desapropriação, são devidos juros compensatórios desde a antecipada imissão de posse, ordenada pelo juiz, por motivo de urgência.

(C) Pela demora no pagamento do preço da desapropriação caberá indenização complementar além dos juros.

(D) Na indenização por desapropriação não se incluem honorários do advogado do expropriado.

(E) Não será necessária a prévia autorização do Presidente da República para desapropriação, pelos Estados, de empresa de energia elétrica.

Existem diversas súmulas do STF sobre o tema da desapropriação. Nos termos da Súmula 23: "Verificados os pressupostos legais para o licenciamento da obra, não o impede a declaração de utilidade pública para desapropriação do imóvel, mas o valor da obra não se incluirá na indenização, quando a desapropriação for efetivada." (alternativa A incorreta). A Súmula 164 detém o seguinte conteúdo: "No processo de desapropriação, são devidos juros compensatórios desde a antecipada imissão de posse, ordenada pelo juiz, por motivo de urgência." (alternativa B correta). Já a Súmula 416 dispõe: "Pela demora no pagamento do preço da desapropriação não cabe indenização complementar além dos juros." (alternativa C incorreta). O teor da Súmula 378 é a seguinte: "Na indenização por desapropriação incluem-se honorários do advogado do expropriado." (alternativa D incorreta). Por fim, a Súmula 157: "É necessária prévia autorização do Presidente da República para desapropriação, pelos Estados, de empresa de energia elétrica." (alternativa E incorreta). **RB**

Gabarito "B".

(Procurador do Município - S.J. Rio Preto/SP - 2019 - VUNESP) A respeito da desapropriação, assinale a alternativa correta.

(A) A declaração de utilidade pública ou de interesse social para fins de desapropriação caduca em cinco anos, caso não efetivada a desapropriação nesse período.

(B) A desapropriação é procedimento de competência privativa do Poder Público e, como tal, não comporta a delegação de qualquer de seus atos a agentes privados.

(C) É facultado ao Poder Público municipal exigir do proprietário do solo urbano não edificado ou subutilizado que promova seu adequado aproveitamento, sob pena de desapropriação com pagamento mediante títulos da dívida pública, com prazo de resgate de até dez anos.

(D) É facultado ao Poder Público municipal desapropriar por interesse social, para fins de reforma agrária, o imóvel rural que não esteja cumprindo sua função social, mediante prévia e justa indenização em títulos da dívida agrária.

(E) A desapropriação por necessidade ou utilidade pública, ou por interesse social, exige justa e prévia indenização em dinheiro, sem exceções.

Alternativa **A** incorreta (a declaração de interesse social para fins de desapropriação caduca em dois anos, cf. art. 3º da Lei 4.132/62, norma que disciplina a desapropriação por interesse social). Alternativa **B** incorreta (cabível, no âmbito da desapropriação, a delegação a agentes privados de seus atos executórios, cf. art. 3º do Decreto-lei 3.365/41). Alternativa **C** correta (cf. 182, §4º, III, CF c/c art. 8º da Lei 10.257/01-Estatuto da Cidade). Alternativa **D** incorreta (a competência envolvendo a desapropriação para fins de reforma agrária é da União, cf. art. 184 da CF). Alternativa **E** incorreta (há hipóteses excepcionais em que a desapropriação não segue a regra da indenização prévia, justa e em dinheiro). **RB**

Gabarito "C".

(Procurador do Estado/TO - 2018 - FCC) O Governo do Estado decidiu construir um conjunto habitacional popular em área urbana, situada na região metropolitana de Palmas. Para tanto, verificou-se a existência de um terreno de dimensão adequada, situado em área incluída no plano diretor e declarada passível de edificação compulsória por lei municipal. Embora notificado há dez anos para promover a edificação no terreno, o proprietário quedou-se inerte, sendo que há mais de cinco anos vem sendo aplicado o IPTU progressivo no tempo.

Nesse caso, o Governo do Estado

(A) deve encaminhar pedido de autorização à Assembleia Legislativa para a desapropriação do terreno, visto que se trata de bem sob domínio municipal.

(B) poderá promover desapropriação por interesse social do imóvel, todavia mediante justa e prévia indenização, em dinheiro.

(C) está impedido de promover a desapropriação do terreno, em vista da exclusiva competência municipal para promover a desapropriação de áreas urbanas destinadas à habitação popular.

(D) poderá promover a desapropriação-sanção do terreno, com o pagamento de indenização em títulos da dívida pública de emissão previamente aprovada pelo Senado Federal, com prazo de resgate de até dez anos, em parcelas anuais, iguais e sucessivas, assegurados o valor real da indenização e os juros legais, por se tratar de terreno situado em região metropolitana.

(E) poderá editar decreto de desapropriação por interesse social, em benefício do município em que está situado o imóvel, que ficará responsável pelo pagamento da indenização em títulos da dívida pública de emissão previamente aprovada pelo Senado Federal, com prazo de resgate de até 10 anos, em parcelas anuais, iguais e sucessivas, assegurados o valor real da indenização e os juros legais.

A desapropriação-sanção pelo descumprimento da função social da propriedade urbana representa um instrumento urbanístico previsto na CF (art. 182, § 4º, I), com disciplina no Estatuto da Cidade (Lei 10.257/01). Trata-se de expropriação que envolve competência exclusiva do Município. Desta forma, não cabe ao Estado promovê-la. Caso decida fazê-lo, o Estado somente poderá desapropriar o terreno com base no regime geral, declarando o interesse social, mediante o pagamento de justa e prévia indenização em dinheiro (art. 5º, XXIV, CF). Correta a alternativa B. **RB**

Gabarito "B".

(Procurador do Estado/AC - 2017 - FMP) Sobre o instituto constitucional da expropriação e suas implicações, mostra-se adequado concluir, considerando as suas atuais repercussões normativas e jurisprudenciais:

(A) A única hipótese fática prevista na Constituição para a implementação de tal instituto recai sobre as propriedades de qualquer região do País onde forem localizadas culturas ilegais de plantas psicotrópicas, as quais serão imediatamente expropriadas.

(B) A expropriação pode ser afastada desde que o proprietário do imóvel comprove que não incorreu em culpa, ainda que in vigilando ou in elegendo.

(C) Em caso de existência de condomínio no imóvel onde se evidencia o plantio de drogas, é necessária a demonstração de responsabilidade de todos os proprietários para autorizar a expropriação da totalidade do bem.

(D) A função social da propriedade aponta para um dever do proprietário de zelar pelo uso lícito do imóvel, salvo quando este não esteja em sua posse direta, encargo que competirá exclusivamente ao respectivo possuidor ou quem lhe faça as vezes.

(E) A expropriação estatal deverá se cingir à área do imóvel efetivamente comprometida com a prática das ilegalidades combatidas pelo ordenamento jurídico nacional.

2. DIREITO ADMINISTRATIVO

O enunciado da questão parecer fazer referência à desapropriação--sanção prevista no art. 243 da CF, decorrente do cultivo ilegal de planta psicotrópica. Alternativa A incorreta (a Constituição Federal possui diversos dispositivos sobre o instituto da desapropriação, como as desapropriações motivadas pelo descumprimento da função social das propriedades urbana e rural, cf. arts. 182, § 1º§ 4º, III e 184, bem como a desapropriação-sanção decorrente do cultivo ilegal de planta psicotrópica e exploração de trabalho escravo, cf. art. 243). Alternativa B correta (de acordo com a jurisprudência do STF, a expropriação prevista no art. 243 da Constituição Federal pode ser afastada, desde que o proprietário comprove que não incorreu em culpa, ainda que in vigilando ou in elegendo, cf. RE 635.336/PE, Pleno, Rel. Min. Gilmar Mendes, DJe 14/09/2017 - repercussão geral – tema 399). Alternativa C incorreta (cf. a mesma decisão do STF, "a responsabilidade de apenas um dos condôminos é suficiente para autorizar a desapropriação de todo o imóvel"). Alternativa D incorreta (o dever de cumprir a função social da propriedade incide na esfera jurídica do proprietário, mesmo que este não exerça a posse direta sobre o bem, cf. RE 635.336/PE). Alternativa E incorreta (cf. RE 543.974/MG, Pleno, Rel. Min. Eros Grau, DJe 29/05/09, o STF decidiu que o art. 243 não se refere apenas às áreas em que sejam cultivadas plantas psicotrópicas, mas às glebas, em seu todo). **RB**

Gabarito "B".

(Procurador do Estado/SE – 2017 – CESPE) À luz da doutrina e da jurisprudência sobre a intervenção do Estado na propriedade, assinale a opção correta.

(A) Situação hipotética: Determinada propriedade rural é produtiva e cumpre sua função social em metade de sua extensão, ao passo que, na outra metade, são cultivadas plantas psicotrópicas ilegais. Assertiva: Nessa situação, eventual desapropriação recairá somente sobre a metade que se destina ao cultivo de plantas psicotrópicas ilegais.

(B) Situação hipotética: Um estado emitiu decreto expropriatório para a construção de um hospital. Após a execução do ato expropriatório, a região foi acometida por fortes chuvas, que destruíram um grande número de escolas. Assertiva: Nessa situação, se determinar a alteração da destinação do bem para a construção de escolas, o estado não terá obrigação de garantir ao ex-proprietário o direito de retrocessão.

(C) Situação hipotética: Maria adquiriu um apartamento na cobertura de um edifício. Após a aquisição do imóvel, com a averbação do registro, Maria pleiteou indenização contra o estado, considerando a prévia existência de linha de transmissão em sua propriedade. Assertiva: Nessa situação, Maria terá direito a indenização, desde que o prejuízo alegado não recaia também sobre as demais unidades do edifício.

(D) Situação hipotética: Um imóvel com área efetivamente registrada equivalente a 90% da sua área real, de propriedade de Pedro, foi objeto de desapropriação direta. Assertiva: Nessa situação, o pagamento de indenização a Pedro deverá recair sobre a totalidade da área real do referido imóvel.

(E) Um imóvel rural produtivo, mas que não cumpre a sua função social, poderá ser desapropriado para fins de reforma agrária, segundo a CF.

A: incorreta – a parte do terreno destinada ao cultivo de plantas psicotrópicas ilegais não será objeto de desapropriação, mas de confisco, sem ensejar qualquer direito à indenização – Art. 243 CF/1988; **B:** correta – a retrocessão *importa no direito do ex-proprietário de reaver o bem expropriado que não foi utilizado em finalidade pública*. Mas isso depende de a tredestinação ser lícita ou ilícita. O requisito aqui é o desvio de finalidade, a chamada tredestinação, que nada mais é que a destinação em desconformidade com o inicialmente previsto, e que pode ser ilícita (quando então, dentre outras ações cabíveis, será possível ao ex-proprietário a retrocessão) ou lícita (quando, ainda que diverso, persiste o interesse público sobre o bem desapropriado, ou seja, quando a nova finalidade for também de interesse público); **C:** incorreta – caberá indenização apenas se a limitação administrativa tiver o condão de afetar o conteúdo econômico do bem, o que deve ser aferido caso a caso; **D:** incorreta – O valor da indenização de um imóvel, em caso de desapropriação, deve ser estipulado levando-se em consideração a área registrada em cartório, ainda que a extensão real do terreno seja diferente do registro. Este é entendimento do Superior Tribunal de Justiça (STJ) sobre a matéria. Para a Corte, a indenização do imóvel deve limitar-se à área do decreto expropriatório constante do registro imobiliário. Se houver maior porção do terreno não inclusa no registro, porém ocupada pelo expropriante, o valor da indenização referente à porção deverá ser mantido em depósito até solução sobre a propriedade do terreno. Segue ementa sobre o tema: Processual civil e administrativo. Desapropriação para fins de reforma agrária. Divergência entre a área registrada e a planimetrada do imóvel. Justa indenização. Ofensa ao art. 535 do CPC não configurada. 1. Cuida-se de Ação de Desapropriação para fins de Reforma Agrária proposta pelo Incra contra Geraldo Xavier Grunwald e sua esposa, visando a desapropriar propriedade rural denominada "Fazenda Barreirão", com área registrada de 5.823,1246 hectares, localizada no Município de Nortelândia, Estado do Mato Grosso. 2. A solução integral da controvérsia, com fundamento suficiente, não caracteriza ofensa ao art. 535 do CPC. 3. Atende ao postulado da justa indenização o acórdão adequadamente fundamentado que fixa seu montante em conformidade com os critérios legais (art. 12 da Lei 8.629/1993). 4. Havendo divergência entre a área registrada e a medida, o expropriado somente poderá levantar o valor da indenização correspondente à registrada. O depósito indenizatório relativo ao espaço remanescente ficará retido em juízo até que o expropriado promova a retificação do registro ou seja decidida, em ação própria, a titularidade do domínio (art. 34 do DL 3.365/1941). 5. Recurso Especial parcialmente provido. (REsp 1286886/MT, Rel. Ministro Herman Benjamin, Segunda Turma, julgado em 06/05/2014, DJe 22.05.2014); **E:** incorreta – a propriedade produtiva é insuscetível de desapropriação para fins de reforma agrária – Art. 185, II, CF/1988. **FB**

Gabarito "B".

(Procurador Municipal – Prefeitura/BH – CESPE – 2017) Com relação à intervenção do Estado na propriedade, assinale a opção correta.

(A) Compete à União, aos estados e ao DF legislar, de forma concorrente, sobre desapropriação, estando a competência da União limitada ao estabelecimento de normas gerais.

(B) Expropriação ou confisco consiste na supressão punitiva de propriedade privada pelo Estado, a qual dispensa pagamento de indenização e incide sobre propriedade urbana ou rural onde haja cultura ilegal de psicotrópico ou ocorra exploração de trabalho escravo.

(C) Servidão administrativa é a modalidade de intervenção que impõe obrigações de caráter geral a proprietários indeterminados, em benefício do interesse geral abstratamente considerado, e afeta o caráter absoluto do direito de propriedade.

(D) Requisição é a modalidade de intervenção do Estado supressiva de domínio, incidente sobre bens móveis e imóveis, públicos ou privados, e, em regra, sem posterior indenização.

A: incorreta. Conforme dispõe o art. 22, III, CF, trata-se de competência privativa da União legislar sobre desapropriação, e não concorrente; **B:** correta. Trata-se da desapropriação – pena prevista no art. 243, CF; **C:** incorreta. Na servidão não há imposição de uma obrigação geral, e sim, de uma submissão de um imóvel dominante a outro serviente, ou, no caso da servidão administrativa, de um serviço ou obra em relação a um bem público; **D:** incorreta. A requisição administrativa determina indenização ulterior, se houver dano, conforme disposto no art. 5º, XXV, CF. **AW**

Gabarito "B".

(Procurador – IPSMI/SP – VUNESP – 2016) Sobre o instituto da desapropriação, assinale a alternativa correta.

(A) O direito de extensão é o direito de o expropriado exigir a devolução do bem desapropriado que não foi utilizado pelo Poder Público para atender o interesse público.

(B) A desapropriação por zona abrange a área contígua necessária ao desenvolvimento de obras públicas e as zonas que valorizarem extraordinariamente em decorrência da realização do serviço.

(C) Pode o expropriado discutir em sua defesa apresentada em sede de ação de desapropriação qualquer matéria, em respeito ao princípio do devido processo legal.

(D) A indenização em todas as modalidades de desapropriação deve sempre ser prévia, justa e em dinheiro.

(E) Os bens expropriados, uma vez incorporados à Fazenda Pública, podem ser objeto de reivindicação quando comprovada a nulidade do processo de desapropriação.

A: Incorreta. O direito de extensão é o direito que o expropriado tem de exigir que seja expropriado uma parte do bem que, caso não o seja, não mais terá utilidade econômica para ele, sendo previsto no art. 12, do revogado Decreto 4.956/1903; o instituto está previsto atualmente apenas no Estatuto da Terra (art. 19, p. 1º, da Lei 4.504/64) e na Lei Complementar 76/93 (art. 4º), que regula a desapropriação por interesse social para fins de reforma agrária. Não existe previsão na Lei de Desapropriação (Dec.-lei 3.365/41), que prevê apenas que deverá ser levado em conta na indenização pelo imóvel desapropriado a desvalorização da área remanescente (art. 27); **B:** Correta. Perfeita a definição, sendo o previsto no art. 4º, do Decreto-lei 3.365/1941, que assim dispõe: "Art. 4º A desapropriação poderá abranger a área contígua necessária ao desenvolvimento da obra a que se destina, e as zonas que se valorizarem extraordinariamente, em consequência da realização do serviço. Em qualquer caso, a declaração de utilidade pública deverá compreendê-las, mencionando-se quais as indispensáveis à continuação da obra e as que se destinam à revenda". **C:** Incorreta. No processo de desapropriação somente é possível a discussão do preço e de requisitos formais do processo, sendo defesa qualquer outra matéria, que deve, assim, ser veiculada numa outra ação (art. 20, do Decreto-lei 3.365/1941) **D:** Incorreta. Há casos, como na desapropriação por interesse social para fins de reforma agrária em que o pagamento se dá em títulos da dívida pública ou da dívida agrária (art. 182 e 184, CF). **E:** Incorreta. Uma vez incorporados ao patrimônio público, os bens expropriados não podem mais ser reivindicados, devendo o expropriado ingressar com ação de retrocessão, que é indenizatória. **WG**

Gabarito "B".

(Procurador Municipal – Sertãozinho/SP – VUNESP – 2016) Assinale a alternativa que corretamente discorre sobre o instituto da desapropriação.

(A) O procedimento da desapropriação compreende duas fases: a declaratória e a executória, abrangendo, esta última, uma fase administrativa e uma judicial.

(B) Na fase executória da desapropriação, o poder público declara a utilidade pública ou o interesse social do bem para fins de desapropriação.

(C) A declaração expropriatória pode ser feita pelo Poder Executivo, por meio de decreto, não podendo fazê-lo, todavia, o Legislativo, por meio de lei.

(D) A declaração de utilidade pública ou interesse social é suficiente para transferir o bem para o patrimônio público, incidindo compulsoriamente sobre o proprietário.

(E) A desapropriação deverá efetivar-se mediante acordo ou intentar-se judicialmente dentro de dez anos, findos os quais esta caducará.

A: Correta. Essa assertiva nada mais é do que a explicação de como acontece a desapropriação. Inicia-se com o decreto expropriatório, que a declara, para depois de emitida a sentença, ser executada. No caso de acordo, ela poderá ser resolvida apenas administrativamente, por isso a fase executorial pode ser administrativa ou judicial. **B:** Incorreta. Na fase executória o Poder Público executa o que foi declarado no decreto expropriatório (primeiro vem a declaração e depois a execução). **C:** Incorreta. A desapropriação pode se dar por decreto ou por lei (arts. 6º e 8º, do Decreto-Lei 3.365/1941). **D:** Incorreta. O bem só será transmitido ao Poder Público após a sentença ou acordo extrajudicial (art. 10, do Decreto-Lei 3365/1941). **E:** Incorreta. O prazo para a efetivação da desapropriação é de 5 anos a partir da expedição do Decreto, conforme disposto no art. 10, do Decreto-Lei 3.365/1941. **AW**

Gabarito "A".

8.2. Servidão administrativa

(Procurador do Município – Prefeitura Fortaleza/CE – CESPE – 2017) Acerca do direito administrativo, julgue o item que se segue.

(1) A possibilidade de realização de obras para a passagem de cabos de energia elétrica sobre uma propriedade privada, a fim de beneficiar determinado bairro, expressa a concepção do regime jurídico-administrativo, o qual dá prerrogativas à administração para agir em prol da coletividade, ainda que contra os direitos individuais.

1: correta. Temos hipótese de servidão administrativa, conceituada como o "direito real de gozo, de natureza pública, instituído sobre imóvel de propriedade alheia, com base em lei, por entidade ou por seus delegados, em face de um serviço público ou de um bem afetado a fim de utilidade pública. **AW**

Gabarito 1C

8.3 Tombamento

(Procurador do Estado/SP - 2018 - VUNESP) Município expediu notificação ao Estado a fim de comunicar a inscrição, pelo Prefeito, no livro do tombo próprio, de bem imóvel de valor histórico, de propriedade estadual e situado no território municipal. O ato municipal de tombamento, de acordo com a jurisprudência do Supremo Tribunal Federal, é

(A) ilegal, porque o ato de tombamento é de competência do Chefe do Poder Executivo de cada ente da Federação, após aprovação do ato por meio de lei específica.

(B) lícito e produz efeitos a partir do recebimento da notificação pelo Estado proprietário do bem.

(C) lícito, porém provisório, condicionada a produção de efeitos à autorização do Poder Legislativo por lei específica de efeitos concretos.

(D) ilegal, porque o tombamento de bem público é de competência exclusiva do Serviço do Patrimônio Histórico e Artístico Nacional.

(E) ilegal, nos termos do artigo 2°, § 2°, do Decreto-Lei n° 3.365/41 (Desapropriação), aplicável ao caso descrito por analogia, que dispõe que bens de domínio dos Estados poderão ser desapropriados apenas pela União.

Como o tombamento não retira a propriedade, na verdade é irrelevante se proprietário do bem é o poder público ou não, mas o Decreto-Lei 25/1937 estabelece que o tombamento de bens de entes federativos se faz de ofício e mediante notificação do ente público envolvido. O tombamento pode ser realizado por quaisquer dos entes e não existe a hierarquia verticalizada prevista para as desapropriações. Deveras, no Agravo Regimental na Ação Civil Originária 1.208 MS, de relatoria do Ministro Gilmar Mendes, restou claro o entendimento da Corte no sentido de que o princípio da hierarquia verticalizada prevista no Decreto-Lei 3.365/1941 não se aplica ao tombamento, tanto porque não existe qualquer previsão expressa estabelecendo a hierarquização do tombamento, como pelo fato de que o tombamento não implica em transferência da propriedade, de modo que inexistente a limitação constante no art. 1°, § 2° do DL 3.365/1941. **FMB**
Gabarito "B".

(Procurador do Estado/SE – 2017 – CESPE) Com referência às formas de limitação da propriedade, à proteção do patrimônio histórico, artístico e cultural e à desapropriação, assinale a opção correta.

(A) Após o prazo fixado na lei que define a área sujeita ao direito de preempção, não viola o direito de preferência a venda de imóvel a particular mediante proposta diferente da apresentada ao poder público, ainda que sem previamente consultá-lo.

(B) Em virtude da aplicação do princípio da isonomia, incide o prazo prescricional de três anos à pretensão do proprietário para a reparação de prejuízos decorrentes da requisição.

(C) Enquanto a requisição administrativa pode ser gratuita ou remunerada, a ocupação temporária, devido ao seu caráter precário, será sempre gratuita.

(D) Admite-se a instituição de servidão administrativa de bem da União por município, desde que declarada a utilidade pública e observado o procedimento da desapropriação.

(E) Segundo o STJ, não incide o princípio da hierarquia federativa no exercício da competência concorrente para o tombamento de bens públicos, o que autoriza um município a tombar bens do respectivo estado.

A: incorreta – "Transcorrido o prazo mencionado no *caput* sem manifestação, fica o proprietário autorizado a realizar a alienação para terceiros, nas condições da proposta apresentada" – Art. 27, § 3°, da Lei 10.257/2001; **B:** incorreta – por aplicação analógica, tendo em vista que não se trata de um direito real mas pessoal, é possível a indenização por prejuízos decorrentes de limitações administrativas, tombamentos, requisições administrativas e etc. no prazo de 5 anos, conforme o Decreto 20.910/1932; **C:** incorreta – quanto às diferenças entre a ocupação e a requisição, a primeira incide sobre bens, enquanto a segunda sobre *bens e serviços*; a requisição é típica de situações de urgência, enquanto a ocupação não tem essa característica necessariamente; o exemplo de ocupação mais comum prevê que ela só se

dá sobre terrenos não edificados e mediante caução (se instituída), enquanto a requisição incide sobre qualquer bem e sem caução. Por fim, a requisição gera ao proprietário direito a indenização se houver dano, ao passo que a ocupação temporária é sempre indenizada; **D:** incorreta – Tal como na desapropriação, embora de constitucionalidade questionável, entende-se que a União pode instituir servidão administrativa de bens dos Estados, Distrito Federal e Municípios, que os Estados podem instituir esse ônus real em relação aos municípios insertos em seu território, mas os municípios não poderão instituir servidão quer de imóveis federais, quer de imóveis estaduais. Assim, temos que a servidão administrativa é ônus real de uso imposto pela Administração a um bem alheio, particular ou público, nesse último caso desde que obedecida a mesma hierarquia aplicável às desapropriações, com objetivo de assegurar a realização de obras e serviços públicos, assegurada indenização ao particular, salvo se não houver prejuízo; **E:** correta – restou pacificado o entendimento no STF de que não incide para o tombamento o princípio da hierarquia federativa. **FB**
Gabarito "E".

8.4. Temas combinados de intervenção na propriedade

(Procurador/DF – CESPE – 2022) Julgue os próximos itens, relativos a concessão urbanística, desapropriação, tombamento e tutela da ordem jurídico-urbanística.

(1) No DF, a ocupação do espaço aéreo para a expansão de compartimento vinculada a edificações residenciais dispensa a celebração de contrato de concessão de uso.

(2) A expropriação, pelo ente público, de terra utilizada para o cultivo de plantas psicotrópicas e não autorizadas tem caráter sancionatório.

(3) Quando o objeto do tombamento for todo um conjunto arquitetônico e urbanístico, será desnecessária a notificação individualizada de todos os proprietários de imóveis da região protegida.

(4) De acordo com o STJ, em ação civil pública na defesa de direitos urbanísticos, é necessário o litisconsórcio entre loteador e adquirentes.

(5) Conforme o entendimento do STJ, se desistir de ação de desapropriação administrativa, o ente público deverá pagar ao expropriado, a título de indenização, juros compensatórios ante a perda antecipada da posse.

1: errado (admite-se a ocupação por concessão de direito real de uso não onerosa, com finalidade urbanística, em espaço aéreo para expansão de compartimento vinculadas a edificações residenciais, cf. art. 4°, III, "b", da Lei complementar distrital 755/2008). **2:** certo (cf. art. 243 da CF). **3:** certo (cf. jurisprudência do STJ - RMS 55.090/MG). **4:** errado (a jurisprudência do STJ é firme no sentido de que, em se tratando de dano ambiental e urbanístico, o litisconsórcio entre loteador e adquirentes é facultativo). **5:** certo (cf. REsp 93.416/MG e outras decisões do STJ). **RB**
Gabarito 1E, 2C, 3C, 4E, 5C

(Procurador/PA – CESPE – 2022) Acerca das formas de intervenção do Estado na propriedade privada, julgue os próximos itens.

I. A servidão administrativa é forma de intervenção restritiva do Estado na propriedade privada, com vistas ao uso transitório de parte da propriedade necessária à execução de serviços públicos (por exemplo, a instalação de redes de fornecimento de energia elétrica), admitida pretensão indenizatória por prejuízos derivados do uso, sujeita à prescrição quinquenal.

II. A requisição administrativa é ato administrativo unilateral e autoexecutório que assegura ao poder público o uso transitório de bens móveis e imóveis particulares, no caso de iminente perigo público, assegurada indenização a *posteriori*.

III. Por meio do tombamento, que pode ser voluntário ou compulsório, o poder público intervém sobre bens móveis e imóveis relevantes para o patrimônio cultural brasileiro.

IV. A desapropriação é ato que representa intervenção supressiva do Estado na propriedade privada e por meio do qual o poder público despoja alguém da propriedade de um bem certo, adquirindo-o originariamente, por necessidade ou utilidade pública, ou por interesse social, mediante justa e prévia indenização em dinheiro, ressalvados os casos previstos na Constituição Federal de 1988.

V. A desapropriação de bens públicos depende de autorização do Poder Legislativo do âmbito federativo expropriante, vedada, pois, a desapropriação de bens públicos apenas por iniciativa do Poder Executivo.

A quantidade de itens certos é igual a

(A) 1.

(B) 2.

(C) 3.

(D) 4.

(E) 5.

Item I: incorreto (a servidão administrativa tem natureza perpétua, pois apresenta duração indefinida). Item II: incorreto (cabível a indenização ulterior, se houver danos, cf. art. 5º, XXV, CF). Item III: correto (cf. o regime do tombamento vertido no Decreto-lei 25/1937). Item IV: correto (art. 5º, XXIV, CF). Item V: correto (cf. art. 2º, § 2º, do Decreto-lei 3.365/1941). Assim, a quantidade de itens certos é 3 (alternativa C). **RB**

Gabarito "C."

(Procurador do Município - Boa Vista/RR - 2019 - CESPE/CEBRASPE) Julgue os itens a seguir, acerca das disposições constitucionais a respeito de direito administrativo.

(1) Estados federados podem, sob o fundamento de interesse social, desapropriar imóveis rurais improdutivos para fins de reforma agrária.

(2) Um município poderá ser condenado ao pagamento de indenização por danos causados por conduta de agentes de sua guarda municipal, ainda que tais danos tenham decorrido de conduta amparada por causa excludente de ilicitude penal expressamente reconhecida em sentença transitada em julgado.

(3) A investidura em empregos públicos em sociedades de economia mista depende de prévia aprovação em concurso público, mas não se estende a esse tipo de emprego a proibição constitucional de acumulação remunerada de funções e cargos públicos.

(4) Cabe ao Congresso Nacional o exercício do controle externo dos atos administrativos de concessões e permissões de emissoras de rádio e televisão.

1: errado (a competência para promover a desapropriação para fins de reforma agrária é da União, cf. art. 184 da CF). **2:** certo (conforme jurisprudência firmada no STJ, a Administração Pública pode responder civilmente pelos danos causados por seus agentes, ainda que estes estejam amparados por causa excludente de ilicitude penal). **3:** errado (a vedação à acumulação remunerada de funções, cargos e empregos públicos aplica-se de maneira ampla, incidindo nas empresas estatais, que compõem a Administração indireta, cf. art. 37, XVII, CF). **4:** certo (art. 49, XII, CF). **RB**

Gabarito 1E, 2C, 3E, 4C

9. RESPONSABILIDADE DO ESTADO

9.1. Evolução histórica e teorias

(Procurador do Município – Prefeitura Fortaleza/CE – CESPE – 2017) Acerca do direito administrativo, julgue o item que se segue.

(1) A regulação das relações jurídicas entre agentes públicos, entidades e órgãos estatais cabe ao direito administrativo, ao passo que a regulação das relações entre Estado e sociedade compete aos ramos do direito privado, que regulam, por exemplo, as ações judiciais de responsabilização civil do Estado.

1: incorreta. As relações entre o Estado e a sociedade competem tanto ao direito privado quanto ao direito público. Por exemplo, no caso de responsabilidade civil do Estado, as normas de direito público é que a fundamentam (art. 37, §6º, CF), enquanto em casos como um contrato típico de locação, mesmo que celebrado pelo Estado, teríamos normas de direito privado regendo-o. **AW**

Gabarito 1E

9.2. Modalidades de responsabilidade (objetiva e subjetiva). Requisitos da responsabilidade objetiva

(Procurador Federal – AGU – 2023 – CEBRASPE) Aplica-se ao Estado a responsabilidade civil por atividade naturalmente perigosa

(A) apenas em caso de conduta omissiva, sendo a responsabilidade subjetiva.

(B) apenas em caso de conduta omissiva, sendo a responsabilidade objetiva.

(C) em caso de conduta omissiva ou comissiva, sendo a responsabilidade objetiva.

(D) apenas em caso de conduta comissiva, sendo a responsabilidade subjetiva.

(E) apenas em caso de conduta comissiva, sendo a responsabilidade objetiva.

A: Incorreto. A responsabilidade civil do Estado por atividade naturalmente perigosa não se limita a condutas omissivas, nem é de natureza subjetiva. O Estado responde objetivamente por danos causados por atividades perigosas, independentemente da intenção ou culpa (Art. 37, § 6º da CF/88). **B:** Incorreto. A responsabilidade civil do Estado por atividade naturalmente perigosa é objetiva e não se restringe a condutas omissivas. O Estado pode ser responsabilizado objetivamente por danos decorrentes tanto de ações quanto de omissões em atividades perigosas (Art. 37, § 6º da CF/88). **C:** Correto. A responsabilidade civil do Estado por atividade naturalmente perigosa é objetiva e aplica-se tanto em casos de conduta omissiva quanto comissiva. Conforme o Art. 37, § 6º da Constituição Federal, o Estado responde objetivamente por danos causados por suas atividades, sejam elas omissivas ou comissivas. **D:** Incorreto. A responsabilidade civil do Estado por atividade naturalmente perigosa não é subjetiva e não se limita a condutas comissivas. A responsabilidade é objetiva, conforme o Art. 37, § 6º da CF/88, e abrange tanto ações quanto omissões. **E:** Incorreto. Embora a responsabilidade civil do Estado por atividades naturalmente perigosas seja objetiva, ela se aplica tanto a condutas comissivas quanto omissivas. A responsabilidade não é restrita apenas a condutas comissivas, conforme estabelece o Art. 37, § 6º da CF/88 e a jurisprudência do STF. **WG**

Gabarito "C".

(Procurador – PGE/SP – 2024 – VUNESP) O Município "X" disponibiliza aos munícipes a prestação do chamado "serviço de atendimento móvel de urgência" (SAMU). Em dada ocasião, um cidadão faleceu depois de aguardar duas horas pela prestação do serviço, que fora acionado por familiares. Investigação policial realizada concluiu que o motorista da ambulância havia se ausentado durante o serviço para participar de uma confraternização com amigos e que o cidadão provavelmente teria sobrevivido se prestado o serviço no tempo adequado. A família do falecido – cônjuge e filhos – tem pretensão de ser indenizada pelo evento danoso. Diante de tais fatos, a responsabilidade civil

(A) do ente público será subsidiária, caso o motorista, responsável direto, não tenha patrimônio para satisfazer eventual condenação.

(B) será atribuível exclusivamente ao ente público, com base na teoria do risco integral.

(C) não subsistirá, visto que a morte natural descaracteriza o nexo causal, pois é considerada circunstância de força maior.

(D) do ente público será afastada, visto que a culpa exclusiva de terceiro, no caso, do motorista da ambulância, descaracteriza o nexo causal.

(E) será imputável ao ente público, em razão da prestação deficiente do serviço, sendo cabível a responsabilização do motorista apenas em caráter regressivo.

A: Incorreto. A responsabilidade civil do ente público é objetiva, conforme o Art. 37, § 6º, da Constituição Federal, que estabelece a responsabilidade civil do Estado por danos causados por seus órgãos e agentes. A responsabilidade subsidiária não é aplicável nesse contexto, pois a responsabilidade do ente público é direta e não depende da condição financeira do responsável pelo ato. **B:** Incorreto. A teoria do risco integral não é a que rege a responsabilidade civil dos entes públicos no Brasil. O STF adota a teoria do risco administrativo, conforme o Art. 37, § 6º, da Constituição Federal, que prevê a responsabilidade objetiva do Estado, ou seja, independentemente de culpa, desde que se prove o nexo causal entre a falha no serviço e o dano. **C:** Incorreto. A morte não é considerada uma circunstância de força maior que afasta a responsabilidade civil do ente público. O STF já decidiu que a responsabilidade civil do Estado é objetiva e deve ser apurada em caso de falhas na prestação do serviço, mesmo que o resultado danoso envolva a morte do cidadão. **D:** Incorreto. A responsabilidade civil do ente público é objetiva, conforme o Art. 37, § 6º, da Constituição Federal. O fato de o motorista ter "culpa exclusiva" não afasta a responsabilidade do Município "X", que é responsável pelo serviço prestado. No entanto, o ente público pode buscar ressarcimento do motorista por meio de ação regressiva. **E:** Correto. A responsabilidade civil do ente público, conforme o Art. 37, § 6º, da Constituição Federal, é objetiva, o que implica que o Município "X" é responsável pela falha na prestação do serviço, devendo indenizar o cidadão falecido e sua família. O Supremo Tribunal Federal (STF) já consolidou o entendimento de que a responsabilidade objetiva do Estado abrange danos causados por falhas na prestação de serviços públicos, incluindo casos de omissão ou negligência que resultem em prejuízos aos cidadãos. Contudo, o ente público pode buscar ressarcimento do responsável pelo dano, neste caso, o motorista, através de ação regressiva, para compensar o custo da indenização paga à vítima (STF, RE 370.682). **WG**

Gabarito "E".

(Procurador Município – Teresina/PI – FCC – 2022) No que se refere às regras sobre prescrição decorrentes do regime jurídico-administrativo, à luz da legislação e da jurisprudência dominante, é correto afirmar:

(A) A chamada "prescrição do fundo de direito" não se aplica mais, pois foi considerada inconstitucional pelo STF.

(B) Aplica-se a prescrição quinquenal para ajuizamento de ações indenizatórias em face de pessoas jurídicas de direito privado que atuem como prestadoras de serviços públicos.

(C) Aplica-se a prescrição quinquenal no ajuizamento das ações discriminatórias.

(D) É imprescritível a ação de reparação de danos à Fazenda Pública decorrente de ilícito civil.

(E) Prescreve em cinco anos, a partir da ciência, pela Administração, do fato ilícito, a ação para aplicação das sanções previstas na Lei Federal nº 8.429, de 2 de junho de 1992 (Lei de Improbidade).

A: incorreta (Súmula 443 do STF: "A prescrição das prestações anteriores ao período previsto em lei não ocorre, quando não tiver sido negado, antes daquele prazo, o próprio direito reclamado, ou a situação jurídica de que ele resulta"). **B:** correta (art. 1º-C da Lei 9.494/1997, cf. jurisprudência do STJ - REsp 1.251.993/PR). **C:** incorreta (ações discriminatórias de bens públicos são imprescritíveis). **D:** incorreta (é prescritível a ação de reparação de danos à Fazenda Pública decorrente de ilícito civil, cf. decidiu o STF no RE 669.069 – repercussão geral). **E:** incorreta (a prescrição é de 8 anos, contados a partir da ocorrência do fato ou, no caso de infrações permanentes, do dia em que cessou a permanência, cf. art. 23). **RB**

Gabarito "B".

(Procurador/PA – CESPE – 2022) Quanto à responsabilidade civil extracontratual do Estado, julgue os próximos itens, à luz da jurisprudência dos tribunais superiores e do regramento da Lei estadual n.º 8.972/2020 acerca do procedimento administrativo de reparação de danos.

I. O dever estatal de indenizar danos decorrentes de crime praticado por pessoa foragida do sistema prisional decorre da omissão do Estado no dever de vigilância dos detentos sob sua custódia, prescindindo da demonstração de nexo causal direto entre o momento da fuga e a conduta praticada.

II. A ação por danos causados por agente público, deve figurar no polo passivo o Estado ou a pessoa jurídica de direito privado prestadora do serviço público, jamais o autor do ato, assegurado o direito de regresso contra o agente causador do dano, nos casos de dolo ou culpa.

III. No estado do Pará, o procedimento administrativo de reparação de danos é de competência da Procuradoria-Geral do Estado Pará, até mesmo quanto aos danos ocorridos no âmbito de outros Poderes e órgãos constitucionais do estado.

IV. O protocolo do requerimento do interessado com vistas à reparação de dano causado por agente público interrompe, nos termos da legislação pertinente, a prescrição da ação de responsabilidade civil contra o Estado, até decisão final da administração, observado o prazo legal máximo para conclusão do procedimento, após o qual a prescrição voltará a correr.

V. Concluído o procedimento de reparação de danos ao erário, a inércia do causador do dano em recolher aos cofres públicos o valor do prejuízo suportado pela fazenda pública ou em apresentar pedido de parcelamento ensejará a inscrição do débito apurado em dívida ativa.

A quantidade de itens certos é igual a

(A) 1.

(B) 2.

(C) 3.

(D) 4.

(E) 5.

I: errado (somente existe responsabilidade se for demonstrado o nexo causal direto entre o momento da fuga e a conduta praticada, cf. jurisprudência do STF). II: certo (cf. jurisprudência do STF). III: certo (art. 127 c.c. art. 1º, "caput" e parágrafo único, ambos da Lei estadual n.º 8.972/2020). IV: errado (o protocolo do requerimento suspende a prescrição, cf. art. 130, II, da Lei estadual n.º 8.972/2020). V: certo (art. 138, § 2º, da Lei estadual n.º 8.972/2020). Assim, a quantidade de itens certos é 3 (alternativa C). RB

Gabarito "C".

(Procurador do Estado/AC - 2017 - FMP) Assinale a alternativa INCORRETA sobre o modelo constitucional de responsabilidade civil do Estado.

(A) A responsabilidade civil estatal subsume-se à teoria do risco administrativo, tanto para as condutas estatais comissivas quanto para as omissivas, uma vez rejeitada a teoria do risco integral.

(B) A omissão estatal exige nexo de causalidade em relação ao dano sofrido pela vítima nos casos em que o poder público ostenta o dever legal e a efetiva possibilidade de agir para impedir o resultado danoso.

(C) A responsabilidade civil do Estado, por ser objetiva, não resulta afastada mesmo nas hipóteses em que o poder público comprova causa impeditiva da sua atuação protetiva de modo a romper com o nexo causal entre sua omissão e o resultado danoso.

(D) A morte de detento gera responsabilidade civil do Estado pela inobservância do seu dever específico de proteção previsto na Constituição, admitindo-se a comprovação pelo poder público de causa excludente do nexo de causalidade entre a sua omissão e o dano sofrido pela vítima.

(E) Nenhuma das alternativas anteriores responde ao comando da questão.

Alternativa A correta (aplicação da teoria do risco administrativo nas condutas estatais comissivas e omissivas, como já decidiu o STF no RE 841.526/RS, Pleno, Min. Luiz Fux, DJe 29/07/2016). Alternativa B correta (na responsabilidade civil do Estado decorrente da omissão estatal, necessária a verificação do nexo de causalidade, que se extrai do dever legal de agir, bem como da efetiva possibilidade de fazê-lo). Alternativa C incorreta (no mesmo RE 841.526/RS, o STF decidiu que, nos casos em que não é possível ao Estado agir para evitar o evento danoso, o qual ocorreria de qualquer modo, rompe-se o nexo de causalidade, afastando-se a responsabilidade do Poder Público). Alternativa D correta (o RE 841.526/RS julgou caso envolvendo a morte de detento, tendo sido configurada a responsabilidade civil objetiva do Estado).

Gabarito "C".

(Procurador do Estado/SP - 2018 - VUNESP) Empresa de ônibus permissionária de serviço público de transporte coletivo intermunicipal de passageiros envolveu-se em acidente de trânsito em rodovia estadual explorada por concessionária, tendo um de seus veículos, durante a prestação do serviço de transporte, colidido com automóvel particular, provocando danos materiais e o falecimento de um dos ocupantes do carro. De acordo com a jurisprudência do Supremo Tribunal Federal,

(A) a concessionária de rodovia estadual será objetivamente responsabilizada pelos danos provocados em razão do acidente, em decorrência da aplicação da teoria da faute du service.

(B) o Estado titular dos serviços públicos de transporte coletivo de passageiros e da rodovia em que ocorrido o acidente será objetivamente responsável pelos danos causados, ainda que se comprove culpa concorrente da vítima que conduzia o automóvel particular.

(C) a permissionária do serviço público de transporte coletivo de passageiros poderá ser responsabilizada pelos danos provocados em razão do acidente, desde que comprovada ocorrência de dolo ou culpa do motorista do veículo coletivo, porque as vítimas não são usuárias do serviço público por ela prestado.

(D) a concessionária de rodovia estadual será objetivamente responsabilizada pelos danos provocados pelo acidente, em decorrência da aplicação da teoria do risco administrativo.

(E) a permissionária do serviço público de transporte coletivo de passageiros poderá ser objetivamente responsabilizada pelos danos provocados em razão do acidente, ainda que as vítimas não sejam usuárias do serviço por ela prestado.

Em repercussão geral foi reconhecida a responsabilidade objetiva das concessionárias pelos danos causados a terceiros não usuários. Eis o julgado que consolidou esse entendimento: EMENTA: CONSTITUCIONAL. RESPONSABILIDADE DO ESTADO. ART. 37, § 6º, DA CONSTITUIÇÃO. PESSOAS JURÍDICAS DE DIREITO PRIVADO PRESTADORAS DE SERVIÇO PÚBLICO. CONCESSIONÁRIO OU PERMISSIONÁRIO DO SERVIÇO DE TRANSPORTE COLETIVO. RESPONSABILIDADE OBJETIVA EM RELAÇÃO A TERCEIROS NÃO-USUÁRIOS DO SERVIÇO. RECURSO DESPROVIDO. I - A responsabilidade civil das pessoas jurídicas de direito privado prestadoras de serviço público é objetiva relativamente a terceiros usuários *e não usuários do serviço*, segundo decorre do art. 37, § 6º, da Constituição Federal. II - A inequívoca presença do nexo de causalidade entre o ato administrativo e o dano causado ao terceiro não-usuário do serviço público, é condição suficiente para estabelecer a responsabilidade objetiva da pessoa jurídica de direito privado. III - Recurso extraordinário desprovido (RE 591874 / MS, **Relator: Min. Ricardo Lewandowski, j. 26-08-2009, Tribunal Pleno).** FMB

Gabarito "E".

(Procurador do Município/Manaus – 2018 – CESPE) A respeito do entendimento do STJ sobre a responsabilidade civil do Estado, julgue o item seguinte.

1. A existência de causa excludente de ilicitude penal não impede a responsabilidade civil do Estado pelos danos causados por seus agentes.

1: correta – A Administração Pública pode responder civilmente pelos danos causados por seus agentes, ainda que estes estejam amparados por causa excludente de ilicitude penal (Acórdãos REsp 1266517/PR, Rel. Ministro Mauro Campbell Marques, Segunda Turma, Julgado em

04.12.2012, DJE 10.12.2012 REsp 884198/RO, Rel. Ministro Humberto Martins, Segunda Turma, Julgado em 10.04.2007, DJ 23.04.2007 REsp 111843/PR, Rel. Ministro José Delgado, Primeira Turma, Julgado em 24.04.1997, DJ 09.06.1997). **FB**

Gabarito 1C

(Procurador do Município – Prefeitura Fortaleza/CE – CESPE – 2017) A respeito de bens públicos e responsabilidade civil do Estado, julgue o próximo item.

(1) Situação hipotética: Um veículo particular, ao transpassar indevidamente um sinal vermelho, colidiu com veículo oficial da Procuradoria-Geral do Município de Fortaleza, que trafegava na contramão. Assertiva: Nessa situação, não existe a responsabilização integral do Estado, pois a culpa concorrente atenua o quantum indenizatório.

1: correta. Havendo culpa recíproca ou concorrente, essa deve ser utilizada como excludente de responsabilidade civil ou, no mínimo, como atenuante. **AW**

Gabarito 1C

(Procurador – IPSMI/SP – VUNESP – 2016) A respeito da responsabilidade civil do Estado, é correto afirmar que

(A) a responsabilidade civil das concessionárias por danos causados a terceiros na execução de serviços públicos é subjetiva, ante a inexistência de relação contratual entre as partes.

(B) a prescrição da pretensão de responsabilidade civil por danos extracontratuais em face do Estado prescreve no prazo de 3 (três) anos, conforme entendimento consolidado pelo Superior Tribunal de Justiça.

(C) são pressupostos para a responsabilização extracontratual do Estado a existência de conduta culposa ou dolosa de agente público, dano e nexo causal.

(D) a responsabilidade civil objetiva para o Estado, prevista na Constituição Federal, aplica-se indistintamente às suas relações contratuais e extracontratuais.

(E) são causas excludentes do nexo de causalidade o fato exclusivo da vítima, o fato de terceiro e o caso fortuito e força maior.

A: Incorreta. As concessionárias possuem relação contratual com o Poder Público (contrato de concessão) e a responsabilidade que assume em relação aos serviços que prestam é objetiva (art. 37, § 6º, CF e art. 25, da Lei 8.987/1995). B: Incorreta. O prazo de prescrição dessas ações é de 5 anos, conforme Decreto-lei 20.910/1932. C. Incorreta. Como a regra é a responsabilidade objetiva do Estado (art. 37, § 6º, CF), os requisitos para a sua incidência são: conduta, resultado e nexo causal, independentemente do elemento subjetivo (dolo ou culpa). D: Incorreta. A responsabilidade objetiva só se aplica às relações jurídicas extracontratuais, sendo que há casos em que há responsabilidade subjetiva prevista em contrato. E: Correta. Realmente, as causas excludentes de responsabilidade objetiva do Estado são: caso fortuito, força maior, culpa exclusiva da vítima ou de terceiro. **AW**

Gabarito "E".

(Procurador Municipal – Sertãozinho/SP – VUNESP – 2016) Indivíduo adquire veículo caminhão de particular e efetua normalmente o devido registro junto ao Departamento Estadual de Trânsito de São Paulo – DETRAN-SP. Quinze dias após a aquisição, ao trafegar em rodovia, ao ser parado para fiscalização, verifica-se que o veículo caminhão havia sido furtado um mês antes da aquisição e, por consequ-

ência, o bem é apreendido. O indivíduo ajuíza ação de indenização contra o Estado de São Paulo.

Considerando a forma como a responsabilidade civil do Estado é prevista no ordenamento pátrio, é correto afirmar que a ação do indivíduo deve ser julgada

(A) improcedente, pois embora tenha havido falha no registro estatal que não continha a informação sobre o furto, não há nexo de causalidade entre o ato perpetrado pelo órgão estadual e os danos experimentados pelo autor.

(B) procedente, pois a responsabilidade civil do Estado é objetiva, sendo assim, o Estado é civilmente responsável pelos danos que seus agentes, nessa qualidade, venham a causar a terceiros.

(C) parcialmente procedente, pois a culpa é concorrente, do Estado, que não manteve os devidos registros, e do indivíduo que adquiriu o veículo sem tomar as devidas cautelas quanto à verificação da origem do veículo.

(D) improcedente, pois a responsabilidade civil do Estado na Constituição Federal de 1988 é subjetiva, tendo como pressupostos que a conduta praticada seja contrária ao direito e haja inobservância de dever legal.

(E) procedente, pois resta demonstrada a culpa, na modalidade omissiva, do Estado, ao deixar de manter os cadastros devidamente atualizados, com a informação de que o veículo havia sido furtado.

A: Correta. Na verdade, essa questão não contém os dados suficientes para a resposta, porque não se sabe se o comprador do veículo tomou as cautelas necessárias no ato da compra, como a vistoria prévia, verificação de documentos etc., além de não ser possível inferir as condições do veículo. Há jurisprudência do STJ (abaixo relacionada) no sentido de ser improcedente a demanda por ausência de comprovação do nexo causal entre o dano e a ação ou omissão estatal, mas nada impede de ser, ao menos, reconhecida a responsabilidade parcial, como determina a alternativa B. "Administrativo. Recurso especial. Provimento. Vistoria de veículo. Regularidade. Posterior verificação de irregularidade. Responsabilidade objetiva do estado. Ausência de nexo de causalidade. 1. O Estado não pode ser responsabilizado por ato criminoso de terceiros ou pela culpa do adquirente de veículo de procedência duvidosa, se a Administração não concorreu com ação ou omissão para a prática do ato ilícito, não respondendo pelos danos deste decorrentes. 2.A regularidade da situação de veículo, atestada em vistoria do órgão de trânsito, não é suficiente para firmar a responsabilidade objetiva do Estado, quando se tratar de veículo furtado, posteriormente apreendido. É irrelevante se a tradição ocorreu antes ou depois da vistoria. 3. Agravo regimental não provido. AgRg no REsp 1299803 / RS Agravo Regimental no Recurso Especial 2012/0003157-0. Processual civil. Administrativo. Agravo regimental no agravo em recurso especial. Argumentos insuficientes para desconstituir a decisão atacada. Venda de veículo com chassi adulterado. Responsabilidade civil do departamento de trânsito que não verificou a adulteração quando da aprovação do decalque. Acórdão recorrido contrário à jurisprudência firmada nesta corte. Recurso improvido. I – É pacífico o entendimento no Superior Tribunal de Justiça segundo o qual, nos casos em que o Departamento de Trânsito – Detran efetuou o registro de veículo e posteriormente constatou-se a ocorrência de adulteração do chassi, deve-se afastar a responsabilidade civil objetiva decorrente da apreensão e perda do bem, ante a inexistência de nexo de causalidade entre a conduta estatal e o ato ilícito praticado por terceiro. II – No caso, o Tribunal de origem entendeu pela configuração da responsabilidade do Detran. III – O recurso especial merece prosperar quando o acórdão recorrido encontra-se em confronto com a jurisprudência dessa Corte. IV – A Agravante não apresenta, no regimental, argumentos suficientes para desconstituir a decisão agravada. V – Agravo Regimental improvido. AgRg no AREsp 424218 / MS Agravo Regimental No Agravo Em Recurso Especial 2013/0367723-6. **B**: Incorreta. Como explicado acima, há ausência de comprovação de nexo causal entre a Ação e o resultado, por isso estaria incorreta essa questão. Os requisitos para a incidência da responsabilidade objetiva do Estado são: Ação ou omissão estatal, o dano e o nexo causal entre a Ação e o dano. Ausente um desses, a responsabilidade não incide, portanto. **C**: Incorreta. Como o enunciado não oferece elementos para sabermos se houve negligência da vítima, não é possível concluir pela sua culpa concorrente. **D**: Incorreta. A Constituição Federal, art. 37, § 6º, adotou a teoria da Responsabilidade Objetiva do Estado, e não subjetiva, que é adotada em nosso ordenamento jurídico em leis infraconstitucionais, como o próprio Código Civil (art. 926). **E**: Incorreta. O examinador entendeu que não há elementos suficientes para saber se houve alguma adulteração do veículo que pudesse levar o Estado a conceder o registro, por isso a responsabilidade continua sendo objetiva, sem necessidade de comprovação de culpa do Estado e sem a incidência de excludentes de responsabilidade civil, portanto. [AW] Gabarito "A".

9.3. Responsabilidade das concessionárias de serviço público

(Procurador Fazenda Nacional – AGU – 2023 – CEBRASPE) Um ônibus de empresa concessionária de transporte público de passageiros transitava pelas ruas da cidade, dentro do limite permitido de velocidade, quando foi abalroado por veículo particular que trafegava em altíssima velocidade. Em decorrência da batida, o motorista perdeu o controle da direção do ônibus, que foi lançado para a calçada, atingiu um pedestre, que estava no ponto de ônibus, e derrubou o muro de uma casa vizinha. Diversos passageiros do ônibus ficaram feridos. O pedestre atingido pelo ônibus morreu imediatamente, antes da chegada do socorro.

Nessa situação hipotética, a responsabilidade da concessionária de serviço público é

(A) subjetiva, no que tange à morte do pedestre, e objetiva, no que tange aos passageiros que estavam dentro do ônibus e ao proprietário da casa cujo muro foi derrubado.

(B) subjetiva no que tange ao pedestre morto, aos passageiros que estavam dentro do ônibus e ao proprietário da casa cujo muro foi derrubado.

(C) objetiva, no que tange ao pedestre morto e aos passageiros que estavam dentro do ônibus, e subjetiva, no que tange ao proprietário da casa cujo muro foi derrubado.

(D) subjetiva, no que tange ao pedestre morto e aos passageiros que estavam dentro do ônibus, e objetiva, no que tange ao proprietário da casa cujo muro foi derrubado.

(E) objetiva no que tange ao pedestre morto, aos passageiros que estavam dentro do ônibus e ao proprietário da casa cujo muro foi derrubado.

O STF, no RE 591874, fixou tese no sentido de que a responsabilidade civil das pessoas jurídicas de direito privado prestadoras de serviço público é objetiva relativamente a terceiros <u>usuários</u> e <u>não usuários</u> do serviço, segundo decorre do art. 37, § 6º, da Constituição Federal. Dessa forma, no caso em tela, tanto os passageiros (usuários do serviço público), como o pedestre morto e o proprietário da casa cujo muro foi derrubado (não usuários do serviço público) são beneficiados pela responsabilidade objetiva da concessionária de serviço público, o que faz com que a alternativa "e" seja a correta. [WG] Gabarito "E".

(Procurador do Município – Prefeitura Fortaleza/CE – CESPE – 2017) A respeito de bens públicos e responsabilidade civil do Estado, julgue o próximo item.

(1) De acordo com o entendimento do STF, empresa concessionária de serviço público de transporte responde objetivamente pelos danos causados à família de vítima de atropelamento provocado por motorista de ônibus da empresa.

1: correta. Está correta a assertiva, porque as concessionárias estão incluídas no disposto no art. 37, § 6º, CF, além do que determina o art. 25, da Lei 8.987/1995. [AW] Gabarito "1C".

10. LICITAÇÃO

10.1 Principais pontos da Nova Lei de Licitações e Contratos Administrativos (Lei 14.133/2021)

10.1.1 Aplicabilidade da nova lei

Em 1º de abril de 2021 foi editada a Lei 14.133, a **nova lei de licitações e contratos administrativos**.

Importante esclarecer que a Lei 8.666/1993 não foi, de modo geral, imediatamente revogada pelo novo regime. Inicialmente, a antiga norma vigoraria por 2 anos, com revogação prevista para abril de 2023. Os únicos dispositivos da Lei 8.666/1993 que foram imediatamente revogados foram os arts. 89 a 108, que disciplinavam os crimes relacionados às licitações e aos contratos públicos. Agora o tema é tratado no próprio Código Penal (arts. 337-E a 337-P).

No entanto, houve a prorrogação da Lei 8.666/1993 até 30 de dezembro de 2023.

> **Importante!** Por conta disso, conviveram por algum tempo os regimes tanto da Lei 14.133/2021 quanto da Lei 8.666/1993, bem como da Lei 10.520/2002 (Pregão) e Lei 12.462/2011 (Regime Diferenciado de Contratação – RDC). Até a revogação destas últimas, a Administração poderia optar por licitar (ou contratar diretamente) de acordo com o regime mais novo ou o antigo. A opção escolhida deveria ser indicada expressamente, vedada a aplicação combinada dos diplomas normativos.

10.1.2 Aspectos gerais

A Lei 8.666/1993 prevê os seguintes **objetivos** da licitação pública: (i) seleção da proposta mais vantajosa; (ii) tratamento igualitário entre os licitantes; (iii) desenvolvimento nacional sustentável. A Lei 14.133/2021, além de mantê-los, disciplina outros: (iv) evitar sobrepreço, preços inexequíveis e superfaturamento; (v) incentivo à inovação.

Em relação aos **princípios**, a nova lei igualmente preserva os princípios incorporados na Lei 8.666/1993, como a legalidade, impessoalidade, moralidade, vinculação ao instrumento convocatório, julgamento objetivo, entre outros. Além disso, insere postulados inéditos, merendo destaque os princípios do planejamento (fundamento da fase preparatória), da transparência (corolário da publicidade) e o da segregação de funções (é vedada a atuação simultânea do agente público nas funções sujeitas a risco).

A nova lei de licitações contempla uma série de regramentos relacionados a aspectos **ambientais**, como a possibilidade de estipulação de margem de preferência a bens reciclados, recicláveis ou biodegradáveis. No que se refere ao aspecto **social**, possível à Administração exigir a destinação de percentual mínimo de mão de obra a mulher vítima de violência doméstica.

Outra novidade relevante da nova lei é a valorização da implantação de **programas de integridade** (*compliance*) pelos contratados, podendo representar, entre outros: (a) condição à continuidade de contratações de grande vulto; (b) critério subsidiário de desempate; (c) critério para a dosimetria de sanções administrativas.

10.1.3 Contratação direta

Da mesma forma que a Lei 8.666/1993, o regime geral da contratação direta disciplinado pela Lei 14.133/2021 envolve, como categorias gerais mais relevantes, a *dispensa* e a *inexigibilidade*.

A **inexigibilidade** está prevista no art. 74 da nova lei de licitações, que elenca cinco hipóteses. Trata-se de rol exemplificativo (da mesma forma que o art. 25 da Lei 8.666/1993, que contempla três incisos). São elas:

- Fornecedor exclusivo (mesma hipótese da Lei 8.666/1993);

- Contratação de artista, desde que consagrado pela crítica ou pela opinião pública (mesma hipótese da Lei 8.666/1993);

- Serviço técnico especializado (ex.: projetos, perícias, estudos técnicos), desde que prestado por profissional de notória especialização (hipótese semelhante à da Lei 8.666/1993, pois a nova lei não prevê de modo expresso o requisito da singularidade do serviço);

- Credenciamento (hipótese não prevista expressamente na Lei 8.666/1993; trata-se de instrumento auxiliar);

- Aquisição ou locação de imóveis cujas características de instalações e de localização tornem necessária sua escolha. **Obs.:** relevante atentar que essa hipótese é tratada pela Lei 8.666/1993 como sendo licitação dispensável.

A **dispensa**, por sua vez, está prevista no art. 75 da nova lei de licitações. Trata-se de rol taxativo (da mesma forma que o art. 24 da Lei 8.666/1993). As peculiaridades trazidas pela Lei 14.133/2021 são:

- Pequeno valor: contratações inferiores a R$ 100 mil para obras e serviços de engenharia, bem como as inferiores a R$ 50 mil para outros serviços e compras (os valores, já corrigidos, da Lei 8.666/1993 são R$ 33 mil e R$ 17,6 mil, respectivamente);

- Licitação deserta (aquela em que não houve interessados): a nova lei passou a condicionar a contratação direta ao prazo de 1 ano da licitação deserta;

- Aquisição de produtos para pesquisa e desenvolvimento: no caso de obras e serviços de engenharia, há um limite de R$ 300 mil;

- Aquisição de medicamentos destinados exclusivamente ao tratamento de doenças raras definidas pelo Ministério da Saúde (hipótese não prevista na Lei 8.666/1993);

- Em virtude de emergência ou calamidade pública: o prazo máximo do contrato deve ser de 1 ano, contado da data da ocorrência da situação excepcional (a Lei 8.666/1993 prevê o prazo de 180 dias); além disso, vedada a recontratação da empresa que firmou o contrato sem licitação.

10.1.4 Modalidades licitatórias

As modalidades previstas na Lei 14.133/2021 são:

> **Atenção!** A nova lei de licitações não mais prevê as modalidades tomada de preço e convite (ambas previstas na Lei 8.666/1993), bem como o regime diferenciado de contratações-RDC (disciplinado na Lei 12.462/2011).

- **Pregão**: modalidade obrigatória para a aquisição de bens e serviços comuns (incluindo serviços comuns de engenharia); o critério de julgamento é o menor preço ou o maior desconto;

- **Concorrência**: utilizada para a contratação de: (a) obras, (b) de bens e serviços especiais ou (c) de serviços comuns e especiais de engenharia; podem ser utilizados os seguintes critérios de julgamento: (i) menor preço; (ii) maior desconto; (iii) melhor técnica ou conteúdo artístico; (iv) técnica e preço; (v) maior retorno econômico (este último é utilizado no contrato de eficiência, em que o contratado é remunerado com base em percentual da economia gerada).

- **Concurso**: o critério de julgamento utilizado é o de melhor técnica ou conteúdo artístico;

- **Leilão**: modalidade destinada à alienação de: (a) bens imóveis; (b) bens móveis inservíveis ou legalmente apreendidos; o critério de julgamento é o do maior lance.

- **Diálogo competitivo**: modalidade inédita no ordenamento brasileiro; pretende-se realizar diálogos com licitantes, no intuito de desenvolver alternativas capazes de atender às suas necessidades de contratação; aproveita-se, assim, a expertise do setor privado para desenvolver soluções eficientes; a condução dessa modalidade é feita por comissão de contratação (composta de pelo menos 3 agentes públicos efetivos/permanentes).

> **Importante!** O diálogo competitivo pode ser utilizado, além da modalidade concorrência, para a celebração de contrato de *concessão de serviço público* (cf. Lei 8.987/1995), inclusive *parceria público-privada*-PPP (cf. Lei 11.079/2004).

10.1.5 Fases

Nos termos da nova lei, o procedimento licitatório é conduzido, como regra, por um **agente de contratação**, auxiliado por uma equipe de apoio. Portanto, alterada a lógica da Lei 8.666/1993, em que prevalece a atuação de uma *comissão* de licitação.

Ademais, as licitações devem ser realizadas preferencialmente sob a forma eletrônica.

No âmbito do rito procedimental comum, as **fases** de uma licitação são: **1ª)** Fase preparatória; **2ª)** Divulgação do edital; **3ª)** Apresentação de propostas e lances; **4ª)** Julgamento; **5ª)** Habilitação; **6ª)** Recursos; **7ª)** Homologação.

> **Importante!** A Lei 14.133/2021 alterou a dinâmica procedimental da Lei 8.666/1993, em que a habilitação precedia a classificação e o julgamento. Assim, pelo novo regime, a habilitação é posterior à fase de julgamento, conferindo maior celeridade à licitação. Esta maneira de proceder já era aplicada, entre outras, na modalidade pregão (cf. Lei 10.520/2002) e agora foi generalizada.

A *disputa* entre os licitantes pode ser de dois modos: (i) modo aberto: possibilidade de lances públicos e sucessivos (como já utilizado no pregão, cf. Lei 10.520/2002); (ii) modo fechado: propostas sob sigilo até a data marcada para sua divulgação (mecanismo clássico da Lei 8.666/1993).

Em caso de *empate*, a nova lei de licitações estipulou os seguintes critérios de desempate: 1º) disputa final entre os licitantes empatados; 2º) avaliação de desempenho contratual prévio; 3º) desenvolvimento de ações de equidade entre homens e mulheres no ambiente de trabalho; 4º) implantação de programa de integridade. Caso persista o empate, estipula-se preferência, sucessivamente, às empresas: 1º) estabelecidas no Estado (ou no DF) do ente público estadual/distrital ou municipal licitante; 2º) brasileiras; 3º) que invistam em pesquisa e desenvolvimento tecnológico no País; 4º) que adotam mecanismos de mitigação na emissão de gases de efeito estufa.

A documentação de habilitação pode ser *dispensada* nas contratações: (a) para entrega imediata; (b) envolvendo valores inferiores a R$ 12,5 mil; (c) de produto para pesquisa e desenvolvimento até o valor de R$ 300 mil.

10.1.6 Instrumentos auxiliares

A Lei 14.133/2021 disciplina os instrumentos auxiliares às licitações e aos contratos públicos. São eles:

1º) Credenciamento: processo de chamamento público em que a Administração convoca interessados em prestar serviços ou fornecer bens; observe-se que a contratação é realizada com todos aqueles que pretendem firmar determinado negócio com a Administração, o que torna inviável a competição e, consequentemente, inexigível a licitação;

2º) Pré-qualificação: constitui procedimento seletivo prévio à licitação, convocado por meio de edital, destinado à análise das condições de habilitação, total ou parcial; trata-se de instrumento já previsto na Lei 8.666/1993,

embora disciplinado de modo sucinto; seu prazo de validade é de 1 ano;

3º) Procedimento de manifestação de interesse (**PMI**): procedimento pelo qual a Administração solicita à iniciativa privada o desenvolvimento de estudos e projetos que possam contribuir com aspectos da atuação do Poder Público; não encontra previsão na Lei 8.666/1993 e sim em outras normas, como a lei de concessões (Lei 8.987/1995) e das organizações da sociedade civil (Lei 13.019/2014); o PMI é, como regra, aberta a todos os eventuais interessados, embora pode ser restrito a *startups* (microempreendedores individuais, as microempresas e as empresas de pequeno porte, de natureza emergente e com grande potencial, que se dediquem à pesquisa, ao desenvolvimento e à implementação de novos produtos ou serviços baseados em soluções tecnológicas inovadoras que possam causar alto impacto);

4º) Sistema de registro de preços (**SRP**): conjunto de procedimentos para realização, mediante contratação direta ou licitação (modalidades: pregão ou concorrência), de registro formal de preços relativos a prestação de serviços, a obras e a aquisição e locação de bens para contratações futuras; já encontrava previsão na Lei 8.666/1993, embora a Lei 14.133/2021 torne seu regramento mais minucioso; as características mais relevantes incorporadas na nova lei de licitações são: (a) possibilidade de SRP para obras e serviços de engenharia; (b) o prazo da vigência da ata de registro de preços é de 1 ano, podendo ser prorrogado por igual período, desde que se demonstre vantajosidade; (c) previsão expressa da figura do "carona" (adesão à ata de registro de preço por ente não participante);

5º) Registro cadastral: assentamento pelo qual se permite a qualificação prévia de interessados que desejam participar de licitações futuras promovidas pela Administração; a nova lei exige a utilização de um sistema de registro cadastral unificado, disponibilizado no Portal Nacional de Contratações Públicas.

10.1.7. Contratos administrativos

Os contratos administrativos obedecem à **forma escrita**, sendo nulo e de nenhum efeito o contrato verbal. Exceção: admite-se *contrato verbal* para pequenas compras ou para a prestação de serviços de pronto pagamento, assim entendidos aqueles de valor não superior a R$ 10 mil.

O *instrumento de contrato* é obrigatório, admitindo-se a sua substituição por outros documentos hábeis (exemplo: nota de empenho) nas seguintes situações: (a) dispensa de licitação em razão de valor; (b) compras com entrega imediata e dos quais não resultem obrigações futuras, inclusive quanto a assistência técnica, independentemente de seu valor.

A **divulgação no Portal Nacional de Contratações Públicas** (PNCP) é condição indispensável para a *eficácia* do contrato. Deve ocorrer nos seguintes prazos, contados da data de sua assinatura: (i) 20 dias úteis, no caso de licitação; (ii) 10 dias úteis, no caso de contratação direta.

A Lei 14.133/2021 trouxe alterações em relação ao **prazo de duração** dos contratos administrativos. Assim, de modo exemplificativo: (a) contratos de serviços e fornecimento contínuos: prazo de até 5 anos, cabendo prorrogação até

10 anos; (b) contratos que geram receita e contratos de eficiência: até 10 anos, nos contratos sem investimento; e de até 35 anos, nos contratos com investimento; (c) contratos em que a Administração seja usuária de serviço público (oferecido em regime de monopólio): prazo indeterminado (desde que haja existência de crédito orçamentário a cada exercício financeiro).

Um aspecto relevante da Lei 14.133/2021 é a **alocação de riscos**, os quais são objeto de distribuição ente contratante e contratado por meio da elaboração de uma matriz de riscos. Ela não é obrigatória, salvo na (a) contratação de obras e serviços de grande vulto (contrato cujo valor estimado supera R$ 200 milhões) ou (b) adoção dos regimes de contratação integrada ou semi-integrada.

No que tange aos **encargos do contratado**, a nova lei incorporou a jurisprudência do STF sobre o tema. Assim, como regra, a inadimplência do contratado em relação aos encargos trabalhistas, fiscais e comerciais *não* transfere à Administração a responsabilidade pelo seu pagamento. No entanto, nas contratações de serviços contínuos com regime de dedicação exclusiva de mão de obra (exemplo: contrato de serviço de limpeza), a Administração responde subsidiariamente pelos encargos trabalhistas, se comprovada falha na fiscalização do cumprimento das obrigações do contratado (culpa *in vigilando*).

Já no que se refere à **extinção** dos contratos, a Lei 14.133/2021 dispõe sobre as hipóteses em que o *contratado* tem direito à extinção ou à suspensão do negócio. São elas, entre outras: (a) suspensão de execução do contrato, por ordem escrita da Administração, por prazo superior a 3 meses; (b) repetidas suspensões que totalizem 90 dias úteis; (c) atraso no pagamento superior a 2 meses (na Lei 8.666/1993 o prazo é de 90 dias).

A **nulidade** do contrato administrativo pode dar ensejo: (a) ao *saneamento* da irregularidade; (b) à *suspensão* ou à *anulação* da avença (com base em critérios de interesse público); (c) à *continuidade* do contrato, de modo que a solução da irregularidade se dá pela indenização por perdas e danos. Além disso, a declaração de nulidade detém, como regra, efeito retroativo (*ex tunc*), podendo ser conferido efeito não retroativo (*ex nunc*), de modo que só tenha eficácia em momento futuro, suficiente para efetuar nova contratação, por prazo de até 6 meses, prorrogável uma única vez.

10.1.8 Regime sancionatório

As **penalidades** previstas na Lei 14.133/2021 são:

- **Advertência**;
- **Multa**: a nova lei, em caráter inédito, definiu o limite mínimo e máximo dessa sanção pecuniária (0,5% a 30% do valor do contrato);
- **Impedimento de licitar e contratar**: vedação de licitação e contratação pelo prazo máximo de 3 anos; sua abrangência restringe-se ao ente federativo que tenha aplicado a sanção;
- **Declaração de inidoneidade**: vedação de licitação e contratação pelo prazo mínimo de 3 anos e máximo de 6 anos; seus efeitos abrange todas as esferas federativas.

- **Obs.:** no caso das últimas duas sanções (impedimento e declaração), o processo de responsabilização deve ser conduzido por comissão composta de 2 ou mais agentes públicos estáveis ou dos quadros permanentes (neste caso, com, no mínimo, 3 anos de tempo de serviço).

> **Atenção!** A Lei 14.133/2021 não prevê a sanção de suspensão temporária (contida na Lei 8.666/1993), cujo prazo máximo é de 2 anos.

A aplicação das penalidades não afasta a *obrigação de reparar* integralmente o dano causado.

Além disso, a nova lei disciplinou de modo pormenorizado a *reabilitação* daquele que foi sancionado. Os requisitos para tanto são: (a) reparação integral do dano; (b) pagamento da multa; (c) transcurso do prazo mínimo de 1 ano (contado da aplicação da penalidade), no caso de impedimento de licitar e contratar, ou de 3 anos, no caso de declaração de inidoneidade; (d) cumprimento das condições definidas no ato punitivo; (e) análise jurídica prévia sobre o cumprimento dos presentes requisitos.

O *prazo prescricional* é de 5 anos, contados da ciência da infração pela Administração. Esse interregno é interrompido pela instauração do processo de responsabilização, bem como suspenso pela celebração de acordo de leniência ou por decisão judicial que inviabiliza a conclusão da apuração administrativa.

10.1.9 Outros aspectos da Lei 14.133/2021

- Criação do *Portal Nacional de Contratações* (sítio eletrônico oficial destinado, entre outras finalidades, à divulgação das licitações e contratos);
- Possibilidade de estabelecer *caráter sigiloso* ao orçamento que embasa a contratação pública; esse sigilo não abrange os órgãos de controle interno e externo;
- *Tramitação prioritária* das ações judiciais relacionadas à aplicação das normas gerais de licitações e contratos;
- Possibilidade de adoção de *meios alternativos* de prevenção e resolução de controvérsias (conciliação, mediação, comitê de resolução de disputas e arbitragem);
- Na contratação de obras, fornecimentos e serviços, inclusive de engenharia, pode ser estabelecida *remuneração variável* vinculada ao desempenho do contratado, com base em metas, padrões de qualidade, critérios de sustentabilidade ambiental e prazos de entrega;
- Regramento das figuras do *reajustamento* em sentido estrito (relacionado à correção monetária) e da *repactuação* (manutenção do equilíbrio econômico-financeiro resultante da variação dos custos contratuais);
- Possibilidade de *desconsideração da personalidade jurídica* em caso de abuso do direito para facilitar, encobrir ou dissimular a prática dos atos ilícitos previstos nesta Lei ou para provocar confusão patrimonial;
- *Representação* (judicial ou extrajudicial) pela *advocacia pública* dos agentes públicos que precisam se defender (nas esferas administrativa, controladora ou judicial) em razão de participação em licitações e contratos envolvendo atos praticados com estrita observância de orientação constante em parecer jurídico.

10.2. Conceito, objetivos e princípios

(Procurador Federal – AGU – 2023 – CEBRASPE) Com base no disposto na Lei n.º 14.133/2021, que estabelece normas gerais de licitação e contratação para as administrações públicas diretas, autárquicas e fundacionais da União, dos estados, Distrito Federal e municípios, assinale a opção correta.

(A) São abrangidas por essa lei as empresas públicas, as sociedades de economia mista e suas subsidiárias, aplicando-se, no que couber, as disposições da Lei n.º 13.303/2016.

(B) Subordinam-se ao regime dessa lei a prestação de serviços, inclusive dos técnico-profissionais especializados; as obras e serviços de arquitetura e engenharia; e os contratos que tenham por objeto operação de crédito, interno ou externo, e gestão de dívida pública, incluídas as contratações de agente financeiro e a concessão de garantia relacionada a esses contratos.

(C) Na aplicação dessa lei, serão observados, entre outros princípios, o da legalidade, o da impessoalidade, o da moralidade, o da publicidade, o da eficiência, o do interesse público, o da probidade administrativa, o da igualdade, o do planejamento, o da transparência, o da motivação, o da vinculação ao edital e o do julgamento objetivo.

(D) Não se subordinam ao regime dessa lei as contratações sujeitas a normas previstas em legislação própria e contratações de tecnologia da informação e de comunicação.

(E) As contratações realizadas no âmbito das repartições públicas sediadas no exterior deverão obedecer às peculiaridades locais e aos princípios básicos estabelecidos nessa lei, por meio de regulamentação específica a ser aprovada pelo Congresso Nacional e ratificada pelo presidente da República.

A: Incorreta. Em regra essas entidades não são abrangidas pela Lei 14.133/2021 (art. 1°, § 1°). Elas são regidas na matéria pela Lei n° 13.303/16. **B:** Incorreta, pois o art. 3°, I, da Lei n.º 14.133/2021 dispõe que não se subordina ao regime dessa lei os contratos envolvendo operação de crédito, interno ou externo, e gestão de dívida pública, incluídas as contratações de agente financeiro e a concessão de garantia. **C:** Correta, pois o art. 5° da Lei n.º 14.133/2021 prevê a observância de cada um dos princípios mencionados. **D:** Incorreta, pois o art. 2°, VII, da Lei n.º 14.133/2021 dispõe que essa lei aplica-se a "contratações de tecnologia da informação e de comunicação". **E:** Incorreta, pois, nos termos do art. 1°, § 2°, da Lei n.º 14.133/2021, "As contratações realizadas no âmbito das repartições públicas sediadas no exterior obedecerão às peculiaridades locais e aos princípios básicos estabelecidos nesta Lei, na forma de regulamentação específica a ser editada por ministro de Estado". WG

Gabarito "C".

(Procurador – IPSMI/SP – VUNESP – 2016) Sobre as licitações públicas, é correto afirmar que

(A) as compras, sempre que possível, deverão ser subdivididas em tantas parcelas quantas necessárias para aproveitar as peculiaridades do mercado. Dessa forma, a divisibilidade do objeto deverá ser considerada para definir o objeto do futuro contrato, podendo acarretar a dispensa ou inexigibilidade da licitação.

(B) a licitação dispensada possui como características ter as suas hipóteses de realização previstas em rol não exaustivo, em semelhança ao que ocorre com as hipóteses de inexigibilidade de licitação.

(C) podem participar da tomada de preços os interessados devidamente cadastrados ou que atenderem a todas as condições exigidas para o cadastramento até o quinto dia anterior à data do recebimento das propostas, observada a necessária qualificação.

(D) segundo a Lei 8.666/1993, não poderá participar, direta ou indiretamente, da licitação ou da execução de obra ou serviço e do fornecimento de bens a eles necessários o autor do projeto, básico ou executivo, pessoa física ou jurídica.

(E) a legislação contempla a possibilidade de realização de contratação direta no caso de licitação deserta, que se caracteriza quando existem licitantes presentes no certame, mas todos são inabilitados ou desclassificados.

A: Incorreta. O art. 8°, da Lei 8.666/1993 dispõe que: "A execução das obras e dos serviços deve programar-se, sempre, em sua totalidade, previstos seus custos atual e final e considerados os prazos de sua execução". **B:** Incorreta. O rol das hipóteses de licitação dispensada é taxativo, sendo esse o erro da assertiva. **C:** Incorreta. Não podem participar da licitação o autor do projeto básico ou executivo, pessoa física ou jurídica (art. 9°, I, da Lei 8.666/1993); **D:** Correta. Trata-se do oposto da alternativa C, sendo correta, portanto (art. 9°, I, da Lei 8.666/1993). **E:** Incorreta. A licitação deserta é caso de dispensa de licitação disposta no art. 24, V, da Lei 8.666/1993, mas ocorre quando não há interessados e o procedimento não pode ser novamente realizado sem prejuízo do interesse público, não sendo hipótese de inabilitação ou desclassificação dos licitantes, portanto. AW

Gabarito "D".

10.3. Contratação direta (licitação dispensada, dispensa de licitação e inexigibilidade de licitação)

(Procurador – AL/PR – 2024 – FGV) Após a realização da devida fase preparatória da licitação, mediante o preenchimento dos requisitos estabelecidos na Lei n° 14.133/2021, foram encaminhadas para o respectivo órgão de assessoria jurídicas as seguintes situações:

I. alienação de bens imóveis adquiridos por dação em pagamento;

II. contratação de serviços comuns de engenharia, que tem por objeto ações, objetivamente padronizáveis em termos de desempenho e qualidade, de manutenção, de adequação e de adaptação de bens imóveis, com preservação das características originais dos bens;

III. locação de imóvel cujas características de instalações e de localização tornem necessária sua escolha.

Considerando as modalidades de licitação ou, eventualmente, a viabilidade de contratação direta em cada uma das situações, assinale a opção que elenca a adequada correlação.

(A) I. licitação dispensável – II. concorrência – III. pregão.

(B) I. leilão – II. licitação dispensável – III. concorrência.

(C) I. pregão – II. concorrência – III. licitação dispensável.

(D) I. licitação inexigível – II. pregão – III. licitação dispensável.

(E) I. leilão – II. pregão – III. licitação inexigível.

I: Alienação de bens imóveis adquiridos por dação em pagamento: A alienação de bens móveis em geral deve ser precedida de *leilão* nos termos do art. 76, I, da Lei nº 14.133/2021, inclusive se o imóvel foi adquirido por meio de dação em pagamento. Não se deve confundir essa situação com aquele em que é o poder público que irá fazer a dação em pagamento em favor de terceiros, caso em que a licitação é *dispensável* (art. 76, I, "a", da Lei nº 14.133/2021). **II:** Contratação de serviços comuns de engenharia: Para serviços comuns de engenharia, a modalidade adequada é o pregão, conforme o art. 29, parágrafo único, da Lei nº 14.133/2021. **III:** Locação de imóvel: Na locação de imóvel nessas específicas condições, a licitação é *inexigível* (art. 74, V, da Lei nº 14.133/2021). Conclusão: a alternativa "E" é a correta. WG

Gabarito "E".

(Procurador Fazenda Nacional – AGU – 2023 – CEBRASPE) Quanto às hipóteses de contratação direta, assinale a opção correta de acordo com a Lei n.º 14.133/2021.

(A) O rol de hipóteses legais de dispensa de licitação é exemplificativo, ao passo que o das hipóteses legais de inexigibilidade é taxativo.

(B) Em hipótese de inexigibilidade, a competição é possível, entretanto razões de tomo levaram o legislador a admitir a contratação direta, ao passo que, na dispensa de licitação, há inviabilidade de competição.

(C) A contratação de serviços técnicos especializados de natureza predominantemente intelectual prestados por profissionais de notória especialização pode ser feita por inexigibilidade de licitação, enquanto a aquisição de medicamentos destinados ao tratamento de doenças raras pode-se dar por dispensa de licitação.

(D) A dispensa de licitação é admitida para serviços técnicos especializados de natureza predominantemente intelectual prestados por profissionais de notória especialização, ao passo que a inexigibilidade poderá ser utilizada nas hipóteses de contratação por baixo valor, que deverá obedecer a critério isonômico de contratação.

(E) A dispensa de licitação pode ser utilizada para aquisição de material de fornecedor exclusivo, e a inexigibilidade aplica-se à contratação de profissional do setor artístico.

A: Incorreta, pois é justamente o contrário, ou seja, o rol de dispensa é taxativo e o de inexigibilidade é exemplificativo (artigos 74, *caput*, e 75, *caput*, da Lei 14.133/2021). **B:** Incorreta, pois é justamente o contrário, uma vez que na contratação direta por inexigibilidade a competição é inviável, ao passo que na contratação direta por dispensa a competição é possível, mas a lei permite que se opte pela contratação sem licitação (artigos 74, *caput*, e 75, *caput*, da Lei 14.133/2021). **C:** Correta, nos termos do artigo 74, III, da Lei 14133/2021 (inexigibilidade), e do art. 75, IV, "m", da referida lei (dispensa de licitação). **D:** Incorreta, pois a contratação de serviços técnicos é caso de inexigibilidade (art. 74, III, da Lei 14133/2021), e a contratação de baixo valor é caso de dispensa (art. 75, I e II, da referida lei). **E:** Incorreta, pois, segundo o disposto no art. 74, I, da Lei 14133/2021, a contratação de fornecedor exclusivo é causa de inexigibilidade, e não de dispensa de licitação. WG

Gabarito "C".

(Procurador Fazenda Nacional – AGU – 2023 – CEBRASPE) Determinada empresa do setor de construção civil participou de licitação, na modalidade concorrência, com critério de julgamento técnica e preço, para revitalização da fachada de um edifício público, tendo indicado, para fins de pontuação por capacitação técnico-profissional, o engenheiro Túlio, seu empregado, que possuía ampla experiência na área objeto da licitação, além de especialização, mestrado e doutorado em engenharia civil. A empresa venceu a licitação e, após o início das obras, despediu Túlio, por entender que era muito dispendioso manter um profissional com tal gabarito em seu quadro de empregados.

A partir da situação hipotética apresentada, assinale a opção correta.

(A) Não houve nenhuma ilegalidade na dispensa de Túlio, então a execução do contrato poderá seguir normalmente, pois foi a empresa que venceu a licitação, e não o empregado.

(B) Túlio tem direito à estabilidade no prazo da relação contratual entre a empresa e a administração pública, razão pela qual poderá pleitear judicialmente sua reintegração à empresa.

(C) Caso a dispensa de Túlio tenha sido injustificada, a empresa classificada na segunda colocação do certame licitatório deverá assumir o contrato e finalizar a execução do serviço.

(D) Túlio deverá participar da execução da reforma, sendo admitida a sua substituição somente por profissional de experiência equivalente ou superior, condicionada à aprovação pela administração pública.

(E) Túlio não poderia ter sido dispensado antes do término do contrato, pois a capacitação técnico-profissional apresentada é *intuitu personae*.

Segundo o art. 38 da Lei n.º 14.133/2021, "No julgamento por melhor técnica ou por técnica e preço, a obtenção de pontuação devido à capacitação técnico-profissional <u>exigirá</u> que a execução do respectivo contrato tenha participação direta e pessoal do profissional correspondente" (g.n.). Adicionalmente, o art. 67, § 6º, da referida lei, estabelece que "Os profissionais indicados pelo licitante na forma dos incisos I e III do *caput* deste artigo <u>deverão participar</u> da obra ou serviço objeto da licitação, <u>e será admitida a sua substituição</u> por profissionais de experiência equivalente ou superior, desde que aprovada pela Administração" (g.n.). Nesse sentido, a solução aqui não é ignorar a saíde de Túlio (alternativa "a"), dar estabilidade a Túlio (alternativas "b" e "e"), chamar a empresa classificada na segunda colocação do certame (alternativa "c"), mas sim fazer com que Túlio participe da execução da reforma ou substituí-lo por profissional de experiência equivalente ou superior, mas nesse caso mediante aprovação da administração pública. WG

Gabarito "D".

(Procurador Município – Santos/SP – VUNESP – 2021) Assinale a alternativa correta em se tratando de contratação direta pelo Poder Público.

(A) Na hipótese de dispensa de licitação, não há possibilidade de competição que justifique a licitação.

(B) A Lei obriga a dispensa de licitação, que fica inserida na competência vinculada da Administração.

(C) Nos casos de inexigibilidade de licitação, não há possibilidade de competição.

(D) A Lei faculta a inexigibilidade de licitação, que fica inserida na competência discricionária da Administração.

(E) Nos casos de inexigibilidade e de dispensa, a licitação é viável.

A: incorreta (a dispensa de licitação envolve um contexto em que há possibilidade de competição, o que justifica a licitação). **B:** incorreta (na dispensa, existe uma competência discricionária da Administração, que pode optar entre realizar a licitação ou contratar diretamente). **D:** incorreta (já que na inexigibilidade não há possibilidade de competição, estamos diante de uma competência vinculada da Administração, a qual só resta contratar diretamente sem licitação). **E:** incorreta (na inexigibilidade, a licitação é inviável). **RB**

Gabarito "C".

(Procurador do Município - S.J. Rio Preto/SP - 2019 - VUNESP) Sobre a inexigibilidade ou dispensa de licitação, conforme o caso, é correto afirmar:

(A) é inexigível a licitação quando houver inviabilidade de competição, conforme as hipóteses taxativamente previstas em lei.

(B) a inaplicabilidade (dispensa ou inexigibilidade) de licitação pela Administração Pública não afasta a necessidade de adoção de procedimentos que observem os princípios da Administração Pública inscritos no art. 37 da Constituição, inclusive procedimentos que, conforme permitam as circunstâncias, assegurem algum grau de competitividade.

(C) demonstrada a hipótese de inexigibilidade da licitação, fica a Administração Pública dispensada de justificar o preço ou a escolha do fornecedor ou executante.

(D) é inexigível a licitação, dentre outras hipóteses, para a prestação de serviços ou fornecimento de bens entre entidades integrantes da Administração Pública.

(E) de acordo com a Lei das Estatais (Lei 13.303/2016) é inexigível a licitação, dentre outras hipóteses, para a comercialização, prestação ou execução de serviços ou obras especificamente relacionados às atividades-fim das sociedades estatais contratantes.

Alternativa **A** incorreta (as hipóteses de inexigibilidade são exemplificativas, não taxativas). Alternativa **C** incorreta (é necessária a justificativa do preço e da escolha do fornecedor ou executante). Alternativa **D** incorreta (a contratação de prestação de serviços ou fornecimento de bens entre entidades integrantes da Administração Pública representa hipótese de dispensa, e não de inexigibilidade). Alternativa **E** incorreta (trata-se de hipótese de licitação dispensada. A alternativa B é a correta, pois os princípios expressos insculpidos no art. 37, "caput", CF aplicam-se a todas as formas de atuação da Administração, o que abrange as hipóteses de dispensa e inexigibilidade. Um processo de justificativa que deve anteceder, como regra, as situações de dispensa e inexigibilidade. Trata-se de mecanismo cujo objetivo é o de implementar os princípios da impessoalidade, moralidade e eficiência. **WG**

Gabarito "B".

(Procurador Municipal/SP – VUNESP – 2016) A Prefeitura Municipal de Rosana pretende contratar artistas para a realização de um espetáculo no aniversário da cidade. Para realizar tal contratação, os agentes públicos responsáveis pela organização do show

(A) devem realizar a licitação, pelo princípio da obrigatoriedade da licitação, que impõe que todos façam realizar o procedimento antes de contratarem obras e serviços, não estando a contratação de artistas dentre as hipóteses que não se compatibilizam com o rito do processo licitatório.

(B) podem realizar a contratação direta, por caracterizar-se pela circunstância de que, em tese, poderia o procedimento ser realizado, mas que, pela particularidade do caso, decidiu o legislador não torná-lo obrigatório em relação aos artistas.

(C) devem realizar a licitação, pela modalidade de pregão, já que os serviços artísticos são comuns, com exceção daqueles serviços prestados por artistas que possuam notória fama nacional, para os quais a licitação é dispensada.

(D) podem realizar a contratação direta, por dispensa de licitação, por previsão expressa da Lei Federal 8.666/1993, que considera que a arte é personalíssima, não se podendo sujeitar a fatores objetivos de avaliação, requisito dos procedimentos licitatórios.

(E) podem realizar a contratação direta, por inexigibilidade de licitação, por previsão expressa da Lei Federal 8.666/1993, que impõe apenas como requisito que o artista contratado seja consagrado pela crítica ou pelo público.

A: Incorreta. No caso, temos a incidência do art. 74, II, da Lei 14.133/2021, que é hipótese de licitação inexigível. **B:** Incorreta. Quando há previsão para a inexigibilidade de licitação o administrador não tem a opção em não realizar o certame, como seria no caso de licitação dispensável, em que há essa discricionariedade. Embora as hipóteses de inexigibilidades não sejam taxativas, quando configuradas, devem ser aplicadas. **C:** Incorreta. Trata-se de licitação inexigível. **D:** Incorreta. Não é caso de dispensa, e sim, de inexigibilidade prevista no art. 74, II, da Lei 14.133/2021. **E:** Correta. Temos casos de contratação direta por aplicação do art. 74, II, da Lei 14.133/2021 (inexigibilidade de procedimento licitatório). **WG**

Gabarito "E".

10.4. Modalidades de licitação e registro de preços

(Procurador Fazenda Nacional – AGU – 2023 – CEBRASPE) Um órgão da administração pública necessita realizar contratações para:

I. aquisição de material de expediente.

II. cadastramento de clínicas oftalmológicas para exames necessários à expedição de carteira nacional de habilitação (CNH).

III. compra de passagens aéreas.

IV. avaliação de desempenho de fornecedor de serviços de copeiragem.

V. aquisição de café e açúcar.

Com base na Lei n.º 14.133/2021, é correto afirmar que, na situação hipotética apresentada, são procedimentos auxiliares de contratação cabíveis

(A) o pregão, para o objeto I, o credenciamento, para os objetos II e V, a concorrência, para o objeto III, e o procedimento de manifestação de interesse, para o objeto IV.

(B) o sistema de registro de preços, para os objetos I e V, o credenciamento, para os objetos II e III, e o registro cadastral unificado, para o objeto IV.

(C) o pregão, para os objetos I e V, o credenciamento, para os objetos II e III, e a pré-qualificação, para o objeto IV.

(D) o pregão, para os objetos I e V, a concorrência, para os objetos II e III, e o diálogo competitivo, para o objeto IV.

(E) o sistema de registro de preços, para os objetos I e V, o registro cadastral unificado, para os objetos II e III, e a pré-qualificação, para o objeto IV.

As alternativas "A", "C" e "D" deverão ser excluídas de plano, pois a questão pergunta sobre procedimentos auxiliares de contratação cabí-

2. DIREITO ADMINISTRATIVO   131

veis, e o pregão não está previsto no art. 78 da Lei 14.133/2021 como um procedimento auxiliar de contratação. A alternativa E está incorreta, pois o sistema de registro cadastral unificado é procedimento que tem por objetivo promover uma antecipação da qualificação de empresas, para que possam participar de licitações futuras. Esse procedimento não é compatível com o credenciamento. Por fim, a alternativa "B" está correta, nos termos do artigo 6º da Lei 14.133/2021: (...) XLIII – credenciamento: processo administrativo de chamamento público em que a Administração Pública convoca interessados em prestar serviços ou fornecer bens para que, preenchidos os requisitos necessários, se credenciem no órgão ou na entidade para executar o objeto quando convocados; XLV – sistema de registro de preços: conjunto de procedimentos para realização, mediante contratação direta ou licitação nas modalidades pregão ou concorrência, de registro formal de preços relativos a prestação de serviços, a obras e a aquisição e locação de bens para contratações futuras (g.n.). WG

.„B„ oṭıɹɐqɐD

(Procurador/DF – CESPE – 2022) Com base na nova Lei de Licitações e Contratos Administrativos (Lei n.º 14.133/2021), julgue o item a seguir.

(1) As modalidades de licitação previstas nessa lei são concorrência, concurso, leilão, tomada de preços e convite.

1: Item com afirmação errada. De acordo com o art. 28 da Lei 14.133/2021, nas modalidades licitatórias são: pregão, concorrência, concurso, leilão e diálogo competitivo. RB

Ǝ ı oṭıɹɐqɐD

(Procurador do Município – Prefeitura Fortaleza/CE – CESPE – 2017) Acerca da intervenção do Estado na propriedade, das licitações e dos contratos administrativos, julgue o seguinte item.

(1) Caso, em decorrência de uma operação da Polícia Federal, venha a ser apreendida grande quantidade de equipamentos com entrada ilegal no país, a administração poderá realizar leilão para a venda desses produtos.

1: correta. Trata-se do disposto no art. 6º, XL, da Lei 14.133/2021, que dispõe sobre ser hipótese de Leilão para bens móveis "legalmente apreendidos". WG

.„Ɔı„ oṭıɹɐqɐD

10.5. Tipos de licitação (menor preço, melhor técnica e técnica/preço e maior lance)

(Procurador Município – Teresina/PI – FCC – 2022) *Uma vez classificadas as propostas técnicas, proceder-se-á à abertura das propostas de preço dos licitantes que tenham atingido os requisitos mínimos estabelecidos no instrumento convocatório, ponderando-se as pontuações atingidas em ambas as propostas, conforme fórmula prevista no edital, que deve observar a valorização máxima de 70% para a proposta técnica [...].*

O procedimento acima descrito é necessariamente empregado

(A) na modalidade de licitação concorrência.

(B) ao se adotar o critério de julgamento por melhor técnica ou conteúdo artístico.

(C) na modalidade de licitação pregão.

(D) ao se adotar o critério de julgamento por técnica e preço.

(E) na modalidade de licitação concurso.

O art. 36 da Lei 14.133/2021 (nova lei de licitações) dispõe sobre o critério de julgamento misto (técnica e preço). Conforme o seu § 2º, "deverão ser avaliadas e ponderadas as propostas técnicas e, em seguida, as propostas de preço apresentadas pelos licitantes, na proporção máxima de 70% (setenta por cento) de valoração para a proposta técnica." Assim, correta a alternativa D. RB

.„D„ oṭıɹɐqɐD

10.6. Temas combinados e outros temas

(Procurador/PA – CESPE – 2022) Quanto ao regime jurídico das licitações públicas, a Lei n.º 14.133/2021

(A) prevê, expressamente, entre os chamados procedimentos auxiliares, o credenciamento, no qual, a despeito da relação *intuitu personae* que se estabelece entre credenciado e administração, é admissível o cometimento a terceiros do objeto contratado, mediante autorização expressa da administração.

(B) manteve as cinco modalidades de licitação previstas na Lei n.º 8.666/1993 e o pregão, acrescentando como nova modalidade o diálogo competitivo, no qual a administração pública realiza diálogos com licitantes previamente selecionados mediante critérios objetivos, em busca de alternativas capazes de atender as suas necessidades, devendo os licitantes apresentar proposta final após o encerramento dos diálogos.

(C) ampliou para um ano o prazo máximo da contratação direta, mediante dispensa de bens e parcelas de obras e serviços necessários ao atendimento de situação emergencial ou calamitosa, sendo o prazo contado da data de ocorrência da emergência ou da calamidade pública, admitida a prorrogação motivada dos respectivos contratos, pelo prazo máximo de seis meses.

(D) estendeu o rol de hipóteses de inexigibilidade de licitação previsto na Lei n.º 8.666/1993 e o tornou taxativo, constando, entre as hipóteses acrescidas, a aquisição ou locação de imóvel cujas características de instalações e de localização tornem necessária a escolha dessa modalidade.

(E) ampliou significativamente o regramento do sistema de registro de preços, passando a dispor, por exemplo, sobre a adesão de não participantes (carona) à ata de registro de preços, o que não poderá exceder, por órgão ou entidade, o quantitativo de cada item registrado na ata de registro de preços para o órgão gerenciador e para os órgãos participantes.

A: correta (art. 79, parágrafo único, V). **B:** incorreta (as modalidades tomada de preços e convite, previstas na Lei 8.666/1993, foram extintas pela Lei 14.133/2021). **C:** incorreta (é vedada a prorrogação dos respectivos contratos, cf. art. 75, VIII). **D:** incorreta (o rol de hipóteses de inexigibilidade é exemplificativo, cf. art. 74, "caput"). **E:** incorreta (não poderá exceder, na totalidade, ao dobro do quantitativo de cada item registrado na ata de registro de preços para o órgão gerenciador e órgãos participantes, cf. art. 86, § 5º). RB

.„A„ oṭıɹɐqɐD

(Procurador do Município - Valinhos/SP - 2019 - VUNESP) Nos termos da Lei 12.232/2010, é correto afirmar:

(A) na contratação dos serviços de publicidade, faculta-se a adjudicação do objeto da licitação a mais de uma agência de propaganda, sem a segregação em itens ou contas publicitárias, mediante justificativa no processo de licitação.

(B) é facultado às agências contratadas manter acervo comprobatório da totalidade dos serviços prestados e das peças publicitárias produzidas.

(C) nas contratações de serviços de publicidade, não poderão ser incluídos como atividades complementares os serviços especializados pertinentes à produção técnica das peças e projetos publicitários criados.

(D) é obrigatória a concessão de planos de incentivo por veículo de divulgação e sua aceitação por agência de propaganda, e os frutos deles resultantes não poderão constituir receita própria da agência.

(E) poderão as agências de propaganda, excepcionalmente e em determinadas hipóteses, sobrepor os planos de incentivo aos interesses dos contratantes, preterindo veículos de divulgação que não os concedam.

A Lei 12.232/2010 dispõe sobre as normas gerais para licitação e contratação pela administração pública de serviços de publicidade. Correta a alternativa **A** (art. 2º, § 3º). Alternativa **B** incorreta (cf. art. 17, as agências contratadas deverão, durante o período de, no mínimo, 5 (cinco) anos após a extinção do contrato, manter acervo comprobatório da totalidade dos serviços prestados e das peças publicitárias produzidas). Alternativa **C** incorreta (cf. art. 2º, § 1º, nas contratações de serviços de publicidade, poderão ser incluídos como atividades complementares os serviços especializados pertinentes, entre outros, à produção e à execução técnica das peças e projetos publicitários criados). Alternativa **D** incorreta (cf. art. 18, é facultativa, e não obrigatória). Alternativa **E** incorreta (cf. art. 18, § 2º, tal sobreposição é absolutamente vedada). **RB**
Gabarito "A".

(Procurador Municipal/SP – VUNESP – 2016 - adaptada) Nas contratações de obras, serviços e compras, segundo a disciplina da Lei 14.133/2021, a autoridade competente, em cada caso e desde que previsto no instrumento convocatório, poderá exigir que seja prestada garantia não excedente a 5% do valor inicial do contrato. Contudo, tratando-se de obras e serviços de engenharia de grande vulto, esse limite poderá ser elevado para até:

(A) 50%.

(B) 30%.

(C) 20%.

(D) 15%.

(E) 10%.

A correta é a alternativa E, com fundamento no art. 99 da Lei 8.666/1993, que permite o aumento da garantia para até 30% no caso de obras, serviços e fornecimentos de grande vulto. **WG**
Gabarito "B".

11. CONTRATOS ADMINISTRATIVOS

11.1. Alteração dos contratos

(Procurador – PGE/SP – 2024 – VUNESP) Após regular licitação, o Estado "X" firmou contrato de obra para construção de um hospital público com determinada empreiteira, em regime de empreitada integral, com previsão de prestação de seguro-garantia, nos termos da Lei nº 14.133/2021. No caso, não houve elaboração de matriz de riscos para orientar a alocação dos riscos contratuais. Durante a

execução do contrato, a falência de subcontratado escolhido pela empreiteira acabou ocasionando o atraso na entrega de parcelas da obra e o aumento dos custos de execução contratual. Em vista disso, a contratada pleiteou o restabelecimento do equilíbrio econômico-financeiro inicial do contrato, de modo a que seja alterado o preço inicialmente ofertado, para contemplar os encargos decorrentes da situação imprevista.

Diante de tal pleito, a Administração deverá

(A) negar o reequilíbrio solicitado, pois o seguro-garantia contratado fornece cobertura a esse tipo de evento.

(B) conceder o reequilíbrio solicitado, pois a situação configura hipótese contemplada na teoria do risco administrativo, impondo-se a responsabilidade objetiva estatal.

(C) negar o reequilíbrio solicitado, pois, no caso de contratação em regime de empreitada integral, não cabe reequilíbrio econômico-financeiro em nenhuma hipótese.

(D) negar o reequilíbrio solicitado, uma vez que a contratação em regime de empreitada integral pressupõe a assunção pela contratada dos riscos relativos às decisões adotadas para execução do objeto.

(E) conceder o reequilíbrio solicitado, pois o evento se qualifica como álea administrativa, suportada pela teoria da imprevisão.

De acordo com o art. 6º, XXX, da Lei 14.133/2021, a empreitada integral é feita "sob inteira responsabilidade do contratado até sua entrega ao contratante em condições de entrada em operação". Nesse sentido a administração deverá negar o reequilíbrio solicitado e a motivação é porque o contratado assumiu todos os riscos do contrato. Os riscos não são da administração, portanto as alternativas "b" e "e" estão excluídas. A alternativa "a" também está incorreta, pois a existência de seguro não é a razão primária para a denegação do pedido, mas o fato de se tratar de empreitada integral. **WG**
Gabarito "D".

(Procurador/PA – CESPE – 2022) Com base no disposto na Lei n.º 14.133/2021 a respeito dos contratos administrativos, assinale a opção correta.

(A) O contratado é obrigado a aceitar, nas mesmas condições contratuais, supressões de até 25% do valor inicial atualizado do contrato que se fizerem nas obras, nos serviços ou nas compras, razão pela qual não lhe cabe pleitear da administração o valor dos custos de materiais eventualmente já adquiridos e colocados no local dos trabalhos.

(B) O contratado tem direito à extinção do contrato em caso de suspensão da sua execução, por ordem escrita da administração, por prazo igual ou superior a dois meses.

(C) Com vistas à continuidade da atividade administrativa, a administração poderá determinar que a declaração de nulidade do contrato só tenha eficácia em momento futuro, suficiente para efetuar nova contratação.

(D) Em nenhuma hipótese será admitido o pagamento antecipado, parcial ou total, relativo a parcelas contratuais vinculadas ao fornecimento de bens, à execução de obras ou à prestação de serviços.

(E) A aplicação das sanções administrativas ao contratado dar-se-á por meio de processo de responsabilização, cuja instauração interrompe a prescrição, estabelecida em prazos que variam de seis meses a cinco anos, conforme a gravidade da infração.

A: incorreta (cf. art. 129, nas alterações contratuais para supressão de obras, bens ou serviços, se o contratado já houver adquirido os materiais e os colocado no local dos trabalhos, estes deverão ser pagos pela Administração pelos custos de aquisição regularmente comprovados e monetariamente reajustados, podendo caber indenização por outros danos eventualmente decorrentes da supressão, desde que regularmente comprovados). B: incorreta (o contratado tem direito à extinção do contrato em caso de suspensão da sua execução, por ordem escrita da administração, por prazo superior a 3 meses, cf. art. 137, § 2º, II). C: correta (art. 148, § 2º). D: incorreta (a antecipação de pagamento somente será permitida se propiciar sensível economia de recursos ou se representar condição indispensável para a obtenção do bem ou para a prestação do serviço, cf. art. 145, § 1º). E: incorreta (a prescrição ocorrerá em 5 anos, cf. art. 158, § 4º). RB
Gabarito "C".

11.2. Execução do contrato

(Procurador Município – Teresina/PI – FCC – 2022) Observe as seguintes descrições, aplicáveis a institutos que se relacionam com a execução contratual:

I. mecanismo adotado para reequilíbrio dos preços dos serviços continuados, sob regime de mão de obra exclusiva, ou com predominância de mão de obra, em relação aos preços de mercado, aplicável com periodicidade mínima anual e mediante demonstração analítica da variação dos componentes dos custos do contrato.

II. mecanismo que busca promover a atualização monetária dos preços contratuais, de maneira a retratar a variação efetiva do custo da produção, podendo ser adotados índices específicos ou setoriais.

III. mecanismo para restabelecimento do equilíbrio econômico-financeiro, em caso de força maior, caso fortuito ou fato do príncipe ou em decorrência de fatores imprevisíveis ou previsíveis de consequências incalculáveis, que inviabilizem a execução do contrato tal como pactuado, respeitada, em qualquer caso, a repartição objetiva de risco estabelecida no contrato.

Os itens I, II e III correspondem, respectivamente, aos institutos:

(A) revisão – reajuste em sentido estrito – repactuação

(B) repactuação – revisão – reajuste em sentido estrito

(C) repactuação – reajuste em sentido estrito – revisão

(D) revisão – repactuação – reajuste em sentido estrito

(E) reajuste em sentido estrito – revisão – repactuação

Repactuação é definida como a forma de manutenção do equilíbrio econômico-financeiro de contrato utilizada para serviços contínuos com regime de dedicação exclusiva de mão de obra ou predominância de mão de obra, por meio da análise da variação dos custos contratuais e aplicável com periodicidade mínima anual (art. 6º, LIX c.c. art. 92, §4º, ambos da Lei 14.133/2021). *Reajuste* em sentido estrito constitui a forma de manutenção do equilíbrio econômico-financeiro de contrato consistente na aplicação do índice de correção monetária previsto no contrato, que deve retratar a variação efetiva do custo de produção, admitida a adoção de índices específicos ou setoriais (art. 6º, LVIII, da Lei 14.133/2021). Já a *revisão* decorre da aplicação da teoria da imprevisão e está associada a caso de força maior, caso fortuito ou fato

do príncipe ou em decorrência de fatores imprevisíveis ou previsíveis de consequências incalculáveis, que inviabilizem a execução do contrato (art. 124, II, "d", da Lei 14.133/2021). Assim, correta a alternativa C. RB
Gabarito "C".

11.3. Figuras assemelhadas (contrato de gestão, termo de parceria, convênio, contrato de programa etc.)

(Procurador Município – Teresina/PI – FCC – 2022) *O Município X celebrou com o Estado Y um convênio, por meio do qual recebeu recursos financeiros estaduais, para construção de uma creche em terreno municipal. A vigência do convênio foi fixada em dois anos a partir da data de sua assinatura e já se esgotou. Conforme laudo técnico de engenharia, a obra alcançou 80% do percentual de conclusão.*

Em vista de tal situação,

(A) deve haver a encampação da obra pública pelo Estado, desapropriando-se o terreno municipal.

(B) pode haver celebração de um novo convênio, com cláusula hipotecária em favor do Estado.

(C) deve o Município devolver em dobro ao Estado os recursos que lhe foram destinados, em vista do descumprimento do convênio, conforme preceitua a Lei 14.133/2021.

(D) deve ser anulado o convênio, pois tal espécie de ajuste não se presta à realização de obras públicas.

(E) o Município poderá propor a prorrogação do ajuste, o que é possível por tratar-se de parceria jurídica, cujo objeto é de escopo, que só se extingue com a sua integral execução.

Em relação aos convênios, aplicam-se as disposições da Lei 14.133/2021, no que couber (art. 184 da Lei 14.133/2021). Incidente, portanto, o art. 111 da Lei 14.133/2021, o qual prevê o seguinte: "Na contratação que previr a conclusão de escopo predefinido, o prazo de vigência será automaticamente prorrogado quando seu objeto não for concluído no período firmado no contrato." Assim, como o convênio foi celebrado para a construção de uma creche (escopo predefinido), e diante de sua não conclusão no prazo originariamente ajustado, o seu prazo de vigência poderá ser prorrogado. Correta a alternativa E. RB
Gabarito "E".

(Procurador do Município - S.J. Rio Preto/SP - 2019 - VUNESP) A obra contratada por estatal sob regime de contratação semi-integrada é aquela que:

(A) envolve a elaboração e o desenvolvimento do projeto executivo, a execução de obras e serviços de engenharia, a montagem, a realização de testes, a pré-operação e as demais operações necessárias e suficientes para a entrega final do objeto.

(B) exceto pelos projetos básico ou executivo, compreende todas as etapas das obras, serviços e instalações necessárias, sob inteira responsabilidade da contratada até a sua entrega ao contratante em condições de entrada em operação, atendidos os requisitos técnicos e legais para sua utilização em condições de segurança estrutural e operacional e com as características adequadas às finalidades para que foi contratada.

(C) envolve a execução, por equipes integradas por profissionais da contratada atuando em conjunto com profissionais da estatal contratante, de obras e serviços

134 WANDER GARCIA, RODRIGO BORDALO, FLÁVIA EGIDO E ARIANE WADY

de engenharia, a montagem, a realização de testes, a pré-operação e as demais operações necessárias e suficientes para a entrega final do objeto.

(D) envolve a elaboração e o desenvolvimento dos projetos básico e executivo, a execução de obras e serviços de engenharia, mas não a montagem, a realização de testes e a pré-operação.

(E) envolve a elaboração e o desenvolvimento dos projetos básico e executivo, a execução de obras e serviços de engenharia, a montagem, a realização de testes, a pré-operação e as demais operações necessárias e suficientes para a entrega final do objeto.

O regime das empresas estatais está incorporado na Lei 13.303/16. Nos termos de seu art. 42, V, contratação semi-integrada é aquela que envolve a elaboração e o desenvolvimento do projeto executivo, a execução de obras e serviços de engenharia, a montagem, a realização de testes, a pré-operação e as demais operações necessárias e suficientes para a entrega final do objeto. Já a contratação integrada envolve a elaboração e o desenvolvimento dos projetos básico e executivo, a execução de obras e serviços de engenharia, a montagem, a realização de testes, a pré-operação e as demais operações necessárias e suficientes para a entrega final do objeto (art. 42, VI). A diferença entre tais contratações é que a integrada inclui a fase do projeto básico, ausente na contratação semi-integrada. Assim, correta a alternativa A. **RB**

Gabarito "A".

(Procurador do Estado – PGE/MT – FCC – 2016 adaptada) A Administração Pública adota várias modalidades de ajustes administrativos para poder executar suas tarefas. Nesse sentido, segundo a legislação vigente,

(A) o contrato de parceria público-privada não é compatível com a cobrança de tarifas dos usuários do serviço público, sendo suportado exclusivamente pela contrapartida do parceiro público.

(B) é denominado contrato de gestão o ajuste celebrado com as organizações da sociedade civil de interesse público, visando à formação de vínculo de cooperação entre as partes, para o fomento e a execução das atividades de interesse público.

(C) o chamado contrato de programa é o contrato administrativo em que a Administração defere a terceiro a incumbência de orientar e superintender a execução de obra ou serviço, mediante pagamento de importância proporcional ao seu custo total.

(D) é denominado contrato de rateio o ajuste celebrado, em cada exercício financeiro, entre entes participantes de consórcio público, para fins de alocação de recursos necessários ao desempenho das atividades do consórcio.

A: incorreta. O contrato de Parceria Público-Privada pressupõe a cobrança de tarifas dos usuários e uma contraprestação do parceiro público (art. 2º, da Lei 11.019/2004); B: incorreta. Para as OSCIP temos os termos de parceria. Os contratos de gestão são celebrados pelas Agências Executivas (art. 37, § 8º, CF); C: incorreta. O contrato de programa é realizado pelos entes consorciados (art. 13, § 1º, II, da Lei 11.107/2005), sendo o contrato pelo qual se estabelece "os procedimentos que garantam a transparência da gestão econômica e financeira de cada serviço em relação a cada um de seus titulares"; D: correta. Perfeito. Trata-se do disposto no art. 8º, § 1º, da Lei 11.107/2005). **WG**

Gabarito "E".

12. SERVIÇOS PÚBLICOS

12.1. Autorização e permissão de serviço público

(Procurador Municipal/SP – VUNESP – 2016) O ato administrativo unilateral, discricionário e precário, gratuito ou oneroso, pelo qual a Administração Pública faculta a utilização privativa de bem público, para fins de interesse público, é a definição de

(A) autorização.

(B) concessão.

(C) retrocessão.

(D) permissão.

(E) tredestinação.

A: Incorreta. Na autorização temos um ato administrativo unilateral, discricionário e precário, mas em que o Poder Público faculta o exercício de uma atividade do bem ou uso, no interesse do particular, e não no interesse público, como consta do enunciado. B: Incorreta. A concessão é um contrato administrativo, e não um ato administrativo, como descrito no enunciado. C: Incorreta. A retrocessão é o retorno do bem ao ex-proprietário por motivos de ilegalidade no cumprimento do decreto expropriatório. D: Correta. Na permissão temos exatamente a definição do enunciado: um ato administrativo unilateral, discricionário e precário em que há transferência de serviço ou uso de bem ou realização de obra, no interesse do Poder Público. E: Incorreta. A tredestinação é a alteração da finalidade do bem expropriado constante do ato expropriatório, não sendo ato administrativo, e sim, um fato administrativo. **AW**

Gabarito "D".

12.2. Concessão de serviço público

(Procurador – PGE/SP – 2024 – VUNESP) A respeito do tratamento que a Constituição dá ao tema dos serviços públicos, o Supremo Tribunal Federal, por decisão proferida em sede de controle concentrado de constitucionalidade, fixou ser

(A) constitucional legislação federal que estabelece gratuidade do direito de passagem para instalação de infraestrutura de telecomunicações em faixas de domínio e bens públicos de uso do povo, ainda que de titularidade de outros entes federativos.

(B) constitucional legislação estadual que confere ao Governador do Estado o poder de isentar tarifas de energia elétrica aos usuários que tenham sido afetados por calamidades públicas.

(C) constitucional legislação estadual que obrigue as concessionárias de serviços públicos de fornecimento de água a oferecer aos consumidores a opção de pagamento da dívida por cartão de crédito ou débito, antes da suspensão do serviço.

(D) inconstitucional a constituição de fundação pública de direito privado para a prestação de serviço público de saúde.

(E) inconstitucional a transferência da concessão, prevista no artigo 27 da Lei nº 8.987/1995, visto que o instituto viola o princípio da licitação e a natureza *intuitu personae* desse contrato.

A: correta, nos termos da decisão proferida na ADI 6482, na qual o Supremo Tribunal Federal declarou a constitucionalidade da dispensa das concessionárias de serviços de telefonia e TV a cabo de contra-

2. DIREITO ADMINISTRATIVO

prestação pelo uso de locais públicos para instalação de infraestrutura e redes de telecomunicações, sob o argumento de que a matéria se insere no âmbito da competência privativa da União para legislar sobre telecomunicações e tem inequívoco interesse público geral, pois busca uniformizar a implantação nacional do sistema de telecomunicações e promover a democratização do acesso à tecnologia. **B:** incorreta, pois, na ADI 7337, o Supremo Tribunal Federal declarou a inconstitucionalidade de uma lei mineira, que permitia ao governador conceder isenção de tarifa de energia elétrica a consumidores residenciais, industriais e comerciais atingidos por enchentes no estado. **C:** incorreta, pois, na ADI 7405, o Supremo Tribunal Federal invalidou dispositivo de lei do Estado do Mato Grosso que obriga as concessionárias de fornecimento de água a oferecer opção de pagamento da fatura por cartão de débito ou crédito antes da suspensão do serviço. **D:** incorreta, pois, na ADI 4197, o Supremo Tribunal Federal considerou constitucional a constituição de fundação pública de direito privado para a prestação de serviço público de saúde. **E:** incorreta, pois, na ADI 2946, o Supremo Tribunal Federal (STF) decidiu que não é necessária a realização de licitação prévia para transferência de concessão ou do controle societário da concessionária de serviços públicos. WG
Gabarito "A".

(Procurador Município – Teresina/PI – FCC – 2022) Sobre o regime tarifário das concessões, a Lei Federal 8.987, de 13 de fevereiro de 1995, estatui:

(A) A alteração de quaisquer tributos, inclusive dos impostos sobre a renda, ocorrida após a apresentação da proposta, quando comprovado seu impacto, implicará a revisão da tarifa, para mais ou para menos, conforme o caso.

(B) Em havendo alteração unilateral do contrato que afete o seu inicial equilíbrio econômico-financeiro, o poder concedente deverá restabelecê-lo, após a verificação do impacto ocorrido ao longo do período de um ano, após a efetivação da alteração.

(C) Independentemente de previsão legal específica, a tarifa será condicionada à existência de serviço público alternativo e gratuito para o usuário.

(D) A concessionária deverá divulgar em seu sítio eletrônico, de forma clara e de fácil compreensão pelos usuários, tabela com o valor das tarifas praticadas e a evolução das revisões ou reajustes realizados nos últimos cinco anos.

(E) A tarifa será sempre fixada pelo menor valor proposto na licitação e preservada pelas regras de revisão previstas na Lei, no edital e no contrato.

A: incorreta (é ressalvado o imposto de renda, cf. art. 9º, § 3º). **B:** incorreta (em havendo alteração unilateral do contrato que afete o seu inicial equilíbrio econômico-financeiro, o poder concedente deverá restabelecê-lo, concomitantemente à alteração, cf. art. 9º, § 4º). **C:** incorreta (a tarifa não será subordinada à legislação específica anterior e somente nos casos expressamente previstos em lei, sua cobrança poderá ser condicionada à existência de serviço público alternativo e gratuito para o usuário, cf. art. 9º, § 1º). **D:** correta (art. 9º, § 5º). **E:** incorreta (a tarifa do serviço público concedido será fixada pelo preço da proposta vencedora da licitação e preservada pelas regras de revisão previstas nesta Lei, no edital e no contrato, cf. art. 9º, "caput"). RB
Gabarito "D".

(Procurador Município – Santos/SP – VUNESP – 2021) Assinale a alternativa correta quanto à responsabilidade das concessionárias e do poder concedente, à luz da Lei Federal nº 8.987/95.

(A) Mediante outorga de poderes, a concessionária poderá promover as desapropriações, mas continua sendo do

Poder Público a responsabilidade pelas respectivas indenizações.

(B) Incumbe à concessionária captar, aplicar e gerir os recursos financeiros necessários à prestação do serviço.

(C) A concessionária responde por todos os prejuízos causados ao poder concedente, aos usuários ou a terceiros; a falta de fiscalização pelo órgão competente exclui essa responsabilidade.

(D) É vedado ao poder concedente determinar que o licitante vencedor, no caso de consórcio, se constitua em empresa antes da celebração do contrato.

(E) A empresa líder do consórcio é a responsável perante o poder concedente pelo cumprimento do contrato de concessão, com prejuízo da responsabilidade solidária das demais consorciadas.

A: incorreta (a responsabilidade pelas indenizações é da concessionária, cf. art. 29, VIII, da Lei 8.987/1995). **B:** correta (art. 31, VIII). **C:** incorreta (a concessionária responde por todos os prejuízos causados ao poder concedente, aos usuários ou a terceiros, sem que a fiscalização exercida pelo órgão competente exclua ou atenue essa responsabilidade, cf. art. 25). **D:** incorreta (é facultado ao poder concedente determinar que o licitante vencedor, no caso de consórcio, se constitua em empresa antes da celebração do contrato, cf. art. 20). **E:** incorreta (A empresa líder do consórcio é a responsável perante o poder concedente pelo cumprimento do contrato de concessão, sem prejuízo da responsabilidade solidária das demais consorciadas, cf. art. 19, § 2º). RB
Gabarito "B".

(Procurador do Município - Valinhos/SP - 2019 - VUNESP) Com relação à subconcessão prevista na Lei 8.987/95, é correto afirmar:

(A) é integralmente vedada.

(B) nos termos previstos no contrato de concessão, é admitida apenas na hipótese de o poder concedente ser a União.

(C) é admitida, entretanto o subconcessionário não se sub-rogará nos direitos e obrigações da subconcedente.

(D) é vedada na hipótese de concessão de serviços públicos.

(E) nos termos previstos no contrato de concessão, é admitida desde que expressamente autorizada pelo poder concedente.

A Lei 8.987/95 dispõe sobre o regime de concessão comum de serviços públicos. No que se refere à subconcessão, é admitida, nos termos previstos no contrato de concessão, desde que expressamente autorizada pelo poder concedente, cf. art. 26, "caput"; (alternativa E correta; alternativas A, B e D incorretas). Além disso, o subconcessionário se sub-rogará todos os direitos e obrigações da subconcedente dentro dos limites da subconcessão, cf. art. 26, § 2º (alternativa C incorreta). RB
Gabarito "E".

(Procurador do Estado – PGE/MT – FCC – 2016) No tocante aos aspectos econômicos e tarifários das concessões de serviço público, a Lei nº 8.987/95 dispõe:

(A) Na contratação das concessões de serviços públicos, deve haver a repartição objetiva dos riscos entre as partes.

(B) O inadimplemento do usuário não é circunstância justificável para a interrupção na prestação dos serviços públicos.

(C) A cobrança de pedágios em rodovias públicas somente é possível por meio do oferecimento de via alternativa e gratuita para o usuário.

(D) Os contratos poderão prever mecanismos de revisão das tarifas, a fim de manter-se o equilíbrio econômico-financeiro, vedada a revisão em período inferior a um ano.

(E) A alteração das alíquotas do imposto de renda não é causa que justifique pedido de revisão tarifária pela concessionária.

A: incorreta. O contratado assume a prestação de serviços por sua conta e risco, conforme disposto no art. 2º, II, da Lei 8.987/1995; **B:** incorreta. A inadimplência do usuário pode levar à interrupção do serviço, desde que com prévio aviso do Poder Concedente (art. 6º, § 3º, da Lei 8.987/1995); **C:** incorreta. A cobrança de pedágio é a tarifa cobrado pelo uso do serviço público, sendo uma alternativa do poder concedente a disponibilização de outras fontes alternativas (art. 11, da Lei 8.987/1995); **D:** incorreta. Não há prazo mínimo para revisão contratual, sendo essa possível sempre que ocorrerem causas imprevisíveis ou previsíveis, mas que onerem uma das partes e alterem o equilíbrio econômico-financeiro. (art. 58, I, da Lei 8.666/1993); **E:** correta. Trata-se de "fato do príncipe", que enseja a revisão das cláusulas contratuais para que seja mantido o equilíbrio econômico-financeiro, sendo que esse pode ser mantido de outra forma, sem alteração de tarifas, por exemplo, e sim, com diluição de prazos, com aporte maior pelo Poder Público, dentre outras formas. **AW**
Gabarito "E".

12.3. Parcerias Público-Privadas (PPP)

(Procurador Federal – AGU – 2023 – CEBRASPE) Assinale a opção correta de acordo com o disposto na Lei n.º 11.079/2004, que institui as normas gerais para licitação e contratação de parceria público-privada no âmbito da administração pública.

(A) Não se admitem como contraprestação da administração pública em contratos de parceria público-privada a outorga de direitos em face da administração pública nem a outorga de direitos sobre bens públicos dominicais.

(B) O edital definirá a forma de apresentação das propostas econômicas, admitindo-se propostas escritas em envelopes lacrados ou propostas escritas seguidas de lances em viva voz, cabendo ao edital limitar a quantidade desses lances.

(C) Compete aos ministérios e às agências reguladoras, nas suas respectivas áreas de competência, submeter o edital de licitação ao órgão gestor, proceder à licitação, acompanhar e fiscalizar os contratos de parceria público-privada.

(D) Concessão administrativa é o contrato de prestação de serviços dos quais a administração pública seja a usuária direta ou indireta, não envolvendo a execução de obra ou fornecimento e instalação de bens.

(E) Parceria público-privada é o contrato administrativo de concessão, na modalidade patrocinada, administrativa ou comum, de serviços públicos ou de obras públicas de que trata a Lei n.º 8.987/1995, quando não envolver contraprestação pecuniária do parceiro público ao parceiro privado.

A: Incorreta, pois a Lei n.º 11.079/2004, em seu artigo 6º, III e IV, permite que a contraprestação da administração pública em contratos

de parceria público-privada possa incluir a outorga de direitos sobre bens públicos dominicais, desde que tal forma de contraprestação esteja claramente definida no contrato. **B:** Incorreta, pois o edital não pode limitar a quantidade de lances (artigo 12, § 1º, I, da Lei n.º 11.079/2004). **C:** Correta, nos exatos termos do disposto no artigo 15 da Lei n.º 11.079/2004. **D:** Incorreta, pois a concessão administrativa é um contrato de prestação de serviços em que a administração pública é a usuária direta ou indireta, mas pode envolver a execução de obra ou fornecimento e instalação de bens, conforme o artigo 2º, § 2º, da Lei n.º 11.079/2004. **E:** Incorreta, pois a parceria público-privada (PPP) é um contrato administrativo de concessão nas modalidades patrocinada ou administrativa, conforme a definição do art. 2º, caput, da Lei n.º 11.079/2004. Concessões comuns não são consideradas parcerias público-privadas. **WG**
Gabarito "C".

(Procurador do Estado/AC - 2017 - FMP) As cláusulas dos contratos de parceria público-privada não necessariamente devem prever

(A) a repartição de riscos entre as partes, inclusive os referentes a caso fortuito, força maior, fato do príncipe e álea econômica extraordinária.

(B) os critérios objetivos de avaliação do desempenho do parceiro privado.

(C) as formas de remuneração e de atualização dos valores contratuais, bem como o prazo de vigência do contrato, compatível com a amortização dos investimentos realizados, respeitando-se os marcos temporais mínimo e máximo previstos cm lei.

(D) a possibilidade de eventual prorrogação contratual.

(E) nenhuma das alternativas anteriores responde ao comando da questão.

O regime das parcerias público-privadas está contemplado na Lei 11.079/04. O seu art. 5º elenca as cláusulas que devem integrar os respectivos contratos. Entre eles destacam-se o prazo de vigência do contrato, compatível com a amortização dos investimentos realizados, incluindo eventual prorrogação (inc. I), a repartição de riscos entre as partes (inc. III), as formas de remuneração e de atualização dos valores contratuais (inc. IV) e os critérios objetivos de avaliação do desempenho do parceiro privado (inc. VII). Todas essas hipóteses estão contempladas nas alternativas A, B, C e D. Assim, correta a alternativa E.
Gabarito "E".

13. CONTROLE DA ADMINISTRAÇÃO PÚBLICA

13.1. Controle interno – processo administrativo

(Procurador – AL/PR – 2024 – FGV) No exercício de suas atribuições atinentes ao controle interno, Cristovam, servidor público estável do Estado do Paraná, deparou-se com diversas situações em que acredita ser imperiosa a anulação de diversos atos administrativos, eivados de vícios gravíssimos e insanáveis, os quais foram praticados há algum tempo.

Nesse contexto, à luz do entendimento do Supremo Tribunal Federal com relação aos limites à anulação, no âmbito da autotutela, é correto afirmar que

(A) é imprescritível para a Administração Pública o direito de anular os atos eivados de vícios insanáveis, independentemente de ampla defesa e contraditório nas situações em que os vícios forem gravíssimos, tal

2. DIREITO ADMINISTRATIVO

como ocorre com as situações de manifesta inconstitucionalidade e aquelas em que comprovada a má-fé do beneficiário do ato.

(B) decai em cinco anos o direito da Administração de anular os atos eivados de vícios insanáveis, inclusive nas hipóteses em que o beneficiário do ato está de má-fé, salvo as situações de flagrante inconstitucionalidade, em relação as quais não há necessidade de se observar a ampla defesa e o contraditório.

(C) prescreve em cinco anos o direito da Administração de anular os atos eivados de vícios insanáveis, independentemente da boa-fé do beneficiário, inclusive nas hipóteses de flagrante inconstitucionalidade, não sendo necessário respeitar a ampla defesa e contraditório para tanto, ainda que o ato surta efeitos na esfera jurídica de terceiros.

(D) decai em cinco anos o direito da Administração de anular os atos eivados de vícios insanáveis, salvo comprovada má-fé do beneficiário do ato e as situações de flagrante inconstitucionalidade, devendo ser respeitada a ampla defesa e contraditório para fins de anulação, quando o ato surte efeitos na esfera jurídica de terceiros.

(E) a anulação dos atos administrativos eivados de vícios insanáveis pode ser realizada a qualquer tempo, na medida em que dos nulos não se originam direitos, mas é necessário respeitar a ampla defesa e o contraditório para tanto, quando o ato surtir efeitos na esfera jurídica de terceiros.

A: Incorreta, pois a anulação dos atos administrativos eivados de vícios insanáveis não é imprescritível. Há um prazo de decadência de cinco anos para a anulação desses atos, conforme previsto no artigo 54 da Lei n.º 9.784/1999, salvo comprovada má-fé. No mais, a ampla defesa e o contraditório devem ser respeitados quando o ato já tiver efeitos na esfera jurídica de terceiros. **B:** Incorreta, pois a Administração Pública tem um prazo de decadência de cinco anos para anular atos administrativos eivados de vícios insanáveis, mas o artigo 54 da Lei n.º 9.784/1999 ressalvado os casos de má-fé. No mais, a ampla defesa e o contraditório não são dispensáveis mesmo em casos de flagrante inconstitucionalidade. **C:** Incorreta, pois a prescrição para a anulação de atos eivados de vícios insanáveis é de cinco anos, mas só nos casos de boa-fé, já que a lei ressalva os casos de má-fé, que terão assim prazo diferenciado. O STF tem afirmado que a ampla defesa e o contraditório são necessários quando o ato já afetou a esfera jurídica de terceiros. **D:** Correta, pois a Administração Pública tem o prazo de decadência de cinco anos para anular atos administrativos eivados de vícios insanáveis, salvo comprovada má-fé (art. 54 da Lei n.º 9.784/1999). Ademais, mesmo em casos de flagrante inconstitucionalidade, é necessário respeitar a ampla defesa e o contraditório quando o ato tiver efeitos na esfera jurídica de terceiros. **E:** Incorreta, pois a anulação dos atos administrativos eivados de vícios insanáveis deve respeitar o prazo de 5 anos previsto na Lei n.º 9.784/1999, salvo comprovada má-fé. WG
Gabarito "D".

(Procurador Federal – AGU – 2023 – CEBRASPE) Considerando o disposto na Lei n.º 9.784/1999, que regula o processo administrativo no âmbito da administração pública federal, assinale a opção correta.

(A) O servidor que incorrer em impedimento deve comunicar o fato à autoridade competente e abster-se de atuar no processo administrativo, constituindo falta média, para efeitos disciplinares, a omissão do dever de comunicar o impedimento.

(B) Pode ser arguida a suspeição da autoridade que esteja litigando judicial ou administrativamente com o interessado no processo administrativo ou com o cônjuge ou companheiro deste.

(C) É impedido de atuar em processo administrativo o servidor ou autoridade que tenha amizade íntima ou inimizade notória com algum dos interessados ou com os respectivos cônjuges.

(D) É impedido de atuar em processo administrativo o servidor que tenha participado como perito, testemunha ou representante, ou se em tais situações participar parente até o segundo grau, excluindo-se o parentesco por afinidade.

(E) O indeferimento de alegação de suspeição poderá ser objeto de recurso, o qual não terá efeito suspensivo.

A: Incorreta, pois, segundo o artigo 19 da Lei n.º 9.784/1999, o servidor que incorrer em impedimento deve comunicar o fato à autoridade competente e abster-se de atuar no processo administrativo. Contudo, a omissão do dever de comunicar o impedimento pode ser considerada falta grave, e não média, para efeitos disciplinares. **B:** Incorreta, pois a Lei n.º 9.784/1999 não prevê a possibilidade de arguição de suspeição da autoridade que esteja litigando judicial ou administrativamente com o interessado no processo administrativo ou com cônjuge ou companheiro deste. Esses são casos de impedimento (art. 18, III, da Lei n.º 9.784/1999. A suspeição pode ser arguida apenas com base em amizade íntima ou inimizade notória com algum dos interessados ou com os respectivos cônjuges, companheiros, parentes e afins até o terceiro grau, conforme o artigo 20 da Lei n.º 9.784/1999. **C:** Incorreta, pois esse é um caso de suspeição, e não de impedimento (art. 20 da Lei n.º 9.784/1999). **D:** Incorreta, pois o impedimento nesse caso inclui parentesco por afinidade, e não apenas por consanguinidade (art. 18, II, da Lei n.º 9.784/1999). **E:** Correta, pois o indeferimento de alegação de suspeição pode ser objeto de recurso, conforme o artigo 21 da Lei n.º 9.784/1999. No entanto, esse recurso não terá efeito suspensivo, ou seja, não suspende o andamento do processo administrativo enquanto o recurso está sendo analisado. WG
Gabarito "E".

(Procurador Federal – AGU – 2023 – CEBRASPE) Assinale a opção correta acerca da anulação, revogação e convalidação dos atos da administração pública.

(A) Os atos que apresentarem defeitos sanáveis poderão ser convalidados pela própria administração em decisão na qual se evidencie que eles não acarretam lesão ao interesse público nem prejuízo a terceiros.

(B) O direito da administração de anular os atos administrativos de que decorram efeitos favoráveis para os destinatários prescreve em cinco anos, contados da data em que tais atos tenham sido praticados, salvo comprovada má-fé.

(C) Na hipótese de existência de efeitos patrimoniais contínuos, o prazo de prescrição contar-se-á da percepção do primeiro pagamento.

(D) O direito da administração de anular os atos administrativos de que decorram efeitos favoráveis para os destinatários decai em cinco anos, contados da data da publicação do ato em meio oficial, salvo comprovada má-fé.

(E) Considera-se exercício do direito de anular qualquer medida de autoridade administrativa, desde que tal medida não importe impugnação à validade do ato.

A: Correta, pois o artigo 55 da Lei n.º 9.784/1999 estabelece que atos administrativos que apresentem defeitos sanáveis podem ser convalidados pela própria administração, desde que não causem lesão ao interesse público nem prejudiquem terceiros. **B:** Incorreta, pois a regra não é sobre prescrição, mas sobre decadência, conforme o artigo 54, *caput*, da Lei n.º 9.784/1999. **C:** Incorreta, pois a regra não é sobre prescrição, mas sobre decadência, conforme o artigo 54, § 1º, da Lei n.º 9.784/1999. **D:** Incorreta, pois os cinco anos são contados da data em que os atos foram praticados, e não da data da publicação deles (artigo 54, *caput*, da Lei n.º 9.784/1999). **E:** Incorreta, pois o art. 54, § 2º, da Lei n.º 9.784/1999 considera como exercício do direito de anular atos administrativos qualquer medida de autoridade administrativa que efetivamente "importe" na impugnação da validade do ato, e não que "não importe" na impugnação do ato. WG

Gabarito "A".

(Procurador – PGE/SP – 2024 – VUNESP) A Lei estadual de Processos Administrativos (Lei nº 10.177/1998) determina que

(A) o descumprimento injustificado, pela Administração, dos prazos previstos na lei gera responsabilidade disciplinar, imputável aos agentes públicos encarregados do assunto e a nulidade do procedimento em que ocorreu o atraso.

(B) os procedimentos sancionatórios serão acessíveis a qualquer pessoa que demonstre legítimo interesse.

(C) a instância máxima para conhecer do recurso administrativo, no caso da Administração descentralizada, será o Secretário de Estado a que esteja vinculada a pessoa jurídica.

(D) a Administração anulará seus atos inválidos, de ofício ou por provocação de pessoa interessada, ainda que deles não resulte qualquer prejuízo.

(E) o interessado poderá considerar deferido o requerimento na esfera administrativa, se ultrapassado o prazo legal sem decisão da autoridade competente, salvo previsão legal ou regulamentar em contrário.

A: Incorreto. O art. 90, *caput*, da Lei nº 10.177/1998, que regula o Processo Administrativo no Estado de São Paulo, não prevê a nulidade do procedimento por descumprimento de prazos pela Administração, mas sim a responsabilidade dos agentes públicos. **B:** Correto. Nos termos do art. 37 da Lei nº 10.177/1998, todo aquele que for afetado por decisão administrativa poderá dela recorrer, em defesa de interesse ou direito. Em relação a decisões administrativas que importem em sanções, o interessado tem inclusive o direito a um processo sancionatório com ampla defesa antes que a administração aplique essa sanção administrativa (art. 62 da Lei nº 10.177/1998). **C:** Incorreto. De acordo com a Lei nº 10.177/1998, a instância máxima para o recurso administrativo é o Secretário de Estado somente no âmbito da administração *centralizada* (art. 40, I). No âmbito da administração descentralizada (por exemplo, das autarquias), a instância máxima é o dirigente superior da pessoa jurídica (art. 40, II). **D:** Incorreto. A Lei nº 10.177/1998, em seu Art. 10, prevê que a Administração pode anular seus atos inválidos de ofício ou mediante provocação da pessoa interessada, mas somente quando da irregularidade resultar algum prejuízo. **E:** Incorreto. Nos termos Lei nº 10.177/1998 o que ocorre é justamente o contrário, ou seja, ultrapassado o prazo da administração para decidir, o interessado poderá considerar o seu requerimento administrativo ou o seu recurso rejeitados (arts. 33, § 1º, e 50, *caput*). WG

Gabarito "B".

(Procurador Município – Santos/SP – VUNESP – 2021) A Lei Federal que disciplina processo administrativo também trata da anulação, revogação e convalidação dos atos administrativos. A partir do referido texto legal, é correto afirmar que

(A) o direito da Administração de anular os atos administrativos de que decorram efeitos favoráveis para os

destinatários decai em dez anos, contados da data em que foram praticados, salvo comprovada má-fé.

(B) é nula a motivação que consistir em declaração de mera concordância com fundamentos de anteriores pareceres, informações, decisões ou propostas, vez que tais fundamentos não são considerados parte integrante do ato.

(C) em decisão na qual se evidencie acarretar lesão ao interesse público, os atos que apresentarem defeitos sanáveis, desde que não cause prejuízo a terceiros, poderão ser convalidados pela própria Administração.

(D) na solução de vários assuntos da mesma natureza, é nula a utilização de qualquer meio mecânico que reproduza os fundamentos das decisões, mesmo que não prejudique direito ou garantia dos interessados.

(E) se considera exercício do direito de anular qualquer medida de autoridade administrativa que importe impugnação à validade do ato administrativo.

A: incorreta (decai em 5 anos, cf. art. 54 da Lei 9.784/1999). **B:** incorreta (a motivação pode consistir em declaração de concordância com fundamentos de anteriores pareceres, informações, decisões ou propostas, que, neste caso, serão parte integrante do ato, cf. art. 50, § 1º). **C:** incorreta (a convalidação é admitida quando não acarretar lesão ao interesse público, cf. art. 55). **D:** incorreta (pode ser utilizado meio mecânico nesse contexto, cf. art. 50, § 2º). **E:** correta (art. 54, § 2º). RB

Gabarito "E".

(Procurador Município – Santos/SP – VUNESP – 2021) Assinale a alternativa que identifica situação que reflete o disposto na Lei de Processo Administrativo, Lei Federal nº 9.784/99, em matéria de delegação de competência para edição de atos normativos no âmbito da Administração Pública.

(A) A edição de atos de caráter normativo pode ser objeto de delegação.

(B) As decisões adotadas por delegação devem mencionar essa qualidade e considerar-se-ão editadas pelo delegante.

(C) A competência para o julgamento de recursos administrativos pode ser objeto de delegação.

(D) Em nenhuma hipótese será permitida a avocação temporária de competência atribuída a órgão hierarquicamente inferior.

(E) A delegação é um ato revogável a qualquer tempo pela autoridade delegante.

A: incorreta (atos de caráter normativo são indelegáveis, cf. art. 13, I, da Lei 9.784/1999). **B:** incorreta (as decisões adotadas por delegação consideram-se editadas pelo delegado, cf. 14, § 3º). **C:** incorreta (a decisão de recursos administrativos é indelegável, cf. art. 13, II). **D:** incorreta (é permitida, em caráter excepcional e por motivos relevantes devidamente justificados, a avocação temporária de competência atribuída a órgão hierarquicamente inferior, cf. art. 15). **E:** correta (art. 14, §2º). RB

Gabarito "E".

(Procurador do Estado/AC - 2017 - FMP) Sobre o processo administrativo, considere as assertivas a seguir.

I. A falta de defesa técnica por advogado no processo administrativo disciplinar viola a Constituição Federal.

II. Aos litigantes, em processo administrativo, asseguram-se o contraditório e a ampla defesa, com os meios e os recursos a ela inerentes, demandando-se a presença de advogado para a elaboração de defesa técnica.

2. DIREITO ADMINISTRATIVO — 139

III. O processo administrativo, inclusive aquele que pode concluir pela pena de aposentadoria compulsória ou pela demissão do servidor público, é passível de revisão judicial.

IV. É assegurado ao servidor o direito de acompanhar o processo pessoalmente, arrolar e reinquirir testemunhas, produzir provas e contraprovas e formular quesitos, quando se tratar de prova pericial.

Estão CORRETAS apenas as assertivas:

(A) I, II, III e IV.

(B) I, II e III.

(C) I, II e IV.

(D) I, III e IV.

(E) III e IV.

Assertivas **I** e **II** incorretas (a falta de defesa técnica por advogado no processo administrativo disciplinar não viola a Constituição Federal, cf. Súmula Vinculante 5). Assertiva **III** correta (o controle judicial da Administração Pública abrange toda a conduta que possa ofender a legalidade, o que inclui aquela decorrente de processo administrativo punitivo relacionado à aposentadoria compulsória ou à demissão de servidor público). Assertiva **IV** correta (art. 209 do Estatuto dos Servidores Públicos Civis do Estado do Acre – Lei Complementar Estadual 39/93). RB

„Ǝ„ ollɐqɐ⅁

(Procurador do Estado/TO - 2018 - FCC) A Lei de Processo Administrativo – Lei Federal 9.784/1999 – estabelece que, no tocante à comunicação dos atos processuais aos interessados,

(A) o desatendimento da intimação pelo interessado importará em confissão ficta.

(B) somente deve ser objeto de intimação a produção de provas requeridas pelo próprio interessado.

(C) a intimação dos atos processuais é feita por publicação em Diário Oficial, cabendo ao interessado acompanhar os assuntos de seu interesse.

(D) as intimações serão nulas quando feitas sem observância das prescrições legais, mas o comparecimento do administrado supre sua falta ou irregularidade.

(E) a intimação observará a antecedência mínima de 10 dias úteis quanto à data de comparecimento.

Alternativa **A** incorreta (o desatendimento da intimação pelo interessado não importa o reconhecimento da verdade dos fatos, cf. art. 27). Alternativa **B** incorreta (também é objeto de intimação a apresentação de provas pelos terceiros, cf. art. 39). Alternativa **C** incorreta (devem ser objeto de intimação os atos do processo que resultem para o interessado em imposição de deveres, ônus, sanções ou restrição ao exercício de direitos e atividades e os atos de outra natureza, de seu interesse, cf. art. 28). Alternativa **D** correta (art. 26, § 5º). Alternativa **E** incorreta (a intimação observará a antecedência mínima de 3 dias úteis quanto à data de comparecimento). RB

„ᗡ„ ollɐqɐ⅁

(Procurador do Estado/SP - 2018 - VUNESP) Oito anos após a publicação da decisão em processo administrativo de caráter ampliativo de direitos, o Poder Público estadual identificou, de ofício, vício procedimental do qual não decorreu prejuízo às partes envolvidas, nem a terceiros de boa-fé. Deverá a autoridade competente, observadas as disposições da Lei Estadual no 10.177/98 (Lei de Processo Administrativo do Estado de São Paulo),

(A) revogar, motivadamente, o ato viciado, com efeito ex nunc, regulando-se as relações jurídicas produzidas durante a vigência do ato.

(B) ajuizar ação declaratória de nulidade do ato administrativo, eis que ultrapassado o prazo decadencial quinquenal aplicável ao caso para exercício do poder de autotutela.

(C) convalidar, motivadamente, o ato viciado que não causou prejuízo à Administração ou a terceiros, tampouco foi objeto de impugnação.

(D) assegurando ampla defesa e contraditório aos particulares interessados, proceder à anulação do ato viciado, em respeito ao princípio da legalidade, sendo certo que o ato de anulação deverá produzir efeitos ex nunc.

(E) assegurando ampla defesa e contraditório dos particulares interessados, declarar nulo o ato viciado, em respeito aos princípios da juridicidade, impessoalidade e moralidade, sendo certo que o ato declaratório produzirá efeitos ex tunc.

Uma vez que o prazo de oito anos ainda não inviabilizou a convalidação (que deve ocorrer em até 10 anos), estabelece o art. 11 da Lei 10.177/1998 que: "a Administração poderá convalidar seus atos inválidos, quando a invalidade decorrer de vício de competência ou de ordem formal, desde que: I – na hipótese de vício de competência, a convalidação seja feita pela autoridade titulada para a prática do ato, e não se trate de competência indelegável; II – na hipótese de vício formal, este possa ser suprido de modo eficaz. § 1º Não será admitida a convalidação quando dela resultar prejuízo à Administração ou a terceiros ou quando se tratar de ato impugnado. § 2º A convalidação será sempre formalizada por ato motivado". FMB

„Ɔ„ ollɐqɐ⅁

(Procurador Municipal – Prefeitura/BH – CESPE - 2017) No que concerne aos mecanismos de controle no âmbito da administração pública, assinale a opção correta.

(A) É vedado aos administrados providenciar sanatórias de atos administrativos para sua convalidação, de modo a participar de ações de controle da administração pública, uma vez que as ações de controle são prerrogativa exclusiva dos agentes públicos.

(B) O controle dos atos administrativos tem por objetivo confirmar, rever ou alterar comportamentos administrativos, exigindo-se o esgotamento da via administrativa para se recorrer ao Poder Judiciário.

(C) Em decorrência do poder de autotutela da administração, verificada a prática de ato discricionário por agente incompetente, a autoridade competente estará obrigada a convalidá-lo.

(D) No sistema de administração pública adotado no Brasil, o ato administrativo é revisado por quem o praticou, não havendo proibição quanto à revisão ser realizada por superior hierárquico ou órgão integrante de estrutura hierárquica inerente à organização administrativa.

A: correta. Realmente, quem tem o atributo da autoexecutoriedade dos atos administrativos é o próprio Poder Público. O particular pode provocar o administrador para que ele anule, revogue ou realize o saneamento dos atos administrativos, mas não pode, ele mesmo, realizar esses atos de controle; **B:** incorreta. Não é necessário o esgotamento da via administrativa para se recorrer ao Poder Judiciário, eis que a jurisdição é Inafastável (art. 5º, XXXV, CF), sendo esse também o entendimento da jurisprudência dominante (TJ-MA- Agravo de Instrumento

26331999, 14/08/2001); **C:** correta. Os vícios de forma e competência são sanáveis (WEIDA ZANCANER, *Da Convalidação e da Invalidação dos Atos Administrativos*. 3ª ed., São Paulo: Malheiros, 2012, p. 85); **D:** incorreta. O art. 56, § 1º, da Lei 9.784/1999 dispõe que o recurso é dirigido à autoridade que proferiu o ato que, se não reconsiderar, encaminhará à autoridade competente. Portanto, o superior hierárquico pode, sim, realizar a revisão do processo. **AW**

Gabarito "A".

(Procurador do Estado – PGE/MT – FCC – 2016) A Lei nº 9.784/99 (Lei Federal de Processos Administrativos) estabelece que:

(A) é admitida a participação de terceiros no processo administrativo.

(B) é faculdade do administrado fazer-se assistir por advogado, exceto nos processos disciplinares em que a defesa técnica é obrigatória.

(C) é expressamente vedada a apresentação de requerimento formulado de maneira oral pelo interessado, em vista do princípio da segurança jurídica.

(D) a condução do processo administrativo é absolutamente indelegável.

(E) é admitida a avocação temporária de competência atribuída a órgão hierarquicamente superior.

A: correta. Trata-se do disposto no art. 31, da Lei 9.784/1999; **B:** incorreta. A súmula vinculante 5, STF assim dispõe: "A falta de defesa técnica por advogado no processo administrativo disciplinar não ofende a Constituição."; **C:** incorreta. O art. 6º, da Lei 9.784/1999 admite requerimento oral da parte interessada; **D:** incorreta. É possível a delegação, conforme disposto nos arts. 12 e seguintes, da Lei 9.784/1999; **E:** incorreta. A avocação é sempre da autoridade inferior para a superior (art. 15, da Lei 9.784/1999). **AW**

Gabarito "A".

(Procurador Municipal – Prefeitura/BH – CESPE – 2017) No que diz respeito ao processo administrativo, a suas características e à disciplina legal prevista na Lei nº 9.784/1999, assinale a opção correta.

(A) A configuração da má-fé do administrado independe de prova no processo administrativo.

(B) Segundo o STF, não haverá nulidade se a apreciação de recurso administrativo for feita pela mesma autoridade que tiver decidido a questão no processo administrativo.

(C) Ainda que a pretensão do administrado seja contrária a posição notoriamente conhecida do órgão administrativo, sem o prévio requerimento administrativo, falta-lhe interesse para postular diretamente no Poder Judiciário.

(D) Não ofende a garantia do devido processo legal decisão da administração que indefere a produção de provas consideradas não pertinentes pelo administrador.

A: incorreta. A má-fé nunca se presume. O que se presume é a legitimidade dos atos administrativos que, inclusive, é relativa. Por isso, a má-fé deve sempre ser comprovada. (art. 54, da Lei 9.784/1999); **B:** incorreta. O art. 18, II, da Lei 9.784/1099 veda a participação de autoridade já atuante no processo em eventual recurso, ou seja, que tenha atuado no processo de alguma forma, sendo também já decidido nesse sentido no STF (**RMS 26029/DF, rel. Min. Cármen Lúcia, 11.3.2014. (RMS-26029)**); **C:** incorreta. Não é necessário o esgotamento da via administrativa para que se ingresse em juízo, havendo muita jurisprudência a respeito, como o RE 631240; **D:** correta. A assertiva está em

conformidade com o disposto no art. 38, § 2º, da Lei 9.784/1999, que assim dispõe: "Somente poderão ser recusadas, mediante decisão fundamentada, **as provas propostas pelos interessados quando sejam ilícitas, impertinentes, desnecessárias ou protelatórias.**" **AW**

Gabarito "D".

(Procurador do Município – Prefeitura Fortaleza/CE – CESPE – 2017) Com relação a processo administrativo, poderes da administração e serviços públicos, julgue o item subsecutivo.

(1) Nos termos da jurisprudência do STF, caso um particular interponha recurso administrativo contra uma multa de trânsito, por se tratar do exercício do poder de polícia pela administração, a admissibilidade do recurso administrativo dependerá de depósito prévio a ser efetuado pelo administrado.

1: incorreta. A Súmula Vinculante 21, STF dispõe sobre a desnecessidade de depósito prévio para recorrer administrativamente. **AW**

Gabarito 1E

Procurador do Município – Prefeitura Fortaleza/CE – CESPE – 2017) Com relação a processo administrativo, poderes da administração e serviços públicos, julgue o item subsecutivo.

(1) No processo administrativo, vige o princípio do formalismo moderado, rechaçando-se o excessivo rigor na tramitação dos procedimentos, para que se evite que a forma seja tomada como um fim em si mesma, ou seja, desligada da verdadeira finalidade do processo.

1: correta. O princípio do formalismo moderado é também chamado de informalismo, ou seja, trata-se de princípio que busca as formas simples, no máximo, moderadas, a fim de que o conteúdo prevaleça sobre o aspecto formal dos atos e procedimentos administrativos. **AW**

Gabarito "1C".

(Procurador Municipal – Sertãozinho/SP – VUNESP – 2016) Julgar as contas dos administradores e demais responsáveis por dinheiros, bens e valores públicos da Administração direta e indireta, incluídas as fundações e sociedades instituídas e mantidas pelo Poder Público, e as contas daqueles que derem causa a perda, extravio ou outra irregularidade de que resulte prejuízo ao erário público é competência constitucionalmente atribuída ao

(A) Poder Judiciário de âmbito Estadual, aos juízes vinculados ao Tribunal de Justiça do respectivo Estado.

(B) Poder Judiciário de âmbito Federal, aos juízes vinculados ao Tribunal Regional Federal daquela Região.

(C) Tribunal de Contas que atue no âmbito daquele ente federativo.

(D) sistema de controle interno de cada Poder.

(E) controle externo a cargo do Poder Legislativo, que será exercido com o auxílio do Ministério Público.

A: Incorreta. O julgamento de contas do Poder Público cabe ao Tribunal de Contas, sendo essa competência expressa no art. 71, II, CF, e que é repetido por simetria nas Constituições Estaduais e Leis Orgânicas Municipais, em relação aos Tribunais e Conselhos de Contas Municipais. Trata-se, portanto, de competência dos Tribunais de Contas e não do Poder Judiciário. **B:** Incorreta. Vale aqui o mesmo argumento da alternativa A. **C:** Correta, conforme disposto no art. 71, II, CF, aplicado de forma simétrica aos Municípios. **D:** Incorreta. Nesse caso, temos um controle externo, feito pelo Congresso e auxiliado pelos Tribunais de Contas (art. 71, CF). **E:** Incorreta. O sistema é de controle externo e com auxílio dos Tribunais de Contas (art. 71, "caput", CF). **AW**

Gabarito "C".

(Procurador do Estado – PGE/MT – FCC – 2016) João Pedro pretende arrolar testemunhas em processo administrativo disciplinar regulado pela Lei Complementar estadual nº 207, de 29 de dezembro de 2004. Em consulta ao seu advogado, é informado de que:

I. poderá arrolar até dez testemunhas.
II. a testemunha arrolada não poderá eximir-se de depor, salvo se for ascendente, descendente, cônjuge, ainda que separado legalmente, irmão, sogro, cunhado, pai, mãe ou filho adotivo do acusado, exceto quando não for possível, de outro modo, obter-se informações dos fatos e suas circunstâncias, considerando-o como informante.
III. residindo a testemunha em município diverso da sede da Comissão Processante, sua inquirição poderá ser deprecada às unidades mais próximas do local de sua residência, sendo vedado à Comissão Processante ouvir o denunciante ou as testemunhas no respectivo município de residência.
IV. são proibidas de depor as pessoas que, em razão de função, ministério, ofício ou profissão, devam guardar segredo, a menos que, desobrigadas pela parte interessada, queiram dar seu testemunho.

Está correto o que se afirma APENAS em:

(A) I e II.
(B) I, II e III.
(C) III e IV.
(D) II e IV.
(E) I, III e IV.

I: incorreta. Podem ser arroladas até 5 testemunhas (art. 51, V, da LC 207/2004); **II**: correta. Trata-se do disposto no art. 86, da LC 207/2004; **III**: incorreta. O art. 87, da LC 207/2004 assim dispõe: "Residindo a testemunha em município diverso da sede da Comissão Processante, sua inquirição poderá ser deprecada às unidades mais próximas do local de sua residência, devendo constar na precatória os quesitos a serem respondidos pela testemunha"; **IV**: correta. Temos o disposto no art. 85, § 5º, da LC 207/2004: "5º São proibidas de depor as pessoas que, em razão de função, ministério, ofício ou profissão, devam guardar segredo, a menos que, desobrigadas pela parte interessada, queiram dar seu testemunho." AW
Gabarito "D".

13.2. Controle externo

13.2.1. Controle do legislativo e do Tribunal de Contas

(Procurador – AL/PR – 2024 – FGV) Existem competências atribuídas para as Casas Legislativas, a partir das atribuições delineadas para o Congresso Nacional na CRFB/88, que guardam estreita relação com a atividade de fiscalização e controle da atividade administrativa exercida pelo Poder Executivo, que deve ser levada a efeito pelo Poder Legislativo.

Entre as referidas competências, é correto destacar

(A) a revogação de atos administrativos discricionários do Poder Executivo.
(B) a homologação da sustação de contratos administrativos, que deve ser realizada diretamente pelo respectivo Tribunal de Contas.
(C) a sustação de qualquer ato normativo editado pelo Poder Executivo.

(D) o julgamento anual das contas do Chefe do Poder Executivo, mediante parecer do respectivo Tribunal de Contas.
(E) a suspensão das licitações em curso realizadas pelo Poder Executivo, para a apuração de eventuais irregularidades.

A: Incorreta, pois a revogação de atos administrativos discricionários do Poder Executivo não é competência do Poder Legislativo. Essa atribuição está dentro do âmbito administrativo do Poder Executivo, conforme os princípios da autotutela administrativa. A função do Legislativo é mais voltada para a fiscalização e controle, e não para a revogação direta de atos administrativos. **B:** Incorreta, pois a homologação da sustação de contratos administrativos não é competência do Tribunal de Contas. O Tribunal de Contas pode recomendar a sustação, mas a decisão final e a homologação dessa sustação devem ser feitas pelo Poder Legislativo, conforme o art. 71, X e § 1º, da CF. **C:** Incorreta, pois o Poder Legislativo não tem competência para sustar qualquer ato normativo editado pelo Poder Executivo de forma indiscriminada. A sustação de atos normativos só é possível em casos específicos, como nos atos que extrapolam o poder regulamentar ou os limites da delegação legislativa (art. 49, V, da CF). **D:** Correta, pois o julgamento anual das contas do Chefe do Poder Executivo é de competência do Poder Legislativo, com parecer do Tribunal de Contas. Essa competência está prevista no art. 49, IX, c/c art. 71, I, ambos da CF, que estabelecem que o Congresso Nacional deve julgar as contas anuais do Presidente da República, com base no parecer do Tribunal de Contas da União. **E:** Incorreta, pois, além da própria administração pública que promove a licitação, apenas um juiz do Tribunal de Contas podem suspender uma licitação, nesse último caso com fundamento no art. 71, X, da CF. Vale lembrar que se a licitação já foi realizada e se tem um contrato, aí sim, após o Tribunal de Contas recomendar a sustação, o Poder Legislativo pode homologar essa sustação (do contrato!), nos termos do art. 71, X e p. 1º, da CF. WG
Gabarito "D".

(Procurador Município – Santos/SP – VUNESP – 2021) Assinale a alternativa correta com relação à competência dos Tribunais de Contas sobre a sustação de atos e contratos administrativos.

(A) Os Tribunais de Contas têm poder para anular ou sustar contratos administrativos.
(B) Os Tribunais de Contas não possuem competência para determinar à autoridade administrativa que promova a anulação ou a sustação de contrato.
(C) Verificada a ilegalidade de ato ou contrato, o Tribunal de Contas assinalará prazo para que o responsável adote as providências necessárias ao exato cumprimento da lei.
(D) Os Tribunais de Contas têm poder para anular ou sustar apenas a licitação de que se origina o contrato.
(E) É vedado às Cortes de Contas emitir parecer sobre a sustação de contratos administrativos decorrentes de contas prestadas pelo Chefe do Poder Executivo.

A: incorreta (os Tribunais de Contas não têm poder para anular contratos administrativos, cf. as atribuições estipuladas no art. 71 da CF). **B:** incorreta (os Tribunais de Contas possuem competência para determinar à autoridade administrativa que promova a anulação de contrato, cf. art. 71, IX, CF). **C:** correta (art. 71, IX, CF). **D:** incorreta (os Tribunais de Contas não têm poder para anular a licitação de que se origina o contrato). **E:** incorreta (compete aos Tribunais de Contas apreciar as contas prestadas anualmente pelo Chefe do Poder Executivo, mediante parecer prévio, cf. art. 71, I, CF). RB
Gabarito "C".

(Procurador do Município - S.J. Rio Preto/SP - 2019 - VUNESP) Acerca do controle externo da Administração Pública, é correto afirmar:

(A) dentre outras atribuições, o Tribunal de Contas da União poderá, se verificar ilegalidade, assinar prazo para que o órgão ou entidade fiscalizada adote as providências necessárias ao exato cumprimento da lei; não atendido o referido prazo, poderá desde logo sustar contrato impugnado, comunicando a decisão à Câmara dos Deputados e ao Senado Federal.

(B) dentre outras atribuições, compete ao Tribunal de Contas da União aplicar aos responsáveis, em caso de ilegalidade de despesa ou irregularidade de contas, as sanções previstas em lei, que estabelecerá, entre outras cominações, multa proporcional ao dano causado ao erário, a ser ratificada no Poder Judiciário, após assegurados, às partes assim apenadas, a ampla defesa e o direito ao contraditório.

(C) o controle externo da União e das entidades da Administração direta e indireta, quanto à legalidade, legitimidade, economicidade, aplicação das subvenções e renúncia de receitas, será exercido pelo Tribunal de Contas da União e supletivamente pelo Congresso Nacional.

(D) dentre outras atribuições, compete ao Tribunal de Contas da União, em auxílio ao controle externo a cargo do Congresso Nacional, apreciar as contas prestadas anualmente pelo Presidente, julgar as contas dos administradores e demais responsáveis por dinheiros, bens e valores públicos da Administração direta e indireta, e realizar inspeções e auditorias de diversas naturezas nas unidades administrativas de quaisquer dos poderes da União.

(E) a organização, composição e fiscalização dos Tribunais de Contas dos Estados e do Distrito Federal serão estabelecidas pelas Constituições estaduais, podendo ou não, conforme opção do constituinte estadual, orientar-se pelas normas aplicáveis ao Tribunal de Contas da União.

A questão ora comentada explora o regime do controle externo da Administração Pública realizado pelo Tribunal de Contas. A sua disciplina constitucional encontra-se nos arts. 70 e 71 da CF. Alternativa A incorreta (em caso de contrato, o Tribunal de Contas não poderá desde logo sustá-lo, pois se trata de competência do Congresso Nacional, cf. art. 71, § 1º). Alternativa B incorreta (a multa aplicada pelo Tribunal de Contas não necessita ser ratificada pelo Poder Judiciário, cf. art. 71, VIII). Alternativa C incorreta (o controle externo dos entes federais será exercido pelo Congresso Nacional, com o auxílio do Tribunal de Contas, cf. o "caput" dos arts. 70 e 71). Alternativa D correta (cf. art. 71, incs. I, II e IV). Alternativa E incorreta (as normas constitucionais que disciplinam o Tribunal de Contas da União aplicam-se, no que couber, à organização, composição e fiscalização dos Tribunais de Contas dos Estados e do Distrito Federal, cf. dispõe o art. 75 da CF). **RB**

Gabarito "D".

(Procurador do Estado – PGE/MT – FCC – 2016) O Tribunal de Contas do Estado exerce relevante atividade visando à observância dos princípios administrativos na condução dos negócios e na gestão do patrimônio público. No exercício de suas funções, o Tribunal de Contas do Estado:

(A) pode determinar o exame e o bloqueio de bens, contas bancárias e aplicações financeiras dos acusados nos processos de tomada de contas.

(B) produz atos administrativos com força de título executivo.

(C) não possui jurisdição sobre os municípios, que estão sob controle externo dos Tribunais de Contas municipais.

(D) julga as contas do Governador do Estado, sendo sua decisão sujeita ao referendo pela Assembleia Legislativa.

(E) tem o poder de sustar imediatamente atos ou contratos considerados ilegais, caso o órgão ou entidade, previamente notificados, não providenciem sua correção.

A: incorreta. Em junho de 2017 o STF decidiu ser constitucional o bloqueio de bens e contas bancárias pelo Tribunal de Contas, com fundamento no art. 70, VIII, CF. No entanto, na época em foi aplicada a prova, o STF proferiu decisão contrária a essa possibilidade dos Tribunais de Contas, no MS34357; **B:** correta. Realmente, conforme disposto no art. 71, §3º, CF, as decisões dos Tribunais de Contas possuem força de título executivo; **C:** incorreta. Os Tribunais de Contas possuem "jurisdição" estadual e federal, se da União, e também municipal, se municipais ou estaduais, onde não houver Tribunal de Contas Municipais; Não está sujeito ao referendo do Poder Legislativo (art.71, II, CF); **E:** incorreta. O art. 71, X, CF determina a sustação do ato só é feita se não atendido o que for solicitado. **AW**

Gabarito "B".

13.2.2. Controle pelo Judiciário

(Procurador Município – Teresina/PI – FCC – 2022) A propósito da legitimidade *ad causam* na ação popular, a Lei Federal 4.717, de 29 de junho de 1965, estabelece que

(A) somente as entidades da Administração com personalidade de direito público podem ser parte na ação popular, visto que os bens das entidades com personalidade de direito privado não compõem o patrimônio público protegido pela ação constitucional.

(B) podem figurar como réus todos os que tiverem autorizado, aprovado, ratificado ou praticado o ato impugnado, não tendo legitimidade passiva os que tenham atuado de forma meramente omissiva, por falta de previsão legal.

(C) o Ministério Público pode promover o prosseguimento da ação, em caso de desistência do autor popular.

(D) é legítima a propositura por associação civil constituída há mais de um ano, que tenha entre as suas finalidades institucionais a defesa da moralidade e do patrimônio público.

(E) as entidades da Administração pública não podem figurar como réus da ação popular, pois são vítimas do ato lesivo ao patrimônio público, devendo atuar obrigatoriamente como assistentes litisconsorciais do autor.

A legitimidade ativa para ajuizar ação popular é do cidadão (art. 5º, LXXIII, CF e art. 1º da Lei 4.717/1965). Ademais, se o autor desistir da ação, fica assegurado a qualquer cidadão, bem como ao representante do Ministério Público, dentro do prazo de 90 (noventa) dias, promover o prosseguimento da ação (art. 9º da Lei 4.717/1965). Desse modo, correta a alternativa C. Além disso: **A:** incorreta (a ação popular visa a anular ato lesivo ao patrimônio público ou de entidade de que o Estado participe, o que pode incluir pessoas jurídicas de direito privado, a exemplo das empresas públicas). **B:** incorreta (têm legitimidade passiva aqueles que atuaram de forma omissiva, nos termos do art. 6º, "caput", da Lei 4.717/1965). **D:** incorreta (associação civil não detém legitimidade ativa para a ação popular). **E:** as entidades da Administração pública podem figurar como réus da ação popular (art. 6º da Lei 4.717/1965). RB

Gabarito "C".

14. LEI DE ACESSO À INFORMAÇÃO

(Procurador Município – Santos/SP – VUNESP – 2021) Sobre o direito de acesso à informação ao cidadão, previsto na Lei Federal nº 12.527/11, é correto afirmar:

(A) No caso de indeferimento de acesso a informações ou às razões da negativa do acesso, poderá o interessado interpor recurso contra a decisão no prazo de 15 (quinze) dias a contar da sua ciência.

(B) Aplicam-se as disposições da Lei de Acesso à Informação, no que couber, às entidades privadas sem fins lucrativos que recebam, para realização de ações de interesse público, recursos públicos.

(C) As entidades privadas que se sujeitam à publicidade de que trata a Lei de Acesso à Informação ficam desobrigadas de prestar contas dos recursos públicos que recebem.

(D) O recurso contra ato de indeferimento de informação será dirigido à mesma autoridade que exarou a decisão impugnada, que deverá se manifestar no prazo de 10 (dez) dias.

(E) Para proteger o agente público, a negativa de acesso à informação total ou parcialmente classificada como sigilosa deve se abster de indicar a autoridade classificadora.

A: incorreta (o prazo é de 10 dias, cf. art. 15 da Lei 12.527/2011). **B:** correta (art. 2º). **C:** incorreta (deverá haver publicidade de prestar contas dos recursos públicos que recebem, cf. art. 2º, parágrafo único). **D:** incorreta (o recurso deve ser dirigido à autoridade hierarquicamente superior à que exarou a decisão impugnada, que deve se manifestar no prazo de 5 dias, cf. art. 15, parágrafo único). **E:** incorreta (deve haver a indicação da autoridade classificadora, cf. art. 16, II). RB

Gabarito "B".

15. LEI ANTICORRUPÇÃO

(Procurador – AL/PR – 2024 – FGV) Após as devidas apurações na esfera administrativa, verificou-se que a sociedade Divergente foi constituída como uma sociedade de fachada (paper company), para fins de dificultar a investigação e fiscalização dos agentes competentes, com o objetivo de promover a sonegação fiscal de grupo empresarial, a caracterizar ato lesivo à Administração Pública Estadual.

Diante dessa situação hipotética, considerando o disposto na Lei nº 12.846/2013, é correto afirmar que

(A) não é possível a responsabilização administrativa da sociedade Divergente sem a caracterização do elemento subjetivo.

(B) do processo administrativo de responsabilização poderá resultar a penalidade de dissolução compulsória da sociedade Divergente.

(C) a responsabilização judicial da sociedade Divergente depende de prévia apuração dos fatos em processo administrativo de responsabilização.

(D) a responsabilização da sociedade Divergente não exclui a responsabilidade individual de seus dirigentes ou administradores, na medida de sua culpabilidade.

(E) a personalidade jurídica da sociedade Divergente poderá ser desconsiderada, mas os efeitos das sanções não poderão ser estendidos a seus administradores e sócios com poderes de administração.

A: Incorreta, pois a responsabilização administrativa da sociedade Divergente não exige a caracterização do elemento subjetivo (dolo ou culpa). A Lei nº 12.846/2013 (Lei Anticorrupção) prevê a responsabilidade objetiva das pessoas jurídicas pela prática de atos contra a administração pública, não só no âmbito civil, como também no âmbito administrativo (art. 2º). Em sendo a responsabilidade objetiva, não é necessária a caracterização do elemento subjetivo. **B:** Incorreta, pois não é possível, por meio de mero processo administrativo, aplicar a penalidade de dissolução compulsória da sociedade Divergente. O art. 19, *caput* e inciso III, requer ação judicial para a aplicação dessa sanção. **C:** Incorreta, pois a responsabilização judicial pode acontecer também quando constatada a omissão das autoridades administrativas competentes para promover, por meio de processo administrativo, a responsabilização de uma pessoa jurídica infratora (art. 20 da Lei nº 12.846/2013). **D:** Correta, pois a responsabilidade da sociedade Divergente não exclui a responsabilidade individual de seus dirigentes ou administradores, na medida de sua culpabilidade (art. 3º, *caput* e § 2º, da Lei nº 12.846/2013). **E:** Incorreta, pois a desconsideração da personalidade jurídica da sociedade Divergente pode sim estender os efeitos das sanções aos administradores e sócios com poderes de administração, observados o contraditório e a ampla defesa (art. 14 da Lei nº 12.846/2013). WG

Gabarito "D".

(Procurador Fazenda Nacional – AGU – 2023 – CEBRASPE) Ao analisar um contrato administrativo celebrado para prestação de serviços continuados no âmbito de um órgão federal, o gestor do contrato entendeu que o contratado praticara ato que caracterizava, ao mesmo tempo, infração tipificada tanto na legislação de licitações e contratos, por ter causado dano patrimonial à administração pública federal, quanto na Lei n.º 12.846/2013 (Lei Anticorrupção).

Tendo como referência a situação hipotética apresentada, assinale a opção correta. Nesse sentido, considere que a sigla PAR, sempre que empregada, corresponde a processo administrativo de responsabilização.

(A) O gestor do contrato é a autoridade competente para instaurar o PAR com a finalidade de apurar, processar e julgar eventual cometimento de infrações às duas legislações mencionadas.

(B) A autoridade competente deverá noticiar ao Ministério Público a instauração de PAR para apuração de eventuais ilícitos.

(C) O gestor do contrato deve noticiar os fatos à Controladoria-Geral da União (CGU), órgão que detém competência privativa para instaurar, processar e julgar o PAR no âmbito da administração pública federal.

(D) A instauração de processo administrativo cujo objeto seja a reparação integral do dano patrimonial causado pelo contratado está condicionada à instauração, ao processamento e à conclusão de PAR.

(E) As supostas infrações deverão ser apuradas e julgadas nos autos de um mesmo processo administrativo, ainda que julgadas por autoridades distintas no âmbito da administração pública federal.

A: Incorreta, pois o gestor do contrato não tem competência para instauração do PAR, uma vez que as autoridades competentes estão designadas no artigo 8º da Lei 12.846/2013, tratando-se da autoridade máxima de cada órgão ou entidade dos Poderes Executivo, Legislativo e Judiciário, e, no âmbito do Poder Executivo federal, a CGU "terá competência concorrente para instaurar processos administrativos de responsabilização de pessoas jurídicas ou para avocar os processos instaurados com fundamento nesta Lei, para exame de sua regularidade ou para corrigir-lhes o andamento". **B:** Incorreta, pois a notícia ao MP deverá ser realizada somente após a conclusão do PAR, e não por ocasião de sua instauração. Ademais, a notícia ao MP será feita por meio da comissão designada, e não pela autoridade competente, tudo nos termos do artigo 15 da Lei 12.846/2013. **C:** Incorreta, pois não há uma competência privativa da CGU, mas sim uma competência concorrente, nos termos do artigo 8º, § 2º, da Lei 12.846/13, pelo qual a CGU "terá competência concorrente para instaurar processos administrativos de responsabilização de pessoas jurídicas ou para avocar os processos instaurados com fundamento nesta Lei, para exame de sua regularidade ou para corrigir-lhes o andamento". **D:** Incorreta, pois as instâncias civil e administrativa são independentes, como se pode ver, por exemplo, no disposto no artigo 13 da lei 12.846/13, pela qual "A instauração de processo administrativo específico de reparação integral do dano não prejudica a aplicação imediata das sanções estabelecidas nesta Lei". **E:** Correta, nos termos do artigo 159 da Lei 14.133/2021, pelo qual: " Os atos previstos como infrações administrativas nesta Lei ou em outras leis de licitações e contratos da Administração Pública que também sejam tipificados como atos lesivos na Lei nº 12.846, de 1º de agosto de 2013, <u>serão apurados e julgados conjuntamente, nos mesmos autos</u>, observados o rito procedimental e a autoridade competente definidos na referida Lei" (g.n.). **WG**

Gabarito "E".

(Procurador Município – Santos/SP – VUNESP – 2021) A Lei Anticorrupção, Lei nº 12.846/13, prevê a instauração e o julgamento de processo administrativo para apuração da responsabilidade de pessoa jurídica.

Assinale a alternativa correta acerca do referido processo.

(A) Sua instauração é competência da autoridade máxima de cada órgão ou entidade dos Poderes Executivo e Legislativo; a Lei anticorrupção não contempla processo administrativo de responsabilização no âmbito do Poder Judiciário.

(B) O processo administrativo para apuração da responsabilidade de pessoa jurídica não será instaurado de ofício, mas apenas mediante provocação, observados o contraditório e a ampla defesa.

(C) A competência para a instauração e o julgamento do processo administrativo de apuração de responsabilidade da pessoa jurídica não poderá ser objeto de delegação.

(D) A comissão designada para apuração da responsabilidade de pessoa jurídica, após a conclusão do procedimento administrativo, dará conhecimento ao Ministério Público de sua existência, para apuração de eventuais delitos.

(E) Uma vez instaurado o processo administrativo para apuração da responsabilidade de pessoa jurídica, fica a autoridade instauradora impedida de suspender os efeitos do ato ou do processo objeto da investigação.

A: incorreta (a instauração e o julgamento de processo administrativo para apuração da responsabilidade de pessoa jurídica cabem à autoridade máxima de cada órgão ou entidade dos Poderes Executivo, Legislativo e Judiciário, cf. art. 8º, "caput", da Lei 12.846/2013; assim, há previsão de processo administrativo de responsabilização no âmbito do Poder Judiciário). **B:** incorreta (pode ser instaurado de ofício, cf. art. 8º, "caput"). **C:** incorreta (a competência para a instauração e o julga-

mento do processo administrativo de apuração de responsabilidade da pessoa jurídica pode ser delegada, vedada a subdelegação, cf. art. 8º, § 1º). **D:** correta (art. 15). **E:** incorreta (a comissão pode, cautelarmente, propor à autoridade instauradora que suspenda os efeitos do ato ou processo objeto da investigação, cf. art. 10, § 2º). **RB**

Gabarito "D".

16. TEMAS DIVERSOS

(Procurador Fazenda Nacional – AGU – 2023 – CEBRASPE) O sandbox regulatório

(A) poderá afastar, por prazo indeterminado, a incidência de normas dos órgãos ou das entidades da administração pública com competência de regulamentação setorial no âmbito de programas de ambiente regulatório experimental.

(B) é um ambiente regulatório experimental, com condições especiais simplificadas para que as pessoas jurídicas participantes possam receber autorização temporária dos órgãos ou das entidades com competência de regulamentação setorial para desenvolver modelos de negócios inovadores e testar técnicas e tecnologias experimentais.

(C) é um ambiente regulatório experimental, com condições especiais simplificadas para que as pessoas jurídicas participantes possam receber autorização permanente dos órgãos ou das entidades com competência de regulamentação setorial para desenvolver modelos de negócios inovadores e testar técnicas e tecnologias experimentais.

(D) não poderá afastar a incidência de normas dos órgãos ou das entidades da administração pública com competência de regulamentação setorial no âmbito de programas de ambiente regulatório experimental.

(E) é um ambiente regulatório experimental, com condições especiais simplificadas para que as pessoas físicas ou jurídicas possam receber autorização permanente dos órgãos ou das entidades com competência de regulamentação setorial para desenvolver modelos de negócios inovadores e testar técnicas e tecnologias experimentais.

De acordo com a Lei Complementar 182/2021 (art. 2º, II), o Ambiente Regulatório Experimental (Sandbox Regulatório) é o "conjunto de condições especiais simplificadas para que as pessoas jurídicas participantes possam receber autorização temporária dos órgãos ou das entidades com competência de regulamentação setorial para desenvolver modelos de negócios inovadores e testar técnicas e tecnologias experimentais, mediante o cumprimento de critérios e de limites previamente estabelecidos pelo órgão ou entidade reguladora e por meio de procedimento facilitado". Nesse sentido, a alternativa "b" é a correta, pois reproduz esse dispositivo. A alternativa "a" está incorreta pois o sandbox regulatório não afasta normas por prazo indeterminado, mas sim estabelecem condições especiais simplificadas para pessoas participantes recebam uma autorização temporária para desenvolver negócios inovadores e testar técnicas e tecnologias experimentais. A alternativa "c" está incorreta, porque fala em autorização permanente, enquanto essa autorização é meramente temporária. A alternativa "d" está incorreta, pois esse afastamento de normas pode sim ocorrer, desde que de forma temporária. A alternativa "e" está incorreta, pois esse afastamento de normas permite uma autorização temporária, e não permanente dos órgãos ou das entidades com competência de regulamentação setorial para desenvolver modelos de negócios inovadores e testar técnicas e tecnologias experimentais. **WG**

Gabarito "B".

2. DIREITO ADMINISTRATIVO   145

(Procurador/DF – CESPE – 2022) Julgue os itens subsequentes, relativos aos direitos dos usuários de serviços públicos, a tombamento, à responsabilidade do Estado, a atos de improbidade administrativa e ao Plano Distrital de Política para Mulheres (PDPM).

(1) Conforme a Lei n.º 13.460/2017, que dispõe sobre a proteção e defesa dos direitos dos usuários de serviços públicos, para defender seus direitos, o usuário de serviço público deve dirigir-se exclusivamente à ouvidoria do órgão ou ente prestador do serviço, ressalvada a possibilidade de ele propor ação judicial.

(2) O tombamento, como mecanismo de proteção do patrimônio histórico e artístico, implica necessariamente uma relação litigiosa entre o ente federativo que o promove e o proprietário do bem, a qual deve ser dirimida judicialmente, com observância do devido processo legal, embora possa produzir efeitos provisórios imediatos.

(3) Em regra, atos jurisdicionais não são aptos a gerar indenização com base no regime jurídico da responsabilidade do Estado.

(4) A tipificação dos atos de improbidade por ofensa a princípios da administração pública não é exemplificativa.

1: errado (a manifestação do usuário deve ser dirigida à ouvidoria do órgão ou entidade responsável, cf., art. 10, "caput", da Lei 13.460/2017; caso não haja ouvidoria, o usuário pode apresentar manifestações diretamente ao órgão ou entidade responsável pela execução do serviço e ao órgão ou entidade a que se subordinem ou se vinculem, cf. art. 10, § 3º). **2:** errado (o tombamento não implica uma relação litigiosa, pois se implementa por meio de processo administrativo, podendo ser voluntário ou compulsório). **3:** certo (como regra, o Estado não responde pelo exercício da função jurisdicional). **4:** certo (cf. o regime instituído pela Lei 14.230/2021, a tipificação dos atos de improbidade por ofensa a princípios da administração é taxativa – art. 11 da Lei 8.429/1992). RB

Gabarito: 1E, 2E, 3C, 4C

(Procurador/DF – CESPE – 2022) O Ministério Público do Distrito Federal e Territórios ajuizou ação civil pública contra o proprietário de uma área rural, o empreendedor e o Distrito Federal em virtude de danos causados à ordem urbanística por um loteamento clandestino e irregular na região de Brazlândia. Além de não estarem de acordo com o Plano Diretor de Ordenamento Territorial do DF, os lotes haviam sido comercializados em condições precárias de habitabilidade, visto que o empreendimento não possuía rede de água, de energia elétrica, de iluminação pública e de esgoto, bem como as ruas não possuíam pavimentação, calçadas, galeria de recolhimento de água pluvial, guias e sarjetas.

Tendo como referência essa situação hipotética, julgue os itens a seguir, relativos a parcelamento do solo urbano.

(1) Não se admite o parcelamento do solo para fins urbanos em zonas rurais.

(2) O Distrito Federal carece de legitimidade passiva na situação apresentada, pois, segundo entendimento do Superior Tribunal de Justiça, o ente federativo não tem obrigação de impedir a implementação de loteamento irregular ou de regularizá-lo.

1: certo (art. 3º, "caput", da Lei 6.766/1979). **2:** errado (de acordo com o STJ, o ente federativo tem a obrigação de impedir a implementação de loteamento irregular ou de regularizá-lo). RB

Gabarito: 1C, 2E

(Procurador/DF – CESPE – 2022) Com base na Lei n.º 13.465/2017, que dispõe sobre a regularização fundiária urbana (REURB), julgue os próximos itens.

(1) O Ministério Público e a Defensoria Pública são legitimados para requerer a REURB.

(2) Proprietários de terreno, loteadores e incorporadores, que tenham dado causa à formação de núcleos urbanos informais ficarão isentos de responsabilidade administrativa civil e criminal caso deem entrada no requerimento de REURB.

(3) Não se admite a REURB sobre núcleo urbano informal situado, total ou parcialmente, em área de preservação permanente ou em área de unidade de conservação de uso sustentável ou de proteção de mananciais.

1: certo (cf. art. 14, incisos IV e V). **2:** errado (o requerimento de instauração da Reurb por proprietários de terreno, loteadores e incorporadores que tenham dado causa à formação de núcleos urbanos informais, ou os seus sucessores, não os exime de responsabilidades administrativa, civil ou criminal, cf. art. 14, § 3º). **3:** errado (é possível a REURB em área de preservação permanente ou em área de unidade de conservação de uso sustentável ou de proteção de mananciais, desde que determinadas condições sejam observadas, cf. art. 11, § 2º). RB

Gabarito: 1C, 2E, 3E

(Procurador Município – Santos/SP – VUNESP – 2021) Sobre a incumbência dos Municípios em matéria de serviço público de educação, é correto afirmar, com base na Lei nº 9.394, de 20 de dezembro de 1996, que

(A) não cabe aos Municípios assumir o transporte escolar dos alunos da rede municipal.

(B) cabe aos Municípios organizar, manter e desenvolver os órgãos e instituições oficiais dos seus sistemas de ensino, que não são integrados às políticas e planos educacionais da União e dos Estados.

(C) é atribuição dos Municípios oferecer a educação infantil em creches e pré-escolas, não sendo permitida a atuação no ensino fundamental, nem em outros níveis de ensino.

(D) é vedado aos Municípios integrar-se ao sistema estadual de ensino ou compor com ele um sistema único de educação básica.

(E) constitui incumbência dos Municípios baixar normas complementares para o seu sistema de ensino.

A Lei n. 9.394/1996 estabelece as diretrizes e bases da educação nacional. **A:** incorreta (os Municípios estão incumbidos de assumir o transporte escolar dos alunos da rede municipal, cf. art. 11, VI). **B:** incorreta (os sistemas de ensino municipais são integrados às políticas e planos educacionais da União e dos Estados, cf. art. 11, I). **C:** incorreta (é competência do Município oferecer a educação infantil em creches e pré-escolas, e, com prioridade, o ensino fundamental, permitida a atuação em outros níveis de ensino somente quando estiverem atendidas plenamente as necessidades de sua área de competência e com recursos acima dos percentuais mínimos vinculados pela Constituição Federal à manutenção e desenvolvimento do ensino, cf. art. 11, V). **D:** incorreta (os Municípios podem optar por se integrar ao sistema estadual de ensino ou compor com ele um sistema único de educação básica, cf. art. 11, parágrafo único). **E:** correta (art. 11, III). RB

Gabarito: E

3. Direito Tributário

Luciana Batista Santos, Robinson Barreirinhas e Henrique Subi

1. COMPETÊNCIA TRIBUTÁRIA

(Procurador – PGE/SP – 2024 – VUNESP) Sobre o tema da competência tributária atribuída aos entes federados e suas características, assinale a alternativa correta.

(A) Se não exercida por um longo período, a competência para a instituição do tributo caduca, tendo em vista o princípio da segurança jurídica e o brocardo jurídico segundo o qual o direito não socorre aos que dormem.

(B) A despeito da competência para instituição do tributo ser facultativa, no sentido de que o ente político, em geral, não está obrigado a exercer a competência que lhe foi franqueada constitucionalmente, deixar de exercer essa competência não enseja a perda do poder de instituir o tributo.

(C) A privatividade ou exclusividade não se aplica aos tributos vinculados a uma atuação estatal, seja direta ou indiretamente, de modo que taxas e contribuições de melhoria podem ser instituídas por ente diverso daquele que, respectivamente, prestou o serviço ou realizou a obra pública.

(D) Embora o seu não exercício, ainda que por longo tempo, não implique a perda do poder de instituir o tributo, o ente competente pode renunciá-la, desde que o faça por meio de lei.

(E) Em razão da parafiscalidade, a competência para instituição do tributo pode ser delegada a outra pessoa jurídica que esteja devotada ao interesse público.

A: incorreta, pois a competência tributária não tem prazo para ser realizada, pois trata-se de competência legislativa (poder de legislar sobre tributos) que pode ser exercida a qualquer tempo, salvo se a própria Constituição Federal estabelecer limite temporal para a sua realização; **B:** correta, pois a competência tributária é incaducável, nos termos dos comentários ao item anterior; **C:** incorreta, pois taxas e contribuições de melhoria têm fato gerador vinculado à atividade estatal (art. 145, II e III, da CF/88). Assim, a competência para sua instituição pertence àquele ente que, administrativamente, tem a atribuição de prestar o serviço público, exercer o poder de polícia ou realizar a obra pública; **D:** incorreta, pois a competência tributária tem por característica ser irrenunciável, ou seja, o ente (União, Estados, DF ou Municípios) não podem, por lei própria, renunciar ao poder de legislar sobre tributos a eles conferido pela Constituição Federal; **E:** incorreta, pois a competência tributária (poder de legislar) é indelegável, não se confundindo com a possibilidade de delegação da capacidade ativa (atribuição das funções de arrecadar ou fiscalizar tributos, ou de executar leis, serviços, atos ou decisões administrativas em matéria tributária), nos termos do art. 7º, *caput*, do CTN. **LS**

Gabarito "B".

(Procurador - PGE/GO – 2024 – FCC) No que concerne à competência tributária dos Estados, a principal alteração da Reforma Tributária veiculada pela EC nº 132/2023 é a extinção do ICMS e a criação do Imposto sobre Bens e Serviços – IBS, de competência compartilhada entre Estados, Distrito Federal e Municípios. Nos termos da Constituição (e do Ato das Disposições Constitucionais Transitórias), com a redação dada pela EC nº 132/2023,

(A) o IBS não incidirá sobre a importação e a exportação de bens materiais ou imateriais, inclusive direitos, ou de serviços realizadas por pessoas físicas e jurídicas.

(B) uma vez que informado pelo princípio da neutralidade, o IBS terá legislação e alíquota únicas e uniformes em todo o território nacional.

(C) o IBS só passará a ser cobrado em 2033, ano em que o ICMS será definitivamente extinto.

(D) o IBS só passará a ser cobrado em 2027, à alíquota estadual de 0,05% e à alíquota municipal de 0,05%.

(E) os Estados, o Distrito Federal e os Municípios exercerão de forma integrada a competência administrativa de editar regulamento único para o IBS exclusivamente por meio do Comitê Gestor do imposto.

A Reforma Tributária, promulgada com a EC 132 em 20.12.2023, introduziu a primeira profunda alteração no sistema tributário nacional, após a Constituição Federal de 1988. O objetivo é promover a simplificação da cobrança de impostos sobre o consumo para incentivar o crescimento econômico, acabar com a guerra fiscal entre os entes federativos e dar mais transparência aos tributos pagos pelos consumidores. A principal alteração na competência tributária dos Estados, DF e Municípios será a substituição do ICMS e do ISSQN pelo Imposto sobre Bens e Serviços (IBS – art. 156-A, da CF/88). No âmbito federal, a Contribuição Sobre Bens e Serviços (CBS – art. 195, V, da CF/88) irá unificar e substituir os tributos da União sobre o consumo (PIS, COFINS e Contribuição do importador – art. 195, I, 'b' e IV, da CF/88) e será criado um Imposto Seletivo (art. 153, VIII, da CF/88). É prevista uma longa transição para que sejam implementadas as citadas inovações em relação à tributação sobre o consumo, que será iniciada em 2026 e finalizada somente em 2033, nos termos dos artigos 2º e 23 da EC 132/2023. **A:** incorreta, pois de acordo com a CF/88 o IBS incidirá sobre a importação de bens materiais ou imateriais, inclusive direitos, ou de serviços realizada por pessoa física ou jurídica, ainda que não seja sujeito passivo habitual do imposto, qualquer que seja a sua finalidade (art. 156-A, § 1º, II) e não incidirá sobre as exportações (art. 156-A, § 1º, III); **B:** incorreta, pois o IBS não terá alíquotas únicas e uniformes em todo o território nacional. A CF/88 prevê que cada ente federativo fixará sua alíquota própria por lei específica (art. 156-A, § 1º, V); **C:** incorreta, pois o IBS incidirá a partir de 2026 e será cobrado à alíquota estadual de 0,1% (um décimo por cento), conforme previsto no art. 125, *caput*, do ADCT; **D:** incorreta, pois o IBS será cobrado a partir de 2026, conforme comentário à alternativa C **E:** correta, de acordo com o art. 156-B, da CF que estabelece: *"Os Estados, o Distrito Federal e os Municípios exercerão de forma integrada, exclusivamente por meio do Comitê Gestor do Imposto sobre Bens e Serviços, nos termos e limites estabelecidos nesta Constituição e em lei complementar, as seguintes competências administrativas relativas ao imposto de que trata o art. 156-A: I – editar regulamento único e uniformizar a interpretação e a aplicação da legislação do imposto".* **LS**

Gabarito "E".

(Procurador Fazenda Nacional – AGU – 2023 – CEBRASPE) Julgue os itens subsequentes, a respeito da competência tributária da União, com base no Código Tributário Nacional (CTN) e na jurisprudência do STF.

I. Apesar de a instituição do imposto sobre grandes fortunas competir à União, o não exercício da competência constitucional autoriza os estados, mediante convênio, a instituir o tributo a fim de concretizar os valores sociais da CF.

II. A concessão de incentivos, benefícios e isenções fiscais de impostos cuja arrecadação seja objeto de repartição constitucional depende de compensação aos entes menores.

III. A competência tributária é indelegável, salvo atribuição das funções de arrecadar ou fiscalizar tributos, ou de executar leis, serviços, atos ou decisões administrativas em matéria tributária, conferida por uma pessoa jurídica de direito público a outra.

IV. Em que pese a possibilidade de delegação da competência tributária, a delegação não compreende as garantias e os privilégios processuais que competem à pessoa jurídica de direito público que a conferir.

Assinale a opção correta.

(A) Apenas o item III está certo.

(B) Apenas o item IV está certo.

(C) Apenas os itens I e II estão certos.

(D) Apenas os itens I e III estão certos.

(E) Apenas os itens II e IV estão certos.

I: incorreta, pois o não exercício da competência tributária não a defere a pessoa jurídica de direito público diversa daquela a que a Constituição a tenha atribuído (art. 8º do CTN); II: incorreta, pois, segundo o CTN, os tributos cuja receita seja distribuída, no todo ou em parte, a outras pessoas jurídicas de direito público pertencerá à competência legislativa daquela a que tenham sido atribuídos (art. 6º, parágrafo único, do CTN); III: correta, pois a competência tributária (poder de legislar) é indelegável, não se confundindo com a possibilidade de atribuição da capacidade ativa (funções de arrecadar ou fiscalizar tributos, ou de executar leis, serviços, atos ou decisões administrativas em matéria tributária), nos termos do art. 7º, *caput*, do CTN; IV: incorreta, pois, segundo o CTN, a atribuição da capacidade ativa compreende as garantias e os privilégios processuais que competem à pessoa jurídica de direito público que a conferir (art. 7º, § 1º, do CTN). LS

Gabarito "A".

(Procurador – AGE/MG – 2022 – FGV) Servidor público do Estado de Santa Catarina ingressa com ação de repetição de indébito tributário, pedindo a restituição de valores que entende indevidamente retidos na fonte, referentes a Imposto sobre a Renda de Pessoa Física (IRPF). Diante desse cenário e à luz da jurisprudência dos Tribunais Superiores, é correto afirmar que:

(A) legitimados passivos nessa ação, em litisconsórcio passivo necessário, serão a União e o Estado de Santa Catarina;

(B) legitimados passivos nessa ação, em litisconsórcio passivo facultativo, poderão ser a União ou o Estado de Santa Catarina;

(C) legitimado passivo nessa ação será apenas a União;

(D) legitimado passivo nessa ação será apenas o Estado de Santa Catarina;

(E) legitimado passivo nessa ação será a União, que poderá denunciar a lide ao Estado de Santa Catarina.

O imposto sobre a renda e proventos de qualquer natureza pertence à competência tributária da União. Porém, a Constituição Federal reparte a receita do imposto sobre a renda com Estados, Distrito Federal e Municípios tendo por base o federalismo cooperativo entre os entes. Segundo a CF/88, pertencem aos Estados e ao Distrito Federal o produto da arrecadação do imposto da União sobre renda e proventos de qualquer natureza, incidente na fonte, sobre rendimentos pagos, a qualquer título, por eles, suas autarquias e pelas fundações que instituírem e mantiverem (art. 157, I, da CF/88). Por isso, segundo o STJ, os Estados e o Distrito Federal são partes legítimas na ação de restituição de imposto retido na fonte proposta por seus servidores (Súmula 447) porque possuem a capacidade ativa em relação ao citado imposto, ou seja, o poder de arrecadação. No mesmo sentido, o STF (Tema 364 da Repercussão Geral) "É dos Estados e Distrito Federal a titularidade do que arrecadado, considerado Imposto de Renda, incidente na fonte, sobre rendimentos pagos, a qualquer título, por si, autarquias e fundações que instituírem e mantiverem". Por fim, sendo as unidades federativas destinatárias do tributo retido, cumpre reconhecer-lhes a capacidade ativa para arrecadar o imposto. Por esse motivo, na linha de precedente da Corte, cabe à Justiça comum estadual julgar controvérsia envolvendo Imposto de Renda retido na fonte, na forma do art. 157, I, da CF, ante a ausência do interesse da União sobre ação de repetição de indébito relativa ao tributo (STF Tema 572 da Repercussão Geral). Por todo o exposto, correta a alternativa D e incorretas as demais. Completando o assunto, verificar também que, segundo o STF (Tema 1130) pertence ao Município, aos Estados e ao Distrito Federal a titularidade das receitas arrecadadas a título de imposto de renda retido na fonte incidente sobre valores pagos por eles, suas autarquias e fundações a pessoas físicas ou jurídicas contratadas para a prestação de bens ou serviços, conforme disposto nos arts. 158, I, e 157, I, da Constituição Federal. Finalizando, destaca-se tese fixada pelo STF sobre repetição do indébito (Tema 1262 da Repercussão Geral): Não se mostra admissível a restituição administrativa do indébito reconhecido na via judicial, sendo indispensável a observância do regime constitucional de precatórios, nos termos do art. 100 da Constituição Federal. Ainda sobre repetição do indébito e precatório, importante relembrar a Súmula 461 do STJ: o contribuinte pode optar por receber, por meio de precatório ou por compensação, o indébito tributário certificado por sentença declaratória transitada em julgado. LS

Gabarito "D".

(Procurador do Estado/AC – 2017 – FMP Em referência à delegação de competência tributária assinale a alternativa CORRETA.

(A) É possível delegar a competência tributária uma vez ao ano, por ocasião da produção da lei orçamentária.

(B) As funções de fiscalização e arrecadação dos tributos podem ser delegadas, e também a produção de normas para definição dos tributos a serem arrecadados.

(C) Somente a função de produção de normas tributárias pode ser delegada de um ente para outro.

(D) Somente a prerrogativa de fiscalizar os tributos pode ser delegada.

(E) Nenhuma das alternativas acima está correta.

A: incorreta, pois a competência tributária, isto é, a competência para legislar sobre tributos, é indelegável – art. 7º do CTN; B: incorreta, pois a competência legislativa (de produção de normas legais) é indelegável, conforme comentário anterior; C: incorreta, pois a competência tributária, ou seja, a competência legislativa relativa à tributação, é indelegável, conforme comentários anteriores; D: incorreta, pois além da atribuição de fiscalizar tributos, é possível a delegação das funções de arrecadar e de executar leis, atos e decisões administrativas, nos termos do art. 7º do CTN; E: esta é a correta, por exclusão das demais.

Gabarito "E".

3. DIREITO TRIBUTÁRIO

(Procurador do Município/Manaus – 2018 – CESPE) Julgue o item que se segue à luz do que dispõe o Código Tributário Nacional.

(1) Apenas pessoas jurídicas de direito público podem figurar como sujeitos ativos de obrigações tributárias.

1: correta, conforme a literalidade do art. 119 do CTN: "Sujeito ativo da obrigação é a pessoa jurídica de direito público, titular da competência para exigir o seu cumprimento." Apesar da expressão "competência" (poder de legislar), o artigo trata, na verdade, da pessoa jurídica de Direito Público que detém a capacidade tributária ativa (atribuição para arrecadar e fiscalizar tributos) que é delegável, nos termos do art. 7º, do CTN. **LS**
Gabarito 1C

(Procurador do Estado/SE – 2017 – CESPE) Os tributos cuja instituição compete aos municípios incluem o

(A) ITBI, o IPI e o IPVA.

(B) ITR, o ITCMD e o IPI.

(C) ITBI, o IPVA e o ITCMD.

(D) IPTU, o ITR e o ISSQN.

(E) IPTU, o ITBI e o ISSQN.

Os municípios e o Distrito Federal têm competência em relação a três impostos: IPTU, ITBI e ISS, razão pela qual a alternativa "E" é a correta. **RB**
Gabarito "E".

(Procurador – PGFN – ESAF – 2015) Sobre a competência tributária prevista no CTN, assinale a opção incorreta.

(A) Os tributos cuja receita seja distribuída, no todo ou em parte, a outras pessoas jurídicas de direito público pertencem à competência legislativa daquela a que tenham sido atribuídos.

(B) A competência tributária, salvo exceções, é indelegável, podendo a atribuição das funções de arrecadar ou fiscalizar tributos, ou de executar leis, serviços, atos ou decisões administrativas em matéria tributária, ser conferida de uma pessoa jurídica de direito público a outra.

(C) A atribuição da função de arrecadar ou fiscalizar tributos, conferida por uma pessoa jurídica de direito público a outra, pode ser revogada, a qualquer tempo e unilateralmente, pela pessoa que a tenha conferido.

(D) A atribuição das funções de arrecadar tributos pode ser cometida a pessoas jurídicas de direito privado.

(E) A atribuição das funções de executar leis, serviços, atos ou decisões administrativas em matéria tributária, conferida por uma pessoa jurídica de direito público a outra, também confere as garantias e os privilégios processuais que competem à pessoa jurídica de direito público que a cometeu.

A: correta, nos termos do art. 6º, parágrafo único, do CTN; **B:** incorreta, pois não há exceção à indelegabilidade da competência tributária, entendida como competência legislativa plena – arts. 6º e 7º do CTN; **C:** correta, conforme art. 7º, § 2º, do CTN; **D:** correta, conforme art. 7º, § 3º, do CTN; **E:** correta – art. 7º, § 1º, do CTN. **RB**
Gabarito "B".

2. PRINCÍPIOS

(Procurador – PGE/GO – 2024 – FCC) A Emenda Constitucional nº 132/2023 veiculou a primeira ampla reforma do Sistema Tributário Nacional realizada desde a promulgação da Constituição Federal de 1988, e seu eixo central é a simplificação da cobrança de impostos sobre o consumo, com vistas a incentivar o crescimento econômico. De acordo com dispositivo constitucional inserido por esta emenda, o Sistema Tributário Nacional deve observar os seguintes princípios:

(A) Simplicidade, transparência, justiça tributária, cooperação e defesa do meio ambiente.

(B) Simplicidade, transparência, segurança jurídica, busca do pleno emprego e defesa do meio ambiente.

(C) Simplicidade, transparência, legalidade, isonomia e anterioridade.

(D) Simplicidade, segurança jurídica, autossuficiência fiscal, isonomia e defesa do meio ambiente.

(E) Simplicidade, segurança jurídica, redução das desigualdades regionais e sociais, busca do pleno emprego e tratamento favorecido para as empresas de pequeno porte.

A: correta, pois a Reforma Tributária (EC 132/2023) passou a prever expressamente que o Sistema Tributário Nacional deve observar os princípios da simplicidade, da transparência, da justiça tributária, da cooperação e da defesa do meio ambiente. Além disso, as alterações na legislação tributária buscarão atenuar efeitos regressivos (art. 145, §§ 3º e 4º); **B, C, D e E:** incorretas, pois não descrevem os princípios inseridos pela EC nº 132/2023, conforme comentários à letra A. **LS**
Gabarito "A".

(Procurador – PGE/SP – 2024 – VUNESP) Sobre o princípio da anterioridade tributária, considerando que a anterioridade geral está prevista na alínea "b" do inciso III do artigo 150 da Constituição Federal e a anterioridade nonagesimal, na alínea "c" do mesmo dispositivo constitucional, assinale a alternativa correta.

(A) A majoração do imposto de importação submete-se apenas à anterioridade nonagesimal e não à geral.

(B) O empréstimo compulsório instituído para subsidiar investimento público de caráter urgente e de relevante interesse nacional não se submete aos princípios da anterioridade nonagesimal e geral.

(C) Os princípios da anterioridade geral e nonagesimal aplicam-se aos impostos sobre a propriedade territorial urbana e sobre a propriedade de veículos automotores em toda e qualquer situação, sem exceção.

(D) A lei que majora o Imposto sobre Produtos Industrializados submete-se aos princípios da anterioridade geral e nonagesimal.

(E) Uma lei que majora o Imposto de Renda, publicada em dezembro do ano de 2023, aplica-se aos fatos geradores ocorridos a partir de 01 de janeiro de 2024, uma vez que a ele se aplica apenas a anterioridade geral e não a nonagesimal.

A: incorreta, pois a majoração do imposto de importação (art. 153, I, da CF), de competência da União, não se submete ao princípio da anterioridade (geral e nonagesimal), enquadrando-se nas exceções descritas no art. 150, § 1º, da CF; **B:** incorreta, pois o empréstimo compulsório no caso de investimento público de caráter urgente e de relevante interesse nacional (art. 148, II, da CF), de competência da União, submete-se ao princípio da anterioridade (geral e nonagesimal), não se enquadrando nas exceções descritas no art. 150, §1º, da CF. Apenas o empréstimo compulsório em caso de despesas extraordinárias decorrentes de calamidade pública, de guerra externa ou sua iminência; (art. 148, I, da CF) é exceção ao princípio da anterioridade (geral e nonagesimal) enquadrando-se nas exceções descritas no art. 150, § 1º, da CF; **C:**

incorreta, pois a fixação da base de cálculo do IPVA (art. 155, III, da CF), de competência dos Estados e do Distrito Federal, e do IPTU (art. 156, I, da CF), de competência dos Municípios e do Distrito Federal, não se submete ao princípio da anterioridade nonagesimal, conforme as exceções descritas no art. 150, § 1º, 2ª parte, da CF; **D:** incorreta, pois a majoração do imposto sobre produtos industrializados (art. 153, IV, da CF), de competência da União, não se submete ao princípio da anterioridade (geral e nonagesimal), enquadrando-se nas exceções descritas no art. 150, § 1º, da CF; **E:** correta, pois a majoração do imposto de renda (art. 153, III, da CF), de competência da União, não se submete ao princípio da anterioridade nonagesimal, enquadrando-se nas exceções descritas no art. 150, § 1º, 2ª parte, da CF; **LS** Gabarito "E".

(Procurador – PGM/SP – 2023 – CESPE/CEBRASPE) Acerca dos princípios de direito tributário, à luz da Constituição Federal e da jurisprudência dos tribunais superiores, julgue os próximos itens.

I. Não viola a legalidade tributária a lei que determina um limite máximo para uma taxa e permite que um ato normativo infralegal estabeleça o valor da taxa de forma proporcional aos custos da atuação estatal, desde que esse valor não possa ser atualizado pelo próprio conselho de fiscalização em um percentual superior aos índices de correção monetária legalmente estabelecidos.
II. A revogação de um benefício fiscal por meio de um ato normativo não constitui um aumento indireto do tributo, portanto, não está sujeita ao princípio da anterioridade tributária.
III. A redução ou extinção de descontos para pagamento de tributos conforme condições estabelecidas em lei, como o pagamento antecipado em parcela única, é equiparada à majoração do tributo, sujeitando-se ao princípio da anterioridade tributária.

Assinale a opção correta.

(A) Apenas o item I está certo.
(B) Apenas o item II está certo.
(C) Apenas os itens I e III estão certos.
(D) Apenas os itens II e III estão certos.
(E) Todos os itens estão certos.

I: item correto. A taxa é tributo com fato gerador vinculado a atuação estatal (art. 145, II, da CF). Por isso, seu valor deve guardar relação de pertinência com o custo da atividade descrita no fato gerador (STF – ADI 6211). Segundo o STF (Repercussão Geral – Tema 829), *"não viola a legalidade tributária a lei que, prescrevendo o teto, possibilita o ato normativo infralegal fixar o valor de taxa em proporção razoável com os custos da atuação estatal, valor esse que não pode ser atualizado por ato do próprio conselho de fiscalização em percentual superior aos índices de correção monetária legalmente previstos"*. Sobre a fixação do valor de taxa por ato infralegal, verificar também Tema 1085 da Repercussão Geral no STF; II: item incorreto, pois, de acordo com o STF, a revogação do benefício fiscal provocaria uma majoração indireta do tributo, o qual, por essa razão, deveria ser submetido ao princípio da não surpresa, buscando, em especial, garantir a segurança jurídica ao contribuinte, para que este não fosse surpreendido com um aumento inesperado da carga tributária sem a concessão de prazo mínimo para adaptação da sua política fiscal. (RE 1.053.254/RS e RE 564225 AgR-EDv-AgR); III: item incorreto, pois, conforme o STF (ADI 4016), "a redução ou a extinção de desconto para pagamento de tributo sob determinadas condições previstas em lei, como o pagamento antecipado em parcela única, não pode ser equiparada à majoração do tributo". Por conseguinte, apenas o item I está correto e o gabarito é a letra A. **LS** Gabarito "A".

(Procurador/PA – CESPE – 2022) Art. 150. Sem prejuízo de outras garantias asseguradas ao contribuinte, é vedado à União, aos Estados, ao Distrito Federal e aos Municípios:

[...]

II – instituir tratamento desigual entre contribuintes que se encontrem em situação equivalente, proibida qualquer distinção em razão de ocupação profissional ou função por eles exercida, independentemente da denominação jurídica dos rendimentos, títulos ou direitos;

Brasil. Constituição Federal de 1988.

Considerando o princípio da isonomia tributária, previsto no dispositivo constitucional reproduzido anteriormente, assinale a opção correta, acerca da constitucionalidade de dispositivos da Lei estadual n.º 6.017/1996 (Lei do Imposto sobre a Propriedade de Veículos Automotores do Estado do Pará).

(A) É inconstitucional a previsão da citada lei estadual que concede isenção do Imposto sobre a Propriedade de Veículos Automotores aos veículos de propriedade de pessoa com deficiência física, visual ou mental, severa ou profunda, ou de pessoa autista, incluídos os veículos cuja posse é detida em decorrência de contrato mercantil (*leasing*).
(B) É inconstitucional a previsão da citada lei estadual que concede imunidade do Imposto sobre a Propriedade de Veículos Automotores aos veículos pertencentes às instituições com finalidade filantrópica consideradas de utilidade pública.
(C) É constitucional a previsão da citada lei estadual que concede isenção do Imposto sobre a Propriedade de Veículos Automotores aos veículos de propriedade de entidades que tenham como objetivo o trabalho com pessoas com deficiência física, quando se tratar de veículos adaptados por exigência do órgão de trânsito, mesmo que sua posse seja detida em decorrência de contrato mercantil (*leasing*).
(D) É constitucional isenção do Imposto sobre a Propriedade de Veículos Automotores aos veículos de propriedade de quilombolas e indígenas, mesmo que sua posse seja detida em decorrência de contrato mercantil (*leasing*).
(E) É inconstitucional a previsão da citada lei estadual que concede isenção do Imposto sobre a Propriedade de Veículos Automotores aos veículos de propriedade de pessoa com deficiência física, visual ou mental, severa ou profunda, ou de pessoa autista, porque emprega tratamento desigual entre contribuintes.

O princípio da isonomia não implica tratar todos igualmente em qualquer situação, mas sim tratar desigualmente as pessoas em situações desiguais, na medida dessa desigualdade. No caso, é viável a isenção de caráter pessoal, nos termos do art. 145, § 1º, da CF, ou seja, considerando peculiaridades de determinadas pessoas, com o intuito de observar o interesse público. A isenção de IPVA (e de outros impostos) em favor de pessoas com deficiência é usual e constitucional, ainda que o beneficiário seja possuidor do automóvel arrendado (o arrendatário é considerado contribuinte, nos termos da legislação estadual – ver por exemplo REsp 1.655.504/DF). Por essas razões, a alternativa "C" é a correta. **A** e **E:** incorretas, conforme comentário anterior; **B:** incorreta, pois, apesar da nomenclatura utilizada pelo legislador, o benefício fiscal previsto em lei estadual não se trata de imunidade, que é limitação constitucional ao poder de tributar. A Lei estadual nº

3. DIREITO TRIBUTÁRIO

6.017/1996, reproduziu a previsão constitucional expressa no art. 150, VI, 'c' (entidades de assistência social, sem fins lucrativos e entidades religiosas) c/c art. 150, § 4º da CF; **D:** incorreta, pois não há previsão de tal isenção na Lei estadual n.º 6.017/1996, no art. 3º. **LS**

Gabarito "C".

(Procurador/PA – CESPE – 2022) A Lei Complementar n.º 192/2022 define os combustíveis sobre os quais incidirá uma única vez o ICMS. A seguir, estão reproduzidos o art. 9.º e respectivo parágrafo único desse diploma legal.

Art. 9.º. As alíquotas da Contribuição para os Programas de Integração Social e de Formação do Patrimônio do Servidor Público (Contribuição para o PIS/Pasep) e da Contribuição para o Financiamento da Seguridade Social (Cofins) de que tratam os incisos II e III do *caput* do art. 4.º da Lei n.º 9.718, de 27 de novembro de 1998, o art. 2.º da Lei n.º 10.560, de 13 de novembro de 2002, os incisos II, III e IV do *caput* do art. 23 da Lei n.º 10.865, de 30 de abril de 2004, e os arts. 3.º e 4.º da Lei n.º 11.116, de 18 de maio de 2005, ficam reduzidas a 0 (zero) até 31 de dezembro de 2022, garantida às pessoas jurídicas da cadeia, incluído o adquirente final, a manutenção dos créditos vinculados.

Parágrafo único. As alíquotas da Contribuição para os Programas de Integração Social e de Formação do Patrimônio do Servidor Público incidente na Importação de Produtos Estrangeiros ou Serviços (Contribuição para o PIS/Pasep-Importação) e da Contribuição Social para o Financiamento da Seguridade Social devida pelo Importador de Bens Estrangeiros ou Serviços do Exterior (Cofins-Importação) incidentes na importação de óleo diesel e suas correntes, de biodiesel e de gás liquefeito de petróleo, derivado de petróleo e de gás natural, e de querosene de aviação de que tratam o § 8.º do art. 8.º da Lei n.º 10.865, de 30 de abril de 2004, e o art. 7.º da Lei n.º 11.116, de 18 de maio de 2005, ficam reduzidas a 0 (zero) no prazo estabelecido no *caput* deste artigo.

Tendo como referência o princípio da anterioridade, assinale a opção correta, referente ao dispositivo legal apresentado, que impõe aplicação imediata à regra que reduz a zero as alíquotas de contribuições sociais.

(A) A norma não se aplica imediatamente, porque deve observar a anterioridade contributiva estabelecida no § 6.º do art. 195 da Constituição Federal de 1988.

(B) A norma se aplica imediatamente, porque está de acordo com a noventena do § 1.º do art. 150 da Constituição Federal de 1988.

(C) A norma não se aplica imediatamente, porque deve observar a anterioridade plena estabelecida na alínea "b" do inciso III do art. 150 da Constituição Federal de 1988.

(D) A norma não se aplica imediatamente, porque deve observar a anterioridade nonagesimal estabelecida no § 1.º do art. 150 da Constituição Federal de 1988, que exclui a anterioridade anual do ICMS-combustível.

(E) A norma se aplica imediatamente, porque sobre ela não incide a anterioridade, visto que se trata de norma que beneficia o contribuinte.

O princípio da anterioridade anual e nonagesimal, previsto no art. 150, III, "b" e "c", da CF, posterga o início da eficácia de norma que institui e majora tributos, apenas, não sendo aplicável àquelas que extinguem ou reduzem a tributação. Por essa razão, a alternativa "E" é a correta. **RB**

Gabarito "E".

(Procurador/PA – CESPE – 2022) O art. 18-A do Código Tributário Nacional, cuja redação foi acrescentada pela Lei Complementar n.º 194/2022, estabelece que "Para fins da incidência do imposto de que trata o inciso II do *caput* do art. 155 da Constituição Federal, os combustíveis, o gás natural, a energia elétrica, as comunicações e o transporte coletivo são considerados bens e serviços essenciais e indispensáveis, que não podem ser tratados como supérfluos.". A identificação dos bens e serviços como não supérfluos pela citada lei segue

(A) a capacidade contributiva, implementada pelo subprincípio da proporcionalidade tributária, o qual mantém a mesma alíquota para bases de cálculo diferentes.

(B) a proporcionalidade do tributo, que prevê a aplicação de uma mesma alíquota a bases de cálculo de valores diferentes, evidenciando-se a proporcionalidade tributária.

(C) a seletividade do tributo, que prevê a aplicação de alíquotas menores a bens menos essenciais à sobrevivência humana.

(D) a seletividade do tributo, que prevê a aplicação de alíquotas menores a bens mais essenciais à sobrevivência humana.

(E) a progressividade do tributo, que prevê a aplicação de alíquotas menores em razão de menores bases de cálculo.

A essencialidade das mercadorias e serviços, ou seja, a distinção entre os supérfluos e aqueles mais relevantes para as necessidades básicas das pessoas, é o critério para distinção das alíquotas do ICMS nos termos da seletividade prevista no art. 155, § 2º, III, da CF. Pela seletividade, a tributação deve ser menor para as operações com mercadorias e serviços com grau mais elevado de essencialidade, e deve ser maior para aqueles mais supérfluos. Por essas razões, a alternativa "D" é a correta. **RB**

Gabarito "D".

(Procurador do Município – S.J. Rio Preto/SP – 2019 – VUNESP) Quando o tributo está relacionado com a descentralização da atividade pública, sendo instituído para o fim de dotar de recursos determinadas entidades, encarregadas pelo Estado de atender necessidades sociais específicas, referido tributo terá por característica a

(A) fiscalidade.

(B) extrafiscalidade.

(C) parafiscalidade.

(D) seletividade.

(E) essencialidade.

A: incorreta, pois fiscalidade se refere à função arrecadatória, característica da exigência e cobrança dos tributos pelo próprio ente político tributante (União, Estados, DF e Municípios); **B:** incorreta, pois extrafiscalidade se refere à função de intervenção ou interferência no mercado, como para regular o fluxo de mercadorias no comércio exterior por meio dos impostos aduaneiros (II e IE); **C:** correta, pois parafiscalidade se refere à delegação da atribuição de arrecadar tributos por essas entidades (por exemplo os Conselhos Profissionais), que utilizam os recursos para manter suas atividades essenciais; **D:** incorreta, pois seletividade é uma diretriz de determinados tributos (IPI deve ser seletivo – art. 153, § 3º, I, da CF; ICMS pode ser seletivo – art. 155, § 2º, III, da CF) cujas alíquotas variam conforme a essencialidade do bem ou serviço objeto da tributação. Atenção para o entendimento exposto pelo STF no **Tema 745** – Adotada pelo legislador estadual a técnica da seletividade em relação ao Imposto sobre Circulação de Mercadorias e Serviços (ICMS), discrepam do figurino constitucional alíquotas sobre as operações de energia elétrica e serviços de telecomunicação em patamar superior ao das operações em geral, considerada a essencialidade dos bens e serviços. Modulação: efeitos a partir do exercício financeiro de 2024, ficando ressalvadas as ações ajuizadas até 5/2/21; **E:** incorreta, pois essencialidade é um critério de classificação de bens e serviços para fins de tributação, conforme a seletividade, comentada anteriormente. 🅛🅢

Gabarito "C".

(Procurador do Estado/AC – 2017 – FMP) Em matéria de direito constitucional tributário é CORRETO afirmar que

(A) a proibição de confisco é adstrita aos tributos em si, conforme a letra da constituição, e não abarca as multas sancionatórias.

(B) o princípio da isonomia tributária não é corolário do princípio da igualdade, sendo aquele, em razão do caráter tributário, bem mais restrito, exigindo-se duas situações exatamente idênticas para a comparação.

(C) a lei complementar tributária é hierarquicamente superior à lei ordinária tributária.

(D) a lei tributária pode ser editada com o objetivo de prevenir distorções de concorrência mercadológica.

(E) a Constituição Federal define perfeitamente cada tributo, não havendo espaço para o legislador infra-constitucional definir os tributos.

A: incorreta, pois é pacífico o entendimento de que o princípio do não confisco se aplica também às penalidades, muito embora admitam-se sanções em valores substanciais; **B:** incorreta, pois o princípio da isonomia, de tratamento igual para pessoas em situação semelhante (com capacidade contributiva semelhante) não se refere a situações exatamente idênticas; **C:** incorreta, pois não se trata de hierarquia, mas de definição constitucional de matérias que exigem ou não a lei complementar para serem reguladas na esfera tributária – ver art. 146 da CF. Por não haver hierarquia é que uma lei ordinária pode alterar lei complementar, se a matéria tratada não exigir lei complementar (o legislador poderia desde o início ter veiculado a matéria por lei ordinária, mas resolveu aprovar lei complementar: essa lei complementar pode ser alterada por simples lei ordinária); **D:** correta – art. 146-A da CF; **E:** incorreta, pois a CF apenas delimita as competências tributárias, cabendo à lei de cada ente político a instituição dos tributos. 🅛🅢

Gabarito "D".

(Procurador do Estado/AC – 2017 – FMP) Em relação ao princípio da capacidade contributiva do contribuinte é CORRETA a afirmação:

(A) A Constituição Federal expressamente determina que seja observado o princípio da capacidade contributiva na estruturação de todos os tributos.

(B) Para cumprir os objetivos do princípio da capacidade contributiva, é facultado à administração identificar o patrimônio, os rendimentos e as atividades econômicas do contribuinte.

(C) É obrigatória à administração tributária a observação do princípio da capacidade contributiva, quando se tratam de impostos.

(D) No que tange às contribuições sociais, a Constituição Federal determina que o princípio da capacidade contributiva seja aplicado respeitando as faixas de contribuição à previdência.

(E) O princípio da capacidade contributiva deve ser avaliado também segundo a capacidade econômica futura de cada contribuinte.

A: incorreta, pois o princípio da capacidade contributiva, embora oriente todo o sistema tributário, é expressamente previsto na Constituição Federal em relação aos impostos – art. 145, § 1º, da CF. Porém, o STF entende que o princípio da capacidade contributiva pode ser aplicado às demais espécies tributárias, sempre que possível (ex.: RE 573.675); **B:** correta, conforme disposição expressa do art. 145, § 1º, da CF; **C:** incorreta, pois o entendimento majoritário é de que ele é mitigado no caso dos impostos indiretos (ICMS e IPI), em relação aos quais não é possível averiguar a capacidade contributiva pela condição pessoal do contribuinte, sendo essa a interpretação da expressão "sempre que possível" do art. 145, § 1º, da CF. De qualquer forma, a alternativa "B" é indiscutivelmente correta, devendo ser indicada pelo candidato; **D:** discutível, pois, como visto, a CF faz referência expressa à capacidade contributiva em relação aos impostos. Mas é importante destacar que o art. 195, II, da CF se refere a alíquotas progressivas (não como imposição, mas como possibilidade) de acordo com o valor do salário e da contribuição, o que é uma ferramenta de ajuste da tributação conforme a capacidade contributiva. Em relação às contribuições sociais de custeio da previdência social dos servidores públicos efetivos, a Constituição Federal estabelece no art. 149, § 1º A União, os Estados, o Distrito Federal e os Municípios instituirão, por meio de lei, contribuições para custeio de regime próprio de previdência social, cobradas dos servidores ativos, dos aposentados e dos pensionistas, que poderão ter alíquotas progressivas de acordo com o valor da base de contribuição ou dos proventos de aposentadoria e de pensões (Redação dada pela EC 103/2019); **E:** incorreta, pois a tributação incide sempre sobre a situação atual, jamais futura do contribuinte. 🅛🅢

Gabarito "B".

(Procurador do Estado/AC – 2017 – FMP) Sobre o princípio da isonomia é CORRETO afirmar:

(A) A Emenda à Constituição Federal 42/2003 estabeleceu a possibilidade de estabelecerem-se "critérios especiais de tributação" no art. 146-A, flexibilizando o princípio da isonomia.

(B) A "situação equivalente" mencionada no art. 150, II, do CTN é dependente de definição pelo legislador complementar, devido à sua imprecisão.

(C) Devido às disparidades continentais do Brasil, os Estados estão autorizados a conceder benefícios e condições especiais tributárias aos seus administrados, independentemente dos outros Estados.

(D) O princípio da isonomia tributária impacta diretamente os princípios da livre concorrência e da livre-iniciativa, uma vez que o Estado deve garantir as mesmas regras do jogo para todos os contribuintes.

(E) Ao se deparar com uma situação de privilégio e, portanto, anti-isonômica, a solução que a Justiça confere é a de estender o eventual privilégio a quem mais solicitar.

A: incorreta, pois prevenir desequilíbrios da concorrência é garantir a isonomia, o tratamento idêntico a pessoas em situações semelhantes; **B:** incorreta, pois a situação equivalente se refere a aspectos fáticos a serem apurados no caso concreto, em especial a capacidade contributiva; **C:** incorreta, especialmente quanto ao ICMS, em relação ao qual os benefícios fiscais dependem de convênio interestadual – art. 155, § 2º, XII, g, da CF. Ademais, não é possível estabelecer diferença tributária entre bens e serviços, de qualquer natureza, em razão de sua procedência ou destino – art. 152 da CF; **D:** correta conforme comentário à primeira alternativa; **E:** incorreta, pois a Justiça deve garantir o direito conforme a Lei (sem privilégios ou prejuízo) isonomicamente, para todos. 🅛🅢

Gabarito "D".

3. DIREITO TRIBUTÁRIO

(Procurados do Município – Prefeitura Fortaleza/CE – CESPE – 2017) A respeito das limitações constitucionais ao poder de tributar, julgue os itens que se seguem, de acordo com a interpretação do STF.

(1) O princípio da progressividade exige a graduação positiva do ônus tributário em relação à capacidade contributiva do sujeito passivo, não se aplicando, todavia, aos impostos reais, uma vez que, em se tratando desses tributos, é impossível a aferição dos elementos pessoais do contribuinte.

(2) A alteração de alíquotas do imposto de exportação não se submete à reserva constitucional de lei tributária, tornando-se admissível a atribuição dessa prerrogativa a órgão integrante do Poder Executivo.

(3) O princípio da anterioridade do exercício, cláusula pétrea do sistema constitucional, obsta a eficácia imediata de norma tributária que institua ou majore tributo existente, o que não impede a eficácia, no mesmo exercício, de norma que reduza desconto para pagamento de tributo ou que altere o prazo legal de recolhimento do crédito.

(4) O princípio da isonomia pressupõe a comparação entre sujeitos, o que, em matéria tributária, é efetivado pelo princípio da capacidade contributiva em seu aspecto subjetivo.

1: Incorreta, pois o STF admite a progressividade de alíquotas conforme o valor da base de cálculo para impostos reais (relativos à propriedade e posse ou sua transmissão), como ITR, IPTU (a partir da EC 29/2000 – Súmula 668/STF) e, mais recentemente, ITMCD (RE 562.045/RS – repercussão geral – Tese 21). Ressalte-se que com a Reforma Tributária, introduzida pela EC 132/2023, houve a inclusão do inciso VI ao § 1º do art. 155 da CF prevendo expressamente que o ITCMD será progressivo em razão do valor do quinhão, do legado ou da doação; **2:** correta, nos termos do art. 153, § 1º, da CF, tendo o STF admitido que a competência para alteração das alíquotas desses impostos por ato infralegal não é privativa do Presidente da República, podendo ser atribuída a órgão do Executivo – ver RE 570.680/RS. **3:** correta, pois o STF entende que redução ou alteração do prazo para recolhimento não implica majoração do tributo sujeita à anterioridade – ver ADI 4.016MC/PR e Súmula Vinculante 50/STF. **4:** correta, pois a isonomia refere-se à comparação de sujeitos com base em algum critério. Esse critério, na seara tributária, é a capacidade contributiva dos contribuintes – art. 145, § 1º, da CF. **LS**

Gabarito 1E, 2C, 3C, 4C

(Procurador do Estado – PGE/MT – FCC – 2016) Tendo em vista calamidade pública, regularmente decretada pelo Governador do Estado, e a necessidade de elevação dos níveis de arrecadação de Imposto sobre operações relativas à circulação de mercadorias e prestações de serviços de transporte interestadual e intermunicipal e de comunicação – ICMS, Imposto sobre a propriedade de veículos automotores – IPVA e Imposto sobre transmissão *causa mortis* e doação – ITD, é INCORRETA a adoção da seguinte medida:

(A) aumento do ICMS sobre bens supérfluos, mediante lei estadual, para vigência após decorridos noventa dias da edição da lei correspondente.

(B) revisão, mediante os atos infralegais pertinentes, das margens de valor adicionado utilizadas para o cálculo do ICMS devido no regime de antecipação tributária, para vigência imediata.

(C) aumento, por meio de lei editada no mês de julho do ano corrente, das bases de cálculo do IPVA, para vigência no ano seguinte ao de sua edição.

(D) antecipação dos prazos de recolhimento dos impostos estaduais, para vigência imediata.

(E) elevação, por meio de lei, das alíquotas do ITD aplicáveis a partir dos fatos geradores ocorridos durante o ano-calendário 2017, respeitando-se o prazo mínimo de noventa dias contados da edição da lei.

A: incorreta, pois a majoração do ICMS, embora possa se referir a bens supérfluos (seletividade – art. 155, § 2º, III, da CF), deve sujeitar-se também ao princípio da anterioridade anual, não apenas à anterioridade nonagesimal. A assertiva somente estaria correta se a lei fosse publicada nos últimos 90 dias do ano (porque então a noventena seria mais favorável aos contribuintes); **B:** correta, pois, embora haja muita discussão, entende-se majoritariamente que os cálculos necessários para fixação do tributo na sistemática da antecipação tributária (que é gênero, do qual a substituição tributária "para frente" é espécie) baseiem-se em critérios definidos por atos infralegais – ver RMS 17.303/SE; **C:** correta, sendo interessante lembrar que a majoração da base de cálculo do IPVA sujeita-se apenas à anterioridade anual, não à nonagesimal – art. 150, § 1º, da CF; **D:** correta, pois a antecipação do prazo para recolhimento não implica majoração do tributo sujeita à anterioridade – Súmula Vinculante 50/STF; **E:** correta, lembrando que a questão foi feita no ano de 2016, ou seja, a cobrança apenas em 2017 respeita a anterioridade anual – art. 150, III, *b*, da CF. **RB**

Gabarito "A".

(Procurador do Estado – PGE/MT – FCC – 2016) Considere o seguinte princípio constitucional:

"Art. 152 É vedado aos Estados, ao Distrito Federal e aos Municípios estabelecer diferença tributária entre bens e serviços, de qualquer natureza, em razão de sua procedência ou destino."

Os Estados e o Distrito Federal estão impedidos de

(A) cobrar o ICMS sobre a entrada de mercadorias oriundas de determinado país, em operação de importação, mas desonerar por completo esse imposto na saída de mercadorias tendo como destinatário o mesmo país.

(B) exigir o ICMS pelas alíquotas interestaduais variáveis conforme o Estado de destino dos bens ou serviços, diferentemente das alíquotas praticadas às operações internas.

(C) instituir isenções ou alíquotas diferenciadas do ITD tendo como fator de discriminação o domicílio do respectivo donatário dos bens doados.

(D) estabelecer a não incidência do ITD sobre doações de imóveis situados em outras Unidades da Federação.

(E) exigir o ICMS por alíquotas diferenciadas para mercadorias ou serviços diferentes.

A: incorreta, até porque as exportações são mesmo imunes ao ICMS – art. 155, § 2º, X, *a*, da CF, enquanto as importações são tributáveis – art. 155, § 2º, IX, *a*, da CF; **B:** incorreta, pois as alíquotas interestaduais, menores que as internas, previstas no art. 155, § 2º, VI e VII, são fixadas pelo órgão legislativo paritário da República, o Senado Federal (todos os Estados e DF têm a mesma representatividade), sem que isso possa ser considerada distinção vedada pela CF – art. 155, § 2º, IV, da CF; **C:** correta, pois essa distinção feita unilateralmente por determinado Estado ou pelo DF implicaria ofensa ao princípio federativo e violação ao disposto no art. 152 da CF; **D:** incorreta, pois essa norma seria inócua, já que os Estados e o DF somente têm competência para tributar as doações de imóveis localizados em seus respectivos territórios – art.

155, § 1°, I, da CF; **E**: incorreta, pois não há qualquer distinção em relação à origem ou ao destino das mercadorias ou serviços, mas sim quanto às suas próprias características, o que é admitido nos termos do art. 155, § 2°, III, da CF, inclusive. **RB**

Veja a seguinte tabela, com as exceções aos princípios da anterioridade de exercício (anual) e nonagesimal, para estudo e memorização:

Exceções à anterioridade comum (art. 150, III, *b*, da CF)	Exceções à anterioridade nonagesimal (art. 150, III, *c*, da CF)
- Empréstimo compulsório para atender a despesas extraordinárias decorrentes de calamidade pública ou de guerra externa ou sua iminência (art. 148, II, *in fine*, da CF, em sentido contrário); - imposto de importação (art. 150, § 1°, da CF); - imposto de exportação (art. 150, § 1°, da CF); - **IPI** (art. 150, § 1°, da CF); - IOF (art. 150, § 1°, da CF); - impostos extraordinários na iminência ou no caso de guerra externa (art. 150, § 1°, da CF); - restabelecimento das alíquotas do ICMS sobre combustíveis e lubrificantes (art. 155, § 4°, IV, *c*, da CF); - restabelecimento da alíquota da CIDE sobre combustíveis (art. 177, § 4°, I, *b*, da CF); - contribuições sociais destinadas ao custeio da seguridade social (art. 195, § 6°, da CF).	- empréstimo compulsório para atender a despesas extraordinárias decorrentes de calamidade pública ou de guerra externa ou sua iminência (art. 148, II, *in fine*, da CF, - imposto de importação (art. 150, § 1°, da CF); - imposto de exportação (art. 150, § 1°, da CF); - **IR** (art. 150, § 1°, da CF); - IOF (art. 150, § 1°, da CF); - impostos extraordinários na iminência ou no caso de guerra externa (art. 150, § 1°, da CF); - fixação da base de cálculo do IPVA (art. 150, § 1°, da CF); - fixação da base de cálculo do IPTU (art. 150, § 1°, da CF);

(Procurador – PGFN – ESAF – 2015) A Lei que diminui o prazo de recolhimento de tributo

(A) submete-se ao princípio da anterioridade nonagesimal.

(B) somente se aplica no exercício financeiro seguinte àquele em que foi publicada.

(C) não se submete ao princípio da anterioridade.

(D) somente se aplica no exercício financeiro seguinte ao da data de sua vigência.

(E) somente gera efeitos normativos 30 (trinta) dias após a data da sua publicação.

A: incorreta, pois a anterioridade refere-se apenas à instituição ou à majoração de tributos, o que não é o caso da redução do prazo de recolhimento, conforme entendimento do STF – Súmula Vinculante 50/STF; **B e D**: incorretas, conforme comentário anterior; **C**: correta, conforme comentário à primeira alternativa; **E**: incorreta, até porque não há anterioridade de 30 dias. **RB**

3. IMUNIDADES

(Procurador – AL/PR – 2024 – FGV) Por preencher os requisitos legais, determinada entidade beneficente de assistência social, requereu à Receita Federal a declaração de imunidade da contribuição ao PIS, o que foi negado no âmbito do processo administrativo. Durante o curso do prazo recursal administrativo, a entidade ajuizou ação declaratória de imunidade.

Sobre a hipótese, considerando que os pressupostos processuais para o ajuizamento da ação e as condições da ação foram preenchidos, assinale a afirmativa correta.

(A) A ação não deve ser conhecida, pois não houve esgotamento da via administrativa.

(B) O pedido deve ser julgado improcedente, pois a imunidade constitucional abrange apenas os impostos, não se aplicando às contribuições sociais.

(C) O pedido deve ser julgado improcedente, pois as entidades beneficentes de assistência social não são beneficiárias da imunidade constitucional.

(D) O pedido deve ser julgado procedente para reconhecer a imunidade tributária, sendo que a decisão produz efeitos *ex nunc*.

(E) O pedido deve ser julgado procedente para reconhecer a imunidade tributária, sendo que a decisão produz efeitos *ex tunc*, retroagindo ao momento em que preenchidos os requisitos legais para a concessão do benefício.

E: correta. As entidades beneficentes de assistência social sem fins lucrativos podem gozar da imunidade relativa aos impostos (art. 150, VI, *c*, da CF) e às contribuições sociais destinadas ao custeio da seguridade social (art. 195, § 7°, da CF), como é o caso do PIS, desde que atendam aos requisitos legais, de modo que a alternativa "E" é a correta. A decisão produz efeitos *ex tunc*, nos termos da Súmula 612 do STJ: o certificado de entidade beneficente de assistência social (CEBAS), no prazo de sua validade, possui natureza declaratória para fins tributários, retroagindo seus efeitos à data em que demonstrado o cumprimento dos requisitos estabelecidos por lei complementar para a fruição da imunidade. **A**: incorreta, pois o esgotamento da via administrativa não é pré-requisito para o ajuizamento da ação declaratória de imunidade, no âmbito tributário, devido ao direito fundamental de acesso ao Poder Judiciário (art. 5°, XXXV, da CF); **B, C e D**: incorretas, conforme comentários à alternativa E. **S**

(Procurador – PGE/SP – 2024 – VUNESP) A Constituição Federal, no artigo 150, inciso VI, alínea "a", proíbe os entes federados de instituírem impostos sobre o patrimônio, a renda e os serviços uns dos outros. Trata-se da chamada imunidade recíproca. Os parágrafos 2° e 3° do mesmo dispositivo constitucional ampliam a aplicação dessa imunidade a entes componentes da administração indireta. Diante disso, considerando o decidido pelo E. Supremo Tribunal Federal nos *leading cases* dos temas 1.140 e 508 da Repercussão Geral, assinale a alternativa correta.

(A) A imunidade recíproca estende-se apenas às autarquias e fundações instituídas e mantidas pelo poder público prestadoras de serviços públicos essenciais, desde que não cobrem tarifas como contraprestação dos serviços prestados.

(B) Sociedade de economia mista com ações negociadas em bolsa e inequivocamente voltada à remuneração

3. DIREITO TRIBUTÁRIO

do capital de seus investidores públicos e privados tem direito à imunidade recíproca se prestar serviço público essencial.

(C) Sociedade de economia mista delegatária de serviço público essencial, desde que não distribua lucros a acionistas privados, tem direito ao gozo da imunidade recíproca, contanto que isso não implique risco ao equilíbrio concorrencial, ainda que haja cobrança de tarifas como contraprestação dos serviços.

(D) A imunidade recíproca estende-se apenas às autarquias e fundações instituídas e mantidas pelo poder público prestadoras de serviços públicos essenciais, ainda que cobrem tarifas como contraprestação dos serviços.

(E) As empresas públicas têm direito ao gozo de imunidade recíproca, ainda que não se dediquem à prestação de serviços públicos essenciais e cobrem tarifas dos usuários.

A: incorreta, pois a imunidade das autarquias e fundações instituídas e mantidas pelo poder público prestadoras de serviços públicos essenciais independe de cobrança de tarifa como contraprestação dos serviços prestados (art. 150, § 2º, da CF); **B:** incorreta, nos termos fixados pelo STF – Tema 508 da Repercussão Geral – Tese: sociedades de economia mista cuja participação acionária é negociada em Bolsas de Valores e que estejam voltadas à remuneração do capital de seus controladores ou acionistas não estão abrangidas pela regra de imunidade tributária recíproca; **C:** correta, nos termos fixados pelo STF – Tema 1140 da Repercussão Geral – Tese: as empresas públicas e as sociedades de economia mista delegatárias de serviços públicos essenciais, que não distribuam lucros a acionistas privados nem ofereçam risco ao equilíbrio concorrencial, são beneficiárias da imunidade tributária recíproca prevista no artigo 150, VI, *a*, da Constituição Federal, independentemente de cobrança de tarifa como contraprestação do serviço; **D e E:** incorretas, pois a imunidade também abrange as empresas públicas e as sociedades de economia mista, prestadoras de serviços públicos essenciais, nos termos fixados pelo STF no Tema 1140 citado anteriormente. Ademais, a Reforma Tributária (EC 132/2023) introduziu no texto constitucional a imunidade relativa à empresa pública prestadora de serviço postal no art. 150, § 2º, da CF. LS

Gabarito "C."

(Procurador Federal – AGU – 2023 – CEBRASPE) A prefeitura de determinado município inscreveu o Instituto Nacional do Seguro Social (INSS) na dívida ativa, em razão de dívidas de imposto sobre a propriedade predial e territorial urbana (IPTU) já vencidas e não pagas. O município alegou que os imóveis em questão, de propriedade da autarquia, estavam alugados a terceiros, pessoas físicas, as quais não haviam efetuado o pagamento, e que, por essa razão, a entidade deveria responder pelo débito, na qualidade de proprietária do imóvel.

Acerca da situação hipotética precedente, assinale a opção correta à luz da jurisprudência majoritária e atual do Supremo Tribunal Federal (STF).

(A) O INSS será beneficiado pela imunidade tributária, independentemente da destinação dada aos valores dos aluguéis, sendo suficiente o ingresso dos valores nos cofres públicos.

(B) O INSS será beneficiado pela imunidade tributária, porém tal benefício não se estenderá aos inquilinos dos seus imóveis, motivo por que o município deverá redirecionar a cobrança do crédito tributário aos locatários.

(C) O INSS será beneficiado pela imunidade tributária, desde que o valor dos aluguéis esteja sendo aplicado nas atividades para as quais a autarquia foi constituída.

(D) O INSS não faz jus ao benefício da imunidade tributária no caso, pois os imóveis estavam alugados para particulares.

(E) O INSS somente possui imunidade tributária em relação aos imóveis diretamente empregados na sua atividade fim ou nas atividades dela decorrentes, portanto, no caso de imóveis alugados a título de investimento, a entidade se submeterá às mesmas regras tributárias aplicáveis aos demais proprietários.

A, D e E: incorretas, pois a imunidade das autarquias e fundações instituídas e mantidas pelo poder público prestadoras de serviços públicos essenciais, expressa no art. 150, §§ 2º e 4º, da CF abrange seus imóveis alugados a terceiros, desde que a renda obtida com os aluguéis esteja vinculada aos seus fins essenciais, o que é presumido nos casos de tais entes. O STF aplica os mesmos fundamentos que deram origem à Súmula Vinculante 52: ainda quando alugado a terceiros, permanece imune ao IPTU o imóvel pertencente a qualquer das entidades referidas pelo art. 150, VI, "c", da Constituição Federal, desde que o valor dos aluguéis seja aplicado nas atividades para as quais tais entidades foram constituídas; **C:** correta, conforme comentário anterior baseado na Súmula Vinculante 52; **B:** o contribuinte do IPTU é o proprietário do imóvel (art. 34 do CTN) que, no caso, é imune por ser uma autarquia. Portanto, não ocorrerá o fato gerador do imposto municipal, sendo indevida qualquer cobrança em relação aos locatários do imóvel. LS

Gabarito "C."

(Procurador Fazenda Nacional – AGU – 2023 – CEBRASPE) No que diz respeito à imunidade tributária de contribuições para a seguridade social, prevista na CF, assinale a opção correta.

(A) No que se refere às contribuições para a seguridade social, o texto constitucional faz menção à imunidade, quando, na verdade, deveria mencionar isenção, uma vez que a matéria foi submetida a reserva legal pelo próprio constituinte.

(B) A imunidade de contribuições para a seguridade social prevista no art. 195 da CF tem o mesmo alcance subjetivo da imunidade de impostos, prevista no art. 150 da CF.

(C) Cumpridos os requisitos para fruição da imunidade, a entidade beneficente não a perde em razão de alteração legislativa superveniente, haja vista a garantia do direito adquirido.

(D) A lei complementar é forma exigível para a definição do modo beneficente de atuação das entidades de assistência social contempladas na CF, especialmente no que se refere à instituição de contrapartidas a serem por elas observadas.

(E) A imunidade de contribuições para a seguridade social abrange as contribuições devidas pelos empregados das entidades beneficentes de assistência social.

A: incorreta, pois apesar da expressão "isenção" utilizada na Constituição Federal, no art. 195, § 7º, o caso é de imunidade por se tratar de uma limitação constitucional ao poder de tributar, conforme já reconhecido pelo STF no RMS 22.192: a cláusula inscrita no art. 195, § 7º, da Carta Política – não obstante referir-se impropriamente à isenção de contribuição para a seguridade social –, contemplou as entidades beneficentes de assistência social, com o favor constitucional da imunidade tributária, desde que por elas preenchidos os requisitos fixados em lei. A jurisprudência constitucional do Supremo Tribunal Federal já identificou, na cláusula inscrita no art. 195, § 7°, da Constituição da República, a existência de uma típica garantia de imunidade (e não de simples isenção) estabelecida em favor das entidades beneficentes de assistência social; **B:** incorreta, pois somente as entidades beneficentes de assistência social sem fins lucrativos podem gozar da imunidade relativa às contribuições sociais destinadas ao custeio da seguridade social (art. 195, § 7°, da CF), enquanto a imunidade referente aos impostos (art. 150 da CF) alcança também várias outras entidades, tais como os partidos políticos, inclusive suas fundações, e as entidades sindicais dos trabalhadores, atendidos os requisitos da lei; **C:** incorreta, pois as entidades beneficentes de assistência social são imunes às contribuições para a seguridade social, desde que por elas preenchidos os requisitos fixados em lei. Portanto, se houver lei superveniente que altere os requisitos exigidos para o gozo da imunidade não há direito adquirido à manutenção da imunidade com base na lei revogada. A entidade poderá continuar usufruindo o benefício fiscal, desde que atenda aos requisitos previstos na nova lei; **D:** correta, pois, a regulamentação das imunidades deve ser feita por lei complementar federal, nos termos do art. 146, II, da CF. Tese de repercussão geral 32/STF: "Os requisitos para o gozo de imunidade hão de estar previstos em lei complementar"; **E:** incorreta, pois a imunidade beneficia a entidade e não seus empregados. LS

Gabarito "D".

(Procurador Fazenda Nacional – AGU – 2023 – CEBRASPE) Assinale a opção correta a respeito do regime tributário das autarquias, das empresas públicas e das sociedades de economia mista, à luz do entendimento jurisprudencial do Supremo Tribunal Federal (STF).

(A) A imunidade tributária recíproca prevista na Constituição Federal de 1988 (CF) pode ser suprimida ou alterada por emenda constitucional (EC), por não constituir cláusula pétrea, tal qual ocorreu com a edição da EC n.º 3/1993, que criou temporariamente o imposto sobre movimentação ou transmissão de valores e de créditos e direitos de natureza financeira (IPMF).

(B) A imunidade constitucional recíproca, prevista na Constituição Federal de 1988 (CF), tem por objeto apenas impostos, não alcançando as autarquias municipais, de modo que elas estão sujeitas ao pagamento do imposto sobre a renda das pessoas jurídicas e da contribuição social sobre o lucro líquido.

(C) As sociedades de economia mista com atuação exclusiva na prestação de ações e serviços de saúde cujo capital social seja majoritariamente estatal e que não tenham por finalidade a obtenção de lucro gozam da imunidade tributária prevista na Constituição Federal de 1988 (CF).

(D) As empresas públicas e as sociedades de economia mista delegatárias de serviços públicos essenciais que não distribuam lucros a acionistas privados nem ofereçam risco ao equilíbrio concorrencial são beneficiárias da imunidade tributária constitucionalmente recíproca, desde que não haja cobrança de tarifa como contraprestação do serviço.

(E) Quando imunes, as autarquias, as empresas públicas e as sociedades de economia mista ficam dispensadas da retenção de tributos, na condição de substitutas ou responsáveis tributárias.

A: incorreta, pois a imunidade recíproca é considerada pelo STF como cláusula pétrea porque diretamente relacionada à salvaguarda do princípio federativo. Nesse sentido, a ADI 939/STF que declarou

inconstitucional a previsão da EC n.º 3/1993, que criou temporariamente o (IPMF), de incidência do tributo sobre a movimentação financeira dos Estados, DF e Municípios por ofensa ao princípio federativo; **B:** incorreta, pois a imunidade tributária recíproca (art. 150, VI, 'a', da CF) alcança as autarquias e as fundações instituídas e mantidas pelo poder público, nos termos do art. 150, §§ 2° e 4°, da CF. Cumpre ressaltar que a Reforma Tributária (EC 132/2023) introduziu no texto constitucional a imunidade relativa à empresa pública prestadora de serviço postal no art. 150, § 2°, da CF; **C:** correta, nos termos fixados pelo STF no RE 580264: a saúde é direito fundamental de todos e dever do Estado (arts. 6° e 196 da Constituição Federal). Dever que é cumprido por meio de ações e serviços que, em face de sua prestação pelo Estado mesmo, se definem como de natureza pública (art. 197 da Lei das leis). A prestação de ações e serviços de saúde por sociedades de economia mista corresponde à própria atuação do Estado, desde que a empresa estatal não tenha por finalidade a obtenção de lucro; **D:** incorreta, pois a imunidade, nesse caso, independe da cobrança de tarifa como contraprestação do serviço público, nos termos fixados pelo STF – Tema 1140 da Repercussão Geral – Tese: as empresas públicas e as sociedades de economia mista delegatárias de serviços públicos essenciais, que não distribuam lucros a acionistas privados nem ofereçam risco ao equilíbrio concorrencial, são beneficiárias da imunidade tributária recíproca prevista no artigo 150, VI, *a*, da Constituição Federal, independentemente de cobrança de tarifa como contraprestação do serviço; **E:** incorreta, pois a imunidade não exclui a atribuição, por lei, às entidades nele referidas, da condição de responsáveis pelos tributos que lhes caiba reter na fonte, (art. 9°, § 1° do CTN). LS

Gabarito "C".

(Procurador – PGM/SP – 2023 – CESPE/CEBRASPE) Com base na Constituição Federal de 1988 e na jurisprudência dos tribunais superiores, julgue os itens a seguir.

I. Uma sociedade de economia mista estadual, que atue como prestadora exclusiva do serviço público de abastecimento de água potável e coleta e tratamento de esgotos sanitários, possui o direito à imunidade tributária recíproca sobre impostos federais incidentes sobre seu patrimônio, renda e serviços, desde que haja a prestação de um serviço público, que não ocorra a distribuição de lucros aos acionistas e que essa sociedade não atue em regime concorrencial.

II. As entidades religiosas podem se qualificar como instituições de assistência social, para aproveitar os benefícios da imunidade tributária prevista na Constituição Federal de 1988, que abrange não apenas os impostos incidentes sobre o patrimônio, renda e serviços dessas entidades, mas também os impostos relacionados à importação de bens a serem utilizados na realização de seus objetivos estatutários.

III. A sociedade de economia mista, prestação de serviço público, cuja participação acionária é negociada em bolsas de valores, e que, inequivocamente, está voltada à remuneração do capital de seus controladores ou acionistas, está abrangida pela regra de imunidade tributária.

Assinale a opção correta.

(A) Apenas o item I está certo.

(B) Apenas o item III está certo.

(C) Apenas os itens I e II estão certos.

(D) Apenas os itens II e III estão certos.

(E) Todos os itens estão certos.

I: item correto. De acordo com a Constituição Federal (art. 150, § 3° c/c 173, § 2°) a imunidade em relação a impostos prevista no art. 150, VI, 'a'

não se aplica ao patrimônio, à renda e aos serviços, relacionados com exploração de atividades econômicas regidas pelas normas aplicáveis a empreendimentos privados. Porém, o STF faz uma diferenciação entre empresas públicas e as sociedades de economia prestadoras de serviços públicos essenciais, de um lado, e, de outro, as estatais exploradoras de atividade econômica *stricto sensu, garantindo às primeiras a imunidade tributária*, nos seguintes termos (Tema 1140 da Repercussão Geral): Tese: as empresas públicas e as sociedades de economia mista delegatárias de serviços públicos essenciais, que não distribuam lucros a acionistas privados nem ofereçam risco ao equilíbrio concorrencial, são beneficiárias da imunidade tributária recíproca prevista no artigo 150, VI, *a*, da Constituição Federal, independentemente de cobrança de tarifa como contraprestação do serviço. No mesmo sentido, decisão do STF na ACO 3410/SE: *"Sociedade de economia mista estadual prestadora exclusiva do serviço público de abastecimento de água potável e coleta e tratamento de esgotos sanitários faz jus à imunidade tributária recíproca sobre impostos federais incidentes sobre patrimônio, renda e serviços. Prevalece na Corte o entendimento de que, para a extensão da imunidade tributária recíproca da Fazenda Pública a sociedades de economia mista e empresas públicas, é necessário preencher 3 (três) requisitos: (i) a prestação de um serviço público; (ii) a ausência do intuito de lucro e (iii) a atuação em regime de exclusividade, ou seja, sem concorrência.";* II: item correto nos termos da jurisprudência do STF (Repercussão Geral – Tema 336): *As entidades religiosas podem se caracterizar como instituições de assistência social a fim de se beneficiarem da imunidade tributária prevista no art. 150, VI, c, da Constituição, que abrangerá não só os impostos sobre o seu patrimônio, renda e serviços, mas também os impostos sobre a importação de bens a serem utilizados na consecução de seus objetivos estatutários.* III: item incorreto, pois se a sociedade de economia mista é voltada à remuneração do capital de seus controladores ou acionistas não há imunidade, conforme comentários ao item I e jurisprudência do STF (Repercussão Geral – Tema 508): *"Sociedade de economia mista, cuja participação acionária é negociada em Bolsas de Valores, e que, inequivocamente, está voltada à remuneração do capital de seus controladores ou acionistas, não está abrangida pela regra de imunidade tributária prevista no art. 150, VI, 'a', da Constituição, unicamente em razão das atividades desempenhadas".* LS

Gabarito "C".

(Procurador – PGE/SC – 2022 – FGV) No mesmo dia, foram protocolizados junto à Secretaria da Fazenda do Estado Alfa dois requerimentos de reconhecimento de imunidade tributária de IPVA referentes a veículos licenciados no território estadual. O primeiro se referia a veículos de propriedade de uma entidade maçônica usados em suas atividades essenciais, por alegação de que configuraria entidade religiosa. O segundo se referia aos veículos de propriedade da Empresa Brasileira de Correios e Telégrafos (EBCT) também usados em suas atividades essenciais, por alegação de que configuraria empresa estatal beneficiária de imunidade tributária recíproca, ainda que exercesse algumas atividades com o intuito de lucro e em regime de livre concorrência.

Diante desse cenário e à luz da jurisprudência dos Tribunais Superiores, o Fisco estadual deve:

(A) reconhecer a imunidade tributária religiosa quanto aos veículos da entidade maçônica e a imunidade tributária recíproca quanto aos veículos da EBCT;

(B) negar reconhecimento à imunidade tributária religiosa quanto aos veículos da entidade maçônica, mas reconhecer a imunidade tributária recíproca quanto aos veículos da EBCT;

(C) reconhecer a imunidade tributária religiosa quanto aos veículos da entidade maçônica, mas negar reco-

nhecimento à imunidade tributária recíproca quanto aos veículos da EBCT;

(D) reconhecer a imunidade tributária religiosa quanto aos veículos da entidade maçônica, mas apenas reconhecer a imunidade tributária recíproca quanto aos veículos da EBCT usados em atividades exclusivamente exercidas em regime de monopólio;

(E) negar reconhecimento tanto à imunidade tributária religiosa dos veículos da entidade maçônica como à imunidade tributária recíproca dos veículos da EBCT.

A Constituição Federal garante imunidade para as entidades religiosas e templos de qualquer culto, inclusive suas organizações assistenciais e beneficentes, em relação aos impostos sobre o patrimônio, a renda e os serviços, relacionados com as finalidades essenciais de tais entidades (art. 150, VI, 'b' c/c § 4º). Porém, segundo o STF, a entidade maçônica não se equipara a entidade religiosa para fins de imunidade tributária, pois a maçonaria seria uma ideologia de vida e não uma religião (RE 562351). Em relação à Empresa Brasileira de Correios e Telégrafos (EBCT), o STF entende pela sua imunidade ampla, devido aos relevantes serviços públicos prestados visando a garantir a efetivação do direito à comunicação e a integração do território nacional, nos seguintes termos (Repercussão Geral – Tema 235): *"Os serviços prestados pela Empresa Brasileira de Correios e Telégrafos – ECT, inclusive aqueles em que a empresa não age em regime de monopólio, estão abrangidos pela imunidade tributária recíproca (CF, art. 150, VI, 'a' e §§ 2º e 3º)".* Especificamente em relação ao IPVA quanto aos veículos da EBCT, também já se manifestou o STF favoravelmente à imunidade (ACO 789). Cumpre salientar que a Reforma Tributária (EC 132/2023) passou a prever expressamente a imunidade da EBCT em relação aos impostos sobre o patrimônio, a renda e os serviços no art. 150, § 2º, da CF/88: *A vedação do inciso VI, "a", é extensiva às autarquias e às fundações instituídas e mantidas pelo poder público e à empresa pública prestadora de serviço postal, no que se refere ao patrimônio, à renda e aos serviços vinculados a suas finalidades essenciais ou às delas decorrentes.* Por todo o exposto, correta a alternativa B, que nega imunidade aos veículos da entidade maçônica e assegura a imunidade para os veículos da EBCT, e incorretas as demais. Ainda sobre a imunidade da EBCT, conferir as teses fixadas pelo STF nos temas 402 e 644 da Repercussão Geral. LS

Gabarito "B".

(Procurador do Município/Manaus – 2018 – CESPE) Considerando o que dispõe a CF, julgue o item a seguir, a respeito das limitações do poder de tributar, da competência tributária e das normas constitucionais aplicáveis aos tributos.

(1) É proibida a cobrança de tributo sobre o patrimônio e a renda dos templos de qualquer culto.

1: incorreta, pois a imunidade dos templos restringe-se a impostos, não a qualquer espécie tributária (como taxas e contribuições) – art. 150, VI, *b*, da CF. Interessante lembrar que mesmo os imóveis locados para destinação como templos são abrangidos pela imunidade em relação ao IPTU, nos termos do art. 156, § 1º-A, da CF. RB

Gabarito "1E".

(Procurador do Estado/SE – 2017 – CESPE) A principal distinção entre imunidade tributária e isenção tributária é que

(A) as imunidades estão expressamente previstas na CF e nas leis; e as isenções se referem a fatos não abrangidos pela hipótese de incidência.

(B) as imunidades estão previstas na CF; e as isenções, no texto infraconstitucional.

(C) as isenções estão previstas na CF; e as imunidades, no texto infraconstitucional.

(D) as imunidades se referem ao aspecto subjetivo do contribuinte; e as isenções, ao elemento objetivo do fato gerador.

(E) as isenções se referem ao aspecto subjetivo do contribuinte; e as imunidades, ao elemento objetivo do fato gerador.

A: incorreta, pois imunidades são previstas na Constituição Federal, apenas, e afastam a competência tributária dos entes políticos. A isenção pressupõe a existência de competência tributária, sendo que lei do ente competente exclui o crédito (na terminologia do CTN – art. 175, I) ou cria exceção à hipótese legal de incidência (doutrina). A isenção é, em regra, prevista na lei daquele ente que é o competente para legislar sobre o tributo, sendo que a única exceção atualmente em vigor é a possibilidade de isenção do ISSQN na exportação instituída por lei complementar federal, nos termos do art. 156, § 3º, II, da CF (isenção heterônoma); **B:** correta, conforme comentário anterior; **C:** incorreta, conforme comentário à primeira alternativa; **D e E:** incorretas, pois tanto as imunidades como as isenções podem se referir a aspectos subjetivos (com relação ao sujeito passivo) ou objetivos (relativos ao fato gerador). LS

Gabarito "B"

4. DEFINIÇÃO DE TRIBUTO E ESPÉCIES TRIBUTÁRIAS

(Procurador Fazenda Nacional – AGU – 2023 – CEBRASPE) O Ministério da Fazenda, a fim de obter recursos para custear crescentes gastos com a manutenção do sistema informatizado de controle de importações, propôs a criação de tributo via medida provisória, em cuja minuta se lê o seguinte.

Art. 1.º Fica instituído encargo especial para utilização do sistema de registro de importação, administrado pela Receita Federal do Brasil (RFB).

§ 1.º A taxa a que se refere o artigo anterior será devida à razão de R$ 20,00 (vinte reais), no momento do registro da declaração de importação.

§ 2.º O produto da arrecadação será destinado integralmente para custear a manutenção do sistema a que se refere o *caput*.

A minuta em questão foi encaminhada para análise jurídica da Coordenação-Geral de Assuntos Tributários da Procuradoria-Geral da Fazenda Nacional (PGFN).

Na situação hipotética apresentada, considerando a disciplina legal e constitucional das espécies tributárias, o procurador da PGFN deverá sugerir, ao emitir seu parecer, a alteração da nomenclatura "encargo especial", no *caput* do artigo 1.º, para

(A) contribuição de melhoria.

(B) contribuição social alfandegária.

(C) contribuição de intervenção no domínio econômico.

(D) taxa.

(E) imposto.

A: incorreta, pois o fato gerador da contribuição de melhoria é a valorização imobiliária decorrente de obra pública, conforme art. 145, III, da CF c/c art. 81 do CTN; **B e C:** incorretas, pois as contribuições especiais são tributos que se caracterizam por terem a receita destinada às áreas previstas na Constituição Federal, nos artigos 149 (contribuições: sociais, de intervenção no domínio econômico e de interesse das categorias profissionais ou econômicas) e 149-A (custeio, a expansão e a melhoria do serviço de iluminação pública e de sistemas de monitoramento para

---

segurança e preservação de logradouros públicos); **D:** correta, pois a taxa é tributo que visa remunerar atividade estatal, conforme artigo 145, II, da CF: exercício do poder de polícia ou utilização, efetiva ou potencial, de serviços públicos específicos e divisíveis, prestados ao contribuinte ou postos a sua disposição; e **E:** incorreta, pois imposto é tributo com fato gerador não vinculado a atividade estatal – vide art. 16 do CTN. LS

Gabarito "D"

(Procurador Fazenda Nacional – AGU – 2023 – CEBRASPE) O STF e o STJ reconhecem a validade da tributação de rendimentos provenientes de atos ilícitos, pois a interpretação legal do fato gerador é feita abstraindo-se a validade jurídica dos atos praticados, a natureza do objeto ou os efeitos desses atos. Trata-se da aplicação do princípio tributário

(A) da tipicidade.

(B) da legalidade.

(C) do *non olet*.

(D) da capacidade contributiva.

(E) da isonomia.

O art. 118 do CTN estabelece que a definição legal do fato gerador é interpretada abstraindo-se da validade jurídica dos atos efetivamente praticados pelos contribuintes, responsáveis, ou terceiros, bem como da natureza do seu objeto ou dos seus efeitos. Por isso, é válida a tributação de rendimentos provenientes de atos ilícitos (por ex., tributação da renda auferida com o tráfico de drogas– aplicação do brocardo *pecunia non olet*), conforme julgado do STF (HC 94240/SP) – "Non olet" e atividade ilícita. É possível a incidência de tributação sobre valores arrecadados em virtude de atividade ilícita, consoante o art. 118 do CTN. Assim, a assertiva correta é a letra C. LS

Gabarito "C"

(Procurador Fazenda Nacional – AGU – 2023 – CEBRASPE) No que se refere ao sistema tributário nacional e às normas gerais de direito tributário, julgue os itens a seguir.

I. Tributo é toda prestação pecuniária compulsória, em moeda ou cujo valor nela se possa exprimir, ainda que constitua sanção de ato ilícito, instituída em lei e cobrada mediante atividade administrativa plenamente vinculada.

II. Considerado o conceito legal de tributo, deve-se reconhecer a natureza tributária da taxa de ocupação dos terrenos de marinha.

III. Apesar do caráter compulsório do tributo, a legislação por vezes permite ao contribuinte a opção por regimes tributários alternativos, como o Simples Nacional, o que não descaracteriza a natureza tributária da obrigação.

IV. A destinação legal do produto da arrecadação é irrelevante para aferir a natureza jurídica específica do tributo.

Assinale a opção correta.

(A) Apenas os itens I e II estão certos.

(B) Apenas os itens I e IV estão certos.

(C) Apenas os itens II e III estão certos.

(D) Apenas os itens III e IV estão certos.

(E) Todos os itens estão certos.

I: incorreto, pois o tributo não é sanção de ato ilícito (art. 3º do CTN); **II:** incorreto, pois a taxa é tributo devido em razão do exercício do poder de polícia ou pela utilização, efetiva ou potencial, de serviços públicos específicos e divisíveis, prestados ao contribuinte ou postos a sua disposição (art. 145, II, da CF). Assim, o valor cobrado em razão do uso de bem público (ocupação dos terrenos de marinha) não tem

3. DIREITO TRIBUTÁRIO · 159

natureza tributária, mas sim de preço público (natureza contratual); **III:** correto. A Constituição Federal de 1988, especialmente nos artigos 146, III, 'd' e 179 estabelece que o legislador infraconstitucional concederá tratamento jurídico diferenciado às "micro e pequenas empresas". Nesse sentido, a LC 123/2006 criou o **"Simples Nacional" que é um regime tributário voltado para as micro e pequenas empresas – incluindo os microempreendedores individuais (MEIs)**. Consiste em um sistema simplificado e unificado de recolhimento de alguns tributos, sendo opcional para o contribuinte (art. 146, § 1º, I, da CF). A opção pelo regime do Simples não descaracteriza a natureza tributária da obrigação nele prevista, ou seja, feita a opção pelo citado regime o contribuinte deve compulsoriamente recolher os tributos nele previstos nos valores e prazos previstos na lei. **IV:** correto, conforme a literalidade do art. 4º, II, do CTN. De fato, o destino da arrecadação é irrelevante para determinar a natureza jurídica dos impostos, taxas e contribuições de melhoria que são as espécies tributárias indicadas no art. 5º do CTN (teoria tripartite). Porém, para o empréstimo compulsório e as contribuições especiais, previstas na CF (artigos 148, 149 e 149-A), o destino da receita é aspecto relevante do seu regime jurídico (teoria pentapartida dos tributos). 🔲
Gabarito "D".

(Procurados do Município – Prefeitura Fortaleza/CE – CESPE – 2017) No que se refere à teoria do tributo e das espécies tributárias, julgue os itens seguintes.

(1) A identificação do fato gerador é elemento suficiente para a classificação do tributo nas espécies tributárias existentes no ordenamento jurídico: impostos, taxas, contribuições de melhoria, contribuições e empréstimos compulsórios.

(2) O imposto é espécie tributária caracterizada por indicar fato ou situação fática relativa ao próprio contribuinte no aspecto material de sua hipótese de incidência.

(3) O fato gerador da contribuição de iluminação pública é a prestação de serviço público, específico e divisível, colocado à disposição do contribuinte mediante atividade administrativa em efetivo funcionamento.

(4) A relação jurídica tributária, que tem caráter obrigacional, decorre da manifestação volitiva do contribuinte em repartir coletivamente o ônus estatal.

(5) No que concerne à atividade de cobrança de tributo, não se admite avaliação do mérito administrativo pelo agente público, uma vez que o motivo e o objeto da atividade administrativa fiscal são plenamente vinculados.

1: Incorreta, pois, embora o fato gerador seja o elemento essencial para a classificação dos tributos listados no CTN (arts. 4º e 5º), ou seja, impostos, taxas e contribuições de melhoria, as outras duas espécies, previstas na Constituição Federal (contribuições especiais e empréstimos compulsórios) são definidos por sua finalidade – arts. 148, 149 e 149-A da CF. **2:** Correta, já que o fato gerador do imposto é desvinculado de qualquer atividade estatal específica voltada ao contribuinte (art. 16 do CTN), considerando também que deve relacionar-se com a capacidade contributiva do contribuinte – art. 145, § 1º, da CF. **3:** Incorreta, pois a assertiva descreve taxa, inviável no caso de serviço indivisível, como é o caso da iluminação pública – art. 77 do CTN. A rigor, a CF não descreve o fato gerador dessa contribuição, mas apenas sua finalidade, qual seja custeio desse serviço – art. 149-A da CF. A Reforma Tributária (EC 132/2023) ampliou a competência dos Municípios e do Distrito Federal para permitir que a citada contribuição também possa ser destinada a expansão e a melhoria do serviço de iluminação pública e de sistemas de monitoramento para segurança e preservação de logradouros públicos. Ressalte-se que o STF já entendia

ser constitucional a aplicação dos recursos arrecadados por meio de contribuição para o custeio da iluminação pública na expansão e aprimoramento da rede (Tema 696 da Repercussão Geral). **4:** Incorreta, pois a vontade do contribuinte é irrelevante para o surgimento da obrigação tributária, que é sempre compulsória, decorrente da lei (*ex lege*) – art. 3º do CTN. **5:** Correta, não havendo discricionariedade na cobrança, sendo a atividade fiscal vinculada e obrigatória, sob pena de responsabilidade funcional – arts. 3º e 142, parágrafo único, do CTN. 🔲
Gabarito 1E, 2C, 3E, 4E, 5C

(Procurador – PGFN – ESAF – 2015) A contribuição para o custeio do serviço de iluminação pública pode ser instituída

(A) por Estados, Municípios e Distrito Federal.

(B) como imposto adicional na fatura de consumo de energia elétrica.

(C) mediante a utilização de elemento próprio da mesma base de cálculo de imposto.

(D) somente por Lei Complementar.

(E) para cobrir despesas de iluminação dos edifícios públicos próprios.

A: incorreta, pois a competência é exclusiva dos municípios e DF – art. 149-A da CF; **B:** incorreta, pois contribuição não se confunde com imposto – art. 16 do CTN; **C:** correta, já que não há vedação à repetição de fato gerador ou base de cálculo, considerando que a CF não descreve o fato gerador da contribuição, mas apenas sua finalidade, qual seja, custeio desse serviço – art. 149-A da CF. A rigor, a Constituição indica que a base de cálculo pode ser a mesma do ICMS ao definir que a contribuição pode ser cobrada na fatura de consumo de energia elétrica – ver RE 573.675/SC. **D:** incorreta, pois a Constituição Federal não exige lei complementar para sua instituição; **E:** incorreta, pois a citada contribuição pode ser instituída para o custeio, a expansão e a melhoria do serviço de iluminação pública e de sistemas de monitoramento para segurança e preservação de logradouros públicos, conforme art. 149-A, da CF, com a redação dada pela Reforma Tributária (EC 132 /2023) 🔲
Gabarito "C".

5. LEGISLAÇÃO TRIBUTÁRIA – FONTES

(Procurador Federal – AGU – 2023 – CEBRASPE) De acordo com o Código Tributário Nacional (CTN), para efeito de delimitação do conceito de legislação tributária, são exemplos de normas complementares, em seu sentido técnico,

(A) os decretos emitidos pelo Poder Executivo e as práticas reiteradamente observadas pelas autoridades administrativas.

(B) os tratados e as convenções internacionais e os convênios celebrados entre a União e os estados.

(C) os convênios celebrados entre a União e os estados e as práticas reiteradamente observadas pelas autoridades administrativas.

(D) as práticas reiteradamente observadas pelas autoridades administrativas e os tratados e as convenções internacionais.

(E) os tratados e as convenções internacionais e os decretos emitidos pelo Poder Executivo.

A e B: Incorretas, pois conforme o art. 100 do CTN, os tratados e as convenções internacionais e os decretos emitidos pelo Poder Executivo não são exemplos de normas complementares, em seu sentido técnico, embora estejam abarcados pela expressão "legislação tributária", prevista no art. 96 do CTN; **C:** correta, pois conforme o art. 100 do CTN, são normas complementares das leis, dos tratados e das convenções internacionais e dos decretos: I – os atos normativos expedidos pelas autoridades administrativas; II – as decisões dos órgãos singulares ou coletivos de jurisdição administrativa, a que a lei atribua eficácia normativa; III – as práticas reiteradamente observadas pelas autoridades administrativas; IV – os convênios que entre si celebrem a União, os Estados, o Distrito Federal e os Municípios; **D e E:** incorretas, conforme comentários anteriores – vide art. 100 do CTN. **LS**

Gabarito "C".

(Procurador Município – Santos/SP – VUNESP – 2021) Em relação aos Princípios Gerais da Tributação, determina a Constituição Federal:

(A) a lei complementar poderá estabelecer critérios especiais de tributação, com o objetivo de prevenir desequilíbrios da concorrência, sem prejuízo da competência de a União, no caso de relevância e urgência, através de ato do executivo, estabelecer normas de igual objetivo.

(B) cabe à lei complementar, dentre outras circunstâncias, estabelecer normas gerais em matéria de legislação tributária, especialmente sobre a definição de tratamento diferenciado e favorecido para as microempresas e para as empresas de pequeno porte, inclusive regimes especiais ou simplificados no caso do imposto de produtos industrializados, sendo vedada a instituição de um regime único de arrecadação.

(C) as contribuições sociais e de intervenção no domínio econômico incidirão também sobre a importação de produtos estrangeiros ou serviços e sobre as receitas decorrentes de exportação.

(D) cabe à lei complementar, dentre outras situações, dispor sobre conflitos de competência, em matéria tributária, entre a União, os Estados, o Distrito Federal e os Municípios e regular as limitações constitucionais ao poder de tributar.

(E) a União, os Estados, o Distrito Federal e os Municípios instituirão, por meio de lei complementar, contribuições para custeio de regime próprio de previdência social, cobradas dos servidores ativos, dos aposentados e dos pensionistas, que não poderão ter alíquotas progressivas.

A: incorreta, pois a competência da União é exercida por lei ordinária, independentemente de relevância ou urgência – art. 146-A da CF; **B:** incorreta, pois é possível regime único para impostos e contribuições dos entes federados (Simples Nacional), não apenas ao IPI – art. 146, parágrafo único, da CF; **C:** incorreta, pois as contribuições sociais e CIDE não incidirão sobre receitas decorrentes de exportação – art. 149, § 2º, I, da CF; **D:** correta, conforme o art. 146, I e II, da CF; **E:** incorreta, pois as contribuições para os regimes próprios de previdência poderão ter alíquotas progressivas, nos termos do art. 149, § 1º, da CF. RB

Gabarito "D".

(Procurador do Estado/AC – 2017 – FMP) No que tange ao direito tributário, é CORRETO dizer que cabe à lei complementar

(A) resolver eventuais conflitos de competência que possam surgir entre a União, os Estados, o Distrito Federal e os Municípios.

(B) estabelecer as limitações ao poder de tributar votadas pelo Congresso Nacional, além daquelas já previstas na Constituição Federal.

(C) explicitar a definição dos tributos e suas espécies, tão somente.

(D) estabelecer o teto máximo das multas tributárias.

(E) determinar o percentual de partição das receitas tributárias entre os entes da federação.

A: correta – art. 146, I, da CF; **B:** incorreta, pois a lei complementar é veículo para regular as limitações constitucionais ao poder de tributar (como é o caso das imunidades) – art. 146, II, da CF; **C:** incorreta, pois há outras matérias a serem veiculadas por lei complementar – art. 146, III, da CF; **D:** incorreta, pois não há essa previsão constitucional de veiculação da matéria por lei complementar; **E:** incorreta, pois os percentuais são fixados pela própria CF (arts. 157 a 162), embora haja matérias a serem reguladas por lei complementar (ver art. 161 da CF) e cálculos pelos Tribunais de Contas (ver art. 161, parágrafo único, da CF). **LS**

Gabarito "A".

(Procurador – SP – VUNESP – 2015) Tratando-se de legislação tributária, é correto afirmar que os atos normativos expedidos pelas autoridades administrativas

(A) são normas complementares.

(B) são fontes principais do Direito Tributário.

(C) têm força de lei.

(D) equiparam-se às leis para fins de instituição de tributos.

(E) podem estabelecer hipóteses de dispensa ou redução de penalidades.

A: correta, conforme o art. 100, I, do CTN; **B:** incorreta, pois as normas complementares, como diz o nome, complementam as leis, os tratados, as convenções internacionais e os decretos – art. 100, *caput*, do CTN; **C:** incorreta, conforme comentários anteriores; **D:** incorreta, pois as normas complementares não substituem a lei como veículo apto a veicular normas instituidoras de tributo – art. 97, I, do CTN; **E:** incorreta, pois essas são matérias reservadas à lei, que não pode ser substituída por norma complementar – art. 97, VI, do CTN. **RB**

Gabarito "A".

6. VIGÊNCIA, APLICAÇÃO, INTERPRETAÇÃO E INTEGRAÇÃO

(Procurador Fazenda Nacional – AGU – 2023 – CEBRASPE) Em sede de embargos à execução, o executado questionou o fundamento legal que havia embasado o lançamento do tributo e alegou haver dúvidas quanto às circunstâncias materiais do fato que havia dado origem à aplicação de uma penalidade em matéria tributária. Ao analisar o caso, o juiz competente concordou com a situação de dúvida em relação à penalidade.

Nessa situação hipotética, de acordo com o CTN, caberá ao juiz

(A) interpretar a legislação tributária literalmente quanto ao tributo e à multa.

(B) interpretar a legislação tributária de modo a admitir a aplicação da equidade apenas quanto ao tributo.

(C) interpretar a legislação tributária da forma mais favorável à União, para preservar o tributo.

(D) interpretar a legislação tributária restritivamente quanto à multa, mas não quanto ao tributo.

(E) interpretar a legislação tributária da forma mais favorável ao contribuinte apenas quanto à multa.

A, C e D: incorretas, pois conforme o art. 112 do CTN, a lei tributária que define infrações, ou lhe comina penalidades, interpreta-se da maneira mais favorável ao acusado, em caso de dúvida quanto: I – à capitulação legal do fato; II – à natureza ou às circunstâncias materiais do fato, ou à natureza ou extensão dos seus efeitos; III – à autoria, imputabilidade ou punibilidade; IV – à natureza da penalidade aplicável, ou à sua graduação; **B**: incorreta, pois o CTN estabelece que o emprego da equidade não poderá resultar na dispensa do pagamento de tributo devido (art. 108, § 2º, do CTN); **E**: correta, conforme art. 112 do CTN transcrito anteriormente. **LS**

Gabarito "E".

(Procurador Município – Santos/SP – VUNESP – 2021) Em relação à vigência, aplicação, interpretação e integração da Legislação Tributária, estabelece o Código Tributário Nacional:

(A) salvo disposição em contrário, entram em vigor na data de sua publicação as decisões dos órgãos singulares ou coletivos de jurisdição administrativa, a que a lei atribua eficácia normativa.

(B) a lei aplica-se a ato ou fato pretérito, em qualquer caso, quando seja expressamente interpretativa, incluída a aplicação de penalidade à infração dos dispositivos interpretados, e, tratando-se de ato não definitivamente julgado, dentre outras situações, quando lhe comine penalidade mais severa que a prevista na lei vigente ao tempo da sua prática.

(C) interpreta-se literalmente a legislação tributária que disponha sobre a suspensão ou exclusão do crédito tributário, outorga de isenção e dispensa do cumprimento de obrigações tributárias acessórias.

(D) a lei tributária pode alterar a definição, o conteúdo e o alcance de institutos, conceitos e formas de direito público e privado, utilizados, expressa ou implicitamente, pela Constituição Federal, pelas Constituições dos Estados, ou pelas Leis Orgânicas do Distrito Federal ou dos Municípios, para definir ou limitar competências tributárias.

(E) na ausência de disposição expressa, a autoridade competente para aplicar a legislação tributária, dentre outros institutos, utilizará da analogia, cujo emprego poderá resultar na exigência de tributo não previsto em lei e ainda na dispensa do pagamento de tributo devido.

A: incorreta, pois, salvo disposição em contrário, essas decisões, quanto a seus efeitos normativos, entram em vigor 30 dias após sua publicação – art. 103, II, do CTN; **B**: incorreta, pois, no caso de lei interpretativa, a retroatividade não se aplica à penalidade à infração dos dispositivos interpretados e, ademais, são as normas com penalidade menos severa que podem retroagir – art. 106, I e II, "c", do CTN; **C**: correta, conforme o art. 111 do CTN; **D**: incorreta, pois essa possibilidade de alteração pela lei tributária não pode violar as normas de competência fixadas pela CF – art. 110 do CTN; **E**: incorreta, pois a analogia jamais poderá ser aplicada para exigência de tributo não previsto em lei – art. 108, § 1º, do CTN. **RB**

Gabarito "C".

(Procurador Município – Teresina/PI – FCC – 2022) A respeito da vigência e aplicação da lei tributária, o Código Tributário Nacional (CTN) dispõe:

(A) O CTN refere-se aos efeitos do fato gerador, determinando que os negócios jurídicos condicionais reputam-se perfeitos e acabados desde o momento da prática de sua celebração, se a condição for suspensiva.

(B) A vigência, no espaço e no tempo, da legislação tributária rege-se somente pelas normas legais constantes no Código Tributário Nacional, Lei 5.112, de 25 de outubro de 1966.

(C) A legislação tributária aplica-se imediatamente somente aos fatos geradores futuros, não havendo possibilidade de ser aplicada aos fatos geradores pendentes.

(D) O CTN considera norma complementar os atos normativos expedidos pelas autoridades administrativas e determina que tais atos devem, sempre, entrar em vigor 30 dias após a data da sua publicação.

(E) A lei aplica-se a ato ou fato pretérito em qualquer caso, quando seja expressamente interpretativa, excluída a aplicação de penalidade à infração dos dispositivos interpretados.

A: incorreta, pois, no caso de condição suspensiva, os negócios jurídicos reputam-se perfeitos e acabados desde o momento do implemento dessa condição – art. 117, I, do CTN; **B**: incorreta, pois a vigência, no espaço e no tempo, da legislação tributária rege-se pelas disposições legais aplicáveis às normas jurídicas em geral, ressalvado o previsto no CTN – art. 101 do CTN; **C**: incorreta, pois a legislação tributária aplica-se imediatamente aos fatos geradores futuros e aos pendentes – art. 105 do CTN; **D**: incorreta, pois há diversos prazos para entrada em vigor fixadas pelo art. 103 do CTN a depender do tipo de norma complementar. No caso dos atos normativos expedidos pelas autoridades administrativas, o CTN estabelece que, salvo disposição em contrário, entram em vigor na data da sua publicação (art. 103, I, do CTN); **E**: correta – art. 106, I, do CTN. **LS**

Gabarito "E".

(Procurador do Município – Valinhos/SP – 2019 – VUNESP) Acerca da interpretação e integração da legislação tributária, conforme disciplinadas no Código Tributário Nacional, é correto afirmar que

(A) na ausência de disposição expressa, a autoridade competente para aplicar a legislação tributária utilizará, sucessivamente, na ordem indicada, a analogia, os princípios gerais de direito público, os princípios gerais de direito tributário e a equidade.

(B) os princípios gerais de direito privado utilizam-se para pesquisa da definição, do conteúdo e do alcance de seus institutos, conceitos e formas, e para definição dos respectivos efeitos tributários.

(C) a lei tributária que define infrações, ou lhe comina penalidades, interpreta-se sempre da maneira mais favorável ao acusado.

(D) do emprego da analogia não poderá resultar exigência de tributo não previsto em lei, mas do emprego da equidade poderá resultar dispensa do pagamento de tributo devido.

(E) interpreta-se literalmente a legislação tributária que disponha sobre suspensão ou exclusão do crédito tributário, outorga de isenção ou dispensa do cumprimento de obrigações tributárias acessórias.

A: incorreta, pois a ordem prevista no art. 108 do CTN é (1) analogia, (2) princípios gerais de direito tributário, (3) princípios gerais de direito público e (4) equidade; **B**: incorreta, pois não são utilizados para a definição dos efeitos tributários – art. 109, *in fine*, do CTN; **C**: incorreta, pois essa interpretação mais favorável aplica-se apenas em caso de dúvida em relação aos aspectos listados no art. 112 do CTN. No mais, a interpretação deve ser estrita, nos termos da lei; **D**: incorreta, pois o emprego da equidade tampouco pode resultar na dispensa de pagamento de tributo devido – art. 108, § 2º, do CTN; **E**: correta, nos termos do art. 111 do CTN.

Gabarito "E".

(Procurador do Estado/AC – 2017 – FMP) Observe os enunciados abaixo e marque a alternativa CORRETA.

(A) Em razão de sua especificidade, o direito tributário deve utilizar os conceitos de direito privado da forma que mais traga efetividade à tributação, desde que não fira direitos individuais.

(B) A Constituição Estadual é soberana para estabelecer normas sobre obrigação tributária, base de cálculo e fato gerador dos tributos estaduais.

(C) A Constituição Estadual pode isentar determinadas operações dos tributos de competência estadual, devido à sua hierarquia perante a lei instituidora do tributo.

(D) A Constituição Federal prevê, em situações excepcionais, que sejam estabelecidas condições de enquadramento em regime especial tributário diferenciadas por Estado.

(E) Tanto a União quanto os Estados podem instituir contribuições de interesse de categorias econômicas.

A: incorreta, pois os conceitos de direito privado devem ser interpretados à luz dos princípios gerais de direito privado, conforme o art. 109 do CTN; **B:** incorreta, pois a normas gerais são veiculadas por lei complementar federal, especialmente quanto a fato gerador, base de cálculo e contribuinte dos impostos – art. 146, III, da CF; **C:** incorreta, pois benefícios fiscais relativos ao ICMS dependem de acordo entre Estados e Distrito Federal – art. 155, § 2º, XII, *g*, da CF; **D:** correta – art. 146, parágrafo único, II, da CF; **E:** incorreta, pois essa competência é exclusiva da União – art. 149 da CF.
Gabarito "D".

(Procurador do Estado/SP – 2018 – VUNESP) Após a ocorrência do fato gerador, inovação legislativa amplia os poderes de investigação da Administração Tributária. Nessa circunstância, de acordo com o Código Tributário Nacional, é correto afirmar:

(A) a autoridade poderá aplicar amplamente a lei nova, inclusive para alterar o lançamento, até a extinção do crédito tributário.

(B) a autoridade poderá aplicar os novos critérios de apuração exclusivamente em casos de lançamento por homologação.

(C) a lei nova apenas poderá ser aplicada pela autoridade se, e somente se, seus critérios resultarem em benefício para o contribuinte.

(D) a autoridade competente não poderá aplicar a lei nova ao fato gerador pretérito, ocorrido anteriormente à sua vigência.

(E) a lei nova será aplicada pela autoridade competente na apuração do crédito tributário respectivo até a finalização do lançamento.

A: incorreta, pois, embora a norma posterior que amplie os poderes de investigação aplique-se a fatos geradores pretéritos para fins de lançamento, não se admite a alteração do lançamento já efetuado – art. 144, § 1º, e 145 do CTN; **B:** incorreta, pois não há restrição em relação à modalidade de lançamento – art. 144, § 1º, do CTN; **C:** incorreta, pois não há essa limitação – art. 144, § 1º, do CTN; **D:** incorreta, conforme comentários anteriores; **E:** correta, conforme o art. 144, § 1º, do CTN. RB
Gabarito "E".

(Procurador – PGFN – ESAF – 2015) Os convênios sobre matéria tributária

(A) entram em vigor na data neles prevista.

(B) entram em vigor no primeiro dia do exercício seguinte ao da sua publicação.

(C) entram em vigor na data da sua publicação.

(D) entram em vigor 30 (trinta) dias após a data da sua publicação.

(E) entram em vigor após homologados pelo Congresso Nacional.

Nos termos do art. 103, III, do CTN, salvo disposição em contrário, os convênios entram em vigor na data neles previstas, de modo que a alternativa "A" é a correta. Ou seja, não há, a rigor, norma subsidiária no CTN. LS
Gabarito "A".

7. FATO GERADOR E OBRIGAÇÃO TRIBUTÁRIA

(Procurador Federal – AGU – 2023 – CEBRASPE) A obrigação que decorre da legislação tributária e que tem por objeto prestações, positivas ou negativas, previstas no interesse da arrecadação ou da fiscalização dos tributos é denominada obrigação tributária

(A) principal.

(B) subsidiária.

(C) ativa.

(D) passiva.

(E) acessória.

Conforme o art. 113, § 1º do CTN, a obrigação tributária principal tem por objeto prestação pecuniária (prestação de dar dinheiro ao Fisco a título de tributo ou multa), surge com o fato gerador e decorre de lei em sentido estrito. Já a obrigação acessória não tem por objeto uma prestação pecuniária, mas sim prestações, positivas ou negativas (fazer ou não fazer), previstas no interesse da arrecadação ou da fiscalização dos tributos (art. 113, § 2º, do CTN) e tem previsão na legislação tributária, conceito que também abarca atos infralegais (art. 96 do CTN). Portanto, a resposta correta é a assertiva E. LS
Gabarito "E".

(Procurador – AGE/MG – 2022 – FGV) O nosso ordenamento jurídico-tributário prevê que autoridade administrativa poderá desconsiderar atos ou negócios jurídicos praticados com a finalidade de dissimular a ocorrência do fato gerador do tributo ou a natureza dos elementos constitutivos da obrigação tributária. Sobre a norma, e de acordo com jurisprudência do STF, assinale a afirmativa correta.

Alternativas

(A) A norma viola os princípios constitucionais da legalidade, da estrita legalidade e da tipicidade.

(B) A norma é inconstitucional, pois combate o planejamento tributário lícito, ainda que as operações menos onerosas tenham sido realizadas dentro da lei.

(C) A desconsideração de negócios ou atos jurídicos é de competência exclusiva de um magistrado, em razão do princípio da reserva de jurisdição, o qual se destina a resguardar os direitos e garantias fundamentais dos cidadãos.

(D) A referida norma é autoaplicável, não dependendo de regulamentação por lei ordinária.

(E) A norma não viola a Constituição e está limitada aos atos ou negócios jurídicos praticados ilicitamente pelo contribuinte com intenção única de diminuir ou eliminar a obrigação tributária.

Conforme o art. 116, parágrafo único, do CTN: *A autoridade administrativa poderá desconsiderar atos ou negócios jurídicos praticados com a finalidade de dissimular a ocorrência do fato gerador do tributo ou a natureza dos elementos constitutivos da obrigação tributária, observados os procedimentos a serem estabelecidos em lei ordinária. (Incluído pela LC nº 104, de 2001).* Dissimular é ocultar a ocorrência do fato gerador. Caso haja dissimulação, a autoridade administrativa deve desconsiderar os atos ou negócios praticados com essa finalidade e cobrar o tributo devido. Portanto, a norma pretende combater a evasão fiscal, que é ilícita, e não a elisão fiscal ou planejamento tributário que busca reduzir a carga tributária por meios lícitos. O STF declarou a constitucionalidade do parágrafo único do art. 116 do CTN, incluído pela LC 104/2001, nos seguintes termos: *"Não viola o texto constitucional a previsão contida no parágrafo único do art. 116 do Código Tributário Nacional. Essa previsão legal não constitui ofensa aos princípios constitucionais da legalidade, da estrita legalidade e da tipicidade tributária, e da separação dos Poderes. Em verdade, ela confere máxima efetividade a esses preceitos, objetivando, primordialmente, combater a evasão fiscal, sem que isso represente permissão para a autoridade fiscal de cobrar tributo por analogia ou fora das hipóteses descritas em lei, mediante interpretação econômica"* (ADI 2446). Portanto, a resposta correta é a assertiva E. **LS**

Gabarito "E".

(Procurados do Município – Prefeitura Fortaleza/CE – CESPE – 2017) Julgue o seguinte item, a respeito de obrigação tributária e crédito tributário.

(1) O CTN qualifica como obrigação tributária principal aquela que tem por objeto uma prestação pecuniária, distinguindo-a da obrigação tributária acessória, cujo objeto abrange as condutas positivas e negativas exigidas do sujeito passivo em prol dos interesses da administração tributária e as penalidades decorrentes do descumprimento desses deveres instrumentais.

1: Incorreta, pois as penalidades pecuniárias (= multas) aplicadas pelo descumprimento dos deveres instrumentais são objeto da obrigação principal. Toda prestação tributária pecuniária (= em dinheiro), seja tributo ou penalidade, é objeto da obrigação principal – art. 113, § 1º, do CTN. **RB**

Gabarito "1E".

(Procurador do Estado – PGE/MT – FCC – 2016) A obrigação tributária acessória, relativamente a um determinado evento que constitua, em tese, fato gerador de um imposto,

(A) não poderá ser instituída, em relação a um mesmo fato jurídico, por mais de uma pessoa política distinta.

(B) não pode ser exigida de quem é imune ao pagamento do imposto.

(C) pode ser exigida de quem é isento do imposto.

(D) poderá ser exigida de quaisquer pessoas designadas pela lei tributária que disponham de informação sobre os bens, serviços, rendas ou patrimônio de terceiros, independentemente de cargo, ofício, função, ministério, atividade ou profissão por aqueles exercidas.

(E) não é exigível no caso de não incidência tributária, pois inexiste interesse da arrecadação ou fiscalização tributárias a justificar a imposição acessória.

A: incorreta, pois não há bitributação em relação a obrigações acessórias. Assim, o fisco municipal e o fisco federal podem, concomitantemente, exigir dados relativos a determinado imóvel para determinar se

o tributo devido é o IPTU ou o ITR, por exemplo; **B:** incorreta, pois a imunidade e os benefícios fiscais em geral não afastam necessariamente as obrigações acessórias. Uma entidade imune deve fornecer dados de sua atividade financeira ao fisco federal, por exemplo, para que este possa verificar se preenche mesmo os requisitos para a imunidade em relação ao imposto de renda – art. 194, parágrafo único, do CTN; **C:** correta, conforme comentário anterior – art. 194, parágrafo único, do CTN; **D:** incorreta, pois o dever de prestar informações ao fisco não se aplica a fatos sobre os quais o informante esteja legalmente obrigado a observar segredo em razão de cargo, ofício, função, ministério, atividade ou profissão – art. 197, parágrafo único, do CTN. **E:** incorreta, conforme comentários anteriores – art. 194, parágrafo único, do CTN. A obrigação acessória independe da obrigação principal no direito tributário. Assim, mesmo na hipótese de não incidência tributária, em que não surge obrigação principal de pagar o tributo, pode ser imposta a obrigação acessória de prestar declarações, preencher documentos informando a situação etc. **LS**

Gabarito "C".

(Procurador – PGFN – ESAF – 2015) Assinale a opção correta acerca da obrigação tributária.

(A) A autoridade fiscal pode exigir, por instrução normativa específica, a regularidade fiscal do sócio para efeito de inscrição de sociedade comercial no cadastro fiscal.

(B) As obrigações acessórias dependem da obrigação principal.

(C) Pessoa jurídica em pleno gozo de benefício fiscal não pode ser obrigada, por simples portaria, a consolidar e apresentar resultados mensais como condição para continuidade da fruição do benefício.

(D) O descumprimento de obrigação acessória pode gerar penalidade pecuniária que não se confunde com a obrigação principal, razão pela qual nesta não se converte.

(E) A imunidade das pessoas físicas ou jurídicas não abrange as obrigações tributárias acessórias.

A: incorreta, pois a pessoa do sócio não se confunde com a da sociedade. A rigor, em princípio, nem mesmo a regularidade fiscal do contribuinte é pressuposto para sua inscrição fiscal, sob pena de ofensa aos princípios que garantem a livre atividade empresarial – ver Súmulas 70, 323 e 547 do STF; **B:** incorreta, pois no âmbito tributário as obrigações acessórias subsistem inclusive quando não há obrigação principal – ver art. 194, parágrafo único, do CTN, entre outros; **C:** incorreta, pois a imunidade e os benefícios fiscais em geral não afastam necessariamente as obrigações acessórias – art. 194, parágrafo único, do CTN. Porém, as obrigações acessórias podem ser previstas na legislação tributária que abarca também atos infralegais (art. 96 do CTN); **D:** incorreta, pois toda prestação tributária pecuniária (= em dinheiro), seja tributo ou penalidade, é objeto da obrigação principal – art. 113, § 3º, do CTN. **E:** correta, até porque o cumprimento das obrigações acessórias (escrituração contábil, fornecimento de informações etc.) permite aferir se determinadas entidades realmente preenchem os requisitos para a imunidade – art. 14, III, do CTN. **LS**

Gabarito "E".

8. LANÇAMENTO E CRÉDITO TRIBUTÁRIO

(Procurador Município – Santos/SP – VUNESP – 2021) Em relação ao lançamento tributário e suas modalidades é correto afirmar:

(A) O lançamento reporta-se à data do fato gerador da obrigação e rege-se pela lei então vigente, salvo se posteriormente modificada ou revogada.

(B) O lançamento regularmente notificado ao sujeito passivo só pode ser alterado em virtude de impugnação do sujeito passivo, recurso de ofício, iniciativa de ofício da autoridade administrativa em qualquer circunstância, ou, decisão judicial transitada em julgado.

(C) O lançamento é efetuado e revisto de ofício pela autoridade administrativa, dentre outras circunstâncias, quando se comprove ação ou omissão do sujeito passivo, ou de terceiro legalmente obrigado, que dê lugar à aplicação de penalidade pecuniária.

(D) A modificação introduzida, de ofício ou em consequência de decisão administrativa ou judicial, nos critérios jurídicos adotados pela autoridade administrativa no exercício do lançamento somente pode ser efetivada, em relação a um mesmo sujeito passivo, quanto a fato gerador ocorrido anteriormente à sua introdução.

(E) A retificação da declaração por iniciativa do próprio declarante, quando vise a reduzir ou a excluir tributo, é admissível em qualquer circunstância, e os erros contidos na declaração e apuráveis pelo seu exame serão retificados mediante recurso administrativo dirigido a autoridade administrativa a que competir a revisão daquela.

A: incorreta, pois a posterior modificação ou revogação não altera a regra de aplicação da norma, em, princípio, nos termos do art. 144 do CTN; **B:** incorreta, pois a iniciativa de ofício da autoridade administrativa pode referir-se à alteração do lançamento apenas nos casos definidos no art. 149 do CTN – art. 145 do CTN; **C:** correta – art. 149, VI, do CTN; **D:** incorreta, pois essa alteração é aplicável apenas a fatos geradores posteriores – art. 146 do CTN; **E:** incorreta, pois o próprio declarante pode realizar a retificação, mas, quando vise a reduzir ou a excluir tributo, só é admissível mediante comprovação do erro em que se funde, e antes de notificado o lançamento – art. 147, § 1º, do CTN. RB
Gabarito "C".

(Procurador do Estado/TO – 2018 – FCC) O Código Tributário Nacional, em seu art. 145, estabelece, de modo indireto, a definitividade do lançamento regularmente notificado ao sujeito passivo. O referido dispositivo estabelece, expressamente, que o lançamento regularmente notificado ao sujeito passivo só pode ser alterado em virtude de: I – impugnação do sujeito passivo; II – recurso de ofício; III – iniciativa de ofício da autoridade administrativa, nos casos previstos no artigo 149.

De acordo com o artigo 149 do CTN, a revisão do lançamento só pode ser iniciada

(A) quando o processo administrativo tributário tiver corrido à revelia das autoridades fazendárias.

(B) enquanto não transcorrido o prazo decadencial.

(C) enquanto não transcorrido o prazo prescricional.

(D) quando se comprove que a autoridade fiscal, ou terceiro em benefício daquela, agiu com dolo, fraude ou simulação.

(E) quando se comprove omissão ou inexatidão, por parte da pessoa legalmente obrigada, no exercício da atividade de autoaplicação de penalidade pecuniária – lançamento de penalidade por homologação.

A: incorreto, até porque não há como o processo tributário correr à revelia das autoridades fazendárias, pois é perante elas que o processo

tramita; **B:** correta, pois, findo o prazo decadencial, não há como lançar ou revisar lançamento – art. 149, parágrafo único, do CTN; **C:** incorreta, pois o prazo prescricional se refere ao direito de cobrança, não de lançamento – art. 174 do CTN; **D** e **E:** incorretas, pois essas são apenas duas das hipóteses que permitem a revisão do lançamento – art. 149 do CTN. LS
Gabarito "B".

(Procurador do Município/Manaus – 2018 – CESPE) Julgue o item que se segue à luz do que dispõe o Código Tributário Nacional.

(1) O lançamento regularmente notificado ao sujeito passivo pode ser modificado em razão do provimento de recurso de ofício.

1: correta – art. 145, II, do CTN. RB
Gabarito "1C".

(Procurador do Município/Manaus – 2018 – CESPE) Julgue o item que se segue à luz do que dispõe o Código Tributário Nacional.

(1) O inventariante não pode ser solidariamente responsabilizado pelos tributos devidos pelo *de cujus*, referentes a fatos geradores anteriores à data da abertura da sucessão.

1: incorreta, pois pode haver essa responsabilidade, nos termos dos arts. 134, IV e 135, I, do CTN. RB
Gabarito "1E".

(Procurador do Estado – PGE/MT – FCC – 2016) Considere:

I. A modalidade de lançamento a ser aplicada pelo fisco por ocasião da constituição do crédito tributário é a que impõe o menor ônus ao contribuinte, inclusive quanto às opções fiscais relativas a regimes de apuração, créditos presumidos ou outorgados e demais benefícios fiscais que o contribuinte porventura não tenha aproveitado.

II. A modalidade de lançamento por declaração é aquela na qual o contribuinte, tendo efetivado o cálculo e recolhimento do tributo devido com base na legislação, apresenta à autoridade fazendária a declaração dos valores correspondentes à base de cálculo, alíquota, tributo devido e recolhimento efetuado.

III. O pagamento antecipado efetivado pelo contribuinte poderá ser efetuado mediante guia de recolhimentos, compensação ou depósito judicial.

IV. O lançamento de ofício é o formalizado quando a autoridade fazendária identifica diferenças no crédito tributário constituído espontaneamente pelo contribuinte.

Está correto o que se afirma APENAS em

(A) IV.

(B) II e III.

(C) III e IV.

(D) I.

(E) I e II.

I: incorreta, pois a modalidade de lançamento (ofício, homologação ou declaração) é determinada pela legislação tributária, inexistindo discricionariedade – art. 142 do CTN; II: incorreta, pois no lançamento por declaração o fisco recebe as informações do contribuinte, calcula o tributo devido e notifica-o a recolher – art. 147 do CTN; III: incorreta, pois a compensação depende de lei autorizativa específica para servir como modalidade de extinção de crédito (art. 170 do CTN) e o depósito judicial apenas suspende sua exigibilidade (não corresponde a pagamento – art. 151, II, do CTN); **IV:** correta, sendo essa uma hipótese que dá ensejo ao lançamento de ofício – art. 149, V, do CTN. **RB** Gabarito "A".

(Procurador – SP – VUNESP – 2015) Nos termos do Código Tributário Nacional, o lançamento por homologação, que ocorre quanto aos tributos cuja legislação atribua ao sujeito passivo o dever de antecipar o pagamento sem prévio exame da autoridade administrativa, opera-se pelo ato em que a referida autoridade, tomando conhecimento da atividade assim exercida pelo obrigado, expressamente a homologa. Se a lei não fixar prazo à homologação, será ele de cinco anos. Expirado esse prazo sem que a Fazenda Pública se tenha pronunciado, considera-se homologado o lançamento e definitivamente extinto o crédito, salvo se comprovada a ocorrência de dolo, fraude ou simulação. Referido prazo conta-se

(A) da constituição do crédito tributário.

(B) do primeiro dia do exercício seguinte àquele em que o lançamento poderia ter sido efetivado.

(C) da ocorrência do fato gerador.

(D) da notificação para pagamento.

(E) do mesmo dia do ano seguinte àquele em que o lançamento poderia ter sido efetivado.

Nos termos do art. 150, § 4º, do CTN, o prazo quinquenal em que se dá a homologação tácita é contado da ocorrência do fato gerador, de modo que a alternativa "C" é a correta. **RB** Gabarito "C".

9. SUJEIÇÃO PASSIVA, CAPACIDADE E DOMICÍLIO

(Procurador – AL/PR – 2024 – FGV) João alienou veículo a Maria, deixando, no entanto, de comunicar a venda do bem ao Departamento Estadual de Trânsito – DETRAN do Estado competente. A Fazenda Estadual, por sua vez, realizou a cobrança do Imposto sobre a Propriedade de Veículo Automotor – IPVA devido após a alienação do bem, em face de João e da Maria.

Sobre a hipótese, assinale a afirmativa correta.

(A) João é responsável solidário pelo pagamento do IPVA, conforme previsão do Código de Trânsito Brasileiro, pois a alienação do bem não foi comunicada, no prazo legal, ao órgão de trânsito.

(B) Somente pode ser imputado a João a responsabilidade solidária pelo pagamento do IPVA se houver previsão em lei específica estadual para disciplinar, no âmbito de suas competências, a sujeição passiva do IPVA e a solidariedade pelo pagamento do imposto.

(C) O Estado deve inicialmente cobrar de Maria o IPVA, pois João é responsável subsidiário pelo pagamento do imposto, conforme previsão do Código de Trânsito Brasileiro, já que a alienação do bem não foi comunicada, no prazo legal.

(D) A cobrança do IPVA somente pode ocorrer em face de Maria, que é a contribuinte do IPVA, independente de previsão em lei estadual que discipline de forma diversa a sujeição passiva do IPVA e a responsabili-

dade tributária pelo pagamento do imposto, conforme previsto no Código Tributário Nacional.

(E) O Estado deve inicialmente cobrar de Maria o IPVA, pois João é responsável pelo pagamento do imposto, conforme previsão do Código Civil Brasileiro, já que a alienação do bem não foi comunicada, a qualquer prazo.

A: incorreto, pois o Código de Trânsito Brasileiro (art. 134) prevê que, se o vendedor não fizer a comunicação ao DETRAN, poderá ser responsabilizado solidariamente pelas penalidades impostas e suas reincidências até a data da comunicação. Ou seja, a responsabilidade do antigo proprietário é em relação à penalidade (multa) e não ao tributo (IPVA). Nesse sentido, Súmula 585 do STJ: "A responsabilidade solidária do ex-proprietário, prevista no art. 134 do Código de Trânsito Brasileiro – CTB, não abrange o IPVA incidente sobre o veículo automotor, no que se refere ao período posterior à sua alienação"; **B:** correta, de acordo com tese fixada pelo STJ: Havendo previsão em lei estadual, admite-se a responsabilidade solidária de ex-proprietário de veículo automotor pelo pagamento do Imposto sobre a Propriedade de Veículos Automotores – IPVA, em razão de omissão na comunicação da alienação ao órgão de trânsito local, excepcionando-se o entendimento da Súmula n. 585/STJ (Tema Repetitivo 1118); **C, D** e **E:** incorretas, conforme comentários anteriores. **LS** Gabarito "B".

(Procurador Federal – AGU – 2023 – CEBRASPE) Acerca da obrigação tributária, no que diz respeito aos sujeitos da relação tributária, assinale a opção correta.

(A) Pessoa física pode figurar tanto como sujeito ativo quanto como sujeito passivo de uma relação tributária.

(B) O sujeito passivo pode não ser o contribuinte do tributo objeto da relação.

(C) O responsável classifica-se em contribuinte e codevedor solidário, sendo certo que a obrigação do segundo decorre de expressa disposição legal.

(D) A responsabilidade solidária, em regra, comporta benefício de ordem.

(E) A capacidade para ser sujeito passivo de uma relação tributária depende diretamente da capacidade civil.

A: incorreto, pois, segundo o CTN, o sujeito ativo é a pessoa jurídica de direito público que possui a competência para exigir o cumprimento da obrigação tributária (art. 119 do CTN); **B:** correta, de acordo com o artigo 121, parágrafo único, II, do CTN que traz a figura do responsável tributário como sendo aquele que é sujeito passivo da obrigação tributária principal apesar de não ter realizado o fato gerador, ou seja, sem ser contribuinte. O dever do responsável decorre de disposição expressa de lei porque ele não tem relação pessoal e direta com o fato gerador, como ocorre com o contribuinte; **C:** incorreta, conforme comentário anterior porque o responsável não se confunde com o contribuinte, sendo ambos tipos de sujeito passivo da obrigação tributária principal (art. 121 do CTN); **D:** incorreta, pois a solidariedade não comporta benefício de ordem (art. 124, parágrafo único, do CTN); **E:** incorreta, pois a capacidade para ser sujeito passivo de uma relação tributária independe da capacidade civil das pessoas naturais, nos termos do art. 126, I, do CTN. Assim, o absolutamente incapaz (menor de 16 anos), nos termos do direito civil, pode ser sujeito passivo de obrigação tributária. **LS** Gabarito "B".

(Procurador Fazenda Nacional – AGU – 2023 – CEBRASPE) Proposta execução fiscal para a cobrança de débitos tributários, após a não localização da empresa X no endereço cadastrado atualizado perante o fisco e ausente qualquer comunicação do encerramento das atividades da referida empresa, a PGFN peticionou ao juízo, requerendo o redirecionamento do feito executivo em face de Caio, terceiro não sócio que exercia poder de gerência no momento em que o fisco não encontrou a empresa X no endereço informado.

Com base nessa situação hipotética, na legislação de regência e na jurisprudência dos tribunais superiores, assinale a opção correta a respeito dos aspectos atinentes à execução fiscal.

(A) É possível o redirecionamento da execução fiscal, porquanto a não localização da empresa X no endereço informado ao fisco gera presunção absoluta de dissolução irregular apta a alcançar Caio, visto que é suficiente o exercício do poder de gerência verificado no momento da diligência, quando a empresa não foi encontrada no endereço informado ao fisco.

(B) É possível o redirecionamento da execução fiscal, porquanto a não localização da empresa X no endereço informado ao fisco gera presunção absoluta de dissolução irregular apta a alcançar Caio, visto que o exercício do poder de gerência na data em que foi presumida a dissolução irregular, desde que também existente à época em que ocorreu o fato gerador do tributo cobrado, constitui motivo suficiente para atingir a pessoa do gerente.

(C) Não é possível o redirecionamento da execução fiscal, visto que, embora a não localização da empresa X no endereço informado ao fisco dê ensejo a presunção relativa de sua dissolução irregular, a execução não tem o condão de alcançar Caio, dada a sua condição de não sócio à época da diligência.

(D) É possível o redirecionamento da execução fiscal, porquanto a não localização da empresa X no endereço informado ao fisco gera presunção relativa de dissolução irregular das atividades apta a alcançar Caio, visto que o exercício do poder de gerência na data em que foi presumida a dissolução irregular da empresa constitui motivo suficiente para atingir a pessoa do gerente, ainda que o referido poder não tenha sido exercido à época em que ocorreu o fato gerador do tributo cobrado.

(E) É possível o redirecionamento da execução fiscal, porquanto a não localização da empresa X no endereço informado ao fisco gera presunção relativa de dissolução irregular apta a alcançar Caio, visto que o exercício do poder de gerência na data em que foi presumida a dissolução irregular, desde que também existente à época em que ocorreu o fato gerador do tributo cobrado, constitui motivo suficiente para atingir a pessoa do gerente.

De acordo com o STJ, ao interpretar o art. 135 do CTN, presume-se dissolvida irregularmente a empresa que deixar de funcionar no seu domicílio fiscal, sem comunicação aos órgãos competentes, legitimando o redirecionamento da execução fiscal para o sócio-gerente (Súmula 435). O ato de dissolução irregular atrai a responsabilidade para aquele (sócio ou não) que exercia poderes de administração no momento desse ato ilegal, ainda que o referido poder não tenha sido exercido à época em que ocorreu o fato gerador do tributo cobrado, conforme o STJ (Tema repetitivo 981). Portanto, correta a alternativa D, sendo incorretas as demais. Sobre o início do prazo de redirecionamento da Execução Fiscal, nos casos de aplicação do art. 135, III, do CTN, conferir tese fixada pelo STJ no Tema Repetitivo 444. Sobre o local onde

deverá ser proposta a execução fiscal, importante tese foi fixada pelo STF (Tema 1204 da Repercussão Geral) ao interpretar o art. 46, § 5º, do Código de Processo Civil, que prevê a possibilidade de a execução fiscal ser proposta no foro de domicílio do réu, no de sua residência ou no do lugar onde for encontrado, nas hipóteses em que essa norma imponha o ajuizamento e processamento da ação executiva em outro Estado da Federação: "A aplicação do art. 46, § 5º, do CPC deve ficar restrita aos limites do território de cada ente subnacional ou ao local de ocorrência do fato gerador". LS

Gabarito "D."

(Procurador Fazenda Nacional – AGU – 2023 – CEBRASPE) Determinada pessoa jurídica foi dissolvida irregularmente no curso de ação de execução fiscal ajuizada contra ela pela PGFN. João, sócio que não detinha poder de direção à época da dissolução irregular, exercia poderes de gerência quando da ocorrência do fato gerador do tributo cobrado na execução fiscal.

Considerando essa situação hipotética, julgue os itens a seguir, de acordo com a jurisprudência do Superior Tribunal de Justiça (STJ).

I. O fato de João ter atuado em cargo de direção no momento da ocorrência do fato gerador do tributo cobrado é motivo suficiente para que a execução fiscal possa ser redirecionada contra ele.

II. A execução fiscal não poderá ser redirecionada contra João se ficar demonstrado que ele não contribuiu para a dissolução irregular, não agiu com excesso de poder nem cometeu infração à lei ou ao contrato social.

III. A execução fiscal poderá ser redirecionada contra João se ficar provado que ele atuou com excesso de poder ou cometeu infração à lei, ainda que se tenha retirado do cargo de direção antes da dissolução irregular da empresa.

Assinale a opção correta.

(A) Apenas o item I está certo.

(B) Apenas o item III está certo.

(C) Apenas os itens I e II estão certos.

(D) Apenas os itens II e III estão certos.

(E) Todos os itens estão certos.

I: Incorreto, pois, de acordo com o STJ, ao interpretar o art. 135 do CTN, o ato de dissolução irregular atrai a responsabilidade para aquele (sócio ou não) que exercia poderes de administração no momento desse ato ilegal, ainda que o referido poder não tenha sido exercido à época em que ocorreu o fato gerador do tributo cobrado, conforme o STJ (Tema repetitivo 981); II: Correto, conforme tese fixada pelo STJ: O redirecionamento da execução fiscal, quando fundado na dissolução irregular da pessoa jurídica executada ou na presunção de sua ocorrência, não pode ser autorizado contra o sócio ou o terceiro não sócio que, embora exercesse poderes de gerência ao tempo do fato gerador, sem incorrer em prática de atos com excesso de poderes ou infração à lei, ao contrato social ou aos estatutos, dela regularmente se retirou e não deu causa à sua posterior dissolução irregular, conforme art. 135, III, do CTN (Tema repetitivo 962); III: Correto, conforme comentários anteriores sobre a interpretação do STJ a respeito do art. 135 do CTN. Assim, ainda que João tenha se retirado do cargo de direção antes da dissolução irregular, se ele tiver agido com excesso de poder ou cometido infração à lei, a execução fiscal poderá ser redirecionada para ele. Sobre o início do prazo de redirecionamento da Execução Fiscal, nos casos de aplicação do art. 135, III, do CTN, conferir tese fixada pelo STJ no Tema Repetitivo 444. Sobre o local onde deverá ser proposta a execução fiscal, importante tese foi fixada pelo STF (Tema 1204 da Repercussão Geral) ao interpretar o art. 46, § 5º, do Código

3. DIREITO TRIBUTÁRIO   167

de Processo Civil, que prevê a possibilidade de a execução fiscal ser proposta no foro de domicílio do réu, no de sua residência ou no do lugar onde for encontrado, nas hipóteses em que essa norma imponha o ajuizamento e processamento da ação executiva em outro Estado da Federação: "A aplicação do art. 46, § 5º, do CPC deve ficar restrita aos limites do território de cada ente subnacional ou ao local de ocorrência do fato gerador". LS

Gabarito "D".

(Procurador/PA – CESPE – 2022) Três irmãos maiores de idade receberam uma herança avaliada em três milhões de reais pela Secretaria de Estado da Fazenda do Pará, deixada pelos seus pais, falecidos em um acidente automobilístico. Todos os herdeiros são casados e têm filhos.

Expedida a guia de recolhimento do imposto de transmissão *causa mortis* e doação em nome do herdeiro mais velho, designado inventariante, ele procedeu ao recolhimento integral do imposto, após o qual foi lavrada a escritura pública de inventário, realizado extrajudicialmente em 2016.

Ao elaborarem as respectivas declarações de imposto de renda pessoa física em 2017, os herdeiros declararam seu quinhão exatamente como descrito na escritura pública.

Em posterior cruzamento de dados, a Secretaria de Estado da Fazenda do Pará identificou que apenas um dos três herdeiros havia recolhido o imposto de transmissão *causa mortis* e doação e, por isso, lavrou auto de infração contra os outros herdeiros, que haviam declarado seus quinhões, mas não tinham recolhido o imposto devido.

No prazo legal, ambos os herdeiros glosados impugnaram os autos de infração, argumentando que, além de o tributo ter sido pago pelo inventariante, seria inconstitucional o cruzamento de informações, por ferir o sigilo fiscal, princípio regulado pelo art. 198 do Código Tributário Nacional.

Julgada a impugnação, foi integralmente mantido o auto de infração, motivo pelo qual os contribuintes interpuseram recurso voluntário, na forma do art. 32 da Lei estadual n.º 6.182/1998, com fundamento nos mesmos argumentos mencionados anteriormente.

Nessa situação hipotética, o recurso voluntário deve ser

(A) provido, porque a Constituição Federal de 1988 e o Código Tributário Nacional vedam o compartilhamento de cadastros e informações fiscais.

(B) improvido, porque apenas um dos herdeiros arcou com o ônus integral do imposto, cabendo a cada um dos demais herdeiros pagar o imposto referente ao seu quinhão, não sendo possível repassar ao fisco o ônus do pagamento a maior feito pelo inventariante.

(C) improvido quanto à alegação de quebra do sigilo fiscal, porque o cruzamento de informações entre os entes exacionais é previsto tanto na Constituição Federal de 1988 quanto no Código Tributário Nacional, e provido quanto ao pagamento do tributo, pois, pelo art. 124 do Código Tributário Nacional, a situação envolve solidariedade passiva do tributo e não comporta benefício de ordem, nada mais havendo a ser cobrado pela Secretaria de Estado da Fazenda do Pará dos demais herdeiros.

(D) improvido, porque o inventariante pagou o imposto de forma errônea, embora tenha feito o recolhimento, razão pela qual contra ele não fora lavrado auto de

infração; além disso, os demais herdeiros continuaram a dever o imposto, de forma que foi legítima a troca de informações entre os fiscos.

(E) improvido, porque o sigilo fiscal é direito fundamental do contribuinte, previsto na Constituição Federal de 1988 e regulamentado pela Lei n.º 13.709/2018, com redação dada pela Lei n.º 13.853/2019 (Lei Geral de Proteção de Dados Pessoais).

> É possível a troca de informações entre os fiscos dos entes federados, nos termos do art. 37, XXII, da CF e art. 198, § 2º, do CTN, este último afastando dúvida quanto à inexistência de violação ao sigilo fiscal, desde que atendidas as condições ali fixadas. Ademais, o pagamento do tributo por quem quer que seja extingue a pretensão do fisco, mais especificamente, o pagamento feito por qualquer dos obrigados solidariamente aproveita aos demais – art. 125, I, do CTN. Por essas razões, a alternativa "C" é a correta. Ressalte-se que deve ser sempre verificada a legislação local em vigor, citada no edital, no momento do concurso a ser prestado. LS
>
> *Gabarito "C".*

(Procurador/PA – CESPE – 2022) Em 15/3/2022, uma empresa recebeu uma comunicação sobre constatação de indício de irregularidade, da Secretaria de Estado da Fazenda do Pará. Pensando se tratar de um auto de infração, o representante legal da empresa compareceu ao escritório de advocacia que lhe prestava assessoria jurídica e ali obteve a informação de que o novo procedimento, inaugurado pela Secretaria de Estado da Fazenda do Pará com a promulgação da Lei estadual n.º 8.869/2019, que introduziu o art. 11-A na Lei estadual n.º 6.182/1998, visa à autorregularização.

A autorregularização, mencionada nessa situação hipotética, é um procedimento fiscal que

(A) não afasta a espontaneidade, de maneira que, se a empresa não providenciar a devida regularização, ela estará sujeita à abertura de procedimento administrativo e às penalidades previstas na legislação.

(B) afasta a espontaneidade, de maneira que, se a empresa não providenciar a devida regularização, será automaticamente lavrado auto de infração.

(C) não afasta a espontaneidade, mas, se não observado, importará em aquiescência da empresa com todos os seus termos, gerando-se, nessa hipótese, imputação de penalidade.

(D) afasta a espontaneidade e, caso não realizado, acarretará a imediata suspensão de todos os incentivos e benefícios fiscais concedidos sob condição de regularidade fiscal, até que se regularize a situação fiscal do sujeito passivo.

(E) afasta a espontaneidade e cuja comunicação pode ser respondida por meio de impugnação ou pela apresentação de documentos e pelo recolhimento dos tributos devidos apontados na comunicação.

> A legislação tributária dos entes federados tem fortalecido a possibilidade de autorregularização, que, como indica o nome, se refere à providência iniciada pelo próprio contribuinte, independentemente do início de procedimento fiscalizatório. Por não se tratar de procedimento fiscalizatório, não se afasta a espontaneidade, para fins do art. 138, parágrafo único, do CTN, admitindo-se o pagamento do tributo sem aplicação de multas. Entretanto, caso não haja a regularização, o fisco poderá certamente auditar o contribuinte e, sendo o caso, lançar de ofício o tributo e aplicar a penalidade. Por essas razões, a alternativa

"A" é a correta. Ressalte-se que deve ser sempre verificada a legislação em vigor, citada no edital, no momento do concurso a ser prestado. LS

Gabarito "A".

(Procurador do Estado/AC – 2017 – FMP) Segundo o CTN, no que tange à responsabilidade tributária, é CORRETO afirmar que

(A) o adquirente, em leilão judicial, de estabelecimento comercial ou fundo de comércio em processo de falência, é pessoalmente responsável por tributos devidos até a data da aquisição.

(B) o cônjuge e o sucessor a qualquer título ficam responsáveis pelos tributos devidos pelo *de cujus* até a data da partilha ou adjudicação, limitada a responsabilidade ao montante da herança.

(C) o alienante de bem imóvel é responsável pelo IPTU, no caso de ter assumido em escritura pública a obrigação por tributo relativo a fato gerador acontecido antes da transmissão, quando não houver prova de quitação de tributos.

(D) o arrematante de bem imóvel, no caso de arrematação em hasta pública, é responsável pelos tributos devidos por fatos geradores anteriores à arrematação.

(E) Nenhuma das alternativas acima está correta.

A: incorreta, pois a responsabilidade é em regra afastada nesse caso – art. 133, § 1º, I, do CTN (exceções no § 2º); B: correta – art. 131, II, do CTN; C: incorreta, pois a responsabilidade tributária é do adquirente, nos termos do art. 130 do CTN, salvo as exceções nele previstas (prova da quitação constante do título, débitos relativos à taxa pelo exercício do poder de polícia e aquisição em hasta pública, conforme parágrafo único). O alienante é contribuinte (não responsável) em relação às obrigações anteriores à alienação. Ademais, a convenção entre particulares é inoponível ao fisco, salvo disposição legal em contrário – art. 123 do CTN. Finalizando, é importante citar que o STJ tem julgado no sentido de que há responsabilidade solidária entre o alienante e o adquirente em ação de execução fiscal de débitos constituídos em momento anterior à alienação voluntária de imóvel (AgInt no AREsp 942.940-RJ); D: incorreta, pois no acaso de arrematação, o arrematante não é responsável (aquisição originária) – art. 130, parágrafo único, do CTN. Ressalte-se que, segundo o STJ, a responsabilidade pelo adimplemento dos débitos tributários que recaiam sobre o bem imóvel é do arrematante se houver expressa menção no edital da hasta pública nesse sentido (REsp n. 1.921.489/RJ). Mas a questão não aborda essa peculiaridade. Portanto, a letra D é incorreta, segundo a literalidade do CTN; E: incorreta, pois a alternativa "B" está certa. LS

Gabarito "B".

(Procurador do Estado/AC – 2017 – FMP) Se uma determinada Sociedade Limitada retira-se de seu domicílio fiscal sem comunicar ao Fisco, e sendo caso de cobrança de débitos fiscais, é correto afirmar:

(A) O fato é considerado dissolução irregular da empresa, expondo todos os bens de todos os sócios à eventual execução fiscal.

(B) Como entende o STJ, o mero fato de se ausentar do domicílio fiscal não é suficiente para caracterizar dissolução irregular e a execução fiscal fica restrita à pessoa jurídica.

(C) Considera-se dissolução irregular, mas somente os bens dos sócios-gerentes estarão expostos a eventual execução fiscal.

(D) Se o não pagamento se deu por interpretação da lei tributária, considera-se sonegação e todos os sócios responderão.

(E) Só o fato do não pagamento, aliado à retirada da empresa de seu domicílio fiscal implica sonegação, expondo todos os bens de todos os sócios à execução fiscal.

A: incorreta, pois não ser localizada no endereço implica presunção de dissolução irregular. É a dissolução irregular que implica responsabilidade do sócio-gerente. Assim, a empresa pode comprovar que continua funcionando, apresentando-se ao fisco, por exemplo, o que afasta a presunção e a responsabilidade; B: incorreta, pois essa ausência é suficiente para a presunção de dissolução irregular – Súmula 435/STJ; C: correta, mas cuidado, pois a afirmativa é dúbia. Dentre os sócios, somente os sócios-gerentes, ou seja, os que participam da administração da empresa, têm os bens expostos à execução. Os sócios que não atuam na gestão não têm os bens afetados. Mas a afirmação é dúbia, pois, a responsabilidade desses sócios-gerentes é solidária em relação à sociedade (não respondem sozinhos), já que os bens da sociedade continuam respondendo pelo débito; D: incorreta, pois a simples inadimplência não implica responsabilidade dos sócios-gerentes – Súmula 430/STJ; E: incorreta, pois não se trata de sonegação, apenas responsabilidade tributária do sócio-gerente (não é qualquer sócio, precisa ser administrador) em caso de dissolução irregular – Súmula 435/STJ.

Gabarito "C".

(Procurador do Estado/AC – 2017 – FMP) O art. 134, VII, do CTN menciona que são solidariamente responsáveis com o contribuinte em caso de impossibilidade de exigência os sócios, no caso de liquidação de sociedades de pessoas. Sobre isso, assinale a alternativa CORRETA.

(A) As sociedades limitadas são sociedades de pessoas e, portanto, os sócios deste tipo societário são solidariamente responsáveis em caso de liquidação.

(B) Os sócios serão responsáveis apenas em caso de falência e, mesmo assim, apenas os sóciosgerentes.

(C) Esta responsabilidade de todos os sócios somente ocorre em caso de falência fraudulenta e de forma automática.

(D) O CTN está a referir apenas os sócios de sociedades de pessoas cujo tipo societário não seja o de responsabilidade limitada.

(E) A responsabilidade limitada é instituto de direito comercial que não se aplica ao Fisco.

A: incorreta, pois a definição da sociedade limitada é exatamente a limitação da responsabilidade dos sócios ao valor de suas quotas – art. 1.052 do CC. No âmbito tributário, tampouco há essa confusão entre patrimônio da sociedade limitada e dos sócios, podendo haver excepcionalmente responsabilidade, nos casos do art. 135 do CTN; B: incorreta, pois a falência em si não implica responsabilidade tributária dos sócios, que exige excesso de poderes, violação da lei ou dos estatutos para ocorrer – art. 135 do CTN; C: incorreta, pois somente os sócios-gerentes, que participem da administração da sociedade, podem vir a ser responsabilizados, caso tenham violado a lei ou os estatutos sociais ou com excesso de poderes – art. 135 do CTN; D: correta, conforme comentários anteriores; E: incorreta, pois os conceitos e institutos do direito privado são acolhidos na interpretação do direito tributário – art. 109 do CTN. LS

Gabarito "D".

3. DIREITO TRIBUTÁRIO

(Procurador do Estado/SP – 2018 – VUNESP) Assinale a alternativa correta sobre a sucessão tributária, conforme o Código Tributário Nacional.

(A) É excluída em casos de impostos que tenham por fato gerador a propriedade.

(B) É tipo de sanção por ato ilícito do sucessor.

(C) Não se aplica à pessoa jurídica resultante de fusão, pois esta é nova em relação às sociedades fundidas.

(D) É reponsabilidade que se aplica a fatos geradores ocorridos até a data do ato ou fato de que decorre a sucessão.

(E) É responsabilidade que se aplica exclusivamente aos créditos tributários definitivamente constituídos à data do ato ou fato de que decorre a sucessão.

A: incorreta, pois não há essa limitação. Pelo contrário, há norma específica para sucessão em relação a tributos imobiliários – art. 130 do CTN; B: incorreta, pois a responsabilidade é modalidade de sujeição passiva, não espécie de sanção. Embora em alguns casos (nem sempre) a responsabilidade surja por conta de descumprimento da lei pelo responsável (v.g. art. 135 do CTN), isso não é característica da responsabilidade por sucessão; C: incorreta, pois a empresa resultante da fusão é responsável por sucessão, em relação aos tributos das sociedades originais – art. 132 do CTN; D: correta – art. 129 do CTN; E: incorreta, pois a responsabilidade por sucessão se refere aos fatos geradores anteriores à sucessão – art. 129 do CTN. **RB**
Gabarito "D".

(Procurador do Município – Prefeitura Fortaleza/CE – CESPE – 2017) Considerando os dispositivos do CTN e a jurisprudência do STJ em relação ao ato administrativo do lançamento e à atividade desenvolvida para a constituição do crédito tributário, julgue o próximo item.

(1) Admite-se a concessão do benefício da denúncia espontânea na hipótese de o contribuinte, depois de apresentar declaração parcial do crédito tributário e realizar o respectivo pagamento, retificar a própria declaração e efetuar o pagamento complementar, antes de qualquer iniciativa da administração tributária.

1: Correta, pois há denúncia espontânea desde que o valor recolhido não tenha sido declarado ao fisco anteriormente – ver Súmula 360/STJ. **RB**
Gabarito "1C".

(Procurador do Município – Prefeitura Fortaleza/CE – CESPE – 2017) Julgue os seguintes itens, a respeito de obrigação tributária e crédito tributário.

(1) O sujeito passivo da obrigação principal denomina-se contribuinte quando, dada sua vinculação ao fato gerador, sua sujeição decorre expressamente de determinação legal, ainda que não tenha relação pessoal e direta com a ocorrência de tal fato.

(2) Quanto aos seus efeitos, a responsabilidade tributária pode ser solidária, subsidiária ou pessoal. Sendo pessoal, inexistem coobrigados, mas terceira pessoa que detém a condição de único sujeito passivo responsável pelo cumprimento da obrigação tributária.

(3) A substituição tributária progressiva, modalidade de responsabilidade tributária por transferência, ocorre quando a obrigação de pagar é adiada para momento posterior ao fato jurídico tributário.

1: Incorreta, pois o contribuinte é definido como sujeito passivo que tem relação pessoal e direta com a situação que corresponda ao fato gerador do tributo – art. 121, parágrafo único, I, do CTN. 2: Correta, sendo definição adequada dessas espécies de responsabilidade – art. 128 do CTN. 3: Incorreta, pois a substituição tributária "para frente", como o nome diz, é espécie de responsabilidade por substituição (a obrigação já surge como responsável no polo passivo), não por transferência (a obrigação surge com o contribuinte no polo passivo e, posteriormente, o responsável passa a ocupar esse polo). Ademais, na substituição "para frente" ou progressiva o recolhimento do tributo é antecipado em relação à ocorrência do fato gerador, não adiado – art. 150, § 7º, da CF. **RB**
Gabarito 1E, 2C, 3E

(Procurador do Estado – PGE/MT – FCC – 2016) A pessoa jurídica DAMALINDA, dedicada ao varejo de vestuários, é composta por dois sócios, um dos quais assumiu a administração da empresa conforme previsto em seus atos constitutivos. Em razão de dificuldades financeiras, essa empresa passou a interromper os recolhimentos do ICMS, visando a obter recursos para o pagamento de seus empregados e fornecedores. Não obstante a inadimplência, a empresa continuou a declarar o valor mensalmente devido. Após certo período de tempo, a atividade se revelou efetivamente inviável, e o administrador optou por encerrar suas atividades e fechou todas as lojas, leiloando em um *site* de internet todo o saldo de estoques. A decisão deste administrador

I. foi acertada, pois se a empresa estava em dificuldades não haveria motivo para continuar com as atividades e incrementar ainda mais seu passivo tributário.

II. foi incorreta, pois ao simplesmente fechar as portas das lojas ficou caracterizada a dissolução irregular, o que poderá justificar o futuro redirecionamento de execuções fiscais à pessoa física dos sócios.

III. foi incorreta, pois o administrador poderia ter recorrido a remédios legais para a proteção de empresas em dificuldade, tais como a recuperação de empresas e a falência, ao invés de simplesmente encerrar suas atividades sem a comunicação aos órgãos administrativos competentes.

IV. não alterou a situação legal do outro sócio no tocante à respectiva responsabilidade pelo crédito tributário, uma vez que todos os sócios respondem pelos débitos fiscais da sociedade.

Está correto o que se afirma APENAS em

(A) I e IV.

(B) II e III

(C) II.

(D) III.

(E) IV.

I: incorreta pelo aspecto jurídico-tributário, já que o fechamento das portas sem baixa nos registros empresariais e fiscais implica dissolução irregular e responsabilidade do sócio administrador pelos tributos inadimplidos – art. 135, III, do CTN e Súmula 435/STJ; II: correta, lembrando que somente o sócio administrador pode ser responsabilizado, conforme comentário anterior; III: correta, sendo em tese viável a recuperação ou pedido de falência – Lei 11.101/2005; IV: incorreta, pois somente o sócio administrador pode ser responsabilizado, por ter atuado na gestão da empresa – art. 135, III, do CTN. **RB**
Gabarito "B".

(Procurador – IPSMI/SP – VUNESP – 2016) Segundo o Código Tributário Nacional (CTN), a pessoa natural ou jurídica de direito privado que adquirir de outra, por qualquer título, fundo de comércio ou estabelecimento empresarial, e continuar a respectiva exploração, sob a mesma ou outra razão social ou sob firma ou nome individual, responde pelos tributos relativos ao fundo ou estabelecimento adquirido, devidos até à data do ato:

(A) integralmente, se o alienante cessar a exploração do comércio, indústria ou atividade.

(B) solidariamente com o alienante, se este prosseguir na exploração ou iniciar dentro de seis meses a contar da data da alienação, nova atividade no mesmo ou em outro ramo de comércio, indústria ou profissão.

(C) integralmente, se o alienante prosseguir na exploração ou iniciar dentro de seis meses a contar da data da alienação, nova atividade no mesmo ou em outro ramo de comércio, indústria ou profissão.

(D) subsidiariamente com o alienante, se este prosseguir na exploração ou iniciar dentro de três meses a contar da data da alienação, nova atividade no mesmo ou em outro ramo de comércio, indústria ou profissão.

(E) solidariamente, se o alienante cessar a exploração do comércio, indústria ou atividade, mesmo na hipótese de alienação judicial em processo de falência.

A: correta, nos termos do art. 133, I, do CTN; **B:** incorreta, pois o adquirente responderá apenas subsidiariamente, nesse caso – art. 133, II, do CTN; **C:** incorreta, conforme comentário à alternativa anterior; **D:** incorreta, pois o prazo é de seis meses para o alienante iniciar nova atividade – art. 133, II, do CTN; **E:** incorreta, pois o adquirente responde integralmente, conforme a terminologia do art. 133, I, do CTN e, mais importante, não há essa responsabilidade em caso de alienação em processo de falência, conforme o § 1º desse artigo, com a exceção do § 2º. RB

Gabarito "A".

(Advogado União – AGU – CESPE – 2015) Por dispositivo legal expresso, a obrigação de recolhimento de determinado imposto foi atribuída a pessoa diversa da do contribuinte, devendo esse pagamento ser feito antecipadamente, em momento prévio à ocorrência do fato gerador, previsto para ocorrer no futuro.

Com relação a essa situação, julgue os itens seguintes.

(1) Não ocorrendo o fato gerador, o contribuinte substituído terá direito à restituição do valor do imposto pago. Porém, ocorrendo o fato gerador com base de cálculo inferior à prevista, não será obrigatória a restituição da diferença paga a maior, conforme jurisprudência do STF.

(2) Na situação considerada, trata-se do instituto denominado substituição tributária progressiva, que tem previsão expressa relativa ao ICMS.

1: Atenção, essa assertiva era correta conforme a jurisprudência do STF à época desse concurso. Entretanto, em 2016 houve alteração da jurisprudência da Suprema Corte, determinando a devolução de tributo recolhido também em caso de operação realizada em valor menor do que o estimado – RE 593.849/MG-repercussão geral. **2:** Correta, art. 150, § 7º, da CF. RB

Gabarito 1C, 2C

(Procurador – PGFN – ESAF – 2015) Não tem capacidade ou sujeição tributária passiva

(A) o menor impúbere.

(B) o louco de todo gênero.

(C) o interdito.

(D) o ente despersonalizado.

(E) a pessoa alheia ao fato gerador, mas obrigada pela Administração Tributária ao pagamento de tributo ou penalidade pecuniária.

A, B, C e **D:** incorretas, pois a capacidade tributária independe da capacidade civil – art. 126 do CTN; **E:** correta, pois somente a lei pode fixar a sujeição passiva. Ademais, o sujeito passivo deve ter alguma relação com o fato gerador, seja direta (contribuinte) ou indireta (responsável). RB

Gabarito "E".

10. SUSPENSÃO, EXTINÇÃO E EXCLUSÃO DO CRÉDITO

(Procurador – AL/PR – 2024 – FGV) Em relação à compensação de débitos tributários, avalie se as afirmativas a seguir são verdadeiras (V) ou falsas (F).

( ) A vedação prevista no CTN da compensação mediante o aproveitamento de tributo, objeto de contestação judicial pelo sujeito passivo, antes do trânsito em julgado da respectiva decisão judicial, não se aplica às hipóteses de reconhecida inconstitucionalidade do tributo indevidamente recolhido.

( ) É incabível mandado de segurança para convalidar a compensação tributária realizada pelo contribuinte.

( ) A previsão legal de multa isolada incidente sobre a negativa de homologação de compensação tributária viola a Constituição Federal.

As afirmativas são, respectivamente,

(A) F – V – V.

(B) V – F – V.

(C) V – V – F.

(D) F – F – V.

(E) V – F – F.

1ª afirmativa: incorreta, conforme tese fixada pelo STJ (Tema Repetitivo 346): nos termos do art. 170-A do CTN, 'é vedada a compensação mediante o aproveitamento de tributo, objeto de contestação judicial pelo sujeito passivo, antes do trânsito em julgado da respectiva decisão judicial', vedação que se aplica inclusive às hipóteses de reconhecida inconstitucionalidade do tributo indevidamente recolhido. Ressalte-se, contudo, que, também segundo o STJ, tal vedação não se aplica a ações judiciais propostas em data anterior à vigência do art. 170-A do CTN, introduzido pela LC 104/2001 (Tema Repetitivo 345); **2ª afirmativa:** correta, de acordo com a Súmula 460 do STJ: É incabível o mandado de segurança para convalidar a compensação tributária realizada pelo contribuinte. Sobre mandado de segurança e compensação tributária, verificar teses fixadas pelo STJ no Tema Repetitivo 118; **3ª afirmativa:** correto, conforme tese fixada pelo STF (Tema 736): "É inconstitucional a multa isolada prevista em lei para incidir diante da mera negativa de homologação de compensação tributária por não consistir em ato ilícito com aptidão para propiciar automática penalidade pecuniária". LS

Gabarito "A".

(Procurador – PGE/SP – 2024 – VUNESP) Considere a seguinte situação: o sujeito passivo de uma obrigação tributária ingressa com ação anulatória do débito fiscal, que é julgada procedente por sentença, que foi mantida pelo Tribunal de Justiça por ocasião do julgamento da apelação. O Estado interpõe recursos especial e extraordinário.

Diante desse quadro, assinale a alternativa correta.

(A) Deve o Procurador do Estado oficiante efetuar pedido de atribuição de efeito suspensivo ao recurso especial e, somente após a decisão acerca desse pedido, caso indeferido, requerer à Secretaria da Fazenda a anotação da extinção do crédito tributário em razão de sua anulação pelo Acórdão.

(B) Deve o Procurador do Estado oficiante efetuar pedido de atribuição de efeito suspensivo ao recurso extraordinário e, somente após a decisão acerca desse pedido, caso indeferido, requerer a anotação da extinção do crédito tributário em razão de sua anulação pelo Acórdão.

(C) Deve o Procurador do Estado oficiante solicitar a anotação da extinção do crédito tributário, tendo em vista que os recursos interpostos não são dotados de efeito suspensivo ope legis.

(D) Deve o Procurador do Estado oficiante efetuar pedido de atribuição de efeito suspensivo aos recursos especial e extraordinário e, somente após a decisão acerca desses pedidos, caso indeferidos, requerer a anotação da extinção do crédito tributário em razão de sua anulação pelo Acórdão.

(E) Considerando que não há decisão judicial transitada em julgado, a anotação da extinção do crédito tributário não deve ser solicitada pelo Procurador do Estado oficiante, o que somente deve ser feito após o julgamento definitivo dos recursos especial/extraordinário.

De acordo com o artigo 156, X, do CTN, extingue o crédito tributário a decisão judicial passada em julgado. Assim, apesar dos recursos interpostos não serem dotados de efeito suspensivo (art. 995 do CPC) eles impedem, durante seu trâmite, o trânsito em julgado da decisão exarada pelo Tribunal de Justiça por ocasião do julgamento da apelação. Correta a alternativa E e incorretas as demais. LS

Gabarito "E".

(Procurador – PGE/SP – 2024 – VUNESP) O Código Tributário Nacional, no artigo 151, inciso II, prevê que o depósito do montante integral suspende a exigibilidade do crédito tributário. É cediço que, já há certo tempo, os contribuintes lançam mão do seguro garantia e da fiança bancária para garantia de créditos tributários, seja em ações anulatórias, seja em execuções fiscais. Sobre a eficácia destas modalidades de garantia do crédito tributário, assinale a alternativa correta, conforme entendimento firmado pelo Superior Tribunal de Justiça em sede representativa de controvérsia.

(A) Fiança bancária e seguro garantia equivalem a depósito integral para fins de suspensão da exigibilidade do crédito tributário, ainda que em montante que abranja exclusivamente o valor do crédito tributário, sem o acréscimo de 30% (trinta por cento).

(B) Fiança bancária e seguro garantia não equivalem a depósito integral para fins de suspensão da exigibilidade do crédito tributário; todavia, desde que apre-

sentados como garantia em execução fiscal no valor integral atualizado do crédito, permitem a obtenção, pelo devedor, de Certidão de Regularidade Fiscal, na forma do artigo 206 do Código Tributário Nacional.

(C) Fiança bancária e seguro garantia não equivalem a depósito integral para fins de suspensão da exigibilidade do crédito tributário e não permitem a obtenção, pelo devedor, de Certidão de Regularidade Fiscal, na forma do artigo 206 do Código Tributário Nacional.

(D) Fiança bancária e seguro garantia equivalem a depósito integral para fins de suspensão da exigibilidade do crédito tributário, desde que em montante que abranja o valor do crédito tributário acrescido de 30% (trinta por cento).

(E) Fiança bancária e seguro garantia equivalem a depósito integral para fins de suspensão da exigibilidade do crédito tributário; somente quando apresentados em execução fiscal em substituição a depósito judicial e desde que em montante que abranja o valor do crédito tributário acrescido de 30% (trinta por cento).

O Código Tributário Nacional, lei complementar de normas gerais em matéria tributária (art. 146, III, da CF/88), prevê, em rol taxativo, as causas de suspensão da exigibilidade do crédito tributário, dentre elas o depósito do montante integral (art. 151, II). De cordo com o STJ, o depósito somente suspende a exigibilidade do crédito tributário se for integral e em dinheiro (Súmula 112). Portanto, fiança bancária e seguro garantia não equivalem a depósito integral para fins de suspensão da exigibilidade do crédito tributário (STJ c Tema Repetitivo 378) o que torna incorretas as alternativas **A**, **D** e **E**. Apesar de não serem equivalentes ao depósito em dinheiro, a fiança bancária e o seguro garantia são admitidos como formas de garantir a execução fiscal (art. 9º, II, da Lei 6830/80). Ressalte-se que a Lei 6.830/80 não exige, para tal fim, que a fiança bancária e o seguro garantia, quando apresentados em execução fiscal, devam abranger o valor do crédito tributário acrescido de 30% (trinta por cento). Porém, se a questão tratasse de garantia de crédito não tributário por fiança bancária e seguro garantia, seria válida a exigência do acréscimo de 30%, segundo o STJ, com base no art. 848, parágrafo único, do CPC (REsp 1.381.254-PR). Assim, se a execução fiscal estiver garantida pela fiança bancária ou pelo seguro garantia, no valor integral atualizado do crédito, será possível ao devedor obter a Certidão de Regularidade Fiscal (certidão positiva de débito com efeito de negativa – CPD-EN), na forma do artigo 205 c/c artigo 206 do Código Tributário Nacional. Finalizando, sobre o tema da expedição de CPD-EN, cumpre relembrar que, segundo o STJ (Tema Repetitivo 237), é possível ao contribuinte, após o vencimento da sua obrigação e antes da execução, garantir o juízo de forma antecipada, para o fim de obter certidão positiva com efeito de negativa. Portanto, correta a alternativa **B** e errada a **C**. Sobre o local onde deverá ser proposta a execução fiscal, importante tese foi fixada pelo STF (Tema 1204 da Repercussão Geral) ao interpretar o art. 46, § 5º, do Código de Processo Civil, que prevê a possibilidade de a execução fiscal ser proposta no foro do domicílio do réu, no de sua residência ou no do lugar onde for encontrado, nas hipóteses em que essa norma imponha o ajuizamento e processamento da ação executiva em outro Estado da Federação: "A aplicação do art. 46, § 5º, do CPC deve ficar restrita aos limites do território de cada ente subnacional ou ao local de ocorrência do fato gerador". LS

Gabarito "B".

(PROCURADOR – AGE/MG – 2022 – FGV) EM RELAÇÃO À SUSPENSÃO DA EXIGIBILIDADE DO CRÉDITO, ANALISE AS AFIRMATIVAS A SEGUIR.

I. O contribuinte pode substituir o depósito do montante integral do débito em fase de execução fiscal por fiança bancária para suspensão da exigibilidade do crédito tributário.

II. A adesão a programa de parcelamento tributário é hipótese de suspensão da exigibilidade do crédito, interrompendo o prazo prescricional, por constituir reconhecimento inequívoco do débito pelo contribuinte.

III. A concessão de medida liminar em ação anulatória ostenta o efeito de suspender a exigibilidade do crédito.

Está correto o que se afirma em

(A) I, apenas.

(B) II, apenas.

(C) I e III, apenas.

(D) II e III, apenas.

(E) I, II e III.

I: incorreta. O Código Tributário Nacional, lei complementar de normas gerais em matéria tributária (art. 146, III, da CF/88), prevê, em rol taxativo, as causas de suspensão da exigibilidade do crédito tributário, dentre elas o depósito do montante integral (art. 151, II). De cordo com o STJ, o depósito somente suspende a exigibilidade do crédito tributário se for integral e em dinheiro (Súmula 112). Portanto, fiança bancária e seguro garantia não equivalem a depósito integral para fins de suspensão da exigibilidade do crédito tributário (STJ – Tema Repetitivo 378). Apesar de não serem equivalentes ao deposito em dinheiro, a fiança bancária e o seguro garantia são admitidos como formas de garantir a execução fiscal (art. 9º, II, da Lei 6.830/80). Assim, se a execução fiscal estiver garantida pela fiança bancária ou pelo seguro garantia, no valor integral atualizado do crédito, será possível ao devedor obter a Certidão de Regularidade Fiscal (certidão positiva de débito com efeito de negativa), na forma do artigo 205 c/c artigo 206 do CTN; II: correta. O parcelamento é causa de suspensão da exigibilidade do crédito tributário (art. 151, VI, do CTN). Ademais, ao aderir ao programa de parcelamento ocorre a interrupção do prazo prescricional, pois há um ato inequívoco do devedor que importa em reconhecimento do débito (art. 174, parágrafo único, do CTN). Por isso, segundo o STJ, a adesão a programa de parcelamento tributário é causa de suspensão da exigibilidade do crédito (art. 151, VI, do CTN) e interrompe o prazo prescricional, por constituir reconhecimento inequívoco do débito, nos termos do art. 174, parágrafo único, IV, do CTN, voltando a correr o prazo, por inteiro, a partir do inadimplemento da última parcela pelo contribuinte (REsp n. 1.742.611/RJ); III: correta. Ressalte-se que, nos termos do CTN, a simples impetração de mandado de segurança ou o ajuizamento de ação ordinária *não* suspende a exigibilidade do crédito tributário. Para isso, é necessário que o juiz defira *liminar* ou conceda tutela provisória, segundo o CPC/2015 (o CTN fala em *antecipação da tutela, terminologia utilizada no CPC/1973*), que são modalidades de suspensão previstas no CTN (art. 151, V). Inclusive, segundo o STJ (Tema Repetitivo 264), a mera discussão judicial da dívida, sem garantia idônea ou suspensão da exigibilidade do crédito, nos termos do art. 151 do CTN, não obsta a inclusão do nome do devedor no CADIN. Por todo o exposto, estão corretas apenas as alternativas II e III e a resposta é a letra D. Sobre o local onde deverá ser proposta a execução fiscal, importante tese foi fixada pelo STF (Tema 1204 da Repercussão Geral) ao interpretar o art. 46, § 5º, do Código de Processo Civil, que prevê a possibilidade de a execução fiscal ser proposta no foro de domicílio do réu, no de sua residência ou no do lugar onde for encontrado, nas hipóteses em que essa norma imponha o ajuizamento e processamento da ação executiva em outro Estado da Federação: "A aplicação do art. 46, § 5º, do CPC deve ficar restrita aos limites do território de cada ente subnacional ou ao local de ocorrência do fato gerador". LS

Gabarito "D".

(Procurador Município – Santos/SP – VUNESP – 2021) Em relação à suspensão do crédito tributário, é correto afirmar:

(A) Salvo disposição de lei em contrário, a moratória somente abrange os créditos definitivamente constituídos à data da lei ou do despacho que a conceder, ou cujo lançamento já tenha sido iniciado àquela data por ato regularmente notificado ao sujeito passivo.

(B) A moratória somente pode ser concedida em caráter geral, por despacho da autoridade administrativa, desde que autorizada por lei.

(C) A lei concessiva de moratória não pode circunscrever sua aplicabilidade à determinada região do território da pessoa jurídica de direito público que a expedir, ou a determinada classe ou categoria de sujeitos passivos.

(D) A concessão da moratória em caráter geral ou individual gera direito adquirido e não poderá ser revogado de ofício, mesmo apurando-se que o beneficiado não satisfazia ou deixou de satisfazer as condições ou não cumpria ou deixou de cumprir os requisitos para a concessão do favor.

(E) O parcelamento será concedido na forma e condição estabelecidas em lei específica que disporá sobre as condições de parcelamento dos créditos tributários do devedor na falência, insolvência ou em recuperação judicial, devendo em tais situações excluir a incidência de juros e multas.

A: correta – art. 154 do CTN; B: incorreta, pois a moratória pode também ser concedida em caráter individual – art. 152, II, do CTN; C: incorreta, pois isso é possível – art. 152, parágrafo único, do CTN; D: incorreta, pois não há direito adquirido, nos termos do art. 155 do CTN; E: incorreta, pois as condições especiais para parcelamento referem-se à recuperação judicial – art. 155-A, § 3º, do CTN. RB

Gabarito "A".

(Procurador Município – Santos/SP – VUNESP – 2021) De conformidade com o Código Tributário Nacional, extinguem o Crédito Tributário:

(A) as reclamações e os recursos, nos termos das leis reguladoras do processo tributário administrativo.

(B) a concessão de medida liminar em mandado de segurança.

(C) a concessão de medida liminar ou de tutela antecipada, em outras espécies de ação judicial.

(D) a anistia.

(E) a remissão.

Típica questão de concurso, em que basta decorar as modalidades de suspensão, extinção e exclusão do crédito tributário. Reclamações e recursos, liminares e tutelas antecipadas são modalidades de suspensão do crédito (art. 151, III e IV do CTN). Anistia, ao lado da isenção, é modalidade de exclusão do crédito (art. 175 do CTN). A remissão é modalidade de extinção do crédito (art. 156 do CTN). Por essas razões, a alternativa "E" é a correta. RB

Gabarito "E".

(Procurador Município – Teresina/PI – FCC – 2022) Por engano, José da Silva pagou duas vezes o IPTU (Imposto sobre Propriedade Predial e Territorial Urbano), uma vez ao Município de Teresina e outra vez ao município vizinho, relativamente ao exercício de 2010, efetuando esses pagamentos em dobro no dia 10 de janeiro de 2010. Um mês após o pagamento, José apresentou a uma das administrações tributárias um pedido de restituição do indébito, demonstrando que houve pagamento em dobro de um mesmo débito e que sua sede fica em Teresina. Entretanto, os julgadores de primeiro e segundo graus decidiram pelo indeferimento do pedido de restituição, em decisão final publicada no dia 05 de janeiro de 2017. Esgotada a fase administrativa, com impossibilidade de novo recurso, José procurou, no dia 20 de dezembro de 2018, um advogado para saber se podia ingressar com ação judicial, com objetivo de receber do município vizinho o que foi pago indevidamente. Com base no Código Tributário Nacional (CTN), o advogado respondeu:

(A) Após cinco anos do pagamento indevido, ou seja, após o dia 10 de janeiro de 2015, houve o decurso do prazo de decadência e, por esse motivo, o contribuinte José perdeu direito à restituição do pagamento indevido e não somente o direito de agir, de ingressar com ação judicial.

(B) Prescreve em dois anos a ação anulatória da decisão administrativa que denegar a restituição e, por esse motivo, José poderá ingressar em juízo com ação de repetição de indébito, no prazo de dois anos, a partir de 05 de janeiro de 2017, data da publicação da decisão citada.

(C) Se o pagamento indevido foi feito em 10 de janeiro de 2010, ocorreu a prescrição do direito de pedir a devolução deste pagamento cinco anos após tal data, ou seja, dia 11 de janeiro de 2015, fato que impossibilita qualquer ação judicial.

(D) Não cabem quaisquer ações judiciais, porque prevalece a decisão técnica da administração, tendo em vista que, com o esgotamento da esfera administrativa, o judiciário não pode julgar essa lide, e, além disso, a Constituição consagra o princípio da separação dos poderes.

(E) Cabe, apenas, ingressar em juízo com ação rescisória a fim de anular todo o processo administrativo, com fundamento nos princípios processuais constitucionais e nas regras do novo Código de Processo Civil.

O prazo para repetição de indébito é de 5 anos contados da data da extinção do crédito tributário, momento em que exsurge o direito de ação contra a Fazenda Pública (STJ – Tema Repetitivo 229). No caso, houve a extinção do crédito tributário na data do pagamento indevido. Quando há pedido administrativo indeferido, o prazo se reabre e é de 2 anos para anulação da decisão administrativa – arts. 168 e 169 do CTN. Por essa razão, a alternativa "B" é a correta. LS

Gabarito "B".

(Procurador Município – Teresina/PI – FCC – 2022) O Código Tributário Nacional (CTN) dispõe que a denúncia espontânea é causa de exclusão da responsabilidade tributária e

I. ocorre quando se referir à infração de lei tributária e for acompanhada, se for o caso, do pagamento do tributo devido e dos juros de mora.

II. ocorre, também, quando for acompanhada do depósito da importância arbitrada pela autoridade administrativa, quando o montante do tributo dependa de apuração.

III. não pode se referir à infração, mas somente a tributo, e ocorre quando o sujeito passivo antecipa o pagamento do débito tributário sem prévio exame da autoridade administrativa, operando-se pelo ato em que a referida

autoridade, tomando conhecimento da denúncia citada, expressamente a homologa.

IV. refere-se somente às infrações de natureza dolosa e deve observar as condições prevista no CTN, e, para ser espontânea, deve ser apresentada após o início de qualquer procedimento administrativo ou medida de fiscalização.

Está correto o que se afirma APENAS em

(A) III e IV.

(B) II.

(C) II e IV.

(D) I e II.

(E) II, III e IV.

I e II: corretas, nos termos do art. 138 do CTN; III: incorreta, pois a denúncia espontânea exclui apenas as penalidades, e a homologação pela autoridade fiscal não é elemento necessário para sua fruição; IV: incorreta, pois não há restrição quanto à natureza dolosa da infração, para fins da aplicação do art. 138 do CTN. Ademais, não se considera espontânea a denúncia apresentada após o início de qualquer procedimento administrativo ou medida de fiscalização, relacionados com a infração. Por essas razões, a alternativa "D" é a correta. LS

Gabarito "D".

(Procurador/PA – CESPE – 2022) A transação tributária embora seja um instituto previsto no Código Tributário Nacional desde a sua entrada em vigor, em 1966, apenas foi regulamentada pelo Estado do Pará pela Lei 9.260/2021. Assim, no âmbito do Estado do Pará, se aplica:

(A) nos termos do art. 171 do Código Tributário Nacional, aos créditos tributários sob a administração da Secretaria de Estado da Fazenda do Pará.

(B) nos termos da Lei 9.260/2021 do Estado do Pará, à dívida tributária dos municípios paraenses.

(C) nos termos da Lei 9.260/2021 do Estado do Pará, aos casos de geração de crédito para o devedor dos débitos transacionados.

(D) nos termos do art. 171 do Código Tributário Nacional, sem análise da proposta individual de iniciativa do devedor.

(E) nos termos da Lei 9.260/2021 do Estado do Pará, sem análise da proposta formalizada por autoridade competente.

A: correta, nos termos do art. 1º, § 3º, I, da Lei 9260/2021 do Estado do Pará; B: incorreta, até porque a lei estadual não pode dispor sobre a tributação municipal, pois violaria a exclusividade no exercício da competência tributária; C: incorreta, pois a lei estadual veda expressamente essa possibilidade – art. 3º, II, da Lei 9.260/2021 do Estado do Pará; D e E: incorretas, pois é possível análise da proposta individual do devedor ou da autoridade competente – art. 2º, II, da Lei 9.260/2021 do Estado do Pará. Ressalte-se que deve ser sempre verificada a legislação em vigor, citada no edital, no momento do concurso a ser prestado. LS

Gabarito "A".

(Procurador/DF – CESPE – 2022) A respeito de lançamento tributário, obrigação tributária e crédito tributário, observados o Código Tributário Nacional, a CF e a jurisprudência dos tribunais superiores, julgue os itens a seguir.

(1) No caso de entrega de declaração pelo contribuinte, por meio da qual este reconheça determinado débito fiscal, o prazo decadencial terá início no dia seguinte ao da entrega da declaração ou após a data de vencimento da obrigação, o que ocorrer por último.

(2) O responsável tributário é um terceiro, designado por lei, que não participa do binômio fisco-contribuinte, nada obstante esteja vinculado ao fato gerador por um liame indireto.

(3) A exclusão do crédito tributário desonera o contribuinte do cumprimento das obrigações acessórias dependentes da obrigação principal cujo crédito seja excluído.

(4) Lei concessiva de moratória poderá circunscrever expressamente a sua aplicabilidade a determinada classe ou categoria de sujeitos passivos.

1: incorreta, pois a entrega da declaração já constitui o crédito tributário, iniciando-se o prazo prescricional para cobrança – Súmula 436/STJ. Caso o fisco discorde e queira realizar lançamento de alguma diferença, o prazo decadencial é contado com referência à data em que poderia realizar o lançamento, nos termos do art. 173 do CTN, caso não tenha havido qualquer pagamento; **2:** correta – art. 121, parágrafo único, II, do CTN; **3:** incorreta, pois a obrigação acessória pode ser exigível independentemente da existência de obrigação principal (como é o caso de declarações a serem prestadas por entidades imunes, por exemplo) – arts. 113 e 115 do CTN; **4:** correta, conforme o art. 152, parágrafo único, do CTN. **LS**

Gabarito 1E, 2C, 3E, 4C

(Procurador/DF – CESPE – 2022) Julgue os itens a seguir em conformidade com a Lei da Transação Resolutiva de Litígio – Lei nº 13.988/2020.

(1) Em razão do princípio da transparência, quando realizar com um particular transação resolutiva de litígio, o poder público deverá divulgar em meio eletrônico todos os termos de transação celebrados, incluídas as informações legalmente protegidas por sigilo.

(2) É condição indispensável à operacionalização da transação resolutiva de conflito que os créditos da fazenda pública sejam objeto de ação de execução.

1: incorreta, pois as informações protegidas por sigilo devem ser resguardadas – art. 1º, § 2º, da Lei 13.988/2020/ **2:** incorreta, pois não se exige execução fiscal como pressuposto para a transação, sendo viável inclusive durante o contencioso administrativo – art. 17, § 3º, I, e art. 18 da Lei 13.988/2020. Ressalte-se que deve ser sempre verificada a legislação em vigor, citada no edital, no momento do concurso a ser prestado. **LS**

Gabarito 1E, 2E

(Procurador do Município – Valinhos/SP – 2019 – VUNESP) O Código Tributário Nacional elenca as causas que suspendem a exigibilidade do crédito tributário, dentre as quais a

(A) prescrição.

(B) moratória.

(C) remissão.

(D) anistia.

(E) transação.

Questão clássica de concursos, que exige apenas decorar as modalidades de suspensão, extinção e exclusão do crédito tributário, listadas respectivamente nos arts. 151, 156 e 175 do CTN. No caso, apenas a moratória é modalidade de suspensão do crédito, de modo que a alternativa "B" é a correta.

Gabarito "B".

(Procurador do Estado/SE – 2017 – CESPE) Uma lei estadual indicou autoridade competente para estabelecer condições que possibilitassem ao contribuinte e à fazenda pública estadual negociar o encerramento de litígios judiciais e administrativos acerca de determinada questão tributária. A referida norma estabeleceu que as partes deveriam fazer determinadas concessões mútuas com o objetivo de alcançar a extinção do crédito tributário.

A negociação objeto da situação hipotética apresentada é um exemplo de

(A) compensação.

(B) anistia.

(C) moratória.

(D) remissão.

(E) transação.

A questão descreve a transação, modalidade de extinção do crédito, nos termos do art. 171 do CTN, de modo que a alternativa "E" é a correta. **RB**

Gabarito "E".

(Procurador Municipal/SP – VUNESP – 2016) Assinale a alternativa correta acerca do pagamento como modalidade de extinção do crédito tributário.

(A) Quando parcial, importa em presunção de pagamento das prestações em que se decomponha.

(B) Quando a legislação tributária não dispuser a respeito, deve ser efetuado na repartição competente do domicílio do sujeito ativo.

(C) Se existirem, simultaneamente, dois ou mais débitos vencidos do mesmo sujeito passivo para com a mesma pessoa jurídica de direito público, relativos ao mesmo ou a diferentes tributos ou provenientes de penalidade pecuniária ou juros de mora, a autoridade administrativa competente para receber o pagamento determinará a respectiva imputação, em primeiro lugar, aos débitos decorrentes de responsabilidade tributária e, em segundo lugar, por obrigação própria.

(D) Se o pagamento for efetuado em estampilha, nos casos previstos em lei, a perda ou destruição da estampilha, ou o erro no pagamento por esta modalidade, não dão direito a restituição, salvo nos casos expressamente previstos na legislação tributária, ou naquelas em que o erro seja imputável à autoridade administrativa.

(E) A importância do crédito tributário pode ser consignada judicialmente pelo sujeito passivo, em caso de exigência, por mais de uma pessoa jurídica por tributo idêntico sobre o mesmo fato gerador, caso em que poderá versar, inclusive, sobre a anulação do lançamento do crédito exigido.

A: incorreta, pois não há essa presunção – art. 158, I, do CTN; **B:** incorreta, pois o pagamento é efetuado, em regra, na repartição competente do domicílio do sujeito passivo – art. 159 do CTN; **C:** incorreta, pois a ordem de imputação é dos débitos por obrigação própria em primeiro lugar, nos termos do art. 163, I, do CTN; **D:** correta, conforme dispõe o art. 162, § 4º, do CTN; **E:** incorreta, pois a discussão na ação consignatória não se refere à anulação do lançamento (objeto de ação anulatória), podendo versar apenas sobre o crédito que o consignante se propõe a pagar – art. 164, III, do CTN e art. 547 do CPC. **RB**

Gabarito "D".

(Procurador – SP – VUNESP – 2015) É causa que suspende a exigibilidade do crédito tributário a

(A) concessão de liminar em mandado de segurança.

(B) conversão do depósito em renda.

(C) consignação em pagamento.

(D) decisão administrativa irreformável.

(E) decisão judicial passada em julgado.

A: correta – art. 151, IV, do CTN; **B, C, D** e **E**: incorretas, pois são modalidades de extinção do crédito tributário, nos termos do art. 156 do CTN. Ressalte-se que a ação de consignação em pagamento deverá ser julgada procedente para extinguir o crédito tributário, nos termos do art. 164, § 2º, do CTN. Sobre o tema da extinção do crédito tributário, destaca-se tese interessante fixada pelo STJ (Tema Repetitivo 485): De acordo com o art. 156, I, do CTN, o pagamento extingue o crédito tributário. Se o pagamento por parte do contribuinte ou a transformação do depósito em pagamento definitivo por ordem judicial somente ocorre depois de encerrada a lide, o crédito tributário tem vida após o trânsito em julgado que o confirma. Se tem vida, pode ser objeto de remissão e/ou anistia neste ínterim (entre o trânsito em julgado e a ordem para transformação em pagamento definitivo, antiga conversão em renda) quando a lei não exclui expressamente tal situação do seu âmbito de incidência. **LS**
Gabarito "A".

(Procurador – SP – VUNESP – 2015) O instituto de Direito Tributário que abrange exclusivamente as infrações cometidas anteriormente à vigência da lei que o concede denomina-se

(A) Remissão e extingue o crédito correspondente.

(B) Remissão e suspende o crédito correspondente.

(C) Remissão e exclui o crédito correspondente.

(D) Anistia e exclui o crédito correspondente.

(E) Anistia e suspende o crédito correspondente.

A: incorreta, pois remissão refere-se a todo o crédito tributário (tributo e ou penalidade pecuniária) – art. 172 do CTN; **B**: incorreta, conforme o comentário anterior, lembrando que remissão é modalidade de extinção do crédito, não de suspensão; **C**: incorreta, conforme comentários anteriores; **D**: correta, pois a anistia refere-se apenas a infrações e é modalidade de exclusão do crédito tributário – art. 180 do CTN; **E**: incorreta, pois anistia é modalidade de exclusão do crédito, não de suspensão – art. 180 do CTN. **RB**
Gabarito "D".

(Advogado União – AGU – CESPE – 2015) Carlos ajuizou, em 2006, ação contra Paulo, na qual pleiteou indenização por danos materiais e morais. Após sentença transitada em julgado, ele obteve julgamento de procedência total dos pedidos formulados, razão pela qual recebeu, a título de indenização por danos morais, o valor de R$ 50.000, sendo R$ 20.000 a título de danos morais próprios e R$ 30.000 a título de danos estéticos. Pelos danos materiais, Carlos recebeu R$ 30.000, dos quais R$ 10.000 correspondem a danos emergentes e R$ 20.000 a lucros cessantes. No tempo devido, ele declarou os valores recebidos e efetuou o recolhimento do imposto de renda correspondente.

Com referência a essa situação hipotética, julgue os itens a seguir.

(1) Por ser tributo sujeito ao autolançamento, não será admitida a repetição de indébito, podendo o valor pago a maior ser utilizado pelo contribuinte em futura compensação com outros créditos tributários.

(2) A extinção do crédito tributário ocorrerá cinco anos após o pagamento realizado por Carlos, quando ocorre a homologação tácita da declaração e do pagamento realizado, visto que o imposto de renda é espécie tributária sujeita a lançamento por homologação.

(3) O prazo para a propositura de ação de repetição de indébito será de cinco anos a partir do primeiro dia do exercício seguinte à extinção do crédito tributário.

1: Incorreta, pois o tributo indevidamente recolhido pode sempre ser repetido, independentemente de prévio protesto, desde que dentro do prazo prescricional – art. 165 do CTN. **2:** Incorreta, pois a extinção se dá com o pagamento do tributo – art. 156, VII, do CTN e art. 3º da LC 118/2005. **3:** Incorreta, pois o início do prazo prescricional é a data do pagamento indevido – art. 168, I, do CTN e art. 3º da LC 118/2005. Atenção para a Súmula 498/STJ: "Não incide imposto de renda sobre a indenização por danos morais." **RB**
Gabarito 1E, 2E, 3E

(Procurador do Estado/SP – 2018 – VUNESP) No que diz respeito à isenção, conforme o Código Tributário Nacional, é correto afirmar:

(A) é causa excludente do crédito tributário, mas não dispensa o cumprimento das obrigações acessórias dependentes da obrigação principal cujo crédito tenha sido excluído.

(B) é causa extintiva do crédito tributário, sendo extensiva às taxas e contribuições que tenham por fato gerador o mesmo fato jurídico relevante do crédito tributário extinto.

(C) é causa excludente do crédito tributário e pode ser livremente suprimida, mesmo quando concedida sob condição onerosa.

(D) é causa extintiva do crédito tributário e depende, em qualquer hipótese, de despacho, genérico ou particular, de autoridade administrativa competente para a verificação.

(E) é causa excludente do crédito tributário e só pode ser concedida em caráter geral, nos termos da lei, pela isonomia tributária, mas deve sofrer, em qualquer caso, restrições temporais por meio de regulamento.

A: correta – art. 175, I e parágrafo único, do CTN; **B** e **D**: incorretas, pois a isenção é modalidade de exclusão do crédito tributário, não de extinção – art. 175, I, do CTN; **C**: incorreta, pois a isenção concedida por prazo certo e em função de determinadas condições não pode ser suprimida em prejuízo do contribuinte que preencheu os requisitos para sua fruição – art. 178 do CTN; **E**: incorreta, pois a isenção pode ser concedida em caráter específico – art. 179 do CTN. **RB**
Gabarito "A".

(Procurador do Estado/SP – 2018 – VUNESP) Lei estadual confere benefício fiscal previamente aprovado pelos Estados e pelo Distrito Federal, nos termos do art. 155, parágrafo 2º, XII, letra g, da Constituição Federal. O benefício é de redução de base de cálculo do ICMS para operações internas com produtos de limpeza, de forma que a carga final do imposto fica reduzida a 50% da incidência normal. A empresa Delta usufrui do benefício em todas as suas operações internas, pois comercializa exclusivamente produtos de limpeza. Não há, na legislação tributária, qualquer outra previsão de benefício que Delta possa usufruir. Todas as operações interestaduais de Delta sofrem tributação normal do imposto. Todos os seus fornecedores estão estabelecidos na mesma unidade da federação que Delta e nenhum deles goza de benefício fiscal.

Considerada essa situação hipotética, a empresa Delta

(A) não deve anular os créditos do imposto, relativamente às aquisições de produtos objeto de posteriores operações internas e interestaduais, pois goza de benefício fiscal.

(B) deve anular integralmente o crédito do imposto pago na aquisição de produtos destinados a operações internas, desde que, no mesmo período de apuração, tenha operações interestaduais, pois estas são integralmente tributadas.

(C) deve anular parcialmente os créditos do imposto incidente em todas as aquisições de produtos, desconsiderando a incidência de benefícios nas operações posteriores, por força do regime periódico de apuração a que se sujeita o ICMS.

(D) deve anular integralmente os créditos do imposto incidente em todas as aquisições de bens revendidos, independentemente de redução de base de cálculo, com fundamento na não cumulatividade do imposto.

(E) deve anular parcialmente o crédito do imposto, relativamente aos bens adquiridos para posteriores operações beneficiadas, na mesma proporção da redução da base de cálculo, pois tal benefício corresponde à isenção parcial.

Nos termos do tema 299 de repercussão geral do STF, a redução da base de cálculo de ICMS equivale à isenção parcial, o que acarreta a anulação proporcional de crédito relativo às operações anteriores, salvo disposição em lei estadual em sentido contrário. Por essa razão, a alternativa "E" é a correta. **RB**
Gabarito "E".

(Procurador do Estado – PGE/MT – FCC – 2016) O perdão parcial de multa pecuniária regularmente constituída mediante o lançamento de ofício do qual o contribuinte tenha sido devidamente notificado, em decorrência da adesão voluntária, por parte do contribuinte, a um "programa de regularização fiscal" criado por lei, consiste em:

(A) suspensão da exigibilidade do crédito tributário, na modalidade parcelamento com desconto.

(B) exclusão do crédito tributário, na modalidade remissão de débitos.

(C) exclusão do crédito tributário, na modalidade parcelamento de débitos.

(D) exclusão do crédito tributário, na modalidade anistia.

(E) extinção do crédito mediante desconto condicional.

O perdão de penalidade pecuniária, exclusivamente, é modalidade de exclusão do crédito tributário, especificamente a anistia (art. 180 do CTN), de modo que a alternativa "D" é a correta. O perdão de todo o crédito, incluindo o próprio tributo, é modalidade de extinção, especificamente a remissão. **RB**
Gabarito "D".

(Procurador – PGFN – ESAF – 2015) Assinale a opção correta.

(A) A anistia não abrange, exclusivamente, as infrações cometidas anteriormente à vigência da lei que a concede.

(B) A isenção somente se aplica aos tributos instituídos posteriormente à sua concessão.

(C) A anistia pode ser concedida por ato discricionário da autoridade tributária.

(D) A transação na esfera tributária pode ter como finalidade prevenir litígio.

(E) A isenção, ainda quando prevista em contrato, é sempre decorrente de lei e não extingue o crédito tributário.

A: incorreta, pois a anistia abrange apenas as infrações anteriores à vigência da lei – art. 180 do CTN; **B:** incorreta, pois a isenção refere-se a fatos posteriores à lei que a instituir, não aos tributos instituídos (= criados) posteriormente, salvo disposição de lei em contrário – artigos 176 e 177 do CTN; **C:** incorreta, até porque não há discricionariedade na atividade fiscal – art. 142 do CTN; **D:** incorreta, pois a transação é sempre terminativa de litígio na seara tributária, não preventiva – art. 171 do CTN; **E:** correta, tratando-se de modalidade de exclusão do crédito – art. 176 do CTN. **LS**
Gabarito "E".

(Procurador do Estado – PGE/MT – FCC – 2016) Constituem modalidades de suspensão da exigibilidade, exclusão e de extinção do crédito tributário, respectivamente,

(A) a moratória, a isenção condicional e o parcelamento.

(B) a remissão, a anistia e o pagamento.

(C) o depósito do montante integral, a liminar em mandado de segurança e a novação.

(D) a isenção condicional, o fato gerador enquanto pendente condição suspensiva e o parcelamento.

(E) a impugnação administrativa, a isenção condicional e a conversão de depósito em renda.

Esse tipo de questão exige decorar as modalidades de suspensão, extinção e exclusão do crédito tributário e é muito comum em concursos públicos.
A: incorreta, pois parcelamento é modalidade de suspensão do crédito; **B:** incorreta, pois remissão é extinção; **C:** incorreta, pois liminar é suspensão e novação não é modalidade de extinção, exclusão ou suspensão; **D:** incorreta, pois isenção é exclusão, fato gerador não é modalidade alguma e parcelamento é suspensão; **E:** correta – arts. 151, 156 e 175 do CTN. **RB**
Gabarito "E".

11. IMPOSTOS E CONTRIBUIÇÕES EM ESPÉCIE

11.1. IPI

(Procurador – PGFN – ESAF – 2015) Não é fato gerador do Imposto sobre Produtos Industrializados – IPI:

(A) o conserto, a restauração e o recondicionamento de produtos usados para comércio.

(B) a confecção de vestuário, por encomenda direta do consumidor ou usuário, em oficina do confeccionador.

(C) a operação efetuada fora do estabelecimento industrial.

(D) o reparo de produtos com defeito de fabricação, mediante substituição de partes e peças, mesmo quando a operação for remunerada.

(E) o preparo de produto, por encomenda direta do consumidor ou usuário, desde que na residência do preparador.

3. DIREITO TRIBUTÁRIO 177

A: incorreta, pois incide IPI nesse caso – art. 5º, XI , do Regulamento do IPI – Decreto 7.212/2010; **B:** correta, pois não se considera industrialização, conforme o art. 5º, IV, do RIPI; **C:** incorreta, pois somente quando resultar em edificações, instalações e complexos industriais listados no art. 5º, VIII, do RIPI é que as operações efetuadas fora do estabelecimento industrial não se sujeitam ao IPI; **D:** incorreta, pois somente se o reparo for realizado gratuitamente, em virtude de garantia dada pelo fabricante, é que não incide o IPI – art. 5º, XII, do RIPI; **E:** incorreta, pois não incide IPI apenas se o trabalho profissional for preponderante nesse caso – art. 5º, V, do RIPI. **LS**

Gabarito "B".

11.2. IR

(Procurador – PGFN – ESAF – 2015) Estão obrigadas à apuração do lucro real as pessoas jurídicas, exceto aquelas:

(A) cuja receita total no ano-calendário anterior seja superior ao limite de R$ 78.000.000,00 (setenta e oito milhões de reais) ou proporcional ao número de meses do período, quando inferior a 12 (doze) meses.

(B) cujas atividades sejam de empresas de seguros privados.

(C) que, autorizadas pela legislação tributária, usufruam de benefícios fiscais relativos à isenção ou redução do imposto.

(D) que tiverem lucros, rendimentos ou ganhos de capital oriundos do exterior.

(E) que, no decorrer do ano-calendário, não tenham efetuado pagamento mensal pelo regime de estimativa.

A: incorreta, pois as pessoas jurídicas com receita total superior a R$ 78 milhões são obrigadas a apurar o lucro real, conforme art. 14, I, da Lei 9.718/1998, com a redação dada pela Lei 12.814/2013. Importante que o estudante acompanhe a evolução legislativa, pois são comuns atualizações desses valores ao longo do tempo.; **B:** incorreta, pois empresas de seguro privado devem apurar o lucro real – art. 14, II, da Lei 9.718/1998 e art. 257, II, Decreto 9.580/18 ; **C:** incorreta, pois essas pessoas jurídicas devem apurar o lucro real – art. 14, IV, da Lei 9.718/1998 e art. 246, IV, do RIR; **D:** incorreta, pois devem também apurar o lucro real – art. 14, III, da Lei 9.718/1998 e art. 257, III, Decreto 9.580/18; **E:** correta, pois somente no caso de recolhimento pelo regime de estimativa é que se impõe a apuração do lucro real – art. 14, V, da Lei 9.718/1998 e art. 257, V, Decreto 9.580/18.. **LS**

Gabarito "E".

11.3. ITR

(Procurador Municipal – Prefeitura/BH – CESPE – 2017) Em determinado município, uma associação de produtores rurais solicitou que o prefeito editasse lei afastando a incidência do ITR para os munícipes que tivessem idade igual ou superior a sessenta e cinco anos e fossem proprietários de pequenas glebas rurais, assim entendidas as propriedades de dimensão inferior a trezentos hectares. O prefeito, favorável ao pedido, decidiu consultar a procuradoria municipal acerca da viabilidade jurídica dessa norma.

Com relação a essa situação hipotética, assinale a opção correta de acordo com as normas constitucionais e a legislação tributária vigente.

(A) O ITR é um imposto da União e, por conseguinte, é vedado atribuir aos municípios, que não detêm competência para legislar sobre essa matéria, a responsabilidade por sua fiscalização.

(B) Cabe ao município a competência legislativa sobre o ITR, podendo ele instituir hipóteses de isenção e de não incidência.

(C) O ITR é um imposto de competência da União, não podendo o município reduzi-lo ou adotar qualquer renúncia fiscal.

(D) A CF prevê a imunidade fiscal para os proprietários de pequenas glebas rurais que tenham idade igual ou superior a sessenta e cinco anos.

A: incorreta, pois o ITR, apesar de ser tributo federal, admite peculiarmente a fiscalização e cobrança pelos municípios, nos termos do art. 153, § 4º, III, da CF; **B:** incorreta, pois a competência tributária, entendida como competência para legislar sobre o tributo, é indelegável e, no caso do ITR, de titularidade exclusiva da União – art. 153, VI, da CF; **C:** correta – art. 153, § 4º, III, *in fine*, da CF; **D:** incorreta, pois não há imunidade em relação à idade dos proprietários – art. 153, § 4º, II, da CF. **RB**

Gabarito "C".

11.4. IOF

(Procurador – PGFN – ESAF – 2015) São contribuintes do Imposto sobre Operações de Crédito, Câmbio e Seguro, ou relativas a Títulos e Valores Mobiliários (IOF):

(A) o mutuante, nas operações de crédito.

(B) os alienantes de títulos e valores mobiliários.

(C) os titulares dos contratos, nas operações relativas a contratos derivativos.

(D) os titulares de conta-corrente, nas hipóteses de lançamento e transmissão de valores.

(E) as instituições financeiras e demais instituições autorizadas a funcionar pelo Banco Central do Brasil, nas operações relativas a aquisição, resgate, cessão ou repactuação de títulos e valores mobiliários em que o valor do pagamento para a liquidação seja superior a 95% (noventa e cinco por cento) do valor inicial da operação.

A: incorreta, pois na operação de crédito os contribuintes são as pessoas físicas ou jurídicas tomadoras de crédito – Lei 8.894/94, art. 3º, I e art. 4º do Regulamento do IOF – RIOF – Decreto 6.306/2007; **B:** incorreta, pois na alienação de títulos e valores, contribuintes são os adquirentes ou as instituições financeiras – Lei 8.894/94, art. 3º, II e art. 26 do RIOF; **C:** correta – Lei 8.894/94, art. 3º, IV e art. 32-C, § 6º, do RIOF; **D:** incorreta, pois os titulares de contas-correntes não são contribuintes em relação a essas atividades – art. 2º, do RIOF. Também não há essa previsão na Lei 8.894/94; **E:** incorreta, pois o limite é inferior (não superior) a 95% do valor inicial da operação – art. 3º, III e art. 2º, II, 'b', da Lei 8.894/94 e arts. 26, II e 28, I e IV, do RIOF. **LS**

Gabarito "C".

11.5. ICMS

(Procurador – PGE/SP – 2024 – VUNESP) Considere o decidido pelo Supremo Tribunal Federal no julgamento da ADC 49: "O deslocamento de mercadorias entre estabelecimentos do mesmo titular não configura fato gerador da incidência de ICMS, ainda que se trate de circulação interestadual" e assinale a alternativa correta.

(A) Tendo em vista que essas remessas não consubstanciam operações de circulação de mercadorias, mas meras transferências de estoque, houve o reconhecimento de que não é devido ICMS nessas operações, sem qualquer modulação dos efeitos dessa decisão, de modo que está aberta a possibilidade de restituição do que foi cobrado nos exercícios anteriores por parte dos contribuintes.

(B) Uma vez decidida a inconstitucionalidade da incidência de ICMS na transferência de mercadorias entre estabelecimentos da mesma pessoa jurídica, presentes razões de segurança jurídica e interesse social, foram modulados os efeitos da decisão para que se aplique às operações de circulação de mercadorias ocorridas a partir de 01/01/2024, ressalvados os processos administrativos e judiciais pendentes de conclusão até a data da publicação da ata de julgamento da decisão de mérito da ADC 49.

(C) Em razão do disposto no inciso II do § 2º do artigo 155 da Constituição Federal, a operação, interna ou interestadual, não implicará crédito para compensação com o montante devido nas operações ou prestações seguintes e acarretará a anulação do crédito relativo às operações anteriores, uma vez que equivale a uma não incidência.

(D) Embora essas remessas não consubstanciem operações de circulação de mercadorias, mas meras transferências de estoque, restou decidido que se os Estados não disciplinarem a transferência dos créditos entre os estabelecimentos do mesmo titular, para evitar a guerra fiscal, eles (os créditos) serão anulados nas remessas interestaduais.

(E) Tendo em vista que estas remessas não consubstanciam operações de circulação de mercadorias, mas meras transferências de estoque, o crédito não é anulado e, desde logo, fixou o Supremo Tribunal Federal, vislumbrando a omissão legislativa, que eles (os créditos) devem ser assegurados integralmente pelas unidades federadas de origem e de destino na mesma proporção (metade para cada unidade federada), nas operações interestaduais, em aplicação do princípio da igualdade dos entes federativos.

A: incorreta, pois houve modulação dos efeitos da decisão na ADC 49: "presentes razões de segurança jurídica e interesse social (art. 27 da Lei 9868/1999) justificável a modulação dos efeitos temporais da decisão para o exercício financeiro de 2024 ressalvados os processos administrativos e judiciais pendentes de conclusão até a data de publicação da ata de julgamento da decisão de mérito (29/04/2021)"; **B:** correta, conforme comentário à alternativa A; **C:** incorreta, pois o STF decidiu que: "o reconhecimento da inconstitucionalidade da pretensão arrecadatória dos estados nas transferências de mercadorias entre estabelecimentos de uma mesma pessoa jurídica não corresponde a não incidência prevista no art. 155, § 2º, II, ao que mantido o direito de creditamento do contribuinte"; **D:** incorreta, pois o STF reconheceu o direito de transferência do crédito de ICMS, a ser regulamentado pelos Estados até 1º/01/2024. Exaurido o prazo sem que os Estados disciplinem a transferência de créditos de ICMS entre estabelecimentos de mesmo titular, fica reconhecido o direito dos sujeitos passivos de transferirem tais créditos; **E:** incorreto, pois foi concedido prazo para os Estados disciplinarem a transferência de créditos de ICMS entre estabelecimentos do mesmo titular, conforme comentário à alternativa D. **LS**

Gabarito "B".

(Procurador – PGE/SP – 2024 – VUNESP) Considere a seguinte situação em relação à não cumulatividade do ICMS e aos institutos da prescrição e da decadência tributárias: um contribuinte de ICMS realizou operações de saídas de mercadorias no valor de R$ 20.000,00 (vinte mil reais) para um determinado mês de referência e, nesse mesmo mês, adquiriu mercadorias no valor de R$ 15.000,00 (quinze mil reais). Diante desse quadro, tendo ainda em vista que ele não detinha saldo credor de ICMS relativo às referências passadas para transferir, ele declarou, constituindo o crédito tributário mediante apresentação de Guia de Informação e Apuração de ICMS-GIA-ICMS, débito no valor de R$ 500,00 (quinhentos reais) e fez o pagamento integral desse montante dentro do prazo de vencimento. Considerando, hipoteticamente, que a alíquota do ICMS é de 20% (vinte por cento), analise as alternativas a seguir e assinale aquela que está correta.

(A) O contribuinte declarou ICMS em valor inferior ao devido, cabendo ao Fisco Estadual efetuar a cobrança do valor não declarado no prazo prescricional de 5 (cinco) anos, contados da data do vencimento, sendo desnecessária a realização de lançamento, nos moldes da Súmula 436 do Superior Tribunal de Justiça.

(B) O contribuinte declarou ICMS em valor inferior ao devido, cabendo ao Fisco Estadual efetuar o lançamento do valor não declarado dentro do prazo prescricional de 5 (cinco) anos, contados da data do vencimento.

(C) O contribuinte declarou ICMS em valor inferior ao devido, cabendo ao Fisco Estadual efetuar o lançamento do valor não declarado dentro do prazo decadencial de 5 (cinco) anos, contados da data do primeiro dia do exercício seguinte àquele em que o lançamento deveria ser efetuado, porquanto não se cogitou da ocorrência de dolo, fraude ou simulação.

(D) O contribuinte declarou ICMS em valor inferior ao devido, cabendo ao Fisco Estadual efetuar o lançamento do valor não declarado dentro do prazo decadencial de 5 (cinco) anos, contados da data da ocorrência do fato gerador.

(E) O contribuinte declarou o ICMS em valor inferior ao devido, mas como efetuou o pagamento antecipado do valor, o Fisco não pode efetuar o lançamento do valor remanescente.

Cálculo do ICMS devido:

Etapa 1: Débito de ICMS sobre as operações de saída: 20% de R$ 20.000,00 = R$ 4.000,00

Etapa 2: Crédito de ICMS sobre as operações de entrada: 20% de R$ 15.000,00 = R$ 3.000,00

Etapa 3: ICMS a pagar: R$ 4.000,00 – R$ 3.000,00 = R$ 1.000,00

Etapa 4: ICMS declarado e pago = R$ 500,00.

Etapa 5: Débito de ICMS a ser lançado = R$ 500,00

A: incorreta. Considerando que o valor declarado e pago foi de apenas R$ 500,00, o Fisco deverá efetuar o lançamento da diferença apurada (R$ 500,00) no prazo decadencial de 05 anos. É inaplicável ao caso a Súmula 436 do STJ pois o valor declarado não foi do total do débito (R$ 1.000,00), mas de apenas parte do valor (R$ 500,00) sendo necessário, portanto, o lançamento da diferença (R$ 500,00); **B:** incorreta, pois o prazo, no caso, não é para a cobrança (prescrição), mas sim para a constituição do crédito tributário por meio do lançamento (decadência); **C:** incorreta, pois o ICMS é, em regra, tributo sujeito ao lançamento por homologação. Assim, se houve declaração parcial do débito e pagamento de parte do valor devido, o prazo é contado do fato gerador, de acordo com o art. 150, § 4º, do CTN, e não segundo o art. 173 do

3. DIREITO TRIBUTÁRIO 179

CTN, conforme interpretação extraída da Súmula 555 do STJ. O prazo somente seria contado da data do primeiro dia do exercício seguinte àquele em que o lançamento deveria ser efetuado se não tivesse havido qualquer pagamento ou declaração do débito e em caso de dolo, fraude ou simulação (art. 173, I c/c art. 149, V e VII, do CTN); **D:** correta, conforme comentários à alternativa C; **E:** incorreta, pois o Fisco tem o poder dever de efetuar o lançamento (art. 142, parágrafo único, do CTN) do valor remanescente respeitado o prazo decadencial de 5 anos a partir do fato gerador, conforme comentários anteriores. Transcorrido tal prazo estará extinto o crédito tributário, sem possibilidade de ser reavivado por qualquer sistemática de lançamento ou autolançamento, seja ela via documento de confissão de dívida, declaração de débitos, parcelamento ou de outra espécie qualquer (DCTF, GIA, DCOMP, GFIP etc.), segundo tese fixada pelo STJ (Tema Repetitivo 604). [LS]

Gabarito "D".

(Procurador – PGE/SP – 2024 – VUNESP) Sobre o regime jurídico da isenção do Imposto sobre a Circulação de Mercadorias e Serviços de Transporte Interestadual e Intermunicipal e de Comunicações, assinale a alternativa correta.

(A) Apesar da autonomia dos Estados, decorrente do princípio federativo e do princípio da estrita legalidade tributária, é legítima a concessão de isenção de ICMS tão logo celebrado Convênio pelos Estados no âmbito do Conselho Nacional de Política Fazendária – CONFAZ, independentemente de sua ratificação, tácita ou expressa, pelo Poder Executivo do respectivo Estado Federado.

(B) Apesar da autonomia dos Estados, decorrente do princípio federativo e do princípio da estrita legalidade tributária, a isenção de ICMS prevista em Convênio celebrado no âmbito do Conselho Nacional de Política Fazendária – CONFAZ é legítima tão logo o Poder Executivo respectivo ratifique-o, mesmo que outros Estados tenham-no rejeitado.

(C) Apesar da autonomia dos Estados, decorrente do princípio federativo e do princípio da estrita legalidade tributária, a concessão de isenções de ICMS depende de autorização por intermédio de Convênio celebrado pelos Estados no âmbito do Conselho Nacional de Política Fazendária – CONFAZ, ratificado, tácita ou expressamente, pelo Poder Executivo de todos os entes federados, sem o que sua aplicação torna-se ilegítima.

(D) Em razão da autonomia dos Estados, decorrente do princípio federativo e do princípio da estrita legalidade tributária, é legítima a concessão de isenção de ICMS por meio de lei estadual, independentemente de autorização do Conselho Nacional de Política Fazendária – CONFAZ, tal qual exigido pela Lei Complementar nº 24/75.

(E) Em razão do princípio da autonomia dos entes federados e da proibição da concessão de isenções heterônomas, considerando que o CONFAZ é órgão federal, a Lei Complementar nº 24/75 não foi recepcionada pela Constituição Federal, cabendo exclusivamente aos Estados decidir acerca da isenção do ICMS em seus respectivos territórios.

Em relação ao ICMS, visando evitar guerra fiscal, a Constituição Federal exige a celebração de convênio pelos Estados/DF no âmbito do Conselho Nacional de Política Fazendária (CONFAZ) para a concessão de isenção, nos termos da parte final do art. 150, § 6º. Ainda segundo a CF/88, cabe à lei complementar regular a forma como, mediante deliberação dos Estados e do Distrito Federal, isenções, incentivos e benefícios fiscais serão concedidos e revogados (art. 155, § 2º, XII, g, da CF/88). A Lei Complementar 24/1975 disciplina a matéria nos seguintes termos: "Art. 1º As isenções do imposto sobre operações relativas à circulação de mercadorias serão concedidas ou revogadas nos termos de convênios celebrados e ratificados pelos Estados e pelo Distrito Federal, segundo esta Lei". "Art. 4º Dentro do prazo de 15 (quinze) dias contados da publicação dos convênios no Diário Oficial da União, e independentemente de qualquer outra comunicação, o Poder Executivo de cada Unidade da Federação publicará decreto ratificando ou não os convênios celebrados, considerando-se ratificação tácita dos convênios a falta de manifestação no prazo assinalado neste artigo". Cumpre ressaltar que, segundo o STF, a LC 24/75 foi recepcionada pela CF/88, conforme se extrai do seguinte julgado: "nos termos do artigo 155, § 2º, inciso XII, alínea "g, da Constituição Federal, compete à lei complementar regulamentar a forma como os Estados e o Distrito Federal deliberarão sobre a instituição de isenções, incentivos e benefícios fiscais relativos ao ICMS. A LC 24/1975 efetiva o mandamento constitucional e retrata o alcance dos convênios celebrados pelos Estados e Distrito Federal, formalizados pelo Conselho Nacional de Política Fazendária – CONFAZ". Por todo o exposto, correta a alternativa C e incorretas as demais. [LS]

Gabarito "C".

(Procurador Fazenda Nacional – AGU – 2023 – CEBRASPE) Em março de 2018, determinado contribuinte impetrou mandado de segurança no qual questionou a inclusão do imposto sobre operações relativas à circulação de mercadorias e prestação de serviço de transporte interestadual e intermunicipal e de comunicação (ICMS) nas bases de cálculo da contribuição feita ao Programa de Integração Social (PIS) e da contribuição ao financiamento da seguridade social (COFINS).

Considerando essa situação hipotética, assinale a opção correta à luz da legislação tributária vigente, da CF e da jurisprudência do STF.

(A) A pretensão é inviável, uma vez que o STF admitiu que a inclusão do ICMS nas bases de cálculo da contribuição ao PIS e da COFINS é compatível com o texto constitucional, independentemente da data de ajuizamento da ação.

(B) A pretensão deverá ser acolhida apenas no que tange à incidência das contribuições sobre o ICMS — apurado mensalmente — até a vigência da Lei n.º 12.973/2014, que alterou o conceito de receita bruta para contemplar os tributos sobre ela incidentes, conforme a modulação de efeitos proclamada pelo STF.

(C) A pretensão é viável em parte, uma vez que o ICMS — apurado mensalmente — pode compor a base de cálculo apenas da COFINS, aplicado esse cálculo apenas às ações ajuizadas até 15/3/2017, conforme a modulação de efeitos proclamada pelo STF.

(D) A pretensão deverá ser acolhida em relação aos cinco anos anteriores ao ajuizamento da ação, no tocante aos pagamentos das contribuições sobre o ICMS — apurado mensalmente —, aplicado esse cálculo às ações ajuizadas a partir de 15/3/2017, quando o STF fixou tese no sentido de que o referido imposto não compõe a base de cálculo das referidas contribuições.

(E) A pretensão deverá ser acolhida apenas no tocante à incidência das contribuições sobre o ICMS — destacado nas notas fiscais — cujos fatos geradores tenham ocorrido a partir de 15/3/2017, quando o STF modulou o tema e fixou tese no sentido de que o referido imposto não compõe a base de cálculo das contribuições em questão.

O PIS e a COFINS são contribuições de natureza tributária destinadas a custear a seguridade social incidentes sobre a receita ou o faturamento da empresa e da entidade a ela equiparada na forma da lei, de acordo com o art. 195, I, "b", da CF/88. Segundo o STF, o ICMS, por representar apenas um ingresso, não compõe a base de cálculo para a incidência das contribuições para o PIS e para a COFINS pois não compõe o faturamento da empresa. A tese, com repercussão geral (tema 69), fixada no julgamento do RE 574706 ("O ICMS não compõe a base de cálculo para fins de incidência do PIS e da Cofins") produz efeitos a partir de 15/3/2017 (data da sessão de julgamento), ressalvadas as ações judiciais e administrativas protocoladas até essa data (Embargos declaratórios julgados em 13/5/2021). Por todo o exposto, correta a alternativa E e incorretas as demais. LS

Gabarito "E".

(Procurador/PA – CESPE – 2022) Segundo o mais recente entendimento do Supremo Tribunal Federal em matéria tributária, é correto afirmar que

(A) é inconstitucional a inclusão do Imposto sobre Operações relativas à Circulação de Mercadorias e sobre Prestações de Serviços de Transporte Interestadual e Intermunicipal e de Comunicação (ICMS) na base de cálculo da contribuição previdenciária sobre a receita bruta.

(B) é inconstitucional a inclusão do ICMS, quando destacado, na base de cálculo do Programa de Integração Social e da Contribuição para o Financiamento da Seguridade Social.

(C) é constitucional que estados e o Distrito Federal instituam o imposto de transmissão *causa mortis* e doação nas hipóteses referidas no inciso III do § 1.º do art. 155 da Constituição Federal de 1988 (heranças e doações no exterior) sem a intervenção da lei complementar exigida pelo referido dispositivo constitucional.

(D) é inconstitucional que lei estadual ou distrital, com amparo em convênio do Conselho Nacional de Política Fazendária, conceda remissão de créditos de ICMS oriundos de benefícios fiscais anteriormente julgados inconstitucionais.

(E) é constitucional a instituição de alíquotas de ICMS sobre as operações de energia elétrica e os serviços de telecomunicação em patamar superior ao aplicado às operações em geral, não incidindo o princípio da seletividade.

A: incorreta, pois a decisão do STF foi pela exclusão do ICMS especificamente da base de cálculo da COFINS e da contribuição para o PIS (Tese de repercussão geral 69/STF). Sobre a inclusão do ICMS na base de cálculo da Contribuição Previdenciária sobre a Receita Bruta, o STF fixou a seguinte tese (Repercussão Geral – Tema 1048): "É constitucional a inclusão do Imposto Sobre Circulação de Mercadorias e Serviços – ICMS na base de cálculo da Contribuição Previdenciária sobre a Receita Bruta – CPRB. Ainda sobre a inclusão do ICMS na base de cálculo de outros tributos, importante destacar também a tese fixada pelo STJ (Tema Repetitivo 1008): O ICMS compõe a base de cálculo do Imposto de Renda da Pessoa Jurídica (IRPJ) e da Contribuição Social sobre o Lucro Líquido (CSLL), quando apuradas na sistemática do lucro presumido; **B:** correta, conforme comentário à assertiva A (Tese de Repercussão Geral 69/STF). Importante destacar também que, segundo o STJ (Tema Repetitivo 1125): O ICMS-ST não compõe a base de cálculo da Contribuição ao PIS e da COFINS, devidas pelo contribuinte substituído no regime de substituição tributária progressiva; **C:** incorreta, pois isso foi vedado, nos termos da Tese de repercussão geral 825/STF. Ressalte-se que, enquanto não editada a citada lei complementar, a EC 132/2023 (Reforma Tributária) estabeleceu no art. 16

as regras aplicáveis quanto à sujeição ativa do ITCMD nessa hipótese (heranças e doações no exterior); **D:** incorreta, pois isso é admitido, nos termos da Tese de repercussão geral 817/STF; **E:** incorreta, pois o entendimento do STF é pela inconstitucionalidade – Tese de repercussão geral 745/STF. LS

Gabarito "B".

(Procurador/PA – CESPE – 2022) Em janeiro de 2022, foi publicada a Lei Complementar n.º 190, cuja função teleológica é encerrar as discussões sobre a cobrança do chamado diferencial de alíquota de ICMS – DIFAL para mercadorias vendidas a consumidor final não contribuinte do ICMS. Sobre as alterações constitucionais envolvendo essa matéria, relativamente à Emenda Constitucional 87 de 2015 é correto afirmar que

(A) o diferencial de alíquota de ICMS é cobrado em razão de operações ou prestações interestaduais destinadas a consumidor final, quando estes são contribuintes de ICMS, o fornecedor, após a EC 87/2015, passou a recolher o ICMS considerando apenas a alíquota interna para o estado de origem.

(B) o diferencial de alíquota de ICMS é cobrado em razão de operações ou prestações interestaduais destinadas a consumidor final, e quando estes são não contribuintes de ICMS, o fornecedor, após a EC 87/2015, passou a recolher o ICMS considerando apenas a alíquota interna para o estado de origem.

(C) o diferencial de alíquota de ICMS é cobrado em razão de operações ou prestações interestaduais destinadas a consumidor final, e quando estes são não contribuintes de ICMS, o fornecedor, antes da EC 87/2015, recolhia o ICMS considerando apenas a alíquota interna para o estado de origem.

(D) o diferencial de alíquota de ICMS é cobrado em razão de operações ou prestações interestaduais destinadas a consumidor final, e quando estes são não contribuintes de ICMS, o fornecedor, após a EC 87/2015, passou a recolher o ICMS considerando apenas o diferencial de alíquota ao estado de destino.

(E) o diferencial de alíquota de ICMS é cobrado em razão de operações ou prestações interestaduais destinadas a consumidor final, quando estes são contribuintes de ICMS, o fornecedor, após a EC 87/2015, mudou a sistemática, passando a recolher o ICMS considerando a alíquota interestadual do estado de origem e o diferencial de alíquota ao estado de destino.

A partir da Emenda Constitucional 87/2015, todas as operações interestaduais, inclusive para destinatário não contribuinte do ICMS, sujeitam-se à alíquota interestadual. Antes disso, somente a operação destinada a contribuinte sujeitava-se à alíquota interestadual menor. Essa modificação trazida pela EC 87/2015, em relação às vendas para não contribuintes localizados em outros Estados (ou DF), foi gradual, conforme o art. 99 do ADCT, concluída apenas em 2019. Verificar artigo 155, § 2º, VII e VIII, da CF/88. Importante destacar a seguinte tese fixada pelo STF sobre o DIFAL (Tema 1.093 da repercussão geral): "A cobrança do diferencial de alíquota alusivo ao ICMS, conforme introduzido pela Emenda Constitucional nº 87/2015, pressupõe edição de lei complementar veiculando normas gerais". Ainda segundo o STF, a LC 190, publicada em janeiro de 2022, observado, quanto à produção de efeitos, o prazo de 90 dias, ao regulamentar o DIFAL, não instituiu nem majorou tributo e, por isso mesmo, não atrai a incidência das regras relativas à anterioridade (ADI 7066). Por essas razões, a alternativa "C" é a correta. LS

Gabarito "C".

3. DIREITO TRIBUTÁRIO — 181

(Procurador/DF – CESPE – 2022) Relativamente aos impostos do Sistema Tributário Nacional, observada a jurisprudência do STF, julgue os itens que se seguem.

(1) Consoante o STF, o imposto de renda retido na fonte por pagamentos efetuados por estados às empresas prestadoras de serviços configura receita do respectivo estado.

(2) Consoante o entendimento do STF, para a instituição do ITCMD sobre bens do *de cujus* situados no exterior, é indispensável que seja primeiramente aprovada lei complementar federal disciplinando normas gerais sobre a matéria.

(3) Em conformidade com a Constituição, o ICMS incidente sobre combustíveis será repartido entre o estado de origem e o de destino da operação de circulação.

(4) O Senado Federal tem prerrogativa de estabelecer alíquotas do ICMS sobre as operações interestaduais, ao passo que ao Congresso Nacional cabe estabelecer as alíquotas incidentes sobre exportações.

(5) Se uma empresa transportadora de cargas for extinta e, nessa oportunidade, um imóvel que era de sua propriedade passar a compor o patrimônio de um dos sócios, essa operação estará sujeita à incidência do ITBI.

1: correta, conforme o art. 157, I, da CF e tese fixada pelo STF (Tema 1130): Pertence ao Município, aos Estados e ao Distrito Federal a titularidade das receitas arrecadadas a título de imposto de renda retido na fonte incidente sobre valores pagos por eles, suas autarquias e fundações a pessoas físicas ou jurídicas contratadas para a prestação de bens ou serviços, conforme disposto nos arts. 158, I, e 157, I, da Constituição Federal; **2:** correta, conforme a Tese de repercussão geral 825/STF. Ressalte-se que, enquanto não editada a citada lei complementar, a EC 132/2023 (Reforma Tributária) estabeleceu no art. 16 as regras aplicáveis quanto à sujeição ativa do ITCMD nas hipóteses referidas no inciso III do § 1º do art. 155 da Constituição Federal de 1988 (heranças e doações no exterior); **3:** discutível, pois a CF remete à lei complementar a incidência monofásica do ICMS sobre combustíveis, sem, a rigor, dispor expressamente sobre a destinação da arrecadação – art. 155, § 2º, XII, "h", da CF; **4:** incorreta, pois as exportações são imunes em relação ao ICMS – art. 155, § 2º, X, "a", da CF; **5:** incorreta, pois transmissões de bens por conta de alterações ou extinções societárias como essa são imunes em relação ao ITBI – art. 156, § 2º, I, da CF. [LS]

Gabarito: 1C, 2C, 3Anulada, 4E, 5E

(Procurador do Estado/TO – 2018 – FCC) Uma distribuidora de combustíveis da Bahia vende gasolina para um posto de gasolina de Tocantinópolis/TO, que vai comercializar o produto, e para uma empresa prestadora de serviços de transporte intramunicipal de Porto Nacional/TO, que vai utilizá-lo nas suas prestações de serviço de transporte intramunicipais. De acordo com a Lei Complementar 87/1996, nas remessas que a distribuidora baiana fizer para essas duas empresas, a remetente

(A) não se debitará nem recolherá o ICMS para o Estado da Bahia, nem os adquirentes tocantinenses deverão debitar ou recolher o imposto aos cofres de Tocantins, pela entrada da gasolina neste Estado, relativamente às aquisições feitas em operações interestaduais.

(B) deverá se debitar e recolher o ICMS para o Estado da Bahia, mas somente o posto de gasolina poderá se creditar do imposto anteriormente cobrado.

(C) não se debitará nem recolherá o ICMS para o Estado da Bahia, mas, na qualidade de contribuinte, deverá

debitar e recolher o imposto a favor dos cofres de Tocantins, pela entrada do combustível neste Estado, relativamente às aquisições feitas pelas duas empresas.

(D) deverá, de um lado, se debitar e recolher o ICMS para o Estado da Bahia, e, de outro lado, deverá, na qualidade de contribuinte, debitar e recolher o imposto a favor dos cofres de Tocantins, pela entrada do combustível neste Estado, relativamente às aquisições feitas pelo posto de gasolina.

(E) não se debitará nem recolherá o ICMS para o Estado da Bahia, mas o prestador de serviços de transporte intramunicipal, na qualidade de contribuinte, deverá pagar o imposto ao Estado de Tocantins, pela entrada do combustível neste Estado, relativamente às aquisições efetuadas por ele.

Não há incidência de ICMS na operação interestadual de combustível derivado de petróleo, nos termos do art. 155, § 2º, X, *b*, da CF (embora o inciso XII, *h*, desse dispositivo permita que a lei complementar institua incidência monofásica nesse caso). Assim, o imposto é devido somente no Estado de destino (TO, no caso). Nas operações em que o combustível não é destinado a comercialização ou industrialização (caso da aquisição pela prestadora de serviço de transporte), o ICMS deve incidir na entrada da mercadoria no território do TO, conforme art. 2º, § 1º, III, da LC 87/1996. No outro caso (posto de combustível), o ICMS incide no momento da revenda para o consumidor final (como não houve pagamento anterior, não haverá crédito e todo o imposto irá para os cofres de TO). Por essas razões, a alternativa "E" é a correta.

Gabarito "E".

(Procurador do Estado/TO – 2018 – FCC) O ICMS é um imposto não cumulativo, por expressa determinação constitucional. A Lei complementar 87/1996 estabelece, no *caput* de seu art. 23, que o direito de crédito, para efeito de compensação com débito do imposto, reconhecido ao estabelecimento que tenha recebido as mercadorias ou para o qual tenham sido prestados os serviços, está condicionado à idoneidade da documentação e, se for o caso, à escrituração nos prazos e condições estabelecidos na legislação.

De acordo com o parágrafo único do artigo adrede mencionado, o direito de utilizar o crédito do ICMS extingue-se depois de decorridos

(A) cinco anos, contados do primeiro dia do exercício seguinte àquele em que a mercadoria ou o serviço foram recebidos.

(B) três anos, contados da data da entrada da mercadoria no estabelecimento ou do recebimento do serviço.

(C) cinco anos, contados da data de emissão do documento.

(D) três anos, contados da data em que saiu do estabelecimento a mercadoria que deu suporte ao crédito.

(E) três anos, contados da data da ocorrência do fato gerador.

O parágrafo único do art. 23 da LC 87/1996 dispõe que o direito de utilizar o crédito extingue-se depois de decorridos cinco anos contados da data de emissão do documento. Assim, a alternativa "C" é a correta.

Gabarito "C".

(Procurador do Estado/AC – 2017 – FMP) Em relação ao ICMS e sua base constitucional, assinale a alternativa CORRETA.

(A) Quando a Constituição Federal alude à mercadoria, faz isso *lato sensu*, ou seja, refere-se a qualquer produto vendido por um contribuinte do ICMS a outra pessoa, seja ela física ou jurídica.

(B) A acepção "mercadoria", por não ser unívoca, é conceito a ser esclarecido em lei complementar, por não ser suficiente o conteúdo que se possa extrair do texto constitucional.

(C) Em razão de advir da mercancia, cabe unicamente à lei comercial definir o que seja mercadoria, não podendo a lei tributária definir por si só o conceito.

(D) Um bem do ativo imobilizado de uma determinada empresa é sempre considerado mercadoria, ainda mais se for, por exemplo, um automóvel, bem inequivocamente presente no comércio.

(E) As leis complementares estaduais podem estabelecer sobre quais bens deverá incidir o ICMS e quais não.

A: incorreta, pois a CF se refere ao conceito da legislação civil e empresarial, não sendo possível a legislação tributária alterar esse conceito de modo a ampliar a competência tributária – arts. 109 e 110 do CTN; **B:** incorreta, conforme comentário anterior; **C:** correta, nos termos dos arts. 109 e 110 do CTN; **D:** incorreta, pois mercadoria é bem móvel colocada no comércio, jamais ativo imobilizado; **E:** incorreta, conforme comentário à alternativa "A". *Gabarito "C".*

(Procurador do Estado/TO – 2018 – FCC) A figura do "estabelecimento" é elemento essencial na legislação do ICMS. De acordo com o Código Tributário do Estado do Tocantins, o

(A) veículo será considerado estabelecimento interestadual de depósito fechado, quando prestar serviço de transporte interestadual de gado bovino ou suíno, confinado em jornadas de longa duração, nos termos fixados em decreto.

(B) local em que tenha sido efetuada a operação de circulação de mercadorias pode ser considerado estabelecimento, desde que este local não seja público, mas seja edificado.

(C) local poderá ser considerado estabelecimento, desde que nele não se exerçam atividades em caráter apenas temporário.

(D) veículo será considerado estabelecimento, quando utilizado na captura de pescado, ainda que em vias fluviais.

(E) local não será considerado estabelecimento, se for público e não edificado.

A: incorreta, pois não há essa equiparação de veículo como estabelecimento – art. 19 do Código Tributário do Estado do Tocantins – Lei 1.287/2001; **B:** incorreta, pois é irrelevante o local ser público ou privado, edificado ou não – art. 19, *caput*, do Código Tributário do Estado do Tocantins; **C:** incorreta, pois é irrelevante a atividade ser temporária ou permanente para a caracterização do estabelecimento – art. 19, *caput*, do Código Tributário do Estado do Tocantins; **D:** correta – art. 19, III, do Código Tributário do Estado do Tocantins; **E:** incorreta, conforme comentário à alternativa "B". Ressalte-se que deve ser sempre verificada a legislação local em vigor, citada no edital, no momento do concurso a ser prestado. **LS** *Gabarito "D".*

(Procurador do Município – Prefeitura Fortaleza/CE – CESPE – 2017) Julgue os itens a seguir, em relação aos impostos discriminados na CF.

(1) O sujeito passivo do ICMS não pode, ainda que de boa-fé, aproveitar os créditos decorrentes de nota fiscal posteriormente declarada inidônea e emitida em

virtude de efetiva concretização do negócio jurídico de compra e venda.

(2) O aspecto material da hipótese de incidência do imposto sobre serviços de qualquer natureza consiste na obrigação de fazer em prol de terceiro, mediante remuneração, quando essa obrigação é objeto de relação jurídica de direito privado. A prestação por delegatário e remunerada pelo usuário de serviços públicos não se submete à incidência dessa espécie tributária devido a interesse público subjacente.

(3) O princípio da seletividade aplica-se impositivamente ao IPI e facultativamente ao ICMS em função da essencialidade dos produtos, das mercadorias e dos serviços, de modo a assegurar a concretização da isonomia no âmbito da tributação do consumo.

1: Incorreta, pois o aproveitamento do crédito somente é vedado se a declaração de inidoneidade for anterior à operação, ou se não for demonstrada a veracidade da compra e venda – Súmula 509/STJ. **2:** Incorreta, pois a cobrança de tarifa pelo delegatário de serviço público não implica imunidade, nem, portanto, afasta a incidência do ISS – art. 150, § 3º, da CF. **3:** Correta – arts. 153, § 3º, I (o IPI será seletivo), e 155, § 2º, III (o ICMS poderá ser seletivo), da CF. Ver exceção em relação ao ICMS na tese fixada pelo STF (Tema 745 – Repercussão Geral) - Adotada pelo legislador estadual a técnica da seletividade em relação ao Imposto sobre Circulação de Mercadorias e Serviços (ICMS), discrepam do figurino constitucional alíquotas sobre as operações de energia elétrica e serviços de telecomunicação em patamar superior ao das operações em geral, considerada a essencialidade dos bens e serviços. Verificar ainda o art.18-A do CTN incluído pela LC 194/2022. **LS** *Gabarito 1E, 2E, 3C.*

(Procurador Municipal – Prefeitura/BH – CESPE – 2017) Depois de ter sido regularmente contratada pelo município de Belo Horizonte – MG para o fornecimento de equipamentos médicos de fabricação estrangeira a hospitais municipais, a empresa Alfa, importadora de bens e mercadorias, tornou-se, nos termos do contrato administrativo celebrado com o município, a responsável pela importação e pelo pagamento de todos os tributos exigíveis por ocasião do desembaraço aduaneiro. Tendo os equipamentos ficado retidos na aduana em razão do não recolhimento do ICMS incidente sobre as mercadorias, a Alfa alegou que o imposto deveria ser recolhido pelo município de Belo Horizonte, destinatário final dos produtos. Entendeu a empresa que o ICMS não faz parte do desembaraço aduaneiro, visto que o fato gerador ainda não teria ocorrido e não decorreria do ato de importação, ou seja, o referido imposto somente seria devido no momento da entrada dos bens no estabelecimento do destinatário final.

Considerando as regras de direito tributário, assinale a opção correta, a respeito dessa situação hipotética.

(A) É devida a retenção aduaneira, pois o ICMS não poderia ser cobrado de quem não é contribuinte habitual do imposto.

(B) Na entrada de mercadoria importada do exterior, é legítima a cobrança do ICMS por ocasião do desembaraço aduaneiro.

(C) Como os bens não serão comercializados, o ICMS não é devido, pois inexiste o fato gerador do tributo.

(D) O ICMS não é devido, dada a imunidade tributária. Nesse caso, somente pode ser exigido o imposto sobre a importação, sendo vedada a bitributação.

A: incorreta, pois a incidência e cobrança do ICMS na importação independe de habitualidade – art. 155, § 2°, IX, *a*, da CF; **B:** correta – art. 155, § 2°, IX, *a*, da CF e art. 12, IX, da LC 87/1996 e também Súmula Vinculante 48 do STF; **C:** incorreta, pois a importação é fato gerador do ICMS – art. 155, § 2°, IX, *a*, da CF; **D:** incorreta, pois contribuinte de direito é a empresa Alfa, que promove a importação e não é imune. Segundo o STF, não há imunidade quando os entes da federação são consumidores finais de bens, estando na condição de contribuintes de fato (aplicação das razões de decidir no Tema 342 – Repercussão Geral e Súmula 591): A imunidade tributária subjetiva aplica-se a seus beneficiários na posição de contribuinte de direito, mas não na de simples contribuinte de fato, sendo irrelevante, para a verificação da existência do beneplácito constitucional, a repercussão econômica do tributo envolvido. LS

Gabarito "B".

(Procurador do Estado – PGE/MT – FCC – 2016) O princípio da não cumulatividade é

(A) um atributo exclusivo do ICMS e do IPI.

(B) princípio de tributação por meio do qual se pretende evitar a assim chamada "tributação em cascata" que onera as sucessivas operações e prestações com bens e serviços sujeitos a determinado tributo.

(C) técnica de tributação aplicável também aos impostos reais, tais como o ITR e o IPTU.

(D) suscetível apenas de interpretação restritiva e literal, à medida que institui um benefício fiscal ao contribuinte.

(E) um instrumento de transferência de riqueza indireta entre as Unidades da Federação inserido no pacto federativo, à medida que o crédito de ICMS a ser suportado pela Unidade da Federação de destino dos bens e serviços está limitado ao valor do imposto efetivamente recolhido em favor do Estado de origem.

A: incorreta, pois a legislação atinente a outros tributos também prevê a não cumulatividade, caso da Cofins e da contribuição para o PIS/Pasep; **B:** correta, caracterizando adequadamente a não cumulatividade; **C:** incorreta, pois é possível a não cumulatividade, em princípio, no caso de tributos que incidem sobre cadeias de produção, comercialização e consumo de bens e serviços; **D:** incorreta, pois não se trata de benefício fiscal (art. 111 do CTN), mas sistemática de tributação; **E:** incorreta, pois não há transferência de riqueza entre os entes federados, embora haja de fato muita discussão por conta da distribuição das receitas incidentes sobre operações interestaduais – art. 155, § 2°, IV e VII, da CF, este último inciso com a redação dada pela EC 87/2015. RB

Gabarito "B".

(Procurador do Estado – PGE/MT – FCC – 2016) No que concerne ao Imposto sobre operações relativas à circulação de mercadorias e prestações de serviços de transporte interestadual e intermunicipal e de comunicação – ICMS, considere:

I. O ICMS incide sobre operações relativas à circulação de mercadorias, inclusive sobre operações de transferência de propriedade de estabelecimento contribuinte.

II. Armazém-geral, embora prestador de serviços sujeito ao Imposto Municipal sobre Serviços de Qualquer Natureza, é insuscetível de ser colocado na condição de sujeito passivo do ICMS.

III. Convênio que autorize a isenção do ICMS sobre o fornecimento de bens e mercadorias destinados à operação de serviços de transporte metroferroviário de passageiros, inclusive por meio de Veículo Leve sobre Trilhos, dá amparo legal à concessão de isenção do

ICMS sobre a energia elétrica destinada à alimentação dos trens do VLT.

IV. A base de cálculo, para fins de substituição tributária, em relação às operações ou prestações subsequentes, será obtida pelo somatório das parcelas seguintes: (i) valor da operação ou prestação própria realizada pelo substituto tributário ou pelo substituto intermediário; (ii) montante dos valores de seguro, de frete e de outros encargos cobrados ou transferíveis aos adquirentes ou tomadores de serviço, (iii) margem de valor agregado, inclusive lucro, relativa às operações ou prestações subsequentes.

Está correto o que se afirma APENAS em

(A) I e II.

(B) II e III.

(C) I.

(D) III e IV.

(E) IV.

I: incorreta, pois não há circulação de mercadoria nessa hipótese – art. 3°, VI, da LC 87/1996; **II:** incorreta, pois o armazém-geral será contribuinte do ICMS caso promova circulação de mercadoria – art. 4° da LC 87/1996; **III:** correta, pois incide ICMS sobre o fornecimento de energia elétrica, que é insumo para a atividade de transporte metroferroviário de passageiros; **IV:** correta – art. 8°, II, da LC 87/1996. RB

Gabarito "D".

11.6. IPVA

(Procurador – PGE/SP – 2024 – VUNESP) Sobre as figuras do contribuinte e do responsável tributário no âmbito do Imposto sobre a Propriedade de Veículos Automotores, considere a seguinte situação hipotética:

O proprietário de um veículo automotor efetuou a sua venda para um terceiro no dia 30.03.2022 e tanto ele quanto o comprador não informaram a alienação ao Fisco Estadual, de modo que o veículo, no cadastro estadual, permaneceu em nome do antigo proprietário. No ano seguinte, o Fisco notificou o alienante do lançamento tributário do IPVA feito em seu nome, dando-lhe o prazo de 30 (trinta) dias para efetuar o pagamento do débito. O contribuinte, então, ingressou com ação para anular o crédito tributário, sob o argumento de que, com a tradição do automóvel ao comprador, ele deixou de manter qualquer vínculo com a situação que constitui o fato gerador – a propriedade do veículo – o que torna a cobrança ilegal, pois não poderia figurar como sujeito passivo da obrigação tributária, seja na qualidade de contribuinte, seja na de responsável. Considerando o teor da Súmula 585 do Superior Tribunal de Justiça e o decidido por este mesmo Tribunal Superior no julgamento do tema repetitivo 1.118, assinale a alternativa correta.

(A) A ação anulatória deve ser julgada improcedente, desde que haja expressa previsão legal dessa hipótese de responsabilidade tributária em lei estadual específica.

(B) A ação anulatória deve ser julgada improcedente, porque o contribuinte do imposto é quem figura nessa qualidade no cadastro do veículo junto ao Fisco Estadual, não tendo qualquer importância o fato de ele ter sido vendido antes da ocorrência do fato gerador.

(C) A ação anulatória deve ser julgada improcedente, pois a responsabilização do alienante do veículo é legítima, sendo despicienda a sua previsão em lei estadual, bastando para tanto a previsão na legislação de trânsito.

(D) A ação anulatória deve ser julgada procedente, pois fere o disposto no artigo 128 do Código Tributário Nacional a imposição de responsabilidade tributária ao alienante de veículos, dado que este, com a tradição, não mantém mais relação direta ou indireta com o fato gerador do IPVA.

(E) A ação anulatória deve ser julgada procedente, dado que a obrigação de informar a alienação do veículo compete exclusivamente ao comprador, sendo, portanto, ilegal punir o vendedor pelo descumprimento de um dever que não lhe compete.

A: correta, pois o Código de Trânsito Brasileiro (art. 134) prevê que, se o vendedor não fizer a comunicação ao DETRAN, poderá ser responsabilizado solidariamente pelas penalidades impostas e suas reincidências até a data da comunicação. Ou seja, a responsabilidade do antigo proprietário é em relação à penalidade (multa) e não ao tributo (IPVA). Nesse sentido, Súmula 585 do STJ: "A responsabilidade solidária do ex-proprietário, prevista no art. 134 do Código de Trânsito Brasileiro – CTB, não abrange o IPVA incidente sobre o veículo automotor, no que se refere ao período posterior à sua alienação". Porém, de acordo com tese fixada pelo STJ: Havendo previsão em lei estadual, admite-se a responsabilidade solidária de ex-proprietário de veículo automotor pelo pagamento do Imposto sobre a Propriedade de Veículos Automotores – IPVA, em razão de omissão na comunicação da alienação ao órgão de trânsito local, excepcionando-se o entendimento da Súmula n. 585/STJ (tema repetitivo 1118); **B, C, D e E**: incorretas, conforme comentário à alternativa A. LS

Gabarito "A".

(Procurador – PGE/GO – 2024 – FCC) Nos termos da Constituição Federal, após a EC nº 132, de 2023, e considerando a interpretação preconizada na jurisprudência vinculante do Supremo Tribunal Federal, o Imposto sobre a Propriedade de Veículos Automotores (IPVA)

(A) não pode ser cobrado por Estado diverso daquele em que o veículo automotor tenha sido licenciado.

(B) não se submete, quanto a nenhum de seus elementos, à anterioridade nonagesimal, mas apenas à anterioridade anual.

(C) incide também, como regra, sobre aeronaves, mas não incide sobre tratores e máquinas agrícolas.

(D) não incide sobre veículos de propriedade dos Municípios, mas incide sobre veículos adquiridos por estes entes mediante alienação fiduciária.

(E) terá suas alíquotas mínimas fixadas por resolução do Congresso Nacional.

A: incorreta, pois de acordo com tese fixada pelo STF (Repercussão Geral – Tema 708): A Constituição autoriza a cobrança do Imposto sobre a Propriedade de Veículos Automotores (IPVA) somente pelo Estado em que o contribuinte mantém sua sede ou domicílio tributário; **B**: incorreta, pois somente a fixação da base de cálculo do IPVA não se submete à anterioridade nonagesimal (art. 150, § 1º, parte final, da CF/88). Ou seja, se houver aumento da alíquota do IPVA o princípio da anterioridade nonagesimal deverá ser observado, além da anterioridade anual; **C**: correta. A Reforma Tributária (EC 132/2023) introduziu expressamente na CF/88 a possibilidade de o IPVA incidir sobre aeronaves e embarcações, excetuados os casos de imunidades nela previstos (art. 155, § 6º, III, da CF/88). Ademais, dentre as imu-

nidades relativas a veículos terrestres, a citada EC 132/2023 vedou a incidência do IPVA sobre tratores e máquinas agrícolas (art. 155, § 6º, III, 'd', da CF/88). Imperioso relembrar que antes da alteração da CF, operada pela EC 132/2023, o STF entendia que o IPVA não poderia incidir sobre aeronaves e embarcações (RE 379.572 /RJ, RE 134.509/AM e RE 255.111/SP); **D**: incorreta, pois de acordo com tese fixada pelo STF (Repercussão Geral – Tema 685): Não incide IPVA sobre veículo automotor adquirido, mediante alienação fiduciária, por pessoa jurídica de direito público. **E**: incorreta, pois segundo a Constituição Federal (art. 155, § 6º, I) o IPVA *"terá alíquotas mínimas fixadas pelo Senado Federal"*. Complementando, ressalte-se que o IPVA poderá ter alíquotas diferenciadas em função do tipo e utilização do veículo automotor (Art. 155, § 6º, inciso II, da CF/88) e, com a redação dada pela EC 132/2023 (Reforma Tributária), também em função do valor e do impacto ambiental. LS

Gabarito "C".

(Procurador – PGE/SC – 2022 – FGV) Acerca do Imposto Estadual sobre a Propriedade de Veículos Automotores (IPVA) e à luz da jurisprudência dos Tribunais Superiores, analise as afirmativas a seguir, considerando V para a(s) verdadeira(s) e F para a(s) falsa(s).

( ) Os Estados exercem a competência legislativa plena acerca do IPVA até que sobrevenha lei federal contendo normas gerais sobre o IPVA.

( ) Pertence ao Município 50% do produto da arrecadação do IPVA de veículos licenciados em seu território.

( ) A cientificação do contribuinte para o recolhimento do IPVA não pode ser realizada pela publicação de calendário de pagamento com instruções para o seu recolhimento.

A sequência correta é:

(A) V, V e V;

(B) V, V e F;

(C) F, V e V;

(D) F, V e F;

(E) F, F e F.

Verdadeira a primeira afirmativa porque ainda não foi editada a lei complementar de normas gerais sobre IPVA disciplinando as matérias descritas no art. 146, III, a, da CF/88 (fato gerador, base de cálculo e contribuinte). Por conseguinte, os Estados têm exercido a competência legislativa plena acerca do IPVA até que sobrevenha lei federal contendo normas gerais sobre o IPVA, nos termos do art. 24, §§ 1º a 4º da CF/88, Verdadeira a segunda afirmativa porque, segundo a repartição de receitas tributárias estabelecida na Constituição Federal, pertencem aos Municípios 50% (cinquenta por cento) do produto da arrecadação do imposto do Estado sobre a propriedade de veículos automotores licenciados em seus territórios e, em relação a veículos aquáticos e aéreos, cujos proprietários sejam domiciliados em seus territórios (art. 158, III, da CF/88); Falsa a última afirmativa porque, segundo o STJ a cientificação do contribuinte para o recolhimento do IPVA pode ser realizada pela publicação de calendário de pagamento com instruções para o seu recolhimento (REsp 1320825/RJ). Por todo o exposto, a sequência correta é a prevista na Letra B (V, V e F). LS

Gabarito "B".

(Procurador do Estado/TO – 2018 – FCC) De acordo com o Código Tributário do Estado do Tocantins, o fato gerador do IPVA ocorre

(A) na data da incorporação do veículo ao ativo permanente do importador.

(B) na data em que o consumidor final adquirir veículo novo ou usado de empresa revendedora de veículos.

(C) na data do desembaraço aduaneiro, em relação a veículo importado do exterior, diretamente por empresa revendedora de veículos, com a finalidade de comercialização.

(D) no primeiro dia útil de janeiro, em relação a veículo adquirido em exercício anterior.

(E) na data em que o veículo tiver sido inscrito no Cadastro de Veículos do Estado do Tocantins, em relação a veículo transferido de outra unidade federada, sendo o imposto devido *pro rata die*.

A: correta, conforme o art. 76, IV, do Código Tributário do Estado do Tocantins; **B:** incorreta, pois a data de aquisição por consumidor final somente é fato gerador do IPVA em caso de veículos novos – art. 76, I, do Código Tributário do Estado do Tocantins; **C:** incorreta, pois, no caso de importação por revendedor, o IPVA incide apenas no momento da incorporação ao ativo permanente (o que não acontece quando é adquirido para revenda) – art. 76, IV, do Código Tributário do Estado do Tocantins; **D:** incorreta, pois a incidência anual ocorre em 1º de janeiro (como é a regra para impostos sobre patrimônio) – art. 76, VI, do Código Tributário do Estado do Tocantins; **E:** incorreta, pois, nesse caso, o IPVA de TO incide apenas em 1º de janeiro do ano subsequente – art. 76, VII, do Código Tributário do Estado do Tocantins. Ressalte-se que deve ser sempre verificada a legislação local em vigor, citada no edital, no momento do concurso a ser prestado. LS
Gabarito "A".

(Procurador do Estado/TO – 2018 – FCC) Em 16 de novembro de 2016 foi publicada lei estadual, que produziu efeitos a partir da data de sua publicação, e que alterou a lei do IPVA de um determinado Estado brasileiro. As alterações promovidas implicaram a fixação da

I. alíquota das motocicletas em percentual superior ao anteriormente fixado.

II. alíquota dos veículos de carga, tipo caminhão, em percentual inferior ao anteriormente fixado.

III. base de cálculo de veículos de passeio importados do exterior, em valor superior ao anteriormente fixado.

De acordo com a disciplina constitucional, a norma relacionada com a situação mencionada acima, no item

(A) I já pôde ser aplicada desde 16 de novembro de 2016.

(B) I já pôde ser aplicada desde 1º de janeiro de 2017.

(C) II só pôde ser aplicada a partir de 1º de janeiro de 2017.

(D) III só pôde ser aplicada a partir de 1º de janeiro de 2017.

(E) III só pôde ser aplicada a partir de 15 de fevereiro de 2017.

A: incorreta, pois a majoração da alíquota do IPVA deve observar a anterioridade nonagesimal e anual, de modo que terá eficácia somente em fevereiro de 2017 – art. 150, III, *b* e *c*, da CF; **B:** incorreta, conforme comentário anterior; **C:** incorreta, pois a redução de tributo é imediata, não se sujeitando à anterioridade; **D:** correta, pois a majoração da base de cálculo do IPVA sujeita-se apenas à anterioridade anual (não à nonagesimal) – art. 150, § 1º, da CF; **E:** incorreta, conforme comentário anterior.
Gabarito "D".

(Procurador do Estado/SP – 2018 – VUNESP) Consideradas as disposições da Constituição Federal e da Lei Paulista nº 13.296, de 2008, sobre o Imposto sobre a Propriedade de Veículos Automotores – IPVA, é correto afirmar:

(A) o adquirente de veículo usado, com IPVA inadimplido, é responsável, exclusivamente, pelo débito relativo ao exercício em que ocorrer a compra e venda.

(B) considera-se ocorrido o fato gerador do IPVA no dia 1o de janeiro de cada ano para veículos usados e na data da primeira aquisição pelo consumidor para veículos novos.

(C) a incorporação de veículo novo ao ativo permanente do fabricante do bem não é fato gerador do IPVA, por não implicar transferência de propriedade.

(D) o recolhimento do IPVA incidente na aquisição de veículo novo fica diferido para o dia 1º de janeiro subsequente à aquisição.

(E) a base de cálculo do IPVA é o valor de mercado do veículo, usado ou novo, conforme fixado por autoridade no lançamento.

A: incorreta, pois o adquirente do veículo é responsável por sucessão em relação aos débitos deixados pelo alienante – art. 131, I, do CTN; **B:** correta. Embora o candidato precise conhecer a lei estadual para ter certeza sobre o momento de incidência do IPVA (já que se trata de tributo com fato gerador continuado, que se renova a cada ano), o usual é a incidência na data da primeira aquisição por consumidor final e em 1º de janeiro dos exercícios subsequentes – art. 3º, I e II, da Lei SP 13.296/2008; **C:** incorreta, até porque a legislação estadual não prevê incidência em desfavor do fabricante antes da aquisição pelo consumidor final. Quando o veículo é incorporado ao ativo permanente do fabricante significa que não será vendido novo para consumidor final, de modo que incide o IPVA, na forma da legislação estadual (é como se o fabricante fosse o consumidor final, na qualidade de usuário do veículo) – art. 3º, IV, da Lei SP 13.296/2008; **D:** incorreta, pois o IPVA incide na data da primeira aquisição do veículo novo por consumidor final – art. 3º, II, da Lei SP 13.296/2008; **E:** incorreta, pois, no caso do veículo novo vendido a consumidor final, por exemplo, a base de cálculo é o valor constante no documento fiscal – art. 7º, II, da Lei SP 13.296/2008. Ressalte-se que deve ser sempre verificada a legislação local em vigor, citada no edital, no momento do concurso a ser prestado. LS
Gabarito "B".

11.7. ITCMD

(Procurador do Estado/AC – 2017 – FMP) No que se refere ao Imposto sobre Transmissão "causa mortis" e doação, de competência do Estado, assinale a alternativa CORRETA.

(A) Incide sobre a transmissão de direitos reais ou do domínio útil de bens imóveis a título oneroso.

(B) Incide sobre a cessão de direitos relativos às transmissões da propriedade, seja onerosa ou não.

(C) Incide sobre a transmissão de direitos reais de garantia, onerosa ou não.

(D) Incide sobre a cessão de direitos relativos às transmissões de direitos reais sobre bens móveis tanto a título gratuito quanto oneroso.

(E) Nenhuma das alternativas acima está CORRETA.

A: incorreta, pois essa incidência se refere ao ITBI municipal – art. 156, II, da CF; **B, C** e **D:** incorretas, pois o ITCMD não incide sobre transmissões onerosas – art. 155, I, da CF; **E:** correta, por eliminação das demais. LS
Gabarito "E".

(Procurador do Estado/TO – 2018 – FCC) Por meio de uma única escritura pública de doação, lavrada em Tabelião da cidade de Palmas/TO, em dezembro de 2017, João, domiciliado em Araguaína/TO, doou a seu irmão José, domiciliado em Salvador/BA, os seguintes bens: 1 – um terreno, localizado à beira mar, em Pernambuco, cujo valor era de R$ 200.000,00; 2 – uma coleção de livros raros, no valor de R$ 500.000,00; 3 – uma fazenda, localizada no Município de Gurupi/TO, no valor de R$ 350.000,00; e 4 – R$ 1.000.000,00 em dinheiro. De acordo com o Código Tributário do Estado do Tocantins, relativamente ao imposto devido ao Estado de Tocantins, a alíquota aplicável à doação desse conjunto de bens é de

(A) 8%.

(B) 1%.

(C) 2%.

(D) 4%.

(E) 6%.

As alíquotas do ITCMD são previstas no art. 61 do Código Tributário do Estado do Tocantins. No presente caso, o Estado de Tocantins não tem competência para tributar o imóvel localizado em PE – art. 155, § 1º, I, da CF. A base de cálculo, portanto, corresponde a somatória dos valores dos demais bens e dinheiro doados, já que nesses casos (bens móveis, dinheiro, créditos, direitos) o ITCMD é devido no domicílio do doador (TO). Nos termos do art. 61, III, do Código Tributário do Estado do Tocantins, a alíquota de 6% é aplicada nos casos em que a base de cálculo for superior a R$ 500 mil e inferior a R$ 2 milhões. Por essa razão, a alternativa "E" é a correta. Com a Reforma Tributária, introduzida pela EC 132/2023, houve a inclusão do inciso VI ao § 1º do art. 155 da CF prevendo expressamente que o ITCMD será progressivo em razão do valor do quinhão, do legado ou da doação. Ressalte-se que deve ser sempre verificada a legislação local em vigor, citada no edital, no momento do concurso a ser prestado. **LS**
Gabarito "E".

(Procurador do Estado – PGE/MT – FCC – 2016) O imposto de transmissão *causa mortis* e doação de quaisquer bens ou direitos, de competência estadual,

(A) incide sobre a transmissão de bens, realizada entre pessoas jurídicas, em decorrência da transferência da propriedade de bem imóvel em virtude de aumento de capital aprovada pelos órgãos societários das pessoas jurídicas envolvidas.

(B) onera atos jurídicos relativos à constituição de garantias reais sobre imóveis.

(C) será devido em favor do Estado do Mato Grosso, em relação às doações de dinheiro, sempre que o donatário estiver domiciliado nessa Unidade da Federação, ou no Distrito Federal.

(D) não incidirá sobre as transmissões ou doações em que figurarem como herdeiros, legatários ou donatários, os partidos políticos e suas fundações, respeitados os requisitos de lei.

(E) tem lançamento apenas na modalidade "por declaração".

A: incorreta, pois o ITCMD não incide sobre transmissões onerosas, como é o caso da transmissão para aumento de capital – art. 155, I, da CF. Ademais, há imunidade em relação ao ITBI municipal, exceto na hipótese descrita no art. 156, § 2º, I, da CF. Em relação à imunidade do ITBI sobre a transmissão de bens ou direitos incorporados ao patrimônio de pessoa jurídica em realização de capital, ver Tese de Repercussão Geral do STF (Tema 796): A imunidade em relação ITBI, prevista no inciso I do § 2º do art. 156 da Constituição Federal, não alcança o valor dos bens que exceder o limite do capital social a ser integralizado; **B:** incorreta, pois não há doação ou transmissão *causa mortis*, nessa hipótese; **C:** incorreta, pois o ITCMD incidente sobre doações de bens móveis, títulos e créditos é devido ao ente federado onde domiciliado o doador – art. 155, § 1º, II, da CF. Importante destacar que

no caso de transmissão de bens móveis, títulos e créditos em virtude de sucessão causa mortis, o ITCMD será devido ao Estado (ou DF) onde era domiciliado o de cujus, conforme alteração promovida pela Reforma Tributária introduzida pela EC 132/2023. A redação anterior previa que o ITCMD competia ao Estado ou ao DF onde se processasse o inventário ou arrolamento ou onde o doador tivesse domicílio. A citada alteração promovida pela EC 132/2023 aplica-se às sucessões abertas a partir da data de sua publicação (20.12.2023); **D:** correta, nos termos do art. 5º, I, *c*, da Lei Estadual do MT 7.850/2002. Note que não há norma nacional que defina o sujeito passivo do ITCMD, de modo que cabe a cada Estado regular a matéria – art. 146, III, *a*, e art. 24, § 3º, da CF. Assim, não se pode afirmar que há imunidade, nesse caso, pois se a lei de determinado Estado aponta o doador como contribuinte (o que é muito comum), incide o ITCMD nas transmissões em favor de entidades imunes (como partidos políticos), exceto, claro, se o doador também for imune. No caso do MT, entretanto, a lei estadual afasta expressamente essa incidência nas doações em transmissões para partidos políticos e suas fundações, o que exigiria conhecimento específico do candidato; **E:** incorreta, pois a modalidade de lançamento de cada tributo depende do disposto na legislação do ente competente para legislar sobre ele. Então, no caso do ITCMD dependerá da legislação de cada Estado e do Distrito Federal. Ressalte-se que deve ser sempre verificada a legislação local em vigor, citada no edital, no momento do concurso a ser prestado. **LS**
Gabarito "D".

11.8. ISS

(Procurador do Estado/SP – 2018 – VUNESP) Empresa Alfa, com estabelecimento único no Município de Diadema, contrata a empresa Beta, com estabelecimento único no Município de São Bernardo do Campo, para a demolição de edifício localizado no Município de São Caetano do Sul. Consideradas as regras sobre o aspecto espacial do Imposto Sobre Serviços de Qualquer Natureza – ISSQN, conforme a Lei Complementar Federal no 116, de 2003, é correto afirmar que o ISSQN será devido

(A) para o Município de São Caetano do Sul, local da prestação do serviço, se, e somente se, o prestador do serviço lá estiver inscrito.

(B) para o Município de Diadema, local do estabelecimento tomador do serviço, se, e somente se, houver previsão na lei municipal de responsabilização do tomador do serviço.

(C) para o Município de São Caetano do Sul, local da prestação do serviço.

(D) para o Município de Diadema, local do estabelecimento tomador do serviço.

(E) para o Município de São Bernardo do Campo, local do estabelecimento prestador do serviço.

No caso de demolição, o ISS é devido no local onde está a construção a ser demolida (= local da prestação do serviço), ou seja, no Município de São Caetano do Sul – art. 3º, IV, da LC 116/2003. Por essa razão, a alternativa "C" é a correta. **RB**
Gabarito "C".

11.9. IPTU

(Procurador Município – Teresina/PI – FCC – 2022) A empresa XYZ tem sua sede em rua localizada entre duas cidades vizinhas. Sem saber para qual município deveria recolher o Imposto sobre Propriedade Territorial Urbano (IPTU), a referida empresa pretende ingressar em juízo, demonstrando haver dois lançamentos sobre o mesmo imóvel. O diretor da empresa não conseguiu resolver tal questão, quando procurou os responsáveis pelos citados municípios. Inconformado com tal situação e entendendo que bastaria levar os dois lançamentos e o juiz, de imediato, cancelaria um deles, o diretor procurou um advogado, solicitando que resolvesse tal questão imediatamente. Após analisar tal problema, o advogado consultado, com base no Código Tributário Nacional (CTN), assim se expressou:

(A) Por se tratar de uma espécie de exclusão do crédito tributário, não é cabível ingressar com ação de consignação em pagamento para extinguir o crédito tributário, porque, não se tratando de extinção, deveria constar, expressamente, o pedido de exclusão do citado crédito, conforme dispõe o CTN, sob pena de indeferimento da inicial.

(B) O CTN dispõe, de forma expressa, que a ação consignação em pagamento é equiparada ao pagamento, quando for consignado o valor integral do crédito tributário, devendo o juiz excluir o contribuinte do feito, permanecendo, no caso em análise, apenas os dois municípios no processo.

(C) A ação de consignação em pagamento, cabível ao caso em análise, somente extingue o crédito tributário após a decisão judicial transitada em julgado e o valor consignado convertido em renda a favor de um dos municípios.

(D) Ao fazer referência ao crédito tributário, o citado CTN dispõe, de forma explícita, que a consignação em pagamento é uma das modalidades de extinção do crédito tributário, sem mencionar qualquer condição para tal extinção. Por isso, o crédito estará extinto, após o ingresso em juízo com a referida ação, bastando uma medida liminar favorável ao autor.

(E) Ao tratar do crédito tributário, o CTN relaciona, de forma clara e inequívoca, a consignação de pagamento como um dos casos de suspensão da exigência do crédito tributário, sendo, por esse motivo, incabível tal ação com objetivo de extinguir o crédito tributário.

O caso é de consignação em pagamento, nos termos do art. 164, III, do CTN. Neste caso, o julgamento pela procedência, com a conversão do depósito em renda do município titular do crédito, extingue-o (§ 2º do dispositivo). Por essa razão, a alternativa "C" é a correta. RB
„Gabarito "C".

(Procurador Município – Teresina/PI – FCC – 2022) De acordo com o Código Tributário do Município de Teresina/PI (LC 4.974, de 26 de dezembro de 2016 e, o lançamento do IPTU (Imposto sobre Propriedade Predial e Territorial Urbano) deve ser efetuado

(A) no nome do proprietário do imóvel, salvo se houver turbação ou esbulho possessório, sem qualquer exceção.

(B) em lotes individualizados, cujo projeto de loteamento tenha sido aprovado pelo Município de Teresina e registrado em Cartório de Registro de Imóveis, exceto se o loteamento é clandestino ou se houve vendas de lotes iniciadas antes do registro do loteamento no Cartório citado.

(C) somente no nome do legítimo proprietário do imóvel; nome este que deve constar no Cartório de Registro de Imóveis, e não em nome de compromissário comprador.

(D) no nome do compromissário comprador, sem prejuízo da responsabilidade solidária do promitente vendedor.

(E) no nome do legítimo proprietário, porque o nome do promitente comprador não pode ser incluído no Cadastro Imobiliário Fiscal, por expressa disposição legal.

A: incorreta, pois o IPTU será lançado em nome do proprietário do imóvel, independentemente de turbação ou esbulho possessório, ressalvada a sujeição passiva do possuidor, cuja posse esteja em processo de regularização fundiária – art. 43 do Código Tributário do Município de Teresina – CTMT; **B:** incorreta, pois o cadastramento e o lançamento do IPTU em lotes individualizados serão realizados para loteamentos clandestinos ou para aqueles em que forem iniciadas as vendas dos lotes antes do registro do loteamento no Cartório de Registro de Imóveis – art. 44, parágrafo único, do CTMT; **C:** incorreta, pois, nos imóveis sob promessa de compra e venda, desde que registrada ou for dado conhecimento à autoridade fazendária, o lançamento do IPTU deve ser efetuado em nome do compromissário comprador, sem prejuízo da responsabilidade solidária do promitente vendedor – art. 42 do CTMT; **D:** correta, conforme comentário anterior; **E:** incorreta, conforme comentários anteriores. Ressalte-se que deve ser sempre verificada a legislação local em vigor, citada no edital, no momento do concurso a ser prestado. LS
„Gabarito "D".

(Procurador do Município – Valinhos/SP – 2019 – VUNESP) De acordo com o teor de Súmula do STJ, a incidência do IPTU (Imposto sobre a Propriedade Predial e Territorial Urbana) sobre imóvel situado em área considerada pela lei local como urbanizável ou de expansão urbana

(A) condiciona-se ao requisito mínimo da existência de meio-fio, com canalização de águas pluviais, e abastecimento de água mantido pelo Poder Público.

(B) depende da existência de rede de iluminação pública e sistema de esgotos sanitários construídos e mantidos pelo Poder Público.

(C) não está condicionada à existência dos melhoramentos elencados pelo Código Tributário Nacional para fins do referido imposto.

(D) depende da existência de pelo menos dois melhoramentos construídos e mantidos pelo Poder Público, tais como escola primária ou posto de saúde a uma distância máxima de três quilômetros do imóvel considerado.

(E) condiciona-se à existência mínima de abastecimento de água e de sistema de esgotos sanitários, construídos e mantidos pelo Poder Público.

A Súmula 626/STJ dispõe que "a incidência do IPTU sobre imóvel situado em área considerada pela lei local como urbanizável ou de expansão urbana não está condicionada à existência dos melhoramentos elencados no art. 32, § 1º, do CTN." Por essa razão, a alternativa "C" é a correta.
„Gabarito "C".

(Procurador do Município – Prefeitura Fortaleza/CE – CESPE – 2017) Considerando os dispositivos do CTN e a jurisprudência do STJ em relação ao ato administrativo do lançamento e à atividade desenvolvida para a constituição do crédito tributário, julgue os próximos itens.

(1) Considera-se válida e regular a notificação do lançamento de ofício do imposto predial e territorial urbano por meio de envio de carnê ou da publicação de calendário de pagamento juntamente com as instruções para o cumprimento da obrigação tributária.

(2) A declaração prestada pelo contribuinte nos tributos sujeitos a lançamento por homologação não constitui o crédito tributário, pois está sujeita a condição suspensiva de ulterior homologação pela administração tributária.

(3) Não havendo prévia instauração de processo administrativo fiscal, será nulo o lançamento do imposto sobre transmissão de bens imóveis e de direitos a eles relativos no caso de existir divergência entre a base de cálculo declarada pelo contribuinte e o valor arbitrado pela administração tributária.

1: Correta, Súmula 397/STJ. Segundo o STJ (Tema Repetitivo 415): a entrega de carnês de IPTU pelos municípios, sem a intermediação de terceiros, no seu âmbito territorial, não viola o privilégio da União na manutenção do serviço público postal; **2:** Incorreta, pois a declaração equivale ao lançamento – Súmula 436/STJ. **3:** Correta, pois o arbitramento previsto pelo art. 148 do CTN, em caso de as declarações prestadas não merecerem fé, exige processo administrativo regular. LS

Gabarito 1C, 2E, 3C

11.10. ITBI

(Procurador Município – Teresina/PI – FCC – 2022) O Código Tributário Municipal de Teresina (LC 4.974, de 26 de dezembro de 2016) concede ISENÇÃO do imposto sobre transmissão *inter vivos* de bens imóveis e de direitos reais a eles relativos (ITBI), para as transmissões de habitações populares conforme definidas em regulamento, relativamente ao imóvel

(A) com área total da construção não superior a quarenta metros quadrados e área total do terreno não superior a duzentos metros quadrados.

(B) que não seja transferido para qualquer beneficiário de imóvel construído, referente ao Programa Habitacional Minha Casa, Minha Vida, porque a legislação impede benefício em duplicidade.

(C) com área total da construção não superior a cinquenta metros quadrados e área total do terreno não superior a quinhentos metros quadrados.

(D) localizado em bairros economicamente carentes, podendo o proprietário possuir, apenas, mais um imóvel no Município de Teresina.

(E) para beneficiário que disponha de renda familiar de 0 a 5 salários-mínimos.

Nos termos do art. 80 do CTMT, são isentas do ITBI as transmissões de habitações populares conforme definidos em regulamento, atendidos, no mínimo, os seguintes requisitos: (i) área total da construção não superior a quarenta metros quadrados; (ii) área total do terreno não superior a duzentos metros quadrados; e (iii) localização em bairros economicamente carentes, e que o proprietário não possua imóvel no Município, na forma disciplinada em regulamento; mas não se aplica quando se tratar de edificação, em condomínio, de unidades autônomas. Por essas razões, a alternativa "A" é a correta. Ressalte-se que deve ser sempre verificada a legislação local em vigor, citada no edital, no momento do concurso a ser prestado. LS

Gabarito "A".

11.11. Temas combinados de impostos e contribuições

(Procurador Fazenda Nacional – AGU – 2023 – CEBRASPE) A contribuição devida pelo empregador em caso de desligamento de empregado sem justa causa, conforme previsão da Lei Complementar (LC) n.º 110/2001, possui natureza jurídica de

(A) contribuição para a seguridade social, tendo por finalidade exclusiva e já exaurida a recomposição do FGTS, considerada a decisão do STF que determinou a reposição do poder aquisitivo dos saldos das contas do FGTS.

(B) contribuição social geral, tendo por finalidade exclusiva e já exaurida a recomposição do FGTS, considerada a decisão do STF que determinou a reposição do poder aquisitivo dos saldos das contas do FGTS.

(C) contribuição para a seguridade social, tendo por finalidade não exclusiva, embora já exaurida, a recomposição do FGTS, considerada a decisão do STF que determinou a reposição do poder aquisitivo dos saldos das contas do FGTS.

(D) contribuição social para a seguridade social, tendo por finalidade exclusiva, ainda não exaurida, a recomposição do FGTS, considerada a decisão do STF que determinou a reposição do poder aquisitivo dos saldos das contas do FGTS.

(E) contribuição social geral, tendo por finalidade não exclusiva, embora já exaurida, a recomposição do FGTS, considerada a decisão do STF que determinou a reposição do poder aquisitivo dos saldos das contas do FGTS.

As contribuições sociais são espécie tributária prevista na Constituição Federal (art. 149, *caput*, da CF/88) destinadas a custear direitos sociais. Há contribuições sociais destinadas a custear especificamente a seguridade social (saúde, assistência social e previdência social) e há contribuições cuja finalidade é custear outros direitos sociais, tais como educação, chamadas de contribuição social geral. Segundo o STF, a natureza jurídica da contribuição instituída pela LC 110/2001 (art. 1º) é de contribuição social geral (ADI 2556 e ADI 2558). Em relação à finalidade da citada contribuição, o STF assentou que se trata de contribuição social geral que tem por finalidade não exclusiva a recomposição do FGTS no julgamento do RE 878313 (Tema 846 – Repercussão Geral) "1. O tributo previsto no art. 1º da Lei Complementar 110/2001 é uma contribuição social geral, conforme já devidamente pacificado no julgamento das ADIs 2556 e 2558. (...) 3. O objetivo da contribuição estampada na Lei Complementar 110/2001 não é exclusivamente a recomposição financeira das perdas das contas do Fundo de Garantia do Tempo de Serviço – FGTS em face dos expurgos inflacionários decorrentes dos planos econômicos Verão e Collor." (julgado em 18/08/2020). Cumpre ressaltar que a Lei nº 13.932/2019 revogou a possibilidade de cobrança da contribuição prevista no art. 1º da LC 110/2001: Art. 12. A partir de 1º de janeiro de 2020, fica extinta a contribuição social instituída por meio do art. 1º da Lei Complementar nº 110, de 29 de junho de 2001. Por todo o exposto, a alternativa "E" é a correta. As alternativas **A, C** e **D** já apresentam incorreção ao indicarem que a contribuição seria destinada à seguridade social. A alternativa **B** está incorreta ao afirmar que a citada contribuição social geral teria por finalidade exclusiva e já exaurida a recomposição do FGTS, o que é contrário ao decidido pelo STF. LS

Gabarito "E".

3. DIREITO TRIBUTÁRIO

(Procurador do Município – Valinhos/SP – 2019 – VUNESP) Assinale a assertiva que se encontra em consonância com Súmula Vinculante do Supremo Tribunal Federal em matéria tributária.

(A) É inconstitucional a adoção, no cálculo do valor de taxa, de um ou mais elementos da base de cálculo própria de determinado imposto, ainda que não haja integral identidade entre uma base e outra.

(B) É constitucional a incidência do Imposto sobre Serviços de Qualquer Natureza – ISS sobre operações de locação de bens móveis.

(C) O ICMS incide sobre alienação de salvados de sinistro pelas seguradoras.

(D) O serviço de iluminação pública pode ser remunerado mediante taxa.

(E) Norma legal que altera o prazo de recolhimento de obrigação tributária não se sujeita ao princípio da anterioridade.

A: incorreta, pois o STF admite a adoção, no cálculo do valor de taxa, de um ou mais elementos da base de cálculo própria de determinado imposto, desde que não haja integral identidade entre uma base e outra – Súmula Vinculante 29/STF; **B:** incorreta, pois o STF entende inconstitucional essa incidência – Súmula Vinculante 31/STF; **C:** incorreta, pois não há essa incidência – Súmula Vinculante 32/STF; **D:** incorreta, conforme a Súmula Vinculante 41/STF; **E:** correta, correspondendo à Súmula Vinculante 50/STF.
Gabarito "E."

(Procurador do Município – Valinhos/SP – 2019 – VUNESP) O imposto de competência da União que, nas condições previstas constitucionalmente, os Municípios podem optar por fiscalizar e cobrar é o que incide sobre

(A) operações de crédito, câmbio e seguro, ou relativas a títulos ou valores mobiliários.

(B) renda e proventos de qualquer natureza.

(C) produtos industrializados.

(D) propriedade territorial rural.

(E) grandes fortunas.

O único tributo federal que pode ser fiscalizado e cobrado pelos Municípios por disposição constitucional é o ITR, na forma e nas condições do art. 153, § 4º, III, da CF, de modo que a alternativa "D" é a correta.
Gabarito "D."

(Procurador do Município/Manaus – 2018 – CESPE) Considerando o que dispõe a CF, julgue os itens a seguir, a respeito das limitações do poder de tributar, da competência tributária e das normas constitucionais aplicáveis aos tributos.

(1) Cabe à lei complementar dispor sobre substituição tributária relativa ao ICMS.

(2) O IPTU pode ter alíquotas superiores para os imóveis de maior valor.

(3) Compete aos municípios instituir o ITCMD.

1: correta – art. 155, XII, *b*, da CF; **2:** correta, pois a progressividade em relação à base de cálculo do IPTU é prevista no art. 156, § 1º, I, da CF; **3:** incorreta, pois o ITCMD é imposto da competência dos Estados e do Distrito Federal – art. 155, I, da CF.
Gabarito 1C, 2C, 3E

(Procurador do Município/Manaus – 2018 – CESPE) Tendo por base o que dispõem as Leis Complementares n. 116/2003 e n. 123/2006 e a Lei municipal n. 1.628/2011, do município de Manaus, julgue os seguintes itens.

(1) Para efeito de cobrança de IPTU, o bem imóvel no qual exista obra paralisada pela fiscalização municipal será considerado como bem edificado.

(2) O ISSQN não incide sobre as exportações de serviços de engenharia.

1: incorreta, pois considera-se imóvel não edificado, nesse caso, conforme o art. 6º, § 2º, IV, da Lei Municipal 1.628/2011; **2:** correta, pois o ISS não incide sobre exportação de serviços – art. 2º, I, da LC 116/2003. Ressalte-se que deve ser sempre verificada a legislação local em vigor, citada no edital, no momento do concurso a ser prestado.
Gabarito 1E, 2C

(Procurador do Estado/SE – 2017 – CESPE) Considerando-se as limitações ao poder de tributar previstas no texto constitucional, é juridicamente admissível que um ente público estadual institua a cobrança de

(A) ICMS incidente sobre a comercialização de jornais impressos.

(B) ICMS com alíquotas diferenciadas em razão da ocupação profissional do contribuinte.

(C) taxa referente a um serviço prestado à União.

(D) taxa a ser cobrada no mesmo exercício financeiro em que for publicada a lei que a instituir.

(E) IPVA incidente sobre veículos terrestres pertencentes ao poder público municipal e utilizados para transportar autoridades.

A: incorreta, pois há imunidade de impostos, nos termos do art. 150, VI, *d*, da CF; **B:** incorreta, pois é vedada a diferenciação conforme ocupação do contribuinte – art. 150, II, da CF; **C:** correta, pois a imunidade recíproca é restrita aos impostos, não afastando a possibilidade de cobrança de taxas – art. 150, VI, *a*, da CF; **D:** incorreta, pois todos os tributos, inclusive as taxas, sujeitam-se, em regra, ao princípio da anterioridade anual – art. 150, III, *b*, da CF; **E:** incorreta, pois o IPVA é tributo estadual que incide sobre patrimônio e, nesse caso, aplica-se a imunidade recíproca, afastando a possibilidade de cobrança de IPVA sobre veículos terrestres pertencentes ao poder público municipal – art. 150, VI, *a*, da CF.
Gabarito "C."

(Procurador Municipal – Prefeitura/BH – CESPE – 2017) No que se refere às normas constitucionais aplicáveis aos tributos de competência municipal, assinale a opção correta.

(A) É possível a instituição de ISSQN sobre a prestação de serviços de transporte intermunicipal, desde que observada a alíquota máxima relativa a operações intermunicipais prevista em lei complementar.

(B) No caso de subutilização do solo urbano, poderá o poder público municipal, mediante lei específica para a área incluída no plano diretor, exigir a incidência de IPTU progressivo no tempo.

(C) Lei editada após a Emenda Constitucional 29/2000 deverá ser declarada inconstitucional caso institua cobrança de IPTU com alíquotas diferentes em razão da localização do imóvel.

(D) A cobrança do imposto municipal devido por transmissão de bens imóveis por ato *inter vivos*, a título oneroso, compete ao município do domicílio tributário do alienante.

A: incorreta, pois a tributação do transporte intermunicipal é da competência exclusiva dos Estados e DF – art. 155, II, da CF; **B:** correta – art. 182, § 4º, da CF; **C:** incorreta, pois a partir da EC 29/2000 a Constituição passou a prever expressamente a possibilidade de progressividade do IPTU em relação ao valor do bem e também a possibilidade de ter alíquotas diferentes de acordo com a localização e o uso do imóvel (art. 156, § 1º, I, da CF). O STF declarou a constitucionalidade da progressividade de alíquota em razão do valor do imóvel prevista na EC 29/2000 ao editar a Súmula 668/STF. Ressalte-se que, segundo o STF, são constitucionais as leis municipais anteriores à Emenda Constitucional nº 29/2000, que instituíram alíquotas diferenciadas de IPTU para imóveis edificados e não edificados, residenciais e não residenciais (Tema 523 da Repercussão Geral); **D:** incorreta, pois o ITBI é devido ao município ou DF onde localizado o imóvel – art. 156, § 2º, II, da CF. A respeito da base de cálculo do ITBI, atenção para a tese fixada pelo STJ (Tema Repetitivo 1113): a) a base de cálculo do ITBI é o valor do imóvel transmitido em condições normais de mercado, não estando vinculada à base de cálculo do IPTU, que nem sequer pode ser utilizada como piso de tributação; b) o valor da transação declarado pelo contribuinte goza da presunção de que é condizente com o valor de mercado, que somente pode ser afastada pelo fisco mediante a regular instauração de processo administrativo próprio (art. 148 do CTN); c) o Município não pode arbitrar previamente a base de cálculo do ITBI com respaldo em valor de referência por ele estabelecido unilateralmente. [LS]

Gabarito "B".

12. GARANTIAS E PRIVILÉGIOS DO CRÉDITO

(Procurador Federal – AGU – 2023 – CEBRASPE) Uma empresa em débito com a Agência Nacional de Telecomunicações (ANATEL), em razão de taxas cobradas por tal agência reguladora, alienou parte significativa de seus bens.

Nessa situação hipotética, conforme o CTN, a referida alienação terá sido fraudulenta se

(A) o crédito tributário estiver regularmente inscrito na dívida ativa e o devedor não tiver reservado bens ou rendas suficientes ao pagamento do total da dívida inscrita.

(B) o devedor não tiver reservado bens ou rendas suficientes ao pagamento do total da dívida apurada e já tiver ocorrido o lançamento das taxas, ainda que não inscritas em dívida ativa.

(C) o devedor não tiver reservado patrimônio suficiente ao pagamento da dívida consolidada, somente podendo se presumir a fraude se a alienação tiver ocorrido após a citação válida da execução fiscal.

(D) o devedor, após inscrição em dívida ativa, não tiver feito o depósito judicial do débito, prestado seguro garantia ou apresentado carta de fiança bancária.

(E) o crédito tributário estiver regularmente inscrito na dívida ativa e o devedor, devidamente intimado deste ato, não tiver prestado caução em dinheiro ou garantia idônea no prazo de trinta dias.

A: correta, pois o Código Tributário Nacional estabelece: presume-se fraudulenta a alienação ou oneração de bens ou rendas, ou seu começo, por sujeito passivo em débito para com a Fazenda Pública, por crédito tributário regularmente inscrito como dívida ativa (art. 185 do CTN). Somente não se aplicará tal presunção na hipótese de terem sido reservados, pelo devedor, bens ou rendas suficientes ao total pagamento da dívida inscrita (artigo 185, parágrafo único do CTN); **B:** incorreta, pois é necessária a inscrição em dívida ativa, conforme comentário à letra A; **C:** incorreta, pois basta a inscrição em dívida ativa, não se exigindo a citação válida em execução fiscal, conforme comentário à letra A; **D** e **E:** incorretas, pois para afastar a presunção de fraude não são exigidos tais atos de garantia do débito, bastando que o devedor tenha reservado bens ou rendas suficientes ao total pagamento da dívida inscrita (artigo 185, parágrafo único do CTN). [LS]

Gabarito "A".

(Procurador/PA – CESPE – 2022) A respeito das garantias e dos privilégios do crédito tributário previstos no Código Tributário Nacional, assinale a opção correta.

(A) O rol das garantias atribuídas ao crédito tributário, previsto no Código Tributário Nacional, é taxativo, inadmitindo-se novas previsões sobre a matéria.

(B) Uma das garantias atribuídas ao crédito tributário no Código Tributário Nacional é a de que, na falência, o crédito tributário prefere aos créditos extraconcursais.

(C) Não são extraconcursais os créditos tributários decorrentes de fatos geradores ocorridos no curso do processo de falência.

(D) Na nova sistemática da recuperação judicial, os créditos tributários preferem a quaisquer outros, exceto os derivados da legislação trabalhista, de acordo com o art. 83 da Lei n.º 11.101/2005, com redação dada pela Lei n.º 14.112/2020.

(E) O rol das garantias atribuídas ao crédito tributário no Código Tributário Nacional, por ser exemplificativo, possibilitou a criação da averbação pré-executória, nos termos do inciso II do § 3.º do art. 20-B da Lei n.º 10.522/2002.

A: incorreta, pois o art. 183 do CTN é expresso no sentido de que a enumeração das garantias atribuídas neste no CTN ao crédito tributário não exclui outras que sejam expressamente previstas em lei, em função da natureza ou das características do tributo a que se refiram; **B:** incorreta, pois o art. 186, parágrafo único, I, do CTN é expresso no sentido de que, na falência, o crédito tributário não prefere aos créditos extraconcursais ou às importâncias passíveis de restituição, nos termos da lei falimentar, nem aos créditos com garantia real, no limite do valor do bem gravado; **C:** incorreta, pois esses créditos tributários, como em geral aqueles referentes ao período do curso da falência, são extraconcursais – art. 188 do CTN; **D:** incorreta, conforme comentários anteriores e o art. 183 do CTN; **E:** correta, conforme o art. 183 do CTN. [RB]

Gabarito "E".

(Procurador/DF – CESPE – 2022) Com base na Lei Complementar Distrital n.º 968/2020 (Código de Defesa do Contribuinte do DF), julgue os itens que se seguem.

(1) Para efetivação das garantias constantes do código em apreço, não se consideram contribuintes as pessoas jurídicas, mas, sim, seus sócios e administradores.

(2) Consoante o código em questão, somente em casos excepcionais a administração fazendária poderá exigir do contribuinte certidão negativa expedida pelo governo do DF quando tal contribuinte se dirigir à repartição fazendária e administrativa competente para formular consultas e requerer a restituição de impostos.

1: incorreta, pois a pessoa jurídica também é contemplada, nos termos do art. 2º da Lei Complementar Distrital n.º 968/2020; **2:** incorreta, pois é vedada a exigência de certidão negativa nesses casos – art. 10

da Lei Complementar Distrital n.º 968/2020. Ressalte-se que deve ser sempre verificada a legislação em vigor, citada no edital, no momento do concurso a ser prestado. LS

Gabarito 1E, 2E

(Procurador do Município – S.J. Rio Preto/SP – 2019 – VUNESP) De acordo com as disposições do Código Tributário Nacional, no que se refere às preferências do crédito tributário na falência, assinale a alternativa correta.

(A) O crédito tributário prefere aos créditos com garantia real, no limite do bem gravado.

(B) O crédito tributário prefere aos créditos extraconcursais.

(C) A multa tributária prefere apenas aos créditos subordinados.

(D) São concursais os créditos tributários decorrentes de fatos geradores ocorridos durante o processo de falência.

(E) O crédito tributário e a multa tributária são extraconcursais.

A: incorreta, pois o crédito com garantia real tem preferência, até o valor do bem gravado – art. 186, parágrafo único, I, do CTN; **B:** incorreta, pois os créditos extraconcursais, como diz o nome, não entram no concurso de credores, preferindo aos tributários anteriores à decretação da falência – art. 186, parágrafo único, I, do CTN; **C:** correta, conforme o art. 186, parágrafo único, III, do CTN; **D:** incorreta, pois os créditos relativos ao período no curso do processo falimentar são extraconcursais – art. 188 do CTN; **E:** incorreta, em relação ao crédito tributário anterior à decretação da falência. LS

Gabarito "C".

(Procurador do Município/Manaus – 2018 – CESPE) Julgue o item que se segue à luz do que dispõe o Código Tributário Nacional.

(1) As informações relativas às representações fiscais para fim penal são sigilosas, sendo vedada a sua divulgação ou publicização.

1: incorreta, pois não há sigilo, nesse caso – art. 198, § 3º, I, do CTN. RB

Gabarito 1E.

(Procurador – IPSMI/SP – VUNESP – 2016) De acordo com o Código Tributário Nacional (CTN), presume-se fraudulenta a alienação ou oneração de bens ou rendas, ou seu começo, por sujeito passivo em débito para com a Fazenda Pública, por crédito tributário

(A) regularmente inscrito como dívida ativa.

(B) devidamente constituído, mesmo que não inscrito na dívida ativa.

(C) em fase de constituição, mesmo que não inscrito na dívida ativa.

(D) regularmente inscrito como dívida ativa em fase de execução.

(E) não pago na data do seu vencimento.

Nos termos do art. 185 do CTN, presume-se fraudulenta a alienação ou oneração de bens ou rendas, ou seu começo, por sujeito passivo em débito para com a Fazenda Pública, por crédito tributário regularmente inscrito como dívida ativa. Por essa razão, a alternativa "A" é a correta. RB

Gabarito "A".

Veja a seguinte tabela com a ordem de classificação dos créditos na falência (art. 83 da LF):

Ordem de classificação dos créditos na falência (art. 83 da LF)
1º – os créditos derivados da legislação do trabalho, limitados a 150 (cento e cinquenta) salários-mínimos por credor, os decorrentes de acidentes de trabalho. Também os créditos equiparados a trabalhistas, como os relativos ao FGTS (art. 2º, § 3º, da Lei 8.844/1994) e os devidos ao representante comercial (art. 44 da Lei 4.886/1965)
2º – créditos com garantia real até o limite do valor do bem gravado (será considerado como valor do bem objeto de garantia real a importância efetivamente arrecadada com sua venda, ou, no caso de alienação em bloco, o valor de avaliação do bem individualmente considerado)
3º – créditos tributários, independentemente da sua natureza e tempo de constituição, excetuadas as multas tributárias
4º – créditos quirografários (= aqueles não previstos nos demais incisos do art. 83 da LF; os saldos dos créditos não cobertos pelo produto da alienação dos bens vinculados ao seu pagamento; e os saldos dos créditos derivados da legislação do trabalho que excederem o limite estabelecido no inciso I do caput do art. 83 da LF). Ademais, os créditos trabalhistas cedidos a terceiros serão considerados quirografários
5º – as multas contratuais e as penas pecuniárias por infração das leis penais ou administrativas, inclusive as multas tributárias
6º – créditos subordinados (= os assim previstos em lei ou em contrato; e os créditos dos sócios e dos administradores sem vínculo empregatício)
7º – os juros vencidos após a decretação da falência, conforme previsto no art. 124 da LF
Lembre-se que os créditos extraconcursais (= basicamente os surgidos no curso do processo falimentar, que não entram no concurso de credores) são pagos com precedência sobre todos esses anteriormente mencionados, na ordem prevista no art. 84 da LF.

13. ADMINISTRAÇÃO TRIBUTÁRIA, FISCALIZAÇÃO

(Procurador Município – Santos/SP – VUNESP – 2021) Em relação à fiscalização da administração tributária, dispõe o Código Tributário Nacional:

(A) os livros obrigatórios de escrituração comercial e fiscal e os comprovantes dos lançamentos neles efetuados serão conservados por dez anos ou até que ocorra a decadência relativa aos créditos tributários decorrentes das operações a que se refiram.

(B) a autoridade administrativa que proceder ou presidir a quaisquer diligências de fiscalização lavrará os termos necessários para que se documente o início do procedimento, na forma da legislação aplicável, que fixará prazo máximo para a conclusão daquelas.

(C) mediante intimação escrita, são obrigados a prestar à autoridade administrativa todas as informações de que disponham com relação aos bens, negócios, ou atividades de terceiros, dentre outros, tabeliães, advogados, contadores, bancos e seguradoras.

(D) a Fazenda Pública da União poderá permutar informações com Estados estrangeiros no interesse da arrecadação e da fiscalização de tributos, independentemente da realização de tratados, acordos ou convênios.

(E) para os efeitos da legislação tributária, serão aplicadas, a critério da Administração Pública, quaisquer disposições legais excludentes ou limitativas do direito de examinar mercadorias, livros, arquivos, documentos, papéis e efeitos comerciais ou fiscais, dos comerciantes industriais ou produtores, ou da obrigação destes de exibi-los.

A: incorreta, pois os livros devem ser conservados até o final do prazo prescricional para a cobrança dos respectivos tributos – art. 195, parágrafo único, do CTN; **B:** correta, nos termos do art. 196 do CTN; **C:** incorreta, pois o dever não se aplica a advogados e a outros profissionais a que a legislação indique sigilo – art. 197, parágrafo único, do CTN; **D:** incorreta, pois essa permuta depende de tratados, acordos ou convênios para permutar informações com Estados estrangeiros no interesse da arrecadação e da fiscalização de tributos – art. 199, parágrafo único, do CTN; **E:** incorreta, pois é o oposto, essas disposições legais são inaplicáveis contra o fisco, nos termos do art. 195 do CTN. **RB**

Gabarito "B".

(Procurador Município – Teresina/PI – FCC – 2022) Acerca da fiscalização feita pela administração tributária, a Constituição Federal e o Código Tributário Nacional (CTN) estabelecem:

I. As administrações tributárias são atividades essenciais ao funcionamento do Estado, exercidas por servidores de carreiras específicas e terão recursos prioritários para a realização de suas atividades.

II. É vedada a divulgação, por parte da Fazenda Pública ou de seus servidores, de informação obtida em razão do ofício sobre a situação econômica ou financeira do sujeito passivo, sendo permitido prestar informações, tão somente, quando houver determinação, por escrito, da autoridade judicial.

III. Somente mediante autorização do Supremo Tribunal Federal, a Fazenda Pública da União poderá permutar informações com Estados estrangeiros no interesse da arrecadação e da fiscalização de tributos.

IV. As autoridades administrativas federais poderão requisitar o auxílio da força pública federal, estadual ou municipal, e reciprocamente, quando vítimas de embaraço ou desacato no exercício de suas funções, ou quando necessário à efetivação de medida prevista na legislação tributária, ainda que não se configure fato definido em lei como crime ou contravenção.

Está correto o que se afirma APENAS em

(A) I e IV.

(B) II, III e IV.

(C) I e III.

(D) I, II e IV.

(E) II e III.

I: correta, nos termos do art. 37, XXII, da CF; **II:** incorreta, pois há diversas outras exceções ao sigilo fiscal, vide os arts. 198 e 199 do CTN; **III:** incorreta, pois é possível a permuta nos termos de tratados, acordos ou convênios – art. 199, parágrafo único, do CTN; **IV:** correta, nos termos do art. 200 do CTN. **RB**

Gabarito "A".

(Procurador do Estado/TO – 2018 – FCC) A Lei estadual 1.288/2001, dispõe sobre o contencioso administrativo-tributário estadual e sobre os procedimentos administrativo-tributários. De acordo com o artigo 5º dessa lei, a Representação Fazendária funcionará junto ao Conselho de Contribuintes e Recursos Fiscais – COCRE, especialmente para

(A) fazer-se presente às sessões de julgamento, vedada a apresentação de sustentação oral.

(B) arguir a nulidade de procedimentos fiscais que, notoriamente, atentarem contra normas constitucionais.

(C) manifestar-se nos pedidos de restituição do indébito tributário de competência originária do COCRE.

(D) ter vista dos autos pelo prazo de 60 dias, antes da manifestação das partes a respeito de inconstitucionalidade de dispositivo de lei.

(E) sugerir a realização de nova auditoria quando declarada a nulidade do lançamento por vício formal, bem como suscitar a declaração de ilegalidade de norma regulamentar ou infrarregulamentar.

O art. 5º da Lei 1.288/2001 dispõe que a Representação Fazendária funcionará junto ao COCRE, especialmente para: (i) acompanhar os processos em julgamento; (ii) contra-arrazoar recursos voluntários e impugnações que se opuserem ao COCRE; (iii) manifestar-se pela confirmação ou reforma das decisões recorridas e nos pedidos de restituição do indébito tributário de competência originária do COCRE; (iv) propor diligências ao COCRE em processos administrativo-tributários; (v) produzir sustentação oral das legítimas pretensões fazendárias em sessões de julgamento. Por essa razão, a alternativa "C" é a correta. Ressalte-se que deve ser sempre verificada a legislação em vigor, citada no edital, no momento do concurso a ser prestado. **LS**

Gabarito "C".

(Procurador do Estado/TO – 2018 – FCC) O art. 35, *caput*, inciso I da Lei estadual 1.288/2001, que dispõe sobre o Contencioso Administrativo-Tributário e os Procedimentos Administrativo-Tributários, estabelece que o Auto de Infração formaliza a exigência do crédito tributário. Desse modo, o Auto de Infração é o instrumento legal que materializa o lançamento de ofício do tributo no Estado do Tocantins. Em seu art. 41, a mesma lei estabelece que a fase contenciosa do procedimento de que trata este Capítulo inicia-se com a apresentação de impugnação ao lançamento formalizado por auto de infração. De acordo com o Código Tributário Nacional, essa impugnação, se apresentada tempestivamente pelo sujeito passivo, suspende

(A) o direito de o sujeito passivo extinguir o crédito tributário.

(B) a exigibilidade do crédito tributário.

(C) o direito de a Fazenda Pública realizar procedimentos de fiscalização no sujeito passivo.

(D) a fluência do prazo decadencial, desde que seja efetuado o depósito integral do crédito tributário questionado.

(E) a fluência do prazo decadencial.

Nos termos do art. 151, III, do CTN, o processo administrativo tributário suspende a exigibilidade do crédito em discussão. Por essa razão, a alternativa "B" é a correta. Ressalte-se que deve ser sempre verificada a legislação em vigor, citada no edital, no momento do concurso a ser prestado. **LS**

Gabarito "B".

(Procurador do Estado/AC – 2017 – FMP) Os Estados costumam apreender mercadorias e não permitir a emissão de notas fiscais a quem deve para o Fisco. Examine as assertivas abaixo e assinale a CORRETA.

(A) O procedimento de apreensão é o correto, pois muitas vezes se a fiscalização permitir que a mercadoria passe, mesmo com tributo recolhido a menor, poderá ocorrer de o Estado não mais conseguir cobrar.

(B) Estes procedimentos são ilegais e se denominam sanções políticas, pois muitas vezes são utilizados para perseguição dos inimigos políticos dos governantes.

(C) São inconstitucionais os procedimentos referidos, já assim declarados mais de uma vez pelo STF.

(D) Apreender as mercadorias é correto, mas impedir a empresa de emitir notas fiscais ou vender produtos não.

(E) Nenhuma das alternativas acima é CORRETA.

Nos termos da Súmula 323/STF, é inadmissível a apreensão de mercadorias como meio coercitivo para pagamento de tributos. Por essa razão, a alternativa "C" é a correta.
Gabarito "C".

(Procurador – PGFN – ESAF – 2015) Estão submetidas a sigilo fiscal as informações relativas a:

(A) representações fiscais para fins penais.

(B) inscrições na Dívida Ativa da Fazenda Pública.

(C) parcelamento ou moratória.

(D) bens, negócios ou atividades do contribuinte ou de terceiros.

(E) dados cadastrais do contribuinte.

A, B e C: incorretas, pois não é vedada a divulgação de informações nessa hipótese – art. 198, § 3º, I, II e III, do CTN; D: correta, pois é vedada a divulgação de informação obtida em razão do ofício sobre a situação econômica ou financeira do sujeito passivo ou de terceiros e sobre a natureza e o estado de seus negócios ou atividades – art. 198 do CTN; E: incorreta, pois não há previsão de sigilo em relação a dados cadastrais que não revelem a situação econômica ou financeira do sujeito passivo ou sobre seus negócios e atividades, conforme comentário anterior. ATENÇÃO PARA A TESE DE REPERCUSSÃO GERAL 225 DO STF: "O art. 6º da Lei Complementar 105/01 não ofende o direito ao sigilo bancário, pois realiza a igualdade em relação aos cidadãos, por meio do princípio da capacidade contributiva, bem como estabelece requisitos objetivos e o translado do dever de sigilo da esfera bancária para a fiscal. RB
Gabarito "D".

14. DÍVIDA ATIVA, INSCRIÇÃO, CERTIDÕES

(Procurador Fazenda Nacional – AGU – 2023 – CEBRASPE) A respeito da cobrança dos créditos tributários e não tributários, julgue os itens subsequentes.

I. A PGFN possui competência para inscrever em dívida ativa e cobrar os créditos tributários decorrentes do Simples Nacional, nada obstante o regime simplificado envolva tributos estaduais e municipais.

II. As contribuições devidas ao fundo de garantia do tempo de serviço (FGTS), que não possuem natureza tributária, não são passíveis de inscrição em dívida ativa, razão por que é inviável a sua cobrança por meio de execução fiscal.

III. Os créditos atinentes ao FGTS podem ser cobrados pela PGFN via protesto extrajudicial.

Assinale a opção correta.

(A) Apenas o item I está certo.

(B) Apenas o item II está certo.

(C) Apenas os itens I e III estão certos.

(D) Apenas os itens II e III estão certos.

(E) Todos os itens estão certos.

I: correto, conforme a LC 123/2006 que, ao disciplinar o Simples Nacional, estabelece que (art. 41, § 2º) <u>os créditos tributários oriundos da sua aplicação serão apurados, inscritos em Dívida Ativa da União e cobrados judicialmente pela Procuradoria-Geral da Fazenda Nacional, observadas exceções estabelecidas em lei.</u> Cumpre ressaltar que os Estados, Distrito Federal e Municípios prestarão auxílio à Procuradoria-Geral da Fazenda Nacional, em relação aos tributos de sua competência, na forma a ser disciplinada por ato do Comitê Gestor (art. 41, § 1º, da LC 123/2006); II: incorreto, pois, apesar das contribuições ao FGTS, previstas na Lei 8.036/1990, não possuírem natureza tributária, são passíveis de inscrição em dívida ativa, podendo ser cobrado por meio de execução fiscal. A contribuição ao FGTS não é tributo, visto que seu destinatário final não é o Estado, mas sim um determinado trabalhador titular da conta vinculada. De acordo com a Lei 8.844/1994 (Art. 2º): compete à Procuradoria-Geral da Fazenda Nacional a inscrição em Dívida Ativa dos débitos para com o Fundo de Garantia do Tempo de serviço – FGTS. Compete à Justiça Federal o julgamento das execuções fiscais de contribuições devidas pelo empregador ao FGTS (Súmula 349 do STJ); III: correto, pois a certidão de dívida ativa pode ser protestada, nos termos da Lei 9.492/1997 (art. 1º, parágrafo único): incluem-se entre os títulos sujeitos a protesto as certidões de dívida ativa da União, dos Estados, do Distrito Federal, dos Municípios e das respectivas autarquias e fundações públicas. Nesse sentido, ver tese fixada pelo STJ (Tema Repetitivo 777): A Fazenda Pública possui interesse e pode efetivar o protesto da CDA, documento de dívida, na forma do art. 1º, parágrafo único, da Lei 9.492/1997, com a redação dada pela Lei 12.767/2012. Ressalte-se que a Lei nº 12.767/2012 alterou a Lei nº 9.492/97 para incluir expressamente a CDA dentre os títulos protestáveis. Mas o protesto era possível antes mesmo dessa alteração, segundo o STJ. O STF também fixou entendimento sobre a matéria (ADI 5135): "O protesto das Certidões de Dívida Ativa constitui mecanismo constitucional e legítimo, por não restringir de forma desproporcional quaisquer direitos fundamentais garantidos aos contribuintes e, assim, não constituir sanção política". Ademais, todos os entes (Estados, Municípios e o DF) podem protestar com base na Lei Federal nº 9.492/97, ou seja, não se exige que cada ente edite lei autorizando o protesto da CDA. Pelo exposto, a resposta é a alternativa C, pois apenas os itens I e III estão corretos. Sobre o local onde deverá ser proposta a execução fiscal, importante tese foi fixada pelo STF (Tema 1204 da Repercussão Geral) ao interpretar o art. 46, § 5º, do Código de Processo Civil, que prevê a possibilidade de a execução fiscal ser proposta no foro de domicílio do réu, no de sua residência ou no do lugar onde for encontrado, nas hipóteses em que essa norma imponha o ajuizamento e processamento da ação executiva em outro Estado da Federação: "A aplicação do art. 46, § 5º, do CPC deve ficar restrita aos limites do território de cada ente subnacional ou ao local de ocorrência do fato gerador". LS
Gabarito "C".

(Procurador do Município – S.J. Rio Preto/SP – 2019 – VUNESP) Dispõe o Código Tributário Nacional que a lei poderá exigir que a prova da quitação de determinado tributo, quando exigível, seja feita por certidão negativa, expedida à vista de requerimento do interessado, que contenha todas as informações necessárias à identificação de sua pessoa, domicílio fiscal e ramo de negócio ou atividade e indique o período a que se refere o pedido.

Nesse sentido, é correto afirmar que

(A) tem efeito de negativa a certidão de que conste a existência de créditos em curso de cobrança executiva em que tenha sido efetivada a penhora.

(B) a certidão negativa expedida com dolo ou fraude, que contenha erro contra a Fazenda Pública, responsabiliza solidariamente o funcionário que a expedir, pelo crédito tributário e juros de mora acrescidos.

(C) ainda que se trate de prática de ato indispensável para evitar a caducidade de direito não será dispensada a prova de quitação de tributos.

(D) a certidão negativa será expedida a requerimento de qualquer interessado, devendo ser fornecida no prazo máximo de 15 dias úteis.

(E) a certidão de que conste a existência de créditos cuja exigibilidade esteja suspensa, não tem os mesmos efeitos de certidão negativa.

A: correta, conforme o art. 206 do CTN; **B:** imprecisa, pois o art. 208 do CTN se refere a responsabilidade pessoal, não solidária; **C:** incorreta, pois a apresentação da certidão negativa é dispensada quando se trata de prática de ato indispensável para evitar a caducidade de direito – art. 207 do CTN; **D:** incorreta, pois o prazo previsto no CTN é de 10 dias – art. 205, parágrafo único; **E:** incorreta, pois trata-se de certidão positiva com efeito de negativa – art. 206 do CTN.
Gabarito "A"

(Procurador do Município/Manaus – 2018 – CESPE) Julgue o item que se segue à luz do que dispõe o Código Tributário Nacional.

(1) A certidão positiva que indique a existência de um crédito tributário já vencido, mas submetido a parcelamento, tem os mesmos efeitos de uma certidão negativa.

1: correta, pois é caso de certidão positiva com efeito de negativa – art. 206 do CTN. RB
Gabarito 1C

(Procurador do Estado/SE – 2017 – CESPE) Uma certidão positiva com efeitos de negativa consiste em

(A) documento administrativo que indica a existência de créditos inexigíveis ou que já estão garantidos, embora não sirva para a comprovação de regularidade do pagamento de tributos.

(B) certidão judicial que indica a existência de créditos exigíveis e não garantidos, apesar de não servir para a comprovação de regularidade do pagamento de determinado tributo.

(C) certidão judicial usada para a comprovação de regularidade do pagamento de determinado tributo, ainda que indique a existência de créditos vencidos e exigíveis.

(D) documento administrativo utilizado para a comprovação de regularidade do pagamento de determinado tributo, ainda que indique a existência de créditos garantidos ou inexigíveis.

(E) certidão administrativa ou judicial que serve para a comprovação de regularidade do pagamento de determinado tributo e que certifica a existência de créditos exigíveis e não adimplidos, mesmo sem garantia.

A: incorreta, pois essa certidão tem o mesmo efeito da certidão negativa comum, ou seja, comprova a regularidade perante o fisco – art. 206

do CTN; **B, C e E:** incorretas, pois as certidões negativas ou positivas (inclusive as positivas com efeitos de negativa) são documentos emitidos pelo fisco ou pela procuradoria, ou seja, são documentos administrativos, não judiciais – arts. 205 e 206 do CTN; **D:** correta – arts. 205 e 206 do CTN. RB
Gabarito "D".

(Procurador do Município – Prefeitura Fortaleza/CE – CESPE – 2017) Julgue os seguintes itens, a respeito de obrigação tributária e crédito tributário.

(1) Caso o contribuinte tenha créditos inscritos em dívida ativa integralmente garantidos por penhora ou créditos com a exigibilidade suspensa, é admitido que lhe seja expedida certidão de regularidade fiscal.

(2) A inscrição do crédito tributário em dívida ativa é condição para a extração de título executivo extrajudicial que viabilize a proposição da ação de execução fiscal, bem como se revela como marco temporal para a presunção de fraude à execução.

1: Correta – art. 206 do CTN. **2:** Correta – arts. 185 e 201 do CTN. RB
Gabarito 1C, 2C

(Procurador – SP – VUNESP – 2015) Assinale a alternativa correta no que respeita à Dívida Ativa Tributária.

(A) Constitui Dívida Ativa tributária a proveniente de crédito público de qualquer natureza, depois de esgotado o prazo fixado por decisão proferida em processo regular.

(B) A fluência de juros de mora, relativamente à Dívida Ativa, exclui a liquidez do crédito.

(C) A omissão de quaisquer dos requisitos exigidos para o termo de inscrição da Dívida Ativa, ou o erro a eles relativo são causas de nulidade da inscrição e do processo dela decorrente, mas a nulidade poderá ser sanada, mediante correção da certidão nula, até decisão de segunda instância.

(D) A dívida regularmente inscrita goza de presunção absoluta de certeza e liquidez e tem o efeito de prova pré-constituída.

(E) A presunção de certeza e liquidez da dívida regularmente inscrita é relativa e pode ser ilidida por prova inequívoca, a cargo do sujeito passivo ou do terceiro a que aproveite.

A: incorreta, pois a dívida ativa tributária, como diz o nome, é constituída por créditos de natureza tributária apenas – art. 201 do CTN; **B:** incorreta, pois é o oposto, sendo que a fluência de juros de mora não exclui, para os efeitos do art. 201 do CTN, a liquidez do crédito (conforme seu parágrafo único); **C:** incorreta, pois a correção pode ser feita apenas até a decisão de primeira instância – art. 203 do CTN; **D:** incorreta, pois a presunção é relativa e pode ser ilidida por prova inequívoca, a cargo do sujeito passivo ou do terceiro a que aproveite – art. 204, parágrafo único, do CTN. **E:** correta, conforme comentários à alternativa anterior. RB
Gabarito "E".

15. REPARTIÇÃO DE RECEITAS

(Procurador do Município – Valinhos/SP – 2019 – VUNESP) Na repartição das receitas tributárias, do produto da arrecadação do imposto do Estado sobre operações relativas à circulação de mercadorias e sobre prestações de serviços de transporte interestadual e intermunicipal e de comunicação, pertencem aos Municípios o percentual de

(A) 27,5%.

(B) 25%.

(C) 22,5%.

(D) 21,5%.

(E) 20%.

Nos termos do art. 158, IV, da CF, 25% do produto da arrecadação do ICMS pertence aos municípios, de modo que a alternativa "B" é a correta. Gabarito "B".

16. AÇÕES TRIBUTÁRIAS

(Procurador - PGE/GO – 2024 – FCC) Segundo o último relatório "justiça em números", publicado pelo Conselho Nacional de Justiça em maio de 2024, as execuções fiscais correspondiam, no final do ano de 2023, a 31% de todos os casos em andamento no poder judiciário brasileiro, o que corresponde, em números absolutos, a mais 26 milhões de processos. Acerca destes processos e de sua lei de regência (Lei nº 6.830/1980), não corresponde à tese vinculante fixada pelo Supremo Tribunal Federal ou pelo Superior Tribunal de Justiça:

(A) é ilegítima a extinção, pelo judiciário, de execução fiscal de baixo valor com fundamento na ausência de interesse de agir, cabendo a cada ente federativo definir, no exercício de sua autonomia administrativa e observadas as exigências legais, a melhor maneira de cobrar seu estoque de dívida ativa.

(B) o ajuizamento da execução fiscal dependerá da prévia adoção das seguintes providências: i) tentativa de conciliação ou adoção de solução administrativa; e ii) protesto do título, salvo por motivo de eficiência administrativa, comprovando-se a inadequação da medida.

(C) o prazo de 1 ano de suspensão do processo e do respectivo prazo prescricional, previsto no art. 40, §§ 1º e 2º da LEF, tem início automaticamente na data da ciência da Fazenda Pública a respeito da não localização do devedor ou da inexistência de bens penhoráveis no endereço fornecido.

(D) a exceção de pré-executividade é admissível na execução fiscal relativamente as matérias conhecíveis de ofício que não demandem dilação probatória.

(E) findo o prazo de 1 ano de suspensão de que trata o art. 40, §§ 1º e 2º da LEF, inicia-se automaticamente o prazo prescricional aplicável, havendo ou não petição da Fazenda Pública.

A: é a resposta porque a assertiva é contrária à tese fixada pelo STF (Tema 1184 da Repercussão Geral): É legítima a extinção de execução fiscal de baixo valor pela ausência de interesse de agir tendo em vista o princípio constitucional da eficiência administrativa, respeitada a competência constitucional de cada ente federado; **B:** assertiva de acordo com o afirmado pelo STF no citado Tema 1184 da Repercussão Geral; **C:** assertiva de acordo com o STJ que fixou tese nesse sentido no Tema 566 (Recursos Repetitivos); **D:** assertiva de acordo com a Súmula 393 do STJ; **E:** assertiva de acordo com o STJ que fixou tese nesse sentido no Tema 567 (Recursos Repetitivos). Segundo o STF, é constitucional o art. 40 da LEF (Tema 390 da Repercussão Geral): É constitucional o art. 40 da Lei 6.830/1980 (Lei de Execução Fiscal – LEF), tendo natureza processual o prazo de um ano de suspensão da execução fiscal. Após o decurso desse prazo, inicia-se automaticamente a contagem do prazo prescricional tributário de cinco anos. Sobre o local onde deverá ser proposta a execução fiscal, importante tese foi fixada pelo STF (Tema 1204 da Repercussão Geral) ao interpretar o art. 46, § 5º, do Código de Processo Civil, que prevê a possibilidade de a execução fiscal ser proposta no foro de domicílio do réu, no de sua residência ou no do lugar onde for encontrado, nas hipóteses em que essa norma imponha o ajuizamento e processamento da ação executiva em outro Estado da Federação: "A aplicação do art. 46, § 5º, do CPC deve ficar restrita aos limites do território de cada ente subnacional ou ao local de ocorrência do fato gerador". LS Gabarito "A".

(Procurador Município – Santos/SP – VUNESP – 2021) Em relação à execução fiscal, é correto afirmar:

(A) A inscrição, que se constitui no ato de controle administrativo da legalidade, será feita pelo órgão competente para apurar a liquidez e certeza do crédito e suspenderá a prescrição, para todos os efeitos de direito, por 360 dias, ou até à distribuição da execução fiscal, se esta ocorrer antes de findo aquele prazo.

(B) A Dívida Ativa regularmente inscrita goza da presunção absoluta de certeza e liquidez, não podendo ser ilidida por terceiros interessados.

(C) O despacho do Juiz que deferir a inicial importa em ordem para: arresto se não for paga a dívida, nem garantida a execução, por meio de depósito, fiança ou seguro garantia, dispensada em tal circunstância a avaliação dos bens.

(D) O termo ou auto de penhora conterá, também, a avaliação dos bens penhorados, efetuada por quem o lavrar e, se não houver, na Comarca, avaliador oficial ou este não puder apresentar o laudo de avaliação no prazo de 30 (trinta) dias, será nomeada pessoa ou entidade habilitada a critério do Juiz.

(E) Na execução por carta, os embargos do executado serão oferecidos no Juízo deprecado, que os remeterá ao Juízo deprecante, para instrução e julgamento, e, quando os embargos tiverem por objeto vícios ou irregularidades de atos do próprio Juízo deprecado, caber-lhe-á unicamente o julgamento dessa matéria.

A: incorreta, pois o prazo de suspensão previsto no art. 2º, § 3º, da Lei de Execução Fiscal – LEF (Lei 6.830/1980) é por 180 dias, aplicável apenas a créditos não tributários (para créditos tributários, as modalidades de suspensão são as do CTN, já que é matéria de lei complementar – art. 146 da CF); **B:** incorreta, pois a presunção é relativa, podendo ser ilidida nos termos do art. 204, parágrafo único, do CTN, inclusive por terceiro a que aproveite; **C:** incorreta, pois, nos termos do art. 7º da LEF, o despacho do Juiz que deferir a inicial importa em ordem para (i) citação, pelas sucessivas modalidades previstas no artigo 8º; penhora, se não for paga a dívida, nem garantida a execução, por meio de depósito, fiança ou seguro garantia, (ii) arresto, se o executado não tiver domicílio ou dele se ocultar, (iii) registro da penhora ou do arresto, independentemente do pagamento de custas ou outras despesas e (iv) avaliação dos bens penhorados ou arrestados; **D:** incorreta, pois o prazo previsto no art. 13, § 2º, da LEF é de 15 dias; **E:** correta, conforme o art. 20 da LEF. RB Gabarito "E".

(Procurador/DF – CESPE – 2022) Julgue os itens que se seguem a respeito da Lei Complementar Distrital n.º 904/2015.

(1) O valor de alçada, para fins de ajuizamento da execução fiscal de débitos tributários inscritos em dívida ativa do DF, poderá variar em razão do tributo.

(2) Os créditos tributários inferiores ao valor de alçada podem ser objeto de execução fiscal, mediante juízo de conveniência da Procuradoria-Geral do DF.

(3) Quando da inscrição de crédito em dívida ativa, deve ser acrescentada quantia para atender às despesas com sua cobrança e honorários advocatícios.

(4) Os órgãos responsáveis pela cobrança da dívida ativa do DF podem realizar os atos que viabilizem a satisfação amigável de créditos inscritos, mediante câmaras de prevenção e resolução administrativa de conflitos envolvendo a administração pública, facultando-se, nesse caso, a efetivação do protesto da CDA e a inclusão dos contribuintes devedores no Serviço de Proteção ao Crédito.

1: correta, conforme o art. 1º da Lei Complementar Distrital n.º 904/2015; 2: correta, conforme o art. 1º, § 5º, da Lei Complementar Distrital n.º 904/2015; 3: correta, conforme o art. 42, § 1º, da Lei Complementar Distrital n.º 04/94 com a redação dada pela LC 904/2015; 4: correta, conforme o art. 3º da Lei Complementar Distrital n.º 904/2015. Ressalte-se que deve ser sempre verificada a legislação em vigor, citada no edital, no momento do concurso a ser prestado. **LS**

Gabarito 1C, 2C, 3C, 4C

(Procurador/DF – CESPE – 2022) Com base nas regras da lei de execução fiscal – Lei n.º 6.830/1980 –, julgue os itens que se seguem.

(1) Em execução fiscal contra uma empresa em processo de falência, caso, sem autorização judicial, aliene um imóvel da empresa antes de garantidos os créditos da fazenda pública, o liquidante responderá solidariamente pelo valor desse imóvel.

(2) Se a fazenda pública do DF ajuizar ação de execução fiscal contra um contribuinte e não pedir, na exordial, qualquer produção de provas, esta poderá ser requerida no curso da ação.

1: correta, conforme art. 4º, § 1º, da LEF; 2: correta, conforme o art. 6º, § 3º, da LEF. **RB**

Gabarito 1C, 2C

(Procurador/DF – CESPE – 2022) Julgue os itens seguintes à luz das regras da Lei da Cautelar Fiscal – Lei n.º 8.397/1992.

(1) Caso um contribuinte aliene um bem de sua propriedade sem proceder à devida comunicação ao órgão da fazenda pública competente, quando essa comunicação for exigível em virtude de lei, a fazenda pública poderá mover contra ele uma ação cautelar fiscal, mesmo antes de constituir o crédito tributário devido.

(2) Não está sujeito a sofrer medida cautelar fiscal o contribuinte que, tendo domicílio certo, tentar evadir-se para evitar o adimplemento de uma obrigação tributária.

1: correta, conforme o art. 1º, parágrafo único, c/c art. 2º, VII, da Lei 8.397/1992; 2: incorreta, pois é possível a cautelar fiscal nesse caso – art. 2º, II, da Lei 8.397/1992.
Gabarito 1C, 2E

17. MICROEMPRESAS – ME E EMPRESAS DE PEQUENO PORTE – EPP

(Procurador Fazenda Nacional – AGU – 2023 – CEBRASPE) A respeito do Simples Nacional, observado o disposto na CF e na LC n.º 123/2006, bem como a jurisprudência dos tribunais superiores, julgue os itens a seguir.

I. A pessoa jurídica constituída sob a forma de sociedade por ações não se compatibiliza com o regime tributário do Simples Nacional.

II. É legítima a cumulação do regime tributário atinente ao Simples Nacional com o decorrente da tributação em separado de determinado tributado, ainda que contemplado pelo recolhimento simplificado quando a tributação por meio de regime híbrido se revelar mais vantajosa.

III. A regra de imunidade prevista no texto constitucional atinente às receitas decorrentes de exportação não alcança os contribuintes incluídos no regime tributário do Simples Nacional, porquanto é inviável decotar a receita adstrita apenas às exportações do recolhimento unificado, sob pena de desvirtuar a técnica da simplificação.

Assinale a opção correta.

(A) Apenas o item I está certo.

(B) Apenas o item II está certo.

(C) Apenas os itens I e III estão certos.

(D) Apenas os itens II e III estão certos.

(E) Todos os itens estão certos.

I: correto, conforme a LC 123/2006 que, ao disciplinar o Simples Nacional, estabelece que (art. 3º, § 4º, X) as sociedades por ações não podem se beneficiar do tratamento tributário diferenciado objeto da LC; II: incorreto, pois, em regra, não é possível tal cumulação, criando um regime híbrido mais vantajoso. Porém, há exceções previstas na própria LC 123/2006 (art. 18, § 22-A); III: incorreto, pois a LC 123/2006 permite ao contribuinte segregar as receitas decorrentes de exportação (art. 18, § 4º-A, IV). Nesse sentido, tese fixada pelo STF (Tema 207): As imunidades previstas nos artigos 149, § 2º, I, e 153, § 3º, III, da Constituição Federal são aplicáveis às empresas optantes pelo Simples Nacional. Pelo exposto, a resposta é a alternativa A, pois apenas o item I está correto. **LS**

Gabarito 'A'.

(Procurador do Município/Manaus – 2018 – CESPE) Tendo por base o que dispõem as Leis Complementares n. 116/2003 e n. 123/2006 e a Lei municipal n. 1.628/2011, do município de Manaus, julgue o seguinte item.

(1) No regime tributário do SIMPLES Nacional, os valores pagos pela empresa individual de responsabilidade limitada ao seu titular, na qualidade de pro labore, são isentos de imposto de renda.

1: incorreta, pois pró-labore é rendimento do trabalho, que não se confunde com dividendos e não é isento do IR – art. 14 da LC 123/2006. RB
Gabarito 1E

(Procurador do Estado/SE – 2017 – CESPE) Considerando as normas do regime tributário do SIMPLES Nacional e o disposto no Estatuto da Microempresa e da Empresa de Pequeno Porte – Lei Complementar 123/2006 –, julgue os itens a seguir.

I. A empresa individual de responsabilidade limitada não pode ser enquadrada como microempresa para efeito de adesão ao SIMPLES Nacional.

II. Para o enquadramento como microempresa ou empresa de pequeno porte, a sociedade empresária deve, em cada ano-calendário, ter receita bruta inferior a determinado montante legal, excluídas as vendas canceladas e os descontos incondicionais eventualmente concedidos.

3. DIREITO TRIBUTÁRIO

III. O recolhimento de tributo pelo regime especial unificado de arrecadação do SIMPLES Nacional não exclui a incidência do ICMS devido nas operações sujeitas ao regime de substituição tributária.

Assinale a opção correta.

(A) Apenas o item I está certo.

(B) Estão certos apenas os itens I e II.

(C) Estão certos apenas os itens I e III.

(D) Estão certos apenas os itens II e III.

(E) Todos os itens estão certos.

I: incorreta, pois a EIRELI pode ser enquadrada no simples nacional – arts. 3º e 16 da LC 123/2006; **II:** correta, conforme art. 3º, § 1º, da LC 123/2006; **III:** correta, nos termos do art. 13, § 1º, XIII, *a*, da LC 123/2006. LS

Gabarito "D".

18. CRIMES TRIBUTÁRIOS

(Procurador do Estado/BA – 2014 – CESPE) Suponha que um contribuinte, de forma consciente e voluntária, tenha deixado de realizar determinada obrigação acessória, o que lhe tenha possibilitado a supressão de tributo sem que o fisco tomasse conhecimento da prática ilícita. Em face dessa situação hipotética, julgue os itens seguintes.

(1) Segundo a Lei 8.137/1990, para que os ilícitos tributários sejam puníveis na esfera penal, exige-se a comprovação de dolo ou culpa do agente.

(2) Por ter praticado elisão fiscal, que constitui ilícito administrativo-tributário, o referido contribuinte só poderá ser punido na esfera administrativa.

(3) O contribuinte praticou ilícito, estando, portanto, sujeito à punição pelos ilícitos administrativo e penal praticados.

1: incorreta, pois não há previsão da modalidade culposa – arts. 1º e 2º da Lei 8.137/1990; **2:** incorreta, pois pode haver o crime tipificado pelo art. 1º, I, ou pelo art. 2º, I, da Lei 8.137/1990; **3:** correta, sujeitando-se tanto à penalidade pecuniária prevista na legislação tributária, como à pena criminal correspondente.

Gabarito 1E, 2E, 3C

19. REGIMES ESPECIAIS

(Procurador – PGFN – ESAF – 2015) Relativamente aos tributos federais incidentes sobre pessoa jurídica que exerça preponderantemente as atividades de desenvolvimento de *software* ou de prestação de serviços de tecnologia da informação e que, por ocasião da sua opção pelo Regime Especial de Tributação aplicável, assuma compromisso de exportação igual ou superior a 50% (cinquenta por cento) de sua receita bruta anual decorrente da venda dos bens e serviços de que trata esta situação, assinale a opção correta.

(A) Há isenção da Contribuição para o PIS/PASEP e da COFINS sobre a receita bruta decorrente da venda de bens novos, quando adquiridos por pessoa jurídica beneficiária do regime para incorporação ao seu ativo imobilizado.

(B) Há isenção da Contribuição para o PIS/PASEP e da COFINS sobre a receita bruta auferida pela prestadora de serviços, quando tomados por pessoa jurídica beneficiária do regime.

(C) Há isenção da Contribuição para o PIS/PASEP – Importação e da COFINS-Importação incidentes sobre bens novos, quando importados diretamente por pessoa jurídica beneficiária do regime para incorporação ao seu ativo imobilizado.

(D) Há suspensão da exigência da Contribuição para o PIS/PASEP e da COFINS e do PIS/ PASEP-Importação e da COFINS-Importação, quando for o caso, nas hipóteses de venda de bens novos adquiridos por pessoa jurídica beneficiária do regime para incorporação ao seu ativo imobilizado, de prestadora de serviços quando tomados por pessoa jurídica beneficiária do regime e bens novos importados diretamente por pessoa jurídica beneficiária do regime para incorporação ao seu ativo imobilizado, convertendo-se em alíquota zero atendidas as condições legais.

(E) Há suspensão da exigência da Contribuição para o PIS/PASEP e da COFINS nas hipóteses de venda de bens novos adquiridos por pessoa jurídica beneficiária do regime para incorporação ao seu ativo imobilizado, de prestadora de serviços quando tomados por pessoa jurídica beneficiária do regime e bens novos importados diretamente por pessoa jurídica beneficiária do regime para incorporação ao seu ativo imobilizado, convertendo-se em isenção atendidas as condições legais.

O Regime Especial de Tributação para Plataforma de Exportação de Serviços de Tecnologia da Informação – REPES, instituído pela Lei 11.196/2005, prevê suspensão da exigência da contribuição para o PIS/Pasep e da Cofins, nos termos dos seus arts. 5º e 6º, convertendo-se em alíquota zero após cumpridas as condições do art. 2º. Por essa razão, a alternativa "D" é a correta. Note que a última alternativa refere-se à conversão em isenção, não em alíquota zero. RB

Gabarito "D".

20. TEMAS COMBINADOS E OUTRAS MATÉRIAS

(Procurador – PGE/SP – 2024 – VUNESP) Sobre o direito à restituição do indébito tributário, assinale a alternativa correta, tendo em vista o disposto no Código Tributário Nacional, artigos 165 e 166, bem como o decidido pelo E. Superior Tribunal de Justiça nos Recursos Especiais representativos de controvérsia nºs 1.125.550, 903.394 e 1.299.303.

(A) O direito à restituição do indébito, nos tributos indiretos, é do contribuinte de direito, condicionado à demonstração de que arcou com o respectivo encargo financeiro ou à expressa autorização de quem efetivamente arcou com o referido encargo, cabendo tal direito ao contribuinte de fato apenas no caso em que o indébito decorra de ICMS sobre energia elétrica.

(B) O direito à restituição do indébito, nos tributos indiretos, é do contribuinte de direito, que pode exercê-lo independentemente da demonstração de que arcou com o respectivo encargo financeiro.

(C) O direito à restituição do indébito, nos tributos diretos, é do contribuinte de direito, condicionado à demonstração de que arcou com o respectivo encargo financeiro ou à expressa autorização de quem efetivamente arcou com o referido encargo.

(D) O direito à restituição do indébito tributário, nos tributos indiretos, é sempre do contribuinte de fato, uma vez que é ele quem arca com ônus financeiro do tributo indevido e, portanto, é quem sofre o dano patrimonial decorrente de sua cobrança.

(E) Não há direito à restituição do indébito tributário nos tributos indiretos, encontrando-se de acordo com a atual ordem constitucional o enunciado da Súmula 71 do STF – "Embora pago indevidamente, não cabe restituição de tributo indireto".

A regra, em relação à restituição de tributos indiretos, é a da legitimidade do contribuinte de direito (aquele previsto na lei como devedor perante o Fisco) e não do contribuinte de fato (quem suportou economicamente o tributo embutido no preço pago pela mercadoria ou serviço). Mas para pedir a restituição, o contribuinte de direito deve atender ao disposto no CTN: art. 166. A restituição de tributos que comportem, por sua natureza, transferência do respectivo encargo financeiro somente será feita a quem prove haver assumido o referido encargo, ou, no caso de tê-lo transferido a terceiro, estar por este expressamente autorizado a recebê-la. No mesmo sentido, a Súmula 546 do STF: Cabe a restituição do tributo pago indevidamente, quando reconhecido por decisão, que o contribuinte "de jure" não recuperou do contribuinte "de facto" o "quantum" respectivo. Ou seja, o direito à restituição do indébito, nos tributos indiretos, é do contribuinte de direito, condicionado à demonstração de que arcou com o respectivo encargo financeiro ou à expressa autorização de quem efetivamente arcou com o referido encargo. Porém, há uma exceção em relação ao fornecimento de energia elétrica, pois conforme decidiu o STJ no Tema Repetitivo 537: Diante do que dispõe a legislação que disciplina as concessões de serviço público e da peculiar relação envolvendo o Estado-concedente, a concessionária e o consumidor, esse último tem legitimidade para propor ação declaratória c/c repetição de indébito na qual se busca afastar, no tocante ao fornecimento de energia elétrica, a incidência do ICMS sobre a demanda contratada e não utilizada. Segundo o STJ (Tema Repetitivo 63), é indevida a incidência de ICMS sobre a parcela correspondente à demanda de potência elétrica contratada, mas não utilizada. Por todo o exposto, correta a afirmativa A e incorretas as demais. Ainda sobre o tema da repetição do indébito nos tributos indiretos, o STJ fixou a seguinte tese (Tema Repetitivo 1191): "Na sistemática da substituição tributária para frente, em que o contribuinte substituído revende a mercadoria por preço menor do que a base de cálculo presumida para o recolhimento do tributo, é inaplicável a condição prevista no art. 166 do CTN". LS

Gabarito "A".

(Procurador Federal – AGU – 2023 – CEBRASPE) Um procurador federal recebeu uma citação, em nome do Instituto Brasileiro do Meio Ambiente e dos Recursos Naturais Renováveis (IBAMA), para apresentar resposta a embargos à execução fiscal relativo a um crédito tributário cobrado judicialmente pela autarquia mencionada. Ao analisar a tese jurídica constante dos referidos embargos, o procurador federal verificou existir um parecer, aprovado pelo advogado-geral da União, que concluía no mesmo sentido do pleito do embargante. O procurador federal constatou, ainda, não haver qualquer controvérsia sobre a matéria fática ou outro fundamento relevante para a defesa.

Nessa situação hipotética, de acordo com a Lei n.º 10.522/2002, o procurador federal deverá

(A) contestar o pedido e solicitar a permissão do advogado-geral da União para desistir da execução fiscal.

(B) requisitar o não conhecimento dos embargos e pedir ao juízo da causa a desistência da execução fiscal.

(C) reconhecer a procedência do pedido e solicitar que não haja condenação em honorários.

(D) solicitar ao juízo da causa a instauração de uma câmara de conciliação.

(E) solicitar a suspensão do processo e apresentar uma consulta ao procurador-geral federal.

Conforme previsão expressa na Lei 10.522/2002 (Lei do CADIN): Art. 19. Fica a Procuradoria-Geral da Fazenda Nacional dispensada de contestar, de oferecer contrarrazões e de interpor recursos, e fica autorizada a desistir de recursos já interpostos, desde que inexista outro fundamento relevante, na hipótese em que a ação ou a decisão judicial ou administrativa versar sobre: IV – tema sobre o qual exista súmula ou parecer do Advogado-Geral da União que conclua no mesmo sentido do pleito do particular. A citada lei ainda estabelece que, nessa situação, o Procurador da Fazenda Nacional que atuar no feito deverá, expressamente: reconhecer a procedência do pedido, quando citado para apresentar resposta, inclusive em embargos à execução fiscal e exceções de pré-executividade, hipóteses em que não haverá condenação em honorários (art. 19, § 1º, I). Ressalte-se que o dispositivo não está adstrito à Procuradoria da Fazenda Nacional, aplicando-se também à procuradoria Federal, por força do art. 19-D da Lei 10.522/2002. Mas não se aplica ao âmbito estadual, conforme decisão do STJ: A norma contida no art. 19, § 1º, I, da Lei nº 10.522/2002, que dispensa o pagamento de honorários advocatícios na hipótese de o exequente reconhecer a procedência do pedido veiculado pelo devedor em embargos à execução fiscal ou em exceção de pré-executividade, é dirigida exclusivamente à Fazenda Nacional, não sendo aplicável no âmbito de execução fiscal ajuizada por Fazenda Pública estadual (REsp 2.037.693-GO, julgado em 7/3/2023. Por todo o exposto, a alternativa C é a correta. Sobre o local onde deverá ser proposta a execução fiscal, importante tese foi fixada pelo STF (Tema 1204 da Repercussão Geral) ao interpretar o art. 46, § 5º, do Código de Processo Civil, que prevê a possibilidade de a execução fiscal ser proposta no foro de domicílio do réu, no de sua residência ou no do lugar onde for encontrado, nas hipóteses em que essa norma imponha o ajuizamento e processamento da ação executiva em outro Estado da Federação: "A aplicação do art. 46, § 5º, do CPC deve ficar restrita aos limites do território de cada ente subnacional ou ao local de ocorrência do fato gerador". LS

Gabarito "C".

(Procurador/DF – CESPE – 2022) Julgue os próximos itens, relativos a aspectos pertinentes ao direito tributário, considerando a Lei Complementar n.º 123/2006, a Lei Complementar n.º 116/2003 e a Lei n.º 8.137/1990.

(1) Para enquadrar-se como micro ou pequena empresa, à luz da lei complementar pertinente, uma pessoa jurídica deverá apresentar determinado nível de receita bruta, conceito este em que se inserem o produto da venda de bens e serviços nas operações de conta própria, o preço dos serviços prestados e o resultado nas operações em conta alheia.

(2) À luz da lei complementar que dispõe sobre o ISSQN, se uma empresa presta serviços mediante a utilização de bens e serviços públicos explorados economicamente mediante concessão, com o pagamento de tarifa pelo usuário final do serviço, tais serviços estão isentos do pagamento do referido tributo.

(3) As penas previstas para o crime de fazer declaração falsa ou omitir declaração sobre rendas para eximir-se do pagamento integral do imposto de renda se diferenciam do caso em que o contribuinte procura deixar de pagar apenas parcialmente o referido imposto.

(4) Conforme o entendimento do STF, legislar sobre taxa de fiscalização, prevenção e extinção de incêndio e pânico destinada a financiar serviços prestados pelo

3. DIREITO TRIBUTÁRIO

Corpo de Bombeiros Militar do DF é competência exclusiva do DF.

1: correta, conforme o art. 3º, § 1º, da LC 123/2006; **2:** incorreta, pois não há isenção ou imunidade nesse caso – art. 150, § 3º, da CF e art. 1º, § 3º, da LC 116/2003; **3:** incorreta, pois não há essa distinção no art. 2º da Lei 8.137/1990; **4:** incorreta, pois o entendimento do STF é contrário à competência do Distrito Federal – vide RE 1.248.435. Segundo o STF, o serviço de fiscalização, prevenção e extinção de incêndio não pode ser remunerado mediante taxa (estadual ou municipal) por ser indivisível. Nesse sentido tese de Repercussão Geral nº 16: A segurança pública, presentes a prevenção e o combate a incêndios, faz-se, no campo da atividade precípua, pela unidade da Federação, e, porque serviço essencial, tem como a viabilizá-la a arrecadação de impostos, não cabendo ao Município a criação de taxa para tal fim. LS
Gabarito 1C, 2E, 3E, 4E

(Procurador/DF – CESPE – 2022) A respeito do processo administrativo fiscal, observados a Lei Distrital n.º 4.567/2011 e o Decreto Distrital n.º 33.269/2011, julgue os itens a seguir.

(1) O processo administrativo fiscal não se submete à rigidez formal exigida nos processos judiciais, devendo ser regido pelo princípio do informalismo.

(2) O crédito tributário decorrente de auto de infração será considerado contencioso a partir do esgotamento do prazo para pagamento ou impugnação sem que nenhum desses dois eventos tenha ocorrido.

(3) Para fins de denúncia espontânea, os atos administrativos de monitoramento excluem a espontaneidade do sujeito passivo da obrigação tributária.

(4) A competência para o julgamento administrativo do processo sujeito à jurisdição contenciosa, em primeira instância, é passível de delegação.

(5) Conforme o Código Tributário Nacional, a decisão proferida em processo de consulta, após o trânsito em julgado, terá eficácia normativa, constituindo-se em norma complementar, de modo a vincular os órgãos administrativos.

1: correta, pois o processo administrativo, diferente do judicial, é regido pelo princípio do informalismo, da preponderância da substância e da verdade real sobre a forma; **2:** incorreta, pois esse será considerado crédito tributário não contencioso – art. 50 do Decreto Distrital n.º 33.269/2011; **3:** incorreta, pois não se exclui a espontaneidade pelo monitoramento – art. 21, § 3º, do Decreto Distrital n.º 33.269/2011; **4:** correta, conforme o art. 43, § 1º, da Lei Distrital n.º 4.567/2011; **5:** Anulada. Não há essa disposição no CTN, embora não haja impedimento para que seja fixada por lei do ente tributante (como é o caso do art. 60 da Lei Distrital n.º 4.567/2011) – art. 161, § 2º, do CTN. Ressalte-se que deve ser sempre verificada a legislação em vigor, citada no edital, no momento do concurso a ser prestado. LS
Gabarito 1C, 2E, 3E, 4C, 5Anulada

(Procurador do Município – Valinhos/SP – 2019 – VUNESP) No que respeita às disposições da Lei 12.153/2009, é correto afirmar que

(A) haverá prazo diferenciado para a prática de qualquer ato processual pelas pessoas jurídicas de direito público, inclusive para interposição de recursos, devendo a citação para a audiência de conciliação ser efetuada com antecedência mínima de 30 (trinta) dias.

(B) os Estados, o Distrito Federal e os Municípios podem ser partes no Juizado Especial da Fazenda Pública, na qualidade de autores ou réus.

(C) para efetuar o exame técnico necessário à conciliação ou ao julgamento da causa, o juiz nomeará pessoa habilitada, que apresentará o laudo até 15 dias antes da audiência.

(D) as execuções fiscais não estão incluídas na competência do Juizado Especial da Fazenda Pública.

(E) nas causas sujeitas ao Juizado Especial da Fazenda Pública, nas quais a Fazenda Pública seja parte vencida, haverá reexame necessário.

A: incorreta, pois não há prazo diferenciado nos juizados especiais da fazenda pública – art. 7º da Lei 12.153/2009; **B:** incorreta, pois os entes políticos não podem ser autores, apenas réus, nos juizados especiais da fazenda pública – art. 5º da Lei 12.153/2009; **C:** incorreta, pois o prazo para apresentação do laudo é de 5 dias antes da audiência – art. 10 da Lei 12.153/2009; **D:** correta, art. 2º, § 1º, I, da Lei 12.153/2009; **E:** incorreta, pois não há reexame necessário nos processos no âmbito dos juizados especiais da fazenda pública (art. 11 da Lei 12.153/2009). LS
Gabarito "D".

(Procurador do Município – Valinhos/SP – 2019 – VUNESP) Determina a lei que rege a medida cautelar fiscal que o seu procedimento poderá ser instaurado após a constituição do crédito, inclusive no curso da execução judicial da Dívida Ativa dos entes tributantes e respectivas autarquias. Contudo, o requerimento da medida cautelar independe da prévia constituição do crédito tributário quando o devedor

(A) aliena bens ou direitos sem proceder à devida comunicação ao órgão da Fazenda Pública competente, quando exigível em virtude de lei.

(B) possui débitos, inscritos ou não em Dívida Ativa, que somados ultrapassem trinta por cento do seu patrimônio conhecido.

(C) sem domicílio certo, intenta ausentar-se ou alienar bens que possui ou deixa de pagar a obrigação no prazo fixado.

(D) tem sua inscrição no cadastro de contribuintes declarada inapta, pelo órgão fazendário.

(E) tendo domicílio certo, ausenta-se ou tenta se ausentar, visando a elidir o adimplemento da obrigação.

As exceções à exigência de constituição do crédito tributário, para fins de cautelar fiscal, são quando o devedor (i) notificado pela Fazenda Pública para que proceda ao recolhimento do crédito fiscal põe ou tenta por seus bens em nome de terceiros e quando (ii) aliena bens ou direitos sem proceder à devida comunicação ao órgão da Fazenda Pública competente, quando exigível em virtude de lei – art. 1º, parágrafo único, c/c art. 2º, V, *b* e VII, da Lei 8.397/1992. Por essa razão, a alternativa "A" é a correta.
Gabarito "A".

(Procurador do Município – S.J. Rio Preto/SP – 2019 – VUNESP) Assinale a alternativa correta acerca da ação cautelar fiscal, conforme a disciplina que lhe é dada pela Lei 8.397/92 e suas alterações.

(A) O juiz concederá liminarmente a medida cautelar fiscal, mediante justificação prévia da Fazenda Pública.

(B) O requerido será citado para, no prazo de 5 dias, contestar o pedido, indicando as provas que pretenda produzir.

(C) Não sendo contestado o pedido, presumir-se-ão aceitos pelo requerido, como verdadeiros, os fatos alegados pela Fazenda Pública, caso em que o Juiz decidirá em 10 dias.

(D) Quando a medida cautelar fiscal for concedida em procedimento preparatório, deverá a Fazenda Pública propor a execução judicial da Dívida Ativa no prazo de 30 dias, contados da data em que a exigência se tornar irrecorrível na esfera administrativa.

(E) O indeferimento da medida cautelar fiscal obsta a que a Fazenda Pública intente a execução judicial da Dívida Ativa, ou influi no julgamento desta, salvo se o Juiz, no procedimento cautelar fiscal, acolher alegação de conversão do depósito em renda.

A: incorreta, pois é dispensada a justificação prévia e prestação de caução – art. 7º da Lei 8.397/1992; B: incorreta, pois o prazo de contestação é de 15 dias – art. 8º da Lei 8.397/1992; C: correta, nos termos do art. 9º da Lei 8.397/1992; D: incorreta, pois o prazo para propositura da execução fiscal é de 60 dias – art. 11 da Lei 8.397/1992; E: incorreta, pois o indeferimento da cautelar não obsta a execução, nem influi no julgamento desta, salvo se o juiz, no procedimento cautelar fiscal, acolher alegação de pagamento, de compensação, de transação, de remissão, de prescrição ou decadência, de conversão do depósito em renda, ou qualquer outra modalidade de extinção da pretensão deduzida – art. 15 da Lei 8.397/1992.

Gabarito "C".

(Procurador do Município – S.J. Rio Preto/SP – 2019 – VUNESP) Em sede de mandado de segurança, quando, a requerimento de pessoa jurídica de direito público interessada ou do Ministério Público e para evitar grave lesão à ordem, à saúde, à segurança e à economia públicas, o presidente do tribunal ao qual couber o conhecimento do respectivo recurso suspender, em decisão fundamentada, a execução da liminar e da sentença, dessa decisão caberá agravo, sem efeito suspensivo, no prazo de 5 dias, que será levado a julgamento na sessão seguinte à sua interposição.

A esse respeito, é correto afirmar que

(A) indeferido o pedido de suspensão ou provido o agravo, não caberá novo pedido de suspensão ao presidente do tribunal competente para conhecer de eventual recurso especial ou extraordinário.

(B) o presidente do tribunal poderá conferir ao pedido efeito suspensivo liminar se constatar, em juízo prévio, a plausibilidade do direito invocado e a urgência na concessão da medida.

(C) a interposição de agravo de instrumento contra liminar concedida nas ações movidas contra o poder público e seus agentes prejudica o julgamento do pedido de suspensão.

(D) as liminares cujo objeto seja idêntico poderão ser suspensas, mediante decisões distintas, podendo o presidente do tribunal estender os efeitos da suspensão a liminares supervenientes, somente instrumentalizadas por pedidos em separado, não sendo admitido aditamento do pedido original.

(E) não é cabível o pedido de suspensão quando negado provimento a agravo interposto contra uma decisão liminar.

A: incorreta, pois cabe novo pedido de suspensão ao presidente do STJ ou do STF – art. 4º, § 4º, da Lei 8.437/1992; B: correta, nos termos do art. 4º, § 7º, da Lei 8.437/1992; C: incorreta, pois não há essa prejudicialidade – art. 4º, § 6º, da Lei 8.437/1992; D: incorreta. Uma única decisão pode suspender diversas liminares (não o contrário) com

objeto idêntico – art. 4º, § 8º, da Lei 8.437/1992; E: incorreta, pois o indeferimento do agravo contra a liminar não prejudica ou condiciona o pedido de suspensão – art. 4º, § 6º, da Lei 8.437/1992.

Gabarito "B".

(Procurador do Município – S.J. Rio Preto/SP – 2019 – VUNESP) Ao teor do que dispõe o Código Tributário Nacional, caso ocorra a exigência, por mais de uma pessoa jurídica de direito público, de tributo idêntico sobre um mesmo fato gerador, o sujeito passivo poderá

(A) promover ação de repetição de indébito em face de ambas as pessoas jurídicas de direito público.

(B) promover ação declaratória de inexistência de relação jurídico-tributária.

(C) alegar que houve homologação tácita por parte de uma das pessoas jurídicas de direito público.

(D) consignar judicialmente a importância do crédito.

(E) promover ação anulatória de lançamento tributário em face de ambas as pessoas jurídicas de direito público.

A exigência, por mais de uma pessoa jurídica de direito público, de tributo idêntico sobre um mesmo fato gerador dá ensejo à consignação judicial do valor do crédito, nos termos do art. 164, III, do CTN. Assim, a alternativa "D" é a correta.

Gabarito "D".

(Procurador do Município – S.J. Rio Preto/SP – 2019 – VUNESP) No prazo de embargos, segundo a lei que disciplina a execução fiscal, o executado deverá alegar toda matéria útil à defesa, requerer provas e juntar aos autos os documentos e rol de testemunhas, até três, ou, a critério do juiz, até o dobro desse limite.

Acerca do tema, assinale a assertiva correta.

(A) Em sede de embargos é admitida a reconvenção, que será processada em autos apartados e julgada antes dos embargos.

(B) Em sede de embargos é admitida a compensação, que será arguida como matéria preliminar e será processada e julgada com os embargos.

(C) Recebidos os embargos o Juiz mandará intimar a Fazenda, para impugná-los no prazo de 15 dias, designando, em seguida, audiência de instrução e julgamento.

(D) Intimada a Fazenda para impugnar os embargos, não se realizará audiência de instrução e julgamento, se os embargos versarem sobre matéria de direito, ou, sendo de direito e de fato, a prova for exclusivamente documental, caso em que o Juiz proferirá a sentença em 10 dias.

(E) Na execução por carta, os embargos do executado serão oferecidos no Juízo deprecado, que os remeterá ao Juízo deprecante, para instrução e julgamento, contudo, quando os embargos tiverem por objeto vícios ou irregularidades de atos do próprio Juízo deprecado, caber-lhe-á unicamente o julgamento dessa matéria.

A: incorreta, pois não se admite reconvenção nos embargos à execução fiscal – art. 16, § 3º, da Lei 6.830/1980; B: incorreta, pois não se admite compensação nos embargos à execução fiscal – art. 16, § 3º, da Lei 6.830/1980; C: incorreta, pois o prazo para impugnação dos embargos é de 30 dias – art. 17 da Lei 6.830/1980; D: incorreta, pois o prazo para sentença, nesse caso, é de 30 dias – art. 17, parágrafo único, da Lei 6.830/1980; E: correta, conforme o art. 20 da Lei 6.830/1980. Sobre o

3. DIREITO TRIBUTÁRIO

local onde deverá ser proposta a execução fiscal, importante tese foi fixada pelo STF (Tema 1204 da Repercussão Geral) ao interpretar o art. 46, § 5º, do Código de Processo Civil, que prevê a possibilidade de a execução fiscal ser proposta no foro de domicílio do réu, no de sua residência ou no do lugar onde for encontrado, nas hipóteses em que essa norma imponha o ajuizamento e processamento da ação executiva em outro Estado da Federação: "A aplicação do art. 46, § 5º, do CPC deve ficar restrita aos limites do território de cada ente subnacional ou ao local de ocorrência do fato gerador". LS

Gabarito "E".

(Procurador do Estado/AC – 2017 – FMP) Sobre eventual mandado de segurança em matéria tributária, é CORRETO afirmar que

(A) só cabe para discutir eventos futuros, pois é proibida sua utilização como substitutivo da ação de repetição de indébito.

(B) é possível utilizar-se para desconstituir auto de infração, mas somente até 120 dias do ato coator, ou seja, da autuação fiscal, mesmo que haja recurso administrativo.

(C) a liminar pode suspender a exigibilidade do tributo, mas desde que se tenham esgotado todas as tentativas de anulação auto de infração administrativamente.

(D) caso o pedido seja de compensação com pagamento indevido usualmente inadmitido pelo Fisco, o *mandamus* é preventivo porque o ato coator, a negativa, ainda está por ocorrer, não se computando o prazo decadencial de 120 dias.

(E) nenhuma das alternativas acima está CORRETA.

A: incorreta, pois cabe mandado de segurança repressivo (não apenas preventivo), para impugnar ato coator já ocorrido – art. 5º, LXIX, da CF; **B:** incorreta, pois o prazo se inicia da notificação da autuação, quando o interessado toma ciência do ato coator – art. 23 da Lei 12.016/2009; **C:** incorreta, pois a liminar concedida judicialmente suspende a exigibilidade do crédito, não estando condicionada a atos no âmbito administrativo – art. 151, V, do CTN; **D:** correta, pois não há prazo extintivo no caso de mandado de segurança preventivo. Ressalte-se que, segundo o STJ, o mandado de segurança constitui ação adequada para a declaração do direito à compensação tributária (Súmula 213), mas é incabível o mandado de segurança para convalidar a compensação tributária realizada pelo contribuinte (Súmula 460); **E:** incorreta, conforme comentário anterior. LS

Gabarito "D".

(Procurador do Estado/SP – 2018 – VUNESP) Em execução fiscal, Antônio, sócio-gerente de empresa contribuinte encerrada de forma irregular, é responsabilizado, nos termos do art. 135, III, do Código Tributário Nacional, por crédito tributário, cujo fato gerador ocorrera quatro anos antes da citação pessoal de Antônio. Como defesa, Antônio aduz, em exceção de pré-executividade, que o inadimplemento do crédito tributário exequendo não decorreu de fato que lhe pudesse ser imputado.

Com base na jurisprudência do Superior Tribunal de Justiça, é correto afirmar que a exceção de pré-executividade

(A) é cabível para excluir o sócio, pois a execução fiscal fora ajuizada contra a empresa contribuinte, sendo inviável a responsabilização posterior ao ajuizamento.

(B) não é cabível, pois, em se tratando de matéria de defesa do sócio responsabilizado, pode ser aduzida somente por meio de recurso contra o despacho que o incluiu no polo passivo da execução.

(C) é cabível, pois, em se tratando de responsabilidade do sócio, todos os fundamentos do responsabilizado podem ser apreciados de ofício pelo juiz.

(D) é cabível, desde que o crédito exequendo tenha sido constituído de ofício, circunstância em que a ausência de culpa do responsável pode ser alegada por qualquer meio processual.

(E) não é cabível, pois tem por causa matéria de fato, insuscetível de conhecimento de ofício pelo juiz, demandando prova que não pode ser produzida pelo meio processual utilizado.

A: incorreta, pois a responsabilidade do gestor é possível, no caso de dissolução irregular da sociedade, que implica violação da lei – art. 135, III, do CTN, conforme Súmula 435/STJ. Ressalte-se que a simples falta de pagamento do tributo não configura, por si só, nem em tese, circunstância que acarreta a responsabilidade subsidiária do sócio, prevista no art. 135 do CTN (Súmula 430 do STJ). É indispensável, para tanto, que tenha agido com excesso de poderes ou infração à lei, ao contrato social ou ao estatuto da empresa (STJ – Tema Repetitivo o que restou configurado, no caso, pela dissolução da empresa de forma irregular.; **B:** incorreta, pois é viável a apresentação de embargos à execução pelo sócio executado; **C:** incorreta, pois a exceção de pré-executividade é admissível na execução fiscal somente em relação às matérias conhecíveis de ofício que não demandem dilação probatória – Súmula 393/STJ. A fixação de honorários advocatícios quando na exceção de pré-executividade for pedida tão somente a exclusão do sócio do polo passivo, sem extinção da execução fiscal, será feita de modo equitativo, conforme decidido pelo STJ: "Nos casos em que a exceção de pré-executividade visar, tão somente, a exclusão do excipiente do polo passivo da execução fiscal, sem impugnar o crédito executado, os honorários advocatícios deverão ser fixados por apreciação equitativa, nos termos do art. 85, § 8º, do CPC/2015, por não ser possível se estimar o proveito econômico obtido com o provimento jurisdicional" (EREsp 1.880.560-RN, Primeira Seção, julgado em 24/4/2024).; **D:** incorreta, conforme comentário anterior; **E:** correta, conforme Súmula 393/STJ. Sobre o local onde deverá ser proposta a execução fiscal, importante tese foi fixada pelo STF (Tema 1204 da Repercussão Geral) ao interpretar o art. 46, § 5º, do Código de Processo Civil, que prevê a possibilidade de a execução fiscal ser proposta no foro de domicílio do réu, no de sua residência ou no do lugar onde for encontrado, nas hipóteses em que essa norma imponha o ajuizamento e processamento da ação executiva em outro Estado da Federação: "A aplicação do art. 46, § 5º, do CPC deve ficar restrita aos limites do território de cada ente subnacional ou ao local de ocorrência do fato gerador" LS

Gabarito "E".

(Procurador do Estado/SE – 2017 – CESPE) Um devedor tributário, devidamente citado em execução fiscal, não pagou nem apresentou bens à penhora no prazo legal.

Nesse caso, considerando-se as garantias e os privilégios do crédito tributário, a declaração da indisponibilidade dos bens do devedor prevista no CTN dependerá da demonstração do esgotamento das diligências para a localização de bens penhoráveis.

Segundo a jurisprudência do STJ, o esgotamento dessas diligências caracteriza-se pela

(A) comprovação da tentativa ou consumação de alienação ou oneração de bens ou rendas após a inscrição em dívida ativa, como acontece na medida cautelar fiscal.

(B) diligência da fazenda pública em demonstrar ter realizado buscas razoavelmente exigíveis, já que inexiste na jurisprudência um rol mínimo de diligências a serem realizadas.

(C) existência de pedido e determinação, nos autos, de constrição sobre ativos financeiros via BacenJud, expedição de ofícios aos registros públicos do domicílio do executado e ao Departamento Nacional – ou estadual – de Trânsito.

(D) existência de pedido e determinação, nos autos, de constrição sobre ativos financeiros via BacenJud, expedição de ofícios aos registros de imóveis do local de residência do executado e da sede da comarca e da capital da respectiva unidade da Federação.

(E) simples inexistência de pagamento ou de oferecimento de bens à penhora no prazo legal da contestação, como ocorre na medida cautelar fiscal.

Nos termos da Súmula 560/STJ "A decretação da indisponibilidade de bens e direitos, na forma do art. 185-A do CTN, pressupõe o exaurimento das diligências na busca por bens penhoráveis, o qual fica caracterizado quando infrutíferos o pedido de constrição sobre ativos financeiros e a expedição de ofícios aos registros públicos do domicílio do executado, ao Denatran ou Detran". Por essa razão, a alternativa "C" é a correta. Sobre o local onde deverá ser proposta a execução fiscal, importante tese foi fixada pelo STF (Tema 1204 da Repercussão Geral) ao interpretar o art. 46, § 5º, do Código de Processo Civil, que prevê a possibilidade de a execução fiscal ser proposta no foro de domicílio do réu, no de sua residência ou no do lugar onde for encontrado, nas hipóteses em que essa norma imponha o ajuizamento e processamento da ação executiva em outro Estado da Federação: "A aplicação do art. 46, § 5º, do CPC deve ficar restrita aos limites do território de cada ente subnacional ou ao local de ocorrência do fato gerador". **LS**
Gabarito "C".

(Procurador do Município – Prefeitura Fortaleza/CE – CESPE – 2017) Com base nos institutos e nas normas que regem o processo judicial tributário, bem como na jurisprudência do STJ, julgue os itens subsecutivos.

(1) A garantia integral do crédito tributário é condição específica de procedibilidade para os embargos à execução fiscal, ensejando a extinção liminar da ação quando constatada a insuficiência da constrição judicial.

(2) O efeito da medida cautelar fiscal é a indisponibilidade patrimonial do sujeito passivo em consequência de crédito tributário constituído, ainda que não definitivamente, uma vez que pode ser proposta durante a fase administrativa de impugnação do lançamento.

1: Incorreta, pois o STJ admite embargos em caso de insuficiência da penhora, devendo haver intimação do devedor para que reforce a garantia, admitindo até mesmo o conhecimento dos embargos quando comprovada a insuficiência patrimonial do devedor – REsp 1.127.815/SP-repetitivo. **2:** Correta – art. 1º da Lei 8.397/1992. **RB**
Gabarito 1E, 2C

(Procurador Municipal – Prefeitura/BH – CESPE – 2017) A respeito da execução fiscal e do processo judicial tributário, assinale a opção correta.

(A) No caso de a ação de consignação em pagamento ser julgada procedente, a importância consignada não poderá ser convertida em renda.

(B) Em caso de óbito do devedor, a execução fiscal somente poderá ser promovida contra o cônjuge ou os descendentes em linha reta, não podendo ser proposta contra os demais sucessores.

(C) O executado pode oferecer seguro-garantia como forma de garantia da execução fiscal, devendo o seguro abranger o valor da dívida, multa de mora, juros e encargos indicados na certidão de dívida ativa.

(D) A propositura, pelo contribuinte, de ação de repetição do indébito não implicará renúncia ao poder de recorrer na esfera administrativa acerca da mesma questão.

A: incorreta, pois o julgamento pela procedência da consignação implica conversão do valor depositado em renda do fisco – art. 164, § 2º, do CTN; **B:** incorreta, pois, como em qualquer execução, poderá ser promovida contra o espólio e sucessores, até o limite dos valores deixados pelo falecido; **C:** correta – art. 9º, II, da Lei 6.830/1980; **D:** incorreta, pois a propositura da ação implica desistência de eventual recurso administrativo – art. 38, parágrafo único, da Lei 6.830/1980. Sobre o local onde deverá ser proposta a execução fiscal, importante tese foi fixada pelo STF (Tema 1204 da Repercussão Geral) ao interpretar o art. 46, § 5º, do Código de Processo Civil, que prevê a possibilidade de a execução fiscal ser proposta no foro de domicílio do réu, no de sua residência ou no do lugar onde for encontrado, nas hipóteses em que essa norma imponha o ajuizamento e processamento da ação executiva em outro Estado da Federação: "A aplicação do art. 46, § 5º, do CPC deve ficar restrita aos limites do território de cada ente subnacional ou ao local de ocorrência do fato gerador". **LS**
Gabarito "C".

(Procurador Municipal/SP – VUNESP – 2016) O requerimento da medida cautelar fiscal independe da prévia constituição do crédito tributário quando o devedor

(A) sem domicílio certo, intenta ausentar-se ou alienar bens que possui ou deixa de pagar a obrigação no prazo fixado.

(B) tendo domicílio certo, ausenta-se ou tenta se ausentar, visando elidir o adimplemento da obrigação.

(C) notificado pela Fazenda Pública para que proceda ao recolhimento do crédito fiscal põe ou tenta por seus bens em nome de terceiros.

(D) caindo em insolvência, aliena ou tenta alienar bens.

(E) contrai ou tenta contrair dívidas que comprometam a liquidez do seu patrimônio.

Os casos excepcionais de cabimento de cautelar fiscal antes da constituição do crédito tributário são quando o devedor, (i) notificado pela Fazenda Pública para que proceda ao recolhimento do crédito fiscal põe ou tenta por seus bens em nome de terceiros e (ii) aliena bens ou direitos sem proceder à devida comunicação ao órgão da Fazenda Pública competente, quando exigível em virtude de lei – art. 2º, V, *b*, e VII, c/c art. 1º, parágrafo único, da Lei 8.397/1992. Por essa razão, a alternativa "C" é a correta. **RB**
Gabarito "C".

(Procurador – IPSMI/SP – VUNESP – 2016) Acerca da Ação Cautelar Fiscal, assinale a alternativa correta.

(A) Para a concessão da medida cautelar fiscal não é essencial a prova literal da constituição do crédito tributário.

(B) A decretação da medida cautelar fiscal não produzirá, de imediato, a indisponibilidade dos bens do requerido, até o limite da satisfação da obrigação.

(C) O juiz concederá liminarmente a medida cautelar fiscal, desde que a Fazenda Pública apresente justificação prévia ou preste caução.

(D) O requerido será citado para, no prazo de cinco dias, contestar o pedido, indicando as provas que pretenda produzir.

3. DIREITO TRIBUTÁRIO

(E) A medida cautelar fiscal conserva a sua eficácia no prazo de sessenta dias, contados da data em que a exigência se tornar irrecorrível na esfera administrativa e na pendência do processo de execução judicial da Dívida Ativa, mas pode, a qualquer tempo, ser revogada ou modificada.

A: incorreta, pois, em regra, exige-se prova literal da constituição do crédito – art. 3º da Lei 8.397/1992 (os casos excepcionais de cautelar antes do lançamento são os previstos no art. 1º, parágrafo único, da mesma lei); **B:** incorreta, pois é exatamente o oposto, sendo esse o principal efeito da cautelar concedida – art. 4º da Lei 8.397/1992; **C:** incorreta, pois é o oposto. O Juiz concederá liminarmente a medida cautelar fiscal, dispensada a Fazenda Pública de justificação prévia e de prestação de caução – art. 7º da Lei 8.397/1992; **D:** incorreta, pois o prazo para contestação é de 15 dias – art. 8º da Lei 8.397/1992; **E:** correta, conforme os arts. 11 e 12 da Lei 8.397/1992. [RB]

Gabarito "E."

(Procurador – IPSMI/SP – VUNESP – 2016) No processo de execução fiscal,

(A) será admitida a reconvenção, a compensação e as exceções, inclusive as de suspeição, incompetência e impedimentos, que serão arguidas como matéria preliminar e serão processadas e julgadas com os embargos.

(B) recebidos os embargos, o Juiz mandará intimar a Fazenda para impugná-los no prazo de 60 (sessenta) dias, designando, em seguida, audiência de instrução e julgamento.

(C) não sendo embargada ou sendo rejeitados os embargos, no caso de garantia prestada por terceiro, será este intimado, sob pena de contra ele prosseguir a execução nos próprios autos, para, no prazo de 15 (quinze) dias, remir o bem, se a garantia for real.

(D) a Fazenda Pública não poderá adjudicar os bens penhorados antes do leilão, pelo preço da avaliação, se a execução não for embargada ou se rejeitados os embargos.

(E) se da decisão que ordenar o arquivamento tiver decorrido o prazo prescricional, o juiz, independentemente da manifestação da Fazenda Pública, deverá, de ofício, reconhecer a prescrição intercorrente e decretá-la de imediato.

A: incorreta, pois não será admitida reconvenção, nem compensação, e as exceções, salvo as de suspeição, incompetência e impedimentos, serão arguidas como matéria preliminar e serão processadas e julgadas com os embargos – art. 16, § 3º, da LEF; **B:** incorreta, pois o prazo para impugnação dos embargos é de 30 dias – art. 17 da LEF; **C:** correta, conforme o art. 19, I, da LEF; **D:** incorreta, pois é o oposto, cabendo adjudicação antes do leilão se a execução não for embargada ou se os embargos forem rejeitados – art. 24, I, da LEF; **E:** incorreta, pois o juiz deverá ouvir a Fazenda Pública antes de reconhecer de ofício a prescrição, exceto no caso de cobranças judiciais cujo valor seja inferior ao mínimo fixado por ato do Ministro de Estado da Fazenda – art. 40, §§ 4º e 5º, da LEF. [RB]

Gabarito "C."

(Procurador do Estado – PGE/MT – FCC – 2016) Sobre o processo civil tributário, considere:

I. O Estado é parte legítima para figurar no polo passivo das ações propostas por servidores públicos estaduais que visam ao reconhecimento do direito à isenção ou à repetição do indébito relativo ao imposto de renda retido na fonte.

II. O contribuinte pode optar por receber, por meio de precatório ou por compensação, o indébito tributário certificado por sentença declaratória transitada em julgado.

III. O consumidor tem legitimidade para propor ação declaratória cumulada com repetição de indébito que busca afastar, no tocante ao fornecimento de energia elétrica, a incidência do ICMS sobre a demanda contratada e não utilizada.

IV. O depósito prévio previsto no art. 38, da LEF – Lei de Execução Fiscal, constitui condição de procedibilidade da ação anulatória de débito fiscal.

Está correto o que se afirma APENAS em

(A) I, II e IV.

(B) III e IV.

(C) I e IV.

(D) II e III.

(E) I, II e III.

I: correta de acordo com a Súmula 447 do STJ: Os Estados e o Distrito Federal são partes legítimas na ação de restituição de imposto de renda retido na fonte proposta por seus servidores; **II:** correta de acordo com a Súmula 461 do STJ; **III:** correta de acordo com tese fixada pelo STJ (Tema Repetitivo 537): Diante do que dispõe a legislação que disciplina as concessões de serviço público e a peculiar relação envolvendo o Estado-concedente, a concessionária e o consumidor, esse último tem legitimidade para propor ação declaratória c/c repetição de indébito na qual se busca afastar, no tocante ao fornecimento de energia elétrica, a incidência do ICMS sobre a demanda contratada e não utilizada. **IV:** incorreta, pois a jurisprudência afastou o depósito prévio como pressuposto para a ação anulatória – Súmula Vinculante 28/STF e Tema Repetitivo 241 do STJ (O depósito prévio previsto no art. 38, da LEF, não constitui condição de procedibilidade da ação anulatória, mas mera faculdade do autor, para o efeito de suspensão da exigibilidade do crédito tributário, nos termos do art. 151 do CTN, inibindo, dessa forma, o ajuizamento da ação executiva fiscal). Sobre o local onde deverá ser proposta a execução fiscal, importante tese foi fixada pelo STF (Tema 1204 da Repercussão Geral) ao interpretar o art. 46, § 5º, do Código de Processo Civil, que prevê a possibilidade de a execução fiscal ser proposta no foro de domicílio do réu, no de sua residência ou no do lugar onde for encontrado, nas hipóteses em que essa norma imponha o ajuizamento e processamento da ação executiva em outro Estado da Federação: "A aplicação do art. 46, § 5º, do CPC deve ficar restrita aos limites do território de cada ente subnacional ou ao local de ocorrência do fato gerador". [LS]

Gabarito "E."

(Procurador do Estado – PGE/MT – FCC – 2016) Segundo a jurisprudência dominante no Superior Tribunal de Justiça a respeito das execuções fiscais,

(A) o fluxo do prazo prescricional em ação de execução fiscal somente se interrompe pela citação pessoal válida.

(B) deve ser reconhecida a prescrição intercorrente caso o processo fique paralisado por mais de cinco anos após a decisão que determinou o arquivamento da execução fiscal em razão do pequeno valor do débito executado, sem baixa na distribuição, uma vez que não há suspensão do prazo prescricional.

(C) deve ser reconhecida a prescrição intercorrente caso o processo de execução fiscal fique paralisado por cinco anos sem a localização de bens penhoráveis.

(D) é cabível a citação por edital quando, na execução fiscal, não se obtive êxito na citação postal, independentemente de diligências ou certidões levadas a efeito pelo oficial de justiça.

(E) a interrupção do prazo prescricional, para fins de execução fiscal, se dá pelo despacho do juiz que ordena a citação, de modo que este será o termo *a quo*.

A: incorreta, pois a Lei 6.830/80 (Execução Fiscal) estabelece que o despacho do Juiz, que ordenar a citação, interrompe a prescrição (art. 8º, § 2º). Ademais, a citação retroage à data da propositura da ação para efeitos de interrupção da prescrição, na forma do art. 802, parágrafo único, do CPC, quando a demora na citação é imputada exclusivamente ao Poder Judiciário, nos termos da Súmula 106/STJ – REsp 1.120.295/SP-repetitivo; **B:** correta – REsp 1.102.554/MG-repetitivo; **C:** incorreta, pois é necessário suspender-se o processo por um ano antes de se iniciar a contagem do prazo de prescrição intercorrente – Súmula 314/STJ; **D:** incorreta, pois a citação por edital se dá apenas após esgotadas as tentativas de citação pelas modalidades previstas no art. 8º da Lei 6.830/1980, quais sejam pelo correio e por oficial de justiça – Súmula 414/STJ; **E:** incorreta, conforme comentário à primeira alternativa. Note que, apesar de o art. 174, parágrafo único, I, do CTN se referir ao despacho do juiz que ordena a citação como causa interruptiva da prescrição, a jurisprudência reconhece que, ajuizada a ação no prazo quinquenal, a demora da citação por culpa do Judiciário não prejudica o credor. Sobre a prescrição ocorrida antes do início da Execução Fiscal, verificar Súmula 409 do STJ: Em execução fiscal, a prescrição ocorrida antes da propositura da ação pode ser decretada de ofício. Sobre o local onde deverá ser proposta a execução fiscal, importante tese foi fixada pelo STF (Tema 1204 da Repercussão Geral) ao interpretar o art. 46, § 5º, do Código de Processo Civil, que prevê a possibilidade de a execução fiscal ser proposta no foro de domicílio do réu, no de sua residência ou no do lugar onde for encontrado, nas hipóteses em que essa norma imponha o ajuizamento e processamento da ação executiva em outro Estado da Federação: "A aplicação do art. 46, § 5º, do CPC deve ficar restrita aos limites do território de cada ente subnacional ou ao local de ocorrência do fato gerador". **LS**

Gabarito "B".

(Procurador – PGFN – ESAF – 2015) De acordo com a Lei de Execução Fiscal:

(A) o prazo para substituição da certidão de dívida ativa caduca na data de citação do executado.

(B) a dívida ativa executada, exclusivamente tributária, abrange atualização monetária, juros e multa; a dívida não tributária não se sujeita ao rito especial da Lei 6.830/80.

(C) os embargos na execução fiscal independem de garantia da execução e, em regra, não têm efeito suspensivo, salvo comprovação, pelo executado, de risco de dano irreparável ou de difícil reparação, por aplicação subsidiária do CPC.

(D) a citação deve ser feita obrigatoriamente por oficial de justiça.

(E) a intimação da penhora é feita por publicação na imprensa oficial do ato de juntada do termo ou auto de penhora, sendo também admitida a intimação pessoal ou por via postal.

A: incorreta, pois é possível a substituição da CDA até a decisão de primeira instância – art. 2º, § 8º, da Lei 6.830/1980; **B:** incorreta, pois a execução fiscal cabe para dívidas tributárias e não tributárias, desde que inscritas em dívida ativa – art. 2º, § 2º, da Lei 6.830/1980; **C:** incorreta, pois é indispensável a garantia do juízo como pressuposto para os embargos – art. 16, § 1º, da Lei 6.830/1980. Excepcionalmente, o STJ admite embargos em caso de insuficiência da penhora, devendo haver intimação do devedor para que reforce a garantia, admitindo

até mesmo o conhecimento dos embargos quando comprovada a insuficiência patrimonial do devedor – REsp 1.127.815/SP-repetitivo **D:** incorreta, pois a citação pode ser feita pelos modos previstos no art. 8º da Lei 6.830/1980, em regra por via postal; **E:** correta – art. 12 da Lei 6.830/1980. Sobre o local onde deverá ser proposta a execução fiscal, importante tese foi fixada pelo STF (Tema 1204 da Repercussão Geral) ao interpretar o art. 46, § 5º, do Código de Processo Civil, que prevê a possibilidade de a execução fiscal ser proposta no foro de domicílio do réu, no de sua residência ou no do lugar onde for encontrado, nas hipóteses em que essa norma imponha o ajuizamento e processamento da ação executiva em outro Estado da Federação: "A aplicação do art. 46, § 5º, do CPC deve ficar restrita aos limites do território de cada ente subnacional ou ao local de ocorrência do fato gerador". **LS**

Gabarito "E".

(Procurador – PGFN – ESAF – 2015) Sobre a Execução Fiscal, é correto afirmar:

(A) a substituição da penhora pelo executado, por bens de valor equivalente ao constrito, não depende de anuência da Fazenda Pública.

(B) efetuado o pagamento integral da dívida executada, a penhora não poderá ser liberada se houver outra execução pendente.

(C) a execução fiscal é meio idôneo para a cobrança judicial de dívida que teve origem em fraude relacionada com a concessão de benefício previdenciário.

(D) a pendência de recurso administrativo não inviabiliza o ajuizamento da execução fiscal.

(E) o despacho do juiz que ordena a citação interrompe a prescrição, gerando efeitos a partir da sua prolação.

A: incorreta, pois, sem anuência da fazenda o juiz deferirá ao executado apenas a substituição da penhora por depósito em dinheiro, fiança bancária ou seguro garantia – art. 15, I, da Lei 6.830/1980. Verificar também tese fixada pelo STJ no Tema Repetitivo 578; **B:** correta – art. 53, § 2º, da Lei 8.212/1991, ver REsp 1.319.171/SC. Ressalte-se que para o STJ (1ª Turma) o citado artigo da Lei federal n.º 8.212/91 é inaplicável para o feito que trata da cobrança de crédito da Fazenda Pública estadual ou municipal sob pena de indevida atuação do magistrado como legislador positivo, por caracterizar clara ofensa ao Princípio da Separação dos Poderes, nos seguintes termos: *"o Código de Processo Civil e a Lei n. 6.830/1980 não dispõem de regra que autorize o magistrado que extingue a execução fiscal em face do pagamento a proceder com a transferência da penhora existente para outro processo executivo envolvendo as mesmas partes, devendo a garantia ser liberada em favor do executado"*. (REsp 2.128.507/TO – Julgado em 23/05/2024); **C:** incorreta, sendo adequada ação de cobrança por enriquecimento ilícito para apuração da responsabilidade civil – REsp 1.350.804/PR-repetitivo; **D:** incorreta, pois a pendência de recurso administrativo em que se questiona o crédito tributário suspende sua exigibilidade, o que inviabiliza o ajuizamento da execução fiscal – art. 151 do CTN; **E:** incorreta, pois a citação retroage à data da propositura da ação para efeitos de interrupção da prescrição, na forma do art. 240, §1º, CPC , quando a demora na citação é imputada exclusivamente ao Poder Judiciário, nos termos da Súmula 106/STJ – REsp 1.120.295/SP-repetitivo. Note que, apesar de o art. 8º, § 2º, da Lei 6.830/80 e do art. 174, parágrafo único, I, do CTN se referir ao despacho do juiz que ordena a citação como causa interruptiva da d prescrição, a jurisprudência reconhece que, ajuizada a ação no prazo quinquenal, a demora da citação por culpa do Judiciário não prejudica o credor. Sobre o local onde deverá ser proposta a execução fiscal, importante tese foi fixada pelo STF (Tema 1204 da Repercussão Geral) ao interpretar o art. 46, § 5º, do Código de Processo Civil, que prevê a possibilidade de a execução fiscal ser proposta no foro de domicílio do réu, no de sua residência ou no do lugar onde for encontrado, nas hipóteses em que essa norma imponha o ajuizamento e processamento da ação executiva em outro Estado da

Federação: "A aplicação do art. 46, § 5°, do CPC deve ficar restrita aos limites do território de cada ente subnacional ou ao local de ocorrência do fato gerador". [S]

Gabarito "B".

(Procurador – PGFN – ESAF – 2015) Sobre a medida cautelar fiscal, assinale a opção incorreta.

(A) Independe da prévia constituição do crédito tributário quando o devedor, caindo em insolvência, aliena ou tenta alienar bens.

(B) Produz, de imediato, a indisponibilidade dos bens do requerido, até o limite da satisfação da obrigação.

(C) O prazo de contestação é de 15 (quinze) dias.

(D) A sentença proferida na medida cautelar fiscal não faz coisa julgada, relativamente à execução judicial da Dívida Ativa da Fazenda Pública, salvo se acolhida a alegação de qualquer modalidade de extinção da pretensão deduzida.

(E) Pode ser requerida contra o sujeito passivo de crédito tributário ou não tributário.

A: incorreta, sendo possível cautelar fiscal, nesse caso, apenas após o lançamento – art. 2°, III, da Lei 8.397/1992. Os casos excepcionais, em que é possível cautelar fiscal antes do lançamento são apenas os indicados no art. 2°, V, *b*, e VII, da Lei 8.397/1992, conforme seu art. 1°, parágrafo único; **B:** correta, conforme art. 4° da Lei 8.397/1992; **C:** correta – art. 8° da Lei 8.397/1992; **D:** correta, nos termos do art. 16 da Lei 8.397/1992; **E:** correta – art. 2° da Lei 8.397/1992. [RB]

Gabarito "A".

(Procurador do Município – Boa Vista/RR – 2019 – CESPE/CEBRASPE) De acordo com o Código Tributário do Município de Boa Vista, julgue os itens a seguir.

(1) O referido código impõe interpretação literal das disposições legais relativas a outorga de isenção.

(2) A aquisição de unidade produtiva isolada em processo de recuperação judicial implicará responsabilidade do sucessor adquirente.

(3) Em processo de falência, o valor da venda de filial poderá ser utilizado para o pagamento de créditos quirografários.

(4) Ainda que revogada, lei que regia lançamento deverá ser a ele aplicada caso o fato gerador do lançamento tenha ocorrido quando da vigência dessa lei.

A matéria tratada nessas assertivas é regulada pelo Código Tributário Nacional, sendo inviável alteração por lei municipal (são normas gerais). Assim, é possível resolver sem mesmo conhecer a norma local. **1:** correta – art. 111, II, do CTN; **2:** incorreta, pois não há responsabilidade, em regra, nesse caso – art. 133, § 1°, II, do CTN (exceções no § 2°); **3:** incorreta, pois, nos termos do art. 133, § 3°, do CTN, o produto da alienação judicial de empresa, filial ou unidade produtiva isolada permanecerá em conta de depósito à disposição do juízo de falência pelo prazo de 1 ano, contado da data de alienação, somente podendo ser utilizado para o pagamento de créditos extraconcursais ou de créditos que preferem ao tributário; **4:** correta, pois, nesse caso, se aplica a lei vigente à época do fato gerador – art. 144 do CTN. Verificar no art. 144, §1°, do CTN hipóteses nas quais aplica-se ao lançamento legislação posterior ao fato gerador. [S]

Gabarito 1C, 2E, 3E, 4C.

(Procurador do Estado/TO – 2018 – FCC) A Lei federal 11.101/2005, em seus últimos artigos, tipifica alguns crimes relacionados com fraudes a credores. O art. 168 da referida Lei tipifica o seguinte crime:

Art. 168. Praticar, antes ou depois da sentença que decretar a falência, conceder a recuperação judicial ou homologar a recuperação extrajudicial, ato fraudulento de que resulte ou possa resultar prejuízo aos credores, com o fim de obter ou assegurar vantagem indevida para si ou para outrem.

A pena para esse crime é de três a seis anos e multa.

De acordo com a mesma lei, essa pena será

(A) reduzida de 1/6 até metade, a critério do juiz, tratando-se de falência de microempresa ou de empresa de pequeno porte, e não se constatando prática habitual de condutas fraudulentas por parte do falido.

(B) reduzida de 1/6 a 1/3, se o agente omite, culposamente, na escrituração contábil ou no balanço, lançamento que deles deveria constar, ou altera escrituração ou balanço verdadeiros.

(C) aumentada de 1/4 até metade, se o agente destrói, apaga ou corrompe dados contábeis ou negociais armazenados em computador ou sistema informatizado.

(D) aumentada de 1/3 até metade, se o devedor manteve ou movimentou recursos ou valores paralelamente à contabilidade exigida pela legislação.

(E) reduzida de 1/3 até metade, se o agente destrói, oculta ou inutiliza, total ou parcialmente, por erro ou ignorância escusáveis, os documentos de escrituração contábil obrigatórios, cujos dados podem ser recuperados por outros meios.

O art. 168, § 2°, da Lei 11.101/2005, dispõe que a pena é aumentada de 1/3 (um terço) até metade se o devedor manteve ou movimentou recursos ou valores paralelamente à contabilidade exigida pela legislação. O art. 168, § 4°, da Lei 11.101/2005, dispõe que, tratando-se de falência de microempresa ou de empresa de pequeno porte, e não se constatando prática habitual de condutas fraudulentas por parte do falido, poderá o juiz reduzir a pena de reclusão de 1/3 (um terço) a 2/3 (dois terços) ou substituí-la pelas penas restritivas de direitos, pelas de perda de bens e valores ou pelas de prestação de serviços à comunidade ou a entidades públicas. Por essas razões, a alternativa "D" é a correta.

Gabarito "D".

(Procurador do Estado/SE – 2017 – CESPE) Pedro, contribuinte do ICMS, omitiu a venda de certas mercadorias na declaração prestada ao fisco, referente ao lançamento desse tributo. Dessa forma, deixou de recolher o ICMS devido no prazo legal.

Efetuado o lançamento definitivo do tributo, permanecendo Pedro inadimplente, o auditor responsável elaborou uma representação fiscal para fins penais, enquadrando a conduta de Pedro como crime contra a ordem tributária, previsto na legislação pertinente (Lei 8.137/1990).

Em sua defesa, Pedro alegou a inconstitucionalidade da referida normativa, sustentando que a CF veda a prisão por dívida, com a única exceção do devedor de alimentos.

Nessa situação hipotética, conforme a jurisprudência do STF, o argumento de defesa apresentado por Pedro é

(A) apropriado, já que a CF se opõe à criminalização do contribuinte pela simples omissão de rendimentos.

(B) adequado, pois a CF proíbe a aplicação de pena de prisão a mero inadimplemento cível, a ser cobrado mediante execução fiscal.

(C) inconsistente, em razão da constitucionalidade da Lei 8.137/1990, que prevê a prisão apenas por crimes materiais.

(D) inconsistente, em razão da constitucionalidade da Lei 8.137/1990, que autoriza a prisão pela natureza penal dos crimes contra a ordem tributária, não sendo esse fato hipótese de prisão civil por dívida.

(E) adequado, uma vez que a CF veda a prisão criminal por dívida, mesmo que esta seja oriunda de não pagamento de tributo.

Pedro está enganado, pois trata-se de crime contra a ordem tributária, tipificado pelo art. 1º, I e II, da Lei 8.137/1990. Ademais, a lei prevê os chamados crimes materiais (art. 1º, incisos I a IV), mas também os formais (art. 1º, inciso V e art. 2º). Por essas razões, a alternativa "D" é correta. **LS**
Gabarito "D".

(Procurador Municipal – Prefeitura/BH – CESPE – 2017) Com base nas disposições do CTN, assinale a opção correta.

(A) A autoridade administrativa não poderá alterar de ofício o lançamento já notificado ao sujeito passivo, mesmo em caso de comprovada falsidade de elemento de declaração obrigatória.

(B) Uma taxa pode ser calculada em função do capital social da empresa contribuinte.

(C) Em caso de inobservância, pelo responsável, da legislação tributária, a obrigação principal será convertida em obrigação acessória.

(D) Interpreta-se a definição legal de fato gerador abstraindo-se da validade jurídica dos atos efetivamente praticados pelos contribuintes, pois para a incidência do tributo, não é relevante a regularidade jurídica dos atos.

A: incorreta, pois é possível a alteração de ofício nessa hipótese – arts. 145, III, e 149, IV, do CTN; **B:** incorreta, pois isso é vedado expressamente pelo art. 77, parágrafo único, do CTN; **C:** incorreta, pois a inobservância de qualquer obrigação tributária (principal ou acessória) pode implicar aplicação de penalidade pecuniária (= multa), desde que prevista em lei, que é objeto de uma nova obrigação tributária principal – art. 113, § 3º, do CTN; **D:** correta – art. 118, I, do CTN. **RB**
Gabarito "D".

(Procurador Municipal – Prefeitura/BH – CESPE – 2017) Tendo por base os conceitos presentes na legislação tributária, assinale a opção correta.

(A) Presume-se fraudulenta a alienação de bens por sujeito passivo em débito com a fazenda pública, ainda que

ele tenha reservado bens ou rendas que sejam suficientes para o pagamento total da dívida inscrita.

(B) Contribuinte é o sujeito passivo da obrigação principal, ao passo que responsável é o sujeito passivo apenas da obrigação acessória.

(C) Decadência é uma modalidade de extinção do crédito tributário; prescrição, uma modalidade de suspensão desse crédito.

(D) A isenção exclui o crédito tributário, mas não dispensa o cumprimento das obrigações acessórias dependentes da obrigação principal cujo crédito tenha sido excluído.

A: incorreta, pois se houve reserva de bens ou rendas suficientes, não há fraude – art. 185, parágrafo único, do CTN; **B:** incorreta. Contribuinte é o sujeito passivo que tem relação pessoal e direta com o fato gerador, enquanto o responsável tem apenas relação indireta com o fato gerador – art. 121, parágrafo único, do CTN; **C:** incorreta, pois tanto decadência como prescrição são modalidades de extinção do crédito tributário – art. 156, V, do CTN; **D:** correta – art. 175, parágrafo único, do CTN. **RB**
Gabarito "D".

(Procurador Municipal – Prefeitura/BH – CESPE – 2017) No que concerne aos ilícitos tributários e aos crimes contra a ordem tributária, assinale a opção correta.

(A) No caso de crime contra a ordem tributária, o coautor que, por confissão espontânea, revelar a trama delituosa à autoridade judicial terá direito à extinção da punibilidade, condicionada ao pagamento do tributo.

(B) Em caso de dúvida quanto às circunstâncias materiais do fato, a lei tributária que trata de infrações e penalidades será interpretada da maneira mais favorável ao fisco.

(C) Havendo omissão na apresentação de declaração exigida em lei, o inventariante responderá solidariamente pelas infrações tributárias imputáveis ao espólio, excluídas as penalidades de caráter moratório.

(D) A denúncia espontânea exclui a responsabilidade do agente que comete infração tributária, desde que esse ato seja anterior ao início de qualquer procedimento administrativo ou medida de fiscalização relacionada com a infração.

A: incorreta, pois o benefício ao coautor que confessa crime contra a ordem tributária é de redução da pena de um a dois terços – art. 16, parágrafo único, da Lei 8.137/1990; **B:** incorreta, pois adota-se a interpretação mais favorável ao acusado, nesse caso – art. 112, II, do CTN; **C:** incorreta, pois a responsabilidade do inventariante, no caso do art. 134, IV, do CTN é subsidiária, segundo o STJ (EREsp 446.955/SC) (apesar de o dispositivo se referir a solidariedade) e se restringe, em relação à penalidades, às de caráter moratório – parágrafo único desse dispositivo; **D:** correta – art. 138 do CTN. **LS**
Gabarito "D".

4. DIREITO PROCESSUAL CIVIL

Luiz Dellore

I – PARTE GERAL

1. PRINCÍPIOS DO PROCESSO CIVIL

(Procurador Município – Teresina/PI – FCC – 2022) No tocante às normas fundamentais do processo civil:

(A) O juiz não pode decidir, em grau algum de jurisdição, com base em fundamento a respeito do qual não se tenha dado às partes oportunidade de se manifestar, salvo se tratar-se de matéria sobre a qual deva decidir de ofício.

(B) Não se proferirá decisão contra uma das partes sem que ela seja previamente ouvida, em nenhuma hipótese.

(C) O processo começa sempre por iniciativa da parte e se desenvolve por impulso oficial, sem exceções.

(D) Todos os julgamentos dos órgãos do Poder Judiciário serão públicos e fundamentadas todas as decisões, sob pena de nulidade; nos casos de segredo de justiça, pode ser autorizada a presença somente das partes, de seus advogados, de defensores públicos ou do Ministério Público.

(E) As partes têm direito de obter em prazo razoável a solução integral do mérito, excluída a natureza satisfativa, por sua natureza executória.

A: incorreta, pois pelo contraditório, o juiz não pode decidir sem ouvir as partes, *ainda que se trate* de matéria sobre a qual deva decidir de ofício (CPC, art. 10); **B:** incorreta, pois ainda que a regra do contraditório seja ouvir antes a parte contrária, há algumas exceções, como no caso de concessão de liminares – seja de tutela de urgência ou de evidência (CPC, art. 9º, parágrafo único); **C:** incorreta; ainda que o processo se inicie por iniciativa da parte e haja o impulso oficial, pode haver exceções – como no caso em que haja o abandono do processo pelas partes, situação em que não se aplica o impulso oficial (CPC, art. 485, II e III); **D:** correta, sendo essa a previsão legal (CPC, art. 11, *caput* e parágrafo único); **E:** incorreta, pois o princípio da razoável duração do processo engloba a fase executiva / satisfativa, por expressa previsão legal (CPC, art. 4º).

Gabarito "D".

(Procurador/PA – CESPE – 2022) Assinale a opção correta, considerando as normas fundamentais do processo civil.

(A) É assegurada ao juiz a paridade de tratamento em relação ao exercício de direitos e faculdades processuais, aos meios de defesa, aos ônus, aos deveres e à aplicação de sanções processuais, competindo às partes zelar pelo efetivo contraditório.

(B) A norma que proíbe decisão contra uma das partes sem que esta seja previamente ouvida não se aplica às hipóteses de concessão do mandado monitório, contendo ordem de pagamento, de entrega de coisa ou de obrigação de fazer ou de não fazer.

(C) O juiz não pode decidir, em nenhum grau de jurisdição, com base em fundamento a respeito do qual não se tenha dado às partes oportunidade de se manifestar, exceto em caso de matéria sobre a qual ele deva decidir de ofício.

(D) A conciliação, a mediação e outros métodos de solução consensual de conflitos deverão ser estimulados por juízes, advogados, defensores públicos e membros do Ministério Público, exceto no curso do processo judicial.

(E) A norma que proíbe decisão contra uma das partes sem que esta seja previamente ouvida não se aplica à hipótese de tutela de evidência fundada no abuso do direito de defesa ou no manifesto propósito protelatório da parte, podendo o magistrado decidir liminarmente e antes da citação do réu.

A: incorreta, pois a alternativa inverte as partes / juiz. A lei prevê ser assegurado "às *partes* paridade de tratamento em relação ao exercício de direitos e faculdades processuais, aos meios de defesa, aos ônus, aos deveres e à aplicação de sanções processuais, competindo ao *juiz* zelar pelo efetivo contraditório" (CPC, art. 7º); **B:** correta. Ainda que a regra seja o contraditório (ouvir antes de decidir contra a parte), existem exceções, em situações de tutela de urgência e evidência, previstas em lei e reproduzidas na alternativa (CPC, art. 9º, parágrafo único); **C:** incorreta, porque deve haver o contraditório *ainda que se trate* de matéria que o juiz deva conhecer de ofício (CPC, art. 10); **D:** incorreta, pois os métodos consensuais devem ser sempre estimulados, *inclusive no curso* do processo judicial (CPC, art. 3º, § 3º); **E:** incorreta, pois nesses casos mencionados de tutela de evidência, necessário que haja prévia manifestação do réu para se configurar abuso do direito de defesa ou propósito protelatório – o que é inviável antes da citação (CPC, art. 311, parágrafo único).

Gabarito "B".

(Procurador do Município – S.J. Rio Preto/SP – 2019 – VUNESP) Assinale a alternativa que apresenta o princípio e sua respectiva característica.

(A) Princípio do livre convencimento motivado: o poder do juiz de decidir, fundamentadamente, de acordo com sua convicção jurídica, observando os fatos e as provas existentes no processo.

(B) Princípio da instrumentalidade: determina que todos os atos processuais devem ser informados aos envolvidos e aos seus respectivos procuradores.

(C) Princípio da disponibilidade: o direito de ação não pode ser negado àqueles que se sentirem lesados em seus direitos.

(D) Princípio do juiz natural: cabe ao juiz dar continuidade ao procedimento, em cada uma de suas etapas, até a conclusão.

(E) Princípio do direito de ação: possibilidade que os cidadãos têm de exercer, ou não, os seus direitos, perante à Administração Pública e ao Poder Judiciário.

A: correta – sendo que a palavra "livre" não consta do atual Código (CPC, art. 371), mas constava do anterior; parte da doutrina afirma que o convencimento não é mais "livre", então deve-se tomar cuidado com a pergunta, pois eventualmente pode ser errada (se houver alguma "mais correta" que essa); **B:** incorreta, porque a alternativa traz a definição do princípio do contraditório, relacionada ao direito das partes de receberem as informações tempestivas sobre todos os atos processuais praticados (CPC, arts. 9º e 10); **C:** incorreta, pois a alternativa trata do princípio da inafastabilidade da jurisdição (CF, art. 5º, XXXV e CPC, art. 3º); **D:** incorreta, já que essa definição diz respeito ao princípio do impulso oficial (CPC, art. 2º); **E:** incorreta, tendo em vista que a alternativa define o princípio dispositivo, da disponibilidade ou da inércia (CPC, art. 2º).

Gabarito "A".

2. JURISDIÇÃO E COMPETÊNCIA

(Procurador – PGE/SP – 2024 – VUNESP) Acerca do deslocamento de competência para a Justiça Federal em ação judicial em que a Fazenda Estadual faz parte da relação processual, é correto afirmar que:

I. A participação da União desloca obrigatoriamente o processo para Justiça Federal.

II. Nos casos de falência, a competência é deslocada, mas não nos casos de recuperação judicial.

III. A competência não é deslocada nos casos de insolvência civil.

IV. A competência não é deslocada nos casos de acidente do trabalho.

Está correto somente o contido em:

(A) IV.

(B) III e IV.

(C) II e IV.

(D) I.

(E) II e III.

I: incorreto, pois não se trata de "obrigatoriamente", considerando que há algumas exceções – como, por exemplo, nos casos trabalhistas e de recuperação judicial e falência, em que mesmo com a presença da União, a competência não será deslocada para Justiça Federal (CPC, art. 45 do e art. 109 da CF). **II:** incorreto, pois seja RJ ou falência, a presença de ente federal não desloca para a Federal, permanecendo a causa na Estadual (CPC, art. 45, I e CF, art. 109). **III:** correta, considerando o exposto em II (CPC, art. 45, I). **IV:** correta, pois nos casos de acidente do trabalho fundado na legislação de seguridade (em face do INSS), a competência é da justiça estadual, não da Federal (CPC, art. 45, I e CF, art. 109). Se fosse acidente do trabalho em face do empregador, seria da justiça do trabalho. Assim, a alternativa B deve ser assinalada. [LD]

Gabarito "B".

(Procurador Fazenda Nacional – AGU – 2023 – CEBRASPE) Em que pese a possibilidade de participação da União como interessada em processos judiciais de falência, recuperação judicial e insolvência civil contra particulares, de acordo com o entendimento jurisprudencial dominante no STF, a justiça comum estadual será a competente para o julgamento nos casos de

(A) falência, apenas.

(B) insolvência civil, apenas.

(C) falência, recuperação judicial e insolvência civil.

(D) falência e recuperação judicial, apenas.

(E) recuperação judicial e insolvência civil, apenas.

Nas questões relativas à falência, recuperação judicial e insolvência civil (todas envolvendo "quebra"), a competência será da justiça estadual, mesmo que a União ou ente federal participe (CF, art. 109, I e CPC, art. 45, I). A questão, inclusive, foi reforçada pelo STF no Tema 859. Assim, a alternativa correta é a "C". [LD]

Gabarito "C".

(Procurador Fazenda Nacional – AGU – 2023 – CEBRASPE) Na perspectiva do sistema de justiça multiportas, ao realizar determinado negócio jurídico, as partes podem combinar diferentes meios adequados de solução de litígios e, para isso, devem utilizar cláusula denominada

(A) patológica.

(B) escalonada.

(C) cheia.

(D) compromissória.

(E) *dispute board.*

Pergunta ruim, mal formulada e que pressupõe (mas não deixa claro) que o candidato parta da premissa de "cláusula compromissória patológica" e "cheia", sendo que a "D" falaria apenas em "cláusula compromissória".

A: incorreta, pois *cláusula compromissória patológica* é aquela cuja redação é defeituosa, por seu texto ser incompleto ou contraditório, de modo que não permite a instituição da arbitragem. **B:** correta. Por "cláusula escalonada" entende-se a situação em que as partes devem realizar, de forma prévia à arbitragem, discussões amigáveis (negociação), seguidas de uma mediação e, somente por fim, a arbitragem. Nesse sentido, o art. 23, *caput*, da Lei 13.140/2015: "Se, em previsão contratual de cláusula de mediação, as partes se comprometerem a não iniciar procedimento arbitral ou processo judicial durante certo prazo ou até o implemento de determinada condição, o árbitro ou o juiz suspenderá o curso da arbitragem ou da ação pelo prazo previamente acordado ou até o implemento dessa condição". **C:** incorreta, pois a "cláusula compromissória cheia" é aquela na qual estão dispostas as regras sobre a forma de instituir e processar a arbitragem, seja pela inclusão dessas regras na cláusula, seja por se reportar às regras de um determinado órgão arbitral (art. 5º, da Lei 9.307/1993). **D:** incorreta, pois "cláusula compromissória" é a nomenclatura básica para que, diante de um conflito, a solução seja pela arbitragem (art. 4º, *caput*, da Lei 9.307/1993). Como dito, o enunciado é ruim e pode não deixar claro o que o examinador busca, de maneira que pode se confundir com a própria cláusula geral de arbitragem. **E:** incorreta, pois o *dispute board* (Comitê de Resolução de Disputas) é um órgão composto por um grupo de especialistas imparciais, que acompanhará um projeto de longa duração, buscando incentivar a prevenção e auxiliar na resolução de disputas durante toda sua execução o desenvolvimento do projeto em questão. Tem previsão em contrato celebrado entre particulares e o Poder Público, conforme art. 151, da Lei 14.133/2021: "Nas contratações regidas por esta Lei, poderão ser utilizados meios alternativos de prevenção e resolução de controvérsias, notadamente (...) o *comitê de resolução de disputas* (...)". [LD]

Gabarito "B".

(Procurador/PA – CESPE – 2022) Assinale a opção incorreta.

(A) Em matéria de sucessão hereditária, compete exclusivamente à autoridade judiciária brasileira proceder à confirmação de testamento particular e ao inventário e à partilha de bens situados no Brasil, ainda que o autor da herança seja de nacionalidade estrangeira ou tenha domicílio fora do território nacional.

(B) Não competem à autoridade judiciária brasileira o processamento e o julgamento da ação quando houver cláusula de eleição de foro exclusivo estrangeiro em contrato internacional, arguida pelo réu na contestação.

(C) A apreciação de pedido de auxílio direto passivo que demande prestação de atividade jurisdicional compete ao juízo federal do lugar em que deva ser executada a medida.

(D) O pedido passivo de cooperação jurídica internacional não poderá, em nenhuma hipótese, ser recusado, haja vista as normas que regulamentam a matéria e o relacionamento entre o Brasil e a autoridades estrangeiras.

(E) A ação proposta perante tribunal estrangeiro não induz litispendência nem obsta que a autoridade judiciária brasileira conheça da mesma causa e das que lhe sejam conexas, ressalvadas as disposições em contrário de tratados internacionais e acordos bilaterais em vigor no Brasil.

A: correta, pois para discutir bens imóveis situados no Brasil e sucessão hereditária de bens situados no Brasil, o CPC somente admite a decisão do juiz brasileiro (CPC, art. 23, I e II); **B:** correta, por expressa previsão legal (CPC, art. 25); **C:** correta, por expressa previsão legal (CPC, art. 34); **D:** incorreta, devendo esta ser assinalada. Isso porque o "pedido passivo de cooperação jurídica internacional *será recusado se configurar manifesta ofensa à ordem pública*" (CPC, art. 39); **E:** correta, por expressa previsão legal (CPC, art. 24).
Gabarito "D".

(Procurador do Município – S.J. Rio Preto/SP – 2019 – VUNESP) Jurisdição é o poder que o Estado tem de resolver os conflitos, substituindo a vontade das partes e impondo essa decisão coercitivamente. Assinale a alternativa que estabelece, de acordo com a teoria clássica, majoritária no Brasil, a característica da jurisdição voluntária.

(A) Tem caráter administrativo.

(B) Ocorre em um procedimento em que há interessados e coisa julgada.

(C) A jurisdição atua a partir de uma lide, na qual há conflitos de interesse.

(D) Tem por finalidade a atuação do direito e a pacificação social.

(E) Um exemplo de jurisdição voluntária é a ação de restauração de autos.

A: correta, considerando que a doutrina majoritária entende que a jurisdição voluntária tem natureza administrativa e não jurisdicional, tratando-se de *"administração pública de interesses privados"*; **B:** incorreta para a banca, que partiu da premissa do CPC/1973, em que não havia coisa julgada na jurisdição voluntária; no CPC/2015, não há esse artigo, então há coisa julgada. À luz da atual legislação, a alternativa é correta (há interessados e não partes; há coisa julgada) e deveria ter sido anulada; **C:** incorreta, porque, na realidade, é o contrário: não há lide ou conflito de interesses nos procedimentos de jurisdição voluntária; **D:** incorreta, já que o objetivo nesse tipo de procedimento não é a pacificação social, tem em conta não haver conflito de interesses; **E:** incorreta, uma vez que a ação de restauração de autos é um procedimento de jurisdição contenciosa (CPC, art. 712 e ss.).
Gabarito "A".

(Procurador do Município – S.J. Rio Preto/SP – 2019 – VUNESP) No que diz respeito ao conflito de competência, incompetência e modificação de competência, assinale a alternativa correta.

(A) A competência absoluta poderá se modificar pela conexão ou pela continência.

(B) A competência determinada em razão da matéria, da pessoa ou da função é inderrogável por convenção das partes.

(C) A incompetência relativa será alegada como questão preliminar de contestação; a absoluta somente pode ser declarada de ofício.

(D) Não há conflito de competência, quando entre 2 (dois) ou mais juízes surge controvérsia acerca da separação de processos.

(E) Serão reunidos para julgamento conjunto os processos que possam gerar risco de prolação de decisões conflitantes caso decididos separadamente, desde que tenha conexão entre eles.

A: incorreta, pois apenas a competência relativa poderá ser modificada por conexão ou continência (CPC, art. 54); **B:** correta, conforme expressa previsão legal – sendo esses, espécies do tipo competência absoluta (CPC, art. 62); **C:** incorreta, porque tanto a incompetência absoluta quanto a relativa devem ser alegadas em preliminar de contestação (CPC, arts. 64 e 337, II); **D:** incorreta, já que o CPC prevê justamente essa situação como uma das hipóteses de conflito de competência (CPC, art. 66, III); **E:** incorreta, porque nesse caso é possível a reunião dos processos, ainda que não haja conexão entre eles (CPC, art. 55, § 3º).
Gabarito "B".

(Procurador do Estado/AC – 2017 – FMP) Considere as seguintes afirmativas sobre o tema da cooperação internacional no âmbito do Código de Processo Civil.

I. Na cooperação jurídica internacional não será admitida a prática de atos que contrariem ou que produzam resultados incompatíveis com as normas fundamentais que regem o Estado brasileiro.

II. Cabe auxílio direto quando a medida não decorrer diretamente de decisão de autoridade jurisdicional estrangeira a ser submetida a juízo de delibação no Brasil.

III. Compete exclusivamente ao juízo federal do Distrito Federal apreciar pedido de auxílio direto passivo que demande prestação de atividade jurisdicional.

IV. Somente nas hipóteses previstas no Código de Processo Civil será possível a revisão do mérito do pronunciamento judicial estrangeiro pela autoridade judiciária brasileira.

Estão CORRETAS apenas as alternativas:

(A) I e II.

(B) II e III.

(C) II e IV.

(D) I, III e IV.

(E) II, III e IV.

I: correta, conforme expressa previsão legal (CPC, art. 26, § 3º); **II:** correta, conforme expressa previsão legal (CPC, art. 28); **III:** incorreta, porque a competência para apreciar o pedido será do juízo federal do local em que deva ser executada a medida (CPC, art. 34); **IV:** incorreta, considerando que, em qualquer hipótese, é vedada a revisão do mérito do pronunciamento judicial estrangeiro – devendo a discussão se limitar ao atendimento de requisitos formais para que a decisão tenha eficácia no Brasil (CPC, art. 36, § 2º).
Gabarito "A".

(Procurador do Estado/AC – 2017 – FMP) Considere as seguintes afirmativas sobre o tema da competência no âmbito do Código de Processo Civil. Assinale a alternativa CORRETA.

(A) Determina-se a competência no momento do registro ou da distribuição da petição inicial, sendo irrelevantes as modificações do estado de fato ou de direito ocorridas posteriormente, mesmo quando suprimirem órgão judiciário ou alterarem a competência absoluta.

(B) A ação fundada em direito pessoal ou em direito real sobre bens móveis será proposta, em regra, no foro de domicílio do autor.

(C) A execução fiscal será proposta no foro de domicílio do réu, no de sua residência ou no do lugar onde for encontrado.

(D) A ação possessória imobiliária será proposta no foro de situação da coisa, cujo juízo tem competência relativa.

(E) A competência determinada em razão da matéria, da pessoa ou da função é modificável por convenção das partes.

A: incorreta, em razão da última parte da alternativa, já que, em regra, não há modificação da competência, *salvo* quando for suprimido órgão judiciário ou alterada a competência absoluta (CPC, art. 43); **B:** incorreta, porque nesse caso a ação deve ser proposta, em regra, no foro de domicílio do *réu* (CPC, art. 46); **C:** correta, conforme expressa previsão legal (CPC, art. 46, § 5º); **D:** incorreta, pois a competência, nesse caso, é absoluta (CPC, art. 47, § 2º); **E:** incorreta, uma vez que essas são hipóteses de competência absoluta, portanto, não modificáveis por convenção das partes (CPC, art. 62).

Gabarito "C"

(Procurador do Estado/SP – 2018 – VUNESP) Em relação aos diversos meios de solução de conflitos com a Administração Pública, é correto afirmar que

(A) é facultado aos Estados, ao Distrito Federal e aos Municípios suas autarquias e fundações públicas, bem como às empresas públicas e sociedade de economia mista federais, submeter seus litígios com órgãos ou entidades da Administração Pública federal à Advocacia-Geral da União, para fins de composição extrajudicial do conflito.

(B) mesmo as controvérsias que somente possam ser resolvidas por atos ou concessão de direitos sujeitos a autorização do Poder Legislativo estão incluídas na competência das câmaras de prevenção e resolução administrativa de conflitos.

(C) os conflitos que envolvem equilíbrio econômico-financeiro de contratos celebrados pela Administração Pública com particulares não podem ser submetidos às câmaras de prevenção e resolução administrativa de litígios, exceto quando versarem sobre valores inferiores a quinhentos salários-mínimos.

(D) a instauração de procedimento administrativo para resolução consensual de conflito no âmbito da Administração Pública interrompe a prescrição, exceto se se tratar de matéria tributária.

(E) o procedimento de mediação coletiva, para solução negociada de conflitos, no âmbito da Administração Pública estadual, não pode versar sobre conflitos que envolvem prestação de serviços públicos, salvo se esses serviços públicos forem relacionados a transporte urbano.

A: Correta (Lei 13.140/2015, art. 37); **B:** Incorreta, porque a Lei de Mediação dispõe expressamente o contrário (Lei 13.140/15, art. 32, § 4º); **C:** Incorreta, considerando que conflitos dessa natureza poderão

ser submetidos às câmaras de prevenção, não havendo restrição quanto ao valor inicial envolvido (Lei 13.140/15, art. 32, § 5º); **D:** Incorreta, porque a instauração do procedimento administrativo tem o condão de suspender a prescrição (ou seja, de cessar a fluência do prazo prescricional) e não de interrompê-la (Lei 13.140/16, art. 34); **E:** Incorreta, porque a Lei de Mediação possibilita que os procedimentos de mediação coletiva envolvam conflitos relacionados à prestação de serviços públicos em geral, inclusive para a Administração Pública Estadual (Lei 13.140/15, art. 33, parágrafo único).

Gabarito "A"

(Procurador do Estado/SE – 2017 – CESPE) Duas sociedades empresárias firmaram contrato que contém cláusula compromissária de convenção de arbitragem com a previsão de que eventual litígio de natureza patrimonial, referente ao contrato, deveria ser submetido a tribunal arbitral.

Nessa situação hipotética, caso seja instaurado procedimento arbitral,

(A) o magistrado poderá, de ofício, reconhecer a existência de convenção de arbitragem e extinguir o processo sem resolução do mérito, se o litígio referente ao contrato também for levado ao Poder Judiciário.

(B) em eventual execução judicial de sentença arbitral, será vedado ao réu arguir nulidade da decisão arbitral por meio de impugnação ao cumprimento de sentença, devendo o interessado utilizar ação própria para esse fim.

(C) as partes não estarão obrigadas a se submeter a esse procedimento, uma vez que a convenção de arbitragem é nula, por excluir da apreciação jurisdicional ameaça ou lesão a direito.

(D) a opção feita pelas partes pela arbitragem deverá ser considerada legítima, e a sentença do árbitro, título executivo extrajudicial, conforme o CPC.

(E) eventual cumprimento de carta arbitral no Poder Judiciário, referente ao caso, deverá tramitar em segredo de justiça, se houver comprovação de confidencialidade da arbitragem.

A: Errada. A existência de convenção de arbitragem não é matéria que possa ser conhecida de ofício pelo magistrado (CPC, art. 337, § 5º). **B:** Errada. A nulidade da sentença arbitral pode ser arguida em sede de impugnação ao cumprimento de sentença (Lei 9.307/1996, art. 33, § 3º). **C:** Errada. A convenção de arbitragem está em consonância com o princípio da inafastabilidade da jurisdição, conforme já decidido pelo STF e reafirmado no CPC (art. 3º, § 1º). **D:** Errada. A sentença arbitral constitui título executivo judicial (CPC, art. 515, VII). **E:** Correta (CPC, art. 189, IV).

Gabarito "E"

(Procurador Municipal/SP – VUNESP – 2016) Compreende-se pelo princípio da *perpetuatio iurisdictionis*:

(A) o mandamento constitucional que veda a instituição de tribunais para julgamento de fatos e condutas específicas.

(B) a regra geral que veda a modificação da competência, que é fixada no momento da propositura da ação.

(C) a extraordinária possibilidade de estabilização da competência em juízo absolutamente incompetente.

(D) a vedação à extinção de órgão judiciário em que ainda haja processos em trâmite.

(E) a vinculação do processo à pessoa física do magistrado, fixada no momento da distribuição da ação.

A: Incorreta. Isso está inserido no princípio do juiz natural (CF, art. 5º, XXXVII). **B:** Correta, sendo esse o comando decorrente da *perpetuatio jurisdictionis* (CPC, art. 43). **C:** Incorreta. O juiz incompetente passar a ser o juiz competente é a prorrogação da competência (CPC, art. 64, §1º). **D:** Incorreta. Haverá neste caso a redistribuição do processo, tratando-se de uma exceção à *perpetuatio* (CPC, art. 43, parte final). **E:** Incorreta. A vinculação do juiz ao processo decorre da identidade física do juiz – que, inclusive, não foi reproduzida no CPC atual.

Gabarito "B".

(Procurador do Estado/AM – 2016 – CESPE) A respeito das normas processuais civis pertinentes a jurisdição e ação, julgue os itens seguintes.

(1) O novo CPC reconhece a competência concorrente da jurisdição internacional para processar ação de inventário de bens situados no Brasil, desde que a decisão seja submetida à homologação do STJ.

(2) Segundo as regras contidas no novo CPC, a legitimidade de parte deixou de ser uma condição da ação e passou a ser analisada como questão prejudicial. Sendo assim, tal legitimidade provoca decisão de mérito.

(3) O novo CPC aplica-se aos processos que se encontravam em curso na data de início de sua vigência, assim como aos processos iniciados após sua vigência que se referem a fatos pretéritos.

1: incorreta, porquanto se trata de competência exclusiva da autoridade brasileira (art. 23, II, CPC); **2**: incorreta, pois a condição da ação que deixou de existir foi a possibilidade jurídica do pedido (art. 337, VI); **3**: correta. Os arts. 14 e 1.046 do CPC impõe a aplicabilidade imediata da norma processual aos processos em curso, sem se olvidar da aplicabilidade da teoria do isolamento dos atos processuais.

Gabarito 1E, 2E, 3C

3. PARTES, PROCURADORES, SUCUMBÊNCIA, MINISTÉRIO PÚBLICO E JUIZ

(Procurador Fazenda Nacional – AGU – 2023 – CEBRASPE) De acordo com o entendimento do STJ, o pedido de gratuidade de justiça apresentado pela parte no momento da interposição do recurso

(A) será manifestamente inadmissível em razão da ocorrência de preclusão temporal.

(B) poderá ser feito na própria petição recursal, quando não houver prejuízo ao trâmite regular do processo, e não possuirá efeito retroativo em relação a encargos anteriores.

(C) deverá ser feito obrigatoriamente por petição autônoma e possuirá efeito retroativo em relação a encargos anteriores.

(D) deverá ser feito obrigatoriamente por petição autônoma e não possuirá efeito retroativo em relação a encargos anteriores.

(E) poderá ser feito na própria petição recursal, quando não houver prejuízo ao trâmite regular do processo, e possuirá efeito retroativo em relação a encargos anteriores.

A: Incorreta. O pedido de gratuidade da justiça pode ser formulado em qualquer momento do processo (CPC, art. 99, §§ 1º e 7º); **B:** Correta. O pedido de gratuidade da justiça pode ser formulado no próprio recurso, dispensando, portanto, a necessidade de apresentar petição específica

(CPC, art. 99), mas não retroagirá para alcançar encargos processuais anteriores (AgRg no REsp 1.144.627); **C:** Incorreta, o pedido de gratuidade da justiça pode ser formulado no próprio recurso (CPC, art. 99); **D:** Incorreta, vide justificativa para alternativa "B"; **E:** Incorreta, pois o pedido de gratuidade da justiça não terá efeito retroativo (AgRg no REsp 1.144.627). LD

Gabarito "B".

(Procurador Município – Santos/SP – VUNESP – 2021) A capacidade processual caracteriza-se como um dos denominados pressupostos processuais; e nesta medida, é correto afirmar que

(A) quando o inventariante for dativo, os sucessores do falecido não serão intimados no processo no qual o espólio seja parte.

(B) a sociedade ou associação sem personalidade jurídica poderá opor a irregularidade de sua constituição quando demandada.

(C) o gerente de filial ou agência presume-se autorizado pela pessoa jurídica estrangeira a receber citação para qualquer processo.

(D) os Municípios deverão ajustar compromisso recíproco para prática de ato processual por seus procuradores em favor de outro ente federado, mediante convênio firmado pelas respectivas procuradorias.

(E) os Municípios deverão ser representados em juízo, exclusivamente, ativamente por seu prefeito e passivamente por seus procuradores.

A: incorreta, porque os sucessores serão necessariamente intimados nessa hipótese (CPC, art. 75, § 1º); **B:** incorreta, pois é vedado à sociedade ou associação sem personalidade jurídica "opor a irregularidade de sua constituição quando demandada" (CPC, art. 75, § 2º); **C:** correta, conforme expressa previsão legal (CPC, art. 75, § 3º); **D:** incorreta, pois o compromisso se refere a Estados e ao Distrito Federal, sendo seu ajuste uma faculdade desses entes federados, e não um dever (CPC, art. 75, § 4º); **E:** incorreta, a representação dos Municípios, ativa e passivamente se dá por seu prefeito, procurador ou Associação de Representação de Municípios – neste último caso, quando expressamente autorizada (CPC, art. 75, III).

Gabarito "C".

(Procurador Município – Teresina/PI – FCC – 2022) No que se refere à responsabilidade das partes por dano processual, por honorários advocatícios, multas e despesas,

(A) em caso de sucumbência parcial, os honorários dos advogados podem ser compensados.

(B) as despesas abrangem as custas dos atos do processo, a indenização de viagem e a diária de testemunha, mas não a remuneração do assistente técnico, por ser auxiliar da parte e não do Judiciário.

(C) será condenado o litigante de má-fé ao pagamento de multa, desde que pleiteada a sanção pela parte prejudicada, vedado ao juiz agir de ofício.

(D) por dano processual responde aquele que litigar de má-fé exclusivamente como autor ou réu.

(E) caso a decisão transitada em julgado seja omissa quanto ao direito aos honorários ou ao seu valor, é cabível ação autônoma para sua definição e cobrança.

A: incorreta, pois a lei veda expressamente essa possibilidade (CPC, art. 85, § 14) – mas atenção pois a Súmula 306/STJ, que prevê a possibilidade de compensação, está superada mas ainda não foi formalmente revogada pelo STJ (a lei posterior prevalece em relação à súmula); **B:**

incorreta, porque as despesas incluem "as custas dos atos do processo, a indenização de viagem, a *remuneração do assistente técnico* e a diária de testemunha" (CPC, art. 84); **C:** incorreta, considerando ser possível ao juiz aplicar multa por litigância de má-fé de ofício (CPC, art. 81); **D:** incorreta, pois também o terceiro interveniente pode ser condenado por dano processual (CPC, art. 79); **E:** correta, por expressa previsão legal (CPC, art. 85, § 18) – mas atenção pois a Súmula 453/STJ, que prevê a impossibilidade de ação autônoma nesse caso, está superada mas ainda não foi formalmente revogada pelo STJ (a lei posterior prevalece em relação à súmula). Gabarito "E".

(Procurador do Município – Boa Vista/RR – 2019 – CESPE/CEBRASPE) Acerca de representação processual, prazos processuais e advocacia pública, julgue os itens seguintes.

(1) O representante legal do absolutamente incapaz possui legitimidade ativa para figurar como parte autora em ação judicial que objetive proteger direito do seu representado.

(2) Deverá ser considerado intempestivo o recurso especial interposto antes da publicação do acórdão que tenha negado provimento a determinado recurso de apelação.

(3) Compete à advocacia pública proceder à defesa do chefe do Poder Executivo em ações judiciais nas quais o referido agente público for acusado de desvio de verba pública quando do exercício do mandato.

1: errada, pois, nessa situação, o absolutamente incapaz é que figura como parte, sendo representado judicialmente por seu representante legal (CPC, art. 71); **2:** errada, considerando que o CPC/15 expressamente afastou a chamada "jurisprudência defensiva", que inadmitia os recursos interpostos antes do termo inicial do prazo (Súmula 579/STJ – CPC, art. 218, § 4º); **3:** errada, porque compete à advocacia pública representar as pessoas jurídicas de direito público e não o agente público (CPC, 182) – vale frisar que o Decreto 9.830/19, em seu art. 15, possibilita que a AGU assuma a defesa pessoal do agente público federal, mas apenas nos casos de conduta praticada no exercício *regular* das atribuições institucionais do agente. Gabarito 1E, 2E, 3E

(Procurador do Estado/TO – 2018 – FCC) Em relação aos poderes, deveres e à responsabilidade do juiz, é correto afirmar:

(A) Quando houver lacuna ou obscuridade no ordenamento jurídico, caberá ao juiz remeter as partes ao juízo arbitral, de ofício ou a requerimento da parte.

(B) Não é possível ao juiz diminuir ou dilatar os prazos processuais, que são peremptórios.

(C) Cabe ao juiz determinar todas as medidas indutivas, coercitivas, mandamentais ou sub-rogatórias necessárias para assegurar o cumprimento de ordem judicial, inclusive nas ações que tenham por objeto prestação pecuniária.

(D) O julgamento por equidade, no atual ordenamento processual civil, tornou-se regra geral, em busca da melhor realização da justiça.

(E) Mesmo quando a lei exigir iniciativa das partes, deverá o juiz conhecer de quaisquer questões, ainda que não suscitadas por elas, em razão do princípio publicístico do processo.

A: incorreta, pois o juiz não pode se eximir de decidir sob a alegação de lacuna ou obscuridade, em respeito ao princípio da inafastabilidade da jurisdição (CPC, art. 140); **B:** incorreta, tendo em vista que o juiz pode

dilatar prazos processuais e também pode reduzir prazos peremptórios, contanto que tenha anuência das partes (CPC, arts. 139, VI e 222, § 1º); **C:** correta, conforme expressa previsão legal (CPC, art. 139, IV) – sendo esse artigo a base para retirar passaporte/CNH e determinar bloqueio de cartão de crédito de devedores; **D:** incorreta, já que, no ordenamento atual, o juiz decidirá por equidade apenas nos casos previstos em lei (CPC, art. 140, p.u.); **E:** incorreta, porque é vedado ao juiz conhecer de questões não suscitadas pelas partes a respeito das quais a lei exija iniciativa das partes (CPC, art. 141). Gabarito "C".

(Procurador do Estado/AC – 2017 – FMP) Considere as seguintes afirmativas sobre o tema das partes e dos procuradores no âmbito do Código de Processo Civil. Assinale a alternativa INCORRETA.

(A) Ambos os cônjuges serão necessariamente citados para a ação que verse sobre direito real imobiliário, salvo quando casados sob o regime de separação absoluta de bens.

(B) É vedado às partes, a seus procuradores, aos juízes, aos membros do Ministério Público e da Defensoria Pública e a qualquer pessoa que participe do processo empregar expressões ofensivas nos escritos apresentados.

(C) O gerente de filial ou agência presume-se autorizado pela pessoa jurídica estrangeira a receber citação para qualquer processo.

(D) Verificada a incapacidade processual ou a irregularidade da representação da parte, o juiz suspenderá o processo e designará prazo razoável para que seja sanado o vício.

(E) Nas ações possessórias, a participação do cônjuge do autor ou do réu é sempre indispensável.

A: correta, conforme expressa previsão legal (CPC, art. 73, § 1º, I); **B:** correta, sendo dever de todos observar a urbanidade e o respeito no tratamento (CPC, art. 78); **C:** correta, conforme expressa previsão legal (CPC, art. 75, § 3º); **D:** correta, em respeito ao princípio da primazia do julgamento de mérito (CPC, art. 76); **E:** incorreta, devendo esta ser assinalada, porque a participação do cônjuge será indispensável apenas na hipótese de compasse ou de ato por ambos praticados (CPC, art. 73, § 2º). Gabarito "E".

(Procurador do Município/Manaus – 2018 – CESPE) Considerando as disposições do CPC pertinentes aos sujeitos do processo, julgue os itens a seguir.

(1) Em ação fundada em dívida contraída por um dos cônjuges a bem da família, exige-se a formação de litisconsórcio passivo necessário de ambos os cônjuges.

(2) Ao postular em juízo sem procuração para evitar a prescrição, o advogado se encontrará na situação de incapacidade postulatória, a qual deverá ser sanada pela apresentação do documento de representação no prazo de quinze dias.

(3) O advogado poderá renunciar ao mandato a qualquer tempo, sendo indispensável a comunicação da renúncia ao mandante, ainda que a procuração tenha sido outorgada a vários advogados e a parte continue representada.

(4) O terceiro juridicamente interessado em determinada causa poderá intervir no processo como assistente, devendo, para tanto, requerer a assistência até o fim do prazo para a interposição de recurso contra a sentença.

(5) A falta de citação de litisconsorte necessário simples tornará a sentença de mérito inválida, mesmo para aqueles que participarem do feito, tendo em vista a nulidade do ato judicante.

1: Correta (CPC, art. 73, § 1º, III). **2:** Errada. Na falta de procuração, esse documento deve ser apresentado em 15 dias, prorrogáveis por mais 15 dias (CPC, art. 104, § 1º). **3:** Errada. A comunicação é dispensada quando a procuração for outorgada a vários advogados (CPC, art. 112, § 2º). **4:** Errada. O ingresso do assistente pode ser admitido em todos os graus de jurisdição (CPC, art. 119, parágrafo único). **5:** Correta. Tratando-se de litisconsórcio necessário simples (quando o litisconsórcio precisa existir, mas a decisão não precisa ser a mesma para todos os litisconsortes), a sentença de mérito será considerada *nula* (CPC, art. 115, I).

Gabarito 1C, 2E, 3E, 4E, 5C

(Procurador Municipal – Prefeitura/BH – CESPE – 2017) Em relação aos sujeitos do processo, à capacidade processual e aos deveres das partes e dos procuradores, assinale a opção correta.

(A) Caso, na sentença, não sejam arbitrados os honorários sucumbenciais, o advogado da parte vencedora poderá, após o trânsito em julgado, ajuizar ação autônoma para obter a fixação e a cobrança do valor.

(B) Aquele que, de acordo com a lei civil, é considerado absolutamente incapaz não possui legitimidade para figurar no polo passivo de uma relação processual.

(C) O indivíduo com idade entre dezesseis e dezoito anos, ainda que seja voluntariamente emancipado, dependerá da assistência dos seus pais para ingressar com ação no juízo civil.

(D) Será julgado deserto o recurso da parte que, no ato de sua interposição, deixar de comprovar o pagamento de multa imposta pela prática de ato atentatório à dignidade da justiça.

A: Correta, sendo essa uma das inovações do CPC atual quanto aos honorários, afastando entendimento anterior do STJ em sentido inverso (Art. 85, § 18. Caso a decisão transitada em julgado seja omissa quanto ao direito aos honorários ou ao seu valor, é cabível ação autônoma para sua definição e cobrança); **B:** Incorreta, pois não se deve confundir legitimidade (condição da ação – art. 485, VI) com capacidade processual (pressuposto processual – art. 485, IV); **C:** Incorreta, pois se a parte é emancipada, e, portanto, capaz, detém capacidade processual, não necessitando de assistência (CPC, arts. 70 e 71); **D:** Incorreta. Apesar de existirem algumas multas que são requisitos para o recurso (como a multa por reiteração por embargos de declaração protelatórios – CPC, art. 1.026, § 3º), a multa por ato atentatória não tem essa característica, por falta de previsão legal (a previsão é no sentido de ser inscrita na dívida ativa – CPC, art. 77, § 3º).

Gabarito "A".

(Procurador Municipal – Prefeitura/BH – CESPE – 2017) No que tange aos poderes, aos deveres e às responsabilidades do juiz, do MP, da advocacia pública e da defensoria pública, assinale a opção correta.

(A) No que se refere ao cumprimento dos prazos, o advogado privado que atuar *pro bono* gozará das mesmas garantias conferidas à defensoria pública e aos escritórios de práticas jurídicas dos cursos superiores de direito que prestem assistência jurídica gratuita.

(B) Dado o princípio da inércia da função jurisdicional, é vedado ao juiz condenar a parte sucumbente ao pagamento das custas processuais e dos honorários advocatícios sem que haja provocação da parte vencedora.

(C) O MP possui legitimidade ativa e passiva para as relações jurídicas processuais que envolvam interesses de pessoas incapazes.

(D) Nas relações processuais em que o município for parte, salvo quando houver prazo próprio previsto em lei, as suas procuradorias gozarão de prazo em dobro para todas as manifestações processuais, cuja contagem terá início a partir da intimação pessoal.

A: Incorreta, pois não há previsão nesse sentido (a prerrogativa é somente dos escritórios de prática das faculdades e de entidades conveniadas à Defensoria – CPC, art.186, § 3º); **B:** Incorreta, porque nesse caso trata-se de pedido implícito, em que a lei determina a condenação mesmo sem pedido da parte (CPC, art. 322, § 1º); **C:** Incorreta, pois no caso de demandas que envolvam incapazes, o MP atuará como fiscal da ordem jurídica (CPC, art. 178, II); **D:** Correta, considerando a existência de previsão legal exatamente nesse sentido (CPC, art. 183, *caput* e § 2º).

Gabarito "D".

4. PRAZOS PROCESSUAIS E ATOS PROCESSUAIS

(Procurador Federal – AGU – 2023 – CEBRASPE) A prerrogativa processual de prazo em dobro conferida à fazenda pública se aplica

I. à impugnação ao cumprimento de sentença que reconheça a exigibilidade de obrigação de pagar quantia certa pela fazenda pública.

II. aos processos de controle concentrado de constitucionalidade, segundo a jurisprudência do STF.

III. aos embargos de declaração apresentados pelo ente público que atua no procedimento comum como assistente simples.

IV. às contrarrazões de agravo interno contra decisão que defere a suspensão de liminar, de acordo com a jurisprudência do STJ.

Estão certos apenas os itens

(A) I e II.

(B) II e III.

(C) III e IV.

(D) I, II e IV.

(E) I, III e IV.

I: incorreto, considerando que o art. 535 do CPC prevê, de forma expressa, prazo específico para o ente público, de maneira que não se aplica a prerrogativa processual de prazo em dobro (CPC, art. 183, § 2º); **II:** incorreto, uma vez que, conforme jurisprudência do STF, não se aplica aos processos de controle concentrado de constitucionalidade a regra que confere prazo em dobro à Fazenda Pública (informativo 929 do STF, ADI 5814 MC-Agr-Agr/RR); **III:** correto, visto que, conforme entendimento firmado pelo STJ (informativo nº 247) a prerrogativa do de prazo em dobro se aplica à Fazenda Público mesmo quando atuar na qualidade de assistente simples; **IV:** correto, pois o art. 183, § 2º do CPC prevê que a Fazenda Pública terá prazo em dobro para todas as suas manifestações processuais.

Assim, deve ser assinalada a Letra "C". [LD]

Gabarito "C".

(Procurador Federal – AGU – 2023 – CEBRASPE) Consoante o estabelecido no Código de Processo Civil (CPC), em processo que trate de direito que admite autocomposição, a fazenda pública estará autorizada a realizar negócio jurídico processual bilateral que tenha como objeto

(A) o afastamento de hipótese legal de impedimento do juiz.

(B) a modificação de competência em ação possessória imobiliária.

(C) a ampliação de hipótese de cabimento de agravo de instrumento.

(D) a supressão de primeira instância.

(E) a escolha consensual de perito.

Ainda existe muita polêmica acerca do que seria possível realizar via NJP (CPC, art. 189). Parte da doutrina é mais ampliativa, parte mais restritiva, e o Judiciária ainda não tem a questão sedimentada, mas tem se mostrado mais restritivo.
Impedimento ("A") e competência absoluta ("B" e "D") não seriam possíveis. Cabimento de recursos, há quem admita. Mas o que traz hipótese expressamente admitida em lei, é a escolha do perito e quesitos, desde que as partes sejam capazes e a causa admitir autocomposição – existindo expressamente a figura da "perícia consensual" (CPC, art. 471).
Assim, a alternativa que não tem polêmica é a "E" que, portanto, deve ser assinalada – mas a pergunta tem margem para debate. **LD**
Gabarito "E".

(Procurador Fazenda Nacional – AGU – 2023 – CEBRASPE) Conforme as normas do CPC que tratam da comunicação dos atos processuais, será permitida a citação por meio eletrônico

I. quando o citando for empresa pública.

II. nas ações de estado.

III. no procedimento monitório.

IV. no processo de execução.

V. em ações de competência originária dos tribunais.

Estão certos apenas os itens

(A) I e II.

(B) III e IV.

(C) I, II e V.

(D) I, III, IV e V.

(E) II, III, IV e V.

A citação deverá ser feita, como regra, por meio eletrônico (CPC, art. 246). O art. 247 do CPC, entretanto, prevê exceções que não permitem a citação por meio eletrônico ou por correio: I – ações de estado; II – quando o citando for incapaz; III – quando for ré pessoa de direito público; IV – quando o citando residir em local não atingido pelo serviço postal (CPC, art. 247, I a IV). Assim, a única assertiva que comporta exceção é a "II". Todas as demais retratam hipóteses que admitem a citação por meio eletrônico.
Gabarito "D".

(Procurador Município – Santos/SP – VUNESP – 2021) As partes, através de negócio jurídico processual, podem modificar a competência em razão do valor e do território, elegendo foro onde será proposta ação oriunda de direitos e obrigações, sendo certo que

(A) a eleição de foro produz efeito quando constar de instrumento escrito ou verbal, desde que expressamente atrelado a um determinado negócio jurídico.

(B) o foro contratual não obriga os herdeiros e sucessores das partes.

(C) antes da citação, a cláusula de eleição de foro não pode ser reputada ineficaz de ofício pelo juiz.

(D) ao verificar a irregularidade de foro quando da citação do Réu, o oficial de Justiça deve comunicar o fato ao Juiz para as providências cabíveis.

(E) citado, incumbe ao réu alegar a abusividade da cláusula de eleição de foro na contestação, sob pena de preclusão.

A: incorreta, pois a eleição de foro deve ser necessariamente na forma escrita (CPC, art. 63, § 1º), de modo que não pode ser verbal; **B:** incorreta, também por haver previsão legal, a eleição obriga herdeiros e sucessores das partes (CPC, art. 63, § 2º); **C:** incorreta, há possibilidade de ser declarada, de ofício, antes da citação, caso se verifique que a cláusula é abusiva, hipótese em que o juiz determinará a remessa dos autos ao foro de domicílio do réu (CPC, art. 63, § 3º); **D:** incorreta, não está entre as atribuições legais do oficial de justiça a verificação de regularidade da eleição de foro – trata-se de ato do juiz; **E:** correta. Compete ao réu alegar a incompetência relativa em preliminar de contestação (CPC, art. 65 e 337, II), sob pena de preclusão (ou seja, se não houver essa alegação, o juiz, que era relativamente incompetente, passa a ser competente – a chamada prorrogação de competência).
Gabarito "E".

(Procurador Município – Santos/SP – VUNESP – 2021) A preclusão temporal baliza o exercício do contraditório e ampla defesa pelas partes no processo. Desta forma, os atos processuais serão realizados nos prazos prescritos em lei, observando-se que

(A) quando a lei for omissa, o juiz determinará os prazos levando em conta a equidade.

(B) quando a lei ou o juiz não determinar prazo, as intimações somente obrigarão a comparecimento após decorridos 5(cinco) dias.

(C) inexistindo preceito legal ou prazo determinado pelo juiz, será de 10(dez) dias o prazo para a prática de ato processual a cargo da parte.

(D) será considerado tempestivo o ato praticado antes do termo inicial do prazo.

(E) na contagem de qualquer prazo em dias, estabelecido por lei ou pelo juiz, computar-se-ão apenas os dias úteis.

A: incorreta, pois na hipótese de ato para cuja prática não haja previsão legal ou fixação pelo juiz, o prazo será de 5 (cinco) dias (CPC, art. 218, § 3º); **B:** incorreta, nessa situação de determinação de comparecimento pessoal, as "intimações somente obrigarão a comparecimento após decorridas 48 (quarenta e oito) horas" (CPC, art. 218, §2º); **C:** incorreta, pois o prazo será de 5 (cinco) dias (CPC, art. 218, §3º); **D:** correta, pois a intempestividade é o ato realizado após o término do prazo, e o Código prevê expressamente que tempestivo o ato praticado antes do início do prazo (CPC, art. 218, §4º); **E:** incorreta, a contagem de prazos em dias úteis, além de se aplicar apenas a prazos processuais (CPC, art. 219, parágrafo único), encontra exceções, como no caso de procedimentos previstos no Estatuto da Criança e do Adolescente (ECA – art. 152, §2º).
Gabarito "D".

(Procurador Município – Santos/SP – VUNESP – 2021) A carta precatória é forma de comunicação para a prática de atos processuais entre autoridades judiciárias, ressaltando-se que

(A) o magistrado emissor proporá prazo para seu cumprimento, atendendo à facilidade das comunicações e à natureza da diligência.

4. DIREITO PROCESSUAL CIVIL · 215

(B) tem caráter itinerante, podendo, antes ou depois de lhe ser ordenado o cumprimento, ser encaminhada a juízo diverso do que dela consta, a fim de se praticar o ato.

(C) deverá, preferencialmente, ser expedida por meio físico.

(D) o juiz destinatário recusará seu cumprimento, se for suspeito, devolvendo-a para a origem, com decisão motivada.

(E) cumprida, será devolvida ao juízo de origem no prazo de 1O (dez) dias, trasladando-se suas peças para formação de autos suplementares que ficarão no destino.

A: incorreta, por previsão legal o juiz deprecante/emissor "fixará" o prazo para cumprimento – e não "proporá" (CPC, art. 261); B: correta, o caráter itinerante (CPC, art. 262) serve para dar celeridade ao ato objeto da carta (sem necessidade de nova emissão se houver necessidade de envio a outra Comarca); C: incorreta, pois a preferência, havendo ganho em celeridade, é que seja expedida em meio eletrônico (CPC, art. 263); D: incorreta, porque dentre as hipóteses de devolução motivada (CPC, art. 267, como se a carta não estiver revestida dos requisitos legais) não está a de suspeição por não ser, o juízo deprecado, o juízo da causa, e, sim, mero executor específico do determinado pelo juízo deprecante; E: incorreta, considerando que, cumprida, a carta será devolvida ao juízo deprecante (aos autos de origem) independente de traslado e sem formação de quaisquer autos suplementares (CPC, art. 268).
Gabarito "B".

(Procurador do Estado/TO – 2018 – FCC) Em relação aos prazos, é correto afirmar:

(A) Será considerado intempestivo o ato praticado antes do termo inicial do prazo.

(B) Tanto os prazos processuais como os de direito material são, no atual ordenamento jurídico, computados em dias úteis.

(C) Quando houver suspensão do prazo processual, este será restituído a partir de seu início.

(D) Inexistindo preceito legal ou prazo determinado pelo juiz, será de cinco dias o prazo para a prática de ato processual a cargo da parte.

(E) Quando a lei for omissa, o juiz determinará os prazos de acordo com a lei processual civil, ou seja, em quinze dias.

A: incorreta, considerando que o CPC/15 expressamente afastou a chamada "jurisprudência defensiva", que nesse ponto inadmitia os recursos interpostos antes do termo inicial do prazo (CPC, art. 218, § 4º e Súmula 579/STJ); B: incorreta, pois apenas os prazos processuais são contados em dias úteis (CPC, art. 219); C: incorreta, porque quando há suspensão do curso do prazo, o prazo é restituído por tempo igual ao que faltava para sua complementação – ex.: prazo de 15 dias – suspensão decorridos 5 dias – restituição de 10 dias a partir da retomada (CPC, art. 221); D: correta, conforme expressa previsão legal (CPC, art. 218, § 3º); E: incorreta, considerando que, quando a lei for omissa, o juiz fixará o prazo de acordo com a complexidade do ato (CPC, art. 218, § 1º).
Gabarito "D".

(Procurador do Estado/TO – 2018 – FCC) Concernente às nulidades processuais, considere:

I. A nulidade dos atos deve ser alegada na primeira oportunidade em que couber à parte falar nos autos, ainda que essa nulidade tenha sido decretada de ofício pelo juiz.

II. Anulado o ato, consideram-se de nenhum efeito todos os subsequentes que dele dependam, todavia, a nulidade de uma parte do ato não prejudicará as outras que dela sejam independentes.

III. Quando a lei prescrever determinada forma sob pena de nulidade, a decretação desta pode ser requerida até mesmo pela parte que lhe deu causa, por se tratar de ato que não se convalida ou ratifica.

IV. O erro de forma do processo acarreta unicamente a anulação dos atos que não possam ser aproveitados, devendo ser praticados os que forem necessários a fim de se observarem as prescrições legais e aproveitando-se os atos praticados, desde que não resulte prejuízo à defesa de qualquer parte.

Está correto o que se afirma APENAS em

(A) I e III.

(B) I, II e III.

(C) II e IV.

(D) II, III e IV.

(E) I, III e IV.

I: incorreta, pois – em regra – as nulidades absolutas não estão sujeitas à preclusão e mesmo as nulidades relativas, se a parte provar justo impedimento para não as terem alegado (CPC, art. 278); II: correta, considerando a aplicação do princípio da causalidade e conservação (CPC, art. 281); III: incorreta, considerando a aplicação do princípio do *venire contra factum proprium*, que proíbe o comportamento contraditório e que a parte se beneficie da própria torpeza (CPC, art. 276); IV: correta, em respeito ao princípio da instrumentalidade das formas e da economia dos atos processuais (CPC, art. 283).
Gabarito "C".

(Procurador do Estado/AC – 2017 – FMP) Considere as seguintes afirmativas sobre o tema dos atos processuais no âmbito do Código de Processo Civil. Assinale a alternativa CORRETA.

(A) O direito de consultar os autos de processo que tramite cm segredo de justiça e de pedir certidões de seus atos é restrito às partes e aos seus procuradores.

(B) O terceiro que demonstrar interesse jurídico pode requerer ao juiz certidão do dispositivo da sentença, exceto dos casos de inventário e de partilha resultantes de divórcio ou separação.

(C) O documento redigido em língua estrangeira poderá ser juntado aos autos ainda que desacompanhado de versão para a língua portuguesa.

(D) É permitido lançar nos autos cotas marginais ou interlineares.

(E) Os atos processuais realizar-se-ão exclusivamente na sede do juízo.

A: correta, sendo exceção à regra da publicidade dos atos processuais (CPC, art. 189, § 1º); B: incorreta, pois o terceiro poderá requerer também a certidão do dispositivo da sentença nos casos de inventário e de partilha resultantes de divórcio ou separação (CPC, art. 189, § 2º); C: incorreta, porque o documento redigido em língua estrangeira deve ser juntado aos autos acompanhado da respectiva tradução para a língua portuguesa – versão que tramitou pela via diplomática ou traduzida por tradutor juramentado (CPC, art. 192, p.u.); D: incorreta, já que essa conduta é vedada pelo diploma processual, sob pena de aplicação de multa correspondente a ½ salário-mínimo (CPC, art. 202); E: incorreta, pois, de forma excepcional, é possível que os atos sejam praticados em local diverso da sede do juízo, em razão de deferência, interesse da justiça, natureza do ato ou obstáculo arguido pelo interessado e acolhido pelo juiz (CPC, art. 217).

Gabarito "A".

(Procurador do Estado/AC – 2017 – FMP) Considere as seguintes afirmativas sobre o tema dos prazos no âmbito do Código de Processo Civil. Assinale a alternativa INCORRETA.

(A) Inexistindo preceito legal ou prazo determinado pelo juiz, será de 5 (cinco) dias o prazo para a prática de ato processual a cargo da parte.

(B) Na comarca, seção ou subseção judiciária onde for difícil o transporte, o juiz poderá prorrogar os prazos por até 3 (três) meses.

(C) O prazo para a parte, o procurador, a Advocacia Pública, a Defensoria Pública e o Ministério Público será contado da citação, da intimação ou da notificação.

(D) Em qualquer grau de jurisdição, havendo motivo justificado, pode o juiz exceder, por igual tempo, os prazos a que está submetido.

(E) É lícito a qualquer interessado exigir os autos do advogado que exceder o prazo legal.

A: correta, conforme expressa previsão legal (CPC, art. 218, § 3º); **B:** incorreta, devendo esta ser assinalada, porque os prazos poderão ser prorrogados por até *dois* meses (CPC, art. 222); **C:** correta, conforme expressa previsão legal (CPC, art. 230); **D:** correta, valendo a ressalva de que os prazos previstos para o juiz são impróprios, ou seja, seu descumprimento não leva à perda do direito de praticar o ato (CPC, art. 227); **E:** correta, conforme expressa previsão legal (CPC, art. 234, § 1º).

Gabarito "B".

(Procurador do Município/Manaus – 2018 – CESPE) À luz das disposições do CPC relativas aos atos processuais, julgue os itens subsequentes.

(1) Em regra, os atos processuais são públicos e independem de forma determinada.

(2) Para a concessão da tutela de evidência, o juiz deverá verificar, além da probabilidade de direito, o perigo de dano ou de risco ao resultado útil do processo.

(3) É vedado ao juiz julgar pedido realizado em petição inicial sem antes citar o réu, em atenção aos princípios do contraditório e da ampla defesa.

(4) O réu que não comparecer injustificadamente a audiência de conciliação ou mediação designada pelo juiz será considerado revel.

(5) O princípio da adequação do procedimento admite a cumulação de pedidos iniciais procedimentalmente incompatíveis, desde que seja possível ajustá-los ao procedimento comum.

1: Correta (CPC, arts. 188 e 189). **2:** Errada. A concessão da tutela de evidência – diferentemente da tutela de urgência – *independe* da comprovação de perigo de dano ou de risco ao resultado útil do processo (CPC, art. 311). **3:** Errada. A afirmação desconsidera o instituto da "improcedência liminar do pedido", segundo o qual, nas demandas que dispensem a fase instrutória, é possível que o magistrado julgue liminarmente improcedente o pedido, nas hipóteses taxativas, independentemente de citação do réu (CPC, art. 332). **4:** Errada. A consequência pelo não comparecimento injustificado em audiência de conciliação e mediação é a condenação ao pagamento de multa por ato atentatório à dignidade da justiça (CPC, art. 334, § 8º). **5:** Correta (CPC, art. 327).

Gabarito 1C, 2E, 3E, 4E, 5C.

(Procurador do Estado/SE – 2017 – CESPE) Caso dois particulares litiguem em demanda que tramite pelo procedimento comum, a intimação do advogado do réu pelo advogado do autor, de acordo com as regras previstas no CPC,

(A) embora contenha vício de forma por ausência de previsão legal, poderá ser convalidada, caso ocorra o comparecimento espontâneo e tempestivo do réu nos autos.

(B) deverá ser considerada nula de pleno direito, pois somente o cartório do juízo pode ser responsável por realizar atos de intimação às partes.

(C) será possível, desde que seja realizada pelo correio, devendo o advogado do autor juntar aos autos cópia do ofício de intimação e do aviso de recebimento.

(D) poderá ser feita por meio eletrônico, desde que seja comprovado que o advogado do réu recebeu cópia do pronunciamento que é objeto da intimação.

(E) somente poderá ser feita se houver convenção processual realizada entre as partes que autorize a utilização dessa forma de intimação.

O CPC prevê a possibilidade de que a intimação de uma decisão judicial – para fins de celeridade – seja feita pelo próprio advogado para o advogado da parte contrária. Para isso, prevê o art. 269, § 1º: "É facultado aos advogados promover a intimação do advogado da outra parte por meio do correio, juntando aos autos, a seguir, cópia do ofício de intimação e do aviso de recebimento".

Gabarito "C".

(Procurador Municipal – Prefeitura/BH – CESPE – 2017) Acerca de atos processuais e distribuição, assinale a opção correta.

(A) O recurso interposto antes da publicação da sentença ou do acórdão será considerado intempestivo e não produzirá efeito jurídico, salvo se a parte ratificar as razões recursais dentro do prazo para a sua interposição após a publicação do ato.

(B) A citação de município e suas respectivas autarquias pode ser firmada pelo correio, com aviso de recebimento, caso em que a correspondência deverá ser enviada para o órgão da advocacia pública responsável pela representação judicial do referido ente público.

(C) Havendo, na localidade, mais de um juízo competente e estando demonstrada a continência entre uma ação em curso e nova ação a ser proposta, pode o demandante distribuir sua nova ação por dependência ao juízo processante da ação em curso.

(D) A legislação processual vigente não permite que as partes e o juiz estabeleçam calendário para a realização de determinados atos processuais, tais como prazo para manifestações das partes e data de realização de audiências, assim como a dispensa de intimação das partes para a prática de atos processuais estabelecidos.

A: Incorreta, tendo em vista que há previsão no CPC determinando exatamente a tempestividade de recurso interposto antes do prazo (art. 218, § 4º); **B:** Incorreta, pois a citação de ente público não pode ser feita por correio, mas somente por oficial de justiça (CPC, art. 247, III); **C:** Correta (CPC, art. 286, I); **D:** Incorreta, pois o CPC prevê a possibilidade de criação de calendário no processo, entre partes e juiz (calendarização – CPC, art. 191), que vincula as partes e dispensa a intimação.

Gabarito "C".

(Procurador Municipal – Prefeitura/BH – CESPE – 2017) Em determinada demanda, não chegou a ser designada a audiência preliminar de conciliação ou mediação. O réu, citado pelo correio e patrocinado pela defensoria pública, apresentou sua defesa em 14/3/2017, no décimo sexto dia a partir da juntada aos autos do aviso de recebimento cumprido. Em sua defesa, ele sustentou prescrição e incompetência relativa do juízo e, ao final, requereu a improcedência do pedido.

Nessa situação hipotética,

(A) o juiz poderia conhecer de ofício tanto a prescrição quanto a incompetência relativa, ainda que não tivessem sido alegadas.

(B) a contestação poderia ter sido protocolada em foro diverso daquele em que foi ajuizada a demanda.

(C) a exceção de incompetência relativa deveria ter sido arguida em petição apartada da contestação.

(D) a contestação foi intempestiva.

A: Incorreta, pois a incompetência relativa não pode ser conhecida de ofício (CPC, art. 65 e 337, § 5º); **B:** Correta, existindo previsão legal nesse sentido (CPC, art. 340. Havendo alegação de incompetência relativa ou absoluta, a contestação poderá ser *protocolada no foro de domicílio do réu* (...); **C:** Incorreta, pois não mais existe exceção de incompetência no atual CPC, sendo a incompetência relativa alegada em preliminar de contestação (CPC, art. 64); **D:** Incorreta, porque há prazo em dobro para a Defensoria Pública (CPC, art. 186).
Gabarito "B".

5. LITISCONSÓRCIO E INTERVENÇÃO DE TERCEIROS

(Procurador Fazenda Nacional – AGU – 2023 – CEBRASPE) De acordo com o regime jurídico de atuação expressamente estabelecido pelo CPC, o amicus curiae possui legitimidade para interpor

(A) agravo de instrumento contra decisões interlocutórias de mérito, quando admitido o ingresso dessa figura em primeira instância.

(B) qualquer medida recursal admitida no processamento e julgamento de recursos repetitivos.

(C) recurso exclusivamente na hipótese de decisão que tenha indeferido o ingresso dessa figura no feito.

(D) agravo interno contra qualquer decisão monocrática, quando estiver atuando nos tribunais.

(E) embargos de declaração ou recurso contra decisão que julgar incidente de resolução de demandas repetitivas.

A intervenção do amicus curiae não autoriza a interposição de recursos, como regra. Conforme previsão do art. 138, § 1º do CPC, o amicus curiae poderá somente opor embargos de declaração e recorrer da decisão que julgar o incidente de resolução de demandas repetitivas. A alternativa correta é a "E".
Gabarito "E".

(Procurador Município – Santos/SP – VUNESP – 2021) É possível afirmar que, como regra, os bens dos sócios não respondem pelas dívidas ou obrigações contraídas pelas empresas das quais tais sócios façam parte, porém o Código de Processo Civil prevê a possibilidade de instauração de incidente de desconsideração da personalidade jurídica, sobre o qual é correto asseverar, nos exatos termos literais constantes naquele diploma, que

(A) será instaurado de ofício, a pedido da parte ou do Ministério Público, quando lhe couber intervir no processo.

(B) é cabível em todas as fases do processo de conhecimento, no cumprimento de sentença e na execução fundada em título executivo extrajudicial.

(C) a sua instauração será comunicada ao distribuidor para as anotações devidas, após o seu acolhimento

(D) o sócio ou a pessoa jurídica será intimado para manifestar-se e requerer as provas cabíveis.

(E) acolhido o pedido de desconsideração, a alienação ou a oneração de bens, havida em fraude de execução, será ineficaz em relação a todos os credores.

A: incorreta, pois não poderá ser instaurado de ofício, apenas a pedido da parte ou do Ministério Público, quando lhe couber intervir no processo (CPC, art. 133, *caput*); **B:** correta, por expressa previsão do art. 134, *caput* do CPC; **C:** incorreta, porque a instauração será comunicada ao distribuidor imediatamente; antes, portanto, de sua apreciação e eventual acolhimento (CPC, art. 134, I); **D:** incorreta, pois o ato de convocação do sócio ou pessoa jurídica é o da *citação* (CPC, art. 135); **E:** incorreta, pois a ineficácia da alienação ou oneração de bens se dará apenas em relação a quem *requereu* a desconsideração, e não em relação a outros credores (CPC, art. 137).
Gabarito "B".

(Procurador Município – Teresina/PI – FCC – 2022) Quanto ao incidente de desconsideração da personalidade jurídica:

(A) O incidente de desconsideração da personalidade jurídica só se dará na forma direta, uma vez que a desconsideração inversa é criação doutrinária mas não tem previsão normativa.

(B) Com a instauração do incidente o sócio ou a pessoa jurídica serão intimados para manifestar-se e requerer as provas cabíveis em quinze dias.

(C) Instauração do incidente de desconsideração deve ser postulada até o saneador, necessariamente, no processo de conhecimento, ou a qualquer tempo na execução fundada em título executivo extrajudicial.

(D) Acolhido o pedido de desconsideração, a alienação ou a oneração de bens, havida em fraude de execução, será ineficaz em relação ao requerente.

(E) A instauração do incidente não suspenderá o processo, a não ser que requerida na petição inicial.

A: incorreta, pois há expressa previsão legal de desconsideração inversa – ou seja, em que se desconsidera a pessoa física para se chegar na pessoa jurídica (CPC, art. 133, § 2º); **B:** incorreta, porque o terceiro será *citado* para se manifestar (CPC, art. 135); **C:** incorreta, pois o incidente "é cabível em *todas as fases* do processo de conhecimento, no cumprimento de sentença e na execução fundada em título executivo extrajudicial" (CPC, art. 134); **D:** correta, sendo essa a previsão legal (CPC, art. 137); **E:** incorreta, pois a regra é a suspensão do processo, sendo que somente não haverá a suspensão se for requerimento na inicial (CPC, art. 134, § 3º).
Gabarito "D".

(Procurador do Município – S.J. Rio Preto/SP – 2019 – VUNESP) *Amicus Curiae* pode ser definido como uma ajuda técnica proveniente de pessoa natural ou jurídica, órgão ou entidade especializada em processos judiciais cujas decisões afetarão a sociedade. O *Amicus Curiae*

(A) tem autonomia própria e possui interesse jurídico e institucional na demanda.

(B) se submete às regras de impedimento e suspeição.

(C) ingressa no processo apenas por provocação do estado-juiz.

(D) pode recorrer da decisão que julgar o incidente de resolução de demandas repetitivas.

(E) tem seus poderes definidos pelas partes na primeira manifestação que fizerem nos autos após a intervenção.

A: incorreta, tendo em vista que o *amicus curiae* não possui interesse jurídico na demanda, apenas interesse institucional (CPC. art. 138); B: incorreta, porque, pela própria natureza desse tipo de intervenção, o *amicus curiae* ingressa na demanda para defender um interesse institucional, portanto não se exige imparcialidade (CPC, art. 138); C: incorreta, pois o *amicus curiae* pode ingressar espontaneamente, por decisão do juiz, de ofício, ou a requerimento das partes (CPC, art. 138); D: correta, conforme expressa previsão legal (CPC, art. 138, § 3º); E: incorreta, uma vez que os poderes do *amicus curiae* são definidos pelo juiz ou relator, na decisão que solicita ou admite a intervenção (CPC, art. 138, § 2º).
Gabarito "D".

(Procurador do Estado/TO – 2018 – FCC) Sobre o incidente de desconsideração de personalidade jurídica, é coreto afirmar:

(A) Acolhido o pedido de desconsideração, a alienação ou a oneração de bens, havida em fraude contra credores, será nula em relação ao adquirente.

(B) É cabível em todas as fases do processo de conhecimento, inclusive no cumprimento de sentença e na execução fundada em título executivo extrajudicial.

(C) Após a instauração do incidente, o sócio ou a pessoa jurídica serão intimados para manifestar-se e requerer as provas cabíveis no prazo de quinze dias.

(D) Concluída a instrução, se necessária, o incidente será resolvido por sentença.

(E) A instauração do incidente suspenderá o processo ainda que a desconsideração da personalidade jurídica tenha sido requerida na petição inicial.

A: incorreta, porque, acolhido o pedido de desconsideração, a alienação ou oneração de bens, havida em *fraude à execução*, será *ineficaz* (CPC, art. 137); B: correta, conforme expressa previsão legal (CPC, art. 134); C: incorreta, porque os sócios e a PJ serão *citados* (e não intimados) para apresentar manifestação e especificar provas, no prazo de 15 dias (CPC, art. 135); D: incorreta, pois o IDPJ é resolvido por decisão interlocutória (CPC, art. 136); E: incorreta, considerando que, se o pedido de desconsideração é feito na própria petição inicial, o processo não será suspenso (CPC, art. 134, §§ 2º e 3º).
Gabarito "B".

(Procurador do Estado/AC – 2017 – FMP) Considere as seguintes afirmativas sobre o tema da intervenção de terceiros no âmbito do Código de Processo Civil. Assinale a alternativa INCORRETA.

(A) Pendendo causa entre 2 (duas) ou mais pessoas, o terceiro juridicamente interessado em que a sentença seja favorável a uma delas poderá intervir no processo para assisti-la.

(B) A assistência simples obsta a que a parte principal reconheça a procedência do pedido, desista da ação, renuncie ao direito sobre o que se funda a ação ou transija sobre direitos controvertidos, sem a anuência do assistente.

(C) É admissível a denunciação da lide, promovida por qualquer das partes, àquele que estiver obrigado, por lei, ou pelo contrato, a indenizar, cm ação regressiva, o prejuízo de quem for vencido no processo.

(D) O direito regressivo será exercido por ação autônoma quando a denunciação da lide for indeferida, deixar de ser promovida ou não for permitida.

(E) Feita a denunciação pelo autor, o denunciado poderá assumir a posição de litisconsorte do denunciante e acrescentar novos argumentos à petição inicial, procedendo-se em seguida à citação do réu.

A: correta, conforme previsão legal para o instituto da assistência (CPC, art. 119); B: incorreta, devendo esta ser assinalada, considerando que a assistência simples *não impede* que a parte principal reconheça a procedência do pedido, desista da ação, renuncie a direito sobre o qual se funda a ação ou transija sobre direitos controvertidos (CPC, art. 122); C: correta, sendo uma das hipóteses de cabimento da denunciação da lide (CPC, art. 125, II); D: correta, conforme expressa previsão legal (CPC, art. 125, § 1º); E: correta, tratando de hipótese, mais rara, de denunciação da lide pelo autor (CPC, art. 127).
Gabarito "B".

(Procurador Municipal – Prefeitura/BH – CESPE – 2017) No que concerne a substituição das partes, litisconsórcio e intervenção de terceiros, assinale a opção correta.

(A) O juiz só pode conhecer e declarar a falta de formação de litisconsórcio passivo necessário a partir de provocação da parte demandada; ou seja, ele não pode fazê-lo de ofício.

(B) No litisconsórcio multitudinário, havendo requerimento de limitação do número de litisconsortes, o prazo para resposta será suspenso e continuará a fluir a partir da decisão que analisar o pedido.

(C) Proposta ação cognitiva contra apenas um dos devedores solidários, este poderá, no prazo da contestação, promover a citação dos demais devedores para compor a relação processual na condição de litisconsortes passivos.

(D) Se, no curso do processo, ocorrer a morte de qualquer uma das partes, independentemente do objeto da lide, haverá a suspensão do processo e a consequente sucessão do falecido por seu espólio ou sucessor.

A: incorreta, pois a falta de litisconsórcio necessário pode ser reconhecida de ofício (cf. CPC, art. 115, parágrafo único, que não faz menção a "provocado pela parte": Nos casos de litisconsórcio passivo necessário, *o juiz determinará* ao autor que requeira a citação de todos que devam ser litisconsortes, dentro do prazo que assinar, sob pena de extinção do processo); B: correta, sendo essa a previsão legal acerca do litisconsórcio multitudinário, plúrimo ou múltiplo (CPC, art. 113, § 1º O juiz poderá limitar o litisconsórcio facultativo quanto ao número de litigantes na fase de conhecimento, na liquidação de sentença ou na execução, quando este comprometer a rápida solução do litígio ou dificultar a defesa ou o cumprimento da sentença; § 2º O requerimento de limitação interrompe o prazo para manifestação ou resposta, que recomeçará da intimação da decisão que o solucionar); C: incorreta, pois existindo devedores solidários, a forma processual de se buscar o terceiro é o *chamamento* ao processo (CPC, art. 130, III); D: incorreta, considerando que a morte pode acarretar duas consequências ao processo: (i) suspensão, para que haja a sucessão processual (CPC, art. 313, I) ou (ii) extinção, quando se tratar de ação intransmissível (CPC, art. 485, IX – como por exemplo no caso de divórcio, em que a morte acarreta a extinção do processo)
Gabarito "B".

4. DIREITO PROCESSUAL CIVIL — 219

(Procurador do Município – Prefeitura Fortaleza/CE – CESPE – 2017)
Julgue os próximos itens, a respeito de litisconsórcio, intervenção de terceiros e procedimentos especiais previstos no CPC e na legislação extravagante.

(1) Caso seja convocado de forma superveniente a participar de processo judicial, o litisconsorte unitário ativo poderá optar por manter-se inerte ou por ingressar na relação processual como litisconsorte do autor ou assistente do réu.

(2) A presença de interesse econômico, ainda que indireto ou reflexo, da fazenda pública em determinado processo judicial é suficiente para justificar sua intervenção.

(3) Os embargos de terceiro somente podem ser utilizados no cumprimento de sentença ou no processo de execução. Por esse motivo, no processo de conhecimento, o terceiro deve defender seus interesses por intermédio de assistência ou oposição.

(4) Conforme o STJ, a pessoa jurídica de direito público ré de ação civil pública possui ampla liberdade para mudar de polo processual, ainda que haja pretensão direcionada contra ela.

(5) Situação hipotética: Determinado servidor público impetrou mandado de segurança com a finalidade de majorar seu vencimento. Após o devido trâmite, foi prolatada sentença concedendo a segurança pleiteada. Assertiva: Nesse caso, as parcelas devidas em razão de diferenças salariais entre a data de impetração e a de implementação da concessão da segurança deverão ser pagas por meio de precatórios.

(6) O despejo decorrente de decisão judicial conforme previsto na lei de locações de imóveis urbanos é irreversível, pois, reformada a decisão, o inquilino não terá o direito de recuperar a posse do imóvel, mas apenas de ser indenizado por perdas e danos, com base na caução existente.

(7) Situação hipotética: Em ação indenizatória, o réu denunciou à lide terceiro que estava obrigado, por contrato, a ressarci-lo de forma regressiva. Assertiva: Nessa situação, em caso de procedência das demandas originária e regressiva, o autor da ação originária pode requerer o cumprimento da sentença também contra o denunciado, observadas possíveis limitações da condenação deste último.

1: Correta. A legislação não prevê expressamente a figura do litisconsórcio ativo necessário, o que é admitido pela jurisprudência do STJ, no que é denominado de litisconsórcio *iussu iudicis* (REsp 1222822). Sendo convocado a figurar posteriormente no feito, a hipótese é de litisconsórcio necessário – unitário. E nesse caso, poderá a parte optar em qual polo vai figurar (já que sem essa parte o processo será extinto sem mérito). Dessa forma, a afirmação é correta. **2: Correta**, sendo esse o caso da chamada "intervenção anômala" em que a União pode ingressar como assistente apenas com base em interesse econômico (Lei 9.469/1997, art. 5º), diferentemente da assistência usual, prevista no CPC, em que necessário interesse jurídico (art. 119). **3: Errada**, pois é possível usar embargos de terceiro diante de qualquer constrição judicial, seja proferida em execução ou cumprimento de sentença (como no caso de penhora), seja em processo de conhecimento (uma constrição por força de uma antecipação de tutela). É o que se percebe do art. 674 do CPC. **4: Errada.** Existe essa possibilidade de mudança de polo no processo coletivo, prevista especificamente na ação popular (Lei 4.717/1965, art. 6º, § 3º) e ação civil pública (Lei 7.347/1985, art.

5º, § 2º). Contudo, se houver pedido contra a própria pessoa jurídica, então não é possível essa mudança (STJ, REsp 1581124). **5: Correta.** O MS é ação mandamental, de modo que a princípio não demanda cumprimento de sentença ou execução – mas sim tão somente no cumprimento da ordem. Contudo, o problema deixa claro que isso ocorre em relação ao futuro, ou seja, a partir do momento em que "implementada a concessão da segurança". Sendo assim, quanto ao período anterior, tem-se em verdade um valor devido – que, portanto, deverá seguir a forma usual de execução de quantia contra a Fazenda, portanto, via precatório (CPC, art. 534 e 535, § 3º, I). **6: Correta**, sendo essa a previsão legal (Lei 8.245/1991, art. 64, *caput* e § 2º– sendo que a redação do parágrafo é a seguinte: "Ocorrendo a reforma da sentença ou da decisão que concedeu liminarmente o despejo, o valor da caução reverterá em favor do réu, como indenização mínima das perdas e danos, podendo este reclamar, em ação própria, a diferença pelo que a exceder"). **7: Correta**, existindo expressa previsão legal nesse sentido (CPC, art. 128, parágrafo único. Procedente o pedido da ação principal, pode o autor, se for o caso, requerer o cumprimento da sentença também contra o denunciado, nos limites da condenação deste na ação regressiva).

Gabarito 1C, 2C, 3E, 4E, 5C, 6C, 7C

6. PRESSUPOSTOS PROCESSUAIS, ELEMENTOS DA AÇÃO E CONDIÇÕES DA AÇÃO

(Procurador Municipal – Prefeitura/BH – CESPE – 2017) No que se refere a pressupostos processuais e condições da ação, assinale a opção correta.

(A) Na fase de cumprimento definitivo da sentença, o juiz poderá conhecer de ofício a falta de pressuposto de constituição ocorrido na fase cognitiva e declarar a nulidade da sentença exequenda.

(B) A falta de condição da ação, ainda que não tenha sido alegada em preliminar de contestação, poderá ser suscitada pelo réu nas razões ou em contrarrazões recursais.

(C) Constatada a carência do direito de ação, o juiz deverá determinar que o autor emende ou complemente a petição inicial e indique, com precisão, o objeto da correção ou da complementação.

(D) A inépcia da petição inicial por falta de pedido e a existência de litispendência são exemplos de defeitos processuais insanáveis que provocam o indeferimento *in limine* da petição inicial.

A: correta para a banca, considerando inexistir preclusão quanto aos pressupostos processuais (CPC, art. 485, § 3º. O juiz conhecerá de ofício da matéria constante dos incisos IV, V, VI e IX, em qualquer tempo e grau de jurisdição, enquanto não ocorrer o trânsito em julgado) – o problema é que o enunciado não deixa claro se houve ou não trânsito em julgado, de modo que a alternativa suscita dúvidas; **B:** incorreta para a banca, porém novamente há polêmica. O fato é que as condições da ação podem ser alegadas a qualquer tempo (em linha com o art. 485, § 3º acima reproduzido); porém, não há muita lógica em se alegar isso em contrarrazões (já que nesse caso houve vitória da parte), mas isso não é inviável; **C:** incorreta, pois se o vício não for sanável (como na ausência de condições da ação), cabe a extinção de plano (CPC, art. 330, II e III); **D:** incorreta, pois a litispendência não é um dos casos de indeferimento (não está no art. 330 do CPC). Em meu entender, considerando o exposto nas alternativas A e B, a questão merecia anulação – mas não foi anulada.

Gabarito "A".

7. FORMAÇÃO, SUSPENSÃO E EXTINÇÃO DO PROCESSO.

(Procurador Fazenda Nacional – AGU – 2023 – CEBRASPE) Assinale a opção que indica o prazo mínimo, a partir da prática do ato interruptivo, durante o qual a prescrição em favor da fazenda pública recomeça a correr.

(A) um ano e meio

(B) cinco anos

(C) dois anos e meio

(D) dois anos

(E) três anos

A pergunta – não muito clara – busca, na verdade, verificar se o candidato tem ciência da Súmula 383/STF: "A prescrição em favor da Fazenda Pública recomeça a correr, por dois anos e meio, a partir do ato interruptivo, mas não fica reduzida aquém de cinco anos embora, o titular do direito a interrompa durante a primeira metade do prazo". A prescrição da pretensão do particular contra a Fazenda é de 5 anos (Decreto 20.910/32, art. 1º). Se for interrompida, depois disso, então, corre pela metade, nos termos da súmula. Assim, a alternativa "C" deve ser assinalada. **LD**

Gabarito "C."

(Procurador Federal – AGU – 2023 – CEBRASPE) Conforme a legislação processual civil e a jurisprudência do STJ no que se refere ao pedido de desistência de ação ajuizada contra pessoa jurídica de direito público da administração pública federal, assinale a opção correta.

(A) O CPC proíbe o requerimento de desistência da ação caso tenha sido oferecida reconvenção pelo ente público.

(B) Caso a desistência seja apresentada após o oferecimento de contestação, será legítima a exigência de renúncia expressa do autor ao direito sobre o qual se funda a ação, para que a fazenda pública concorde com o requerimento.

(C) O requerimento de desistência deve ser indeferido de ofício pelo juiz, porque a presença de ente público torna a demanda indisponível.

(D) Somente até o momento do saneamento do processo, quando ocorre a estabilização da demanda, será possível a apresentação de pedido de desistência.

(E) O requerimento de desistência, seja qual for o momento processual de sua apresentação pelo autor, depende sempre do consentimento prévio da fazenda pública.

A: Incorreta, pois nos termos do art. 343, § 2º do CPC, a desistência da ação não obsta o prosseguimento do processo quanto à reconvenção. Importante ressaltar que, nos termos do art. 485, § 5º, o pedido de desistência poderá ser apresentado somente até a sentença. **B:** Correta. De início, esclareça-se que, após a apresentação da contestação, há necessidade de concordância do réu com a desistência (CPC, art. 485, § 4º). No mais, tratando-se de ente público, deve existir a renúncia (que é decisão com mérito, coberta pela coisa julgada e não admite a repropositura). Isso é o previsto no art. 3º da Lei 9.469/1997. **C:** Incorreta. O fato de ente público integrar a relação processual não obsta o pedido de desistência, observados os requisitos do CPC e da Lei 9.469/1997, como exposto em "B". **D:** Incorreta. O pedido de desistência poderá ser apresentado até a sentença (CPC, art. 485, § 5º). **E:** Incorreta. A parte autora poderá desistir do processo, independentemente do consentimento da parte contrária, até a apresentação da contestação (CPC, art. 485, § 4º). **LD**

Gabarito "B."

(Procurador Município – Santos/SP – VUNESP – 2021) O processo, uma vez instaurado, através do ajuizamento da petição inicial, tem o seu curso por impulso oficial, porém suspende-se

(A) pela enfermidade grave de qualquer das partes, de seus advogados ou do membro do Ministério Público que atua no feito.

(B) pela admissão de intervenção de terceiros.

(C) quando o advogado responsável pelo processo figurar como o único patrono da causa e tornar-se pai.

(D) por motivo de falecimento do juiz.

(E) pela arguição de incompetência relativa.

A: incorreta, pois não há qualquer previsão legal de suspensão para tal hipótese, mas, sim, de prioridade de tramitação para hipótese em que parte ou interessado por portador de doença grave (conforme prescrição e conceito indicados no CPC, art. 1.048, I); **B:** incorreta, pois em regra a admissão de intervenção de terceiros não possui efeito suspensivo (à exceção do incidente de desconsideração da personalidade jurídica nos termos do art. 134, § 3º, CPC); **C:** correta, por expressa previsão do CPC, art. 313, X – com previsão paralela à hipótese de a mulher se tornar mãe (CPC, art. 313, IX); **D:** incorreta, porque as hipóteses de suspensão por falecimento apenas se direcionam à morte e qualquer da parte, seu represente legal ou procurador (CPC, art. 313, I); **E:** incorreta, pois a incompetência relativa, alegada em preliminar de contestação (CPC, art. 64), não suspenderá a tramitação do processo (não há nenhuma previsão no art. 313 do CPC nesse sentido).

Gabarito "C."

8. TUTELA PROVISÓRIA

(Procurador Fazenda Nacional – AGU – 2023 – CEBRASPE) A respeito da tutela provisória, assinale a opção correta.

(A) É vedado, em qualquer das hipóteses previstas pelo legislador, o deferimento de tutela da evidência antes da manifestação do réu.

(B) A estabilização de tutela antecipada antecedente que imponha obrigação de pagar quantia certa pela fazenda pública é incompatível com o regime de execução por precatório.

(C) Caracterizado o abuso do direito de defesa do réu, o magistrado deverá imediatamente deferir a tutela da evidência, por meio de julgamento antecipado parcial do mérito.

(D) A concessão de tutela provisória na própria sentença de mérito caracteriza violação ao dever de boa-fé do magistrado.

(E) A responsabilidade do autor por prejuízo causado ao réu pela concessão de tutela de urgência que tenha sido posteriormente revogada na sentença possui natureza subjetiva.

A: Incorreta, uma vez que o CPC que nos casos dos incisos II e III do art. 311, será possível a concessão liminar da tutela de evidência, sem a prévia oitiva da parte contrária (CPC, art. 311, parágrafo único). **B:** Correta, pois decisão que concede a tutela provisória não faz coisa julgada (CPC, art. 304, § 6º), e a CF exige o trânsito em julgado antes da expedição do precatório (CF, art. 100, § 5º). **C:** Incorreta, pois o abuso de direito de defesa acarreta a tutela de evidência (CPC, art. 311) – sendo que a decisão terá de ser confirmada (ou não) em sentença –, e não o julgamento antecipado parcial do mérito (CPC, art. 356). **D:** Incorreta, pois o sistema processual admite a concessão de tutela provisória na sentença. O art. 1.012, § 1º, V do CPC, por exemplo, admite essa possibilidade. **E:** Incorreta. Trata-se de responsabilidade civil objetiva

4. DIREITO PROCESSUAL CIVIL

(independentemente de culpa, portanto), se a decisão for modificada (CPC, art. 302), sendo possível apurar nos próprios autos o prejuízo (CPC, art. 302, parágrafo único). **LD**

Gabarito "B".

(Procurador Município – Santos/SP –VUNESP – 2021) O juiz da causa poderá, no despacho inicial, decidir liminarmente sobre a concessão da tutela de evidência, quando

(A) se tratar de pedido reipersecutório fundado em prova documental adequada do contrato de depósito, caso em que será decretada a ordem de entrega do objeto custodiado, sob cominação de multa.

(B) ficar caracterizado o abuso do direito de defesa.

(C) restar demonstrado o manifesto propósito protelatório da parte.

(D) as alegações de direito puderem ser comprovadas apenas documentalmente e houver tese firmada em Súmula do Tribunal de Justiça.

(E) a petição inicial for instruída com prova documental suficiente dos fatos constitutivos do direito do autor, a que o réu não oponha prova capaz de gerar dúvida razoável.

A: correta, por expressa previsão legal nesse sentido – tutela de evidência na ação de depósito, para se reaver o bem depositado liminarmente, sem necessidade de urgência (CPC, art. 311, III e parágrafo único); **B:** incorreta, pois para se demonstrar o abuso de direito de defesa, no mínimo necessária alguma manifestação do réu, o que é inviável de se apurar no despacho inicial (CPC, art. 311, parágrafo único); **C:** incorreta; tal qual no item anterior, o manifesto protelatório depende de manifestação do réu; **D:** incorreta, porque, além do correto requisito de as alegações de direito puderem ser comprovadas apenas documentalmente, deverá se tratar de tese "firmada em julgamento de *casos repetitivos ou em súmula vinculante*" (e não como constou da alternativa – CPC, art. 311, II); **E:** incorreta, pois – em linha com o mencionado em "B" – para que haja oposição do réu, necessária sua manifestação (CPC, art. 311, parágrafo único).

Gabarito "A".

(Procurador Município – Teresina/PI – FCC – 2022) A tutela de urgência:

(A) Uma vez concedida, o recurso adequado é a apelação, já que antecipou o provimento jurisdicional final.

(B) Se de natureza cautelar, pode ser efetivada mediante arresto, sequestro, arrolamento de bens, registro de protesto contra alienação de bem e qualquer outra medida idônea para asseguração do direito.

(C) Conserva sua eficácia na pendência do processo, só podendo ser revogada ou modificada por ocasião da prolação da sentença.

(D) Depende da inequivocidade do direito, ou seja, sua certeza, para ser concedida.

(E) Por sua própria natureza, só pode ser concedida liminarmente.

A: incorreta, pois a tutela de urgência em regra é concedida como decisão interlocutória, de modo que cabível o recurso de agravo de instrumento (CPC, art. 1.015, I); **B:** correta, sendo essas as possibilidades mencionadas no Código para as hipóteses de medida de urgência para resguardar o resultado do processo (CPC, art. 301); **C:** incorreta, considerando que o juiz pode revogar ou alterar a tutela provisória a qualquer tempo (CPC, art. 296); **D:** incorreta, pois seu requisito não é a certeza, mas sim a *probabilidade* do direito (*fumus boni iuris* – CPC, art. 300); **E:** incorreta, pois a tutela de urgência pode ser concedida

liminarmente, após justificação prévia (ou seja, uma audiência – CPC, art. 300, § 2º) ou mesmo em outro momento do processo, desde que presentes seus requisitos (CPC, art. 300).

Gabarito "B".

(Procurador do Município – Valinhos/SP – 2019 – VUNESP) A tutela antecipada requerida em caráter antecedente é prevista para os casos em que a urgência é contemporânea ao ajuizamento da demanda. Seus efeitos podem ser estabilizados, novidade disposta no Código de Processo Civil como técnica destinada à rápida produção de resultados.

A respeito do assunto, assinale a alternativa correta.

(A) A tutela torna-se estável se a parte prejudicada não recorrer no prazo de dois anos contados da decisão concessiva.

(B) A ação rescisória é o instrumento correto para reforma, revisão e anulação da tutela estabilizada.

(C) A decisão que concede a tutela antecipada requerida em caráter antecedente, após a estabilização, faz coisa julgada.

(D) Qualquer das partes poderá demandar a outra com o intuito de rever, reformar ou invalidar a tutela antecipada estabilizada.

(E) No caso de estabilização, o processo será suspenso pelo prazo de dois anos e, depois, extinto.

A: incorreta, tendo em vista que a alternativa busca confundir o candidato em relação: (i) à estabilização da tutela, caso não interposto agravo de instrumento pela parte prejudicada; e (ii) à possibilidade de propositura de ação de revisão da tutela estabilizada, que deve ser ajuizada no prazo de 2 anos, contado da decisão que extingue o processo (CPC, art. 304, "caput" e § 5º); **B:** incorreta, pois não é cabível ação rescisória e, sim, ação de revisão, ajuizada em 1º grau (CPC, art. 304, § 5º); **C:** incorreta, uma vez que a decisão que concede a tutela provisória e estabiliza, não faz coisa julgada, por expressa negativa do Código (CPC, art. 304, § 6º); **D:** correta, conforme expressa previsão legal, sendo possível essa ação, a ser ajuizada em 1º grau, no prazo de 2 anos (CPC, art. 304, § 4º; **E:** incorreta, porque o processo será extinto quando houver a estabilização (CPC, art. 304, § 1º).

Gabarito "D".

(Procurador do Estado/TO – 2018 – FCC) A tutela provisória

(A) conserva sua eficácia na pendência do processo, mas pode, a qualquer tempo, ser revogada ou modificada.

(B) na decisão em que concedida, modificada ou revogada, o juiz motivará fundamentadamente seu convencimento; quando negar a tutela, porém, não há necessidade de motivação, pois do ato caberá agravo interno ao colegiado.

(C) somente pode fundamentar-se na urgência da situação fática.

(D) de urgência será concedida apenas em caráter antecedente; somente a tutela cautelar pode ser concedida também em caráter incidental.

(E) dependerá do pagamento de custas, quando concedida em caráter incidental.

A: correta, conforme expressa previsão legal (CPC, art. 296); **B:** incorreta, pois o juiz deve fundamentar a decisão de concessão, denegação, modificação ou revogação da tutela provisória – e, da decisão que negar a tutela, em 1º grau, caberá agravo de instrumento (CPC, arts. 298 e 1.015, I); **C:** incorreta, considerando a previsão da tutela de evidência, que dispensa a demonstração do perigo de dano (CPC, art. 311); **D:** incorreta, pois a tutela de urgência (seja a cautelar ou antecipada), pode ser concedida de forma incidental (no meio do processo) ou antecedente (antes da existência de um processo; na petição inicial – CPC, art. 294, p.u.); **E:** incorreta, pois quando concedida em caráter incidental independerá do pagamento de custas (CPC, art. 295).

Gabarito "A".

(Procurador do Estado/AC – 2017 – FMP) Considere as seguintes afirmativas sobre o tema da tutela provisória no âmbito do Código de Processo Civil. Assinale a alternativa CORRETA.

(A) A tutela provisória de urgência, cautelar ou antecipada, pode ser concedida exclusivamente em caráter antecedente.

(B) Salvo decisão judicial em contrário, a tutela provisória perderá a eficácia durante o período de suspensão do processo.

(C) A tutela provisória requerida em caráter incidental depende do pagamento de custas.

(D) Na decisão que conceder, negar, modificar ou revogar a tutela provisória, o juiz está desobrigado de motivar seu convencimento, diante da urgência da situação.

(E) A tutela provisória será requerida ao juízo da causa e, quando antecedente, ao juízo competente para conhecer do pedido principal.

A: incorreta, pois a tutela de urgência pode ser concedida em caráter antecedente *ou incidental* (CPC, art. 294, p.u.); **B:** incorreta, já que o CPC garante que a tutela provisória concedida mantenha a eficácia durante o período de suspensão do processo, salvo decisão judicial em contrário (CPC, art. 296, p.u.); **C:** incorreta, porque a tutela provisória requerida em caráter incidental não depende do pagamento de custas (CPC, art. 295); **D:** incorreta, tendo em vista que todas as decisões devem ser devidamente fundamentadas, inclusive as decisões referentes à tutela provisória (CPC, arts. 298 e 489, § 1º); **E:** correta, conforme expressa previsão legal (CPC, art. 299).

Gabarito "E".

(Procurador Municipal – Prefeitura/BH – CESPE – 2017) A respeito da tutela provisória, assinale a opção correta.

(A) Em caso de tutela provisória antecipada requerida em caráter antecedente, as despesas processuais de preparo serão comprovadas quando do aditamento do pedido de tutela definitiva, momento em que a parte deverá indicar o valor atribuído à causa.

(B) Estando o processo no tribunal para julgamento de recurso, a competência para analisar pedido de tutela provisória será do juízo que tiver julgado originariamente a causa.

(C) O juiz poderá exigir, para a concessão de liminar de tutela provisória de urgência, a prestação de caução a ser garantida pelo requerente, salvo no caso de hipossuficiência econômica, situação em que tal garantia poderá ser dispensada.

(D) Concedida a tutela provisória antecipada em caráter antecedente, caso o autor não promova o aditamento da petição inicial com o pedido de confirmação de tutela definitiva dentro do prazo legal, o processo será extinto sem resolução de mérito, e a liminar será revogada.

A: incorreta, pois o valor da causa e custas constarão da petição inicial que trouxer a tutela antecipada antecedente (CPC, art. 303, § 3º); **B:** incorreta, porque em regra, existindo recurso, a tutela de urgência é pleiteada ao órgão que julgará o recurso (CPC, art. 299, parágrafo

único); **C:** correta, sendo esse a expressa previsão legal (CPC, art. 300, § 1º Para a concessão da tutela de urgência, o juiz pode, conforme o caso, exigir caução real ou fidejussória idônea para ressarcir os danos que a outra parte possa vir a sofrer, podendo a caução ser dispensada se a parte economicamente hipossuficiente não puder oferecê-la); **D:** incorreta, pois o aditamento não é só para a confirmação da tutela definitiva (CPC, art. 303, § 1º, I – o autor deverá aditar a petição inicial, com a complementação de sua argumentação, a juntada de novos documentos e a confirmação do pedido de tutela final, em 15 (quinze) dias ou em outro prazo maior que o juiz fixar) – porém, a alternativa não está efetivamente incorreta, mas sim incompleta, de modo que poderia se discutir se efetivamente errada.

Gabarito "C".

II – PROCESSO DE CONHECIMENTO

9. PETIÇÃO INICIAL

(Procurador – AL/PR – 2024 – FGV) Baden Bacon propôs ação indenizatória contra o Estado do Paraná, postulando R$350.000,00 (trezentos e cinquenta mil reais) por danos materiais e morais que alega ter sofrido no carnaval de 2024, por abordagem indevida da Polícia Militar em ação durante bloco de rua.

Se a petição inicial for recebida, o juiz

(A) designará audiência de conciliação ou de mediação com antecedência mínima de 30 (trinta) dias, devendo ser citada a fazenda pública com pelo menos 20 (vinte) dias de antecedência e terá prazo em dobro para todas as suas manifestações processuais.

(B) não haverá prazo diferenciado para a prática de qualquer ato processual pela fazenda pública, inclusive para a interposição de recursos.

(C) não haverá prazo diferenciado para a prática de qualquer ato processual pela fazenda pública, devendo a citação para a audiência de conciliação ser efetuada com antecedência mínima de 30 (trinta) dias.

(D) a fazenda pública gozará de prazo em dobro para todas as suas manifestações processuais, cuja contagem terá início a partir da intimação pessoal e, assim, terá o prazo de 40 (quarenta) dias de antecedência da audiência de conciliação ou de mediação.

(E) a fazenda pública gozará de prazo em dobro para todas as suas manifestações processuais, cuja contagem terá início a partir da intimação pessoal e, assim, terá o prazo de 60 (sessenta) dias de antecedência da audiência de conciliação ou de mediação.

A: Correta. A audiência de conciliação ou de mediação deverá ser designada com antecedência mínima de 30 (trinta) dias, devendo o réu ser citado com pelo menos 20 (vinte) dias de antecedência (CPC, art. 334). Conforme dispõe o art. 183 do CPC, a Fazenda Pública terá prazo em dobro para todas as suas manifestações processuais. **B:** Incorreta. A Fazenda Pública terá prazo em dobro para todas as suas manifestações processuais (CPC, art. 183). **C:** Incorreta, pois a Fazenda Pública terá prazo em dobro para todas as suas manifestações processuais (CPC, art. 183). Além disso, a Fazenda Pública deverá ser citada com pelo menos 20 (vinte) dias de antecedência da data designada para a audiência de conciliação ou de mediação (CPC, art. 334). **D:** Incorreta, o Código assegura prazo em dobro apenas para o poder público (Fazenda Pública) apresentar suas manifestações processuais, o que não implica na dilação do prazo mínimo entre a citação e a designação da audiência previsto no art. 334 do CPC. **E:** Incorreta, vide justificativa para alternativa "D". LD

Gabarito "A".

(Procurador Município – Santos/SP – VUNESP – 2021) O pedido é um dos requisitos essenciais da petição inicial, de modo que, acerca dele, é correto afirmar que

(A) se compreendem no principal os juros contratuais.

(B) a sua interpretação considera o conjunto da postulação e observará o princípio da boa-fé.

(C) deve ser certo, líquido e exigível.

(D) na ação que tiver por objeto cumprimento de obrigação em prestações sucessivas, as vincendas não serão consideradas incluídas na pretensão, a menos que haja declaração expressa do autor.

(E) é lícito formular mais de um pedido em ordem alternativa, a fim de que o juiz conheça do posterior, quando não acolher o anterior.

A: incorreta, pois se compreende no pedido principal, além da correção monetária e das verbas de sucumbência, os juros *legais* – e não eventuais juros *contratuais* (CPC, art. 322, § 1º); **B:** correta, pois se considera a causa de pedir e pedido, por expressa previsão legal (CPC, art. 322, § 2º) – no sistema anterior, o pedido era interpretado restritivamente; **C:** incorreta, pois esses são requisitos do título executivo, para o processo de execução e cumprimento de sentença (CPC, art. 783); **D:** incorreta, pois a inclusão das vincendas é automática (CPC, art. 323); ou seja: numa situação de locação, se o autor pedir expressamente apenas os meses já vencidos, pelo CPC também serão incluídos os meses que se vencerem ao longo do processo; **E:** incorreta, pois a ordem descrita na questão se refere ao pedido *principal / subsidiário* (CPC, art. 326); no pedido alternativo não há ordem de preferência/subsidiariedade (CPC, art. 325).
Gabarito "B".

(Procurador do Município – Valinhos/SP – 2019 – VUNESP) O valor da causa constará da petição inicial ou da reconvenção e será,

(A) na ação de cobrança de dívida, a soma monetariamente corrigida do principal, dos juros de mora vencidos e de outras penalidades, se houver, até a data de propositura da ação.

(B) na ação em que há cumulação de pedidos, a quantia correspondente a um dos pedidos.

(C) na ação em que houver pedido subsidiário, a quantia correspondente à soma dos valores de todos eles.

(D) na ação em que os pedidos são alternativos, o valor do pedido principal.

(E) na ação indenizatória, salvo se fundada em dano moral, o valor pretendido.

A: correta, conforme expressa previsão legal (CPC, art. 292, I); **B:** incorreta, pois, no caso de cumulação de pedidos, o valor da causa será a soma dos valores de todos eles (CPC, art. 292, VI); **C:** incorreta, porque, havendo pedido subsidiário, o valor da causa corresponderá ao valor do pedido principal (CPC, art. 292, VIII); **D:** incorreta, tendo em vista que, no caso de pedidos alternativos, o valor da causa corresponderá ao valor do maior (CPC, art. 292, VII); **E:** incorreta, pois nas ações indenizatórias – inclusive a fundada em dano moral – o valor da causa corresponderá ao valor pretendido (CPC, art. 292, V).
Gabarito "A".

(Procurador do Estado/TO – 2018 – FCC) Em relação à petição inicial e ao pedido, está correto afirmar:

(A) O pedido poderá ser alterado pelo autor até a citação, bem como a causa de pedir, desde que haja a anuência do réu.

(B) Se o juiz verificar que a petição inicial não preenche os requisitos legais ou que apresenta defeitos e irregu-

---

laridades capazes de dificultar o julgamento de mérito, determinará que o autor, no prazo de quinze dias, a emende ou a complete, indicando com precisão o que deve ser corrigido ou complementado.

(C) O pedido deve ser certo, mas são compreendidos no principal os juros legais, a multa contratual, a correção monetária e as verbas de sucumbência, inclusive honorários advocatícios.

(D) O pedido deve ser determinado, inexistindo na atual sistemática processual civil a possibilidade de formulação de pedidos genéricos, salvo somente nas ações universais, se o autor não puder individuar os bens demandados.

(E) É lícita a cumulação, em um único processo, de vários pedidos contra o mesmo réu, ainda que entre eles não haja conexão, somente se os pedidos forem compatíveis entre si e se o tipo de procedimento for o mesmo.

A: incorreta, pois – até a citação – o autor não precisa do consentimento do réu para aditar o pedido ou a causa de pedir (CPC, art. 329, I); **B:** correta, conforme expressa previsão legal, em respeito ao princípio da cooperação (CPC, art. 321); **C:** incorreta, porque a multa contratual não é considerada como "pedido implícito" – os demais consectários mencionados na alternativa, sim (CPC, art. 322, § 1º); **D:** incorreta, já que, embora a admissão do pedido genérico seja exceção, ela é possível, além da hipótese mencionada, quando não for possível determinar as consequências do ato/fato ou quando a determinação do objeto ou do valor depender de ato do réu (CPC, art. 324, § 1º); **E:** incorreta, tendo em vista que há ainda outro requisito: que o juízo seja competente para apreciar todos os pedidos (CPC, art. 327, § 1º) – e, se procedimentos distintos, pode-se adotar o comum.
Gabarito "B".

(Procurador do Estado/AC – 2017 – FMP) Considere as seguintes afirmativas sobre o tema da petição inicial no âmbito do Código de Processo Civil. Assinale a alternativa CORRETA.

(A) Compreendem-se no principal os juros legais, a correção monetária e as verbas de sucumbência, inclusive os honorários advocatícios.

(B) É lícita a cumulação, em um único processo, contra o mesmo réu, de vários pedidos, desde que entre eles haja necessária conexão.

(C) Quando, para cada pedido, corresponder tipo diverso de procedimento, será admitida a cumulação se o autor empregar o procedimento comum, sendo absolutamente vedado o emprego das técnicas processuais diferenciadas previstas nos procedimentos especiais a que se sujeitariam um ou mais pedidos cumulados.

(D) Indeferida a petição inicial, o autor poderá apelar, facultado ao juiz, no prazo de 15 (quinze) dias, retratar-se.

(E) Na obrigação indivisível com pluralidade de credores, somente aquele que participou do processo receberá sua parte, deduzidas as despesas na proporção de seu crédito.

A: correta, conforme expressa previsão legal (CPC, art. 322, § 1º); **B:** incorreta, pois é possível a cumulação de pedidos, ainda que entre eles não haja conexão, preenchidos os requisitos (pedidos compatíveis entre si, competência do juízo e adequação do procedimento) (CPC, art. 327); **C:** incorreta, já que é admitido o emprego de técnicas processuais diferenciadas nesse caso (CPC, art. 327, § 2º); **D:** incorreta, porque o prazo para retratação é de 5 dias (CPC, art. 331); **E:** incorreta, tendo em vista que cada credor receberá sua parte, deduzidas as despesas na proporção de seu respectivo crédito (CPC, art. 328).

Gabarito "A".

(Procurador do Estado/AC – 2017 – FMP) Considere as seguintes afirmativas sobre o tema da audiência de conciliação ou de mediação no âmbito do Código de Processo Civil. Assinale a alternativa INCORRETA.

(A) Se a petição inicial preencher os requisitos essenciais e não for o caso de improcedência liminar do pedido, o juiz designará audiência de conciliação ou de mediação com antecedência mínima de 30 (trinta) dias, devendo ser citado o réu com pelo menos 20 (vinte) dias de antecedência.

(B) A audiência não será realizada quando não se admitir a autocomposição.

(C) A audiência de conciliação ou de mediação deve ser realizada sempre com a presença física dos interessados, vedando-se a sua realização por meio eletrônico.

(D) A pauta das audiências de conciliação ou de mediação será organizada de modo a respeitar o intervalo mínimo de 20 (vinte) minutos entre o início de uma e o início da seguinte.

(E) A parte poderá constituir representante, por meio de procuração específica, com poderes para negociar e transigir.

A: correta, conforme expressa previsão legal (CPC, art. 334); **B:** correta, sendo uma das hipóteses para não realização da audiência – a outra seria quando ambas as partes manifestarem expressamente desinteresse (CPC, art. 334, § 4º, II); **C:** incorreta, devendo esta ser assinalada, pois é possível a realização da audiência de conciliação por meio eletrônico (CPC, art. 334, § 7º); **D:** correta, sendo uma tentativa do CPC de garantir que as partes tenham prazo razoável para as tratativas (CPC, art. 334, § 12); **E:** correta, conforme expressa autorização legal (CPC, art. 334, § 10).

Gabarito "C".

10. CONTESTAÇÃO E REVELIA

(Procurador Município – Santos/SP – VUNESP – 2021) A contestação é a principal manifestação do Réu no processo, incumbindo-lhe nela alegar toda a matéria de defesa, expondo as razões de fato e de direito com que impugna o pedido do autor e especificando as provas que pretende produzir. Nesse contexto, assinale a alternativa que apresenta a matéria que pode ser suscitada em contestação e levar ao julgamento da lide com resolução de mérito.

(A) Prescrição.

(B) Indevida concessão do benefício de gratuidade de Justiça.

(C) Incompetência absoluta e relativa.

(D) Incorreção do valor da causa.

(E) Convenção de arbitragem.

A: correta, sendo prescrição (e também decadência) hipótese de decisão *com* resolução de mérito (CPC, art. 487, II); **B:** incorreta, pois se trata de uma preliminar (CPC, art. 337, XIII) que, se acolhida, determinará o pagamento das custas, sob pena de extinção sem mérito (CPC, art. 485, IV); **C:** incorreta, porque nessas hipóteses haverá a remessa ao juízo competente (CPC, art. 64, § 3º); **D:** incorreta, pois a incorreção do valor leva à correção pelo juiz (CPC, art. 292, § 3º) e, se não houver

recolhimento de custas, eventual extinção sem mérito (CPC, art. 485, IV); **E:** incorreta, pois o acolhimento da alegação de existência de convenção de arbitragem é hipótese de extinção sem resolução do mérito (CPC, art. 485, VII).

Gabarito "A".

(Procurador do Município – Valinhos/SP – 2019 – VUNESP) A respeito da resposta do réu, assinale a alternativa correta.

(A) Quando alegar sua ilegitimidade, incumbe ao réu indicar o sujeito passivo da relação jurídica discutida sempre que tiver conhecimento.

(B) Somente se houver alegação de incompetência absoluta, a contestação poderá ser protocolada no foro de domicílio do réu.

(C) A incompetência relativa deve ser alegada em peça autônoma.

(D) A impugnação ao benefício da gratuidade de justiça será processado em autos apartados.

(E) A reconvenção não pode ser proposta contra o terceiro.

A: correta, conforme expressa previsão legal, sendo essa a hipótese de substituição do polo passivo (CPC, art. 339); **B:** incorreta, já que essa possibilidade existe quando houver alegação de incompetência absoluta ou relativa (CPC, art. 340); **C:** incorreta, pois a alegação de incompetência absoluta ou relativa deve ser apresentada em preliminar da contestação (CPC, arts. 64 e 337, II); **D:** incorreta, porque a impugnação à concessão da gratuidade de justiça será processada nos mesmos autos, sem suspensão do curso do processo (CPC, art. 100); **E:** incorreta, tendo em vista que é possível trazer mais partes na reconvenção – seja do lado ativo ou passivo (CPC, art. 343, §§ 3º e 4º).

Gabarito "A".

(Procurador do Estado/TO – 2018 – FCC) Em contestação, incumbe ao réu,

(A) alegar toda a matéria de defesa, só se permitindo deduzir novas alegações quando competir ao juiz conhecer delas de ofício.

(B) alegar litispendência, que se configura quando se repete ação que já foi definitivamente julgada.

(C) alegar, antes de discutir o mérito, incompetência absoluta e relativa, esta última por meio de exceção, por petição em apartado.

(D) indicar o sujeito passivo da relação jurídica discutida sempre que tiver conhecimento, quando alegar sua ilegitimidade, sob pena de arcar com as despesas processuais e de indenizar o autor pelos prejuízos decorrentes da falta de indicação.

(E) levantar a existência de convenção de arbitragem, que também pode ser conhecida de ofício pelo juiz.

A: incorreta, pois é permitido que o réu deduza novas alegações também quando relativas a direito ou fato superveniente ou, ainda, quando expressamente autorizado por lei (CPC, art. 342); **B:** incorreta, porque a litispendência ocorre quando se repete ação que está em curso (CPC, art. 337, § 3º); **C:** incorreta, tendo em vista que as incompetências absoluta e relativa são alegadas em preliminar de contestação (CPC, art. 64); **D:** correta, conforme expressa previsão legal, sendo a hipótese de substituição do polo passivo (CPC, art. 339); **E:** incorreta, já que a existência da convenção de arbitragem não é matéria que possa ser conhecida de ofício pelo juiz (CPC, art. 337, § 5º).

Gabarito "D".

4. DIREITO PROCESSUAL CIVIL 225

(Procurador do Estado/TO – 2018 – FCC) Em relação à reconvenção, está correto afirmar:

(A) É lícito ao réu propor reconvenção na contestação ou por petição autônoma, para manifestar pretensão própria, conexa ou não com a ação principal ou com o fundamento da causa.

(B) O réu só pode propor reconvenção de forma condicionada ao oferecimento de contestação ao pedido inicial.

(C) Se o autor for substituto processual, o reconvinte deverá afirmar ser titular de direito em face do substituído, e a reconvenção deverá ser proposta em face do autor, também na qualidade de substituto processual.

(D) A desistência da ação ou a ocorrência de causa extintiva que impeça o exame de seu mérito obsta ao prosseguimento do processo quanto à reconvenção, haja vista seu caráter de subordinação ao pedido principal.

(E) A reconvenção pode ser proposta pelo réu, defeso porém o litisconsórcio com terceiro.

A: incorreta, pois a reconvenção deve ser apresentada na própria contestação e só é cabível se a pretensão for conexa com a ação principal ou com o fundamento da causa (CPC, art. 343); B: incorreta, porque o réu pode oferecer reconvenção, independentemente de oferecer ou não contestação (CPC, art. 343, § 6º); C: correta, conforme expressa previsão legal (CPC, art. 343, § 5º); D: incorreta, tendo em vista que a reconvenção é uma ação autônoma em relação à ação principal, por isso a desistência da ação principal ou a ocorrência de causa extintiva não obsta o prosseguimento do processo quanto à reconvenção (CPC, art. 343, § 2º); E: incorreta, já que é possível a propositura de reconvenção pelo réu e não é proibido que haja litisconsórcio com terceiro (CPC, art. 343, § 4º).
Gabarito "C".

11. PROVAS

(Procurador – PGE/SP – 2024 – VUNESP) Fornecedor contratado pela Administração Pública propõe ação de cobrança em face da Fazenda Estadual, instruída com recibo de entrega de mercadoria de forma a comprovar a obrigação inadimplida. Em âmbito administrativo verificou-se a inautenticidade do documento.

Nesse caso, é correto afirmar que

(A) a Fazenda Pública não poderá requerer ao juiz que decida a alegação de falsidade como questão principal, eis que se trata de mero incidente.

(B) a arguição de falsidade somente deve ser apresentada na fase probatória.

(C) a falsidade deve ser obrigatoriamente alegada em incidente autônomo, a fim de que seja apreciada como questão prejudicial à contestação.

(D) a falsidade deve ser suscitada na contestação fazendária.

(E) não cabe a alegação de falsidade.

A: Incorreta. Nos termos do art. 430, parágrafo único, do CPC, a Fazenda Pública poderá requer que o juiz decida a arguição de falsidade como questão principal. B: Incorreta. A arguição de falsidade deve ser suscitada na contestação, na réplica ou no prazo de 15 dias, contado a partir da intimação da juntada do documento aos autos (CPC, art. 430). C: Incorreta, uma vez que a arguição de falsidade será alegada nos próprios autos, como visto na alternativa "B" e, ainda, poderá ser

decidida como questão principal, como visto na alternativa "A". D: Correta, sendo essa a previsão do art. 430 do CPC e mencionado na alternativa "B". E: Incorreta. Os arts. 19, II e 430 do CPC expressamente admitem a alegação de falsidade. [D]
Gabarito "D".

(Procurador Município – Santos/SP – VUNESP – 2021) As testemunhas devem ser inquiridas perante o Juiz da causa, caso tenham domicílio na Comarca onde corre o processo, mas serão inquiridas em sua residência ou onde exercem sua função, se:

(A) Vereador.

(B) Juiz de Direito.

(C) Procurador-geral do Município.

(D) Conselheiro do Tribunal de Contas do Município.

(E) Embaixador de qualquer país que mantenha missão diplomática no Brasil.

A: incorreta, pois vereador não está elencado no rol de dignatários (autoridades) do art. 454 do CPC – isso está previsto para senadores e deputados federais (CPC, art. 454, V); B: incorreta, pois juiz não está no rol do art. 454, CPC – isso está previsto para desembargadores e ministros (CPC, art. 454, III e X); C: correta, conforme previsão legal (CPC, art. 454, V); D: incorreta, pois a prerrogativa só se aplica a ministros do Tribunal de Contas da União e a conselheiros dos Tribunais de Contas dos Estados e do Distrito Federal (CPC, art. 454, III e X), e não do Município; E: incorreta, pois essa prerrogativa só se aplica a embaixador "de país que, por lei ou tratado, *concede idêntica prerrogativa a agente diplomático do Brasil*" (CPC, art. 454, XII).
Gabarito "C".

(Procurador Município – Teresina/PI – FCC – 2022) Em relação à prova e respectivo ônus, considere:

I. Cabe ao juiz, a requerimento da parte, somente, já que a jurisdição a ela se dirige, determinar as provas necessárias ao julgamento do mérito, indeferindo em decisão fundamentada as diligências inúteis ou meramente procrastinatórias.

II. Incumbe ao terceiro, em relação a qualquer causa, informar ao juiz os fatos e as circunstâncias de que tenha conhecimento, bem como exibir coisa ou documento que esteja em seu poder.

III. É admissível a utilização de prova emprestada, atribuindo-lhe o juiz o valor que considerar adequado, observado o contraditório.

IV. Não dependem de prova os fatos notórios, os afirmados por uma parte e confessados pela contrária, os admitidos no processo como controversos e em cujo favor milita presunção legal de existência ou de veracidade.

Está correto o que se afirma APENAS em

(A) II e IV.

(B) III e IV.

(C) II e III.

(D) I, II e IV.

(E) I e III.

I: incorreta, pois no sistema brasileiro o juiz tem poderes instrutórios, sendo possível ao magistrado o deferimento de provas de ofício (CPC, art. 370); II: correta, porque "ninguém se exime do dever de colaborar com o Poder Judiciário para o descobrimento da verdade" (CPC, art. 378) e é possível se pleitear exibição de documento em face de terceiro (CPC, art. 401); III: correta, sendo essa a previsão do Código acerca de prova emprestada (CPC, art. 372: "O juiz *poderá admitir* a utilização de prova produzida em outro processo, atribuindo-lhe *o valor que considerar adequado*, observado o *contraditório*"); **IV:** incorreta, pois apesar de a maioria das afirmações ser verdadeira (cf. CPC, art. 374), não há necessidade de provas quanto a fatos *incontroversos*, e não controversos. Gabarito "C".

(Procurador do Município – Valinhos/SP – 2019 – VUNESP) A prova pericial consiste em exame, vistoria ou avaliação. A respeito do tema, é correto afirmar:

(A) as partes poderão arguir o impedimento ou a suspensão do perito dentro de 10 (dez) dias contados da intimação do despacho de nomeação do perito.

(B) somente o juiz pode escolher o perito, cabendo às partes a indicação de assistentes técnicos.

(C) a perícia pode ser substituída pela inquirição de um especialista, pelo juiz, sobre ponto controvertido da causa, quando este for de menor complexidade.

(D) quando a matéria não estiver suficientemente esclarecida, o juiz determinará a realização de nova perícia, que substituirá integralmente a primeira.

(E) os peritos e assistentes técnicos estão sujeitos a impedimento ou suspeição.

A: incorreta, pois o prazo para arguição de impedimento ou suspeição do perito é de 15 dias (CPC, art. 465, § 1º); **B:** incorreta, já que é possível que a escolha do perito caiba às partes; na perícia consensual as partes, de comum acordo, é que vão escolher o perito, definir prazo e valores (CPC, art. 471); **C:** correta, conforme expressa previsão legal, sendo essa a "prova técnica simplificada" (CPC, art. 464, §§ 2º e 3º); **D:** incorreta, uma vez que a nova perícia não substituirá integralmente a primeira – deve o juiz avaliar as duas, atribuindo a cada uma o valor que entender adequado (CPC, art. 480, § 3º); **E:** incorreta, porque os assistentes técnicos são indicados pelas próprias partes e, portanto, não estão sujeitos a impedimento e suspeição (CPC, art. 466, § 1º). Gabarito "C".

(Procurador do Estado/TO – 2018 – FCC) No que se refere às regras da confissão previstas no CPC, a confissão

(A) em juízo vale como admissão de fatos relativos a direitos indisponíveis, se feita por agente maior e capaz.

(B) é revogável, como regra, por se tratar de ato jurídico unilateral, podendo ainda ser anulada se decorreu de erro de fato, de dolo ou de coação.

(C) judicial só pode ser espontânea, já que a confissão provocada é exclusiva do procedimento extrajudicial.

(D) judicial faz prova contra o confitente, prejudicando os litisconsortes.

(E) extrajudicial, quando feita oralmente, só terá eficácia nos casos em que a lei não exija prova literal.

A: incorreta, pois é inadmissível a confissão de fatos relativos a direitos indisponíveis (CPC, art. 392); **B:** incorreta, já que em regra é irrevogável, podendo ser anulada se decorreu de erro de fato ou de coação (CPC, art. 393); **C:** incorreta, porque a confissão judicial pode ser espontânea ou provocada (CPC, art. 390); **D:** incorreta, considerando que a confissão não prejudicará os litisconsortes (CPC, art. 391); **E:** correta, conforme expressa previsão legal (CPC, art. 394). Gabarito "E".

(Procurador do Estado/AC – 2017 – FMP) Considere as seguintes afirmativas sobre o tema da audiência de instrução e julgamento no âmbito do Código de Processo Civil. Assinale a alternativa CORRETA.

(A) Instalada a audiência, o juiz tentará conciliar as partes, desde que não tenham sido antes empregados outros métodos de solução consensual de conflitos, como a mediação e a arbitragem.

(B) A audiência poderá ser adiada por atraso injustificado de seu início em tempo superior a uma hora do horário marcado.

(C) Enquanto depuserem o perito, os assistentes técnicos, as partes e as testemunhas, os advogados e o Ministério Público poderão intervir ou apartear livremente, ainda que sem licença do juiz.

(D) Encerrado o debate ou oferecidas as razões finais, o juiz proferirá sentença em audiência ou no prazo de 60 (sessenta) dias.

(E) Finda a instrução, o juiz dará a palavra ao advogado do autor e do réu, bem como ao membro do Ministério Público, se for o caso de sua intervenção, sucessivamente, pelo prazo de 20 (vinte) minutos para cada um. prorrogável por 10 (dez) minutos, a critério do juiz.

A: incorreta, pois o juiz tentará conciliar as partes, independentemente do emprego anterior de outros meios de solução consensual (CPC, art. 359); **B:** incorreta à luz da lei, porque a audiência poderá ser adiada por atraso injustificado superior a *30 min* do horário marcado (CPC, art. 362, III); **C:** incorreta, já que os advogados e o MP não poderão intervir *sem a licença do juiz* (CPC, art. 361, p.u.); **D:** incorreta, considerando que a sentença deve ser proferida no prazo de 30 dias (CPC, art. 366); **E:** correta, conforme expressa previsão legal (CPC, art. 364). Gabarito "E".

(Procurador do Estado/AC – 2017 – FMP) Considere as seguintes afirmativas sobre o tema das provas no âmbito do Código de Processo Civil. Assinale a alternativa INCORRETA.

(A) Nos casos previstos em lei ou diante de peculiaridades da causa relacionadas à impossibilidade ou à excessiva dificuldade de cumprir o encargo nos termos do *caput* ou à maior facilidade de obtenção da prova do fato contrário, poderá o juiz atribuir o ônus da prova de modo diverso, desde que o faça por decisão fundamentada, caso em que deverá dar à parte a oportunidade de se desincumbir do ônus que lhe foi atribuído.

(B) A carta precatória e a carta rogatória não devolvidas no prazo, ainda que concedidas sem efeito suspensivo, não poderão ser juntadas aos autos.

(C) O juiz aplicará as regras de experiência comum subministradas pela observação do que ordinariamente acontece e, ainda, as regras de experiência técnica, ressalvado, quanto a estas, o exame pericial.

(D) A parte que alegar direito municipal, estadual, estrangeiro ou consuetudinário provar-lhe-á o teor e a vigência, se assim o juiz determinar.

(E) Ninguém se exime do dever de colaborar com o Poder Judiciário para o descobrimento da verdade.

A: correta, sendo essa a previsão da distribuição dinâmica do ônus da prova (CPC, art. 373, § 1º); **B:** incorreta, devendo esta ser assinalada, pois a carta precatória e a carta rogatória poderão ser juntadas ao processo a qualquer tempo (CPC, art. 377, p.u.); **C:** correta, conforme expressa previsão legal (CPC, art. 375); **D:** correta, conforme expressa previsão legal (CPC, art. 376); **E:** correta, em observância ao princípio da cooperação e da busca da verdade real (CPC, art. 378). Gabarito "B".

4. DIREITO PROCESSUAL CIVIL

(Procurador do Estado/SP – 2018 – VUNESP) No caso de recusa injustificada de exibição de documento, na fase de conhecimento de um processo, é correto afirmar que o juiz pode impor multa

(A) às partes, de ofício, mas, se o documento ou coisa estiver em poder de terceiros, o juiz poderá, também de ofício ou a requerimento das partes, ordenar a citação deles, com prazo de quinze dias para resposta, para que exibam o documento, sob pena de multa, dentre outras providências.

(B) de até 2% (dois por cento) do valor da causa apenas aos terceiros, quando verificar que eles não estão colaborando com o Poder Judiciário ao deixar de exibir determinado documento.

(C) às partes, aos terceiros e aos advogados privados, inclusive quando se tratar da Fazenda Pública, desde que assegure a todos ampla defesa e contraditório, mediante prévia intimação pessoal de todos, com prazo de cinco dias para resposta.

(D) às partes, aos terceiros e também aos advogados ou procuradores que estiverem atuando no processo, de ofício, salvo se uma das partes for a Fazenda Pública, porque o valor dessas multas processuais é sempre revertido para ela mesma.

(E) somente aos terceiros, de ofício, mediante intimação por mandado, com prazo de dez dias para a resposta, visto que, em relação às partes, o juiz deverá aplicar a "confissão" quanto aos fatos que o documento poderia provar.

A: Correta, pois todas essas condutas estão no Código (CPC, art. 401 e 403, parágrafo único); **B:** Incorreta, pois a multa não é apenas aos terceiros, como visto em "A" (CPC, art. 403, parágrafo único); **C:** Incorreta, considerando que não há previsão de multa ao advogado (CPC, art. 401); **D:** Incorreta, considerando o exposto em "C"; **E:** Incorreta, pois o CPC prevê expressamente multa às partes (CPC, art. 401), diferentemente do que estava sedimentado na jurisprudência anterior (assim, pelo redação do CPC 2015, está superada a Súmula 372/STJ – que, contudo, ainda não foi formalmente revogada). *Gabarito "A"*

12. JULGAMENTO CONFORME O ESTADO DO PROCESSO E PROVIDÊNCIAS PRELIMINARES

(Procurador Federal – AGU – 2023 – CEBRASPE) De acordo com o Código de Processo Civil (CPC), julgue os seguintes itens, acerca do julgamento conforme o estado do processo.

I. O juiz poderá decidir parcialmente o mérito unicamente quando um ou mais dos pedidos formulados mostrar-se incontroverso.

II. Caberá agravo de instrumento contra a decisão parcial de mérito.

III. Quando um ou mais dos pedidos formulados, ou parte deles, mostrar-se incontroverso e(ou) estiver em condições de imediato julgamento, haverá o pronunciamento judicial antecipado parcial do mérito da causa.

IV. A questão parcialmente resolvida poderá ser suscitada em preliminar de apelação eventualmente interposta contra a decisão final de mérito.

Assinale a opção correta.

(A) Apenas o item I está certo.

(B) Apenas o item IV está certo.

(C) Apenas os itens I e II estão certos.

(D) Apenas os itens II e III estão certos.

(E) Apenas os itens III e IV estão certos.

I: incorreto, pois é possível que o juiz também decida parcialmente o mérito quando não houver necessidade de produção de provas (CPC, art. 356, II); **II:** correto, uma vez que, conforme previsão dos arts. 356, § 5º e 1.015, II do CPC, contra a decisão que julga parcialmente o mérito cabe recurso de agravo de instrumento – pois o processo não foi extinto, já que o outro pedido precisa ainda ser apreciado; **III:** correto, sendo essa a previsão do art. 356, I e II do CPC; **IV:** incorreto, visto que, conforme exposto em II, a decisão que julga parcialmente o mérito é impugnável por recurso de agravo de instrumento (CPC, arts. 356, § 5º e 1.015, II). Assim, se o recurso cabível não for interposto haverá preclusão, não sendo possível suscitar em preliminar de apelação. Portanto, deve ser assinalada a alternativa D. *Gabarito "D"*

(Procurador Fazenda Nacional – AGU – 2023 – CEBRASPE) Assinale a opção correta à luz da doutrina processual referente à designação de audiência para saneamento compartilhado do processo.

(A) A designação de audiência para saneamento compartilhado, embora prevista no CPC para causas com complexidade fática ou jurídica, pode ser utilizada em outras hipóteses, haja vista o princípio da cooperação processual.

(B) A designação de audiência para saneamento compartilhado é incompatível com o procedimento das ações coletivas, em razão da indisponibilidade inerente aos litígios que envolvem interesses da coletividade.

(C) A designação de audiência para saneamento compartilhado não possui cabimento diante de complexidade meramente jurídica, situação em que o CPC recomenda o despacho saneador para prosseguimento do feito.

(D) A designação de audiência para saneamento compartilhado deve ser obrigatoriamente realizada em todo processo que possua matéria fática controvertida, conforme definido pelo legislador.

(E) A designação de audiência para saneamento compartilhado, por não possuir respaldo normativo, restringe-se aos casos em que as partes apresentem convenção com opção por essa forma de organização processual.

A: Correta. Considerando a previsão da audiência de saneamento compartilhado (CPC, art. 357, § 3º), a possibilidade de o juiz chamar audiência a qualquer momento (CPC, art. 139, VIII) e o princípio da cooperação (CPC, art. 6º), trata-se de uma possibilidade; **B:** Incorreta, pois (i) o art. 357, § 3º do CPC aplica-se, de forma subsidiária, aos procedimentos especiais e (ii) a audiência de saneamento compartilhado não é vedada para situação de direitos indisponíveis, pois o tema da audiência não é o direito material; **C:** Incorreta, conforme previsão do art. 357, § 3º do CPC, a audiência para saneamento compartilhado será designada nas causas que apresentarem complexidade em matéria de fato ou de direito (e, portanto, não somente quando envolver questão fática); **D:** Incorreta. O juiz designará audiência para saneamento compartilhado somente quando a causa apresentar complexidade em matéria de fato ou de direito (CPC, art. 357, § 3º); **E:** Incorreta, pois o art. 357, § 3º prevê expressamente a designação de audiência para saneamento compartilhado. *Gabarito "A"*

(Procurador/PA – CESPE – 2022) A respeito do procedimento comum, julgue os itens que se seguem.

I. Até o momento do saneamento do processo, o autor poderá aditar ou alterar o pedido e a causa de pedir, com consentimento do réu, assegurado o contraditório mediante a possibilidade de manifestação do réu no prazo máximo de quinze dias, sendo vedado o requerimento de prova suplementar.

II. O não comparecimento injustificado do autor ou do réu à audiência de conciliação é considerado ato atentatório à dignidade da justiça e será sancionado com multa de até 5% da vantagem econômica pretendida ou do valor da causa, revertida em favor da parte que atenda ao chamado judicial e se faça presente.

III. Realizado o saneamento, as partes têm o direito de pedir esclarecimentos ou solicitar ajustes, no prazo sucessivo de cinco dias, ao fim do qual a decisão se torna estável.

IV. Ao réu revel será lícita a produção de provas contrapostas às alegações do autor, desde que se faça representar nos autos a tempo de praticar os atos processuais indispensáveis a essa produção.

A quantidade de itens certos é igual a

(A) 0.

(B) 1.

(C) 2.

(D) 3.

(E) 4.

I: incorreto. Cabe o aditamento até o saneamento, inclusive com a *possibilidade de prova suplementar* (CPC, art. 329, II); II: incorreto, pois a multa para o não comparecimento é de até 2% *(dois por cento)* da vantagem econômica ou valor da causa; além disso, a multa será revertida ao Estado (Justiça Estadual) ou União (Justiça Federal), e não à parte (CPC, art. 334, § 8º); III: correto, sendo essa a previsão legal (CPC, art. 357, § 1º); IV: correto, sendo essa a previsão legal (CPC, art. 349).
Gabarito "B".

(Procurador/PA – CESPE – 2022) João moveu demanda judicial com pedidos cumulados de rescisão contratual e danos morais e materiais contra José. Após o prazo para manifestação do autor sobre a contestação, foi proferida decisão que julgou procedente o pedido de rescisão contratual, considerando-se que este estava em condições de imediato julgamento, além de ter sido deferida a produção de provas e designada a audiência de instrução e julgamento em relação aos demais pedidos.

A partir dessa situação hipotética, assinale a opção correta.

(A) O magistrado agiu incorretamente, pois a legislação processual civil veda o julgamento parcial e fracionado do mérito.

(B) João poderá liquidar ou executar, desde logo, a obrigação reconhecida na decisão que julgou parcialmente o mérito, com a obrigatoriedade de prestação de caução, a ser fixada pelo juiz, ainda que haja recurso interposto contra tal decisão.

(C) O juiz agiu corretamente, haja vista a possibilidade de julgamento parcial e fracionado do mérito prevista na legislação processual, atendidas as formalidades legais.

(D) A decisão judicial proferida no caso em questão é impugnável por apelação parcial, seguindo-se o procedimento previsto no artigo 1.009 e seguintes do Código de Processo Civil.

(E) Mesmo em caso de inexistência de recurso de José, o juiz poderá, no momento do julgamento dos demais pedidos, reapreciar o capítulo decisório referente à rescisão contratual.

A: incorreta, pois há previsão de julgamento antecipado parcial no CPC (art. 356); **B:** incorreta, pois não há previsão de caução para o cumprimento de sentença do julgamento antecipado parcial, mesmo que haja recurso (CPC, art. 356, § 2º); **C:** correta, sendo essa a previsão legal (CPC, art. 356); **D:** incorreta, pois o recurso cabível do julgamento antecipado parcial é o agravo de instrumento (CPC, art. 356, § 5º); **E:** incorreta, pois se não houver interposição de recurso, haverá preclusão (interpretação a partir do CPC, art. 356, § 3º).
Gabarito "C".

(Procurador do Município – S.J. Rio Preto/SP – 2019 – VUNESP) No que diz respeito ao julgamento antecipado parcial do mérito, assinale a alternativa correta.

(A) A decisão proferida com base em julgamento antecipado parcial do mérito não é impugnável por agravo de instrumento.

(B) A decisão que julgar parcialmente o mérito não poderá reconhecer a existência de obrigação ilíquida.

(C) A liquidação e o cumprimento da decisão que julgar parcialmente o mérito deverão ser processados nos mesmos autos.

(D) O juiz decidirá parcialmente o mérito quando um ou mais dos pedidos formulados ou parcela deles se mostrar incontroverso e não houver necessidade de produção de outras provas.

(E) A parte poderá liquidar desde logo a obrigação reconhecida na decisão que julgar parcialmente o mérito, desde que prestada caução.

A: incorreta, pois o recurso cabível é o agravo de instrumento (CPC, arts. 356, § 5º e 1.015, II); **B:** incorreta, porque a decisão poderá reconhecer a existência de obrigação líquida ou ilíquida (CPC, art. 356, § 1º); **C:** incorreta, considerando que é possível que a liquidação e o cumprimento da decisão sejam processados em autos suplementares, a requerimento da parte ou a critério do juiz – enquanto os autos principais seguem tramitando quanto aos outros pedidos / recursos (CPC, art. 356, § 4º); **D:** correta, conforme expressa previsão legal (CPC, art. 356, I e II); **E:** incorreta, tendo em vista que a parte poderá liquidar a obrigação, independentemente de caução e mesmo que haja recurso interposto contra a decisão (CPC, art. 356, § 2º).
Gabarito "D".

(Procurador do Estado/SE – 2017 – CESPE) Ao tratar das hipóteses de julgamento conforme o estado do processo, o CPC determina que o julgamento antecipado do mérito

(A) somente deve ser utilizado se o juiz estiver apto a prolatar decisão líquida; caso contrário, este deve prolongar a fase de conhecimento.

(B) pode ser realizado de modo parcial, por meio de decisão interlocutória impugnável por agravo de instrumento.

(C) depende, para que seja legitimamente procedido, da existência de precedente firmado no julgamento de casos repetitivos.

4. DIREITO PROCESSUAL CIVIL

(D) deve ser utilizado sempre que o réu for revel, porque, nesses casos, a instrução probatória é desnecessária.

(E) deve ser feito com a utilização da técnica processual denominada tutela provisória, nas modalidades de urgência ou de evidência.

A: Errada. A decisão pode reconhecer a existência de obrigação líquida *ou* ilíquida (CPC, art. 356, § 1º). **B:** Correta (CPC, art. 356, § 5º). **C:** Errada. Para o julgamento antecipado do mérito basta que (i) não haja necessidade de produção de outras provas ou que (ii) o réu seja revel e não haja requerimento de produção de provas (CPC, art. 355). **D:** Errada. É possível que o réu requeira a produção de prova, ainda que seja revel (CPC, art. 349). **E:** Errada. O julgamento antecipado do mérito (decisão definitiva e proferida sob cognição exauriente) não se confunde com a concessão de tutela provisória (decisão precária e proferida sob cognição sumária – CPC, art. 355 e 356).

Gabarito "B".

13. SENTENÇA, COISA JULGADA E AÇÃO RESCISÓRIA

(Procurador – PGE/SP – 2024 – VUNESP) Acerca da ação rescisória, é correto afirmar que

(A) se os fatos alegados pelas partes dependerem de prova, somente o tribunal competente para a ação rescisória poderá conduzir a instrução processual.

(B) pode ser proposta exclusivamente por quem foi parte no processo ou o seu sucessor a título universal ou singular.

(C) a Fazenda Pública deve depositar a importância de 5% (cinco por cento) sobre o valor da causa, como requisito essencial da petição inicial.

(D) reconhecida a incompetência do tribunal para julgar a ação rescisória, o autor será intimado para emendar a petição inicial, a fim de adequar o seu objeto, quando a decisão apontada como rescindenda tiver sido substituída por decisão posterior.

(E) julgando o pedido procedente, o tribunal rescindirá a decisão, proferirá, se for o caso, novo julgamento e determinará que o valor originalmente depositado seja utilizado como custas judiciais.

A: Incorreta, o relator poderá delegar a competência para produção de provas ao órgão que proferiu a decisão rescindenda (CPC, art. 972); **B:** Incorreta, a ação rescisória poderá ser proposta também pelo terceiro juridicamente interessado, pelo Ministério Público ou por aquele que não foi ouvido no processo em que lhe era obrigatória a intervenção (CPC, art. 967, I, II, III e IV); **C:** Incorreta, pois, nos termos do art. 968, § 1º do CPC, a exigência de efetuar o deposito da importância de 5% sobre o valor da causa não se aplica à Fazenda Pública; **D:** Correta, sendo essa a previsão legal – uma hipótese de emenda, não de extinção (CPC, art. 968, § 5º, II); **E:** Incorreta. No caso de procedência, o Tribunal determinará a restituição da importância do depósito (CPC, art. 974).

Gabarito "D".

(Procurador Fazenda Nacional – AGU – 2023 – CEBRASPE) No que se refere à eficácia normativa e executiva dos pronunciamentos do STF que, em controle abstrato, afirmem a constitucionalidade ou inconstitucionalidade de determinado ato normativo, considerados os limites da coisa julgada, assinale a opção correta.

(A) No conflito entre a garantia individual da coisa julgada e a interpretação acerca da constitucionalidade ou não de determinado ato normativo conferida pelo STF, aquela somente não prevalecerá se a decisão do STF lhe for anterior.

(B) Decisão do STF que declare a inconstitucionalidade de ato normativo produzirá a automática rescisão das decisões anteriores transitadas em julgado que tenham adotado entendimento em sentido contrário.

(C) Nas relações jurídicas de trato sucessivo, havendo coisa julgada que estabeleça a inconstitucionalidade de determinada norma e, posteriormente, decisão superveniente do STF na qual se declare a constitucionalidade daquele preceito legal, a cessação dos efeitos da coisa julgada estará condicionada ao ajuizamento de ação rescisória ou revisional.

(D) Segundo o entendimento do STF, o princípio da supremacia da Constituição tem prevalência máxima, de forma a ser insuscetível de execução qualquer sentença jà transitada por inconstitucional pelo STF, seja em controle difuso, seja em controle concentrado de constitucionalidade.

(E) Sentença exequenda que tenha deixado de aplicar norma reconhecidamente constitucional pelo STF prescinde de ação rescisória na hipótese em que a decisão do STF seja anterior à formação do título executivo.

A questão envolve um tema polêmico, decidido pelo STF em relação específica a um tema tributário, mas que a questão já busca aplicar para todos os casos de relação jurídica de trato sucessivo. O assunto foi tratado nos temas 881/885 da repercussão geral, trouxe os chamados "limites temporais da coisa julgada" com as seguintes teses fixadas:
1. As decisões do STF em controle incidental de constitucionalidade, anteriores à instituição do regime de repercussão geral, não impactam automaticamente a coisa julgada que se tenha formado, mesmo nas relações jurídicas tributárias de trato sucessivo.
2. Já as decisões proferidas em ação direta ou em sede de repercussão geral interrompem automaticamente os efeitos temporais das decisões transitadas em julgado nas referidas relações, respeitadas a irretroatividade, a anterioridade anual e a noventena ou a anterioridade nonagesimal, conforme a natureza do tributo.
Essa tese afasta a alternativa "A" (pois a decisão pode ser *posterior*), a alternativa "B" (pois a rescisão automática não é para *todas* as hipóteses – excluído o que está em "1"), a alternativa "C" (pois nos casos do item "2", *não há* necessidade de AR) e a alternativa "D" (pois o que está item "1" demanda que haja AR).
Assim, resta a alternativa "E", por exclusão e considerando o previsto no art. 525, §§ 12 e 14.

Gabarito "E".

(Procurador Federal – AGU – 2023 – CEBRASPE) Determinada autarquia federal deseja ajuizar ação de *querela nullitatis*, objetivando o reconhecimento de nulidade decorrente de vício de ausência de citação em processo de que deveria ter participado como litisconsorte necessário. O processo objeto de questionamento teve seu julgado em primeira instância na Seção Judiciária do Distrito Federal, tramitou pelo Tribunal Regional Federal da 1.ª Região (TRF-1.ª), que não conheceu do único recurso de apelação interposto no caso, e transitou em julgado após agravo em recurso especial ter sido inadmitido no STJ.

A respeito dessa situação hipotética, assinale a opção correta.

(A) Será do STJ a competência tanto para examinar a ausência de citação quanto para reanalisar o mérito da causa, caso reconheça o vício.

(B) Será do TRF-1.ª a competência para examinar a ausência de citação, devendo esse tribunal encaminhar o processo para primeira instância, caso reconheça o vício.

(C) Será do TRF-1.ª a competência tanto para examinar a ausência de citação quanto para reanalisar o mérito da causa, caso reconheça o vício.

(D) Será do juízo federal de primeira instância a competência para apreciar e julgar a ação de *querela nullitatis*.

(E) Será do STJ a competência para examinar a ausência de citação, devendo esse tribunal encaminhar o processo para a primeira instância, caso reconheça o vício.

A *querela nullitatis* (ação que busca desconstituir a coisa julgada, diante de alegação de inexistência do processo – de modo que não seria o caso de rescisória) é uma ação de conhecimento, pelo procedimento comum. Assim, é ajuizada em 1º grau de jurisdição. Assim, a alternativa D deve ser assinalada. 🔲

Gabarito "D".

(Procurador Fazenda Nacional – AGU – 2023 – CEBRASPE) Diante de sentença que julgou procedente pedido de contribuinte para alterar, sob a ótica constitucional, a base de cálculo do imposto de renda, a PGFN interpôs recurso de apelação, tendo o órgão colegiado do Tribunal Regional Federal da 4.ª Região (TRF-4) proferido acórdão que negou provimento ao pedido.

Destaca-se que, à época em que foi proferido o acórdão, havia controvérsia constitucional acerca da mesma questão no âmbito daquele tribunal. A PGFN interpôs recurso extraordinário, que não foi conhecido pelo ministro relator do STF, ante a existência de óbices formais.

A fazenda nacional recorreu da decisão, que foi mantida pelo STF e transitou em julgado. Um ano após o trânsito em julgado, o plenário do STF, enfrentando, pela primeira vez, a mesma matéria debatida naquele processo, entendeu, em controle difuso, ser legítima aquela tributação. Buscando reverter o quadro, a fazenda nacional analisa a possibilidade de ajuizar ação rescisória, considerando o teor da Súmula n.º 343 do STF, in verbis: "Não cabe ação rescisória por ofensa a literal disposição de lei, quando a decisão rescindenda se tiver baseado em texto legal de interpretação controvertida nos tribunais".

Considerando essa situação hipotética e o entendimento jurisprudencial do STF acerca do assunto, assinale a opção correta.

(A) Não será cabível a ação rescisória, porquanto, à época em que foi decidida a questão constitucional no TRF-4, a jurisprudência daquele tribunal era controvertida, incidindo o óbice da referida súmula do STF, que também se aplica a matéria constitucional.

(B) Será cabível ação rescisória a ser ajuizada no STF, que deve rescindir seus próprios julgados, não incidindo o óbice da referida súmula do STF, porquanto inaplicável a matéria constitucional.

(C) Será cabível ação rescisória a ser ajuizada no TRF-4, não incidindo o óbice da referida súmula do STF, porquanto inaplicável a matéria constitucional.

(D) Será cabível a ação rescisória a ser ajuizada no STF, que deve rescindir os próprios julgados, não inci-

dindo o óbice da referida súmula do STF, porquanto a controvérsia constitucional que impede o manejo da rescisória é aquela verificada no âmbito do STF.

(E) Será cabível ação rescisória a ser ajuizada no TRF-4, não incidindo o óbice da referida súmula do STF, porquanto a controvérsia constitucional que impede o manejo da rescisória é aquela verificada no âmbito do STF.

A: incorreta, pois a Súmula 343/STF não se aplica à matéria constitucional, quando houver controvérsia no âmbito do STF; **B:** incorreta, pois como o RE não foi conhecido, a competência para a AR é do TRF – órgão que proferiu a última decisão de mérito –, e não do STF (CF, art. 102, I, "j"); **C:** incorreta, pois a Súmula 343 do STF é aplicável em matéria constitucional, mas desde que a controvérsia exista no âmbito do STF; **D:** incorreta, pois, no caso a competência é do TRF-4, como visto em "B"; **E:** correta, pois o TRF-4 é o competente para análise da rescisória, considerando que foi o último órgão que apreciou o mérito (CPC, art. 966, §5º), e não incide a Súmula 343/STJ, porque somente não cabe rescisória em face de posicionamento do STF *se havia divergência sobre a matéria em referido tribunal*. Nesse sentido: "(...) Ação rescisória. Súmula 343/STF. Matéria constitucional. Inaplicabilidade. (...) 3. A limitação do cabimento da ação rescisória em matéria constitucional cingiu-se a duas hipóteses específicas, quais sejam, (i) quando o acórdão rescindendo estiver em conformidade com jurisprudência do Plenário desta Casa à época, mesmo que posteriormente alterada e (ii) quando a matéria seja controvertida no âmbito deste Supremo Tribunal Federal. Precedentes. (...) (ARE 1332413 AgR-segundo, Relator(a): ROSA WEBER, Primeira Turma, PUBLIC 24-06-2022)". 🔲

Gabarito "E".

(Procurador Fazenda Nacional – AGU – 2023 – CEBRASPE) A eficácia temporal da coisa julgada formada em relações jurídicas tributárias de trato continuado

(A) cessa mediante o ajuizamento de ação revisional, caso se verifique alteração nas circunstâncias fático-jurídicas analisadas pela decisão transitada em julgado.

(B) não pode ser diretamente atingida por alterações nas circunstâncias fático-jurídicas, ressalvado apenas o ajuizamento de ação rescisória no prazo legal.

(C) somente pode ser cessada caso haja prolação de entendimento posterior em sede de controle concentrado de constitucionalidade.

(D) cessa caso haja alteração das circunstâncias fático--jurídicas analisadas pela decisão transitada em julgado.

(E) perde automaticamente sua autoridade, caso identificada tese contrária subsequente do plenário do STF em controle difuso, desde que o precedente do STF seja anterior ao regime de repercussão geral.

Novamente, o mesmo concurso, enfrenta tema polêmico dos "limites temporais da coisa julgada", decidido pelo STF em relação específica a um tema tributário. O assunto foi tratado nos temas 881/885 da repercussão geral, trouxe os chamados "limites temporais da coisa julgada" com as seguintes teses fixadas:

1. As decisões do STF em controle incidental de constitucionalidade, anteriores à instituição do regime de repercussão geral, não impactam automaticamente a coisa julgada que se tenha formado, mesmo nas relações jurídicas tributárias de trato sucessivo.

2. Já as decisões proferidas em ação direta ou em sede de repercussão geral interrompem automaticamente os efeitos temporais das decisões transitadas em julgado nas referidas relações, respeitadas a irretroatividade, a anterioridade anual e a noventena ou a anterioridade nonagesimal, conforme a natureza do tributo.

4. DIREITO PROCESSUAL CIVIL

A: incorreta, pois (i) ou não basta o *ajuizamento* da ação revisional ou (ii) sequer há necessidade de ajuizamento da revisional (vide alternativa "D"). **B:** incorreta, pois é possível cessação automática, como se vê dos temas 881/5; **C:** incorreta, pois pode ser também em controle difuso com RG, como se vê dos temas 881/5; **D:** correta, pois a alteração das circunstâncias fáticas significa existir uma nova causa de pedir, de maneira que não se está diante da mesma demanda. Ademais, pelo tema 494 da repercussão geral, "a aplicação de nova tese à relação tributária de trato continuado, considerando a eficácia *rebus sic stantibus* da coisa julgada (manutenção desta enquanto não forem alterados os pressupostos fático-jurídicos da relação jurídica), *não é necessário o ajuizamento de ação revisional*, a não ser em casos de expressa exigência legal"; **E:** Incorreta, pois há limites temporais da coisa julgada com base em entendimento posterior, com controle difuso com RG ou concentrado, como se vê dos temas 881/5. **LD**

Gabarito "D".

(Procurador Município – Santos/SP – VUNESP – 2021) Uma das garantias proporcionadas pelo ordenamento jurídico processual civil para o ganhador do processo é que a sentença que condenar o réu ao pagamento de prestação consistente em dinheiro e a que determinar a conversão de prestação de fazer, de não fazer ou de dar coisa em prestação pecuniária valerão como título constitutivo de hipoteca judiciária, cabendo lembrar que

(A) não é hábil para tanto a sentença impugnada por recurso dotado de efeito suspensivo.

(B) deverá ser realizada mediante apresentação de mandado de inscrição a ser averbado perante o cartório de registro imobiliário.

(C) no prazo de até 15 (quinze) dias da data de sua realização, a parte que dela se beneficiou informá-la-á ao juízo da causa, que determinará a intimação da outra parte para que tome ciência do ato.

(D) uma vez constituída, implicará, para o credor hipotecário, o direito de resiliência, quanto ao pagamento, em relação a outros credores.

(E) sobrevindo invalidação da sentença que impôs o pagamento de quantia, a parte que a requereu responderá, caso demonstrada a sua culpa, pelos danos que a outra parte tiver sofrido.

A questão envolve a hipoteca judiciária (instituto pouco utilizado no cotidiano forense), que é a possibilidade de averbar na matrícula de um bem à condenação, desde a prolação da sentença, de modo que terceiro que eventualmente adquira o bem, não possa alegar desconhecimento do processo (CPC, art. 495). **A:** incorreta, pois a hipoteca judiciária independe de efeito suspensivo ou não da apelação (CPC, art. 495, § 1º, III); **B:** incorreta, porque basta a apresentação da *cópia da sentença* no cartório (CPC, art. 495, § 2º); **C:** correta, sendo essa a previsão legal (CPC, art. 495, § 3º); **D:** incorreta, porque constituída, "implicará, para o credor hipotecário, o direito de *preferência*, quanto ao pagamento, em relação a outros credores" (CPC, art. 495, § 4º); **E:** incorreta, considerando que, sobrevindo invalidação da sentença, "a parte responderá, *independentemente de culpa*, pelos danos que a outra parte tiver sofrido (...), devendo o valor da indenização ser liquidado e executado nos próprios autos" (CPC, art. 495, § 5º).

Gabarito "C".

(Procurador Município – Santos/SP – VUNESP – 2021) O prazo decadencial para a propositura da ação rescisória é de 2 (dois) anos, lembrando que

(A) o seu termo final não se prorroga até o primeiro dia útil imediatamente subsequente, quando expirar durante feriado.

(B) o termo inicial do prazo será a data de descoberta da prova nova, observado o lapso temporal máximo de 4 (quatro) anos.

(C) na hipótese de simulação ou de colisão das partes, o prazo começa a contar, para o terceiro prejudicado, que não interveio no processo, a partir do momento que delas teve ciência.

(D) em se tratando de coisa julgada inconstitucional, o prazo será de 3(três) anos, a partir da prolação da decisão do Supremo Tribunal Federal.

(E) o seu termo inicial, como regra, conta-se do trânsito em julgado da última decisão proferida no processo.

A: incorreta, pois o termo final *se prorroga* até o primeiro dia útil subsequente, se terminar em dia em que não houver expediente forense (CPC, art. 975, § 1º); **B:** incorreta, pois no caso de prova nova, ainda que o termo inicial será a descoberta da prova, o prazo máximo é de *5 anos do trânsito em julgado* (CPC, art. 975, § 2º); **C:** incorreta, porque na hipótese de simulação ou *colusão* (conluio, acordo para prejudicar terceiros) – e não *colisão* – o prazo será contado a partir da ciência do terceiro (CPC, art. 975, § 3º); **D:** incorreta, pois no caso de coisa julgada inconstitucional, o prazo é de 2 anos após a decisão do STF (CPC, art. 975, *caput* e 525, § 15); **E:** correta, sendo essa a previsão legal (CPC, art. 975, *caput*).

Gabarito "E".

(Procurador Município – Teresina/PI – FCC – 2022) Em relação à ação rescisória, considere:

I. A decisão de mérito, transitada em julgado, entre outras hipóteses pode ser rescindida quando for proferida por juiz impedido ou por juízo relativa ou absolutamente incompetente.

II. A propositura da ação rescisória não impede o cumprimento da decisão rescindenda, ressalvada a concessão de tutela provisória.

III. Cabe ação rescisória, com fundamento na violação manifesta da norma jurídica, contra decisão baseada em enunciado de súmula ou acórdão proferido em julgamento de casos repetitivos que tenha considerado a existência de distinção entre a questão discutida no processo e o padrão decisório que lhe deu fundamento.

IV. O direito à rescisão se extingue em 2 anos contados do trânsito em julgado da última decisão proferida no processo.

Está correto o que se afirma APENAS em

(A) I, III e IV.

(B) I e II.

(C) II, III e IV.

(D) I e III.

(E) II e IV.

I: incorreta, pois não cabe AR no caso de incompetência *relativa* – nas demais hipóteses mencionadas, cabe a AR (CPC, art. 966, II); **II:** correta, porque em regra "a propositura da ação rescisória não impede o cumprimento da decisão rescindenda, ressalvada a concessão de tutela provisória", pelo relator (CPC, art. 969); **III:** incorreta, pois cabe AR alegando violação manifesta da norma jurídica (inciso V do art. 966 do CPC) "contra decisão baseada em enunciado de súmula ou acórdão proferido em julgamento de casos repetitivos que *não* tenha considerado a existência de distinção entre a questão discutida no processo e o padrão decisório que lhe deu fundamento" (CPC, art. 955, § 5º); **IV:** correta, sendo essa a previsão legal constante do *caput* do art. 975 do CPC e prevista na súmula 401 do STJ (atenção pois na trabalhista o entendimento é outro, conforme súmula 100 do TST).

Gabarito "E".

(Procurador do Município – Valinhos/SP – 2019 – VUNESP) A ação rescisória é uma demanda autônoma que tem por objetivo desconstituir uma decisão judicial e, no comum dos casos, também a realização de um novo julgamento. Com relação ao instituto, é correto afirmar que a decisão de mérito, transitada em julgado, pode ser rescindida quando

(A) for proferida por juiz suspeito ou por juízo absolutamente incompetente.

(B) for fundada em prova cuja falsidade tenha sido apurada em processo criminal ou administrativo.

(C) houver injustiça na decisão proferida.

(D) obtiver o autor, antes ao trânsito em julgado, prova nova cuja existência ignorava, capaz, por si só, de lhe assegurar pronunciamento favorável.

(E) for fundada em erro de fato verificável do exame dos autos.

A: incorreta, pois além de caber AR no caso de juiz absolutamente incompetente, cabe AR no caso de juiz *impedido* e não de juiz suspeito (CPC, art. 966, II); **B:** incorreta, pois a prova falsa pode ser apurada na própria AR ou em processo criminal – mas não processo administrativo (CPC, art. 966, VI); **C:** incorreta, considerando que a mera injustiça da decisão não autoriza a propositura de ação rescisória (não consta essa hipótese do CPC, art. 966); **D:** incorreta, tendo em vista que a prova nova para fins de AR deve ser obtida após o trânsito em julgado (CPC, art. 966, VII); **E:** correta, conforme expressa previsão legal (CPC, art. 966, VIII). Gabarito "E".

(Procurador do Estado/TO – 2018 – FCC) Em relação à ação rescisória,

(A) o Ministério Público pode ajuizá-la apenas se não foi ouvido no processo em que lhe era obrigatória a intervenção.

(B) seu rol é meramente elucidativo, abrangendo na atual sistemática processual os atos homologatórios praticados no curso da execução.

(C) somente a decisão de mérito é rescindível.

(D) seu objeto deve abranger necessariamente a decisão meritória em sua integralidade.

(E) sua propositura não impede o cumprimento da decisão rescindenda, ressalvada a concessão de tutela provisória.

A: incorreta, pois há outras hipóteses em que o MP terá legitimidade para propor AR, como quando a decisão rescindenda é efeito de simulação ou de colusão das partes ou, ainda, em outros casos em que se imponha sua atuação (CPC, art. 967, III); **B:** incorreta, porque o rol do art. 966 é taxativo e, além disso, os atos homologatórios devem ser impugnados via ação anulatória (CPC, art. 966, § 4º); **C:** incorreta, já que é cabível a propositura de AR para impugnar decisões que não tenham analisado o mérito quando a decisão impeça a propositura de nova ação ou a admissibilidade de recurso (CPC, art. 966, § 2º); **D:** incorreta, tendo em vista que é cabível a propositura de AR para impugnar apenas um capítulo da decisão (CPC, art. 966, § 3º); **E:** correta, conforme expressa previsão legal (CPC, art. 969). Gabarito "E".

(Procurador do Estado/AC – 2017 – FMP) Considere as seguintes afirmativas sobre o tema da sentença no âmbito do Código de Processo Civil. Assinale a alternativa CORRETA.

(A) O juiz resolverá o mérito quando acolher a alegação de existência de convenção de arbitragem ou quando o juízo arbitral reconhecer sua competência.

(B) O pronunciamento judicial que não resolve o mérito não obsta a que a parte proponha de novo a ação.

(C) A decisão deve ser certa, sendo vedado resolver relação jurídica condicional.

(D) A hipoteca judiciária não assegurará, para o credor hipotecário, qualquer preferência quanto ao pagamento em relação a outros credores.

(E) Publicada a sentença, o juiz só poderá alterá-la por meio de embargos de declaração, sendo vedado qualquer tipo de correção realizada de ofício.

A: incorreta, pois nesses casos não haverá resolução do mérito (CPC, art. 485, VII); **B:** correta, conforme expressa previsão legal (CPC, art. 486); **C:** incorreta, porque a decisão deve ser certa, *ainda que* resolva relação jurídica condicional (CPC, art. 492, p.u.); **D:** incorreta, tendo em vista que, uma vez constituída, a hipoteca judiciária assegura ao credor preferência quanto ao pagamento (CPC, art. 495, § 4º); **E:** incorreta, considerando que o juiz pode modificar a sentença, de ofício, para corrigir inexatidão material ou erro de cálculo (CPC, art. 494, I). Gabarito "B".

(Procurador do Estado/SP – 2018 – VUNESP) A ampliação objetiva dos limites da coisa julgada à questão prejudicial pode ser feita de ofício pelo juiz, desde que

(A) da resolução dessa questão não dependa o julgamento de mérito, e que o contraditório, nesse caso, seja prévio e efetivo e o juiz seja competente em razão da matéria e do lugar, mas essa ampliação não pode ocorrer em processos que possuam limitação da cognição ou restrições probatórias.

(B) exista contraditório prévio e efetivo, mesmo que o juiz não seja competente em razão da pessoa. Se houver limitação da cognição que impeça o aprofundamento da análise dessa questão prejudicial, o juiz deverá adaptar o procedimento para que essa limitação desapareça, mediante prévia consulta às partes.

(C) da resolução dessa questão dependa o julgamento de mérito, mas o contraditório precisa ser prévio e efetivo e o juiz precisa ser competente em razão da matéria e da pessoa, porém, essa ampliação não pode ocorrer se o réu for revel ou em processos que possuam limitações da cognição que impeçam o aprofundamento da análise da questão prejudicial ou restrição probatória.

(D) exista contraditório prévio e efetivo, mesmo que o juiz não seja competente em razão da matéria ou em razão do lugar, no entanto, se houver limitação da cognição que impeça o aprofundamento da análise dessa questão prejudicial, essa ampliação não pode ocorrer.

(E) exista contraditório prévio e efetivo, mesmo que o juiz não seja competente em razão da matéria ou da pessoa, porém, se houver limitação da cognição que impeça o aprofundamento da análise dessa questão prejudicial, essa ampliação não pode ocorrer.

Uma das grandes inovações do CPC 2015 quanto à coisa julgada foi a ampliação de seus limites objetivos, não mais existindo a ação declaratória incidental, que existia no Código anterior. Isso está no art. 503, § 1º, e há uma série de requisitos para que a questão prejudicial seja coberta pela coisa julgada. **A:** Incorreta, pois necessário que "da resolução dessa questão *dependa* o julgamento de mérito" (CPC, art. 503, § 1º, I); **B:** Incorreta, porque é preciso que o juiz "*seja* competente em razão da pessoa" (CPC, art. 503, § 1º, III); **C:** Correta, pois estão presentes todos os requisitos existentes nos incisos do art. 503, § 1º

e, também, no § 2º; **D:** Incorreta, considerando que o juiz *precisa* ser competente em razão da matéria (CPC, art. 503, § 1º, III); **E:** Incorreta, pois o juiz precisa ser competente de forma absoluta (matéria e pessoa, como já visto em alternativas anteriores).
Gabarito "C".

(Procurador Municipal – Prefeitura/BH – CESPE – 2017) Considerando que determinado município, capital de estado brasileiro, tenha sido condenado em ação indenizatória ajuizada por sociedade empresária, assinale a opção correta à luz da jurisprudência do STJ e da legislação pertinente.

(A) Somente caberá remessa necessária se a decisão for de mérito.

(B) Não caberá remessa necessária se a condenação for determinada em valor ilíquido.

(C) Caso o valor da condenação seja líquido e certo, caberá remessa necessária se ele for superior a mil salários mínimos.

(D) As regras a respeito da remessa necessária aplicáveis à hipótese em apreço são as mesmas previstas para os casos de ação popular.

A: Correta, considerando que a ideia é confirmar, no Tribunal, a decisão que seja contra a Fazenda; sendo assim, uma decisão terminativa em ação contra a Fazenda Pública não é desfavorável (CPC, art. 496); **B:** Incorreta, sendo decisão ilíquida, sempre haverá remessa necessária (interpretação que decorre do art. 496, § 2º do CPC); **C:** Incorreta, pois há um escalonamento: 100 salários para Municípios, 500 salários para os Estados e 1000 salários para a União (CPC, art. 496, § 3º, incisos); **D:** Incorreta, pois o duplo grau na ação popular ocorre em qualquer improcedência ou extinção, não tendo as restrições de valor existentes para a remessa necessária prevista no CPC (Lei 47.17/1965, art. 19).
Gabarito "A".

III – CUMPRIMENTO DE SENTENÇA E EXECUÇÃO

14. CUMPRIMENTO DE SENTENÇA

(Procurador – PGE/SP – 2024 – VUNESP) Acerca da competência para o cumprimento de sentença, é correto afirmar que

(A) o cumprimento de sentença deverá ser distribuído livremente, cabendo ao juízo definir o local menos prejudicial ao executado.

(B) somente pode ser proposto o cumprimento de sentença no local onde o devedor possuir bens, a fim de que possa ser garantida a eventual penhora ou hasta pública.

(C) o cumprimento da sentença será efetuado perante os tribunais nas causas de sua competência originária.

(D) sob pena de extinção da ação, por incompetência absoluta do juízo, o autor deverá obrigatoriamente distribuir o cumprimento de sentença perante o mesmo juízo que decidiu a causa em primeiro grau.

(E) nas causas obrigacionais o cumprimento de sentença deverá ser processado exclusivamente no domicílio do executado.

A: Incorreta. O art. 516 do CPC estabelece que, como regra, a competência para processar o cumprimento de sentença será do mesmo órgão que julgou a causa em primeiro grau de jurisdição. Assim, não haverá livre distribuição. **B:** Incorreta. Conforme previsão do art. 516, parágrafo

único do CPC, cabe ao exequente optar por apresentar o cumprimento de sentença perante o juízo que decidiu a causa no primeiro grau de jurisdição, ou no foro do atual domicílio do executado ou de situação dos bens sujeitos à execução. **C:** Correta. O art. 516, I do CPC dispõe que o cumprimento de sentença será efetuado perante os tribunais, nas causas de competência originária – como no caso de uma ação rescisória, por exemplo. **D:** Incorreta. Como visto, o exequente pode optar por apresentar o cumprimento de sentença perante o juízo que decidiu a causa no primeiro grau de jurisdição (CPC, art. 516, II), ou no foro (i) do atual domicílio do executado, (ii) de situação dos bens sujeitos à execução ou (iii) do local em que a obrigação de fazer ou não fazer deva ser executada (CPC, art. 516, parágrafo único). No mais, sendo situação de foro (competência territorial), a hipótese é de competência relativa, não absoluta.
(E) Incorreta, conforme justificativa para a alternativa "D". **LD**
Gabarito "C".

(Procurador Federal – AGU – 2023 – CEBRASPE) Em sede de cumprimento de sentença condenatória cível transitada em julgado, o prazo da prescrição intercorrente é

(A) fixo, de cinco anos, seja qual for a natureza da pretensão, não podendo ser suspenso nem interrompido.

(B) equivalente à metade do prazo fixado para prescrição da pretensão de direito material, podendo ser suspenso, uma única vez, pelo período máximo de um ano, caso não se localize o devedor ou bens penhoráveis.

(C) equivalente à metade do prazo fixado para prescrição da pretensão de direito material, podendo ser suspenso, uma única vez, pelo período máximo de dois anos, caso não se localize o devedor ou bens penhoráveis.

(D) idêntico ao da prescrição da pretensão de direito material, podendo ser suspenso, uma única vez, pelo período máximo de um ano, caso não se localize o devedor ou bens penhoráveis.

(E) idêntico ao da prescrição da pretensão de direito material, podendo ser suspenso, uma única vez, pelo período máximo de dois anos, caso não se localize o devedor ou bens penhoráveis.

A: Incorreta, pois o prazo da prescrição intercorrente observará o mesmo prazo de prescrição da pretensão (CC, art. 206-A). Nos termos do art. 921, § 4º do CPC, é possível suspender a prescrição por uma única vez, caso não se localize o devedor ou bens penhoráveis; **B:** Incorreta. O prazo da prescrição intercorrente observará o mesmo prazo de prescrição da pretensão (CC, art. 206-A); **C:** Incorreta, vide justificativa para alternativa "D"; **D:** Correta. O prazo da prescrição intercorrente observará o mesmo prazo de prescrição da pretensão (CC, art. 206-A), podendo ser suspenso uma única vez, pelo prazo máximo de 1 ano (CPC, art. 921, § 4º). **E:** Incorreta, uma vez que o prazo máximo de suspensão é de 1 ano (CPC, art. 921, § 4º). **LD**
Gabarito "D".

(Procurador/PA – CESPE – 2022) Acerca do cumprimento de sentença, julgue os itens que se seguem.

I. Transcorrido o prazo para cumprimento da obrigação de pagar quantia certa, inicia-se o prazo de quinze dias para a fazenda pública apresentar impugnação.

II. Considera-se inexigível a obrigação reconhecida em título executivo judicial fundado em lei ou ato normativo considerado inconstitucional pelo Supremo Tribunal Federal somente em controle concentrado de constitucionalidade, podendo a inexigibilidade ser alegada em impugnação ao cumprimento de sentença ou em ação rescisória, a depender da data do trânsito em julgado da sentença e da decisão do tribunal superior.

III. É obrigatória a inclusão, no orçamento das entidades de direito público, de verba necessária ao pagamento de seus débitos oriundos de sentenças transitadas em julgado constantes de precatórios judiciários apresentados até 2 de abril, fazendo-se o pagamento até o final do exercício seguinte, quando os valores serão atualizados monetariamente.

IV. A concessão de efeito suspensivo à impugnação deduzida por um dos executados suspenderá a execução contra os que não tiverem impugnado, mesmo quando o respectivo fundamento disser respeito apenas ao impugnante.

Assinale a opção correta.

(A) Apenas o item I está certo.

(B) Apenas o item III está certo.

(C) Apenas os itens I e II estão certos.

(D) Apenas os itens II e IV estão certos.

(E) Apenas os itens III e IV estão certos.

I: incorreto, pois a Fazenda tem prazo de *30 dias* para impugnar o cumprimento de sentença (CPC, art. 535); II: incorreto, porque a inexigibilidade decorrente de decisão de inconstitucionalidade do STF pode ser tanto decorrente de controle concentrado, quanto *controle difuso* (CPC, art. 525, § 12); III: correto, sendo essa a previsão constante da Constituição (CF, art. 100, § 5°, com a redação da EC 114/2021); IV: incorreto, considerando que "A concessão de efeito suspensivo à impugnação deduzida por um dos executados *não suspenderá* a execução contra os que não impugnaram, *quando o respectivo fundamento disser respeito exclusivamente ao impugnante*" (CPC, art. 525, § 9°).
Gabarito "B".

(Procurador do Estado/TO – 2018 – FCC) Em relação à impugnação ao cumprimento definitivo de sentença que obrigue a pagar quantia certa,

(A) podem ser alegadas qualquer causa modificativa ou extintiva da obrigação, como pagamento, novação, compensação, transação ou prescrição, desde que supervenientes à sentença.

(B) a concessão de efeito suspensivo à impugnação impede a efetivação dos atos de substituição, de reforço ou de redução da penhora e de avaliação dos bens.

(C) desde que garantido o juízo com penhora, caução ou depósito suficientes, a concessão de efeito suspensivo dar-se-á automaticamente, como regra geral.

(D) se atribuído efeito suspensivo à impugnação, a execução do julgado prosseguirá até avaliação dos bens, defesa a prática de atos expropriatórios.

(E) quando o executado alegar que o exequente, em excesso de execução, pleiteia quantia superior à resultante da sentença, caberá ao juiz remeter necessariamente os autos ao contador judicial para verificar se o argumento de excesso procede.

A: correta, conforme expressa previsão legal (CPC, art. 525, § 1°, VII); B: incorreta, pois o que ocorre é efetivamente o contrário – a concessão de efeito suspensivo não impede a efetivação dos atos de substituição, de reforço ou de redução da penhora e de avaliação de bens (CPC, art. 525, § 7°); C: incorreta, porque a atribuição de efeito suspensivo, além de depender de garantia do juízo (penhora ou caução), precisa também

da relevância dos fundamentos e de efetivo perigo de dano (CPC, art. 525, § 6°); D: incorreta, já que é possível que o exequente requeira o prosseguimento da execução, ainda que atribuído efeito suspensivo, contanto que seja oferecida caução a ser arbitrada pelo juiz (CPC, art. 525, § 10); E: incorreta, uma vez que cabe ao exequente demonstrar, desde logo, o valor que entende correto, por meio de demonstrativo discriminado e atualizado do cálculo (CPC, art. 525, § 4°).
Gabarito "A".

(Procurador do Estado/TO – 2018 – FCC) Em relação ao cumprimento definitivo da sentença que obrigue a pagar quantia certa,

(A) não havendo pagamento voluntário, o executado só poderá impugnar a execução se oferecer bens a penhora ou caução idônea.

(B) o cumprimento do julgado pode ser determinado de ofício pelo juiz.

(C) não efetuado tempestivamente o pagamento voluntário, será expedido, desde logo, mandado de penhora e avaliação, seguindo-se os atos de expropriação.

(D) o executado será intimado a pagar o débito em 72 horas, sob pena de penhora livre e avaliação de bens.

(E) se o pagamento voluntário não ocorrer no prazo legal, o débito será acrescido de multa de 10% e honorários advocatícios de 15% se houver impugnação futura que se julgue improcedente.

A: incorreta, pois o executado poderá apresentar impugnação, independentemente de oferecer bens à penhora ou caução idônea (CPC, art. 525); B: incorreta, porque o início do cumprimento de sentença depende de impulso da parte exequente (CPC, art. 523); C: correta, conforme expressa previsão legal (CPC, art. 523, § 3°); D: incorreta, considerando que o executado será intimado para realizar o pagamento no prazo de 15 dias (CPC, art. 523); E: incorreta, uma vez que, não ocorrendo o pagamento voluntário, o débito será acrescido de 10% de multa e 10% de honorários (CPC, art. 523, § 1°).
Gabarito "C".

(Procurador do Estado/AC – 2017 – FMP) Considere as seguintes afirmativas sobre o tema do cumprimento da sentença no âmbito do Código de Processo Civil. Assinale a alternativa INCORRETA.

(A) Todas as questões relativas à validade do procedimento de cumprimento da sentença e dos atos executivos subsequentes somente poderão ser arguidas pelo executado em autos apartados e nestes serão decididas pelo juiz.

(B) A decisão judicial transitada em julgado poderá ser levada a protesto, nos termos da lei, depois de transcorrido o prazo para pagamento voluntário.

(C) No caso de condenação em quantia certa, ou já fixada em liquidação, e no caso de decisão sobre parcela incontroversa, o cumprimento definitivo da sentença far-se-á a requerimento do exequente, sendo o executado intimado para pagar o débito, no prazo de 15 (quinze) dias, acrescido de custas, se houver.

(D) No cumprimento de sentença que reconheça a exigibilidade de obrigação de fazer ou de não fazer, o juiz poderá, de ofício ou a requerimento, para a efetivação da tutela específica ou a obtenção de tutela pelo resultado prático equivalente, determinar as medidas necessárias à satisfação do exequente.

(E) Não cumprida a obrigação de entregar coisa no prazo estabelecido na sentença, será expedido mandado de busca e apreensão ou de imissão na posse em favor do credor, conforme se tratar de coisa móvel ou imóvel.

A: incorreta, devendo esta ser assinalada, porque todas as questões relacionadas à validade do procedimento e dos atos executivos poderão ser arguidas nos próprios autos (CPC, art. 518); **B:** correta, conforme expressa previsão legal (CPC, art. 517); **C:** correta, sendo esse o procedimento do cumprimento definitivo de sentença que reconheça a obrigação de pagar quantia certa (CPC, art. 523); **D:** correta, a fim de garantir a efetividade da tutela executiva (CPC, art. 536); **E:** correta, conforme expressa previsão legal (CPC, art. 538).

Gabarito "A"

(Procurador do Estado/SP – 2018 – VUNESP) A decisão do Supremo Tribunal Federal que considera inconstitucional lei na qual se baseou, como único fundamento, uma sentença condenatória da Fazenda Pública proferida em outro processo, torna

(A) inexistente o título judicial que se formou, desde que a decisão tenha sido tomada em controle concentrado. Esse argumento pode ser arguido nos embargos da Fazenda, durante a execução civil, se a decisão que se pretende rescindir ainda não transitou em julgado.

(B) inexigível a obrigação contida no título judicial que se formou, desde que a decisão do Supremo tenha sido proferida em sede de controle difuso. Esse argumento pode ser arguido na impugnação da Fazenda, durante o cumprimento de sentença, se a decisão que se pretende rever ainda não transitou em julgado, e em ação anulatória, se já ocorreu o trânsito.

(C) inválido o título judicial que se formou, mesmo que a decisão tenha sido tomada em controle difuso ou concentrado. Esse argumento pode ser arguido na impugnação, durante a fase de cumprimento de sentença ou no processo de execução, mas não em ação rescisória.

(D) inexigível a obrigação contida no título judicial que se formou, desde que a decisão tenha sido tomada em controle concentrado. Esse argumento pode ser utilizado na impugnação da Fazenda, durante a fase de cumprimento de sentença, mas, se a decisão que condenou a Fazenda transitou em julgado, não é cabível ação rescisória com esse fundamento.

(E) inexigível a obrigação contida no título judicial que se formou, mesmo que essa decisão tenha sido tomada em controle concentrado ou difuso de constitucionalidade. Esse argumento pode ser utilizado na impugnação da Fazenda, durante a fase de cumprimento de sentença, se ainda não ocorreu o trânsito em julgado, ou em ação rescisória, se isso já ocorreu.

A: Incorreta, considerando que, no caso, (i) a obrigação reconhecida no título executivo será inexigível, (ii) a decisão do Supremo pode ter sido tomada em controle de constitucionalidade concentrado ou difuso, (iii) esse argumento deve ser levantado na impugnação ao cumprimento de sentença, e (iv) é cabível na via da impugnação apenas se a decisão do Supremo for anterior ao trânsito em julgado da decisão que se pretende rescindir (CPC, art. 525, § 1º, III e §§ 12 e 14); **B:** Incorreta, porque é possível que a decisão do Supremo tenha sido proferida em controle de constitucionalidade concentrado ou difuso (CPC, art. 525, § 1º, III e § 12); **C:** Incorreta, porque (i) a obrigação reconhecida no título executivo será inexigível, e (ii) o argumento pode ser arguido em ação rescisória, caso já tenha ocorrido o trânsito em julgado da

decisão exequenda (CPC, art. 525, § 1º, III e § 15); **D:** Incorreta, pois (i) é possível que a decisão do Supremo tenha sido proferida em controle de constitucionalidade concentrado ou difuso, e (ii) o argumento pode ser arguido em ação rescisória, caso já tenha ocorrido o trânsito em julgado da decisão exequenda (CPC, art. 525, § 1º, III e § 15); **E:** Correta, pois essa alternativa traz todos os requisitos previstos na nova legislação processual em relação ao tema (CPC, art. 525, § 1º, III e §§ 12 a 15).

Gabarito "E"

(Procurador do Município – Prefeitura Fortaleza/CE – CESPE – 2017) No que se refere ao cumprimento de sentença e ao processo de execução, julgue os itens subsequentes.

(1) De acordo com o entendimento atual nos tribunais superiores, o MP tem legitimidade extraordinária para promover ação de execução de título formado por decisão do tribunal de contas do estado ou do Tribunal de Contas da União que tenha finalidade de ressarcir o erário.

(2) Situação hipotética: Procurador de determinado município foi intimado em cumprimento de sentença e verificou que, no curso do processo de conhecimento, havia sido pago ao exequente determinado valor que deveria ser compensado. Assertiva: Nessa situação, o procurador deve, nos embargos à execução, alegar o direito à compensação como causa modificativa da obrigação.

(3) De acordo com o STJ, embora seja possível a penhora de precatório judicial, essa forma de pagamento não se iguala ao dinheiro, sendo, portanto, legítima a recusa da fazenda pública à garantia por meio de precatório em execução fiscal se, na nomeação de bens a penhora, o executado tiver preterido a ordem legal.

1: errada, pois essa legitimidade é do próprio ente que sofreu o prejuízo, não do MP (STF, RE 687756). **2:** Errada, pois a matéria é anterior à sentença, de modo que está coberta pela coisa julgada, não podendo ser alegado em sede de defesa na execução. No CPC, há previsão de cumprimento de sentença contra a Fazenda e, também, de *impugnação* (CPC, art. 535: "A Fazenda Pública será intimada na pessoa de seu representante judicial, por carga, remessa ou meio eletrônico, para, querendo, no prazo de 30 (trinta) dias e nos próprios autos, *impugnar* a execução, podendo arguir:", sendo que o inciso VI aponta: "qualquer causa modificativa ou extintiva da obrigação, como pagamento, novação, compensação, transação ou prescrição, desde que supervenientes ao trânsito em julgado da sentença"). **3:** Correta, conforme a jurisprudência (STJ, REsp 1.598.207).

Gabarito 1E, 2E, 3C

15. PROCESSO DE EXECUÇÃO

(Procurador – PGE/SP – 2024 – VUNESP) Um policial militar do Estado de São Paulo, dirigindo em alta velocidade, colide a viatura contra um muro, danificando severamente o veículo. Instaurado procedimento administrativo militar é apurada a responsabilidade funcional, impondo o dever deste ressarcir o erário quanto ao valor gasto no reparo da viatura. Instado a fazê-lo, recusa-se. Manejada ação de cobrança pela PGE, o policial é condenado, e a ação transita em julgado. Deflagrado o cumprimento de sentença, o qual não resta impugnado pelo réu, inicia-se a fase de penhora e expropriação de bens. Sobre o tema, assinale a alternativa correta.

(A) Quando a residência familiar do policial se constituir em imóvel rural, a impenhorabilidade restringir-se-á à sede de moradia, com os respectivos bens móveis.

(B) A quantia depositada em caderneta de poupança do policial, em qualquer valor, pode ser penhorada, preferindo esta aos imóveis.

(C) Por se tratar do policial militar, incide regra de lei estadual que o dispensa de reparar o dano.

(D) Não se aplica a impenhorabilidade do bem de família, podendo o imóvel residencial do policial ser penhorado, eis que o dever de indenizar decorre de ato ilícito.

(E) O veículo do policial é impenhorável, em qualquer circunstância, eis que se presume a utilização deste, para locomover-se ao serviço.

A: Correta. O art. 4º, § 2º da Lei 8.009/1990 estabelece que, tratando-se de imóvel rural, a impenhorabilidade aplica-se somente à sede de moradia, com os respectivos bens móveis; **B:** Incorreta. O art. 833, X do CPC prevê a impenhorabilidade da quantia depositada em caderneta de poupança, até o limite de 40 salários-mínimos; **C:** Incorreta, uma vez que o fato de ser funcionário público não afasta o dever de ressarcir o erário; **D:** Incorreta, pois a impenhorabilidade é oponível em qualquer processo de execução civil, fiscal previdenciária, trabalhista ou de outra natureza, não configurando o dever de indenizar decorrente de ato ilícito exceção (as exceções estão na Lei .8009/1990, art. 3º ou no próprio CPC); **E:** Incorreta, uma vez que a impenhorabilidade do veículo dependerá da demonstração de que se trata de bem móvel necessário ao exercício da profissão (CPC, art. 833, V). O veículo pessoal do policial não é bem fundamental ao seu trabalho. **LD**

Gabarito "A"

(Procurador do Estado/AC – 2017 – FMP) Considere as seguintes afirmativas sobre o tema dos embargos à execução no âmbito do Código de Processo Civil. Assinale a alternativa CORRETA.

(A) O executado poderá se opor à execução por meio de embargos, desde que garantidos por penhora, depósito ou caução.

(B) Os embargos à execução terão efeito suspensivo.

(C) Recebidos os embargos, o exequente será ouvido no prazo de 5 (cinco) dias.

(D) O juiz rejeitará liminarmente os embargos manifestamente protelatórios.

(E) No prazo para embargos, reconhecendo o crédito do exequente e comprovando o depósito de cinquenta por cento do valor em execução, acrescido de custas e de honorários de advogado, o executado poderá requerer que lhe seja permitido pagar o restante em até 3 (três) parcelas mensais, acrescidas de correção monetária e de juros de um por cento ao mês.

A: incorreta, porque a oposição de embargos à execução não depende do oferecimento de caução, depósito ou indicação de bens à penhora (CPC, art. 914) – diferentemente do que acontece na execução fiscal; **B:** incorreta, pois a concessão de efeito suspensivo não é "automática" e dependerá da demonstração dos requisitos da tutela provisória, além do oferecimento de garantia do juízo (CPC, art. 919); **C:** incorreta, já que o exequente será ouvido no prazo de 15 dias (CPC, art. 920, I); **D:** correta (CPC, art. 918, III); **E:** incorreta, tendo em vista que deve ser depósito 30% do valor da execução e o executado poderá requerer que o restante seja pago em até 6 parcelas mensais (CPC, art. 916).

Gabarito "D"

(Procurador do Estado/SP – 2018 – VUNESP) Em relação à fraude de execução, assinale a alternativa correta.

(A) O simples fato de alguém ter alienado seus bens após a citação, no processo de conhecimento, já caracteriza plenamente a fraude de execução, sejam os bens passíveis de registro ou não.

(B) Quanto aos bens imóveis, o ônus de provar sua existência pode ser satisfeito mediante averbação na matrícula do imóvel, prévia à alienação, da existência de uma ação, ainda que de natureza penal, dentre outras, que pode reduzir o devedor à insolvência.

(C) É sempre do exequente o ônus da prova da fraude de execução quando ocorrer a venda de bens não sujeitos a registro após a citação, na execução civil, ou após a intimação, no caso do cumprimento de sentença.

(D) Os atos praticados em fraude de execução são juridicamente inexistentes, independentemente de o executado ter ficado insolvente ou não.

(E) Caracteriza-se exclusivamente quando, após o início do cumprimento de sentença ou da execução civil, ocorre a alienação de bens por parte do executado, dispensados outros requisitos.

A: Incorreta, porque seria necessário que a ação ajuizada fosse capaz de reduzir o devedor à insolvência (CPC, art. 792, IV). No tocante ao registro, a caracterização da fraude à execução depende, ainda, do registro da penhora do bem alienado ou da prova da má-fé do terceiro adquirente (STJ, Súmula 375); **B:** Correta (CPC, art. 792, I, II e IV); **C:** Incorreta, considerando que, no caso de bens não sujeitos a registro, o ônus caberá ao terceiro adquirente e não ao exequente (CPC, art. 792, § 2º); **D:** Incorreta, porque os atos praticados em fraude à execução são *ineficazes* em relação ao exequente (CPC, art. 792, §1º); **E:** Incorreta, uma vez que a alienação de bem não caracteriza por si só fraude à execução (CPC, art. 792).

Gabarito "B"

16. EXECUÇÃO E CUMPRIMENTO DE SENTENÇA CONTRA A FAZENDA PÚBLICA

(Procurador Fazenda Nacional – AGU – 2023 – CEBRASPE) No que se refere ao cumprimento de obrigação de pagar quantia certa oponível à fazenda pública, assinale a opção correta segundo a CF e a jurisprudência do STF.

(A) Reconhecido o indébito tributário no âmbito de mandado de segurança, o impetrante poderá requerer administrativamente a restituição desses valores.

(B) Incidirão juros de mora desde a data de expedição até a data do efetivo pagamento do precatório.

(C) Admite-se a execução provisória de obrigação de pagar quantia certa em face da fazenda pública.

(D) Não incidirão juros de mora no período compreendido entre a data da elaboração dos cálculos e a data da expedição do precatório.

(E) Não se admite a expedição de requisição de pequeno valor (RPV) para pagamento de honorários contratuais dissociados do principal a ser requisitado pelo credor da fazenda pública.

A: Incorreta, conforme Súmula 461/STJ: "O contribuinte pode optar por receber, *por meio de precatório ou por compensação*, o indébito tributário certificado por sentença declaratória transitada em julgado".

4. DIREITO PROCESSUAL CIVIL   237

Ou seja, o recebimento é por precatório ou por compensação, mas não é possível receber de volta o valor pago, pela via administrativa; **B:** Incorreta. Os juros incidem apenas na hipótese de atraso no pagamento do precatório (Súmula Vinculante 17: "Durante o período previsto no parágrafo 1º do artigo 100 da Constituição, não incidem juros de mora sobre os precatórios que nele sejam pagos"); **C:** Incorreta, pois a expedição do precatório ou da RPV somente ocorrerá após o trânsito em julgado da respectiva decisão (Lei 9.494/1997, art. 2º-B); **D:** Incorreta, pois no período compreendido entre a data da realização dos cálculos e a data da expedição do precatório incidem juros de mora (Tema 96 STF); **E:** Correta. Existe a possibilidade de expedição de precatório ou RPV para satisfação dos honorários, mas exclusivamente aos *sucumbenciais* (por exemplo, a Súmula Vinculante 47 trata da hipótese). Os honorários contratuais são pagos pelo cliente ao advogado, não existindo nenhuma correlação com a expedição de precatórios. **LD**

Gabarito "E".

(Procurador – AL/PR – 2024 – FGV) Em execução de pagar quantia contra o estado do Paraná, Mônica Cebola, 75 anos, titular de crédito de natureza alimentícia de R$500.000,00 (quinhentos mil reais), já não impugnado pela fazenda pública.

Quanto a urgência no recebimento, assinale a afirmativa correta.

(A) Em razão da idade e da natureza alimentícia do crédito, pode fracioná-lo, para receber, antecipadamente, por requisição de pagamento de pequeno valor o correspondente a três vezes o pequeno valor, mantendo-se na ordem de precatório para receber o restante.

(B) Em razão da idade, pode ceder seu direito de fracionamento do crédito, para receber, antecipadamente, até o correspondente a três vezes o pequeno valor, mantendo-se na ordem de precatório para receber o restante.

(C) Pode fracionar seu crédito, para receber, antecipadamente, por requisição de pagamento de pequeno valor o correspondente a 40 salários-mínimos, mantendo-se na ordem de precatório para receber o restante.

(D) Em razão da idade e da natureza alimentícia do crédito, pode fracioná-lo, para receber, antecipadamente, até o correspondente a três vezes o pequeno valor, mantendo-se na ordem de precatório para receber o restante.

(E) Pode fracionar seu crédito, para receber, antecipadamente, por requisição de pagamento de pequeno valor o correspondente a 40 salários-mínimos, mantendo-se na ordem de precatório para receber o restante, tendo preferência em razão da idade e da natureza alimentícia do crédito.

O pagamento dos precatórios é feito com base no art. 100 da CF, que já passou por diversas alterações via emendas constitucionais – que também alteraram o ato das disposições constitucionais transitórias (ADCT). A EC 114/21 alterou a sistemática de pagamento dos precatórios. De acordo com o art. 107-A, § 8º, do ADCT, há o seguinte: *"8º Os pagamentos em virtude de sentença judiciária de que trata o art. 100 da Constituição Federal serão realizados na seguinte ordem: I – obrigações definidas em lei como de pequeno valor, previstas no § 3º do art. 100 da Constituição Federal; II – precatórios de natureza alimentícia cujos titulares, originários ou por sucessão hereditária, tenham no mínimo 60 (sessenta) anos de idade, ou sejam portadores de doença grave ou pessoas com deficiência, assim*

definidos na forma da lei, até o valor equivalente ao triplo do montante fixado em lei como obrigação de pequeno valor;" Portanto, a resposta à pergunta está no inciso II, já que Mônica tem mais de 60 anos, seu crédito é alimentar, é portadora de doença grave, de maneira que pode receber até 3 vezes o valor do RPV, como preferência. O restante, portanto, será pago via o precatório padrão. Portanto, a resposta correta é a "D". **LD**

Gabarito "D".

(Procurador Fazenda Nacional – AGU – 2023 – CEBRASPE) O espólio de Francisco, portador de cardiopatia grave, ajuizou ação para restituição de imposto de renda de pessoa física (IRPF) descontado na fonte sobre seus proventos de aposentadoria. A sentença judicial condenou a PGFN à devolução do valor de R$ 180.000,00, sendo incontroverso o montante de R$ 30.000,00. Depois de apresentar recurso sobre o quantum controverso, o espólio peticionou pela expedição de requisição de pequeno valor (RPV) da parte incontroversa.

Considerando a situação hipotética apresentada, assinale a opção correta a respeito do regime jurídico-constitucional de pagamento de débitos pela fazenda pública.

(A) É constitucional a expedição de RPV para pagamento da parte incontroversa e autônoma do pronunciamento judicial transitado em julgado ao espólio de Francisco.

(B) O pagamento parcelado dos créditos não alimentares, ainda que mais antigos do que os créditos alimentares, caracteriza preterição indevida de precatórios alimentares.

(C) Caso o espólio de Francisco seja executado por inscrição em dívida ativa da União, o juízo responsável pela ação de cobrança poderá compensar, de ofício, débitos tributários e créditos de precatório.

(D) Caso a fazenda nacional reste vencida quanto ao valor total pleiteado, sobre eventual precatório judiciário apresentado em 30/6/2021 e pago no exercício de 2024 incidirão juros compensatórios correspondentes ao período de janeiro de 2024 até o efetivo pagamento.

(E) Caso o espólio de Francisco seja inscrito em dívida ativa da União por dívida de IRPF sobre salários, a fazenda nacional poderá utilizar o precatório em transação resolutiva de litígio.

A: Incorreta, uma vez que o art. 100, § 8º da CF não permite o fracionamento ou a quebra do valor da execução para fins de enquadramento de parcela do total; **B:** incorreta, porque esse pagamento parcelado não configura preterição, conforme decidido pelo STF: "O pagamento parcelado dos créditos não alimentares, na forma do art. 78 do ADCT, não caracteriza preterição indevida de precatórios alimentares, desde que os primeiros tenham sido inscritos em exercício anterior ao da apresentação dos segundos, uma vez que, ressalvados os créditos de que trata o art. 100, § 2º, da Constituição, o pagamento dos precatórios deve observar as seguintes diretrizes" (RE 612.707); **C:** incorreta, pois o STF, na ADI 4425, decidiu que a "compensação obrigatória" trazido pelos §§ 9º e 10 da CF, é inconstitucional; **D:** incorreta. Não há incidência de juros de mora (não os compensatórios), no período compreendido entre a data da realização dos cálculos e a da requisição ou do precatório (RE 579431, info 861); **E:** Correta, pois o art. 100, 11, I da CF (bem como a Lei nº 13.988/2020, art. 11, V) prevê a possibilidade de utilizar o precatório para amortização da dívida de IRPF. **LD**

Gabarito "E".

(Procurador do Município – Valinhos/SP – 2019 – VUNESP) No cumprimento de sentença que reconheça a exigibilidade de obrigação de pagar quantia certa pela Fazenda Pública, é correto afirmar:

(A) não ocorrendo o pagamento voluntário no prazo de 15 (quinze) dias, o débito será acrescido de multa de dez por cento.

(B) havendo pluralidade de exequentes, cada um deverá apresentar o seu próprio demonstrativo discriminado e atualizado do crédito.

(C) o prazo para impugnar a execução é de 15 (quinze) dias contados da intimação de seu representante judicial, por carga, remessa ou meio eletrônico.

(D) na impugnação, poderá ser arguida qualquer causa modificativa ou extintiva da obrigação, desde que anterior ao trânsito em julgado da sentença.

(E) o pagamento de obrigação de pequeno valor será realizado no prazo de 2 (dois) meses, contados do trânsito em julgado da decisão que julgar a impugnação à execução.

A: incorreta, pois não há incidência de multa para débitos devidos pela Fazenda Pública, considerando que os pagamentos são feitos via precatório/RPV (CPC, art. 534, § 2º); **B:** correta, conforme expressa previsão legal (CPC, art. 534, § 1º); **C:** incorreta, porque o prazo para impugnação da Fazenda é de 30 dias (CPC, art. 535); **D:** incorreta, considerando que as causas modificativas ou extintivas da obrigação devem ser *posteriores* ao trânsito em julgado da sentença (CPC, art. 535, VI) – sob pena de, na impugnação, existir violação à coisa julgada; **E:** incorreta, em razão do início da contagem do prazo de 2 meses, que é a partir da data de entrega da requisição (CPC, art. 535, § 3º, II).
Gabarito "B".

(Procurador do Estado/TO – 2018 – FCC) No tocante ao cumprimento de sentença que reconheça a exigibilidade de obrigação de pagar quantia certa pela Fazenda Pública, é correto afirmar:

(A) Se não impugnada a execução, ou rejeitadas as arguições da executada, por ordem do juiz, dirigida à autoridade na pessoa de quem o ente público foi citado para o processo, o pagamento de obrigação de pequeno valor será realizado no prazo de dois meses contado da entrega da requisição, mediante depósito na agência de banco oficial mais próxima da residência do exequente.

(B) O exequente apresentará demonstrativo discriminado e atualizado do crédito; se houver pluralidade de exequentes, cujo número poderá ser limitado em caso de litisconsórcio facultativo, deverá ser oferecido demonstrativo único em nome e benefício de todos eles.

(C) Em sua impugnação, a Fazenda poderá arguir excesso de execução genericamente, sem declarar de imediato o valor que entende correto, por se tratar de ente público, sem que disso decorra o não conhecimento da arguição.

(D) A impugnação fazendária poderá referir-se a qualquer causa modificativa ou extintiva da obrigação, como pagamento, novação, compensação, transação ou prescrição, supervenientes ou anteriores ao trânsito em julgado da sentença.

(E) Tornado líquido e certo o débito, expedir-se-á, por intermédio do juiz da execução, precatório em favor

do exequente, observadas as normas constitucionais pertinentes.

A: correta, conforme previsão legal que regula o procedimento de expedição de RPV – forma como a Fazenda Pública realiza o pagamento de suas obrigações de "pequeno valor", valendo a ressalva de que o valor varia conforme o ente público (CPC, art. 535, § 3º, II); **B:** incorreta, porque, em caso de litisconsórcio, cada litisconsorte deverá apresentar seu próprio demonstrativo de cálculo (CPC, art. 534, § 1º); **C:** incorreta, já que a exigência de apresentação de demonstrativo discriminado e atualizado do valor que se entende correto, no excesso de execução, também se aplica à Fazenda Pública (CPC, art. 535, § 2º); **D:** incorreta, pois a alegação de causas modificativas ou extintivas da obrigação só serão aceitas se supervenientes ao trânsito em julgado da sentença (CPC, art. 535, VI); **E:** incorreta, considerando que a expedição do precatório se dá por intermédio do presidente do respectivo tribunal (CPC, art. 535, § 3º, I).
Gabarito "A".

17. EXECUÇÃO FISCAL

(Procurador do Estado/AC – 2014 – FMP) Assinale a alternativa **incorreta.**

(A) A exceção de pré-executividade é admissível na execução fiscal, desde que se trate de matéria conhecível *ex officio*, mesmo que demande dilação probatória.

(B) A Fazenda Pública pode, na execução fiscal, substituir a Certidão de Dívida Ativa – CDA – para corrigir erros materiais do instrumento até a prolação da sentença de embargos, não podendo fazê-lo para corrigir erros relativos ao próprio lançamento tributário.

(C) Não é possível, à Fazenda Pública, substituir, na execução fiscal, a Certidão de Dívida Ativa (CDA) para modificar o sujeito passivo da execução.

(D) São cabíveis execução por título extrajudicial e ação monitória contra a Fazenda Pública.

A: alternativa incorreta, devendo esta ser assinalada. A exceção de pré-executividade não pode admitir dilação probatória – isso sendo restrito aos embargos. De se observar que o CPC consagra a objeção de pré-executividade, embora sem trazer esse nome (CPC, art. 803, parágrafo único); **B:** correta (Lei 6.830/1980, art. 2º, § 8º, assim interpretado: "A Turma negou provimento ao recurso por entender que a emenda ou substituição da CDA é admitida diante da existência de erro material ou formal, não sendo possível, entretanto, quando os vícios decorrerem do próprio lançamento e/ou da inscrição", informativo 447/STJ); **C:** correta (idem anterior); **D:** correta. O Código atual prevê expressamente a execução contra a Fazenda Pública fundada em título extrajudicial (CPC, art. 910) e a monitória contra a Fazenda Pública (CPC, art. 700, § 6º).
Gabarito "A".

IV – RECURSOS

18. TEORIA GERAL DOS RECURSOS

(Procurador – PGE/SP – 2024 – VUNESP) Quanto aos meios de impugnação dos provimentos judiciais, assinale a alternativa correta.

(A) Da decisão que inadmite intervenção de terceiros cabe agravo de instrumento.

(B) É cabível recurso extraordinário contra decisão proferida por juiz de primeiro grau nas causas de alçada, ou

4. DIREITO PROCESSUAL CIVIL

por turma recursal de juizado especial cível, sendo, neste caso, desnecessário o requisito da repercussão geral.

(C) Da decisão que exclui litisconsorte não cabe agravo de instrumento.

(D) Não é cabível agravo de instrumento contra decisão que acolhe pedido de revogação de gratuidade da justiça.

(E) É cabível reclamação em face de ato judicial não impugnado e transitado em julgado, que desrespeita decisão do STF.

A: Correta, conforme previsão do art. 1.015, IX do CPC; **B:** Incorreta, pois a repercussão geral sempre é requisito de admissibilidade do Recurso Extraordinário (CF, art. 102, § 3º). No mais, vale ressaltar que, nos termos da Súmula 640 do STF: "É cabível recurso extraordinário contra decisão proferida por juiz de primeiro grau nas causas de alçada, ou por turma recursal de juizado especial cível e criminal" – mas com a RG. Por "causas de alçada" entenda-se a situação dos embargos infringentes na lei de execução fiscal (art. 34 da Lei 6.830/80, que prevê não caber recurso para o tribunal em causas de até determinado valor); **C:** Incorreta. É cabível agravo de instrumento em face de decisões interlocutórias que versarem sobre a exclusão de litisconsórcio (CPC, art. 1.015, VII); **D:** Incorreta. Nos termos do art. 1.015, V do CPC, cabe agravo de instrumento em face da decisão que revogar a concessão da gratuidade da justiça. Não há previsão de agravo da decisão que mantém a gratuidade; **E:** Incorreta. Não cabe reclamação quando já houver transitado em julgado o ato judicial (CPC, art. 988, § 5º, I e Súmula 734 do STF). **LD**
Gabarito "A".

(Procurador – AL/PR – 2024 – FGV) Olga Rios propôs ação contra o Estado do Paraná e foi proferida sentença. Trata-se de ação de um particular em face de uma pessoa jurídica de direito público, na qual há certas prerrogativas processuais.

Nesse sentido, assinale a opção em que a sentença proferida no processo entre Olga Rios e o Estado do Paraná não estaria sujeita ao reexame necessário.

(A) a sentença foi definitiva e condenou o Estado do Paraná em favor de Olga Rios em caso idêntico a acórdão veiculado no Informativo do Superior Tribunal de Justiça.

(B) a sentença foi definitiva, condenou o Estado do Paraná em favor de Olga Rios e está fundada em súmula do Tribunal de Justiça do Estado do Paraná.

(C) a sentença foi definitiva e condenou o Estado do Paraná em favor de Olga Rios a pagar R$510.000,00 (quinhentos e dez mil reais).

(D) a sentença foi definitiva e julgou procedente o pedido de Olga Rios em embargos à execução fiscal contra o Estado do Paraná.

(E) a sentença foi definitiva e condenou o Estado do Paraná em favor de Olga Rios em caso idêntico a entendimento objeto de incidente de resolução de demandas repetitivas em trâmite.

A: Incorreta, pois o acórdão veiculado no Informativo do Superior Tribunal de Justiça não possui efeito vinculante e, portanto, não afasta o reexame necessário (CPC, art. 496, § 4º); **B:** Incorreta, o reexame necessário não se aplica quando a sentença estiver fundada em súmula de tribunal superior (CPC, art. 496, § 4º, I); **C:** Correta, conforme previsão do art. 496, § 3º, II do CPC, a sentença não se sujeita ao reexame necessário quando o valor da condenação ou o proveito econômico

obtido na causa foi inferior a 500 salários-mínimos, valor esse em que não há o reexame em se tratando de Estados; **D:** Incorreta, o art. 496, II do CPC prevê expressamente que estará sujeita ao reexame necessário a sentença que julgar procedente, no todo ou em partes, os embargos à execução fiscal; **E:** Incorreta. Não se aplica o reexame necessário quando a sentença estiver fundada em entendimento firmado em incidente de resolução de demandas repetitivas (CPC, art. 496, § 4º, III). A alternativa, contudo, traz hipótese em que o incidente ainda está *em trâmite* (e, portanto, não há entendimento firmado). **LD**
Gabarito "C".

(Procurador Fazenda Nacional – AGU – 2023 – CEBRASPE) Assinale a opção que apresenta o princípio ou instituto jurídico incidente no julgamento de recurso especial interposto contra decisão exarada ainda na vigência do CPC de 1973 que atraia as regras de cabimento e demais pressupostos de admissibilidade da legislação processual civil já revogada, apesar de o julgamento ocorrer sob a égide do CPC de 2015.

(A) singularidade recursal

(B) ultratividade

(C) aplicação da norma mais favorável

(D) segurança jurídica

(E) vedação da reformatio in pejus

A: incorreta, pois esse princípio aponta que, para cada decisão, cabe um recurso; **B:** Correta, pois significa a excepcional aplicação posterior de lei já revogada (em casos que ocorreram durante o período em que ainda estava vigente). Nesse sentido: "O acórdão que julgou o agravo de instrumento (fls. 72-77) foi publicado sob a égide da legislação processual civil anterior. Por isso, em relação ao cabimento, processamento e pressupostos de admissibilidade dos recursos, observam-se as regras do Código de Processo Civil de 1973, diante do fenômeno da ultratividade e do Enunciado Administrativo n. 2 do Superior Tribunal de Justiça. (AgInt no REsp 1690266); **C:** incorreta, pois isso é do processo penal, não processo civil; **D:** incorreta, pois esse princípio não tem correlação com o caso concreto de direito intertemporal; **E:** incorreta, pois não estamos diante da vedação da reforma para pior, mas sim aplicação de lei anterior. **LD**
Gabarito "B".

(Procurador Fazenda Nacional – AGU – 2023 – CEBRASPE) Em relação aos julgamentos virtuais no âmbito do STF e do STJ, assinale a opção correta.

(A) Não cabe recurso contra o indeferimento dos pedidos de retirada de processos da pauta de julgamento virtual.

(B) As ações de controle concentrado não são passíveis de julgamento em sessão virtual.

(C) Não é permitido alegar questões de fato durante o julgamento de processos em sessão virtual.

(D) Não é legalmente possível que os ministros peçam vista de processos submetidos a julgamentos virtuais.

(E) A realização de sustentação oral nos julgamentos virtuais está condicionada ao deferimento do ministro relator.

A: Incorreta, pois contra a decisão monocrática que indeferir o pedido de retirada de processo da pauta de julgamento virtual, cabe agravo interno (CPC, 1.021); **B:** Correta, pois no regimento interno do STF (RISTF) há a exclusão do julgamento de ações de controle concentrado (ADI, ADC, ADPF) em sessão virtual. Trata-se do art. 21-B do RISTF, que não faz menção a tais ações; **C:** Incorreta. Conforme disposto no § 6º do art. 5º-A da Resolução 642/2019 (acrescentado pela Resolução 675/2020) e no art. 151, § 2° do Regimento interno do STJ, após o início da sessão virtual, os advogados poderão realizar esclarecimentos sobre matéria de fato; **D:** Incorreta. O art. 5° da Resolução 642/2019 disciplina o pedido de vista feito pelos ministros em ambiente eletrônico; **E:** Incorreta. O advogado poderá fazer sustentação desde que manifeste o interesse até o início da sessão de julgamento (CPC, art. 937, § 2°) [LD]

Gabarito "B".

(Procurador Fazenda Nacional – AGU – 2023 – CEBRASPE) Acerca da modulação de efeitos no âmbito dos tribunais superiores, assinale a opção correta à luz da CF, da legislação processual civil e do entendimento jurisprudencial do STJ e do STF.

(A) No ordenamento jurídico brasileiro, a positivação da modulação de efeitos só veio a ocorrer com a promulgação do CPC de 2015.

(B) Por meio da técnica da sinalização (signaling), o tribunal superior indica aos interessados a possibilidade de mudança de entendimento jurisprudencial, revogando apenas em parte o precedente, podendo conferir eficácia prospectiva a essa alteração.

(C) Há relação de causalidade entre a mudança de entendimento jurisprudencial e a adoção da técnica de superação prospectiva de precedente.

(D) Tanto nas ações de controle concentrado quanto na sistemática da repercussão geral, seja na declaração de constitucionalidade, seja na de inconstitucionalidade, a modulação de efeitos está condicionada ao quórum de maioria qualificada dos ministros do STF.

(E) O CPC em vigor autoriza, expressamente, que o STJ module os efeitos de suas decisões.

A: Incorreta. A modulação de efeitos já existia na ação direta de inconstitucionalidade e na ação declaratória de constitucionalidade (Lei 9.869/1999), e antes da própria CF, de modo que o CPC/15 apenas estabeleceu novas hipóteses (CPC, art. 927, § 3°); **B:** Incorreta. Pela técnica da sinalização ("signaling"), o tribunal respeita o precedente ao julgar determinado caso, porém *sinaliza* que o precedente pode ser revogado posteriormente; **C:** Incorreta, pois a modulação de efeitos da decisão é *faculdade* processual conferida ao STF, em caso de alteração da jurisprudência dominante (Nesse sentido, o RE 593849). Assim, não é obrigatório que a mudança de entendimento jurisprudencial acarrete a modulação – a chamada "técnica de superação prospectiva" de precedente (*prospective overruling*). **D:** Incorreta. A modulação está condicionada ao quórum de maioria absoluta (6 em 11) dos Ministros do STJ (RE 638115 ED-ED). O quórum da maioria qualificada (dois terços – 8 em 11) é exigido para a modulação de efeitos na *declaração de inconstitucionalidade* (art. 27 da Lei 9.868/1999); **E:** Correta, sendo essa a previsão do art. 927, § 3° do CPC. [LD]

Gabarito "E".

19. RECURSOS EM ESPÉCIE E OUTROS MEIOS DE IMPUGNAÇÃO

(Procurador Fazenda Nacional – AGU – 2023 – CEBRASPE) O vice-presidente de determinado tribunal regional federal (TRF), ao realizar o juízo de admissibilidade de recurso extraordinário interposto pela PGFN em face de acórdão formalizado por órgão colegiado daquele tribunal, negou seguimento ao recurso, com fundamento em entendimento firmado pelo STF em regime de repercussão geral.

Nessa situação hipotética, da referida decisão caberá

(A) reclamação.

(B) agravo de instrumento.

(C) novo recurso extraordinário.

(D) agravo interno.

(E) agravo em recurso extraordinário.

A: Incorreta, pois a alterativa não retrata nenhuma das hipóteses de cabimento da Reclamação (CPC, art. 988). Além disso, não houve o esgotamento das vias ordinárias (CPC, art. 988, § 5°); **B:** Incorreta, pois o agravo de instrumento é o recurso cabível em face de decisões interlocutórias (CPC, arts. 203, § 2° e 1.015); **C:** Incorreta, pois não há previsão legal nesse sentido; **D:** Correta, conforme previsão do art. 1.030, § 2° o agravo interno é o recurso cabível, quando a decisão de admissão se referir à RG (no caso de RE) ou a repetitivos (no caso de REsp); **E:** Incorreta. O Agravo em RE ou REsp não é cabível quando o presidente ou vice-presidente do tribunal recorrido inadmite o RE ou REsp com fundamento em entendimento firmado em regime de repercussão geral ou em julgamento de recursos repetitivos (CPC, art. 1.042). Mas somente quando for em relação aos requisitos de admissibilidades usuais – como tempestividade ou prequestionamento. [LD]

Gabarito "D".

(Procurador – PGE/SP – 2024 – VUNESP) Acerca do mandado de segurança, é correto afirmar que

(A) das decisões denegatórias da ordem proferidas em única instância pelos tribunais não cabe recurso ordinário.

(B) da decisão do relator não é cabível qualquer tipo de recurso.

(C) da decisão do relator que denegar a medida liminar caberá agravo ao órgão competente do tribunal respectivo.

(D) nos termos da jurisprudência sumulada do STF, somente serão cabíveis recursos aos tribunais superiores da decisão do relator.

(E) não cabe agravo contra decisão do relator que concede liminar.

A: Incorreta. O art. 18 da Lei 12.016/2009 prevê expressamente o cabimento de recurso ordinário quando a ordem for denegada. Da mesma forma, o CPC, art. 1.027; **B:** Incorreta, da decisão do relator (que é uma monocrática), cabe agravo interno (art. 16, parágrafo único, da Lei 12.016/2009 e art. 1.021 do CPC); **C:** Correta, por expressa previsão legal (art. 16, parágrafo único da Lei 12.016/2009 e art. 1.021 do CPC); **D:** Incorreta, uma vez que, do acórdão proferido em sede de MS de competência originária, cabe recurso ordinário se a decisão for denegatória (vide alternativa "A") ou REsp / RE, da decisão concessiva; **E:** Incorreta, vide justificativa para alternativa "B". [LD]

Gabarito "C".

(Procurador Federal – AGU – 2023 – CEBRASPE) Acerca de agravo interno interposto contra decisão monocrática do relator, consoante prevê o art. 1.021 do CPC, e da multa prevista no § 4.° desse dispositivo legal, assinale a opção correta, de acordo com a legislação vigente e a jurisprudência do STJ.

(A) No caso de ser declarado inadmissível o recurso, em votação unânime, o órgão colegiado, em decisão fundamentada, deverá condenar o agravante a pagar multa fixada entre 1% e 5% do valor atualizado da causa, que será revertida em favor da União ou do estado.

(B) Caso o agravo interno seja declarado manifestamente inadmissível ou improcedente, poderá o relator, em decisão fundamentada, condenar o agravante a pagar ao agravado multa fixada entre 1% e 5% do valor atualizado da causa.

(C) A aplicação da multa mencionada não é mera decorrência lógica do não provimento do agravo interno em votação unânime, mas pressupõe, ainda, que o agravo interno se mostre manifestamente inadmissível ou que sua improcedência seja evidente.

(D) Caso o agravo interno seja declarado, por maioria de votos do órgão colegiado, manifestamente inadmissível ou improcedente, com base em decisão suficientemente fundamentada, o agravante será condenado a pagar ao agravado multa fixada entre 1% e 5% do valor atualizado da causa.

(E) A aplicação da multa mencionada consiste em decorrência lógica do não provimento do agravo interno em votação unânime.

A: Incorreta, pois o valor da multa será revertido em favor do *agravado*, não do estado (CPC, art. 1.021, § 4º); **B:** Incorreta. Conforme previsão do art. 1.021, § 4º do CPC, a multa será fixada pelo órgão colegiado, em decisão fundamentada, quando o agravo for declaração manifestamente inadmissível ou improcedente *em votação unânime* – o enunciado não fez menção a esta última parte; **C:** Correta. A multa será aplicada somente quando o agravo interno for declarado manifestamente inadmissível ou improcedente em votação unânime (CPC, art. 1.021, § 4º). Apesar disso, o tema de a multa ser automática ou não ainda está pendente de julgamento no STJ; **D:** Incorreta, uma vez que a decisão do órgão colegiado deve ser *unânime* (CPC, art. 1.021, § 4º); **E:** Incorreta, vide justificativa para alternativa "C".

Gabarito "C".

(Procurador Federal – AGU – 2023 – CEBRASPE) Um cidadão ajuizou ação declaratória, cumulada com pedido liminar, em desfavor da União, com o propósito de compelir o referido ente a nomeá-lo para cargo público, considerando que havia sido aprovado na terceira colocação entre as quatro vagas disponibilizadas no edital do certame, cujo prazo de validade era de dois anos, e que já havia transcorrido um ano e dez meses da sua aprovação, tendo sido nomeado apenas o primeiro colocado, razão pela qual buscou a tutela jurisdicional para que fossem deferidos os seguintes pedidos: (a) liminarmente, sua nomeação imediata e o sobrestamento do prazo de validade do concurso enquanto perdurasse a ação; e (b) no mérito, a confirmação da liminar, com a garantia da sua nomeação e posse, uma vez ter participado regularmente do concurso e obtido êxito na aprovação dentro das vagas ofertadas. Após a apresentação de defesa pelo ente público, o magistrado emitiu pronunciamento sobre o pedido liminar pleiteado, tendo indeferido o pleito, sob a justificativa de não ter verificado elementos que evidenciassem a probabilidade do direito nem ter visto configurado o perigo de dano ou risco ao resultado útil do processo. Contra essa decisão, o autor apresentou recurso de agravo de instrumento, repetindo os argumentos lançados na petição inicial.

A respeito dessa situação hipotética, assinale a opção correta conforme o entendimento firmado no Superior Tribunal de Justiça (STJ).

(A) O recurso apresentado não deve ser conhecido, porque o rol do art. 1.015 do CPC é taxativo, não admitindo interpretação extensiva ou analógica.

(B) O recurso apresentado deve ser conhecido, porque o rol do art. 1.015 do CPC é meramente exemplificativo, tal qual o era o do art. 522 do Código de Processo Civil de 1973.

(C) Admite-se a possibilidade de impugnar decisões de natureza interlocutória não previstas no rol do art. 1.015 do CPC, em caráter excepcional, sendo requisito objetivo a urgência decorrente da inutilidade futura do julgamento diferido na apelação.

(D) O recurso apresentado deve ser conhecido, porque o rol do art. 1.015 do CPC possui taxatividade mitigada, bastando que a parte tenha demonstrado elementos que evidenciem a probabilidade do direito, independentemente da demonstração de perigo de dano ou de risco ao resultado útil do processo, desde que preenchidos os requisitos da tutela de evidência elencados no CPC.

(E) Admite-se a possibilidade de impugnar decisões de natureza interlocutória, desde que expressamente previstas no rol do art. 1.015 do CPC, devendo ser verificada, ainda, na análise do caso, a existência do requisito objetivo da urgência decorrente da inutilidade futura do julgamento diferido na apelação.

A: Incorreta, uma vez que o art. 1.015, I do CPC prevê o cabimento de agravo de instrumento contra as decisões interlocutórias que versem sobre tutela provisória – sendo muito comum a hipótese de agravo de denegação ou concessão de liminar; **B:** Incorreta. Nos termos da jurisprudência do STJ (tema 988 do recurso repetitivo), o rol do art. 1.015 do CPC/15 é de taxatividade mitigada e, portanto, além das hipóteses expressamente previstas, admite-se a interposição de agravo de instrumento quando houver urgência, "decorrente da inutilidade do julgamento da questão no recurso de apelação"; **C:** Correta, sendo esse o entendimento firmado pelo STJ (taxatividade mitigada, tema 988 do STJ, conforme reproduzido em "B"); **D:** Incorreta, uma vez que, para a taxatividade mitigada, a parte deverá demonstrar a *urgência "decorrente da inutilidade do julgamento da questão no recurso de apelação"* e não o preenchimento dos requisitos para a concessão de tutela provisória, sendo que o tema 988 do STJ nada trata de tutela de evidência; **E:** Incorreta. Pelo CPC, as hipóteses do art. 1.015 é que admitem o recurso de agravo, independentemente de urgência. E, pelo tema 988 STJ, são hipóteses não previstas no art. 1.015 e que apresentam urgência.

Gabarito "C".

(Procurador Município – Santos/SP – VUNESP – 2021) Os recursos especial e extraordinário são espécies dos chamados recursos excepcionais, cabendo afirmar a respeito deles que

(A) se o relator, no Superior Tribunal de Justiça, entender que o recurso especial versa sobre questão constitucional, deverá conceder prazo de 10 (dez) dias para que o recorrente demonstre a existência de repercussão geral e se manifeste sobre a questão constitucional.

(B) admitido o recurso extraordinário ou o recurso especial por um fundamento, não se devolve ao tribunal superior o conhecimento dos demais fundamentos para a solução do capítulo impugnado.

(C) recebida a petição do recurso pela secretaria do tribunal local e após realizado juízo de admissibilidade positivo, o recorrido será intimado para apresentar contrarrazões no prazo de 15 (quinze) dias.

(D) se o Supremo Tribunal Federal considerar como reflexa a ofensa à Constituição Federal afirmada no recurso extraordinário, por pressupor a revisão da interpretação de lei federal ou de tratado, remetê-lo-á ao Superior Tribunal de Justiça para julgamento como recurso especial.

(E) na hipótese de interposição conjunta de recurso extraordinário e recurso especial, concluído o julgamento deste, aquele sempre perderá seu objeto.

A: incorreta, pois ainda que possível a conversão do REsp em RE (fungibilidade entre os recursos excepcionais), se o relator entender que o especial trata de questão constitucional, o prazo é de *15 dias* (CPC, art. 1.032); **B:** incorreta, porque a admissão do REsp/RE por um fundamento "devolve-se ao tribunal superior *o conhecimento dos demais fundamentos* para a solução do capítulo impugnado" (CPC, art. 1.034, parágrafo único); **C:** incorreta, considerando que primeiro há o contraditório (contrarrazões), para depois haver o juízo de admissibilidade (CPC, art. 1.030); **D:** correta, sendo essa a previsão legal de conversão do RE em REsp (CPC, Art. 1.033. Se o Supremo Tribunal Federal considerar como reflexa a ofensa à Constituição afirmada no recurso extraordinário, por pressupor a revisão da interpretação de lei federal ou de tratado, remetê-lo-á ao Superior Tribunal de Justiça para julgamento como recurso especial); **E:** incorreta, pois "concluído o julgamento do recurso especial, os autos *serão remetidos ao Supremo Tribunal Federal* para apreciação do recurso extraordinário, *se este não estiver prejudicado*" (CPC, art. 1.031, § 1º) – ou seja, pode haver a perda de objeto, mas não ocorre sempre.

Gabarito "D".

(Procurador Município – Santos/SP – VUNESP – 2021) Uma das novidades do Código de Processo Civil de 2015 é a possibilidade de instauração do chamado incidente de resolução de demandas repetitivas, com o intuito de definição concentrada de questão unicamente de direito que ocorra em multiplicidade de processos, que se assim não dirimida, trará risco de ofensa à isonomia e à segurança jurídica, anotando-se que

(A) serão exigidas custas processuais para o seu processamento.

(B) a revisão da tese jurídica nele firmada far-se-á perante tribunal superior àquele que a fixou.

(C) do julgamento do seu mérito caberá recurso ordinário ao Superior Tribunal de Justiça.

(D) se não for o requerente, o Ministério Público nele intervirá obrigatoriamente e deverá assumir sua titularidade em caso de desistência ou de abandono.

(E) o seu julgamento caberá ao grupo de câmaras ou turma de jurisprudência do tribunal.

A: incorreta, pois não há custas no IRDR, por expressa previsão legal (CPC, art. 976, § 5º *"Não serão exigidas custas processuais* no incidente de resolução de demandas repetitivas"); **B:** incorreta, porque a eventual revisão da tese será feita *"pelo mesmo tribunal*, de ofício ou mediante requerimento dos legitimados" (CPC, art. 986); **C:** incorreta, considerando que o IRDR é julgado por acórdão, de modo que caberá REsp ou RE, conforme o assunto a ser debatido (CPC, art. 987); **D:** correta, por expressa previsão legal (CPC, art. 976, § 2º); **E:** incorreta, pois o IRDR será julgado pelo "órgão colegiado competente" (CPC, art. 981), conforme previsto no respectivo regimento interno – então isso será variável conforme o tribunal.

Gabarito "D".

(Procurador Município – Teresina/PI – FCC – 2022) Em relação à ordem dos processos no Tribunal:

(A) A técnica de julgamento criada no atual ordenamento processual civil para o resultado não unânime de

---

apelação significa que o julgamento terá prosseguimento em sessão a ser designada com a presença de outros julgadores, que serão convocados nos termos previamente definidos no regimento interno, em número suficiente para garantir a possibilidade de inversão do resultado inicial, assegurado às partes e a eventuais terceiros o direito de sustentar oralmente suas razões perante os novos julgadores.

(B) A questão preliminar suscitada no julgamento será decidida concomitantemente com o mérito; este prevalecerá se a decisão preliminar for com ele incompatível.

(C) Se o relator constatar a ocorrência de fato superveniente à decisão recorrida ou a existência de questão apreciável de ofício ainda não examinada que devam ser considerados no julgamento do recurso, de imediato convertê-lo-á em diligência, encaminhando os autos à Primeira Instância, se o caso, ou determinando as providências necessárias no âmbito do próprio Tribunal.

(D) Incumbe ao relator, depois de facultada a apresentação de contrarrazões, dar provimento ao recurso se a decisão recorrida for convergente a súmula do STF, do STJ ou do próprio Tribunal; ou a acórdão proferido pelo STF ou STJ em julgamento de recursos repetitivos.

(E) Na sessão de julgamento, depois da exposição da causa pelo relator, o presidente dará a palavra, sucessivamente, ao recorrente, ao recorrido e, nos casos de sua intervenção, ao membro do Ministério Público, pelo prazo improrrogável de 15 minutos para cada um, a fim de sustentarem suas razões, nas hipóteses de apelação, recurso especial e extraordinário, nos embargos de divergência e de declaração e no agravo de instrumento interposto contra decisões interlocutórias que versem sobre tutelas provisórias de urgência ou da evidência.

A: correta, sendo que a alternativa reproduz o instituto do "julgamento estendido" (CPC, art. 942), apontando o que ocorre quando houver um julgamento de apelação por maioria de votos (2x1); **B:** incorreta, pois "a questão preliminar suscitada no julgamento será decidida *antes* do mérito, *deste não se conhecendo* caso seja incompatível com a decisão" (CPC, art. 938); **C:** incorreta, porque "se o relator constatar a ocorrência de fato superveniente à decisão recorrida ou a existência de questão apreciável de ofício ainda não examinada que devam ser considerados no julgamento do recurso, *intimará as partes para que se manifestem no prazo de 5 (cinco) dias*" (CPC, art. 933) – para o exercício do contraditório; **D:** incorreta, pois pode o relator, após o contraditório, dar provimento ao recurso se: "a decisão recorrida for contrária a: a) súmula do Supremo Tribunal Federal, do Superior Tribunal de Justiça ou do próprio tribunal; b) acórdão proferido pelo Supremo Tribunal Federal ou pelo Superior Tribunal de Justiça em julgamento de recursos repetitivos; *c) entendimento firmado em incidente de resolução de demandas repetitivas ou de assunção de competência*" – sendo que a letra "c" não constou da alternativa (CPC, art. 932, V); **E:** incorreta, considerando que não há sustentação oral nos embargos de declaração e que há outros recursos com sustentação oral que não foram mencionados – como o ordinário (vide CPC, art. 937).

Gabarito "A".

(Procurador do Estado/SP – 2018 – VUNESP) A respeito do julgamento do mandado de segurança de competência originária de tribunais, assinale a alternativa correta.

(A) Quando a competência originária for do Superior Tribunal de Justiça e a decisão colegiada for denegatória da segurança pretendida, cabe recurso extraordinário para o Supremo Tribunal Federal.

(B) Não compete ao Superior Tribunal de Justiça julgar, em recurso ordinário, os mandados de segurança decididos em única instância pelos tribunais regionais federais e pelos tribunais de justiça estaduais e do Distrito Federal e Territórios, salvo quando concedida a segurança pretendida.

(C) Indeferido, liminarmente, mandado de segurança de competência originária do Tribunal de Justiça de São Paulo, deve o impetrante interpor recurso especial, para o Superior Tribunal de Justiça ou o extraordinário, para o Supremo Tribunal Federal, conforme o caso.

(D) Indeferido, liminarmente, mandado de segurança de competência originária do Tribunal de Justiça de São Paulo, deve o impetrante interpor recurso especial para o Superior Tribunal de Justiça. Se o mandado se segurança for admitido e houver julgamento de mérito por órgão colegiado desse Tribunal de Justiça denegando a segurança pretendida, o recurso cabível também é o especial.

(E) Indeferido, liminarmente, mandado de segurança de competência originária do Tribunal de Justiça de São Paulo, deve o impetrante interpor agravo para órgão competente desse mesmo tribunal. Contudo, se houver julgamento colegiado de mérito, denegando a segurança, o recurso cabível, pelo impetrante, é o ordinário, exclusivamente para o Superior Tribunal de Justiça.

A: Incorreta, pois nesse caso seria cabível recurso ordinário para o STF (CPC, art. 1.027, I); **B:** Incorreta, pois cabe recurso ordinário exatamente quando a decisão for *denegatória* do MS de competência originária de tribunal, e não *concessiva* (CPC, art. 1.027, I e II); **C:** Incorreta, pois de decisão monocrática cabe agravo interno, não especial (CPC, art. 1.021); **D:** Incorreta, considerando o exposto em "C" e tendo em vista que, quanto à 2ª parte da alternativa o recurso cabível seria o ordinário (CPC, art. 1.027, II); **E:** Correta. Sendo ação originária de tribunal, o indeferimento liminar será uma decisão monocrática, a qual será impugnada por meio de agravo interno, a ser julgado pelo órgão fracionário competente para julgar o MS de forma colegiada. Sendo decisão denegatória do MS originário, o recurso cabível será o ordinário. É o que está no CPC (art. 1.021 e art. 1.027, II, "a") e na lei do MS (Lei 12.016/2009, art. 10, § 1º; art. 16, parágrafo único e art. 18). Vale destacar que o cabimento do recurso ordinário é bem restrito e que na 2ª parte da alternativa encontram-se presentes todos esses requisitos.

Gabarito "E".

(Procurador do Estado/SP – 2018 – VUNESP) Em relação ao recurso de embargos de divergência, é correto afirmar:

(A) cabem embargos de divergência quando o acórdão paradigma for da mesma turma que proferiu a decisão embargada, desde que sua composição tenha sofrido alteração em, no mínimo, um terço dos seus membros.

(B) é cabível nos processos de competência originária do Supremo Tribunal Federal.

(C) é embargável o acórdão de órgão fracionário que, em recurso especial ou extraordinário, divergir do julgamento de qualquer outro órgão do mesmo tribunal, sendo um acórdão de mérito e outro que não tenha conhecido do recurso, embora tenha apreciado a controvérsia.

(D) não poderão ser confrontadas teses jurídicas contidas em julgamento de recursos e de ações de competência originária.

(E) se os embargos de divergência forem desprovidos, o recurso extraordinário interposto pela outra parte antes da publicação do julgamento dos embargos de divergência sempre deverá ser ratificado.

A: Incorreta, porque a alteração na composição exigida pelo Código para permitir os embargos de divergência em relação à mesma turma é de mais da metade dos membros do órgão fracionário (CPC, art. 1.043, § 3º); **B:** Incorreta, considerando que o dispositivo que autorizava o cabimento dos embargos de divergência, nos processos de competência originária, foi revogado pela Lei 13.256/16 (CPC, art. 1.043); **C:** Correta, por expressa previsão legal (CPC, art. 1.043, III); **D:** Incorreta (CPC, art. 1.043, § 1º); **E:** Incorreta, porque nesse caso não haverá necessidade de ratificação (CPC, art. 1.044, §2º).

Gabarito "C".

(Procurador do Estado/SP – 2018 – VUNESP) A sentença proferida em sede de ação civil pública, que acolhe integralmente o pedido do autor e autoriza a liberação de remédios de uso proibido por órgãos administrativos fiscalizadores, todos potencialmente lesivos à saúde da população, enseja

(A) apenas pedido de suspensão de segurança que, por evidente prejudicialidade, suspende o prazo do recurso de agravo, mas não o do recurso de apelação.

(B) apelação, cujo efeito suspensivo deve ser pleiteado diretamente no Tribunal, por meio de medida cautelar autônoma e inominada.

(C) apelação, cujo efeito suspensivo é automático e impede a execução definitiva da decisão.

(D) apelação, com pedido de efeito suspensivo. Depois disso, a Fazenda de São Paulo deverá protocolar, no Tribunal de Justiça, um pedido de análise imediata desse efeito suspensivo pleiteado. Ao mesmo tempo, a Fazenda poderá pedir suspensão dos efeitos da sentença ao Presidente do Tribunal competente.

(E) agravo de instrumento contra o capítulo da decisão que concedeu a ordem de liberação imediata das mercadorias, com pedido de efeito ativo, e apelação do capítulo que julgou o mérito.

A: Incorreta, porque, embora seja possível o pedido de suspensão de segurança pela Fazenda Pública, também será possível interpor o recurso cabível no caso – a apelação (Lei 8.437/1992, art. 4º, § 6º); **B:** Incorreta, pois o pedido de concessão de efeito suspensivo será dirigido ao Tribunal mediante simples requerimento/petição (Lei 7.347/1985, art. 19 e CPC, art. 1.012, § 3º), não existindo mais, no âmbito do atual CPC, a figura de uma cautelar inominada, ,que existia no Código anterior; **C:** Incorreta, porque o recurso de apelação interposto em face de sentença proferida em sede de ação civil pública será recebido, como regra, apenas no efeito devolutivo. Poderá ser concedido, no entanto, o efeito suspensivo ao recurso, a fim de evitar dano irreparável à parte (Lei 7.347/1985, art. 14); **D:** Correta, sendo essa a conduta correta à luz da legislação específica e das previsões do CPC (Lei 7.347, arts. 14 e 19; CPC, art. 1.009; Lei 8.437/1992, art. 4º, § 6º); **E:** Incorreta, tendo em vista que a sentença será impugnada via apelação (Lei 7.347, art. 19 e CPC, art. 1.009), sendo que não cabe agravo e apelação ao mesmo tempo, por força do princípio da unirrecorribilidade.

Gabarito "D".

(Procurador do Estado/SP – 2018 – VUNESP) Da decisão do Tribunal de Justiça de São Paulo, que nega seguimento a recurso especial sob o fundamento de que a decisão recorrida estaria de acordo com o posicionamento adotado pelo Superior Tribunal de Justiça, em julgamento de tema afetado ao sistema de recursos repetitivos, quando, na verdade, esse paradigma trata de assunto diverso daquele discutido no recurso especial mencionado, cabe, segundo a lei processual:

(A) embargos de declaração, com o exclusivo objetivo de prequestionar o tema veiculado no recurso especial.

(B) novo recurso especial, interposto diretamente no Superior Tribunal de Justiça.

(C) agravo interno, perante a Turma que proferiu o acórdão combatido.

(D) ação rescisória, após o trânsito em julgado.

(E) agravo em recurso especial.

A: Incorreta, pois na hipótese não se busca prequestionar, mas sim apontar o erro na decisão recorrida; **B:** Incorreta, considerando ser incabível a interposição de novo Recurso Especial por se tratar de decisão monocrática (CPC, art. 1.029 e seguintes); **C:** Incorreta para a banca. Da decisão monocrática cabe agravo – no caso, seria cabível o agravo interno, tendo em vista se tratar de aplicação de entendimento de repetitivo, sendo então hipótese de cabimento desse recurso, conforme previsto no Código (CPC, art. 1.030, § 1º). Porém, nesse caso, a competência para julgar esse agravo não é da turma, mas do órgão especial – por isso a banca apontou como incorreta a alternativa (detalhe bastante específico que possivelmente induziu muitos candidatos em erro); **D:** Correta, mais por exclusão (já que as demais estão erradas). Vale lembrar que a AR não é recurso, mas ação, a ser ajuizada após o trânsito em julgado (CPC, art. 966, § 5º); **E:** Incorreta, tendo em vista que a situação narrada configura hipótese de interposição de agravo interno e não agravo em recurso especial, como exposto em "C" (CPC, art. 1.030, § 1º).

Gabarito "D".

(Procurador do Município – Prefeitura Fortaleza/CE – CESPE – 2017) No que concerne aos meios de impugnação das decisões judiciais, julgue os itens a seguir, de acordo com o CPC e com a jurisprudência dos tribunais superiores.

(1) Situação hipotética: Ao interpor recurso de agravo contra decisão monocrática no tribunal, o recorrente deixou de impugnar especificamente os fundamentos da decisão recorrida. Assertiva: Nesse caso, em observância ao princípio da primazia do julgamento do mérito, o relator deverá intimar o agravante para complementar seu recurso no prazo de cinco dias.

(2) Ainda que, em exame de embargos declaratórios, seja mantido o resultado do julgamento anterior, o recorrente deverá ratificar recurso especial que tenha sido interposto antes do julgamento dos embargos.

(3) A certidão de concessão de vistas dos autos ao ente público é elemento suficiente para a demonstração da tempestividade do agravo de instrumento e se equipara à certidão de intimação da decisão agravada para essa finalidade.

(4) Situação hipotética: Em outubro de 2016, determinada pessoa interpôs para o STJ agravo em recurso especial contra decisão que, na origem, inadmitiu recurso especial com base em entendimento firmado em recursos repetitivos. Assertiva: Nessa situação, o STJ entende que deve ser aplicado o princípio da fungi-

bilidade e deve ser determinada a remessa do agravo ao tribunal *a quo*, convertendo-se o recurso de agravo em recurso especial no recurso de agravo interno.

1: Errada, tendo em vista que não existe previsão de emenda para essa situação na qual há violação ao princípio da dialeticidade – ou seja, quando o recurso não impugna a decisão (CPC, art. 932, III). **2:** Errada, porque esse era o entendimento jurisprudencial firmado no CPC/1973. Porém, no atual CPC, isso é expressamente afastado, se mantida a decisão anterior (art. 1.024, § 5º). **3:** Correta, independentemente de ser ente público, pois a certidão de intimação do agravo pode ser substituída por qualquer documento que comprove a data da ciência da decisão – e a vista às partes é uma das hipóteses em que há ciência inequívoca (CPC, art. 1.017, I). **4:** Errada. Da decisão que não admite o recurso especial, em regra, cabe o agravo em recurso especial (AREsp – CPC, art. 1.042). Porém, o próprio art. 1.042 aponta que não cabe o AREsp se a decisão for "fundada na aplicação de entendimento firmado em regime de repercussão geral ou em julgamento de recursos repetitivos". Nesse caso, o recurso cabível é o agravo interno (art. 1.030, § 2º). Não há previsão de fungibilidade para essa situação de interposição do AREsp no lugar de agravo interno, de modo que o recurso não será conhecido, por falta de cabimento.

Gabarito 1E, 2E, 3C, 4E

(Procurador Municipal – Prefeitura/BH – CESPE – 2017) Considerando a atual sistemática processual, assinale a opção correta, em relação a recursos nos processos de conhecimento e de execução.

(A) O recurso interposto sem a comprovação do devido preparo, quando for devido, não será de pronto considerado deserto, mas ensejará o pagamento de multa.

(B) O papel do revisor no julgamento de apelação foi ampliado com o advento do novo CPC.

(C) Tratando-se de processo de execução, o agravo de instrumento só é cabível contra as decisões interlocutórias listadas taxativamente no CPC.

(D) Cabem embargos infringentes contra acórdão não unânime, no prazo de quinze dias, para fazer prevalecer o voto vencido.

A: Correta, sendo isso expressamente previsto no Código: a falta de preparo permite a correção, com o pagamento em dobro (CPC, art. 1.007, § 4º) – porém, vale destacar que a lei não faz menção a "multa", mas pagamento em dobro; **B:** Incorreta, pois no atual sistema não há mais a figura do revisor (além do relator, há o 2º e 3º magistrados, que não estudam o caso previamente); **C:** Incorreta, porque cabe agravo de quaisquer decisões interlocutórias proferidas na execução e cumprimento de sentença (CPC, art. 1.015, parágrafo único); **D:** Incorreta, pois o recurso de embargos infringentes deixou de existir no atual CPC (em seu lugar, há o julgamento estendido previsto no art. 942).

Gabarito "A".

(Procurador Municipal – Prefeitura/BH – CESPE – 2017) Um município brasileiro interpôs apelação contra sentença que havia confirmado tutela provisória que determinava a matrícula de criança em determinada creche. No mesmo processo, estava pendente o julgamento de agravo de instrumento interposto pelo autor, referente à gratuidade de justiça.

Nessa situação hipotética,

(A) diante do advento da sentença, o agravo de instrumento será julgado prejudicado.

(B) o juízo de admissibilidade da apelação caberá exclusivamente ao tribunal, e não ao juízo *a quo*.

(C) para que o agravo referente à gratuidade seja processado, o agravante terá de recolher as custas ou pedir dispensa ao relator do agravo de instrumento.

(D) a apelação terá efeito apenas devolutivo e deverá ser interposta no prazo de quinze dias, contados só os dias úteis.

A: Incorreta. De modo geral, a prolação da sentença de fato faz com que o agravo seja considerado prejudicado – mas isso quando a sentença substitui a decisão interlocutória antes proferida. Porém, no caso em que a sentença não tem relação com a decisão interlocutória anterior (como no caso narrado no enunciado), então o agravo deverá ser julgado, para garantir o duplo grau de jurisdição; **B:** Correta (CPC, art. 1.010, § 3º); **C:** Incorreta, pois para impugnar a decisão que indefere a justiça gratuita, não se recolhe custas até decisão do recurso que debata o assunto (CPC, art. 101, § 1º); **D:** Incorreta, pois a regra é a apelação ser recebida no duplo efeito (CPC, art. 1.012).
Gabarito "B".

(Procurador do Estado/SE – 2017 – CESPE) Ao realizar o juízo de admissibilidade de recurso especial, o vice-presidente de um tribunal de justiça, em decisão monocrática, negou seguimento ao recurso por considerar, simultaneamente, que não existiam pressupostos de admissibilidade recursal e que o acórdão impugnado pelo recorrente estava em conformidade com precedente firmado pelo STJ em sede de recurso repetitivo.

Nessa situação hipotética, para impugnar integralmente a decisão que obsta o prosseguimento do recurso aviado, a parte interessada deverá

(A) interpor novo recurso especial.

(B) interpor recurso de agravo em recurso especial.

(C) interpor recurso de agravo interno.

(D) interpor, simultaneamente, recurso de agravo interno e recurso de agravo em recurso especial.

(E) impetrar mandado de segurança, pois não existe recurso previsto em lei para essa situação.

A: Errada. Não cabe recurso especial contra decisão monocrática (CPC, art. 1.029 e ss.). **B:** Errada. Além do agravo em recurso especial, deve ser interposto *agravo interno* para atacar o capítulo da decisão que vislumbrou contrariedade ao precedente firmado em sede de recurso repetitivo (CPC, art. 1.030, § 2º). **C:** Errada. Além do agravo interno, deve ser interposto *agravo em recurso especial* para atacar o capítulo da decisão que não vislumbrou os pressupostos de admissibilidade recursal (CPC, art. 1.030, § 1º). **D:** Correta – pois cabe agravo interno para o capítulo da decisão relativo ao repetitivo e agravo em recurso especial na parte relativa aos requisitos de admissibilidade (CPC, art. 1.030, I, "b" e V, §§ 1º e 2º). Nesse sentido, o enunciado 77 das Jornadas de Direito Processual do CJF (mais informações em http://genjuridico. com.br/2017/11/13/ncpc-inadmissao-resp-dois-agravos/). **E:** Errada. Não cabe MS contra ato judicial passível de recurso (STF, Súmula 267).
Gabarito "D".

20. PROCEDIMENTOS ESPECIAIS PREVISTOS NO CPC

(Procurador – PGE/SP – 2024 – VUNESP) Uma escola pública estadual vem sofrendo constante perigo à sua segurança, por conta de muro que ameaça desabar, bem como poluição sonora e atmosférica, sendo tudo isso causado por uma casa de baile vizinha. Estando presentes os requisitos para propositura de ação judicial e visando a proteção do patrimônio público, tem-se que a ação correta a ser proposta é:

(A) ação de manutenção na posse.

(B) ação de esbulho possessório.

(C) ação de reintegração na posse.

(D) ação de reivindicação da propriedade.

(E) ação de dano infecto.

A: Incorreta, pois referida ação tem como escopo a obtenção de provimento judicial que mantenha o autor (possuidor) na posse do bem, quando há turbação (CPC, art. 560); **B:** Incorreta, pois não houve esbulho possessório, o que ensejaria a propositura de ação de reintegração de posse (CPC, art. 560); **C:** Incorreta, uma vez que a demanda indicada na alternativa visa restabelecer a posse do autor, como na "B"; **D:** Incorreta, visto que a ação reivindicatória é a medida que pode ser proposta pelo proprietário da coisa que não está na posse e pretende obtê-la, portando, tendo como causa de pedir a propriedade e o pedido a posse. A reivindicatória é uma ação petitória (fundada na propriedade) e tramita pelo procedimento comum; **E:** Correta. A ação de dano infecto (petitória, pois fundada na propriedade, especificamente no direito de vizinhança), tem por base o art. 1.277 e ss. do CC. Busca assegurar o proprietário ou o possuidor que estiver sob ameaça de sofrer prejuízo à segurança ou a saúde, provocado pelo uso irregular da propriedade vizinha. LD
Gabarito "E".

(Procurador Federal – AGU – 2023 – CEBRASPE) De acordo com a legislação processual civil em vigor, devem ser processadas pelo rito comum as ações de

(A) usucapião de terras particulares e de nunciação de obra nova.

(B) consignação em pagamento e discriminatória.

(C) reintegração de posse de força nova e discriminatória.

(D) nunciação de obra nova e de reintegração de posse de força nova.

(E) usucapião de terras particulares e de consignação em pagamento.

A: Correta, considerando que no CPC/15 não há previsão de procedimento especial para as ações de usucapião de terras particulares e de nunciação de obra nova – diferentemente do que existia no Código anterior; **B:** Incorreta, pois a ação de consignação em pagamento observa o procedimento especial (CPC, arts. 539 a 549), da mesma forma a ação discriminatória (Lei 6.383/1976); **C:** Incorreta, uma vez que tanto a reintegração de posse (seja de força nova ou velha – CPC, arts. 560 a 566) quanto a discriminatória (Lei 6.383/1976) são ações de procedimento especial; **D:** Incorreta. A ação de reintegração de posse observa o procedimento especial (CPC, arts. 560 a 566) – mas a nunciação de obra nova, não; **E:** Incorreta. A ação de consignação em pagamento observa o procedimento especial (CPC, arts. 539 a 549) – mas a ação de usucapião, não. LD
Gabarito "A".

(Procurador do Município – S.J. Rio Preto/SP – 2019 – VUNESP) No que diz respeito à Ação de Consignação em Pagamento, assinale a alternativa correta.

(A) É um procedimento comum previsto no Código de Processo Civil no qual o devedor propõe ação contra o credor quando este se recusa a receber o valor de dívida ou exige valor superior ao entendido.

(B) Não pode ter por objeto bens imóveis ou semoventes, mas apenas bens móveis.

(C) Na petição inicial, o autor deverá requerer o depósito da quantia devida a ser efetivado no prazo de 5 (cinco) dias contados do deferimento, sob pena de extinção do processo sem resolução do mérito.

(D) Deverá ser proposta no domicílio do credor.

(E) Na contestação, o réu poderá alegar que o depósito não é integral, ainda que não indique o montante que entende devido.

A: incorreta, pois se trata de um procedimento especial (CPC, art. 539 e ss.); **B:** incorreta, pois a consignação pode recair sobre bens móveis, imóveis e até sobre semoventes (CPC, art. 539 e ss.); **C:** correta, conforme expressa previsão legal (CPC, art. 542, I); **D:** incorreta, porque a ação deve ser proposta no lugar do pagamento (CPC, art. 540); **E:** incorreta, tem do em vista que a alegação de insuficiência do depósito impõe ao credor o dever de indicar o montante que entende devido (CPC, art. 544, IV e parágrafo único).

Gabarito "C".

(Procurador do Estado/TO – 2018 – FCC) Referente às ações possessórias, considere.

I. É lícito ao réu, na contestação, alegando que foi o ofendido em sua posse, demandar a proteção possessória e a indenização pelos prejuízos resultantes da turbação ou do esbulho cometidos pelo autor.

II. A propositura de uma ação possessória em vez de outra não obstará a que o juiz conheça do pedido e outorgue a proteção legal correspondente àquela cujos pressupostos estejam provados.

III. Na pendência de ação possessória é possível ao réu, como meio de defesa, propor ação de reconhecimento de domínio, sendo defeso porém ao autor o ajuizamento da ação dominial.

IV. Quando a ação for proposta dentro de ano e dia da turbação ou do esbulho, seu procedimento admite liminar; após esse prazo o procedimento será ordinário, perdendo a ação seu caráter possessório.

V. Se o réu provar, em qualquer tempo, que o autor provisoriamente mantido ou reintegrado na posse carece de idoneidade financeira para, no caso de sucumbência, responder por perdas e danos, o juiz designar-lhe-á o prazo de cinco dias para requerer caução, real ou fidejussória, sob pena de ser depositada a coisa litigiosa, ressalvada a impossibilidade da parte economicamente hipossuficiente.

Está correto o que se afirma APENAS em

(A) I, III e IV.

(B) I, II e V.

(C) II, III e IV.

(D) I, II, IV e V.

(E) III, IV e V.

I: correta, considerando a natureza dúplice das ações possessórias (CPC, art. 556); **II:** correta, tendo em vista a aplicação do princípio da fungibilidade às ações possessórias (CPC, art. 554); **III:** incorreta, porque, na pendência de ação possessória, é proibido ao autor e ao réu propor ação de reconhecimento de domínio, salvo se a pretensão for deduzida em face de 3º (CPC, art. 557); **IV:** incorreta, pois, superado o prazo, embora a ação passe a tramitar pelo procedimento comum, não perderá a natureza de ação possessória (CPC, art. 558); **V:** correta, conforme expressa previsão legal (CPC, art. 559).

Gabarito "B".

(Procurador do Estado/SP – 2018 – VUNESP) A Fazenda Pública, citada em sede de ação monitória, deixa, propositadamente, de se manifestar, porque o valor e o tema expostos na inicial encontram pleno amparo em orientação firmada em parecer administrativo vinculante. O valor exi-

gido nessa ação é superior a seiscentos salários-mínimos e a prova documental apresentada pelo autor é constituída por depoimentos testemunhais escritos, colhidos antes do processo, e por simples início de provas documentais que apenas sugerem, indiretamente, a existência da dívida narrada na inicial. Nesse caso, ante a certidão do cartório de que decorreu o prazo para manifestação da Fazenda, o juiz deve

(A) intimar o autor para que este indique as provas que deseja produzir, tendo em vista que os direitos tutelados pela Fazenda não estão sujeitos à revelia.

(B) intimar o autor, para que ele, mediante apresentação de planilha da dívida atualizada, dê início ao cumprimento de sentença.

(C) acolher, por sentença, o pedido do autor, ante a revelia da Fazenda.

(D) rejeitar o pedido do autor e intimar as partes dessa decisão, tendo em vista que não se admite, na monitória, prova testemunhal colhida antes do início do processo, mas apenas prova documental.

(E) intimar o autor para que ele tome ciência do início do reexame necessário.

A: Incorreta. De modo geral, a ausência de oposição de embargos monitórios pelo réu (com exceção da Fazenda Pública) acarreta, de plano, a constituição de título executivo judicial. No caso da Fazenda Pública, a ausência de manifestação induz o reexame necessário pelo Tribunal (a não ser que a situação se enquadre em uma das hipóteses de não aplicação do instituto). Em ambas as situações não haverá produção de outras provas (CPC, art. 701, §§ 2º e 4º); **B:** Correta, porque no caso em apreço não haverá reexame necessário, tendo em vista que a causa de pedir da petição inicial encontra amparo em orientação firmada em parecer administrativo vinculante (CPC, art. 496, § 4º, IV); **C:** Incorreta, porque a formação do título executivo judicial ocorre de plano, independentemente de manifestação judicial (CPC, art. 701, § 2º); **D:** Incorreta, uma vez que a produção de prova testemunhal é expressamente permitida pelo diploma processual (CPC, art. 700, § 1º); **E:** Incorreta, porque, no caso analisado, não haverá reexame necessário (CPC, art. 701, § 4º e art. 496, § 4º, IV).

Gabarito "B".

(Procurador do Município/Manaus – 2018 – CESPE) Acerca das disposições do CPC relativas aos procedimentos especiais e ao processo de execução, julgue os itens seguintes.

(1) Na hipótese do ajuizamento de ação de reintegração de posse quando se deveria ajuizar outra ação possessória, o juiz poderá conhecer o pedido e outorgar a proteção legal correspondente, desde que tenham sido comprovados os pressupostos da ação que deveria ter sido ajuizada.

(2) Admite-se o ajuizamento de ação monitória por aquele que afirma, com base em prova escrita, ou oral documentada, ter direito de exigir de devedor capaz a entrega de coisa infungível.

(3) A execução de título executivo judicial se dá em fase processual posterior à sua formação, denominada processo de execução.

1: Correta, sendo essa a fungibilidade das possessórias (CPC, art. 554). **2:** Correta (CPC, art. 700, II). **3:** Errada. Desde 2005 há o chamado "sincretismo processual", em que a execução de título executivo judicial se dá via cumprimento de sentença e não processo de execução autônomo (CPC, art. 513 e ss.).

Gabarito 1C, 2C, 3E.

4. DIREITO PROCESSUAL CIVIL 247

(Procurador do Estado/AC – 2017 – FMP) Considere as seguintes afirmativas sobre o tema das ações possessórias no âmbito do Código de Processo Civil.

I. A propositura de uma ação possessória em vez de outra obstará a que o juiz conheça do pedido.

II. É lícito ao autor cumular ao pedido possessório o de indenização dos frutos.

III. Se o réu provar, em qualquer tempo, que o autor provisoriamente mantido ou reintegrado na posse carece de idoneidade financeira para, no caso de sucumbência, responder por perdas e danos, o juiz designar-lhe-á o prazo de 30 (trinta) dias para requerer caução, real ou fidejussória, sob pena de ser depositada a coisa litigiosa, ressalvada a impossibilidade da parte economicamente hipossuficiente.

IV. Contra as pessoas jurídicas de direito público não será deferida a manutenção ou a reintegração liminar sem prévia audiência dos respectivos representantes judiciais.

Estão CORRETAS apenas as alternativas

(A) I e II.

(B) II e III.

(C) II e IV.

(D) I, III e IV.

(E) II, III e IV.

I: incorreta, tendo em vista a aplicação do princípio da fungibilidade às ações possessórias (CPC, art. 554); **II:** correta, conforme expressa autorização legal (CPC, art. 555, II); **III:** incorreta, pois o prazo para o réu requerer o oferecimento de caução é de 5 dias (e não 30 dias – CPC, art. 559); **IV:** correta, sendo uma das prerrogativas processuais da Fazenda Pública (CPC, art. 562, p.u.).
Gabarito "C".

(Procurador do Estado – PGE/MT – FCC – 2016) A respeito dos procedimentos especiais, em conformidade com as disposições do novo Código de Processo Civil e a jurisprudência dominante dos Tribunais Superiores,

(A) a imissão provisória na posse do imóvel objeto de desapropriação, caracterizada pela urgência, não prescinde de avaliação prévia ou de pagamento integral.

(B) no litígio coletivo pela posse de imóvel, quando o esbulho afirmado na petição inicial tiver ocorrido há mais de ano e dia, o juiz somente poderá apreciar o pedido de liminar depois de designar audiência de mediação.

(C) caso a Fazenda Pública seja ré em ação monitória e não apresente embargos após o mandado monitório, deverá imediatamente seguir o procedimento de execução contra a Fazenda Pública.

(D) em ação de usucapião, o possuidor e os confinantes devem ser citados, pessoalmente ou por edital.

(E) a ação monitória pode ser proposta com base em prova escrita sem eficácia de título executivo, desde que o documento tenha sido emitido pelo devedor ou nele conste sua assinatura.

A: Incorreta, pois necessário que haja o pagamento prévio; **B:** Correta (CPC, art. 565); **C:** Incorreta, pois no caso haverá a aplicação do procedimento do cumprimento de sentença (CPC, art. 701, § 4°); **D:** Incorreta, pois nesse caso a citação deve ser apenas pessoal (CPC, art.

246, § 3°); **E:** Incorreta, a previsão legal é de prova escrita sem força de título, inexistindo menção a assinatura do devedor (CPC, art. 700).
Gabarito "B".

(Procurador – IPSMI/SP – VUNESP – 2016) Minerva está há mais de 30 anos na posse de um terreno que fica na zona sul de Itaquaquecetuba. Decide então, preenchidos os requisitos para usucapir o bem, aforar a demanda competente. Nesse caso, é correto afirmar que

(A) o Ministério Público só deve atuar neste feito caso tenha interesse na área ocupada por Minerva.

(B) a ação deverá ser obrigatoriamente instruída com a certidão atualizada do imóvel a ser usucapido, sendo que quem figurar como proprietário do bem deverá obrigatoriamente ser citado por edital.

(C) a petição inicial da usucapião deverá obrigatoriamente vir instruída com a planta do imóvel e memorial descritivo, a fim de que se individualize o bem.

(D) a sentença que julgar improcedente a ação será transcrita, mediante mandado, no registro de imóveis, independentemente da satisfação das obrigações fiscais por parte de Minerva.

(E) não se faz necessária a citação das Fazendas Publicas Municipal, Estadual e da União quando estas, extrajudicialmente, manifestarem seu desinteresse no imóvel requerido por Minerva.

A: Incorreta, pois o MP deverá atuar nos casos em que a lei prevê sua participação como fiscal da ordem jurídica (CPC, art. 178); **B:** Incorreta, pois a citação por edital é excepcional, mesmo na usucapião (CPC, art. 246, § 3° e 259, I); **C:** Correta. Apesar de não existir mais o procedimento especial da ação de usucapião, essa previsão está presente no pedido extrajudicial de usucapião, de modo que também se aplica ao judicial (CPC, art. 1.071, que inseriu o art. 216-A, § 2° à Lei 6.015/1973); **D:** incorreta, pois se o pedido foi julgado improcedente, nada há a ser levado à matrícula do imóvel; **E:** Incorreta. O art. 216-A, § 3°, da Lei 6.015/1973 prevê expressamente a oitiva da Fazenda no procedimento extrajudicial, de modo que mesmo se aplica ao judicial.
Gabarito "C".

21. PROCEDIMENTOS ESPECIAIS PREVISTOS EM LEGISLAÇÃO EXTRAVAGANTE

(Procurador – PGE/SP – 2024 – VUNESP) A empresa X proprietária de imóvel celebra contrato de locação com o DER, autarquia estadual, que naquele local, instala sua sede. Porém, após 3 meses, o locatário DER deixa de efetuar os pagamentos mensais. A empresa X promove ação de despejo. Sobre o tema, assinale a alternativa correta.

(A) Não deve ser facultado ao DER o direito de purgar a mora.

(B) Deve ser facultado à autarquia o direito de purgar a mora.

(C) As autarquias podem ser despejadas, porém os órgãos da administração direta não podem.

(D) Apenas as pessoas jurídicas de direito privado da administração pública indireta podem ser despejadas.

(E) As autarquias não podem ser despejadas.

A: Incorreta. Conforme art. 62, II da Lei 8.245/1991, no caso de débito, o locatário tem o direito de purgar a mora para evitar a rescisão da locação; **B:** Correta, sendo essa a previsão do art. 62, II da Lei 8.245/1991. Trata-se, ainda, do oposto à alternativa acima, de maneira que se uma é errada, a outra é certa; **C:** Incorreta, pois não há previsão legal que impossibilite o despejo de autarquias ou de órgãos da administração pública direta. Existe, nos termos do art. 53 da lei de locação, uma restrição às hipóteses de despejo – mas ainda assim permitido no caso de falta de pagamento – para as seguintes entidades: "hospitais, unidades sanitárias oficiais, asilos, estabelecimentos de saúde e de ensino autorizados e fiscalizados pelo Poder Público, bem como por entidades religiosas devidamente registradas"; **D:** Incorreta, vide justificativa para alternativa "C"; **E:** Incorreta, vide justificativa à alternativa "C". LD

Gabarito "B".

(Procurador – PGE/SP – 2024 – VUNESP) Acerca da ação de improbidade administrativa, segundo o posicionamento atual do STF, é possível afirmar que

(A) a Administração Pública Direta somente possui legitimidade ativa nesse tipo de ação nas hipóteses em que o Ministério Público não promover esse tipo de ação.

(B) as autarquias não têm legitimidade ativa para esse tipo de ação.

(C) a Administração Pública Direta não possui legitimidade para propor esse tipo de ação.

(D) há legitimidade ativa concorrente entre o Ministério Público e os entes públicos lesados, para ajuizar esse tipo de ação.

(E) o Ministério Público é o único legitimado a propor esse tipo de ação, e os entes públicos poderão apenas atuar na condição de assistentes.

A: Incorreta. No julgamento das ADIS 7042 e 7043, o STF fixou o entendimento de que é possível a propositura de ação de improbidade administrativa por ente público que tenha sofrido prejuízos em razão do ato praticado; **B:** Incorreta, vide justificativa para alternativa "D"; **C:** Incorreta, vide justificativa à alternativa "D"; **D:** Correta, no julgamento da ADI 7042, o STF reconheceu a legitimidade ativa concorrente, entre o Ministério Público e os entes públicos prejudicados, para propositura da ação de improbidade administrativa.
(E) Incorreta, vide justificativa para alternativa "B". LD

Gabarito "D".

(Procurador Fazenda Nacional – AGU – 2023 – CEBRASPE) A respeito dos juizados especiais federais, julgue os itens subsequentes.

I. As ações mediante as quais se busque anular lançamento tributário não se submetem à competência dos juizados especiais federais.

II. É possível à fazenda pública transigir nos processos de competência dos juizados especiais federais.

III. Do acórdão formalizado por turma recursal do juizado especial federal caberá recurso especial ou recurso extraordinário, a depender da natureza da matéria questionada, se infraconstitucional ou constitucional.
Assinale a opção correta.

(A) Apenas o item I está certo.

(B) Apenas o item II está certo.

(C) Apenas os itens I e III estão certos.

(D) Apenas os itens II e III estão certos.

(E) Todos os itens estão certos.

I: incorreto, pois conforme previsão do art. 3º, § 1º, III da Lei 10.259/2001, *compete* aos juizados especiais federais processar e julgar as ações mediante as quais se busque anular lançamento tributário; **II:** correto, uma vez que o art. 10, parágrafo único da Lei 10.259/2001 *permite* a transação, conciliação ou a desistência nos processos da

competência dos Juizados Especiais Federais; **III:** incorreto, visto que, nos termos da Súmula 203 do STJ, não cabe recurso especial contra decisão proferida por órgão de segundo grau dos juizados especiais – mas cabe RE.
Assim, a alternativa "B" deve ser assinalada. LD

Gabarito "B".

(Procurador Município – Santos/SP – VUNESP – 2021) É de competência dos Juizados Especiais da Fazenda Pública processar, conciliar e julgar causas cíveis de interesse dos Municípios, até o valor de 60 (sessenta) salários mínimos; e em seu procedimento, tratando-se de obrigação de pagar quantia certa, após o trânsito em julgado da decisão condenatória contra o ente político, em relação ao pagamento a ser efetuado em favor do credor, é correto afirmar que

(A) em se tratando de obrigação de pequeno valor, desatendida a requisição judicial direcionada à Municipalidade, o juiz, imediatamente, determinará o sequestro do numerário suficiente ao cumprimento da decisão, dispensada a audiência da Fazenda Pública.

(B) será efetuado no prazo máximo de 90 (noventa) dias, contado da entrega da requisição do juiz à autoridade citada para a causa.

(C) ocorrerá mediante precatório, caso o montante da condenação exceda o valor definido como obrigação de médio valor.

(D) as obrigações definidas como de pequeno valor terão como limite o valor que for estabelecido em lei federal especificamente editada para tanto.

(E) é permitida a expedição de precatório complementar ou suplementar do valor pago.

A: correta, sendo essa previsão legal: não paga a OPV após requisição judicial, haverá o sequestro (Lei 12.153/09, art. 13, § 1º); **B:** incorreta, pois o prazo é de *60 dias* (Lei 12.153/09, art. 13, I); **C:** incorreta, pois o valor para OPV e não precatório é de até *30 salários mínimos para municípios* – ou quantia fixada por lei local (Lei 12.153/09, art. 13, § 2º e § 3º, II); **D:** incorreta, conforme exposto em "C"; **E:** incorreta, pois a lei veda expressamente essa possibilidade (Lei 12.153/09, art. 13, § 4º "São *vedados* o fracionamento, a repartição ou a quebra do valor da execução (...) bem como a *expedição de precatório complementar ou suplementar do valor pago*").

Gabarito "A".

(Procurador/DF – CESPE – 2022) Em cada um dos itens a seguir, é apresentada uma situação hipotética seguida de uma assertiva a ser julgada a respeito do processo coletivo e da ação de desapropriação.

(1) O governador do DF editou decreto no qual declarou a utilidade pública e o interesse social para efeito de desapropriação de uma área de terra rural localizada em Brazlândia, no DF. Nessa situação, caso o proprietário da referida área seja notificado e aceite a oferta de indenização proposta pelo DF, será dispensada a propositura de ação de desapropriação.

(2) O Ministério Público de determinado estado propôs ação de improbidade administrativa em decorrência de atos supostamente praticados pelo secretário de educação daquele estado. Após a instrução processual, identificou-se a ausência dos requisitos para o processamento da ação de improbidade administrativa, mas verificou-se a presença dos pressupostos para o processamento de ação civil pública. Nessa

4. DIREITO PROCESSUAL CIVIL

situação, o juiz da causa poderá, de ofício, converter a ação de improbidade administrativa em ação civil pública.

1: correto. Se a oferta feita pelo ente público é aceita, não há necessidade de processo judicial. Nesse sentido, o art. 10-A, § 2º do DL 3.365/1941. "Aceita a oferta e realizado o pagamento, será lavrado acordo, o qual será título hábil para a transcrição no registro de imóveis". **2**: correto. Existe expressa previsão legal de conversão, a partir da reforma da LIA. Nesse sentido, art. 17, § 16 da Lei 8.429/1992, com a redação da Lei 14.230/21: "A qualquer momento, se o magistrado identificar a existência de ilegalidades ou de irregularidades administrativas a serem sanadas sem que estejam presentes todos os requisitos para a imposição das sanções aos agentes incluídos no polo passivo da demanda, poderá, em decisão motivada, converter a ação de improbidade administrativa em ação civil pública, regulada pela Lei nº 7.347, de 24 de julho de 1985".
Gabarito 1C, 2C

(Procurador do Município – Valinhos/SP – 2019 – VUNESP) As causas cíveis de interesse dos Estados, do Distrito Federal, dos Territórios e dos Municípios podem ser conciliadas e julgadas nos Juizados Especiais da Fazenda Pública. A respeito destes órgãos da Justiça comum e do procedimento previsto na Lei Federal 12.153, de 22 de dezembro de 2009, é correto afirmar que

(A) estão incluídos em sua competência as causas que tenham como objeto a impugnação da pena de demissão imposta a servidores públicos civis.

(B) podem ser autores qualquer pessoa física ou jurídica.

(C) no foro onde estiver instalado Juizado Especial da Fazenda Pública, a sua competência é absoluta.

(D) os prazos para a prática de qualquer ato processual pela Fazenda Pública são contados em dobro.

(E) as obrigações definidas como de pequeno valor deverão ser pagas no prazo máximo de 15 dias, contado da entrega da requisição do juiz à autoridade citada para a causa.

A: incorreta, pois essa situação é expressamente excluída da competência dos JEFP (Lei 12.153/09, art. 2º, § 1º, III); **B**: incorreta, porque o sistema dos Juizados Especiais permite apenas que figurem como autores pessoas físicas e ME/EPP (Lei 12.153/09, art. 5º, I); **C**: correta, conforme expressa previsão legal (Lei 12.153/09, art. 2º, § 4º); **D**: incorreta, considerando que, no âmbito dos Juizados da Fazenda Pública, a Fazenda *não* conta com prazos diferenciados para as suas manifestações, inclusive para recorrer (Lei 12.153/09, art. 7º); **E**: incorreta, uma vez que o prazo máximo para pagamento será de 60 dias (Lei 12.153/09, art. 13, I).
Gabarito "C".

(Procurador do Município – Valinhos/SP – 2019 – VUNESP) Conceder-se-á mandado de segurança para proteger direito líquido e certo, não amparado por *habeas corpus* ou *habeas data*, sempre que, ilegalmente ou com abuso de poder, qualquer pessoa física ou jurídica sofrer violação ou houver justo receio de sofrê-la por parte de autoridade, seja de que categoria for e sejam quais forem as funções que exerça.

Com relação ao procedimento do Mandado de Segurança individual e coletivo, assinale a alternativa correta.

(A) Pedido de reconsideração na via administrativa interrompe o prazo de 120 dias para sua propositura.

(B) É possível contra decisão judicial transitada em julgado.

(C) O ingresso de litisconsorte ativo será admitido até o despacho de saneamento do processo.

(D) O mandado de segurança coletivo induz litispendência para as ações individuais.

(E) Estende-se à autoridade coatora o direito de recorrer.

A: incorreta, já que o STF entende que o pedido de reconsideração não interrompe o prazo decadencial de 120 dias (Súmula 430); **B**: incorreta, sendo essa uma das hipóteses previstas na lei para não cabimento do MS (Lei 12.016/09, art. 5º, III); **C**: incorreta, pois a lei determina que o ingresso do litisconsorte ativo deve ocorrer até o despacho da petição inicial (Lei 12.016/09, art. 10, § 2º); **D**: incorreta, uma vez que o MS coletivo não induz litispendência em relação às ações individuais; no entanto, o demandante individual deve fazer uma opção, desistindo de seu feito individual, no prazo de 30 dias, caso tenha intenção de se beneficiar dos efeitos da coisa julgada do MS coletivo (Lei 12.016/09, art. 22, § 1º); **E**: correta, conforme expressa previsão legal (Lei 12.016/09, art. 14, § 2º).
Gabarito "E".

(Procurador do Estado/TO – 2018 – FCC) Relativamente ao Mandado de Segurança, considere:

I. Não se concederá mandado de segurança quando se tratar de ato do qual caiba recurso administrativo com efeito suspensivo, independentemente de caução; também não se concederá mandado de segurança de decisão judicial da qual caiba recurso com efeito devolutivo.

II. O titular de direito líquido e certo decorrente de direito, em condições idênticas, de terceiro poderá impetrar mandado de segurança a favor do direito originário, se o seu titular não o fizer, no prazo de trinta dias, quando notificado judicialmente.

III. Não cabe mandado de segurança contra os atos de gestão comercial praticados pelos administradores de empresas públicas, de sociedade de economia mista e de concessionárias de serviço público.

IV. Quando o direito ameaçado ou violado couber a várias pessoas, a impetração do mandado de segurança ficará condicionada à formação de litisconsórcio necessário, podendo porém ser ajuizada ação declaratória autônoma sem o preenchimento desse requisito.

Está correto o que se afirma APENAS em

(A) II, III e IV.

(B) II e III.

(C) I e II.

(D) I e III.

(E) I e IV.

I: incorreta, pois não é cabível MS quando se tratar de decisão judicial da qual caiba recurso com efeito suspensivo (e não apenas devolutivo) e, ainda, de decisão judicial transitada em julgado (Lei 12.016/09, art. 5º); **II**: correta, conforme expressa previsão legal (Lei 12.016/09, art. 3º); **III**: correta, conforme vedação legal (Lei 12.016/09, art. 1º, § 2º); **IV**: incorreta, considerando que, quando o direito couber a várias pessoas, qualquer delas terá legitimidade para impetrar o MS (Lei 12.016/09, art. 1º, § 3º).
Gabarito "B".

(Procurador do Município/Manaus – 2018 – CESPE) Considerando o disposto na Lei dos Juizados Especiais Cíveis e Criminais e na Lei dos Juizados Especiais da Fazenda Pública, julgue os itens que se seguem.

(1) Nas causas cíveis de menor complexidade, os embargos de declaração opostos contra a sentença interrompem o prazo para interposição de recurso.

(2) Nas ações que tramitarem nos juizados especiais cíveis, não poderão ser partes do processo as pessoas jurídicas de direito público, as empresas públicas da União, a massa falida, o insolvente civil, o preso e o incapaz.

(3) As ações populares e as ações de divisão e demarcação de terras não são abarcadas pela competência dos juizados especiais da fazenda pública, ainda que haja o interesse dos estados e que o valor da causa não exceda sessenta salários mínimos.

1: Correta (Lei 9.099/1995, art. 50, com a redação do CPC; e Lei 12.153/2009, art. 27). **2:** Correta (Lei 9.099/1995, art. 8º). **3:** Correta (Lei 12.153/2009, art. 2º, § 1º, I).

Gabarito 1C, 2C, 3C

22. PROCESSO COLETIVO

(Procurador Federal – AGU – 2023 – CEBRASPE) Conforme a jurisprudência dominante do Superior Tribunal de Justiça (STJ) acerca de ação civil pública, ação popular e mandado de segurança, julgue os seguintes itens.

I. Pelo princípio do amplo acesso à justiça, sindicato ou associação de servidores possui legitimidade para a impetração de mandado de segurança coletivo para salvaguarda do interesse de candidatos aprovados em concurso público que ainda não tenham tomado posse.

II. A migração de polo de pessoa jurídica de direito público que figure como ré em ação popular deve ser feita até o momento processual de sua resposta, sob pena de preclusão.

III. A legitimidade de autarquia federal para ajuizamento de ação civil pública depende da demonstração de pertinência temática entre suas finalidades institucionais e do interesse tutelado de forma coletiva.

Assinale a opção correta.

(A) Apenas o item I está certo.

(B) Apenas o item III está certo.

(C) Apenas os itens I e II estão certos.

(D) Apenas os itens II e III estão certos.

(E) Todos os itens estão certos.

I: incorreto, uma vez que há precedentes do STJ reconhecendo que as entidades sindicais não possuem legitimidade para impetrar MS em defesa de candidatos aprovados que ainda aguardam nomeação (nesse sentido: AgInt no REsp 1833766/RS); II: incorreto, pois o STJ reconhece que não há preclusão para o deslocamento de pessoa jurídica de Direito Público do polo passivo para o ativo da Ação Popular (nesse sentido: REsp 945238/SP); III: correto, sendo esse o entendimento do STJ: "Da mesma forma que as associações, as pessoas jurídicas da administração pública indireta , para que sejam consideradas parte legítima no ajuizamento de ação civil pública, devem demonstrar, dentre outros, o requisito da pertinência temática entre suas finalidades institucionais e o interesse tutelado na demanda coletiva" (REsp 1.978.138/SP, informativo nº 731).

Assim, deve ser assinalada a alternativa B. **LD**

Gabarito "B".

(Procurador Fazenda Nacional – AGU – 2023 – CEBRASPE) No que se refere às ações coletivas, julgue os itens subsequentes, à luz da jurisprudência dos tribunais superiores.

I. Em ação civil pública, os efeitos da sentença de procedência estão restritos aos limites da competência territorial do órgão prolator da decisão, exceto se a ação for proposta no foro nacional.

II. A legitimidade ativa das associações está condicionada à autorização expressa dos associados e à comprovação de filiação anterior, seja para a propositura de ação sob o rito ordinário, seja para a impetração de mandado de segurança coletivo em defesa dos interesses dos associados.

III. A legitimidade do sindicato para agir como substituto processual nas ações em que atua na defesa dos direitos e interesses coletivos ou individuais dos trabalhadores integrantes da categoria alcança a liquidação e a execução dos créditos reconhecidos aos seus integrantes.

Assinale a opção correta.

(A) Apenas o item I está certo.

(B) Apenas o item III está certo.

(C) Apenas os itens I e II estão certos.

(D) Apenas os itens II e III estão certos.

(E) Todos os itens estão certos.

I: incorreto, uma vez que a redação do art. 16 da Lei 7.347/1985, alterada pela Lei 9.494/1997 foi declarada inconstitucional pelo STF (Tema 1075): "I – É inconstitucional a redação do art. 16 da Lei 7.347/1985, alterada pela Lei 9.494/1997, sendo repristinada sua redação original", que é a seguinte: "A sentença civil fará coisa julgada *erga omnes*, exceto se a ação for julgada improcedente por deficiência de provas, hipótese em que qualquer legitimado poderá intentar outra ação com idêntico fundamento, valendo-se de nova prova"; II: incorreto, pois nos termos da Súmula 629 do STF, a "impetração de Mandado de Segurança coletivo por entidade de classe em favor dos associados independe da autorização destes"; III: correto, considerando o entendimento firmado pelo STF no Tema 823: "Os sindicatos possuem ampla legitimidade extraordinária para defender em juízo os direitos e interesses coletivos ou individuais dos integrantes da categoria que representam, *inclusive nas liquidações e execuções de sentença*, independentemente de autorização dos substituídos".

Assim, a alternativa "B" deve ser assinalada. **LD**

Gabarito "B".

(Procurador do Município – Valinhos/SP – 2019 – VUNESP) O termo de ajustamento de conduta está previsto no § 6º do art. 5º da Lei 7.347/85.

Sobre o tema, é correto afirmar que

(A) os legitimados ativos das ações coletivas necessariamente precisam ter realizado tal compromisso antes de propor a demanda judicial, vez que se trata de condição para o ingresso dessas demandas coletivas.

(B) por ter natureza jurídica de título judicial, para ter eficácia, há que ser homologado pelo juiz competente para análise da ação coletiva.

(C) por ter natureza preventiva, em casos de demandas ambientais, não poderá ser firmado após a ocorrência do dano.

(D) o objeto desses termos de ajustamento de conduta são apenas os interesses difusos, sendo que para os demais direitos de natureza transindividual, por sua indisponibilidade, não podem ser objeto de transação.

4. DIREITO PROCESSUAL CIVIL 251

(E) tal instrumento poderá ser proposto, em caso de dano ambiental, tanto pelo Ministério Público como por outros órgãos de defesa ao meio ambiente, como o IBAMA e as Secretarias Municipais de Meio Ambiente.

A: incorreta, pois, o TAC não é condição para o ingresso da ação coletiva (Lei 7.347/85, art. 5°, § 6°); **B:** incorreta, porque o TAC, quando celebrado pelos órgãos legitimados, tem natureza de título executivo *extrajudicial* (Lei 7.347/85, art. 5°, § 6°); **C:** incorreta, tendo em vista que o TAC tem natureza preventiva e *reparadora* e é muito utilizado em matéria ambiental (Lei 7.347/85, art. 1°, I); **D:** incorreta, uma vez que podem ser objeto de TAC direitos difusos, coletivos e individuais homogêneos (Lei 7.347, art. 1°, IV); **E:** correta, conforme expressa previsão legal (Lei 7.347/85, art. 5°, III e IV, e § 6°).

Gabarito "E".

(Procurador do Município – S.J. Rio Preto/SP – 2019 – VUNESP) Mara mora em um imóvel há 16 (dezesseis) anos e, preenchidos os requisitos legais, decide propor ação de usucapião para aquisição originária da propriedade. O imóvel em que Mara reside está registrado perante o Cartório de Registro de Imóveis em nome de Samuel. O vizinho da direita se chama Pedro, o da esquerda, Paulo, e o vizinho do fundo, João. Sara alega ser proprietária do mesmo imóvel em razão de um contrato de compra e venda que nunca foi levado a registro.

Diante da situação hipotética apresentada, assinale a alternativa correta.

(A) Mara deve citar a União, o Estado e o Município, sendo dispensada de citar Pedro, Paulo e João, considerando que eles têm conhecimento sobre a disputa do imóvel.

(B) Sara, tendo conhecimento da ação e não tendo sido citada, deverá oferecer oposição, apenas contra Mara.

(C) Por se tratar de um procedimento especial, os prazos previstos para Mara serão reduzidos em relação ao procedimento comum adotado na parte geral do Código de Processo Civil.

(D) Para a propositura da ação, Mara deverá citar por edital Samuel, Pedro, Paulo e João e citar pessoalmente a União, o Estado e o Município.

(E) Sara é considerada eventual interessada e, por isso, pode aproveitar a citação por edital para apresentar contestação.

A: incorreta, considerando que os vizinhos (ou "confinantes") devem ser citados, pessoalmente, para ingressar na demanda, exceto na hipótese de unidade autônoma em condomínio (CPC, art. 246, § 3°); **B:** incorreta, pois, de acordo com entendimento do STJ, não cabe oposição em ação de usucapião (Informativo n° 642/STJ); **C:** incorreta, porque não há previsão no CPC/15 de procedimento especial para a ação de usucapião – devendo o procedimento ser pautado pelas regras do procedimento comum, respeitadas as peculiaridades próprias desse tipo de ação; **D:** incorreta, já que os vizinhos deverão ser citados pessoalmente (CPC, art. 246, § 3°); **E:** correta, tendo em vista que os eventuais interessados são citados por edital para manifestação (CPC, art. 259, I).

Gabarito "E".

(Procurador do Estado/TO – 2018 – FCC) Suponha que representantes do acionista controlador de uma sociedade de economia mista, na qual o Estado do Tocantins detêm a maioria do capital votante tenham tomado conhecimento de que o edifício sede da companhia, tombado como patrimônio histórico, estaria em processo de total degradação por ausência de ações básicas de manutenção, sofrendo, ainda, diversas descaracterizações em função de reparos inadequados e em desacordo com a normas e autorizações do órgão de proteção do patrimônio histórico que instituiu o tombamento. Diante desse cenário, o Estado

(A) somente poderá atuar por intermédio dos órgãos estatutários da companhia – Conselho Fiscal e Conselho de Administração – buscando a apuração de responsabilidades e o subsequente ajuizamento, pela companhia ou pelo Ministério Público, da competente ação civil pública.

(B) possui legitimidade para ingressar com ação civil pública contra os responsáveis pelas ações ou omissões correspondentes, independentemente da natureza privada da entidade e da anuência de outros legitimados.

(C) somente poderá ingressar com ação civil pública se as condutas forem imputáveis a agentes públicos, eis que dirigentes de entidades de natureza privada não podem figurar no polo passivo de demanda dessa natureza.

(D) não possui legitimidade para ingressar com ação civil pública, porém está obrigado a representar ao órgão competente do Ministério Público, para instauração de inquérito civil, sob pena de responsabilização dos agentes públicos que se omitirem.

(E) embora não possua legitimidade para ingressar, como Fazenda Pública, com ação civil pública para reparação de danos causados a pessoa jurídica distinta, poderá ajuizar ação de improbidade contra os responsáveis, desde que constatado prejuízo ao erário.

O Estado tem legitimidade para ajuizar ACP (L. 7.347/1985, art. 5°, III), pois há seu capital na referida sociedade. Vale destacar que a própria sociedade de economia mista teria legitimidade ativa para ajuizar ACP (L. 7.347/1985, art. 5°, IV).

Gabarito "B".

(Procurador do Estado/TO – 2018 – FCC) Suponha que uma associação de defesa e proteção ambiental tenha ajuizado Ação Civil Pública objetivando evitar o início das obras de um empreendimento que, segundo sustentou, causaria danos ao bioma de uma lagoa próxima em face da inadequação do sistema de tratamento de resíduos adotado. A associação pugnou pela realização de prova pericial, recusando-se, contudo, a realizar o depósito dos honorários do perito judicial nomeado. Considerando as disposições da Lei 7.347/1985, a conduta da associação afigura-se

(A) legítima, eis que tais despesas são, obrigatoriamente, suportadas pelos recursos depositados no Fundo Especial de Reparação de Direitos Difusos.

(B) legítima, eis que está dispensada do adiantamento de quaisquer custas e emolumentos, bem como de honorários periciais.

(C) antijurídica, eis que a dispensa de adiantamento aplica-se apenas quando o Ministério Público figure como autor da lide.

(D) antijurídica, eis que a associação, desde que devidamente legitimada, está dispensada apenas do adiantamento de custas processuais.

(E) legítima, podendo ser ou não deferida pelo juiz da lide, conforme as circunstâncias apresentadas, levando em conta o risco de lesão irreparável.

A: incorreta, pois as associações são dispensadas do adiantamento das despesas (Lei 7.347/85, art. 18); **B:** correta, conforme expressa previsão legal (Lei 7.347/85, art. 18) – valendo a ressalva de que a dispensa não se aplica nos casos de comprovada má-fé da parte autora; **C:** incorreta, tendo em vista que a dispensa aplica-se para todos os legitimados – embora o STJ entenda que, quando o MP for autor e requerer a prova pericial, a Fazenda Pública a qual o MP esteja vinculado deve arcar com o adiantamento dos honorários (vide AgRg no REsp 1.372.697/SE); **D:** incorreta, já que a dispensa inclui o adiantamento de custas, emolumentos, honorários periciais e quaisquer outras despesas (Lei 7.347/85, art. 18); **E:** incorreta, pois o juiz não poderia contrariar o dispositivo da Lei da ACP (Lei 7.347/85, art. 18).
Gabarito "B".

(Procurador do Estado/SE – 2017 – CESPE) Julgue os itens a seguir, referentes à ação civil pública, ao mandado de segurança, à ação popular e à reclamação.

I. De acordo com o STJ, as empresas públicas e as sociedades de economia mista, prestadoras de serviço público, possuem legitimidade para propositura de pedido de suspensão de segurança, notadamente, quando atuam na defesa do interesse público primário.

II. Segundo a jurisprudência do STJ, a legitimidade para a defensoria pública propor ação civil pública se restringe às hipóteses em que haja proteção de interesse de hipossuficientes econômicos.

III. Conforme entendimento majoritário da doutrina, o cidadão-eleitor de dezesseis anos possui plena capacidade processual para o ajuizamento de ação popular.

IV. O CPC assegura, na sessão de julgamento de reclamação, o direito à sustentação oral das partes e do MP, nos casos de intervenção deste.

Estão certos apenas os itens

(A) I e II.

(B) I e III.

(C) II e IV.

(D) I, III e IV.

(E) II, III e IV.

I: Correta, conforme entendimento consolidado pelo STJ (AgInt no AREsp 916084/BA – Jurisprudência em Teses 79). **II:** Errada. A Corte Especial do STJ consolidou a tese de que a DP possui legitimidade para a propositura de ACP não apenas para os hipossuficientes econômicos (EREsp 1192577/RS). **III:** Correta, sendo esse o entendimento doutrinário prevalecente. **IV:** Correta (CPC, art. 937, VI).
Gabarito "D".

23. TEMAS COMBINADOS

(Procurador Fazenda Nacional – AGU – 2023 – CEBRASPE) Consoante a jurisprudência dominante do STJ no que tange ao regramento referente à atuação da fazenda pública em juízo, assinale a opção correta.

(A) O porte de remessa e retorno, por estar excluído do conceito jurídico de preparo, deverá ser adiantado pela entidade autárquica que apresentar recurso.

(B) A execução de obrigação de fazer contra a fazenda pública, quando possuir natureza provisória, atrairá

o regime jurídico dos precatórios ou da requisição de pequeno valor.

(C) A fazenda pública será isenta do pagamento de honorários de sucumbência caso deixe de apresentar impugnação em procedimento individual de cumprimento de sentença de ação coletiva em que figure como ré.

(D) A remessa necessária devolve ao tribunal o reexame de todas as parcelas da condenação impostas à fazenda pública, inclusive a verba honorária, não sendo limitada pelo princípio do tantum devolutum quantum appellatum.

(E) O ente público interessado tem a prerrogativa de fazer sustentação oral em agravo interno interposto contra decisão que indefere suspensão de segurança.

A: Incorreta. Conforme previsão do art. 1.007, § 1º as autarquias estão dispensadas de recolher o preparo, inclusive porte de remessa e de retorno; **B:** Incorreta, pois o regime jurídico dos precatórios ou da requisição de pequeno valor se aplica apenas às obrigações de *pagar* quantia certa (CPC, art. 535, § 3º, I e II); **C:** Incorreta, os honorários advocatícios serão devidos, ainda que a Fazenda Pública não apresente impugnação (Súmula 345 do STJ: São devidos honorários advocatícios pela Fazenda Pública nas execuções individuais de sentença proferida em ações coletivas, ainda que não embargadas); **D:** Correta, sendo esse o teor da Súmula 325 do STJ "A remessa oficial devolve ao Tribunal o reexame de todas as parcelas da condenação suportadas pela Fazenda Pública, inclusive dos honorários de advogado"; **E:** Incorreta, conforme jurisprudência do STJ, não é cabível sustentação oral no agravo de instrumento interposto em face de decisão que indefere suspensão de segurança (QO no AgInt na SLS 2.507-RJ).
Gabarito "D".

(Procurador Fazenda Nacional – AGU – 2023 – CEBRASPE) A respeito das regras processuais civis relacionadas à atuação das partes e do juiz e ao direito probatório, julgue os seguintes itens.

I. Em observância ao princípio da flexibilização procedimental, o juiz está autorizado a alterar a ordem de produção dos meios de prova, de acordo com as necessidades e peculiaridades do litígio submetido ao seu julgamento.

II. A utilização da ata notarial como meio de prova com fé pública somente será admitida para demonstração de declaração de vontade das partes do processo.

III. A natureza cautelar inerente ao requerimento de produção antecipada da prova torna imprescindível a demonstração de perigo na demora da prestação jurisdicional para o regular deferimento dessa medida.

IV. Em caso de questão técnica de menor complexidade, o Código de Processo Civil (CPC) permite que o juiz determine a produção de prova técnica simplificada, consistente na inquirição de um especialista sobre ponto controvertido da causa, em substituição à prova pericial tradicional.

Estão certos apenas os itens

(A) I e II.

(B) I e IV.

(C) II e III.

(D) I, III e IV.

(E) II, III e IV.

I: correto, pois o art. 139, VI do CPC estabelece que o juiz poderá alterar a ordem de produção dos meios de prova para adequar às necessida-

4. DIREITO PROCESSUAL CIVIL
253

des do conflito; **II:** incorreto, uma vez que a lavratura da ata notarial também poderá ter como objeto retratar a existência de algum fato ou seu modo de existir (CPC, art. 384); **III:** incorreto, considerando que a ação de produção antecipada de provas não exige a demonstração de risco, pois poderá ser utilizada para evitar o ajuizamento de uma futura ação (CPC, art. 381, II) ou para viabilizar a autocomposição a partir da prova produzida (CPC, art. 381, I). **IV:** correto. O art. 464, § 2º prevê que, quando o ponto controvertido for de menor complexidade, o juiz poderá substituir a perícia pela produção de *prova técnica simplificada*, consistente na inquirição de especialista acerca do ponto controvertido da causa (CPC, art. 462, § 3º).
Assim, a alternativa B deve ser assinalada. LD
Gabarito "B".

(Procurador/PA – CESPE – 2022) Tendo como referência o ordenamento jurídico e o entendimento do Supremo Tribunal Federal, assinale a opção correta.

(A) Efetivada a tutela cautelar, o pedido principal terá de ser formulado pelo autor no prazo de trinta dias, caso em que será apresentado nos mesmos autos em que tiver sido deduzido o pedido de tutela cautelar, sem depender do adiantamento de novas custas processuais.

(B) Independentemente da reparação por dano processual, a parte responderá pelo prejuízo que a efetivação da tutela de urgência causar à parte adversa se, obtida liminarmente a tutela em caráter antecedente, não fornecer os meios necessários para a citação do requerido no prazo de dez dias úteis.

(C) No mandado de segurança, não será concedida medida liminar que tenha por objeto a compensação de créditos tributários, a entrega de mercadorias e bens provenientes do exterior, a reclassificação ou equiparação de servidores públicos e a concessão de aumento ou a extensão de vantagens ou pagamento de qualquer natureza.

(D) No mandado de segurança coletivo, a liminar só poderá ser concedida após a audiência do representante judicial da pessoa jurídica de direito público, que deverá se pronunciar no prazo de 72 horas.

(E) Qualquer das partes poderá demandar a outra, com o intuito de rever, reformar ou invalidar a tutela antecipada estabilizada, no prazo de dois anos, contados em dias úteis.

A: correta, por expressa previsão legal (CPC, art. 308); **B:** incorreta apenas em relação ao prazo – que é de *5 dias* e não 10 dias (todo o restante está de acordo com o previsto no art. 302, II do CPC); **C:** incorreta. Ainda que a alternativa reproduza o art. 7º, § 2º, da Lei 12.016/2009 (lei do MS), esse dispositivo foi declarado inconstitucional pelo STF (ADI 4296, j. jun./21); **D:** incorreta. Ainda que a alternativa reproduza o art. 22, § 2º, da Lei 12.016/2009 (lei do MS), esse dispositivo foi declarado inconstitucional pelo STF (ADI 4296, j. jun./21); **E:** incorreta. Há possibilidade de rever a tutela antecipada estabilizada, mas o prazo de 2 anos não é contado em dias úteis, mas exatamente em *anos* (CPC, art. 304).
Gabarito "A".

(Procurador/PA – CESPE – 2022) Assinale a opção correta.

(A) A representação judicial de município pela Associação de Representação de Municípios somente poderá ocorrer em questões de interesse comum dos municípios associados e dependerá de autorização do respectivo chefe do Poder Executivo municipal, com indicação específica do direito ou da obrigação a ser objeto das medidas judiciais.

(B) Os litisconsortes serão considerados litigantes distintos em suas relações com a parte adversa, exceto no litisconsórcio necessário, caso em que os atos e as omissões de um não prejudicarão os outros, mas os poderão beneficiar.

(C) O juiz deverá julgar liminarmente improcedente o pedido que contrariar enunciado de súmula do tribunal de justiça que verse sobre interpretação e aplicação de norma infraconstitucional federal.

(D) Quando houver continência e a ação contida tiver sido proposta anteriormente, no processo relativo à ação continente, será proferida sentença sem resolução de mérito, senão as ações serão necessariamente reunidas.

(E) Não ocorrendo o julgamento de recurso extraordinário pelo Supremo Tribunal Federal no prazo de um ano, contado do reconhecimento da repercussão geral, cessa, em todo o Brasil, a suspensão dos processos, que, nessa hipótese, voltam a tramitar normalmente.

A: correta, por expressa previsão legal: "A representação judicial do Município pela Associação de Representação de Municípios somente poderá ocorrer em questões de interesse comum dos Municípios associados e dependerá de autorização do respectivo chefe do Poder Executivo municipal, com indicação específica do direito ou da obrigação a ser objeto das medidas judiciais" (CPC, art. 75, § 5º, incluído pela Lei nº 14.341/2022); **B:** incorreta. A questão é tratada no CPC, art. 117: "Os litisconsortes serão considerados, em suas relações com a parte adversa, como litigantes distintos, *exceto no litisconsórcio unitário*, caso em que os atos e as omissões de um não prejudicarão os outros, mas os poderão beneficiar"; **C:** incorreta. A questão é tratada no CPC, art. 332: o juiz "julgará liminarmente improcedente o pedido que contrariar: (...) IV – enunciado de súmula de tribunal de justiça sobre *direito local*"; **D:** incorreta. A questão é tratada no CPC, art. 57: "Quando houver continência e a ação *continente* tiver sido proposta anteriormente, no processo relativo à *ação contida* será proferida sentença sem resolução de mérito, caso contrário, as ações serão necessariamente reunidas"; **E:** incorreta. Essa previsão constava do art. 1.037, § 5º – mas foi objeto de revogação pela Lei 13.256/2016. Assim, hoje, não há consequência se a repercussão geral demorar mais de 1 ano para ser julgada.
Gabarito "A".

(Procurador/PA – CESPE – 2022) Assinale a opção correta, à luz do Código de Processo Civil e do entendimento da Corte Especial do Superior Tribunal de Justiça.

(A) São considerados prequestionados os fundamentos adotados nas razões de apelação e desprezados no julgamento do respectivo recurso, desde que, interposto recurso especial, sejam reiterados nas contrarrazões da parte vencedora.

(B) Os embargos de terceiro podem ser opostos a qualquer tempo no processo de conhecimento, enquanto não transitada em julgado a sentença, e, no cumprimento de sentença ou no processo de execução, até 72 horas depois da adjudicação, da alienação por iniciativa particular ou da arrematação, independentemente da data de assinatura da respectiva carta.

(C) A decisão que condenar o réu ao pagamento de prestação consistente em dinheiro e a que determinar a conversão de prestação de fazer, de não fazer ou de dar coisa em prestação pecuniária valerão como título constitutivo de hipoteca judiciária, exceto se a condenação for genérica.

(D) A prerrogativa de prazo em dobro para as manifestações processuais não se aplica aos escritórios de prática jurídica de instituições privadas de ensino superior.

(E) É cabível a instauração do incidente de resolução de demandas repetitivas quando houver, simultaneamente, a efetiva repetição de processos que contenham controvérsia sobre a mesma questão de fato ou de direito, bem como o risco de ofensa à isonomia ou à segurança jurídica.

A: correta. Decidiu o STJ que "se consideram prequestionados os fundamentos adotados nas razões de apelação e desprezados no julgamento do respectivo recurso, desde que, interposto recurso especial, sejam reiterados nas contrarrazões da parte vencedora" (EAREsp 227767, j. jun.20); **B:** incorreta. A questão é tratada no CPC, art. 675: "Os embargos podem ser opostos a qualquer tempo no processo de conhecimento enquanto não transitada em julgado a sentença e, no cumprimento de sentença ou no processo de execução, *até 5 (cinco) dias* depois da adjudicação, da alienação por iniciativa particular ou da arrematação, *mas sempre antes da assinatura da respectiva carta*"; **C:** incorreta, pois cabe a hipoteca judiciária *mesmo que a condenação seja genérica* (CPC, art. 495, § 1º, I); **D:** incorreta, porque há prazo em dobro para escritórios de prática jurídica, desde que observados alguns requisitos (CPC, art. 186, § 3º); **E:** incorreta, pois não cabe IRDR para discutir matéria de *fato*, mas unicamente de direito (CPC, art. 976, I).
Gabarito "A".

(Procurador/PA – CESPE – 2022) Com base no Código de Processo Civil, assinale a opção incorreta.

(A) O recurso adesivo será admissível na apelação, no recurso extraordinário e no recurso especial.

(B) No caso de ajuizamento de ação rescisória fundada em prova nova, cuja existência se ignorava ou de que não se pôde fazer uso, obtida posteriormente ao trânsito em julgado, capaz, por si só, de assegurar pronunciamento favorável ao autor, o termo inicial do prazo será a data de descoberta da prova nova, observado o prazo máximo de cinco anos, contado do trânsito em julgado da última decisão proferida no processo.

(C) A existência de título executivo extrajudicial impede a parte de optar pelo processo de conhecimento a fim de obter título executivo judicial.

(D) Independentemente dos limites da competência territorial, a parte no processo em curso no qual se discute a mesma questão objeto de incidente de resolução de demandas repetitivas é legitimada para requerer ao tribunal competente para conhecer do recurso extraordinário ou especial a suspensão de todos os processos individuais ou coletivos em curso no território nacional que versem sobre a questão objeto do incidente já instaurado.

(E) Na reclamação que não houver formulado, o Ministério Público terá vista do processo por cinco dias, após o decurso do prazo para informações e para o oferecimento da contestação pelo beneficiário do ato impugnado.

A: correta, sendo esses os casos em que se admite recurso adesivo (CPC, art. 997, § 2º, II); **B:** correta, sendo essa a previsão legal acerca do prazo de AR fundada em prova nova (CPC, art. 975, § 2º); **C:** incor-

reta, devendo esta ser assinalada. Existindo título extrajudicial, a parte pode *optar* pelo processo de conhecimento (CPC, art. 785); **D:** correta, sendo essa a previsão legal acerca dos legitimados para a suspensão de processos envolvendo IRDR (CPC, art. 982, § 3º); **E:** correta, sendo esse o trâmite envolvendo o MP na reclamação (CPC, art. 991).
Gabarito "C".

(Procurador/PA – CESPE – 2022) Julgue os próximos itens, em conformidade com o entendimento do Superior Tribunal de Justiça e as previsões legais pertinentes.

I. O prazo para ajuizamento da ação monitória em desfavor do emitente de nota promissória sem força executiva é quinquenal, contado do dia seguinte ao vencimento do título.

II. O ente público detém legitimidade e interesse para intervir, incidentalmente, na ação possessória entre particulares, podendo deduzir qualquer matéria defensiva, inclusive, se for o caso, o domínio.

III. Não é possível propor, nos juizados especiais da fazenda pública, a execução de título executivo formado em ação coletiva que tramitou sob o rito ordinário, tampouco impor o rito sumaríssimo da Lei n.º 12.153/2009 ao juízo comum da execução.

IV. O interessado pode requerer ao presidente ou ao vice-presidente do tribunal a *quo* que exclua da decisão de sobrestamento e inadmita o recurso especial ou o recurso extraordinário que tenha sido interposto intempestivamente, tendo o recorrente o prazo de cinco dias para manifestar-se sobre esse requerimento.

Assinale a opção correta.

(A) Todos os itens estão errados.

(B) Apenas um item está errado.

(C) Apenas dois itens estão errados.

(D) Apenas três itens estão errados.

(E) Todos os itens estão certos.

I: correto. Súmula 504/STJ: "O prazo para ajuizamento de ação monitória em face do emitente de nota promissória sem força executiva é quinquenal, a contar do dia seguinte ao vencimento do título"; **II:** correto. Súmula 637/STJ: "O ente público detém legitimidade e interesse para intervir, incidentalmente, na ação possessória entre particulares, podendo deduzir qualquer matéria defensiva, inclusive, se for o caso, o domínio"; **III:** correto. Tese repetitiva para o Tema 1.029/STJ: "Não é possível propor nos Juizados Especiais da Fazenda Pública a execução de título executivo formado em Ação Coletiva que tramitou sob o rito ordinário, assim como impor o rito sumaríssimo da Lei 12.153/2009 ao juízo comum da execução" (REsp 1804186/SC, j. ago./2020); **IV:** correto, sendo essa expressa previsão legal prevista no Código (CPC, art. 1.035, § 6º).
Gabarito "E".

(Procurador/PA – CESPE – 2022) Assinale a opção correta, de acordo com a legislação processual civil e os entendimentos do Superior Tribunal de Justiça e do Supremo Tribunal Federal.

(A) É inconstitucional a penhora de bem de família pertencente a fiador de contrato de locação, seja residencial, seja comercial.

(B) A reforma da decisão que antecipa os efeitos da tutela final obriga o autor da ação a devolver os valores dos benefícios previdenciários ou assistenciais recebidos, o que pode ser feito por meio de desconto em valor que não exceda 30% da importância de eventual benefício que ainda lhe estiver sendo pago.

(C) O termo inicial da prescrição no curso do processo será a ciência da primeira tentativa infrutífera de localização do devedor ou de bens penhoráveis, e a prescrição poderá ser suspensa uma única vez, pelo prazo máximo de seis meses.

(D) Quando o agravo interno for declarado manifestamente inadmissível ou improcedente em votação unânime ou por maioria de votos, o órgão colegiado, em decisão fundamentada, deverá condenar o agravante a pagar ao agravado multa fixada entre 1% e 5% do valor atualizado da causa.

(E) Admitido o incidente de resolução de demandas repetitivas no âmbito do tribunal de justiça, os pedidos de tutela de urgência relacionados aos processos suspensos devem ser formulados diretamente ao desembargador-relator do incidente.

A: incorreta. A Lei de impenhorabilidade de bem de família é expressa ao permitir a penhora do imóvel do fiador (Lei 8.009/90, art. 3º, III) – e isso foi confirmado pelo STF (Tema 1.127 da repercussão, RE 1307334, j. mar/22); **B:** correta. É o que restou decidido no Tema repetitivo 692 do STJ: "A reforma da decisão que antecipa os efeitos da tutela final obriga o autor da ação a devolver os valores dos benefícios previdenciários ou assistenciais recebidos, o que pode ser feito por meio de desconto em valor que não exceda 30% (trinta por cento) da importância de eventual benefício que ainda lhe estiver sendo pago" (Pet n. 12.482/ DF, j. mai./2022); **C:** incorreta, pois a prescrição intercorrente poderá ser suspensa pelo prazo de 1 ano (CPC, art. 921, § 1º); **D:** incorreta, pois a multa se aplica apenas no caso de votação unânime – e não por maioria de votos (CPC, art. 1.021, § 4º); **E:** incorreta. Com o IRDR, ficam suspensos os processos relativos ao mesmo tema, a ser julgado pelo TJ (CPC, art. 977). Se houver pedido de liminar, será apreciado pelo próprio juiz da causa – se em 1º grau, pelo juiz; se em 2º grau, pelo relator do recurso (nesse sentido, conferir REsp 1657156).

Gabarito "B".

(Procurador/DF – CESPE – 2022) À luz do CPC e da jurisprudência do STJ, julgue os itens seguintes.

(1) O juiz, independentemente de haver requerimento da parte, pode determinar a inclusão do nome do executado em cadastros de inadimplentes.

(2) A decisão que fixar multa cominatória poderá ser objeto de execução provisória antes da prolação da sentença de mérito.

(3) O cumprimento parcial da tutela de urgência faz com que se inicie a contagem do prazo de trinta dias para a formulação do pedido principal.

(4) A violação à boa-fé, por si só, viabiliza a procedência da ação popular por configurar hipótese de presunção de lesão ao patrimônio público.

(5) Ainda que a autoridade coatora, ao prestar informações, se manifeste sobre o mérito do ato, não será possível a aplicação da teoria da encampação em mandado de segurança impetrado contra ministro de Estado, se a prática do ato impugnado tiver cabido a servidor do respectivo ministério e houver modificação de competência estabelecida na Constituição Federal.

(6) É incabível a interposição de agravo interno contra decisão que indefira o pedido de ingresso de *amicus curiae* na demanda.

(7) É cabível a fixação de honorários advocatícios, em exceção de pré-executividade, com fundamento no princípio da causalidade, quando o sócio da execu-

tada é excluído do polo passivo da execução fiscal, ainda que a execução continue contra os demais executados.

1: errado, pois é possível ao juiz determinar a inscrição do nome do executado *devedor de alimentos* de ofício (CPC, art. 528, § 1º, parte final); **2:** correto, por expressa previsão legal (CPC, art. 537, § 3º); **3:** errado. Já decidiu o STJ que "o cumprimento parcial da tutela de urgência não tem o condão de fazer com que o prazo de 30 (trinta) dias comece a fluir para a formulação do pedido principal" (REsp 1954457/ GO, j. nov./2021); **4:** errado. Já decidiu o STJ que "Eventual violação à boa-fé e aos valores éticos esperados nas práticas administrativas não configura, por si só, elemento suficiente para ensejar a presunção de lesão ao patrimônio público (...); e assim é porque a responsabilidade dos agentes em face de conduta praticada em detrimento do patrimônio público exige a comprovação e a quantificação do dano, nos termos do art. 14 da Lei 4.717/65" (REsp 1447237/MG, j. nov./2014); **5:** certo. O item é súmula do STJ, com alteração na sua redação (Súmula 628/STJ: "A teoria da encampação é aplicada no mandado de segurança quando presentes, cumulativamente, os seguintes requisitos: a) existência de vínculo hierárquico entre a autoridade que prestou informações e a que ordenou a prática do ato impugnado; b) manifestação a respeito do mérito nas informações prestadas; e c) ausência de modificação de competência estabelecida na Constituição Federal"); **6:** certo, por expressa previsão legal (CPC, art. 138, §§ 1º e 3º); **7:** certo. Decidiu o STJ, no tema repetitivo 961: "Observado o princípio da causalidade, é cabível a fixação de honorários advocatícios, em exceção de pré--executividade, quando o sócio é excluído do polo passivo da execução fiscal, que não é extinta" (REsp 1358837/SP, j. mar./2021).

Gabarito 1E, 2C, 3E, 4E, 5C, 6C, 7C

(Procurador/DF – CESPE – 2022) Acerca da ação monitória e da ação popular, julgue os itens seguintes.

(1) É admissível a citação por edital das fazendas públicas estaduais e distrital na ação monitória.

(2) As pessoas físicas e as pessoas jurídicas de direito privado podem figurar como sujeitos passivos da ação popular.

1: errado, sendo este o caso de uma típica "pegadinha" da banca CESPE. Cabe citação por edital na monitória, bem como monitória contra a Fazenda, por expressa previsão legal (CPC, art. 700, §§ 6º e 7º). Contudo, não cabe *citação por edital em face da Fazenda*, porque, conforme art. 256 do CPC, há citação por edital quando o réu estiver "em local ignorado, incerto ou inacessível"– o que não ocorrerá com a Fazenda Pública (sempre teremos a União, Estados ou Municípios em suas sedes); portanto, trazer a monitória para a questão é só para confundir, pois o enunciado em verdade enfrenta a impossibilidade de citação por edital da Fazenda; **2:** certo, há previsão legal nesse sentido na lei da ação popular (Lei 4.717/65, art. 6º).

Gabarito 1E, 2C

(Procurador/DF – CESPE – 2022) Em cada um dos itens a seguir, é apresentada uma situação hipotética seguida de uma assertiva a ser julgada com referência ao juizado especial de fazenda pública e ao incidente de resolução de demanda repetitiva.

(1) A Procuradoria do DF impetrou mandado de segurança contra decisão do Juizado Especial de Fazenda Pública do DF que concedeu liminar de tutela provisória em favor de um jurisdicionado, e a turma recursal denegou a segurança pretendida. Nessa situação, caberá recurso ordinário contra a decisão proferida pela turma recursal.

(2) A Procuradoria do DF interpôs recurso de apelação contra decisão proferida por uma vara de fazenda pública do DF e, no TJDFT, o desembargador relator da apelação instaurou de ofício um incidente de resolução de demanda repetitiva. Em seguida, os autos do referido incidente foram remetidos ao colegiado competente, sendo que o relator do incidente admitiu o seu processamento e determinou a suspensão dos processos pendentes que deram origem à sua instauração. No decorrer da suspensão, a Procuradoria do DF formalizou pedido de tutela de urgência com o objetivo de resguardar os direitos do ente federativo por ela representado. Nessa situação, a competência para analisar o pedido de tutela provisória pretendida será do desembargador relator do incidente instaurado.

1: errado. Do acórdão proferido pelo Colégio Recursal, cabe incidente de uniformização de jurisprudência, que não tem natureza recursal (Lei 12.153/2009, art. 18). **2**: errado. Com o IRDR, ficam suspensos os processos relativos ao mesmo tema, a ser julgado pelo TJ (CPC, art. 982, I. Se houver pedido de liminar, será apreciado pelo próprio magistrado da causa – se em 1° grau, pelo juiz; se em 2° grau, pelo relator do recurso de apelação (nesse sentido, conferir REsp 1657156). Assim, no caso, não é o relator do IRDR, mas sim o relator do recurso que está sobrestado.
Gabarito 1E, 2E

(Procurador do Município – Valinhos/SP – 2019 – VUNESP) A representação judicial do Estado goza de prerrogativas processuais que objetivam proteger o patrimônio público. A respeito do tema, é correto afirmar:

(A) a União, os Estados, o Distrito Federal, os Municípios e suas respectivas autarquias, fundações e empresas públicas gozarão de prazo em dobro para todas as suas manifestações processuais.

(B) a intimação pessoal far-se-á por carga, remessa ou publicação no Diário de Justiça eletrônico.

(C) o reexame necessário é condição de eficácia da sentença proferida contra a Fazenda Pública Municipal de Valinhos se a condenação for inferior a 100 (cem) salários-mínimos.

(D) não se aplica o benefício da contagem em dobro quando a lei estabelece, de forma expressa, prazo próprio para o ente público.

(E) a Fazenda Pública goza de prazo em quádruplo para contestar e em dobro para recorrer.

A: incorreta, porque as empresas públicas e as fundações de direito privado não gozam de prazo em dobro para as suas manifestações processuais (CPC, art. 183); **B**: incorreta, na parte final da afirmação, tendo em vista que a intimação pessoal se faz por carga, remessa ou *meio eletrônico* (CPC, art. 183, § 1°); **C**: incorreta, pelo contrário: a remessa necessária é *dispensada* quando a condenação envolvendo Município (que não constitua capital de Estado) for inferior a 100 s-m (CPC, art. 496, § 3°); **D**: correta, conforme expressa previsão legal (CPC, art. 183, § 2°); **E**: incorreta, pois essa previsão, que existia no CPC/73, foi alterada no CPC/15, sendo o prazo em dobro para todas as manifestações (CPC, art. 183).
Gabarito "D".

(Procurador do Município – Boa Vista/RR – 2019 – CESPE/CEBRASPE) A respeito de tutela provisória, resposta do réu e juizado especial de fazenda pública, julgue os itens que se seguem.

(1) O deferimento de tutela provisória em ação de obrigação de não fazer permite que o juiz determine, de ofício, a imposição de multa no caso de descumprimento da ordem judicial, além de remoção e de busca e apreensão de coisas.

(2) Não enseja preclusão temporal o fato de o réu deixar de alegar a litispendência ou a coisa julgada em preliminar de contestação.

1: correta, considerando que o juiz pode determinar todas as medidas que considerar adequadas para a efetivação da tutela provisória, observando as regras para o cumprimento provisório de sentença, no que couber (CPC, arts. 297 e 536, § 1°); **2**: correta, tendo em vista que, essas matérias, por serem de ordem pública, podem ser alegadas a qualquer tempo e grau de jurisdição, e o juiz delas pode conhecer de ofício (CPC, art. 485, V e § 3°)
Gabarito 1C, 2C

(Procurador do Município – Boa Vista/RR – 2019 – CESPE/CEBRASPE) Em cada um dos itens a seguir é apresentada uma situação hipotética seguida de uma assertiva a ser julgada a respeito de processo de execução e ação popular.

(1) Após tomar posse, o prefeito nomeou para exercer o cargo de motorista do seu gabinete o seu sobrinho. Nessa situação, para a anulação da referida nomeação, um instrumento processual adequado é a ação popular.

(2) A pedido do exequente, o juízo deferiu a penhora de um imóvel de propriedade do executado. No entanto, o exequente não procedeu à averbação do ato no respectivo cartório de registro de imóveis. Após a penhora, o executado alienou o imóvel penhorado. Nessa situação, o ato de alienação do imóvel caracteriza fraude à execução.

1: correta, pois a ação popular pode ser utilizada para a proteção da moralidade administrativa (CF, art. 5°, LXXIII); 2: errada, considerando o entendimento sumulado pelo STJ, no sentido de que a caracterização da fraude à execução exige a prévia averbação do ato na matrícula do imóvel, sendo presumida a boa-fé do terceiro adquirente (Súmula 375, STJ e CPC, art. 792).
Gabarito 1C, 2E

(Procurador do Município – S.J. Rio Preto/SP – 2019 – VUNESP) Marta propôs ação de reparação de danos materiais em face de Maria. No curso do processo, as partes decidem firmar um acordo e para tanto celebram uma transação. O juiz homologa a transação realizada entre as partes e extingue o processo com resolução do mérito. Passados 8 (oito) meses, Marta percebe que foi enganada por Maria e deseja desfazer a transação realizada entre as partes. Assinale a alternativa que corresponde ao instrumento jurídico adequado para satisfazer as pretensões de Marta.

(A) Apelação.

(B) Ação anulatória.

(C) Ação rescisória.

(D) Agravo de instrumento.

(E) Pedido de revisão.

A questão envolve a polêmica do cabimento de ação rescisória x ação anulatória para desconstituição de acordo homologado judicialmente. No CPC/1973, havia dúvida nesses casos em que havia acordo e homologação. Agora, no CPC/2015, fica absolutamente claro que NÃO cabe AR caso se esteja impugnando decisão homologatória. Assim, será cabível ação anulatória (CPC, art. 966, § 4°), em 1° grau, apontando vício do ato jurídico realizado entre as partes (erro, dolo, fraude, coação

4. DIREITO PROCESSUAL CIVIL   257

etc.). e, como já houve a extinção e passados oito meses (trânsito em julgado), não cabe qualquer recurso.

Gabarito "B".

(Procurador do Município – Prefeitura Fortaleza/CE – CESPE – 2017) Julgue os itens seguintes, com base no que dispõe o CPC sobre atos processuais, deveres das partes e dos procuradores e tutela provisória.

(1) A sucumbência recursal com majoração dos honorários já fixados na sentença pode ocorrer tanto no julgamento por decisão monocrática do relator como por decisão colegiada, mas, segundo entendimento do STJ, não é possível majorar os honorários na interposição de recurso no mesmo grau de jurisdição.

(2) Com a consagração do modelo sincrético de processo, as tutelas provisórias de urgência e da evidência somente podem ser requeridas no curso do procedimento em que se pleiteia a providência principal.

(3) Conforme o STJ, em observância ao princípio da boa-fé objetiva, o reconhecimento, pelo juiz, de sua suspeição por motivo superveniente tem efeitos retroativos e acarreta nulidade dos atos processuais praticados em momento anterior ao fato que tiver dado ensejo à suspeição.

(4) De acordo com o STJ, a sentença declaratória que reconheça a exigibilidade de obrigação de pagar quantia, de fazer, de não fazer ou de entregar coisa constitui título executivo judicial.

(5) É dever do magistrado manifestar-se de ofício quanto ao inadimplemento de qualquer negócio jurídico processual válido celebrado pelas partes, já que, conforme expressa determinação legal, as convenções processuais devem ser objeto de controle pelo juiz.

(6) Situação hipotética: Em ação que tramita pelo procedimento comum, determinado município foi intimado de decisão por meio de publicação no diário de justiça eletrônico. Assertiva: Nessa situação, segundo o CPC, a intimação é válida, uma vez que é tida como pessoal por ter sido realizada por meio eletrônico.

1: Correta. O CPC prevê a sucumbência recursal (art. 85, § 11), ou seja, a majoração dos honorários a cada grau de jurisdição. Assim, imaginando uma sentença (em que houve fixação de 10% para o advogado do vencedor), se houver apelação e esse recurso não for provido, haverá majoração dos honorários – seja se isso ocorrer no âmbito de decisão monocrática do relator ou por decisão colegiada. Em relação à parte final da afirmação, a questão ainda não está totalmente pacífica na jurisprudência, existindo divergência entre STF e STJ, mas o STJ vem entendendo que não cabe majoração de honorários no mesmo grau de jurisdição – ou seja, não cabe majoração no agravo interno ou nos embargos de declaração (EDcl no REsp 1.573.573). **2:** Errada, pois o sistema prevê a concessão de tutela de urgência tanto de forma incidental (no curso do processo, como consta do enunciado), como também de forma antecedente (CPC, art. 294, parágrafo único). **3:** Errada, pois o entendimento do STJ é exatamente no sentido inverso, ficando mantidos os atos processuais anteriores, por força do princípio da conservação (CPC, art. 281, parte final). **4:** Correta, sendo inclusive a previsão legal (CPC, art. 515, I: "as decisões proferidas no processo civil que reconheçam a exigibilidade de obrigação de pagar quantia, de fazer, de não fazer ou de entregar coisa"). **5:** Errada, pois as convenções processuais (o NJP – negócio jurídico processual) devem ser revistas pelo juiz apenas no caso de nulidade (art. 190, parágrafo único), sendo que o enunciado aponta que o NJP é *válido.* **6:** Errada, pois o procurador do município (que é advogado público) deve ser intimado

pessoalmente – ainda que por meio eletrônico, e não é isso que consta da assertiva (CPC, art. 183, *caput* e § 1º).

Gabarito 1C, 2E, 3E, 4C, 5E, 6E

(Procurador Municipal – Prefeitura/BH – CESPE – 2017) Acerca de normas processuais e jurisdição, assinale a opção correta de acordo com as disposições do CPC.

(A) Os processos sujeitos a sentença terminativa sem resolução de mérito ficam excluídos da regra que determina a ordem cronológica de conclusão para a sentença.

(B) O novo CPC aboliu o processo cautelar como espécie de procedimento autônomo e as ações cognitivas meramente declaratórias.

(C) Sentença estrangeira que verse sobre sucessão hereditária e disposição testamentária de bens situados no Brasil poderá ser executada no Poder Judiciário brasileiro após homologação pelo STJ.

(D) As limitações e restrições aplicadas aos processos caracterizados como de segredo de justiça não se estendem aos feitos cujo curso se processe nos órgãos jurisdicionados superiores.

A: Correta, por expressa previsão legal (CPC, art. 12, § 2º: Estão excluídos da regra do *caput*. (...) IV – as decisões proferidas com base nos arts. 485 e 932 – sendo que o art. 485 trata exatamente das hipóteses de sentença sem resolução de mérito); **B:** Incorreta. O processo cautelar de fato foi extinto como processo autônomo no atual CPC (agora há a tutela provisória – art. 294); porém, a ação declaratória segue existindo (Art. 20. É admissível a ação meramente declaratória, ainda que tenha ocorrido a violação do direito); o que foi extinto foi a ação declaratória incidental (CPC, art. 503, § 1º); **C:** Incorreta, considerando ser essa uma das hipóteses de competência exclusiva, em que somente o juiz brasileiro pode apreciar o assunto (CPC, art. 23. Compete à autoridade judiciária brasileira, com exclusão de qualquer outra: (...) II – em matéria de sucessão hereditária, proceder à confirmação de testamento particular e ao inventário e à partilha de bens situados no Brasil, ainda que o autor da herança seja de nacionalidade estrangeira ou tenha domicílio fora do território nacional); **D:** Incorreta, pois o segredo de justiça se aplica a todos os graus de jurisdição, tendo em vista que o art. 189 do CPC (que prevê o segredo de justiça) não faz qualquer restrição a grau de jurisdição, mas sim ao tema debatido em juízo

Gabarito "A".

(Procurador Municipal – Prefeitura/BH – CESPE – 2017) A respeito de ação e preclusão, assinale a opção correta.

(A) A consequência processual da inobservância dos prazos impróprios aplica-se a todos os atos processuais, incluído o efeito preclusivo.

(B) De acordo com a doutrina, constitui ação cognitiva de natureza constitutiva aquela que, além de apresentar um conteúdo declaratório, também cria, modifica ou extingue um estado ou uma relação jurídica.

(C) Em uma relação processual, a legitimidade ativa e a passiva são, exclusiva e respectivamente, daquele que sofre a ameaça ou lesão a um direito e daquele que ameaça ou pratica o ato ofensivo.

(D) Sempre que a parte deixar de praticar determinado ato processual dentro do prazo estipulado pelas partes, pelo juízo ou por lei, ficará caracterizada a preclusão consumativa.

A: Incorreta, pois a característica de um prazo impróprio (exemplo, os prazos para os juízes) é exatamente não existir preclusão, podendo ser realizado após o prazo; **B:** Correta, sendo esse o conceito da doutrina a respeito da tutela constitutiva (aquela que cria, modifica ou extingue uma relação jurídica – como no caso do divórcio, ação desconstitutiva negativa que extingue o casamento); **C:** Incorreta, pois a legitimidade leva em consideração aquele que *se afirma* titular do direito (aquele que afirma que sofreu lesão) em face de que se *afirma* ter causado a lesão (legitimidade está presente no art. 485, VI do CPC); **D:** Incorreta, pois essa é a preclusão *temporal*.

Gabarito "B".

(Procurador do Município – Prefeitura Fortaleza/CE – CESPE – 2017) Julgue os seguintes itens, relativos à ordem dos processos, incidentes e causas de competência originária dos tribunais.

(1) Situação hipotética: Ao ser intimado em cumprimento de sentença, o executado tomou conhecimento de que, após o trânsito em julgado da decisão condenatória executada, o STF considerou inconstitucional lei que amparava a obrigação reconhecida no título executivo judicial. Assertiva: Nesse caso, será cabível a utilização de ação rescisória, cujo prazo será contado do trânsito em julgado da decisão proferida pelo STF.

(2) Situação hipotética: Após distribuição de incidente de resolução de demandas repetitivas, o desembargador relator, por não identificar questão jurídica comum a diversos processos, rejeitou monocraticamente o incidente. Assertiva: Nessa situação, o relator agiu corretamente, pois estava ausente requisito legal para cabimento do incidente.

1: Correta. O CPC prevê um prazo para rescisão que não tem termo inicial delimitado (art. 525, § 15. "Se a decisão referida no § 12 for proferida após o trânsito em julgado da decisão exequenda, caberá ação rescisória, *cujo prazo será contado do trânsito em julgado da decisão proferida pelo Supremo Tribunal Federal*"; sendo que o § 12 tem a seguinte redação: § 12. Para efeito do disposto no inciso III do § 1º deste artigo, considera-se também *inexigível a obrigação reconhecida em título executivo judicial fundado em lei ou ato normativo considerado inconstitucional pelo Supremo Tribunal Federal*, ou fundado em aplicação ou interpretação da lei ou do ato normativo tido pelo Supremo Tribunal Federal como incompatível com a Constituição Federal, em controle de constitucionalidade concentrado ou difuso). Debate-se essa rescisória "sem prazo" seria constitucional. **2:** Errada, pois a admissibilidade do IRDR deve ser feita de forma *colegiada*, não apenas pelo relator (CPC, art. 981. Após a distribuição, o *órgão colegiado* competente para julgar o incidente *procederá ao seu juízo de admissibilidade*, considerando a presença dos pressupostos do art. 976).

Gabarito 1C, 2E

(Procurador do Município – Prefeitura Fortaleza/CE – CESPE – 2017) Julgue os itens que se seguem, referentes ao procedimento comum no processo civil.

(1) Situação hipotética: Ao receber a petição inicial de determinada ação judicial, o magistrado deferiu pedido de tutela provisória e determinou que o município réu fosse comunicado para ciência e apresentação de defesa. Assertiva: Nessa situação, a apresentação de embargos de declaração pelo réu pode interromper o prazo para contestação.

(2) A decisão de saneamento e de organização do processo estabiliza-se caso não seja objeto de impugnação pelas partes no prazo de cinco dias, vinculando a atividade jurisdicional a partir desse momento processual.

(3) No polo ativo ou passivo da reconvenção poderão ser incluídos terceiros legitimados em litisconsórcio ativo ou passivo.

(4) Em julgamento antecipado parcial de mérito, o magistrado pode reconhecer a existência de obrigação líquida ou ilíquida, e, em qualquer dessas hipóteses, a interposição de recurso contra a decisão do juiz não obsta a liquidação ou execução da decisão interlocutória de mérito, independentemente do oferecimento de caução pelo autor.

1: Errada, considerando que os embargos de declaração interrompem o prazo para interposição de outro *recurso*, e não para apresentação de contestação (CPC, art. 1.026). **2:** Correta, sendo essa a expressa previsão constante do CPC (art. 357, § 1º Realizado o saneamento, as partes têm o direito de pedir esclarecimentos ou solicitar ajustes, no prazo comum de 5 (cinco) dias, findo o qual *a decisão se torna estável*). **3:** Correta, sendo essa a expressa previsão constante do CPC (art. 343, § 3º A reconvenção pode ser proposta *contra o autor e terceiro* e § 4º A reconvenção pode ser *proposta pelo réu em litisconsórcio com terceiro*). **4:** Correta, sendo essa a expressa previsão constante do CPC (art. 356, § 1º A decisão que julgar parcialmente o mérito poderá reconhecer a existência de *obrigação líquida ou ilíquida*. § 2º A parte *poderá liquidar ou executar*, desde logo, a obrigação reconhecida na decisão que julgar parcialmente o mérito, *independentemente de caução*, ainda que haja recurso contra essa interposto).

Gabarito 1E, 2C, 3C, 4C

(Procurador do Estado/SE – 2017 – CESPE) Com relação às normas processuais, ao litisconsórcio, à jurisdição e aos deveres das partes, julgue os seguintes itens, de acordo com o CPC.

I. A boa-fé no direito processual civil exige a verificação da intenção do sujeito processual.

II. A limitação do litisconsórcio facultativo multitudinário, quando realizada pelo juiz em razão de número excessivo de litigantes, pode ocorrer na fase de conhecimento, na liquidação de sentença ou na execução.

III. A pendência de causa que tramita na justiça brasileira impede a homologação de sentença judicial estrangeira quando exigida para produzir efeitos no Brasil.

IV. Os emolumentos devidos a notário ou registrador em decorrência da prática de registro de ato notarial necessário à efetivação de decisão judicial são alcançados pelo benefício da gratuidade de justiça que tenha sido concedido.

Estão certos apenas os itens

(A) I e II.

(B) I e III.

(C) II e III.

(D) II e IV.

(E) II, III e IV.

I: Errada. A boa-fé no processo civil é objetiva e deve ser interpretada como uma norma de comportamento, portanto, independe da intenção do sujeito processual (CPC, art. 5º). **II:** Correta, pois cabe a limitação a qualquer momento (CPC, art. 113, § 1º). **III:** Errada. A pendência de demanda perante a justiça brasileira *não impede* a homologação de sentença estrangeira na hipótese descrita (CPC, art. 24, parágrafo único). **IV:** Correta (CPC, art. 98, § 1º, IX)

Gabarito "D".

4. DIREITO PROCESSUAL CIVIL

(Procurador do Município – Prefeitura Fortaleza/CE – CESPE – 2017) No que tange à fazenda pública em juízo, julgue os itens subsecutivos.

(1) Mesmo já tendo havido condenação em honorários na fase de conhecimento, o juiz deve fixar nova verba honorária em cumprimento de sentença que tenha sido objeto de impugnação pela fazenda pública.

(2) Se, antes do trânsito em julgado, ocorrer a estabilização da tutela antecipada requerida contra a fazenda pública, decorrente da não interposição de recurso pelo ente público, será possível a imediata expedição de precatório.

(3) O benefício do prazo em dobro aplica-se à defesa do ente público em sede de ação popular porque as regras referentes à contagem de prazo do CPC se aplicam também aos procedimentos previstos na legislação extravagante.

1: Correta, pois há honorários tanto na fase de conhecimento como no cumprimento de sentença – seja contra particular, seja contra a fazenda (CPC, art. 85, § 1º). 2: Errada, pois no entender da banca haveria a remessa necessária (CPC, art. 496). Contudo, o enunciado não deixa claro se os requisitos para a remessa, previstos nos §§ do artigo, estão presentes, de modo que a questão induz o candidato a erro, e deveria ter sido anulada. 3: Errada, pois se a lei prevê prazo específico para o ente público, não se aplica o prazo em dobro (CPC, art. 183, § 2º Não se aplica o benefício da contagem em dobro *quando a lei estabelecer, de forma expressa, prazo próprio para o ente público*.).
Gabarito 1C, 2E, 3E

(Procurador – IPSMI/SP – VUNESP – 2016) João ingressou com ação contra a Fazenda Pública de Itaquaquecetuba, requerendo indenização por danos morais com requerimento de concessão de tutela antecipada. Diante desse quadro, é correto afirmar que

(A) o prazo para a ré contestar deverá ser contado em dobro e caso venha a sucumbir nos autos, terá prazo quadruplicado para recorrer.

(B) o pedido de antecipação de tutela formulado por João é inepto, pois pelo princípio da reserva do possível não se admite concessão de liminares contra a Fazenda Pública.

(C) gozando a Fazenda Pública de gratuidade processual presumida, caso saia vitoriosa na ação movida por João, este não poderá ser condenado ao pagamento de custas e honorários advocatícios.

(D) caso a ação promovida por João seja julgada totalmente procedente, ainda que a Fazenda Pública não recorra, para que a sentença em regra possa produzir efeitos, necessário se fará a confirmação da decisão pelo Tribunal.

(E) a citação da Fazenda Pública no presente caso deverá ser realizada primeiramente pelo correio. Caso se veja frustrada a citação, João poderá requerer que a citação seja feita por Oficial de Justiça.

A: incorreta, pois o prazo para a Fazenda se manifestar é em dobro (CPC, art.183); B: incorreta, pois é pacífico que cabem liminares contra a Fazenda Pública, apesar de existirem algumas limitações legais; C: incorreta, pois a Fazenda não paga custas, mas paga honorários (CPC, art. 85, § 3º); dessa forma, se pessoa física for vencida, será condenada ao pagamento de custas e honorários; D: correta, tratando-se da remessa necessária (CPC, art. 496); E: incorreta, pois não há citação pelo correio contra a Fazenda (CPC, art. 247, III)
Gabarito "D".

(Procurador do Estado – PGE/MT – FCC – 2016) De acordo com as regras transitórias de direito intertemporal estabelecidas no novo Código de Processo Civil,

(A) uma ação de nunciação de obra nova que ainda não tenha sido sentenciada pelo juízo de primeiro grau quando do início da vigência do Novo Código de Processo Civil, seguirá em conformidade com as disposições do Código de Processo Civil de 1973.

(B) as ações que foram propostas segundo o rito sumário antes do início da vigência do novo Código de Processo Civil, devem ser adaptadas às exigências da nova lei instrumental, à luz do princípio da imediata aplicação da lei processual nova.

(C) as disposições de direito probatório do novo Código de Processo Civil aplicam-se a todas as provas que forem produzidas a partir da data da vigência do novo diploma processual, independentemente da data em que a prova foi requerida ou determinada a sua produção de ofício.

(D) caso uma ação tenha sido proposta durante a vigência do Código de Processo Civil de 1973 e sentenciada já sob a égide do novo Código de Processo Civil, resolvendo na sentença questão prejudicial cuja resolução dependa o julgamento do mérito expressa e incidentalmente, tal decisão terá força de lei e formará coisa julgada.

(E) o novo Código de Processo Civil autoriza, sem ressalvas, a concessão de tutela provisória contra a Fazenda Pública, derrogando tacitamente as normas que dispõem em sentido contrário.

A: Correta, considerando a teoria do isolamento dos atos processuais e o ato jurídico processual perfeito (CPC, art. 1.046); B: Incorreta, pelo motivo exposto em "A" e considerando a previsão legal em sentido inverso (CPC, art. 1.046, § 1º); C: Incorreta, considerando previsão legal em sentido inverso (CPC, art. 1.047. As disposições de direito probatório adotadas neste Código aplicam-se apenas às provas requeridas ou determinadas de ofício a partir da data de início de sua vigência); D: Incorreta, considerando previsão legal em sentido inverso (CPC, art. 1.054. O disposto no art. 503, § 1º, somente se aplica aos processos iniciados após a vigência deste Código); E: Incorreta, pois a lei afirma que se aplica limitações à concessão de tutela provisória contra a Fazenda (CPC, art. 1.059. À tutela provisória requerida contra a Fazenda Pública aplica-se o disposto nos arts. 1º a 4º da Lei 8.437, de 30 de junho de 1992, e no art. 7º, § 2º, da Lei 12.016/2009).
Gabarito "A".

(Procurador do Estado/AM – 2016 – CESPE) Em relação a análise de petição inicial e julgamento antecipado parcial de mérito, julgue os seguintes itens.

(1) Cabe recurso de apelação contra julgamento antecipado parcial de mérito proferido sobre matéria incontroversa.

(2) Se, ao analisar a petição inicial, o juiz constatar que o pedido funda-se em questão exclusivamente de direito e contraria entendimento firmado em incidente de resolução de demandas repetitivas, ele deverá, sem ouvir o réu, julgar liminarmente improcedente o pedido do autor.

1: incorreta, porque o recurso cabível é o agravo de instrumento (CPC, arts. 356, § 5º, e 1.015, II); 2: correta (CPC, art. 332, III).
Gabarito 1E, 2C

5. DIREITO CIVIL

Gabriela Rodrigues e Gustavo Nicolau

1. LINDB

1.1. Eficácia da lei no tempo

1.1.1. Vacatio legis

(**Procurador do Estado – PGE/MT – FCC – 2016**) De acordo com a Lei de Introdução às Normas do Direito Brasileiro, a lei nova possui efeito:

(A) imediato, por isto atingindo os fatos pendentes, mas devendo respeitar a coisa julgada, o ato jurídico perfeito e o direito adquirido, incluindo o negócio jurídico sujeito a termo ou sob condição suspensiva.

(B) retroativo, por isto atingindo os fatos pendentes, mas devendo respeitar a coisa julgada, o ato jurídico perfeito e o direito adquirido, ao qual não se equiparam, para fins de direito intertemporal, o negócio jurídico sujeito a termo ou sob condição suspensiva.

(C) retroativo, por isto atingindo os fatos pendentes, mas devendo respeitar a coisa julgada, o ato jurídico perfeito e o direito adquirido, ao qual se equipara, para fins de direito intertemporal, o negócio jurídico sujeito a termo, porém não o negócio jurídico sob condição suspensiva.

(D) imediato, por isto atingindo os fatos pendentes, ainda que se caracterizem como coisa julgada, ato jurídico perfeito ou direito adquirido.

(E) imediato, por isto atingindo os fatos pendentes, mas devendo respeitar a coisa julgada, o ato jurídico perfeito e o direito adquirido, ao qual se equiparam as faculdades jurídicas e as expectativas de direito.

A regra estabelecida pelo art. 6º da Lei de Introdução é a da vigência imediata e geral, respeitando o ato jurídico perfeito, o direito adquirido e a coisa julgada (Lei de Introdução, art. 6º). O parágrafo segundo do referido art. 6º amplia o conceito de direito adquirido, assim considerando aqueles cujo "começo do exercício tenha termo pré-fixo, ou condição pré-estabelecida inalterável, a arbítrio de outrem". A alternativa A é a única que contempla todas essas hipóteses descritas. **GN**
Gabarito "A".

1.2. Lacunas e integração da lei

(**Procurador Federal – AGU – 2023 – CEBRASPE**) Quando o juiz, por permissão legal, julga um processo conforme seus ditames, ocorre o chamado julgamento por

(A) analogia.

(B) equidade.

(C) integração.

(D) costumes.

(E) princípios gerais do direito.

A: incorreta, pois a analogia é técnica de integração de lacuna legal, com a aplicação de um dispositivo legal previsto para uma situação para resolver outra que tenha algum ponto de semelhança. O art. 4º da Lei de Introdução às Normas do Direito traz que a analogia será aplicada para suprir lacuna legal; nestes termos: "Quando a lei for omissa, o juiz decidirá o caso de acordo com a analogia, os costumes e os princípios gerais de direito". Logo, não se refere à fonte descrita no enunciado; **B:** correta, pois no julgamento por equidade é permitido ao juiz utilizar de seu "senso de justiça" para julgamento de causas nos casos expressamente autorizados pela lei, conforme o que expressamente prevê o art. 140, parágrafo único, do CPC: "O juiz só decidirá por equidade nos casos previstos em lei"; **C:** incorreta, pois integração não é fonte do direito, mas técnica de preenchimento de lacunas com o uso de fontes secundárias, tais como a jurisprudência. Logo, não se refere à fonte descrita no enunciado; **D:** incorreta, pois os costumes são regras de conduta criadas espontaneamente pela consciência comum do povo, que a observa por modo constante e uniforme e sob a convicção de corresponder a uma necessidade jurídica. Os costumes são fonte supletiva do direito, conforme art. 4º, da LINDB, e fonte interpretativa; **E:** incorreta, pois os princípios gerais do direito são normas gerais, com alto grau de abstração, extraídas diretamente do texto da lei (como o princípio do contraditório, expressamente previsto no art. 5º, LV, da CF/88), ou inferidos a partir de sua interpretação (como, por exemplo, o princípio do duplo grau de jurisdição, extraído do princípio da ampla defesa e da competência recursal dos tribunais). **GR**
Gabarito "B".

1.3 Vigência da lei no espaço

(**Procurador do Município – Valinhos/SP – 2019 – VUNESP**) José da Silva morreu em Valinhos, mas era domiciliado em Londres, Inglaterra. Deixou 10 imóveis na Inglaterra e uma propriedade rural em Valinhos, assim como dois filhos morando no Brasil e um em Portugal.

É competente para regular a sucessão dos bens que José deixou:

(A) a lei do domicílio de cada herdeiro.

(B) a lei da Inglaterra, qualquer que seja a situação dos bens.

(C) a lei brasileira.

(D) a lei que os herdeiros escolherem.

(E) se houver testamento, a lei do país onde se lavrou.

A: incorreta, pois a lei do domicílio de herdeiro é relevante para determinar a capacidade que cada um tem para suceder (art. 10, § 2º da LINDB), porém não é competente para regular a sucessão dos bens que José deixou; **B:** correta, pois a sucessão por morte obedece à lei do país em que domiciliado o defunto qualquer que seja a natureza e a situação dos bens (art. 10, *caput* da LINDB). Logo, aplica-se a lei da Inglaterra; **C:** incorreta, pois como José morava na Inglaterra e há dispositivo expresso no sentido de que aplica-se a lei do domicílio do defunto e o defunto morava no exterior, logo não se aplica a lei brasileira (art. 10, *caput* da LINDB); **D:** incorreta, pois não há prerrogativa dos herdeiros escolherem a lei aplicável, haja vista haver determinação legal expressa diversa sobre o aplicável assunto (art. 10, *caput* da LINDB); **E:** incorreta, pois neste caso o local onde foi lavrado o testamento não é relevante, pois aplica-se a lei do país em que era domiciliado o defunto (art. 10, *caput* da LINDB). **GR**
Gabarito "B".

2. GERAL

2.1. Pessoas Jurídicas

(Procurador Municipal – Sertãozinho/SP – VUNESP – 2016) É correto afirmar que

(A) as pessoas jurídicas de direito público interno não respondem objetivamente pelos danos causados por atos de seus agentes, no exercício de suas funções.

(B) a existência legal das pessoas jurídicas inicia-se, em regra, com o início de suas atividades.

(C) o sistema brasileiro admite a constituição de empresa individual de responsabilidade limitada.

(D) para a desconsideração da personalidade jurídica, o Código Civil de 2002 adotou a denominada teoria menor, pela qual haverá desconsideração sempre que a personalidade jurídica representar empecilho para saldar o crédito de terceiros.

(E) as fundações são pessoas jurídicas de direito privado, constituídas pela união de pessoas que se organizem para fins não econômicos.

A: incorreta, pois contrária aos termos do art. 37, § 6º, da Constituição Federal, segundo o qual: "*As pessoas jurídicas de direito público e as de direito privado prestadoras de serviços públicos responderão pelos danos que seus agentes, nessa qualidade, causarem a terceiros, assegurado o direito de regresso contra o responsável nos casos de dolo ou culpa*"; **B:** incorreta, pois a existência da pessoa jurídica inicia-se, em regra, "com a inscrição do ato constitutivo no respectivo registro" (CC, art. 45); **C:** correta, pois tal possibilidade surgiu no ano de 2011, com a publicação da Lei 12.441/2011; **D:** incorreta, pois o art. 50 do CC limitou a desconsideração da personalidade jurídica aos casos de desvio de finalidade ou confusão patrimonial; **E:** incorreta, pois a fundação é a reunião de bens organizados para uma finalidade. GN
Gabarito "C".

(Procurador do Município – S.J. Rio Preto/SP – 2019 – VUNESP) Fundações são Pessoas Jurídicas de Direito Privado. Em relação a esse tema, assinale a alternativa correta.

(A) A fundação somente poderá se constituir para fins religiosos, morais, culturais ou de assistência.

(B) As fundações não podem sofrer danos morais.

(C) Faz jus ao benefício da justiça gratuita a fundação que demonstre a impossibilidade de arcar com os encargos processuais.

(D) A criação de fundação se fará por escritura pública ou contrato particular, especificando o fim a que se destina, e declarando, se quiser, a maneira de administrá-la.

(E) Tornando-se inútil a finalidade a que visa a fundação, apenas o interessado poderá promover a sua extinção, incorporando-se o seu patrimônio a outra fundação que se proponha a fim igual ou semelhante.

A: incorreta, pois as fundações podem se constituir ainda para fins de defesa e conservação do patrimônio histórico e artístico (art. 62, parágrafo único, II CC); educação (art. 62, parágrafo único, III CC); saúde (art. 62, parágrafo único, IV CC); segurança alimentar e nutricional (art. 62, parágrafo único, V CC); defesa, preservação e conservação do meio ambiente e promoção do desenvolvimento sustentável (art. 62, parágrafo único, VI CC); pesquisa científica, desenvolvimento de tecnologias alternativas, modernização de sistemas de gestão, produção e divulgação de informações e conhecimentos técnicos e científicos (art. 62, parágrafo único, VII CC) e promoção da ética, da cidadania,

da democracia e dos direitos humanos (art. 62, parágrafo único, VIII CC); **B:** incorreta, pois a pessoa jurídica apesar de não possuir honra subjetiva possui honra objetiva, logo, pode sofrer dano moral por calúnia ou difamação. Prevê a Súmula 227 do STJ que "A pessoa jurídica pode sofrer dano moral". Entretanto, é necessário que a fundação comprove efetiva lesão ao seu nome, credibilidade ou imagem a ponto de prejudicar sua atividade; **C:** correta, nos termos da Súmula 481 do STJ "Faz jus ao benefício da justiça gratuita a pessoa jurídica com ou sem fins lucrativos que demonstrar sua impossibilidade de arcar com os encargos processuais; **D:** incorreta, pois a criação de fundação se fará por escritura pública ou *testamento*, especificando o fim a que se destina, e declarando, se quiser, a maneira de administrá-la (art. 62, *caput* CC); **E:** incorreta, pois para tal ato possui legitimidade também o Ministério Público ou qualquer interessado (art. 69 CC). GR
Gabarito "C".

(Procurador do Município – S.J. Rio Preto/SP – 2019 – VUNESP) A Medida Provisória 881, de 30 de abril de 2019, institui a Declaração de Direitos de Liberdade Econômica, estabelece garantias de livre mercado, análise de impacto regulatório, e dá outras providências. Dentre as alterações promovidas pela Medida Provisória, houve alteração do art. 50 do Código Civil.

No que diz respeito ao tema, é correto afirmar:

(A) confusão patrimonial é caracterizada, dentre outros fatores, por cumprimento repetitivo pela sociedade de obrigações do sócio ou do administrador ou vice--versa.

(B) na desconsideração da personalidade, os efeitos de determinadas relações obrigacionais podem ser estendidos aos bens particulares de sócios da pessoa jurídica, desde que beneficiados diretamente pelo abuso da personalidade.

(C) o desvio de finalidade é a utilização dolosa ou culposa da pessoa jurídica com o propósito de lesar credores e para a prática de atos ilícitos de qualquer natureza.

(D) a existência de grupo econômico ainda sem a presença dos requisitos de desvio de finalidade e confusão patrimonial autoriza a desconsideração da personalidade da pessoa jurídica.

(E) constitui desvio de finalidade a mera expansão ou a alteração da finalidade original da atividade econômica específica da pessoa jurídica.

A: correta (art. 50, § 2º, I CC); **B:** incorreta, pois a desconsideração da personalidade jurídica pode incidir nos bens particulares dos sócios desde que beneficiados diretamente ou *indiretamente* pelo abuso da personalidade (art. 50, *caput* CC); **C:** incorreta, pois o desvio de finalidade é a utilização da pessoa jurídica com o propósito de lesar credores e para a prática de atos ilícitos de qualquer natureza (art. 50, § 1º CC); **D:** incorreta, pois a mera existência de grupo econômico sem a presença dos requisitos de que trata o *caput* deste artigo *não* autoriza a desconsideração da personalidade da pessoa jurídica (art. 50, § 4º CC); **E:** incorreta, pois *não* constitui desvio de finalidade a mera expansão ou a alteração da finalidade original da atividade econômica específica da pessoa jurídica (art. 50, § 5º CC). GR
Gabarito "A".

(Procurador Município – Teresina/PI – FCC – 2022) Quanto às pessoas jurídicas:

(A) Começa a existência legal daquelas de direito privado com o início efetivo de suas atividades associativas ou empresariais, independentemente de inscrição formal de seus atos constitutivos.

(B) Se tiverem a administração coletiva, as decisões se tomarão pela unanimidade de votos dos presentes, salvo estipulação diversa nos atos constitutivos.

(C) São livres a criação, organização, estrutura interna e funcionamento das organizações religiosas, podendo porém o Poder Público negar-lhes reconhecimento ou registro dos atos constitutivos se contrários à moral, aos bons costumes e ao consenso social.

(D) São de direito privado, entre outras, as associações, as sociedades, as fundações e as autarquias, excluídas as associações públicas.

(E) As pessoas jurídicas de direito público interno são civilmente responsáveis por atos dos seus agentes que nessa qualidade causem danos a terceiros, ressalvado direito regressivo contra os causadores do dano, se houver, por parte destes, culpa ou dolo.

A: incorreta, pois começa a existência legal das pessoas jurídicas de direito privado com a inscrição do ato constitutivo no respectivo registro, precedida, quando necessário, de autorização ou aprovação do Poder Executivo, averbando-se no registro todas as alterações por que passar o ato constitutivo (art. 45, *caput* CC); B: incorreta. Se tiverem a administração coletiva, as decisões se tomarão pela maioria de votos dos presentes e não por unanimidade (art. 48, *caput* CC); C: incorreta, pois são livres a criação, a organização, a estruturação interna e o funcionamento das organizações religiosas, sendo vedado ao poder público negar-lhes reconhecimento ou registro dos atos constitutivos e necessários ao seu funcionamento (art. 44, § 1º CC); D: incorreta, pois as autarquias, inclusive as associações públicas são pessoas jurídicas de direito público interno (art. 41, IV CC); E: correta (art. 43 CC). GR

Gabarito "E".

(Procurador/PA – CESPE – 2022) A respeito da desconsideração da personalidade jurídica no direito civil, julgue os itens que se seguem.

I. A Lei da Liberdade Econômica (Lei n.º 13.874/2019) promoveu alterações substanciais na disciplina da desconsideração da personalidade jurídica no Código Civil, tendo, entre outras alterações, conferido legitimidade ao Ministério Público para requerer a desconsideração nos casos em que lhe couber intervir no processo.

II. Atualmente, a desconsideração da personalidade jurídica é possível apenas quanto ao sócio ou administrador que, de forma direta ou indireta, houver sido beneficiado pelo abuso da personalidade.

III. O Código Civil vigente prevê, de forma taxativa, as hipóteses de confusão patrimonial, consistentes em cumprimento repetitivo, pela sociedade, de obrigações do sócio ou do administrador, ou vice-versa, e na transferência de ativos ou de passivos sem efetivas contraprestações, exceto os de valor proporcionalmente insignificante.

IV. A chamada desconsideração inversa da personalidade jurídica já era aceita pela doutrina e pela jurisprudência do Superior Tribunal de Justiça antes mesmo da inclusão do § 3.º ao art. 50 do Código Civil pela Lei da Liberdade Econômica.

Estão certos apenas os itens

(A) I e II.

(B) II e IV.

(C) III e IV.

(D) I, II e III.

(E) I, III e IV.

I: incorreta, pois a Lei 13.874/2019 foi sancionada com o principal objetivo de viabilizar o livre exercício da atividade econômica e a livre-iniciativa, deixando evidente a intenção do legislador em garantir autonomia do particular para empreender. Ele definiu os conceitos de confusão patrimonial de desvio de finalidade acrescidos no art. 50 CC. Porém não alterou a legitimidade para requer a desconsideração da personalidade jurídica, que já era conferida ao Ministério Público quando lhe coubesse intervir no processo; II: correta (art. 50 parte final CC); III: incorreta, pois esse rol é exemplificativo, uma vez que ela considera como confusão patrimonial outros atos de descumprimento da autonomia patrimonial (art. 50, § 2º, III CC); IV: correta. A inclusão foi feita em 2019. Mas já em 2016 há uma série de recursos especiais onde já era aplicada a desconsideração da personalidade jurídica inversa (REsp 1493071, AREsp 792920, REsp 1236916, REsp 1493071, REsp 948117). Logo, a alternativa correta é a letra B. GR

Gabarito "B".

(Procurador Federal – AGU – 2023 – CEBRASPE) As decisões tomadas pela pessoa jurídica que tiver administração coletiva, por maioria de votos, poderão ser anuladas se decorrerem de

I. violação do estatuto da pessoa jurídica.

II. erro.

III. dolo.

IV. simulação.

V. fraude.

Assinale a opção correta.

(A) Apenas os itens I e II estão certos.

(B) Apenas os itens II e IV estão certos.

(C) Apenas os itens III e V estão certos.

(D) Apenas os itens I, III, IV e V estão certos.

(E) Todos os itens estão certos.

Nos termos do art. 48 CC: "Se a pessoa jurídica tiver administração coletiva, as decisões se tomarão pela maioria de votos dos presentes, salvo se o ato constitutivo dispuser de modo diverso. Parágrafo único. Decai em três anos o direito de anular as decisões a que se refere este artigo, quando violarem a lei ou estatuto, ou forem eivadas de erro, dolo, simulação ou fraude". Logo as alternativas A, B, C, D estão incorretas e a alternativa E está certa GR

Gabarito "E".

(Procurador – AL/PR – 2024 – FGV) O Restaurante Le Candle Ltda., famoso na cidade de Canasvieiras, é de propriedade de dois sócios unidos somente pelo empreendimento comum: Sérgio e André. Liderado por um chef francês, os clientes chegavam a esperar dias para ter a chance de jantar nesse renomado espaço. Mas tudo começou a dar errado quando o sócio majoritário, Sérgio, começou a ter várias condutas que, ao final, impossibilitaram o pagamento dos credores.

Entre elas, Sérgio:

I. empregou o dinheiro reservado para o pagamento de impostos do restaurante para pagar a festa de quinze anos de sua filha, Natália.

II. pagou repetidamente as contas de luz e água de sua residência com valores retirados da conta-corrente da pessoa jurídica;

III. utilizou os recursos financeiros do restaurante para patrocinar uma viagem ao Caribe para si e para André, sócio minoritário do Le Candle, sem que houvesse qualquer tipo de contraprestação à pessoa jurídica.

Examinadas as medidas tomadas por Sérgio, configura ato que pode gerar eventual decisão judicial de desconsideração da personalidade jurídica requerida pelos credores, de forma a atingir o patrimônio pessoal de ambos os sócios o que está descrito em

(A) I, apenas.

(B) II, apenas.

(C) III, apenas.

(D) I e II, apenas.

(E) I, II e III.

I: errada, pois embora com essa conduta tenha havido abuso de personalidade na modalidade confusão patrimonial (art. 50, § 2º, III CC), a desconsideração da personalidade não atingirá o patrimônio de ambos os sócios, mas apenas de Sergio, pois somente ele se beneficiou da conduta; II: errada (idem item I com fundamento no art. 50, §2º, I CC; III). III: certa, pois foram transferidos ativos de grande monta da pessoa jurídica para a pessoa física sem contraprestação e ambos os sócios foram beneficiados (art. 50, § 2º, II CC). Logo, a alternativa correta é a letra C. **GR**

Gabarito "C".

2.2. Domicílio

(Procurador Municipal – Sertãozinho/SP – VUNESP – 2016) Sobre as regras de domicílio, é correto afirmar que

(A) se considera como domicílio da União todas as capitais dos Estados da federação.

(B) as sociedades empresárias possuem domicílio no endereço de qualquer de seus sócios.

(C) o marítimo e o militar, em razão de suas atribuições, possuem domicílio itinerante.

(D) o servidor público possui domicílio necessário.

(E) o domicilio do Município é eleito pelo seu prefeito.

A: incorreta, pois o domicílio da União é o Distrito Federal (CC, art. 75, I); B: incorreta, pois o domicílio das sociedades empresárias é "o lugar onde funcionarem as respectivas diretorias e administrações, ou onde elegerem domicílio especial no seu estatuto ou atos constitutivos" (CC, art. 75, IV); C: incorreta, pois o domicílio do marítimo é o local onde o navio estiver matriculado e o domicílio do militar é o local no qual servir (CC, art. 76, parágrafo único); D: correta, pois de acordo com a previsão do CC, art. 76; E: incorreta, pois o domicílio do Município é o local onde funciona a administração municipal (CC, art. 75, III). **GN**

Gabarito "D".

2.3. Direitos da personalidade e nome

(Procurador Municipal/SP – VUNESP – 2016) Sobre o direito do autor, assinale a alternativa correta.

(A) Os direitos autorais reputam-se, para os efeitos legais, bens imóveis.

(B) Interpretam-se restritivamente os negócios jurídicos sobre os direitos autorais.

(C) Somente os estrangeiros domiciliados no Brasil gozarão da proteção assegurada nos acordos, convenções e tratados em vigor no Brasil.

(D) Não é titular de direitos de autor quem adapta, traduz, arranja ou orquestra obra caída no domínio público.

(E) Compete ao particular a defesa da integridade e autoria da obra caída em domínio público.

A: incorreta, pois os direitos autorais reputam-se, para os efeitos legais, bens móveis (Lei 9.610/1998, art. 3º); B: correta, pois de pleno acordo com o art. 4º da Lei 9.610/1998; C: incorreta, pois a lei de direitos autorais também protege "*os nacionais ou pessoas domiciliadas em país que assegure aos brasileiros ou pessoas domiciliadas no Brasil a reciprocidade na proteção aos direitos autorais ou equivalentes*" (Lei 9.610/1998, art. 2º, parágrafo único); D: incorreta, pois contrária aos termos do art. 14 da mencionada lei; E: incorreta, pois tal atribuição compete ao Estado (art. 24, § 2º, da Lei 9.610/1998). **GN**

Gabarito "B".

(Procurador Municipal – Sertãozinho/SP – VUNESP – 2016) Em regra, são objeto de proteção como direitos autorais, de acordo com a Lei 9.610/98,

(A) o aproveitamento industrial ou comercial das ideias contidas nas obras.

(B) os projetos concernentes à topografia.

(C) os esquemas, planos ou regras para realizar jogos ou negócios.

(D) os textos de tratados ou convenções, leis, decretos e regulamentos.

(E) os nomes e títulos isolados.

O art. 8º da Lei 9.610/1998 traz um rol de institutos que não estão protegidos como direitos autorais, aí incluindo-se: "*o aproveitamento industrial ou comercial das ideias contidas nas obras*" (inciso VII); os "*esquemas, planos ou regras para realizar atos mentais, jogos ou negócios*" (inciso II); os "*textos de tratados ou convenções, leis, decretos, regulamentos, decisões judiciais e demais atos oficiais (inciso IV)*" e os "*nomes e títulos isolados*" (inciso VI). Por sua vez, os "*projetos concernentes à topografia*" estão expressamente protegidos como direitos autorais (art. 7º, X). **GN**

Gabarito "B".

2.4. Bens

(Procurador do Estado/SE – 2017 – CESPE) De acordo com a classificação doutrinária dos bens, o valor pago a título de aluguel ao proprietário de um imóvel é denominado

(A) fruto.

(B) pertença.

(C) benfeitoria.

(D) imóvel por acessão.

(E) produto.

A: **correta, pois frutos** são utilidades renováveis, ou seja, que a coisa principal periodicamente produz, e cuja percepção não diminui a sua substância. **O aluguel configura fruto civil (art. 95 CC); B: incorreta, pois pertenças são** os bens que, não constituindo partes integrantes, se destinam, de modo duradouro, ao uso, ao serviço ou ao aformoseamento de outro (art. 93 CC); C: incorreta, pois as benfeitorias são melhoramentos ou acréscimos sobrevindos ao bem com a intervenção do proprietário, possuidor ou detentor (arts. 96 e 97 CC); D: incorreta, pois os imóveis por acessão estão no art. 1.248 CC (ilhas, aluvião, avulsão, abandono de álveo, plantações e construções); E: incorreta, pois produtos são utilidades não renováveis, cuja percepção diminui a substância da coisa principal (art. 95 CC). **GR**

Gabarito "A".

(Procurador Municipal – Sertãozinho/SP – VUNESP – 2016) Sobre os bens dominicais, é correto afirmar que

(A) podem ser adquiridos por particulares, por meio da prescrição aquisitiva extraordinária.

5. DIREITO CIVIL — 265

(B) são aqueles destinados a serviço ou estabelecimento da Administração Pública, inclusive autarquias.

(C) não podem ser utilizados por particular, com exclusividade, por meio de institutos típicos de direito privado.

(D) constituem o patrimônio das pessoas jurídicas de direito público e podem ser alienados.

(E) são aqueles pertencentes às pessoas jurídicas de direito privado que prestam serviços de interesse público.

A: incorreta, pois os bens dominicais são públicos e, portanto, não sujeitos a usucapião (CC, art. 102, CF, art. 183, § 3º, art. 191, parágrafo único, CF); B: incorreta, pois a definição dada refere-se aos bens de uso especial (CC, art. 99, II); C: incorreta, pois os bens públicos dominicais são bens disponíveis, alienáveis, que constituem o patrimônio das pessoas jurídicas de Direito Público e, portanto, são mais flexíveis do que os demais bens públicos; D: correta, pois de pleno acordo com a previsão estabelecida pelo CC, art. 99, III; E: incorreta, pois traz conceito diverso do estabelecido em lei. **GN**
Gabarito "D".

(Procurador Município – Teresina/PI – FCC – 2022) Em relação aos bens:

(A) Consideram-se imóveis para os efeitos legais os direitos pessoais de caráter patrimonial e respectivas ações.

(B) Aqueles naturalmente divisíveis podem tornar-se indivisíveis por determinação da lei mas não pela vontade das partes, por impossibilidade física.

(C) São móveis aqueles suscetíveis de movimento próprio, ou de remoção por força alheia, ainda que com alteração da substância ou da destinação econômico-social.

(D) São consumíveis os bens móveis cujo uso importa destruição imediata da própria substância, sendo também considerados tais os destinados à alienação.

(E) Perdem o caráter de imóveis aquelas edificações que, separadas do solo, mas conservando a sua unidade, forem removidas para outro local.

A: incorreta, pois esses bens são considerados bens móveis (art. 83, III CC); B: incorreta, pois os bens naturalmente divisíveis podem tornar-se indivisíveis por determinação da lei ou por vontade das partes (art. 88 CC); C: incorreta, pois se houver alteração da substância ou da destinação econômica não serão mais considerados bens móveis (art. 82 CC); D: correta (art. 86 CC); E: incorreta, pois esses bens não perdem a característica de imóveis (art. 81, I CC). **GR**
Gabarito "D".

2.5. Fatos jurídicos

2.5.1. Espécies, formação e disposições gerais

(Procurador – IPSMI/SP – VUNESP – 2016) Nos contratos bilaterais, nenhum dos contratantes, antes de cumprida a sua obrigação, pode exigir o implemento da do outro. Tal disposição trata de

(A) resolução por onerosidade excessiva.

(B) cláusula resolutiva.

(C) extinção do contrato por distrato.

(D) exceção de contrato não cumprido.

(E) princípio que veda o enriquecimento ilícito.

A exceção do contrato não cumprido (CC, art. 476) é uma defesa atribuída a ambos os contratantes que celebram um contrato bilateral.

Significa que – na hipótese de uma das partes descumprir suas obrigações contratuais – a outra está liberada de cumprir as suas. Caso a parte culpada acionar judicialmente a parte inocente, esta última terá uma defesa (exceção), cujo argumento central será o descumprimento do contrato pela outra parte. É o típico exemplo de uma defesa indireta, pois o réu não negará o fato alegado pelo autor, mas apenas alegará um fato impeditivo do direito alegado. **GN**
Gabarito "D".

(Procurador do Município – Valinhos/SP – 2019 – VUNESP) O negócio jurídico se dá por meio de forma livre ou especial. A forma especial se subdivide em complexa, escritura pública e instrumento particular. Havendo um negócio jurídico livre, que exige forma solene, este se prova substancialmente por

(A) confissão.

(B) documento.

(C) testemunha.

(D) presunção.

(E) perícia.

O negócio jurídico pode ser formal/especial (solene) ou informal/livre (não solene). O primeiro é aquele que tem forma predeterminada em lei para a sua validade. Se divide em complexa, escritura pública e instrumento particular. Mas veja, é perfeitamente possível que um negócio jurídico informal seja feito de forma especial, em sendo o desejo das partes. Ex: a doação de um óculos. As partes podem fazer oralmente, mas se quiserem podem fazer por escritura pública ou instrumento particular. Isto não o torna um negócio formal, ou solene. Somente seria caso se exija a forma especial, sob pena de invalidade (art. 107 CC). Dependendo do tipo de formalidade exigida, a forma é a própria prova. O meio solene se materializa substancialmente pela prova documental. Exemplo disso é o art. 108 CC que define que a escritura pública é forma obrigatória à validade dos negócios jurídicos que visem à constituição, transferência, modificação ou renúncia de direitos reais sobre imóveis de valor superior a trinta vezes o maior salário mínimo vigente no País. Outro artigo interessante que exalta a prova documental é o art. 226, parágrafo único que prevê que a prova resultante dos livros e fichas não é bastante nos casos em que a lei exige escritura pública, ou escrito particular revestido de requisitos especiais, e pode ser ilidida pela comprovação da falsidade ou inexatidão dos lançamentos. Vê-se, pois, que o negócio sem comprova substancialmente por meio de documento. **GR**
Gabarito "B".

(Procurador do Estado/AC – 2017 – FMP) Considere as seguintes afirmativas sobre o tema dos negócios jurídicos no âmbito do Código Civil.

I. A incapacidade relativa de uma das partes pode ser invocada pela outra em benefício próprio, aproveitando aos cointeressados capazes, exceto quando, neste caso, for indivisível o objeto do direito ou da obrigação comum.

II. Os negócios jurídicos benéficos e a renúncia interpretam-se estritamente.

III. São anuláveis os negócios jurídicos, quando as declarações de vontade emanarem de erro substancial que poderia ser percebido por pessoa de diligência normal, em face das circunstâncias do negócio.

IV. É nulo o negócio jurídico simulado, mas subsistirá o que se dissimulou, se válido for na substância e na forma.

Estão CORRETAS apenas as alternativas

(A) I e II.

(B) II e III.

GABRIELA RODRIGUES E GUSTAVO NICOLAU

(C) II e IV.

(D) I, III e IV.

(E) II, III e IV.

I: errada, pois a incapacidade relativa de uma das partes *não* pode ser invocada pela outra em benefício próprio, *nem* aproveita aos cointeressados capazes, salvo se, neste caso, for indivisível o objeto do direito ou da obrigação comum (art. 105 CC); **II:** certa (art. 114 CC); **III:** certa (art. 138 CC); **IV:** certa (art. 167, *caput* CC). GR

Gabarito "E".

(Procurador Fazenda Nacional – AGU – 2023 – CEBRASPE) O negócio concluído pelo representante em conflito de interesses com o representado, quando o fato deveria ser conhecido por quem tratou com o representante, será

(A) válido.

(B) nulo.

(C) inexistente.

(D) ineficaz.

(E) anulável.

Trata-se de hipótese literal prevista no art. 119 CC: "É anulável o negócio concluído pelo representante em conflito de interesses com o representado, se tal fato era ou devia ser do conhecimento de quem com aquele tratou". Logo, a alternativa correta é a letra E. GR

Gabarito "E".

(Procurador – AL/PR – 2024 – FGV) Leandro celebrou contrato com Márcia, para que ela, representando-o, vendesse seu apartamento localizado em Taubaté, repassando-lhe o dinheiro e prestando-lhe contas após a venda. Para a venda, Leandro fixou um preço mínimo, que deveria ser pago em no máximo dez prestações.

Durante a divulgação do imóvel em várias plataformas de compra e venda, diversas pessoas procuraram Márcia interessadas em adquirir o imóvel pelo preço anunciado. Dentre elas, algumas chegaram até a oferecer valor superior ao qual Leandro exigia pelo imóvel. A despeito disso, Márcia aproveitou a chance para ela própria comprar o imóvel, que sempre a interessou.

Nesse caso, a compra e venda é

(A) válida, pois Márcia adquiriu o imóvel pelo preço autorizado.

(B) anulável, porque não havia autorização da lei ou de Leandro para a compra do imóvel por Márcia.

(C) nula, porque o negócio foi concluído pelo representante em conflito de interesses com o representado.

(D) válida, pois ao outorgar o mandato à Márcia, por si só, Leandro tacitamente a autorizou a adquiri-lo.

(E) inexistente, pois a aquisição do imóvel por Márcia não era e não tinha como ser do conhecimento de Leandro quando foi celebrada.

A: incorreta, pois salvo se o permitir a lei ou o representado, é anulável o negócio jurídico que o representante, no seu interesse ou por conta de outrem, celebrar consigo mesmo (art. 117, *caput* CC). Ainda que Márcia tenha adquirido o imóvel pelo valor autorizado, ela tinha um vínculo regido por contrato de representação com Leandro, logo, deverá se submeter às regras previstas nos arts. 115 a 120 CC; **B:** correta, pois para a aquisição do imóvel de fato seria necessário autorização de Lei ou de Leandro (art. 117 CC), o que não aconteceu. Portanto, o contrato é anulável; **C:** incorreta, pois é anulável o negócio concluído pelo representante em conflito de interesses com o representado, se

tal fato era ou devia ser do conhecimento de quem com aquele tratou (art. 119 CC); **D:** incorreta, pois não existe autorização tácita de Leandro apenas pelo fato de ter outorgado o mandado à Márcia. A autorização deveria ser expressa (art. 117 CC); **E:** incorreta, pois os requisitos de existência (agente, objeto e forma) estão presentes no negócio jurídico. O problema está no âmbito da validade. Por isso o negócio é anulável, nos termos do art. 117 CC. GR

Gabarito "B".

2.5.2. Condição, termo e encargo

(Procurador do Estado/SE – 2017 – CESPE) Assinale a opção que apresenta o conceito de condição, no âmbito dos negócios jurídicos.

(A) Cláusula que sujeita o negócio ao emprego das técnicas de domínio do devedor.

(B) Cláusula que submete a eficácia do negócio jurídico a determinado acontecimento.

(C) Acontecimento futuro e certo que suspende a eficácia de um negócio jurídico.

(D) Imposição de obrigação ao beneficiário de determinada liberalidade.

(E) Cláusula que visa eliminar um risco que pesa sobre o credor.

A: incorreta, pois a condição subordina o efeito do negócio jurídico a evento futuro e incerto (art. 121 CC); **B:** correta, pois a condição subordina os efeitos do negócio jurídico a determindado acontecimento futuro e incerto (art. 121 CC); **C:** incorreta, pois o evento deve ser futuro e incerto; **D:** incorreta, pois a condição não pode ser imposta, mas decorre da vontade das partes (art. 121 CC); **E:** incorreta, pois essa cláusula nada tem a ver com eliminar risco, mas sim impor requisitos para que o negócio jurídico gere efeitos (art. 121 CC). GR

Gabarito "B".

(Procurador – AL/PR – 2024 – FGV) Sociedade Divino Ltda. celebrou contrato com André e Bernardo, sócios de Gala Restaurante Ltda. pelo qual se comprometeu a, dali a um ano, adquirir todas as cotas sociais daquele restaurante, desde que nenhum restaurante do mesmo gênero alimentício fosse inaugurado no complexo empresarial onde o Gala funciona nesse período.

Dali a dois meses, contudo, os sócios da Sociedade Divino se arrependeram do negócio celebrado, não desejando mais adquirir o Gala Restaurante, por terem encontrado oportunidade muito mais lucrativa. Por isso, pouco antes do final do prazo, os sócios da Sociedade Divino abriram um pequeno restaurante do mesmo gênero alimentício, no próprio complexo empresarial do Gala, inviabilizando, assim, a compra do restaurante.

Diante disso, é possível afirmar que a condição presente no caso deve ser considerada

(A) anulável.

(B) inexistente.

(C) nula.

(D) verificada.

(E) pendente.

A e C: incorretas, pois os casos de invalidades das condições estão previstos nos artigos 122, segunda parte e 123 CC e não as hipóteses do caso em tela; **B:** incorreta, pois no caso de condição suspensiva tem-se por inexistentes as condições impossíveis (art. 124, 1ª parte CC), o que não é a hipótese em questão; **D:** correta, pois reputa-se

5. DIREITO CIVIL

verificada, quanto aos efeitos jurídicos, a condição cujo implemento for maliciosamente obstado pela parte a quem desfavorecer (art. 129, 1ª parte CC); **E:** incorreta, pois de condição pendente ela passou a ser verificada a partir do momento que a Sociedade Divino agiu maliciosamente para se eximir do negócio e prejudicar André e Bernardo (art. 129, 1ª parte CC). **GR**

Gabarito "D".

(Procurador – PGE/SP – 2024 – VUNESP) A cláusula "se constituíres sociedade empresarial com João, dar-te-ei a quantia de R$ 1.000.000,00 (um milhão de reais)" pode ser classificada como uma condição

(A) puramente potestativa.

(B) promíscua.

(C) mista.

(D) simplesmente potestativa.

(E) perplexa.

A: incorreta, pois condição puramente potestativa é aquela que depende de uma vontade unilateral, sujeitando-se ao puro arbítrio de uma das partes (art. 122 do CC, parte final). É uma condição ilícita. Ex: "Dou-lhe a fazenda se eu quiser"; **B:** incorreta. Maria Helena Diniz conceitua a condição promíscua como aquela "que se caracteriza no momento inicial como potestativa, vindo a perder tal característica por fato superveniente, alheio à vontade do agente, que venha a dificultar sua realização. Por exemplo, 'dar-lhe-ei um carro se você, campeão de futebol, jogar no próximo torneio'. Essa condição potestativa passará a ser promíscua se o jogador vier a se machucar"; **C:** correta, pois na condição mista, conjuga-se a vontade de um dos agentes (dar-te-ei a quantia de R$ 1.000.000,00) e outra circunstância externa (se constituíres sociedade); **D:** incorreta, pois condição simplesmente potestativa é aquela que depende das vontades intercaladas de duas pessoas, sendo totalmente lícitas. Exemplo: alguém institui uma liberalidade a favor de outrem, dependente de um desempenho artístico (cantar em um espetáculo – art. 122 parte final CC); **E:** incorreta, pois condições perplexas ocorrem quando "a própria condição inserida no negócio jurídico é incompreensível ou contraditória de tal forma que priva todo o efeito do negócio jurídico". **GR**

Gabarito "C".

2.5.3. Defeitos do negócio jurídico

(Procurador do Estado/SP – 2018 – VUNESP) O ato de assumir obrigação excessivamente onerosa, premido pela necessidade de salvar-se ou a pessoa de sua família, de grave dano conhecido pela outra parte, caracteriza:

(A) lesão, sujeita ao prazo prescricional de 4 anos para declaração da sua nulidade, contado da cessação do risco.

(B) lesão, sujeita ao prazo decadencial de 4 anos para sua desconstituição, contado da data da celebração do negócio jurídico.

(C) lesão, que torna o negócio jurídico ineficaz enquanto não promovido o reequilíbrio econômico do contrato em sede judicial.

(D) estado de perigo, sujeito ao prazo decadencial de 4 anos para declaração da sua nulidade, contado da cessação do risco.

(E) estado de perigo, sujeito ao prazo decadencial de 4 anos para sua desconstituição, contado da data da celebração do negócio jurídico.

O enunciado da questão repete o disposto no art. 156 do Código Civil, que prevê o vício do consentimento denominado Estado de Perigo.

O vício da lesão, por outro lado, ocorre quando "*uma pessoa, sob premente necessidade, ou por inexperiência, se obriga a prestação manifestamente desproporcional ao valor da prestação oposta*" (CC, art. 157).No que se refere ao prazo, sua natureza é decadencial (para todos os vícios do consentimento). O termo inicial do prazo decadencial para se pleitear a anulação do negócio nos casos de vícios do consentimento é a "*data da celebração do negócio jurídico*" (salvo na coação, quando o prazo só se inicia com a cessação da ameaça). CC, art. 178, I e II.**GN**

Gabarito "E".

(Procurador Municipal/SP – VUNESP – 2016) Quanto ao defeito dos atos jurídicos, está correta a afirmativa apresentada na alternativa:

(A) Se ambas as partes procederem com dolo, nenhuma pode alegá-lo para anular o negócio, ou reclamar indenização.

(B) Considera-se coação a ameaça do exercício normal de um direito e o temor reverencial.

(C) Ocorre a lesão quando uma pessoa, sob premente necessidade, ou por inexperiência, obriga-se a prestação que não pretendia.

(D) É anulável negócio jurídico quando não revestir a forma prescrita em lei ou o seu objeto for indeterminável.

(E) São os negócios jurídicos considerados nulos por dolo, quando este for a sua causa.

A: correta, pois a assertiva refere-se ao dolo bilateral, que ocorre quando ambas as partes agiram com dolo. Nessa hipótese, o negócio jurídico não poderá ser anulado, visto que ninguém pode alegar, em seu favor, a própria torpeza (CC, art. 150); **B:** incorreta, pois tanto a ameaça de exercício normal de direito quanto o temor reverencial não são considerados coação (CC, art. 153); **C:** incorreta, pois na lesão a pessoa se obriga – por premente necessidade ou inexperiência – a prestação manifestamente desproporcional (CC, art. 157); **D:** incorreta, pois a hipótese é de nulidade absoluta e não de mera anulabilidade (CC, art. 166, IV); **E:** incorreta, pois o dolo gera a anulabilidade do negócio jurídico (CC, art. 171, II). **GN**

Gabarito "A".

(Procurador do Estado – PGE/MT – FCC – 2016) Pedro adquiriu de João veículo que, segundo afirmou o vendedor, a fim de induzir o comprador em erro, seria do tipo "flex", podendo ser abastecido com gasolina ou com álcool. Mas Pedro não fazia questão desta qualidade, e teria realizado o negócio ainda que o veículo não fosse bicombustível. No entanto, em razão do que havia afirmado João, Pedro acabou por abastecer o veículo com combustível inapropriado, o que causou avaria no motor. O negócio jurídico

(A) é anulável e obriga às perdas e danos, em razão do vício denominado dolo, não importando tratar-se de dolo acidental.

(B) é nulo, em razão de vício denominado dolo.

(C) é nulo, em razão de vício denominado lesão.

(D) é anulável, em razão do vício denominado dolo, mas não obriga às perdas e danos, por tratar-se de dolo acidental.

(E) não é passível de anulação, pois o dolo acidental só obriga às perdas e danos.

O Código Civil reúne sete espécies de dolo, sendo que apenas três deles têm o efeito de anular um negócio jurídico. São eles: o dolo substancial (que é o engano induzido que diz respeito a uma característica determinante do negócio jurídico), o dolo de terceiro (quando a parte beneficiada sabia do engano) e o dolo negativo (que é o dolo por omissão). Não anulam o negócio jurídico o dolo bilateral (ambas as partes atuam com dolo), o dolo de terceiro (quando a parte beneficiada não sabia do engano) e o dolo acidental, que é justamente objeto da questão. Trata-se do dolo quanto a um aspecto não determinante, não essencial do negócio jurídico. A vítima foi enganada quanto a uma característica que não era decisiva para a conclusão do negócio jurídico. Em outras palavras, ela teria praticado o negócio jurídico mesmo que soubesse daquele engano. Possivelmente ela pagaria menos pelo objeto, mas não deixaria de realizá-lo (CC, art. 146). Vale ressaltar que – em que pese não ser possível anular o negócio jurídico – a lei permite que a vítima peça indenização por perdas e danos. GN

Gabarito "E".

(Procurador Federal – AGU – 2023 – CEBRASPE) De acordo com o que dispõe o Código Civil acerca dos defeitos do negócio jurídico, se o devedor, ao perdoar uma dívida, for reduzido à insolvência, o ato de perdão da dívida poderá ser anulado sob a alegação de

- (A) erro.
- (B) dolo.
- (C) abuso de direito.
- (D) lesão.
- (E) fraude contra credores.

A: incorreta, pois o erro é o vício de consentimento que se forma sem induzimento intencional de pessoa interessada. É o próprio declarante quem interpreta equivocadamente uma situação fática ou a lei e, fundado em sua cognição falsa, manifesta a vontade, criando, modificando ou extinguindo vínculos jurídicos (arts. 138 a 144 CC); **B:** incorreta, pois o dolo é a conduta maliciosa praticada por um dos negociantes ou por terceiro com o objetivo de levar o outro negociante a erro sobre as circunstâncias reais do negócio, de modo a manifestar vontade que lhe seja desfavorável, e que ele não manifestaria, não fosse o comportamento ilícito de que foi vítima (arts. 145 a 150 CC); **C:** incorreta, pois o abuso de direito é o ato ilícito que o titular de um direito, ao exercê-lo, excede manifestamente os limites impostos pelo seu fim econômico ou social, pela boa-fé ou pelos bons costumes (art. 187 CC); **D:** incorreta, pois ocorre a lesão quando uma pessoa, sob premente necessidade, ou por inexperiência, se obriga a prestação manifestamente desproporcional ao valor da prestação oposta (art. 157 CC); **E:** correta, nos termos do art. 158 CC: "Os negócios de transmissão gratuita de bens ou remissão de dívida, se os praticar o devedor já insolvente, ou por eles reduzido à insolvência, ainda quando o ignore, poderão ser anulados pelos credores quirografários, como lesivos dos seus direitos". GR

Gabarito "E".

2.5.4. Invalidade do negócio jurídico

(Procurador Município – Santos/SP – VUNESP – 2021) Tendo em vista as disposições relativas à validade dos negócios jurídicos, assinale a alternativa correta.

- (A) É anulável, no prazo prescricional de 4 anos, o negócio jurídico quando a declaração de vontade emanar de erro substancial quanto à identidade da pessoa, desde que esse aspecto seja decisivo para a declaração.
- (B) É anulável o negócio jurídico, no prazo decadencial de 4 anos, quando uma das partes silencia intencionalmente sobre fato ou qualidade ignorada pela outra parte, desde que o conhecimento de tal fato ou qualidade seja determinante para a realização do negócio.
- (C) É nulo de pleno direito o negócio realizado sob coação, devendo a declaração de nulidade ser postulada no prazo decadencial de 4 anos.

- (D) O negócio jurídico é anulável com base na lesão, no prazo decadencial de 4 anos, quando alguém assume obrigação excessivamente onerosa, a fim de salvar a si próprio ou alguém de sua família de grave dano conhecido pela outra parte.
- (E) É anulável com base na simulação, no prazo prescricional de 4 anos, o negócio jurídico que aparentar conferir ou transmitir direitos a pessoa diversa daquela a quem realmente confere ou transfere.

A: incorreta, pois o prazo é decadencial e não prescricional (art. 178, caput CC); **B:** correta (art. 147 c.c art. 178 caput CC); **C:** incorreta, pois é anulável o negócio jurídico realizado mediante coação (art. 178, I CC); **D:** incorreta, pois esta é a definição de estado de perigo (art. 156 CC) e não de lesão. Configura-se lesão quando uma pessoa, sob premente necessidade, ou por inexperiência, se obriga a prestação manifestamente desproporcional ao valor da prestação oposta (art. 157, caput CC); **E:** incorreta, pois o negócio simulado é nulo, e não anulável (art. 167 caput CC). GR

Gabarito "B".

2.6. Prescrição e decadência

(Procurador do Estado/SE – 2017 – CESPE) Se uma pessoa, no dia 5 de dezembro de 2017, terça-feira, sofrer dano material em decorrência de acidente provocado por motorista que avançou sobre a faixa de pedestre, o prazo prescricional para que ela obtenha a indenização será contado a partir do dia

- (A) 5 de dezembro de 2017.
- (B) 11 de dezembro de 2017.
- (C) 6 de dezembro de 2017.
- (D) 8 de dezembro de 2017.
- (E) 7 de dezembro de 2017.

Violado o direito, nasce para o titular a pretensão, a qual se extingue, pela prescrição (ART. 189 CC). Logo, o prazo prescricional para ajuizar a ação começou a correr na data em que nasceu a pretensão, isto é, 5 de dezembro de 2017, portanto, a resposta correta seria a letra A. GR

Gabarito "A".

(Procurador Municipal – Sertãozinho/SP – VUNESP – 2016) Sobre os institutos da prescrição e da decadência, assinale a alternativa correta.

- (A) Admite-se a renúncia à decadência fixada em lei, desde que expressa, não traga prejuízo a terceiros e realizada após a decadência consumar-se.
- (B) Em regra, aplica-se à decadência as normas que impedem, suspendem ou interrompem a prescrição.
- (C) Não corre o prazo prescricional contra os absolutamente incapazes, mas contra eles corre normalmente o prazo decadencial.
- (D) Quando a lei não fixar prazo menor, a prescrição ocorre em 20 (vinte) anos.
- (E) É lícito às partes convencionar a decadência do direito objeto da relação jurídica que celebram.

A: incorreta, pois é nula a renúncia à decadência fixada em lei (CC, art. 209); **B:** incorreta, pois "salvo disposição legal em contrário, não se aplicam à decadência as normas que impedem, suspendem ou interrompem a prescrição" (CC, art. 207). Vale mencionar que o art. 208 é uma "disposição legal em contrário"; **C:** incorreta, pois não corre decadência contra o absolutamente incapaz (CC, art. 208 combinado com 198, I); **D:** incorreta, pois o prazo geral de prescrição é de dez anos

5. DIREITO CIVIL

(CC, art. 205); **E:** correta, pois a decadência convencional tem previsão no art. 211 do Código Civil. **GN**

Gabarito "E".

(Procurador do Estado – PGE/MT – FCC – 2016) Francisco tomou R$ 300.000,00 (trezentos mil reais) emprestados de Eduardo e não pagou no prazo avençado. Eduardo, por sua vez, deixou de ajuizar ação no prazo legal, dando azo à prescrição. Não obstante, Francisco pagou Eduardo depois de escoado o prazo prescricional. Depois de realizado o pagamento, Francisco ajuizou ação contra Eduardo para reaver a quantia paga. A alegação:

(A) procede, porque a prescrição atinge o próprio direito de crédito e sua renúncia somente é admitida, se realizada de maneira expressa, depois que se consumar, desde que sem prejuízo de terceiro.

(B) procede, porque, embora a prescrição atinja não o direito, mas a pretensão, sua renúncia somente é admitida quando realizada de maneira expressa, antes de se consumar, desde que feita sem prejuízo de terceiro.

(C) improcede, porque a prescrição atinge não o direito, mas a pretensão, além de admitir renúncia, de maneira expressa ou tácita, depois que se consumar, desde que feita sem prejuízo de terceiro.

(D) improcede, porque, embora apenas a decadência admita renúncia, a prescrição atinge não o direito, mas a pretensão.

(E) procede, porque a prescrição atinge o próprio direito de crédito e não admite renúncia.

A prescrição elimina apenas a pretensão do titular do direito (CC, art. 189). O direito de crédito, em si, continua vivo. Em direito obrigacional, dir-se-ia que o débito (schuld) está vivo, mas a responsabilidade (haftung) pelo inadimplemento, não.

Quando o devedor paga uma dívida que está prescrita, ele está pagando por um débito existente. É por isso que eventual pedido de "repetição de indébito" não irá prosperar. Ademais, um pagamento de dívida prescrita poderia também ser considerado como uma renúncia tácita à prescrição por parte do devedor, que estaria abrindo mão do benefício que obteve com o decurso do tempo (CC, art. 191). **GN**

Gabarito "C".

(Procurador do Município – Valinhos/SP – 2019 – VUNESP) Quanto ao direito de renunciar à prescrição, indique a alternativa correta.

(A) Qualquer postura do devedor pode levar a ser considerada como uma renúncia tácita.

(B) A postura irrefutável, explícita do credor é passível de ser acatada como renúncia tácita.

(C) Os prazos de prescrição podem ser alterados por acordo das partes, assim como os de renúncia.

(D) Tácita é a renúncia quando se presume de fatos do interessado, incompatíveis com a prescrição.

(E) A renúncia tácita não é reconhecida pelo ordenamento brasileiro, mas apenas para decadência.

A: incorreta, pois nem toda postura do devedor pode levar a ser considerada uma renúncia tácita. Tácita é a renúncia quando se presume de fatos do interessado, incompatíveis com a prescrição (art. 191 CC, parte final); **B:** incorreta, pois nesse caso a renúncia será expressa (art. 191 CC, 1ª parte); **C:** incorreta, pois os prazos de prescrição não podem ser alterados por acordo das parte (art. 192 CC); **D:** correta (art.

---

191 CC, parte final); **E:** incorreta, pois a renúncia tácita à prescrição é reconhecida pela ordenamento jurídico (art. 191 CC). **GR**

Gabarito "D".

(Procurador do Município – S.J. Rio Preto/SP – 2019 – VUNESP) Fátima e Nanci celebraram um contrato de depósito, no qual Fátima receberia o valor de R$ 5.000,00 (cinco mil reais) para guardar, pelo prazo de 1 (um) ano, os móveis pertencentes ao apartamento de Nanci, que seria locado para fins comerciais. Ao final do prazo, Fátima se recusou a devolver os bens, alegando que os bens não pertenciam a Nanci. Passaram-se 4 (quatro) anos da recusa em devolver os móveis objeto do contrato.

Diante da situação hipotética, considerando a possibilidade de obter a reparação pelo inadimplemento contratual, assinale a alternativa correta.

(A) A ação está prescrita, considerando que o prazo estabelecido pelo Código Civil é de 3 (três) anos.

(B) A ação está prescrita, considerando que o prazo estabelecido pelo Código Civil é de 3 (três) anos, mas Fátima responde caso o prejuízo seja resultante de caso fortuito ou força maior.

(C) A ação não está prescrita, considerando que o prazo estabelecido pelo Código Civil é de 5 (cinco) anos, e respondem pelo inadimplemento todos os bens de Fátima.

(D) A ação não está prescrita, considerando que o prazo estabelecido pelo Código Civil é de 5 (cinco) anos, e Fátima responde pelas perdas e danos, mais juros e atualização monetária.

(E) A ação não está prescrita, considerando que o prazo estabelecido pelo Código Civil é de 10 (dez) anos para os casos de inadimplemento contratual.

A: incorreta, pois trata-se de caso de inadimplemento contratual. Todas as hipóteses que prescrevem em 3 anos estão expressamente previstas no art. 206, § 3º CC e esta hipótese não consta naquele rol; **B:** a primeira parte da alternativa está incorreta, nos termos da alternativa A (art. 206, §3º CC); **C:** incorreta, pois todas as hipóteses que prescrevem em 5 anos estão expressamente previstas no art. 206, §5º CC e esta hipótese não consta naquele rol; **D:** incorreta, pois embora a ação não esteja prescrita, o prazo não é de 5 anos, pois apenas prescreve nesse período a pretensão de cobrança de dívidas líquidas constantes de instrumento público ou particular; a pretensão dos profissionais liberais em geral, procuradores judiciais, curadores e professores pelos seus honorários, contado o prazo da conclusão dos serviços, da cessação dos respectivos contratos ou mandato e a pretensão do vencedor para haver do vencido o que despendeu em juízo; **E:** correta, pois trata-se de caso de inadimplemento contratual e como a lei não define prazo específico, aplica-se a regra geral de 10 anos (art. 205 CC). **GR**

Gabarito "E".

(Procurador do Estado/TO – 2018 – FCC) Em 20/03/2017 a Fazenda Pública do Estado de Tocantins ajuizou ação indenizatória em face do causador de um acidente de trânsito, ocorrido em 20/02/2014, do qual resultou a destruição de uma viatura oficial. Na sentença, de ofício, reconheceu-se que o prazo prescricional para a pretensão de reparação civil era de 3 anos, razão por que se julgou improcedente o pedido. Em recurso de apelação, poderá o Procurador do Estado alegar a não ocorrência de prescrição,

(A) se estiver demonstrado que, desconsiderados os períodos em que houve suspensão dos prazos processuais, o prazo trienal não se consumou.

(B) exclusivamente pela impossibilidade de seu reconhecimento de ofício, por ser a autora a Fazenda Pública.

(C) fundando-se no Decreto 20.910/1932, aplicável por isonomia, o qual estabelece que o prazo prescricional nas ações contra a Fazenda Pública é quinquenal, existindo recentes julgados do Superior Tribunal de Justiça neste sentido.

(D) se estiver demonstrado que, descontado o tempo em que tramitou sindicância interna para apuração de responsabilidade do condutor da viatura oficial, não se completou o triênio prescricional.

(E) se estiver demonstrado que desde a notificação extrajudicial do réu, por meio da qual solicitou o pagamento da indenização, não se completou o triênio prescricional.

A: Incorreta, pois embora o prazo prescricional para reparação de danos seja de três anos de acordo com o art. 206, § 3º, V CC em se tratando de execução contra a Fazenda Pública há decisão recente do STJ consolidada na tese de recursos repetitivos firmada no julgamento do REsp 1.251.993/PR de que aplica-se o prazo de 5 anos; **B:** incorreta, pois o Procurador do Estado poderá alegar a não ocorrência da prescrição por outro argumento, e não exclusivamente pela impossibilidade de seu reconhecimento de ofício, por ser a autora a Fazenda Pública. E o argumento é que o prazo é de 5 anos e não de 3 anos de acordo com recente posicionamento do STJ consolidado na tese de recursos repetitivos firmada no julgamento do REsp 1.251.993/PR. Ademais, não existe proibição de o juiz reconhecer de ofício a prescrição quando a parte for a Fazenda Pública; **C:** correta, nos termos de recente posicionamento do STJ consolidado na tese de recursos repetitivos firmada no julgamento do REsp 1.251.993/PR. Eis a ementa: Administrativo. Recurso especial representativo de controvérsia (artigo 543-C do CPC). Responsabilidade civil do estado. Ação indenizatória. Prescrição. Prazo quinquenal (Art. 1º do Decreto 20.910/32) X Prazo Trienal (art. 206, § 3º, V, do CC). Prevalência da Lei Especial. Orientação pacificada no âmbito do STJ. Recurso Especial não provido; **D e E:** incorretas, pois trata-se de prazo prescricional de cinco anos, como mencionado anteriormente. GR
Gabarito "C".

(Procurador do Estado/AC – 2017 – FMP) Considere as seguintes afirmativas sobre os temas da prescrição e da decadência no âmbito do Código Civil. Assinale a alternativa CORRETA.

(A) Os prazos de prescrição podem ser alterados por acordo das partes.

(B) A prescrição iniciada contra uma pessoa continua a correr contra o seu sucessor.

(C) Corre a prescrição, ainda que pendente ação de evicção.

(D) A interrupção da prescrição por um credor aproveita aos outros.

(E) A prescrição ocorre com vinte anos, quando a lei não lhe haja fixado prazo menor.

A: incorreta, pois os prazos de prescrição *não* podem ser alterados por acordo das partes (art. 192 CC); **B:** correta (art. 196 CC); **C:** incorreta, pois não corre a prescrição estando pendente ação de evicção (art. 199, III CC); **D:** incorreta, pois a interrupção da prescrição por um credor *não* aproveita aos outros (art. 204, *caput* 1ª parte CC); **E:** incorreta, pois a prescrição ocorre em *dez* anos, quando a lei não lhe haja fixado prazo menor (art. 205 CC). GR
Gabarito "B".

(Procurador/PA – CESPE – 2022) Em conformidade com a atual jurisprudência dominante do Superior Tribunal de Justiça, em contrato de compra e venda de imóvel em que ficar constatado que a área do bem é inferior àquela indicada no negócio, o prazo para a restituição do valor pago a mais

(A) pode ser interrompido em razão de qualquer ato inequívoco extrajudicial que importe em reconhecimento do direito pelo devedor.

(B) é decadencial de um ano.

(C) é decadencial, e, na inexistência de prazo específico, aplica-se, por analogia, o prazo geral de decadência de cinco anos referido no Código Civil.

(D) é prescricional de cinco anos.

(E) é prescricional, e, na inexistência de prazo específico, aplica-se o prazo geral de prescrição de dez anos referido no Código Civil.

A: incorreta, pois o prazo decadencial não pode ser interrompido (art. 207 CC); **B:** correta, pois para a Terceira Turma do STJ, em casos de venda *ad mensuram* em que as dimensões do imóvel adquirido não correspondem às noticiadas pelo vendedor, deve-se aplicar o prazo decadencial de um ano previsto no art. 501 do CC (REsp 1.890.327/SP); **C:** incorreta, pois há prazo específico previsto no art. 501 CC, logo não se aplica o prazo geral. E se fosse aplicado o prazo ele seria de dez e não de cinco anos; **D:** incorreta, pois é decadencial de um ano (art. 501 CC); **E:** incorreta, pois há prazo específico previsto no art. 501 CC, logo não se aplica o prazo geral de anos. GR
Gabarito "B".

(Procurador/PA – CESPE – 2022) O Superior Tribunal de Justiça tem admitido, em alguns julgados, a aplicação do chamado viés subjetivo da teoria da *actio nata*, para identificar o termo inicial da prescrição da pretensão de reparação civil por danos materiais e morais. Acerca desse tema, julgue os itens seguintes.

I. São critérios que indicam a tendência de adoção excepcional do viés subjetivo da teoria da *actio nata*: a) a submissão da pretensão a prazo prescricional curto; b) a constatação, na hipótese concreta, de que o credor tinha ou deveria ter ciência do nascimento da pretensão, o que deve ser apurado a partir da boa-fé objetiva e de *standards* de atuação do homem médio; c) o fato de se estar diante de responsabilidade civil por ato ilícito absoluto; e d) a expressa previsão legal que impõe a aplicação do sistema subjetivo.

II. Pela vertente objetiva da teoria da *actio nata*, o termo inicial do prazo prescricional é o momento do surgimento da pretensão.

III. Ao sumular que o termo inicial do prazo prescricional, na ação de indenização, é a data em que o segurado teve ciência inequívoca da incapacidade laboral, o Superior Tribunal de Justiça rechaçou o viés subjetivo da teoria da *actio nata*, o que confirma que a sua aplicação é excepcional.

IV. As vertentes objetiva e subjetiva da teoria da *actio nata* são igualmente aplicadas pelo Superior Tribunal de Justiça, conforme o caso sob julgamento, sendo a regra a aplicação da vertente subjetiva e, excepcionalmente, a da vertente objetiva, em razão da necessidade de corrigir injustiças que podem decorrer da utilização da data do surgimento da pretensão como termo inicial para contagem do prazo prescricional para reparação de danos materiais e morais.

5. DIREITO CIVIL

Estão certos apenas os itens

(A) I e II.

(B) II e III.

(C) III e IV.

(D) I, II e IV.

(E) I, III e IV.

I: correta (REsp 1.836.016/PR, 10/05/2022); II: correta. Art. 189 CC e REsp 1.836.016-PR, 10/05/2022); III: incorreta, pois na verdade essa súmula criou uma exceção à teoria objetiva. Logo, ela criou uma hipótese de viés subjetivo à teoria da actio nata; IV: incorreta, pois a regra é a aplicação da teoria objetiva, isto é, os prazos prescricionais se iniciariam no exato momento do surgimento da pretensão e a exceção ocorrem em determinadas hipóteses em que o início dos prazos prescricionais deve ocorrer a partir da ciência do nascimento da pretensão por seu titular (teoria subjetiva) (REsp 1.836.016-PR, 10/05/2022). 🅖🅡
Gabarito "A".

(Procurador – PGE/SP – 2024 – VUNESP) Assinale a alternativa correta sobre prazos prescricionais, tendo em vista o entendimento do Superior Tribunal de Justiça.

(A) Aplica-se o prazo prescricional trienal — previsto no Código Civil de 2002 — às ações indenizatórias ajuizadas contra a Fazenda Pública, em detrimento do prazo quinquenal contido no Decreto nº 20.910/32.

(B) É trienal o prazo prescricional para que o condomínio geral ou edilício (vertical ou horizontal) exercite a pretensão de cobrança de taxa condominial ordinária ou extraordinária, constante em instrumento público ou particular, a contar do dia seguinte ao vencimento da prestação.

(C) É ânuo o prazo prescricional para exercício de qualquer pretensão do segurado em face do segurador — e vice-versa — baseada em suposto inadimplemento de deveres.

(D) A pretensão de reparação civil lastreada na responsabilidade contratual submete-se ao prazo quinquenal.

(E) A pretensão de repetição de indébito de contrato de cédula de crédito rural prescreve no prazo de cinco anos.

A: incorreta, pois aplica-se o prazo quinquenal (Decreto 20.910/32) às ações indenizatórias ajuizadas contra a Fazenda Pública. De acordo com a tese firmada pelo STJ no Tema Repetitivo 553: "Aplica-se o prazo prescricional quinquenal – previsto do Decreto 20.910/32 – nas ações indenizatórias ajuizadas contra a Fazenda Pública, em detrimento do prazo trienal contido do Código Civil de 2002"; **B:** incorreta, pois o prazo é quinquenal. De acordo com a tese firmada pelo STJ no Tema Repetitivo 949: "Na vigência do Código Civil de 2002, é quinquenal o prazo prescricional para que o condomínio geral ou edifício (horizontal ou vertical) exercite a pretensão de cobrança da taxa condominial ordinária ou extraordinária constante em instrumento público ou particular, a contar do dia seguinte ao vencimento da prestação"; **C:** correta, nos termos da tese fixada pelo STJ no Tema/IAC 2: "É ânuo o prazo prescricional para exercício de qualquer pretensão do segurado em face do segurador – e vice- versa – baseada em suposto inadimplemento de deveres (principais, secundários ou anexos) derivados do contrato de seguro, *ex vi* do disposto no artigo 206, § 1º, II, "b", do Código Civil de 2002 (artigo 178, § 6º, II, do Código Civil de 1916); **D:** incorreta, pois a pretensão de reparação civil lastreada na responsabilidade contratual submete-se ao prazo de 10 (dez) anos, nos termos do art. 205 do Código Civil. A Corte Especial do STJ definiu que, nas pretensões relacionadas à responsabilidade contratual, aplica-se a regra geral (art. 205 do CC/02), que prevê 10 anos de prazo prescricional e, nas demandas que versarem sobre responsabilidade extracontratual, aplica-se o disposto no art. 206, § 3º, V, do mesmo diploma, com prazo prescricional de 3 anos. Nesse sentido, destaca-se trecho do seguinte julgado proferido no EREsp n. 1.280.825/RJ: "4. O instituto da prescrição tem por finalidade conferir certeza às relações jurídicas, na busca de estabilidade, porquanto não seria possível suportar uma perpétua situação de insegurança. 5. Nas controvérsias relacionadas à responsabilidade contratual, aplica-se a regra geral (art. 205 CC/02) que prevê dez anos de prazo prescricional e, quando se tratar de responsabilidade extracontratual, aplica-se o disposto no art. 206, § 3º, V, do CC/02, com prazo de três anos; **E:** incorreta, de acordo com a tese firmada pelo STJ no Tema Repetitivo 919: "I – A pretensão de repetição de indébito de contrato de cédula de crédito rural prescreve no prazo de vinte anos, sob a égide do art. 177 do Código Civil de 1916, e de três anos, sob o amparo do art. 206, § 3º, IV, do Código Civil de 2002, observada a norma de transição do art. 2.028 desse último Diploma Legal; II – O termo inicial da prescrição da pretensão de repetição de indébito de contrato de cédula de crédito rural é a data da efetiva lesão, ou seja, do pagamento. 🅖🅡
Gabarito "C".

3. OBRIGAÇÕES

3.1. Introdução, classificação e modalidades das obrigações

(Procurador do Estado/AC – 2017 – FMP) Considere as seguintes afirmativas sobre o tema das obrigações no âmbito do Código Civil. Assinale a alternativa INCORRETA.

(A) Se a obrigação for de restituir coisa certa, e esta, sem culpa do devedor, se perder antes da tradição, sofrerá o credor a perda, e a obrigação se resolverá, ressalvados os seus direitos até o dia da perda.

(B) Incorre na obrigação de indenizar perdas e danos o devedor que recusar a prestação a ele só imposta, ou só por ele exequível.

(C) Extingue-se a obrigação de não fazer, desde que sem culpa do devedor, se lhe torne impossível abster-se do ato que se obrigou a não praticar.

(D) Nas obrigações alternativas, a escolha cabe ao credor, se outra coisa não se estipulou.

(E) A obrigação é indivisível quando a prestação tem por objeto uma coisa ou um fato não suscetíveis de divisão, por sua natureza, por motivo de ordem econômica ou pela razão determinante do negócio jurídico.

A: certa (art. 238 CC); **B:** certa (art. 247 CC); **C:** certa (art. 250 CC); **D:** errada, pois nas obrigações alternativas, a escolha cabe ao *devedor*, se outra coisa não se estipulou (art. 252 CC); **E:** certa (art. 258 CC). Logo, a alternativa incorreta é a letra D. 🅖🅡
Gabarito "D".

(Procurador Município – Santos/SP – VUNESP – 2021) A respeito das obrigações solidárias, assinale a alternativa correta.

(A) No silêncio do contrato e na ausência de disposição legal, presume-se a solidariedade dos devedores, podendo o credor exigir o pagamento integral do débito contra todos e cada um dos devedores.

(B) Falecendo um dos credores solidários e sendo a obrigação divisível, qualquer um dos herdeiros pode exigir o pagamento integral da cota pertencente ao credor falecido, procedendo em seguida ao rateio entre os demais herdeiros, se houver.

(C) Falecendo um dos devedores solidários e sendo a obrigação divisível, qualquer um de seus herdeiros pode ser chamado a responder pela cota do devedor falecido, ressalvado o direito de regresso contra os demais herdeiros, se houver.

(D) A propositura de ação pelo credor contra um ou alguns dos devedores implica renúncia à solidariedade quanto aos demais.

(E) O devedor solidário que pagar a dívida por inteiro tem direito de exigir a cota de cada um dos codevedores, individualmente.

A: incorreta, pois a solidariedade não se presume; resulta da lei ou da vontade das parte (art. 265 CC); **B**: incorreta, pois se a obrigação for divisível cada um dos herdeiros só terá direito a exigir e receber a quota do crédito que corresponder ao seu quinhão hereditário (art. 270 CC); **C**: incorreta, pois neste caso o herdeiro apenas estará obrigado a pagar a quota que corresponder ao seu quinhão hereditário (art. 276 CC); **D**: incorreta, pois não importará renúncia da solidariedade a propositura de ação pelo credor contra um ou alguns dos devedores (art. 275, parágrafo único CC); **E**: correta (art. 283 CC). **GR**

Gabarito "E".

(Procurador – PGE/SP – 2024 – VUNESP) José, em razão de contrato oneroso, era devedor da obrigação alternativa de dar a João o veículo modelo Mustang Fastback 1967 ou o veículo modelo Landau V8 1970. Não foi previsto no instrumento de contrato a quem caberia a escolha da prestação. Antes da data prevista para a entrega, em razão de um incêndio na garagem de José, causado por uma instalação elétrica inadequada por ele feita, o veículo modelo Mustang Fastback 1967 foi totalmente destruído. Uma semana depois, ainda antes da data prevista para a entrega, em razão de um acidente provocado por inadequada manutenção do sistema de freios realizada por José, o modelo Landau V8 1970 também foi totalmente destruído.

Tendo em vista o caso hipotético narrado, assinale a alternativa correta.

(A) A prerrogativa da escolha da prestação era de José, estando ele obrigado a pagar a João indenização equivalente ao valor do Landau V8 1970, mais as perdas e os danos que o caso determinar.

(B) Independentemente de quem tinha a prerrogativa da escolha da prestação, José deverá pagar o valor do veículo mais valioso, acrescido de perdas e danos que o caso determinar.

(C) Independentemente de quem tinha a prerrogativa da escolha da prestação, José deverá pagar o valor do veículo menos valioso, acrescido de perdas e danos que o caso determinar.

(D) A prerrogativa da escolha da prestação era de João, podendo este escolher o valor de quaisquer dos veículos que se perderam, mais as perdas e os danos que o caso determinar.

(E) Não tendo ocorrido dolo na perda dos veículos, mas apenas culpa indireta, independentemente de quem tinha a prerrogativa da escolha da prestação, a obrigação estará extinta, devendo José pagar a João o equivalente à metade do valor do veículo que por último se perdeu.

A: correta, nos termos dos arts. 252 e 254 CC. *In verbis*: "Nas obrigações alternativas, a escolha cabe ao devedor, se outra coisa não se estipulou". "Se, por culpa do devedor, não se puder cumprir nenhuma

das prestações, não competindo ao credor a escolha, ficará aquele obrigado a pagar o valor da que por último se impossibilitou, mais as perdas e danos que o caso determinar"; **B e C**: incorretas, pois como a prerrogativa de escolha ficou por conta do devedor (art. 252 CC), se por culpa dele não se puder cumprir nenhuma das prestações ele ficará obrigado a pagar o valor da que por último se impossibilitou, mais as perdas e danos que o caso determinar (art. 254 CC); **D**: incorreta, pois como não foi previsto no instrumento de contrato a quem caberia a escolha da prestação, a Lei define que a escolha cabe ao devedor (art. 252 CC), e neste caso ele deverá indenizar o valor do veículo que se perdeu por último (art. 254 CC); **E**: incorreta, pois a impossibilidade de cumprimento das prestações decorreu de culpa de José, pois o veículo modelo Mustang foi totalmente destruído em razão de um incêndio na garagem de José, causado por uma instalação elétrica inadequada por ele feita, além disso o modelo Landau V8 1970 também foi totalmente destruído em razão de um acidente provocado por inadequada manutenção do sistema de freios realizada por José. Nesse contexto, considerando que a escolha cabia ao devedor (José), este ficará obrigado a pagar o valor da prestação que por último se impossibilitou (art. 254 CC) **GR**

Gabarito "A".

(Procurador – AL/PR – 2024 – FGV) Juliana doou, a Thiago, um livro de Direito Civil, e, a Lucas, um livro de Direito Penal. Ocorre que, por coincidência, na véspera da data combinada para a entrega, Juliana esqueceu o livro de Direito Civil em um carro de aplicativo, e vendeu o livro de Direito Penal para Luísa, entregando-o de imediato.

Nesse caso, é correto afirmar que

(A) podem, tanto Thiago quanto Lucas cobrar de Juliana o equivalente de cada um dos livros, mais perdas e danos.

(B) apenas Lucas pode cobrar de Juliana o equivalente do livro de Direito Penal, mais perdas e danos.

(C) apenas Thiago pode cobrar de Juliana o equivalente do livro de Direito Civil, mais perdas e danos.

(D) nem Thiago nem Lucas podem cobrar de Juliana o que quer que seja em razão do inadimplemento das obrigações.

(E) podem tanto Thiago quanto Lucas cobrar de Juliana o equivalente de cada um dos livros; porém, apenas Lucas pode cobrar perdas e danos.

A: incorreta, pois no caso de Thiago a coisa se perdeu antes da tradição sem culpa do devedor. Nesta situação fica resolvida a obrigação para ambas as partes (art. 234, 1ª parte CC); **B**: correta, pois no caso de Lucas a coisa se perdeu antes da tradição por culpa do devedor. Neste caso Juliana deverá pagar o equivalente mais perdas e danos (art. 234, 2ª parte CC); **C**: incorreta, pois Thiago não poderá cobrá-la nos termos da justificativa da alternativa "A" e Lucas poderá cobrá-la nos termos da justificativa da alternativa "B"; **D**: incorreta, pois Lucas poderá cobrar, nos termos do art. 234, 2° parte CC; **E**: incorreta, pois Thiago não poderá cobrar nada de Juliana, uma vez que em seu caso a obrigação ficará resolvida para ambas as partes e no caso de Lucas ele poderá cobrar o equivalente mais perdas e danos (art. 234 CC). **GR**

Gabarito "B".

3.2. Transmissão, adimplemento e extinção das obrigações

(Procurador Municipal – Sertãozinho/SP – VUNESP – 2016) Assinale a alternativa correta sobre novação, como forma de extinção das obrigações.

(A) Em regra, havendo novação, as garantias da dívida não são conservadas.

(B) A expromissão não representa modalidade de novação.

(C) As obrigações anuláveis não podem ser objeto de novação.

(D) A prorrogação do prazo de vencimento da dívida é hipótese de novação.

(E) Não se admite a novação tácita.

A: correta, pois: "*A novação extingue os acessórios e garantias da dívida, sempre que não houver estipulação em* contrário" (CC, art. 364); **B**: incorreta, pois a novação por expromissão é uma modalidade de novação subjetiva passiva. Ocorre quando o devedor original não participa da extinção da primeira obrigação, nem da criação da segunda (CC, art. 362); **C**: incorreta, pois as obrigações anuláveis podem ser objeto de novação (CC, art. 367); **D**: incorreta, pois a intenção de novar, ainda que tácita, é fundamental para a caracterização da novação (CC, art. 361); **E**: incorreta, pois a lei admite a novação tácita (CC, art. 361). **GN**

Gabarito "A".

(Procurador Municipal – Sertãozinho/SP – VUNESP – 2016) Em 2 de janeiro de 2016, por meio de instrumento particular de confissão de dívida, Robson confessou dever a Rafael cinquenta mil reais, referente a um negócio jurídico celebrado entre eles. Ajustou-se que o pagamento seria realizado em 26 de fevereiro do mesmo ano. Robson, passando por grave dificuldade financeira, não possui patrimônio suficiente para saldar a dívida com Rafael, mas possui um crédito de trezentos mil reais com Júlio, que vencerá em 10 de fevereiro do mesmo ano, circunstância que é de conhecimento de Rafael. Na data do pagamento (10 de fevereiro), Robson combina com Júlio que o pagamento será feito direto para um terceiro (que também é credor de Robson, por dívida já vencida), como de fato ocorre. No entanto, Robson e Júlio assinam um documento que indica que Robson remiu a dívida de Júlio, sem qualquer participação do terceiro que efetivamente recebeu o valor. Em 26 de fevereiro, Rafael procura Robson para receber seu crédito e este informa que não tem condições de pagar. Ao questionar Robson sobre o crédito que este tinha com Júlio, Robson apresenta o documento que dispõe sobre a remissão. Nesse cenário, assinale a alternativa correta.

(A) A remissão é negócio jurídico anulável, em razão da fraude contra credores praticada por Robson.

(B) A remissão representa negócio jurídico nulo, pois houve o pagamento do crédito para um terceiro, indicado por Robson.

(C) O terceiro, que recebeu o crédito que pertencia originalmente a Robson, torna-se civilmente responsável pelo pagamento do crédito de Rafael.

(D) A remissão é negócio jurídico anulável, pois presente o dolo no comportamento de Robson e Júlio, viciando o negócio jurídico.

(E) Não há qualquer nulidade, absoluta ou relativa, na remissão praticada por Robson e no pagamento realizado por Júlio ao terceiro indicado por Robson.

O ato que realmente ocorreu na vida prática foi o pagamento praticado entre Júlio e o terceiro (também credor de Robson). O documento diz que houve um perdão de dívida praticado por Robson. Sempre que houver uma divergência entre o ato realmente praticado e o negócio jurídico apresentado, estaremos diante de uma simulação, o que torna o ato nulo (CC, art. 167). Nessa hipótese, ocorreu uma simulação relativa pois – para esconder o pagamento a terceiro – simulou-se um

perdão de dívida. A simulação é absoluta quando ela não esconde um ato verdadeiramente praticado. Ela é puramente a declaração de um ato que simplesmente não ocorreu na prática. Ex: para pagar menos na partilha, marido finge dívida com um amigo. **GN**

Gabarito "B".

(Procurador Municipal – Prefeitura/BH – CESPE – 2017) João celebrou contrato de locação de imóvel residencial com determinada imobiliária, que realizou negócio jurídico de administração do bem com Júlio, proprietário do referido imóvel. Conforme convencionado entre João e a imobiliária, o aluguel deveria ser pago a Carlos, um dos sócios da imobiliária, o qual costumeiramente recebia os aluguéis e dava quitação. Em determinado momento, João foi surpreendido com uma ação de despejo, na qual se argumentava que alguns pagamentos efetuados a Carlos não extinguiram a obrigação locatícia, porquanto ele tinha se retirado da sociedade no curso do contrato e o locatário não havia observado a alteração societária.

De acordo com o Código Civil, nessa situação,

(A) João deverá demonstrar que o pagamento foi revertido em favor da sociedade, para se eximir das cobranças.

(B) os pagamentos efetuados por João são válidos, pois Carlos é considerado credor putativo.

(C) a validade dos pagamentos realizados por João depende de ratificação por Júlio, proprietário do imóvel.

(D) João terá de pagar novamente o valor cobrado.

Aplica-se ao caso a teoria da aparência. O Direito valoriza aquilo que "parece ser verdadeiro". O termo latino "putare" significa "que parece ser". Tal teoria aplica-se ao pagamento válido que é feito de boa-fé pelo devedor à pessoa que parecia ser credora, muito embora juridicamente não o fosse (CC, art. 309). A mesma teoria da aparência aplica-se também ao casamento putativo, o qual "embora anulável ou mesmo nulo" poderá produzir efeitos jurídicos (CC, art. 1.561) ao cônjuge de boa-fé. **GN**

Gabarito "B".

(Procurador – AL/PR – 2024 – FGV) Em julho de 2021, René Kant celebrou contrato de mútuo com o Banco Königsberg S.A. no valor de dez mil reais, que deveria ser pago em 60 (sessenta) prestações de R$ 350,00 (trezentos e cinquenta reais). A cláusula terceira do contrato prevê que na hipótese de 03 (três) meses de inadimplência, o MUTUANTE fica autorizado a promover a cobrança judicial da totalidade dos valores concedidos a título de mútuo, como também a incluir o nome do MUTUÁRIO nos órgãos de proteção ao crédito.

Em setembro de 2023, o Banco Königsberg S.A. transferiu onerosamente o crédito do contrato com René para o Fundo de Investimento de Direitos Creditórios Metafísica, sendo silente a respeito da responsabilidade do cedente em caso de inadimplemento da obrigação cedida. Por força do desemprego, no ano de 2024, o mutuário tornou-se inadimplente de três parcelas consecutivas do empréstimo, levando o Fundo a incluir o nome de René nos órgãos de proteção ao crédito.

Diante da situação hipotética, com base no tema transmissão das obrigações, assinale a afirmativa correta.

(A) A cessão do crédito do Banco Königsberg para o Fundo de Investimento é válida e eficaz, desde que haja o consentimento expresso de René.

(B) A jurisprudência consolidada do Superior Tribunal de Justiça compreende que a ausência de notificação do devedor torna inexequível e ineficaz a cessão de crédito.

(C) Salvo se tiver procedido de má-fé, o Banco Königsberg S.A. não fica responsável perante o Fundo de Investimento pela existência do crédito ao tempo em que lhe cedeu.

(D) Na situação hipotética narrada, o Banco Königsberg S.A. não responde perante o Fundo de Investimento pela insolvência de René Kant.

(E) De acordo com o entendimento consolidado do Superior Tribunal de Justiça, para que o cessionário pratique os atos necessários à preservação do crédito é necessária a ciência do devedor.

A: incorreta, pois não há necessidade do consentimento do devedor para a cessão ser válida e eficaz. A lei autoriza a cessão se a isso não se opuser a natureza da obrigação, a lei, ou a convenção com o devedor (art. 286 CC). No caso, não havia convenção com o devedor que proibisse a cessão, não havia proibição legal e a natureza da obrigação permitia a cessão; B: incorreta, pois de acordo com a jurisprudência do STJ a citação na ação de cobrança é suficiente para cumprir a exigência – fixada no **artigo 290 do Código Civil** – de dar ciência ao devedor sobre a cessão do crédito, não havendo necessidade de que o credor cessionário o notifique formalmente antes de acionar o Judiciário para receber a dívida. A finalidade do artigo 290 do Código Civil é informar ao devedor quem é seu novo credor. De acordo com o dispositivo, "a cessão do crédito não tem eficácia em relação ao devedor, senão quando a este notificada; mas por notificado se tem o devedor que, em escrito público ou particular, se declarou ciente da cessão feita". A falta de notificação do devedor sobre a cessão do crédito não torna a dívida inexigível. Se a ausência de comunicação da cessão de crédito não afasta a exigibilidade da dívida, o correto é considerar suficiente, para atender o artigo 290 do CC/2002, a citação do devedor na ação de cobrança ajuizada pelo credor cessionário. A partir da citação, o devedor toma ciência inequívoca sobre a cessão de crédito e, por conseguinte, a quem deve pagar. Assim, a citação revela-se suficiente para cumprir a exigência de cientificar o devedor da transferência do crédito (EAREsp 1125139); C: incorreta, pois como a cessão foi a título oneroso, o Banco Königsberg S.A fica responsável pela existência do crédito, ainda que não tenha agido de má-fé (art. 295 CC); D: correta, pois como se trata de cessão onerosa, o banco não responde pela solvência do devedor, mas apenas pela existência do crédito (art. 295 CC); E: incorreta, pois independentemente do conhecimento da cessão pelo devedor, pode o cessionário exercer os atos conservatórios do direito cedido (art. 293 CC). De acordo com jurisprudência do STJ são desnecessários os avisos de recebimento do devedor em casos de cessão de créditos. Seja em uma relação de direito civil puramente considerada, seja em uma relação consumerista, a ausência da notificação do cedido não impede o cessionário de cobrar a dívida ou de promover os atos necessários à conservação dessa mesma dívida, como a inscrição do devedor inadimplente nos cadastros de proteção ao crédito. O aviso de recebimento não tem nenhuma repercussão prática relevante. Se a cobrança da dívida e a prática dos atos necessários a sua conservação não estão condicionadas nem mesmo à existência de notificação prévia, despiciendo acrescentar o fato de essa notificação carecer de formalismo ou pessoalidade tampouco cerceia a liberdade do credor em promover a cobrança da dívida ou os atos que repute necessários à satisfação do seu crédito (REsp 1.604.899). GR

Gabarito "D".

3.3. Inadimplemento das obrigações

(Procurador do Estado/SP – 2018 – VUNESP) Quanto à proteção aos direitos do consumidor em contratos bancários, assinale a alternativa correta.

(A) A estipulação de juros remuneratórios superiores a 12% ao ano, por si só, não indica exigência de vantagem econômica excessiva pela instituição financeira.

(B) Os juros moratórios nos contratos bancários não regulados por legislação especial poderão ser pactuados livremente pelas partes, não caracterizando exigência de vantagem econômica excessiva.

(C) Propositura de ação revisional de contrato bancário, a pretexto de conter cláusulas contratuais abusivas, suspende os efeitos da mora do devedor, por revelar exercício regular do direito básico do consumidor à facilitação da defesa dos seus direitos em juízo, inclusive com inversão do ônus da prova.

(D) Pode o magistrado, de ofício, reconhecer a nulidade de cláusulas contratuais abusivas inseridas em contrato de mútuo bancário submetido ao seu exame.

(E) Exigência de pagamento de comissão de permanência, calculada pela taxa média do mercado apurada pelo Banco Central do Brasil, limitada à taxa do contrato, caracteriza exigência de vantagem econômica excessiva.

A: correta, pois de acordo com o entendimento pacífico do Superior Tribunal de Justiça, segundo o qual: "*A estipulação de juros remuneratórios superiores a 12% ao ano por si só, não indica abusividade*" (Súmula 382 do STJ; tese julgada sob o rito do artigo 543-C do CPC — tema 25); B: incorreta, pois a Súmula 379 do STJ estabelece um limite para tais juros, ao preceituar que: "*Nos contratos bancários não regidos por legislação específica, os juros moratórios poderão ser convencionados até o limite de 1% ao mês*";C: incorreta, pois o STJ entende que: "*Não descaracteriza a mora o ajuizamento isolado de ação revisional, nem mesmo quando o reconhecimento de abusividade incidir sobre os encargos inerentes ao período de inadimplência contratual*" (REsp 1061530 / RS RECURSO ESPECIAL 2008/0119992-4); D: incorreta, pois contrária ao enunciado da Súmula 381 do STJ que dispõe: "*Nos contratos bancários, é vedado ao julgador conhecer, de ofício, da abusividade das cláusulas*";E: incorreta, pois o STJ entende que: "*É possível a cobrança de comissão de permanência durante o período de inadimplemento contratual, à taxa média dos juros de mercado, limitada ao percentual fixado no contrato (Súmula 294/STJ), desde que não cumulada com a correção monetária (Súmula 30/STJ), com os juros remuneratórios (Súmula 296/STJ) e moratórios e multa contratual*" (REsp n. 1.058.114/RS, recurso representativo de controvérsia, Relator p/ Acórdão Ministro João Otávio de Noronha, Segunda Seção, julgado em 12/8/2009, DJe 16/11/2010). GN

Gabarito "A".

(Procurador do Estado/TO – 2018 – FCC) João contratou Marcenaria da Família para fabricar móveis sob medida e instalá-los em sua casa. Ajustaram os contratantes que o pagamento do preço se daria em duas parcelas: a primeira, correspondente à metade, na data da assinatura do instrumento; e a segunda, referente à outra metade, quando da entrega do serviço, que deveria ocorrer em até seis meses. João efetuou o pagamento da primeira prestação, mas, ao término do prazo de seis meses estipulado, Marcenaria da Família não concluiu o serviço. Neste caso, João

(A) somente poderá pleitear judicialmente a rescisão do contrato, além de perdas e danos.

(B) deverá consignar em pagamento o valor faltante, porque o prazo de pagamento de sua dívida está vencido.

(C) poderá reter o pagamento da importância faltante, até que o serviço seja entregue, e, se cobrado em Juízo, não poderá opor exceções, senão aquelas de natureza processual, porque sua dívida está vencida.

(D) poderá reter o pagamento da importância faltante, até que o serviço seja entregue, e, se cobrado em Juízo, opor exceção substancial prevista em lei.

(E) terá de pagar o valor faltante para exigir judicialmente o cumprimento da obrigação assumida pela contratada, sob cominação de multa diária.

A: incorreta, pois por tratar-se de obrigação positiva e líquida o simples descumprimento em seu termo constitui de pleno direito em mora o devedor, tendo, portanto, o contrato como rescindido (arts. 397, *caput* e 418 CC). Neste caso, o credor poderá pleitear perdas e danos, mais juros e atualização monetária segundo índices oficiais regularmente estabelecidos, e honorários de advogado (art. 389 CC); **B:** incorreta, pois não há que se falar em obrigação de consignar o pagamento, pois o pagamento em consignação aplica-se nas hipóteses do art. 335 CC e nenhuma delas se enquadra no caso em tela; **C:** incorreta, pois ele poderá opor exceções tanto de natureza processual como substancial (art. 190 CC); **D:** correta, pois o pagamento que falta poderá ser retido, uma vez que houve inadimplemento da outra parte por não entregar os móveis. Neste caso, quem deu as arras pode ter o contrato por desfeito, e exigir sua devolução mais o equivalente, com atualização monetária segundo índices oficiais regularmente estabelecidos, juros e honorários de advogado (art. 418 CC). Ou caso não seja interessante pedir as arras de volta, pode exigir o cumprimento do contrato por terceiro (art. 249, *caput* CC) ou converter a obrigação em perdas e danos (art. 248 CC). Ademais, poderão ser opostas exceções substanciais previstas em lei; **E:** incorreta, pois João não tem que pagar o valor faltante para ajuizar a ação, afinal, pelo princípio do livre acesso à jurisdição e inafastabilidade da jurisdição, ele pode demandar o devedor diretamente (art. 3º CPC). **GR**
Gabarito "D".

(Procurador do Município – Valinhos/SP – 2019 – VUNESP) Não terá direito à repetição aquele que deu alguma coisa para obter fim ilícito, imoral, ou proibido por lei. Neste caso, o que se deu

(A) reverterá em favor de estabelecimento local de beneficência, a critério do juiz.

(B) terá que ser restituído com a atualização dos valores monetários a quem for devido.

(C) se a coisa não mais subsistir, se fará pelo valor do bem na época em que foi exigido a quem de direito.

(D) será restituído em dobro, com atualização monetária e juros de mora, se o caso.

(E) não caberá a ninguém a restituição por enriquecimento, se a lei permitir outro meio.

A: correta (art. 883, parágrafo único CC); **B:** incorreta, pois como o fim era ilícito, imoral, ou proibido por lei ele não tem o direito de ser restituído dos valores monetários, uma vez que o a coisa será destinada a local de beneficência (art. 883, parágrafo único CC). A hipótese de restituição com a atualização dos valores monetários a quem for devido aplica-se no caso de enriquecimento sem causa (art. 884, *caput* CC); **C:** incorreta, pois se a coisa não mais subsistir não há que se falar em restituição de nenhuma espécie, afinal, se a coisa existisse iria para associação local de beneficência, a critério do juiz (art. 883, parágrafo único CC). Logo, de qualquer forma, aquele que deu já não receberia nada. Essa hipótese da letra "c" se aplica apenas nos casos de enriquecimento sem causa (art. 884, parágrafo único CC); **D:** incorreta, pois a Lei não prevê restituição em dobro para esse caso. A restituição em dobro com atualização monetária e juros de mora, se aplica, por exemplo, no caso da parte que deu as arras e sofreu inexecução do contrato (art. 418 CC); **E:** incorreta, pois aquele que, sem justa causa, se

enriquecer à custa de outrem, será obrigado a restituir o indevidamente auferido à pessoa lesada, feita a atualização dos valores monetários (art. 884, *caput* CC). **GR**
Gabarito "A".

(Procurador/PA – CESPE – 2022) Julgue os próximos itens, relativos à cláusula penal no direito civil.

I. Segundo a doutrina, a cláusula penal exerce a tríplice função de pena convencional, compensação ou prefixação de indenização, e reforço ou garantia da obrigação.

II. Conforme a jurisprudência atual do Superior Tribunal de Justiça, é facultado ao órgão julgador, de ofício, reduzir o valor da cláusula penal, caso evidenciado o seu manifesto excesso, inclusive em sede de cumprimento de sentença, desde que o título executivo não se tenha pronunciado sobre o tema.

III. Dada a função de pena convencional, é permitido que o valor da cláusula penal exceda o valor da obrigação principal, de modo a desestimular o inadimplemento.

IV. A cláusula penal tem natureza de pena civil, de caráter convencional ou legal, acessória e de eficácia incondicional.

Estão certos apenas os itens

(A) I e II.

(B) II e III.

(C) III e IV.

(D) I, II e IV.

(E) I, III e IV.

I: correta. Segundo doutrina de Christiano Cassetari, próxima à teoria eclética: "(…) *entende-se que a cláusula penal possui tríplice função, de reforço, de prefixação a forfait das perdas e danos e de pena*". (CASSETARI, Christiano. Multa contratual: teoria e prática da cláusula penal. São Paulo: RT, 2013.) e arts. 408 a 416 CC; **II:** correta. Segundo magistrada Nancy Andrighi, diferentemente do Código Civil de 1916 – que previa a redução da cláusula penal como faculdade do magistrado –, o Código de 2002 trata essa diminuição como norma de ordem pública, obrigatória: é dever do juiz e direito do devedor, com base nos princípios da boa-fé contratual e da função social do contrato. A aplicação do art. 413 CC é matéria de ordem pública (REsp 1898738); **III:** incorreta, pois o valor da cominação imposta na cláusula penal não pode exceder o da obrigação principal (art. 412 CC); **IV:** incorreta, pois a eficácia não é incondicional. É necessário que haja o descumprimento culposo da obrigação ou o devedor se constitua em mora (art. 408 CC). A alternativa correta é a letra A. **GR**
Gabarito "A".

4. CONTRATOS

4.1. Conceito, pressupostos, formação e princípios dos contratos

(Procurador Municipal – Sertãozinho/SP – VUNESP – 2016) Assinale a alternativa correta sobre direito contratual, conforme disposições do Código Civil de 2002.

(A) Nos contratos de adesão, são nulas as cláusulas ambíguas ou contraditórias, ainda que possível adotar interpretação mais favorável ao aderente.

(B) É nula a cláusula que dispõe que o evicto não tem direito à indenização dos frutos que tiver sido obrigado a restituir.

(C) Admite-se, nas doações com encargo, a rescisão contratual com fundamento na existência de vício redibitório.

(D) A resolução do contrato por onerosidade excessiva é possível nos contratos de execução imediata ou continuada, retroagindo os efeitos da sentença à data da citação.

(E) A proposta de contrato não obriga o proponente, se o contrário não resultar dos termos dela, da natureza do negócio, ou das circunstâncias do caso.

A: incorreta, pois a ambiguidade ou contradição não são causas de nulidade do contrato (CC, art. 423); **B:** incorreta, pois a lei admite estipulação em contrário no que se refere ao direito de indenização dos frutos (CC, art. 450); **C:** correta, pois as doações com encargo estão protegidas contra os vícios redibitórios (CC, art. 441, parágrafo único); **D:** incorreta, pois não se admite aplicação do instituto nos contratos de execução imediata; **E:** incorreta, pois a proposta de contrato obriga o proponente (CC, art. 427). **GN**

Gabarito "C".

(Procurador do Estado/AC – 2017 – FMP) Considere as seguintes afirmativas sobre o tema dos contratos no âmbito do Código Civil.

I. Não pode ser objeto de contrato a herança de pessoa viva.

II. Se o contrato for aleatório, por dizer respeito a coisas ou fatos futuros, cujo risco de não virem a existir um dos contratantes assuma, terá o outro direito de receber integralmente o que lhe foi prometido, mesmo que de sua parte tenha agido com dolo ou culpa, ainda que nada do avençado venha a existir.

III. O contrato preliminar, exceto quanto à forma, deve conter todos os requisitos essenciais ao contrato a ser celebrado.

IV. No momento da conclusão do contrato, pode uma das partes reservar-se a faculdade de indicar a pessoa que deve adquirir os direitos e assumir as obrigações dele decorrentes.

Estão CORRETAS apenas as alternativas \

(A) I e II.

(B) II e III.

(C) II e IV.

(D) I, III e IV.

(E) Ii, III e IV.

I: certa (art. 426 CC); **II:** errada, pois se o contrato for aleatório, por dizer respeito a coisas ou fatos futuros, cujo risco de não virem a existir um dos contratantes assuma, terá o outro direito de receber integralmente o que lhe foi prometido, *desde que de sua parte não tenha havido dolo ou culpa*, ainda que nada do avençado venha a existir (art. 458 CC); **III:** certa (art. 462 CC); **IV:** certa (art. 467 CC). Portanto a alternativa correta é a letra D. **GR**

Gabarito "D".

(Procurador do Município – Valinhos/SP – 2019 – VUNESP) Sobre as condições gerais dos contratos, indique a alternativa correta.

(A) Nos contratos de adesão, são anuláveis as cláusulas que estipulem a renúncia antecipada do aderente a direito resultante da natureza do negócio.

(B) O estipulante pode reservar-se o direito de substituir o terceiro designado no contrato, independentemente da sua anuência e da do outro contratante.

(C) O contrato preliminar, e também quanto à forma, não necessita conter todos os requisitos essenciais ao contrato a ser celebrado.

(D) As cláusulas resolutivas expressa e tácita operam de pleno direito, independentemente de interpelação judicial.

(E) Pode o adquirente demandar pela evicção, mesmo sabendo que a coisa era alheia ou litigiosa.

A: incorreta, pois nos contratos de adesão, são *nulas* as cláusulas que estipulem a renúncia antecipada do aderente a direito resultante da natureza do negócio (art. 424 CC); **B:** correta (art. 438, *caput* CC); **C:** incorreta, pois o contrato preliminar, *exceto* quanto à forma, deve conter todos os requisitos essenciais ao contrato a ser celebrado (art. 462 CC); **D:** incorreta, pois a cláusula resolutiva expressa opera de pleno direito; a tácita depende de interpelação judicial (art. 474 CC); **E:** incorreta, pois não pode o adquirente demandar pela evicção, se sabia que a coisa era alheia ou litigiosa (art. 457 CC). **GR**

Gabarito "B".

4.2. Classificação dos contratos

1. Quanto aos efeitos (ou quanto às obrigações):

1.(1) Contratos unilaterais: *são aqueles em que há obrigações para apenas uma das partes.* São exemplos a doação pura e simples, o mandato, o depósito, o mútuo (empréstimo de bem fungível – dinheiro, p. ex.) e o comodato (empréstimo de bem infungível). Os três últimos são unilaterais, pois somente se formam no instante em que há entrega da coisa (são contratos reais). Entregue o dinheiro, por exemplo, no caso do mútuo, este contrato estará formado e a única parte que terá obrigação será o mutuário, no caso a de devolver a quantia emprestada (e pagar os juros, se for mútuo feneratício).

1.(2) Contratos bilaterais: *são aqueles em que há obrigações para ambos os contratantes.* Também são chamados de sinalagmáticos. A expressão "sinalagma" confere a ideia de reciprocidade às obrigações. São exemplos a prestação de serviços e a compra e venda.

1.(3) Contratos bilaterais imperfeitos: *são aqueles originariamente unilaterais, que se tornam bilaterais por uma circunstância acidental.* São exemplos o mandato e o depósito não remunerados. Assim, num primeiro momento, o mandato não remunerado é unilateral (só há obrigações para o mandatário), mas, caso o mandatário incorra em despesas para exercê-lo, o mandante passará também a ter obrigações, no caso a de ressarcir o mandatário.

1.(4) Contratos bifrontes: *são aqueles que originariamente podem ser unilaterais ou bilaterais.* São exemplos o mandato e o depósito. Se for estipulada remuneração em favor do mandatário ou do depositário, estar-se-á diante de contrato bilateral, pois haverá obrigações para ambas as partes. Do contrário, unilateral, pois haverá obrigações apenas para o mandatário ou para o depositário.

Importância da classificação: a classificação é utilizada, por exemplo, para distinguir contratos em que cabe a exceção de contrato não cumprido. Apenas nos contratos bilaterais é que uma parte pode alegar a exceção, dizendo que só cumpre a sua obrigação após a outra cumprir a sua. Nos contratos unilaterais, como só uma das partes tem obrigações, o instituto não se aplica. Isso vale tanto para a inexecução total (hipótese em que se alega a *exceptio non adimplecti contractus*), como para a inexecução parcial (hipótese em que se alega a *exceptio non rite adimplecti contractus*). Para aplicação do instituto, é importante verificar qual das duas partes tem de cumprir sua obrigação em primeiro lugar.

2. Quanto às vantagens:

2.(1) Contratos gratuitos: *são aqueles em que há vantagens apenas para uma das partes.* Também são chamados de benéficos. São exemplos a doação pura e simples, o depósito não remunerado, o mútuo não remunerado e o comodato.

2.(2) Contratos onerosos: *são aqueles em que há vantagens para ambas as partes.* São exemplos a compra e venda, a prestação de serviços, o mútuo remunerado (feneratício) e a doação com encargo.

Não se deve confundir a presente classificação com a trazida acima, para o fim de achar que todo contrato unilateral é gratuito e que todo contrato bilateral é oneroso. Como exemplo de contrato unilateral e oneroso pode-se trazer o mútuo feneratício.

3. Quanto ao momento de formação:

3.(1) Contrato consensual: *é aquele que se forma no momento do acordo de vontades.* São exemplos a compra e venda e o mandato. Neste tipo de contrato, a entrega da coisa (tradição) é mera execução do contrato.

3.(2) Contrato real: *é aquele que somente se forma com a entrega da coisa.* São exemplos o comodato, o depósito e o mútuo. Neste contrato a entrega da coisa é requisito para a formação, a existência do contrato.

4. Quanto à forma:

4.(1) Contratos não solenes: *são aqueles de forma livre.* São exemplos a compra e venda de bens móveis, a prestação de serviços e a locação. A regra é ter o contrato forma livre (art. 107 do CC), podendo ser verbal, gestual ou escrito, devendo obedecer a uma forma especial apenas quando a lei determinar.

4.(2) Contratos solenes: *são aqueles que devem obedecer a uma forma prescrita em lei.* São exemplos a compra e venda de imóveis (deve ser escrita, e, se de valor superior a 30 salários mínimos, deve ser por escritura pública), o seguro e a fiança.

A forma, quando trazida na lei, costuma ser essencial para a validade do negócio (forma *ad solemnitatem*). Porém, em algumas situações, a forma é mero meio de prova de um dado negócio jurídico (forma *ad probationem tantum*).

5. Quanto à existência de regramento legal:

5.(1) Contratos típicos (ou nominados): *são os que têm regramento legal específico.* O CC traz pelo menos vinte contratos típicos, como a compra e venda, a doação e o mandato. Leis especiais trazem diversos outros contratos dessa natureza, como o de locação de imóveis urbanos (Lei 8.245/91), de incorporação imobiliária (Lei 4.561/64) e de alienação fiduciária (Lei 4.728/65 com alterações da Lei 10.931/2004).

5.(2) Contratos atípicos (ou inominados): *são os que não têm regramento legal específico, nascendo da determinação das partes.* Surgem da vida cotidiana, da necessidade do comércio. São exemplos o contrato de cessão de clientela, de agenciamento matrimonial, de excursão turística e de feiras e exposições. Apesar de não haver regulamentação legal desses contratos, o princípio da autonomia da vontade possibilita sua celebração, observados alguns limites impostos pela lei.

5.(3) Contratos mistos: são os que resultam da fusão de contratos nominados com elementos particulares, não previstos pelo legislador, criando novos negócios contratuais. Exemplo é o contrato de exploração de lavoura de café, em que se misturam elementos atípicos com contratos típicos, como a locação de serviços, a empreitada, o arrendamento rural e a parceria agrícola.

6. Quanto às condições de formação:

6.(1) Contratos paritários: são aqueles em que as partes estão em situação de igualdade, podendo discutir efetivamente as condições contratuais.

6.(2) Contratos de adesão: são aqueles cujas cláusulas são aprovadas pela autoridade competente ou estabelecidas unilateralmente, sem que o aderente possa modificar ou discutir substancialmente o seu conteúdo. Exemplos: contratos de financiamento bancário, seguro e telefonia. A lei estabelece que a inserção de uma cláusula no formulário não desnatura o contrato, que continua de adesão.

Importância da classificação: os contratos por adesão têm o mesmo regime jurídico dos contratos paritários, mas há algumas diferenças. Se o contrato de adesão for regido pelo Direito Civil, há duas regras aplicáveis: a) as cláusulas ambíguas devem ser interpretadas favoravelmente ao aderente (art. 423, CC); b) a cláusula que estipula a renúncia antecipada do aderente a direito resultante da natureza do contrato é nula (art. 424, CC). Já se o contrato de adesão for regido pelo CDC, há duas regras peculiares a esse contrato (art. 54, CDC): a) os contratos de adesão admitem cláusula resolutória, mas estas são alternativas, cabendo a escolha ao consumidor, ou seja, o consumidor escolhe se deseja purgar a mora e permanecer com o contrato ou se quer a sua resolução; b) as cláusulas limitativas de direito devem ser redigidas com destaque, permitindo sua imediata e fácil identificação, sendo que o desrespeito a essa regra gera a nulidade da cláusula (art. 54, § 4º, c/c o art. 51, XV).

7. Quanto à definitividade:

7.(1) Contratos definitivos: são aqueles que criam obrigações finais aos contratantes. Os contratos são, em sua maioria, definitivos.

7.(2) Contratos preliminares: são aqueles que têm como objeto a realização futura de um contrato definitivo. Um exemplo é o compromisso de compra e venda. Os contratos preliminares devem conter os requisitos essenciais do contrato a ser celebrado, salvo quanto à forma. Assim, enquanto a compra e venda definitiva deve ser por escritura pública, o compromisso de compra e venda pode ser por escritura particular. Além disso, o contrato preliminar deve ser levado a registro para ter eficácia perante terceiros. Assim, um compromisso de compra e venda não precisa ser levado a registro para ser válido, mas aquele que não levá-lo a registro não tem como impedir que um terceiro o faça antes, pois, não registrando, carregará este ônus. De qualquer forma, o compromissário comprador, uma vez pagas todas as parcelas do compromisso, tem direito à adjudicação compulsória, independentemente do registro do compromisso no Registro de Imóveis. O compromissário deve apenas torcer para que alguém não tenha feito isso antes. As regras sobre o contrato preliminar estão nos artigos 462 e 463, CC.

(A) consequência imediata do contrato preliminar: desde que não conste cláusula de arrependimento, qualquer das partes pode exigir a celebração do contrato definitivo, assinalando prazo à outra. É importante ressaltar que, em matéria de imóveis, há diversas leis impedindo a cláusula de arrependimento.

(B) consequência mediata do contrato preliminar: esgotado o prazo acima sem a assinatura do contrato definitivo, a parte prejudicada pode requerer ao Judiciário que supra a vontade do inadimplente, conferindo caráter definitivo ao contrato preliminar, salvo se a isto se opuser a natureza da obrigação.

8. Quanto ao conhecimento prévio das prestações:

8.(1) Contrato comutativo: *é aquele em que as partes, de antemão, conhecem as prestações que deverão cumprir.* Exs.: compra e venda, prestação de serviços, mútuo, locação, empreitada etc. A maior parte dos contratos tem essa natureza.

8.(2) Contrato aleatório: *é aquele em que pelo menos a prestação de uma das partes não é conhecida de antemão.* Ex.: contrato de seguro.

9. Quanto ao momento de execução:

9.(1) Contratos instantâneos: *são aqueles em que a execução se dá no momento da celebração.* Um exemplo é a compra e venda de pronta entrega e pagamento.

9.(2) Contratos de execução diferida: *são aqueles em que a execução se dá em ato único, em momento posterior à celebração.* Constitui exemplo a compra e venda para pagamento em 120 dias.

9.(3) Contratos de trato sucessivo ou de execução continuada: *são aqueles em que a execução é distribuída no tempo em atos reiterados.* São exemplos a compra e venda em prestações, a locação e o financiamento pago em parcelas.

(Procurador Federal – AGU – 2023 – CEBRASPE) Consoante a jurisprudência do STJ acerca do direito das obrigações, no que se refere aos atos unilaterais, caracteriza enriquecimento sem causa

(A) a exploração ilícita de parte do patrimônio público imaterial.

(B) a estipulação contratual de multa cominatória com valor elevado.

(C) a rescisão de promessa de compra e venda por iniciativa do promitente-comprador no caso de terreno não edificado.

(D) a existência de causas jurídicas distintas para a resolução contratual e para a indenização por lucros cessantes.

(E) o aumento, determinado pelo juiz, da multa coercitiva destinada ao cumprimento de decisão judicial.

A: correta, conforme jurisprudência do Superior Tribunal de Justiça que fixou o seguinte entendimento: "[...] 3. Nos termos do art. 884 do Código Civil, caracteriza enriquecimento sem causa ocupar, usar,

fruir ou explorar ilicitamente a totalidade ou parte do patrimônio público, material e imaterial. À luz do princípio da indisponibilidade do interesse público, eventual omissão do Estado no exercício do seu poder de polícia – ao deixar de fiscalizar e adotar medidas cabíveis para se opor ou reagir à apropriação irregular de bem público – não transforma o errado em certo, irrelevante ademais que a injuricidade ocorra às vistas do Administrador ou com a sua inércia, conivência ou mesmo (inconcebível) aceitação tácita. Tolerância administrativa não converte em boa-fé aquilo que a lei qualifica como má-fé, pois admitir-se o contrário seria o mesmo que reconhecer a servidores públicos a possibilidade de, por meio de um simples fechar de olhos, rasgarem a norma e a vontade do legislador. 4. Recurso Especial provido. (REsp n. 1.986.143/DF, relator Ministro Herman Benjamin, Segunda Turma, julgado em 6/12/2022, DJe de 19/12/2022.); **B, C, D, E:** todas estão incorretas, com fundamento da alternativa A. **GR**

4.3. Evicção

(Procurador Municipal/SP – VUNESP – 2016) Quanto à evicção, é correto afirmar que

(A) é necessária a comprovação do trânsito em julgado da sentença que reconhece a evicção para que o evicto possa exercer os direitos dela resultantes.

(B) o direito do evicto de recobrar o preço que pagou pela coisa evicta depende do alienante participar na ação em que terceiro reivindique a coisa.

(C) para o exercício do direito de evicção, é suficiente que a parte fique privada do bem em decorrência de ato administrativo.

(D) as restrições decorrentes de tombamento do imóvel alienado ensejam evicção, mesmo que a adquirente tenha conhecimento do ato administrativo.

(E) nos contratos onerosos e gratuitos, o alienante responde pela evicção. Subsiste essa garantia ainda que a aquisição se tenha realizado em hasta pública.

A: A: incorreta. O STJ já pacificou o entendimento de que o evicto não precisa aguardar até o trânsito em julgado da sentença que reconhece a evicção a fim de que possa exercer os direitos daí resultantes (REsp 1332112/GO, Rel. Ministro Luis Felipe Salomão, Quarta Turma, julgado em 21/03/2013, DJe 17/04/2013); **B:** incorreta. Há muito se pacificou o entendimento de que – mesmo sem a denunciação da lide – o evicto mantém o direito de ajuizar ação autônoma contra o alienante do imóvel. Nesse sentido, o STJ decidiu que: "*O exercício do direito oriundo da evicção independe da denunciação da lide ao alienante na ação em que terceiro reivindica a coisa*" (REsp 1332112/GO, Rel. Ministro Luis Felipe Salomão, Quarta Turma, julgado em 21/03/2013, DJe 17/04/2013); **C:** correta, pois a privação administrativa do bem também proporciona ao adquirente uma perda suficiente para lhe conceder os direitos decorrentes da evicção; **D:** incorreta, pois "*Não pode o adquirente demandar pela evicção, se sabia que a coisa era alheia ou litigiosa*" (CC, art. 457); **E:** incorreta, pois as garantias contra a evicção limitam-se aos contratos onerosos. **GN**

4.4. Vícios redibitórios

(Procurador do Estado – PGE/MT – FCC – 2016) Donizete adquiriu um veículo zero quilômetro da Concessionária Rode Bem. Ao dirigi-lo pela primeira vez, verificou que o veículo apresentava avarias nos freios, colocando sua segurança em risco. Passados oitenta dias, Donizete formulou reclamação extrajudicial perante o fornecedor, requerendo a reparação do vício, a qual foi respondida, negativamente, vinte dias depois. No dia da resposta negativa, Donizete ajuizou ação judicial. O direito de reclamar pelo vício:

(A) decaiu, porque, embora o consumidor tenha formulado reclamação perante o fornecedor, a decadência não admite interrupção nem suspensão.

(B) prescreveu, porque, da constatação do vício, até o ajuizamento da ação, passaram-se mais de noventa dias.

(C) decaiu, porque, da constatação do vício, até o ajuizamento da ação, passaram-se mais de noventa dias.

(D) não decaiu, porque, até a resposta negativa à reclamação, a fluência do prazo ficou obstada.

(E) não decaiu, porque, de acordo com o Código de Defesa do Consumidor, é de cinco anos o prazo para reclamar pelo vício do produto.

O prazo para reclamar de vícios aparentes ou de fácil constatação em produtos duráveis é de 90 dias (CDC, art. 26, II). Contudo, o mesmo diploma legislativo prevê que tal prazo não fluirá entre a reclamação apresentada e a resposta negativa do fornecedor. Como Donizete formulou a reclamação dentro do prazo e ajuizou a ação no dia da resposta, seu direito está intacto. **GN**
"Gabarito "D".

(Procurador Município – Teresina/PI – FCC – 2022) Pedro Paulo adquire um Fiat Uno usado, ano 2015, com 60 mil quilômetros rodados, fundindo o motor 120 dias depois da tradição do bem, sem que houvesse qualquer indício prévio de que isso iria acontecer. O alienante, João Dirceu, conhecia o mau estado do motor, o que omitiu por ocasião da venda. Nessas circunstâncias, prevê o Código Civil:

(A) Pode-se pedir ou a redibição do contrato ou perdas e danos, pois não ocorreu a decadência, mas a cumulação dos pedidos é incompatível juridicamente.

(B) É possível pedir a redibição ou o abatimento no preço do veículo, correspondente ao valor do conserto do motor, sem prejuízo de eventuais perdas e danos, pela omissão dolosa, pois, por sua natureza, o vício só poderia ter sido conhecido mais tarde e, nessa hipótese, o prazo de decadência é de 180 dias para percebimento do vício, mais 30 dias para ajuizamento da ação a partir da verificação.

(C) Não é possível qualquer pedido, redibitório, indenizatório ou de abatimento de preço por se tratar de bem usado, em relação ao qual o prazo máximo de garantia é o de noventa dias da tradição, já transcorrido.

(D) Não é possível pedir seja a redibição, seja o abatimento do preço, pois o prazo decadencial é o de 30 dias para bens móveis, contado da entrega efetiva do veículo, já transcorrido de há muito.

(E) Não é possível pedir a redibição, pela ocorrência da decadência no prazo de 30 dias, contado da tradição, mas sim o abatimento ou perdas e danos, porque nesse caso o prazo é prescricional de cinco anos, por defeito do produto.

A: incorreta, pois Pedro pode pedir a redibição do contrato ou o abatimento do preço (art. 442 CC). Se ele pedir a redibição é possível cumular com perdas e danos, pois o alienante sabia do vício no momento da venda (art. 443 CC); **B:** correta (arts. 442, 443 e art. 445, § 1º CC); **C:** incorreta, pois é perfeitamente possível o pedido redibitório, indeni-

zatório ou de abatimento do preço (art. 442 CC), ainda que se trate de bem usado. O prazo máximo de garantia neste caso é de cento e oitenta dias, pois o vício só poderia ter sido conhecido mais tarde (art. 445, §1º CC); **D:** incorreta, pois quando o vício, por sua natureza, só puder ser conhecido mais tarde, o prazo contar-se-á do momento em que dele tiver ciência, até o prazo máximo de cento e oitenta dias, em se tratando de bens móveis (art. 445, § 1º CC); **E:** incorreta, pois cabe a Pedro escolher se deseja a redibição, perdas e danos ou abatimento do preço (art. 442 e 443 CC), pois ainda está no prazo legal de 180 dias (art. 445, §1º CC). **GR**
"Gabarito "B".

4.5. Extinção dos contratos

Espécies de extinção dos contratos.

(1) Execução. Esta é forma normal de extinção dos contratos. Na compra e venda a execução se dá com a entrega da coisa (pelo vendedor) e com o pagamento do preço (pelo comprador).

(2) Invalidação. O contrato anulável produz seus efeitos enquanto não anulado pelo Poder Judiciário. Uma vez anulado (decisão constitutiva), o contrato fica extinto com efeitos *ex nunc*. Já o contrato nulo recebe do Direito uma sanção muito forte, sanção que o priva da produção de efeitos desde o seu início. A parte interessada ingressa com ação pedindo uma decisão declaratória, decisão que deixa claro que o contrato nunca pode produzir efeitos, daí porque essa decisão tem efeitos *ex tunc*. Se as partes acabaram cumprindo "obrigações", o juiz as retornará ao estado anterior.

(3) Resolução. Há três hipóteses de extinção do contrato pela resolução, a saber:

3.(1) Por inexecução culposa: *é aquela que decorre de culpa do contratante.* Há dois casos a considerar:

(A) se houver cláusula resolutiva expressa (pacto comissório), ou seja, previsão no próprio contrato de que a inexecução deste gerará sua extinção, a resolução opera de pleno direito, ficando o contrato extinto; o credor que ingressar com ação judicial entrará apenas com uma ação declaratória, fazendo com que a sentença tenha efeitos *ex tunc*. A lei protege o devedor em alguns contratos, estabelecendo que, mesmo existindo essa cláusula, ele tem o direito de ser notificado para purgar a mora (fazer o pagamento atrasado) no prazo estabelecido na lei.

(B) se não houver cláusula resolutiva expressa, a lei estabelece a chamada **"cláusula resolutiva tácita"**, disposição que está implícita em todo contrato, e que estabelece que o seu descumprimento permite que a outra parte possa pedir a resolução do contrato. Neste caso a resolução dependerá de interpelação judicial para produzir efeitos, ou seja, ela não ocorre de pleno direito. Repare que não basta mera interpelação extrajudicial. Os efeitos da sentença judicial serão *ex nunc*.

É importante ressaltar que a parte lesada pelo inadimplemento (item *a* ou *b*) tem duas opções (art. 474, CC): a) pedir a resolução do contrato; ou b) exigir o cumprimento do contrato. Em qualquer dos casos, por se tratar de inexecução culposa, caberá pedido de indenização por perdas e danos. Se houver cláusula penal, esta incidirá independentemente de prova de prejuízo (art. 416, CC). Todavia, uma indenização suplementar dependerá de convenção no sentido de que as perdas e os danos não compreendidos na cláusula penal também serão devidos.

3.(2) Por inexecução involuntária: *é aquela que decorre da impossibilidade da prestação.* Pode decorrer de caso fortuito ou força maior, que são aqueles fatos necessários, cujos efeitos não se consegue evitar ou impedir. Esta forma de inexecução exonera o devedor de responsabilidade (art. 393, CC), salvo se este expressamente assumiu o risco (art. 393, CC) ou se estiver em mora (art. 399, CC).

3.(3) Por onerosidade excessiva. Conforme vimos, no caso de onerosidade excessiva causada por fato extraordinário e imprevisível, cabe revisão contratual. Não sendo esta possível, a solução deve ser pela resolução do contrato, sem ônus para as partes. A resolução por onerosidade excessiva está prevista no art. 478 do CC.

4. Resilição.

4.(1) Conceito: *é a extinção dos contratos pela vontade de um ou de ambos contratantes.* A palavra-chave é *vontade*. Enquanto a resolução é a extinção por inexecução contratual ou onerosidade excessiva, a resilição é a extinção pela vontade de uma ou de ambas as partes.

4.(2) Espécies:

(A) bilateral, *que é o acordo de vontades para pôr fim ao contrato* (**distrato**). A forma para o distrato é a mesma que a lei exige para o contrato. Por exemplo, o distrato de uma compra e venda de imóvel deve ser por escritura, pois esta é a forma que a lei exige para o contrato. Já o distrato de um contrato de locação escrito pode ser verbal, pois a lei não exige documento escrito para a celebração de um contrato de locação. É claro que não é recomendável fazer um distrato verbal no caso, mas a lei permite esse procedimento.

(B) unilateral, *que é a extinção pela vontade de uma das partes* (**denúncia**). Essa espécie de resilição só existe por exceção, pois o contrato faz lei entre as partes. Só é possível a denúncia unilateral do contrato quando: i) houver previsão contratual ou ii) a lei expressa ou implicitamente autorizar. Exemplos: em contratos de execução continuada com prazo indeterminado, no mandato, no comodato e no depósito (os três últimos são contratos feitos na base da confiança), no arrependimento de compra feita fora do estabelecimento comercial (art. 49, CDC) e nas denúncias previstas na Lei de Locações (arts. 46 e 47 da Lei 8.245/91). A lei exige uma formalidade ao denunciante. Este deverá notificar a outra parte, o que poderá ser feito extrajudicialmente. O efeito da denúncia é *ex tunc*. Há uma novidade no atual CC, que é o "aviso-prévio legal". Esse instituto incide quando alguém denuncia um contrato prejudicando uma parte que fizera investimentos consideráveis. Neste caso, a lei dispõe que a denúncia unilateral só produzirá efeitos após um prazo compatível com a amortização dos investimentos (art. 473, parágrafo único).

(5) Morte. Nos contratos impessoais, a morte de uma das partes não extingue o contrato. Os herdeiros deverão cumpri-lo segundo as forças da herança. Já num contrato personalíssimo (contratação de um advogado, contratação de um cantor), a morte da pessoa contratada extingue o contrato.

(6) Rescisão. A maior parte da doutrina encara a rescisão como gênero, que tem como espécies a resolução, a resilição, a redibição etc.

(Procurador do Estado/TO – 2018 – FCC) Discorrendo sobre a inexecução contratual positiva, escreveu Orlando Gomes:

O conceito de inadimplemento ampliou-se com a importante contribuição trazida por Staub em sua famosa obra Die positiv Vertragsverletzungen, publicada em 1904, em que trata dos obstáculos ao cumprimento da obrigação. Aos três modos conhecidos de inadimplemento, acrescentou um, positivo, denominado, estreitamente para Wieacker, inexecução contratual positiva, ou, como prefere Hedemann, violação positiva do crédito. Configura-se o inadimplemento, nessa hipótese, pelo comportamento do devedor, que faz o que não deveria fazer, agindo quando deveria omitir-se. Pratica ele, em suma, uma ação injusta ao criar obstáculo ao cumprimento da obrigação, devendo-se, por conseguinte, interpretar-se tal comportamento como inadimplemento.

(Adaptado de: GOMES, Orlando. *Transformações Gerais do Direito das Obrigações.* Editora Revista dos Tribunais: São Paulo, 1980, p. 157).

A partir desse excerto e das regras legais vigentes, é correto afirmar que há violação positiva do contrato quando

(A) o credor, contra a vontade do devedor, estipula fiança.

(B) o alienante do estabelecimento empresarial, não havendo proibição expressa, faz concorrência ao adquirente nos 5 anos subsequentes à transferência.

(C) terceiro alicia pessoas obrigadas em contrato escrito a prestar serviço a outrem.

(D) o mandatário que, em qualquer circunstância, ciente da morte do mandante concluir negócio já começado.

(E) o segurado, ainda que não intencionalmente, agravar o risco objeto do contrato de seguro.

***

A: incorreta, pois neste caso não há violação positiva do contrato uma vez que é facultado ao credor estipular a fiança, ainda que sem consentimento do devedor ou contra a sua vontade (art. 820 CC); **B:** correta, pois apenas a possível fazer concorrência ao adquirente nos 5 anos subsequentes à transferência *se houver autorização expressa* (art. 1.147 CC). Como nessa hipótese não houve autorização, ocorreu o inadimplemento; **C:** incorreta, pois quem está turbando o cumprimento do contrato neste caso não é o devedor, mas sim um terceiro, isto é, aquele que alicia (art. 608 CC). Logo, não há que se falar em inadimplemento do devedor; **D:** incorreta, pois o mandatário *pode*, em qualquer circunstância, sabendo da morte do mandante concluir negócio já começado. Veja que neste caso trata-se de uma faculdade. Então se ele resolver fazer não há inadimplemento. Porém, a lei traz hipótese em que ele é *obrigado* a concluir, qual seja, quando houver perigo na demora (art. 674 CC); **E:** incorreta, pois o agravamento não intencional do risco não configura inadimplemento (art. 768 CC). **GR**

Gabarito "B".

4.6. Compra e venda e troca

(Procurador do Estado/SE – 2017 – CESPE) O direito que o vendedor de um imóvel guarda de reavê-lo, no prazo máximo previsto no Código Civil, restituindo ao comprador o valor recebido e reembolsando-lhe as despesas – entre elas, as que se efetuaram mediante autorização escrita do proprietário bem como aquelas destinadas à realização de benfeitorias necessárias –, constitui a

(A) venda a contento.

(B) resolução potestativa.

(C) retrovenda.

(D) preempção.

(E) reserva de domínio.

A letra correta é a C, conforme art. 505 do CC. GR

Gabarito "C".

(Procurador Municipal/SP – VUNESP – 2016) Sobre o contrato de compra e venda, assinale a alternativa correta.

(A) É válido contrato de compra e venda quando se deixa ao arbítrio exclusivo de uma das partes a fixação do preço.

(B) Até o momento da tradição, os riscos da coisa correm por conta do comprador, e os do preço, por conta do vendedor.

(C) A tradição da coisa vendida, na falta de estipulação expressa, dar-se-á no lugar do domicílio do comprador ao tempo da venda.

(D) É considerada inexistente a venda de ascendente a descendente, salvo se os outros descendentes e o cônjuge do alienante expressamente houverem consentido.

(E) Salvo cláusula em contrário, ficarão as despesas de escritura e de registro a cargo do comprador, e, a cargo do vendedor, as da tradição.

A: incorreta, pois a lei considera tal avença como nula de pleno direito (CC, art. 489); **B:** incorreta, pois a assertiva inverte os riscos legalmente estabelecidos (CC, art. 492); **C:** incorreta, pois "*a tradição da coisa vendida, na falta de estipulação expressa, dar-se-á no lugar onde ela se encontrava, ao tempo da venda*" (CC, art. 493); **D:** incorreta, pois tal venda é apenas anulável (CC, art. 496); **E:** correta, pois de pleno acordo com a previsão do art. 490 do Código Civil. GN

Gabarito "E".

(Procurador Município – Santos/SP – VUNESP – 2021) Considerando as disposições do Código Civil acerca do contrato de compra e venda, é correto afirmar:

(A) No caso de venda *ad corpus*, havendo diferença de área superior a 5%, o comprador pode exigir a complementação da área e, não sendo possível, a resolução do contrato ou o abatimento do preço.

(B) No caso de venda *ad mensuram*, havendo diferença de área superior a 5%, o comprador pode exigir a complementação da área e, não sendo possível, a resolução do contrato ou o abatimento do preço.

(C) No caso de venda por amostra, havendo divergência entre a amostra e a descrição contida no contrato, tem-se como válida a entrega da coisa conforme descrita no contrato.

(D) No caso de venda a contento, o negócio só se aperfeiçoa com a entrega integral da coisa pelo vendedor ao comprador.

(E) No caso da venda com reserva de domínio, a coisa é entregue desde logo ao comprador, mas o vendedor se reserva o direito de propriedade, correndo por sua conta o risco de perecimento da coisa.

A: incorreta, pois essa regra se aplica no caso de venda *ad mensuram* (art. 500, *caput* e § 1º CC); **B:** correta (art. 500, *caput* CC); **C:** incorreta, pois prevalece a amostra, o protótipo ou o modelo, se houver contradição ou diferença com a maneira pela qual se descreveu a coisa no contrato (art. 484, parágrafo único CC); **D:** incorreta, pois a venda apenas se reputará perfeita quando o adquirente manifestar seu agrado (art. 509 CC). Não basta a entrega integral; **E:** incorreta, pois neste caso o risco de perecimento da coisa recai sobre o comprador (art. 524 CC). GR

Gabarito "B".

4.7. Doação

(Procurador – IPSMI/SP – VUNESP – 2016) Sobre a doação, assinale a alternativa correta.

(A) A doação em forma de subvenção periódica ao beneficiado permanece como obrigação dos herdeiros, morrendo o doador.

(B) A doação de um cônjuge a outro importa adiantamento do que lhes cabe por herança.

(C) Não é possível a doação feita a nascituro, ainda que aceita por seu representante legal.

(D) A doação é sempre pura, ou seja, não é possível a estipulação de cláusula que onere o donatário.

(E) A doação far-se-á sempre por escritura pública, por ser uma liberalidade que transfere um patrimônio.

A: incorreta, pois tal doação "*extingue-se morrendo o doador*'" (CC, art. 545); **B:** correta, pois de pleno acordo com a regra estabelecida no art. 544 do Código Civil; **C:** incorreta, pois o Código Civil (art. 542) permite a doação ao nascituro, exigindo apenas a aceitação pelo representante legal; **D:** incorreta, pois é possível estabelecer a doação com encargo (CC, art. 553); **E:** incorreta, pois a lei não exige tal forma especial em todas as doações. GN

Gabarito "B".

(Procurador – AL/PR – 2024 – FGV) Rodrigo doou a seu neto Carlos um de seus imóveis, mas, como estratégia de planejamento patrimonial, por ser Carlos, casado, estipulou cláusulas de reversão, uma em benefício próprio, e outra em benefício de sua neta, Vitória. Ocorre que Rodrigo faleceu poucos dias antes de Carlos.

Nesse caso, é correto afirmar que

(A) é válida a cláusula estipulada em favor de Vitória na doação de Rodrigo a Carlos, razão pela qual o imóvel doado passa a Vitória.

(B) a viúva de Carlos tem prazo decadencial para pleitear a anulação da cláusula de reversão em favor de Vitória na doação de Rodrigo a Carlos.

(C) é válida a cláusula de reversão em favor de Rodrigo estipulada na doação dele a Carlos, mas nula a cláusula estipulada em favor de Vitória.

(D) são nulas ambas as cláusulas de reversão estipuladas na doação de Rodrigo a Carlos.

(E) a viúva de Carlos tem prazo prescricional para pleitear a anulação da cláusula de reversão em favor de Vitória na doação de Rodrigo a Carlos.

A: incorreta, pois não prevalece cláusula de reversão em favor de terceiro (art. 547, parágrafo único CC). Logo, o imóvel doado não passará a Vitória; **B:** incorreta, pois a cláusula é nula e não anulável (art. 547, parágrafo único CC). Daí não há que se falar em prazo decadencial para anulação; **C:** correta (art. 547 CC); **D:** incorreta, pois é válida a cláusula de reversão em favor de Rodrigo estipulada na doação de Carlos, pois o doador pode estipular que os bens doados voltem ao seu patrimônio, se sobreviver ao donatário (art. 547 *caput* CC). É nula, porém a cláusula de reversão em favor de Vitória, pois não prevalece cláusula de reversão em favor de terceiro (art. 547, parágrafo único CC); **E:** incorreta, pois a cláusula é nula e não anulável. Então não há que se falar em prazo prescricional para anulação (art. 547, parágrafo único CC). GR

Gabarito "C".

4.8. Mútuo, comodato e depósito

(Procurador do Estado/TO – 2018 – FCC) Em razão de fortes chuvas que ocasionaram inundação, os habitantes de certa área ribeirinha tiveram de depositar seus móveis e utensílios nos armazéns e galpões particulares que se situavam em lugares não atingidos pela calamidade. Esse depósito qualifica-se como

(A) contrato inominado, por faltar disposição legal sobre ele, podendo ser gratuito ou oneroso.

(B) voluntário e se presume gratuito, exceto se houver convenção em contrário.

(C) necessário e se presume gratuito.

(D) legal e sujeita o depositário que se recusar a devolver os bens, cessados os efeitos da calamidade, à prisão e ao ressarcimento dos prejuízos.

(E) miserável, mas não se presume gratuito.

A: incorreta, pois se trata se contrato de depósito com disposição legal a partir do art. 627 CC. No caso em tela trata-se de depósito miserável (art. 647, II CC) e não se presume gratuito (art. 651 CC); **B:** incorreta, pois trata-se de depósito necessário, nos termos do art. 647, II e não se presume gratuito (art. 651 CC); **C:** incorreta, pois não se presume gratuito (art. 651 CC); **D:** incorreta, pois não se trata de depósito legal, mas sim miserável, consoante art. 647, II CC; **E:** correta (arts. 647, II CC e 651 CC). GR
Gabarito "E".

(Procurador Município – Teresina/PI – FCC – 2022) O comodato

(A) só pode ser exercido por um comodatário por vez, não sendo possível o comodato por duas ou mais pessoas simultaneamente, dado seu caráter de empréstimo gratuito.

(B) necessita sempre ter prazo convencional; não o tendo, o uso ou gozo da coisa emprestada poderá ser suspenso de imediato pelo comodante.

(C) pressupõe que o comodatário, se constituído em mora, além de por ela responder, pague, até restituir a coisa emprestada, o aluguel da coisa que for arbitrado pelo comodante.

(D) é o empréstimo gratuito de coisas fungíveis, perfazendo-se com a tradição do objeto.

(E) implica a possibilidade de o comodatário recobrar do comodante as despesas feitas com o uso e gozo da coisa emprestada.

A: incorreta, pois é possível que duas ou mais pessoas seja comodatárias simultaneamente (art. 585 CC). **B:** incorreta, pois não necessita sempre ter prazo convencional. E caso não tenha presumir-se-lhe-á o necessário para o uso concedido. Ademais, não podendo o comodante, salvo necessidade imprevista e urgente, reconhecida pelo juiz, suspender o uso e gozo da coisa emprestada, antes de findo o prazo convencional, ou o que se determine pelo uso outorgado (art. 581 CC); **C:** correta (art. 582 CC); **D:** incorreta, pois comodato é o empréstimo gratuito de coisas não fungíveis (art. 579 CC); **E:** incorreta, pois o comodatário não poderá jamais recobrar do comodante as despesas feitas com o uso e gozo da coisa emprestada (art. 584 CC). GR
Gabarito "C".

4.9. Locação

(Procurador do Estado/SP – 2018 – VUNESP) O Estado de São Paulo celebrou contrato de locação de bem imóvel de propriedade de Marcos, casado sob o regime da comunhão universal de bens com Luiza, pelo prazo de 5 anos e com o escopo de ali instalar uma unidade policial. O contrato contém cláusula de vigência e foi averbado junto à matrícula do imóvel. A minuta do contrato indica como locador apenas Marcos, com menção ao fato de ser casado com Luiza, que não subscreveu o instrumento e vem a falecer doze meses após sua celebração, deixando dois filhos maiores e capazes. Nesse caso,

(A) por serem adquirentes *causa mortis*, os herdeiros de Luiza poderão denunciar o contrato no prazo de 90 dias, contados da abertura da sucessão.

(B) tratando-se de negócio jurídico que recai sobre patrimônio do casal, o prosseguimento válido da locação dependerá da inserção, via aditamento contratual, dos herdeiros de Luiza como locadores.

(C) o contrato deve ser declarado nulo por falta de legitimação originária, pois tratando-se de ato de alienação do uso e gozo de bem de propriedade do casal, imprescindível era a prévia autorização de Luiza.

(D) o contrato é válido, mas dependerá da ratificação expressa dos herdeiros de Luiza para conservar sua eficácia.

(E) é desnecessário, sob o prisma da validade, o aditamento do contrato para inserção dos herdeiros de Luiza como locadores.

A questão envolve dois conceitos do contrato de locação de imóvel urbano. O primeiro refere-se à necessidade de vênia conjugal. O art. 3º da Lei 8.245/1991 estabelece que: "*O contrato de locação pode ser ajustado por qualquer prazo, dependendo de vênia conjugal, se igual ou superior a dez anos*". Ausente a vênia conjugal, "*o cônjuge não estará obrigado a observar o prazo excedente*". Assim, em sua origem, o contrato de locação é válido. Ademais, não há necessidade de aditamento do contrato para inserir os herdeiros de Luiz como locadores. O referido bem será inventariado normalmente e – após a atribuição da meação para cada cônjuge – os direitos hereditários serão transferidos e assegurados. O art. 10 da Lei 8.245/91 ainda salienta que: "*Morrendo o locador, a locação transmite-se aos herdeiros*".GN
Gabarito "E".

(Procurador – IPSMI/SP – VUNESP – 2016) Considerando um contrato de locação urbana, assinale a alternativa correta.

(A) Morrendo o locador, a locação é extinta, estipulando-se prazo de 90 dias para o locatário desocupar o imóvel.

(B) Em caso de dissolução da união estável, a locação residencial prosseguirá automaticamente com o companheiro que permanecer no imóvel.

(C) É livre a convenção do aluguel, podendo ser estipulado em moeda estrangeira quando o locador for pessoa jurídica sediada fora do país.

(D) O locatário poderá exercer o direito de preferência na aquisição do imóvel no caso de venda por decisão judicial.

(E) No contrato de locação, pode o locador exigir do locatário uma ou duas modalidades de garantia.

A: incorreta, pois morrendo o locador, a locação transmite-se aos herdeiros (Lei8.245/1991, art. 10); **B:** correta, pois de pleno acordo com o teor do art. 12 da Lei 8.245/1991; **C:** incorreta, pois o art. 17 da Lei 8.245/1991 proíbe a estipulação em moeda estrangeira; **D:** incorreta, pois "o direito de preferência não alcança os casos de perda da propriedade ou venda por decisão judicial" (Lei 8.245/1991, art. 32); **E:** incorreta, pois "*é vedada, sob pena de nulidade, mais de uma*

5. DIREITO CIVIL — 283

das modalidades de garantia num mesmo contrato de locação" (Lei 8.24519/91, art. 37, parágrafo único). GN

Gabarito "B".

4.10. Mandato

(Procurador – IPSMI/SP – VUNESP – 2016) Antonio outorgou mandato a João para a compra de uma casa. No entanto, Antonio foi interditado depois dessa outorga. Diante desse fato, assinale a alternativa correta.

(A) O mandato permanece válido, por ter sido outorgado quando Antonio era capaz.

(B) O curador de Antonio deverá revogar o mandato por instrumento público.

(C) O juiz da interdição deverá revogar o mandato.

(D) A interdição equivale à renúncia do mandato.

(E) Cessa o mandato com a interdição, como ocorreria com a morte do mandatário.

No que se refere ao contrato de mandato, o Código Civil traz uma regra bastante clara e direta. A morte ou interdição de qualquer uma das partes extingue o contrato automaticamente (CC, art. 682, II), sem necessidade de intervenção judicial ou qualquer comportamento de eventual curador. GN

Gabarito "E".

4.11. Outros contratos e temas combinados

(Procurador do Estado – PGE/MT – FCC – 2016) Acerca do comodato, considere:

I. O comodato é contrato real, perfazendo-se com a tradição do objeto.

II. O comodatário constituído em mora, além de por ela responder, pagará, até restituí-la, o aluguel da coisa que for arbitrado pelo comodante.

III. O comodatário responde pelo dano decorrente de caso fortuito ou força maior se, correndo risco o objeto do comodato, juntamente com os seus, antepuser a salvação destes, abandonando o do comodante.

IV. Se o comodato não tiver prazo convencional, o comodante poderá, a qualquer momento, suspender o uso e gozo da coisa emprestada, independentemente de decisão judicial e da finalidade do negócio.

Está correta o que ser afirma em

(A) I, II e III, apenas.

(B) II e III, apenas.

(C) II e IV, apenas.

(D) I, III e IV, apenas.

(E) I, II, III e IV.

I: correta, pois o comodato é contrato real que só nasce quando o objeto é entregue ao comodatário, ou seja, quando ocorre a tradição do bem. Também são exemplos de contratos reais o mútuo e o depósito; **II:** correta, pois de pleno acordo com o art. 582 do CC. É evidente, todavia, que tal aluguel estará sempre sujeito ao crivo judicial, com balizas pela boa-fé objetiva e equidade; **III:** correta, pois trata-se de uma rara hipótese na qual uma pessoa responde pela perda decorrente de fortuito ou força maior. É uma hipótese bastante teórica, mas prevista no art. 583 do CC; **IV:** incorreta, pois "se o comodato não tiver prazo convencional, presumir-se-lhe-á o necessário para o uso concedido" (CC, art. 581). GN

Gabarito "A".

(Procurador do Município – Valinhos/SP – 2019 – VUNESP) Uma empresa de transporte aéreo teve problemas em uma de suas aeronaves e, por esse motivo, deslocou seus passageiros utilizando-se da locação de um ônibus, com uma alteração substancial e unilateral do contrato de transporte. No trajeto terrestre, os passageiros foram roubados e ameaçados com armas de fogo.

A título de responsabilidade civil, o contrato de transporte previsto no Código Civil e o tipo de transporte escolhido pelos passageiros, é correto dizer que

(A) não há indenização, pela existência de cláusula excludente.

(B) não há indenização, pela excludente de caso fortuito externo.

(C) há responsabilidade apenas da empresa de transporte rodoviário.

(D) há responsabilidade apenas da empresa de transporte aéreo.

(E) há responsabilidade concorrente entre as duas transportadoras.

A: incorreta, pois neste caso é nula qualquer cláusula excludente de responsabilidade (art. 734, *caput* CC); **B:** incorreta, pois o caso fortuito externo não exclui a responsabilidade. Apenas o que exclui a responsabilidade é a força maior (art. 734, *caput* CC); **C:** incorreta, pois não há responsabilidade da empresa de transporte rodoviário, uma vez que não houve contrato fechado entre ela e os passageiros. O contrato foi estabelecido entre as pessoas e a empresa de transporte aéreo, logo, tudo o que se passar durante a viagem é de responsabilidade desta última. É importante ressaltar que neste caso não há contrato cumulativo de transporte (art. 733 CC), por isso a responsabilidade será apenas da empresa aérea (art. 734, *caput* CC); **D:** correta, pois o contrato de transporte foi travado diretamente com ela, logo, ela responde pela boa prestação do serviço e também por todos os percalços que ocorrerem durante a prestação, salvo motivo de força maior (art. 734, *caput* CC); **E:** incorreta, pois não se trata de contrato cumulativo de transporte, logo, apenas a empresa aérea responde (art. 734, *caput* CC). GR

Gabarito "D".

(Procurador do Estado/TO – 2018 – FCC) Em transporte gratuito de pessoa, a responsabilidade civil do transportador é regulada pela seguinte regra, extraída da lei e da jurisprudência:

(A) No transporte desinteressado, de simples cortesia, o transportador só será civilmente responsável por danos causados ao transportado quando incorrer em dolo ou culpa grave.

(B) O transportador não responde em nenhuma hipótese pelos danos causados à pessoa transportada, mas responde pelos danos causados à sua bagagem, salvo motivo de força maior ou fortuito interno.

(C) Subordina-se às normas do contrato de transporte aquele realizado gratuitamente por amizade ou cortesia.

(D) Não se considera gratuito o transporte apenas se o transportador receber remuneração em dinheiro, não desnaturando a gratuidade o recebimento de vantagem indireta, como o pagamento de pedágio e alimentação do transportador.

(E) É vedado o transporte de menores desacompanhados dos pais ou responsáveis, sujeitando essa infração à responsabilidade objetiva do transportador.

A: correta (Súmula 145 STJ); **B:** incorreta, pois o transportador responde se causar dano à pessoa caso tenha incorrido em dolo ou culpa (Súmula 145 STJ). Quanto a bagagem, se fosse um transporte remunerado deveria responder pelo dano, (art. 734, *caput* CC), mas como se trata de transporte de cortesia essa regra não se aplica (art. 736, *caput* CC); **C:** incorreta, pois os transportes feitos por amizade ou cortesia não se subordinam às normas do contrato de transporte (art. 736, *caput* CC); **D:** incorreta, pois não se considera gratuito o transporte quando, embora feito sem remuneração, o transportador auferir vantagens indiretas (art. 736, parágrafo único CC); **E:** incorreta. A regra do Estatuto da Criança e do Adolescente (Lei 8.0069/90) art. 83 prevê que nenhuma criança ou adolescente menor de 16 (dezesseis) anos poderá viajar para fora da comarca onde reside desacompanhado dos pais ou dos responsáveis sem expressa autorização judicial. Logo, não pode viajar sozinha sem autorização judicial. Porém, essa autorização é dispensada quando tratar-se de comarca contígua à da residência da criança ou do adolescente menor de 16 (dezesseis) anos, se na mesma unidade da Federação, ou incluída na mesma região metropolitana (art. 83, § 1º, "a" do ECA). A Resolução 295/2019 do CNJ, art. 2º, III ainda autoriza a criança ou o adolescente menor de 16 anos viajar desacompanhado expressamente autorizado por qualquer de seus genitores ou responsável legal, por meio de escritura pública ou de documento particular com firma reconhecida por semelhança ou autenticidade. Neste caso, portanto é permitido o transporte de menor desacompanhado. A não observância das regras acima poderá ensejar a prática da infração administrativa prevista no art. 251 do ECA. GR

Gabarito "A".

(Procurador do Estado/TO – 2018 – FCC) Nos contratos de empreitada de edifício, o empreiteiro de materiais e execução responderá, durante o prazo

(A) irredutível de 3 anos pela solidez e segurança do trabalho, assim em razão dos materiais, como do solo, mas o dono da obra decairá desse direito que lhe é assegurado, se não propuser a ação contra o empreiteiro, nos 180 dias seguintes ao aparecimento do vício ou do defeito.

(B) irredutível de 5 anos pela solidez e segurança do trabalho, assim em razão dos materiais, como do solo, mas o dono da obra decairá desse direito que lhe é assegurado, se não propuser a ação contra o empreiteiro, nos 180 dias seguintes ao aparecimento do vício ou do defeito.

(C) de 5 anos, prorrogável ou redutível por acordo entre as partes, pela solidez e segurança do trabalho, assim em razão dos materiais, como do solo, mas o dono da obra decairá desse direito que lhe é assegurado, se não propuser a ação contra o empreiteiro, nos 180 dias seguintes ao aparecimento do vício ou do defeito.

(D) prescricional de 10 anos pela solidez e segurança do trabalho, assim em razão dos materiais, como do solo, mas o dono da obra decairá desse direito que lhe é assegurado, se não propuser a ação contra o empreiteiro, nos 180 dias seguintes ao aparecimento do vício ou do defeito.

(E) de garantia de 5 anos, pela solidez e segurança do trabalho, assim em razão dos materiais, como do solo, desde que comprovada sua culpa.

A: incorreta, pois o prazo é de 5 anos e não de 3 anos (art. 618, *caput* CC); **B:** correta (art. 618 CC); **C:** incorreta, pois o prazo de 5 anos é irredutível e improrrogável pela vontade das partes; **D:** incorreta, pois trata-se de prazo de garantia de 5 anos e não prescricional de

10 anos. Isso quer dizer que, recebida a obra, durante cinco anos o construtor responde por vícios de solidez ou segurança. O adquirente não precisa ingressar com a ação em 5 anos. Basta provar que o vício ocorreu dentro do prazo de garantia (5 anos) que poderá ingressar com a ação em face do construtor e demais participantes do empreendimento (art. 618, *caput* CC); **E:** incorreta, pois não é necessário comprovar culpa do empreiteiro, afinal trata-se de prazo de garantia, logo, ele responde independentemente de culpa (art. 618, *caput* CC). GR

Gabarito "B".

(Procurador – AL/PR – 2024 – FGV) A sociedade empresária Kitchara, especializada na produção de itens para casa, celebrou com a varejista Casa Bela, contrato pelo qual a Kitchara disponibilizou um conjunto de itens de sua nova coleção para a Casa Bela. Foi acertado que após três meses, a Casa Bela poderia vender os itens para terceiros pelo preço que entendesse aplicável e que findo o prazo, deveria pagar a Kitchara o valor estabelecido no contrato entre elas celebrado ou devolver as mercadorias em perfeito estado.

Na vigência do contrato, após a entrega dos itens pela Kitchara à Casa Bela, o depósito de propriedade da Casa Bela, no qual os bens haviam sido guardados, é destruído por um incêndio provocado por um curto-circuito na via pública e que alcançou o depósito. Diante do fato, da Casa Bela notifica Kitchara, informando o ocorrido, bem como que não poderia efetuar o pagamento e nem devolver as mercadorias.

Diante da situação hipotética, assinale a análise coerente com o Código Civil.

(A) Kitchara nada poderá exigir de Casa Bela, pois as mercadorias se perderam sem culpa da devedora, resolvendo a obrigação para ambas as partes.

(B) Pelo contrato celebrado entre as partes, estimatório, os riscos da perda ou deterioração da coisa, são do consignatário, razão pela qual a Casa Bela deverá pagar a integralidade do valor previsto no contrato.

(C) No caso, aplica-se a regra *res perit domino*, razão pela qual, inexistindo culpa da Casa Bela, a Kitchara suportará a perda das mercadorias, mas terá direito a receber os valores proporcionais aos itens que já haviam sido comercializados.

(D) Pelo contrato de agência celebrado, Casa Bela só seria obrigada a pagar o valor integral das mercadorias se restasse demonstrada a sua culpa pela perda da coisa.

(E) No contrato celebrado entre as partes, a propriedade das mercadorias foi transferida para a Casa Bela que suportará a perda dos itens e deverá o pagar integral para Kitchara.

A: incorreta, pois ainda que as mercadorias tenham se perdido sem culpa da devedora, Kitchara poderá exigir reparação de Casa Bela, pois a responsabilidade pela perda da coisa ainda existe neste caso para o consignatário (art. 535 CC); **B:** correta (art. 535 CC); **C:** incorreta, pois neste caso não se aplica a regra do *res perit domino*, pois há previsão legal expressa diferente: o consignatário não se exonera da obrigação de pagar o preço, se a restituição da coisa, em sua integridade, se tornar impossível, ainda que por fato a ele não imputável (art. 535 CC); **D:** incorreta, pois não se trata de contrato de agência (art. 710 a 721 CC), mas sim contrato estimatório (art. 534 a 537 CC). Por ser contrato estimatório, Casa Bela é responsável pela perda da coisa mesmo que não reste demonstrada sua culpa; **E:** incorreta, pois a propriedade não foi transferida para Casa Bela. No contrato estimatório ocorre apenas a entrega da coisa do consignante para o consignatário para que este possa vendê-la em determinado prazo (art. 534 CC). Tanto é verdade que não ocorre transferência da propriedade, que essas coisas em poder do consignatário não podem ser objeto de penhora ou sequestro pelos credores do consignatário, enquanto não pago integralmente o preço (art. 536 CC), afinal, as coisas não são suas. GR

Gabarito "B".

5. RESPONSABILIDADE CIVIL

5.1. Obrigação de indenizar

(Procurador do Estado/SP – 2018 – VUNESP) Assinale a alternativa correta.

(A) Decisão criminal absolutória por insuficiência de provas impede rediscussão, em âmbito civil, de pretensão de reparação de danos.

(B) O incapaz responderá pelos danos que causar, se as pessoas por ele responsáveis não tiverem a obrigação de fazê-lo ou não dispuserem de meios suficientes.

(C) O magistrado, em caso de excessiva desproporção entre a gravidade da culpa e o dano, poderá reduzir o valor da indenização em até 2/3 do valor originalmente fixado.

(D) Pai que ressarce o dano causado por filho relativamente capaz pode buscar reembolso no prazo de 3 anos, contados da cessação da menoridade.

(E) Em caso de concurso de agentes causadores de dano, cada qual responde na medida da sua culpabilidade.

A: incorreta, pois a discussão no âmbito civil apenas é obstada quando a decisão criminal versar sobre existência do fato ou autoria (CC, art. 935). Assim, a decisão absolutória por falta de provas não impede a rediscussão no âmbito civil; **B:** correta, pois o enunciado repete a previsão do art. 928 do Código Civil, que estabelece a responsabilidade civil direta do incapaz; **C:** incorreta, pois – apesar de o Código Civil permitir a redução da indenização nesse caso – não existe a limitação de 2/3 na referida diminuição do valor indenizatório; **D:** incorreta, pois – na hipótese de responsabilização dos pais por atos ilícitos praticados pelos filhos incapazes – não haverá direito de regresso (CC, art. 934); **E:** incorreta, pois "*se a ofensa tiver mais de um autor, todos responderão solidariamente pela reparação*" (CC, art. 942). GN

Gabarito "B".

(Procurador do Município/Manaus – 2018 – CESPE) Lucas – vítima de importante perda de discernimento em razão de grave doença degenerativa em estágio avançado –, devidamente representado por sua filha e curadora Maria, ajuizou ação indenizatória por danos materiais e morais contra determinada instituição financeira, sustentando que foram realizados saques indevidos em sua conta-corrente com a utilização de um cartão magnético clonado por terceiros. Durante a instrução processual, foi comprovado que os fatos alegados na petição inicial eram verdadeiros.

Nessa situação hipotética, conforme a jurisprudência do STJ,

(1) Lucas não faz jus ao recebimento de indenização por dano moral, tendo em vista não estar conscientemente sujeito a dor ou sofrimento psíquico devido à significativa perda de discernimento.

(2) Como o ilícito foi praticado por terceiro, que clonou o cartão magnético e efetuou os saques, ficou confi-

gurado evento que rompeu o nexo causal, afastando a responsabilidade da instituição financeira.

1: Errada, pois o dano moral não se liga a dor ou sofrimento psíquico. Tanto o é que a jurisprudência reconhece o dano *in re ipsa*. A base e fundamento do dano moral está na violação de algum dos caracteres dos direitos da personalidade, o que, apesar da doença, Lucas ainda preserva. O STJ entende que o dano moral se caracteriza pela simples ofensa a determinados direitos ou interesses. O evento danoso não se revela na dor, no padecimento, que são, na verdade, consequências do dano, seu resultado e não a sua causa STJ. 4ª Turma. REsp 1.245.550-MG, Rel. Min. Luis Felipe Salomão, julgado em 17/3/2015 (Informativo 559); **2:** errada, pois a Súmula 479 do STJ aduz que: "As instituições financeiras respondem objetivamente pelos danos gerados por fortuito interno relativo a fraudes e delitos praticados por terceiros no âmbito de operações bancárias". O STJ diz que responsabilidade de instituições financeiras é gerir contas com segurança. Depreende-se, portanto, o dever que os bancos assumem, independentemente de prova da culpa, de repor os danos que consumidores amargam pela insegurança das atividades bancárias. A hipótese de cartão clonado é um caso típico em que o banco deve indenizar os prejuízos sofridos pelo correntista. O cliente não utilizou o cartão para compras ou pagamentos, tendo sido vítima de um criminoso que, com sua habilidade, fraudou o sistema de segurança bancário e deu golpes. GR

Gabarito 1E, 2E

(Procurador do Estado/SE – 2017 – CESPE) Uma construtora realizou parcelamento de solo urbano, mediante loteamento, sem observância das disposições legais. Nesse caso, de acordo com o entendimento do STJ,

(A) o município tem responsabilidade solidária pela regularização do loteamento, devendo pagá-la ainda que o loteador possa fazê-lo.

(B) a responsabilidade do município em regularizar o loteamento, embora discricionária, é de execução imediata.

(C) a regularização do loteamento deverá ser decidida em ação civil pública.

(D) o poder da administração pública de regularizar o loteamento é discricionário.

(E) o município terá o poder-dever para regularizar o loteamento.

Existe posicionamento no STJ que o Município tem o poder-dever para regularizar o loteamento. Ademais, trata-se de atividade vinculada, e não discricionária. Vide notícia do site abaixo:

Municípios são responsáveis pela regularização de lotes em espaços urbanos.

Na avaliação dos ministros do Superior Tribunal de Justiça (STJ), os municípios são os legítimos responsáveis pela regularização de loteamentos urbanos irregulares, em virtude de serem os entes encarregados de disciplinar o uso, ocupação e parcelamento do solo. O entendimento está disponível na ferramenta Pesquisa Pronta, que reuniu dezenas de decisões colegiadas sobre o assunto, catalogado como "Responsabilidade do município pela regularização de loteamento urbano irregular". Uma das decisões sintetiza a posição do STJ sobre o assunto: "É pacífico o entendimento desta Corte Superior de que o Município tem o poder-dever de agir para fiscalizar e regularizar loteamento irregular, pois é o responsável pelo parcelamento, uso e ocupação do solo urbano, atividade essa que é vinculada, e não discricionária". Disponível em: [http://www.stj.jus.br/sites/STJ/default/pt_BR/Comunica/noticias/Not%C3%ADcias/Munic%C3%ADpios-s%C3%A3o-respons%C3%A1veis-pela-regulariza%C3%A7%C3%A3o-de-lotes-em-espa%C3%A7os-urbanos]. Acesso em: 29.01.2019. GR

Gabarito "E".

(Procurador Municipal – Prefeitura/BH – CESPE – 2017) À luz da legislação aplicável e do entendimento doutrinário prevalecente a respeito da responsabilidade civil, assinale a opção correta.

(A) O abuso do direito, ato ilícito, exige a comprovação do dolo ou da culpa para fins de responsabilização civil.

(B) No contrato de transporte de pessoas, a obrigação assumida pelo transportador é de resultado, e a responsabilidade é objetiva.

(C) O dever de indenizar pressupõe, necessariamente, a prática de ato ilícito.

(D) No que se refere ao nexo causal, elemento da responsabilidade civil, o Código Civil adota a teoria da equivalência das condições.

A: incorreta, pois já se pacificou o entendimento segundo o qual: *"A responsabilidade civil decorrente do abuso do direito independe de culpa e fundamenta-se somente no critério objetivo-finalístico"* (Enunciado 37 do Conselho da Justiça Federal); B: correta, pois o STJ já pacificou o entendimento segundo o qual: *"o contrato de transporte acarreta para o transportador a assunção de obrigação de resultado, impondo ao concessionário ou permissionário do serviço público o ônus de levar o passageiro incólume ao seu destino"* (EREsp 1318095/MG, Rel. Min. Raul Araújo, Segunda Seção, j. 22.02.2017, *DJe* 14.03.2017); C: incorreta, pois é possível que o dever de indenizar decorra de atos lícitos, como os previstos no art. 188 combinado com 929 do CC (legítima defesa que causa dano a terceiro e estado de necessidade que causa dano a quem não gerou o risco da situação); D: incorreta, pois o Código Civil adotou a teoria da causalidade adequada, considerando como causa apenas fatos relevantes para causar o dano. **GN**

Gabarito "B".

(Procurador do Estado – PGE/MT – FCC – 2016) Marcelo exerce, com habitualidade, atividade que, por sua natureza, implica risco para os direitos de outrem. Se desta atividade advier dano, Marcelo responderá de maneira:

(A) subjetiva, não sendo necessária a comprovação do elemento culpa, mas se exigindo, em regra, a existência de nexo de causalidade.

(B) subjetiva, a qual exige, em regra, a comprovação de nexo de causalidade e culpa.

(C) objetiva, não sendo necessária, em regra, a comprovação dos elementos culpa ou nexo de causalidade.

(D) objetiva, não sendo necessária a comprovação do elemento culpa, mas se exigindo, em regra, a existência de nexo de causalidade.

(E) objetiva, a qual exige, em regra, a comprovação de nexo de causalidade e culpa.

Além dos casos especificados em lei, a responsabilidade será objetiva quando a atividade normalmente desenvolvida pelo autor do dano *"implicar, por sua natureza, risco para os direitos de outrem"* (CC, art. 927, parágrafo único). Trata-se de hipótese de responsabilidade objetiva em cláusula aberta. Nos casos de responsabilidade objetiva, como é cediço, não é preciso provar a culpa, mas mantém-se a necessidade de provar conduta, nexo causal e dano. **GN**

Gabarito "D".

(Procurador do Município – Valinhos/SP – 2019 – VUNESP) Ocorrendo manifestações contra o aumento do valor da passagem de ônibus, grupo identificado danifica o prédio da prefeitura, quebrando seus vidros e um portal histórico e tombado por seu valor artístico. Diante desses fatos, é possível dizer que os responsáveis poderão responder por dano

(A) estético e moral.

(B) material e estético.

(C) coletivo e moral.

(D) material e social.

(E) cultural e moral coletivo.

A: incorreta, pois o dano estético é uma alteração corporal morfológica interna ou externa que cause desagrado e repulsa não só para a pessoa ofendida, como também para quem a observa (art. 949 CC). O dano moral é aquele que afeta a personalidade e, de alguma forma, ofende a moral e a dignidade da pessoa (arts. 186 e 927, *caput* CC). No caso em tela temos um prédio danificado e um portal histórico quebrado, logo, nenhum dos dois se enquadra nessas definições; B: incorreta, pois apesar de os vidros quebrados na prefeitura consistirem dano material, o portal histórico danificado não configura dano estético. A título de informação, os danos materiais constituem prejuízos ou perdas que atingem o patrimônio corpóreo de alguém. Nos termos do artigo 402 do Código Civil, os danos materiais podem ser subclassificados em danos emergentes (o que efetivamente se perdeu) ou lucros cessantes (o que razoavelmente se deixou de lucrar); C: incorreta, pois o dano coletivo (chamado na verdade de "dano moral coletivo") é a injusta lesão da esfera moral de uma dada comunidade, ou seja, é a violação antijurídica de um determinado círculo de valores coletivos. Já o dano moral é aquele que afeta a personalidade e, de alguma forma, ofende a moral e a dignidade da pessoa (art. 186 e 927 *caput* CC). Nenhuma das duas definições se encaixa na hipótese do enunciado; D: correta, pois o apedrejamento ao prédio da prefeitura que causou a quebra dos vidros configura dano material, pois houve um prejuízo ao patrimônio corpóreo (art. 402 CC). De outra parte, temos que dano social são lesões a sociedade, no seu nível de vida, tanto por rebaixamento de seu patrimônio moral – principalmente a respeito da segurança – quanto por diminuição de sua qualidade de vida. Dessa maneira, para que ocorra o dano social, o ato deve ser lesivo não só ao patrimônio material e moral da vítima, mas também à coletividade. Trata-se de uma nova categoria de dano no âmbito da responsabilidade civil do Direto Brasileiro. A danificação do portal histórico configura dano social, uma vez que tratava-se de patrimônio tombado, fruto de grande apreço por aquela comunidade. O dano precisará ser reparado nos termos dos arts. 186 e 927, *caput* CC; E: incorreta, pois dano cultural é toda lesão causada por atividade humana positiva ou negativa, culposa ou não, que implique em perda, diminuição ou detrimento significativo, com repercussão negativa aos atributos de bens integrantes do patrimônio cultural brasileiro. A quebra dos vidros da prefeitura não se encaixa nessa categoria. Já o dano moral coletivo é a injusta lesão da esfera moral de uma dada comunidade, ou seja, é a violação antijurídica de um determinado círculo de valores coletivos. A quebra do portal tombado não se enquadra nesta definição. **GR**

Gabarito "D".

(Procurador Município – Santos/SP – VUNESP – 2021) Ricardo, motorista da Prefeitura de Santos, perdeu o controle do veículo e atropelou Maurício, que se encontrava sobre a calçada, levando-o a óbito. Maurício era solteiro, desempregado, morador de rua, mas deixou dois filhos maiores e independentes, que moram em outra região do País e com os quais não mantinha contato desde a infância. Ricardo foi absolvido da acusação de homicídio porque não restou comprovada a alegação de embriaguez e apurou-se que o acidente se deu por defeito mecânico no veículo. No entanto, os filhos de Maurício pretendem receber indenização por danos morais decorrentes da morte do pai.

Assinale a alternativa correta.

(A) A sentença absolutória criminal faz coisa julgada no cível, de modo que, embora tenham direito a indenização, os filhos de Maurício não podem mais propor nenhuma ação.

(B) A sentença absolutória criminal faz coisa julgada no cível, mas os filhos de Maurício podem propor ação de indenização contra a Prefeitura, que tem responsabilidade objetiva.

(C) A sentença absolutória criminal faz coisa julgada no cível, de modo que os filhos de Maurício não têm direito a nenhuma indenização porque não restou comprovada a embriaguez do motorista da Prefeitura.

(D) A sentença absolutória criminal faz coisa julgada no cível, mas os filhos de Maurício podem propor ação de indenização contra a Prefeitura, que tem ação de regresso contra o motorista.

(E) A sentença absolutória criminal faz coisa julgada no cível, mas os filhos de Maurício podem propor ação de indenização contra a Prefeitura e o motorista, porque este tem responsabilidade subjetiva e aquela tem responsabilidade objetiva.

A: incorreta, pois a sentença absolutória criminal faz coisa julgada no cível apenas se no juízo criminal restar comprovada a inexistência do fato ou de que a pessoa acusada não era a autora. Sob outras justificativas não há coisa julgada no juízo cível. Logo, os filhos de Maurício podem propor nova ação para indenização (art. 935 CC); **B:** correta (art. 935 c.c 927 parágrafo único CC e art. 37, § 6º CF); **C:** incorreta, pois os filhos de Maurício podem pleitear indenização, pois não houve coisa julgada no juízo cível, uma vez que a sentença absolutória criminal faz coisa julgada no cível apenas se no juízo criminal restar comprovada a inexistência do fato ou de que a pessoa acusada não era a autora. Não é necessário que seja comprovada a embriaguez de Ricardo, pois a responsabilidade da prefeitura é objetiva (art. 927, parágrafo único cc. Art. 37, § 6º CF); **D:** incorreta, pois novamente neste caso a sentença absolutório não faz coisa julgada no cível (art. 935 CC) e a Prefeitura apenas terá direito de regresso contra Ricardo se ficar comprovado seu dolo ou culpa (art. 37, § 6º CF). No caso, porém, já ficou provado que o acidente se deu por falha mecânica no veículo, logo a Prefeitura não terá êxito no direito de regresso; **E:** incorreta, pois novamente neste caso a sentença absolutória não faz coisa julgada no cível (art. 935 CC) e os filhos de Maurício devem acionar judicialmente apenas a Prefeitura, pois o motorista trabalhava em nome desta, portanto ela que tem a responsabilidade (art. 932, III CC). 🟦 *Gabarito "B".*

(Procurador/PA – CESPE – 2022) Julgue os itens que se seguem, acerca da responsabilidade civil.

I. Após um longo período de insegurança decorrente das teorias pautadas na chamada sociedade de risco, a responsabilidade civil, plasmada nos modelos clássicos oitocentistas de codificação civil, com foco central na culpa do agente causador do dano, tem sido resgatada pela doutrina e jurisprudência do Superior Tribunal de Justiça, que cada vez mais se afasta do modelo objetivo de responsabilidade e se apoia, para caracterizar o dever de indenizar, nos elementos dano certo, conduta culposa e nexo de causalidade.

II. A jurisprudência do Superior Tribunal de Justiça firmou-se no sentido de considerar objetiva a responsabilidade das instituições bancárias por danos causados por terceiro que abrir conta-corrente ou receber empréstimo mediante fraude, dado que tais práticas caracterizam-se como fortuito interno.

III. A jurisprudência do Superior Tribunal de Justiça consolidou o entendimento de que é indevido o pensionamento no caso de morte de filho menor. No caso de morte de filho maior, desde que comprovada a dependência econômica dos pais, estes têm direito a pensão, que deve ser fixada em 1/3 do salário percebido pelo falecido filho até o ano em que ele completaria 65 anos de idade.

IV. Em conformidade com a jurisprudência sumulada do Superior Tribunal de Justiça, o termo inicial da correção monetária incidente sobre a indenização por danos morais é a data do arbitramento, e os juros moratórios, em se tratando de responsabilidade extracontratual, incidem desde a data do evento danoso.

Estão certos apenas os itens

(A) I e II.

(B) II e IV.

(C) III e IV.

(D) I, II e III.

(E) I, III e IV.

I: incorreta, pois segundo a doutrina, a responsabilidade civil vem se fixando na objetiva, afastando-se da subjetiva, característica do CC/1916. **II:** correta (Súmula 479 STJ e Precedentes qualificados/ Tema repetitivo 466 STJ); **III:** incorreta, pois "A jurisprudência do STJ consolidou-se no sentido de ser devido o pensionamento, mesmo no caso de morte de filho(a) menor. E, ainda, de que a pensão a que tem direito os pais deve ser fixada em 2/3 do salário percebido pela vítima (ou o salário mínimo caso não exerça trabalho remunerado) até 25 (vinte e cinco) anos e, a partir daí, reduzida para 1/3 do salário até a idade em que a vítima completaria 65 (sessenta e cinco) anos. (AgInt no REsp 1287225/SC, Rel. Ministro Marco Buzzi, Quarta Turma, julgado em 16/03/2017, DJe 22/03/2017) AgInt no AREsp 1867343/SP, Rel. Ministro Luis Felipe Salomão, Quarta Turma, julgado em 14/12/2021, DJe 01/02/2022; **IV:** correta (súmulas 362 e 54 STJ). 🟦 *Gabarito "B".*

(Procurador – AL/PR – 2024 – FGV) Anne Silva moveu ação em face de Ubirajara Pereira, requerendo indenização por danos morais no montante de R$150.000,00, em decorrência do homicídio praticado pelo réu contra seu pai, Getúlio Silva. Conforme sentença criminal transitada em julgado, juntada aos autos, Ubirajara Pereira, aos dias 15/01/2021, desferiu 2 tiros com arma de fogo contra o pai da Autora, causando-lhe a morte.

Em contestação, Ubirajara Pereira alega que atuou em legítima defesa de sua honra, razão pela qual não tem o dever de indenizar. Informa que Getúlio Silva, abusando de sua confiança, se aproximou da sua esposa e com ela manteve uma relação amorosa, tendo sido essa traição a causa dos tiros.

Considerando a situação hipotética narrada, a legislação vigente e o entendimento do STJ, analise as afirmativas a seguir.

I. A responsabilidade civil é independente da criminal, razão pela qual, o juízo cível não está vinculado à sentença criminal, podendo decidir pela inexistência do dever de indenizar, no caso hipotético narrado.

II. Entre os juízos cível e criminal há independência relativa, de sorte que, no caso hipotético narrado, há incontornável dever de indenizar

III. A alegação de legítima defesa da honra é razão justificadora para diminuição ou exclusão do dever de indenizar.

IV. No caso hipotético, a conduta da vítima configura causa concorrente, ainda que não preponderante, para o dano, influindo no *quantum* indenizatório.

Está correto o que se afirma em

(A) I, apenas.

(B) II, apenas.

(C) III, apenas.

(D) I e III, apenas.

(E) III e IV, apenas.

I: errada, pois apesar da responsabilidade civil ser independente da criminal, uma vez que que o juízo criminal reconheceu a existência do fato e de seu autor essas questões não podem mais ser discutidas no juízo cível. Logo, essa independência é relativa (art. 935 CC); **II:** certa, nos termos do art. 935 CC e REsp 1829682 que prevê que " o artigo 935 do Código Civil adotou o sistema da independência entre as esferas cível e criminal, mas que tal independência é relativa, pois, uma vez reconhecida a existência do fato e da autoria no juízo criminal, essas questões não poderão mais ser analisadas pelo juízo cível. No caso de sentença condenatória com trânsito em julgado, o dever de indenizar é incontornável; no caso de sentença absolutória em virtude do reconhecimento de inexistência do fato ou de negativa de autoria, não há o dever de indenizar"; **III:** errada, pois a alegação de legítima defesa da honra no juízo cível não é razão justificadora para diminuição ou exclusão do dever de indenizar, pois essa excludente de ilicitude precisa ser reconhecida anteriormente no juízo criminal, esfera que, em regra, analisa de forma mais aprofundada as circunstâncias que envolveram a prática do delito. Porém, mesmo o eventual reconhecimento da legítima defesa na sentença penal não impediria o juízo cível de avaliar a culpabilidade do réu (REsp 1829682); IV: errada, pois no caso hipotético a reação de Ubirajara foi completamente desproporcional à conduta da vítima, não se podendo alegar que houve causa concorrente da vítima que justificaria a diminuição do quantum indenizatório. Neste passo, o STJ autoriza a diminuição do quantum indenizatório quando evidenciada agressão da vítima, luta corporal , conforme se extrai do REsp 1829682: "Após seu filho ser vítima de homicídio, uma mulher ajuizou ação de danos morais contra o acusado, e o juízo cível fixou a indenização em R$ 100 mil (...).Não se pode negar a existência do dano sofrido pela mãe nem a acentuada reprovabilidade da conduta do réu. Mesmo que a vítima tenha demonstrado comportamento agressivo e tenha havido luta corporal, conforme sustentado pela defesa esses elementos não afastam a obrigação de indenizar, especialmente quando todas as circunstâncias relacionadas ao crime foram minuciosamente examinadas no tribunal criminal, resultando em sua condenação. No entanto, levando em conta a agressividade da vítima, especialmente nos atos praticados contra a filha e outros familiares do réu determina-se que indenização seja reduzida para R$ 50 mil". Logo, a alternativa correta é a letra B. **GR**

Gabarito "B".

5.2. Indenização

(Procurador do Município/Manaus – 2018 – CESPE) De acordo com a jurisprudência do STJ e as disposições do Código Civil, julgue os itens a seguir, acerca da responsabilidade civil.

(1) A sanção civil de pagamento em dobro por cobrança de dívida já adimplida pode ser pleiteada na defesa do réu, independentemente da proposição de ação autônoma ou de reconvenção para tanto.

(2) Uma vez ajuizada ação de cobrança de dívida já paga, o direito do requerido à restituição em dobro

prescindirá da demonstração de má-fé do autor da cobrança.

1: certa. O STJ fixou a tese em recurso repetitivo ao julgar recursos especiais de consórcio e consorciados acerca do tema. Destacando a importância de se resguardar a boa-fé nas relações jurídicas, e o fato de que *o Estado utiliza-se de sua força de império para reprimir o litigante que pede coisa já recebida*, concluiu-se que não há necessidade de proposição de ação autônoma ou manejo de reconvenção pelo credor (o consorciado no caso concreto). **Recurso Especial: REsp 1111270 PR 2009/0015798-8; 2:** errada, pois o STJ repetidamente exige a comprovação de má-fé, abuso ou leviandade: "Agravo interno. Agravo em recurso especial. Civil e processual. Repetição de indébito. Devolução em dobro. Má-fé. Comprovação. Necessidade. Reexame de provas. Súmula 7/STJ. Nos termos da jurisprudência da Segunda Seção do Superior Tribunal de Justiça, "[...] para se determinar a repetição do indébito em dobro deve estar comprovada a má-fé, o abuso ou leviandade, como determinam os artigos 940 do Código Civil e 42, parágrafo único, do Código de Defesa do Consumidor, o que não ocorreu na espécie, porquanto, segundo o Tribunal *a quo*, o tema da repetição em dobro sequer foi devolvida para apreciação" (AgInt no AgRg no AREsp 730.415/RS, Rel. Ministra Maria Isabel Gallotti, Quarta Turma, julgado em 17.04.2018, DJe 23.04.2018)". **GR**

Gabarito 1C, 2E

6. COISAS

6.1. Posse

6.1.1. Posse e sua classificação

Tendo em vista a existência de elementos doutrinários no que concerne ao conceito de posse e à sua classificação, seguem algumas definições, que poderão colaborar na resolução de questões:

1. Conceito de posse: é o exercício, pleno ou não, de algum dos poderes inerentes à propriedade (art. 1.196, CC). É a exteriorização da propriedade, ou seja, a visibilidade da propriedade. Os poderes inerentes à propriedade são usar, gozar e dispor da coisa, bem como reavê-la (art. 1.228). Assim, se alguém estiver, por exemplo, usando uma coisa, como o locatário e o comodatário, pode-se dizer que está exercendo posse sobre o bem.

2. Teoria adotada: há duas teorias sobre a posse. A primeira é a **Teoria Objetiva** (de Ihering), para a qual a posse se configura com a mera conduta de dono, pouco importando a apreensão física da coisa e a vontade de ser dono dela. Já à segunda, a **Teoria Subjetiva** (de Savigny), entende que a posse só se configura se houver a apreensão física da coisa (*corpus*), mais a vontade de tê-la como própria (*animus domini*). Nosso CC adotou a Teoria Objetiva de Ihering, pois não trouxe como requisito para a configuração da posse a apreensão física da coisa ou a vontade de ser dono dela. Exige tão somente a conduta de proprietário.

3. Detenção: é aquela situação em que alguém conserva a posse em nome de outro e em cumprimento às suas ordens e instruções. Ex: caseiro, em relação ao imóvel de que cuida, e funcionário público, em relação aos móveis da repartição. A detenção não é posse, portanto não confere ao detentor direitos decorrentes desta.

4. Classificação da posse.

4.1. Posse direta e indireta: quanto ao campo de seu exercício (art. 1.197, CC).

(A) posse indireta: é aquela exercida por quem cedeu, temporariamente, o uso ou o gozo da coisa a outra pessoa. São exemplos: a posse exercida pelo locador, nu-proprietário, comodante e depositante. O possuidor indireto ou mediato pode se valer da proteção possessória.

(B) posse direta: é aquela exercida por quem recebeu o bem, temporariamente, para usá-lo ou gozá-lo, em virtude de direito pessoal ou real.

4.2. Posse individual e composse: quanto à simultaneidade de seu exercício (art. 1.199, CC).

(A) posse individual: é aquela exercida por apenas uma pessoa.

(B) composse: é a posse exercida por duas ou mais pessoas sobre coisa indivisa. Exemplos: a posse dos cônjuges sobre o patrimônio comum e a posse dos herdeiros antes da partilha. Na composse pro diviso há uma divisão de fato da coisa.

4.3. Posse justa e injusta: quanto à existência de vícios objetivos (art. 1.200, CC).

(A) posse justa: é aquela que não obtida de forma violenta, clandestina ou precária. Assim, é justa a posse não adquirida pela força física ou moral (não violenta), não estabelecida às ocultas (não clandestina) e não originada com abuso de confiança por parte de quem recebe a coisa com o dever de restituí-la (não precária). Perceba que os vícios equivalem, no Direito Penal, aos crimes de roubo, furto e apropriação indébita.

(B) posse injusta: é aquela originada do esbulho. Em caso de violência ou clandestinidade, a posse só passa a existir após a cessação da violência ou da clandestinidade (art. 1.208, CC). Já em caso de precariedade (ex.: um comodatário passa a se comportar como dono da coisa), a posse deixa de ser justa e passa a ser injusta diretamente. É importante ressaltar que, cessada a violência ou a clandestinidade, a posse passa a existir, mas o vício que a inquina faz com que o Direito a considere injusta. E, mesmo depois de um ano e dia, a posse continua injusta, só deixando de ter essa característica se houver aquisição da coisa, o que pode acontecer pela usucapião, por exemplo. A qualificação de posse injusta é relativa, valendo apenas em relação ao anterior possuidor da coisa. Em relação a todas as outras pessoas, o possuidor injusto pode defender a sua posse.

4.4. Posse de boa-fé e de má-fé: quanto à existência de vício subjetivo (art. 1.201, CC):

(A) posse de boa-fé: é aquela em que o possuidor ignora o vício ou o obstáculo que impede a aquisição da coisa. É de boa-fé a posse daquele que crê que a adquiriu de quem legitimamente a possuía. Presume-se de boa-fé o possuidor com **justo título**, ou seja, aquele título que seria hábil para transferir o direito à posse, caso proviesse do verdadeiro possuidor ou proprietário da coisa.

(B) posse de má-fé: é aquela em que o possuidor tem ciência do vício ou do obstáculo que impede a aquisição da coisa. A posse de boa-fé pode se transmudar em posse de má-fé em caso de ciência posterior do vício. A citação para a demanda que visa à retomada da coisa tem o condão de alterar o caráter da posse.

Obs.: saber se a posse de alguém é de boa-fé ou de má-fé interfere no direito à indenização pelas benfeitorias feitas, no direito de retenção, no direito aos frutos, no prazo de prescrição aquisitiva (usucapião), na responsabilidade por deterioração da coisa etc.

4.5. Posse natural e jurídica: quanto à origem:

(A) posse natural: é a que decorre do exercício do poder de fato sobre a coisa.

(B) posse civil ou jurídica: é a que decorre de um título, não requerendo atos físicos ou materiais.

(Procurador do Estado/AC – 2017 – FMP) Considere as seguintes afirmativas sobre o tema da posse no âmbito do Código Civil. Assinale a alternativa INCORRETA.

(A) A posse direta, de pessoa que tem a coisa em seu poder, temporariamente, em virtude de direito pessoal, ou real, não anula a indireta, de quem aquela foi havida, podendo o possuidor direto defender a sua posse contra o indireto.

(B) O possuidor pode intentar a ação de esbulho, ou a de indenização, contra o terceiro, que recebeu a coisa esbulhada mesmo sem saber que o era.

(C) Ao sucessor universal continua de direito a posse do seu antecessor; e ao sucessor singular é facultado unir sua posse à do antecessor, para os efeitos legais.

(D) Considera-se detentor aquele que, achando-se em relação de dependência para com outro, conserva a posse em nome deste e em cumprimento de ordens ou instruções suas.

(E) Só se considera perdida a posse para quem não presenciou o esbulho, quando, tendo notícia dele, se abstém de retornar a coisa, ou, tentando recuperá-la, é violentamente repelido.

A: certa (art. 1.197 CC); B: errada, pois, o possuidor pode intentar a ação de esbulho, ou a de indenização, contra o terceiro, que recebeu a coisa esbulhada *sabendo* que o era (art. 1.212 CC); C: certa (art. 1.207 CC); D: certa (art. 1.198, caput CC); E: certa (art. 1.224 CC). Logo, a alternativa incorreta é a letra B. **GR**

Gabarito "B".

(Procurador Município – Santos/SP – VUNESP – 2021) Considerando as disposições do Código Civil relativas à posse, assinale a alternativa correta.

(A) O detentor conserva a posse da coisa em cumprimento de ordens ou instruções de outra pessoa, com quem mantém relação de dependência.

(B) Posse direta é aquela exercida em nome próprio, enquanto a posse indireta é exercida em nome alheio.

(C) O possuidor tem direito de ser mantido ou reintegrado na posse, valendo-se, inclusive, de desforço próprio, salvo se a parte contrária comprovar que é a legítima proprietária do bem.

(D) O possuidor de boa-fé tem direito aos frutos percebidos, aos pendentes e aos colhidos por antecipação, até a data em que cessar a boa-fé.

(E) O possuidor de boa-fé tem direito de retenção pelas benfeitorias necessárias, úteis e voluptuárias; o possuidor de má-fé tem direito de retenção apenas pelas benfeitorias necessárias.

A: correta (art. 1.198, *caput* CC); **B:** incorreta, pois a posse direta ocorre com relação aquele que está no imediato uso da coisa. Na posse indireta o possuidor tem o direito de gozo, disposição e reivindicação da coisa, mas não de uso. O exemplo típico é o do locatário (posse direta) e do locador (posse indireta). Nestes casos A posse direta, de pessoa que tem a coisa em seu poder, temporariamente, em virtude de direito pessoal, ou real, não anula a indireta, de quem aquela foi havida, podendo o possuidor direto defender a sua posse contra o indireto (art. 1.197 CC); **C:** incorreta, pois ainda que a parte contrária prove que é legítima proprietária do bem, se a posse for justa, o possuidor pode defendê-la caso seja molestado pelo possuidor indireto, no caso o proprietário (art. 1.197 e 1.210, § 2º CC); **D:** incorreta, pois o possuidor de boa-fé tem direito, enquanto ela durar, aos frutos percebidos. Os frutos pendentes ao tempo em que cessar a boa-fé devem ser restituídos, depois de deduzidas as despesas da produção e custeio; devem ser também restituídos os frutos colhidos com antecipação (art. 1.214 CC); **E:** incorreta, pois o possuidor de boa-fé não tem o direito de retenção pelas benfeitorias voluptuárias, mas apenas pelas necessárias e úteis (art. 1.219 CC). O possuidor de má-fé não tem o direito de retenção pelas benfeitorias necessárias, mas somente tem o direito de ser ressarcido por elas (art. 1.220 CC). **GR**

Gabarito "A".

(Procurador Município – Teresina/PI – FCC – 2022) O administrador de uma fazenda, o locatário de uma residência e o proprietário de uma área arrendada para fins empresariais são, em relação à posse, respectivamente,

(A) detentor, detentor e possuidor indireto.

(B) detentor, possuidor direto e proprietário detentor indireto.

(C) possuidor indireto, possuidor direto e possuidor indireto.

(D) possuidor direto, possuidor direto e possuidor indireto.

(E) detentor, possuidor direto e possuidor indireto.

A resposta correta é a alternativa E. Considera-se detentor aquele que, achando-se em relação de dependência para com outro, conserva a posse em nome deste e em cumprimento de ordens ou instruções suas (art. 1.198, *caput* CC). Este conceito se aplica perfeitamente ao administrador da fazenda. Referente ao locatário, possui este a posse direta do bem, pois ele o ocupa imediatamente. Sobre o proprietário da área arrendada, possui este a posse indireta, pois embora seja o real proprietário do bem, ele não está em contato físico e direto com ele. **GR**

Gabarito "E".

6.1.2. Efeitos da posse

Efeitos da posse.

(1) Percepção dos frutos. Quando o legítimo possuidor retoma a coisa de outro possuidor, há de se resolver a questão dos frutos percebidos ou pendentes ao tempo da retomada. De acordo com o caráter da posse (de boa ou de má-fé), haverá ou não direitos para aquele que teve de entregar a posse da coisa. Antes de verificarmos essas regras, vale trazer algumas definições:

1.1. Conceito de frutos: *são utilidades da coisa que se reproduzem* (frutas, verduras, filhotes de animais, juros etc.). Diferem dos **produtos**, que *são as utilidades da coisa que não se reproduzem* (minerais, por exemplo).

1.2. Espécies de frutos quanto à sua natureza: a) civis (como os alugueres e os juros); **b)** naturais (como as maçãs de um pomar); e **c)** industriais (como as utilidades fabricadas por uma máquina).

1.3. Espécies de frutos quanto ao seu estado: a) pendentes (são os ainda unidos à coisa que os produziu); **b)**

percebidos ou colhidos (são os já separados da coisa que os produziu); **c)** percebidos por antecipação (são os separados antes do momento certo); **d)** percepiendos (são os que deveriam ser colhidos e não foram); **e)** estantes (são os já separados e armazenados para venda); **f)** consumidos (são os que não existem mais porque foram utilizados).

1.4. Direitos do possuidor de boa-fé: tem direito aos frutos que tiver percebido enquanto estiver de boa-fé (art. 1.214, CC).

1.5. Inexistência de direitos ao possuidor de boa-fé: não tem direito às seguintes utilidades: **a)** aos frutos pendentes quando cessar a sua boa-fé; **b)** aos frutos percebidos antecipadamente, estando já de má-fé no momento em que deveriam ser colhidos; **c)** aos produtos, pois a lei não lhe confere esse direito, como faz com os frutos. De qualquer forma, é importante ressaltar que nos casos dos itens "a" e "b", apesar de ter de restituir os frutos colhidos ou o seu equivalente em dinheiro, terá direito de deduzir do que deve as despesas com a produção e o custeio.

1.6. Situação do possuidor de má-fé: este responde por todos os frutos colhidos e percebidos, bem como pelos que, por sua culpa, deixou de perceber, desde o momento em que se constituiu de má-fé. Todavia, tem direito às despesas de produção e custeio (art. 1.216, CC), em virtude do princípio do não enriquecimento sem causa.

(2) Responsabilidade por perda ou deterioração da coisa. Quando o legítimo possuidor retoma a coisa de outro possuidor, também há de se resolver a questão referente à eventual perda ou destruição da coisa.

2.1. Responsabilidade do possuidor de boa-fé: não responde pela perda ou deterioração à qual não der causa.

2.2. Responsabilidade do possuidor de má-fé: como regra, responde pela perda ou deterioração da coisa, só se eximindo de tal responsabilidade se provar que de igual modo esse acontecimento se daria, caso a coisa estivesse com o reivindicante dela. Um exemplo de exoneração da responsabilidade é a deterioração da coisa em virtude de um raio que cai sobre a casa.

(3) Indenização por benfeitorias e direito de retenção. Outra questão importante a ser verificada quando da retomada da coisa pelo legítimo possuidor é a atinente a eventual benfeitoria feita pelo possuidor que o antecedeu. De acordo com o caráter da posse (de boa ou de má-fé), haverá ou não direitos para aquele que teve de entregar a posse da coisa. Antes de verificarmos essas regras, é imperativo trazer algumas definições.

3.1. Conceito de benfeitorias: *são os melhoramentos feitos em coisa já existente.* São bens acessórios. Diferem da **acessão**, que *é a criação de coisa nova.* Uma casa construída no solo é acessão, pois é coisa nova; já uma garagem construída numa casa pronta é benfeitoria, pois é um melhoramento em coisa já existente.

3.2. Espécies de benfeitorias: a) benfeitorias necessárias *são as que se destinam à conservação da coisa* (ex.: troca do forro da casa, em virtude do risco de cair); **b)** benfeitorias úteis *são as que aumentam ou facilitam o uso de uma coisa* (ex.: construção de mais um quarto numa casa pronta); **c)** benfeitorias voluptuárias *são as de mero deleite ou recreio* (ex.: construção de uma fonte luminosa na entrada de uma casa).

3.3. Direitos do possuidor de boa-fé: tem direito à **indenização** pelas benfeitorias necessárias e úteis que tiver feito, podendo, ainda, levantar as voluptuárias, desde que não deteriore a coisa. A indenização se dará pelo valor atual da benfeitoria. Outro direito do possuidor de boa-fé é o de retenção da coisa, enquanto não for indenizado. Significa que o possuidor não é obrigado a entregar a coisa enquanto não for ressarcido. O direito deve ser exercido no momento da contestação da ação que visa à retomada da coisa, devendo o juiz se pronunciar sobre a sua existência. Trata-se de um excelente meio de coerção para recebimento da indenização devida. Constitui verdadeiro direito real, pois não se converte em perdas e danos.

3.4. Direitos do possuidor de má-fé: tem direito apenas ao ressarcimento das benfeitorias necessárias que tiver feito, não podendo retirar as voluptuárias. Trata-se de uma punição a ele imposta, que só é ressarcido pelas benfeitorias necessárias, pois são despesas que até o possuidor legítimo teria de fazer. O retomante escolherá se pretende indenizar pelo valor atual ou pelo custo da benfeitoria. O possuidor de má-fé não tem direito de retenção da coisa enquanto não indenizado pelas benfeitorias necessárias que eventualmente tiver realizado.

(4) Usucapião. A posse prolongada, desde que preenchidos outros requisitos legais, dá ensejo a outro efeito da posse, que é a aquisição da coisa pela usucapião.

(5) Proteção possessória. A posse também tem o efeito de gerar o direito de o possuidor defendê-la contra a perturbação e a privação de seu exercício, provocadas por terceiro. Existem dois tipos de proteção possessória previstos em lei, a autoproteção e a heteroproteção.

5.1. Autoproteção da posse. A lei confere ao possuidor o direito de, por si só, proteger a sua posse, daí porque falar-se em autoproteção. Essa proteção não pode ir além do indispensável à restituição (art. 1.210, CC). Há duas situações em que isso ocorre:

(A) legítima defesa da posse: consiste no direito de autoproteção da posse no caso do possuidor, apesar de presente na coisa, estar sendo perturbado. Repare que não chegou a haver perda da coisa.

(B) desforço imediato: consiste no direito de autoproteção da posse no caso de esbulho, de perda da coisa. Repare que a vítima chega a perder a coisa. A lei só permite o desforço imediato se a vítima do esbulho "agir logo", ou seja, agir imediatamente após a agressão ("no calor dos acontecimentos") ou logo que possa agir. Aquele que está ausente (não presenciou o esbulho) só perderá esse direito se não agir logo após tomar conhecimento da agressão à sua posse (art. 1.224, CC).

5.2. Heteroproteção da posse. Trata-se da proteção feita pelo Estado Juiz, provocado por quem sofre a agressão na sua posse. Essa proteção tem o nome de interdito possessório e pode ser de três espécies: interdito proibitório, manutenção de posse e reintegração de posse. Antes de analisarmos cada um deles, é importante verificar suas características comuns.

5.2.1. Características dos interditos possessórios:

(A) fungibilidade: o juiz, ao conhecer de pedido possessório, pode outorgar proteção legal ainda que o pedido originário não corresponda à situação de fato provada em juízo. Assim, caso se ingresse com ação de manutenção de posse e os fatos comprovam que a ação adequada é a de reintegração de posse, o juiz pode determinar a reintegração, conhecendo um pedido pelo outro (art. 920, CPC).

(B) cumulação de pedidos: nas ações de reintegração e de manutenção de posse, a vítima pode reunir, além do pedido de *correção* da agressão (pedido possessório propriamente dito), os pedidos de condenação em *perdas e danos*, de cominação de *pena para o caso de descumprimento* da ordem judicial e de *desfazimento* da construção ou plantação feita na coisa (art. 921, CPC).

(C) caráter dúplice: o réu também pode pedir a proteção possessória desde que, na contestação, alegue que foi ofendido na sua posse (art. 922, CPC).

(D) impossibilidade de discussão do domínio: não se admite discussão de domínio em demanda possessória (arts. 1.210, § 2º, do CC, e 923 do CPC), ou seja, ganha a ação quem provar que detinha previamente posse legítima da coisa.

5.2.2. Interdito proibitório:

(A) conceito: *é a ação de preceito cominatório utilizada para impedir agressões iminentes que ameaçam a posse de alguém* (arts. 932 e 933 do CPC). Trata-se de ação de caráter *preventivo*, manejada quando há justo receio de que a coisa esteja na iminência de ser turbada ou esbulhada, apesar de não ter ocorrido ainda ato material nesses dois sentidos, havendo apenas uma *ameaça* implícita ou expressa.

(B) ordem judicial: acolhendo o pedido, o juiz fixará uma pena pecuniária para incidir caso o réu descumpra a proibição de turbar ou esbulhar a área, daí o nome de interdito "proibitório". Segundo a Súmula 228 do STJ, não é admissível o interdito proibitório para a proteção de direito autoral.

5.2.3. Manutenção de posse:

(A) conceito: *é a ação utilizada para corrigir agressões que turbam a posse.* Trata-se de ação de caráter repressivo, manejada quando ocorre **turbação**, que é todo ato ou conduta que *embaraça* o livre exercício da posse. Vizinho que colhe frutos ou que implementa marcos na área de outro está cometendo turbação. Se a turbação é passada, ou seja, não está mais acontecendo, cabe apenas pedido indenizatório.

(B) ordem judicial: acolhendo pedido, o juiz expedirá mandado de manutenção de posse. As demais condenações (em perdas e danos, em pena para o caso de nova turbação e para desfazimento de construção ou plantação) dependem de pedido específico da parte interessada. A utilização do rito especial, que prevê liminar, depende se se trata de ação de força nova (promovida dentro de ano e dia da turbação).

5.2.4. Reintegração de posse:

(A) conceito: *é a ação utilizada para corrigir agressões que fazem cessar a posse de alguém.* Trata-se de ação de caráter repressivo, manejada quando ocorre **esbulho**, que é a privação de alguém da posse da coisa, contra a sua vontade. A ação também é chamada de *ação de força espoliativa*.

(B) requisitos: o autor deve provar a sua posse, o esbulho praticado pelo réu, a data do esbulho e a perda da posse.

(C) legitimidade ativa: é parte legítima para propor a ação o possuidor esbulhado, seja ele possuidor direto ou indireto. O mero detentor não tem legitimidade. Os sucessores a título universal continuam, de direito, a posse de seu antecessor, podendo ingressar com ação, ainda que o esbulho tenha ocorrido antes do falecimento do *de cujus*. Já ao sucessor singular é facultado unir sua posse à do seu antecessor, para efeitos legais (art. 1.207, CC). Como regra, a lei não exige vênia conjugal para a propositura de demanda possessória (art. 10, § 2°, CPC). Em caso de condomínio de pessoas não casadas, a lei permite que cada um ingresse com ação isoladamente (art. 1.314, CC).

(D) legitimidade passiva: é parte legítima para sofrer a ação o autor do esbulho. Cabe também reintegração de posse contra terceiro que recebe a coisa sabendo que fora objeto de esbulho. Já contra terceiro que não sabia que a coisa fora objeto de esbulho, a ação adequada é a reivindicatória, em que se discutirá o domínio.

(E) ordem judicial: acolhendo o pedido, o juiz expedirá mandado de reintegração de posse. As demais condenações (em perdas e danos, em pena para o caso de nova turbação e para desfazimento de construção ou plantação) dependem de pedido específico da parte interessada. A utilização do rito especial, que prevê liminar, depende se se trata de ação de força nova (promovida dentro de ano e dia do esbulho). Após ano e dia do esbulho, deve-se promover a ação pelo rito ordinário, no qual poderá ser acolhido pedido de tutela antecipada, preenchidos seus requisitos, conforme entendimento do STJ e Enunciado CJF 238.

(Procurador Municipal – Sertãozinho/SP – VUNESP – 2016) Assinale a alternativa correta sobre o instituto da posse e seus efeitos.

(A) Em regra, o possuidor com justo título tem em seu benefício a presunção *juris tantum* de posse de boa-fé.

(B) A posse é um direito real, considerando-se possuidor todo aquele que tem de fato o exercício de algum dos poderes inerentes à propriedade.

(C) O direito civil brasileiro não admite o desdobramento da posse como forma de atribuir a alguém a posse direta e a outro a posse indireta sobre determinado bem.

(D) Para aquisição de imóvel por meio da usucapião extraordinária é dispensado o exercício da posse *ad usucapionem*.

(E) Ao possuidor de má-fé não serão ressarcidas as benfeitorias por ele realizadas, seja de natureza necessária, útil ou voluptuária.

A: correta. O justo título é o documento que aparenta ter aptidão para transmitir a posse (ou mesmo a propriedade) mas que – por algum vício intrínseco – não carrega tal aptidão. A serventia dele é conceder ao portador uma presunção de boa-fé na posse, o que acarreta variadas consequências jurídicas benéficas, como prazo reduzido de usucapião (CC, art. 1.201, parágrafo único); **B:** incorreta, pois a posse não é direito real; **C:** incorreta, pois o Código Civil (art. 1.197) admite o desdobramento da posse em *direta* e *indireta*. Assim, por exemplo, tem posse direta o locatário, o usufrutuário, o comodatário, enquanto o locador, o nu-proprietário e o comodante mantém apenas a posse indireta; **D:** incorreta, porquanto tal requisito é essencial em qualquer espécie de usucapião; **E:** incorreta, pois o possuidor de má-fé tem direito à indenização pelas benfeitorias necessárias, sem retenção (CC, art. 1.220). **GN**

Gabarito "A".

(Procurador do Município – Prefeitura Fortaleza/CE – CESPE – 2017) Com base na legislação processual e no Código Civil, julgue o seguinte item, acerca de ações possessórias e servidão urbanística.

(1) No âmbito das ações possessórias, se houver pedido de reintegração de posse e a propriedade do imóvel for controvertida, o juiz deverá, em primeiro lugar, decidir quanto ao domínio do bem e, depois, conceder ou não a ordem de reintegração.

1: incorreta: a ação possessória foi criada para ser um instrumento célere, cuja preocupação central do julgador seja apenas e tão somente a posse, ou seja, o exercício de fato de algum dos poderes inerentes à propriedade (CC, art. 1.196). A discussão de propriedade é proibida, pois atrapalharia o andamento do processo, tornando a possessória vagarosa. Daí a razão do art. 557 parágrafo único, segundo o qual: *"Não obsta à manutenção ou à reintegração de posse a alegação de propriedade ou de outro direito sobre a coisa".* **GN**

Gabarito 1E

6.2. Direitos reais e pessoais.

1. Conceito de Direito Real: é *o poder, direto e imediato, do titular sobre a coisa, com exclusividade e contra todos.* O direito real difere do direito pessoal, pois este gera uma relação entre pessoas determinadas (princípio da relatividade) e, em caso de violação, converte-se em perdas e danos. No direito real, ao contrário, seu titular pode perseguir a coisa sobre a qual tem poder, não tendo que se contentar com a conversão da situação em perdas e danos. O ponto em comum entre os direitos pessoais e os direitos reais é o fato de que integram a categoria dos direitos patrimoniais, diferente dos direitos da personalidade.

2. Princípios do direito real:

2.1. Princípio da aderência: *aquele pelo qual se estabelece um vínculo entre o sujeito e a coisa, independentemente da colaboração do sujeito passivo.*

2.2. Princípio do absolutismo: *aquele pelo qual os direitos reais são exercidos contra todos (**erga omnes**).* Por exemplo: quando alguém é proprietário de um imóvel, todos têm de respeitar esse direito. Daí surge o *direito de sequela* ou o ***jus persequendi***, pelo qual, violado o direito real, a vítima pode perseguir a coisa, ao invés de ter de se contentar com uma indenização por perdas e danos.

2.3. Princípio da publicidade (ou visibilidade): *aquele pelo qual os direitos reais só se adquirem depois do registro do título na matrícula (no caso de imóvel) ou da tradição (no caso de móvel).* Por ser o direito real oponível *erga omnes*, é necessária essa publicidade para que sejam constituídos.

2.4. Princípio da taxatividade: *aquele pelo qual o número de direitos reais é limitado pela lei.* Assim, por acordo de vontades não é possível criar uma nova modalidade de direito real, que são *numerus clausus*. Assim, está certa a afirmativa de que só são direitos reais aqueles que a lei, taxativamente, denominar como tal, enquanto que os direitos pessoais podem ser livremente criados pelas partes envolvidas (desde que não seja violada a lei, a moral ou os bons costumes), sendo, portanto, o seu número ilimitado.

2.5. Princípio da tipificação: *aquele pelo qual os direitos reais devem respeitar os tipos existentes em lei.* Assim,

5. DIREITO CIVIL

o acordo de vontades não tem o condão de modificar o regime jurídico básico dos direitos reais.

2.6. Princípio da perpetuidade: *aquele pelo qual os direitos reais não se perdem pelo decurso do tempo, salvo as exceções legais.* Esse princípio se aplica ao direito de propriedade. Os direitos pessoais, por sua vez, têm a marca da *transitoriedade.*

2.7. Princípio da exclusividade: *aquele pelo qual não pode haver direitos reais, de igual conteúdo, sobre a mesma coisa.* Exemplo: o nu-proprietário e o usufrutuário não têm direitos iguais quanto ao bem objeto do usufruto.

2.8. Princípio do desmembramento: *aquele que permite o desmembramento do direito matriz (propriedade), constituindo-se direitos reais sobre coisas alheias.* Ou seja, pelo princípio é possível desmembrar um direito real (propriedade, por exemplo) em outros direitos reais (uso, por exemplo).

(Procurador Distrital – 2014 – CESPE) Julgue o seguinte item.

(1) Se estiver pendente usufruto sobre bem imóvel, a nua propriedade desse bem poderá ser objeto de penhora e alienação em hasta pública, ficando ressalvado o direito real de usufruto, inclusive após a arrematação ou a adjudicação, até que haja a extinção desse direito.

1: Correta. O usufruto é considerado uma das modalidades de direitos reais sobre coisa alheia. Pendente usufruto sobre determinado imóvel tem-se o desmembramento dos atributos da propriedade (usar, gozar, dispor e reivindicar). Assim, o proprietário deterá apenas a nua-propriedade, restando-lhe os direitos de dispor a reivindicar, ao passo que ao usufrutuário são transferidos os direitos de usar e gozar do bem. Trata-se, portanto, de direitos autônomos. Prova disso é a possibilidade de cessão do exercício do direito de usufruto (art. 1.393 CC), por exemplo, independentemente da disposição da nua-propriedade. Neste passo, a nua-propriedade também poderá ser objeto de alienação e penhora, independentemente da existência do direito de usufruto de terceiro. Desde que regularmente constituído, isto é, desde que registrado no Cartório de Registro de Imóveis, o direito do usufrutuário permanecerá intocável, até que subsista uma das causas de extinção previstas no art. 1.410 do CC.

Gabarito 1C.

6.3. Propriedade imóvel

Usucapião.

(1) Conceito: *é a forma de aquisição originária da propriedade pela posse prolongada no tempo e pelo cumprimento de outros requisitos legais.* A usucapião também é chamada de *prescrição aquisitiva.* Essa forma de aquisição da propriedade independe de inscrição no Registro de Imóveis. Ou seja, cumpridos os requisitos legais, o possuidor adquire a propriedade da coisa. Assim, a sentença na ação de usucapião é meramente declaratória da aquisição da propriedade, propiciando a expedição de mandado para registro do imóvel em nome do adquirente, possibilitando a todos o conhecimento da nova situação. A aquisição é originária, ou seja, não está vinculada ao título anterior. Isso faz com que eventuais restrições que existirem na propriedade anterior não persistam em relação ao novo proprietário.

(2) Requisitos. São vários os requisitos para a aquisição da propriedade pela usucapião. Vamos enumerar, neste item, apenas os requisitos que devem ser preenchidos em todas as modalidades de usucapião, deixando os específicos de cada modalidade para estudo nos itens abaixo respectivos. Os requisitos gerais são os seguintes:

(A) posse prolongada no tempo: não basta mera detenção da coisa, é necessária a existência de posse. E mais: de posse que se prolongue no tempo, tempo esse que variará de acordo com o tipo de bem (móvel ou imóvel) e em função de outros elementos, como a existência de boa-fé, a finalidade da coisa etc.;

(B) posse com *animus domini*: não basta a mera posse; deve se tratar de posse com ânimo de dono, com intenção de proprietário; essa circunstância impede que se considere a posse de um locatário do bem como hábil à aquisição da coisa;

(C) posse mansa e pacífica: ou seja, posse sem oposição; assim, se o legítimo possuidor da coisa se opôs à posse, ingressando com ação de reintegração de posse, neste período não se pode considerar a posse como mansa e pacífica, sem oposição.

(D) posse contínua: ou seja, sem interrupção; não é possível computar, por exemplo, dois anos de posse, uma interrupção de um ano, depois mais dois anos e assim por diante; deve-se cumprir o período aquisitivo previsto em lei sem interrupção.

(3) Usucapião extraordinário – requisitos:

(A) tempo: 15 anos; o prazo será reduzido para 10 anos se o possuidor houver estabelecido no imóvel a sua moradia habitual, ou nele realizado obras ou serviços de caráter produtivo (art. 1.238, CC).

(B) requisitos básicos: posse "mansa e pacífica" (sem oposição), "contínua" (sem interrupção) e com "ânimo de dono".

(4) Usucapião ordinário – requisitos:

(A) tempo: 10 anos; o prazo será reduzido para 5 anos se preenchidos dois requisitos: se o imóvel tiver sido adquirido onerosamente com base no registro constante do respectivo cartório; se os possuidores nele tiverem estabelecido a sua moradia ou realizado investimentos de interesse social e econômico (art. 1.242, CC).

(B) requisitos básicos: posse "mansa e pacífica" (sem oposição), "contínua" (sem interrupção) e com "ânimo de dono".

(C) boa-fé e justo título: como o prazo aqui é menor, exige-se do possuidor, no plano subjetivo, a boa-fé, e, no plano objetivo, a titularidade de um título hábil, em tese, para transferir a propriedade.

(5) Usucapião especial urbano – requisitos:

(A) tempo: 5 anos (art. 1.240, CC).

(B) requisitos básicos: posse "mansa e pacífica" (sem oposição), "contínua" (sem interrupção) e com "ânimo de dono".

(C) tipo de imóvel: área urbana; tamanho de até 250 m²;

(D) finalidade do imóvel: deve ser utilizado para a moradia do possuidor ou de sua família;

(E) requisitos negativos: que o possuidor não seja proprietário de outro imóvel urbano ou rural; que o possuidor não tenha sido beneficiado anteriormente pelo direito ao usucapião urbano.

(6) Usucapião especial urbano FAMILIAR – requisitos:

(A) tempo: 2 anos (art. 1.240-A, CC).

(B) requisitos básicos: posse "mansa e pacífica" (sem oposição), "contínua" (sem interrupção) e com "ânimo de dono".

(C) tipo de imóvel: área urbana; tamanho de até 250 m²;

(D) finalidade do imóvel: deve ser utilizado para a moradia do possuidor ou de sua família;

(E) requisito específico: imóvel cuja PROPRIEDADE o possuidor divida com ex-cônjuge ou ex-companheiro que ABANDONOU o lar;

(F) requisitos negativos: que o possuidor não seja proprietário de outro imóvel urbano ou rural; que o possuidor não tenha sido beneficiado anteriormente pelo direito ao usucapião urbano. O possuidor abandonado deve estar na posse direta e exclusiva do imóvel, e, cumpridos os requisitos da usucapião, adquirirá o domínio integral do imóvel.

(7) Usucapião urbano coletivo – requisitos:

(A) tempo: 5 anos (art. 10 da Lei 10.257/01 – Estatuto da Cidade);

(B) requisitos básicos: posse "mansa e pacífica" (sem oposição), "contínua" (sem interrupção) e com "ânimo de dono".

(C) tipo de imóvel: área urbana; tamanho superior a 250 m²;

(D) finalidade do imóvel: utilização para moradia; população de baixa renda;

(E) requisitos negativos: que o possuidor não seja proprietário de outro imóvel urbano ou rural; que seja impossível identificar o terreno ocupado por cada possuidor.

(8) Usucapião especial rural – requisitos:

(A) tempo: 5 anos (art. 1.239, CC);

(B) requisitos básicos: posse "mansa e pacífica" (sem oposição), "contínua" (sem interrupção) e com "ânimo de dono";

(C) tipo de imóvel: área de terra em zona rural; tamanho de até 50 hectares;

(D) finalidade do imóvel: deve ser utilizado para a moradia do possuidor ou de sua família; área produtiva pelo trabalho do possuidor ou de sua família;

(E) requisito negativo: a terra não pode ser pública.

(Procurador do Estado/SP – 2018 – VUNESP) Desde novembro de 2007, Tício exerce posse mansa, pacífica, ininterrupta e com fim de moradia sobre imóvel urbano com área de 260 m², baseado em compromisso de compra e venda quitado, mas não registrado, celebrado com Caio.

Mévio, de boa-fé, adquiriu o mesmo imóvel de Caio em fevereiro de 2018, mediante pagamento à vista, seguido de posterior registro da escritura pública de compra e venda no Cartório de Imóveis.

Em seguida, Mévio move ação de imissão na posse em face de Tício. Nesse caso,

(A) mesmo ausentes os requisitos da usucapião ordinária, Tício poderá alegar a usucapião especial urbana como matéria de defesa, para impedir a procedência do pedido.

(B) se acolhida a usucapião como matéria de defesa, Tício deverá indenizar Mévio, pois este não teria adquirido o imóvel de Caio caso o compromisso de compra e venda tivesse sido levado a prévio registro.

(C) Tício não poderá invocar a usucapião como matéria de defesa, ante a vedação à *exceptio proprietatis* prescrita no art. 1.210, parágrafo 2° do Código Civil e o fato de Mévio ser adquirente de boa-fé.

(D) Tício poderá alegar a usucapião ordinária como matéria de defesa para impedir a procedência do pedido, mediante prova da existência de compromisso de compra e venda quitado, ainda que não registrado, e da posse prolongada exercida com boa-fé.

(E) a alegação de usucapião ordinária formulada por Tício, como matéria de defesa, não impedirá a procedência do pedido, por falta de prévio registro do compromisso de compra e venda, condição indispensável para torná-lo oponível *erga omnes*, em especial a Mévio, adquirente de boa-fé.

A questão trata da usucapião ordinária, prevista no art. 1.242 do Código Civil. Tício exerceu a posse sobre o imóvel de forma contínua, inconteste e de boa-fé. O prazo para a consumação de tal usucapião é de dez anos e o compromisso de compra e venda caracteriza a existência do justo título. O STJ já firmou entendimento segundo o qual: "*reconhece como justo título, hábil a demonstrar a posse, o instrumento particular de compromisso de comprae venda, ainda que desprovidode registro*" (AgInt no AREsp 202871/MS Agravo Interno no Agravo em Recurso Especial 2012/0144045-5). Desta forma, ele tornou-se legítimo proprietário do bem em novembro de 2017, quando o prazo se consumou e tal direito real de propriedade pode ser utilizado em sede de defesa (STF, súmula 237). No que se refere a Mévio, ele poderá se voltar contra Caio, que vendeu coisa que já não era sua. Para tanto, ele utilizará as regras legais da garantia contra a evicção (CC, arts. 447 e seguintes). **GN** Gabarito "D."

(Procurador do Estado/SE – 2017 – CESPE) Carlos, proprietário de um terreno, concedeu a Pedro, mediante escritura pública registrada, o direito de cultivar esse terreno pelo período de três anos.

Nessa situação hipotética, de acordo com o que dispõe o Código Civil,

(A) em caso de falecimento de Pedro, o direito poderá ser transferido a seus herdeiros ou a terceiros.

(B) Carlos poderá alienar o direito de cultivo durante o prazo estipulado, mas não poderá alienar o imóvel objeto da concessão.

(C) Pedro poderá fazer obra no subsolo para guardar em depósito os insumos destinados à plantação.

(D) caso o imóvel seja desapropriado, Pedro também fará jus à indenização.

(E) Carlos continuará obrigado ao pagamento dos tributos que incidirem sobre o terreno.

A: incorreta, pois o direito de superfície pode ser transferido a terceiros independentemente da morte de Pedro (art. 1.372, "caput", CC); **B:** incorreta, Carlos (proprietário) pode sim alienar o imóvel objeto da concessão, desde que dê preferência ao superficiário, em igualdade de condições (art. 1.373 CC). **C** incorreta, pois o direito de superfície não autoriza obra no subsolo, salvo se for inerente ao objeto da concessão (art. 1.369, parágrafo único, CC); **D:** correta, pois caso o imóvel seja desapropriado, Pedro terá direito a indenização no valor correspondente ao seu direito real (art. 1.376 CC); **E:** incorreta, pois o superficiário responderá pelos encargos e tributos que incidirem sobre o imóvel (art. 1.371 CC). GR

Gabarito "D".

(Procurador – IPSMI/SP – VUNESP – 2016) João exerceu posse de uma propriedade imóvel, como se sua fosse, por quinze anos, sem interrupção, nem oposição. Consta no Registro de Imóveis que o imóvel pertence a Antonio e está hipotecado para o Banco X. Diante desse fato, assinale a alternativa correta.

(A) Prevalece a usucapião sobre a hipoteca, como modo de aquisição originária da propriedade.

(B) O Banco X tem o direito de executar a hipoteca, caso não paga, imitindo-se na posse.

(C) O Banco X tem o direito de excutir a propriedade, independentemente de quem seja o titular de sua posse.

(D) A hipoteca está cancelada desde o momento em que João passou a exercer a posse como se a propriedade fosse sua.

(E) Não há causa para a extinção da hipoteca, por falta de disposição legal que abranja a situação fática apresentada.

A usucapião é forma originária de aquisição de propriedade. Isso significa que eventual direito real de garantia estabelecido anteriormente não prevalece. Esse é o entendimento consolidado pelo STJ. Nesse sentido: "*A usucapião é forma de aquisição originária da propriedade, de modo que não permanecem os ônus que gravavam o imóvel antes da sua declaração*" (AgRg no REsp 647.240/DF, Rel. Ministro Ricardo Villas Bôas Cueva, Terceira Turma, julgado em 07/02/2013, DJe 18/02/2013). GN

Gabarito "A".

(Procurador Municipal – Sertãozinho/SP – VUNESP – 2016) Com relação à propriedade imóvel, é correto afirmar que

(A) não se admite a renúncia à propriedade imóvel quando há débitos de natureza *propter rem* perante a municipalidade.

(B) no caso de abandono do imóvel urbano pelo proprietário, havendo sua arrecadação como bem vago, o domínio passará ao Estado ou ao Distrito Federal, se achar-se nas respectivas circunscrições.

(C) a aquisição pelo registro do título somente tem eficácia a partir do efetivo registro pelo oficial do cartório competente, que não poderá ultrapassar o prazo de 30 (trinta) dias.

(D) na aquisição por usucapião, em regra não se admite que o possuidor acrescente à sua posse a dos seus antecessores, com o objetivo de cumprir o requisito temporal.

(E) a prescrição aquisitiva é forma originária de aquisição da propriedade.

A: incorreta, pois a renúncia à propriedade imóvel é válida, ainda que haja débitos de natureza *propter rem* perante a municipalidade, como é o caso típico do IPTU; **B:**incorreta, pois no caso de abandono, o bem poderá ser arrecadado e passará, após três anos, à propriedade do Município ou Distrito Federal onde localizado (CC, art. 1.276); **C:** incorreta, pois "*O registro é eficaz desde o momento em que se apresentar o título ao oficial do registro, e este o prenotar no protocolo*" (CC, art. 1.246);

D:incorreta, pois o sucessor universal (ex: herdeiro único) continua de direito a posse do seu antecessor. Já o sucessor singular (ex: herdeiro legatário, a quem se deixou um terreno) tem a opção de unir sua posse à do antecessor (CC, art. 1.207); **E:** correta, pois a usucapião é forma originária de aquisição de propriedade. Isso significa que eventual direito real de garantia estabelecido anteriormente não prevalece. Esse é o entendimento consolidado pelo STJ. Nesse sentido: "*A usucapião é forma de aquisição originária da propriedade, de modo que não permanecem os ônus que gravavam o imóvel antes da sua declaração*" (AgRg no REsp 647.240/DF, Rel. Ministro Ricardo Villas Bôas Cueva, Terceira Turma, julgado em 07/02/2013, DJe 18/02/2013). GN

Gabarito "E".

(Procurador do Estado – PGE/MT – FCC – 2016) José, embora sem justo título nem boa-fé, exerceu, por dez anos, sem interrupção, nem oposição, a posse de imóvel registrado em nome de Caio, menor impúbere, nele estabelecendo sua moradia habitual. De acordo com o Código Civil,

(A) ocorreu usucapião ordinária, porque o prazo desta, de quinze anos, é reduzido a dez quando o possuidor estabelece no imóvel sua moradia habitual.

(B) ocorreu usucapião extraordinária, porque o prazo desta, de quinze anos, é reduzido a dez quando o possuidor estabelece no imóvel sua moradia habitual.

(C) nãoocorreu usucapião, porque esta ocorre somente se o possuidor tiver justo título.

(D) nãoocorreu usucapião, porque se aplicam à usucapião as causas que obstam, suspendem ou interrompem a prescrição.

(E) nãoocorreu usucapião, porque esta ocorre somente se o possuidor tiver boa-fé.

As hipóteses de suspensão/impedimento da prescrição (CC, arts. 197 a 201), e as hipóteses de interrupção da prescrição (CC, art. 202) são aplicáveis ao prazo de usucapião (CC, art. 1.244). Assim, por exemplo, não corre prazo de usucapião contra: "*os ausentes do país em serviço público da União*" (CC, art. 198, II). A hipótese mencionada é um exemplo clássico de impedimento de prazo prescricional, pois não corre prazo de prescrição contra o absolutamente incapaz (CC, art. 198, I). Logo, também não corre prazo de usucapião contra o absolutamente incapaz. GN

Gabarito "D".

(Procurador Município – Teresina/PI – FCC – 2022) Em relação à aquisição e perda da propriedade imóvel:

(A) O álveo abandonado de corrente pertence aos proprietários ribeirinhos das duas margens em igual proporção, indenizando-se os donos dos terrenos por onde as águas abrirem novo curso.

(B) Os acréscimos formados, sucessiva e imperceptivelmente, por depósitos e aterros naturais ao longo das margens das correntes, ou pelo desvio das águas destas, pertencem aos donos dos terrenos marginais, sem indenização.

(C) Perde-se a propriedade do imóvel situado em zona rural se o proprietário o abandonar, com a intenção de não mais conservar em seu patrimônio por cinco anos, caso em que poderá passar à propriedade do Estado ou do Município, dependendo de sua localização.

(D) A usucapião é meio de aquisição da propriedade, reconhecida por sentença constitutiva que servirá de título para o registro no Cartório de Registro de Imóveis.

(E) Transfere-se entre vivos a propriedade mediante o registro do título translativo no Registro de Imóveis, cuja eficácia retroagirá à data da lavratura da escritura definitiva de compra e venda do imóvel.

A: incorreta, pois não há que se falar em indenização aos donos dos terrenos por onde as águas abrirem novo curso (art. 1.252 CC); **B:** correta (art. 1.250, *caput* CC); **C:** incorreta, pois o prazo estipulado por Lei é de três anos e não de cinco anos e a propriedade passará para a União, independentemente do local em que o imóvel esteja localizado (art. 1.275, III e 1.276, §1° CC". **D:** incorreta, pois a sentença tem natureza declaratória, e não constitutiva (art. 1.241 CC); **E:** incorreta, pois enquanto não se registrar o título translativo, o alienante continua a ser havido como dono do imóvel (art. 1.245, § 1° CC). Logo, a eficácia não retroage à data da lavratura da escritura definitiva. GR

Gabarito "B".

(Procurador Município – Santos/SP – VUNESP – 2021) Considerando as disposições do Código Civil relativas ao direito de vizinhança, assinale a alternativa correta.

(A) O proprietário ou possuidor tem direito de fazer cessar as interferências prejudiciais provocadas pela utilização da propriedade vizinha, mas é obrigado a indenizar o vizinho pelo prejuízo decorrente da cessação da atividade.

(B) O proprietário ou possuidor tem direito de recolher para si os frutos pendentes e os frutos caídos de árvore do terreno vizinho.

(C) O dono de prédio que não tiver passagem para via pública, nascente ou porto tem direito de constranger o vizinho a lhe dar passagem, mediante pagamento de indenização.

(D) O proprietário tem direito de cercar ou murar seu prédio, bem como pode obrigar o vizinho à demarcação entre os dois prédios, aviventando os rumos apagados e renovando os marcos destruídos, desde que suporte as despesas.

(E) O proprietário pode, a qualquer tempo, exigir que o vizinho desfaça obra que despeje goteira sobre seu prédio.

A: incorreta, pois não são obrigados a indenizar o vizinho pelo prejuízo decorrente da cessação da atividade (art. 1.277, *caput* CC); **B:** incorreta, pois os frutos caídos de árvore do terreno vizinho pertencem ao dono do solo onde caíram, se este for de propriedade particular (art. 1.284 CC). Logo, o proprietário ou possuidor pode recolher os frutos caídos, mas não os pendentes; **C:** correta (art. 1.285, *caput* CC); **D:** incorreta, pois neste caso deve-se repartir proporcionalmente entre os interessados as respectivas despesas (art. 1.297, *caput* CC); **E:** incorreta, pois essa exigência não pode se dar a qualquer tempo, mas no prazo de um ano e dia após a conclusão da obra (art. 1.302, *caput* CC). GR

Gabarito "C".

(Procurador Município – Santos/SP – VUNESP – 2021) Em relação ao direito de laje, assinale a alternativa correta.

(A) O direito real de laje constitui unidade imobiliária autônoma que não se confunde com as demais áreas edificadas pertencentes ou não ao proprietário da construção-base.

(B) A instituição do direito real de laje implica a atribuição ao seu titular de uma fração ideal do terreno, em proporção às áreas edificadas.

(C) Cabe ao titular do direito real de laje suportar os encargos relativos à sua unidade imobiliária autô-

noma, devendo o proprietário da construção-base suportar as despesas relativas à conservação das partes que servem ao prédio todo, como alicerces, colunas, pilares, paredes e telhados.

(D) Ao titular do direito real de laje é assegurado o direito de ceder a superfície de sua construção para a instituição de um sucessivo direito de laje, desde que respeitadas as posturas edilícias e urbanísticas.

(E) É nula de pleno direito a alienação do direito real de laje, se não for dada oportunidade ao proprietário da construção-base para exercer seu direito de preferência.

A: correta (art. 1.510-A, § 1° CC); **B:** incorreta, pois a instituição do direito real de laje não implica a atribuição de fração ideal de terreno ao titular da laje ou a participação proporcional em áreas já edificadas (art. 1.510-A, § 4° CC); **C:** incorreta, pois sem prejuízo, no que couber, das normas aplicáveis aos condomínios edilícios, para fins do direito real de laje, as despesas necessárias à conservação e fruição das partes que sirvam a todo o edifício e ao pagamento de serviços de interesse comum serão partilhadas entre o proprietário da construção-base e o titular da laje, na proporção que venha a ser estipulada em contrato (art. 1.510-C CC); **D:** incorreta, pois o titular da laje poderá ceder a superfície de sua construção para a instituição de um sucessivo direito real de laje, desde que haja autorização expressa dos titulares da construção-base e das demais lajes, respeitadas as posturas edilícias e urbanísticas vigentes (art. 1.510-A, § 6° CC); **E:** incorreta, pois a Lei admite que as partes convencionem de modo contrário (art. 1.510-D parte final CC). Caso não seja convencionado de modo contrário, ao titular da construção-base ou da laje a quem não se der conhecimento da alienação poderá, mediante depósito do respectivo preço, haver para si a parte alienada a terceiros, se o requerer no prazo decadencial de cento e oitenta dias, contado da data de alienação (art. 1.510-D, § 1° CC). GR

Gabarito "A".

(Procurador/PA – CESPE – 2022) Determinado imóvel urbano de 270 m² está sob posse mansa, pacífica, contínua, sem oposição e com *animus domini*, há cerca de vinte anos, em loteamento não regularizado. A área do imóvel, no entanto, é inferior ao módulo urbano descrito na legislação municipal.

Com relação a essa situação hipotética, assinale a opção correta, conforme precedente do Superior Tribunal de Justiça firmado em julgamento de recurso especial repetitivo.

(A) Como o imóvel está situado em loteamento não regularizado, a usucapião apenas pode ocorrer pela via ordinária, devendo o interessado comprovar a boa-fé ou a existência de justo título.

(B) O imóvel não poderá ser usucapido, pois a área é superior ao limite de 250 m² definido no Código Civil.

(C) O fato de o imóvel estar situado em loteamento não regularizado obsta a aquisição da propriedade por usucapião.

(D) Para a usucapião extraordinária, deve ser considerada apenas a posse do atual ocupante do imóvel, devendo ser descartada a posse do antecessor.

(E) O imóvel poderá ser usucapido, a despeito de a área ser inferior ao módulo urbano definido na legislação municipal.

A: incorreta, pois é possível a usucapião extraordinária em imóvel situado em loteamento não regularizado. O fato de um imóvel estar inserido em um loteamento irregular não justifica a negativa do direito à usucapião. Isso porque o direito de propriedade declarado pela sentença é diferente da certificação e publicidade decorrente do registro, ou da regularidade urbanística da ocupação (REsp. 1.818.564); **B:** incorreta, pois essa limitação é apenas para a usucapião especial urbana. Em se tratando de usucapião extraordinária essa limitação não se aplica (art. 1.240 CC e 1.238 CC); **C:** incorreta, nos termos do REsp. 1.818.564; **D:** incorreta, pois é considerada a posse do antecessor (art. 1.243 CC); **E:** correta, pois a Segunda Seção do Superior Tribunal de Justiça (STJ), em julgamento sob o rito dos recursos especiais repetitivos (Tema 985), estabeleceu a tese de que o reconhecimento da usucapião extraordinária, mediante o preenchimento de seus requisitos específicos, não pode ser impedido em razão de a área discutida ser inferior ao módulo estabelecido em lei municipal. Além disso, o colegiado levou em consideração precedente do Supremo Tribunal Federal no RE 422.349, segundo o qual, preenchidos os requisitos do artigo 183 da Constituição, o reconhecimento do direito à usucapião especial urbana não pode ser impedido por legislação infraconstitucional que estabeleça módulos urbanos na área em que o imóvel está situado. **GR**

Gabarito "E".

(Procurador – PGE/SP – 2024 – VUNESP) Um terreno onde cada um dos proprietários tem a propriedade exclusiva sobre o seu lote, havendo partes de propriedade comuns dos condôminos, bem como outras partes onde foram instituídos direitos reais sobre coisa alheia em benefício do poder público, da população em geral e da proteção da paisagem urbana, denomina-se condomínio

(A) de lotes.

(B) de acesso controlado.

(C) misto.

(D) em multipropriedade.

(E) urbano simples.

A: correta, nos termos do art. 1.358-A CC: "Pode haver, em terrenos, partes designadas de lotes que são propriedade exclusiva e partes que são propriedade comum dos condôminos"; **B:** incorreta, pois dispõe o art. 2º, §§ 1º e 8º, da Lei nº 6.766/79: "Art. 2º. O parcelamento do solo urbano poderá ser feito mediante loteamento ou desmembramento, observadas as disposições desta Lei e as das legislações estaduais e municipais pertinentes. § 1º Considera-se loteamento a subdivisão de gleba em lotes destinados a edificação, com abertura de novas vias de circulação, de logradouros públicos ou prolongamento, modificação ou ampliação das vias existentes. § 8º Constitui loteamento de acesso controlado a modalidade de loteamento, definida nos termos do § 1º deste artigo, cujo controle de acesso será regulamentado por ato do poder público Municipal, sendo vedado o impedimento de acesso a pedestres ou a condutores de veículos, não residentes, devidamente identificados ou cadastrados; **C:** incorreta, pois condomínios mistos são empreendimentos imobiliários que combinam diferentes tipos de uso dentro de um mesmo complexo ou área. Geralmente, esses condomínios incluem apartamentos residenciais na parte superior da torre, enquanto o térreo se destina para fins comerciais diversos. Tudo dentro de um mesmo espaço físico. Logo, não se configuram no conceito do enunciado na questão (art. 1.358-A CC); **D:** incorreta, pois segundo o art. 1.358-C CC: "Multipropriedade é o regime de condomínio em que cada um dos proprietários de um mesmo imóvel é titular de uma fração de tempo, à qual corresponde a faculdade de uso e gozo, com exclusividade, da totalidade do imóvel, a ser exercida pelos proprietários de forma alternada"; **E:** incorreta, pois o condomínio urbano simples está previsto no art. 61 da Lei nº 13.465/17, segundo a qual: "art. 61. Quando um mesmo imóvel contiver construções de casas ou cômodos, poderá ser instituído, inclusive para fins de Reurb, condomínio urbano simples, respeitados os parâmetros urbanísticos locais, e serão discriminadas, na matrícula, a parte do terreno ocupada pelas edificações, as partes de utilização exclusiva e as áreas que constituem passagem para as vias públicas ou para as unidades entre si. Parágrafo único. O condomínio urbano simples será regido por esta Lei, aplicando-se, no que couber,

o disposto na legislação civil, tal como os arts. 1.331 a 1.358 da Lei nº 10.406, de 10 de janeiro de 2002 (Código Civil)". **GR**

Gabarito "A".

6.4. Direitos reais na coisa alheia – fruição

(Procurador do Estado/SP – 2018 – VUNESP) Sobre o direito real de laje, é correto afirmar:

(A) pressupõe a coexistência de unidades imobiliárias, autônomas ou não, de titularidades distintas e situadas na mesma área, de modo a permitir que o proprietário ceda a superfície de sua construção a outrem para que ali construa unidade distinta daquela originalmente construída sobre o solo.

(B) a ruína da construção-base não implica extinção do direito real de laje se houver sua reconstrução no prazo de 10 anos.

(C) as unidades autônomas constituídas em matrícula própria poderão ser alienadas por seu titular sem necessidade de prévia anuência do proprietário da construção-base.

(D) confere ao seu titular o direito de sobrelevações sucessivas, mediante autorização expressa ou tácita do proprietário da construção-base, desde que observadas as posturas edilícias e urbanísticas vigentes.

(E) contempla espaço aéreo e subsolo, tomados em projeção vertical, atribuindo ao seu titular fração ideal de terreno que comporte construção.

A: incorreta, pois a unidade deve ser autônoma (CC, art. 1.510-A, §1º); **B:** incorreta, pois – nesse caso – a ruína da construção base somente não implicará extinção do direito real de laje se houver sua reconstrução no prazo de 5 anos (CC, art. 1.510-E); **C:** correta, pois o Código Civil não exige anuência, mas apenas confere direito de preferência ao titular da construção base e, na sequência, ao titular de outra laje. A consequência da não concessão de tal preferência é a possibilidade de o preterido depositar o respectivo preço e haver para si a parte alienada, desde que o requeira no prazo decadencial de cento e oitenta dias, contado da data de alienação (CC, art. 1.510-D); **D:** incorreta, pois o Código exige "*autorização expressa dos titulares da construção-base e das demais lajes*" (CC, art. 1.510-A § 6º); **E:** incorreta, pois não se atribui ao titular de direito real de laje fração ideal do terreno (CC, art. 1.510-A, § 4º). **GN**

Gabarito "C".

(Procurador do Estado/TO – 2018 – FCC) Sobre o reconhecimento extrajudicial da usucapião, considere:

I. O pedido será processado diretamente perante o cartório do registro de imóveis da comarca em que situado o imóvel usucapiendo, a requerimento do interessado, que não precisará estar representado por advogado.

II. O pedido deverá ser instruído com ata notarial lavrada pelo tabelião, atestando o tempo de posse do requerente e seus antecessores, conforme o caso e suas circunstâncias.

III. Se a planta não contiver a assinatura de qualquer um dos titulares de direitos registrados ou averbados na matrícula do imóvel usucapiendo ou na matrícula dos imóveis confinantes, o titular será notificado pelo registrador competente, pessoalmente ou pelo correio com aviso de recebimento, para manifestar consentimento expresso em quinze dias, interpretado o silêncio como concordância.

IV. O oficial de registro de imóveis dará ciência à União, ao Estado, ao Distrito Federal e ao Município, pessoalmente, por intermédio do oficial de registro de títulos e documentos, ou pelo correio com aviso de recebimento, para que se manifestem, em quinze dias, sobre o pedido.

V. Não é lícito ao interessado suscitar o procedimento de dúvida, mas a rejeição do pedido extrajudicial não impede o ajuizamento da ação de usucapião.

Está correto o que se afirma APENAS em

(A) II e IV.

(B) IV e V.

(C) I e III.

(D) I e II.

(E) III e V.

I: errada, pois é necessário a atuação de advogado (art. 216-A, *caput* da Lei 6.015/73); **II:** certa (art. 216-A, I da Lei 6.015/73); **III:** Item considerado inicialmente incorreto pela banca, por isso a questão foi anulada. A alternativa III está correta nos termos do art. 216-A, § 2º da LRP (Se a planta não contiver a assinatura de qualquer um dos titulares de direitos registrados ou averbados na matrícula do imóvel usucapiendo ou na matrícula dos imóveis confinantes, o titular será notificado pelo registrador competente, pessoalmente ou pelo correio com aviso de recebimento, para manifestar consentimento expresso em quinze dias, interpretado o silêncio como concordância); **IV:** certa (art. 216-A, § 3º da Lei 6.015/73); **V:** errada, pois em qualquer caso, é lícito ao interessado suscitar o procedimento de dúvida, nos termos desta Lei (art. 216-A, § 7º da Lei 6.015/73). GR
Gabarito "Anulada".

(Procurador Município – Santos/SP – VUNESP – 2021) Considerando as disposições relativas aos direitos reais de gozo ou fruição, é correto afirmar:

(A) Salvo disposição expressa em sentido contrário, em caso de extinção do direito de superfície por decurso de seu prazo, o proprietário assume a propriedade plena do imóvel mediante indenização das construções e/ou plantações introduzidas pelo superficiário.

(B) O usufrutuário tem direito aos frutos pendentes no início do usufruto, devendo, porém, pagar as despesas de produção desses frutos.

(C) No contrato de penhor, é nula a cláusula que autoriza o credor a ficar com o objeto empenhado, em caso de não pagamento da dívida.

(D) Salvo disposição expressa em sentido contrário, o dono de uma servidão predial pode realizar todas as obras de conservação, devendo as despesas ser rateadas entre os proprietários do prédio serviente e do prédio dominante.

(E) Havendo renúncia tácita do proprietário do prédio dominante, tem-se por extinta de pleno direito a servidão, podendo o proprietário do prédio serviente providenciar seu cancelamento junto ao Cartório do Registro de Imóveis.

A: incorreta, pois havendo extinção do direito de superfície por decurso do prazo o proprietário passará a ter a propriedade plena do imóvel independentemente de indenização, se as partes não houverem estipulado o contrário (art. 1.375 CC); **B:** incorreta, pois ele não precisa pagar as despesas de produção (art. 1.396, *caput* CC); **C:** correta (art. 1.428, *caput* CC); **D:** incorreta, pois o art. 1.380 CC define que o dono de uma servidão pode fazer todas as obras necessárias à sua conservação e uso, e, se a servidão pertencer a mais de um prédio, serão as despesas

rateadas entre os respectivos donos. No texto não há a possibilidade de se colocar cláusula em sentido contrário; **E:** incorreta, pois para que isso ocorra a renúncia precisa ser expressa (art. 1.388, I CC). GR
Gabarito "C".

(Procurador Federal – AGU – 2023 – CEBRASPE) Fernanda concedeu a Marcos, mediante escritura pública registrada em cartório de imóveis, o direito de ele plantar em terreno de propriedade dela, durante dez anos.

Nessa situação hipotética, Marcos adquiriu

(A) concessão por avulsão.

(B) direito de uso e usufruto de propriedade alheia.

(C) direito de superfície.

(D) concessão de uso especial.

(E) direito de usufruto limitado.

A: incorreta, pois a avulsão tem conceito diverso previsto no art. 1.251 CC: "Quando, por força natural violenta, uma porção de terra se destacar de um prédio e se juntar a outro, o dono deste adquirirá a propriedade do acréscimo, se indenizar o dono do primeiro ou, sem indenização, se, em um ano, ninguém houver reclamado"; **B:** incorreta, pois quanto ao direito de uso prevê o art. 1.412 CC "O usuário usará da coisa e perceberá os seus frutos, quanto o exigirem as necessidades suas e de sua família. Já o usufruto está previsto no art. 1.390 e seguintes do CC e também não é hipótese do caso em tela; **C:** correta, pois dispõe o Art. 1.369, do Código Civil quanto ao direito de superfície: "O proprietário pode conceder a outrem o direito de construir ou de plantar em seu terreno, por tempo determinado, mediante escritura pública devidamente registrada no Cartório de Registro de Imóveis"; **D:** incorreta, pois o instituto da concessão de uso especial, previsto no art. 1º da Medida Provisória no 2.220/01 não reflete o comando da questão; **E:** incorreta, pois o conceito não é de usufruto limitado, pois não se encaixa em nenhuma das hipóteses dos arts. 1.390 e seguintes CC, mas se configura direito de superfície como mencionado na alternativa C. GR
Gabarito "C".

6.5. Direitos reais na coisa alheia – garantia

(Procurador Municipal/SP – VUNESP – 2016) Sobre a possibilidade de instituir-se a hipoteca e a usucapião, assinale a alternativa correta.

(A) A decisão que reconhece a aquisição da propriedade de bem imóvel por usucapião prevalece sobre a hipoteca que anteriormente tenha gravado o referido bem.

(B) É plenamente eficaz gravar o bem com hipoteca pelo proprietário que assim consta no registro de domínio, independentemente do tempo da posse *ad usucapionem* de terceiro.

(C) A prescrição aquisitiva – usucapião –, não poderá ser reconhecida se houver gravame hipotecário, ou outro direito real que importe em garantia, sobre o imóvel em que se exerce a posse *ad usucapionem*.

(D) A hipoteca, por dar o bem em garantia, e a usucapião, pela natureza jurídica da posse e de seu titular, não podem recair sobre imóvel considerado como bem de família.

(E) O direito a adquirir a propriedade por meio da prescrição aquisitiva é interrompido pela execução da hipoteca constituída sobre o imóvel em benefício do agente financeiro, por empréstimo contraído pelo promitente vendedor.

A: correta, pois a usucapião é forma originária de aquisição de propriedade. Isso significa que eventual direito real de garantia estabelecido anteriormente não prevalece. Esse é o entendimento consolidado pelo STJ. Nesse sentido: *"A usucapião é forma de aquisição originária da propriedade, de modo que não permanecem os ônus que gravavam o imóvel antes da sua declaração"* (AgRg no REsp 647.240/DF, Rel. Ministro Ricardo Villas Bôas Cueva, Terceira Turma, julgado em 07/02/2013, DJe 18/02/2013); **B:** incorreta, pois caso o prazo de usucapião já tenha se consumado, a garantia real será inócua; **C:** incorreta, pois a usucapião é forma originária de aquisição de propriedade e prevalecerá sobre eventual hipoteca; **D:** incorreta, pois nada impede hipoteca ou usucapião sobre bem de família; **E:** incorreta, pois a usucapião prevalece sobre a hipoteca. GN

Gabarito "A".

(Procurador do Estado – PGE/MT – FCC – 2016) Endividado, Ademir contraiu empréstimo de R$ 100.00,00 (cem mil reais) com o Banco Riqueza, oferecendo, como garantia, a hipoteca de um de seus imóveis. Paga parcialmente a dívida, Ademir alienou referido imóvel a Josué. A hipoteca

(A) é extinta tanto pelo pagamento parcial da dívida como pela alienação da coisa.

(B) é extinta pelo pagamento parcial da dívida.

(C) não é extinta pelo pagamento parcial da dívida, mas impede a alienação da coisa.

(D) não é extinta pelo pagamento parcial da dívida, nem impede a alienação da coisa, mas o credor hipotecário não poderá fazer valer o direito real de garantia contra o adquirente do bem.

(E) não é extinta pelo pagamento parcial da dívida nem impede a alienação da coisa, mas o credor hipotecário poderá fazer valer o direito real de garantia contra o adquirente do bem.

A e B: incorretas, pois o pagamento de *"uma ou mais prestações da dívida não importa exoneração correspondente da garantia"* (CC, art. 1.421); **C:** incorreta, pois "É nula a cláusula que proíbe ao proprietário alienar imóvel hipotecado" (CC, art. 1.475); **D:** incorreta, pois a característica principal do direito real de garantia é o fato de que – em eventual alienação – o credor pode fazer valer seu crédito contra o adquirente; **E:** correta, pois o pagamento parcial não importa extinção; a alienação do bem é permitida e o credor hipotecário pode fazer valer seu direito contra o adquirente. GN

Gabarito "E".

(Procurador do Município – Valinhos/SP – 2019 – VUNESP) João da Silva deixou joias em um banco como garantia de contrato de penhor, tendo estas sido roubadas. João não cumpriu com sua obrigação contratual, deixando de pagar o empréstimo. Diante desses fatos, assinale a alternativa correta.

(A) O perecimento por completo da coisa empenhada induz à extinção da obrigação principal.

(B) Nas dívidas garantidas por penhor, o perecimento do bem, desnatura e impossibilita o cumprimento da obrigação.

(C) O contrato de penhor perdeu a eficácia e não há que se falar em substituição da garantia.

(D) O credor deve ser constrangido a devolver a coisa empenhada, ou uma parte dela, antes de ser integralmente pago.

(E) O credor pignoratício deve pagar ao proprietário o valor das joias, descontando-se o valor do contrato de penhor.

A: incorreta, pois o perecimento por completo da coisa empenhada *não* induz à extinção da obrigação principal. O que é extinto na verdade é o

penhor em si (art. 1.436, II CC); **B:** incorreta, pois o perecimento do bem não desnatura nem impossibilita o cumprimento da obrigação. Nestes casos, o devedor será intimado a reforçar a garantia ou a substituir. Caso não o faça, a dívida se considerará vencida (art. 1.425, IV CC); **C:** incorreta, pois perecido o bem dado em garantia o contrato não perde a eficácia (quando falamos em eficácia nos referimos a termo, condição e encargo – arts. 121 e seguintes CC. E esses institutos não se aplicam neste caso). O que acontece é que caso o bem não seja substituído haverá o vencimento antecipado da dívida (art. 1.425, IV CC); **D:** incorreta, pois o credor não pode ser constrangido a devolver a coisa empenhada, ou uma parte dela, antes de ser integralmente pago (art. 1.434 CC, 1ª parte); **E:** correta, pois o banco na figura de credor pignoratício era obrigado a custodiar as joias como depositário, e considerando que a coisa se perdeu por sua culpa, será obrigado a ressarcir ao dono, podendo ser compensada na dívida, até a concorrente quantia, a importância da responsabilidade (art. 1.435, I CC). GR

Gabarito "E".

(Procurador do Município – Boa Vista/RR – 2019 – CESPE/CEBRASPE) Em cada um dos itens a seguir é apresentada uma situação hipotética seguida de uma assertiva a ser julgada a respeito de direitos reais de garantia e da responsabilidade civil.

(1) João e Marcelo são coproprietários de um apartamento. João pretende obter um empréstimo e, para atender a uma exigência bancária, deseja dar o referido apartamento como garantia da dívida que será contraída. Nessa situação, mesmo sendo o apartamento um bem indivisível, João poderá, sem o consentimento de Marcelo, dar em garantia hipotecária a parte que lhe pertence no referido imóvel.

(2) Atendendo a um pedido de seu amigo Flávio, Gustavo lhe deu carona no percurso compreendido entre o local de trabalho e a faculdade onde ambos estudavam. Em determinado momento do percurso, Gustavo reduziu a velocidade do veículo por ter avistado um transeunte em uma faixa de pedestres, recebendo uma colisão violenta do carro que estava atrás com o seu veículo. Em decorrência desse acidente, Flávio ficou paraplégico. Nessa situação, de acordo com a jurisprudência do STJ, Gustavo poderá ser responsabilizado civilmente pelos danos materiais e morais suportados por Flávio.

1: Certa, pois referente à parte que lhe pertence João pode hipotecá-la sem a anuência de Marcelo. Neste sentido prevê o art. 1.420, § 2º CC que a coisa comum a dois ou mais proprietários não pode ser dada em garantia real, na sua totalidade, sem o consentimento de todos; *mas cada um pode individualmente dar em garantia real a parte que tiver.* **2:** Errada, pois nos termos da Súmula 145 STJ "No transporte desinteressado, de simples cortesia, o transportador só será civilmente responsável por danos causados ao transportado quando incorrer em dolo ou culpa grave." No caso em tela Gustavo não agiu nem com dolo nem com culpa, logo, não poderá ser responsabilizado por danos materiais nem morais. GR

Gabarito 1C, 2E

7. FAMÍLIA

7.1. União estável

(Procurador – PGE/SP – 2024 – VUNESP) João vivia em união estável com Maria, tendo com ela uma relação pública, contínua e duradoura, formalizada por meio de escritura pública, com o objetivo de constituir família. Entretanto, João conheceu Pedro e, após alguns meses de amizade, iniciaram uma relação amorosa homoafetiva. A relação entre João e Maria manteve o caráter de continuidade. Por vários anos, João manteve-se em união estável com Maria e, concomitantemente, em relação amorosa homoafetiva com Pedro. João faleceu e, na data da sua morte, permanecia em união estável com Maria e em relação amorosa homoafetiva com Pedro. Este pretende ingressar com uma ação judicial visando ao reconhecimento da sua relação amorosa homoafetiva com João como união estável, para fins sucessórios e previdenciários.

Acerca do caso hipotético, tendo em vista o entendimento do Supremo Tribunal Federal, assinale a alternativa correta.

(A) É possível o reconhecimento da relação amorosa homoafetiva como união estável apenas para fins previdenciários, devendo o valor do benefício ser dividido igualmente entre Maria e Pedro.

(B) É possível o reconhecimento da relação amorosa homoafetiva como união estável, não sendo óbice a existência de relação heteroafetiva anterior, por se configurar relação de gênero diverso da que se busca reconhecer.

(C) É possível o reconhecimento da relação amorosa homoafetiva como união estável, para fins sucessórios, desde que seja provado que Pedro contribuiu para a aquisição onerosa de bens durante a relação amorosa.

(D) Deve ser reconhecida como união estável apenas a relação que melhor representava, na data da morte de João, o desejo deste de constituir família, tendo em vista o princípio da dignidade da pessoa humana e da autonomia privada.

(E) A preexistência da união estável com Maria impede o reconhecimento de novo vínculo com Pedro, inclusive para fins previdenciários, em virtude da consagração do dever de fidelidade e da monogamia pelo ordenamento jurídico-constitucional brasileiro.

De acordo com a tese fixada pelo Supremo Tribunal Federal no julgamento do processo paradigma do Tema nº 529 sob a sistemática da repercussão geral, *in verbis*: "A preexistência de casamento ou de união estável de um dos conviventes, ressalvada a exceção do artigo 1.723, § 1º, do Código Civil, impede o reconhecimento de novo vínculo referente ao mesmo período, inclusive para fins previdenciários, em virtude da consagração do dever de fidelidade e da monogamia pelo ordenamento jurídico-constitucional brasileiro". Neste passo, cumpre destacar a seguinte tese de repercussão geral fixada pelo STF no RE 883168: "É incompatível com a Constituição Federal o reconhecimento de direitos previdenciários (pensão por morte) à pessoa que manteve, durante longo período e com aparência familiar, união com outra casada, porquanto o concubinato não se equipara, para fins de proteção estatal, às uniões afetivas resultantes do casamento e da união estável". Logo: **A:** incorreta, pois é não é possível o reconhecimento da relação amorosa homoafetiva como união estável e o benefício previdenciário não será dividido; **B:** incorreta, pois não é possível o reconhecimento da relação amorosa homoafetiva como união estável, uma vez que a união estável com Maria configura óbice; **C:** incorreta, pois não é possível o reconhecimento da relação amorosa homoafetiva como união estável, logo, Pedro não terá nenhum direito sucessório; **D:** incorreta, pois apenas a união estável com Maria deve ser reconhecida, porque a relação era pública, contínua e duradoura, formalizada por meio de escritura pública, com o objetivo de constituir família. **GR**
Gabarito "E".

7.2. Parentesco e filiação

(Procurador Município – Teresina/PI – FCC – 2022) Em relação ao parentesco em geral e à filiação:

(A) Entre outras situações previstas legalmente, presumem-se concebidos na constância do casamento os filhos havidos, a qualquer tempo, quando se tratar de embriões excedentários, decorrentes de concepção artificial homóloga.

(B) A prova da impotência do cônjuge para gerar, à época da concepção, não ilide a presunção da paternidade na constância do casamento.

(C) Os filhos, havidos ou não da relação de casamento, terão os mesmos direitos e qualificações, proibidas quaisquer designações discriminatórias relativas à filiação, salvo as concernentes à adoção.

(D) Na linha reta ou colateral, o parentesco por afinidade não se extingue com a dissolução do casamento ou da união estável.

(E) Cabe ao marido o direito de contestar a paternidade dos filhos nascidos de sua mulher, sendo tal ação prescritível em dez anos.

A: correta (art. 1.597, IV CC); **B:** incorreta, pois a prova da impotência do cônjuge para gerar, à época da concepção, ilide a presunção da paternidade (art. 1.599 CC); **C:** incorreta, pois os filhos, havidos ou não da relação de casamento, ou por adoção, terão os mesmos direitos e qualificações, proibidas quaisquer designações discriminatórias relativas à filiação, inclusive referente à adoção, porque a Lei não traz exceção (art. 1.596 CC); **D:** incorreta, pois apenas na linha reta, a afinidade não se extingue com a dissolução do casamento ou da união estável (art. 1.595, § 2º CC); **E:** incorreta, pois essa ação é imprescritível (art. 1.601, *caput* CC). **GR**
Gabarito "A".

7.3. Bem de família

(Procurador do Município – S.J. Rio Preto/SP – 2019 –VUNESP) Assinale a alternativa correta no que diz respeito ao entendimento legal e sumulado sobre bem de família.

(A) O conceito de impenhorabilidade de bem de família abrange também o imóvel pertencente a pessoas solteiras, mas não abrange o imóvel pertencente a pessoas separadas e viúvas.

(B) É penhorável o único imóvel residencial do devedor que esteja locado a terceiros, ainda que a renda obtida com a locação seja revertida para a subsistência ou a moradia da sua família.

(C) A vaga de garagem que possui matrícula própria no registro de imóveis não constitui bem de família para efeito de penhora.

(D) Não é válida a penhora de bem de família pertencente a fiador de contrato de locação.

(E) São impenhoráveis os veículos de transporte, as obras de arte e os adornos suntuosos.

A: incorreta, pois a Súmula 364 do STJ prevê que "o conceito de impenhorabilidade de bem de família abrange também o imóvel pertencente a pessoas solteiras, separadas e viúvas"; **B:** incorreta, pois de acordo com a Súmula 486 STJ "é impenhorável o único imóvel residencial do devedor que esteja locado a terceiros, desde que a renda obtida com a locação seja revertida para a subsistência ou a moradia da sua família"; **C:** correta (Súmula 449 STJ); **D:** incorreta, pois é constitucional a penhora de bem de família pertencente a fiador de contrato de locação, em virtude da compatibilidade da exceção prevista no art. 3º, VII, da Lei 8.009/1990 e Súmula 549 do STJ; **E**: incorreta, pois Excluem-se da impenhorabilidade os veículos de transporte, obras de arte e adornos suntuosos (art. 2º, caput da Lei 8.009/1990). **GR**

Gabarito "C".

(Procurador Federal – AGU – 2023 – CEBRASPE) Acerca do bem de família, assinale a opção correta, considerando o entendimento jurisprudencial do Superior Tribunal de Justiça (STJ).

(A) É penhorável o bem de família oferecido por pessoa física como garantia em contrato de mútuo em benefício de pessoa jurídica.

(B) É impenhorável o bem de família quando os únicos sócios da empresa devedora são os titulares do imóvel hipotecado.

(C) Vaga de garagem que possua matrícula própria no registro de imóveis constitui bem de família para efeito de penhora.

(D) A impenhorabilidade legal tem o objetivo de proteger o devedor contra suas dívidas.

(E) O benefício da impenhorabilidade não alcança o casal que tenha mais de um bem imóvel.

A: correta, nos termos da ementa: "[...]. Nos termos da orientação firmada nos autos do REsp. 1.559.348/DF, com o propósito de vedar a ocorrência de comportamento contraditório, prestigiando o princípio da boa-fé contratual, este Superior Tribunal de Justiça passou a reconhecer a possibilidade de penhora incidente sobre bem de família oferecido por pessoa física como garantia em contrato de mútuo em benefício de pessoa jurídica. 2. Agravo interno desprovido. (AgInt nos EDcl no AREsp n. 1.507.594/MG, relator Ministro Marco Buzzi, Quarta Turma, julgado em 30/3/2020, DJe de 1/4/2020.)"; **B**: incorreta, pois a jurisprudência fixada pelo STJ é no sentido de que o bem de família é penhorável quando únicos sócios da empresa devedora são donos do imóvel hipotecado (EAREsp 848498); **C**: incorreta, pois conforme entendimento da Súmula 449 do STJ: "A vaga de garagem que possui matrícula própria no registro de imóveis não constitui bem de família para efeito de penhora."; **D**: incorreta, pois sobre o tema, a jurisprudência do STJ é no sentido de que a Lei n. 8.009/1990 destina-se a proteger, não o devedor, mas a sua família." (REsp 169.239-SP); **E**: incorreta, consoante teor do parágrafo único do art. 5º, da Lei 8.009/90: "Na hipótese de o casal, ou entidade familiar, ser possuidor de vários imóveis utilizados como residência, a impenhorabilidade recairá sobre o de menor valor, salvo se outro tiver sido registrado, para esse fim, no Registro de Imóveis e na forma do art. 70 do Código Civil". **GR**

Gabarito "A".

7.4. Temas combinados de família

(Procurador do Município – S.J. Rio Preto/SP – 2019 – VUNESP) A sociedade conjugal termina

(A) pelo divórcio que só pode ser concedido desde que haja partilha prévia de bens.

(B) pela separação judicial que pode ou não pôr termo aos deveres de coabitação, fidelidade recíproca e ao regime de bens.

(C) pela morte de um dos cônjuges ou tentativa de morte.

(D) pela nulidade ou anulação do casamento.

(E) pelo abandono voluntário do lar conjugal, durante um ano contínuo.

A: incorreta, pois o divórcio pode ser concedido *sem* a prévia partilha prévia de bens (art. 1.581 CC); **B**: incorreta, pois a separação judicial *põe* termo aos deveres de coabitação, fidelidade recíproca e ao regime de bens (art. 1.576, *caput* CC); **C**: incorreta, pois a tentativa de morte não termina a sociedade conjugal, mas apena as morte de um dos cônjuges (art. 1.571, I CC); **D**: correta (art. 1;571, II CC); **E**: incorreta, pois esta causa não está prevista no rol taxativo do art. 1571 CC. **GR**

Gabarito "D".

8. SUCESSÕES

8.1. Sucessão em geral

(Procurador do Estado/SP – 2018 – VUNESP) Em razão de morte de policial militar, o Estado de São Paulo, por força de lei estadual, inicia processo administrativo para pagamento de indenização, no valor de R$ 200.000,00, aos "herdeiros na forma da lei". O extinto, solteiro, foi morto por um de seus dois filhos, a mando do crime organizado. O homicida, que teve sua indignidade declarada por sentença transitada em julgado, tem 1 filho menor. Nesse caso, a indenização é devida

(A) ao filho inocente, na proporção da metade do valor da indenização, podendo a Administração reter a outra metade por ausência de credor legítimo.

(B) ao filho inocente do falecido e ao filho do indigno, que recebe por cabeça.

(C) exclusivamente ao filho inocente do falecido, pois a cota-parte do indigno acresce à do outro herdeiro de mesma classe.

(D) ao filho inocente do falecido e ao filho do indigno, que recebe por estirpe.

(E) aos dois filhos do falecido,depositando-secota-parte do indigno em conta judicial, para posterior levantamento por seu filho quando completar a maioridade.

A questão trata exclusivamente do direito de herança e do instituto da indignidade, que afasta da herança o herdeiro que praticar um dos atos previstos no art. 1.814 do Código Civil, dentre eles o homicídio do *de cujus*. Assim, o filho que matou o pai estaria afastado da sucessão. Contudo, o filho do homicida (neto do *de cujus*) tem o direito de representação assegurado pelo art. 1.816 do Código Civil. Logo, a quantia oferecida pelo Estado será dividida em dois. Uma parte ao filho inocente e outra parte ao neto (filho do homicida). Ainda que não mencionado na questão, vale a ressalva de que o homicida não tem usufruto sobre os bens do filho menor, nem o direito à sucessão eventual desse valor herdado. Significa, portanto, que se o filho menor falecer antes do pai homicida, o valor não será herdado por este (CC, art. 1.816, parágrafo único).**GN**

Gabarito "D".

8.2. Sucessão legítima

(Procurador do Estado – PGE/MT – FCC – 2016) O cônjuge sobrevivente sucede,

(A) em concorrência com os descendentes, independentemente do regime em que era casado.

(B) ainda que separado de fato do falecido, há mais de dois anos, desde que haja prova de que a convivência se tornou impossível sem culpa do sobrevivente.

(C) por inteiro, na falta de descendentes, ainda que haja ascendentes.

(D) em concorrência com os descendentes, no regime da comunhão parcial, sejam os bens comuns ou particulares.

(E) em concorrência com os ascendentes em primeiro grau, ainda que haja descendentes.

A: incorreta, pois quando a viúva concorre com descendentes, o regime de bens é critério determinante para a concessão de direito sucessório (CC, art. 1.829, I); **B:** correta, pois a hipótese – ainda que teórica – é prevista no art. 1.830 do Código Civil; **C:** incorreta, pois o cônjuge sobrevivente concorrerá com os ascendentes (CC, art. 1.837); **D:** incorreta, pois no regime da comunhão parcial, o cônjuge sobrevivente herdará apenas nos bens particulares (Enunciado 270 do CJF); **E:** incorreta, pois havendo descendentes do falecido, os ascendentes do falecido não herdarão. GN

Gabarito "B"

(Procurador do Estado/TO – 2018 – FCC) Joaquim, casado com Antonia, mantinha relacionamento extraconjugal há mais de dois anos com a viúva Lucrécia. Certo dia, Joaquim, na condução de seu automóvel, levando como passageiros sua esposa Antonia e seu sogro Ricardo, realizou uma imprudente ultrapassagem, em local proibido, e acabou por colidi-lo frontalmente contra o carro guiado por Pedro, que trafegava regularmente em sua mão de direção. Do acidente resultou a destruição de ambos os veículos e as mortes de todos os ocupantes do automóvel de seu causador. Joaquim e Antonia, quando da chegada do resgate, já estavam sem vida, não se tendo conseguido estabelecer o pré-morto. Ricardo ainda foi socorrido, mas faleceu a caminho do hospital, deixando vivo o filho José. Já Antonia e Joaquim não tinham descendentes; Joaquim, não possuía ascendentes nem descendentes, tendo como único parente conhecido Romeu, filho de um primo. Nenhum dos falecidos deixou testamento, mas possuíam bens e Joaquim celebrara contrato de seguro de vida em que indicara Romeu como beneficiário. Neste caso, os bens de

(A) Joaquim serão herdados por Lucrécia e por Romeu, que também receberá a indenização de seguro; Pedro, no entanto, terá direito de pedir o pagamento de sua indenização antes que os bens de Joaquim sejam partilhados entre aqueles herdeiros. Os bens de Antonia serão herdados por Ricardo, que os transmitirá a José.

(B) Joaquim serão herdados por Lucrécia; Pedro, entretanto, terá direito de pedir o pagamento de indenização, que será suportada pela herança de Joaquim. Romeu receberá a indenização do seguro. Os bens de Antonia serão herdados por Ricardo, que os transmitirá a José.

(C) Joaquim serão arrecadados e sua herança será considerada jacente; Pedro, porém, terá direito de pedir o pagamento de indenização, que será suportada pela herança de Joaquim; a final a herança de Joaquim será declarada vacante, mas Romeu receberá a indenização do seguro. Os bens de Antonia serão herdados por Ricardo, que os transmitirá a José.

(D) Antonia serão herdados por José. Os bens de Joaquim serão arrecadados e sua herança será considerada jacente; Pedro, contudo, terá direito de pedir o pagamento de indenização, que será suportada pela herança de Joaquim; a final a herança de Joaquim será declarada vacante, mas Romeu receberá a indenização do seguro.

(E) Joaquim serão arrecadados, sua herança considerada jacente e, a final, declarada vacante. Pedro terá direito de receber sua indenização, retirada do seguro de vida deixado por Joaquim, e Romeu apenas receberá o que sobrar dessa indenização securitária. Os bens de Antonia serão herdados por José.

A: incorreta, pois Lucrécia não será herdeira, pois não se qualifica nem como cônjuge nem como companheira, mas sim como concubina (art. 1.727 CC). Logo, não possui direito a nada. Romeu não será herdeiro, pois na linha colateral a sucessão vai até o quarto grau e ele passa disso (art. 1.839 CC). Pedro terá o direito a indenização, mas apenas após a partilha de bens (art. 1997, *caput* CC); **B:** incorreta, pois Lucrécia não será herdeira, pois não se qualifica nem como cônjuge nem como companheira, mas sim como concubina (art. 1.727 CC). Logo, não possui direito a nada; **C:** correta, pois Joaquim faleceu sem deixar testamento nem herdeiro legítimo notoriamente conhecido. Portanto, sua herança é considerada jacente (art. 1.819 CC). Vale lembrar que Romeu não herda, pois na linha colateral a sucessão vai até o quarto grau e por seu filho do primo ele ultrapassa o quarto grau (art. 1.839 CC). Pedro terá direito de pedir indenização, que será suportada pela herança de Joaquim (art. 1.821 CC). A herança de Joaquim será declarada vacante (art. 1.820 CC). Romeu receberá o valor do seguro como beneficiário (art. 760 CC). Como Joaquim e Antônia morreram na mesma ocasião e não foi possível descobrir quem morreu primeiro, presume-se que morreram ao mesmo tempo (art. 8º CC). Logo, aplica-se a regra geral da sucessão quanto aos bens de Antônia. Como não tinha descendentes e o cônjuge morreu, passamos então para os ascendentes, no caso Ricardo (art. 1.829, II). Com a morte de Ricardo a transmissão segue a regra geral do art. 1.829, I CC e a herança é transmitida ao filho José; **D:** incorreta, pois tecnicamente os bens de Antônia foram herdados por Ricardo, seu pai (art. 1.829, II CC). José é irmão de Antônia, então pela linha sucessória os ascendentes recebem antes dos colaterais, e os primeiros excluem os segundos. José herdará de sucessão de Ricardo, e não de Antônia (art. 1.829, I CC); **E:** incorreta, pois a indenização de Pedro deverá ser suportada pela herança de Joaquim (art. 1.821 CC), pois o contrato de seguro de vida não tem nada a ver com essa relação. Romeu receberá o valor integral do seguro, pois ele foi definido como beneficiário (art. 760 CC). Tecnicamente os bens de Antônia foram herdados por Ricardo, seu pai (art. 1.829, II CC). José é irmão de Antônia, então pela linha sucessória os ascendentes recebem antes dos colaterais e os primeiros excluem os segundos. José herdará de sucessão de Ricardo, e não de Antônia. GR

Gabarito "C"

(Procurador do Estado/TO – 2018 – FCC) Josué foi casado sob o regime da comunhão parcial de bens com Roberta e desse consórcio nasceu o filho Gerônimo. Roberta faleceu 5 anos após o casamento, período em que o casal adotou vida sibarítica, nada amealhando nem possuindo bens. Um ano após a morte de Roberta, seu pai – Roberval – faleceu, sem testamento, mas com vultoso patrimônio, no estado civil de viúvo, deixando os netos Gerônimo (filho de Josué e de Roberta), Leopoldo e Alexandra (filhos menores de sua filha Anastácia, que já houvera falecido no estado civil de solteira e cujos filhos eram de pais ignorados). Anastácia, por testamento e dispensando-o de prestação de contas, nomeara Josué tutor de seus filhos, os quais juntamente com Gerônimo herdaram todos os bens de Roberval. Sendo ainda menores absolutamente incapazes o filho e os tutelados de Josué, este contraiu segundas núpcias com Antonieta, advindo dessa união os filhos João e Maria. Neste caso, os netos de Roberval herdaram seus bens por

5. DIREITO CIVIL

(A) cabeça, e Josué terá a administração e usufruto dos bens pertencentes a Gerônimo, mas não poderá aplicar mais do que 50% de suas rendas na educação de João e Maria, porque os outros 50% terão de ser aplicados exclusivamente no custeio de Gerônimo; mediante prestação de contas, terá a administração, mas não o usufruto, dos bens pertencentes a Leopoldo e Alexandra, e, finda a tutela, a quitação dos menores não produzirá efeito antes de aprovadas as contas pelo juiz, subsistindo, inteira, até então, a responsabilidade do tutor.

(B) cabeça, que serão administrados por Josué, mediante prestação de contas, até que obtenha a quitação dos menores, quando se tornarem capazes; não terá o usufruto dos bens do filho nem dos tutelados, mas poderá usar as rendas também para custeio de João e Maria fundado na solidariedade familiar.

(C) estirpe, os quais serão administrados por Josué, que terá o usufruto dos bens de todos eles, livre de prestação de contas, mas não poderá usar as rendas para o custeio de João e Maria.

(D) cabeça, os quais serão administrados por Josué, que terá o usufruto dos bens de Gerônimo, enquanto este for menor, podendo utilizar as rendas também na educação de João e Maria, independentemente de prestação de contas, mas não terá o usufruto dos bens pertencentes a Leopoldo e Alexandra, ficando, quanto a estes, sujeito a prestação de contas, a despeito da dispensa feita por Anastácia.

(E) estirpe, os quais serão administrados por Josué, que, terá o usufruto dos bens de Gerônimo, enquanto este for menor, podendo utilizar as rendas também na educação de João e Maria, independentemente de prestação de contas, mas não terá o usufruto dos bens pertencentes a Leopoldo e Alexandra, ficando, quanto a estes, sujeito a prestação de contas, a despeito da dispensa feita por Anastácia.

A: incorreta, pois o art. 1.689 CC não exige prestação de contas quando os pais exercem administração dos filhos menores nem fixa porcentagens quanto ao uso ou destino. Logo, com relação a Gerônimo, João e Maria ele não está limitado a essas quotas de uso. Poderá usar com João e Maria pelo princípio da solidariedade familiar; **B:** Incorreta, pois quanto a Gerônimo, Josué não detém apenas a administração, mas também o usufruto e não precisa prestar contas (art. 1689, I CC); **C:** incorreta, pois se concorrerem à herança somente filhos de irmãos falecidos, herdarão por cabeça (art. 1.843, § 1º CC). Josué possui usufruto apenas dos bens de Gerônimo (art. 1.689, I CC). Quanto aos bens Leopoldo e Alexandra, ele possui somente administração (art. 1.741 CC) e deverá prestar contas (art. 1.755 CC); **D:** correta, pois se concorrerem à herança somente filhos de irmãos falecidos, herdarão por cabeça (art. 1.843, §1º CC). Roberta e Anastácia eram falecidas e eram irmãs. Logo, aos filhos delas aplica-se exatamente esse artigo. Os bens serão administrados por Josué. Com relação a Gerônimo (que é seu filho fruto da união com Roberta), a administração se dá com fundamento no art. 1.689, II CC e Josué detém o poder de usufruto dos bens do filho (art. 1.689, I CC). A Lei não exige prestação de constas nesse caso, logo, ele é livre para utilizar as rendas também na educação de João e Maria. No que se refere a tutoria exercida sobre Leopoldo e Alexandra, terá o dever de prestar contas, ainda que Anastácia o tenha dispensado dessa obrigação (art. 1.745, *caput* CC) e todo o valor deve ser empregado em proveito dos tutelados (art. 1.741 CC); **E:** incorreta, pois herdam por cabeça, nos termos do art. 1.843, § 1º CC). GR

Gabarito "D".

(Procurador do Município – S.J. Rio Preto/SP – 2019 – VUNESP) Romeu, proprietário de 30 (trinta) imóveis, faleceu aos 78 (setenta e oito) anos sem deixar testamento nem herdeiro legítimo notoriamente conhecido.

Em relação ao fato hipotético, assinale a alternativa correta.

(A) Não se habilitando até a declaração de vacância, os colaterais ficarão excluídos da sucessão.

(B) Os bens da herança, depois de arrecadados, ficarão sob a guarda e administração do Município até a sua entrega ao sucessor devidamente habilitado.

(C) Realizado o inventário, serão expedidos editais na forma da lei processual, e, decorridos dois anos de sua primeira publicação, sem que haja herdeiro habilitado, será a herança declarada vacante.

(D) A declaração de vacância da herança não prejudicará os herdeiros que se habilitarem; mas, decorridos cinco anos da abertura da sucessão, os bens arrecadados passarão ao domínio do Estado.

(E) Quando todos os chamados a suceder renunciarem à herança, será esta desde logo declarada jacente.

A: correta (art. 1.822, parágrafo único CC); **B:** incorreta, pois os bens da herança, depois de arrecadados, ficarão sob a guarda e administração de um *curador*, até a sua entrega ao sucessor devidamente habilitado ou à declaração de sua vacância (art. 1.819 CC); **C:** incorreta, pois o prazo desse edital é de um ano e não dois (art. 1.820 CC); **D:** incorreta, pois neste caso os bens passarão ao domínio do Município ou do Distrito Federal, se localizados nas respectivas circunscrições (art. 1.822, *caput* CC); **E:** incorreta, pois quando todos os chamados a suceder renunciarem à herança, será esta desde logo declarada *vacante* (art. 1.823 CC). GR

Gabarito "A".

(Procurador Município – Teresina/PI – FCC – 2022) Em relação à sucessão legítima, considere:

I. Ao cônjuge sobrevivente, qualquer que seja o regime de bens, será assegurado, sem prejuízo da participação que lhe caiba na herança, o direito real de habitação relativamente ao imóvel destinado à residência da família, desde que seja o único daquela natureza a inventariar.

II. Concorrendo com ascendente em primeiro grau, ao cônjuge tocará um terço da herança; caber-lhe-á metade desta se houver um só ascendente, ou se maior for aquele grau.

III. Em falta de descendentes e ascendentes, será deferida a sucessão aos irmãos e ao cônjuge sobrevivente, sem prejuízo de sua meação em igual proporção.

IV. Não sobrevivendo cônjuge, ou companheiro, nem parente algum sucessível, ou tendo eles renunciado à herança, esta se devolve ao Município ou ao Distrito Federal, se localizada nas respectivas circunscrições, ou à União, quando situada em território federal.

Está correto o que se afirma APENAS em

(A) I, II e III.

(B) II e IV.

(C) I, II e IV.

(D) III e IV.

(E) I, III e IV.

I: correta (art. 1.831 CC); **II:** correta (art. 1.837 CC); **III:** incorreta, pois em falta de descendentes e ascendentes, será deferida a sucessão por inteiro ao cônjuge sobrevivente (art. 1.838 CC); **IV:** correta (art. 1.844 CC). Alternativa correta é a letra C. **GR**

Gabarito "C".

(Procurador – PGE/SP – 2024 – VUNESP) Tendo em vista o entendimento do Superior Tribunal de Justiça, o cônjuge sobrevivente, casado sob o regime da comunhão parcial de bens, é herdeiro necessário do cônjuge falecido, concorrendo com os descendentes deste, em relação

(A) a todo o conjunto dos bens deixados pelo falecido.

(B) a todos os bens adquiridos onerosamente na constância do casamento, excluída a meação do cônjuge sobrevivente.

(C) à metade de todos os bens adquiridos onerosamente na constância do casamento, sem prejuízo da meação.

(D) aos bens adquiridos antes do casamento e aos bens adquiridos após o casamento que não estejam, por qualquer motivo, sujeitos à comunhão.

(E) a um terço de todo o conjunto de bens deixados pelo falecido.

A Segunda Seção do STJ consolidou a posição majoritária da doutrina no sentido de que a concorrência do cônjuge, no regime da comunhão parcial de bens, diz respeito aos bens particulares, isto é, aqueles que não fazem parte da meação. Vejamos trecho da ementa do julgado: "2. Nos termos do art. 1.829, I, do Código Civil de 2002, o cônjuge sobrevivente, casado no regime de comunhão parcial de bens, concorrerá com os descendentes do cônjuge falecido somente quando este tiver deixado bens particulares. 3. A referida concorrência dar-se-á exclusivamente quanto aos bens particulares constantes do acervo hereditário do *de cujus.* 4. Recurso especial provido. (REsp n. 1.368.123/SP, relator Ministro Sidnei Beneti, relator para acórdão Ministro Raul Araújo, Segunda Seção, julgado em 22/4/2015, DJe de 8/6/2015.)". Nos termos do art. 1.829, I, do Código Civil: "Art. 1.829. A sucessão legítima defere-se na ordem seguinte: I – aos descendentes, em concorrência com o cônjuge sobrevivente, salvo se casado este com o falecido no regime da comunhão universal, ou no da separação obrigatória de bens (art. 1.640, parágrafo único); ou se, no regime da comunhão parcial, o autor da herança não houver deixado bens particulares". De acordo com Flávio Tartuce: "no regime da comunhão parcial de bens, a concorrência sucessória somente se refere aos bens particulares. Nesse sentido o Enunciado n. 270 do CJF/STJ, da III Jornada de Direito Civil: o art. 1.829, inc. I, só assegura ao cônjuge sobrevivente o direito de concorrência com os descendentes do autor da herança quando casados no regime da separação convencional de bens ou, se casados nos regimes da comunhão parcial ou participação final nos aquestos, o falecido possuísse bens particulares, hipóteses em que a concorrência se restringe a tais bens, devendo os bens comuns (meação) ser partilhados exclusivamente entre os descendentes". Portanto, **A:** incorreta, pois a concorrência se dará apenas quanto aos bens particulares; **B:** incorreta, pois não haverá concorrência no que diz respeito a todos os bens adquiridos onerosamente na constância do casamento; **C:** incorreta, pois não haverá concorrência nem quanto a metade de todos os bens adquiridos onerosamente na constância do casamento; **E:** incorreta, pois a concorrência será apenas sobre bens particulares. **GR**

Gabarito "D".

8.3. Sucessão testamentária

(Procurador – IPSMI/SP – VUNESP – 2016) No que diz respeito ao testamento, é correto afirmar que

(A) podem testar os maiores de dezesseis anos.

(B) a incapacidade superveniente do testador invalida o testamento.

(C) os absolutamente incapazes podem testar com anuência de seu representante legal e mediante instrumento público.

(D) o testamento conjuntivo é válido desde que testado por marido e mulher.

(E) o testamento do incapaz se valida com a superveniência da capacidade.

A: correta, pois a lei prevê capacidade plena para testar a partir dos dezesseis anos (CC, art. 1.860 parágrafo único); **B:** incorreta, pois: "*a incapacidade superveniente do testador não invalida o testamento*" (CC, art. 1.861); **C:** incorreta, pois não há tal permissivo legal; **D:** incorreta, pois o testamento conjuntivo não é permitido pela lei (CC, art. 1.863); **E:** incorreta, pois o testamento do incapaz não se valida com a superveniência da capacidade (CC, art. 1.861). **GN**

Gabarito "A".

(Procurador – PGE/SP – 2024 – VUNESP) Assinale a alternativa que contém ato ou negócio jurídico, válido e eficaz, realizado por menor relativamente incapaz, com idade de 17 anos, não emancipado e sem assistência de seus pais ou responsáveis ou posterior aprovação destes.

(A) Pacto antenupcial feito pelo menor no qual é previsto o regime da separação convencional de bens.

(B) Mútuo feito pelo credor ciente da menoridade do devedor, para alimentos deste, em razão da pessoa responsável pela guarda do menor, apesar de presente, não possuir recursos suficientes.

(C) Obrigação contraída pelo menor que não declarou sua idade por não ter sido inquirido pela outra parte.

(D) Testamento feito pelo menor, por instrumento particular.

(E) Quitação dada pelo credor menor ao devedor que conhecia a idade daquele, tendo em vista a presunção legal de que o valor reverteu em benefício do menor.

A: incorreta, pois o pacto antenupcial celebrado pelo menor, com previsão do regime da separação convencional de bens, tem a sua eficácia condicionada à aprovação de seu representante legal. Nos termos do art. 1.654 do Código Civil: "A eficácia do pacto antenupcial, realizado por menor, fica condicionada à aprovação de seu representante legal, salvo as hipóteses de regime obrigatório de separação de bens"; **B:** incorreta, nos termos do art. 588 do Código Civil: "O mútuo feito a pessoa menor, sem prévia autorização daquele sob cuja guarda estiver, não pode ser reavido nem do mutuário, nem de seus fiadores"; **C:** incorreta, pois ainda que não tenha sido inquirido pela outra parte, o negócio será eficaz se dolosamente omitiu sua idade para se beneficiar. Neste passo dispõe o art. 180: "O menor, entre dezesseis e dezoito anos, não pode, para eximir-se de uma obrigação, invocar a sua idade se dolosamente a ocultou quando inquirido pela outra parte, ou se, no ato de obrigar-se, declarou-se maior". No mesmo sentido afirma Flávio Tartuce: "Também no que concerne ao menor púbere (de 16 a 18 anos), não pode este valer-se da própria torpeza, beneficiando-se de ato malicioso (a malícia supre a idade). Não pode, portanto, para eximir-se de uma obrigação, invocar a sua idade se dolosamente a ocultou quando inquirido pela outra parte, ou se, no ato de obrigar-se, declarou-se maior. O negócio jurídico reputa-se válido e gera efeitos, afastando-se qualquer anulabilidade (art. 180 do CC)"; **D:** correta (art. 1.860, parágrafo único CC); **E:** incorreta, pois a quitação dada pelo credor menor, com 17 anos, somente será válida se houver a assistência de seus pais ou responsáveis, tendo em vista que é relativamente incapaz, nos termos do art. 4º, I, do Código Civil: "São incapazes, relativamente a certos atos ou à maneira de os exercer: I – os maiores de dezesseis e menores de dezoito anos". Cumpre destacar que a quitação consiste em um negócio jurídico unilateral, portanto, deve observar o regramento civilista no que diz respeito aos requisitos de validade do negócio jurídico previstos no art. 104 do Código Civil. **GR**

Gabarito "D".

9. OUTROS TEMAS E TEMAS COMBINADOS

(Procurador do Município/Manaus – 2018 – CESPE) À luz das disposições do direito civil pertinentes ao processo de integração das leis, aos negócios jurídicos, à prescrição e às obrigações e contratos, julgue os itens a seguir.

(1) O conflito de normas que pode ser resolvido com a simples aplicação do critério hierárquico é classificado como antinomia aparente de primeiro grau.

(2) Será viável a anulação de transmissão gratuita de bens por caracterização de fraude contra credores, ainda que a conduta que se alegue fraudulenta tenha ocorrido anteriormente ao surgimento do direito do credor.

1: certa. Fala-se em antinomia a hipótese em que há choque de interpretação entre duas normas válidas. A fim de resolver a celeuma, três técnicas podem ser usadas: o critério da hierárquico, o da especialidade e o da hierarquia, sendo o primeiro o mais forte e o último o mais fraco. Quando apenas uma das técnicas precisa ser aplicada para resolver a questão, temos a chamada antinomia aparente de primeiro grau. Quando precisamos usar mais de uma técnica temos a antinomia aparente de segundo grau. Logo, quando resolvemos o conflito com a simples aplicação do critério hierárquico, o mesmo é corretamente classificado como antinomia aparente de primeiro grau; **2: errada**, pois o credor somente terá direito a anulação se ele já figurava na posição de credor na data em que ocorreu o ato de transmissão gratuita de bens ou remissão de dívida. Antes disso o seu direito ainda não estará constituído (art. 158, § 2º, CC). **GR**

Gabarito 1C, 2E.

(Procurador do Município/Manaus – 2018 – CESPE) A respeito da propriedade, da posse e das preferências e privilégios creditórios, julgue os itens subsequentes.

(1) De acordo com o STJ, a responsabilidade do promitente vendedor por dívidas condominiais relativas a período em que a posse for exercida pelo promissário comprador será afastada se forem demonstradas a ciência inequívoca do condomínio acerca da transação e a efetiva imissão do promissário comprador na posse do imóvel.

(2) O ordenamento jurídico ora vigente admite a possibilidade de conversão da detenção em posse, a depender da modificação nas circunstâncias de fato que vinculem determinada pessoa à coisa.

(3) De acordo com o Código Civil, na hipótese de insolvência de devedor pessoa natural, o crédito referente a custas judiciais gozará de privilégio especial.

1: Certa, pois o Superior Tribunal de Justiça (STJ) estabeleceu que o que define a responsabilidade pelo pagamento das obrigações condominiais não é o registro do compromisso de compra e venda, mas a relação jurídica material com o imóvel, representada pela imissão do promissário comprador na posse e pela ciência inequívoca do condomínio acerca da transação. A tese foi fixada em julgamento de **recurso repetitivo** (tema **886**) e passa a orientar as demais instâncias do Judiciário na solução de casos idênticos. Havendo decisão em consonância com o que foi definido pelo STJ, não será admitido recurso contra ela para a corte superior. No caso de compromisso de compra e venda não levado a registro, dependendo das circunstâncias, a responsabilidade

pelas despesas de condomínio pode recair tanto sobre o promitente vendedor quanto sobre o promissário comprador. Entretanto, se ficar comprovado que o promissário comprador se imitiu na posse e que o condomínio teve ciência inequívoca da transação, deve ser afastada a legitimidade passiva do promitente vendedor para responder por despesas condominiais relativas ao período em que a posse foi exercida pelo promissário comprador; **2:** certa, pois o Enunciado 301 CJF prevê que "é possível a conversão da detenção em posse, desde que rompida a subordinação, na hipótese de exercício em nome próprio dos atos possessórios". E justamente a partir dessa transformação é que surgem marcos jurídicos importantes, como, por exemplo, para fins de configuração do esbulho ou para aquisição originária da propriedade pela prescrição aquisitiva, como bem adverte a doutrina: cabe cogitar de usucapião apenas se houver mudança na natureza jurídica da apreensão, tornando-se possuidor o detentor, ao arrepio da vontade proprietário. Nesse caso, doutrina e jurisprudência admitem, a partir do momento em que se torna possuidor, a contagem do prazo para usucapião. (TEPEDINO, Gustavo. Código civil interpretado conforme a constituição da república. vol. III. Rio de Janeiro: Renovar, 2011, p. 449); **3:** errada, pois não é qualquer crédito decorrente de custas judiciais que tem privilégio especial, mas somente créditos de custas e despesas judiciais feitas com a arrecadação e liquidação, quando se tratar de coisa arrecada e liquidada (art. 964, I CC). **GR**

Gabarito 1C, 2C, 3E.

(Procurador do Município/Manaus – 2018 – CESPE) Considerando a legislação vigente e a jurisprudência do STJ, julgue os seguintes itens, concernentes a locação de imóveis urbanos, direito do consumidor, direitos autorais e registros públicos.

(1) Na locação residencial de imóvel urbano, não será admitida a denúncia vazia, se o prazo de trinta meses exigido pela Lei 8.245/1991 for atingido após sucessivas prorrogações do contrato de locação.

(2) A reprodução de dados constantes em registro de cartório de protesto, realizada por entidade de proteção ao crédito, ainda que seja feita de forma fiel e objetiva, caracterizará prática abusiva indenizável quando for efetivada sem a ciência prévia do consumidor.

(3) Segundo o STJ, é devida a cobrança de direitos autorais em razão da transmissão de músicas por meio da rede mundial de computadores mediante o emprego da tecnologia *streaming*, nas modalidades *webcasting* e *simulcasting*.

(4) A decisão proferida pelo magistrado no procedimento de dúvida, previsto na Lei de Registros Públicos, possui natureza administrativa e, portanto, não faz coisa julgada material.

1: Certa, pois prevê o art. 46 da Lei 8.245/1991 que: "*Nas locações ajustadas por escrito e por prazo igual ou superior a trinta meses, a resolução do contrato ocorrerá findo o prazo estipulado, independentemente de notificação ou aviso*". A controvérsia é se esses trinta meses devem ser contados em um instrumento contratual, ou se podem ser vários instrumentos com prazos menores que, somados resultam em trinta meses. Tanto a doutrina como o STJ já se posicionaram que deve ser em um instrumento único. Nos RESP 1.364.668 – MG (2013/0019738-2) temos que: "*O art. 46 da Lei 8.245/1991 somente admite a denúncia vazia se um único instrumento escrito de locação estipular o prazo igual ou superior a 30 (trinta) meses, não sendo possível contar as sucessivas prorrogações dos períodos locatícios (accessio temporis)*". Já na doutrina "(...) *Não há se falar em soma de prazos contratuais para inserir a locação na hipótese deste artigo. A concessão especial, ao locador, da denúncia aqui prevista, pressupõe estrita observância das condições formal e temporal indicada na lei*".

(CARNEIRO, Waldir de Arruda Miranda. Anotações à lei do inquilinato. São Paulo: Revista dos Tribunais, 2008, pág. 306) "(...) Não se admite a soma de prazos contratuais para os fins deste artigo. A lei é clara quando estabelece, como requisito, contrato escrito por prazo igual ou superior a trinta meses, e seu objetivo é claro: em troca da estabilidade contratual conferida ao locatário, pelo prazo de dois anos e meio, através de um só ajuste, compensa-se o locador com o direito de retomar o prédio ao fim daquele prazo. Assim, não pode aproveitar o locador a soma de mais de um contrato, ainda que não tenha ocorrido hiato temporal entre eles, porque ausente aquela compensação acima referida" (BARROS, Francisco Carlos Rocha de. Comentários à lei do inquilinato. São Paulo: Saraiva, 1997, pág. 232); **2:** errada, pois essa reprodução de dados não caracterizará prática abusiva indenizável ainda que seja feita sem a ciência do consumidor. Consoante Informativo 0554 do STJ publicado em 25.02.2015 **"Diante da presunção legal de veracidade e publicidade inerente aos registros de cartório de protesto, a reprodução objetiva, fiel, atualizada e clara desses dados na base de órgão de proteção ao crédito – ainda que sem a ciência do consumidor – não tem o condão de ensejar obrigação de reparação de danos"; 3: certa**, pois o STJ já decidiu que é possível haver a cobrança, consoante exarado no REsp 1.559.264/RJ, Rel. Ministro Ricardo Villas Bôas Cueva, Segunda Seção, julgado em 08.02.2017, DJe 15.02.2017, fundamento do Informativo 597 daquela Corte. O texto esclarece: *Streaming* é a tecnologia que permite a transmissão de dados e informações, utilizando a rede de computadores, de modo contínuo. Esse mecanismo é caracterizado pelo envio de dados por meio de pacotes, sem a necessidade de que o usuário realize *download* dos arquivos a serem executados. O *streaming* é gênero que se subdivide em várias espécies, dentre as quais estão o *simulcasting* e o *webcasting*. Enquanto na primeira espécie há transmissão simultânea de determinado conteúdo por meio de canais de comunicação diferentes, na segunda, o conteúdo oferecido pelo provedor é transmitido pela internet, existindo a possibilidade ou não de intervenção do usuário na ordem de execução. À luz do art. 29, incisos VII, VIII, i, IX e X, da Lei 9.610/1998, verifica-se que a tecnologia *streaming* enquadra-se nos requisitos de incidência normativa, configurando-se, portanto, modalidade de exploração econômica das obras musicais a demandar autorização prévia e expressa pelos titulares de direito. De acordo com os arts. 5º, inciso II, e 68, §§ 2º e 3º, da Lei Autoral, é possível afirmar que o *streaming* é uma das modalidades previstas em lei, pela qual as obras musicais e fonogramas são transmitidos e que a internet é local de frequência coletiva, caracterizando-se, desse modo, a execução como pública. Depreende-se da Lei 9.610/1998 que é irrelevante a quantidade de pessoas que se encontram no ambiente de execução musical para a configuração de um local como de frequência coletiva. Relevante, assim, é a colocação das obras ao alcance de uma coletividade frequentadora do ambiente digital, que poderá, a qualquer momento, acessar o acervo ali disponibilizado. Logo, o que caracteriza a execução pública de obra musical pela internet é a sua disponibilização decorrente da transmissão em si considerada, tendo em vista o potencial alcance de número indeterminado de pessoas. O ordenamento jurídico pátrio consagrou o reconhecimento de um amplo direito de comunicação ao público, no qual a simples disponibilização da obra já qualifica o seu uso como uma execução pública, abrangendo, portanto, a transmissão digital interativa (art. 29, VII, da Lei 9.610/1998) ou qualquer outra forma de transmissão imaterial a ensejar a cobrança de direitos autorais pelo ECAD. O critério utilizado pelo legislador para determinar a autorização de uso pelo titular do direito autoral previsto no art. 31 da Lei 9.610/1998 está relacionado à modalidade de utilização e não ao conteúdo em si considerado. Assim, no caso do *simulcasting*, a despeito do conteúdo transmitido ser o mesmo, os canais de transmissão são distintos e, portanto, independentes entre si, tonando exigível novo consentimento para utilização e criando novo fato gerador de cobrança de direitos autorais pelo ECAD. Está no âmbito de atuação do ECAD a fixação de critérios para a cobrança dos direitos autorais, que serão definidos no regulamento de arrecadação elaborado e aprovado em Assembleia Geral, composta pelos representantes das associações que o integram, e que

contém uma tabela especificada de preços. Inteligência do art. 98 da Lei 9.610/1998; **4:** certa, nos termos do art. 204 da 6.015/1973 temos que: "A decisão da dúvida tem natureza administrativa e não impede o uso do processo contencioso competente. É possível, inclusive, extrair esse entendimento de decisão do STJ a respeito na ausência de cabimento de REsp nesses casos: "Recurso especial. Falência da recorrente. Suspensão do julgamento. Indeferimento. Representação processual. Mandado de segurança. Ministério público. Legitimidade. Registro de imóvel. Dúvida. Intervenção de terceiros. *Amicus curiae*. Indeferimento. Matrícula de imóvel. Formal de partilha não registrado. Continuidade registral. Recurso especial improvido. O processo de Dúvida Registral em causa possui natureza administrativa, instrumentalizado por jurisdição voluntária, não sendo, pois, de jurisdição contenciosa, de modo que a decisão, conquanto denominada sentença, não produz coisa julgada, quer material, quer formal, donde não se admitir Recurso Especial contra Acórdão proferido pelo Conselho Superior da Magistratura, que julga Apelação de dúvida levantada pelo Registro de Imóveis (REsp 1418189/RJ, Rel. Ministro Sidnei Beneti, Terceira Turma, julgado em 10.06.2014, DJe 01.07.2014)". **GR**

Gabarito 1C, 2E, 3C, 4C

(Procurador do Estado/SE – 2017 – CESPE) Aquele que receber, de forma indevida, mas de boa-fé, pagamento relativo a um contrato

(A) responderá pela deterioração da coisa.

(B) não terá direito de retenção de valores relativos às benfeitorias necessárias.

(C) estará desobrigado de restituir a coisa caso o indébito tenha natureza objetiva.

(D) fará jus aos frutos decorrentes da coisa recebida.

(E) não terá direito à indenização por benfeitorias úteis.

Dispõe o art. 878 do CC que "Aos frutos, acessões, benfeitorias e deteriorações sobrevindas à coisa dada em pagamento indevido, aplica-se o disposto neste Código sobre o possuidor de boa-fé ou de má-fé, conforme o caso". Com base nessa premissa: **A:** incorreta, pois não responde pela deterioração da coisa, a não ser que ele dê causa (art. 1.217 CC); **B:** incorreta, pois terá direito a indenização das benfeitoras necessárias (art. 1.219 CC); **C:** incorreta, pois art. 876 CC prevê: "Todo aquele que recebeu o que lhe não era devido fica obrigado a restituir; obrigação que incumbe àquele que recebe dívida condicional antes de cumprida a condição"; **D:** correta, na literalidade do art. 1.214 CC: "O possuidor de boa-fé tem direito, enquanto ela durar, aos frutos percebidos; **E:** incorreta, pois terá direito a indenização pelas benfeitorias úteis (art. 1.219 CC). **GR**

Gabarito "D".

(Procurador do Município – Prefeitura Fortaleza/CE – CESPE – 2017) A respeito da Lei de Introdução às Normas do Direito Brasileiro, das pessoas naturais e jurídicas e dos bens, julgue os itens a seguir.

(1) Por não se admitir a posse dos bens incorpóreos, tais bens são insuscetíveis de aquisição por usucapião.

(2) Utiliza a analogia o juiz que estende a companheiro(a) a legitimidade para ser curador conferida a cônjuge da pessoa ausente.

(3) Conforme o modo como for feita, a divulgação de fato verdadeiro poderá gerar responsabilidade civil por ofensa à honra da pessoa natural.

(4) O registro do ato constitutivo da sociedade de fato produzirá efeitos *ex tunc* se presentes, desde o início, os requisitos legais para a constituição da pessoa jurídica.

1: correta. A posse recai sobre bens corpóreos, tangíveis e suscetíveis de apropriação. Daí, por exemplo, o entendimento do STJ, segundo o qual o direito autoral não pode ser protegido via ação possessória (Súmula 228). Tendo em vista que a posse é elemento essencial para a usucapião, não haveria como usucapir bens imateriais. Vale a ressalva, contudo, de que é possível usucapião sobre servidão, desde que essa seja aparente e contínua. É o caso, por exemplo de uma pessoa que exerce passagem em terreno vizinho e – pelo decurso do prazo necessário – ganha a titularidade desse direito real; **2:** incorreta, pois o juiz está – nesse caso – interpretando a lei de maneira extensiva. Não é hipótese de lacuna da lei, mas sim de ampliar o alcance de uma lei que já existe; **3:** correta, pois a exceção da verdade não é aplicada de forma irrestrita no Direito Civil. "Verdades" compõem o que há de mais íntimo e pessoal na vida de uma pessoa e sua divulgação – a depender da forma e modo – pode gerar responsabilidade civil. O STJ já se posicionou no sentido de que: "Tratando-se de mera curiosidade, ou de situação em que esse interesse possa ser satisfeito de forma menos prejudicial ao titular, então, não se deve, desnecessariamente, divulgar dados relacionados à intimidade de alguém". (REsp 1380701/PA, Rel. Min. Marco Aurélio Bellizze, Terceira Turma, j. 07.05.2015, *DJe* 14.05.2015); **4:** incorreta, pois a existência legal das pessoas jurídicas de direito privado começa "*com a inscrição do ato constitutivo no respectivo registro*" (CC, art. 45).🅖🅝

Gabarito "1C, 2E, 3C, 4E."

(Procurador do Município – Prefeitura Fortaleza/CE – CESPE – 2017) Acerca de ato e negócio jurídicos e de obrigações e contratos, julgue os itens que se seguem.

(1) O ato jurídico em sentido estrito tem consectários previstos em lei e afasta, em regra, a autonomia de vontade.

(2) Em se tratando de obrigações negativas, o devedor estará em mora a partir da data em que realizar a prestação que havia se comprometido a não efetivar.

(3) Tratando-se de contrato de mandato, o casamento do mandante não influenciará nos poderes já conferidos ao mandatário.

(4) Não constitui condição a cláusula que subordina os efeitos de um negócio jurídico à aquisição da maioridade da outra parte.

1: correta, pois no ato jurídico em sentido estrito a pessoa apenas anui com uma disposição genérica da lei que prevê o ato e quase todas as suas consequências jurídicas. Nesse caso resta pouca margem de autonomia para a pessoa. O melhor exemplo é o casamento no qual a lei já estabeleceu dezenas de efeitos jurídicos, dos quais as partes anuentes não podem se afastar, como os deveres conjugais, parentesco por afinidade, direitos sucessórios, etc. Aos nubentes resta apenas escolher o regime e utilização de sobrenome do outro.
Por sua vez, o negócio jurídico (ex.: contrato) permite às partes escolher, estipular e até criar novos efeitos jurídicos os quais nem precisam estar previstos em lei (desde que a lei na proíba, é claro). É por isso que se admite um contrato de compra e venda, com inúmeras cláusulas diferentes, como preferência, retrovenda, pagamento parcelado, financiamento, etc.; **2:** incorreta. A obrigação de não fazer é descumprida com a prática do ato ao qual se comprometeu abster. A mora do devedor (*mora solvendi*), todavia, é um conceito mais elaborado, tendo em vista que ela exige culpa para se configurar. Daí a redação do art. 396 do Código Civil, segundo o qual: "Não havendo fato ou omissão imputável ao devedor, não incorre este em mora". É por isso que nada impede – em tese – uma pessoa descumprir uma obrigação e não estar em mora. Basta, por exemplo, estar atrasada com a prestação, mas devido ao fato de estar internada no hospital com doença grave. Vale a nota de que a mora do credor (*mora accipiendi*) independe de culpa; **3:** incorreta, pois cessa o mandato pela "*mudança de estado que inabilite o mandante a conferir os poderes, ou o mandatário para os exercer*" (CC, art. 682, III). Assim, por exemplo, se o homem solteiro dá poderes para o mandatário vender a casa, o casamento do mandante (o qual exige

vênia conjugal, em todos os regimes, salvo o da separação convencional de bens) extingue o mandato automaticamente; **4:** correta, pois uma característica essencial da condição é a incerteza de sua ocorrência. Daí porque se diz que a condição é o evento futuro e incerto (CC, art. 121). O exemplo dado na questão (maioridade) é um evento futuro e certo e, portanto, é considerado termo (CC, art. 131).🅖🅝

Gabarito "1C, 2E, 3E, 4C."

(Procurador do Município – Prefeitura Fortaleza/CE – CESPE – 2017) Acerca de atos unilaterais, responsabilidade civil e preferências e privilégios creditórios, julgue os itens subsequentes.

(1) Na hipótese de enriquecimento sem causa, a restituição do valor incluirá atualização monetária, independentemente do ajuizamento de ação judicial.

(2) No que se refere às famílias de baixa renda, há presunção de dano material e moral em favor dos pais em caso de morte de filho menor de idade, ainda que este não estivesse trabalhando na data do óbito.

(3) Quanto aos títulos legais de preferência, declarada a insolvência de devedor capaz, o privilégio especial compreenderá todos os bens não sujeitos a crédito real.

1: correta, pois em conformidade com o disposto no art. 884 do CC, que estabelece: "*Aquele que, sem justa causa, se enriquecer à custa de outrem, será obrigado a restituir o indevidamente auferido, feita a atualização dos valores monetários*"; **2:** correta, pois o STJ entendeu que é possível presumir que – em famílias de baixa renda – a atividade laboral de filhos reverterá parcialmente para a manutenção do lar. Aplicou tal entendimento mesmo no caso de filhos portadores de deficiência. (REsp 1069288/PR, Rel. Min. Massami Uyeda, Terceira Turma, j. 14.12.2010, *DJe* 04.02.2011); **3:** incorreta. A ordem que deverá ser obedecida é a seguinte: o crédito real prefere ao pessoal de qualquer espécie; o crédito pessoal privilegiado, ao simples; e o privilégio especial, ao geral (CC, art. 961). 🅖🅝

Gabarito "1C, 2C, 3E."

(Procurados do Município – Prefeitura Fortaleza/CE – CESPE – 2017) Com relação a direitos reais, parcelamento do solo urbano, locação e registros públicos, julgue os itens seguintes.

(1) Em se tratando de contrato de locação, se o fiador tiver se comprometido até a devolução do imóvel pelo locatário, a prorrogação do prazo contratual sem sua anuência o desobriga de responder por ausência de pagamento.

(2) O registrador não fará o registro de imóvel caso dependa da apresentação de título anterior, ainda que o imóvel já esteja matriculado.

(3) O imóvel objeto de contrato de promessa de compra e venda devidamente registrado pode ser objeto de hipoteca.

(4) Embora o município tenha o dever de fiscalizar para impedir a realização de loteamento irregular, ante a responsabilidade pelo uso e pela ocupação do solo urbano, a regularização está no âmbito da discricionariedade, conforme entendimento pacificado no STJ.

1: incorreta, visto que "*salvo disposição contratual em contrário, qualquer das garantias da locação se estende até a efetiva devolução do imóvel, ainda que prorrogada a locação por prazo indeterminado*" (Lei 8.245/1991, art. 39); **2:** correta, pois de acordo com o disposto no art. 237 da Lei de Registros Públicos (Lei 6.015/1973), que dispõe: "*Ainda que o imóvel esteja matriculado, não se fará registro que dependa da apresentação de título anterior, a fim de que se preserve a continuidade* *do registro*"; **3:** correta, pois o contrato de promessa de compra e venda devidamente registrado é considerado pela lei como direito real (CC, art. 1.225, VII) e sua hipoteca não geraria prejuízo para terceiros. Nesse sentido, o STJ definiu que: "*O ordenamento jurídico pátrio, há longa data, reconhece como direito real o contrato de **promessa** de **compra** e venda devidamente registrado, de modo que não há óbice para que sobre ele recaia **hipoteca**, a qual, no caso, garante o crédito decorrente da cédula de crédito industrial*". (REsp 1336059/SP, Rel. Min. Ricardo Villas Bôas Cueva, Terceira Turma, j. 18.08.2016, *DJe* 05.09.2016); **4:** incorreta, pois não se trata de discricionariedade. O STJ já se posicionou diversas vezes no sentido de que "o Município tem o poder-dever de agir para fiscalizar e regularizar loteamento irregular, pois é o responsável pelo parcelamento, uso e ocupação do solo urbano, atividade essa que é vinculada, e não discricionária." (REsp 447.433/SP, Rel. Min. Denise Arruda, Primeira Turma, *DJ* 22.06.2006, p. 178). GN

Gabarito "1E, 2C, 3C, 4E."

(Procurador do Município – Boa Vista/RR – 2019 – CESPE/CEBRASPE) Acerca de responsabilidade civil, de negócio jurídico e de transmissão e extinção de obrigações, julgue os itens seguintes.

(1) Tanto pessoas físicas quanto pessoas jurídicas podem sofrer danos morais.

(2) Em contratos de fiança, a declaração de vontade do fiador pode ser expressa ou presumida.

(3) Tanto no caso de assunção de dívida quanto no caso de novação de dívida, enquanto a obrigação original não for totalmente adimplida, o devedor originário manterá sua responsabilidade com o credor e a obrigação permanecerá inalterada.

1: Certa, pois ambas possuem honra objetiva, podendo, portanto, sofrer ofensa à imagem. (Quanto às pessoas jurídicas, os danos morais exigem comprovação fática, ainda que seja possível a utilização de presunções e regras de experiência para configuração do dano (art. 186 CC e Súmula 227 STJ); **2:** Errada, pois a declaração de vontade do fiador só se admite por escrito, logo, não pode ser presumida, mas apenas expressa (art. 819 CC); **3:** Errada, pois no caso da assunção de dívida, quando terceiro assume a dívida com o consentimento do credor, em regra, o devedor primitivo fica exonerado, salvo se o terceiro, ao tempo da assunção, era insolvente e o credor o ignorava (art. 299, *caput* CC). Neste caso, é importante ressaltar que a obrigação se mantém a mesma, só o que altera é a parte devedora. No caso da novação, uma nova dívida surge em substituição à primeira. Quando o novo devedor sucede ao antigo, este fica quite com o credor (art. 360, II CC). Se o novo devedor for insolvente, não tem o credor, que o aceitou, ação regressiva contra o primeiro, salvo se este obteve por má-fé a substituição (art. 363 CC). GR

Gabarito 1C, 2E, 3E

(Procurador do Município – S.J. Rio Preto/SP – 2019 – VUNESP) O *Programa Minha Casa, Minha Vida* – PMCMV tem por finalidade criar mecanismos de incentivo à produção e aquisição de novas unidades habitacionais ou requalificação de imóveis urbanos e produção ou reforma de habitações rurais, para famílias com renda mensal de até R$ 4.650,00 (quatro mil, seiscentos e cinquenta reais).

Em relação à Lei 11.977, de 7 de julho de 2009, assinale a alternativa correta.

(A) O PMCMV compreende os seguintes programas: Programa Nacional de Habitação Urbana (PNHU), Programa Nacional de Habitação Rural (PNHR) e Programa Nacional de Habitação Coletiva (PNHC).

(B) Os contratos e registros efetivados no âmbito do PMCMV serão formalizados, preferencialmente, em nome de ambos os cônjuges.

(C) Nas hipóteses de dissolução de casamento ou união estável, o título de propriedade do imóvel adquirido, no âmbito do PMCMV, será registrado em nome da mulher ou a ela transferido, independentemente do regime de bens aplicável, ainda que envolvam recursos do FGTS.

(D) Os lotes destinados à construção de moradias no âmbito do PMCMV poderão ser objeto de remembramento, devendo tal permissão constar expressamente dos contratos celebrados.

(E) Para a indicação dos beneficiários do PMCMV, deverão, dentre outros requisitos, ser observada prioridade de atendimento às famílias com mulheres responsáveis pela unidade familiar.

A: incorreta, pois *não* se inclui o Programa Nacional de Habitação Coletiva (PNHC) (art. 1º, I e II da Lei 11.977/2009); **B:** incorreta, pois os contratos e registros efetivados no âmbito do PMCMV serão formalizados, preferencialmente, em nome da *mulher* (art. 35 da Lei 11.977/2009); **C:** incorreta, pois essa hipótese não se aplica se estiver envolvido recurso do FGTS (art. 35-A da Lei 11.977/2009); **D:** incorreta, pois os lotes destinados à construção de moradias no âmbito do PMCMV *não* poderão ser objeto de remembramento, devendo tal *proibição* constar expressamente dos contratos celebrados (art. 36, *caput* CC); **E:** correta (art. 3º, IV da Lei 11.977/2009). GR

Gabarito "E."

(Procurador do Município – S.J. Rio Preto/SP – 2019 – VUNESP) São nulas de pleno direito, entre outras, as cláusulas contratuais relativas ao fornecimento de produtos e serviços que

(A) estabeleçam inversão do ônus da prova sem prejuízo do consumidor.

(B) possibilitem a renúncia do direito de indenização por benfeitorias necessárias.

(C) determinem a utilização facultativa de arbitragem para a solução de litígios.

(D) autorizem o fornecedor a cancelar o contrato unilateralmente, conferindo igual direito ao consumidor.

(E) concedam ao consumidor a opção de reembolso da quantia já paga.

A: incorreta, pois são nulas as cláusulas contratuais relativas ao fornecimento de produtos e serviços que estabeleçam inversão do ônus da prova *em* prejuízo do consumidor (art. 51, VI CDC); **B:** correta (art. 51, XVI CDC); **C:** incorreta, pois são nulas as cláusulas contratuais relativas ao fornecimento de produtos e serviços que determinem a utilização *compulsória* de arbitragem (art. 51, VII CDC); **D:** incorreta, pois são nulas as cláusulas contratuais relativas ao fornecimento de produtos e serviços que autorizem o fornecedor a cancelar o contrato unilateralmente, *sem* que igual direito seja conferido ao consumidor (art. 51, XI CDC) ; **E:** incorreta, pois são nulas as cláusulas contratuais relativas ao fornecimento de produtos e serviços que *subtraiam* ao consumidor a opção de reembolso da quantia já paga (art. 51, II CDC). GR

Gabarito "B."

(Procurador do Estado/TO – 2018 – FCC) Nas relações jurídicas derivadas de contratos regidos pelo Código de Defesa do Consumidor, aplicam-se as seguintes regras legais:

I. Em contrato de adesão, a inserção de cláusula no formulário não desfigura a natureza de adesão do contrato.

II. É anulável a cláusula que estabelecer a inversão do ônus da prova em prejuízo do consumidor.

III. Os órgãos públicos, por si ou suas empresas, concessionárias, permissionárias ou sob qualquer outra forma de empreendimento, são obrigados a fornecer serviços adequados, eficientes, seguros e contínuos, independentemente de serem ou não essenciais.

IV. Pelas obrigações, as sociedades consorciadas são solidariamente responsáveis, as sociedades coligadas só responderão por culpa e as sociedades integrantes dos grupos societários e as sociedades controladas são subsidiariamente responsáveis.

V. Em todos os documentos de cobrança de débitos apresentados ao consumidor, deverão constar o nome, o endereço e o número de inscrição no Cadastro de Pessoas Físicas – CPF ou no Cadastro Nacional de Pessoa Jurídica – CNPJ do fornecedor do produto ou serviço correspondente.

Está correto o que se afirma APENAS em

(A) I, II e V.

(B) I e III.

(C) II e IV.

(D) III, IV e V.

(E) I, IV e V.

I: certa (art. 54, § 1º CDC); II: errada, pois esta cláusula é nula (art. 51, VI CDC); III: errada, pois os órgãos públicos, por si ou suas empresas, concessionárias, permissionárias ou sob qualquer outra forma de empreendimento, são obrigados a fornecer serviços adequados, eficientes, seguros e, quanto aos *essenciais, contínuos* (art. 22 CDC); IV: certa (art. 28, §§ 2º, 3º e 4º CDC); V: certa (art. 42-A CDC). Logo, a alternativa correta é a letra E. GR

Gabarito "E".

(Procurador Município – Santos/SP – VUNESP – 2021) Considerando a jurisprudência sumulada pelo Superior Tribunal de Justiça, é correto afirmar:

(A) O segurado em atraso com o pagamento do prêmio perde automaticamente o direito à indenização securitária.

(B) No contrato de penhor civil, a instituição financeira não responde por danos decorrentes de roubo, furto ou extravio da coisa empenhada.

(C) A embriaguez do segurado não exonera por si só a seguradora de pagar indenização prevista no contrato de seguro de vida.

(D) O locatário possui legitimidade para questionar a cobrança do IPTU sobre o imóvel alugado, inclusive para pleitear repetição do indébito.

(E) A propositura de ação de revisão do contrato impede a caracterização da mora do autor.

A: incorreta, pois a indenização securitária é devida quando ausente a comunicação prévia do segurado acerca do atraso no pagamento do prêmio, por constituir requisito essencial para a suspensão ou resolução do contrato de seguro (Súmula 616 STJ). Logo, a suspensão do contrato não é automática, pois depende de comunicação prévia; B: incorreta, pois é abusiva a cláusula contratual que restringe a responsabilidade de instituição financeira pelos danos decorrentes de roubo, furto ou extravio de bem entregue em garantia no âmbito de contrato de penhor civil (Súmula 638 STJ); C: correta (Súmula 620 STJ); D: incorreta, pois o locatário não possui legitimidade ativa para discutir a relação jurídico-tributária de IPTU e de taxas referentes ao imóvel alugado nem para repetir indébito desses tributos (Súmula 614 STJ); E: incorreta, pois a simples propositura da ação de revisão de contrato não inibe a caracterização da mora do autor (Súmula 380 STJ). GR

Gabarito "C".

(Procurador/DF – CESPE – 2022) À luz do Código Civil e do Código de Processo Civil, e considerando a jurisprudência do STJ naquilo a que ela for pertinente, julgue os itens que se seguem.

(1) Abre-se a sucessão no local da última residência do falecido, sendo este o foro competente para o inventário.

(2) O valor da multa compensatória deve, necessariamente, guardar exata correspondência matemática entre o grau de inexecução do contrato e o abrandamento da cláusula penal, sob o risco de haver o desvirtuamento da função coercitiva atribuída à cláusula penal.

(3) Segundo o atual entendimento do STJ, aplica-se aos contratos de compromisso de compra e venda a cláusula resolutiva expressa quando o compromissário comprador inadimplente tiver sido notificado/interpelado e houver transcorrido o prazo sem a purgação da mora, hipótese em que o promissário vendedor poderá exercer a faculdade de resolver a relação jurídica extrajudicialmente.

(4) Caso a inexecução contratual seja atribuída única e exclusivamente a quem recebeu as arras, estas deverão ser devolvidas acrescidas do equivalente, com atualização monetária, juros e honorários advocatícios.

(5) A procuração em causa própria opera, ela própria, a cessão ou transmissão do direito de propriedade, direito de posse ou direito de crédito objeto do negócio jurídico.

(6) As pessoas com enfermidade ou deficiência mental, quando excepcionalmente forem submetidas a curatela, não poderão ser declaradas como absolutamente incapazes.

(7) O negócio jurídico simulado é nulo e consequentemente ineficaz, exceto o que nele se dissimulou, se válido for na substância e na forma.

1: errada, pois o foro competente para a abertura da sucessão é o do último domicílio do falecido, e não da última residência (art. 1.785 CC). A mesma regra se aplica para o foro competente para o inventário (art. 48 CPC); 2: errada, pois a Lei não traz esse critério rígido como valor. O que ela prevê é que o valor da cominação imposta na cláusula penal não pode exceder o da obrigação principal (art. 412 CC); 3: certa (REsp 1789863); 4: certa (art. 418 CC); 5: errada, pois Procuração em causa própria não equivale a título translativo de propriedade (REsp 1.345.170); 6: certa, pois a Lei 13.146/15 revogou os incisos II e III do art. 3º do CC; 7: certa (art. 167 CC). GR

Gabarito 1E, 2E, 3C, 4C, 5E, 6C, 7C

(Procurador/DF – CESPE – 2022) Acerca do registro público e do usufruto, julgue os itens seguintes.

(1) No processo de registro de imóveis, não se admite o procedimento da dúvida quando a propriedade é transmitida de forma onerosa pelo particular ao poder público.

(2) No usufruto, não havendo ajuste em contrário, as despesas provenientes da conservação do bem e os tributos dele decorrentes serão atribuições do usufrutuário.

1: errada, pois o art. 198 e seguintes da Lei 6.015/73 tratam do procedimento de dúvida e ali não está prevista essa exceção. 2: certa (art. 1.403, II CC). GR

Gabarito 1E, 2C

(Procurador/DF – CESPE – 2022) Em cada um dos itens a seguir, é apresentada uma situação hipotética seguida de uma assertiva a ser julgada a respeito de preferências, privilégios creditórios e atos unilaterais.

(1) Maria é devedora de obrigações decorrentes de garantia hipotecária pactuada com Roberto e de honorários advocatícios devidos a Francisco. Nessa situação, havendo o concurso de credores, o crédito de Roberto terá preferência sobre o crédito de Francisco.

(2) A Secretaria de Cultura do governo do DF prometeu recompensa para quem prestasse informações que levassem à localização de um quadro furtado de um museu público, e três pessoas, em momentos distintos, prestaram informações fidedignas que conduziram à apreensão da referida obra de arte. Nessa situação, a promessa de recompensa deverá ser dividida entre os três informantes, em partes iguais, independentemente do fato de as informações terem sido prestadas em momentos distintos.

1: errada, pois o crédito de garantia real prefere ao pessoal de qualquer espécie (art. 961 CC). Logo, o credor hipotecário tem preferência ao credor de honorários advocatícios; **2:** errada, pois tem direito à recompensa integral a primeira pessoa que achou o quadro (art. 857 CC). GR

Gabarito 1E, 2E

10. LEIS ESPARSAS

(Procurador/PA – CESPE – 2022) Assinale a opção correta, acerca do parcelamento do solo urbano, conforme a Lei n.º 6.766/1979.

(A) O parcelamento do solo urbano poderá ser feito apenas em forma de loteamento.

(B) O registro de loteamento somente poderá ser cancelado por decisão judicial.

(C) É permitido o parcelamento do solo em áreas de preservação ecológica.

(D) No caso de lotes integrantes de condomínio de lotes, é vedada a instituição de limitações administrativas e direitos reais sobre coisa alheia em benefício do poder público.

(E) Considera-se empreendedor, para fins de parcelamento do solo urbano, o responsável pela implantação do parcelamento, que, além daqueles indicados em regulamento, poderá ser o ente da administração pública, direta ou indireta, habilitado a promover a desapropriação com a finalidade de implantação de parcelamento habitacional ou de realização de regularização fundiária de interesse social, desde que tenha ocorrido a regular imissão na posse.

A: incorreta, pois o parcelamento do solo urbano poderá ser feito mediante loteamento ou desmembramento (art. 2º da Lei 6.766/1979); **B:** incorreta, pois é possível Oficial de Registro de Imóveis cancelar o registro de loteamento (art. 21 da Lei 6.766/1979); **C:** incorreta, pois não será permitido o parcelamento do solo em áreas de preservação ecológica ou naquelas onde a poluição impeça condições sanitárias suportáveis, até a sua correção (art. 3º, parágrafo único, V da Lei 6.766/1979); **D:** incorreta, pois no caso de lotes integrantes de condomínio de lotes, poderão ser instituídas limitações administrativas e direitos reais sobre coisa alheia em benefício do poder público

(art. 4º, § 4º da Lei 6.766/1979); **E:** correta (art. 2º-A, alínea "c" da Lei 6.766/1979). GR

Gabarito "E".

(Procurador/PA – CESPE – 2022) Assinale a opção correta, de acordo com a Lei de Registros Públicos (Lei 6.015/1973).

(A) O art. 198 dessa lei, ao estabelecer que, se houver exigência a ser satisfeita, ela será indicada pelo oficial, por escrito, dentro do prazo legal e de uma só vez, articuladamente, de forma clara e objetiva, com data, identificação e assinatura do oficial ou preposto responsável, consagra o princípio da especialidade dos registros públicos.

(B) Pelo princípio da prioridade, o número de ordem determinará a prioridade do título, e esta, a preferência dos direitos reais, ainda que a mesma pessoa apresente mais de um título simultaneamente.

(C) Em razão do princípio da legalidade, é prescindível que os tabeliães, escrivães e juízes façam as partes indicarem, nas escrituras e nos autos judiciais, com precisão, os característicos, as confrontações e as localizações dos imóveis, bem como mencionarem os nomes dos confrontantes, bastando que façam indicações genéricas, desde que permitam identificar o imóvel.

(D) Pelo princípio da fé pública, os atos registrais têm presunção absoluta de veracidade, a qual apenas pode ser ilidida por meio de suscitação de dúvida.

(E) De acordo com o princípio da fé pública, se o imóvel não estiver matriculado ou registrado em nome do outorgante, o oficial poderá deixar de exigir a prévia matrícula e o registro do título anterior, qualquer que seja a sua natureza, e efetuar o registro com base nas declarações do interessado.

A: incorreta, pois trata-se do princípio da suscitação de dúvida (art. 198 da Lei 6.015/73); **B:** correta (art. 186 da Lei 6.015/73); **C:** incorreta, pois é imprescindível que os tabeliães, escrivães e juízes façam com que, nas escrituras e nos autos judiciais, as partes indiquem, com precisão, os característicos, as confrontações e as localizações dos imóveis, mencionando os nomes dos confrontantes e, ainda, quando se tratar só de terreno, se esse fica do lado par ou do lado ímpar do logradouro, em que quadra e a que distância métrica da edificação ou da esquina mais próxima, exigindo dos interessados certidão do registro imobiliário (art. 225 da Lei 6.015/73); **D:** incorreta, pois trata-se de presunção relativa. No sistema brasileiro, a fé pública registral gera presunção relativa (*iuris tantum*) de veracidade, admitindo, por consequência, prova em sentido contrário. Em outras palavras, por haver força probante, fundada no princípio da fé pública registral, o conteúdo do assento é sempre tido por correspondente à realidade fática"; **E:** incorreta, pois se o imóvel não estiver matriculado ou registrado em nome do outorgante, o oficial exigirá a prévia matrícula e o registro do título anterior, qualquer que seja a sua natureza, para manter a continuidade do registro (art. 195 da Lei 6.015/73). GR

Gabarito "B".

(Procurador Fazenda Nacional – AGU – 2023 – CEBRASPE) Nos termos da Lei n.º 9.610/1998, que versa sobre direitos autorais, são obras intelectuais protegidas

I. esboços concernentes à topografia.

II. conferências.

III. sermões.

IV. programas de computador.

V. alocuções.

Assinale a opção correta.

(A) Apenas os itens I e V estão certos.

(B) Apenas os itens II e III estão certos.

(C) Apenas os itens I, IV e V estão certos.

(D) Apenas os itens II, III e IV estão certos.

(E) Todos os itens estão certos.

I: certa. Art. 7º, inc. X, da Lei nº 9.610/1998: "São obras intelectuais protegidas as criações do espírito, expressas por qualquer meio ou fixadas em qualquer suporte, tangível ou intangível, conhecido ou que se invente no futuro, tais como: (...) X – os projetos, esboços e obras plásticas concernentes à geografia, engenharia, topografia, arquitetura, paisagismo, cenografia e ciência"; II: certa. Art. 7º, inc. II, da Lei nº 9.610/1998: "São obras intelectuais protegidas as criações do espírito, expressas por qualquer meio ou fixadas em qualquer suporte, tangível ou intangível, conhecido ou que se invente no futuro, tais como: (...) II – as conferências, alocuções, sermões e outras obras da mesma natureza"; III: certa. Art. 7º, inc. II, da Lei nº 9.610/1998: "São obras intelectuais protegidas as criações do espírito, expressas por qualquer meio ou fixadas em qualquer suporte, tangível ou intangível, conhecido ou que se invente no futuro, tais como: (...) II – as conferências, alocuções, sermões e outras obras da mesma natureza"; IV: certa. Art. 7º, inc. XII, da Lei nº 9.610/1998: "São obras intelectuais protegidas as criações do espírito, expressas por qualquer meio ou fixadas em qualquer suporte, tangível ou intangível, conhecido ou que se invente no futuro, tais como: (...) XII – os programas de computador"; V: certa. art. 7º, inc. II, da Lei nº 9.610/1998: "São obras intelectuais protegidas as criações do espírito, expressas por qualquer meio ou fixadas em qualquer suporte, tangível ou intangível, conhecido ou que se invente no futuro, tais como: (...) II – as conferências, alocuções, sermões e outras obras da mesma natureza". Logo, a alternativa correta é a letra E. GR

Gabarito "E".

(Procurador – PGE/SP – 2024 – VUNESP) Acerca da Regularização Fundiária Urbana (Reurb) incidente sobre bens públicos, assinale a alternativa correta.

(A) Na Reurb-E, promovida sobre bem público, havendo solução consensual, a aquisição de direitos reais pelo particular ficará condicionada ao pagamento do justo valor da unidade imobiliária regularizada, mediante apuração do valor da terra, das acessões e das benfeitorias do ocupante, bem como da valorização decorrente da implantação dessas acessões e benfeitorias.

(B) As áreas de propriedade do poder público registradas no Registro de Imóveis que sejam objeto de ação judicial versando sobre a sua titularidade não poderão ser objeto da Reurb, salvo por meio de acordo judicial ou extrajudicial, dispensada a homologação deste.

(C) Para as terras de sua propriedade, os órgãos da administração direta e as entidades da administração indireta da União, dos Estados, do Distrito Federal e dos Municípios ficam autorizados a instaurar, processar e aprovar a Reurb-S ou a Reurb-E.

(D) Fica facultado aos Estados, aos Municípios e ao Distrito Federal utilizar a prerrogativa de venda direta aos ocupantes de suas áreas públicas objeto da Reurb-E, dispensada a licitação, desde que a ocupação tenha ocorrido até 11 de julho de 2017.

(E) A Reurb sobre áreas públicas deve ser instrumentalizada mediante legitimação de posse, vedado o uso da legitimação fundiária.

A: incorreta, pois na Reurb-E, promovida sobre bem público, havendo solução consensual, a aquisição de direitos reais pelo particular ficará condicionada ao pagamento do justo valor da unidade imobiliária regularizada, a ser apurado na forma estabelecida em ato do Poder Executivo titular do domínio, sem considerar o valor das acessões e benfeitorias do ocupante e a valorização decorrente da implantação dessas acessões e benfeitorias (art. 16 da Lei nº 13.465/17). Logo, não devem ser considerados os valores das acessões e das benfeitorias do ocupante, tampouco a valorização decorrente da implantação dessas acessões e benfeitorias; B: incorreta, pois as áreas de propriedade do poder público registradas no Registro de Imóveis, que sejam objeto de ação judicial versando sobre a sua titularidade, poderão ser objeto da Reurb, desde que celebrado acordo judicial ou extrajudicial, na forma desta Lei, homologado pelo juiz (art. 16, parágrafo único, da Lei nº 13.465/17); C: correta (art. 30, § 4º, da Lei nº 13.465/17); D: incorreta, pois de acordo com a lei, os imóveis devem se encontrar ocupados até 22 de dezembro de 2016. Dispõe o art. 98 da Lei nº 13.465/17: "Fica facultado aos Estados, aos Municípios e ao Distrito Federal utilizar a prerrogativa de venda direta aos ocupantes de suas áreas públicas objeto da Reurb-E, dispensados os procedimentos exigidos pela Lei nº 8.666, de 21 de junho de 1993, e desde que os imóveis se encontrem ocupados até 22 de dezembro de 2016, devendo regulamentar o processo em legislação própria nos moldes do disposto no art. 84 desta Lei"; E: incorreta, pois "Poderão ser empregados, no âmbito da Reurb, sem prejuízo de outros que se apresentem adequados, os seguintes institutos jurídicos: I – a legitimação fundiária e a legitimação de posse, nos termos desta Lei" (art. art. 15 da Lei nº 13.465/17). GR

Gabarito "C".

(Procurador – PGE/SP – 2024 – VUNESP) O Estado da Federação X, após regular trâmite de processo judicial de desapropriação por utilidade pública, obteve carta de adjudicação expedida pelo juiz que foi encaminhada para registro ao Cartório de Registro de Imóveis. A carta de adjudicação descrevia um polígono de 2 000 m2. Foi constatado pelo Cartório de Registro de Imóveis que o polígono descrito na carta de adjudicação era formado pela Transcrição A, de 1 600 m2, e pela Transcrição B, de 390 m2. Ademais, foi constatado pelo Cartório de Registro de Imóveis que a descrição constante da carta de adjudicação era divergente das descrições contidas nas Transcrições A e B. Tendo em vista o caso hipotético, em relação ao pedido de registro da carta de adjudicação, o Oficial de Registro de Imóveis deverá

(A) negar o registro, pois a descrição divergente dos registros anteriores constante da carta de adjudicação ofende os princípios da especialidade objetiva e da disponibilidade.

(B) realizar o registro e proceder à abertura de nova matrícula, devendo a informação sobre a diferença apurada ser averbada na matrícula aberta.

(C) condicionar o registro da carta de adjudicação à prévia retificação dela para adequação da sua descrição às descrições constantes das Transcrições A e B.

(D) averbar, nas Transcrições A e B, a aquisição derivada da propriedade pelo Estado X, devendo desconsiderar a diferença da área, pois inferior a um vigésimo da área registrada, condicionando a abertura de nova matrícula ao prévio procedimento administrativo de retificação de área.

(E) negar o registro da carta de adjudicação, tendo em vista que a área nela descrita é maior que as áreas registradas, resultando em ofensa ao princípio da especialidade objetiva.

A: incorreta, pois eventuais divergências entre a descrição do imóvel constante do registro e aquela apresentada pelo requerente não obstarão o registro. Logo, o registro deve ser feito ainda que haja divergência (art. 176-A, § 4º-A da Lei 6.015/73). Neste passo, se a área adquirida em caráter originário for maior do que a constante do registro existente, a informação sobre a diferença apurada será averbada na matrícula aberta (art. 176-A, § 4º da Lei 6.015/73); **B:** correta, nos termos do fundamento da alternativa A e ressalta-se que essas disposições, sem prejuízo de outras, aplica-se ao registro de carta de adjudicação, em procedimento judicial de desapropriação

(art. 176-A, § 5º, II da Lei 6.015/73); **C:** incorreta, pois o registro não estará condiciona a retificação. Eventuais divergências entre a descrição do imóvel constante do registro e aquela apresentada pelo requerente não obstarão o registro (art. 176-A, § 4º-A da Lei 6.015/73); **D:** incorreta, pois no que diz respeito a diferença de área, considerando que a metragem constante na carta é um pouco maior daquelas dos registros já existentes, a informação sobre a diferença apurada será averbada na matrícula aberta (art. 176-A, § 4º da Lei 6.015/73). A abertura de nova matrícula não está condicionada ao prévio procedimento administrativo de retificação de área; **E:** incorreta, pois a matrícula deverá ser realizada nos termos dos arts. 176-A, § 4º-A, § 5º II da Lei 6.015/73. **GR**

Gabarito "B".

6. Direito Empresarial

Henrique Subi, Pedro Turra e Robinson Barreirinhas

1. TEORIA GERAL

1.1. Empresa, empresário, caracterização e capacidade

(Procurador Fazenda Nacional – AGU – 2023 – CEBRASPE) No que se refere à teoria da empresa e ao empresário, assinale a opção correta, considerando o Código Civil e a jurisprudência dos tribunais superiores.

(A) Quanto à inscrição no registro competente e aos efeitos dela decorrentes, a legislação assegura tratamento favorecido, diferenciado e simplificado ao empresário rural, ao pequeno empresário e à associação que desenvolva atividade futebolística em caráter habitual e profissional.

(B) A adoção da teoria da empresa pelo Código Civil consolidou, no ordenamento jurídico nacional, o importante papel da empresa como sujeito de direitos.

(C) Quem exerce profissão intelectual — de natureza científica, literária ou artística — visando à obtenção de lucro é necessariamente empresário, nos termos do Código Civil.

(D) A inscrição do empresário no Registro Público de Empresas Mercantis é ato obrigatório e principal requisito para a constituição da qualidade de empresário.

(E) A constituição de estabelecimento secundário — sucursal, filial ou agência — sempre deverá ser averbada no Registro Público de Empresas Mercantis da respectiva sede.

A: Incorreta. Baseado no artigo 970 do Código Civil, a lei assegurará tratamento favorecido, diferenciado e simplificado ao empresário rural e ao pequeno empresário, quanto à inscrição e aos efeitos daí decorrentes. **B:** Incorreta. Empresa é objeto de direito. Empresa (objeto de direito) atividade econômica e organizada, para produção ou circulação de bens ou de serviços; Empresário (sujeito de direito) é aquele que exerce profissionalmente a atividade econômica através do estabelecimento. **C:** Incorreta. Nos termos do artigo 966, parágrafo único, do Código Civil, não se considera empresário quem exerce profissão intelectual, de natureza científica, literária ou artística, ainda com o concurso de auxiliares ou colaboradores, salvo se o exercício da profissão constituir elemento de empresa. **D:** Incorreta. O registro não caracteriza uma atividade como empresária, mas os pressupostos previstos no artigo 966 do Código Civil, o empresário individual deverá efetuar a sua inscrição no Registro Público de Empresa Mercantil da sua respectiva sede, no prazo de 30 dias, contados da assinatura do ato constitutivo, com base nos requisitos do artigo 1.151, §§ 1º e 2º, do Código Civil. Nessa hipótese, os efeitos do registro serão *ex tunc*. Ou seja, quando apresentado tempestivamente, o registro retroage à data de assinatura do ato constitutivo. **E:** Correta. Observado o parágrafo único do artigo 969 do Código Civil, o empresário que constituir filial deve também inscrevê-la na respectiva sede. **PT**

Gabarito "E".

(Procurador/DF – CESPE – 2022) À luz da Lei Complementar n.º 123/2006, que dispõe sobre as microempresas e as empresas de pequeno porte, julgue os próximos itens.

(1) Os representantes do DF no Comitê Gestor do Simples Nacional, vinculado ao Ministério da Economia, e no Comitê para Gestão da Rede Nacional para Simplificação do Registro e da Legalização de Empresas e Negócios serão indicados pela Secretaria Especial da Receita Federal do Brasil.

(2) O registro de baixa dos atos constitutivos referentes a empresários e pessoas jurídicas ocorrerá independentemente da regularidade de obrigações tributárias, previdenciárias ou trabalhistas do empresário, da sociedade, dos sócios, dos administradores ou de empresas de que estes participem.

(3) O contencioso administrativo relativo ao Simples Nacional será de competência exclusiva da Secretaria da Receita Federal do Brasil.

1: incorreta. Eles são indicados pelo CONFAZ (art. 2º, § 2º, da Lei Complementar nº 123/2006); **2:** correta, nos termos do art. 9º da Lei Complementar nº 123/2006; **3:** incorreta. Será de competência do ente federativo que efetuar o lançamento, indeferir a opção ou determinar a exclusão de ofício (art. 39 da Lei Complementar nº 123/2006). **HS**

Gabarito 1E, 2C, 3E.

(Procurador do Estado/SE – 2017 – CESPE) Com relação ao empresário e aos prepostos, assinale a opção correta de acordo com a legislação pertinente.

(A) A inscrição do empresário na junta comercial é requisito para a sua caracterização.

(B) A lei prevê cobrança de multa do incapaz que exercer diretamente atividade própria de empresário.

(C) O gerente de empresa poderá delegar poderes de representação, uma vez que as prerrogativas a ele conferidas, embora pessoais, são transferíveis.

(D) No exercício de suas funções, os prepostos são pessoalmente responsáveis, perante terceiros, pelos atos culposos.

(E) O empresário casado pode alienar os bens imóveis que integram o patrimônio da empresa sem outorga conjugal.

A: incorreta. A inscrição do empresário individual é requisito para sua regularidade. A atividade é empresária se cumprir os requisitos do art. 966 do CC, ainda que exercida de forma irregular; **B:** incorreta. Não há qualquer previsão nesse sentido; **C:** incorreta. Apenas com autorização escrita o preposto pode fazer-se substituir no exercício de suas funções (art. 1.169 do CC); **D:** incorreta. Respondem apenas pelos atos dolosos perante terceiros (art. 1.177 do CC); **E:** correta, nos termos do art. 978 do CC. **HS**

Gabarito "E".

(Procurador do Estado – PGE/PR – PUC – 2015) Acerca do conceito de empresário e de sociedade empresária, assinale a alternativa **CORRETA**.

(A) Uma sociedade anônima aberta que alterasse seu objeto social para incluir atividade de natureza literária passaria a ser considerada uma sociedade simples.

(B) A expressão "elemento de empresa" presente no conceito legal de empresário serve de fundamento a que atividades exercidas sem auxiliares sejam consideradas empresárias.

(C) A definição legal de empresário não permite que uma atividade dotada de eventualidade seja caracterizada como empresária.

(D) O praticante de atividade rural tem a opção pelo tratamento legal como empresário a ser exercida através de processo judicial.

(E) A gestão profissional e de acordo com as práticas de governança corporativa em uma sociedade a caracteriza como empresarial.

A: incorreta. A sociedade anônima é sempre empresária, qualquer que seja seu objeto (art. 982, parágrafo único, do CC); **B:** incorreta. Para a caracterização do empresário é sempre necessária a organização de mão de obra. Além disso, a expressão "elemento de empresa" não está no conceito legal de empresário, mas sim enunciada como uma exceção à natureza simples das atividades científicas (art. 966, parágrafo único, do CC). Por fim, para boa compreensão do tema, é importante destacar que existem três correntes sobre o conceito de "elemento de empresa", todas aceitas pela jurisprudência: **(i)** a atividade científica está inserida num contexto mais amplo de uma atividade empresária, como no caso de um veterinário que atende dentro de um *petshop* (STJ, REsp 1.028.086/RO); **(ii)** a transformação da atividade intelectual em um serviço que se desvincula da individualidade do cientista, literato ou artista, como numa clínica médica procurada pelos pacientes em face de sua estrutura física e ampla gama de serviços, independentemente de quem sejam os médicos que lá atendam (STJ, idem); e **(iii)** seria uma livre escolha do prestador do serviço ser tratado como atividade simples ou empresária (Enunciado 54 JDC/CJF); **C:** correta. Ao exigir o **profissionalismo** como requisito da atividade empresária, o art. 966 do CC **implicitamente** exige que a atividade seja prestada de forma **habitual, em nome próprio e com monopólio de informações**; **D:** incorreta. A opção do produtor rural se dá simplesmente com seu requerimento de registro na Junta Comercial (art. 971 do CC); **E:** incorreta. A caracterização empresarial se faz a partir da análise do objeto social e dos demais requisitos do art. 966 do CC. **HS**
Gabarito "C."

(Advogado União – AGU – CESPE – 2015) Acerca dos impedimentos, direitos e deveres do empresário, julgue os itens que se seguem de acordo com a legislação vigente.

(1) O incapaz não pode ser autorizado a iniciar o exercício de uma atividade empresarial individual, mas, excepcionalmente, poderá ele ser autorizado a dar continuidade a atividade preexistente.

(2) Os livros mercantis são equiparados a documento público para fins penais, sendo tipificada como crime a falsificação, no todo ou em parte, de escrituração comercial.

(3) Condenados por crime falimentar ou contra a economia popular não podem figurar como sócios em sociedade limitada, ainda que sem função de gerência ou administração.

1: Certa, nos termos do art. 974 do CC. **2:** Certa, nos termos do art. 297, § 2º, do Código Penal. **3:** Errada. A vedação abrange somente a função de administrador, não a presença da pessoa no quadro societário (art. 1.011, § 1º, do CC). **HS**
Gabarito 1C, 2C, 3E

(Procurador Distrital – 2014 – CESPE) Julgue o item a seguir, a respeito de fatos históricos relacionados à evolução do direito empresarial.

(1) Os títulos de créditos originaram-se, na Idade Média, em virtude de os comerciantes italianos não desejarem levar grandes quantidades de moeda em suas viagens e ao fato de que cada cidade podia cunhar a sua própria. Esses comerciantes, então, depositavam o valor de que necessitavam em um banco e este emitia documentos que consubstanciavam promessa ou ordem de pagamento e que, apresentados ao seu correspondente, autorizavam o recebimento da quantia neles mencionada, na moeda corrente no lugar da apresentação.

1: correta. Como a alternativa narra, tais títulos foram os embriões das letras de câmbio e representam os primeiros registros de títulos de crédito.
Gabarito "1C."

(Procurador Distrital – 2014 – CESPE) Julgue o seguinte item, referente à teoria da empresa.

(1) Para Ronald Coase, jurista norte-americano cujo pensamento doutrinário tem sido bastante estudado pelos juristas brasileiros, a empresa se revelaria, estruturalmente, como um "feixe de contratos" que, oferecendo segurança institucional ao empresário, permite a organização dos fatores de produção e a redução dos custos de transação. Nesse aspecto, a proposta de Coase coincide com o perfil institucional proposto por Asquini.

1: apesar de considerada incorreta pelo gabarito oficial, temos que a afirmação está certa. Alberto Asquini propõe que a empresa deve ser entendida como um "fenômeno econômico poliédrico, o qual tem sob o aspecto jurídico, não um, mas diversos perfis em relação aos diversos elementos que o integram". Para ele, tais perfis seriam: perfil subjetivo (a empresa como a pessoa, física ou jurídica, que exerce a atividade), perfil objetivo (a empresa como patrimônio especial distinto do restante do patrimônio do empresário), perfil funcional (a atividade empresarial propriamente dita) e perfil corporativo ou institucional (a empresa é um núcleo social organizado, em função de um fim econômico comum). Ronald Coase, por sua vez, propõe um conceito econômico de empresa ao inseri-la no contexto da economia de mercado: a firma é um "feixe de contratos" voltados organização dos fatores de produção e redução dos custos de transação. Esse "feixe de contratos" é exatamente o perfil corporativo proposto por Asquini, na medida em que a empresa, já dizia o jurista italiano, não é a mera soma de pessoas físicas buscando cada uma seu interesse. Tais pessoas estão vinculadas por contratos (de trabalho, de colaboração, de fornecimento etc.) em prol de um fim econômico comum, que é a otimização da produção.
Gabarito "1E".

1.2. Desconsideração da personalidade jurídica

(Procurador do Estado/BA – 2014 – CESPE) Julgue o item a seguir.

(1) A desconsideração inversa da personalidade jurídica implica o afastamento do princípio de autonomia patrimonial da sociedade, o que a torna responsável por dívida do sócio.

6. DIREITO EMPRESARIAL — 315

1: correta. Chama-se desconsideração inversa da personalidade jurídica a possibilidade de se afastar a autonomia patrimonial da pessoa jurídica para fazer recair sobre seu patrimônio a responsabilidade sobre dívidas pessoais do sócio. Tal modalidade de desconsideração é prevista no art. 50, §3º, do CC.

Gabarito "1C".

1.3. Nome empresarial

(Procurador do Estado/PI – 2008 – CESPE) Como regulado pelo Código Civil, o nome empresarial

(A) obedece ao princípio da novidade, que determina a impossibilidade legal de coexistirem dois nomes empresariais idênticos no território nacional.

(B) é elemento do estabelecimento comercial, podendo ser alienado com ou sem trespasse.

(C) refere-se à sociedade empresária, devendo o empresário limitar-se a usar o seu nome civil.

(D) será necessariamente firma, tratando-se de sociedade em conta de participação.

(E) formar-se-á necessariamente sob denominação, se o quadro societário da sociedade limitada a ser nomeada envolver apenas pessoas jurídicas.

A: incorreta. O princípio da novidade, previsto no art. 1.163 do CC, impede a adoção de nome já inscrito no mesmo registro (não, necessariamente, em outro ponto do território nacional); **B: incorreta.** O nome empresarial não pode ser alienado – art. 1.164 do CC; **C: incorreta.** O empresário individual opera sob firma, que é uma espécie de nome empresarial – art. 1.156 do CC; **D: incorreta.** Sociedade em conta de participação não pode ter nome empresarial – art. 1.162 do CC; **E: correta.** A adoção de firma pela sociedade de responsabilidade limitada depende da existência de sócio pessoa física, cujo nome civil possa compor o nome empresarial – art. 1.158, § 1º, do CC.

Gabarito "E".

1.4. Inscrição, Registros, Escrituração e Livros

(Procurador do Estado – PGE/RN – FCC – 2014) Os livros e fichas dos empresários e sociedades provam

(A) contra ou a favor das pessoas a que pertencem, desde que escriturados sem vícios intrínsecos ou extrínsecos, podendo, entretanto, os interessados impugná-los provando a inexatidão ou falsidade dos lançamentos e, para isso, poderão requerer em juízo a exibição parcial dos livros, competindo somente à Fazenda Pública pleitear a exibição integral para a fiscalização do pagamento de impostos, nos estritos termos das respectivas leis especiais, ou, a qualquer credor, no caso de falência.

(B) a favor das pessoas a que pertencem, quando escriturados sem vício extrínseco ou intrínseco e forem confirmados por outros subsídios, nesse caso suprindo a falta de escritura pública exigida por lei, salvo se provadas a falsidade ou inexatidão dos lançamentos.

(C) somente contra as pessoas a que pertencem e nunca a seu favor, por isso não podendo o Juiz determinar a exibição integral dos livros e papéis de escrituração, porque ninguém tem obrigação de fazer prova contra si próprio.

(D) contra as pessoas a que pertencem, todavia o Juiz só pode autorizar a exibição integral dos livros e papéis da escrituração nos casos taxativamente previstos em lei, entre os quais, para resolver questões relativas à sucessão, sendo que as restrições legais não se aplicam às autoridades fazendárias, no exercício da fiscalização do pagamento de impostos, nos estritos termos das respectivas leis especiais.

(E) contra ou a favor das pessoas a que pertencem, desde que escriturados sem vício extrínseco ou intrínseco, ressalvada ao interessado a prova da falsidade ou inexatidão dos lançamentos, qualquer interessado podendo requerer ao Juiz a exibição integral, para demonstrar os seus direitos.

Nos termos do art. 226 do CC, a escrituração do empresário faz prova contra as pessoas a que pertencem. Ao mesmo tempo, o art. 1.191 do CC determina que só é autorizado ao juiz determinar a exibição integral dos livros quando necessária para resolver questões relativas a sucessão, comunhão ou sociedade, administração ou gestão à conta de outrem, ou em caso de falência. Obviamente, as restrições de acesso não se aplicam às autoridades fazendárias no exercício de suas funções de fiscalização (art. 1.193 do CC). **HS**

Gabarito "D".

1.5. Estabelecimento

(Procurador do Estado – PGE/PR – PUC – 2015) Acerca da disciplina jurídica do estabelecimento empresarial, assinale a alternativa **CORRETA**.

(A) Uma cláusula contratual que permita o restabelecimento do alienante do estabelecimento empresarial no prazo de três anos é lícita e mais benéfica ao alienante do que a inexistência de cláusula contratual a este respeito.

(B) O estabelecimento empresarial corresponde a uma universalidade de direito.

(C) O registro da operação de trespasse no Registro Público de Empresas Mercantis é essencial para a validade deste negócio jurídico.

(D) É necessário o consentimento expresso dos credores se ao alienante do estabelecimento empresarial não restarem bens suficientes para solver o seu passivo.

(E) O alienante do estabelecimento empresarial fica obrigado solidariamente com o adquirente pelos débitos anteriores à transferência, desde que regularmente contabilizados pelo prazo de dois anos.

A: correta, nos termos do art. 1.147 do CC; **B: incorreta.** O estabelecimento empresarial é uma universalidade de fato (art. 90 do CC). Importante observar as alterações promovidas pela Lei nº 14.382/2022, que trata do estabelecimento virtual no artigo 1.142 do CC e seus parágrafos; **C: incorreta.** O registro não é essencial para a validade do negócio, mas para sua eficácia e oponibilidade a terceiros (art. 1.144 do CC); **D: incorreta.** O consentimento dos credores pode ser tácito (art. 1.145 do CC); **E: incorreta.** A responsabilidade do alienante é de um ano sobre os débitos regularmente contabilizados (art. 1.146 do CC). **PT**

Gabarito "A".

(Procurador – PGFN – ESAF – 2015) Assinale a opção correta.

(A) Por configurar uma universalidade de fato, o estabelecimento empresarial pode ser objeto unitário de direitos e de negócios jurídicos, translativos ou constitutivos, que sejam compatíveis com a sua natureza.

(B) O adquirente do estabelecimento empresarial responde pelo pagamento dos débitos anteriores à transferência, desde que regularmente contabilizados, ficando o devedor primitivo subsidiariamente responsável pelo pagamento das dívidas pelo prazo de 1 (um) ano, contado da data da publicação da alienação, quanto aos créditos vencidos; ou da data do vencimento, quanto aos créditos vincendos.

(C) Com exceção das dívidas de natureza trabalhista e fiscal, a aquisição de estabelecimento empresarial em alienação judicial promovida em processo de falência ou de recuperação judicial exime a responsabilidade do adquirente pelas obrigações anteriores.

(D) A transferência do estabelecimento empresarial importa a sub-rogação do adquirente nos contratos negociados anteriormente pelo alienante, podendo os terceiros rescindir apenas aqueles contratos que têm caráter pessoal.

(E) De acordo com a atual jurisprudência do Superior Tribunal de Justiça (STJ), considerado o princípio da preservação da empresa, não é legítima a penhora da sede do estabelecimento empresarial.

A: correta, nos termos dos arts. 90 e 1.143 do CC; **B:** incorreta. A responsabilidade do alienante é solidária, não subsidiária (art. 1.146 do CC); **C:** incorreta. Também as dívidas trabalhistas e fiscais são excluídas da sucessão em caso de alienação em processo de falência ou recuperação judicial, nos termos do art. 141 da Lei 11.101/2005, salvo nos previstos no § 1º do mesmo artigo; **D:** incorreta. Os contratos de caráter pessoal são automaticamente rescindidos. Os demais também podem ser denunciados pela outra parte, desde que comprovada justa causa (art. 1.148 do CC); **E:** incorreta. A Súmula 451 do STJ consolidou o entendimento da Corte de que é possível a penhora da sede do estabelecimento empresarial. **HS**

Gabarito "A".

2. DIREITO SOCIETÁRIO

2.1. Sociedade simples

(Procurador do Município – S.J. Rio Preto/SP – 2019 – VUNESP) São exemplos de sociedades que podem qualificar-se como sociedades empresárias ou, a depender de seu objeto, não empresárias:

(A) a sociedade anônima e a sociedade limitada.

(B) a sociedade limitada e a sociedade em comandita simples.

(C) a cooperativa e a empresa individual de responsabilidade limitada.

(D) a associação e a sociedade em comandita simples.

(E) a sociedade simples e a sociedade em nome coletivo.

A sociedade anônima é sempre empresária e a sociedade cooperativa é sempre simples (não empresária) por força de lei (art. 982, parágrafo único, do CC). Todos os demais tipos societários podem ser considerados como empresários ou não, nos termos do art. 966 do CC. Logo, a única alternativa correta é a letra "B", que deve ser assinalada.

Gabarito "B".

2.2. Sociedade empresária

(Procurador Fazenda Nacional – AGU – 2023 – CEBRASPE) Com base nas disposições do Código Civil em vigor referentes à empresa e às sociedades empresárias, assinale a opção correta.

(A) Pessoa natural poderá constituir empresa individual de responsabilidade limitada, tornando-se titular da totalidade do capital social, que não poderá ser inferior a cem vezes o maior salário mínimo vigente no Brasil.

(B) Na sociedade em comum, os bens particulares dos sócios não podem ser executados por dívidas da sociedade senão depois de executados os bens sociais.

(C) Na sociedade em conta de participação, o sócio ostensivo e o sócio participante se obrigam, de forma ilimitada, perante terceiro.

(D) Somente pessoas físicas podem tomar parte na sociedade em nome coletivo, respondendo todos os sócios, solidária e ilimitadamente, pelas obrigações sociais.

(E) Na sociedade simples, os sócios podem integralizar suas quotas por meio da transferência de dinheiro, bens ou créditos, sendo vedada, porém, a contribuição mediante prestação de serviço.

A: Incorreta. Com a extinção da figura da EIRELI do ordenamento jurídico brasileiro, não há mais obrigatoriedade de valor de capital social mínimo, especialmente pela inclusão do § 1º, do artigo 1.052 do Código Civil. **B:** Incorreta. Não são todos os sócios que possuem o benefício de ordem, o sócio que contratou pela sociedade terá seus bens executados juntamente com os bens sociais, sem o citado benefício, conforme artigos 989 e 990 do Código Civil: " Os bens sociais respondem pelos atos de gestão praticados por qualquer dos sócios, salvo pacto expresso limitativo de poderes, que somente terá eficácia contra o terceiro que o conheça ou deva conhecer. Art. 990. Todos os sócios respondem solidária e ilimitadamente pelas obrigações sociais, excluído do benefício de ordem, previsto no art. 1.024, aquele que contratou pela sociedade". **C:** Incorreta. É permitida a contribuição por serviço nas sociedades simples, nos termos do artigo 1.006 do CC: " O sócio, cuja contribuição consista em serviços, não pode, salvo convenção em contrário, empregar-se em atividade estranha à sociedade, sob pena de ser privado de seus lucros e dela excluído". **D:** Incorreta. Somente o sócio ostensivo se obriga de forma ilimitada, como traz o artigo 991 do CC: " Na sociedade em conta de participação, a atividade constitutiva do objeto social é exercida unicamente pelo sócio ostensivo, em seu nome individual e sob sua própria e exclusiva responsabilidade, participando os demais dos resultados correspondentes. Parágrafo único. Obriga-se perante terceiro tão somente o sócio ostensivo; e, exclusivamente perante este, o sócio participante, nos termos do contrato social". **E:** correta. Nos termos do artigo 1.039 do CC: " Somente pessoas físicas podem tomar parte na sociedade em nome coletivo, respondendo todos os sócios, solidária e ilimitadamente, pelas obrigações sociais". **PT**

Gabarito "E".

(Advogado União – AGU – CESPE – 2015) À luz da legislação e da doutrina pertinentes às sociedades empresárias, julgue os próximos itens.

(1) O sócio que transferir crédito para fins de integralização de quota social responderá pela solvência do devedor e o que transmitir domínio de imóvel responderá pela evicção.

(2) A adoção do regime legal das companhias permite maior liberdade quanto à disciplina das relações sociais, o que constitui uma vantagem desse regime em relação ao das sociedades contratualistas.

(3) Para que se efetive a exclusão do sócio remisso no âmbito das sociedades limitadas, é imprescindível que tal hipótese conste do contrato social.

(4) No regime da sociedade de pessoas, todos os sócios respondem solidariamente pela exata estimação de

6. DIREITO EMPRESARIAL 317

bens conferidos ao capital social, até o prazo de cinco anos da data do registro da sociedade.

1: Correta, nos termos do art. 1.005 do CC. **2:** Incorreta. A questão é eminentemente doutrinária. "Regime legal das companhias" é o que as caracteriza como sociedades institucionais, ou seja, a Lei 6.404/1976, que afasta a aplicação dos princípios contratuais próprios das sociedades denominadas justamente "sociedades contratuais", como a sociedade limitada. Dentre os princípios em questão, destaca-se a autonomia da vontade, no sentido de que os sócios são livres para dispor o que bem entenderem no contrato social, respeitadas apenas as normas cogentes. Isso não ocorre nas sociedades anônimas, face à extensa regulação da Lei 6.404/1976. Logo, é naquelas, e não nessas, que se encontra maior liberdade na disciplina das relações sociais. **3:** Errada. A exclusão do sócio remisso decorre da aplicação do art. 1.058 do CC, não dependendo de previsão contratual. **4:** Errada. A regra enunciada, que corresponde ao art. 1.055, § 1º, do CC, aplica-se somente às sociedades limitadas, não a todas às "sociedades de pessoas". HS
Gabarito 1C, 2E, 3E, 4E

(Advogado União – AGU – CESPE – 2015) Julgue os itens a seguir, relativos à regularidade, ou não, de sociedades empresárias e às possíveis consequências devidas a situações de irregularidade.

(1) Uma das sanções imponíveis à sociedade empresária que funcione sem registro na junta comercial é a responsabilização ilimitada dos seus sócios pelas obrigações da sociedade.

(2) A sociedade empresária irregular não tem legitimidade ativa para pleitear a falência de outro comerciante, mas pode requerer recuperação judicial, devido ao princípio da preservação da empresa.

(3) Sociedade rural que não seja registrada na junta comercial com jurisdição sobre o território de sua sede é considerada irregular, razão por que não pode contratar com o poder público.

1: Certa, nos termos do art. 990 do CC. **2:** Errada. Um dos requisitos para pleitear a recuperação judicial é justamente a regularidade do empresário, nos termos do art. 48 da Lei 11.101/2005. **3:** Errada. O registro da sociedade que explora atividade rural, e consequentemente sua submissão ao regime jurídico empresarial, é facultativo, nos termos do art. 971 do CC. HS
Gabarito 1C, 2E, 3E

2.3. Sociedades em Comum, em Conta de Participação, em Nome Coletivo, em Comandita

(Procurador Federal – AGU – 2023 – CEBRASPE) Conforme o Código Civil e a Lei n.º 6.404/1976, a sociedade empresária formada exclusivamente por pessoas físicas, respondendo todos os sócios por eventuais dívidas de forma solidária e ilimitada, denomina-se

(A) sociedade anônima.

(B) sociedade em comandita simples.

(C) sociedade em conta de participação.

(D) sociedade em nome coletivo.

A alternativa toma como modelo a sociedade em nome coletivo, nos termos do artigo 1.039 do Código Civil, em que somente pessoas físicas podem tomar parte na sociedade em nome coletivo, respondendo todos os sócios, solidária e ilimitadamente, pelas obrigações sociais. PT
Gabarito "D".

(Procurador do Estado/AC – 2017 – FMP) De acordo com a Lei 10.406, de 10 de janeiro de 2002, a respeito da sociedade em comum, é INCORRETO afirmar:

(A) Os sócios, nas relações entre si ou com terceiros, somente por escrito podem provar a existência da sociedade, mas os terceiros podem prová-la de qualquer modo.

(B) Os bens e dívidas sociais constituem patrimônio especial, do qual os sócios são titulares em comum.

(C) Na sociedade em comum, a atividade constitutiva do objeto social é exercida unicamente pelo sócio ostensivo, em seu nome individual e sob sua própria e exclusiva responsabilidade, participando os demais dos resultados correspondentes.

(D) Todos os sócios respondem solidária e ilimitadamente pelas obrigações sociais, excluído do benefício de ordem, previsto no art. 1.024, aquele que contratou pela sociedade.

(E) Os bens sociais respondem pelos atos de gestão praticados por qualquer dos sócios, salvo pacto expresso limitativo de poderes, que somente terá eficácia contra o terceiro que o conheça ou deva conhecer.

A: correta, nos termos do art. 987 do CC; **B:** correta, nos termos do art. 988 do CC; **C:** incorreta, devendo ser assinalada. Esta é a definição da sociedade em conta de participação (art. 991 do CC); **D:** correta, nos termos do art. 990 do CC; **E:** correta, nos termos do art. 989 do CC.
Gabarito "C".

2.4. Sociedade limitada

(Procurador Federal – AGU – 2023 – CEBRASPE) Assinale a opção correta no tocante à sociedade limitada.

(A) A responsabilidade de cada sócio é restrita ao valor de suas quotas, no entanto todos são responsáveis solidários pela integralização do capital social.

(B) O capital social divide-se em quotas, iguais ou desiguais, cabendo uma ou diversas delas a cada sócio, sendo possível a integralização mediante prestação de serviços devidamente mensurada.

(C) A administração atribuída no contrato a todos os sócios se estende de pleno direito aos que posteriormente adquiram essa qualidade.

(D) A sociedade não pode ser unipessoal, devendo haver, pelo menos, duas pessoas no quadro de sócios.

(E) Após a integralização, o capital social desse tipo de sociedade não poderá ser reduzido.

A: Correta, nos termos do artigo 1.052 do Código Civil. Art. 1.052. Na sociedade limitada, a responsabilidade de cada sócio é restrita ao valor de suas quotas, mas todos respondem solidariamente pela integralização do capital social. **B:** Incorreta, segundo o § 2º do artigo 1.055 do Código Civil, em que há a vedação da contribuição em prestação de serviços. **C:** Incorreta, conforme dispõe o parágrafo único do artigo 1.060 do Código Civil, o qual afirma que a administração atribuída no contrato a todos os sócios não se estende de pleno direito aos que posteriormente adquiram essa qualidade. **D:** Incorreta, pois com a modificação da Lei nº 13.874/2019, o artigo 1.052 teve o texto de seu § 1º reformado, o qual afirma que a sociedade limitada pode ser constituída por 1 (uma) ou mais pessoas. Assim sendo, ela pode ser unipessoal. **E:** Incorreta, pois o Código Civil indica em seu artigo 1.082 duas hipóteses de redução de capital social, que são: perdas irreparáveis ou quando considerado excessivo. PT
Gabarito "A".

(Procurador do Estado/BA – 2014 – CESPE) Julgue os itens a seguir.

(1) Os administradores da sociedade limitada respondem com seu patrimônio por créditos decorrentes de obrigações tributárias, por fatos que praticarem com excesso de poder, infração à lei, contrato ou estatutos.

(2) A administração de sociedade limitada atribuída no contrato a todos os sócios estende-se, de pleno direito, aos que posteriormente adquiram essa qualidade.

1: correta, nos termos do art. 135, III, do Código Tributário Nacional; **2:** incorreta. O art. 1.060, parágrafo único, do CC estatui o inverso: não há extensão automática dos poderes de administração àqueles que posteriormente à assinatura do contrato adquiram o *status* de administradores da sociedade.

Gabarito 1C, 2E

2.5. Sociedade Anônima

2.5.1. Constituição, Capital Social, Ações, Debêntures e Outros Valores Mobiliários. Acionistas, Acordos e Controle

(Procurador – PGE/SP – 2024 – VUNESP) Considere que o Estado pretenda transferir a propriedade de um imóvel à empresa por ele controlada, como forma de integralização de ações subscritas em face de aumento de capital deliberado em Assembleia de Acionistas. De acordo com o que disciplina a legislação de regência,

(A) trata-se de prerrogativa do acionista controlador que seja pessoa jurídica de direito público, conferida para cumprimento de relevante interesse coletivo que justificou a criação da empresa pública ou sociedade de economia mista, não sendo a mesma possibilidade conferida a acionistas privados.

(B) a integralização de participação acionária em bens somente se afigura juridicamente possível quando se trata de empresa pública, na qual o Estado e outras entidades da Administração indireta detenham a integralidade do capital social, e depende de avaliação pelo critério patrimonial contábil.

(C) é possível a integralização do capital subscrito em bens, com preço aferido em avaliação de mercado, desde que a Assembleia de Acionistas que deliberou sobre o aumento tenha autorizado tal modalidade e desde que se trate de companhia fechada, sem ações ou títulos negociados em bolsa de valores.

(D) a operação configura abuso do acionista controlador, uma vez que a regra é a integralização do capital subscrito em dinheiro ou em ativos financeiros com liquidez para negociação no mercado de capitais ou em mercado secundário, salvo para formação do capital inicial da companhia.

(E) a integralização em bens condiciona-se à avaliação, mediante laudo fundamentado, realizada por 3 (três) peritos ou por empresa especializada, nomeados em assembleia geral, constituindo abuso do acionista controlador a realização em bens estranhos ao objeto social da companhia.

A: Incorreta. A integralização de capital não é uma prerrogativa conferida ao acionista controlador, bem como a Lei de Sociedade Anônima (Lei nº 6.404/1976) não diferencia a forma de integralização dependendo do tipo de pessoa jurídica (se de direito público ou privado). Reco-

mendamos a leitura dos artigos 7º e 8º da Lei. **B:** Incorreta, no mesmo sentido da anterior, uma vez que não há limitação da integralização de capital social específica às empresas públicas. Artigo 7º O capital social poderá ser formado com contribuições em dinheiro ou em qualquer espécie de bens suscetíveis de avaliação em dinheiro. **C:** Incorreta. O artigo 170, § 3º da LSA determina que a integralização do capital por bens deverá obedecer o artigo 8º o qual, por sua vez, determina, em seu parágrafo 1º, que o preço da avaliação seja feita por peritos que indicarão os critérios de avaliação. **D:** Incorreta. Com base no artigo 7º, permite, expressamente, a integralização do capital social por bens, não só em dinheiro ou ativos como trouxe a afirmação. **E:** Correta, conforme expressa previsão legal no artigo 8º da LSA e, ainda, como dispõe o artigo 117, § 1º, alínea "h". "Art. 117. O acionista controlador responde pelos danos causados por atos praticados com abuso de poder. § 1º São modalidades de exercício abusivo de poder: (...) h) subscrever ações, para os fins do disposto no art. 170, com a realização em bens estranhos ao objeto social da companhia. PT

Gabarito "E".

(Procurador Fazenda Nacional – AGU – 2023 – CEBRASPE) Acerca das sociedades por ações, assinale a opção correta à luz da Lei n.º 6.404/1976.

(A) A diretoria deve ser composta por, no mínimo, dois diretores, eleitos e destituíveis a qualquer tempo pela assembleia geral ou, se existente, pelo conselho de administração.

(B) As ações ordinárias e preferenciais poderão ser de uma ou mais classes, sendo vedado atribuir voto plural a qualquer classe de ações.

(C) Cada ação ordinária corresponde a um voto nas deliberações da assembleia geral, podendo o estatuto social estabelecer limitação ao número de votos de cada acionista.

(D) A assembleia geral, que possui poderes para decidir todos os negócios relativos ao objeto da companhia e para tomar as resoluções que julgar convenientes à sua defesa e ao seu desenvolvimento, deverá ser realizada necessariamente de maneira presencial, na sede da companhia.

(E) A administração da companhia competirá, conforme dispuser o estatuto social, ao conselho de administração e à diretoria, ou somente à diretoria, sendo, contudo, a representação da sociedade privativa dos diretores, que deverão ser residentes no Brasil.

A: Incorreta. Em virtude da LC nº 182/2021, alterou-se a redação do art. 143 da Lei nº 6.404/1976, sendo permitido que a composição da diretoria se desse por 1 (um) ou mais membros. **B:** Incorreta. Com a Lei nº 14.195/2021, foi incluído na Lei nº 6.404/1976 o artigo 110-A, o qual admite a criação de uma ou mais classes de ações ordinárias com atribuição de voto plural, não superior a 10 (dez) votos por ação ordinária. **C:** Correta. É o texto legal do artigo 110 da Lei nº 6.404/1976, que dispões que cada ação ordinária corresponde 1 (um) voto nas deliberações da assembleia geral e o estatuto pode estabelecer limitação ao número de votos de cada acionista. **D:** Incorreta. Desde a entrada em vigor da Lei nº 14.030/2020, as companhias, abertas e fechadas, poderão realizar assembleia digital, nos termos do regulamento da Comissão de Valores Mobiliários e do órgão competente do Poder Executivo federal, respectivamente. **E:** Incorreta. Não há obrigatoriedade de residência no Brasil por parte do Diretor, em atenção ao § 2º, artigo 146, da Lei nº 6.404/1976, posse de administrador residente ou domiciliado no exterior fica condicionada à constituição de representante residente no País, com poderes para, até, no mínimo, 3 (três) anos após o término do prazo de gestão do administrador. PT

Gabarito "C".

(Procurador do Estado/BA – 2014 – CESPE) Julgue o item a seguir.

(1) A sociedade por ações é sempre mercantil; por isso, está sujeita a falência, fazendo jus à recuperação judicial, ainda que o seu objeto seja civil.

1: correta, nos termos dos arts. 982, parágrafo único, do CC, e 2º, § 1º, da Lei 6.404/1976.

Gabarito "1C".

2.5.2. Assembleia Geral, Conselho de Administração, Diretoria, Administradores e Conselho Fiscal

(Advogado da União/AGU – CESPE – 2012) Com relação à responsabilidade dos sócios e administradores, julgue o item seguinte.

(1) O administrador de sociedade empresária não responde pessoalmente pelas obrigações que contrair em nome da sociedade por atos regulares de gestão, estando, contudo, obrigado pessoalmente e solidariamente a reparar o dano, por ato ilícito se, no âmbito de suas atribuições e poderes, agir de forma culposa.

1: correta, nos exatos termos do art. 158, II, da LSA.

Gabarito "1C".

2.5.3. Transformação, Incorporação, Fusão e Cisão

(Procurador do Estado/GO – 2010) Com relação à transformação, incorporação, fusão e cisão das sociedades, analise as assertivas que se seguem e assinale, abaixo, a alternativa CORRETA:

I. O ato de transformação importa na dissolução ou liquidação da sociedade transformada.

II. A transformação não modificará nem prejudicará, em qualquer caso, os direitos dos credores.

III. Na fusão, uma ou várias sociedades são absorvidas por outra, que lhes sucede em todos os direitos e obrigações, devendo todas aprová-la, na forma estabelecida para os respectivos tipos.

IV. A incorporação determina a extinção das sociedades que se unem, para formar sociedade nova, que a elas sucederão nos direitos e obrigações.

(A) Todas as alternativas estão erradas.

(B) Apenas a alternativa II está correta.

(C) Todas as alternativas estão corretas.

(D) Apenas as alternativas I e IV estão corretas.

(E) Apenas as alternativas III e IV estão corretas.

I: incorreta, nos termos do art. 1.113 do CC. A transformação é a operação societária mais simples, na qual apenas se altera o tipo societário (de limitada para anônima, de comandita simples para nome coletivo etc.); **II:** correta, conforme art. 1.115 do CC; **III:** incorreta. Esse é o conceito de incorporação, previsto no art. 1.116 do CC; **IV:** incorreta. Este é o conceito de fusão, previsto no art. 1.119 do CC.

Gabarito "B".

2.5.4. Sociedades de Economia Mista

(Procurador – PGE/SP – 2024 – VUNESP) Suponha que no bojo de discussões no âmbito do Programa Estadual de Desestatização esteja sendo cogitada a alienação de parcela das ações de uma sociedade de economia mista detida pelo Estado, de forma que esse deixará de ser o detentor da maioria das ações com direito a voto. Nas discussões,

ficou claro que o Estado pretende manter a prerrogativa de influir na decisão sobre determinados temas que considera estratégicos. De acordo com os preceitos da legislação societária, para atingir tal objetivo, o modelo de desestatização

(A) deveria ter sido concebido na forma de alienação integral de bloco de controle, uma vez que somente em tal modalidade é possível identificar o acionista ou grupo de acionistas que exercem poder de controle e imputar obrigações estatutárias ou legais.

(B) somente poderá contemplar tal prerrogativa se também estabelecer que o Estado permanecerá com percentual relevante de ações, ordinárias ou preferenciais, de, no mínimo, 25% (vinte e cinco por cento) do capital social, dado o princípio de "uma ação, um voto".

(C) somente poderá assegurar tal objetivo por meio da regulação do serviço público prestado pela companhia, não havendo instrumentos societários que possam estabelecer direitos diferenciados aos acionistas ou emissão de ações de diferentes classes.

(D) poderá prever a criação de ação preferencial de classe especial a ser detida pelo Estado, à qual o estatuto social poderá conferir o poder de veto às deliberações da assembleia-geral nas matérias que especificar.

(E) deverá prever a emissão de ações ordinárias a serem detidas pelo Estado, as quais, não obstante não atribuam direito de voto, conferem o direito de eleger um terço dos administradores da companhia.

A alternativa correta é a letra D. **A** alternativa A é incorreta porque a previsão do artigo 254-A da LSA indica a hipótese legal de alienação de controle, cujo objetivo é a proteção do acionista minoritário, não sendo o desejo do Estado no caso de interferência de questões estratégicas. A alternativa **B** é incorreta em virtude da adoção do voto plural no ordenamento jurídico, fato originado pela Lei nº 14.195/2021, que revogou o § 2º do artigo 110 da Lei de Sociedade Anônima que vedava o voto plural. Desse modo, modifica-se o racional de "uma ação, um voto", sendo permitido até 10 (dez) votos por ação ordinária nos termos do artigo 110-A. A alternativa **C** é incorreta, pois há, na legislação em vigor, instrumentos societários que podem estabelecer direitos diferenciados aos acionistas, ou ainda, emissão de ações de classes diferentes. Um dos instrumentos é o Acordo de Acionistas, previsto no 118 da LSA. Sobre os tipos de ações, as respostas estão no artigo 15 da LSA, ações, conforme a natureza dos direitos ou vantagens que confiram a seus titulares, são ordinárias, preferenciais, ou de fruição. A alternativa **D** é correta, uma vez que trata da previsão legal disposta no artigo 17, § 7º da Lei de Sociedade Anônima, denominada Golden Share, as ações de ouro, que dispõe: "Nas companhias objeto de desestatização poderá ser criada ação preferencial de classe especial, de propriedade exclusiva do ente desestatizante, à qual o estatuto social poderá conferir os poderes que especificar, inclusive o poder de veto às deliberações da assembleia geral nas matérias que especificar." A alternativa **E** é incorreta, pois as ações ordinárias, ao contrário do que a assertiva afirma, conferem aos seus titulares o direito ao voto, conforme artigo 110 da Lei de Sociedade Anônima: "Art. 110. A cada ação ordinária corresponde 1 (um) voto nas deliberações da assembleia geral." PT

Gabarito "D".

(Procurador do Estado/PR – UEL-COPS – 2011) Sobre o regime jurídico das sociedades de economia mista, assinale a alternativa correta:

I. as sociedades anônimas de economia mista estão sujeitas a lei das sociedades anônimas, sem prejuízo das disposições especiais de lei federal, sendo que as companhias abertas de economia mista não estão sujeitas às normas expedidas pela Comissão de Valores Mobiliários, subordinando-se, contudo, à regulação do Banco Central.

II. a constituição de companhia de economia mista depende de prévia autorização legislativa e somente poderá explorar os empreendimentos ou exercer as atividades previstas na lei que autorizou a sua constituição.

III. sempre que pessoa jurídica de direito público adquirir, por desapropriação, o controle de companhia em funcionamento, os acionistas terão direito de pedir, dentro de 60 (sessenta) dias da publicação da primeira ata da assembleia geral realizada após a aquisição do controle, o reembolso das suas ações; salvo se a companhia já se achava sob o controle, direto ou indireto, de outra pessoa jurídica de direito público, ou no caso de concessionária de serviço público.

IV. a companhia de economia mista terá um conselho fiscal e o estatuto disporá sobre seu funcionamento, de modo permanente ou nos exercícios sociais em que for instalado a pedido de acionistas.

V. os estatutos das sociedades de economia mista controladas pela União deverão prever a participação nos seus conselhos de administração de representante dos trabalhadores, assegurado o direito da União de eleger a maioria dos seus membros.

Alternativas:

(A) somente as alternativas II, III e V estão corretas;

(B) somente as alternativas I, II e IV estão corretas;

(C) somente as alternativas I, III e V estão corretas;

(D) somente as alternativas II, IV e V estão corretas;

(E) todas as alternativas estão corretas.

I: incorreta. As sociedades de economia mista abertas estão sujeitas aos atos normativos expedidos pela CVM (art. 235, § 1º, da LSA); II: correta, conforme previsto nos arts. 236 e 237 da LSA; III: correta. O art. 236, parágrafo único, da LSA garante esse direito aos acionistas, que em muito se assemelha à operação de *tag along* nas companhias privadas; IV: incorreta. O funcionamento do Conselho Fiscal deve ser permanente (art. 240 da LSA); V: correta, nos termos do art. 2º da Lei 12.353/2010.
Gabarito "A".

2.5.5. Ligações Societárias. Controle, Coligação, Grupos, Consórcios, Subsidiárias

(Procurador do Estado – PGE/PR – PUC – 2015) Acerca das Sociedades Anônimas, assinale a alternativa **CORRETA**.

(A) A participação em grupo societário depende de maioria do capital social votante da companhia, ressalvada previsão de quórum inferior no estatuto.

(B) As companhias e demais sociedades podem constituir, mediante contrato, consórcio para executar empreendimento determinado, sendo que, após a constituição, se houver a falência de uma consorciada, ela se estende a todas as demais.

(C) A constituição de subsidiária integral através da incorporação de todas as ações do capital social ao patrimônio de outra companhia brasileira, se devidamente autorizada pelos órgãos societários competentes, exigirá o aumento de capital social da

sociedade incorporadora, mas os seus acionistas terão, nesta hipótese, afastado o direito de preferência sobre as ações emitidas.

(D) O direito de preferência dos acionistas de sociedades anônimas abertas com ações divididas em classes e espécies não pode ser exercido sobre classe e espécie diversa das ações detidas.

(E) No caso de cisão de sociedade anônima aberta, a companhia que absorver parcela do patrimônio da companhia cindida não sucede a esta nos direitos e obrigações relacionados no ato da cisão.

A: incorreta. O quórum padrão, se outro não for estabelecido no estatuto, é de metade das ações com direito a voto (art. 136, V, da Lei 6.404/1976); **B:** incorreta. A falência de uma consorciada não se estende às demais (art. 278, § 2º, da Lei 6.404/1976); **C:** correta, nos termos do art. 252, *caput* e § 1º, da Lei 6.404/1976; **D:** incorreta. O direito de preferência existe neste caso, mas deverão ser observados os requisitos do art. 171, § 1º, da Lei 6.404/1976); **E:** incorreta. A sucessão das obrigações está determinada no art. 229, § 1º, da Lei 6.404/1976.
Gabarito "C".

2.6. Questões combinadas sobre sociedades e outros temas

(Procurador do Estado – PGE/BA – CESPE – 2014) No que se refere ao direito societário, julgue os itens que se seguem.

(1) Os administradores da sociedade limitada respondem com seu patrimônio por créditos decorrentes de obrigações tributárias, por fatos que praticarem com excesso de poder, infração à lei, contrato ou estatutos.

(2) A desconsideração inversa da personalidade jurídica implica o afastamento do princípio de autonomia patrimonial da sociedade, o que a torna responsável por dívida do sócio.

(3) A sociedade por ações é sempre mercantil; por isso, está sujeita a falência, fazendo jus à recuperação judicial, ainda que o seu objeto seja civil.

(4) A administração de sociedade limitada atribuída no contrato a todos os sócios estende-se, de pleno direito, aos que posteriormente adquiram essa qualidade.

1: Certa, nos termos do art. 135, III, do Código Tributário Nacional. **2:** Certa. A assertiva traz o conceito correto da teoria da desconsideração inversa da personalidade jurídica, a qual é prevista no art. 50, §3º, do CC. **3:** Certa, nos termos do art. 982, parágrafo único, do CC. Destaque-se apenas que a questão, estranhamente, traz expressões já defasadas (mercantil, objeto civil) misturadas com conceitos contemporâneos (como recuperação judicial), a despeito de ter sido elaborada em 2014. **4:** Errada. Nos termos do art. 1.060, parágrafo único, do CC, os poderes conferidos genericamente a todos os sócios no contrato não se estendem aos que ingressarem posteriormente na sociedade.
Gabarito 1C, 2C, 3C, 4E

3. DIREITO CAMBIÁRIO

3.1. Teoria geral

(Procurador do Município – S.J. Rio Preto/SP – 2019 – VUNESP) Sobre o aval e a fiança mercantil, é correto afirmar:

(A) aval e fiança são garantias pessoais equivalentes; tanto em uma como em outra o garantidor assume a obrigação de adimplir a obrigação garantida (avalizada ou afiançada) em caso de inadimplemento do devedor principal.

6. DIREITO EMPRESARIAL

(B) avalista e fiador fazem jus ao benefício de ordem, embora em ambos os casos tal benefício possa ser renunciado.

(C) a invalidade da obrigação original compromete como regra a validade da fiança, mas não a validade do aval.

(D) tanto os direitos conferidos pelo aval como os direitos conferidos pela fiança podem ser transferidos indistintamente pela cessão do crédito ou pelo seu endosso.

(E) a invalidade da obrigação original compromete como regra a validade do aval, mas não a validade da fiança.

A: incorreta. O aval é classificado como uma garantia cambial e não pessoal, que é o cerne de suas diferenças com a fiança; **B:** incorreta. O avalista não tem benefício de ordem; **C:** correta. Trata-se do princípio da autonomia das relações cambiais, aplicável apenas ao aval; **D:** incorreta. O endosso é instituto exclusivo dos títulos de crédito, portanto aplica-se somente aos direitos garantidos pelo aval; **E:** incorreta, nos termos do comentário à alternativa "C".

Gabarito "C".

(Procurador do Estado – PGE/PA – UEPA – 2015) Acerca dos Títulos de Crédito, assinale a alternativa correta.

(A) para a lavratura do protesto cambial, em razão do princípio da cartularidade, é indispensável a exibição física do título de crédito, sendo ilícito o protesto por indicação de duplicata virtual.

(B) o saque da duplicata mercantil pressupõe a existência de uma relação jurídica subjacente, de modo que a ausência de *causa debendi* representa a irregularidade do título emitido.

(C) ainda que desprovida de aceite, a duplicata constitui título executivo extrajudicial, desde acompanhada do comprovante de entrega das mercadorias, sendo desnecessária a prévia realização de protesto cambial.

(D) o endossatário que recebe, por endosso translativo, título de crédito contendo vício formal, sendo inexistente a causa para conferir lastro a emissão de duplicata, não responde pelos danos causados diante de protesto indevido, tendo em vista que não participou originariamente da relação jurídica.

(E) o avalista, face à autonomia do dever contraído, responde irrestritamente pela obrigação assumida pelo devedor principal, ainda que prescrita a ação cambiária.

A: incorreta. O protesto por indicação de duplicata virtual é expressamente autorizado pelo art. 8º, parágrafo primeiro, da Lei 9.492/1997, essa lei foi alterada pela Lei nº 13.775/2018, o qual especificou os formatos de duplicata e sua respectiva escrituração do § 1º e § 2º; **B:** correta. A duplicata é título de crédito causal, ou seja, só pode ser emitido em negócios jurídicos específicos: a compra e venda mercantil com pagamento a prazo maior que 30 dias ou prestação de serviços (arts. 1º e 20 da Lei 5.474/1968); **C:** incorreta. Mesmo nesse caso o protesto é obrigatório (art. 15, II, "a", da Lei 5.474/1968); **D:** incorreta. A responsabilidade do endossatário nesse caso foi fixada na tese de julgamento sob o rito dos recursos repetitivos pelo STJ no REsp 1.213.256; **E:** incorreta. A autonomia das relações cambiais impede a oposição de exceções pessoais em relação ao avalista. Questões que atinjam a própria obrigação cambiária, como a prescrição, naturalmente são circunstâncias que afastam a responsabilidade do garantidor. PT

Gabarito "B".

(Procurador – PGFN – ESAF – 2015) Assinale a opção correta.

I. Os títulos de crédito são documentos representativos de obrigações pecuniárias – de origem cambial ou extracambial – e, como regra, têm natureza "*pro soluto*".

II. A "Cédula de Crédito Rural" configura um título de crédito impróprio, destinada ao financiamento do agronegócio, cujo pagamento é garantido por hipoteca ou penhor.

III. De acordo com a atual jurisprudência do Superior Tribunal de Justiça (STJ), é admissível a ação monitória fundada em cheque prescrito, devendo ser ela ajuizada dentro de 5 (cinco) anos, contados a partir do dia seguinte ao vencimento da pretensão executiva.

(A) Somente o item I está correto.

(B) Somente o item II está correto.

(C) Somente o item III está correto.

(D) Somente os itens I e II estão corretos.

(E) Somente os itens I e III estão corretos.

I: incorreta. *Pro soluto* significa que a obrigação considera-se adimplida com a tradição da cártula ao tomador, independentemente de seu pagamento, o que é exceção no Direito Cambiário. Em regra, os títulos têm caráter *pro solvendo*, ou seja, apenas **representam** uma obrigação que será considerada quitada somente com o pagamento da cártula; **II:** correta, nos termos do art. 9º do Decreto-lei 167/1967; **III:** incorreta. A Súmula 299 do STJ reconhece a possibilidade de se ajuizar ação monitória fundada em cheque prescrito, porém o prazo de 5 anos é contado do dia seguinte à data de emissão (REsp 1.101.412, julgado sob o rito dos recursos repetitivos). HS

Gabarito "B".

(Procurador do Estado – PGE/BA – CESPE – 2014) Em relação aos títulos de crédito, julgue os itens subsequentes.

(1) As normas do Código Civil sobre títulos de crédito aplicam-se supletivamente em relação às letras de câmbio, notas promissórias, cheques e duplicatas.

(2) A duplicata é um título causal, emitido exclusivamente com vínculo a um processo de compra e venda mercantil ou a um contrato de prestação de serviços e, por isso, é considerada um título cambiforme, ao qual não se aplica o princípio da abstração.

(3) O endosso posterior ao protesto por falta de pagamento produz apenas os efeitos de cessão ordinária de créditos.

1: Certa. Os títulos de crédito típicos seguem as respectivas regulamentações legais e se valem das normas do CC como legislação supletiva (art. 903 do CC). **2:** Errada. A duplicata é um título de crédito típico (título cambiariforme é aquele tratado como título de crédito, mas sem que estejam presentes todas as características necessárias para ser classificado como tal – são também conhecidos como títulos impróprios). Ainda que causal, é-lhe plenamente aplicável o princípio da abstração. **3:** Certa, nos termos do art. 920 do CC. HS

Gabarito 1C, 2E, 3C

(Procurador do Estado/BA – 2014 – CESPE) Em relação aos títulos de crédito, julgue o seguinte item.

(1) As normas do Código Civil sobre títulos de crédito aplicam-se supletivamente em relação às letras de câmbio, notas promissórias, cheques e duplicatas.

1: incorreta. Trata-se de um exagero do examinador considerar errada essa afirmativa, mas há fundamento. O art. 903 do CC estabelece sua aplicação supletiva em relação aos títulos de crédito que sejam regulados por lei própria. Ocorre que, em se tratando dos títulos típicos mencionados, todos eles são disciplinados exaustivamente pelas respectivas normas (Lei Uniforme de Genebra para Letras de Câmbio e Notas Promissórias, Lei 7.357/1985 – Cheque e Lei 5.474/1968 – Duplicatas), de sorte que não há qualquer espaço para o uso das disposições genéricas do Código Civil.

Gabarito "1E".

(Procurador do Estado/BA – 2014 – CESPE) Em relação aos títulos de crédito, julgue o seguinte item.

(1) O endosso posterior ao protesto por falta de pagamento produz apenas os efeitos de cessão ordinária de créditos.

1: correta. Trata-se do endosso póstumo, realizado após o prazo para protesto por falta de pagamento (art. 20 da Lei Uniforme de Genebra).

Gabarito "1C".

3.2. Títulos em Espécie

(Procurador Municipal – Prefeitura/BH – CESPE – 2017) Paulo emitiu à sociedade empresária CT Ltda. cheque, com cláusula sem protesto, que não foi compensado por insuficiência de fundos disponíveis. A sociedade, então, ingressou com ação cambial contra Paulo e Fernanda, titulares de conta conjunta.

Nessa situação hipotética,

(A) a CT Ltda. deverá expor, na petição inicial, o negócio jurídico que deu origem ao cheque.

(B) a CT Ltda. poderá cobrar, na ação, as despesas efetuadas com o protesto do título.

(C) os juros legais devem incidir desde o dia da apresentação do cheque.

(D) houve solidariedade passiva entre Paulo e Fernanda em razão da inadimplência do título.

A: incorreta. O cheque é título não causal, ou seja, pode ser sacado qualquer que seja o negócio jurídico que lhe deu origem e a ele não se prende, razão pela qual não há obrigação de consignar tal informação na cártula; **B:** incorreta. Como foi aposta no título a cláusula "sem protesto", as custas do ato correm por conta do tomador (art. 50, § 3º, da Lei 7.357/1985); **C:** correta, nos termos do art. 52, II, da Lei 7.357/1985; **D:** incorreta. A cobrança deve ser realizada unicamente em face de Paulo, emitente do cheque (art. 47, I, da Lei 7.357/1985). HS

Gabarito "C".

3.3. Protesto

(Procurador do Estado/PA – 2011) O protesto cambial constitui o ato formal e solene no qual é demonstrado o descumprimento de obrigação lançada em título de crédito e outros documentos de dívida. Sobre esse instituto jurídico, assinale a alternativa INCORRETA:

(A) Tendo sido formalizado o protesto, seu cancelamento pode ser realizado mediante ordem judicial ou a partir de solicitação ao Tabelião acompanhada do título ou de carta de anuência do credor.

(B) No exercício de sua atividade, o Tabelião não poderá investigar a existência de caducidade ou prescrição dos títulos apresentados a protesto.

(C) O protesto será registrado dentro de três dias úteis contados da protocolização do título ou documento de dívida.

(D) A intimação prévia à lavratura do protesto será feita por edital se a pessoa indicada para aceitar ou pagar for desconhecida, sua localização for incerta ou ignorada, for residente ou domiciliada fora da competência territorial do Tabelionato, ou, ainda, ninguém se dispuser a receber a intimação no endereço fornecido pelo apresentante.

(E) O protesto da duplicata, por ser espécie de título emitida pelo credor, somente poderá ser lavrado caso a cártula detenha o aceite do sacado.

A: correta, conforme previsto no art. 26, §§1º e 3º, da Lei 9.492/1997. Com a inclusão do artigo 26-A, por meio da Lei nº 14.711/2023, é importante tomar ciência da central nacional de serviços eletrônicos compartilhados dos tabeliães de protesto; **B:** correta, conforme art. 9º da Lei 9.492/1997; **C:** correta, nos termos do art. 12 da Lei 9.492/1997; **D:** correta, conforme art. 15 da Lei 9.492/1997; **E:** incorreta, devendo ser assinalada. A duplicata é um título de aceite obrigatório, somente podendo este ser recusado nos casos previstos no art. 8º da Lei 5.474/1968. Não comprovada qualquer das situações nele elencadas, é possível o protesto por falta de pagamento mesmo sem o aceite expresso do devedor. PT

Gabarito "E".

4. DIREITO CONCURSAL – FALÊNCIA E RECUPERAÇÃO

4.1. Aspectos Gerais

(Procurador do Município – S.J. Rio Preto/SP – 2019 – VUNESP) Sobre a administração das sociedades em crise, é correto afirmar:

(A) durante o procedimento de recuperação judicial ou após a decretação de falência, os acionistas controladores mantêm-se no controle da sociedade devedora até o cumprimento do plano de recuperação ou até a liquidação dos seus ativos, e como regra, podem manter os administradores nomeados na forma dos seus atos societários, observada a fiscalização do Comitê de Credores, se houver, e do administrador judicial.

(B) o requerimento, pela sociedade devedora, da homologação em juízo de plano de recuperação extrajudicial não exige, por si só, alterações à sua administração, exceto pela nomeação de administrador judicial para fiscalizar o cumprimento do plano homologado.

(C) a sociedade devedora poderá manter seus próprios administradores na recuperação extrajudicial; no caso de deferimento do processamento de recuperação judicial ou da decretação de falência, os administradores da sociedade devedora deverão ser removidos, passando a sociedade, a partir de então, a ser representada pelo administrador judicial, sob fiscalização do Comitê de Credores e do Juízo, conforme o caso.

(D) ao Comitê de Credores incumbe a aprovação, rejeição ou modificação do plano de recuperação judicial apresentado pelo devedor, ou ainda, no caso de falência, a adoção de outras modalidades de realização do ativo.

(E) os administradores nomeados pela sociedade devedora em recuperação judicial e mantidos na condução da atividade empresarial poderão ser afastados se qualquer deles, dentre outras condutas, houver agido com dolo, simulação ou fraude contra os interesses

6. DIREITO EMPRESARIAL

de seus credores ou negar-se a prestar informações solicitadas pelo administrador judicial ou pelo Comitê de Credores.

A: incorreta. A decretação da falência impõe o afastamento imediato dos administradores, que são substituídos pelo Administrador Judicial para a liquidação do ativo e pagamento dos credores (art. 99, IX, da Lei de Falências); **B:** incorreta. A recuperação extrajudicial não prevê a participação de Administrador Judicial; **C:** incorreta. Na recuperação judicial, o afastamento dos administradores da sociedade será determinado somente se presente qualquer das hipóteses do art. 64 da Lei de Falências; **D:** incorreta. Tais medidas cabem à Assembleia Geral de Credores (art. 35 da Lei de Falências); **E:** correta, nos termos do art. 64, III e V, da Lei de Falências.

Gabarito "E".

(Procurador do Estado/AC – 2017 – FMP) De acordo com a Lei 11.101, de 09 de fevereiro de 2005, que regula a recuperação judicial; a extrajudicial e a falência do empresário e da sociedade empresária, é CORRETO afirmar que são ineficazes em relação à massa falida, tenha ou não o contratante conhecimento do estado de crise econômico-financeira do devedor, seja ou não intenção deste fraudar credores,

(A) o pagamento de dívidas não vencidas realizado pelo credor dentro do termo legal, por qualquer meio extintivo do direito de crédito, ainda que pelo desconto do próprio título.

(B) a prática de atos a título gratuito, desde 3 (três) anos antes da decretação da falência.

(C) a renúncia à herança ou a legado, até 4 (quatro) anos antes da decretação da falência.

(D) o pagamento de dívidas vencidas e exigíveis realizado dentro do termo legal, por qualquer forma que não seja a prevista pelo contrato.

(E) os atos praticados com a intenção de prejudicar devedores, provando-se o conluio fraudulento entre o credor e o terceiro que com ele contratar e o efetivo prejuízo sofrido pela massa falida.

A: incorreta. A alternativa substitui a palavra "devedor" por "credor", alterando a previsão do art. 129, I, da LF; **B:** incorreta. A ineficácia do ato é limitada ao período de 2 anos (art. 129, IV, da LF); **C:** incorreta. A ineficácia do ato é limitada ao período de 2 anos (art. 129, V, da LF); **D:** correta, nos termos do art. 129, II, da LF); **E:** incorreta. Tais atos são revogáveis, ou seja, sujeitos à ação revocatória prevista no art. 130 da LF, e não meramente ineficazes perante a massa, o que se reconhece por simples petição nos autos.

Gabarito "D".

(Procurador do Estado/BA – 2014 – CESPE) No que se refere ao direito falimentar, julgue os itens a seguir.

(1) O contrato de concessão para a exploração de serviço público não se rescinde pela falência do concessionário, mas pela reversão que a sucede, pois só então se observa o princípio da continuidade do serviço público.

(2) A lei exclui total e absolutamente do direito falimentar as sociedades de economia mista, as empresas públicas e as câmaras de compensação.

(3) As execuções tributárias não são atraídas pelo juízo universal da falência, ao contrário dos créditos não tributários inscritos na dívida ativa.

1: incorreta. O art. 35, VI, da Lei 8.987/1995 determina a extinção da concessão pela falência do concessionário; **2:** correta, nos termos do art. 2º da Lei 11.101/2005. Vale lembrar que a câmara de compensação é equiparada a instituição financeira. Vale observar aqui o art. 7º da Lei nº 10.214/2001, ao afirmar que os regimes de insolvência civil, concordata, intervenção, falência ou liquidação extrajudicial, a que seja submetido qualquer participante, não afetarão o adimplemento de suas obrigações, assumidas no âmbito das câmaras ou prestadores de serviços de compensação e de liquidação, que serão ultimadas e liquidadas pela câmara ou prestador de serviços, na forma de seus regulamentos; **3:** incorreta. A cobrança de créditos não tributários inscritos em dívida ativa também não se sujeita a habilitação em falência (art. 29 da Lei 6.830/1980). PT

Gabarito 1E, 2C, 3E

4.2. Falência

(Procurador/DF – CESPE – 2022) No tocante à classificação dos créditos falimentares, julgue os itens a seguir.

(1) Os créditos derivados da legislação do trabalho e cujos valores por credor sejam superiores a cento e cinquenta salários-mínimos serão reclassificados como créditos quirografários.

(2) As custas do processo falimentar são consideradas créditos extraconcursais e serão pagas com precedência àqueles decorrentes das obrigações que sejam assumidas antes da decretação da falência.

(3) Na ordem de classificação dos créditos falimentares, multas e créditos tributários precedem os créditos quirografários, independentemente da sua natureza e do tempo de constituição.

1: correta, nos termos do art. 83, VI, "c", da Lei de Falências. Esse inciso foi revogado pela reforma da LRF, a Lei nº14.112/2020, sendo substituído pelo art. 83, VI, "c", com nova redação, afirmando que os saldos dos créditos de legislação trabalhista que excederem o limite estabelecido se tornam quirografários; **2:** correta, nos termos do art. 84, III, da Lei de Falência; **3:** incorreta. As multas são créditos subquirografários, ou seja, são pagas após a quitação dos créditos quirografários (art. 83, VI e VII, da Lei de Falências). PT

Gabarito 1C, 2C, 3E

(Procurador/DF – CESPE – 2022) Acerca dos efeitos da falência sobre os contratos do falido, julgue os itens seguintes.

(1) A falência do locador resolve o contrato de locação e, em se tratando da falência do locatário, o administrador judicial pode, a qualquer tempo, denunciar o contrato.

(2) Os contratos, sejam unilaterais, sejam bilaterais, resolvem-se com a falência.

(3) Consideram-se encerrados, no momento de decretação da falência, os contratos de contas-correntes do falido.

1: incorreta. A falência do locador não resolve o contrato (art. 119, VII, primeira parte, da Lei de Falências); **2:** incorreta. Os contratos bilaterais não se resolvem pela falência e podem ser cumpridos pelo administrador judicial, atendendo aos interesses da massa (art. 117 da Lei de Falências); **3:** correta, nos termos do art. 121 da Lei de Falências. HS

Gabarito 1E, 2E, 3C

(Procurador do Estado/SE – 2017 – CESPE) No que se refere ao direito falimentar, é correto afirmar que

(A) o juízo competente para julgar o pedido de falência é o do local do domicílio do credor.

(B) a sentença declaratória é pressuposto material objetivo da falência.

(C) cabe ao juiz analisar se o empresário se encontra em estado de insolvência.

(D) as sociedades cooperativas estão sujeitas à falência.

(E) o sujeito ativo da falência deverá ser, necessariamente, empresário.

A: incorreta. O juízo competente é o do principal estabelecimento do devedor (art. 3º da Lei 11.101/2005); **B:** correta. Somente a partir do trânsito em julgado da sentença declaratória de falência é que se pode considerar falido o devedor; **C:** incorreta. A insolvência de que trata a Lei de Falências é presumida, devendo ser decretada se presentes quaisquer dos pressupostos elencados no art. 94 da Lei 11.101/2005; **D:** incorreta. As cooperativas são expressamente excluídas do regime falimentar (art. 2º, II, da Lei 11.101/2005); **E:** incorreta. Qualquer credor pode pedir a falência do devedor empresário (art. 97, IV, da Lei 11.101/2005). **HS**

Gabarito "B".

(Procurador – PGFN – ESAF – 2015) Sobre a falência, marque a opção incorreta.

(A) Segundo a jurisprudência dominante do Superior Tribunal de Justiça, a Fazenda Pública não pode requerer a falência do devedor.

(B) O proprietário ou possuidor de bem arrecadado na falência poderá ajuizar pedido de restituição.

(C) A ação revocatória deverá ser proposta pelo administrador judicial, por qualquer credor ou pelo Ministério Público.

(D) É ineficaz perante a massa falida a prática de atos a título gratuito, desde 02 (dois) anos antes da decretação da falência.

(E) As contas-correntes com o devedor consideram-se encerradas no momento da decretação da falência, verificando-se o respectivo saldo.

A: correta, conforme entendimento adotado no julgamento do REsp 363.206; **B:** incorreta, devendo ser assinalada. Nos termos do art. 85 da Lei 11.101/2005, apenas o proprietário possui legitimidade ativa para o pedido de restituição; **C:** correta, nos termos do art. 132 da Lei 11.101/2005; **D:** correta, nos termos do art. 129, IV, da Lei 11.101/2005; **E:** correta, nos termos do art. 121 da Lei 11.101/2005. **HS**

Gabarito "B".

4.3. Recuperação Judicial e Extrajudicial

(Procurador Município – Teresina/PI – FCC – 2022) De acordo com a Lei 11.101, de 09 de fevereiro de 2005, a recuperação judicial tem por objetivo viabilizar a superação da situação de crise econômico-financeira do devedor, a fim de permitir a manutenção da fonte produtora, do emprego dos trabalhadores e dos interesses dos credores, promovendo, assim, a preservação da empresa, sua função social e o estímulo à atividade econômica. Essa lei determina que poderá requerer recuperação judicial o devedor que atenda, dentre outros, ao seguinte requisito:

I. Não ser falido e, se o foi, estejam declaradas extintas, por sentença transitada em julgado, as responsabilidades daí decorrentes.

II. Não ter, há menos de 10 anos, obtido concessão de recuperação judicial, com base na citada Lei no 11.101/2005.

III. No momento do pedido, exerça regularmente suas atividades há mais de 5 anos.

IV. Não ter sido condenado ou não ter, como administrador ou sócio controlador, pessoa condenada por qualquer dos crimes previstos na lei citada.

Está correto o que se afirma APENAS em

(A) I e IV.

(B) II e IV.

(C) I, II e III.

(D) I, II e IV.

(E) II e III.

I: correta, nos termos do art. 48, I, da Lei de Falências; **II:** incorreta. O prazo entre cada recuperação judicial é de 5 anos (art. 48, II, da Lei de Falências); **III:** incorreta. O tempo mínimo de exercício da atividade empresarial é de 2 anos (art. 48, *caput*, da Lei de Falências); **IV:** correta, conforme art. 48, IV, da Lei de Falências. **HS**

Gabarito "A".

(Procurador/PA – CESPE – 2022) De acordo com o art. 49 da Lei n.º 11.101/2005, apenas os credores com créditos existentes à época do pedido estão sujeitos à recuperação. A respeito desse tema, assinale a opção correta.

(A) Conforme a jurisprudência dominante atual do Superior Tribunal de Justiça, a existência do crédito é determinada pelo trânsito em julgado da sentença que o reconheça.

(B) A existência do crédito depende necessariamente de provimento judicial que o reconheça, independentemente de trânsito em julgado.

(C) A jurisprudência do Superior Tribunal de Justiça se consolidou no sentido de fixar a data da citação na ação de cobrança como marco da existência do crédito para fins de aplicação do art. 49 da Lei n.º 11.101/2005.

(D) De acordo com precedente do Superior Tribunal de Justiça firmado em julgamento de recurso especial repetitivo, considera-se que a existência do crédito é determinada pela data em que ocorreu o seu fato gerador, para o fim de submissão aos efeitos da recuperação judicial.

(E) Devem ser considerados, na recuperação, apenas os créditos existentes e vencidos à época do pedido.

O STJ consolidou a questão no julgamento do Tema 1.051 dos Recursos Repetitivos, para determinar que deve ser considerada a data do fato gerador para apurar a existência do crédito para fins de recuperação judicial. **HS**

Gabarito "D".

(Procurador do Estado/AC – 2017 – FMP) De acordo com a Lei 11.101, de 09 de fevereiro de 2005, que regula a recuperação judicial; a extrajudicial e a falência do empresário e da sociedade empresária, é CORRETO afirmar que ao administrador judicial compete na recuperação judicial

(A) relacionar os processos e assumir a representação judicial da massa falida.

(B) receber e abrir a correspondência dirigida ao devedor, entregando a ele o que não for assunto de interesse da massa.

(C) avaliar os bens arrecadados.

(D) praticar os atos necessários à realização do ativo e ao pagamento dos credores.

(E) fiscalizar as atividades do devedor e o cumprimento do plano de recuperação judicial.

A, B, C e D: incorretas. Tais atribuições são específicas da falência (art. 22, III, "c", "d", "g" e "i" da LF); **E:** correta, nos termos do art. 22, II, "a", da LF.

Gabarito "E".

(Procurador do Estado/AC – 2017 – FMP) De acordo com a Lei 11.101, de 09 de fevereiro de 2005, que regula a recuperação judicial, a extrajudicial e a falência do empresário e da sociedade empresária, é CORRETO afirmar que a assembleia geral de credores terá por atribuições deliberar na falência sobre

(A) a constituição do Comitê de Credores, a escolha de seus membros e sua substituição.

(B) o pedido de desistência do devedor, nos termos do § 4° do art. 52 desta Lei.

(C) o nome do gestor judicial, quando do afastamento do devedor.

(D) a aprovação, rejeição ou modificação do plano de recuperação judicial apresentado pelo devedor.

(E) o nome do administrador judicial, quando do afastamento do devedor.

A: correta, nos termos do art. 35, II, "b", da LF; **B, C e D:** incorretas. Tais atribuições são específicas da recuperação judicial (art. 35, I, "d", "e" e "a", respectivamente, da LF); **E:** incorreta. O administrador judicial é nomeado pelo juiz (art. 99, IX, da LF).

Gabarito "A".

(Procurador do Estado – PGE/RS – Fundatec – 2015) Quanto à recuperação de empresas, analise as assertivas a seguir:

I. Tem as mesmas características da concordata.

II. Ao ser concedida, toma-se em consideração o papel desempenhado pela empresa em relação aos seus clientes e trabalhadores.

III. É incompatível com a cláusula constitucional da livre concorrência.

Após a análise, pode-se dizer que:

(A) Está correta apenas a assertiva I.

(B) Está correta apenas a assertiva II.

(C) Estão corretas apenas as assertivas I e II.

(D) Estão corretas apenas as assertivas II e III.

(E) Todas as assertivas estão incorretas.

I: incorreta. A recuperação judicial substituiu a concordata no ordenamento jurídico pátrio, mas é muito mais ampla que sua antecessora. Nela são possíveis quaisquer meios lícitos para a recuperação do empresário (art. 50 da Lei 11.101/2005), enquanto a concordata limitava-se a uma prorrogação nos prazos de pagamento; **II:** correta. A recuperação judicial é exemplo de aplicação prática do princípio da preservação da empresa; **III:** incorreta. Ao contrário, ao evitar que a empresa em crise seja retirada do mercado, busca assegurar a liberdade de iniciativa e de concorrência, mantendo o maior número possível de agentes econômicos no mercado. **HS**

Gabarito "B".

5. SISTEMA FINANCEIRO NACIONAL

(Procurador do Estado – PGE/RS – Fundatec – 2015) Sobre o regime jurídico brasileiro do dinheiro, é correto afirmar que:

(A) No Brasil vigora o regime do curso forçado, não se admitindo, em princípio, o uso de moeda estrangeira nas contratações.

(B) É possível que a variação do salário mínimo seja considerada para o efeito de atualização de dívidas de qualquer natureza, sejam contratuais ou extracontratuais.

(C) Não cabe falar em correção monetária quando não haja previsão legal expressa autorizando sua utilização.

(D) Os salários são assegurados contra a respectiva perda do poder aquisitivo pela cláusula constitucional referente à irredutibilidade salarial.

(E) Nenhuma das alternativas anteriores está correta.

A: correta, nos termos do art. 1° do Decreto-lei 857/1969; **B:** incorreta. É vedada a vinculação de qualquer grandeza ao salário mínimo, para qualquer fim (art. 7°, IV, da CF); **C:** incorreta. A correção monetária é mera reposição do poder aquisitivo da moeda, sendo consectário natural de qualquer negócio jurídico; **D:** incorreta. A garantia de irredutibilidade salarial prevista no art. 7°, VI, da CF refere-se ao valor nominal do salário. A proteção contra a inflação está disposta no inciso IV como a garantia de reajustamento de seu valor. **HS**

Gabarito "A".

6. CONTRATOS EMPRESARIAIS

6.1. Arrendamento Mercantil / *Leasing*

(Advogado da União/AGU – CESPE – 2009) A respeito dos contratos de empresas, julgue o item seguinte.

(1) Caracteriza-se *leasing* operacional quando uma sociedade empresária aliena um bem de sua propriedade à companhia de *leasing*, que o arrenda à mesma pessoa jurídica que o vendeu.

Assertiva incorreta, pois refere-se ao *lease back*, e não ao *leasing* operacional.

O arrendamento mercantil ou *leasing* é um contrato em que o arrendatário paga prestações pelo uso de um bem por determinado período e, ao final, tem a opção de adquiri-lo, mediante pagamento do valor residual, ou devolvê-lo ao arrendatário.

Leasing operacional ou *leasing renting* ocorre na hipótese de o bem pertencer previamente à arrendadora, que o arrenda ao interessado (ao arrendatário). Nessa modalidade, muitas vezes as despesas de manutenção, assistência técnica e serviços correlatos à operacionalidade do bem ficam a cargo do arrendador – art. 6° da Resolução CMN 2.309/1996.

Leasing financeiro ou *leasing* puro existe nos casos em que o arrendatário indica o bem que a arrendadora adquirirá de terceiro e, em seguida, arrendará ao primeiro (ao arrendatário). Nessa modalidade, as despesas de manutenção, assistência técnica e serviços correlatos à operacionalidade do bem ficam a cargo do arrendatário – art. 5° da Resolução CMN 2.309/1996.

Lease back ou *leasing* de retorno ocorre se o proprietário do bem (arrendatário) vende-o à arrendadora, que, em seguida, arrenda o mesmo bem para o antigo proprietário (ao arrendatário).

Gabarito "1E".

6.2. Alienação fiduciária

(ADVOGADO – BNDES – 2010 – CESGRANRIO) José adquire um automóvel por meio de financiamento de um Banco, garantido mediante alienação fiduciária. Após o pagamento de dez prestações, transfere a titularidade do bem para João, que não mais realiza o pagamento das prestações restantes. Após cinco anos de uso, João alega ter adquirido o bem por usucapião, tendo em vista que o Banco não cobrou a dívida remanescente. O Banco aduziu que não houve autorização para a transferência do bem e, por força disso, permanece a alienação fiduciária na sua integralidade. Diante desse fato, conclui-se que

(A) o reconhecimento da usucapião poderia ser requerido somente por José.

(B) os requisitos para a usucapião de bem móvel estão preenchidos.

(C) a alienação fiduciária se extingue pela transmissão do bem não autorizada pelo credor.

(D) a posse do bem é considerada clandestina e desnatura a usucapião.

(E) a autorização de transferência do bem, dado em garantia, não é requisito para a extinção da propriedade resolúvel.

O caso questionado foi objeto de deliberação pelo STJ quando do julgamento do REsp 881.270/RS, em 02/03/2010, tendo o Tribunal se manifestado no sentido de que a transferência da posse direta do bem alienado fiduciariamente é um ato clandestino, que não induz posse (art. 1.208 do CC). Não havendo posse direta, não há que se falar em usucapião.
Gabarito "D".

6.3. Contratos bancários e cartão de crédito

(ADVOGADO – BNDES – 2010 – CESGRANRIO) A diretoria do Banco Super S/A, com o objetivo de adequar o seu balanço às regras internacionais, resolve ceder diversos créditos de difícil recuperação a empresas especializadas em cobrança. Nessa trilha, cedeu o crédito da Empresa X Ltda. à Empresa Z Ltda. O devedor não foi comunicado do ato e somente teve ciência da situação quando recebeu, em sua sede, carta de cobrança, indicando a origem da dívida. Nessa perspectiva, à luz da legislação, entende-se que o(a)

(A) crédito pode ser cedido pelo credor, desde que não haja proibição legal ou a convencionada, não importando a natureza da obrigação.

(B) cessionário de boa-fé pode ser obstado por cláusula proibitiva de cessão.

(C) ciência do devedor, quanto à cessão, poderá ocorrer por publicação em meio de comunicação.

(D) cessão do crédito não abrange os acessórios, como regra geral.

(E) cessão de crédito não tem efeito em relação ao devedor caso o mesmo não tenha sido notificado.

A: incorreta. A natureza da obrigação pode ser incompatível com a cessão (art. 286 do CC); B: incorreta. A cláusula não pode ser oposta ao terceiro de boa-fé (art. 286, in fine, do CC); C: incorreta. A notificação ao devedor deve ser feita por escrito público ou particular (art. 290 do CC); D: incorreta. Como regra, a cessão do principal abrange os acessórios (art. 287 do CC); E: correta, nos termos do art. 290 do CC.
Gabarito "E".

6.4. Outros contratos e questões combinadas

(Procurador Fazenda Nacional – AGU – 2023 – CEBRASPE) Em relação aos contratos empresariais, julgue os itens a seguir conforme a atual jurisprudência do STJ.

I. No contrato de leasing, ainda que haja cláusula resolutiva expressa, é necessária a notificação prévia do arrendatário para constituí-lo em mora.

II. A cobrança antecipada do valor residual garantido (VRG) descaracteriza o contrato de arrendamento mercantil, transformando-o em uma compra e venda a prazo.

III. O contrato de alienação fiduciária em garantia não poderá ter por objeto bem que já integre o patrimônio do devedor.

Assinale a opção correta.

(A) Apenas o item I está certo.

(B) Apenas o item II está certo.

(C) Apenas os itens I e III estão certos.

(D) Apenas os itens II e III estão certos.

(E) Todos os itens estão certos.

O item I está nos termos da jurisprudência do STJ. A Súmula 369 do STJ: "No contrato de arrendamento mercantil (leasing), ainda que haja cláusula resolutiva expressa, é necessária a notificação prévia do arrendatário para constituí-lo em mora". O item II está errado. Conforme Súmula 293 do STJ: "A cobrança antecipada do valor residual garantido (VRG) não descaracteriza o contrato de arrendamento mercantil". O item III está errado. Conforme Súmula 28 do STJ: "O contrato de alienação fiduciária em garantia pode ter por objeto bem que já integrava o patrimônio do devedor". A única alternativa correta é a A. **PT**
Gabarito "A".

(Procurador do Estado/SE – 2017 – CESPE) Acerca dos contratos de seguro, é correto afirmar que

(A) a diminuição do risco no curso do contrato de seguro, em regra, acarreta a redução do prêmio estipulado.

(B) o segurador poderá pagar em títulos o prejuízo resultante do risco assumido, hipótese na qual o prêmio será pago em dobro.

(C) a recondução tácita do contrato pelo mesmo prazo, mediante expressa cláusula contratual, só poderá operar uma única vez.

(D) o segurado poderá comunicar à seguradora o sinistro a qualquer tempo.

(E) a mora do segurador no pagamento do sinistro obriga à atualização monetária, mas não aos juros moratórios.

A: incorreta. A redução do prêmio será devida somente em caso de "redução considerável do risco", analisada caso a caso (art. 770 do CC); B: incorreta. O segurador é obrigado a pagar o prejuízo em dinheiro ou mediante a reposição da coisa, caso convencionado (art. 776 do CC); C: correta, nos termos do art. 774 do CC; D: incorreta. O sinistro deve ser informado tão logo dele saiba o segurado (art. 771 do CC); E: incorreta. Incidem também juros de mora nesse caso (art. 772 do CC). **HS**
Gabarito "C".

(Procurador do Estado – PGE/RS – Fundatec – 2015) Sobre os contratos mercantis é correto afirmar que:

(A) No contrato de franquia, o franquiado age como mandatário do franquiador.

(B) Não existem contratos de adesão que se enquadrem no conceito de contratos mercantis.

(C) O factoring é uma modalidade especial de cessão de crédito.

(D) O leasing se caracteriza como simples locação de bens móveis qualificada pelos fins mercantis.

(E) Nenhuma das alternativas anteriores está correta.

A: incorreta. O vínculo entre franqueado e franqueador é próprio e exclusivo deste tipo de contrato, cuja natureza complexa não permite classifica-lo como nenhum outro. Na franquia, um empresário, detentor de um determinado modelo de negócio, marcas registradas ou patentes de invenções, cede a outro o direito de exploração de sua propriedade intelectual, remunerando-o por isso na forma estabelecida no contrato, correndo os riscos do negócio por conta do franqueado; **B:** incorreta. Qualquer contrato no qual uma das partes imponha à outra as cláusulas contratuais, não abrindo margem para negociação, é um contrato de adesão, seja ele mercantil ou não; **C:** correta. Na faturização (ou *factoring*), um empresário cede a outro seu crédito ainda não vencido, recebendo à vista o valor com deságio, ficando o faturizador com o direito de cobrar a dívida com todos os seus acréscimos no vencimento; **D:** incorreta. O *leasing* também é um contrato complexo, mas é comumente resumido como uma locação de imóveis qualificada pela opção de compra ao final do prazo contratual. HS

Gabarito "C".

7. PROPRIEDADE INDUSTRIAL

(Procurador Federal – AGU – 2023 – CEBRASPE) Assinale a opção correta acerca de registro e vigência de patentes, com base no disposto na Lei n.º 9.279/1996, que regula direitos e obrigações relativos à propriedade industrial.

(A) A vigência de um modelo de utilidade é de vinte anos.

(B) É patenteável como invenção o objeto de uso prático que, suscetível de aplicação industrial, apresente nova forma ou disposição envolvendo ato inventivo que resulte em melhoria funcional no seu uso ou em sua fabricação.

(C) É patenteável como modelo de utilidade algo único e que atenda aos requisitos de novidade, atividade inventiva e aplicação industrial.

(D) A vigência de uma patente de invenção extingue-se com o falecimento do seu inventor.

(E) Técnicas e métodos operatórios ou cirúrgicos, bem como métodos terapêuticos ou de diagnóstico, para aplicação no corpo humano ou animal não são patenteáveis.

A: Incorreta. Nesse sentido dispõe o artigo 40 da Lei, que a patente de invenção vigorará pelo prazo de 20 (vinte) anos e a de modelo de utilidade pelo prazo 15 (quinze) anos contados da data de depósito. **B:** Incorreta. Conforme dispõe o artigo 9º, é patenteável como modelo de utilidade o objeto de uso prático, ou parte deste, suscetível de aplicação industrial, que apresente nova forma ou disposição, envolvendo ato inventivo, que resulte em melhoria funcional no seu uso ou em sua fabricação. **C:** Incorreta, pois esses conceitos são adequados para a invenção, nos termos do artigo 8º da Lei, é patenteável a invenção que atenda aos requisitos de novidade, atividade inventiva e aplicação industrial. **D:** Incorreta. Nos termos do artigo 40, a patente de invenção vigorará pelo prazo de 20 (vinte) anos e a de modelo de utilidade pelo prazo 15 (quinze) anos contados da data de depósito. Desse modo, não se relaciona com a vida do inventor. **E:** Correta. Nos termos do inciso VIII, artigo 10, não se considera invenção ou modelo de utilidade (...) VIII – técnicas e métodos operatórios ou cirúrgicos, bem como métodos terapêuticos ou de diagnóstico, para aplicação no corpo humano ou animal. PT

Gabarito "E".

(Procurador/DF – CESPE – 2022) De acordo com a Lei n.º 9.279/1996, que dispõe sobre direitos e obrigações relativos à propriedade industrial e a indicações geográficas, e o entendimento do STJ a respeito dessas indicações, julgue os itens que seguem.

(1) É permitida a proteção de marca de sinais sonoros, táteis, gustativos e olfativos.

(2) A licença compulsória poderá ser concedida, de ofício, temporária e não exclusiva, para a exploração da patente ou do pedido de patente, desde que seu titular ou seu licenciado não atenda à necessidade dos casos considerados como emergência nacional, internacional ou de interesse público.

(3) É possível o uso da marca independentemente de licença, bastando sua autorização no regulamento de utilização.

(4) A marca que utiliza nome geográfico não poderá ser registrada caso constitua indicação de procedência ou denominação de origem.

1: incorreta. A legislação brasileira não protege as chamadas marcas heterodoxas, uma vez que o art. 122 da LPI determina que as marcas sejam "visualmente perceptíveis"; **2:** correta, nos termos do art. 71 da LPE; **3:** correta, nos termos do art. 150 da LPI; **4:** correta, nos termos do art. 181 da LPI. HS

Gabarito 1E, 2C, 3C, 4C

(Procurador do Estado/SE – 2017 – CESPE) É atividade que pode ser considerada invenção e, assim, passível de patenteamento

(A) o desenvolvimento de técnicas e métodos operatórios ou cirúrgicos.

(B) a indicação do genoma ou germoplasma dos seres vivos naturais.

(C) a produção de obras literárias, arquitetônicas, artísticas e científicas.

(D) a formulação de regras de jogo.

(E) a produção de fármacos com a anuência prévia da autoridade sanitária.

As obras do intelecto humano proibidas de serem patenteadas estão elencadas no art. 10 da Lei nº 9.279/1996. Dentre as alternativas, a única que não se encontra no rol de exclusões é a letra "E", que deve ser assinalada. HS

Gabarito "E".

8. INSTITUIÇÕES FINANCEIRAS

(Procurador – PGFN – ESAF – 2015) Assinale a opção incorreta.

(A) De acordo com a Lei n. 6.024/74, as instituições financeiras privadas e as públicas não federais estão sujeitas à intervenção, à liquidação extrajudicial ou à falência.

(B) Desde que autorizado pelo Banco Central do Brasil, as instituições financeiras poderão apresentar pedido de recuperação judicial ou extrajudicial, aplicando-se, subsidiariamente, os dispositivos constantes da Lei n. 11.101/05, enquanto não for aprovada lei específica.

(C) A intervenção de uma instituição financeira tanto poderá ser decretada de ofício, pelo Banco Central do Brasil, como a pedido de seus administradores, não podendo exceder a 6 (seis) meses, prorrogáveis até o máximo de outros 6 (seis) meses.

(D) Decretada a intervenção ou a liquidação extrajudicial de uma instituição financeira, os administradores ficarão com todos os seus bens indisponíveis, não podendo, por qualquer forma, aliená-los ou onerá-los, até apuração e liquidação final de suas responsabilidades.

(E) Os administradores de instituições financeiras respondem solidariamente pelas obrigações por elas assumidas durante a sua gestão, até o montante do prejuízo causado.

A: correta, nos termos do art. 1º da Lei 6.024/1974; B: incorreta, devendo ser assinalada. As instituições financeiras estão relativamente excluídas do regime jurídico criado pela Lei 11.101/2005, nos termos do seu art. 2º, II. As únicas hipóteses de aplicação da Lei de Falências são para a quebra em si, não para a recuperação judicial: **(i)** houver fundados indícios de crime falimentar; ou **(ii)** o ativo da entidade não for suficiente para cobrir pelo menos metade dos créditos quirografários (art. 21, "b", da Lei 6.024/1974); C: correta, nos termos dos arts. 3º e 4º da Lei 6.024/1974; D: correta, nos termos do art. 36 da Lei 6.024/1974; E: correta, nos termos do art. 40, parágrafo único, da Lei 6.024/1974. HS

Gabarito "B".

9. SISTEMA FINANCEIRO DA HABITAÇÃO

(ADVOGADO – CEF – 2012 – CESGRANRIO) Paulo adquire imóvel financiado submetido ao regime de arrendamento residencial, com opção de compra. Em virtude da crise econômica, deixou de pagar as prestações devidas, ficando inadimplente.

Nos termos da legislação especial sobre o Programa de Arrendamento Residencial, a ação cabível a ser proposta pela Instituição Financeira credora será a de

(A) reivindicação

(B) reintegração

(C) consignação

(D) prestação

(E) compensação

Dispõe o art. 9º da Lei 10.188/2001 que o inadimplemento do arrendatário configura esbulho possessório, passível de correção por intermédio da ação de reintegração e posse.

Gabarito "B".

(ADVOGADO – CEF – 2012 – CESGRANRIO) Carla, divorciada, mãe de cinco filhos, pleiteia ingresso no programa habitacional Minha Casa, Minha Vida – PMCMV. Nos termos da legislação específica, nesse programa, preenchido o requisito de renda, devem ter prioridade

(A) idosos com mais de sessenta e cinco anos

(B) mulheres casadas com dois filhos

(C) famílias residentes em área de risco

(D) pessoas domiciliadas em áreas rurais

(E) indivíduos solteiros com dependentes

A Lei 12.424/2011, que alterou o art. 3º da Lei 11.977/2004, instituiu a prioridade ao atendimento do Programa Minha Casa Minha Vida a famílias residentes em áreas de risco ou insalubres ou que tenham sido desabrigadas, famílias com mulheres responsáveis pela unidade familiar e famílias com pessoas portadoras de deficiência.

Gabarito "C".

(ADVOGADO – CEF – 2012 – CESGRANRIO) No complexo sistema de crédito adotado no Brasil, existem vários títulos que podem circular no mercado. Um deles é a Letra de Crédito Imobiliário. Nos termos da legislação especial, NÃO é item obrigatório para constar no referido título o(a)

(A) nome da instituição emitente

(B) nome do titular

(C) valor nominal

(D) número de ordem

(E) cláusula não à ordem, se endossável

A, B, C e D: corretas. Correspondem aos requisitos expostos no art. 12, § 1º, I, VII, IV e II (respectivamente), da Lei 10.931/2004; E: incorreta, devendo ser assinalada. Dispõe o inciso IX do § 1º do art. 12 da Lei 10.931/2004 que da letra deve constar a cláusula "à ordem", se for endossável. É interessante notar que, mesmo que o candidato desconhecesse a legislação sobre o tema, era possível resolver a questão com base nos conhecimentos gerais sobre títulos de crédito. Perceba que não faz sentido a inclusão da cláusula "não à ordem" (que proíbe a transferência do crédito por relações cambiárias) se a letra é endossável.

Gabarito "E".

10. QUESTÕES COMBINADAS E OUTROS TEMAS

(Procurador do Estado – PGE/RS – Fundatec – 2015) Analise as assertivas a seguir:

I. A correção monetária não remunera o capital, mas apenas procura manter a substância da dívida.

II. Todos os grupos societários se constituem a partir de convenção específica, devidamente registrada no órgão competente.

III. Cabe a capitalização de juros em contratos de financiamento rural.

Após a análise, pode-se dizer que:

(A) Está correta apenas a assertiva I

(B) Estão corretas apenas as assertivas I e III.

(C) Estão corretas apenas as assertivas II e III.

(D) Todas as assertivas estão corretas

(E) Todas as assertivas estão incorretas.

I: correta. A correção monetária consubstancia a manutenção do valor de compra da moeda, ou seja, mantém o valor principal da obrigação no mesmo patamar financeiro, sem acrescer valor; II: incorreta. A sociedade em conta de participação não demanda registro de seu contrato social para se constituir (arts. 992 e 993 do CC). Apesar disso, importante observar a solução de consulta COSIT nº 238, de 20 de outubro de 2023, em que a SCP deve regularizar sua situação cadastral e se inscrever em CNPJ própria a partir da obrigatoriedade de inscrição estabelecida pela IN RFB nº 1.470/2014. Desse modo, passou a ser obrigatório ao sócio ostensivo declarar e fazer o recolhimento dos tributos relacionados à SCP, bem como prestar informações à RFB; III: correta, nos termos da Súmula 93 do STJ. PT

Gabarito "B".

(Procurador do Estado – PGE/RS – Fundatec – 2015) Sobre o regime das empresas na Constituição Federal de 1988, analise as assertivas a seguir:

I. As empresas de mineração têm de ser constituídas de acordo com as leis do País, com sede e administração neste.

II. Não se admite o controle de empresas jornalísticas por estrangeiros, embora possam estes participar do respectivo capital.

III. Não se admite o capital estrangeiro na exploração de hospitais.

Após a análise, pode-se dizer que:

6. DIREITO EMPRESARIAL

(A) Está correta apenas a assertiva II.

(B) Estão corretas apenas as assertivas I e II.

(C) Estão corretas apenas as assertivas II e III.

(D) Todas as assertivas estão corretas.

(E) Todas as assertivas estão incorretas.

I: correta, nos termos do art. 176, § 1º, da CF; **II:** correta, nos termos do art. 222, § 1º, da CF; **III:** correta, nos termos do art. 199, § 3º, da CF. HS

Gabarito "D".

(Procurador do Estado – PGE/PR – PUC – 2015) Assinale a alternativa **CORRETA.**

(A) A celebração de condições gerais, restrita às condições de entrega, entre fornecedor de matéria-prima e indústria corresponde a uma compra e venda mercantil perfeita e acabada.

(B) O contador encarregado da escrituração de uma sociedade limitada é pessoalmente responsável perante os preponentes pelos atos dolosos, e perante terceiros, solidariamente com o preponente, pelos atos culposos.

(C) O prazo de vigência do registro de marca no Instituto Nacional da Propriedade Industrial INPI é de 10 (dez) anos, podendo ser prorrogado até 3 (três) vezes pelo mesmo período.

(D) O acordo de acionistas devidamente arquivado na sede da companhia não afasta a responsabilidade do acionista por abusividade de voto, mesmo se proferido nos exatos termos do acordo.

(E) A Marca de Alto Renome é objeto de proteção especial, independentemente de depósito ou registro no Brasil, em função da Convenção da União de Paris para Proteção de Propriedade Industrial.

A: incorreta. A compra e venda somente se considera perfeita e acabada quando as partes estiverem concordes sobre o objeto e o preço (art. 482 do CC); **B:** incorreta. A alternativa está invertida: a responsabilidade do contador é pessoal, perante o empresário, pelos atos culposos e, em solidariedade com este, perante terceiros, pelos atos dolosos; **C:** incorreta. O registro da marca pode ser prorrogado sucessivas vezes, sem limitações, sempre pelo prazo de 10 anos (art. 133 da Lei 9.279/1996); **D:** correta. O acordo de acionistas vincula seus signatários entre si, mas não lhes dá qualquer direito de votar contra os interesses da companhia, nos termos do art. 115 da Lei 6.404/1976; **E:** incorreta. A alternativa descreve a marca notoriamente conhecida. A classificação de "marca de alto renome" é dada pelo próprio INPI e garante a proteção estendida a todos os ramos de atividade (arts. 125 e 126 da Lei 9.279/1996). HS

Gabarito "D".

(Procurador do Estado – PGE/PR – PUC – 2015) Assinale a alternativa **CORRETA** em relação à temática da pessoa jurídica.

(A) A desconsideração da personalidade jurídica é admitida sempre que a pessoa jurídica seja utilizada para fins fraudulentos ou diversos daqueles para os quais foi constituída e equivale à sua desconstituição para todos os efeitos.

(B) Os bens dominicais integrantes do patrimônio das pessoas jurídicas de direito público não podem ser adquiridos por usucapião nem alienados.

(C) Ao admitir que se aplica às pessoas jurídicas a proteção aos direitos da personalidade, o ordenamento jurídico o faz em total simetria com a proteção da personalidade humana.

(D) A desconsideração inversa da pessoa jurídica dá-se quando se atingem bens da pessoa jurídica para solver dívidas de seus sócios. Esse proceder é expressamente vedado pelo ordenamento jurídico brasileiro porque proporciona prejuízo aos demais participantes da sociedade.

(E) As associações públicas são pessoas jurídicas de direito público formadas por entes da Federação que se consorciam para realização de objetivos que consagrem interesses comuns. Uma vez constituídas, as associações públicas passam a integrar a Administração Pública indireta de todos os entes federativos que participaram de sua formação.

A: incorreta. A desconsideração da personalidade jurídica tem reflexos somente no negócio jurídico em relação ao qual foi decretada. É por isso que o art. 50 do CC afirma que ela se aplica a "certas e determinadas relações"; **B:** incorreta. Os bens dominicais podem ser alienados, nos termos da lei (art. 101 do CC); **C:** incorreta. Não há tal equivalência. O próprio art. 52 do CC determina a aplicação dos direitos de personalidade à pessoa jurídica "no que couber"; **D:** incorreta. A jurisprudência admite a desconsideração inversa da pessoa jurídica. Veja-se, por exemplo, STJ, REsp 948.117/MS; **E:** correta, nos termos do art. 6º, I e § 1º, da Lei 11.107/2005. HS

Gabarito "E".

(Procurador do Estado – PGE/PR – PUC – 2015) Acerca das práticas comerciais restritivas à livre concorrência, assinale a alternativa **CORRETA.**

(A) A competência internacional do Conselho Administrativo de Defesa Econômica CADE quanto às condutas restritivas à livre concorrência orienta-se pela teoria dos efeitos.

(B) A configuração da venda casada como conduta restritiva à livre concorrência independe do poder de mercado do produto principal.

(C) Um acordo entre concorrentes sobre áreas de atuação exclusiva e não sobre preço afasta a caracterização de cartel.

(D) A prática de fixação de preços de revenda em contratos de franquia, em regra, é tida como ilícita pelo CADE.

(E) As condutas restritivas à livre concorrência praticadas em setores regulados, como telefonia, energia elétrica e sistema financeiro, são de competência exclusiva das agências reguladoras respectivas.

A: correta, nos termos do art. 2º da Lei 12.529/2011; **B:** incorreta. A venda casada realmente está prevista como infração à ordem econômica no art. 36, § 3º, XVIII, da Lei 12.529/2011. Ocorre que tais condutas somente são consideradas ofensivas à concorrência se presente algum dos efeitos do *caput* do mesmo artigo, o qual presume que haja uma dominação de mercado ou ao menos uma tentativa de que isso ocorra; **C:** incorreta. A conduta configura infração à ordem econômica prevista no art. 36, § 3º, I, "c", da Lei nº 12.529/2011; **D:** incorreta. No processo administrativo 08012.004736/2005-42, rel. Conselheiro Alessandro Octaviani, o CADE sustenta a necessidade de abrandamento da análise dos preços de revenda em contratos de franquia, sob pena de se inviabilizar o instituto (veja-se, especialmente, os parágrafos 104 e 105 do voto condutor); **E:** incorreta. Não há qualquer limitação à atuação do CADE nesse sentido. HS

Gabarito "A".

(Advogado União – AGU – CESPE – 2015) Julgue os itens a seguir com base no entendimento atual do STJ acerca de direito empresarial.

(1) O imóvel no qual se localize o estabelecimento da empresa é impenhorável, inclusive por dívidas fiscais.

(2) A novação decorrente da concessão da recuperação judicial após aprovado o plano em assembleia enseja a suspensão das execuções individuais ajuizadas contra a própria devedora.

1: Errada. Segundo definiu o STJ em sede de recurso repetitivo, *a penhora de imóvel no qual se localiza o estabelecimento da empresa é, excepcionalmente, permitida, quando inexistentes outros bens passíveis de penhora e desde que não seja servil à residência da família.* (REsp 1114767/RS, Rel. Ministro Luiz Fux, Corte Especial, julgado em 02/12/2009, DJe 04/02/2010). **2:** Errada. A novação, além de depender também da homologação judicial do plano de recuperação já aprovado em assembleia, gera a extinção, e não a mera suspensão, das execuções individuais (STJ, REsp 1.272.697/DF). HS

Gabarito 1E, 2E

7. DIREITO DO TRABALHO

Hermes Cramacon

1. INTRODUÇÃO, FONTES E PRINCÍPIOS

(**Procurador – PGE/SP – 2024 –VUNESP**) A delimitação jurídica dos princípios protetor e da irrenunciabilidade dos direitos trabalhistas sofreu grande alteração com a promulgação da Reforma Trabalhista de 2017, bem como pelas recentes decisões do Supremo Tribunal Federal. Sobre essa realidade, é possível afirmar com correção que

(A) a demissão em massa de trabalhadores prescinde de intervenção sindical prévia.

(B) é possível a flexibilização das normas relativas à saúde, higiene e segurança do trabalho, por meio de instrumentos de negociação coletiva.

(C) o regime contratual de emprego prevalece sobre outras formas de organização do trabalho, sendo irregulares as prestações de serviços intermediadas por meio de pessoas jurídicas (pejotização).

(D) é considerado hipersuficiente o trabalhador que possua diploma de curso superior e receba salário igual ou superior a três vezes o teto de benefícios do RGPS, podendo pactuar as cláusulas do contrato de trabalho nos mesmos limites dos instrumentos de negociação coletiva.

(E) é inconstitucional a previsão legal que permite o trabalho da gestante ou lactante em ambiente insalubre.

A: incorreta, pois no julgamento do Recurso Extraordinário 999.435, o STF fixou a seguinte tese esculpida no Tema 638 de repercussão geral: "A intervenção sindical prévia é exigência procedimental imprescindível para dispensa em massa de trabalhadores que não se confunde com a autorização prévia por parte da entidade sindical ou celebração de convenção ou acordo coletivo". **B:** incorreta, pois nos termos do art. 611-B, XVII, da CLT, constitui objeto ilícito de convenção coletiva ou de acordo coletivo de trabalho, exclusivamente, a supressão ou a redução das normas relativas à saúde, higiene e segurança do trabalho. **C:** incorreta, pois embora o tema seja polêmico, o STF reconheceu no julgamento da reclamação constitucional (RCL) nº 57.917, a legalidade da contratação por meio de pessoa jurídica (pejotização). Tal decisão foi tomada com fundamento na decisão proferida no Tema 725 da terceirização de serviços. **D:** incorreta, pois nos termos do art. 444, parágrafo único, da CLT é considerado hipersuficiente o empregado portador de diploma de nível superior e que perceba salário mensal igual ou superior a duas vezes o limite máximo dos benefícios do Regime Geral de Previdência Social. **E:** correta, pois nos termos do art. 394-A da CLT e julgamento da ADI 5938 não é permitido o trabalho da gestante ou lactante em ambiente insalubre, devendo ela ser afastada desse trabalho. Gabarito "E".

(**Procurador Município – Teresina/PI – FCC – 2022**) Considerando a autonomia do Direito do Trabalho, no contexto dos ramos e disciplinas componentes do universo do Direito, em relação a suas fontes e seus princípios:

(A) O princípio do contrato-realidade determina que o operador jurídico, no exame das declarações volitivas, deve atentar mais ao envoltório formal do que à intenção dos agentes, porque a prática habitual não pode alterar o contrato pactuado.

(B) O princípio da norma mais favorável adquiriu respaldo constitucional na medida em que o artigo 7º, caput da Constituição Federal utilizou a expressão "além de outros que visem à melhoria de sua condição" ao elencar o rol dos direitos dos trabalhadores urbanos e rurais.

(C) As fontes formais heterogêneas do Direito do Trabalho, sob a perspectiva econômica, estão, regra geral, atadas à existência e evolução do sistema capitalista, advindo da Revolução Industrial, do século XVIII.

(D) Esse ramo jurídico especializado constitui-se das seguintes fontes materiais heterônomas: costumes; convenções coletivas de trabalho e acordos coletivos de trabalho.

(E) São consideradas fontes formais autônomas justrabalhistas os tratados e convenções internacionais favorecidos por ratificação e adesão internas e as sentenças normativas.

A: incorreta, pois por meio desse princípio, deve prevalecer a efetiva realidade dos fatos e não eventual forma construída em desacordo com a verdade. Isso porque vigora no Direito do Trabalho o chamado "contrato-realidade", no qual se ignora a disposição contratual para se examinar o que ocorre efetivamente. **B:** correta, pois a proteção trazida pelo princípio da norma mais favorável vem estampada no art. 7º, caput, da CF. **C:** incorreta, pois fontes formais heterônomas decorrem da atividade normativa do Estado. **D:** incorreta, pois as fontes materiais constituem o momento pré-jurídico da norma, ou seja, a norma ainda não positivada. **E:** incorreta, pois as fontes formais autônomas se caracterizam por serem formadas com a participação imediata dos próprios destinatários da norma jurídica sem a interferência do Estado. Gabarito "B".

(**Procurador Município – Santos/SP – VUNESP – 2021**) Assinale a alternativa contrária ao princípio do Direito do Trabalho.

(A) Alterabilidade contratual lesiva.

(B) In dubio pro operaria.

(C) Primazia da realidade.

(D) Intangibilidade salarial.

(E) Proteção.

A: No Direito do Trabalho vigora o princípio da inalterabilidade contratual lesiva que consiste na vedação de qualquer alteração contratual lesiva ao empregado, ainda que com seu consentimento. Veja art. 468 da CLT. **B:** O princípio in dubio pro operaria ensina que uma norma jurídica que admita diversas interpretações deverá ser interpretada da maneira que mais favorecer o empregado, ou seja, havendo dúvida quanto à interpretação da norma, deverá ser interpretada de maneira mais vantajosa para o trabalhador. **C:** O princípio da primazia da realidade ensina que deve prevalecer a efetiva realidade dos fatos e não eventual forma construída em desacordo com a verdade. Havendo desacordo entre o que na verdade acontece com o que consta dos documentos, deverá prevalecer a realidade dos fatos. **D:** O princípio da intangibilidade salarial vem estampado no art. 462 da CLT, que determina a proibição ao empregador de efetuar descontos no salário do empregado, o qual deve receber seu salário de forma integral. Apenas será permitido o desconto se resultar de adiantamento, de dispositivos de lei (Lei 10.820/2003) ou de contrato coletivo. **E:** O princípio da proteção tem por escopo atribuir uma proteção maior ao empregado, parte hipossuficiente da relação jurídica laboral.

Gabarito "A".

(Procurador do Estado/TO – 2018 – FCC) Os princípios exercem um papel constitutivo da ordem jurídica, cuja interpretação leva em consideração os valores que os compõem. Nesse sentido, o entendimento jurisprudencial adotado pelo Tribunal Superior do Trabalho de que o encargo de provar o término do contrato de trabalho, quando negados a prestação de serviço e o despedimento é do empregador está embasado no princípio

(A) protetor.

(B) da primazia da realidade.

(C) da irrenunciabilidade.

(D) da continuidade da relação de emprego.

(E) da boa-fé contratual subjetiva.

O TST faz menção ao princípio em comento na Súmula 212 que ensina: "O ônus de provar o término do contrato de trabalho, quando negados a prestação de serviço e o despedimento, é do empregador, pois o princípio da continuidade da relação de emprego constitui presunção favorável ao empregado."

Gabarito "D".

(Procurador do Estado/SP – 2018 – VUNESP) Em relação aos princípios aplicáveis ao Direito do Trabalho, assinale a alternativa correta.

(A) Havendo a coexistência de dois regulamentos de empresa, a opção do empregado por um deles, com prejuízo às regras do sistema do outro, não afronta o princípio da irrenunciabilidade.

(B) Não fere o princípio da isonomia condicionar o recebimento de participação nos lucros e resultados ao fato de estar o contrato de trabalho em vigor na data prevista para a distribuição dos lucros. Por conseguinte, é lícito negar o pagamento proporcional aos meses trabalhados em caso de rescisão contratual ocorrida durante o período de apuração do benefício.

(C) A contribuição confederativa de que trata o art. 8º, inciso IV, da Constituição da República, é exigível de todos os integrantes da categoria profissional. Por essa razão, seu desconto pode ser feito, independentemente de filiação sindical, não havendo que se falar, nesse caso, em violação ao princípio da intangibilidade salarial.

(D) O princípio da inalterabilidade contratual *in pejus* (art. 468 da Consolidação das Leis do Trabalho) assegura ao empregado ocupante de função de confiança o direito à manutenção da gratificação correspondente após a reversão ao emprego efetivo, independentemente da existência de justo motivo a fundamentar tal reversão.

(E) Por força do princípio da primazia da realidade, a contratação irregular de trabalhador, mediante empresa interposta, gera vínculo de emprego com os órgãos da Administração Pública direta, das autarquias, fundações públicas ou empresas estatais.

A: opção correta, pois nos termos da súmula 51, II, do TST, "havendo a coexistência de dois regulamentos da empresa, a opção do empregado

por um deles tem efeito jurídico de renúncia às regras do sistema do outro"; **B:** opção incorreta, pois nos termos da súmula 451 do TST, "fere o princípio da isonomia instituir vantagem mediante acordo coletivo ou norma regulamentar que condiciona a percepção da parcela participação nos lucros e resultados ao fato de estar o contrato de trabalho em vigor na data prevista para a distribuição dos lucros"; **C:** opção incorreta, pois o art. 578 da CLT ensina que "as contribuições devidas aos sindicatos pelos participantes das categorias econômicas ou profissionais ou das profissões liberais representadas pelas referidas entidades serão, sob a denominação de contribuição sindical, pagas, recolhidas e aplicadas na forma estabelecida neste Capítulo, desde que prévia e expressamente autorizadas". Ademais, nos termos da OJ 17 da SDC do TST "as cláusulas coletivas que estabeleçam contribuição em favor de entidade sindical, a qualquer título, obrigando trabalhadores não sindicalizados, são ofensivas ao direito de livre associação e sindicalização, constitucionalmente assegurado, e, portanto, nulas, sendo passíveis de devolução, por via própria, os respectivos valores eventualmente descontados". Veja, também o PN 119 do TST. **D:** opção incorreta, pois nos termos do art. 468, § 2º, da CLT a alteração, com ou sem justo motivo, não assegura ao empregado o direito à manutenção do pagamento da gratificação correspondente, que não será incorporada, independentemente do tempo de exercício da respectiva função. **E:** opção incorreta, pois nos termos da súmula 331, II, do TST, "a contratação irregular de trabalhador, mediante empresa interposta, não gera vínculo de emprego com os órgãos da Administração Pública direta, indireta ou fundacional, em razão da ausência de concurso público. (art. 37, II, da CF/1988)". HC

Gabarito "A".

(Procurador Distrital – 2014 – CESPE) Julgue o item a seguir.

(1) O princípio da norma mais favorável, componente do núcleo basilar de princípios especiais do direito do trabalho, em sua visão mais ampla, opera em tríplice dimensão: informadora, interpretativa/normativa e hierarquizante.

1: Opção correta, pois referido princípio atua no sentido de que havendo diversas normas válidas relativas sobre a mesma relação de emprego, independentemente de sua posição hierárquica, deve prevalecer a mais favorável. HC

Gabarito "1C".

2. CONTRATO INDIVIDUAL DE TRABALHO E ESPÉCIES DE EMPREGADOS E TRABALHADORES

(Procurador/DF – CESPE – 2022) Julgue os itens a seguir, acerca de grupos econômicos e da sucessão de empregadores.

(1) Uma vez caracterizada a sucessão trabalhista, apenas a empresa sucessora responderá pelos débitos de natureza trabalhista, podendo-se acionar a empresa sucedida somente se for comprovada fraude na operação societária que tiver transferido as atividades e os contratos de trabalho.

(2) Para a justiça do trabalho, a mera identidade de sócios é suficiente para configurar a existência de grupo econômico.

(3) Configurado o grupo econômico, as empresas que o constituírem responderão subsidiariamente pelas obrigações decorrentes das relações de emprego.

1: correto, pois nos termos do art. 448-A, parágrafo único, CLT a empresa sucedida responderá solidariamente com a sucessora quando ficar comprovada fraude na transferência. **2:** incorreta, pois nos termos do art. 2º, § 3º, CLT não caracteriza grupo econômico a mera identidade de sócios, sendo necessárias, para a configuração do grupo, a demonstração do interesse integrado, a efetiva comunhão de interesses e a atuação conjunta das empresas dele integrantes. **3**: incorreto, pois nos termos do art. 2º, § 2º, da CLT a responsabilidade será solidária. Gabarito 1C, 2E, 3E

(Procurador Município – Teresina/PI – FCC – 2022) Em relação às normas contidas na Consolidação das Leis do Trabalho relacionadas a identificação profissional e a Carteira de Trabalho e Previdência Social (CTPS),

(A) a CTPS terá como identificação única do empregado o número de inscrição no Cadastro de Pessoas Físicas (CPF), sendo que a comunicação pelo trabalhador do número de inscrição no CPF ao empregador equivale à apresentação da CTPS em meio digital, dispensado o empregador da emissão de recibo.

(B) é vedado ao empregador efetuar anotações desabonadoras à conduta do empregado em sua CTPS, salvo quanto ao motivo ensejador da dispensa por justa causa.

(C) nas localidades onde não for emitida a CTPS, poderá ser admitido, até 30 dias, o exercício de emprego por quem não a possua, ficando a empresa obrigada a permitir o comparecimento do empregado ao posto de emissão mais próximo.

(D) a CTPS será emitida pelas Delegacias Regionais do Trabalho ou, mediante convênio, pelos sindicatos para o mesmo fim.

(E) o empregador terá o prazo de 48 horas para anotar na CTPS, em relação aos trabalhadores que admitir, a data de admissão, a remuneração e as condições especiais, se houver.

A: correta, pois reflete a disposição do art. 16 da CLT em conjunto com o art. 29, § 6º, da CLT. **B**: incorreto, pois ainda que por justa causa nos termos do art. 29, § 4º, da CLT é vedado ao empregador efetuar anotações desabonadoras à conduta do empregado em sua Carteira de Trabalho e Previdência Social. **C**: incorreto, pois tal regra que era existente no § 3º do art. 13 da CLT foi revogado pela Lei 13.874/2019. **D**: incorreta, pois nos termos do art. 14, caput, da CLT a CTPS será emitida pelo Ministério da Economia (atual Ministério do Trabalho e Previdência) preferencialmente em meio eletrônico. Contudo, nos termos dos incisos II do mesmo artigo 14 poderá ser emitida, mediante convênio, por órgãos federais, estaduais e municipais da administração direta ou indireta ou, ainda, nos termos do inciso III do art. 14 da CLT mediante convênio com serviços notariais e de registro, sem custos para a administração, garantidas as condições de segurança das informações. **E**: incorreto, pois o prazo será de 5 dias úteis, art. 29 da CLT. Gabarito "A".

(Procurador do Município – S.J. Rio Preto/SP – 2019 – VUNESP) Com o intuito de contribuir para o aprendizado dos alunos de uma escola da rede pública municipal, Sherazade oferece, gratuitamente, seus serviços como "contadora de histórias para crianças". A Diretora da escola aceita a proposta, especificando os dias da semana em que o trabalho deverá ser desenvolvido, bem como algumas diretrizes a serem observadas pela ofertante. Depois de cinco anos atuando como "contadora de histórias" na escola municipal, Sherazade propõe reclamação trabalhista em face do Município, solicitando o reconhecimento de vínculo empregatício. O Procurador Municipal incumbido de elaborar a respectiva contestação deverá sustentar que a alegada relação de trabalho jamais existiu porque não caracterizados os seguintes elementos indispensáveis à configuração do vínculo empregatício:

(A) pessoalidade e não eventualidade.

(B) subordinação e pessoalidade.

(C) onerosidade e subordinação.

(D) não eventualidade e instrumento contratual.

(E) instrumento contratual e subordinação.

C" é a opção correta. Isso porque, os requisitos da relação de emprego que são: subordinação, onerosidade, pessoa física, pessoalidade e não habitualidade estão dispostos nos arts. 2º e 3º da CLT. No caso em análise estão ausentes os requisitos da onerosidade, tendo em vista que o trabalho era voluntário. O requisito da subordinação também está ausente, pois embora haja uma suposta ideia de subordinação no trabalho voluntariado, no que diz respeito ao que vai ou não ser feito ou dias que será realizado, não é capaz de caracterizar a subordinação prevista para reconhecimento de vínculo de emprego. No trabalho voluntário a subordinação se limita a orientações gerais e diretrizes. Gabarito "C".

(Procurador do Estado/TO – 2018 – FCC) Em relação aos sujeitos do contrato de trabalho, conforme previsão contida na Consolidação das Leis do Trabalho,

(A) para caracterização da figura do empregado levar-se-ão em conta distinções relativas à espécie de emprego e à condição de trabalhador, bem como entre o trabalho intelectual, técnico e manual.

(B) o trabalho realizado no estabelecimento do empregador se distingue daquele executado no domicílio do empregado e do realizado a distância para efeitos da caracterização da relação de emprego, mesmo caracterizados os pressupostos da relação de emprego.

(C) não caracteriza grupo econômico a mera identidade de sócios, sendo necessárias, para a configuração do grupo, a demonstração do interesse integrado, a efetiva comunhão de interesses e a atuação conjunta das empresas dele integrantes.

(D) as instituições de beneficência e as associações recreativas não se equiparam ao empregador, para os efeitos exclusivos da relação de emprego, em razão da ausência de finalidade lucrativa.

(E) a empresa que estiver sob a direção, controle ou administração de outra e integre grupo econômico, será responsável subsidiariamente pelas obrigações decorrentes da relação de emprego da empresa controladora.

A: incorreta, pois nos termos do art. 3º, parágrafo único, da CLT não haverá distinções relativas à espécie de emprego e à condição de trabalhador, nem entre o trabalho intelectual, técnico e manual. **B**: incorreta, pois nos termos do art. 6º da CLT não se distingue entre o trabalho realizado no estabelecimento do empregador, o executado no domicílio do empregado e o realizado a distância, desde que estejam caracterizados os pressupostos da relação de emprego. **C**: correta, pois reflete a disposição do art. 2º, § 3º, da CLT. **D**: incorreta, pois nos termos do art. 2º, § 1º, da CLT equiparam-se ao empregador, para os efeitos exclusivos da relação de emprego, os profissionais liberais, as instituições de beneficência, as associações recreativas ou outras instituições sem fins lucrativos, que admitirem trabalhadores como empregados. **E**: incorreta, pois nos termos do art. 2º, § 2º, da CLT a responsabilidade será solidária. Gabarito "C".

(Procurador do Estado/TO – 2018 – FCC) Conforme regras previstas na Consolidação das Leis do Trabalho sobre o contrato individual de trabalho,

(A) no tempo de serviço do empregado, quando readmitido, serão computados os períodos, ainda que não contínuos, em que tiver trabalhado anteriormente na empresa, mesmo que houver sido despedido por falta grave ou aposentado espontaneamente.

(B) para fins de contratação, o empregador não exigirá do candidato a emprego comprovação de experiência prévia por tempo superior a 6 meses no mesmo tipo de atividade.

(C) o contrato de trabalho intermitente poderá ser celebrado verbalmente, sem a necessidade de ser registrado na CTPS, quando for previsto em acordo ou convenção coletiva de trabalho.

(D) os contratos por prazo determinado terão prazo mínimo de 30 dias e máximo de um ano, exceto o contrato de trabalho intermitente, cujo prazo máximo será de 3 anos.

(E) o contrato de experiência não poderá exceder de 120 dias, permitidos duas prorrogações durante esse período.

A: incorreta, pois nos termos do art. 453 da CLT no tempo de serviço do empregado, quando readmitido, serão computados os períodos, ainda que não contínuos, em que tiver trabalhado anteriormente na empresa, salvo se houver sido despedido por falta grave, recebido indenização legal ou se aposentado espontaneamente. **B:** correta, pois reflete a disposição do art. 442-A da CLT. **C:** incorreta, pois nos termos do art. 452-A da CLT deve ser escrito. **D:** incorreta, pois nos termos do art. 445 da CLT o contrato de trabalho por prazo determinado não poderá ser estipulado por mais de 2 (dois) anos. **E:** incorreta, o contrato de experiência não poderá exceder de 90 dias, art. 445, parágrafo único, da CLT.

Gabarito "B".

(Procurador do Estado/SP – 2018 – VUNESP) Em relação à nova disciplina legal da prestação de serviços a terceiros, é correto afirmar:

(A) considera-se prestação de serviços a terceiros a transferência feita pela contratante da execução de suas atividades a pessoa jurídica de direito privado, prestadora de serviços, que possua capacidade econômica compatível com a sua execução, sendo vedada, contudo, a transferência da execução da atividade principal da empresa contratante.

(B) a Lei n. 6.019, de 3 de janeiro de 1974, é omissa no estabelecimento de período de proibição ("quarentena") aplicável ao empregado demitido pela empresa contratante; por conseguinte, é permitido que esse trabalhador, imediatamente, volte a prestar serviços à mesma empresa, na qualidade de empregado de empresa prestadora de serviços.

(C) a empresa contratante é solidariamente responsável pelas obrigações trabalhistas referentes ao período em que ocorrer a prestação de serviços.

(D) aos empregados da empresa prestadora de serviços, são asseguradas as mesmas condições relativas à alimentação oferecida em refeitórios aos empregados da empresa contratante, quando e enquanto os serviços forem executados nas dependências da tomadora.

(E) a empresa prestadora de serviços contrata e remunera o trabalho realizado por seus trabalhadores; a direção do trabalho de tais empregados, entretanto, é realizada pela empresa contratante dos serviços.

A: opção incorreta, pois nos termos do art. 4º-A da Lei 6.019/1974, "considera-se prestação de serviços a terceiros a transferência feita pela contratante da execução de quaisquer de suas atividades, inclusive sua atividade principal, à pessoa jurídica de direito privado prestadora de serviços que possua capacidade econômica compatível com a sua execução". **B:** opção incorreta, pois nos termos do art. 5º D da Lei 6.019/1974, "o empregado que for demitido não poderá prestar serviços para esta mesma empresa na qualidade de empregado de empresa prestadora de serviços antes do decurso de prazo de dezoito meses, contados a partir da demissão do empregado". **C:** opção incorreta, pois nos termos do art. 5º-A, § 5º, da Lei 6.019/1974, "a empresa contratante é subsidiariamente responsável pelas obrigações trabalhistas referentes ao período em que ocorrer a prestação de serviços". **D:** opção correta, pois reflete a disposição contida no art. 4º-C, I, *a*, da Lei 6.019/1974. **E:** opção incorreta, pois nos termos do art. 4º-A, § 1º, da Lei 6.019/1974, a empresa prestadora de serviços contrata, remunera e dirige o trabalho realizado por seus trabalhadores, ou subcontrata outras empresas para realização desses serviços". **HC**

Gabarito "D".

(Procurador do Estado – PGE/RS – Fundatec – 2015) Para se distinguir entre as diversas relações de trabalho, a relação de emprego deverá apresentar as seguintes características: pessoalidade, onerosidade, não eventualidade e subordinação. Quanto a essas características, analise as assertivas abaixo:

I. A relação de emprego é sempre *intuitu personae*, tanto em relação ao empregado quanto ao empregador.

II. Como corolário da pessoalidade, é possível afirmar que a relação de emprego encerra obrigação infungível, personalíssima e intransferível quanto ao empregado, não podendo ser efetuada, na mesma relação jurídica, por pessoa diferente daquela que a contraiu.

III. A não eventualidade manifesta-se pela relação do serviço prestado pelo trabalhador e a atividade empreendida pelo tomador dos serviços. Em outras palavras, serviço não eventual é o serviço essencial para o empregador, pois, sem ele, este não conseguiria desenvolver o seu fim empresarial.

Quais estão corretas?

(A) Apenas I.

(B) Apenas III.

(C) Apenas I e II.

(D) Apenas I e III.

(E) Apenas II e III.

I: incorreta, pois a relação de trabalho é *intuito personae* com relação ao empregado, que não pode fazer-se substituir por outro, requisito da pessoalidade; **II:** correta, pois o requisito da pessoalidade ensina que o empregado deve prestar pessoalmente os serviços, não podendo fazer-se substituir por outra pessoa. O trabalho deve ser exercido pelo próprio trabalhador, em razão de suas qualificações profissionais e pessoais, por isso diz-se que o contrato de trabalho é "*intuitu personae*" ou personalíssimo; **III:** correta, pois o empregado presta serviços de maneira contínua, não eventual. O trabalho deve ser contínuo, sem o qual o empregador não consegue desenvolver sua atividade empresarial. **HC**

Gabarito "E".

7. DIREITO DO TRABALHO 335

(**Procurador do Estado – PGE/PR – PUC – 2015**) Em relação aos contratos de trabalho celebrados com a Administração Pública sem concurso público após a Constituição Federal de 1988, é **CORRETO** afirmar:

(A) Considerando o princípio da primazia da realidade, o contrato de trabalho, inclusive os celebrados para empregos em comissão, é válido para todos os efeitos jurídicos, independentemente da responsabilidade do administrador público.

(B) O contrato é nulo, sem que se possa reconhecer qualquer direito ao trabalhador.

(C) O contrato é anulável, sendo devidos todos os direitos ao trabalhador até o trânsito em julgado da decisão que reconhecer a irregularidade.

(D) Considerando as Convenções da OIT ratificadas pelo Brasil, o contrato de trabalho é válido e é garantido ao trabalhador o rol de direitos elencados na Constituição Federal.

(E) O contrato de trabalho é nulo, somente conferindo ao trabalhador direito ao pagamento da contraprestação pactuada, em relação ao número de horas trabalhadas, respeitado o valor da hora do salário mínimo, e dos valores referentes aos depósitos do FGTS.

"E" é a opção correta. Isso porque, nos termos da súmula 363 do TST, a contratação de servidor público, após a CF/1988, sem prévia aprovação em concurso público encontra óbice no respectivo art. 37, II e § 2º, somente lhe conferindo direito ao pagamento da contraprestação pactuada, em relação ao número de horas trabalhadas, respeitado o valor da hora do salário mínimo, e dos valores referentes aos depósitos do FGTS. **HC**
Gabarito "E".

(**Procurador Distrital – 2014 – CESPE**) Julgue o seguinte item, com base na legislação e no entendimento jurisprudencial dominante do TST.

(1) Conforme a CLT, a mudança na propriedade da empresa não afetará os contratos de trabalho, no entanto, em caso de falência, não se aplicará tal regra, porque a compra de empresa falida não obriga o arrematante nas obrigações do devedor. Assim, se determinada empresa alienar seus ativos em virtude de processo de falência, sendo o arrematante primo do sócio da sociedade falida, não haverá sucessão do arrematante nas obrigações trabalhistas do devedor.

1: Opção incorreta. De fato, a mudança na estrutura jurídica da empresa não afetará os contratos de trabalho, nos termos do art. 448 da CLT. Em regra, nos termos do art. 141 da Lei 11.101/2005 a compra de empresa falida não gera sucessão trabalhista. No entanto, essa regra não se aplica ao parente, em linha reta ou colateral até o 4º grau, consanguíneo ou afim, do falido ou do sócio da sociedade falida. **HC**
Gabarito "1E".

3. CONTRATO DE TRABALHO COM PRAZO DETERMINADO

(**Procurador Município – Teresina/PI – FCC – 2022**) Quanto ao aspecto do prazo nos contratos individuais de trabalho, com exceção do contrato de trabalho intermitente, conforme normas contidas na Consolidação das Leis do Trabalho,

(A) o contrato de experiência não poderá ultrapassar 60 dias, podendo ser estipulado por até 2 períodos de 30 dias cada um.

(B) a rescisão sem justa causa de forma antecipada para o contrato por prazo determinado não gera o pagamento de indenização por falta de previsão legal.

(C) o contrato por prazo determinado poderá ser firmado por mero ajuste de vontade das partes, independentemente de sua finalidade.

(D) os contratos por prazo determinado poderão ser firmados por no máximo 3 anos, sendo possíveis duas prorrogações dentro desse prazo.

(E) a determinação do prazo constituiu-se em exceção legal, válida apenas nas hipóteses legalmente previstas, em conformidade com o princípio da continuidade da relação de emprego.

A: incorreta, pois nos termos do art. 445, parágrafo único, CLT o contrato de experiência não poderá ultrapassar 90 dias. **B:** incorreto, pois nos termos do art. 479 da CLT nos contratos que tenham termo estipulado, o empregador que, sem justa causa, despedir o empregado será obrigado a pagar-lhe, a título de indenização, e por metade, a remuneração a que teria direito até o termo do contrato. Já se for o empregado que der causa a rescisão antecipada, o art. 480 da CLT ensina que será obrigado a indenizar o empregador dos prejuízos que desse fato lhe resultarem. **C:** incorreta, pois pela CLT os contratos com prazo determinado apenas poderão ser celebrados nas hipóteses previstas no art. 443, § 2º, da CLT. **D:** incorreto, pois nos termos do art. 445 da CLT o contrato de trabalho por prazo determinado não poderá ser estipulado por mais de 2 (dois) anos, podendo ser prorrogado uma única vez, na forma do art. 451 da CLT. **E:** correta, pois Princípio da continuidade da relação de emprego tem por objetivo preservar o contrato de trabalho, presumindo a contratação por prazo indeterminado, sendo a exceção o contrato com prazo determinado.
Gabarito "E".

(**Procurador – IPSMI/SP – VUNESP – 2016**) Nos contratos de trabalho por prazo determinado,

(A) aplica-se o aviso-prévio em favor do empregado, na hipótese de despedida antes do termo final, se houver cláusula assecuratória do direito recíproco de rescisão antecipada.

(B) o aviso-prévio não poderá ser aplicado, pois não é compatível com referida modalidade contratual, não se admitindo cláusula em contrário.

(C) não se admite o gozo de férias, as quais serão indenizadas por ocasião do termo final.

(D) o seguro-desemprego será devido ao empregado, desde que o período contratual não seja inferior a seis meses.

(E) a prorrogação pode ocorrer em, no máximo, duas oportunidades, desde que não ultrapasse o período de dois anos.

A: opção correta, pois nos termos do art. 481 da CLT qualquer que seja o tipo de contrato com prazo determinado previsto na CLT havendo a cláusula assecuratório ao direito recíproco de rescisão serão aplicados os princípios que regem a rescisão dos contratos por prazo indeterminado, inclusive com a percepção de aviso-prévio. Veja Súmula 163 do TST. **B:** opção incorreta. Veja comentário anterior. **C:** opção incorreta, pois aos empregados submetidos ao contrato com prazo determinado, são assegurados os mesmos direitos que o empregado com contrato por prazo indeterminado. **D:** opção incorreta, pois não é devido Seguro Desemprego, tendo em vista que as partes já estão cientes da data de término do contrato de trabalho. **E:** opção incorreta, pois a prorrogação pode ocorrer apenas uma única vez e não poderá exceder 2 anos, sob pena de ser considerado contrato com prazo indeterminado, art. 451 da CLT. **HC**
Gabarito "A".

4. TRABALHO DA MULHER E DO MENOR

(Procurador do Estado – PGE/RN – FCC – 2014) Iara Delfina, de 16 anos, foi contratada como operadora de bomba de gasolina no Posto Mata Estrela, dirigido por seu pai e que se situa a 50 quilômetros de Natal, cidade onde reside. A empregadora, cuidadosa no pagamento de suas obrigações trabalhistas decorrentes da legislação, remunera Iara corretamente, a qual recebe mensalmente salário, horas extras, adicional de periculosidade, além de conceder-lhe vale-transporte e auxílio-refeição, conforme determina a convenção coletiva da categoria. Considerados os fatos narrados, o trabalho prestado por Iara, à luz da Consolidação das Leis do Trabalho e da Constituição da República, é:

(A) permitido porque o Posto Mata Estrela é dirigido pelo pai de Iara.

(B) permitido porque Iara já atingiu a idade de 16 anos completos.

(C) proibido porque Iara exerce trabalho em condições de periculosidade.

(D) permitido porque a Constituição da República se sobrepõe à CLT e fomenta o dever social à profissionalização.

(E) proibido porque Iara não é aprendiz, hipótese autorizadora do trabalho descrito.

"C" é a opção correta. Isso porque o art. 7º, XXXIII, CF ensina ser proibido o trabalho noturno, perigoso ou insalubre a menores de dezoito e de qualquer trabalho a menores de dezesseis anos, salvo na condição de aprendiz, a partir de quatorze anos. **HC**
Gabarito "C".

(Procurador do Estado/BA – 2014 – CESPE) Julgue o seguinte item.

(1) Pode ser exigido da mulher, para a admissão ou para a permanência no emprego, atestado ou exame de qualquer natureza para a comprovação de esterilidade ou de gravidez, dado o direito do empregador de ser informado da situação da mulher para eventual concessão de benefícios relacionados à condição de gravidez.

1: Opção incorreta, pois objetivando corrigir as distorções que afetam o acesso da mulher ao mercado de trabalho e certas especificidades estabelecidas nos acordos trabalhistas, nos termos do art. 373-A, IV, da CLT é vedado ao empregador exigir atestado ou exame, de qualquer natureza, para comprovação de esterilidade ou gravidez, na admissão ou permanência no emprego. **HC**
Gabarito "1E".

---

5. ALTERAÇÃO, INTERRUPÇÃO E SUSPENSÃO DO CONTRATO DE TRABALHO

(Procurador – AL/PR – 2024 – FGV) Iralton, Regina e Carla são amigos de infância, e coincidentemente trabalham na mesma empresa em Londrina/PR. Na trajetória acadêmica de cada um, Iralton deixou o colégio após o ensino médio, Regina finalizou uma graduação e Carla foi além, obtendo título num mestrado concluído com sucesso. Os amigos ocupam cargos diferentes na empresa, sendo que Carla recebe salário mensal de R$32.000,00.

É chegado o momento de fruir férias. Iralton, que é pai de uma estudante de 15 (quinze) anos, requereu em março o adiantamento da 1ª parcela do 13º salário para receber

junto com suas férias; Regina, cujo esposo trabalha na mesma empresa mas em outro setor, requereu a conversão de 1/3 das férias em pecúnia dez dias antes do início delas; Carla não gozará férias porque ocupa um cargo estratégico, de grande relevância, e acertou em acordo particular com o empregador que aproveitará férias a cada 2 (dois) anos mas, em compensação, poderá escolher uma passagem aérea internacional de ida e volta, na classe executiva, que será paga pela empresa.

Considerando as situações desses empregados e a norma de regência das férias, assinale a afirmativa correta.

(A) O acerto feito por Carla é ilegal, Iralton terá o direito potestativo de aproveitar férias juntamente com as férias escolares de sua filha e Regina poderá ter o pedido de conversão das férias negado.

(B) É direito de Iralton receber a 1ª parcela do 13º salário juntamente com as férias, Regina terá o direito potestativo de converter parte das férias em dinheiro e o acerto de Carla é lícito por se tratar de alto empregado, sendo preservado o direito a receber 1/3 nos anos em que não aproveitar férias.

(C) O pedido de conversão de parte das férias em dinheiro deveria ser feito por Regina até 30 (trinta) dias antes do seu início, Iralton terá direito de receber as férias em dobro se o pagamento não ocorrer até 2 (dois) dias do início das férias e o acordo individual com Carla é lícito diante do salário por ela recebido e porque possui nível superior completo.

(D) Não existe previsão legal de adiantamento da 1ª parcela do 13º salário para quitação juntamente com as férias como desejado por Iralton, a negociação de Carla é válida porque o direito às férias não foi integralmente suprimido e Regina somente poderá fruir férias com o marido no caso delas serem coletivas.

(E) Regina poderá fruir férias na mesma oportunidade que o esposo se isso não causar prejuízo à empresa, Iralton poderá ter o pedido de adiantamento negado porque intempestivo e o acerto de Carla é irregular.

A: incorreta, pois Iralton não terá o direito potestativo de gozar as férias juntamente com as férias escolares de sua filha, pois nos termos do art. 136, § 2º, da CLT o empregado estudante, menor de 18 (dezoito) anos, terá direito a fazer coincidir suas férias com as férias escolares. **B:** incorreta, pois nos termos do art. 2º, §2º, da Lei 4.749/64 o adiantamento do 13º salário será pago ao ensejo das férias do empregado, sempre que este o requerer no mês de janeiro do correspondente ano. Regina não terá direito à conversão, pois para converter 1/3 das férias em pecúnia deveria ter sido feito até 15 (quinze) dias antes do término do período aquisitivo e não antes do início do período de férias. O acerto de Carla é ilegal, pois as férias devem ser gozadas no período de 12 (doze) meses subsequentes à data em que o empregado tiver adquirido o direito, independente de possuir nível superior. **C:** incorreta, pois Regina não terá direito à conversão, pois para converter 1/3 das férias em pecúnia deveria ter sido feito até 15 (quinze) dias antes do término do período aquisitivo e não antes do início do período de férias. Iralton não terá direito de receber as férias em dobro pelo fato de o pagamento não ocorrer até 2 (dois) dias do início das férias, pois a Súmula 450 do TST, que previa tal direito, foi declarada inconstitucional pelo STF no julgamento da ADPF 501. O acerto de Carla é ilegal. **D:** incorreta, pois há previsão do art. 2º, § 2º, da Lei 4.749/65 para o adiantamento do 13º salário será pago ao ensejo das férias do empregado, sempre que este o requerer no mês de janeiro do correspondente ano. O acerto de Carla é ilegal. Regina poderá gozar das férias juntamente com seu esposo, na forma do art. 136, § 1º, da CLT. **E:** correta, pois nos termos do art. 136, § 1°, da CLT os membros de uma família, que trabalharem no mesmo estabelecimento ou empresa, terão direito a gozar férias no mesmo período, se assim o desejarem e se disto não resultar prejuízo para o serviço. O pedido de Iralton é intempestivo, pois deveria ter sido feito em janeiro, nos termos do art. 2°, § 2°, da Lei 4.749/64. O acerto de Carla é irregular, pois pois as férias devem ser gozadas no período de 12 (doze) meses subsequentes à data em que o empregado tiver adquirido o direito, independente de possuir nível superior, art. 134 da CLT.

Gabarito "E".

(Procurador Município – Teresina/PI – FCC – 2022) Em relação à situações de alteração, suspensão e interrupção que podem afetar os contratos individuais do trabalho, conforme previsão doutrinária, legal e sumulada pelo TST,

(A) as cláusulas regulamentares, que revoguem ou alterem vantagens deferidas anteriormente, atingirão todos os empregados, não caracterizando alteração contratual ilícita por decorrerem do exercício do poder de direção do empregador.

(B) havendo necessidade de serviço, o empregador poderá transferir o empregado para município diverso do que foi contratado, devendo pagar adicional, não inferior a 20% dos salários que o empregado recebia, até o término do contrato.

(C) a aposentadoria por invalidez, sendo o trabalhador considerado incapacitado para trabalhar é considerada como modalidade de suspensão.

(D) o afastamento previdenciário por motivo de doença, a partir do 16° dia, denominado auxílio-doença, é caso de interrupção.

(E) o afastamento do empregado por um dia, em cada 12 meses de trabalho, em caso de doação voluntária de sangue devidamente comprovada é caso de suspensão.

A: incorreta, pois nos termos da súmula 51, I, TST as cláusulas regulamentares, que revoguem ou alterem vantagens deferidas anteriormente, só atingirão os trabalhadores admitidos após a revogação ou alteração do regulamento. **B:** incorreta, pois nos termos do art. 469, § 3°, CLT em caso de necessidade de serviço o empregador poderá transferir o empregado para localidade diversa da que resultar do contrato, não obstante as restrições do artigo anterior, mas, nesse caso, ficará obrigado a um pagamento suplementar, nunca inferior a 25% (vinte e cinco por cento) dos salários que o empregado perceba naquela localidade, enquanto durar essa situação. **C:** correta, pois nos termos do art. 475 da CLT o empregado que for aposentado por invalidez terá suspenso o seu contrato de trabalho durante o prazo fixado pelas leis de previdência social para a efetivação do benefício. **D:** incorreta, pois trata-se de hipótese de suspensão do contrato de trabalho. **E:** incorreta, pois tal afastamento, nos termos do art. 473, IV. Da CLT trata-se de uma hipótese de interrupção do contrato de trabalho.

Gabarito "C".

(Procurador do Município – S.J. Rio Preto/SP – 2019 – VUNESP) A respeito do denominado *jus variandi*, é correto afirmar que

(A) confere ao empregador o direito de transferir o empregado que exerce função de confiança para localidade diversa da que consta do contrato.

(B) decorre diretamente do princípio *pacta sunt servanda*, que rege os contratos de trabalho.

(C) garante ao empregado o direito de alterar a data fixada para suas férias.

(D) confere ao empregador o direito de alterar a jornada de trabalho dos empregados, desde que respeitado o direito adquirido à percepção de adicional noturno.

(E) não se aplica aos contratos de trabalho firmados pela Administração Pública.

A: correta, pois nos termos do art. 469, § 1°, da CLT a transferência pode ocorrer de forma unilateral pelo empregador, ou seja, sem o consentimento do obreiro, nos casos em que o empregado exerçam cargo de confiança, isto é, aqueles que exerçam amplos poderes de mando, de modo a representarem a empresa nos atos de sua administração. **B:** incorreta, pois o princípio *pacta sunt servanda*, aplicável aos contratos de trabalho de forma atenuada, estabelece que o contrato deve ser executado pelas partes nos termos ajustados, ou seja, os contratos devem ser rigorosamente observados e cumpridos, vez que fazem lei entre as partes. **C:** incorreta, pois de acordo com o art. 136 da CLT a época da concessão das férias será a que melhor consulte os interesses do empregador. **D:** incorreta, pois o adicional noturno (art. 73 CLT) será concedido somente enquanto o obreiro laborar no período noturno. Trata-se de modalidade conhecida de salário condição. Veja súmula 265 TST. **E:** incorreta, pois uma vez celebrado contrato de trabalho (normas celetistas) o *jus variandi* se aplica também à administração Pública.

Gabarito "A".

(Procurador do Estado/AC – 2017 – FMP) Considerando as hipóteses de suspensão e suspensão parcial do contrato individual de trabalho, é CORRETO afirmar que

(A) as férias são consideradas exemplo de suspensão do contrato.

(B) a greve é tida como suspensão do contrato, por expressa previsão legal.

(C) o descanso semanal não é computado no tempo de serviço do empregado.

(D) a suspensão disciplinar é exemplo de interrupção do contrato de trabalho.

(E) os intervalos para descanso e alimentação são computados na jornada de trabalho.

A: incorreta, pois as férias são consideradas interrupção do contrato de trabalho, tendo em vista que o pagamento de salários pela empresa continua a ser efetuado pela empresa. **B:** correta, pois nos termos do art. 7° da Lei 7.783/90 é hipótese de suspensão do contrato de trabalho. **C:** incorreta, pois o Descanso Semanal Remunerado, também considerado hipótese de interrupção do contrato de trabalho (Lei 605/1949) é considerado como tempo de serviço. **D:** incorreta, pois a suspensão disciplinar, art. 474 da CLT é considerada hipótese de suspensão do contrato de trabalho, tendo em vista que nesse período não há o pagamento de salários. **E:** incorreta, pois nos termos do art. 71, § 2°, da CLT os intervalos de descanso não serão computados na duração do trabalho.

Gabarito "B".

(Procurador – IPSMI/SP – VUNESP – 2016) Nos termos da Consolidação das Leis do Trabalho, a mudança na propriedade ou estrutura jurídica da empresa

(A) poderá afetar os direitos adquiridos pelos empregados, se houver previsão em lei municipal.

(B) poderá acarretar a extinção automática dos contratos de trabalho mantidos com o sucedido.

(C) não afetará os contratos de trabalho dos respectivos empregados.

(D) importará a celebração de novos contratos de trabalho com os empregados do sucedido.

(E) assegurará o direito de rescisão indireta dos contratos de trabalho aos empregados do sucedido.

A: opção incorreta, pois nos termos do art. 10 da CLT qualquer alteração na estrutura jurídica da empresa não afetará os direitos adquiridos por seus empregados. **B:** opção incorreta, pois nos termos do art. 448 da CLT a mudança não afetará os contratos de trabalho. **C:** opção correta, pois reflete a disposição do art. 448 da CLT. **D:** opção incorreta, art. 448 CLT. **E:** opção incorreta, Veja comentários anteriores. HC

Gabarito "C".

(Procurador Municipal/SP – VUNESP – 2016) Determinado empregado começa a trabalhar no dia 01.02.2010, com remuneração no valor de R$ 1.000,00 (um mil reais). Em 01.05.2012, é dispensado imotivadamente sem ter gozado nenhum período de férias. Durante o contrato de trabalho, seu salário sofreu os seguintes reajustes: em 01.07.2010, passou para R$ 1.100,00; em 01.02.2011, passou para R$ 1.200,00; em 01.07.2011, passou para R$ 1.500,00 e, em 01.02.2012, passou para R$ 1.700,00. Diante disso, e dos termos da Súmula 7 do TST, é correto afirmar que a indenização do primeiro período de férias vencidas e não gozadas deve ser calculada com base em

(A) R$ 1.000,00.

(B) R$ 1.100,00.

(C) R$ 1.200,00.

(D) R$ 1.500,00.

(E) R$ 1.700,00.

"E" é a opção correta. Isso porque os termos da súmula 7 do TST a indenização pelo não deferimento das férias no tempo oportuno será calculada com base na remuneração devida ao empregado na época da reclamação ou, se for o caso, na da extinção do contrato. HC

Gabarito "E".

(Procurador do Estado – PGE/MT – FCC – 2016) Sócrates é professor de Matemática na Escola Sol Nascente, contratado pelo regime da Consolidação das Leis do Trabalho. Celebrado o contrato de trabalho, foi prevista uma carga horária de 40 horas-aula semanais, com valor R$ 20,00 por hora-aula. Em virtude da diminuição do número de alunos, a direção da escola reduz a carga horária de Sócrates para 20 horas semanais, sem consultar o empregado, mantendo o valor pago por hora-aula. Levando-se em conta a legislação vigente e orientação jurisprudencial da SDI-1 do Tribunal Superior do Trabalho,

(A) é lícita esta alteração contratual com redução de carga horária uma vez que o empregador, mesmo sem o consentimento do empregado, sempre pode alterar as cláusulas do contrato de trabalho, por ser detentor do *jus variandi*.

(B) não se trata na hipótese de alteração contratual, uma vez que a redução de carga horária em decorrência da redução do número de alunos não implica alteração contratual, já que não acarretou redução do valor da hora-aula.

(C) é ilícita esta redução de carga horária, uma vez que o único requisito de toda alteração contratual perpetrada pelo empregador é o mútuo consentimento entre ele e o empregado.

(D) é ilícita esta alteração contratual uma vez que o empregado terá reduzida a sua remuneração mensal, o que só é permitida mediante acordo ou convenção coletiva, conforme previsão na Constituição Federal de 1988.

(E) é ilícita esta redução de carga horária, uma vez que o empregador deve assumir os riscos do negócio, não sendo possível transferir ao empregado o prejuízo

causado pela redução do número de alunos, que deve ser suportado por ele.

"B" é a resposta correta. Isso porque, nos termos da OJ 244 da SDI 1 do TST, a redução da carga horária do professor, em virtude da diminuição do número de alunos, não constitui alteração contratual, uma vez que não implica redução do valor da hora-aula. HC

Gabarito "B".

(Procurador do Estado/BA – 2014 – CESPE) Julgue o seguinte item.

(1) O empregado afastado do emprego não tem direito às vantagens concedidas, durante a sua ausência, à categoria que integra na empresa.

1: Opção incorreta, pois ao empregado afastado do emprego, são asseguradas, por ocasião de sua volta, todas as vantagens que, em sua ausência, tenham sido atribuídas à categoria a que pertencia na empresa, nos termos do art. 471 da CLT. HC

Gabarito "1E".

(Procurador do Estado/BA – 2014 – CESPE) Em relação aos direitos dos trabalhadores, julgue o item seguinte.

(1) O salário mínimo deve ser fixado em lei estadual, consideradas as peculiaridades locais, com vistas ao atendimento das necessidades básicas do trabalhador e de sua família com moradia, alimentação, educação, saúde, lazer, vestuário, higiene, transporte e previdência social, com reajustes semestrais que lhe preservem o poder aquisitivo, vedada a vinculação salarial para qualquer fim.

1: Opção incorreta, pois nos termos do art. 7º, IV, da CF o salário mínimo, será fixado em lei, nacionalmente unificado, capaz de atender a suas necessidades vitais básicas e às de sua família com moradia, alimentação, educação, saúde, lazer, vestuário, higiene, transporte e previdência social, com reajustes periódicos que lhe preservem o poder aquisitivo, sendo vedada sua vinculação para qualquer fim. HC

Gabarito "1E".

(Procurador do Estado/BA – 2014 – CESPE) Em relação aos direitos dos trabalhadores, julgue o item seguinte.

(1) A cada doze meses de vigência do contrato individual de trabalho, o empregado adquire o direito a férias, a ser concedido, no período dos doze meses seguintes, com adicional de um terço, por trinta dias, exceto se reduzido o gozo em razão de faltas havidas durante o período aquisitivo.

1: Opção correta, pois nos termos dos arts. 129 e 130 da CLT após 12 meses de prestação de serviços (período aquisitivo) o empregado terá direito às férias nas proporções estabelecidas no art. 130 da CLT. As férias devem ser concedidas nos 12 meses subsequentes, art. 134 da CLT (período concessivo). HC

Gabarito "1C".

(Procurador Distrital – 2014 – CESPE) Julgue o seguinte item, com base na legislação e no entendimento jurisprudencial dominante do TST.

(1) O afastamento da atividade laboral que enseja recebimento de auxílio-doença previdenciário caracteriza hipótese de suspensão do contrato de trabalho. Cessado o prazo de vigência desse benefício e não havendo prorrogação, o empregado deverá se apresentar nas quarenta e oito horas seguintes ao término desse prazo, ou justificar sua impossibilidade de

7. DIREITO DO TRABALHO

retorno ao empregador, sob pena de se caracterizar justa causa para demissão.

1: Opção incorreta, pois embora com o recebimento do auxílio se considere suspensão do contrato de trabalho, o empregado deverá se apresentar imediatamente ao trabalho.▉HC
Gabarito "1E"

(Procurador Federal – 2013 – CESPE) Julgue o item seguinte.

(1) Segundo entendimento consolidado pelo TST, mesmo que concedidas as férias nos doze meses subsequentes à data em que o empregado tiver adquirido o direito, será devido o pagamento em dobro da remuneração de férias, incluído o terço constitucional, quando o empregador não efetuar o pagamento da remuneração das férias até dois dias antes do início do respectivo período de gozo.

1: Opção correta, pois de acordo com a súmula 450 do TST **é** devido o pagamento em dobro da remuneração de férias, incluído o terço constitucional, com base no art. 137 da CLT, quando, ainda que gozadas na época própria, o empregador tenha descumprido o prazo previsto no art. 145 do mesmo diploma legal. ▉HC
Gabarito "1C"

(Procurador Federal – 2013 – CESPE) Julgue o item seguinte.

(1) O empregado poderá deixar de comparecer ao serviço sem prejuízo do salário por até dois dias consecutivos para se alistar como eleitor. Nesse caso, como o obreiro permanece recebendo sua remuneração, ocorre a interrupção do contrato de trabalho.

1: Opção correta, pois nos termos do art. 473, V, da CLT o empregado poderá deixar de comparecer ao serviço sem prejuízo do salário, até 2 (dois) dias consecutivos ou não, para o fim de se alistar eleitor. Por ter o referido dispositivo legal determinado o pagamento dos salários desses dias ao obreiro, podemos afirmar que constitui hipótese de interrupção do contrato de trabalho. ▉HC
Gabarito "1C"

(Procurador Federal – 2013 – CESPE) Julgue o item seguinte.

(1) Suspenso o contrato de trabalho em virtude de aposentadoria por invalidez, o empregado perde o direito à manutenção de plano de saúde ou de assistência médica a ele oferecido pela empresa.

1: Opção incorreta, pois de acordo com o entendimento contido na Súmula 440 do TST assegura-se o direito à manutenção de plano de saúde ou de assistência médica oferecido pela empresa ao empregado, não obstante suspenso o contrato de trabalho em virtude de auxílio--doença acidentário ou de aposentadoria por invalidez. ▉HC
Gabarito "1E"

6. REMUNERAÇÃO E SALÁRIO

(Procurador Município – Teresina/PI – FCC – 2022) Saturno é empregado da empresa Olimpo S/A e recebe um valor fixo de salário no importe de R$ 10.000,00, além do fornecimento dos seguintes benefícios: tíquete-alimentação no valor mensal de R$ 1.000,00, seguro de vida e de acidentes pessoais no valor mensal de R$ 300,00, mensalidade de faculdade no valor de R$ 800,00, aluguel de imóvel no valor mensal de R$ 2.000,00. Nesse caso, o valor total a ser considerado como verba salarial para efeitos de recolhimento de FGTS e pagamento de verbas rescisórias será de

(A) R$ 12.800,00.

(B) R$ 14.100,00.

(C) R$ 10.000,00.

(D) R$ 12.000,00.

(E) R$ 11.000,00.

De acordo com o enunciado e nos termos do art. 457, § 2°, da CLT não integram a remuneração do empregado, não se incorporam ao contrato de trabalho e não constituem base de incidência de qualquer encargo trabalhista e previdenciário, os seguintes benefícios: tíquete--alimentação, ou seja, auxílio alimentação no valor de R$ 1.000,00; seguro de vida e acidentes pessoais no valor de R$ 300,00, art. 458, §2°, CLT; mensalidade da faculdade no valor de R$ 800,00, ou seja, valores relativos à mensalidade de educação, art. 458, § 2°, II, CLT. Somente será considerado salário o valor de R$ 2.000,00 relativos ao aluguel, pois nos termos do art. 458 da CLT além do pagamento em dinheiro, compreende-se no salário, para todos os efeitos legais a habitação que nos termos do § 3° do art. 458 da CLT não poderá exceder 25%. Por essa razão, como verba salarial para efeitos de recolhimento de FGTS e pagamento de verbas rescisórias será de R$ 12.000,00.
Gabarito "D"

(Procurador – IPSMI/SP – VUNESP – 2016) Ao empregador é vedado efetuar qualquer desconto nos salários do empregado, ficando excepcionados, entre outros,

(A) os adiantamentos, os descontos legais e os danos culposos, independentemente de previsão contratual.

(B) os danos causados por dolo do empregado, desde que haja previsão contratual.

(C) a mensalidade sindical, os descontos legais e os danos causados pelo empregado, independentemente de qualquer outra condição.

(D) os danos causados por culpa ou dolo do empregado, independentemente de previsão contratual.

(E) os danos causados por dolo do empregado.

A: opção incorreta, pois embora o art. 462 da CLT permita o desconto quando resultar de adiantamentos, de dispositivos de lei ou de contrato coletivo, na ocorrência de dano culposo deve haver a concordância do empregado, art. 462, § 1°, CLT. **B:** opção incorreta, pois na ocorrência de dolo por parte do empregado não é necessária a previsão contratual. **C:** opção incorreta, pois nos termos da OJ 18 da SDC do TST os descontos efetuados com base em cláusula de acordo firmado entre as partes não podem ser superiores a 70% do salário base percebido pelo empregado, pois deve-se assegurar um mínimo de salário em espécie ao trabalhador. **D:** opção incorreta, pois nos termos do art. 462, § 1°, CLT em caso de dano culposo causado pelo empregado, o desconto será lícito, desde de que esta possibilidade tenha sido acordada. **E:** opção correta, pois nos termos do art. 462, § 1°, CLT em caso de dolo do empregado poderá haver o desconto independentemente de previsão contratual. ▉HC
Gabarito "E"

(Procurador do Estado – PGE/RS – Fundatec – 2015) O denominado pela doutrina efeito reflexivo, reflexo ou circundante do salário, traz como consequência o fato do pagamento de parcelas de natureza salarial não se esgotar exclusivamente no seu simples adimplemento, gerando efeito cascata em outras parcelas. Quanto a esse tema, e levando em consideração a jurisprudência sumulada do Tribunal Superior do Trabalho, assinale a alternativa INCORRETA.

(A) O cálculo do valor das horas extras habituais, para efeito de reflexos em verbas trabalhistas, observará o número das horas efetivamente prestadas e sobre ele aplica-se o valor do salário-hora da época do pagamento daquelas verbas.

(B) O valor das horas extras habitualmente prestadas integra o cálculo dos haveres trabalhistas, respeitada a limitação prevista no *caput* do art. 59 da CLT.

(C) O adicional noturno, pago com habitualidade, integra o salário do empregado para todos os efeitos.

(D) O adicional de periculosidade, pago em caráter permanente, integra o cálculo de indenização e de horas extras.

(E) Enquanto percebido, o adicional de insalubridade integra a remuneração para todos os efeitos legais.

A: correta, pois reflete a disposição da súmula 347 do TST; **B:** incorreta, pois, nos termos da súmula 376, II, TST, o valor das horas extras habitualmente prestadas integra o cálculo dos haveres trabalhistas, independentemente da limitação prevista no "caput" do art. 59 da CLT; **C:** correta, pois reflete a disposição da súmula 60, I, TST; **D:** correta, pois reflete a disposição contida na súmula 132, I, TST. **E:** correta, pois reflete a disposição da súmula 139 TST. HC

Gabarito "B."

(Procurador do Estado – PGE/MT – FCC – 2016) Arquimedes laborou como vendedor da Metalúrgica Gregos e Troianos Ltda., tendo sido dispensado no dia 10/10/2015. Para o desempenho das suas funções utilizava veículo da empresa. Em seu contrato de trabalho, não havia qualquer previsão a respeito de desconto por eventuais danos que causasse pela utilização do veículo da empresa. Recebia salário fixo e comissões sobre as vendas efetuadas. Dois meses antes de ser dispensado efetuou uma venda em dez parcelas, sendo que recebeu as comissões devidas por cada parcela quitada até a sua rescisão. Ao retornar desta venda, bateu o veículo da empresa, tendo sido constatada a sua culpa no evento. A empresa procedeu ao desconto do valor do conserto no salário de Arquimedes no mês seguinte. No ato da rescisão descontou as comissões pagas pela última venda realizada pelo mesmo, alegando que não teria sido concluída a negociação por conta do parcelamento. Na presente situação, o desconto pelo conserto do veículo é:

(A) correto ainda que não pactuado em contrato de trabalho, pelo fato de ter sido comprovada a culpa do empregado, e lícito o desconto das comissões pagas pela última venda pelo fato de o empregado ter se desligado da empresa antes de a mesma ter sido concluída, perdendo, ainda, o direito às comissões sobre as demais parcelas pagas pós rescisão.

(B) indevido, visto que a única hipótese que possibilitaria referido desconto seria a pactuação no contrato de trabalho, e lícito o desconto das comissões pagas pela última venda uma vez que esta não foi concluída até o momento da rescisão contratual, em virtude de o pagamento ter sido estipulado por parcelas.

(C) ilícito, uma vez que não havia acordo expresso prevendo esta possibilidade, ainda que comprovada a culpa do empregado, e ilícita a dedução das comissões pagas pelas parcelas quitadas da última venda, uma vez que a venda se concluiu, ainda que de forma parcelada, fazendo o empregado jus às comissões inclusive sobre as parcelas pagas após a rescisão contratual.

(D) incorreto, uma vez que não agiu o empregado com dolo no evento, única hipótese que ensejaria a pos-

sibilidade de tal desconto, e equivocado o desconto das comissões pelas parcelas pagas referentes à última venda, posto que a venda se aperfeiçoou por inteiro, ainda que o pagamento fosse parcelado, mas não faz jus o empregado às comissões sobre as parcelas pós rescisão.

(E) correto, uma vez que comprovada a culpa do empregado, hipótese que legitima a dedução do salário, e incorreto o desconto das comissões sobre as parcelas pagas da última venda até a rescisão, mas não faz jus o empregado às comissões sobre as parcelas a serem pagas após a rescisão, uma vez que não havia mais vínculo com empresa.

"C" é a resposta correta. Com relação ao desconto por conta dos danos, é ilícito na medida em que o art. 462, § 1°, da CLT determina que em caso de dano causado por culpa do empregado, o desconto será lícito, desde de que esta possibilidade tenha sido acordada. Somente o dano doloso pode ser descontado do salário do obreiro sem o seu consentimento. Com relação às comissões o desconto também é ilícito. Isso porque, nos termos do art. 466, § 2°, da CLT, a cessação das relações de trabalho não prejudica a percepção das comissões e percentagens devidas. HC

Gabarito "C."

(Procurador do Estado/BA – 2014 – CESPE) Em relação aos direitos dos trabalhadores, julgue o item seguinte.

(1) O salário do trabalhador pode ser reduzido por convenção ou acordo coletivo de trabalho.

1: Opção correta, pois reflete o disposto no art. 7°, VI, da CF. HC

Gabarito "1C."

(Procurador Distrital – 2014 – CESPE) Conforme a jurisprudência dominante do TST, a CF e a legislação pertinente, julgue o seguinte item.

(1) Não há incidência do fundo de garantia do tempo de serviço sobre o valor pago a título de ajuda de custo, participação em lucros ou resultados e férias indenizadas. Por outro lado, há manutenção da incidência dessa contribuição em algumas hipóteses de suspensão do contrato de trabalho, como, por exemplo, em caso de afastamento para a prestação do serviço militar obrigatório.

1: Por não possuírem natureza salarial, sobre a ajuda de custo não incidirá FGTS. Veja art. 13, XIII e XIV da Instrução Normativa 25/2001 do MTE. A participação nos lucros ou resultados, nos termos do art. 3° da Lei 10.101/2000 não constitui base de incidência de qualquer encargo trabalhista, não se lhe aplicando o princípio da habitualidade, veja art. 13, I, da Instrução Normativa 25/2001 do MTE; férias indenizadas, por possuírem natureza indenizatória e não salarial, não incidirá FGTS, nos termos da OJ 195 da SDI 1 do TST. Veja art. 13, V, da Instrução Normativa 25/2001 do MTE. Já no período por afastamento por serviço militar devem ser feitos os depósitos de FGTS. Veja art. 12 da Instrução Normativa 25/2001 do MTE. HC

Gabarito "1C."

7. JORNADA DE TRABALHO

(Procurador Município – Teresina/PI – FCC – 2022) Quanto à duração do trabalho, o capítulo inserido nas normas gerais de tutela do trabalho da Consolidação das Leis do Trabalho, estabelece:

(A) É facultado às partes, apenas mediante convenção coletiva ou acordo coletivo de trabalho, estabelecer

7. DIREITO DO TRABALHO

horário de trabalho de 12 horas seguidas por 36 horas ininterruptas de descanso.

(B) Considera-se trabalho em regime de tempo parcial aquele cuja duração não exceda a 25 horas semanais, sendo que os empregados sob este regime não poderão prestar horas extras.

(C) Não serão descontadas, nem computadas como jornada extraordinária, as variações de horário no registro de ponto não excedentes de 10 minutos, observado o limite máximo de 15 minutos diários.

(D) O não atendimento das exigências legais para compensação de jornada, inclusive quando estabelecida mediante acordo tácito, não implica a repetição do pagamento das horas excedentes à jornada normal diária se não ultrapassada a duração máxima semanal, sendo devido apenas o respectivo adicional.

(E) A duração diária do trabalho poderá ser acrescida de horas extras, em número não excedente de duas por acordo individual, três por convenção coletiva ou cinco por acordo coletivo de trabalho.

A: incorreta, pois nos termos do art. 59-A da CLT é facultado às partes, mediante acordo individual escrito, convenção coletiva ou acordo coletivo de trabalho, estabelecer horário de trabalho de doze horas seguidas por trinta e seis horas ininterruptas de descanso, observados ou indenizados os intervalos para repouso e alimentação. B: incorreta, pois nos termos do art. 58-A da CLT considera-se trabalho em regime de tempo parcial aquele cuja duração não exceda a trinta horas semanais, sem a possibilidade de horas suplementares semanais, ou, ainda, aquele cuja duração não exceda a vinte e seis horas semanais, com a possibilidade de acréscimo de até seis horas suplementares semanais. C: incorreta, pois nos termos do art. 58, § 1º, CLT não serão descontadas nem computadas como jornada extraordinária as variações de horário no registro de ponto não excedentes de cinco minutos, observado o limite máximo de dez minutos diários. D: correta, pois reflete a disposição do art. 59-B da CLT. E: incorreta, pois nos termos do art. 59 da CLT a duração diária do trabalho poderá ser acrescida de horas extras, em número não excedente de duas, por acordo individual, convenção coletiva ou acordo coletivo de trabalho.
Gabarito "D".

(Procurador Município – Santos/SP – VUNESP – 2021) Assinale a alternativa que trata corretamente do intervalo intrajornada.

(A) Não poderá ser modificado por acordo ou contrato coletivo.

(B) Os intervalos serão computados na duração do trabalho.

(C) A concessão parcial do intervalo implica o pagamento, de natureza indenizatória, apenas do período suprimido, com acréscimo de 50% (cinquenta por cento) sobre o valor da remuneração da hora normal de trabalho.

(D) A concessão parcial do intervalo implica o pagamento, de natureza indenizatória, do período total e não somente do suprimido, com acréscimo de 50% (cinquenta por cento) sobre o valor da remuneração da hora normal de trabalho.

(E) O limite mínimo de uma hora para repouso ou refeição não poderá ser reduzido, nem mesmo por ato do Ministro do Trabalho, Indústria e Comércio.

A: incorreta, pois nos termos do art. 71 da CLT acordo ou convenção coletiva poderão modificar o período mínimo de 1 (uma) hora. Ademais, o art. 611-A, III, da CLT dispõe que convenção coletiva ou acordo coletivo de trabalho prevalecerão sobre a lei quando dispuserem sobre intervalo intrajornada, respeitado o limite mínimo de trinta minutos para jornadas superior a seis horas. B: incorreta, pois nos termos do art. 71, § 2º, da CLT os intervalos de descanso não serão computados na duração do trabalho. C: correta, pois reflete a disposição legal do art. 71, § 4º, da CLT. D: incorreta, pois nos termos do art. 71, § 4º, da CLT somente sobre o período suprimido. E: incorreta, pois nos termos do art. 71, §§ 3º e 5º, da CLT é possível a redução do intervalo intrajornada. Ademais, o art. 611-A, III, da CLT também admite a redução do intervalo por acordo ou convenção coletiva de trabalho.
Gabarito "C".

(Procurador do Estado – PGE/PR – PUC – 2015) Sobre a duração do trabalho e seus desdobramentos jurídicos, é **CORRETO** afirmar:

(A) Poderá ser dispensado o acréscimo de salário se, por força de acordo individual ou convenção coletiva de trabalho, o excesso de horas em um dia for compensado pela correspondente diminuição em outro dia, de maneira que não exceda, no período máximo de um ano, à soma das jornadas semanais de trabalho previstas, nem seja ultrapassado o limite máximo de doze horas diárias.

(B) Os empregados sob o regime de tempo parcial poderão prestar horas extras, limitadas ao número de cinco por semana.

(C) Os empregados em cargos em comissão estão dispensados do controle de jornada de trabalho.

(D) Entre duas jornadas de trabalho haverá um período mínimo de doze horas consecutivas para descanso.

(E) A duração normal do trabalho poderá ser acrescida de horas suplementares, em número não excedente de duas, mediante acordo escrito entre empregador e empregado, ou mediante contrato coletivo de trabalho.

A: incorreta, pois na hipótese tratada não poderá ser ultrapassado o limite máximo 10 horas por dia, conforme art. 59, § 2º, CLT. Ademais, para que o acordo de compensação possa ser pactuado por acordo individual, a compensação deverá ocorrer no período máximo de 6 meses; B: incorreta, pois, nos termos do art. 58-A da CLT (redação dada pela Lei 13.467/2017), no trabalho em regime de tempo parcial cuja duração não exceda a trinta horas semanais não há possibilidade de horas suplementares semanais. Já para aquele cuja duração não exceda a vinte e seis horas semanais, há possibilidade de acréscimo de até seis horas suplementares semanais; C: incorreta, pois, nos termos do art. 62 da CLT não são abrangidos pelo regime de duração do trabalho: os empregados que exercem atividade externa incompatível com a fixação de horário de trabalho, devendo tal condição ser anotada na Carteira de Trabalho e Previdência Social e no registro de empregados; os gerentes, assim considerados os exercentes de cargos de gestão, aos quais se equiparam, para esse efeito, os diretores e chefes de departamento ou filial e os empregados em regime de teletrabalho que prestam serviço por produção ou tarefa.; D: incorreta, pois, nos termos do art. 66 da CLT, entre 2 (duas) jornadas de trabalho haverá um período mínimo de 11 (onze) horas consecutivas para descanso; E: correta, pois, nos termos do art. 59 da CLT (redação dada pela Lei 13.467/2017), a duração diária do trabalho poderá ser acrescida de horas extras, em número não excedente de duas, por acordo individual, convenção coletiva ou acordo coletivo de trabalho. HC
Gabarito "E".

(Procurador do Estado/BA – 2014 – CESPE) Julgue o seguinte item.

(1) As horas extraordinárias e as horas noturnas devem ser remuneradas com adicional mínimo de 50% sobre o valor da hora normal de trabalho.

1: Opção incorreta, pois embora as horas extras devam ser remuneradas com adicional mínimo de 50%, nos termos do art. 7°, XVI, da CF, as horas noturnas devem ser remuneradas com adicional mínimo de 20%, nos termos do art. 73 da CLT. **HC**

Gabarito "1E".

(Procurador do Estado/BA – 2014 – CESPE) Em relação aos direitos dos trabalhadores, julgue o item seguinte.

(1) O repouso semanal deve ser remunerado e concedido, preferencialmente, aos domingos.

1: Opção correta, pois reflete o disposto no art. 7°, XV, da CF. **HC**

Gabarito "1C".

8. EXTINÇÃO DO CONTRATO DE TRABALHO

(Procurador – AL/PR – 2024 – FGV) Geovane trabalhava há 6 meses na empresa Soluções de Informática Ltda., localizada em Maringá/PR, quando recebeu aviso-prévio em 2023 para ser trabalhado em razão da drástica redução de clientes, exigindo a diminuição do quadro de empregados. Contudo, no 20° dia do aviso o empregador soube que vencera uma grande licitação, e em razão disso o trabalho de Geovane seria necessário, daí porque a empresa apresentou uma retratação do aviso-prévio. Geovane nada disse, mas continuou trabalhando na empresa. Três meses depois foi a vez de Geovane pedir demissão porque desejava estudar para um concurso público, informando que indenizaria o aviso-prévio. Dez dias depois Geovane foi à empresa e se disse arrependido da decisão, pedindo a retratação do seu aviso-prévio, que foi expressamente aceita pelo empregador. Dois meses depois, em razão de uma divergência pontual, as partes resolveram, de comum acordo, realizar o distrato do pacto laboral, com aviso-prévio trabalhado, que foi cumprido.

Considerando esses fatos e o que prevê a CLT, assinale a afirmativa correta.

(A) Pela Lei somente pode haver uma retratação por contrato de trabalho, e ela precisa ser expressa, não se admitindo a forma tácita.

(B) Em razão da natureza jurídica da extinção, Geovane receberá metade do aviso-prévio, indenização de 20% sobre o FGTS e não terá direito a seguro-desemprego.

(C) O ex-empregado poderá sacar até 80% do FGTS depositado e não haverá necessidade de homologação da ruptura contratual.

(D) Somente a 2ª retratação foi válida porque a 1ª não teve a aquiescência do empregado, havendo juridicamente a formalização de dois contratos de trabalho, sendo que na ruptura Geovane terá direito à metade dos proporcionais de 13° salário e férias.

(E) Geovane terá direito ao aviso-prévio integral e as verbas deverão ser pagas até cinco dias contados a partir do término do contrato, sob pena de multa.

A: incorreta, pois não há limitação de retratação de aviso- prévio, art. 489 da CLT. **B:** incorreta, pois tendo em vista que o aviso- prévio foi trabalhado, o pagamento deve ser integral. Somente em se tratando de aviso- prévio indenizado o pagamento seria pela metade, art. 484-A, I, a, da CLT. **C:** correta, pois reflete a disposição do art. 484-A, § 1°, da CLT. **D:** incorreta, pois nos termos do art. 489, parágrafo único, da CLT não há necessidade de aquiescência, pois continuando a prestação depois de expirado o prazo, o contrato continuará a vigorar, como se

o aviso prévio não tivesse sido dado. **E:** incorreta, pois embora tenha direito ao aviso- prévio integral, as verbas devem ser pagas no prazo de 10 dias, art. 477, § 6°, da CLT.

Gabarito "C".

(Procurador Município – Santos/SP – VUNESP – 2021) Sobre as formas de extinção do contrato de trabalho, assinale a alternativa que está de acordo com a CLT.

(A) No caso de morte do empregador constituído em empresa individual, é obrigatório ao empregado rescindir o contrato de trabalho.

(B) Na cessação do contrato de trabalho, qualquer que seja a sua causa, será devida ao empregado a remuneração simples ou em dobro, conforme o caso, correspondente ao período de férias cujo direito tenha adquirido.

(C) A cessação do contrato de trabalho, dependendo da causa, será devida ao empregado a remuneração simples ou em dobro, conforme o caso, correspondente ao período de férias cujo direito não tenha adquirido.

(D) A extinção do contrato por acordo entre empregado e empregador autoriza o ingresso no Programa de Seguro-Desemprego.

(E) Constituem justa causa para rescisão do contrato de trabalho pelo empregador a perda da habilitação para o exercício da profissão, em decorrência de conduta culposa do empregado.

A: incorreta, pois nos termos do art. 483, § 2°, da CLT no caso de morte do empregador constituído em empresa individual, é facultado ao empregado rescindir o contrato de trabalho. **B:** correta, pois nos termos do art. 146 da CLT na cessação do contrato de trabalho, qualquer que seja a sua causa, será devida ao empregado a remuneração simples ou em dobro, conforme o caso, correspondente ao período de férias cujo direito tenha adquirido. **C:** incorreta, veja comentário letra "B". **D:** incorreta, pois nos termos do art. 484-A, § 2°, da CLT a extinção do contrato de trabalho por acordo entre as partes não autoriza o ingresso no Programa de Seguro-Desemprego. **E:** incorreta, pois nos termos do art. 482, m, da CLT constitui justa causa para rescisão do contrato de trabalho a perda da habilitação ou dos requisitos estabelecidos em lei para o exercício da profissão, em decorrência de conduta dolosa do empregado.

Gabarito "B".

(Procurador do Estado/AC – 2017 – FMP) De acordo com a Lei 12.506/2011, em relação ao direito do empregado ao aviso-prévio proporcional ao tempo de serviço, considerando um contrato de trabalho que perdurou por cinco anos e foi rescindido por despedida imotivada, é CORRETO afirmar que é de

(A) trinta e três dias.

(B) trinta e seis dias.

(C) trinta e nove dias.

(D) quarenta e dois dias.

(E) quarenta e cinco dias.

Nos termos da Lei 12.506/2011 configurada relação de emprego superior a um ano na mesma empresa, sobre os 30 dias mínimos previstos no art. 7°, XXI, da CF, serão acrescidos 3 (três) dias por ano de serviço prestado na mesma empresa, até o máximo de 60 dias, perfazendo um total de até 90 dias. Assim, no caso em análise o empregado que trabalhou por 5 anos na empresa terá direito a 45 dias de aviso-prévio.

Gabarito "E".

7. DIREITO DO TRABALHO

(Procurador do Estado/SP – 2018 – VUNESP) Nos termos dos enunciados sumulares do Tribunal Superior do Trabalho, é correto afirmar a respeito do aviso prévio:

(A) o direito ao aviso prévio proporcional ao tempo de serviço somente é assegurado nas rescisões de contrato de trabalho ocorridas a partir da publicação da Lei n. 12.506, em 13 de outubro de 2011.

(B) não cabe aviso prévio nas rescisões antecipadas dos contratos de experiência.

(C) reconhecida a culpa recíproca na rescisão do contrato de trabalho (art. 484 da Consolidação das Leis do Trabalho), o empregado não tem direito a receber valores a título de aviso prévio.

(D) o pagamento relativo ao período de aviso prévio trabalhado não está sujeito à contribuição para o FGTS.

(E) no caso de concessão de auxílio-doença no curso do aviso prévio, concretizam-se os efeitos da dispensa depois de expirado o prazo do aviso prévio, independentemente da vigência do benefício previdenciário.

A: opção correta, pois reflete a disposição contida na súmula 441 do TST. **B:** opção incorreta, pois nos termos da súmula 163 do TST, "cabe aviso prévio nas rescisões antecipadas dos contratos de experiência, na forma do art. 481 da CLT" (cláusula assecuratória do direito recíproco de rescisão). **C:** opção incorreta, pois nos termos da súmula 14 do TST, "reconhecida a culpa recíproca na rescisão do contrato de trabalho (art. 484 da CLT), o empregado tem direito a 50% do valor do aviso prévio, do décimo terceiro salário e das férias proporcionais". **D:** opção incorreta, pois nos termos da súmula 305 do TST, "o pagamento relativo ao período de aviso prévio, trabalhado ou não, está sujeito a contribuição para o FGTS". **E:** opção incorreta, pois nos termos da súmula 371 do TST, "no caso de concessão de auxílio-doença no curso do aviso prévio, todavia, só se concretizam os efeitos da dispensa depois de expirado o benefício previdenciário". **HC**
Gabarito "A".

(Procurador do Estado/SE – 2017 – CESPE) Com o desmembramento do município X, foi criado o município Y. Nessa situação hipotética, segundo o TST, a responsabilidade trabalhista quanto aos empregados municipais deverá ser suportada

(A) pelo município Y, que deverá suceder os empregados do município X contratados antes da criação do novo município.

(B) pelo estado-membro a que os municípios pertencem.

(C) por cada um dos municípios pelo período em que cada um deles figurar como real empregador.

(D) pelos dois municípios, solidariamente, independentemente do período de vinculação dos empregados.

(E) pelo município X, subsidiariamente, em relação aos empregados contratados pelo município Y.

"C" é a opção correta. Nos termos da OJ 92 da SDI 1 do TST em caso de criação de novo município, por desmembramento, cada uma das novas entidades responsabiliza-se pelos direitos trabalhistas do empregado no período em que figurarem como real empregador. **HC**
Gabarito "C".

(Procurador do Município/Manaus – 2018 – CESPE) Considerando a jurisprudência do TST a respeito da rescisão do contrato de trabalho, julgue os itens seguintes.

(1) No caso de morte do empregado, a multa por atraso do pagamento das verbas rescisórias será afastada somente se a empresa tiver movido oportunamente ação de consignação de verbas devidas.

(2) Caso uma empregada que trabalhe em uma empresa há oito anos, sem jamais ter infringido nenhuma obrigação contratual ou desviado sua conduta, falsificasse o horário lançado em um atestado médico para justificar sua ausência do trabalho, a empresa empregadora poderia demiti-la por justa causa imediatamente.

(3) Se uma empresa contratar empregado mediante contrato de experiência pelo prazo de quarenta e cinco dias, sem cláusula quanto à possibilidade de prorrogação automática do contrato, e, após dois meses de trabalho, o empregado for demitido, caberá à empresa pagar todas as verbas rescisórias como se o contrato tivesse sido celebrado por tempo indeterminado.

1: opção incorreta, pois o empregador não deu causa. Veja julgamento TST ARR 11253-37.2016.5.03.0059. **2:** opção incorreta, pois deve haver proporcionalidade entre a falta e a punição do empregado. **3:** opção correta, pois sempre que o contrato de experiência não for prorrogado ou ultrapassar 90 dias, será automaticamente convertido em contrato com prazo indeterminado. (art. 451 da CLT) **HC**
Gabarito 1E, 2E, 3C.

(Procurador – IPSMI/SP – VUNESP – 2016) A despedida por justa causa

(A) pressupõe prática, pelo empregado, de ato faltoso grave que torna inviável a manutenção do vínculo de emprego.

(B) depende da ocorrência de punições anteriores para o mesmo ato faltoso, tais como advertências e suspensões.

(C) depende do ajuizamento de inquérito judicial para apuração de falta grave.

(D) acarreta a perda do direito aos valores do fundo de garantia do tempo de serviço depositados pelo empregador.

(E) não se aplica ao empregado que goza de estabilidade provisória no emprego.

A: opção correta, pois as hipóteses de justa causa do empregado tipificadas no art. 482 da CLT representam hipóteses de faltas consideradas graves, capazes de encerrar o pacto laboral. **B:** opção incorreta, pois não há necessidade de aplicação de outras penalidades mais leves antes de ser aplicada a justa causa. Ocorrendo uma das hipóteses previstas em lei (art. 482 CLT) o empregador poderá demitir imediatamente o empregado que cometê-la. **C:** opção incorreta, pois o inquérito judicial para apuração de falta grave (art. 853 CLT) deve ser instaurado apenas para apurar falta grave cometida por empregado que possua garantia de emprego/ estabilidade provisória, como por exemplo: o dirigente sindical. **D:** opção incorreta, pois o empregado não perderá os valores de FGTS. Esse empregado ficará impossibilitado de movimentar sua conta de FGTS. Veja art. 20 da Lei 8.036/1990 que trata das hipóteses de movimentação da conta de FGTS. **E:** opção incorreta, pois qualquer empregado que possua garantia de emprego poderá ser demitido se cometer falta grave. Veja art. 543, § 3º, CLT. **HC**
Gabarito "A".

(Procurador Municipal/SP – VUNESP – 2016) Assinale a alternativa correta.

(A) O aviso-prévio poderá ser trabalhado ou indenizado. O período referente ao aviso-prévio, exceto quando indenizado, integra o tempo de serviço para todos os efeitos legais.

(B) O empregado dispensado, sem justa causa, no período de 30 (trinta) dias que antecede a data de sua correção salarial, terá direito à indenização adicional equivalente a um salário mensal. O tempo do aviso-prévio, mesmo indenizado, conta-se para efeito de tal indenização adicional.

(C) A ocorrência de justa causa, salvo a de abandono de emprego, no decurso do prazo do aviso-prévio dado pelo empregador, não retira do empregado qualquer direito às verbas rescisórias de natureza indenizatória.

(D) Durante o período de aviso-prévio, o empregado que trabalhar 2 horas diárias a menos receberá o valor do salário proporcional ao tempo efetivamente trabalhado, se a rescisão tiver sido promovida pelo empregador.

(E) O pagamento das parcelas constantes do instrumento de rescisão ou recibo de quitação deverá ser efetuado até o quinto dia, contado da data da notificação da demissão, quando da ausência do aviso-prévio, indenização do mesmo ou dispensa de seu cumprimento.

A: Opção incorreta, pois ainda que indenizado, o aviso-prévio integra o tempo de serviço, art. 487, § 1º, CLT. B: opção correta, pois reflete o disposto no art. 9º da Lei 6.708/1979. Veja também a Súmula 314 TST. C: opção incorreta, pois nos termos da Súmula 73 do TST a ocorrência de justa causa, salvo a de abandono de emprego, no decurso do prazo do aviso-prévio dado pelo empregador, retira do empregado qualquer direito às verbas rescisórias de natureza indenizatória. D: opção incorreta, pois nos termos do art. 488 da CLT o pagamento do salário deverá ser integral. E: opção incorreta, pois nos termos do art. 477, § 6º, b, CLT na ausência de aviso prévio as verbas rescisórias deverão ser pagas até o décimo dia. HC
Gabarito "B".

(Procurador do Estado – PGE/RN – FCC – 2014) Sobre a responsabilidade dos entes integrantes da Administração pública direta, pelos direitos dos empregados da prestadora de serviços por ele contratada na qualidade de tomadores de serviço, ante o inadimplemento das obrigações trabalhistas por parte do empregador, é correto afirmar, segundo entendimento jurisprudencial cristalizado pelo Tribunal Superior do Trabalho, que é:

(A) subsidiária porque decorre do mero inadimplemento das obrigações trabalhistas assumidas pela empresa prestadora de serviços.

(B) solidária porque decorre do mero inadimplemento das obrigações trabalhistas assumidas pela empresa prestadora de serviços.

(C) solidária porque, ao contratar tomadores de serviço, a Administração pública abre mão dos privilégios que teria no exercício de seu jus imperium.

(D) subsidiária e, como tal, independe da conduta culposa na Administração pública no cumprimento das obrigações previstas na Lei nº 8.666/1993.

(E) subsidiária e dependente de ser evidenciada a sua conduta culposa no cumprimento das obrigações previstas na Lei nº 8.666/1993.

"E" é a opção correta. Isso porque, nos termos da súmula 331, V, TST, entende-se que os entes integrantes da Administração Pública direta e indireta respondem subsidiariamente, nas mesmas condições do item IV, caso evidenciada a sua conduta culposa no cumprimento das obrigações da Lei 8.666, de 21.06.1993, especialmente na fiscalização do cumprimento das obrigações contratuais e legais da prestadora de serviço como empregadora. A aludida responsabilidade não decorre de mero inadimplemento das obrigações trabalhistas assumidas pela empresa regularmente contratada. HC
Gabarito "E".

(Procurador do Estado – PGE/PR – PUC – 2015) O empregado poderá considerar rescindido o contrato na hipótese de:

(A) Ato de improbidade.

(B) Incontinência de conduta.

(C) Insubordinação.

(D) Perigo manifesto de mal considerável.

(E) Prática de jogos de azar.

As hipóteses de rescisão indireta do contrato de trabalho (justa causa do empregador) estão elencadas no art. 483 da CLT, sendo certo que a alínea "c" do referido dispositivo legal entende que o empregado poderá considerar rescindido o contrato e pleitear a devida indenização quando correr perigo manifesto de mal considerável. As hipóteses tratadas nas demais alternativas representam hipóteses de fata grave do empregado. HC
Gabarito "D".

(Procurador do Estado – PGE/MT – FCC – 2016) O Estado de Goiás contratou a empresa Vênus Limpadora Ltda., após processo de licitação, para prestar serviços de limpeza e portaria no prédio onde funciona a Secretaria Estadual de Educação. O empregado da empresa Vênus, Netuno de Tal, que presta serviços na portaria, ingressa com ação na Justiça do Trabalho, sem se afastar do emprego, pleiteando a rescisão indireta do seu contrato de trabalho, sob fundamento de que a sua empregadora vem descumprindo obrigações contratuais, colocando no polo passivo a empresa Vênus e o Estado de Goiás, requerendo a responsabilidade solidária e, alternativamente, subsidiária deste último. Pleiteia pelo pagamento de todas as verbas rescisórias decorrentes de uma dispensa sem justa causa por iniciativa da empregadora. Considerando a legislação trabalhista vigente e a jurisprudência sumulada do Tribunal Superior do Trabalho, na hipótese de descumprimento por parte do empregador de obrigações contratuais, é correto afirmar:

(A) O pedido de rescisão indireta do contrato de trabalho só pode ser realizado após o empregado se afastar do trabalho e, neste caso, não responde de forma subsidiária o Estado de Goiás pelas verbas rescisórias eventualmente deferidas em Juízo, por ter havido regular procedimento licitatório para a contratação da empresa prestadora de serviços.

(B) É possível o pleito de rescisão indireta do contrato de trabalho nessa hipótese permanecendo o trabalhador no emprego, desde que notifique a empresa Vênus Limpadora Ltda. por escrito com antecedência mínima de trinta dias, mas a responsabilidade subsidiária do Estado de Goiás não se verifica por ter havido regular procedimento licitatório para a contratação da empresa prestadora de serviços.

(C) Não cabe pedido de rescisão indireta do contrato de trabalho quando a prestação de serviços se der em benefício de ente da Administração pública direta, pelo fato de ela possuir o dever legal de verificar o correto cumprimento por parte da empresa contratada com as obrigações contratuais relativas aos seus empregados.

(D) É faculdade do trabalhador, quando esse for o fundamento do pedido de rescisão indireta do contrato de trabalho, ingressar com a ação pertinente sem se afastar do trabalho e, nesse caso, possível a condenação de forma subsidiária do Estado de Goiás

7. DIREITO DO TRABALHO

pelas verbas eventualmente deferidas em Juízo, desde que comprovado que deixou de fiscalizar o regular cumprimento pela empresa contratada com as obrigações contratuais e legais em relação aos seus empregados.

(E) É cabível requerer rescisão indireta do contrato de trabalho com tal fundamento, ainda que o faça sem se afastar do emprego e, nessa hipótese, o Estado de Goiás deverá responder de forma solidária com a empresa prestadora de serviços se configurada a ausência de fiscalização por parte do Estado de Goiás do regular cumprimento pela empresa contratada com as obrigações contratuais e legais em relação aos seus empregados.

"D" é a opção correta, pois, nos termos do art. 483, § 3º, CLT, o empregado poderá ajuizar a ação sem se desligar do emprego. Nesse caso, nos termos da súmula 331, V, TST a Administração Pública responde subsidiariamente. **HC**

Gabarito "D".

(Procurador Municipal – Prefeitura/BH – CESPE – 2017) A dispensa do trabalhador por justa causa é direito do empregador, garantido pela legislação brasileira. Entretanto, há empregados e empregadores que ainda não conhecem os possíveis cenários em que a demissão por justa causa pode acontecer. No art. 482 da CLT, estão previstos diversos motivos de dispensa por justa causa.

Uma hipótese ocorre quando o empregado apresenta habitualmente um comportamento irregular e incompatível com a moral, com demonstrações de desregramento da conduta sexual, libertinagem, pornografia ou assédio sexual.

Nessa hipótese, a espécie de justa causa é caracterizada por:

(A) improbidade.

(B) indisciplina.

(C) incontinência de conduta.

(D) mau procedimento.

A: incorreta, pois a improbidade revela mau caráter, maldade, desonestidade, má-fé, que cause prejuízo ou até risco à integridade do patrimônio do empregador; **B:** incorreta, pois a indisciplina consiste no descumprimento de ordens gerais de serviço; **C:** correta, pois a incontinência de conduta corresponde a um comportamento desregrado ligado à vida sexual do obreiro; **D:** incorreta, pois mau procedimento corresponde a um mau comportamento por parte do empregado. **HC**

Gabarito "C".

(Procurador Municipal – Prefeitura/BH – CESPE – 2017) Com relação ao aviso prévio, assinale a opção correta.

(A) Conforme o TST, a projeção do aviso prévio se computa na duração do contrato de emprego para efeito de contagem do prazo prescricional, estendendo-se aos casos em que o vínculo empregatício ainda não tenha sido espontaneamente reconhecido entre as partes ou judicialmente declarado.

(B) De acordo com o TST, se o empregado tiver cumprido o aviso prévio em casa, o prazo final para o pagamento das verbas rescisórias será o primeiro dia útil imediato ao término do contrato de trabalho.

(C) Ao aviso prévio de trinta dias serão acrescidos três dias por ano de serviço prestado na mesma empresa, até o máximo de noventa dias, perfazendo-se um total de até cento e vinte dias.

(D) O aviso prévio proporcional ao tempo de serviço poderá ser aplicado apenas em favor do empregado, mas não do empregador.

A: correta, pois reflete a disposição contida na OJ 83 da SDI 1 do TST; **B:** incorreta, pois, nos termos da OJ 14 da SDI 1 do TST, em caso de aviso prévio cumprido em casa, o prazo para pagamento das verbas rescisórias é até o décimo dia da notificação de despedida. Ademais, o pagamento dos valores constantes do instrumento de rescisão ou recibo de quitação deverão ser efetuados até dez dias contados a partir do término do contrato, de acordo com o art. 477, § 6º, CLT (Lei 13.467/2017); **C:** incorreta, pois, nos termos do art. 1º, parágrafo único, da Lei 12.506/2011, ao período de 30 dias de aviso prévio previsto no art. 7º XXI, da CF serão acrescidos 3 (três) dias por ano de serviço prestado na mesma empresa, até o máximo de 60 (sessenta) dias, perfazendo um total de até 90 (noventa) dias; **D:** incorreta, pois o aviso-prévio proporcional ao tempo de serviço, estabelecido pela Lei 12.506/2011, se aplica também a favor do empregador. Veja: RR-1964-73.2013.5.09.0009. **HC**

Gabarito "A".

(Procurador Distrital – 2014 – CESPE) Julgue o seguinte item, com base na legislação e no entendimento jurisprudencial dominante do TST.

(1) Caso a Secretaria de Estado da Fazenda do DF tenha sob suas ordens, mediante contrato, empresa de prestação de serviços de vigilância armada em suas agências, para proteção de seu patrimônio, o DF poderá ser subsidiariamente responsável pelo pagamento do adicional de periculosidade aos vigilantes da empresa contratada, se ficar evidenciada a ausência de fiscalização do referido órgão no cumprimento de tal obrigação.

1: Opção correta, pois traduz o entendimento disposto na Súmula 331, item V, do TST que determina: "Os entes integrantes da Administração Pública direta e indireta respondem subsidiariamente, nas mesmas condições do item IV, caso evidenciada a sua conduta culposa no cumprimento das obrigações da Lei n.º 8.666, de 21.06.1993, especialmente na fiscalização do cumprimento das obrigações contratuais e legais da prestadora de serviço como empregadora. A aludida responsabilidade não decorre de mero inadimplemento das obrigações trabalhistas assumidas pela empresa regularmente contratada. **HC**

Gabarito "1C".

(Procurador Federal – 2013 – CESPE) Julgue o item seguinte.

(1) A não utilização injustificada pelo empregado dos equipamentos de proteção individual fornecidos pelo empregador caracteriza situação ensejadora da rescisão ou despedida indireta, que ocorre quando o empregado comete falta grave que justifica a ruptura do liame empregatício.

1: Opção incorreta, pois é um dever do empregado a utilização dos equipamentos de proteção individual, nos termos do art. 158, parágrafo único, *b*, da CLT. A inobservância poderá acarretar justa causa do empregado, com base no art. 482, *h*, da CLT por ato de indisciplina (descumprimento de regras gerais) e não rescisão indireta (justa causa do empregador – art. 483 da CLT) como induz a assertiva. **HC**

Gabarito 1E

HERMES CRAMACON

9. ESTABILIDADE

(Procurador – AL/PR – 2024 – FGV) Na sociedade empresária Construção Forte Ltda., que possui 150 empregados e está localizada em Cascavel/PR, a mestre de obras Cassiana foi eleita membro de conselho fiscal do sindicato de classe representativo da categoria dos empregados; já Ademar foi nomeado delegado sindical da mesma entidade e José foi eleito informalmente pelos colegas de trabalho como um dos integrantes de uma comissão de 2 empregados que tem por objetivo promover o entendimento direto com o empregador.

De acordo com a CLT e o entendimento consolidado do TST, assinale a afirmativa correta.

(A) Ademar, Cassiana e José poderão ser dispensados sem justa causa porque não possuem estabilidade ou qualquer garantia.

(B) Cassiana e Ademar somente poderão ser dispensados por justa causa, desde que apurado previamente em inquérito judicial.

(C) Cassiana e José não poderão ser dispensados da empresa sem justa causa, e se isso ocorrer poderão requerer a reintegração aos quadros da empresa.

(D) José, Ademar e Cassiana não poderão ser dispensados sem justa causa porque têm garantia no emprego enquanto estiverem no exercício do mandato ou delegação de poder.

(E) José não poderá sofrer despedida arbitrária, entendendo-se como tal a que não se fundar em motivo disciplinar, técnico, econômico ou financeiro.

A: correta, pois Cassiana que foi eleita membro do conselho fiscal do sindicato e Ademar que foi nomeado delegado sindical não possuem a garantia de emprego, nos termos das OJs 365 e 369 da SDI 1 do TST e, portanto, podem ser dispensados sem justa causa. **B:** incorreta, pois por não possuírem garantia de emprego não necessitam de inquérito judicial para apuração de falta grave para serem dispensados. **C:** incorreta, pois José não possui garantia de emprego, na medida em que a comissão de representação dos empregados deve ser instituída nas empresas com mais de 200 empregados, art. 510-A da CLT. Ademais, a eleição não pode ser informal, devendo respeitar as regras impostas pelo art. 510-C e seus parágrafos, da CLT. **D:** incorreta, pois nenhum dos empregados possuem possui garantia de emprego. **E:** incorreta, pois por não possuir garantia de emprego, José poderá ser dispensado arbitrariamente.
Gabarito "A".

(Procurador do Estado/AC – 2017 – FMP) Conforme entendimento sumulado pelo Tribunal Superior do Trabalho, em relação à garantia de permanência no emprego da trabalhadora gestante, é CORRETO afirmar que

(A) o desconhecimento do estado gravídico pelo empregador afasta o direito ao pagamento da respectiva indenização.

(B) a reintegração da trabalhadora é um direito assegurado, a qualquer momento.

(C) a indenização devida restringe-se aos salários do período da estabilidade.

(D) a trabalhadora não terá o direito reconhecido se ajuizar reclamatória trabalhista após o período da estabilidade.

(E) a empregada tem direito à estabilidade provisória, mesmo na hipótese de admissão mediante contrato por tempo determinado.

A: incorreta, pois nos termos da súmula 244, I, do TST I o desconhecimento do estado gravídico pelo empregador não afasta o direito ao pagamento da indenização decorrente da estabilidade. **B:** incorreta, pois nos termos da súmula 244, II, do TST a garantia de emprego à gestante só autoriza a reintegração se esta se der durante o período de estabilidade. **C:** incorreto, pois nos termos da segunda parte do item II da súmula 244 do TST, a garantia restringe-se aos salários e demais direitos correspondentes ao período de estabilidade. **D:** incorreta, pois nos termos da súmula 244 do TST, a ausência de comunicação e/ou desconhecimento do estado gravídico pelo empregador ou pela própria empregada não elidem o direito à indenização correspondente. De acordo com o TST, o entendimento pacificado pela SDI-1 é no sentido de que a reclamação trabalhista após o término do período de estabilidade provisória não elide a indenização correspondente, desde que não extrapolado o prazo prescricional. Veja Processo: 10450-24.2017.5.18.0052. **E:** correta, pois reflete a disposição contida no item III da súmula 244 do TST.
Gabarito "E".

(Procurador do Estado/BA – 2014 – CESPE) Em relação aos direitos dos trabalhadores, julgue o item seguinte.

(1) À empregada gestante é assegurada estabilidade desde a confirmação da gravidez até cento e vinte dias após o parto.

1: Opção incorreta, pois nos termos do art. 10, II, *b*, do ADCT é assegura a garantia de emprego à empregada gestante **desde a confirmação da gravidez até cinco meses após o parto.** HC
Gabarito 1 E

(Procurador Federal – 2013 – CESPE) Julgue o item seguinte, relativo ao direito do trabalho.

(1) Conforme entendimento pacificado pelo TST, o servidor público celetista da administração direta, autárquica ou fundacional é beneficiário do regime de estabilidade previsto na CF aos servidores nomeados para cargo de provimento efetivo.

1: Opção correta, pois nos termos da Súmula 390, I, do TST o servidor público celetista da administração direta, autárquica ou fundacional é beneficiário da estabilidade prevista no art. 41 da CF/1988. No entanto, de acordo com o item II da citada súmula, o empregado de empresa pública ou de sociedade de economia mista, ainda que admitido mediante aprovação em concurso público, não é garantida a estabilidade prevista no art. 41 da CF/1988. HC
Gabarito "1C".

10. SEGURANÇA E MEDICINA DO TRABALHO

(Procurador do Estado/TO – 2018 – FCC) Conforme regras insculpidas no Título referente às normas gerais de tutela do trabalho contidas na Consolidação das Leis do Trabalho sobre segurança e medicina no trabalho,

(A) o adicional de periculosidade será de 10% para atividades que envolvam risco de roubos ou outras espécies de violência física, 20% para atividades com energia elétrica e 40% para serviços com uso de motocicleta, sempre calculados sobre o salário-base do trabalhador.

(B) as atividades insalubres são aquelas que, por sua natureza ou métodos de trabalho, impliquem o contato permanente com inflamáveis ou explosivos em condição de risco acentuado.

7. DIREITO DO TRABALHO

(C) o trabalho em condições insalubres, acima dos limites de tolerância estabelecidos por norma, assegura ao empregado o adicional de 30% sobre o salário contratual.

(D) é obrigatória a constituição de CIPA – Comissão Interna de Prevenção de Acidentes, conforme instruções do Ministério do Trabalho nos estabelecimentos nelas especificadas, sendo composta apenas por representantes dos empregados cujo mandato dos membros titulares será de um ano, sem direito a reeleição.

(E) o direito do empregado ao adicional de insalubridade ou de periculosidade cessará com a eliminação do risco à sua saúde ou integridade física, nos termos da CLT e das normas expedidas pelo Ministério do Trabalho.

A: incorreta, pois nos termos do art. 193, § 1º, da CLT, em qualquer das hipóteses indicadas no adicional será de 30% sobre o salário sem os acréscimos resultantes de gratificações, prêmios ou participações nos lucros da empresa. B: incorreta, pois nos termos do art. 189 da CLT serão consideradas atividades ou operações insalubres aquelas que, por sua natureza, condições ou métodos de trabalho, exponham os empregados a agentes nocivos à saúde, acima dos limites de tolerância fixados em razão da natureza e da intensidade do agente e do tempo de exposição aos seus efeitos. C: incorreta, pois nos termos do art. 192 da CLT o exercício de trabalho em condições insalubres, acima dos limites de tolerância, assegura a percepção de adicional de 40% grau máximo, 20% grau médio e 10% grau mínimo do salário-mínimo. D: incorreta, pois nos termos do art. 164 da CLT a CIPA será composta de representantes da empresa e dos empregados. E: correta, pois reflete a disposição do art. 194 da CLT.
Gabarito "E."

(Procurador Municipal – Prefeitura/BH – CESPE – 2017) A cumulação dos adicionais de insalubridade e de periculosidade:

(A) é permitida, podendo o juiz concedê-la de ofício por ser matéria de ordem pública de saúde e de segurança do trabalhador.

(B) é vedada, podendo o empregado fazer a opção pelo adicional que lhe for mais benéfico.

(C) é vedada, pois possuem a mesma hipótese de incidência, o que configura *bis in idem*.

(D) é permitida, desde que o empregado a requeira expressamente.

"B" é a opção correta. Isso porque, no julgamento do recurso E-RR-1072-72.2011.5.02.0384 o TST absolveu uma empresa de condenação ao pagamento dos adicionais de periculosidade e insalubridade cumulativamente a um empregado. No julgamento desse recurso, o entendimento majoritário foi o de que o § 2º do art. 193 da CLT veda a acumulação, ainda que os adicionais tenham fatos geradores distintos. HC
Gabarito "B."

(Procurador do Estado – PGE/MT – FCC – 2016) Aristóteles é empregado da empresa Alpha Combustíveis Ltda. que atua no ramo de posto de combustíveis. O referido empregado presta serviços de vigilante no posto, laborando nas dependências do estabelecimento. Realizada perícia no local de trabalho para apuração da existência de periculosidade, o médico do trabalho, designado pelo Juiz do Trabalho da causa, elabora laudo concluindo pela periculosidade no ambiente de trabalho, o qual é acolhido pelo Magistrado. Nesta hipótese,

(A) o empregado faz jus ao adicional de periculosidade, à base de 30% do valor do salário, sem acréscimos de gratificações, prêmios e participação em lucros da empresa.

(B) não é devido adicional de periculosidade uma vez que o empregado é vigilante e, nesta situação, não faz jus ao referido adicional, posto que não atua diretamente em contato com inflamáveis, única hipótese de ter direito ao propalado adicional.

(C) é devido adicional de periculosidade ao empregado e deve a empresa ser condenada ao pagamento de adicional de 30% do salário mínimo nacional vigente à época, sem os acréscimos de gratificações, prêmios e participação em lucros.

(D) é devido adicional de periculosidade ao empregado à base de 30% do valor do salário, acrescidas de gratificações, prêmios e participações em lucros.

(E) o empregado não faz jus ao adicional de periculosidade, uma vez que a perícia é nula pelo fato de ter sido realizada por médico do trabalho, quando o correto seria que a perícia fosse confiada a um engenheiro de segurança do trabalho.

"A" é a opção correta. Isso porque, nos termos da súmula 39 do TST, os empregados que operam em bomba de gasolina têm direito ao adicional de periculosidade (Lei 2.573, de 15.08.1955), que assegura ao empregado um adicional de 30% (trinta por cento) sobre o salário sem os acréscimos resultantes de gratificações, prêmios ou participações nos lucros da empresa, conforme art. 193, § 1º, CLT. HC
Gabarito "A."

(Procurador Federal – 2013 – CESPE) Julgue o item seguinte, relativo ao direito do trabalho.

(1) Na forma da regulamentação aprovada pelo Ministério do Trabalho e Emprego, são consideradas perigosas as atividades ou operações que, por sua natureza ou métodos de trabalho, impliquem risco acentuado em virtude de exposição permanente do trabalhador a roubos ou outras espécies de violência física nas atividades profissionais de segurança pessoal ou patrimonial.

1: Opção correta, pois reflete a disposição contida no art. 193, II, da CLT, de acordo com a redação dada pela Lei 12.740/2012. HC
Gabarito "1C."

11. DIREITO COLETIVO DO TRABALHO

11.1. Sindicatos

(Procurador do Município – S.J. Rio Preto/SP – 2019 – VUNESP) De acordo com o artigo 8º da Constituição Federal, é livre a associação sindical, observado o seguinte:

(A) é obrigatória autorização do Estado para a fundação de sindicato, vedadas ao Poder Público a interferência e a intervenção na organização sindical.

(B) a criação de organização sindical, em qualquer grau, representativa de categoria profissional ou econômica se aperfeiçoará com o registro do respectivo ato constitutivo no Registro Civil das Pessoas Jurídicas.

(C) é obrigatória a filiação ao sindicato da respectiva categoria.

(D) é facultativa a participação dos sindicatos nas negociações coletivas de trabalho.

(E) ao sindicato cabe a defesa dos direitos e interesses coletivos ou individuais da categoria, inclusive em questões judiciais ou administrativas.

A: incorreta, pois o art. 8º, I, CF ensina que a lei não poderá exigir autorização do Estado para a fundação de sindicato, ressalvado o registro no órgão competente, vedadas ao Poder Público a interferência e a intervenção na organização sindical. **B:** incorreta, pois o sindicato adquire sua personalidade jurídica com o registro no Ministério da Economia, Secretaria do Trabalho (antigo Ministério do Trabalho e Emprego), em conformidade com a Súmula 677 do STF, que assim dispõe: "Até que lei venha a dispor a respeito, incumbe ao Ministério do Trabalho proceder ao registro das entidades sindicais e zelar pela observância do princípio da unicidade". **C:** incorreta, a filiação é facultativa, pois nos termos do art. 8º, V, CF ninguém será obrigado a filiar-se ou a manter-se filiado a sindicato. **D:** incorreta, pois nos termos do art. 8º, VI, CF é obrigatória a participação dos sindicatos nas negociações coletivas de trabalho. **E:** correta, pois reflete a redação do art. 8º, III, CF.

Gabarito "E".

(Procurador do Estado – PGE/MT – FCC – 2016) Nos termos das normas contidas na Consolidação das Leis do Trabalho e na jurisprudência sumulada do Tribunal Superior do Trabalho sobre a Organização Sindical e as negociações coletivas de trabalho,

(A) a solidariedade de interesses econômicos dos que empreendem atividades idênticas, similares ou conexas constitui o vínculo social básico que se denomina categoria profissional diferenciada.

(B) empregado integrante de categoria profissional diferenciada não tem o direito de receber de seu empregador vantagens previstas em instrumento coletivo no qual a empresa não foi representada por órgão de classe de sua categoria.

(C) a legitimidade do sindicato para propor ação de cumprimento estende-se à observância de convenção coletiva de trabalho, mas não ao acordo coletivo de trabalho, que impõe ação reclamatória individual para efetivar o cumprimento das normas, em razão das partes que a compõem.

(D) o empregado de categoria diferenciada eleito dirigente sindical goza de estabilidade prevista na lei ainda que não exerça na empresa atividade pertinente à categoria profissional do sindicato para o qual foi eleito dirigente.

(E) as disposições de contrato individual de trabalho livremente ajustadas entre as partes podem contrariar normas de Convenção ou Acordo Coletivo de Trabalho quando mais favoráveis à manutenção do emprego e à estabilidade econômica empresarial e, nessas situações, as condições estabelecidas em Acordo prevalecerão sobre as estipuladas em Convenção.

A: incorreta, pois categoria profissional diferenciada deve ser entendida como aquela formada pelos empregados que exerçam profissões ou funções diferenciadas por força de estatuto profissional especial ou em consequência de condições de vida singulares; **B:** correta, pois, nos termos da súmula 374 do TST, o empregado integrante de categoria profissional diferenciada não tem o direito de haver de seu empregador vantagens previstas em instrumento coletivo no qual a empresa não foi representada por órgão de classe de sua categoria; **C:** incorreta, pois, nos termos da súmula 286 do TST, a legitimidade do sindicato

para propor ação de cumprimento estende-se também à observância de acordo ou de convenção coletivos; **D:** incorreta, pois, nos termos da súmula 369, III, TST, o empregado de categoria diferenciada eleito dirigente sindical só goza de estabilidade se exercer na empresa atividade pertinente à categoria profissional do sindicato para o qual foi eleito dirigente; **E:** incorreta, pois, de acordo com o art. 444 da CLT, as relações contratuais de trabalho podem ser objeto de livre estipulação das partes interessadas em tudo quanto não contravenha às disposições de proteção ao trabalho, aos contratos coletivos que lhes sejam aplicáveis e às decisões das autoridades competentes. Ademais, o art. 619 determina que nenhuma disposição de contrato individual de trabalho que contrarie normas de Convenção ou Acordo Coletivo de Trabalho poderá prevalecer na sua execução, sendo considerada nula de pleno direito. HC

Gabarito "B".

(Procurador Distrital – 2014 – CESPE) Conforme a jurisprudência dominante do TST, a CF e a legislação pertinente, julgue o seguinte item.

(1) De acordo com a CF, a associação sindical é livre e a lei não poderá exigir autorização do Estado para a fundação de sindicato, razão por que ocorreu a ratificação da Convenção 87 da Organização Internacional do Trabalho no Brasil, que trata da liberdade sindical e proteção do direito de sindicalização.

1: Opção incorreta, pois embora a associação sindical é livre e a lei não poderá exigir autorização do Estado para a fundação de sindicato, art. 8º, I, da CF, a Convenção Internacional 87 da OIT não foi ratificada pelo Brasil por incompatibilidade com o sistema sindical brasileiro. A Convenção 87 da OIT adota o sistema da pluralidade sindical, ao passo que o sistema brasileiro adota o sistema da unicidade sindical. HC

Gabarito 1E

(Procurador Federal – 2013 – CESPE) Julgue o item seguinte, relativo ao direito do trabalho.

(1) Categoria profissional diferenciada é a que se forma dos empregados que exerçam profissões ou funções diferenciadas em consequência de condições de vida singulares, podendo tais categorias ser reconhecidas mediante lei ou decisão judicial.

1: Opção incorreta, pois nos termos do art. 511, § 3º, da CLT categoria profissional diferenciada é a que se forma dos empregados que exerçam profissões ou funções diferenciadas por força de estatuto profissional especial ou em consequência de condições de vida singulares. Não podem ser reconhecidas por decisão judicial, mas apenas por lei. Nesse sentido veja a OJ 36 da SDC: "EMPREGADOS DE EMPRESA DE PROCESSAMENTO DE DADOS. RECONHECIMENTO COMO CATEGORIA DIFERENCIADA. IMPOSSIBILIDADE. É por lei e não por decisão judicial, que as categorias diferenciadas são reconhecidas como tais. De outra parte, no que tange aos profissionais da informática, o trabalho que desempenham sofre alterações, de acordo com a atividade econômica exercida pelo empregador. HC

Gabarito 1E.

11.2. Convenção e Acordo Coletivo

(Procurador Fazenda Nacional – AGU – 2023 – CEBRASPE) Luiz mantinha vínculo formal de emprego, desde 5/1/2019, com a indústria Vinícola Ltda. Durante o contrato de trabalho de Luiz, vigorou convenção coletiva de trabalho (CCT) por dois anos, a partir de maio de 2019, a qual previa, entre outras cláusulas, a percepção de décimo quarto salário pelos empregados e a extensão da garantia provisória de emprego ao trabalhador vítima de acidente de trabalho —

7. DIREITO DO TRABALHO 349

por mais doze meses além do prazo mínimo legal deferido após a cessação do auxílio por incapacidade acidentária em razão de alta médica. A CCT não foi renovada após o prazo de sua vigência. Em julho de 2021, Luiz sofreu acidente do trabalho e ficou afastado por 60 dias. Em dezembro de 2022, foi dispensado sem justa causa pela referida empresa. Em janeiro de 2023, Luiz ajuizou reclamação trabalhista, requerendo o reconhecimento do seu direito à garantia do emprego prevista naquela CCT, bem como o pagamento de décimo quarto salário relativo ao período de junho de 2021 a outubro de 2022.

A partir da situação hipotética precedente, assinale a opção correta.

(A) Luiz faz jus à percepção do décimo quarto salário e à garantia de emprego previstas na CCT, mesmo depois de cessada sua vigência, pela aplicação da regra da ultratividade das normas trabalhistas, positivada no ordenamento jurídico trabalhista brasileiro e autorizada por entendimento sumulado do Tribunal Superior do Trabalho (TST).

(B) Luiz não faz jus ao décimo quarto salário, porquanto seu pleito se refere a período superveniente à cessação da vigência da CCT, além de haver expressa vedação legal de ultratividade das normas coletivas trabalhistas, mas faz jus à garantia de emprego pleiteada, por se tratar de norma relacionada à saúde e à segurança do trabalho, à qual aderem, sem prazo determinado, todos os contratos de trabalho.

(C) Luiz faz jus à percepção do décimo quarto salário previsto na CCT, mesmo depois de cessada sua vigência, por se tratar de verba de natureza habitual, bem como pela aplicação da regra da ultratividade das normas trabalhistas, positivada no ordenamento jurídico trabalhista brasileiro, mas não tem direito à garantia de emprego prevista naquela CCT, por haver decorrido mais de doze meses da cessação da vigência da CCT.

(D) Luiz faz jus ao reconhecimento da garantia de emprego prevista na CCT, mesmo depois de cessada sua vigência, pela aplicação da regra da ultratividade das normas trabalhistas, positivada no ordenamento jurídico trabalhista brasileiro, mas não tem direito à percepção das verbas de décimo quarto salário pleiteadas, por ausência de habitualidade e de expressa previsão legal.

(E) Luiz não faz jus ao décimo quarto salário e à garantia de emprego previstos na CCT, porquanto ambos são relativos a período posterior à cessação da vigência da CCT em que se fundamentariam e a ultratividade das normas coletivas trabalhistas é expressamente vedada pelo ordenamento jurídico brasileiro, conforme ratificado pelo STF.

A opção **E** é a correta. Isso porque, nos termos do art. 614, § 3º, da CLT, não será permitido estipular duração de convenção coletiva ou acordo coletivo de trabalho superior a dois anos, sendo vedada a ultratividade. De acordo com o princípio da ultratividade, terminado o prazo de validade das cláusulas pactuadas, e sem que sejam reafirmadas em novo acordo coletivo, elas são incorporadas aos contratos individuais de trabalho vigentes ou novos, até que outra norma venha a decidir sobre o direito trabalhista.

Gabarito "E."

(Procurador – PGE/SP – 2024 – VUNESP) Sobre o regime normativo aplicável a acordos e convenções coletivas celebrados pelas pessoas jurídicas de direito público, é correto afirmar:

(A) são válidos os acordos e as convenções coletivas celebrados que estabeleçam cláusulas sociais despidas de impactos financeiro e orçamentário.

(B) resta legítima a concessão de aumento remuneratório aos empregados públicos por meio de negociação coletiva, desde que haja previsão orçamentária específica.

(C) podem ser objeto de negociação coletiva cláusulas assecuratórias de estabilidade no emprego público, tal como o impedimento da demissão arbitrária por conta de concessão de aposentadoria programada (idade ou tempo de contribuição).

(D) é juridicamente viável a implantação da jornada de 12 x 36 horas aos empregados públicos por meio de instrumento coletivo ou de ato regulamentar do ente público contratante.

(E) poderá ser criado, por meio de negociação coletiva, banco de horas para a compensação do labor em sobrejornada, desde que, no período máximo de 24 meses, as horas acumuladas não excedam à soma das jornadas laborais semanais de trabalho previstas nem ultrapassem o limite de 10 horas diárias.

A: correta, pois nos termos da OJ 5 da SDC do TST, em face de pessoa jurídica de direito público que mantenha empregados, cabe dissídio coletivo exclusivamente para apreciação de cláusulas de natureza social. **B:** incorreta, pois não é permitido aumento da remuneração de servidor público por meio de negociação coletiva. Nesse sentido entende a Súmula 679 do STF que: "A fixação de vencimentos dos servidores públicos não pode ser objeto de convenção coletiva." **C:** incorreta, pois é inválida negociação nesse sentido, tendo em vista que nos termos do art. 37, § 14 da CF, a aposentadoria concedida com a utilização de tempo de contribuição decorrente de cargo, emprego ou função pública, inclusive do Regime Geral de Previdência Social, acarretará o rompimento do vínculo que gerou o referido tempo de contribuição. **D:** incorreta, pois nos termos do art. 59-A da CLT, é facultado às partes, mediante acordo individual escrito, convenção coletiva ou acordo coletivo de trabalho (e não ato regulamentar do ente público contratante), estabelecer horário de trabalho de doze horas seguidas por trinta e seis horas ininterruptas de descanso, observados ou indenizados os intervalos para repouso e alimentação. **E:** incorreta, pois nos termos do art. 59, § 2º, da CLT o banco de horas será no máximo fixado anualmente.

Gabarito "A."

(Procurador do Estado/SP – 2018 – VUNESP) Em relação ao Direito Coletivo do Trabalho decorrente da "reforma trabalhista", assinale a alternativa correta.

(A) É permitido estipular duração de convenção coletiva ou acordo coletivo de trabalho superior a dois anos, estando autorizada, também, a ultratividade.

(B) A convenção coletiva e o acordo coletivo de trabalho poderão dispor sobre a redução do valor dos depósitos mensais e da indenização rescisória do Fundo de Garantia do Tempo de Serviço (FGTS).

(C) O hipersuficiente (empregado portador de diploma de nível superior e que perceba salário mensal igual ou superior a duas vezes o limite máximo dos benefícios do Regime Geral de Previdência Social) poderá estipular livremente com o empregador a relação contratual.

A estipulação resultante, contudo, não preponderará sobre os instrumentos coletivos.

(D) As condições estabelecidas em acordo coletivo de trabalho sempre prevalecerão sobre as estipuladas em convenção coletiva de trabalho.

(E) Constitui objeto ilícito de convenção coletiva ou de acordo coletivo de trabalho a previsão de regras a respeito do regime de sobreaviso.

A: opção incorreta, pois nos termos do art. 614, § 3º, da CLT, "não será permitido estipular duração de convenção coletiva ou acordo coletivo de trabalho superior a dois anos, sendo vedada a ultratividade". **B:** opção incorreta, pois nos termos do art. 611-B, III, da CLT é vedado. **C:** opção incorreta, pois nos termos do art. 444, parágrafo único, da CLT, a estipulação convencionada entre o empregador e o empregado hipersuficiente irá prevalecer sobre os instrumentos coletivos. **D:** opção correta, pois reflete a disposição do art. 620 da CLT. E: opção incorreta, pois nos termos do art. 611-A, VIII, da CLT constitui objeto lícito de acordo ou convenção coletiva. HC

Gabarito "D".

(Procurador do Município/Manaus – 2018 – CESPE) Julgue o próximo item, relativo a convenções e acordos coletivos do trabalho.

(1) A convenção coletiva de trabalho não pode estabelecer norma de redução de intervalo interjornada, ou seja, entre o término de uma jornada e o início de outra, uma vez que o prazo desse intervalo é garantido por norma de ordem pública, não sendo passível de negociação.

1: opção correta. O art. 611-A, III, da CLT permite apenas a negociação do intervalo intrajornada, mas não do intervalo interjornada. HC

Gabarito 1C

(Procurador Federal – 2013 – CESPE) Julgue o item seguinte, relativo ao direito do trabalho.

(1) Segundo entendimento recente do TST, os benefícios definidos em convenção coletiva de trabalho podem ser estendidos ao companheiro de empregado com o qual aquele mantenha união homoafetiva.

1: Opção correta, pois o TST entende que os princípios constitucionais da dignidade humana (art. 1º, III) da igualdade (art. 5º, -caput, I) impõem tratamento igualitário a todos, visando a construir uma sociedade livre, justa e solidária (art. 3º, I) e promover bem de todos com a extinção do preconceito de origem, gênero ou quaisquer outras formas de discriminação (art. 3º, IV). Veja: RO – 20424-81.2010.5.04.0000. HC

Gabarito 1C

(Procurador Distrital – 2014 – CESPE) Julgue o item a seguir.

(1) A convenção coletiva de trabalho, acordo de caráter normativo reconhecido de forma expressa pela CLT, é enunciada pela CF como fonte capaz de estabelecer normas e condições de trabalho, mediante a flexibilização de direitos fundamentais dos trabalhadores, como salários e duração do trabalho.

1: Opção correta, pois prevista no art. 611 da CLT como sendo o acordo de caráter normativo, pelo qual dois ou mais Sindicatos representativos de categorias econômicas e profissionais estipulam condições de trabalho aplicáveis, no âmbito das respectivas representações, às relações individuais de trabalho. É considerada fonte formal autônoma do Direito do Trabalho utilizada para flexibilização de direitos trabalhistas, como por exemplo, a redução salarial que é possível somente por acordo ou convenção coletiva, art. 7º, VI, da CF. HC

Gabarito 1C

11.3. Greve

(Procurador – PGE/SP – 2024 – VUNESP) A categoria dos agentes socioeducativos estaduais, contratados sob o regime celetista, responsável pela segurança das unidades de acolhimento de menores infratores, entrou em processo de greve, com a interrupção parcial da prestação de serviço público. Foi ajuizado pelo sindicato da categoria profissional dissídio coletivo de natureza econômica, com a finalidade de fixação de reajuste do auxílio alimentação.

Sobre o caso hipotético narrado, é correto afirmar:

(A) a greve é legítima, desde que mantida a prestação de serviço por parte dos servidores em nível suficiente ao atendimento das necessidades inadiáveis da comunidade.

(B) a competência para julgamento do dissídio coletivo de greve, bem como da eventual abusividade do movimento paredista, é da Justiça do Trabalho.

(C) os agentes públicos que aderiram ao movimento de greve terão o contrato de trabalho suspenso, sendo vedado, contudo, o desconto de salários nesse período.

(D) é viável a propositura do dissídio coletivo de caráter econômico pelo sindicato da categoria profissional, independentemente da aquiescência do Poder Público, quando frustrada a negociação coletiva ou a arbitragem.

(E) a greve é irregular, considerando a proibição constitucional de paralisação dos agentes estatais da área de segurança pública.

A: incorreta, pois apesar de o Tribunal Regional do Trabalho da 2ª Região de São Paulo (TRT-2) reconhecer a greve de servidores da Fundação Casa como legal, aplicando reajuste de 6% à categoria, valor incidente sobre o vale-alimentação, vale-refeição, auxílio-creche e auxílio-funeral, há decisão do STF, no Recurso Extraordinário com Agravo 654432 entendendo que: I – – o exercício do direito de greve, sob qualquer forma ou modalidade, é vedado aos policiais civis e a todos os servidores públicos que atuem diretamente na área de segurança pública; II – – E obrigatória a participação do Poder Público em mediação instaurada pelos órgãos classistas das carreiras de segurança pública. **B:** incorreta, pois de acordo com Tema 544 de Repercussão Geral do STF, a justiça comum, federal ou estadual, é competente para julgar a abusividade de greve de servidores públicos celetistas da Administração pública direta, autarquias e fundações públicas. **C:** incorreta, pois de acordo com Tema 531 de Repercussão Geral do STF, a administração pública deve proceder ao desconto dos dias de paralisação decorrentes do exercício do direito de greve pelos servidores públicos, em virtude da suspensão do vínculo funcional que dela decorre, permitida a compensação em caso de acordo. O desconto será, contudo, incabível se ficar demonstrado que a greve foi provocada por conduta ilícita do Poder Público. **D:** incorreta, pois a instauração de Dissídio Econômico depende de concordância das partes. Isso porque, de acordo com art. 114, § 2º, da CF, recusando-se qualquer das partes à negociação coletiva ou à arbitragem, é facultado às mesmas, de comum acordo, ajuizar dissídio coletivo de natureza econômica, podendo a Justiça do Trabalho decidir o conflito, respeitadas as disposições mínimas legais de proteção ao trabalho, bem como as convencionadas anteriormente. **E:** considerada correta pela Banca examinadora. O STF no Recurso Extraordinário com Agravo 654432 entendeu que: I – – o exercício do direito de greve, sob qualquer forma ou modalidade, é vedado aos policiais civis e a todos os servidores públicos que atuem diretamente na área de segurança pública; II – – E obrigatória a participação do Poder Público em mediação instaurada pelos órgãos classistas das carreiras de segurança pública.

Gabarito "E".

7. DIREITO DO TRABALHO

(Advogado União – AGU – CESPE – 2015) Acerca de direito coletivo do trabalho e segurança no trabalho, julgue os próximos itens.

(1) De acordo com a CLT, caso seja demonstrado grave e iminente risco para o trabalhador, o auditor-fiscal do trabalho deverá interditar o estabelecimento ou embargar a obra.

(2) Conforme entendimento do TST, serão nulas, por ofensa ao direito de livre associação e sindicalização, cláusulas de convenção coletiva que estabeleçam quota de solidariedade em favor de entidade sindical a trabalhadores não sindicalizados.

1: incorreta, pois, nos termos do art. 161 da CLT, o Delegado Regional do Trabalho, à vista do laudo técnico do serviço competente que demonstre grave e iminente risco para o trabalhador, poderá interditar estabelecimento, setor de serviço, máquina ou equipamento, ou embargar obra, indicando na decisão, tomada com a brevidade que a ocorrência exigir, as providências que deverão ser adotadas para prevenção de infortúnios de trabalho; **2:** correta. "Quota de solidariedade" nada mais é que a contribuição assistencial, que, nos termos da OJ 17 da SDC do TST, estabelece que as cláusulas coletivas que estabeleçam contribuição em favor de entidade sindical, a qualquer título, obrigando trabalhadores não sindicalizados, são ofensivas ao direito de livre associação e sindicalização, constitucionalmente assegurado, e, portanto, nulas, sendo passíveis de devolução, por via própria, os respectivos valores eventualmente descontados. Veja também súmula vinculante 40 STF: "A contribuição confederativa de que trata o art. 8º, IV, da Constituição Federal, só é exigível dos filiados ao sindicato respectivo." HC
Gabarito "1E, 2C."

(Procurador do Estado/BA – 2014 – CESPE) Julgue o seguinte item.

(1) O exercício do direito de greve em serviços essenciais exige da entidade sindical ou dos trabalhadores, conforme o caso, a prévia comunicação da paralisação dos trabalhos ao empregador e, ainda, aos usuários dos serviços, no prazo mínimo de setenta e duas horas, sob pena de o movimento grevista ser considerado abusivo.

1: Opção correta, pois nos termos do art. 13 da Lei 7.783/1989 nas atividades essenciais o movimento grevista deve ser avisado com antecedência mínima de 72 horas. HC
Gabarito "1C."

(Procurador Distrital – 2014 – CESPE) Julgue o item a seguir.

(1) Greve é causa de suspensão do contrato de trabalho e somente pode ser utilizada após ser frustrada a negociação ou a arbitragem direta e pacífica, sob pena de ser considerada abusiva. Ademais, a comunicação acerca de sua decisão, no caso de atividade essencial, deve ser previamente feita aos empregadores e usuários do serviço no prazo mínimo de setenta e duas horas.

1. Opção correta, pois de fato a greve é causa de suspensão do contrato de trabalho (art. 2º da Lei 7.783/1989) e pode ser utilizada após frustrada a negociação coletiva ou impossibilidade de recursos via arbitral, art. 3º da Lei 7.783/1989. Nas atividades essenciais deve ser avisada com antecedência mínima de 72 horas, art. 13 da Lei 7.783/1989. HC
Gabarito "1C."

12. TEMAS COMBINADOS E FGTS

(Procurador – PGE/SP – 2024 – VUNESP) Segundo a jurisprudência do Tribunal Superior do Trabalho e do Supremo Tribunal Federal, assinale a alternativa que expressa o enunciado verdadeiro.

(A) É possível o pagamento cumulado do adicional de insalubridade e periculosidade, quando a mesma atividade sujeitar o empregado a exposição a agentes insalubres e situações perigosas previstas em lei, tendo em vista a previsão contida no artigo 7ºo, XXIII, da Constituição Federal.

(B) O empregado público em comissão equipara-se, para fins de controle de jornada, ao contratado para cargo de gerência ou administração de empresas privadas.

(C) Viola as regras previstas na Consolidação das Leis do Trabalho a criação de plano de carreira que preveja a evolução profissional por critério exclusivo de merecimento, editado após a Lei Federal nº 13.467/2017.

(D) O teto constitucional previsto no artigo 37, XI, da Constituição Federal aplica-se à remuneração principal dos empregados públicos das empresas estatais não dependentes, ressalvadas as distribuições de lucros/resultados e os abonos de produtividade.

(E) Aplicam-se aos empregados públicos os pisos salariais profissionais fixados por meio de lei de caráter nacional, admitido o seu estabelecimento em valor fixo, bem como em percentuais do salário-mínimo, anualmente reajustável.

A: incorreta, pois de acordo com o com Tema 17 de Recurso de Revista Repetitivo, o art. 193, § 2º, da CLT foi recepcionado pela Constituição Federal e veda a cumulação dos adicionais de insalubridade e de periculosidade, ainda que decorrentes de fatos geradores distintos e autônomos. **B:** correta, pois de acordo com o art. 37, V, da CF, os cargos em comissão destinam-se às atribuições de direção, chefia e assessoramento no âmbito da Administração Pública. Assim, para esses cargos aplica-se a previsão do art. 62, II, da CLT, porquanto o ocupante de cargo em comissão está em situação análoga à de gerente. **C:** incorreta, pois nos termos do art. 461, § 3º, da CLT, quando o empregador tiver pessoal organizado em quadro de carreira ou adotar, por meio de norma interna da empresa ou de negociação coletiva, plano de cargos e salários, as promoções poderão ser feitas por merecimento e por antiguidade, ou por apenas um destes critérios, dentro de cada categoria profissional. **D:** incorreta, pois de acordo com entendimento firmado pelo STF no julgamento da ADI 6584, o teto constitucional remuneratório não incide sobre os salários pagos por empresas públicas e sociedades de economia mista, e suas subsidiárias, que não recebam recursos da Fazenda Pública. **E:** incorreta, pois no julgamento da ADPF, o STF firmou tese para atribuir interpretação conforme a Constituição Federal ao art. 5º da Lei nº 4.950-A/1966, com o congelamento da base de cálculo prevista em tal dispositivo, de modo a inviabilizar posteriores reajustes automáticos com base na variação do salário-mínimo.
Gabarito "B."

(Procurador – PGE/SP – 2024 – VUNESP) Em janeiro de 2024, uma autarquia estadual paulista, responsável pela gestão de um hospital público, celebrou contrato de gestão com uma organização social, com a finalidade de prestação de serviços específicos na área de saúde. Referida entidade estatal também possui contrato de terceirização com empresa privada, celebrado na mesma época, a qual é responsável pelas atividades de segurança patrimonial e de limpeza da unidade hospitalar. O quadro de pessoal da autarquia estadual é regido pela Consolidação das Leis do Trabalho – CLT.

Tendo em vista o quadro hipotético narrado, é correto afirmar:

(A) admite-se a responsabilização subsidiária da autarquia estadual pelo pagamento dos encargos trabalhistas devidos aos empregados da empresa terceirizada, caso caracterizado o contrato de prestação de serviços contínuos com regime de dedicação exclusiva de mão de obra e a existência de falha na fiscalização do cumprimento das obrigações contratuais.

(B) os empregados públicos integrantes do quadro de pessoal da autarquia, contratados após 1988, sem concurso público, ao terem os seus contratos de trabalho invalidados, possuem direito ao recebimento de saldo de salário, depósitos fundiários, 13° salário e férias.

(C) a inconstitucionalidade da contratação de pessoal pela autarquia estadual sob o regime celetista, haja vista a previsão constitucional do regime jurídico único, permite a incidência transitória das regras do estatuto dos titulares de cargo efetivo, até a edição de ato legislativo específico para a cessação da mora legislativa.

(D) a celebração do contrato de gestão com a organização social permite a responsabilização solidária da autarquia estadual pela existência de grupo econômico.

(E) o contrato de gestão celebrado com a organização social é nulo, ao contrário da avença de prestação de serviços com a empresa privada, considerando que somente é legítima a terceirização das atividades-meio da entidade pública.

A: correta, pois nos termos do art. 121, § 2°, da Lei 14.133/2021 (Lei de licitações e contratos administrativos) a Administração responderá subsidiariamente pelos encargos trabalhistas se comprovada falha na fiscalização do cumprimento das obrigações do contratado. B: incorreta, pois nos termos da Súmula 363 do TST, a contratação de servidor público, após a CF/1988, sem prévia aprovação em concurso público, encontra óbice no respectivo art. 37, II e § 2°, somente lhe conferindo direito ao pagamento da contraprestação pactuada, em relação ao número de horas trabalhadas, respeitado o valor da hora do salário-mínimo, e dos valores referentes aos depósitos do FGTS. C: incorreta, pois de acordo com o julgamento da ADI 5615, que questionava a inconstitucionalidade do art. 39 da CF, o STF julgou improcedente a ADI para reconhecer a constitucionalidade da norma, firmando o seguinte entendimento: "Compete a cada Ente federativo estipular, por meio de lei em sentido estrito, o regime jurídico de seus servidores, escolhendo entre o regime estatutário ou o regime celetista, sendo que a Constituição Federal não excluiu a possibilidade de ser adotado o regime de emprego público (celetista) para as autarquias. 2. Para que haja produção completa dos efeitos do art. 39 da CF, é indispensável que o Ente federativo edite norma específica instituindo o regime jurídico de seus servidores da Administração Direta, das autarquias e das fundações públicas. A ausência da lei instituidora de um único regime de servidores na Administração Direta, autárquica e fundacional, apesar de se mostrar como uma situação constitucionalmente indesejável, não possui o condão de censurar as normas que estipularem um ou outro regime enquanto perdurar essa situação de mora legislativa." D: incorreta, pois não há formação de grupo econômico, na medida em que as empresas envolvidas no problema não possuem finalidade lucrativa, requisito essencial para formação de grupo econômico, de acordo com o art. 2°, §§ 2° e 3°, da CLT. E: incorreta, pois de acordo com o entendimento do STF firmado na ADI 1923, o contrato de gestão é válido.

Gabarito "A".

(Procurador/DF – CESPE – 2022) Acerca dos direitos dos trabalhadores, das leis e normas trabalhistas e do contrato de trabalho, julgue os itens seguintes.

(1) Após cada período de trabalho efetivo, ainda que dividido em dois turnos, será concedido ao empregado um intervalo intrajornada não inferior a 11 h.

(2) Todo contrato de trabalho deve ser acordado expressamente e firmado por escrito, não se admitindo a sua realização tácita ou verbal, exceto para os contratos de prestação de trabalho intermitente.

(3) O contrato por prazo determinado é aquele cuja vigência depende de termo prefixado, da execução de serviços de caráter transitório ou de acontecimento suscetível de previsão aproximada, como, por exemplo, o contrato de experiência.

(4) O contrato de trabalho por prazo determinado não poderá ser estipulado por mais de um ano, sendo que o contrato de experiência não poderá exceder a sessenta dias.

1: incorreto, pois nos termos do art. 66 da CLT entre 2 (duas) jornadas de trabalho haverá um período mínimo de 11 (onze) horas consecutivas para descanso. 2: incorreto, pois nos termos do art. 443 da CLT o contrato individual de trabalho poderá ser acordado tácita ou expressamente, verbalmente ou por escrito, por prazo determinado ou indeterminado, ou para prestação de trabalho intermitente. Contudo, o contrato de trabalho intermitente deve ser celebrado por escrito, nos termos do art. 452-A, da CLT. 3: correto, pois nos termos do art. 443, § 1°, CLT considera-se como de prazo determinado o contrato de trabalho cuja vigência dependa de termo prefixado ou da execução de serviços especificados ou ainda da realização de certo acontecimento suscetível de previsão aproximada. O contrato de experiência é uma modalidade de contrato com prazo determinado previsto no art. 443, § 2°, c, da CLT. 4: incorreto, pois nos termos do art. 445 da CLT o contrato de trabalho por prazo determinado não poderá ser estipulado por mais de 2 (dois) anos. Já o contrato de experiência, nos termos do parágrafo único do art. 445 da CLT o contrato de experiência não poderá exceder de 90 (noventa) dias.

Gabarito 1E, 2E, 3C, 4E.

(Procurador/DF – CESPE – 2022) Julgue os próximos itens, relativos ao direito do trabalho.

(1) A CLT permite o ajuste tácito e individual para compensação de jornada, desde que a compensação ocorra no mesmo mês.

(2) Empregado acometido por enfermidade que gere seu afastamento do trabalho e por consequência lhe garanta o recebimento de auxílio-doença pelo período de cinco meses consecutivos perderá o direito a férias do período aquisitivo em que se der o afastamento.

(3) Nos termos da CLT, os valores recebidos pelo empregado a título de prêmio, abono, tíquete alimentação e ajuda de custo, ainda que habituais, não integram a remuneração, bem como não se incorporam ao contrato de trabalho.

(4) Para fins de equiparação salarial, a CLT determina que será de igual valor o trabalho feito com igual produtividade, mesma perfeição técnica e entre pessoas que trabalhem para o mesmo empregador, com diferença de tempo no serviço para esta empresa de até quatro anos. A diferença de tempo na função não poderá ser superior a dois anos. Tais regras não serão observadas quando o empregador tiver pessoal organizado em

7. DIREITO DO TRABALHO

quadro de carreira, ainda que sem homologação ou registro em órgão público.

(5) Segundo entendimento pacificado na jurisprudência do TST, o pedido de pagamento de adicional de insalubridade por motivo diverso daquele existente e constatado em perícia judicial eximirá o empregador do pagamento do respectivo adicional pleiteado, em face da vinculação do direito ao pedido.

(6) Empregada gestante deve ser afastada da atividade insalubre sem prejuízo de sua remuneração e, caso não haja lugar salubre na empresa para o exercício de suas atividades, ela deverá ser afastada do trabalho, sendo essa hipótese considerada como gravidez de risco. Além disso, a gestante terá direito ao recebimento de salário-maternidade durante todo o período de afastamento.

1: correto, pois nos termos do art. 59, § 6º, CLT é lícito o regime de compensação de jornada estabelecido por acordo individual, tácito ou escrito, para a compensação no mesmo mês. **2:** incorreto, pois nos termos do art. 133, IV, CLT perde o direito a férias o empregado que tiver percebido da Previdência Social prestações de acidente de trabalho ou de auxílio-doença por mais de 6 (seis) meses, ainda que descontínuos. **3:** correto, pois reflete a disposição do art. 457, § 2º, CLT. **4:** correto, pois reflete as disposições contidas no art. 461, §§ 1º e 2º, da CLT. **5:** incorreto, pois nos termos da Súmula 293 do TST a verificação mediante perícia de prestação de serviços em condições nocivas, considerado agente insalubre diverso do apontado na inicial, não prejudica o pedido de adicional de insalubridade. **6:** correta, pois reflete a disposição legal do art. 394-A, caput e § 3º, da CLT.

Gabarito 1C, 2E, 3C, 4C, 5E, 6C

(Procurador/PA – CESPE – 2022) Julgue os itens a seguir, acerca do Fundo de Garantia do Tempo de Serviço.

I. O salário in natura é considerado remuneração para efeito de incidência do Fundo de Garantia do Tempo de Serviço.

II. Segundo a jurisprudência do Supremo Tribunal Federal, nos contratos de trabalho firmados entre sujeitos de direito privado, o prazo prescricional aplicável à cobrança de valores depositados no Fundo de Garantia do Tempo de Serviço é bienal, nos termos do art. 7.º, XXIX, da Constituição da República Federativa do Brasil.

III. Conforme entendimento firmado pelo Tribunal Superior do Trabalho, o ônus de comprovar a regularidade dos depósitos do Fundo de Garantia do Tempo de Serviço é do empregador.

IV. Em consonância com a Lei n.º 8.036/1990, o dever de recolher os valores referentes ao Fundo de Garantia do Tempo de Serviço na conta vinculada do empregado é obrigação de dar coisa certa.

Estão certos apenas os itens

(A) I e III.

(B) II e III.

(C) II e IV.

(D) I, II e IV.

(E) I, III e IV.

I: correto, pois nos termos do art. 458 da CLT as prestações in natura se incorporam ao salário. **II:** incorreto, pois de acordo com o tema 608 do STF o prazo prescricional aplicável à cobrança de valores não depositados no Fundo de Garantia por Tempo de Serviço (FGTS) é quinquenal, nos termos do art. 7º, XXIX, da Constituição Federal. **III:** correta, pois

nos termos da Súmula 461 do TST É do empregador o ônus da prova em relação à regularidade dos depósitos do FGTS, pois o pagamento é fato extintivo do direito do autor. **IV:** incorreta, pois nos termos do enunciado 160 da Jornada de Direito Civil o dever de recolher valores referentes ao FGTS é uma obrigação de dar, obrigação pecuniária, não afetando a natureza da obrigação a circunstância de a disponibilidade do dinheiro depender da ocorrência de uma das hipóteses previstas no art. 20 da Lei n. 8.036/90. Trata-se de uma obrigação de dar coisa incerta, art. 243 do Código Civil.

Gabarito "A".

(Procurador do Município – Boa Vista/RR – 2019 – CESPE/CEBRASPE) À luz da jurisprudência do Tribunal Superior do Trabalho e do STF, julgue os itens a seguir, a respeito de FGTS e de relação de trabalho e de emprego.

(1) Caso um contrato de trabalho entabulado pela administração pública seja declarado nulo por ausência de prévia aprovação do contratado em concurso público, o trabalhador não terá direito ao depósito do FGTS, ainda que tenha direito ao salário relativo aos serviços prestados.

(2) Na hipótese de contratação irregular de trabalhador mediante empresa interposta, não é gerado vínculo de emprego com a administração pública direta, indireta ou fundacional.

(3) O prazo prescricional aplicável à cobrança de valores não depositados a título de FGTS é quinquenal.

1: incorreta, pois nos termos da súmula 363 do TST a contratação de servidor público, após a CF/1988, sem prévia aprovação em concurso público, encontra óbice no respectivo art. 37, II e § 2º, somente lhe conferindo direito ao pagamento da contraprestação pactuada, em relação ao número de horas trabalhadas, respeitado o valor da hora do salário mínimo, e dos valores referentes aos depósitos do FGTS. **2:** Correta, pois reflete disposição contida na súmula 331, II, TST. **3:** correta, pois reflete a disposição da súmula 362 TST.

Gabarito: 1E, 2C, 3C

João, de dezoito anos de idade, foi contratado como frentista em um posto de gasolina localizado em Boa Vista – RR. O contrato de trabalho foi firmado em regime de tempo parcial para uma jornada de vinte e cinco horas semanais.

(Procurador do Município – Boa Vista/RR – 2019 – CESPE/CEBRASPE) Considerando essa situação hipotética, julgue os itens seguintes de acordo com a Constituição Federal de 1988 e a CLT.

(1) Como o contrato de trabalho de João foi firmado em regime de tempo parcial, é viável aumentar sua carga de trabalho em até seis horas suplementares semanais, mas, nessa hipótese, as horas suplementares deverão ser remuneradas com o acréscimo de trinta por cento sobre o salário-hora normal.

(2) É vedado a João converter um terço do período de férias a que tiver direito em abono pecuniário.

(3) A idade de João não constitui óbice ao exercício da atividade de frentista, uma vez que a Constituição Federal de 1988 admite o trabalho em condições de periculosidade aos maiores de dezoito anos de idade.

1: incorreta, pois embora nos termos do art. 58-A, §§ 3º e 4º, da CLT na hipótese de o contrato de trabalho em regime de tempo parcial ser estabelecido em número inferior a 26 horas semanais, as horas suplementares estão limitadas a 6 horas suplementares semanais, as horas suplementares serão pagas com o acréscimo de 50% sobre o salário-hora normal. **2.** Incorreto, pois nos termos do art. 58-A, § 6º, CLT é facultado ao empregado contratado sob regime de tempo parcial converter um terço do período de férias a que tiver direito em abono pecuniário. **3.** Correta, nos termos do art. 7º, XXXIII, CF.

Gabarito 1E, 2E, 3C

(Procurador do Estado/AC – 2017 – FMP) De acordo com a Lei 13.429, de 31.03.2017, em relação ao contrato de trabalho temporário firmado com o mesmo empregador, é CORRETO afirmar que

(A) não poderá exceder ao prazo de cento e oitenta dias, podendo ser prorrogado por até noventa dias.

(B) não poderá exceder ao prazo de duzentos e setenta dias, podendo ser prorrogado por até trinta dias.

(C) não poderá exceder ao prazo de cento e oitenta dias, sem possibilidade de prorrogação.

(D) poderá exceder ao prazo de cento e oitenta dias, podendo ser prorrogado por igual prazo.

(E) não poderá exceder ao prazo de cento e oitenta dias, podendo ser prorrogado por igual prazo por ato do Ministério do Trabalho.

Nos termos do art. 10, § 1º, da Lei 6.019/74 com a redação dada pela Lei 13.429/2017 o contrato de trabalho temporário, com relação ao mesmo empregador, não poderá exceder ao prazo de 180, consecutivos ou não. Vale dizer que, além do prazo o contrato poderá ser prorrogado por até 90 dias, consecutivos ou não, quando comprovada a manutenção das condições que o ensejaram.

Gabarito "A".

(Procurador do Estado/AC – 2017 – FMP) De acordo com entendimento sumulado pelo Tribunal Superior do Trabalho, é CORRETO afirmar que a contratação de servidor público, após a Constituição Federal de 1988, sem a prévia aprovação cm concurso público,

(A) somente confere ao trabalhador o direito ao pagamento da contraprestação pactuada, em relação ao número de horas trabalhadas, e dos valores referentes aos depósitos do FGTS.

(B) confere ao trabalhador todos os direitos trabalhistas devidos ao empregado pela aplicação do princípio da primazia da realidade.

(C) diz respeito a um contrato nulo, não capaz de gerar qualquer efeito.

(D) apenas confere ao trabalhador o pagamento do salário pactuado, do FGTS, das férias e do décimo terceiro pactuados.

(E) gera vínculo empregatício, tendo o empregado público direito à anotação da CTPS, além dos direitos trabalhistas previstos na CLT.

Nos termos da súmula 363 do TST a contratação de servidor público, após a CF/1988, sem prévia aprovação em concurso público, encontra óbice no respectivo art. 37, II e § 2º, somente lhe conferindo direito ao pagamento da contraprestação pactuada, em relação ao número de horas trabalhadas, respeitado o valor da hora do salário mínimo, e dos valores referentes aos depósitos do FGTS.

Gabarito "A".

(Procurador do Estado/SE – 2017 – CESPE) Uma lei estadual ampliou para cento e oitenta dias a licença-maternidade para as servidoras gestantes submetidas ao regime estatu-

tário. Com base nisso, uma empregada pública celetista do mesmo estado da Federação requereu para si, em juízo, a extensão do referido benefício.benefício.

Nessa situação hipotética, conforme o entendimento do TST, o requerimento de extensão do benefício

(A) deverá ser atendido, pois não pode haver discriminação entre as mulheres no ambiente laboral.

(B) não poderá ser atendido, visto que a requerente está submetida a regime jurídico diverso daquele do grupo que lhe serviu de paradigma.

(C) não poderá ser atendido, porque a CLT proíbe equiparação de qualquer espécie remuneratória para efeito de remuneração de pessoal do serviço público.

(D) deverá ser atendido, visto que, nesse caso, se deve aplicar o princípio da isonomia.

(E) deverá ser atendido, porque o real beneficiário do direito à licença-maternidade é o nascituro.

"B" é a opção correta. O informativo 156 do TST entendeu: "Licença--maternidade. Prorrogação para 180 dias. Lei estadual. Concessão do benefício somente às servidoras gestantes submetidas ao regime estatutário. Extensão do direito às servidoras celetistas. Impossibilidade." HC

Gabarito "B".

(Procurador do Estado/SE – 2017 – CESPE) De acordo com o entendimento do TST, se determinada empresa, que conta com cento e cinquenta empregados, dispensar, sem justa causa, trabalhador com deficiência e não fizer, nos termos da legislação pertinente, a contratação de outro empregado nas mesmas condições, tal dispensa será considerada

(A) legal, porque não há obrigação legal de o empregador contratar trabalhadores com deficiência.

(B) legal, desde que a empresa mantenha o percentual mínimo legal de cargos preenchidos por trabalhadores com deficiência.

(C) ilegal, devido ao fato de não haver justo motivo.

(D) ilegal, porque os trabalhadores com deficiência possuem garantia de emprego por tempo indeterminado.

(E) ilegal, ainda que não interfira no atendimento ao percentual mínimo legal de cargos preenchidos por trabalhadores com deficiência.

"B" é a resposta correta. Isso porque, nos termos do art. 93 da Lei 8.213/1991 a empresa com 100 (cem) ou mais empregados está obrigada a preencher de 2% (dois por cento) a 5% (cinco por cento) dos seus cargos com beneficiários reabilitados ou pessoas portadoras de deficiência, habilitadas, na seguinte proporção:

I – até 200 empregados...2%;
II – de 201 a 500...3%;
III – de 501 a 1.000...4%;
IV – de 1.001 em diante. ....5%.

Já em seu § 1º a dispensa de trabalhador reabilitado ou de deficiente habilitado ao final de contrato por prazo determinado de mais de 90 (noventa) dias, e a imotivada, no contrato por prazo indeterminado, só poderá ocorrer após a contratação de substituto de condição. HC

Gabarito "B".

(Procurador do Município/Manaus – 2018 – CESPE) A respeito do direito de greve, da proteção ao trabalho da mulher, da alteração da relação de trabalho, da aplicação de justa causa e da equiparação salarial, julgue os itens que se seguem.

7. DIREITO DO TRABALHO 355

(1) De acordo com o TST, a greve é um exemplo de interrupção do contrato de trabalho, e os dias parados devem ser pagos normalmente, a não ser que o ato seja considerado ilegal pela justiça do trabalho.

(2) Se uma empregada, antes do término do cumprimento de aviso-prévio de desligamento sem justa causa, apresentar ao empregador atestado médico probatório de que, na data da dispensa, ela já estava grávida, tal fato não lhe dará o direito à estabilidade prevista no texto constitucional, pois, quando foi dado o aviso-prévio, o empregador desconhecia o estado gravídico da empregada.

(3) Se, ao longo de procedimento de sindicância para apuração de falta grave de um empregado, este for promovido por merecimento e, em consequência, assumir função de confiança, ficará configurado, por parte do empregador, o perdão tácito à infração disciplinar que eventualmente seja apurada pela comissão sindicante.

1: opção incorreta, pois nos termos do art. 7º, da Lei 7.783/1989 observadas as condições previstas nesta Lei, a participação em greve suspende o contrato de trabalho, devendo as relações obrigacionais, durante o período, ser regidas pelo acordo, convenção, laudo arbitral ou decisão da Justiça do Trabalho. **2:** opção incorreta, pois nos termos da súmula 244, I, TST o desconhecimento do estado gravídico pelo empregador não afasta o direito ao pagamento da indenização decorrente da estabilidade. **3:** opção correta, isso porque que a empresa exerceu ato incompatível com a intenção de punir. Veja RR-20843-08.2014.5.04.0018. ▊ऻ

Gabarito 1E, 2E, 3C

(Procurador do Estado – PGE/BA – CESPE – 2014) Acerca dos direitos constitucionais dos trabalhadores, do Fundo de Garantia do Tempo de Serviço (FGTS), da prescrição e decadência e de assuntos correlatos, julgue os itens que se seguem.

(1) Pode ser exigido da mulher, para a admissão ou para a permanência no emprego, atestado ou exame de qualquer natureza para a comprovação de esterilidade ou de gravidez, dado o direito do empregador de ser informado da situação da mulher para eventual concessão de benefícios relacionados à condição de gravidez.

(2) O exercício do direito de greve em serviços essenciais exige da entidade sindical ou dos trabalhadores, conforme o caso, a prévia comunicação da paralisação dos trabalhos ao empregador e, ainda, aos usuários dos serviços, no prazo mínimo de setenta e duas horas, sob pena de o movimento grevista ser considerado abusivo.

(3) As horas extraordinárias e as horas noturnas devem ser remuneradas com adicional mínimo de 50% sobre o valor da hora normal de trabalho.

(4) O empregado afastado do emprego não tem direito às vantagens concedidas, durante a sua ausência, à categoria que integra na empresa.

1: incorreta, pois, nos termos do art. 373-A, CLT, é vedado exigir atestado ou exame, de qualquer natureza, para comprovação de esterilidade ou gravidez, na admissão ou permanência no emprego; **2:** correta, pois, nos termos do art. 13 da Lei 7.783/1990, na greve, em serviços ou atividades essenciais, ficam as entidades sindicais ou os trabalhadores, conforme o caso, obrigadas a comunicar a decisão aos empregadores e aos usuários com antecedência mínima de 72

(setenta e duas) horas da paralisação; **3:** incorreta, pois embora as horas extraordinárias devam ser remuneradas com adicional mínimo de 50% sobre o valor da hora normal de trabalho, conforme art. 7º, XVI, CF; as horas noturnas serão remuneradas com adicional de 20%, nos termos do art. 73 CLT; **4:** Incorreta, pois, nos termos do art. 471 da CLT, ao empregado afastado do emprego, são asseguradas, por ocasião de sua volta, todas as vantagens que, em sua ausência, tenham sido atribuídas à categoria a que pertencia na empresa. ▊ऻ

Gabarito 1E, 2C, 3E, 4E.

(Procurador do Estado – PGE/BA – CESPE – 2014) Em relação aos direitos dos trabalhadores, julgue os itens seguintes, com base no disposto na CF, na Consolidação das Leis do Trabalho (CLT) e na jurisprudência sumulada do Tribunal Superior do Trabalho (TST).

(1) O repouso semanal deve ser remunerado e concedido, preferencialmente, aos domingos.

(2) À empregada gestante é assegurada estabilidade desde a confirmação da gravidez até cento e vinte dias após o parto.

(3) O salário mínimo deve ser fixado em lei estadual, consideradas as peculiaridades locais, com vistas ao atendimento das necessidades básicas do trabalhador e de sua família com moradia, alimentação, educação, saúde, lazer, vestuário, higiene, transporte e previdência social, com reajustes semestrais que lhe preservem o poder aquisitivo, vedada a vinculação salarial para qualquer fim.

(4) O salário do trabalhador pode ser reduzido por convenção ou acordo coletivo de trabalho.

1: correta, pois reflete o disposto no art. 7º, XV, CF. Veja também Lei 605/1949; **2:** incorreta, pois, nos termos do art. 10, II, *b*, ADCT, é assegurada a estabilidade da empregada gestante, desde a confirmação da gravidez até cinco meses após o parto; **3:** incorreta, pois, nos termos do art. 7º, IV, CF, o salário mínimo deve ser fixado em lei, nacionalmente unificado, capaz de atender a suas necessidades vitais básicas e às de sua família com moradia, alimentação, educação, saúde, lazer, vestuário, higiene, transporte e previdência social, com reajustes periódicos que lhe preservem o poder aquisitivo, sendo vedada sua vinculação para qualquer fim; **4:** correta, pois o art. 7º, VI, CF prevê a irredutibilidade do salário, salvo o disposto em convenção ou acordo coletivo. ▊ऻ

Gabarito 1C, 2E, 3E, 4C.

(Advogado União – AGU – CESPE – 2015) Julgue os itens que se seguem, concernentes a duração do trabalho, remuneração, FGTS e contratos especiais de trabalho.

(1) Segundo decisão recente do STF, o prazo prescricional relativo aos valores não depositados no FGTS é quinquenal, haja vista esse fundo ser crédito de natureza trabalhista; entretanto, caso o prazo prescricional já esteja em curso, deverá ser aplicado o que ocorrer primeiro: trinta anos, contados do termo inicial, ou cinco anos, a partir do referido julgado.

(2) A aprendizagem é um contrato de trabalho especial que não gera vínculo empregatício entre as partes que o celebram, uma vez que o seu intento não é o exercício profissional em si, mas a formação educativa do menor.

(3) Embora a CF preveja a jornada de seis horas no trabalho realizado em turnos ininterruptos de revezamento, havendo permissão de trabalho de até oito horas por meio de negociação coletiva, o TST entende que os empregados abrangidos pela referida negociação não terão direito ao pagamento da sétima e da oitava hora como extras.

1: correta, pois reflete o disposto na súmula 362 do TST; **2:** incorreta. Isso porque, o aprendiz é um empregado, pois possui vínculo de emprego com a empresa contratante. No entanto, é importante ressaltar que a contratação efetivada por meio de entidades sem fins lucrativos que objetivam a assistência ao adolescente e à educação profissional não gera vínculo de emprego entre o aprendiz e a empresa tomadora dos serviços. Veja art. 431 da CLT de acordo com a redação dada pela Lei 13.420/2017; **3:** correta, pois, nos termos da súmula 423 do TST, estabelecida jornada superior a seis horas e limitada a oito horas por meio de regular negociação coletiva, os empregados submetidos a turnos ininterruptos de revezamento não têm direito ao pagamento da 7ª e 8ª horas como extras. HC

Gabarito "1C, 2E, 3C".

(Procurador do Município – Prefeitura Fortaleza/CE – CESPE – 2017) Julgue os itens seguintes, relativos à suspensão e à rescisão do contrato de trabalho e ao direito coletivo do trabalho.

(1) Segundo o STF, nos planos de dispensa incentivada ou voluntária, não é válida cláusula que dê quitação ampla e irrestrita a todas as parcelas decorrentes do contrato de emprego, mesmo que tal item conste de acordo coletivo de trabalho e dos demais instrumentos assinados pelo empregado, porquanto os direitos trabalhistas são indisponíveis e irrenunciáveis.

(2) Conforme o entendimento do TST, a suspensão do contrato de trabalho em virtude de gozo de auxílio-doença não impede a dispensa por justa causa, ainda que a prática do ato faltoso imputado ao trabalhador tenha sido anterior ao afastamento.

1: incorreta, pois o Plenário do Supremo Tribunal Federal (STF) no julgamento do Recurso Extraordinário (RE) 590415, que teve repercussão geral reconhecida, decidiu que, nos casos de Planos de Dispensa Incentivada (PDIs), é válida a cláusula que dá quitação ampla e irrestrita de todas as parcelas decorrentes do contrato de emprego, desde que este item conste de Acordo Coletivo de Trabalho e dos demais instrumentos assinados pelo empregado; **2:** correta, pois o empregado que comete justa causa (falta grave) não possui direito à estabilidade prevista no art. 118 da Lei 8.213/1991. Veja: TST-E-ED-RR-20300-40.2008.5.01.0263. HC

Gabarito "1E, 2C".

(Advogado União – AGU – CESPE – 2015) Julgue os itens a seguir, relativos a alteração contratual, comissão de conciliação prévia, férias e aviso prévio no direito do trabalho.

(1) Caso um empregado decida converter um terço do período de férias a que tiver direito em abono pecuniário, sobre essa verba incidirão o FGTS e a contribuição previdenciária.

(2) Conforme entendimento consolidado pelo TST, o contrato de trabalho celebrado sem concurso público por empresa pública que venha a ser privatizada será considerado válido e seus efeitos, convalidados.

(3) A comissão de conciliação prévia é órgão extrajudicial cuja atribuição legal é conciliar os conflitos individuais de trabalho, não podendo ela exercer a função de órgão de assistência e homologação de rescisão de contrato de trabalho.

(4) O aviso prévio é um instituto aplicado a contratos de emprego por prazo indeterminado, não incidindo em contratos a termo, visto que, nesse tipo de pacto, as partes ajustam, desde o início, o termo final.

1: incorreta, pois o abono pecuniário não integrará a remuneração do empregado para os efeitos da legislação do trabalho, art. 144 CLT. Veja súmula 386 STJ e OJ 195 SDI 1 TST; **2:** correta, pois, nos termos da súmula 430 TST, convalidam-se os efeitos do contrato de trabalho que, considerado nulo por ausência de concurso público, quando celebrado originariamente com ente da Administração Pública Indireta, continua a existir após a sua privatização; **3:** correta, pois, nos termos do art. 625-A CLT, as CCPs – Comissões de Conciliação Prévia – têm como atribuição tentar conciliar os conflitos individuais do trabalho. A CCP não poderá exercer a função de assistência e homologação de rescisão do contrato de trabalho; **4:** incorreta, pois ao contrato com prazo determinado que contiver a cláusula assecuratória do direito recíproco de rescisão, art. 481 da CLT, aplicam-se os princípios que regem a rescisão dos contratos por prazo indeterminado. Ademais, a súmula 163 do TST ensina que cabe aviso prévio nas rescisões antecipadas dos contratos de experiência, na forma do art. 481 da CLT. HC

Gabarito "1E, 2C, 3C, 4E".

(Procurador do Município – Prefeitura Fortaleza/CE – CESPE – 2017) Em relação aos direitos constitucionais dos trabalhadores, à insalubridade, à remuneração, ao FGTS, ao aviso prévio, às férias e à jornada de trabalho, julgue os itens a seguir.

(1) Embora se trate de direito potestativo do empregado, a regra do abono de férias se aplica aos trabalhadores que gozam de férias coletivas apenas se a conversão for objeto de cláusula da convenção coletiva de trabalho.

(2) Conforme o entendimento do TST, como o empregador não está obrigado por lei a remunerar o trabalho extraordinário prestado por seus gerentes que exerçam cargos de gestão, o empregado não tem direito ao repouso semanal remunerado.

(3) Segundo o STF, o exercício do direito constitucional dos trabalhadores urbanos e rurais que trata da remuneração por serviço extraordinário com acréscimo de, no mínimo, 50% depende de regulamentação específica.

(4) De acordo com o TST, é indevido o pagamento do adicional de insalubridade caso a prova pericial evidencie ter havido neutralização do agente ruído por meio do regular fornecimento e utilização de equipamento de proteção individual.

(5) Situação hipotética: Uma estatal possui, em seu quadro de funcionários, eletricistas contratados mediante concurso público e eletricistas de empresas terceirizadas, todos trabalhando como eletricistas e prestando serviços ligados à atividade fim da estatal e em seu benefício. Entretanto, os empregados da tomadora realizam tarefas mais especializadas que os empregados da prestadora de serviço. Assertiva: Nessa situação, segundo o entendimento do TST, é devido o direito à isonomia salarial, porquanto o que se exige é a identidade de funções, e não de tarefas.

(6) Para que município obtenha concessão de empréstimos ou financiamentos junto a quaisquer entidades financeiras oficiais, é obrigatória a apresentação do Certificado de Regularidade do FGTS, fornecido pela Caixa Econômica Federal.

(7) Considera-se indenizado o aviso prévio quando o empregador desliga o empregado e efetua o pagamento da parcela relativa ao respectivo período. Pode o empregador exigir que o empregado trabalhe parte desse período de aviso prévio.

1: incorreta, pois nos termos do art. 143, § 2º, CLT tratando-se de férias coletivas, o abono pecuniário deverá ser objeto de acordo coletivo entre o empregador e o sindicato representativo da respectiva categoria profissional, independendo de requerimento individual a concessão do abono; **2:** incorreta, pois embora os gerentes que exerçam cargos de gestão estejam excluídos do capítulo de duração do trabalho, nos termos do art. 62, II, CLT, possuem direito ao descanso semanal remunerado. Nos termos do art. 7º, XV, CF e art. 1º da Lei 605/1949 todo empregado tem direito ao repouso semanal remunerado de vinte e quatro horas consecutivas, preferentemente aos domingos; **3:** incorreta, pois, nos termos do art. 7º, XVI, CF, trata-se de um direito assegurado a todo trabalhador, independentemente de regulamentação específica; **4:** correta, pois, nos termos do art. 191, II, CLT e súmula 289 do TST,

havendo a neutralização da insalubridade o adicional será indevido; **5:** correta, pois, nos termos do art. 12, a, da Lei 6.019/1974, é assegurado ao trabalhador temporário remuneração equivalente à percebida pelos empregados da mesma categoria da empresa tomadora ou cliente. Veja também OJ 383 da SDI 1 TST; **6:** correta, pois reflete a disposição do art. 27, *b*, da Lei 8036/1990; **7:** incorreta, pois, embora a primeira parte da assertiva esteja correta, sempre que o empregador dispensar o empregado do cumprimento do aviso prévio, será considerado indenizado. Porém, caso o empregador exija a prestação de serviços nesse período, fala-se em aviso prévio trabalhado. Optando o empregador por dispensar o empregado do cumprimento do aviso prévio, não poderá exigir o trabalho do empregado. **HC**

Gabarito: 1E, 2E, 3E, 4C, 5C, 6C, 7E.

8. DIREITO PROCESSUAL DO TRABALHO

Hermes Cramacon

1. PRINCÍPIOS, ORGANIZAÇÃO DA JUSTIÇA DO TRABALHO, COMPETÊNCIA E NULIDADES PROCESSUAIS

(Procurador – PGE/SP – 2024 – VUNESP) Houve alteração significativa das incumbências da Justiça do Trabalho quando da promulgação da Emenda Constitucional n° 45/2004, com a constitucionalização de diversas situações novas e de hipóteses de atuação antes presentes somente na legislação ordinária. Desde então, o Supremo Tribunal Federal tem analisado com profundidade esse rol de competências, com o estabelecimento de algumas exceções e limitações. Sobre esses precedentes, é possível afirmar com correção que:

(A) compete excepcionalmente à Justiça do Trabalho o julgamento das ações penais relativas aos crimes de desobediência praticados no âmbito das ações trabalhistas.

(B) é da competência da Justiça do Trabalho o julgamento das causas em que se discute a legalidade de atos praticados na fase pré-contratual de concursos públicos.

(C) compete à Justiça do Trabalho o julgamento das lides propostas por empregados públicos em que se pleiteiam parcelas remuneratórias previstas na legislação administrativa e na CLT.

(D) é de atribuição da Justiça Comum estadual ou federal o julgamento das lides ajuizadas contra entidades privadas de previdência com o propósito de obter complementação de aposentadoria.

(E) compete à Justiça do Trabalho julgar as causas relativas aos servidores contratados para suprir necessidade temporária de excepcional interesse público.

A: incorreta, pois no julgamento da ADI 3684, foi afastada qualquer interpretação que confira competência da Justiça do Trabalho para processar e julgar ações penais. **B:** incorreta, pois o STF firmou entendimento no Tema 992, de repercussão geral que é da Justiça Comum (federal ou estadual) a competência para processar e julgar as demandas ajuizadas por candidatos e empregados públicos na fase pré-contratual, relativas a critérios para a seleção e a admissão de pessoal nos quadros de empresas públicas. A matéria foi discutida no Recurso Extraordinário (RE) 960429. **C:** incorreta, pois no julgamento da ADI 3395, a competência da Justiça do Trabalho não abrange causas ajuizadas para discussão de relação jurídico-estatutária entre o Poder Público dos Entes da Federação e seus Servidores. Ademais, no Tema 1143 de repercussão geral, o STF firmou entendimento que a Justiça Comum é competente para julgar ação ajuizada por servidor celetista contra o Poder Público, em que se pleiteia parcela de natureza administrativa. **D:** correta, pois de acordo com o tema 190 (RE 586453), compete à Justiça comum o processamento de demandas ajuizadas contra entidades privadas de previdência com o propósito de obter complementação de aposentadoria, mantendo-se na Justiça Federal do Trabalho, até o trânsito em julgado e correspondente execução. **E:** incorreta, pois no julgamento no julgamento da Rcl 4351 MC-AgR/PE, o STF firmou entendimento que compete à Justiça Comum Estadual e Federal conhecer de toda causa que verse sobre contratação temporária de servidor público.

Gabarito "D".

(Procurador/PA – CESPE – 2022) Determinado empregado ajuizou, no início do ano corrente, reclamação trabalhista, obteve os benefícios da justiça gratuita, mas deixou de comparecer à audiência de instrução, sem motivo legalmente justificável. A reclamação foi arquivada, e o reclamante, condenado ao pagamento das custas processuais. A partir dessa situação hipotética, assinale a opção correta.

(A) O reclamante não poderá propor nova demanda caso não recolha as custas decorrentes do arquivamento da reclamação.

(B) Conforme a Consolidação das Leis do Trabalho e a jurisprudência do Tribunal Superior do Trabalho, além das custas processuais, o reclamante deveria ter sido condenado também em honorários advocatícios não inferiores à razão de 10% sobre o valor da causa.

(C) A condenação do empregado ao pagamento da verba de sucumbência foi incorreta, pois o Supremo Tribunal Federal declarou inconstitucional a norma que estabelece a obrigação do reclamante beneficiário da justiça gratuita de arcar com as custas de reclamação trabalhista arquivada em razão do seu não comparecimento à audiência de instrução.

(D) A reclamação não poderia ter sido arquivada, e a instrução deveria ter ocorrido normalmente, mesmo à revelia do reclamante.

(E) A condenação em custas do beneficiário da justiça gratuita, nesse caso, viola a garantia constitucional do acesso à justiça e não encontra amparo na Consolidação das Leis do Trabalho.

A: correta, pois nos termos do art. 844, § 2°, CLT tendo em vista que a ausência na audiência ocorreu sem motivo legalmente justificável, o empregado será condenado ao pagamento das custas calculadas na forma do art. 789 da CLT, ainda que beneficiário da justiça gratuita. Importante notar que o § 3° do próprio art. 844 da CLT determina que esse pagamento de custas é condição para a propositura de nova demanda. Sobre o tema importante destacar que no julgamento da ADI 5766 o STF reconheceu a constitucionalidade do art. 844, § 2°, CLT. **B:** incorreta, pois nos termos do art. 791-A da CLT os honorários advocatícios sucumbenciais serão fixados entre o mínimo de 5% (cinco por cento) e o máximo de 15% (quinze por cento) sobre o valor que resultar da liquidação da sentença, do proveito econômico obtido ou, não sendo possível mensurá-lo, sobre o valor atualizado da causa. **C:** incorreta, pois a ADI 5766 foi julgada improcedente em relação ao art. 844, § 2°, CLT o que importa dizer que a norma é constitucional. **D:** incorreta, pois o art. 844 da CLT determina que em caso de não comparecimento do reclamante à audiência a reclamação trabalhista deverá ser arquivada. **E:** incorreta, pois no julgamento da ADI 5766 o STF entendeu não haver violação a tal princípio. Ademais, a condenação ao pagamento de custas encontra amparo legal no art. 844, § 2°, da CLT cuja constitucionalidade foi reconhecida pelo STF.

Gabarito "A".

(Procurador Município – Teresina/PI – FCC – 2022) Em relação à competência da Justiça do Trabalho, conforme normas insculpidas na Constituição Federal do Brasil e na Consolidação das Leis do Trabalho,

(A) as ações relativas às penalidades administrativas impostas aos empregadores pelos órgãos de fiscalização das relações de trabalho não estão abrangidas na competência da Justiça do Trabalho, mas sim da Justiça Federal por envolver agente da União.

(B) a servidora municipal Afrodite deve ajuizar ação para reivindicar direitos relativos ao vínculo estatutário na Vara do Trabalho do município em que reside.

(C) a empregada Iris deve propor reclamação trabalhista, em regra, na Vara do Trabalho do município em que prestou os serviços ao empregador, ainda que tenha sido contratada em outra localidade.

(D) a competência da Vara do Trabalho se dá pela localidade em que o empregador tenha sua sede, como regra geral, em razão do princípio da execução menos gravosa ao devedor.

(E) o empregado Thor, que é viajante comercial da empresa Delta e atua em todo Estado do Piauí, deverá propor reclamação trabalhista na Vara do Trabalho de Teresina, Capital do Estado do PI.

A: incorreta, pois nos termos do art. 114, VII, CF a competência será da Justiça do Trabalho. **B:** incorreta, pois de acordo com a decisão proferida no julgamento da ADI 3395 a relação do servidor público estatutário está excluída da competência da Justiça do Trabalho. **C:** correta, pois nos termos do art. 651 da CLT a competência da Vara do Trabalho é determinada pela localidade onde o empregado, reclamante ou reclamado, prestar serviços ao empregador, ainda que tenha sido contratado noutro local ou no estrangeiro. **D:** incorreta, pois a competência da Vara do Trabalho (territorial) é determinada pela localidade onde o empregado, reclamante ou reclamado, prestar serviços ao empregador, ainda que tenha sido contratado noutro local ou no estrangeiro. **E:** incorreta, pois nos termos do art. 651, § 1°, CLT quando for parte de dissídio agente ou viajante comercial, a competência será da Junta da localidade em que a empresa tenha agência ou filial e a esta empregado esteja subordinado e, na falta, será competente a Junta da localização em que o empregado tenha domicílio ou a localidade mais próxima.
Gabarito "C".

(Procurador/PA – CESPE – 2022) Em relação à competência da justiça do trabalho, julgue os seguintes itens.

I. Após a Emenda Constitucional n.° 45/2004, que deu nova redação ao art. 113 da Constituição Federal de 1988, as competências em razão da função e do território dos órgãos da justiça do trabalho passaram a ser definidas pela própria Constituição Federal de 1988.

II. O Supremo Tribunal Federal consolidou o entendimento de que a competência para processar e julgar ações atinentes ao meio ambiente do trabalho de servidor público estatutário é da justiça do trabalho.

III. A justiça do trabalho é competente para processar e julgar interdito proibitório que tenha por objeto assegurar o livre acesso de trabalhadores ao local de trabalho que corre o risco de ser interditado em razão de movimento grevista de trabalhadores da iniciativa privada.

IV. Em conformidade com o entendimento atual do Supremo Tribunal Federal firmado em controle concentrado de constitucionalidade, a Constituição Fede-

ral de 1988 confere à justiça do trabalho jurisdição penal genérica, dada a interpretação sistemática dos incisos I, IV e IX do art. 114 do texto constitucional, alcançando, portanto, ações de caráter penal ou criminal.

Estão certos apenas os itens

(A) I e II.

(B) II e III.

(C) III e IV.

(D) I, II e IV.

(E) I, III e IV.

I: errado, pois a competência territorial é estabelecida pela CLT na forma do art. 651. **II:** certo, no julgamento da Reclamação (Rcl 52.816), reforçou o entendimento previsto na súmula 736 do STF compete à justiça do trabalho julgar as ações que tenham como causa de pedir o descumprimento de normas trabalhistas relativas à segurança, higiene e saúde dos trabalhadores. **III:** correto, pois reflete a disposição contida na súmula vinculante 23 do STF. **IV:** errado, pois O STF, na ADI 3684, decidiu, em definitivo, que a Justiça do Trabalho não tem competência para processar e julgar ações penais.
Gabarito "B".

(Procurador Município – Santos/SP – VUNESP – 2021) Conforme previsão expressa na CLT, assinale a alternativa que trata corretamente da audiência trabalhista.

(A) É facultado ao empregador fazer-se substituir por preposto que tenha conhecimento do fato, desde que este seja empregado da parte reclamada.

(B) Se por motivo poderoso, devidamente comprovado, não for possível ao empregado comparecer pessoalmente, poderá fazer-se representar por outro empregado que pertença à mesma profissão.

(C) É facultado ao empregador fazer-se substituir por preposto, sendo que este não precisa ser empregado da parte da reclamada e não precisa ter conhecimento dos fatos.

(D) Na hipótese de ausência do reclamante, este será condenado ao pagamento das custas, ainda que beneficiário da justiça gratuita, salvo se comprovar, no prazo de oito dias, que a ausência ocorreu por motivo legalmente justificável.

(E) Se ausente o reclamado, ainda que presente seu advogado na audiência, não poderão ser aceitos a contestação e os documentos.

A: incorreto, pois o preposto não precisa ser empregado da empresa reclamada, art. 843, § 3°, CLT. **B:** correto, pois nos termos do art. 843, § 2°, CLT Se por doença ou qualquer outro motivo poderoso, devidamente comprovado, não for possível ao empregado comparecer pessoalmente, poderá fazer-se representar por outro empregado que pertença à mesma profissão, ou pelo seu sindicato. **C:** incorreto, pois o preposto necessita ter conhecimentos dos fatos, art. 843, § 1°, CLT. **D:** incorreto, pois nos termos do art. 844, § 2°, da CLT o prazo é de 15 dias. **E:** incorreto, pois nos termos do art. 844, § 5°, da CLT Ainda que ausente o reclamado, presente o advogado na audiência, serão aceitos a contestação e os documentos eventualmente apresentados.
Gabarito "B".

(Procurador do Município – Boa Vista/RR – 2019 – CESPE/CEBRASPE) Considerando a reforma trabalhista e as súmulas do Tribunal Superior do Trabalho, julgue os itens a seguir, a respeito do princípio constitucional da indispensabilidade do advogado.

(1) Após a reforma trabalhista, o *jus postulandi* foi mitigado, limitando-se à primeira instância.

(2) O *jus postulandi* é aplicável a todos os recursos da seara trabalhista.

(3) O *jus postulandi* não é aplicável aos processos de jurisdição voluntária para homologação de acordo extrajudicial.

---

1. incorreto, pois nos termos da súmula 425 TST o *jus postulandi* limitasse às Varas do Trabalho e aos Tribunais Regionais do Trabalho. **2.** Incorreto, pois nos termos da súmula 425 TST o *jus postulandi* não alcança os recursos de competência do Tribunal Superior do Trabalho. **3:** Correto, pois nos termos do art. 855-B da CLT o processo de homologação de acordo extrajudicial terá início por petição conjunta, sendo obrigatória a representação das partes por advogado.

Gabarito: 1E, 2E, 3C

(Procurador do Estado/TO – 2018 – FCC) O princípio da oralidade é próprio do Direito Processual Civil, embora no Processo do Trabalho ele tenha maior destaque. A doutrina NÃO considera subprincípio derivado da oralidade o princípio da

(A) identidade física do juiz.

(B) concentração dos atos processuais em audiência.

(C) *perpetuatio jurisdictionis.*

(D) imediatidade do juiz na colheita da prova.

(E) irrecorribilidade das decisões interlocutórias.

A: incorreta. O princípio da oralidade diz respeito à realização dos atos processuais pelas partes e pelo juiz na audiência, de forma verbal. Assim, o princípio da identidade física do juiz leciona que o juiz que colhe a prova é o juiz que deverá proferir a sentença. Se relaciona com a oralidade, pois há provas realizadas oralmente, como exemplo: testemunhas. **B:** incorreta, pois o princípio da concentração dos atos processuais em audiência traz a ideia que esses atos são praticados de forma oral. **C:** correta, pois não há relação de tal princípio com a oralidade do processo do trabalho. O princípio da *perpetuatio jurisditionis* ou da perpetuação da competência, objetiva preservar a ação onde inicialmente foi distribuída impedindo o deslocamento de competência de um juízo para outro. **D:** incorreta, pois o princípio da imediatidade ou imediação, ensina que o Juízo de primeiro grau tem contato direto com a colheita e produção das provas por isso, encontra-se apto a valorar o conjunto probatório. **E:** incorreta, pois este princípio ensina que, em regra, as decisões interlocutórias não ensejam de imediato, a interposição de qualquer recurso, permitindo a apreciação do seu merecimento em recurso de decisão definitiva, nos termos do art. 893, § 1º, da CLT, desde que em razão da nulidade do ato haja a manifestação da parte, por meio do protesto antipreclusivo, art. 795 da CLT, que pode ser feito oralmente.

Gabarito: C

(Procurador do Estado/TO – 2018 – FCC) Em relação à organização e competência da Justiça do Trabalho no Brasil, com fulcro na legislação pertinente,

(A) é competência das Varas do Trabalho processar e julgar os dissídios resultantes de contratos de empreitadas em que o empreiteiro seja operário ou artífice.

(B) compete ao Supremo Tribunal Federal processar e julgar originariamente a reclamação para preservação da competência do Tribunal Superior do Trabalho e garantia da autoridade das decisões desta corte.

(C) compete à Justiça do Trabalho processar e julgar as ações oriundas da relação de trabalho, exceto quando se trata de entes de direito público externo.

(D) as ações relativas às penalidades administrativas impostas aos empregadores pelos órgãos de fiscalização das relações de trabalho não são da competência da Justiça do Trabalho, mas sim da Justiça Federal, por se tratar de modalidade tributária.

(E) sendo o empregado viajante é competente a Vara do Trabalho da localidade onde houve a contratação, salvo se ele estiver imediatamente subordinado à uma filial, caso em que será competente a Vara em cuja jurisdição estiver situada a mesma filial ou o foro do domicílio do empregado.

A: correta, pois reflete a disposição do art. 652, III, CLT. **B:** incorreta, pois ao STF cabe processar e julgar a reclamação para a preservação de sua competência e garantia da autoridade de suas decisões, art. 102, I, alínea I, CF. **C:** incorreta, pois nos termos do art. 114, I, CF abrangerá os entes de Direito Público Externo. **D:** incorreta, pois compete a Justiça do Trabalho, art. 114, VII, CF. **E:** incorreta, pois nos termos do art. 651, § 1º, da CLT quando for parte de dissídio agente ou viajante comercial, a competência será da Junta da localidade em que a empresa tenha agência ou filial e a esta o empregado esteja subordinado e, na falta, será competente a Junta da localização em que o empregado tenha domicílio ou a localidade mais próxima.

Gabarito: A

(Procurador do Estado/AC – 2017 – FMP) Considerando a competência em razão da matéria da Justiça do Trabalho para processar e julgar, NÃO É CORRETO afirmar que estão abrangidas as ações

(A) que envolvam o exercício do direito de greve.

(B) de mandados de segurança, *habeas corpus* e *habeas data*, quando o ato questionado envolver matéria sujeita à sua jurisdição.

(C) envolvendo crimes contra a organização do trabalho.

(D) relativas às penalidades administrativas impostas aos empregadores pelos órgãos de fiscalização das relações de trabalho.

(E) sobre representação sindical.

A: correto, art. 114, II, CF. **B:** correto, art. 114, IV, CF. **C:** incorreto, a justiça do trabalho não tem competência criminal. Veja ADI 3684. **D:** correto, art. 114, VII, CF. **E:** correto, art. 114, III, CF.

Gabarito: C

(Procurador do Estado – PGE/MT – FCC – 2016) No estudo da Teoria Geral do Direito Processual do Trabalho com enfoque nos princípios, fontes, hermenêutica e nos métodos de solução dos conflitos trabalhistas,

(A) a autocomposição é uma técnica de solução dos conflitos que consiste na solução direta entre os litigantes diante da imposição de interesses de um sobre o outro, sendo exemplos desta modalidade permitida pela legislação que regula a ordem trabalhista a greve, o locaute, o poder disciplinar do empregador e a autotutela sindical.

(B) por força do princípio da subsidiariedade previsto expressamente no texto consolidado, o direito processual comum será aplicado na Justiça do Trabalho exclusivamente pelo critério da omissão da lei processual trabalhista.

(C) os dissídios individuais ou coletivos submetidos à apreciação da Justiça do Trabalho serão sempre sujeitos à conciliação e, não havendo acordo, o juízo conciliatório converter-se-á, obrigatoriamente, em arbitral; sendo lícito às partes celebrar acordo que ponha termo ao processo, mesmo depois de encerrado o juízo conciliatório.

(D) os costumes, a jurisprudência, a analogia e a autonomia privada coletiva são consideradas fontes materiais do direito processual do trabalho, conforme previsão expressa contida na Consolidação das Leis do Trabalho.

(E) os princípios da irrecorribilidade das decisões interlocutórias e da execução *ex officio* das sentenças se restringem aos processos que tramitam pelo rito sumaríssimo na Justiça do Trabalho.

A: incorreta. O *lockout* é proibido no Brasil, nos termos do art. 17 da Lei 7.783/1989, que dispõe que: "Fica vedada a paralisação das atividades, por iniciativa do empregador, com o objetivo de frustrar negociação ou dificultar o atendimento de reivindicações dos respectivos empregados"; **B:** incorreta, pois, nos termos do art. 769 da CLT, nos casos omissos, o direito processual comum será fonte subsidiária do direito processual do trabalho, exceto naquilo em que for incompatível com suas normas e princípios; **C:** correta, pois, nos termos do art. 764 da CLT, os dissídios individuais ou coletivos submetidos à apreciação da Justiça do Trabalho serão sempre sujeitos à conciliação. O § 2º do mesmo art. 764 da CLT estabelece que, não havendo acordo, o juízo conciliatório converter-se-á obrigatoriamente em arbitral, proferindo decisão. Por fim, o § 3º do citado dispositivo legal determina que é lícito às partes celebrar acordo que ponha termo ao processo, ainda mesmo depois de encerrado o juízo conciliatório; **D:** incorreta, pois os costumes, a jurisprudência, a analogia e a autonomia privada coletiva, são considerados fontes supletivas do Direito do Trabalho, conforme art. 8º, CLT; **E:** incorreta, pois ambos os princípios são aplicados na Justiça do Trabalho, em ambos os procedimentos. **HC**

Gabarito "C".

(Procurador do Estado – PGE/MT – FCC – 2016) Na reclamação trabalhista ajuizada por Diana em face da sua empregadora AMAS – Autarquia Municipal de Assistência Social do Município de Campo Grande, foram analisados dois pedidos. A sentença deferiu a pretensão de maior valor e rejeitou a de menor expressão econômica. Na presente situação, de acordo com as regras da Consolidação das Leis do Trabalho, a responsabilidade pelas custas processuais será:

(A) do réu, que deverá arcar com metade do valor, uma vez que sucumbente apenas em um dos dois pedidos, à base de 1% sobre o valor atribuído à causa.

(B) do réu, que deverá arcar com o pagamento integral à base de 2% sobre o valor da causa, sem isenção, porque tal benefício atinge apenas os órgãos da Administração direta, não abrangendo entes da Administração indireta como as Autarquias.

(C) de ambas as partes, em rateio de 50%, visto que houve sucumbência parcial, ou seja, foram formulados dois pedidos, um foi acolhido e o outro rejeitado; à base de 2% sobre o valor de cada pedido.

(D) do réu, que arcará com o pagamento integral, visto que foi vencido, ainda que em um pedido, à base de 2% sobre o valor da condenação, ficando a Autarquia Municipal, todavia, isenta na forma da lei.

(E) de cada uma das partes, na proporção exata de cada pedido, visto que houve sucumbência recíproca, à base de 1% sobre o valor de cada pedido.

"D" é a opção correta. Isso porque, nos termos do art. 789, § 1º, CLT, as custas serão pagas pelo vencido após o trânsito em julgado da decisão. No caso de recurso, serão pagas e comprovado o recolhimento dentro do prazo recursal, em conformidade com a súmula 245 do TST. Assim, ainda que a ação tenha sido julgada parcialmente procedente, as custas serão de responsabilidade da reclamada. Serão calculadas na base de 2% sobre o valor da condenação, com base no art. 789, I, CLT. Contudo, nos termos do art. 790-A, I, CLT, a Administração direta está isenta do recolhimento. **HC**

Gabarito "D".

(Procurador do Estado – PGE/PR – PUC – 2015) Nos termos da CLT, sobre a nulidade dos atos processuais, é **CORRETO** afirmar:

(A) A nulidade do ato processual poderá ser alegada a qualquer tempo.

(B) A nulidade do ato processual poderá ser aduzida em instância recursal, desde que haja manifesto prejuízo às partes litigantes.

(C) A nulidade do ato processual poderá ser conhecida *ex officio.*

(D) Quando envolver matéria de ordem pública, a nulidade do ato processual poderá ser conhecida *ex officio.*

(E) Tem-se a nulidade do ato processual quando resultar dos atos inquinados manifesto prejuízo às partes litigantes e for arguida à primeira vez em que se manifestar em audiência ou nos autos.

A: incorreta, pois, nos termos do art. 795 da CLT, as nulidades deverão ser arguidas à primeira vez em que tiverem de falar em audiência ou nos autos. Veja art. 278, CPC/2015; **B:** incorreta, pois deverá ser arguida à primeira vez que tiverem de falar em audiência ou nos autos, sob pena de preclusão (veja julgado TRT/SP 02970173659 – Ac. 6ª Turma – n. 02980301498 – rel. Gézio Duarte Medrado – DOE 19.6.98); **C:** incorreta, pois, nos termos do art. 795 da CLT, as nulidades não serão declaradas senão mediante provocação das partes as quais deverão argui-las à primeira vez em que tiverem de falar em audiência ou nos autos.. Vale dizer que somente a nulidade absoluta (incompetência absoluta – material) poderá ser declarada *ex officio* pelo magistrado, de acordo com o art. 795, § 1º, CLT; **D:** incorreta, pois o magistrado tem o dever de conhecer a nulidade em matéria de ordem pública; **E:** correta, pois, nos termos do art. 794 da CLT, só haverá nulidade quando resultar dos atos inquinados manifesto prejuízo às partes litigantes. E, ainda, as nulidades não serão declaradas senão mediante provocação das partes, as quais deverão argui-las à primeira vez em que tiverem de falar em audiência ou nos autos, conforme art. 795 da CLT. **HC**

Gabarito "E".

(Procurador do Estado – PGE/PR – PUC – 2015) O Constituinte prevê a possibilidade de contratação de servidores por tempo determinado para atender à necessidade temporária de excepcional interesse público, observando os parâmetros da lei (art. 37, IX, CF). Em vários casos concretos, o Administrador Público Estadual tem optado em fazer essa contratação pelo regime previsto na Consolidação das Leis do Trabalho (CLT). Caso o sindicato dos servidores públicos promova uma ação judicial questionando a violação de direitos trabalhistas dos servidores temporários (regidos pela CLT), na visão do Supremo Tribunal Federal, a competência para essa ação será da:

(A) Justiça Federal.

(B) Justiça Estadual.

(C) Justiça do Trabalho.

(D) Justiça do Trabalho e da Justiça Federal, simultaneamente.

8. DIREITO PROCESSUAL DO TRABALHO

(E) Justiça Estadual e da Justiça do Trabalho, concorrentemente.

"B" é a resposta correta. Isso porque a contratação em análise é regulada por uma lei especial (art. 37, IX, CF) que, por sua vez, submete a contratação aos termos do Estatuto dos Funcionários Públicos. Assim, verifica-se relação de caráter jurídico-administrativo que, em conformidade com a decisão proferida na ADI 3395/DF, atribui a competência à Justiça Comum. HC
Gabarito "B".

(Procurador do Estado – PGE/BA – CESPE – 2014) Em relação ao direito processual do trabalho, julgue os itens a seguir.

(1) No processo trabalhista, a contradita consiste na denúncia, pela parte interessada, dos motivos que impedem ou tornam suspeito o depoimento da testemunha, e o momento processual oportuno de a parte oferecer a contradita da testemunha ocorre logo após a qualificação desta, antes de o depoente ser compromissado.

(2) Dada a celeridade, que fundamenta o procedimento sumaríssimo, a CLT não admite o deferimento e a realização de prova técnica pericial.

(3) No processo do trabalho, o reclamante que der causa a dois arquivamentos seguidos de reclamação trabalhista em face de seu não comparecimento à audiência fica definitivamente impossibilitado de exercer novamente o direito de reclamar perante a justiça do trabalho, se a nova ação envolver o mesmo reclamante, reclamado e objeto.

(4) Segundo entendimento do TST, o marco inicial da contagem do prazo prescricional para o ajuizamento de ação condenatória, quando advém a dispensa do empregado no curso de ação declaratória com a mesma causa de pedir remota, é a data da extinção do contrato de trabalho.

(5) Consoante entendimento do TST, é válido o substabelecimento de advogado investido de mandato tácito, que se configura com o comparecimento do advogado e da parte em audiência.

1: correta. A contradita deve ser arguida após a qualificação da testemunha e antes dela prestar o compromisso, sob pena de preclusão. Veja art. 457 do CPC/2015; **2:** incorreta, pois a prova técnica/pericial é admitida no procedimento sumaríssimo, nos termos do art. 852-H, § 4º, CLT; **3:** incorreta, pois, nos termos do art. 732 da CLT, o reclamante perderá o direito de propor nova reclamação pelo prazo de 6 meses. É o que se denomina "perempção provisória."; **4:** incorreta, pois, nos termos da OJ 401 SDI 1 do TST, o marco inicial da contagem do prazo prescricional para o ajuizamento de ação condenatória, quando advém a dispensa do empregado no curso de ação declaratória que possua a mesma causa de pedir remota, é o trânsito em julgado da decisão proferida na ação declaratória e não a data da extinção do contrato de trabalho; **5:** incorreta, pois, nos termos da OJ 200 da SDI 1 do TST, é inválido o substabelecimento de advogado investido de mandato tácito. HC
Gabarito "1C, 2E, 3E, 4E, 5E".

(Procurador do Estado/BA – 2014 – CESPE) Em relação ao direito processual do trabalho, julgue o seguinte item.

(1) No processo trabalhista, a contradita consiste na denúncia, pela parte interessada, dos motivos que impedem ou tornam suspeito o depoimento da testemunha, e o momento processual oportuno de a parte oferecer a contradita da testemunha ocorre logo após a qualificação desta, antes de o depoente ser compromissado.

---

1. Opção correta, pois a contradita deve ser levantada após a qualificação da testemunha, podendo ser arguida até o momento imediatamente anterior ao início do depoimento. Iniciado este, estará preclusa a faculdade de contraditar a testemunha. HC
Gabarito "1C".

(Procurador Federal – 2013 – CESPE) Em relação ao direito processual do trabalho, julgue o seguinte item.

(1) Perante o TST cabe recurso sob a forma de embargos de nulidade, por violação de lei federal ou da CF.

---

1. Opção incorreta, pois com a edição da Lei 11.496/2007 que modificou a redação do art. 894 da CLT deixou de existir os embargos de nulidade, por violação de lei federal ou da Constituição Federal. HC
Gabarito "1E".

(Procurador Federal – 2013 – CESPE) Julgue o seguinte item.

(1) Compete à justiça comum, e não à justiça do trabalho, a execução da contribuição referente ao seguro de acidente de trabalho, pois este não tem natureza de contribuição para a seguridade social.

---

1. Opção incorreta, pois nos termos do art. 114, VIII, da CF é competência material da Justiça do Trabalho a execução, de ofício, das contribuições sociais previstas no art. 195, I, *a*, e II, e seus acréscimos legais, decorrentes das sentenças que proferir. HC
Gabarito "1E".

(Procurador Federal – 2013 – CESPE) Julgue o seguinte item.

(1) Segundo entendimento do TST, a justiça do trabalho não pode executar, de ofício, contribuições previdenciárias fixadas na comissão de conciliação prévia, já que o termo lavrado na conciliação é título executivo extrajudicial.

1: Opção incorreta, pois nos termos do art. 114, VIII e IX, da CF e art. 876 da CLT está inserida na competência material da Justiça do Trabalho a execução do termo lavrado na comissão de conciliação prévia. Veja no TST decisão no processo RR-40600-80.2009.5.09.0096. HC
Gabarito "1E".

2. PRESCRIÇÃO

(Procurador Município – Santos/SP – VUNESP – 2021) Sobre prescrição trabalhista, assinale a alternativa correta nos termos da CLT.

(A) A interrupção da prescrição somente ocorrerá pelo ajuizamento de reclamação trabalhista, mesmo que em juízo incompetente, ainda que venha a ser extinta sem resolução do mérito, produzindo efeitos em relação a todos os direitos trabalhistas.

(B) A interrupção da prescrição somente ocorrerá pelo ajuizamento de reclamação trabalhista, exceto em caso de juízo incompetente, ainda que venha a ser extinta sem resolução do mérito, produzindo efeitos apenas em relação aos pedidos idênticos.

(C) Ocorre a prescrição intercorrente no processo do trabalho no prazo de cinco anos.

(D) A declaração da prescrição intercorrente pode ser requerida ou declarada de ofício em qualquer grau de jurisdição.

(E) A declaração da prescrição intercorrente não pode ser declarada de ofício.

A: incorreto, pois nos termos do art. 11, § 3º, CLT produz efeitos apenas em relação aos pedidos idênticos. B: incorreto, pois nos termos do art. 11, § 3º, CLT mesmo que a reclamação seja proposta em juízo incompetente ocorrerá a interrupção da prescrição. C: incorreto, pois nos termos do art. 11-A da CLT o prazo da prescrição intercorrente é de 2 anos. D: correta, pois nos termos do art. 11-A, § 2º, da CLT a prescrição intercorrente poderá ser requerida ou declarada de ofício em qualquer grau de jurisdição. E: incorreto, pois a prescrição intercorrente pode ser declarada de ofício, art. 11-A, § 2º, da CLT.

Gabarito "D".

(Procurador do Estado/TO – 2018 – FCC) Hermes pretende propor reclamação trabalhista em face de sua empregadora Empresa Alpha para postular indenização por danos morais em razão de humilhação sofrida por xingamentos proferidos por seu superior, além do pagamento de horas extraordinárias. Neste caso, o prazo prescricional será de

(A) dois anos contados da data em que ocorreu o fato que gerou o dano moral e cinco anos para as horas extras contados do encerramento do contrato.

(B) dois anos na vigência do contrato, até o limite de cinco anos após a extinção para ambos os pedidos.

(C) cinco anos na vigência do contrato, até o limite de dois anos após a extinção do contrato de trabalho para ambos os pedidos.

(D) dois anos para o dano moral e cinco anos para as horas extras, sempre contados da extinção do contrato de trabalho.

(E) cinco anos para o dano moral e dois anos para as horas extras, sempre contados após a extinção do contrato de trabalho.

A prescrição trabalhista vem disposta no art. 7º, XXIX, da CF e art. 11 da CLT. O TST se manifestou sobre a prescrição em sua súmula 308. No âmbito trabalhista, duas regras de prescrição devem ser observadas. A prescrição bienal refere-se ao direito de o trabalhador postular seus direitos após a extinção do contrato de trabalho. O reclamante deverá obedecer à prescrição bienal, ou seja, deverá ingressar com reclamação trabalhista no prazo de 2 (dois) anos contados do término do contrato de trabalho. Já a prescrição quinquenal se refere às lesões a direitos ocorridas durante a vigência do contrato. Nessa linha, uma vez extinto o contrato de trabalho, o obreiro terá prazo de 2 (dois) anos para pleitear seus direitos na Justiça do Trabalho. Todavia, poderá reclamar os 5 (cinco) anos que antecedem à propositura da reclamação trabalhista.

Gabarito "C".

(Procurador do Estado/AC – 2017 – FMP) De acordo com o entendimento sumulado pelo Tribunal Superior do Trabalho, quanto ao instituto da prescrição, é CORRETO afirmar que

(A) pode ser pronunciado de ofício pelo órgão julgador.

(B) não se conhece, uma vez não arguido na instância ordinária.

(C) pode ser arguido em sede de recurso de revista.

(D) é matéria exclusiva da defesa trabalhista.

(E) é próprio de vir a ser arguido em preliminar na contestação.

A: incorreta, pois a CLT, ao tratar da prescrição em seu artigo 11, não prevê a possibilidade de o juiz a decretar de ofício. Ademais, a regra civilista entra em choque com vários princípios constitucionais, como

o da valorização do trabalho e do emprego, o da norma mais favorável e o da submissão da propriedade à sua função socioambiental, além do próprio princípio da proteção. B: correto, pois reflete a disposição da súmula 153 do TST. C: incorreto, pois nos termos da súmula 153 do TST deve ser arguida na instância ordinária. D: incorreta, pois nos termos da súmula 153 do TST deve ser arguida na instância ordinária, não apenas em defesa (contestação) E: incorreta, pois as matérias preliminares de contestação estão dispostas no art. 337 do CPC. A prescrição deve ser alegada como prejudicial de mérito.

Gabarito "B".

(Procurador Distrital – 2014 – CESPE) Julgue o item abaixo, referente à prescrição e à decadência no processo do trabalho.

(1) A prescrição não arguida na instância ordinária não poderá constituir fundamento de recurso para a instância superior.

1: Opção correta, pois reflete o entendimento consubstanciado na Súmula 153 do TST. HC

Gabarito "1C".

(Procurador do Estado/BA – 2014 – CESPE) Em relação ao direito processual do trabalho, julgue o seguinte item.

(1) Segundo entendimento do TST, o marco inicial da contagem do prazo prescricional para o ajuizamento de ação condenatória, quando advém a dispensa do empregado no curso de ação declaratória com a mesma causa de pedir remota, é a data da extinção do contrato de trabalho.

1: Opção incorreta, pois em conformidade com o entendimento consubstanciado na OJ 401 da SDI 1 do TST o marco inicial da contagem do prazo prescricional é o trânsito em julgado da ação declaratória e não a data de extinção do contrato de trabalho. HC

Gabarito "1E".

3. RESPOSTAS E INSTRUÇÃO PROCESSUAL

(Procurador – PGE/SP – 2024 – VUNESP) Sobre as disposições legais relativas ao Processo do Trabalho, é correto afirmar:

(A) nos processos de alçada, a sentença é irrecorrível, salvo violação da Constituição Federal ou da jurisprudência notória e iterativa do Tribunal Superior do Trabalho.

(B) ausente o reclamado na audiência inaugural, é possível o recebimento da contestação e dos documentos apresentados, se presente o advogado da causa.

(C) a exceção de incompetência territorial deve ser alegada como preliminar de contestação.

(D) a Fazenda Pública goza do prazo mínimo de 20 dias úteis de antecedência para a realização da audiência inaugural e apresentação de defesa, cujo termo inicial é a data da própria notificação, quando a ciência da existência do processo é realizada por intermédio de oficial de justiça ou por meio eletrônico.

(E) a concessão de tutela de urgência ou de evidência no corpo da sentença é combatível por meio da impetração de mandado de segurança dirigido ao Tribunal Regional do Trabalho competente.

A: incorreta, pois nos termos do art. 2º, § 4º, da Lei 5.584/70, nos dissídios de alçada (procedimento sumário) somente caberá recurso se versarem sobre matéria constitucional. B: correta, pois nos termos do art. 844, § 5º, da CLT, ainda que ausente o reclamado, presente o

8. DIREITO PROCESSUAL DO TRABALHO · 365

advogado na audiência, serão aceitos a contestação e os documentos eventualmente apresentados. **C:** incorreta, pois a exceção de incompetência territorial deverá ser apresentada em petição autônoma, seguindo o procedimento disposto no art. 800 e seus parágrafos, da CLT. **D:** incorreta, pois embora o prazo do art. 841 da CLT seja em quádruplo (art. 1º, II, do DL 779/69), o termo inicial se dá no primeiro dia útil após a intimação. **E:** incorreta, pois a tutela provisória concedida na sentença não comporta impugnação pela via do mandado de segurança, por ser impugnável mediante recurso ordinário, em conformidade com o entendimento disposto na Súmula 414, I, TST.
Gabarito "B".

(Procurador do Estado/TO – 2018 – FCC) O Processo Judiciário do Trabalho estipula alguns ritos ou procedimentos próprios com regras diferenciadas para a sua condução. Conforme previsões contidas na Consolidação das Leis do Trabalho, o limite legal do número de testemunhas para cada parte para os dissídios individuais que tramitam pelo rito sumaríssimo, rito ordinário e inquérito para apuração de falta grave, é respectivamente,

(A) duas, três e cinco.

(B) duas, três e seis.

(C) duas, cinco e seis.

(D) três, cinco e cinco.

(E) três, seis e duas.

Nos termos do art. 821 da CLT cada uma das partes não poderá indicar mais de 3 (três) testemunhas, salvo quando se tratar de inquérito, caso em que esse número poderá ser elevado a 6 (seis). Já no procedimento sumaríssimo o limite é de 2 testemunhas por parte, art. 852-H, § 2º, da CLT.
Gabarito "B".

(Procurador do Estado – PGE/PR – PUC – 2015) Em se tratando de ação trabalhista contra a Administração Pública Municipal, o empregador público se fará representar em audiência una:

(A) Pelo procurador municipal.

(B) Por qualquer munícipe, considerando os interesses envolvidos.

(C) Por seu preposto, o qual deve ser empregado.

(D) Por seu preposto, não sendo exigido que seja empregado ou funcionário público.

(E) Pelo procurador municipal ou advogado particular regularmente habilitado.

"C" é a resposta correta. Isso porque ao utilizar a expressão "empregador público" a banca examinadora considerada como sendo uma contratação de empregado público (sociedade de economia mista ou empresa pública) que, nos termos do art. 173, § 1º, II, CLT, sujeita-se ao regime próprio das empresas privadas e por isso devem ser representadas por preposto, nos termos do art. 843, § 1º, CLT. Importante destacar que nos termos do § 3º do art. 843 da CLT, de acordo com a Lei 13.467/2017, o preposto a que se refere o § 1º não precisa ser empregado da parte reclamada. HC
Gabarito "C".

(Procurador do Estado – PGE/PA – UEPA – 2015) Quanto às normas processuais que regem os dissídios individuais submetidos à Justiça do Trabalho, é correto afirmar que:

(A) a compensação é uma forma de extinção das obrigações que só poderá ser arguida como matéria de defesa e, na Justiça do Trabalho, está restrita a dívidas de natureza trabalhista.

(B) não é admissível reconvenção em ação declaratória.

(C) os créditos trabalhistas são executados no próprio processo trabalhista e não no juízo falimentar.

(D) as prerrogativas processuais da Fazenda Pública são limitadas na Justiça do Trabalho em razão da natureza do crédito trabalhista e do princípio da celeridade, a exemplo da dispensa da expedição de precatório para pagamento dos débitos judiciais pelo Ente Público.

(E) não são devidos honorários advocatícios no processo do trabalho quando o sindicato figure como substituto processual do reclamante.

A: correta, pois, nos termos do art. 767 da CLT, a compensação só poderá ser arguida como matéria de defesa. Ademais, nos termos da súmula 18 do TST, a compensação, na Justiça do Trabalho, está restrita a dívidas de natureza trabalhista; **B:** incorreta, pois, nos termos da súmula 258 do STF, é admissível reconvenção em ação declaratória; **C:** incorreta, pois serão executadas no juízo falimentar. Veja art. 768 da CLT e art. 6º, § 2º, da Lei 11.101/2005. Veja, também, STF – RE 583.955/RJ. Repercussão geral, Relator Ministro Ricardo Lewandowski, DJE 28.8.2009; **D:** opção incorreta, pois, embora as prerrogativas processuais da Fazenda Pública na Justiça do Trabalho sejam limitadas em virtude da natureza do crédito trabalhista (alimentar) e do princípio da celeridade, nem todos os débitos da Fazenda Pública estão sujeitos à dispensa de expedição de precatório. Veja súmula 303 do TST; **E:** incorreta, pois, nos termos do art. 791-A e § 1º da CLT, de acordo com a redação dada pela Lei 13.467/2017, ao advogado, ainda que atue em causa própria, serão devidos honorários de sucumbência, fixados entre o mínimo de 5% (cinco por cento) e o máximo de 15% (quinze por cento) sobre o valor que resultar da liquidação da sentença, do proveito econômico obtido ou, não sendo possível mensurá-lo, sobre o valor atualizado da causa HC
Gabarito "A".

(Procurador do Estado – PGE/RN – FCC – 2014) Em uma Reclamação Trabalhista na qual o Estado do Rio Grande do Norte fez-se representar por sua procuradora Janaína Areias, declarou o juiz de primeira instância a irregularidade dessa representação, eis que não foram carreados aos autos o ato de nomeação da procuradora, nem qualquer instrumento de mandato, embora as peças tenham sido assinadas pela procuradora com a declaração de seu cargo e indicação do seu número de inscrição na Ordem dos Advogados do Brasil.

Nessas condições, ante o entendimento sumulado pelo Tribunal Superior do Trabalho, o juiz agiu:

(A) equivocadamente, porque, em razão da fé pública, presume-se regular a representação do Estado.

(B) equivocadamente, porque embora não tenha sido juntado qualquer documento, a procuradora prestou declaração de exercício do seu cargo.

(C) acertadamente, porque a juntada do instrumento de mandato era indispensável.

(D) acertadamente, porque a comprovação do ato de nomeação era indispensável.

(E) acertadamente, porque tanto a juntada do instrumento de mandato como a comprovação do ato de nomeação eram indispensáveis.

"B" é a opção correta. Isso porque, nos termos da súmula 436 do TST, a União, Estados, Municípios e Distrito Federal, suas autarquias e fundações públicas, quando representadas em juízo, ativa e passivamente, por seus procuradores, estão dispensadas da juntada de instrumento de mandato e de comprovação do ato de nomeação. Ademais, é essencial que o signatário ao menos declare-se exercente do cargo de procurador, não bastando a indicação do número de inscrição na Ordem dos Advogados do Brasil. **HC**

Gabarito "B".

(Procurador do Estado/BA – 2014 – CESPE) Em relação ao direito processual do trabalho, julgue o seguinte item.

(1) Dada a celeridade, que fundamenta o procedimento sumaríssimo, a CLT não admite o deferimento e a realização de prova técnica pericial.

1: Opção errada, pois no procedimento sumaríssimo admite-se a realização de prova técnica pericial, nos termos do art. 852-H, § 4°, da CLT. **HC**

Gabarito "1E".

(Procurador do Estado/BA – 2014 – CESPE) Em relação ao direito processual do trabalho, julgue o seguinte item.

(1) No processo do trabalho, o reclamante que der causa a dois arquivamentos seguidos de reclamação trabalhista em face de seu não comparecimento à audiência fica definitivamente impossibilitado de exercer novamente o direito de reclamar a justiça do trabalho, se a nova ação envolver o mesmo reclamante, reclamado e objeto.

1: Opção incorreta, pois nos termos dos arts. 731 e 732 da CLT a perda do direito de propor nova reclamação trabalhista se dá por 6 meses, que chamamos de perempção provisória. **HC**

Gabarito "1E".

(Procurador Federal – 2013 – CESPE) Julgue o seguinte item.

(1) Segundo entendimento pacificado do TST, é devida a contribuição previdenciária sobre o valor do acordo celebrado e homologado após o trânsito em julgado de decisão judicial, respeitada a proporcionalidade de valores entre as parcelas de natureza salarial e indenizatória deferidas na decisão condenatória e as parcelas objeto do acordo.

1: Opção correta, pois reflete o entendimento disposto na OJ 376 da SDI 1 do TST. **HC**

Gabarito "1C".

4. PROCEDIMENTOS E SENTENÇA

(Procurador do Estado/AC – 2017 – FMP) Considerando o regramento previsto na Consolidação das Leis do Trabalho a respeito do procedimento sumaríssimo, é CORRETO afirmar que

(A) as exceções de incompetência serão decididas em quarenta e oito horas pelo Juízo da Vara do Trabalho.

(B) as testemunhas, até o máximo de três para cada parte, comparecerão à audiência de instrução e julgamento independentemente de intimação.

(C) a apreciação da reclamação deverá ocorrer no prazo máximo de trinta dias do seu ajuizamento.

(D) a sentença mencionará os elementos de convicção do Juízo, observados o relatório, a fundamentação e o dispositivo.

(E) estão excluídas do procedimento as demandas em que é parte a Administração Pública direta, autárquica e fundacional.

A: incorreta, pois nos termos do art. 852- G da CLT serão decididos, de plano, todos os incidentes e exceções que possam interferir no prosseguimento da audiência e do processo. As demais questões serão decididas na sentença. **B:** incorreta, pois nos termos do art. 852- H, § 2°, da CLT o limite é de duas testemunhas. **C:** incorreta, pois nos termos do art. 852-B, III, da CLT a apreciação da reclamação deverá ocorrer no prazo máximo de 15 dias do seu ajuizamento, podendo constar de pauta especial, se necessário, de acordo com o movimento judiciário. **D:** incorreta, pois nos termos do art. 852-I da CLT sentença mencionará os elementos de convicção do juízo, com resumo dos fatos relevantes ocorridos em audiência, dispensado o relatório. **E:** correta, pois reflete a disposição do art. 852-A, parágrafo único, CLT.

Gabarito "E".

(Procurador do Estado/SE – 2017 – CESPE) Foi ajuizada uma reclamatória trabalhista pleiteando-se, além das verbas rescisórias, o pagamento de adicional de insalubridade em virtude das condições de trabalho do estabelecimento empregador. Assim, foi determinada pelo juízo a realização de perícia técnica, sendo facultado o acompanhamento da diligência por assistente técnico. No início do trabalho, o perito observou que o local onde eram prestados os serviços pelo reclamante estava desativado, o que tornou inviável a realização da perícia determinada.

Nessa situação hipotética, de acordo com o entendimento do TST,

(A) a perícia para avaliar a caracterização e a classificação da insalubridade deverá ser efetuada por qualquer médico ou engenheiro.

(B) embora a perícia seja obrigatória para a verificação da insalubridade, no caso de impossibilidade de sua realização por fechamento do local de trabalho, o magistrado poderá utilizar outros meios de prova.

(C) apesar de a perícia ser prova facultativa, a demanda prosseguirá com relação aos demais pedidos, e o pleito de adicional de insalubridade será julgado improcedente por falta de condições de sua comprovação.

(D) os honorários do assistente técnico deverão ser arcados pela parte sucumbente na perícia.

(E) o comparecimento do perito ao local da diligência gerará honorários periciais, os quais deverão ser suportados, na hipótese de o reclamante ser beneficiário da justiça gratuita, pelo estado no qual está sendo processada a reclamatória.

"B" é a opção correta. Isso porque, nos termos da OJ 278 da SDI 1 do TST, A realização de perícia é obrigatória para a verificação de insalubridade. Quando não for possível sua realização, como em caso de fechamento da empresa, poderá o julgador utilizar-se de outros meios de prova. **HC**

Gabarito "B".

(Procurador do Estado/SE – 2017 – CESPE) Na audiência de instrução e julgamento de uma reclamação trabalhista, após a qualificação da única testemunha arrolada pelo reclamante, a qual havia trabalhado com ele na empresa demandada, esta apresentou contradita sob a alegação de que a testemunha também havia ajuizado contra ela reclamatória trabalhista, fato que, segundo a companhia, geraria sua suspeição.

Nessa situação hipotética, a contradita apresentada deverá ser

8. DIREITO PROCESSUAL DO TRABALHO

(A) deferida, sob o argumento de que trabalhar na mesma empresa pressupõe amizade íntima, também levando à suspeição.

(B) indeferida, pois o fato de a testemunha ter ajuizado a reclamação trabalhista constitui causa de impedimento, e não de suspeição.

(C) indeferida, por se tratar da única testemunha do reclamante, de modo que acatar a suspeição consistiria em ofensa ao contraditório e à ampla defesa.

(D) deferida, pois o fato de a testemunha ter ajuizado reclamação trabalhista contra a reclamada torna questionável, como meio de prova, o depoimento dela.

(E) indeferida, haja vista que o simples fato de litigar contra a mesma reclamada não é razão suficiente para gerar suspeição.

"E" é a opção correta. Isso porque, nos termos da súmula 357 do TST não torna suspeita a testemunha o simples fato de estar litigando ou de ter litigado contra o mesmo empregador. HC

Gabarito "E".

(Procurador do Estado/SE – 2017 – CESPE) Com relação às audiências no processo do trabalho, assinale a opção correta.

(A) A contestação deverá ser apresentada no prazo de quinze dias a contar da data da audiência de conciliação.

(B) As partes formularão perguntas diretamente às testemunhas, em atenção ao disposto no CPC vigente.

(C) Após o interrogatório pessoal dos litigantes, a instrução processual poderá prosseguir sem as partes, permanecendo os seus representantes.

(D) O termo de conciliação em audiência vale como decisão irrecorrível e oponível *erga omnes*.

(E) As partes, ao comparecerem em audiência, devem estar acompanhadas de seu procurador ou defensor público.

A: opção incorreta, pois nos termos do art. 847 da CLT não havendo acordo, o reclamado terá vinte minutos para aduzir sua defesa, após a leitura da reclamação, quando esta não for dispensada por ambas as partes. B: opção incorreta, pois nos termos do art. 820 da CLT As partes e testemunhas serão inquiridas pelo juiz ou presidente, podendo ser reinquiridas, por seu intermédio, a requerimento dos vogais, das partes, seus representantes ou advogados. Não se aplica ao Processo do Trabalho a norma do art. 459 do CPC/2015 no que permite a inquirição direta das testemunhas pela parte, pois a CLT possui regramento específico em seu art. 820, nos termos do art. 11 da IN 39 do TST. C: opção correta, pois nos termos do art. 848, § 1º, da CLT findo o interrogatório, poderá qualquer dos litigantes retirar-se, prosseguindo a instrução com o seu representante. D: opção incorreta, pois nos termos do art. 831, parágrafo único, da CLT, "No caso de conciliação, o termo que for lavrado valerá como decisão irrecorrível, salvo para a Previdência Social quanto às contribuições que lhe forem devidas". E: opção incorreta, pois nos termos do art. 843 da CLT, na audiência de julgamento deverão estar presentes o reclamante e o reclamado, independentemente do comparecimento de seus representantes salvo, nos casos de Reclamatórias Plúrimas ou Ações de Cumprimento, quando os empregados poderão fazer-se representar pelo Sindicato de sua categoria. HC

Gabarito "C".

(Procurador do Estado/SE – 2017 – CESPE) Empregado de empresa de serviços gerais e conservação que prestava serviços para uma autarquia ajuizou reclamação trabalhista em desfavor desta e de sua empregadora, pleiteando o pagamento de horas extras e dando à causa o valor equivalente a trinta e oito salários mínimos.

Considerando-se a legislação pertinente e o rito processual trabalhista, é correto afirmar que, nessa situação hipotética,

(A) a demanda deverá, necessariamente, atender ao procedimento ordinário.

(B) cada uma das partes poderá requerer a oitiva de até seis testemunhas.

(C) em razão da obrigatoriedade de recurso no caso de a autarquia ser vencida na demanda, o magistrado não poderá tentar a conciliação.

(D) a demanda deverá, necessariamente, atender ao procedimento sumaríssimo.

(E) caso a petição inicial não apresente os pedidos liquidados, o processo será arquivado, com condenação ao pagamento de custas.

"A" é a opção correta. Nos termos do art. 852-A da CLT os dissídios individuais cujo valor não exceda a quarenta vezes o salário mínimo vigente na data do ajuizamento da reclamação ficam submetidos ao procedimento sumaríssimo. No entanto, o parágrafo único do mesmo dispositivo legal ensina que estão excluídas do procedimento sumaríssimo as demandas em que é parte a Administração Pública direta, autárquica e fundacional. Por essa razão a ação deverá tramitar por procedimento ordinário em que cada parte poderá indicar até três testemunhas, art. 821 da CLT. HC

Gabarito "A".

(Procurador do Estado/BA – 2014 – CESPE) Acerca de recursos, execução trabalhista e dissídio coletivo, julgue o item seguinte.

(1) Segundo entendimento do TST, a fazenda pública, quando condenada subsidiariamente pelas obrigações trabalhistas devidas pela empregadora principal, não se beneficia da limitação dos juros, prevista no art. 1.º-F da Lei nº 9.494/1997.

1: Opção correta, pois reflete o entendimento disposto na OJ 382 da SDI 1 do TST. HC

Gabarito "1C".

5. RECURSOS

(Procurador Fazenda Nacional – AGU – 2023 – CEBRASPE) Em relação ao recurso de revista no processo do trabalho, assinale a opção correta.

(A) Caberá recurso de revista contra decisão proferida por tribunal regional do trabalho em execução de sentença, inclusive em processo incidente de embargos de devedor.

(B) A parte recorrente, sob pena de não conhecimento do recurso, tem o ônus de expor as razões do pedido de reforma, impugnando todos os fundamentos jurídicos da decisão recorrida, inclusive mediante demonstração analítica de cada dispositivo legal cuja contrariedade aponte.

(C) O recurso de revista terá efeito suspensivo e devolutivo, devendo ser interposto perante o presidente do tribunal regional do trabalho, que, por decisão fundamentada, poderá recebê-lo ou denegá-lo, submetendo a negativa do recurso a referendo do colegiado do tribunal.

(D) O desrespeito da instância recorrida à jurisprudência fixada em súmula ou orientação jurisprudencial do TST, ou em decisão com repercussão geral pautada para julgamento no STF, caracteriza indicador de transcendência política a ensejar a admissibilidade do recurso de revista.

(E) Nas causas sujeitas ao procedimento sumaríssimo, somente será admitido recurso de revista por contrariedade a súmula de jurisprudência uniforme do TST ou suas seções ou a súmula comum do STF.

A: incorreta, pois nos termos do art. 896, § 2º, da CLT, das decisões proferidas pelos Tribunais Regionais do Trabalho ou por suas Turmas, em execução de sentença, inclusive em processo incidente de embargos de terceiro, não caberá Recurso de Revista, salvo na hipótese de ofensa direta e literal de norma da Constituição Federal. **B:** correta, pois reflete a disposição do ar. 896, § 1º-A, III, da CLT. **C:** incorreta, pois nos termos do art. 896, § 1º, da CLT o recurso de revista, dotado de efeito apenas devolutivo, será interposto perante o Presidente do Tribunal Regional do Trabalho, que, por decisão fundamentada, poderá recebê-lo ou denegá-lo. **D:** incorreta, pois nos termos do art. 896-A, § 1º, II, da CLT é indicador de transcendência política, o desrespeito da instância recorrida à jurisprudência sumulada do Tribunal Superior do Trabalho ou do Supremo Tribunal Federal. **E:** incorreta, pois nos termos do art. 896, § 9º, da CLT, nas causas sujeitas ao procedimento sumaríssimo, somente será admitido recurso de revista por contrariedade a súmula de jurisprudência uniforme do Tribunal Superior do Trabalho ou a súmula vinculante do Supremo Tribunal Federal e por violação direta da Constituição Federal.

Gabarito "B".

(Procurador Federal – AGU – 2023 – CEBRASPE) Considerando o entendimento do TST e da Justiça do Trabalho, assinale a opção correta a respeito dos recursos e seus pressupostos no processo do trabalho.

(A) Cabe a interposição de embargos para a Subseção I da Seção Especializada em Dissídios Individuais do Tribunal Superior do Trabalho contra decisão de turma proferida em agravo de instrumento em recurso de revista.

(B) O agravo interno interposto por advogado cujo substabelecimento tenha sido outorgado por pessoa que não possuía poderes para tanto será tido como inexistente.

(C) A ausência de recolhimento das custas processuais quando da interposição do recurso ordinário em mandado de segurança não autoriza a abertura de prazo para regularização do preparo.

(D) Constitui erro grosseiro a oposição de embargos de declaração para suprir omissão quanto a um tema no juízo de admissibilidade do recurso de revista exercido pela presidência de tribunal regional do trabalho.

(E) É irrecorrível a decisão monocrática que considera ausente a transcendência da matéria em agravo de instrumento em recurso de revista.

A: incorreta, pois nos termos da Súmula 353, f, do TST, não cabem embargos para a Seção de Dissídios Individuais de decisão de Turma proferida em agravo contra decisão de Turma proferida em agravo em recurso de revista, nos termos do art. 894, II, da CLT. **B:** incorreta, pois o recurso não poderá ser declarado inexistente de plano. Isso porque, nos termos da Súmula 383, II, do TST, verificada a irregularidade de representação da parte em fase recursal, em procuração ou substabelecimento já constante dos autos, o relator ou o órgão competente para julgamento do recurso designará prazo de 5 (cinco) dias para que seja sanado o vício. Descumprida a determinação, o relator não conhecerá do recurso, se a providência couber ao recorrente, ou determinará

o desentranhamento das contrarrazões, se a providência couber ao recorrido. **C:** correta, pois de acordo com a OJ 148 SDI 2 do TST é responsabilidade da parte, para interpor recurso ordinário em mandado de segurança, a comprovação do recolhimento das custas processuais no prazo recursal, sob pena de deserção. Ademais, o recolhimento das custas processuais constitui pressuposto extrínseco recursal e sua comprovação deve ocorrer dentro do prazo recursal, nos termos do art. 789, § 1º, da CLT. **D:** incorreta, pois não se constitui erro grosseiro, na medida em que o art. 1º, § 1º IN-40 TST ensina que se houver omissão no juízo de admissibilidade do recurso de revista quanto a um ou mais temas, é ônus da parte interpor embargos de declaração para órgão prolator da decisão embargada supri-la (CPC, art. 1.024, § 2º), sob pena de preclusão. **E:** incorreta, pois o art. 896-A, § 5º, da CLT que ensinava ser irrecorrível a decisão monocrática do relator que, em agravo de instrumento em recurso de revista, considerar ausente a transcendência da matéria, foi considerado inconstitucional pelo Tribunal Pleno do TST no julgamento da Arguição de Inconstitucionalidade — ArgInc-1000845-52.2016.5.02.0461.

Gabarito "C".

(Procurador – PGE/SP – 2024 – VUNESP) Acerca do regramento legal e jurisprudencial dos recursos na Justiça do Trabalho, é correto afirmar:

(A) compete à parte zelar pela completude do despacho denegatório de recurso de revista, devendo opor embargos de declaração para sanar eventual omissão em seu conteúdo, sob pena de preclusão da discussão da matéria não apreciada.

(B) verificada a nulidade da sentença por ausência de produção de prova pericial, é possível ao Tribunal julgar o mérito do recurso ordinário pela aplicação da teoria da causa madura.

(C) a decisão monocrática do relator que reconhece a ausência de transcendência do agravo de instrumento em recurso de revista não é passível de recurso.

(D) o agravo de petição exige, para fins de conhecimento, a delimitação dos valores impugnados, mesmo quando a discussão do mérito do recurso for eminentemente jurídica.

(E) a decisão que concede a segurança em writ impetrado junto ao Tribunal Regional do Trabalho somente é passível de reforma por meio da interposição de recurso de revista.

A: correta, pois nos termos do art. 1º, § 1º, da IN 40 TST se houver omissão no juízo de admissibilidade do recurso de revista quanto a um ou mais temas, é ônus da parte interpor embargos de declaração para o órgão prolator da decisão embargada supri-la (CPC, art. 1.024, § 2º), sob pena de preclusão. **B:** incorreta, pois tendo em vista que a prova pericial é obrigatória, art. 195 da CLT, a causa deve retornar à primeira instância para realização da prova pericial. **C:** incorreta, pois o art. 896-A, § 5º, da CLT que ensinava ser irrecorrível a decisão monocrática do relator que, em agravo de instrumento em recurso de revista, considerar ausente a transcendência da matéria, foi considerado inconstitucional pelo Tribunal Pleno do TST no julgamento da Arguição de Inconstitucionalidade - - ArgInc-1000845-52.2016.5.02.0461. Assim, o TST passou a entender que cabe recurso de agravo interno em face de tal decisão monocrática. **D:** incorreta, pois embora o art. 897, § 1º, da CLT exija, para fins de conhecimento do agravo de petição, a delimitação dos valores impugnados, quando a discussão do mérito do recurso for eminentemente jurídica, ou seja, quando a matéria for exclusivamente de direito, não há que se falar em delimitação de valores. Veja OJ-EX SE 13, DO TRT DA 9ª REGIÃO. **E:** incorreta, pois a decisão será impugnada via recurso ordinário, art. 895, II, da CLT.

Gabarito "A".

8. DIREITO PROCESSUAL DO TRABALHO   369

(**Procurador/PA – CESPE – 2022**) Determinada empresa pública ingressou com ação rescisória, a fim de desconstituir decisão de mérito em dissídio individual transitada em julgado. O órgão colegiado competente do tribunal regional do trabalho julgou o processo sem resolução de mérito, sob o argumento de que a inicial não havia sido instruída com os documentos necessários ao exercício do juízo rescisório. Inconformada, a empresa pública interpôs recurso ao Tribunal Superior do Trabalho.

Considerando essa situação hipotética, assinale a opção correta.

(**A**) O recurso cabível na espécie é o recurso de revista.

(**B**) No julgamento do recurso interposto pela empresa pública, caso seja constatado que não lhe foi possibilitada a retificação do vício em momento oportuno, deverão ser anulados de ofício os atos processuais perpetrados após o ajuizamento da ação rescisória.

(**C**) Caso o documento não juntado à inicial fosse a prova do trânsito em julgado da decisão rescindenda, o correto seria o indeferimento liminar da inicial, sendo, nessa hipótese, desnecessário abrir prazo para que a parte autora suprisse o vício.

(**D**) Por se tratar de dissídio individual, a competência originária para processamento e julgamento da ação rescisória é de uma das varas do trabalho vinculada ao tribunal em que foi proferida a decisão transitada em julgado.

(**E**) Por integrar a administração pública indireta, a empresa pública está dispensada do depósito prévio de 20% do valor da causa a que se refere o caput do art. 836 da Consolidação das Leis do Trabalho.

A: incorreto, pois o recurso cabível é o recurso ordinário, com fulcro no art. 895, II, CLT. Veja, também, súmula 158 TST. B: correto, pois nos termos do art. 281 do CPC anulado o ato, consideram-se de nenhum efeito todos os subsequentes que dele dependam C: incorreto, pois nos termos da súmula 299, II, TST verificando o relator que a parte interessada não juntou à inicial o documento comprobatório, abrirá prazo de 15 (quinze) dias para que o faça (art. 321 do CPC de 2015), sob pena de indeferimento. D: incorreto, pois a competência funcional é do TRT, nos termos do art. 678, I, c, 2, da CLT. E: incorreta, pois nos termos do art. 968, § 1º, CPC não há dispensa para empresa pública.
Gabarito "B".

(**Procurador/PA – CESPE – 2022**) No que se refere aos recursos no processo do trabalho, julgue os itens que se seguem.

I. Conforme o princípio da concentração, a decisão que acolhe exceção de incompetência territorial é irrecorrível, podendo, no entanto, ser questionada por mandado de segurança dirigido ao tribunal regional do trabalho a que se vincula o juízo excepcionado.

II. Em conformidade com a Consolidação das Leis do Trabalho, contra a sentença de liquidação cabe agravo de petição.

III. Mesmo sem previsão na Consolidação das Leis do Trabalho, a interposição de recurso de revista adesivo é compatível com o processo do trabalho, segundo jurisprudência do Tribunal Superior do Trabalho, sendo desnecessário que a matéria nele vinculada esteja relacionada com a do recurso interposto pela parte contrária.

IV. Os embargos de divergência podem ser manejados no rito sumaríssimo, caso decisão de turma do Tribunal

Superior do Trabalho contrarie súmula vinculante do Supremo Tribunal Federal.

Estão certos apenas os itens

(**A**) I E II.
(**B**) II E III.
(**C**) III E IV.
(**D**) I, II E IV.
(**E**) I, III E IV.

I: errado, pois nos termos da súmula 214, c, TST a decisão comporta interposição de recurso ordinário, desde que a remessa seja para TRT distinto ao juízo excepcionado. II: errado, pois a sentença de liquidação por possuir natureza jurídica de decisão interlocutória, não desafia a interposição de agravo de petição. III: correto, pois nos termos da súmula 283 do TST o recurso adesivo é compatível com o processo do trabalho e cabe, no prazo de 8 (oito) dias, nas hipóteses de interposição de recurso ordinário, de agravo de petição, de revista e de embargos, sendo desnecessário que a matéria nele veiculada esteja relacionada com a do recurso interposto pela parte contrária. IV: correta, pois reflete o entendimento disposto na súmula 458 do TST e art. 894, II, CLT.
Gabarito "C".

(**Procurador Município – Santos/SP – VUNESP – 2021**) Nos termos da CLT, da decisão interlocutória que acolher ou rejeitar o incidente de desconsideração da personalidade jurídica

(**A**) na fase de cognição, não cabe recurso de imediato.

(**B**) na fase de execução, não cabe recurso de imediato.

(**C**) cabe agravo de petição se proferida pelo relator em incidente instaurado originariamente no tribunal.

(**D**) na fase de cognição, cabe agravo de petição, independentemente de garantia do juízo.

(**E**) na fase de execução, cabe agravo de petição, se garantido o juízo.

A: correto, pois reflete a disposição legal do art. 855-A, § 1º, I, da CLT. B: incorreto, pois nos termos do art. 855-A, § 1º, II, da CLT na fase de execução, cabe agravo de petição, independentemente de garantia do juízo. C: incorreto, pois nos termos do art. 855-A, § 1º, III, da CLT caberá agravo interno se proferida pelo relator em incidente instaurado originariamente no tribunal. D: incorreto, pois na fase de cognição não caberá recurso, art. 855-A, § 1º, I, da CLT. E: incorreto, pois nos termos do art. 855-A, § 1º, II, da CLT na fase de execução, independentemente de garantia do juízo, caberá agravo de petição.
Gabarito "A".

(**Procurador Município – Santos/SP – VUNESP – 2021**) Assinale a alternativa que trata corretamente do sistema recursal trabalhista nos termos da CLT.

(**A**) No Tribunal Superior do Trabalho, o Ministro Relator denegará seguimento aos embargos se a decisão recorrida estiver em discordância com súmula da jurisprudência do Tribunal Superior do Trabalho ou do Supremo Tribunal Federal.

(**B**) No Tribunal Superior do Trabalho cabem embargos de decisão unânime de julgamento que conciliar, julgar ou homologar conciliação em dissídios coletivos que excedam a competência territorial dos Tribunais Regionais do Trabalho e estender ou rever as sentenças normativas do Tribunal Superior do Trabalho.

(**C**) Cabe Recurso de Revista para Turma do Tribunal Superior do Trabalho das decisões proferidas em grau de recurso ordinário, em dissídio individual, pelos Tribunais Regionais do Trabalho, quando proferidas com violação literal de disposição de lei federal ou afronta direta e literal à Constituição Federal.

(D) Das decisões proferidas pelos Tribunais Regionais do Trabalho ou por suas Turmas, em execução de sentença, exceto em processo incidente de embargos de terceiro, não caberá Recurso de Revista, salvo na hipótese de ofensa direta e literal de norma da Constituição Federal.

(E) A decisão firmada em recurso repetitivo será aplicada aos casos em que se demonstrar que a situação de fato ou de direito é distinta das presentes no processo julgado sob o rito dos recursos repetitivos.

A: incorreto, pois denegará seguimento se a decisão estiver em consonância e não discordância, art. 894, § 3º, CLT. **B:** incorreto, pois caberá recurso de decisão não unânime, art. 894, I, CLT. **C:** correto, pois reflete a disposição do art. 896, c, da CLT. **D:** incorreto, pois nos termos do art. 896, § 2º, da CLT, inclusive no incidente de embargos de terceiro caberá recurso de revista. **E:** incorreto, pois nos termos do art. 896-C, § 16, da CLT a decisão firmada em recurso repetitivo não será aplicada aos casos em que se demonstrar que a situação de fato ou de direito é distinta das presentes no processo julgado sob o rito dos recursos repetitivos.
Gabarito "C".

(Procurador do Estado/TO – 2018 – FCC) Quanto aos recursos no Processo Judiciário do Trabalho, conforme normas previstas na Consolidação das Leis do Trabalho:

(A) O agravo de instrumento interposto contra o despacho que não receber agravo de petição suspende a execução da sentença até o seu julgamento.

(B) A interposição de recurso para o Supremo Tribunal Federal prejudicará a execução do julgado trabalhista.

(C) No Tribunal Superior do Trabalho cabem embargos, no prazo de cinco dias, das decisões das Turmas que divergirem entre si.

(D) O agravo de petição só será recebido quando o agravante delimitar, justificadamente, as matérias e os valores impugnados, permitida a execução imediata da parte remanescente até o final, nos próprios autos ou por carta de sentença.

(E) Das decisões proferidas pelos Tribunais Regionais do Trabalho em execução de sentença, inclusive em processo incidente de embargos de terceiro, não caberá Recurso de Revista, mesmo na hipótese de ofensa direta e literal de norma da Constituição Federal.

A: incorreto, pois nos termos do art. 897, § 2º, da CLT o agravo de instrumento interposto contra o despacho que não receber agravo de petição não suspende a execução da sentença. **B:** incorreto, pois nos termos do art. 893, § 2º, da CLT a interposição de recurso para o Supremo Tribunal Federal não prejudicará a execução do julgado. **C:** incorreta, pois o prazo é de 8 dias, art. 894 da CLT. **D:** correta, pois reflete a disposição do art. 897, § 1º, da CLT. **E:** incorreta, pois nos termos do art. 896, § 2º, da CLT das decisões proferidas pelos Tribunais Regionais do Trabalho ou por suas Turmas, em execução de sentença, inclusive em processo incidente de embargos de terceiro, não caberá Recurso de Revista, salvo na hipótese de ofensa direta e literal de norma da Constituição Federal.
Gabarito "D".

(Procurador do Estado/AC – 2017 – FMP) Em uma reclamatória trabalhista, concedida a antecipação dos efeitos da tutela antes da sentença, de acordo com entendimento sumulado pelo Tribunal Superior do Trabalho, e CORRETO afirmar que

(A) cabe a impetração de mandado de segurança, em face da inexistência de recurso próprio.

(B) é própria a interposição de agravo retido, por se tratar de decisão interlocutória.

(C) é oportuna a apresentação de protesto antipreclusivo, considerando a inexistência de recurso próprio.

(D) é cabível a interposição de recurso ordinário, considerando que a decisão recorrida é terminativa do feito.

(E) é incabível a manifestação de inconformidade por qualquer medida processual, já que as decisões interlocutórias são irrecorríveis no processo do trabalho.

Nos termos da súmula 414, I, do TST I a tutela provisória concedida na sentença não comporta impugnação pela via do mandado de segurança, por ser impugnável mediante recurso ordinário. É admissível a obtenção de efeito suspensivo ao recurso ordinário mediante requerimento dirigido ao tribunal, ao relator ou ao presidente ou ao vice-presidente do tribunal recorrido, por aplicação subsidiária ao processo do trabalho do artigo 1.029, § 5º, do CPC de 2015. Já no caso de a tutela provisória haver sido concedida ou indeferida antes da sentença, cabe mandado de segurança, em face da inexistência de recurso próprio, é o que ensina o item II da citada súmula.
Gabarito "A".

(Procurador do Estado/SP – 2018 – VUNESP) É correto afirmar a respeito do recurso de revista:

(A) nas execuções fiscais, não cabe recurso de revista por violação a lei federal.

(B) de acordo com a jurisprudência do Tribunal Superior do Trabalho, é cabível recurso de revista de ente público que não interpôs recurso ordinário voluntário da decisão de primeira instância, independentemente do agravamento, na segunda instância, da condenação imposta.

(C) é cabível recurso de revista interposto de acórdão regional prolatado em agravo de instrumento.

(D) o juízo de admissibilidade do recurso de revista exercido pela Presidência dos Tribunais Regionais do Trabalho abrange a análise do critério da transcendência das questões nele veiculadas.

(E) a admissibilidade do recurso de revista interposto de acórdão proferido em agravo de petição, na liquidação de sentença ou em processo incidente na execução, inclusive os embargos de terceiro, depende de demonstração inequívoca de violência direta à Constituição Federal.

A: opção incorreta, pois nos termos do art. 896, § 10, da CLT admite-se a interposição de recurso. **B:** opção incorreta, pois nos termos da OJ 334 da SDI 1 do TST, é "incabível recurso de revista de ente público que não interpôs recurso ordinário voluntário da decisão de primeira instância, ressalvada a hipótese de ter sido agravada, na segunda instância, a condenação imposta". **C:** opção incorreta, pois nos termos da súmula 218 do TST, "é incabível recurso de revista interposto de acórdão regional prolatado em agravo de instrumento". **D:** opção incorreta, pois nos termos do art. 896-A, § 6º, da CLT, "o juízo de admissibilidade do recurso de revista exercido pela Presidência dos Tribunais Regionais do Trabalho limita-se à análise dos pressupostos intrínsecos e extrínsecos do apelo, não abrangendo o critério da transcendência das questões nele veiculadas". **E:** opção correta, pois nos termos da súmula 266 do TST, a "admissibilidade do recurso de revista interposto de acórdão proferido em agravo de petição, na liquidação de sentença ou em processo incidente na execução, inclusive os embargos de terceiro, depende de demonstração inequívoca de violência direta à Constituição Federal". HC
Gabarito "E".

8. DIREITO PROCESSUAL DO TRABALHO — 371

(Procurador do Estado/SE – 2017 – CESPE) Um empregado eleito membro da CIPA foi demitido durante a vigência de seu mandato, razão pela qual, ainda no período de estabilidade legal, ajuizou reclamação trabalhista na qual requereu, em sede liminar, a reintegração ao emprego. O pedido de tutela provisória de reintegração foi deferido pelo juízo em sentença.

Nessa situação hipotética, o meio adequado para a impugnação da tutela provisória concedida é o(a)

(A) ação anulatória.

(B) ação cautelar.

(C) mandado de segurança.

(D) recurso ordinário.

(E) ação rescisória.

"D" é a opção correta. Isso porque, nos termos da súmula 414, I, do TST, A tutela provisória concedida na sentença não comporta impugnação pela via do mandado de segurança, por ser impugnável mediante recurso ordinário. É admissível a obtenção de efeito suspensivo ao recurso ordinário mediante requerimento dirigido ao tribunal, ao relator ou ao presidente ou ao vice-presidente do tribunal recorrido, por aplicação subsidiária ao processo do trabalho do artigo 1.029, § 5º, do CPC de 2015. HC
Gabarito "D".

(Procurador do Estado/SE – 2017 – CESPE) Com relação aos recursos no processo do trabalho, julgue os itens a seguir.

I. É cabível recurso ordinário de decisões definitivas das varas ou tribunais, porém não cabe de decisões terminativas ou monocráticas.

II. A CLT determina ser cabível, em dissídios individuais e coletivos, recurso de revista para as turmas do TST.

III. Não caberá agravo de instrumento contra decisões que indefiram a produção de provas.

IV. Na hipótese de decisão proferida em dissídio coletivo que afete empresa de serviço público, têm legitimidade para interpor recurso, além dos interessados, o presidente do tribunal e a Procuradoria da Justiça do Trabalho.

Estão certos apenas os itens

(A) I e II.

(B) I e III.

(C) II e III.

(D) III e IV.

(E) I, II e IV.

I: opção incorreta, pois nos termos do art. 895, I e II, da CLT, cabe recurso ordinário para a instância superior das decisões definitivas ou terminativas das Varas e Juízos e dos Tribunais Regionais, em processos de sua competência originária, no prazo de 8 (oito) dias, quer nos dissídios individuais, quer nos dissídios coletivos. As decisões monocráticas, em regra, são recorríveis via agravo regimental. II: opção incorreta, pois nos termos do art. 896 da CLT cabe Recurso de Revista para Turma do Tribunal Superior do Trabalho das decisões proferidas em grau de recurso ordinário, em dissídio individual, pelos Tribunais Regionais do Trabalho. III: opção correta, pois por ser considerada interlocutória, a decisão que indefere a produção de provas é irrecorrível de imediato, art. 893, § 1º, da CLT. IV: opção correta, pois nos termos do art. 898 da CLT, das decisões proferidas em dissídio coletivo que afete empresa de serviço público, ou, em qualquer caso, das proferidas em revisão, poderão recorrer, além dos interessados, o Presidente do Tribunal e a Procuradoria da Justiça do Trabalho. HC
Gabarito "D".

(Procurador do Estado – PGE/PA – UEPA – 2015) Quanto às disposições legais acerca de recurso na Justiça do Trabalho, analise as afirmativas abaixo.

I. Não cabe mandado de segurança contra o ato judicial passível de recurso ou correição.

II. As decisões interlocutórias na Justiça do Trabalho são irrecorríveis mesmo quando terminativas do feito.

III. Salvo quando contrariarem a Constituição, não cabe recurso para o Supremo Tribunal Federal de quaisquer decisões da Justiça do Trabalho, inclusive dos presidentes dos seus Tribunais.

IV. A juntada de documentos na fase recursal só se justifica quando provado o justo impedimento para sua oportuna apresentação e se referir a fato anterior à sentença.

A alternativa que contém todas as afirmativas corretas é:

(A) II e III.

(B) I e III.

(C) II e IV.

(D) I e IV.

(E) III e IV.

I: correta, pois, nos termos da súmula 267 do STF, não cabe mandado de segurança contra ato judicial passível de recurso ou correição; II: incorreta, pois a decisão interlocutória terminativa de feito pode ser objeto de recurso imediato, como na hipótese trazida no art. 799, § 2º, CLT. Veja, ainda, a súmula 214 do TST; III: correta, pois, nos termos da súmula 505 do STF, salvo quando contrariarem a Constituição, não cabe recurso para o Supremo Tribunal Federal, de quaisquer decisões da Justiça do Trabalho, inclusive dos presidentes de seus Tribunais; IV: incorreta, pois, nos termos da súmula 8 do TST, a juntada de documentos na fase recursal só se justifica quando provado o justo impedimento para sua oportuna apresentação ou se referir a fato POSTERIOR à sentença. HC
Gabarito "B".

(Advogado União – AGU – CESPE – 2015) Com relação aos atos e procedimentos do processo do trabalho e a recursos trabalhistas, julgue o item subsecutivo.

(1) Das decisões das turmas do TST que divergirem entre si ou das decisões proferidas por seção de dissídios individuais cabem embargos de divergência no prazo de oito dias, os quais serão julgados pelo Pleno do TST.

Incorreta, pois, nos termos do art. 3º, III, *b*, da Lei 7.701/1988, o recurso será apreciado pela Seção de Dissídios Individuais do TST. HC
Gabarito "1E".

(2) Em audiências de reclamações trabalhistas em que a União seja parte, será obrigatório o comparecimento de preposto que tenha conhecimento do fato objeto da reclamação. Na ausência do representante judicial da União, poderá o preposto assinar e entregar a contestação.

Incorreta, pois, nos termos do art. 5º da Lei 9.028/1995, nas audiências de reclamações trabalhistas em que a União seja parte, será obrigatório o comparecimento de preposto que tenha completo conhecimento do fato objeto da reclamação, o qual, na ausência do representante judicial da União, entregará a contestação subscrita pelo mesmo. HC
Gabarito 2E

(Procurador – PGFN – ESAF – 2015) A respeito do agravo de petição e da sistemática recursal no processo do trabalho, é correto afirmar:

(A) cabe agravo de petição em face da decisão que resolve o incidente processual de liquidação da sentença exequenda.

(B) o agravo de petição não possui efeito translativo.

(C) não é exigível do executado pagamento das custas, como pressuposto recursal objetivo, para a interposição do agravo de petição, tendo em vista que no processo de execução as custas são pagas ao final.

(D) considerando que no agravo de petição é desnecessária a delimitação da matéria e dos valores objeto impugnados, fere direito líquido e certo o prosseguimento da execução quanto aos tópicos e valores não especificados no agravo.

(E) por ser irrecorrível o despacho que não recebe o agravo de petição interposto, o instrumento hábil para impugná-lo é o mandado de segurança.

A: incorreta, pois a decisão sobre o incidente de liquidação de sentença é irrecorrível, nos termos do art. 893, § 1º, CLT, na medida em que é considerada decisão interlocutória. Nesse sentido, ensina o art. 884, § 3º, CLT que somente nos embargos à penhora poderá o executado impugnar a sentença de liquidação, cabendo ao exequente igual direito e no mesmo prazo; **B:** incorreta, pois embora o recorrente necessite delimitar as matérias e valores impugnados, o agravo de petição possui o efeito translativo, que consiste na capacidade que o Tribunal possui de avaliar matérias que não tenham sido objeto do recurso, por se tratar de matéria de ordem pública; **C:** correta, pois, nos termos do art. 789-A da CLT, no processo de execução são devidas custas, sempre de responsabilidade do executado e pagas ao final; **D:** incorreta, pois, nos termos da súmula 416 do TST, no agravo de petição o recorrente deve delimitar justificadamente a matéria e os valores objeto de discordância. Assim, não fere direito líquido e certo o prosseguimento da execução quanto aos tópicos e valores não especificados no agravo; **E:** incorreta, pois o despacho que não conhece o agravo de petição pode ser recorrível via agravo de instrumento, conforme art. 897, *b*, CLT. **HC**

Gabarito "C"

6. EXECUÇÃO TRABALHISTA

(Procurador – PGE/SP – 2024 – VUNESP) Um empregado público estadual de certa autarquia obteve em ação judicial o direito à aplicação de reajustes remuneratórios conferidos por lei somente aos agentes estatais que laboram em órgão similar do ente federado, com base no princípio constitucional da isonomia, por ausência de plano de carreira próprio. Tempos depois, o Supremo Tribunal Federal julgou, em sede de recurso extraordinário com repercussão geral, que tal concessão de reajuste por meio de decisão judicial é inconstitucional.

Haja vista o quadro hipotético apresentado, resta correta a seguinte afirmação:

(A) a inexigibilidade do título judicial por inconstitucionalidade pode ser alegada a qualquer tempo da execução, mesmo após a sua extinção por sentença não mais passível de recurso.

(B) segundo a jurisprudência do Supremo Tribunal Federal, a decisão mostra-se inatacável por meio de ação rescisória, se o tema de fundo era de interpretação controvertida nos tribunais ao tempo da prolação da decisão.

(C) a superveniência de lei estadual que regule a carreira do empregado público cessa os efeitos da decisão transitada em julgado, desde que atendido o princípio da irredutibilidade salarial.

(D) é possível a rescisão desse julgado, ainda que tenha transitado no período de vigência do Código de Processo Civil de 1973, desde que a decisão em repercussão geral lhe seja posterior e seja ajuizada a ação rescisória no prazo de 2 anos, contados do encerramento definitivo do processo paradigma no STF.

(E) se a decisão judicial que conferiu o reajuste passou em julgado antes do encerramento definitivo do processo paradigma no STF, o prazo de ajuizamento da ação rescisória, fundada nesse precedente, conta-se do trânsito em julgado do processo no qual constituído o título tido por inconstitucional.

A: incorreta, pois nos termos do art. 535, § 7º, do CPC a decisão do Supremo Tribunal Federal deve ter sido proferida antes do trânsito em julgado da decisão exequenda. Ademais, se a decisão for proferida após o trânsito em julgado da decisão exequenda, caberá ação rescisória, cujo prazo será contado do trânsito em julgado da decisão proferida pelo Supremo Tribunal Federal, nos termos do art. 535, § 8º, do CPC. **B:** incorreta, pois no julgamento da ADI 2418 o STF entendeu constitucional a norma estabelecida no art. 535, § 5º, CPC. **C:** correta, pois nos termos do art. 535, § 5º, CPC considera-se também inexigível a obrigação reconhecida em título executivo judicial fundado em lei ou ato normativo considerado inconstitucional pelo Supremo Tribunal Federal, ou fundado em aplicação ou interpretação da lei ou do ato normativo tido pelo Supremo Tribunal Federal como incompatível com a Constituição Federal, em controle de constitucionalidade concentrado ou difuso. **D:** incorreta, pois nos termos do art. 538, § 8º, CPC o prazo será contado do trânsito em julgado da decisão proferida pelo Supremo Tribunal Federal. **E:** incorreta, pois nos termos do art. 538, § 8º, CPC o prazo será contado do trânsito em julgado da decisão proferida pelo Supremo Tribunal Federal.

Gabarito "C"

(Procurador/DF – CESPE – 2022) Julgue o item que se segue, acerca da execução no processo do trabalho.

(1) A execução poderá ser garantida pelo executado por seguro-garantia judicial no valor total do débito, sendo ainda equivalente a dinheiro para efeito da gradação dos bens penhoráveis.

1: Errado, pois nos termos do art. 899, § 11, da CLT embora o depósito recursal possa ser substituído por fiança bancária ou seguro garantia judicial, nos termos do art. 835, § 2º, do CPC para fins de substituição da penhora, equiparam-se a dinheiro a fiança bancária e o seguro garantia judicial, desde que em valor não inferior ao do débito constante da inicial, acrescido de 30%.

Gabarito 1E

(Procurador Município – Santos/SP – VUNESP – 2021) Nas execuções trabalhistas, é correto afirmar que

(A) será promovida exclusivamente pela parte credora.

(B) a liquidação não abrangerá o cálculo das contribuições previdenciárias.

(C) elaborada a conta e tornada líquida, o juízo deverá abrir as partes prazo comum de dez dias para abrir às partes impugnação.

(D) elaborada a conta e tornada líquida, o juízo deverá abrir às partes prazo sucessivo de oito dias para impugnação.

8. DIREITO PROCESSUAL DO TRABALHO

(E) elaborada a conta pela parte ou pelos órgãos auxiliares da Justiça do Trabalho, o juiz procederá à intimação da União para manifestação, no prazo de 10 (dez) dias, sob pena de preclusão.

A: incorreto, pois nos termos do art. 878 da CLT a execução será promovida pelas partes, permitida a execução de ofício pelo juiz ou pelo Presidente do Tribunal apenas nos casos em que as partes não estiverem representadas por advogado. **B:** incorreto, pois nos termos do art. 879, § 1º-A, da CLT a liquidação abrangerá, também, o cálculo das contribuições previdenciárias devidas. **C:** incorreto, pois nos termos do art. 879, § 2º, CLT da CLT o prazo será comum de 8 dias. **D:** incorreto, pois nos termos do art. 879, § 2º, CLT da CLT o prazo será comum e não sucessivo. **E:** correto, pois reflete a disposição do art. 879, § 3º, CLT da CLT.
Gabarito "E".

(Procurador Município – Teresina/PI – FCC – 2022) Em relação ao capítulo especial sobre a execução, no título que trata do Processo Judiciário do Trabalho, a Consolidação das Leis do Trabalho estabelece:

(A) A decisão judicial transitada em julgado somente poderá ser levada a protesto, gerar inscrição do nome do executado em órgãos de proteção ao crédito ou no Banco Nacional de Devedores Trabalhistas (BNDT), depois de transcorrido o prazo de 15 dias a contar da citação do executado.

(B) Garantida a execução ou penhorados os bens, terá o executado 5 dias para apresentar embargos, sendo que tal exigência de garantia ou penhora se aplica às empresas privadas, públicas, entidades filantrópicas e/ou àqueles que compõem ou compuseram a diretoria dessas instituições.

(C) A execução será promovida pelas partes, permitida a execução de ofício pelo Juiz ou pelo Presidente do Tribunal ainda que as partes estiverem representadas por advogado.

(D) Elaborada a conta e tornada líquida, o Juiz poderá abrir às partes prazo sucessivo de 10 dias para impugnação fundamentada com a indicação dos itens e valores objeto da discordância, sob pena de preclusão.

(E) O executado que não pagar a importância reclamada poderá garantir a execução mediante depósito da quantia correspondente, atualizada e acrescida das despesas processuais, apresentação de seguro-garantia judicial ou nomeação de bens à penhora, observada a ordem preferencial estabelecida no art. 835 do Código de Processo Civil.

A: incorreta, pois nos termos do Art. 883-A da CLT a decisão judicial transitada em julgado somente poderá ser levada a protesto, gerar inscrição do nome do executado em órgãos de proteção ao crédito ou no Banco Nacional de Devedores Trabalhistas (BNDT), nos termos da lei, depois de transcorrido o prazo de 45 dias a contar da citação do executado, se não houver garantia do juízo. **B:** incorreta, pois nos termos do Art. 884, § 6º, da CLT a exigência da garantia ou penhora não se aplica às entidades filantrópicas e/ou àqueles que compõem ou compuseram a diretoria dessas instituições. **C:** incorreta, pois nos termos do Art. 878 da CLT a execução será promovida pelas partes, permitida a execução de ofício pelo juiz ou pelo Presidente do Tribunal apenas nos casos em que as partes não estiverem representadas por advogado. **D:** incorreta, pois nos termos do Art. 879, § 2º, da CLT elaborada a conta e tornada líquida, o juízo DEVERÁ abrir às partes prazo comum de 8 dias para impugnação fundamentada com a indicação

dos itens e valores objeto da discordância, sob pena de preclusão. **E:** correta, pois reflete a disposição do Art. 882 da CLT.
Gabarito "E".

(Procurador do Estado/SP – 2018 – VUNESP) Assinale a alternativa correta a respeito da execução perante a Justiça do Trabalho.

(A) A inscrição do nome do executado no Banco Nacional de Devedores Trabalhistas (BNDT) poderá ocorrer imediatamente após o trânsito em julgado da decisão condenatória de pagamento de quantia certa.

(B) A execução será promovida pelas partes, permitida a execução de ofício pelo juiz ou pelo Presidente do Tribunal apenas nos casos em que as partes não estiverem representadas por advogado.

(C) De acordo com a Consolidação das Leis do Trabalho, cabe recurso ordinário da decisão proferida em embargos à execução.

(D) Compete à Justiça Federal executar, de ofício, as contribuições sociais previstas na alínea "a" do inciso I e no inciso II do *caput* do art. 195 da Constituição da República, e seus acréscimos legais, relativas ao objeto da condenação constante das sentenças proferidas pela Justiça do Trabalho e dos acordos por esta homologados.

(E) O Tribunal Superior do Trabalho entende que constitui indevido fracionamento do valor da execução (art. 100, § 8º, da Constituição da República) o pagamento individualizado do crédito devido pela Fazenda Pública, no caso de ação coletiva em que sindicato atua como substituto processual na defesa de direitos individuais homogêneos dos trabalhadores substituídos.

A: opção incorreta, pois nos termos do art. 883-A da CLT somente depois de transcorrido o prazo de 45 dias a contar da citação do executado, se não houver garantia do juízo, poderá haver a inscrição do nome do executado no Banco Nacional de Devedores Trabalhistas. **B:** opção correta, pois reflete a disposição contida na art. 878 da CLT. **C:** opção incorreta, pois nos termos do art. 897, *a*, da CLT, o recurso cabível na fase de execução é o agravo de petição. **D:** opção incorreta, pois a competência é da Justiça do Trabalho, art. 114, VIII, da CF. **E:** opção incorreta, pois o TST entende que, para se determinar a execução por precatório ou requisição de pequeno valor, deve-se aferir o crédito de cada reclamante, nos casos de reclamação plúrima. E, por isso, propôs que o mesmo entendimento deveria ser aplicado para o caso de substituição processual. Veja decisão: PROCESSO TST-E-ED-ED--RR-9091200-66.1991.5.04.0016. HC
Gabarito "B".

(Procurador Municipal – Prefeitura/BH – CESPE – 2017) Assinale a opção correta, a respeito da execução trabalhista, conforme o entendimento do TST.

(A) Os erros de cálculo que existirem na sentença não poderão ser corrigidos na liquidação de sentença, já que a fase de liquidação é igual à de execução.

(B) Na execução por carta precatória, salvo se o juízo deprecante indicar o bem constrito ou se a carta já tiver sido devolvida, os embargos de terceiro serão oferecidos no juízo deprecado.

(C) Superado o prazo de cento e oitenta dias do deferimento do processamento da recuperação judicial, a continuidade das execuções individuais trabalhistas retorna automaticamente.

(D) Depósito realizado em caderneta de poupança até o limite de quarenta salários mínimos é impenhorável, mesmo que essa conta esteja sendo utilizada como conta-corrente, sem o cunho de economia futura e segurança pessoal.

A: Incorreta, pois, nos termos do art. 494, I, CPC/2015, aplicado por força do art. 769 da CLT e art. 15 do CPC/2015, erros de cálculo poderão ser corrigidos; **B:** correta, pois, nos termos da súmula 419 do TST, na execução por carta precatória, os embargos de terceiro serão oferecidos no juízo deprecado, salvo se indicado pelo juízo deprecante o bem constrito ou se já devolvida a carta (art. 676, parágrafo único, do CPC de 2015); **C:** incorreta, pois no julgamento do recurso ordinário 80169.95.2016.5.07.0000 o TST entendeu que deferido o processamento ou aprovado o plano de recuperação judicial, não cabe o prosseguimento automático das execuções individuais, mesmo após decorrido o prazo de 180 dias previsto no art. 6°, § 4°, da Lei 11.101/2005, de modo que, ao juízo trabalhista, fica vedada a alienação ou disponibilização de ativos da empresa executada; **D:** incorreta, pois se a conta poupança estiver sendo utilizada como conta-corrente, os valores nela depositados não são impenhoráveis. Veja Informativo TST Execução 22. HC

Gabarito "B".

(Procurador do Estado – PGE/MT – FCC – 2016) Em execução trabalhista foi penhorado um bem imóvel de propriedade da empresa executada Delta & Gama Produções S/A para garantia do juízo. Houve a interposição de embargos à execução, que foram rejeitados pelo Juiz da execução. Nessa situação, caberá à executada interpor:

(A) agravo de instrumento no prazo de 15 dias.

(B) recurso de revista no prazo de 8 dias.

(C) recurso ordinário no prazo de 8 dias.

(D) embargos no prazo de 15 dias.

(E) agravo de petição no prazo de 8 dias.

"E" é a opção correta. O agravo de petição está previsto no art. 897, *a*, da CLT, como sendo o recurso cabível, no prazo de 8 (oito) dias, em face das decisões do Juiz do Trabalho proferidas na fase de execução de sentença. HC

Gabarito "E".

(Procurador – IPSMI/SP – VUNESP – 2016) Tratando-se de execução em reclamações plúrimas, em face da Fazenda Pública,

(A) não é possível a dispensa de formação do precatório.

(B) para efeito de dispensa de formação do precatório e aplicação da requisição de pequeno valor (art.100, § 3°, CF) deve ser considerado o valor total da execução.

(C) para efeito de dispensa de formação do precatório e aplicação da requisição de pequeno valor (art.100, § 3°, CF) deve ser considerado o valor do crédito de cada reclamante.

(D) caberá ao magistrado decidir se expede o precatório, de acordo com sua livre convicção.

(E) caberá aos reclamantes o fornecimento das peças para formação do precatório, independentemente do valor do crédito exequendo.

"C" é a resposta correta. Isso porque a OJ 9 do Tribunal Pleno/Órgão Especial do TST entende que tratando-se de reclamações trabalhistas plúrimas, a aferição do que vem a ser obrigação de pequeno valor, para efeito de dispensa de formação de precatório e aplicação do disposto no § 3° do art. 100 da CF/88, deve ser realizada considerando-se os créditos de cada reclamante. HC

Gabarito "C".

(Procurador do Estado – PGE/RN – FCC – 2014) Decisão proferida pela 1a Vara do Trabalho de Natal julgou e manteve subsistente a penhora de bens de pessoa jurídica sucedida pelo Estado do Rio Grande do Norte, ao considerar que o acordo realizado entre o reclamante exequente e a sucedida foi efetuado quando esta ainda se submetia ao regime de direito privado. De acordo com a orientação jurisprudencial do Tribunal Superior do Trabalho quanto ao tema, a penhora:

(A) não é válida porque, independentemente do momento de formalização do ato, a sucessão pelo Estado impõe a execução mediante precatório.

(B) não é válida porque realizada anteriormente à sucessão pelo Estado, razão pela qual a execução deve reorientar-se mediante precatório.

(C) é válida, se realizada anteriormente à sucessão pelo Estado, não podendo a execução prosseguir mediante precatório.

(D) não é válida porque a decisão que a mantém viola o artigo 100 da Constituição da República.

(E) é válida, independentemente do momento de formalização do ato, mas é necessário que o pagamento observe a ordem cronológica de apresentação do precatório.

"C" é a opção correta. Isso porque, nos termos da OJ 343 da SDI 1 do TST, é válida a penhora em bens de pessoa jurídica de direito privado, realizada anteriormente à sucessão pela União ou por Estado-membro, não podendo a execução prosseguir mediante precatório. A decisão que a mantém não viola o art. 100 da CF/1988. HC

Gabarito "C".

(Procurador Federal – 2013 – CESPE) Em relação ao direito processual do trabalho, julgue o seguinte item.

(1) Tendo em vista a natureza alimentar do crédito trabalhista, o TST tem entendimento firmado no sentido de que a execução contra autarquia não se sujeita ao regime de precatório.

1: Opção incorreta, pois a execução contra autarquia se sujeita ao regime de precatório, nos termos do art. 100 da CF. Veja decisão do processo: TST- RR-406.882/97.2. HC

Gabarito "1E".

7. AÇÕES ESPECIAIS

(Procurador Federal – AGU – 2023 – CEBRASPE) Com relação à ação rescisória proposta na justiça do trabalho, assinale a opção correta.

(A) Não caberá sustentação oral em agravo interno interposto contra decisão monocrática do relator que julgar o mérito de uma ação rescisória.

(B) O termo final para ajuizamento da ação rescisória que recair em dia não útil prorroga-se para o primeiro dia útil subsequente.

(C) É dispensável a expressa indicação da norma jurídica manifestamente violada quando esta constituir a causa de pedir da ação rescisória, por ser aplicável o princípio *iura novit curia*.

(D) A prova nova em que se fundamenta a pretensão de uma ação rescisória pode ser produzida no seu procedimento instrutório.

(E) A propositura de uma ação rescisória por pessoa natural sem direito aos benefícios da gratuidade de justiça deve ser acompanhada do depósito de 5% sobre o valor da causa.

A: incorreta, pois nos termos do art. 7º, § 2º-B, inciso VI, da Lei 8.906/94, poderá haver sustentação oral. **B:** correta, pois reflete o disposto na Súmula 100, IX, do TST. **C:** incorreta, pois nos termos da parte final da Súmula 408 do TST, é indispensável expressa indicação, na petição inicial da ação rescisória, da norma jurídica manifestamente violada (dispositivo legal violado sob o CPC de 1973), por se tratar de causa de pedir da rescisória, não se aplicando, no caso, o princípio "iura novit cúria". **D:** incorreta, pois nos termos da Súmula 402, I, TST, para efeito de ação rescisória, considera-se prova nova a cronologicamente velha, já existente ao tempo do trânsito em julgado da decisão rescindenda, mas ignorada pelo interessado ou de impossível utilização, à época, no processo. **E:** incorreta, pois nos termos do art. 836 da CLT, o depósito prévio será de 20% do valor da causa.

Gabarito "B".

(Procurador do Estado – PGE/MT – FCC – 2016) Conforme normas celetistas e entendimento sumulado do Tribunal Superior do Trabalho, no Inquérito para Apuração de Falta Grave,

(A) se tiver havido prévio reconhecimento da estabilidade do empregado, o julgamento do inquérito pela Vara do Trabalho não prejudicará a execução para pagamento dos salários devidos ao empregado, até a data da instauração do referido inquérito.

(B) na fase de instrução processual, cada uma das partes poderá indicar no máximo cinco testemunhas, sendo admissível a realização de prova pericial.

(C) reconhecida a inexistência de falta grave praticada pelo empregado, fica o empregador obrigado a readmiti-lo no serviço e com pagamento dos salários em dobro a que teria direito no período da suspensão.

(D) o dirigente sindical titular somente poderá ser dispensado por falta grave mediante a apuração em inquérito judicial, o que não ocorre com o suplente.

(E) para a instauração do inquérito para apuração de falta grave contra empregado estável, o empregador apresentará reclamação por escrito à Vara do Trabalho, dentro de noventa dias, contados da data da suspensão do empregado.

"A" é a opção correta. Isso porque, nos termos do art. 855 da CLT, se tiver havido prévio reconhecimento da estabilidade do empregado, o julgamento do inquérito não prejudicará a execução para pagamento dos salários devidos ao empregado, até a data da instauração do mesmo inquérito. **HC**

Gabarito "A".

(Procurador Distrital – 2014 – CESPE) No que diz respeito ao mandado de segurança no processo do trabalho, julgue os próximos itens.

(1) Se, após pactuarem acordo em processo trabalhista, as partes requererem, em conjunto, homologação judicial do acordo, e isso não for feito pelo juiz, caberá a impetração de mandado de segurança, já que, em tal situação, não há previsão de cabimento de recurso específico.

(2) Se o juiz do trabalho antecipar a tutela antes de proferir a sentença, será possível a impetração de mandado de segurança.

1: Opção incorreta, pois nos termos da Súmula 418 do TST a homologação de acordo é faculdade do juiz; **2:** Opção correta, pois reflete o entendimento disposto na Súmula 414, II, do TST. **HC**

Gabarito 1E, 2C

(Procurador Federal – 2013 – CESPE) Em relação ao direito processual do trabalho, julgue o seguinte item.

(1) Segundo a jurisprudência do TST, ação rescisória é ação que tem por objeto desconstituir decisão judicial de mérito transitada em julgado, podendo ser ajuizada no prazo de dois anos, contado do dia seguinte ao trânsito em julgado da última decisão proferida na causa, seja de mérito ou não.

1: Opção correta, pois de acordo com a Súmula 100, item I, do TST o prazo de decadência, na ação rescisória, conta-se do dia imediatamente subsequente ao trânsito em julgado da última decisão proferida na causa, seja de mérito ou não. **HC**

Gabarito 1C.

8. TEMAS COMBINADOS

(Procurador/DF – CESPE – 2022) Com relação aos procedimentos nos dissídios individuais, julgue os itens que se seguem.

(1) De acordo com o entendimento do TST, o jus postulandi abrange a atuação nas varas do trabalho e nos TRT, inclusive no que se refere a mandados de segurança.

(2) Ao advogado, ainda que ele atue em causa própria, serão devidos honorários sucumbenciais, inclusive nas ações contra a fazenda pública.

(3) O direito de ação quanto aos créditos resultantes das relações de trabalho prescreve em cinco anos, até o limite de dois anos após a extinção do contrato de trabalho, para todos os trabalhadores, à exceção dos rurais.

1: errado, pois nos termos da súmula 425 do TST o jus postulandi da parte previsto no art. 791 da CLT não alcança o Mandado de Segurança. **2:** correto, pois reflete o entendimento disposto no art. 791-A, caput, e seu § 1º, da CLT. **3:** errado, pois nos termos do art. 7º, XXIX, CF e art. 11 da CLT o prazo prescricional se aplica a todos os trabalhadores, inclusive os rurais.

Gabarito 1E, 2C, 3E

(Procurador/DF – CESPE – 2022) Julgue os itens a seguir, acerca do processo do trabalho.

(1) No processo do trabalho, a prescrição intercorrente ocorrerá no prazo de dois anos.

(2) Nas causas sujeitas ao procedimento sumaríssimo, somente será admitido recurso de revista por violação à CLT ou contrariedade a súmula de jurisprudência uniforme do TST.

(3) Conforme o entendimento do TST acerca da ação rescisória no processo do trabalho, o silêncio da parte vencedora a respeito de fatos a ela contrários não constitui dolo processual capaz de subsidiar ação rescisória

1: correto, pois nos termos do art. 11-A da CLT o prazo da prescrição intercorrente é de 2 anos. **2:** errado, pois nos termos do art. 896, § 9º, da CLT nas causas sujeitas ao procedimento sumaríssimo, somente será admitido recurso de revista por contrariedade a súmula de jurisprudência uniforme do Tribunal Superior do Trabalho ou a súmula

vinculante do Supremo Tribunal Federal e por violação direta da CF. **3:** correto, pois nos termos da súmula 403, I, do TST não caracteriza dolo processual, previsto no art. 966, III, do CPC, o simples fato de a parte vencedora haver silenciado a respeito de fatos contrários a ela, porque o procedimento, por si só, não constitui ardil do qual resulte cerceamento de defesa e, em consequência, desvie o juiz de uma sentença não-condizente com a verdade.
Gabarito: 1C, 2E, 3C

(Procurador/DF – CESPE – 2022) À luz da sistemática processual trabalhista, julgue os próximos itens.

(1) Na justiça do trabalho, a fazenda pública poderá ser condenada ao pagamento de honorários de sucumbência nas ações em que a parte estiver assistida ou substituída por sindicato de sua categoria.

(2) Se o reclamante beneficiário da justiça gratuita não comparecer à audiência, a reclamação deverá ser arquivada e este será condenado ao pagamento das custas, independentemente do motivo que o tiver levado a se ausentar.

(3) A jurisprudência trabalhista é pacífica ao afirmar que a prova pré-constituída nos autos pode ser levada em conta para confronto com a confissão ficta, entendimento esse que está em harmonia com o CPC.

(4) Ao interpor recurso de revista no TST, com preliminar de nulidade de julgado por negativa de prestação jurisdicional, o procurador deverá transcrever em sua peça recursal o trecho dos embargos declaratórios em que pediu o pronunciamento do tribunal sobre a questão suscitada no recurso ordinário e o trecho da decisão regional que rejeitou os embargos quanto ao pedido, sob pena de não conhecimento do recurso.

(5) O depósito recursal será feito na conta vinculada do empregado e corrigido pelo índice da poupança, salvo para os beneficiários da justiça gratuita, que são isentos dessa obrigação.

1: correto, pois reflete a disposição do art. 791-A, § 1º, CLT. **2:** incorreto, pois não pagará se comprovar, no prazo de quinze dias, que a ausência ocorreu por motivo legalmente justificável, art. 844, § 2º, CLT. **3:** correto, pois reflete a disposição da súmula 74, II, TST. **4:** correto, pois reflete a disposição do art. 896, § 1º-A, IV, da CLT. **5:** incorreto, pois de acordo com o art. 406 do CC com redação dda pelaq Lei 14.905/2024 quando não forem convencionados, ou quando o forem sem taxa estipulada, ou quando provierem de determinação da lei, os juros serão fixados de acordo com a taxa legal. Contudo, de acordo com o § 1º do art. 406 do CC a taxa legal corresponderá à taxa referencial do Sistema Especial de Liquidação e de Custódia (Selic), deduzido o índice de atualização monetária. A metodologia de cálculo da taxa legal e sua forma de aplicação serão definidas pelo Conselho Monetário Nacional e divulgadas pelo Banco Central do Brasil, é o que determina o § 2º do art. 406 do CC.
Gabarito: 1C, 2E, 3C, 4C, 5E

(Procurador Município – Santos/SP – VUNESP – 2021) As reclamações trabalhistas poderão ser

(A) apresentadas somente pelos empregados ou por seus representantes.

(B) apresentadas somente pelos empregados, seus representantes, e pelos sindicatos de classe.

(C) exclusivamente na forma escrita.

(D) acumuladas em um só processo, se houver várias, independentemente de identidade de matérias, desde

que se trate de empregados da mesma empresa ou estabelecimento.

(E) acumuladas em um só processo, se houver várias com identidade de matérias e se tratar de empregados da mesma empresa ou estabelecimento.

A: incorreto, pois nos termos do art. 839, alíneas a e b, CLT a reclamação trabalhista também poderá ser proposta pelos empregadores, pelos sindicatos de classe e por intermédio das Procuradorias Regionais da Justiça do Trabalho. **B:** incorreto, pois nos termos do art. 839, alíneas a e b, CLT a reclamação trabalhista também poderá ser proposta pelos empregadores e por intermédio das Procuradorias Regionais da Justiça do Trabalho. **C:** incorreto, pois a reclamação poderá ser escrita ou verbal, art. 840 da CLT. **D:** incorreto, pois nos termos do art. 842 da CLT deverá haver identidade de matérias. **E:** correto, pois nos termos do art. 842 da CLT sendo várias as reclamações e havendo identidade de matéria, poderão ser acumuladas num só processo, se se tratar de empregados da mesma empresa ou estabelecimento.
Gabarito "E".

Pedro ajuizou uma reclamação trabalhista em desfavor da empresa Alfa Ltda. Citada, a empresa reclamada fez-se representar por um ex-empregado que tinha conhecimento do fato, devidamente acompanhado por um advogado, que apresentou defesa e documentos; no entanto, por entender que a empresa reclamada não poderia ser representada por um ex-empregado, o juízo declarou a sua revelia e, assim, não recebeu a contestação e os documentos, tendo havido o registro de protesto pela reclamada. Sobreveio aos autos sentença que julgou procedentes os pedidos iniciais e, irresignada, a empresa reclamada interpôs recurso ordinário quinze dias úteis após a publicação da referida decisão.

(Procurador do Município – Boa Vista/RR – 2019 – CESPE/CEBRASPE) Considerando essa situação hipotética, julgue os itens que se seguem à luz da legislação aplicável.

(1) O juízo agiu corretamente ao decretar a revelia da parte reclamada, uma vez que o preposto deveria ser um empregado atual da empresa.

(2) Independentemente da revelia, a decisão do juízo de não receber a defesa e os documentos foi ilegal.

(3) O recurso ordinário interposto não deverá ser conhecido por ser inaplicável à espécie, visto que, em desfavor de decisões definitivas prolatadas pela primeira instância, deve ser interposto recurso de revista.

(4) A empresa reclamada observou o prazo legal para a interposição do recurso ordinário, razão pela qual o ato processual deverá ser considerado tempestivo.

1: Incorreto, pois nos termos do art. 843, § 3º, da CLT o preposto não precisa ser empregado da reclamada, basta ter conhecimento dos fatos, art. 843, § 1º, da CLT. **2:** Correto, pois nos termos do § 5º do art. 844 da CLT ainda que ausente o reclamado, presente o advogado na audiência, serão aceitos a contestação e os documentos eventualmente apresentados. **3:** Incorreto, pois nos termos do art. 896 da CLT cabe Recurso de Revista para Turma do Tribunal Superior do Trabalho das decisões proferidas em grau de recurso ordinário, em dissídio individual, pelos Tribunais Regionais do Trabalho. Embora o recurso ordinário seja o adequado para impugnar a decisão de 1º grau, art. 895, I, da CLT no caso em análise ele não será conhecido. **4:** Incorreto, pois o prazo para interpor recurso ordinário é de 8 dias, art. 895, I, da CLT.
Gabarito: 1E, 2C, 3E, 4E

8. DIREITO PROCESSUAL DO TRABALHO

(Procurador do Estado/AC – 2017 – FMP) No caso de conciliação em uma audiência trabalhista, em relação ao termo que for lavrado e homologado é CORRETO afirmar que

(A) valerá como decisão irrecorrível a todos os interessados.

(B) será considerado exemplo de decisão terminativa do feito.

(C) extinguirá o processo com resolução do mérito, valendo como decisão recorrível, de mediato, às partes.

(D) valerá como decisão irrecorrível, salvo para a Previdência Social quanto às contribuições que lhe forem devidas.

(E) extinguirá o processo sem resolução do mérito, salvo para a Previdência Social quanto às contribuições que lhe forem devidas.

Nos termos do art. 831, parágrafo único, da CLT no caso de conciliação, o termo que for lavrado valerá como decisão irrecorrível, salvo para a Previdência Social quanto às contribuições que lhe forem devidas. Em havendo acordo o processo será extinto com resolução de mérito, art. 487, III, *b*, CPC.
„Gabarito "D".

(Procurador do Estado/SP – 2018 – VUNESP) A respeito do pagamento de despesas processuais e de honorários, no processo judicial trabalhista, é correto afirmar:

(A) não existe previsão legal para o pagamento de honorários ao advogado que atuar em causa própria.

(B) é vedado ao juiz deferir o parcelamento de honorários periciais.

(C) a responsabilidade pelo pagamento dos honorários periciais será sempre do empregador, independentemente de sucumbência na pretensão objeto da perícia.

(D) na hipótese de procedência parcial, o juízo arbitrará honorários de sucumbência recíproca, vedada a compensação entre os honorários.

(E) o benefício da justiça gratuita não pode ser concedido de ofício pela autoridade judicial.

A: opção incorreta, pois há previsão para pagamento de honorários advocatícios no art. 791-A da CLT. **B:** opção incorreta, pois nos termos do art. 790-B, § 2º, da CLT, o juízo poderá deferir parcelamento dos honorários periciais. **C:** opção incorreta, pois nos termos do art. 790-B da CLT, a responsabilidade pelo pagamento dos honorários periciais é da parte sucumbente na pretensão objeto da perícia. **D:** opção correta, pois reflete a disposição do art. 791-A, § 3º, da CLT. **E:** opção incorreta, pois nos termos do art. 790, § 3º, da CLT é facultado aos juízes, órgãos julgadores e presidentes dos tribunais do trabalho de qualquer instância conceder, a requerimento ou de ofício, o benefício da justiça gratuita, inclusive quanto a traslados e instrumentos, àqueles que perceberem salário igual ou inferior a 40% (quarenta por cento) do limite máximo dos benefícios do Regime Geral de Previdência Social. HC
„Gabarito "D".

(Procurador do Município/Manaus – 2018 – CESPE) Em relação ao dissídio coletivo, à ação rescisória e ao mandado de segurança na justiça do trabalho, julgue os itens a seguir.

(1) O dissídio coletivo de greve é de natureza econômica, uma vez que constitui novas relações coletivas de trabalho e cria novas condições de trabalho.

(2) A competência originária para julgar ação rescisória acerca de decisão proferida por juiz de vara do trabalho ou de acórdão proferido por tribunal que tenha apreciado o mérito da causa é do próprio e respectivo TRT.

1: opção incorreta, pois nas lições de Carlos Henrique Bezerra Leite (Curso de Direito Processual do Trabalho, 16ª ed., 2018, p. 1618, Saraiva): "o dissídio coletivo de greve pode ter natureza meramente declaratória, se seu objeto residir apenas na declaração de abusividade ou não do movimento paredista. Se, todavia, o Tribunal apreciar e julgar os pedidos versados nas cláusulas constantes da pauta de reivindicações, o dissídio coletivo de greve terá natureza mista, pois a um só tempo, a sentença normativa correspondente declarará a abusividade (ou não) do movimento paredista e constituirá (ou não) novas relações coletivas de trabalho." **2:** Opção correta, art. 678, I, c, 2, da CLT. HC
Gabarito 1E, 2C

(Procurador do Município/Manaus – 2018 – CESPE) Julgue os próximos itens à luz da jurisprudência do TST acerca dos recursos na justiça do trabalho, da liquidação e da execução no processo do trabalho.

(1) A parte que interpuser recurso não precisará provar a existência de feriado local que autorize a prorrogação do prazo recursal, por ser este um fato notório.

(2) A decisão judicial proferida em dissídio individual que condenar o poder público com base em entendimento coincidente com orientação firmada no âmbito administrativo e emitida pelo próprio ente público por meio de parecer vinculante não se sujeitará ao duplo grau de jurisdição.

(3) Nos casos de decisões desfavoráveis aos entes públicos proferidas em precatório não caberá remessa necessária.

(4) Caso a reclamação trabalhista não requeira a incidência de correção monetária e juros de mora em eventual condenação trabalhista, essas rubricas não poderão ser incluídas na liquidação da respectiva sentença.

(5) Na execução trabalhista, é impenhorável o faturamento de empresa porque isso comprometeria o desenvolvimento regular de suas atividades, bem como o próprio emprego de seus trabalhadores.

1: opção incorreta, pois nos termos da súmula 385, I, do TST incumbe à parte o ônus de provar, quando da interposição do recurso, a existência de feriado local que autorize a prorrogação do prazo recursal (art. 1.003, § 6º, do CPC de 2015). **2:** Opção correta, pois nos termos da súmula 303, II, d, do TST não se sujeita ao duplo grau de jurisdição a decisão fundada em entendimento coincidente com orientação vinculante firmada no âmbito administrativo do próprio ente público, consolidada em manifestação, parecer ou súmula administrativa. **3:** Opção correta, pois nos termos da OJ 8 do Tribunal Pleno do TST em sede de precatório, por se tratar de decisão de natureza administrativa, não se aplica o disposto no art. 1º, V, do Decreto-Lei 779, de 21.08.1969, em que se determina a remessa necessária em caso de decisão judicial desfavorável a ente público. **4:** Opção incorreta, pois são pedidos implícitos. Determina a súmula 211 do TST que os juros de mora e a correção monetária incluem-se na liquidação, ainda que omisso o pedido inicial ou a condenação. **5:** Opção incorreta, pois o faturamento da empresa pode ser penhorado. Nos termos do art. 866 do CPC/2015 se o executado não tiver outros bens penhoráveis ou se, tendo-os, esses forem de difícil alienação ou insuficientes para saldar o crédito executado, o juiz poderá ordenar a penhora de percentual de faturamento de empresa. Ademais, a OJ 93 da SDI 2 do TST dispõe:

HERMES CRAMACON

"Nos termos do art. 866 do CPC de 2015, é admissível a penhora sobre a renda mensal ou faturamento de empresa, limitada a percentual, que não comprometa o desenvolvimento regular de suas atividades, desde que não haja outros bens penhoráveis ou, havendo outros bens, eles sejam de difícil alienação ou insuficientes para satisfazer o crédito executado." Veja também o art. 835 do CPC/2015. **HC**

Gabarito 1E, 2C, 3C, 4E, 5E

(Procurador do Município/Manaus – 2018 – CESPE) Em relação à competência da justiça do trabalho, à revelia e às provas no processo do trabalho, julgue os itens que se seguem.

(1) A ação de indenização por dano moral decorrente da relação de trabalho proposta por sucessores de trabalhador falecido é de competência da justiça do trabalho.

(2) Situação hipotética: Um trabalhador requereu, por meio de reclamação trabalhista, adicional de insalubridade, mas o reclamado não contestou esse pedido, o que importou sua revelia. Assertiva: Nessa situação, o juiz poderá julgar procedente o pedido, independentemente de realização de prova pericial para verificar a alegada insalubridade.

(3) Em razão da indisponibilidade do interesse público, as pessoas jurídicas de direito público não se sujeitam à revelia no âmbito trabalhista.

(4) Caso servidor público civil tenha de depor como testemunha em hora de serviço, o juiz deverá oficiar ao chefe da repartição, requisitando o servidor para comparecer à audiência designada.

1: opção correta, pois de acordo com a redação da súmula 392 do TST nos termos do art. 114, inc. VI, da Constituição da República, a Justiça do Trabalho é competente para processar e julgar ações de indenização por dano moral e material, decorrentes da relação de trabalho, inclusive as oriundas de acidente de trabalho e doenças a ele equiparadas, ainda que propostas pelos dependentes ou sucessores do trabalhador falecido. **2:** Opção incorreta, pois nos termos do art. 195 da CLT a realização de perícia é obrigatória. **3:** Opção incorreta, pois nos termos da OJ 152 da SDI 1 do TST a pessoa jurídica de direito público sujeita-se à revelia prevista no artigo 844 da CLT. **4:** Opção correta, pois nos termos do art. 823 da CLT se a testemunha for funcionário civil ou militar, e tiver de depor em hora de serviço, será requisitada ao chefe da repartição para comparecer à audiência marcada. **HC**

Gabarito 1C, 2E, 3E, 4C

(Procurador do Município – Prefeitura Fortaleza/CE – CESPE – 2017) Acerca dos procedimentos nos dissídios individuais na justiça do trabalho, da reclamação, do *jus postulandi*, das partes e procuradores, julgue os itens a seguir, de acordo com o entendimento do TST.

(1) No processo do trabalho, a regra é a exigência da exibição dos estatutos da empresa em juízo como condição de validade do instrumento de mandato outorgado ao seu procurador.

(2) Não se aplica ao processo do trabalho a regra processual segundo a qual os litisconsortes que tiverem diferentes procuradores de escritórios de advocacia distintos terão prazos contados em dobro para todas as suas manifestações.

(3) Situação hipotética: Um cidadão postulou ação cautelar em causa própria em tema que envolve matéria sindical, mas não comprovou sua condição de advogado regularmente inscrito nos quadros da OAB. Assertiva: Nessa situação, aplicado o *jus postulandi*, será conhecida e processada regularmente a ação.

1: incorreta, pois a OJ 255 SDI 1 do TST entende que o art. 75, inciso VIII, do CPC de 2015 (art. 12, VI, do CPC de 1973) não determina a exibição dos estatutos da empresa em juízo como condição de validade do instrumento de mandato outorgado ao seu procurador, salvo se houver impugnação da parte contrária; **2:** correta, pois, nos termos da OJ 310 da SDI 1 do TST, é inaplicável ao processo do trabalho a norma contida no art. 229, "caput" e §§ 1º e 2º, do CPC de 2015 (art. 191 do CPC de 1973), em razão de incompatibilidade com a celeridade que lhe é inerente; **3:** incorreta, pois, nos termos da súmula 425 do TST, o *jus postulandi* da parte não poderá ser utilizado para apresentação de medida cautelar. **HC**

Gabarito 1E, 2C, 3E.

(Procurador do Município – Prefeitura Fortaleza/CE – CESPE – 2017) A respeito da competência, das provas e do procedimento sumaríssimo na justiça do trabalho, julgue os itens que se seguem.

(1) Quando estiver representando o município em juízo, o procurador estará dispensado da juntada de procuração e de comprovação do ato de nomeação durante todo o processamento da demanda, especialmente no caso de reclamação trabalhista de rito sumaríssimo.

(2) Em lides que possuem objetos e procuradores distintos, torna-se suspeita a testemunha que estiver litigando ou que tenha litigado contra esse mesmo empregador.

1: incorreta, pois, nos termos do art. 852-A, parágrafo único, CLT, estão excluídas do procedimento sumaríssimo as demandas em que é parte a Administração Pública direta, autárquica e fundacional; **2:** incorreta, pois, nos termos da súmula 357, TST, não torna suspeita a testemunha o simples fato de estar litigando ou de ter litigado contra o mesmo empregador. **HC**

Gabarito 1E, 2E.

(Procurador do Município – Prefeitura Fortaleza/CE – CESPE – 2017) Julgue os itens subsequentes, a respeito de recursos, execução, mandado de segurança e ação rescisória em processo do trabalho.

(1) No caso de ação coletiva em que sindicato atue como substituto processual na defesa de direitos individuais homogêneos, o entendimento do TST é de que o pagamento individualizado do crédito devido pela fazenda pública aos substituídos não afronta a proibição de fracionamento do valor da execução para fins de enquadramento em pagamentos da obrigação como requisição de pequeno valor.

(2) Segundo o TST, na hipótese de dúvida sobre o cabimento de agravo de petição, cabe mandado de segurança contra decisão que indefira a desconstituição de penhora de numerário nos autos da reclamação trabalhista.

(3) Salvo prova de miserabilidade jurídica do autor, a ação rescisória se sujeita ao depósito prévio de 20% do valor da causa. Conforme o TST, o reconhecimento da decadência no caso de ação rescisória implica a reversão ao réu do valor do depósito prévio.

8. DIREITO PROCESSUAL DO TRABALHO — 379

(4) Segundo o TST, não é cabível a interposição de recurso de embargos contra decisão judicial monocrática.

1: correta. Isso porque a OJ 9 do Tribunal Pleno do TST entende que em se tratando de reclamações trabalhistas plúrimas, a aferição do que vem a ser obrigação de pequeno valor, para efeito de dispensa de formação de precatório e aplicação do disposto no § 3º do art. 100 da CF/88, deve ser realizada considerando-se os créditos de cada reclamante. Veja também Informativo TST Execução 28; **2: correta.** De acordo com o Informativo TST Execução 28, é cabível mandado de segurança contra decisão que indefere a desconstituição de penhora de numerário nos autos de reclamação trabalhista na hipótese de dúvida sobre o cabimento de agravo de petição. Veja decisão Processo: RO – 21245-75.2016.5.04.0000; **3: correta**, pois, nos termos do art. 836 da CLT, a ação rescisória se sujeita ao depósito prévio de 20% do valor da causa, salvo prova de miserabilidade jurídica do autor. Ademais, nos termos do art. 974, parágrafo único, CPC/2015, aplicado ao processo do trabalho por força do art. 769 da CLT e art. 15 do CPC/2015, considerando, por unanimidade, inadmissível ou improcedente o pedido, o tribunal determinará a reversão, em favor do réu, da importância do depósito. Veja também informativo 144 TST; **4: correta**, pois, nos termos da OJ 378 SDI 1 do TST, não encontra amparo no art. 894 da CLT, quer na redação anterior quer na redação posterior à Lei 11.496, de 22.06.2007, recurso de embargos interposto à decisão monocrática exarada nos moldes do art. 932 do CPC de 2015 (art. 557 do CPC de 1973) e 896, § 5º, da CLT, pois o comando legal restringe seu cabimento à pretensão de reforma de decisão colegiada proferida por Turma do Tribunal Superior do Trabalho. HC

Gabarito "1C, 2C, 3C, 4C".

(Procurador do Estado – PGE/RS – Fundatec – 2015) No que se refere à Justiça do Trabalho, quando o Estado está presente na relação processual, certas peculiaridades são aplicáveis. Quanto a esse tema, analise as assertivas abaixo:

I. O rito sumaríssimo é aplicável a causas que envolvem pessoas jurídicas de direito público.

II. A União, os Estados, o Distrito Federal, os Municípios, suas autarquias e fundações públicas, quando representados em juízo, ativa e passivamente, por seus procuradores, estão dispensados da juntada de instrumento de mandato e de comprovação do ato de nomeação. Todavia, é essencial que o signatário ao menos se declare exercente do cargo de procurador, não bastando a indicação do número de inscrição na Ordem dos Advogados do Brasil.

III. A União, os Estados, o Distrito Federal, os Municípios e respectivas autarquias e fundações públicas federais, estaduais ou municipais que não explorem atividade econômica são isentas do pagamento de custas.

Quais estão corretas?

(A) Apenas I.

(B) Apenas III.

(C) Apenas I e II.

(D) Apenas I e III.

(E) Apenas II e III.

I: incorreta, pois, nos termos do art. 852-A, parágrafo único, CLT, estão excluídas do procedimento sumaríssimo as demandas em que é parte a Administração Pública direta, autárquica e fundacional; **II: correta**, pois reflete a disposição contida na súmula 436 do TST; **III: correta**, pois, nos termos do art. 790-A, I, CLT, a União, os Estados, o Distrito Federal, os Municípios e respectivas autarquias e fundações públicas federais, estaduais ou municipais que não explorem atividade econômica estão isentas do pagamento de custas. HC

Gabarito "E".

(Advogado União – AGU – CESPE – 2015) No que diz respeito à competência da justiça do trabalho, a liquidação de sentença trabalhista e a ação rescisória, julgue os itens a seguir.

(1) Conforme entendimento consolidado pelo TST, a apresentação de procuração por meio da qual se outorguem poderes específicos para ajuizar reclamação trabalhista não supre a ausência de nova procuração específica para a propositura de ação rescisória.

(2) De acordo com recente entendimento do STF, a justiça do trabalho não detém competência para processar e julgar de ofício a execução das contribuições previdenciárias relativas ao objeto dos acordos por ela homologados.

(3) Elaborados os cálculos de liquidação de sentença, a abertura de prazo pelo juiz do trabalho para impugnação será facultativa em relação às partes e obrigatória para a União.

1: correta, pois a OJ 151 da SDI 2 do TST entende que a procuração outorgada com poderes específicos para ajuizamento de reclamação trabalhista não autoriza a propositura de ação rescisória e mandado de segurança. Constatado, todavia, o defeito de representação processual na fase recursal, cumpre ao relator ou ao tribunal conceder prazo de 5 (cinco) dias para a regularização, nos termos da Súmula 383, item II, do TST; **2: incorreta**, pois, nos termos da súmula vinculante 53 do STF, a competência da Justiça do Trabalho prevista no art. 114, VIII, da Constituição Federal alcança a execução de ofício das contribuições previdenciárias relativas ao objeto da condenação constante das sentenças que proferir e acordos por ela homologados; **3: incorreta**, pois, nos termos do art. 879, § 2º, CLT, de acordo com a redação dada pela Lei 13.467/2017, elaborada a conta e tornada líquida, o juízo DEVERÁ abrir às partes prazo comum de 8 (oito) dias para impugnação fundamentada com a indicação dos itens e valores objeto da discordância, sob pena de preclusão. Ademais, nos termos do § 3º do mesmo dispositivo, a intimação do INSS também é obrigatória, tendo em vista que o citado dispositivo ensina que o Juiz procederá a intimação da União. HC

Gabarito "1C, 2E, 3E".

(Procurador do Estado – PGE/BA – CESPE – 2014) Acerca de recursos, execução trabalhista e dissídio coletivo, julgue os itens seguintes.

(1) Realizada a hasta pública na execução, o bem deverá ser vendido ao interessado que ofertar o maior lance, e o arrematante deverá garantir o lance com sinal correspondente a 10% do valor inicialmente orçado.

(2) A sentença normativa proferida posteriormente à sentença rescindenda é considerada documento novo para fins de rescisão de sentença de mérito transitada em julgado.

(3) Segundo entendimento consolidado do TST, recurso sem assinatura deve ser considerado inexistente. Será considerado válido o apelo se assinado, ao menos, na petição de apresentação ou nas razões recursais.

(4) É cabível recurso ordinário caso o juiz declare a incompetência absoluta em razão da matéria da justiça do trabalho e determine a remessa dos autos à justiça comum.

(5) Segundo entendimento do TST, a fazenda pública, quando condenada subsidiariamente pelas obrigações trabalhistas devidas pela empregadora principal, não se beneficia da limitação dos juros, prevista no art. 1º-F da Lei nº 9.494/1997.

1: incorreta, pois, nos termos do art. 888, § 2º, CLT, o arrematante deverá garantir o lance com o sinal correspondente a 20% (vinte por cento) do seu valor; **2:** incorreta, pois, nos termos da súmula 402, II, *a*, TST, não é prova nova apta a viabilizar a desconstituição de julgado a sentença normativa proferida ou transitada em julgado posteriormente à sentença rescindenda; **3:** correta, pois, nos termos da OJ 120, II, da SDI 1 do TST, é válido o recurso assinado, ao menos, na petição de apresentação ou nas razões recursais; **4:** correta, pois a decisão que declara a incompetência absoluta em razão da matéria

da Justiça do Trabalho e determina a remessa dos autos à justiça comum é considerada decisão interlocutória terminativas de feito admitindo a interposição de recurso ordinário, em conformidade com o art. 799, § 2º, da CLT; **5:** correta, pois, nos termos da OJ 382 SDI 1 do TST, a Fazenda Pública, quando condenada subsidiariamente pelas obrigações trabalhistas devidas pela empregadora principal, não se beneficia da limitação dos juros, prevista no art. 1º-F da Lei 9.494, de 10.09.1997.

9. DIREITO AMBIENTAL

Fabiano Melo, Fernanda Camargo Penteado, Luiz Felipe Nobre Braga, Rodrigo Bordalo, Wander Garcia, Arthur Trigueiros e Eduardo Dompieri

1. CONCEITOS BÁSICOS

(Procurador do Estado/SP – 2018 – VUNESP) Sobre a evolução da legislação ambiental no Brasil e os seus marcos históricos, assinale a alternativa correta.

(A) A Constituição Federal de 1988 consolidou a proteção ao meio ambiente, porém o regime jurídico de proteção ambiental foi primeiramente abordado e disciplinado de forma sistemática na Constituição de 1967, mantido pela Emenda Constitucional no 1/1969, o que deu espaço para edição da Lei nº 6.938/1981.

(B) Embora a Lei nº 7.347/1985 (Lei da Ação Civil Pública) seja um importante instrumento na proteção de direitos difusos e coletivos, não foi originalmente editada para tutelar o meio ambiente, tendo sido alterada somente na década de 1990 para passar a prever, em diversas disposições, a responsabilização por danos causados ao meio ambiente.

(C) Embora a Lei nº 6.938/1981, que instituiu a Política Nacional do Meio Ambiente, tenha inaugurado a proteção ambiental de forma sistemática e organizada no Brasil, somente com a Constituição Federal de 1988 os Estados e Municípios foram inseridos no sistema de proteção ambiental.

(D) Dois marcos da Lei nº 6.938/1981, que instituiu a Política Nacional do Meio Ambiente, são a descentralização administrativa, a partir da noção de um sistema de proteção ambiental, e a mudança no paradigma de proteção ambiental no Brasil.

(E) Até a edição da Constituição Federal de 1988 as normas de proteção ao meio ambiente eram fragmentadas e esparsas, sendo preocupação central a proteção de recursos naturais sob o viés econômico.

A: incorreta. a Constituição Federal de 1988 foi a primeira a tratar de forma sistematizada a respeito da proteção ao meio ambiente, trazendo um capítulo específico destinado a tal fim; anteriormente o tema era tratado de forma indireta pelas constituições brasileiras; **B:** incorreta. O texto original da Lei 7.347/1985 já tutelava o meio ambiente; **C:** incorreta. Conforme se observa da estrutura do SISNAMA definida pela Lei 6.938/1981, art. 6º, V e VI, os órgãos seccionais e os órgãos locais, são compostos respectivamente por órgãos ou entidades estaduais e órgãos ou entidades municipais. Desta forma, antes da vigência da CF/88, a Lei 6.938/1981 já havia inserido os Estados e Municípios no sistema de proteção ambiental; **D:** correta. Vide art. 6º, da Lei 6.938/1981; **E:** incorreta. Antes da vigência da CF/88, as Leis 6.938/1981, 7.347/1985 e até mesmo o revogado Código Florestal (Lei 4.771/1965) já traziam normas de proteção ambiental específicas. FM/FC

Gabarito "D".

2. PATRIMÔNIO CULTURAL BRASILEIRO

(Procurador Município – Teresina/PI – FCC – 2022) O Prefeito de Teresina editou decreto de tombamento de imóvel de propriedade de sua família sem estudo que comprove o seu valor histórico. O ato administrativo é

(A) ilegal diante da ausência de competência para o ato, que é exclusivo do Conselho Municipal do Patrimônio Cultural de Teresina.

(B) legítimo, pois o tombamento, independentemente de seu fundamento, traz proteção para o imóvel.

(C) lícito, desde que se comprove a ausência de prejuízo a terceiro de boa-fé.

(D) lícito, pois cabe ao Chefe do Poder Executivo Municipal, de forma discricionária, promover o tombamento do Patrimônio Municipal.

(E) ilegal diante do desvio de finalidade.

O tombamento é a restrição à propriedade imposta pelo Estado em razão do valor cultural *lato sensu* (histórico, artístico, arquitetônico, paisagístico etc.) do bem. Nesse sentido, a sua finalidade é a tutela do patrimônio cultural (art. 216 da CF). Considerando que o tombamento foi decretado pelo Prefeito de Teresina sem estudo comprobatório de seu valor histórico, verifica-se uma ilegalidade em razão do desvio de finalidade. Alternativa E correta. RB

Gabarito "E".

(Procurador do Estado/AC – 2017 – FMP) Em relação à tutela do patrimônio cultural, analise as assertivas abaixo.

I. Um mesmo bem imóvel de propriedade privada pode ser tombado em âmbito federal e estadual.

II. A União Federal, através do IPHAN, não pode tombar bem de propriedade de um estadomembro.

III. Bens naturais, para cuja criação não houve qualquer interferência humana, não podem ser considerados patrimônio cultural.

IV. O tombamento é o único instrumento da competência do estado-membro para proteção do patrimônio cultural material.

V. O inventário é instrumento passível de ser utilizado somente para proteção dos bens culturais de natureza imaterial.

Assinale a alternativa correta.

(A) Todas as assertivas estão incorretas.

(B) Estão corretas apenas as assertivas I, IV e V.

(C) Está correta apenas a assertiva V.

(D) Estão corretas apenas as assertivas IV e V.

(E) Está correta apenas a assertiva I.

Enunciado I correta: considerando que o tombamento envolve uma competência comum das entidades federativas, um mesmo bem imóvel de propriedade privada pode ser tombado em âmbito federal e estadual. Enunciado **II** incorreto: bens públicos podem ser objeto de tombamento. Enunciado **III** incorreto: cf. art. 216, V, da CF, constituem patrimônio cultural, entre outros, os sítios de valor ecológico. Enunciado **IV** incorreto: o Estado detém diversos instrumentos para a proteção do patrimônio cultural, a exemplo do tombamento e da desapropriação. Enunciado **V** incorreto: o inventário incide sobre os bens culturais de natureza material. RB

Gabarito "E".

(Procurador Distrital – 2014 – CESPE) Acerca do patrimônio cultural e da proteção ambiental das terras indígenas, julgue os itens que seguem.

(1) Em rol taxativo, a CF elenca os bens que constituem o patrimônio cultural brasileiro, como os conjuntos urbanos e sítios de valor histórico, paisagístico, artístico, arqueológico, paleontológico, ecológico e científico.

(2) A promoção e proteção do patrimônio cultural brasileiro é responsabilidade do poder público, com a colaboração da comunidade, por meio de inventários, registros, vigilância, tombamento e desapropriação, e de outras formas de acautelamento e preservação.

1: incorreta, pois o rol previsto no art. 216, *caput*, da CF/1988, não é taxativo (veja no *caput* a expressão "nos quais se incluem", que revela um rol exemplificativo); ademais também é patrimônio cultural brasileiro "natureza material e imaterial, tomados individualmente ou em conjunto, portadores de referência à identidade, à ação, à memória dos diferentes grupos formadores da sociedade brasileira", como outros citados nos incisos do art. 216 e que atendam ao *caput* do art. 216, tais como 'as formas de expressão', 'os modos de criar, fazer e viver' e outros; **2:** correta (art. 216, § 1°, da CF/1988).

Gabarito 1E, 2C.

3. DIREITO AMBIENTAL CONSTITUCIONAL

(Procurador – PGE/SP – 2024 – VUNESP) A discussão acerca da litigância climática tem crescido no mundo em conjunto com a preocupação com a responsabilidade ambiental e com a injustiça intergeracional ambiental. O Brasil também tem visto crescer o número de litígios dessa natureza, sobretudo na série de ações pautadas para julgamento pelo Supremo Tribunal Federal desde 2018, que ficou conhecida como "Pauta Verde".

Sobre a referida pauta, é correto afirmar:

(A) no julgamento da ADI 6808, o STF julgou o pedido improcedente para declarar constitucional a concessão automática de licença ambiental para funcionamento de empresas que exerçam atividades classificadas como de risco médio.

(B) a ADI 6148 foi julgada procedente declarando a inconstitucionalidade da Resolução CONAMA no 491/2018, que dispõe sobre os padrões de qualidade do ar.

(C) a decisão que julgou a ADO 59, que trata da implementação das prestações normativas e materiais da área da Amazônia Legal, especialmente aquelas relativas ao Fundo Amazônia, não reconheceu o estado de coisas inconstitucional na Amazônia Legal.

(D) foi julgada procedente a ADPF 735 que questionava a atuação das Forças Armadas na Garantia da Lei e da Ordem para ações subsidiárias, no período de 11 de maio a 10 de junho de 2020, na faixa de fronteira, nas terras indígenas, nas unidades federais de conservação ambiental e em outras áreas federais nos Estados da Amazônia Legal, visando a realização de ações preventivas e repressivas contra delitos ambientais, direcionadas ao desmatamento ilegal e ao combate a focos de incêndio.

(E) com relação à ADPF 651, que trata do Fundo Nacional do Meio Ambiente, o STF, recebendo a arguição como Ação Direta de Inconstitucionalidade, julgou procedente a ação para declarar inconstitucional a norma do artigo 5° do Decreto n° 10.224/2020, pela qual se extinguiu a participação da sociedade civil no Conselho Deliberativo do Fundo Nacional do Meio Ambiente.

A: incorreta (no julgamento da ADI 6808, o STF afastou a constitucionalidade de concessão automática de licença ambiental, mesmo para atividades classificadas como de risco médio, com base no argumento de que deve ser assegurada a proteção ambiental adequada). **B:** incorreta (A ADI 6148 foi julgada improcedente, tendo sido reconhecida a constitucionalidade da Resolução CONAMA n. 491/2018, embora o STF tenha determinado ao CONAMA a edição de nova resolução sobre a matéria). **C:** incorreta (na ADO 59, o STF reconheceu que o quadro normativo e fático da Amazônia Legal traduz a realidade de um autêntico *estado de coisas inconstitucional* na Amazônia Legal, a revelar um cenário de tutela insuficiente e deficiente dos biomas patrimônios nacionais por parte do Estado brasileiro). **D:** incorreta (o STF julgou prejudicada a ADPF 735, haja vista a natureza transitória das normas impugnadas – período de 11 de maio a 10 de junho de 2020 – e o exaurimento dos respectivos efeitos). **E:** correta (segundo o STF no julgamento da ADPF 651, a exclusão da participação popular na composição dos órgãos ambientais frustra a opção constitucional pela presença da sociedade civil na formulação de políticas públicas ambientais, contrariando o princípio da participação popular direta em matéria ambiental). RB

Gabarito "E".

(Procurador/PA – CESPE – 2022) O órgão ambiental competente para editar normas que estabelecem parâmetros para o cumprimento da legislação ambiental meramente revogou, sem substituição ou atualização, ato normativo que disciplina, além do procedimento para licenciamento ambiental de determinada atividade potencialmente poluidora, parâmetros, definições e limites de áreas de preservação permanente.

Considerando essa situação hipotética, julgue os itens a seguir.

I. De acordo com entendimento atual do Supremo Tribunal Federal, o poder normativo de órgão ambiental competente para a edição de normas dessa natureza é amplo, logo ele detém plena autonomia para a revogação de atos normativos, sem necessidade de substituição ou atualização.

II. Enquanto não for editado ato normativo em substituição, a atividade que era objeto do ato revogado poderá ser livremente realizada, independentemente de licenciamento ambiental, e as áreas de preservação permanente antes delimitadas deixam de ser assim consideradas.

III. De acordo com o entendimento atual do Supremo Tribunal Federal, a mera revogação do ato normativo, sem substituição ou atualização, se resultar em anomia ou descontrole regulatório, viola o princípio da vedação ao retrocesso ambiental.

9. DIREITO AMBIENTAL — 383

IV. A intervenção ou a supressão de vegetação nativa em área de preservação permanente somente poderá ocorrer nas hipóteses de utilidade pública, de interesse social ou de baixo impacto ambiental, previstas no Código Florestal.

Estão certos apenas os itens

(A) I e II.

(B) II e III.

(C) III e IV.

(D) I, II e IV.

(E) I, III e IV.

A questão explora o julgamento do STF na ADPF 749. **I:** incorreto (o exercício da competência normativa desses órgãos ambientais, a exemplo do CONAMA, vê os seus limites materiais condicionados aos parâmetros fixados pelo constituinte e pelo legislador). **II:** incorreto (vide comentário do item III). **III:** correto (de fato, de acordo com o STF, a mera revogação de normas operacionais fixadoras de parâmetros mensuráveis necessários ao cumprimento da legislação ambiental, sem sua substituição ou atualização, compromete a observância da Constituição, da legislação vigente e de compromissos internacionais, representando verdadeiro retrocesso ambiental). **IV:** correto (considerando que a Constituição e as leis ambientais representam o parâmetro principal para a disciplina ambiental, a intervenção ou a supressão de vegetação nativa em área de preservação permanente somente poderá ocorrer nas hipóteses previstas no Código Florestal: utilidade pública, interesse social ou baixo impacto ambiental). **RB**

Gabarito "C".

(Procurador do Município/Manaus – 2018 – CESPE) Considerando o que dispõe a CF a respeito da proteção ao meio ambiente, julgue os itens subsequentes.

(1) Compete ao poder público definir espaços territoriais ambientalmente protegidos, sendo a sua supressão permitida somente através de lei.

(2) Qualquer pessoa é parte legítima para propor ação popular para anular ato lesivo ao meio ambiente.

1: Correta, com base no disposto no art. 225, § 1º, III, da CF/1988. **2:** Errada, qualquer pessoa que preencha os requisitos da Ação Popular, por exemplo, ser cidadão (Lei 4.717/1965). **FM/LF**

Gabarito 1C, 2E

(Procurador Municipal – Prefeitura/BH – CESPE – 2017) A respeito do direito ambiental, assinale a opção correta de acordo com o disposto na CF.

(A) A proteção jurídica fundamental do meio ambiente ecologicamente equilibrado é estritamente antropocêntrica, uma vez que se considera o bem ambiental um bem de uso comum do povo.

(B) Além de princípios e direitos, a CF prevê ao poder público e à coletividade deveres relacionados à preservação do meio ambiente.

(C) Será inválida a criação de espaços territoriais ambientalmente protegidos por ato diverso da lei em sentido estrito.

(D) O direito ao meio ambiente ecologicamente equilibrado consta expressamente na CF como direito fundamental, o que o caracteriza como direito absoluto.

A: incorreta. Conforme Fabiano Melo (Direito Ambiental. São Paulo: Método, 2017, p. 10): "Das concepções éticas das relações do homem com o meio ambiente duas merecem destaque: o antropocentrismo e o biocentrismo. O antropocentrismo concebe o homem em uma verda-deira relação de superioridade com os demais seres. O que importa é o bem-estar dos seres humanos e, para tanto, o homem se apropria dos bens ambientais para o seu interesse exclusivo, sem preocupação com os demais seres vivos, que são instrumentais. A "ética antropocêntrica" não reconhece valor intrínseco aos outros seres vivos ou à natureza. No biocentrismo, por outro lado, o homem não é superior aos outros seres vivos; mantém com eles uma relação de interdependência, de simbiose. Todos os seres vivos são igualmente importantes. O centro das relações não é, como no antropocentrismo, a humanidade, mas os seres vivos, humanos e não humanos. Conforme os documentos internacionais e a Constituição Federal, a proteção é de natureza antropocêntrica. Todavia, não se trata da concepção clássica de antropocentrismo, mas o que a doutrina denomina "antropocentrismo alargado", que conjuga a interação da espécie humana com os demais seres vivos como garantia de sobrevivência e dignidade do próprio ser humano, assim como o reconhecimento que a proteção da fauna e da flora é indeclinável para a equidade intergeracional, para salvaguarda das futuras gerações"; **B:** correta, pois a assertiva encontra-se de acordo com o que dispõe o art. 225, *caput*, da CF/1988: "Art. 225. Todos tem direito ao meio ambiente ecologicamente equilibrado, bem de uso comum do povo e essencial a sadia qualidade de vida, impondo-se ao Poder Público e a coletividade o dever de preservá-lo e defendê-lo para as presentes e futuras gerações"; **C:** incorreta, pois é perfeitamente possível a criação de espaços territoriais ambientalmente protegidos através de decreto do Poder Executivo, contudo a alteração e a supressão, somente serão possíveis mediante lei em sentido estrito (art. 225, § 1º, III, da CF/1988); **D:** incorreta, não existe direito fundamental absoluto, a título de exemplo o direito fundamental a vida pode ser mitigado em caso de guerra formalmente declarada, em que a pena de morte será admitida (art. 5º, XLVII, "a", da CF/1988). **FM/FCP**

Gabarito "B".

(Procurador Municipal – Prefeitura/BH – CESPE – 2017) Acerca do conteúdo e da aplicação dos princípios do direito ambiental, assinale a opção correta.

(A) A participação ambiental da sociedade não substitui a atuação administrativa do poder público, mas deve ser considerada quando da tomada de decisões pelos agentes públicos.

(B) A legislação ambiental não promove exigência relacionada à aplicação do princípio do usuário-pagador, que impõe o pagamento pelo uso do recurso ambiental.

(C) Conforme a doutrina majoritária, os princípios da prevenção e da precaução são sinônimos, já que ambos visam inibir riscos de danos ao meio ambiente.

(D) A essência do princípio do poluidor-pagador está relacionada à compensação dos danos causados ao meio ambiente: no sentido de "poluiu pagou".

A: correta, posto que é dever do Poder Público em colaboração com a sociedade preservar e defender o meio ambiente (art. 225, caput, da CF/1988), assim, a participação ambiental da sociedade não substitui a atuação administrativa do poder público. Outrossim, a participação ambiental da sociedade deverá ser levada em conta quando da tomada de decisões pelos agentes públicos, neste sentido, destaca-se as audiências públicas exigidas ao Estudo Prévio de Impacto Ambiental e seu respectivo relatório (Resolução CONAMA 09/1987, disciplina a forma e o momento de participação dos cidadãos através de audiências públicas no processo de licenciamento ambiental) e a criação de Unidades de Conservação (art. 22, § 2º, da Lei 9.985/2000); **B:** incorreta, pois a legislação ambiental, mais especificamente o art. 4º, VII, da Lei 6.938/1981, promove exigência relacionada à aplicação do princípio do usuário-pagador, que impõe o pagamento pelo uso do recurso ambiental, com fins econômicos; **C:** incorreta, pois o entendimento majoritário é o de que os princípios da prevenção e da precaução não sinônimos, não obstante, ambos visam inibir riscos de danos ao meio ambiente. O princípio da prevenção refere-se a dever que o Poder Público tem em colaboração com a sociedade de preservar o meio ambiente para que não ocorra um evento danoso e, sucessivamente, sua difícil recuperação. Em contrapartida o princípio da precaução remete a ausência de informações ou pesquisas científicas conclusivas sobre a potencialidade e os efeitos de uma intervenção no meio ambiente. Tem-se aqui a incerteza científica a respeito dos efeitos do dano potencial, que não podem ser utilizados de forma a autorizar determinadas intervenções no meio ambiente, assim, na dúvida decide-se em favor do meio ambiente; **D:** incorreta, pois a essência do princípio do poluidor pagador está em impor ao poluidor a obrigação de recuperar e/ou indenizar os dados causados ao meio ambiente, e não no sentido de poluiu pagou, conforme disposto na assertiva. **FM/FCP**

Gabarito "A".

(Procurador do Estado – PGE/RN – FCC – 2014) Segundo a Constituição Federal,

(A) todos têm direito ao meio ambiente ecologicamente equilibrado, bem de uso comum do povo e essencial à sadia qualidade de vida, facultando-se ao Poder Público defendê-lo e preservá-lo para as presentes e futuras gerações.

(B) todos têm direito ao meio ambiente ecologicamente equilibrado, bem de uso comum do povo e essencial à sadia qualidade de vida, impondo-se ao Poder Público e à coletividade o dever de defendê-lo e preservá-lo para as presentes e futuras gerações.

(C) todos têm direito ao meio ambiente ecologicamente equilibrado, bem de uso especial do povo e essencial à sadia qualidade de vida, impondo-se ao Poder Público e à coletividade o dever de defendê-lo e preservá-lo para as presentes e futuras gerações.

(D) todos têm direito ao meio ambiente ecologicamente equilibrado, bem de uso especial do povo e essencial à sadia qualidade de vida, impondo-se apenas à coletividade o dever de defendê-lo e preservá-lo para as presentes e futuras gerações.

(E) todos têm direito ao meio ambiente ecologicamente equilibrado, bem de uso especial do povo e essencial à sadia qualidade de vida, impondo-se apenas ao Poder Público o dever de defendê-lo e preservá-lo para as presentes e futuras gerações.

Dispõe o art. 225, *caput*, da CF/1988: "Todos têm direito ao meio ambiente ecologicamente equilibrado, bem de uso comum do povo e essencial à sadia qualidade de vida, impondo-se ao Poder Público e à coletividade o dever de defendê-lo e preservá-lo para as presentes e futuras gerações". **FM/FCP**

Gabarito "B".

(PROCURADOR DO ESTADO/MG – FUMARC – 2012) A respeito do Direito Ambiental Brasileiro, assinale a alternativa **INCORRETA:**

(A) Para assegurar a efetividade do direito ao meio ambiente, incumbe ao Poder Público definir, em todas as unidades da Federação, espaços territoriais e seus componentes a serem especialmente protegidos, sendo a alteração e a supressão permitidas através de ato do Poder Público, vedada qualquer utilização que comprometa a integridade dos atributos que justifiquem sua proteção.

(B) Todos têm direito ao meio ambiente ecologicamente equilibrado, bem de uso comum do povo e essencial à

sadia qualidade de vida, impondo-se ao Poder Público e à coletividade o dever de defendê-lo e preservá-lo para as presentes e futuras gerações.

(C) A Floresta Amazônica brasileira, a Mata Atlântica, a Serra do Mar, o Pantanal Mato-Grossense e a Zona Costeira são patrimônio nacional, e sua utilização far-se-á, na forma da lei, dentro de condições que assegurem a preservação do meio ambiente, inclusive quanto ao uso dos recursos naturais.

(D) São indisponíveis as terras devolutas ou arrecadadas pelos Estados, por ações discriminatórias, necessárias à proteção dos ecossistemas naturais.

(E) As usinas que operem com reator nuclear deverão ter sua localização definida em lei federal, sem o que não poderão ser instaladas.

A: incorreta, pois a alteração e a supressão de espaços territoriais especialmente protegidos somente são permitidas por meio de lei (art. 225, §1º, III, CF); **B:** correta (art. 225, *caput*, CF); **C:** correta, visto que, de fato, a Floresta Amazônica, a Mata Atlântica, a Serra do Mar, o Pantanal Mato-Grossense e a Zona Costeira são considerados patrimônio nacional especialmente protegidos (art. 225, §4º, CF), não tendo havido, em nível constitucional, a inserção do Cerrado e da Caatinga; **D:** correta (art. 225, §5º, CF); **E:** correta (art. 225, § 6º, CF).

Gabarito "A".

(Advogado da União/AGU – CESPE – 2012) Com relação ao meio ambiente e aos interesses difusos e coletivos, julgue o item abaixo.

(1) Apesar de a floresta amazônica, a mata atlântica, a serra do Mar, o pantanal mato-grossense e a zona costeira serem, conforme dispõe a CF, patrimônio nacional, não há determinação constitucional que converta em bens públicos os imóveis particulares situados nessas áreas.

1: correta, pois, de fato, o art. 225, §4º, CF, não prescreve, em momento algum, que referidos biomas imporão aos proprietários de imóveis particulares neles situados a sua expropriação, convertendo-os em bens públicos.

Gabarito "1C".

(ADVOGADO – PETROBRÁS – 2012 – CESGRANRIO) Sobre as normas de proteção ao meio ambiente em vigor, considere as afirmativas abaixo.

I. A desapropriação de imóvel rural que não esteja utilizando adequadamente os recursos naturais disponíveis deverá ser feita mediante prévia e justa indenização em dinheiro.

II. Os princípios da precaução e da prevenção objetivam evitar a ocorrência ou ameaça de danos ao meio ambiente.

III. O direito ao meio ambiente ecologicamente equilibrado é considerado como um direito fundamental de terceira geração.

É correto o que se afirma em

(A) I, apenas.

(B) III, apenas.

(C) I e II, apenas.

(D) II e III, apenas.

(E) I, II e III.

I: incorreta (art. 184, *caput*, CF), visto que a indenização será feita mediante títulos da dívida agrária; **II:** correta, pois, de fato, os princípios da prevenção e precaução constituem mecanismos de proteção da qualidade ambiental, impondo à coletividade e ao poder público a tomada de providências tendentes a evitar a causação de danos, quando estes forem de ocorrência certa (prevenção) ou nos casos em que determinadas atividades ou empreendimentos revelarem uma incerteza científica sobre a geração de danos ambientais (precaução); III: correta, pois o meio ambiente, considerado um bem difuso, insere--se na tradicional classificação dos direitos fundamentais em gerações (*in casu*, um direito de terceira geração, que trata, exatamente, dos direitos difusos e coletivos).

Gabarito "D".

4. PRINCÍPIOS DO DIREITO AMBIENTAL

Segue um resumo sobre Princípios do Direito Ambiental:

(1) Princípio do desenvolvimento sustentado: *determina a harmonização entre o desenvolvimento econômico e social e a garantia da perenidade dos recursos ambientais.* Tem raízes na Carta de Estocolmo (1972) e foi consagrado na ECO-92.

(2) Princípio do poluidor-pagador: *impõe ao poluidor tanto o dever de prevenir a ocorrência de danos ambientais, como o de reparar integralmente eventuais danos que causar com sua conduta.* O princípio não permite a poluição, conduta absolutamente vedada e passível de diversas e severas sanções. Ele apenas reafirma o dever de prevenção e de reparação integral por parte de quem pratica atividade que possa poluir. Esse princípio **também** impõe ao empreendedor a internalização das externalidades ambientais negativas das atividades potencialmente poluidoras, buscando evitar a socialização dos ônus (ou seja, que a sociedade pague pelos danos causados pelo empreendedor) e a privatização dos bônus (ou seja, que somente o empreendedor ganhe os bônus de gastar o meio ambiente).

(3) Princípio da obrigatoriedade da intervenção estatal: *impõe ao Estado o dever de garantir o meio ambiente ecologicamente equilibrado.* O princípio impõe ao poder público a utilização de diversos instrumentos para proteger o meio ambiente, que serão vistos em capítulo próprio.

(4) Princípio da participação coletiva ou da cooperação de todos: *impõe à coletividade (além do Estado) o dever de garantir e participar da proteção do meio ambiente.* O princípio cria deveres (preservar o meio ambiente) e direitos (participar de órgãos colegiados e audiências públicas, p. ex.) às pessoas em geral.

(5) Princípio da responsabilidade objetiva e da reparação integral: *impõe o dever de qualquer pessoa responder integralmente pelos danos que causar ao meio ambiente, independentemente de prova de culpa ou dolo.* Perceba que a proteção é dupla. Em primeiro lugar, fixa-se que a responsabilidade é objetiva, o que impede que o causador do dano deixe de ter a obrigação de repará-lo sob o argumento de que não agiu com culpa ou dolo. Em segundo lugar, a obrigação de reparar o dano não se limita a pagar uma indenização, mas impõe que a reparação seja específica, isto é, deve-se buscar a restauração ou recuperação do bem ambiental lesado, procurando, assim, retornar à situação anterior.

(6) Princípio da prevenção: *impõe à coletividade e ao poder público a tomada de medidas prévias para*

garantir o meio ambiente ecologicamente equilibrado para as presentes e futuras gerações. A doutrina faz uma distinção entre este princípio e o **princípio da precaução**. **O princípio da prevenção** incide naquelas hipóteses em que se tem **certeza** de que dada conduta causará um dano ambiental. O princípio da prevenção atuará de forma a evitar que o dano seja causado, impondo licenciamentos, estudos de impacto ambiental, reformulações de projeto, sanções administrativas etc. A ideia aqui é eliminar os perigos já comprovados. Já o **princípio da precaução** incide naquelas hipóteses de **incerteza científica** sobre se dada conduta pode ou não causar um dano ao meio ambiente. O princípio da precaução atuará no sentido de que, na dúvida, deve-se ficar com o meio ambiente, tomando as medidas adequadas para que o suposto dano de fato não ocorra. A ideia aqui é eliminar que o próprio perigo possa se concretizar.

(7) Princípio da educação ambiental: *impõe ao poder público o dever de promover a educação ambiental em todos os níveis de ensino e a conscientização pública para a preservação do meio ambiente.* Perceba que a educação ambiental deve estar presente em todos os níveis de ensino e, que, além do ensino, a educação ambiental deve acontecer em programas de conscientização pública.

(8) Princípio do direito humano fundamental: *garante que os seres humanos têm direito a uma vida saudável e produtiva, em harmonia com o meio ambiente.* De acordo com o princípio, as pessoas têm direito ao meio ambiente ecologicamente equilibrado.

(9) Princípio da ubiquidade: *impõe que as questões ambientais devem ser consideradas em todas as atividades humanas.* Ubiquidade quer dizer existência concomitantemente em todos os lugares. De fato, o meio ambiente está em todos os lugares, de modo que qualquer atividade deve ser feita com respeito à sua proteção e promoção.

(10) Princípio do usuário-pagador: *as pessoas que usam recursos naturais devem pagar por tal utilização.* Esse princípio difere do princípio do poluidor-pagador, pois o segundo diz respeito a condutas ilícitas ambientalmente, ao passo que o primeiro a condutas lícitas ambientalmente. Assim, aquele que polui (conduta ilícita), deve reparar o dano, pelo princípio do poluidor-pagador. Já aquele que usa água (conduta lícita) deve pagar pelo seu uso, pelo princípio do usuário-pagador. A ideia é que o usuário pague com o objetivo de incentivar o uso racional dos recursos naturais, além de fazer justiça, pois há pessoas que usam mais e pessoas que usam menos dados recursos naturais.

(11) Princípio da informação e da transparência das informações e atos: *impõe que as pessoas têm direito de receber todas as informações relativas à proteção, preventiva e repressiva, do meio ambiente.* Assim, pelo princípio, as pessoas têm direito de consultar os documentos de um licenciamento ambiental, assim como têm direito de participar de consultas e de audiências públicas em matéria de meio ambiente.

(12) Princípio da função socioambiental da propriedade: *a propriedade deve ser utilizada de modo sustentável, com vistas não só ao bem-estar do proprietário, mas também da coletividade como um todo.*

(13) Princípio da equidade geracional: *é as presentes e futuras gerações têm os mesmos direitos quanto ao meio ambiente ecologicamente equilibrado.* Assim, a utilização de recursos naturais para a satisfação das necessidades atuais não deverá comprometer a possibilidade das gerações futuras satisfazerem suas necessidades. O princípio impõe, também, equidade na distribuição de benefícios e custos entre gerações, quanto à preservação ambiental.

(Procurador – PGE/SP – 2024 – VUNESP) Sobre os princípios do Direito Ambiental, assinale a alternativa correta.

(A) Muito embora sejam amplamente utilizados pelo sistema jurídico ambiental brasileiro, os princípios da precaução e do usuário-pagador não se encontram positivados em nenhum instrumento normativo.

(B) O Princípio das Responsabilidades Comuns, mas Diferenciadas, norteia o Direito Climático, estabelecendo diretriz normativa para atribuição de carga maior de obrigações voltadas à adoção de medidas de redução na emissão de gases do efeito estufa às nações menos desenvolvidas.

(C) O princípio da proibição ao retrocesso ecológico, apesar de largamente difundido na América Latina, não encontra aplicação no Direito Ambiental Brasileiro.

(D) Como critério para solucionar antinomias no Direito Ambiental, destaca-se o princípio hermenêutico *in dubio pro natura*.

(E) A dimensão ecológica da dignidade humana traduz a ideia em torno de um bem-estar ambiental (qualidade, equilíbrio e segurança ambiental), que não significa, contudo, o reconhecimento de um direito-garantia ao mínimo existencial ecológico.

A: incorreta (o princípio da precaução se encontra positivado, por exemplo, no art. 3°, "caput", da Lei n. 12.187/2009 – Lei da Política Nacional sobre Mudança do Clima). **B:** incorreta (o Princípio das Responsabilidades Comuns, mas Diferenciadas atribui carga maior de obrigações visando à redução de emissão às nações *mais desenvolvidas*, já que são estas que poluem mais). **C:** incorreta (o princípio da proibição ao retrocesso ecológico encontra aplicação no Direito Ambiental Brasileiro, cf. já reconhecido pelo STF em vários julgamentos, como na ADPFs 747, 748 e 749). **D:** correta (o princípio hermenêutico *in dubio pro natura* impõe a norma mais benéfica ao meio ambiente em caso de dúvida, obscuridade, lacuna ou incerteza jurídica). **E:** incorreta (a dimensão ecológica da dignidade humana implica o reconhecimento de um direito-garantia ao mínimo existencial ecológico). **RB**
Gabarito "D".

(Procurador do Estado/AC – 2017 – FMP) Considerando os trechos a seguir reproduzidos, identifique o princípio de direito ambiental a que cada um deles se refere.

I. "Sempre que houver perigo da ocorrência de um dano grave ou irreversível, a ausência de certeza científica absoluta não deverá ser utilizada como razão para se adiar a adoção de medidas eficazes a fim de impedir a degradação ambiental" (LEITE & AYALA).

II. "Objetiva internalizar nas práticas produtivas (em última instância, no preço dos produtos e serviços) os custos ecológicos, evitando-se que os mesmos sejam suportados de modo indiscriminado (e portanto injusto) por toda a sociedade" (SARLET & FENSTER-SEIFER).

III. "Incentiva economicamente quem protege uma área, deixando de utilizar seus recursos, estimulando assim a preservação" (RIBEIRO).

IV. "...apesar de não se encontrar, com nome e sobrenome, consagrado na nossa Constituição, nem em normas infraconstitucionais, e não obstante sua relativa imprecisão – compreensível em institutos de formulação recente e ainda em pleno processo de consolidação –, transformou-se em princípio geral de Direito Ambiental, a ser invocado na avaliação da legitimidade de iniciativas legislativas destinadas a reduzir o patamar de tutela legal do meio ambiente" (BENJAMIN).

V. "visa proteger a quantidade dos bens ambientais, estabelecendo uma consciência ambiental de uso racional dos mesmos, permitindo uma socialização justa e igualitária de seu uso" (RODRIGUES).

Na sequência, faça a devida identificação do princípio explicitado em cada doutrina.

(A) Prevenção, usuário-pagador, subsidiariedade, equidade intergeracional e poluidor-pagador.

(B) Usuário-pagador, protetor-recebedor, cooperação, vedação de retrocesso ambiental e sustentabilidade.

(C) Precaução, usuário-pagador, protetor-recebedor, desenvolvimento sustentável e equidade intergeracional.

(D) Precaução, poluidor-pagador, protetor-recebedor, vedação de retrocesso ambiental e usuário pagador.

(E) Precaução, poluidor-pagador, intervenção estatal obrigatória, vedação de retrocesso ambiental.

O trecho I refere-se ao princípio da precaução, já que está associado à ausência de certeza científica, que não pode impedir a adoção de medidas para impedir eventual dano ambiental. O trecho II equivale ao princípio do poluidor-pagador, associado à internalização das externalidades ambientais negativas. O trecho III corresponde ao princípio protetor-recebedor, consistente na concessão de benefícios a quem protege o meio ambiente. O trecho IV refere-se ao princípio da vedação do retrocesso ambiental, o qual interdita a redução do patamar da tutela ambiental. Por fim, o trecho V equivale ao princípio do usuário-pagador, que impõe a contraprestação pelo uso de determinados bens ambientais, de modo a favorecer o seu uso racional. **RB**
Gabarito "D".

(Procurador do Município – Prefeitura Fortaleza/CE – CESPE – 2017) De acordo com os princípios do direito ambiental, julgue os itens que se seguem.

(1) Por disciplinar situações que podem ocorrer antes do dano, o princípio da prevenção não inclui a restauração de recursos ambientais.

(2) De acordo com o entendimento do STJ, não se considera o novo proprietário de área degradada parte legítima para responder ação por dano ambiental, independentemente da existência ou não de culpa.

(3) Ao usuário será imposta contribuição pelos custos advindos da utilização de recursos ambientais com fins econômicos.

(4) O conceito de meio ambiente que vem embutido na norma jurídica não abrange o conjunto de leis que rege a vida em todas as suas formas.

1: Errada. O princípio da prevenção é estruturante do Direito Ambiental. Com efeito, conforme Fabiano Melo (São Paulo: Método, 2017, p. 108)

9. DIREITO AMBIENTAL 387

"Não é possível conceber o direito ambiental sob uma ótica meramente reparadora, pois esta o tornaria inócuo, já que os danos ambientais, em regra, são praticamente irreversíveis, como se vê no desmatamento de uma floresta centenária ou na extinção de uma espécie da fauna ou da flora. Sem uma atuação antecipatória não há como evitar a ocorrência de danos ambientais. Por essa razão o direito ambiental é eminentemente preventivo". Este princípio encontra-se previsto no artigo 225, *caput*, da Constituição Federal de 1988, quando assevera que incumbe ao Poder Público e à coletividade o dever de proteger e preservar o meio ambiente às presentes e futuras gerações. Não obstante de índole preventiva, é necessário pontuar que a ideia de proteção engloba tanto as medidas de prevenção quanto de reparação e restauração dos recursos naturais. **2:** Errada. A obrigação de reparação pelos danos ambientais é objetiva (art. 14, §1º, da Lei 6.938/1981) e *propter rem*, ou seja, segue a coisa, independentemente do atual titular do domínio/posse. Nesse sentido, dispõe o art. 2º, § 2º, da Lei 12.651/2012: "As obrigações previstas nesta Lei têm natureza real e são transmitidas ao sucessor, de qualquer natureza, no caso de transferência de domínio ou posse do imóvel rural". **3:** Correta. O enunciado materializa o princípio do usuário-pagador, previsto no **art. 4º, VII, 2ª parte da Lei 6.938/1981: "VII – à imposição, ao poluidor e ao predador, da obrigação de recuperar e/ou indenizar os danos causados e, ao usuário, da contribuição pela utilização de recursos ambientais com fins econômicos"**. **4:** Errada. O conceito legal de meio ambiente encontra-se inserido no art. 3º, I, da Lei 6.938/1981, e engloba o conjunto de leis que rege a vida em todas as suas formas, confira-se: "Meio ambiente, o conjunto de condições, leis, influências e interações de ordem física, química e biológica, que permite, abriga e rege a vida em todas as suas formas". **FM/FCP**

Gabarito: 1E, 2E, 3C, 4E

(Procurador do Estado – PGE/BA – CESPE – 2014) No que se refere ao princípio do usuário-pagador no âmbito do direito ambiental, entre outras normas ambientais, julgue os itens que se seguem.

(1) Não é permitida a gestão das florestas públicas por meio de concessão florestal a pessoas que não se enquadrem no conceito de populações tradicionais.

(2) Todas as unidades de conservação devem dispor de plano de manejo que preveja as modalidades de utilização em conformidade com os seus objetivos.

(3) De acordo com o referido princípio, deve-se proceder à quantificação econômica dos recursos ambientais, de modo a garantir reparação por todo o dano ambiental causado.

1: Errada. Considera-se concessão florestal: "delegação onerosa, feita pelo poder concedente, do direito de praticar manejo florestal sustentável para exploração de produtos e serviços numa unidade de manejo, mediante licitação, à pessoa jurídica, em consórcio ou não, que atenda às exigências do respectivo edital de licitação e demonstre capacidade para seu desempenho, por sua conta e risco e por prazo determinado" (art. 3º, VII, da Lei 11.284/2006). Pelo conceito legal de concessão florestal, verifica-se que esta poderá ser feita à pessoa jurídica, em consórcio ou não, e não a populações tradicionais, conforme previsão da assertiva. **2:** Correta. Assertiva em consonância com o art. 2º, XVII e o art. 27 da Lei 9.985/2000. **3:** Errada. A assertiva trata da previsão do princípio do poluidor pagador – e não do usuário pagador –, que dispõe sobre contribuição pela utilização de recursos ambientais com fins econômicos (art. 4º, VII, da Lei 6.938/1981). **FM/FCP**

Gabarito: 1E, 2C, 3E

(Procurador do Estado/BA – 2014 – CESPE) No que se refere ao direito ambiental, julgue os itens a seguir.

(1) O acesso à informação ambiental é um princípio de direito ambiental previsto tanto na CF quanto em normas infraconstitucionais.

(2) A participação da sociedade é garantida durante os processos de decisão política dos órgãos ambientais, federais, estaduais e municipais, em norma infraconstitucional que determina a forma e o momento de participação dos cidadãos.

(3) A realização de audiência pública durante o procedimento de licenciamento ambiental é obrigatória caso haja solicitação de cinquenta ou mais cidadãos.

1: correta; o princípio da informação e da transparência das informações e atos é aquele pelo qual as pessoas têm direito de receber todas as informações relativas à proteção, preventiva e repressiva, do meio ambiente. Assim, pelo princípio, as pessoas têm direito de consultar os documentos de um licenciamento ambiental, bem como têm o direito de participar de consultas e de audiências públicas em matéria de meio ambiente. Esse princípio decorre do art. 225, § 1º, IV ("publicidade"), VI ("educação ambiental" e "conscientização pública"), da CF/1988, e está expresso no art. 6º da Lei 11.428/2006 (Lei de Proteção da Mata Atlântica); **2:** incorreta, pois o princípio da participação coletiva ou da cooperação de todos, que é aquele que impõe à coletividade (além do Estado) o dever de garantir o meio ambiente ecologicamente equilibrado para as presentes e futuras gerações, decorre do art. 225, *caput*, da CF/1988; **3:** correta (art. 2º, *caput*, da Resolução CONAMA 09/1987).

Gabarito: 1C, 2E, 3C

(Procurador do Estado/AC – FMP – 2012) Qual das alternativas abaixo contém princípio(s) não expressamente previsto(s) na Lei Federal n.º 12.305/2010 como norteador(es) da Política Nacional de Resíduos Sólidos?

(A) Prevenção e precaução.

(B) Desenvolvimento sustentável.

(C) Inversão do ônus da prova.

(D) Razoabilidade e proporcionalidade.

À exceção da alternativa "C" (princípio da inversão do ônus da prova), os demais princípios, previstos nas alternativas restantes, estão expressamente elencados no art. 6º da Lei 12.305/2010 (Lei da Política Nacional dos Resíduos Sólidos), com destaque para a prevenção e precaução (inc. I), desenvolvimento sustentável (inc. IV) e razoabilidade e proporcionalidade (inc. XI).

Gabarito: "C".

(Procurador do Município/São José dos Campos-SP – 2012 – VUNESP) Quanto aos princípios ambientais informadores do direito ambiental, o relacionado ao acesso equitativo aos recursos naturais refere-se

(A) ao uso autorizado de um recurso ambiental, observadas as normas vigentes e padrões legalmente fixados.

(B) aos custos sociais externos que acompanham a atividade econômica que devem ser internalizados.

(C) à adoção de medidas, pelo Poder Público, por meio da sociedade civil organizada, tendentes a solucionar as questões relativas ao meio ambiente.

(D) à racionalidade da exploração e à eficiência ecológica.

(E) ao acesso da população às informações relativas às atividades administrativas.

A: incorreta, pois o estabelecimento de padrões máximos de poluição por normas editadas pelo Poder Público, a fim de ser mantido o equilíbrio ambiental diante do uso de recursos naturais, diz respeito ao princípio do controle ou limite; **B:** incorreta, pois a internalização das externalidades negativas, vale dizer, a inserção dos custos sociais da degradação da qualidade ambiental nos custos dos processos produtivos, diz respeito ao princípio do poluidor-pagador; **C:** incorreta, a atuação conjunta do Poder Público e da sociedade, com vistas à melhor proteção das questões ambientais, constitui o Princípio 10 da Declaração do Rio (ECO 92), consagrando o princípio da participação comunitária (ou princípio democrático); **D:** correta, pois o acesso equitativo aos recursos naturais, mediante a racionalização da exploração do meio ambiente, está relacionado, segundo cremos, ao princípio do desenvolvimento sustentável; **E:** incorreta, pois o acesso da população às informações relativas às atividades administrativas no tocante às questões ambientais diz respeito ao princípio da informação.

Gabarito "D".

5. COMPETÊNCIA EM MATÉRIA AMBIENTAL

(Procurador – AL/PR – 2024 – FGV) O modelo federativo ecológico referente ao domínio e competência sobre os recursos hídricos apresenta um quadro normativo especializado e complexo, estabelecendo uma conexão intrínseca com a Constituição Federal e as legislações ambientais federais e estaduais.

Considerando as determinações constitucionais e legais, sobre a dominialidade e a competência das águas no Brasil, assinale a afirmativa correta.

(A) A competência privativa da União para legislar sobre águas, energia e recursos minerais impede que os Estados sejam autorizados a legislar sobre essas questões específicas.

(B) Incluem-se entre os bens do Estado as águas subterrâneas presentes em seu território, mesmo as que banhem mais de um estado.

(C) É de titularidade expressa dos Estados os lagos, na proporção correspondente à extensão presente em seus territórios.

(D) É de competência privativa da União registrar, acompanhar e fiscalizar as concessões de direitos de pesquisa e exploração de recursos hídricos e minerais em todo o território nacional.

(E) Os rios que atravessam mais de um estado são de propriedade dos estados pelos quais fluem, na proporção correspondente à extensão que percorrem em seus territórios.

A: incorreta (a competência privativa da União para legislar sobre águas, energia e recursos minerais – art. 22, IV, CF – *não* impede que os Estados sejam autorizados a legislar sobre essas questões específicas; assim já decidiu o STF na ADI 3.336: "Embora a União detenha a competência exclusiva (...) para legislar sobre águas (art. 22, IV, da CF/88), não se há de olvidar que aos estados-membros compete, de forma concorrente, legislar sobre proteção ao meio ambiente (art. 24, VI e VIII, CF), o que inclui, evidentemente, a proteção dos recursos hídricos"). **B:** correta (art. 26, I, CF). **C:** incorreta (pertencem à União os lagos que banhem mais de um Estado ou sirvam de limites com outros países, cf. art. 20, III, CF). **D:** incorreta (é competência comum da União, dos Estados, do Distrito Federal e dos Municípios registrar, acompanhar e fiscalizar as concessões de direitos de pesquisa e exploração de recursos hídricos e minerais em todo o território nacional, cf. art. 23, XI, CF). **E:** incorreta (os rios que atravessam mais de um Estado são de propriedade da União, cf. art. 20, III, CF). RB

Gabarito "B".

(Procurador Município – Teresina/PI – FCC – 2022) Lei municipal determinou, sem que houvesse particularidade local, que os zoológicos localizados no município permanecessem fechados por, no mínimo, dois dias por semana para permitir o descanso dos animais. A lei é

(A) inconstitucional, diante da absoluta impossibilidade de o Município legislar sobre fauna.

(B) inconstitucional, diante da ausência de particularidade local.

(C) constitucional, diante da possibilidade de o Município legislar sobre fauna.

(D) constitucional, desde que haja interpretação conforme para retirar a expressão "por no mínimo".

(E) constitucional, mas deve ser regulamentada para entrar em vigor.

A competência para legislar sobre o meio ambiente, o que inclui a fauna, é concorrente (art. 24, VI, CF). Assim, a União detém atribuição para expedir normas gerais, cabendo aos Estados e ao DF suplementá-los. Quanto aos Municípios, cabível legislar sobre o meio ambiente e a fauna, desde que em relação aos assuntos de interesse local (art. 30, I, CF). Assim, considerando que a lei não apresenta particularidade local, essa norma é inconstitucional. Correta a alternativa B. RB

Gabarito "B".

(Procurador do Estado/TO – 2018 – FCC) De acordo com o disposto na Lei Complementar 140/2011, a atividade de licenciamento é realizada pelos entes federados

(A) observando-se a competência primária dos Municípios, pelo critério do interesse local, delegando-se aos Estados as atividades que aqueles entes não consideram de sua competência e, em caráter excepcional, à União somente os casos em que o empreendimento exceder o território nacional.

(B) de forma concorrente, fixando-se a competência de acordo com o requerimento formulado pelo empreendedor, independentemente da natureza ou finalidade de seu projeto.

(C) observada a hierarquia entre os entes federados, de modo que o Município é competente para licenciar as atividades que a União e Estados, nessa ordem, permitirem.

(D) com base na definição das atividades expressamente atribuídas a cada ente federado em decreto federal.

(E) considerando-se, entre outros aspectos, a inserção em unidades de conservação instituídas por União, Estados e Municípios e a natureza da atividade, conforme definição dos Conselhos Estaduais de Meio Ambiente.

A competência material referente ao licenciamento ambiental está disciplinada na Lei Complementar 140/2011. Existem diversos critérios para o exercício de tal atribuição. Uma delas é a inserção do empreendimento em unidade de conservação instituída por determinado ente federativo, a quem compete, como regra, o respectivo licenciamento (cf. art. 7º, XIV, "d"). Outro critério é a natureza da atividade, de acordo com a definição estabelecida pelos Conselhos Estaduais de Meio Ambiente (cf. art. 9º, XIV, "a"). Assim, correta a alternativa E. RB

Gabarito "E".

(Procurador do Estado/SP – 2018 – VUNESP) A Polícia Militar Ambiental do Estado de São Paulo lavrou auto de infração ambiental em face de infrator, por suprimir vegetação sem autorização do órgão competente, em um imóvel rural particular não inserido em área qualificada como Unidade de Conservação. Ato contínuo, enquanto o infrator se preparava para sair do local, fiscais do Instituto Brasileiro do Meio Ambiente e dos Recursos Naturais Renováveis – IBAMA lavraram auto de infração em razão dos mesmos fatos. A sanção cominada, por ambos os

9. DIREITO AMBIENTAL   389

entes, foi exclusivamente a de multa. Diante dessa situação, assinale a alternativa correta.

(A) Os dois autos de infração ambiental são inválidos, pois a competência para lavratura é municipal, tratando-se de vício sanável.

(B) Deve prevalecer o auto de infração ambiental lavrado pelo Estado.

(C) Os dois autos de infração devem ser mantidos, inclusive com as sanções daí decorrentes, que serão concorrentes e admitirão a futura cobrança das multas respectivas.

(D) Deve prevalecer o auto de infração ambiental lavrado pelo IBAMA.

(E) Os dois autos de infração ambiental são inválidos, pois a competência para lavratura é municipal, tratando-se de vício insanável.

A: incorreta, nos termos do art. 17, *caput* e § 3º, da Lei Complementar 140/2011, compete ao órgão responsável pelo licenciamento ou autorização, de um empreendimento ou atividade, lavrar auto de infração ambiental e instaurar processo administrativo para a apuração de infrações à legislação ambiental cometidas pelo empreendimento ou atividade licenciada ou autorizada, contudo, isso não impede o exercício pelos entes federativos da atribuição comum de fiscalização, prevalecendo o auto de infração ambiental lavrado por órgão que detenha a competência para a análise do licenciamento ou autorização; **B:** correta. Vide art. 17, § 3º cumulado com o art. 8º, XIV, ambos da Lei Complementar 140/2011; **C:** incorreta. A teor do art. 17, § 3º da Lei Complementar 140/2011, o auto de infração lavrado pelo IBAMA deverá ser arquivado, prevalecendo o autuado pela Polícia Militar do Estado de São Paulo; **D:** incorreta. Deverá prevalecer o auto de infração lavrado pela Polícia Militar do Estado de São Paulo (art. 17, §3º, da Lei Complementar 140/2011); **E:** incorreta, nos termos do art. 17, § 3º cumulado com o art. 8º, XIV, ambos da Lei Complementar 140/2011. FM/FC
Gabarito "B".

(Procurador do Estado/SP – 2018 – VUNESP) A respeito das competências para autorização de supressão e manejo de vegetação, assinale a alternativa correta.

(A) Compete aos Municípios, dentre outras atribuições, aprovar a supressão e o manejo de vegetação, de florestas e formações sucessoras em florestas públicas municipais e unidades de conservação instituídas pelo Município, exceto em Áreas de Proteção Ambiental.

(B) A aprovação da supressão de vegetação em unidade de conservação será sempre do ente instituidor da unidade, exceto para Áreas de Proteção Ambiental, Reservas Particulares do Patrimônio Natural e Reserva de Desenvolvimento Sustentável, cuja competência será da União.

(C) A Lei Complementar no 140/2011, buscando solucionar conflitos de competência, previu que as autorizações para supressão de vegetação serão sempre concedidas pelo ente federativo licenciador, vedando, em qualquer hipótese, o estabelecimento de regras próprias e diferenciadas para atribuições relativas à autorização de manejo e supressão de vegetação.

(D) A Lei nº 11.428/2006, que dispõe sobre a utilização e proteção da vegetação nativa do bioma mata atlântica, confere competência para concessão de autorização para supressão de vegetação no bioma mata atlântica indistintamente aos Estados, cabendo oitiva prévia do órgão municipal quando a vegetação estiver localizada em área urbana.

(E) A Lei Complementar no 140/2011, buscando solucionar conflitos de competência, previu que as autorizações para supressão de vegetação serão sempre concedidas pelo ente federativo licenciador, entretanto, previu exceção para supressão de vegetação em situações específicas, conforme ato do Conselho Nacional do Meio Ambiente, após oitiva da Comissão Tripartite Nacional.

A: correta, consoante o art. 9º, XV, "a", da Lei Complementar 140/2011; **B:** incorreta. Para fins de licenciamento ambiental de atividades ou empreendimentos utilizadores de recursos ambientais, efetiva ou potencialmente poluidoras ou capazes, sob qualquer forma, de causar degradação ambiental, e para autorização de supressão e manejo de vegetação, o critério do ente federativo instituidor da unidade de conservação não será aplicado somente às Áreas de Proteção Ambiental (art. 12, da Lei Complementar 140/2011); **C:** incorreta, segundo o que dispõe o art. 11, da Lei Complementar 140/2011: "A lei poderá estabelecer regras próprias para atribuições relativas à autorização de manejo e supressão de vegetação [...]"; **D:** incorreta. A definição da competência para a supressão de vegetação no Bioma Mata Atlântica deve observar as prescrições do art. 14 da Lei do Bioma Mata Atlântica, com definições que incluem os órgãos estaduais e, quando o caso, em área urbana, para supressão de vegetação no estágio médio de regeneração, a autorização do órgão ambiental municipal competente, desde que o município possua conselho de meio ambiente, com caráter deliberativo e plano diretor, mediante anuência prévia do órgão ambiental estadual competente fundamentada em parecer técnico; **E:** incorreta, a teor do art. 13, § 2º, da Lei Complementar 140/2011. FM/FC
Gabarito "A".

(Procurador do Estado – PGE/MT – FCC – 2016) O Estado tem atribuição para aprovar o manejo e a supressão de vegetação, de florestas e formações sucessoras em

(A) florestas públicas estaduais ou unidades de conservação do próprio Estado, exceto em Áreas de Proteção Ambiental (APAs), em imóveis rurais, observadas as atribuições da União, e nas atividades ou empreendimentos licenciados ou autorizados, ambientalmente, pelo citado ente federativo.

(B) florestas públicas estaduais ou unidades de conservação localizadas em seu território, exceto em Áreas de Proteção Ambiental (APAs), em imóveis rurais, observadas as atribuições da União, e nas atividades ou empreendimentos licenciados ou autorizados, ambientalmente, pelo citado ente federativo.

(C) florestas públicas estaduais ou unidades de conservação localizadas em seu território, em imóveis rurais, observadas as atribuições da União, e nas atividades ou empreendimentos licenciados ou autorizados, ambientalmente, pelo citado ente federativo.

(D) florestas públicas estaduais ou unidades de conservação localizadas em seu território e nas atividades ou empreendimentos licenciados ou autorizados, ambientalmente, pelo citado ente federativo.

(E) todos os imóveis rurais e nas atividades ou empreendimentos licenciados ou autorizados, ambientalmente, pelo citado ente federativo.

De fato, o Estado tem atribuição para aprovar o manejo e a supressão de vegetação, de florestas e formações sucessoras em florestas públicas estaduais ou unidades de conservação do próprio Estado, exceto em Áreas de Proteção Ambiental (APAs), em imóveis rurais, observadas as atribuições da União, e nas atividades ou empreendimentos licenciados ou autorizados, ambientalmente, pelo citado ente federativo, nesse

sentido, dispõe o (art. 8º, XVI, da Lei Complementar 140/2011). No que diz respeito a competência do Estado para aprovar o manejo e a supressão de vegetação, de florestas e formações sucessoras localizadas em unidades de conservação, o critério que definirá a competência é o da criação do espaço especialmente protegido, e não da sua localização conforme disposto no enunciado. Outrossim, em se tratando de Áreas de Proteção Ambiental (APA's), para fins de autorização de supressão e manejo de vegetação, o critério do ente federativo instituidor da unidade de conservação não será aplicado, mas seguirá os critérios previstos nas alíneas "a", "b", "e", "f" e "h" do inciso XIV do art. 7º, no inciso XIV do art. 8º e na alínea "a" do inciso XIV do art. 9º, da Lei Complementar 140/2011 (art. 12, parágrafo único, Lei Complementar 140/2011). FM/FCP.
Gabarito "A".

(PROCURADOR DO ESTADO/MG – FUMARC – 2012) Acerca das ações administrativas relativas à proteção do meio ambiente, assinale a alternativa correta:

(A) Compete ao órgão responsável pelo licenciamento ou autorização, conforme o caso, de um empreendimento ou atividade, lavrar auto de infração ambiental e instaurar processo administrativo para a apuração de infrações à legislação ambiental cometidas pelo empreendimento ou atividade licenciada ou autorizada.

(B) O ente federativo poderá delegar, mediante convênio, a execução de ações administrativas relativas à proteção do meio ambiente, sendo dispensável que o ente destinatário da delegação disponha de órgão ambiental capacitado a executar as ações administrativas a serem delegadas e de conselho de meio ambiente.

(C) São ações administrativas dos Estados elaborar o Plano Diretor, observando os zoneamentos ambientais e promover o licenciamento ambiental das atividades ou empreendimentos que causem ou possam causar impacto ambiental de âmbito local, conforme tipologia definida pelos respectivos Conselhos Estaduais de Meio Ambiente, considerados os critérios de porte, potencial poluidor e natureza da atividade.

(D) São ações administrativas da União aprovar o funcionamento de criadouros da fauna silvestre e promover o licenciamento ambiental de atividades ou empreendimentos localizados ou desenvolvidos em unidades de conservação instituídas pelos Estados, exceto em Áreas de Proteção Ambiental (APAs).

(E) São ações administrativas dos Municípios controlar a introdução no País de espécies exóticas potencialmente invasoras que possam ameaçar os ecossistemas, habitats e espécies nativas e controlar a apanha de espécimes da fauna silvestre, ovos e larvas destinadas à implantação de criadouros e à pesquisa científica.

A: correta (art. 17, LC 140/11). De fato, a regra é que ao órgão competente para o licenciamento, caberá, também, a competência fiscalizatória, sem que isso retire dos demais entes o poder de polícia ambiental (art. 17, §3º, LC 140/11); **B:** incorreta (art. 5º, LC 140/11), pois a delegação da execução de ações administrativas por um ente federativo a outro, desde que este disponha de órgão ambiental capacitado e conselho de meio ambiente; **C:** incorreta, pois a elaboração de Plano Diretor e a promoção do licenciamento ambiental de empreendimentos que possam causar impacto local são competências administrativas dos Municípios (art. 9º, IX e XIV, a, LC 140/11); **D:** incorreta, pois são ações administrativas dos Estados (e não da União!) aprovar o funcionamento de criadouros de fauna silvestre (art. 8º, XIX, LC 140/11), bem como promover o licenciamento ambiental de atividades ou empreendimentos localizados ou desenvolvidos em unidades de conservação estadual,

exceto em APAs (art. 8º, XV, LC 140/11); **E:** incorreta, pois são ações administrativas da União (e não dos Municípios!), entre outras, controlar a introdução no país de espécies exóticas potencialmente invasoras (art. 7º, XVII, LC 140/11), bem como controlar a apanha de espécimes da fauna silvestre, ovos e larvas destinadas à implantação de criadouros e à pesquisa científica (art. 7º, XX, LC 140/11).
Gabarito "A".

6. LEI DE POLÍTICA NACIONAL DO MEIO AMBIENTE

(Procurador Federal – AGU – 2023 – CEBRASPE) Considerando-se as ações de cooperação previstas na Lei Complementar n.º 140/2011, é correto afirmar que as atividades localizadas no mar territorial e caracterizadas como efetiva ou potencialmente poluidoras ou capazes, sob qualquer forma, de causar degradação ambiental sujeitam-se ao controle ambiental mediante

(A) licenciamento pela entidade ambiental federal.

(B) licenciamento conjunto entre a entidade ambiental federal e, quando existente, o órgão da polícia estadual ambiental responsável pela fiscalização da zona costeira.

(C) licenciamento conjunto entre o órgão ambiental estadual e o órgão ambiental municipal.

(D) licenciamento pelo órgão ambiental estadual.

(E) licenciamento pela entidade ambiental federal e autorização vinculante pelos órgãos ambientais estadual e municipal.

Compete à *União* promover o licenciamento ambiental de empreendimentos e atividades localizados ou desenvolvidos no *mar territorial* (art. 7º, XIV, "b", da LC 140/2011). Assim, correta a alternativa A. RB
Gabarito "A".

(Procurador do Município/Manaus – 2018 – CESPE) Considerando as normas aplicáveis ao SISNAMA e as Resoluções CONAMA 237/1997 e 378/2006, julgue os itens seguintes.

(1) O IBAMA e o ICMBio são considerados órgãos superiores do SISNAMA.

(2) Concedida na fase preliminar do planejamento do empreendimento, a licença de instalação atesta a viabilidade ambiental e estabelece os requisitos básicos e condicionantes a serem atendidos nas próximas fases de implementação do projeto.

(3) Empreendimentos que envolvam o manejo florestal em área superior à definida como limite pelo CONAMA devem ser aprovados pelo IBAMA, mesmo que o empreendimento esteja situado em um único estado.

1: Errado, pois o IBAMA e o ICMBio são órgãos executores do SISNAMA. **2:** Errado, pois o conceito aqui exposto se refere à licença prévia. Os conceitos das licenças se encontram na Resolução CONAMA 237, art. 8º, I. **3:** Correto, pois a Resolução CONAMA 378, art. 1º, diz que compete ao IBAMA a aprovação respectiva. FM/LF
Gabarito 1E, 2E, 3C.

(Procurador Municipal – Sertãozinho/SP – VUNESP – 2016) Sobre os instrumentos da Política Nacional do Meio Ambiente, é correto afirmar que

(A) a servidão ambiental se aplica também às Áreas de Preservação Permanente e à Reserva Legal mínima exigida.

9. DIREITO AMBIENTAL

(B) durante o prazo de vigência da servidão ambiental é permitido que se faça a alteração da destinação da área, nos casos de transmissão do imóvel a qualquer título, de desmembramento ou de retificação dos limites do imóvel.

(C) o prazo mínimo da servidão ambiental temporária é de 10 (dez) anos.

(D) o detentor da servidão ambiental poderá aliená-la, cedê-la ou transferi-la, total ou parcialmente, por prazo determinado ou em caráter definitivo, em favor de outro proprietário ou de entidade pública ou privada que tenha a conservação ambiental como fim social.

(E) a construção, instalação, ampliação e funcionamento de estabelecimentos e atividades utilizadores de recursos ambientais, efetiva ou potencialmente poluidores ou capazes, sob qualquer forma, de causar degradação ambiental não dependerão de prévio licenciamento ambiental.

A: Incorreta. Nos termos do art. 9º-A, § 2º, da Lei 6.938/1981: "A servidão ambiental não se aplica às Áreas de Preservação Permanente e à Reserva Legal mínima exigida"; **B:** Incorreta. "É vedada, durante o prazo de vigência da servidão ambiental, a alteração da destinação da área, nos casos de transmissão do imóvel a qualquer título, de desmembramento ou de retificação dos limites do imóvel" (art. 9º-A, § 6º, da Lei 6.938/1981); **C:** Incorreta. O prazo mínimo de servidão temporária será de 15 (quinze) anos e não 10 (dez) conforme previsto na alternativa (art. 9º-B, § 1º, da Lei 6.938/1981); **D:** Correta. Vide art. 9º-B, § 3º, da Lei 6.938/1981; **E:** Incorreta. "A construção, instalação, ampliação e funcionamento de estabelecimento e atividades utilizadores de recursos ambientais, efetiva ou potencialmente poluidores ou capazes, sob qualquer forma, de causar degradação ambiental dependerão de prévio licenciamento ambiental" (art. 10, da Lei 6.938/1981). **FM-FCP**

Gabarito "D".

(Procurador do Estado/AC – FMP – 2012) Nos termos da Lei Federal n.º 6.938/81, **NÃO** constitui instrumento da Política Nacional do Meio Ambiente:

(A) o zoneamento ambiental.

(B) o estudo de impacto de vizinhança.

(C) o sistema nacional de informações sobre o meio ambiente.

(D) o Cadastro Técnico Federal de Atividades e Instrumentos de Defesa Ambiental.

A: incorreta, pois o zoneamento ambiental é, sim, instrumento da PNMA (art. 9º, II, Lei 6.938/81); **B:** correta, pois o estudo de impacto de vizinhança (EIV) vem previsto no Estatuto da Cidade (Lei 10.257/01, art. 4º, VI), não tendo sido inserido como um instrumento específico da PNMA, que prevê, no entanto, a avaliação de impactos ambientais (art. 9º, III, Lei 6.938/81); **C:** incorreta, pois, de fato, o sistema nacional de informações sobre o meio ambiente é instrumento da PNMA (art. 9º, VII, Lei 6.938/81); **D:** incorreta, pois, realmente, o Cadastro Técnico Federal de Atividades e Instrumentos de Defesa Ambiental vem previsto no art. 9º, VIII, da Lei 6.938/81.

Gabarito "B".

(PROCURADOR DO ESTADO/MG – FUMARC – 2012) Acerca do SISNAMA – Sistema Nacional de Meio Ambiente, assinale a alternativa INCORRETA:

(A) Compete ao CONAMA – Conselho Nacional do Meio Ambiente estabelecer normas e critérios para o licenciamento de atividades efetiva ou potencialmente poluidoras.

(B) Os órgãos e entidades da União, dos Estados, do Distrito Federal, dos Territórios e dos Municípios, bem como as fundações instituídas pelo Poder Público, responsáveis pela proteção e melhoria da qualidade ambiental, constituirão o Sistema Nacional do Meio Ambiente – SISNAMA

(C) O Instituto Chico Mendes de Conservação da Biodiversidade tem a finalidade de executar ações da política nacional de unidades de conservação da natureza, referentes às atribuições federais relativas à proposição, implantação, gestão, proteção, fiscalização e monitoramento das unidades de conservação instituídas pela União.

(D) O Instituto Brasileiro do Meio Ambiente e dos Recursos Naturais Renováveis – IBAMA tem a finalidade de executar ações das políticas nacionais de meio ambiente, referentes às atribuições federais, relativas ao licenciamento ambiental, ao controle da qualidade ambiental, à autorização de uso dos recursos naturais e à fiscalização, monitoramento e controle ambiental, observadas as diretrizes emanadas do Ministério do Meio Ambiente.

(E) O Sistema Nacional do Meio Ambiente – SISNAMA, com personalidade jurídica de direito público interno, tem o Conselho Nacional do Meio Ambiente (CONAMA) como órgão superior.

A: correta (art. 8º, I, Lei 6.938/81); **B:** correta (art. 6º, *caput*, Lei 6.938/81); **C:** correta (art. 1º, I, Lei 11.516/2007), tratando-se de autarquia federal vinculada ao Ministério do Meio Ambiente; **D:** correta (art. 6º, IV, Lei 6.938/81); **E:** incorreta, pois o SISNAMA não tem personalidade jurídica, correspondendo aos órgãos e entidades da União, dos Estados, do Distrito Federal, dos Territórios e dos Municípios, bem como as fundações instituídas pelo Poder Público, responsáveis pela proteção e melhoria da qualidade ambiental (art. 6º, *caput*, Lei 6.938/81). Outrossim, o CONAMA não é órgão superior do SISNAMA, mas, sim, órgão consultivo e deliberativo (art. 6º, II, Lei 6.938/81).

Gabarito "E".

(PROCURADOR DO ESTADO/MG – FUMARC – 2012) Acerca da Política Nacional do Meio Ambiente, assinale a alternativa INCORRETA:

(A) A Política Nacional do Meio Ambiente tem por objetivo a preservação, melhoria e recuperação da qualidade ambiental propícia à vida, visando assegurar, no País, condições ao desenvolvimento socioeconômico, aos interesses da segurança nacional e à proteção da dignidade da vida humana.

(B) Meio ambiente é o conjunto de condições, leis, influências e interações de ordem física, química e biológica, que permite, abriga e rege a vida em todas as suas formas.

(C) É competência concorrente da União, dos Estados, do Distrito Federal e dos Municípios proteger o meio ambiente e combater a poluição em qualquer de suas formas.

(D) Poluidor é a pessoa física ou jurídica, de direito público ou privado, responsável, direta ou indiretamente, por atividade causadora de degradação ambiental.

(E) A Política Nacional do Meio Ambiente visará à compatibilização do desenvolvimento econômico-social com a preservação da qualidade do meio ambiente e do equilíbrio ecológico.

A: correta (art. 2°, *caput*, Lei 6.938/81); **B:** correta (art. 3°, I, Lei 6.938/81); **C:** incorreta (art. 23, VI, CF), pois competência comum dos entes federados a proteção do meio ambiente. Outrossim, tal tema não vem tratado na PNMA, mas, sim, na CF; **D:** correta (art. 3°, IV, Lei 6.938/81); **E:** correta (art. 4°, I, Lei 6.938/81).
Gabarito "C".

(Procurador do Município/São José dos Campos-SP – 2012 – VUNESP) É(são) instrumento(s) da Política Nacional do Meio Ambiente, dentre outros:

(A) a garantia da prestação de informações relativas ao Meio Ambiente, facultando-se ao Poder Judiciário produzi-las, quando inexistentes.

(B) o Cadastro Técnico Municipal de atividades potencialmente poluidoras e/ou utilizadoras dos recursos ambientais.

(C) instrumentos econômicos, como concessão florestal e servidão ambiental.

(D) o Cadastro Técnico Estadual de Atividades e informações sobre a biota exótica.

(E) os instrumentos necessários ao fomento da ciência, voltados para a pessoa humana e a biota.

A: incorreta (art. 9°, XI, Lei 6.938/81), pois é instrumento da PNMA a garantia de prestação de informações relativas ao meio ambiente, que, quando inexistentes, caberão ao Poder Público (e não ao Poder Judiciário!); **B:** incorreta (art. 9°, XII, Lei 6.938/81), pois é instrumento da PNMA o Cadastro Técnico Federal (e não Municipal!) de atividades potencialmente poluidoras; **C:** correta (art. 9°, XIII, Lei 6.938/81); **D:** incorreta, pois o Cadastro Técnico será federal (art. 9°, VIII, Lei 6.938/81); **E:** incorreta, por falta de previsão no rol do art. 9° da Lei 6.938/81.
Gabarito "C".

7. INSTRUMENTOS DA POLÍTICA NACIONAL DO MEIO AMBIENTE

7.1. Licenciamento ambiental e EIA/RIMA

Para resolver as questões sobre Licenciamento Ambiental e EIA/RIMA, segue um resumo da matéria:

O **licenciamento ambiental** pode ser **conceituado** como *o procedimento administrativo destinado a licenciar atividades ou empreendimentos utilizadores de recursos ambientais, efetiva ou potencialmente poluidores ou capazes, sob qualquer forma, de causar degradação ambiental* (art. 2°, I, da Lei Complementar 140/11). Assim, toda vez que uma determinada atividade puder causar degradação ambiental, além das licenças administrativas pertinentes, o responsável pela atividade deve buscar a necessária licença ambiental também.

A **regulamentação** do licenciamento ambiental compete ao CONAMA, que expede normas e critérios para o licenciamento. A Resolução n° 237 do órgão traz as normas gerais de licenciamento ambiental. Há também sobre o tema o Decreto 99.274/90. Há, também a Lei Complementar 140/11, que trata da cooperação dos entes políticos para o exercício da competência comum em matéria ambiental, e consagrou a maior parte das disposições da Resolução CONAMA 237, colocando pá de cal sobre qualquer dúvida que existisse sobre a competência do Município para o exercício do licenciamento ambiental em casos de impacto ambiental local.

Já a **competência** para executar o licenciamento ambiental é assim dividida:

(a) **impacto nacional e regional:** é do IBAMA, com a colaboração de Estados e Municípios. O IBAMA poderá delegar sua competência aos Estados, se o dano for regional, por convênio ou lei. Assim, a competência para o licenciamento ambiental de uma obra do porte da transposição do Rio São Francisco é do IBAMA.

(b) **impacto em dois ou mais municípios (impacto microrregional):** é dos estados-membros. Por exemplo, uma estrada que liga 6 municípios de um mesmo estado-membro.

(c) **impacto local:** é do Município. Por exemplo, o licenciamento para a construção de um prédio de apartamentos. A Lei Complementar 140/11, em seu art. 9°, XIV, estabelece que o Município promoverá o licenciamento ambiental das atividades ou empreendimentos localizados em suas unidades de conservação e também das demais atividades e empreendimentos que causem ou possam causar impacto ambiental local, conforme tipologia definida pelos respectivos Conselhos Estaduais do Meio Ambiente, considerados os critérios de porte, potencial poluidor e natureza da atividade. A Resolução n. 237 permite que, por convênio ou lei, os Municípios recebam delegação dos estados para determinados licenciamentos, desde que tenha estrutura para tanto.

Há três **espécies** de licenciamento ambiental (art. 19, Decreto 99.274/90):

(a) **Licença Prévia (LP):** *é o ato que aprova a localização, a concepção do empreendimento e estabelece os requisitos básicos a serem atendidos nas próximas fases*; trata-se de licença ligada à fase preliminar de planejamento da atividade, já que traça diretrizes relacionadas à localização e instalação do empreendimento. Por exemplo, em se tratando do projeto de construir um empreendimento imobiliário na beira de uma praia, esta licença disporá se é possível o empreendimento no local e, em sendo, quais os limites e quais as medidas que deverão ser tomadas, como construção de estradas, instalação de tratamento de esgoto próprio etc. Essa licença tem validade de até 5 anos.

(b) **Licença de Instalação (LI):** *é o ato que autoriza a implantação do empreendimento, de acordo com o projeto executivo aprovado.* Depende da demonstração de possibilidade de efetivação do empreendimento, analisando o projeto executivo e eventual estudo de impacto ambiental. Essa licença autoriza as intervenções no local. Permite que as obras se desenvolvam. Sua validade é de até 6 anos.

(c) **Licença de Operação (LO):** *é o ato que autoriza o início da atividade e o funcionamento de seus equipamentos de controle de poluição, nos termos das licenças anteriores.* Aqui, o empreendimento já está pronto e pode funcionar. A licença de operação só é concedida se for constado o respeito às licenças anteriores, bem como se não houver perigo de dano ambiental, independentemente das licenças anteriores. Sua validade é de 4 a 10 anos.

É importante ressaltar que a **licença ambiental**, diferentemente da licença administrativa (por ex., licença para construir uma casa), apesar de normalmente envolver competência vinculada, tem prazo de validade definida e não gera direito adquirido para seu beneficiário.

9. DIREITO AMBIENTAL

Assim, de tempos em tempos, a licença ambiental deve ser renovada. Além disso, mesmo que o empreendedor tenha cumprido os requisitos da licença, caso, ainda assim, tenha sido causado dano ao meio ambiente, a existência de licença em seu favor não o exime de reparar o dano e de tomar as medidas adequadas à recuperação do meio ambiente.

O **licenciamento ambiental**, como se viu, é obrigatório para todas as atividades que utilizam recursos ambientais, em que há possibilidade de se causar dano ao meio ambiente. Em processos de licenciamento ambiental é comum se proceder a Avaliações de Impacto Ambiental (AIA). Há, contudo, atividades que, potencialmente, podem causar danos *significativos* ao meio ambiente, ocasião em que, além do licenciamento, deve-se proceder a uma AIA mais rigorosa e detalhada, denominada Estudo de Impacto Ambiental (EIA), que será consubstanciado no Relatório de Impacto Ambiental (RIMA).

O **EIA** pode ser **conceituado** como *o estudo prévio das prováveis consequências ambientais de obra ou atividade, que deve ser exigido pelo Poder Público, quando estas forem potencialmente causadoras de significativa degradação do meio ambiente* (art. 225, § 1º, IV, CF).

Destina-se a averiguar as alterações nas propriedades do local e de que forma tais alterações podem afetar as pessoas e o meio ambiente, o que permitirá ter uma ideia acerca da viabilidade da obra ou atividade que se deseja realizar.

O Decreto 99.274/90 conferiu ao CONAMA atribuição para traçar as regras de tal estudo. A Resolução 1/86, desse órgão, traça tais diretrizes, estabelecendo, por exemplo, um rol exemplificativo de atividades que devem passar por um EIA, apontando-se, dentre outras, a implantação de estradas com duas ou mais faixas de rolamento, de ferrovias, de portos, de aterros sanitários, de usina de geração de eletricidade, de distritos industriais etc.

O EIA trará conclusões quanto à fauna, à flora, às comunidades locais, dentre outros aspectos, devendo ser realizado por equipe multidisciplinar, que, ao final, deverá redigir um relatório de impacto ambiental (RIMA), o qual trará os levantamentos e conclusões feitos, devendo o órgão público licenciador receber o relatório para análise das condições do empreendimento.

O empreendedor é quem **escolhe** os componentes da equipe e é quem **arca** com os custos respectivos. Os profissionais que farão o trabalho terão todo interesse em agir com correção, pois fazem seus relatórios sob as penas da lei. Como regra, o estudo de impacto ambiental e seu relatório são **públicos**, podendo o interessado solicitar sigilo industrial, fundamentando o pedido.

O EIA normalmente é exigido **antes** da licença prévia, mas é cabível sua exigência mesmo para empreendimentos já licenciados.

(Procurador Municipal – Prefeitura/BH – CESPE – 2017) Um empreendedor pretende desenvolver atividade que utiliza recursos ambientais e é potencialmente poluidora. Nesse caso, o órgão de meio ambiente municipal detém a competência para o controle ambiental.

Nessa situação,

(A) cabem ao órgão ambiental municipal os estudos ambientais prévios necessários para a emissão de licença ambiental.

(B) poderá dispensar-se o procedimento de licenciamento ambiental se o responsável pelo empreendimento assinar termo comprometendo-se a atender a legislação ambiental, em especial as normas de qualidade ambiental.

(C) além da licença ambiental, exige-se que o empreendimento tenha registro no cadastro técnico federal de atividades potencialmente poluidoras ou utilizadoras de recursos ambientais.

(D) se a atividade for exercida em desacordo com a licença ambiental emitida, será necessária, para a aplicação de multa, a comprovação de que foram causados danos ambientais significativos.

A: incorreta, posto que os estudos ambientais prévios correm às expensas do empreendedor e não do órgão ambiental (art.11, da Resolução Conama 237/1997); **B:** incorreta, nos termos do art. 10, da Lei 6.938/1981: "Art. 10. A construção, instalação, ampliação e funcionamento de estabelecimentos e atividades utilizadores de recursos ambientais, efetiva ou potencialmente poluidores ou capazes, sob qualquer forma, de causar degradação ambiental dependerão de prévio licenciamento ambiental", portanto, se a atividade ou o empreendimento tiver potencial para causar degradação ambiental, deverá ser submetido ao licenciamento ambiental; **C:** correta (art. 10 e art. 17, II, da Lei 6.938/1981); **D:** incorreta, pois para a aplicação de multa, basta o não cumprimento das medidas necessárias a prevenção de danos previstas na licença ambiental, ou seja, basta que a atividade seja exercida em desacordo com a licença emitida (art.14, *caput*, da Lei 6.938/1981). FM/FCP

Gabarito "C."

(Procurador do Estado – PGE/PA – UEPA – 2015) A respeito de licenciamento ambiental, na forma da Lei Complementar 140, julgue as afirmativas abaixo.

I. Os empreendimentos e atividades são licenciados ou autorizados, ambientalmente, por um único ente federativo, em conformidade com as atribuições estabelecidas na Lei Complementar 140.

II. Os demais entes federativos interessados podem manifestar-se ao órgão responsável pela licença ou autorização, de maneira vinculante, desde que respeitados os prazos e procedimentos do licenciamento ambiental e com argumentação técnica suficiente.

III. A supressão de vegetação decorrente de licenciamentos ambientais é autorizada pelo ente federativo licenciador.

IV. Os valores alusivos às taxas de licenciamento ambiental e outros serviços afins devem guardar relação de proporcionalidade com o custo e a complexidade do empreendimento objeto do licenciamento.

A alternativa que contém todas as afirmativas corretas é:

(A) III e IV

(B) II e III

(C) II e IV

(D) I e III

(E) I e II

I: correta (art. 13, da Lei Complementar 140/2011); **II:** incorreta, pois "os demais entes federativos interessados podem manifestar-se ao órgão responsável pela licença ou autorização, de maneira não vinculante, respeitados os prazos e procedimentos do licenciamento ambiental"

(art. 13, § 1º, da Lei Complementar 140/2011); **III:** correta (art. 13, § 2º, da Lei Complementar 140/2011); **IV:** incorreta, pois os valores alusivos às taxas de licenciamento ambiental e outros serviços afins devem guardar relação de proporcionalidade com o custo e a complexidade do *serviço prestado pelo ente federativo* e não a complexidade do empreendimento, conforme disposto na assertiva (art. 13, § 3º, da Lei Complementar 140/2011). **FM/FCP**

Gabarito "D".

(Procurador do Estado – PGE/PA – UEPA – 2015) Sobre competência para licenciamento ambiental, é correto afirmar que compete à União promover o licenciamento de empreendimentos e atividades:

(A) localizados ou desenvolvidos em terras indígenas e no seu entorno em um raio de 20 km.

(B) localizados ou desenvolvidos em qualquer dos tipos de unidades de conservação instituídas pela União.

(C) localizados ou desenvolvidos em 2 (dois) ou mais Estados, desde que haja concordância desses.

(D) de caráter militar, excetuando-se do licenciamento ambiental, nos termos de ato do Poder Executivo, aqueles previstos no preparo e emprego das Forças Armadas, conforme disposto em ato normativo específico.

(E) que atendam tipologia estabelecida por ato do Conselho Nacional do Meio Ambiente (Conama), e considerados os critérios de porte, potencial poluidor e natureza da atividade ou empreendimento.

A: incorreta, pois é competência da União promover o licenciamento de atividades e empreendimentos localizados ou desenvolvidos em terras indígenas (art. 7º, XIV, "c", da Lei Complementar 140/2011), não existindo qualquer disposição no sentido de estender esta competência para o licenciamento de atividades ou empreendimentos a serem desenvolvidos no entorno em um raio de 20 Km das terras indígenas, portanto, por esse motivo a assertiva encontra-se incorreta; **B:** incorreta, pois o licenciamento de atividades e empreendimentos localizados em Áreas de Proteção Ambiental (APAs), ainda que instituídas pela União, tem regramento próprio (art. 12, da Lei Complementar 140/2011), e, portanto, não segue o critério da criação para a definição da competência; **C:** incorreta, não se exige a concordância entre os Estados, pois será a União competente para promover o licenciamento ambiental de atividades e empreendimentos localizados ou desenvolvidos em 2 (dois) ou mais Estados (art. 7º, XIV, "e", da Lei Complementar 140/2011); **D:** correta (art. 7º, XIV, "f", da Lei Complementar 140/2011); **E:** incorreta, a União é competente para promover o licenciamento de atividades e empreendimentos que atendam tipologia estabelecida por ato do Poder Executivo a partir de proposição da Comissão Tripartite Nacional, assegurada a participação de um membro do Conselho Nacional do Meio Ambiente (Conama), e considerados os critérios de porte, potencial poluidor e natureza da atividade ou empreendimento (art. 7º, XIV, "h", da Lei Complementar 140/2011). **FM/FCP**

Gabarito "D".

(Advogado União – AGU – CESPE – 2015) De acordo com o Código Florestal, julgue os próximos itens, referentes à proteção de florestas e às competências em matéria ambiental, previstas na Lei Complementar 140/2011.

(1) A regularidade da reserva legal envolve a conservação de sua vegetação nativa, de modo que a exploração econômica dessa área deve ser feita mediante plano de manejo sustentável previamente aprovado pelo órgão ambiental competente do SISNAMA, sem prejuízo da observância das demais normas ambientais pertinentes.

(2) A reserva legal de propriedade ou posse rural define-se como área protegida com a principal função ambiental de preservar os recursos hídricos, a paisagem e a estabilidade geológica no imóvel.

1: Correta. A assertiva encontra-se em consonância com o art. 17, § 1º, da Lei 12.651/2012: "Art. 17. A Reserva Legal deve ser conservada com cobertura vegetal nativa pelo proprietário do imóvel rural, possuidor ou ocupante a qualquer título, pessoa física ou jurídica, de direito público ou privado. § 1º. Admite-se a exploração econômica da Reserva Legal mediante manejo sustentável, previamente aprovado pelo órgão competente do Sisnama, de acordo com as modalidades previstas no art. 20". **2:** Errada. O enunciado fala em Reserva Legal, mas indica a função ambiental da Área de Preservação Permanente (art. 3º, II, da Lei 12.651/2012). A definição legal de reserva legal encontra-se inserida no art. 3º, III, da Lei 12.651/2012: "III – Reserva Legal: área localizada no interior de uma propriedade ou posse rural, delimitada nos termos do art. 12, com a função de assegurar o uso econômico de modo sustentável dos recursos naturais do imóvel rural, auxiliar a conservação e reabilitação dos processos ecológicos e promover a conservação da biodiversidade, bem como o abrigo e a proteção da fauna silvestre e da flora nativa". **FM/FCP**

Gabarito 1C, 2E

(PROCURADOR DO ESTADO/MG – FUMARC – 2012) Acerca do Licenciamento Ambiental, assinale a alternativa correta:

(A) A Licença de Operação autoriza a instalação do empreendimento ou atividade de acordo com as especificações constantes dos planos, programas e projetos aprovados, incluindo as medidas de controle ambiental e demais condicionantes, da qual constituem motivo determinante.

(B) A Licença de Instalação aprova a localização e concepção do empreendimento, atestando a viabilidade ambiental e estabelecendo os requisitos básicos e condicionantes a serem atendidos nas próximas fases de sua implementação.

(C) A construção, instalação, ampliação e funcionamento de estabelecimentos e atividades utilizadores de recursos ambientais, efetiva ou potencialmente poluidores ou capazes, sob qualquer forma, de causar degradação ambiental dependerão de prévio licenciamento ambiental.

(D) O Estudo de Impacto Ambiental será realizado por equipe multidisciplinar dos órgãos ambientais responsáveis pelo licenciamento.

(E) A Licença Prévia autoriza a operação do empreendimento ou atividade.

A: incorreta, pois, por óbvio, a licença que autoriza a instalação do empreendimento é a Licença de Instalação (LI), conforme art. 8º, II, Resolução CONAMA 237/97; **B:** incorreta, pois a licença que aprova a localização e concepção do empreendimento, atestando sua viabilidade ambiental, é a Licença Prévia (LP), conforme art. 8º, I, da Resolução CONAMA 237/97; **C:** correta (art. 2º, Resolução CONAMA 237/97); **D:** incorreta, pois o estudo de impacto ambiental (EIA), conforme dispõe o art. 17, §2º, do Decreto 99.274/90, bem como art. 11, da Resolução CONAMA 239/97, será realizado por técnicos contratados pelo empreendedor, não cabendo, pois, aos órgãos ambientais realizá-lo; **E:** incorreta, pois, obviamente, a Licença Prévia (LP) não autoriza a operação do empreendimento ou atividade, que dependerá de Licença de Operação (LO), conforme art. 8º, III, Resolução CONAMA 237/97.

Gabarito "C".

9. DIREITO AMBIENTAL

(Advogado da União/AGU – CESPE – 2012) A respeito do EIA, importante instrumento da Política Nacional do Meio Ambiente, julgue os próximos itens.

(1) A concessão de licenciamento para desenvolvimento de atividade potencialmente danosa ao meio ambiente constitui ato do poder de polícia, sendo a análise dos EIAs atividade própria do Poder Executivo.

(2) Lei estadual pode dispensar a realização de EIA se restar comprovado, por perícia, que determinada obra não apresenta potencial poluidor.

(3) Não poderá ser deferida licença ambiental se o EIA e seu respectivo relatório — EIA/RIMA — revelarem possibilidade de danos graves ao meio ambiente.

1: correta, pois, de fato, o licenciamento ambiental constitui, sem dúvida, instrumento que materializa o poder de polícia ambiental do Estado (*lato sensu*), a quem caberá analisar, se o caso, o Estudo de Impacto Ambiental (EIA) no caso de atividades ou empreendimentos com potencialidade de causar significativa degradação ambiental, podendo concluir, inclusive, pela inviabilidade da obra/empreendimento; **2:** incorreta, pois a exigência de EIA decorre de regra constitucional (art. 225, §1º, IV, CF), não cabendo, casuisticamente aos Estados, dispensá-lo. Outrossim, é da essência do EIA preceder à concessão da licença prévia, sendo, portanto, incompatível que uma perícia, certamente posterior ao início das obras ou atividades potencialmente causadoras de significativa degradação ambiental (AC 2000390200001410, DJ 18.10.2007 – TRF 1ª Região); **3:** incorreta, pois, mesmo diante de possibilidade de danos ambientais revelada pelo EIA/RIMA, cujas conclusões, frise-se, não vinculam o órgão ambiental licenciador, poderão ser apresentadas medidas mitigadoras ou mesmo alternativas aos impactos ambientais (art. 6º, Resolução CONAMA 01/86).

Gabarito 1C, 2E, 3E

(ADVOGADO – PETROBRÁS – 2012 – CESGRANRIO) Sobre licenciamento e avaliação de impactos ambientais, considere as afirmativas abaixo.

I. A apresentação, no licenciamento ambiental, de laudo parcialmente falso, inclusive por omissão, é tipificada como crime pela Lei Federal nº 9.605/1998.

II. A competência para o licenciamento ambiental pode ser da União, do Estado ou do Município.

III. O Estudo Prévio de Impacto Ambiental concretiza o princípio da precaução, embora não tenha previsão na Constituição Federal de 1988.

Está correto o que se afirma em

(A) I, apenas.

(B) III, apenas.

(C) I e II, apenas.

(D) II e III, apenas.

(E) I, II e III.

I: correta (art. 69-A, Lei 9.605/98); **II:** correta (arts. 7º, XIV, 8º, XIV e 9º, XIV, LC 140/11); **III:** incorreta, pois o EIA ou EPIA (Estudo Prévio de Impacto Ambiental) vem expressamente previsto no art. 225, §1º, IV, CF.

Gabarito "C".

7.2. Unidades de Conservação

(Procurador – PGE/SP – 2024 – VUNESP) O Estado de São Paulo possui cerca de 120 Unidades de Conservação em seu território, regulamentadas a partir da Lei nº 9.985/2000 (SNUC). Tomando por base o referido diploma legal, assinale a alternativa correta.

(A) A visitação pública ao MoNa (Monumento Natural Estadual) da Pedra Grande está sujeita às condições e restrições estabelecidas pelos proprietários das áreas particulares incluídas em seus limites.

(B) Na Estação Ecológica Jureia-Itatins, unidade de conservação de proteção integral, são permitidas pesquisas científicas cujo impacto sobre o ambiente seja maior do que aquele causado pela simples observação ou pela coleta controlada de componentes dos ecossistemas, em uma área correspondente a no máximo três por cento da extensão total da unidade e até o limite de um mil e quinhentos hectares.

(C) No Parque Estadual da Serra do Mar, unidade de conservação de proteção integral instituída no Estado de São Paulo, é possível o consumo e coleta de recursos naturais.

(D) A Lei nº 9.985/2000 traz como conceito de conservação da natureza o conjunto de métodos, procedimentos e políticas que visem a proteção a longo prazo das espécies, habitats e ecossistemas, além da manutenção dos processos ecológicos, prevenindo a simplificação dos sistemas naturais.

(E) A Lei nº 9.985/2000 (SNUC) estabelece normas gerais sobre a proteção da vegetação, áreas de Preservação Permanente e áreas de Reserva Legal.

A: incorreta (a visitação pública ao MoNa está sujeita às condições e restrições estabelecidas no Plano de Manejo da unidade, às normas estabelecidas pelo órgão responsável por sua administração e àquelas previstas em regulamento, cf. 12, § 3º). **B:** correta (art. 9º, § 4º, IV). **C:** incorreta (nas unidades de proteção integral, categoria dentro da qual se encontra o Parque Estadual da Serra do Mar, é admitido apenas o *uso indireto* dos seus recursos naturais, de modo que são vedados o consumo, a coleta, o dano ou a destruição desses recursos; cf. art. 7º, § 1º c.c. art. 2º, IX). **D:** incorreta (cf. art. 2º, II, *conservação da natureza* é conceituada como "o manejo do uso humano da natureza, compreendendo a preservação, a manutenção, a utilização sustentável, a restauração e a recuperação do ambiente natural, para que possa produzir o maior benefício, em bases sustentáveis, às atuais gerações, mantendo seu potencial de satisfazer as necessidades e aspirações das gerações futuras, e garantindo a sobrevivência dos seres vivos em geral"; além disso, cf. art. 2º, V, *preservação* é conceituada como o "conjunto de métodos, procedimentos e políticas que visem a proteção a longo prazo das espécies, habitats e ecossistemas, além da manutenção dos processos ecológicos, prevenindo a simplificação dos sistemas naturais"). **E:** incorreta (a Lei n. 9.985/2000 dispõe sobre o regime das unidades de conservação; já as normas gerais sobre a proteção da vegetação, áreas de Preservação Permanente e áreas de Reserva Legal estão contidas na Lei n. 12.651/2012 – Código Florestal). RB

Gabarito "B".

(Procurador/PA – CESPE – 2022) Desde 2015, Maria detinha a posse de uma área que mede 2.000 hectares, localizada na unidade de conservação denominada Floresta Nacional de Altamira, criada em 2/2/1998. Ao longo dos últimos anos, Maria fez muitas benfeitorias nessa área, explorando no local a pecuária bovina. Recentemente, um grupo de aproximadamente 50 pessoas, usando da força, invadiu a referida área, causando danos materiais. Maria, então, ajuizou ação de reintegração de posse no juízo da Vara Agrária de Altamira – PA.

Considerando o caso hipotético apresentado e as disposições da Lei n.º 9.985/2000, que instituiu o Sistema

Nacional de Unidades de Conservação, julgue os itens a seguir.

I. As florestas nacionais, como áreas de coberturas florestais de espécies predominantemente nativas, são de posse e domínio públicos, devendo ser desapropriadas as áreas particulares nelas incluídas.

II. No caso apresentado, a liminar de reintegração de posse deve ser deferida, considerando-se a comprovada posse mansa e pacífica anterior ao esbulho.

III. Na demarcação de qualquer unidade de conservação, deve-se considerar o estabelecimento de corredores ecológicos e de zonas de amortecimento.

Assinale a opção correta.

(A) Apenas o item I está certo.

(B) Apenas o item II está certo.

(C) Apenas os itens I e III estão certos.

(D) Apenas os itens II e III estão certos.

(E) Todos os itens estão certos.

I: correto (art. 17, "caput" e § 1º, da Lei 9.985/2000). II: incorreto (considerando que a posse e o domínio devem ser necessariamente públicos, incabível a reintegração em favor de posse de caráter privado). III: incorreto (nem toda unidade de conservação deve possuir corredores ecológicos e zonas de amortecimento; de acordo com o art. 25 da Lei 9.985/2000, as unidades de conservação, exceto Área de Proteção Ambiental e Reserva Particular do Patrimônio Natural, devem possuir uma zona de amortecimento e, quando conveniente, corredores ecológicos). RB
Gabarito "A".

(Procurador Município – Teresina/PI – FCC – 2022) Para estabelecer a zona de amortecimento de um Parque Municipal, o Plano de Manejo considerou um fragmento de vegetação nativa relevante, mas que não possui relação com a unidade de conservação. A restrição ao direito de propriedade imposta é

(A) válida com base no princípio do poluidor pagador.

(B) ilegal, pois a zona de amortecimento deve ser estabelecida de forma a minimizar os impactos negativos sobre a unidade de conservação.

(C) ilegal, pois zona de amortecimento não pode estabelecer restrições ao direito de propriedade.

(D) válida, pois é função da zona de amortecimento proteger os atributos naturais da área delimitada, que não precisa guardar, necessariamente, relação com a unidade de conservação.

(E) válida pela relevância própria dos remanescentes de vegetação nativa.

Zona de amortecimento é definida como o entorno de uma unidade de conservação, onde as atividades humanas estão sujeitas a normas e restrições específicas, com o propósito de minimizar os impactos negativos sobre a unidade (art. 2º, XVIII, da Lei 9.985/2000). Desse modo, existe uma relação necessária entre zona de amortecimento e unidade de conservação, motivo pelo qual correta a alternativa B (a instituição da zona de amortecimento é ilegal, pois não possui relação com unidade de conservação). RB
Gabarito "B".

(Procurador do Estado/TO – 2018 – FCC) Dentro do sistema de proteção e preservação do meio ambiente, na forma prevista na Constituição Federal, emerge o instituto dos espaços territoriais especialmente protegidos, cuja instituição

(A) não se sujeita à reserva de lei, porém, uma vez criados, ainda que por decreto, a proteção ambiental assim instituída somente pode ser suprimida por lei em sentido formal.

(B) importa sempre em vedação à utilização da área correspondente para qualquer atividade privada, bem como a realização de intervenções ou obras, sendo erigida à categoria de parque nacional.

(C) deve estar adstrita às normas editadas pela União sobre unidades de conservação, vez que todas terão *status* de federais, observados os requisitos correspondentes a cada categoria.

(D) se dá, obrigatoriamente, por lei de âmbito estadual, no exercício da competência concorrente para dispor sobre normas gerais em matéria ambiental.

(E) somente pode se dar mediante lei da União, no uso da competência privativa para legislar sobre direito civil, dado que o instituto não corresponde a restrição ambiental *stricto sensu*, mas sim a restrição à propriedade.

O regime dos espaços territoriais especialmente protegidos, representados principalmente pelas unidades de conservação (UC), está regrado pela Lei 9.985/2000. O diploma admite UC de âmbito federal, estadual ou municipal. A criação de uma UC é feita por ato do Poder Público (lei ou decreto), de modo a inexistir reserva de lei para tanto. Contudo, a supressão desse espaço ambiental somente pode ser implementada por lei formal (cf. art. 22, §7º). Ademais, para determinadas categorias de UC (como, por exemplo, as Áreas de Proteção Ambiental), possível a utilização da área para determinadas atividades privadas. Nesse sentido, correta a alternativa A. RB
Gabarito "A".

(Procurador do Estado/TO – 2018 – FCC) Uma empresa privada que atua no setor imobiliário adquiriu uma gleba de terras em região que seus estudos apontavam como promissora para expansão de empreendimentos habitacionais. Quando da submissão do projeto do empreendimento às aprovações e licenciamentos cabíveis, a empresa foi surpreendida com o indeferimento, fundamentado no fato da área objeto do mesmo ser uma unidade de conservação de proteção integral. No presente caso,

(A) será necessário identificar no plano de manejo da unidade de conservação as diretrizes e especificações para aproveitamento da área para fins de parcelamento do solo.

(B) o indeferimento não tem fundamento jurídico, tendo em vista que o novo proprietário tem direito a utilização do imóvel para os fins pretendidos, diante do desconhecimento prévio do fato da área estar inserida em unidade de conservação.

(C) o indeferimento do projeto está fundado no poder de polícia da municipalidade, de cunho discricionário, o que obsta qualquer questionamento por parte do proprietário.

(D) assiste direito ao proprietário de ver implementado seu projeto habitacional caso ainda não tenha sido editado plano de manejo para a unidade de conservação em questão.

(E) o proprietário não poderá ver implementado seu projeto habitacional, não havendo fundamento para deduzir qualquer prejuízo do ente público que criou a unidade de conservação em razão do desconhecimento do fato, porque este é anterior e público.

9. DIREITO AMBIENTAL

A instituição de uma unidade de conservação (UC) decorre de ato do Poder Público (lei ou decreto, geralmente), o que evidencia o caráter público que a cerca. Nesse sentido, a empresa não pode alegar o desconhecimento da existência de uma UC sobre área que adquiriu. Além disso, como se trata de uma UC de proteção integral, cujo grau de tutela ambiental impede uma ocupação humana permanente, o proprietário não poderá implementar seu projeto habitacional. Alternativa E correta. **RB**

Gabarito "E".

(Procurador do Estado/AC – 2017 – FMP) Tendo em vista as normas que regem o Sistema Nacional de Unidades de Conservação, considere as seguintes assertivas:

I. A Reserva Extrativista é uma área utilizada por populações extrativistas tradicionais, cuja subsistência baseia-se no extrativismo e, complementarmente, na extração de minerais.

II. A Reserva Extrativista convive com a propriedade privada, dispensando qualquer desapropriação.

III. Na Reserva Extrativista, é admissível a visitação pública, desde que compatível com os interesses locais e de acordo com o disposto no Plano de Manejo da área.

IV. A pesquisa científica é livre e independente de qualquer aprovação do órgão administrador da Reserva Extrativista.

V. A redução dos limites de uma Reserva Extrativista pode ser feita por qualquer ato normativo oriundo do mesmo ente político que a criou.

Das assertivas acima, estão corretas apenas

(A) a IV.

(B) a I e a II.

(C) a I e a III.

(D) a III.

(E) a IV e a V.

O regime das unidades de conservação (UC) está previsto na Lei 9.985/2000, que prevê uma de suas categorias, a Reserva Extrativista (art. 18). Assertiva I errada (a Reserva Extrativista é uma área utilizada por populações extrativistas tradicionais, cuja subsistência baseia-se no extrativismo e, complementarmente, na agricultura de subsistência e na criação de animais de pequeno porte). Assertiva II errada (a Reserva Extrativista é de domínio público, sendo que as áreas particulares incluídas em seus limites devem ser desapropriadas). Assertiva III correta (art. 18, §3º). Assertiva IV errada (a pesquisa científica é permitida e incentivada, sujeitando-se à prévia autorização do órgão responsável pela administração da unidade). Assertiva V errada (a redução dos limites de uma Reserva Extrativista, como a de qualquer unidade de conservação, somente pode ser feita por lei específica, cf. art. 22, §7º). **RB**

Gabarito "D".

(Procurador do Município/Manaus – 2018 – CESPE) Com base na legislação aplicável ao SNUC e aos espaços territoriais especialmente protegidos, julgue os seguintes itens.

(1) A reserva de desenvolvimento sustentável é um exemplo de unidade de conservação de proteção integral.

(2) A inclusão de uma APP no cômputo da área de reserva legal de um imóvel rural não altera o regime de proteção dessa APP.

1: Errado, pois de acordo com a Lei 9.985/2000, art. 14, VI, a reserva de desenvolvimento sustentável constitui o Grupo das Unidades de Uso Sustentável. **2.** Correto, pois de acordo com o art. 15 da Lei 12.651/2012, será admitido o cômputo das Áreas de Preservação

Permanente no cálculo do percentual da Reserva Legal do imóvel, desde que: [...] § 1º O regime de proteção da Área de Preservação Permanente não se altera na hipótese prevista neste artigo. **FM/LF**

Gabarito 1E, 2C

(Procurador do Estado – PGE/MT – FCC – 2016) A Floresta Estadual

(A) não é uma unidade de conservação pertencente ao Sistema Nacional de Unidades de Conservação da Natureza (SNUC).

(B) é uma unidade de conservação do grupo das Unidades de Proteção Integral.

(C) é uma unidade de conservação do grupo das Unidades de Uso Sustentável.

(D) é um imóvel rural de propriedade do Estado sem qualquer relação com a defesa do meio ambiente.

(E) pode ser constituída por propriedades privadas, que terão sua função social adequada aos objetivos do território especialmente protegido.

A: incorreta, nos termos do art. 3º, da Lei 9.985/2000: "Art. 3º O Sistema Nacional de Unidades de Conservação da Natureza – SNUC é constituído pelo conjunto das unidades de conservação federais, estaduais e municipais [...]"; **B:** incorreta, as Florestas são unidades de conservação do grupo Uso Sustentável (art. 14, III c/c art. 17, § 6º, ambos da Lei 9.985/2000); **C:** correta (art. 14, III c/c art. 17, § 6º, ambos da Lei 9.985/2000); **D:** incorreta, as florestas são de posse e domínio públicos, sendo que as áreas particulares incluídas em seus limites devem ser desapropriadas de acordo com o que dispõe a lei (art. 17, §§ 1º e 6º, da Lei 9.985/2000). **FM/FCP**

Gabarito "C".

(Procurador do Estado – PGE/RN – FCC – 2014) A posse e o uso das áreas ocupadas pelas populações tradicionais nas Reservas Extrativistas e Reservas de Desenvolvimento Sustentável serão regulados por contrato, sendo que o uso dos recursos naturais por tais populações obedecerá às seguintes normas:

(A) proibição de colheita de sementes de vegetação exótica.

(B) autorização para o uso de espécies localmente ameaçadas de extinção para manter rituais religiosos.

(C) autorização de práticas que danifiquem o *habitat* da flora local ameaçada de extinção para manutenção da tradicionalidade.

(D) autorização de práticas que danifiquem os *habitats* da fauna local ameaçada de extinção para manutenção da tradicionalidade.

(E) proibição de práticas ou atividades que impeçam a regeneração natural dos ecossistemas.

De fato, a posse e o uso das áreas ocupadas pelas populações tradicionais nas Reservas Extrativistas e Reservas de Desenvolvimento Sustentável serão regulados por contrato, sendo que o uso dos recursos naturais por tais populações obedecerá às seguintes normas: proibição de práticas ou atividades que impeçam a regeneração natural dos ecossistemas. Nos termos do art. 23, § 2º, da Lei 9.985/2000: O uso dos recursos naturais pelas populações tradicionais obedecerá às seguintes normas: proibição do uso de espécies localmente ameaçadas de extinção ou de práticas que danifiquem os seus habitats; proibição de práticas ou atividades que impeçam a regeneração natural dos ecossistemas; e, demais normas estabelecidas na legislação, no Plano de Manejo da unidade de conservação e no contrato de concessão de direito real de uso. **FM/FCP**

Gabarito "E".

(Procurador Distrital – 2014 – CESPE) Tendo em vista as categorias de unidades de conservação que compõem o Sistema Nacional de Unidades de Conservação da Natureza, julgue os itens a seguir.

(1) Nas unidades de proteção integral, não se admite o uso direto ou indireto dos recursos naturais, mas apenas a exploração capaz de garantir a perenidade dos processos ecológicos, mantendo-se a biodiversidade e os demais atributos ecológicos, de forma socialmente justa e economicamente viável.

(2) As unidades de conservação somente podem ser criadas por lei, que deverá definir seu regime especial de administração e as garantias adequadas de proteção.

1: incorreta, pois, nas unidades de proteção integral, o uso *direto* de fato é proibido, mas o uso *indireto*, não (art. 7º, § 1º, da Lei 9.985/2000); vale também ressaltar que a segunda parte da afirmativa contradiz-se totalmente com a primeira ao admitir o próprio uso direto dessas áreas, trazendo definição de "uso sustentável" (art. 2º, XI, da Lei 9.985/2000) e não de "proteção integral"; **2:** incorreta, pois as unidades de conservação podem ser criadas "por ato do Poder Público" (art. 22, *caput*, da Lei 9.985/2000), ou seja, não é necessário lei, podendo uma unidade ser criada por Decreto, por exemplo. Gabarito 1E, 2E

(Procurador do Estado/AC – FMP – 2012) Com base no disposto na Lei n.º 9.985/2000, que institui o Sistema Nacional de Unidades de Conservação, assinale a alternativa **correta**.

(A) Unidade de conservação é o espaço territorial, aéreo ou marítimo e seus recursos ambientais, incluindo as águas jurisdicionais, o subsolo e a atmosfera, com características naturais relevantes, instituído judicialmente ou por ato do Poder Público, com objetivos de conservação e limites definidos, sob regime especial de administração, ao qual se aplicam garantias adequadas de proteção.

(B) Recurso ambiental compreende a atmosfera, as águas interiores, superficiais e subterrâneas, os estuários, o mar territorial, o alto mar, a plataforma continental, o solo, o subsolo, os elementos da biosfera, a fauna, a flora e os elementos integrantes do meio ambiente artificial, incluindo o patrimônio histórico.

(C) Zoneamento é a definição de setores ou zonas em uma unidade de conservação com objetivos de manejo, exploração e extrativismo específicos, com o propósito de proporcionar os meios e as condições para que todos os objetivos da unidade possam ser alcançados de forma harmônica e eficaz, sem prejuízo da possibilidade de regulamentação por ato normativo do Poder Público federal, estadual ou municipal em sentido diverso.

(D) Corredores ecológicos são porções de ecossistemas naturais ou seminaturais, ligando unidades de conservação, que possibilitam entre elas o fluxo de genes e o movimento da biota, facilitando a dispersão de espécies e a recolonização de áreas degradadas, bem como a manutenção de populações que demandam para sua sobrevivência áreas com extensão maior do que aquela das unidades individuais.

A: incorreta (art. 2º, I, Lei 9.985/00), pois unidade de conservação não abrange espaço aéreo ou marítimo, mas, apenas, o territorial; **B:** incorreta, pois o art. 2º, IV, da Lei 9.985/00 considera recurso ambiental a atmosfera, as águas interiores, superficiais e sub-

terrâneas, os estuários, o mar territorial, o solo, o subsolo, os elementos da biosfera, a fauna e a flora, não se incluindo o alto mar, a plataforma continental e os elementos integrantes do meio ambiente artificial; **C:** incorreta, pois se considera zoneamento, nos termos do art. 2º, XVI, da Lei 9.985/00, a definição de setores ou zonas em uma unidade de conservação com objetivos de manejo e normas específicos, com o propósito de proporcionar os meios e as condições para que todos os objetivos da unidade possam ser alcançados de forma harmônica e eficaz, nada dispondo referido diploma legal sobre a possibilidade de regulamentação de zoneamento por ato normativo do Poder Público federal, estadual ou municipal em sentido diverso; **D:** correta, visto que de acordo com o que dispõe o art. 2º, XIX, da Lei 9.985/00. Gabarito "D".

(PROCURADOR DO ESTADO/MG – FUMARC – 2012) Sobre o Sistema Nacional de Unidades de Conservação, assinale a alternativa **INCORRETA:**

(A) A Estação Ecológica tem como objetivo a preservação da natureza e a realização de pesquisas científicas.

(B) O Monumento Natural tem como objetivo básico preservar sítios naturais raros, singulares ou de grande beleza cênica.

(C) A Reserva Extrativista é uma área utilizada por populações extrativistas tradicionais, cuja subsistência baseia-se no extrativismo e, complementarmente, na agricultura de subsistência e na criação de animais de pequeno porte, e tem como objetivos básicos proteger os meios de vida e a cultura dessas populações, e assegurar o uso sustentável dos recursos naturais da unidade.

(D) A Área de Relevante Interesse Ecológico é uma área em geral extensa, com um certo grau de ocupação humana, dotada de atributos abióticos, bióticos, estéticos ou culturais especialmente importantes para a qualidade de vida e o bem-estar das populações humanas, e tem como objetivos básicos proteger a diversidade biológica, disciplinar o processo de ocupação e assegurar a sustentabilidade do uso dos recursos naturais.

(E) O Refúgio de Vida Silvestre tem como objetivo proteger ambientes naturais onde se asseguram condições para a existência ou reprodução de espécies ou comunidades da flora local e da fauna residente ou migratória.

A: correta (art. 9º, *caput*, Lei 9.985/00); **B:** correta (art. 12, *caput*, Lei 9.985/00); **C:** correta (art. 18, *caput*, Lei 9.985/00); **D:** incorreta, visto que, nos termos do art. 16, *caput*, da Lei 9.985/00, a Área de Relevante Interesse Ecológico (ARIE) é uma área em geral de pequena extensão, com pouca ou nenhuma ocupação humana, com características naturais extraordinárias ou que abriga exemplares raros da biota regional, e tem como objetivo manter os ecossistemas naturais de importância regional ou local e regular o uso admissível dessas áreas, de modo a compatibilizá-lo com os objetivos de conservação da natureza. A ARIE não se confunde com a Área de Proteção Ambiental (APA), esta sim considerada uma área em geral extensa, com um certo grau de ocupação humana, dotada de atributos abióticos, bióticos, estéticos ou culturais especialmente importantes para a qualidade de vida e o bem-estar das populações humanas, e tem como objetivos básicos proteger a diversidade biológica, disciplinar o processo de ocupação e assegurar a sustentabilidade do uso dos recursos naturais (art. 15, *caput*, Lei 9.985/00); **E:** correta (art. 13, *caput*, Lei 9.985/00). Gabarito "D".

9. DIREITO AMBIENTAL 399

(PROCURADOR DO ESTADO/MG – FUMARC – 2012) Sobre o Sistema Nacional de Unidades de Conservação, assinale a alternativa correta.

(A) As unidades de conservação são necessariamente criadas por lei.

(B) As unidades de conservação do grupo de Uso Sustentável podem ser transformadas total ou parcialmente em unidades do grupo de Proteção Integral, por instrumento normativo do mesmo nível hierárquico do que criou a unidade, desde que obedecidos os procedimentos de consulta estabelecidos em lei.

(C) O objetivo básico das Unidades de Uso Sustentável é preservar a natureza, sendo admitido apenas o uso indireto dos seus recursos naturais.

(D) A área de uma unidade de conservação do Grupo de Proteção Integral é considerada zona urbana, para os efeitos legais.

(E) Zona de amortecimento é a área interna de uma unidade de conservação, onde as atividades humanas estão sujeitas a normas e restrições específicas, com o propósito de minimizar os impactos negativos sobre a unidade.

A: incorreta, pois as unidades de conservação poderão ser criadas não apenas por lei, mas, também, por ato normativo diverso (ex.: decreto), mas é bom frisar que sua extinção ou redução dependerá, sempre, de lei, nos termos do art. 225, §1º, III, CF; **B:** correta, pois, de fato, admite-se que Unidades de Conservação de Uso Sustentável (art. 14, Lei 9.985/00) sejam transformadas em Unidades de Conservação de Proteção Integral (art. 8º, Lei 9.985/00), com maiores restrições ambientais, pelo mesmo instrumento normativo que as tenha criado, conforme preconiza o art. 22, §5º, da Lei 9.985/00, mas a recíproca não será verdadeira. Ou seja, a transformação de Unidades de Conservação de Proteção Integral em de Uso Sustentável, em virtude de haver uma "redução" da proteção ambiental, dependerão de lei específica; **C:** incorreta, pois se admite o uso direto dos recursos naturais nas Unidades de Conservação de Uso Sustentável (art. 7º, §2º, Lei 9.985/00), diversamente do que ocorre nas Unidades de Proteção Integral, nas quais se admite apenas o uso indireto (art. 7º, §1º, Lei 9.985/00); **D:** incorreta, sendo considerada zona rural (art. 49, Lei 9.985/00); **E:** incorreta (art. 2º, XVIII, Lei 9.985/00). Gabarito "B".

(Advogado da União/AGU – CESPE – 2012) Julgue os itens que se seguem.

(1) Unidade de conservação corresponde a um espaço territorial protegido — coberto ou não por vegetação nativa — cuja função é permitir a preservação dos recursos hídricos, da paisagem, da estabilidade geológica e da biodiversidade; facilitar o fluxo gênico de fauna e flora; garantir a proteção do solo; e assegurar o bem-estar das populações humanas.

(2) São matérias sujeitas ao princípio da reserva legal a alteração e a supressão do regime jurídico pertinente aos espaços territoriais especialmente protegidos, ainda que sua delimitação tenha sido determinada por decreto.

1: incorreta, pois considera-se unidade de conservação o espaço territorial e seus recursos ambientais, incluindo as águas jurisdicionais, com características naturais relevantes, legalmente instituído pelo Poder Público, com objetivos de conservação e limites definidos, sob regime especial de administração, ao qual se aplicam garantias adequadas de proteção (art. 2º, I, Lei 9.985/00). O conceito de unidade de conservação não se confunde com o de área de preservação permanente, definida no art. 3º, II, da Lei 12.651/12 (Código Florestal) como a área protegida, coberta ou não por vegetação nativa, com a função ambiental de preservar os recursos hídricos, a paisagem, a estabilidade geológica e a biodiversidade, facilitar o fluxo gênico de fauna e flora, proteger o solo e assegurar o bem-estar das populações humanas; **2:** incorreta, pois a alteração, por exemplo, de uma unidade de conservação, de molde a ampliá-la, não exigirá, necessariamente, lei, mas, sim, instrumento normativo do mesmo nível hierárquico que a criou (art. 22, §6º, Lei 9.985/00). Gabarito 1E, 2E.

(ADVOGADO – PETROBRÁS – 2012 – CESGRANRIO) A Constituição Federal determina, como um dos deveres do Poder Público, a definição de espaços territoriais e dos seus componentes a serem especialmente protegidos. A esse respeito, analise as afirmações abaixo.

I. O parecer emitido pelo Conselho Consultivo de um parque, nacional, estadual ou municipal, não pode substituir a consulta pública exigida na lei.

II. As florestas consideradas de preservação permanente podem ser suprimidas nos excepcionais casos previstos na legislação.

III. A desafetação ou redução dos limites de uma reserva ecológica somente pode ser feita mediante lei específica.

É correto o que se afirma em

(A) I, apenas.

(B) II, apenas.

(C) I e III, apenas.

(D) II e III, apenas.

(E) I, II e III.

I: correto, pois, de fato, a consulta pública, ainda que não tenha caráter vinculante para a instituição de uma unidade de conservação, é requisito de validade para tanto (art. 22, §2º, Lei 9.985/00); **II:** correta (art. 225, §1º, III, CF); **III:** correta (art. 22, §7º, Lei 9.985/00). Gabarito "E."

7.3. Pagamentos por Serviços Ambientais

(Procurador – AL/PR – 2024 – FGV) Na Política Nacional de Recursos Hídricos, a cobrança pelo uso da água foi estabelecida como um instrumento destinado, entre outras finalidades, a angariar recursos para o financiamento de projetos e obras que promovam, de maneira considerada benéfica à coletividade, melhorias na qualidade, quantidade e regime de vazão de corpos d'água.

O ESTADO X NÃO IMPLEMENTOU A COBRANÇA, MAS DESENVOLVEU O PAGAMENTO POR SERVIÇOS AMBIENTAIS (PSA), outro instrumento econômico capaz de viabilizar a preservação da bacia hidrográfica em termos de qualidade, quantidade e o regime de vazão da água.

SOBRE O PSA, ASSINALE A AFIRMATIVA CORRETA.

(A) O pagador de serviços ambientais é a pessoa física ou jurídica, de direito público ou privado, ou grupo familiar ou comunitário que, preenchidos os critérios de elegibilidade, mantém, recupera ou melhora as condições ambientais dos ecossistemas.

(B) O provedor de serviços ambientais é o poder público, a organização da sociedade civil ou agente privado, pessoa física ou jurídica, de âmbito nacional ou internacional, que provê o pagamento dos serviços ambientais.

(C) Os serviços ecossistêmicos são atividades individuais ou coletivas que favorecem a manutenção, a recuperação ou a melhoria dos serviços de provisão, suporte, regulação e culturais.

(D) São modalidades de pagamento por serviços ambientais, entre outras: a prestação de melhorias sociais a comunidades rurais e urbanas e a compensação vinculada a certificado de redução de emissões por desmatamento e degradação.

(E) Os serviços ambientais são benefícios relevantes para a sociedade gerados pelos ecossistemas, em termos de manutenção, recuperação ou melhoria das condições ambientais, sem influência da intervenção humana.

A Lei federal n. 14.119/2021 disciplina a Política Nacional de Pagamento por Serviços Ambientais. **A:** incorreta (o pagador de serviços ambientais é o poder público, organização da sociedade civil ou agente privado, pessoa física ou jurídica, de âmbito nacional ou internacional, que provê o pagamento dos serviços ambientais, cf. art. 2º, V). **B:** incorreta (o provedor de serviços ambientais é a pessoa física ou jurídica, de direito público ou privado, ou grupo familiar ou comunitário que, preenchidos os critérios de elegibilidade, mantém, recupera ou melhora as condições ambientais dos ecossistemas, cf. art. 2º, VI). Notar que os conceitos das alternativas A e B estão invertidos. **C:** incorreta (os serviços ecossistêmicos são benefícios relevantes para a sociedade gerados pelos ecossistemas, em termos de manutenção, recuperação ou melhoria das condições ambientais, cf. art. 2º, II). **D:** correta (art. 3º). **E:** incorreta (os serviços ambientais são atividades individuais ou coletivas que favorecem a manutenção, a recuperação ou a melhoria dos serviços ecossistêmicos, cf. art. 2º, III). Notar que os conceitos das alternativas C e E estão invertidos. **RB**

Gabarito "D".

(Procurador – PGE/SP – 2024 – VUNESP) O Pagamento por Serviços Ambientais (PSA) foi instituído pela Política Estadual de Mudanças Climáticas (PEMC) em 2009 no Estado de São Paulo e, desde então, já foram desenvolvidos diversos projetos como o Projeto Conexão Mata Atlântica e, mais recentemente, o PSA Guardiões da Floresta e o PSA Mar sem Lixo. Sobre o instituto do pagamento por serviços ambientais, assinale a alternativa correta.

(A) A Política Nacional de Pagamento por Serviços Ambientais (PNPSA) estabelecida pela Lei nº 14.119/2021 tem como um de seus objetivos a adequação do imóvel rural e urbano à legislação ambiental.

(B) Os Projetos de Pagamento por Serviços Ambientais no âmbito do Estado de São Paulo não poderão adotar como modalidade de pagamento a retribuição monetária direta.

(C) Para os fins da Lei nº 14.119/2021, são considerados serviços ambientais aqueles que constituem benefícios não materiais providos pelos ecossistemas, por meio da recreação, do turismo, da identidade cultural, de experiências espirituais e estéticas e do desenvolvimento intelectual, entre outros.

(D) De acordo com o Decreto Estadual nº 66.549/2022, o Comitê Consultivo do Programa Estadual de Pagamento por Serviços Ambientais será composto por 9 (nove) membros titulares e seus respectivos suplentes, com representantes do Governo do Estado, do setor produtivo e da sociedade civil.

(E) As modalidades de pagamento por serviços ambientais são estabelecidas taxativamente pelo artigo 3º da Lei nº 14.119/2021.

A: incorreta (cf. art. 5º, IX, a adequação do imóvel rural e urbano à legislação ambiental constitui *diretriz* da PNPSA, e não seu *objetivo*). **B:** incorreta (os projetos de PSA podem adotar como modalidade o pagamento monetário direto, cf. art. 9º, I, do Decreto estadual n. 66.549/2022). **C:** incorreta (cf. art. 2º, III, *serviços ambientais* são as atividades individuais ou coletivas que favorecem a manutenção, a recuperação ou a melhoria dos serviços ecossistêmicos; por sua vez, cf. art. 2º, II, "d", os *serviços ecossistêmicos culturais* são aqueles que constituem benefícios não materiais providos pelos ecossistemas, por meio da recreação, do turismo, da identidade cultural, de experiências espirituais e estéticas e do desenvolvimento intelectual, entre outros). **D:** correta (art. 6º do Decreto estadual 66.549/2022). **E:** incorreta (o rol do art. 3º da Lei 14.119/2021 é *exemplificativo*, e não taxativo). **RB**

Gabarito "D".

8. PROTEÇÃO DA FAUNA E FLORA. CÓDIGO FLORESTAL

(Procurador – PGE/SP – 2024 – VUNESP) A respeito das Áreas de Preservação Permanente, trazidas pela Lei nº 12.651/2012 (Código Florestal), é correto afirmar:

(A) a supressão indevida de vegetação em área de preservação permanente obriga apenas o proprietário do imóvel à época da supressão a promover a sua recomposição.

(B) a intervenção em área de preservação permanente para fins de interesse social ou utilidade pública prescinde da comprovação de existência de alternativa técnica e/ou locacional.

(C) o Superior Tribunal de Justiça decidiu, quando do julgamento do Tema 1.010, pela prevalência do Código Florestal (Lei nº 12.651/2012) sobre a Lei de Parcelamento Urbano do Solo (Lei nº 6.766/79).

(D) são áreas de preservação permanente apenas as áreas protegidas cobertas por vegetação nativa, com a função ambiental de preservar os recursos hídricos, a paisagem, a estabilidade geológica e a biodiversidade, facilitar o fluxo gênico de fauna e flora, proteger o solo e assegurar o bem-estar das populações humanas.

(E) o conceito de Amazônia Legal trazido pela Lei nº 12.651/2012 é geográfico, limitando-se aos Estados da Região Norte do Brasil.

A: incorreta (a obrigação de recompor a vegetação suprimida tem natureza real – *propter rem* –, sendo transmitida ao sucessor no caso de transferência de domínio ou posse, cf. art. 7º, § 2º; além disso, cf. a Súmula 623 do STJ: As obrigações ambientais possuem natureza *propter rem*, sendo admissível cobrá-las do proprietário ou possuidor atual e/ou dos anteriores, à escolha do credor). **B:** incorreta (a intervenção em área de preservação permanente para fins de interesse social ou utilidade pública *imprescinde* da comprovação de existência de alternativa técnica e/ou locacional, cf. entendimento do STF na ADC 42). **C:** correta (tese fixada pelo STJ – tema 1010: "Na vigência do novo Código Florestal (Lei n. 12.651/2012), a extensão não edificável nas Áreas de Preservação Permanente de qualquer curso d'água, perene ou intermitente, em trechos caracterizados como área urbana consolidada, deve respeitar o que disciplinado pelo seu art. 4º, *caput*, inciso I, alíneas a, b, c, d e e, a fim de assegurar a mais ampla garantia ambiental a esses espaços territoriais especialmente protegidos e, por conseguinte, à coletividade"). **D:** incorreta (áreas de preservação permanente são

aquelas protegidas, cobertas *ou não* por vegetação nativa, cf. art. 3º, II). **E:** incorreta (a Amazônia Legal abrange Estados da Região Norte, Nordeste e Centro-Oeste; é o que se extrai de sua definição legal, cf. art. 3º, I: "Amazônia Legal: os Estados do Acre, Pará, Amazonas, Roraima, Rondônia, Amapá e Mato Grosso e as regiões situadas ao norte do paralelo 13º S, dos Estados de Tocantins e Goiás, e ao oeste do meridiano de 44º W, do Estado do Maranhão"). **RB**
Gabarito "C".

(Procurador Federal – AGU – 2023 – CEBRASPE) O Código Florestal protege as faixas marginais de qualquer curso d'água natural, perene e intermitente, e as áreas no entorno de lagos e lagoas naturais, sob o título de

(A) reserva legal.

(B) servidão ambiental.

(C) unidade de conservação de uso sustentável.

(D) unidade de conservação de proteção integral.

(E) área de preservação permanente.

A: incorreta (reserva legal representa uma área localizada no interior de uma propriedade ou posse rural, delimitada percentualmente nos termos do art. 12 do Código Florestal, com função de proteção ambiental). **B:** incorreta (servidão ambiental é a limitação do uso de uma propriedade para preservar, conservar ou recuperar os recursos ambientais existentes, cf. regime jurídico previsto nos arts. 9º-A a 9º-C da Lei 6.938/1981 – Lei da Política Nacional do Meio Ambiente). **C e D:** incorretas (unidades de conservação representam áreas territoriais especialmente protegidas previstas na Lei 9.985/2000 – Lei do Sistema Nacional das Unidades de Conservação; as unidades de conservação podem ser de uso sustentável ou de proteção integral). **E:** correta (considera-se área de preservação permanente, entre outras hipóteses, as faixas marginais de qualquer curso d'água natural, perene e intermitente, e as áreas no entorno de lagos e lagoas naturais, cf. previsto no art. 4º, I e II, do Código Florestal). **RB**
Gabarito "E".

(Procurador Federal – AGU – 2023 – CEBRASPE) Acerca do regime de proteção das áreas de preservação permanente (APP), assinale a opção correta.

(A) A supressão de vegetação nativa em APP, quando protetora de nascentes, dunas e restingas, poderá ser autorizada nos casos de utilidade pública ou interesse social.

(B) Uma vez ocorrida a supressão de vegetação em APP, o seu proprietário, possuidor ou ocupante a qualquer título é obrigado a promover a recomposição da vegetação, ressalvados os usos autorizados legalmente.

(C) A vegetação situada em APP deverá ser mantida pelo proprietário da área, possuidor ou ocupante a qualquer título, desde que ele seja pessoa física ou jurídica de direito privado, estando dispensado dessa obrigação o titular do imóvel que seja pessoa jurídica de direito público.

(D) Por ser de caráter pessoal, a obrigação de recomposição da APP cuja vegetação tenha sido suprimida não pode ser transmitida ao sucessor, no caso de transferência do domínio ou da posse do imóvel rural.

(E) O acesso de pessoas à APP para obtenção de água é permitido mediante autorização, a ser concedida em caráter de urgência pelo órgão ambiental competente.

A: incorreta (a supressão de vegetação nativa protetora de nascentes, dunas e restingas somente poderá ser autorizada em caso de utilidade pública, cf. art. 8º, § 1º, da Lei 12.651/2012 – Código Florestal). **B:**

correta (cf. art. 7º, § 1º, da Lei 12.651/2012). **C:** incorreta (a vegetação situada em APP deverá ser mantida pelo proprietário da área, possuidor ou ocupante a qualquer título, pessoa física ou jurídica, de direito público ou privado, cf. art. 7º, "caput", da Lei 12.651/2021). **D:** incorreta (a obrigação de recomposição da APP tem caráter real e é transmitida ao sucessor no caso de transferência de domínio ou posse do imóvel rural, cf. art. 7º, § 2º, da Lei 12.651/2021). **E:** incorreta (é permitido o acesso de pessoas às APP's para obtenção de água, cf. art. 9º da Lei 12.651/2012; ademais, é dispensada a autorização do órgão ambiental competente para a execução, em caráter de urgência, de atividades de segurança nacional e obras de interesse da defesa civil destinadas à prevenção e mitigação de acidentes em áreas urbanas, cf. art. 8º, § 3º, da Lei 12.651/2012). **RB**
Gabarito "B".

(Procurador do Município – Valinhos/SP – 2019 – VUNESP) A respeito da previsão legal dada pela Lei 12.651/12, sobre a Delimitação da Área de Reserva Legal, é certo afirmar que

(A) os empreendimentos de abastecimento público de água e tratamento de esgoto não estão sujeitos à constituição de Reserva Legal.

(B) será exigido Reserva Legal relativa às áreas adquiridas ou desapropriadas por detentor de concessão, permissão ou autorização para exploração de potencial de energia hidráulica, nas quais funcionem empreendimentos de geração de energia elétrica, subestações ou sejam instaladas linhas de transmissão e de distribuição de energia elétrica.

(C) será exigido Reserva Legal relativa às áreas adquiridas ou desapropriadas com o objetivo de implantação e ampliação de capacidade de rodovias e ferrovias.

(D) no parcelamento de imóveis rurais, a área de Reserva Legal não poderá ser agrupada em regime de condomínio entre os adquirentes.

(E) quando indicado pelo Zoneamento Ecológico-Econômico – ZEE estadual, realizado segundo metodologia unificada, o poder público federal poderá reduzir, exclusivamente para fins de regularização, mediante recomposição, regeneração ou compensação da Reserva Legal de imóveis com área rural consolidada, situados em área de floresta localizada na Amazônia Legal, para até 40% (quarenta por cento) da propriedade.

A questão explora o regime das Reservas Legais, nos termos da Lei 12.651/12 (Código Florestal). Alternativa **A:** correta (art. 12, § 6º). Alternativa **B:** incorreta (não será exigida Reserva Legal em tais situações, cf. art. 12, §7º). Alternativa **C:** incorreta (não será exigida Reserva Legal em tais situações, cf. art. 12, §8º). Alternativa **D:** incorreta (no parcelamento de imóveis rurais, a área de Reserva Legal poderá ser agrupada em regime de condomínio entre os adquirentes, cf. art. 16, parágrafo único). Alternativa **E:** incorreta (a percentagem de redução é de até 50%, e não 40%, cf. art. 13, I). **RB**
Gabarito "A".

(Procurador do Estado/TO – 2018 – FCC) Considere que determinada Municipalidade precise desapropriar um terreno para instalação de um equipamento público. Durante a avaliação pericial da área para identificação do valor do imóvel foi apurado que o terreno apresentava contaminação do solo, decorrente da destinação pelo proprietário para atividades não autorizadas. O ente público expropriante

(A) poderá pleitear a dedução do custo de descontaminação do valor da indenização, já que havia responsabilidade do dono do terreno pela observância da legislação ambiental vigente.

(B) poderá desistir da desapropriação, diante do vício de legalidade, cabendo, contudo, indenização em favor do proprietário do terreno, por não ter dado causa à desistência da área, esta que constituiu decisão discricionária do ente.

(C) deverá necessariamente arcar com os custos de descontaminação, que não podem ser imputados no valor da avaliação, sendo inerentes ao risco da aquisição.

(D) pode pleitear que a indenização devida ao proprietário da área seja posterior à desapropriação, e não prévia, como usual, em razão da necessidade de ser incluído o custo de descontaminação da área.

(E) deve desistir da desapropriação, já que o valor estimado da indenização será necessariamente superado em razão do custo de indenização.

A questão aborda a relação entre a desapropriação promovida sobre determinada área e o passivo ambiental verificado sobre ela. De acordo com o entendimento do STJ, "o valor relativo ao passivo ambiental da propriedade deve ser excluído da indenização, eis que a recuperação da Área de Preservação Permanente e da Reserva Legal, assim como outras incumbências incidentes sobre o imóvel e decorrentes da função ecológica da propriedade, constitui obrigação *propter rem;* logo, parte inseparável do título imobiliário, inexistindo, no ordenamento jurídico brasileiro, direito adquirido a degradar ou poluir, ou a desmatamento realizado." (REsp 1.755.077/PA, 2ª Turma, Rel. Min. Herman Benjamin, DJe 04/02/2019). Assim, correta a alternativa A. **RB**
Gabarito "A".

(**Procurador do Estado/SP – 2018 – VUNESP**) Espécies exóticas, entendidas como aquelas não originárias de uma determinada área geográfica, podem muitas vezes proliferar sem controle, provocando danos ambientais e econômicos, além de ameaçarem a diversidade biológica. O Estado de São Paulo sofre problemas sensíveis nessa seara, por exemplo, por conta da presença do javali (Sus scrofa), cuja abundância já é identificada e com impactos ambientais e socioeconômicos bem descritos pela literatura.

Tendo em vista essas premissas, sobre espécies exóticas, é correto afirmar:

(A) a Lei nº 5.197/1967 (lei que dispõe sobre a proteção à fauna) admite a inserção de espécies exóticas em território nacional com parecer técnico oficial favorável e licença expedida na forma da lei, salvo para espécies ambientalmente relevantes, inseridas em cadastro do Ministério do Meio Ambiente, cuja inserção imporá apenas a comunicação posterior aos órgãos de controle.

(B) é proibida a introdução nas unidades de conservação de espécies não autóctones, exceto no tocante às Áreas de Proteção Ambiental, Florestas Nacionais, Reservas Extrativistas e Reservas de Desenvolvimento Sustentável, sendo admitidos, ainda, a inserção de animais e plantas necessários à administração e às atividades das demais categorias de unidades de conservação, de acordo com o que se dispuser em regulamento e no Plano de Manejo da unidade.

(C) no Estado de São Paulo, embora se permita e estimule o controle populacional de espécies exóticas invasoras, o abate e o manejo dos animais assim qualificados

é vedado, por força de disposição expressa na Constituição Estadual.

(D) atividades de manejo de fauna exótica ou que envolvam introdução de espécies exóticas estão dispensadas do licenciamento ambiental, salvo se flagrante o risco de degradação ambiental.

(E) a introdução de espécime animal exótica no Brasil, sem parecer técnico oficial favorável e licença expedida por autoridade competente pode configurar infração administrativa ambiental, entretanto não se amolda aos tipos penais previstos na Lei no 9.605/1998 (Lei de Crimes Ambientais).

A: incorreta, a teor do art. 4º, da Lei 5.197/2067: "Nenhuma espécie poderá ser introduzida no País, sem parecer técnico oficial favorável e licença expedida na forma da Lei"; **B:** correta. Vide art. 31, § 1º, da Lei 9.985/2000; **C:** incorreta (art. 193, X, Constituição Estadual); **D:** incorreta, nos termos do Anexo I, da Resolução Conama 237/1997, além do controle da União nos termos do art. 7º, XVII, da LC 140/2011; **E:** incorreta. A teor do art. 31, da Lei 9.605/1998, considera-se crime introduzir espécime animal no País, sem parecer técnico oficial favorável e licença expedida por autoridade competente. **FM/FC**
Gabarito "B".

(**Procurador do Estado/SP – 2018 – VUNESP**) Sobre a recomposição nas Áreas de Preservação Permanente (APPs), é correto afirmar:

(A) para os imóveis rurais com área de até 4 (quatro) módulos fiscais que possuam áreas consolidadas em Áreas de Preservação Permanente ao longo de cursos d'água naturais, é facultada a manutenção das atividades, independentemente de qualquer recomposição, desde que o proprietário invista na recuperação de outras áreas de relevante interesse ambiental, observados critérios e valores fixados pelo órgão ambiental competente, após o registro no Cadastro Ambiental Rural (CAR).

(B) o proprietário de áreas rurais consolidadas até 22 de julho de 2008, cuja área da propriedade seja inferior a 1 (um) módulo fiscal, foi anistiado pela Lei nº 12.651/2012 (Código Florestal), não sendo necessária a recomposição em nenhuma hipótese.

(C) no caso de pequena propriedade ou posse rural familiar, poderá ser realizado o plantio intercalado de espécies exóticas com nativas, em até um terço da área total a ser recomposta, admitida a utilização de árvores frutíferas, vedado o plantio de espécies lenhosas.

(D) para os imóveis rurais com área de até 1 (um) módulo fiscal que possuam áreas consolidadas em Áreas de Preservação Permanente ao longo de cursos d'água naturais, será obrigatória a recomposição das respectivas faixas marginais em 5 (cinco) metros, contados da borda da calha do leito regular, independentemente da largura do curso d'água.

(E) como método de recomposição é vedada a realização de plantio intercalado de espécies exóticas com nativas, devendo ser executado o plantio exclusivo de espécies nativas ou condução de regeneração natural de espécies nativas, independentemente do tamanho ou qualificação do imóvel rural.

A: incorreta, nos termos do art. 61-A, §3º, da Lei 12.651/2012: "Para os imóveis rurais com área superior a 2 (dois) módulos fiscais e de

9. DIREITO AMBIENTAL 403

até 4 (quatro) módulos fiscais que possuam áreas consolidadas em Áreas de Preservação Permanente ao longo de cursos d'água naturais, será obrigatória a recomposição das respectivas faixas marginais em 15 (quinze) metros, contados da borda da calha do leito regular, independentemente da largura do curso d'água"; **B:** incorreta, a saber: "Para os imóveis rurais com área de até 1 (um) módulo fiscal que possuam áreas consolidadas em Áreas de Preservação Permanente ao longo de cursos d'água naturais, será obrigatória a recomposição das respectivas faixas marginais em 5 (cinco) metros, contados da borda da calha do leito regular, independentemente da largura do curso d´água" (art. 61-A, §1º, da Lei 12.651/2012); **C:** incorreta, a teor do art. 4º, § 5º, da Lei 12.651/2012: "é admitido, para a pequena propriedade ou posse rural familiar, o plantio de culturas temporárias e sazonais de vazante de ciclo curto na faixa de terra que fica exposta no período de vazante dos rios ou lagos, desde que não implique supressão de novas áreas de vegetação nativa, seja conservada a qualidade da água e do solo e seja protegida a fauna silvestre"; **D:** correta. Vide art. 61, §1º, da Lei 12.651/2012; **E:** incorreta, conforme o art. 66, § 3º, da Lei 12.651/2012. FM/FC

Gabarito "D".

(Procurador Municipal – Prefeitura/BH – CESPE – 2017) Em determinado município, há resíduos de construção civil e ocupações nas faixas marginais situadas a menos de trinta metros das bordas das calhas dos leitos de estreitos cursos d'água, perenes e intermitentes, que, em conjunto, abastecem a Lagoa da Prata. Tais resíduos estão provocando, nas últimas décadas, o assoreamento das margens e, por consequência, severos danos ambientais à bacia hidrográfica.

Considerando essa situação hipotética, assinale a opção correta.

(A) Será admitida a ocupação das referidas faixas marginais para a realização urgente de atividades de segurança nacional e obras de interesse da defesa civil que visem prevenir acidentes, desde que devidamente autorizadas pelo órgão ambiental competente.

(B) Mesmo que intervenção irregular em uma das citadas faixas marginais tenha sido realizada por ação de proprietário anterior de determinado imóvel, será admitida a responsabilização civil de seu atual proprietário, que será responsável pela recomposição ambiental.

(C) Para a preservação das citadas faixas marginais, é necessária a edição de lei municipal que as declare áreas de proteção ambiental e que proíba ocupações e depósitos de resíduos na largura de trinta metros.

(D) Por força de mandamento constitucional, para a preservação das faixas marginais de recursos hídricos, não se admite intervenção nem ocupação por particulares, nem mesmo em caráter excepcional.

A: incorreta, pois nos termos do art. 8º, § 3º, da Lei 12.651/2012: "É dispensada a autorização do órgão ambiental competente para a execução, em caráter de urgência, de atividades de segurança nacional e obras de interesse da defesa civil destinadas à prevenção e mitigação de acidentes em áreas urbanas"; **B:** correta, pois a obrigação de promover a recomposição da vegetação situada em Área de Preservação Permanente tem natureza *propter rem*, sendo transmitida ao sucessor em caso de transferência de domínio ou posse (art. 7º, §§ 1º e 2º, da Lei 12.651/2012); **C:** incorreto, pois não é necessária a criação de Lei Municipal, vez que a Lei 12.651/2012, em seu art. 4º, I, dispõe sobre a preservação das faixas marginais; **D:** incorreta, pois não há mandamento constitucional neste sentido, aliás, o art. 9º, da Lei 12.651/2012, assevera ser permitido o acesso de pessoas e animais às Áreas de

Preservação Permanente para obtenção de água e para realização de atividades de baixo impacto ambiental. FM/FCP

Gabarito "B".

(Procurador – IPSMI/SP – VUNESP – 2016) Assinale o conceito correto utilizado pela Lei Federal 12.651/2012:

(A) pousio: prática de interrupção temporária de atividades ou usos agrícolas, pecuários ou silviculturais, por no máximo 6 (seis) anos, para possibilitar a recuperação da capacidade de uso ou da estrutura física do solo.

(B) áreas úmidas: pantanais e superfícies terrestres cobertas de forma permanente por águas, cobertas originalmente por florestas ou outras formas de vegetação adaptadas à inundação.

(C) crédito de carbono: título de direito sobre bem intangível e incorpóreo transacionável.

(D) faixa de passagem de inundação: área de várzea ou planície de inundação adjacente a cursos d'água que permite o escoamento artificial.

(E) relevo ondulado: expressão geomorfológica usada para designar área caracterizada por movimentações de águas que geram depressões.

A: Incorreta. Nos termos do art. 3º, XXIV, da Lei 12.651/2012: "pousio: prática de interrupção temporária de atividades ou usos agrícolas, pecuários ou silviculturais, por no máximo 5 (cinco) anos, para possibilitar a recuperação da capacidade de uso ou da estrutura física do solo"; e não 6 (seis) anos, conforme disposto na alternativa. **B:** Incorreta. "Áreas úmidas: pantanais e superfícies terrestres cobertas de forma periódica por águas, cobertas originalmente por florestas ou outras formas de vegetação adaptadas à inundação" (art. 3º, XXV, da Lei 12.651/2012). **C:** Correta. Vide art. 3º, XXVII, da Lei 12.651/2012. **D:** Incorreta. A faixa de passagem de inundação: área de várzea ou planície de inundação adjacente a cursos d'água que permite o escoamento da enchente e não artificial (art. 3º, XXII, da Lei 12.651/2012). **E:** Incorreta. O relevo ondulado, segundo o art. 3º, XXIII, da Lei 12.651/2012, trata-se de "expressão geomorfológica usada para designar área caracterizada por movimentações do terreno que geram depressões, cuja intensidade permite sua classificação como relevo suave ondulado, ondulado, fortemente ondulado e montanhoso". FM-FCP

Gabarito "C".

(Procurador – SP – VUNESP – 2015) De acordo com as disposições existentes no Código Florestal, no que se refere ao Regime de Proteção das Áreas de Preservação Permanente, assinale a alternativa correta.

(A) A vegetação situada em Área de Preservação Permanente não tem a obrigatoriedade de ser mantida se o proprietário, possuidor ou ocupante for pessoa jurídica de direito público.

(B) A supressão de vegetação nativa protetora de nascentes, dunas e restingas não pode ser autorizada em nenhuma hipótese.

(C) É necessária a autorização do órgão ambiental, ainda que se trate de execução, em caráter de urgência, de atividades de segurança nacional e obras de interesse da defesa civil destinadas à prevenção e mitigação de acidentes em áreas urbanas.

(D) É permitido o acesso de pessoas e animais às Áreas de Preservação Permanente para obtenção de água e para realização de atividades de baixo impacto ambiental.

(E) Tendo ocorrido a supressão de vegetação situada em Área de Preservação Permanente, o proprietário da área, possuidor ou ocupante é obrigado a promover a recomposição da vegetação, ainda que a supressão tenha sido autorizada pela lei.

A: Incorreta. A vegetação situada em Área de Preservação Permanente tem a obrigatoriedade de ser mantida pelo proprietário, possuidor ou ocupante, pessoa física ou jurídica, de direito público ou privado (art. 7º, da Lei 12.651/2012). **B:** Incorreta. "A supressão de vegetação nativa protetora de nascentes, dunas e restingas somente poderá ser autorizada em caso de utilidade pública" (art. 8º, § 1º, da Lei 12.651/2012). **C:** Incorreta. Nos termos do art. 8º, § 3º, da Lei 12.651/2012: "É dispensada a autorização do órgão ambiental competente para a execução, em caráter de urgência, de atividades de segurança nacional e obras de interesse da defesa civil destinadas à prevenção e mitigação de acidentes em áreas urbanas". **D:** Correta. Vide art. 9º, da Lei 12.651/2012. **E:** Incorreta. Segundo disposição do art. 7º, § 1º, da Lei 12.651/2012: "Tendo ocorrido supressão de vegetação situada em Área de Preservação Permanente, o proprietário da área, possuidor ou ocupante a qualquer título é obrigado a promover a recomposição da vegetação, ressalvados os usos autorizados previstos nesta Lei". **FM-FCP**

Gabarito "D".

(Procurador Distrital – 2014 – CESPE) Acerca dos princípios constantes do Código Florestal e da área de reserva legal, julgue o item abaixo.

(1) Como regra, em todo imóvel rural deve ser mantida área com cobertura de vegetação nativa, cujas funções são assegurar o uso econômico de modo sustentável dos recursos naturais do imóvel, auxiliar a conservação e a reabilitação dos processos ecológicos e promover a conservação da biodiversidade, bem como o abrigo e a proteção de fauna silvestre e da flora nativa.

1: correta (art. 12, *caput*, c/c art. 3º, III, da Lei 12.651/2012).

Gabarito "1C".

(Procurador Federal – 2013 – CESPE) Considerando as legislações que disciplinam a proteção florestal e as unidades de conservação no Brasil, julgue os itens a seguir.

(1) Sob o regime jurídico aplicável ao bioma mata atlântica, fica dispensada de autorização pelos órgãos ambientais a hipótese de exploração eventual e sem fins comerciais de espécies florestais nativas para consumo em propriedades ou posses das populações tradicionais ou dos pequenos produtores rurais, sem prejuízo do apoio governamental no sentido de orientar o manejo e a exploração sustentáveis dessas espécies.

(2) As florestas nacional, estadual e municipal são consideradas unidades de conservação da natureza de posse e domínio públicos, em que se admite a permanência de populações tradicionais que nelas habitem, desde que obedecidas normas regulamentares e o respectivo plano de manejo.

(3) Na hipótese de supressão de vegetação nativa para uso alternativo do solo, em áreas públicas ou privadas, fica dispensada a autorização do órgão ambiental competente, desde que o imóvel esteja registrado no Cadastro Ambiental Rural.

1: correta (art. 9º da Lei 11.428/2006); **2:** correta (art. 17, *caput*, §§ 1º e 6º, da Lei 9.985/2000); **3:** incorreta, pois ainda assim é necessária a autorização do órgão estadual componente do Sisnama (art. 26 da Lei 12.651/2012).

Gabarito 1C, 2C, 3E

(Procurador do Estado/AC – FMP – 2012) Tendo em vista os princípios instituídos pela Lei Federal n.º 11.284/2006, assinale a alternativa **correta** no que diz respeito aos objetivos a serem alcançados com a gestão de florestas públicas.

(A) Promoção do processamento local e o incentivo ao incremento da agregação de valor aos produtos e serviços da floresta, bem como à diversificação industrial, ao desenvolvimento tecnológico, à utilização e à capacitação de empreendedores locais e da mão de obra regional.

(B) Restrição ao acesso às informações referentes à gestão de florestas públicas, nos termos da Lei n.º 10.650/2003, em nome da segurança nacional.

(C) Promoção e difusão da pesquisa florestal, faunística e edáfica, relacionada à conservação, à recuperação e ao uso sustentável das florestas, com restrição intransponível de tais atividades quando operadas por organismos de origem religiosa ou estrangeira.

(D) Fomento ao conhecimento e a promoção da conscientização da população em geral sobre a importância da conservação dos recursos florestais, ressalvados os usos e costumes tradicionais das populações indígenas no que diz respeito ao seu modo de exploração da flora e da fauna.

A: correta (art. 2º, IV, Lei 11.284/06); **B:** incorreta (art. 2º, V, Lei 11.284/06); **C:** incorreta (art. 2º, VI, Lei 11.284/06); **D:** incorreta (art. 2º, VII, Lei 11.284/06).

Gabarito "A".

9. BIOMA MATA ATLÂNTICA

(Procurador – PGE/SP – 2024 – VUNESP) Com relação à biodiversidade, os biomas originais encontrados no território paulista são Mata Atlântica e Cerrado. Estima-se que a área original da Mata Atlântica recobria aproximadamente 68% da área do Estado, com o restante sendo ocupado principalmente pelo Cerrado. Sobre a Lei da Mata Atlântica (Lei nº 11.428/2006), é correto afirmar:

(A) o STF, quando do julgamento da ADI 6446, acolheu o pedido inicial para declarar a nulidade parcial, sem redução de texto, dos artigos 61-A e 61-B da Lei nº 12.651/2012 (Código Florestal) e dos artigos 2º, parágrafo único, 5º e 17 da Lei nº 11.428/2006, de modo a excluir do ordenamento jurídico a interpretação que impeça a aplicação do regime ambiental de áreas consolidadas às áreas de preservação permanente inseridas no bioma da Mata Atlântica.

(B) é vedada, em qualquer hipótese, a supressão de vegetação primária ou secundária em estágio avançado do Bioma Mata Atlântica, para fins de loteamento ou edificação, nas regiões metropolitanas e áreas urbanas consideradas como tal em lei específica.

(C) a supressão de vegetação primária e secundária no estágio avançado de regeneração poderá ser autorizada nos casos de utilidade pública e interesse social, em todos os casos devidamente caracterizados e motivados em procedimento administrativo próprio.

(D) a conservação, em imóvel rural ou urbano, da vegetação primária ou da vegetação secundária em qualquer estágio de regeneração do Bioma Mata Atlântica cumpre função social e é de interesse público, podendo,

9. DIREITO AMBIENTAL — 405

a critério do proprietário, as áreas sujeitas à restrição de que trata esta Lei serem computadas para efeito da Reserva Legal e seu excedente utilizado para fins de compensação ambiental ou instituição de Cota de Reserva Ambiental – CRA, excetuadas as áreas de preservação permanente.

(E) o corte, a supressão e a exploração da vegetação do Bioma Mata Atlântica não terão qualquer distinção no que diz respeito ao tipo da vegetação (primária ou secundária), levando-se em conta apenas o estágio de regeneração.

A: incorreta (não houve julgamento de mérito da ADI 6446, pois o STF não conheceu a ação; não houve, portanto, o acolhimento do pedido inicial). **B:** incorreta (no caso de vegetação primária, a vedação é absoluta; já na hipótese de vegetação secundária em estágio avançado, a supressão é admitida na situação disposta no inciso I do art. 30 da Lei n. 11.428/2006). **C:** incorreta (a supressão de vegetação primária e secundária no estágio avançado de regeneração poderá ser autorizada somente em caso de utilidade pública, cf. art. 14, "caput", da Lei n. 11.428/2006). **D:** correta (art. 35 da Lei n. 11.428/2006). **E:** incorreta (o regime de intervenção na vegetação do Bioma Mata Atlântica sofre distinção no que diz respeito tanto ao tipo da vegetação – primária ou secundária – quanto ao estágio de regeneração, cf. arts. 20 e seguintes da Lei n. 11.428/2006). 🔲

Gabarito "D".

(PROCURADOR DO ESTADO/MG – FUMARC – 2012) Acerca da lei que dispõe sobre a utilização e proteção da vegetação nativa do Bioma Mata Atlântica, assinale a alternativa INCORRETA:

(A) O corte, a supressão e a exploração da vegetação do Bioma Mata Atlântica far-se-ão de maneira diferenciada, conforme se trate de vegetação primária ou secundária, nesta última levando-se em conta o estágio de regeneração.

(B) No Bioma Mata Atlântica, é proibida a coleta de subprodutos florestais tais como frutos, folhas ou sementes, bem como as atividades de uso indireto, ainda que não coloquem em risco as espécies da fauna e flora.

(C) Os novos empreendimentos que impliquem o corte ou a supressão de vegetação do Bioma Mata Atlântica deverão ser implantados preferencialmente em áreas já substancialmente alteradas ou degradadas.

(D) A proteção e a utilização do Bioma Mata Atlântica têm por objetivo geral o desenvolvimento sustentável e, por objetivos específicos, a salvaguarda da biodiversidade, da saúde humana, dos valores paisagísticos, estéticos e turísticos, do regime hídrico e da estabilidade social.

(E) A vegetação primária ou a vegetação secundária em qualquer estágio de regeneração do Bioma Mata Atlântica não perderão esta classificação nos casos de incêndio, desmatamento ou qualquer outro tipo de intervenção não autorizada ou não licenciada.

A: correta (art. 8º, Lei 11.428/06); **B:** incorreta (art. 18, Lei 11.428/06), sendo livre a coleta de subprodutos florestais, desde que não coloquem em risco as espécies da fauna e flora; **C:** correta (art. 12, Lei 11.428/06); **D:** correta (art. 6º, *caput*, Lei 11.428/06); **E:** correta (art. 5º, Lei 11.428/06).

Gabarito "B".

10. RESPONSABILIDADE CIVIL AMBIENTAL

Segue um resumo sobre a **Responsabilidade Civil Ambiental**:

(1) Responsabilidade objetiva.

A responsabilidade objetiva pode ser **conceituada** *como o dever de responder por danos ocasionados ao meio ambiente, independentemente de culpa ou dolo do agente responsável pelo evento danoso. Essa responsabilidade está prevista no § 3º do art. 225 da CF, bem como no § 1º do art. 14 da Lei 6.938/81 e ainda no art. 3º da Lei 9.605/98.*

Quanto a seus **requisitos**, *diferentemente do que ocorre com a responsabilidade objetiva no Direito Civil, onde são apontados três elementos para a configuração da responsabilidade (conduta, dano e nexo de causalidade), no Direito Ambiental são necessários apenas dois.*

A doutrina aponta a necessidade de existir um **dano** *(evento danoso), mais o* **nexo de causalidade, que o liga ao poluidor.**

Aqui não se destaca muito a conduta como requisito para a responsabilidade ambiental, apesar de diversos autores entenderem haver três requisitos para sua configuração (conduta, dano e nexo de causalidade). Isso porque é comum o dano ambiental ocorrer sem que se consiga identificar uma conduta específica e determinada causadora do evento.

Quanto ao **sujeito responsável pela reparação do dano**, é o poluidor, que pode ser tanto pessoa física como jurídica, pública ou privada.

Quando o Poder Público não é o responsável pelo empreendimento, ou seja, não é o poluidor, sua responsabilidade é **subjetiva**, ou seja, depende de comprovação de culpa ou dolo do serviço de fiscalização, para se configurar. Assim, o Poder Público pode responder pelo dano ambiental por omissão no dever de fiscalizar. Nesse caso, haverá responsabilidade solidária do poluidor e do Poder Público. Mas lembre-se: se o Poder Público é quem promove o empreendimento, sua responsabilidade é **objetiva**.

Em se tratando de pessoa jurídica, a Lei 9.605/98 estabelece que esta será responsável *nos casos em que a infração for cometida por decisão de seu representante legal ou contratual, ou de seu órgão colegiado, no interesse ou benefício da sua entidade. Essa responsabilidade da pessoa jurídica não exclui a das pessoas físicas, autoras, coautoras ou partícipes do mesmo fato.*

A Lei 9.605/98 também estabelece uma cláusula geral que permite a **desconsideração da personalidade jurídica** da pessoa jurídica, em qualquer caso, desde que destinada ao ressarcimento dos prejuízos causados à qualidade do meio ambiente. Segundo o seu art. 4º, *poderá ser desconsiderada a pessoa jurídica sempre que sua personalidade for obstáculo ao ressarcimento dos prejuízos causados à qualidade do meio ambiente.* Adotou-se, com isso, a chamada **teoria menor da desconsideração**, para a qual basta a insolvência da pessoa jurídica, para que se possa atingir o patrimônio de seus membros. No direito civil, ao contrário, adotou-se a teoria maior da desconsideração, teoria que exige maiores requisitos, no caso, a existência de um desvio de finalidade ou de uma confusão patrimonial para que haja desconsideração.

(2) Reparação integral dos danos.

A obrigação de reparar o dano não se limita a pagar uma indenização; ela vai além: a reparação deve ser específica, isto é, ela deve buscar a restauração ou recuperação do bem ambiental lesado, ou seja, o seu retorno à situação anterior. Assim, a responsabilidade pode envolver as seguintes obrigações:

(a) de reparação natural ou in specie: *é a reconstituição ou recuperação do meio ambiente agredido, cessando a atividade lesiva e revertendo-se a degradação ambiental. É a primeira providência que deve ser tentada, ainda que mais onerosa que outras formas de reparação;*

(b) de indenização em dinheiro: *consiste no ressarcimento pelos danos causados e não passíveis de retorno à situação anterior. Essa solução só será adotada quando não for viável fática ou tecnicamente a reconstituição. Trata-se de forma indireta de sanar a lesão.*

(c) compensação ambiental: *consiste em forma alternativa à reparação específica do dano ambiental, e importa na adoção de uma medida de equivalente importância ecológica, mediante a observância de critérios técnicos especificados por órgãos públicos e aprovação prévia do órgão ambiental competente, admissível desde que seja impossível a reparação específica. Por exemplo, caso alguém tenha derrubado uma árvore, pode-se determinar que essa pessoa, como forma de compensação ambiental, replante duas árvores da mesma espécie.*

3. Dano ambiental.

Não é qualquer alteração adversa no meio ambiente causada pelo homem que pode ser considerada dano ambiental. Por exemplo, o simples fato de alguém inspirar oxigênio e expirar gás carbônico não é dano ambiental. O art. 3°, III, da Lei 6.938/81 nos ajuda a desvendar quando se tem dano ambiental, ao dispor que a poluição é a degradação ambiental resultante de atividades que direta ou indiretamente:

a) prejudiquem a saúde, a segurança e o bem-estar da população; b) criem condições adversas às atividades sociais e econômicas; c) afetem desfavoravelmente a biota; d) afetem as condições estéticas ou sanitárias do meio ambiente; e) lancem matérias ou energia em desacordo com os padrões ambientais estabelecidos.

Quanto aos lesados pelo dano ambiental, este pode atingir pessoas indetermináveis e ligadas por circunstâncias de fato (ocasião em que será difuso), grupos de pessoas ligadas por relação jurídica base (ocasião em que será coletivo), vítimas de dano oriundo de conduta comum (ocasião em que será individual homogêneo) e vítima do dano (ocasião em que será individual puro).

De acordo com o pedido formulado na ação reparatória é que se saberá que tipo de interesse (difuso, coletivo, individual homogêneo ou individual) está sendo protegido naquela demanda.

Quanto à extensão do dano ambiental, a doutrina reconhece que este pode ser material (patrimonial) ou moral (extrapatrimonial). Será da segunda ordem quando afetar o bem-estar de pessoas, causando sofrimento e dor. Há de se considerar que existe decisão do STJ no sentido

que não se pode falar em dano moral difuso, já que o dano deve estar relacionado a pessoas vítimas de sofrimento, e não a uma coletividade de pessoas. De acordo com essa decisão, pode haver dano moral ambiental a pessoa determinada, mas não pode haver dano moral ambiental a pessoas indetermináveis.

4. A proteção do meio ambiente em juízo.

A reparação do dano ambiental pode ser buscada extrajudicialmente, quando, por exemplo, é celebrado termo de **compromisso de ajustamento de conduta** com o Ministério Público, ou judicialmente, pela propositura da ação competente.

Há duas ações vocacionadas à defesa do meio ambiente. São elas: a **ação civil pública** (art. 129, III, da CF e Lei 7.347/85) e a **ação popular** (art. 5°, LXXIII, CF e Lei 4.717/65). A primeira pode ser promovida pelo Ministério Público, pela Defensoria Pública, por entes da Administração Pública ou por associações constituídas há pelo menos um ano, que tenham por objetivo a defesa do meio ambiente. Já a segunda é promovida pelo cidadão.

Também são cabíveis em matéria ambiental o **mandado de segurança** (art. 5°, LXIX e LXX, da CF e Lei 12.016/09), individual ou coletivo, preenchidos os requisitos para tanto, tais como prova pré-constituída, e ato de autoridade ou de agente delegado de serviço público; o **mandado de injunção** (art. 5°, LXXI, da CF), quando a falta de norma regulamentadora torne inviável o exercício dos direitos e liberdades constitucionais e das prerrogativas inerentes à nacionalidade, à soberania e à cidadania; as **ações de inconstitucionalidade** (arts. 102 e 103 da CF e Leis 9.868/99 e 9.882/99); e a **ação civil de responsabilidade por ato de improbidade administrativa** em matéria ambiental (art. 37, § 4°, da CF, Lei 8.429/92 e art. 52 da Lei 10.257/01).

(Procurador Federal – AGU – 2023 – CEBRASPE) Segundo a jurisprudência do STJ, por eventuais danos ambientais decorrentes da omissão do dever de controlar e fiscalizar, a União, os estados, o Distrito Federal e os municípios terão responsabilidade

(A) subjetiva, subsidiária e de execução solidária.

(B) objetiva, não solidária e de execução subsidiária.

(C) objetiva, subsidiária e de execução solidária.

(D) subjetiva, solidária e de execução subsidiária.

(E) objetiva, solidária e de execução subsidiária.

De acordo com a Súmula 652 do STJ: "A responsabilidade civil da Administração Pública por danos ao meio ambiente, decorrente de sua omissão no dever de fiscalização, é de caráter *solidário*, mas de *execução subsidiária*". Vale ressaltar que o STJ, nos julgados que deram ensejo a tal súmula, apontou a responsabilidade *objetiva* da Administração por danos ambientais decorrentes da omissão do seu dever de controlar e fiscalizar (REsp 1.071.741/SP). RB

Gabarito "E".

(Procurador do Estado/TO – 2018 – FCC) Firmado um Termo de Ajustamento de Conduta – TAC – entre os proprietários de áreas rurais de uma determinada região e o Ministério Público, aqueles deram início ao cumprimento das obrigações assumidas, tais como a recomposição de determinado percentual de mata nativa em suas áreas. Alterada a legislação disciplinadora da compensação

9. DIREITO AMBIENTAL

ambiental, passou-se a admitir que em lugar da recomposição da mata nativa o proprietário pudesse adquirir áreas para regularização de unidades de conservação. Diante desse fato,

(A) o proprietário que pretender aplicar a nova legislação ao seu acordo poderá providenciar a aquisição das áreas inseridas nos perímetros de unidades de conservação e requerer a desoneração de suas obrigações constantes do TAC.

(B) o TAC remanesce válido e exigível, não havendo alteração em seus termos, salvo por deliberação consensual das partes, nos termos da legislação vigente.

(C) a alteração legislativa impacta no TAC firmado, sendo necessária a ratificação do instrumento para que as obrigações assumidas continuem imperiosas e exigíveis.

(D) os proprietários que firmaram o TAC ficam desobrigados do seu atendimento, sendo necessária a realização de outro ajuste, aderente à nova legislação.

(E) o TAC assinado fica anulado, sendo necessária a celebração de novo acordo, partindo das premissas legais instituídas.

A questão explora o tema da subsistência de Termo de Ajustamento de Conduta (TAC) em razão de alteração legislativa superveniente. Nesse sentido, consolidou-se no âmbito do STJ o entendimento de que, "uma vez celebrado, e cumpridas as formalidades legais, o Termo de Ajustamento de Conduta – TAC constitui ato jurídico perfeito, imunizado contra alterações legislativas posteriores que enfraqueçam as obrigações ambientais nele estabelecidas. Deve, assim, ser cabal e fielmente implementado, vedado ao juiz recusar sua execução, pois do contrário desrespeitaria a garantia da irretroatividade da lei nova, prevista no art. 6º da Lei de Introdução às Normas do Direito Brasileiro (Decreto-Lei 4.657/1942)" (REsp 1.802.754/SP, 2ª Turma, Rel. Min. Herman Benjamin, DJe 11/09/2020). Nesse sentido, correta a alternativa B. **RB**

Gabarito "B"

(Procurador do Estado/AC – 2017 – FMP) Analise as assertivas abaixo envolvendo a tutela do meio ambiente no Direito Brasileiro.

I. Um dos fundamentos constitucionais da tutela ambiental inibitória consiste no chamado princípio da inafastabilidade do controle jurisdicional ou princípio do direito da ação, pois através dela é possível evitar danos ambientais muitas vezes irreversíveis.

II. A inversão do ônus da prova nas ações civis públicas ambientais é um dos corolários do princípio da precaução, o qual incide somente na lesividade ambiental derivada do uso e manipulação de produtos químicos.

III. Segundo remansosa jurisprudência do Superior Tribunal de Justiça, as ações civis públicas para reparação dos danos ao meio ambiente são imprescritíveis.

IV. Não há direito adquirido para o empreendedor dar continuidade ao seu projeto envolvendo práticas vedadas pelo legislador e que causem danos ao meio ambiente, ainda que fundado em ato autorizatório emitido pelo órgão ambiental competente.

Quais estão corretas?

(A) Apenas a I, a II e a III.

(B) Apenas a I.

(C) Nenhuma está correta.

(D) Apenas a I, a III e a IV.

(E) Apenas a I, a II e a IV.

Enunciado I certo: aplicam-se às ações ambientais a garantia prevista no art. 5º, XXXV, pelo qual a lei não excluirá da apreciação do Poder Judiciário lesão ou ameaça a direito. Trata-se do princípio da inafastabilidade do controle jurisdicional ou princípio do direito da ação. Enunciado II incorreto: de fato, a inversão do ônus da prova nas ações ambientais é um dos corolários do princípio da precaução. No entanto, esse efeito não se aplica apenas na lesividade ambiental derivada do uso e manipulação de produtos químico, mas a todas as formas de lesão. Enunciado III certo: as ações ambientais são imprescritíveis, cf. jurisprudência do STJ. Enunciado IV certo: inexiste direito adquirido à manutenção de situação que gere prejuízo ao meio ambiente, ainda que o empreendimento esteja fundado em ato autorizativo ambiental, cf. jurisprudência do STJ. **RB**

Gabarito "D"

(Procurador do Estado – PGE/PR – PUC – 2015) Considerando a jurisprudência do Supremo Tribunal Federal e do Superior Tribunal de Justiça, assinale a afirmativa **CORRETA** sobre o regime jurídico dos danos ao patrimônio ambiental e sua responsabilização.

(A) Embora no âmbito da responsabilidade administrativa seja dispensável a apuração da culpa na infração ambiental, à responsabilidade civil decorrente de danos ambientais aplica-se, como regra, a denominada teoria subjetivista.

(B) O princípio da precaução não foi acolhido pela Constituição vigente, ainda que se constitua como uma importante norma para evitar a ocorrência de danos ambientais graves e irreversíveis.

(C) Em ação civil pública, a necessidade de reparação integral da lesão causada ao meio ambiente permite a cumulação de obrigações de fazer, de não fazer e de indenizar.

(D) Em conformidade ao princípio da precaução, para que sejam adotadas medidas precaucionais, a falta de certeza científica absoluta exige a demonstração do risco atual e iminente de danos que podem sobrevir pelo desempenho de determinada atividade econômica.

(E) No que toca à pessoa jurídica, o direito positivo brasileiro não acolhe a denominada tríplice responsabilidade por ação ou omissão lesiva ao meio ambiente, restringindo-a ao campo da responsabilidade civil e administrativa.

A: incorreta, a responsabilidade administrativa por danos ambientais é subjetiva (o STJ possui jurisprudência no sentido de que, "tratando-se de responsabilidade administrativa ambiental, o terceiro, proprietário da carga, por não ser o efetivo causador do dano ambiental, responde subjetivamente pela degradação ambiental causada pelo transportador" (AgRg no AREsp 62.584/RJ, Rel. Ministro Sérgio Kukina, Rel. p/ acórdão Ministra Regina Helena Costa, Primeira Turma, DJe 7.10.2015), já a responsabilização civil é objetiva e fundamentada na teoria do risco integral (art. 14, § 1º, da Lei 6.938/1981); **B:** errado, o princípio da precaução encontra-se acolhido implicitamente pelo art. 225, *caput*, da CF/1988; **C:** correta, pois a jurisprudência do STJ está firmada no sentido da viabilidade, no âmbito da Lei 7.347/1985 e da Lei 6.938/1981, de cumulação de obrigações de fazer, de não fazer e de indenizar (Súmula 629 do STJ); **D:** incorreta, pois para o princípio da precaução ser aplicado, basta a falta de certeza científica a respeito dos riscos que a atividade ou o empreendimento possa causar ao meio ambiente, devendo-se decidir em favor do meio ambiente; **E:** incorreta, pois a própria Constituição Federal, em seu art. 225, § 3º, dispõe expressamente: "As condutas e atividades consideradas lesivas ao meio ambiente sujeitarão os infratores, pessoas físicas ou jurídicas, a sanções penais e administrativas, independentemente da obrigação de reparar os danos causados". **FM/FCP**

Gabarito "C."

(Procurador Municipal/SP – VUNESP – 2016) Determinada pessoa, em conduta não dolosa, ingressa em terreno e sofre graves queimaduras por contato com resíduos tóxicos que se encontram em terreno de particular que os expõe a céu aberto, em local onde, apesar da existência de cerca e de placas de sinalização informando a presença de material orgânico e poluente, permite o acesso de outros particulares por ser fácil, consentido e costumeiro. Quanto à responsabilidade do proprietário do imóvel, é correto afirmar que

(A) a responsabilidade é objetiva, podendo ser invocada excludente de força maior ou caso fortuito.

(B) considerando a natureza jurídica do infortúnio ambiental, caracteriza-se um dano material, mas não dano moral.

(C) a responsabilidade se restringe a eventual lesão ao meio ambiente propriamente dito.

(D) calcada na teoria do risco, responde pela ofensa individual, sendo irrelevante a culpa exclusiva ou concorrente da vítima.

(E) a colocação de placas no local, indicando a presença de material tóxico, é suficiente para excluir a responsabilidade civil, subjetiva no caso.

A: Incorreta. A responsabilidade por danos ambientais é objetiva e baseada na teoria do risco integral. Desta forma, o proprietário do terreno responderá objetivamente pelos danos ocasionados a pessoa indicada no enunciado da questão, não podendo invocar em seu favor as excludentes de responsabilidade (art. 14, § 1º, da Lei 6.938/1981). **B:** Incorreta. O dano moral trata-se da violação aos direitos da personalidade, e no caso da questão em comento, é evidente que a pessoa ao sofrer lesões graves em seu corpo, provocadas por queimaduras, teve o direito a integridade física violado, fazendo, portanto, jus a indenização por danos morais. **C:** Incorreta. O direito ao meio ambiente ecologicamente equilibrado, por ser tratar de direito difuso, e, portanto, transindividual, quando violado pode gerar danos difusos, coletivos e individuais homogêneos, possibilitando inclusive a tutela coletiva ou individual destes direitos. **D:** Correta. A responsabilidade por danos ambientais é objetiva e fundamentada na teoria do risco integral, de forma a não admitir qualquer excludente de responsabilidade. **E:** Incorreta. Primeiramente por ser a responsabilidade do agente causador de danos ambientais objetiva, e não subjetiva, conforme disposto na alternativa. Outrossim, a colocação de placas no local, não exime o agente de sua responsabilidade, por não se discutir culpa, em sede de responsabilidade por danos ambientais (art. 14, § 1º, da Lei 6.938/1981). **FM-FCP**

Gabarito "D".

(Procurador – SP – VUNESP – 2015) Se uma empresa que possua licenciamento ambiental, no exercício de sua atividade, vier a causar danos ambientais, pode-se afirmar que

(A) a existência de licenciamento ambiental a exime do dever de reparar os danos causados na esfera civil.

(B) a indenização civil e o dever de reparar o dano somente existem se houver dolo do empreendedor.

(C) a existência de licença ambiental retira o caráter de ilicitude administrativa do ato.

(D) independentemente da existência de licenciamento ambiental, se causar dano ambiental, existe responsabilidade civil, administrativa e penal da empresa.

(E) a empresa somente não responderá na esfera penal porque, por tratar-se de pessoa jurídica, não pode figurar no polo passivo de ação penal, ainda que cause danos ambientais.

Essa questão possui uma formulação sensível, que demanda questionamentos. Não concordamos com o gabarito.

A: Incorreta. A responsabilidade civil por danos ambientais é objetiva e fundamentada na teoria do risco integral. Desta forma, ainda que a atividade causadora do dano esteja licenciada, não eximirá o poluidor das peias da responsabilidade. Registre-se que a responsabilidade civil ambiental pode ser fruto de atividade lícita ou ilícita. **B:** Incorreta. A responsabilidade civil ambiental é objetiva, portanto, não se apura a culpabilidade do poluidor (art. 14, § 1º, da Lei 6.938/1981). **C:** Segundo o gabarito, essa é a assertiva correta. Segundo a lógica aplicada, a licença, se integralmente regular, retira o caráter de ilicitude administrativa do ato, impedindo a Administração Pública de sancionar nessa seara. **D:** Segundo o gabarito, incorreta. Essa assertiva impõe questionamento, uma vez que, mesmo com o licenciamento ambiental, se houver danos ao meio ambiente, haverá sim – ao contrário da assertiva – a responsabilidade civil, administrativa e penal da empresa. **E:** Incorreta. Nos termos do art. 3º, da Lei 9.605/1998: "As pessoas jurídicas serão responsabilizadas administrativa, civil e penalmente conforme o disposto nesta Lei, nos casos em que a infração seja cometida por decisão de seu representante legal ou contratual, ou de seu órgão colegiado, no interesse ou benefício da sua entidade". **FM/FCP**

Gabarito "C".

(PROCURADOR DO ESTADO/MG – FUMARC – 2012) Acerca da responsabilidade ambiental, assinale a alternativa correta:

(A) Adota-se, no Brasil, em matéria ambiental, a responsabilidade civil subjetiva.

(B) A responsabilização do causador do dano ambiental, no Brasil, prescinde da demonstração do nexo de causalidade.

(C) O poluidor é obrigado a indenizar ou reparar os danos causados ao meio ambiente e a terceiros, afetados por sua atividade, desde que demonstrada a existência de culpa.

(D) Poderá ser desconsiderada a pessoa jurídica sempre que sua personalidade for obstáculo ao ressarcimento de prejuízos causados à qualidade do meio ambiente.

(E) As condutas e atividades consideradas lesivas ao meio ambiente sujeitarão os infratores, pessoas físicas ou jurídicas, a sanções penais e administrativas, independentemente do nexo de causalidade.

A: incorreta, pois como é sabido, a responsabilidade civil em matéria ambiental é objetiva, vale dizer, independente da comprovação de dolo ou culpa (art. 14, §1º, Lei 6.938/81); **B:** incorreta, pois a despeito de a responsabilidade civil ambiental ser objetiva, será imprescindível a demonstração do nexo de causalidade entre a ação ou omissão perpetrada pelo agente causador do dano e a configuração deste; **C:** incorreta, pois, como já mencionado no comentário à alternativa "B", prescinde-se da demonstração de culpa a responsabilização civil por danos ambientais causador pelo poluidor/degradador; **D:** correta (art. 4º, Lei 9.605/98); **E:** incorreta, pois, como visto anteriormente, o nexo de causalidade é requisito para o reconhecimento da responsabilidade civil, mesmo que objetiva.

Gabarito "D".

9. DIREITO AMBIENTAL

(Procurador do Município/Cubatão-SP – 2012 – VUNESP) Havendo a poluição de um rio, que acarrete prejuízo aos pescadores, pode-se, concomitantemente, lesar o meio ambiente, os pescadores e a cooperativa dos pescadores. Assinale a alternativa que apresenta, correta e respectivamente, esses interesses.

(A) Coletivo, individual homogêneo, difuso.

(B) Difuso, coletivo, individual simples.

(C) Difuso, individual homogêneo, coletivo.

(D) Coletivo, difuso, individual homogêneo.

(E) Individual homogêneo, coletivo, difuso.

A lesão ao meio ambiente, nitidamente, constitui a violação a um direito difuso, visto que tem natureza indivisível e é titularizado por pessoas indeterminadas ligadas por uma mesma circunstância fática (art. 81, parágrafo único, I, Lei 8.078/90 – CDC). Já a lesão aos pescadores, decorrente da poluição de um rio, constitui violação a um direito individual homogêneo, visto que decorrente de uma origem comum (art. 81, III, Lei 8.078/90 – CDC). Por fim, a poluição de um rio que acarrete prejuízos à cooperativa de pescadores constitui violação a um direito coletivo, de titularidade de um grupo cujos integrantes são ligados por uma relação jurídica base (art. 81, II, Lei 8.078/90 – CDC).
Gabarito "C".

(Procurador do Município/Cubatão-SP – 2012 – VUNESP) Na reparação do dano ao meio ambiente, teremos a defesa de interesses difusos ou coletivos e o valor da indenização será destinado para

(A) o particular lesado, a ser apurado caso a caso.

(B) o Fundo para Reconstituição dos Bens Lesados.

(C) o Ministério Público Estadual ou Federal, se for o caso.

(D) a União.

(E) o ente federativo onde se situa o local lesado.

De fato, o valor da indenização decorrente de condenação por dano ambiental reverterá a um fundo gerido por um Conselho Federal ou por Conselhos Estaduais de que participarão necessariamente o Ministério Público e representantes da comunidade, sendo seus recursos destinados à reconstituição dos bens lesados (art. 13, *caput*, Lei 7.347/85).
Gabarito "B".

(Advogado da União/AGU – CESPE – 2012) Com base nos termos da legislação que trata da responsabilização por danos ambientais, julgue os itens seguintes.

(1) Tratando-se de matéria ambiental, admite-se a desconsideração da pessoa jurídica sempre que sua personalidade seja obstáculo ao ressarcimento de prejuízos causados à qualidade do meio ambiente.

(2) Se tiver ocorrido, antes da transferência de prioridade de imóvel rural, supressão parcial da vegetação situada em área de preservação permanente, o adquirente desse imóvel, comprovada sua boa-fé, não será parte legítima para responder a ação cível com pedido de restauração da área deteriorada.

1: correta (art. 4º, Lei 9.605/98); 2: incorreta, pois é remansosa a jurisprudência dos tribunais judiciários, inclusive dos superiores, no sentido de que a obrigação de reparar por dano ambiental é *propter rem*, cabendo ao adquirente de um imóvel que já apresente degradação ambiental repará-lo, ainda que não o tenha causado (REsp 120684/SP, Rel. Min. Humberto Martins, 2ª Turma, j. 17.03.2011, DJE 29.03.2011). Saliente-se que, nesse caso, sequer será exigida a prova do nexo de causalidade, visto que, como dito, a responsabilidade do adquirente é *propter rem*.
Gabarito 1C, 2E

(ADVOGADO – PETROBRÁS – 2012 – CESGRANRIO) Sobre responsabilidade por danos ambientais e meios judiciais de proteção ambiental, sabe-se que a

(A) Administração Pública não pode ser considerada responsável por danos ambientais que decorram da omissão de seu dever de fiscalizar, ainda que contribua diretamente para a degradação ambiental.

(B) comprovação dos danos causados ao meio ambiente não é exigida, no caso de ação civil pública de responsabilidade pelo derramamento de óleo em águas marítimas.

(C) execução judicial de termo de ajustamento de conduta depende de laudo comprobatório dos danos ambientais causados que tenham dado origem àquele.

(D) pessoa física ou jurídica que contribua indiretamente para a ocorrência de um dano ambiental pode ser considerada poluidora.

(E) formação do litisconsórcio passivo é obrigatória nas ações judiciais que tenham como objetivo a reparação de danos ambientais.

A: incorreta, pois a responsabilidade civil da Administração decorrerá de conduta comissiva (ação) ou omissiva (omissão). Neste último caso, há entendimento jurisprudencial, ainda que não pacificado, no sentido de que se trata de responsabilidade subjetiva, seguindo a doutrina administrativista (por todos, Celso Antonio Bandeira de Mello), exigindo-se a demonstração de dolo ou culpa no comportamento omissivo do Estado (*lato sensu*). Tal foi o deslinde no REsp 647.493, de 22/05/2007; **B:** incorreta, pois a responsabilidade civil ambiental, ainda que objetiva, exige a demonstração dos danos causados pela conduta do poluidor/degradador; **C:** incorreta, pois sendo o termo de ajustamento de conduta um título executivo extrajudicial (art. 5º, §6º, Lei 7.347/85), será, em caso de descumprimento, passível de execução judicial, bastando a demonstração do inadimplemento da obrigação nele contida; **D:** correta, pois o art. 3º, IV, da Lei 6.938/81, considera poluidor a pessoa física ou jurídica, de direito público ou privado, responsável, direta ou indiretamente, por atividade causadora de degradação ambiental. Tal conceito dá azo à classificação do poluidor em *direto* ou *indireto*; **E:** incorreta, pois sendo remansoso o entendimento (doutrinário e jurisprudencial) de que a responsabilidade por danos ambientais é solidária, a formação do polo passivo poderá compreender todos ou alguns dos poluidores. Frise-se, por oportuno, que há forte entendimento de que é vedada a intervenção de terceiros provocada por um ou mais réus de ação civil pública ambiental, cabendo a discussão de direito de regresso (em razão da natureza solidária da obrigação à reparação dos danos ambientais) em ação própria (REsp 232.187, de 23.03.00; AgRg no Ag 1.213.458, j. 24.08.2010; REsp 880.160, de 04.05.2010).
Gabarito "D".

11. RESPONSABILIDADE ADMINISTRATIVA AMBIENTAL

(Procurador/PA – CESPE – 2022) Determinado órgão ambiental, no exercício de sua atividade fiscalizatória, apreendeu veículos de pessoa jurídica de direito privado que supostamente estavam sendo utilizados em atividade que caracterizaria infração ambiental.

No que diz respeito a essa situação hipotética, assinale a opção correta, consoante o entendimento atual do Superior Tribunal de Justiça firmado em recurso especial repetitivo.

(A) A apreensão de bens é rechaçada pela jurisprudência do Superior Tribunal de Justiça, pois não se podem criar restrições patrimoniais como meio coercitivo para pagamento de multas ou cumprimento de outras sanções administrativas.

(B) O Superior Tribunal de Justiça admite a apreensão dos bens apenas para a lavratura do auto de infração, mas inadmite o perdimento dos bens, porque isso viola a proteção que o ordenamento jurídico confere à propriedade privada e à livre-iniciativa.

(C) É condição de licitude da apreensão que o bem apreendido seja utilizado, específica e unicamente, na atividade ilícita.

(D) Foi declarada a inconstitucionalidade incidental do § 4.º do art. 25 da Lei n.º 9.605/1998, para inadmitir que bens apreendidos sejam doados a instituições educacionais.

(E) A apreensão do instrumento utilizado na infração ambiental, fundada em dispositivo vigente da Lei n.º 9.605/1998, independe do seu uso específico, exclusivo ou habitual para a empreitada infracional.

O STJ, no âmbito do julgamento do REsp 1.814.945/CE sob o rito dos recursos repetitivos, fixou a seguinte tese: "A apreensão do instrumento utilizado na infração ambiental, fundada na atual redação do § 4º do art. 25 da Lei 9.605/1998, independe do uso específico, exclusivo ou habitual para a empreitada infracional" (Tema 1.036). Nesse sentido, correta a alternativa E. **RB**
Gabarito "E".

(Procurador do Município/Manaus – 2018 – CESPE) Com base na jurisprudência dos tribunais superiores, julgue os itens a seguir, acerca da responsabilidade por dano ambiental e dos crimes ambientais.

(1) De acordo com o STJ, a responsabilidade por dano ambiental é objetiva e regida pela teoria do risco integral.

(2) Para o STF, o envio clandestino de animais silvestres ao exterior tem natureza de delito transnacional, razão por que seu processamento compete à justiça federal.

1: Correto, pois é firme a jurisprudência do STJ no sentido de que, nos danos ambientais, incide a teoria do risco integral, advindo daí o caráter objetivo da responsabilidade, com expressa previsão constitucional (art. 225, § 3º, da CF) e legal (art. 14, § 1º, da Lei 6.938/1981). **2:** Correto, pois O STF decidiu que compete à Justiça Federal processar e julgar o crime ambiental de caráter transnacional que envolva animais silvestres, ameaçados de extinção e espécimes exóticas ou protegidas por compromissos internacionais assumidos pelo Brasil (STF. Plenário. RE 835558-SP, Rel. Min. Luiz Fux, julgado em 09.02.2017 [repercussão geral]).
Gabarito 1C, 2C

(Procurador – SP – VUNESP – 2015) No tocante às infrações administrativas ambientais, nos termos da Lei 9.605/1998, assinale a assertiva correta.

(A) A autoridade ambiental que tiver conhecimento de infração ambiental é obrigada a promover a sua apuração imediata, mediante processo administrativo próprio, sob pena de corresponsabilidade.

(B) O processo administrativo para apuração de infração ambiental deve observar o prazo máximo de trinta dias para o infrator oferecer defesa ou impugnação contra o auto de infração, contados da data da ciência da autuação.

(C) O processo administrativo para apuração de infração ambiental deve observar o prazo máximo de vinte dias para a autoridade competente julgar o auto de infração, contados da data da sua lavratura, apresentada ou não a defesa ou impugnação.

(D) No processo administrativo para apuração de infração ambiental, o infrator tem o prazo máximo de quinze dias para recorrer da decisão condenatória à instância superior do Sistema Nacional do Meio ambiente – Sisnama, ou à Diretoria de Portos e Costas, do Ministério da Marinha, de acordo com o tipo de autuação.

(E) Qualquer pessoa, constatando infração ambiental, poderá dirigir representação junto ao Ministério Público do Meio ambiente, que é a autoridade competente para lavrar auto de infração ambiental no exercício de seu poder de polícia.

A: Correta. Vide art. 70, § 3º, da Lei 9.605/1998.**B:** Incorreta. O prazo para o infrator oferecer defesa ou impugnação ao auto de infração é de 20 (vinte) dias, e não de 30 (trinta) dias, conforme previsto na alternativa. O prazo será contado da ciência da autuação (art. 71, I, da Lei 9.605/1998.). **C:** Incorreta. Nos termos do art. 71, II, da Lei 9.605/1998., o prazo para a autoridade competente julgar o auto de infração, contados da data da sua lavratura, apresentada ou não a defesa ou impugnação, é de 30 (trinta) dias, e não de 20 (vinte) dias. **D:** Incorreta, o prazo máximo para I infrator recorrer da decisão condenatória é de 20 (vinte) dias (art. 71, III, da Lei 9.605/1998); **E:** Incorreta. "São autoridades competentes para lavrar auto de infração ambiental e instaurar processo administrativo os funcionários de órgãos ambientais integrantes do Sistema Nacional de Meio Ambiente – SISNAMA, designados para as atividades de fiscalização, bem como os agentes das Capitanias dos Portos, do Ministério da Marinha" (art. 70, § 1º, da Lei 9.605/1998.). **FM/FCP**
Gabarito "A".

(Procurador do Estado – PGE/RN – FCC – 2014) O agente autuante, ao lavrar o auto de infração ambiental, indicará as sanções estabelecidas pelo Decreto Federal 6.514/2008, observando

(A) a situação econômica do infrator.

(B) a gravidade dos fatos, tendo em vista os motivos da infração e suas consequências para o desenvolvimento econômico.

(C) o grau de instrução ou escolaridade do agente.

(D) a curva de crescimento da flora ou fauna atingida.

(E) o arrependimento do infrator.

De fato, o agente autuante ao lavrar o auto de infração ambiental deverá observar a situação econômica do infrator. Nesse sentido, dispõe o art. 4º, do Decreto 6.514/2008: "Art. 4º O agente autuante, ao lavrar o auto de infração, indicará as sanções estabelecidas neste Decreto, observando: I – gravidade dos fatos, tendo em vista os motivos da infração e suas consequências para a saúde pública e para o meio ambiente; II – antecedentes do infrator, quanto ao cumprimento da legislação de interesse ambiental; e III – situação econômica do infrator. **FM/FCP**
Gabarito "A".

(Procurador Federal – 2013 – CESPE) Acerca do exercício, pela administração pública, do poder de polícia em matéria ambiental, julgue os itens seguintes.

(1) O Cadastro Técnico Federal de Atividades Potencialmente Poluidoras ou Utilizadoras de Recursos Ambientais, instrumento da Política Nacional do Meio Ambiente, destina-se ao registro obrigatório de pessoas físicas ou jurídicas que se dediquem a atividades potencialmente poluidoras, e(ou) à extração, à produção, ao transporte e à comercialização de produtos

9. DIREITO AMBIENTAL 411

potencialmente perigosos ao meio ambiente, assim como de produtos e subprodutos da fauna e flora, de modo que o descumprimento dessa obrigação enseja a aplicação de multa administrativa.

(2) A concessão de licenciamento ambiental pelo órgão ambiental competente ficará condicionada à aprovação do estudo de impacto ambiental pelo Conselho Nacional do Meio Ambiente, quando se tratar de empreendimento causador de significativo impacto ambiental localizado em área considerada patrimônio nacional.

(3) Em razão de a autoridade administrativa ser obrigada a observar a gravidade dos fatos relacionados ao cometimento de infrações administrativas ambientais, é vedada a aplicação da penalidade de multa na hipótese de funcionamento de estabelecimento em desacordo com a licença ambiental, mas que não tenha provocado danos significativos.

1: correta (art. 17, II, da Lei 6.938/1981); **2:** incorreta, pois quem aprova tais estudos é o órgão executivo correspondente, no caso o IBAMA (e não o CONOMA); **3:** incorreta, pois cabe sim aplicação de multa no caso, nos termos do art. 66, *caput*, do Decreto 6.514/2008.

Gabarito 1C, 2E, 3E

12. RESPONSABILIDADE PENAL AMBIENTAL

(Procurador/PA – CESPE – 2022) De acordo com o disposto na Lei n.º 9.605/1998 (Lei de Crimes Ambientais) acerca da responsabilidade penal de pessoa jurídica por dano ambiental, é correto afirmar que

(A) todas as espécies de penas descritas na legislação penal podem ser aplicadas a pessoa jurídica.

(B) somente a pena de multa pode ser aplicada a pessoa jurídica.

(C) a pena de multa e as penas restritivas de direitos e de prestação de serviços à comunidade podem ser aplicadas a pessoa jurídica.

(D) a pena de multa e penas restritivas de direitos, salvo a prestação de serviços à comunidade, podem ser aplicadas a pessoa jurídica.

(E) nenhuma pena restritiva de direitos pode ser aplicada a pessoa jurídica.

A: incorreta (as penas privativas de liberdade não podem ser aplicadas a pessoas jurídicas). **B:** incorreta (cf. art. 21, as penas aplicáveis às pessoas jurídicas são: multa, restritivas de direitos e prestação de serviços à comunidade). **C:** correta (cf. art. 21). **D:** incorreta (a prestação de serviços à comunidade pode ser aplicada à pessoa jurídica). **E:** incorreta (cf. art. 21, já referido). RB

Gabarito "C".

(Procurador do Estado/SP – 2018 – VUNESP) A Constituição Federal de 1988, ao incorporar a questão ambiental de forma ampla e expressa, trouxe para o seio do Supremo Tribunal Federal uma "pauta verde". Assim, o destino de grandes temas ambientais também teve de ser enfrentado na Corte, como decorrência lógica da necessidade de concretização de seus comandos.

Nesse contexto, sobre a jurisprudência do Supremo Tribunal Federal em matéria ambiental, assinale a alternativa correta.

(A) O Supremo Tribunal Federal julgou procedente ação direta de inconstitucionalidade ajuizada contra a Lei Estadual no 12.684/2007 (Lei que proíbe o uso de produtos que contenham amianto), declarando inconstitucional dispositivo que proíbe o uso no Estado de São Paulo de produtos, materiais ou artefatos que contenham quaisquer tipos de amianto ou asbesto ou outros minerais que, acidentalmente, tenham fibras de amianto na sua composição.

(B) Segundo o Supremo Tribunal Federal, o artigo 225, § 3º, da Constituição Federal, não condiciona a responsabilização penal da pessoa jurídica por crimes ambientais à simultânea persecução penal da pessoa física em tese responsável no âmbito da empresa.

(C) A vedação da queima da palha da cana-de-açúcar por lei municipal, em Municípios paulistas, tem sido considerada constitucional, afastando-se a incidência da legislação estadual que prevê a eliminação progressiva da palha.

(D) O Supremo Tribunal Federal considerou constitucional a prefixação de um piso para a compensação ambiental devida pela implantação de empreendimento de significativo impacto ambiental, devendo os valores serem fixados proporcionalmente ao impacto ambiental, a partir do mínimo previsto na Lei nº 9.985/2000 (Lei do Sistema Nacional de Unidades de Conservação).

(E) Tendo em vista a natureza dos crimes ambientais e mesmo não sendo a proteção do meio ambiente um direito fundamental, o princípio da insignificância é inaplicável aos crimes previstos na Lei nº 9.605/1998 (Lei de Crimes Ambientais).

A: incorreta. Em verdade, o Plenário do Supremo Tribunal Federal julgou improcedente a Ação Direta de Inconstitucionalidade 3937, ajuizada pela Confederação Nacional dos Trabalhadores na Indústria (CNTI) contra a Lei 12.687/2007, do Estado de São Paulo, que proíbe o uso de produtos, materiais ou artefatos que contenham quaisquer tipos de amianto no território estadual; **B:** correta. A teoria da dupla imputação encontra-se superada, vigorando atualmente o entendimento de que o art. 225, § 3º, da Constituição Federal não condiciona a responsabilização penal da pessoa jurídica por crimes ambientais à simultânea persecução penal da pessoa física em tese responsável no âmbito da empresa (STF. RE 548181, Rel. Min. Rosa Weber, 1ª T, julgado em 06-08-2013. Publicado em: 30-10-2014); **C:** incorreta. Em pesquisa obtida junto ao Tribunal de Justiça do Estado de São Paulo, os resultados demonstraram que o posicionamento que tem se firmado é no sentido da impossibilidade de proibição da queimada da palha da cana de açúcar por lei municipal, por considerar que o município não possui competência para proibir aquilo que o Estado-membro permite; **D:** incorreta. Foi declarada a inconstitucionalidade da expressão "não pode ser inferior a meio por cento dos custos totais previstos para a implantação do empreendimento", prevista no § 1º do art. 36 da Lei 9.985/2000 (vide ADIN 33786, de 2008); **E:** incorreta. A proteção ao meio ambiente é um direito fundamental de 3ª dimensão/geração, e em decorrência do meio ambiente se tratar de um bem altamente significativo para a humanidade, não se aplica o princípio da insignificância aos crimes ambientais. FM/FC

Gabarito "B".

(Procurador Municipal – Prefeitura/BH – CESPE – 2017) Com relação às responsabilidades ambientais e à atuação administrativa do órgão ambiental, assinale a opção correta.

(A) Independentemente de designação prévia para a atividade de fiscalização, servidor do órgão ambiental que constatar infração administrativa ambiental é

MELO, PENTEADO, BRAGA, BORDALO, GARCIA, TRIGUEIROS E DOMPIERI

competente para, no exercício do poder de polícia, lavrar o respectivo auto de infração.

(B) É vedada a apreensão, pelo órgão ambiental, de veículo utilizado na prática de infração ambiental, sanção que só é aplicada no âmbito penal e por determinação judicial.

(C) Membro de conselho ou auditor pode ser responsabilizado pela prática de crime ambiental no caso de, tendo tomado conhecimento de conduta criminosa de outrem, não a ter impedido, embora pudesse agir para evitá-la.

(D) Sendo a conduta definida como infração administrativa ambiental e também como crime, o pagamento da multa ao órgão ambiental substitui a multa determinada judicialmente em ação penal ambiental.

A: incorreta, pois compete ao órgão responsável pelo licenciamento ou autorização, lavrar auto de infração ambiental e instaurar processo administrativo para a apuração de infrações à legislação ambiental cometidas pelo empreendimento ou atividade licenciada. O que não impede o exercício pelos entes federativos da atribuição comum de fiscalização, prevalecendo o auto de infração ambiental lavrado por órgão que detenha a atribuição de licenciamento (art. 17, *caput* e § 3º, da Lei 12.651/2012); **B:** incorreta (art. 3º, IV, do Decreto 6.514/2008 e art. 72, IV, da Lei 9.605/1998); **C:** correta (art. 2º, da Lei 9.605/1998); **D:** incorreta, "O pagamento de multa imposta pelos Estados, Municípios, Distrito Federal ou Territórios substitui a multa federal na mesma hipótese de incidência" (art. 76, da Lei 9.605/1998 e art. 12, do Decreto 6.514/2008), e não a multa determinada judicialmente em ação penal conforme disposto na assertiva. FM/FCP

Gabarito "C".

(Procurador Municipal/SP – VUNESP – 2016) A Lei 9.605/98 dispõe sobre as sanções penais e administrativas derivadas de condutas e atividades lesivas ao meio ambiente. Assinale a alternativa que traz uma atenuante à aplicação das penas de crimes ambientais descritos nessa lei.

(A) A comunicação prévia pelo agente do perigo iminente de degradação ambiental.

(B) Ser o agente reincidente nos crimes de natureza ambiental.

(C) Cometer a infração concorrendo para danos na propriedade alheia.

(D) Cometer a ação sem a participação de agentes ambientais.

(E) O alto grau de escolaridade do agente.

A: Correta. Nos termos do art. 14, III, da Lei 9.605/1998). **B:** Incorreta. Ser reincidente nos crimes de natureza ambiental é circunstância que agrava a pena, quando não constitui ou qualifica o crime (art. 15, I, da Lei 9.605/1998). **C:** Incorreta. Cometer a infração concorrendo para danos na propriedade alheia, trata-se de circunstância que agrava a pena, quando não constitui ou qualifica o crime (art. 15, II, "d", da Lei 9.605/1998). **D:** Incorreta. Cometer a ação sem a participação de agentes ambientais, não é conduta que atenua a pena. **E:** Incorreta. O baixo grau de escolaridade que é circunstância que atenua a pena (art. 14, I, da Lei 9.605/1998). FM/FCP

Gabarito "A".

(Procurador – IPSMI/SP – VUNESP – 2016) Sobre as sanções derivadas de condutas e atividades lesivas ao meio ambiente, nos termos da Lei Federal 9.605/98, é correto afirmar que

(A) o diretor de pessoa jurídica que, sabendo da conduta criminosa de outrem, deixar de impedir a sua prática,

quando podia agir para evitá-la, responderá civil, mas não criminalmente.

(B) as pessoas jurídicas serão responsabilizadas administrativa, civil e penalmente, nos casos em que a infração seja cometida por decisão de seu representante legal, no interesse ou benefício de terceiro.

(C) a responsabilidade das pessoas jurídicas exclui a das pessoas físicas, autoras, coautoras ou partícipes do mesmo fato.

(D) poderá ser desconsiderada a pessoa jurídica, sempre que sua personalidade for obstáculo ao ressarcimento de prejuízos causados à qualidade do meio ambiente.

(E) a perícia de constatação do dano ambiental, sempre que possível, fixará o montante do prejuízo causado para efeitos de prestação de fiança, mas não se presta para fixação do cálculo de multa.

A: Incorreta. O diretor de pessoa jurídica que, sabendo da conduta criminosa de outrem, deixar de impedir a sua prática, quando podia agir para evitá-la, responderá civil, criminal e administrativamente, nos termos do art. 225, § 3º, da Constituição Federal. **B:** Incorreta. As pessoas jurídicas serão responsabilizadas penalmente, nos casos em que a infração seja cometida por decisão de seu representante legal, no interesse ou benefício de terceiro (art. 3º, da Lei 9.605/1998). Para que haja a responsabilidade civil há a necessidade da existência de danos ambientais (patrimoniais ou extrapatrimoniais). Já para que exista a responsabilidade administrativa, haverá a necessidade de que a conduta seja tipificada como infração administrativa ambiental. **C:** Incorreta. "A responsabilidade das pessoas jurídicas não exclui a das pessoas físicas, autoras, coautoras ou partícipes do mesmo fato" (art. 3º, parágrafo único, da Lei 9.605/1998). **D:** Correta. Trata-se de transcrição do art. 4º, da Lei 9.605/1998. **E:** incorreta. Nos termos do art. 19, da Lei 9.605/1998: "A perícia de constatação do dano ambiental, sempre que possível, fixará o montante do prejuízo causado para efeitos de prestação de fiança e cálculo de multa". FM/FCP

Gabarito "D".

(Procurador Distrital – 2014 – CESPE) Com referência à responsabilidade penal por infrações ambientais, ao mandado de segurança em matéria ambiental e à função social da propriedade, julgue os itens subsequentes.

(1) Considera-se que a propriedade urbana cumpre plenamente sua função social quando atende às exigências fundamentais de ordenação do espaço territorial previstas no plano diretor da cidade; no que tange à propriedade rural, isso ocorre quando ela é regularmente registrada na Divisão de Cadastro Rural do INCRA e no IBAMA.

(2) A responsabilização das pessoas jurídicas por crimes ambientais, nos casos em que a infração seja cometida por decisão de seu representante legal ou contratual, ou de seu órgão colegiado, no interesse ou benefício da sua entidade, exclui a responsabilidade das pessoas físicas partícipes do mesmo fato.

(3) Na medida em que o conceito de poluidor, em matéria ambiental, abrange toda pessoa responsável por atividade causadora de degradação ambiental, o mandado de segurança na tutela do meio ambiente pode ser impetrado não apenas contra autoridade pública ou agente de pessoa jurídica no exercício de atribuições do poder público, mas também contra qualquer pessoa, física ou jurídica, de direito público ou privado, que cause dano ambiental.

9. DIREITO AMBIENTAL — 413

1: incorreta, pois a segunda parte da afirmativa é falsa, já que o cumprimento da função social da propriedade rural se dá não por uma questão formal como a mencionada (registro no INCRA e no IBAMA), mas quando se atende simultaneamente aos requisitos previstos no art. 186 da CF/1988 ("aproveitamento racional e adequado", "utilização adequada dos recursos naturais disponíveis e preservação do meio ambiente", "observância das disposições que regulam as relações de trabalho" e "exploração que favoreça o bem-estar dos proprietários e dos trabalhadores: **2:** incorreta, pois a responsabilização penal da pessoa jurídica em matéria ambiental não exclui a responsabilidade das pessoas físicas partícipes do mesmo ato (art. 3°, parágrafo único, da Lei 9.605/1998); **3:** incorreta, pois a legitimação passiva para o mandado de segurança está prevista na Constituição Federal, que dispõe que a ação só pode atacar ato de "autoridade pública" ou "pessoa jurídica no exercício de atribuições do Poder Público" (art. 5°, LXIX), o que não inclui pessoas privadas que poluem o meio ambiente, pois o só fato de poluir o meio ambiente não torna essa pessoa, por óbvio, nem autoridade pública, nem agente de pessoa jurídica no exercício de atribuições do Poder Público. Gabarito 1E, 2E, 3E

(Procurador do Município/São José dos Campos-SP – 2012 – VUNESP) Entre as penas restritivas de direitos da pessoa jurídica está(ão), dentre outras:

(A) execução de obras de recuperação de áreas degradadas.

(B) contribuições a entidades ambientais ou culturais públicas.

(C) recolhimento domiciliar.

(D) interdição temporária de estabelecimento, obra ou atividade.

(E) prestação de serviços à comunidade.

Primeiramente, de acordo com o art. 21 da Lei 9.605/98 (Lei dos Crimes Ambientais), as penas aplicáveis às pessoas jurídicas são: I – multa; II – *restritivas de direitos*; e III – *prestação de serviços à comunidade*. Por sua vez, o art. 22, do mesmo diploma legal, informa que são *penas restritivas de direitos* da pessoa jurídica: I – suspensão parcial ou total de atividades; II – interdição temporária de estabelecimento, obra ou atividade; e III – proibição de contratar com o Poder Público, bem como dele obter subsídios, subvenções ou doações. Por fim, o art. 23, também do mesmo diploma normativo, prescreve que a *prestação de serviços à comunidade* pela pessoa jurídica consistirá em: I – custeio de programas e de projetos ambientais; II – execução de obras de recuperação de áreas degradadas; III – manutenção de espaços públicos; e IV – contribuições a entidades ambientais ou culturais públicas. Perceba o candidato que a questão quer a indicação de uma das penas restritivas de direitos, vale dizer, aquelas previstas no rol do precitado art. 22, estando, pois, correta, a alternativa "D". As alternativas "A" e "B" são subespécies de prestação de serviços à comunidade. A alternativa "C", por óbvio, jamais poderia ser imposta a uma pessoa jurídica, tratando-se o recolhimento domiciliar de modalidade de pena restritiva de direitos aplicável, evidentemente, a infratores pessoas físicas (art. 13, Lei 9.605/98). A alternativa "E" (prestação de serviços à comunidade), como visto no art. 21, III, da Lei dos Crimes Ambientais, não se confunde com as penas restritivas de direitos (art. 21, II). Gabarito "D"

(Advogado da União/AGU – CESPE – 2012) Julgue o item seguinte.

(1) É circunstância agravante da pena o fato de o agente ter cometido crime ambiental no interior de espaço territorial especialmente protegido, salvo quando a referida localização constituir ou qualificar o crime.

1: correta (art. 15, II, I, Lei 9.605/98). Ressalte-se que a agravante em tela somente incidirá se o crime não envolver, diretamente, um espaço territorial especialmente protegido, sob pena de caracterizar *bis in idem*. Gabarito "1C"

13. TEMAS COMBINADOS E OUTROS TEMAS

(Procurador – PGE/SP – 2024 – VUNESP) Sobre os instrumentos previstos pela Lei n° 6.938/1981, é correto afirmar:

(A) são exemplos de instrumentos coercitivos ou de comando e controle o licenciamento ambiental, a fiscalização e aplicação de penalidades administrativas aos infratores ambientais e o seguro ambiental.

(B) de acordo com o quanto decidido no bojo da ADI 4757, a prevalência do auto de infração lavrado pelo órgão originalmente competente para o licenciamento ou autorização ambiental não exclui a atuação supletiva de outro ente federado, desde que comprovada omissão ou insuficiência na tutela fiscalizatória.

(C) o instrumento ou termo de instituição da servidão ambiental deve incluir apenas os seguintes itens: memorial descritivo da área e prazo da servidão.

(D) cabe ao Estado mais populoso promover o licenciamento ambiental de empreendimentos e atividades localizados ou desenvolvidos em 2 (dois) ou mais Estados.

(E) o decurso do prazo de licenciamento sem a emissão de licença pelo órgão competente implica licenciamento tácito da atividade ou serviço, interpretando-se o silêncio administrativo como anuência.

A: incorreta (o seguro ambiental não é um instrumento coercitivo e sim um instrumento econômico). **B:** correta (o STF conferiu interpretação conforme à CF ao § 3° do art. 17 da LC 140/2011, esclarecendo que a prevalência do auto de infração lavrado pelo órgão originalmente competente para o licenciamento ou autorização ambiental não exclui a atuação supletiva de outro ente federado, desde que comprovada omissão ou insuficiência na tutela fiscalizatória). **C:** incorreta (cf. art. 9°-A, § 1°, da Lei 6.938/1981, o instrumento ou termo de instituição da servidão ambiental deve incluir, no mínimo, os seguintes itens: memorial descritivo da área, objeto da servidão, direitos e deveres do proprietário ou possuidor, e prazo da servidão). **D:** incorreta (cf. art. 7°, XIV, "e", da LC 140/2011, cabe à *União* promover o licenciamento ambiental de empreendimentos e atividades localizados ou desenvolvidos em 2 ou mais Estados). **E:** incorreta (cf. art. 14, § 3°, da LC 140/2011, o decurso dos prazos de licenciamento, sem a emissão da licença ambiental, não implica emissão tácita nem autoriza a prática de ato que dela dependa ou decorra). RB Gabarito "B"

(Procurador – PGE/SP – 2024 – VUNESP) Apesar do forte protagonismo das discussões sobre mudanças climáticas no cenário brasileiro em 2023, o Brasil e o Estado de São Paulo já contavam com normativas relacionadas à Política sobre Mudança do Clima (Lei Federal n° 12.187/2012 e Lei Estadual n° 13.798/2009). Sobre o tema, considerando as normas internacionais, nacionais e estaduais, bem como a jurisprudência dos Tribunais Superiores, assinale a alternativa correta.

(A) O STF julgou procedente a ADPF 708 fixando a tese de que o Poder Executivo tem o dever constitucional de fazer funcionar e alocar anualmente os recursos do Fundo Clima, para fins de mitigação das mudanças climáticas, estando vedado seu contingenciamento.

(B) A Lei da Política Nacional sobre Mudança do Clima (Lei Federal n° 12.187/2012) conceitua como efeitos adversos da mudança do clima aqueles que possam ser direta ou indiretamente atribuídos à atividade humana que altere a composição da atmosfera mundial e que se some àquela provocada pela variabilidade climática natural observada ao longo de períodos comparáveis.

(C) O rol de medidas a serem fomentadas pelo Poder Público que privilegiem padrões sustentáveis de produção, comércio e consumo, de maneira a reduzir a demanda de insumos, utilizar materiais menos impactantes e gerar menos resíduos, previsto pela Lei Estadual nº 13.798/2009, é taxativo.

(D) Para fins da Lei da Política Nacional sobre Mudança do Clima (Lei Federal nº 12.187/2012), entende-se por mitigação as iniciativas e medidas para reduzir a vulnerabilidade dos sistemas naturais e humanos frente aos efeitos atuais e esperados da mudança do clima.

(E) A Comunicação Estadual, documento oficial do Governo do Estado de São Paulo sobre políticas e medidas abrangentes para a proteção do sistema climático global, será realizada com periodicidade bienal, em conformidade com os métodos aprovados pelo Painel Intergovernamental sobre Mudanças Climáticas (IPCC).

A: correta (O STF proibiu o contingenciamento das receitas do Fundo Clima e ordenou ao governo federal que adote medidas para seu funcionamento e destinação de recursos). **B:** incorreta (cf. art. 2º, II, da lei federal, *efeitos adversos da mudança do clima* são as "mudanças no meio físico ou biota resultantes da mudança do clima que tenham efeitos deletérios significativos sobre a composição, resiliência ou produtividade de ecossistemas naturais e manejados, sobre o funcionamento de sistemas socioeconômicos ou sobre a saúde e o bem-estar humanos"; já a *mudança do clima representa* a "mudança de clima que possa ser direta ou indiretamente atribuída à atividade humana que altere a composição da atmosfera mundial e que se some àquela provocada pela variabilidade climática natural observada ao longo de períodos comparáveis", cf. art. 2º, VIII). **C:** incorreta (o rol das medidas não é taxativo , e sim *exemplificativo*, cf. art. 11 c.c. art. 12 da lei estadual). **D:** incorreta (cf. art. 2º, VII, da lei federal, *mitigação* são as "mudanças e substituições tecnológicas que reduzam o uso de recursos e as emissões por unidade de produção, bem como a implementação de medidas que reduzam as emissões de gases de efeito estufa e aumentem os sumidouros"; já a *adaptação* são as "iniciativas e medidas para reduzir a vulnerabilidade dos sistemas naturais e humanos frente aos efeitos atuais e esperados da mudança do clima", cf. art. 2º, I). **E:** incorreta (a Comunicação Estadual será realizada com periodicidade *quinquenal*, cf. art. 7º, "caput", da lei estadual). RB

Gabarito "A".

(Procurador – PGE/SP – 2024 – VUNESP) Lavrado Auto de Infração Ambiental pela Polícia Militar Ambiental, impondo-se a penalidade de multa ao infrator em razão de supressão de vegetação em área protegida e não tendo sido interpostos recursos administrativos, a Secretaria de Meio Ambiente, Infraestrutura e Logística encaminhou o processo administrativo à Procuradoria Geral do Estado para a adoção das medidas judiciais cabíveis. Considerando a legislação e jurisprudência acerca da responsabilidade administrativa, civil e criminal do poluidor, assinale a alternativa correta.

(A) Constatada pelo Auto de Infração Ambiental lavrado a construção de edificação na área em que a vegetação foi indevidamente suprimida, caberá pedido de demolição na ação judicial a ser ajuizada, uma vez que não se aplica a teoria do fato consumado na seara ambiental.

(B) A pretensão de cobrança de eventual multa cominada em razão da infração ambiental cometida é imprescritível em razão da natureza de direito fundamental que ostenta o direito a um meio ambiente saudável.

(C) Apesar do princípio da reparação integral do dano ambiental, eventual ação a ser ajuizada não pode cumular os pedidos de reparação do dano *in natura*, do dano ambiental intermitente e do dano moral à coletividade.

(D) A aplicação de penalidades administrativas como decorrência da prática de infrações administrativas ambientais pelos poluidores é tarefa dos órgãos ambientais que integram o SISNAMA que, contudo, não detém o poder de polícia ambiental.

(E) O Procurador do Estado que receber o processo administrativo deverá ajuizar ação civil pública visando à reparação de dano ambiental apenas contra o proprietário da área à época da infração.

A: correta (cf. Súmula 613 do STJ: "Não se admite a aplicação da teoria do fato consumado em tema de Direito Ambiental"). **B:** incorreta (a pretensão de eventual multa ambiental aplicada, de natureza administrativa, é *prescritível*, no direito ambiental, somente a pretensão da reparação ambiental, de natureza civil, é imprescritível). **C:** incorreta (cf. Súmula 629 do STJ: "Quanto ao dano ambiental, é admitida a condenação do réu à obrigação de fazer ou à de não fazer cumulada com a de indenizar"; ainda segundo o STJ, essa cumulação abrange a reparação do dano *in natura*, do dano ambiental intermitente e do dano moral à coletividade, cf. REsp 1.940.030/SP). **D:** incorreta (a aplicação de penalidades administrativas como decorrência da prática de infrações administrativas ambientais representa uma das formas da manifestação do exercício – repressivo – do poder de polícia ambiental). **E:** incorreta (cf. Súmula 623 do STJ: As obrigações ambientais possuem natureza *propter rem*, sendo admissível cobrá-las do proprietário ou possuidor atual e/ou dos anteriores, à escolha do credor). RB

Gabarito "A".

(Procurador – PGE/SP – 2024 – VUNESP) Sobre as medidas de compensação ambiental previstas tanto pelo Código Florestal (Lei nº 12.651/2012) como pela Lei do SNUC (Lei nº 9.985/2000), assinale a alternativa correta.

(A) Conforme prevê o § 1º do artigo 36 da Lei do SNUC, que teve sua constitucionalidade confirmada pelo STF na ADI 3378/DF, o montante de recursos a ser destinado pelo empreendedor para compensação ambiental não pode ser inferior a 10% dos custos totais previstos para a implantação do empreendimento, sendo o percentual fixado pelo órgão ambiental licenciador, de acordo com o grau de impacto ambiental causado pelo empreendimento.

(B) A compensação de reserva legal prevista pelo Código Florestal prescinde da inscrição da propriedade no Cadastro Ambiental Rural (CAR) e pode ser feita somente mediante aquisição de Cota de Reserva Ambiental – CRA ou doação ao poder público de área localizada no interior de Unidade de Conservação de domínio público pendente de regularização fundiária.

(C) O proprietário ou possuidor de imóvel rural que detinha, em 22 de julho de 2008, área de Reserva Legal em extensão inferior ao estabelecido no artigo 12, do Código Florestal, poderá regularizar sua situação, desde que realize a adesão ao Programa de Regulação Ambiental (PRA), adotando as seguintes alternativas, isolada ou conjuntamente: recomposição da Reserva

9. DIREITO AMBIENTAL   415

Legal, Regeneração natural na área de Reserva Legal e Compensação.

(D) O STF, quando do julgamento da ADC 42 e das ADIs 4937 e 4901, declarou constitucional o artigo 48, § 2º, do Código Florestal afastando o entendimento de que a compensação por meio de Cota de Reserva Ambiental (CRA) somente pode ser realizada entre áreas com identidade ecológica.

(E) A medida compensatória prevista pela Lei do SNUC para os casos de licenciamento ambiental de empreendimentos de significativo impacto ambiental que obriga o empreendedor a apoiar a implantação e manutenção de unidade de conservação do grupo de proteção integral representa a aplicação do princípio do poluidor-pagador e responsabilização do empreendedor pelo dano ambiental causado.

A: incorreta (o STF, no âmbito da ADI 3378, julgou inconstitucional a expressão "não pode ser inferior a meio por cento dos custos totais previstos para a implantação do empreendimento", contida no § 1º do art. 36 da Lei do SNUC. Isso porque o valor da compensação deve ser fixado proporcionalmente ao impacto ambiental negativo. Portanto, não se mostra legítima para o cálculo da compensação a fixação de percentual sobre os custos do empreendimento). **B:** incorreta (a compensação de reserva legal deve ser precedida pela inscrição da propriedade no CAR, cf. art. 66, § 5º. Além disso, essa compensação pode ser feita de várias formas: aquisição de Cota de Reserva Ambiental; arrendamento de área sob regime de servidão ambiental ou Reserva Legal; doação ao poder público de área localizada em Unidade de Conservação; cadastramento de outra área equivalente e excedente à Reserva Legal). **C:** incorreta (cf. art. 66, o proprietário ou possuidor de imóvel rural que detinha, em 22 de julho de 2008, área de Reserva Legal em extensão inferior ao estabelecido no art. 12, poderá regularizar sua situação, *independentemente da adesão ao PRA*, adotando as seguintes alternativas, isolada ou conjuntamente: recomposição da Reserva Legal, Regeneração natural na área de Reserva Legal e Compensação). **D:** incorreta (o STF, no âmbito da ADC 42 e das ADIs 4937 e 4901, adotou o entendimento de que a compensação por meio de Cota de Reserva Ambiental apenas pode ser realizada entre áreas com identidade ecológica). **E:** correta (cf. STF no âmbito da ADI 3378). RB

Gabarito "E".

(Procurador – AL/PR – 2024 – FGV) A Ação Climática é o décimo terceiro objetivo da lista de Objetivos de Desenvolvimento Sustentável (ODS), contidos na Agenda 2030. Isto significa que medidas urgentes para combater as alterações climáticas e os seus impactos devem ser adotadas até o ano de 2030. No âmbito do estado do Paraná, desde o ano de 2012, a Política Estadual de Mudanças Climáticas foi constituída com o objetivo de formalizar o compromisso do Estado do Paraná em se preparar para os desafios decorrentes das mudanças climáticas.

Sobre esta Política, assinale a afirmativa correta.

(A) O Fundo Estadual do Meio Ambiente (FEMA) e o Fundo Estadual de Recursos Hídricos (FRHI/PR) são instrumentos da Política Estadual de Mudanças Climáticas.

(B) A Comunicação Estadual sobre Mudança do Clima é composta pelo Inventário Estadual de emissões por fontes e setores de emissão e remoção de gases de efeito estufa e pelo Comitê Intersecretarial de Mudanças Climáticas.

(C) A Lei nº 17.133/2012 estabelece que o Plano Estadual sobre Mudança do Clima norteará a elaboração da Política Estadual sobre Mudança do Clima, bem como outros programas, projetos e ações relacionados, direta ou indiretamente, à mudança do clima.

(D) A Política Estadual de Mudanças Climáticas prevê expressamente o mecanismo de perdas e danos para que as regiões do estado que sofram danos humanos e materiais em decorrência das causas adversas do aquecimento global possam ser compensadas ou indenizadas pelos causadores da alteração climática.

(E) O Plano para Ações Emergenciais – PAE com avaliação de vulnerabilidades e necessidades de adaptação aos impactos adversos causados por eventos climáticos extremos deve ser publicado anualmente, conforme determina a Política Estadual de Mudanças Climáticas.

Trata-se de questão que explora legislação do Estado do Paraná (Lei n. 17.133/2012, que institui a Política Estadual de Mudanças Climáticas). **A:** correta (art. 6º, inciso II). **B:** incorreta (o conteúdo da Comunicação Estadual é o seguinte, nos termos do art. 14: Inventário Estadual de emissão e remoção de gases de efeito estufa; Plano para Ações Emergenciais e Planos de Ação Específicos). **C:** incorreta (a *Política* Estadual sobre Mudança do Clima norteará a elaboração do *Plano* Estadual sobre Mudança do Clima, cf. art. 1º, parágrafo único). **D:** incorreta (a Lei n. 17.133/2021 não prevê expressamente o mecanismo de perdas e danos). **E:** incorreta (o Plano para Ações Emergenciais integra o conteúdo da Comunicação Estadual, a qual deverá ser realizada de cinco em cinco anos, cf. art. 14). RB

Gabarito "A".

(Procurador/DF – CESPE – 2022) O Ministério Público do Distrito Federal e Territórios ajuizou ação civil pública ambiental contra empreendedor imobiliário, com o objetivo de compelir o réu a não fazer obras em continuidade às já existentes, na faixa de 30 m, em imóvel situado no entorno do Lago Paranoá, onde não teriam sido devidamente observadas as regras ambientais pertinentes, bem como a demolir as edificações feitas na referida área, com a obrigação de reparar os danos já causados, além de indenização por danos ambientais, com condenação ao pagamento de indenização ao Fundo de Defesa dos Direitos Difusos. O Tribunal de Justiça do Distrito Federal e Territórios (TJDFT), em grau recursal, manteve a sentença de procedência parcial do pedido, no sentido da demolição somente de algumas das edificações, oportunizando ao réu, no entanto, a recuperação do meio ambiente, além de ter mantido a inversão do ônus da prova determinada pelo juízo *a quo* quanto à mensuração da extensão do dano causado, com fulcro no princípio da precaução.

Acerca dessa situação hipotética e de aspectos a ela relacionados, julgue os próximos itens.

(1) São consideradas áreas de preservação permanente, entre outras, as áreas no entorno de lagos e lagoas naturais em faixa com largura mínima de 30 m, em zona urbana.

(2) Se ocorrer supressão de vegetação situada em área de preservação permanente, o proprietário da área, possuidor ou ocupante a qualquer título será obrigado a promover a recomposição da vegetação.

(3) Na situação apresentada, a teoria do fato consumado, aceita pelo STJ, endossa a decisão do TJDFT que permitiu ao réu manter algumas das edificações, oportunizando, no entanto, a recuperação do meio ambiente por meio de mecanismos compensatórios.

(4) Na hipótese em apreço, a decisão do TJDFT de manter a inversão do ônus da prova em ação civil pública que pede indenização por dano ambiental está em harmonia com a posição do STJ sobre o tema.

(5) Segundo o STJ, é vedada a cumulação de pedido de reparação do dano com indenização por danos ambientais, pois isso redundaria em apenar o infrator duas vezes pelo mesmo fato.

1: correto (art. 4º, II, "b", do Código Florestal). **2:** correto (art. 7º, § 1º). **3:** errado (de acordo com a Súmula 613 do STJ: "Não se admite a aplicação da teoria do fato consumado em tema de Direito Ambiental"). **4:** correto (de acordo com a Súmula 618 do STJ: "A inversão do ônus da prova aplica-se às ações de degradação ambiental"). **5:** errado (segundo a Súmula 629 do STJ: "Quanto ao dano ambiental, é admitida a condenação do réu à obrigação de fazer ou à de não fazer cumulada com a de indenizar"). RB
Gabarito 1C, 2C, 3E, 4C, 5E

(Procurador/DF – CESPE – 2022) A respeito do Plano Distrital de Saneamento Básico (PDSB), da proteção da vegetação nativa, dos recursos florestais, da proteção ambiental e da desapropriação, julgue os itens que se seguem.

(1) O objetivo do PDSB, de acordo com a legislação pertinente, é garantir a universalização do acesso aos serviços de saneamento básico com eficiência econômica, observando-se o superávit primário.

(2) Inexiste direito de propriedade do particular sobre as florestas brasileiras, por estas serem bens de interesse comum de todos os habitantes do Brasil.

(3) Consideradas as recomendações técnicas dos órgãos oficiais competentes, é permitida a exploração ecologicamente sustentável nas planícies pantaneiras.

(4) Ainda que se considere a primazia do interesse público no atendimento ao direito ao transporte, é mantida, nas áreas adquiridas ou desapropriadas para este fim, a exigência da reserva legal.

(5) Terras indígenas são aquelas habitadas de forma permanente por grupos indígenas, importantes para suas atividades produtivas, imprescindíveis à preservação dos recursos necessários ao seu bem-estar e necessárias à sua reprodução física e cultural.

1: errado (segundo o art. 2º da Lei 6.454/2019, o PDSB tem como objetivo principal dotar o Distrito Federal de instrumentos e mecanismos que permitam a implantação de ações articuladas, duradouras e eficientes, que possam garantir a universalização do acesso aos serviços de saneamento básico com qualidade, equidade e continuidade). **2:** errado (as florestas brasileiras podem ser de propriedade privada ou pública, já que não existe vedação à propriedade de particular sobre elas; assim, o fato de serem bens de interesse comum de todos os habitantes do Brasil não retira a possibilidade de serem objeto de propriedade privada). **3:** correto (art. 10 do Código Florestal). **4:** errado (não será exigida reserva legal relativa às áreas adquiridas ou desapropriadas com o objetivo de implantação e ampliação de capacidade de rodovias e ferrovias, cf. art. 12 § 8º, do Código Florestal). **5:** correto (art. 231, § 1º, CF). RB
Gabarito 1E, 2E, 3C, 4E, 5C

(Procurador/PA – CESPE – 2022) O saneamento básico exerce papel decisivo para a efetivação do direito ao meio ambiente ecologicamente equilibrado. Acerca do regime jurídico estabelecido para o saneamento básico na Lei n.º 11.445/2007, julgue os itens subsequentes.

I. Os princípios fundamentais dos serviços públicos de saneamento básico incluem a prestação regionalizada, incumbindo-se aos estados a escolha de um dos modelos de prestação regionalizada admitidos pela lei.

II. Entre os modelos de prestação regionalizada, as microrregiões são instituídas pelo estado por lei complementar e compostas de municípios limítrofes, caso em que a titularidade dos serviços públicos de saneamento básico é do estado em conjunto com os municípios que compartilham efetivamente instalações operacionais integrantes das microrregiões.

III. Entre os modelos de prestação regionalizada, as unidades regionais de saneamento básico devem ser instituídas pelo estado mediante lei ordinária, sendo compostas pelo agrupamento de municípios não necessariamente limítrofes.

IV. A União tem preferência para estabelecer blocos de referência para a prestação regionalizada dos serviços públicos de saneamento básico.

V. Os instrumentos de prestação regionalizada dos serviços de saneamento básico atualmente previstos na Lei n.º 11.445/2007 foram considerados legítimos pelo STF, uma vez que se prestam ao aumento da eficácia da prestação desses serviços e à sua universalização, reduzindo as desigualdades sociais e regionais.

Estão certos apenas os itens

(A) II e III.

(B) IV e V.

(C) I, II e IV.

(D) I, II, III e V.

(E) I, III, IV e V.

I: correto (art. 2º, XIV, da Lei 11.445/2007). **II:** correto (art. 3º, VI, "a"). **III:** correto (art. 3º, VI, "b"). **IV:** incorreto (a União estabelecerá, de forma subsidiária aos Estados, blocos de referência para a prestação regionalizada dos serviços públicos de saneamento básico, cf. art. 52, § 3º). **V:** correto (o STF declarou a constitucionalidade do Novo Marco Legal do Saneamento Básico no âmbito das ADIs 6492, 6356, 6583 e 6882). RB
Gabarito "D".

(Procurador/PA – CESPE – 2022) Julgue os itens subsequentes, relativos às políticas nacional e estadual de mudanças climáticas.

I. O Supremo Tribunal Federal decidiu que é dever do Poder Executivo dar pleno funcionamento ao Fundo Nacional sobre Mudança do Clima, instrumento da Política Nacional sobre Mudança do Clima, e alocar anualmente seus recursos com o intuito de mitigar as mudanças climáticas, sendo vedado o contingenciamento de suas receitas.

II. A Comunicação Nacional do Brasil à Convenção-Quadro das Nações Unidas sobre Mudança do Clima, de acordo com os critérios estabelecidos por essa convenção, é uma das diretrizes da Política Nacional sobre Mudança do Clima.

III. De acordo com a Lei estadual n.º 9.048/2020, a Polícia Militar do Estado do Pará integra o Sistema Estadual sobre Mudanças Climáticas e tem, como uma das suas atribuições no âmbito desse sistema, a coordenação e execução de ações de adaptação e medidas emergenciais em situações de eventos climáticos extremos.

IV. De acordo com a Lei estadual n.º 9.048/2020, compete aos fóruns municipais de mudanças climáticas promover a discussão e a difusão, no âmbito local, das questões relacionadas a mudanças climáticas globais, a fim de colher subsídios para formulação de políticas públicas, garantindo-se ampla participação popular.

Estão certos apenas os itens

(A) I e IV.

(B) II e IV.

(C) II e III.

(D) I, II e III.

(E) I, III e IV.

I: correto (cf. julgamento do STF na ADPF n. 708). II: incorreto (o art. 5º da Lei da Política Nacional de Mudanças do Clima prevê as respectivas *diretrizes*; já o art. 6º dispões sobre os *instrumentos*, entre os quais está a Comunicação Nacional do Brasil à Convenção-Quadro das Nações Unidas sobre Mudança do Clima, de acordo com os critérios estabelecidos por essa convenção). III: incorreto (o art. 7º da Lei estadual 9.048/2020 prevê os órgãos que integram o Sistema Estadual sobre Mudanças Climáticas, no âmbito do qual *não* se encontra a Polícia Militar do Estado do Pará). IV: correto (art. 19, II, da Lei estadual 9.048/2020). RB

Gabarito "A".

Rafaela capturou, para sua criação doméstica de pássaros, duas jandaias amarelas, espécie que consta na lista federal de fauna ameaçada de extinção. João, fiscal do órgão ambiental competente, assistiu à captura dos animais, mas, por amizade a Rafaela, omitiu-se. Tempo depois, Rafaela, residente em Boa Vista – RR, decidiu pedir autorização para a guarda dos pássaros à Secretaria de Serviços Públicos e Meio Ambiente do Município de Boa Vista. No momento da solicitação, ela relatou ter tido a permissão de João para levar para casa as duas aves.

(Procurador do Município – Boa Vista/RR – 2019 – CESPE/CEBRASPE) Acerca dessa situação hipotética, julgue os itens a seguir à luz da lei que regulamenta crimes ambientais, do Decreto 6.514/2008 e do entendimento dos tribunais superiores.

(1) Em razão da captura das duas jandaias amarelas, Rafaela responderá por crime contra a fauna e poderá cumprir pena de detenção.

(2) Por se tratar de hipótese de guarda doméstica de espécie silvestre, o juiz poderá, considerando as circunstâncias, deixar de aplicar a pena em desfavor de Rafaela.

(3) De acordo com o referido decreto, Rafaela responderá por infração administrativa contra a fauna e deverá ser condenada ao pagamento de multa com valor a ser fixado em dobro por ter capturado duas jandaias amarelas.

(4) O Ministério Público poderá propor ação civil pública em desfavor de Rafaela e do município de Boa Vista, ante a omissão da Secretaria de Serviços Públicos e Meio Ambiente, que não atuou para evitar o dano, apesar da ciência da conduta de Rafaela.

(5) João, o fiscal que teve conhecimento da captura irregular dos pássaros, mas não impediu a conduta, responderá solidariamente com Rafaela.

(6) O município de Boa Vista não tem competência para fiscalizar a captura das duas jandaias amarelas, pois as espécies constam na lista federal de fauna ameaçada

de extinção, devendo, então, ser protegidas pelo IBAMA, que poderia oferecer a denúncia criminal em desfavor de Rafaela.

O enunciado **1** está certo, pois constitui crime apanhar espécies da fauna silvestre, sem a devida permissão, licença ou autorização do Poder Público (art. 29 da Lei 9.605/98, que constitui a lei dos crimes ambientais). A pena é de detenção, de seis meses a um ano, além de multa. O enunciado **2** está errado, pois se trata de espécie ameaçada de extinção. E, conforme o art. 29, § 2º, da Lei 9.605/98, no caso de guarda doméstica de espécie silvestre não considerada ameaçada de extinção, pode o juiz, considerando as circunstâncias, deixar de aplicar a pena. O enunciado **3** está errado. Apanhar espécies da fauna silvestre constitui infração administrativa passível de multa, por indivíduo de espécie envolvida (art. 24 do Decreto 6.514/98). Observe-se que o art. 24, § 1º, preconiza que as multas serão aplicadas em dobro se a infração for praticada com finalidade de obter vantagem pecuniária. O enunciado **4** está certo, pois o Ministério Público pode ajuizar ação civil pública em face dos responsáveis. Considerando que João, fiscal da Secretaria de Serviços Públicos e Meio Ambiente do Município de Boa Vista, omitiu-se em seu dever de atuar, o Município de Boa Vista pode ser inserido no polo passivo. Enunciado **5** certo. De fato, a autoridade ambiental que tiver conhecimento de infração ambiental é obrigada a promover a sua apuração imediata, sob pena de corresponsabilidade (art. 70, § 3º, Lei 9.605/98). Enunciado **6** errado. Em primeiro lugar, o Município de Boa Vista tem competência para fiscalizar a situação descrita, pois o exercício do poder de polícia repressivo na área ambiental é atribuição comum das entidades federativas. Em segundo lugar, o IBAMA não pode oferecer denúncia criminal em desfavor de Rafaela, pois nas infrações penais ambientais a ação penal é pública incondicionada (art. 26 da Lei 9.605/98). RB

Gabarito 1C, 2E, 3E, 4C, 5C, 6E

(Procurador do Município – Valinhos/SP – 2019 – VUNESP) Assinale a alternativa que traz o conteúdo correto de uma das Súmulas do STJ que tratam sobre Direitos Metaindividuais.

(A) É admitida a aplicação da teoria do fato consumado em tema de Direito Ambiental.

(B) A inversão do ônus da prova não se aplica às ações de degradação ambiental.

(C) As obrigações ambientais possuem natureza *propter rem*, sendo admissível cobrá-las do proprietário ou possuidor atual e/ou dos anteriores, à escolha do credor.

(D) Quanto ao dano ambiental, não é admitida a condenação do réu à obrigação de fazer ou à de não fazer cumulada com a de indenizar, devendo ser requerida em ações separadas.

(E) O Ministério Público tem legitimidade ativa para atuar na defesa de direitos difusos e coletivos, exceto aos individuais homogêneos dos consumidores, ainda que decorrentes da prestação de serviço público.

Alternativa **A** incorreta (Súmula 613 do STJ: "Não se admite a aplicação da teoria do fato consumado em tema de Direito Ambiental"). Alternativa **B** incorreta (Súmula 618 do STJ: "A inversão do ônus da prova aplica-se às ações de degradação ambiental"). Alternativa **C** correta (Súmula 623 do STJ). Alternativa **D** incorreta (Súmula 629 do STJ: "Quanto ao dano ambiental, é admitida a condenação do réu à obrigação de fazer ou à de não fazer cumulada com a de indenizar."). Alternativa **E** incorreta (Súmula 601 do STJ: "O Ministério Público tem legitimidade ativa para atuar na defesa de direitos difusos, coletivos e individuais homogêneos dos consumidores, ainda que decorrentes da prestação de serviço público"). RB

Gabarito "C".

(Procurador do Estado/TO – 2018 – FCC) O proprietário de um imóvel onde foi edificado um galpão comercial de grandes dimensões precisa otimizar as receitas decorrentes da exploração desse bem. Uma das alternativas que lhe foram apresentadas foi a construção de um espaço para a realização de feiras e eventos, atraindo, assim, mais interessados em utilizar também o galpão comercial. Considerando que não há área livre de terreno suficiente para a edificação do espaço pretendido, o proprietário

(A) poderá transferir o direito de construir de seu terreno para que o adquirente o exerça em outro imóvel, considerando a impossibilidade de aproveitamento do imóvel para a finalidade pretendida.

(B) poderá edificar a construção no espaço aéreo do galpão comercial, desde que tecnicamente possível e que seja o responsável direto pela exploração, vedada a cessão a terceiros.

(C) poderá conceder onerosamente o direito de superfície de seu imóvel, sendo permitido ao superficiário construir e explorar o espaço de eventos no espaço aéreo do galpão, revertendo ao dono do terreno as acessões e benfeitorias ao fim do contrato.

(D) deverá providenciar projeto de reforma do galpão comercial, para fins de ampliar a dimensão de área construída e então viabilizar a destinação das acessões para o segmento de feiras e eventos.

(E) deverá outorgar a terceiros o direito de construir em seu terreno, de forma que não seja responsável pelos investimentos necessários para implantação do projeto, remanescendo com o direito de retomar o domínio pleno do imóvel quando da extinção do contrato.

A fim de auferir mais renda, o proprietário de um imóvel sobre o qual foi edificado um galpão, pretende construir um espaço para a realização de feiras e eventos. Além disso, não há área livre de terreno suficiente para a edificação do espaço pretendido. Diante disso, poderá o interessado valer-se do direito de superfície, que representa o direito real que envolve a construção em solo alheio. Trata-se de instrumento previsto no Estatuto da Cidade (art. 21) e no Código Civil (art. 1.369). Convém observar que a alternativa D está incorreta, já que a hipótese descrita representa uma faculdade, e não uma obrigação (como sugere o verbo "deverá"). **RB**

Gabarito "C".

(Procurador do Estado/TO – 2018 – FCC) No bojo de um projeto de loteamento, o Município entendeu por adequada a criação de uma unidade de conservação sobre o perímetro destinado a área verde. Para tanto, a Municipalidade

(A) precisa adquirir o domínio da área mediante desapropriação ou recebimento de doação, sendo prescindível observar o procedimento para instituir uma unidade de conservação, considerando que inexiste risco de imposição de indenização.

(B) depende da doação dos lotes destinados a áreas verdes no projeto de loteamento para após providenciar a edição do decreto de criação da unidade de conservação.

(C) pode editar o decreto de criação da unidade de conservação antes do registro do loteamento às margens da matrícula, tendo em vista que o projeto não poderá ser alterado após a aprovação da Municipalidade.

(D) deverá observar o procedimento legal para criação de unidades de conservação após o recebimento do domínio da área, este que dispensa ato ou negócio jurídico de transferência, decorrendo diretamente da lei.

(E) pode optar por instituir a unidade de conservação no perímetro coincidente com a área verde assim destinada quando do registro do loteamento, prescindindo de estudos técnicos e consulta pública por se tratar de área pública.

O regime das unidades de conservação (UC) está previsto na Lei 9.985/2000, que disciplina, entre outros aspectos, o procedimento legal para a sua criação. Nesse sentido, a instituição de uma UC é realizada por ato do Poder Público, antecedida, como regra, a estudos técnicos e consulta pública (alternativa E errada). Como se trata de uma UC integrante de área verde de loteamento, necessário o conhecimento da Lei 6.766/79 (Lei do Parcelamento do Solo Urbano). De acordo com esse diploma, os espaços públicos (no âmbito dos quais se incluem as áreas verdes) são automaticamente transferidos ao Poder Público municipal com o registro do loteamento, independentemente de ato ou negócio jurídico, tampouco de desapropriação (por conta disto é que as alternativas A, B e C estão erradas). Dessa forma, correta a alternativa D. **RB**

Gabarito "D".

(Procurador do Estado/AC – 2017 – FMP) A respeito da tríplice responsabilização do poluidor, considere as assertivas abaixo.

I. O órgão ambiental estadual pode impor sanção administrativa com base no tipo penal previsto na Lei 9.605/98.

II. Tanto para imputação penal quanto para imposição da sanção decorrente de infração administrativa é imprescindível a prova do dolo do poluidor.

III. A pessoa jurídica de direito público não pode ser alvo de aplicação de sanção administrativa derivada da prática de infração ambiental.

IV. A persecução penal ambiental depende do prévio exaurimento do procedimento administrativo sancionador com origem na mesma conduta lesiva ao meio ambiente.

V. No caso de apreensão de animais objeto de crime ou infração administrativa ambiental, serão eles imediatamente libertados em seu habitat.

Das assertivas acima,

(A) todas estão corretas.

(B) nenhuma está correta.

(C) apenas a III está correta.

(D) apenas a V está correta.

(E) apenas a IV e a V estão corretas.

Assertiva I errada (cf. jurisprudência do STJ, é defeso ao órgão ambiental impor penalidade administrativa decorrente de ato tipificado como crime ou contravenção). Assertiva II errada (é possível a caracterização de infrações penais e administrativas na modalidade culposa, motivo pelo qual não é imprescindível a prova do dolo do poluidor). Assertiva III errada (considera-se poluidor, para fins de responsabilização, a pessoa física ou jurídica, de direito público ou privado, responsável, direta ou indiretamente, por atividade causadora de degradação ambiental, cf. art. 3º, IV, da Lei 6.938/81). Assertiva IV errada (as instâncias de responsabilidade ambiental são autônomas e independentes, razão pela qual a persecução penal independe do prévio exaurimento do procedimento administrativo sancionador). Assertiva V errada (os

9. DIREITO AMBIENTAL   419

animais serão prioritariamente libertados em seu habitat ou, sendo tal medida inviável ou não recomendável por questões sanitárias, entregues a jardins zoológicos, fundações ou entidades assemelhadas, cf. art. 25, §1º, da Lei 9.605/98). RB

Gabarito "B".

(Procurador do Estado/AC – 2017 – FMP) Avalie as afirmações abaixo.

I. O ente público que efetuou o tombamento com base no Decreto-lei 25/37 tem preferência na aquisição do imóvel tombado em igualdade de condições.

II. As reservas extrativistas, embora não sejam consideradas unidades de conservação, são espécies do gênero espaços territoriais protegidos.

III. Na Convenção da ONU sobre mudanças climáticas, o princípio das responsabilidades comuns, porém diferenciadas, afirma que as Partes devem proteger o sistema climático em benefício das gerações presentes e futuras com base na equidade e em conformidade com suas respectivas capacidades.

IV. Proteger o meio ambiente e combater a poluição em qualquer de suas formas é competência comum da União, dos estados, e do Distrito Federal, cabendo ao município o exercício do poder de polícia restrito às atividades de impacto local.

V. Denomina-se de supletiva, a ação do ente da Federação que visa a auxiliar no desempenho das atribuições decorrentes das competências comuns, quando solicitado pelo ente federativo originariamente detentor das atribuições definidas na Lei Complementar 140/11.

Das afirmações acima, é correto dizer que

(A) todas estão incorretas.

(B) estão incorretas somente as afirmações IV e V.

(C) todas estão corretas.

(D) estão corretas as afirmações I e III.

(E) estão incorretas as afirmações I, II, IV e V.

Enunciado **I** incorreto: não mais incide sobre bem objeto de tombamento o direito de preferência em favor do Poder Público. O dispositivo previa esse direito (art. 22 do Decreto-lei 25/37) foi revogado pelo Código de Processo Civil de 2015. Enunciado **II** incorreto: as reservas extrativistas são uma categoria de unidades de conservação, disciplinadas no art. 18 da Lei 9.985/00). Enunciado **III** correto: o princípio das responsabilidades comuns, porém diferenciadas, incide no âmbito do direito internacional. Enunciado **IV** incorreto: a competência para a tutela ambiental é, de fato, comum das entidades federativas. No entanto, a atuação do Município, no exercício material dessa proteção, não se restringe às atividades de impacto local, porquanto pode fiscalizar e sancionar qualquer atividade que implique poluição. Enunciado **V** incorreto: atuação supletiva representa aquela que se substitui ao ente federativo originariamente detentor das atribuições. É a atuação subsidiária que visa a auxiliar no desempenho das atribuições decorrentes das competências comuns, quando solicitado pelo ente federativo originariamente detentor das respectivas atribuições. RB

Gabarito "E".

(Procurador do Estado/AC – 2017 – FMP) A respeito da tutela dos recursos hídricos, analise as afirmações abaixo.

I. Nas ações de desapropriação, segundo posição majoritária no Superior Tribunal de Justiça, não há direito à indenização da área de margem de rio considerada terreno reservado.

II. Conquanto as águas subterrâneas sejam consideradas bens da União, os Municípios detêm competência

para fiscalizar e coibir abertura de poços artesianos e para gestão de recursos hídricos.

III. De acordo com a Política Nacional de Recursos Hídricos, a bacia hidrográfica é a unidade de planejamento de gestão.

IV. O seguro ambiental e a cobrança pelo uso da água são instrumentos econômicos integrantes da Política Nacional de Recursos Hídricos.

V. Independe de outorga, de acordo com o regulamento, o uso de recursos hídricos para a satisfação das necessidades de pequenos núcleos habitacionais assentados no meio rural.

Das afirmações acima é correto dizer que

(A) todas estão corretas.

(B) somente as assertivas II e III estão corretas.

(C) estão corretas as assertivas IV e V.

(D) estão corretas as assertivas I, III e V.

(E) estão corretas as assertivas III e IV.

Enunciado **I** correto: as margens dos rios navegáveis (terrenos reservados) são de domínio público, insuscetíveis de expropriação e, por isso mesmo, excluídas da indenização, cf. jurisprudência do STJ. Enunciado **II** incorreto: as águas subterrâneas são consideradas bens dos Estados (cf. art. 26, I, CF). Observe-se que os Municípios detêm competência para fiscalizar e coibir abertura de poços artesianos e para gestão de recursos hídricos. Enunciado **III** correto (art. 1º, V, da Lei 9.433/97). Enunciado **IV** incorreto (inexiste previsão na Lei 9.433/97 de que o seguro ambiental e a cobrança pelo uso da água são instrumentos econômicos da PNRH). Enunciado **V** correto (cf. art. 12, §1º, I, da Lei 9.433/97). RB

Gabarito "D".

(Procurador do Estado/AC – 2017 – FMP) Em relação à tutela do meio ambiente, avalie as seguintes assertivas.

I. A possibilidade da desconsideração da pessoa jurídica que comete crime ambiental para o fim de executar a pena de multa excepciona o princípio da autonomia patrimonial.

II. Compete ao órgão ambiental federal expedir licença de operação para exploração sob o regime de manejo florestal sustentável comarca situada no raio de 10Km no entorno de área indígena.

III. A liberdade para o exercício de qualquer atividade econômica lícita, assegurada no art. 170, *caput*, da Carta Magna, encontra limites na defesa do meio ambiente, devendo o Estado, como agente normativo e regulador, exercer, na forma da lei, a sua função fiscalizadora, para assegurar, para as presentes e futuras gerações, o direito ao meio ambiente sadio e ecologicamente equilibrado.

IV. Aquele que explorar recursos minerais fica obrigado a recuperar o meio ambiente degradado, de acordo com solução técnica exigida pelo órgão público competente, na forma da lei, e desde que sua ação seja penalmente tipificada como crime ambiental.

V. No Estado do Acre, são indisponíveis as terras devolutas ou arrecadadas pelo Estado por ações discriminatórias necessárias à proteção dos ecossistemas naturais.

Quais estão corretas?

(A) Nenhuma está correta.

(B) Apenas a III e a V.

(C) Apenas a II, a III e a IV.

(D) apenas a I e a V.

(E) Todas estão corretas.

Enunciado I incorreto: cf. art. 4º da Lei 9.605/98, poderá ser desconsiderada a pessoa jurídica sempre que sua personalidade for obstáculo ao ressarcimento de prejuízos ambientais causados. Assim, referida desconsideração não assume relação com a execução da pena de multa, mas com o ressarcimento. Enunciado II incorreto: cf. LC 140/2011, a União detém competência para licenciar empreendimento ou atividades localizados ou desenvolvidos em terras indígenas (art. 7º, XIV, "c"). Enunciado III correto (art. 170, VI c/c. art. 225, "caput", da CF). Enunciado IV incorreto: cf. art. 225, §2º, da CF, aquele que explorar recursos minerais fica obrigado a recuperar o meio ambiente degradado, de acordo com solução técnica exigida pelo órgão público competente, na forma da lei. Inexiste a condição de que a ação seja penalmente tipificada como crime ambiental. Enunciado V correto: cf. art. 225, §5º, são indisponíveis as terras devolutas ou arrecadadas pelos Estados, por ações discriminatórias, necessárias à proteção dos ecossistemas naturais. **RB**

Gabarito "B".

(Procurador do Estado/AC – 2017 – FMP) Assinale a alternativa INCORRETA.

(A) São princípios atinentes à política florestal do Estado do Acre a proteção ao patrimônio natural e à biodiversidade, observada a participação do IBAMA e do Instituto Chico Mendes cm todas as decisões.

(B) O mecanismo legal através do qual uma determinada área de floresta é destinada pelo Governo do Estado do Acre a ser explorada pela iniciativa privada denomina-se concessão florestal.

(C) São atribuições do Conselho Florestal Estadual do Estado do Acre, dentre outras, aprovar e revisar periodicamente a Política Florestal e Extrativista Estadual e aprovar a criação de novas unidades de conservação.

(D) De acordo com a política nacional da biodiversidade, a natureza é provida de valor intrínseco, merecendo valoração econômica não somente em decorrência de sua utilidade econômica.

(E) Um dos motivos do período de defeso, de acordo com a Lei Federal que dispõe sobre a Política Nacional de Desenvolvimento Sustentável da Aquicultura e da Pesca, é a ocorrência de graves acidentes ambientais.

A Lei estadual 1.426/01 dispõe sobre a preservação e conservação das florestas do Estado do Acre. Entre os seus princípios encontra-se a proteção ao patrimônio natural do Estado e da biodiversidade (art. 3º, I). Não existe a obrigação de participação do IBAMA e do Instituto Chico Mendes em todas as decisões, mesmo porque se tratam de entes públicos federais e não estaduais. Nesse sentido, a alternativa A contém afirmação incorreta. As demais alternativas veiculam informações corretas. **RB**

Gabarito "A".

(Procurador do Município/Manaus – 2018 – CESPE) Julgue os próximos itens, relativos a recursos hídricos e florestais.

(1) Valores arrecadados com a cobrança pelo uso de recursos hídricos podem ser aplicados em bacia hidrográfica distinta daquela em que forem gerados tais valores.

(2) É vedado qualquer tipo de queima de vegetação no interior de unidades de conservação.

(3) Os serviços florestais são considerados como um tipo de produto florestal.

1: Correto, pois de acordo com a Lei 9.433/1997, art. 22, os valores arrecadados com a cobrança pelo uso de recursos hídricos serão aplicados prioritariamente (e não exclusivamente) na bacia hidrográfica em que foram gerados. **2:** Errado, pois de acordo com a Lei 12.651/2012, art. 38, II, é proibido o uso de fogo na vegetação, exceto, dentre outras, na situação de emprego da queima controlada em Unidades de Conservação, em conformidade com o respectivo plano de manejo e mediante prévia aprovação do órgão gestor da Unidade de Conservação, visando ao manejo conservacionista da vegetação nativa, cujas características ecológicas estejam associadas evolutivamente à ocorrência do fogo. **3:** Errado, pois de acordo com a Lei 11.284/2006, art. 3º, IV, consideram-se serviços florestais: turismo e outras ações ou benefícios decorrentes do manejo e conservação da floresta, não caracterizados como produtos florestais. **FM/LF**

Gabarito 1C, 2E, 3E

(Procurador do Estado/SP – 2018 –VUNESP) O Estado de São Paulo criou um Parque Estadual por meio de um Decreto-lei, antes da promulgação da Constituição Federal de 1988. Referido Parque possuía todos os atributos desta categoria de Unidade de Conservação previstos na Lei nº 9.985/2000 (lei que instituiu o Sistema Nacional de Unidades de Conservação). O Decreto-lei veio a ser revogado por lei estadual, em 2006, que se limitava a revogar diversos e antigos Decretos-leis paulistas, sendo que tal medida não constou do Plano de Manejo do Parque, não houve consulta pública e tampouco oitiva do Conselho do Parque e do Conselho Estadual do Meio Ambiente (CONSEMA). Diante disso, é correto afirmar que o Parque Estadual

(A) não pode ser considerado desafetado, pois a lei revogadora não é específica, além de não ter tal medida constado do Plano de Manejo, não ter havido consulta pública e tampouco oitiva do Conselho do Parque e do Conselho Estadual do Meio Ambiente (CONSEMA).

(B) não pode ser considerado desafetado, apenas porque a lei revogadora não é específica e porque inexistiu manifestação prévia do CONSEMA, independentemente do cumprimento de outros requisitos.

(C) não pode ser considerado desafetado, apenas porque a lei revogadora não é específica, independentemente do cumprimento de outros requisitos.

(D) pode ser considerado desafetado, pois criado antes da Lei nº 9.985/2000, não incidindo o respectivo regime jurídico protetivo.

(E) pode ser considerado desafetado, pois o ato foi concretizado por lei, independentemente do cumprimento de outros requisitos.

Nos termos do Decreto-lei 60.302/2014, do Estado de São Paulo, art. 13, I e II, "A desafetação de unidade de conservação somente poderá ser feita mediante lei específica, observado, ainda, que: I – a respectiva unidade tenha Plano de Manejo aprovado que recomende tal medida; e, II – haja consulta pública e oitiva do respectivo conselho e do CONSEMA. Desta forma, o parque não pode ser considerado desafetado, pois a lei revogadora não é específica, além de não ter tal medida constado do Plano de Manejo, não ter havido consulta pública e tampouco oitiva do Conselho do Parque e do Conselho Estadual do Meio Ambiente (CONSEMA)". **FM/FC**

Gabarito "A".

(Procurador do Estado/SP – 2018 –VUNESP) A Constituição estadual previu, de forma expressa, a criação por lei de um sistema de administração da qualidade ambiental, o que foi atendido pela Lei Estadual nº 9.509/1997. Sobre os órgãos e entidades integrantes do Sistema Estadual de Administração da Qualidade Ambiental, Proteção, Controle e Desenvolvimento do Meio Ambiente e Uso Adequado dos Recursos Naturais – SEAQUA, é possível afirmar corretamente:

(A) a Fundação para a Conservação e a Produção Florestal do Estado de São Paulo (Fundação Florestal) não é órgão integrante do SEAQUA, sendo apenas órgão central do Sistema Estadual de Florestas – SIEFLOR.

(B) o Conselho Estadual do Meio Ambiente – CONSEMA, criado contemporaneamente ao SEAQUA, é órgão consultivo, normativo e recursal do sistema ambiental paulista, tendo composição paritária entre órgãos e entidades governamentais e não governamentais do Estado, sendo seu presidente indicado pelo Governador dentre os representantes das entidades governamentais.

(C) a CETESB – Companhia Ambiental do Estado de São Paulo, sociedade por ações, tem como atribuição proceder ao licenciamento ambiental, sendo qualificada como órgão executor do SEAQUA.

(D) embora a Polícia Militar, mediante suas unidades especializadas, esteja incumbida da prevenção e repressão das infrações contra o meio ambiente, não integra o sistema de proteção e desenvolvimento do meio ambiente, vinculando-se apenas à estrutura da segurança pública.

(E) o Conselho Estadual do Meio Ambiente – CONSEMA é órgão colegiado, consultivo e central do SEAQUA, não possuindo atribuições normativas, enquanto a Secretaria de Estado do Meio Ambiente é órgão superior e normativo do mesmo sistema.

A: incorreta, nos termos do art. 3º, § 1º, item 1, "a", do Decreto do Estado de São Paulo 57.933/2012; **B:** incorreta, nos termos do art. 4º, *caput*, da Lei do Estado de São Paulo n. 13.507/09: "O CONSEMA será presidido pelo Secretário do Meio Ambiente ou por seu substituto legal"; **C:** correta, nos termos do art. 129, II, do Decreto do Estado de São Paulo 57.933/2012; **D:** incorreta, já que a Polícia Militar de São Paulo é órgão executor do SEAQUA (art. 2º, "c", Decreto 57.933/2012); **E:** incorreta, conforme preceitua o art. 106, do Decreto do Estado de São Paulo 57.933/2012. **FM/FC**

Gabarito "C".

(Procurador do Estado/SP – 2018 – VUNESP) Uma empresa privada, localizada no Estado de São Paulo, contratou outra empresa privada especializada para o transporte e a destinação adequada de resíduos sólidos tóxicos, decorrentes de processos produtivos da atividade industrial da primeira, que apresentavam significativo risco ao meio ambiente e assim foram qualificados em norma técnica. O transporte ocorreria dentro do Estado de São Paulo.

Tendo em vista essa situação, considere as seguintes afirmações, assinalando a correta.

(A) Em eventual acidente que acarrete dano ao meio ambiente, ocorrido durante o transporte, cuja culpa seja do transportador, estando ele regular perante os órgãos ambientais, o gerador sempre será isento de responsabilidade.

(B) Compete ao Município de origem da carga exercer o controle ambiental do transporte deste material, estando dispensada tal atividade de licenciamento ambiental.

(C) Mesmo não integrando diretamente a relação, em caso de dano, cabe ao Poder Público atuar para minimizá-lo ou cessá-lo, solidariamente aos causadores, logo que tome conhecimento do evento.

(D) A inscrição do transportador do resíduo no Cadastro Nacional de Operadores de Resíduos Perigosos é obrigatória, dispensada a inscrição do gerador.

(E) Considerando a natureza do resíduo sólido, o órgão licenciador pode exigir a contratação de seguro de responsabilidade civil por danos causados ao meio ambiente ou à saúde pública para as empresas que operem com estes resíduos, observadas as regras sobre cobertura e os limites máximos de contratação fixados em regulamento.

A: incorreta. A responsabilidade civil por danos ambientais é objetiva e fundamentada na teoria do risco integral (art. 14, § 1º, da Lei 6.938/1981), desta forma prescinde do elemento culpa para restar caracterizada, bastando que a conduta (lícita ou ilícita) do agente cause danos à vítima; **B:** incorreta, nos termos do art. 8º, XXI, da Lei Complementar 140/2011: "São ações administrativas dos Estados: XXI – exercer o controle ambiental do transporte fluvial e terrestre de produtos perigosos [...]"; **C:** incorreta, a teor do art. 29, da Lei 12.305/2010: "Cabe ao poder público atuar, subsidiariamente, com vistas a minimizar ou cessar o dano, logo que tome conhecimento de evento lesivo ao meio ambiente ou à saúde pública relacionado ao gerenciamento de resíduos sólidos"; **D:** incorreta. A inscrição no Cadastro Nacional de Operadores de Resíduos Perigosos é obrigatória, para qualquer pessoa jurídica que opere com resíduos perigosos, em qualquer fase do seu gerenciamento (art. 38, da Lei 12.305/2010); **E:** correta. Nesse sentido dispõe o art. 40, da Lei 12.305/2010: "No licenciamento ambiental de empreendimentos ou atividades que operem com resíduos perigosos, o órgão licenciador do Sisnama pode exigir a contratação de seguro de responsabilidade civil por danos causados ao meio ambiente ou à saúde pública, observadas as regras sobre cobertura e os limites máximos de contratação fixados em regulamento". **FM/FC**

Gabarito "E".

(Procurador do Município – Prefeitura Fortaleza/CE – CESPE – 2017) A respeito da Política Nacional de Meio Ambiente, dos recursos hídricos e florestais e dos espaços territoriais especialmente protegidos, julgue os itens a seguir.

(1) Conforme o Código Florestal, todo proprietário de imóvel rural deve, a título de reserva legal, manter área com cobertura de vegetação nativa, a qual só poderá ser explorada economicamente em caso de manejo sustentável.

(2) Nos parques nacionais, que são unidades de proteção integral, é permitida a realização de atividades educacionais e de recreação bem como o turismo ecológico.

(3) Conforme o disposto na Política Nacional do Meio Ambiente, poluição consiste na degradação da qualidade ambiental resultante de atividade que crie, ainda que indiretamente, condição desfavorável ao desenvolvimento de atividades econômicas.

(4) Compete privativamente ao Conselho Nacional do Meio Ambiente estabelecer normas e padrões nacionais de controle da poluição ocasionada por veículos automotores.

(5) De acordo com a Lei 9.433/1997, a unidade territorial para a implementação da Política Nacional de Recursos Hídricos é a bacia hidrográfica, cuja gestão é centralizada e de responsabilidade dos entes da Federação por ela abrangidos.

1: Correta. Nos termos do art. 17, § 1º, da Lei 12.651/2012: "Art. 17. A Reserva Legal deve ser conservada com cobertura vegetal nativa pelo proprietário do imóvel rural, possuidor ou ocupante a qualquer título, pessoa física ou jurídica, de direito público ou privado. § 1º. Admite-se a exploração econômica da Reserva Legal mediante manejo sustentável, previamente aprovado pelo órgão competente do Sisnama, de acordo com as modalidades previstas no art. 20". **2:** Correta. Nesse sentido, dispõe o art. 11, da Lei 9.985/2000: "O Parque Nacional tem como objetivo básico a preservação de ecossistemas naturais de grande relevância ecológica e beleza cênica, possibilitando a realização de pesquisas científicas e o desenvolvimento de atividades de educação e interpretação ambiental, de recreação em contato com a natureza e de turismo ecológico". **3:** Correta. A teor do art. 3º, III, "b", da Lei 6.938/1981: "Art. 3º Para fins previstos nesta Lei, entende-se por: [...] II – poluição, a degradação da qualidade ambiental resultante de atividades que direta ou indiretamente: [...] b) criem condições adversas as atividades sociais e econômicas". **4:** Correta. Neste contexto é a norma do art. 8º, VI, da Lei 6.938/1981: "Art. 8º Compete ao Conama: [...] VI – estabelecer, privativamente, normas e padrões nacionais de controle da poluição por veículos automotores, aeronaves e embarcações, mediante audiência dos Ministérios competentes". **5:** Errada. Nos termos do art. 1º, V, da Lei 9.433/1997: "V – a bacia hidrográfica é a unidade territorial para implementação da Política Nacional de Recursos Hídricos e atuação do Sistema Nacional de Gerenciamento de Recursos Hídricos". Contudo, "a gestão dos recursos hídricos deve ser descentralizada e contar com a participação do Poder Público, dos usuários e das comunidades" (art. 1º, VI, da Lei 9.433/1997). **FM/FCP**

Gabarito 1C, 2C, 3C, 4C, 5E

(Procurador do Município – Prefeitura Fortaleza/CE – CESPE – 2017) A respeito de política urbana, responsabilidade e licenciamento ambiental, julgue os itens subsecutivos.

(1) Situação hipotética: Rafael resolveu entregar, espontaneamente, ao órgão ambiental competente uma ave migratória nativa da floresta amazônica que possuía em casa sem a devida anuência da autoridade competente. Assertiva: Nessa situação, Rafael está sujeito ao pagamento de multa, e seu ato será considerado atenuante na aplicação da penalidade.

(2) Cortar madeira de lei para transformá-la em carvão constitui crime tipificado na legislação brasileira; caso o referido crime seja praticado com o objetivo de exploração econômica, a pena será agravada.

(3) No município de Fortaleza, de acordo com a legislação vigente, um projeto para a passagem de determinado equipamento que tenha como finalidade a prestação de serviços para a transmissão de dados por cabo deve ser licenciado por autodeclaração.

(4) Caso tenha interesse em criar centro de saúde em imóvel urbano objeto de venda a título oneroso entre particulares, o município poderá exercer o direito de preempção.

1: Errada. Rafael não está sujeito ao pagamento de multa, posto que nos termos do art. 24, § 5º, do Decreto 6.514/2008: "§ 5º No caso de guarda de espécime silvestre, deve a autoridade competente deixar de aplicar as sanções previstas neste Decreto, quando o agente espontaneamente entregar os animais ao órgão ambiental competente". **2:** Errada. Cortar madeira de lei para transformá-la em carvão constitui crime tipificado no art. 45, da Lei 9.605/1998, contudo a pena aplicada ao referido crime é a mesma independente do fim comercial ou não, motivo pelo qual a questão encontra-se errada. **3:** Correta. O enunciado está de acordo com o art. 10, da Lei Complementar do município de Fortaleza 208/2015. **4:** Correta. Nos termos do art. 26, V, da Lei 10.257/2001: "Art. 26. O direito de preempção será exercido sempre que o Poder Público necessitar de áreas para: [...]V – implantação de equipamentos urbanos e comunitários". Registre-se de que centros de saúde são classificados como equipamentos comunitários, conforme dispõe o art. 4º, § 2º, da Lei 6.766/1979. **FM/FCP**

Gabarito 1E, 2E, 3C, 4C

(Procurador – IPSMI/SP – VUNESP – 2016) O plano municipal de gestão integrada de resíduos sólidos deve conter como conteúdo mínimo:

(A) diagnóstico da situação dos resíduos sólidos gerados no respectivo território, contendo a origem, o volume, a caracterização dos resíduos e as formas de destinação e disposição transitórias e finais adotadas.

(B) identificação de áreas favoráveis e desfavoráveis para disposição final ambientalmente adequada de rejeitos.

(C) procedimentos operacionais e especificações mínimas e máximas, a serem adotados nos serviços públicos de limpeza urbana e de manejo de resíduos sólidos.

(D) identificação das possibilidades de implantação de soluções consorciadas ou compartilhadas com outros Municípios e Estados, considerando, nos critérios de economia de escala, a proximidade dos locais estabelecidos e as formas de prevenção dos riscos ambientais.

(E) programas e ações para a participação dos grupos interessados, em especial das cooperativas ou outras formas de associação de catadores de materiais reutilizáveis e recicláveis formadas por pessoas físicas de baixa renda, se houver.

A: Incorreta. O plano municipal de gestão de resíduos sólidos deverá ter como conteúdo mínimo, nos termos do art. 19, I, da Lei 12.305/2010: "diagnóstico da situação dos resíduos sólidos gerados no respectivo território, contendo a origem, o volume, a caracterização dos resíduos e as formas de destinação e disposição final adotadas" e não transitória, conforme disposto na alternativa. **B:** Incorreta. É conteúdo mínimo do plano municipal de gestão de resíduos sólidos, a identificação de áreas favoráveis para disposição final ambientalmente adequada de rejeitos, e não a identificação de áreas favoráveis e desfavoráveis (art. 19, II, da Lei 12.305/2010). **C:** Incorreta. As especificações máximas a serem adotadas nos serviços públicos de limpeza urbana e de manejo de resíduos sólidos, não se trata de conteúdo mínimo do plano municipal de gestão de resíduos sólidos, a teor do art. art. 19, V, da Lei 12.305/2010. **D:** Incorreta. Os Estados não fazem parte da possibilidade de implantação de soluções consorciadas ou compartilhadas. Confira o que dispõe o art. 19, III, da Lei 12.305/2010: "identificação das possibilidades de implantação de soluções consorciadas ou compartilhadas com outros Municípios, considerando, nos critérios de economia de escala, a proximidade dos locais estabelecidos e as formas de prevenção dos riscos ambientais". **E:** Correta. Trata-se de transcrição do art. 19, XI, da Lei 12.305/2010. **FM/FCP**

Gabarito "E".

(Procurador – SP – VUNESP – 2015) Nos termos da Lei 12.305/2010, que institui a Política Nacional de Resíduos Sólidos, entende-se por

(A) área órfã contaminada: local onde há contaminação causada pela disposição, regular ou irregular, de quaisquer substâncias ou resíduos.

(B) destinação final ambientalmente adequada: distribuição ordenada de rejeitos em aterros, observando normas operacionais específicas de modo a evitar danos ou riscos à saúde pública e à segurança e a minimizar os impactos ambientais diversos.

(C) gerenciamento de resíduos sólidos: pessoas físicas ou jurídicas, de direito público ou privado, que geram resíduos sólidos por meio de suas atividades, nelas incluído o consumo.

(D) logística reversa: instrumento de desenvolvimento econômico e social, caracterizado por um conjunto de ações, procedimentos e meios destinados a viabilizar a coleta e a restituição dos resíduos sólidos ao setor empresarial para reaproveitamento, em seu ciclo ou em outros ciclos produtivos, ou outra destinação final ambientalmente adequada.

(E) rejeitos: processo de transformação dos resíduos sólidos que envolve a alteração de suas propriedades físicas, físico-químicas ou biológicas, com vistas à transformação em insumos ou novos produtos, observadas as condições e os padrões estabelecidos pelos órgãos competentes do Sisnama, Do SNVS e do Suasa.

A: Incorreta. Nos termos do art. 3º, III, da Lei 12.305/2010: "área órfã contaminada: área contaminada cujos responsáveis pela disposição não sejam identificáveis ou individualizáveis". A definição trazida na assertiva é a de "área contaminada" (art. 3º, II, da Lei 12.305/2010). **B:** Incorreta. "Destinação final ambientalmente adequada: destinação de resíduos que inclui a reutilização, a reciclagem, a compostagem, a recuperação e o aproveitamento energético ou outras destinações admitidas pelos órgãos competentes do Sisnama, do SNVS e do Suasa, entre elas a disposição final, observando normas operacionais específicas de modo a evitar danos ou riscos à saúde pública e à segurança e a minimizar os impactos ambientais adversos" (art. 3º, VII, da Lei 12.305/2010). O conceito da alternativa é de "disposição final ambientalmente adequada" (art. 3º, VIII, da Lei 12.305/2010). **C:** Incorreta. A definição da alternativa é de "geradores de resíduos sólidos", conforme previsão do art. 3º, IX, da Lei 12.305/2010. Segundo disposição do art. 3º, X, da Lei 12.305/2010: "gerenciamento de resíduos sólidos: conjunto de ações exercidas, direta ou indiretamente, nas etapas de coleta, transporte, transbordo, tratamento e destinação final ambientalmente adequada dos resíduos sólidos e disposição final ambientalmente adequada de rejeitos, de acordo com plano municipal de gestão integrada de resíduos sólidos ou com plano de gerenciamento de resíduos sólidos, exigidos na forma desta lei". **D:** Correta. Vide art. 3º, XII, da Lei 12.305/2010. **E:** Incorreta. Esta é a definição de reciclagem (art. 3º, XIV, da Lei 12.305/2010). A teor do art. 3º, XV, da Lei 12.305/2010: "rejeitos: resíduos sólidos que, depois de esgotadas todas as possibilidades de tratamento e recuperação por processos tecnológicos disponíveis e economicamente viáveis, não apresentem outra possibilidade que não a disposição final ambientalmente adequada". FM-FCP

Gabarito "D".

(Procurador do Estado – PGE/PA – UEPA – 2015) À populações indígenas, às comunidades tradicionais e aos agricultores tradicionais que criam, desenvolvem, detêm ou conservam conhecimento tradicional associado são garantidos os direitos de:

(A) ter indicada a origem do acesso ao conhecimento tradicional associado em todas as publicações, desde que de cunho técnico-científico, utilizações, explorações e divulgações.

(B) perceber benefícios pela exploração econômica por terceiros, direta ou indiretamente, de conhecimento tradicional associado, nos termos da legislação específica, não inferior a 5% do faturamento obtido pelos fabricantes de produtos intermediários e desenvolvedores de processos oriundos do acesso ao conhecimento tradicional.

(C) participar do processo de tomada de decisão sobre assuntos relacionados ao acesso a conhecimento tradicional associado e à repartição de benefícios decorrente desse acesso, em manifestação de caráter vinculante.

(D) usar ou vender, desde que adotadas as medidas de controle, produtos que contenham patrimônio genético ou conhecimento tradicional associado, observados os dispositivos da legislação específica.

(E) conservar, manejar, guardar, produzir, trocar, desenvolver, melhorar material reprodutivo que contenha patrimônio genético ou conhecimento tradicional associado.

A: incorreta (art. 10, II, da Lei 13.123/2015); **B:** incorreta (art. 10, III, da Lei 13.123/2015); **C:** incorreta (art. 10, IV, da Lei 13.123/2015); **D:** incorreta (art. 10, V, da Lei 13.123/2015); **E:** correta (art. 10, VI, da Lei 13.123/2015). FM/FCP

Gabarito "E".

(Advogado União – AGU – CESPE – 2015) A respeito do meio ambiente e dos direitos e interesses das populações indígenas, julgue os itens seguintes.

(1) Dada a competência privativa da União para exercer controle e fiscalização ambiental, é exclusiva da União a competência para instituir taxa de fiscalização e controle do meio ambiente cujo fundamento seja o exercício regular do poder de polícia.

(2) Os índios, suas comunidades e organizações são partes legítimas para ingresso em juízo em defesa de seus direitos e interesses, competindo à justiça federal processar e julgar os crimes relacionados aos direitos dos índios.

1: Errada. A competência para exercer o controle e a fiscalização ambiental é comum entre a União, dos Estados, do Distrito Federal e dos Municípios (art. 23, *caput* e VI, da CF/1988). Não obstante, o art. 17-B, da Lei 6.938/1981 dispõe sobre a Taxa de Controle e Fiscalização Ambiental – TCFA, cujo fato gerador é o exercício regular do poder de polícia conferido ao Instituto Brasileiro do Meio Ambiente e dos Recursos Naturais Renováveis (Ibama) para controle e fiscalização das atividades potencialmente poluidoras e utilizadoras de recursos naturais. **2:** Correta. Nos termos do art. 232, da CF/1988: "Os índios, suas comunidades e organizações são partes legítimas para ingressar em juízo em defesa de seus direitos e interesses, intervindo o Ministério Público em todos os atos do processo". Compete aos juízes federais processar e julgar a disputa sobre direitos indígenas (art. 109, XI, da CF/1988). FM/FCP

Gabarito 1E, 2C

(Advogado União – AGU – CESPE – 2015) Na zona costeira nordestina, uma empresa estrangeira construiu um empreendimento turístico hoteleiro de grande porte próximo ao mar, sem o licenciamento ambiental prévio exigido por lei, ocupando ilegalmente área de preservação permanente na margem de um rio e afetando diretamente uma comunidade lindeira composta em sua maioria por pescadores. Seis meses após a inauguração do empreendimento, o empresário estrangeiro vendeu o negócio a uma empresa brasileira, que vem operando o hotel há cerca de um ano, sem, contudo, ter efetuado ainda a regularização do licenciamento ambiental. Além disso, após reclamações provenientes da comunidade afetada, foram constatados os seguintes problemas: ausência de recolhimento e de disposição adequados dos resíduos líquidos e sólidos, com prejuízos ao bem-estar da referida comunidade; e impedimento de livre acesso à praia, o que prejudicou as atividades econômicas dos pescadores da comunidade.

Com referência a essa situação hipotética, julgue os itens a seguir em consonância com as normas ambientais e a jurisprudência pertinente.

(1) A legislação veda a aplicação de multa no caso de responsabilização administrativa do empreendimento por não elaborar o prévio licenciamento ambiental, devendo ser aplicada advertência com a indicação de prazo para a regularização do licenciamento junto ao órgão competente.

(2) Uma vez que o empreendimento irregular está localizado na zona costeira, patrimônio ambiental nacional e bem da União, a fiscalização e a aplicação de penalidade administrativa ambiental ao empreendimento compete exclusivamente ao órgão ambiental federal.

(3) Conforme jurisprudência do STJ, ao contrário da responsabilidade administrativa ambiental, em que se exige pessoalidade da conduta, a responsabilidade civil ambiental pode ser exigida do novo proprietário do empreendimento, que deverá promover a recomposição da área de preservação permanente ilegalmente ocupada.

(4) Os efeitos do empreendimento irregular que prejudicam o bem-estar da comunidades sua atividade econômica de pesca enquadram-se na definição de degradação ambiental, de modo a ensejar a responsabilização civil ambiental.

(5) A emissão de licença de operação para o funcionamento do empreendimento construído irregularmente e que se encontra consolidado será inexigível caso a reparação civil dos danos ambientais causados seja cumprida integralmente.

1: Errada. Nos termos do art. 66, I, do Decreto 6.514/2008, está sujeito a pena de multa de R$ 500,00 (quinhentos reais) a R$ 10.000.000,00 (dez milhões de reais), quem constrói, reforma, amplia, instala ou faz funcionar estabelecimento, obra ou serviço sujeito a licenciamento ambiental localizado em unidade de conservação ou em sua zona de amortecimento, ou em áreas de proteção de mananciais legalmente estabelecidas, sem anuência do respectivo órgão gestor. Outrossim, "configurada infração ambiental grave, é possível a aplicação da pena de multa sem a necessidade de prévia imposição da pena de advertência (art. 72 da Lei 9.605/1998)" (STJ. 1ª Turma. REsp 1.318.051-RJ, Relator Ministro Benedito Gonçalves, julgado em 17/3/2015 – Informativo n. 561/STJ). 2: Errada. Dispõe o art. 23, VI, da CF de 1988: "Art. 23: É competência comum da União, Estados, Distrito Federal e Municípios: [...] VI – proteger o meio ambiente e combater a poluição em qualquer de suas formas". Outrossim, dispõe o art. 17, § 3°, da Lei Complementar 140/2011: "§ 3° O disposto no caput deste artigo não impede o exercício pelos entes federativos da atribuição comum de fiscalização da conformidade de empreendimentos e atividades efetiva ou potencialmente poluidores ou utilizadores de recursos naturais com a legislação ambiental em vigor, prevalecendo o auto de infração ambiental lavrado por órgão que detenha a atribuição de licenciamento ou autorização a que se refere o caput". 3: Correta. A responsabilidade civil ambiental de promoção da recomposição da área de preservação permanente ilegalmente ocupada é objetiva e propter rem, nos termos do art. 7°, §§ 1° e 2°, da Lei 12.651/2012: "§1°. Tendo ocorrido a supressão de vegetação situada em Área de Preservação Permanente, o proprietário da área, possuidor ou ocupante a qualquer título é obrigado a promover a recomposição da vegetação, ressalvados os usos autorizados previstos nesta Lei. § 2°. A obrigação prevista no § 1° tem natureza real e é

transmitida ao sucessor no caso de transferência de domínio ou posse do imóvel rural". 4: Correta. A assertiva está em consonância com o conceito de poluição conferido pela Lei 6.938/1981, art. 3°, III, "a" e "b". 5: Errada. Não há qualquer relação entre a reparação do dano e a dispensa de licença de operação. Segundo o art. 8°, III, da Resolução Conama 237/1997, a Licença de Operação "autoriza a operação da atividade ou empreendimento, após a verificação do efetivo cumprimento do que consta das licenças anteriores, com as medidas de controle ambiental e condicionantes determinados para a operação". Assim, caso o empreendedor deseje continuar operando, após a reparação civil dos danos ambientais causados pelo seu empreendimento, deverá buscar regularizar sua atividade, através da obtenção de licença de operação. FM/FCP

Gabarito 1E, 2E, 3C, 4C, 5E

(**Advogado União – AGU – CESPE – 2015**) Acerca da criação e da gestão de florestas públicas nacionais, julgue os itens subsequentes.

(1) As três modalidades de gestão de florestas públicas nacionais para produção sustentável são a concessão florestal ao setor privado, a destinação de florestas públicas às comunidades locais, além da gestão direta governamental pelo órgão competente integrante do Sistema Nacional de Unidades de Conservação.

(2) O Serviço Florestal Brasileiro, órgão gestor da concessão de florestas públicas nacionais, vinculado ao Ministério do Meio Ambiente, deve emitir a licença ambiental prévia antes da publicação de edital de licitação para a concessão florestal.

(3) A floresta nacional é unidade de conservação de uso sustentável, de posse e de domínio públicos, cuja criação deve ser precedida de estudos técnicos e de consulta pública que permitam identificar a localização, a dimensão e os limites mais adequados para a unidade, com vistas ao seu objetivo básico de uso múltiplo sustentável dos recursos florestais e pesquisa científica.

1: Correta. A assertiva encontra-se de acordo com o art. 4°, da Lei 11.284/2006, que prevê as três modalidades de gestão de florestas públicas nacionais para produção sustentável: I) a criação de florestas nacionais, estaduais e municipais, nos termos do art. 17 da Lei 9.985/2000, e sua gestão direta; II) a destinação de florestas públicas às comunidades locais; e III) a concessão florestal. 2: Errada. O Serviço Florestal Brasileiro (SFB) é órgão gestor das florestas públicas no âmbito federal, criado na estrutura básica do Ministério do Meio Ambiente (art. 54 e 55, I, da Lei 11.284/2006), e que dentre as competências elencadas no art. 53, da Lei 11.281/2006, o inciso III prevê a de "solicitar ao órgão ambiental competente a licença prévia" para uso sustentável da unidade de manejo. No mesmo sentido, é o art. 18, caput, da Lei 11.281/2006, que atribui ao órgão gestor à competência de requerer a licença prévia: "Art. 18. A licença prévia para uso sustentável da unidade de manejo será requerida pelo órgão gestor, mediante a apresentação de relatório ambiental preliminar ao órgão ambiental competente integrante do Sistema Nacional do Meio Ambiente – Sisnama". Assim, O SFB **não tem competência para emitir a licença prévia, mas apenas de solicitar ao órgão ambiental competente a sua emissão**. 3: Correta. A floresta nacional é uma categoria do grupo das Unidades de Conservação de uso sustentável, de posse e domínios públicos, que tem como objetivo básico o uso múltiplo sustentável dos recursos florestais e pesquisas científicas (art. 17, § 1°, da Lei 9.985/2000). Nos termos do art. 22, § 2°, da Lei 9.985/2000: "§ 2°. A criação de uma unidade de conservação deve ser precedida de estudos técnicos e de consulta pública que permitam identificar a localização, a dimensão e os limites mais adequados para a unidade, conforme se dispuser em regulamento". FM/FCP

Gabarito 1C, 2E, 3C

(Procurador do Estado – PGE/BA – CESPE – 2014) No que se refere ao direito ambiental, julgue os itens a seguir.

(1) Os comitês de bacia hidrográfica são constituídos por usuários das águas e por entidades civis de recursos hídricos com atuação comprovada na bacia, entre outros membros, conforme dispõe a Lei 9.433/1997.

(2) O acesso à informação ambiental é um princípio de direito ambiental previsto tanto na CF quanto em normas infraconstitucionais.

(3) A realização de audiência pública durante o procedimento de licenciamento ambiental é obrigatória caso haja solicitação de cinquenta ou mais cidadãos.

1: Correta. A assertiva encontra-se em consonância com o que dispõe o art. 39, da Lei 9.433/1997. **2:** Correta. Na Constituição Federal de 1988, tal princípio encontra-se inserido no art. 225, § 1º, IV e VI e art. 5º, XXXIII, dentre outros. Quanto à previsão do princípio do acesso à informação ambiental em normas infraconstitucionais, importante destacar que a Lei 10.650/2003, que dispõe a respeito do acesso público aos dados e informações existentes nos órgãos e entidades integrantes do Sisnama. **3:** Correta. A teor do art. 2º, *caput*, da Resolução Conama 09/1987: "Sempre que julgar necessário, ou quando for solicitado por entidade civil, pelo Ministério Público, ou por 50 (cinquenta) ou mais cidadãos, o Órgão de Meio Ambiente promoverá a realização de audiência pública". **FM/FCP**
Gabarito 1C, 2C, 3C

(Procurador do Estado – PGE/RN – FCC – 2014) São objetivos da Política Nacional sobre Mudança do Clima – PNMC:

(A) a interação do mercado de carbono com o mercado de compensação de áreas de preservação permanente.

(B) a redução das emissões de gases expelidos naturalmente em relação às suas diferentes fontes.

(C) o estímulo ao mercado de compensação de reserva legal e ao mercado de compensação de áreas de preservação permanente.

(D) a preservação, a conservação e a recuperação dos recursos ambientais, com particular atenção aos grandes biomas naturais tidos como Patrimônio Nacional.

(E) a união do mercado de carbono com o mercado de compensação de reserva legal.

De fato, a preservação, a conservação e a recuperação dos recursos ambientais, com particular atenção aos grandes biomas naturais tidos como Patrimônio Nacional, são objetivos da Política Nacional sobre Mudança do Clima (PNMC). Aliás, o art. 4º, da Lei 12.187/2009, estabelece como objetivos da Política Nacional sobre Mudança do Clima – PNMC: à compatibilização do desenvolvimento econômico-social com a proteção do sistema climático; à redução das emissões antrópicas de gases de efeito estufa em relação às suas diferentes fontes; ao fortalecimento das remoções antrópicas por sumidouros de gases de efeito estufa no território nacional; à implementação de medidas para promover a adaptação à mudança do clima pelas 3 (três) esferas da Federação, com a participação e a colaboração dos agentes econômicos e sociais interessados ou beneficiários, em particular aqueles especialmente vulneráveis aos seus efeitos adversos; à preservação, à conservação e à recuperação dos recursos ambientais, com particular atenção aos grandes biomas naturais tidos como Patrimônio Nacional; à consolidação e à expansão das áreas legalmente protegidas e ao incentivo aos reflorestamentos e à recomposição da cobertura vegetal em áreas degradadas; e, o estímulo ao desenvolvimento do Mercado Brasileiro de Redução de Emissões – MBRE. **FM/FCP**
Gabarito "D".

(Procurador do Estado – PGE/BA – CESPE – 2014) Uma empresa brasileira de exploração de gás e petróleo, pretendendo investir na exploração de gás de xisto, obteve autorização de pesquisa do órgão competente e identificou, no início das primeiras pesquisas exploratórias, um potencial razoável para a exploração do gás em determinada área federal. Apesar de ainda não dispor de tecnologia que garantisse totalmente a proteção ambiental da área de exploração, principalmente, no que tange à água subterrânea, a empresa obteve a licença prévia para proceder à exploração de gás de xisto.

Com base nessa situação hipotética, nas normas de proteção ao meio ambiente e na jurisprudência, julgue os itens seguintes.

(1) A empresa poderá ser responsabilizada penalmente caso pratique ato ilícito, podendo ser desconsiderada a pessoa jurídica se a personalidade for obstáculo ao ressarcimento de prejuízos causados ao meio ambiente.

(2) O município é impedido de fiscalizar as atividades da empresa, dada a competência federal para o licenciamento ambiental da área.

(3) O princípio da precaução poderá ser aplicado como um dos argumentos para a suspensão, pelo o órgão competente, da licença prévia da empresa, caso se identifique risco de dano ambiental.

(4) A responsabilização civil da empresa poderá ser objeto de ação civil pública ajuizada pelo MP caso ocorra dano superveniente da exploração do gás de xisto, a despeito da licença obtida pela empresa para operar.

1: Correta. Em matéria ambiental, a desconsideração da personalidade jurídica encontra previsão no art. 4º, da Lei 9.605/1998: "**Art. 4º** Poderá ser desconsiderada a pessoa jurídica sempre que sua personalidade for obstáculo ao ressarcimento de prejuízos causados à qualidade do meio ambiente". **2:** Errada. Dispõe o art. 17, § 3º, da Lei Complementar 140/2011: "§ 3º O disposto no *caput* deste artigo não impede o exercício pelos entes federativos da atribuição comum de fiscalização da conformidade de empreendimentos e atividades efetiva ou potencialmente poluidores ou utilizadores de recursos naturais com a legislação ambiental em vigor, prevalecendo o auto de infração ambiental lavrado por órgão que detenha a atribuição de licenciamento ou autorização a que se refere o *caput*". **3:** Correta. O princípio da precaução poderá ser utilizado para obstar a ocorrência de danos ao meio ambiente; assim, na identificação de riscos, nos termos do conteúdo do princípio em questão, o órgão competente deverá decidir em favor do meio ambiente e, como tal, suspender a licença prévia da empresa. **4:** Correta. Nos termos do art. 5º, I, da Lei 7.347/1985, o Ministério Público tem competência para a propositura da ação civil pública de responsabilidade por danos causados ao meio ambiente. A responsabilidade civil por danos ambientais é objetiva, fundamentada na teoria do risco integral, de forma que não se verifica a culpa do agente e sequer a ilicitude de sua conduta, bastando que a ocorrência do dano esteja ligada a sua conduta. Assim, ainda que a empresa funcione respeitando as condicionantes da licença de operação, mas cause danos ambientais, poderá ser responsabilizada civilmente. **FM/FCP**
Gabarito 1C, 2E, 3C, 4C

(Procurador do Estado – PGE/PA – UEPA – 2015) A respeito da Política Nacional de Resíduos Sólidos, julgue as afirmativas abaixo.

I. Os estabelecimentos comerciais e de prestação de serviço que gerem resíduos que, mesmo caracterizados como não perigosos, por sua natureza, composição ou volume, não sejam equiparados aos resíduos domiciliares pelo poder público municipal são responsáveis pela implementação e operacionalização integral de plano de gerenciamento de resíduos sólidos, que deverá ser aprovado pelo órgão competente.

II. A contratação de serviços de coleta, armazenamento, transporte, transbordo, tratamento ou destinação final de resíduos sólidos, ou de disposição final de rejeitos, isenta as empresas de construção civil da responsabilidade por danos que vierem a ser provocados pelo gerenciamento inadequado dos respectivos resíduos ou rejeitos.

III. No caso de resíduos de serviços de transportes originários de portos e aeroportos, as etapas sob responsabilidade do gerador que forem realizadas pelo poder público serão devidamente remuneradas pelos usuários finais dos terminais, por meio de taxa específica de limpeza pública.

IV. O gerador de resíduos sólidos domiciliares tem cessada sua responsabilidade pelos resíduos com a disponibilização adequada para a coleta ou, em se tratando de pilhas e baterias, com a devolução aos respectivos fabricantes ou comerciantes.

A alternativa que contém todas as afirmativas corretas é:

(A) I e II

(B) II e III

(C) II e IV

(D) I e III

(E) I e IV

I: correta (art. 20, II, "b", da Lei 12.305/10); II: incorreta, pois nos termos do art. 27, § 1º, da Lei 12.305/2010: "A contratação de serviços de coleta, armazenamento, transporte, transbordo, tratamento ou destinação final de resíduos sólidos, ou de disposição final de rejeitos, não isenta as pessoas físicas ou jurídicas referidas no art. 20 da responsabilidade por danos que vierem a ser provocados pelo gerenciamento inadequado dos respectivos resíduos ou rejeitos"; III: incorreta, pois nos termos do art. 27, § 2º, da Lei 12.305/2010, quem deve remunerar são as pessoas físicas ou jurídicas responsáveis pelos serviços de transportes originários de portos e aeroportos, e não os usuários finais; IV: correta (art. 28, da Lei 12.305/2010). **FM/FCP**

Gabarito "E".

10. Direito Urbanístico

Paula Morishita

1. ESTATUTO DA CIDADE

(Procurador Município – Teresina/PI – FCC – 2022) Determinada empresa pretende construir um complexo composto por um hipermercado, um *shopping center*, duas torres comerciais e quatro torres residenciais em área urbana de um Município. Para autorizar a construção, o Município deverá exigir

(A) um estudo de impacto de vizinhança (EIV) a seu juízo de oportunidade e conveniência.

(B) um estudo de impacto de vizinhança (EIV) para cada empreendimento separadamente, pois nem sempre haverá sinergia entre eles.

(C) um estudo de impacto de vizinhança (EIV) se houver, para tanto, previsão na lei municipal.

(D) um estudo de impacto de vizinhança (EIV) por se tratar de área urbana.

(E) as rotas de fuga em caso de incêndio, não sendo necessário um estudo de impacto de vizinhança (EIV).

Alternativa correta letra C de acordo com o Art. 36 do Estatuto da Cidade que prevê o seguinte: Lei municipal definirá os empreendimentos e atividades privados ou públicos em área urbana que dependerão de elaboração de estudo prévio de impacto de vizinhança (EIV) para obter as licenças ou autorizações de construção, ampliação ou funcionamento a cargo do Poder Público municipal. **PM**

Gabarito "C".

(Procurador Município – Teresina/PI – FCC – 2022) Francisco, proprietário de imóvel rural, possui como sua, por cinco anos ininterruptos e sem oposição, edificação urbana com 200 metros quadrados, utilizando-a para sua moradia. Neste cenário,

(A) adquirirá o usufruto do imóvel.

(B) não adquirirá a propriedade do imóvel por usucapião especial urbano.

(C) será beneficiário de imunidade em relação ao imposto predial e territorial urbano (IPTU).

(D) adquirirá a propriedade do imóvel por usucapião especial urbano.

(E) adquirirá a propriedade do imóvel por usucapião especial urbano desde que comprove justo título.

Alternativa B é a correta, pois um dos requisitos para usucapião de imóvel urbano é que não seja proprietário de outro imóvel urbano ou rural conforme prevê a Constituição Federal em seu art. 183. Aquele que possuir como sua área urbana de até duzentos e cinquenta metros quadrados, por cinco anos, ininterruptamente e sem oposição, utilizando-a para sua moradia ou de sua família, adquirir-lhe-á o domínio, desde que não seja proprietário de outro imóvel urbano ou rural. **PM**

Gabarito "B".

(Procurador Município – Santos/SP – VUNESP – 2021) O Estatuto da Cidade prevê que o plano diretor, aprovado por lei municipal, é o instrumento básico da política de desenvolvimento e expansão urbana. O plano diretor é obrigatório para cidades

(A) com mais de 18 (dezoito) mil habitantes.

(B) integrantes de regiões de relevante interesse tecnológico.

(C) componentes de áreas de especial interesse turístico, histórico ou cultural.

(D) incluídas no cadastro nacional de Municípios com áreas suscetíveis à ocorrência de deslizamentos de grande impacto, inundações bruscas ou processos geológicos ou hidrológicos correlatos.

(E) inseridas na área de influência de empreendimentos ou atividades com significativo impacto ambiental de âmbito local, regional ou nacional.

A solução desta questão deve ser extraída do art. 41 da Lei 10.257/2001, que assim dispõe: *O plano diretor é obrigatório para cidades: I – com mais de vinte mil habitantes; II – integrantes de regiões metropolitanas e aglomerações urbanas; III – onde o Poder Público municipal pretenda utilizar os instrumentos previstos no § 4º do art. 182 da Constituição Federal; IV – integrantes de áreas de especial interesse turístico; V – inseridas na área de influência de empreendimentos ou atividades com significativo impacto ambiental de âmbito regional ou nacional. VI – incluídas no cadastro nacional de Municípios com áreas suscetíveis à ocorrência de deslizamentos de grande impacto, inundações bruscas ou processos geológicos ou hidrológicos correlatos.* **PM**

Gabarito "D".

(Procurador do Município – Prefeitura Fortaleza/CE – CESPE – 2017) Tendo como referência as normas do direito urbanístico, com destaque para as aplicáveis ao plano diretor, julgue os itens que se seguem.

(1) Apenas lei em sentido estrito pode limitar o direito de construir.

(2) O cumprimento da função social de propriedade urbana é verificado pelo atendimento às exigências fundamentais de ordenação da cidade, as quais são expressas no plano diretor, quando existir.

1: Errada. Nada obsta que a regulamentação do direito de construir seja feita por normas infralegais, prática bastante comum nos Municípios. **2:** Certa, nos termos do art. 182, § 2º, da CF que prevê: Art. 182. A política de desenvolvimento urbano, executada pelo Poder Público municipal, conforme diretrizes gerais fixadas em lei, tem por objetivo ordenar o pleno desenvolvimento das funções sociais da cidade e garantir o bem- estar de seus habitantes. § 2º A propriedade urbana cumpre sua função social quando atende às exigências fundamentais de ordenação da cidade expressas no plano diretor. **PM**

Gabarito 1E, 2C.

(Procurador Municipal – Prefeitura/BH – CESPE – 2017) Determinado município, para executar seu planejamento urbanístico, com a valorização de espaços históricos e a otimização de meios de transporte coletivo, desapropriou imóveis que vinham sendo usados de forma incompatível com a previsão do plano diretor.

Nessa situação,

(A) os cálculos dos valores das indenizações pelas desapropriações devem ser regulamentados pelo Estatuto da Cidade.

(B) promovida a readequação do uso, não poderá haver alienação dos bens desapropriados a outros particulares.

(C) o município utilizou um instituto jurídico de política urbana, com repercussão sobre o caráter perpétuo do direito de propriedade.

(D) as desapropriações fundamentaram-se exclusivamente no requisito do interesse social.

A: incorreta. A indenização nesse caso será paga em títulos da dívida pública, por força do art. 182, § 4°, III, da CF que prevê: § 4° É facultado ao Poder Público municipal, mediante lei específica para área incluída no plano diretor, exigir, nos termos da lei federal, do proprietário do solo urbano não edificado, subutilizado ou não utilizado, que promova seu adequado aproveitamento, sob pena, sucessivamente, de: III - desapropriação com pagamento mediante títulos da dívida pública de emissão previamente aprovada pelo Senado Federal, com prazo de resgate de até dez anos, em parcelas anuais, iguais e sucessivas, assegurados o valor real da indenização e os juros legais. B: incorreta. O art. 8°, § 5°, do Estatuto da Cidade autoriza a alienação a terceiros para o adequado aproveitamento do imóvel; C: correta, nos termos do art. 4°, V, do Estatuto da Cidade; D: incorreta. A desapropriação por descumprimento das diretrizes traçadas no Plano Diretor tem natureza de sanção administrativa. **PM**

Gabarito "C".

(Procurador Municipal – Prefeitura/BH – CESPE – 2017) O Estatuto da Cidade

(A) tipifica novas condutas que poderão caracterizar improbidade administrativa na execução da política urbana.

(B) não dispõe sobre plano diretor, o qual é lei reservada à competência municipal.

(C) regulamenta a forma de realização de consultas públicas como instrumento de gestão democrática das cidades.

(D) inclui, de forma taxativa, a lista dos instrumentos para a execução da política urbana.

A: correta, nos termos do art. 52 do Estatuto da Cidade que prevê: Art. 52. Sem prejuízo da punição de outros agentes públicos envolvidos e da aplicação de outras sanções cabíveis, o Prefeito incorre em improbidade administrativa quando? I – (VETADO); II – deixar de proceder, no prazo de cinco anos, o adequado aproveitamento do imóvel incorporado ao patrimônio público, conforme o disposto no § 4° do art. 8° desta Lei; III – utilizar áreas obtidas por meio do direito de preempção em desacordo com o disposto no art. 26 desta Lei; IV – aplicar os recursos auferidos com a outorga onerosa do direito de construir e de alteração de uso em desacordo com o previsto no art. 31 desta Lei; V – aplicar os recursos auferidos com operações consorciadas em desacordo com o previsto no § 1° do art. 33 desta Lei; VI – impedir ou deixar de garantir os requisitos contidos nos incisos I a III do § 4° do art. 40 desta Lei; VII – deixar de tomar as providências necessárias para garantir a observância do disposto no § 3° do art. 40 e no art. 50 desta Lei; VIII – adquirir imóvel objeto de direito de preempção, nos termos dos arts. 25 a 27 desta Lei, pelo valor da proposta apresentada, se este for, comprovadamente, superior ao de mercado. B: incorreta. O capítulo III do Estatuto da Cidade (arts. 39 e seguintes) é totalmente dedicado a regras gerais para elaboração do plano diretor; C: incorreta. O art. 44 do Estatuto da Cidade entrega tal competência à legislação local; D: incorreta. O *caput* do art. 4° do Estatuto da Cidade deixa claro que

seu rol é exemplificativo, ao dizer que serão utilizados, "dentre outros instrumentos", aqueles que prevê. **PM**

Gabarito "A".

(Procurador Municipal – Prefeitura/BH – CESPE – 2017) Tendo como referência as disposições constitucionais relativas ao direito urbanístico, assinale a opção correta.

(A) A usucapião pró-moradia não será reconhecida ao mesmo possuidor mais de uma vez nem é admissível em relação a imóvel público.

(B) O plano diretor é obrigatório para todas as cidades brasileiras, uma vez que a propriedade urbana cumpre sua função social somente quando atende às regras nele estabelecidas.

(C) Compete concorrentemente ao município, ao estado e à União a promoção do adequado ordenamento territorial.

(D) Proprietário de solo urbano que, descumprindo o planejamento urbanístico, não promover seu adequado aproveitamento, poderá ser penalizado, sucessivamente, com: IPTU progressivo, parcelamento ou edificação em caráter compulsório e desapropriação-sanção.

A: correta, nos termos do art. 183, §§2° e 3°, da CF: Art. 182. A política de desenvolvimento urbano, executada pelo Poder Público municipal, conforme diretrizes gerais fixadas em lei, tem por objetivo ordenar o pleno desenvolvimento das funções sociais da cidade e garantir o bem- estar de seus habitantes. § 2° A propriedade urbana cumpre sua função social quando atende às exigências fundamentais de ordenação da cidade expressas no plano diretor. § 3° As desapropriações de imóveis urbanos serão feitas com prévia e justa indenização em dinheiro. B: incorreta. O plano diretor é obrigatório somente para os Municípios com mais de 20.000 habitantes (art. 182, §1°, da CF: § 1° O plano diretor, aprovado pela Câmara Municipal, obrigatório para cidades com mais de vinte mil habitantes, é o instrumento básico da política de desenvolvimento e de expansão urbana.); C: incorreta. A competência é exclusiva do Município (art. 30, VIII, da CF: Art. 30. Compete aos Municípios: VIII - promover, no que couber, adequado ordenamento territorial, mediante planejamento e controle do uso, do parcelamento e da ocupação do solo urbano;); D: incorreta. O parcelamento ou edificação compulsórios serão aplicados antes do IPTU progressivo (art. 182, §4°, da CF: § 4° É facultado ao Poder Público municipal, mediante lei específica para área incluída no plano diretor, exigir, nos termos da lei federal, do proprietário do solo urbano não edificado, subutilizado ou não utilizado, que promova seu adequado aproveitamento, sob pena, sucessivamente, de: I - parcelamento ou edificação compulsórios; II - imposto sobre a propriedade predial e territorial urbana progressivo no tempo; III - desapropriação com pagamento mediante títulos da dívida pública de emissão previamente aprovada pelo Senado Federal, com prazo de resgate de até dez anos, em parcelas anuais, iguais e sucessivas, assegurados o valor real da indenização e os juros legais.). **PM**

Gabarito "A".

(Procurador – SP – VUNESP – 2015) O Estatuto da Cidade traz alguns instrumentos da política urbana, dentre eles o planejamento municipal, no qual se inclui, em especial:

(A) Plano de desenvolvimento econômico e assistencial.

(B) Limitação sócio-administrativa.

(C) Tombamento de móveis ou de mobiliário urbano.

(D) Instituição de zonas especiais de unidades de conservação.

(E) Gestão orçamentária participativa.

Nos termos do art. 4º, III da Lei 10.257/2001: Art. 4º Para os fins desta Lei, serão utilizados, entre outros instrumentos: III – planejamento municipal, em especial: f) gestão orçamentária participativa. O planejamento municipal é instrumento de política urbana, e, em especial, além da gestão orçamentária e participativa (alínea "f" do apontado inciso III), são seus instrumentos específicos o plano diretor; a disciplina do parcelamento, do uso e da ocupação do solo; o zoneamento ambiental; o plano plurianual; as diretrizes orçamentárias e orçamento anual; os planos, programas e projetos setoriais; e os planos de desenvolvimento econômico e social. **PM**

Gabarito "E".

Pedro é proprietário de um imóvel situado em município com mais de cinquenta mil habitantes. Sua propriedade é próxima da zona costeira, o que o obriga a cumprir algumas limitações administrativas municipais impostas pelo município no que tange à proteção ambiental da zona costeira.

(Procurador do Estado – PGE/BA – CESPE – 2014) Considerando essa situação hipotética, as normas aplicáveis e a jurisprudência, julgue os itens a seguir em relação à política urbana.

(1) Apesar de o plano diretor não ser obrigatório ao município, este deve mapear as áreas suscetíveis à ocorrência de deslizamentos de grande impacto e de inundações bruscas.

(2) A limitação administrativa imposta pelo município para a proteção ambiental da zona costeira gera direito de indenização a Pedro em face de eventual limitação do seu direito de explorar economicamente sua propriedade.

(3) Caso Pedro obtenha autorização administrativa para explorar um *camping* em sua propriedade, não cabe o encerramento da atividade comercial em face de dano ambiental decorrente da disposição de resíduos na zona costeira.

(4) Exemplifica a aplicação do princípio do desenvolvimento sustentável a garantia a que Pedro possa construir um hotel na zona costeira para fomentar a economia da região e promover empregos, relativizando-se as limitações administrativas ambientais.

1: Errada. O Plano Diretor é obrigatório para Municípios com mais de 20.000 habitantes (art. 182, § 1º, da CF: § 1º O plano diretor, aprovado pela Câmara Municipal, obrigatório para cidades com mais de vinte mil habitantes, é o instrumento básico da política de desenvolvimento e de expansão urbana.). **2:** Errada. O cumprimento de limitações administrativas ao direito de propriedade não gera dever de indenizar por parte do Poder Público, diante da função social propriedade expressa no art. 5º, XXIII, da CF. **3:** Errada. A autorização administrativa não elide os deveres e responsabilidade sobre o meio ambiente, sendo plenamente aplicáveis as sanções previstas em lei, inclusive a cassação da licença. **4:** Errada. O princípio do desenvolvimento sustentável determina que: "*O desenvolvimento que procura satisfazer as necessidades da geração atual, sem comprometer a capacidade das gerações futuras de satisfazerem as suas próprias necessidades, significa possibilitar que as pessoas, agora e no futuro, atinjam um nível satisfatório de desenvolvimento social e econômico e de realização humana e cultural, fazendo, ao mesmo tempo, um uso razoável dos recursos da terra e preservando as espécies e os habitats naturais.*" (Relatório Brundtland). Ou seja, ele é voltado para a manutenção dos recursos naturais, não para o fomento da economia. **PM**

Gabarito 1E, 2E, 3E, 4E

(Procurador Municipal/SP – VUNESP – 2016) O direito de preempção confere ao Poder Público Municipal preferência para aquisição de imóvel urbano objeto de alienação onerosa entre particulares, de acordo com a Lei 10.257/2001, que regulamenta os arts. 182 e 183 da CF/1988, traçando as diretrizes da Política Urbana Nacional. Assim, é correto afirmar que

(A) tal direito será exercido pelo Poder Público para fins de constituição de reserva de capital.

(B) a lei estadual, baseada no plano diretor de cada município, delimitará as áreas em que incidirá o direito de preempção e fixará prazo de vigência, não superior a cinco anos, renovável a partir de um ano após o decurso do prazo inicial de vigência.

(C) o direito de preempção fica assegurado durante o prazo de vigência fixado em legislação municipal, independentemente do número de alienações referentes ao mesmo imóvel.

(D) a alienação processada em condições diversas da proposta apresentada será considerada anulável.

(E) o proprietário deverá notificar ao Município sua intenção de alienar o imóvel, para que qualquer ente público, no prazo máximo de trinta dias, manifeste por escrito seu interesse em comprá-lo.

A: incorreta. O art. 26 da Lei 10.257/2001 estabelece que o direito de preempção será utilizado nas hipóteses em que o Poder Público necessitar de áreas para regularização fundiária, execução de programas e projetos habitacionais de interesse social, constituição de reserva fundiária, ordenamento e direcionamento da expansão urbana, implantação de equipamentos urbanos e comunitários, criação de espaços públicos de lazer e áreas verdes, criação de unidades de conservação ou proteção de outras áreas de interesse ambiental e proteção de áreas de interesse histórico, cultural ou paisagístico; **B.** incorreta. A competência para a edição de tal lei é municipal, nos termos expressos do art. 25, § 1º, da Lei 10.257/2001: § 1º Lei municipal, baseada no plano diretor, delimitará as áreas em que incidirá o direito de preempção e fixará prazo de vigência, não superior a cinco anos, renovável a partir de um ano após o decurso do prazo inicial de vigência.; **C.** correta, conforme previsão expressa do § 2º do art. 25 da Lei 10.257/2001; **D.** incorreta. De acordo com o art. 27, § 5º da Lei 10.257/2001, a alienação processada em condições diversas da proposta apresentada é nula de pleno direito; **E.** incorreta. Nos termos do "caput" do art. 27 da Lei 10.257/2001, quem tem a prerrogativa de manifestar-se no prazo assinalado é o Município. **PM**

Gabarito "C".

(Procurador Distrital – 2014 – CESPE) Julgue os itens subsequentes, acerca da Região Integrada de Desenvolvimento do DF e Entorno, do Estatuto da Cidade e da disciplina constitucional do direito urbanístico.

(1) O Estatuto da Cidade reitera a exigência constitucional de elaboração e aprovação de plano diretor para municípios acima de vinte mil habitantes, devendo esse instrumento ser revisto, obrigatoriamente, a cada cinco anos.

(2) São instrumentos do Estatuto da Cidade para a realização da política urbana, entre outros: o zoneamento ambiental, a contribuição de melhoria, a desapropriação, a servidão administrativa, o direito de preempção e a usucapião especial de imóvel urbano.

(3) Cabe à União instituir diretrizes para o desenvolvimento urbano, inclusive habitação, e aos estados instituir, mediante lei complementar, regiões metro-

politanas, devendo o DF elaborar PDOT dispondo acerca das políticas de ordenamento territorial.

1: incorreta. Deve o plano diretor ser revisto a cada 10 anos (art. 40, § 3º, da Lei nº 10.257/2001 – Estatuto da Cidade: § 3º A lei que instituir o plano diretor deverá ser revista, pelo menos, a cada dez anos.); **2:** correta, nos termos do art. 4º, III, "a", IV, "b", V, "a", "b", "m" e "j", do Estatuto da Cidade; **3:** correta, nos termos dos arts. 21, XX, 25, § 3º, e 32, § 1º, c.c. art. 30, VIII, todos da Constituição Federal. **PM**

Gabarito 1E, 2C, 3C

2. QUESTÕES COMBINADAS

(Procurador Município – Teresina/PI – FCC – 2022) A aplicação prática do princípio da afetação das mais-valias ao custo da urbanificação está

(A) no tombamento.

(B) no direito de vizinhança.

(C) na desapropriação por interesse social.

(D) na desapropriação por utilidade pública.

(E) na contribuição de melhoria.

Princípio da afetação das mais-valias ao custo da urbanificação é a valorização da propriedade privada decorrente de infraestrutura pública, ou seja, o valor não provém exclusivamente de um ato individual do proprietário. Desta forma, é preciso recapturar a mais-valia gerada pela capitalização da infraestrutura que pode ser realizada por meio da cobrança de contribuição de melhoria. **PM**

Gabarito "E".

(Procurador Município – Teresina/PI – FCC – 2022) A Administração pública pretende impor um recuo de 10 metros para um único lote existente em determinada quadra, mantendo-se o recuo de 2 metros previsto em lei aos demais. Analisando o processo, o Procurador do Município deverá

(A) deixar de se manifestar por ser tema de competência do Ministério Público.

(B) sugerir que o processo seja encaminhado para manifestação do Tribunal de Contas.

(C) chancelar a limitação administrativa pretendida.

(D) consignar que o ato administrativo pretendido tem natureza de servidão administrativa sem direito à indenização.

(E) consignar que o ato administrativo pretendido acarretará o ajuizamento de uma ação de desapropriação indireta.

O Poder Público tem a capacidade de esvaziar a propriedade privada sem a observância dos requisitos de declaração ou indenização prévia, portanto, como o recuo pretendido não acompanha os preceitos legais existentes (os 2 metros de recuo), trata-se da hipótese de desapropriação indireta. **PM**

Gabarito "E".

(Procurador Município – Teresina/PI – FCC – 2022) Loteamento, desmembramento e desdobro

(A) não são regidos pela legislação federal.

(B) são, respectivamente, a subdivisão da gleba com implantação de infraestrutura, a subdivisão da gleba aproveitando-se a infraestrutura já existente e a divisão do lote.

(C) diferem-se pelo tamanho da gleba a ser subdividida: o loteamento é a subdivisão de gleba de grande dimen-

são, o desmembramento é a subdivisão de gleba de média dimensão e o desdobro é a subdivisão de gleba de pequena dimensão.

(D) são sinônimos para designar divisão de gleba.

(E) diferem-se pelo grau de investimento em infraestrutura urbana: o primeiro requer grande investimento, o segundo médio investimento e o terceiro pequeno investimento.

Alternativa correta letra **B** conforme dispõe a Lei 6.766/79 em seu art. 2º: § 1º Considera-se loteamento a subdivisão de gleba em lotes destinados a edificação, com abertura de novas vias de circulação, de logradouros públicos ou prolongamento, modificação ou ampliação das vias existentes. § 2º Considera-se desmembramento a subdivisão de gleba em lotes destinados a edificação, com aproveitamento do sistema viário existente, desde que não implique na abertura de novas vias e logradouros públicos, nem no prolongamento, modificação ou ampliação dos já existentes. Já o desdobro não está previsto na Lei 6.766/79, contudo, trata-se da divisão da área do lote para formação de novos lotes. **PM**

Gabarito "B".

(Procurador Município – Teresina/PI – FCC – 2022) Com base no que estabelece a Lei Complementar 5.481, de 20 de dezembro de 2019, os Estudos de Adequação Urbanística têm, como objetivo geral,

(A) garantir a melhor inserção possível do empreendimento no setor urbano, e, como um de seus objetivos específicos, diminuir ao máximo a perturbação causada por ruídos sistemáticos produzidos pelas atividades que ocorrem no empreendimento.

(B) garantir qualidade na inserção urbana e ambiental de empreendimentos localizados em zonas especiais, nos termos do Plano Diretor de Ordenamento Territorial de Teresina, e, como um de seus objetivos específicos, garantir a segurança dos transeuntes, alertando-os, mediante a aposição de placas ou cartazes, distantes uns dos outros por não mais de 5 metros, com os dizeres "HOMENS TRABALHANDO – MANTENHA DISTÂNCIA – RISCO DE ACIDENTE".

(C) diminuir ao máximo a perturbação causada por ruídos sistemáticos produzidos pelas atividades que ocorrem no empreendimento, e, como um de seus objetivos específicos, assegurar que as operações de carga e descarga ocorram nas áreas internas do imóvel.

(D) reservar espaços seguros para circulação, travessia, embarque e desembarque de pedestres, e, como um de seus objetivos específicos, garantir a segurança dos transeuntes, alertando-os, mediante a aposição de placas ou cartazes, distantes uns dos outros por não mais de 10 metros, com os dizeres "HOMENS TRABALHANDO – MANTENHA DISTÂNCIA – RISCO DE ACIDENTE".

(E) assegurar que os efluentes produzidos pelas atividades urbanas não causem prejuízo ao meio ambiente nem à qualidade de vida dos moradores do entorno do empreendimento, e, como um de seus objetivos específicos, diminuir ao máximo a perturbação do tráfego de passagem em virtude do tráfego gerado.

Alternativa correta letra A, pois é o que prevê o art. 273, VII da Lei Complementar 5.481/19, que dispõe sobre o Plano Diretor de Teresina: Art. 273. Os Estudos de Adequação Urbanística têm como objetivo geral garantir a melhor inserção possível do empreendimento no

10. DIREITO URBANÍSTICO — 431

setor urbano e, como objetivos específicos: VII – Garantir qualidade na inserção urbana e ambiental de empreendimentos localizados em zonas especiais, nos termos do Capítulo II, do Título II, da Parte III, deste PDOT. **PM**

Gabarito "A".

(Procurador Município – Teresina/PI – FCC – 2022) Para fins de Regularização Fundiária Urbana,

(A) em área de unidade de conservação de uso sustentável que admita regularização, nos termos da Lei federal 9.985, de 18 de julho de 2000, será exigida apenas a ciência do órgão gestor da unidade.

(B) aplica-se a Lei federal 13.465, de 11 de julho de 2017, aos núcleos urbanos informais situados em áreas indispensáveis à segurança nacional ou de interesse da defesa, assim reconhecidas em decreto do Poder Executivo federal.

(C) os Municípios poderão dispensar as exigências relativas ao percentual e às dimensões de áreas destinadas ao uso público ou ao tamanho dos lotes regularizados, assim como a outros parâmetros urbanísticos e edilícios.

(D) mediante legitimação fundiária, somente poderá ser aplicada a Lei federal 13.465, de 11 de julho de 2017, para os núcleos urbanos informais comprovadamente existentes, na forma da citada Lei, até a data da sua entrada em vigor.

(E) considera-se núcleo urbano informal consolidado aquele clandestino, irregular ou no qual não foi possível realizar, por qualquer modo, a titulação de seus ocupantes, ainda que atendida a legislação vigente à época de sua implantação ou regularização.

De acordo com a Lei 13.465/17, art. 11, §3º, a alternativa **A** está incorreta pois no caso de a Reurb abranger área de unidade de conservação de uso sustentável que, nos termos da Lei nº 9.985, de 18 de julho de 2000, admita regularização, será exigida também a anuência do órgão gestor da unidade, desde que estudo técnico comprove que essas intervenções de regularização fundiária implicam a melhoria das condições ambientais em relação à situação de ocupação informal anterior. A Alternativa **B** está incorreta pois a Lei federal nº 13.465/17 não se aplica aos núcleos urbanos informais situados em áreas indispensáveis à segurança nacional ou de interesse da defesa, assim reconhecidas em decreto do Poder Executivo federal. A alternativa **C** está correta, pois é o que dispões o art. 11, § 1º da Lei 13.465/17. A alternativa **D** está incorreta, pois a Reurb promovida mediante legitimação fundiária somente poderá ser aplicada para os núcleos urbanos informais comprovadamente existentes, na forma desta Lei, até 22 de dezembro de 2016. A alternativa **E** está incorreta, pois não confere com o art. 11, III da Lei 13.465/17 que prevê: III – núcleo urbano informal consolidado: aquele de difícil reversão, considerados o tempo da ocupação, a natureza das edificações, a localização das vias de circulação e a presença de equipamentos públicos, entre outras circunstâncias a serem avaliadas pelo Município. **PM**

Gabarito "C".

(Procurador do Município – Prefeitura Fortaleza/CE – CESPE – 2017) A respeito de parcelamento do solo, impacto de vizinhança, regularização fundiária de interesse social, desapropriação e tombamento, julgue os itens a seguir com base na legislação urbanística.

(1) De acordo com o Estatuto da Cidade, o estudo prévio do impacto ambiental é peça obrigatória do estudo de impacto de vizinhança e as análises de uso e ocupação do solo e de adensamento populacional

somente são obrigatórias para imóveis com área superior a um hectare.

(2) Conforme a medida provisória que dispõe sobre a concessão de uso especial, o direito de concessão de uso especial para fins de moradia pode ser transferido para terceiros.

(3) Em se tratando de desapropriação por utilidade pública em que a imissão prévia na posse tenha se dado por ordem judicial e o ente expropriante tenha depositado em juízo o preço ofertado, é incabível o pagamento de juros compensatórios.

(4) Se imóvel integrante do patrimônio cultural for objeto de tombamento compulsório, poderá o proprietário requerer o cancelamento do tombamento se, após notificar o Instituto do Patrimônio Histórico e Artístico Nacional da impossibilidade financeira de proceder às obras de conservação e reparação necessárias, o poder público não adotar nenhuma providência dentro do prazo de seis meses.

(5) No âmbito do parcelamento do solo urbano, desmembramento corresponde à subdivisão de gleba em lotes destinados à edificação, com abertura de novas vias de circulação e criação de logradouros públicos.

1: Errada. O EIA e o EIV são documentos autônomos (art. 38 do Estatuto da Cidade – Lei 10.257/2001: Art. 38. A elaboração do EIV não substitui a elaboração e a aprovação do estudo prévio de impacto ambiental (EIA), requeridas nos termos da legislação ambiental.), sendo a análise do adensamento populacional e de uso e ocupação do solo dois de seus requisitos mínimos (art. 37, I e III, do Estatuto da Cidade). **2:** Certa, nos termos do art. 7º da Medida Provisória 2.220/2001. **3:** Errada. O art. 15-A do Decreto-lei 3.365/1941 determina a incidência de juros moratórios de 6% ao ano sobre a diferença apurada, contados da imissão na posse, vedada a aplicação de juros compostos. **4:** Certa, nos termos do art. 19, §§ 1º e 2º, do Decreto-lei 25/1937. **5:** Errada, A assertiva traz o conceito de loteamento. No desmembramento há aproveitamento do sistema viário existente (art. 2º, §§ 1º e 2º, da Lei 6.766/1979). **PM**

Gabarito 1E, 2C, 3E, 4C, 5E.

(Procurador do Município – Prefeitura Fortaleza/CE – CESPE – 2017) Considerando a jurisprudência majoritária e atual dos tribunais superiores, julgue os itens subsequentes.

(1) Para o STJ, se parte de um imóvel urbano for declarada pelo poder público área de preservação permanente, ficará afastada a titularidade do proprietário em relação a essa porção do imóvel. Uma vez transformada em área de preservação permanente, a porção é retirada do domínio privado e passa a ser considerada bem público para todos os efeitos, incluindo-se os tributários.

(2) Segundo o STF, a competência normativa municipal para a ocupação de espaços urbanos é mais ampla que o conteúdo aprovado no seu plano diretor. Assim, municípios com mais de vinte mil habitantes podem legislar sobre ordenamento urbano em outras leis, desde que compatíveis com diretrizes estabelecidas no plano diretor.

1: Errada. A área de preservação permanente não implica perda do domínio do imóvel e continua submetida ao pagamento de impostos – ao contrário, é "pressuposto interno do direito de propriedade" a fundamentar a "função ecológica do imóvel" (STJ, REsp 1.240.122). **2:** Certa, nos termos da tese fixada em repercussão geral no RE 607.940. **PM**

Gabarito 1E, 2C

(Procurador Municipal – Prefeitura/BH – CESPE – 2017) Acerca de instrumentos de tutela de bens culturais materiais e das competências para a proteção do patrimônio cultural, assinale a opção correta.

(A) O rito de tombamento de ofício inicia-se com manifestação do IPHAN, órgão vinculado ao Ministério da Cultura.

(B) A ação popular não se presta a anular ato lesivo ao patrimônio histórico e cultural.

(C) Todos os entes federativos possuem competência para legislar sobre tombamento e competência material para realizá-lo.

(D) O ato de tombamento é discricionário, de modo que eventual controle pelo Poder Judiciário não se estende a sua motivação.

A: incorreta. O IPHAN é autarquia, não órgão, federal, vinculada ao Ministério da Cultura; **B:** incorreta. A ação popular pode ter por objeto a anulação de ato lesivo ao patrimônio histórico e cultural (art. 1º, § 1º, da Lei 4.717/1965: Art. 1º Qualquer cidadão será parte legítima para pleitear a anulação ou a declaração de nulidade de atos lesivos ao patrimônio da União, do Distrito Federal, dos Estados, dos Municípios, de entidades autárquicas, de sociedades de economia mista (Constituição, art. 141, § 38), de sociedades mútuas de seguro nas quais a União represente os segurados ausentes, de empresas públicas, de serviços sociais autônomos, de instituições ou fundações para cuja criação ou custeio o tesouro público haja concorrido ou concorra com mais de cinqüenta por cento do patrimônio ou da receita ânua, de empresas incorporadas ao patrimônio da União, do Distrito Federal, dos Estados e dos Municípios, e de quaisquer pessoas jurídicas ou entidades subvencionadas pelos cofres públicos. § 1º - Consideram-se patrimônio público para os fins referidos neste artigo, os bens e direitos de valor econômico, artístico, estético, histórico ou turístico.); **C:** correta, nos termos do art. 24, VII, art. 30, IX, e 23, III, todos os CF; **D:** incorreta, porém deve ser feita a ressalva da divisão da doutrina sobre o tema. A doutrina clássica, amparada em Hely Lopes Meirelles, defende a natureza vinculada do tombamento. Há, não obstante, crescente movimento pelo reconhecimento de sua discricionariedade, principalmente defendido pelas Procuradorias Estaduais e Municipais. PM
Gabarito "C".

(Procurador Municipal – Prefeitura/BH – CESPE – 2017) Chamado para analisar projetos de parcelamento de solo urbano em áreas impróprias, determinado procurador municipal verificou hipótese de proibição absoluta.

Com base nas disposições da Lei 6.766/1979, é correto afirmar tratar-se, na situação, de parcelamento do solo em terrenos

(A) onde as condições geológicas não aconselham a edificação.

(B) alagadiços e sujeitos a inundações.

(C) aterrados com material nocivo à saúde pública.

(D) com declividade igual ou superior a 30%.

As hipóteses de proibição absoluta encontram-se no art. 3º, parágrafo único, da Lei 6.766/1979: Art. 3º Somente será admitido o parcelamento do solo para fins urbanos em zonas urbanas, de expansão urbana ou de urbanização específica, assim definidas pelo plano diretor ou aprovadas por lei municipal. Parágrafo único - Não será permitido o parcelamento do solo: I - em terrenos alagadiços e sujeitos a inundações, antes de tomadas as providências para assegurar o escoamento das águas; II - em terrenos que tenham sido aterrados com material nocivo à saúde pública, sem que sejam previamente saneados; III - em terrenos com declividade igual ou superior a 30% (trinta por cento), salvo se

atendidas exigências específicas das autoridades competentes; IV - em terrenos onde as condições geológicas não aconselham a edificação; V - em áreas de preservação ecológica ou naquelas onde a poluição impeça condições sanitárias suportáveis, até a sua correção. Dentre as alternativas, a única que se encontra no rol é a proibição de edificação nos locais onde as condições geológicas não o aconselhem (inciso IV). Vale ressaltar que a edificação em área aterrada com material nocivo à saúde pública é permitida se houver saneamento prévio (inciso II) e nos terrenos com declividade superior a 30% será permitida sob certas condições das autoridades competentes (inciso III). PM
Gabarito "A".

(Procurador Municipal – Sertãozinho/SP – VUNESP – 2016) A Lei 6.766/1979 trata sobre o Parcelamento do Solo. Destina um dos seus capítulos a contratos que tenham por objeto a venda de bens imóveis. Sob esse aspecto, é correto afirmar que

(A) aquele que adquirir a propriedade loteada mediante ato *inter vivos*, ou por sucessão *causa mortis*, sucederá o transmitente em todos os seus direitos e obrigações, ficando obrigado a respeitar os compromissos de compra e venda ou as promessas de cessão, em todas as suas cláusulas, sendo anulável qualquer disposição em contrário, ressalvado o direito do herdeiro ou legatário de renunciar à herança ou ao legado.

(B) o contrato particular pode ser transferido por simples trespasse, lançado no verso das vias em poder das partes, ou por instrumento em separado, declarando-se o número do registro do loteamento, o valor da cessão e a qualificação do cessionário para o devido registro.

(C) em qualquer caso de rescisão por inadimplemento do adquirente, as benfeitorias necessárias ou úteis por ele levadas a efeito no imóvel não deverão ser indenizadas, sendo de nenhum efeito qualquer disposição contratual em contrário.

(D) qualquer alteração ou cancelamento parcial do loteamento registrado dependerá de acordo entre o loteador e os adquirentes de lotes atingidos pela alteração, independentemente da aprovação pela Prefeitura Municipal, ou do Distrito Federal quando for o caso, devendo ser depositada no Registro de Imóveis.

(E) são retratáveis os compromissos de compra e venda, cessões e promessas de cessão, os que atribuam direito à adjudicação compulsória e, estando registrados, confiram direito real oponível a terceiros.

A. incorreta. O art. 29 da Lei 6.766/1979 considera nulas as disposições em contrário, e não meramente anuláveis, ressalvado o direito do herdeiro ou legatário de renunciar à herança ou ao legado (Art. 29. Aquele que adquirir a propriedade loteada mediante ato inter vivos, ou por sucessão causa mortis, sucederá o transmitente em todos os seus direitos e obrigações, ficando obrigado a respeitar os compromissos de compra e venda ou as promessas de cessão, em todas as suas cláusulas, sendo nula qualquer disposição em contrário, ressalvado o direito do herdeiro ou legatário de renunciar à herança ou ao legado.); **B.** correta, nos termos do art. 31, "caput", da Lei 6.766/1979; **C.** incorreta. Nos termos do art. 34 da Lei 6.766/1979, em qualquer caso de rescisão por inadimplemento do adquirente, as benfeitorias necessárias ou úteis por ele levadas a efeito no imóvel deverão ser indenizadas, sendo de nenhum efeito qualquer disposição contratual em contrário. Como exceção, não serão indenizáveis as benfeitorias feitas em desconformidade com o contrato ou com a lei; **D.** incorreta. Nos termos do art. 28 da Lei 6.766/1979, deve haver aprovação pela

10. DIREITO URBANÍSTICO 433

Prefeitura Municipal, ou do Distrito Federal quando for o caso, devendo ser depositada no Registro de Imóveis, em complemento ao projeto original com a devida averbação; **E.** incorreta. Nos termos do art. 25 da lei 6.766/1979, tais avenças são irretratáveis. **PM**

Gabarito "B".

(Procurador Municipal/SP – VUNESP – 2016) Os lotes urbanos, para fins de loteamento e parcelamento do solo, conforme estabelecido na Lei 6.766/1979, quando o loteamento se destinar a edificação de conjuntos habitacionais de interesse social, previamente aprovados pelos órgãos públicos competentes, poderão ter área mínima

(A) de 150 m².

(B) menor que 125 m².

(C) entre 130 e 150 m².

(D) entre 150 e 250 m².

(E) de 250 m².

O art. 4º da Lei n. 6.766/1979 trata dos requisitos urbanísticos para os loteamentos, e, em seu inciso II, determina que "Art. 4º. Os loteamentos deverão atender, pelo menos, aos seguintes requisitos: II - os lotes terão área mínima de 125m² (cento e vinte e cinco metros quadrados) e frente mínima de 5 (cinco) metros, salvo quando o loteamento se destinar a urbanização específica ou edificação de conjuntos habitacionais de interesse social, previamente aprovados pelos órgãos públicos competentes. **PM**

Gabarito "B".

(Procurador – SP – VUNESP – 2015) Quanto ao parcelamento do Solo Urbano, é correta a seguinte afirmação:

(A) Considera-se desmembramento a subdivisão de gleba em lotes destinados à edificação, com abertura de novas vias de circulação, de logradouros públicos ou prolongamento, modificação ou ampliação das vias existentes.

(B) Considera-se loteamento a subdivisão de gleba em lotes destinados à edificação, com aproveitamento do sistema viário existente, desde que não implique na abertura de novas vias, logradouros públicos, nem no prolongamento, modificação ou ampliação dos já existentes.

(C) Não será permitido o parcelamento do solo para fins urbanos em terrenos alagadiços e sujeitos a inundações, ainda que tomadas as providências para assegurar o escoamento das águas.

(D) Não será permitido o parcelamento de solo para fins urbanos em terrenos que tenham sido aterrados com material nocivo à saúde pública, ainda que previamente saneados.

(E) Somente será admitido o parcelamento do solo para fins urbanos em zonas urbanas, de expansão urbana ou de urbanização específica, assim definidas pelo plano diretor ou aprovadas por lei municipal.

A. incorreta. Considera-se loteamento a subdivisão de gleba em lotes destinados a edificação, com abertura de novas vias de circulação, de logradouros públicos ou prolongamento, modificação ou ampliação das vias existentes, e considera-se desmembramento a subdivisão de gleba em lotes destinados a edificação, com aproveitamento do sistema viário existente, desde que não implique na abertura de novas vias e logradouros públicos, nem no prolongamento, modificação ou ampliação dos já existentes (art. 2º, §§ 1º e 2º da Lei 6.766/1979); **B.** incorreta. Considera-se loteamento a subdivisão de gleba em lotes destinados a edificação, com abertura de novas vias de circulação, de logradouros públicos ou prolongamento, modificação ou ampliação das

vias existentes, e considera-se desmembramento a subdivisão de gleba em lotes destinados a edificação, com aproveitamento do sistema viário existente, desde que não implique na abertura de novas vias e logradouros públicos, nem no prolongamento, modificação ou ampliação dos já existentes (art. 2º, §§ 1º e 2º da Lei 6.766/1979); **C.** incorreta. De acordo com o art. 3º, parágrafo único, I, da Lei 6.766/1979, não será permitido o parcelamento do solo em terrenos alagadiços e sujeitos a inundações, antes de tomadas as providências para assegurar o escoamento das águas; **D.** incorreta. De acordo com o art. 3º, parágrafo único, II, da Lei 6.766/1979: Parágrafo único - Não será permitido o parcelamento do solo: II - em terrenos que tenham sido aterrados com material nocivo à saúde pública, sem que sejam previamente saneados; **E.** correta, nos termos do art. 3º, "caput", da Lei 6.766/1979. **PM**

Gabarito "E".

(Procurador Distrital – 2014 – CESPE) A respeito do Estatuto da Cidade, da desapropriação e das regras de uso do solo urbano no DF, julgue os itens que se seguem.

(1) Só será beneficiado pelo programa governamental Minha Casa Minha Vida aquele que comprovadamente integre família com renda mensal de até R$ 4.650,00.

(2) É obrigatório, para a construção de edificações de uso público no Distrito Federal, que pelo menos um dos elevadores, ou um por prumada, seja construído com cabine suficientemente ampla para permitir movimentação cômoda de cadeirante e o giro de cadeira de rodas.

(3) Diferentemente do EIA, o estudo de impacto de vizinhança não é um documento público, devendo o cidadão interessado em obter acesso ao seu conteúdo formular requerimento fundamentado ao órgão competente do poder público municipal, que analisará a procedência do pedido.

(4) Caso o imóvel urbano seja considerado subutilizado, o proprietário deverá ser notificado pelo Poder Executivo municipal, averbando-se a notificação no cartório de títulos e documentos.

(5) Por ser a desapropriação-sanção uma penalidade decorrente do descumprimento de obrigação ou ônus urbanístico, o proprietário que sofrer esse tipo de desapropriação não terá direito a indenização.

(6) Considera-se loteamento a subdivisão de gleba em lotes destinados a edificação, com aproveitamento do sistema viário existente, desde que essa subdivisão não implique abertura de novas vias e logradouros públicos, nem o prolongamento, modificação ou ampliação dos já existentes.

1: correta, nos termos do art. 3º, I, da Lei nº 11.977/2009; **2:** correta, nos termos do art. 123-B, § 1º, da Lei Distrital nº 2.105/1998 – Código de Edificações do Distrito Federal; **3:** incorreta. Nos termos do art. 37, parágrafo único, do Estatuto da Cidade: Parágrafo único. Dar-se-á publicidade aos documentos integrantes do EIV, que ficarão disponíveis para consulta, no órgão competente do Poder Público municipal, por qualquer interessado; **4:** incorreta. A notificação será averbada no Cartório de Registro de Imóveis (art. 5º, § 2º, do Estatuto da Cidade); **5:** incorreta. A natureza sancionatória da desapropriação não afasta o direito à indenização do proprietário. Ocorre que essa se dará em títulos da dívida pública resgatáveis no prazo de 10 anos e não em dinheiro (art. 182, § 4º, III, da Constituição Federal); **6:** incorreta. O conceito de loteamento pressupõe a abertura de novas vias e logradouros públicos ou o prolongamento, modificação ou ampliação dos já existentes (art. 2º, § 1º, da Lei nº 6.766/1979). **PM**

Gabarito 1C, 2C, 3E, 4E, 5E, 6E

(Procurador do Estado/BA – 2014 – CESPE) No que se refere ao parcelamento do solo urbano e aos registros públicos, julgue os itens seguintes.

(1) No âmbito dos registros públicos, o procedimento de dúvida é o expediente por meio do qual o apresentante de um título registral, se inconformado com as exigências formuladas pelo registrador ou com a decisão que desde logo negue o registro, pode requerer ao juiz competente que, após proceder à requalificação do documento, determine seu acesso ao fólio real. Nesse contexto, não há possibilidade de interposição de recurso em face de decisão desfavorável do juiz.

(2) Aprovado o projeto de loteamento pelo município, o loteador deverá submetê-lo ao registro imobiliário, acompanhado dos documentos indicados na lei, dentro de cento e oitenta dias, sob pena de caducidade da aprovação.

1: incorreta. Da sentença sobre o procedimento de dúvida cabe apelação recebida no duplo efeito (art. 202 da Lei nº 6.015/1973: Art. 202 - Da sentença, poderão interpor apelação, com os efeitos devolutivo e suspensivo, o interessado, o Ministério Público e o terceiro prejudicado.); **2:** correta, nos termos do art. 18 da Lei nº 6.766/1979. PM

Gabarito 1E, 2C

3. OUTROS TEMAS

(Procurador Município – Santos/SP – VUNESP – 2021) A partir do quanto determinado na Lei de diretrizes nacionais para o saneamento básico e para a política federal de saneamento básico, assinale a alternativa correta.

(A) A instalação hidráulica predial ligada à rede pública de abastecimento de água poderá ser também alimentada por outras fontes.

(B) A fatura a ser entregue ao usuário final deverá obedecer a modelo estabelecido pela prestadora do serviço.

(C) A interrupção do fornecimento de água por inadimplência de instituições educacionais deverá obedecer a prazos e critérios que preservem condições mínimas de manutenção da saúde das pessoas atingidas.

(D) Os reajustes de tarifas de serviços públicos de saneamento básico serão realizados observando-se o intervalo mínimo de 06(seis) meses.

(E) É permitido, como regra, a aplicação de recursos orçamentários da União na administração, operação e manutenção de serviços públicos de saneamento básico administrados por órgão ou entidade municipal.

Alternativa **A** incorreta, a Lei 11.445/07 prevê em seu art. 45, § 2º: A instalação hidráulica predial ligada à rede pública de abastecimento de água não poderá ser também alimentada por outras fontes. Alternativa **B** incorreta, pois o art. 39, parágrafo único da Lei 11.445/07 estabelece que "A fatura a ser entregue ao usuário final deverá obedecer a modelo estabelecido pela entidade reguladora, que definirá os itens e custos que deverão estar explicitados". Alternativa **C** correta, está de acordo com o art. 40, § 3º da Lei 11.445/07. Alternativa **D** incorreta, Lei 11.447/07, art. 37. Os reajustes de tarifas de serviços públicos de saneamento básico serão realizados observando-se o intervalo mínimo de 12 (doze) meses, de acordo com as normas legais, regulamentares e contratuais. Alternativa **E** incorreta, Lei 11.447/07, art. 50, § 3º É vedada a aplicação de recursos orçamentários da União na administração, operação e manutenção de serviços públicos de saneamento básico não adminis-

trados por órgão ou entidade federal, salvo por prazo determinado em situações de eminente risco à saúde pública e ao meio ambiente. PM

Gabarito "C".

(Procurador Município – Santos/SP – VUNESP – 2021) O conjunto de ações e serviços de saúde, prestados por órgãos e instituições públicas federais, estaduais e municipais, da Administração direta e indireta e das fundações mantidas pelo Poder Público, constitui o Sistema Único de Saúde (SUS). Nos termos da Lei nº 8.080/90, quando as suas disponibilidades forem insuficientes para garantir a cobertura assistencial à população de uma determinada área, o SUS poderá recorrer aos serviços ofertados pela iniciativa privada, sendo certo que

(A) a participação complementar dos serviços privados será formalizada mediante contrato ou convênio, observadas, a respeito, as normas de direito privado.

(B) as entidades filantrópicas e as sem fins lucrativos terão preferência para tanto.

(C) os critérios e valores para a remuneração de serviços serão estabelecidos pela direção estadual do SUS.

(D) os serviços contratados submeter-se-ão às normas técnicas e administrativas do contratado.

(E) aos dirigentes de entidades ou serviços contratados é vedado exercer cargo de chefia, mas podem exercer função de confiança no SUS.

Alternativa **A** incorreta, pois serão observadas normas de direito público. Alternativa **B** correta, de acordo com o art. 25 da Lei 8.080/90. Alternativa **C** incorreta, Lei 8.080/90, art. 26: Os critérios e valores para a remuneração de serviços e os parâmetros de cobertura assistencial serão estabelecidos pela direção nacional do Sistema Único de Saúde (SUS), aprovados no Conselho Nacional de Saúde. Alternativa **D** incorreta, Lei 8.080/90, art. 26, § 2º Os serviços contratados submeter-se-ão às normas técnicas e administrativas e aos princípios e diretrizes do Sistema Único de Saúde (SUS), mantido o equilíbrio econômico e financeiro do contrato. Alternativa **E** incorreta, Lei 8.080/90, art. 26, § 4º Aos proprietários, administradores e dirigentes de entidades ou serviços contratados é vedado exercer cargo de chefia ou função de confiança no Sistema Único de Saúde (SUS). PM

Gabarito "B".

(Procurador Município – Teresina/PI – FCC – 2022) No Município de Teresina, os denominados "loteamentos fechados" possuem natureza jurídica

(A) de loteamento com concessão onerosa de uso, atribuindo-se ao empreendimento a responsabilidade pela manutenção das vias e das áreas verdes.

(B) de loteamento com doação das vias de circulação e das demais áreas públicas do Município para a Associação de Moradores.

(C) de condomínio regido pelo Código Civil.

(D) mista ou híbrida, pois são condomínios regulamentados pelo Código Civil com algumas características de loteamento.

(E) mista ou híbrida, pois são condomínios regulamentados pelo Código Civil com algumas características de parcelamento do solo urbano.

Alternativa correta letra **A** de acordo com a Lei Complementar nº 3.561/06 que dispõe sobre o parcelamento do solo urbano do Município de Teresina e prevê em seu art. 90 o seguinte: A implantação de loteamentos fechados está condicionada à permissão do fechamento das vias públicas, após a assinatura de concessão onerosa de uso,

10. DIREITO URBANÍSTICO

atribuindo-se ao empreendimento a responsabilidade pela manutenção das vias e das áreas verdes. PM

Gabarito "A".

(Procurador Município – Teresina/PI – FCC – 2022) Sr. Milton é conhecido no bairro por permitir que vizinhos utilizem seu terreno não edificado e não murado como depósito de resíduos sólidos orgânicos. O local também é utilizado para passeios com animais de estimação. Segundo o Código Municipal de Posturas de Teresina,

(A) o proprietário deve escolher uma das duas atividades para permitir tal utilização, podendo, em ambas, deixar o imóvel sem muro.

(B) o depósito de resíduos sólidos orgânicos é permitido e incentivado pelo Município, pois reduz o custo com a sua coleta e com a sua destinação final.

(C) o imóvel pode ser utilizado desta forma por concretizar uma face da função social da propriedade.

(D) o proprietário deve ser notificado para promover a limpeza e o cercamento, com muro, do imóvel, mantendo-o limpo, capinado e drenado.

(E) o imóvel pode ser utilizado para o lazer com os animais, desde que o local utilizado para o depósito dos resíduos sólidos orgânicos esteja identificado.

Alternativa correta letra D conforme a redação dada pelo art. 16 da Lei Complementar 3.610/07, Código de Posturas de Teresina, que diz: Todo proprietário de terreno urbano não edificado fica obrigado a mantê-lo capinado, drenado, murado e em perfeito estado de limpeza, evitando que seja usado como depósito de lixo, detritos ou resíduos de qualquer natureza. PM

Gabarito "D".

(Procurador Município – Teresina/PI – FCC – 2022) No Código de Obras e Edificações de Teresina, as multas devem ser impostas em grau mínimo, médio ou máximo e serão aplicadas quando o infrator não sanar a irregularidade dentro do prazo fixado na notificação ou imediatamente, nas hipóteses em que não haja necessidade de notificação prévia, considerando-se, além da gravidade da infração,

(A) a condição financeira do infrator, as circunstâncias atenuantes ou agravantes da infração e os antecedentes penais e administrativos do infrator.

(B) a condição financeira do infrator, as circunstâncias atenuantes ou agravantes da infração e os antecedentes administrativos do infrator.

(C) a condição financeira do infrator.

(D) as circunstâncias atenuantes ou agravantes da infração e os antecedentes do infrator com relação às disposições do código citado.

(E) a condição financeira do infrator e as circunstâncias atenuantes ou agravantes da infração.

Alternativa correta letra D, pois retrata o art. 238 da Lei Complementar 4.729/15, Código de Obras e Edificações de Teresina. Art. 238. As multas devem ser impostas em grau mínimo, médio ou máximo e será aplicada quando o infrator não sanar a irregularidade dentro do prazo fixado na notificação ou imediatamente, nas hipóteses em que não haja necessidade de notificação prévia. Parágrafo único. Na imposição da multa, e para graduá-la, considera-se: I – a maior ou menor gravidade da infração; II – as circunstâncias atenuantes ou agravantes da infração; e III – os antecedentes do infrator, com relação às disposições deste Código. PM

Gabarito "D".

11. DIREITO DO CONSUMIDOR

Roberta Densa e Cecília Dantas

1. CONCEITO DE CONSUMIDOR E RELAÇÃO DE CONSUMO

(Procurador/DF – CESPE – 2022) Considerando os conceitos de consumidor e fornecedor, a relação consumerista e a prestação de serviços públicos, julgue os itens que se seguem.

(1) Consumidor, para a teoria finalista, é aquele que retira o produto do mercado como destinatário final fático, ao passo que, para a teoria maximalista, é a pessoa que o faz na condição de destinatário final econômico.

(2) Diversamente dos produtos gratuitos classificáveis como amostra grátis, os serviços gratuitos, como os casos de transporte rodoviário coletivo gratuito para idosos, afastam a incidência do Código de Defesa do Consumidor, pois a contraprestação, nessas hipóteses, é requisito essencial.

(3) Aplica-se o Código de Defesa do Consumidor aos empreendimentos habitacionais promovidos pelas sociedades cooperativas.

(4) A interrupção de serviço público de água, telefonia ou energia, prestado diretamente pela administração pública ou sob regime de concessão, precedida da regular notificação prévia, é lícita em razão de inadimplemento do titular da unidade consumidora, ainda que o corte afete um estabelecimento da administração pública prestadora de serviço essencial.

(5) Nos casos de danos provocados por defeito do serviço, o Código de Defesa do Consumidor autoriza a ampliação do conceito de fornecedor para alcançar todos os envolvidos na prestação do serviço, possibilitando a responsabilização do terceiro que, embora não o tenha prestado diretamente, tenha integrado a cadeia de consumo.

1: Errada. Conforme a teoria finalista, consumidor é a pessoa que retira o produto ou serviço do mercado de consumo como destinatário final, apenas para uso próprio (sendo destinatário, portanto, fático e econômico), ao passo que, para a teoria maximalista, consumidor é aquele retira o produto do mercado, independentemente da sua finalidade, admitindo-se o uso próprio ou profissional (destinatário fático). **2:** Errada. Os serviços gratuitos (não onerosos ao consumidor) não são considerados serviços nos termos do art. 3º, § 1º do CDC, não atraindo, portanto, a aplicação do CDC. Já os serviços com onerosidade indireta (aparentemente gratuitos), em que há uma vantagem financeira, ou que visa uma vantagem financeira para o fornecedor, tal como o exemplo trazido na questão, traz incidência do Código de Defesa do Consumidor. **3:** Correta. Vide Súmula 602 do STJ. **4:** Errada. Conforme REsp nº 654818/RJ, tratando-se de pessoa jurídica de direito público devedora, o corte de energia é possível, desde que não aconteça indiscriminadamente, preservando-se as unidades públicas essenciais, como hospitais, pronto-socorros, escolas e creches. **5:** Correta. Todos os envolvidos na cadeia produtiva são responsáveis pelos danos causados aos consumidores, tudo confirme arts. 7º, 25 e 14 do CDC. **RD**

Gabarito: 1E, 2E, 3C, 4E, 5C

(Procurador/PA – CESPE – 2022) Entre as práticas abusivas perpetradas nas relações de consumo, encontram-se aquelas que causam ao consumidor dano decorrente da perda de tempo útil. Nesse contexto está inserida a teoria do desvio produtivo. Acerca desse tema, assinale a opção correta.

(A) Embora já tenha referido, em alguns julgados, a teoria do desvio produtivo como algo que, em tese, pode ser utilizado para responsabilizar o fornecedor pelo dano causado ao consumidor, o Superior Tribunal de Justiça tem reformado todas as condenações em danos morais coletivos feitas por tribunais locais, sob o argumento de que a teoria, por carecer de amparo legal, não pode ser aplicada nas relações de consumo regidas pelo Código de Defesa do Consumidor.

(B) Ao submeter o consumidor a injustas e intoleráveis esperas para utilização de um serviço, o fornecedor viola princípios da política nacional de consumo, como a vulnerabilidade do consumidor.

(C) As alterações feitas no Código de Defesa do Consumidor em 2021 positivaram a teoria do desvio produtivo, haja vista a inserção, entre as práticas abusivas arroladas no art. 39, de dispositivo que expressamente veda a conduta de submeter o consumidor a esperas injustas e desproporcionais para ser atendido.

(D) A teoria do desvio produtivo pode ser invocada nas hipóteses em que o consumidor, para solucionar vício do produto ou do serviço, tenha dificuldades injustificáveis para localizar o fornecedor, ser atendido e efetivamente solucionar o problema, mas não pode ser utilizada em razão do tempo perdido em longas esperas de caixas eletrônicos em agências bancárias.

(E) O Superior Tribunal de Justiça firmou, em julgamento de recurso especial repetitivo, a tese de que é indenizável o dano provocado ao consumidor que tiver aguardado tempo não razoável para ser atendido, desde que a demora tenha sido desproporcional a ponto de ter retirado do consumidor parte de seu tempo útil de maneira injustificada.

A teoria do Desvio Produtivo do Consumidor está relacionada ao evento danoso que se consuma quando o consumidor, sentindo-se prejudicado em razão de falha em produto ou serviço, gasta o seu tempo de vida – um tipo de recurso produtivo – e se desvia de suas atividades cotidianas para resolver determinado problema. De acordo com o precursor da teoria, Marcos Dessaune, a atitude do fornecedor se esquivar de sua responsabilidade causa o desvio produtivo do consumidor. A Teoria Aprofundada do Desvio Produtivo do Consumidor é admitida pela jurisprudência do STJ, e aplicada em alguns acórdãos desde meados de 2018[1].

---

1. Informações obtidas no site do Supremo Tribunal Federal: https://www.stj.jus.br/sites/portalp/Paginas/Comunicacao/Noticias/26062022-A-teoria-do-desvio-produtivo-inovacao--na-jurisprudencia-do-STJ-em-respeito-ao-tempo-do-consumidor.aspx

A: Incorreta. A mencionada teoria é expressamente aplicada tanto pelos Tribunais de Justiça quanto pelo Superior Tribunal de Justiça. **B:** Correta. Todo o Código de Defesa do Consumidor é fundamentado na vulnerabilidade do consumidor e é essa a razão pela qual deve ser indenizado pelo seu desvio produtivo. Frise-se que o STJ não admite a aplicação da teoria do desvio produtivo em casos em que não se aplica o CDC. **C:** Incorreta. A teoria do desvio produtivo não é positivada no direito brasileiro. **D:** Incorreta. A teoria do desvio produtivo pode ser usada em todas as hipóteses em que o consumidor sofre danos relacionados ao tempo de vida útil solucionando qualquer problema advindo da relação consumerista. **E:** Incorreta. Apesar de a definição sobre a teoria estar correta, o tema não foi firmado em julgamento de recurso especial repetitivo, mas por meio do informativo 641 do STJ. **RD**
Gabarito "B".

(Procurador/PA – CESPE – 2022) Em conformidade com a Lei n.º 13.874/2019, a livre definição, em mercados não regulados, do preço de produtos e de serviços como consequência de alterações da oferta e da demanda

(A) viola o princípio do reconhecimento da vulnerabilidade do particular perante o Estado.

(B) é prática abusiva e infração aos preceitos da ordem econômica.

(C) é direito de toda pessoa, natural ou jurídica, essencial para o desenvolvimento e crescimento econômicos do país, observados os princípios constitucionais que regem a ordem econômica.

(D) será regulamentada em ato normativo infralegal, que estipulará os limites mínimos e máximos dos preços, conforme pesquisa mercadológica.

(E) somente é admitida nas atividades de baixo risco que prescindam de qualquer ato público de liberação.

A: Incorreta. A Lei 13.874/2019 (Lei da Liberdade Econômica), trata da proteção à livre iniciativa e ao livre exercício de atividades econômicas e, por meio dela, foi estabelecida a Declaração de Direitos de Liberdade Econômica, incluindo diversas garantias ao livre mercado, incluindo a livre definição de preços em mercados não regulados. **B:** Incorreta. Vide justificativa da alternativa "C". **C:** Alternativa correta, conforme art. 3º, III, *in verbis*: "Art. 3º - São direitos de toda pessoa, natural ou jurídica, essenciais para o desenvolvimento e o crescimento econômicos do País, observado o disposto no parágrafo único do art. 170 da Constituição Federal: (...) III - definir livremente, em mercados não regulados, o preço de produtos e de serviços como consequência de alterações da oferta e da demanda;. **D:** Incorreta. Vide justificativa da alternativa "C". **E:** Incorreta. A Lei. 13.847/2019 não traz nenhuma limitação de preços relacionada ao nível do risco envolvido na atividade econômica. **RD**
Gabarito "C".

(Procurador/PA – CESPE – 2022) Assinale a opção correta, acerca da prevenção e do tratamento do superendividamento.

(A) Em conformidade com a Lei n.º 14.181/2021, superendividamento é a impossibilidade manifesta de a pessoa natural ou jurídica, de boa-fé, pagar a totalidade de suas dívidas de consumo, exigíveis e vincendas, sem comprometer o mínimo existencial ou suas atividades empresariais.

(B) Na oferta de crédito, previamente à contratação, é prescindível que o fornecedor ou intermediário informe a identidade do agente financiador e entregue cópia do contrato de crédito ao consumidor, ao garante e a outros coobrigados.

(C) A instituição de núcleos de conciliação e mediação de conflitos oriundos de superendividamento é um dos instrumentos para a execução da Política Nacional das Relações de Consumo.

(D) A prevenção e o tratamento do superendividamento constituem direito básico do consumidor, de modo que é indiferente se as dívidas tenham sido contraídas de má-fé ou decorram da aquisição de produtos de luxo, de alto valor, bastando que o montante total da dívida comprometa o mínimo existencial da pessoa.

(E) Na oferta de crédito ao consumidor, publicitária ou não, é permitido condicionar o início de tratativas à renúncia de demandas judiciais e ao pagamento de honorários advocatícios.

A: Incorreta. De acordo com o Art. 54-A, superendividamento é a impossibilidade manifesta de o consumidor pessoa natural (apenas), de boa-fé, pagar a totalidade de suas dívidas de consumo, exigíveis e vincendas, sem comprometer seu mínimo existencial, nos termos da regulamentação. **B:** Incorreta. De acordo com o art. 54-D, III, do CDC, é imprescindível que o fornecedor ou intermediário informe a identidade do agente financiador e entregue cópia do contrato de crédito ao consumidor, ao garante e a outros cooabrigados. **C:** Correta. Vide art. 5, VII, do CDC. **D:** Incorreta. Conforme art. 54-A, § 3º, tal disposição não se aplica ao consumidor cujas dívidas tenham sido contraídas mediante fraude ou má-fé, sejam oriundas de contratos celebrados dolosamente com o propósito de não realizar o pagamento ou decorram da aquisição ou contratação de produtos e serviços de luxo de alto valor. **E:** Incorreta. Conforme art. 54-C, V, é vedado expressa ou implicitamente, na oferta de crédito ao consumidor, publicitária ou não, condicionar o atendimento de pretensões do consumidor ou o início de tratativas à renúncia ou à desistência de demandas judiciais, ao pagamento de honorários advocatícios ou a depósitos judiciais. **RD**
Gabarito "C".

(Procurador do Município - Boa Vista/RR - 2019 - CESPE/CEBRASPE) A respeito de relações de consumo, de contrato de locação e de registro de imóveis, julgue os itens que se seguem.

(1) De acordo com o STJ, as instituições bancárias se submetem às regras e aos princípios que regulam as relações consumeristas.

(2) Os contratos de locação em que o poder público é o locatário são regidos exclusivamente por normas de direito privado.

(3) Os municípios têm legitimidade para solicitar ao cartório de registro de imóveis competente a abertura de matrícula de imóveis públicos não inscritos e localizados em seu território que tenham sido objeto de parcelamento de solo urbano e para solicitar o respectivo registro dos imóveis decorrentes desse parcelamento.

1: Correta. De acordo com a Súmula 297 do STJ, "o Código de Defesa do Consumidor é aplicável às instituições financeiras". **2:** Errada. A Lei 8.666/93, em seu art. 24, enumera os casos taxativos de dispensa de licitação, inserindo, nela, a compra ou locação de imóveis. No entanto, o art. 62 da mesma lei que que "aos contratos de seguro, de financiamento, de locação em que o Poder Público seja locatário, e aos demais cujo conteúdo seja regido, **predominantemente**, por norma de direito privado". Sendo assim, não são aplicáveis exclusivamente as normas de Direito Privado. Vale notar também que, nas hipóteses em que o mínimo do poder público, é que o aplicável à locação é o Código Civil, mas não com exclusividade. **3:** Correta. De acordo com o art. 195-A da Lei 6.015/1973, "O Município poderá solicitar ao cartório de registro de imóveis competente a **abertura de matrícula** de parte ou da totalidade de imóveis públicos oriundos de parcelamento do solo urbano implantado, ainda que não inscrito ou registrado (...) § 1º Apresentados

11. DIREITO DO CONSUMIDOR · 439

pelo Município os documentos relacionados no *caput*, o registro de imóveis **deverá proceder ao registro** dos imóveis públicos decorrentes do parcelamento do solo urbano na matrícula ou transcrição da gleba objeto de parcelamento". RD

Gabarito: 1C, 2E, 3C.

(Procurador Legislativo – Câmara Municipal de São Paulo – 2014 – FCC) No que se refere à disciplina jurídica das relações de consumo, é **correto** afirmar:

(A) Nas relações de consumo, a responsabilidade dos profissionais liberais é apurada sempre pela responsabilidade objetiva, na modalidade do risco atividade, excluindo-se a nos casos de culpa de terceiro, caso fortuito ou força maior e culpa exclusiva da vítima.

(B) Os direitos previstos no Código de Defesa do Consumidor não excluem outros decorrentes de tratados ou convenções internacionais de que o Brasil seja signatário, da legislação interna ordinária, de regulamentos expedidos pelas autoridades administrativas competentes, bem como dos que derivem dos princípios gerais do direito, analogia, costumes e equidade.

(C) O comerciante é responsável, nas relações de consumo, nas mesmas situações em que se responsabiliza o fabricante do produto por ele comercializado.

(D) Os produtos e serviços colocados no mercado de consumo não acarretarão em nenhuma situação riscos à saúde ou segurança dos consumidores.

(E) O fornecedor de serviços responde, desde que se comprove sua culpa, pela reparação dos danos causados aos consumidores por defeitos relativos à prestação dos serviços, bem como por informações insuficientes ou inadequadas sobre sua fruição e riscos.

A: Incorreta. O fornecedor de serviços responde, independentemente de culpa, pela reparação por defeitos à prestação de serviços, bem como por informações insuficientes ou inadequadas sobre sua fruição e riscos (responsabilidade objetiva – art. 14, *caput*, do CDC). Entretanto, a responsabilidade *pessoal* dos profissionais liberais será apenas mediante a verificação da culpa, ou seja, a responsabilidade civil dos profissionais liberais subjetiva (art. 14, § 4º, do CDC). **B:** Correta, conforme dispõe o art. 7º do CDC: "Os direitos previstos neste código não excluem outros decorrentes de tratados ou convenções internacionais de que o Brasil seja signatário, da legislação interna ordinária, de regulamentos expedidos pelas autoridades administrativas competentes, bem como dos que derivem dos princípios gerais do direito, analogia, costumes e equidade". **C:** Incorreta. O comerciante será responsabilizado apenas se o fabricante do produto não puder ser identificado (art. 13, I, do CDC). **D:** Incorreta. Os produtos e serviços colocados no mercado de consumo não acarretarão riscos à saúde ou segurança dos consumidores, exceto os considerados normais e previsíveis em decorrência de sua natureza e fruição, obrigando-se os fornecedores, em qualquer hipótese, a dar as informações necessárias e adequadas a seu respeito (art. 8º, *caput*, do CDC, g.n.). **E:** Incorreta. Conforme comentários à alternativa "A", o fornecedor de serviços possui responsabilidade objetiva pela reparação dos danos causados aos consumidores por defeitos relativos à prestação dos serviços, bem como por informações insuficientes ou inadequadas sobre sua fruição e riscos, ressalvadas hipóteses de responsabilidade pessoal dos profissionais liberais (art. 14 do CDC).

Gabarito "B".

(Procurador Distrital – 2014 – CESPE) Julgue o seguinte item.

(1) O fornecedor que oferecer abatimento no preço do produto e reduzir o volume da mercadoria para quantidade diversa da que habitualmente fornecia no mercado não responderá por vício de quantidade,

ainda que não informe na embalagem, de forma clara, precisa e ostensiva, a diminuição do conteúdo, dada a redução do preço do produto.

1: Errada, pois constitui direito básico do consumidor obter informação adequada e clara sobre os produtos e serviços, com especificação correta da quantidade, características, composição, qualidade, tributos incidentes e preço, bem como sobre os riscos que apresentem (art. 6º, III, CDC). Ainda que haja abatimento no preço, a informação ostensiva sobre a diminuição da quantidade é indispensável, pois nem sempre o consumidor se atentará a isso, podendo ser induzido a erro. Neste passo, é possível que o consumidor opte por não mais adquirir aquele produto, devido à diminuição da quantidade que poderá não mais satisfazer às suas necessidades, ainda que o preço seja menor. Destarte, ele possui o direito à informação, sob pena até de configuração de má-fé por parte do fornecedor.

Gabarito 1E.

(Procurador Distrital – 2014 – CESPE) Julgue o seguinte item.

(1) Os moradores de casas atingidas pela queda de aeronave pertencente a pessoa jurídica nacional de direito privado prestadora de serviço de transporte aéreo devem lastrear seus pedidos de ressarcimento de danos sofridos somente nos dispositivos do Código Civil, e não no Código de Defesa do Consumidor.

1: Errada, pois o Código de Defesa do Consumidor também poderá ser invocado. Os moradores das casas serão considerados consumidores por equiparação, nos termos do art. 17 do CDC, que assim prevê: "equiparam-se aos consumidores todas as vítimas do evento". Ainda que não tenham sido consumidores diretos dos serviços da companhia aérea, sofreram os prejuízos da prestação defeituosa do serviço. Logo, por questão de isonomia, ambos deverão ser ressarcidos com base na mesma legislação.

Gabarito "1E".

2. PRINCÍPIOS E DIREITOS BÁSICOS

(Procurador do Estado/TO - 2018 - FCC) Determinados contratos de prestação de serviços que trazem subjacente uma relação de consumo protegida pelo Código de Defesa do Consumidor são apontados pela doutrina como de natureza relacional, na medida em que traduzem um vínculo continuado, que se protrai no tempo, com potenciais mudanças do cenário econômico e mercadológico original. Uma importante inovação trazida pelo Código de Defesa do Consumidor, especialmente vocacionada para aplicação em contratos dessa natureza, consiste na

(A) modificação das cláusulas contratuais que estabeleçam prestações desproporcionais, sendo assim presumidas aquelas que estabelecem reajustes automáticos por índices inflacionários.

(B) obrigatoriedade de apropriação, de forma automática no preço contratado, de ganhos de produtividade e de inovação tecnológica.

(C) previsão de manutenção do equilíbrio econômico-financeiro do contrato, assim caracterizado pela taxa de retorno incialmente avençada.

(D) aplicação automática da redução constante de preços em função da presunção de economias de escala.

(E) revisão de cláusulas contratuais em razão de fatos supervenientes que as tornem excessivamente onerosas.

A: incorreta. Conforme o art. 6º, V, é direto básico do consumidor a modificação das cláusulas que estabeleçam prestações desproporcionais, não havendo qualquer presunção fixada em lei. **B:** incorreta. Ao contrário, a inovação tecnológica, as marcas e patentes e criações são devidamente protegidas pelo Código de Defesa do Consumidor, sendo certo que o art. 4º, ao tratar das políticas públicas de proteção e defesa do consumidor, insere, em seu inciso VI, a "coibição e repressão eficientes de todos os abusos praticados no mercado de consumo, inclusive a concorrência desleal e utilização indevida de inventos e criações industriais das marcas e nomes comerciais e signos distintivos, que possam causar prejuízos aos consumidores". **C:** incorreta. A previsão de manutenção do equilíbrio econômico do contrato está prevista no art. 6º, inciso V, mas não há previsão de retorno de taxa inicialmente avençada. Tal situação somente poderia ser analisada conforme o caso concreto e, eventualmente, a cláusula ser considerada abusiva nos termos no art. 51 do CDC. **D:** incorreta. A fixação dos preços pelos fornecedores é livre, devendo ser observado eventual controle ou tabelamento de preço, nos termos do art. 41: "No caso de fornecimento de produtos ou de serviços sujeitos ao regime de controle ou de tabelamento de preços, os fornecedores deverão respeitar os limites oficiais sob pena de não o fazendo, responderem pela restituição da quantia recebida em excesso, monetariamente atualizada, podendo o consumidor exigir à sua escolha, o desfazimento do negócio, sem prejuízo de outras sanções cabíveis". **E:** correta. Trata-se de direito básico do consumidor, nos termos do art. 6º, inciso V, do CDC: "a modificação das cláusulas contratuais que estabeleçam prestações desproporcionais ou sua revisão em razão de fatos supervenientes que as tornem excessivamente onerosas". **RD**

Gabarito "E".

(Procurador – SP – VUNESP – 2015) Assinale a alternativa correta sobre os princípios fundamentais, consagrados no âmbito do microssistema do direito do consumidor.

(A) De acordo com a Política Nacional das Relações de Consumo, deve-se garantir a independência do mercado de consumo, evitando-se a presença do Estado.

(B) As associações de defesa do consumidor fazem parte da Política Nacional de Relações de Consumo.

(C) A melhoria dos serviços públicos não integra a Política Nacional de Relações de Consumo.

(D) O desenvolvimento econômico e tecnológico deve ser obstado sempre que representar alguma forma de prejuízo aos consumidores, difusamente considerados.

(E) Os conceitos de vulnerabilidade e hipossuficiência se confundem, constituindo um só princípio norteador.

A: incorreta. A presença do Estado no mercado de consumo está expressamente prevista no art. 170 da Constituição Federal e no art. 4º, II, "c", do Código de Defesa do Consumidor. **B:** correta. Conforme art. 4º, II, *c*, do Código de Defesa do Consumidor. Além disso, nos termos do art. 5º, V, do CDC, a criação das associações de Defesa do Consumidor deve ser estimulada, de forma a participar da execução da Política Nacional das Relações de Consumo. **C:** incorreta. A racionalização e melhoria dos serviços públicos está prevista no art. 4º, VII, do CDC. **D:** incorreta. A Política Nacional das Relações de Consumo tem como norte a harmonização das relações de consumo: "harmonização dos interesses dos participantes das relações de consumo e compatibilização da proteção do consumidor com a necessidade de desenvolvimento econômico e tecnológico, de modo a viabilizar os princípios nos quais se funda a ordem econômica (art. 170, da Constituição Federal), sempre com base na boa-fé e equilíbrio nas relações entre consumidores e fornecedores." (art. 4º, III, do CDC). **E:** incorreta. Vulnerabilidade e hipossuficiência são dois conceitos distintos. A vulnerabilidade é a qualidade de todo consumidor, reconhecida pelo art. 4º, I, do CDC. Ser vulnerável é ser a parte mais frágil

da relação. A hipossuficiência é a dificuldade de fazer a prova em juízo, o que pode gerar a inversão do ônus da prova. **RD**

Gabarito "B".

(Procurador Municipal – Sertãozinho/SP – VUNESP – 2016) Em relação à proteção à saúde e segurança do consumidor, é correto afirmar que

(A) os serviços colocados no mercado de consumo não acarretarão riscos à saúde ou segurança dos consumidores, ainda que considerados previsíveis em decorrência de sua natureza e fruição.

(B) o fornecedor poderá colocar no mercado de consumo produto de alto grau de nocividade ou periculosidade, desde que insira aviso de alerta, nesse sentido, na embalagem.

(C) o fornecedor de produtos que, posteriormente à sua introdução no mercado de consumo, tiver conhecimento da periculosidade que apresentem, deverá retirá-los do mercado, comunicando os consumidores, ficando assim dispensado de notificar as autoridades competentes.

(D) em se tratando de venda de produto *in natura* de alto grau de nocividade, cabe ao comerciante prestar as informações alertando o consumidor da natureza do produto em questão.

(E) sempre que os entes políticos tiverem conhecimento de prestação de serviços de alto grau de periculosidade à saúde ou segurança dos consumidores deverão informá-los a respeito.

A: incorreta. O CDC, em seu artigo 8º, admite que sejam inseridos no mercado de consumo produtos que contenham periculosidade latente ou inerente, desde que o consumidor seja devidamente alertado quanto ao uso e riscos: "os produtos e serviços colocados no mercado de consumo não acarretarão riscos à saúde ou segurança dos consumidores, exceto os considerados normais e previsíveis em decorrência de sua natureza e fruição, obrigando-se os fornecedores, em qualquer hipótese, a dar as informações necessárias e adequadas a seu respeito". **B:** incorreta. Os produtos ou serviços com periculosidade exagerada não podem ser inseridos no mercado de consumo: "O fornecedor não poderá colocar no mercado de consumo produto ou serviço que sabe ou deveria saber apresentar alto grau de nocividade ou periculosidade à saúde ou segurança". (art. 10 do CDC). **C:** incorreta. Nos termos do § 1º do art. 10, o "fornecedor de produtos e serviços que, posteriormente à sua introdução no mercado de consumo, tiver conhecimento da periculosidade que apresentem, deverá comunicar o fato imediatamente às autoridades competentes e aos consumidores, mediante anúncios publicitários". **D:** incorreta. O art. 10 do CDC refere-se ao fornecedor, de modo que a responsabilidade pelo aviso aos consumidores é de todos os fornecedores inseridos na cadeia produtiva, não só do comerciante. **E:** correta. O art. 10, § 3º, do CDC, obriga os entes federativos a prestar informações aos consumidores sobre a periculosidade de produtos e serviços: "Sempre que tiverem conhecimento de periculosidade de produtos ou serviços à saúde ou segurança dos consumidores, a União, os Estados, o Distrito Federal e os Municípios deverão informá-los a respeito". **RD**

Gabarito "E".

(Procurador Municipal – Sertãozinho/SP – VUNESP – 2016) São direitos básicos do consumidor:

(A) a educação e divulgação sobre o consumo adequado dos produtos e serviços, asseguradas a liberdade de escolha e a distinção nas contratações.

(B) facilitação da defesa dos direitos dos consumidores, inclusive com a inversão do ônus da prova a seu

11. DIREITO DO CONSUMIDOR — 441

favor, no processo civil, quando, a critério do juiz, for verossímil a alegação e for ele hipossuficiente, segundo as regras ordinárias de experiências.

(C) informação adequada e clara sobre os diferentes produtos e serviços, com especificação correta de quantidade, características, composição, qualidade, tributos incidentes e preço, bem como sobre os riscos que apresentem.

(D) a modificação das cláusulas contratuais que estabeleçam prestações desproporcionais ou sua revisão em razão de fatos presentes ou pretéritos que as tornem excessivamente onerosas.

(E) a proteção do consumidor contra métodos comerciais coercitivos ou desleais, contrapropaganda, bem como contra práticas e cláusulas abusivas ou impostas no fornecimento de produtos e serviços.

A: incorreta. É assegurada a liberdade de escola e a igualdade nas contratações (art. 6º, II). **B:** incorreta. Para inversão do ônus da prova o juiz deve analisar a verossimilhança das alegações OU a hipossuficiência do consumidor (art. 6º, VIII). **C:** correta. Conforme art. 6º, III, do CDC. **D:** incorreta, os fatos devem ser *supervenientes* (art. 6º, V, do CDC). **E:** incorreta. O art. 6º, inciso IV, refere-se à proteção contra a publicidade enganosa e abusiva, não à contrapropaganda. RD

Gabarito "C".

(Procurador Municipal/SP – VUNESP – 2016) Antônio possui um caminhão ano 1950 e, precisando capitalizar-se, coloca à venda o bem. José, interessado na compra, leva um mecânico para avaliar o veículo e, depois de um parecer favorável do técnico, a venda é realizada. Após 60 dias de uso, o caminhão tem um problema no eixo dianteiro e precisa ficar parado por 30 dias, causando um enorme prejuízo para José, que já possuía fretes contratados. Diante dessa situação hipotética, é correto afirmar que, a esse caso, se aplicam as regras do direito

(A) do consumidor, sendo certo que, por se tratar de bem durável e diante do claro vício oculto, José terá 90 dias para reclamar a partir do conhecimento do vício.

(B) civil, por não se tratar de relação jurídica de consumo, tendo José 90 dias para exigir a reparação de seus prejuízos.

(C) do consumidor, sendo certo que, por se tratar de bem durável e diante do claro vício oculto, José terá 30 dias para reclamar a partir do conhecimento do vício.

(D) do consumidor, sendo certo que, por se tratar de bem durável e diante do claro vício oculto, José terá 05 anos para reclamar a partir do conhecimento do vício.

(E) civil, pois a relação jurídica travada entre as partes não contempla as figuras do consumidor e do fornecedor.

A: incorreta. Não se trata de relação jurídica de consumo, incidindo apenas o Código Civil no caso trazido pelo enunciado. Para que haja relação jurídica de consumo se faz necessária a presença dos sujeitos da relação (consumidor e fornecedor). Antônio não pode ser considerado um fornecedor porque não coloca produto ou serviço no mercado de consumo de forma onerosa e habitual. **B:** incorreta. O prazo prescricional do art. 206, § 3º, V, previsto no Código Civil para a reparação civil é de 3 anos. **C:** incorreta. Vide comentário da alternativa "A". **D:** incorreta. Vide comentário da alternativa "A". **E:** correta. Vide comentário da alternativa "A". RD

Gabarito "E".

3. RESPONSABILIDADE POR VÍCIO DO PRODUTO OU DO SERVIÇO E DECADÊNCIA

(Procurador Municipal/SP – VUNESP – 2016) Um consumidor adquiriu um pacote de macarrão da marca "Adriana", no supermercado "Rumba". Quando chegou em casa, abriu o pacote do alimento e percebeu que estava repleto de carunchos, sendo impossível consumir tal produto. Diante dessa situação hipotética, é correto afirmar que o caso revela um

(A) defeito no produto, pelo qual o consumidor terá prazo de cinco anos para reclamar perante o supermercado e o fabricante do produto, respondendo o supermercado subsidiariamente pelos fatos.

(B) vício de qualidade e, portanto, o consumidor poderá reclamar em até 90 dias apenas contra o fabricante do produto.

(C) vício de quantidade e, assim, o consumidor poderá reclamar tanto para o supermercado como para o fabricante num prazo de 30 dias, tendo ambos responsabilidade solidária.

(D) defeito no produto, a respeito do qual o consumidor terá prazo de 30 dias para reclamar perante o supermercado e o fabricante, que responderão solidariamente pelos fatos.

(E) vício de qualidade, sobre o qual o supermercado e o fabricante respondem solidariamente, tendo o consumidor até 30 dias para fazer a reclamação.

A: incorreta. Trata-se de um vício de produto, na forma do art. 18, § 6º, II, do CDC, *in verbis*, "São impróprios ao uso e consumo: II – os produtos deteriorados, alterados, adulterados, avariados, falsificados, corrompidos, fraudados, nocivos à vida ou à saúde, perigosos ou, ainda, aqueles em desacordo com as normas regulamentares de fabricação, distribuição ou apresentação." Sendo um produto não durável e vício aparente ou de fácil constatação, o prazo para reclamar é de 30 dias, contados a partir da entrega efetiva do produto (art. 26 do CDC). **B:** incorreta. Trata-se de vício de qualidade, mas o prazo para reclamar é de 30 (trinta) dias. **C:** incorreta. O vício é de qualidade. **D:** incorreta. O caso narrado não afetou a segurança do consumidor, logo, não pode ser considerado um defeito de produto. **E:** correta. O vício de produto ou serviço traz responsabilidade solidária entre o fabricante e o comerciante. Trata-se de um vício de produto e o prazo para reclamar é de 30 dias (vide justificativa da alternativa "A"). RD

Gabarito "E".

(Procurador Municipal/SP – VUNESP – 2016) O fornecedor não poderá colocar no mercado de consumo produto ou serviço que sabe ou deveria saber apresentar alto grau de nocividade ou periculosidade à saúde ou à segurança. Se eventualmente o fornecedor colocar no mercado um lote de produtos com vícios capazes de causar risco aos consumidores, ele deverá

(A) comunicar o fato imediatamente às autoridades competentes e aos consumidores, mediante anúncios publicitários.

(B) reparar eventuais prejuízos causados para os consumidores que reclamarem dos vícios, não sendo necessário que se faça qualquer comunicação ao público consumidor.

(C) noticiar o fato pessoalmente a cada um dos consumidores que adquiriram tal produto, sendo dispensável anúncios publicitários em veículos de comunicação para alertar o público.

(D) aguardar que algum consumidor realmente tenha prejuízos para, somente após tal fato, analisar a periculosidade e a segurança de seu produto ou serviço.

(E) manter-se inerte, tendo em vista que responde apenas subjetivamente pelos produtos e serviços que introduz no mercado e, com isso, é o consumidor que deve fazer prova da culpa do fornecedor em eventual evento lesivo.

A: correta. É obrigação do fornecedor fazer o *recall* de produtos e serviços que, posteriormente à sua introdução no mercado de consumo, tiver conhecimento da periculosidade que apresentem, deverá comunicar o fato imediatamente às autoridades competentes e aos consumidores, mediante anúncios publicitários (art. 10, § 1º, do CDC). **B:** incorreta. O aviso às autoridades competentes e aos consumidores é obrigatório, além da reparação dos danos causados aos consumidores. **C:** incorreta. O aviso deve ser feito mediante aviso publicitário, que deverão ser veiculados na imprensa, rádio e televisão, às expensas do fornecedor do produto ou serviço (art. 10, § 2º). **D:** incorreta. A prevenção de danos é direito básico do consumidor (art. 6º, VI, do CDC), razão pela qual o fornecedor deve informar sobre eventual periculosidade adquirida tão logo tenha conhecimento (art. 10 do CDC). **E:** incorreta. O *recall* é obrigatório (art. 10) e a responsabilidade civil do fornecedor é objetiva (art. 12 a 14 do CDC). **RD**

Gabarito "A".

4. DESCONSIDERAÇÃO DA PERSONALIDADE JURÍDICA. RESPONSABILIDADE EM CASO DE GRUPO DE EMPRESAS

(Procurador Municipal/SP – VUNESP – 2016) Sobre a desconsideração da personalidade jurídica prevista no Código de Defesa do Consumidor, é correto afirmar que

(A) as sociedades integrantes dos grupos societários são subsidiariamente responsáveis, enquanto as sociedades controladas são solidariamente responsáveis pelas obrigações decorrentes do Código de Defesa do Consumidor.

(B) o juiz deverá desconsiderar a personalidade jurídica somente quando houver má administração e falência do fornecedor.

(C) as empresas coligadas respondem solidária e objetivamente pelos prejuízos causados aos consumidores.

(D) as sociedades consorciadas são solidariamente responsáveis pelas obrigações decorrentes do Código de Defesa do Consumidor.

(E) as sociedades integrantes dos grupos societários e as sociedades controladas são ambas solidariamente responsáveis pelas obrigações decorrentes do Código de Defesa do Consumidor.

A: incorreta. As sociedades integrantes dos grupos societários e as sociedades controladas, são subsidiariamente responsáveis pelas obrigações decorrentes deste Código (art. 28, § 2º, do CDC). **B:** incorreta. Na forma do art. 28, *caput*, do CDC o "juiz poderá desconsiderar a personalidade jurídica da sociedade quando, em detrimento do consumidor, houver abuso de direito, excesso de poder, infração da lei, fato ou ato ilícito ou violação dos estatutos ou contrato social. A desconsideração também será efetivada quando houver falência, estado de insolvência, encerramento ou inatividade da pessoa jurídica provocados por má administração". **C:** incorreta. As sociedades coligadas só responderão por culpa (art. 28, § 4º). **D:** correta. Nos exatos termos

do art. 28, § 3º, do CDC. **E:** incorreta. A responsabilidade é subsidiária (vide alternativa "A"). **RD**

Gabarito "D".

5. PRÁTICAS COMERCIAIS

(Procurador Municipal – Sertãozinho/SP – VUNESP – 2016) Acerca da cobrança de dívidas do consumidor e cadastros no mercado de consumo, é correto afirmar que

(A) o consumidor inadimplente poderá ser submetido a constrangimento, desde que o fornecedor o faça de forma moderada.

(B) o consumidor cobrado em quantia indevida tem direito à repetição do indébito, por valor igual ao que pagou em excesso, acrescido de correção monetária e juros legais, salvo hipótese de engano justificável.

(C) nos documentos de cobrança de débitos apresentados ao consumidor, quando por ele solicitados, deverão constar o nome, o endereço e o número de inscrição no Cadastro de Pessoas Físicas – CPF ou no Cadastro Nacional de Pessoa Jurídica – CNPJ do fornecedor do produto ou serviço correspondente.

(D) consumada a prescrição relativa à cobrança de débitos do consumidor, não serão fornecidas, pelos respectivos Sistemas de Proteção ao Crédito, quaisquer informações que possam impedir ou dificultar novo acesso ao crédito junto aos fornecedores, desde que o débito não exceda 60 (sessenta) salários-mínimos.

(E) os órgãos públicos de defesa do consumidor manterão cadastros atualizados de reclamações fundamentadas contra fornecedores de produtos e serviços, devendo divulgá-los pública e anualmente, indicando se a reclamação foi atendida ou não pelo fornecedor.

A: incorreta. O art. 42 do CDC veda qualquer tipo de cobrança vexatória. Sendo assim, o consumidor não pode ser exposto ao ridículo, nem submetido a qualquer tipo de constrangimento ou ameaça. **B:** incorreta. O consumidor tem direito à devolução por valor igual ao dobro do que pagou em excesso, acrescido de correção monetária e juros legais, salvo hipótese de engano justificável (art. 42, parágrafo único, do CDC). **C:** incorreta. As informações ao nome, o endereço e o número de inscrição no Cadastro de Pessoas Físicas – CPF ou no Cadastro Nacional de Pessoa Jurídica – CNPJ do fornecedor do produto ou serviço correspondente, devem constar de todos os documentos, independentemente do pedido do autor (Art. 42-A do CDC). **D:** incorreta. O art. 43, § 5º, do CDC, prevê a obrigatoriedade da retirada do nome do consumidor da lista dos maus pagadores caso a dívida esteja prescrita, independentemente do valor da inscrição. **E:** correta. O cadastro dos fornecedores está previsto no art. 44 do CDC, sendo direito do consumidor o acesso a lista dos fornecedores para orientação e consulta. **RD**

Gabarito "E".

(Procurador do Estado – PGE/PA – UEPA – 2015) Sobre os Cadastros de Crédito de Consumidores, analise as afirmativas abaixo e assinale a alternativa correta.

I. A reprodução objetiva fiel, atualizada e clara de informações constantes dos registros de cartório de distribuição judicial, face à presunção legal de veracidade dos mesmos, não tem o condão de ensejar obrigação de reparar danos, ainda que promovida sem a ciência do consumidor.

II. De acordo com as regras previstas no Código de Defesa do Consumidor, sendo regular a inscrição em cadastro de proteção ao crédito, caberá ao devedor praticar os atos necessários à baixa do registro desabonador, após o pagamento do débito.

III. A ausência de prévia comunicação ao consumidor da inscrição do seu nome em cadastros de proteção ao crédito, prevista no art. 43, § 2º do CDC, enseja o direito à compensação por danos morais, mesmo que preexista inscrição desabonadora regularmente realizada.

IV. De acordo com o Superior Tribunal de Justiça, o sistema *credit scoring* é permitido no ordenamento jurídico brasileiro, desde que respeitados os limites estabelecidos pelo sistema de proteção do consumidor no sentido da tutela da privacidade e da máxima transparência nas relações negociais, na forma do CDC.

A alternativa que contém todas as afirmativas corretas é

(A) I e II

(B) II e IV

(C) II e III

(D) I e III

(E) I e IV

I: correta. O entendimento do STJ segue no sentido de que os dados sobre processos existentes nos cartórios distribuidores dos fóruns são informações públicas (salvo aquelas protegidas por sigilo judicial) e de acesso livre a qualquer interessado (Rel. Min. Nancy Andrighi, REsp 866.198). II: incorreta. "Incumbe ao credor a exclusão do registro da dívida em nome do devedor no cadastro de inadimplentes no prazo de cinco dias úteis, a partir do integral e efetivo pagamento do débito" (Súmula 548 do STJ). III: incorreto. "Da anotação irregular em cadastro de proteção ao crédito, não cabe indenização por dano moral, quando preexistente legítima inscrição, ressalvado o direito ao cancelamento" (Súmula 385 do STJ). IV: correto – "A utilização de escore de crédito, método estatístico de avaliação de risco que não constitui banco de dados, dispensa o consentimento do consumidor, que terá o direito de solicitar esclarecimentos sobre as informações pessoais valoradas e as fontes dos dados considerados no respectivo cálculo" (Súmula 550 do STJ). RD

Gabarito "E".

6. PROTEÇÃO CONTRATUAL

(Procurador Municipal – Sertãozinho/SP – VUNESP – 2016) No que concerne aos contratos de consumo, é correto afirmar que

(A) firmados entre fornecedor e consumidor pessoa jurídica, é válida a cláusula contratual que estabelece que a indenização poderá ser limitada, em situações justificáveis.

(B) será reputado de adesão aquele cujas cláusulas tenham sido estabelecidas unilateralmente pelo fornecedor de serviços, sendo que a inserção de cláusula no formulário pelo consumidor o desfigura como tal.

(C) as multas de mora decorrentes do inadimplemento de obrigações no seu termo não poderão ser superiores a 10 (dez) por cento do valor da prestação.

(D) quando de adesão, suas cláusulas deverão ser redigidas em termos claros e com caracteres ostensivos e legíveis, cujo tamanho da fonte não será inferior ao corpo onze, de modo a facilitar sua compreensão pelo consumidor.

(E) as cláusulas contratuais serão interpretadas de maneira mais favorável ao consumidor, desde que caracterizada a má-fé do fornecedor.

A: correta. A limitação de indenização pode estar prevista em contrato nas hipóteses em que haja um consumidor pessoa jurídica e que a limitação seja justificável (art. 51, I, do CDC). **B:** incorreta. O contrato de adesão é aquele cujas cláusulas tenham sido aprovadas pela autoridade competente ou estabelecidas unilateralmente pelo fornecedor de produtos ou serviços, sem que o consumidor possa discutir ou modificar substancialmente seu conteúdo (art. 54 do CDC). Prevê ainda o art. 54, § 1º, que a inserção de cláusula no formulado não desfigura a natureza de adesão do contrato. **C:** incorreta. A multa demora não pode ser superior a 2% do valor da prestação (art. 52, § 1º, do CDC) **D:** incorreta. Os contratos de adesão escritos serão redigidos em termos claros e com caracteres ostensivos e legíveis, cujo tamanho da fonte não será inferior ao corpo doze, de modo a facilitar sua compreensão pelo consumidor (art. 54, § 3º, do CDC). **E:** incorreta. As cláusulas contratuais serão interpretadas de maneira mais favorável ao consumidor (art. 47 do CDC), independentemente da análise da boa-fé do fornecedor. RD

Gabarito "A".

(Procurador – IPSMI/SP – VUNESP – 2016) Nos contratos de consumo, as cláusulas abusivas

(A) transferem responsabilidade a terceiros.

(B) impõem a conclusão do negócio.

(C) são nulas de pleno direito.

(D) invalidam o contrato por inteiro.

(E) estabelecem a inversão do ônus da prova.

A: incorreta. Transferir a responsabilidade a terceiros é um exemplo de cláusula contratual abusiva (art. 51, III, do CDC). **B:** incorreta. É cláusula contratual abusiva a cláusula que imponha representante para concluir ou realizar outro negócio jurídico pelo consumidor (art. 51, VIII, do CDC). **C:** correta. As cláusulas contratuais abusivas são nulas de pleno direito (art. 51, *caput*, do CDC). **D:** incorreta. A nulidade de uma cláusula contratual abusiva não invalida o contrato, exceto quando de sua ausência, apesar dos esforços de integração, decorrer ônus excessivo a qualquer das partes (art. 51, § 2º, do CDC). **E:** incorreta. Cláusula estabeleça a inversão do ônus da prova em prejuízo do consumidor é exemplo de cláusula contratual abusiva (art. 51, VI, do CDC). RD

Gabarito "C".

(Procurador do Estado – PGE/PA – UEPA – 2015) Acerca dos Contratos de Consumo e a Jurisprudência dos Tribunais Superiores, é correto afirmar que:

(A) de acordo com o entendimento do Superior Tribunal de Justiça, nos contratos firmados na vigência da Lei 10.931/2004, compete ao devedor, no prazo de 5 (cinco) dias após a execução da liminar de busca e apreensão, pagar a integralidade da dívida, sob pena de consolidação da propriedade do bem móvel objeto de alienação fiduciária.

(B) na hipótese de rescisão de contratos de promessa de compra e venda de imóveis à prestação, independentemente da respectiva motivação, admite-se a plena validade de cláusula contratual que estipula a devolução parcial dos valores pagos no mesmo número de parcelas adimplidas pelo consumidor.

(C) nos contratos de crédito rural, é abusiva a pactuação de cláusula que preveja a capitalização mensal de juros.

(D) é devida a restituição de valores vertidos por consorciado desistente ao grupo de consórcio, no prazo máximo de trinta dias a contar da manifestação do pedido de desistência.

(E) o ajuizamento de ação de prestação de contas por correntista com escopo de obter esclarecimento acerca de cobrança de encargos bancários está submetida ao prazo decadencial previsto pelo artigo 26 do Código de Defesa do Consumidor.

A: correta. Nos contratos firmados na vigência da Lei 10.931/2004, compete ao devedor, no prazo de 5 (cinco) dias após a execução da liminar na ação de busca e apreensão, pagar a integralidade da dívida – entendida esta como os valores apresentados e comprovados pelo credor na inicial –, sob pena de consolidação da propriedade do bem móvel objeto de alienação fiduciária. (REsp 1418593/MS, DJ 14/05/2014). Recurso repetitivo, tese 722. **B: incorreta.** "Na hipótese de resolução de contrato de promessa de compra e venda de imóvel submetido ao Código de Defesa do Consumidor, deve ocorrer a imediata restituição das parcelas pagas pelo promitente comprador – integralmente, em caso de culpa exclusiva do promitente vendedor/construtor, ou parcialmente, caso tenha sido o comprador quem deu causa ao desfazimento" (Súmula 543 do STJ). **C: incorreta.** A legislação sobre cédulas de crédito rural admite o pacto de capitalização de juros em periodicidade inferior à semestral. (REsp 1333977/MT, DJ 26/02/2014). Recurso repetitivo, tese 654. **D: incorreta.** "É devida a restituição de valores vertidos por consorciado desistente ao grupo de consórcio, mas não de imediato, e sim em até trinta dias a contar do prazo previsto contratualmente para o encerramento do plano (REsp 1119300/RS, DJ 14/04/2010). Recurso repetitivo, tese 312. **E: incorreta.** A decadência do art. 26 do CDC não é aplicável à prestação de contas para obter esclarecimentos sobre cobrança de taxas, tarifas e encargos bancários (Súmula 477 do STJ). ▮

Gabarito "A".

(Procurador Distrital – 2014 – CESPE) Julgue o item abaixo, relativo ao direito das obrigações.

(1) Ainda que prevista no Código Civil, é abusiva cláusula contratual que atribua exclusivamente ao consumidor em mora a obrigação de arcar com os honorários advocatícios referentes à cobrança extrajudicial da dívida, sem exigir do fornecedor a demonstração de que a contratação de advogado seja efetivamente necessária e de que os serviços prestados pelo profissional contratado sejam privativos da advocacia.

1: Correta. O Código de Defesa do Consumidor considera abusiva a cláusula que obrigue o consumidor a ressarcir os custos de cobrança de sua obrigação sem que igual direito lhe seja conferido contra o fornecedor (art. 51, XII, do CDC). Logo, a assertiva está correta, pois prevê que *é abusiva* a cláusula contratual que atribua *exclusivamente* ao consumidor em mora a obrigação de arcar com os honorários advocatícios. Neste passo, a cláusula apenas seria válida se tal direito fosse atribuído igualmente a ambas as partes.

Gabarito "1C".

7. RESPONSABILIDADE ADMINISTRATIVA

(Procurador Municipal – Sertãozinho/SP – VUNESP – 2016) Sobre as sanções administrativas no âmbito das relações de consumo, assinale a assertiva correta.

(A) A competência para baixar normas relativas à produção, industrialização, distribuição e consumo de produtos e serviços é exclusiva da União.

(B) Os órgãos oficiais com atribuições para fiscalizar e controlar o mercado de consumo manterão comissões permanentes para elaboração, revisão e atualização das normas respectivas, sendo facultativa a participação dos consumidores e fornecedores.

(C) Os órgãos oficiais poderão expedir notificações aos fornecedores para que, sob pena de desobediência, prestem informações sobre questões de interesse do consumidor, mesmo se tratando de segredo industrial.

(D) As sanções administrativas estabelecidas no sistema consumerista podem ser aplicadas cumulativamente, inclusive por medida cautelar, antecedente ou incidente de procedimento administrativo.

(E) A devolução das quantias pagas pelo consumidor, multa e imposição de contrapropaganda são espécies de sanções administrativas que podem ser aplicadas contra as infrações das normas de defesa do consumidor praticadas por fornecedores.

A: incorreta. A competência é concorrente, cabendo a União e aos Estados (e Distrito Federal) para baixar normas relativas à produção, industrialização, distribuição e consumo de produtos e serviços (art. 55 do CDC e art. 24, V e VIII, da CF). **B: incorreta.** É obrigatória a participação dos consumidores e fornecedores nas comissões permanentes (art. 55, § 3º) **C: incorreta.** Os órgãos oficiais poderão expedir notificações aos fornecedores para que, sob pena de desobediência, prestem informações sobre questões de interesse do consumidor, resguardado o segredo industrial (art. 55, § 4º). **D: correta.** Nos exatos termos do parágrafo único do art. 56 do CDC: "as sanções previstas neste artigo serão aplicadas pela autoridade administrativa, no âmbito de sua atribuição, podendo ser aplicadas cumulativamente, inclusive por medida cautelar, antecedente ou incidente de procedimento administrativo". **E: incorreta.** A devolução das quantias pagas pelo consumidor não é sanção administrativa prevista no art. 56 do CDC. ▮

Gabarito "D".

8. SNDC

(Procurador do Estado – PGE/PR – PUC – 2015) Com o objetivo de implementar um programa de fiscalização dos direitos do consumidor, o diretor do órgão de proteção e defesa do consumidor (PROCON) de certo Estado quer saber como enquadrar algumas relações econômicas dentro do regime jurídico consumerista instituído pela Lei federal 8.078/90. Considerando a legislação consumerista vigente e a jurisprudência atual do Superior Tribunal de Justiça (STJ), assinale a afirmativa **CORRETA** a respeito das relações de consumo.

(A) A jurisprudência do STJ tem mitigado a teoria finalista para autorizar a incidência do Código de Defesa do Consumidor nas hipóteses em que a parte (pessoa física ou jurídica), embora não seja tecnicamente a destinatária final do produto ou serviço, se apresenta em situação de vulnerabilidade ou hipossuficiência.

(B) A relação entre paciente e hospital público, financiado por receitas tributárias e sem remuneração direta do serviço de saúde prestado pelo hospital, é considerada relação de consumo.

(C) A relação jurídica entre a entidade de previdência privada e seus participantes não é considerada relação de consumo, pois a ela se aplica marco normativo específico sobre seguridade social.

(D) Basta que instituição financeira figure em um dos polos da relação jurídica como fornecedora de empréstimos financeiros para que essa relação seja caracterizada como relação de consumo.

(E) A relação entre concessionária de serviço público e usuário final, para o fornecimento de serviços públicos essenciais, tais como energia elétrica, água e esgoto, não pode ser considerada relação de consumo, pois se trata de uma concessão de serviço público, regida por normas específicas de direito administrativo.

A: correta. A teoria finalista mitigada é a adotada pelo STJ atualmente, sendo considerado consumidor toda pessoa física ou jurídica que adquire ou utiliza produto ou serviço como destinatário final, para uso próprio ou fins profissionais, desde que apresente vulnerabilidade. No entanto, deve ser ressaltado que vulnerabilidade e hipossuficiência não tem o mesmo significado, mas a jurisprudência do STJ, ao tratar da teoria finalista utiliza as expressões como sinônimas. "A jurisprudência desta Corte é no sentido de que o Código de Defesa do Consumidor não se aplica no caso em que o produto ou serviço é contratado para implementação de atividade econômica, já que não estaria configurado o destinatário final da relação de consumo, podendo, no entanto, ser mitigada a aplicação da teoria finalista quando ficar comprovada a condição de hipossuficiência técnica, jurídica ou econômica da pessoa jurídica. O Tribunal de origem asseverou não ser a insurgente destinatária final do serviço, tampouco hipossuficiente. Inviabilidade de reenfrentamento do acervo fático-probatório para concluir em sentido diverso, aplicando-se o óbice da súmula 7/STJ." (EDcl no AREsp 265.845/SP, Rel. Min. Marco Buzzi, DJe de 1º/8/2013). **B:** incorreta. O Poder Público somente pode ser considerado fornecedor quando coloca produto ou serviço no mercado de consumo através de tarifa ou preço público. **C:** incorreta. "O Código de Defesa do Consumidor é aplicável às entidades abertas de previdência complementar, não incidindo nos contratos previdenciários celebrados com entidades fechadas" (Súmula 563 do STJ). **D:** incorreta. Para a configuração da relação jurídica de consumo é imprescindível a existência dos sujeitos da relação: o consumidor e o fornecedor. Nesse sentido, já entendeu o STJ: "Tratando-se de financiamento obtido por empresário, destinado precipuamente a incrementar a sua atividade negocial, não se podendo qualificá-lo, portanto, como destinatário final, inexistente é a pretendida relação de consumo." (REsp 218.505/MG, Relator o Min. Barros Monteiro, DJ de 14/2/2000). **E:** incorreta. "A relação entre concessionária de serviço público e o usuário final para o fornecimento de serviços públicos essenciais é consumerista, sendo cabível a aplicação do Código de Defesa do Consumidor" (Jurisprudência em teses 74 – STJ). **RD**

Gabarito "A."

9. DEFESA DO CONSUMIDOR EM JUÍZO

(Procurador/DF – CESPE – 2022) Julgue os seguintes itens, acerca dos interesses ou direitos difusos, coletivos e individuais homogêneos e da legitimidade ativa para a propositura de ações coletivas.

(1) Os interesses ou direitos individuais homogêneos caracterizam-se por serem divisíveis e determináveis, e por terem origem comum.

(2) A defesa coletiva dos interesses individuais homogêneos dos consumidores será exercida quando tais interesses forem ligados por circunstâncias de fato.

(3) Constitui interesse ou direito difuso a proteção dos direitos de participantes de determinado plano de saúde cujas mensalidades sejam elevadas abusivamente.

(4) A União, os estados, os municípios e o DF são legitimados, concorrentemente, para a defesa dos interesses ou direitos dos consumidores.

(5) As associações recém-constituídas que incluam, entre seus fins institucionais, a defesa dos interesses e direitos do consumidor são legitimadas para propor

---

ações coletivas diante de manifesto interesse social ou relevância do bem jurídico a ser protegido, desde que o requisito legal de pré-constituição seja dispensado pelo juiz.

1: Correta. Vice art. 81, III do CDC. **2:** Errada. Conforme art. 81, I, do CDC, a defesa coletiva dos interesses ou direito difusos dos consumidores será exercida quando tais interesses forem ligados por circunstâncias de fato. Os interesses individuais homogêneos exigem origem comum. **3:** Errada. Os direitos mencionados na alternativa tratam de *direitos coletivos*, em que os titulares de direito são um grupo, categoria ou classe de pessoas ligadas entre si ou com a parte contrária por uma relação jurídica base (art. 81, II, do CDC); **4:** Correta. Vide art. 82,II, do CDC. **5:** Correta. Vide art. 82, IV, § 1º, do CDC. **RD**

Gabarito: 1C, 2E, 3E, 4C, 5C

(Procurador do Município - Valinhos/SP - 2019 - VUNESP) Foram apresentadas três situações ao procurador do município: (i) a construção de uma empresa de rejeitos de minério de ferro ao lado de um rio que tem nascente no Município, em área considerada de proteção ambiental; (ii) a contaminação com o vírus da AIDS de vários pacientes do hospital municipal da cidade que receberam transfusão de sangue; (iii) o aumento de determinado tributo municipal em que se questiona o suposto confisco.

Diante dessas situações hipotéticas, dentro da classificação dos direitos transindividuais, o procurador conclui que

(A) todos os casos são classificados como direitos difusos.

(B) a hipótese (i) se refere a direito difuso e os itens (ii) e (iii) referem-se a direitos individuais homogêneos.

(C) o item (i) é classificado como direito coletivo em sentido estrito, o item (ii) como individual homogêneo e o (iii) difuso.

(D) o item (i) é classificado como difuso, o item (ii) como individual homogêneo e o (iii) direito coletivo em sentido estrito.

(E) todos os casos são classificados como individuais homogêneos.

O direito ou interesse **difuso**, pode ser definido como sendo o direito transindividual, em que não é possível identificar o sujeito de direitos sendo a titularidade do direito do próprio grupo, é essencialmente coletivo e indivisível, posto que, caso o juiz considere que uma pessoa do grupo tem direito, todas as pessoas do grupo têm o mesmo direito. A origem, por sua vez, é uma circunstância de fato. O direito ou interesse **coletivo** pode ser definido como sendo o direito transindividual, em que é possível identificar o sujeito de direitos sendo a titularidade do direito do próprio grupo, é essencialmente coletivo e indivisível, posto que, caso o juiz considere que uma pessoa do grupo tem direito, todas as pessoas do grupo têm o mesmo direito. A origem, por sua vez, é uma relação jurídica base. O direito **individual homogêneo** pode ser como sendo o direito transindividual, em que é possível identificar o sujeito de direitos, e acidentalmente coletivo e indivisível, posto que o juiz pode diferenciar os direitos conforme a prova a ser apresentada pelo titular do direito. A origem, por sua vez, é uma circunstância comum. **RD**

Gabarito "D."

Procurador Municipal – Sertãozinho/SP – VUNESP – 2016) No que concerne à defesa metaindividual do consumidor em juízo, assinale a alternativa correta.

(A) Interesses ou direitos difusos são os transindividuais, de natureza divisível, de que sejam titulares pessoas indeterminadas e ligadas por circunstâncias de fato.

(B) São legitimados concorrentemente para a sua tutela, as entidades e órgãos da Administração Pública, direta ou indireta, ainda que sem personalidade jurídica, especificamente destinados à defesa dos interesses e direitos do consumidor.

(C) Na ação que tenha por objeto o cumprimento da obrigação de fazer ou não fazer, o juiz poderá impor multa diária ao réu, desde que haja pedido do autor, se for suficiente ou compatível com a obrigação, fixando prazo razoável para o cumprimento do preceito.

(D) Em caso de litigância de má-fé, a associação autora e os diretores responsáveis pela propositura da ação serão subsidiariamente condenados em honorários advocatícios e ao décuplo das custas, sem prejuízo da responsabilidade por perdas e danos.

(E) Aplicam-se às ações para a sua tutela, além do Código de Defesa do Consumidor, as normas do Código de Processo Civil e da Lei da ação popular, naquilo que não contrariar as disposições do diploma consumerista.

A: incorreta. Os interesses difusos têm natureza indivisível (art. 81, parágrafo único, I, do CDC). **B:** correta. Nos exatos termos do art. 82, III, do CDC. **C:** incorreta. A multa pode ser imposta independentemente do pedido do autor: "O juiz poderá, na hipótese do § 3º ou na sentença, impor multa diária ao réu, independentemente de pedido do autor, se for suficiente ou compatível com a obrigação, fixando prazo razoável para o cumprimento do preceito" (art. 84, § 4º, do CDC). **D:** incorreta. Nos termos do art. 87, parágrafo único, a responsabilidade é solidária entre a associação autora e os diretores responsáveis pela propositura da ação. **E:** incorreta. Aplicam-se às ações para a tutela do consumidor as normas do Código de Processo Civil e da Lei 7.347/1985, inclusive no que respeita ao inquérito civil, naquilo que não contrariar suas disposições (art. 90 do CDC). **RD**
Gabarito "B".

(Procurador Municipal – Sertãozinho/SP – VUNESP – 2016) Relativamente às ações coletivas para a defesa de interesses individuais homogêneos tratados pelo Código de Defesa do Consumidor, é possível asseverar que

(A) são considerados interesses ou direitos individuais homogêneos aqueles transindividuais de natureza divisível ou não, decorrentes de origem comum.

(B) o Município poderá propor, em nome próprio e no interesse das vítimas ou seus sucessores, ação civil coletiva de responsabilidade pelos danos individualmente sofridos.

(C) o Ministério Público, se não ajuizar a ação, atuará como fiscal da lei quando o Juiz da causa entender pertinente.

(D) em caso de procedência do pedido, a condenação deve ser certa e determinada, fixando-se a responsabilidade do réu pelos danos causados.

(E) na hipótese de decorrido o prazo de 06 (seis) meses sem habilitação de interessados em número compatível com a gravidade do dano para execução da coisa julgada coletiva, poderá o autor da ação, promover a liquidação e execução da indenização devida.

A; incorreta. Os Direitos Individuais Homogêneos têm natureza divisível e são decorrentes de origem comum (art. 81, parágrafo único, III, do CDC). **B:** correta. A legitimidade do Município decorre do art. 82 do CDC e do art. 5º da LACP (ver também art. 91 e 92 do CDC). **C:** incorreta. O Ministério Público sempre atuará como fiscal da lei (art. 5º, § 1º, da LACP e art. 92 do CDC). **D:** incorreta. Para as ações coletivas que envolvem Direitos Individuais Homogêneos, em caso de procedência do pedido, a condenação será genérica, fixando a responsabilidade do réu pelos danos causados (art. 95 do CDC). **E:** incorreta. Nos termos do art. 100 do CDC, decorrido o prazo de um ano sem habilitação de interessados em número compatível com a gravidade do dano, poderão os legitimados promover a liquidação da sentença (*fluid recovery*). **RD**
Gabarito "B".

10. OUTROS TEMAS

(Procurador Municipal/SP – VUNESP – 2016) Há previsão expressa no Código de Defesa do Consumidor acerca da Convenção Coletiva de Consumo. Sobre esse tema, é correto afirmar que

(A) são legitimados para regular em convenção escrita relativa à preço, à quantidade e à garantia, entre outros, os Municípios e os sindicatos da categoria econômica envolvida, dada a competência concorrente de todos os entes da federação em legislar acerca dos direitos do consumidor.

(B) feita a convenção, ela se tornará obrigatória apenas a partir do momento em que for registrada no cartório de títulos e documentos.

(C) uma vez registrada, a convenção terá efeito *erga omnes*, valendo para todos os fornecedores e consumidores daquele nicho de produtos ou serviços.

(D) se exime de cumprir a convenção o fornecedor que se desligar da entidade em data posterior ao registro do instrumento.

(E) são legitimados para regular em convenção escrita relativa à preço, à quantidade e à garantia entre outros, os Procons Estaduais e os sindicatos da categoria econômica envolvida, dada a competência concorrente de todos os entes da federação em legislar acerca dos direitos do consumidor.

A: incorreta. A legitimidade para a convenção coletiva é das entidades civis de consumidores e associações de fornecedores ou sindicatos de categoria econômica. Por outro lado, a convenção coletiva de consumo pode ter por objeto estabelecer condições relativas ao preço, à qualidade, à quantidade, à garantia e características de produtos e serviços, bem como à reclamação e composição do conflito de consumo (art. 107, *caput*, do CDC). A competência para legislar em Direito do Consumidor é concorrente entre a União e os Estados (e DF), art. 24, V e VIII, da Constituição Federal, podendo o município legislar se houver interesse local (art. 30 da CF). **B:** correta. A convenção tornar-se-á obrigatória a partir do registro do instrumento no cartório de títulos e documentos (art. 107, § 1º, do CDC). **C:** incorreta. A convenção somente obrigará os filiados às entidades signatárias (art. 107, § 2º, do CDC). **D:** incorreta. Não se exime de cumprir a convenção o fornecedor que se desligar da entidade em data posterior ao registro do instrumento (art. 107, § 3º, do CDC). **E:** incorreta. Os PROCONS não têm legitimidade para firmar convenção coletiva de consumo (vide justificativa da alternativa "A"). **RD**
Gabarito "B".

12. Direito Previdenciário

Ricardo Quartim

1. PRINCÍPIOS E NORMAS GERAIS

(Procurador – AL/PR – 2024 – FGV) A seguridade social compreende um conjunto integrado de ações de iniciativa dos Poderes Públicos e da sociedade, destinadas a assegurar os direitos relativos à saúde, à previdência e à assistência social.

Considerando as normas de regência, assinale a opção que contempla, corretamente e nesta ordem, um princípio constitucional da seguridade social, a quantidade de integrantes do Conselho Nacional de Previdência Social (CNPS), um benefício concedido pela Previdência Social, o período de carência para recebimento do auxílio reclusão e um segurado obrigatório da Previdência social.

(A) Universalidade da base de financiamento, 9 membros, salário família, doze contribuições mensais e o estagiário bolsista.

(B) Equidade na forma de participação no custeio, 12 membros, reabilitação profissional, não há carência e o servidor da União ocupante, exclusivamente, de cargo em comissão declarado em lei de livre nomeação e exoneração.

(C) Caráter democrático e descentralizado da gestão administrativa, 9 membros, seguro-desemprego, não há carência e aquele que presta serviço de natureza urbana ou rural a empresa, em caráter não eventual, sob sua subordinação e mediante remuneração, inclusive como diretor empregado.

(D) Irredutibilidade do valor dos benefícios, 15 membros, salário maternidade, vinte e quatro contribuições mensais e o escrevente contratado por titular de serviços notariais a partir de 21 de novembro de 1994.

(E) Uniformidade e equivalência dos benefícios e serviços às populações urbanas e rurais, 12 membros, serviço social, dez contribuições mensais e aquele em exercício de mandato eletivo municipal, desde que não seja vinculado a regime próprio de previdência social.

Princípios: Os princípios da Seguridade Social estão previstos no parágrafo único do art. 194 da CF. São eles a universalidade da cobertura e do atendimento; a uniformidade e equivalência dos benefícios e serviços às populações urbanas e rurais; a seletividade e distributividade na prestação dos benefícios e serviços; a irredutibilidade do valor dos benefícios; a equidade na forma de participação no custeio; e a diversidade da base de financiamento, identificando-se, em rubricas contábeis específicas para cada área, as receitas e as despesas vinculadas a ações de saúde, previdência e assistência social, preservado o caráter contributivo da previdência social; **CNPS**: O Conselho Nacional de Previdência Social – CNPS é órgão superior de deliberação colegiada e tem 15 membros, nos termos do art. 3º do PBPS; **Carência**: A carência necessária para fazer jus ao benefício de auxílio-reclusão é de 24 meses, nos termos do art. 25, IV, do PBPS, incluído pela Lei nº 13.846/2019. Antes de tal alteração legislativa o benefício de auxílio-reclusão não exigia carência para sua concessão;

Segurado obrigatório: Consoante o art. 40 da Lei nº 8.935/1994, publicada em 21/11/1994, os notários, oficiais de registro, escreventes e auxiliares são vinculados à previdência social, de âmbito federal, e têm assegurada a contagem recíproca de tempo de serviço em sistemas diversos **RQ**.
Gabarito "D".

(Procurador do Município - Boa Vista/RR - 2019 - CESPE/CEBRASPE) A respeito de princípios constitucionais relativos à seguridade social, julgue o item a seguir.

(1) O princípio da diversidade da base de financiamento é imprescindível para a manutenção da saúde financeira e atuarial do sistema de seguridade social, uma vez que reduz o risco de desequilíbrio do orçamento direto e indireto desse sistema.

1: correta. O princípio constitucional da diversidade da base de financiamento visa adequar o sistema de custeio da Seguridade Social à evolução da atividade econômica, garantindo que ela tenha o maior número possível de fontes de receita, com vistas a evitar, dentro do possível, que crises relativas a uma ou outra base não impliquem perdas insuperáveis para a totalidade do sistema. **RQ**
Gabarito "1C".

(Procurador do Município/Manaus – 2018 – CESPE) Julgue os próximos itens, relativos à organização, aos princípios e ao custeio da seguridade social.

(1) Constitui objetivo da seguridade social manter o caráter democrático e descentralizado da administração, mediante gestão tripartite, com participação dos trabalhadores e empregadores e do Estado.

(2) Por força da regra da contrapartida, os benefícios e serviços da seguridade social somente poderão ser criados, majorados ou estendidos se existente a correspondente fonte de custeio total.

(3) Constitui fonte de financiamento da seguridade social a arrecadação de contribuições sociais do importador de bens ou serviços do exterior.

1: incorreta. A gestão será quadripartite, incluindo um representante dos aposentados (art. 194, parágrafo único, VII, da CF); **2: correta,** nos termos do art. 195, § 5º, da CF; **3: correta,** nos termos do art. 195, IV, da CF. A partir da vigência da EC 42/2003 a contribuição social em questão pode ser exigida não só do importador de bens ou serviços do exterior, como também "de quem a lei a ele equiparar". **RQ**
Gabarito 1E, 2C, 3C

(Procurador do Estado/SE – 2017 – CESPE) O princípio que, norteando a CF quanto à seguridade social, tem extrema relevância para o cumprimento dos objetivos constitucionais de bem-estar e justiça social, por eleger as contingências sociais a serem acobertadas e os requisitos para a garantia da distribuição de renda, é o princípio da

(A) diversidade da base de financiamento.

(B) universalidade da cobertura e do atendimento.

(C) uniformidade e equivalência dos benefícios e serviços prestados às populações urbanas e rurais.

(D) seletividade e distributividade na prestação dos benefícios e serviços.

(E) equidade na forma de participação no custeio.

A questão é passível de críticas. É verdade que famosa doutrina afirma que a diversidade na base de financiamento é um instrumento para atingir o bem-estar e a justiça social. Tal afirmação jamais pode ser tida como equivocada. Contudo, a nosso ver, tanto a diversidade da base de financiamento quanto a seletividade e distributividade na prestação dos benefícios e serviços são formas de consagração das metas de justiça social e distribuição de renda. A EC 103/2019 alterou a dicção do princípio da diversidade da base de financiamento (art. 194, par. único, VI, da CF), que agora reza o seguinte: "diversidade da base de financiamento, identificando-se, em rubricas contábeis específicas para cada área, as receitas e as despesas vinculadas a ações de saúde, previdência e assistência social, preservado o caráter contributivo da previdência social". **RO**

Gabarito "A".

(Procurador do Estado – PGE/MT – FCC – 2016) A Constituição Federal do Brasil e a legislação infraconstitucional que dispõe sobre planos de benefícios e custeio da previdência social preveem, como princípio básico da seguridade social,

(A) uniformidade e equivalência dos benefícios entre as populações urbanas e rurais, podendo haver diferenciação entre os serviços dessas populações criada por meio de lei complementar com objetivo de adequar os serviços às características regionais de cada atividade.

(B) universalidade na prestação dos benefícios e serviços, considerado o caráter seletivo e distributivo na cobertura e no atendimento.

(C) preexistência do custeio em relação ao benefício ou serviço para que haja previsão anterior da fonte de recursos que financiará a criação ou ampliação de qualquer benefício ou serviço da previdência pública.

(D) caráter democrático e descentralizado da administração, mediante gestão conjunta tripartite da comunidade, composta de representantes do governo, dos trabalhadores e dos empresários nos órgãos colegiados.

(E) solidariedade, também denominado universalidade de cobertura, que prevê não haver um único tipo de benefício ou serviço, mas diversos, que são concedidos e mantidos de forma seletiva observando a necessidade de cada contribuinte.

A: incorreta. O art. 194, parágrafo único, II, da CF não prevê esta exceção ao princípio; B: incorreta. Os objetos estão invertidos: universalidade de cobertura e atendimento e seletividade e distributividade na prestação dos benefícios e serviços (art. 194, parágrafo único, I e III, da CF); C: correta, nos termos do art. 195, § 5º, da CF; D: incorreta. A gestão da seguridade social é quadripartite, pois conta também com a participação dos aposentados (art. 194, parágrafo único, VII, da CF); E: incorreta. O princípio da solidariedade impõe que todos aqueles que exerçam atividade remunerada contribuam para a seguridade social não só para a fruição de seus próprios benefícios, mas também porque ela mantém serviços públicos essenciais à dignidade humana (saúde e assistência social, por exemplo). **RO**

Gabarito "C".

(Procurador Município – Teresina/PI – FCC – 2022) Thor, Zeus e Afrodite estão estudando em conjunto para concurso público. Na matéria pertinente a conceito e princípios da Previdência Social, Thor cita como um dos princípios da Previdência Social seu caráter democrático e descentralizado da gestão administrativa, com a participação do governo federal, que é quem tem competência na matéria previdenciária, e da comunidade, em especial de trabalhadores em atividade, empregadores e aposentados. Zeus elenca como princípios a serem observados pela Previdência Social uniformidade e equivalência dos benefícios e serviços às populações urbanas e rurais. Por fim, Afrodite coloca como princípio da Previdência Social, para o cálculo dos benefícios, os salários de contribuição corrigidos monetariamente pelo índice de correção do salário-mínimo de referência.

Nesse caso, considerando a Lei no 8.212, de 24 de julho de 1991,

(A) apenas Thor está correto.

(B) apenas Afrodite está correta.

(C) os três estudantes estão corretos.

(D) apenas Zeus e Afrodite estão corretos.

(E) os três estudantes estão errados.

Thor: Afirmação incorreta. Segundo o art. 1º, parágrafo único, alínea 'g', da Lei 8.212/91, um dos princípios da Seguridade Social é o caráter democrático e descentralizado da gestão administrativa com a participação da comunidade, em especial de trabalhadores, empresários e aposentados. Thor se equivoca ao confundir Previdência Social com Seguridade Social, posto que, nos termos do caput do art. 1º, da Lei 8.212/91, a Seguridade Social compreende um conjunto integrado de ações de iniciativa dos Poderes Públicos e da sociedade, destinadas a assegurar os direitos relativos à saúde, à previdência e à assistência social. Por fim, a competência legislativa privativa da União diz respeito à Seguridade Social e não à Previdência Social (art. 22, XXIII e art. 24, XII, ambos da CF); **Afrodite:** Assertiva dada como correta pelo gabarito. A alínea 'c', do parágrafo único, do art. 3º, da Lei 8.212/91, afirma que o cálculo dos benefícios considerando-se os salários-de-contribuição, corrigidos monetariamente, constitui princípio da Previdência Social. Já a alínea 'd' do mesmo dispositivo prevê o princípio da preservação do valor real dos benefícios. Todavia, em nenhum momento a Lei 8.212/91 garante a correção dos salários de contribuição pelo mesmo índice usada para atualizar o salário-mínimo de referência. A expressão 'salário-mínimo de referência' advém do Decreto-Lei 2.351/87. Parte da jurisprudência entende que a variação do salário-mínimo de referência constitui o critério de reajuste dos benefícios previdenciários entre a data de início de vigência do Decreto-Lei 2.351/87 e o mês de março de 1989, sendo que de abril de 1989 até a vigência das leis 8.212/91 e 8.213/91 vigorou o art. 58 do ADCT (STJ, EmDiv nº 187.146, j. 23.06.1999). É verdade que os arts. 2º e 4º do Decreto-Lei 2.351/87 afirmam que a expressão 'salário-mínimo de referência' é equivalente e substitui a menção a 'salário-mínimo'. Isso posto, o Decreto-Lei 2.351/87 foi revogado pela Lei 11.321/2006. Mesmo supondo que o examinador se valha da expressão 'salário-mínimo de referência' como sinônimo de 'salário-mínimo', a assertiva ainda seria incorreta, dado que a correção de benefícios previdenciários com base no salário mínimo vigorou apenas entre o sétimo mês a contar da promulgação da Constituição até a implantação do plano de custeio e benefícios, nos termos do art. 58 do ADCT e da súmula nº 687 do STF; **Zeus:** O art. 1º, parágrafo único, alínea 'b', da Lei 8.212/91, elenca a uniformidade e equivalência dos benefícios e serviços às populações urbanas e rurais como um dos princípios da Seguridade Social. Assim como Thor, Zeus confundiu o gênero Seguridade Social com a espécie Previdência Social. **RO**

Gabarito "B".

12. DIREITO PREVIDENCIÁRIO

(Procurador do Estado – PGE/RN – FCC – 2014) Considere as afirmativas abaixo sobre o sistema de seguridade social previsto na Constituição Federal de 1988.

I. Seguridade social compreende um conjunto integrado de ações de iniciativa do poder público e da sociedade, destinado a garantir um elenco essencial de direitos sociais, que compreende as áreas da saúde, assistência social, previdência social e educação básica.

II. Tendo em vista o objetivo da universalidade da cobertura e do atendimento, princípio vetor do sistema de seguridade social brasileiro, contexto no qual está inserida a previdência social, todo aquele que seja alcançado por um risco social terá direito a benefícios previdenciários, levando-se em conta apenas a efetiva existência de necessidade social.

III. Seguridade social se compõe das áreas de saúde, assistência social e previdência social. A saúde e a assistência se direcionam ao cidadão hipossuficiente, enquanto que a previdência apenas a trabalhadores que contribuem para o sistema previdenciário.

IV. O princípio da uniformidade e equivalência entre as prestações devidas às populações urbana e rural decorre do princípio da isonomia e, por isso mesmo, não impede a existência de regras diferenciadas de acesso a benefícios previdenciários pela população rural.

Está correto o que se afirma APENAS em:

(A) IV.

(B) I e III.

(C) I.

(D) III.

(E) II e III.

I: incorreta. A seguridade social não compreende a educação básica em seu bojo (art. 194 da CF); II: incorreta. A previdência social é de caráter contributivo, ou seja, somente tem acesso aos benefícios previdenciários quem pagar o tributo conhecido como contribuição previdenciária (art. 201 da CF); III: incorreta. A saúde é direito de todos, não só dos hipossuficientes (art. 196 da CF); IV: correta. Vale frisar apenas que a diferenciação deve ser feita pela própria Constituição, como o faz para a aposentadoria por idade (art. 201, § 7º, II, da CF). **RO**
Gabarito "A".

2. CUSTEIO E CONTRIBUIÇÕES SOCIAIS

(Procurador do Estado/SE – 2017 – CESPE) O sistema de custeio da seguridade social é

(A) composto pela contribuição sobre a receita de concursos de prognósticos, mas não pela remuneração recebida por serviços de arrecadação prestados a terceiros.

(B) composto, no âmbito da União, por recursos adicionais do orçamento fiscal fixados obrigatoriamente na lei orçamentária anual.

(C) assegurado pela contribuição empresária, que é calculada, entre outras, sobre as remunerações pagas aos trabalhadores avulsos prestadores de serviços, deles excluídos os segurados contribuintes individuais.

(D) composto, na esfera federal, somente por receitas da União e das contribuições sociais.

(E) assegurado também pela participação do empregado, cujo salário de contribuição é reajustado anualmente pelos mesmos índices do salário mínimo vigente no país.

A: correta. Realmente estão previstas contribuições sobre concursos de prognósticos (art. 195, III, da CF), mas não sobre serviços de arrecadação prestados a terceiros. A EC 132/2023 acrescentou um inciso V ao art. 195 da CF, permitindo a criação de contribuições sociais incidentes sobre bens e serviços, nos termos de lei complementar (ver arts. 149-B e 149-C da CF, bem como os arts. 124 a 126, 130 e 135 do ADCT); **B:** incorreta. Não são recursos adicionais. O orçamento da seguridade social integra o orçamento da União, Estados, DF e Municípios (art. 195, *caput*, da CF); **C:** incorreta. Também os segurados contribuintes individuais que prestem serviços a empresas são incluídos na contribuição sobre a folha de pagamento (art. 195, I, "a", da CF e art. 22, I e III, do PCSS); **D:** incorreta. Há também as receitas previstas no art. 195 da CF; **E:** incorreta. Não há previsão de reajuste anual do salário de contribuição, mas sim do valor dos benefícios (art. 201, § 4º, da CF). **RO**
Gabarito "A".

(PROCURADOR FEDERAL – AGU – 2023 – CEBRASPE) Tendo em vista o disposto na Lei n.º 8.212/1991 e no Decreto n.º 3.048/1999, julgue os próximos itens.

I. Não se consideram remuneração direta ou indireta, não sofrendo a incidência da contribuição patronal, os valores despendidos pelas entidades religiosas e instituições de ensino vocacional com ministro de confissão religiosa, desde que fornecidos em condições que independam da natureza e da quantidade do trabalho executado.

II. A contribuição previdenciária do empregador doméstico incidente sobre o salário de contribuição do empregado doméstico a seu serviço será de 20% sobre o total das remunerações pagas, devidas ou creditadas, a qualquer título, no decorrer do mês.

III. É facultado aos segurados contribuinte individual e facultativo cujos salários de contribuição sejam iguais ou superiores ao valor de um salário mínimo mensal optarem pelo recolhimento trimestral das contribuições previdenciárias, com vencimento no dia quinze do mês seguinte ao de cada trimestre civil.

IV. O segurado facultativo sem renda própria que se dedique exclusivamente ao trabalho doméstico no âmbito de sua residência, desde que pertencente à família de baixa renda, pode, optando pela exclusão do direito ao benefício de aposentadoria por tempo de contribuição, contribuir com uma alíquota de 5% incidente sobre o limite mínimo mensal do salário de contribuição.

Estão certos apenas os itens

(A) I e IV.

(B) II e III.

(C) II e IV.

(D) I, II e III.

(E) I, III e IV.

I: Correta, pois corresponde à dicção do § 13 do art. 22 da PCSS; II: Incorreta. A contribuição do empregador doméstico é 8%, mais 0,8% para o financiamento do seguro contra acidentes de trabalho (art. 24 do PCSS). Além de recolher sua própria contribuição social, o empregador doméstico também é obrigado a arrecadar e a recolher a contribuição do segurado empregado a seu serviço, nos termos do inc. V do art. 30 do PCSS, sendo que a alíquota devida pelo segurado empregado doméstico é progressiva, variando de 7,5% até 14%, consoante o art. 28 da EC 103/2019. A alíquota de 20% é devida pelos segurados contribuinte individual e facultativo (art. 21 do PCSS); **III**: Incorreta. A faculdade de recolhimento trimestral é atribuída apenas aos segurados contribuinte individual e facultativo cujos salários de contribuição sejam iguais ao valor de um salário mínimo, na esteira do art. 216, § 15, do RPS **IV**: Correta, nos termos do art. 21, § 2º, II, 'b', do PCSS. Esta alíquota de 5% também foi deferida microempreendedor individual de que trata o art. 18-A da Lei Complementar nº 123/2006 RQ.

Gabarito "A".

(PROCURADOR FAZENDA NACIONAL – AGU – 2023 – CEBRASPE) No que diz respeito à incidência de contribuição previdenciária a cargo do empregador sobre o salário-maternidade no âmbito do regime geral de previdência social (RGPS), julgue os itens subsequentes com base no entendimento jurisprudencial firmado pelo STF em regime de repercussão geral.

I. O salário-maternidade não pode compor a base de cálculo da contribuição previdenciária a cargo do empregador, por ser genuína prestação previdenciária, e não contraprestação pelo trabalho, e, por isso, não se enquadra no conceito de folha de salários e demais rendimentos do trabalho.

II. O STF entende que qualquer incidência não prevista no texto constitucional configura fonte de custeio alternativa, devendo estar prevista em lei ordinária limitada a contemplar as hipóteses de relações com vínculo empregatício.

III. A constitucionalidade da inclusão do valor referente ao salário-maternidade na base de cálculo da contribuição previdenciária incidente sobre a remuneração, a cargo do empregador, pressupõe a limitação de sua incidência às relações sem vínculo empregatício.

Assinale a opção correta.

(A) Nenhum item está certo.

(B) Apenas o item I está certo.

(C) Apenas o item II está certo.

(D) Apenas os itens I e III estão certos.

(E) Apenas os itens II e III estão certos.

Ao julgar o tema de repercussão geral nº 72 o STF declarou a inconstitucionalidade da incidência de contribuição previdenciária a cargo do empregador sobre o salário-maternidade. De acordo com a ementa do acórdão paradigma: "Por não se tratar de contraprestação pelo trabalho ou de retribuição em razão do contrato de trabalho, o salário-maternidade não se amolda ao conceito *de folha de salários e demais rendimentos do trabalho pagos ou creditados, a qualquer título à pessoa física que lhe preste serviço, mesmo sem vínculo empregatício*. Como consequência, não pode compor a base de cálculo da contribuição previdenciária a cargo do empregador, não encontrando fundamento no art. 195, I, a, da Constituição. Qualquer incidência não prevista no referido dispositivo constitucional configura fonte de custeio alternativa, devendo estar prevista em lei complementar (art. 195, § 4º)." Acrescente-se que a questão da possibilidade ou não de cobrança de contribuição previdenciária devida pela segurada empregada sobre o salário-maternidade que recebe teve sua repercussão geral reconhecida (Tema 1.274). Isso posto, analisemos os itens que compõem o enunciado. **I**: Correto. Segundo a suprema corte o salário-maternidade não integra a contraprestação devida pelo empregador à empregada, não é verba remuneratória trabalhista. Trata-se de um benefício previdenciário e, assim, sua tributação por meio de lei ordinária não encontra amparo no art. 195, I, 'a', da CF; **II**: Incorreta. De acordo com o julgado, qualquer incidência de contribuição social devida pelo empregador que não esteja prevista art. 195, I, da CF, configura fonte de custeio alternativa, devendo

estar prevista em lei complementar (art. 195, § 4º, da Constituição); **III**: Incorreta. Tal fundamento não integra o julgado e é contraditório, pois se não há vínculo empregatício é impossível se falar em tributação a cargo do empregador ██.

Gabarito "B".

(PROCURADOR FAZENDA NACIONAL – AGU – 2023 – CEBRASPE) Carla é membro de instituto de vida consagrada e recebe de organização religiosa o valor mensal de R$ 6.000,00 por seu mister religioso.

Nessa situação hipotética, no que se refere às contribuições previdenciárias no âmbito do RGPS,

(A) a remuneração de Carla será considerada salário de contribuição para fins previdenciários, dada a sua condição de segurada, e para fins de contribuição da organização religiosa, desde que fornecida em condições que não dependam da natureza ou da quantidade do trabalho executado.

(B) a remuneração de Carla será considerada para fins de incidência da contribuição previdenciária se os pagamentos estiverem com características e em condições que, comprovadamente, estejam relacionadas à natureza e à quantidade do trabalho executado, hipótese em que Carla deve ser considerada segurada contribuinte individual, visto que é prestadora de serviços à organização religiosa.

(C) os valores despendidos pela organização religiosa em relação ao trabalho de Carla como membro de instituto de vida consagrada podem configurar remuneração direta ou indireta se pagos de forma e montante diferenciados, em pecúnia ou a título de ajuda de custo de moradia, transporte, formação educacional, independentemente de estarem vinculados à atividade religiosa.

(D) Carla, por ser segurada empregada e obrigatória do RGPS, deve recolher a contribuição previdenciária mensal incidente sobre o valor recebido da organização religiosa, ainda que a remuneração seja fornecida em condições que independam da natureza e da quantidade do trabalho executado.

(E) a remuneração de Carla não será considerada salário de contribuição para fins de contribuição previdenciária como segurada nem para fins de contribuição da organização religiosa, ainda que voltada à sua subsistência e de seus dependentes, sendo ou não fornecida em condições que dependam da natureza ou da quantidade do trabalho executado por ela.

São contribuintes individuais o ministro de confissão religiosa e membro de instituto de vida consagrada, de congregação ou de ordem religiosa (art. 12, V, 'c', do PCSS). Isso posto, ao tratar da contribuição a cargo da empresa, o § 13 do art. 22 do PCSS afirma que não se considera como remuneração direta ou indireta, para os efeitos de tal Lei, os valores despendidos pelas entidades religiosas e instituições de ensino vocacional com ministro de confissão religiosa, membros de instituto de vida consagrada, de congregação ou de ordem religiosa em face do seu mister religioso ou para sua subsistência desde que fornecidos em condições que independam da natureza e da quantidade do trabalho executado. O § 14 deste mesmo artigo fornece dois parâmetros interpretativos a esse respeito. O primeiro diz que os critérios informadores dos valores despendidos pelas entidades religiosas e instituições de ensino vocacional aos ministros de confissão religiosa, membros de vida consagrada, de congregação ou de ordem religiosa não são taxativos e sim exemplificativos. Já

12. DIREITO PREVIDENCIÁRIO

o segundo esclarece que os valores despendidos, ainda que pagos de forma e montante diferenciados, em pecúnia ou a título de ajuda de custo de moradia, transporte, formação educacional, vinculados exclusivamente à atividade religiosa não configuram remuneração direta ou indireta. Vejamos as alternativas. **A:** Incorreta. Tendo a remuneração sido fornecida em condições que não dependam da natureza ou da quantidade do trabalho executado e incide o mencionado § 13, o qual afasta a possibilidade de a remuneração de Carla servir como base para fins de contribuição da organização religiosa. Em tal hipótese, o salário de contribuição do ministro de confissão religiosa ou do membro de instituto de vida consagrada é o valor por ele declarado, observados os limites mínimo e máximo do salário de contribuição, conforme o art. 31, § 7º, da Instrução Normativa RFB nº 2110/2022; **B:** Correta. Se os valores recebidos por Carla estiverem comprovadamente relacionados à natureza e à quantidade do trabalho por ela executado, serão eles considerados remuneração e, por conseguinte, salário de contribuição (art. 22, III, e 28, III, ambos do PCSS); **C:** Incorreta, conforme o inciso II do § 14 do art. 22 do PCSS; **D:** Incorreta. Carla é segurada obrigatória da Previdência Social como contribuinte individual e não como segurada empregada. Além disso, o enunciado é contrário ao disposto no art. 22, § 13, do PCSS; **E:** Incorreta, segundo o art. 22, § 13, do PCSS 🔲.

Gabarito "B".

3. SEGURADOS E DEPENDENTES

(Procurador do Estado – PGE/RN – FCC – 2014) Quanto aos beneficiários do Regime Geral de Previdência Social – RGPS, considere:

I. Os dependentes preferenciais são aqueles que se encontram na primeira classe de dependentes, que prefere a todas as outras e compreende as figuras do cônjuge, companheiro(a) e filho(a) menor de 18 anos, não emancipado(a) ou inválido(a).

II. Os segurados obrigatórios são aqueles beneficiários que exercem algum tipo de atividade profissional remunerada, ou seja, os diversos tipos de trabalhadores, inclusive servidores públicos que não participem de regime próprio de previdência social.

III. Os dependentes do RGPS são aqueles beneficiários que se vinculam à Previdência por manterem com o segurado laços de família e dependência econômica, conforme prescrito em lei, o que caracteriza seu vínculo como acessório, pois exerce direitos em nome do segurado.

IV. Cônjuge separado judicialmente ou divorciado, com direito a alimentos, preserva a condição de dependente do segurado do RGPS, e eventualmente concorre, em condições de igualdade, com companheira do segurado.

Está correto o que se afirma em:

(A) II e IV, apenas.

(B) I e III, apenas.

(C) III e IV, apenas.

(D) I, II, III e IV.

(E) II e III, apenas.

I: incorreta. O filho é dependente de 1ª classe até os 21 anos de idade, ou inválido, ou que tenha deficiência intelectual ou mental, ou deficiência grave (art. 16, I, da PBPS); **II**: correta, nos termos do art. 11, I, *g*, do PBPS; **III**: incorreta. Os direitos do dependente são autônomos, podendo ser exercidos independentemente de qualquer ação do segurado (veja-se, por exemplo, a pensão por morte, na qual o segurado, inclusive,

já faleceu e é o dependente que requer o benefício); **IV:** correta, nos termos do art. 16, § 1º, e 17. I, do Decreto 3.048/1999. 🔲

Gabarito "A".

4. BENEFÍCIOS

(PROCURADOR FEDERAL – AGU – 2023 – CEBRASPE) Julgue os itens subsequentes, relativos ao benefício de salário-maternidade no âmbito do RGPS.

I. Não é possível a concessão do salário-maternidade diretamente a segurado do sexo masculino.

II. A concessão de salário-maternidade às seguradas empregada, empregada doméstica e trabalhadora avulsa independe de carência.

III. A mulher desempregada que mantiver a qualidade de segurada terá direito ao benefício do salário-maternidade, cujo valor será correspondente ao do último salário de contribuição.

IV. A segurada empregada que adotar uma criança e obtiver a concessão do salário-maternidade receberá os pagamentos relativos ao aludido benefício diretamente da previdência social.

Estão certos apenas os itens

(A) I e II.

(B) II e IV.

(C) III e IV.

(D) I, II e III.

(E) I, III e IV.

I: Incorreta. É possível o pagamento de salário-maternidade diretamente a segurado do sexo masculino em caso de adoção ou de guarda judicial, conforme o art. 71-A, do PBPS, bem como na hipótese de falecimento da segurada que fizer jus ao benefício, nos termos do art. 71-B, do PBPS; **II**: Correta, segundo o art. 26, VI, do PBPS; **III**: Incorreta. A Lei nº 13.846/2019 reconheceu o direito da segurada desempregada que esteja em período de graça de receber salário-maternidade, pago diretamente pela Previdência Social. Todavia, seu valor corresponderá a um doze avos da soma dos doze últimos salários de contribuição, apurados em um período não superior a quinze meses, nos termos do art. 73, III e parágrafo único, do PBPS; **IV**: Correta, consoante o § 1º do art. 71-A do PBPS 🔲.

Gabarito "B".

(Procurador do Município/Manaus – 2018 – CESPE) Considerando a legislação aplicável e a jurisprudência dos tribunais superiores acerca do RGPS, julgue os itens que se seguem.

(1) Os benefícios de aposentadoria por invalidez e auxílio-doença independem de carência quando originários de causa acidentária de qualquer natureza.

(2) Para efeito da concessão de benefício previdenciário ao trabalhador rural, é suficiente a prova exclusivamente testemunhal.

1: correta, nos termos do art. 26, II, do PBPS; 2: incorreta. Será sempre necessário ao menos um início de prova documental, sendo vedada a comprovação exclusivamente por testemunhas, exceto na ocorrência de motivo de força maior ou caso fortuito, na forma prevista no regulamento (art. 55, § 3º, do PBPS). A assertiva tem como finalidade aferir se o candidato conhece a súmula 149 do STJ, segundo a qual: *'A prova exclusivamente testemunhal não basta a comprovação da atividade rurícola, para efeito da obtenção de benefício previdenciário.'* 🔲

Gabarito 1C, 2E

452 RICARDO QUARTIM

(Procurador do Município/Manaus – 2018 – CESPE) Márcio, com cinquenta e cinco anos de idade e trinta e cinco anos de contribuição como empresário, compareceu a uma agência da previdência social para requerer sua aposentadoria. Após análise, o INSS indeferiu a concessão do benefício sob os fundamentos de que ele já era beneficiário de pensão por morte e que não tinha atingido a idade mínima para a aposentadoria por tempo de contribuição.

A respeito da situação hipotética apresentada e de aspectos legais a ela relacionados, julgue os itens subsequentes.

(1) A decisão da autarquia previdenciária está parcialmente correta porque, embora Márcio tenha atendido aos requisitos concessórios do benefício, ele não pode acumular a aposentadoria por tempo de contribuição com a pensão por morte.

(2) O direito de Márcio não está sujeito ao prazo decadencial decenal, pois este é aplicável somente nas hipóteses de pedido revisional de benefício previamente concedido.

(3) Caso, posteriormente, o INSS conceda o benefício, judicial ou administrativamente, no cálculo da renda mensal inicial devida a Márcio deverá ser desprezada a incidência do fator previdenciário.

1: incorreta. Nada obsta a cumulação de aposentadoria e pensão por morte (art. 124 do PBPS). Apesar de a EC 103/2019 não ter proibido a cumulação dos benefícios de aposentadoria e pensão por morte, seu art. 24, §2º, não mais permite a percepção do valor integral de ambos; **2:** correta, nos termos do art. 103 do PBPS. Vale notar que a Lei nº 13.846/2019 deu nova redação ao art. 103 do PBPS, sujeitando ao prazo decadencial a revisão do ato de concessão, indeferimento, cancelamento ou cessação de benefício e o ato de deferimento, indeferimento ou não concessão de revisão de benefício. Porém, o STF declarou a inconstitucionalidade de tal alteração na ADIN nº 6.096, DJe 26/11/2020; **3:** incorreta. Haveria incidência do fator previdenciário (art. 29, I, do PBPS). A propósito, a EC 103/2019 extinguiu a distinção entre aposentadoria por idade e aposentadoria por tempo de contribuição. Assim, ressalvados direitos adquiridos, existe agora apenas a aposentadoria programada, cujo deferimento exige tanto idade mínima como tempo de contribuição. O cálculo do salário-de-benefício da aposentadoria programada não inclui a utilização do fator previdenciário. Não se pode, contudo, afirmar que o fator previdenciário foi totalmente excluído de nosso ordenamento jurídico, pois ele ainda incide no caso da regra de transição prevista no art. 17 da EC 103/2019, como expressamente diz o parágrafo único de tal dispositivo. Na mesma seara, por força do art. 22 da EC nº 103/2019, a aposentadoria da pessoa com deficiência continuará sendo regida pela Lei Complementar 142/2013 até que lei discipline o art. 201, § 1º, I, da CF. Ora, o art. 9º, I, da LC 142/2013, afirma que o fator previdenciário incide nas aposentadorias de pessoas com deficiência, se resultar em renda mensal de valor mais elevado. **RQ**

Gabarito: 1E, 2C, 3E

(Procurador Município – Teresina/PI – FCC – 2022) Sobre a aposentadoria por invalidez, prevista na Lei no 8.213, de 24 de julho de 1991, considere:

I. A doença ou lesão de que o segurado já era portador ao filiar-se ao Regime Geral de Previdência Social não lhe conferirá direito à aposentadoria por invalidez, salvo quando a incapacidade sobrevier por motivo de progressão ou agravamento dessa doença ou lesão.

II. O segurado aposentado por invalidez poderá ser convocado a qualquer momento para avaliação das condições que ensejaram o afastamento ou a aposen-

tadoria, concedida judicial ou administrativamente, exceto se a causa do benefício for HIV/AIDS.

III. A aposentadoria por invalidez será devida a partir do dia imediato ao da cessação do auxílio-doença, constatada por perícia a incapacidade total e definitiva, sendo que para o segurado doméstico contará da data do início da incapacidade ou da data da entrada do requerimento, se entre essas datas decorrerem mais de dezesseis dias.

IV. A aposentadoria por invalidez, uma vez cumprida, quando for o caso, a carência exigida, será devida ao segurado que, estando em gozo de auxílio-doença, for considerado incapaz e insusceptível de reabilitação para o exercício de atividade que lhe garanta a subsistência, e ser-lhe-á paga enquanto permanecer nesta condição.

Está correto o que se afirma APENAS em

(A) I, II e IV.

(B) III e IV.

(C) I e III.

(D) II e III.

(E) I e II.

I: Correta. O art. 42, §2º, da Lei 8.213/91, afirma que a doença ou lesão de que o segurado já era portador ao filiar-se ao Regime Geral de Previdência Social não lhe conferirá direito à aposentadoria por invalidez, salvo quando a incapacidade sobrevier por motivo de progressão ou agravamento dessa doença ou lesão; **II:** Correta. De acordo com o art. 42, §4º, e o art. 101, ambos da Lei 8.213/91, o segurado aposentado por invalidez poderá ser convocado a qualquer momento para avaliação das condições que ensejaram o afastamento ou a aposentadoria, concedida judicial ou administrativamente. Entretanto, a Lei 13.847/2019 deu nova redação ao §5º deste art. 42, afirmando que a pessoa com HIV/AIDS é dispensada da avaliação prevista em seu § 4º; **III:** Incorreta. Ao segurado empregado doméstico, trabalhador avulso, contribuinte individual, especial e facultativo, a aposentadoria por invalidez será devida a contar da data do início da incapacidade ou da data da entrada do requerimento, se entre essas datas decorrerem mais de trinta dias (art. 43, §1º, alínea 'b', da Lei 8.213/91); **IV:** Incorreta. O caput do art. 43, da Lei 8.213/91, afirma que a aposentadoria por invalidez será devida ao segurado "estando ou não em gozo de auxílio-doença". Não existe qualquer exigência legal de que o segurado primeiro receba auxílio-doença e só depois passe a receber aposentadoria por invalidez. **RQ**

Gabarito 'E'.

(Procurador Federal – AGU – 2023 – CEBRASPE) Assinale a opção correta acerca da aposentadoria por incapacidade permanente no âmbito do RGPS.

(A) Na hipótese de um segurado contribuinte individual aposentado por invalidez recuperar a capacidade para o trabalho dentro de cinco anos, contados do início da referida aposentadoria ou do auxílio-doença que a antecedeu sem interrupção, o benefício cessará após tantos meses quantos forem os anos de duração do auxílio-doença ou da aposentadoria por invalidez.

(B) A data de início do benefício por incapacidade permanente do empregado doméstico, caso não tenha havido auxílio por incapacidade temporária, é contada a partir do 16.º dia do afastamento da atividade ou a partir da data de entrada do requerimento, se entre o afastamento e a entrada do requerimento tiverem decorrido mais de trinta dias.

(C) O valor da aposentadoria por incapacidade permanente a ser pago ao segurado que necessitar da assistência permanente de outra pessoa será acrescido de 25% sobre a base de cálculo, estando o referido valor, entretanto, sempre restrito ao limite máximo do patamar dos benefícios no âmbito RGPS.

(D) O aposentado por incapacidade permanente poderá ser convocado a qualquer momento para avaliação das condições que ensejaram o afastamento ou a aposentadoria, concedidos judicial ou administrativamente, não havendo qualquer hipótese legal de dispensa ou isenção.

(E) O período de carência necessário à concessão da aposentadoria por incapacidade permanente é dispensado somente nas hipóteses em que o benefício decorra de acidente de trabalho ou o segurado seja acometido por alguma doença grave, em conformidade com as disposições da Lei n.º 8.213/1991.

A: Correta. Do teor do art. 47, I, do PBPS, extraímos que verificada a recuperação da capacidade de trabalho do aposentado por incapacidade permanente dentro de 5 anos, contados da data do início da aposentadoria por invalidez ou do auxílio-doença que a antecedeu sem interrupção, e o benefício cessará: de imediato, para o segurado empregado que tiver direito a retornar à função que desempenhava na empresa quando se aposentou; ou após tantos meses quantos forem os anos de duração do auxílio-doença ou da aposentadoria por invalidez, para os demais segurados; **B:** Incorreta. Tendo sido concedido auxílio por incapacidade temporária e a data de início da aposentadoria por incapacidade permanente será o dia imediato da cessação do primeiro. Isso posto, não é obrigatório que toda aposentadoria por incapacidade permanente seja precedida de auxílio por incapacidade temporária. Neste caso, para o segurado empregado doméstico, trabalhador avulso, contribuinte individual, especial e facultativo, a aposentadoria por incapacidade permanente será devida a contar da data do início da incapacidade ou da data da entrada do requerimento, se entre essas datas decorrerem mais de trinta dias, segundo art. 43, §1º, 'b', do PBPS. A regra do 16º dia de afastamento se aplica apenas ao segurado empregado, conforme a alínea 'a' do mesmo dispositivo legal; **C:** Incorreta. O aludido acréscimo de 25% será devido ainda que o valor da aposentadoria atinja o limite máximo legal (art. 45, par. único, 'a', do PBPS); **D:** Incorreta. É verdade que o segurado aposentado por incapacidade permanente poderá ser convocado a qualquer momento para avaliação das condições que ensejaram o afastamento ou a aposentadoria, concedida judicial ou administrativamente. Contudo, a pessoa com HIV/aids é dispensada de tal avaliação (art. 43, §§ 4º e 5º, do PBPS); **E:** Incorreta. O auxílio-doença e aposentadoria por invalidez são dispensados da carência nos casos de acidente de qualquer natureza ou causa e de doença profissional ou do trabalho, bem como nos casos de segurado que, após filiar-se ao RGPS, for acometido de alguma das doenças e afecções especificadas em lista elaborada pelos Ministérios da Saúde e da Previdência Social, atualizada a cada 3 (três) anos, de acordo com os critérios de estigma, deformação, mutilação, deficiência ou outro fator que lhe confira especificidade e gravidade que mereçam tratamento particularizado (art. 26, II, do PBPS). Outrossim, o segurado especial que obtenha aposentadoria por incapacidade permanente seguindo a regra do art. 39, I, do PBPS, também é dispensado de carência, na esteira do inciso III do art. 26 da mesma Lei.

Gabarito "A"

(Procurador Município – Teresina/PI – FCC – 2022) A pensão por morte, conforme previsão da Lei no 8.213, de 24 de julho de 1991, será devida ao conjunto dos dependentes do segurado que falecer, aposentado ou não, a contar da data do óbito quando requerida em até

(A) 90 dias após o óbito, para os filhos menores de 18 anos, ou em até 120 dias após o óbito, para os demais dependentes.

(B) 120 dias após o óbito, para os filhos menores de 16 anos, ou em até 90 dias após o óbito, para os demais dependentes.

(C) 180 dias após o óbito, para os filhos menores de 16 anos, ou em até 120 dias após o óbito, para os demais dependentes.

(D) 120 dias após o óbito, para os filhos menores de 18 anos, ou em até 90 dias após o óbito, para os demais dependentes.

(E) 180 dias após o óbito, para os filhos menores de 16 anos, ou em até 90 dias após o óbito, para os demais dependentes.

O benefício de pensão por morte é devido a partir da data do óbito do segurado que falecer quando requerida em até 180 (cento e oitenta) dias após o óbito, para os filhos menores de 16 (dezesseis) anos, ou em até 90 (noventa) dias após o óbito, para os demais dependentes. Se o benefício por requerido após esses prazos, ele será devido a partir da data do requerimento. Vale notar que no caso de morte presumida a pensão por morte será devida a partir da data da decisão judicial que a declarar, observado o disposto no art. 78 da lei 8.213/91. RO

Gabarito "E".

(Procurador – AL/PR – 2024 – FGV) Perla, de 46 anos de idade, era casada com Júlio há 15 anos. Júlio era professor numa faculdade de direito privada e veio a falecer em 2018, deixando para Perla uma pensão por morte no valor correspondente a 3 salários mínimos. Após viver o luto, Perla se interessou por Carlos, também professor em atividade na mesma instituição, e após 1 ano de relacionamento se casaram em 2020. Dois anos e três meses depois, Carlos também veio a falecer e ganhava o mesmo salário de Júlio.

Tendo ficado viúva pela 2ª vez, assinale a opção que contempla, no caso concreto e de acordo com as normas de regência, o valor da pensão por morte que será recebida por Perla.

(A) Sendo inviável o acúmulo de pensões por morte, Perla continuará recebendo 3 salários-mínimos.

(B) O somatório das duas aposentadorias, ou seja, 6 salários-mínimos.

(C) Perla receberá 60% das duas aposentadorias somadas.

(D) Perla receberá na totalidade a 1ª pensão por morte e integralmente a 2ª pensão pelo prazo fixo de 3 anos.

(E) Receberá integralmente a pensão de maior valor e um percentual da menor.

O art. 24 da EC 103/2019 afirma ser "vedada a acumulação de mais de uma pensão por morte deixada por cônjuge ou companheiro, no âmbito do mesmo regime de previdência social, ressalvadas as pensões do mesmo instituidor decorrentes do exercício de cargos acumuláveis na forma do art. 37 da Constituição Federal". Já o inciso I do § 1º deste mesmo dispositivo diz ser possível a acumulação de "pensão por morte deixada por cônjuge ou companheiro de um regime de previdência social com pensão por morte concedida por outro regime de previdência social ou com pensões decorrentes das atividades militares de que tratam os arts. 42 e 142 da Constituição Federal". Tais normas não se aplicam se o direito aos benefícios houver sido adquirido antes da data de entrada em vigor da EC 103/2019, como diz o § 4º de seu art. 24. Júlio faleceu em 2018, antes, portanto, do início de vigência da reforma da previdência. Mas Carlos faleceu no ano de 2022 e, nos termos da Súmula 340 do STJ, só existirá direito adquirido à pensão por morte no momento do óbito do instituidor. Diante deste quadro fático, as normas que regem a possibilidade ou não de acumulação das pensões são aquelas vigentes em 2022, quando do falecimento de Carlos. Isso posto, a nosso ver Perla não teria direito à acumulação de ambas as pensões, ainda que recebendo um percentual menor, nos termos do § 2º do art. 24 da EC 103/2019. O *caput* da norma em comento ressalva a possibilidade de percepção de duas pensões decorrentes de cargos acumuláveis do mesmo instituidor. Mas as pensões de Perla decorrem do falecimento de instituidores diferentes. Além disso, a possibilidade de acumulação de dois cargos de professor prevista na alínea 'a' do inciso XVI do art. 37 da CF diz respeito a cargos públicos; submetidos, portanto, a regime próprio de previdência social. No âmbito do regime geral o art. 124, VI, do PBPS, veda o recebimento de "mais de uma pensão deixada por cônjuge ou companheiro, ressalvado o direito de opção pela mais vantajosa." Tampouco se aplicaria à hipótese o inciso I do § 1º do art. 24 da EC 103/2019, uma vez que Júlio e Carlos eram ambos filiados ao mesmo regime de previdência social RO.

Gabarito "E".

(Procurador Federal – AGU – 2023 – CEBRASPE) Em 2020, Joana tinha 40 anos de idade e era casada com João havia dezoito meses. João era empregado de uma fábrica havia dois anos, tendo falecido, nesse mesmo ano de 2020, em virtude de um acidente de moto, sem relação com o seu labor.

Nessa situação hipotética, de acordo com a Lei n.º 8.213/1991, Joana

(A) não tem direito à pensão por morte, uma vez que a lei não permite a concessão do referido benefício em razão do tempo de casamento entre ela e João.

(B) tem direito à pensão por morte, uma vez que ostenta a qualidade de dependente de João, e o benefício será pago por prazo determinado, superior a quatro meses.

(C) tem direito à pensão por morte, uma vez que ostenta a qualidade de dependente de João, e o benefício será vitalício.

(D) tem direito à pensão por morte, uma vez que ostenta a qualidade de dependente de João, devendo o benefício ser pago por apenas quatro meses.

(E) não tem direito à pensão por morte, uma vez que o evento que vitimou João não se caracteriza como acidente de trabalho.

A: Incorreta. A Lei nº 13.135/2015 não criou qualquer tempo mínimo de casamento ou de união estável antes do qual a pensão por morte não será devida. Criou, agora sim, uma relação entre o tempo de duração do casamento ou da união estável e o tempo de duração da pensão por morte. Se o casamento ou a união estável tiverem sido iniciados em menos de 2 anos antes do óbito do segurado, o benefício de pensão por morte será pago durante apenas 4 meses, nos termos do art. 77, § 2º, V, alínea 'b'; **B:** Correta. Apesar de o casamento ter perdurado por menos de 2 anos, a duração da pensão por morte seguirá as regras da alínea "a" ou da alínea "c" do inciso V do § 2º do art. 77 do PBPS se o óbito do segurado decorrer de acidente de qualquer natureza ou de doença profissional ou do trabalho. Esta incidência ocorrerá independentemente do recolhimento de dezoito contribuições mensais ou da comprovação de dois anos de casamento ou de união estável, segundo o § 2º-A do art. 77 do PBPS e o art. 114, § 3º, do RPS; **C:** Incorreta. O benefício seria vitalício se, na data do óbito de João, Joana tivesse 44 ou mais anos de idade (art. 77, § 2º, V, 'c', '6' e §2º-A, do PBPS); **D:** Incorreta, uma vez que o óbito do João decorre de acidente de qualquer natureza, fato esse que atrai a incidência do disposto no art. 77, § 2º-A, do PBPS; **E:** Incorreta. A pensão por morte é devida mesmo que o evento causador do óbito não seja um acidente de trabalho. Aliás, a incidência do art. 77, § 2º-A, do PBPS, não requer a existência de um acidente de trabalho,

bastando um acidente de qualquer natureza. Sobre a distinção entre acidente de trabalho e acidente de qualquer natureza, introduzida em nosso ordenamento jurídico pela Lei nº 9.032/1995, veja o Acórdão lavrado no Tema Repetitivo nº 862 do STJ RO.

Gabarito "B".

(Procurador do Estado/SE – 2017 – CESPE) Se um empregado de determinada empresa, filiado ao RGPS há dois anos, sofrer acidente de trânsito que o incapacite temporariamente para o exercício de atividade laboral, a ele será assegurado o direito

(A) a aposentadoria por invalidez, que, por sua natureza, independerá de carência, e cujo valor será acrescido de 50% no caso de necessidade de assistência permanente.

(B) ao auxílio-doença, que consiste em uma renda mensal correspondente a 91% do salário de benefício.

(C) ao recebimento de auxílio-doença, desde o primeiro dia de afastamento da atividade e pelo período que durar a sua incapacidade.

(D) ao benefício do auxílio-acidente, de caráter vitalício, caso o acidente tenha ocorrido em horário de trabalho.

(E) a receber benefício durante a licença pela incapacidade temporária, sendo esse período descontado do tempo de contribuição.

A: incorreta. A aposentadoria por invalidez é destinada a casos de incapacidade total e permanente para o exercício de qualquer atividade laborativa (art. 42 do PBPS); **B:** considerada correta pelo gabarito oficial. O auxílio-doença, que realmente tem como renda mensal inicial o equivalente a 91% do salário de benefício (art. 61 do PBPS), somente é devido ao segurado empregado se o afastamento for superior a 15 dias (art. 59 do PBPS), informação que não consta do enunciado; **C:** incorreta, conforme comentário à alternativa anterior; **D:** incorreta. Apesar de ter sofrido um acidente, trata-se de auxílio-doença. O auxílio-acidente é pago em caso de consolidação de lesões que reduzam permanentemente a capacidade laborativa do segurado, sem incapacitá-lo (art. 86 do PBPS); **E:** incorreta. O período em que o segurado está em gozo de benefício por incapacidade intercalado com período em que exerceu atividade laboral é considerado como tempo de contribuição (art. 55, II, do PBPS), nos termos da súmula 73 da Turma Nacional de Uniformização, segundo a qual: 'o tempo de gozo de auxílio-doença ou de aposentadoria por invalidez não decorrentes de acidente de trabalho só pode ser computado como tempo de contribuição ou para fins de carência quando intercalado entre períodos nos quais houve recolhimento de contribuições para a previdência social'. RO

Gabarito "B".

(Procurador do Estado – PGE/MT – FCC – 2016) Quanto ao benefício de aposentadoria, dentre as normas reguladoras previdenciárias, consta que:

(A) a concessão da aposentadora por invalidez em caso de doença profissional ou do trabalho no Regime Geral da Previdência Social depende de carência de doze contribuições mensais.

(B) o valor da aposentadoria por invalidez no Regime Geral da Previdência Social do segurado que necessitar da assistência permanente de outra pessoa será acrescido de 30% até que o valor da aposentadoria atinja o limite máximo legal.

(C) a aposentadoria por idade no Regime Próprio da Previdência Social será devida ao segurado que, cumprida a carência de 180 contribuições mensais, completar

65 anos de idade, se homem, e 60 se mulher, reduzidos em cinco anos para os que exerçam atividades rurais, exceto os empresários e os professores de qualquer nível ou natureza.

(D) a aposentadoria especial no Regime Geral de Previdência Social será devida, uma vez cumprida a carência exigida nesta Lei, ao segurado que tiver trabalhado sujeito a condições especiais que prejudiquem a saúde ou a integridade física, durante 15, 20 ou 25 anos, conforme dispuser a lei.

(E) os servidores abrangidos pelo regime de previdência própria previsto na Constituição Federal serão aposentados por invalidez permanente, sendo os proventos proporcionais ao tempo de contribuição, ainda que decorrente de acidente em serviço, moléstia profissional ou doença grave, contagiosa ou incurável.

A: incorreta. No caso de doença profissional ou do trabalho, fica afastada a exigência de carência na aposentadoria por invalidez (art. 26, II, da Lei 8.213/1991); **B:** incorreta. O acréscimo será de 25% e não fica sujeito ao teto dos benefícios do RGPS (art. 45 da Lei 8.213/1991); **C:** incorreta. A redução é benefício previsto para a aposentadoria por idade concedida para o Regime Geral, não sendo aplicável aos regimes próprios (art. 40, § 1º, III, da CF); **D:** correta, nos termos do art. 57 da Lei 8.213/1991; **E:** incorreta. Nos casos mencionados, o valor da aposentadoria era integral (art. 40, § 1º, I, parte final, da CF, na redação anterior à EC 103/2019). Após o advento da EC 103/2019, a parte final do art. 40, § 1º, I, da CF, passou a remeter o cálculo do valor da aposentadoria por incapacidade permanente dos servidores públicos à lei de cada ente federativo. No caso do RPPS da União Federal, até que lei discipline o cálculo da aposentadoria por incapacidade permanente, será utilizada a média aritmética simples dos salários de contribuição e das remunerações adotados como base para contribuições a regime próprio de previdência social e ao Regime Geral de Previdência Social, ou como base para contribuições decorrentes das atividades militares de que tratam os arts. 42 e 142 da CF, atualizados monetariamente, correspondentes a 100% (cem por cento) do período contributivo desde a competência julho de 1994 ou desde o início da contribuição, se posterior àquela competência. O valor do benefício corresponderá a 100% (cem por cento) de tal média aritmética no caso de aposentadoria por incapacidade permanente, quando decorrer de acidente de trabalho, de doença profissional e de doença do trabalho. As aposentadorias por incapacidade permanente que não se enquadrarem nessas hipóteses terão valor de 60% (sessenta por cento) da média aritmética, com acréscimo de 2 (dois) pontos percentuais para cada ano de contribuição que exceder o tempo de 20 (vinte) anos de contribuição (art. 26, *caput* e §§ 2º e 3º, da EC 103/2019). RO

Gabarito "D".

(Procurador do Estado – PGE/MT – FCC – 2016) A Lei nº 8.213/91 que regulamenta as prestações e os benefícios da Previdência Social estabelece que

(A) a aposentadoria por tempo de serviço, o abono de permanência em serviço, os pecúlios e a reabilitação profissional são benefícios exclusivos do segurado e não se estendem aos seus dependentes.

(B) somente poderão se beneficiar do auxílio-acidente os segurados na qualidade de empregado, incluindo o doméstico, trabalhador avulso e segurado especial.

(C) o auxílio-doença será devido a todos os segurados a contar do 16º dia do afastamento da atividade, independentemente de carência e consistirá numa renda mensal correspondente a 80% do salário-de--benefício.

(D) a pensão por morte será devida ao conjunto dos dependentes do segurado que falecer, aposentado ou não, a contar da data do óbito ou da decisão judicial, no caso de morte presumida e o valor mensal será de 91 % do valor da aposentadoria que o segurado recebia ou daquela a que teria direito se estivesse aposentado por invalidez.

(E) é vedado o recebimento conjunto do seguro-desemprego com pensão por morte e auxílio-acidente, assim como não é permitido o recebimento conjunto de salário maternidade e pensão por morte.

A: incorreta. O abono de permanência em serviço e os pecúlios não mais subsistem no RGPS, além de a reabilitação profissional ser serviço colocado à disposição também dos dependentes (art. 18 do PBPS). Note, por outro lado, que o abono de permanência continua a existir nos Regime Próprios de Previdência, como se vê do art. 40, § 19, da CF e do art. 8º da EC 103/2019; **B:** correta, nos termos do art. 18, § 1º, do PBPS; **C:** incorreta. O início do benefício no 16º dia de afastamento aplica-se somente ao empregado – quanto aos demais, é devido desde o início da incapacidade laborativa (art. 60 do PBPS). Além disso, sua renda mensal inicial equivale a 91% do salário de contribuição (art. 61 do PBPS); **D:** incorreta. No momento do certame o valor mensal da pensão equivalia a 100% do valor da aposentadoria que o segurado recebia ou ao valor da aposentadoria por invalidez que teria direito, se estivesse na atividade (art. 75 do PBPS). Com a promulgação da EC 103/2019, a pensão por morte concedida a dependente de segurado do RGPS ou de servidor público federal será equivalente a uma cota familiar de 50% (cinquenta por cento) do valor da aposentadoria recebida pelo segurado ou servidor ou daquela a que teria direito se fosse aposentado por incapacidade permanente na data do óbito, acrescida de cotas de 10 (dez) pontos percentuais por dependente, até o máximo de 100% (cem por cento); **E:** incorreta. Tais benefícios são plenamente cumuláveis (art. 124, "caput" e parágrafo único, do PBPS). O seguro-desemprego só pode ser cumulado com pensão por morte ou auxílio-acidente. Sua cumulação com qualquer outro benefício do RGPS é proibida. Já o salário-maternidade não pode ser cumulado com auxílio-doença. A partir da vigência da EC 103/2019 cabe à Lei Complementar estabelecer vedações, regras e condições para a acumulação de benefícios previdenciários (art. 201, § 15, da CF). RO

Gabarito "B".

(PROCURADOR FEDERAL – AGU – 2023 – CEBRASPE) Julgue os itens a seguir, acerca da manutenção da qualidade de segurado no âmbito do Regime Geral de Previdência Social (RGPS).

I. Para o contribuinte individual, o período de manutenção da qualidade de segurado inicia-se no primeiro dia do mês subsequente ao da última contribuição com valor igual ou superior ao salário mínimo.

II. O segurado em gozo de qualquer benefício previsto pela Lei n.º 8.213/1991 mantém a qualidade de segurado, independentemente de contribuições, sem limite de prazo.

III. Mantém a qualidade de segurado, até doze meses após a cessação das contribuições, o segurado retido ou recluso.

IV. O segurado facultativo mantém a condição de segurado, independentemente de contribuições, por até seis meses após a cessação das contribuições.

Estão certos apenas os itens

(A) I e II.

(B) I e IV.

(C) II e III.

(D) I, III e IV.

(E) II, III e IV.

I: Correta, nos termos do art. 13, § 7º, do RPS. Trata-se de interpretação feita pelo regulamento do quanto disposto no art. 15, § 4º, do PBPS, à luz do § 14 do art. 195 da CF, segundo o qual o segurado somente terá reconhecida como tempo de contribuição ao Regime Geral de Previdência Social a competência cuja contribuição seja igual ou superior à contribuição mínima mensal exigida para sua categoria, assegurado o agrupamento de contribuições; **II:** Incorreta, pois o gozo do benefício de auxílio-acidente não gera a manutenção da qualidade de segurado (art. 15, I, do PBPS); **III:** Incorreta, posto que a manutenção da qualidade de segurado do retido ou recluso é de 12 (doze) meses após o livramento, e não após a cessação das contribuições (art. 15, IV, do PBPS); **IV:** Correta, nos termos do art. 15, VI, do PBPS █.

Gabarito "B".

(Procurador do Estado – PGE/RS – Fundatec – 2015) À luz da Constituição da República Federativa do Brasil, assinale a alternativa INCORRETA.

(A) Incide contribuição, com percentual igual ao estabelecido para os servidores titulares de cargos efetivos, sobre os proventos de aposentadorias e pensões concedidas pelos regimes próprios de previdência dos servidores públicos que superem o limite máximo estabelecido para os benefícios do regime geral de previdência social.

(B) É vedada a filiação ao regime geral de previdência social, na qualidade de segurado facultativo, de pessoa participante de regime próprio de previdência.

(C) Os requisitos de idade e de tempo de contribuição para obtenção de aposentadoria voluntária pelas regras permanentes (artigo 40, § 1º, inciso III, alínea a, da Constituição da República Federativa do Brasil) serão reduzidos em 5 (cinco) anos para o professor que comprove tempo de efetivo exercício das funções de magistério na educação infantil e no ensino fundamental, médio e superior.

(D) É assegurada, para efeito de aposentadoria, a contagem recíproca do tempo de contribuição na administração pública e na atividade privada, rural e urbana, mediante compensação financeira entre os diversos regimes de previdência social, segundo critérios fixados em lei.

(E) É vedada a adoção de requisitos e critérios diferenciados para a concessão de aposentadoria aos abrangidos pelos regimes próprios de previdência dos servidores públicos, ressalvados, nos termos definidos em leis complementares, os casos de servidores portadores de deficiência, ou que exerçam atividades de risco ou cujas atividades sejam exercidas sob condições especiais que prejudiquem a saúde ou a integridade física.

A: correta, nos termos do art. 40, § 18, da CF; **B:** correta, nos termos do art. 201, § 5º, da CF; **C:** incorreta, devendo ser assinalada. Na vigência da EC 20/1998 o requisito de tempo de contribuição era reduzido para os professores (art. 201, § 8º, da CF). Já no regime da EC 103/2019, o professor que comprove tempo de efetivo exercício das funções de magistério na educação infantil e no ensino fundamental e médio fixado em lei complementar, terá apenas o requisito de idade reduzido em 5 (cinco) anos; **D:** correta, nos termos do art. 201, § 9º, da CF; **E:** A assertiva era correta, pois estava de acordo com o texto do art. 201, § 1º, da CF, na redação dada pela Emenda Constitucional nº 20/1998.

Todavia, a Emenda Constitucional nº 103/2019 passou a exigir que os segurados portadores de deficiência sejam previamente submetidos a avaliação biopsicossocial realizada por equipe multiprofissional e interdisciplinar e retirou a menção à Lei Complementar, bem como proibiu a caracterização de tempo de serviço especial por categoria profissional ou ocupação. Mais ainda, referida emenda constitucional estendeu a vedação de adoção de requisitos e critérios diferenciados a todos os benefícios da Previdência Social, não mais limitando tal vedação apenas à concessão de aposentadoria. █

Gabarito "C".

(Procurador do Estado – PGE/MT – FCC – 2016) Em relação ao tempo de contribuição, considere:

I. O tempo de contribuição já considerado para concessão de qualquer aposentadoria prevista no Regulamento da Previdência Social ou por outro regime de previdência social.

II. O período de contribuição efetuada por segurado depois de ter deixado de exercer atividade remunerada que o enquadrava como segurado obrigatório da previdência social.

III. O tempo de exercício de mandato eletivo federal, estadual, distrital ou municipal, desde que tenha havido contribuição em época própria e não tenha sido contado para efeito de aposentadoria por outro regime de previdência social.

IV. O período em que o segurado esteve recebendo auxílio-doença ou aposentadoria por invalidez, entre períodos de atividade.

Segundo as normas previdenciárias, será considerado como tempo de contribuição o que consta APENAS em:

(A) I e II.

(B) I e IV.

(C) II e III.

(D) III e IV.

(E) II, III e IV.

Apenas a assertiva I está incorreta, porque não se encontra no rol do art. 55 do PBPS junto com as demais alternativas (incisos V, IV e II, respectivamente). █

Gabarito "E".

(PROCURADOR FAZENDA NACIONAL – AGU – 2023 – CEBRASPE) Em 2010, Teresa aposentou-se pelo RGPS, por tempo de contribuição, na qualidade de segurada empregada, tendo, ainda assim, continuado a exercer atividade laborativa como contribuinte individual até 2022, quando requereu a desaposentação e a concessão de nova aposentadoria, com o intuito de considerar como tempo de contribuição os valores das contribuições previdenciárias vertidos ao regime pelo exercício da atividade laborativa póstuma à jubilação.

Diante da negativa da autarquia previdenciária, Teresa ajuizou ação para pleitear a desaposentação e, subsidiariamente, a devolução dos referidos valores, por considerar indevida a cobrança de contribuição sobre a remuneração obtida nas atividades laborais desempenhadas pelos segurados aposentados que voltam a trabalhar.

Considerando a situação hipotética apresentada, assinale a opção correta.

(A) O STF consolidou o entendimento de que é inconstitucional a cobrança de contribuição previdenciária sobre a remuneração do aposentado que retorne à

12. DIREITO PREVIDENCIÁRIO — 457

atividade, uma vez que a lei atual não autoriza a desaposentação, bem como considerou que as contribuições sociais devem guardar necessária correlação entre o dever de contribuir e a possibilidade de auferir proveito das contribuições vertidas à previdência social, portanto o pleito de Teresa deve ser atendido em parte.

(B) O STF reconheceu, em repercussão geral, ser constitucional a contribuição previdenciária devida por segurado que se aposente pelo RGPS e que permaneça em atividade ou a essa retorne, de modo que Teresa não faz jus à devolução das contribuições previdenciárias vertidas após sua aposentadoria.

(C) O argumento de Teresa não merece prosperar, já que os aposentados que retornam ou se mantêm em atividade laborativa após a aposentadoria não fazem jus a benefícios previdenciários, exceto ao salário-família, à reabilitação profissional, ao auxílio-acidente e ao benefício por incapacidade temporária acidentário.

(D) O STF firmou o entendimento de que somente lei pode criar benefícios e vantagens previdenciárias no âmbito do RGPS, não havendo previsão legal do direito à desaposentação, de modo que o pleito de Teresa não deve ser atendido, já que a lei determina que o aposentado que permanecer em atividade sujeita ao RGPS, ou a ele retornar, não fará jus a nenhuma prestação da previdência social.

(E) Teresa não tem direito à desaposentação, por ausência de previsão legal no RGPS, todavia seu pedido subsidiário de restituição das contribuições vertidas após a aposentadoria deve ser atendido, uma vez que a solidariedade social se aplica tão somente ao campo dos recolhimentos de contribuições destinadas à assistência social e à saúde pública, mas não ao regime previdenciário.

A: Incorreta. Ao julgar o tema de repercussão geral nº 503, o STF afirmou ser constitucional a cobrança de contribuição previdenciária sobre a remuneração do aposentado que retorne à atividade. Deixou claro, ainda, que a manutenção da Seguridade Social é dever de todos (sociedade e Administração Pública), por meio de exações com natureza de tributos, a significar que inexiste vinculação necessária entre as contribuições e uma correspondente futura contraprestação individual de um benefício ou de um serviço. O aludido entendimento foi ratificado no julgamento do tema de repercussão Geral nº 1065, ocasião na qual nossa Corte Maior fixou a seguinte tese: "*É constitucional a contribuição previdenciária devida por aposentado pelo Regime Geral de Previdência Social (RGPS) que permaneça em atividade ou a essa retorne*"; **B:** Correta, nos termos do tema de repercussão Geral nº 1065 do STF; **C:** Incorreta, posto que, nos termos do art. 18, § 2º, do PBPS, o aposentado pelo RGPS que permanecer em atividade sujeita a este Regime, ou a ele retornar, não fará jus a prestação alguma da Previdência Social em decorrência do exercício dessa atividade, exceto ao salário-família e à reabilitação profissional, quando empregado; **D:** Incorreta. A tese firmada na seara do tema de repercussão geral nº 503 assevera que: "*No âmbito do Regime Geral de Previdência Social – RGPS, somente lei pode criar benefícios e vantagens previdenciárias, não havendo, por ora, previsão legal do direito à 'desaposentação' ou à 'reaposentação', sendo constitucional a regra do art. 18, § 2º, da Lei nº 8.213/91*". Todavia, o enunciado não está de acordo com as exceções previstas na parte final do § 2º do art. 18 do PBPS; **E:** Incorreta. A solidariedade social se aplica a todos os ramos da Seguridade Social. Além do que, como afirmou o Min. Teori Zavascki em seu voto no acórdão paradigma lavrado no âmbito do tema de repercussão geral nº 503: "*Dos três ramos da Seguridade Social, apenas a Previdência Social tem caráter contributivo (o que não significa que haja um dever de prestação retributiva de um futuro benefício equivalente; isso seria negar o princípio da solidariedade, ínsito ao sistema). Já o acesso às prestações e serviços de Assistência Social e de Saúde é gratuito, exigindo-se eventualmente (para a primeira) o preenchimento de determinados requisitos legais*" RQ.

Gabarito "B"

5. SERVIDORES PÚBLICOS

(Procurador Federal – AGU – 2023 – CEBRASPE) Considerando as alterações promovidas pela EC n.º 103/2019 em relação aos requisitos para a aposentadoria voluntária dos servidores públicos federais, assinale a opção correta.

(A) Para a concessão de aposentadoria voluntária ao servidor que ingressou em cargo efetivo no serviço público após a entrada em vigor da referida EC — até que entre em vigor lei federal que discipline os benefícios do regime próprio de previdência social dos servidores da União —, é exigida a idade mínima de 62 anos, se mulher com 30 anos de contribuição, e de 65 anos, se homem com 35 anos de contribuição, cumpridos o tempo mínimo de dez anos de efetivo exercício no serviço público e o de cinco anos no cargo efetivo em que for concedida a aposentadoria.

(B) Para a concessão de aposentadoria voluntária ao servidor que ingressou em cargo efetivo no serviço público até a entrada em vigor da referida EC, exige-se a idade mínima de 56 anos, se mulher com 30 anos de tempo de contribuição, e de 61 anos, se homem com 35 anos de tempo de contribuição, cumpridos o tempo de vinte anos de efetivo exercício no serviço público e o de cinco anos no cargo efetivo em que se der a aposentadoria, desde que tenham preenchido esses requisitos antes de 1.º de janeiro de 2020.

(C) Para a concessão de aposentadoria voluntária ao titular do cargo efetivo de policial federal que ingressou no serviço público após a entrada em vigor da referida EC — até que entre em vigor lei federal que discipline os benefícios do regime próprio de previdência social dos servidores da União —, exige-se idade mínima de 55 anos, se homem, e de 50 anos, se mulher, cumpridos o tempo de trinta anos de contribuição e o de vinte e cinco anos de efetivo exercício no cargo dessa carreira, independentemente do sexo.

(D) Para a concessão de aposentadoria voluntária ao servidor que ingressou em cargo efetivo no serviço público até a entrada em vigor da referida EC, exige-se a idade mínima de 60 anos, se mulher com 30 anos de contribuição, e de 63 anos, se homem com 33 anos de contribuição, cumpridos o tempo de vinte anos de efetivo exercício no serviço público e o de cinco anos no cargo efetivo em que se der a aposentadoria.

(E) Para a concessão de aposentadoria voluntária ao titular do cargo efetivo de professor federal que ingressou no serviço público após a entrada em vigor da referida EC — até que entre em vigor lei federal que discipline os benefícios do regime próprio de previdência social dos servidores da União —, exige-se idade mínima de 60 anos, tanto para o homem quanto para mulher, com 25 anos de contribuição exclusivamente no efetivo exercício das funções de magistério na educação infantil e no ensino fundamental e médio, cumpridos o tempo de dez anos de efetivo exercício de serviço público e o de cinco anos no cargo efetivo em que for concedida a aposentadoria, independentemente do sexo.

A: Incorreta. Nos termos do art. 10 da EC 103/2019, até que entre em vigor lei federal que discipline os benefícios do regime próprio de previdência social dos servidores da União exige-se idade mínima de 62 anos de idade, se mulher, e 65 anos de idade, se homem. Além disso, para ambos os sexos se exige 25 anos de contribuição, desde que cumprido o tempo mínimo de 10 anos de efetivo exercício no serviço público e de 5 anos no cargo efetivo em que for concedida a aposentadoria. Importante notar que a atual redação do art. 40, § 1º, inc. III, da CF, prevê aposentadoria no RPPS da União Federal aos 62 anos de idade, se mulher, e aos 65 anos de idade, se homem. Trata-se de regra permanente, modificável apenas por nova Emenda Constitucional. Já os requisitos de tempo de contribuição, permanência mínima no serviço público e no cargo podem ser alterados por lei federal, nos termos do já mencionado art. 10 da EC 103/2019. A EC 103/2019 se valeu desta técnica de prever, no texto constitucional, regulamentação temporária cuja eficácia cessa com a promulgação de legislação ordinária ou complementar a propósito do tema em vários de seus dispositivos (art. 3º, § 3º; art. 8º; art. 10º, caput e § 5º). A rigidez constitucional se qualifica pela existência de processos e requisitos mais complexos, difíceis, para a alteração do texto constitucional. A teoria constitucional classifica as constituições de acordo com a possibilidade de nelas se promoverem alterações formais em: imutáveis, super-rígidas, rígidas, semirrígidas e flexíveis. Super-rígida é aquela constituição em que alguns dispositivos não podem ser alterados em hipótese alguma. É o caso da CF/88, como se vê de seu art. 60, § 4º. Semirrígidas, por outro lado, são as constituições nas quais algumas partes ou dispositivos podem ser alterados por lei ordinária, ao passo que outros exigem os processos mais complexos que marcam a rigidez constitucional. Um exemplo de constituição semirrígida é a Constituição imperial do Brasil de 1824, cujo art. 178 elenca alguns temas centrais como sendo propriamente constitucionais e sujeitos a requisitos formais e materiais mais complexos de modificação, relegando o resto à possíveis alterações na forma de lei ordinária. Pode-se dizer, então, que atualmente a CF/88 possui características de uma constituição super-rígida e, ao mesmo tempo, características de uma constituição semirrígida; **B:** Correta, nos termos do art. 4º, caput e § 2º, da EC 103/2019; **C:** Incorreta. Para os integrantes de carreiras policiais que ingressem no serviço público após a EC 103/2019, se aplica o inciso I do § 2º do art. 10 de tal Emenda Constitucional até que entre em vigor lei federal que discipline os benefícios do regime próprio de previdência social dos servidores da União. Segundo tal dispositivo, poderão eles aposentar-se aos 55 anos de idade, com 30 anos de contribuição e 25 anos de efetivo exercício em cargo dessas carreiras, para ambos os sexos. Por outro lado, a regra de transição para os integrantes de carreiras policiais que tenham ingressado no serviço público antes da promulgação da EC 103/2019 se encontra em seu art. 5º. Diz essa norma haver dois modos distintos de aposentação em tal circunstância. O primeiro é na forma da Lei Complementar nº 51/1985 (após 30 anos de contribuição, desde que conte, pelo menos, 20 anos de exercício em cargo de natureza estritamente policial, se homem ou após 25 anos de contribuição e 15 anos de exercício em cargo de natureza estritamente policial, se mulher), observada a idade mínima de 55 anos para ambos os sexos. O segundo é aos 52 anos de idade, se mulher, e aos 53 anos de idade, se homem, desde que cumprido período adicional de contribuição correspondente ao tempo que, na data de entrada em vigor da EC 103/2019 faltaria para atingir o tempo de aposentadoria previsto na Lei Complementar nº 51/1985; **D:** Incorreta, pois em desacordo com a já mencionada regra do art. 10 da EC 103/2019; **E:** Incorreta. Aos professores públicos federais que ingressem no serviço público após a EC 103/2019 se aplica o inciso III do § 2º do art. 10 de tal Emenda Constitucional até que entre em vigor lei federal que discipline os benefícios do regime próprio de previdência social dos servidores da União. A aposentadoria neste caso ocorre aos

60 anos de idade, se homem, aos 57 anos, se mulher, com 25 anos de contribuição exclusivamente em efetivo exercício das funções de magistério na educação infantil e no ensino fundamental e médio, 10 anos de efetivo exercício de serviço público e 5 anos no cargo efetivo em que for concedida a aposentadoria, para ambos os sexos. A regra constitucional permanente sobre a aposentadoria de professores públicos se encontra no art. 40, § 5º, da CF **RO**.

Gabarito "B".

(Procurador – PGE/SP – 2024 – VUNESP) Cora Coralina ingressou no serviço público estadual, em cargo exclusivamente em comissão, aos 25 de fevereiro de 1990. Aprovada em concurso público, em 17 de junho de 1998, exonerou-se do cargo em comissão e, na mesma data, tomou posse e iniciou o exercício do cargo efetivo de Executivo Público, no qual permanece até os dias atuais. Ao completar 60 (sessenta) anos, em 5 de fevereiro de 2024, Cora requereu aposentadoria.

A partir desses dados, é correto afirmar que a servidora

(A) faz jus à aposentadoria voluntária, nos termos do artigo 40, § 1º, III, da Constituição da República, na redação anterior à EC nº 103/2019 (direito adquirido), com proventos necessariamente equivalentes à média aritmética simples das remunerações de contribuição, correspondentes a 100% (cem por cento) de todo o período contributivo, e reajustados nos termos da lei.

(B) ainda não faz jus à aposentadoria voluntária.

(C) faz jus à aposentadoria voluntária, nos termos do artigo 2º, III, da Lei Complementar nº 1.354/2020 (regra permanente), com proventos equivalentes à média aritmética simples das remunerações de contribuição, correspondentes a 100% (cem por cento) de todo o período contributivo, e reajustados nos termos da lei.

(D) faz jus à aposentadoria voluntária, nos termos do artigo 6º, da EC nº 41/2003 (direito adquirido), com proventos calculados segundo a regra da integralidade e reajustados paritariamente.

(E) faz jus à aposentadoria voluntária, nos termos do artigo 26, da EC nº 103/2019 (regra de transição), com proventos necessariamente equivalentes à média aritmética simples das maiores remunerações de contribuição, correspondentes a 80% (oitenta por cento) de todo o período contributivo, e reajustados nos termos da lei.

A: Incorreta. A aposentadoria voluntária do servidor público concedida nos termos do art. 40, § 3º, da CF, na redação vigente antes da EC 103/2019, era calculada com base nas contribuições do servidor aos regimes de previdência a que esteve vinculado, correspondentes a 80% (oitenta por cento) de todo o período contributivo desde a competência julho de 1994 ou desde o do início da contribuição, se posterior àquela competência (art. 1º da Lei nº 10.877/2004); **B:** Incorreta, pois Cora tem direito à aposentadoria voluntária diante de sua idade e tempo de contribuição; **C:** Incorreta. A aposentadoria prevista neste dispositivo exige idade mínima de 62 anos para a mulher. Ao mencionar a "regra permanente" o examinador está sinalizando referir-se à aposentadoria prevista no art. 40, § 1º, inciso III, da CF; **D:** Correta. O art. 6º da EC 41/2003 contém a principal regra de transição da reforma de previdenciária de 2003. Trata-se de aposentadoria com proventos integrais, que corresponderão à totalidade da remuneração no cargo efetivo em que se der a aposentadoria deferida ao servidor que tenha ingressado no serviço público até a data de sua publicação e, que, no caso da mulher, conta com 55 anos de idade, 30 anos de contribuição, 20 anos de efetivo exercício no serviço público, 10 anos de carreira e 5 anos de efetivo exercício no cargo em que se der a aposentadoria. Mas ora, o art. 6º da EC 41/2003 foi expressamente revogado pelo art. 35, III, da EC 103/2019. Como poderia Cora se aposentar com base nele? Note que para os demais entes federativos a revogação deste art. 6º só entra em vigor na data de publicação de lei de iniciativa privativa do respectivo Poder Executivo que as referende integralmente. No caso do Estado de São Paulo isto aconteceu por meio do art. 32 da Lei Complementar estadual nº 1.354, de 06/03/2020. Partindo do pressuposto, não expressamente mencionado no enunciado, de que Cora se valeu do instituto da contagem recíproca de tempo de contribuição para computar o período em que ocupou cargo exclusivamente em comissão (art. 40, § 13, da CF) como tempo de contribuição junto ao ente público e ela já havia preenchido os requisitos para se aposentar nos termos do art. 6º da EC 41/2003 antes de sua revogação entrar em vigor no Estado de São Paulo; **E:** Incorreta. O art. 26 da EC 103/2019 trata exclusivamente do cálculo de benefícios previdenciários. Segundo tal artigo, será utilizada a média aritmética simples dos salários de contribuição e das remunerações adotados como base para contribuições, atualizados monetariamente, correspondentes a 100% (cem por cento) do período contributivo desde a competência julho de 1994 ou desde o início da contribuição, se posterior àquela competência **RO**.

"D" .Gabarito

(Procurador – PGE/SP – 2024 – VUNESP) No âmbito do Regime Próprio de Previdência Social do Estado de São Paulo, a contagem recíproca de tempo de atividade exercida com efetiva exposição a agentes químicos, físicos e biológicos prejudiciais à saúde, ou associação desses agentes,

(A) não deve ser admitida, diante da vedação legal à contagem recíproca de tempo de atividade sob condições especiais.

(B) deve ser admitida, independentemente do período, desde que para fins de elegibilidade à aposentadoria especial por exercício de atividade em condições de prejuízo à saúde ou à integridade física.

(C) deve ser admitida, desde que referente a período anterior ao advento da EC nº 103/2019 e somente para fins de elegibilidade à aposentadoria especial por exercício de atividade em condições de prejuízo à saúde ou à integridade física.

(D) deve ser admitida, desde que referente a período anterior ao advento da Lei Complementar nº 1.354/2020 e para fins de conversão de tempo especial em comum.

(E) deve ser admitida, desde que referente a período anterior ao advento da Lei Complementar nº 1.354/2020, para fins de conversão de tempo ou de elegibilidade à aposentadoria especial por exercício de atividade em condições de prejuízo à saúde ou à integridade física.

A: Incorreta. Não existe vedação à contagem recíproca de tempo de serviço especial no regime próprio do Estado de São Paulo. Pelo contrário, a Instrução Normativa SPPREV nº 01, de 27/03/2024, expressamente admite tal possibilidade em seus art. 17 e 18; **B:** Correta. Tanto na redação dada pela EC 20/1998 como naquela adotada pela EC 47/2005, o § 4º do art. 40 da CF exigia que Lei Complementar definisse o modo de cômputo de tempo de serviço especial dos servidores públicos. Diante da omissão legislativa a esse respeito, ao apreciar o tema de Repercussão Geral nº 942 o STF firmou tese segundo a qual: *"Até a edição da EC nº 103/2019, o direito à conversão, em tempo comum, do prestado sob condições especiais que prejudiquem a saúde ou a integridade física de servidor público decorre da previsão de adoção de requisitos e critérios diferenciados para a jubilação daquele enquadrado na hipótese prevista no então vigente inciso III do § 4º do art.*

40 da Constituição da República, devendo ser aplicadas as normas do regime geral de previdência social relativas à aposentadoria especial contidas na Lei 8.213/1991 para viabilizar sua concretização enquanto não sobrevier lei complementar disciplinadora da matéria. Após a vigência da EC n.º 103/2019, o direito à conversão em tempo comum, do prestado sob condições especiais pelos servidores obedecerá à legislação complementar dos entes federados, nos termos da competência conferida pelo art. 40, § 4º-C, da Constituição da República." Isso posto, de acordo com o art. 40, § 4º-C, da CF, é possível a cada ente federativo editar Lei Complementar que estabeleça idade e tempo de contribuição diferenciados para aposentadoria de servidores cujas atividades sejam exercidas com efetiva exposição a agentes químicos, físicos e biológicos prejudiciais à saúde, ou associação desses agentes, vedada a caracterização por categoria profissional ou ocupação (vide o art. 21, § 3º, da EC 103/2019). O art. 5º da Lei Complementar Estadual nº 1.354/2020 fez exatamente isso. Todavia, é preciso notar, ainda, que o art. 25, § 2º, da EC 103/2019, veda a conversão de tempo especial para comum no âmbito do Regime Geral de Previdência Social e que o art. 13 da Instrução Normativa SPPREV nº 01, de 27/03/2024 só admite tal possibilidade quanto a períodos laborais vinculados ao Estado anteriores a 13 de novembro de 2019. Por isso, para ser admitido independentemente do período, como diz o enunciado, a contagem de tempo especial deve ser limitada à concessão de aposentadoria especial, ou seja, sem possibilidade de conversão de tempo especial em comum para concessão de aposentadoria voluntária; **C:** Incorreta. Em relação a períodos anteriores à EC 103/2019 não existe a limitação do uso do período de trabalho apenas para concessão de aposentadoria especial. É dizer, períodos anteriores à EC 103/2019 podem ser convertidos em tempo comum, na esteira do tema de Repercussão Geral nº 942 do STF e do art. 57, § 5º, do PBPS; **D e E:** Incorretas, pois o marco para a vedação de contagem de tempo especial em tempo comum é a EC nº 103/2019, como se vê da conjugação do art. 25, § 2º, da EC 103/2019 com o tema de Repercussão Geral nº 942 do STF. Não bastasse, o art. 13 da Instrução Normativa SPPREV nº 01, de 27/03/2024, diz expressamente que será admitida a conversão de tempo exercido sob condições especiais em tempo comum, exclusivamente, quanto a períodos laborais vinculados ao Estado anteriores a 13 de novembro de 2019, desde que expressamente solicitados pela parte interessada **RO**.

"B" .Gabarito

(Procurador – PGE/SP – 2024 – VUNESP) Carolina de Jesus ingressou em emprego público no Departamento de Estradas de Rodagem – DER em 7 de dezembro de 1973. Embora a Lei nº 200/1974 tenha revogado as normas que contemplavam o benefício de complementação de aposentadoria, em 9 de novembro de 2018, a servidora alcançou inatividade no âmbito do Regime Geral de Previdência Social e solicitou ao DER a correspondente complementação. O pleito foi deferido mas, em 1º de dezembro de 2019, Carolina veio a falecer e o viúvo houve por bem solicitar complementação de pensão à autarquia.

Nesse contexto, é correto afirmar que o ato de deferimento da complementação de aposentadoria é

(A) regular, na medida em que a Lei nº 200/1974 assegurou expectativas de direito dos empregados admitidos até sua vigência; mas o viúvo não faz jus à complementação de pensão.

(B) regular, na medida em que a Lei nº 200/1974 assegurou o direito adquirido dos empregados até sua vigência; mas o viúvo não faz jus à complementação de pensão.

(C) regular, na medida em que a Lei nº 200/1974 assegurou expectativas de direito dos empregados admitidos até sua vigência; e o viúvo faz jus à complementação de pensão.

(D) irregular, na medida em que a Lei nº 200/1974 não assegurou expectativas de direito dos empregados; e o viúvo não faz jus à complementação de pensão.

(E) irregular, na medida em que a Lei nº 200/1974 não assegurou o direito adquirido dos empregados admitidos até sua vigência; e o viúvo não faz jus à complementação de pensão.

O art. 1º da Lei estadual paulista nº 200/1974 revogou todas as disposições, gerais ou especiais, que concedem complementação, pelo Estado, de aposentadorias, pensões e outras vantagens, de qualquer natureza, aos empregados sob o regime da legislação trabalhista, da Administração direta e de entidades, públicas ou privadas, da Administração descentralizada. Por outro lado, o parágrafo único deste dispositivo assevera que: "*Os atuais beneficiários e os empregados admitidos até a data da vigência desta lei, ficam com seus direitos ressalvados, continuando a fazer jus aos benefícios decorrentes da legislação ora revogada*". Com isso em mente, analisemos as alternativas. **A:** Correta. O parágrafo único do art. 1º da Lei em questão fez mais do que assegurar direitos adquiridos. Esta norma resguardou as expectativas de direito dos atuais beneficiários e dos empregados admitidos até a data da revogação em tela. Ao ressalvar os direitos previstos na legislação por ela revogada a todos os empregados admitidos até a data desta mesma revogação, independentemente de já terem ou não reunido os requisitos para se aposentar, a lei tutela expectativas de direito. Isso porque, nos termos do art. 6º, § 2º, da Lei de Introdução às normas do Direito Brasileiro, haverá direito adquirido apenas quando preenchidos todos os requisitos legais à obtenção de um benefício ou fruição de uma vantagem. Antes disso existe expectativa de direito (EDcl. Ag. REsp. 1.441.336, Rel. Min. Moura Ribeiro, DJe 06/06/2016). Por outro lado, o parágrafo único do art. 1º da Lei estadual nº 200/1974 aplica-se apenas aos "atuais beneficiários e aos empregados admitidos até a data da vigência desta lei", expressão na qual não se incluem futuros pensionistas; **B:** Incorreta, posto que a Lei estadual paulista nº 200/1974 fez mais do que resguardar direitos adquiridos; ela tutelou expectativas de direito; **C:** Incorreta. Como visto, o viúvo não faz jus à complementação uma vez que a norma aplicável protege apenas os atuais beneficiários e aqueles empregados admitidos até seu início de vigência; **D e E:** Incorretas. A Lei nº 200/1974 assegurou as expectativas de direito dos empregados, motivo pelo qual o ato de deferimento da complementação de aposentadoria é regular (RQ).
Gabarito "A".

(Procurador – PGE/SP – 2024 – VUNESP) Constituem vantagens a que fazem jus os militares do Estado de São Paulo:

(A) proteção social e proventos calculados de acordo com o tempo de contribuição.

(B) adicional por tempo de serviço e encostamento.

(C) adicional de insalubridade e estabilidade após aprovação em estágio probatório com duração de 2 (dois) anos.

(D) adicional de local de exercício e abono de permanência.

(E) gratificação pela sujeição ao regime especial de trabalho policial e licença para tratar de interesse particular.

A: Incorreta. De acordo com o art. 24-E do Decreto-Lei nº 667/1969, o Sistema de Proteção Social dos Militares dos Estados, do Distrito Federal e dos Territórios, deve ser regulado por lei específica do ente federativo, que estabelecerá seu modelo de gestão e poderá prever outros direitos, como saúde e assistência, e sua forma de custeio. No estado de São Paulo o Sistema de Proteção Social dos Militares do Estado é gerido pela São Paulo Previdência – SPPREV. Por outro lado, segundo o art. 24-A, inciso I, do Decreto-Lei nº 667/1969, os proventos de aposentadoria do militar estadual serão calculados com base

na remuneração do posto ou da graduação que o militar possuir por ocasião da transferência para a inatividade remunerada, e não de acordo com o tempo de contribuição; **B:** Incorreta. O adicional por tempo de serviço é devido aos militares do Estado de São Paulo, conforme o art. 3º, II, da Lei Complementar estadual nº 731/1993. Já o encostamento é instituto aplicável às Forças Armadas (União Federal) e não aos militares estaduais. Segundo o § 8º do art. 31 da Lei nº 4.375/1964, o encostamento é o ato de manutenção do convocado, voluntário, reservista, desincorporado, insubmisso ou desertor na organização militar, para fins específicos declarados no ato e sem percepção de remuneração; **C:** Incorreta, posto não existir previsão legal de pagamento de adicional de insalubridade. Cabe mencionar que no âmbito do Estado de São Paulo os vencimentos e vantagens pecuniárias dos integrantes da Polícia Civil e da Polícia Militar são tratados pela Lei Complementar nº 731/1993, cujo art. 3º prevê as vantagens pecuniárias devidas aos integrantes destas carreiras. Este rol é complementado pelas disposições do Estatuto dos Servidores Civis do Estado, exceto no que contrariarem as desta lei complementar e as da legislação específica, a rigor do art. 33 da Lei Estadual paulista nº 10.231/1996; **D:** Incorreta. O Adicional de Local de Exercício mencionado nos arts. 14 e 15 da Lei Complementar nº 731/1993 não existe mais. Tal vantagem foi absorvida nos vencimentos dos integrantes da Polícia Militar, em observância à Lei Complementar estadual nº 1.197/2013. Noutro giro, o abono de permanência encontra guarida no art. 28 da Lei Complementar estadual nº 1.354/2020; **E:** Correta. O inciso I do art. 3º da Lei Complementar nº 731/1993 prevê a gratificação pela sujeição ao Regime Especial de Trabalho Policial Militar, de que trata o artigo 1º da Lei nº 10.291/1968, e gratificação pela sujeição ao Regime Especial de Trabalho Policial, de que trata o artigo 45 da Lei Complementar nº 207/1979, calculadas em 100% (cem por cento) do valor do respectivo padrão de vencimento. No que tange à licença para tratar de interesses particulares, temos que o Estatuto dos Funcionários Civis do Estado de São Paulo (Lei nº 10.261/1968) – aplicável aos militares estaduais em função do art. 33 da Lei Estadual paulista nº 10.231/1996 – prevê a concessão de licença para tratar de interesses particulares em seu art. 202 RQ.
Gabarito "E".

(Procurador – PGE/SP – 2024 – VUNESP) Com o falecimento do Major PM Mário Quintana, em 24 de julho de 2023, um menor, que estava sob sua guarda por decisão judicial, solicitou habilitação à pensão legada pelo militar paulista, que ainda se encontrava em atividade, por ocasião do óbito.

Considerando tais informações, é correto afirmar que o benefício solicitado deverá ser

(A) deferido, com fundamento na legislação estadual, e corresponderá ao valor dos proventos a que o militar faria jus se estivesse reformado.

(B) deferido, com fundamento na legislação federal, e corresponderá ao valor da remuneração do militar.

(C) deferido, com fundamento na legislação estadual, e corresponderá ao valor da remuneração do militar.

(D) indeferido, eis que não há previsão legal para concessão de pensão militar a menor sob guarda.

(E) deferido, com fundamento na legislação federal, e corresponderá ao valor dos proventos a que o militar faria jus se estivesse reformado.

A: Incorreta, pois o deferimento não se fundamenta em legislação estadual e seu valor não corresponderá aos proventos que teria se reformado estivesse. O art. 42, § 2º, da CF, diz que aos pensionistas dos militares dos Estados, do Distrito Federal e dos Territórios aplica-se o que for fixado em lei específica do respectivo ente estatal. Mesmo assim, a pretexto de expedir normas gerais relativas à inatividade dos militares dos Estados, do Distrito Federal e dos Territórios, a Lei nº

12. DIREITO PREVIDENCIÁRIO

13.954/2019 acresceu ao Decreto-Lei nº 667/1969 os artigos 24-A a 24-J. O inciso I do art. 24-B afirma que o benefício da pensão militar é igual ao valor da remuneração do militar da ativa ou em inatividade. Já seu inciso III diz que a relação de beneficiários dos militares dos Estados, do Distrito Federal e dos Territórios, para fins de recebimento da pensão militar, é a mesma estabelecida para os militares das Forças Armadas. A Lei Federal nº 3.765/1960 dispõe sobre as pensões militares; **B: Correta**. Existe aqui uma diferença relevante entre o regime das pensões militares e todos os demais regimes previdenciários. A redação original do art. 16, § 2º, do PBPS, incluía como dependente do segurado o menor que, por determinação judicial, estivesse sob a sua guarda. A Lei nº 9.528/1997 revogou a possibilidade de concessão de pensão por morte ao menor sob guarda no RGPS (a Lei nº 13.135/2015 fez o mesmo no âmbito do RPPS federal). Diante deste quadro, inicialmente o STJ consolidou o entendimento de que o menor sob guarda não pode ser considerado dependente para fins previdenciários (REsp 720706/SE, DJ 09.08.2011). Tal jurisprudência sofreu uma reviravolta no julgamento do EREsp nº 1141788, DJe 16/12/2016, no qual prevaleceu a tese de que o benefício seria devido, pois o art. 33 da Lei nº 8.069/1990 prevaleceria sobre a modificação feita pela Lei nº 9.528/1997. Contudo, posteriormente sobreveio o art. 23, § 6º, da Emenda Constitucional nº 103/2019 segundo o qual, no âmbito do RGPS, equiparam-se a filho, para fins de recebimento da pensão por morte, exclusivamente o enteado e o menor tutelado, desde que comprovada a dependência econômica. Ao julgar as ADIs nº 4.878 e 5.083 (DJe 06.08.2021) o STF conferiu interpretação conforme à Constituição ao § 2º do art. 16, do PBPS, para contemplar, em seu âmbito de proteção, o menor sob guarda, na categoria de dependentes do Regime Geral de Previdência Social, em consonância com o princípio da proteção integral e da prioridade absoluta, nos termos do art. 227 da CF, desde que comprovada a dependência econômica, nos termos em que exige a legislação previdenciária. Após, em sede de embargos de declaração (DJe 23.02.2022), a Corte Suprema esclareceu que tal julgamento não contemplou a redação do art. 23 da EC nº 103/2019, razão pela qual não se procedeu à verificação da constitucionalidade do mencionado dispositivo. Nada disso se aplica às pensões militares, uma vez que o art. 7º, I, 'e', da Lei nº 3.765/1960, prevê como beneficiário o: *"menor sob guarda ou tutela até vinte e um anos de idade ou, se estudante universitário, até vinte e quatro anos de idade ou, se inválido, enquanto durar a invalidez"*; **C: Incorreta**, pois o deferimento tem por base legislação Federal. Sobre este ponto, quiçá seja pertinente mencionar que ao julgar a ACO nº 3.396/DF (j. 05/10/2020) o STF decidiu que ao dispor sobre as alíquotas previdenciárias dos servidores militares estaduais, a lei federal nº 13.954/2019 mostra-se, em princípio, incompatível com o texto constitucional, na medida em que tal disciplina foge a uma concepção constitucionalmente adequada de "normas gerais", em prejuízo da autonomia dos entes federativos; **D: Incorreta**. Existe previsão legal no art. 7º, I, 'e', da Lei nº 3.765/1960 c.c. art. 24-B, III, do Decreto-Lei nº 667/1969, com a redação dada pela Lei nº 13.954/2019; **E: Incorreta**. O inciso I do art. 24-B do Decreto-Lei nº 667/1969, com a redação dada pela Lei nº 13.954/2019 afirma que o benefício da pensão militar é igual ao valor da remuneração do militar da ativa ou em inatividade **RQ**.

Gabarito "B".

(Procurador do Estado/SP - 2018 - VUNESP) Ao longo da vida, Maria Tereza teve alguns vínculos funcionais com o Estado de São Paulo. Agora, pretendendo obter aposentadoria no âmbito do Regime Geral de Previdência Social – RGPS, a ex-servidora solicitou ao Regime Próprio de Previdência Social (RPPS) paulista **a emissão de Certidão de Tempo de Contribuição (CTC)** para fins de averbação no Instituto Nacional do Seguro Social – INSS. A CTC a ser homologada pela SPPREV deverá contemplar o período

(A) de 01.01.2010 a 31.12.2010, em que Maria Tereza exerceu atividade docente na rede de ensino público estadual, em virtude de contratação por tempo determinado realizada com fundamento na Lei Complementar Estadual no 1.093/2009.

(B) de 01.01.1994 a 31.12.1996, em que Maria Tereza exerceu função-atividade em virtude de contratação para execução de determinada obra, nos termos do art. 1o, III, da Lei Estadual no 500/1974.

(C) de 01.01.1999 a 31.12.2002, em que Maria Tereza exerceu a função de escrevente de cartório extrajudicial, inclusive o interstício em que esteve afastada de suas atividades para promover campanha eleitoral.

(D) de 01.01.1980 a 31.12.1987, em que Maria Tereza exerceu cargo efetivo, inclusive o interstício de licença para tratar de interesses particulares, no qual recolheu as contribuições previdenciárias devidas ao Instituto de Previdência do Estado de São Paulo – IPESP.

(E) de 01.01.2011 a 31.12.2017, em que Maria Tereza **exerceu cargo efetivo**, inclusive o interstício de licença para tratar de interesses particulares, **no qual recolheu contribuições previdenciárias para a São Paulo Previdência** – SPPREV.

Trata-se de questão que envolve o direito constitucional previsto no art. 201, § 9º, que, após a EC 103/2019, assim preceitua: "Para fins de aposentadoria, será assegurada a contagem recíproca do tempo de contribuição entre o Regime Geral de Previdência Social e os regimes próprios de previdência social, e destes entre si, observada a compensação financeira, de acordo com os critérios estabelecidos em lei.". **A: incorreta**. Do art. 20 da Lei Complementar Estadual paulista 1.093/2009 consta: "O contratado na forma do disposto nesta lei complementar ficará vinculado ao Regime Geral de Previdência Social, nos termos da legislação federal". Desta feita, o tempo contributivo já integra o Regime Geral; **B: incorreta**. Do art. 1º, inciso III, da Lei 500, de 1974, consta: "III - para a execução de determinada obra, serviços de campo ou trabalhos rurais, todos de natureza transitória, ou ainda, a critério da Administração, para execução de serviços decorrentes de convênios." Do art. 3º observa-se que "Os servidores de que tratam os incisos I e II do artigo 1º reger-se-ão pelas normas desta lei, aplicando-se aos de que trata o inciso III as normas da legislação trabalhista." Assim, com relação ao inciso III o labor já se encontra inserido no âmbito do Regime Geral. Nesse exato diapasão preconiza a Lei Complementar Estadual 1.010/2007, que no art. 2º assevera: "São segurados do RPPS e do RPPM do Estado de São Paulo, administrados pela SPPREV: (...) "§ 2º - Por terem sido admitidos para o exercício de função permanente, inclusive de natureza técnica, e nos termos do disposto no inciso I deste artigo, são titulares de cargos efetivos os servidores ativos e inativos que, até a data da publicação desta lei, tenham sido admitidos com fundamento nos incisos I e II do artigo 1º da Lei nº 500, de 13 de novembro de 1974.". Excluídos, mais uma vez os contratados na forma do inciso III do art. 1º da Lei 500, de 1974. Desta feita, o tempo contributivo já integra o Regime Geral; **C: incorreta**. Em conformidade com o art. 40 da Lei 8.935, de 1994, (CAPÍTULO IX, Da Seguridade Social) "os notários, oficiais de registro, escreventes e auxiliares são vinculados à previdência social, de âmbito federal, e têm assegurada a contagem recíproca de tempo de serviço em sistemas diversos." São integrantes do Regime Geral de Previdência Social. Desta feita, o tempo contributivo já integra o RGPS; **D: incorreta**. Trata-se de período anterior à CF/88, época na qual parte dos servidores públicos integrava o regime de previdência geral. A alternativa não traz maiores especificações e no cotejo entre as alternativas observa-se que o item "E" está absolutamente correto; **E: correta**. A Lei 10.261/1968 (Estatuto dos Servidores de SP) determina, em seu art. 202: "Depois de 5 (cinco) anos de exercício, o funcionário poderá obter licença, sem vencimento ou remuneração, para tratar de interesses particulares, pelo prazo máximo de 2 (dois) anos." Já a Lei Complementar Estadual 1.012/2007 determina, em

RICARDO QUARTIM

seu art. 12, § 1º: "Será assegurada ao servidor licenciado ou afastado sem remuneração a manutenção da vinculação ao regime próprio de previdência social do Estado, mediante o recolhimento mensal da respectiva contribuição, assim como da contribuição patronal prevista na legislação aplicável, observando-se os mesmos percentuais e incidente sobre a remuneração total do cargo a que faz jus no exercício de suas atribuições, computando-se, para esse efeito, inclusive, as vantagens pessoais." Desse modo, ainda que afastada, Maria, ao contribuir para o RPPS, direcionando as contribuições à SPPREV (órgão gestor único do regime próprio de previdência em SP), manteve o vínculo com o Regime Próprio. Ademais, exerceu cargo efetivo, contribuindo para o Regime Próprio de Previdência (art. 2º da Lei 1.010/2007). Portanto, de 01.01.2011 a 31.12.2017, somente contribuiu para o RPPS, podendo requerer a emissão da Certidão de Tempo de Contribuição (CTC) para fins de averbação no Instituto Nacional do Seguro Social – INSS, ou seja, averbar o tempo de contribuição do Regime Próprio no RGPS. **RO**
Gabarito "E".

(Procurador do Estado/SP - 2018 - VUNESP) De acordo com o ordenamento jurídico em vigor, em especial a legislação paulista, o servidor público

(A) ocupante de cargo efetivo não fica jungido a quaisquer deveres previstos no Estatuto dos Funcionários Públicos quando não estiver no exercício de suas funções.

(B) ocupante de cargo em comissão legará pensão por morte calculada nos termos do artigo 40 da Constituição Federal, desde que vinculado ao Regime Próprio de Previdência Social.

(C) ocupante de cargo efetivo poderá obter licença por motivo de doença do cônjuge e de parentes de até segundo grau, sem remuneração e limitada ao prazo máximo de seis meses.

(D) estável faz jus a adicional por tempo de serviço após cada período de cinco anos de exercício, desde que ininterrupto.

(E) ocupante de cargo efetivo, após noventa dias decorridos da apresentação do pedido de aposentadoria voluntária, poderá cessar o exercício da função pública se obtiver autorização fundamentada de sua chefia.

A: incorreta. A Lei 10.261, de 28 de outubro de 1968, dispõe sobre o Estatuto dos Funcionários Públicos Civis do Estado, e traz, no art. 241, a seguinte regra: "São deveres do funcionário: Art. XIV – proceder na vida pública e privada na forma que dignifique a função pública)"; **B:** correta. Observe-se que é excluído do Regime Próprio de Previdência Social o servidor ocupante "exclusivamente" de cargo em comissão (CF, art. 40, § 13). Tratando-se de servidor público titular de cargo efetivo, ainda que ocupe cargo em comissão (direção, chefia e assessoramento), aplica-se o regramento previsto no art. 40 da CF; **C:** incorreta. A Lei 10.261, de 28 de outubro de 1968, dispõe sobre o Estatuto dos Funcionários Públicos Civis do Estado, e no §2º, de seu art. 199, prevê: "A licença de que trata este artigo será concedida com vencimento ou remuneração até 1 (um) mês e com os seguintes descontos: I – de 1/3 (um terço), quando exceder a 1 (um) mês até 3 (três); II – de 2/3 (dois terços), quando exceder a 3 (três) até 6 (seis); III – sem vencimento ou remuneração do sétimo ao vigésimo mês.); **D:** incorreta. A Lei 10.261, de 28 de outubro de 1968, dispõe sobre o Estatuto dos Funcionários Públicos Civis do Estado, e prevê, no art. 127: "O funcionário terá direito, após cada período de 5 (cinco) anos, contínuos, ou não, à percepção de adicional por tempo de serviço, calculado à razão de 5% (cinco por cento) sobre o vencimento ou remuneração, a que se incorpora para todos os efeitos.)"; **E:** incorreta. A Lei 10.261, de 28 de outubro de 1968, dispõe sobre o Estatuto dos Funcionários Públicos Civis do Estado, e

no art. 228 prevê que a aposentadoria voluntária somente produzirá efeito a partir da publicação do ato no Diário Oficial. **RO**
Gabarito "B".

(Procurador do Estado/SP - 2018 - VUNESP) Ana Maria, titular de cargo efetivo, foi eleita vereadora do Município de São José do Rio Preto. Assim que soube do fato, o órgão de recursos humanos a que se vincula solicitou à Consultoria Jurídica orientações sobre a situação funcional da servidora caso viesse a assumir o mandato eletivo. O Procurador do Estado instado a responder à consulta poderá apresentar, sem risco de incorrer em equívoco, os seguintes esclarecimentos acerca da situação:

(A) caso haja compatibilidade de horários, a servidora fará jus à percepção das vantagens do seu cargo, sem prejuízo da remuneração do mandato eletivo e, caso não haja compatibilidade de horários, fará jus ao afastamento do cargo efetivo, com a faculdade de optar pela melhor remuneração. O tempo de afastamento do cargo efetivo para exercício de mandato eletivo será computado para todos os efeitos legais, exceto para promoção por merecimento.

(B) a servidora deverá afastar-se do cargo efetivo para exercer o mandato eletivo, com a faculdade de optar pela melhor remuneração. O tempo de afastamento do cargo efetivo para exercício de mandato eletivo será computado para todos os efeitos legais, exceto para adicionais temporais e promoção por merecimento.

(C) a servidora deverá afastar-se do cargo efetivo para exercer o mandato eletivo, fazendo jus apenas à remuneração deste. O tempo de afastamento do cargo efetivo para exercício de mandato eletivo será computado para todos os efeitos legais, exceto para promoção por merecimento.

(D) caso haja compatibilidade de horários, a servidora fará jus à percepção das vantagens do seu cargo, sem prejuízo da remuneração do mandato eletivo e, caso não haja compatibilidade de horários, fará jus ao afastamento do cargo efetivo, com a faculdade de optar pela melhor remuneração. O tempo de afastamento do cargo efetivo para exercício de mandato eletivo será computado para todos os efeitos legais, exceto para adicionais temporais e promoção por merecimento.

(E) a servidora deverá afastar-se do cargo efetivo para exercer o mandato eletivo, com a faculdade de optar pela melhor remuneração. O tempo de afastamento do cargo efetivo para exercício de mandato eletivo não será computado para fins de obtenção de quaisquer vantagens funcionais.

Art. 38 da CF/88: Ao servidor público da administração direta, autárquica e fundacional, no exercício de mandato eletivo, aplicam-se as seguintes disposições: I – tratando-se de mandato eletivo federal, estadual ou distrital, ficará afastado de seu cargo, emprego ou função; II – investido no mandato de Prefeito, será afastado do cargo, emprego ou função, sendo-lhe facultado optar pela sua remuneração; III – investido no mandato de Vereador, havendo compatibilidade de horários, perceberá as vantagens de seu cargo, emprego ou função, sem prejuízo da remuneração do cargo eletivo, e, não havendo compatibilidade, será aplicada a norma do inciso anterior; IV – em qualquer caso que exija o afastamento para o exercício de mandato eletivo, seu tempo de serviço será contado para todos os efeitos legais, exceto para promoção por merecimento; V – na hipótese de ser segurado de regime próprio de previdência social, permanecerá filiado a esse regime, no ente federativo

12. DIREITO PREVIDENCIÁRIO

de origem. A leitura do dispositivo constitucional deixa claro que a única alternativa correta é '**A**'. RO

Gabarito "A".

(Procurador do Estado/SP - 2018 - VUNESP) Assinale a alternativa correta.

(A) Os servidores ocupantes de cargos em comissão são regidos pela Consolidação das Leis do Trabalho (CLT) e vinculados ao Regime Geral de Previdência Social.

(B) A instituição de regime jurídico único implica a existência de ente gestor único do Regime Próprio de Previdência Social.

(C) Embora o Estado de São Paulo tenha instituído regime jurídico único, seus servidores podem estar vinculados ao Regime Próprio de Previdência Social ou ao Regime Geral de Previdência Social.

(D) Os servidores ocupantes exclusivamente de cargo em comissão mantêm vínculo com o Regime Geral de Previdência Social.

(E) A instituição de regime jurídico único implica a existência de regime previdenciário único.

A: incorreta. Os servidores titulares de cargo efetivo que ocupam de cargos em comissão são integrantes de Regime Próprio de Previdência Social, ao passo que os servidores ocupantes *exclusivamente* de cargo em comissão são filiados obrigatoriamente ao RGPS. Na redação dada ao § 13 do art. 40 da CF pela EC 103/2019, todo agente público ocupante, exclusivamente, de cargo em comissão declarado em lei de livre nomeação e exoneração, de outro cargo temporário, inclusive mandato eletivo, ou de emprego público, é vinculado ao Regime Geral de Previdência Social; **B:** incorreta. Na redação dada pela EC 41/2003, o art. 40, § 20, da CF, estabelecia ficar vedada a existência de mais de um regime próprio de previdência social para os servidores titulares de cargos efetivos, e de mais de uma "unidade gestora" do respectivo regime em cada ente estatal, "ressalvado" o disposto no art. 142, § 3º, X (Forças Armadas). Com a promulgação da EC 103/2019, este §20º passou a estabelecer ser vedada a existência de mais de um regime próprio de previdência social e de mais de um órgão ou entidade gestora desse regime em cada ente federativo, abrangidos todos os poderes, órgãos e entidades autárquicas e fundacionais, que serão responsáveis pelo seu financiamento, observados os critérios, os parâmetros e a natureza jurídica definidos na lei complementar de que trata o § 22. A adequação do órgão ou unidade de gestão do RPPS a tal parâmetro deve ocorrer em, no máximo, 02 anos da promulgação da EC 103/2019; **C:** Incorreta. Há no Estado de São Paulo Regime Próprio de Previdência Social, de tal sorte que os servidores públicos titulares de cargos efetivos ficam necessariamente vinculados ao RPPS, conforme determina o art. 40 da CF; **D:** Correta. CF, art. 40, § 13: "Aplica-se ao agente público ocupante, exclusivamente, de cargo em comissão declarado em lei de livre nomeação e exoneração, de outro cargo temporário, inclusive mandato eletivo, ou de emprego público, o Regime Geral de Previdência Social."; **E:** Incorreta. Do art. 40, § 13, da CF, observa-se que no ente público estadual há prestadores de serviços filiados ao RGPS. RO

Gabarito "D".

(Procurador do Estado/SP - 2018 - VUNESP) Maria de Oliveira efetuou inscrição definitiva na Ordem dos Advogados do Brasil logo após sua colação de grau, no início de 1987. Vocacionada ao exercício da advocacia pública, optou por dedicar-se exclusivamente aos estudos para o concurso da Procuradoria Geral do Estado de São Paulo, tendo sido aprovada no concurso de 1993, ano em que tomou posse e iniciou o exercício do cargo. Ultrapassados 25 anos de efetivo exercício do cargo de Procuradora do Estado de São Paulo, Maria de Oliveira, que hoje conta

56 anos, solicitou aposentadoria com lastro no artigo 3º da Emenda Constitucional no 47/2005. No mesmo instante, ciente de que lei estadual vigente quando de sua posse assegurava aos Procuradores do Estado o cômputo do tempo de inscrição na OAB como tempo de serviço público para todos os efeitos, apresentou certidão emitida por tal entidade ao setor de recursos humanos, requerendo a contagem do período como tempo de contribuição. Examinando o pleito, é possível concluir que a Procuradora do Estado de São Paulo

(A) não faz jus à aposentadoria requerida, pois apenas solicitou averbação do tempo de inscrição na Ordem dos Advogados do Brasil em seus assentamentos funcionais após a vigência da Emenda Constitucional no 20/1998, que veda a contagem de tempo de contribuição ficto.

(B) não faz jus à aposentadoria requerida, pois a EC no 20/1998, ao eleger o sistema de capitalização para financiamento do Regime Próprio de Previdência Social, vedou a contagem de tempo ficto.

(C) não faz jus à aposentadoria requerida, pois apenas passou a recolher contribuições previdenciárias para fins de aposentadoria quando de sua posse.

(D) faz jus à aposentadoria requerida, pois o cômputo do período de inscrição na Ordem dos Advogados do Brasil como tempo de contribuição não caracteriza contagem de tempo ficto.

(E) faz jus à aposentadoria requerida, pois o artigo 4o da Emenda Constitucional no 20/1998 consagrou o direito adquirido à qualificação jurídica do tempo.

O servidor público da União, dos Estados, do Distrito Federal e dos Municípios, incluídas suas autarquias e fundações, que tenha ingressado no serviço público até a data da publicação da EC 20, em 16 de dezembro de 1998, poderá aposentar-se com proventos integrais (totalidade da remuneração que aufere), e com direito à paridade dos proventos com a remuneração dos servidores da ativa, desde que preencha, cumulativamente, as seguintes condições:
"I) trinta e cinco (35) anos de tempo de contribuição, se homem, e trinta (30) anos de tempo de contribuição, se mulher;
II) vinte e cinco (25) anos de efetivo exercício no serviço público, quinze (15) anos de carreira e cinco (5) anos no cargo em que se der a aposentadoria;
III) idade mínima resultante da redução, relativamente aos limites do art. 40, § 1º, inciso III, alínea 'a', da Constituição Federal, de um ano de idade para cada ano de contribuição que exceder a condição prevista no inciso I acima referido".
Por essa regra de transição, **alcançável apenas pelos servidores públicos que ingressaram no funcionalismo até 16 de dezembro de 1998** (data da publicação da EC 20), é franqueada a aposentação com **idade inferior à prevista no corpo permanente** da CF (art. 40, § 1º, III). O art. 40, § 1º, III, da CF, após a EC 20/1998, passou a exigir a idade mínima de 60 anos de idade para os homens e 55 anos de idade para as mulheres, e tempo de contribuição de 35 anos, se homem, e 30 anos, se mulher. Para cada ano trabalhado além dos 35 anos exigíveis, se homem, ou dos 30 anos, se mulher, a regra da EC 47 autoriza a redução, em igual número de anos, da idade.
Assim, considerado o período de 1987 a 1993, que, nos termos da lei estadual vigente quando da sua posse, assegurava aos Procuradores do Estado o cômputo do tempo de inscrição na OAB como tempo de serviço público para todos os efeitos, combinado com o art. 4º da EC 20/98 (observado o disposto no art. 40, § 10, da Constituição Federal, o tempo de serviço considerado pela legislação vigente para efeito de aposentadoria, cumprido até que a lei discipline a matéria, será contado como tempo de contribuição), tem-se o total de 31 anos até 2018, nestes

inclusos 25 anos de efetivo exercício no serviço público. De observar que com relação ao requisito etário, já possui 56 anos de idade. Assim, satisfeitos os requisitos para aposentadoria. Diante desse contexto, a única alternativa a ser assinalada é a letra "E".

Frise-se que a resolução desta questão não leva em consideração as disposições ou regras transitórias introduzidas na CF pela EC 103/2019. Do modo como formulada, a alternativa correta permanece inalterada mesmo após a EC 103/2019, uma vez que, nos termos do *caput* de seu art. 3º: ' A concessão de aposentadoria ao servidor público federal vinculado a regime próprio de previdência social e ao segurado do Regime Geral de Previdência Social e de pensão por morte aos respectivos dependentes será assegurada, a qualquer tempo, desde que tenham sido cumpridos os requisitos para obtenção desses benefícios até a data de entrada em vigor desta Emenda Constitucional, observados os critérios da legislação vigente na data em que foram atendidos os requisitos para a concessão da aposentadoria ou da pensão por morte.' RQ

Gabarito "E".

(Procurador do Estado/SP - 2018 - VUNESP) Patrícia Medeiros, titular de cargo efetivo, ciente de que determinada gratificação não integrará, em sua totalidade, a base de cálculo dos proventos de aposentadoria a que fará jus com fundamento no artigo 6o da EC nº41/2003, apresenta requerimento à Administração solicitando que referida vantagem deixe de compor a base de cálculo da contribuição previdenciária. Instada a examinar o pleito, a Procuradoria Geral do Estado corretamente apresentará parecer jurídico recomendando

(A) o indeferimento do pedido, eis que, conforme jurisprudência do Supremo Tribunal Federal, não se exige correlação perfeita entre base de contribuição e benefício previdenciário.

(B) a inadmissibilidade do pedido, por falta de interesse de agir, pois na aposentadoria com lastro no artigo 6o da EC no 41/2003 o valor dos proventos espelha exatamente a última folha de pagamento do servidor no cargo efetivo, de maneira que todas as vantagens por ele percebidas no momento da aposentação serão integralmente carreadas à inatividade.

(C) o indeferimento do pedido, pois desde o advento da Lei Federal no 10.887/2004 o cálculo das aposentadorias é realizado considerando-se a média aritmética simples das maiores remunerações.

(D) o deferimento do pedido com fundamento no princípio contributivo, que segundo tese de repercussão geral fixada pelo Supremo Tribunal Federal obsta a incidência de contribuições sobre valores que não serão considerados no cálculo dos proventos.

(E) o deferimento do pedido, pois a incidência de contribuição previdenciária sobre parcela que não integrará a base de cálculo dos proventos, segundo tese de repercussão geral fixada pelo Supremo Tribunal Federal, gera enriquecimento sem causa do Estado.

A: Correta. De modo geral, a jurisprudência do STF se inclina pela necessidade de correlação entre base de contribuição e benefício previdenciário (por exemplo: ADC nº 08, Rel. Min. Celso de Mello, Dju 24.05.2004). Todavia, em mais de uma ocasião a Suprema Corte admitiu a incidência de contribuição previdenciária sobre verbas que não refletirão em futuros benefícios previdenciários a serem pagos aos contribuintes. No caso da contribuição previdenciária dos servidores púbicos aposentados, por exemplo, o STF julgou constitucional a exação em vista do princípio da solidariedade (ADI nº 3154, Rel. Min. Ellen Gracie, j. 18/08/2004). Na mesma toada, ao julgar o tema de repercussão geral nº 503, a Corte afirmou ser constitucional a cobrança de contribuição previdenciária

sobre a remuneração do aposentado que retorne à atividade. Deixou claro, ainda, que a manutenção da Seguridade Social é dever de todos (sociedade e Administração Pública), por meio de exações com natureza de tributos, a significar que inexiste vinculação necessária entre as contribuições e uma correspondente futura contraprestação individual de um benefício ou de um serviço. Cabe assinalar que em 22/03/2019 foi publicado Acórdão em Repercussão Geral (RE 593.068, tema 163), cuja tese fixada é: 'Não incide contribuição previdenciária sobre verba não incorporável aos proventos de aposentadoria do servidor público, tais como 'terço de férias', 'serviços extraordinários', 'adicional noturno' e 'adicional de insalubridade'. Contudo, pouco tempo depois a mesma Corte afirmou ser legítima a incidência de contribuição social sobre o valor pago a título de terço constitucional de férias (RExt nº 1.072.485, Rel. Min. Marco Aurélio, j. 31/08/2020); **B:** Incorreta, uma vez que o valor dos proventos de aposentadoria não necessariamente espelha a última folha de pagamentos, pois esta última contém verbas indenizatórias e, como no caso, gratificações ou outras verbas que não serão refletidas no cálculos dos proventos da aposentadoria; **C:** incorreta. A aposentadoria com fundamento no art. 6º da EC 41/2003 assegura proventos integrais que corresponderão à totalidade da remuneração do servidor público no cargo efetivo no que se der a aposentadoria; **D:** incorreta quando da realização do certame, posto que o acórdão que fixou a tese em repercussão geral em questão foi publicada apenas em 22/03/2019 (a ata de julgamento foi publicada em 11/10/2018); **E:** Incorreta quando da realização do certame, posto que o acórdão que fixou a tese em repercussão geral em questão foi publicada apenas em 22/03/2019 (a ata de julgamento foi publicada em 11/10/2018). RQ

Gabarito "A".

(Procurador do Estado/SP - 2018 - VUNESP) Policial Militar do Estado de São Paulo que completou 24 (vinte e quatro) meses de agregação por invalidez foi reformado. Nessas circunstâncias, é correta a seguinte afirmação:

(A) caso constatado que o militar inativo passou a exercer atividade privada, na condição de empregado, a SPPREV deverá, imediatamente, cassar o ato de reforma e determinar sua reversão para o serviço ativo.

(B) nesse caso, o militar foi reformado *ex officio*, mas a reforma também pode ser processada a pedido.

(C) o ato de transferência do militar para a inatividade é de competência do Comandante Geral da Polícia Militar do Estado de São Paulo.

(D) nesse caso, a reforma será aperfeiçoada com vencimentos e vantagens integrais aos do posto ou graduação.

(E) com a reforma, extinguiu-se o vínculo entre a Polícia Militar e o inativo, que a partir de então passou a estar vinculado somente à São Paulo Previdência.

No momento da prova vigorava a lei complementar estadual 305/2017, que alterou o Decreto-lei 260/1970 de SP, para estabelecer que: Art. 2º - Ficam acrescentados ao Decreto-lei nº 260, de 29 de maio de 1970, os seguintes dispositivos: III – artigo 26-A: "Artigo 26-A – O militar transferido para a reserva a pedido poderá ser designado para exercer funções administrativas, técnicas ou especializadas, enquanto não atingir a idade-limite de permanência na reserva. § 1º - É vedada a designação de que trata este artigo, de militar promovido ao posto superior quando de sua passagem para a reserva se não houver, em seu Quadro de origem, o respectivo posto. § 2º - O militar da reserva designado terá as mesmas prerrogativas e deveres do militar do serviço ativo em igual situação hierárquica, fazendo jus, enquanto perdurar sua designação, a: 1. Férias; e 2. Abono, equivalente ao valor da sua contribuição previdenciária e do padrão do respectivo posto ou graduação. § 3º - Além da avaliação médica e de aptidão física prevista no § 2º do artigo 26, o Comandante Geral definirá critérios disciplinares e técnicos para a designação de militar da reserva nos termos deste artigo."

Diante da normatização legal, a alternativa "C" é a correta: o ato de transferência do militar para a inatividade é de competência do Comandante Geral da Polícia Militar do Estado de São Paulo.

A lei estadual nº 17.293/2020 alterou o *caput* e o item 2, do § 2º, deste art. 26-A. Sua redação atual diz que: 'Artigo 26-A. O militar do Estado transferido para a reserva poderá ser designado para exercer, especificamente, funções administrativas, técnicas ou especializadas nas Organizações Policiais-Militares, enquanto não atingir a idade-limite de permanência na reserva. (....) § 2º (...) 2. diária, com valor a ser fixado por meio de decreto'. **RO**

Gabarito "C".

(Procurador do Estado – PGE/RS – Fundatec – 2015) João Paulo ingressou no serviço público em 16 de dezembro de 2009, provido no cargo efetivo de Procurador do Estado do Rio Grande do Sul. Considerando as atuais regras de aposentadoria da Constituição da República Federativa do Brasil, ele poderá requerer aposentadoria voluntária com proventos proporcionais ao tempo de contribuição quando preencher cumulativamente as seguintes condições:

(A) 60 (sessenta) anos de idade, 10 (dez) anos de efetivo exercício no serviço público e 5 (cinco) anos no cargo efetivo em que se dará a aposentadoria.

(B) 65 (sessenta e cinco) anos de idade, 10 (dez) anos de efetivo exercício no serviço público e 5 (cinco) anos no cargo efetivo em que se dará a aposentadoria.

(C) 60 (sessenta) anos de idade, 15 (quinze) anos de efetivo exercício no serviço público e 5 (cinco) anos no cargo efetivo em que se dará a aposentadoria.

(D) 65 (sessenta e cinco) anos de idade, 15 (quinze) anos de efetivo exercício no serviço público e 10 (dez) anos no cargo efetivo em que se dará a aposentadoria.

(E) 60 (sessenta) anos de idade, 15 (quinze) anos de efetivo exercício no serviço público e 10 (dez) anos no cargo efetivo em que se dará a aposentadoria.

Note que o enunciado questiona sobre o direito de João Paulo de se aposentar com proventos **proporcionais** ao tempo de contribuição. Nesse caso, basta que ele cumpra os requisitos gerais de qualquer aposentadoria em regime próprio de previdência – 10 anos de serviço público, dos quais 5 anos no cargo em que se dará a aposentadoria (art. 40, III, da CF), além do requisito da idade mínima de 65 anos (porque homem) previsto no art. 40, III, *b*, da CF.

Frise-se que a resolução desta questão não leva em consideração as disposições ou regras transitórias introduzidas na CF pela EC 103/2019. Do modo como formulada, a alternativa correta permanece inalterada mesmo após a EC 103/2019, uma vez que, nos termos do *caput* de seu art. 3º: ' A concessão de aposentadoria ao servidor público federal vinculado a regime próprio de previdência social e ao segurado do Regime Geral de Previdência Social e de pensão por morte aos respectivos dependentes será assegurada, a qualquer tempo, desde que tenham sido cumpridos os requisitos para obtenção desses benefícios até a data de entrada em vigor desta Emenda Constitucional, observados os critérios da legislação vigente na data em que foram atendidos os requisitos para a concessão da aposentadoria ou da pensão por morte.' Caso João Paulo tivesse reunido os requisitos para se aposentar após o início de vigência da EC 103/2019, a ele se aplicaria o disposto no art. 4º de tal emenda constitucional. **RO**

Gabarito "B".

(Procurador Município – Teresina/PI – FCC – 2022) Conforme a Lei no 2.969, de 11 de janeiro de 2001, do Município de Teresina/PI, em relação ao Conselho de Administração do Instituto de Previdência do Município de Teresina (IPMT), o

(A) membro do Conselho de Administração do IPMT representante dos servidores ativos da Administração direta, autárquica e fundacional do Município de Teresina deverá contar com pelo menos 3 anos de efetivo exercício como servidor municipal.

(B) Conselho de Administração terá uma Secretaria para atender seus serviços administrativos, tendo suas atribuições definidas em Regimento Interno, aprovado por Decreto do Legislativo de Teresina.

(C) julgamento de recurso contra ato do Presidente do IPMT, uma das atribuições do Conselho de Administração, é presidida pelo Secretário de Administração Municipal.

(D) mandato do membro representante dos servidores da Câmara de Teresina/PI será de 2 anos, e o mesmo perderá a condição de membro do Conselho se deixar de comparecer a 4 sessões intercaladas.

(E) Presidente do Conselho de Administração só exerce seu direito de voto em caso de empate, com exceção apenas da votação do Balanço Geral do ano encerrado.

A: incorreta. O art. 33, § 2º, da lei municipal em questão afirma ser essencial para o exercício de membro do Conselho de Administração do IPMT a condição de segurado, com pelo menos três anos de efetivo exercício no cargo e nível de escolaridade superior; **B:** Incorreta. A Secretaria do Conselho de Administração do IPMT tem suas atribuições definidas em Regimento Interno, o qual deve ser aprovado pelo Conselho e homologado pelo Chefe do Poder Executivo (art. 40); **C:** Correta, nos termos do art. 35, VI, da lei municipal de Teresina/PI nº 2.969/2001; **D:** Incorreta. O mandato do representante dos servidores municipais, ativos e inativos, é de dois anos, permitida uma recondução. Tanto o representante dos servidores ativos, como o representante dos servidores inativos e o representante dos servidores da Câmara de Teresina perderão a condição de membro do Conselho se deixarem de comparecer, sem motivo justificado, a três sessões ordinárias consecutivas ou a seis sessões intercaladas, no mesmo ano (art. 36, §4º e 37); **E:** Incorreta. O Presidente do Conselho exercitará seu direito de voto apenas em caso de aprovação de prestação de contas e de Balanço Geral do Exercício encerrado (art. 43, parágrafo único). **RO**

Gabarito "C".

(Procurador Município – Teresina/PI – FCC – 2022) Sócrates é servidor do Município de Teresina, prestando serviços na Secretaria de Saúde desde 2014. Foi cedido para o Governo do Estado do Piauí a partir de 01 de janeiro de 2020, para chefiar o Gabinete do Governador do Estado. Considerando a Lei no 2.969, de 11 de janeiro de 2001, do Município de Teresina/PI, Sócrates

(A) mantém a condição de segurado, pois é previsão legal que a cessão para Administração direta ou indireta da União, Estados, DF e Municípios tenha essa consequência.

(B) perde a condição de segurado, mas pode contar como tempo para aposentadoria o período de cessão, desde que contribua para o Instituto de Previdência do Estado do Piauí.

(C) mantém a condição de segurado porque a cessão se deu para a Administração direta do mesmo Estado.

(D) preserva a condição de segurado porque quando da cessão contava com mais de 5 anos de exercício junto ao Município de Teresina/PI.

(E) perde a condição de segurado, mas pode contar como tempo para aposentadoria o período de cessão, desde que contribua para o Instituto de Previdência do Município de Teresina (IPMT) diretamente.

O art. 19, II, da lei municipal afirma que mantém a condição de segurado do IPMT o segurado cedido para outro órgão ou entidade da Administração direta ou indireta da União, dos Estados, do Distrito Federal ou dos Municípios. Deste modo, está correta apenas a assertiva A. Note que a assertiva C está incorreta, pois a manutenção da qualidade de segurado independe de a cessão do segurado se dar para a Administração, direta ou indireta, do mesmo Estado. **RO**

Gabarito "A".

(Procurador do Estado – PGE/RS – Fundatec – 2015) Analise, à luz do ordenamento constitucional brasileiro, as seguintes assertivas:

I. O servidor da União, dos Estados, do Distrito Federal e dos Municípios, incluídas suas autarquias e fundações, que tenha ingressado no serviço público até a data de publicação da Emenda Constitucional nº 70/12 e que tenha se aposentado ou venha a se aposentar por invalidez permanente, com fundamento no inciso I do § 1º do art. 40 da Constituição Federal de 1988, tem direito a proventos de aposentadoria calculados com base na remuneração do cargo efetivo em que se der a aposentadoria, na forma da lei, mas não faz jus à paridade de seu benefício com a remuneração dos servidores em atividade.

II. A integralidade, garantia constitucional que assegura ao servidor inativo a revisão de seus proventos na mesma data e na mesma proporção em que houver modificação da remuneração dos servidores em atividade e também a extensão de quaisquer benefícios ou vantagens posteriormente concedidos aos servidores em atividade, beneficia todos os servidores inativados após a vigência da Emenda Constitucional nº 41/03.

III. Lei disporá sobre a concessão do benefício de pensão por morte, no âmbito dos regimes próprios de previdência, que será igual ao valor da totalidade dos proventos do servidor falecido, até o limite máximo estabelecido para os benefícios do regime geral de previdência social, acrescentado de setenta por cento da parcela excedente a este limite, caso aposentado o servidor na data do óbito.

Quais estão corretas?

(A) Apenas I.
(B) Apenas II.
(C) Apenas III.
(D) Apenas I e II.
(E) Apenas I e III.

I: incorreta. A Emenda Constitucional 70/2012 criou o benefício da paridade para os aposentados por invalidez (art. 1º da mencionada Emenda); **II**: incorreta. O art. 7º da Emenda Constitucional 41/2003 estabelece o benefício da paridade para os benefícios de prestação continuada em vigor na data de publicação da emenda; **III**: correta, nos termos do art. 40, § 7º, I, da CF, na redação anterior à EC 103/2019. **RO**

Gabarito "C".

(Procurador do Estado – PGE/PR – PUC – 2015) Sobre a alíquota de contribuição previdenciária descontada da remuneração do servidor público titular de cargo efetivo, é **CORRETO** afirmar que:

(A) O servidor público não pode sofrer qualquer desconto em sua remuneração, a título de contribuição previdenciária.

(B) Não há limite mínimo para o desconto.

(C) Não pode ser inferior a 8,8% (oito e oito décimos por cento).

(D) Não pode ser inferior a 11% (onze por cento).

(E) Admite-se a progressividade da alíquota de acordo com o valor da remuneração do servidor.

O servidor público exerce atividade remunerada e, como tal, é segurado obrigatório da previdência. A única diferença é que, tendo sido criado em sua esfera de governo um regime próprio de previdência social, é para este que contribuirá e não para o RGPS. Com o intuito de evitar tratamentos desiguais a trabalhadores em situação equivalente, o art. 149, § 1º, da CF, na redação anterior à EC 103/2019, determinava que a alíquota cobrada nos regimes próprios de Estados e Municípios não poderia ser menor do que aquela cobrada pela União de seus servidores; na época 11%.

A redação dada ao art. 149, § 1º, da CF, pela EC 103/2019, retirou do dispositivo a determinação de que a alíquota cobrada nos regimes próprios de Estados e Municípios não seja menor do que aquela cobrada pela União de seus servidores e introduziu a possibilidade de que tais contribuições tenham alíquotas progressivas de acordo com o valor da base de contribuição ou dos proventos de aposentadoria e de pensões. Isso posto, o art. 9º, §4º, da EC 103/2019, afirma que: 'Os Estados, o Distrito Federal e os Municípios não poderão estabelecer alíquota inferior à da contribuição dos servidores da União, exceto se demonstrado que o respectivo regime próprio de previdência social não possui déficit atuarial a ser equacionado, hipótese em que a alíquota não poderá ser inferior às alíquotas aplicáveis ao Regime Geral de Previdência Social'. **RO**

Gabarito "D".

(Procurador do Estado – PGE/PR – PUC – 2015) Com relação ao regime próprio de previdência social dos titulares de cargos efetivos, é **CORRETO** afirmar:

(A) Os servidores ocupantes exclusivamente de cargo em comissão declarado em lei de livre nomeação e exoneração se vinculam obrigatoriamente ao regime próprio de previdência social.

(B) Os estados, municípios, Distrito Federal e União não podem ter mais de uma unidade gestora do regime.

(C) Todos os regimes próprios de previdência social são administrados pelo Governo Federal e não se admite a instituição de previdência complementar.

(D) A unidade gestora do regime pode aplicar os recursos previdenciários em títulos públicos estaduais.

(E) A União, os estados e os municípios são obrigados a instituir regime próprio de previdência social para seus servidores.

A: incorreta. O regime próprio de previdência é acessível somente aos servidores ocupantes de cargo efetivo (art. 40, § 13, da CF). Aqueles que ocupam exclusivamente cargo em comissão são segurados obrigatórios do RGPS na qualidade de empregados (art. 11, I, *g*, do PBPS); **B**: correta, nos termos do art. 40, § 20, da CF. Com a promulgação da EC 103/2019, esse § 20 passou a estabelecer ser vedada a existência de mais de um regime próprio de previdência social e de mais de um órgão ou entidade gestora desse regime em cada ente federativo, abrangidos

12. DIREITO PREVIDENCIÁRIO   467

todos os poderes, órgãos e entidades autárquicas e fundacionais, que serão responsáveis pelo seu financiamento, observados os critérios, os parâmetros e a natureza jurídica definidos na lei complementar de que trata o § 22. A adequação do órgão ou unidade de gestão do RPPS a tal parâmetro deve ocorrer em, no máximo, 02 anos da promulgação da EC 103/2019; **C:** incorreta. Cada unidade federada deverá organizar e manter seu regime próprio (art. 40, "caput", da CF) e fica determinada a criação de fundo complementar de previdência (art. 40, § 14, da CF); **D:** incorreta. O art. 6º, VI, da Lei 9.717/1998 veda tal prática, autorizando excepcionalmente a aplicação de recursos em títulos públicos federais; **E:** incorreta no momento do certame. Na redação do art. 40, § 14, da CF, dada pela EC 20/1998, não se tratava de uma obrigação, mas de uma possibilidade prevista no texto constitucional. Após a EC 103/2019, este mesmo §14º passou a afirmar que 'A União, os Estados, o Distrito Federal e os Municípios instituirão, por lei de iniciativa do respectivo Poder Executivo, regime de previdência complementar para servidores públicos ocupantes de cargo efetivo, observado o limite máximo dos benefícios do Regime Geral de Previdência Social para o valor das aposentadorias e das pensões em regime próprio de previdência social, ressalvado o disposto no § 16'. **RO**

Gabarito "B".

(Procurador do Estado – PGE/PR – PUC – 2015) Assinale a alternativa **CORRETA.**

(A) As contribuições previdenciárias e os recursos vinculados ao Fundo Previdenciário da União, dos estados, do Distrito Federal e dos municípios e as contribuições do pessoal ativo, inativo e pensionistas poderão ser destinadas ao pagamento de benefícios previdenciários dos respectivos regimes e benefícios de assistência à saúde.

(B) Aos servidores públicos titulares de cargo efetivo é assegurado regime de previdência de caráter contributivo e solidário, mediante contribuição do respectivo ente público, dos servidores ativos, inativos e pensionistas, observados critérios que preservem o equilíbrio financeiro e atuarial.

(C) O regime de previdência complementar será instituído por lei de iniciativa do Presidente da Assembleia Legislativa do Estado do Paraná.

(D) O Regime Próprio de Previdência Social do Estado do Paraná será financiado com a contribuição previdenciária dos servidores públicos titulares de cargo efetivo na alíquota de 8,8% (oito e oito décimos por cento).

(E) Não incide contribuição previdenciária sobre a gratificação natalina dos servidores públicos titulares de cargo efetivo do Estado do Paraná.

A: incorreta. As contribuições previdenciárias e os recursos vinculados podem ser usados somente para o pagamento de benefícios previdenciários (art. 1º, III, da Lei 9.717/1998); **B:** correta, nos termos do art. 40 da CF, na redação anterior à EC 103/2019. A redação atual diz que: 'O regime próprio de previdência social dos servidores titulares de cargos efetivos terá caráter contributivo e solidário, mediante contribuição do respectivo ente federativo, de servidores ativos, de aposentados e de pensionistas, observados critérios que preservem o equilíbrio financeiro e atuarial'; **C:** incorreta quando da aplicação do certame. Durante a vigência da redação dada ao art. 40, § 15, da CF, pela EC 41/2003, a iniciativa da lei era do Poder Executivo; **D:** incorreta. O art. 149, § 1º, da CF, na redação anterior à EC 103/2019, determinava que a alíquota cobrada nos regimes próprios de Estados e Municípios não poderá ser menor do que aquela cobrada pela União do seus servidores, então de 11%. O art. 9º, § 4º, da EC 103/2019, afirma que: 'Os Estados, o Distrito Federal e os Municípios não poderão estabelecer alíquota inferior à da

contribuição dos servidores da União, exceto se demonstrado que o respectivo regime próprio de previdência social não possui déficit atuarial a ser equacionado, hipótese em que a alíquota não poderá ser inferior às alíquotas aplicáveis ao Regime Geral de Previdência Social; **E:** incorreta. A gratificação natalina é base de cálculo da contribuição previdenciária, não se computando, contudo, para a apuração do valor dos benefícios (súmula 688 do STF). **RO**

Gabarito "B".

(Procurador do Estado – PGE/PR – PUC – 2015) Assinale a alternativa **CORRETA.**

(A) O servidor público não pode fazer a contagem recíproca do tempo de contribuição na administração pública e na atividade privada, rural e urbana para efeito de aposentadoria.

(B) O servidor público titular de cargo efetivo cujo ente empregador tenha instituído regime próprio de previdência social pode se filiar ao Regime Geral de Previdência Social e não ao seu Regime Próprio de Previdência Social.

(C) Os requisitos de idade e tempo de contribuição serão reduzidos em cinco anos para o professor universitário que comprovar exclusivamente tempo de efetivo exercício de magistério.

(D) Cargos públicos acumuláveis na atividade não podem ensejar a cumulação de proventos à custa do mesmo regime de previdência.

(E) Nenhum provento de aposentadoria terá valor mensal inferior ao salário-mínimo.

A: incorreta. O direito à contagem recíproca do tempo de contribuição está assegurado no art. 94 da PBPS e no art. 201, §9º, da CF; **B:** incorreta. O art. 12 do PBPS aduz que o servidor civil ocupante de cargo efetivo ou o militar da União, dos Estados, do Distrito Federal ou dos Municípios, bem como o das respectivas autarquias e fundações, são excluídos do Regime Geral de Previdência Social consubstanciado nesta Lei, desde que amparados por regime próprio de previdência social; **C:** incorreta. A redução de tempo de contribuição não se aplica ao professor universitário, pois beneficia somente àquele integralmente dedicado ao magistério infantil, fundamental e médio (art. 40, § 5º, da CF); **D:** incorreta. Se os cargos públicos são acumuláveis, os respectivos proventos de aposentadoria também o são (art. 40, § 6º, da CF). Há tese de Repercussão Geral do STF a respeito, segundo a qual:' Em se tratando de cargos constitucionalmente acumuláveis, descabe aplicar a vedação de acumulação de aposentadorias e pensões contida na parte final do artigo 11 da Emenda Constitucional 20/98, porquanto destinada apenas aos casos de que trata, ou seja, aos reingressos no serviço público por meio de concurso público antes da publicação da referida emenda e que envolvam cargos inacumuláveis'; **E:** correta, nos termos do art. 40, §2º e 201, § 2º, da CF. **RO**

Gabarito "E".

(Procurador do Estado – PGE/PR – PUC – 2015) Caio é servidor público titular de cargo efetivo do Estado do Paraná nomeado por concurso público em 30.04.1999, mesma data em que iniciou o exercício do cargo. Nunca trabalhou antes desta data. Em 10.05.2013 se invalidou e foi aposentado por invalidez permanente, com fundamento no inciso I do § 1º do art. 40 da Constituição Federal. Considerando o enunciado, é **CORRETO** afirmar que:

(A) Seu provento de aposentadoria somente será reajustado para preservar seu valor real, não podendo ser revisto na mesma proporção e na mesma data sempre que se modificar a remuneração dos servidores em atividade da carreira a que pertence.

(B) Seu provento de aposentadoria será calculado considerando as remunerações utilizadas como base para as contribuições aos regimes de previdência desde 30.04.1999, inclusive sua última remuneração recebida em atividade.

(C) Seu provento de aposentadoria será revisto na mesma proporção e na mesma data sempre que se modificar a remuneração dos servidores em atividade da carreira a que pertence.

(D) Seu provento de aposentadoria será calculado com base na remuneração do seu cargo, até o limite máximo estabelecido para os benefícios do regime geral de previdência social, acrescido de 70% (setenta por cento) da parcela excedente a este limite.

(E) A aposentadoria por invalidez permanente não pode ser-lhe concedida, porque não é modalidade de benefício previdenciário prevista para os servidores públicos titulares de cargo efetivo.

A e C: incorreta e correta, respectivamente. Para os servidores em exercício antes da entrada em vigor da Emenda Constitucional 41/2003, é assegurado o direito à paridade (arts. 6º-A e 7º da Emenda Constitucional 41/2003). Do modo como formulada, a alternativa C permanece correta mesmo após a EC 103/2019, uma vez que, nos termos do *caput* de seu art. 3º: ' A concessão de aposentadoria ao servidor público federal vinculado a regime próprio de previdência social e ao segurado do Regime Geral de Previdência Social e de pensão por morte aos respectivos dependentes será assegurada, a qualquer tempo, desde que tenham sido cumpridos os requisitos para obtenção desses benefícios até a data de entrada em vigor desta Emenda Constitucional, observados os critérios da legislação vigente na data em que foram atendidos os requisitos para a concessão da aposentadoria ou da pensão por morte.'; B e D: incorretas. A base de cálculo será a remuneração do cargo efetivo que ocupava no momento da aposentadoria (art. 6º-A da Emenda Constitucional 41/2003); E: incorreta. O direito à aposentadoria por invalidez consta do art. 40, § 1º, I, da CF, sendo que após a EC 103/2019 passou a se denominar aposentadoria por incapacidade permanente para o trabalho. **RQ**
Gabarito "C".

(Procurador do Estado – PGE/RN – FCC – 2014) Sobre o regime de previdência social dos servidores públicos, é correto afirmar:

(A) Servidor público ocupante de cargo efetivo que ingressar no serviço público, após a introdução de previdência complementar de servidores públicos, continuará pertencendo a regime próprio de previdência social, mas com possibilidade de limitação de seus proventos de aposentadoria ao limite teto do Regime Geral de Previdência Social.

(B) Servidor público ocupante de cargo efetivo que ingressar no serviço público, após a introdução de previdência complementar de servidores públicos, continuará pertencendo a regime próprio de previdência social, mas poderá também optar por contribuir para aquele fundo complementar ou para o Regime Geral de Previdência Social, na condição de segurado facultativo.

(C) Servidor público ocupante de cargo efetivo que ingressar no serviço público, após a introdução de previdência complementar de servidores públicos, não mais continuará pertencendo a regime próprio de previdência social, pois estará compulsoriamente vinculado a esse novo modelo de previdência privada.

(D) Servidor público ocupante de cargo efetivo que ingressar no serviço público, após a introdução de previdência complementar de servidores públicos, terá a faculdade de escolher entre continuar pertencendo a regime próprio de previdência social ou aderir ao novo fundo previdenciário, que poderá pagar prestações superiores ao limite teto do Regime Geral de Previdência Social.

(E) Servidor público ocupante de cargo efetivo que ingressar no serviço público, após a introdução de previdência complementar de servidores públicos, continuará pertencendo a regime próprio de previdência social, com limitação de seus proventos de aposentadoria ao limite teto do Regime Geral de Previdência Social, podendo complementar sua aposentadoria, com garantia de proventos iguais ao do cargo em que se aposentar, caso faça a adesão, mediante contrato, ao respectivo fundo previdenciário.

Nos termos do art. 40, §§ 14 e 16, da CF, as pessoas que ingressarem no serviço público após a criação do fundo de previdência complementar não terão opção e deverão ser submetidas às eventuais regras de limitação do valor dos benefícios ao teto do RGPS criadas no respectivo ente público. Vale frisar que o fundo de previdência complementar não desnatura a relação do servidor com seu regime próprio de previdência. **RQ**
Gabarito "A".

(Procurador Fazenda Nacional – AGU – 2023 – CEBRASPE) À luz das normas estabelecidas pela EC n.º 103/2019 no que se refere ao regime próprio de previdência social, julgue os itens seguintes.

I. O rol de benefícios dos regimes próprios de previdência social fica limitado às aposentadorias e à pensão por morte.

II. Os afastamentos por incapacidade temporária para o trabalho e o salário-maternidade serão pagos diretamente pelo ente federativo e não correrão à conta do regime próprio de previdência social ao qual o servidor se vincula.

III. Os estados, o Distrito Federal e os municípios não poderão estabelecer alíquota inferior à da contribuição dos servidores da União, exceto se demonstrado que o respectivo regime próprio de previdência social não possui déficit atuarial a ser equacionado, hipótese em que a alíquota não poderá ser inferior às alíquotas aplicáveis ao RGPS.

IV. O parcelamento ou a moratória de débitos dos entes federativos com seus regimes próprios de previdência social fica limitado ao prazo de sessenta meses.

V. Aplica-se o RGPS ao agente público ocupante, exclusivamente, de cargo em comissão declarado em lei de livre nomeação e exoneração de outro cargo temporário, inclusive mandato eletivo, ou de emprego público.

Assinale a opção correta.

(A) Apenas os itens I e II estão certos.

(B) Apenas os itens III e V estão certos.

(C) Apenas os itens I, II e IV estão certos.

(D) Apenas os itens III, IV e V estão certos.

(E) Todos os itens estão certos.

I: Correto, consoante o § 2º do art. 9º da EC 103/2019, o qual vigorará até que entre em vigor lei complementar que discipline o § 22 do art.

40 da CF; **II:** Correto, na esteira do § 3º do art. 9º da EC 103/2019; **III:** Correto, nos termos do § 4º do art. 9º da EC 103/2019; **IV:** Correto, pois reflete o teor do § 9º do art. 9º da EC 103/2019; **V:** Correto, segundo o art. 40, § 13, da CF 🔲.

Gabarito "E".

6. PREVIDÊNCIA PRIVADA COMPLEMENTAR

(Procurador do Município/Manaus – 2018 – CESPE) Lúcia, servidora da PGM/Manaus desde 1.º/1/1998, requereu a averbação dos períodos em que trabalhou em um escritório de advocacia – de 1.º/1/1992 a 31/12/1996 – e que exerceu a docência em rede de ensino privada — de 1.º/1/2002 a 31/12/2005 –, a fim de aumentar seu tempo de contribuição.

Considerando essa situação hipotética, julgue o item a seguir, relativo à contagem recíproca do tempo de contribuição.

(1) É possível que o requerimento de Lúcia seja indeferido por completo sob o fundamento de inadmissibilidade, nas condições narradas, de contagem recíproca.

1: incorreta. Será indeferida a averbação apenas do período entre 2002 e 2005, diante da vedação de contagem de períodos de trabalho concomitantes (art. 96, II, do PBPS). O período anterior, de 1992 a 1996, deve ser deferido, nos termos do art. 96, *caput*, do PBPS. 🔲

Gabarito "1E".

(Procurador do Município/Manaus – 2018 – CESPE) Em relação aos regimes próprios de previdência dos servidores públicos e à previdência complementar, julgue os itens seguintes.

(1) Para a aposentadoria voluntária por idade de servidor, são exigidos idade mínima e tempo mínimo de efetivo exercício no serviço público e no cargo efetivo em que se dará a aposentadoria, hipótese em que os proventos serão proporcionais ao tempo de contribuição.

(2) Os entes federados possuem autorização constitucional para instituir regime de previdência complementar para seus respectivos servidores efetivos, por intermédio de entidades fechadas, de natureza pública, e mediante adesão facultativa.

1: correta, nos termos do art. 40, § 1º, III, "b", da CF, na redação anterior à EC 103/2019. Após tal emenda, a definição de idade mínima para aposentadoria dos servidores dos Estados, do Distrito Federal e dos Municípios deve ser estabelecida mediante emenda às respectivas Constituições e Leis Orgânicas. Já o tempo de contribuição e os demais requisitos para a concessão de aposentadoria devem ser estabelecidos em lei complementar do respectivo ente federativo); **2: correta,** nos termos do art. 40, §§ 14 e 16, da CF, na redação anterior à EC 103/2019. Da redação atual do §14º, do art. 40, da CF, se conclui que a instituição, pelos entes federados, de regime de previdência complementar para seus respectivos servidores efetivos é uma obrigação, um dever, e não mais uma possibilidade ou uma autorização. 🔲

Gabarito 1C, 2C.

(Advogado União – AGU – CESPE – 2015) Julgue os itens a seguir, relativos à previdência privada e às EFPCs.

(1) Situação hipotética: A Fundação Previx, caracterizada como EFPC, é patrocinada por empresa pública. O patrimônio dessa fundação é segregado do patrimônio da referida empresa pública, de modo que o custeio dos planos de benefícios ofertados pela fundação constitui responsabilidade da patrocinadora e dos

participantes, incluindo os assistidos. Assertiva: Nessa situação, os resultados deficitários deverão ser equacionados por participantes e assistidos, porque se veda à patrocinadora pública qualquer contribuição para o custeio distinta da contribuição ordinária.

(2) Na relação de previdência complementar administrada por uma EFPC, incide o princípio da paridade contributiva. Nesse sentido, a contribuição de empresa patrocinadora deve ser idêntica à contribuição dos participantes — regra do meio-a-meio.

(3) Situação hipotética: Determinado empregado aderiu ao plano de benefícios de previdência privada ofertado pela empresa pública Alfa e administrado pela entidade fechada Previbeta. Após dez anos de contribuições, esse empregado resolveu deixar de contribuir para a previdência privada. Assertiva: Nessa situação, conforme entendimento do STF, embora seja constitucionalmente garantido o direito de esse empregado optar por aderir a plano de previdência privada, após o ingresso nesse sistema, não há possibilidade de ele se desvincular sem o consentimento das demais partes envolvidas — participantes e patrocinadores —, estando, ainda, a retirada de patrocínio condicionada a autorização do órgão fiscalizador.

(4) Cabe ao Conselho Nacional de Previdência Complementar regular o regime de previdência complementar operado pelas entidades fechadas de previdência complementar, ao passo que compete à Superintendência Nacional de Previdência Complementar fiscalizar e supervisionar as atividades desenvolvidas por essas mesmas entidades.

(5) As normas para concessão de benefícios pelo regime de previdência privada, independentemente de a gestão do plano de benefícios ser realizada por entidade fechada ou aberta, impõem a necessidade de vinculação ao RGPS.

1: incorreta. O art. 21 da Lei Complementar 109/2001 determina que o resultado deficitário seja equacionado por patrocinadores, participantes e assistidos, sem prejuízo de ação regressiva contra dirigentes ou terceiros que deram causa a dano ou prejuízo à entidade de previdência complementar; **2: incorreta.** Não há obrigação de que a contribuição do patrocinador seja idêntica à do participante. O que o art. 6º da Lei Complementar 108/2001 determina é que ela nunca será maior – ou seja, é um limite máximo, não uma obrigação. Pertinente notar, por fim, que as eventuais contribuições facultativas dos participantes não terão contrapartida do patrocinador; **3: incorreta.** O STF tem entendimento consolidado no sentido de que é garantido ao segurado o direito de desvinculação do regime de previdência privada (RE 482.207 AgR); **4: correta,** nos termos dos arts. 1º e 13 da Lei 12.154/2009; **5: incorreta.** O regime de previdência privada é autônomo (art. 202 da CF), de forma que os benefícios por ele criados e pagos não se vinculam ao RGPS. 🔲

Gabarito "1E, 2E, 3E, 4C, 5E".

7. ACIDENTES, DOENÇAS DO TRABALHO

(Procurador Federal – AGU – 2023 – CEBRASPE) Julgue os itens seguintes, relativos a acidente de trabalho, incapacidade por doença e aposentadoria por incapacidade no âmbito do RGPS.

I. Apenas é considerada acidente de trabalho a doença profissional incapacitante, produzida ou desencadeada pelo exercício do trabalho peculiar a determinada

470 RICARDO QUARTIM

atividade, se constar da relação elaborada pelo Ministério do Trabalho e da Previdência Social.

II. Por força de emenda constitucional, o cálculo da aposentadoria por incapacidade permanente, seja ela comum ou acidentária, passou a corresponder a 60% do salário de benefício, com acréscimo de 2% para cada ano de tempo de contribuição que exceder o tempo de vinte anos de contribuição, no caso dos homens, e de quinze anos, no caso das mulheres.

III. Equipara-se ao acidente de trabalho o acidente sofrido por segurado empregado durante viagem financiada pela empresa empregadora com a finalidade de participação em curso de capacitação laboral.

IV. O nexo técnico epidemiológico previdenciário, por meio da associação entre a atividade desenvolvida pela empresa e a doença ensejadora da incapacidade, possibilita que se presuma a existência da doença profissional, sendo relativa a referida presunção, podendo a empresa requerer ao Instituto Nacional do Seguro Social (INSS) a não aplicação do nexo técnico epidemiológico ao caso concreto.

Estão certos apenas os itens

(A) I e II.

(B) I e IV.

(C) III e IV.

(D) I, II e III.

(E) II, III e IV.

I: Incorreta. Acidente do trabalho, diz o art. 19 do PBPS, é o que ocorre pelo exercício do trabalho e provoca lesão corporal ou perturbação funcional que cause a morte ou a perda ou redução, permanente ou temporária, da capacidade para o trabalho. O *caput* do art. 20 do PBPS define dois tipos de doença ocupacional, são eles a doença profissional e a doença do trabalho. O enunciado da questão corresponde parcialmente à definição legal de doença profissional. Mas é incorreto afirmar que "apenas" as doenças profissionais configuram acidente do trabalho. Este último conceito é um gênero do qual as doenças profissionais são uma das espécies; II: Incorreta, a rigor do § 2º, inciso III e do § 3º, inciso II, ambos do art. 26 da EC 103/2019. A aposentadoria por incapacidade permanente comum corresponderá a 60% do salário de benefício com acréscimo de 2% cada ano de contribuição que exceder o tempo de 20 anos, tanto para homens como para mulheres. Ademais, no caso de aposentadoria por incapacidade permanente decorrente de acidente de trabalho, de doença profissional ou de doença do trabalho, o valor do benefício de aposentadoria corresponderá a 100% do salário de benefício; III: Correta. Segundo o art. 21, IV, do PBPS, equipara-se ao acidente do trabalho o acidente sofrido pelo segurado ainda que fora do local e horário de trabalho: a) na execução de ordem ou na realização de serviço sob a autoridade da empresa; b) na prestação espontânea de qualquer serviço à empresa para lhe evitar prejuízo ou proporcionar proveito e; c) em viagem a serviço da empresa, inclusive para estudo quando financiada por esta dentro de seus planos para melhor capacitação da mão de obra, independentemente do meio de locomoção utilizado, inclusive veículo de propriedade do segurado; IV: Correta, nos termos do art. 21-A, *caput* e § 2º, do PBPS. Pertinente mencionar que o STF declarou a constitucionalidade de tais normas na Adin 3.931 (j. 20/04/2020) RO.

Gabarito "C".

8. AÇÕES PREVIDENCIÁRIAS

Maria solicitou à previdência social auxílio-acidente, não decorrente de acidente de trabalho, mas seu pedido foi indeferido sob o fundamento de que ela não teria cumprido o tempo de carência legalmente estabelecido.

Seis anos depois do pedido, ela ingressou com uma ação previdenciária para o recebimento do referido benefício.

(Procurador do Município - Boa Vista/RR - 2019 - CESPE/CEBRASPE) Considerando essa situação hipotética, à luz das normas vigentes acerca de direito previdenciário, julgue os próximos itens.

(1) Como a concessão de auxílio-acidente independe de tempo de carência, a decisão administrativa de indeferimento foi incorreta.

(2) O direito de ação perseguido por Maria ao ajuizar a ação previdenciária está prescrito, visto que se passaram mais de cinco anos desde a negativa administrativa do pedido de concessão do benefício.

1: correta, nos termos do art. 26, I, da Lei 8.213/1991; 2: incorreta. O prazo decadencial para propositura da ação que vise a discutir o indeferimento de pedido de benefício é de 10 anos (art. 103 da Lei 8.213/1991). Ademais ao julgar a ADI 6.096 (DJe 26/11/2020), o STF concluiu que o 'núcleo essencial do direito fundamental à previdência social é imprescritível, irrenunciável e indisponível, motivo pelo qual não deve ser afetada pelos efeitos do tempo e da inércia de seu titular a pretensão relativa ao direito ao recebimento de benefício previdenciário. Este Supremo Tribunal Federal, no RE 626.489, de relatoria do i. Min. Roberto Barroso, admitiu a instituição de prazo decadencial para a revisão do ato concessório porque atingida tão somente a pretensão de rediscutir a graduação pecuniária do benefício, isto é, a forma de cálculo ou o valor final da prestação, já que, concedida a pretensão que visa ao recebimento do benefício, encontra-se preservado o próprio fundo do direito'. RO

Gabarito 1C, 2E

9. ASSISTÊNCIA SOCIAL E SAÚDE

(Procurador Federal – AGU – 2023 – CEBRASPE) Em relação ao auxílio-inclusão, previsto na Lei n.º 8.742/1993, julgue os próximos itens.

I. Para a concessão e a manutenção do benefício de auxílio-inclusão, é imprescindível que a pessoa com deficiência atenda aos critérios de manutenção do BPC.

II. Não é possível a concessão do auxílio-inclusão se, por qualquer motivo, o BPC tiver sido suspenso anteriormente.

III. O auxílio-inclusão será concedido automaticamente pelo INSS, observado o preenchimento dos demais requisitos legais, mediante constatação, pela própria autarquia, de acumulação do BPC com o exercício de atividade remunerada.

IV. O pagamento de auxílio-inclusão pode ser cumulado com o pagamento do auxílio por incapacidade temporária previsto no RGPS.

Estão certos apenas os itens

(A) I e II.

(B) I e III.

(C) III e IV.

(D) I, II e IV.

(E) II, III e IV.

I: Correta. Nos termos do art. 26-A, da Lei nº 8.742/1993, dentre os requisitos exigíveis para a concessão do auxílio-inclusão se inclui atender aos critérios de manutenção do benefício de prestação continuada,

12. DIREITO PREVIDENCIÁRIO

incluídos os critérios relativos à renda familiar mensal *per capita* exigida para o acesso ao benefício, observado o disposto no § 4º deste artigo; **II:** Incorreta. É possível o deferimento do benefício de auxílio-inclusão quando o BPC tiver sido suspenso em razão de a pessoa com deficiência exercer atividade remunerada, inclusive na condição de microempreendedor individual, desde que ela tenha recebido o benefício de prestação continuada nos 5 (cinco) anos imediatamente anteriores ao exercício da atividade remunerada (art. 26-A, § 1º, da LOAS); **III:** Correta. É certo que, nos termos do art. 26-B, da LOAS, o auxílio-inclusão será devido a partir da data do requerimento. Ocorre que a Lei nº 14.441/2022 acrescentou um § 2º a este art. 26-B, segundo o qual o auxílio-inclusão será concedido automaticamente pelo INSS, observado o preenchimento dos demais requisitos, mediante constatação, pela própria autarquia ou pelo Ministério da Cidadania, de acumulação do benefício de prestação continuada com o exercício de atividade remunerada. Nesta hipótese, diz o § 3º do mesmo dispositivo legal, o auxílio-inclusão será devido a partir do primeiro dia da competência em que se identificou a ocorrência de acumulação de benefício de prestação continuada com o exercício de atividade remunerada, e o titular deverá ser notificado quanto à alteração do benefício e suas consequências administrativas. **IV:** Incorreta. Consoante o art. 26-C da LOAS, o pagamento do auxílio-inclusão não pode ser acumulado com o pagamento de benefício de prestação continuada, de prestações a título de aposentadoria, de pensões ou de benefícios por incapacidade pagos por qualquer regime de previdência social, ou de seguro-desemprego **RO**.
Gabarito "B".

(Procurador Federal – AGU – 2023 – CEBRASPE) Raul, argentino, com 66 anos de idade, vive em um abrigo na cidade de São Paulo. Por não ter familiares e por ter renda ínfima, decorrente de sua atividade como catador de material reciclável, inscreveu-se no CadÚnico e pleiteou o benefício de prestação continuada (BPC), previsto na Lei n.º 8.742/1993.

Considerando essa situação hipotética e a jurisprudência do Supremo Tribunal Federal (STF), julgue os seguintes itens.

I. O fato de Raul ser estrangeiro, ainda que residente no Brasil, é suficiente para que lhe seja negado o BPC.
II. Concedido o BPC a Raul, não haverá necessidade de reavaliação, a cada dois anos, das condições que ensejaram a concessão, uma vez que se trata de benefício concedido a idoso.
III. Apenas o fato de Raul residir em um abrigo não impede que ele possa vir a receber o BPC.
IV. No que se refere à análise da condição de miserabilidade e da situação de vulnerabilidade de Raul para a concessão do BPC, a referida lei permite, por meio de regulamento, que o limite da renda mensal familiar, por pessoa, possa chegar a meio salário-mínimo.

Estão certos apenas os itens

(A) I e II.
(B) II e III.
(C) III e IV.
(D) I, II e IV.
(E) I, III e IV.

I: Incorreta. O art. 7º do regulamento anexo ao Decreto 6.214/2007 restringe a concessão de benefício assistencial ao brasileiro, nato ou naturalizado, e às pessoas de nacionalidade portuguesa, em consonância com o disposto no Decreto nº 7.999/2013, desde que comprovem, em qualquer dos casos, residência no Brasil e atendam a todos os demais critérios. Todavia, no ano de 2017 o STF decidiu, em sede de Repercussão Geral (RExt 587.970), que os estrangeiros residentes

no país são beneficiários da assistência social prevista no artigo 203, inciso V, da CF, uma vez atendidos os requisitos constitucionais e legais; **II:** Incorreta, nos termos do art. 21 da LOAS. A reavaliação engloba a aferição continuidade das condições que deram origem à concessão do benefício, inclusa a renda familiar *per capita* (art. 42 do regulamento anexo ao Decreto 6.214/2007); **III:** Correta. Diz o art. 20, § 5º, da LOAS, que a condição de acolhimento em instituições de longa permanência não prejudica o direito do idoso ou da pessoa com deficiência ao benefício de prestação continuada; **IV:** Correta. O § 11-A do art. 20 da LOAS afirma que o regulamento poderá ampliar o limite de renda mensal familiar *per capita* previsto no § 3º do mencionado art. 20 (1/4 do salário-mínimo) para até 1/2 (meio) salário-mínimo, desde que observados os critérios previstos no art. 20-B da mesma Lei **RO**.
Gabarito "C".

(Procurador do Estado – PGE/RS – Fundatec – 2015) Analise as seguintes assertivas sobre a seguridade social, em face da Constituição da República Federativa do Brasil:

I. A assistência social deve ser prestada a quem dela necessite, independentemente de contribuição, e tem como um de seus objetivos a promoção da integração ao mercado do trabalho.
II. O sistema especial de inclusão previdenciária para os trabalhadores de baixa renda ou sem renda própria que se dediquem exclusivamente ao trabalho doméstico no âmbito de sua residência, desde que pertencentes a famílias de baixa renda, terá alíquotas e carências inferiores às vigentes para os demais segurados do regime geral de previdência social.
III. É livre a participação direta ou indireta de empresas ou capitais estrangeiros na assistência à saúde no país.

Quais estão corretas?

(A) Apenas I.
(B) Apenas II.
(C) Apenas III.
(D) Apenas I e II.
(E) Apenas I e III.

I: correta, nos termos do art. 203, III, da CF; **II:** correta quando da aplicação da prova, nos termos do art. 201, § 13, da CF, na redação anterior à EC 103/2019. Com a promu-lgação de tal Emenda Constitucional, o art. 201, §12º, da CF, passou a afirmar que o referido sistema especial de inclusão previdenciária terá alíquotas diferenciadas, suprimindo a menção a "carências inferiores às vigentes para os demais segurados"; **III:** incorreta. É vedada a participação direta ou indireta de empresas ou capitais estrangeiros na assistência à saúde, salvo nos casos previstos em lei (art. 199, § 3º, da CF e art. 23 da Lei 8.080/1990). **RO**
Gabarito "D".

10. OUTROS TEMAS E MATÉRIAS COMBINADAS

(Procurador do Estado – PGE/MT – FCC – 2016) Quanto aos regimes de previdência social previstos na Constituição Federal do Brasil, é correto afirmar:

(A) No Regime Próprio da Previdência Social é vedada a adoção de requisitos e critérios diferenciados para a concessão de aposentadoria, ressalvados exclusivamente os casos de atividades exercidas sob condições especiais que prejudiquem a saúde ou a integridade física, definidos em lei complementar.
(B) Os beneficiários do Regime Geral da Previdência Social serão aposentados compulsoriamente, aos

setenta e cinco anos de idade, com proventos proporcionais ao tempo de contribuição.

(C) É permitido o aporte de recursos a entidade de previdência privada pela União, Estados, Distrito Federal e Municípios na qualidade de patrocinador, situação na qual a sua contribuição normal poderá exceder em até 50% a do segurado.

(D) O Regime de Previdência Privada terá caráter complementar e será organizado de forma vinculada ao Regime Geral de Previdência Social, observando o aspecto contributivo, a filiação obrigatória, e a preservação do equilíbrio financeiro e atuarial.

(E) A compensação financeira entre os regimes recompõe o equilíbrio atuarial dos regimes de previdência, havendo permissivo constitucional para que, em caso de aposentadoria, seja assegurada a contagem recíproca do tempo de contribuição na Administração pública e na atividade privada, rural e urbana.

A: incorreta no momento do certame. A única ressalva então existente para a concessão de aposentadoria com requisitos diferenciados é para os portadores de deficiência e aqueles que laborem em condições insalubres ou perigosas (art. 40, § 4º, da CF). Após a EC 103/2019, os casos de critérios ou requisitos diferenciados no RGPS são: i) idade e tempo de contribuição diferenciados para aposentadoria de servidores com deficiência, nos termos de Lei Complementar do respectivo ente federativo; ii) idade e tempo de contribuição diferenciados para aposentadoria de ocupantes do cargo de agente penitenciário, de agente socioeducativo ou de policial, nos termos de Lei Complementar do respectivo ente federativo; iii) idade e tempo de contribuição diferenciados para aposentadoria de servidores cujas atividades sejam exercidas com efetiva exposição a agentes químicos, físicos e biológicos prejudiciais à saúde, ou associação desses agentes, vedada a caracterização por categoria profissional ou ocupação, nos termos de Lei Complementar do respectivo ente federativo; iv) redução de idade mínima aos ocupantes do cargo de professor que comprovem tempo de efetivo exercício das funções de magistério na educação infantil e no ensino fundamental e médio fixado em lei complementar do respectivo ente federativo; **B:** incorreta. Tal previsão é aplicável somente aos Regimes Próprios de Previdência (art. 40, § 1º, II, da CF); **C:** incorreta. A contribuição das pessoas jurídicas de direito público como patrocinadoras da entidade de previdência complementar nunca poderá superar a do segurado (art. 202, §3º, da CF); **D:** incorreta. O sistema de previdência complementar é autônomo, facultativo e baseado na constituição de reservas que garantam o benefício contratado (art. 202, "caput", da CF); **E:** correta, nos termos do art. 201, § 9º, da CF. **RQ**

Gabarito "E".

(Advogado União – AGU – CESPE – 2015) No que diz respeito à seguridade social, julgue os itens a seguir.

(1) As diretrizes que fundamentam a organização da assistência social são a descentralização político-administrativa para os estados, o Distrito Federal e os municípios, e comando único em cada esfera de governo; a participação da população, mediante organizações representativas, na formulação das políticas e no controle das ações; e a prevalência da responsabilidade do Estado na condução da política de assistência social.

(2) De acordo com a CF, a gestão administrativa da seguridade social deve ser tripartite, ou seja, formada por trabalhadores, empregadores e governo.

(3) Conforme a jurisprudência do STF, a irredutibilidade do valor dos benefícios é garantida constitucional-

mente, seja para assegurar o valor nominal, seja para assegurar o valor real dos benefícios, independentemente dos critérios de reajuste fixados pelo legislador ordinário.

(4) De acordo com entendimento do STF, o princípio da preexistência do custeio em relação ao benefício ou serviço aplica-se à seguridade social financiada por toda sociedade, estendendo-se às entidades de previdência privada.

1: correta, nos termos do art. 5º da Lei 8.742/1993; **2:** incorreta. A gestão da seguridade social será quadripartite, garantida também a participação dos aposentados (art. 194, parágrafo único, VII, da CF); **3:** incorreta. Segundo o STF, a irredutibilidade do valor dos benefícios aplica-se unicamente ao seu valor nominal. O que assegura a preservação do valor real é o princípio insculpido no art. 201, § 4º, da CF, que tem natureza distinta. Além disso, o reajuste seguirá critérios definidos em lei ordinária (STF, RE 263.252/PR); **4:** incorreta. O STF tem jurisprudência consolidada no sentido de que o princípio da previsão do custeio dos benefícios e serviços da seguridade social não se aplica à previdência privada (RE 583.687 AgR). **RQ**

Gabarito "1C, 2E, 3E, 4E".

(Advogado União – AGU – CESPE – 2015) Acerca do RGPS, julgue os itens subsequentes.

(1) Conforme entendimento do STJ, síndico de condomínio que receber remuneração pelo exercício dessa atividade será enquadrado como contribuinte individual do RGPS, ao passo que o síndico isento da taxa condominial, por não ser remunerado diretamente, não será considerado contribuinte do RGPS.

(2) De acordo com jurisprudência do STF, devido ao fato de os serviços de registros públicos, cartorários ou notariais serem exercidos em caráter privado, os oficiais de registro de imóveis, para os fins do RGPS, devem ser classificados na categoria de contribuinte individual.

(3) Desde que tenha sido intercalado com o exercício de atividade laborativa, o período em que o segurado se beneficiar de auxílio-doença deverá ser considerado para fins de cômputo de carência e para o cálculo do tempo de contribuição na concessão de aposentadoria por invalidez, conforme entendimento do STF.

(4) Situação hipotética: Ricardo, segurado facultativo do RGPS, havia recolhido dez contribuições mensais quando, devido a problemas financeiros, teve de deixar de recolher novas contribuições durante nove meses. Após se restabelecer financeiramente, Ricardo voltou a contribuir, mas, após quatro meses de contribuição, ele foi acometido por uma doença que o incapacitou para o trabalho durante vinte dias. Assertiva: Nessa situação, embora a doença de Ricardo exija carência para o gozo do benefício de auxílio-doença, este perceberá o referido auxílio devido ao fato de ter readquirido a qualidade de segurado a partir do recolhimento de um terço do número de contribuições exigidas para o gozo do auxílio-doença.

(5) Conforme entendimento do STF, não há incidência de contribuição previdenciária nos benefícios do RGPS, incluído o salário-maternidade.

(6) Situação hipotética: Howard, cidadão norte-americano, domiciliado no Brasil, foi aqui contratado pela empresa brasileira X, para trabalhar, por tempo

12. DIREITO PREVIDENCIÁRIO · 473

indeterminado, em sua filial situada no Canadá. A maior parte do capital votante dessa filial canadense é da empresa X, constituída sob as leis brasileiras e com sede e administração no Brasil. Assertiva: Nessa situação, Howard deverá estar, necessariamente, vinculado ao RGPS como segurado empregado.

1: incorreta. O STJ firmou entendimento de que a remuneração indireta do síndico, mediante a isenção da taxa condominial, coloca-o como segurado obrigatório da previdência social (REsp 411.832/RS); **2:** correta, conforme julgado pelo STF no AI 667.424 ED; **3:** correta, conforme julgado pelo STF no RE 583.834. Nos termos da súmula 73 da TNU: 'O tempo de gozo de auxílio-doença ou de aposentadoria por invalidez não decorrentes de acidente de trabalho só pode ser computado como tempo de contribuição ou para fins de carência quando intercalado entre períodos nos quais houve recolhimento de contribuições para a previdência social'; **4:** incorreta. Realmente, ao contribuir por mais 4 meses depois de perder a qualidade de segurado, período que equivale a um terço dos 12 meses exigidos como carência do auxílio-doença, Ricardo teria direito ao benefício. Contudo, o benefício é devido ao segurado que ficar incapacitado para seu trabalho habitual por mais 15 dias **consecutivos**. A ausência deste adjetivo torna errada a assertiva, porque ela diz apenas "vinte dias", não especificando se foram consecutivos. A partir da Lei nº 13.846/2019 só é possível readquirir a qualidade de segurado caso se trate de benefícios de auxílio-doença, de aposentadoria por invalidez, de salário-maternidade e de auxílio-reclusão e, mesmo assim, o segurado deverá contar, a partir da data da nova filiação à Previdência Social, com metade dos respectivos períodos de carência, não mais 1/3; **5:** incorreta. O salário-maternidade é exceção à regra segundo a qual não incide contribuição sobre benefício previdenciário (STF, RE 621.476 ED). Vale notar que ao julgar o RE nº 576.967 o STF declarou a inconstitucionalidade da incidência de contribuição previdenciária *patronal* sobre o salário-maternidade. A questão da possibilidade ou não de cobrança de contribuição previdenciária devida pela segurada empregada sobre o salário-maternidade que recebe teve a repercussão geral reconhecida (Tema 1.274); **6:** Correta, nos termos do art. 11, I, *c*, da PBPS. **RO**

Gabarito "1E, 2C, 3C, 4E, 5E, 6C".

(Procurador – PGFN – ESAF – 2015) Assinale a opção correta.

(A) A condição de segurado especial não subsiste se o trabalhador que exerce atividade rural em regime de economia familiar é beneficiário de programa assistencial oficial do governo.

(B) A jurisprudência do Superior Tribunal de Justiça considera que é ilegal a retenção de 11% sobre os valores brutos das faturas dos contratos de prestação de serviço pelas empresas tomadoras, uma vez que a Lei n. 9.711/98 acabou criando novo tributo sem atender aos ditames legais e constitucionais.

(C) Integra o valor do salário-de-contribuição a quantia paga pela pessoa jurídica a programa de previdência complementar fechado, disponível apenas aos seus gerentes e diretores.

(D) O prazo prescricional para cobrança de contribuições previdenciárias após a edição da Emenda Constitucional n. 08/77 passou a ser de vinte anos, o que perdurou até o início da vigência da Lei n. 8.212/91, que o alterou para dez anos.

(E) Como não pode exercer atividade de comércio, o segurado especial da Previdência Social não é obrigado a recolher nenhuma contribuição sobre a receita da venda de artigos de artesanato elaborados com matéria-prima produzida pelo respectivo grupo familiar.

A: incorreta. Mesmo nessa situação, subsistirá a condição de segurado especial (art. 11, § 8º, IV, da PBPS); **B:** incorreta. O STJ reputou que não houve criação de novo tributo, mas sim nova sistemática de arrecadação, sendo, por isso, legítima a retenção (REsp 892.301/SP); **C:** correta, nos termos do art. 28, § 9º, *p*, da Lei 8.212/1991; **D:** incorreta. O STF reconheceu a inconstitucionalidade do prazo prescricional estabelecido pela Lei 8.212/1991, por ser o tema afeto a Lei Complementar (Súmula Vinculante 8); **E:** incorreta. A venda de artigos de artesanato não desnatura o segurado especial, sendo a receita desta comercialização justamente a base de cálculo de sua contribuição (art. 30, XII, *a*, da Lei 8.212/1991). **RO**

Gabarito "C".

(Procurador – PGFN – ESAF – 2015) Assinale a opção correta.

(A) Segundo a Constituição Federal, a pessoa jurídica em débito com o sistema da seguridade social poderá, excepcionalmente e nos termos da lei, contratar com o poder público, desde que confesse o débito e firme termo de compromisso de não reiterar a prática da conduta.

(B) Em recente julgamento, o Supremo Tribunal Federal concluiu que, até a edição de lei complementar que garanta o necessário tratamento diferenciado às cooperativas, para que não prospere estado de inconstitucionalidade por omissão, a elas deve ser estendido o regime de isenção previsto para entidades beneficentes de assistência social, garantindo-se assim a continuidade dos seus relevantes serviços.

(C) A Constituição Federal de 1988 veda a incidência de contribuição previdenciária sobre o rendimento derivado de participação nos lucros da empresa, como forma de estimular a construção de uma sociedade justa e solidária.

(D) Os regimes próprios de previdência social dos servidores públicos da União, dos Estados, do Distrito Federal e dos Municípios, dos militares dos Estados e do Distrito Federal não poderão conceder benefícios distintos dos previstos no Regime Geral de Previdência Social, salvo disposição em contrário da Constituição Federal.

(E) É objetivo constitucional da seguridade social a unicidade da base de financiamento.

A: incorreta. Não há qualquer exceção à proibição em comento, como se vê do art. 195, § 3º, da CF. Tal dispositivo foi alterado pela EC 106/2020. Sua nova redação afirma que: 'A pessoa jurídica em débito com o sistema da seguridade social, como estabelecido em lei, não poderá contratar com o Poder Público nem dele receber benefícios ou incentivos fiscais ou creditícios'; **B:** incorreta. O STF afirma que o tratamento tributário diferenciado ao ato cooperativo não se confunde com os tributos dos quais as cooperativas possam ser contribuintes e, por isso, não há falar em imunidade ou não incidência (RE 599.362); **C:** incorreta. Não há tal vedação constitucional. É o art. 28, § 9º, *j*, da Lei 8.212/1991 que afasta a incidência da contribuição, mas desde que a PLR seja paga nos termos da lei; **D:** correta, nos termos do art. 5º da Lei 9.717/1998 (vide art. 9º da EC 103/2019); **E:** incorreta. O art. 194, parágrafo único, VI, da CF traça como objetivo da seguridade social a diversidade da base de financiamento. **RO**

Gabarito "D".

(Procurador – PGFN – ESAF – 2015) Assinale a opção incorreta.

(A) Nos contratos de cessão de mão de obra, a responsabilidade do tomador do serviço pelas contribuições previdenciárias é solidária, não comportando benefício de ordem.

RICARDO QUARTIM

(B) Os recursos do FPE e do FPM poderão ser utilizados para quitação, total ou parcial, de débitos relativos às contribuições previdenciárias.

(C) A declaração de débito apresentada pelo devedor (GFIP) dispensa a formalização de procedimento administrativo pelo Fisco, com vista a constituir definitivamente o crédito tributário de contribuições previdenciárias.

(D) O não cumprimento da obrigação acessória de entregar a guia de recolhimento do FGTS e de informações à Previdência Social (GFIP), por si só, já impede a expedição de certidão negativa de débitos em favor do contribuinte.

(E) É possível a emissão de certidão negativa de débito em favor do Município, na hipótese em que existente dívida previdenciária sob a responsabilidade da respectiva Câmara Municipal, pois esta última constitui órgão autônomo em relação ao Município.

A: correta, nos termos do julgado pelo STJ no AgRg no REsp 1.213.709/SC; **B:** correta, nos termos do art. 1º da Lei 12.810/2013.

A EC 113/2021 criou regime de parcelamento dos débitos decorrentes de contribuições previdenciárias dos Municípios, incluídas suas autarquias e fundações, com o Regime Geral de Previdência Social, com vencimento até 31 de outubro de 2021; **C:** correta, nos termos do julgado pelo STJ no REsp Repetitivo 962.379/RS e, mais especificamente quanto à GFIP, no REsp 1.143.094/SP; **D:** correta. Ao julgar o REsp 1.042.585/RJ, j. 12/05/2010, sob a sistemática dos recursos repetitivos, o STJ assentou que a Lei 8.212/91, com a redação dada pela Lei 9.528/97, determina que o descumprimento da obrigação acessória de informar, mensalmente, ao INSS, dados relacionados aos fatos geradores da contribuição previdenciária, é condição impeditiva para expedição da prova de inexistência de débito (art. 32, IV e §10º). Note que esse entendimento do STJ é restrito à GFIP. No caso de DCTF, a tendência é pela possibilidade de emissão de certidão negativa de débito até que o fisco realize o lançamento de ofício do tributo (REsp 1.008.354/MG). Veja, a esse respeito, a súmula 18 da Advocacia-Geral da União; **E:** incorreta, devendo ser assinalada. O STJ tem entendimento consolidado no sentido de que a Câmara Municipal é órgão integrante do Município, de sorte que não se lhe assegura a emissão da certidão de regularidade previdenciária nessa hipótese (REsp 1.408.562/SE).

Gabarito "E".

13. DIREITO PENAL

Eduardo Dompieri e Patricia Bergamasco

1. APLICAÇÃO DA LEI PENAL

(Procurador – SP – VUNESP – 2015) De acordo com a teoria da aplicação da lei penal, pode-se afirmar:

(A) A lei penal, em razão das suas consequências, não retroage.

(B) A analogia, uma das fontes do direito, é vetada, no direito penal, em razão do princípio da legalidade.

(C) Considera-se o crime praticado no momento do resultado, e não da ação ou omissão (artigo 4°, CP).

(D) Considera-se o crime praticado no lugar em que ocorreu a ação ou omissão, bem como onde se produziu ou deveria produzir-se o resultado.

(E) No Brasil, os efeitos da lei penal não podem ultrapassar seus limites territoriais para regular fatos ocorridos além da sua soberania.

A: incorreta. A lei penal, é verdade, não retroage. Isso porque os fatos ocorridos sob a égide de determinada lei devem por ela ser regidos. Sucede que essa regra comporta exceção. Refiro-me à hipótese em que a lei nova é mais favorável ao agente do que aquela em vigor ao tempo em que a conduta foi praticada, seja porque deixou de considerar determinada conduta como infração penal (*abolitio criminis*), seja porque, de qualquer outra forma, revelou-se mais benéfica do que a lei anterior. Neste caso, embora o fato tenha se dado sob o império de determinada lei, certo é que o advento de lei nova mais favorável fará com que esta retroaja e atinja fatos ocorridos antes de ela (lei nova mais benéfica) entrar em vigor. Tal fenômeno, que constitui garantia de índole constitucional, se denomina retroatividade da lei penal mais benéfica e está contido no art. 2°, *caput* e parágrafo único, do CP e art. 5°, XL, da CF; **B**: incorreta. A analogia não é vedada de forma absoluta em matéria penal. Isso porque ela terá lugar se benéfica para ao réu. É a chamada analogia *in bonam partem*; **C**: incorreta, já que, no que se refere ao *tempo do crime*, o Código Penal, em seu art. 4°, adotou a *teoria da ação* ou *da atividade*, segundo a qual se reputa praticado o crime no momento da ação ou omissão, ainda que outro seja o momento do resultado; **D**: correta, dado que, quanto ao *lugar do crime*, o Código Penal, em seu art. 6°, acolheu, de fato, a teoria mista ou da ubiquidade, pois é considerado lugar do crime tanto o local em que foi praticada a conduta quanto aquele no qual o resultado foi ou deveria ser produzido; **E**: incorreta. Como bem sabemos, a lei penal brasileira será aplicada aos fatos praticados em território nacional (art. 5°, CP). Destarte, o Brasil adotou, como regra, o princípio da territorialidade, que, no entanto, comporta exceções, essas elencadas no art. 7° do CP, que estabelecem situações em que a lei brasileira é aplicada a crimes ocorridos no estrangeiro. **ED**

Gabarito "D".

(Procurador Municipal – Sertãozinho/SP – VUNESP – 2016) Rosa Margarida, apaixonada por Carlos Flores, imaginando que se os dois convivessem por alguns dias, ele poderia se apaixonar, resolveu sequestrá-lo. Sendo assim, o privou da sua liberdade e o levou para sua casa. Enquanto Carlos era mantido em cativeiro por Rosa, nova lei entrou em vigor, agravando a pena do crime de sequestro. Sobre a possibilidade de aplicação da nova lei, mais severa, ao caso exposto, assinale a alternativa correta.

(A) Não se aplica, tendo em vista a irretroatividade da lei penal mais severa.

(B) É aplicável, pois entrou em vigor antes de cessar a permanência.

(C) Não se aplica, tendo em vista o princípio da prevalência do interesse do réu.

(D) É aplicável, pois se trata de crime material e nesses casos deve ser aplicada a teoria da ubiquidade.

(E) Não se aplica, pois de acordo com a teoria da atividade, a lei a ser aplicada deve ser aquela em vigor no momento do crime.

Sendo o *sequestro e cárcere privado* – art. 148, CP crime permanente, em que a consumação se prolonga no tempo por vontade do agente, a sucessão de leis penais no tempo enseja a aplicação da lei vigente enquanto não cessado o comportamento ilícito, ainda que se trate de lei mais gravosa. É esse o entendimento firmado na Súmula 711 do STF: "A lei penal mais grave aplica-se ao crime continuado ou ao crime permanente, se a sua vigência é anterior à cessação da continuidade ou permanência". **ED**

Gabarito "B".

(Procurador do Estado – PGE/BA – CESPE – 2014) No que diz respeito aos diversos institutos previstos na parte geral do Código Penal, julgue o item seguinte (adaptada).

(1) Em se tratando de *abolitio criminis*, serão atingidas pela lei penal as ações típicas anteriores à sua vigência, mas não os efeitos civis decorrentes dessas ações.

Ocorre a *abolitio criminis* (art. 2°, "*caput*", do CP) sempre que uma lei nova deixa de considerar crime determinado fato até então criminoso. É, por força do que dispõe o art. 107, III, do CP, causa de extinção da punibilidade, que pode ser arguida e reconhecida a qualquer tempo, mesmo no curso da execução da pena. Além disso, tem o condão de fazer cessar a execução e os efeitos penais da sentença condenatória. Os efeitos extrapenais, no entanto, subsistem (art. 2°, "*caput*", do CP). **ED**

Gabarito "1C".

2. FATO TÍPICO E TIPO PENAL

(Procurador/PA – CESPE – 2022) O erro de tipo essencial que recai sobre elementar impede que o agente saiba que está praticando o crime e

(A) sempre exclui o dolo.

(B) exclui o dolo e a culpa, se o erro for essencial vencível.

(C) não exclui o dolo nem a culpa, se o erro for essencial vencível.

(D) não exclui o dolo nem a culpa, se o erro for essencial invencível.

(E) exclui o dolo, mas não a culpa, se o erro for essencial invencível.

EDUARDO DOMPIERI E PATRICIA BERGAMASCO

Ao incorrer em erro de tipo, nos termos do art. 20, *caput*, do CP, opera--se sempre a exclusão do dolo, podendo, também, excluir a culpa, se invencível (ou inevitável, ou escusável). Caracteriza-se pelo fato de o agente equivocar-se em relação a um dos elementos do tipo legal do crime, não há no agente a vontade de realizar o tipo objetivo. Enfim, o erro que recair sobre qualquer elementar típica terá o condão de excluir o dolo, tratando-se do que se denomina de erro de tipo essencial. O erro *essencial* é o que recai sobre um elemento do tipo, ou seja, sobre fato constitutivo do crime, e sem o qual o crime não existiria. Registre-se que, sendo o erro evitável ou inescusável, o agente será punido a título de culpa, desde que exista previsão legal da forma culposa do crime. Atenção, deve-se distinguir do erro de tipo acidental, este recai sobre circunstâncias acessórias da pessoa ou da coisa estranhas ao tipo, que não constituem elementos do tipo. Sem ele, o crime não deixa de existir (Mirabete e Fabbrini, Manual de Direito Penal, parte geral, 36. Ed., editora Foco). **PB**

Gabarito "A".

(Procurador/DF – CESPE – 2022) Julgue os itens a seguir, a respeito da teoria do crime.

(1) Segundo o direito penal contemporâneo, consideram--se criminosas as condutas ontologicamente consideradas reprováveis e constatadas por um juízo de percepção natural.

(2) A doutrina classifica os crimes em comissivos, omissivos e omissivos por comissão, sendo exemplo desta última modalidade a conduta do indivíduo que, tendo o dever e a possibilidade de evitar o resultado, omite--se de evitá-lo.

(3) Um dos critérios para se distinguir o crime progressivo da progressão criminosa é o aspecto subjetivo do agente, pois, naquele, há, desde o início, a intenção de causar um resultado de maior gravidade, enquanto, nesta, essa intenção surge durante o *iter criminis*.

(4) Entre as teorias que buscam explicar a relação de causalidade entre a conduta e o resultado criminoso, predomina, na jurisprudência brasileira, a teoria da causalidade adequada, a qual exige, para que alguém seja penalmente responsabilizado por conduta que tenha desenvolvido, a criação ou o incremento de um perigo juridicamente intolerável e não permitido ao bem jurídico protegido, bem como a concretização desse perigo em resultado típico.

(5) Considera-se infração penal tentada quando, iniciada a execução, o resultado não ocorre por circunstâncias alheias à vontade do agente, hipótese em que haverá necessariamente a redução da pena, independentemente de se tratar de crime ou contravenção.

1: errada. Segundo gabarito da banca examinadora, *o conceito de crime é artificial e independe de fatores naturais, constatados por um juízo de percepção sensorial. Não há como definir uma conduta, ontologicamente, qualificando-a de criminosa. É a sociedade a criadora do crime, e reserva essa etiqueta às condutas mais reprováveis. Ou seja, não existe um conceito natural de crime, mas sim a atribuição de tal característica a condutas que sejam consideradas reprováveis por uma sociedade*; **2:** errada. Existem duas formas de praticar a conduta: ação ou omissão. Ação pressupõe uma conduta positiva, um fazer (a maioria dos tipos penais encerra condutas positivas); já a omissão é a conduta negativa, assim entendida como a abstenção de um movimento. Os chamados crimes omissivos comportam duas espécies, a saber: omissão própria (ou pura) e omissão imprópria (impura ou comissiva por omissão, e não omissiva por comissão, como consta da assertiva, que, por isso, deve ser considerada incorreta). Tema comumente objeto de questionamento em provas de concursos em geral é a distinção

entre as modalidades de crime omissivo. Um dos critérios adotados pela doutrina para diferenciar a omissão própria da imprópria é o tipológico. Somente a omissão própria está albergada em tipos penais específicos, já que o legislador, neste caso, cuidou de descrever no que consiste a omissão. Em outras palavras, o tipo penal, na omissão própria, contém a descrição da conduta omissiva. É o caso do delito de omissão de socorro (art. 135, CP). Esta modalidade de crime se perfaz pela mera abstenção do agente, independente de qualquer resultado posterior. Já o crime omissivo impróprio (comissivo por omissão), *grosso modo*, é aquele em que o sujeito ativo, por uma omissão inicial, gera um resultado posterior, que ele tinha o dever de evitar (art. 13, § 2º, do CP). A existência do crime comissivo por omissão pressupõe a conjugação de duas normas: uma norma proibitiva, que encerra um tipo penal comissivo e a todos é dirigido, e uma norma mandamental, que é endereçada a determinadas pessoas sobre as quais recai o dever de agir. Típico exemplo é o do pai que deixa de alimentar o filho menor, que vem a falecer por inanição; **3:** correta. Tanto na progressão criminosa quanto no crime progressivo, o princípio a ser aplicado é o mesmo: o da consunção. No crime progressivo, temos que o agente, almejando desde o início resultado mais gravoso, pratica diversos atos, com violação crescente e sucessiva ao bem jurídico sob tutela. Perceba que, neste caso, não há alteração do *animus* do agente. Ele inicia e termina o *iter criminis* imbuído do mesmo objetivo. No caso da progressão criminosa, o agente, num primeiro momento, pretende a produção de determinado resultado, mas, ao alcançá-lo, muda seu intento e pratica nova conduta, gerando um resultado mais grave. Neste caso, há mudança de *animus* no curso do *iter criminis*; **4:** errada, uma vez que a teoria adotada, como regra, pelo CP, em matéria de relação de causalidade, é a chamada *equivalência dos antecedentes causais* (*conditio sine qua non*). É o que se extrai do art. 13, *caput*, *in fine*, do CP: *Considera-se causa a ação ou omissão sem a qual o resultado não teria ocorrido*. Para se evitar o chamado "regresso ao infinito", causa é todo o antecedente que não pode ser eliminado sem afetar o resultado. É imprescindível a existência de dolo ou culpa por parte do agente em relação ao resultado; se assim não fosse, o vendedor da arma de fogo responderia pelo crime de homicídio com ela praticado, mesmo desconhecendo a intenção homicida do comprador; **5:** em matéria de tentativa, adotamos, como regra, a teoria objetiva, segundo a qual o autor de crime tentado receberá pena inferior à do autor de crime consumado, nos termos do art. 14, parágrafo único, do CP, que estabelece que, neste caso, a pena será reduzida de um a dois terços, a depender da distância que o agente ficou da consumação. Tal regra, no entanto, não se aplica aos chamados crimes de atentado ou de empreendimento, em que a modalidade tentada é apenada de forma idêntica à consumada. Exemplo sempre lembrado pela doutrina é o do art. 352 do CP (evasão mediante violência contra a pessoa). Em relação à contravenção penal, a sua tentativa, embora possível em alguns casos, não é punível, nos termos do art. 4º da LCP. **PB**

Gabarito 1E, 2E, 3C, 4E, 5Anulada

(Advogado União – AGU – CESPE – 2015) Acerca da aplicação da imputabilidade penal, julgue o item que se segue (adaptada).

(1) Como a relação de causalidade constitui elemento do tipo penal no direito brasileiro, foi adotada como regra, no CP, a teoria da causalidade adequada, também conhecida como teoria da equivalência dos antecedentes causais.

1: incorreta. Adotamos, como regra, no que toca à relação de causalidade entre a conduta e o resultado, a teoria da *equivalência dos antecedentes*, também chamada de *conditio sine qua non*, tal como estabelece o art. 13, "caput", do CP, segundo a qual causa é toda ação ou omissão sem a qual o resultado não teria sido produzido. De se ver que, no que concerne às causas supervenientes relativamente independentes que, por si sós, produzem o resultado, a teoria adotada foi a da *causalidade adequada* (art. 13, § 1º, do CP), que, como se vê,

13. DIREITO PENAL   477

constitui exceção. Disso se infere que é incorreto afirmar-se que as duas teorias acima referem-se ao mesmo instituto. **PB**

Gabarito "1E".

3. TENTATIVA, CONSUMAÇÃO, DESISTÊNCIA, ARREPENDIMENTO E CRIME IMPOSSÍVEL

(Advogado União – AGU – CESPE – 2015) Acerca da aplicação da lei penal, julgue o item que se segue (adaptada).

(1) O direito penal brasileiro não admite a punição de atos meramente preparatórios anteriores à fase executória de um crime, uma vez que a criminalização de atos anteriores à execução de delito é uma violação ao princípio da lesividade.

1: incorreta. É fato que os chamados atos preparatórios, que são aqueles que antecedem a execução do crime, são, em regra, impuníveis; "os *atos preparatórios* são externos ao agente, que passa da cogitação à ação objetiva, como a aquisição de arma para a prática de um homicídio ou a de uma chave falsa para o delito de furto, o estudo do local onde se quer praticar um roubo etc. Também escapam, regra geral, da aplicação da lei penal, (...), uma vez que a lei exige o início de execução" (*Mirabete e Fabbrini*, Manual de Direito Penal, parte geral, 36. Ed., editora Foco); há, entretanto, casos excepcionais em que o ato meramente preparatório por si só já constitui infração penal, como no caso do crime de associação criminosa (art. 288, CP). O erro da assertiva está em afirmar, assim, que o Direito Penal não admite a punição de atos preparatórios; admite, sim, em caráter, como já dito, excepcional. **PB**

Gabarito "1E".

(Advogado União – AGU – CESPE – 2015) João, empregado de uma empresa terceirizada que presta serviço de vigilância a órgão da administração pública direta, subtraiu aparelho celular de propriedade de José, servidor público que trabalha nesse órgão.

A respeito dessa situação hipotética, julgue o item que se segue (adaptada).

(1) Se devolver voluntariamente o celular antes do recebimento de eventual denúncia pelo crime, João poderá ser beneficiado com redução de pena justificada por arrependimento posterior.

1: correta. De fato, terá lugar o arrependimento posterior (causa de diminuição de pena prevista no art. 16 do CP) desde que a reparação integral do dano ou a restituição da coisa, por ato voluntário do agente, apenas para os crimes cometidos sem violência ou grave ameaça à pessoa, ocorra até o recebimento da denúncia ou queixa. **ED**

Gabarito "1C".

4. ANTIJURIDICIDADE E CAUSAS EXCLUDENTES

(Advogado União – AGU – CESPE – 2015) Acerca da exclusão de ilicitude, julgue o item que se segue (adaptada).

(1) A legítima defesa é causa de exclusão da ilicitude da conduta, mas não é aplicável caso o agente tenha tido a possibilidade de fugir da agressão injusta e tenha optado livremente pelo seu enfrentamento.

1: incorreta. Diferentemente do que se dá com o estado de necessidade, também causa de exclusão da ilicitude, não se impõe, na legítima defesa, o chamado *commodus dicessus*, é dizer, o agredido, ainda que possa, não é obrigado a fugir do agressor e, com isso, evitar o conflito. **ED**

Gabarito "1E".

5. CONCURSO DE PESSOAS

(Procurador Municipal/SP – VUNESP – 2016) Assinale a alternativa correta sobre o concurso de pessoas.

(A) Admite-se a participação por omissão em crime comissivo, quando o omitente devia e podia agir para evitar o resultado, mas não se admite em crimes omissivos, por induzimento ou instigação.

(B) Para que se admita a concorrência de culpas no crime culposo, é necessário que cada agente atue com consciência de que está colaborando com a conduta culposa de outrem.

(C) A pena será agravada em relação ao agente que instiga ou determina a cometer o crime alguém sujeito à sua autoridade ou não punível em virtude de condição ou qualidade pessoal.

(D) Se a participação for de menor importância, a pena pode ser diminuída de um sexto a dois terços.

(E) As condições e circunstâncias pessoais do agente não se comunicam ao coautor ou partícipe ainda que circunstâncias elementares ao crime.

A: incorreta. É admissível a participação por omissão em crimes comissivos, na hipótese da omissão ser imprópria (crime comissivo por omissão), e também em crimes omissivos; **B:** incorreta. Pelo contrário. A *concorrência de culpas*, que não constitui hipótese de concurso de pessoas, pressupõe a inexistência do chamado *liame subjetivo*, que nada mais é do que o conhecimento que cada agente tem da conduta do outro, necessário à existência do concurso de pessoas. É exemplo de concorrência de culpas aquele em que dois motoristas, cada qual dirigindo seu veículo de forma imprudente, provocam colisão, daí resultando a morte de terceiro. Não há, aqui, concurso entre eles, já que um desconhece a conduta do outro; há, sim, concorrência de culpas, como já dito; **C:** correta, pois em consonância com o disposto no art. 62, III, do CP; **D:** incorreta. Na hipótese de a participação ser de menor importância, a diminuição de pena a incidir, segundo estabelece o art. 29, § 1º, do CP, é da ordem de um sexto a *um* terço (e não *dois* terços); **E:** incorreta. As condições e circunstâncias pessoais do agente de fato não se comunicam, salvo quando elementares do crime (art. 30 do CP). A doutrina quase sempre se vale do exemplo do particular que comete crime contra a Administração Pública em coautoria ou participação com o funcionário público. Uma vez que a condição de ser funcionário público é elementar do crime, por exemplo, de peculato (art. 312, CP), tal circunstância se comunica ao particular, que responderá pelo crime funcional juntamente com o *intraneus*. **PB**

Gabarito "C".

6. CULPABILIDADE E CAUSAS EXCLUDENTES

(Procurador/DF – CESPE – 2022) A respeito da imputabilidade penal, julgue o próximo item

1) Segundo o Código Penal, a conduta movida pela emoção pode excluir a imputabilidade penal.

1: errada. Isso porque tanto a emoção quanto a paixão não têm o condão de excluir a imputabilidade, que constitui um dos elementos da culpabilidade (art. 28, I, do CP). **ED**

Gabarito "1E".

(Procurador – IPSMI/SP – VUNESP – 2016) Tício, maior de 18 anos, é portador de doença mental, necessitando de medicação diária. A doença, por si só, não prejudica a capacidade de compreensão. Todavia, a medicação, ingerida em conjunto com bebida alcoólica em quantidade, provoca surtos psicóticos, com exclusão da capacidade de entendimento. Tício sabe dos efeitos do álcool, em excesso, em seu organismo, mas costuma beber, moderadamente, justamente para desfrutar dos efeitos que, segundo ele, "dá barato". Em uma festa, Tício, sem saber que se tratava de uma garrafa de absinto (bebida de alto teor alcoólico), pensando ser gim, preparou um coquetel de frutas e ingeriu. Ao recobrar a consciência, soube que esfaqueou dois de seus melhores amigos, causando a morte de um e lesão de natureza grave em outro. A respeito da situação, é correto afirmar que

(A) Tício, devido à doença mental, é inimputável, sendo isento de pena.

(B) Tício é inimputável, sendo isento de pena, pois praticou o crime em estado de completa embriaguez, decorrente de caso fortuito.

(C) Tício é imputável, pois a embriaguez completa decorreu de culpa. Entretanto, faz jus à redução da pena.

(D) Tício é imputável, sendo punido de forma agravada, em vista da embriaguez pré-ordenada.

(E) Tício, por ser maior de 18 anos, é imputável, sendo irrelevante a circunstância de ter praticado o crime em estado de completa embriaguez.

Se se considerar que a embriaguez, que levou Tício ao estado de total incapacidade de entender o caráter ilícito do fato ou de determinar-se em conformidade com tal entendimento, decorreu de caso fortuito, ele estará, nos termos do que dispõe o art. 28, § 1º, do CP, isento de pena (há exclusão de sua imputabilidade). Agora, se a ingestão do absinto, que tem, como é de todos sabido, teor alcoólico elevadíssimo, se deu por falta de cautela de Tício, que não se certificou do conteúdo que havia na garrafa, aí estamos a falar de embriaguez culposa (e não acidental), que não tem o condão de excluir a sua imputabilidade. Perceba que o enunciado não deixa isso claro, ou seja, não é possível saber, com exatidão, se a ingestão do absinto se deu de forma acidental (caso fortuito) ou culposa. ED
Gabarito "B".

(Advogado União – AGU – CESPE – 2015) Acerca da imputabilidade penal, julgue o item que se segue (adaptada1) O CP adota o sistema vicariante, que impede a aplicação cumulada de pena e medida de segurança a agente semi-imputável e exige do juiz a decisão, no momento de prolatar sua sentença, entre a aplicação de uma pena com redução de um a dois terços ou a aplicação de medida de segurança, de acordo com o que for mais adequado ao caso concreto.

1: de fato, prevalece entre nós o sistema vicariante, que aboliu a possibilidade de o condenado ser submetido a pena e a medida de segurança ao mesmo tempo (sistema do duplo binário). Dessa forma, se o réu é considerado imputável à época dos fatos, a ele será aplicada tão somente pena; se inimputável, receberá medida de segurança; se, por fim, tratar-se de réu semi-imputável, será submetido a uma ou outra. ED
Gabarito "1C".

7. PENAS E SEUS EFEITOS

(Procurador Distrital – 2014 – CESPE) Julgue o item subsequente, relativo a crime e medidas de segurança

1) Predomina no STF e no STJ o entendimento de que a duração máxima da medida de segurança, internação ou tratamento ambulatorial é limitada pelo tempo máximo da pena abstratamente cominada ao delito, não podendo jamais exceder a trinta anos, já que o ordenamento jurídico não prevê a existência de penas perpétuas.

1: correta. De fato, o STF tem entendimento no sentido de que o tempo de cumprimento da medida de segurança não poderá ultrapassar o limite de 30 (trinta) anos, que é o limite temporal máximo das penas privativas de liberdade (art. 75 do CP). Assim decidiu a 1ª Turma daquela Corte, no julgamento do HC 107432 (1ª Turma, j. 24.05.2011, rel. Min. Ricardo Lewandowski, DJe 09.06.2011), em respeito à garantia constitucional abolidora das prisões perpétuas. Já o STJ tem entendido que o prazo máximo de duração da medida de segurança não poderá ser superior àquele da pena abstratamente cominada ao delito, em respeito aos princípios da isonomia e proporcionalidade (HC 125.342/RS, 6ª Turma, j. 19.11.2009, rel. Min. Maria Thereza de Assis Moura, DJe 14.12.2009). Consolidando tal entendimento, o STJ editou a Súmula 527, segundo a qual "o tempo de duração da medida de segurança não deve ultrapassar o limite máximo da pena abstratamente cominada ao delito praticado". Cuidado: em 24 de dezembro de 2019, foi publicada a Lei 13.964/2019, por muitos conhecida como Pacote Anticrime, que, dentre outras inúmeras alterações promovidas na legislação penal e, em especial, na processual penal, alterou a redação do art. 75 do CP, para o fim de elevar o tempo máximo de cumprimento da pena privativa de liberdade de 30 para 40 anos. Dessa forma, a partir da entrada em vigor do Pacote Anticrime (23 de janeiro de 2020), o tempo de cumprimento das penas privativas de liberdade não poderá ser superior a 40 anos, e não mais a 30 anos, como constava da redação anterior do dispositivo. ED
Gabarito "1C".

(Procurador Distrital – 2014 – CESPE) Com referência às penas e à sua aplicação, julgue os seguintes itens.

(1) Se um integrante de corporação policial militar for processado penalmente pela prática de tortura ao submeter agente preso por sua guarnição a sofrimento físico intenso com a intenção de obriga-lo a delatar os comparsas, o julgamento do processo deverá ocorrer na justiça comum, e a eventual condenação implicará, automaticamente, a perda do cargo, função ou emprego público e a interdição para seu exercício pelo dobro do prazo da pena aplicada, como efeito automático da condenação, dispensando-se motivação circunstanciada.

(2) Desde que o STF declarou incidentalmente a inconstitucionalidade do artigo 2º, § 1º, da Lei nº 8.072/1990 ("A pena por crime previsto neste artigo [crime hediondo] será cumprida inicialmente em regime fechado"), não é mais obrigatória a fixação do regime inicial fechado para o condenado pelo crime de tráfico de entorpecentes, podendo a pena privativa de liberdade ser substituída por restritivas de direitos quando o réu for primário e sem antecedentes e não ficar provado que ele se dedique ao crime ou esteja envolvido com organização criminosa.

1: correta. De fato, o crime de tortura, ainda que perpetrado por integrante da polícia militar, será julgado pela justiça comum. Ainda, será efeito da condenação, nos termos do art. 1º, § 5º, da Lei de Tortura (Lei 9.455/1997), a perda do cargo e a interdição para seu exercício pelo dobro do prazo da pena aplicada, sendo efeito automático da condenação. Confira-se ementa de julgado do STF (EDcl nos EDcl no AgRg no AI 769.637/MG, 2ª Turma, j. 25.06.2013, rel. Min. Celso de Mello): "CRIME DE TORTURA – CONDENAÇÃO PENAL IMPOSTA A OFICIAL DA POLÍCIA MILITAR – PERDA DO POSTO E DA PATENTE COMO CONSEQUÊNCIA NATURAL DESSA CONDENAÇÃO (LEI Nº 9.455/1997, ART. 1º, § 5º) – INAPLICABILIDADE DA REGRA INSCRITA NO ART. 125, §

4º, DA CONSTITUIÇÃO, PELO FATO DE O CRIME DE TORTURA NÃO SE QUALIFICAR COMO DELITO MILITAR – PRECEDENTES – SEGUNDOS EMBARGOS DE DECLARAÇÃO – INOCORRÊNCIA DE CONTRADIÇÃO, OBSCURIDADE OU OMISSÃO – PRETENSÃO RECURSAL QUE VISA, NA REALIDADE, A UM NOVO JULGAMENTO DA CAUSA – CARÁTER INFRINGENTE – INADMISSIBILIDADE – PRONTO CUMPRIMENTO DO JULGADO DESTA SUPREMA CORTE, INDEPENDENTEMENTE DA PUBLICAÇÃO DO RESPECTIVO ACÓRDÃO, PARA EFEITO DE IMEDIATA EXECUÇÃO DAS DECISÕES EMANADAS DO TRIBUNAL LOCAL – POSSIBILIDADE – EMBARGOS DE DECLARAÇÃO NÃO CONHECIDOS. TORTURA – COMPETÊNCIA DA JUSTIÇA COMUM – PERDA DO CARGO COMO EFEITO AUTOMÁTICO E NECESSÁRIO DA CONDENAÇÃO PENAL. O crime de tortura, tipificado na Lei nº 9.455/1997, não se qualifica como delito de natureza castrense, achando-se incluído, por isso mesmo, na esfera de competência penal da Justiça comum (federal ou local, conforme o caso), ainda que praticado por membro das Forças Armadas ou por integrante da Polícia Militar. Doutrina. Precedentes. A perda do cargo, função ou emprego público que configura efeito extrapenal secundário constitui consequência necessária que resulta, automaticamente, de pleno direito, da condenação penal imposta ao agente público pela prática do crime de tortura, ainda que se cuide de integrante da Polícia Militar, não se lhe aplicando, a despeito de tratar-se de Oficial da Corporação, a cláusula inscrita no art. 125, § 4º, da Constituição da República. Doutrina. Precedentes. EMBARGOS DE DECLARAÇÃO – UTILIZAÇÃO PROCRASTINATÓRIA – EXECUÇÃO IMEDIATA – POSSIBILIDADE."; **2:** correta. De fato, o STF, no julgamento do HC 97.256 (Plenário, j. 01.09.2010, rel. Min. Ayres Brito, *DJe* 16.12.2010), assentou o entendimento de que, em razão da declaração incidental de inconstitucionalidade do regime integralmente fechado previsto na Lei dos Crimes Hediondos (Lei 8.072/1990), não mais se poderia objetar a substituição da pena privativa de liberdade por restritiva de direitos para o condenado por tráfico de drogas, especialmente quando incidente a circunstância minorante prevista no art. 33, § 4º, da Lei 11.343/2006. Referido dispositivo, embora prevendo a redução da pena do agente de um sexto a dois terços caso não fosse primário, de bons antecedentes, não se dedicasse a atividades criminosas e nem integrasse organizações criminosas, vedava a conversão da pena privativa de liberdade em restritiva de direitos. Ocorre que o STF, no julgamento do precitado HC 97.256/RS, declarou, incidentalmente, a inconstitucionalidade da referida vedação legal, o que ensejou, inclusive, a edição da Resolução nº 05/2012 do Senado Federal, que suspendeu a execução da expressão legal "vedada a conversão em pena restritiva de direitos". Em evolução desse julgamento, a mesma Corte, ao analisar o HC 111.840/ES (Plenário, j. 27.06.2012, rel. Min. Dias Toffoli), reconheceu a inconstitucionalidade incidental da obrigatoriedade do regime inicialmente fechado previsto na Lei dos Crimes Hediondos (art. 2º, § 1º, da Lei 8.072/1990), admitindo a fixação de regime mais brando aos condenados por crimes hediondos ou equiparados. Confira a ementa: "*Habeas corpus.* Penal. Tráfico de entorpecentes. Crime praticado durante a vigência da Lei nº 11.464/2007. Pena inferior a 8 anos de reclusão. Obrigatoriedade de imposição do regime inicial fechado. Declaração incidental de inconstitucionalidade do § 1º do art. 2º da Lei nº 8.072/1990. Ofensa à garantia constitucional da individualização da pena (inciso XLVI do art. 5º da CF/1988). Fundamentação necessária (CP, art. 33, § 3º, c/c o art. 59). Possibilidade de fixação, no caso em exame, do regime semiaberto para o início de cumprimento da pena privativa de liberdade. Ordem concedida". PB

Gabarito 1C, 2C

8. APLICAÇÃO DA PENA

(Procurador do Município - S.J. Rio Preto/–P - 20–9 - VUNESP) Assinale a hipótese que, nos termos do art. 92 do CP e respeitada a regra de motivação de seu parágrafo único, acarreta a perda de cargo, função pública ou mandato eletivo: condenação criminal à pena de

(A) 6 meses, em crime praticado com violação de dever para com a Administração Pública.

(B) 1 ano, em crime praticado com abuso de poder

(C) 2 anos, em qualquer crime contra o patrimônio.

(D) 3 anos, em qualquer crime infamante.

(E) 4 anos, em qualquer crime contra a fé pública.

No que toca à perda do cargo, função pública ou mandato eletivo como efeito secundário de natureza extrapenal da condenação, há duas situações a considerar: se a pena privativa de liberdade aplicada for superior a quatro anos, é de rigor a perda do cargo, função ou mandato eletivo, pouco importando, neste caso, se a conduta do funcionário foi praticada com abuso de poder ou com violação de dever inerente à função pública (art. 92, I, "b", do CP). Sendo assim, estão incorretas as assertivas "C", "D" e "E", já que a pena, nas três alternativas, não é superior a 4 anos. De outro lado, sendo a pena privativa de liberdade aplicada igual ou inferior a quatro anos, a perda do cargo, função pública ou mandato eletivo do agente somente se dará se este houver agido, na prática criminosa, com abuso de poder ou violação de deveres para com a Administração Pública (art. 92, I, "a", do CP). Neste último caso, a pena deve ser igual ou superior a um ano. Dessa forma, a alternativa a ser assinalada como correta é a "B", com o agente foi condenado pela prática de crime com abuso de poder à pena privativa de liberdade de 1 ano. A alternativa "A" está incorreta porque a pena privativa de liberdade aplicada ao agente pela prática de crime com violação de dever para com a Administração Pública, para que haja a perda do cargo, função pública ou mandato eletivo, deve ser igual ou superior a 1 ano. Importante que se diga que, nas duas hipóteses (art. 92, I, *a* e *b*), cuida-se de efeito não automático da condenação, exigindo, portanto, declaração motivada na sentença (art. 92, § 1º, do CP). Atenção: a Lei nº 14.994, de 9-10-2024 incluiu o § 2º ao art 92 do CP prevendo ao condenado por crime praticado contra a mulher por razões da condição do sexo feminino, nos termos do § 1º do art. 121-A do CP serão: aplicados os efeitos previstos nos incisos I e II do *caput* do art.92 do CP (I); estão vedadas a nomeação, designação ou diplomação em qualquer cargo, função pública ou mandato eletivo entre o trânsito em julgado da condenação até o efetivo cumprimento da pena (II); os efeitos da condenação serão automáticos (III). ED

Gabarito "B".

(Procurador Municipal – Prefeitura/BH – CESPE – 2017) Acerca da aplicação e da execução da pena, assinale a opção correta, conforme o entendimento do STJ.

(A) De acordo com o entendimento jurisprudencial, o tempo da internação para o cumprimento de medida de segurança é indeterminado, perdurando enquanto não for averiguada a cessação da periculosidade.

(B) No momento da aplicação da pena, o juiz pode compensar a atenuante da confissão espontânea com a agravante da promessa de recompensa.

(C) É vedada a concessão de trabalho externo a apenado em empresa familiar em que um dos sócios seja seu irmão.

(D) Confissão ocorrida na delegacia de polícia e não confirmada em juízo não pode ser utilizada como atenuante, mesmo que o juiz a utilize para fundamentar o seu convencimento.

A: incorreta, já que, segundo jurisprudência consolidada do STJ, a medida de segurança tem prazo determinado. Se levássemos em conta tão somente a redação do art. 97, § 1º, do CP, chegaríamos à conclusão de que a medida de segurança poderia ser eterna. Em vista da regra que veda as penas de caráter perpétuo, esta não é a melhor interpretação do dispositivo. Tanto que o STF firmou posicionamento no sentido de que o prazo máximo de duração da medida de segurança não pode ser

EDUARDO DOMPIERI E PATRICIA BERGAMASCO

superior a 30 anos (analogia ao art. 75 do CP). O STJ entende que a medida de segurança deve ter por limite o máximo da pena em abstrato cominada para o crime (STJ, HC 125.342-RS, 6ª T., Rel. Min. Maria Thereza de Assis Moura, j. 19.11.09). Consolidando tal entendimento, o STJ editou a Súmula 527, segundo a qual "o tempo de duração da medida de segurança não deve ultrapassar o limite máximo da pena abstratamente cominada ao delito praticado". Vale lembrar que, com a alteração promovida pela Lei 13.964/2019 na redação do art. 75 do CP (*caput* e § 1º), o tempo máximo de cumprimento da pena privativa de liberdade, que era de 30 anos, passou a ser de 40 anos; **B:** correta. Tal como ocorre com a reincidência e a confissão espontânea, em relação às quais pode haver, segundo o STJ, compensação, é perfeitamente possível que isso também ocorra em relação à confissão espontânea e à agravante da promessa de recompensa ou mesmo a paga, uma vez que se trata de circunstâncias igualmente preponderantes. Na jurisprudência do STJ: "(...) III - A col. Terceira Seção deste eg. Superior Tribunal de Justiça, por ocasião do julgamento do Recurso Especial Repetitivo nº 1.341.370/MT (Rel. Min. Sebastião Reis júnior, DJe de 17/4/2013), firmou entendimento segundo o qual 'é possível, na segunda fase da dosimetria da pena, a compensação da atenuante da confissão espontânea com a agravante da reincidência', entendimento este que deve ser estendido à presente hipótese, pois cuida-se de compensação entre circunstâncias igualmente preponderantes, nos termos do art. 67, do Código Penal, quais sejam, motivos determinantes do crime (mediante paga) e personalidade do agente (confissão espontânea)" (HC 318.594/SP, 5ª T., Rel. Min. Felix Fischer, j. 16.02.2016, *DJe* 24.02.2016); **C:** incorreta. Isso porque o STJ admite, sim, que o apenado seja, na execução do trabalho externo, empregado em empresa da qual seu irmão seja um dos sócios. Nesse sentido, conferir: "(...) *In casu*, o fato do irmão do apenado ser um dos sócios da empresa empregadora não constitui óbice à concessão do trabalho externo, sob o argumento de fragilidade na fiscalização, até porque inexiste vedação na Lei de Execução Penal (Precedente do STF)." (HC 310.515/RS, 5ª T., Rel. Min. Felix Fischer, j. 17.09.2015, *DJe* 25.09.2015); **D:** incorreta. Conferir: "O Superior Tribunal de Justiça tem entendimento de que a confissão é causa de atenuação da pena, ainda que tomada na fase inquisitorial, sendo irrelevante a sua retratação em juízo" (HC 144.165/SP, 5ª T., Rel. Min. Arnaldo Esteves Lima, j. 29.10.2009, *DJe* 30.11.2009). ED

Gabarito "B".

(Advogado União – AGU – CESPE – 2015) Um servidor público, concursado e estável, praticou crime de corrupção passiva e foi condenado definitivamente ao cumprimento de pena privativa de liberdade de seis anos de reclusão, em regime semiaberto, bem como ao pagamento de multa.

A respeito dessa situação hipotética, julgue o item seguinte (adaptada).

(1) O servidor deve perder, automaticamente, o cargo público que ocupa, mas poderá reingressar no serviço público após o cumprimento da pena e a reabilitação penal.

1: incorreta. No que toca à perda do cargo, função pública ou mandato eletivo como efeito secundário de natureza extrapenal da condenação, há duas situações a considerar: se a pena privativa de liberdade aplicada for superior a quatro anos, é de rigor a perda do cargo, função ou mandato eletivo, pouco importando, neste caso, se a conduta do funcionário foi praticada com abuso de poder ou com violação de dever inerente à função pública (art. 92, I, *b*, do CP). É o caso desta assertiva; agora, se a pena privativa de liberdade aplicada for inferior a quatro, a perda do cargo, função pública ou mandato eletivo do agente somente se dará se este houver agido, na prática criminosa, com abuso de poder ou violação de deveres para com a Administração Pública (art. 92, I, *a*, do CP). Nas duas hipóteses, cuida-se de efeito não automático da condenação, exigindo, portanto, declaração motivada na sentença (art. 92, § 1º, do CP). Ademais, a reabilitação não alcança os efeitos

da condenação previstos no art. 92, I e II, do CP, entre as quais está a perda de cargo público (art. 93, parágrafo único, do CP). A reabilitação é a declaração judicial de que estão cumpridas ou extintas as penas impostas ao sentenciado, que assegura o sigilo dos registros sobre o processo e atinge outros efeitos da condenação. É um direito do condenado, decorrente da presunção de aptidão social, erigida em seu favor, no momento em que o Estado, através do juiz, admite seu contato com a sociedade (*Mirabete e Fabbrini*, Manual de Direito Penal, parte geral, 36. Ed., editora Foco). PB

Gabarito "1E".

9. EXTINÇÃO DA PUNIBILIDADE EM GERAL

(Procurador do Estado/TO - 2018 - FCC) A extinção da punibilidade pode ser compreendida como sendo a perda do direito do Estado de impor sanção penal ao autor de fato típico e ilícito. É possível, assim, encontrar hipóteses de extinção da punibilidade no Código Penal, bem como nas legislações extravagantes. Acerca do tema, é correto afirmar:

(A) Na hipótese de *abolitio criminis* (abolição do crime) permanece a reincidência como efeito secundário da infração penal.

(B) As causas de extinção de punibilidade sempre se comunicam aos coautores e partícipes, em razão de se tratar de matéria de ordem pública.

(C) A sentença que conceder perdão judicial não será considerada para efeitos de reincidência.

(D) A anistia, graça ou indulto não são hipóteses de extinção da punibilidade, por serem atos concedidos pelo chefe do Poder Executivo, e não pelo Judiciário.

(E) Nos crimes conexos, a extinção da punibilidade de um deles impede, quanto aos outros, a agravação da pena resultante da conexão.

A: incorreta. A *abolitio criminis* é causa extintiva da punibilidade (art. 107, III, do CP) que se caracteriza pela superveniência de lei que deixa de considerar o fato como criminoso. Em outras palavras, haverá a supressão da figura criminosa, que depende de uma dupla revogação (formal – do tipo penal; material – do comportamento criminoso). Uma vez operada a *abolitio criminis*, todos os efeitos penais da condenação desaparecerão (tanto o principal – aplicação da sanção penal, quanto os secundários, tais como a reincidência), remanescendo apenas os de natureza extrapenal (ex.: obrigação de reparação do dano); **B:** incorreta. Há causas de extinção da punibilidade que se comunicam aos autores e partícipes, como o perdão para quem o aceitar e a *abolitio criminis*, e há causas de extinção que não se comunicam aos autores e partícipes, como a morte de um dos coautores e a prescrição (um dos agentes é menor de 21 anos e o outro não); **C:** correta, uma vez que corresponde à redação do art. 120 do CP; **D:** incorreta. A anistia, graça e indulto são, sim, hipóteses de extinção da punibilidade, já que integram o rol do art. 107 do CP (inciso II); **E:** incorreta, na medida em que contraria o disposto no art. 108, parte final, do CP. ED

Gabarito "C".

(Procurador Municipal/SP –VUNESP – 2016) Sobre as causas extintivas de punibilidade, é correto afirmar que a

(A) lei posterior que deixa de considerar como infração um fato que era anteriormente punido (*abolitio criminis*) exclui os efeitos jurídicos penais e civis decorrentes da aplicação da lei anterior.

(B) prescrição, antes de transitar em julgado a sentença final, começa a correr, no caso de tentativa, do dia em que cessou a atividade criminosa e nos casos dos crimes permanentes, do dia em que cessou a permanência.

(C) perempção pode ser reconhecida na ação privada exclusiva e na ação privada subsidiária da pública e havendo dois ou mais querelantes, sua ocorrência alcança somente aquele que lhe deu causa, prosseguindo quanto aos demais.

(D) decadência, perda do direito de ação ou de representação do ofendido em face do decurso de tempo, tem prazo sujeito a interrupção ou a suspensão.

A: incorreta. A ocorrência da *abolitio criminis* faz desaparecer todos os efeitos penais, principais e secundários; subsistem, no entanto, os civis (extrapenais), por força do que dispõe o art. 2º, *caput*, parte final, do CP; **B:** correta, pois reflete o que estabelece o art. 111, II e III, do CP; **C:** incorreta, pois não há se falar em perempção na ação penal privada subsidiária da pública. Isso porque, nos termos do art. 29 do CPP, se o querelante revelar-se desidioso, pode o Ministério Público retomar a titularidade da ação. Somente terá lugar a perempção na ação penal privada exclusiva e também na personalíssima. Ademais, é correto afirmar que a perempção só se dá em relação ao querelante desidioso, não atingindo, pois, aquele que não lhe deu causa; **D:** incorreta. O prazo decadencial, cuja contagem se dá nos moldes do art. 10 do CP (prazo penal), já que leva à extinção da punibilidade, não se interrompe tampouco se suspende. [ED]

Gabarito "B".

(Procurador do Estado – PGE/BA – CESPE – 2014) No que diz respeito aos diversos institutos previstos na parte geral do Código Penal, julgue o item seguinte (adaptada).

(1) Considere que determinado indivíduo condenado definitivamente pela prática de determinado delito tenha obtido a extinção da punibilidade por meio de anistia e que, um ano depois do trânsito em julgado da sentença condenatória, tenha cometido novo delito. Nessa situação, esse indivíduo é considerado reincidente, estando, pois, sujeito aos efeitos da reincidência.

1: incorreta. A anistia, causa extintiva da punibilidade, tem o condão de apagar todos os efeitos penais. Isto é, a condenação é rescindida, razão pela qual, se praticar, no futuro, novo crime, não poderá o anistiado ser considerado reincidente. Cuidado: a despeito disso, os efeitos civis da sentença condenatória permanecem íntegros. [ED]

Gabarito "1E".

10. PRESCRIÇÃO

(Procurador Fazenda Nacional – AGU – 2023 – CEBRASPE) Determinado funcionário público, com 24 anos de idade, foi indiciado pela prática de corrupção passiva, punível com pena de reclusão de dois anos a doze anos, em concurso com o crime de prevaricação, cuja pena prevista é de detenção de três meses a um ano.

Nessa situação hipotética, para que não ocorra a prescrição dos crimes, o prazo máximo do recebimento da denúncia

(A) é de vinte anos.

(B) dependerá da pena em concreto a ser aplicada em função dos crimes.

(C) é de dezesseis anos.

(D) é de dezesseis anos, para o crime de corrupção passiva, e de quatro anos, para o crime de prevaricação.

(E) é de vinte anos, para o crime de corrupção passiva, e de oito anos, para o crime de prevaricação.

Prescrição é a perda do direito de punir do Estado pelo decurso do tempo, que se justifica pela inércia do Poder Público em razão do tempo decorrido em punir o autor do delito. *A prescrição da pretensão punitiva* ocorre antes de transitar em julgado a sentença condenatória, e regula-se pelo máximo da pena privativa de liberdade cominada ao crime (art. 109 do CP). O crime de corrupção passiva é punido no máximo com 12 anos de reclusão, verificamos nos incisos do art. 109 do CP qual o tempo que o crime prescreverá nessa pena máxima em abstrato, e o prazo da prescrição, no caso, será de 16 anos (inciso II); já o crime de prevaricação é punido no máximo com 1 ano de detenção, e o prazo da prescrição, no caso, será 4 anos (inciso V). [PB]

Gabarito "D".

11. CRIMES CONTRA A PESSOA

(Procurador Federal – AGU – 2023 – CEBRASPE) No que se refere ao trabalho em condições análogas às de escravo, a conduta que configura o sistema de barracão, ou *truck system*, consiste em

(A) submeter alguém a trabalhos forçados.

(B) submeter alguém a jornada de trabalho exaustiva.

(C) restringir, por qualquer meio, a locomoção de alguém, em razão de dívida contraída com o empregador ou preposto.

(D) sujeitar alguém a condições degradantes de trabalho.

(E) manter vigilância ostensiva de alguém no local de trabalho, com o fim de lá retê-lo.

O termo é usado para definir o sistema em que o empregador promove o endividamento dos empregados por meio de compra de mercadorias comercializadas na empresa, muitas vezes a preços abusivos, ou mesmo em meio rural, quando os empregados compram produtos para sua subsistência no mesmo local com o posterior desconto no salário. A conduta típica correspondente ao questionado no enunciado está prevista na parte final do *caput* do art. 149 do CP: "Reduzir alguém a condição análoga à de escravo, quer submetendo-o a trabalhos forçados ou a jornada exaustiva, quer sujeitando-o a condições degradantes de trabalho, quer *restringindo, por qualquer meio, sua locomoção em razão de dívida contraída com o empregador ou preposto*." A restrição da liberdade de locomoção da vítima pode ocorrer por qualquer meio, abrangidos o enclausuramento e o confinamento. Vale lembrar o art. 4º da Declaração Universal do Direitos Humanos: "ninguém será mantido em escravidão ou em servidão; a escravidão e o trato dos escravos serão proibidos em todas as suas formas". [PB]

Gabarito "C".

12. CRIMES CONTRA O PATRIMÔNIO

(Procurador – IPSMI/SP – VUNESP – 2016) Mévio, endividado, sequestra o próprio pai, senhor de 70 anos, objetivando obter como resgate, de seus irmãos, a quantia de R$ 100.000,00 (cem mil reais). Para tanto, conta com a ajuda de Caio. Passadas 13 horas do sequestro, Caio se arrepende e decide comunicar o crime à Polícia que, pouco depois, invade o local do sequestro, libertando a vítima. A respeito da situação retratada, é correto afirmar que

(A) Mévio e Caio praticaram extorsão mediante sequestro, na forma qualificada, haja vista que o crime perdurou por período superior a 12 horas.

EDUARDO DOMPIERI E PATRICIA BERGAMASCO

(B) por se tratar de crime contra o patrimônio, Mévio é isento de pena, pois cometeu o crime em prejuízo de ascendente.

(C) por se tratar de crime contra o patrimônio, relativamente a Mévio, que praticou o crime em prejuízo de ascendente, a ação penal é pública condicionada à representação.

(D) Caio, mesmo tendo denunciado o crime à autoridade policial, não faz jus à redução da pena, por se tratar de crime na forma qualificada.

(E) Mévio e Caio praticaram extorsão mediante sequestro, na forma qualificada, por se tratar de vítima idosa.

Mévio e Caio devem ser responsabilizados pelo crime de extorsão mediante sequestro na sua modalidade qualificada, já que, com o propósito de obter valor de resgate, sequestraram pessoa com 70 anos de idade, conduta essa prevista no art. 159, § 1º, do CP. O fato de a vítima ter sua liberdade restringida por tempo superior a 12 horas não configura a qualificadora do art. 159, § 1º, do CP, que estabelece que a privação de liberdade, para que incida a qualificadora, deve se dar por período superior a 24 horas. Exclui-se, portanto, a primeira proposição. Da mesma forma, está incorreto o que se afirma na alternativa "B" (e também na "C"). Isso porque a imunidade referida no art. 181, II, do CP não alcança os crimes de roubo e extorsão, na forma estatuída no art. 183, I, do CP. A causa de redução de pena contida no art. 159, § 4º, CP (delação premiada), a que faz jus Caio pelo fato de ter denunciado o crime à autoridade policial, tem aplicação, sim, na forma qualificada do crime de crime de extorsão mediante sequestro. Incorreta, portanto, a assertiva "D". ED

Gabarito "E".

13. CRIMES CONTRA A FÉ PÚBLICA

(Procurador – AL/PR – 2024 – FGV) Tício, agente público no âmbito do Estado Alfa, descobre que o seu genitor faleceu, deixando um testamento particular sobre a parte dos bens que poderia legalmente dispor. Ao tomar ciência sobre o conteúdo da disposição de última vontade, o indivíduo se frustra sobremaneira, pois não foi citado, em momento algum, pelo seu ascendente.

Nesse contexto, Tício, em um dia de folga, resolve, por conta própria, falsificar, no todo, o testamento particular. Nada obstante, dois meses depois, os fatos foram descobertos, dando ensejo à deflagração de um inquérito policial para apurar o delito perpetrado.

Nesse cenário, considerando as disposições do Código Penal, é correto afirmar que Tício responderá pelo crime de

(A) falsificação de documento particular, com a incidência de causa de aumento de pena, por se tratar de agente público.

(B) falsificação de documento público, com a incidência de causa de aumento de pena, por se tratar de agente público.

(C) falsificação de documento particular, sem a incidência de causa de aumento de pena.

(D) falsificação de documento público, sem a incidência de causa de aumento de pena.

(E) falsidade ideológica, sem a incidência de causa de aumento de pena.

A: errada. No art. 298 do CP, ainda que a referência do tipo penal seja o documento particular, haverá a lesão à fé pública. É crime comum, pode ser praticado por qualquer pessoa. A definição de documento particular é aquele escrito ou assinado por qualquer pessoa, sem a intervenção de funcionário público ou de alguém que tenha fé pública, no exercício de suas funções. A conduta típica é a falsificação (criar materialmente, fabricar, formar, contrafazer) do documento, no todo ou em parte ou a alteração (modificar, adulterar) do verdadeiro. Equipara-se ao documento particular o *cartão de crédito ou de débito (*parágrafo único). E, por fim, não há previsão de causa de aumento de pena no art. 298 do CP. **B:** errada. Somente haverá a incidência da causa de aumento de pena (um sexto) no crime de falsificação de documento público se o funcionário público comete o crime prevalecendo-se do seu cargo (§ 1º), o que não ocorreu, de acordo com o enunciado da questão. **C:** errada. Vide comentário à assertiva A. **D:** correta. No art. 297 tutela-se a fé pública, em relação aos documentos públicos e aos que lhe são equiparados por força da lei penal. É crime comum, pode ser praticado por qualquer pessoa. As condutas descritas no tipo penal são *falsificar* (criar materialmente, fabricar) e *alterar* (modificar, adulterar) o documento verdadeiro. O agente produz o escrito integralmente ou insere palavras nos espaços em branco ou modifica. Público é o documento expedido na forma estabelecida em lei, por funcionário público no exercício de suas funções. De acordo com o enunciado, o documento falsificado por Tício foi o testamento de seu genitor e, conforme redação do § 2º, para os efeitos penais, equipara-se a documento público o testamento particular (equipara-se também, o emanado de entidade paraestatal, o título ao portador ou transmissível por endosso, as ações de sociedade comercial, os livros mercantis). **E:** errada. A falsificação ideológica está prevista no art. 299 do CP. Neste tipo penal o documento é perfeito em seus requisitos extrínsecos, em sua forma, e origina-se da pessoa que é realmente autor ou signatário, mas o seu conteúdo, seu teor é falso. Na falsidade material existe uma alteração, é forjado ou criado documento falso no todo ou em parte. O dispositivo tutela os documentos públicos e particulares, e prevê penas mais rigorosas para os públicos. É crime comum, pode ser praticado por qualquer pessoa. As condutas típicas são omitir, significa deixar de mencionar fato que era obrigado a constar do documento; inserir (colocar, introduzir, intercalar, incluir, por ato próprio) a declaração falsa ou diversa da que devia ser escrita; e fazer inserir declaração falsa ou diversa, o agente criminoso se utiliza de terceiro, para incluir a declaração falsa ou diversa que deveria constar do documento. Há previsão da causa de aumento de pena de um sexto, se o agente é funcionário público e comente o crime prevalecendo-se do seu cargo e a segunda ocorre quando a falsificação ou alteração diz respeito a assentamento de registro civil (as inscrições de nascimentos, casamentos, óbitos, emancipações, interdições, sentenças declaratórias de ausência, incluindo-se as averbações, na Lei nº 6.015/1973). PB

Gabarito "D".

Juan González, estrangeiro, enfermeiro, residente havia dois anos em Boa Vista – RR, apresentava-se como médico no Brasil e atendia pacientes gratuitamente em um posto de saúde da rede pública municipal, embora não fosse funcionário público. Seu verdadeiro objetivo com essa prática era retirar medicamentos do local e revendê-los para obter lucro.

Em razão de denúncia anônima a respeito do desvio de medicamentos, Juan, portando caixas de remédios retiradas do local, foi abordado em seu automóvel por policiais logo após ter saído do posto e foi, então, conduzido à delegacia. Para que seu verdadeiro nome não fosse descoberto, Juan identificou-se à autoridade policial como Pedro Rodríguez, buscando, assim, evitar o cumprimento de mandado de prisão expedido por ter sido condenado pelo crime de moeda falsa no Brasil.

Questionado sobre a propriedade do veículo no qual se encontrava no momento da abordagem, Juan informou tê-lo comprado de uma pessoa desconhecida, em Boa Vista. Durante a investigação policial, verificou-se que o veículo havia sido furtado por outra pessoa no Brasil e que a placa estava adulterada. Verificou-se, ainda, que a placa identificava um veículo registrado no país de origem de Juan e em seu nome, embora Juan tivesse alegado ter adquirido o veículo já com a referida placa.–

(Procurador do Município - Boa Vista/RR - 2019 - CESPE/CEBRASPE) Considerando essa situação hipotética, julgue os itens que se seguem.

(1) Juan deverá responder pelo crime de falsa identidade por ter se apresentado enganosamente como médico, delito que se consumou no instante em que ele obteve a vantagem indevida com a posse de medicamentos ao sair do posto de saúde.

(2) Por ter declarado chamar-se Pedro Rodríguez, Juan deverá responder pelo crime de uso de documento falso, cuja tipificação objetiva a tutela da fé pública.

(3) Juan deverá responder por participação no crime de furto do veículo que adquiriu, apesar de o autor do crime ter sido outra pessoa.

(4) Juan não deverá responder pelo crime de peculato, apesar de ter se apropriado de medicamentos da rede pública de saúde.

(5) Juan deverá responder pelo crime de falsa identidade por ter se apresentado como Pedro Rodríguez perante autoridade policial, uma vez que a tentativa de evitar a prisão em razão do mandado expedido não é considerada exercício de autodefesa que exclua o referido crime.

1: errado. Por *identidade* devemos entender o conjunto de caracteres peculiares de uma pessoa, que se prestam a individualizá-la. Aqui estão incluídos o nome, a idade, o estado civil, a filiação e, entre outros, a *profissão*. Aquele que atribui a si (ou mesmo a terceiro) elemento de sua identidade que não corresponde à realidade incorrerá, em princípio, no crime definido no art. 307 do CP (falsa identidade), desde que, como o próprio tipo penal exige, o agente aja imbuído do propósito de obter vantagem ou mesmo causar dano a terceiro. Pois bem. Disso se infere que Juan, por ter se apresentado enganosamente como médico (mentiu quanto ao elemento *profissão*, que, como já dissemos, compõe a identidade do indivíduo) com o propósito de obter vantagem deverá ser responsabilizado, em princípio, pelo crime de falsa identidade. Registre-se que existe divergência em sede doutrinária quanto à natureza da vantagem perseguida pelo agente: se de natureza patrimonial, o crime será de estelionato; se de natureza não patrimonial, será de falsa identidade. Seja como for, o fato é que o delito do art. 307 do CP, diferentemente do que se afirma na proposição, alcança a sua consumação com a mera atribuição da falsa identidade com vistas a obter vantagem indevida. Em outras palavras, é prescindível, para que este crime atinja a sua consumação, que o agente obtenha a vantagem perseguida. É aqui que está o erro da assertiva; **2:** errada. Segundo consta do enunciado, Juan, em razão de denúncia anônima a respeito do desvio de medicamentos que vinha praticando, foi abordado por policiais, que encontraram em seu poder caixas de remédios retiradas do seu local de trabalho. Já na delegacia, com vistas a esconder sua verdadeira identidade (já que temia ser preso em razão de condenação ocorrida em outro processo), Juan identificou-se à autoridade policial como Pedro Rodríguez. Por essa conduta, Juan não poderá ser responsabilizado pelo crime de uso de documento falso. Isso porque o crime do art. 304 do CP pressupõe que o agente faça uso (empregue) de documento falso. Não foi isso o que ocorreu, na medida em que Juan se limitou a declarar nome diverso do seu. Ou seja, sem apresentar qualquer documento, ele mentiu quanto à sua identidade. Neste caso, Juan deverá ser responsabilizado pelo crime de falsa identidade, cujas características já mencionamos acima. Quanto à configuração deste

delito no caso narrado na assertiva, é importante que façamos algumas ponderações. Parte da doutrina sustenta que não comete o crime do art. 307 do CP o agente que atribui a si falsa identidade com o propósito de escapar de ação policial e, dessa forma, evitar sua prisão. O indivíduo estaria, segundo essa corrente, procurando preservar sua liberdade. Sucede que, atualmente, este posicionamento não mais prevalece. Segundo STF e STJ, aquele que atribui a si identidade falsa com o escopo de furtar-se à responsabilidade criminal deve, sim, responder pelo crime de falsa identidade (art. 307, CP). A propósito, o STJ, consolidando tal entendimento, editou a Súmula 522: "A conduta de atribuir-se falsa identidade perante autoridade policial é típica, ainda que em situação de alegada autodefesa". Também nesse sentido, o STF: "Direito penal. Agravo regimental em recurso extraordinário com agravo. Crime de falsa identidade. Art. 307 do Código Penal. Alegação de autodefesa. Impossibilidade. Tipicidade configurada. 1. O Plenário Virtual do Supremo Tribunal Federal, no julgamento do RE 640.139, Rel. Min. Dias Toffoli, decidiu que o princípio constitucional da autodefesa não alcança aquele que atribui falsa identidade perante autoridade policial com o intuito de ocultar maus antecedentes. Na ocasião, reconheceu-se a existência de repercussão geral da questão constitucional suscitada e, no mérito, reafirmou a jurisprudência dominante sobre a matéria. 2. Agravo regimental a que se nega provimento." (ARE 870572 AgR, 1ª T., Rel. Min. Roberto Barroso, j. 23.06.2015, *DJe* 05.08.2015, publ. 06.08.2015); **3:** errada. Se Juan não teve qualquer participação no cometimento do crime de furto do veículo que dirigia, não poderá por ele ser responsabilizado. Ao que parece, Juan adquiriu o bem da pessoa que realizou a subtração. Nesse caso, Juan deverá responder, em princípio, pelo crime de receptação (art. 180, CP); **4:** certa. O crime de peculato, definido no art. 312 do CP, é considerado próprio, ou seja, somente por ele poderá ser responsabilizado o funcionário público (ou ao menos o particular que com ele contribua). Não é o caso de Juan, que não estava investido em cargo, emprego ou função pública; **5:** certa. Vide comentário à assertiva 2. ED

Gabarito: 1E, 2E, 3E, 4C, 5C

(Procurador – SP – VUNESP – 2015) João, responsável pela emissão de certidões em determinada repartição pública, a fim de ajudar seu amigo José, que concorre a um cargo público, emite certidão falsa, atestando que ele desenvolveu determinados projetos profissionais para a Administração Pública. Sobre a conduta de João, pode-se afirmar que cometeu o crime de

(A) falsidade ideológica, previsto no artigo 299 do Código Penal, ao inserir declaração falsa em documento público.

(B) falsificação de documento particular, previsto no artigo 298 do Código Penal, pois o documento se destinava para uso particular e para fins particulares.

(C) certidão materialmente falsa, previsto no parágrafo 1º, do artigo 301 do Código Penal.

(D) falsificação de documento público, previsto no artigo 297 do Código Penal: "falsificar, no todo ou em parte, documento público, ou alterar documento público verdadeiro".

(E) certidão ideologicamente falsa, previsto no artigo 301 do Código Penal.

O fato narrado no enunciado corresponde à descrição típica do art. 301 do CP (certidão ou atestado ideologicamente falso). É crime próprio, tendo em conta que somente poderá ser praticado pelo funcionário público com atribuição para a expedição de certidão, o que está bem claro no enunciado (*responsável pela emissão de...*). Perceba que o falso, neste crime, tal como se dá no delito do art. 299 do CP (falsidade ideológica), incide sobre o conteúdo, a ideia presente no documento, que, formalmente, é perfeito. ED

Gabarito "E"

(Procurador Municipal – Sertãozinho/SP – VUNESP – 2016) Acerca dos crimes contra a fé pública, assinale a alternativa correta.

(A) Aquele que falsifica, fabricando ou alterando, selo destinado a controle tributário responde pelo crime de falsificação de selo ou sinal público, previsto no art. 296 do Código Penal.

(B) A falsificação, no todo ou em parte, de atestado, para prova de fato ou circunstância que habilite alguém a obter cargo público configura o crime de falsificação de documento público, previsto no art. 297 do Código Penal.

(C) O princípio da insignificância, causa supralegal de exclusão da tipicidade, não se aplica ao crime de moeda falsa.

(D) O crime de uso de documento falso é material, ou seja, para a consumação exige-se a obtenção de proveito.

(E) O crime de falsidade de atestado médico envolve também como conduta típica a opinião emitida pelo profissional, ainda que equivocada.

A: incorreta, já que a conduta corresponde ao crime do art. 293, I, do CP, e não ao do art. 296 do CP; **B:** incorreta. Trata-se do crime definido no art. 301, § 1º, do CP (falsidade material de atestado ou certidão); **C:** correta. É tranquilo o entendimento, tanto no STF quanto no STJ, no sentido de que é inaplicável o princípio da insignificância aos crimes de moeda falsa, cujo objeto de tutela da norma é tanto a fé pública quanto a credibilidade do sistema financeiro, não sendo determinante para a tipicidade o valor posto em circulação. Nesse sentido, conferir: *O delito de moeda falsa não se compatibiliza com a aplicação do princípio da insignificância, segundo iterativa jurisprudência desta Corte, uma vez que o bem jurídico tutelado pelo artigo 289 do Código Penal é a fé pública, insuscetível de ser mensurada pelo valor e pela quantidade de cédulas falsas apreendidas* (AgRg no REsp 1227113/MG, Rel. Ministro Og Fernandes, Sexta Turma, julgado em 11.06.2013, *DJe* 21.06.2013). No STF: "Moeda Falsa – Insignificância – Afastamento. Descabe cogitar da insignificância do ato praticado uma vez imputado o crime de circulação de moeda falsa" (STF, HC 126285, relator Min. Marco Aurélio, Primeira Turma, julgado em 13/09/2016, processo eletrônico Dje-206 divulg 26-09-2016 public 27-09-2016); **D:** incorreta. Ao contrário do que se afirma, o crime de uso de documento falso, capitulado no art. 304 do CP, é *formal* (e não *material*), já que a sua consumação se dá independentemente da produção de resultado naturalístico consistente na obtenção de proveito pelo agente; **E:** incorreta, na medida em que a conduta deve recair sobre *fato*, e não sobre *opinião* (juízo de convicção), ainda que equivocada, exteriorizada pelo médico. **ED**

Gabarito "C".

(Procurador Municipal – Sertãozinho/SP – VUNESP – 2016) Sobre os crimes contra a fé pública, assinale a alternativa correta.

(A) Aquele que falsifica documento público e em seguida o utiliza responde pela falsificação e pelo uso, em concurso material.

(B) Considere que o agente, consultando os autos do processo-crime no qual figura como réu, ao se deparar com provas inequívocas de materialidade e autoria, as retire do processo e destrua. Responderá pelo crime de supressão de documento.

(C) Aquele que adultera sinal identificador de veículo automotor responde por crime previsto no art. 311 do Código Penal. O mesmo artigo determina que se o agente cometer o crime no exercício da função pública, a pena será aumentada de metade.

(D) Aquele que figura como "testa de ferro", permitindo o uso de seu nome como possuidor de ação, título ou

valor pertencentes a estrangeiro, em relação a quem a posse é proibida por lei, pratica crime punido com reclusão e multa.

(E) Se o crime de falsidade de atestado médico for praticado com o fim de lucro, a pena será aumentada de 1/3.

A: incorreta. Embora não haja consenso na doutrina e na jurisprudência, prevalece hoje o entendimento no sentido de que o agente que falsifica documento e, ato contínuo, dele faz uso somente responde pelo crime de *falsificação*, sendo o seu *uso* reputado *post factum* não punível. Conferir: *A teor da jurisprudência desta Corte, o uso de documento falsificado (CP, art. 304) deve ser absorvido pela falsificação do documento público ou privado (CP, arts. 297 e 298), quando praticado pelo mesmo agente, caracterizando o delito de uso post factum não punível, ou seja, mero exaurimento do crime de falso, não respondendo o falsário pelos dois crimes, em concurso material* (STJ, AgRg no RHC 112.730/SP, Rel. Ministro RIBEIRO DANTAS, QUINTA TURMA, julgado em 03/03/2020, DJe 10/03/2020). Nessa mesma ótica: *(...) De acordo com a jurisprudência do Supremo Tribunal Federal e do Superior Tribunal de Justiça, o crime de uso, quando cometido pelo próprio agente que falsificou o documento, configura "post factum" não punível, vale dizer, é mero exaurimento do crime de falso. Impossibilidade de condenação pelo crime previsto no art. 304 do Código Penal* (AP 530, Relator(a): Min. Rosa Weber, Relator(a) p/ Acórdão: Min. Roberto Barroso, Primeira Turma, julgado em 09.09.2014, Acórdão Eletrônico *DJe*-225 divulg 14.11.2014 public 17.11.2014 republicação: *DJe*-250 divulg 18.12.2014 public 19.12.2014). É importante que se diga que parte da doutrina e também da jurisprudência entendem que o agente que usa o documento por ele falsificado deve responder pelo crime do art. 304 do CP (uso), ficando a falsificação por este absorvida. É o que sustenta Guilherme de Souza Nucci, para quem "a prática dos dois delitos pelo mesmo agente implica no reconhecimento de um autêntico *crime progressivo*, ou seja, falsifica-se algo para depois usar (crime-meio e crime-fim). Deve o sujeito responder somente pelo uso de documento falso" (*Código Penal Comentado*, 18ª ed., p. 1400). Há, ainda, uma corrente minoritária que sustenta que é caso de concurso de crimes; **B:** correta, já que a conduta se amolda, de fato, ao tipo penal do art. 305 do CP (supressão de documento); **C:** incorreta. A pena, na hipótese de o agente cometer o crime no exercício da função pública, será aumentada de um terço, e não de metade, tal como constou da assertiva. É o que estabelece o art. 311, § 1º, do CP; **D:** incorreta. A conduta descrita na assertiva corresponde ao crime do art. 310 do CP, cuja pena cominada é de detenção (e não reclusão!) de seis meses a três anos e multa; **E:** incorreta. Na hipótese de o crime do art. 302 do CP (falsidade de atestado médico) ser praticado com o fim de lucro, será aplicada a pena de multa, sem prejuízo da de prisão. **ED**

Gabarito "B".

(Procurador Municipal – Prefeitura/BH – CESPE – 2017) Com relação aos crimes em espécie previstos no CP, assinale a opção correta, considerando o entendimento jurisprudencial do STJ.

(A) O indivíduo que, ao ser preso em flagrante, informa nome falso com o objetivo de esconder seus maus antecedentes pratica o crime de falsa identidade, não sendo cabível a alegação do direito à autodefesa e à não autoincriminação.

(B) Para a configuração do crime de descaminho, é necessária a constituição definitiva do crédito tributário ao processo administrativo-fiscal.

(C) Em se tratando de crime de concussão, a situação de flagrante se configura com a entrega da vantagem indevida.

13. DIREITO PENAL

(D) O crime de sonegação fiscal não absorve o crime de falsidade ideológica, mesmo que seja praticado unicamente para assegurar a evasão fiscal.

A: correta. Parte da doutrina sustenta que não comete o crime do art. 307 do CP o agente que atribui a si falsa identidade com o propósito de escapar de ação policial e, dessa forma, evitar sua prisão. O indivíduo estaria, segundo essa corrente, procurando preservar sua liberdade. Sucede que, atualmente, este posicionamento não mais prevalece. Segundo STF e STJ, aquele que atribui a si identidade falsa com o escopo de furtar-se à responsabilidade criminal deve, sim, responder pelo crime de falsa identidade (art. 307, CP). A propósito, o STJ, consolidando tal entendimento, editou a Súmula 522: "A conduta de atribuir-se falsa identidade perante autoridade policial é típica, ainda que em situação de alegada autodefesa". Também nesse sentido, o STF: "Direito penal. Agravo regimental em recurso extraordinário com agravo. Crime de falsa identidade. Art. 307 do Código Penal. Alegação de autodefesa. Impossibilidade. Tipicidade configurada. 1. O Plenário Virtual do Supremo Tribunal Federal, no julgamento do RE 640.139, Rel. Min. Dias Toffoli, decidiu que o princípio constitucional da autodefesa não alcança aquele que atribui falsa identidade perante autoridade policial com o intuito de ocultar maus antecedentes. Na ocasião, reconheceu-se a existência de repercussão geral da questão constitucional suscitada e, no mérito, reafirmou a jurisprudência dominante sobre a matéria. 2. Agravo regimental a que se nega provimento." (ARE 870572 AgR, 1ª T., Rel. Min. Roberto Barroso, j. 23.06.2015, *DJe* 05.08.2015, publ. 06.08.2015); **B:** incorreta, uma vez que não se aplica, no contexto do crime de descaminho, o entendimento firmado na Súmula Vinculante 24: "Não se tipifica crime material contra a ordem tributária, previsto no art. 1º, incisos I a IV, da Lei 8.137/1990, antes do lançamento definitivo do tributo". Nesse sentido, conferir: "A Quinta Turma deste Superior Tribunal de Justiça firmou entendimento no sentido de que o delito previsto no art. 334 do Código Penal se configura no ato da importação irregular de mercadorias, sendo desnecessário, portanto, o exaurimento das vias administrativas e constituição definitiva do crédito tributário para a sua apuração criminal" (AgRg no AREsp 1034891/SP, 5ª T., rel. Min. Jorge Mussi, j. 13.06.2017, *DJe* 23.06.2017); **C:** incorreta. A entrega da vantagem indevida, na concussão (art. 316, "caput", CP), corresponde ao que a doutrina convenciono chamar de *exaurimento*, que nada mais é do que o desdobramento típico ocorrido em momento posterior à consumação. Neste crime, classificado pela doutrina como *formal* (ou de consumação antecipada ou resultado cortado), a consumação se dá com a imposição, pelo funcionário público, da vantagem indevida, pouco importando se o particular, sentindo-se acuado, faz-lhe a entrega ou não. A prisão em flagrante, bem por isso, somente é possível no momento em que o funcionário exige a vantagem; a entrega desta, pelo particular, constitui, como já dito, exaurimento do crime, não cabendo, portanto, a prisão em flagrante do *intraneus*, desde que, é claro, isso se dê em outro contexto. Para que não reste nenhuma dúvida: se a entrega da vantagem se der vários dias depois da exigência desta, não caberá mais a prisão em flagrante, uma vez que a consumação ocorreu lá atrás (com a imposição do pagamento indevido). Embora em nada repercuta na resolução desta questão, é importante que se diga que *a* Lei 13.964/2019 alterou a pena máxima cominada ao crime de concussão. Com isso, a pena para este delito, que era de 2 a 8 anos de reclusão, e multa, passa para 2 a 12 anos de reclusão, e multa. Corrige-se, dessa forma, a distorção que até então havia entre a pena máxima cominada ao crime de concussão e aquelas previstas para os delitos de corrupção passiva (317, CP) e corrupção ativa (art. 333, CP). Doravante, a pena, para estes três crimes, vai de 2 a 12 anos de reclusão, sem prejuízo da multa. Mesmo porque o crime de concussão denota, no seu cometimento, maior gravidade do que o delito de corrupção passiva. No primeiro caso, o agente exige, que tem o sentido de impor, obrigar, sempre se valendo do cargo que ocupa para intimidar a vítima e, dessa forma, alcançar a colimada vantagem indevida; no caso da corrupção passiva, o *intraneus*, no lugar de exigir, solicita, recebe ou aceita promessa de receber tal vantagem; **D:**

incorreta. Para o STJ, é caso de aplicação do princípio da consunção. Conferir: "A jurisprudência desta Corte Superior é firme no sentido de aplicação do princípio da consunção quando o delito de falso é praticado exclusivamente para êxito do crime de sonegação, motivo pelo qual é aplicada a súmula 83/STJ" (AgRg nos EAREsp 386.863/MG, 3ª Seção, Rel. Min. Felix Fischer, j. 22.03.2017, *DJe* 29.03.2017). **ED**

Gabarito "A"

(Procurador do Estado – PGE/BA – CESPE – 2014) Julgue o item que se segue (adaptada)

(1) Aquele que utilizar laudo médico falso para, sob a alegação de possuir doença de natureza grave, furtar-se ao pagamento de tributo, deverá ser condenado apenas pela prática do delito de sonegação fiscal se a falsidade ideológica for cometida com o exclusivo objetivo de fraudar o fisco, em virtude da aplicação do princípio da subsidiariedade.

1: incorreta. Tal como se afirma, o crime de falso, já que serviu de meio para o cometimento do crime de sonegação fiscal (crime fim), deve por este ser absorvido, em virtude, e aqui está o erro da assertiva, do princípio da consunção, e não da subsidiariedade. **ED**

Gabarito "1E"

14. CRIMES CONTRA A ADMINISTRAÇÃO PÚBLICA

(Procurador – AL/PR – 2024 – FGV) O juízo da 1ª Vara Criminal da Comarca Alfa iniciou o julgamento, em sessão plenária, de um homicídio triplamente qualificado que marcou sobremaneira a diminuta municipalidade. Durante os debates entre a acusação e a defesa, Tício percebeu que a família da ofendida estava muito receosa com o deslinde da relação processual.

Em assim sendo, o indivíduo se aproximou da genitora da vítima e, após se apresentar, afirmou ser muito próximo do jurado João, integrante do Conselho de Sentença. Em seguida, Tício solicitou a entrega de R$ 1.000,00, a pretexto de influir no seu voto por ocasião da quesitação, afirmando que ele e João dividiriam este valor.

Nesse cenário, considerando as disposições do Código Penal, é correto afirmar que Tício responderá pelo crime de

(A) exploração de prestígio com a incidência de uma causa de aumento de pena, pois o agente alegou que o dinheiro também se destinava ao jurado.

(B) tráfico de influência com a incidência de uma causa de aumento de pena, pois o agente alegou que o dinheiro também se destinava ao jurado.

(C) tráfico de influência qualificado, pois o agente alegou que o dinheiro também se destinava ao jurado.

(D) advocacia administrativa, sem qualificadoras ou causas de aumento de pena.

(E) exploração de prestígio, sem qualificadoras ou causas de aumento de pena.

A: correta. O fato narrado no enunciado corresponde à descrição típica do art. 357 do CP (exploração de prestígio). É crime comum, pode ser praticado por qualquer pessoa. As modalidades de conduta são solicitar (pedir, requerer, buscar, rogar) e receber (ação de obter, aceitar, entrar na posse) e, portanto, de ação múltipla ou de conteúdo variado. O agente solicita ou recebe a vantagem a *pretexto* de influir no servidor da justiça, iludindo o interessado. O crime em questão é uma espécie

486 EDUARDO DOMPIERI E PATRICIA BERGAMASCO

de estelionato, em que a vítima é também a pessoa que, iludida pelo agente, é lesada em seu patrimônio. As pessoas enumeradas no artigo, junto às quais o agente afirma ter influência, são: *o juiz, o jurado, o órgão do Ministério Público, o funcionário de justiça, o perito, o tradutor, o intérprete e a testemunha*. Sendo narrado no enunciado o jurado João. O crime se consuma com o recebimento da vantagem ou com a simples solicitação, ainda que não aceita, neste último caso, é crime formal, independendo a consumação do resultado lesivo. Se o agente alega ou insinua que o dinheiro ou utilidade também se destina a qualquer das pessoas referidas acima, a pena é aumentada de um terço (parágrafo único). **B**: errada. O crime de tráfico de influência (art. 332 do CP) o agente solicita vantagem a alguém, alegando gozar de influência junto à Administração para influir em ato praticado por *funcionário público*, no exercício da sua função. É crime comum, pode ser praticado por qualquer pessoa. É crime de ação múltipla ou de conteúdo variado, uma vez que o tipo penal contempla, além do verbo solicitar (usado no enunciado), várias outras condutas como exigir (ordenar, reclamar imperiosamente, impor), cobrar (pedir pagamento) e obter (receber, conseguir, adquirir), vantagem ou promessa de vantagem. Este crime muito se assemelha ao estelionato, ou melhor, constitui uma modalidade específica de estelionato, em que o sujeito ativo vende a falsa ideia de que fará uso de sua influência para obter, em favor da vítima, benefício junto à Administração. A vítima é levada a engano pelo ardil aplicado pelo sujeito, que, ludibriado, entrega-lhe a vantagem perseguida. Aplicando-se ao caso o princípio da especialidade (*Mirabete e Fabbrini*, Manual de Direito Penal, volume 3, 34º ed., editora Foco). Se o agente alega ou insinua que o dinheiro ou utilidade também se destina ao funcionário público, a pena é aumentada da metade (parágrafo único). Atenção às seguintes denominações doutrinarias que já foram cobradas em concurso público: *venditio fumi* (venda de fumaça) ou *millantato credito* (influência jactanciosa). **C**: errada. Não há previsão de qualificadora no crime de tráfico de influência. **D**: errada. O delito de advocacia administrativa (art. 321 do CP) é um crime funcional com a seguinte redação: "Patrocinar, direta ou indiretamente, interesse privado perante a administração pública, valendo-se da qualidade de funcionário". No enunciado da questão não há a conduta típica *patrocinar* que caracteriza crime de advocacia administrativa. Ademais, aquele que solicitou a vantagem (Tício) não é funcionário público, assim considerado quem exerce cargo, emprego ou função pública, portanto, a conduta descrita no enunciado não corresponde ao tipo penal do crime de advocacia administrativa. **E**: errada. Não há previsão de qualificadora no crime de exploração de prestígio. Somente há previsão de causa de aumento de pena no patamar de um terço, se o agente alega ou insinua que o dinheiro ou utilidade também se destina a qualquer das pessoas referidas no *caput* do art. 357. **PB**

Gabarito "A".

(Procurador/PA – CESPE – 2022) Caio, funcionário público estadual, no exercício regular de sua função pública, valendo-se das facilidades que o cargo lhe proporcionava, dirigiu-se ao setor público de arrecadação e pagamento de valores, sob o pretexto de tratar de assunto funcional com seu colega Técio, servidor público responsável pela conferência e guarda do dinheiro que os contribuintes recolhiam àquele órgão. Enquanto conversavam, Caio, aproveitando-se de ligeira distração de Técio, subtraiu uma cédula de R$ 200 que estava sobre a mesa do colega e que era relativa a um pagamento de débito feito por um contribuinte. Caio, posteriormente, confessou que subtraíra esse dinheiro porque precisava pagar uma dívida vencida.

Na situação hipotética apresentada, a conduta de Caio, em tese,

(A) configura o crime de peculato-apropriação.

(B) configura o crime de peculato-desvio.

(C) não configura nenhum crime, haja vista o princípio da insignificância, de acordo com súmula do Superior Tribunal de Justiça.

(D) configura o crime de peculato-estelionato.

(E) configura o crime de peculato-furto.

Pelo enunciado é possível concluir que Caio, embora tivesse, em razão de sua condição de funcionário público, facilidade de acesso ao numerário que veio por ele a ser subtraído, não dispunha da posse deste. Fica excluída, portanto, a prática do crime de peculato na modalidade *apropriação*, figura prevista no art. 312, *caput*, primeira parte, do CP. O que se deu foi que Caio se valeu de facilidade proporcionada pelo cargo que ocupa para efetuar a subtração do valor, do qual – repita-se – não tinha a posse. Desta feita, o crime que praticou é o do art. 312, § 1º, do CP (peculato-furto). Nesta modalidade de peculato (em que incorreu Caio), também chamado pela doutrina de *impróprio*, o agente, embora não tenha a posse do bem, diferentemente do que ocorre no peculato-apropriação (*próprio*), vale-se de facilidade que o cargo lhe proporciona para *efetuar* a subtração ou *concorrer* para que terceiro o faça. Tal facilidade, que constitui pressuposto desta modalidade de peculato doloso, consiste, por exemplo, no livre ingresso que o funcionário tem ao interior da repartição. O art. 312, *caput*, 2ª parte, contém a figura do *peculato-desvio*, modalidade que pressupõe que o agente desencaminhe o bem de que tem a posse, alterando o seu destino, não sendo este o caso narrado no enunciado. Por fim, o contido na assertiva não corresponde ao crime do art. 313 do CP – *peculato mediante erro de outrem*, também chamado de *peculato-estelionato* ou *peculato impróprio*. Neste, o terceiro, enganado quanto à posse do funcionário, entrega-lhe dinheiro ou qualquer utilidade. O *intraneus*, em vez de restituir o bem, dele se apropria, aproveitando-se do erro em que incorreu o terceiro. **ED**

Gabarito "E".

(Procurador Município – Santos/SP – VUNESP – 2021) Considere que o funcionário público "A" tenha conhecimento de que um colega, o funcionário público "B", o qual lhe é subordinado, cometeu infração no exercício da atividade profissional. "A" não é competente para punir "B". "A" faz vistas grossas e deixa de comunicar seus superiores, receoso de que o funcionário "B" possa vir a ser punido. É correto afirmar que o funcionário "A"

(A) não praticou fato descrito pelo Código Penal como crime.

(B) não praticou fato descrito pelo Código Penal como crime, mas poderá ser administrativamente responsabilizado.

(C) praticou fato descrito como crime de peculato.

(D) praticou fato descrito como crime de prevaricação.

(E) praticou fato descrito como crime de condescendência criminosa.

Segundo consta, o funcionário público "A", ao saber que seu colega "B", também funcionário público, cometeu infração no exercício da atividade profissional, no lugar de levar o fato ao conhecimento de seu superior, já que lhe faltava atribuição para promover diretamente a responsabilização de "B", deixou de fazê-lo, ou seja, "A" não deu ciência da infração cometida por "B" à autoridade com competência punitiva. Dessa forma, deverá, por conta de sua omissão, responder pelo crime de condescendência criminosa (art. 320 do CP). Cuida-se, como se pode ver, de crime próprio, na medida em que somente pode figurar como sujeito ativo o funcionário público. A consumação é alcançada com a simples omissão do *intraneus*, superior hierárquico, que deixa de promover a responsabilização de seu subordinado ou, não sendo competente para tanto, deixa de levar o fato ao conhecimento daquele quem detém tal atribuição. Seja como for, é de rigor que a conduta seja

13. DIREITO PENAL

praticada no exercício do cargo; caso contrário, não haverá responsabilização por este crime. **ED**
Gabarito "E".

(Procurador Município – Santos/SP – VUNESP – 2021) Fulano, advogado, diz a seu cliente Sicrano que é amigo de um Delegado de Polícia e que, utilizando de sua ascendência sobre o policial, providenciará para que o inquérito policial em que Sicrano é investigado por homicídio não elucide os fatos. Para tanto, Fulano exige de Sicrano a quantia de R$ 20.000,00, e diz que, desse valor, metade será destinada ao próprio Delegado. Sicrano não aceita a oferta e não faz o pagamento. Descobre-se, posteriormente, que Fulano sequer é amigo do Delegado. É correto afirmar que Fulano

(A) praticou fato descrito como crime de tergiversação.

(B) praticou fato descrito como crime de tráfico de influência.

(C) praticou fato descrito como crime de favorecimento pessoal.

(D) praticou fato descrito como crime de exploração de prestígio.

(E) não praticou fato descrito pelo Código Penal como crime.

O agente que solicita vantagem a alguém, alegando gozar de prestígio junto à Administração para influir no comportamento de servidor público, comete o crime de tráfico de influência (art. 332 do CP). Este crime muito se assemelha ao estelionato, ou melhor, constitui uma modalidade específica de estelionato, em que o sujeito ativo, neste caso Fulano, vende a falsa ideia de que fará uso de sua influência para obter, em favor da vítima, neste caso Sicrano, benefício junto à Administração. Levada a engano pelo ardil aplicado pelo sujeito, o ofendido, ludibriado, entrega-lhe a vantagem perseguida. Perceba que, no caso narrado no enunciado, a vítima se recusa a efetuar o pagamento. Outro ponto que merece destaque é o fato de que, conforme estabelece o parágrafo único do art. 332 do CP, a pena será aumentada de metade na hipótese de o agente alegar ou insinuar, tal como fez Fulano, que a vantagem é também destinada ao funcionário público. É crime de ação múltipla ou de conteúdo variado, uma vez que o tipo penal contempla várias condutas (exigir, cobrar e obter). Este crime não deve ser confundido com o delito do art. 357 do CP (exploração de prestígio). Neste, as pessoas em relação às quais o agente alega gozar de prestígio estão especificadas no tipo penal: juiz, jurado, órgão do MP, funcionário de justiça etc. É crime contra a administração da Justiça, ao passo que o tráfico de influência é delito contra a administração pública em geral. **ED**
Gabarito "B".

(Procurador do Município - S.J. Rio Preto/SP - 2019 - VUNESP) A conduta do funcionário público que, por indulgência, deixa de responsabilizar subordinado que cometeu infração no exercício do cargo

(A) configura crime de concussão.

(B) configura crime de prevaricação.

(C) configura crime de usurpação de função pública.

(D) configura crime de condescendência criminosa.

(E) não configura crime, mas mera infração funcional.

A: incorreta. No crime de concussão, temos que o funcionário público, valendo-se do cargo que ocupa, *exige* a obtenção de vantagem indevida (art. 316, *caput*, do CP). A conduta típica, na concussão, é representada, como dito, pelo verbo *exigir*, que tem o sentido de *demandar, ordenar*. Essa exigência traz ínsita uma ameaça à vítima, que, sentindo-se intimidada, acuada, acaba por ceder, entregando ao agente a vantagem

indevida por ele perseguida. No que concerne a este delito, importante o registro de que a Lei 13.964/2019 promoveu a alteração da pena máxima a ele cominada. Com isso, a pena para este delito, que era de 2 a 8 anos de reclusão, e multa, passa a ser de 2 a 12 anos de reclusão, e multa. Corrige-se, dessa forma, a distorção que até então havia entre a pena máxima cominada ao crime de concussão e aquelas previstas para os delitos de corrupção passiva (317, CP) e corrupção ativa (art. 333, CP). Doravante, a pena, para estes três crimes, vai de 2 a 12 anos de reclusão, sem prejuízo da multa. Mesmo porque o crime de concussão denota, no seu cometimento, maior gravidade do que o delito de corrupção passiva. Seja como for, fica claro que a conduta descrita no enunciado não corresponde ao tipo penal do crime de concussão; **B:** incorreta. Cometerá crime de prevaricação o funcionário público que retardar, deixar de praticar, ou praticar ato de ofício, com infração a dever funcional, para satisfazer interesse ou sentimento pessoal (art. 319, CP). Como se pode ver, não é este o caso da descrição típica contida no enunciado; **C:** incorreta. O delito de usurpação de função pública, definido no art. 328 do CP, consiste na conduta do agente que exerce indevidamente uma atividade pública. Em outras palavras, o sujeito ativo, sem que tenha sido aprovado em concurso público, executa atos inerentes a uma função pública; **D:** correta. O funcionário público que, por indulgência (clemência, tolerância), deixar de promover a responsabilização de funcionário subordinado que tenha praticado infração no exercício do cargo, ou, caso incompetente, deixar de levar o fato ao conhecimento da autoridade com competência punitiva, responderá pelo crime de condescendência criminosa (art. 320 do CP). Perceba que, para a configuração deste crime, é de rigor, conforme consta de sua descrição típica, que a infração não apurada seja cometida *no exercício do cargo*. Cuida-se de crime próprio, na medida em que somente pode figurar como sujeito ativo o funcionário público, em especial o superior hierárquico. É crime omissivo próprio, cuja consumação é alcançada no instante da omissão, consistente em deixar de responsabilizar ou de levar o fato ao conhecimento da autoridade que detenha atribuição para proceder à apuração; **E:** incorreta, visto que, conforme já ponderado, a conduta descrita no enunciado configura o crime do art. 320 do CP. **ED**
Gabarito "D".

(Procurador do Estado/SE – 2017 – CESPE) Francisco foi acusado de prevaricação por ter deixado de praticar ato legal com a finalidade de satisfazer interesse pessoal. Em sentença, o juiz absolveu Francisco, sob o fundamento de que não ficou demonstrado o interesse pessoal perseguido, e julgou atípica a conduta do funcionário público.

Nessa situação hipotética,

(A) o crime do qual Francisco fora acusado é punível na modalidade culposa.

(B) a absolvição penal impede a propositura de ação cível de reparação de danos promovida pelo ente público contra Francisco.

(C) seria cabível a prisão temporária de Francisco, dado o crime pelo qual ele fora acusado.

(D) a sentença foi acertada porque o crime exige, para sua configuração, dolo específico consubstanciado na satisfação do interesse ou sentimento pessoal.

(E) a sentença pode ser questionada por meio de recurso em sentido estrito, a ser aviado pelo MP.

A: incorreta, visto que o crime de prevaricação (art. 319, CP), pelo qual foi acusado e, após, absolvido Francisco, somente comporta a modalidade dolosa. A propósito, no universo dos crimes contra a Administração Pública, há somente um que admite a modalidade culposa, que é o peculato (art. 312, § 2º, CP); **B:** incorreta, pois contraria o disposto no art. 67, III, do CPP; **C:** incorreta, dado que o crime pelo qual foi acusado Francisco não integra o rol do art. 1º da Lei 7.960/1989 (Prisão Temporária). Não devemos nos esquecer de que a prisão temporária, por ser uma modalidade de custódia cautelar destinada a viabilizar a investigação, somente terá lugar no curso do inquérito policial, não havendo que se falar em decretação da prisão temporária no decorrer da ação penal; **D:** correta. No crime de prevaricação, como é possível inferir da leitura do tipo penal, não basta que o agente deixe de cumprir obrigações inerentes ao dever de ofício, ou, ainda, que execute o ato a que está obrigado contra disposição expressa de lei. É imprescindível que aja, para que fique caracterizado o crime, com o intuito de satisfazer *interesse* ou *sentimento pessoal* (elemento subjetivo especial do tipo). Dessa forma, se tal circunstância não restar comprovada ao cabo da instrução, a absolvição é de rigor; **E:** incorreta. A sentença somente pode ser combatida por meio de recurso de apelação (art. 593, I, do CPP). **ED**

Gabarito "D"

(Procurador Municipal/SP – VUNESP – 2016) Assinale a alternativa correta sobre o crime de peculato, tipificado no artigo 312 e parágrafos do Código Penal.

(A) É crime próprio e não admite o concurso de pessoas.

(B) No peculato culposo a reparação do dano, se precede à sentença irrecorrível, reduz de metade a pena imposta.

(C) Admite o concurso de pessoas desde que a qualidade de funcionário público, elementar do tipo, seja de conhecimento do particular coautor ou partícipe.

(D) Para a caracterização do peculato-furto, afigura-se necessário que o funcionário público tenha a posse do dinheiro, valor ou bem que subtrai ou que concorre para que seja subtraído, em proveito próprio ou alheio.

(E) No peculato doloso a reparação do dano, se precede à sentença irrecorrível, extingue a punibilidade.

A: incorreta. Embora seja correto afirmar-se que o peculato é delito *próprio*, já que impõe ao sujeito ativo uma qualidade especial, neste caso a de ser funcionário público, é equivocado dizer-se que não é admitido, neste crime, o concurso de pessoas. Com efeito, é perfeitamente possível, no delito aqui tratado – e também nos crimes funcionais em geral –, que o particular, seja na condição de coautor, seja na de partícipe, tome parte na empreitada criminosa, respondendo pelo delito funcional em concurso de pessoas com o *intraneus*. Isso porque a condição de funcionário público, por ser elementar do crime de peculato, se comunica aos demais agentes que hajam concorrido com o funcionário para o cometimento do delito, à luz do que dispõe o art. 30 do CP. No mais, vale dizer que a responsabilização pela prática do delito funcional somente recairá sobre o particular se este tiver conhecimento de tal circunstância; **B:** incorreta. Se a reparação do dano, no peculato culposo (não se aplica ao doloso!), for anterior ao trânsito em julgado da sentença penal condenatória, o agente fará jus à extinção da punibilidade (não é hipótese de redução de pena), na forma estatuída no art. 312, § 3º, primeira parte, do CP; agora, se o funcionário promover a reparação do dano em momento posterior ao trânsito em julgado da sentença, será ele agraciado com a redução de metade da pena que lhe foi imposta, tal como estabelece o art. 312, § 3º, segunda parte, do CP; **C:** correta. Reporto-me ao comentário à alternativa "A"; **D:** incorreta. Ao contrário do que se afirma, para a configuração do chamado peculato--furto, modalidade prevista no art. 312, § 1º, do CP, é necessário que o funcionário não tenha a posse do objeto material do crime, mas, sim, se valha da sua condição de *intraneus* para realizar a subtração do dinheiro, valor ou bem, ou ainda concorra para que seja subtraído por terceiro; **E:** incorreta. Os benefícios da extinção da punibilidade, na hipótese de a reparação ocorrer antes da sentença irrecorrível, e diminuição de metade da pena imposta, quando a reparação é posterior ao trânsito em julgado, somente têm lugar no peculato *culposo* (art. 312, § 3º, do CP). Se doloso for o peculato, quando muito poderá o agente beneficiar-se do *arrependimento posterior*, desde que, nos termos do art. 16 do CP,

a reparação do dano ou a restituição da coisa se dê até o recebimento da denúncia. É hipótese de causa de redução de pena. **ED**

Gabarito "C".

(Procurador – SP – VUNESP – 2015) Antônio foi abordado por Policiais Militares na via pública e, quando informado que seria conduzido para a Delegacia de Polícia, pois era "procurado" pela Justiça, passou a desferir socos e pontapés contra um dos policiais. Sobre a conduta de Antônio, pode-se afirmar que

(A) praticou o crime de desacato, previsto no artigo 331 do Código Penal.

(B) praticou o crime de resistência, previsto no artigo 329 do Código Penal.

(C) praticou o crime de desobediência, previsto no artigo 330 do Código Penal.

(D) não praticou nenhum crime, pois todo cidadão tem direito à sua autodefesa.

(E) praticou o crime de corrupção ativa, previsto no artigo 333 do Código Penal, pois pretendeu, com sua reação, corromper o funcionário público a não cumprir ato de ofício.

Ao investir, com emprego de violência, contra os policiais militares que fariam a sua prisão (ato, em princípio, legal), Antônio cometeu o crime de resistência, capitulado no art. 329 do CP. Perceba que a oposição feita por Antônio à execução do ato consistente na sua prisão se fez por meio de violência, o que constitui, ao lado da ameaça, pressuposto ao reconhecimento deste crime. Além disso, o ato (neste caso a prisão) contra o qual o agente se insurge deve ser legal e realizado por funcionário público (neste caso policiais militares) com atribuição para tanto. Se o ato for ilegal, não há crime. De igual modo, se faltar atribuição ao agente para a execução do ato, também não há delito. Outra coisa importante: este crime restará configurado ainda que a violência ou ameaça seja empregada não contra o funcionário público, mas contra o particular que lhe esteja prestando auxílio na execução do ato. Se o ato, em razão da resistência oposta, não se executa, o agente incorrerá na forma qualificada deste crime (art. 329, § 1º, do CP). Por fim, por expressa disposição do § 2º deste mesmo artigo, a pena correspondente à violência (lesão corporal, por exemplo) será aplicada em concurso material com a da resistência. **ED**

Gabarito "B".

(Procurador – SP – VUNESP – 2015) Sobre o delito de corrupção ativa, pode-se afirmar que

(A) é crime próprio.

(B) tem como objeto jurídico a honestidade do funcionário público.

(C) é crime formal.

(D) é crime de concurso necessário.

(E) admite forma culposa.

A: incorreta. A corrupção *ativa* (art. 333, CP), porque pode ser praticada por qualquer pessoa, é crime *comum*, que não deve ser confundida com a corrupção *passiva* (art. 317, CP), esta sim delito *próprio*, uma vez que o tipo penal exige que seja praticado por funcionário público (qualidade especial do sujeito ativo); **B:** incorreta. A corrupção ativa tem como bem jurídico a ser tutelado a moralidade da Administração Pública; **C:** correta. É, de fato, crime *formal*, na medida em que a sua consumação não está condicionada à aceitação da oferta ou da promessa de oferta ao funcionário. Na verdade, o delito se perfaz em momento anterior: com a mera oferta ou promessa de oferta formulada pelo particular ao funcionário público; **D:** incorreta. Não se trata de crime de concurso necessário (ou plurissubjetivo), já que pode ser praticado por uma só pessoa. É, portanto, crime de concurso eventual (ou monossubjetivo).

13. DIREITO PENAL

Os crimes de concurso necessário só podem ser praticados por um número mínimo de agentes. É o caso da associação criminosa (art. 288, CP), cujo tipo penal estabelece o número mínimo de três pessoas. Se houver duas, o fato é atípico; **E:** incorreta. Não há modalidade culposa do crime de corrupção ativa. **ED**

Gabarito "C".

(Procurador – SP – VUNESP – 2015) José solicita e recebe dinheiro de um empresário que participará de uma licitação pública a pretexto de ajudá-lo a vencer o certame, sob o argumento de que tem muitos amigos no comando da Administração Pública. Sobre a conduta de José, está correto afirmar que

(A) praticou o crime de usurpação da função pública (art. 328, Código Penal).

(B) praticou o crime de corrupção ativa (art. 333, Código Penal).

(C) praticou o crime de impedimento, perturbação ou fraude concorrência (art. 335, Código Penal).

(D) praticou o crime de tráfico de influência (art. 332, Código Penal).

(E) não praticou nenhum crime (fato atípico), pois quem decide o resultado de licitação é o agente público e não o particular.

O agente que solicita vantagem a alguém, alegando gozar de prestígio junto à Administração para influir no comportamento de servidor público, comete o crime de tráfico de influência (art. 332 do CP). Este crime muito se assemelha ao estelionato, ou melhor, constitui uma modalidade específica de estelionato, em que o sujeito ativo vende a falsa ideia de que fará uso de sua influência para obter, em favor da vítima, benefício junto à Administração. Levada a engano pelo ardil aplicado pelo sujeito, o ofendido, ludibriado, entrega-lhe a vantagem perseguida. É crime de ação múltipla ou de conteúdo variado, uma vez que o tipo penal contempla, além do verbo *solicitar* (usado no enunciado), várias outras condutas (exigir, cobrar e obter). Este crime não deve ser confundido com o delito do art. 357 do CP (exploração de prestígio). Neste, as pessoas em relação às quais o agente alega gozar de prestígio estão especificadas no tipo penal: juiz, jurado, órgão do MP, funcionário de justiça etc. É crime contra a administração da Justiça, ao passo que o tráfico de influência é delito contra a administração pública em geral. **ED**

Gabarito "D".

(Procurador – IPSMI/SP – VUNESP – 2016) A respeito dos crimes contra a Administração Pública, é correto afirmar que

(A) o crime de sonegação de contribuição previdenciária é de competência da Justiça Estadual.

(B) importar mercadoria, sem o pagamento do imposto devido pela entrada, caracteriza o crime de contra-bando, de competência da Justiça Federal.

(C) o tipo penal de abandono da função pública (artigo 323 do Código Penal) é norma penal em branco e prescinde de resultado.

(D) o crime de desobediência (artigo 330 do Código Penal) somente se caracteriza se do não atendimento à ordem resultar prejuízo à Administração Pública.

(E) a subtração de valor, bem ou dinheiro, por funcionário público, valendo-se da facilidade que a qualidade de funcionário lhe proporciona, caracteriza o crime de furto qualificado.

A: incorreta. O crime de *sonegação de contribuição previdenciária*, que vem definido no art. 337-A do CP, é de competência da Justiça

Federal; **B:** incorreta. A conduta se amolda à descrição típica do crime de *descaminho* (e não de *contrabando*), previsto no art. 334, *caput*, do CP, o tipo objetivo é iludir, que no tipo penal tem o significado de frustrar, burlar, fraudar, o pagamento de direito ou imposto devido pela entrada ou saída de mercadoria do território nacional; **C:** correta. É norma penal em branco porque o abandono deve se dar *fora dos casos permitidos em lei*. Diz-se, no mais, que o crime do art. 323 do CP é formal porquanto prescinde de resultado naturalístico consistente no prejuízo efetivo à Administração; **D:** incorreta. É crime formal, razão pela qual não se exige, para a sua consumação, a produção de resultado naturalístico consistente no prejuízo à Administração como decorrência do não atendimento à ordem legal; **E:** incorreta, uma vez que a conduta corresponde à descrição típica do crime de *peculato-furto* (art. 312, § 1º, 1ª parte, do CP). **PB**

Gabarito "C".

(Procurador – IPSMI/SP – VUNESP – 2016) A respeito do crime previsto no artigo 359-C (assunção de obrigação no último ano do mandato ou legislatura), é correto afirmar que

(A) a condenação definitiva leva à perda do cargo, função pública ou mandato, tratando-se de efeito imediato da condenação.

(B) pode ser praticado por qualquer funcionário público.

(C) prevê a modalidade culposa.

(D) há previsão de elemento de tipo temporal, perfazendo-se a figura penal apenas se a conduta incriminada realizar-se nos dois últimos quadrimestres do mandato ou legislatura.

(E) tem por bem jurídico assegurar a veracidade nos pleitos dos poderes executivo, legislativo e judiciário.

A: incorreta. A perda de cargo, função pública ou mandato eletivo constitui efeito *específico* da condenação. Isso quer dizer que esta consequência da condenação, não sendo automática (imediata), deve ser declarada na sentença, a teor do que dispõe o art. 92, § 1º, do CP. Para facilitar a compreensão deste tema, cabe um esclarecimento. Os efeitos da condenação contemplados no art. 91 do CP são *automáticos* (genéricos). Significa isso que é desnecessário o pronunciamento do juiz, a esse respeito, na sentença. Já o art. 92 do CP, como já dissemos, trata dos efeitos da condenação *não automáticos* (específicos), que, por essa razão, somente podem incidir se o juiz, na sentença condenatória, declará-los de forma motivada; **B:** incorreta. Somente pode figurar como sujeito ativo deste crime o funcionário público que detém atribuição para ordenar ou autorizar a assunção de obrigação; não basta, pois, que seja funcionário público; **C:** incorreta. Não há a previsão de modalidade culposa deste delito; **D:** correta. De fato, o legislador introduziu um elemento temporal no tipo penal do art. 359-C do CP, segundo o qual a conduta ali descrita deve ser realizada a partir de 1º de maio do último ano do mandato ou da legislatura; **E:** incorreta. O bem jurídico aqui tutelado é a proteção à regularidade das finanças públicas. **ED**

Gabarito "D".

(Procurador do Estado – PGE/RS – Fundatec – 2015) Analise as seguintes assertivas:

I. À luz do Código Penal, não se revela possível a con-denação de particular pelo delito de peculato (art. 312, CP).

II. Diversamente da corrupção passiva, o delito de con-cussão não se tipifica quando o agente público exigir, para outrem, direta ou indiretamente, ainda que fora da função ou antes de assumi-la, mas em razão dela, vantagem indevida.

III. A indicação do ato de ofício não integra o tipo legal da corrupção passiva, bastando que o agente público que recebe a vantagem indevida tenha o poder de

490 EDUARDO DOMPIERI E PATRICIA BERGAMASCO

praticar atos de ofício para que se possa consumar o delito previsto no art. 317, CP. Mas, se restar provada a prática do ato de ofício em consequência da vantagem ou da promessa, a pena será aumentada de um terço.

IV. Aplicam-se as penas do delito de peculato se o funcionário público, embora não tendo a posse do dinheiro, valor ou bem, o subtrai, concorre para que seja subtraído, ou comete uma fraude para tanto, em proveito próprio ou alheio, valendo-se de facilidade que lhe proporciona a qualidade de funcionário.

Após a análise, pode-se dizer que:

(A) Está correta apenas a assertiva III.

(B) Está correta apenas a assertiva IV.

(C) Estão corretas apenas as assertivas II e III.

(D) Estão incorretas apenas as assertivas II e IV.

(E) Nenhuma das respostas anteriores.

I: incorreta. Ao contrário do afirmado, é perfeitamente possível, à luz do que estabelece o art. 30 do CP, que o peculato seja praticado em concurso formado pelo funcionário e por terceiro que não integre os quadros da Administração, visto que a condição de funcionário, por ser elementar do tipo (art. 312, CP), comunica-se aos coautores ou partícipes, desde que, é claro, a qualidade de funcionário público seja de conhecimento do terceiro, que poderá, sim, ser condenado pelo cometimento do crime de peculato; **II:** incorreta. A conduta descrita na assertiva corresponde ao crime de concussão (art. 316, "caput", do CP), em que o funcionário público, no exercício da função ou em razão dela, exige (ordena, impõe) do particular a obtenção de vantagem que não lhe é devida. Na corrupção passiva (art. 317, CP), diferentemente, o funcionário público, no lugar de exigir, solicita, recebe ou aceita promessa de vantagem indevida; **III:** correta (art. 317, § 1º, CP); **IV:** incorreta. O erro da assertiva está na palavra *fraude*; se esta for extraída, a conduta ali prevista corresponde ao crime do art. 312, § 1º, do CP (peculato-furto), em que o sujeito, embora não tenha a posse do objeto material, valendo-se de facilidade que seu cargo lhe proporciona, o subtrai ou colabora para que seja subtraído. **ED**

Gabarito "A".

(Procurador do Estado – PGE/RS – Fundatec – 2015) Assinale a alternativa INCORRETA.

(A) Segundo previsão legal e a jurisprudência do Supremo Tribunal Federal, a realização de propaganda de natureza eleitoral, exaltando a gestão de prefeito municipal candidato à reeleição e depreciando administrações anteriores em período próximo ao pleito, com custeio de despesas pelo município, configura o delito previsto no art. 1º, inciso II, do Decreto-Lei nº 201/67.

(B) É entendimento do Supremo Tribunal Federal que, quando cometer delito de peculato, governador de estado não pode incidir na causa de aumento de pena prevista no art. 327, § 2º, do Código Penal, dada a natureza de seu cargo, pois a situação caracterizaria *bis in idem.*

(C) A legislação penal vigente pune diversamente a conduta de prefeito que se apropriar de bens ou rendas públicas daquela que, dolosamente, desviar ou aplicar indevidamente rendas ou verbas públicas.

(D) É pacificado na jurisprudência do Superior Tribunal de Justiça que o bem jurídico protegido pelo Direito Penal nos crimes previstos no Decreto-Lei nº 201/67 não é só o patrimônio público, mas também a probidade administrativa, razão pela qual não se pode invocar o Princípio da Insignificância no caso de desvio de

bens públicos em proveito próprio ou alheio, levado a cabo pelo próprio Prefeito Municipal, que, no exercício de suas atividades funcionais, deve obediência aos mandamentos legais, inclusive ao princípio da moralidade pública, essencial à legitimidade de seus atos.

A: correta. Conferir o seguinte julgado do STF: "1. O art. 1º, II, do Decreto-Lei nº 201/67 tipifica como crime próprio dos Prefeitos Municipais a conduta de 'utilizar-se, indevidamente, em proveito próprio ou alheio, de bens, rendas ou serviços públicos', cominando a pena de reclusão, de dois a doze anos. 2. A realização de propaganda de cariz eleitoral, exaltando a gestão do prefeito municipal e depreciando as administrações anteriores em época próxima ao pleito, custeada pelo Erário do Município, configura o delito previsto no art. 1º, II, do Decreto-Lei nº 201/67" (AP 432, Tribunal Pleno, Rel. Min. Luiz Fux, j. 10.10.2013); **B:** incorreta. Conferir: "O Governador do Estado, nas hipóteses em que comete o delito de peculato, incide na causa de aumento de pena prevista no art. 327, § 2º, do Código Penal, porquanto o Chefe do Poder Executivo, consoante a Constituição Federal, exerce o cargo de direção da Administração Pública, exegese que não configura analogia *in malam partem*, tampouco interpretação extensiva da norma penal, mas, antes, compreensiva do texto" (Inq 2606, Tribunal Pleno, Rel. Min. Luiz Fux, j. 04.09.2014); **C:** correta. Condutas previstas em dispositivos legais distintos, a saber, respectivamente: art. 1º, I, do Decreto-Lei 201/1967, e art. 1º, III, do Decreto-Lei 201/1967; **D:** correta. Conferir o seguinte julgado do STF, que traduz posicionamento compartilhado pelo STJ: "O Decreto-Lei nº 201/67 está voltado não apenas à proteção do patrimônio público como também da moral administrativa, pelo que não há como agasalhar a óptica do crime de bagatela" (HC 85184, 1ª T., Rel Min. Marco Aurélio, *DJ* 08.04.2005). **ED**

Gabarito "B".

(Advogado União – AGU – CESPE – 2015) Um servidor público, concursado e estável, praticou crime de corrupção passiva e foi condenado definitivamente ao cumprimento de pena privativa de liberdade de seis anos de reclusão, em regime semiaberto, bem como ao pagamento de multa.

A respeito dessa situação hipotética, julgue o item seguinte (adaptada).

(1) Na hipótese em apreço, a competência seria da justiça federal, caso o servidor público fosse integrante da administração pública federal e o crime cometido tivesse nexo funcional com o cargo ocupado.

1: correta. De fato, compete à Justiça Federal o julgamento de crime cometido por funcionário público federal, desde que no exercício de suas funções. **ED**

Gabarito "1C".

(Advogado União – AGU – CESPE – 2015) João, empregado de uma empresa terceirizada que presta serviço de vigilância a órgão da administração pública direta, subtraiu aparelho celular de propriedade de José, servidor público que trabalha nesse órgão.

A respeito dessa situação hipotética, julgue os itens que se seguem.

(1) O ato praticado por João configura crime de peculato-furto, em que o sujeito passivo imediato é José e o sujeito passivo mediato é a administração pública.

(2) João é funcionário público por equiparação, devendo ser a ele aplicado o procedimento especial previsto no CP, o que possibilita a apresentação de defesa preliminar antes do recebimento da denúncia.

13. DIREITO PENAL | **491**

1: incorreto, uma vez que João não pode ser considerado funcionário público, neste caso por equiparação (art. 327, § 1º, CP), na medida em que a empresa terceirizada para a qual trabalha não executa atividade típica da Administração Pública, razão pela qual ele não poderá responder pelo crime de peculato-furto, delito próprio do funcionário público; **2:** incorreto. Vide comentário anterior. **ED**

Gabarito "1E, 2E."

(Procurador do Estado – PGE/BA – CESPE – 2014) Julgue os itens que se segue (adaptada).

(1) Considere que Paulo, servidor público lotado no INSS, tenha inserido nos bancos de dados dessa autarquia informações falsas a respeito de Carlos, o que possibilitou a este receber quantia indevida a título de aposentadoria. Nessa situação hipotética, Paulo cometeu o crime de falsidade ideológica.

(2) Caso o denunciado por peculato culposo opte, antes do pronunciamento da sentença, por reparar o dano a que deu causa, sua punibilidade será extinta.

1: incorreta, na medida em que Paulo cometeu o crime capitulado no art. 313-A do CP (inserção de dados falsos em sistema de informações), o dispositivo protege a regularidade dos sistemas informatizados ou bancos de dados da Administração Pública. Trata-se de crime instantâneo, formal e de ação múltipla ou de conteúdo variado, uma vez que o tipo penal contempla, além do verbo inserir (usado no enunciado), várias outras condutas; **2:** correta. De fato, no contexto do peculato culposo, se o agente, antes da sentença irrecorrível, promover a reparação do dano ao qual ele deu causa, será extinta a sua punibilidade, na forma estatuída no art. 312, § 3º, do CP. Segundo esse mesmo dispositivo, se a reparação se der depois de a sentença passar em julgado, a reparação do dano terá o condão de reduzir de metade a pena imposta. **PB**

Gabarito "1E, 2C."

15. CRIMES CONTRA A ORDEM TRIBUTÁRIA, ECONÔMICA E CONTRA AS RELAÇÕES DE CONSUMO

(Procurador Município – Santos/SP – VUNESP – 2021) Nos estritos termos do art. 12 da Lei 8.137/90, é circunstância que pode agravar as penas previstas para os crimes contra a ordem tributária:

(A) ser o agente reincidente.

(B) serem praticados em coautoria.

(C) serem praticados por motivo vil ou torpe.

(D) ocasionarem grave dano à coletividade.

(E) resultarem em risco sistêmico para as finanças públicas.

Segundo estabelece o art. 12 da Lei 8.137/1990, *são circunstâncias que podem agravar de 1/3 (um terço) até a metade as penas previstas nos arts. 1º, 2º e 4º a 7º: I – ocasionar grave dano à coletividade; II – ser o crime cometido por servidor público no exercício de suas funções; III – ser o crime praticado em relação à prestação de serviços ou ao comércio de bens essenciais à vida ou à saúde.*

Gabarito "D."

(Procurador do Estado – PGE/BA – CESPE – 2014) Julgue o item que se segue (adaptada).

(1) Suponha que, antes do término do correspondente processo administrativo de lançamento tributário, o MP tenha oferecido denúncia contra Maurício, por ter ele deixado de fornecer, em algumas situações, notas fiscais relativas a mercadorias efetivamente vendidas

em seu estabelecimento comercial. Nesse caso, de acordo com a jurisprudência pacífica do STF, a inicial acusatória não deve ser recebida pelo magistrado, dada a ausência de configuração de crime material.

1: incorreto, pois o inciso V do art. 1º da Lei 8.137/1990, delito em que incorreu Maurício, não foi contemplado na Súmula Vinculante 24 (Não se tipifica crime material contra a ordem tributária, previsto no art. 1º, incisos I a IV, da Lei nº 8.137/90, antes do lançamento definitivo do tributo), que somente fez referência aos delitos capitulados nos incisos I a IV do art. 1º. **PB**

Gabarito "1E."

16. CRIMES RELATIVOS À LICITAÇÃO

(Procurador Federal – AGU – 2023 – CEBRASPE) Quanto aos crimes em licitações e contratos administrativos, assinale a opção correta.

(A) No crime de afastamento de licitante, é atípica a conduta de abster-se ou desistir de licitar em razão de vantagem oferecida.

(B) Em se tratando de condutas dolosas, a pena de multa não poderá ser inferior a 5% do valor do contrato licitado ou celebrado com contratação direta.

(C) O crime de violação de sigilo em licitação é punido com detenção, sem possibilidade de suspensão condicional do processo.

(D) Fornecer mercadoria falsificada, deteriorada ou com prazo de validade vencido, como se fosse verdadeira ou perfeita, configura o crime de contratação inidônea.

(E) Será isento de pena o agente que, declarado inidôneo, venha a participar da licitação, mas não celebre o contrato.

A: errada. A assertiva questiona sobre a atipicidade das condutas abster ou desistir, contidas no art. 337-K do CP (afastamento de licitante), o parágrafo único dispõe que essas condutas são típicas: "Incorre na mesma pena quem se abstém ou desiste de licitar em razão de vantagem oferecida". O dispositivo protege a lisura e a regularidade das licitações públicas, visando resguardar os princípios que as regem, como o da moralidade, probidade, competitividade e isonomia (vide art. 5º da Lei nº 13.144/2021) entre os licitantes, e assegurar a proposta mais vantajosa para a Administração. As condutas previstas são abster (abdicar, privar--se) de formular uma proposta ou desistir (abandonar) a proposta, com a finalidade específica de obter a vantagem oferecida. **B:** errada. Dispõe o art. 337-P do CP que a pena de multa cominada aos crimes previstos no capítulo sobre os crimes em licitações e contratos administrativos seguirá a metodologia de cálculo prevista no Código Penal (arts. 49, 58 e 60) e não poderá ser inferior a 2% do valor do contrato licitado ou celebrado com contratação direta. **C:** correta: o crime de violação de sigilo em licitação está previsto no art. 337-J: "Devassar o sigilo de proposta apresentada em processo licitatório ou proporcionar a terceiro o ensejo de devassá-lo: Pena – detenção, de 2 (dois) anos a 3 (três) anos, e multa". A pena máxima prevista ao crime é de 3 anos, impedindo, assim, os benefícios da Lei nº 9.099/1995, que prevê em seu art. 61 as infrações penais de menor potencial ofensivo, aquelas que a lei comine pena máxima não superior a 2 anos, cumulada ou não com multa. **D:** errada. A conduta descrita na assertiva corresponde ao crime de fraude em licitação ou contrato, previsto no art. 337-L, II. **E:** errada. O art. 337-M, § 2º, primeira parte, dispõe que "incide na mesma pena do caput deste artigo aquele que, declarado inidôneo, venha a participar de licitação", ou seja, a mera participação, mesmo sem a celebração do contrato administrativo torna a conduta típica. **PB**

Gabarito "C."

(Procurador do Estado/TO - 2018 - FCC) Na hipótese de um servidor público patrocinar, direta ou indiretamente, interesse privado perante a Administração, dando causa à instauração de licitação ou à celebração de contrato, cuja invalidação vier a ser decretada pelo Poder Judiciário,

(A) o agente terá praticado crime de advocacia administrativa, previsto no art. 321, do Código Penal.

(B) em razão do crime ser de menor potencial ofensivo, são cabíveis a transação penal e a suspensão condicional do processo.

(C) o delito praticado é punível tanto na modalidade dolosa como na culposa.

(D) a instauração de licitação é mero exaurimento do crime, não sendo obrigatória a sua ocorrência para a consumação do crime.

(E) o delito praticado é punível com reclusão.

A: incorreta. O agente que assim agir responderá pelo crime definido no art. 91 da Lei 8.666/1993; B: correta. Tendo em conta que a pena cominada é de detenção de seis meses a dois anos, terão lugar tanto a transação penal (art. 76, Lei 9.099/1995) quanto a suspensão condicional do processo (art. 89, Lei 9.099/1995); C: incorreta, já que o crime em que incorreu o agente somente comporta a modalidade dolosa (não há previsão de modalidade culposa); D: incorreta, já que o crime, por ser material, somente se consuma com a invalidação da licitação ou do contrato pelo Judiciário; E: incorreta, na medida em que a pena cominada é de *detenção* de seis meses a dois anos e multa. Atenção: os arts. 89 a 108 da Lei 8.666/1993, que reuniam os crimes em espécie e o respectivo procedimento judicial, foram revogados pela Lei 14.133/2021 (nova Lei de Licitações e Contratos Administrativos). Por força desta mesma Lei, os delitos relativos a licitações e contratos administrativos foram inseridos no Código Penal, criando-se, para tanto, o Capítulo II-B, dentro do Título XI (dos crimes contra a administração pública). Assim, as condutas configuradoras de crimes relativos a licitações e contratos administrativos, que antes tinham previsão na Lei 8.666/1993, passam a tê-lo nos arts. 337-E a 337-P do CP. **ED**
Gabarito "B"

17. CRIME DE TORTURA

Procurador do Estado/SE - 2017 - CESPE) No que concerne ao crime de tortura, assinale a opção correta.

(A) O indivíduo que se omite ante a prática de tortura quando deveria evitá-la responde igualmente pela conduta realizada.

(B) A legislação especial brasileira concernente à tortura aplica-se somente aos crimes ocorridos em território nacional.

(C) No crime de tortura, a prática contra adolescente é causa de aumento de pena de um sexto até um terço.

(D) A condenação de funcionário público por esse crime gera a perda do cargo, desde que a sentença assim determine e que a pena aplicada seja superior a quatro anos.

(E) A submissão de pessoa presa a sofrimento físico ou mental por funcionário público que pratique atos não previstos em lei exige o dolo específico.

A: incorreta. Aquele que, embora não tomando parte na prática da tortura, deixa de agir quando deveria, para o fim de evitar o crime, será responsabilizado pelo delito de tortura do art. 1º, § 2º, da Lei 9.455/1997, cuja pena é de detenção de 1 a 4 anos, bem inferior à pena a que estará sujeito o agente que praticar, de forma ativa, a conduta prevista no art.

1º, II (reclusão de 2 a 8 anos); **B:** incorreta, por contrariar frontalmente o disposto no art. 2º da Lei 9.455/1997; **C:** correta (art. 1º, § 4º, II, da Lei 9.455/1997); **D:** incorreta. À luz do que estabelece o art. 1º, § 5º, da Lei 9.455/1997 (Lei de Tortura), além de acarretar a perda do cargo, função ou emprego público, a condenação implicará ainda a interdição para seu exercício pelo dobro do prazo da pena aplicada. Outrossim, a perda, dado que fundada diretamente em lei, é *automática*, sendo desnecessário, pois, que o juiz expressamente a ela faça menção na sentença condenatória. Assim, uma vez operado o trânsito em julgado da decisão, deverá a Administração promover a exclusão do servidor condenado; **E:** incorreta, já que o elemento subjetivo do crime definido no art. 1º, § 1º, da Lei 9.455/1997 é representado pelo dolo, sendo desnecessário elemento específico. **ED**
Gabarito "C"

18. CRIMES DE ABUSO DE AUTORIDADE

(Advogado União – AGU – CESPE – 2015) No que se refere a crime de abuso de autoridade e ao seu processamento, julgue os próximos itens.

(1) Constitui abuso de autoridade impedir que o advogado tenha acesso a processo administrativo ao qual a lei garanta publicidade.

(2) De acordo com a legislação pertinente, a ação penal por crime de abuso de autoridade é pública incondicionada, devendo o MP apresentar a denúncia no prazo de quarenta e oito horas.

1: correta (art. 3º, *j*, da Lei 4.898/1965 e art. 7º, XV, da Lei 8.906/1994). Esta questão e o respectivo comentário são anteriores à Lei 13.869/2019, que revogou, na íntegra, a Lei 4.898/1965. Com isso, os crimes de abuso de autoridade, atualmente, estão previstos na Lei 13.869/2019, que, em seu art. 32, prevê a conduta do agente que *negar ao interessado, seu defensor ou advogado acesso aos autos de investigação preliminar, ao termo circunstanciado, ao inquérito ou a qualquer outro procedimento investigatório de infração penal, civil ou administrativa, assim como impedir a obtenção de cópias, ressalvado o acesso a peças relativas a diligências em curso, ou que indiquem a realização de diligências futuras, cujo sigilo seja imprescindível;* **2:** correta. A ação penal, no contexto da Lei de Abuso de Autoridade, é pública incondicionada, cabendo ao MP, segundo estabelece o art. 13 da Lei 4.898/1965, oferecer denúncia no prazo de 48 (quarenta e oito) horas. A ação penal, no contexto da nova Lei de Abuso de Autoridade, permanece pública incondicionada (art. 3º, *caput*, da Lei 13.869/2019). **ED**
Gabarito "1C, 2C"

19. OUTROS CRIMES DO CÓDIGO PENAL E DA LEGISLAÇÃO EXTRAVAGANTE

(Procurador – AL/PR – 2024 – FGV) Após dois anos de investigação ininterrupta, a Polícia Civil do Estado Alfa logrou localizar, no interior do Estado do Paraná, Tício, líder individual de uma grande organização criminosa. Ao representar pela decretação da prisão preventiva do investigado, o Delegado de Polícia alegou e demonstrou que a organização criminosa é especializada no roubo de mercadorias em todos os portos da região Sul do Brasil, empregando, na atividade ilícita, adolescentes escolhidos pela liderança. A autoridade policial afirmou e comprovou, ainda, que a investigação é árdua, pois parte do produto da infração penal destina-se ao exterior.

13. DIREITO PENAL

Nesse cenário, considerando as disposições da Lei nº 12.850/2013, é correto afirmar que Tício responderá pelo crime de organização criminosa com

(A) uma agravante (exercício do comando individual do grupo criminoso) e com duas causas de aumento de pena (participação de adolescentes e destinação de parte do produto da infração penal ao exterior).

(B) com três causas de aumento de pena (exercício do comando individual do grupo criminoso, participação de adolescentes e destinação de parte do produto da infração penal ao exterior), sem agravantes.

(C) com três agravantes (exercício do comando individual do grupo criminoso, participação de adolescentes e destinação de parte do produto da infração penal ao exterior), sem causas de aumento de pena.

(D) duas agravantes (participação de adolescentes e destinação de parte do produto da infração penal ao exterior) e com uma causa de aumento de pena (exercício do comando individual do grupo criminoso).

(E) com duas causas de aumento de pena (exercício do comando individual do grupo criminoso e participação de adolescentes), sem agravantes.

Segundo estabelece o art. 2º, § 3º da Lei nº 12.850/2013, o exercício do comando individual do grupo criminoso prevê uma agravante genérica. Já a participação de adolescentes e a destinação de parte do produto da infração penal ao exterior, são causas aumento de pena (1/6 a 2/3) previstas, respectivamente, no § 4º, incisos I e III. **PB**

Gabarito "A".

(Procurador Federal – AGU – 2023 – CEBRASPE) A evasão de divisas do Brasil mediante operação de câmbio não autorizada configura

(A) crime de lavagem de dinheiro ou ocultação de bens, direitos e valores previsto na Lei n.º 9.613/1998.

(B) crime de emissão de título ao portador sem permissão legal previsto no Código Penal.

(C) crime contra a ordem econômica previsto na Lei n.º 8.137/1990.

(D) crime contra o sistema financeiro nacional previsto na Lei n.º 7.492/1986.

(E) crime contra a ordem tributária previsto na Lei n.º 8.137/1990.

O crime questionado no enunciado está previsto no art. 22, *caput*, da Lei nº 7.492/1986 com a seguinte redação: "Efetuar operação de câmbio não autorizada, com o fim de promover evasão de divisas do País". É crime comum, pode ser praticado por qualquer pessoa. O bem jurídico protegido é o sistema cambial do país. De acordo com a definição do Banco Central do Brasil, operação de câmbio é a troca da moeda de um país pela moeda de outro país e, as transações de moedas estrangeiras devem ser feitas somente com instituições autorizadas pelo Banco Central. Evasão é a saída clandestina ou irregular. Divisas significa dinheiro, cédulas estrangeiras, também, ouro. Estará caracterizado o crime com a efetivação de operação de câmbio, não autorizada pelo Bacen, visando a evasão de divisas, portanto, com a essa transação for realizada com a saída clandestina de moeda do país. O parágrafo único prevê as condutas equiparadas de promover (dar impulso, dar causa, providenciar), sem autorização legal, a saída de moeda ou divisa para o exterior, ou mantiver (conservar, preservar, guardar) depósitos não declarados à repartição federal competente. **PB**

Gabarito "D".

(Procurador Município – Santos/SP – VUNESP – 2021) Em relação à proteção judicial dos interesses metaindividuais, o Estatuto da Criança e do Adolescente prevê:

(A) os órgãos públicos legitimados para a sua defesa poderão tomar dos interessados compromisso de ajustamento de sua conduta às exigências legais, o qual terá eficácia de título executivo judicial.

(B) será cabível, como regra, o manejo de ação civil pública contra atos ilegais ou abusivos de autoridade pública ou agente de pessoa jurídica no exercício de atribuições do poder público, que lesem direito líquido e certo previsto no Estatuto.

(C) nas ações cíveis ajuizadas para a sua defesa, em caso de desistência ou abandono da ação por associação legitimada, o Ministério Público ou outro legitimado poderá assumir a titularidade ativa.

(D) os valores das multas aplicadas em processos judiciais reverterão ao fundo gerido pelo Conselho dos Direitos da Criança e do Adolescente do respectivo Estado.

(E) as demandas propostas visando à sua salvaguarda serão propostas no foro do local onde ocorreu ou deva ocorrer a ação ou omissão, cujo juízo terá competência relativa para processar a causa, ressalvadas a competência da Justiça Federal e a competência originária dos tribunais superiores.

A: incorreta, na medida em que, por força do que dispõe o art. 211 da Lei 8.069/1990 (Estatuto da Criança e do Adolescente), o compromisso de ajustamento de conduta, neste caso, terá eficácia de título executivo *extrajudicial* (e não judicial, como consta a assertiva); **B:** incorreta, uma vez que, contra atos ilegais ou abusivos de autoridade pública ou agente de pessoa jurídica no exercício de atribuições do poder público, que lesem direito líquido e certo previsto no ECA, caberá ação mandamental, que obedecerá à regras estabelecidas para o mandado de segurança. É o que dispõe o art. 212, § 2º, do ECA; **C:** correta, pois reflete o disposto no art. 210, § 2º, do ECA; **D:** incorreta, pois não corresponde ao que estabelece o art. 214, *caput*, do ECA, segundo o qual as multas reverterão ao fundo gerido pelo Conselho dos Direitos da Criança e do Adolescente do respectivo município (e não do Estado); **E:** incorreta, já que se trata de competência *absoluta* (art. 209, ECA). **ED**

Gabarito "C".

(Procurador do Estado/TO - 2018 - FCC) O crime de estupro de vulnerável, tipificado no art. 217-A, do Código Penal, prevê a pena em abstrato de oito a quinze anos de reclusão para aquele que tiver conjunção carnal ou praticar outro ato libidinoso com menor de catorze anos. De acordo com o entendimento sumulado pelo Superior Tribunal de Justiça, bem como pelo que estabelece a legislação,

(A) a existência de relacionamento amoroso da vítima com o agente é hipótese de excludente de antijuridicidade do crime em questão.

(B) o consentimento da vítima para a prática do ato afasta o caráter delitivo do crime, constituindo causa de excludente de ilicitude.

(C) a experiência sexual anterior da vítima é relevante para a tipificação do delito.

(D) incorre na mesma pena quem pratica as ações descritas no *caput* do art. 217-A com alguém que, por enfermidade, não tem o necessário discernimento para a prática do ato.

(E) o referido crime não está elencado na Lei 8.072/1990 como hediondo.

A: incorreta. No que concerne ao estupro de vulnerável, previsto no art. 217-A do CP, a Lei 13.718/2018, ao inserir o § 5º nesse dispositivo legal, consagrou o entendimento adotado pela Súmula 593, do STJ, no sentido de que a existência de relacionamento amoroso da vítima com o agente, o seu consentimento e a sua experiência sexual anterior são irrelevantes à configuração desse crime. Conferir: *o crime de estupro de vulnerável configura com a conjunção carnal ou prática de ato libidinoso com menor de 14 anos, sendo irrelevante o eventual consentimento da vítima para a prática do ato, experiência sexual anterior ou existência de relacionamento amoroso com o agente;* **B:** incorreta. Como já dito acima, o consentimento da vítima é irrelevante à configuração do crime de estupro de vulnerável (Súmula 593, do STJ, e art. 217-A, § 5º, do CP); **C:** incorreta. A exemplo da existência de relacionamento amoroso da vítima com o agente e do seu consentimento, a experiência sexual anterior da vítima menor de 14 anos é irrelevante à configuração do delito de estupro de vulnerável; **D:** correta. Isso porque a vulnerabilidade, para o fim de configurar o crime do art. 217-A do CP, pode decorrer tanto da idade da vítima (pessoa menor de 14 anos) quanto de situação de enfermidade ou deficiência mental, quando não dispuserem do necessário discernimento para a prática do ato sexual, e também quando, por qualquer causa, não puderem oferecer resistência ao cometimento do ato sexual; **E:** incorreta (art. 1º, VI, da Lei 8.072/1990). ED

Gabarito "D".

(Procurador do Estado/TO - 2018 - FCC) A Lei 11.340/2006 (Lei Maria da Penha) criou mecanismos para coibir a violência doméstica e familiar contra a mulher e, ainda, alterou o Código de Processo Penal, o Código Penal e a Lei de Execução Penal, transformando-se em um dos principais instrumentos legais de proteção à mulher no Brasil. Considerando a legislação, bem como o entendimento sumulado pelo Superior Tribunal de Justiça,

(A) configura violência doméstica e familiar contra a mulher qualquer ação ou omissão baseada no gênero que lhe cause morte, lesão, sofrimento físico, sexual ou psicológico e dano moral ou patrimonial, independentemente de sua orientação sexual.

(B) a prática de crime ou contravenção penal contra a mulher com violência ou grave ameaça no ambiente doméstico possibilita a substituição da pena privativa de liberdade por restritiva de direitos.

(C) é aplicável o princípio da insignificância nos crimes ou contravenções penais praticados contra a mulher no âmbito das relações domésticas.

(D) para a configuração da violência doméstica e familiar prevista no artigo 5º da Lei Maria da Penha se exige a coabitação entre autor e vítima.

(E) constatada a prática de violência doméstica e familiar contra a mulher, nos termos da referida lei, a autoridade policial poderá aplicar, de imediato, ao agressor a medida protetiva de afastamento do lar, domicílio ou local de convivência com a ofendida.

A: correta, pois reflete o disposto no art. 5º, *caput* e parágrafo único, da Lei 11.340/2006; **B:** incorreta. A Lei Maria da Penha (Lei 11.340/2006), em seu art. 17, veda a substituição de pena privativa de liberdade por sanções de índole eminentemente pecuniária. Nesse sentido é a Súmula 588 do STJ: "A prática de crime ou contravenção penal contra a mulher com violência ou grave ameaça no ambiente doméstico impossibilita a substituição da pena privativa de liberdade por restritiva de direitos"; **C:** incorreta, na medida em que contraria o entendimento consolidado na Súmula 589, do STJ: *É inaplicável o princípio da insignificância nos crimes ou contravenções penais praticados contra a mulher no âmbito das relações domésticas;* **D:** incorreta, uma vez que a configuração da violência doméstica e familiar contra a mulher *independe* da demons-

tração de coabitação da ofendida e do agressor, conforme estabelece o art. 5º, III, da Lei 11.340/2006 (Maria da Penha). Consagrando tal entendimento, o STJ editou a Súmula 600; **E:** incorreta ao tempo em que elaborada esta questão, pois somente ao juiz era dado aplicar as medidas protetivas de urgência, nos termos do art. 22, *caput*, da Lei 11.340/2006 (Maria da Penha). Tal realidade mudou com o advento da Lei 13.827/2019, que inseriu na Lei 11.340/2006 (Maria da Penha) o art. 12-C, que estabelece que, constatada situação de risco à vida ou à integridade física da mulher, no contexto de violência doméstica e familiar, a autoridade policial promoverá o imediato afastamento do ofensor do lar ou do local em que convive com a ofendida, desde que o município não seja sede de comarca; à falta da autoridade policial, o afastamento poderá ser realizado pelo policial de plantão. ED

Gabarito "A".

(Procurador do Estado/TO - 2018 - FCC) Está em conformidade com a Lei 11.343/2006, que instituiu o Sistema Nacional de Políticas Públicas sobre Drogas – SISNAD, e com o entendimento do Superior Tribunal de Justiça acerca do assunto:

(A) Compete ao juiz estadual do local da apreensão da droga remetida do exterior pela via postal processar e julgar o crime de tráfico internacional.

(B) É incabível a aplicação retroativa da Lei 11.343/2006, ainda que o resultado da incidência das suas disposições seja mais favorável ao réu do que o advindo da aplicação da Lei 6.368/1976, sendo possível, também, a combinação das referidas leis.

(C) Para a incidência da majorante prevista no art. 40, V, da Lei 11.343/2006, é desnecessária a efetiva transposição de fronteiras entre Estados da Federação, sendo suficiente a demonstração inequívoca da intenção de realizar o tráfico interestadual.

(D) Em razão de alteração legislativa recente, quem adquirir, guardar, tiver em depósito, transportar ou trouxer consigo, para consumo pessoal, drogas sem autorização ou em desacordo com determinação legal ou regulamentar não terá praticado qualquer delito.

(E) É dispensável a licença prévia da autoridade competente para produzir, extrair, fabricar, transformar, preparar, possuir, manter em depósito, importar, exportar, reexportar, remeter, transportar, expor, oferecer, vender, comprar, trocar, ceder ou adquirir, para fins medicinais, drogas ou matéria-prima destinada à sua preparação, observadas as demais exigências legais.

A: incorreta, já que, neste caso, a competência é do juízo federal (Súmula 528, STJ). Esta questão é anterior ao cancelamento da Súmula 528, realizado pela terceira sessão; **B:** incorreta, pois contraria o entendimento sufragado na Súmula 501, do STJ: "É cabível a aplicação retroativa da Lei 11.343/2006, desde que o resultado da incidência das suas disposições, na íntegra, seja mais favorável ao réu do que o advindo da aplicação da Lei 6.368/1976, sendo vedada a combinação de leis"; **C:** correta. Segundo entendimento consolidado nos tribunais superiores, é prescindível, para a incidência desta causa de aumento, a transposição das divisas dos Estados, sendo suficiente que fique demonstrado que a droga se destina a outro Estado da Federação. Nesse sentido, conferir: "(...) Esta Corte possui entendimento jurisprudencial, no sentido de que a incidência da causa de aumento, conforme prevista no art. 40, V, da Lei 11.343/2006, não exige a efetiva transposição da divisa interestadual, sendo suficientes as evidências de que a substância entorpecente tem como destino qualquer ponto além das linhas da respectiva Unidade da Federação (...)" (AGRESP 201103088503, Campos Marques (Desembargador convocado do TJ/PR), STJ, Quinta Turma, *DJe* 01.07.2013).

13. DIREITO PENAL

Consolidando tal entendimento, o STJ editou a Súmula 587: "Para a incidência da majorante prevista no art. 40, V, da Lei 11.343/2006, é desnecessária a efetiva transposição de fronteiras entre estados da Federação, sendo suficiente a demonstração inequívoca da intenção de realizar o tráfico interestadual"; **D:** incorreta. Não houve alteração legislativa nesse sentido; **E:** incorreta, uma vez que não reflete o disposto no art. 31 da Lei 11.343/2006. `PB`

Gabarito "C".

(Procurador – SP – VUNESP – 2015) Quanto aos crimes contra a Incolumidade Pública (Título VIII, CP), pode-se afirmar que

(A) são crimes comuns quanto aos sujeitos ativo e passivo.

(B) o crime de incêndio somente admite a forma dolosa e a preterdolosa.

(C) o crime de desabamento previsto no artigo 256, CP, consuma-se com a produção do resultado (morte ou lesão corporal a um número indeterminado de pessoas).

(D) o crime de explosão, pela sua natureza e formas de execução, não admite forma culposa.

(E) o crime de desabamento ou desmoronamento somente admite a forma culposa.

A: correta. De fato, os crimes que compõem o Título VIII do CP são comuns quanto aos sujeitos ativo e passivo; **B:** incorreta. O crime de incêndio admite as formas dolosa (art. 250, *caput*, do CP) e culposa (art. 250, § 2º, do CP); **C:** incorreta, na medida em que o crime de desabamento ou desmoronamento, previsto no art. 256 do CP, alcança a consumação no momento em que a vida, a integridade física ou o patrimônio de terceiro é exposto a situação de perigo concreto; **D:** incorreta, já que o delito de explosão (art. 251, CP) admite, sim, a modalidade culposa (§ 3º); **E:** incorreta. Admite tanto a forma dolosa quanto a culposa (art. 256, CP). `ED`

Gabarito "A".

(Procurador Municipal – Sertãozinho/SP – VUNESP – 2016) Acerca dos crimes contra a incolumidade pública, assinale a alternativa correta.

(A) A ação conhecida como "surf ferroviário", segundo a jurisprudência, configura o crime de perigo de desastre ferroviário.

(B) O crime de incêndio é de perigo concreto. Da conduta deve resultar a efetiva exposição da coletividade a uma concreta situação de perigo.

(C) Para a configuração do crime de explosão, é indispensável que o artefato exploda, causando a situação de perigo à incolumidade pública.

(D) O crime de desabamento ou desmoronamento não possui previsão da modalidade culposa.

(E) O crime de omissão de notificação de doença é material, ou seja, se consuma com o risco causado para a incolumidade pública em razão da omissão do médico.

A: incorreta, já que, conforme vem entendendo a jurisprudência, falta, ao chamado *surfista ferroviário*, que é aquele que se equilibra sobre a composição do trem em andamento, a intenção de gerar situação concreta de perigo de desastre ferroviário, elemento subjetivo do crime definido no art. 260 do CP; **B:** correta. De fato, tal como afirmado, o crime de incêndio, previsto no art. 250 do CP, por ser de perigo concreto, somente atinge a consumação com a efetiva exposição a perigo de vida, da integridade física ou do patrimônio de um número indeterminado de pessoas; **C:** incorreta. A explosão não é indispensável

à consumação do crime do art. 251 do CP. A consumação se opera no exato instante em que se verifica uma situação de perigo, seja por meio de uma explosão, seja pelo arremesso de um artefato, seja por meio da colocação deste (armar o explosivo em determinado local); **D:** incorreta, já que o crime a que se refere a alternativa comporta, sim, a modalidade culposa, prevista, de forma expressa, no art. 256, parágrafo único, do CP; **E:** incorreta. A consumação do crime de omissão de notificação de doença (art. 269, CP) ocorre no momento em que o médico deixa de observar o prazo estabelecido em lei, decreto ou regulamento para a comunicação de doença cuja notificação é obrigatória, não sendo necessário demonstrar que a omissão gerou risco à incolumidade pública. É crime omissivo próprio, a conduta típica é a omissão, ou seja, o fato de não denunciar o médico à autoridade competente a ocorrência de moléstia cuja notificação é compulsória. Trata-se de crime de mera conduta. `PB`

Gabarito "B".

(Procurador – IPSMI/SP – VUNESP – 2016) A respeito da Lei 12.850/2013 (Lei de Organização Criminosa), assinale a alternativa correta.

(A) Quem impede ou embaraça a investigação de infração que envolve organização criminosa está sujeito a punição idêntica à de quem integra organização criminosa.

(B) Havendo indício de que o funcionário público integra organização criminosa, o Juiz poderá determinar o afastamento cautelar do cargo, com suspensão da remuneração.

(C) Quem exerce o comando da organização criminosa, ainda que não pratique pessoalmente nenhum ato de execução, está sujeito a punição idêntica à de quem apenas integra organização criminosa.

(D) A infiltração policial, a ação controlada e a captação ambiental são meios de prova permitidos apenas na fase investigativa.

(E) A colaboração premiada é admitida apenas até a sentença.

A: correta (art. 2º, § 1º, da Lei 12.850/2013); **B:** incorreta, pois, embora seja lícito o afastamento cautelar do funcionário, não é dado ao magistrado determinar a suspensão da remuneração do servidor sobre o qual recaem indícios de envolvimento em organização criminosa (art. 2º, § 5º, da Lei 12.850/2013); **C:** incorreta, uma vez que o art. 2º, § 3º, da Lei 12.850/2013 estabelece que a pena daquele que exerce o comando da organização criminosa deve ser agravada; **D:** incorreta. Tais meios de prova podem ser utilizados tanto na fase investigativa quanto no curso da ação penal (qualquer fase da persecução penal), a teor do que dispõe o art. 3º, *caput*, da Lei 12.850/2013; **E:** incorreta. O acordo de colaboração premiada pode ser firmado após a sentença e a pena poderá ser reduzida até a metade ou será admitida a progressão de regime ainda que ausentes os requisitos objetivos. É o que estabelece o art. 4º, § 5º, da Lei 12.850/2013. `PB`

Gabarito "A".

(Procurador – IPSMI/SP – VUNESP – 2016) A Lei 12.846/2013, também conhecida por Lei Anticorrupção,

(A) aplica-se tanto a pessoas físicas quanto pessoas jurídicas, por atos lesivos à Administração Pública, nacional ou estrangeira.

(B) prevê responsabilização administrativa, civil e penal, por atos lesivos à Administração Pública, nacional ou estrangeira.

(C) prevê que a responsabilização da pessoa jurídica exclui a responsabilidade individual de seus dirigentes

496 EDUARDO DOMPIERI E PATRICIA BERGAMASCO

ou administradores, por atos lesivos à Administração Pública, nacional ou estrangeira.

(D) prevê a possibilidade de celebração de acordo de leniência que, uma vez integralmente cumprido, exime da obrigação de reparar o dano causado.

(E) equipara organização pública internacional à administração pública estrangeira.

A: incorreta, já que o campo de incidência da Lei Anticorrupção é restrito às pessoas jurídicas (art. 1º da Lei 12.846/2013); **B:** incorreta. A responsabilização contemplada nesta lei é restrita aos âmbitos *administrativo* e *civil* (art. 2º da Lei 12.846/2013); **C:** incorreta. Bem ao contrário, a Lei Anticorrupção prevê, em seu art. 3º, *caput*, que a responsabilização da pessoa jurídica *não* exclui a responsabilidade individual de seus dirigentes ou administradores; **D:** incorreta. O cumprimento integral do acordo de leniência não exime a pessoa jurídica da obrigação de reparar integralmente o dano causado (art. 16, § 3º, da Lei 12.846/2013); **E:** correta (art. 5º, § 2º, da Lei 12.846/2013). **ED**

Gabarito "E".

(Procurador Municipal – Prefeitura/BH – CESPE – 2017) À luz do CP e da legislação penal extravagante, assinale a opção correta.

(A) É crime impossível o peculato praticado por servidor público que subtrai bens da administração pública municipal aos quais tenha acesso em razão do cargo, quando há sistema de vigilância por monitoramento eletrônico.

(B) Poderá ser reduzida até a metade a pena de membro de organização criminosa que realizar colaboração premiada após a prolação da sentença.

(C) É atípica a conduta de fotografar criança em poses sensuais, com enfoque em seus órgãos genitais, quando estiverem cobertos por peças de roupas.

(D) O crime de racismo restringe-se aos atos discriminatórios em função de cor da pele — fator biológico —, em razão do princípio da necessidade da lei estrita do direito penal.

A: incorreta, pois não retrata o entendimento firmado na Súmula 567, do STJ, que, embora faça menção ao crime de furto, também pode ser aplicada ao delito de peculato-furto: "Sistema de vigilância realizado por monitoramento eletrônico ou por existência de segurança no interior de estabelecimento comercial, por si só, não torna impossível a configuração do crime de furto". O fato é que o chamado *furto sob vigilância* (neste caso, o peculato) pode, em determinadas situações, a depender do caso concreto, caracterizar *crime impossível* pela *ineficácia absoluta do meio* (art. 17 do CP). É o caso, por exemplo, do agente que, desde o momento em que ingressa no supermercado, passa a ser permanentemente vigiado por sistema de câmeras e também por seguranças, que ficam o tempo todo no seu encalço. Não há, neste caso, a menor possibilidade de o crime consumar-se. Isto não quer dizer que a existência, por si só, de sistema de segurança por câmeras elimine a possibilidade de o crime chegar à sua consumação. É perfeitamente plausível que o agente se aproveite de determinado ângulo de monitoramento em que a subtração não é visualizada pelo sistema de câmeras. Dessa forma, a ineficácia do meio deve ser avaliada caso a caso; **B:** correta, pois retrata o disposto no art. 4º, § 5º, da Lei 12.850/2013, segundo o qual, uma vez prolatada a sentença, o colaborador poderá fazer jus à redução de sua pena até a metade ou ainda poderá ser beneficiado com a progressão de regime prisional, mesmo que ausentes os requisitos objetivos; **C:** incorreta. Trata-se do crime capitulado no art. 240, "caput", do ECA. Na jurisprudência do STJ: "É típica a conduta de fotografar cena pornográfica (art. 241-B do ECA) e de armazenar fotografias de conteúdo pornográfico envolvendo criança ou adolescente (art. 240

do ECA) na hipótese em que restar incontroversa a finalidade sexual e libidinosa das fotografias, com enfoque nos órgãos genitais das vítimas – ainda que cobertos por peças de roupas –, e de poses nitidamente sensuais, em que explorada sua sexualidade com conotação obscena e pornográfica" (REsp 1543267/SC, 6ª T., Rel. Min. Maria Thereza de Assis Moura, j. 03.12.2015, *DJe* 16.02.2016); **D:** incorreta, uma vez que os crimes definidos na Lei 7.716/1989 (Lei de Racismo) envolvem atos de discriminação que levam em conta não somente a cor da pele, mas também raça, etnia, religião e procedência nacional. Ademais, é importante que se diga que o STF, reconhecendo a mora do Congresso Nacional, enquadrou a homofobia e a transfobia como crimes de racismo. O colegiado, por maioria, fixou a seguinte tese: "Até que sobrevenha lei emanada do Congresso Nacional destinada a implementar os mandados de criminalização definidos nos incisos XLI e XLII do art. 5º da Constituição da República, as condutas homofóbicas e transfóbicas, reais ou supostas, que envolvem aversão odiosa à orientação sexual ou à identidade de gênero de alguém, por traduzirem expressões de racismo, compreendido este em sua dimensão social, ajustam-se, por identidade de razão e mediante adequação típica, aos preceitos primários de incriminação definidos na Lei nº 7.716, de 08.01.1989, constituindo, também, na hipótese de homicídio doloso, circunstância que o qualifica, por configurar motivo torpe (Código Penal, art. 121, § 2º, I, "in fine")." (ADO 26/DF, rel. Min. Celso de Mello, julgamento em 13.6.2019). Dentro do tema tratado nesta alternativa, valem algumas ponderações, tendo em conta inovações implementadas pela recente Lei 14.532/2023, posterior, portanto, à elaboração desta questão. O crime de racismo, previsto na Lei 7.716/1989, não se confunde com a figura até então capitulada no art. 140, § 3º, do CP, que definia o delito de injúria preconceituosa. Com efeito, segundo sempre sustentou doutrina e jurisprudência, o delito de racismo pressupõe a prática de conduta de natureza segregacionista, ao passo que a injúria racial, então prevista no art. 140, § 3º, do CP, tal como ocorre com o crime de injúria simples, pressupõe que a ofensa seja dirigida a pessoa determinada ou, ao menos, a um grupo determinado de pessoas. *Grosso modo*, é o xingamento envolvendo raça, cor, etnia, religião ou origem. Como consequência desta distinção, tínhamos que o racismo era considerado crime inafiançável, imprescritível e de ação penal pública incondicionada; já a injúria racial era tida por afiançável, prescritível e de ação penal pública condicionada. Tal realidade começou a ser alterada pela ação da jurisprudência. O STF, em sintonia com precedente do STJ, por seu Plenário, ao julgar, em 28/10/2021, o HC 154.248, da relatoria do Ministro Edson Fachin, fixou o entendimento no sentido de que o crime de injúria racial deve ser inserido na seara no delito de racismo, passando a ser, com isso, imprescritível. Mais recentemente, a Lei 14.532/2023, imbuída desse mesmo espírito, alterou o teor do art. 140, § 3º, do CP, que passa a contar com a seguinte redação: *Se a injúria consiste na utilização de elementos referentes a religião ou à condição de pessoa idosa ou com deficiência.* Como se pode ver, o legislador, com isso, excluiu da forma qualificada da injúria ofensas contendo elementos referentes a raça, cor, etnia ou procedência nacional. Tais modalidades migraram para a Lei 7.716/1989, cujo art. 2º-A passa a ter a seguinte redação: *Injuriar alguém, ofendendo-lhe a dignidade ou o decoro, em razão de raça, cor, etnia ou procedência nacional.* Dessa forma, o crime de injúria racial foi tipificado como racismo. A consequência disso é que tal modalidade de injúria passa a ser, agora por força de lei, imprescritível, inafiançável e incondicionada a ação penal. Além disso, a pena, que até então era de reclusão de 1 a 3 anos e multa, passa a ser de 2 a 5 anos de reclusão. **PB**

Gabarito "B".

(Advogado União – AGU – CESPE – 2015) Um servidor público, concursado e estável, praticou crime de corrupção passiva e foi condenado definitivamente ao cumprimento de pena privativa de liberdade de seis anos de reclusão, em regime semiaberto, bem como ao pagamento de multa.

A respeito dessa situação hipotética, julgue os itens seguintes.

13. DIREITO PENAL

(1) As penas aplicadas não impedem nova condenação pelo mesmo fato em ação de improbidade administrativa, podendo o agente público ser novamente punido com a pena de perda da função pública e multa, entre outras previstas na lei específica.

(2) Na situação considerada, se houvesse suspeita de participação do agente em organização criminosa, o juiz poderia determinar seu afastamento cautelar das funções, sem prejuízo da remuneração; e se houvesse posterior condenação pelo crime de organização criminosa, haveria concurso material entre esse crime e o crime de corrupção passiva.

1: correta (art. 37, § 4º, da CF e art. 12, "caput", da Lei 8.429/1992); **2:** correta, pois reflete o que estabelece o art. 2º, "caput" e § 5º, da Lei 12.850/2013. O concurso material caracteriza-se quando praticada duas ou mais condutas e ocorrendo dois ou mais resultados, causados pelo mesmo autor (art. 69 do CP), a pena final a ser imposta é a soma das que devem ser aplicadas a cada delito isoladamente, adotado o sistema de cúmulo material. No crime de organização criminosa, a Lei nº 12.850, de 2-8-2013, definiu como "a associação de 4 (quatro) ou mais pessoas estruturalmente ordenada e caracterizada pela divisão de tarefas, ainda que informalmente, com objetivo de obter, direta ou indiretamente, vantagem de qualquer natureza, mediante a prática de infrações penais cujas penas máximas sejam superiores a 4 (quatro) anos, ou que sejam de caráter transnacional". No caso da questão pune-se o integrante da organização criminosa, com base no delito previsto no art. 2º da Lei 12.850/2013, juntamente com todos os demais delitos eventualmente praticados para a obtenção de vantagem ilícita e somam-se as penas. **PB**

Gabarito "1C, 2C"

(Procurador – PGFN – ESAF – 2015) A extinção do rol de crimes antecedentes da Lei de Lavagem de Dinheiro (Lei n. 9.613/98), promovida pela Lei n. 12.683/12, teve como consequência:

(A) a extinção da punibilidade de todas as condutas praticadas antes da vigência da Lei n. 12.683/12.

(B) o alargamento das hipóteses de ocorrência da figura típica da lavagem de dinheiro, possibilitando que qualquer delito previsto no ordenamento brasileiro seja o crime antecedente necessário à sua configuração.

(C) a alteração da natureza do crime de lavagem de dinheiro, que deixou de exigir a ocorrência de um crime antecedente para sua consumação.

(D) a exclusão da possibilidade dos crimes de tráfico ilícito de entorpecentes e extorsão mediante sequestro serem antecedentes à conduta de lavagem de dinheiro.

(E) a *abolitio criminis* da lavagem de dinheiro a partir da vigência da Lei n.12.683/12.

A: incorreta. A Lei 12.683/2012 não promoveu a extinção da punibilidade das condutas a ela anteriores, mas a supressão do rol taxativo dos crimes antecedentes; **B:** correta. Com o advento da Lei 12.683/2012, que alterou diversos dispositivos da Lei 9.613/1998, a conduta antecedente, que antes deveria estar contemplada no rol do art. 1º, agora pode ser representada por qualquer infração penal (crime e contravenção). Houve, bem por isso, uma ampliação (alargamento) do campo de incidência do crime de lavagem de dinheiro; **C:** incorreta. Permanece a exigência da ocorrência de infração penal anterior para a configuração da lavagem de dinheiro; **D:** incorreta. Inexiste tal previsão; **E:** incorreta. Pelo contrário, a Lei 12.683/2012, tal como afirmado na alternativa "B", fez ampliar as hipóteses de ocorrência do delito de lavagem de dinheiro. **PB**

Gabarito "B".

(Procurador do Estado – PGE/BA – CESPE – 2014) Julgue o item que se segue (adaptada).

(1) A associação, de três ou mais pessoas, para o fim específico de cometer crimes, configura quadrilha ou bando, devendo a pena imposta ao condenado com base nesse tipo penal ser aumentada até a metade quando tomarem parte da associação criança, adolescente, idoso ou pessoas com deficiência.

1: incorreta. A assertiva contém dois erros. Em primeiro lugar, o delito de quadrilha ou bando, com o advento da Lei 12.850/2013, ganhou nova denominação, a saber: associação criminosa (art. 288, CP). Além dessa mudança, o número mínimo de agentes, que antes era de quatro, passou a ser de três. Em segundo lugar, a causa de aumento de pena, prevista no parágrafo único desse dispositivo, somente tem incidência quando se tratar de associação armada ou quando houver a participação de criança ou adolescente (parágrafo único). **PB**

Gabarito "1E".

20. TEMAS COMBINADOS DE DIREITO PENAL

(Procurador/DF – CESPE – 2022) Em cada um dos itens a seguir, é apresentada uma situação hipotética seguida de uma assertiva a ser julgada em relação a diversos tipos de crimes e espécies de penas aplicáveis. Julgue-os à luz da legislação penal e do entendimento dos tribunais superiores.

(1) Raquel encontrou Beatriz na rua, que lhe devia a quantia de R$ 1.000, e passou a exigir que esta lhe entregasse o aparelho celular como pagamento da dívida. Na oportunidade, Raquel puxou o braço de Beatriz e abriu a bolsa de sua devedora, que, todavia, conseguiu fugir do local mantendo seu telefone celular. Nessa situação, Raquel praticou o crime de exercício arbitrário das próprias razões na modalidade consumada.

(2) Túlio, agente da polícia federal, visando obter informações acerca da autoria de um roubo de joias em uma agência da Caixa Econômica Federal em Brasília – DF, algemou um receptador conhecido na região e passou a espancá-lo com socos e chutes, bem como pedaços de madeira, o que lhe produziu lesões corporais com perigo de vida. Nessa situação, o agente deve ser responsabilizado pelos crimes de lesão corporal grave e abuso de autoridade.

(3) José foi condenado por receptação simples (Código Penal, art. 180, *caput*) e, posteriormente, praticou novo fato e foi condenado por receptação qualificada (Código Penal, art. 180, § 1.º). Nesse caso, ao juiz é vedado realizar a substituição da pena privativa de liberdade do réu por restritiva de direitos, uma vez que os crimes praticados são da mesma espécie.

(4) Flávio, sócio-gerente de uma loja de autopeças, realiza diversas operações que configuram fato gerador de ICMS com o consequente pagamento do tributo devido. Em um mês específico, Flávio, apesar de ter entregado a guia de informação e apuração do ICMS ao fisco estadual, não recolheu o tributo devido. Nessa situação, de acordo com entendimento dos tribunais superiores, a conduta praticada por Flávio é atípica.

1: certa. O crime de exercício arbitrário das próprias razões, previsto no art. 345 do CP, se caracteriza quando o agente faz justiça pelas próprias mãos, para satisfazer pretensão, embora legítima, salvo quando a lei o permite. Por ele deverá ser responsabilizada Raquel, que, com vistas a recompor seu patrimônio, já que emprestara dinheiro a Beatriz, desta exigiu, como forma de satisfazer sua pretensão, a entrega do celular da devedora. Cuida-se, segundo doutrina majoritária, de delito formal, já que não exige, para a sua consumação, a satisfação da pretensão; **2: anulada.** Túlio, ao agir de tal maneira, cometeu os crimes de tortura (art. 1º, I, *a*, da Lei 9.455/1997) e de abuso de autoridade, este capitulado no art. 13, I, da Lei 13.869/2019; **3: errada.** Somente tem o condão de impedir a substituição da pena privativa de liberdade por restritivas de direito a reincidência em crime *doloso*, conforme estabelece o art. 44, II, do CP. Ainda assim, é possível, em princípio, falar-se em substituição, desde que a reincidência não tenha se operado pela prática do mesmo crime (reincidência específica) e se a medida for socialmente recomendável (art. 44, § 3º, do CP). A reincidência específica de que trata o art. 44, § 3º, do CP somente tem incidência quando os crimes praticados forem idênticos, e não apenas da mesma espécie. Na jurisprudência: "1. Consoante o art. 44, § 3º, do CP, o condenado reincidente pode ter sua pena privativa de liberdade substituída por restritiva de direitos, se a medida for socialmente recomendável e a reincidência não se operar no mesmo crime. 2. Conforme o entendimento atualmente adotado pelas duas Turmas desta Terceira Seção – e que embasou a decisão agravada –, a reincidência em crimes da mesma espécie equivale à específica, para obstar a substituição da pena. 3. Toda atividade interpretativa parte da linguagem adotada no texto normativo, a qual, apesar da ocasional fluidez ou vagueza de seus termos, tem limites semânticos intransponíveis. Existe, afinal, uma distinção de significado entre "mesmo crime" e "crimes de mesma espécie"; se o legislador no particular dispositivo legal em comento, optou pela primeira expressão, sua escolha democrática deve ser respeitada. 4. Apesar das possíveis incongruências práticas causadas pela redação legal, a vedação à analogia *in malam partem* impede que o Judiciário a corrija, já que isso restringiria a possibilidade de aplicação da pena substitutiva e, como tal, causaria maior gravame ao réu. 5. No caso concreto, apesar de não existir o óbice da reincidência específica tratada no art. 44, § 3º, do CP, a substituição não é recomendável, tendo em vista a anterior prática de crime violento (roubo). Precedentes das duas Turmas.6. Agravo regimental desprovido, com a proposta da seguinte tese: a reincidência específica tratada no art. 44, § 3º, do CP somente se aplica quando forem idênticos (e não apenas de mesma espécie) os crimes praticados." (STJ, AgRg no AREsp n. 1.716.664/SP, relator Ministro Ribeiro Dantas, Terceira Seção, julgado em 25/8/2021, DJe de 31/8/2021); **4: correta,** visto que a conduta de Flávio não traduz a necessária contumácia exigida para a configuração deste delito. Conferir: "1. A Terceira Seção do Superior Tribunal de Justiça, no julgamento do HC n. 399.109/SC, pacificou o entendimento de que o não recolhimento do ICMS em operações próprias é fato típico. 2. O Supremo Tribunal Federal, quando do julgamento do RHC n. 163.334/SC, fixou a seguinte tese jurídica: "O contribuinte que, de forma contumaz e com dolo de apropriação, deixa de recolher o ICMS cobrado do adquirente da mercadoria ou serviço incide no tipo penal do art. 2º, II, da Lei nº 8.137/1990". 3. Na hipótese dos autos, conquanto os fatos atribuídos ao ora Agravado, a princípio, se subsumam à figura penal do art. 2º, II, da Lei n. 8.137/1990, a ausência de contumácia – o débito com o fisco se refere a tão somente 3 (três) meses – conduz ao reconhecimento da atipicidade das condutas e, por conseguinte, à absolvição. Precedentes do STJ. 4. É incabível a análise, em agravo regimental, de matéria que não constou das contrarrazões ao recurso especial, por se tratar de indevida inovação recursal (ut, AgRg no REsp 1505446/GO, Rel. Ministro SÉRGIO KUKINA, DJe 18/03/2021)." (AgRg no REsp 1.931.220/PR, Rel. Ministro REYNALDO SOARES DA FONSECA, QUINTA TURMA, julgado em 08/06/2021, DJe 14/06/2021.) 5. Agravo regimental parcialmente conhecido e, nessa extensão, desprovido. (STJ, AgRg no REsp n. 1.870.389/SC, relatora Ministra Laurita Vaz, Sexta Turma, julgado em 8/2/2022, DJe de 15/2/2022). **PB**

Gabarito 1C, 2Anulada, 3E, 4C

(Procurador do Estado – PGE/RS – Fundatec – 2015) Analise as assertivas abaixo:

I. Considera-se praticado o crime no lugar em que ocorreu a ação ou omissão, no todo ou em parte, sendo irrelevante para esse fim onde se produziu ou deveria ser produzido o resultado.

II. A superveniência de causa relativamente independente exclui a imputação quando, por si só, produziu o resultado; os fatos anteriores, entretanto, imputam-se a quem os praticou.

III. Nos crimes previstos no Código Penal que tenham sido cometidos sem violência ou grave ameaça à pessoa, reparado o dano ou restituída a coisa, até o oferecimento da denúncia ou da queixa, por ato voluntário do agente, a pena poderá ser reduzida de um a dois terços, presente a hipótese do arrependimento posterior.

IV. O erro sobre o elemento constitutivo do tipo legal de crime exclui o dolo e também não permite a punição por crime culposo, mesmo que previsto em lei.

Após a análise, pode-se dizer que:

(A) Está correta apenas a assertiva II.

(B) Estão corretas apenas as assertivas I e II.

(C) Está incorreta apenas a assertiva IV.

(D) Estão incorretas apenas as assertivas I e III.

(E) Todas as assertivas estão incorretas.

I: incorreta, pois, em matéria de lugar do crime, o legislador adotou, no CP, a teoria mista ou da ubiquidade, segundo a qual se considera praticado o crime no lugar onde ocorreu a ação ou omissão, no todo ou em parte, bem como onde se produziu ou deveria produzir-se o resultado (art. 6º do CP); **II:** correta. De fato, as causas supervenientes relativamente independentes excluem a imputação, desde que sejam aptas, por si sós, a produzir o resultado; os fatos anteriores, no entanto, serão imputados a quem os praticou (art. 13, § 1º, do CP). Exemplo clássico e sempre lembrado pela doutrina é aquele em que a vítima de tentativa de homicídio é socorrida e levada ao hospital e, ali estando, vem a falecer, não em razão dos ferimentos que experimentou, mas por conta de incêndio ocorrido na enfermaria do hospital. Este evento (incêndio) do qual decorreu a morte da vítima constitui causa superveniente relativamente independente que, por si só, gerou o resultado. O nexo causal, nos termos do art. 13, § 1º, do CP, é interrompido (há imprevisibilidade). O agente, por isso, responderá por homicídio na forma tentada (e não na modalidade consumada). Perceba que, neste caso, estamos a falar de causa *relativamente* independente porque, não fosse a tentativa de homicídio, o ofendido não seria, por óbvio, hospitalizado e não seria, por consequência, vítima do incêndio que produziu, de fato, a sua morte; **III:** incorreta. Primeiro porque o campo de incidência do arrependimento posterior não é restrito aos crimes definidos no Código Penal; ademais, a reparação do dano ou restituição da coisa deverá ocorrer até o *recebimento* da denúncia ou queixa, e não até o seu *oferecimento*, tal como consta da assertiva (art. 16, CP); **IV:** incorreta. Trata-se do erro de tipo essencial (art. 20, "*caput*", do CP), que, escusável ou inescusável, sempre afastará o dolo. Porém, sendo o erro inescusável (vencível ou evitável), o agente responderá por culpa, desde que tal forma esteja expressa em lei. **ED**

Gabarito "A".

(Procurador do Estado – PGE/RS – Fundatec – 2015) Analise as seguintes assertivas:

I. É entendimento consubstanciado na Súmula Vinculante nº 24 que não se tipifica o delito tributário previsto no art. 1º, incisos I a IV, da Lei nº 8.137/90, enquanto não exaurida a esfera administrativa, sendo

13. DIREITO PENAL

que a prescrição da pretensão punitiva é contada da ação ou da omissão de supressão ou redução dos tributos, nos exatos termos do que previsto no art. 4º, CP (Teoria da Atividade).

II. A homologação da transação penal prevista no artigo 76 da Lei nº 9.099/95 faz coisa julgada material e, descumpridas suas cláusulas, não pode ser retomada a situação anterior, inviabilizando-se a continuidade da persecução penal mediante oferecimento de denúncia ou requisição de inquérito policial.

III. Ordenar ou autorizar a inscrição em restos a pagar de despesa que não tenha sido previamente empenhada ou que exceda limite estabelecido em lei é crime contra as finanças públicas.

IV. Falsificar, mediante fabrico ou alteração, selo destinado a controle tributário é crime de falsificação de papel público (art. 293, CP), e não falsificação de documento público (art. 297, CP).

Após a análise, pode-se dizer que:

(A) Está correta apenas a assertiva III.

(B) Está incorreta apenas a assertiva I.

(C) Estão incorretas apenas as assertivas I e II.

(D) Estão incorretas apenas as assertivas I, II e III.

(E) Todas as assertivas estão incorretas.

I: incorreta. Segundo posicionamento consolidado tanto no STF quanto no STJ, o termo inicial do prazo prescricional nos crimes materiais contra a ordem tributária (art. 1º da Lei 8.137/1990) corresponde ao momento em que se deu a constituição definitiva do crédito tributário, e não da ação ou omissão que caracteriza a supressão ou redução do tributo. Conferir: "É condição objetiva de punibilidade dos crimes definidos no artigo 1º da Lei 8.137/1990 o lançamento definitivo do crédito tributário, não podendo, antes disso, ter início a persecução penal – por manifesta ausência de justa causa. 2. Enquanto o tributo não se torna exigível também não terá curso a prescrição" (STJ, HC 49524/RJ, 6ª T., Rel. Min. Paulo Medina, *DJ* 09.10.2006); **II:** incorreta, pois contraria o entendimento firmado na Súmula Vinculante 35: "A homologação da transação penal prevista no artigo 76 da Lei n.º 9.099/1995 não faz coisa julgada material e, descumpridas suas cláusulas, retoma-se a situação anterior, possibilitando-se ao Ministério Público a continuidade da persecução penal mediante oferecimento de denúncia ou requisição de inquérito policial"; **III:** correta (art. 359-B do CP); **IV:** correta (art. 293, I, do CP). **ED**

Gabarito "C".

(Procurador do Estado/BA – 2014 – CESPE) Julgue os itens que se seguem, referentes aos diversos tipos penais.

(1) Considere a seguinte situação hipotética. Joaquim foi denunciado pela prática do crime de falsidade ideológica previsto no Código Penal. A inicial acusatória foi recebida em 03.10.2007. O juiz da causa, por meio de sentença publicada em 19.07.2012, condenou o réu à pena de um ano, dez meses e vinte dias de reclusão, em regime semiaberto, mais pagamento de quinze dias-multa. Não houve recurso do MP e a defesa interpôs apelação, alegando a prescrição da pretensão punitiva do Estado. Nessa situação, deverá o tribunal negar provimento ao apelo.

(2) A associação, de três ou mais pessoas, para o fim específico de cometer crimes, configura quadrilha ou bando, devendo a pena imposta ao condenado com base nesse tipo penal ser aumentada até a metade quando tomarem parte da associação criança, adolescente, idoso ou pessoas com deficiência.

(3) Aquele que utilizar laudo médico falso para, sob a alegação de possuir doença de natureza grave, furtar-se ao pagamento de tributo, deverá ser condenado apenas pela prática do delito de sonegação fiscal se a falsidade ideológica for cometida com o exclusivo objetivo de fraudar o fisco, em virtude da aplicação do princípio da subsidiariedade.

(4) Considere que Paulo, servidor público lotado no INSS, tenha inserido nos bancos de dados dessa autarquia informações falsas a respeito de Carlos, o que possibilitou a este receber quantia indevida a título de aposentadoria. Nessa situação hipotética, Paulo cometeu o crime de falsidade ideológica.

(5) Caso o denunciado por peculato culposo opte, antes do pronunciamento da sentença, por reparar o dano a que deu causa, sua punibilidade será extinta.

(6) Suponha que, antes do término do correspondente processo administrativo de lançamento tributário, o MP tenha oferecido denúncia contra Maurício, por ter ele deixado de fornecer, em algumas situações, notas fiscais relativas a mercadorias efetivamente vendidas em seu estabelecimento comercial. Nesse caso, de acordo com a jurisprudência pacífica do STF, a inicial acusatória não deve ser recebida pelo magistrado, dada a ausência de configuração de crime material.

1: incorreta. Nos termos do art. 109, V, do CP, prescreve em quatro anos a pretensão punitiva ou executória quando a pena é igual a um ano, ou, sendo superior, não excede a dois. Dado que Joaquim foi condenado à pena de um ano, dez meses e vinte dias de reclusão (portanto, inferior a dois anos) e que entre o recebimento da denúncia (03.10.2007) e a publicação da sentença condenatória (19.07.2012) transcorreu prazo superior a quatro anos, deverá ser reconhecida a prescrição da pretensão punitiva em sua forma retroativa (art. 110, § 1º, do CP); **2:** incorreta. A associação de três ou mais pessoas, para o fim específico de cometer crimes, configura, desde o advento da Lei 12.850/2013, conhecida como a "Nova Lei do Crime Organizado", o delito de associação criminosa (e não mais quadrilha ou bando). Demais disso, a pena será majorada até a metade se a associação é armada ou se houver a participação de criança ou adolescente (art. 288, parágrafo único, do CP), não havendo menção a idosos ou portadores de deficiência; **3:** incorreta. A situação relatada na assertiva, muito embora esteja inicialmente correta (uso de documento falso para fraudar o Fisco é absorvido pela sonegação fiscal), alude ao princípio da subsidiariedade, quando, em verdade, cabível a aplicação da consunção. Assim, é sabido e ressabido que o crime-meio (no caso, a inserção, em laudo médico, de doença grave, a fim de sonegar tributo) será absorvido pelo crime-fim (sonegação fiscal) quando for meio necessário ou normal fase de execução deste último. Nesse sentido, confira-se a seguinte ementa: "AGRAVO REGIMENTAL NO RECURSO ESPECIAL. PENAL. SONEGAÇÃO FISCAL. ABSORÇÃO DOS DELITOS DE ESTELIONATO, FALSIDADE IDEOLÓGICA E USO DE DOCUMENTO FALSO. PRINCÍPIO DA CONSUNÇÃO. POSSIBILIDADE. FALSIDADE PRATICADA COM FIM EXCLUSIVO DE LESAR O FISCO, VIABILIZANDO A SONEGAÇÃO DO TRIBUTO. FALSO EXAURIDO NA SONEGAÇÃO. PRECEDENTES. AGRAVO REGIMENTAL DESPROVIDO. 1. É aplicável o princípio da consunção quando os crimes de estelionato, uso de documento falso e falsidade ideológica – crimes meio – são praticados para facilitar ou encobrir a falsa declaração, com vistas à efetivação do pretendido crime de sonegação fiscal – crime fim –, localizando-se na mesma linha de desdobramento causal de lesão ao bem jurídico, integrando, assim, o *iter criminis* do delito-fim (...)" (STJ, AgRg no REsp nº 1366714/MG, 5ª Turma, j. 22.10.2013, rel. Min. Laurita Vaz, *DJe* 05.11.2013); **4:** incorreta. Se o servidor do INSS for autorizado a operar os sistemas de informações da autarquia (dado não constante no enunciado), terá cometido o crime de peculato eletrônico, definido no art. 313-A do CP (crime contra a Administração Pública), e não a falsidade ideológica do art. 299 do CP (crime contra a fé pública); **5:** correta. De fato, no peculato culposo, se o agente reparar antes da sentença irrecorrível, terá sua punibilidade extinta, nos moldes preconizados pelo art. 312, § 3º, do CP. Frise-se que a reparação do dano somente extingue a punibilidade no peculato culposo (art. 312, § 2º, do CP). Já se se tratar de peculato doloso (art. 312, *caput*, e § 1º, do CP), incidirá apenas o art. 16 do CP (arrependimento posterior), que é causa de diminuição de pena; **6:** incorreta. O término do processo administrativo fiscal é condição objetiva de punibilidade apenas dos crimes materiais contra a ordem tributária, definidos no art. 1º da Lei 8.137/1990, conforme enuncia, inclusive, a Súmula Vinculante nº 24. Já os crimes formais previstos no art. 2º de referida lei não exigem o exaurimento da esfera administrativa, motivo pelo qual, no caso relatado na assertiva, o Ministério Público não precisaria aguardar o término do processo administrativo fiscal para ofertar denúncia. **ED**

Gabarito 1E, 2E, 3E, 4E, 5C, 6E

(Procurador Distrital – 2014 – CESPE) Marcos, imbuído de *animus necandi*, disparou tiros de revólver em Ricardo por não ter recebido deste pagamento referente a fornecimento de maconha. Apesar de ferido gravemente, Ricardo sobreviveu. Marcos, para chegar ao local onde Ricardo se encontrava, foi conduzido em motocicleta por Rômulo, que sabia da intenção homicida do amigo, embora desconhecesse o motivo, e concordava em ajudá-lo. Ricardo foi atingido pelas costas enquanto caminhava em via pública, e Marcos e Rômulo, ao verem a vítima tombar, fugiram, supondo tê-la matado.

Com base nessa situação hipotética, julgue os próximos itens.

(1) Houve desistência voluntária, pois os agentes fugiram do local ao perceberem a vítima tombar no chão, sem disparar o tiro de misericórdia.

(2) Rômulo agiu em coautoria e deve responder pelo mesmo crime cometido por Marcos, não se aplicando a ele, entretanto, a qualificadora baseada no motivo do crime (torpeza), já que ignorava o motivo por que o seu comparsa queria a morte de Ricardo.

1: incorreta. A desistência voluntária, espécie do gênero *tentativa abandonada* ou *qualificada*, pressupõe que o agente, após iniciar a execução do crime, desista, *sponte propria*, de prosseguir em seu intento criminoso. Aqui, voluntariamente, o agente abandona a execução da empreitada criminosa, muito embora pudesse prosseguir. No caso relatado na assertiva, fica claro que Marcos e Rômulo, previamente ajustados e agindo com o mesmo desígnio delituoso, somente fugiram do local após Ricardo ter tombado com os tiros desferidos pelo primeiro. Fica caracterizada, claramente, a tentativa de homicídio, visto que o resultado morte somente não se produziu por circunstâncias alheias às vontades dos agentes (art. 14, II, do CP); **2:** correta. Muito embora Rômulo tenha concorrido para a tentativa de homicídio de Ricardo, visto ter aderido à vontade de Marcos e tê-lo conduzido de moto até o encontro com a vítima, é certo que o motivo do delito ("acerto de contas" pelo não pagamento de drogas pelo ofendido a Marcos), por ser circunstância de caráter pessoal, de cunho subjetivo, portanto, é incomunicável a terceiros, nos termos do art. 30 do CP. Assim, Rômulo responderá, em nosso entendimento, por tentativa de homicídio qualificado pela surpresa (art. 121, § 2º, IV, do CP), visto que a vítima foi alvejada pelas costas, ao passo que Marcos deverá responder por tentativa de homicídio qualificado pela surpresa e por motivo torpe (art. 121, § 2º, IV e I, do CP). **ED**

Gabarito 1E, 2C

14. Direito Processual Penal

Eduardo Dompieri e Patricia Bergamasco

1. FONTES, PRINCÍPIOS GERAIS, EFICÁCIA DA LEI PROCESSUAL NO TEMPO E NO ESPAÇO

(**Procurador/DF – CESPE – 2022**) Julgue o item a seguir, no que se refere à aplicação da lei processual penal no tempo e no espaço.

(1) A nova lei processual penal, ainda que seja prejudicial à situação do agente, aplica-se aos fatos praticados anteriormente à sua vigência, salvo se já recebida a denúncia ou a queixa.

1: errada. Prejudicial ou não, a lei processual penal será aplicada desde logo (*princípio da aplicação imediata* ou *da imediatidade*), sem prejuízo dos atos realizados sob o império da lei anterior. É o que estabelece o art. 2º do CPP (*tempus regit actum*). A exceção a essa regra – é importante que se diga – fica por conta da lei processual penal dotada de carga material, em que deverá ser aplicado o que estabelece o art. 2º, parágrafo único, do CP. Nesse caso, a exemplo do que se dá com as leis penais, a norma processual nova, se favorável ao réu, deverá retroagir; se prejudicial, aplica-se a lei já revogada (*lex mitior*). **PB**

Gabarito "1E."

(**Procurador Distrital – 2014 – CESPE**) No que se refere à lei processual penal no espaço e no tempo, julgue os itens que se seguem.

(1) A aplicação do princípio da territorialidade, previsto na lei processual penal brasileira, poderá ser afastada se, mediante tratado internacional celebrado pelo Brasil e referendado internamente por decreto, houver disposição que determine, nos casos que ele indicar, a aplicação de norma diversa.

(2) A lei processual penal será aplicada desde logo, sem prejuízo da validade dos atos instrutórios realizados sob a vigência de lei processual anterior, salvo se esta for, de alguma maneira, mais benéfica ao réu que aquela.

1: correta. No que toca à lei processual penal no espaço, adotamos o *princípio da territorialidade*, já que a sua incidência se dá, em regra, no âmbito do território nacional; as exceções ficam por conta das *convenções*, *tratados* e *regras de direito internacional* (art. 1º do CPP); **2:** incorreta. A questão não é tão simples. É fato que a lei processual penal, ante o que estabelece o art. 2º do CPP, produzirá efeitos desde logo, preservando-se os atos (instrutórios ou não) realizados sob a égide da lei anterior (*tempus regit actum*). Aqui, pouco importa se a lei nova é mais prejudicial ao réu do que a lei anterior. O problema surge quando a lei processual penal tiver carga de direito material. Neste caso, deverá prevalecer, em detrimento do regramento estabelecido no art. 2º do CPP, as normas contidas no art. 5º, XL, da CF/1988 e art. 2º, parágrafo único, do CP. Ou seja, em se tratando de norma mais favorável ao réu, deverá retroagir em seu benefício; se prejudicial a lei nova, aplica-se a lei já revogada. **PB**

Gabarito 1C, 2E

2. INQUÉRITO POLICIAL E OUTRAS FORMAS DE INVESTIGAÇÃO CRIMINAL

(**Procurador do Estado/SE – 2017 – CESPE**) A respeito de inquérito policial, assinale a opção correta.

(A) O arquivamento desse tipo de investigação criminal nunca faz coisa julgada material, podendo a investigação ser desarquivada a qualquer tempo, se surgirem novas provas.

(B) A prorrogação de prazo em inquéritos policiais para ulteriores diligências é possível quando o fato for de difícil elucidação, ainda que o indiciado esteja preso.

(C) O arquivamento desse conjunto de atos e diligências pode ser determinado, de ofício, pelo magistrado.

(D) O inquérito policial, por ser uma peça investigatória obrigatória, não pode ser dispensado quando da propositura da ação penal.

(E) O inquérito policial pode ser instaurado com base em denúncia anônima, desde que comprovada por elementos informativos prévios que denotem a verossimilhança da comunicação.

A: incorreta. É verdade que a decisão que manda arquivar autos de inquérito policial faz, em regra, coisa julgada formal. Em outras palavras, diante do surgimento de provas novas, as investigações podem ser reiniciadas, com posterior oferecimento de denúncia. Entretanto, se o arquivamento do IP se der por atipicidade da conduta imputada ao investigado, neste caso, em especial, produz-se coisa julgada material, de sorte que é inviável, aqui, a reabertura das investigações; **B:** incorreta. A regra presente no art. 10, § 3º, do CPP, que permite a prorrogação do prazo para conclusão do IP na hipótese de ser o fato sob investigação de difícil elucidação, não se estende ao IP em que o investigado se encontre preso. Neste caso, transcorridos os 10 dias para conclusão das investigações, o IP deve ser enviado ao Poder Judiciário, sob pena de se configurar constrangimento ilegal, sanável por *habeas corpus*. Cuidado: há leis especiais que preveem a possibilidade de dilação do prazo do IP mesmo o investigado estando preso. É o caso da apuração que tenha por objeto crime de competência da Justiça Federal, em que o prazo para conclusão do inquérito, estando o investigado preso, é de quinze dias, podendo haver uma prorrogação por igual período, conforme dispõe o art. 66 da Lei 5.010/1966. Atenção: o art. 3º-B, VIII, do CPP, introduzido pela Lei 13.964/2019, estabelece ser uma das atribuições do juiz das garantias a prorrogação do prazo do inquérito policial, estando o investigado preso, desde que em face de representação formulada pela autoridade policial. O art. 3º-B, § 2º, do CPP, por sua vez, reza que tal prorrogação do prazo do IP, em que o investigado esteja preso, pode se dar por até 15 dias, uma única vez. Vale lembrar que esses dois dispositivos, porque fazem parte do regramento do juiz das garantias, foram objeto de Ação Declaratória de Inconstitucionalidade, já julgada pelo STF (ADIs 6298, 6299, 6300 e 6305). Em relação ao inciso VIII do art. 3º-B, determinou o STF que "Considerada a frequente instauração de investigações criminais, sob outros títulos que não o de inquérito, deve ser dada interpretação conforme à Constituição aos referidos incisos, de modo a determinar que todos os atos praticados pelo Ministério Público como condutor de investigação penal se submetam ao controle judicial (HC 89.837/DF, Rel. Min. Celso de Mello) e fixar o prazo de até 90 (noventa) dias, contados da publicação da ata do julgamento, para os representantes do Ministério Público encaminharem, sob pena de nulidade, todos os PIC e outros procedimentos de investigação criminal, mesmo que tenham outra denominação, ao respectivo juiz natural, independentemente de o juiz das garantias já ter sido implementado na respectiva jurisdição". No § 2º do art. 3º-B, proferiu a seguinte decisão: "(...) é necessária a interpretação conforme a Constituição, para atribuir interpretação conforme ao § 2º do art. 3º-B, para assentar que: a) o juiz pode decidir de forma fundamentada, reconhecendo a necessidade de novas prorrogações do inquérito, diante de elementos concretos e da complexidade da investigação; e b) a inobservância do prazo previsto em lei não implica a revogação automática da prisão preventiva, devendo o juízo competente ser instado a avaliar os motivos que a ensejaram, nos termos da ADI nº 6.581" (ADI 6298, j. em 24-8-2023, DJe de 19-12-2023). **C**: incorreta, uma vez que ao magistrado não é dado mandar arquivar IP sem a provocação do MP. Cuidado: com o advento da Lei 13.964/2019, que alterou o art. 28, caput, do CPP, o juiz deixa de atuar no procedimento de arquivamento do IP e a decisão é do Ministério Público, que, depois de analisar o inquérito e concluir pela inexistência de elementos mínimos a sustentar a acusação, determinará seu arquivamento, submetendo tal decisão à instância superior dentro do próprio MP. A norma foi objeto de Ação Declaratória de Inconstitucionalidade, já julgada pelo STF, que determinou: "(...) Por todo o exposto, conferiu-se interpretação conforme a Constituição ao artigo 28, *caput*, para assentar que, ao se manifestar pelo arquivamento do inquérito policial ou de quaisquer elementos informativos da mesma natureza, o órgão do Ministério Público submeterá sua manifestação ao juiz competente e comunicará à vítima, ao investigado e à autoridade policial, podendo encaminhar os autos para o Procurador-Geral ou para a instância de revisão ministerial, quando houver, para fins de homologação, na forma da lei, vencido, em parte, o Ministro Alexandre de Moraes, que incluía a revisão automática em outras hipóteses" (ADI 6298, j. em 24-8-2023, DJe de 19-12-2023); **D**: incorreta, na medida em que o IP é dispensável ao exercício da ação penal; quer-se com isso dizer que, se o titular da ação penal dispuser de elementos suficientes à sua propositura, nada impede que o faça sem recorrer ao inquérito policial. A propósito, a dispensabilidade é uma das características do IP (art. 12 do CPP); **E**: correta. A denúncia anônima (também chamada de apócrifa ou inqualificada), segundo tem entendido a jurisprudência, não é apta, por si só, a autorizar a instauração de inquérito policial, dando início à persecução jurisprudência penal. Antes disso, a autoridade policial deverá fazer uma averiguação prévia a fim de verificar a procedência da denúncia apócrifa, para, depois disso, determinar, se for o caso, a instauração de inquérito. Nesse sentido: "(...) a autoridade policial, ao receber uma denúncia anônima, deve antes realizar diligências preliminares para averiguar se os fatos narrados nessa 'denúncia' são materialmente verdadeiros, para, só então, iniciar as investigações" (STF, HC 95.244, 1ª T., rel. Min. Dias Toffoli, DJE de 29.04.2010). No mesmo sentido: "1. Elementos dos autos que evidenciam não ter havido investigação preliminar para corroborar o que exposto em denúncia anônima. O Supremo Tribunal Federal assentou ser possível a deflagração da persecução penal pela chamada denúncia anônima, desde que esta seja seguida de diligências realizadas para averiguar os fatos nela noticiados antes da instauração do inquérito policial. Precedente. 2. A interceptação telefônica é subsidiária e excepcional, só podendo ser determinada quando não houver outro meio para se apurar os fatos tidos por criminosos, nos termos do art. 2º, inc. II, da Lei n. 9.296/1996. Precedente. 3. Ordem concedida para se declarar a ilicitude das provas produzidas pelas interceptações telefônicas, em razão da ilegalidade das autorizações, e a nulidade das decisões judiciais que as decretaram amparadas apenas na denúncia anônima, sem investigação preliminar" (HC 108147, Relator(a): Min. Cármen Lúcia, Segunda Turma, julgado em 11.12.2012, Processo Eletrônico DJe-022 Divulg 31.01.2013 Public 01.02.2013). **PB**

(Procurador do Estado/SE – 2017 – CESPE) Ainda com relação ao inquérito policial, assinale a opção correta.

(A) Poderá ser decretada pelo magistrado a prisão preventiva fundamentada exclusivamente no clamor social provocado pelo indiciado.

(B) É vedado à autoridade policial o prosseguimento das investigações após o início do processo criminal.

(C) A vítima, em decorrência do seu direito líquido e certo, pode, na ação penal pública, impetrar mandado de segurança contra o arquivamento do inquérito.

(D) O indiciamento pode ser determinado pelo membro do MP quando a autoridade policial se recusar a fazê-lo.

(E) É cabível o trancamento de inquérito policial quando sua duração for desarrazoadamente excessiva, o que permite a reabertura, caso surjam novas provas.

A: incorreta. Isso porque o *clamor social* não é apto, por si só, a servir de fundamento para a decretação da prisão preventiva (art. 312, CPP); **B**: incorreta, uma vez que nada obsta ao delegado de polícia dê continuidade às investigações depois de instaurada a ação penal. Tal se dá, por exemplo, quando, no concurso de pessoas, o MP tenha denunciado algum dos autores enquanto a autoridade policial investiga a participação de outros; **C**: incorreta. Conferir: "A vítima de crime de ação penal pública incondicionada não tem direito líquido e certo de impedir o arquivamento do inquérito ou peças de informação. Em regra, não há ilegalidade, teratologia ou abuso de poder, passível de correção via mandado de segurança, na decisão judicial que, acolhendo promoção do Ministério Público, determina o arquivamento de inquérito policial. A norma inserta no art. 28 do Código de Processo Penal concede ao Juiz a prerrogativa de, considerando os elementos trazidos nos autos de inquérito ou nas peças de informações, anuir ou discordar do pedido de arquivamento formulado pelo órgão ministerial, não sendo cabível, em caso de concordância, a prévia submissão do pedido ao Procurador-Geral" (STJ, MS 21.081/DF, Rel. Ministro Raul Araújo, Corte Especial, julgado em 17.06.2015, DJe 04.08.2015). Pela nova sistemática adotada pelo art. 28, § 1º, do CPP, inserido pela Lei 13.964/2019, poderá a vítima recorrer do arquivamento do IP. Assim decidiu o STF "Ao mesmo tempo, assentou-se a interpretação conforme do artigo 28, § 1º, para assentar que, além da vítima ou de seu representante legal, a autoridade judicial competente também poderá submeter a matéria à revisão da instância competente do órgão ministerial, caso verifique patente ilegalidade ou teratologia no ato do arquivamento" (ADI 6298, j. em 24-8-2023, DJe de 19-12-2023); **D**: incorreta. O indiciamento constitui providência privativa da autoridade policial. É o que estabelece o art. 2º, § 6º, da Lei 12.830/2013, que contempla regras sobre a investigação criminal conduzida pelo delegado de polícia. Quanto a isso, conferir o magistério de Guilherme de Souza Nucci: "Requisição de indiciamento: cuida-se de procedimento equivocado, pois indiciamento é ato exclusivo da autoridade policial, que forma o seu convencimento sobre a autoria do crime, elegendo, formalmente, o suspeito de sua prática. Assim, não cabe ao promotor ou ao juiz exigir, através de requisição, que alguém seja indiciado pela autoridade policial, porque seria o mesmo que demandar à força que o presidente do inquérito conclua ser aquele o autor do delito (...)" (*Código de Processo Penal Comentado*, 12ªed., p. 101); **E**: correta. Conferir: "1. As leis processuais não estipulam prazo para a conclusão do inquérito policial, contudo, em observância ao princípio da razoabilidade, deve ser célere o andamento de procedimentos administrativos e judiciais. 2. Não se admite que alguém seja objeto de investigação eterna, notadamente, porque essa é uma situação que conduz a um evidente constrangimento, seja ele moral, ou, até mesmo financeiro e econômico. 3. Transcorridos mais de 6 anos do início da investigação sem que tenha sido oferecida denúncia ou obtidos elementos concretos que permitam o indiciamento do paciente, configura-se constrangimento ilegal por excesso de prazo, a ensejar, por consequência, o trancamento do procedimento de investigação,

14. DIREITO PROCESSUAL PENAL

503

sem prejuízo da abertura de outra investigação, caso surjam novas provas. 4. Recurso em *habeas corpus* provido" (STJ, RHC 82.559/RJ, Rel. Ministro Nefi Cordeiro, Sexta Turma, julgado em 05.12.2017, DJe 08.03.2018). **PB**

Gabarito "E".

(Procurador – IPSMI/SP – VUNESP – 2016) Uma vez relatado o inquérito policial,

(A) o delegado pode determinar o arquivamento dos autos.

(B) o Promotor de Justiça pode denunciar ou arquivar o feito.

(C) o Promotor de Justiça pode denunciar, requerer o arquivamento ou requisitar novas diligências.

(D) o Juiz pode, diante do pedido de arquivamento, indicar outro promotor para oferecer denúncia.

A: incorreta, uma vez que tal iniciativa (promoção de arquivamento de IP) incumbe com exclusividade ao representante do MP, titular que é da ação penal pública. Assim, é vedado ao delegado de polícia, ao concluir as investigações do inquérito policial, promover o seu arquivamento (art. 17, CPP); deverá, isto sim, fazê-lo chegar ao MP, a quem incumbirá, se o caso, promover o arquivamento do feito (art. 28, CPP); **B**: incorreta. O promotor de Justiça, embora possa (leia-se: deva) denunciar quando presentes indícios de autoria e prova da existência do crime, é-lhe vedado, pelas razões acima expostas, proceder ao arquivamento dos autos de inquérito policial; deverá, se assim entender, formular requerimento nesse sentido ao juiz de direito, que, se o caso, determinará o arquivamento dos autos de inquérito. Perceba que este comentário é anterior à Lei 13.964/2019, que conferiu nova redação ao art. 28 do CPP e, com isso, afastou o magistrado do procedimento de arquivamento de IP, de tal sorte que tal iniciativa cabe ao MP, que procederá, sem a necessidade de homologação do Poder Judiciário, ao arquivamento do feito. A norma foi objeto de Ação Declaratória de Inconstitucionalidade, já julgada pelo STF, que determinou: "(...) Por todo o exposto, conferiu-se interpretação conforme a Constituição ao artigo 28, *caput*, para assentar que, ao se manifestar pelo arquivamento do inquérito policial ou de quaisquer elementos informativos da mesma natureza, o órgão do Ministério Público submeterá sua manifestação ao juiz competente e comunicará à vítima, ao investigado e à autoridade policial, podendo encaminhar os autos para o Procurador-Geral ou para a instância de revisão ministerial, quando houver, para fins de homologação, na forma da lei, vencido, em parte, o Ministro Alexandre de Moraes, que incluía a revisão automática em outras hipóteses". (ADI 6298, j. em 24-8-2023, DJe de 19-12-2023); **C**: correta. Ao receber os autos de inquérito concluídos, ao MP é dado trilhar três caminhos: se houver justa causa, denunciar; se entender que há diligências, não realizadas pela autoridade policial, indispensáveis ao oferecimento da denúncia, requisitará tal providência ao delegado de polícia, com a devolução dos autos à unidade de Polícia Judiciária; se, por fim, entender que não há elementos suficientes ao ajuizamento da ação penal, promoverá o arquivamento dos autos de inquérito, vide comentário à assertiva B; **D**: incorreta. Se o juiz discordar do pedido de arquivamento de inquérito policial formulado pelo promotor, deverá, ante o que estabelece o art. 28 do CPP, fazer a remessa dos autos ao procurador-geral, que é quem tem atribuição para proceder a nova análise do pedido de arquivamento feito pelo membro do *parquet*. A partir daí, pode o procurador-geral, ante a provocação do magistrado, insistir no pedido de arquivamento do inquérito, ratificando posicionamento firmado pelo promotor, caso em que o juiz ficará obrigado, por imposição do art. 28 do CPP, a determiná-lo. Se, de outro lado, o procurador-geral entender que é o caso de oferecimento de denúncia, poderá ele mesmo fazê-lo ou designar outro promotor para que o faça. Tal incumbência, frise-se, não poderá recair sobre o mesmo promotor, o que implicaria violação à sua livre convicção. Como se pode ver, não é dado ao juiz, ao discordar do pleito de arquivamento requerido pelo MP, encaminhar os autos a

outro promotor para que promova a ação penal. Tal avaliação ficará a cargo do procurador-geral. Com o advento do Pacote Anticrime, o magistrado não tem mais poder de ingerência no arquivamento do IP; se entender que é caso de arquivamento, o membro do MP assim procederá, submetendo sua decisão ao órgão de controle revisional dentro do próprio Ministério Público, ao qual caberá homologar, se o caso, a determinação do promotor; vide comentário à assertiva B. **PB**

Gabarito "C".

(Procurador do Estado – PGE/BA – CESPE – 2014) Acerca do direito processual penal, julgue o item a seguir (adaptada)

(1) Em razão do princípio constitucional da presunção de inocência, é vedado à autoridade policial mencionar anotações referentes à instauração de inquérito nos atestados de antecedentes que lhe forem solicitados.

1: correta, pois reflete a regra presente no art. 20, parágrafo único, do CPP, que assim dispõe: *Nos atestados de antecedentes que lhe forem solicitados, a autoridade policial não poderá mencionar quaisquer anotações referentes à instauração de inquérito contra os requerentes.* **ED**

Gabarito "1C".

(Advogado União – AGU – CESPE – 2015) Ao receber uma denúncia anônima por telefone, a autoridade policial realizou diligências investigatórias prévias à instauração do inquérito policial com a finalidade de obter elementos que confirmassem a veracidade da informação. Confirmados os indícios da ocorrência de crime de extorsão, o inquérito foi instaurado, tendo o delegado requerido à companhia telefônica o envio de lista com o registro de ligações telefônicas efetuadas pelo suspeito para a vítima. Prosseguindo na investigação, o delegado, sem autorização judicial, determinou a instalação de grampo telefônico no telefone do suspeito, o que revelou, sem nenhuma dúvida, a materialidade e a autoria delitivas. O inquérito foi relatado, com o indiciamento do suspeito, e enviado ao MP.

Nessa situação hipotética, considerando as normas relativas à investigação crimina

1) são nulos os atos de investigação realizados antes da instauração do inquérito policial, pois violam o princípio da publicidade do procedimento investigatório, bem como a obrigação de documentação dos atos policiais.

1: incorreta, uma vez que a publicidade imanente ao processo penal não se aplica ao inquérito policial, que é sigiloso, conforme estabelece o art. 20, "caput", do CPP. Além disso, a denúncia anônima (também chamada de *apócrifa* ou *inqualificada*), segundo tem entendido a jurisprudência, não é apta, por si só, a autorizar a instauração de inquérito policial, dando início à persecução penal. Antes disso, a autoridade policial deverá fazer averiguação prévia a fim de verificar a procedência da denúncia apócrifa, para, depois disso, determinar, se for o caso, a instauração de inquérito. Nesse sentido: "(...) *a autoridade policial, ao receber uma denúncia anônima, deve antes realizar diligências preliminares para averiguar se os fatos narrados nessa 'denúncia' são materialmente verdadeiros, para, só então, iniciar as investigações"* (STF, HC 95.244, 1ª T., Rel. Min. Dias Toffoli, *DJE* 29.04.2010). Não há que se falar em ilegalidade, portanto, na conduta da autoridade policial que, em face de denúncia anônima, realizar diligências prévias à instauração de inquérito a fim de apurar a veracidade dos fatos que chegaram ao seu conhecimento. Pelo contrário, conforme já salientamos acima, a jurisprudência entende que a realização dessas diligências preliminares é de rigor. **ED**

Gabarito "1E".

(Procurador Distrital – 2014 – CESPE) Considerando as normas referentes ao inquérito policial, julgue os itens a seguir.

(1) Segundo as normas processuais penais vigentes, a autoridade policial não pode determinar o arquivamento do inquérito, salvo se o MP, previamente consultado, concordar com tal determinação.

(2) De acordo com o CPP, qualquer pessoa do povo, ao tomar conhecimento da prática de atos delituosos, deve comunicá-los à autoridade policial, seja verbalmente, seja por via formal.

1: incorreta, pois a regra segundo a qual é vedado à autoridade policial promover o arquivamento dos autos de inquérito policial não comporta exceção, é dizer, mesmo diante da concordância do Ministério Público, ainda assim o delegado está impedido de determinar o arquivamento do inquérito policial. Tal procedimento somente poderá ser feito pelo Ministério Público, segundo estabelece a nova redação conferida ao art. 28 do CPP pela Lei 13.964/2019. A norma foi objeto de Ação Declaratória de Inconstitucionalidade, já julgada pelo STF, que determinou: "(...) Por todo o exposto, conferiu-se interpretação conforme a Constituição ao artigo 28, *caput*, para assentar que, ao se manifestar pelo arquivamento do inquérito policial ou de quaisquer elementos informativos da mesma natureza, o órgão do Ministério Público submeterá sua manifestação ao juiz competente e comunicará à vítima, ao investigado e à autoridade policial, podendo encaminhar os autos para o Procurador-Geral ou para a instância de revisão ministerial, quando houver, para fins de homologação, na forma da lei, vencido, em parte, o Ministro Alexandre de Moraes, que incluía a revisão automática em outras hipóteses". (ADI 6298, j. em 24-8-2023, DJe de 19-12-2023); 2: incorreta, visto que o art. 5º, § 3º, do CPP confere a *prerrogativa* (não a *obrigação*) a qualquer pessoa do povo de comunicar à autoridade notícia de crime de que teve conhecimento. É a chamada *delatio criminis*. PB

Gabarito 1E, 2E

3. AÇÃO PENAL

(Procurador/DF – CESPE – 2022) Em relação à ação penal e ao acordo de não persecução penal, julgue os itens que se seguem.

(1) O óbito do ofendido extingue o direito de representação nos casos em que a lei a exija como condição para o oferecimento da denúncia.

(2) Preenchidos os requisitos legais, o Ministério Público poderá propor acordo de não persecução penal desde que suficiente e necessário para a prevenção e reprovação do crime, oferecendo, como uma das obrigações a serem cumpridas pelo investigado, prestação de serviço à comunidade ou a entidades públicas por período correspondente à pena mínima cominada ao delito.

(3) A ação penal seguirá em relação ao querelado que recusar o perdão concedido pelo querelante, ainda que aceito por eventual coautor.

1: errada, uma vez que, no caso de o ofendido falecer ou mesmo ser declarado ausente por decisão judicial, o direito de representação poderá ser exercido, na forma do disposto no art. 24, § 1º, do CPP, pelo cônjuge, ascendente, descendente ou irmão, nesta ordem; 2: errada, pois em desconformidade com o art. 28-A, III, do CPP. Quanto a este tema, importante tecer algumas observações. A Lei 13.964/2019, conhecida como Pacote Anticrime, promoveu diversas inovações nos campos penal e processual penal, sendo uma das mais relevantes a introdução, no art. 28-A do CPP, do chamado *acordo de não persecução penal*, que consiste, em linhas gerais, no ajuste obrigacional firmado entre

o Ministério Público e o investigado, em que este admite sua responsabilidade pela prática criminosa e aceita se submeter a determinadas condições menos severas do que a pena que porventura ser-lhe-ia aplicada em caso de condenação. Este instrumento de justiça penal consensual não é novidade no ordenamento jurídico brasileiro, uma vez que já contava com previsão na Resolução 181/2017, editada pelo CNMP, posteriormente modificada pela Resolução 183/2018 e pela Resolução 289/2024. O art. 28-A do CPP impõe os seguintes requisitos à celebração do acordo de não persecução penal: a) que não seja caso de arquivamento da investigação; b) crime praticado sem violência ou grave ameaça à pessoa; c) crime punido com pena mínima inferior a 4 anos; d) confissão formal e circunstanciada; e) que o acordo se mostre necessário e suficiente para reprovação e prevenção do crime; f) não ser o investigado reincidente; g) não haver elementos probatórios que indiquem conduta criminosa habitual, reiterada ou profissional; h) não ter o agente sido agraciado com outro acordo de não persecução, transação penal ou suspensão condicional do processo nos 5 anos anteriores ao cometimento do crime; i) não se tratar de crimes praticados no âmbito de violência doméstica ou familiar ou praticados contra a mulher por razões da condição de sexo feminino, em favor do agressor; 3: certa. Por se tratar de ato bilateral, a extinção da punibilidade somente será alcançada se o pedido (de perdão) for aceito pelo querelado; o perdão, se concedido a um dos querelados, a todos se estende, mas somente produzirá o efeito de extinguir a punibilidade daqueles que o aceitarem (art. 51 do CPP). PB

Gabarito 1E, 2E, 3C

(Procurador Município – Santos/SP – VUNESP – 2021) No que concerne ao tratamento que os arts. 100 a 126 da Lei n. 8.666/93 dão aos crimes de licitação, é correto afirmar que

(A) são crimes de ação penal pública incondicionada, admitindo-se, contudo, ação penal privada subsidiária da pública.

(B) são crimes de ação penal pública condicionada à representação do órgão lesado

(C) são crimes de ação penal pública, que admitem a forma condicionada ou incondicionada, a depender da qualidade do agente criminoso.

(D) eventual sentença absolutória passará por reexame necessário ou "recurso de ofício".

(E) eventual decisão concessiva de "habeas corpus" passará por reexame necessário ou "recurso de ofício", ainda que proferida por órgão colegiado.

Estabelecia o art. 100 da Lei 8.666/1993, hoje não mais em vigor, que a ação penal, nos crimes nela previstos, era pública incondicionada. Sucede que os arts. 89 a 108 da Lei 8.666/1993, que reuniam os crimes em espécie e o respectivo procedimento judicial, foram revogados pela Lei 14.133/2021 (nova Lei de Licitações e Contratos Administrativos). Por força desta mesma Lei, os delitos relativos a licitações e contratos administrativos foram inseridos no Código Penal, criando-se, para tanto, o Capítulo II-B, dentro do Título XI (dos crimes contra a administração pública). Assim, as condutas configuradoras de crimes relativos a licitações e contratos administrativos, que antes tinham previsão na Lei 8.666/1993, passam a tê-lo nos arts. 337-E a 337-P do CP. No que toca à natureza da ação penal, à míngua de previsão expressa nesse sentido, permanece como pública incondicionada. ED

Gabarito Anulada

(Procurador do Município - S.J. Rio Preto/SP —2019 - VUNESP) No que concerne à retratação nos crimes contra a honra, tema tratado no art. 143 do CP, assinale a alternativa correta.

(A) Apenas a injúria admite-a.

(B) Apenas a calúnia e a injúria admite-a.

(C) Apenas a calúnia e a difamação admitem-na.

(D) Todos os crimes contra a honra admitem-na, mas apenas até o oferecimento da denúncia.

(E) Nenhum dos crimes contra a honra admitem-na.

A *retratação*, no contexto dos crimes contra a honra, somente alcança, por força do art. 143, *caput*, do CP, os delitos de *calúnia* e *difamação*. E de outra forma não poderia ser. Como bem sabemos, tanto a calúnia quanto a difamação atingem a chamada honra *objetiva*, que nada mais é do que o conceito de que goza o indivíduo no meio social em que está inserido. É possível, portanto, que o querelado volte atrás na ofensa proferida, desmentindo o que dissera: no caso da calúnia, a falsa imputação de fato que constitui crime; no da difamação, a atribuição de conduta indecorosa por parte do ofendido. Agora, considerando que a injúria, que atinge a honra *subjetiva*, que é o conceito que fazemos de nós mesmos, consiste na atribuição de qualidade negativa (ofensa, xingamento), inviável que o ofensor volte atrás, desmentindo o xingamento que proferira. Chamo a atenção para a inserção do parágrafo único neste dispositivo (art. 143, CP), o que se fez por meio da Lei 13.188/2015, que diz respeito à hipótese em que o querelado, nos crimes de calúnia e difamação, se utiliza dos meios de comunicação. Neste caso, a retratação dar-se-á, se essa for a vontade do ofendido, pelos mesmos meios em que se praticou a ofensa. ⟨ED⟩
"Gabarito "C".

(Procurador – PGFN – ESAF – 2015) Um empresário foi denunciado em 2008 como incurso no crime do art. 2º, inciso I, da Lei n. 8.137/1990 (Lei dos Crimes contra a Ordem Tributária) por declaração falsa feita à Receita Federal em 1999. A pena máxima cominada em abstrato para este crime é de 2 (dois) anos. O juiz de primeiro grau recebeu a denúncia. Todavia, enquadrou os fatos narrados no tipo do art. 1º, inciso I, do mesmo diploma legal, cuja pena máxima é de 5 (cinco) anos e que trata da efetiva omissão de tributos. Sobre a conduta do juiz, pode-se afirmar que foi:

(A) equivocada, pois deveria ter declarado extinta a punibilidade em virtude da ocorrência de prescrição ao invés de receber a denúncia.

(B) correta em virtude do princípio *iura novit curia*.

(C) equivocada, pois deveria ter alterado a capitulação jurídica apenas no momento da prolação da sentença.

(D) correta, pois os crimes do artigo 2º são absorvidos pelos crimes do artigo 1º da Lei n. 8.137/1990.

(E) equivocada, pois contrária ao enunciado da Súmula Vinculante n. 24 do STF, segundo a qual o recebimento da denúncia depende do lançamento definitivo do tributo.

Considerando que o delito em que incorreu o empresário é o do art. 2º, I, da Lei 8.137/1990, tal como consta do enunciado, para o qual a pena máxima cominada é de 2 anos, o prazo prescricional, conforme estabelece o art. 109, V, do CP, é de 4 anos. Em assim sendo, tendo em conta que o delito a ele imputado ocorreu em 1999, forçoso concluir que ocorreu a prescrição da pretensão punitiva, já que a denúncia somente foi oferecida (e, ao que tudo indica, recebida) em 2008, interregno, portanto, superior a 4 anos. De rigor, assim, a rejeição da peça acusatória em razão da prescrição, que leva à extinção da punibilidade (art. 107, IV, do CP). ⟨ED⟩
"Gabarito "A".

(Procurador do Estado – PGE/BA – CESPE – 2014) Julgue o item subsequente, no que se refere à ação penal no processo penal brasileiro (adaptada)

(1) Em ação penal privada que envolva vários agentes do ato delituoso, é permitido ao querelante, em razão do princípio da disponibilidade, escolher contra quem proporá a queixa-crime, sem que esse fato acarrete a extinção da punibilidade dos demais agentes conhecidos e nela não incluídos.

1: incorreta. Por força do princípio da indivisibilidade, positivado no art. 48 do CPP, a queixa contra qualquer dos autores obrigará o processo de todos. Se é verdade que, na ação penal privada, é dado ao ofendido escolher se ajuíza a ação penal ou não (princípio da oportunidade), é-lhe vedado, de outro lado, escolher contra quem a ação será promovida, devendo processar todos os autores do crime que hajam sido identificados. A exclusão deliberada pelo ofendido de algum ou alguns ofensores levará à renúncia contra todos (art. 49, CPP). ⟨ED⟩
"Gabarito "1E".

4. JURISDIÇÃO E COMPETÊNCIA. CONEXÃO E CONTINÊNCIA

(Procurador/PA – CESPE – 2022) Durante um jogo de futebol acirrado entre dois times que disputavam a liderança do campeonato paraense, repentinamente torcedores reunidos no estádio iniciaram uma confusão e praticaram diversas infrações penais no local.

Nos termos do Código de Processo Penal, a competência para o julgamento das infrações penais praticadas na situação hipotética narrada anteriormente será determinada pela

(A) conexão teleológica.

(B) conexão probatória.

(C) conexão intersubjetiva por simultaneidade.

(D) conexão intersubjetiva por reciprocidade.

(E) conexão intersubjetiva por concurso.

O enunciado descreve hipótese de conexão intersubjetiva por simultaneidade, prevista no art. 76, I, primeira parte, do CPP. Ensina Guilherme de Souza Nucci, ao discorrer sobre o tema, que: "cuida-se da hipótese de vários agentes cometerem infrações diversas, embora sejam estas praticadas ao mesmo tempo, no mesmo lugar. A simultaneidade dos fatos e da atuação dos autores faz com que seja conveniente uma apuração conjunta, por juiz único. Como já mencionamos, somente tem sentido esta situação de reunião, por conta da melhor apuração probatória do ocorrido, evitando que a mesma prova seja valorada diferentemente por magistrados diversos (...)" (*Código de Processo Penal Comentado*, 17ª ed., p. 262). ⟨ED⟩
"Gabarito "C".

(Procurador do Estado/TO - 2018 - FCC) A Constituição Federal estabelece, em seu art. 5º, inciso XXXV, que a lei não excluirá da apreciação do Poder Judiciário lesão ou ameaça a direito. No Direito Processual Penal, o dispositivo constitucional refere-se ao princípio da

(A) indeclinabilidade.

(B) investidura.

(C) indelegabilidade.

(D) improrrogabilidade.

(E) inevitabilidade.

As assertivas contêm os chamados princípios informadores da jurisdição. Pelo *princípio da indeclinabilidade* (definido no enunciado), ao juiz não é dado negar a prestação jurisdicional, tampouco uma lei pode ser concebida para o fim de excluir da apreciação do Poder Judiciário

EDUARDO DOMPIERI E PATRICIA BERGAMASCO

lesão ou ameaça a direito de alguém (art. 5º, XXXV, da CF); o *princípio da investidura* enuncia que a jurisdição somente poderá ser exercida por quem foi regularmente investido no cargo e no exercício de suas funções; pelo *princípio da indelegabilidade*, que decorre do juiz natural, o magistrado não pode delegar a jurisdição a outro órgão; o *princípio da improrrogabilidade* estabelece que ao juiz não é dado invadir a área de atuação de outro; por fim, a *inevitabilidade* (irrecusabilidade) significa que as partes não podem recusar o juiz, ressalvadas as hipóteses de suspeição, impedimento ou incompetência. **ED**

Gabarito "A".

(Procurador do Estado – PGE/BA – CESPE – 2014) Julgue o item subsequente, no que se refere à competência no processo penal brasileiro (adaptada)

(1) Considere que Cássio, jogador de futebol residente na cidade de Montes Claros-MG, tenha declarado, em entrevista a jornais de circulação local no município de Governador Valadares-MG, que Emílio, árbitro de futebol, recebia dinheiro de agremiações para influenciar os resultados das partidas que arbitrava. Nessa situação hipotética, caso Emílio se considere caluniado e decida defender seus direitos na esfera criminal, ele poderá optar por propor a queixa-crime no foro de Montes Claros-MG.

1: correta. Estabelece o art. 73 do CPP que, ainda que conhecido o lugar da infração, que, neste caso, é o município de Governador Valadares-MG, o querelante, na ação penal privada exclusiva, poderá preferir o foro de domicílio ou da residência do réu, que corresponde à cidade de Montes Claros-MG. **ED**

Gabarito "1C".

5. QUESTÕES E PROCESSOS INCIDENTES

(Procurador Federal – AGU – 2023 – CEBRASPE) Em relação à restituição de coisas apreendidas, assinale a opção correta de acordo com o Código de Processo Penal (CPP).

(A) Na hipótese de decretação de perdimento de obras de arte, se o crime não tiver vítima determinada, os bens serão destinados à União.

(B) As coisas facilmente deterioráveis serão avaliadas e leiloadas ou entregues ao terceiro que as detinha, se ele for pessoa idônea e se responsabilizar por elas.

(C) Após sessenta dias do trânsito em julgado da sentença absolutória, os objetos apreendidos e não reclamados serão leiloados, para o pagamento das custas.

(D) Apreendida a coisa adquirida com os proventos do crime, o juiz deverá promover, cautelarmente, a sua venda em leilão, sendo o valor revertido integralmente ao Fundo Penitenciário.

(E) Em caso de conflito sobre quem seja o verdadeiro dono da coisa apreendida, ela ficará sob a guarda do juiz da causa, que deverá decidir sobre a propriedade após a oitiva do Ministério Público.

A: errada. O perdimento das obras de arte será em favor de museus públicos, conforme dispõe o art. 124-A do CPP, incluído pela Lei nº 13.964/2019: "Na hipótese de decretação de perdimento de obras de arte ou de outros bens de relevante valor cultural ou artístico, se o crime não tiver vítima determinada, poderá haver destinação dos bens a museus públicos". **B: correta.** De acordo com a redação do art. 120, § 5º do CPP: "Tratando-se de coisas facilmente deterioráveis, serão avaliadas e levadas a leilão público, depositando-se o dinheiro apurado, ou entregues ao terceiro que as detinha, se este for pessoa idônea e

assinar termo de responsabilidade". **C: errada.** Primeiro o prazo será de 90 dias; segundo, pode a sentença, com trânsito em julgado, ser condenatória ou absolutória; por último, o saldo do valor apurado ficará à disposição do juízo de ausentes; conforme o teor do art. 123 do CPP: "Fora dos casos previstos nos artigos anteriores, se dentro no prazo de 90 dias, a contar da data em que transitar em julgado a sentença final, condenatória ou absolutória, os objetos apreendidos não forem reclamados ou não pertencerem ao réu, serão vendidos em leilão, depositando-se o saldo à disposição do juízo de ausentes". **D: errada.** A avaliação e venda do bem apreendido em leilão, acontecerá depois do trânsito em julgado da sentença condenatória sendo decretado o perdimento dos bens. Estabelece o art. 121 do CPP que: "No caso de apreensão de coisa adquirida com os proventos da infração, aplica-se o disposto no art. 133 e seu parágrafo". Dispõe o art. 133 do CPP: "Transitada em julgado a sentença condenatória, o juiz, de ofício ou a requerimento do interessado ou do Ministério Público, determinará a avaliação e a venda dos bens em leilão público cujo perdimento tenha sido decretado. § 1º Do dinheiro apurado, será recolhido aos cofres públicos o que não couber ao lesado ou a terceiro de boa-fé. § 2º O valor apurado deverá ser recolhido ao Fundo Penitenciário Nacional, exceto se houver previsão diversa em lei especial". **E: errada.** A discussão sobre a propriedade do bem apreendido será remetida para o juízo cível; de acordo com o teor do § 4º do art. 120 do CPP: "Em caso de dúvida sobre quem seja o verdadeiro dono, o juiz remeterá as partes para o juízo cível, ordenando o depósito das coisas em mãos de depositário ou do próprio terceiro que as detinha, se for pessoa idônea". **PB**

Gabarito "B".

(Procurador Fazenda Nacional – AGU – 2023 – CEBRASPE) Com base no que dispõe o Código de Processo Penal (CPP) a respeito da ação civil, é correto afirmar que a PGFN está impedida de ajuizar ação cível de reparação de dano na hipótese de

(A) despacho de arquivamento do inquérito policial.

(B) decisão que julgue extinta a punibilidade.

(C) despacho de arquivamento das peças de informação.

(D) decisão absolutória que considere atípico o ato praticado.

(E) reconhecimento da inexistência material do fato.

Perceba que essa questão é semelhante à aplicada pela Cespe/Cebraspe em 2017, abaixo transcrita. Dispõe o art. 66 do CPP: "Não obstante a sentença absolutória no juízo criminal, a ação civil poderá ser proposta quando não tiver sido, categoricamente, reconhecida a inexistência material do fato". As assertivas **A**, **B**, **C** e **D**, estão erradas, uma vez que contrariam os incisos I, II e III do art. 67 do CPP e, portanto, não impedem a propositura da ação civil. **PB**

Gabarito "E".

(Procurador/PA – CESPE – 2022) O art. 92 do Código de Processo Penal dispõe que "Se a decisão sobre a existência da infração depender da solução de controvérsia, que o juiz repute séria e fundada, sobre o estado civil das pessoas, o curso da ação penal ficará suspenso até que no juízo cível seja a controvérsia dirimida por sentença passada em julgado, sem prejuízo, entretanto, da inquirição das testemunhas e de outras provas de natureza urgente.". Esse dispositivo trata de

(A) exceção de litispendência.

(B) questão prejudicial obrigatória.

(C) exceção de coisa julgada.

(D) questão prejudicial homogênea.

(E) questão prejudicial facultativa.

O enunciado trata da chamada questão prejudicial *obrigatória*. Prevista no art. 92 do CPP, é aquela que necessariamente enseja a suspensão do processo, sendo tão somente suficiente que o magistrado do juízo criminal a repute séria e fundada. Aqui, o juiz deverá determinar a paralisação do feito até que o juízo cível emita sua manifestação. O legislador não estabeleceu prazo durante o qual o curso da ação penal permanecerá suspenso. Envolve questões atinentes à própria existência do crime. É importante que se diga que, segundo preleciona o art. 116, I, do CP, o curso da prescrição ficará suspenso. Já na questão prejudicial *facultativa*, contida no art. 93 do CPP, o magistrado tem a faculdade, não a obrigação, de suspender o processo. São questões que não envolvem o estado civil das pessoas. Somente neste caso (prejudicial facultativa) o juiz, depois de transcorrido o prazo por ele estabelecido, poderá fazer prosseguir o processo, retomando sua competência para resolver a matéria da acusação ou da defesa. **PB**

Gabarito "B".

(Procurador do Estado/SE – 2017 – CESPE) A propositura de ação na esfera cível ou administrativa é impedida por

(A) sentença que entenda atípica a conduta praticada pelo réu.

(B) sentença que verifique a inexistência material do fato.

(C) sentença que absolva o acusado por não haver provas da sua coparticipação na infração penal.

(D) despacho que determine o arquivamento do inquérito policial.

(E) sentença que absolva o réu por ausência de provas.

A: incorreta, uma vez que contraria a regra presente no art. 67, III, do CPP; **B:** correta (art. 66, CPP); **C:** incorreta, uma vez que a absolvição por ausência de prova suficiente de ter o réu concorrido para a infração penal (art. 386, V, do CPP) não produz coisa julgada no cível, possibilitando o ajuizamento da ação de conhecimento com vistas à apuração de culpa; **D:** incorreta. O despacho que determina o arquivamento do inquérito policial não elide a possibilidade de propositura da ação civil (art. 67, I, CPP); **E:** incorreta. A sentença que absolva o réu por insuficiência de provas (art. 386, VII, do CPP) não tem o condão de impedir o ajuizamento da ação civil. **ED**

Gabarito "B".

6. PROVAS

(Procurador/PA – CESPE – 2022) A respeito dos sistemas de valoração das provas, assinale a opção correta.

(A) O sistema da íntima convicção é aquele em que o juiz forma a sua convicção pela livre apreciação da prova produzida pelas partes em regular contraditório judicial.

(B) No sistema das provas legais, típico do período inquisitivo, foram atribuídos poderes excessivos ao juiz, de forma mais acentuada a partir do século XII.

(C) O sistema da prova tarifada surgiu com o objetivo de reduzir os poderes do juiz, criando, assim, um modelo rígido de apreciação da prova e estabelecendo os meios de prova para certos crimes bem como o valor da prova antes do julgamento.

(D) O sistema do livre convencimento motivado, adotado como regra de julgamento no Brasil, permite ao juiz decidir livremente a causa, valorando as provas que julgar importantes, ainda que elas estejam fora dos autos.

(E) O sistema da persuasão racional evidencia que o juiz é livre na formação de seu convencimento, podendo ele optar pela prova que lhe parecer mais racional, justa e correta, além de, em nome da verdade real, prescindir de fundamentar a sua liberdade de escolha.

A: incorreta. O *sistema da íntima convicção* (ou da certeza moral do juiz), que acolhemos como exceção, é o que vige no Tribunal do Júri, onde o jurado não precisa justificar o seu voto. Neste sistema de avaliação da prova, aos juízes leigos é conferida ampla liberdade para apreciação, dispensando-os de fundamentar a decisão. O julgador decide em consonância com a sua íntima convicção, funda-se na certeza moral do julgador, pouco importando em que bases ela se sustenta. Como se pode ver, a decisão pode não ficar circunscrita à prova produzida pelas partes em contraditório judicial; **B:** incorreta. Pelo sistema da prova legal ou tarifada, o juiz fica adstrito ao valor atribuído à prova pelo legislador. Como consequência disso, a liberdade do juiz de valorar a prova fica sobremaneira reduzida, já que os critérios de validade são previamente estabelecidos pela lei; **C:** correta, tendo em conta o comentário anterior: **D:** incorreta. No sistema do livre convencimento motivado (persuasão racional ou livre apreciação judicial da prova), o juiz tem ampla liberdade na valoração das provas, mas aquelas constantes nos autos, não é dado ao magistrado valorar provas que não estejam nos autos, ainda que consideradas de suma importância; **E:** incorreta. O sistema da persuasão racional (livre convencimento motivado, livre apreciação judicial da prova) pressupõe que o juiz fundamente sua decisão, (art. 93, IX da CF). **PB**

Gabarito "C".

(Procurador do Estado/TO - 2018 - FCC) Não é incomum se confundir o conceito de "corpo de delito" com o de "exame de corpo de delito". O primeiro diz respeito ao conjunto de elementos sensíveis deixados pelo crime. Já o segundo, refere-se a uma das espécies de perícia, mais especificamente, aquela realizada no corpo de delito. Diante das considerações acima,

(A) no exame por precatória, a nomeação dos peritos far-se-á no juízo deprecante. Havendo, porém, no caso de ação privada, acordo das partes, essa nomeação poderá ser feita pelo juiz deprecado.

(B) quando a infração deixar vestígios, será indispensável o exame de corpo de delito, direto ou indireto, podendo, contudo, ser suprido, pela confissão do acusado.

(C) o juiz ou a autoridade policial negará o exame de corpo de delito requerido pelas partes quando não for necessário ao esclarecimento da verdade, ainda que se trate de delitos que deixem vestígios.

(D) não sendo possível o exame de corpo de delito, por haverem desaparecido os vestígios, a prova testemunhal poderá suprir-lhe a falta.

(E) o exame de corpo de delito somente poderá ser realizado em dias úteis, das seis às vinte horas.

Antes de analisar cada assertiva em separado, importante, desde já, tecer alguns comentários acerca da chamada "cadeia de custódia", inovação introduzida no CPP (arts. 158-A a 158-F) pela Lei 13.964/2019 (Pacote Anticrime), que consiste na sistematização de todos os procedimentos que se prestam a preservar a autenticidade da prova coletada em locais ou em vítimas de crimes. *Grosso modo*, estabelece regras que devem ser seguidas no manejo das provas, desde o primeiro momento desta cadeia, que se dá com o procedimento de preservação do local de crime ou a verificação da existência de vestígio, até o seu descarte. Também são estabelecidas normas concernentes ao armazenamento de vestígios e a sua preservação. Tal regramento se justifica na medida em que a prova pericial, ao contrário da grande maioria das provas, não é passível de ser reproduzida em juízo sob o crivo do contraditório, de sorte que a sua produção, em regra, ainda na fase investigativa, tem caráter definitivo, embora possa, em juízo, ser contrariada (contraditório diferido). Dito isso, passemos à análise das alternativas. **A:** incorreta. De acordo com o que estabelece o art. 177 do CPP, na hipótese de o exame ser realizado por precatória, a nomeação dos peritos dar-se-á pelo juízo deprecado (e não pelo deprecante); sendo a ação privada e havendo acordo entre as partes, a nomeação poderá ser feita pelo juiz deprecante; **B:** incorreta. É certo que o exame de corpo de delito, nas infrações que deixam vestígios, é indispensável – art. 158 do CPP. Agora, se estes vestígios, por qualquer razão, se perderem, nosso ordenamento jurídico admite que a prova testemunhal supra essa ausência – art. 167 do CPP. A confissão, no entanto, por expressa disposição do art. 158 do CPP, não poderá ser utilizada para esse fim. Quanto ao exame de corpo de delito, é importante que se diga que a Lei 13.721/2018 inseriu no art. 158 do CPP um parágrafo único, segundo o qual *dar-se-á prioridade à realização do exame de corpo de delito quando se tratar de crime que envolva: I – violência doméstica e familiar contra mulher; II – violência contra criança, adolescente, idoso ou pessoa com deficiência;* **C:** incorreta. Isso porque, embora seja lícito à autoridade policial ou ao juiz negar a perícia requerida pelas partes quando não for necessária ao esclarecimento da verdade, tal não poderá ocorrer quando se tratar de exame de corpo de delito (art. 184, CPP); **D:** correta. De fato, sempre que a infração deixar vestígios, é indispensável o exame de corpo de delito (exame de verificação da existência do crime); não sendo possível essa verificação, a *prova testemunhal* poderá suprir tal falta (art. 167 do CPP); a *confissão*, em hipótese alguma (art. 158 do CPP); **E:** incorreta, na medida em que, por expressa previsão contida no art. 161 do CPP, o exame de corpo de delito poderá ser realizado em qualquer dia e a qualquer hora. PB

Gabarito "D".

(Procurador do Estado – PGE/BA – CESPE – 2014) Acerca das provas, julgue o item a seguir (adaptada)

(1) No processo penal, o momento adequado para a especificação de provas pelo réu é a apresentação da resposta à acusação. Entretanto, isso não impede que, por ocasião de seu interrogatório, o réu indique outros meios de prova que deseje produzir.

1: correta, pois reflete o que estabelecem os arts. 189 e 396-A, ambos do CPP, que se referem, respectivamente, à possibilidade de o réu, por ocasião de seu interrogatório, indicar ao magistrado as provas que pretende produzir e ao conteúdo da resposta à acusação. ED

Gabarito "1C".

7. PRISÃO, MEDIDAS CAUTELARES E LIBERDADE PROVISÓRIA

(Procurador/DF – CESPE – 2022) Julgue os itens subsequentes, relativos a aspectos diversos pertinentes ao direito processual penal.

(1) Com fundamento no ordenamento jurídico vigente, é permitida a atuação de ofício do juiz em matéria de privação cautelar da liberdade, excepcionalmente, no curso do processo penal.

(2) Conquanto haja pedido expresso do Ministério Público em um caso concreto, o juiz, ao proferir sentença penal condenatória, não poderá fixar valor mínimo para reparação dos danos causados à vítima em relação aos danos morais, mas apenas aos de natureza material.

(3) Nulidades relativas que ocorrerem durante a instrução criminal do processo ordinário deverão ser arguidas até a fase de alegações finais, sob pena de preclusão do tema.

(4) Caberá recurso em sentido estrito da decisão que conceder ou negar *habeas corpus*.

(5) Segundo o entendimento dos tribunais superiores, quando a unidade prisional apresentar condições insa-

lubres, como superlotação, que não permita ao preso trabalhar e estudar, será possível o reconhecimento do direito à remição ficta como forma de compensar essa violação aos direitos do réu pela omissão estatal em propiciar a ele padrões mínimos previstos no ordenamento jurídico.

1: errada. Pela redação conferida ao art. 311 do CPP pela Lei 12.403/2011, a prisão preventiva, decretada nas duas fases que compõem a persecução penal (inquérito e ação penal), podia ser decretada de ofício pelo juiz no curso da ação penal; durante as investigações, somente a requerimento do MP, do querelante ou do assistente, ou por representação da autoridade policial. Esta realidade perdurou até a edição da Lei 13.964/2019, publicada em 24/12/2019 e com entrada em vigor aos 23/01/2020, que, em homenagem à adoção da estrutura acusatória que reveste o processo penal brasileiro (art. 3º-A do CPP) e atendendo aos anseios da comunidade jurídica, vedou, de uma vez por todas, a possibilidade de o juiz decretar de ofício a prisão preventiva, quer no curso das investigações (o que já era vedado no regime anterior), quer no decorrer da ação penal (art. 311 do CPP, com redação dada pela Lei 13.964/2019). Doravante, portanto, é de rigor, à decretação da prisão preventiva, tal como se dá na custódia temporária, que haja representação da autoridade policial, por requerimento do MP, admite também a representação da prisão preventiva pelo querelante ou do assistente. Portanto, tendo em conta o ordenamento jurídico atualmente vigente, é vedado ao magistrado agir de ofício na decretação de medidas que envolvam a privação cautelar da liberdade; **2:** errada. Conferir: "Conforme entendimento manifestado pelo STJ, "Considerando que a norma não limitou e nem regulamentou como será quantificado o valor mínimo para a indenização e considerando que a legislação penal sempre priorizou o ressarcimento da vítima em relação aos prejuízos sofridos, o juiz que se sentir apto, diante de um caso concreto, a quantificar, ao menos o mínimo, o valor do dano moral sofrido pela vítima, não poderá ser impedido de fazê-lo. Ao fixar o valor de indenização previsto no artigo 387, IV, do CPP, o juiz deverá fundamentar minimamente a opção, indicando o *quantum* que refere-se ao dano moral." (REsp 1585684/DF, minha relatoria, SEXTA TURMA, julgado em 09/08/2016, DJe 24/08/2016). 4. Tendo o Tribunal *a quo* apresentado justificativa para a fixação do valor da indenização, não possui esta senda eleita espaço para a análise da matéria suscitada pelo recorrente, cuja missão pacificadora restara exaurida pela instância ordinária. 5. Agravo regimental a que se nega provimento" (STJ, AgRg no AREsp n. 1.327.972/MS, relatora Ministra Maria Thereza de Assis Moura, Sexta Turma, julgado em 23/8/2018, DJe de 3/9/2018); **3:** correta. Nesse sentido, conferir: "2. Nos termos do art. 571, II, do CPP, as nulidades ocorridas durante a instrução devem ser apontadas até as alegações finais, sob pena de preclusão" (STJ, AgRg no AREsp n. 2.106.665/SP, relator Ministro Ribeiro Dantas, Quinta Turma, julgado em 2/8/2022, DJe de 10/8/2022), lembrando que as nulidades absolutas podem ser alegadas a qualquer tempo; **4:** a decisão que concede ou nega a ordem de *habeas corpus* comporta recurso em sentido estrito (art. 581, X, CPP), desde que se trate de decisão proferida em primeira instância. Se a denegação da ordem de *habeas corpus* for proferida por tribunal, é cabível o recurso ordinário constitucional para o STJ (art. 105, II, *a* da CF); **5:** errada, uma vez que a chamada remição ficta não é aceita pelos tribunais superiores. Nesse sentido: "1. A jurisprudência desta Corte não admite a remição da pena baseada na situação degradante de estabelecimento prisional, haja vista a falta de previsão legal. Precedentes" (STJ, AgRg nos EDcl no AREsp n. 1.541.056/MT, relator Ministro Antonio Saldanha Palheiro, Sexta Turma, julgado em 2/8/2022, DJe de 8/8/2022). Em outro julgado: "(...) 9. Porém, deve-se realizar um exame, caso a caso, diferenciando-se duas situações: (a) de um lado, os presos trabalhadores e estudantes que se viram impedidos de realizarem suas atividades tão somente pela superveniência do estado pandêmico e, sendo o caso, reconhecer-lhes o direito à remição da pena; (b) de outro, aquelas pessoas custodiadas que não trabalhavam nem estudavam, às quais não se deve estender

14. DIREITO PROCESSUAL PENAL 509

a benesse. Note-se, assim, que não se está a conferir uma espécie de remição ficta pura e simplesmente ante a impossibilidade material de trabalhar ou estudar. O benefício não deve ser direcionado a todo e qualquer preso que não pôde trabalhar ou estudar durante a pandemia, mas tão somente àqueles que já estavam trabalhando ou estudando e, em razão da Covid, viram-se impossibilitados de continuar com suas atividades" (REsp 1953607/SC, j. em 14-9-2022, DJe de 20-9-2022). **PB**

Gabarito 1E, 2E, 3C, 4Anulada, 5E

(Procurador Municipal/SP – VUNESP – 2016) Sobre a prisão, assinale a alternativa correta.

(A) Qualquer agente policial poderá efetuar a prisão determinada no mandado de prisão registrado no Conselho Nacional de Justiça, desde que observada a competência territorial do juiz que a expediu.

(B) Mesmo quando as autoridades locais tenham fundadas razões para duvidar da legitimidade da pessoa do executor, da legalidade do mandado que apresentar, ou sobre a identidade do preso poderão colocá-lo em custódia, até que fique esclarecida a dúvida.

(C) Se o executor do mandado verificar, com segurança, que o réu entrou ou se encontra em alguma casa, o morador será intimado a entregá-lo, à vista da ordem de prisão e acaso não seja obedecido imediatamente, convocará duas testemunhas e, sendo dia ou noite, entrará à força na casa, arrombando as portas, se preciso.

(D) O juiz competente providenciará, no prazo de três dias, o registro do mandado de prisão em banco de dados mantido pelo Conselho Nacional de Justiça para essa finalidade.

(E) Quando o acusado estiver no território nacional, fora da jurisdição do juiz processante, será deprecada a sua prisão e o juiz processante deverá providenciar a remoção do preso no prazo máximo de 60 (sessenta) dias, contados da efetivação da medida.

A: incorreta, uma vez que não reflete o disposto no art. 289-A, § 1º, do CPP: a prisão poderá efetuar-se ainda que fora do território sujeito à jurisdição do juiz que expediu a respectiva ordem; **B:** correta, pois em conformidade com o que dispõe o art. 289-A, § 5º, do CPP, que remete ao art. 290, § 2º, do CPP; **C:** incorreta, já que o ingresso à força, na hipótese de recalcitrância do morador, somente se efetivará durante o dia; se à noite, diante da recusa do ocupante, o executor da ordem de prisão fará guardar todas as saídas do imóvel até o amanhecer, quando então poderá ingressar no imóvel onde se encontra a pessoa a ser presa, independente da anuência do morador. É o que estabelece o art. 293 do CPP. Cuidado: A Lei nº 13.869/2019 (Abuso de Autoridade) criminaliza o cumprimento de mandado de busca e apreensão domiciliar depois das 21 horas e antes das 5 horas (art. 22, § 1º, III); **D:** incorreta, já que tal providência será adotada pelo juiz *de imediato*, tal como impõe o art. 289-A, *caput*, do CPP; **E:** incorreta. A remoção do preso, a cargo do juiz processante, deverá realizar-se no prazo de 30 dias (e não de 60), a contar da efetivação da prisão (art. 289, § 3º, do CPP). **PB**

Gabarito "B."

(Advogado União – AGU – CESPE – 2015) Com referência a prisão, julgue os itens subsequentes.

(1) A prisão temporária somente poderá ser decretada em situações excepcionais, quando for imprescindível para a realização de diligências investigatórias ou para a obtenção de provas durante o processo judicial.

(2) O juiz poderá substituir a prisão preventiva pela prisão domiciliar, caso o réu tenha mais de oitenta anos ou

prove ser portador de doença grave que cause extrema debilidade.

(3) A conversão da prisão em flagrante em prisão preventiva ocorrerá automaticamente mediante despacho do juiz, ao qual deverá ser apresentado o auto de prisão em flagrante no prazo de vinte e quatro horas.

1: incorreta. É correto afirmar que a prisão temporária, modalidade de prisão processual cautelar, somente terá lugar em situações excepcionais e em determinados crimes elencados no art. 1º da Lei nº 7.960/1989, prestando-se a viabilizar as investigações do inquérito policial. Agora, não procede a afirmação de que tal modalidade de custódia cautelar poderá ser utilizada para a obtenção de provas no curso do processo judicial. É que a prisão temporária somente pode ser utilizada no curso das investigações; durante o processo judicial somente terá lugar a prisão preventiva, desde que presentes os requisitos contidos no art. 312 do CPP. Atenção: O STF na ADI 4109 fixou o entendimento de que a decretação de prisão temporária autoriza-se quando, cumulativamente: "1) for imprescindível para as investigações do inquérito policial (art. 1º, I, Lei 7.960/1989) (*periculum libertatis*), constatada a partir de elementos concretos, e não meras conjecturas, vedada a sua utilização como prisão para averiguações, em violação ao direito a não autoincriminação, ou quando fundada no mero fato de o representado não possuir residência fixa (inciso II); 2) houver fundadas razões de autoria ou participação do indiciado nos crimes previstos no art. 1º, III, Lei 7.960/1989 (*fumus comissi delicti*), vedada a analogia ou a interpretação extensiva do rol previsto no dispositivo; 3) for justificada em fatos novos ou contemporâneos que fundamentem a medida (art. 312, § 2º, CPP); 4) a medida for adequada à gravidade concreta do crime, às circunstâncias do fato e às condições pessoais do indiciado (art. 282, II, CPP); 5) não for suficiente a imposição de medidas cautelares diversas, previstas nos arts. 319 e 320 do CPP (art. 282, § 6º, CPP)" **2:** correta, já que contempla uma das hipóteses legais em que pode o juiz proceder à substituição da prisão preventiva pela domiciliar (art. 318, I, CPP). Além dessa, há outras situações em que é possível a substituição, a saber: agente extremamente debilitado por motivo de doença grave (inciso II); quando o agente for imprescindível aos cuidados de pessoa com menos de 6 (seis) anos ou com deficiência (inciso III); quando se tratar de gestante (inciso IV – cuja redação foi alterada pela Lei 13.257/2016); quando se tratar de mulher com filho de até 12 anos de idade incompletos (inciso V – cuja redação foi determinada pela Lei 13.257/2016); homem, caso seja o único responsável pelos cuidados do filho de até 12 anos de idade incompletos (inciso VI – cuja redação foi determinada pela Lei 13.257/2016). São várias as situações, portanto, em que a substituição poderá ser autorizada. **3:** incorreta. Pela nova sistemática introduzida pela Lei 13.964/2019, que entrou em vigor em 23 de janeiro de 2020 (posterior, portanto, à elaboração desta questão), impõe-se ao magistrado, quando da realização da audiência de custódia, manifestar-se *fundamentadamente*, adotando uma das seguintes opções: se se tratar de prisão ilegal, deverá relaxá-la e determinar a soltura imediata do preso; se a prisão estiver em ordem, deverá o juiz, desde que entenda necessário ao processo, converter a prisão em flagrante em preventiva, sempre levando-se em conta os requisitos do art. 312 do CPP, sendo vedado, portanto, que tal conversão se dê de forma automática. Nesse sentido, conferir a decisão do STF no HC 188.888-MG, que firmou o entendimento de que o magistrado competente não pode converter, *ex officio*, a prisão em flagrante em prisão preventiva no contexto da audiência de custódia, pois essa medida de conversão depende, necessariamente, de representação da autoridade policial ou de requerimento do Ministério Público. Ressalte-se que, tendo em vista o *postulado da proporcionalidade*, a custódia preventiva somente terá lugar se as medidas cautelares diversas da prisão revelarem-se inadequadas; poderá, por fim, o juiz conceder a liberdade provisória, com ou sem fiança, substituindo, assim, a prisão em flagrante. Os incisos I, II e III do art. 310 não foram alterados. **PB**

Gabarito "1E, 2C, 3E."

8. PROCESSO E PROCEDIMENTOS

(Procurador – AL/PR – 2024 – FGV) Lucas, juiz titular da 1ª Vara Criminal da Comarca Alfa, pronunciou Tício pela suposta prática do crime de homicídio qualificado, submetendo-o a julgamento pelo Conselho de Sentença, observado o procedimento bifásico inerente ao Tribunal do Júri.

Durante os debates que ocorreram na sessão plenária, o Ministério Público requereu a condenação do acusado, na forma da pronúncia, enquanto a defesa técnica pugnou pela absolvição do réu por insuficiência probatória, buscando, subsidiariamente, o reconhecimento de uma causa de diminuição de pena. Findo os debates entre a acusação e a defesa, o juiz presidente passou a redigir os quesitos que seriam entregues aos jurados para fins de votação.

Nesse cenário, considerando as disposições do Código de Processo Penal, é correto afirmar que os quesitos deverão ser formulados na seguinte ordem, indagando sobre

(A) a materialidade do fato; autoria ou participação; se o acusado deve ser absolvido; se existe causa de diminuição de pena alegada pela defesa; e se existe circunstância qualificadora reconhecida na pronúncia.

(B) a autoria ou participação; materialidade do fato; se o acusado deve ser absolvido; se existe causa de diminuição de pena alegada pela defesa; e se existe circunstância qualificadora reconhecida na pronúncia.

(C) se o acusado deve ser absolvido; materialidade do fato; autoria ou participação; se existe causa de diminuição de pena alegada pela defesa; e se existe circunstância qualificadora reconhecida na pronúncia.

(D) a materialidade do fato; autoria ou participação; se o acusado deve ser absolvido; se existe circunstância qualificadora reconhecida na pronúncia; e se existe causa de diminuição de pena alegada pela defesa.

(E) a autoria ou participação; materialidade do fato; se o acusado deve ser absolvido; se existe circunstância qualificadora reconhecida na pronúncia; e se existe causa de diminuição de pena alegada pela defesa.

A assertiva correta descreve os incisos do art. 483 do CPP que dispõe: "Os quesitos serão formulados na seguinte ordem, indagando sobre: I – a materialidade do fato; II – a autoria ou participação; III – se o acusado deve ser absolvido; IV – se existe causa de diminuição de pena alegada pela defesa; V – se existe circunstância qualificadora ou causa de aumento de pena reconhecidas na pronúncia ou em decisões posteriores que julgaram admissível a acusação". PB

Gabarito "A".

(Procurador do Estado/TO - 2018 - FCC) Crimes funcionais são aqueles previstos nos artigos 312 a 326 do Código Penal, ou seja, são os crimes praticados por funcionário público contra a Administração em Geral. Considerando a legislação e o entendimento sumulado pelos tribunais superiores,

(A) é aplicável o procedimento especial previsto no Título II, Capítulo II, do Código de Processo Penal, ainda que o delito tenha sido praticado por Governador de Estado.

(B) nos crimes afiançáveis, estando a denúncia ou queixa em devida forma, o juiz mandará autuá-la e ordenará a notificação do acusado, para responder por escrito, dentro do prazo de dez dias.

(C) nos crimes de responsabilidade dos funcionários públicos, cujo processo e julgamento competirão aos juízes de direito, a queixa ou a denúncia será instruída com documentos ou justificação que façam presumir a existência do delito ou com declaração fundamentada da impossibilidade de apresentação de qualquer dessas provas.

(D) o juiz, ainda que convencido pela resposta do acusado ou do seu defensor, da inexistência do crime ou da improcedência da ação, não poderá rejeitar a queixa ou denúncia, nessa fase preliminar, por vigorar o princípio do *in dubio pro societate*.

(E) ainda que o funcionário público venha a ser denunciado por outros crimes que não aqueles definidos como funcionais, deverá ser observado o procedimento especial previsto no Título II, Capítulo II, do Código de Processo Penal.

A: incorreta. O procedimento especial previsto no Título II, Capítulo II, do Código de Processo Penal não se aplica aos funcionários públicos que gozam de foro especial, aqui incluído o governador de estado, que será processado, por crime comum, no STJ (art. 105, I, *a* da CF) de acordo com as regras do rito estabelecido na Lei 8.038/1990; **B:** incorreta, na medida em que, segundo estabelece o art. 514 do CPP, o prazo para o acusado oferecer a defesa preliminar é de 15 dias (e não 10); **C:** correta, uma vez que corresponde à redação do art. 513 do CPP; **D:** incorreta. Convencido pela resposta do acusado ou do seu defensor da inexistência do crime ou da improcedência da ação, caberá ao juiz rejeitar a queixa ou denúncia (art. 516, CPP); **E:** incorreta, pois somente são objeto do procedimento especial previsto no Capítulo II do Título II do CPP os crimes funcionais afiançáveis, praticados no exercício da função pública. PB

Gabarito "C".

(Procurador do Estado – PGE/BA – CESPE – 2014) Acerca das sentenças, julgue o item a seguir (adaptada)

(1) Considere que Marina tenha sido processada por crime de furto supostamente cometido contra seu primo André e que, após a fase de produção de provas, o MP, convencido de sua inocência, tenha opinado por sua absolvição. Nessa situação hipotética, segundo o Código de Processo Penal, o juiz não poderá proferir sentença condenatória contra Marina.

1: incorreta, na medida em que é dado a juiz, ao contrário do que se afirma, condenar o réu, ainda que o MP tenha opinado pela sua absolvição (art. 385, CPP). De igual forma, também pode o juiz reconhecer agravantes não invocadas pela acusação. O sistema processual penal é o acusatório, em que há separação rígida entre a acusação e a defesa. PB

Gabarito 1E".

(Procurador Distrital – 2014 – CESPE) À luz da legislação pertinente e da jurisprudência consolidada nos tribunais superiores, julgue os próximos itens, relacionados a normas procedimentais no âmbito penal.

(1) Segundo entendimento consagrado no STF, no processo penal, contam-se os prazos da data da intimação, e não da juntada aos autos da carta precatória.

(2) De acordo com a jurisprudência do STF, é absoluta a nulidade que decorre da não observância da com-

14. DIREITO PROCESSUAL PENAL 511

petência penal por prevenção, sendo esta passível de arguição em qualquer grau de jurisdição.

(3) Conforme o CPP, a publicação da sentença se dará, à semelhança do que ocorre no processo cível, no Diário de Justiça, embora o prazo para eventual recurso se inicie a partir da intimação pessoal das partes.

(4) A jurisprudência sumulada do STF veda de modo irrestrito que o assistente do MP maneje recurso extraordinário contra decisão concessiva de *habeas corpus*.

(5) Em se tratando de ação penal originária, oferecida a denúncia ao tribunal, determinar-se-á a notificação do acusado para que, no prazo de quinze dias, apresente a sua resposta, independentemente de ser ele funcionário público ou não, ou, ainda, de ter ele praticado crime contra a administração pública.

1: correta, pois em consonância com o entendimento sufragado na Súmula nº 710 do STF, que estabelece que, no processo penal, os prazos serão contados da data em que ocorreu a intimação, e não do dia em que se deu a juntada do mandado ou da carta precatória aos autos; **2:** incorreta, pois não corresponde ao entendimento firmado na Súmula nº 706 do STF: "É relativa a nulidade decorrente da inobservância da competência penal por prevenção"; **3:** incorreta, pois não reflete o disposto no art. 389 do CPP; **4:** correta, nos termos da Súmula nº 208 do STF: "O assistente do Ministério Público não pode recorrer, extraordinariamente, de decisão concessiva de *habeas corpus*"; **5:** correta, pois em conformidade com a regra contemplada no art. 4º, *caput*, da Lei 8.038/1990. ED
Gabarito 1C, 2E, 3E, 4C, 5C

9. JUIZADOS ESPECIAIS

(Procurador do Estado/TO - 2018 - FCC) À luz do que dispõe a legislação acerca da suspensão condicional do processo, conhecida também como *sursis* processual, é correto afirmar:

(A) O instituto da suspensão condicional do processo é cabível tão somente aos delitos de menor potencial ofensivo.

(B) A suspensão poderá ser revogada se o acusado vier a ser processado, no curso do prazo, por contravenção, ou descumprir qualquer outra condição imposta.

(C) Não é possível a utilização da suspensão condicional do processo para as contravenções, haja vista que o art. 89 da Lei 9.099/1995 faz menção unicamente a crime.

(D) O Juiz não poderá especificar outras condições a que fica subordinada a suspensão, além daquelas obrigatoriamente previstas na Lei 9.099/1995.

(E) É hipótese de revogação facultativa do benefício o fato de o réu ser, posteriormente, processado por outro crime.

A: incorreta, pois em desconformidade com o disposto no art. 89, *caput*, da Lei 9.099/1995, que estabelece que a aplicação da suspensão condicional do processo (*sursis* processual) não se restringe às infrações penais de menor potencial ofensivo, abrangendo todas as infrações para as quais a pena mínima cominada seja igual ou inferior a um ano; **B:** correta, pois reflete o disposto no art. 89, § 4º, da Lei 9.099/1995; **C:** incorreta. A despeito de o art. 89, *caput*, da Lei 9.099/1995 somente fazer referência a *crime*, certo é que a aplicação do *sursis* processual também poderá se dar nas contravenções penais;

D: incorreta. Nada obsta que o magistrado estabeleça outras condições, além daquelas previstas em lei, a que fica subordinada a concessão do *sursis* processual (art. 89, § 2º, da Lei 9.099/1995); **E:** incorreta, uma vez que se trata de revogação *obrigatória*, nos termos do art. 89, § 3º, da Lei 9.099/1995. ED
Gabarito "B".

10. NULIDADES

(Procurador Municipal/SP – VUNESP – 2016) É correto afirmar que

(A) a nulidade ocorrerá por incompetência, suspeição, impedimento ou suborno do juiz.

(B) caberá apelação da decisão que anula o processo da instrução criminal, no todo ou em parte.

(C) a nulidade do julgamento em plenário, em audiência ou em sessão do tribunal, poderá ser arguida logo depois que ocorrer ou por ocasião da interposição do recurso.

(D) a incompetência do juízo anula os atos ordinatórios e decisórios, devendo o processo, quando for declarada a nulidade, ser remetido ao juiz competente.

(E) a nulidade por ilegitimidade do representante da parte poderá ser a todo tempo sanada, mediante ratificação dos atos processuais.

A: incorreta, dado que o ato praticado por juiz impedido é considerado *inexistente* (aquele que não existe juridicamente porque há falta de um elemento considerado essencial), e não *nulo* (atos juridicamente existentes); já a incompetência, a suspeição e o suborno levam à nulidade do ato praticado (art. 564, I, CPP); **B:** incorreta. Isso porque tal decisão desafia recurso em sentido estrito, tal como estabelece o art. 581, XIII, do CPP; **C:** incorreta, pois contraria o disposto no art. 571, VIII, do CPP; **D:** incorreta. A incompetência do juízo somente tem o condão de anular os atos *decisórios*; os *ordinatórios* serão mantidos. É o que estabelece o art. 567 do CPP; **E:** correta, pois corresponde ao que estabelece o art. 568 do CPP. PB
Gabarito "E".

11. RECURSOS

(Procurador do Estado – PGE/BA – CESPE – 2014) Julgue o item subsequente, no que se refere aos recursos no processo penal brasileiro.

(1) Contra a decisão que recebe a denúncia cabe recurso em sentido estrito.

1: incorreta. É que da decisão que recebe a denúncia ou queixa não cabe qualquer recurso. Cabe, isto sim, da decisão que a rejeita (não recebe), na forma do art. 581, I, CPP. Registre-se que, no caso de recebimento da inicial, é possível, no entanto, a impetração de *habeas corpus*. ED
Gabarito "1E".

12. LEGISLAÇÃO EXTRAVAGANTE

(Procurador Município – Santos/SP – VUNESP – 2021) A partir dos ditames da chamada "Lei Maria da Penha", os Municípios poderão criar e promover, no limite das respectivas competências:

(A) centros de atendimento integral, multidisciplinar ou não, para mulheres e respectivos dependentes em situação de violência doméstica e familiar.

(B) casas-abrigos para mulheres e respectivos dependentes menores em situação de violência doméstica e familiar.

(C) centros de perícia médico-legal especializados no atendimento à mulher em situação de violência doméstica e familiar, assim como seus respectivos agressores.

(D) centros de educação e de reabilitação para os dependentes menores das mulheres em situação de violência doméstica e familiar.

(E) centros de reinserção profissional para mulher em situação de violência doméstica e familiar.

A solução desta questão deve ser extraída do art. 35 da Lei Maria da Penha, *in verbis: A União, o Distrito Federal, os Estados e os Municípios poderão criar e promover, no limite das respectivas competências: I – centros de atendimento integral e multidisciplinar para mulheres e respectivos dependentes em situação de violência doméstica e familiar; II – casas-abrigos para mulheres e respectivos dependentes menores em situação de violência doméstica e familiar; III – delegacias, núcleos de defensoria pública, serviços de saúde e centros de perícia médico-legal especializados no atendimento à mulher em situação de violência doméstica e familiar; IV – programas e campanhas de enfrentamento da violência doméstica e familiar; V – centros de educação e de reabilitação para os agressores.* ED
Gabarito "B".

(Advogado União – AGU – CESPE – 2015) Ao receber uma denúncia anônima por telefone, a autoridade policial realizou diligências investigatórias prévias à instauração do inquérito policial com a finalidade de obter elementos que confirmassem a veracidade da informação. Confirmados os indícios da ocorrência de crime de extorsão, o inquérito foi instaurado, tendo o delegado requerido à companhia telefônica o envio de lista com o registro de ligações telefônicas efetuadas pelo suspeito para a vítima. Prosseguindo na investigação, o delegado, sem autorização judicial, determinou a instalação de grampo telefônico no telefone do suspeito, o que revelou, sem nenhuma dúvida, a materialidade e a autoria delitivas. O inquérito foi relatado, com o indiciamento do suspeito, e enviado ao MP.

Nessa situação hipotética, considerando as normas relativas à investigação criminal,

(1) a interceptação telefônica efetuada poderá ser convalidada se o suspeito, posteriormente, confessar espontaneamente o crime cometido e não impugnar a prova.

1: incorreta. A interceptação telefônica, porque realizada em desconformidade com os ditames estabelecidos pela CF (art. 5º, XII) e, também, pela Lei 9.296/1996 (art. 1º, "caput"), que impõem seja realizada por meio de ordem judicial, padece de ilicitude insanável, devendo ser desconsiderada para o fim de formar o conjunto probatório. Não cabe, por isso, a sua convalidação posterior pela confissão espontânea do suspeito. Nessa esteira: "A ausência de autorização judicial para excepcionar o sigilo das comunicações macula indelevelmente a diligência policial das interceptações em causa, ao ponto de não se dever – por causa dessa mácula – sequer lhes analisar os conteúdos, pois obtidos de forma claramente ilícita (STJ, EDcl no HC 130429-CE, 5ª T., Rel. Min. Napoleão Nunes Maia Filho, j. 27.04.2010). Vale lembrar que o STJ fixou 3 teses em relação à confissão extrajudicial: 1) A confissão extrajudicial somente será admissível no processo judicial se feita formalmente e de maneira documentada, dentro de um estabelecimento estatal público e oficial. Tais garantias não podem ser renunciadas pelo interrogado e, se alguma delas não for cumprida, a prova será inadmissível. A

inadmissibilidade permanece mesmo que a acusação tente introduzir a confissão extrajudicial no processo por outros meios de prova (como, por exemplo, o testemunho do policial que a colheu; 2) A confissão extrajudicial admissível pode servir apenas como meio de obtenção de provas, indicando à polícia ou ao Ministério Público possíveis fontes de provas na investigação, mas não pode embasar a sentença condenatória; 3) confissão judicial, em princípio, é, obviamente, lícita. Todavia, para a condenação, apenas será considerada a confissão que encontre algum sustento nas demais provas, tudo à luz do art. 197 do CPP (REsp 2123334/MG, j. em 20-6-2024, *DJe* de 2-7-2024). PB
Gabarito "1E".

13. TEMAS COMBINADOS E OUTROS TEMAS

(Procurador Município – Santos/SP – VUNESP – 2021) No que concerne à matéria sumulada pelo STF, assinale a alternativa correta.

(A) É nula a citação por edital que indica apenas o dispositivo da lei penal, sem transcrever a denúncia ou queixa, ou não resumir os fatos em que se baseia (STF, 366).

(B) Para requerer a revisão criminal o condenado é obrigado a recolher-se à prisão (STF, 393).

(C) Não se aplicam à segunda instância o art. 384 e parágrafo único do Código de Processo Penal, que possibilitam dar nova definição jurídica ao fato delituoso, em virtude de circunstância elementar não contida, explícita ou implicitamente, na denúncia ou queixa (STF, 453).

(D) No processo penal, a falta e a deficiência de defesa constituem nulidade absoluta, mas só se determinará a anulação do processo se houver prova de prejuízo para o réu (STF, 523).

(E) Reunidos os pressupostos legais permissivos da suspensão condicional do processo, mas se recusando o Promotor de Justiça a propô-la, o Juiz, dissentindo, poderá aplicar o instituto de ofício (STF, 696).

A: incorreta, pois não reflete o entendimento consolidado na Súmula 366, do STF: "Não é nula a citação por edital que indica o dispositivo da lei penal, embora não transcreva a denúncia ou queixa, ou não resuma os fatos em que se baseia"; B: incorreta, pois contraria o entendimento sufragado na Súmula 393, do STF: *para requerer revisão criminal, o condenado não é obrigado a recolher-se à prisão*; C: correta, pois em conformidade com o entendimento sufragado na Súmula 453, do STF, que veda a incidência da "mutatio libelli" em segundo grau de jurisdição; D: incorreta, pois não reflete o entendimento sufragado na Súmula 523 do STF, *in verbis*: "No processo penal, a falta da defesa constitui nulidade absoluta, mas a sua deficiência só o anulará se houver prova de prejuízo para o réu"; E: incorreta, Deverá o juiz, neste caso, no lugar de ele próprio oferecer o *sursis* processual, valendo-se, por analogia, do que estabelece o art. 28 do CPP, remeter os autos para apreciação do Procurador-geral de Justiça. É esse o entendimento firmado por meio da Súmula 696 do STF: "Reunidos os pressupostos legais permissivos da suspensão condicional do processo, mas se recusando o Promotor de Justiça a propô-la, o juiz, dissentindo, remeterá a questão ao Procurador-Geral, aplicando-se por analogia o art. 28 do Código de Processo Penal". Atenção: A Súmula 696 foi editada antes da alteração da redação do art. 28 do CPP, PB
Gabarito "C".

José, de sessenta e nove anos de idade, fiscal de vigilância sanitária municipal, viúvo e único responsável pelos cuidados de seu filho, de onze anos de idade, foi denunciado à polícia por comerciantes que alegavam que o referido fiscal lhes solicitava dinheiro para que não fossem por ele autuados por infração à legislação sanitária. Durante

14. DIREITO PROCESSUAL PENAL

investigação conduzida por autoridade policial em razão dessa denúncia, foi deferida judicialmente interceptação da comunicação telefônica de José.

Nesse ato, evidenciou-se, em uma degravação, que José havia solicitado certa quantia em dinheiro a um comerciante, Pedro, para não interditar seu estabelecimento comercial, e que José havia combinado encontrar-se com Pedro para realizarem essa transação financeira. Na interceptação, foram captadas, ainda, conversas em que José e outros quatro fiscais não identificados discutiam a forma de solicitar dinheiro a comerciantes, em troca de não autuá-los, e a repartição do dinheiro que seria obtido com isso.

No dia combinado, Pedro encontrou-se com José, e, pouco antes de entregar-lhe o dinheiro que carregava consigo, policiais que haviam instalado escuta ambiental na sala do fiscal mediante autorização judicial prévia deram voz de prisão em flagrante a José, conduzindo-o, em seguida, à presença da autoridade policial.

Em revista pessoal, foi constatado que José portava três cigarros de maconha. Questionado, o fiscal afirmou ter comprado os cigarros de um estrangeiro que trazia os entorpecentes de seu país para o Brasil e os revendia perto da residência de José. A autoridade policial deu andamento aos procedimentos, redigiu o relatório final do inquérito policial e o encaminhou à autoridade competente.

(Procurador do Município - Boa Vista/RR - 2019 - CESPE/CEBRASPE)
Considerando essa situação hipotética, julgue os itens subsequentes.

(1) A autoridade policial não poderá arbitrar fiança para a soltura de José, pois o crime de corrupção passiva é equiparado a crime hediondo.

(2) No curso da ação penal, caso seja decretada prisão preventiva, o juiz poderá, a requerimento da defesa de José, substituí-la por prisão domiciliar.

(3) A justiça federal tem competência para processar e julgar José pelo crime de tráfico ilícito de drogas, razão pela qual devem ser remetidas ao juízo competente as peças relacionadas a esse delito.

(4) O Ministério Público tem legitimidade ativa para, uma vez transitada em julgado eventual condenação criminal de José, executar possível pena de multa no juízo da execução, mesmo que essa pena seja considerada dívida de valor convertida em renda em favor da fazenda pública.

(5) O juiz poderá receber denúncia oferecida pelo Ministério Público e dispensar a notificação prévia de José para que este apresente resposta preliminar, embora ele seja servidor público, sem que esse ato configure nulidade absoluta.

(6) Caso José seja denunciado pelo crime de associação criminosa, ele poderá valer-se, antes ou após a prolação da sentença, da colaboração premiada para identificar os demais fiscais que participaram do delito. Se a colaboração for posterior à sentença, será admitida a progressão de regime prisional ao colaborador, ainda que ausentes os requisitos objetivos para a sua concessão.

1: errada. De fato, a autoridade policial não poderá arbitrar fiança na hipótese narrada no enunciado. Isso porque, por força do disposto no art. 322 do CPP, somente é dado ao delegado estabelecer fiança nos casos de infração cuja pena privativa de liberdade máxima não seja superior a quatro anos. No caso da corrupção passiva, delito previsto no art. 317 do CP, a pena máxima cominada corresponde a 12 anos (2 a 12 anos), o que impede, portanto, a autoridade policial de conceder fiança. Até aqui a assertiva está correta. Cuidado: ao contrário do que se afirma na proposição, a corrupção passiva, a despeito de o delegado não poder arbitrar fiança, não é crime hediondo, porquanto não faz parte do rol do art. 1º da Lei 8.072/1990 (aqui está o erro da assertiva). Cuida-se, portanto, de delito afiançável, cabendo ao juiz, se o caso, arbitrar e conceder fiança; **2:** certa. Considerando que José é o único responsável pelos cuidados de seu filho, de onze anos de idade, poderá o juiz, tendo em conta o que dispõe o art. 318, VI, do CPP, conceder-lhe prisão domiciliar. Além dessa hipótese, o magistrado poderá substituir a prisão preventiva pela domiciliar nos seguintes casos, todos elencados no art. 318 do CPP: agente que contar com mais de 80 (oitenta) anos (inciso I); agente extremamente debilitado por motivo de doença grave (inciso II); quando o agente for imprescindível aos cuidados de pessoa com menos de 6 (seis) anos ou com deficiência (inciso III); quando se tratar de gestante (inciso IV – cuja redação foi alterada pela Lei 13.257/2016); quando se tratar de mulher com filho de até 12 anos de idade incompletos (inciso V – cuja redação foi determinada pela Lei 13.257/2016). São várias as situações, portanto, em que a substituição será autorizada; **3:** errada. Pelo que consta do enunciado, é possível inferir que os cigarros de maconha portados por José destinavam-se ao seu consumo pessoal, razão por que deverá ser responsabilizado pelo crime do art. 28 da Lei 11.343/2006. Seu julgamento caberá ao Juizado Especial Criminal Estadual, já que se trata de infração de menor potencial ofensivo, pouco importando o fato de a droga, que foi adquirida no Brasil, ter sido produzida e trazida do estrangeiro. Atenção: o STF, por maioria, estabeleceu que não comete infração penal o indivíduo que pratica as condutas elencadas no art. 28 da Lei 11.343/2006, sem prejuízo do reconhecimento da ilicitude extrapenal da conduta, com apreensão da droga e aplicação de sanções de advertência sobre os efeitos dela e medida educativa de comparecimento à programa ou curso educativo; as sanções estabelecidas nos incisos I e III do art. 28 da Lei 11.343/2006 serão aplicadas pelo juiz em procedimento de natureza não penal, sem nenhuma repercussão criminal para a conduta; em se tratando da posse de *cannabis* para consumo pessoal, a autoridade policial apreenderá a substância e notificará o autor do fato para comparecer em Juízo, na forma do regulamento a ser aprovado pelo CNJ; até que o CNJ delibere a respeito, a competência para julgar as condutas do art. 28 da Lei 11.343/06 será dos Juizados Especiais Criminais, segundo a sistemática atual, vedada a atribuição de quaisquer efeitos penais para a sentença; determinou ao CNJ em articulação direta com o Ministério da Saúde, Anvisa, Ministério da Justiça e Segurança Pública, Tribunais e CNMP, a adoção de medidas para permitir e viabilizar a aplicação da medidas acima especificadas. Até o fechamento dessa edição não houve a publicação de medida para o cumprimento dessa decisão (vide para complemento do estudo, a decisão integral no RE 635659, j. em 26-6-2024). Evidente que o traficante estrangeiro que trazia os entorpecentes de seu país para o Brasil deve responder por tráfico internacional, o que determina a competência da Justiça Federal para o julgamento. Vide Súmula 522, do STF: *salvo ocorrência de tráfico para o exterior, quando, então, a competência será da Justiça Federal, compete à Justiça dos estados o processo e julgamento dos crimes relativos a entorpecentes*; **4:** certa. A Lei 13.964/2019 alterou a redação do art. 51 do CP e consolidou o entendimento de que a execução da pena de multa cabe ao MP, que o fará perante o juízo da execução penal. Quanto a isso, valem alguns esclarecimentos, em especial no que concerne à legitimidade para promover a cobrança da pena de multa, tema, até então, objeto de divergência na doutrina e jurisprudência. Até o advento da Lei 9.268/1996, era possível a conversão da pena de multa não adimplida em pena privativa de liberdade. Ou seja, o não pagamento da pena de multa imposta ao condenado poderia ensejar a sua prisão. Com a entrada em vigor desta Lei, modificou-se o procedimento de cobrança da pena de multa, que passou a ser considerada dívida de valor, com incidência das normas relativas à dívida da Fazenda Pública. Com isso, deixou de ser possível – e esse era o objetivo a ser alcançado – a conversão da pena de multa em prisão. A partir de então, surgiu a discussão acerca da atribuição para cobrança da pena de multa: deveria ela se dar na Vara da Fazenda Pública ou na Vara de Execução Penal? A jurisprudência, durante muito tempo, consagrou o entendimento no sentido de que a pena pecuniária, sendo dívida de valor, possui caráter extrapenal e, portanto, a sua execução deve se dar pela Procuradoria da Fazenda Pública. Tal entendimento, até então pacífico, sofreu um revés em 2018, quando o STF, ao julgar a ADI 3150, conferiu nova interpretação ao art. 51 do CP e passou a considerar que a cobrança da multa, que constitui, é importante que se diga, espécie de sanção penal, cabe ao Ministério Público, que o fará perante o juízo da execução penal. Ficou ainda decidido que, caso o MP não promova a cobrança dentro do prazo de noventa dias, aí sim poderá a Procuradoria da Fazenda Pública fazê-lo. A atuação da Fazenda Pública passou a ser, portanto, subsidiária em relação ao MP. Pois bem. A Lei 13.964/2019, ao conferir nova redação ao art. 51 do CP, consolidou o entendimento adotado pelo STF, no sentido de que a execução da pena de multa ocorrerá perante o juiz da execução penal. A cobrança, portanto, cabe ao MP. De se ver que a atribuição subsidiária conferida à Fazenda Pública (pelo STF) não constou da nova redação do art. 51 do CP; **5:** certa. Cuida-se do contraditório instaurado por meio da impugnação ofertada pelo funcionário antes do recebimento da denúncia. É a chamada *defesa preliminar*, prevista no art. 514 do CPP, que somente terá incidência nos crimes funcionais afiançáveis (não se estende ao particular que, na qualidade de coautor ou partícipe, toma parte no crime). Importante que se diga que, com a edição da Súmula 330 do STJ, esta defesa que antecede o recebimento da denúncia deixou de ser necessária na ação penal alicerçada em inquérito policial (como é o caso da hipótese narrada no enunciado). Dessa forma, a formalidade imposta pelo art. 514 do CPP somente se fará necessária, segundo o STJ, quando a denúncia se basear em outras peças de informação que não o inquérito policial. De se notar, todavia, que o STF, de forma diversa, proferiu vários julgados no sentido de que a defesa preliminar, ainda que a ação penal seja calcada em inquérito policial, se faz necessária; **6:** certa, pois reflete o que estabelece o art. 4º, § 5º, da Lei 12.850/2013. **PB**

Gabarito: 1E, 2C, 3E, 4C, 5C, 6C

(Procurador do Estado/TO – 2018 – FCC) A doutrina conceitua defensor como o sujeito processual com qualificação técnico-jurídica que exerce a defesa do acusado. Considere as proposições seguintes:

I. Defensor constituído é o advogado escolhido pelo acusado para patrocinar a sua defesa.

II. Defensor dativo é aquele nomeado pelo juiz para atos processuais determinados.

III. Defensor *ad hoc* é a denominação empregada para designar o advogado nomeado pelo juiz para representar o acusado que foi omisso na constituição de seu procurador.

IV. Defensor Público é o integrante de instituição estatal encarregado de prestar assistência jurídica integral e gratuita aos que comprovarem insuficiência de recursos.

Está correto o que se afirma APENAS em

(A) I e IV.

(B) I e II.

(C) I e III.

(D) II e IV.

(E) III e IV.

I: correta. Diz-se *constituído* do defensor escolhido pelo acusado para o fim de patrocinar a sua defesa. Sua atuação constitui a regra no processo penal, na medida em que uma das facetas da ampla defesa reside na faculdade que deve ser ofertada ao acusado de escolher profissional de sua confiança. Poderá fazê-lo a qualquer momento, inclusive na fase de inquérito, quando ainda é somente investigado; **II:** incorreta. Na hipótese de o acusado não constituir defensor, ser-lhe-á nomeado pelo juiz um defensor *dativo*, ao qual caberá patrocinar a sua defesa (art. 263, *caput*, do CPP). Perceba que a tônica, no processo penal, é que a defesa técnica, por tutelar o inalienável direito à liberdade, é imprescindível (art. 261, *caput*, do CPP). Já a defesa exercida pelo próprio acusado (autodefesa) é facultativa. A assertiva está incorreta na medida em que contém a definição de defensor *ad hoc*; **III:** incorreta. *Ad hoc* é o defensor nomeado pelo juiz para atos processuais determinados. A assertiva contém o conceito de defensor dativo; **IV:** correta. Cabe ao defensor público prestar assistência jurídica integral e gratuita aos que comprovarem insuficiência de recursos (art. 5º, LXXIV, da CF). **ED**

Gabarito: "A".

(Procurador Municipal – Prefeitura/BH – CESPE – 2017) Com base no entendimento do STJ, assinale a opção correta.

(A) Somente se houver prévia autorização judicial, serão considerados prova lícita os dados e as conversas registrados no aplicativo WhatsApp colhidos de aparelho celular apreendido quando da prisão em flagrante.

(B) O MP estadual não tem legitimidade para atuar diretamente como parte em recurso submetido a julgamento no STJ.

(C) Tratando-se de demandas que sigam o rito dos processos de competência originária dos tribunais superiores, considera-se intempestiva a apresentação de exceção da verdade no prazo da defesa prévia, se, tendo havido defesa preliminar, o acusado não tiver nesse momento se manifestado a esse respeito.

(D) É ilegal portaria que, editada por juiz federal, estabelece a tramitação direta de inquérito policial entre a Polícia Federal e o MPF.

A: correta. Segundo têm entendido os Tribunais, somente são considerados como prova lícita os dados e as conversas registrados por meio de mensagem de texto obtidos de aparelho celular apreendido no ato da prisão em flagrante se houver prévia autorização judicial. Nesse sentido: "I – A jurisprudência deste Tribunal Superior firmou-se no sentido de ser ilícita a prova oriunda do acesso aos dados armazenados no aparelho celular, relativos a mensagens de texto, SMS, conversas por meio de aplicativos (WhatsApp), obtidos diretamente pela polícia no momento da prisão em flagrante, sem prévia autorização judicial. II – *In casu*, os policiais civis obtiveram acesso aos dados (mensagens do aplicativo WhatsApp) armazenados no aparelho celular do corréu, no momento da prisão em flagrante, sem autorização judicial, o que torna a prova obtida ilícita, e impõe o seu desentranhamento dos autos, bem como dos demais elementos probatórios dela diretamente derivados (...) Recurso ordinário provido para determinar o desentranhamento dos autos das provas obtidas por meio de acesso indevido aos dados armazenados no aparelho celular, sem autorização judicial, bem como as delas diretamente derivadas, e para conceder a liberdade provisória ao recorrente, salvo se por outro motivo estiver preso, e sem prejuízo da decretação de nova prisão preventiva, desde que fundamentada em indícios de autoria válidos" (STJ, RHC 92.009/RS, Rel. Ministro Felix Fischer, Quinta Turma, julgado em 10.04.2018, DJe 16.04.2018). No mesmo sentido: "Ilícita é a devassa de dados, bem como das conversas de whatsapp, obtidas diretamente pela polícia em celular apreendido no flagrante, sem prévia autorização judicial" (STJ, RHC 76.510/RR, 6ª T., Rel. Min. Nefi Cordeiro, j. 04.04.2017, *DJe* 17.04.2017); **B:** incorreta. A conferir: "A Corte Especial do Superior Tribunal de Justiça, no julga-

14. DIREITO PROCESSUAL PENAL   515

mento do EREsp 1.327.573/RJ, pacificou o entendimento no sentido de que os Ministérios Públicos Estaduais e do Distrito Federal possuem legitimidade para atuar no Superior Tribunal de Justiça" (STJ, EDcl no AgRg nos EDcl no REsp 1152715/RS, 6ª T., Rel. Min. Nefi Cordeiro, j. 19.11.2015, *DJe* 03.12.2015); **C:** incorreta. "A exceção da verdade é meio processual de defesa, é instituto de defesa indireta do réu, podendo ser apresentada nos processos em que se apuram crimes de calúnia e de difamação, quando praticado em detrimento de funcionário público no exercício de suas funções. Tem-se entendido que referido instituto defensivo deve ser apresentado na primeira oportunidade em que a defesa se manifestar nos autos. No entanto, o rito dos processos que tramitam em tribunais superiores prevê a apresentação de defesa preliminar antes mesmo do recebimento da denúncia, no prazo de 15 (quinze) dias, conforme dispõe o art. 4º da Lei n. 8.038/1990. Prevê, ademais, após o recebimento da denúncia, o prazo de 5 (cinco) dias para a defesa prévia, contado do interrogatório ou da intimação do defensor dativo, nos termos do art. 8º da referida Lei. 3. Um exame superficial poderia levar a crer que a primeira oportunidade para a defesa se manifestar nos autos, de fato, é no prazo de 15 (quinze) dias, antes mesmo do recebimento da denúncia. Contudo, sem o recebimento da inicial acusatória, nem ao menos é possível processar a exceção da verdade, que tramita simultaneamente com a ação penal, devendo ser resolvida antes da sentença de mérito. Outrossim, diante da natureza jurídica do instituto, que é verdadeira ação declaratória incidental, tem-se como pressuposto lógico a prévia instauração da ação penal. Assim, conclui-se que o prazo para apresentação da exceção da verdade, independentemente do rito procedimental adotado, deve ser o primeiro momento para a defesa se manifestar nos autos, após o efetivo início da ação penal, o que de fato ocorreu no presente caso. 4. O ordenamento jurídico não dispõe sobre a possibilidade de sustentação oral em exceção da verdade, não havendo previsão nesse sentido no Regimento Interno do TJMG nem do STF, que pode ser aplicado subsidiariamente. Ademais, a própria Lei n. 8.038/1990, cujo rito está sendo observado no caso dos autos, faculta a sustentação oral apenas na deliberação acerca do recebimento da denúncia (art. 6º, § 1º, da Lei n. 8.038/1990) e no julgamento do mérito da ação (art. 12 da Lei n. 8.038/1990). Dessarte, tem-se que não é franqueada a utilização da sustentação oral para questão processual incidental" (STJ, HC 202.548/MG, 5ª T., Rel. Min. Reynaldo Soares da Fonseca, j. 24.11.2015, *DJe* 01.12.2015); **D:** incorreta. Nesse sentido: "3. A tramitação direta de inquéritos entre a polícia judiciária e o órgão de persecução criminal traduz expediente que, longe de violar preceitos constitucionais, atende à garantia da duração razoável do processo, assegurando célere tramitação, bem como aos postulados da economia processual e da eficiência. Essa constatação não afasta a necessidade de observância, no bojo de feitos investigativos, da chamada cláusula de reserva de jurisdição. 4. Não se mostra ilegal a portaria que determina o trâmite do inquérito policial diretamente entre polícia e órgão da acusação, encontrando o ato indicado como coator fundamento na Resolução n. 63/2009 do Conselho da Justiça Federal" (RMS 46.165/SP, 5ª T., Rel. Min. Gurgel de Faria, j. 19.11.2015, *DJe* 04.12.2015). Atenção: com as modificações no Código de Processo Penal e inclusão do juiz das garantias pela Lei 13.964/2019, o STF (vide ADI 6298) foi instado a se pronunciar e, declarou a constitucionalidade do juiz das garantias (arts. 3º-A até 3º-F) e, determinou que se adote medidas legislativas e administrativas necessárias à adequação das diferentes leis de organização judiciária, para implantação e funcionamento do juiz das garantias em todo o país. Assim, o Conselho da Justiça Federal editou a Resolução 881/2024, revogando a Resolução 63/2009, para adequar a tramitação dos inquéritos policiais. **PB**

Gabarito "A".

(Procurador Municipal – Prefeitura/BH – CESPE – 2017) Considerando a legislação processual penal e o entendimento jurisprudencial pátrio, assinale a opção correta.

(A) Em matéria penal, o MP não goza da prerrogativa da contagem dos prazos recursais em dobro.

(B) Interrompe-se a prescrição ainda que a denúncia seja recebida por juiz absolutamente incompetente.

(C) Havendo mais de um autor, ocorrerá renúncia tácita com relação àqueles cujos nomes tenham sido omitidos da queixa-crime, ainda que de forma não intencional.

(D) A CF prevê expressamente a retroatividade da lei processual penal quando esta for mais benéfica ao acusado.

A: correta. O art. 180, "caput", do NCPC, que concede o prazo em dobro para o MP manifestar-se nos autos, não tem aplicação no âmbito do processo penal. Na jurisprudência do STJ: "Em matéria penal, o Ministério Público não goza da prerrogativa de contagem do prazo recursal em dobro" (EDcl no AgRg na MC 23.498/RS, 6ª T., Rel. Min. Nefi Cordeiro, j. 24.02.2015, *DJe* 04.03.2015); **B:** incorreta. Conferir: "Conforme precedentes deste Tribunal Superior, o recebimento da queixa-crime por juízo incompetente é considerado nulo, não se constituindo em marco interruptivo do prazo prescricional" (HC 88.210/RO, 5ª T., Rel. Min. Napoleão Nunes Maia Filho, j. 25.09.2008, *DJe* 28.10.2008); **C:** incorreta. Nesse sentido: "O reconhecimento da renúncia tácita ao direito de queixa exige a demonstração de que a não inclusão de determinados autores ou partícipes na queixa-crime se deu de forma deliberada pelo querelante" (v.g.: HC 186.405/RJ, 5ª T., Rel. Min. Jorge Mussi, *DJe* 11.12.2014); **D:** incorreta, na medida em que o art. 5º, XL, da CF, que enuncia o postulado da irretroatividade, somente faz referência à lei penal, e não à processual penal, em relação à qual se aplica o princípio da *aplicação imediata* ou *da imediatidade*, segundo o qual a lei processual penal aplicar-se-á desde logo, sem prejuízo dos atos realizados sob o império da lei anterior. É o que estabelece o art. 2º do CPP. A exceção a essa regra, é importante que se diga, fica por conta da lei processual penal dotada de carga material (também chamada de norma mista ou híbrida), em que deverá ser aplicado o que estabelece o art. 2º, parágrafo único, do CP. Nesse caso, a exemplo do que se dá com as leis penais, a norma processual nova, se favorável ao réu, deverá retroagir; se prejudicial, aplica-se a lei já revogada (*lex mitior*). **ED**

Gabarito "A".

(Procurador do Estado – PGE/BA – CESPE – 2014) Em relação à assistência no processo penal, julgue os itens subsecutivos.

(1) O assistente de acusação, de acordo com a jurisprudência do STJ, não tem direito a manejar recurso de apelação que objetive o aumento da pena do sentenciado.

(2) Segundo a jurisprudência do STJ, o assistente de acusação não detém legitimidade para recorrer de decisão judicial que conceda a suspensão condicional do processo.

(3) A interveniência do assistente de acusação não é permitida no curso do inquérito policial ou da execução penal.

1: incorreta. Prevalece o entendimento segundo o qual é lícito ao assistente de acusação interpor recurso de apelação cujo único propósito é o aumento da pena fixada na sentença de primeiro grau. Conferir: "Preenchido o requisito do art. 598 do Código de Processo Penal, pode o assistente de acusação interpor recurso de apelação para o fim de aumentar a pena" (STJ, 6ª T., HC 169.557/RJ, Rel. Min. Maria Thereza de Assis Moura, j. 29.08.2013, *DJe* 12.09.2013); **2:** correta. Nesse sentido: "Furto de energia (caso). Suspensão condicional do processo (homologação). Assistente de acusação (recurso). Reparação do dano (pretensão). Legitimidade (ausência). 1. O assistente da acusação não tem legitimidade para recorrer em nome próprio, exceto nas hipóteses do rol taxativo do art. 271 do Cód. de Pr. Penal. 2. Agravo regimental improvido. (AgRg no Ag 880.214/RJ, 6ª T., Rel. Min. Nilson Naves, j. 01.07.2008, *DJe* 06.10.2008); **3:** correta. Isso porque o ingresso do assistente, que

516 EDUARDO DOMPIERI E PATRICIA BERGAMASCO

receberá a causa no estado em que se achar, somente será admitido a partir do recebimento da denúncia e até o trânsito em julgado da decisão (art. 269, CPP). Não tem lugar, portanto, no curso das investigações do inquérito policial tampouco na fase de execução da pena. **ED**

Gabarito: "1E, 2C, 3C"

(Procurador Distrital – 2014 – CESPE) Julgue os itens subsequentes, a respeito da participação do MP no curso das investigações criminais, na instrução processual e na fase recursal.

(1) Em conformidade com o que estabelece o CPP, do despacho que admitir ou não o assistente do MP jamais caberá recurso.

(2) Nos termos da legislação processual vigente, o MP não está limitado à prévia instauração de inquéritos policiais para promover ações penais públicas, ainda que a apuração dos crimes seja complexa.

(3) Conforme jurisprudência pacificada no STJ, a participação de membro do MP na fase investigatória criminal acarreta, por esse fato, a sua suspeição para o oferecimento da respectiva denúncia.

(4) De acordo com a Lei nº 9.296/1996, a intercepção das comunicações telefônicas poderá ser determinada a requerimento da autoridade policial, na fase de investigação criminal, ou a requerimento do MP, somente na fase de instrução criminal.

1: correta, pois em conformidade com o que estabelece o art. 273 do CPP; **2:** correta, na medida em que o inquérito policial não é *imprescindível*, *indispensável* ao oferecimento da queixa ou denúncia (art. 12 do CPP), podendo o titular da ação penal dele abrir mão, desde que disponha de elementos suficientes para o seu ajuizamento. Se não dispuser, deverão ser reunidos por meio de inquérito policial; **3:** incorreta, pois em desconformidade com o entendimento firmado na Súmula nº 234 do STJ: "A participação de membro do Ministério Público na fase investigatória criminal não acarreta seu impedimento ou suspeição para o oferecimento da denúncia"; **4:** incorreta, pois o Ministério Público está credenciado a requerer a interceptação das comunicações telefônicas tanto na fase investigativa quanto no curso da ação penal, conforme regra contemplada no art. 3º, II, da Lei 9.296/1996. **ED**

Gabarito: 1C, 2C, 3E, 4E

15. Direito Internacional Público e Privado

Renan Flumian

1. DIREITO INTERNACIONAL PÚBLICO

1.1. Tratado

(Advogado União – AGU – CESPE – 2015) Julgue os itens a seguir, relativos às fontes do direito internacional.

(1) Os tratados incorporados ao sistema jurídico brasileiro, dependendo da matéria a que se refiram e do rito observado no Congresso Nacional para a sua aprovação, podem ocupar três diferentes níveis hierárquicos: hierarquia equivalente à das leis ordinárias federais; hierarquia supralegal; ou hierarquia equivalente à das emendas constitucionais.

(2) Diferentemente dos tratados, os costumes internacionais reconhecidos pelo Estado brasileiro dispensam, para serem aplicados no país, qualquer mecanismo ou rito de internalização ao sistema jurídico pátrio.

1: correta. Como regra geral, o tratado internacional, depois de internalizado, é equiparado hierarquicamente à norma infraconstitucional, isto é, possui hierarquia equivalente à das leis ordinárias federais. Ao passo que os tratados de direitos humanos que forem aprovados por quórum qualificado, ou seja, em cada Casa do Congresso Nacional, em dois turnos, por três quintos dos votos dos respectivos membros, serão equivalentes às emendas constitucionais – consoante o que determina o art. 5º, § 3º, da CF/1988. Assim, tais tratados terão hierarquia constitucional. Por fim, muito se discutiu em relação à hierarquia dos tratados de direitos humanos que foram internalizados anteriormente à edição da EC 45/2004, que criou o quórum qualificado. Mas, em 03.12.2008, o Ministro Gilmar Mendes, no RE 466.343-SP, defendeu a tese da supralegalidade de tais tratados, ou seja, sua superioridade em relação às normas infraconstitucionais e sua inferioridade em relação às normas constitucionais. O voto do Ministro Gilmar Mendes foi acompanhado pela maioria. Assim, quando o tratado de direitos humanos não passar pelo quórum qualificado, ele terá hierarquia supralegal; **2:** correta. Para ser considerado costume internacional, é necessário que a prática seja geral e reiterada (elemento objetivo ou material), e aceita como o Direito (elemento subjetivo ou psicológico). A Corte Internacional de Justiça definiu o que é o costume no conhecido julgamento do caso da Plataforma Continental do Mar do Norte, em 1969, descrevendo o conceito como "(...) a prática reiterada, acompanhada da convicção quanto a ser obrigatória essa prática, por tratar-se de norma jurídica". Em razão dessas características, o costume dispensa qualquer forma de reconhecimento formal para poder ser utilizado. **RF**

Gabarito 1C, 2C.

(Procurador Distrital – 2014 – CESPE) Com relação ao estatuto jurídico dos tratados internacionais no direito brasileiro, julgue os próximos itens.

(1) Ao Congresso Nacional é vedado rejeitar tratado internacional que, firmado pelo presidente da República, verse sobre direitos humanos.

(2) Os tratados internacionais se incorporam ao ordenamento jurídico brasileiro com o status de emenda constitucional.

(3) Os tratados sobre direitos humanos incorporados ao direito pátrio e em conformidade com a CF revogam as leis ordinárias conflitantes.

1: errado (art. 49, I, da CF/1988); **2:** errado. Depois de internalizado, o tratado é equiparado hierarquicamente à norma infraconstitucional. Com a edição da Emenda Constitucional nº 45, os tratados de direitos humanos (apenas) que forem aprovados por quórum qualificado, ou seja, em cada Casa do Congresso Nacional, em dois turnos, por três quintos dos votos dos respectivos membros, serão equivalentes às emendas constitucionais – consoante o que determina o art. 5º, § 3º, da CF/1988; **3:** certo, pois possuem um *status* hierárquico superior.

Gabarito 1E, 2E, 3C

1.2. Organizações internacionais

(Procurador Federal – AGU – 2023 – CEBRASPE) De acordo com a Convenção sobre Privilégios e Imunidades das Nações Unidas, promulgada no Brasil pelo Decreto n.º 27.784/1950, e a Convenção sobre Privilégios e Imunidades das Agências Especializadas das Nações Unidas, promulgada no Brasil pelo Decreto n.º 52.288/1963, o organismo internacional criado por tratado firmado pelo Brasil e internalizado na ordem jurídica brasileira estabelece, entre outros privilégios, a imunidade de jurisdição. Acerca dessa imunidade e da possibilidade de demanda, entende o STF que

(A) as referidas convenções, no âmbito do direito interno, têm natureza equivalente à das leis ordinárias, mas não se aplicam às lides trabalhistas.

(B) a pessoa jurídica de direito internacional que integra a Organização das Nações Unidas (ONU) possui imunidade de jurisdição, à exceção das causas trabalhistas.

(C) as referidas convenções, no âmbito do direito interno, têm natureza equivalente à das leis complementares e aplicam-se às lides trabalhistas.

(D) a pessoa jurídica de direito internacional não pode ser demandada em juízo, salvo em caso de renúncia expressa a essa imunidade.

(E) a pessoa jurídica de direito internacional que não integra a Organização das Nações Unidas (ONU) tem direito à imunidade de jurisdição e de execução quanto às causas trabalhistas.

A: Incorreta. As convenções internacionais sobre privilégios e imunidades das Nações Unidas e das suas agências especializadas têm uma natureza diferenciada das leis ordinárias no Brasil. Elas têm *status* de lei federal, mas com um regime especial conforme o entendimento do STF; **B:** Incorreta. A imunidade de jurisdição concedida às agências das Nações Unidas se aplica geralmente a todos os tipos de ações judiciais, incluindo as trabalhistas. O STF tem reafirmado que a imunidade se estende também às questões trabalhistas, salvo disposição específica em contrário ou renúncia expressa; **C:** Incorreta. As convenções sobre privilégios e imunidades têm um *status* especial, mas não se equiparam diretamente às leis complementares; **D:** Correta, pois de acordo com

RENAN FLUMIAN

a jurisprudência do STF e os tratados internacionais, as entidades internacionais possuem imunidade de jurisdição, o que significa que em princípio não podem ser demandadas judicialmente no Brasil. Essa imunidade pode ser desconsiderada apenas se houver uma renúncia expressa à imunidade, o que deve ser formalmente declarado; **E:** Incorreta. O direito à imunidade de jurisdição e de execução para entidades que não fazem parte da ONU pode variar e não é automaticamente garantido em relação a todas as causas, especialmente as trabalhistas. A imunidade é geralmente aplicada de acordo com os tratados específicos e pode não se estender da mesma forma para todas as entidades internacionais fora da ONU.
Gabarito "D".

(Advogado União – AGU – CESPE – 2015) No que se refere aos sujeitos do direito internacional e às suas imunidades, julgue os itens subsequentes.

(1) Embora não tenham o atributo de soberania, as organizações internacionais possuem imunidades de jurisdição equivalentes às dos Estados.

(2) Ainda que o objeto de ação ajuizada no Brasil contra Estado estrangeiro seja relativo a condutas caracterizadas como atos de império, o juiz da causa não pode, em observância à imunidade de jurisdição da soberania alienígena, deixar de ordenar a citação e extinguir o processo de plano, sem resolução de mérito.

(3) Todos os Estados-membros de uma organização internacional, cuja instituição dá-se sempre por meio de tratado, têm direito a voz e voto na assembleia geral da organização.

1: incorreta. As OIs também gozam de privilégios e imunidades, tal como os Estados. Todavia, enquanto os Estados (e seus agentes diplomáticos e consulares) possuem tais privilégios com fundamento no princípio da reciprocidade, as OIs e seus funcionários os têm como condição para o desempenho, com plena liberdade, das funções determinadas no seu estatuto. Geralmente, os privilégios e as imunidades são disciplinados no denominado *acordo de sede*, concluído com o Estado ou Estados-hospedeiros. Neste(s) Estado(s) funcionará a sede da OI e seus centros de atividade. Um acordo de sede conhecido foi o firmado entre os EUA e a ONU em 1947. Sobre a matéria, é importante apontar que os privilégios e as imunidades das OIs e dos seus agentes somente são válidas nos Estados-Membros. Todavia, os privilégios e as imunidades da ONU são válidas perante qualquer país, mesmo os não membros; **2:** correta. No Brasil, por exemplo, o STF decidiu, no julgamento da ACI 9.696 em 1989, que Estado estrangeiro não tem imunidade em causa de natureza trabalhista, entendida como ato de gestão. Ou seja, todo ato de gestão que envolva relação civil, comercial ou trabalhista não se encontra abrangido pela imunidade de jurisdição estatal.1 Assim, a imunidade recai apenas sobre os atos de império, mas pode ser afastada mediante concordância do Estado por ela beneficiado. Desta forma, o juiz deve citar o Estado estrangeiro em primeiro lugar e se o direito à imunidade for exercido por esse Estado, aí sim deverá extinguir o processo. Ou seja, o gabarito consta como correta, porém, percebe-se que a assertiva não está com total precisão ao mencionar a extinção do processo de plano, isso porque, como vimos, o Estado beneficiado pode abrir mão de sua imunidade; **3:** incorreta. Como as OIs são constituídas pela vontade coletiva dos Estados ou por outras organizações internacionais,

entre elas ou com Estados, pode-se afirmar que a criação das OIs **dá-se normalmente** por tratado internacional. Assim ocorreu com a dita primeira organização internacional: a Comissão Central do Reno. Esta Comissão foi instituída pela Ata Final do Congresso de Viena de 1815. Foi dito "normalmente" porque existem exemplos de criação de OI por deliberação tomada no seio de uma OI. Nesta toada, a Resolução 2029 (XX) criou o Programa das Nações Unidas para o Desenvolvimento (PNUD) e a Resolução 1995 (XIX) criou a Comissão das Nações Unidas para o Comércio e o Desenvolvimento (CNUCED). Percebe-se que estas duas OIs foram criadas para cumprir objetivos específicos que estão entre as finalidades das NU. Assim, pode-se vislumbrar a vontade dos Estados por trás das resoluções constitutivas dessas OIs, pois os Estados criaram a ONU e concordaram em se empenhar com a persecução dos seus objetivos. Isto é, tal criação já estaria aceita pelos Estados quando, primeiro, criaram a ONU. **RF**
Gabarito "1E, 2C, 3E".

1.3. Nacionalidade, visto e exclusão do estrangeiro

(Procurador Federal – AGU – 2023 – CEBRASPE) Assinale a opção correta no que concerne à naturalização, conforme disposto na Lei n.º 13.445/2017 — Lei de Migração.

(A) A naturalização provisória é concedida ao migrante criança ou adolescente que tenha fixado residência em território nacional até os 12 anos de idade e requerida por intermédio de seu representante legal, podendo a naturalização ser convertida em definitiva se o naturalizando assim o requerer no prazo de 1 ano após atingir a maioridade.

(B) No curso do processo de naturalização, o naturalizando poderá solicitar a tradução ou a adaptação de seu nome à língua portuguesa, o qual integrará cadastro com o nome traduzido ou adaptado associado ao nome anterior; do pedido de naturalização apresentado e processado não caberá recurso em caso de denegação.

(C) A naturalização extraordinária será concedida ao estrangeiro que se tenha se fixado no Brasil por mais de 10 anos ininterruptos e sem condenação penal, devendo ser requerida pelo interessado.

(D) A naturalização especial é concedida ao estrangeiro que seja cônjuge ou companheiro, há mais de 3 anos, de integrante do serviço exterior brasileiro em atividade ou de pessoa a serviço do Estado brasileiro no exterior; ou que seja ou tenha sido empregado em missão diplomática ou em repartição consular do Brasil por mais de 5 anos, de forma alternada.

(E) Entre os requisitos para obter a naturalização ordinária, o naturalizando deve possuir capacidade civil, segundo a lei brasileira, ter residência em território nacional, pelo prazo mínimo de 4 anos, sendo esse prazo reduzido para, no mínimo, 1 ano caso o naturalizando tenha prestado serviço relevante ao Brasil.

A: Incorreta, conforme art. 70 da Lei de Migração; **B:** Incorreta, conforme art. 71 da Lei de Migração; **C:** Incorreta, conforme art. 67 da Lei de Migração; **D:** Incorreta, conforme incisos I e II do art. 68 da Lei de Migração; **E:** Correta (arts. 65, I e II, e 66, V, da Lei de Migração).
Gabarito "E".

---

1. RO 00010567520145020041, TRT-2º Região, SP. Ementa: Direito Internacional do Trabalho. Consulado e Embaixada do Reino da Espanha no Brasil. Contrato de trabalho que pactua a aplicação da lei brasileira. Serviços meramente administrativos. Atos de gestão. Matéria de ordem privada. Relativização da imunidade de jurisdição. (04/09/2015).

15. DIREITO INTERNACIONAL PÚBLICO E PRIVADO

(Advogado União – AGU – CESPE – 2015) Julgue os itens seguintes, acerca da condição jurídica do estrangeiro.

(1) A progressão para o regime semiaberto é vedada ao extraditando que esteja aguardando o término do cumprimento da pena no Brasil.

(2) O titular de visto diplomático cujo prazo previsto de estada no Brasil seja superior a noventa dias deverá providenciar seu registro no Ministério das Relações Exteriores.

(3) Pessoa estrangeira casada há mais de cinco anos com diplomata do Brasil poderá ser naturalizada se contar com, no mínimo, cinco anos de residência contínua em território nacional.

(4) O Estatuto do Tribunal Penal Internacional considera o termo entrega como sinônimo de extradição quando ela se refere a diplomata, chefe de Estado, chefe de governo ou ministro das relações exteriores no exercício da função.

1:incorreta (art. 30,§ 2º, da Lei de Migração); **2:** correta (art. 7º, § 1º, do Decreto 9.199/17, que regulamenta a Lei de Migração); **3:** incorreta, pois o art. 68, I, da Lei de Migração dispensa o requisito da residência; **4:** incorreta. A grande inovação do Estatuto foi a criação do instituto da entrega ou *surrender*, ou seja, a entrega de um Estado para o TPI (plano vertical), a pedido deste, de indivíduo que deva cumprir pena por prática de algum dos crimes tipificados no art. 5º do Estatuto de Roma. *A título comparativo*, a extradição é a entrega de um Estado para outro Estado (plano horizontal), a pedido deste, de indivíduo que em seu território deva responder a processo penal ou cumprir pena por prática de crime de certa gravidade. Portanto, a definição do instituto não provém do cargo exercido pela pessoa objeto do pedido, mas sim sobre a identidade do requerente. E a grande finalidade do instituto da *entrega* é driblar o princípio da não extradição de nacionais e, logicamente, garantir o julgamento do acusado, pois o TPI não julga indivíduos à revelia. Assim, criou-se tal figura para permitir que o Estado entregue indivíduo que seja nacional seu ao TPI. **RF**
Gabarito "1E, 2C, 3E, 4E.

1.4. Imunidades – Diplomáticas, consulares, de jurisdição e de execução. Proteção diplomática

(Procurador – PGFN – ESAF – 2015) No que tange à jurisdição internacional do Estado, assinale a opção incorreta.

(A) A jurisdição do Estado é limitada pelos princípios da territorialidade da jurisdição e da imunidade de jurisdição.

(B) O princípio da territorialidade de jurisdição constitui a regra, sendo a extraterritorialidade da jurisdição uma exceção a este princípio.

(C) O princípio da personalidade passiva, que informa competência extraterritorial, atribui ao Estado competência para regular atos praticados por seus nacionais mesmo fora de seu território.

(D) A imunidade de jurisdição representa uma exceção ao princípio de sujeição à jurisdição territorial.

(E) A renúncia à imunidade de jurisdição no tocante às ações cíveis implica renúncia tácita à imunidade quanto às medidas de execução da sentença.

Todas as assertivas estão corretas, com exceção da assertiva "E". Isso porque a renúncia à imunidade de jurisdição no tocante às ações

cíveis ou administrativas não implica renúncia à imunidade quanto às medidas de execução de sentença, para a consecução das quais nova renúncia é necessária (art. 32, ponto 4, da Convenção de Viena sobre Relações Diplomáticas). **RF**
Gabarito "E".

1.5. Sistema de solução de controvérsias

(Advogado União – AGU – CESPE – 2015) Com referência aos mecanismos para a solução de controvérsias internacionais, julgue os itens que se seguem.

(1) Como é vedado o uso da força nas relações internacionais, os Estados não podem executar atos beligerantes com o aval do direito internacional, ressalvada a hipótese de legítima defesa em caso de agressão externa.

(2) Compete ao Tribunal Permanente de Revisão do MERCOSUL, instituído por meio do Protocolo de Olivos, julgar, em última instância, os recursos interpostos contra decisões de tribunais *ad hoc* prolatadas em procedimentos de arbitragem instaurados para a solução de controvérsias entre os Estados-partes do MERCOSUL relativas à interpretação, à aplicação ou ao não cumprimento das normas desse bloco econômico.

1: incorreta. Tanto a Assembleia Geral quanto o Conselho de Segurança das Nações Unidas funcionam como instâncias políticas de solução de disputas internacionais. Todavia, este meio só será utilizado diante de conflitos considerados graves, como, por exemplo, ameaça à paz. Depois que estes dois órgãos procederem à investigação da controvérsia, eles poderão emitir recomendações para os conflitantes (art. 39 da Carta das Nações Unidas). Além disso, apenas o Conselho de Segurança tem competência para agir preventiva ou corretivamente, utilizando-se até mesmo de força militar – mantida à sua disposição por membros das Nações Unidas – contra Estado ou movimento armado no interior de algum país (arts. 42 a 47 da Carta das Nações Unidas). O emprego de força militar suscita considerações a respeito da sua legitimidade,2 entretanto, o art. 24, ponto 1, da Carta das Nações Unidas parece resolver essa questão: "A fim de assegurar uma ação pronta e eficaz por parte das Nações Unidas, os seus membros conferem ao Conselho de Segurança a principal responsabilidade na manutenção da paz e da segurança internacionais e concordam em que, no cumprimento dos deveres impostos por essa responsabilidade, o Conselho de Segurança aja em nome deles". Ou seja, todos os Estados-Membros da ONU transferiram ao Conselho de Segurança a responsabilidade no que tange à manutenção da paz e da segurança internacionais. E também as decisões de uso de força militar tomadas nos últimos anos, com grande acolhida da maioria dos Estados, parece ter tornado o uso da força militar, em casos extremos, para manutenção da paz e da segurança internacionais um costume internacional. Por fim, pode-se citar como exemplo a Resolução 1973 aprovada, em 2011, pelo Conselho de Segurança das Nações Unidas e que permitia o emprego de força militar na Líbia pela OTAN. O objetivo era impedir o massacre de civis por tropas do então ditador Muamar Kadafi e, assim, garantir a paz internacional. Existem também as *represálias*, que são um meio coercitivo de resolução de controvérsias. É um método de solução de controvérsias não amistosa que envolve a prática de ato danoso em prejuízo de um Estado, que previamente prejudicou o agora Estado violador. As medidas consideradas como represálias normalmente violam o direito internacional, todavia, não são consideradas ilícitas por serem uma reação contra o dano previamente sofrido; **2:** correta (art. 17 do Protocolo de Olivos). **RF**
Gabarito "1E, 2C."

---

2. Pois o grande objetivo da ONU é a manutenção da paz e da segurança internacionais.

1.6. Direito comunitário e da integração

(Procurador – PGFN – ESAF – 2015) Sobre o Mercado Comum do Sul (MERCOSUL), assinale a opção incorreta.

(A) As decisões dos órgãos do MERCOSUL são tomadas por consenso e com a presença de todos os Estados Partes.

(B) Os órgãos com capacidade decisória na estrutura do MERCOSUL são o Conselho do Mercado Comum (CMC), o Grupo Mercado Comum (GMC) e a Comissão Social Parlamentar (CSP).

(C) As normas emanadas dos órgãos do MERCOSUL dependem de incorporação nos ordenamentos jurídicos de cada Estado Parte, de acordo com as disposições constitucionais de cada um.

(D) O Tratado de Assunção, seus protocolos e os instrumentos adicionais ou complementares são fontes jurídicas do MERCOSUL.

(E) O Conselho do Mercado Comum (CMC) manifesta-se por meio de Decisões, que são obrigatórias para os Estados Partes.

Todas as assertivas estão corretas, com exceção da assertiva "B". Os principais órgãos do Mercosul com capacidade decisória e natureza intergovernamental são: Conselho do Mercado Comum, Grupo Mercado Comum e Comissão de Comércio. Enquanto os principais de caráter consultivo são: Parlamento, Secretaria Administrativa e Foro Consultivo Econômico e Social. RF

Gabarito "B".

1.7. Combinadas e outros temas

(Procurador Fazenda Nacional – AGU – 2023 – CEBRASPE) Acerca da Convenção sobre Assistência Mútua Administrativa em Matéria Tributária, promulgada no Brasil por meio do Decreto n.º 8.842/2016, assinale a opção correta.

(A) O decreto legislativo que incorporou tal convenção ao ordenamento jurídico brasileiro observou o procedimento legislativo ordinário, o que lhe conferiu hierarquia de lei ordinária federal.

(B) Para efeitos da referida convenção, salvo quando o contexto exigir interpretação diferente, a autoridade competente no Brasil é o ministro da economia.

(C) Essa convenção foi aprovada pela Assembleia-Geral da Organização das Nações Unidas, por maioria de dois terços dos Estados membros presentes e votantes.

(D) Ao depositar a carta de ratificação à referida convenção, o governo brasileiro apresentou declarações, mas não fez reservas quando de sua promulgação.

(E) A assistência administrativa de que trata tal convenção compreende a troca de informações, incluindo-se fiscalizações tributárias simultâneas e a participação em fiscalizações tributárias levadas a efeito no estrangeiro.

A: Incorreta. A Convenção sobre Assistência Mútua Administrativa em Matéria Tributária foi incorporada ao ordenamento jurídico brasileiro por meio de um decreto legislativo e um decreto presidencial. A incorporação de convenções internacionais, especialmente as de caráter tributário, geralmente segue o procedimento de ratificação e não o procedimento legislativo ordinário; **B:** Incorreta, pois conforme o art. 2º, II, do Decreto 8.842/16, a autoridade competente é o Secretário da Receita Federal do Brasil; **C:** Incorreta. A Convenção sobre Assistência

Mútua Administrativa em Matéria Tributária não foi aprovada pela Assembleia-Geral da ONU. Trata-se de uma convenção da OCDE (Organização para Cooperação e Desenvolvimento Econômico), e não da ONU; **D:** Incorreta. O governo brasileiro fez reservas ao ratificar a Convenção sobre Assistência Mútua Administrativa em Matéria Tributária (art. 1º do Dec. nº 8.842/2016). As reservas são declarações feitas por um Estado ao ratificar um tratado, que excluem ou alteram o efeito de certas disposições do tratado em relação a esse Estado; **E:** Correta. A Convenção sobre Assistência Mútua Administrativa em Matéria Tributária abrange vários tipos de assistência administrativa entre os países signatários, incluindo a troca de informações, fiscalizações tributárias simultâneas e a participação em fiscalizações tributárias no estrangeiro. Estes aspectos são centrais para a assistência mútua administrativa em matéria tributária conforme estabelecido pela Convenção.
Gabarito "E".

2. DIREITO INTERNACIONAL PRIVADO

2.1. Regras de conexão

(Advogado União – AGU – CESPE – 2015) Com relação a reenvio, fontes do direito internacional privado e regras de conexão, julgue os itens subsecutivos.

(1) Regras de conexão são normas que indicam o direito aplicável a situações jurídicas que digam respeito a mais de um ordenamento jurídico.

(2) No que se refere ao reenvio, a teoria da subsidiariedade estabelece que o Estado, ainda que tenha direito de legislar unilateralmente sobre temas relativos a conflito de leis, deve observar outros sistemas jurídicos, a fim de evitar que obrigações contraditórias sejam atribuídas a uma mesma pessoa.

(3) Para que uma norma costumeira internacional torne-se obrigatória no âmbito do direito internacional privado, são necessários a aceitação e o reconhecimento unânimes dos Estados na formação do elemento material que componha essa norma.

1: correta. As regras de conexão do DIPr são indiretas, pois não resolvem os problemas materiais nem as questões processuais, apenas o conflito de leis no espaço. Melhor dizendo, não solucionam o caso, apenas indicam a solução, isto é, a(s) norma(s) jurídica(s) a ser(em) aplicada(s) para resolvê-lo. As normas diretas preveem fatos e apontam soluções (resolvem diretamente o problema); já as indiretas não preveem fatos, mas indicam a lei a ser aplicada (resolvem indiretamente o problema). Por fim, é premente observar que as regras de conexão são utilizadas nos casos que envolvem relação jurídica ou fato dotados de elemento estrangeiro, isto é, relações jurídicas que gerem efeitos em dois ou mais ordenamentos jurídicos (leia-se Estados); 2: incorreta. O reenvio funciona como se a solução fosse enviada para o direito de certo país e o direito desse país a reenviasse (de volta ou para outro país). Em outras palavras, o reenvio é uma interpretação que despreza a norma material indicada pela regra de conexão e aplica DIPr estrangeiro para chegar a outra norma material, geralmente de índole nacional. Dentro desse quadro, ergue-se o art. 16 da LINDB e proíbe o juiz nacional de utilizar-se do reenvio. O juiz aplica o DIPr brasileiro para determinar o direito material aplicável, e, se este for estrangeiro, caberá ao magistrado aplicá-lo. Portanto, não existe aplicação da teoria da subsidiariedade mencionada na questão; 3: incorreta. Para ser considerado costume internacional, é necessário que a prática seja geral e reiterada (elemento objetivo ou material), e aceita como o Direito (elemento subjetivo ou psicológico). A Corte Internacional de Justiça definiu o que é o costume no conhecido julgamento do caso da Plataforma Continental do Mar do Norte, em 1969, descrevendo o conceito como "(...) a prática reiterada, acompanhada da convicção

15. DIREITO INTERNACIONAL PÚBLICO E PRIVADO   521

quanto a ser obrigatória essa prática, por tratar-se de norma jurídica".
Em razão dessas características, o costume dispensa qualquer forma de reconhecimento formal para poder ser utilizado.

Gabarito: 1C, 2E, 3E.

2.2. Cooperação judiciária internacional – cartas rogatórias

(Advogado União – AGU – CESPE – 2015) No que diz respeito à cooperação jurídica internacional e às competências da AGU nessa matéria, julgue os próximos itens.

(1) A dupla incriminação tem sido considerada requisito dispensável em certos acordos de cooperação jurídica em matéria penal celebrados pelo Brasil.

(2) A AGU é a autoridade central federal que deve dar cumprimento às obrigações impostas pela Convenção Relativa à Proteção das Crianças e à Cooperação em Matéria de Adoção Internacional.

(3) A autoridade judiciária brasileira é competente, com exclusão de qualquer outra autoridade, para conhecer de ações relativas a imóveis situados no Brasil.

1: correta, pois, de fato, em alguns acordos recentes sobre o tema foi determinada de forma expressa, a dispensa do princípio da "dupla incriminação", como é o caso do acordo firmado com a Espanha (Decreto 6.747/09); **2:** incorreta. Conforme a Convenção de Haia de 1993, relativa à Proteção das Crianças e à Cooperação em Matéria de Adoção Internacional e de acordo com o Estatuto da Criança e do Adolescente (ECA), a adoção internacional é aquela realizada por pretendente residente em país diferente daquele da criança a ser adotada. Entretanto, a Convenção, ratificada pelo país em 21 de junho de 1999, se aplica apenas às adoções realizadas entre países ratificantes. No Brasil, de acordo com o Decreto 3.174, de 16 de setembro de 1999, o processamento das adoções de crianças brasileiras para o exterior, bem como a habilitação de residente no Brasil para adoção no exterior, é de responsabilidade das Autoridades Centrais dos Estados e do Distrito Federal (Comissões Estaduais Judiciárias de Adoção / Adoção Internacional). A Autoridade Central Administrativa Federal (ACAF) é órgão federal que tem como competência o credenciamento dos organismos nacionais e estrangeiros de adoção internacional, bem como o acompanhamento pós-adotivo e a cooperação jurídica com as Autoridades Centrais estrangeiras. Além disso, à ACAF compete atuar como secretaria executiva para o Conselho das Autoridades Centrais Brasileiras (fonte: www.sdh.gov.br); **3:** correta. O juiz brasileiro terá competência exclusiva para conhecer das ações relativas a imóveis situados no Brasil. Essa competência exclusiva significa que nenhuma outra jurisdição poderá conhecer de ação que envolva bem imóvel situado no Brasil. Assim, por exemplo, sentença estrangeira sobre bem imóvel situado no Brasil nunca será reconhecida no Brasil, isto é, nunca irradiará efeitos em território nacional. A regra *forum rei sitae* aparece no art. 12, § 1º, da LINDB e no art. 23, I, no CPC. Porém, cabe destacar que no Informativo 586 do STJ foi definido que é possível a homologação de sentença penal estrangeira que determine o perdimento de imóvel situado no Brasil em razão de o bem ser produto do crime de lavagem de dinheiro. **RF**

Gabarito: 1C, 2E, 3E.

16. DIREITOS HUMANOS

Renan Flumian

1. TEORIA GERAL

(Procurador/PA – CESPE – 2022) A cada grande surto de violência, os homens recuam, horrorizados, à vista da ignomínia que afinal se abre claramente diante de seus olhos; e o remorso pelas torturas, as mutilações em massa, os massacres coletivos e as explorações aviltantes fazem nascer nas consciências, agora purificadas, a exigência de novas regras de uma vida mais digna para todos.

Fábio Konder Comparato. A afirmação histórica dos direitos humanos. 3.ª ed. São Paulo: Saraiva, 2003, p. 37 (com adaptações).

Considerando a perspectiva acerca dos direitos humanos adotada no texto apresentado, assinale a opção correta.

(A) Os direitos humanos surgem de uma atuação positiva do Estado, com a criação de novas regras para a dignidade humana.

(B) Os direitos humanos decorrem de um acordo de vontades de pessoas autônomas e esclarecidas.

(C) Os direitos humanos são antecedidos, na sua origem, pelas grandes descobertas científicas ou invenções técnicas.

(D) Os direitos humanos possuem uma dimensão ética, e a análise das suas diferentes etapas de afirmação pauta-se na compreensão histórica desses direitos.

(E) Os direitos humanos têm natureza religiosa, uma vez que o ser humano, confrontado com o mal e o pecado, com a dor física e espiritual, procura, por meio do direito, uma vida mais digna e repleta de paz.

O trecho retirado da obra do Prof. Fábio Konder Comparato dialoga com a dimensão ética dos direitos humanos, que exige uma análise histórica para se compreender melhor a gestação e a afirmação de cada direito no interior de uma sociedade.

Gabarito "D".

2. SISTEMA GLOBAL DE PROTEÇÃO DOS DIREITOS HUMANOS

(Procurador Federal – AGU – 2023 – CEBRASPE) São fontes das quais a Corte Internacional de Justiça poderá se valer para decidir sobre as controvérsias que lhe são submetidas conforme o seu estatuto

I. convenções internacionais, quer gerais, quer especiais, que estabeleçam regras expressamente reconhecidas pelos Estados litigantes.

II. decisões judiciárias e a doutrina dos juristas mais qualificados das diferentes nações, como meio para a determinação das regras de direito, sendo a decisão da Corte vinculante para todos os países membros.

III. princípios gerais de direito reconhecidos pelas nações civilizadas.

IV. costume internacional, como prova de uma prática geral aceita como sendo o direito.

Estão certos apenas os itens

(A) I e II.

(B) I e IV.

(C) II e III.

(D) I, III e IV.

(E) II, III e IV.

I: Certo (art. 38, *a*, do Estatuto da Corte Internacional de Justiça); II: Errado. A primeira parte da assertiva está correta, pois o artigo 38, inciso (d), do Estatuto da CIJ menciona que "decisões judiciárias e a doutrina dos juristas mais qualificados das diferentes nações" são "meios auxiliares para a determinação das regras de direito". No entanto, a segunda parte está errada porque as decisões da CIJ não são vinculantes para todos os países membros da ONU, mas apenas para as partes envolvidas no caso específico; III: Certo (art. 38, *c*, do Estatuto da Corte Internacional de Justiça); IV: certo (art. 38, *b*, do Estatuto da Corte Internacional de Justiça).

Gabarito "D".

(Procurador/PA – CESPE – 2022) De acordo com a Declaração Universal dos Direitos Humanos, assinale a opção correta.

(A) Toda pessoa tem direito à liberdade de reunião e associação pacíficas, e ninguém poderá ser proibido de portar armas em reunião, desde que tenha autorização legal.

(B) Toda pessoa tem o direito de ser reconhecida, em todos os lugares, como pessoa física ou jurídica perante a lei.

(C) Ninguém será arbitrariamente privado de sua propriedade, desde que esta exerça sua função social.

(D) Os homens e as mulheres maiores de idade, sem qualquer restrição de raça, nacionalidade ou religião, têm o direito de contrair matrimônio e fundar uma família, assim como gozam de iguais direitos em relação ao casamento, sua duração e sua dissolução.

(E) Ninguém será arbitrariamente preso, detido ou exilado sem o devido processo legal; a prisão de qualquer pessoa e o local onde ela se encontra serão comunicados imediatamente ao juiz competente e à família do preso ou à pessoa por ele indicada.

A: incorreta, pois o art. 20, I, da Declaração não prevê a possibilidade do porte de armas em reunião; B: incorreta, pois não existe tal previsão (art. 2º da Declaração); C: incorreta, pois a Declaração não faz a ressalva da função social da propriedade (art. 17, I e II, da Declaração); D: correta (art. 16, I, da Declaração); E: incorreta, pois o art. 9º da Declaração assim dispõe: "Ninguém será arbitrariamente preso, detido ou exilado".

Gabarito "D".

3. SISTEMA INTERAMERICANO DE PROTEÇÃO DOS DIREITOS HUMANOS

(Procurador – PGE/SP – 2024 – VUNESP) A respeito da proteção regional dos direitos humanos, assinale a alternativa correta.

(A) As especificidades que orientam os direitos humanos impedem a formulação e a apreciação de pedido de desistência no procedimento perante a Comissão Interamericana de Direitos Humanos.

(B) Sob pena da Corte Interamericana de Direitos Humanos rejeitar a objeção relativa à falta de esgotamento de recursos internos, o Estado deve apresentar a referida preliminar durante o procedimento de admissibilidade perante a Comissão Interamericana de Direitos Humanos.

(C) A ausência de um consenso interno nos Estados submetidos à jurisdição da Corte Interamericana de Direitos Humanos impede o exercício da atividade consultiva em torno de determinada questão.

(D) A Corte Interamericana de Direitos Humanos, intérprete última da Convenção Americana de Direitos Humanos, tem competência para emitir interpretações a respeito de todas as disposições da Convenção, salvo aquelas de natureza processual.

(E) Por força da teoria da hierarquia dos tratados, a Corte Interamericana de Direitos Humanos poderá emitir pareceres sobre a compatibilidade das leis internas dos Estados-membros, salvo as de natureza constitucional, com a Convenção Americana ou com outros tratados de proteção dos direitos humanos nos Estados americanos.

A: Incorreta. Embora os direitos humanos tenham especificidades, isso não impede a formulação e apreciação de pedidos de desistência no procedimento perante a Comissão Interamericana de Direitos Humanos (CIDH); **B:** Correta. De acordo com o Regulamento da Comissão Interamericana de Direitos Humanos, a objeção de falta de esgotamento de recursos internos deve ser levantada pelo Estado durante o procedimento de admissibilidade na Comissão; **C:** Incorreta. A Corte Interamericana de Direitos Humanos pode emitir opiniões consultivas mesmo na ausência de consenso interno entre os Estados. As opiniões consultivas são pedidas por Estados ou por órgãos do Sistema Interamericano para esclarecer questões de interpretação ou aplicação da Convenção Americana e outros tratados de direitos humanos. A atividade consultiva não exige consenso interno dos Estados; **D:** Incorreta. A Corte Interamericana de Direitos Humanos tem competência para interpretar todas as disposições da Convenção Americana de Direitos Humanos, incluindo aquelas de natureza processual. A Corte pode emitir interpretações sobre tanto disposições substantivas quanto processuais da Convenção para garantir sua aplicação adequada; **E:** Incorreta. O citado controle é assim definido por André de Carvalho Ramos: "O controle de convencionalidade *internacional* é atividade de fiscalização dos atos e condutas dos Estados em confronto com seus compromissos internacionais. Em geral, o controle de convencionalidade é atribuído a órgãos compostos por julgadores independentes, criados por tratados internacionais, o que evita que os próprios Estados sejam, ao mesmo tempo, fiscais e fiscalizados". Deve-se destacar que o citado controle pode ser exercido até em face das Constituições nacionais, podendo gerar as chamadas normas constitucionais inconvencionais. Trata-se de um controle bem amplo, englobando todos os atos estatais, inclusive as omissões.

Gabarito "B".

(Procurador/PA – CESPE – 2022) O início formal ou marco inaugural do sistema interamericano de proteção dos direitos humanos é a

(A) Declaração Universal dos Direitos Humanos, de 1948.

(B) Declaração Americana dos Direitos e Deveres do Homem, de 1948.

(C) Carta da Organização dos Estados Americanos, de 1948.

(D) Convenção Americana de Direitos Humanos (Pacto de São José da Costa Rica), de 1969.

(E) Resolução VI do 5.º Encontro de Consulta de Ministros de Relações Exteriores, de 1959, realizado em Santiago, no Chile.

O sistema protetivo americano foi instalado em 1948 pela Carta da Organização dos Estados Americanos[1], que, por sua vez, foi adotada na 9ª Conferência Internacional Americana, que se reuniu em Bogotá, na Colômbia. Na mesma Conferência, foi adotada a Declaração Americana dos Direitos e Deveres do Homem[2], que foi o primeiro acordo internacional sobre direitos humanos, antecipando a Declaração Universal dos Direitos Humanos, escrita seis meses depois. Uma declaração (*soft law*) de que os Estados-membros deveriam proteger os direitos humanos.

Gabarito "B".

3.1. Convenção Americana Sobre Direitos Humanos (Pacto de São José da Costa Rica)

(Procurador do Estado/BA – 2014 – CESPE) No que se refere aos tratados e convenções internacionais sobre direitos humanos de que o Brasil seja signatário, julgue os itens seguintes.

(1) A Corte Interamericana de Direitos Humanos, composta de sete juízes, detém, além de competência contenciosa, de caráter jurisdicional, competência consultiva.

(2) Suponha que a Corte Interamericana de Direitos Humanos tenha determinado ao Estado brasileiro o pagamento de indenização a determinado cidadão brasileiro, em decorrência de sistemáticas torturas que este sofrera de agentes policiais estaduais. Nesse caso, a sentença da Corte deverá ser executada de acordo com o procedimento vigente no Brasil.

(3) O Pacto Internacional sobre Direitos Civis e Políticos de 1966, juntamente com a Convenção Americana sobre Direitos Humanos de 1969 e outros atos internacionais compõem o denominado Sistema Regional Interamericano de Proteção dos Direitos Humanos.

---

1. Reformada pelos seguintes protocolos: Protocolo de Reforma da Carta da Organização dos Estados Americanos – "Protocolo de Buenos Aires", assinado em 27.02.1967, na Terceira Conferencia Interamericana Extraordinária; pelo Protocolo de Reforma da Carta da Organização dos Estados Americanos – "Protocolo de Cartagena das Índias", assinado em 05.121985, no Décimo Quarto período Extraordinário de Sessões da Assembleia Geral; pelo Protocolo de Reforma da Carta da Organização dos Estados Americanos – "Protocolo de Washington", assinado em 14.12.1992, no Décimo Sexto período Extraordinário de Sessões da Assembleia Geral; e pelo Protocolo de Reforma da Carta da Organização dos Estados Americanos – "Protocolo de Manágua", assinado em 10.06.1993, no Décimo Nono Período Extraordinário de Sessões da Assembleia Geral.

2. Essa declaração prevê tantos os direitos civis e políticos como os econômicos, sociais e culturais.

1: correta. A Corte é o órgão jurisdicional do sistema regional de proteção americano. Sua composição é de sete juízes, os quais são nacionais dos países-membros da OEA e escolhidos pelos Estados-partes da Convenção. Vale sublinhar que essa escolha é realizada a título pessoal entre juristas da mais alta autoridade moral, de reconhecida competência em matéria de Direitos Humanos e que reúnam as condições requeridas para o exercício das mais elevadas funções judiciais, de acordo com a lei do Estado do qual sejam nacionais ou do Estado que os propuser como candidatos. Não deve haver dois juízes da mesma nacionalidade. No que se refere à sua competência, identifica-se uma atuação *consultiva* e *contenciosa*. A competência consultiva da Corte é marcada por sua grande finalidade de uniformizar a interpretação da Convenção Americana de Direitos Humanos e dos tratados de direitos humanos confeccionados no âmbito da OEA. Dentro dessa competência, qualquer Estado-membro ou órgão3 da OEA pode pedir que a Corte emita parecer que indique a correta interpretação da Convenção e dos tratados concernentes à proteção dos Direitos Humanos nos Estados Americanos (artigo 64, ponto 1, da Convenção Americana de Direitos Humanos). Os órgãos da OEA também desfrutam o direito de solicitar opiniões consultivas, mas somente em suas esferas de competência. Assim, enquanto os Estados-membros da OEA têm direito absoluto a pedir opiniões consultivas, os órgãos apenas podem fazê-lo dentro dos limites de sua competência. O direito dos órgãos de pedir opiniões consultivas está restrito a assuntos em que tenham um legítimo interesse institucional4. Ademais, a Corte pode fazer análise de compatibilidade entre a legislação doméstica de um País-membro da OEA e o sistema protetivo americano, com o intuito de harmonizá-los. Sintetizando, "na jurisdição consultiva não há partes, no seu sentido material, pois não há Estados requeridos e nem uma sanção judicial é prevista".5 Já a competência contenciosa só será exercida em relação aos Estados-partes da Convenção que expressem e, inequivocamente, tenham aceitado essa competência da Corte (artigo 62 da Convenção Americana de Direitos Humanos). A declaração de aceite da competência da Corte pode ser feita incondicionalmente ou sob condição de reciprocidade, por prazo determinado ou ainda somente para casos específicos; **2: correta.** O cumprimento da sentença da Corte se dá geralmente de maneira voluntária pelos Estados. Caso isso não ocorra, por exemplo, no Brasil, o cumprimento se dará mediante execução da sentença, como título executivo judicial, perante a Justiça Federal, consoante disposto no art. 109, I, da CF/1988. Mas deve-se saber que os Estados-partes da Convenção se comprometem a cumprir a decisão da Corte em todos os casos em que forem partes (artigo 68 da Convenção Americana de Direitos Humanos). Ademais, caso o Estado levante óbices jurídicos para viabilizar a execução da sentença, em conformidade com o processo interno vigente, estará incorrendo em violação adicional da CADH (artigo 2º), por não adotar providências no sentido de adequar o seu direito interno às obrigações internacionalmente assumidas; **3: incorreta.** O Pacto Internacional sobre Direitos Civis e Políticos de 1966 faz parte do sistema global de proteção dos direitos humanos, alicerçado na ONU.

Gabarito 1C, 2C, 3E

Segue, para conhecimento, a lista dos direitos humanos protegidos na Convenção Americana de Direitos Humanos e a lista dos protegidos no Protocolo de São Salvador:

Os direitos humanos protegidos na Convenção Americana de Direitos Humanos são:

---

3. Os órgãos estão elencados no Capítulo X da Carta da Organização dos Estados Americanos.

4. Conforme ponto 14 da Opinião Consultiva 02/82 da Corte Interamericana de Direitos Humanos.

5. RAMOS, André de Carvalho. **Teoria geral dos direitos humanos na ordem internacional**. 2. ed. São Paulo: Saraiva, 2012. p. 242.

(A) direito ao reconhecimento da personalidade jurídica (art. 3º);

(B) direito à vida (art. 4º). É importante apontar que a Convenção determina que, em geral, este direito deve ser protegido desde o momento da concepção;

(C) direito à integridade pessoal (art. 5º). Leia-se integridade física, psíquica e moral;

(D) proibição da escravidão e da servidão (art. 6º). O tráfico de escravos e o tráfico de mulheres também são proibidos em todas as suas formas;

(E) direito à liberdade pessoal (artigo 7º). É no ponto 7 deste artigo que aparece o princípio da proibição da detenção por dívidas e sua correlata exceção somente em virtude de inadimplemento de obrigação alimentar. E seu reflexo no Brasil foi, depois de muitas decisões, a Súmula Vinculante 25 do STF;

(F) garantias judiciais (art. 8º). É neste artigo que aparece o princípio da celeridade dos atos processuais;

(G) princípio da legalidade e da retroatividade da lei penal mais benéfica (art. 9º);

(H) direito à indenização por erro judiciário (art. 10). O artigo dispõe ser necessário o trânsito em julgado da condenação;

(I) proteção da honra e da dignidade (art. 11);

(J) liberdade de consciência e de religião (art. 12);

(K) liberdade de pensamento e de expressão (art. 13);

(L) direito de retificação ou resposta (art. 14). Direito a ser utilizado quando as informações inexatas ou ofensivas forem emitidas, em seu prejuízo, por meios de difusão legalmente regulamentados e que se dirijam ao público em geral;

(M) direito de reunião (art. 15). Desde que pacífica e sem armas;

(N) liberdade de associação (art. 16);

(O) proteção da família (art. 17);

(P) direito ao nome (art. 18);

(Q) direitos da criança (art. 19);

(R) direito à nacionalidade (art. 20). Este artigo traz a importante regra de que toda pessoa tem direito à nacionalidade do Estado em cujo território houver nascido, se não tiver direito a outra;

(S) direito à propriedade privada (art. 21);

(T) direito de circulação e de residência (art 22). Tal artigo traz duas regras importantes, a primeira, constante do ponto 7 do artigo, é a de que toda pessoa tem o direito de buscar e receber asilo em território estrangeiro, em caso de perseguição por delitos políticos ou comuns conexos com delitos políticos e a segunda, constante do ponto 8 do artigo, é a de que em nenhum caso o estrangeiro pode ser expulso ou entregue a outro país, seja ou não de origem, onde seu direito à vida ou à liberdade pessoal esteja em risco de violação em virtude de sua raça, nacionalidade, religião, condição social ou de suas opiniões políticas;

(U) direitos políticos (art. 23);

(V) igualdade perante a lei (art. 24);

(W) proteção judicial (art. 25).

Os direitos humanos protegidos no Protocolo San Salvador são:

(A) direito ao trabalho (art. 6º);

(B) condições justas, equitativas e satisfatórias de trabalho (art. 7º);

(C) direitos sindicais (art. 8º);

(D) direito à seguridade social (art. 9º);

(E) direito à saúde (art. 10);

(F) direito a um meio ambiente sadio (art. 11);

(G) direito à alimentação (art. 12);

(H) direito à educação (art. 13);

(I) direito de receber os benefícios da cultura (art. 14);

(J) direito à constituição e à proteção da família (art. 15);

(K) direitos da criança (art. 16);

(L) proteção dos idosos (art. 17);

(M) proteção dos deficientes (art. 18).

3.2. Corte Interamericana de direitos humanos

(Procurador – PGE/SP – 2024 – VUNESP) No que se refere às sentenças relacionadas ao Brasil no âmbito da Corte Interamericana de Direitos Humanos, assinale a alternativa correta.

(A) No caso Nova Favela Brasília, a Corte reconheceu que as vítimas estavam submetidas a padrões de discriminação estrutural e interseccional, haja vista a condição de pobreza estrutural e por se tratarem, em sua maioria, de meninas e mulheres afrodescendentes.

(B) No caso Trabalhadores da Fazenda Brasil Verde, a Corte concluiu que, em decorrência do dever geral de prevenção, um Estado é responsável por qualquer violação de direitos humanos cometida entre particulares dentro da sua jurisdição.

(C) No caso Nogueira de Carvalho e outro, a Corte afirmou não poder conhecer do fato da morte de Gilson Nogueira de Carvalho, mas se declarou competente para examinar as ações e as omissões relacionadas com violações contínuas ou permanentes.

(D) No caso Sales Pimenta, a Corte determinou a criação de um mecanismo para a reabertura de processos judiciais, salvo naqueles acobertados pela prescrição, quando, em uma sentença da Corte, se determinar a responsabilidade do Estado.

(E) No caso Barbosa de Souza e outros, a Corte rejeitou o pedido de reparação para a adoção e a implementação de um protocolo nacional que estabeleça critérios para a investigação dos feminicídios.

A: Incorreta. O caso se refere às falhas e à demora na investigação e punição dos responsáveis pelas supostas execuções extrajudiciais de 26 pessoas (maioria homens) no âmbito das incursões policiais feitas pela Polícia Civil do Rio de Janeiro em 18 de outubro de 1994 e em 8 de maio de 1995 na Favela Nova Brasília. Alegou-se que essas mortes foram justificadas pelas autoridades policiais mediante o levantamento de "atas de resistência à prisão". Alegou-se também que, na incursão de 18 de outubro de 1994, três mulheres, duas delas menores, teriam sido vítimas de tortura e atos de violência sexual por parte de agentes policiais. Finalmente, se alegou que a investigação dos fatos mencionados teria sido realizada supostamente com o objetivo de estigmatizar e revitimizar as pessoas falecidas, pois o foco teria sido dirigido à sua

culpabilidade e não à verificação da legitimidade do uso da força. A corte, por fim, reconheceu na sua decisão o padrão de discriminação estrutural, mas não interseccional; **B:** Incorreta. A Corte declarou que o Estado brasileiro é internacionalmente responsável pela violação: i) do direito a não ser submetido à escravidão, estabelecido no art. 6º, ponto 1, da Convenção Americana sobre Direitos Humanos, em relação aos artigos 1º, ponto 1, 3º, 5º, 7º, 11, 22 e 19 do mesmo instrumento; ii) do artigo 6º, ponto 1, da Convenção Americana, em relação ao artigo 1º, ponto 1, do mesmo instrumento, produzida no marco de uma situação de discriminação estrutural histórica em razão de posição econômica; iii) das garantias judiciais da devida diligência e de prazo razoável, previstas no art. 8º, ponto 1, da Convenção Americana sobre Direitos Humanos, em relação com o art. 1º, ponto 1, do mesmo instrumento; iv) do direito à proteção judicial, previsto no art. 25 da Convenção Americana, em relação aos artigos 1º, ponto 1, e 20 do mesmo instrumento. Por fim, a Corte ordenou a adoção pelo Estado de diversas medidas de reparação. Dito isto, para um Estado ser responsabilizado tem que ser comprovado ação ou omissão; **C:** Correta. O referido caso diz respeito a um fato anterior ao reconhecimento da competência da Corte pelo Estado brasileiro, portanto a Corte não pôde analisá-lo; **D:** Incorreta. No referido caso a corte não criou um mecanismo para reabertura de processos judiciais, porém definiu que o instituto da prescrição não deve servir de empecilho para reanálise de processos judiciais, quando a prescrição se deu por omissão ilícita do Estado; **E:** Incorreta, ao contrário, pois a Corte determinou a implementação de um protocolo nacional que estabeleça critérios para a investigação dos feminicídios. Gabarito "C".

(Procurador – PGE/SP – 2024 – VUNESP) A respeito da proteção dos direitos sexuais e reprodutivos, assinale a alternativa correta.

(A) Na sentença do caso Gónzales e outras ("campo algodoeiro") vs. México, a Corte Interamericana reconheceu que o Estado não havia adotado as medidas adequadas para abordar atos de violência sexual no âmbito educacional, bem como não promoveu uma educação sobre direitos sexuais e reprodutivos.

(B) Na Opinião Consultiva nº 29/2022, a Corte Interamericana de Direitos Humanos afirmou que o Estado tem a obrigação reforçada de assegurar o acesso à saúde sexual e reprodutiva para as mulheres privadas de liberdade, o que não inclui o acesso à anticoncepção/contracepção de emergência para os casos de violência sexual.

(C) Na sentença do caso Rodríguez Pacheco e outra vs. Venezuela, a Corte Interamericana de Direitos Humanos afirmou que há uma relação entre o direito à saúde sexual e reprodutiva e a ideia de autonomia e de liberdade reprodutiva, no sentido do direito de tomar decisões autônomas sobre o projeto de vida, o corpo e a saúde sexual e reprodutiva, livre de violência, coerção e discriminação.

(D) Na Opinião Consultiva nº 29/2022, a Corte Interamericana de Direitos Humanos deixou de garantir às pessoas trans privadas de liberdade os direitos à saúde reprodutiva, à terapia hormonal, bem como ao tratamento para a redesignação/reafirmação sexual, sob a justificativa das especificidades nacionais dos sistemas prisionais.

(E) Na sentença do caso Escher e outros vs. Brasil, a Corte Interamericana de Direitos Humanos definiu a violência obstétrica como uma forma de violência baseada no gênero e proibida pelos tratados interamericanos de direitos humanos.

16. DIREITOS HUMANOS 527

A: Incorreta, pois este caso os crimes não foram praticados no âmbito educacional. A demanda está relacionada com a responsabilidade internacional do Estado pelo "desaparecimento e posterior morte" de jovens, cujos corpos foram encontrados em uma plantação de algodão localizada na Ciudad Juárez no dia 6 de novembro de 2001. O caso que a Corte define a obrigação dos Estados em prestar educação contra a violência sexual se chama "Guzmán Albarracín y otras vs. Ecuador"; **B:** Incorreta. A Opinião Consultiva nº 29/2022 confirmou a obrigação dos Estados de garantir acesso a cuidados de saúde sexual e reprodutiva, incluindo o acesso a anticoncepcionais de emergência para casos de violência sexual; **C:** Correta. No caso Rodríguez Pacheco e outra vs. Venezuela, a Corte Interamericana destacou a relação entre o direito à saúde sexual e reprodutiva e a autonomia pessoal, afirmando que as pessoas têm o direito de tomar decisões autônomas sobre sua saúde e corpo sem sofrer violência, coerção ou discriminação; **D:** Incorreta. Na Opinião Consultiva nº 29/2022, a Corte Interamericana reafirmou que os Estados têm a obrigação de garantir o acesso à saúde para pessoas trans privadas de liberdade, incluindo terapia hormonal; **E:** Incorreta. A Corte foi acionada pela Comissão Interamericana de Direitos Humanos, a qual havia recebido anteriormente uma petição apresentada pelas organizações Rede Nacional de Advogados Populares e Justiça Global em nome dos membros das organizações Cooperativa Agrícola de Conciliação Avante Ltda. (Coana) e Associação Comunitária de Trabalhadores Rurais (Adecon), em função de interceptação e monitoramento ilegal de linhas telefônicas, realizada pela Polícia Militar do estado do Paraná, bem como a divulgação das conversas telefônicas, a denegação de justiça e de reparação adequada. O caso que a Corte trata de violência obstétrica se chama Brítez Arce e outros vs. Argentina.

Gabarito "C".

3.3. Combinadas

(Procurador – PGE/SP – 2024 – VUNESP) Em relação ao direito à igualdade, à identidade, à diferença e ao dever de anti-discriminação, é correto afirmar:

(A) a proibição de discriminação com base na identidade de gênero é entendida não só em relação à identidade real ou percebida, mas igualmente em relação à identidade percebida de forma externa, salvo se essa percepção não corresponder à realidade.

(B) na sentença do caso Garibaldi vs. Brasil, a Corte Interamericana de Direitos Humanos considerou que o HIV é um motivo pelo qual está proibida a discriminação no marco do termo "outra condição social", previsto na Convenção Americana de Direitos Humanos.

(C) não se configura uma situação de discriminação quando um dispositivo, prática ou critério aparentemente neutro tem a capacidade de acarretar uma desvantagem particular para pessoas pertencentes a um grupo específico juridicamente protegido, ou a de colocá-las em desvantagem.

(D) a cláusula geral de proteção contra a discriminação da Convenção Americana de Direitos Humanos é literal em relação ao termo idade, cuja tutela protetiva foi reforçada e aprimorada a partir de Convenção Interamericana específica para a proteção dos idosos.

(E) no relatório de mérito do caso Neusa dos Santos Nascimento e outra, a Comissão Interamericana de Direitos Humanos recomendou ao Brasil a adoção de providências para exigir que empresas realizem nos processos de contratação a devida diligência em matéria de direitos humanos, especialmente sem qualquer discriminação em relação às mulheres afrodescendentes.

A: Incorreta. A proteção é para a identidade de gênero real e percebida, e não sobre como ela é percebida de forma externa. A proteção visa assegurar que a identidade de gênero das pessoas seja respeitada, independentemente de como essa identidade é percebida por outros; **B:** Incorreta, pois essa definição da Corte não se deu no caso Garibaldi vs. Brasil, mas sim no caso Cuscul Pivaral vs. Guatemala; **C:** Incorreta. Mesmo que um dispositivo, prática ou critério seja aparentemente neutro, se ele resultar em desvantagem particular para um grupo protegido, isso pode configurar discriminação indireta ou estrutural; **D:** Incorreta. A Convenção Americana de Direitos Humanos contém uma cláusula geral de proteção contra a discriminação, mas o termo "idade" não é especificamente detalhado na cláusula geral. A proteção específica para os idosos foi aprimorada com a adoção da Convenção Interamericana sobre a Proteção dos Direitos Humanos dos Idosos, que aborda explicitamente questões de discriminação com base na idade; **E:** Correta. No caso Neusa dos Santos Nascimento e outra, a Comissão Interamericana de Direitos Humanos recomendou ao Brasil que tomasse medidas para garantir que empresas realizassem diligência em matéria de direitos humanos, especialmente para evitar discriminação contra mulheres afrodescendentes. A Comissão destacou a necessidade de ações para prevenir discriminação e promover a igualdade no contexto de emprego e contratação.

Gabarito "E".

(Procurador – PGE/SP – 2024 – VUNESP) A respeito da proteção internacional dos direitos humanos e da proteção dos indivíduos e grupos vulneráveis, assinale a alternativa correta.

(A) A solicitação para que o Estado adote medidas provisórias implica prejulgamento quanto à admissibilidade da comunicação perante o Comitê dos Direitos das Crianças.

(B) A existência de uma declaração de estado de emergência configura motivo razoável para obstar a visita do Subcomitê de Prevenção da Tortura a um local de detenção.

(C) A Convenção Internacional para a proteção de todas as pessoas contra o desaparecimento forçado adota uma perspectiva restritiva do conceito de reparação, com omissão quanto às garantias de não repetição.

(D) A Declaração e Programa de Ação de Viena de 1993 reconhece expressamente que os direitos humanos são universais, indivisíveis, interdependentes e inter-relacionados.

(E) Ao conferir densidade normativa ao elemento da vulnerabilidade dos sujeitos protegidos, texto convencional autoriza o recebimento de comunicações anônimas pelo Comitê para a Eliminação de Todas as Formas de Discriminação contra a Mulher.

A: Incorreta. A solicitação de medidas provisórias por um Comitê de Direitos Humanos, como o Comitê dos Direitos da Criança, não implica prejulgamento sobre a admissibilidade da comunicação. Medidas provisórias são solicitadas para prevenir danos irreparáveis enquanto a comunicação está sendo examinada, mas não refletem uma decisão sobre a admissibilidade da comunicação em si. As medidas provisórias são adotadas para garantir proteção imediata; **B:** Incorreta. A existência de um estado de emergência não justifica, por si só, a recusa de acesso do Subcomitê de Prevenção da Tortura a locais de detenção. A Convenção das Nações Unidas contra a Tortura e o Subcomitê de Prevenção têm o direito de realizar visitas a qualquer momento e em qualquer circunstância, e a recusa deve ser justificada por razões excepcionais e proporcionais; **C:** Incorreta. A Convenção Internacional para a Proteção de Todas as Pessoas contra o Desaparecimento Forçado, adotada pela ONU, é abrangente e inclui o conceito de reparação que cobre várias dimensões, reconhecendo a importância de garantir que tais violações não ocorram novamente e para isso inclui medidas para a não repetição; **D:** Correta. A Declaração e Programa de Ação de Viena, adotada na Conferência Mundial sobre Direitos Humanos em 1993, confirma que os direitos humanos são universais, indivisíveis, interdependentes e interrelacionados. Esta perspectiva reflete a compreensão moderna dos direitos humanos, enfatizando que todos os direitos são igualmente importantes e interdependentes; **E:** Incorreta. O Comitê para a Eliminação de Todas as Formas de Discriminação contra a Mulher (CEDAW) não permite o recebimento de comunicações anônimas. As comunicações devem ser apresentadas de forma identificada e a identidade do autor é uma parte importante do processo de exame e verificação das comunicações.

Gabarito "D".

(Advogado União – AGU – CESPE – 2015) Com relação ao sistema interamericano de proteção dos direitos humanos, julgue os seguintes itens.

(1) Sem prejuízo do direito de os Estados-partes da Convenção Americana sobre Direitos Humanos submeterem-se voluntariamente à Corte Interamericana de Direitos Humanos, nos termos da cláusula facultativa de jurisdição obrigatória constante do Pacto de San José da Costa Rica, o referido tribunal internacional tem a faculdade, inerente às suas atribuições, de determinar o alcance de sua própria competência — compétence de la compétence.

(2) As sentenças prolatadas pela Corte Interamericana de Direitos Humanos podem, após homologação pelo STJ, ser regularmente executadas em território brasileiro.

(3) A Comissão Interamericana de Direitos Humanos — órgão autônomo da Organização dos Estados Americanos encarregado de promover e proteger os direitos humanos no continente americano — detém, juntamente com os Estados-partes do Pacto de San José da Costa Rica, competência exclusiva para a propositura de ações perante a Corte Interamericana de Direitos Humanos.

1: correta. No seu voto concorrente na Opinião Consultiva 15/1997 da Corte Interamericana, o juiz brasileiro Antônio Augusto Cançado Trindade ponderou que um tribunal internacional não pode *ex officio* emitir uma opinião consultiva, pois isso equivaleria a transformá-lo, *ultra vires*, em um legislador internacional. Sem embargo, um tribunal como a Corte Interamericana, uma vez consultado por um Estado ou órgão internacional, assume jurisdição internacional sobre o assunto e pode e deve determinar *ex officio* se emitirá ou não a opinião consultiva solicitada, embora a solicitação tenha sido retirada. O tribunal internacional tem a *Kompetenz-Kompetenz* (*compétence de la compétence*), cujo exercício corresponde a um juízo de discricionariedade (conhecido como *judicial propriety*) inteiramente distinto da questão de competência original para emitir a opinião consultiva. Nesse sentido, na OC 15/97, a Corte manteve corretamente sua jurisdição e determinou o alcance de sua competência, apesar de o pedido ter sido retirado; da mesma forma, o caso em consideração manteve seu caráter jurídico e importância prática para todos os Estados-partes da Convenção e dos dois órgãos de supervisão da Convenção, apesar de o pedido ter sido retirado. Consequentemente, a retirada do pedido não produziu efeitos jurídicos, e a Corte, com toda propriedade e tendo por base o art. 63 de seu regulamento, entendeu que tinha a faculdade e o dever de pronunciar-se sobre a matéria submetida a seu conhecimento, no exercício da função consultiva que lhe foi atribuída pelo art. 64 da Convenção Americana. Portanto, como todo órgão com funções jurisdicionais, a Corte tem o poder inerente a suas atribuições para determinar o alcance de sua própria competência (*compétence de la compétence*). Para fazer esta determinação, a Corte deve ter em consideração que os instrumentos de

reconhecimento da cláusula facultativa da jurisdição obrigatória (art. 62, ponto 1, da Convenção) pressupõem a admissão, pelos Estados que a apresentam, do direito da Corte a resolver qualquer controvérsia relativa à sua jurisdição (Caso Acevedo Buendía e Outros Vs. Peru, 2009).; **2:** incorreta. O cumprimento da sentença da Corte se dá geralmente de maneira voluntária pelos Estados. Caso isso não ocorra, por exemplo, no Brasil, o cumprimento se dará mediante execução da sentença, como título executivo judicial, perante a Justiça Federal, consoante disposto no art. 109, I, da CF. Mas deve-se saber que os Estados-partes da Convenção se comprometem a cumprir a decisão da Corte em todo caso em que forem parte (art. 68 da Convenção Americana de Direitos Humanos). E para afastar qualquer dúvida possível, cabe esclarecer que a sentença internacional, aquela prolatada por Corte Internacional (como a Corte Interamericana), não precisa de homologação para ser executada no Brasil (são autoexecutáveis). Já a sentença estrangeira, expedida por autoridade de outro país, exige homologação para poder ser executada no Brasil; **3:** Correta (art. 61, ponto 1, da Convenção Americana sobre Direitos Humanos). RF

Gabarito "1C, 2E, 3C".

4. DIREITO DOS REFUGIADOS

(Procurador/PA – CESPE – 2022) Tendo como referência a Convenção Relativa ao Estatuto dos Refugiados, de 1951, assinale a opção correta.

(A) Após a aprovação dessa convenção, uma das primeiras providências, no âmbito da Organização das Nações Unidas, foi a criação do Alto Comissariado das Nações Unidas para os Refugiados.

(B) Além de considerar a perseguição por motivo de religião como um dos requisitos para o status de refugiado, essa convenção assegura ao refugiado por perseguição religiosa, no país onde se encontre, a liberdade de praticar sua religião e de instruir religiosamente seus filhos.

(C) Refugiado é a pessoa que, temendo ser perseguida por motivos ambientais, de raça, de religião, de nacionalidade ou de opiniões políticas, se encontra fora do país de sua nacionalidade e que não pode ou, em virtude desse temor, não quer valer-se da proteção desse país, ou que, se não tem nacionalidade, se encontra fora do país no qual tinha sua residência habitual em consequência de tais acontecimentos, não pode ou, devido ao referido temor, não quer voltar a ele.

(D) No que concerne ao exercício de uma atividade profissional assalariada, os Estados contratantes devem dar a todo refugiado que resida regularmente no seu território o mesmo tratamento dado, nas mesmas circunstâncias, aos nacionais de um país estrangeiro.

(E) Qualquer refugiado, dada a sua condição de maior vulnerabilidade político-social, terá, no território dos Estados contratantes, tratamento mais favorável de acesso à justiça e de julgamento nos tribunais.

A única assertiva correta conforme a Convenção Relativa ao Estatuto dos Refugiados, de 1951, é a "B" (arts. 1º, II, e 4º). Em 1951, foi convocada uma Conferência de Plenipotenciários das Nações Unidas para Genebra com o objetivo de redigir uma convenção relativa ao *status* legal dos refugiados. Como resultado, a Convenção das Nações Unidas relativa ao Estatuto dos Refugiados foi adotada em 28.07.1951, entrando em vigor internacional em 22.04.1954. No Brasil, foi promulgada por meio do Decreto 50.215, de 28.01.1961. A Convenção deve ser aplicada sem discriminação de raça, religião, sexo e país de origem.

Gabarito "B".

17. DIREITO EDUCACIONAL

Paula Morishita

1. NORMAS CONSTITUCIONAIS

(Procurador Federal – AGU – 2023 – CEBRASPE) Considerando o entendimento do STF a respeito da cobrança de taxa de matrícula ou de mensalidade por universidades públicas nos cursos de graduação e pós-graduação lato sensu (especialização), assinale a opção correta.

(A) Embora a cobrança de mensalidade em cursos de especialização nas universidades públicas seja inconstitucional, por se tratar de atividade de pesquisa, a cobrança de taxa de matrícula nos cursos de graduação é constitucional, desde que prevista por lei em sentido estrito.

(B) Em razão da autonomia universitária, tanto a cobrança de taxa de matrícula nos cursos de graduação quanto a cobrança de mensalidade em cursos de especialização em universidades públicas são constitucionais.

(C) A cobrança de qualquer taxa ou mensalidade nos cursos de especialização das universidades públicas, bem como a cobrança de taxa de matrícula nos cursos de graduação dessas instituições, é inconstitucional.

(D) Apesar de a garantia constitucional da gratuidade do ensino não obstar a cobrança de mensalidade nos cursos de especialização das universidades públicas, a cobrança de taxa de matrícula nos cursos de graduação dessas instituições é inconstitucional.

(E) Apesar de a cobrança de taxa de matrícula nas universidades públicas ser constitucional, visto que é forma de custeio dos atos burocráticos inerentes ao acesso do aluno à educação, é inconstitucional a cobrança de mensalidade tanto na graduação quanto na especialização.

Alternativa correta e a letra D. O art. 206, IV, da CF, prevê a gratuidade do ensino público e entendeu o STF que a cobrança de taxa de matrícula nas universidades públicas é inconstitucional por meio da Súmula Vinculante n° 12: *A cobrança de taxa de matrícula nas universidades públicas viola o disposto no art. 206, IV, da Constituição Federal.* Além disso, a alternativa também está em consonância com o Tema 535 do STF: *A garantia constitucional da gratuidade de ensino não obsta a cobrança por universidades públicas de mensalidade em cursos de especialização.* RE 597854, Rel. Min. Edson Fachin, julgado em 26/4/2017 (repercussão geral). **PM**

Gabarito "D".

(Procurador Federal – AGU – 2023 – CEBRASPE) A CF consagra às universidades autonomia didático-científica, administrativa e de gestão financeira e patrimonial. A esse respeito, assinale a opção correta de acordo com a jurisprudência do STF.

(A) Apesar da previsão constitucional de autonomia, que confere independência às universidades, estas não dispõem de discricionariedade para propor legislativamente sua estrutura e seu funcionamento administrativo.

(B) A autonomia universitária não implica legitimidade das instituições de ensino superior para exigir de seus discentes e docentes comprovação de vacinação.

(C) Afronta os princípios da liberdade de manifestação de pensamento e da autonomia universitária interpretação da lei eleitoral que conduza à prática de atos judiciais ou administrativos pelos quais se possibilite, determine ou promova a interrupção de aulas, debates ou manifestações de docentes e discentes nos ambientes universitários.

(D) A escolha do dirigente máximo das universidades federais pelo chefe do Poder Executivo federal, a partir de lista tríplice, prejudica o exercício da autonomia universitária, representando ato de fiscalização ou interferência na escolha ou execução de políticas próprias da instituição.

(E) É constitucional decisão judicial que, fundamentada unicamente na eclosão da pandemia da covid-19, sem considerar as circunstâncias fáticas, determine que instituição de ensino superior privada conceda descontos lineares nas contraprestações dos contratos educacionais em razão da transposição de aulas presenciais para ambientes virtuais.

A: incorreta. ADI 3792: A previsão da autonomia universitária vem consagrada no art. 207 da Carta Política. Embora não se revista de caráter de independência (RMS n° 22.047/DF-AgR, ADI n° 1.599/UF-MC), atributo dos Poderes da República, revela a impossibilidade de exercício de tutela ou indevida ingerência no âmago próprio das suas funções, assegurando à universidade a discricionariedade de dispor ou propor (legislativamente) sobre sua estrutura e funcionamento administrativo, bem como sobre suas atividades pedagógicas. **B:** incorreta. As instituições federais de ensino têm, portanto, autoridade para exercer sua autonomia universitária, podendo, legitimamente, exigir o comprovante de vacinação. ADPF 756 TPI-décima segunda-REF, rel. min. Ricardo Lewandowski, julgado em 21-2-2022. **C:** correta. Inconstitucional a interpretação dos arts. 24 e 37 da Lei n. 9.504/1997 que conduza à prática de atos judiciais ou administrativos pelos quais se possibilite, determine ou promova o ingresso de agentes públicos em universidades públicas e privadas, o recolhimento de documentos, a interrupção de aulas, debates ou manifestações de docentes e discentes universitários, a atividade disciplinar docente e discente e a coleta irregular de depoimentos desses cidadãos pela prática de manifestação livre de ideias e divulgação do pensamento nos ambientes universitários ou em equipamentos sob a administração de universidades públicas e privadas e serventes a seus fins e desempenhos. ADPF 548, Relator: MIN. CÁRMEN LÚCIA, julgado em 15/05/2020. **D:** incorreta. A autonomia científica, didática e administrativa das universidades federais, prevista no art. 207 da Constituição Federal, concretiza-se pelas deliberações colegiadas tomadas por força dos arts. 53, 54, 55 e 56 da Lei 9.394/1996. A escolha de seu dirigente máximo pelo Chefe do Poder Executivo, a partir de lista tríplice, com atribuições eminentemente executivas, não prejudica ou perturba o exercício da autonomia universitária, não significando ato de fiscalização ou interferência na escolha ou execução de políticas próprias da instituição, escolhidas por decisão colegiada e participativa de seus integrantes. (...) Sendo a escolha determinada a partir de lista tríplice, não se justifica a imposição de escolha no nome mais votado, sob pena de total inutilidade da votação e de restrição absoluta à discricionariedade mitigada concedida ao Chefe do Poder Executivo. ADPF 759 MC REF, red. do ac. min. Alexandre de Moraes, julgado em 8-2-2021. **E:** incorreta. À luz da necessária observância dos preceitos fundamentais da livre-iniciativa, da isonomia, da autonomia universitária e da proporcionalidade, é inconstitucional decisão judicial que, sem considerar as circunstâncias fáticas efetivamente demonstradas, deixa de sopesar os reais efeitos da pandemia em ambas as partes contratuais, e determina a concessão de descontos lineares em mensalidades de cursos prestados por instituições de ensino superior. Arguição de descumprimento de preceito fundamental conhecida e pedido julgado procedente para afirmar a inconstitucionalidade das interpretações judiciais que, unicamente fundamentadas na eclosão da pandemia da Covid-19 e no respectivo efeito de transposição de aulas presenciais para ambientes virtuais, determinam às instituições de ensino superior a concessão de descontos lineares nas contraprestações dos contratos educacionais, sem considerar as peculiaridades dos efeitos da crise pandêmica em ambas as partes contratuais envolvidas na lide. ADPF 706, rel. min. Rosa Weber, julgado em 18-11-2021. PM

Gabarito "C".

2. LEI DE DIRETRIZES E BASES DA EDUCAÇÃO

(Procurador Federal – AGU – 2023 – CEBRASPE) Com base no que dispõe a Lei de Diretrizes e Bases da Educação Nacional (Lei n.º 9.394/1996) a respeito dos níveis de ensino e da sua obrigatoriedade, é correto afirmar que somente

(A) a pré-escola e o ensino fundamental são obrigatórios, sendo o acesso ao ensino médio e ao ensino superior dependente da capacidade de cada aluno.

(B) a educação infantil e o ensino fundamental, que englobam a pré-escola, a alfabetização e os cinco primeiros anos do ensino básico, são obrigatórios.

(C) o ensino infantil, o qual engloba a pré-escola, a alfabetização e a educação básica, é obrigatório.

(D) o ensino fundamental, o qual abrange o ensino infantil e o ensino básico, é obrigatório.

(E) a educação básica, a qual abrange a pré-escola, o ensino fundamental e o ensino médio, é obrigatória.

Alternativa correta é a letra E, é o que dispõe a Lei 9.394/96 em seu art. 4º, inciso I: *Art. 4º O dever do Estado com educação escolar pública será efetivado mediante a garantia de: I – educação básica obrigatória e gratuita dos 4 (quatro) aos 17 (dezessete) anos de idade, organizada da seguinte forma: a) pré-escola; b) ensino fundamental; c) ensino médio.* PM

Gabarito "E".

(Procurador Município – Santos/SP – VUNESP – 2021) Segundo a Lei de Diretrizes e Bases da Educação Nacional, considerar-se-ão como de manutenção e desenvolvimento do ensino as despesas realizadas com vistas à consecução dos objetivos básicos das instituições educacionais de todos os níveis, compreendendo as que se destinam a

(A) aquisição, manutenção, construção e conservação de instalações e equipamentos necessários ao ensino.

(B) subvenção a instituições públicas ou privadas de caráter assistencial, desportivo ou cultural.

(C) formação de quadros especiais para a administração pública, sejam militares ou civis, inclusive para fins diplomáticos.

(D) programas suplementares de alimentação, assistência médico-odontológica, farmacêutica e psicológica, e outras formas de assistência social.

(E) obras de infraestrutura, realizadas para beneficiar direta ou indiretamente a rede escolar.

Alternativa **A** correta de acordo com a Lei 9.394/96, art. 70, II. As alternativas **B**, **C**, **D** e **E** estão incorretas de acordo com a Lei 9.394/96, art. 71 que prevê: Não constituirão despesas de manutenção e desenvolvimento do ensino aquelas realizadas com: II – subvenção a instituições públicas ou privadas de caráter assistencial, desportivo ou cultural; III – formação de quadros especiais para a administração pública, sejam militares ou civis, inclusive diplomáticos; IV – programas suplementares de alimentação, assistência médico-odontológica, farmacêutica e psicológica, e outras formas de assistência social; V – obras de infraestrutura, ainda que realizadas para beneficiar direta ou indiretamente a rede escolar. PM

Gabarito "A".

18. Recursos Hídricos

Paula Morishita

(Procurador do Município/Manaus – 2018 – CESPE) Julgue os próximos itens, relativos a recursos hídricos e florestais.

(1) Valores arrecadados com a cobrança pelo uso de recursos hídricos podem ser aplicados em bacia hidrográfica distinta daquela em que forem gerados tais valores.

(2) É vedado qualquer tipo de queima de vegetação no interior de unidades de conservação.

(3) Os serviços florestais são considerados como um tipo de produto florestal.

1: Correto, pois de acordo com a Lei 9.433/1997, art. 22, os valores arrecadados com a cobrança pelo uso de recursos hídricos serão aplicados prioritariamente (e não exclusivamente) na bacia hidrográfica em que foram gerados. **2:** Errado, pois de acordo com a Lei 12.651/2012, art. 38, II: Art. 38. É proibido o uso de fogo na vegetação, exceto nas seguintes situações: II - emprego da queima controlada em Unidades de Conservação, em conformidade com o respectivo plano de manejo e mediante prévia aprovação do órgão gestor da Unidade de Conservação, visando ao manejo conservacionista da vegetação nativa, cujas características ecológicas estejam associadas evolutivamente à ocorrência do fogo; **3:** Errado, pois de acordo com a Lei 11.284/2006, art. 3º, IV, consideram-se serviços florestais: turismo e outras ações ou benefícios decorrentes do manejo e conservação da floresta, não caracterizados como produtos florestais. PM

Gabarito 1C, 2E, 3E

(Procurador Municipal – Sertãozinho/SP – VUNESP – 2016) A água é recurso essencial para a humanidade. No Brasil, a Lei 9.433/97 instituiu a Política Nacional dos Recursos Hídricos. Sobre as infrações e penalidades previstas a quem desrespeita as regras previstas nessa legislação, é correto afirmar que

(A) há previsão de aplicação de pena privativa de liberdade, dentre outras punições, para quem se enquadrar em qualquer dos tipos penais descritos na norma.

(B) quando a infração constituir-se em perfurar poços para extração de água sem autorização, a única penalidade prevista na norma é a de embargos definitivos da obra.

(C) fraudar as medições dos volumes de água utilizados ou declarar valores diferentes dos medidos é considerado infração às normas de utilização de recursos hídricos, sendo que competirá à autoridade competente aplicar uma das penalidades previstas na lei.

(D) sempre que da infração cometida resultar prejuízo ao serviço público de abastecimento de água, riscos à saúde ou à vida, perecimento de bens ou animais, ou prejuízos de qualquer natureza a terceiros, a multa a ser aplicada nunca será superior à metade do valor máximo cominado em abstrato.

(E) contra a aplicação das sanções previstas na lei não caberá recurso à autoridade administrativa competente, sendo que para tais casos o Poder Judiciário poderá ser acionado. Frisa-se, ainda, que em caso de reincidência, aplicando-se a multa como primeira punição, esta será aplicada em triplo.

A: Incorreta. Ao contrário do que prevê a alternativa, não há previsão de pena privativa de liberdade. As penas previstas no art. 50, da Lei 9.433/1997, são: advertência por escrito, multa simples ou diária, embargo provisório e embargo definitivo: Art. 50. Por infração de qualquer disposição legal ou regulamentar referente à execução de obras e serviços hidráulicos, derivação ou utilização de recursos hídricos, ou pelo não atendimento das solicitações feitas, o infrator, a critério da autoridade competente, ficará sujeito às seguintes penalidades, independentemente de sua ordem de enumeração: I - advertência por escrito, na qual serão estabelecidos prazos para correção das irregularidades; II - multa, simples ou diária, proporcional à gravidade da infração, de R$ 100,00 (cem reais) a R$ 10.000,00 (dez mil reais); II - multa, simples ou diária, proporcional à gravidade da infração, de R$ 100,00 (cem reais) a R$ 50.000.000,00 (cinquenta milhões de reais); III - embargo provisório, por prazo determinado, para execução de serviços e obras necessárias ao efetivo cumprimento das condições de outorga ou para o cumprimento de normas referentes ao uso, controle, conservação e proteção dos recursos hídricos; IV - embargo definitivo, com revogação da outorga, se for o caso, para repor incontinenti, no seu antigo estado, os recursos hídricos, leitos e margens, nos termos dos arts. 58 e 59 do Código de Águas ou tamponar os poços de extração de água subterrânea. **B:** Incorreta. Perfurar poços para a extração de água subterrânea constitui infração das normas de utilização de utilização de recursos hídricos superficiais ou subterrâneos (art. 49, V, da Lei 9.433/1997), ficando sujeito o infrator a quaisquer das penalidades descritas nos incisos do art. 50, da Lei 9.433/1997, independentemente de sua ordem de enumeração, quais sejam: advertência por escrito, multa simples ou diária, embargo provisório e embargo definitivo; **C:** Correta. Nos termos do art. 49, VI, cumulado com o art. 50, da Lei 9.433/1997; **D:** Incorreta. Dispõe o art. 50, § 1º, da Lei 9.433/1997: "Sempre que a infração cometida resultar prejuízo a serviço público de abastecimento de água, riscos à saúde ou à vida, perecimento de bens ou animais, ou prejuízos de qualquer natureza a terceiros, a multa a ser aplicada nunca será inferior à metade do valor máximo cominado em abstrato"; **E:** Incorreta. Da aplicação das sanções previstas às infrações das normas de utilização de recursos hídricos, caberá recurso à autoridade administrativa competente (art. 50, § 3º, da Lei 9.433/1997) e em caso de reincidência, a multa será aplicada em dobro e não em triplo conforme previsto na alternativa (art. 50, § 4º, da Lei 9.433/1997). PM

Gabarito "C".

(Procurador – IPSMI/SP – VUNESP – 2016) Constitui diretriz geral de ação para implementação da Política Nacional de Recursos Hídricos:

(A) a gestão sistemática dos recursos hídricos, com dissociação dos aspectos de quantidade e qualidade.

(B) a adequação da gestão de recursos hídricos às diversidades físicas, bióticas, demográficas, econômicas, sociais e culturais das diversas regiões do País.

(C) a integração da gestão de recursos hídricos com a gestão ambiental, social, econômica e do patrimônio histórico.

(D) a articulação da gestão de recursos hídricos com a de recursos minerais, vegetais e animais.

(E) a integração da gestão das bacias hidrográficas com a dos sistemas estuarinos, zonas costeiras e de encostas de morro.

A: Incorreta. A gestão sistemática dos recursos hídricos, sem dissociação dos aspectos de quantidade e qualidade, que constitui diretriz geral para a implementação da Política Nacional de Recursos Hídricos, e não com dissociação, conforme disposto no art. 3°, I, da Lei 9.433/1997: Art. 3° Constituem diretrizes gerais de ação para implementação da Política Nacional de Recursos Hídricos: I - a gestão sistemática dos recursos hídricos, sem dissociação dos aspectos de quantidade e qualidade;. **B:** Correta. Vide art. 3°, II, da Lei 9.433/1997. **C:** Incorreta. Nos termos do art. 3°, III, da Lei 9.433/1997, constitui diretriz geral da ação para a implementação da Política Nacional de Recursos Hídricos a integração da gestão de recursos hídricos com a gestão ambiental. **D:** Incorreta. Constitui diretriz geral da ação à implementação da Política Nacional de Recursos Hídricos a articulação da gestão de recursos hídricos com a do uso do solo (art. 3°, V, da Lei 9.433/1997). **E:** Incorreta. As encostas de morro não fazem parte da integração, conforme dispõe o art. 3°, VI, da Lei 9.433/1997. **PM**

Gabarito "B".

(Procurador do Estado – PGE/PA – UEPA – 2015) A respeito da Política Nacional de Recursos Hídricos, julgue as afirmativas abaixo.

I. Submete-se ao regime de outorga pelo Poder Público os direitos de uso de recursos hídricos que envolvam captação de parcela da água existente em um corpo de água para consumo final, inclusive abastecimento público, exceto se o abastecimento público se der por meio de empresa pública ou por ente da Administração direta.

II. Submete-se ao regime de outorga pelo Poder Público os direitos de uso de recursos hídricos que envolvam extração de água de aquífero subterrâneo para consumo final ou insumo de processo produtivo; bem como o lançamento em corpo de água de esgotos e demais resíduos líquidos ou gasosos, tratados ou não, com o fim de sua diluição, transporte ou disposição final.

III. Submete-se ao regime de outorga pelo Poder Público os direitos de uso de recursos hídricos que envolvam aproveitamento dos potenciais hidrelétricos e outros usos que alterem o regime, a quantidade ou a qualidade da água existente em um corpo de água.

IV. Submete-se ao regime de outorga pelo Poder Público, o uso de recursos hídricos para a satisfação das necessidades de pequenos núcleos populacionais, distribuídos no meio rural; as derivações, captações e lançamentos considerados insignificantes e as acumulações de volumes de água consideradas insignificantes.

V. A outorga de direito de uso de recursos hídricos, cujo prazo não poderá exceder 35 anos, renovável, poderá ser suspensa parcial ou totalmente, em definitivo ou por prazo determinado, se demonstrada a ausência de uso por três anos consecutivos ou a necessidade premente de água para atender a situações de calamidade, inclusive as decorrentes de condições climáticas adversas.

A alternativa que contém todas as afirmativas corretas é:

(A) I, II e III

(B) I, III e IV

(C) II, IV e V

(D) II, III e IV

(E) II, III e V

I: incorreta, art. 12, I, da Lei 9.433/1997: Art. 12. Estão sujeitos a outorga pelo Poder Público os direitos dos seguintes usos de recursos hídricos: I - derivação ou captação de parcela da água existente em um corpo de água para consumo final, inclusive abastecimento público, ou insumo de processo produtivo; **II:** correta (art. 12, II e III, da Lei 9.433/1997); **III:** correta (art. 12, IV e V, da Lei 9.433/1997); **IV:** incorreta, pois nos termos do art. 12, § 1°, as situações apontadas na assertiva independem de outorga do Poder Público; **V:** correta (art.16 e art. 15, II e III, da Lei 9.433/1997). **PM**

Gabarito "E".

(Procurador do Estado/BA – CESPE – 2014) No que se refere ao direito ambiental, julgue o item a seguir.

(1) Os comitês de bacia hidrográfica são constituídos por usuários das águas e por entidades civis de recursos hídricos com atuação comprovada na bacia, entre outros membros, conforme dispõe a Lei n.° 9.433/1997.

1: Correta. O art. 39 da Lei 9.433/1997 prevê que: Art. 39. Os Comitês de Bacia Hidrográfica são compostos por representantes: I - da União; II - dos Estados e do Distrito Federal cujos territórios se situem, ainda que parcialmente, em suas respectivas áreas de atuação; III - dos Municípios situados, no todo ou em parte, em sua área de atuação; IV - dos usuários das águas de sua área de atuação; V - das entidades civis de recursos hídricos com atuação comprovada na bacia. **PM**

Gabarito 1C

19. Direito Agrário

Wander Garcia, Henrique Subi e Paula Morishita

1. CONCEITOS E PRINCÍPIOS DO DIREITO AGRÁRIO

(Procurador do Estado – PGE/MT – FCC – 2016) O direito de propriedade de bem imóvel rural:

(A) é absoluto, não se submetendo a qualquer tipo de controle estatal.

(B) deve ser exercido de acordo com sua função social, que se traduz na obrigação de repartição do ganho auferido com a produção do imóvel rural.

(C) não se relaciona com a função social da propriedade rural.

(D) encontra seu contorno jurídico estabelecido pela função social da propriedade.

(E) deve priorizar a propriedade coletiva.

A: incorreta. Toda propriedade deve atender a sua função social (art. 5º, XXIII, da CF). No caso dos imóveis rurais, isso implica o atendimento de padrões mínimos, dentre outros, de produtividade e respeito ao meio ambiente (art. 186 da CF); **B:** incorreta. Tal preceito não se inclui dentre aqueles listados como parte da função social da propriedade rural no art. 186 da CF; **C:** incorreta, nos termos do comentário à alternativa "A"; **D:** correta, nos termos dos arts. 5º, XXIII, e 186 da CF; **E:** incorreta. Não há qualquer determinação legal ou constitucional nesse sentido. **HS**

Gabarito "D".

(Procurador do Estado – PGE/BA – CESPE – 2014) No que se refere aos princípios do direito agrário e da formação histórica do domínio público e privado no Brasil, julgue os itens a seguir.

(1) A Lei nº 601/1850, conhecida como Lei de Terras, foi editada para que se combatesse a situação fundiária caótica existente à época e se permitisse o ordenamento do espaço territorial brasileiro.

(2) Consoante o princípio de acesso e distribuição da terra ao cultivador direto e pessoal, deve-se oferecer a possibilidade de acesso à terra a quem não tenha condições de tê-la a título oneroso.

1: correta. Até a edição da Lei de Terras, vigorava no país, no campo da propriedade imobiliária, o período conhecido como **Império da Posse:** diante da ausência de legislação regulamentadora, *era a posse direta que determinava o domínio sobre a terra*, o que, naturalmente, ensejava inúmeras contestações sobre o exercício da condição de proprietário; **2:** correta. É o princípio de Direito Agrário que fundamenta a política pública de reforma agrária. **HS**

Gabarito "1C, 2C".

(Procurador Federal – 2013 – CESPE) A respeito de conceitos e princípios aplicados ao direito agrário, julgue os itens subsequentes.

(1) O direito agrário caracteriza-se pela imperatividade de suas regras, com forte intervenção do Estado nas relações agrárias, e pelo caráter social dessas regras, com nítida proteção jurídica e social ao trabalhador,

o que as diferencia das normas do direito civil, que buscam manter o equilíbrio entre as partes e o predomínio da autonomia de vontades.

(2) São princípios do direito agrário a utilização da terra sobreposta à titulação dominial, a garantia da propriedade da terra condicionada ao cumprimento da função social, a primazia do interesse coletivo sobre o interesse individual, o combate ao latifúndio, ao minifúndio, ao êxodo rural, à exploração predatória e aos mercenários da terra.

(3) O princípio da função social da propriedade, aplicado ao direito agrário, atribui ao proprietário o direito de usar, gozar e dispor da coisa como melhor lhe aprouver.

1: correta. Tal proteção pode ser encontrada, especialmente, nos princípios da primazia do uso sobre o título, do acesso à terra e da proteção ao pequeno produtor rural; **2:** correta. Trata-se de princípios reconhecidos pela doutrina mais autorizada; **3:** incorreta. Ao contrário, a função social é o moderador dos direitos de propriedade, determinando que seu uso seja dado da forma mais útil para a sociedade. **HS**

Gabarito "1C, 2C, 3E".

(Procurador do Estado/PI – 2008 – CESPE) Acerca das classificações legais aplicáveis ao imóvel rural, é correto afirmar que o conceito de

(A) propriedade familiar é basilar ao direito agrário, sendo sua extensão fixada por pluralidade de módulos rurais para cada região econômica.

(B) média propriedade rural se refere a imóveis com extensão de seis a quinze módulos rurais.

(C) pequena propriedade rural está compreendido entre um e quatro módulos rurais

(D) minifúndio se refere a imóvel de extensão inferior à propriedade familiar.

(E) latifúndio se define pelos imóveis com extensão superior à média propriedade rural.

A: incorreta, pois sua extensão é fixada em função da região e do *tipo de exploração* (art. 4º, II, da Lei 4.504/64); **B:** incorreta, pois a média propriedade rural tem entre 4 e 15 módulos *fiscais* (art. 4º, III, da Lei 8.629/93); **C:** incorreta, pois a pequena propriedade rural tem de área até quatro módulos fiscais, respeitada a fração mínima de parcelamento (art. 4º, II, da Lei 8.629/93); **D:** correta (art. 4º, IV, da Lei 4.504/64); **E:** incorreta (art. 4º, V, *b*, da Lei 4.504/64). **PM**

Gabarito "D".

2. USUCAPIÃO ESPECIAL RURAL

(Procurador do Estado – PGE/BA – CESPE – 2014) Julgue os itens a seguir, relativos à usucapião agrária.

(1) A usucapião especial rural poderá ocorrer nas áreas de interesse ecológico, desde que preenchidos os requisitos legais previstos.

(2) Segundo a jurisprudência do STJ, em ação de usucapião movida por particular em face de estado-membro, cabe a este a prova de que o imóvel usucapiendo é bem dominical insuscetível de ser usucapido.

1: Incorreta. A usucapião, nesse caso, é proibida pelo art. 3º da Lei 6.969/1981; **2:** correta, conforme a decisão adotada no REsp 964.223. A inexistência de registro imobiliário do bem objeto de ação de usucapião não induz presunção de que o imóvel seja público (terras devolutas), cabendo ao Estado provar a titularidade do terreno como óbice ao reconhecimento da prescrição aquisitiva. **HS**
Gabarito "1E, 2C".

(Procurador do Estado/MT – FCC – 2011) Sobre a usucapião especial rural prevista no artigo 191 da Constituição Federal, é correto afirmar:

(A) É modo derivado de aquisição da propriedade rural.

(B) É modo originário de aquisição da propriedade rural não superior a 50 hectares, bastando transcurso de lapso temporal ininterrupto de 5 anos, justo título e boa-fé.

(C) É modo derivado de aquisição da propriedade rural não superior a 50 hectares, bastando transcurso de lapso temporal ininterrupto de 5 anos, justo título e boa-fé.

(D) É modo originário de aquisição da propriedade rural não superior a 50 hectares, bastando transcurso de lapso temporal ininterruptos de 5 anos sem oposição.

(E) É modo originário de aquisição da propriedade rural não superior a 50 hectares, bastando o exercício de posse ininterrupta e sem oposição por 5 anos, tornando a área produtiva por seu trabalho ou de sua família, tendo nela sua moradia e não sendo proprietário de imóvel rural ou urbano.

A: incorreta, pois a usucapião é modo originário de aquisição de propriedade; **B a D:** incorretas; **E:** correta, nos termos do art. 191 da CF: Aquele que, não sendo proprietário de imóvel rural ou urbano, possua como seu, por cinco anos ininterruptos, sem oposição, área de terra, em zona rural, não superior a cinquenta hectares, tornando-a produtiva por seu trabalho ou de sua família, tendo nela sua moradia, adquirir-lhe-á a propriedade. **PM**
Gabarito "E".

(Procurador Federal – 2010 – CESPE) Julgue o item a seguir com base nas normas de direito agrário.

(1) Para que seja deferido o usucapião pro labore, exige-se apenas que o indivíduo, não sendo proprietário de outro imóvel rural, possua como sua, por cinco anos ininterruptos, sem oposição, área de terra rural não superior a cinquenta hectares e nela resida, tornando-a produtiva por seu trabalho ou de sua família.

1: incorreta, pois também é requisito dessa usucapião tratar-se de imóvel privado, de acordo com o art. 191, parágrafo único, da CF que prevê: Aquele que, não sendo proprietário de imóvel rural ou urbano, possua como seu, por cinco anos ininterruptos, sem oposição, área de terra, em zona rural, não superior a cinquenta hectares, tornando-a produtiva por seu trabalho ou de sua família, tendo nela sua moradia, adquirir-lhe-á a propriedade. Parágrafo único. Os imóveis públicos não serão adquiridos por usucapião. **PM**
Gabarito "1E".

3. AQUISIÇÃO E USO DA PROPRIEDADE E DA POSSE RURAL

(Procurador/PA – CESPE – 2022) João tem a posse e a propriedade de um imóvel rural devidamente titulado há 10 anos, demarcado e registrado no cartório de imóveis da comarca de Altamira – PA. Certo dia, seu vizinho, Silva, com a intenção de aumentar a própria propriedade, fazendo uso da força, destruiu as cercas que protegiam a propriedade de João e invadiu o imóvel deste, tomando posse de parte dessa propriedade. João, inconformado com atitude de Silva, ajuizou ação de interdito proibitório no juízo da Vara Agrária de Altamira – PA.

Tendo como referência essa situação hipotética, julgue os itens subsequentes.

I. A ação proposta por João está equivocada, pois, ao tempo do ajuizamento da demanda, havia ocorrido o esbulho possessório.

II. A escolha do juízo da Vara Agrária de Altamira para o ajuizamento da referida ação foi incorreta.

III. Silva usucapiu a área que invadiu e poderá alegar isso em sua contestação.

Assinale a opção correta.

(A) Nenhum item está certo.

(B) Apenas o item I está certo.

(C) Apenas o item II está certo.

(D) Apenas os itens I e III estão certos.

(E) Apenas os itens II e III estão certos.

Item **II** correto, como o caso não se trata de ação possessória coletiva ou de desapropriação para fins de reforma agrária, não é necessário que o ajuizamento seja feito em varas agrárias. **PM**
Gabarito "C".

(Procurador do Estado – PGE/PA – UEPA – 2015) A respeito das regras constitucionais sobre aquisição e arrendamento de imóvel rural, julgue as afirmativas abaixo.

I. A alienação ou a concessão, a qualquer título, de terras públicas com área superior a dois mil e quinhentos hectares a pessoa física ou jurídica, ainda que por interposta pessoa, dependerá de prévia aprovação do Congresso Nacional, exceto quando destinada a reforma agrária.

II. O título de domínio ou de concessão de uso referente a imóvel rural decorrente de reforma agrária será inegociável pelo prazo de dez anos.

III. O título de domínio e a concessão de uso será conferido ao homem ou à mulher, ou a ambos, independentemente do estado civil, nos termos e condições previstos em lei, demonstrada a convivência por prazo superior a doze meses.

IV. A aquisição ou o arrendamento de propriedade rural por pessoa física ou jurídica estrangeira será estabelecida em lei complementar e, em qualquer hipótese, dependerá de autorização do Congresso Nacional.

A alternativa que contém todas as afirmativas corretas é:

(A) I e III.

(B) II e III.

(C) III e IV.

(D) I e IV.

(E) I e II.

19. DIREITO AGRÁRIO · 535

I: correta, nos termos do art. 188, § 1°, da CF; II: correta, nos termos do art. 189 da CF; III: incorreta. Não há exigência de prazo na convivência (art. 189, parágrafo único, da CF); IV: incorreta. Somente dependem de autorização do Congresso Nacional os casos estabelecidos na lei, que não precisa ser lei complementar (art. 190 da CF). HS
Gabarito "E".

(Procurador do Estado – PGE/BA – CESPE – 2014) A respeito da matrícula e do registro de imóveis rurais, julgue os próximos itens.

(1) Em se tratando de ações judiciais que envolvam a transferência de terras públicas rurais, o prazo para o ajuizamento de ação rescisória é de oito anos, contado do trânsito em julgado da decisão.

(2) Segundo a jurisprudência do STF, o registro paroquial confere direito de propriedade ao possuidor.

(3) Suponha que uma matrícula relativa a imóvel rural tenha sido aberta por oficial de registro com base em título nulo de pleno direito. Nesse caso, somente é possível cancelar a referida matrícula mediante ação judicial.

(4) Os títulos de posse ou quaisquer documentos de ocupação legitimamente outorgados por órgãos de terras de estado – membro são válidos e continuarão a produzir os efeitos atribuídos pela legislação vigente à época de suas expedições, configurando-se situação jurídica consolidada.

1: correta, nos termos do art. 8°-C da Lei 6.739/1979; **2:** incorreta. O STF não reconhece a propriedade com base no registro paroquial, apenas o aceita como prova da posse (STF, RE 79.828); **3:** incorreta. O cancelamento da matrícula pode ser solicitado e deferido diretamente pelo Corregedor-Geral da Justiça – ou seja, no âmbito administrativo (art. 1° da Lei 6.739/1979); **4:** correta, nos termos do art. 7° da Lei 6.739/1979. HS
Gabarito "1C, 2E, 3E, 4C".

(Procurador do Estado – PGE/BA – CESPE – 2014) Com relação à aquisição de imóveis rurais por pessoas físicas ou jurídicas estrangeiras, julgue os itens seguintes.

(1) A aquisição de imóvel rural por pessoas físicas ou jurídicas estrangeiras sem a observância dos requisitos legais enseja nulidade relativa do ato praticado.

(2) Com o propósito de defender o território nacional, o legislador constituinte fez constar expressamente na CF vedação à aquisição de imóveis rurais por pessoas físicas ou jurídicas estrangeiras em áreas situadas em faixa de fronteira.

(3) A soma das áreas dos imóveis rurais pertencentes a pessoas físicas ou jurídicas estrangeiras não poderá ultrapassar um quarto da superfície dos municípios em que se situem.

1: incorreta. A aquisição de imóvel rural em desrespeito às normas vigentes é nula de pleno direito (art. 15 da Lei 5.709/1971); **2:** incorreta. A Constituição não estabeleceu regras específicas sobre a aquisição de terras por estrangeiros, mas apenas determinou, em seu art. 190, que fosse editada lei que regulasse a matéria. O mencionado artigo constitucional recepcionou, portanto, a Lei 5.709/1971; **3:** correta, nos termos do art. 12 da Lei 5.709/1971. HS
Gabarito "1E, 2E, 3C".

(Procurador do Estado/MT – FCC – 2011) É correto afirmar sobre a aquisição de imóvel rural no território nacional por estrangeiros:

(A) Os portugueses não possuem igualdade de condições com os brasileiros no que tange à aquisição de terras no território nacional.

(B) Apenas as terras de fronteira possuem restrições para a aquisição por estrangeiros.

(C) Os estrangeiros residentes no Brasil e as pessoas jurídicas estrangeiras autorizadas a funcionar no Brasil podem adquirir terras no território nacional.

(D) As restrições impostas ao estrangeiro com relação aos bens imóveis referem-se apenas a sua aquisição.

(E) A aquisição de imóvel rural por estrangeiros far-se-á por instrumento diverso da escritura pública.

A: incorreta, pois aos portugueses com residência no país, se houver reciprocidade em favor de brasileiros, serão atribuídos os direitos inerentes ao brasileiro, salvo os casos previstos na Constituição Federal (art. 12, § 1°, da CF); **B:** incorreta, pois essa restrição não se limita às terras de fronteiras, nos termos doart. 1°, *caput*, da Lei 5.709/71: Art. 1° - O estrangeiro residente no País e a pessoa jurídica estrangeira autorizada a funcionar no Brasil só poderão adquirir imóvel rural na forma prevista nesta Lei.; **C:** correta, pois a afirmativa reflete o disposto na Lei 5.709/71; **D:** incorreta, pois as restrições referem-se à aquisição e arrendamento; **E:** incorreta, pois a aquisição far-se-á necessariamente por escritura pública (art. 8° da Lei 5.709/71). PM
Gabarito "C".

(Procurador do Estado/PA – 2011) Analise as assertivas abaixo e assinale a alternativa CORRETA:

(A) A aquisição da propriedade mediante usucapião de imóvel rural, não superior a cinquenta hectares, além da posse por cinco anos ininterruptos, sem oposição, depende da existência de justo título e da destinação do bem à moradia familiar.

(B) A pequena e média propriedade rural é insuscetível de desapropriação para os fins de reforma agrária, ainda que o seu proprietário seja possuidor de outra.

(C) Sendo o imóvel rural possuído superior a cinquenta hectares, poderá o possuidor adquirir a propriedade via usucapião especial somente sobre a parte do bem que atender aos parâmetros constitucionais.

(D) São isentas de impostos federais, estaduais e municipais as operações de transferência de imóveis desapropriados para os fins de reforma agrária.

(E) A implementação de atividade produtiva em imóvel rural, por si só, assegura o cumprimento da função social da propriedade.

A: incorreta, pois a usucapião de imóvel rural não superior a cinquenta hectares independe da existência de justo título (art. 191 da CF); **B:** incorreta, pois a pequena e média propriedade rural são insuscetíveis de desapropriação para fins de reforma agrária, desde que o seu proprietário não possua outra (art. 185, I, da CF); **C:** incorreta, pois para o usucapião especial rural o imóvel possuído não pode ser maior que 50 hectares (art. 191 da CF); **D:** correta (art. 184, § 5°, da CF); **E:** incorreta, pois a função social da propriedade é cumprida quando a propriedade rural atende, simultaneamente, segundo critérios e graus de exigência estabelecidos em lei, aos requisitos descritos no art. 186 da CF. PM
Gabarito "D".

4. DESAPROPRIAÇÃO PARA A REFORMA AGRÁRIA

(Procurador Federal – AGU – 2023 – CEBRASPE) Assinale a opção correta acerca da desapropriação por interesse social para reforma agrária.

(A) O procedimento para o processo judicial de desapropriação será regulado por lei ordinária.

(B) A ação de desapropriação deverá ser proposta dentro do prazo de cinco anos, contado da publicação do decreto declaratório.

(C) A ação de desapropriação obedecerá ao contraditório especial, de rito sumário, e será processada e julgada pelo juízo federal competente, até mesmo durante as férias forenses.

(D) A indenização das benfeitorias úteis e necessárias deve realizar-se sempre mediante títulos da dívida agrária.

(E) O regime de precatório não poderá ser aplicado para fins de indenização das benfeitorias úteis e necessárias.

A: incorreta, pois será regulado pelo rito sumário, art. 1º da LC 76/93. **B:** incorreta, a ação de desapropriação deverá ser proposta dentro do prazo de dois anos, art. 3º da LC 76/93. **C:** correta, está de acordo com o art. 2º, § 1º da LC 76/93. **D:** incorreta, "Nas desapropriações para reforma agrária, previstas também pelo art. 184 da CF, há previsão de pagamento mediante títulos da dívida agrária, resgatáveis em até 20 (vinte) anos, a exceção das benfeitorias úteis e necessárias, indenizadas previamente, em dinheiro." (Machado, Marcelo Pacheco. **Desapropriação e Técnica Processual.** Indaiatuba/São Paulo: Editora Foco, 2024. **E:** incorreta, não está de acordo com entendimento do STF que dispõe: O art. 14 da Lei Complementar nº 76/93, ao dispor que o valor da indenização estabelecido por sentença em processo de desapropriação para fins de reforma agrária deverá ser depositado pelo expropriante em dinheiro, para as benfeitorias úteis e necessárias, inclusive culturas e pastagens artificiais, contraria o sistema de pagamento das condenações judiciais, pela Fazenda Pública, determinado pela Constituição Federal no art. 100 e parágrafos. Os arts. 15 e 16 da referida lei complementar, por sua vez, referem-se, exclusivamente, às indenizações a serem pagas em títulos da dívida agrária, posto não estar esse meio de pagamento englobado no sistema de precatórios. Recurso extraordinário conhecido e provido, para declarar a inconstitucionalidade da expressão "em dinheiro, para as benfeitorias úteis e necessárias, inclusive culturas e pastagens artificiais" e, contida no art. 14 da Lei Complementar nº 76/93. STF, RE 247866, Órgão julgador: Tribunal Pleno, Relator(a): Min. ILMAR GALVÃO, Julgamento: 09/08/2000, Publicação: 24/11/2000 **PM**
Gabarito "C".

(Procurador Federal – AGU – 2023 – CEBRASPE) No que se refere ao procedimento judicial da desapropriação por interesse social para fins de reforma agrária, assinale a opção correta.

(A) A sentença que condenar o expropriante em quantia superior ao valor oferecido na inicial ficará sujeita ao duplo grau de jurisdição.

(B) Ajuizada a desapropriação parcial, o proprietário poderá requerer, na contestação, a desapropriação de todo o imóvel, quando a área remanescente ficar reduzida a superfície inferior à da pequena propriedade rural.

(C) O recurso de apelação, quando interposto pelo expropriante, não terá efeito suspensivo.

(D) As despesas judiciais e os honorários do advogado e do perito constituem encargos do expropriante, se o valor da indenização for igual ou inferior ao preço oferecido na inicial.

(E) A audiência de conciliação suspende o curso da ação de desapropriação por interesse social para fins de reforma agrária.

A: incorreta, LC 76/93: art. 13, § 1º A sentença que condenar o expropriante, em quantia superior a cinquenta por cento sobre o valor oferecido na inicial, fica sujeita a duplo grau de jurisdição. **B:** correta, LC 76/93: Art. 4º Intentada a desapropriação parcial, o proprietário poderá requerer, na contestação, a desapropriação de todo o imóvel, quando a área remanescente ficar: I – reduzida à superfície inferior à da pequena propriedade rural; ou II – prejudicada substancialmente em suas condições de exploração econômica, caso seja o seu valor inferior ao da parte desapropriada. **C:** incorreta, LC 76/93: Art. 13. Da sentença que fixar o preço da indenização caberá apelação com efeito simplesmente devolutivo, quando interposta pelo expropriado e, em ambos os efeitos, quando interposta pelo expropriante. **D:** incorreta, LC 76/93, art. 19. As despesas judiciais e os honorários do advogado e do perito constituem encargos do sucumbente, assim entendido o expropriado, se o valor da indenização for igual ou inferior ao preço oferecido, ou o expropriante, na hipótese de valor superior ao preço oferecido. **E:** incorreta, LC 76/93, art. 6º, § 7º A audiência de conciliação não suspende o curso da ação. **PM**
Gabarito "B".

(Procurador Federal – AGU – 2023 – CEBRASPE) Quanto ao regime jurídico dos imóveis rurais e à desapropriação para fins de reforma agrária, assinale a opção correta.

(A) Os títulos da dívida agrária, que conterão cláusula assecuratória de preservação de seu valor real, serão resgatáveis a partir do primeiro ano de sua emissão, em percentual proporcional ao prazo.

(B) É requisito para a regularização fundiária de imóvel de domínio público na Amazônia Legal a vistoria prévia, independentemente da extensão do imóvel.

(C) As alienações ou concessões de terras públicas para fins de reforma agrária, na hipótese de imóvel com área superior a 2.500 hectares, dependem de prévia autorização do Congresso Nacional.

(D) Àquele que, não sendo proprietário de imóvel rural ou urbano, possua como sua, por cinco anos ininterruptos, sem oposição, área de terra, em zona rural, com até 250 hectares, tornando-a produtiva por seu trabalho ou de sua família, tendo nela sua moradia, será assegurada a propriedade dessa área.

(E) O imóvel rural particular objeto de esbulho possessório ou invasão motivada por conflito agrário ou fundiário de caráter coletivo não é passível de vistoria, avaliação ou desapropriação nos dois anos seguintes à sua desocupação, ou no dobro desse prazo, em caso de reincidência.

A: incorreta, serão resgatáveis a partir do segundo ano de sua emissão (art. Art. 5º, § 3º da Lei 8.629/93). **B:** incorreta, a Lei 11.952/09 que dispõe sobre a regularização fundiária das ocupações incidentes em terras situadas em áreas da União, no âmbito da Amazônia Legal, prevê no art. 13 os requisitos para a regularização fundiária dos imóveis de até 4 (quatro) módulos fiscais, ou seja, não é independentemente da extensão do imóvel conforme mencionado pela alternativa. **C:** incorreta, para fins de reforma agrária, não depende de autorização do Congresso Nacional, mas de prévia aprovação (art. 188, § 1º da CF). **D:** incorreta, Lei 6.969/81, art. 1º Todo aquele que, não sendo proprietário rural

19. DIREITO AGRÁRIO 537

nem urbano, possuir como sua, por 5 (cinco) anos ininterruptos, sem oposição, área rural contínua, não excedente de 25 (vinte e cinco) hectares, e a houver tornado produtiva com seu trabalho e nela tiver sua morada, adquirir-lhe-á o domínio, independentemente de justo título e boa-fé, podendo requerer ao juiz que assim o declare por sentença, a qual servirá de título para transcrição no Registro de Imóveis. **E:** correta, Lei 8.629/93, art. 2º, § 6º. PM
Gabarito "E".

(Procurador/PA – CESPE – 2022) No que tange à desapropriação de imóvel rural para fins de reforma agrária, assinale a opção correta.

(A) É prescindível instruir a petição inicial em que se requer a desapropriação com o ato normativo declaratório de interesse social para fins de reforma agrária publicado no Diário Oficial da União.

(B) As transferências de imóveis desapropriados para fins de reforma agrária por interesse social são isentas apenas dos impostos federais.

(C) De acordo com a legislação de regência, no processo seletivo de indivíduos e famílias para projeto de assentamento pelo Programa Nacional de Reforma Agrária, terão primazia, na ordem de preferência do lote em que se situe a sede do imóvel, aqueles que trabalham como assalariados no imóvel desapropriado.

(D) Em caso de desapropriação amigável, é possível a anulação da sentença homologatória da avença, por meio de ação popular, quando caracterizada afronta ao princípio da moralidade pública.

(E) Compete aos estados-membros desapropriar, por interesse social, para fins de reforma agrária, o imóvel rural que não esteja cumprindo sua função social, por meio de prévia e justa indenização materializada em títulos da dívida agrária.

Alternativa **A** incorreta de acordo com a LC 76/93 que dispõe sobre o processo de desapropriação de imóvel rural e prevê em seu art. 5º, I: A petição inicial, além dos requisitos previstos no Código de Processo Civil, conterá a oferta do preço e será instruída com os seguintes documentos: I – texto do decreto declaratório de interesse social para fins de reforma agrária, publicado no Diário Oficial da União. Alternativa **B** incorreta, a Lei 8.629/93, art. 26, prevê que: "São isentas de impostos federais, estaduais e municipais, inclusive do Distrito Federal, as operações de transferência de imóveis desapropriados para fins de reforma agrária, bem como a transferência ao beneficiário do programa". Alternativa **C** incorreta, pois o art. 19, I, da Lei 8.629/93 observa uma ordem de preferência, e em primeiro lugar encontra-se o desapropriado e não assalariados, conforme segue: "Art. 19. O processo de seleção de indivíduos e famílias candidatos a beneficiários do Programa Nacional de Reforma Agrária será realizado por projeto de assentamento, observada a seguinte ordem de preferência na distribuição de lotes: I – ao desapropriado, ficando-lhe assegurada a preferência para a parcela na qual se situe a sede do imóvel, hipótese em que esta será excluída da indenização devida pela desapropriação". Alternativa **D** correta, conforme REsp n. 906.400/SP, relator Ministro Castro Meira, Segunda Turma, julgado em 22/5/2007, DJ de 1/6/2007, p. 370. 1. A ação popular é via própria para obstar acordo judicial transitado em julgado em que o cidadão entende ter havido dano ao erário. Precedentes da Primeira e Segunda Turma. 2. Recurso especial provido. Alternativa **E** incorreta, pois compete à União e não aos estados-membros, é o que prevê o art. 184 da CF. PM
Gabarito "D".

(Procurador do Estado – PGE/PA – UEPA – 2015) Sobre reforma agrária, é correto afirmar que:

(A) a legislação estadual pode estabelecer modelos próprios de assentamento rural, a serem criados com base na desapropriação por interesse social, para fins de reforma agrária, prevista no artigo 184 da Constituição Federal.

(B) a falta de identidade entre a área declarada de interesse social para fins de desapropriação para reforma agrária e a área onde residem as famílias a serem beneficiadas pelo assentamento impede a desapropriação.

(C) a vistoria prévia prevista no artigo 2º, § 2º, da Lei 8629/1993, decorrência do devido processo legal, incide em qualquer desapropriação que venha a ser intentada pela autarquia agrária, mesmo nos casos de desapropriação por necessidade ou utilidade pública.

(D) a invasão de imóvel rural de domínio particular, após regularmente realizada a vistoria prévia pela autarquia agrária, não impede a desapropriação para fins de reforma agrária.

(E) para fins do disposto no artigo 2º, § 2º, da Lei 8629/1993, entende-se regular e eficaz a notificação recebida diretamente pelo proprietário do imóvel, sendo mera irregularidade a ausência da indicação da data do recebimento.

A: incorreta. O STF, no julgamento do RE 496.861 AgR, afastou a competência dos Estados nesta hipótese; **B:** incorreta. No julgamento do MS 26.192, o STF assentou o entendimento que a falta de identidade entre a área declarada de interesse social e a área onde residem as famílias não impede a iniciativa estatal; **C:** incorreta. No mesmo julgamento mencionado no comentário à alternativa anterior, o STF atestou que a vistoria prévia é dispensada nas desapropriações por interesse, necessidade ou utilidade públicos; **D:** correta, nos termos do entendimento do STF consagrado no MS 24.136; **E:** incorreta. Não há disposição legal ou precedente judicial nesse sentido. HS
Gabarito "D".

(Procurador Federal – 2013 – CESPE) Acerca do processo de desapropriação para a reforma agrária, de títulos da dívida agrária e da usucapião especial rural, julgue os próximos itens.

(1) Considere a seguinte situação hipotética. Em agosto de 2013, Pedro e Maria, casados sob o regime de comunhão parcial de bens, propuseram ação de usucapião especial rural, demonstrando que possuem como seu, há pelo menos dez anos, de forma ininterrupta, o imóvel rural X, de cinquenta e cinco hectares, onde residem com os filhos e produzem com o seu trabalho. Em julho de 2013, João propôs demanda na justiça, em que contesta a posse do imóvel X por Pedro e Maria e atesta que tal imóvel integra herança deixada por seu avô paterno. Nessa situação, a justiça deve indeferir a demanda de João e conceder a Pedro e Maria a propriedade do referido imóvel, bem como o direito de se manterem na posse do terreno rural, haja vista o cumprimento dos requisitos constitucionais.

(2) Em caso de desapropriação de imóvel rural, por interesse social, para fins de reforma agrária, o expropriante, por ordem do juízo, estabelecida por sentença, deverá depositar o valor da indenização, em espécie, corrigido monetariamente, para as benfeitorias, sendo que, para a parcela correspondente à terra nua, esse valor deve ser depositado em títulos da dívida agrária.

1: incorreta. A usucapião especial rural somente será concedida para imóveis de até 50ha (art. 191 da Constituição Federal); **2:** incorreta. Apenas as benfeitorias úteis e necessárias são indenizadas em dinheiro (art. 184, § 1º, da Constituição Federal). PM

Gabarito 1E, 2E

(Procurador do Estado/MT – FCC – 2011) Em relação à reforma agrária é INCORRETO afirmar:

(A) Toda pequena e média propriedade rural são insuscetíveis de desapropriação para fins de reforma agrária.

(B) A propriedade rural improdutiva que não cumprir sua função social poderá ser desapropriada para fins de reforma agrária.

(C) A competência para desapropriar para fins de reforma agrária é exclusiva da União.

(D) Na desapropriação para fins de reforma agrária, a indenização será prévia e justa em títulos da dívida agrária, com cláusula de preservação do valor real, resgatáveis no prazo de até 20 anos, a partir do segundo ano de sua emissão.

(E) As benfeitorias úteis e necessárias serão indenizadas em dinheiro.

A: incorreta, pois são insuscetíveis de desapropriação para fins de reforma agrária toda pequena e média propriedade rural, *desde que o proprietário não possua outra* (art. 185, I, da CF); **B:** correta (art. 184, *caput*, e 185, II, ambos da CF); **C:** correta (art. 184, *caput*, da CF); **D:** correta (art. 184, *caput*, da CF); **E:** correta (art. 184, § 1º, da CF). PM

Gabarito "A".

(Procurador do Estado/PA – 2011) Analise as assertivas abaixo e assinale a alternativa INCORRETA:

(A) Na forma da lei, considera-se Reforma Agrária o conjunto de medidas que visem a promover melhor distribuição da terra, mediante modificações no regime de sua posse e uso, a fim de atender aos princípios de justiça social e ao aumento de produtividade.

(B) Tendo sido celebrado contrato de arrendamento de imóvel rural, terá o arrendatário preferência para adquirir o bem arrendado, em igualdade de condições, devendo o proprietário dar-lhe conhecimento da venda, a fim de que possa exercer o direito de perempção dentro de trinta dias, a contar da notificação judicial ou comprovadamente efetuada, mediante recibo.

(C) A alienação ou constituição de ônus real sobre o imóvel rural arrendado afeta a vigência do arrendamento, ensejando a rescisão da relação contratual.

(D) Os Títulos da Dívida Agrária podem ser utilizados para os fins de pagamento de parte do Imposto Territorial Rural e adimplemento de preço de terras públicas, bem ainda como caução para a garantia de contratos administrativos.

(E) A Reforma Agrária deve ser realizada por meio de planos periódicos, nacionais e regionais, com prazos e objetivos determinados, de acordo com projetos específicos.

A: correta (art. 1º, § 1º, do Estatuto da Terra – Lei 4.504/64); **B:** correta (art. 92, § 3º, do Estatuto da Terra); **C:** incorreta, pois o art. 92, § 5º, do Estatuto da Terra dispõe que a alienação ou a imposição de ônus real ao imóvel não interrompe a vigência dos contratos de arrendamento ou de parceria ficando o adquirente sub-rogado nos direitos e obrigações

do alienante; **D:** correta (art. 105, § 1º, a, b e c, do Estatuto da Terra); **E:** correta (art. 33 do Estatuto da Terra). PM

Gabarito "C".

(Procurador Federal – 2010 – CESPE) No que concerne ao direito agrário, julgue os próximos itens.

(1) Ao assegurar que são insuscetíveis de desapropriação para fins de reforma agrária a pequena e a média propriedade rural, assim definida em lei, desde que seu proprietário não possua outra propriedade, a CF estabeleceu a presunção *juris tantum* de que as referidas propriedades cumprem sua função social.

(2) Haverá retrocessão, autorizando o expropriado a exercer o direito de pedir a devolução do imóvel ou eventual indenização, quando configurada a tredestinação ilícita.

(3) É cabível ação reivindicatória que verse sobre imóvel rural desapropriado para fins de reforma agrária e registrado em nome do expropriante.

(4) A função social da propriedade caracteriza-se pelo fato de o proprietário condicionar o uso e a exploração do imóvel não só aos seus interesses particulares, mas, também, à satisfação de objetivos para com a sociedade, como a obtenção de determinado grau de produtividade, o respeito ao meio ambiente e o pagamento de impostos.

1: incorreta, pois não há presunção nesse sentido, mas sim um benefício a quem se encontra nessa situação (art. 185, I, da CF); aliás, se houvesse tal presunção, esta seria absoluta, pois não admitiria prova em contrário; **2:** correta, pois quando se desapropria para um fim, mas acaba-se destinando a coisa desapropriada para outro fim, que não é de interesse público, tem-se a chamada tredestinação ilícita, que faz nascer o direito de retrocessão, que autoriza que o prejudicado peça a devolução da coisa ou eventual indenização; **3:** incorreta, pois a desapropriação é forma de aquisição originária da propriedade, não podendo o bem desapropriado ser reivindicado por terceiros; **4:** correta (art. 186 da CF). PM

Gabarito 1E, 2C, 3E, 4C

(Procurador Federal – 2010 – CESPE) Julgue os itens a seguir com base nas normas de direito agrário.

(1) A sentença homologatória de acordo firmado entre as partes, em sede de processo de desapropriação, não pode ser anulada por meio de ação popular, mesmo que caracterizado o desvio de finalidade.

(2) Os juros compensatórios, na desapropriação para fins de reforma agrária, fluem desde a imissão na posse.

(3) O desmembramento do imóvel rural, para caracterizar as frações desmembradas como média propriedade rural, tudo devidamente averbado no registro imobiliário, a atrair a vedação contida no art. 185, inciso I, da CF, poderá ser efetivado mesmo após a realização da vistoria para fins expropriatórios, mas antes do decreto presidencial.

1: incorreta, pois, havendo violação ao princípio da moralidade, cabe ação popular, não podendo ser subtraída da apreciação do Judiciário uma conduta dessa natureza; **2:** correta, pois tais juros sempre são computados da imissão na posse, quando o expropriado perde o direito de explorar a coisa expropriada, sem ter recebido ainda o total devido a título de indenização, daí incidir juros compensatórios sobre a diferença entre o valor final da indenização e a quantia que tiver sido levantada quando da imissão na posse; **3:** correta, desde que respeitado o disposto no art. 2º, § 4º, da Lei 8.629/93: § 4º Não será considerada, para os fins desta Lei, qualquer modificação, quanto ao domínio, à dimensão e às condições de uso do imóvel, introduzida ou ocorrida até seis meses após a data da comunicação para levantamento de dados e informações de que tratam os §§ 2º e 3º. PM

Gabarito 1E, 2C, 3C

5. CONTRATOS AGRÁRIOS

(Procurador/PA – CESPE – 2022) No que tange aos contratos agrários, julgue os seguintes itens.

I. Nos contratos agrários, o regime jurídico das benfeitorias é idêntico ao dos contratos de locação de prédio urbano.

II. A alienação ou a imposição de ônus real ao imóvel rural não interrompe a vigência dos contratos de parceria rural ou de arrendamento rural.

III. Em um contrato de arrendamento rural com pluralidade de arrendatários, o direito de perempção pode ser exercido por qualquer um deles relativamente à sua fração ideal, independentemente do exercício desse direito pelos demais arrendatários.

IV. Consoante os termos da Lei n.º 4.947/1966, os contratos agrários são regulados por princípios próprios, diferentes, portanto, daqueles que disciplinam os contratos de direito comum.

V. O arrendamento rural e a parceria rural são contratos agrários típicos.

Estão errados os itens

(A) I, II e III.

(B) III, IV e V.

(C) I, IV e V.

(D) II, III e IV.

(E) I, III e IV.

Item **I** correto, os regimes jurídicos previstos no Código Civil são os mesmos do Estatuto da Terra e no Decreto 59.566/66. Item **II** incorreto, pois não observa o previsto no art. 92, § 5º do ET: § 5º A alienação ou a imposição de ônus real ao imóvel não interrompe a vigência dos contratos de arrendamento ou de parceria ficando o adquirente sub-rogado nos direitos e obrigações do alienante. Item **III** incorreta, se o imóvel rural estiver sendo explorado por mais de um arrendatário, o direito de preempção só poderá ser exercido para aquisição da área total. Item **IV** incorreto, de acordo com o art. 13, da Lei 4.947/66: Os contratos agrários regulam-se pelos princípios gerais que regem os contratos de Direito comum, no que concerne ao acordo de vontade e ao objeto (...). Item **V** correto, como são regulados pela Lei 4.504/64, são típicos. PM

Gabarito "D".

(Procurador do Estado – PGE/MT – FCC – 2016) Os contratos agrários, segundo a Lei Federal nº 4.947, de 06 de abril de 1966,

(A) regulam-se pelos princípios gerais que regem os contratos administrativos.

(B) estabelecem proteção social e econômica aos arrendantes.

(C) regulam-se pelos princípios gerais que regem os contratos de direito comum no que concerne ao acordo de vontade e ao objeto.

(D) admitem a renúncia do arrendatário ou do parceiro não proprietário de direitos ou vantagens estabelecidos em leis ou regulamentos.

(E) são considerados, por si só, títulos executivos extrajudiciais dotados de preferência executória.

A: incorreta. Os princípios aplicáveis aos contratos agrários são os mesmos do direito privado (art. 13 da Lei 4.947/1966); **B:** incorreta. As normas visam a proteger os arrendatários (art. 13, V, da Lei 4.947/1966); **C:** correta, nos termos do art. 13, "caput", da Lei 4.947/1966; **D:** incorreta. A proibição à renúncia de direitos pelos arrendatários e parceiros está expressa no art. 13, IV, da Lei 4.947/1966; **E:** incorreta. Não há qualquer preferência prevista na legislação.

Gabarito "C".

(Procurador Federal – 2013 – CESPE) No que concerne aos contratos agrários, julgue o item a seguir.

(1) Se, por hipótese, João tiver firmado acordo com José para que este, pelo período de dois anos, exerça atividade de exploração agrícola em parte de sua propriedade rural, considera-se que foi firmado entre eles um contrato agrário, cuja finalidade é a de regulamentar as relações de uso ou posse temporária do imóvel rural para a implementação de atividade agrícola ou pecuária.

1: incorreta. O contrato agrário pode ter por objeto, também, atividades agroindustriais, extrativas ou mistas. Além disso, a regra geral é de prazo mínimo de 3 anos. PM

Gabarito "1E".

6. TERRAS DEVOLUTAS

(Procurador do Estado/MT – FCC – 2011) É correto afirmar sobre discriminação de terras devolutas:

(A) Apenas pode ser feita por meio judicial.

(B) Seu fundamento jurídico é o domínio eminente que o Estado detém sobre todas as terras que estão situadas no território nacional, originariamente públicas, fato este que lhe outorga o poder de identificar suas terras devolutas.

(C) A ação discriminatória não pode ser realizada de maneira generalizada em determinadas regiões previamente selecionadas ou em Municípios.

(D) Compete exclusivamente à União promover ação discriminatória.

(E) Depois de verificada a condição de terra devoluta na ação discriminatória, o autor deverá ajuizar ação demarcatória.

A: incorreta. O processo discriminatório poderá ser administrativo ou judicial, nos termos do art. 1º, parágrafo único, da Lei nº 6.383/76; **B:** correta. São terras devolutas, nos termos do art. 5º do Decreto-lei nº 9.760/46; **C:** incorreta. É possível a medida generalizada em determinadas regiões previamente selecionadas; **D:** incorreta. No âmbito estadual, as ações discriminatórias serão propostas pelo órgão indicativo nas respectivas leis de organização judiciária; **E:** incorreta. A ação discriminatória abrange a demarcação das terras (art. 22 da Lei nº 6.383/76). PM

Gabarito "B".

7. TERRAS INDÍGENAS E QUILOMBOLAS

(Procurador Federal – AGU – 2023 – CEBRASPE) No que diz respeito à proteção das comunidades indígenas e à preservação dos seus direitos, a legislação preconiza

I. utilizar a cooperação, o espírito de iniciativa e as qualidades pessoais do indígena, em vista da melhoria de suas condições de vida e da sua integração no processo de desenvolvimento.

II. garantir a posse permanente das terras que habitam, reconhecendo-lhes o direito ao usufruto exclusivo das riquezas naturais e de todas as utilidades naquelas terras existentes, desde que não estejam sobrepostas a nenhum imóvel registrado em cartório nem a área de interesse público.

III. prestar assistência aos índios e às comunidades indígenas ainda não integrados à comunhão nacional.

IV. assegurar aos índios a possibilidade de livre escolha dos seus meios de vida e subsistência, bem como garantir a permanência voluntária no seu hábitat, proporcionando-lhes ali recursos para seu desenvolvimento e progresso.

Assinale a opção correta.

(A) Apenas o item I está certo.

(B) Apenas o item II está certo.

(C) Apenas os itens I, III e IV estão certos.

(D) Apenas os itens II, III e IV estão certos.

(E) Todos os itens estão certos.

I: correto, art. 2º, VIII da Lei 6.001/73. II: incorreto, com redação dada pela Lei 14.701/2023, o art. 2º, IX da Lei 6.001/73 passou a garantir aos índios e comunidades indígenas, nos termos da Constituição Federal, a posse permanente das terras tradicionalmente ocupadas em 5 de outubro de 1988, reconhecendo-lhes o direito ao usufruto exclusivo das riquezas naturais e de todas as utilidades naquelas terras existentes. Dessa forma, mesmo estando o imóvel registrado em cartório, há o reconhecimento da posse das terras tradicionalmente ocupadas pelos índios e comunidades indígenas. III: correto, nos termos do art. 2º, II da Lei 6.001/73. IV: correto, nos termos do art. 2º, IV e V da Lei 6.001/73. **PM**
Gabarito "C".

(Procurador Federal – AGU – 2023 – CEBRASPE) Acerca das terras ocupadas pelos remanescentes das comunidades de quilombos, assinale a opção correta.

(A) Lei federal regulamenta os procedimentos administrativos para a identificação, o reconhecimento, a delimitação, a demarcação e a titulação da propriedade definitiva das terras ocupadas por remanescentes das comunidades dos quilombos.

(B) São de propriedade da União as terras ocupadas por remanescentes das comunidades dos quilombos.

(C) Serão nulos e extintos, não produzindo efeitos jurídicos, os atos que tenham por objeto a ocupação, o domínio e a posse das terras ocupadas por remanescentes das comunidades de quilombos, sem que a nulidade e a extinção gerem direito a indenização ou a ações contra a União, salvo, na forma da lei, quanto às benfeitorias derivadas da ocupação de boa-fé.

(D) Competem à Fundação Cultural Palmares a identificação, o reconhecimento, a delimitação, a demarcação e a titulação das terras ocupadas pelos remanescentes das comunidades dos quilombos, sem prejuízo da competência concorrente dos estados, do Distrito Federal e dos municípios.

(E) A caracterização dos remanescentes das comunidades dos quilombos será atestada mediante autodefinição da própria comunidade.

A: incorreta, os procedimentos administrativos de que trata a alternativa é regulamentado por Decreto e não por Lei Federal, conforme prevê o art. 1º do Decreto 4.887/03. **B:** incorreta, aos remanescentes das comunidades dos quilombos que estejam ocupando suas terras é reconhecida a propriedade definitiva, devendo o Estado emitir-lhes os títulos respectivos (art. 68 do ADCT). **C:** incorreta, conforme entendimento fixado pelo STF: 10. O comando para que sejam levados em consideração, na medição e demarcação das terras, os critérios de territorialidade indicados pelos remanescentes das comunidades quilombolas, longe de submeter o procedimento demarcatório ao arbítrio dos próprios interessados, positiva o devido processo legal na garantia de que as comunidades tenham voz e sejam ouvidas. Improcedência do pedido de declaração de inconstitucionalidade do art. 2º, §§ 2º e 3º, do Decreto 4.887/2003. 11. Diverso do que ocorre no tocante às terras tradicionalmente ocupadas pelos índios – art. 231, § 6º – a Constituição não reputa nulos ou extintos os títulos de terceiros eventualmente incidentes sobre as terras ocupadas por remanescentes das comunidades dos quilombos, de modo que a regularização do registro exige o necessário o procedimento expropriatório. A exegese sistemática dos arts. 5º, XXIV, 215 e 216 da Carta Política e art. 68 do ADCT impõe, quando incidente título de propriedade particular legítimo sobre as terras ocupadas por quilombolas, seja o processo de transferência da propriedade mediado por regular procedimento de desapropriação. Improcedência do pedido de declaração de inconstitucionalidade material do art. 13 do Decreto 4.887/2003. Ação direta de inconstitucionalidade julgada improcedente. (STF, ADI 3239, Órgão julgador: Tribunal Pleno, Relator(a): Min. CEZAR PELUSO, Redator(a) do acórdão: Min. ROSA WEBER, Julgamento: 08/02/2018, Publicação: 01/02/2019) **D:** incorreta, de acordo com o art. 5º do Decreto 4.887/03: Compete ao Ministério da Cultura, por meio da Fundação Cultural Palmares, assistir e acompanhar o Ministério do Desenvolvimento Agrário e o INCRA nas ações de regularização fundiária, para garantir a preservação da identidade cultural dos remanescentes das comunidades dos quilombos, bem como para subsidiar os trabalhos técnicos quando houver contestação ao procedimento de identificação e reconhecimento previsto neste Decreto. **E:** correta, é a literalidade do art. 2º, § 1º, do Decreto 4.887/2003. **PM**
Gabarito "E".

(Procurador/PA – CESPE – 2022) A respeito de terras indígenas, julgue os próximos itens.

I. A terra indígena não é apenas o espaço ocupado pelos índios, mas também todo o espaço necessário para a sobrevivência de sua cultura.

II. A Fundação Nacional do Índio é impedida de investigar e demarcar terras indígenas em área onde exista propriedade particular devidamente registrada no competente cartório de imóveis.

III. Conforme preceitua a Constituição Federal de 1988, aos estados-membros pertence a propriedade das terras indígenas não situadas em área de domínio da União.

IV. A demarcação de terras indígenas tem efeito constitutivo, por isso, somente a partir dela, é possível exigir da União o dever de proteger as terras indígenas da ação, por exemplo, de garimpeiros.

Assinale a opção correta.

(A) Apenas o item I está certo.

(B) Apenas o item II está certo.

(C) Apenas os itens I e III estão certos.

(D) Apenas os itens II e IV estão certos.

(E) Apenas os itens III e IV estão certos.

Item I correto, pois é o que prevê o art. 231, § 1º, CF. Item II errado, as terras indígenas são inalienáveis e indisponíveis, conforme art. 231, § 4º, CF. Item III errado, são bens da União de acordo com o art.

19. DIREITO AGRÁRIO

20, XI, CF. Item **IV** errado, a demarcação não é constitutiva, pois o reconhecimento do direito dos índios sobre as terras foi previsto pela Constituição Federal de acordo com a presença indígena nas terras. **PM**
Gabarito "A".

(Procurador/PA – CESPE – 2022) O art. 68 do Ato das Disposições Constitucionais Transitórias da Constituição Federal de 1988 assegura aos remanescentes das comunidades dos quilombos que estejam ocupando suas terras o reconhecimento à propriedade definitiva. Quanto aos direitos dos remanescentes das comunidades dos quilombos, julgue os itens subsecutivos.

I. O art. 68 do Ato das Disposições Constitucionais Transitórias introduziu, no plano político e jurídico nacional, um direito de propriedade a uma categoria coletiva.

II. A Constituição do Estado do Pará estabeleceu o prazo de um ano após sua promulgação para que o estado reconhecesse e emitisse o título de propriedade aos remanescentes das comunidades dos quilombos.

III. Em 2018, com o julgamento da Ação Direta de Inconstitucionalidade 3239/DF, o Supremo Tribunal Federal julgou constitucionalmente ilegítima a adoção da autoatribuição como critério de determinação da identidade quilombola.

Assinale a opção correta.

(A) Apenas o item I está certo.

(B) Apenas o item III está certo.

(C) Apenas os itens I e II estão certos.

(D) Apenas os itens II e III estão certos.

(E) Todos os itens estão certos.

Item **I** correto de acordo com o art. 68, ADCT. Item **II** correto: Art. 322, CE/PA: Aos remanescentes das comunidades dos quilombos que estejam ocupando suas terras, é reconhecida a propriedade definitiva, devendo o Estado emitir-lhes títulos respectivos no prazo de um ano, após promulgada esta Constituição. Item **III** incorreto: ADI 3239-DF 8. Constitucionalmente legítima, a adoção da autoatribuição como critério de determinação da identidade quilombola, além de consistir em método autorizado pela antropologia contemporânea, cumpre adequadamente a tarefa de trazer à luz os destinatários do art. 68 do ADCT, em absoluto se prestando a inventar novos destinatários ou ampliar indevidamente o universo daqueles a quem a norma é dirigida. O conceito vertido no art. 68 do ADCT não se aparta do fenômeno objetivo nele referido, a alcançar todas as comunidades historicamente vinculadas ao uso linguístico do vocábulo quilombo. Adequação do emprego do termo "quilombo" realizado pela Administração Pública às balizas linguísticas e hermenêuticas impostas pelo texto-norma do art. 68 do ADCT. Improcedência do pedido de declaração de inconstitucionalidade do art. 2º, § 1º, do Decreto 4.887/2003." **PM**
Gabarito "C".

(Procurador do Estado – PGE/MT – FCC – 2016) São terras tradicionalmente ocupadas pelos índios:

(A) as por eles habitadas em caráter permanente, as utilizadas para suas atividades produtivas, as imprescindíveis à preservação dos recursos ambientais necessários a seu bem-estar e as necessárias à sua reprodução física e cultural, segundo seus usos, costumes e tradições.

(B) as por eles habitadas em caráter permanente ou provisório, as utilizadas para suas atividades produtivas, as imprescindíveis à preservação dos recursos ambientais necessários a seu bem-estar e as necessárias à

sua reprodução física e cultural, segundo seus usos, costumes e tradições.

(C) apenas aquelas por eles utilizadas para suas atividades produtivas e para moradia.

(D) as por eles habitadas em caráter provisório e as utilizadas para suas atividades produtivas.

(E) as terras declaradas por portaria da Fundação Nacional do Índio.

Nos termos do art. 231, § 1º, da CF, são terras tradicionalmente ocupadas pelos índios "as por eles habitadas em caráter permanente, as utilizadas para suas atividades produtivas, as imprescindíveis à preservação dos recursos ambientais necessários a seu bem-estar e as necessárias a sua reprodução física e cultural, segundo seus usos, costumes e tradições." **HS**
Gabarito "A".

(Procurador do Estado – PGE/MT – FCC – 2016) Aos remanescentes das comunidades dos quilombos que estejam ocupando suas terras é:

(A) reconhecida a posse definitiva, devendo o Estado emitir-lhes os títulos respectivos.

(B) reconhecida a propriedade definitiva, devendo o Estado emitir-lhes os títulos respectivos.

(C) reconhecida a propriedade individual de cada família, devendo o Estado criar programas de incentivo para a aquisição onerosa do título de propriedade.

(D) reconhecida a propriedade, impondo-se às famílias a criação de uma associação para promover a aquisição, a título oneroso, do território.

(E) assegurado o direito de preferência na aquisição do território.

O art. 68 do ADCT garante aos remanescentes dos antigos quilombos que estejam ocupando suas terras a propriedade definitiva, cabendo ao Estado emitir-lhes os respectivos títulos. **HS**
Gabarito "B".

(Procurador do Estado – PGE/BA – CESPE – 2014) No que concerne às terras indígenas, julgue os itens a seguir.

(1) São nulos e extintos, não produzindo efeitos jurídicos, os atos que objetivem a ocupação, o domínio e a posse de terras indígenas, ou a exploração das riquezas naturais do solo, dos rios e dos lagos nelas existentes, ressalvado relevante interesse público da União, segundo o que dispuser lei complementar, não gerando a nulidade e a extinção direito a indenização ou a ações contra a União, salvo, na forma da lei, quanto às benfeitorias derivadas da ocupação de boa-fé.

(2) A CF assegura expressamente aos estados-membros a propriedade das terras indígenas não situadas em área de domínio da União.

(3) Pelo instituto jurídico do indigenato, título congênito conferido ao índio, o ordenamento jurídico brasileiro reconhece o direito dos índios de terem a sua organização social, costumes, línguas, crenças e tradições, bem como os direitos originários sobre as terras que tradicionalmente ocupam, competindo à União demarcá-las bem como proteger e fazer respeitar todos os seus bens.

1: correta, nos termos do art. 231, § 6º, da CF; **2:** incorreta. As terras ocupadas pelos índios são todas de propriedade da União, cabendo aos índios a proteção de sua posse permanente e da exploração dos recursos naturais disponíveis com vistas à sua sobrevivência e manutenção de sua cultura (art. 22 da Lei 6.001/1973). Para o STF, *"a Carta Política, com a outorga dominial atribuída à União, criou, para esta, uma **propriedade vinculada ou reservada**, que se destina a garantir aos índios o exercício dos direitos que lhes foram reconhecidos constitucionalmente"* (RE 183.188, DJ 14.02.1997, grifo nosso).; **3**: correta, nos termos do art. 231, "caput", da CF. HS

Gabarito "1C, 2E, 3C"

(Procurador Federal – 2013 – CESPE) Julgue os itens seguintes, a respeito da demarcação e titulação de terras ocupadas por remanescentes das comunidades dos quilombos.

(1) São considerados remanescentes das comunidades dos quilombos os grupos étnico-raciais que, além de assim se autodefinirem no âmbito da própria comunidade, contem com trajetória histórica própria, relações territoriais específicas e presunção de ancestralidade negra relacionada com a resistência à opressão histórica sofrida.

(2) É da competência exclusiva da União, por meio do Instituto Nacional de Colonização e Reforma Agrária, identificar, reconhecer, delimitar, demarcar e titular as terras ocupadas por remanescentes das comunidades dos quilombos.

1: correta, nos termos do art. 2º do Decreto nº 4.887/2003; **2**: incorreta. A competência não é exclusiva da União, mas concorrente a ela, aos Estados, DF e Municípios (art. 3º do Decreto nº 4.887/2003).

Gabarito 1C, 2E

(Procurador do Estado/MT – FCC – 2011) Assinale a alternativa correta sobre as terras tradicionalmente ocupadas pelos índios.

(A) São de domínio da União.

(B) As riquezas do solo são de usufruto da FUNAI, que possui a obrigação legal de reparti-las.

(C) É vedado o aproveitamento do potencial energético em terra indígena.

(D) É permitida a remoção definitiva dos grupos indígenas de suas terras, desde que haja autorização do Congresso Nacional, em caso de relevante interesse público.

(E) É válida a alienação de terras indígenas, desde que o grupo esteja adaptado à cultura branca e assistido pela FUNAI.

A: correta (art. 20, XI, da CF); **B**: incorreta, pois as riquezas do solo das terras tradicionalmente ocupadas pelos índios são de usufruto exclusivo dos índios (art. 231, § 2º, da CF); **C**: incorreta, pois não é vedado o aproveitamento do potencial energético em terra indígena (art. 231, § 3º, da CF); **D**: incorreta, pois é vedada a remoção dos grupos indígenas de suas terras, salvo, "ad referendum" do Congresso Nacional, em caso de catástrofe ou epidemia que ponha em risco sua população, ou no interesse da soberania do País, após deliberação do Congresso Nacional, garantido, em qualquer hipótese, o retorno imediato logo que cesse o risco (art. 231, § 5º, da CF); **E**: incorreta, pois as terras ocupadas tradicionalmente pelos índios são inalienáveis (art. 231, § 4º, da CF).

Gabarito "A"

(Procurador do Estado/PA – 2011) Analise as proposições abaixo e assinale a alternativa INCORRETA:

(A) Aos remanescentes das comunidades dos quilombos que estejam ocupando suas terras é reconhecida a propriedade definitiva, devendo o Estado emitir-lhes os títulos respectivos.

(B) Consideram-se remanescentes das comunidades dos quilombos, para os fins deste Decreto, os grupos étnico-raciais, segundo critérios de autoatribuição, com trajetória histórica própria, dotados de relações territoriais específicas, com presunção de ancestralidade negra relacionada com a resistência à opressão histórica sofrida.

(C) A titulação relativa às terras remanescentes de quilombos será registrada mediante a outorga de título de propriedade individual, podendo ser desmembrado pelos membros da comunidade.

(D) Para os fins de política agrícola e agrária, os remanescentes das comunidades dos quilombos receberão dos órgãos competentes tratamento preferencial, assistência técnica e linhas especiais de financiamento, destinados à realização de suas atividades produtivas e de infraestrutura.

(E) São terras ocupadas por remanescentes das comunidades dos quilombos as utilizadas para a garantia de sua reprodução física, social, econômica e cultural.

A: correta (art. 68 do ADCT); **B**: correta (art. 2º, *caput*, do Decreto 4.887, de 20 de novembro de 2003); **C**: incorreta, pois a titulação será reconhecida e registrada mediante outorga de título coletivo e pró-indiviso às comunidades dos quilombos, com obrigatória inserção de cláusula de inalienabilidade, imprescritibilidade e de impenhorabilidade (art. 17 do Decreto 4.887, de 20 de novembro de 2003); **D**: correta (art. 20 do Decreto 4.887, de 20 de novembro de 2003); **E**: correta (art. 2º, § 2º, do Decreto 4.887, de 20 de novembro de 2003).

Gabarito "C"

8. OUTROS TEMAS E TEMAS COMBINADOS

(Procurador/PA – CESPE – 2022) Durante a colonização portuguesa no Brasil, teve início o processo histórico da legislação agrária brasileira. Inicialmente, por meio das capitanias hereditárias e das sesmarias, a coroa portuguesa, com maior preocupação em ocupar o território e assegurar a sua conquista, deixou de formular uma lei que melhor ordenasse a distribuição das terras, contribuindo, assim, decisivamente, para formação das grandes propriedades e, concomitantemente, para um sistema caótico de ordenamento espacial. Apenas em 1850 criou-se a Lei n.º 601, conhecida como Lei de Terras, que pretendia, entre outros objetivos, disciplinar o acesso à terra e apresentar critérios com relação aos direitos e deveres dos proprietários de terra. Essa lei

(A) vedou expressamente a reserva de terras devolutas para a colonização de povos indígenas, mesmo que estes, à época da promulgação da lei, ocupassem áreas assim definidas, fazendo ali sua morada habitual e cultivando lavouras.

(B) introduziu, no direito brasileiro, o princípio de acesso e distribuição de terra ao cultivador direto e pessoal que não tenha condições de adquiri-la onerosamente, princípio esse que, na Constituição Federal de 1988, é o vetor da política pública de reforma agrária nacional.

19. DIREITO AGRÁRIO

(C) classificou como terras devolutas, entre outras, aquelas dadas pelo governo ao particular, por sesmarias, e as que não se achassem sob domínio de particular por qualquer outro título legítimo.

(D) expressamente admitiu o leilão de terras devolutas situadas nos limites do Império Português com países estrangeiros em uma zona de dez léguas, com o fito de defender o território nacional.

(E) surgiu quando o tráfico negreiro passou a ser proibido em terras brasileiras. Assim, simultaneamente, ex-escravos e estrangeiros, diante das dificuldades para se tornarem senhores de terra, acabaram por formar uma mão de obra assalariada do campo, o que contribuiu para a manutenção da concentração fundiária.

Alternativa **A** incorreta, pois o Art. 12 da Lei de Terras prevê: "*O Governo reservará das terras devolutas as que julgar necessárias: 1°, para a colonização dos indígenas; 2°, para a fundação de povoações, abertura de estradas, e quaesquer outras servidões, e assento de estabelecimentos publicos: 3°, para a construção naval.*" Alternativa **B** incorreta, com a Lei de Terras ficaram proibidas as aquisições de terras por outro título que não seja o de compra. Alternativa **C** incorreta, as terras dadas pelo governo ao particular por sesmarias não estão no conceito de terras devolutas de acordo com o que dispõe o art. 3° da Lei de Terras. Alternativa **D** incorreta, de acordo com o art. 1° da Lei de Terras, foi autorizada a concessão gratuita das terras devolutas nos limites do Império. Alternativa E correta, a Lei de Terras surgiu logo após o governo imperial criminalizar o tráfico negreiro no Brasil por meio da Lei Euzébio de Queiroz. Desta forma, com o fim da importação de escravos, incentivou-se a utilização da mão de obra assalariada dos imigrantes europeus, então, com a Lei de Terras, os lotes passaram a ser mercadoria de alto custo, não acessíveis aos ex-escravos, imigrantes ou trabalhadores livres. PM
Gabarito "E."

(Procurador/PA – CESPE – 2022) Quanto à regularização fundiária de imóveis rurais e não rurais em terras públicas no estado do Pará, regulamentada pela Lei estadual n.° 8.878/2019, julgue os itens a seguir.

I. Para ser considerada a existência de agricultura familiar ou empreendimento familiar, a área utilizada pelo detentor, a qualquer título, não poderá ter mais que 50 hectares de área útil.

II. As ocupações de terras públicas rurais no estado do Pará poderão ser regularizadas por pessoa física ou jurídica mediante compra, sempre precedida de licitação.

III. As ocupações de terras públicas rurais no estado do Pará poderão ser regularizadas mediante doação para agricultores familiares, desde que comprovada atividade agrária pelo prazo mínimo de um ano, além de atendidos os demais requisitos estabelecidos na Lei estadual n.° 8.878/2019.

Assinale a opção correta.

(A) Apenas o item II está certo.

(B) Apenas o item III está certo.

(C) Apenas os itens I e II estão certos.

(D) Apenas os itens I e III estão certos.

(E) Todos os itens estão certos.

Item **I** incorreto, Lei estadual 8.878/19, Art. 5° Para os efeitos desta Lei entende-se por: I – agricultor familiar ou empreendimento familiar rural: aquele que pratica atividades no meio rural, atendendo, simultane-

amente, aos seguintes requisitos: a) não detenha, a qualquer título, área maior do que 100 (cem) hectares de área útil e ocupação consolidada. Item **II** incorreto, Lei estadual 8.878/19: Art. 10. As ocupações de terras públicas rurais poderão ser regularizadas por pessoa física ou jurídica mediante a compra direta, por dispensa de licitação. Item **III** correto, é o que prevê o art. 12 e seus incisos da Lei estadual n.° 8.878/2019. PM
Gabarito "B."

(Procurador do Estado – PGE/MT – FCC – 2016) A posse agrária originária:

(A) está presente nos contratos agrários de arrendamento.

(B) está presente nos contratos agrários de parceria.

(C) não se diferencia da posse civil.

(D) acarretará a perda da propriedade pela desapropriação para fins de reforma agrária, se exercida com um dos vícios da posse.

(E) gera a aquisição da propriedade por meio da usucapião especial rural.

A e B: incorretas. Posse agrária originária é aquela que não decorre de outra anterior, como na usucapião. Posses adquiridas por meio de contratos são classificadas como derivadas; **C**: incorreta. A posse civil tem caráter individual, bastando o exercício de qualquer dos poderes inerentes ao domínio (art. 1.196 do CC). Já a posse agrária tem caráter social e econômico, porque demanda o exercício de atividades agrárias na propriedade, assim entendidas como aquelas destinadas a aumentar seu aproveitamento econômico; **D**: incorreta. Como já dito, a posse agrária originária é aquela que não decorre de outra, pela qual o possuidor exerce atividade agrária na propriedade. Se há aproveitamento racional e adequado do imóvel rural, não há que se falar em desapropriação para fins de reforma agrária; **E**: correta, consoante todos os comentários anteriores. HS
Gabarito "E."

(Procurador do Estado – PGE/BA – CESPE – 2014) Acerca da regulação da política fundiária e agrícola segundo a Constituição do Estado da Bahia, julgue os itens que se seguem.

(1) As terras públicas destinadas à irrigação não podem ser objeto de concessão de direito real de uso.

(2) A dignidade da pessoa humana é um dos princípios fundamentais da política agrícola e fundiária.

(3) Lei ordinária estadual é o instrumento normativo utilizado para fixar, para as diversas regiões do estado da Bahia, até o limite de quinhentos hectares, a área máxima de terras devolutas que os particulares podem ocupar, visando a torná-las produtivas, sem permissão ou autorização do poder público.

1: incorreta. O art. 179 da Constituição do Estado da Bahia determina que tais terras sejam sempre destinadas à concessão de direito real de uso; **2**: correta, nos termos do art. 171, I, da Constituição do Estado da Bahia; **3**: incorreta. O instrumento previsto para tal fim é o decreto (art. 174 da Constituição do Estado da Bahia). HS
Gabarito "1E, 2C, 3E."

(Procurador do Estado/PA – 2011) Analise as alternativas e assinale a alternativa CORRETA:

(A) Em face da regra contida no art. 2.038 do Código Civil, pode-se afirmar que a partir de sua vigência, foi proibida a constituição e enfiteuses e subenfiteuses no ordenamento brasileiro, abrangendo os terrenos de marinha e acrescidos.

(B) A demarcação dos terrenos de marinha, com base nas linhas do preamar médio do ano de 1831 e da média das enchentes ordinárias, de acordo com a jurisprudência do Tribunais Superiores, exige a intimação pessoal de todos os interessados certos, em consonância com os princípios constitucionais pertinentes.

(C) Os térreos de marinha contemplam as áreas que bordejam mar, rios ou lagoas, ainda que não sofram influência das marés.

(D) São terrenos acrescidos de marinha os que se tiverem formado naturalmente para o lado do mar ou dos rios e lagoas, em seguimento aos terrenos de marinha, não abrangendo nesse conceito os acréscimos formados artificialmente.

(E) Face ao regime jurídico da enfiteuse, o foreiro poderá efetuar o pagamento do resgate e consolidar o domínio de terreno de marinha objeto de aforamento.

A: incorreta. A instituição de enfiteuses sobre terrenos de marinha e acrescidos continua regulada por lei especial (art. 2.038, § 2º, do CC); **B:** correta. A assertiva reflete a posição do STF estampada no julgamento da ADI nº 4264, DJ 16/03/2011; **C:** incorreta. Nos termos do art. 2º, "a", do Decreto-lei nº 9.760/46, a conceituação dos terrenos de marinha abrange apenas aqueles onde se façam sentir os efeitos da maré; **D:** incorreta. O conceito trazido pelo art. 3º do Decreto-lei nº 9.760/46 abrange os acréscimos artificiais; **E:** incorreta. A possibilidade de remissão da enfiteuse não se aplica aos terrenos de marinha (art. 49 do ADCT).
Gabarito "B".

20. FILOSOFIA

Renan Flumian

(Procurador – PGE/SP – 2024 – VUNESP) Segundo as análises de Norberto Bobbio sobre as formas de Estado, desenvolvidas pelo autor na obra Estado, Governo, Sociedade, a diferença do Estado representativo diante do Estado estamental está no fato de que a representação por categorias ou corporativa é substituída pela representação

(A) das comissões parlamentares, às quais se atribui poderes irrestritos.

(B) das unidades federativas, às quais se reconhece relativa legitimidade.

(C) de colegiados superiores, aos quais se atribui poderes públicos ilimitados.

(D) dos indivíduos singulares, aos quais se reconhecem os direitos políticos.

(E) das ligas de associações, às quais se outorga direitos políticos.

A principal característica do Estado representativo é a substituição da representação por categorias ou estamentos (como no Estado estamental) pela representação dos indivíduos. Cada cidadão tem o direito de votar e ser votado, reconhecendo-se, assim, os direitos políticos individuais. Portanto, a assertiva correta é a "D".
Gabarito "D".

(Procurador – PGE/SP – 2024 – VUNESP) Michel Foucault, em seu curso no Collège de France de 1972-1973, intitulado A Sociedade punitiva, mais precisamente na aula de 21 de fevereiro de 1973, sintetiza aquilo a que chama "sociedade punitiva", como sendo uma sociedade na qual o aparato judiciário desempenharia as seguintes funções:

(A) corretivas e penitenciárias.

(B) vingativas e dissipadoras.

(C) arbitrárias e dissipadoras.

(D) corretivas e arbitrárias.

(E) vingativas e penitenciárias.

Em seu curso "A Sociedade Punitiva" no Collège de France, Michel Foucault analisa o papel do aparato judiciário dentro da sociedade moderna e como ele exerce controle e poder sobre os indivíduos. Foucault argumenta que o aparato judiciário na sociedade moderna exerce funções corretivas e penitenciárias. Ele enfatiza como as instituições judiciais não apenas punem, mas também corrigem comportamentos e reabilitam os indivíduos. A penitenciária é um exemplo de instituição que cumpre essa dupla função de punir e corrigir. A assertiva correta é "A".
Gabarito "A".

(Procurador – PGE/SP – 2024 – VUNESP) Relativamente à teoria da "polissistemia simultânea", formulada por André-Jean Arnaud, é correto afirmar que se trata de uma teoria sociológica

(A) que se baseia no pensamento de Karl Marx e que considera o direito como instrumento de dominação de classe a ser subvertido pelo proletariado.

(B) que se insere no debate acerca do pluralismo jurídico, em consonância com as obras de autores como Georges Gurvitch.

(C) que se insere no "Critical Legal Studies Movement", e que considera o direito como um instrumento de dominação política.

(D) baseada no realismo escandinavo, especialmente na obra de Alf Ross.

(E) baseada no monismo jurídico, especialmente na obra de Hans Kelsen.

A teoria da Polissistemia Simultânea propõe que o direito não é um sistema único e coerente, mas sim composto por múltiplos sistemas jurídicos que coexistem e interagem simultaneamente. Essa visão se insere no contexto do pluralismo jurídico, que reconhece a coexistência de múltiplos sistemas de normatividade (como o direito estatal, o direito consuetudinário e outros sistemas de regulação social). E essa teoria encontra eco no pensamento de Georges Gurvitch. Arnaud e Gurvitch ambos contribuem para esse debate, reconhecendo a diversidade e a simultaneidade de sistemas jurídicos.
Gabarito "B".

(Procurador – PGE/SP – 2024 – VUNESP) É correto afirmar que o sociólogo alemão Niklas Luhmann, em sua obra O direito da sociedade, concebe o direito como um subsistema social

(A) que compensa o seu fechamento cognitivo mediante a consistência do fundamento dogmático de suas decisões.

(B) que, para produzir decisões justas, subordina-se a valores morais.

(C) que, no que concerne à consecução de sua função, opera de maneira normativamente fechada e cognitivamente aberta.

(D) sem abertura cognitiva, pois as suas operações são desenvolvidas autopoieticamente.

(E) caracterizado por determinações políticas exógenas e, portanto, aberto tanto operativamente como cognitivamente.

Luhmann, em sua obra "O direito da sociedade", elabora uma teoria dos sistemas sociais na qual o direito é visto como um subsistema que opera de maneira autopoiética, ou seja, ele se reproduz a partir de seus próprios elementos. Luhmann argumenta que o direito é normativamente fechado e cognitivamente aberto. Isso significa que o direito cria e aplica suas próprias normas (fechamento operacional), mas está aberto à informação e influências externas (abertura cognitiva) para adaptar suas operações e tomar decisões informadas.
Gabarito "C".

(Procurador – PGE/SP – 2024 – VUNESP) É correto afirmar que, em sua obra Direita e Esquerda, relativamente à distinção entre igualdade e desigualdade, Norberto Bobbio sustenta que o conceito de igualdade é

(A) relativo, na medida em que depende exclusivamente do consenso entre os povos.

(B) relativo, na medida em que implica a consideração de variáveis que são essenciais à sua definição.

(C) absoluto, na medida em que decorre do consenso natural entre os homens.

(D) absoluto, pois se trata de uma decorrência do imperativo categórico, nos termos em que este foi definido por Jean-Jacques Rousseau.

(E) absoluto, pois se trata de um valor transcendente que não depende de quaisquer variáveis.

Bobbio sustenta que o conceito de igualdade é relativo, no sentido de que a igualdade absoluta é impraticável e que, na realidade, sempre consideramos a igualdade em relação a certas variáveis ou contextos específicos. A igualdade sempre se refere a algo específico e não pode ser entendida de forma absoluta e independente das circunstâncias.

Gabarito "B".

21. Lei Geral de Proteção de Dados Pessoais

José Luiz de Moura Faleiros Júnior

(Procurador – AL/PR – 2024 – FGV) Determinada Assembleia Legislativa trata continuamente dados pessoais contidos em documentos relacionados ao processo legislativo, tais como atas de reunião, pareceres e projetos de lei. Os dados pessoais em questão se referem, entre outros, a parlamentares, servidores públicos, membros da sociedade civil e especialistas ouvidos em audiências públicas.

Acerca do tratamento de dados pessoais realizado, marque a alternativa correta, conforme a Lei Geral de Proteção de Dados Pessoais (LGPD – Lei nº 13.709/18).

(A) O tratamento dos dados pessoais é legítimo, na medida em que ocorre com respaldo no consentimento de todas as pessoas mencionadas no enunciado, diante da função e cargo que desempenham.

(B) O tratamento dos dados pessoais é legítimo, na medida em que diretamente vinculado ao cumprimento de obrigações e à execução de competências típicas do órgão legislativo, que decorrem de normas de organização previstas na Constituição Estadual, em conformidade com a base legal referente ao cumprimento de obrigação legal ou regulatória pelo controlador e ao disposto no Art. 23 da LGPD.

(C) O tratamento de dados em questão apenas será legítimo quando comprovado o legítimo interesse da controladora, no caso a Assembleia Legislativa, e dos terceiros na obtenção e tratamento das informações das pessoas mencionadas no enunciado.

(D) Caso a Assembleia Legislativa pretendesse lançar um canal de TV próprio, ela não poderia encaminhar diretamente os dados pessoais dos parlamentares e servidores responsáveis pela direção do canal ao órgão regulador, devendo obter previamente o consentimento de todos os envolvidos, como forma de prestigiar o princípio da autodeterminação informativa.

(E) O tratamento dos dados pessoais neste caso é legítimo, na medida em que há o consentimento expresso de todas as pessoas mencionadas no enunciado e será diretamente executado pela administração pública, para o tratamento e uso compartilhado de dados necessários à execução de políticas públicas voltadas às eleições.

A: Incorreta. O consentimento não é a única base legal para o tratamento de dados pessoais, especialmente no contexto de órgãos públicos. Na LGPD, há diversas bases legais para o tratamento de dados, e, no caso de órgãos legislativos, o consentimento não é o mais adequado. O tratamento de dados pode ser realizado com base no cumprimento de uma obrigação legal ou regulatória (art. 7º, II) ou para a execução de políticas públicas (art. 23), sem a necessidade de consentimento expresso em tais situações. **B:** Correta. O art. 23 da LGPD permite o tratamento de dados pessoais por órgãos públicos quando necessário ao cumprimento de obrigações legais, regulatórias ou para a execução de políticas públicas. No contexto da Assembleia Legislativa, o tratamento de dados relacionado ao processo legislativo está dentro dessas funções, sem

a necessidade de consentimento das partes envolvidas. **C:** Incorreta. O legítimo interesse (art. 7º, IX) não é aplicável a órgãos públicos no exercício de suas funções legais ou regulamentares. Para esses casos, a base legal aplicável é o cumprimento de obrigação legal ou regulatória (art. 7º, II) ou a execução de políticas públicas (art. 23), como já mencionado. Além disso, o uso de legítimo interesse por órgãos públicos é bem mais restrito na LGPD. **D:** Incorreta. Quando o tratamento de dados é necessário para o cumprimento de uma obrigação legal ou regulatória ou para a execução de políticas públicas, como seria o caso de lançar um canal de TV institucional, o consentimento não é necessário. O envio dos dados pessoais para órgãos reguladores faz parte das obrigações administrativas e de regulação, sendo permitido sem a necessidade de consentimento (art. 7º, II e art. 23). **E:** Incorreta. Embora o tratamento de dados para políticas públicas voltadas às eleições possa ser legítimo, o consentimento expresso não é necessário quando o tratamento se dá no contexto de execução de políticas públicas ou cumprimento de obrigação legal ou regulatória (art. 23). Novamente, o consentimento não é a base legal apropriada nesse contexto.

Gabarito "B".

(Procurador – AL/PR – 2024 – FGV) A respeito da aplicação e incidência da Lei Geral de Proteção de Dados Pessoais (LGPD – Lei nº 13.709/18), assinale a afirmativa incorreta.

(A) Devem seguir as normas da LGPD microempresas, empresas de pequeno porte, startups, pessoas jurídicas de direito privado, inclusive sem fins lucrativos, nos termos da legislação vigente, bem como pessoas naturais.

(B) Entes privados despersonalizados que realizam tratamento de dados pessoais, assumindo obrigações típicas de controlador ou de operador, estão submetidos às normas e obrigações da LGPD.

(C) A Autoridade Nacional de Proteção de Dados pode dispor sobre flexibilização ou procedimento simplificado de comunicação de incidente de segurança para agentes de tratamento de pequeno porte, assim como determinar a não obrigatoriedade da indicação de um encarregado pelo tratamento de dados pessoais pelos agentes de tratamento de pequeno porte.

(D) A LGPD e todas as suas obrigações correspondentes são de observância obrigatória a todos os agentes públicos e privados, empreendedores, startups, empresas de pequeno porte, usuários de internet em usos particulares e entes despersonalizados.

(E) A LGPD não se aplica ao tratamento de dados pessoais realizado para fins exclusivamente jornalístico e artísticos; acadêmicos, aplicando-se a esta hipótese os artigos 7º e 11 desta Lei; e realizado para fins exclusivos de segurança pública.

A: Correto. A LGPD aplica-se a todas as pessoas naturais e jurídicas, de direito público ou privado, independentemente de fins lucrativos, quando realizam tratamento de dados pessoais (art. 1º). Isso inclui microempresas, empresas de pequeno porte, startups e outras entidades listadas. **B:** Correto. A LGPD aplica-se aos responsáveis pelo tratamento de dados pessoais, sejam pessoas jurídicas ou físicas.

Isso inclui entes despersonalizados que atuam como controladores ou operadores de dados pessoais (art. 5°, VI e VII). **C:** Correto. A ANPD possui competência para estabelecer normas diferenciadas para microempresas e empresas de pequeno porte, incluindo a dispensa de indicação do encarregado pelo tratamento de dados (art. 55-J, XVIII, e art. 41, § 3°). A flexibilização e o tratamento simplificado para esses agentes é previsto na LGPD, visando facilitar sua adaptação às obrigações legais. **D:** Incorreto. A LGPD não se aplica ao tratamento de dados realizado por pessoas naturais para fins exclusivamente particulares e não econômicos, como em situações de uso doméstico (art. 4°, II, "a"). Assim, usuários de internet em usos particulares não estão sujeitos às obrigações da LGPD, o que torna essa afirmativa incorreta. **E:** Correto. A LGPD exclui de sua aplicação o tratamento de dados realizado para fins jornalísticos, artísticos e acadêmicos, conforme o art. 4°, II, "b". Tratamentos realizados para segurança pública, defesa nacional e investigações também estão excluídos da aplicação da LGPD, sendo regulamentados por legislação específica (art. 4°, III).

Gabarito "D".

(Procurador – AL/PR – 2024 – FGV) Acerca da jurisprudência do Superior Tribunal de Justiça sobre o Marco Civil da Internet (Lei nº 12.965/14) e a proteção dos direitos da personalidade, assinale a afirmativa incorreta.

(A) A desindexação de conteúdos não se confunde com o direito ao esquecimento, pois não implica a exclusão de resultados, mas tão somente a desvinculação de determinados conteúdos obtidos por meio dos provedores de busca.

(B) Para o Marco Civil da Internet, a exposição pornográfica sem consentimento não se limita a nudez total, nem a atos sexuais que somente envolvam conjunção carnal, mas a conduta que possa gerar dano à personalidade da vítima.

(C) Na exposição pornográfica não consentida, o fato de o rosto da vítima não estar evidenciado nas fotos de maneira flagrante é irrelevante para a configuração dos danos morais.

(D) O direito ao esquecimento pode ser compreendido como o direito que uma pessoa natural possui de não permitir que um fato, ainda que verídico, ocorrido em determinado momento de sua vida, seja exposto ao público em geral, causando-lhe sofrimento ou transtornos

(E) A tese do direito ao esquecimento, entendido como a possiblidade de obstar, em razão da passagem do tempo, a divulgação de fatos ou dados verídicos e licitamente obtidos e publicados em meios de comunicação social, analógicos ou digitais, vem sendo confirmada nas relações pelos tribunais superiores no país.

A: Correta. A desindexação de conteúdos é uma medida aplicada para desvincular determinados resultados dos motores de busca, sem que haja necessariamente a exclusão desses conteúdos. Isso não implica no direito ao esquecimento, pois os conteúdos permanecem disponíveis em seus locais de origem, mas não são mais facilmente acessíveis por meio de pesquisas, conforme jurisprudência já consolidada pelo STJ e também em consonância com a LGPD no que diz respeito ao direito de informação e à proteção de dados. B: Correta. A exposição pornográfica não consentida, como definido no Marco Civil da Internet, vai além da nudez completa ou da conjunção carnal. A jurisprudência tem expandido a interpretação desse tipo de conteúdo como qualquer conduta que possa gerar dano à personalidade da vítima, reconhecendo os impactos graves sobre a dignidade e a privacidade, condutas que também encontram proteção na LGPD ao tratar do tratamento ilícito de

dados pessoais sensíveis. **C:** Correta. O fato de a vítima não ter o rosto identificado em fotografias de caráter pornográfico ou íntimo não exclui a configuração de danos morais. A jurisprudência do STJ tem afirmado que a exposição não autorizada de qualquer conteúdo que comprometa a dignidade ou privacidade da vítima gera danos morais. Isso se alinha com os princípios da LGPD no que concerne à proteção dos direitos da personalidade e ao tratamento de dados pessoais sensíveis, onde a proteção independe da total identificação da pessoa. **D:** Correta. O conceito do direito ao esquecimento como o direito de impedir que um fato verídico e passado seja exposto, causando sofrimento, tem sido debatido em várias decisões judiciais. Contudo, conforme recente entendimento do STF, o direito ao esquecimento não foi recepcionado como um direito aplicável de forma ampla no Brasil, exceto em casos muito específicos. Isso está em linha com o princípio da autodeterminação informativa da LGPD, mas com limitações no contexto de divulgação de informações verídicas e de interesse público. **E:** Incorreta. O STF, em decisão recente, rejeitou a aplicação ampla do direito ao esquecimento, especialmente em relação à divulgação de fatos verídicos e licitamente obtidos. Portanto, a afirmação de que a tese vem sendo confirmada pelos tribunais superiores é incorreta. O direito ao esquecimento, conforme mencionado, não tem sido amplamente aceito, e sua aplicação encontra-se limitada, o que também reflete o equilíbrio que a LGPD busca entre a proteção de dados pessoais e o direito à liberdade de expressão e informação.

Gabarito "E".

(Procurador Federal – AGU – 2023 – CEBRASPE) Considerando as disposições da Lei n.º 10.973/2004 e da Lei n.º 13.243/2016, assinale a opção correta, referente ao marco legal da ciência, tecnologia e inovação no Brasil.

(A) A União, os estados, o Distrito Federal, os municípios e as respectivas agências de fomento poderão estimular e apoiar a constituição de alianças estratégicas e o desenvolvimento de projetos de cooperação envolvendo empresas e entidades privadas sem fins lucrativos.

(B) O apoio para o desenvolvimento de projetos de cooperação previsto na citada legislação restringe-se a projetos nacionais de pesquisa tecnológica e ações de empreendedorismo tecnológico e de criação de ambientes de inovação.

(C) As instituições científicas, tecnológicas e de inovação criadas pelos órgãos federados deverão estimular a constituição de alianças estratégicas e o desenvolvimento de projetos de cooperação envolvendo todas as entidades privadas do setor tecnológico.

(D) As instituições científicas, tecnológicas e de inovação têm como fim único a transferência e difusão de tecnologias.

(E) As agências de fomento poderão estimular e apoiar a constituição de alianças estratégicas e o desenvolvimento de projetos de cooperação exclusivamente com empresas nacionais.

A: Correta. A Lei nº 10.973/2004 e a Lei nº 13.243/2016 preveem que a União, os estados, o Distrito Federal, os municípios e suas respectivas agências de fomento podem estimular e apoiar alianças estratégicas e projetos de cooperação envolvendo empresas e entidades privadas sem fins lucrativos, com o objetivo de fomentar a inovação e a transferência de tecnologia. Essas alianças estratégicas são fundamentais para o desenvolvimento de inovação tecnológica em âmbito nacional, e as leis não restringem esses projetos de cooperação ao setor público ou nacional, mas permitem que entidades privadas participem. B: Incorreta. A legislação citada não restringe o apoio apenas a projetos nacionais de pesquisa tecnológica e ações de empreendedorismo tecnológico. Ela

21. LEI GERAL DE PROTEÇÃO DE DADOS PESSOAIS 549

abrange uma gama mais ampla de iniciativas, incluindo a internacionalização de pesquisas e parcerias com instituições estrangeiras. Além disso, o desenvolvimento de ambientes de inovação e a promoção de projetos de cooperação são incentivados sem limitação geográfica. **C:** Incorreta. Embora as instituições científicas, tecnológicas e de inovação (ICTs) devam estimular alianças estratégicas e o desenvolvimento de projetos de cooperação, não há obrigação de envolver todas as entidades privadas do setor tecnológico. A legislação permite a cooperação com diversos tipos de entidades, mas não impõe um caráter obrigatório de abrangência a todas as entidades do setor. **D:** Incorreta. As ICTs não têm como fim único a transferência e difusão de tecnologias. Elas também têm outros objetivos, como a promoção da pesquisa científica e tecnológica, o desenvolvimento da inovação, a formação de recursos humanos e a geração de conhecimento que possa ser transferido para o setor produtivo, entre outros fins previstos no marco legal. **E:** Incorreta. As agências de fomento não estão limitadas a estabelecer alianças estratégicas e projetos de cooperação apenas com empresas nacionais. A legislação permite parcerias com entidades estrangeiras, visando promover a internacionalização da inovação e a colaboração internacional em projetos de ciência e tecnologia.

Gabarito "A".

(Procurador Fazenda Nacional – AGU – 2023 – CEBRASPE) Determinada cidade do interior do estado do Rio Grande do Sul é mundialmente conhecida como a cidade dos gêmeos. Um órgão oficial realizou uma pesquisa para apurar a razão pela qual os nascimentos gemelares ocorrem em maior proporção naquela localidade. Na pesquisa, a população local respondeu a diversos questionamentos, inclusive referentes a raça e orientação sexual.

Em relação a essa situação hipotética, assinale a opção correta segundo a Lei n.º 13.709/2018 (Lei Geral de Proteção de Dados — LGPD).

(A) O órgão poderá realizar o tratamento dos dados fornecidos na pesquisa, desde que o respectivo titular forneça termo de consentimento por escrito, uma vez que estão em pauta dados pessoais sensíveis.

(B) O órgão não poderá realizar o tratamento de dados pessoais sensíveis, mas apenas o tratamento de dados pessoais, nos termos da LGPD.

(C) O órgão poderá realizar o tratamento de dados pessoais sensíveis, independentemente do consentimento do titular, garantida, sempre que possível, a sua anonimização.

(D) A pesquisa não envolve dados pessoais sensíveis, mas apenas dados pessoais, razão pela qual não há que se falar em impossibilidade de tratamento dos dados coletados.

(E) O órgão poderá realizar o tratamento de dados pessoais sensíveis, sendo obrigatória a anonimização dos titulares dos dados.

A: Incorreta. Essa alternativa faz referência ao tratamento de dados pessoais sensíveis com base no consentimento do titular, previsto no art. 11, inciso I, da LGPD. De fato, a LGPD exige consentimento explícito para o tratamento de dados sensíveis. No entanto, o consentimento não é o único fundamento que pode legitimar o tratamento de dados sensíveis. Existem outras bases legais, como o cumprimento de obrigações legais ou regulatórias, estudos por órgãos de pesquisa, e a execução de políticas públicas, conforme art. 11, inciso II. Portanto, essa alternativa está correta apenas em parte, pois não menciona outras possibilidades. **B:** Incorreta. Essa alternativa está incorreta. A LGPD permite o tratamento de dados pessoais sensíveis, desde que observadas as bases legais previstas, como o consentimento explícito ou a execução de políticas públicas (art. 11). Além disso, o tratamento de dados pessoais sensíveis está regulamentado de forma mais rígida, mas não proibido, quando necessário para fins legítimos, como a condução de pesquisas. **C:** Correta. Esta alternativa está correta, conforme o gabarito. A LGPD permite o tratamento de dados sensíveis sem consentimento nas situações previstas no art. 11, inciso II, alínea "c", quando necessário para a realização de estudos por órgão de pesquisa, garantindo-se a anonimização dos dados sempre que possível. Isso reflete o entendimento da lei de que o consentimento não é a única base legal para o tratamento de dados sensíveis, e a pesquisa conduzida por órgão oficial pode ser justificada por interesse público. **D:** Incorreta. Esta alternativa está incorreta. A questão menciona que a pesquisa envolve dados relativos à raça e orientação sexual, ambos considerados dados sensíveis conforme o art. 5º, II, da LGPD. Portanto, esses dados requerem maior proteção e tratamento com base nas disposições específicas da LGPD para dados sensíveis. **E:** Incorreta. Esta alternativa está incorreta. A anonimização dos dados não é uma exigência obrigatória em todas as situações de tratamento de dados sensíveis, embora seja recomendada sempre que possível. A LGPD permite o tratamento de dados pessoais sensíveis sem anonimização em algumas hipóteses, como estudos de órgãos de pesquisa, conforme art. 11, II, "c". No entanto, a anonimização não é uma exigência absoluta.

Gabarito "C".

ANOTAÇÕES